WPO Kommentar

WPO Kommentar

Kommentar zum Berufsrecht
der Wirtschaftsprüfer und vereidigten Buchprüfer

– Wirtschaftsprüferordnung (WPO) –

Herausgeber

Dr. Burkhard Hense   *Dieter Ulrich*
Wirtschaftsprüfer und Rechtsanwalt   Wirtschaftsprüfer, Rechtsanwalt
in Bad Homburg   und Steuerberater in Berlin

Gesamtredaktion

Peter Maxl
Rechtsanwalt in Berlin

Die einzelnen Vorschriften der WPO wurden überwiegend von Mitarbeiterinnen und Mitarbeitern der Wirtschaftsprüferkammer bearbeitet, die Mehrzahl der Vorschriften zum berufsgerichtlichen Verfahren von dem Präsidenten des Landgerichts Berlin, zugleich Vorsitzender der zuständigen Kammer für Wirtschaftsprüfersachen beim Landgericht Berlin. Der Name des Verfassers wird jeweils in der Fußzeile einer jeden Seite angegeben.

IDW VERLAG GMBH

Zitiervorschlag: Clauß, in: Hense/Ulrich, WPO, § 57a Rn. 3 ff.

2., aktualisierte Auflage 2013

Das Werk einschließlich aller seiner Teile ist urheberrechtlich geschützt. Jede Verwertung außerhalb der engen Grenzen des Urheberrechtsgesetzes ist ohne vorherige schriftliche Einwilligung des Verlages unzulässig und strafbar. Dies gilt insbesondere für Vervielfältigungen, Übersetzungen, Mikroverfilmungen und die Einspeicherung und Verbreitung in elektronischen Systemen. Es wird darauf hingewiesen, dass im Werk verwendete Markennamen und Produktbezeichnungen dem marken-, kennzeichen- oder urheberrechtlichen Schutz unterliegen.

© 2013 IDW Verlag GmbH, Tersteegenstraße 14, 40474 Düsseldorf
Die IDW Verlag GmbH ist ein Unternehmen des Instituts der Wirtschaftsprüfer in Deutschland e.V. (IDW).

Satz: Griebsch & Rochol Druck GmbH & Co. KG, Hamm
Druck und Bindung: Freiburger Graphische Betriebe GmbH & Co. KG, Freiburg
PN 42845/0/0   KN 11461

Die Angaben in diesem Werk wurden sorgfältig erstellt und entsprechen dem Wissensstand bei Redaktionsschluss. Da Hinweise und Fakten jedoch dem Wandel der Rechtsprechung und der Gesetzgebung unterliegen, kann für die Richtigkeit und Vollständigkeit der Angaben in diesem Werk keine Haftung übernommen werden. Gleichfalls werden die in diesem Werk abgedruckten Texte und Abbildungen einer üblichen Kontrolle unterzogen; das Auftreten von Druckfehlern kann jedoch gleichwohl nicht völlig ausgeschlossen werden, so dass für aufgrund von Druckfehlern fehlerhafte Texte und Abbildungen ebenfalls keine Haftung übernommen werden kann.

ISBN 978-3-8021-1900-2

Bibliografische Information der Deutschen Bibliothek
Die Deutsche Bibliothek verzeichnet diese Publikation in der Deutschen Nationalbibliografie; detaillierte bibliografische Daten sind im Internet über http://www.d-nb.de abrufbar.

www.idw-verlag.de

Inhaltsübersicht

Verfasserübersicht.	VII
Vorworte	IX
Inhaltsverzeichnis Kommentierung	XIII
Gesetz über eine Berufsordnung der Wirtschaftsprüfer (Wirtschaftsprüferordnung)	1
Einleitung	7
Kommentierungen.	39

Anhang
1. Richtlinie 2006/43/EG des Europäischen Parlaments und des Rates vom 17. Mai 2006 über Abschlussprüfungen von Jahresabschlüssen und konsolidierten Abschlüssen, zur Änderung der Richtlinien 78/660/EWG und 83/349/EWG des Rates und zur Aufhebung der Richtlinie 84/253/EWG des Rates unter Berücksichtigung der Änderungen durch die Richtlinie 2008/30/EG des Europäischen Parlaments und des Rates vom 11. März 2008 zur Änderung der Richtlinie 2006/43/EG über Abschlussprüfungen von Jahresabschlüssen und konsolidierten Abschlüssen im Hinblick auf die der Kommission übertragenen Durchführungsbefugnisse 1169
2. Prüfungsverordnung für Wirtschaftsprüfer nach §§ 14 und 131I der Wirtschaftsprüferordnung (Wirtschaftsprüferprüfungsverordnung – WiPrPrüfV) 1209
3. Verordnung über die Voraussetzungen der Anerkennung von Studiengängen nach § 8a der Wirtschaftsprüferordnung und über die Anrechnung von Prüfungsleistungen aus Studiengängen nach § 13b der Wirtschaftsprüferordnung (Wirtschaftsprüfungs-examens-Anrechnungsverordnung - WPAnrV). 1226
4. Verordnung über die Berufshaftpflichtversicherung der Wirtschaftsprüfer und der vereidigten Buchprüfer (Wirtschafts-prüfer-Berufshaftpflichtversicherungsverordnung - WPBHV) 1233
5. Satzung der Wirtschaftsprüferkammer über die Rechte und Pflichten bei der Ausübung der Berufe des Wirtschaftsprüfers und des vereidigten Buchprüfers (Berufssatzung für Wirtschaftsprüfer/vereidigte Buchprüfer - BS WP/vBP) 1238
6. Satzung für Qualitätskontrolle (§ 57c WPO) 1321
7. Sonstiges 1337
   7.1. BMF-Liste sozietätsfähiger Berufe 1337
   7.2. Gebührenverzeichnis zu berufsgerichtlichen Verfahren u.a. (§ 122 WPO) 1340

Abkürzungsverzeichnis.	1345
Literaturverzeichnis	1359
Stichwortverzeichnis.	1369

Übersicht über die Autoren und die von ihnen bearbeiteten Bestimmungen

Christian Bauch, RA . . . . §§ 5-9, 12-14a, 131g-131i, 131l, 135, 139-139a Abs. 1-3
Carsten Clauß, RA/StB . . . . § 55b, Vor § 57a ff., §§ 57a Abs. 1 Satz 1, Abs. 5, 57b, 57c, 57e
Dr. Jens Engelhardt, RA . . . . § 70
Dipl.-Volksw. Heinz-Rudi Förster . . . . §§ 43 Abs. 2 Satz 2
Norman Geithner, RA . . . . §§ 59, 59a, 60
Dr. Ferdinand Goltz, Ass. jur . . . . §§ 4, 55, 55a, 57 Abs. 1
Sylvia Grabarse-Wilde, RA. . . . . §§ 61a, 63, 63a, 126a
Dipl.-Kffr. Petra Gunia, WP/StB . . . . § 57a Abs. 2
Susann Hampel, Ass. jur. . . . . §§ 57a Abs. 1 Satz 2 u. 3, Abs. 3, Abs. 7, 57g, 136
Dr. Charlotte Hennig, RA . . . . §§ 43 Abs. 1 Satz 1 u. 2, Abs. 3, 49 Alt. 2, 133a, 140
Dipl.-Kfm. Rudolf Krauß, WP/RA/StB . . . . §§ 51b, 62, 62a
Anja Kunath, RA. . . . . §§ 69, 121, Vor 128, 128-129, 130 Abs. 1 u. 3, 139b
Dipl.-Kffr. Kristina Kühl, WP/StB . . . . §§ 43 Abs. 1 Satz 1, 69a
Peter Maxl, RA . . . . .Einleitung, §§ 43 Abs. 1 Satz 1, 50, 54, 54a
Sebastian Mecchia, RA. . . . .§§ 57a Abs. 4, Abs. 6, Abs. 8, 57d, 57h; §§ 63e-63g GenG
Dr. rer. pol. Daniela Oeltze. . . . . §§ 43 Abs. 1 Satz 1, 68a
Dr. Bernd Pickel, PräsLG . . . . Vor §§ 67, §§ 67, 68, 72-82a, 83, 83b, 83c, 84, 85-87, 94-98, 101-120a, 121a, 122-125, 127
Dr. Jan Precht, RA. . . . . §§ 4a, 36a Abs. 3-5, 43 Abs. 1 Satz 1 u. 2, 49 Alt. 2, 52, 133d, 133e
Julia Rendschmidt, RA . . . . § 134
Dipl.-Bw. (FH) Ulrike Richter, Ass. jur. . . . . Vor §§ 51 ff., §§ 51, 53
Karl Marc Schleip, RA/StB . . . . §§ 43 Abs. 1 Satz 1, 44, 71, 82b, 84a
Dr. Volker Schnepel, RA. . . . . § 32, Vor §§ 43 ff., §§ 44b, 48, 55c, 83a, 99, 132-133
Manuela Schwoy, RA . . . . §§ 15-16a, 46, 126
Dipl.-Volksw. Roland Silva-Schmidt, WP/StB. . . . . §§ 43 Abs. 2 Satz 3 u. 4, 49 Alt. 1
Helmuth Teckemeyer, RA. . . . .§§ 3, 18, 37-40a, 43a Abs. 1, 2 u. 4,

Verfasserübersicht

David Thorn, RA................................ 44a, 45, 47, 56, 58, 131k u. 131m
§§ 57 Abs. 2, 5-9, 64, 141
Christian Timmer, RA................... § 1 Abs. 3, Vor §§ 27-34, §§ 27-31,
33-34, 130 Abs. 2, 134a, 138, 139a Abs. 4
Henning Tüffers, RA................... §§ 5-9, 12-14a, 131g-131i, 131l, 135,
139-139a Abs. 1-3
Peter Uhlmann, RA/FAVerwR .... §§ 1 Abs. 1, 4b, 17, 19-21, 23,
36a Abs. 1-2, 41, 43 Abs. 2 Satz 1,
43a Abs. 3, 61
Tim Volkmann, RA........................ §§ 65, 66, 66a, 66b, 133b, 133c
Markus Willems, RA/StB... § 62b
Eva Wollburg, Ass. jur. .... §§ 1 Abs. 2, 2, 43 Abs. 1 Satz 1,
57 Abs. 3 u. 4, 133d, 133e, 137

Ausgeschiedene Autoren der ersten Auflage

Tobias Amberg, Ass. jur............... §§ 43 Abs. 2 Satz 1, 43a Abs. 3, 82b, 126
Dipl.-Kfm. Thorsten Backhaus........... §§ 57a Abs. 5, 57h; §§ 63e-63g GenG
Dr. Sebastian Basse, Ass. jur. .... §§ 62b, 64, 133c
Dr. Burkhard Hense, WP/RA .... Einleitung
Anja Heugel, Ass. jur. .... § 57a Abs. 3 Satz 2 Nr. 4, Abs. 4, Abs. 6
Sätze 1-6 u. Abs. 7
Silke Keller, RA .... §§ 43 Abs. 1 Satz 1, 50, 133a-133b
Felix Schütz, RA   §§ 59, 59a, 60, 66

Vorwort der Herausgeber zur 2. Auflage

Fast 50 Jahre mussten seit dem Inkrafttreten der WPO im Jahre 1961 vergehen, bis die erste Kommentierung dieses Gesetzes erschien. Im Vorwort zur ersten Auflage haben wir eingehend beschrieben, warum wir damals beschlossen haben, diesen Kommentar, immer noch „den" WPO Kommentar herauszugeben. Die zweite Auflage kommt nun in angemessener Zeitfolge. Nach fünf Jahren können die Nutzer ein Update erwarten, auch wenn es in dieser Zeit keine große WPO-Novelle vergleichbar der letzten, der 7. WPO-Novelle 2007 gab.

Neben der zwangsläufigen Aktualisierung aufgrund der sich weiter entwickelnden Rechtsprechung und Verwaltungspraxis der WPK gab es seit Mitte 2008 gleichwohl nicht wenige Gesetzesänderungen. Hervorzuheben sind die WPO-Änderungen zum Wahlrecht in der Wirtschaftsprüferkammer (Briefwahl) und zur Binnenorganisation der WPK (Wegfall der WP-Versammlung) durch ein WPO-Änderungsgesetz sowie materielle Änderungen durch das Bilanzrechtsmodernisierungsgesetz, mit dem auch neue Tatbestände zu Dokumentationspflichten, zur Unabhängigkeit des Abschlussprüfers sowie zur Netzwerkthematik geschaffen wurden. Das Gesetz zur Einführung einer Partnerschaftsgesellschaft mit beschränkter Berufshaftung v. 15. Juli 2013 konnte ebenfalls noch berücksichtigt werden.

Unabhängig von den Aktualisierungen wurde die Arbeit an der zweiten Auflage auch dazu genutzt, verschiedene Themenbereiche zu vertiefen. Der Leser und Anwender findet eine deutlich ausführlichere Kommentierung zur gewissenhaften Berufsausübung, in die verstärkt Entscheidungen und Rechtsprechung aus der Berufsaufsicht aufgenommen wurden. Deutlich vertieft wurden auch die Kommentierungen zum Qualitätssicherungssystem in den WP Praxen sowie zur Besorgnis der Befangenheit. Schon in der ersten Auflage umfassend, aber durch die BilMoG-Erweiterungen inzwischen nahezu ein Handbuch für sich sind die Kommentierungen zur Handakte und damit auch zu den Dokumentationspflichten des WP/vBP.

Unser Dank gilt wieder Herrn Peter Maxl, in dessen Händen erneut die Gesamtredaktion lag. Wir danken aber auch allen anderen Mitarbeiterinnen und Mitarbeitern der Wirtschaftsprüferkammer, die zur zweiten Auflage als Autoren (vgl. das Autorenverzeichnis) oder in anderer Weise beigetragen haben, und nicht zuletzt auch Herrn Dr. Pickel, Präsident des LG Berlin und zugleich Vorsitzender der Kammer für Wirtschaftsprüfersachen, der wie kein anderer dafür prädestiniert ist, die einschlägigen Verfahrensvorschriften zu kommentieren. Vielen Dank auch an die WPK, die auch die zweite Auflage in vielfältiger Weise unterstützt hat und ihren Mitarbeiterinnen und Mitarbeitern die notwendige Nebentätigkeitsgenehmigung erteilt hat. Dies alles gibt uns Hoffnung, dass der WPO Kommentar jetzt etabliert ist und mit regelmäßigen Neuauflagen ein stetiger Ratgeber der Berufsträger zu berufsrechtlichen Fragestellungen wird.

Das Andenken an Herrn Dr. Knorr, der eigentlich zu den Herausgebern dieses WPO-Kommentars gehören sollte, was nur sein früher Tod verhinderte, werden wir auch bei dieser Auflage bewahren.

Berlin, im August 2013

Dr. Burkhard Hense   Dieter Ulrich

Vorwort der Herausgeber zur 1. Auflage

Ein neuer juristischer Kommentar zu einem schon lange bestehenden Gesetz findet kaum noch eine Lücke vor, die zu füllen er vorgeben kann; er trifft fast immer auf Vorgänger und kann deswegen nur versprechen, anders und besser zu sein.

Anders mit dem WPO-Kommentar, den wir vorlegen. Die WPO gibt es schon fast 50 Jahre – und dennoch hat sich bisher keine kommentarmäßige Bearbeitung gefunden. Es gibt nur eine Reihe von mehr oder weniger ausführlichen Gesamtdarstellungen zum Berufsrecht der Wirtschaftsprüfer (WP) und vereidigten Buchprüfer (vBP). Keine zusammenfassende Darstellung kann aber das leisten, was ein Kommentar zu leisten vermag.

Dass ein Kommentar zur WPO so lange auf sich hat warten lassen, hatte natürlich Gründe, die auch wir zuvor untersucht und bedacht haben.

In den ersten Jahren nach Erlass der WPO im Jahre 1961 war die Zahl der Berufsangehörigen noch recht gering; die Herausgabe eines Kommentars für das Berufsrecht eines so kleinen Kreises konnte für keinen Verlag attraktiv oder vertretbar erscheinen. Das hat sich aber geändert. Die Zahl der WP und vBP einschließlich der anderen Mitglieder der WPK, für die das Berufsrecht der WP und vBP gilt, liegt im Frühjahr 2008 bereits deutlich über 20.000 und hat damit die Größe erreicht, die einen Kommentar zur WPO auch wirtschaftlich vertretbar erscheinen lässt.

Das allein reichte als Erklärung aber nicht aus. Zum Berufsrecht der WP und vBP hat es vor allem in früheren Jahren nur sehr wenige gerichtliche Entscheidungen gegeben; damit war auch der „Stoff" für die wissenschaftliche Bearbeitung des Berufsrechts der WP und vBP entsprechend dürftig. Daraus zu schließen, dass es früher für WP und vBP keine berufsrechtlichen Probleme gegeben hätte, wäre allerdings unzutreffend. In der Vergangenheit hat man dazu im Allgemeinen nur nicht die juristische Auseinandersetzung gesucht, sondern etwaige Meinungsverschiedenheiten oder neu auftauchende Fragen in Gesprächen und Verhandlungen im Rahmen der beruflichen Selbstverwaltung, d.h. mit der Wirtschaftsprüferkammer zu klären versucht. Und dies ist im Allgemeinen dann auch gelungen.

Die Zahl der berufsgerichtlichen Verfahren und Entscheidungen hat in den letzten Jahren aber zugenommen und wird weiter zunehmen.

– Das hängt zum einen damit zusammen, dass Art und Umfang der berufsrechtlichen Regelungen, die der WP und vBP heute beachten muss, deutlich zugenommen haben. Dies lässt sich schon an den detaillierten Regelungen der §§ 57a ff WPO zur externen Qualitätskontrolle einschl. Teilnahmebescheinigung aus dem Jahre 2000 festmachen.

– Noch „mehr" wird allerdings die Verschärfung der Berufsaufsicht vor allem zu Abschlussprüfungen auslösen. In mehreren Stufen hat der Gesetzgeber – insbesondere unter dem Zwang von Vorgaben aus den USA und der EU – die Berufsaufsicht zu Abschlussprüfungen ausgebaut. Art und Umfang der Befugnisse und Sanktionsmöglichkeiten der Berufsaufsicht wurden drastisch ausgeweitet, und durch die Einrichtung der APAK dann dafür gesorgt, dass von den erweiterten Ermittlungs- und Sanktionsmöglichkeiten auch der entsprechende Gebrauch gemacht wird. Die Berufsaufsicht wird also in Zukunft für den Berufsangehörigen de iure wesentlich „strenger" und de facto deutlich „fühlbarer" – und damit sind nach der allgemeinen Erfahrung Konflikte vorprogrammiert.

Mit der Herausgabe dieses Kommentars wollen wir diese Entwicklung aufnehmen – insbesondere in der Absicht, dazu beizutragen, dass die jeweilige berufsrechtliche Situation für die

Berufsangehörigen und auch Dritte ein Stück transparenter wird. Das sollte helfen, dass in konkreten Konfliktfällen die berufsrechtlichen Konsequenzen voraussehbar, bzw. nachvollziehbar werden.

Diese Voraussehbarkeit und Transparenz kann (leider) noch nicht überall hergestellt werden. Bei den neueren Regelungsbereichen (z.b. externe Qualitätskontrolle) gibt es erst einige und bei den „ganz neuen" Bestimmungen (z.b. zu den anlassunabhängigen Sonderuntersuchungen) gibt es noch gar keine praktischen Erfahrungen – und Rechtsprechung dazu fehlt auch noch. Hier ist also noch manches offen, die rechtliche Entwicklung noch im Fluss. Die im Kommentar vertretene Auffassung zu diesen Fragen kann deswegen in vielen Fällen nicht das letzte Wort sein, soll aber das widerspiegeln, was der Berufsstand dazu meint. In diesen Teilen verfolgen wir deswegen auch das Ziel, im Interesse des Berufsstandes an der absehbaren Diskussion teilzunehmen und so die berufsrechtliche Entwicklung mit zu beeinflussen.

Die umfassende Kommentierung des Berufsrechts der WP und vBP wäre ohne die Kenntnisse und Erfahrungen, die sich im Laufe der langen Jahre bei der WPK angesammelt haben, nicht möglich gewesen. Diese Kenntnisse und Erfahrungen haben sich nicht nur in den Akten der WPK, sondern auch und gerade in den Köpfen ihrer Geschäftsführer und Referenten angesammelt. Es lag deswegen für uns nahe, die entsprechenden Mitarbeiterinnen und Mitarbeiter der WPK um ihre Mitwirkung an diesem Kommentar zu bitten, wobei wir natürlich vorzugsweise für abgeschlossene Bereiche wie Register, externe Qualitätskontrolle, Berufsaufsicht, anlassunabhängige Sonderuntersuchungen etc. die Mitarbeiter und Mitarbeiterinnen angesprochen haben, die in der WPK diese Bereiche verantworten oder (mit)betreuen.

Wir sind froh, dass unserer Bitte um Mitarbeit in so großem Maße entsprochen wurde und die für ein Sachgebiet „zuständigen" Referentinnen und Referenten sich zur Kommentierung „ihrer" Bestimmungen bereit erklärt haben. Das war keine Selbstverständlichkeit, weil gerade in den letzten Jahren angesichts der ständigen Änderung der WPO – seit 2000 hat es vier umfassende WPO-Novellen gegeben, die die WPK intensiv begleitet hat – die Arbeitsbelastung bei den Mitarbeitern der WPK außerordentlich hoch war. Wir möchten uns deswegen bei den Referentinnen und Referenten der WPK auch an dieser Stelle ganz ausdrücklich bedanken. In diesen Dank schließen wir ausdrücklich auch alle anderen Mitarbeiterinnen und Mitarbeiter der WPK ein, die dazu beigetragen haben, dass dieser Kommentar erscheinen konnte.

Ein besonderer Dank gilt Herrn Dr. Bernd Pickel, Präsident des Landgerichts Berlin, der weitgehend die berufsgerichtlichen Bestimmungen bearbeitet hat. Es gibt kaum einen Berufeneren dafür, ist doch das LG Berlin in Disziplinarfällen von WP und vBP wegen des Sitzes der WPK in Berlin die erste Instanz und Herr Dr. Pickel der Vorsitzende Richter der dafür zuständigen Kammer.

Dieser Kommentar wäre ohne Herrn Peter Maxl nicht erschienen. Er hat die Gesamtredaktion für den Kommentar übernommen. Dies lag zwar nahe, nachdem alle Autoren – abgesehen von Herrn Dr. Pickel – Referentinnen und Referenten der WPK sind und Herr Maxl der zuständige Geschäftsführer der WPK für den Bereich des Berufsrechts ist. Dennoch hätte er gute Gründe anführen können, dass und warum er diese Aufgabe nicht auch noch schultern könnte. Dafür, dass er sich zur Übernahme der Gesamtredaktion bereit erklärt und wie er dann diese Aufgabe abgearbeitet hat, sind wir zutiefst dankbar.

Neben den „Hauptamtlichen" haben wir aber auch darauf Wert gelegt, die Meinung von ehrenamtlich tätigen Berufskollegen zu der Kommentierung verschiedener Bereiche einzuholen. Die Hinweise und Anregungen, die daraufhin eingegangen sind, waren für alle Beteiligten wichtig und nützlich.

Vorwort

Ein uns ganz wichtiger Hinweis zum Schluss zum Gebrauch von „WP" und „vBP" im Kommentar.

Die WPO erwähnt in den §§ 1 – 127 bis auf wenige Ausnahmen nur den „WP" und erst ab den §§ 128 ff. auch den „vBP". Es ist deswegen juristisch korrekt, in der Kommentierung zu den §§ 1 – 127 nur den „WP" zu erwähnen, nicht aber den „vBP". Diese formale Betrachtung war für uns aber nicht entscheidend. Nachdem § 130 Abs. 1 für fast alle Vorschriften der §§ 1 – 127 die entsprechende Anwendung für vBP anordnet, hätte man bei den für vBP entsprechend geltenden Vorschriften nach „WP" als juristisch korrekten Klammerzusatz „(gem. § 130 I entsprechend anwendbar für vBP)" hinzufügen können. Das hätte aber nur einige Seiten mehr ohne echten Nutzen gefüllt. Wir haben uns deswegen dafür entschieden, in den §§ 1-127 grds. nur den „WP" zu erwähnen, nicht jedoch den „vBP", ohne damit die entsprechende Anwendung dieser Bestimmungen auf den vBP oder die Bedeutung des vBP für die WPO als Berufsrecht der WP und vBP zu relativieren. Das gilt entsprechend für die WPG und die BPG.

Berlin, im April 2008

Dr. Burkhard Hense   Dieter Ulrich

Vorwort des Präsidenten der WPK zur 2. Auflage

Das Geleitwort zur ersten Auflage verfasste der Vorsitzer des Beirates der WPK, Hubert Graf von Treuberg, weil sich der damalige Präsident, Herr Dieter Ulrich, als Mitherausgeber des Kommentars in einer „Doppelfunktion" befunden hätte. Graf von Treuberg stellte 2008 noch fest, die WPK habe es immer als Mangel empfunden, dass es zur WPO und damit zum Berufsrecht der WP und vBP keinen Kommentar gab. Nach fünf Jahren praktischer Arbeit mit der ersten Auflage kann ich jetzt hieran anknüpfen und allen Beteiligten dafür danken, dass das Werk fortgeschrieben wurde. Es ist zu einem unverzichtbaren Begleiter in der täglichen Berufsarbeit geworden.

Der WPO Kommentar von Hense/Ulrich bietet allen Berufsangehörigen Hilfestellung und Rückhalt. Er kommentiert die für alle Freiberufler geltenden allgemeinen Berufsgrundsätze und natürlich auch die Spezifika, wie sie sich für Wirtschaftsprüfer und vereidigte Buchprüfer insbesondere auch aus den Vorbehaltsaufgaben zur Durchführung gesetzlicher Abschlussprüfungen ergeben. Die verschiedensten berufsrechtlichen Fragestellungen – nicht zuletzt auch aus der Berufsaufsicht und der Qualitätskontrolle sowie durch internationale Entwicklungen beeinflusst – laufen bei der WPK zusammen. Der Aufgabenbereich der WPK ist entsprechend umfassend und damit auch das Wissen und der Erfahrungsschatz der Mitarbeiterinnen und Mitarbeiter, von denen sich viele der Herausforderung gestellt haben, dieses Know-how in einem Gemeinschaftswerk zusammenzuführen. Sie finden dabei nicht nur Kommentierungen zu den beruflichen Kernpflichten, sondern auch zu Praktikerthemen wie zum Recht der Auftragsverhältnisse und zu den Gesellschaftsverträgen bei Sozietäten und Berufsgesellschaften.

Im Namen des gesamten Berufsstands danke ich den Herausgebern und Autoren. Vielen Dank auch an den Verlag und allen anderen, die durch Sekretariatsarbeiten und Lektoratsarbeiten zum Erscheinen der Neuauflage des Hense/Ulrich beigetragen haben.

Berlin, im August 2013

Claus C. Securs

Präsident der WPK

Inhaltsverzeichnis der Kommentierung

Einleitung 7

1. Teil Allgemeine Vorschriften 39
- § 1 Wirtschaftsprüfer und Wirtschaftsprüfungsgesellschaften ... 39
- § 2 Inhalt der Tätigkeit 49
- § 3 Berufliche Niederlassung 57
- § 4 Wirtschaftsprüferkammer 69
- § 4a Verfahren über eine einheitliche Stelle 77
- § 4b Frist für den Erlass von Verwaltungsakten 79

2. Teil Voraussetzungen für die Berufsausübung 83

Erster Abschnitt: Zulassung zur Prüfung 83
- § 5 Prüfungsstelle, Rechtsschutz 83
- § 6 Verbindliche Auskunft 87
- § 7 Antrag auf Zulassung zur Prüfung 89
- § 8 Voraussetzungen für die Zulassung (Vorbildung) 91
- § 8a Anerkannte Hochschulausbildungsgänge, Rechtsverordnung . 94
- § 9 Voraussetzungen für die Zulassung (Prüfungstätigkeit) 100
- § 10 (aufgehoben) 108
- § 10a (aufgehoben) 108
- § 11 (aufgehoben) 108
- § 11a (aufgehoben) 108

Zweiter Abschnitt: Prüfung 108
- § 12 Prüfungskommission und Gliederung der Prüfung 108
- § 13 Verkürzte Prüfung für Steuerberater 116
- § 13a Verkürzte Prüfung für vereidigte Buchprüfer 117
- § 13b Verkürzte Prüfung nach Anrechnung gleichwertiger Prüfungsleistungen, Rechtsverordnung 117
- § 14 Einzelheiten des Prüfungsverfahrens 121
- § 14a Zulassungsgebühr, Prüfungsgebühr 121
- §§ 14b und 14c (aufgehoben) 124

Dritter Abschnitt: Bestellung 124
- § 15 Bestellungsbehörde und Gebühren 124
- § 16 Versagung der Bestellung 130
- § 16a Ärztliches Gutachten im Bestellungsverfahren 141
- § 17 Berufsurkunde und Berufseid 146
- § 18 Berufsbezeichnung 149
- § 19 Erlöschen der Bestellung 162
- § 20 Rücknahme und Widerruf der Bestellung 165
- § 20a Ärztliches Gutachten im Widerrufsverfahren 197
- § 21 Zuständigkeit 200
- § 22 (aufgehoben) 201
- § 23 Wiederbestellung 201
- § 24 (aufgehoben) 208

Vierter Abschnitt: (aufgehoben) 208
Fünfter Abschnitt: Wirtschaftsprüfungsgesellschaften 208
Vorbemerkungen zu §§ 27-34 208
§ 27   Rechtsform 221
§ 28   Voraussetzungen für die Anerkennung 226
§ 29   Zuständigkeit und Verfahren 252
§ 30   Änderungsanzeige 257
§ 31   Bezeichnung „Wirtschaftsprüfungsgesellschaft". 259
§ 32   Bestätigungsvermerke 266
§ 33   Erlöschen der Anerkennung......................... 275
§ 34   Rücknahme und Widerruf der Anerkennung 280
§ 35   (aufgehoben) 286
§ 36   (aufgehoben) 286
Sechster Abschnitt: Allgemeine Vorschriften für das
Verwaltungsverfahren...................................... 286
§ 36a Untersuchungsgrundsatz, Mitwirkungspflicht,
       Übermittlung personenbezogener Daten 286
Siebenter Abschnitt: Berufsregister........................ 293
§ 37   Registerführende Stelle 293
§ 38   Eintragung 296
§ 39   Löschung 307
§ 40   Verfahren 309
§ 40a Register für genossenschaftliche Prüfungsverbände und
       Prüfungsstellen der Sparkassen- und Giroverbände 311
Achter Abschnitt: Verwaltungsgerichtliches Verfahren 314
§ 41   Unmittelbare Klage gegen Bescheide der Wirtschafts-
       prüferkammer..................................... 314
§ 42   (aufgehoben) 316

3. Teil   Rechte und Pflichten der Wirtschaftsprüfer................ 317
Vorbemerkungen zu §§ 43 ff. 317
§ 43   Allgemeine Berufspflichten 329
§ 43a Regeln der Berufsausübung.......................... 429
§ 44   Eigenverantwortliche Tätigkeit 460
§ 44a Wirtschaftsprüfer im öffentlich-rechtlichen Dienst- oder
       Amtsverhältnis.................................... 464
§ 44b Gemeinsame Berufsausübung, Außen- und Scheinsozietät... 468
§ 45   Prokuristen....................................... 497
§ 46   Beurlaubung 502
§ 47   Zweigniederlassungen 508
§ 48   Siegel 511
§ 49   Versagung der Tätigkeit............................. 521
§ 50   Verschwiegenheitspflicht der Gehilfen 558
Vorbemerkungen zu § 51................................. 563
§ 51   Mitteilung der Ablehnung eines Auftrages 583

	§ 51a (aufgehoben)	586
	§ 51b Handakten	586
	§ 52 Werbung	617
	§ 53 Wechsel des Auftraggebers	632
	§ 54 Berufshaftpflichtversicherung	638
	§ 54a Vertragliche Begrenzung von Ersatzansprüchen	653
	§ 55 Vergütung	662
	§ 55a Erfolgshonorar für Hilfeleistung in Steuersachen	679
	§ 55b Qualitätssicherungssystem	685
	§ 55c Transparenzbericht	692
	§ 56 Anwendung der Vorschriften über die Rechte und Pflichten der Wirtschaftsprüfer auf Wirtschaftsprüfungsgesellschaften	705
4. Teil	**Organisation des Berufs**	**709**
	§ 57 Aufgaben der Wirtschaftsprüferkammer	709
	Vorbemerkungen zu §§ 57a ff. (Qualitätskontrollverfahren)	744
	§ 57a Qualitätskontrolle	749
	§ 57b Verschwiegenheitspflicht und Verantwortlichkeit	792
	§ 57c Satzung für Qualitätskontrolle	794
	§ 57d Mitwirkungspflichten	798
	§ 57e Kommission für Qualitätskontrolle	800
	§ 57f (aufgehoben)	811
	§ 57g Freiwillige Qualitätskontrolle	811
	Vorbemerkungen zur Qualitätskontrolle bei Prüfungsstellen der Sparkassen- und Giroverbände sowie genossenschaftlichen Prüfungsverbänden (§ 57h und Anhang)	812
	§ 57h Qualitätskontrolle bei Prüfungsstellen der Sparkassen- und Giroverbände	812
	Anhang zu § 57h WPO Qualitätskontrolle für genossenschaftliche Prüfungsverbände (§§ 63e-63g GenG)	815
	§ 63e GenG Qualitätskontrolle für Prüfungsverbände	815
	§ 63f GenG Prüfer für Qualitätskontrolle	819
	§ 63g GenG Durchführung der Qualitätskontrolle	821
	§ 58 Mitgliedschaft	823
	§ 59 Organe, Kammerversammlungen	827
	§ 59a Abteilungen des Vorstandes und der Kommission für Qualitätskontrolle	835
	§ 60 Satzung, Wirtschaftsplan	839
	§ 61 Beiträge und Gebühren	842
5. Teil	**Berufsaufsicht**	**851**
	§ 61a Zuständigkeit	851
	§ 62 Pflicht zum Erscheinen vor der Wirtschaftsprüferkammer, Auskunfts- und Vorlagepflichten, Betretens- und Einsichtsrecht	865

§ 62a Zwangsgeld bei Verletzung von Mitwirkungspflichten 886
§ 62b Anlassunabhängige Sonderuntersuchungen................ 893
§ 63 Rügerecht des Vorstandes 903
§ 63a Antrag auf berufsgerichtliche Entscheidung 925
§ 64 Pflicht der Mitglieder des Vorstandes, des Beirates und
der Ausschüsse zur Verschwiegenheit 935
§ 65 Arbeitsgemeinschaft für das wirtschaftliche Prüfungswesen . 941
§ 66 Staatsaufsicht....................................... 943
§ 66a Abschlussprüferaufsicht.............................. 945
§ 66b Verschwiegenheit; Schutz von Privatgeheimnissen......... 968

6. Teil Berufsgerichtsbarkeit 973

Erster Abschnitt: Die berufsgerichtliche Ahndung von Pflichtverletzungen 973
Vorbemerkungen zu §§ 67 ff. 973
§ 67 Ahndung einer Pflichtverletzung....................... 976
§ 68 Berufsgerichtliche Maßnahmen........................ 981
§ 68a Untersagungsverfügung, Verfahren 986
§ 69 Rüge und berufsgerichtliche Maßnahme................. 988
§ 69a Anderweitige Ahndung 991
§ 70 Verjährung der Verfolgung einer Pflichtverletzung......... 997
§ 71 Vorschriften für Mitglieder der Wirtschaftsprüferkammer,
die nicht Wirtschaftsprüfer sind........................ 1006

Zweiter Abschnitt: Die Gerichte 1008
§ 72 Kammer für Wirtschaftsprüfersachen 1008
§ 73 Senat für Wirtschaftsprüfersachen beim Oberlandesgericht .. 1010
§ 74 Senat für Wirtschaftsprüfersachen beim Bundesgerichtshof.. 1011
§ 75 Wirtschaftsprüfer als Beisitzer......................... 1012
§ 76 Voraussetzungen für die Berufung zum Beisitzer
und Recht zur Ablehnung............................ 1014
§ 77 Enthebung vom Amt des Beisitzers..................... 1015
§ 78 Stellung der ehrenamtlichen Richter und Pflicht
zur Verschwiegenheit................................ 1016
§ 79 Reihenfolge der Teilnahme an den Sitzungen 1018
§ 80 Entschädigung der ehrenamtlichen Richter............... 1019

Dritter Abschnitt: Verfahrensvorschriften 1021
1. Allgemeines 1021
§ 81 Vorschriften für das Verfahren......................... 1021
§ 82 Keine Verhaftung des Wirtschaftsprüfers 1022
§ 82a Verteidigung.. 1023
§ 82b Akteneinsicht; Beteiligung der Wirtschaftsprüferkammer ... 1025
§ 83 Verhältnis des berufsgerichtlichen Verfahrens zum Straf- oder
Bußgeldverfahren................................... 1027
§ 83a Verhältnis des berufsgerichtlichen Verfahrens zu den Verfahren
anderer Berufsgerichtsbarkeiten 1031

§ 83b	Aussetzung des berufsgerichtlichen Verfahrens	1038
§ 83c	Wiederaufnahme des berufsgerichtlichen Verfahrens	1042

2. Das Verfahren im ersten Rechtszug 1043

§ 84	Mitwirkung der Staatsanwaltschaft	1043
§ 84a	Unterrichtung der Staatsanwaltschaft und der Wirtschaftsprüferkammer	1044
§ 85	Einleitung des berufsgerichtlichen Verfahrens	1047
§ 86	Gerichtliche Entscheidung über die Einleitung des Verfahrens	1048
§ 87	Antrag des Wirtschaftsprüfers auf Einleitung des berufsgerichtlichen Verfahrens	1049
§§ 88 bis 93 (aufgehoben)		1052
§ 94	Inhalt der Anschuldigungsschrift	1052
§ 95	Entscheidung über die Eröffnung des Hauptverfahrens	1053
§ 96	Rechtskraftwirkung eines ablehnenden Beschlusses	1054
§ 97	Zustellung des Eröffnungsbeschlusses	1055
§ 98	Hauptverhandlung trotz Ausbleibens des Wirtschaftsprüfers	1056
§ 99	Nichtöffentliche Hauptverhandlung	1057
§ 100	(aufgehoben)	1061
§ 101	Beweisaufnahme durch einen ersuchten Richter	1061
§ 102	Verlesen von Protokollen	1063
§ 103	Entscheidung	1064

3. Die Rechtsmittel 1066

§ 104	Beschwerde	1066
§ 105	Berufung	1067
§ 106	Mitwirkung der Staatsanwaltschaft vor dem Senat für Wirtschaftsprüfersachen	1069
§ 107	Revision	1069
§ 107a	Einlegung der Revision und Verfahren	1072
§ 108	Mitwirkung der Staatsanwaltschaft vor dem Bundesgerichtshof	1073

4. Die Sicherung von Beweisen 1073

§ 109	Anordnung der Beweissicherung	1073
§ 110	Verfahren	1075

5. Das vorläufige Tätigkeits- und Berufsverbot 1077

§ 111	Voraussetzung des Verbotes	1077
§ 112	Mündliche Verhandlung	1080
§ 113	Abstimmung über das Verbot	1081
§ 114	Verbot im Anschluss an die Hauptverhandlung	1081
§ 115	Zustellung des Beschlusses	1082
§ 116	Wirkungen des Verbotes	1082
§ 117	Zuwiderhandlungen gegen das Verbot	1083
§ 118	Beschwerde	1084
§ 119	Außerkrafttreten des Verbotes	1086

§ 120 Aufhebung des Verbotes 1087
§ 120a Mitteilung des Verbotes 1088
§ 121 Bestellung eines Vertreters 1088
6. Das vorläufige Untersagungsverfahren 1092
§ 121a Voraussetzung des Verfahrens 1092
Vierter Abschnitt: Die Kosten in dem berufsgerichtlichen Verfahren und in dem Verfahren bei Anträgen auf berufsgerichtliche Entscheidung über die Rüge.
Die Vollstreckung der berufsgerichtlichen Maßnahmen und der Kosten.
Die Tilgung 1094
§ 122 Gerichtskosten 1094
§ 123 Kosten bei Anträgen auf Einleitung des berufsgerichtlichen Verfahrens 1095
§ 124 Kostenpflicht des Verurteilten 1095
§ 124a Kostenpflicht in dem Verfahren bei Anträgen auf berufsgerichtliche Entscheidung über die Rüge 1098
§ 125 Haftung der Wirtschaftsprüferkammer 1100
§ 126 Vollstreckung der berufsgerichtlichen Maßnahmen und der Kosten 1101
§ 126a Tilgung 1102
Fünfter Abschnitt: Anzuwendende Vorschriften 1107
§ 127 1107

7. Teil **Vereidigte Buchprüfer und Buchprüfungsgesellschaften** 1111
Vorbemerkung zu §§ 128 ff. 1111
§ 128 Berufszugehörigkeit und Berufsbezeichnung 1114
§ 129 Inhalt der Tätigkeit 1116
§ 130 Anwendung von Vorschriften des Gesetzes 1118
§§ 131 bis 131d (aufgehoben) 1121
8. Teil **(aufgehoben)** 1121
9. Teil **Eignungsprüfung als Wirtschaftsprüfer** 1123
§ 131g Zulassung zur Eignungsprüfung als Wirtschaftsprüfer 1123
§ 131h Eignungsprüfung als Wirtschaftsprüfer 1127
§ 131i Anwendung des Berufsqualifikationsfeststellungsgesetzes .. 1130
§ 131j (aufgehoben) 1130
§ 131k Bestellung 1130
§ 131l Rechtsverordnung 1131
§ 131m Bescheinigungen des Heimat- oder Herkunftsmitgliedstaats . 1131
§ 131n (aufgehoben) 1132
10. Teil **Straf- und Bußgeldvorschriften** 1133
§ 132 Verbot verwechselungsfähiger Berufsbezeichnungen; Siegelimitate 1133

§ 133 Schutz der Bezeichnung „Wirtschaftsprüfungsgesellschaft"
und „Buchprüfungsgesellschaft" 1136
§ 133a Unbefugte Ausübung einer Führungsposition bei dem
geprüften Unternehmen 1138
§ 133b Unbefugte Verwertung fremder Betriebs- und Geschäftsgeheimnisse. 1139
§ 133c Unbefugte Offenbarung fremder Betriebs- oder Geschäftsgeheimnisse. 1139
§ 133d Verwaltungsbehörde 1142
§ 133e Verwendung der Geldbußen 1142

11. Teil Übergangs- und Schlussvorschriften....................... 1145
§ 134 Anwendung von Vorschriften dieses Gesetzes auf
Abschlussprüfer, Abschlussprüferinnen und
Abschlussprüfungsgesellschaften aus Drittstaaten......... 1145
§ 134a Übergangsregelung............................... 1152
§ 135 Übergangsregelung für § 14a 1156
§ 136 Übergangsregelung für § 57a Abs. 6 Satz 8 1157
§ 136a (aufgehoben).................................... 1159
§ 137 Übergangsregelung für § 57 Abs. 4 Nr. 1 Buchstabe e und i . 1159
§ 137a (aufgehoben).................................... 1160
§ 138 Behandlung schwebender Anträge und Verfahren 1160
§ 139 Übergangsregelung zur Behandlung schwebender Anträge
und Verfahren im Rahmen des Zuständigkeitswechsels
zum 1. Januar 2004............................... 1160
§ 139a Übergangsregelung zur Behandlung schwebender Anträge
und Verfahren im Rahmen des Zulassungs- und Prüfungsverfahrens nach den bis zum 31. Dezember 2003 geltenden
§§ 131 bis 131d und §§ 131i und 131j 1161
§ 139b Übergangsregelung für den bis zum 31. Dezember 2003
geltenden § 51a................................. 1165
§ 140 Übergangsregelung für § 43 Abs. 3, § 133a 1167
§ 141 Inkrafttreten 1167

Gesetz über eine Berufsordnung der Wirtschaftsprüfer (Wirtschaftsprüferordnung)

Vom 24. Juli 1961 (BGBl. I, 1049)
unter Berücksichtigung der Änderungen durch

*das Gesetz zur Änderung der Strafprozessordnung und
des Gerichtsverfassungsgesetzes
(StPÄG)
vom 19. Dezember 1964 (BGBl. I, 1067),*

*das Einführungsgesetz zum Gesetz über Ordnungswidrigkeiten
(EGOWiG)
vom 24. Mai 1968 (BGBl. I, 503),*

*das Gesetz zur Änderung von Kostenermächtigungen,
sozialversicherungsrechtlichen und anderen Vorschriften
(Kostenermächtigungs-Änderungsgesetz)
vom 23. Juni 1970 (BGBl. I, 805),*

*das Einführungsgesetz zum Strafgesetzbuch
(EGStGB)
vom 2. März 1974 (BGBl. I, 469),*

*das Gesetz zur Ergänzung des Ersten Gesetzes zur Reform des
Strafverfahrensrechts
vom 20. Dezember 1974 (BGBl. I, 3686),*

*das Gesetz zur Änderung der Wirtschaftsprüferordnung und anderer Gesetze
vom 20. August 1975 (BGBl. I, 2258),*

*das Gesetz zur Bereinigung wirtschaftsrechtlicher Vorschriften
vom 27. Februar 1985 (BGBl. I, 457),*

*das Gesetz zur Durchführung der Vierten, Siebenten und Achten Richtlinie
des Rates der Europäischen Gemeinschaften zur Koordinierung des Gesellschaftsrechts
(Bilanzrichtlinien-Gesetz - BiRiLiG)
vom 19. Dezember 1985 (BGBl. I, 2355),*

*das Erste Gesetz zur Bereinigung des Verwaltungsverfahrensrechts
vom 18. Februar 1986 (BGBl. I, 265),*

*das Erste Rechtsbereinigungsgesetz
vom 24. April 1986 (BGBl. I, 560),*

*das Zweite Gesetz zur Änderung der Wirtschaftsprüferordnung
vom 20. Juli 1990 (BGBl. I, 1462),*

das Gesetz zu dem Vertrag
vom 31. August 1990 zwischen der Bundesrepublik Deutschland und
der Deutschen Demokratischen Republik,
über die Herstellung der Einheit Deutschlands - Einigungsvertragsgesetz - und
der Vereinbarung vom 18. September 1990
vom 23. September 1990 (BGBl. II, 885),

das Rechtspflege-Vereinfachungsgesetz
vom 17. Dezember 1990 (BGBl. I, 2847),

das Gesetz zur Ausführung des Abkommens vom 2. Mai 1992
über den Europäischen Wirtschaftsraum
(EWR-Ausführungsgesetz)
vom 27. April 1993 (BGBl. I, 512),

das Dritte Gesetz zur Änderung der Wirtschaftsprüferordnung
vom 15. Juli 1994 (BGBl. I, 1569),

das Gesetz zur Schaffung von Partnerschaftsgesellschaften und
zur Änderung anderer Gesetze
vom 25. Juli 1994 (BGBl. I, 1747),

das Gesetz zu dem Übereinkommen vom 15. April 1994
zur Errichtung der Welthandelsorganisation und zur Änderung anderer Gesetze
vom 30. August 1994 (BGBl. II, 1438),

das Einführungsgesetz zur Insolvenzordnung (EG-InsO)
vom 5. Oktober 1994 (BGBl. I, 2911),

das Gesetz zur Kontrolle und Transparenz im Unternehmensbereich (KonTraG)
vom 27. April 1998 (BGBl. I, 786),

das Dritte Gesetz zur Änderung der Bundesnotarordnung und anderer Gesetze
vom 31. August 1998 (BGBl. I, 2585),

das Gesetz zur Änderung der Bundesrechtsanwaltsordnung,
der Patentanwaltsordnung und anderer Gesetze
vom 31. August 1998 (BGBl. I, 2600),

das Gesetz zur Durchführung der Richtlinie des Rates der Europäischen Union
zur Änderung der Bilanz- und Konzernbilanzrichtlinien
hinsichtlich ihres Anwendungsbereiches (90/605/EWG),
zur Verbesserung der Offenlegung von Jahresabschlüssen und
zur Änderung anderer handelsrechtlicher Bestimmungen
(Kapitalgesellschaften- und Co.- Richtlinie-Gesetz - KapCoRiLiG)
vom 24. Februar 2000 (BGBl. I, 154),

das Gesetz zur Änderung von Vorschriften über die Tätigkeit der Wirtschaftsprüfer
(Wirtschaftsprüferordnungs-Änderungsgesetz - WPOÄG)
vom 19. Dezember 2000 (BGBl. I, 1769),

das Gesetz zur Beendigung der Diskriminierung
gleichgeschlechtlicher Gemeinschaften: Lebenspartnerschaften
vom 16. Februar 2001 (BGBl. I, 266),

das Gesetz zur Anpassung bilanzrechtlicher Bestimmungen an die Einführung des Euro,
zur Erleichterung der Publizität für Zweigniederlassungen ausländischer Unternehmen
sowie zur Einführung einer Qualitätskontrolle für genossenschaftliche Prüfungsverbände
(Euro-Bilanzgesetz - EuroBilG)
vom 10. Dezember 2001 (BGBl. I, 3414),

das Gesetz zur Änderung der Strafprozessordnung
vom 15. Februar 2002 (BGBl. I, 682),

das Gesetz zur Gleichstellung behinderter Menschen und zur Änderung anderer Gesetze
vom 27. April 2002 (BGBl. I, 1467),

das Dritte Gesetz zur Änderung verwaltungsverfahrensrechtlicher Vorschriften
vom 21. August 2002 (BGBl. I, 3322),

das Gesetz zur Änderung des Gesetzes über die Tätigkeit
europäischer Rechtsanwälte in Deutschland
und weiterer berufsrechtlicher Vorschriften für Rechts- und Patentanwälte,
Steuerberater und Wirtschaftsprüfer
vom 26. Oktober 2003 (BGBl. I, 2074),

die Achte Zuständigkeitsanpassungsverordnung
vom 25. November 2003 (BGBl. I, 2304),

das Gesetz zur Reform des Zulassungs- und Prüfungsverfahrens des
Wirtschaftsprüfungsexamens
(Wirtschaftsprüfungsexamens-Reformgesetz - WPRefG)
vom 1. Dezember 2003 (BGBl. I, 2446),

das Gesetz zur Modernisierung des Kostenrechts
(Kostenrechtsmodernisierungsgesetz - KostRMoG)
vom 5. Mai 2004 (BGBl. I, 718),

das Gesetz zur optionalen Trägerschaft von Kommunen
nach dem Zweiten Buch Sozialgesetzbuch
(Kommunales Optionsgesetz)
vom 30. Juli 2004 (BGBl. I, 2014),

das Gesetz zur Kontrolle von Unternehmensabschlüssen
(Bilanzkontrollgesetz - BilKoG)
vom 15. Dezember 2004 (BGBl. I, 3408),

das Gesetz zur Vereinfachung und Vereinheitlichung der Verfahrensvorschriften
zur Wahl und Berufung ehrenamtlicher Richter
vom 21. Dezember 2004 (BGBl. I, 3599),

das Gesetz zur Fortentwicklung der Berufsaufsicht
über Abschlussprüfer in der Wirtschaftsprüferordnung
(Abschlussprüferaufsichtsgesetz - APAG)
vom 27. Dezember 2004 (BGBl. I, 3846),

die Neunte Zuständigkeitsanpassungsverordnung
(9. ZustAnpV)
vom 31. Oktober 2006 (BGBl. I, 2407),

das Zweite Gesetz zur Modernisierung der Justiz
(2. Justizmodernisierungsgesetz)
vom 22. Dezember 2006 (BGBl. I, 3416),

das Gesetz zur Stärkung der Berufsaufsicht und
zur Reform berufsrechtlicher Regelungen in der Wirtschaftsprüferordnung
(Berufsaufsichtsreformgesetz - BARefG)
vom 3. September 2007 (BGBl. I, 2178),

das Gesetz zur Reform des Versicherungsvertragsrechts
vom 23. November 2007 (BGBl. I, 2631),

das Gesetz zur Neuregelung des Verbots der Vereinbarung
von Erfolgshonoraren
vom 12. Juni 2008 (BGBl. I, 1000),

das Gesetz zur Reform des Verfahrens in Familiensachen
und in den Angelegenheiten der freiwilligen Gerichtsbarkeit
(FGG-Reformgesetz)
vom 17.12.2008 (BGBl. I, 2586),

das Gesetz zur Modernisierung des Bilanzrechts
(Bilanzrechtsmodernisierungsgesetz – BilMoG)
vom 25. Mai 2009 (BGBl. I, 1102),

das Gesetz zur Umsetzung der Dienstleistungsrichtlinie im Gewerberecht und
in weiteren Rechtsvorschriften
vom 17. Juli 2009 (BGBl. I, 2091),

das Gesetz zur Reform der Sachaufklärung in der Zwangsvollstreckung
vom 29. Juli 2009 (BGBl. I, 2258),

das Gesetz zur Änderung des Untersuchungshaftrechts
(UHaftRÄndG)
vom 29. Juli 2009 (BGBl. I, 2274),

das Vierte Gesetz zur Änderung der Wirtschaftsprüferordnung –
Wahlrecht der Wirtschaftsprüferkammer
vom 2. Dezember 2010 (BGBl. I, 1746),

das Gesetz zur Umsetzung der Dienstleistungsrichtlinie
in der Justiz und zur Änderung weiterer Vorschriften
vom 22. Dezember 2010 (BGBl. I, 2248),

das Gesetz zur Verbesserung der Feststellung und Anerkennung
im Ausland erworbener Berufsqualifikationen
vom 6. Dezember 2011 (BGBl. I, 2515),

das Gesetz zur Stärkung der Rechte
von Opfern sexuellen Missbrauchs
(StORMG)
vom 26. Juni 2013 (BGBl. I, 1805),

das Gesetz zur Einführung einer Partnerschaftsgesellschaft
mit beschränkter Berufshaftung und zur Änderung
des Berufsrechts der Rechtsanwälte, Patentanwälte,
Steuerberater und Wirtschaftsprüfer
vom 15. Juli 2013 (BGBl. I, 2386),

das Gesetz zur Strukturreform des
Gebührenrechts des Bundes
vom 7. August 2013 (BGBl. I, 3154).

Einleitung

Die Einleitung gibt einen allgemeinen Überblick über das Berufsrecht der WP. Sie beschreibt den rechtlichen Rahmen, den das Grundgesetz für das Berufsrecht der WP setzt, nennt die in diesem Rahmen geltenden Regelungen einschließlich ihres Verhältnis untereinander und ergänzt dies durch einen kurzen Abriss der rechtlichen Entwicklung seit der Entstehung des Berufes. Sie schließt mit einer Umschreibung des persönlichen und sachlichen Geltungsbereichs des Berufsrechts, bei der auch die Tendenz in der Rechtsprechung, das Berufsrecht auf einen „Kernbereich" der Berufstätigkeit des WP zu begrenzen, dargestellt und kritisch gewürdigt wird.

Die von Hense in der ersten Auflage verfasste Einleitung hat für die zweite Auflage Maxl übernommen. Da es seit der 7. WPO-Novelle 2007 bis auf das Thema „Beiratswahlen" keine größeren WPO-Änderungen gab (vgl. insoweit Rn. 79), sind zusätzlich die im Berufsstand diskutierten und zum Teil auch schon beim zuständigen Ministerium hinterlegten weiteren Änderungsvorstellungen zur WPO dargestellt. Sie könnten im Rahmen der nächsten WPO-Novelle relevant werden.

Inhaltsübersicht Rn.

I. Die WPO als Regelung der Berufsausübung 1–14
   1. Grundsatz der Berufsfreiheit (Art. 12 GG) 1–4
   2. Grundsatz der Verhältnismäßigkeit 5–7
   3. Formelle Anforderungen an Regelungen der Berufsausübung.... 8–11
   4. Gleichheitsgebot (Art. 3 GG) 12–14
II. Das Berufsrecht der WP 15–59
   1. WPO 15–17
   2. Berufsrecht „unterhalb" der WPO 18–26
      a) Verordnungen 21–23
      b) Satzungsrecht...................................... 24–26
   3. Regelungen „oberhalb" der WPO 27–32
      a) Nationales Recht 28–29
      b) EU-Recht 30–32
   4. Regelungen „neben" der WPO 33–45
      a) Allgemeine Regelungen für WP in anderen Bundesgesetzen.. 34–37
      b) Begründung von Vorbehaltsaufgaben für WP in anderen Bundesgesetzen 38–43
      c) Verhältnis der anderen Bundesgesetze zum Berufsrecht der WP.. 44–45
   5. Andere Regelungen ohne Normcharakter................... 46–58
      a) (Frühere) Berufsrichtlinien, Hinweise u.a. der WPK 47–49
      b) IDW-Standards 50–52
      c) Internationale Standards 53–55
      d) VO 1/2006... 56–58
   6. WPO im Verhältnis zum Zivilrecht und zum UWG 59

III. Entwicklungsgeschichte und Weiterentwicklung des Berufsrechts
   der WP 60–89
   1. Entwicklung bis zur WPO 62–65
      a) Die Jahre 1931 – 1945 62–64
      b) Die Jahre 1945 – 1961   65
   2. Erlass der WPO im Jahre 1961 66–68
   3. Änderungen der WPO nach dem Erlass 69–80
      a) Wesentliche Änderungen der WPO seit 1961 69–79
      b) Allgemeine Tendenzen des Berufsrechts seit 1961   80
   4. Perspektivische WPO-Änderungen 81–89
      a) Berufsaufsichtssystem 82–83
      b) Transparenz in der Berufsaufsicht 84–85
      c) Honorarordnung/qualitätssichernde Entgeltregelung 86–87
      d) Wahlrecht in der WPK (Beiratswahlen) 88–89
IV. Geltungsbereich des Berufsrechts der WP 90–145
   1. Erfasste Personen und Gesellschaften 91–98
      a) Allgemeiner Adressatenkreis 91–94
      b) Sonderfälle 95–98
   2. Erfasste Tätigkeiten 99–145
      a) Nur-WP 103–124
      b) Mehr-Bänder-WP 125–145

I. Die WPO als Regelung der Berufsausübung

1. Grundsatz der Berufsfreiheit (Art. 12 GG)

1 Alle Deutschen haben nach Art. 12 Abs. 1 Satz 1 GG das Recht, ihren Beruf frei zu wählen (**sog. Grundsatz der Berufsfreiheit**). Die Berufsausübung kann aber nach Art. 12 Abs. 1 Satz 2 GG durch Gesetz o. aufgrund eines Gesetzes geregelt werden. Neben der Handwerksordnung sind die Berufsrechte der Freien Berufe einschließl. der WPO die typischen Berufsausübungsregelungen i.S.d. Art. 12 Abs. 1 Satz 2 GG.

2 **Regelungen der Berufsausübung** sind nicht darauf beschränkt, ledigl. die Ausübung des frei gewählten Berufes zu reglementieren; sie können sich auch darauf erstrecken, den Zugang zu einem Beruf zu regulieren u. deswegen im Ergebnis das Recht, einen Beruf frei zu wählen, beschränken (so das BVerfG seit dem sog. Apothekenurteil v. 11.6.1958, BVerfGE 7, 377, in ständiger Rspr.; erläuternd Kämmerer in v. Münch/Kunig, GGK, Art. 12 Rn. 59 ff. und Manssen in v. Mangoldt/Klein/ Starck, GG, Art. 12 Rn. 51 ff., 66 ff.).

3 Die Regelungsbefugnis des Gesetzgebers erstreckt sich auf die **Berufswahl** u. die **Berufsausübung** nicht in gleicher Intensität. Die Regelungsbefugnis ist um der Berufsausübung willen gegeben u. darf nur unter diesem Gesichtspunkt auch in die Freiheit der Berufswahl eingreifen; inhaltlich ist sie umso freier, je mehr sie reine Ausübungsregelung ist, umso enger, je mehr sie auch die Berufswahl betrifft (BVerfG 11.6.1958, a.a.O., amtl. Leitsatz 5 u. seitdem allg. herrschende Auffas-

sung). Regelungen, die nicht erst die Ausübung, sondern schon den **Zugang zu einem Beruf** beschränken, stellen deswegen einen **besonders schweren Eingriff** in die Berufsfreiheit dar. Sie dürfen nur dann u. in dem Maße erfolgen, als Regelungen auf der Ebene der Berufsausübung nicht ausreichen (sog. Stufentheorie – vgl. Kämmerer a.a.O., Rn. 59 u. Manssen a.a.O., Rn. 125 ff., 139 ff.).

Die **WPO** gehört zu den Berufsausübungsregelungen, die nicht nur die **eigentliche Berufsausübung**, sondern auch den **Zugang zum Beruf** (WP-Bestellung nur nach WP-Examen) regeln. 4

2. Grundsatz der Verhältnismäßigkeit

Alle Regelungen, mit denen die nach Art. 12 Abs. 1 Satz 1 GG garantierte Berufsfreiheit eingeschränkt wird, müssen durch **Gründe des Gemeinwohls** gerechtfertigt werden. Gründe des Gemeinwohls rechtfertigen die Beeinträchtigung der Berufsfreiheit aber nicht immer, sondern nur dann, wenn die Regelung dem **Grundsatz der Verhältnismäßigkeit** entspricht, d.h. das gewählte Mittel muss geeignet u. erforderlich sein, um dem Gemeinwohl in dem angestrebten Sinne zu dienen u. darf bei der Abwägung zwischen der Schwere des Eingriffs u. dem angestrebtem Zweck nicht unzumutbar sein. 5

Auf der Ebene der Berufsausübung hat der Gesetzgeber einen weiten Gestaltungsspielraum. Eine Regelung auf dieser Stufe wird grds. durch jede sachgerechte u. vernünftige Erwägung des Gemeinwohls gerechtfertigt. Der Gestaltungsspielraum des Gesetzgebers wird enger, wenn er die Berufswahl betrifft o. sich darauf nachhaltig auswirkt. Die **Anforderungen an die Gründe des Gemeinwohls u. die Verhältnismäßigkeit des Eingriffs** sind deswegen bei Zugangsbeschränkungen höher als bei Regelungen zur Ausübung des Berufs im engeren Sinne. 6

Die mit der WPO verbundenen Beeinträchtigungen der Berufsfreiheit, d.h. für die Berufswahl u. die Berufsausübung werden wie bei den anderen Freien Berufen damit gerechtfertigt, dass **ein hohes öffentl. Interesse** daran besteht, dass die Aufgaben, die dem WP – ggf. ausschließl. – übertragen sind, nur v. Personen ausgeübt werden, die nachgewiesenermaßen dafür geeignet sind (Berufswahl) u. bei ihrer Tätigkeit (Berufsausübung) strengen Regelungen u. Beschränkungen unterliegen. Es ist allgemeine Auffassung, dass v. Grundsatz her die konkreten Regelungen der WPO „verhältnismäßig" u. nicht unzumutbar sind. 7

3. Formelle Anforderungen an Regelungen der Berufsausübung

Artikel 12 Abs. 1 Satz 2 GG stellt Regelungen „durch Gesetz" o. „aufgrund eines Gesetzes" nebeneinander. Unter **„Gesetz"** versteht man ein „förmliches" Gesetz, das in dem für Gesetze vorgesehenen Verfahren (zu Bundesgesetzen vgl. Art. 70 ff. GG) erlassen worden ist; **„aufgrund eines Gesetzes"** meint andere Normen wie Verordnungen, Satzungen o.ä., die nicht nach Art. 70 ff. GG, sondern in anderer Weise, aber immer auf der Basis einer in einem förmlichen Gesetz geregelten Ermächtigungsgrundlage erlassen werden (Kämmerer in v. Münch/Kunig, GGK, Art. 12 Rn. 53 ff.). 8

9   Aus dem **scheinbar gleichwertigen Nebeneinander v. „Gesetz" u. „aufgrund eines Gesetzes"** kann man nicht ableiten, dass es keinen Unterschied macht, in welcher der danach möglichen Formen eine Einschränkung der Berufsfreiheit erfolgt. **Alle wesentlichen Eingriffe in die Berufsfreiheit müssen durch ein Gesetz selbst erfolgen** (Kämmerer a.a.O., Rn. 53). Einschränkungen der Berufsfreiheit „aufgrund eines Gesetzes", d.h. durch Rechtsverordnung o. Satzungsrecht sind nur dann u. in dem Maße möglich, wie es sich um nicht-wesentliche Einschränkungen der Berufsfreiheit o. mehr noch um Konkretisierungen v. gesetzlichen Regelungen zur Berufsausübung handelt.

10 Zu den wesentlichen Einschränkungen, die **durch Gesetz** erfolgen müssen, gehören danach

    - alle Regelungen, die die Freiheit der Berufswahl betreffen (**Zulassungsvoraussetzungen**)
    - alle Regelungen, die v. einschneidender Bedeutung für die Berufstätigkeit sind (**sog. statusbildende Regelungen**).

11 Nur Regelungen, die die Berufsausübung betreffen u. keinen statusbildenden Charakter haben, können v. Gesetzgeber **einem andern wie z.b. einer öffentlich-rechtlichen Berufskammer überlassen** werden (BVerfG 14.7.1987 zu den anwaltlichen Standesrichtlinien, BVerfGE 76, 171 ff. (185), bestätigt durch Beschl. v. 8.4.1998, BVerfGE 98, 49 ff. (60 f.) zum „Ende" des Verbots einer Sozietät zwischen Anwaltsnotaren u. WP).

4. Gleichheitsgebot (Art. 3 GG)

12 Im Laufe der Jahre hat auch Art. 3 GG mit dem dort verankerten **Gleichheitsgebot für das Berufsrecht** an Bedeutung gewonnen – wenn auch mit einer ganz anderen Zielrichtung als Art. 12 GG. Das Gleichheitsgebot wird berufsrechtlich vor allem dann **relevant, wenn gleichgelagerte Sachverhalte in mehreren Berufsrechten unterschiedlich geregelt** werden. Die **Zulässigkeit der Differenzierung** hängt dann davon ab, ob gleiche o. ähnliche Sachverhalte nicht doch „anders" gelagert sind, d.h. insb. wegen der **Unterschiede in den betroffenen Berufsbildern** eine unterschiedliche Regelung erforderlich o. zumindest zulässig ist. Dabei ist beim WP ähnlich wie beim Notar zu berücksichtigen, dass er **als gesetzlicher AP eine öffentl. Funktion** wahrnimmt.

13 Ein plastisches Beispiel dafür bot die Frage der **Zulässigkeit einer Sozietät mit einem RA-Notar**, die der Gesetzgeber über lange Jahre mit Billigung des BVerfG (4.7.1989, Stbg 1990, 20) nur dem RA, nicht aber dem WP gestattet hatte. Erst 1998 hat das BVerfG (8.4.1998, BVerfGE 98, 49 ff, NJW 1998, 2269) unter ausdr. Aufgabe seiner früheren Rspr. u.a. wegen der zwischenzeitlichen Änderungen im Berufsrecht der WP u. der RA in dieser Differenzierung zwischen WP u. RA einen Verstoß gegen den Gleichheitsgrundsatz des Art. 3 GG gesehen; die Unterschiede in den Berufsbildern v. WP u. RA seien nicht (mehr) so groß, dass sie eine unterschiedliche Regelung der Sozietätsfähigkeit rechtfertigen. Wenige Monate später wurde

dann die Sozietät zwischen einem RA-Notar u. einem WP v. Gesetzgeber ausdr. zugelassen.

Es ist allerdings in erster Linie **Sache des Gesetzgebers, die Berufsrechte** – insb. der verwandten Berufe – **zu harmonisieren** o. **zu differenzieren** (BVerfG 19.11.1991, Stbg 1992, 252). Vorschläge für eine Harmonisierung der verschiedenen Berufsrechte hatte ein mit dieser Zielsetzung v. der WPK, BRAK, BStBK u. PAK eingerichteter Arbeitskreis erarbeitet, v. denen einige 2007 im Rahmen der 7. WPO-Novelle u. andere 2008 im Rahmen des 8. StBerÄG berücksichtigt worden sind. Einen Meinungsaustausch der Berufskammern zu berufsrechtlichen Fragestellungen gibt es unverändert, Harmonisierungsbemühungen jedoch nur noch fallbezogen.

II. Das Berufsrecht der WP

1. WPO

Ein umfassendes **Berufsrecht**, wie es für einen Freien Beruf wie den WP erforderlich ist, muss insb. die **folgenden Regelungsbereiche** abdecken:

- Unter welchen Voraussetzungen u. wie kann man die Berufsqualifikation WP erwerben u. wann verliert man sie – u. dies getrennt für nat. Personen u. Gesellschaften?
- Welches sind die Rechte u. Pflichten, die mit der Ausübung des Berufes verbunden sind?
- Wie ist die Aufsicht über die Einhaltung der beruflichen Pflichten ausgestaltet u. welche Sanktionen erfolgen bei Verletzung der berufsrechtlichen Pflichten?
- In welchem organisatorischen Rahmen erfolgt die Umsetzung des Berufsrechts, vor allem auch, in welchem Maße u. wie erfolgt eine Selbstverwaltung des Berufs?

Die **Gliederung der WPO** lässt deutlich erkennen, dass u. wo diese u. andere Regelungsbereiche abgedeckt werden; es werden **jeweils die thematisch zusammengehörenden Bestimmungen in „Teilen" zusammengefasst**:

1. Allgemeine Vorschriften (§§ 1-4b)

zu den „Basics" des WP-Berufes, insb. seinem Berufsbild (vgl. § 2),

2. Voraussetzungen für die Berufsausübung (§§ 5-41)

zum Zugang zum Beruf (Prüfung u. Bestellung einschließl. Erlöschen u. Rücknahme) für nat. Personen u. den entspr. Vorschriften für die WPG sowie ergänzender Vorschriften dazu,

3. Rechte u. Pflichten der WP (§§ 43-56)

zu den materiellen Rechten u. insb. Pflichten des WP bei der Berufsausübung, vor allem, in welchem Rahmen er nach seiner Bestellung diesen Beruf ausüben darf u. was er bei der Durchführung seiner Aufträge berufsrechtlich zu beachten hat,

Einleitung

4. Organisation des Berufes (§§ 57-66b)

zur Organisation der beruflichen Selbstverwaltung des WP-Berufes, d.h. insb. der WPK, ihrer Aufgaben u. Befugnisse sowie ihrer inneren Organisation u. Struktur einschließl. der Rechtsaufsicht durch das BMWi (§ 66) u. der Fachaufsicht durch die APAK (§§ 66a, 66b),

5. Berufsgerichtsbarkeit (§§ 67-127)

zur Ahndung v. berufsrechtlichen Pflichtverletzungen durch die staatlichen Gerichte, die möglichen Folgen u. das dabei zu beachtenden Verfahren,

6. Regelungen für vBP u. BPG (§§ 128-130)

zur generellen Ausdehnung der vorstehend genannten Vorschriften für die WP bzw. WPG auf die vBP bzw. BPG einschließl. der (geringfügigen) berufsrechtlichen Abweichungen u. der Schließung dieses Berufes durch die inzwischen abgeschaffte Möglichkeit, das Examen zum vBP abzulegen.

Die restlichen Teile betreffen dann

7. die Eignungsprüfung als WP (§§ 131g-m)

8. die Straf- u. Bußgeldvorschriften (§§ 132-133e) u.

9. die Übergangs- u. Schlussvorschriften (§§ 134-141).

17 Diese Übersicht zeigt, dass die WPO eine **umfassende Regelung des Zugangs zum Beruf u. der Ausübung des WP-Berufes in der Form eines (Bundes-) Gesetzes** darstellt. Das Berufsrecht der WP entspricht deswegen in jedem Fall auch dem durch die verfassungsrechtlichen Rspr. entwickelten Grundsatz, wonach **alle wesentlichen Eingriffe in die Berufsfreiheit i.S.d. Art. 12 Abs. 1 Satz 2 GG „durch Gesetz"** u. nicht nur „aufgrund eines Gesetzes" erfolgen müssen (Rn. 8 ff.).

2.   Berufsrecht „unterhalb" der WPO

18 Zum Berufsrecht der WP „unterhalb" der WPO gehören **alle Normen, die nicht wie die WPO den Rang eines förmlichen Gesetzes** haben. Konkret steht für Berufsrecht „unterhalb" der WPO die Form der **Rechtsverordnung**, erlassen durch den zuständigen Bundesminister, u. v. **Satzungsrecht**, erlassen durch die WPK, zur Verfügung.

19 Rechtsverordnungen u. Satzungen haben gemeinsam, dass sie **Normcharakter** haben, d.h. v. den Behörden und v. den Gerichten bei ihren Entscheidungen zu berücksichtigen sind. Damit sie aber in der Lage sind, ggf. die Freiheit der Berufsausübung gemäß Art. 12 Abs. 1 Satz 2 GG – wenn auch nur in einem nicht-wesentlichen Maße (Rn. 11) – zu beschränken, bedürfen sie einer entsprechenden **gesetzlichen Ermächtigungsgrundlage**; nur dann kann die Beschränkung der Berufsfreiheit durch Rechtsverordnung o. Satzungsrecht nämlich als „aufgrund eines Gesetzes erfolgt" angesehen werden (Rn. 8).

Einleitung

Voraussetzung für die Wirksamkeit u. damit **Verbindlichkeit** v. **Rechtsverord-** 20
nungen u. Satzungen ist nach den allg. Grundsätzen i.Ü., dass sie **in dem dafür
vorgesehenen Verfahren erlassen** worden sind, sich im Rahmen der Ermächtigungsgrundlage (vgl. für Rechtsverordnungen dazu auch Art. 80 GG) halten u. nicht gegen höherrangiges Recht, mag es auch später erlassen worden sein, verstoßen.

a) Verordnungen
Seit Erlass der WPO ist vorgesehen, dass der zuständige Bundesminister **Rechts-** 21
verordnungen zur „näheren" Regelung bestimmter Teilbereiche erlassen kann. Nach dem aktuellen Stand gibt es die folgenden Rechtsverordnungen zur WPO:

- **Wirtschaftsprüferprüfungsverordnung (WiPrPrüfV)**
- **Wirtschaftsprüfungsexamens-Anrechnungsverordnung (WPAnrV)**

Für eine Übergangszeit gilt auch noch die 22

- **WP-Berufshaftpflichtversicherungsverordnung (WPBHV)**.

Die Ermächtigungsgrundlage für diese Rechtsverordnung (§ 54 Abs. 2 a.F.) ist mit der 7. WPO-Novelle 2007 aufgehoben worden; ihre Regelungen wären deswegen eigentlich am 6.9.2007 (vgl. § 141 Abs. 2) außer Kraft getreten, hätte nicht § 137 die Anwendung dieser Bestimmungen bis zu den entsprechenden Regelungen in der Berufssatzung ausdr. angeordnet. Die ebenfalls mit der 7. WPO-Novelle aufgehobene u. zunächst für eine Übergangszeit weiter geltende **Siegelverordnung** (Verordnung über die Gestaltung des Siegels der WP, vBP, WPG u. BPG) wurde mit der 7. Änderung der BS WP/vBP (vgl. § 18a sowie Anlage zur Berufssatzung) entsprechend des gesetzlichen Auftrages in die Berufssatzung transformiert u. ist daher seit dem 12.2.2010 endgültig aufgehoben.

Von zwei seit 1961 in der WPO vorgesehenen Ermächtigungsgrundlagen wurde **zu** 23
keinem Zeitpunkt v. dem zuständigen Bundesminister Gebrauch gemacht. Das betrifft

- § 55 a.F., der eine **Gebührenordnung für gesetzlich vorgeschriebene Prüfungen** vorsah, und
- § 137 a.F., der zu Vorschriften über die **Regelung der Ausbildung des Berufsnachwuchses** ermächtigte.

Beide Ermächtigungsgrundlagen wurden mit der 7. WPO-Novelle 2007 aufgehoben.

b) Satzungsrecht
Seit 1961 hat die WPK zur **Organisation der beruflichen Selbstverwaltung** auf- 24
grund der entsprechenden Ermächtigungsgrundlagen die Befugnis, Satzungen zu erlassen u. zu ändern, mit denen die gesetzlich vorgesehene Selbstverwaltung konkret ausgestaltet u. die Rechte u. Pflichten zwischen WP u. WPK festgelegt werden (§§ 60, 61). Von dieser Befugnis hat die WPK v. Anfang an Gebrauch gemacht u. zwar durch Erlass u. Änderung bzw. Ergänzung der

- **Satzung der WPK** zur Regelung insb. der inneren Organisation u. der Mitgliedschaft,
- **Wahlordnung der WPK** für das Verfahren zur Wahl der Mitglieder des Beirates der WPK durch die WP-Versammlung,
- **Beitragsordnung der WPK** zur Festsetzung u. Einziehung der Beiträge der Mitglieder u.
- der **Gebührenordnung der WPK** zur Festsetzung v. Gebühren für die Inanspruchnahme v. besonderen Einrichtungen u. Tätigkeiten.

25 Die **Befugnis der WPK zum Erlass v. Satzungen wurde seit 1995 deutlich ausgedehnt** u. hat dadurch eine andere Qualität erhalten. Es ist die klare Tendenz des Gesetzgebers zu erkennen, **bei der Normsetzung den Staat zugunsten der Selbstverwaltung zurückzunehmen.** So wurde mit der 3. WPO-Novelle 1995 die WPK in § 57 Abs. 3 ermächtigt, eine **Satzung über die Rechte u. Pflichten bei der Ausübung des Berufes des WP u. vBP** (Berufssatzung) zu erlassen; in § 57 Abs. 4 wurden dann enumerativ die Gebiete aufgezählt, die die WPK mit der Berufssatzung im Rahmen der WPO „näher regeln" konnte. Nach der

- **Satzung der WPK über die Rechte u. Pflichten bei der Ausübung des Berufs des WP u. vBP (BS WP/vBP),**

die 1996 erstmalig erlassen u. seit dem mehrfach geändert u. ergänzt worden ist, kam zu den Rechtsquellen des Berufsrechts in der Form einer Satzung der WPK hinzu die

- **Satzung für Qualitätskontrolle,**

die im Jahre 2001 auf der Grundlage des durch die 4. WPO-Novelle 2001 eingeführten § 57c zur Konkretisierung der QK i.S. der §§ 57a ff. erlassen wurde.

26 In **2007** ist der Gesetzgeber noch einen **Schritt weiter** gegangen. In Teilbereichen wurde bei der 7. WPO-Novelle 2007 auf das Instrument der Rechtsverordnung, die der zuständige Bundesminister erlässt, zugunsten der Berufssatzung für WP/vBP, die v. Beirat der WPK beschlossen wird, verzichtet (vgl. Rn. 22). Gleichzeitig wurde in § 57 Abs. 4 eine Ermächtigungsgrundlage zugunsten der WPK geschaffen, entsprechende Regelungen in die BS aufzunehmen, d.h. konkret für **Art, Umfang u. Nachweis der BHV** (vgl. § 57 Abs. 4 Nr. 1 e)) sowie für die **Siegelgestaltung u. -führung** (vgl. § 57 Abs. 4 Nr. 1 i).

3. Regelungen „oberhalb" der WPO

27 Mit Regelungen „oberhalb" der WPO sind alle Vorschriften gemeint, die **„höherrangig"** sind als die WPO. Wenn Bestimmungen der WPO mit höherrangigem Recht im Widerspruch stehen, so geht das höherrangige Recht vor.

a) Nationales Recht

28 Höherrangig im Verhältnis zur WPO ist v. inländischen Recht das GG. Wenn u. soweit **Bestimmungen der WPO im Widerspruch zum GG** stehen, sind sie verfassungswidrig u. damit unwirksam. Konkret geht es dabei vor allem um die Verein-

barkeit v. Bestimmungen des Berufsrechts mit Art. 12 Abs. 1 GG, insb. die **Frage der Verhältnismäßigkeit v. Einschränkungen der Berufsausübung mit den damit verfolgten öffentlichen Interessen**. Dabei haben sich die Wertungen u. Abwägungen seit Erlass der WPO im Jahre 1961 z.T. erheblich geändert, so dass Regelungen, die früher einmal als verhältnismäßig galten, es nach heutigen Maßstäben nicht mehr sind (Rn. 1 ff.).

Die Befugnis, diesen Widerspruch u. damit die **Unwirksamkeit festzustellen**, hat allein das **BVerfG**. Wenn u. soweit andere Gerichte bei der Anwendung der WPO der Auffassung sind, eine Vorschrift der WPO sei verfassungswidrig u. es bestehe auch nicht die Möglichkeit einer verfassungskonformen Auslegung, dann müssen sie diese Frage dem BVerfG vorlegen, wenn es auf diese Rechtsfrage für die Entscheidung ankommt (vgl. Art. 100 GG). Die **WPK** als Teil der öffentlichen Verwaltung ist an das Gesetz gebunden, auch wenn v. ihr im Einzelfall die Nichtanwendung v. für verfassungswidrig gehaltenen Vorschriften erwartet wird. 29

b) EU-Recht

Wie zum ersten Mal das BiRiLiG gezeigt hat, ist das EU-Recht auch für das Berufsrecht der WP **v. großer Bedeutung**. Dies galt seit 1984 insb. für die 8. EU-Richtlinie, die sog. Prüfrichtlinie, die 2006 durch die EU-Abschlussprüferrichtlinie (AP-RiLi) abgelöst wurde. 30

Dessen ungeachtet gehört die 8. EU-Richtlinie einschließl. ihrer Modernisierung nicht zum Berufsrecht der WP in Deutschland, denn es handelt sich nicht um in Deutschland geltende Normen für die Berufsausübung der WP. Dies ergibt sich daraus, dass **EU-Richtlinien** in den EU-Mitgliedstaaten **nicht unmittelbar anwendbares Recht** darstellen; sie richten sich nicht direkt an die Bürger in den Mitgliedsaaten der EU, sondern nur an die Mitgliedsaaten selbst, die jede Richtlinie in innerstaatliches Recht umsetzen müssen – dabei sind die Ziele der Richtlinie verbindlich, den Mitgliedstaaten bleibt jedoch die Wahl der Form u. der Mittel zur Erreichung der Ziele überlassen (vgl. Art. 189 EWG-Vertrag). 31

Anders ist es bei einer **EU-Verordnung**, die in jedem Mitgliedstaat sofort u. **unmittelbar anwendbares Recht darstellt** (vgl. Art. 198 EWG-Vertrag). Sie geht dem nationalen Recht vor. Eine Verordnung mit berufsrechtlichen Regelungen für WP ist bisher aber noch nicht ergangen; v. unmittelbarer Relevanz sind aber die IAS (vgl. auch noch Rn. 55). 32

4. Regelungen „neben" der WPO

Zu den Regelungen, die „neben" der WPO stehen, d.h. **im Rang gleichwertig** sind, gehören alle anderen **Bundesgesetze**. Dagegen **nicht im Rang gleichwertig** sind die Gesetze der Bundesländer, weil nach Art. 31 GG Bundesrecht **Landesrecht** bricht. Ein Bundesland könnte also keine Regelung erlassen, die mit der WPO im Widerspruch steht. 33

a) Allgemeine Regelungen für WP in anderen Bundesgesetzen

34 Eine Reihe anderer Bundesgesetze enthalten Regelungen für WP, **die inhaltlich ähnliche Bereiche betreffen, aber nicht mit der Regelung in der WPO identisch sind**. Es kann sich dann die Frage nach dem Verhältnis dieser Regelungen zur WPO stellen.

35 Beispielhaft seien hier erwähnt die weiteren Regelungen zur

- **Verschwiegenheitspflicht** nach § 43 Abs. 1 Satz 1 WPO in
  - § 203 StGB (Strafnorm für die Verletzung der Verschwiegenheitspflicht),
  - § 53 StPO, § 383 ZPO, § 385 AO mit den Regelungen zum Recht der Aussageverweigerung einschl. Beschlagnahmeverbot (§ 97 StPO),
  - § 323 HGB (auch zivilrechtliche Verpflichtung zur Verschwiegenheit) u.
- **Unabhängigkeit u. Unbefangenheit** nach § 43 Abs. 1 Satz 1 u. 2 sowie § 49 in
  - § 319 HGB (besondere Anforderungen für AP bei gesetzlich vorgeschriebenen AP),
  - § 319a HGB (noch einmal gesteigerte Anforderungen an die AP bei Unternehmern v. öffentlichem Interesse).

36 Diese Regelungen sind wegen des Sachzusammenhanges nicht in der WPO, sondern einem anderen Bundesgesetz angesiedelt. Der andere Kontext soll es im Allgemeinen auch ermöglichen, über die nach der WPO allein mögliche disziplinarische Ahndung hinaus **zusätzliche Rechtsfolgen für den WP (Strafe, Schadensersatz etc.) o. Dritte (z.B. Nichtigkeit o. Anfechtbarkeit eines geprüften Jahresabschlusses)** auszulösen.

37 Die berufsrechtliche u. ggf. auch **berufsaufsichtsrechtliche Relevanz außerhalb der WPO angesiedelter gesetzlicher Normen** folgt aus § 49 1. Alt., wonach der WP seine Tätigkeit zu versagen hat, wenn sie für eine pflichtwidrige Handlung in Anspruch genommen wird. Hilfsweise ist auch § 43 Abs. 2 Satz 1 „Berufswürdigkeit" einschlägig. Aus beiden Regelungen folgt, dass der WP auch außerhalb der WPO liegende gesetzliche Vorschriften zu beachten hat – dies gilt insb. bei einem direkten Bezug zur beruflichen Tätigkeit wie bspw. bei den Unabhängigkeitsvorschriften in §§ 319, 319a HGB.

b) Begründung von Vorbehaltsaufgaben für WP in anderen Bundesgesetzen

38 Aus der **Umschreibung des Berufsbildes des WP in § 2** ergibt sich (noch) nicht, dass die dort genannten Tätigkeiten nur v. WP ausgeübt werden dürfen; dies gilt auch u. gerade für die Durchführung betriebswirtschaftlicher Prüfungen, die § 2 Abs. 1 als die „berufliche Aufgabe" der WP nennt, ohne damit zum Ausdruck zu bringen, dass diese Tätigkeit nur v. WP u. nicht v. anderen ausgeübt werden darf. Welche Aufgaben dem WP allein vorbehalten sind, ergibt sich erst aus anderen gesetzlichen Vorschriften des Bundes u. der Länder.

39 Die ausschl. Befugnis v. WP, bestimmte **betriebswirtschaftliche Prüfungen** i.S.v. § 2 Abs. 1 durchzuführen, ergibt sich im allg. aus Regelungen, die auf den verschie-

Einleitung

densten Gebieten der privaten o. öffentlichen Wirtschaft die Pflicht zu Prüfungen vorschreiben u. in diesem Zusammenhang dann auch bestimmen, dass nur ein WP diese Prüfungen durchführen darf.

In erster Linie ist hier auf das HGB zu verweisen, wo für (nicht kleine) Kapitalgesellschaften die **gesetzliche Pflicht zur Prüfung v. Jahresabschlüssen** in § 316 Abs. 1 HGB u. von Konzernabschlüssen in § 316 Abs. 2 HGB durch einen „Abschlussprüfer" angeordnet wird u. in § 319 Abs. 1 Satz 1 HGB dann bestimmt wird, dass **AP (nur) WP u. WPG**, bei mittelgroßen Gesellschaften auch **vBP u. BPG** sein können. Andere betriebswirtschaftliche Prüfungen, für die solche Regelungen nicht bestehen, dürfen natürlich auch v. WP durchgeführt werden – nur eben v. jedem anderen auch. **40**

Ähnlich verhält es sich mit der **Steuerberatung** – nur mit dem Unterschied, dass sie dem WP nicht allein, sondern zusammen mit anderen vorbehalten ist. Auch dies ergibt sich nicht aus § 2 Abs. 2, da dort für den WP die Befugnis zur Steuerberatung nur „nach Maßgabe der bestehenden Vorschriften" zuerkannt wird. „Vorschriften" in diesem Sinne sind die Regelungen des StBerG, das in § 2 StBerG die Steuerberatung nur den dazu Befugten gestattet u. in § 3 Nr. 1 StBerG diese Befugnis den WP (neben StB u. anderen Berufen) verleiht. **41**

Für die (eingeschränkte) Befugnis zur **Rechtsberatung** wird dieses Prinzip nicht (mehr) so leicht erkennbar sein. Auch die Rechtsberatung gehört zu den Tätigkeiten, die bestimmten Berufen (vor allem RA) vorbehalten ist o. für die man eine gesonderte Erlaubnis benötigt. In der WPO wird die Befugnis des WP zur Rechtsberatung nicht erwähnt. Bis zum 30.6.2008 ergibt sich die (eingeschränkte) Befugnis des WP zur Rechtsberatung aus Art. 1 § 5 Nr. 2 RBerG, nach dessen Ablösung durch das RDG v. 12.12.2007 wird sich die Rechtsdienstleistung als stets erlaubte Nebenleistung auch für den WP ab dem 1.7.2008 mit erweiterten Umfang aus § 5 Abs. 1 RDG ableiten (vgl. näher zu § 2). **42**

Von der **Systematik** her verhält es sich bei den WP damit **ebenso wie** bei den **RA u. StB**. Das Berufsrecht der RA ist in der BRAO zusammengefasst, ohne dass aber die BRAO festlegt, welche Tätigkeiten allein dem RA vorbehalten sind. Nur scheinbar anders ist es bei den StB, deren Berufsrecht zusammen mit der Frage, wer zur Steuerberatung befugt ist, im StBerG geregelt ist. Die Befugnis zur Steuerberatung ist im ersten Teil in den §§ 2-4 StBerG geregelt u. ergibt sich für StB aus § 3 Nr. 1 StBerG. Diese Bestimmungen gehören aber nicht zum Berufsrecht der StB. Das v. Charakter der WPO u. BRAO vergleichbare Berufsrecht der StB findet sich im StBerG erst im zweiten Teil, d.h. ab den §§ 32 ff., wie auch dessen Überschrift („Steuerberaterordnung") deutlich macht. **43**

c) Verhältnis der anderen Bundesgesetze zum Berufsrecht der WP
Die Vorschriften in anderen Bundesgesetzen als der WPO werden auch dann, wenn sie sich expressiv verbis an WP richten, gemeinhin **nicht zum eigentlichen Berufsrecht des WP** gezählt, weil sie für den allg. Rechts- u. Geschäftsverkehr gedacht sind u. rechtliche Konsequenzen auch bei bzw. für Dritte haben können **44**

Einleitung

(Rn. 36). Das gilt auch für die Vorschriften, in denen die Vorbehaltstätigkeiten für den WP, sei es für ihn allein o. für ihn zusammen mit anderen Berufen, festgelegt sind.

45 Dennoch sind die Vorschriften in anderen Bundesgesetzen **nicht ohne mittelbare berufsrechtliche Relevanz für WP**. Im Rahmen der §§ 49 1. Alt, 43 Abs. 2 Satz 1 haben WP bei ihrer diesbezgl. Tätigkeit auch die sich aus anderen Bundesgesetzen ergebenden – ggf. über die WPO hinausgehenden – Pflichten einzuhalten; WP können deswegen bei deren schuldhafter Nichtbeachtung auch berufsrechtlich zur Verantwortung gezogen werden (vgl. auch Rn. 37).

5. Andere Regelungen ohne Normcharakter

46 Regelungen ohne Normcharakter können nicht zum Berufs-„Recht" im eigentlichen Sinne gehören. Sie können aber **mittelbar für die Anwendung berufsrechtlicher Vorschriften v. Bedeutung** sein.

a) (Frühere) Berufsrichtlinien, Hinweise u.a. der WPK

47 Vor dem Erlass der Berufssatzung WP/vBP (Rn. 25) hatte die WPK auf der **Grundlage v. § 57 Abs. 2 Nr. 5** (in der bis zur 7. WPO-Novelle 2007 geltenden Fassung) die **allg. Auffassung über Fragen der Ausübung des Berufs des WP u. vBP in Richtlinien festgestellt**. Diese sog. Berufsrichtlinien, die regelmäßig überarbeitet u. an die Entwicklung angepasst wurden, wurden in der Praxis ausdr. zur Auslegung u. Anwendung der Generalklausel des § 43 zu den Berufspflichten herangezogen u. Entscheidungen der BA verschiedentlich darauf gestützt. Ähnlich war das Vorgehen bei den RA (zur Generalklausel des § 43 BRAO) u. StB (zur Generalklausel des § 57 StBerG).

48 Im Jahre **1987** hat das **BVerfG** in mehreren Entscheidungen zum anwaltlichen Berufsrecht seine bis dahin geltende Rspr., die dieses Vorgehen nicht beanstandete, aufgegeben (vgl. Rn. 11) u. **„nicht mehr daran festgehalten, dass Richtlinien dieser Art zur Auslegung u. Konkretisierung der gesetzlichen Berufspflichten herangezogen werden könnten"** (vgl. Beschl. 14.7.1987, BVerfGE 76, 171 ff. u. 196 ff.). Diese Rspr. zu den Richtlinien des anwaltlichen Standesrechts war zwanglos auf die Berufsrichtlinien der WP übertragbar.

49 Die **Konsequenzen** bestanden insb. darin, dass

- die WPK die **Berufsrichtlinien bis zur** Neuordnung des Berufsrechts durch Erlass der **Berufssatzung im Jahre 1996** nur noch dem v. BVerfG gestattetem, **eingeschränktem Maße u. danach gar nicht mehr angewandt** hat, ohne sie allerdings förmlich aufzuheben,
- eine weitere **Überarbeitung u. Fortentwicklung der Berufsrichtlinien**, die zuletzt unter dem 12.3.1987 überarbeitet u. veröffentlicht worden waren, **nicht mehr stattfand**, obwohl die als Basis für die Berufsrichtlinien dienende Vorschrift des § 57 Abs. 2 Nr. 5 weiter in Kraft blieb u. erst mit der 7. WPO-Novelle 2007 aufgehoben wurde.

Unberührt davon bleibt die Möglichkeit der WPK, über Erläuterungen zur Berufssatzung, über Verlautbarungen o. Hinweise zu bestimmten Themen (vgl. noch Rn. 56, 58) o. über schlichte Veröffentlichungen u. Kommentierungen berufsrechtlicher Sachverhalte Positionen zu beziehen. Sie führen nicht zu per se zu beachtenden Regeln, sondern nur zu einer Selbstbindung der WPK u. geben damit demjenigen, der sich hieran ausrichtet, die Sicherheit, nicht mit anderen Interpretationen der WPK konfrontiert zu werden.

b) IDW-Standards
Im Rahmen seiner Facharbeit gibt das IDW eine Reihe v. **fachlichen Verlautbarungen** heraus, insb. in der Form v. IDW Fachgutachten (IDW FG), IDW Prüfungsstandards (IDW PS), IDW Stellungnahmen zur Rechnungslegung (IDW RS) u. IDW Standards (IDW S), welche die Berufsauffassung zu fachlichen Fragen insb. der Rechnungslegung u. Prüfung darlegen (vgl. WPH Bd. I 2012 A Rn. 383 ff.). Die Satzung des IDW verpflichtet die Mitglieder des IDW, diese Standards zu erfüllen – u. zwar auch dann, wenn sie über die gesetzlichen Anforderungen hinausgehen. In der Regel erfolgt auch eine Verpflichtung zur Anwendung der Standards im Rahmen der Auftragsvereinbarung, bestätigt dann auch im BV (vgl. § 322 Abs. 1 Satz 2 1. Hs. HGB). **50**

Diese Standards stellen **eindeutig keine Rechtsnormen** dar, sie können deswegen die BA u. die Gerichte nicht unmittelbar binden (vgl. WPH a.a.O., Rn. 385). Schon deswegen gehören die IDW-Standards **nicht zum Berufsrecht.** **51**

Die IDW-Standards sind aber **dennoch berufsrechtlich nicht ohne Bedeutung**. Nach § 4 BS WP/vBP gebietet es der Grundsatz der gewissenhaften Berufsausübung (§ 43 Abs. 1), die fachlichen Regeln zu beachten. Zu den fachlichen Regeln, die beachtet, wenn auch nicht zwingend befolgt werden müssen, gehören im Zweifel die IDW-Standards. Wenn ein WP ohne gewichtige Gründe v. einem IDW-Standard abweicht, so muss er deswegen damit rechnen, dass ihm dies u.a. berufsrechtlich zum Nachteil ausgelegt werden kann. Falls er trotz Anwendungsvereinbarung mit dem Mandanten und/oder Darlegung im BV (vgl. Rn. 50) abweicht, ergibt sich eine Pflichtverletzung schon daraus. **52**

c) Internationale Standards
Das zu den fachlichen Verlautbarungen des IDW Gesagte galt gleichermaßen für die **fachlichen Verlautbarungen der internationalen Organisationen**. Auch ihnen fehlen die unmittelbare rechtliche Verbindlichkeit u. damit der Normcharakter, was aber ihre **mittelbare berufsrechtliche Bedeutung** nicht hindert. **53**

Insbesondere gilt dies für den sog. **Code of Ethics (IESBA CoE)**. Auch dessen Bedeutung ist jedoch, vergleichbar der AP-RiLi, nur mittelbar. Als Mitglied des IFAC ist die WPK verpflichtet, die Regelungen des Code of Ethics in nationales Berufsrecht umzusetzen, sofern u. soweit dies mit höherrangigem Recht vereinbar ist. Ein Abgleich des deutschen Berufsrechts mit den Anforderungen des Codes im Rahmen des **IFAC Compliance Program** in 2006 hat eine **weitestgehende inhaltliche Übereinstimmung** ergeben. Ergänzungen im Einzelfall sind hierdurch aber **54**

Einleitung

nicht ausgeschlossen. So ist die Ergänzung des § 24d Abs. 2 BS WP/vBP im Rahmen der sechsten Änderung der BS WP/vBP dahingehend, dass auch der **auftragsbegleitende Qualitätssicherer** einer **internen Rotation** unterliegt, auf eine Vorgabe des IESBA CoE zurückzuführen. Gleiches gilt für die mit der gleichen Satzungsänderung eingeführten beruflichen Pflichten, die nach dem neuen § 24b Abs. 5 BS WP/vBP im Fall der **Einholung einer „second opinion"** durch den Prüfungsmandanten einzuhalten sind. Weiterer Anpassungsbedarf wird derzeit in der WPK aufgrund der umfassenden Überarbeitung des IESBA CoE im Jahr 2009 geprüft. Über verschiedentlichen Anpassungsbedarf auf Gesetzesebene (z.b. im Rahmen des HGB zur einer stärkeren Berücksichtigung sog. nahestehender Einheiten, z.b. zur WPO zur Aufhebung der erst eingeführten Lockerung des Verbots ergebnisabhängiger Vergütungen für Nicht-Prüfungsleistungen) sowie auf der Ebene der Berufssatzung (z.b. zu einem weitergehenden Verbot rechtlicher u. steuerrechtlicher Vertretung des Abschlussprüfungsmandates) wird zu diskutieren sein.

55 Eine wichtige Ausnahme – bezogen auf die unmittelbare Verbindlichkeit – gilt für die **IAS/IFRS u. ISA**. Bei ihnen geht die Entwicklung in die Richtung einer stärkeren u. sogar **unmittelbaren Verbindlichkeit.** Die sog. **IAS-VO (Verordnung (EG) Nr. 1606/2002 v. 18.7.2002** – vgl. ABl EG Nr. L 243, 1) ist dem dort geregelten Umfang auch in Deutschland verbindlich (vgl. auch § 315a Abs. 1 HGB). Für die **ISA** ist nach der AP-RiLi ein Anerkennungsmechanismus vorgesehen, mit dem ISA europaweit für alle AP verbindlich gemacht werden können. Der deutsche Gesetzgeber ist im Rahmen des BilMoG bereits in Vorleistung getreten (§ 317 Abs. 5, 6 HGB: Die ISA sind anzuwenden, wenn sie v. der EU-Kommission angenommen worden sind (zum Verfahren vgl. § 317 Abs. 5 HGB); i.Ü. wird das BMJ ermächtigt, auf dem Verordnungsweg weitere Anforderungen o. auch die Nichtanwendung v. Teilen der IAS vorzuschreiben, wenn dies durch den Umfang der Abschlussprüfung bedingt ist).

d) VO 1/2006

56 Die VO 1/2006, d.h. die gemeinsame Stellungnahme v. WPK u. IDW zu den **Anforderungen an die QS in der WP-Praxis** wurde v. den VO der beiden Organisationen unter dem 27.3.2006 beschlossen u. veröffentlicht (vgl. u.a. Anlage zu WPK-Mag. 2/2006).

57 Die VO 1/2006 **hat keinen Normcharakter.** Berufsrechtlich hat sie mittelbar nur insoweit Bedeutung, als sie zu einer **Selbstbindung des VO der WPK** führt; der VO bringt damit zum Ausdruck, dass er keinen Berufsangehörigen berufsaufsichtsmäßig belangen wird, wenn u. soweit er sich an die Regeln der VO 1/2006 hält. Die **KfQK** war an dem Erlass der VO 1/2006, die für die das Qualitätskontrollverfahren noch wichtiger sein dürfte als für die BA, nicht beteiligt; der VO der WPK hat auch weder ausdr. noch konkludent in ihrem Namen gehandelt. Da die KfQK v. VO der WPK unabhängig ist (§ 57e Abs. 1 Satz 3), dürfte sich also de iure für sie keine Bindung wie für den VO der WPK ergeben.

58 Der Vorstand der Amtsperiode 2011 – 2014 der WPK **überarbeitet die VO 1/2006.** Die VO 1/2006 u. ihr Vorläufer gaben schon in mehrfacher Hinsicht Anlass für die

Erweiterung der Berufssatzung WP/vBP. Die VO 1/2006 wird daher unter dem Blickwinkel überprüft, ob es noch weitere Bereiche gibt, die eine förmliche Regelungsgrundlage benötigen. Der Bedarf für eine VO 1/2006 könnte damit entfallen. Ob es „ersatzweise" noch **Hinweise der WPK** geben wird, wie diese zu den Skalierungsmöglichkeiten nach § 24a Abs. 1 BS WP/vBP veröffentlicht wurden (WPK-Mag. 2/2012, 14), bleibt abzuwarten. Ebenfalls bleibt abzuwarten, ob die „Hinweistechnik" der WPK generell die frühere „Verlautbarungstechnik" ersetzen wird.

6. WPO im Verhältnis zum Zivilrecht und zum UWG
Von erheblicher praktischer Relevanz sind die **Wechselwirkungen zwischen WPO u. Zivilrecht.** So können die Berufspflichten zur Konkretisierung der **Vertragsbeziehungen** geeignet sein, **Verbotsgesetze** nach § 134 BGB o. **Schutzgesetze** nach § 823 Abs. 2 BGB darstellen o. nicht zuletzt zur **Sittenwidrigkeit** nach § 138 BGB führen (vgl. dazu u. zu einer möglichen Relevanz v. **Vermittlungsverfahren** für zivilgerichtliche Auseinandersetzungen Vor §§ 43 ff. Rn. 25 ff.). Gleiches gilt für die **wettbewerbsrechtliche Relevanz v. Berufspflichten bei Unterlassens-, Beseitigungs- u. Schadensersatzansprüchen nach UWG** (a.a.O. Rn. 30). 59

III. Entwicklungsgeschichte und Weiterentwicklung des Berufsrechts der WP

Revisoren u. Buchsachverständige etc. gab es in Deutschland seit langer Zeit (vgl. dazu u.a. Markus, Der Wirtschaftsprüfer u. Meisel, Geschichte der Wirtschaftsprüfer). Der **Beruf des WP** im eigentlichen Sinn ist demggü. relativ jung; er **besteht erst seit 1931.** 60

Das **Berufsrecht der WP** hat deswegen nicht erst mit der WPO, die 1961 erlassen wurde, begonnen, sondern schon 30 Jahre früher, d.h. mit der Schaffung des WP-Berufes. Die WPO konnte auf dem, was in der Zeit vorher entwickelt wurde, aufbauen, wobei natürlich 1945 eine Zäsur auch für das Berufsrecht der WP darstellte. 61

1. Entwicklung bis zur WPO
a) Die Jahre 1931 – 1945

Der Beruf des WP verdankt seine rechtliche Entstehung der **Verordnung des Reichspräsidenten über Aktienrecht, Bankaufsicht u. über eine Steueramnestie** v. 19.9.1931 (RGBl. I, 493), die vorschrieb, dass AG ihre Jahresabschlüsse durch unabhängige Prüfer prüfen lassen müssten. Die 1. Verordnung v. 15.12.1931 zur Durchführung der aktienrechtlichen Vorschriften der vorstehend genannten Verordnung v. 19.9.1931 (RGBl. I, 760) bestimmte dann, dass (nur) WP u. WPG befugt seien, diese Prüfungen durchzuführen. 62

Den Beruf des WP als solchen gab es bis dahin nicht. Zeitgleich mit der 1. Verordnung v. 15.12.1931 wurde deswegen eine **Ländervereinbarung über Grundsätze für die öffentl. Bestellung der WP** erarbeitet u. am 15.12.1931 als Anlage zu der 1. Verordnung v. 15.12.1931 veröffentlicht (vgl. RGBl. I, 761). Sie enthält die Grundsätze für die Bestellung der „neuen" WP sowie den Rahmen für die Prüfungs- u. Bestellungsverfahren. 63

64 An diesen Regelungen hat sich **bis 1945 nichts Entscheidendes** geändert, sieht man einmal v. den Veränderungen des organisatorischen Rahmens für die Selbstverwaltung des WP-Berufes ab.

b)   Die Jahre 1945 – 1961

65 Nach dem Zusammenbruch des Dritten Reiches wurden die Regelungen aus 1931 sehr bald v. neuen **Regelungen in den einzelnen Länder** abgelöst, wobei die Regelungen der Länder, die zu derselben Besatzungszone gehörten, vor allem im organisatorischen Bereich größere Gemeinsamkeiten aufwiesen. Eine vollständige Übersicht über die in den einzelnen Ländern erlassenen Bestimmungen enthält § 139 in der Fassung v. 24.7.1961, der zugl. bestimmte, dass all diese Bestimmungen mit dem Inkrafttreten der WPO am 1.11.1961 aufgehoben wurden.

2.   Erlass der WPO im Jahre 1961

66 Die **Zuständigkeit des Bundes** für den Erlass der WPO ergibt sich aus Art. 74 Abs. 1 Nr. 11 GG. Danach gehört zur (konkurrierenden) Gesetzgebung des Bundes u.a. das Recht der Wirtschaft; das schließt auch die Befugnis ein, Berufe in der Wirtschaft rechtlich zu ordnen u. ihre Berufsbilder rechtlich zu fixieren (BVerfG 25.6.1969, BVerfGE 26, 2246 ff. [255]).

67 Dem Erlass der WPO v. 24.7.1961 (BGBl. I, 1049) mit Inkrafttreten zum 1.11.1961 ging eine **längere Entstehungsgeschichte** voraus (vgl. dazu insb. Gerhard, WPO 1961, Einl., 1 ff.). Die Arbeiten an der WPO begannen bereits in der 1. Legislaturperiode des Deutschen Bundestages in den Jahren 1950/51. Der Ende 1952 „kabinettsreife" Entwurf wurde jedoch v. der Bundesregierung nicht mehr in den Bundestag eingebracht. Zu Beginn der 2. Legislaturperiode leitete die neue Bundesregierung den (unveränderten) Entwurf der WPO dem Bundesrat zu, der bei Vorbehalten zu einzelnen Fragen grds. zustimmte. Der Entwurf blieb dann aber im Wirtschaftsausschuss des Bundestages „hängen". Erst in der 3. Legislaturperiode wurde die WPO beschlossen.

68 Die **damals wichtigeren Streitfragen**, die auch zu der Verzögerung beitrugen, sind aus heutiger Sicht nicht mehr v. Relevanz. Unter anderem ging es um folgende Probleme:

- Lange Zeit war geplant, das **Berufsrecht für WP u. vBP in zwei getrennten Gesetzen**, d.h. einer „Wirtschaftsprüferordnung" u. einer „Buchprüferordnung" zu regeln. Erst spät, d.h. Anfang 1960 reifte die Idee der Zusammenfassung in einem Gesetz, wie es dann auch 1961 unter gleichzeitiger Schließung des vBP-Berufes realisiert wurde.
- Der Bundesrat wandte sich v. Anfang an gegen den v. der Bundesregierung für das Examen vorgesehenen **zentralen Prüfungsausschuss** u. verlangte aus verfassungsrechtlichen Gründen, dass der Prüfungsausschuss jeweils bei der obersten Behörde eines Landes eingesetzt würde, womit man sich auch durchsetzte.
- Bei der **Ausgestaltung der Berufsgerichtsbarkeit** ging es um die Alternative Ehrengerichtsbarkeit bei der WPK (bei Zuständigkeit der Verwaltungsgerichte für den Berufsausschluss) o. Zuständigkeit der ordentlichen Gerichte unter Mit-

wirkung der StA. Letzterem ist man gefolgt u. hat das Verfahren i.ü. an der BRAO ausgerichtet.
- Für die Organisation des Berufsstandes wurde als Alternative zur **Verkammerung**, d.h. der Bildung der WPK mit Pflichtmitgliedschaft, der Zusammenschluss der Berufsangehörigen auf freiwilliger Basis diskutiert. Man entschied sich für die Verkammerung, weil sie die praxisnahe strenge Aufsicht aller Berufsangehörigen ermöglichte; mit der BA hätte sonst eine staatliche Behörde beauftragt werden müssen, die der praktischen Berufsarbeit zwangsläufig ferner stehen musste. Davon ausgehend hat man sich für eine einzige Kammer als bundesunmittelbare Körperschaft entschieden – wegen der damals geringen Anzahl der Berufsangehörigen u. der Notwendigkeit einheitlicher Richtlinien für die Berufsausübung.

3. Änderungen der WPO nach dem Erlass
a) Wesentliche Änderungen der WPO seit 1961

Die WPO ist **im Laufe der Jahre an vielen Stellen geändert** worden, vor allem zur Anpassung an zwischenzeitliche Rechtsentwicklungen auch u. gerade europarechtlicher Art (z.B. 8. EU-Richtlinie u. AP-RiLi). Von diesen Änderungen seien hier wegen ihrer Bedeutung genannt (vgl. wegen einer umfassenderen Darstellung u.a. die Textsammlung zur WPO, herausgegeben v. der WPK, 13. Aufl., VII ff.): 69

aa) **1. Gesetz zur Änderung der WPO** v. 20.8.1975 (BGBl. I, 2258), **sog. 1. WPO-Novelle 1975**, zur Anpassung an geänderte berufsgerichtliche Verfahrensvorschriften, zu Änderungen beim WP-Examen, zur Neuregelung der Verjährung v. Schadensersatzansprüchen u. zur weiteren Umschreibung der Aufgaben der WPK in § 57. 70

bb) **Bilanzrichtlinien-Gesetz (BiRiLiG)** v. 19.12.1985 (BGBl. I, 355). Im Zusammenhang mit der Umsetzung der 4., 7. u. 8. EG-Richtlinie ist auch das Berufsrecht der WP nachhaltig geändert worden, u.a. durch die Wiedereröffnung des 1961 geschlossenen Berufs der vBP i.Z.m. der Einführung der Pflichtprüfung für die GmbH einschließl. eines erleichterten Übergangs v. vBP, StB u. RA zum WP u. zur Einführung v. Regelungen zur Kapital- u. Stimmrechtsbindung für die Anerkennung als WPG (vgl. Vor §§ 27-34 Rn. 8). 71

cc) **2. Gesetz zur Änderung der WPO** v. 20.7.1990 (BGBl. I, 1462), **sog. 2. WPO-Novelle 1991**, insb. zur Einführung einer Eignungsprüfung für ausländische gesetzliche AP zum Erwerb der WP-Qualifikation in Deutschland. 72

dd) **3. Gesetz zur Änderung der WPO** v. 15.7.1994 (BGBl. I, 1569), **sog. 3. WPO-Novelle 1995**, insb. zur Einfügung einer Ermächtigungsgrundlage für die WPK, das Berufsrecht in einer Berufssatzung zu konkretisieren – im Anschluss an die Rspr. des BVerfG zum anwaltlichen Standesrecht, aus der sich ergab, dass die bis dahin v. der WPK auf der Grundlage des § 57 Abs. 3 Nr. 5 erlassenen Richtlinien unwirksam sein mussten (vgl. auch Rn. 11). 73

ee) **Wirtschaftsprüferordnungs-Änderungsgesetz (WPOÄG)** v. 19.12.2000 (BGBl. I, 1769), **sog. 4. WPO-Novelle 2001**, zur Einführung einer regelmäßigen externen QK als Voraussetzung für die Befugnis, gesetzlich vorgeschrie- 74 bene AP durchzuführen. Bei der WPK wurde hierzu ein neues zusätzl. Organ eingerichtet, die Kommission für Qualitätskontrolle. Ebenfalls neu war der im Jahr 2005 in der APAK (§ 66a) aufgegangene Qualitätskontrollbeirat, bestehend aus „Externen", zur Überwachung der Angemessenheit u. der Funktionsfähigkeit der externen QK, jedoch ohne eigene Entscheidungsbefugnis. Einen weiteren Schwerpunkt bildete die Übertragung der Befugnis zur Bestellung v. WP u. die Anerkennung v. WPG v. den obersten Landesbehörden auf die WPK.

75 ff) **Wirtschaftsprüfungsexamens-Reformgesetz (WPRefG)** v. 1.12.2003 (BGBl. I, 2446), **sog. 5. WPO-Novelle 2004**, u.a. zur Übertragung der Zuständigkeit für die Zulassung zum WP-Examen u. die Durchführung des WP-Examens selbst v. den obersten Behörden der Länder auf die WPK. Neben der Schließung des Zugangs zum Beruf des vBP erfolgten grundlegende Änderungen im Bereich der Berufsgerichtsbarkeit wie z.b. die Beseitigung des Vorrangs des strafgerichtlichen Verfahrens vor dem berufsgerichtlichen Verfahren, die Einführung der Öffentlichkeit des berufsgerichtlichen Verfahrens, die Einführung v. befristeten Berufsverboten, verbunden mit einer Untersagungsverfügung, bei deren Verletzung auch Ordnungsgelder verhängt werden können und die Ausdehnung des Sanktionsrahmens für die WPK, insb. Einführung einer Geldbuße neben der Rüge.

76 gg) **Abschlussprüferaufsichtsgesetz (APAG)** v. 27.12.2004 (BGBl. I, 3846), **sog. 6. WPO-Novelle 2005**, insb. zur Einrichtung einer Abschlussprüferaufsichtskommission (APAK) bei der WPK zur Ausübung einer Fachaufsicht über die WPK bei allen Aufgaben, die die WPK ggü. WP/WPG wahrnimmt, die Pflichtprüfungen durchführen dürfen o. durchführen. Die APAK hat die Befugnis zum Letztentscheid u. damit die Letztverantwortung. Die Ermittlungspflichten u. -befugnisse der WPK im Rahmen der BA wurden ausgedehnt u. das Verfahren der QK an die gesteigerten nationalen u. internationalen Anforderungen angepasst.

77 hh) **Berufsaufsichtsreform-Gesetz (BARefG)** v. 3.9.2007 (BGBl. I, 2178), **sog. 7. WPO-Novelle 2007**, mit dem Schwerpunkt der weiteren Steigerung der Effektivität der BA durch die WPK bei gleichzeitiger Entlastung der Gerichte u. StA durch (weitere) Ausdehnung der Ermittlungsbefugnisse der WPK einschl. Aufhebung des Rechts zur Auskunftsverweigerung des WP trotz VSP. Des Weiteren Ausdehnung des Sanktionsrahmens der WPK bei Verletzung berufsrechtlichen Pflichten u. Einführung v. anlassunabhängigen SU bei AP v. Unternehmen i.S.d. § 319a HGB. Beim QK-Verfahren wurde die Möglichkeit geschaffen, auch zwischen dem gesetzlichen Turnus der QK die TB zu überprüfen.

78 ii) **Gesetz zur Modernisierung des Bilanzrechts (BilMoG)** v. 25.5.2009 (BGBl. I, 1102), mit dem aus Sicht der Bundesregierung u. a. die letzten Vorgaben der AP-RiLi 2006 in nationales Recht umgesetzt wurden. Mit diesem Gesetz wurden also nicht nur zahlreiche Rechnungslegungsvorschriften des HGB geändert, sondern auch Vorschriften im HGB zur Stellung des AP (z.B. zum Netzwerk, § 319b HGB), sowie mehrere Vorschriften der WPO (z.B. zu § 43 Abs. 3, dem Wechsel eines bisher mitverantwortlichen Prüfers zum Prüfungsmandanten o. § 51b Abs. 4 zur Dokumentationspflicht der Überprüfung der Unabhängigkeit des Abschlussprüfers).

jj) Viertes Gesetz zur Änderung der Wirtschaftsprüferordnung (Wahlrecht der WPK) v. 2.12.2010 (BGBl. I, 1746). Der Schwerpunkt dieses Gesetzes lag in der Einführung v. Briefwahlen für die Wahl der Beiratsmitglieder der WPK. Die WP-Versammlung, deren vornehmliche Aufgabe in der Wahl v. Beiratsmitgliedern bestand, wurde folgerichtig abgeschafft (vgl. im Einzelnen auch § 59 Rn. 5, 9).

kk) Gesetz zur Einführung einer Partnerschaftsgesellschaft mit beschränkter Berufshaftung und zur Änderung u.a. des Berufsrechts der Wirtschaftsprüfer zur Versicherungspflicht bei einer PartGmbB vom 15. Juli 2013, in Kraft getreten am 19.7.2013 (BGBl. I, 2377). Mit diesem Gesetz wurde auch § 62b Abs. 1 geändert, wonach die grds. auf sog. § 319a Mandate beschränkten anlassunabhängigen Sonderuntersuchungen auch auf andere Prüfungen erstreckt werden können, falls eine ausländische Aufsicht darum ersucht. Unmittelbar vor Redaktionsschluss wurde noch mit dem Gestz zur Stärkung der Rechte von Opfern sexuellen Missbrauchs in § 82a Abs. 2 WPO ein Verweis auf § 140 StPO geändert und damit die Regelungen über die Bestellung eines Pflichtverteidigers in berufsgerichtlichen Verfahren weiter, aber sachgerecht eingeschränkt (Gesetz vom 29.6.2013, die WPO Änderung in Kraft getreten am 1.9.2013, BGBl I, 1805).

b) Allgemeine Tendenzen des Berufsrechts seit 1961

Die **Struktur der WPO** ist trotz der erwähnten, aber auch der anderen Änderungen weitgehend beibehalten worden. Einige Grundtendenzen lassen sich aber über die Jahre ausmachen.

- **Liberalisierung bei einzelnen Berufspflichten**, wie z.B. die sukzessive Aufhebung aller Einschränkungen bei der „Werbung" (§ 52 Rn. 1 ff.), die Einschränkung des Verbots eines Erfolgshonorars (§ 55a Rn. 1 f.) u. die Erweiterung der Möglichkeit zur Abtretung v. Honoraransprüchen (§ 55 Rn. 47 ff.).
- **Beschränkung einzelner Berufspflichten auf den Vorbehaltsbereich** der Berufsausübung des WP, wie z.B. zur Beachtung verschiedener Vorgaben zur Honorargestaltung bei gesetzlichen AP in § 55 Abs. 1 Satz 2.
- **Deregulierung des Berufsrechts** in dem Sinne, dass der Staat sich auf grds. Regelungen des Berufsrechts beschränkt u. der Selbstverwaltung (WPK) die Möglichkeit gegeben hat, zur Konkretisierung des Berufsrechts Satzungen mit Normcharakter zu erlassen (§ 57 Abs. 3, 4); das hat nicht verhindert, dass die gesetzliche Regelungsdichte i.Z.m. gesetzlich vorgeschriebenen AP weiter zugenommen hat.
- Insbesondere **Ausbau u. Intensivierung der BA** durch die **sukzessive Ausdehnung der Befugnisse der WPK zur Ermittlung u. Ahndung v. Berufspflichtverletzungen** (§§ 61a ff.) – auch mit dem „willkommenen" Ziel der Entlastung der ordentlichen Gerichte einschließl. StA. Der Fokus liegt dabei zunehmend auf der Verfolgung u. Ahndung v. fachlichen Fehlern bei der Berufstätigkeit, insb. bei der Durchführung v. gesetzlich vorgeschriebenen AP, was in dieser Form im Bereich der Freien Berufe ohne Vergleich ist.

- Bei gleichzeitiger **Einrichtung der APAK als staatsunabhängiger Fachaufsicht über die WPK mit Letztentscheidungsrecht u. Letztverantwortung**, was die Selbstverwaltung des Berufes in weiten, wenn auch nicht allen Bereichen nachhaltig modifiziert hat (§ 4, § 66).
- Zunehmende **Übertragung zuvor originärer Staatsaufgaben auf die mittelbare Staatsverwaltung**, so insb. auch Kostenentlastung des Staates u. Finanzierung der Verfahren nach dem Verursacherprinzip durch die Begünstigten o. Betroffenen (bspw. Übertragung der Bestellungen u. Anerkennungen v. den obersten Landesbehörden auf die WPK sowie Übertragung der Organisation des WP-Examens v. den obersten Landesbehörden auf die WPK, jeweils durch die 4. WPO-Novelle 2001; hierunter fällt auch die erweiterte Zuständigkeit der WPK im Rahmen der BA durch Zuständigkeitsverschiebungen v. der GStA zur WPK durch die 7. WPO-Novelle 2007).

4. Perspektivische WPO-Änderungen

81   Die Umsetzung der AP-RiLi 2006 in nationales Recht durch die 7. WPO-Novelle 2007 u. das BilMoG 2009 beendete noch nicht die Diskussion über **weitere Novellierungen der WPO** – auch nicht vor dem Hintergrund, dass die WPO mit der 4. WPO-Novelle 2001 u. den nachfolgenden Novellen seit dem Jahr 2000 schon viermal umfassend novelliert worden war. Vielmehr wurde international u. auf EU-Ebene diskutiert, ob die bisherigen Maßnahmen insb. auch zur **Struktur der Berufsaufsichtssysteme** ausreichen. In Deutschland kamen Überlegungen hinzu, die zum Teil parallelen **Verfahren der anlassunabhängigen Sonderuntersuchungen nach § 62b WPO u. das Qualitätskontrollverfahren nach § 57a WPO in ein Verfahren zusammenzuführen**, um das System effektiver u. auch für die betroffenen Praxen verhältnismäßiger zu gestalten. Die zunächst durch eine EU-Empfehlung aus 2008 auf eine Weiterentwicklung der Aufsichtssysteme fokussierten Überlegungen wurden aber durch eine Initiative der Europäischen Kommission im Jahr 2011 überholt, das Recht der Abschlussprüfung grds. zu novellieren. Die AP-RiLi 2006 steht insoweit als solche in der Diskussion u. soll nach den Vorstellungen der EU-Kommission in großen Teilen sogar durch eine unmittelbar in den Mitgliedstaaten der EU geltende EU-Verordnung ersetzt werden. Vor diesem Hintergrund wurden in Deutschland Überlegungen zu einer weiteren WPO-Novellierung ausgesetzt. Auch sinnvolle Einzeländerungen wurden Opfer des generellen Stillstandes. Nachfolgend werden die wichtigsten Projekte aufgezeigt, über die sich der deutsche Gesetzgeber auch unabhängig v. Ausgang möglicher Entscheidungen der EU zur Abschlussprüfung nach den Bundestagswahlen im September 2013 Gedanken machen muss:

a) Berufsaufsichtssystem

82   Die o.a. Novellierungsüberlegungen hatten WPK, APAK u. IDW in einer gemeinsamen Eingabe an das BMWi v. 20. Januar 2010 konkretisiert u. Vorschläge unterbreitet, wie die **Stellung der öffentlichen Aufsicht APAK** im 319a-Bereich gestärkt und die derzeit **parallelen Verfahren der BA und QK verschmolzen** werden können (WPK-Mag. 1/2010, 6. ff.). Die Motivation lag in der schon angesprochenen EU-Empfehlung aus 2008 zur notwendigen Stärkung der öffentlichen Auf-

sicht begründet sowie in dem Interesse des deutschen Berufsstandes, die Mehrbelastung durch die durch die Abschlussprüferrichtlinie gar nicht geforderten Parallelverfahren der BA u. der QK zu vermeiden. Hierzu müsste konsequenter Weise auch bei den 319-Mandaten der Prüfer u. Prüfungsgesellschaften risikoorientiert u. ggf. einzelfallbezogen entsprechend § 62 „im Rahmen der Berufsaufsicht" untersucht werden, ohne aufgrund der Untersuchungen entsprechend vieler Mandate zu einem Gesamturteil gelangen zu müssen – mit der Folge aber auch, dass die Firewall entfällt u. damit Feststellungen zur berufsaufsichtsrechtlichen Würdigung gelangen, was bisher durch den Systemansatz „Gesamturteil zum Qualitätssicherungssystem der Praxis" vermieden wird.

Das BMWi, das i.ü. die Entwicklung gemeinsamer Vorstellungen im Berufsstand angestoßen hatte, sah sich durch die **weiteren Überlegungen der EU-Kommission zur Neustrukturierung der Aufsichten über Abschlussprüfer** an einer parallelen Weiterentwicklung des deutschen Aufsichtssystems gehindert. Das BMWi will vermeiden, je nach Ausgang der Entwicklung in Brüssel weitere WPO-Novellierungen vornehmen zu müssen. In der Tat gehen die derzeitigen Vorstellungen der EU-Kommission dahin, die Aufsichtssysteme völlig berufsstandsunabhängig zu organisieren und dies zum Teil auch noch auf dem Verordnungswege, d.h. mit unmittelbarer Wirkung in den EU-Mitgliedstaaten. In Deutschland würde dies bedeuten, dass die derzeitige Rolle der WPK in der BA u. QK nicht gehalten werden könnte – u. dies nicht einmal in der Form einer gesetzlich garantierten Beratung der öffentlichen Aufsicht in der Form einer fachlichen Begutachtung deren Feststellungen, wie dies das Modell 2010 vorsieht (vgl. Rn. 82). Entsprechend deutlich ist die Kritik nicht nur aus Deutschland (wo auch die Aufsicht über die genossenschaftlichen Prüfungsverbände u. a. betroffen wäre). Die weitere Entwicklung bleibt abzuwarten. 83

b) Transparenz in der Berufsaufsicht
Die Diskussionen um ein angemessenes Aufsichtssystem zeigen, dass Teile der Öffentlichkeit nicht das notwendige **Vertrauen in das Aufsichtssystem** haben. Dies liegt entscheidend in der weitgehend anonymen Arbeit v. WPK u. APAK begründet. Allgemeine Tätigkeitsberichte reichen nicht. Soweit bspw. wirtschaftliche Schieflagen v. Unternehmen im öffentlichen Interesse u. die Verantwortung des WP für eine unterlassene Information der Öffentlichkeit mittels eines entsprechenden BV öffentlich diskutiert werden, wird auch eine Kommentierung der öffentlichen Aufsichten erwartet – natürlich unter Wahrung der Persönlichkeitsrechte der betroffenen Gesellschaften u. Berufsangehörigen. Im Zweifel würde sie auch eine Versachlichung einer öffentlichen Debatte fördern. WPK u. APAK fordern daher eine Änderung der §§ 64, 66b WPO, um den Aufsichten in Einzelfällen eine angemessene Kommentierung o. Darstellung v. Aufsichtsfällen zu ermöglichen (vgl. auch WPK-Mag. 1/2013, 8 sowie Pro u. Contra in WPK-Mag. 2/2013, 41). 84

Die Regelungsvorschläge wären zugleich ein Kompromiss für die **Diskussionen in Brüssel zur Weiterentwicklung des Rechts der Abschlussprüfung**. Die dort vorgesehenen Transparenzregelungen gehen weit über die für Deutschland favorisier- 85 ten Vorstellungen hinaus. Sie sehen vor dem Hintergrund des „Vorbildes" USA vor, dass alle Disziplinarmaßnahmen u. Inspektionsberichte der Aufsichtsstellen auf deren jeweiligen Internetseiten veröffentlicht werden.

c) Honorarordnung/qualitätssichernde Entgeltregelung

86 Das Thema „Gebühren- oder Honorarordnung" ist in unserer Rechtsordnung höchst umstritten. Ärzte, Anwälte, Steuerberater, Ingenieure u.a. haben eine Gebührenordnung – kritisiert allerdings durch die Wettbewerbskommission der EU und auch national in Teilen auf dem Rückzug (vgl. zum Rechtsanwaltsvergütungsgesetz 2006, das so weit liberalisiert wurde, dass nur noch für forensische Tätigkeiten ein Unterschreitungsverbot für gesetzliche Gebühren gilt). Dies ist kein fruchtbarer Boden für neue Honorarordnungen. So ist auch zu erklären, dass 2007 die Ermächtigungsnorm in der WPO zum Erlass einer Gebührenordnung gestrichen wurde (vgl. Rn. 23). Andererseits klagt der WP-Beruf in den letzten Jahren verstärkt über **Honorardumping** u. daraus folgende **Risiken für die Qualität der Abschlussprüfungen**.

87 Beirat u. Vorstand der Amtsperiode 2011 bis 2014 der WPK hatten sich daher ursprünglich die Forderung nach einer Gebührenordnung, später die nach einer **qualitätssichernden Entgeltregelung** zu eigen gemacht (vgl. Pro u. Contra in WPK-Mag. 1/2013, 29). Es stellte sich vergleichsweise schnell heraus, dass eine umfassende Gebührenordnung im klassischen Sinn politisch nicht durchsetzbar u. letztlich auch im Berufsstand unverändert nicht gewollt ist. Das öffentliche Interesse geht in erster Linie dahin, die wesentlichen qualitätssichernden Merkmale für eine ordnungsgemäße Abschlussprüfung zu sichern. Dieses liege nach dem aktuellen Modell der Gremien der WPK darin, ähnlich einer französischen Regelung für Unternehmen bestimmter Größenordnungen eine Mindestanzahl v. Prüfungsstunden vorzuschreiben; dies wiederum sollte einhergehen mit einer (allgemeinen) Regelung, die zur Vereinbarung eines angemessenen Honorars verpflichtet. In zwei Änderungsanträgen v. EU-Parlamentariern im laufenden Verfahren zur Neuregelung der Abschlussprüfung in Brüssel sind diese Überlegungen aufgegriffen, zunächst aber nicht weiterverfolgt worden.

d) Wahlrecht in der WPK (Beiratswahlen)

88 Die Wahlen zum Beirat der WPK wurden 2011 erstmals in Form v. **Briefwahlen** durchgeführt (§ 59 Rn. 9 ff.). Die dadurch ermöglichte hohe Wahlbeteiligung führte dazu, dass die Mehrheit des Berufs, nämlich die Vertreter v. Einzelpraxen u. kleinerer mittlerer Einheiten, den Beirat genau in dieser Zusammensetzung wählte. Das Segment der großen Gesellschaften u. auch der größeren Mittelständler ist aktuell im Beirat der WPK nicht vertreten. Die WPK stand damit in der Kritik, sich nicht für die Belange des gesamten Berufsstandes (§ 57 Abs. 1) einsetzen zu können.

89 Um dies gleichwohl gewährleisten zu können, hat die WPK zu anderen Instrumenten wie z.B. zu einer **Konsultationsrunde** mit Vertretern der eben angesprochenen Segmente o. zu **Anhörungen der Mitglieder des Berufsstandes** gegriffen. Eine originäre Vertretung aller wesentlichen Segmente des Berufs im Beirat, d.h. im

Parlament des Berufs wäre die bessere Lösung. Deshalb hat der WPK-Beirat der Amtsperiode 2011 – 2014 für die Wahlen 2014 die Einführung eines **Verhältniswahlrechtes** zur Diskussion gestellt (vgl. WPK-Mag. 4/2012, 26) u. schließlich auch beschlossen (vgl. WPK-Mag. 3/2013). Das Verhältniswahlrecht soll das durch das Ergebnis der Wahlen 2011 bestätigte Risiko der Blockwahl u. Blockbildung im Beirat verringern. Bei Redaktionsschluss stand die erforderliche Genehmigung durch das BMWi noch aus.

IV. Geltungsbereich des Berufsrechts der WP

Die Frage nach dem Geltungsbereich des WP-Berufsrechts hat eine **personelle u. eine sachliche, tätigkeitsbedingte Komponente.** 90

1. Erfasste Personen und Gesellschaften
a) Allgemeiner Adressatenkreis

Zum Adressatenkreis der WPO gehören naturgemäß u. ohne Ausnahme **alle Berufsangehörigen**, d.h. alle WP u. vBP; das Gleiche gilt für alle WPG u. BPG, soweit dies für Kapital- o. Personengesellschaften möglich ist. Darüber hinaus sind aber auch andere Personen als die Berufsangehörigen (**„Nicht-WP"**) Adressaten einzelner Bestimmungen der WPO. Dies gilt insb. für „Nicht-WP" im Einzugsbereich v. WPG, aber in Sonderfällen auch für andere „Nicht-WP". Der persönliche Geltungsbereich der Berufspflichten prägt auch die Struktur der BS WP/vBP. Unmittelbarer Adressat ist dort zumeist der WP/vBP. Über § 40 BS WP/vBP werden die Konkretisierungen der Berufspflichten auf Nicht-WP/vBP, die für Berufsgesellschaften verantwortlich tätig sind, sowie für diese selbst ausgeweitet, soweit diese der Rechtsform gemäß gelten können. 91

Auch wenn sie nicht WP sind, so unterliegen bei einer WPG 92

- **VO-Mitglieder (AG), GF (GmbH), Partner (Partnerschaftsgesellschaft) u. phG (oHG u. KG)** nach § 56 Abs. 1 z.T. den gleichen berufsrechtlichen Pflichten wie die WP-Mitglieder des gesetzlichen Vertretungsorgans, nach § 58 der automatischen Mitgliedschaft in der WPK u. nach § 71 der BA u. der Berufsgerichtsbarkeit wie die WP,
- **Mitglieder des Aufsichtsorgans** nach § 56 Abs. 2 der VSP wie WP u.
- **Gesellschafter** nach § 28 Abs. 4 den Beschränkungen aus der Kapitalbindung, wobei die Folgen eines Verstoßes hier anders als bei § 56 unmittelbar nicht den „Nicht-WP", sondern die WPG treffen; eine Ausnahme v. diesem Grundsatz ergibt sich aus § 28 Abs. 4 Satz 1 Nr. 6, wonach ein „Nicht-(EU) WP" v. einem anderen Gesellschafter der WPG nicht zur Ausübung v. Gesellschafterrechten bevollmächtigt werden kann.

Einige Berufspflichten enthalten ausdr. **Einschränkungen des persönlichen Geltungsbereichs.** Die Berufspflicht zur Durchführung einer QK etwa beschränkt sich auf solche Berufsangehörige u. Berufsgesellschaften, die beabsichtigen, gesetzlich vorgeschriebene JAP durchzuführen (§ 57a Abs. 1 Satz 1). Zugleich sind v. der Pflicht nur WP betroffen, die selbstständig in eigener Praxis tätig sind, nicht also 93

Maxl

z.B. Angestellte. Eine weitere Einschränkung des persönlichen Geltungsbereichs enthält § 55c (Pflicht zur Veröffentlichung eines Transparenzberichts), der nur für AP bei Unternehmen v. öffentlichem Interesse gilt, weiterreichende Transparenzpflichten gelten wiederum nur für WPG (§ 55c Abs. 1 Satz 3).

94 Auch die **Berufsaufsicht wendet sich nur an natürliche Personen**. Dies ist dem Ansatz der eigenverantwortlichen Berufsausübung geschuldet, aber vor dem Hintergrund der allgemeinen Diskussionen zum Unternehmensstrafrecht sowie auch der Diskussionen im Berufsstand zu weitergehenden Möglichkeiten der Berufsaufsicht auch gegenüber Berufsgesellschaften nicht zwingend. Berufsgesellschaften haben zwar Berufspflichten zu beachten (§ 56), unterliegen jedoch als solche keinen Sanktionen. **Maßnahmemöglichkeiten gegen Berufsgesellschaften** sind nur verwaltungsrechtlicher Natur (Widerrufs- u. Rücknahmeverfahren, Auflagen und ggf. Entzug der Teilnahmebescheinigung in Qualitätskontrollverfahren). Dies führt dann zu einer Lücke im Aufsichtssystem, wenn insbesondere bei größeren Einheiten Pflichtverletzungen nicht bei Personen festgemacht werden können, die der Berufsaufsicht nach der WPO unterliegen o. generell die Schwierigkeit besteht, die persönliche Verantwortung einer einzelnen Person festzustellen. Sowohl WPK wie auch APAK fordern daher Maßnahmemöglichkeiten gegen Berufsgesellschaften auch im Rahmen der Disziplinaraufsicht (vgl. Tätigkeitsbericht 2011 BA der WPK u. Tätigkeitsbericht 2012 der APAK; a.A. Wegener, HRRS 1/2013, 15 ff.).

b) Sonderfälle

95 § 58 Abs. 2 schafft für enumerativ aufgezählte Prüfungseinrichtungen, die keine WPG sind, die Möglichkeit, **freiwillige Mitglieder der WPK** zu werden. Konkret handelt es sich die um die genossenschaftlichen Prüfungsverbände, die Sparkassen- u. Giroverbände für ihre Prüfungsstellen u. die überörtlichen Prüfungseinrichtungen für öffentliche Körperschaften.

96 Erwerben sie die Mitgliedschaft, so sind sie grds. **wie die anderen Mitglieder der WPK zu behandeln. Ausgenommen sind die Berufsaufsicht** einschl. die Beratung u. Belehrung sowie Vermittlungen (§ 58 Abs. 2 Satz 2).

97 Wirtschaftsprüfer dürfen unter den Voraussetzungen des § 44b mit den Angehörigen anderer Berufe, d.h. vor allem StB u. RA gemeinsam ihren Beruf in Form einer Sozietät (GbR), die anders als die Partnerschaftsgesellschaft nicht als WPG anerkannt werden kann, ausüben; die anderen **Nicht-WP-Partner bei diesen Sozietäten** werden wegen der gemeinsamen Berufsausübung mit dem WP aber **nicht dem WP-Berufsrecht unterworfen**, sondern müssen dem WP nur ermöglichen, die Anforderungen seines Berufsrechts zu erfüllen.

98 Die davon früher nach § 44b Abs. 4 bestehende Ausnahme, wonach die WPO auch v. den Nicht-WP-Sozien verlangte, eine **BVH wie ein WP abzuschließen**, ist i.Z.m. der 5. WPO-Novelle 2004 so modifiziert worden, dass jetzt der WP-Partner für den vollen Versicherungsschutz sorgen muss u. die anderen Nicht-WP-Sozien nicht mehr erfasst werden. Unverändert durch die WPO betroffen sind die Nicht-WP-Sozien, soweit sich der **WP der QK unterwirft**; nach § 57d (vgl. dort Rn. 5) kön-

nen sich z.b. die RA- u. StB-Sozien nicht auf ihre spezifische VSP berufen, soweit dies eine QK bei ihrem WP-Sozius hindern würde.

2. Erfasste Tätigkeiten

Es entspricht dem Wesen u. Zweck v. Berufsrecht, dass es für die Berufsangehörigen **bei der Ausübung ihres Berufes** gilt. Das gilt sowohl für die mit dem Berufsrecht verbundenen Rechte u. Privilegien, als auch u. gerade für die damit verbundenen Pflichten u. Beschränkungen. 99

Regelungen des Berufsrechts wurden u. werden aber immer wieder – vor allem nach Maßnahmen der BA – als Hindernisse im Wettbewerb mit anderen empfunden u. deswegen gern **als „unverhältnismäßige" Einschränkungen der Berufsfreiheit in Frage gestellt**, vor allem i.Z.m. **Tätigkeiten i.S.d. § 2 Abs. 3**, die jedermann offen stehen. Nach der WPO unterliegt der WP (auch) dabei den Berufspflichten, denen andere Anbieter dieser Leistungen nicht unterliegen, woraus dann abgeleitet wird, dass bei den Tätigkeiten des § 2 Abs. 3 kein „verhältnismäßiges" öffentl. Interesse an der Einhaltung des WP-Berufsrechts im Ganzen o. in Teilen besteht. 100

Die Rspr. hat sich dem in den letzten Jahren nicht völlig verschlossen u. **Ausnahmen o. Einschränkungen** zur Anwendung der WPO entwickelt. Wegen der praktischen Bedeutung ging es dabei oft um § 47, weil die Pflicht zur Leitung der ZN durch einen (anderen) WP als unverhältnismäßig empfunden wurde, wenn in der ZN keine WP-spezifische Tätigkeit ausgeübt wurde. 101

Wegen der konkreten **Bedeutung dieser Rspr. für das Niederlassungsrecht u. die Berufsausübungsformen** wird auf Vor §§ 43 ff. Rn. 18 verwiesen. Hier sollen die grds. Aspekte angesprochen werden. Dabei wird aus Gründen der Zweckmäßigkeit für die weitere Darstellung zwischen dem „Nur-WP", der keine andere Berufsqualifikation aufweist, u. dem „Mehr-Bänder-Mann", der neben dem WP auch noch StB o. RA ist, unterschieden. 102

a) Nur-WP

Vom Grundsatz her bedarf es keiner weiteren Begr., dass beim „Nur-WP" die **WPO** als sein einziges Berufsrecht in einem umfassenden Sinne Geltung haben muss, d.h. v. dem WP **bei seiner gesamten beruflichen Tätigkeit zu beachten** ist. Die WPO sieht davon auch keine Ausnahme vor. 103

aa) Gesamte berufliche Tätigkeit

Als **berufliche Tätigkeit** in diesem Sinne gelten **alle Tätigkeiten, die in § 2 genannt sind**; die Verbindlichkeit der WPO besteht deswegen nicht nur bei Prüfungstätigkeiten i.S.d. § 2 Abs. 1 o. erst recht nicht nur bei gesetzlich vorgeschriebenen Prüfungen, sondern auch bei der Steuerberatung durch den Nur-WP (vgl. § 2 Abs. 2) u. den anderen Tätigkeiten i.S.v. § 2 Abs. 3. 104

Als berufliche Tätigkeit gelten darüber hinaus aber auch die **Tätigkeiten, die mit dem Beruf des WP nach § 43 Abs. 4 vereinbar** sind. Deswegen unterliegt der WP, was sicherlich nicht selbstverständlich ist, auch dann den Regelungen der WPO, 105 wenn er eine über sein Berufsbild nach § 2 hinausgehende, damit „nur" vereinbare Tätigkeit ausübt (BVerwG 22.8.2000, WPK-Mitt. 2001, 70 ff.).

106 Im Umkehrschluss ergibt sich daraus auch, dass die **WPO** für den WP **nicht** gilt

- **bei beruflichen Tätigkeiten, die weder als „befugte" unter § 2 noch als „vereinbare" unter § 43 Abs. 4 fallen**, was aber im Ergebnis bedeutet, dass der Anwendungsbereich außerordentlich klein ist, weil die in Betracht kommenden Tätigkeiten entw. als berufliche Tätigkeiten durch §§ 2, 43 Abs. 4 erfasst o. ansonsten für den WP verboten sind, sowie
- **im rein privaten Bereich**, weil es dabei nicht um berufliche Tätigkeit geht. Die Regelung des § 43 Abs. 2 Satz 3, wonach sich der WP auch außerhalb seiner Berufstätigkeit des Vertrauens u. der Achtung würdig zu erweisen hat, die der Beruf erfordert, hat eigentlich nur bei strafrechtlich relevantem Verhalten des WP Bedeutung u. damit einen sehr kleinen Anwendungsbereich.

bb) Keine „Abwahl" des Berufsrechts

107 Der WP kann die Anwendung der WPO grds. auch nicht dadurch vermeiden, dass er ggf. erklärt, eine **bestimmte Tätigkeit „nicht als WP"** durchzuführen.

108 Es entspricht schon den grundlegenden Prinzipien einer verbindlichen Berufsordnung, dass der einzelne Berufsangehörige nicht die Möglichkeit haben darf, sich nach seiner Wahl auszusuchen, **ob die Berufsordnung bei einer bestimmten Tätigkeit im Rahmen seines Berufsbildes anwendbar sein soll o. nicht.** Das gilt für den WP auch bei Tätigkeiten i.S.d. § 2 Abs. 3, die weder für ihn noch andere Vorbehaltstätigkeiten darstellen u. deswegen v. jedermann ausgeübt werden können.

109 Eine berufliche Tätigkeit „nicht als WP" scheiterte i.Ü. auch daran, dass der WP nach **§ 18 verpflichtet** ist, im beruflichen Verkehr – u. das umfasst alle Tätigkeiten i.S.d. § 2 u. § 43 Abs. 4 – **den WP-Titel zu führen** u. damit „als WP" aufzutreten.

cc) Ausnahmen wegen Art. 12 GG

110 Dessen ungeachtet ist die **höchstrichterliche Rspr.** in neuerer Zeit v. der Verbindlichkeit der WPO „immer und überall" abgerückt u. hat damit **begonnen, bei der Anwendung einzelner Vorschriften zu differenzieren.**

111 Grundlegend ist eine **Entscheidung des BGH zu § 47 aus 2004** (Urt. v. 12.10.2004, WpSt (R) 1/04, abgedruckt in WPK-Mag. 1/2005, 48 mit ablehnender Anmerkung st/sn), in der der BGH erstmalig für den WP zwischen einer „Kerntätigkeit" u. anderen Tätigkeiten unterscheidet u. dazu dann feststellt, dass

- im Bereich der „**Kerntätigkeit**" das **Berufsrecht**, d.h. die WPO u. BS, **uneingeschränkt** gelte,
- bei anderen „befugten" (§ 2 Abs. 3) o. „vereinbaren" (§ 43 Abs. 4) Tätigkeiten die Anwendbarkeit des **Berufsrechts** zwar grundsätzlich, aber nicht „schematisch" bejaht werden könne.

112 Der BGH begründet seine Differenzierung mit einem ausdr. Hinweis auf den **Grundsatz der Verhältnismäßigkeit,** der bei Einschränkungen der Berufsfreiheit

durch Regelungen zur Berufsausübung i.S.d. Art. 12 Abs. 1 Satz 2 GG immer zu beachten sei. Außerdem bezieht sich der BGH bei seiner Begr. noch auf europäische Wettbewerbsbestimmungen, ohne diese allerdings näher zu spezifizieren.

Im konkreten Fall hat der BGH dann entschieden, dass § 47 nicht anwendbar sei, wenn ein WP räumlich u. organisatorisch gesondert v. seiner WP-Tätigkeit in einer ZN keine Kernaufgaben des WP erbringe u. dabei auch den WP-Titel nicht führe. Die Tätigkeit als **Insolvenzverwalter**, um die es in dem entschiedenen Fall ging, sei zwar unter § 2 Abs. 3 zu subsumieren ist, gehöre aber **nicht zur Kerntätigkeit des WP**. Für eine ZN, in der ohne Führung des WP-Titels diese Tätigkeit ausgeübt würde, brauche deswegen kein WP als verantwortlicher NL-Leiter benannt werden. 113

dd) Kritische Anmerkung
Die Entscheidung des BGH zu § 47 ist über den Anwendungsbereich dieser Vorschrift hinaus **bei systematischer Betrachtung für das Berufsrecht der WP außerordentlich problematisch**. Es würde aber den Rahmen dieser Einleitung sprengen, dies im Einzelnen darzustellen u. zu erläutern. Deswegen nachfolgend nur ein paar kritische Anmerkungen allgemeiner Art: 114

Der BGH macht zur **Bedingung, dass der WP** bei der Tätigkeit, für die auf die Anwendung des § 47 verzichtet wird, **den WP-Titel nicht führt**. Gleichzeitig ist unstreitig, dass die betreffenden Tätigkeiten unter § 2 Abs. 3 fällt. Die **Pflicht zur Führung des WP-Titels besteht nach § 18** bei allen beruflichen Tätigkeiten des WP u. hätte danach auch in dem entschiedenen Fall befolgt werden müssen (vgl. § 18 Rn. 14). Das wird in der Entscheidung nicht näher angesprochen u. erst recht nicht problematisiert. 115

Der **Gesetzgeber könnte § 18 zweifelsohne ändern** u. die Pflicht (nicht unbedingt damit auch das Recht) zur Führung des WP-Titels auf die Vorbehaltsaufgaben des WP beschränken. Solange dies aber nicht geschehen ist, darf im Ergebnis ein Verstoß gegen § 18 nicht auch noch mit einer Freistellung v. § 47 „belohnt" werden. 116

Der BGH gibt mit seiner Argumentation, **unter den genannten Voraussetzungen für bestimmte Tätigkeiten**, die außerhalb des Kernbereichs des WP-Berufsbildes liegen, **Regelungen des WP-Berufsrechts nicht anzuwenden**, dem einzelnen Berufsangehörigen die Wahl in die Hand, sich bei Tätigkeiten außerhalb seiner Vorbehaltsaufgaben je nach Zweckmäßigkeit der WPO zu unterstellen o. zu entziehen. 117

Jeder WP hätte ja die Möglichkeit, eine räumlich u. organisatorisch getrennte ZN zu errichten, in der er den WP-Titel nicht führt u. Nicht-Vorbehaltstätigkeiten ausführt. Dabei muss nicht einmal „geheim" bleiben, dass die betreffende ZN einem WP „gehört". In dem entschiedenen Fall hat der WP zwar in der ZN den WP-Titel nicht „geführt", der BGH verlangt aber darüber hinaus nicht, dass auch unbekannt ist o. bleibt, dass hinter der ZN ein WP steht. 118

Die WPO entwickelte sich dann langfristig aus einem Recht für den Beruf des WP, das dieser bei seiner gesamten beruflichen Tätigkeit zu beachten hat, **zu einem** 119

Maxl   33

Rechte- u. Pflichtenkatalog, dem sich WP nur bei ihrer Vorbehaltstätigkeit nicht entziehen können (zur Vorbehaltsaufgabe, § 2 Rn. 9 ff.).

120 Das entspricht zweifelsohne nicht dem Anspruch u. den **Erwartungen der Öffentlichkeit** sowie des Rechts- u. Geschäftsverkehrs, die auch u. gerade wegen § 18, solange er nicht geändert ist, davon ausgehen, dass ein WP „als WP" auftritt u. dann auch in vollem Umfang dem Berufsrecht der WP unterliegt. Es wäre nicht zu vermitteln, dass man einen WP jeweils vorher fragen muss, ob er eine Nicht-Vorbehaltstätigkeit „als WP" o. „nicht als WP" übernimmt.

121 Ein solcher Ansatz würde aber vor allem nicht der Intention des Gesetzgebers v. 1961 gerecht, der ein umfassendes, für den WP bei seiner beruflichen Tätigkeit „immer und überall" geltendes Berufsrecht schaffen wollte – als **maßgebliche Grundlage für das Vertrauen der Öffentlichkeit u. des Rechts- u. Geschäftsverkehrs in den WP-Beruf u. seine Arbeit**. Damit stände eine Rspr. nicht im Einklang, die bei Nichtvorbehaltstätigkeiten für jede einzelne Bestimmung der WPO fragt, ob gerade ihre Einhaltung in dem konkreten Kontext erforderlich u. verhältnismäßig ist.

122 Wenn die Rspr. bei dem Ansatz verbleibt, für einzelnen WPO-Bestimmungen jeweils zu prüfen, ob ihre Einhaltung auch bei einer Nichtvorbehaltstätigkeit v. den Berufsangehörigen verlangt werden kann, müsste sie sich fragen lassen, ob ihre Auslegung u. (ggf. eingeschränkte) Anwendung der WPO nicht zu einer wesentlichen Änderung der WPO führt, die nach den Maßstäben der verfassungsrechtlichen Rspr. zu Art. 12 Abs. 1 Satz 2 GG (Rn. 3) **Sache des Gesetzgebers** wäre.

123 Nur zur Abrundung sei darauf hingewiesen, dass eine solche **tendenzielle Reduzierung des Anwendungsbereichs der WPO auch in anderen Bereichen Konsequenzen** nach sich ziehen müsste, die bisher in diesem Zusammenhang noch nicht im Blickfeld sind. So wird sich dann irgendwann die Frage stellen, ob die bisher bei allen beruflichen Tätigkeiten des WP geltenden besonderen Rechte wie das **Aussageverweigerungsrecht** u. **Beschlagnahmeverbot** nicht einschränkend ausgelegt, d.h. entweder auf die beruflichen Tätigkeiten des WP, bei denen das Berufsrecht umfassend gilt, o. gar auf die Vorbehaltsaufgaben des WP beschränkt werden müssen (in diese Richtung BVerfG, Beschl. v. 19.7.1972, BVerfGE 33, 367 ff. (383) f.), wo die Einräumung des Aussageverweigerungsrechts für WP mit den für sie geltenden Berufsregelungen einschl. Berufsaufsicht gerechtfertigt wird).

124 Es wäre zu wünschen, dass der BGH Gelegenheit erhält, seinen Ansatz insgesamt noch einmal überprüfen. Bis dahin ändern allerdings auch diese kritischen Anmerkungen nichts daran, dass die WPK **bei der Berufsaufsicht seine Auffassung zum Zweigniederlassungsrecht zugrunde legen muss** – mag sie diese auch im Einzelfall nicht für zutreffend o. sachgerecht erachten.

b) Mehr-Bänder-WP

125 Wenn der **WP noch andere Berufsqualifikationen** besitzt, insb. auch StB u./o. RA ist, so stellt sich die Frage, ob er auch die Berufsrechte seiner anderen Qualifikati-

onen beachten muss o. nur das für die gerade ausgeübte Tätigkeit „einschlägige" Berufsrecht gilt.

aa) Grundsatz der Anwendung aller betroffenen Berufsrechte
Es gilt zunächst der allg. **Grundsatz, dass ein Berufsangehöriger, der neben dem WP auch noch andere Berufsqualifikationen besitzt, bei seiner beruflichen Tätigkeit alle für ihn geltenden Berufsrechte beachten muss.** 126

Schon dieser Grundsatz gilt aber nicht in dem Sinne, dass „immer und überall" alle Berufsrechte gelten. Offenkundig ist dies für **Tätigkeiten, die nicht zum Berufsbild des WP gehören**, wobei natürlich Voraussetzung ist, dass es sich um eine vereinbare Tätigkeit i.S.d. § 43 Abs. 4 handelt, weil der WP sie sonst gar nicht ausüben dürfte. Die Rechtsberatung, die über das eingeschränkte Maß hinausgeht, das dem WP gestattet ist, darf der Berufsangehörige nur ausüben, wenn er zugl. RA ist. Bei dieser Rechtsberatung dürfte die WPO kaum zur Anwendung kommen. 127

Die Frage, ob mehrere Berufsrechte nebeneinander zur Anwendung kommen, stellt sich in aller Schärfe dann, wenn eine bestimmte **Tätigkeit zugleich zum Berufsbild des WP u. zu einem anderen Berufsbild** gehört. Diese Konstellation gilt insb. für die Steuerberatung durch den WP/StB, weil sie nach § 2 Abs. 2 zum Berufsbild des WP u. nach § 33 StBerG zum Berufsbild des StB gehört. 128

Der zu Rn. 126 festgehaltene Grundsatz wirkt sich bei der Steuerberatung durch den WP/StB dahin aus, dass der Berufsangehörige in einem solchen Falle **die WPO u. das StBerG beachten muss**. Wenn beide Berufsrechte identische Regelungen vorsehen, ist dies aber ohne Relevanz. Sind die Regelungen in den beiden Berufsrechten dagegen unterschiedlich, so führt dies im Ergebnis dazu, dass der WP/StB strengeren Regeln unterliegt als der „Nur-WP" o. der „Nur-StB". 129

Ein plastisches Bsp. für die **Anwendung des „strengeren" Berufsrechts** stellt die Mindestversicherungssumme bei der BHV dar, die jeder WP u. StB unterhalten muss. § 54 i.V.m. § 323 Abs. 2 Satz 1 HGB sieht für den WP einen Mindestbetrag v. 1 Mio. Euro vor, während der StB nach § 57 StBerG i.V.m. § 52 DVStB nur einen Mindestbetrag v. 0,25 Mio. Euro versichern muss. Der WP/StB muss sich deswegen für seine gesamte Tätigkeit mit 1 Mio. Euro versichern – u. zwar auch für die steuerberatende Tätigkeit, obwohl er „als StB" nur 0,25 Euro kontrahieren müsste. Das schlägt dann auch auf den Betrag durch, der bei der vertraglichen Begrenzung v. Ersatzansprüchen eingehalten werden muss (vgl. § 54a u. § 67a StBerG). 130

bb) Anwendung des „sachnäheren" Berufsrechts
Von dem Grundsatz, „alle" Berufsrechte anzuwenden, hat es immer schon Ausnahmen gegeben – gesetzlich wie durch die Rspr. entwickelte. Es ist darüber hinaus eine Tendenz erkennbar, dem **„sachnäheren" Recht den Vorrang zu geben**. 131

Im disziplinarischen Bereich würde ein Verhalten, das einen Verstoß gegen beide Berufsrechte darstellt, bei Anwendung beider Berufsrechte zwei gesonderte Verfahren u. ggf. eine mehrfache Sanktion nach sich ziehen. Dies kann unverhältnismäßig sein. 132

133 Dieser Konflikt ist in den einschlägigen Berufsrechten gesetzlich in der Weise geregelt, dass das „sachnähere" Berufsrecht zur Anwendung kommen soll. § 83a bestimmt deswegen, dass die Pflichtverletzung eines WP, der zugl. der Disziplinar-, Ehren- o. Berufsgerichtsbarkeit eines anderen Berufes untersteht, nach dem Berufsrecht der WP nur dann geahndet wird, wenn die **Pflichtverletzung überwiegend mit der Ausübung des Berufs des WP in Zusammenhang steht**; § 110 StBerG sieht für die StB eine entsprechende Regelung vor.

134 Die genannten Bestimmungen treffen keine Regelung für Pflichtverletzungen, die **nicht überwiegend einem der Berufe zuzuordnen** sind. Vom Grundsatz her ist dann ein mehrfaches Verfahren u. eine mehrfache Ahndung möglich – schon deswegen, weil die verschiedenen Berufsrechte unterschiedliche Berufspflichten vorsehen können u. deswegen in dem einen Verfahren nicht über Fragen der anderen Berufsordnung mitentschieden werden kann (vgl. BGH 12.10.2004, WPK-Mag. 1/2005, 48).

135 Die Frage, wann auch **außerhalb des disziplinarischen Bereichs** (nur) das jeweils „sachnähere" Berufsrecht zum Zuge kommt, ist nicht einheitlich zu beantworten, sondern hängt v. Einzelfall u. den jeweils anzuwendenden Vorschriften ab.

136 Ein anschauliches Bsp. für die **Anwendung des „sachnäheren" Rechts** ergab sich früher bei der Frist, in der Schadensersatzansprüche gegen einen WP u. einen StB verjährten. Bis Ende 2003 betrug nach § 51a die Verjährungsfrist beim WP fünf Jahre, für StB nach § 69 StBerG drei Jahre. Bei Ansprüchen gegen einen WP/StB wurde danach differenziert, ob die zugrunde liegende Tätigkeit überwiegend der Steuerberatung (dann 3 Jahre) o. den WP-Tätigkeiten (dann 5 Jahre) zugeordnet werden konnte (BGH 21.4.1928, BGHZ 83, 328 (332)). Dieser Unterschied ist mit der Ablösung der genannten Bestimmungen durch § 195 BGB mit der Vereinheitlichung der Verjährungsfrist für Ansprüche gegen WP u. StB auf drei Jahren weggefallen.

137 Die bei BGH 21.4.1994, a.a.O., zum Ausdruck kommende **Tendenz, das sachnähere Berufsrecht anzuwenden,** hat sich in der Zwischenzeit weiter verstärkt. Wenn u. soweit nicht v. Gesetzgeber einheitliche Regeln eingeführt werden, wird die Entwicklung weiter dahin gehen, eine Tätigkeit, die einem der mehreren Berufe eindeutig zuzuordnen sind, nach dem Berufsrecht (nur) dieses Berufes zu behandeln. (vgl. u.a. BVerwG 22.8.2000, WPK-Mitt. 1/2001, 70 ff.).

cc) Trennung der Berufe

138 Eine ganz andere Frage ist es, ob man dem Berufsangehörigen durch geeignete organisatorische Maßnahmen ermöglichen soll, für eine Tätigkeit, die zum Berufsbild des WP u. eines anderen Berufes gehört, nur das Berufsrecht dieses anderen Berufs zur Anwendung kommen zu lassen. Diese Frage wird unter dem Stichwort „**Trennung der Berufe**" diskutiert. Von großer praktischer Relevanz ist sie vor allem für die Konstellation WP/StB, die bei der überwiegenden Mehrzahl der Berufsangehörigen gegeben ist. Dort geht es vor allem um das Ziel, für **steuerberatende Tätigkeiten** die **Anwendung des WP-Berufsrechts zu vermeiden** u. sie nur dem Berufsrecht der StB zu unterstellen – vor allem mit dem Ziel, abweichend v. § 47 die Leitung einer ZN, in der nur Steuerberatung ausgeübt wird, einem „Nur-StB" anvertrauen zu können.

Auch in einem solchen Fall wurde ein Abweichen v. § 47 nicht zugelassen, weil man der Auffassung war, dass ein WP/StB auch bei der Steuerberatung die Regelungen (auch) der WPO beachten müsse, da die Steuerberatung nach § 2 Abs. 2 zu seinem Berufsbild gehöre. Davon ist das **BVerwG im Jahre 2000** abgewichen (BVerwG 22.8.2000, WPK-Mitt. 1/2001, 70 ff.). Es hat festgestellt, dass die auswärtige Beratungsstelle eines WP/StB nur den Regelungen des § 33 Abs. 2 Satz 2 StBerG entsprechen müsse u. **§ 47 nicht anwendbar sei, wenn dort nur steuerberatende Tätigkeit erfolge u. der WP-Titel nicht geführt werde.** Das BVerwG hat seine Entscheidung **maßgeblich** auf die **Gewährleistung der Berufsausübungsfreiheit nach Art. 12 Abs. 1 GG**, für deren Einschränkung der Grundsatz der Verhältnismäßigkeit gilt, gestützt; es sei deswegen **nicht gerechtfertigt, dem StB, der zugl. WP ist u. damit eine Doppelqualifikation aufweist, bei der Steuerberatung größere Beschränkungen aufzuerlegen als dem „Nur-StB"**, wenn u. soweit er v. dem WP-Titel in dem räumlich u. organisatorisch abgetrennten Bereich keinen Gebrauch mache. Mit seiner Entscheidung wollte das BVerwG außerdem dem allg. Grundsatz entsprechen, bei einem Berufsangehörigen mit mehreren Berufsqualifikationen die Tätigkeiten, die eindeutig einem Beruf zuzuordnen sind, allein diesem Berufsrecht zu unterstellen. **139**

Zu den **praktischen Auswirkungen in der BA der WPK** vgl. § 61a Rn. 15 ff., nachfolgend nur einige grundsätzliche u. kritische Anmerkungen. **140**

dd) Kritische Anmerkung

Bei rechtssystematischer Betrachtung liegt es nahe, die v. BVerwG letztlich ermöglichte **„Abwahl" des WP-Berufsrechts für die räumlich u. organisatorisch getrennte Steuerberatung** durch einen WP/StB ähnlich kritisch zu beurteilen wie beim „Nur-WP" (vgl. Rn. 103 ff.), soweit das BVerwG seine Entscheidung darauf stützt, dass Art. 12 Abs. 1 GG es erforderlich mache, § 47 bei der gegebenen Konstellation nicht anzuwenden. Das gilt auch für den „Dispens" v. § 18. **141**

Die andere v. BVerwG angeführte Begr. erscheint dagegen wesentlich tragfähiger. Sie zielt letztlich darauf ab, das für die **betroffene Tätigkeit „sachnähere" Recht** zur Anwendung kommen zu lassen, weswegen die Entscheidung, bei bloßer Steuerberatung in der ZN die Einhaltung des § 47 nicht zu fordern, auch v. Ergebnis her gut nachvollziehbar ist. **142**

Mehr als ein „Schönheitsfehler" liegt allerdings darin, die Nichteinhaltung des § 47 davon abhängig zu machen, dass der Berufsangehörige in der ZN entgegen § 18 den WP-Titel nicht führt, obwohl es sich ja offenkundig um berufliche Tätigkeit (auch des WP) nach § 2 Abs. 2 handelt. Die **Nicht-Führung des WP-Titel** zur Voraussetzung für die Nichtanwendung des § 47 zu machen, wäre bei zutreffender Anwendung der WPO u. des StBerG gar nicht nötig gewesen. **143**

144 Die WPO gibt dem WP die **Befugnis zur Steuerberatung nach Maßgabe der bestehenden Vorschriften** (vgl. § 2 Abs. 2); maßgeblich sind danach allein die **Vorschriften des StBerG** u. die darin für WP vorgesehene Befugnis zur Steuerberatung (vgl. § 3 Nr. 1 StBerG). Für die Steuerberatung in einer ZN ist v. WP deswegen nicht weniger, aber auch nicht mehr zu fordern, als im StBerG vorgeschrieben ist. Es wäre davon ausgehend zwanglos möglich (gewesen), die Nicht-Anwendung des § 47 damit zu begründen, dass auch der für die Steuerberatung des WP maßgebliche § 34 Abs. 2 Satz 2 StBerG für die Leitung einer ZN, in der (nur) Steuerberatung betrieben wird, (nur) einen StB fordert.

145 Das StBerG würde es „Nur-WP" u. WP/StB auch nicht verbieten, in der ZN den WP-Titel zu führen; dies würde es dem WP gestatten, § 18 einzuhalten. Den Risiken, vor denen § 47 die Öffentlichkeit u. den Rechts- u. Geschäftsverkehr bewahren will, d.h. betriebswirtschaftlichen Prüfungen, vor allem (gesetzliche) AP auch in einer ZN nur unter der Verantwortung eines WP durchführen zu lassen, könnte man dadurch Rechnung tragen, dass in der ZN **nur Steuerberatung betrieben u. darauf auch in unmissverständlicher Form hingewiesen** wird. Bei dieser Lösung würde man auch vermeiden, den „Nur-WP" zu diskriminieren, für den nach bisherigem Verständnis auch im Bereich der Steuerberatung allein die WPO gilt u. der deswegen eine ZN auch dann mit einem WP besetzen muss, wenn dort nur Steuerberatung betrieben wird.

Erster Teil
Allgemeine Vorschriften

§ 1 Wirtschaftsprüfer und Wirtschaftsprüfungsgesellschaften

(1) ¹Wirtschaftsprüfer oder Wirtschaftsprüferinnen (Berufsangehörige) sind Personen, die als solche öffentlich bestellt sind. ²Die Bestellung setzt den Nachweis der persönlichen und fachlichen Eignung im Zulassungs- und staatlichen Prüfungsverfahren voraus.

(2) ¹Der Wirtschaftsprüfer übt einen freien Beruf aus. ²Seine Tätigkeit ist kein Gewerbe.

(3) ¹Wirtschaftsprüfungsgesellschaften bedürfen der Anerkennung. ²Die Anerkennung setzt den Nachweis voraus, dass die Gesellschaft von Wirtschaftsprüfern verantwortlich geführt wird.

Schrifttum: *Kleine-Cosack*, Sonderstatus der Freiberufler auf den Prüfstand, AnwBl., 2010, 537; *Kilian*, Die Zukunft der freien Berufe – ein kritischer Blick auf die Anwaltschaft, AnwBl, 2010; 544; *Mann*, Was bleibt heute vom Freien Beruf?, AnwBl. 2010, 551; *Pestke*, Nichterfassung der Freien Berufe von der Gewerbesteuer verfassungsgemäß, Stbg, 2008, 305; 16. Hauptgutachten der *Monopolkommission* 2004/2005, BT-Drs. 16/2460; *BFB*, Definition „Freie Berufe", BRAK-Mitt. 1995, 157; Fortschreibung des Berichts der *Bundesregierung* über die Lage der freien Berufe in der Bundesrepublik Deutschland, BT-Drs. 12/21; Bericht der *Bundesregierung* über Lage der freien Berufe in der Bundesrepublik Deutschland, BT-Drs. 8/3139.

Inhaltsübersicht

	Rn.
I. Allgemeines	1–3
II. Wirtschaftsprüfer/Wirtschaftsprüferin (Abs. 1)	4–11
1. Legaldefinitionen	4–5
2. Öffentliche Bestellung	6–11
III. Freier Beruf (Abs. 2)	12–34
1. Allgemeines	12–14
2. Definition	15–26
3. Ausschluss der gewerblichen Tätigkeit	27–29
4. Sonstiges	30–34
IV. Wirtschaftsprüfungsgesellschaften (Abs. 3)	35–42
1. Anerkennung von Wirtschaftsprüfungsgesellschaften	35
2. Grundsatz der verantwortlichen Führung durch Wirtschaftsprüfer	36–42

I. Allgemeines

Die WPO regelt die Rechte u. Pflichten um den Wirtschaftsprüfer, die Wirtschaftsprüferin u. die Wirtschaftsprüfungsgesellschaft. Bezogen auf diese „Zielgruppe" **1**

§ 1 Wirtschaftsprüfer und Wirtschaftsprüfungsgesellschaften

enthält § 1 zentrale Definitionsnormen. Absatz 1 definiert den Begriff „Berufsangehörige", den Begriff **„Wirtschaftsprüfer und Wirtschaftsprüferin"** u. die Grundanforderungen an Berufsangehörige. Absatz 2 erklärt den Beruf des WP zum nichtgewerblichen freien Beruf. Absatz 3 definiert mit der verantwortlichen Führung einer WPG durch WP die **Grundanforderung** für die Anerkennung als **WPG**.

2 Durch die 4. u. 5. WPO-Novelle wurde Abs. 1 jeweils nur klarstellend geändert. Absatz 2 u. 3 sind seit Inkrafttreten 1961 unverändert.

3 Entgegen ursprünglichen Überlegungen des Gesetzgebers, das Berufsrecht der WP u. vBP in getrennten Berufsordnungen zu regeln, trifft die WPO im siebenten Teil auch die Bestimmungen über die **Rechte u. Pflichten der vBP u. BPG**. Abgesehen v. den originär auf die Berufsbezeichnung (§ 128) u. den Inhalt der Tätigkeit (§ 129) bezogenen Vorschriften finden die Vorschriften für WP u. WPG nach § 130 für vBP u. BPG überwiegend entsprechende Anwendung. Bestimmungen, die nur für WP, WPG, vBP o. BPG gelten, macht der Gesetzgeber, wie etwa in § 139a, deutlich.

II. Wirtschaftsprüfer/Wirtschaftsprüferin (Abs. 1)

1. Legaldefinitionen

4 § 1 Abs. 1 enthält seit der 5. WPO-Novelle 2004 **zwei Legaldefinitionen**: Zum einen die **begriffliche Legaldefinition** der Wirtschaftsprüfer u. Wirtschaftsprüferinnen als Berufsangehörige, zum anderen **die inhaltliche Legaldefinition** der Wirtschaftsprüfer u. Wirtschaftsprüferinnen als Personen, die als solche bestellt sind.

5 Das Synonym **Berufsangehörige** für Wirtschaftsprüfer o. Wirtschaftsprüferinnen dient der Umsetzung der **sprachlichen Gleichstellung** durch geschlechtsneutrale Formulierungen. Vollständig umgesetzt hat der Gesetzgeber diese aber bisher nicht. An vielen Stellen spricht die WPO noch vom Wirtschaftsprüfer, ohne dass Wirtschaftsprüferinnen damit ausgeklammert wären. Vorsicht ist bei § 28 Abs. 4 Satz 2 geboten. Hier versteht der Gesetzgeber unter Berufsangehörigen seit 1985 alle nat. u. jur. Personen, die Gesellschafter einer WPG sein können, also auch WPG, vBP, StB o. RA. Auch in der Praxis, etwa zur Beschreibung der Zusammenarbeit v. WP mit Angehörigen anderer freier Berufe, wird der Begriff „Berufsangehörige" nicht immer in der Bedeutung des § 1 Abs. 1 WPO verwandt.

2. Öffentliche Bestellung

6 Nach der inhaltlichen Legaldefinition (vgl. Rn. 4) ist die **öffentl. Bestellung** Voraussetzung für die Ausübung des Berufs u. die Titelführung. Das Erfordernis einer ausdr. staatlichen Legitimation entspricht den Bestimmungen der rechts- u. steuerberatenden Berufe u. setzt die durch das Inkrafttreten der WPO 1961 abgelösten Regelungen der Länder fort. Das Erfordernis der öffentl. Bestellung folgt insb. aus der dem Beruf durch § 2 Abs. 1 übertragenen Befugnis, betriebswirtschaftliche Prüfungen durchzuführen u. entsprechende BV zu erteilen u. zu siegeln. Damit übernimmt der Beruf eine öffentl. Aufgabe (Schulze-Osterloh, ZGR 1976, 411; VG Weimar 10.1.1995, WPK-Mitt. 1995, 231), die von Rechts wegen auch v. Staat, etwa

durch ein Aktienamt, wahrgenommen werden könnte (Kilian, ZGR 2004, 189). Die Berufsangehörigen selbst bekleiden zwar kein öffentliches Amt, sind aber öffentlich eingebunden, wie die Bestellung (§ 1 WPO), die Ableistung des Berufseides (§ 17 WPO) u. das Recht u. die Pflicht zur Siegelführung (§ 48 WPO) zeigen (BVerfG 8.4.1998, NJW 1998, 2269; Leitbild des wirtschaftsprüfenden Berufes, WPK-Mag. 3/2012, 26). Die hierfür erforderliche öffentlich-rechtliche Legitimation leitet sich aus der Bestellung durch die WPK KöR, einem Träger öffentl. Gewalt (§ 4 Rn. 26), ab. Die öffentl. Bestellung ist somit ein **Akt öffentlich-rechtlicher Inpflichtnahme**. Sie ist aber **keine Beleihung**.

Den **öffentl. Charakter der Bestellung** unterstreicht die WPK durch die Öffentlichkeit von Bestellungsveranstaltungen. 7

Die **Bestellung** erfordert die **persönliche u. fachliche Eignung** des Bewerbers, die ihre Notwendigkeit in den besonderen Befugnissen der Berufsangehörigen findet. Hinzutreten **weitere u. besonders geregelte Voraussetzungen**, wie etwa die Unterhaltung einer Berufshaftpflichtversicherung (§ 54) o. einer beruflichen Niederlassung (§ 3). 8

Die **persönliche Eignung** ist zu bejahen, wenn die inneren u. äußeren Eigenschaften des Bewerbers, wie sie sich insb. in seinem äußeren Verhalten offenbaren, keinen begründeten Zweifel daran aufkommen lassen, der Antragsteller werde die mit dem Beruf verbundenen Aufgaben u. Pflichten gewissenhaft erfüllen (BGH 25.11.1996, NJW 1997, 1075). Mit Rücksicht auf die Bedeutung u. Schwierigkeit der Aufgaben darf der an die persönlichen Eigenschaften des Bewerbers anzulegende Maßstab dabei nicht zu milde sein (u.a. BGH 15.11.2010, NJW-RR 2011, 644 m.w.N. zum Berufsrecht der Notare; gleiches muss auch für den zur Siegelführung berechtigten WP gelten). 9

Der Nachweis der **fachlichen Eignung** wird durch das Bestehen der staatlichen Prüfung erbracht, die im Ersten u. Zweiten Abschnitt des Zweiten Teils (§§ 5-14c) u. der PrüfungsO detailliert geregelt sind. Die Betonung der Staatlichkeit der Prüfung soll den Charakter der Prüfung nach Übertragung von den für Wirtschaft zuständigen Landesbehörden auf die WPK unterstreichen u. verdeutlichen, dass die WPK in mittelbarer Staatsverwaltung der Garant für ein unabhängiges Nachweisverfahren zum Erwerb der Qualifikation des WP ist (BT-Drs. 15/1241, 28). Bei der Wiederbestellung ist die fachliche Eignung nach § 23 Abs. 2 im Einzelfall auf Anordnung der WPK nachzuweisen. 10

Die Einzelheiten der öffentl. Bestellung sind im Dritten Abschnitt des Zweiten Teils näher geregelt (§§ 15-24). 11

III. Freier Beruf (Abs. 2)
1. Allgemeines
Die Vorschrift stellt fest, dass WP einen **freien Beruf** u. kein Gewerbe ausüben. Entsprechende Feststellungen werden auch in anderen Berufsgesetzen getroffen 12

(vgl. § 2 BRAO, § 32 StBerG). Dabei werden diese Feststellungen weder mit einer Definition des „freien Berufs", noch mit konkreten Rechtsfolgen verbunden.

13 Die **berufsrechtliche Einordnung** des WP als freier Beruf ist bereits in der WPO 1961 enthalten. Die damalige Begr. (BT-Drs. 201, 34) formulierte wie folgt: *"Der Beruf des WP ist ein freier Beruf (Abs. 2). Der WP ist in seiner Tätigkeit nur dem Gesetz unterworfen. Weisungen über die Ausübungen seiner Berufstätigkeit können ihm nicht erteilt werden. In der Auftragsannahme ist er frei. Die Betonung, dass seine Tätigkeit kein Gewerbe ist, soll hervorheben, dass die Berufsaufgabe des WP nicht im Erwerb, sondern in der fachlichen Leistung zu sehen ist. Seine Tätigkeit darf nicht von Gewinnstreben beherrscht sein."* Der schriftliche Bericht des Abgeordneten Lange (BT-Drs. 2565, 5) sagt dazu: *"Absatz 2 charakterisiert die Tätigkeit des WP als freier Beruf, ohne auch diese Bestimmung näher zu definieren. Ergänzt wird die vorausgegangene Bestimmung dadurch, dass die WP-Tätigkeit kein Gewerbe ist."*

14 Mit der Einordnung der Berufe in den einzelnen Berufsgesetzen wird das Verständnis verbunden, dass die Feststellung, ein freier Beruf zu sein, seine **individuelle Ausprägung** durch das jeweilige Berufsrecht erfährt (Gehre/Koslowski, StBerG, § 32 Rn. 10; Kuhls/Kleemann, StBerG, § 32 Rn. 21; Feuerich/Weyland/Vossebürger, BRAO, § 2 Rn. 5). Die Einordnung des WP als freien Beruf findet seine Ausprägung insb. in den **zentralen Berufspflichten** (§ 43) u. dem **Verbot der gewerblichen Tätigkeit** (§ 43a Abs. 3 Nr. 1).

2. Definition

15 In der Rechtsordnung erscheint der Begriff des freien Berufs an verschiedenen Stellen. Beispielsweise seien hier die Definition in § 1 Abs. 2 S. 1 PartGG sowie die steuerrechtliche Regelung in § 18 Abs. 1 Nr. 1 EStG genannt. Es gibt jedoch bis heute **keine gesetzliche Definition des Rechtsbegriffes freier Beruf mit Allgemeingültigkeit für die gesamte Rechtsordnung** (BGH 16.3.2000, BGHZ 144, 86, 89).

16 Trotz der Bedeutung der freien Berufe für den einzelnen Bürger sowie für die gesamte Wirtschaft u. Gesellschaft *"ist der Begriff des Freien Berufs nach wie vor vergleichsweise wenig prägnant"* (Bundesregierung, BT-Drs. 12/21, 5). Dies liegt an der Vielfalt der einzelnen freien Berufe u. ihren Berufsbildern, die nach der Verkehrsanschauung als freie Berufe gelten. Auch die unterschiedlichen Organisationsformen der Berufsstände (**verkammerte** u. **nicht verkammerte** freie Berufe) spielen dabei eine Rolle. Die freien Berufe werden in **freie heilkundliche**, **freie rechts- u. wirtschaftsberatende**, **freie technische** u. **naturwissenschaftliche** u. **freie Kulturberufe** gegliedert (so BT-Drs. 12/21, 7), WP u. vBP werden dabei den freien rechts- u. wirtschaftsberatenden Berufen zugeordnet (Bundesregierung, BT-Drs. 12/21, 7).

17 Der „freie Beruf" ist ein **soziologischer Begriff**. Rechtsmethodisch handelt es sich dabei um einen Typusbegriff (BVerfG, 25.9.1960, BVerfGE 10, 354, 364); dies bedeutet, dass nicht alle Begriffsmerkmale in jedem Detail vorliegen müssen, sondern

dass es genügt, wenn eine Tätigkeit unter Beachtung der Merkmale insgesamt das Gepräge eines „freien Berufs" aufweist (Mann, AnwBl. 2010, 551). Der „freie Beruf" kennzeichnet einen Sachverhalt, der aus einer bestimmten gesellschaftlichen Situation erwachsen ist, der des **frühen Liberalismus** (BVerfG 25.2.1960, BVerfGE 10, 354, 364). Der Begriff geht zurück auf eine Übertragung des lateinischen Begriffs „**operae liberales**". Im 19. Jahrhundert griffen damalige Berufsvertreter auf diesen Begriff zurück, um **ihre Berufe gegenüber manuellen Tätigkeiten hervorzuheben**. Danach heben sich die freien Berufe dadurch ab, dass sie vor allem **geistige Tätigkeiten** erbringen u. stehen andererseits über den gewerblichen o. kaufmännischen Tätigkeiten, da bei ihnen nicht das Gewinnstreben, sondern **höhere Werte die Berufsausübung motivieren.**

Parallel mit der geschichtlichen Entwicklung des 20. Jahrhunderts geht die Auseinandersetzung in der **Literatur** zum **Begriff des freien Berufs** einher. Während Heuß, FS für Brentano, 237 ff., den Begriff des freien Berufs „nur als eine **überlieferte Sprachgewöhnung**, mit der man in contreto nicht viel anfangen kann" einordnet, hatte bereits Triepel, FS für Binding, 3 ff., die staatliche Bindung einiger nicht dem Berufsbeamtentum angehöriger Berufsgruppen als Besonderheiten herausgearbeitet u. so u.a. den RA, Arzt u. Notar als **eigene soziale Gruppe** anerkannt. Bei Feuchtwanger, Die freien Berufe, 17 ff., wird die enge begriffliche Ableitung v. **staatlich gebundenen u. freiem Beruf** deutlich. In der weiteren Auseinandersetzung in der Literatur, die soziologische, steuerrechtliche sowie berufsständische Aspekte aufweist, werden die „**geistige Tätigkeit**", die „**Unentbehrlichkeit der persönlichen Arbeitsleistung**" u. die „**wirtschaftliche Freiheit**" als wesentliche Elemente der **Freiberuflichkeit** genannt (Michalski, Freie Berufe, 9 f.). 18

In der Diskussion um die Einordnung des Begriffs „freier Beruf" kommt der **Weisungsunabhängigkeit** eine zentrale Bedeutung zu, die insb. Michalski (a.a.O., 11) herausarbeitet: Soweit man die Weisungsunabhängigkeit neben der **persönlichen Tätigkeit** als **zweite Komponente der Eigenverantwortlichkeit** versteht, deutet zumindest die in den Berufsgesetzen geregelte Pflicht der Angehörigen eines freien Berufs zum eigenverantwortlichen Handeln, sowie der Übergang v. der freiberuflichen zur gewerblichen, die Gewerbesteuerpflicht begründenden Tätigkeit bei Verlust der Eigenverantwortlichkeit darauf hin. Als weiteres wesentliches Merkmal ordnet Michalski (a.a.O., 12) **die wirtschaftliche Selbstständigkeit** bzw. Unselbstständigkeit der Freiberuflichkeit zu. Da auch der angestellte WP o. der beamtete Arzt dem Standesrecht unterliegt u. damit Freiberufler ist, ist es nahe liegend, die wirtschaftliche Selbstständigkeit nicht mehr auf den einzelnen Berufsangehörigen (das Individuum) sondern auf die ganze Berufsgruppe zu beziehen. Auf dieser Grundlage entwickelt Michalski die Definition, dass ein freier Beruf „*eine Berufsgruppe darstellt, deren Angehörige sich dadurch von einem Gewerbetreibenden abgrenzen, dass sie eine zentralwertbezogene, gemeinschaftswichtige Tätigkeit aufgrund eines zum Vertragspartner bestehenden durch persönliche oder sachliche Motive begründeten Vertrauensverhältnisses verrichten, sofern ein nicht unerheb-* 19 *licher Teil der Berufsangehörigen bei gleichzeitig fehlender gesetzlicher Verpflichtung zu weisungsabhängigen Tätigwerden wirtschaftlich selbstständig ist"* (Michalski, a.a.O., 15).

20 Nach der **Rspr.** des **BVerfG** gehört zum Wesen des freien Berufs die **Unabhängigkeit in der gesamten Berufsgestaltung** (BVerfG 23.7.1963, BVerfGE 16, 286, 294). Das BVerfG betont auch den **persönlichen Einsatz bei der Berufsausübung**, der Charakter des jeweiligen Berufs, wie er sich in der allg. rechtlich u. berufsrechtlichen Ausgestaltung u. in der Verkehrsanschauung darstellt, die **Stellung u. Bedeutung des Berufs im Sozialgefüge** sowie die **Qualität u. Länge der erforderlichen Berufsausbildung** (BVerfG 25.10.1977, BVerfGE 46, 224, 242). Des Weiteren spricht es davon, dass die Leistung v. Diensten höherer Art im Rahmen einer **Gemeinwohlverpflichtung** erfolgt (BVerfG 13.2.1964, BVerfGE 17, 232, 239).

21 Der **Bundesverband der freien Berufe** hat die v. BVerfG herausgearbeiteten Kriterien aufgegriffen u. eine Definition im Jahre 1995 verabschiedet. Danach erbringen Angehörige freier Berufe *„aufgrund besonderer beruflicher* **Qualifikation *persönlich, eigenverantwortlich*** *und fachlich* **unabhängig** *geistig-ideelle Leistungen im gemeinsamen* **Interesse** *ihrer* **Auftraggeber** *und der* **Allgemeinheit**. *(...)"* (BFB, BRAK-Mitt. 1995, 157). Er hat zudem ein Leitbild der freien Berufe entwickelt, welches unter http://www.freie-berufe.de abrufbar ist; ergänzend wird auf den dort eingestellten Beitrag von Madeker, Der Weg zum Leitbild der Freien Berufe, verwiesen.

22 Der Gesetzgeber hat die Kriterien des BVerfG – in Anlehnung an die Definition des Bundesverbandes der freien Berufe (so Michalski/Römermann, PartGG, § 1 Rn. 31a, 30) – in die **gesellschaftsrechtliche Definition des § 1 Abs. 2 Satz 2 PartGG** münden lassen, die mit Gesetz v. 22.7.1998 (BGBl. I., 1878) eingefügt worden ist. Danach haben die freien Berufe *„im allgemeinen auf der Grundlage besonderer beruflicher* **Qualifikationen** *oder schöpferischer Begabung die* **persönliche***,* **eigenverantwortliche** *und fachlich* **unabhängige** *Erbringung von Dienstleistungen höherer Art im* **Interesse** *der* **Auftraggeber** *und der* **Allgemeinheit** *zum Inhalt"*. Es handelt sich hierbei um einen politischen Programmsatz ebenfalls ohne eigenen normativen Gehalt. Dies kommt durch die Worte „im allgemeinen" zum Ausdruck, da damit die Aussage verbunden ist, keinen Anspruch auf Allgemeingültigkeit zu haben (Michalski/Römermann, PartGG, Rn. 31a). Das PartGG lässt daran die sog. **Katalogberufe** (§ 1 Abs. 2 Satz 2 PartGG) folgen, zu denen auch WP u. vBP gehören. Die Registergerichte werden sich bei ihren Entscheidungen hinsichtlich der Partnerschaftsfähigkeit daher kaum auf § 1 Abs. 2 Satz 1 PartGG stützen, sondern auf den konkreteren Satz 2 dieser Vorschrift.

23 Auch der **EUGH** (11.10.2001, DStRE 2002, 2002) hat sich mit einer Definition der freien Berufe geäußert. Danach sind freiberufliche Tätigkeiten solche, die ausgesprochenen **intellektuellen Charakter** haben, eine **hohe Qualifikation** verlangen u. gewöhnlich einer **genauen u. strengen berufsständischen Regelung** unterlie-

gen. Bei der **Ausübung** einer solchen Tätigkeit hat das **persönliche Element** besondere Bedeutung. Die Ausübung setzt eine **große Selbstständigkeit** bei der Vornahme der beruflichen Handlungen voraus.

Schließlich enthält die **Richtlinie 2005/36/EG über die gegenseitige Anerkennung v. Berufsqualifikationen** (ABl. L 30.9.2005, 22) in Erwägungsgrund 43 eine Legaldefinition des freien Berufs auf europäischer Ebene. Freie Berufe werden danach *„auf der Grundlage **einschlägiger Berufsqualifikation persönlich**, in **verantwortungsbewusster** Weise und **fachlich unabhängig** von Personen ausgeübt, die für ihre **Kunden** und die **Allgemeinheit geistige** und **planerische Dienstleistungen** erbringen. Die Ausübung der Berufe unterliegt möglicherweise in den Mitgliedsstaaten in Übereinstimmung mit dem (EG-)Vertrag spezifischen gesetzlichen Beschränkungen nach Maßgabe des innerstaatlichen Rechts und des in diesem Rahmen von der jeweiligen Berufsvertretung autonom gesetzten Rechts, das die Professionalität, die Dienstleistungsqualität und die Vertraulichkeit der Beziehungen zu den Kunden gewährleistet und fortentwickelt."* Derzeit ist zudem die Aufnahme der Legaldefinition in den Richtlinientext in Diskussion. Die Entwicklung bleibt abzuwarten. 24

Danach können für die freien Berufe vor allem folgende maßgebliche Kriterien abgeleitet werden: Der freie Beruf ist mit einer **ideellen persönlichen Leistungserbringung**, einer **Gemeinwohlverpflichtung**, einer **wirtschaftlichen Selbstständigkeit**, einer **qualifizierten Ausbildung** u. einem **besonderen Vertrauensverhältnis zum Mandanten** verbunden. Das soziologisch u. rechtl. geprägte **Verständnis** zu den **freien Berufen** u. das sich parallel entwickelnde **Standes- u. Berufsrecht** haben sich in der geschichtlichen Entwicklung bis heute wechselseitig beeinflusst u. werden sich künftig weiter beeinflussen, welches die Diskussion „Zukunft der freien Berufe" anlässlich des 68. Deutschen Juristentages 2010 zeigte (Kleine-Cosack, AnwBl. 2010, 537, Kilian, AnwBl. 2010, 544, Mann, AnwBl. 2010, 551). 25

Das Berufsrecht für WP erfüllt diese Anforderungen insb. durch seine Regelungen zu den **Voraussetzungen der Berufsausübung** (§§ 5-41 u. dort u.a. die Notwendigkeit geordneter wirtschaftlicher Verhältnisse), zu den **Rechten u. Pflichten** (§§ 43-56 u. dort u.a. die Pflicht zur Unabhängigkeit u. Unparteilichkeit), zur **Organisation des Berufs** (§§ 57-61), zur **Berufsaufsicht** (§§ 61a-63a) u. zur **Berufsgerichtsbarkeit** (§§ 67-127). 26

3. Ausschluss der gewerblichen Tätigkeit

Die Ausübung eines freien Berufs hat zur **Konsequenz, kein Gewerbe auszuüben**, denn freier Beruf u. Gewerbe schließen sich gegenseitig aus (so auch Gehre/Koslowski, StBerG, § 32 Rn. 8; Kuhls/Kleemann, StBerG, § 32 Rn. 27). Die entsprechende Feststellung des Gesetzgebers entspricht Regelungen in anderen Berufsgesetzen. Exemplarisch seien § 2 Satz 3 BNotO, § 32 Abs. 2 Satz 2 StBerG sowie § 2 Abs. 2 BRAO genannt. 27

28 Die Feststellung des Gesetzgebers erfährt ihre Ausprägung in dem **Verbot der gewerblichen Tätigkeit** gemäß § 43a Abs. 3 Nr. 1. Ein derart striktes Verbot wie in § 43a war bis zum Inkrafttreten des 8. StBerÄG nur noch für den freien **Beruf des StB** in § 57 Abs. 4 Nr. 1 StBerG geregelt. Seit dem 8. StBerÄG regelt § 57 Abs. 4 Nr. 1 StBerG, dass die StBK v. Verbot der gewerblichen Tätigkeit Ausnahmen zulassen können, soweit dadurch eine Verletzung v. Berufspflichten nicht zu erwarten ist. Das **anwaltliche Berufsrecht** enthält seit jeher kein absolutes Verbot gewerblicher Tätigkeit, sondern vertraut auf eine Würdigung des Einzelfalls unter dem Blickwinkel einer unabhängigen u. eigenverantwortlichen Berufsausübung. Nach § 8 Abs. 3 Nr. 1 BNotO können mit Genehmigung der Aufsichtsbehörde für den **Notar** bezogen auf die Übernahme einer Nebenbeschäftigung gegen Vergütung eine gewerbliche Tätigkeit zugelassen werden.

29 Das Verbot der gewerblichen Tätigkeit gemäß § 43a Abs. 3 Nr. 1 schränkt das Grundrecht der Berufsfreiheit nach **Art. 12 GG** zulässig ein. Diese Einschränkung stellt eine sog. **Inkompatibilität** dar, die als **objektive Zulassungsvoraussetzung** eingeordnet wird. Sie **sichert eine unabhängige, eigenverantwortliche u. unparteiliche Tätigkeit** des WP u. damit die sachgerechte Erfüllung seiner im öffentl. Interesse stehenden Kontroll- u. Bestätigungsaufgaben. Ergänzend wird zur Kernaufgabe des WP auf § 2 Rn. 3 ff. sowie zum Verbot der gewerblichen Tätigkeit auf § 43a Rn. 63 ff. verwiesen.

4. Sonstiges

30 Die Zugehörigkeit zu einem freien Beruf hat darüber hinaus zur Folge, dass WP in einkommensteuerlicher Hinsicht als ausdr. aufgeführter sog. **Katalogberuf i.S.v. § 18 Abs. 1 EStG** eingeordnet werden u. damit **grds. nicht der Gewerbesteuerpflicht** (§§ 1, 2 GewStG) unterliegen. Sie erfüllen demnach die Maßgaben v. § 15 Abs. 2 EStG, dass ihre selbstständige nachhaltige Betätigung, die mit der Absicht, Gewinn zu erzielen, unternommen wird u. sich als Beteiligung am allg. wirtschaftlichen Verkehr darstellt, freiberuflich erfolgt u. daher nicht als Gewerbebetrieb anzusehen ist. Das BVerfG hat am 15.1.08 (Stbg, 2008, 305 mit Anm. von Pestke) bestätigt, dass es mit Art. 3 Abs. 1 GG vereinbar ist, dass die Einkünfte der freien Berufe nicht der Gewerbesteuer unterliegen.

31 Obwohl die Tätigkeit eines WP nicht gewerblicher Natur ist, kann aufgrund besonderer Umstände im Einzelfall die konkrete berufl. Betätigung zu gewerblichen Einkünften i.S.v. § 15 EStG u. damit zur **Gewerbesteuerpflicht** führen (BFH 18.10.2006, BStBl. II 2007, 266; BFH 12.12.2001, BStBl. II 2002, 202 m.w.N.; BFH 1.2.1990, BB, 1254; BFH 11.5.1989, DB, 1905; BVerfG 18.8.1989, WPK-Mitt. 1990, 91). Hierbei ist insb. die Gewerbesteuerpflicht für **Treuhandtätigkeiten** v. WP zu nennen.

32 Eine Gewerbesteuerpflicht ergibt sich zumeist auch aus der **Rechtsform** der gewählten **Berufsgesellschaft**. Hinsichtlich der Berufsausübung innerhalb der WPG bleibt der Charakter der freiberuflichen Tätigkeit gleichwohl erhalten, was für die berufsrechtliche Qualifikation der Tätigkeit entscheidend ist.

Mit der Zuordnung zu einem freien Beruf ist des Weiteren verbunden, dass auf WP keine Vorschriften Anwendung finden, die an das Betreiben eines Gewerbes anknüpfen, wie z.b. die **Vorschriften der GewO**. Zudem sind Angehörige freier Berufe grds. nicht als **Kaufmann i.S.d. § 1 HGB** einzuordnen. 33

Grundsätzlich besteht auch **keine Mitgliedsverpflichtung in einer IHK**. Für Berufsgesellschaften gilt dies gemäß § 2 Abs. 2 IHKG nur, soweit sie nicht der Gewerbesteuerpflicht unterliegen u. nicht in das HR eingetragen sind. Somit sind WPG in der Form einer Personenhandelsgesellschaft o. Kapitalgesellschaft Pflichtmitglieder in einer IHK. Die beitragsrechtlichen Konsequenzen aus einer solchen Doppelmitgliedschaft zieht § 3 Abs. 4 Satz 3 IHKG, wonach der Grundbeitrag u. die Umlage nur v. 1/10 der Bemessungsgrundlage erhoben werden. Mit dieser Pauschalisierung erübrigt sich die Prüfung, ob u. zu welchen Umsatzansatzanteilen auch berufsrechtlich zulässige Gewerbetätigkeiten ausgeübt werden. 34

IV. Wirtschaftsprüfungsgesellschaften (Abs. 3)

1. Anerkennung von Wirtschaftsprüfungsgesellschaften

Vergleichbar der öffentl. Bestellung v. WP bedürfen WPG der **Anerkennung durch die WPK**. Diese ist für den Rechtsstatus als WPG konstitutiv. Das Verfahren u. die Voraussetzungen für die Anerkennung als WPG regeln die §§ 27 ff. Erst nach der Anerkennung durch Ausstellung der Anerkennungsurkunde darf eine WPG als solche am Markt auftreten (vgl. § 133) u. als gesetzliche JA-Prüferin gewählt u. bestellt werden (§ 319 Abs. 1 Satz 1 HGB; vgl. ADS, § 319 HGB Rn. 28, BeckBilK/Förschle/Schmidt, § 319 Rn. 10). Vor der Annahme eines solchen Prüfungsauftrages muss zusätzl. eine TB am System der QK vorliegen; auf Antrag kann die WPK gerade auch bei Neugründungen eine befristete Ausnahmegenehmigung erteilen (§ 57 a Rn. 23 ff.). 35

2. Grundsatz der verantwortlichen Führung durch Wirtschaftsprüfer

Im Gegensatz zu anderen freien Berufen besteht für WP bereits **seit Begr. des Berufsstandes** die Möglichkeit, den Beruf in der **Rechtsform einer Personenhandelsgesellschaft o. Kapitalgesellschaft** auszuüben (hierzu ausführlich § 27 Rn. 7 ff.). Die Ausübung eines freien Berufes in der Form einer Gesellschaft ist nicht selbstverständlich u. widerspricht der Höchstpersönlichkeit der Dienstleistung der freien Berufe. Hinzu kommen Risiken daraus, dass der Gesetzgeber auch Nichtberufsangehörigen die Beteiligung an u. verantwortliche Tätigkeit in Berufsgesellschaften gestattet. Grundvoraussetzung der Anerkennung als WPG ist daher, dass die Gesellschaft **verantwortlich v. WP geführt** wird (Satz 2); (nur) unter dieser Voraussetzung werden die sonst mit der Tätigkeit in einer Gesellschaft verbundenen Risiken für die Möglichkeit, die Berufspflichten einzuhalten, vermieden. Konkret kann dies nur bedeuten, dass **mind. einer der gesetzlichen Vertreter als WP bestellt** u. zur verantwortlichen Führung der WPK in der Lage sein muss. 36

Das BVerfG (15.3.1967, BVerfGE 21, 227, 232) hat für die Ausübung des Berufs des StB in einer StBG bestätigt, dass die **Ausübung eines freien Berufes in einer Gesellschaft** zulässig ist. Der gesetzliche Vertreter müsse seinen Beruf aber nach 37 den gleichen Grundsätzen ausüben können wie ein freier StB, also **unabhängig u. eigenverantwortlich**; an Weisungen etwa des Aufsichtsrates o. der Gesellschafterversammlung dürfe er hinsichtlich der steuerberatenden Tätigkeit nicht gebunden sein. Die Entscheidung vergleicht StBG mit WPG. Die Grundsätze sind daher auf WPG übertragbar.

38 Das **Gebot der verantwortlichen Führung** einer WPG durch WP in § 1 Abs. 3 Satz 2 wird **durch §§ 27 ff.** konkretisiert. Insbesondere § 28 enthält die maßgeblichen Vorschriften, die erfüllt sein müssen, damit eine Gesellschaft als WPG anerkannt werden kann. Die **§§ 27 ff. haben jedoch nicht den Charakter einer lex specialis**, die alle anderen Vorschriften, u. damit auch § 1 Abs. 3 Satz 2 verdrängen, o. neben denen § 1 Abs. 3 Satz 2 nur noch deklaratorische Wirkung entfaltet. Für die Anerkennung als WPG sind deswegen nicht nur die §§ 27 ff. einzuhalten, sondern auch alle anderen Vorschriften der WPO, zu denen auch § 1 Abs. 3 Satz 2 gehört. So hat der BFH (26.3.1981, MittBl. WPK 120/1986, 9) bei der Anerkennung einer StBG nicht nur die Einhaltung der §§ 49 ff. StBG (mit §§ 27 ff. vergleichbar) gefordert, sondern daneben auch die Beachtung des § 32 Abs. 3 Satz 2. Auch diese Rspr. ist auf WPG übertragbar.

39 Auf diesem Hintergrund hat der BFH konkret zum **Erfordernis der verantwortlichen Führung** einer StBG durch StB entschieden, dass **Art, Weise u. der Umfang der Aktivitäten der in der Berufsgesellschaft tätigen Berufsangehörigen**, z.B. die Auswahl der Mandate, nicht durch berufsfremde Personen bestimmt werden darf. Es reicht nicht aus, dass die verantwortliche Führung der Gesellschaft durch Berufsangehörige satzungsmäßig bestimmt ist. Es ist vielmehr erforderlich, dass die mit der Leitung der Gesellschaft betrauten StB bei ihrer Berufstätigkeit im Dienste der Gesellschaft so unabhängig u. weisungsfrei wie ein freier StB sind (BFH, a.a.O.). So ist das Gebot der verantwortlichen Führung verletzt, wenn der gesetzliche Vertreter ledigl. als **Strohmann** fungiert (BFH 18.11.2010, VII B 262/09 BFH/NV 2011, 656) u. die tats. Geschäftsleitung sowie die fachliche Betreuung der Auftraggeber nur durch freie Mitarbeiter erfolgt (LG Köln 11.7.2002, DStRE 2004, 797).

40 § 1 Abs. 3 Satz 2 hat auch noch für eine andere Konstellation Bedeutung. Die 7. WPO-Novelle 2007 hat bei Umsetzung der APRiLi in § 28 die EU-AP den WP gleichgesetzt – für die Leitungsebene in § 28 Abs. 1-3 u. für die Beteiligungsebene in Abs. 4 Nr. 1. Diese **Europäisierung der Leitungs- u. Beteiligungsebene** in § 28 hat aber nicht dazu geführt, dass WPG auch verantwortlich durch EU-AP geführt werden dürfen. Der Gesetzgeber hat § 1 Abs. 3 Satz 2 aufrechterhalten u. damit am Grundsatz der **verantwortlichen Führung durch WP festgehalten**.

41 Unberührt bleibt die selbstverständliche Möglichkeit des verantwortlich führenden WP, auf Mitglieder des Vertretungsorgans u. auf Angestellte sowie sonstige gewillkürte Vertreter einer Berufsgesellschaft zu **delegieren**. **Nicht als WP bestellte gesetzliche Vertreter** dürfen mit Ausnahme des Vorbehaltsbereichs der WP auch verantwortlich tätig sein; insb. darf ihnen **Einzelvertretungsbefugnis** erteilt werden (vgl. BFH 23.2.1995 BB 1995, 1228, 1229 u. § 28 Rn. 10).

Konkrete berufsaufsichtsrechtliche Folge der verantwortlichen Führung einer WPG 42
durch WP ist jedoch die **Verantwortung des o. der WP für die Auswahl o. Überwachung der für eine WPG handelnden Nicht-WP.** Könnte er deren für eine WPG berufswidriges Verhalten auf Dauer nicht unterbinden, gefährdete dies die Anerkennung der Berufsgesellschaft als WPG (§ 34).

§ 2 Inhalt der Tätigkeit

(1) Wirtschaftsprüfer haben die berufliche Aufgabe, betriebswirtschaftliche Prüfungen, insbesondere solche von Jahresabschlüssen wirtschaftlicher Unternehmen, durchzuführen und Bestätigungsvermerke über die Vornahme und das Ergebnis solcher Prüfungen zu erteilen.

(2) Wirtschaftsprüfer sind befugt, ihre Auftraggeber in steuerlichen Angelegenheiten nach Maßgabe der bestehenden Vorschriften zu beraten und zu vertreten.

(3) Wirtschaftsprüfer sind weiter befugt
1. **unter Berufung auf ihren Berufseid auf den Gebieten der wirtschaftlichen Betriebsführung als Sachverständige aufzutreten;**
2. **in wirtschaftlichen Angelegenheiten zu beraten und fremde Interessen zu wahren;**
3. **zur treuhänderischen Verwaltung.**

Schrifttum: *Poppelbaum*, Vertretungsberechtigung des Steuerberaters im Sozialversicherungsrecht, NWB, 2010, 2399; *Wiedekind/Klein*, Vertretungsbefugnis von Steuerberatern im verwaltungsrechtlichen Vorverfahren, DStR 2010, 1256; *Henke/Johnigk*, Rechtsberatungskompetenz – Des Mandanten Liebling, DATEV-Mag. 2/2008, 16; *Riedlinger/Pestke*, Rechtsdienstleistungsgesetz – Beengte Freiheit, DATEV-Mag. 2/2008, 111; *Ring*, Rechtsdienstleistungen von Finanzdienstleistern und Versicherungen – und die Beratung ist auch mit drin, DATEV-Mag. 2/2008, 19; *Wollburg/Precht*, Liberalisierung des Rechtsberatungsmarktes aus Sicht der Wirtschaftsprüfer und vereidigten Buchprüfer, WPK-Mag. 2008, S. 46; *Wollburg*, Rechtsdienstleistungsgesetz aus Sicht der Wirtschaftsprüfer und vereidigten Buchprüfer – Grenzziehung vor Gericht, DATEV-Mag. 2/2008, 14; *Zypries*, Reform des Rechtsberatungsrechts – Moderate Öffnungen, DATEV-Mag. 2/2008, 8; *Henssler/Deckenbrock*, Neue Regeln für den deutschen Rechtsberatungsmarkt – Überlegungen zum Rechtsdienstleistungsgesetz vom 12.12.2007 –, DB 2008, 41; *Kleine-Cosack*, Öffnung des Rechtsberatungsmarkts – Rechtsdienstleistungsgesetz verabschiedet, BB 2007, 2637; *Römermann*, Rechtsdienstleistungsgesetz, – Die (un)heimliche Revolution in der Rechtsberatungsbranche, NJW 2006, 3025; *Markus*, Der Wirtschaftsprüferberuf, WPK-Mitt. 1992, 1.

Inhaltsübersicht

		Rn.
I.	Allgemeines	1–2
II.	Prüfungstätigkeit (Abs. 1)	3–12
	1. Allgemeines	3–5
	2. Pflichtprüfungen und freiwillige Prüfungen	6–8
	3. Vorbehaltsaufgaben	9–12
III.	Steuerrechtshilfe (Abs. 2)	13–16
IV.	Sachverständigentätigkeit (Abs. 3 Nr. 1)	17–18
V.	Wirtschafts-/Unternehmensberatung (Abs. 3 Nr. 2)	19–20
VI.	Treuhandtätigkeit (Abs. 3 Nr. 3)	21–22
VII.	Rechtsberatung	23–31

I. Allgemeines

1 Die Vorschrift umschreibt das Aufgabengebiet der WP u. damit die **berufsbildprägenden Tätigkeiten** auf den Gebieten der Prüfung, Beratung u. Begutachtung.

2 Das Gesetz differenziert zwischen der **beruflichen Aufgabe** der betriebswirtschaftlichen Prüfungen (**auch sog. Kernaufgabe**) in Abs. 1, der **Befugnis** zur Steuerrechtshilfe in Abs. 2 u. **weiteren Befugnissen** in Abs. 3. Anderweitig geregelt u. damit weiter abgestuft sind die **vereinbaren Tätigkeiten** nach § 43a. Diese Differenzierung prägt das Berufsbild u. hat Bedeutung für die Anwendung einzelner Berufspflichten (vgl. auch Einl. Rn. 111 ff. u. Vor §§ 43 ff. Rn. 7) u. die praktische BA. Damit werden gleichzeitig diejenigen Tätigkeiten beschrieben, die für einen WP typisch sind. Eine Abgrenzung der zu den mit der Tätigkeit des WP vereinbaren u. den unzulässigen Tätigkeiten ergibt sich aus § 43a Abs. 3 u. 4.

II. Prüfungstätigkeit (Abs. 1)

1. Allgemeines

3 Absatz 1 beschreibt die **Kernaufgabe des WP**, betriebswirtschaftliche Prüfungen, insb. solche v. JA wirtschaftlicher Unternehmen durchzuführen u. BV über die Vornahme u. das Ergebnis solcher Prüfungen zu erteilen. Weder beschränkt sich Abs. 1 auf gesetzlich vorgeschriebene Prüfungen (**Pflichtprüfungen**) noch werden hiermit die – mit Pflichtprüfungen entgegen weit verbreiteter Auffassung nicht deckungsgleichen – **Vorbehaltsaufgaben** des WP definiert. Darauf, dass sich diese aus den jeweiligen materiellen Regelungen zur Prüfungsbefugnis außerhalb der WPO ergeben, wird bereits in der Begr. zu § 1 WPO 1961 hingewiesen (BT-Drs. 201, 34). Durch die Beschreibung der **Durchführung betriebswirtschaftlicher Prüfungen** allg. als Kernaufgabe des WP macht das Gesetz vielmehr deutlich, dass der WP aufgrund seiner speziellen fachlichen Fähigkeiten generell als der „**geborene Prüfer**" anzusehen ist.

4 Dem wird auch im sonstigen Berufsrecht des WP entsprechend Rechnung getragen. So ist der WP – neben den bei jeder beruflichen Tätigkeit einzuhaltenden Grundsätzen der **Unabhängigkeit, Gewissenhaftigkeit, Verschwiegenheit u. Eigenverant-**

wortlichkeit (§ 43 Abs. 1 Satz 1) – bei allen Prüfungen u. zusätzl. bei Gutachten zur **Unparteilichkeit** verpflichtet (§ 43 Abs. 1 Satz 2), welches durch den geleisteten Eid noch hervorgehoben wird (§ 17; s.a. Gerhard, WPO 1961, § 2, 21). Auch ist die Annahme v. Prüfungs- u. Gutachtenaufträgen unzulässig, wenn die Besorgnis der Befangenheit besteht (§ 49 2. Alt.). Dies unterscheidet den WP z.B. v. StB u. RA, die diese Berufspflichten nicht kennen. Pflichtverletzungen eines WP/StB i.Z.m. betriebswirtschaftlichen Prüfungen werden in Kollisionsfällen daher folgerichtig auch grds. der WP-Berufsausübung zugeordnet (§ 83a Rn. 10).

Im Bereich der betriebswirtschaftlichen Prüfungen ist zwischen sog. **Pflichtprüfungen** u. **freiwilligen Prüfungen** einerseits sowie den dem WP **vorbehaltenen** u. **nicht vorbehaltenen Prüfungen** andererseits zu unterscheiden. Zwar sind Pflichtprüfungen oftmals dem Vorbehaltsbereich des WP zuzuordnen, während umgekehrt freiwillige Prüfungen ganz überwiegend v. „**Jedermann**" durchgeführt werden dürfen. Zwingend ist dieser Zusammenhang aber nicht (nachfolgend Rn. 6 ff., insb. Rn. 7, 12). 5

2. Pflichtprüfungen und freiwillige Prüfungen

Der Begriff der **Pflichtprüfung** besagt, dass die Durchführung einer Prüfung aufgrund eines formellen o. materiellen, bundes- o. landesrechtlichen **Gesetzes** vorgeschrieben ist. Exemplarisch ist hier die Prüfung des JA u. des Lageberichts v. Kapitalgesellschaften, die nicht kleine i.S.v. § 267 Abs. 1 HGB sind, gemäß § 316 Abs. 1 HGB zu nennen. Daneben gibt es Pflichtprüfungen v. Wirtschaftsbetrieben der öffentl. Hand, öffentlich-rechtlichen Versicherungsgesellschaften, Versicherungsunternehmen, Kreditinstituten, Finanzdienstleistungsunternehmen, Investmentunternehmen u. gemeinnützigen Wohnungsunternehmen. Eine umfangreiche Zusammenstellung v. gesetzlichen Bestimmungen, die Prüfungen vorschreiben, enthält das WPH I im Abschnitt D. 6

Wer die Prüfung durchführen darf, ist in den jeweiligen Vorschriften ganz unterschiedlich geregelt. Bereits bei der handelsrechtlichen JA-Prüfung i.S.d. § 316 HGB als der bekanntesten Pflichtprüfung ist zu differenzieren. Grundsätzlich sind diese Prüfungen nach § 319 Abs. 1 Satz 1 HGB dem WP u. der WPG vorbehalten. Bei mittelgroßen GmbH u. Personengesellschaften nach § 264a Abs. 1 HGB sind bereits auch vBP u. BPG prüfungsbefugt (§ 319 Abs. 1 Satz 2 HGB). Bei bestimmten Kapitalgesellschaften u. unter den dort genannten Voraussetzungen sind nach Art. 25 EGHGB auch gen. PrfgVerb prüfungsbefugt, ebenso bei Prüfungen nach § 16 Abs. 3 Satz 1 MaBV. Auch bei deren Hauptaufgabe, der Prüfung v. Genossenschaften nach §§ 53, 55 GenG, handelt es sich um eine gesetzlich vorgeschriebene Prüfung. Bestimmte Kreditinstitute sind nach § 340k HGB ausschl. o. neben dem WP durch Prüfungsstellen für Sparkassen- u. Giroverbände bzw. wiederum durch gen. PrfgVerb zu prüfen. Für die Prüfung kommunaler Eigenbetriebe sind nach einigen Landesgesetzen ausschl. o. jedenfalls auch bestimmte Prüfungsämter zuständig. § 33 AktG setzt für die gesetzlich vorgeschriebene Gründungsprüfung bei AG sogar lediglich bestimmte Erfahrungen u. Fachkenntnisse voraus, ohne eine bestimmte Berufsgruppe o. Organisation explizit zu benennen. Gleiches gilt nach § 16 Abs. 3 7

Satz 2 MaBV für die Prüfung bei Gewerbetreibenden i.S.v. § 34c Abs. 1 Nr. 1 GewO bezogen auf die Prüfung nach § 16 Abs. 2 MaBV.

8 In Abgrenzung zur Pflichtprüfung sind **freiwillige** Prüfungen solche, **die nicht unmittelbar auf einer gesetzlichen Anordnung** beruhen. Da auch freiwilligen Prüfungen zumeist Zwänge wirtschaftlicher Art (z.b. Kreditgewährung durch Banken nur bei geprüfter Bilanz) o. sogar (mittelbar) gesetzliche Regelungen zugrunde liegen, kann der Begriff missverständlich sein, so dass besser v. **gesetzlich nicht vorgeschriebenen Prüfungen** gesprochen werden sollte. Als Bsp. für Letzteres sind die Regelungen in § 65 BHO sowie in zahlreichen Landesgesetzen zu nennen, wonach sich die öffentl. Hand auch an ansonsten nicht prüfungspflichtigen Unternehmen in privater Rechtsform nur beteiligen darf, wenn in der Satzung o. im Gesellschaftsvertrag eine JA-Prüfung vorgesehen ist.

3. Vorbehaltsaufgaben

9 Unter **Vorbehaltsaufgabe** ist die gesetzliche Beschränkung der Befugnis zur Durchführung einer Tätigkeit auf einen bestimmten Berufsstand, Beruf o. anderweitig eng definierten Personenkreis zu verstehen. Ob eine bestimmte Aufgabe dem WP vorbehalten ist o. nicht, ist berufsrechtlich in mehrfacher Hinsicht v. Bedeutung:

- Die **Pflicht zur Durchführung der QK** trifft nur diejenigen Berufsangehörigen, die beabsichtigen, dem WP gesetzlich vorbehaltene AP durchzuführen (§ 57a Rn. 5);
- Die **Pflicht zur Siegelführung** besteht nur bei dem WP gesetzlich vorbehaltenen Erklärungen (§ 48 Abs. 1 Satz 1);
- **Bei Erklärungen eines WP im Vorbehaltsbereich** darf nur die Berufsbezeichnung WP angegeben werden, ggf. sind auch noch vergleichbare ausländische Berufsbezeichnungen zulässig (vgl. § 18 Rn. 4, 11, 12);
- **Erklärungen v. WPG**, die auf dem WP gesetzlich vorbehaltenen Tätigkeiten beruhen, dürfen nur v. WP unterzeichnet werden (§ 32 Abs. 1 Satz 1).

Die Anknüpfung dieser Berufspflichten an den Vorbehaltsbereich beruht darauf, dass der WP insoweit eine dem **Notar vergleichbare öffentl. Funktion** wahrnimmt (vgl. zur Siegelführung auch § 48 Rn. 1).

10 Eindeutig um eine Vorbehaltsaufgabe des WP handelt es sich jedenfalls dann, wenn in der jeweiligen gesetzlichen Vorschrift ausdr. nur dieser genannt wird (dem gleichzusetzen ist die Nennung der WPG). **Zentrale Vorbehaltsaufgabe** in diesem Sinne ist die Prüfung des JA u. des Lageberichts v. Kapitalgesellschaften, die nicht kleine i.S.v. § 267 Abs. 1 HGB sind (§ 319 Abs. Satz 1 i.V.m. § 316 HGB). Vergleichbar eindeutige Regelungen enthalten z.B. § 340k Abs. 1 HGB, § 341k HGB, § 258 AktG. Sofern eine Aufgabe hingegen auch anderen (freien) Berufen zugewiesen wird (z.B. StB, RA o. auch Sachverständigen i.S.v. § 36 GewO), handelt es sich nicht mehr um eine Vorbehaltsaufgabe des WP, anders bei Zuweisung auch an den zum Berufsstand gehörenden vBP (gleichzusetzen ist die Nennung der BPG).

Die Zuordnung einer Tätigkeit zum Vorbehaltsbereich des WP ist allerdings auch 11
dann gerechtfertigt, wenn neben diesem bestimmte Organisationen als prüfungsbefugt im Gesetz genannt sind, denen insb. aus historischen Gründen für **bestimmte Spezialbereiche eine dem WP vergleichbare Prüfungskompetenz** zugebilligt wird. Dies gilt vor allen Dingen für diejenigen Organisationen, bei denen der **WP seinen Beruf** nach § 43a Abs. 1 **originär ausüben kann**, somit für die gen. **Prfg-Verb, Prüfungsstellen** v. **Sparkassen- u. Giroverbänden sowie überörtliche Prüfungsstellen für KöR** (s.a. § 43a Rn. 23 ff.). Als Vorbehaltsaufgabe des WP zu qualifizieren sind daher z.b. auch Prüfungen nach Art. 25 EGHGB, § 340k Abs. 3 HGB, § 36 Abs. 1 WpHG u. § 16 Abs. 3 Satz 1 MaBV. Gleiches dürfte aber auch in den Fällen gelten, in denen neben dem WP bestimmten, auf die Durchführung v. Prüfungen spezialisierten Behörden die Prüfungsbefugnis zugesprochen wird, wie z.b. nach einigen landesrechtlichen Vorschriften den Kommunalprüfungsämtern bei Eigenbetriebsprüfungen. Ist hingegen v. Gesetz ausschl. einem **bestimmten Prüfungsamt die Zuständigkeit für die Prüfung zugewiesen**, handelt es sich auch dann nicht um eine Vorbehaltsaufgabe des WP, wenn sich die Behörde – wie z.T. vorgesehen – zur Prüfungsdurchführung eines WP bedienen muss.

Keine zwingende Voraussetzung für die Zuordnung einer Tätigkeit als Vorbehaltsaufgabe des WP ist es, dass es sich hierbei um eine **Pflichtprüfung** handelt (s. hierzu bereits Rn. 5). Soweit etwa die **freiwillige Prüfung** bei (pflichtig zu erstellenden) Halbjahresfinanzberichten nach § 37w Abs. 5 WpHG v. Gesetz ausschl. dem WP zugewiesen wird, unterfällt auch diese dem Vorbehaltsbereich (im Einzelnen § 48 Rn. 10). 12

III. Steuerrechtshilfe (Abs. 2)

Zu den ebenfalls das **Berufsbild prägenden Aufgaben**, zählt die **unbeschränkte** 13
Befugnis des WP zur geschäftsmäßigen Hilfeleistung in Steuersachen nach Maßgabe v. § 2 Abs. 2 i.V.m. §§ 3, 12a StBerG. Dies umfasst auch das Recht der Vertretung der Mandanten vor den FG u. dem BFH sowie den VG, soweit es sich um die Überprüfung steuerlich relevanter VA handelt.

Zur geschäftsmäßigen Hilfeleistung in Steuersachen sind u.a. **auch vBP, RA u.** 14
niedergelassene europäische RA gemäß § 3 Nr. 1 StBerG befugt. Ferner sind dazu Notare im Rahmen ihrer Befugnisse nach der BNotO (§ 4 Nr. 1 StBerG) u. PA im Rahmen ihrer Befugnisse nach der PAO (§ 4 Nr. 2 StBerG) befugt. Hier ergibt sich die Hilfeleistung in Steuersachen als Nebenfolge aus der Tätigkeit als Notar bzw. als PA.

Die Befugnis zur geschäftsmäßigen Steuerrechtshilfe erlaubt es dem WP, im Rah- 15
men seines Auftrags die **Auftraggeber in Steuersachen zu beraten, sie zu vertreten** u. ihnen bei der Bearbeitung der Steuerangelegenheiten u. bei der Erfüllung ihrer steuerlichen Pflichten Hilfe zu leisten. Dazu gehören auch die Hilfeleistungen in Steuerstrafsachen u. in Bußgeldsachen wegen einer Steuerordnungswidrigkeit sowie die Hilfeleistung bei der Erfüllung v. Buchführungspflichten, die aufgrund v.

Wollburg 53

Steuergesetzen bestehen, insb. die Aufstellung v. Steuerbilanzen u. deren steuerliche Beurteilung.

16 Die ausdr. Erwähnung der Hilfeleistung bei der Erfüllung der Buchführungspflichten erklärt sich aus der Bedeutung dieses Arbeitsgebiets. Unter dem Sammelbegriff „Hilfeleistung in Steuersachen" werden die eigentliche Steuerberatung als Rechtsberatung auf dem Gebiet des Steuerrechts u. die Hilfeleistung bei der Erfüllung der Buchführungspflichten zusammengefasst (BVerfG 18.6.1980, BVerfGE 54, 301, 323; Gehre/Koslowski, StBerG, § 33 Rn. 8).

IV. Sachverständigentätigkeit (Abs. 3 Nr. 1)

17 Zum Berufsbild gehört auch die Tätigkeit als **Gutachter/Sachverständiger** in allen Bereichen der **wirtschaftlichen Betriebsführung**. Hier sind insb. die Unternehmensbewertung u. die Tätigkeit als Gerichtsgutachter zu erwähnen. Der WP erfüllt im Bereich Unternehmensbewertung alle Anforderungen, die die IHK für die Anerkennung als Sachverständiger auf diesem Gebiet verlangen, ohne weiteres aufgrund seiner in seinem staatlichen Berufsexamen nachgewiesenen Kenntnisse (WPH I, A Rn. 28).

18 Die Bestimmung in Absatz 3 Nr. 1 will sicherstellen, dass der unter **Berufseid** stehende WP auch als Sachverständiger auf den Gebieten der wirtschaftlichen Betriebsführung vor Gerichten u. Behörden auftreten kann, ohne noch einmal vereidigt werden zu müssen. Der Berufseid hat damit auch die Wirkung des **Sachverständigeneides** (Gerhard, WPO 1961, § 2, 22).

V. Wirtschafts-/Unternehmensberatung (Abs. 3 Nr. 2)

19 Auch die **Beratung in wirtschaftlichen Angelegenheiten** gehört zu den prägenden Berufsaufgaben. Durch die Novellierung der WPO im Jahre 1995 ist dieser Bereich in Angleichung an die Rspr. (BFH 4.12.1980, DB 1981, 670; BGH 11.3.1987, DB, 1247) aus dem Katalog der vereinbaren Tätigkeiten (§ 43a Abs. 4) herausgenommen u. den das Berufsbild prägenden Tätigkeiten (§ 2 Abs. 3 Nr. 2) zugeordnet worden. Aufgrund der umfangreichen Kenntnisse u. Erfahrungen – insb. auch aus seiner prüfenden Tätigkeit – ist der WP der qualifizierte Berater auf den Gebieten der wirtschaftlichen Betriebsführung u. Organisation.

20 Bereits die amtl. Begr. zum Gesetz über eine Berufsordnung der WP v. 24.7.1961 führt unter § 2 (BT-Drs. 201, 34) Folgendes aus: *„Neben der Prüfungstätigkeit steht nach der Entwicklung die Berufsaufgabe, durch die besonders aus Prüfungen gewonnenen Erkenntnisse zum Nutzen der Betriebe verwertet werden. Die Beratung in wirtschaftlichen Angelegenheiten ist deshalb als Berufsaufgabe ausdr. zugelassen. Mit der Beratungstätigkeit ist auch die Befugnis zur Vertretung in wirtschaftlichen Angelegenheiten verbunden (...). Der weite Begriff „wirtschaftliche Angelegenheiten" umfasst dabei alle wirtschaftlichen Fragen, nicht nur der einzelnen Unternehmen, sondern ggf. auch einer Mehrheit einer solchen."* Danach gehört die Beratung in wirtschaftlichen Angelegenheiten seit jeher zum zentralen Aufgabengebiet des WP (vgl. Gerhard, WPO 1961, § 2, 21).

VI. Treuhandtätigkeit (Abs. 3 Nr. 3)

Als weitere Berufsaufgabe zählt schließlich die **treuhänderische Verwaltung** auf 21
gesetzlicher bzw. rechtsgeschäftlicher Basis. Die **Fülle der treuhänderischen
Funktionen** kann nur beispielhaft aufgezählt werden. Dazu gehört u.a. die Tätigkeit als Testamentsvollstrecker, Nachlassverwalter, Pfleger, Vormund, Insolvenzverwalter, Liquidator, Nachlasspfleger u. Betreuer. Die Testamentsvollstreckung ist mit dem am 1.7.2008 in Kraft getretenen RDG als stets erlaubte Nebenleistung eingeordnet, so dass auch in Einzelfällen der Abwicklungsvollstreckung kein RA zwingend hinzugezogen werden muss (vgl. Rn. 30).

Soweit die Treuhandverwaltung eine **Organstellung o. ein Anstellungsverhältnis** 22
in einem gewerblichen Unternehmen unvermeidbar macht, können derartige Funktionen mit Ausnahmegenehmigungen der WPK vorübergehend wahrgenommen werden (§ 43a Abs. 3 Nr. 2). Ein typisches Bsp. für derartige Fälle ist die Tätigkeit als Not-GF. Es handelt sich um eine Ausnahme v. Verbot der gewerblichen Tätigkeit.

VII. Rechtsberatung

Mit dem RDG (Art. 1 des Gesetzes zur Neuregelung des Rechtsberatungsrechts v. 23
12.12.2007, BGBl. I, 2840 f.), das am 1.7.2008 in Kraft getreten ist, hat der Gesetzgeber die **außergerichtliche Rechtsberatung** auf eine neue Basis gestellt. Auch wenn das Grundkonzept zur Erbringung außergerichtlicher Rechtsdienstleistungen als **Verbot mit Erlaubnisvorbehalt** beibehalten wurde (§ 3 RDG), ist mit dem RDG eine tendenzielle **Liberalisierung des Rechtsberatungsmarkts** verbunden. Den abstrakt generellen Regelungen des neuen Gesetzes ist immanent, dass eine verbindliche Abgrenzung der hier eröffneten Befugnisse v. WP zu der weiterhin ausschl. RA zustehenden Befugnis zur umfassenden Rechtsberatung häufig erst durch die Rechtsprechung wird vollzogen werden können; hier sind insb. die Definition der Rechtsdienstleistung (§ 2 Abs. 1 RDG) und die Kriterien der erlaubten Nebenleistung (§ 5 Abs. 1 RDG) zu nennen.

§ 2 Abs. 1 RDG definiert nun die **Rechtsdienstleistung** als „*jede Tätigkeit in kon-* 24
*kreten fremden Angelegenheiten, sobald sie eine rechtliche Prüfung des Einzelfalls
erfordert*". Wesentliches Abgrenzungskriterium dabei ist die **Erforderlichkeit einer jur. Subsumtion** (BT-Drs. 16/6634, 62; 16/3655, 46). Daraus folgt, dass allg. Auskünfte über die Rechtslage, die Geltendmachung unstreitiger Ansprüche u. die Mitwirkung an einer Vertragskündigung grds. zulässig sind (BT-Drs. 16/3655, 46 f.). Nach der Begr. sollen danach auch Geschäftsbesorgungsverträge zum Erwerb v. Grundstücken u. Immobilienfonds nicht mehr als erlaubnispflichtige Rechtsdienstleistungen einzuordnen sein (BT-Drs. 16/3655, 46; kritisch dazu Römermann, NJW 2006, 3025, 3027). Ob die Rspr. dem auf Grundlage des § 2 Abs. 1 RDG nun umfänglich folgen wird, bleibt – wie Henssler/Deckenbrock (BB 2008, 41, 42) ausführen – abzuwarten, denn der BGH sah dies zu Zeiten des RBerG in st. Rspr. anders (BGH 28.9.2000, BGHZ 145, 265).

25 Mit § 2 Abs. 3 RDG wird in Bezug auf bestimmte Dienstleistungen geregelt, dass diese keine Rechtsdienstleistungen i.S.d. RDG sind. Davon erfasst sind u.a. die Erstattung v. wissenschaftlichen Gutachten (Nr. 1), die Mediation u. jede vergleichbare Form alternativer Streitbeilegung, sofern die Tätigkeit nicht durch rechtliche Regelungsvorschläge in die Gespräche der Beteiligten eingreift (Nr. 4) u. die Erledigung v. Rechtsangelegenheiten innerhalb verbundener Unternehmen nach § 15 AktG.

26 **Neue Bestätigungsfelder** für WP haben sich aus der Neuregelung v. § 5 RDG, der die Rechtsdienstleistungen i.z.m. einer anderen Tätigkeit regelt u. somit die frühere sog. Annexkompetenz (vgl. Vorauflage, § 2, Rn. 23, 27) ersetzt hat, ergeben. Der Berufsstand dürfte aufgrund der hohen Qualifizierung, die zudem vielfältig rechtl. durchdrungen ist, deutlicher profitieren als andere Berufe.

27 Rechtsdienstleistungen i.Z.m. einer anderen Tätigkeit sind erlaubt, wenn sie als Nebenleistung **zum Berufs- o. Tätigkeitsbild gehören** (§ 5 Abs. 1 S. 1 RDG). Hier hat sich eine Erweiterung der Befugnisse insofern ergeben, als der „unmittelbare" Zusammenhang nicht mehr gefordert wird (vgl. dazu die Vorauflage, § 2, Rn. 23). Absatz 1 Satz 2 nennt drei konkrete Prüfungskriterien für die Einordnung als Nebentätigkeit o. prägende Tätigkeit: Der **Umfang u. Inhalt der rechtsdienstleistenden Nebentätigkeit**, der erforderliche **sachliche Zusammenhang** zwischen Haupt- u. Nebentätigkeit u. schließlich die Berücksichtigung der **Rechtskenntnisse**, die für die Haupttätigkeit erforderlich sind. Letzteres Kriterium dient in Anlehnung an die bisherige Rspr. zu Art. 1 § 5 RBerG u.a. dazu, den nicht primär rechtsdienstleistenden Berufen die verfassungsrechtlich gebotenen Freiräume zu eröffnen, um ihnen eine ihrer beruflichen Qualifikation entspr. Berufsausübung zu ermöglichen. Damit verbunden werden kann zugl. ein Ausgleich für die Entscheidung des Gesetzgebers, weder einzelne Teilerlaubnisse für zahlreiche Einzelberufe, noch eine allg. Rechtsdienstleistungsbefugnis unterhalb der Rechtsanwaltschaft eingeführt zu haben (BT-Drs. 16/3655, 54).

28 Umstritten ist derzeit die Reichweite der „**Abgabenangelegenheiten**" nach § 63 Abs. 2 Satz 2 Nr. 3 VwGO. Zum Streitstand wird auf Wedekind, DStR 2010, 1256 sowie auf OVG Hamburg v. 29.4.10 – 3 Bf 368/09, BeckRS 2010, 49587 u. VG Köln 25.2.09 – 14 K 61609 verwiesen. Auch die **sozialbehördliche Vertretungsbefugnis** im Statusfeststellungsverfahren nach § 7a SGB IV ist widersprüchlich (ablehnend: SG Aachen 9.12.09 – S 12 KR 27/09, DStR 10, 76; bejahend: SG Kassel v. 9.5.09 – S 12 KG 27/09, DStR 10, 2423; Poppelbaum, NJW 10, 2399). Das vorgenannte Urteil des SG Kassel stellte in einem obiter dictum fest, dass sich die Vertretungsbefugnis eines StB hier aufgrund einer analogen Anwendung v. § 73 Abs. 2 Satz 2 Nr. 4 SGG geradezu aufdränge.

29 Mit dem Merkmal der **für die Haupttätigkeit erforderlichen Rechtskenntnisse** ist zum Schutz des Verbrauchers die Möglichkeit einer **sachgerechten Differenzierung** des Umfanges der Befugnisse v. hochqualifizierten Angehörigen u. mit dem RA verwandter freier Berufe – wie dem WP – einerseits u. denen v. Gewerbetrei-

benden andererseits eröffnet worden. Wirtschaftsprüfer haben hierbei eine günstige Ausgangsposition zur Erweiterung ihrer Betätigungsfelder. Henssler/Deckenbrock (DB 2008, 41) weisen darauf hin, dass damit etwa Vertragsentwürfe für Standardverträge durch WP u. StB zulässig sind. Dem ist zuzustimmen, eine gesicherte Grenzziehung wird aber erst durch die Rspr. erfolgen.

Von Bedeutung für WP ist die Einordnung der **Testamentsvollstreckung als stets** 30 **erlaubte Nebenleistung** gemäß § 5 Abs. 2 Nr. 1 RDG. Damit sind nunmehr die Rechtsdienstleistungen i.Z.m. der Testamentsvollstreckung insgesamt, also unabhängig davon, ob es sich um den Fall der Verwaltungsvollstreckung o. der Abwicklungsvollstreckung handelt, u. ob der Testamentsvollstrecker v. Erblasser o. v. Nachlassgericht eingesetzt ist, für zulässig erklärt. Damit wird in diesem Punkt eine Rechtssicherheit bei der Tätigkeit als Testamentsvollstrecker erreicht.

Daneben nennt § 5 Abs. 2 RDG auch die **Haus- u. Wohnungsverwaltung u. die** 31 **Fördermittelberatung als stets erlaubte Nebenleistung.**

§ 3 Berufliche Niederlassung

(1) ¹Berufsangehörige müssen unmittelbar nach der Bestellung eine berufliche Niederlassung begründen und eine solche unterhalten; wird die Niederlassung in einem Staat begründet, die nicht Mitgliedstaat der Europäischen Union oder Vertragsstaat des Abkommens über den Europäischen Wirtschaftsraum (Drittstaat) oder die Schweiz ist, muss eine zustellungsfähige Anschrift im Inland unterhalten werden. ²Berufliche Niederlassung eines selbstständigen Wirtschaftsprüfers ist die eigene Praxis, von der aus er seinen Beruf überwiegend ausübt. ³Als berufliche Niederlassung eines ausschließlich nach § 43a Abs. 1 angestellten Wirtschaftsprüfers gilt die Niederlassung, von der aus er seinen Beruf überwiegend ausübt.

(2) Bei Wirtschaftsprüfungsgesellschaften ist Sitz der Hauptniederlassung der Sitz der Gesellschaft.

(3) Wirtschaftsprüfer und Wirtschaftsprüfungsgesellschaften dürfen Zweigniederlassungen nach den Vorschriften dieses Gesetzes begründen.

Schrifttum: *Dahns*, Die Zweigstelle, NJW-Spezial 2012, 382; *Seel*, Grenzüberschreitende Arbeitnehmerübersendung – Ein Überblick über arbeits-, sozial- und steuerrechtliche Fragen, MDR 2011, 5; *Dahns*, Die Kanzleipflicht, NJW-Spezial 2009, 654; *Zastrow*, Der anwaltliche Briefbogen, BRAK-Mitt. 2009, 55; *Knorr/Schnepel*, Die Novellierung der Berufssatzung, WPK-Mitt. 2002, 2 ff.; *WPK*, Berufssitz bei Tätigkeit im Ausland, WPK-Mitt. 4/1997, 303; *Völzke*, Das neue Steuerberatungsgesetz, DStZ (A) 1975, 218; *Peters/Rohwedler*, Zum Begriff der auswärtigen Geschäftsstelle i.S.d. § 3 des Steuerberatungsgesetzes, StB 1973, 90.

Inhaltsübersicht

		Rn.
I.	Allgemeines	1–4
II.	Berufliche Niederlassung des WP (Abs. 1)	5–23
	1. Grundsätze	5–7
	2. Unterhaltung und Wegfall der beruflichen Niederlassung	8–9
	3. Berufliche Niederlassung des selbstständigen Wirtschaftsprüfers	10–13
	a) Weitere Arbeitsräume	14
	b) Berufliche Niederlassung im Ausland	15–19
	c) Sozietät	20–25
	4. Trennung der Berufe	26–27
	5. Angestellte Wirtschaftsprüfer	28–32
	6. Arbeitslose Wirtschaftsprüfer	33–34
III.	Niederlassung der Wirtschaftsprüfungsgesellschaft (Abs. 2)	35–38
IV.	Zweigniederlassungen (Abs. 3)	39–50
	1. Wirtschaftsprüfer	40
	a) Begriff	41
	b) Weitere Arbeitsräume	42–46
	c) Trennung der Berufe	47–48
	2. Wirtschaftsprüfungsgesellschaften	49–50

I. Allgemeines

1 Insbesondere mit seinen gesetzlichen Vorbehaltsaufgaben übernimmt der WP wichtige Kontrollfunktionen im Interesse der Öffentlichkeit u. zugunsten des Kapitalanleger- u. Gläubigerschutzes. Hierfür muss eine Erreichbarkeit sichergestellt sein. Aus Gründen der **Rechtssicherheit** muss daher feststehen, wo der Beruf ausgeübt wird. Daraus lässt sich auch die **gesetzliche Pflicht** („muss") zur Begründung einer **beruflichen NL** herleiten u. die **Reglementierung der Niederlassungsmöglichkeiten** erklären.

2 Jede Reglementierung des Niederlassungsrechts steht im Spannungsfeld des Art. 12 GG. Bereits in der Urfassung der WPO wurde die Vorschrift mit „Räumlicher Bereich der Tätigkeit" überschrieben, um den **Grundsatz der Freizügigkeit** zu betonen u. damit einhergehend die berufliche NL u. Berufstätigkeit in räumlicher Beziehung zu behandeln. Wirtschaftsprüfer hatten v. jeher die freie Wahl des Ortes der beruflichen NL im Inland u. seit 1991 auch im Ausland, u. sind in ihrer Tätigkeit nicht auf den Ort o. Einzugsbereich der NL beschränkt. Sie können ZN errichten, wenn für die Leitungsobliegenheiten gem. § 47 Sorge getragen ist.

3 Der Gesetzgeber hat regelmäßig **Anpassungen entsprechend der Entwicklung der beruflichen Gegebenheiten** vorgenommen. Mit der Änderung v. 1991 wurde die Beschränkung aufgehoben, nur im Inland eine berufliche NL unterhalten zu dürfen. Damit zog der Gesetzgeber eine Konsequenz aus der Befugnis zur Berufsausübung ohne räumliche Beschränkung. Dass der WP seinerzeit im Ausland **unbegrenzt ZN errichten** konnte, im Inland aber nicht, wurde durch die 3. WPO-Novelle 1995 aufgehoben. Die Gesetzesüberschrift lautet seitdem „Berufliche Niederlassung". Des Weiteren wurde versucht, den Begriff der beruflichen NL zu erläutern, u. zwar abgegrenzt nach selbstständiger u. unselbstständiger Tätigkeit. Da beide Tätigkeiten aber gleichzeitig wahrgenommen werden können, sah sich der Gesetzgeber 2001 zu einer weiteren Klarstellung veranlasst. Durch einen eingefügten Verweis auf § 43a Abs. 1 in Abs. 1 Satz 3 wurde verdeutlicht, dass sich die berufliche NL eines **selbständigen** u. **unselbständigen** WP immer nach Abs. 1 Satz 2 bestimmt, also nach der selbstständigen Tätigkeit (BT-Drs. 14/3649, 20). Zum 1.1.2004 wurde Abs. 1 Satz 1 dahingehend geändert, dass ein WP **unmittelbar nach der Bestellung eine berufliche NL begründen muss**. Gleichzeitig wurde der Katalog der Widerrufsgründe erweitert; wenn ein WP keine berufliche NL unterhält, ist die Bestellung zu widerrufen (vgl. noch Rn. 7).

Irritierend ist die **Regelungssystematik zur ZN**. § 3 Abs. 3 vermittelt den Eindruck 4 eines Verweises auf anderweitige abschließende Regelungen, konkret § 47. Dort ist jedoch nur die NL-Leitung geregelt. Die grds. Fragen zum Niederlassungsrecht u. damit auch zum Recht der ZN sind jedoch in § 3 normiert, so dass auch die wesentlichen Voraussetzungen zur Errichtung einer ZN zu § 3 (vgl. noch Rn. 39 ff.) u. zu § 47 nur das Thema „Zweigniederlassungsleitung" kommentiert sind.

II. Berufliche Niederlassung des WP (Abs. 1)

1. Grundsätze

Der WP muss eine berufliche NL haben, darf andererseits aber wegen des höchst- 5 persönlichen Charakters der Erbringung seiner Dienstleistung auch nur **eine berufliche NL** unterhalten und kundmachen. Das Wort „eine" ist ein Zahlwort u. kein unbestimmter Artikel (BT-Drs. 12/5685, 19). Dies bedeutet nicht, dass der Beruf sowohl als Selbstständiger als auch als Angestellter jeweils nur an einem Ort ausgeübt werden darf. Die berufliche NL ist dort, wo der Beruf überwiegend ausgeübt wird. Ist ein Berufsangehöriger sowohl selbstständig als auch unselbstständig tätig, geht unabhängig v. Umfang der selbstständigen Tätigkeit bei der Bestimmung der beruflichen NL die selbstständige Tätigkeit vor (vgl. Rn. 3, 10).

Es kann zu Irritationen führen, wenn ein **Privatbriefbogen** unter Angabe der Be- 6 rufsbezeichnung „Wirtschaftsprüfer" verwandt wird. Hiergegen ist grds. nichts einzuwenden, zumal mit der schlichten Angabe der Berufsbezeichnung der Adressat lediglich zur Kenntnis nehmen soll, dass der Verwender des Briefbogens WP ist. Anders verhält es sich dann, wenn der WP auf einem solchen Briefbogen u.a. eine Kontonummer, Felder mit eingedruckten Worten für „Zeichen" u. „Datum" angibt. Solche Angaben auf privaten Briefbögen können bei einem objektiven Dritten den Eindruck erwecken, dass der **„private" Briefbogen** zumindest auch **für berufliche Zwecke** verwendet wird (vgl. VG Berlin 23.10.2006, WPK-Mag. 1/2007, 52). Diese Art der Kundmachung sollte auch schon im eigenen Interesse unterbleiben. Fühlt sich ein potentieller Mandant durch diese Art der Kundmachung angesprochen u. will dem WP einen Auftrag erteilen, muss der WP dieses Angebot unverzüglich ablehnen, wenn er ausschließlich unselbstständig tätig ist. Andernfalls muss er den

Schaden ersetzen, der aus einer schuldhaften Verzögerung dieser Erklärung entsteht (§ 51). Als ausschließlich unselbstständig tätiger WP, der nach außen wie ein Selbstständiger auftritt, ist er hiergegen nicht versichert. Auch führt die berufliche Arbeit in einem **häuslichen Arbeitszimmer** nicht dazu, über diese Anschrift auch kommunizieren zu können. Die **gedankliche** und **schriftliche Prüfungstätigkeit führt nicht zu** einer **Verlagerung** des Mittelpunkts beruflicher Betätigung **in** den **häuslichen Bereich**, weil dem **Kommunikation mit Mandanten** ein ebenso großes Gewicht wie dem Studium der Daten und Unterlagen sowie der Anfertigung von Papieren und Berichten beizumessen ist (FG Düsseldorf 5.9.2012, WPK-Mag. 4/2012, 71 ff.)

7   In der bis zum 31.12.2003 geltenden Fassung des § 3 musste der WP erst innerhalb eines halben Jahres nach der Bestellung eine berufliche NL begründen u. unterhalten. Diese Regelung war berufsrechtlich widersprüchlich. Bestellungsvoraussetzung ist seit jeher, dass der selbstständig tätig werdende Bewerber eine vorläufige Deckungszusage auf den Antrag zum Abschluss einer BHV vorlegen muss (§ 16 Abs. 1 Nr. 3), es sei denn, dass er den Beruf ausschließl. im Anstellungsverhältnis ausüben möchte. Eine ungeordnete Startphase in das Berufsleben gibt es also nicht. Daher ist es konsequent, dass die Pflicht zur Unterhaltung einer BHV o. der Eingehung eines Anstellungsverhältnisses mit der Pflicht der unmittelbaren Begründung einer beruflichen NL einhergeht. Seit dem 1.1.2004 muss deshalb **unmittelbar nach der Bestellung einer berufliche NL begründet u. unterhalten werden**; andernfalls droht der Widerruf der Bestellung (§ 20 Abs. 2 Nr. 6).

2. Unterhaltung und Wegfall der beruflichen Niederlassung

8   Solange ein WP **bestellt** ist, muss er eine **berufliche NL** auch **unterhalten**. Das mit der 3. WPO-Novelle 1995 eingeführte Gebot auch der Unterhaltung einer beruflichen NL soll sicherstellen, dass der WP stets auch den Anforderungen genügt, die für die Begr. einer NL maßgeblich sind. Die Nichtunterhaltung einer beruflichen NL ist ein zwingender Widerrufsgrund (§ 20 Abs. 2 Nr. 6).

9   Anhaltspunkte für eine **Aufgabe der beruflichen NL** können darin liegen, dass der Berufsangehörige nicht mehr schriftlich (unbekannt verzogen) o. telefonisch erreichbar ist o. eine Nachricht der Post vorliegt, dass der Briefkasten überfüllt ist. In solchen Fällen muss die WPK prüfen, ob tats. keine berufliche NL mehr unterhalten wird. Zu den Anforderungen an eine berufliche NL im Einzelnen vgl. noch Rn. 10 ff.

3. Berufliche Niederlassung des selbstständigen Wirtschaftsprüfers

10 Das Gesetz beschreibt die **berufliche NL eines selbstständigen WP** als die **eigene Praxis**, v. der aus er seinen Beruf überwiegend ausübt. Was als berufliche NL anzusehen ist, regelt § 19 Abs. 1 Satz 2 BS WP/vBP näher. Danach begründet **jede Kundmachung einer beruflichen Anschrift** das Bestehen einer organisatorisch selbstständigen Einheit. Organisatorisch selbstständige Einheiten sind zum einen die berufliche NL u. zum andern – bei entspr. Kundmachung – Zweigniederlassungen. Die Ermächtigung der WPK, die Berufspflichten i.Z.m. der Kundmachung beruflicher NL zu regeln (§ 57 Abs. 4 Nr. 4b a.F.), umfasst auch die Befugnis zu

definieren, was überhaupt als eine NL anzusehen ist, die kundgemacht werden kann (KG 4.7.2001, WPK-Mitt. 2001, 321).

Besondere Anforderungen an eine „organisatorisch selbstständige Einheit" postuliert das Berufsrecht nicht. Grundsätzlich hat der WP die Pflicht, seine **Praxis** so zu **organisieren**, dass die **Einhaltung der Berufspflichten mit hinreichender Sicherheit gewährleistet** ist. Dieses Gebot muss der WP grds. in eigener Verantwortung vollziehen. Hierbei kann auch eine Entscheidung des BGH (6.7.2009, BRAK-Mitt. 2009, 240) herangezogen werden. Danach gehören zu den Mindestanforderungen für die Unterhaltung einer beruflichen NL organisatorische Maßnahmen wie die Bereitstellung von Praxisräumen und Telefonanschluss. Ein Gebot zur Anbringung eines **Praxisschildes** besteht nicht. Dies steht nicht im Widerspruch zu § 19 Abs. 1 Satz 2 BS WP/vBP. Hierin wird ausschließl. festgestellt, dass die Kundmachung einer Anschrift das Bestehen einer beruflichen NL auslöst. 11

Mindestvoraussetzungen für die Begr. einer beruflichen NL 12

- Die berufliche NL muss **Mittelpunkt der Berufstätigkeit** sein. Das Wort „überwiegend" in Abs. 1 Satz 2 trägt der Möglichkeit Rechnung, dass ein WP den Beruf an mehreren Orten u. in mehreren Funktionen ausüben kann. Sofern ein WP ausschließl. **in eigener Praxis** tätig ist, stellt diese Tätigkeit zwangsläufig den **Mittelpunkt** seiner **Berufsausübung** dar. Hat der WP an zwei Orten Büros, darf er nur eines kundmachen (vgl. auch Rn. 5), u. zwar muss er das Büro kundmachen, in dem er überwiegend tätig ist (vgl. auch noch zu weiteren Arbeitsräumen Rn. 14, 42 ff.). Ist ein WP hauptberuflich als Angestellter tätig u. betreibt er nebenberuflich eine Einzelpraxis, ist dort der Mittelpunkt zumindest seiner selbstständigen Tätigkeit, u. zwar unabhängig davon, in welchem Umfang er hier tätig ist (vgl. Rn. 4 u. WPK, WPK-Mitt. 1997, 203).
- Die berufliche NL muss **publikumsfähig** sein. Hierfür muss der WP die notwendigen organisatorischen Vorkehrungen in einem Umfang treffen, dass er für Mandanten erreichbar ist. Ein erreichbarer Praxisbetrieb wird anzunehmen sein, wenn der WP die Möglichkeiten zur persönlichen Kontaktaufnahme unter der beruflichen NL schafft (BGH a.a.O.). Unter dieser Voraussetzung kann er seine Praxisräume auch in seiner Privatwohnung unterhalten.

Problematisch ist es, wenn der WP lediglich. **formal** eine **berufliche NL** unterhält. Dies ist dann anzunehmen, wenn er Arbeitsräume hat, die er als seine berufliche NL kundmacht u. zum Eintrag in das BR angemeldet hat, in denen er aber kein Personal beschäftigt o. selbst nur sporadisch anwesend ist. Tatsächlich übt er seinen Beruf überwiegend unter seiner Privatanschrift aus. Er organisiert den Kontakt durch Postmleitungsaufträge an seine Privatanschrift u. gibt eine Mobilfunknummer auf dem als Praxisanschrift kundgemachten Briefbogen an. Diese Art der Praxisorganisation ist nicht publikumsfähig. Dem Beruf des WP ist zwar wegen Art u. Umfang der Berufsausübung ein hoher Mobilitätsgrad zueigen, der eine häufige berufliche Abwesenheit erfordert. Gerade solche Umstände erfordern daher **erhöhte Anforderungen** an die **Organisation** der beruflichen NL, um die Kontaktaufnahme der Mandanten zum Berufsangehörigen zeitnah sicherzustellen; verwaiste Büroräume 13 entsprechen aber nicht diesen Anforderungen u. können zu der Prüfung Anlass geben, ob noch eine berufliche NL unterhalten wird.

a) Weitere Arbeitsräume

14 Kapazitätsprobleme machen es nicht selten erforderlich, dass z.B. zu Archivierungszwecken **weitere Räume** genutzt werden müssen, die räumlich getrennt v. der beruflichen NL gelegen sind. Vergleichbar verhält es sich, wenn aus Platzgründen bestimmte Sachbearbeitungsbereiche ohne Publikumsverkehr ausgegliedert werden müssen. Hierdurch entsteht keine weitere – i.Ü. auch unzulässige – berufliche NL u. auch keine den Anforderungen des § 47 unterfallende ZN, sofern nicht ein entsprechender Eindruck vermittelt wird (KG 4.7.2001, WPK-Mitt. 2001, 321). Es dürfen also grds. **keine Hinweise auf das Bestehen** solcher weiteren Arbeitsräume gegeben werden (vgl. auch Rn. 5, 12). Da dies Abgrenzungsfragen zur ZN sind, ist die Thematik im Einzelfall auch **kundmachungsfähiger weiterer Arbeitsräume** dort dargestellt (vgl. noch Rn. 42 ff.).

b) Berufliche Niederlassung im Ausland

15 Wirtschaftsprüfer können ihre **berufliche NL** im **Ausland** unterhalten. Dies gilt sowohl für **selbstständig tätige WP** als auch für **angestellte** WP (letztere, soweit sie z.B. in einer ausländischen ZN einer deutschen WPG o. eines WP tätig sind, vgl. auch Rn. 2).

16 Die Verlegung der beruflichen NL in das Ausland kommt u.a. dann in Betracht, wenn ein WP eine Tätigkeit als Angestellter o. gesetzl. Vertreter bei einer **ausländischen Prüfungsgesellschaft** (§ 43a Abs. 2 Satz 2) o. als gesetzl. Vertreter einer ausländischen RAG o. StBG aufnehmen wird (§ 43a Abs. 2 Satz 3). Er darf diese Funktionen nur wahrnehmen, wenn er befugt ist, AP nach § 319 HGB durchzuführen. Da diese Prüfungen wegen fehlender Prüfungsbefugnis nicht im Namen ausländischer Berufsgesellschaften durchgeführt werden dürfen, muss er eine selbstständige Tätigkeit in eigener Praxis aufnehmen u. damit eine berufliche NL begründen, die im Ausland liegen kann.

17 Im Fall der Begr. einer beruflichen NL außerhalb der EU, der EWR-Staaten (Liechtenstein, Norwegen, Island) u. der Schweiz muss zur Eintragung in das BR eine **zustellungsfähige Anschrift im Inland** angegeben werden. Begründet ist dieses Erfordernis mit den Schwierigkeiten, insb. amtl. Schriftstücke, die u.a. Fristen enthalten können, im Ausland beweiskräftig zustellen zu können.

18 **Zustellungsprobleme kann es auch innerhalb der EU** geben. Einer Ausdehnung der Regelung auf NL in der EU würde Art. 43 EGV, der die Niederlassungsfreiheit v. Staatsangehörigen eines Mitgliedstaates im Hoheitsgebiet eines anderen Mitgliedstaates regelt, nicht entgegenstehen. Gemeint ist, dass der Aufnahmestaat einem EU-Ausländer keine Beschränkungen für seinen Aufenthalt auferlegen darf. Es wäre dem deutschen Gesetzgeber also nicht verwehrt, bei Begr. der beruflichen NL eines WP im EU-Ausland ein Gebot zur Angabe einer inländischen Zustelladresse festzulegen. Dem hat das StBerG bereits Rechnung getragen. Gemäß § 46 Abs. 2 Nr. 5 StBerG muss sogar der Widerruf der Bestellung als StB ausgesprochen

werden, wenn keine inländische Zustellanschrift angegeben wird. Dies gilt für jede berufliche NL im Ausland.

Das Gesetz setzt für die Person des **Inhabers der Zustelladresse** keine besonderen Anforderungen; es kann also ein Familienangehöriger, ein anderer WP, ein StB o. RA, aber auch eine Berufsgesellschaft sein, sofern gleichzeitig ein gesetzlicher Vertreter als Ansprechperson benannt wird. **Nicht ausreichend ist eine Postfachadresse**, weil über sie keine Dokumentation der Zustellung erfolgen kann. 19

c) Sozietät

Die selbständige berufliche Tätigkeit in einer **Sozietät** steht der selbstständigen **Tätigkeit in eigener Praxis** gleich (BT-Drs. 12/5685, 19). Dies bedeutet, dass ein Sozius als selbstständig in eigener Praxis tätig gilt. Die berufsrechtliche Identität der Berufsausübung spiegelt sich auch im Gebot zum Abschluss einer BHV wieder. So müssen zwei WP in Sozietät denselben Versicherungsschutz unterhalten wie in Einzelpraxis; ledigl. bei gemischter Sozietät muss die gesamtschuldnerische Inanspruchnahme zusätzl. versichert sein (§ 44b Abs. 4). 20

Berufsrechtlich unproblematisch ist eine Berufstätigkeit im **eigenen Namen** parallel zur Sozietät. Dem steht nicht die Aussage des Gesetzgebers entgegen, dass die Tätigkeit in einer Sozietät ohnehin der Tätigkeit in eigener Praxis gleichsteht (BT-Drs. 12/5685, 19). Die hier aufgezeigte Gestaltungsmöglichkeit ist eine Form der persönlichen Praxisorganisation. Da der WP aber nur eine berufliche NL unterhalten darf, muss die persönliche Mandatsbetreuung **unter derselben Anschrift** wie der in der Sozietät erfolgen. 21

Möchte der WP im eigenen Namen an einem anderen Ort tätig sein, muss er v. diesem Ort aus in der Sozietät mitwirken. Es liegt in diesem Fall eine sog. **überörtliche Sozietät** vor. Es muss unmissverständlich u. deutlich dargestellt werden, wo welcher Sozius seine berufliche NL hat (BGH 23.9.1992, WPK-Mitt. 1993, 34 ff.). 22

Die Einheitlichkeit der beruflichen NL verbietet es auch, auf dem Briefbogen einer (überörtlichen) Sozietät zum einen die Anschrift der beruflichen NL u. zum andern eine **weitere Anschrift an einem anderen Ort** anzugeben. Ein WP/RA, der sich auf dem Sozietätsbriefbogen so darstellte, scheiterte als RA vor dem BGH (2.4.1998, WPK-Mitt. 1998, 253 ff.) u. als WP vor dem KG (8.9.1999, WPK-Mitt. 2000, 66 f.). Eine solche Kundmachung wäre nur dann zulässig, wenn der WP unter der anderen Anschrift eine ZN gem. § 3 Abs. 3 unterhalten würde. 23

Sozietäten haben grds. **keinen Sitz**. Lediglich bei einer örtlichen Sozietät ergibt sich die Zwangsläufigkeit, dass alle Sozien unter einer einzigen Anschrift residieren; dadurch wird aber kein rechtl. Sitz erzeugt. Bei der überörtlichen u. auch intraurbanen Sozietät wird dies deutlicher. Sie werden geprägt u. repräsentiert durch die Sozien mit ihren jeweiligen beruflichen NL. Dies gilt unabhängig v. der Organisation (fünf Sozien im Ort A, ein Sozius im Ort B). 24

Wenn eine Sozietät keinen Sitz hat, kann sie auch **keine ZN** unterhalten. Der Versuch, hier die Sozietät mit der PartG zu vergleichen, scheitert an den unterschied- 25 lichen Rechtspersönlichkeiten. Die sog. einfache Partnerschaft als weitgehend verselbstständigte Gesellschaftsform muss einen Sitz haben (§ 3 Abs. 2 Nr. 1 PartGG) u. steht in Bezug auf die Errichtung v. ZN registerrechtlich den Handelsgesellschaften gleich (§ 5 Abs. 2 PartGG). Daran ändert auch die vom BGH konsequent fortgesetzte Rechtsprechung zur eigenständigen Rechtspersönlichkeit der GbR nichts (zuletzt BGH 10.5.2012, WPK-Mag 3/2012, 64). Wenn eine bis dahin lokale Sozietät einen weiteren Sozius mit anderer beruflicher Anschrift aufnimmt, führt dies zur Feststellung einer überörtlichen o. intraurbanen Sozietät, nicht aber zur Annahme einer ZN der Sozietät. Denkbar ist eine ZN einer Sozietät daher nur in der (unpraktischen) Form, dass alle Sozien (gemeinschaftlich) eine ZN unterhalten. Zur wechselseitigen Errichtung v. ZN durch Sozien s. § 47 Rn. 8.

4. Trennung der Berufe

26 Berufsangehörige mit mehreren Berufsqualifikationen haben die Möglichkeit, sich so zu organisieren, dass sie an einem Ort als WP u. an dem anderen Ort u. damit mit einer weiteren beruflichen NL als RA o. StB tätig sind, was allerdings auch durch eine unterschiedliche Kundmachung zum Ausdruck kommen muss. Auslöser war eine Entscheidung des BVerwG v. 22.8.2000 (WPK-Mitt. 2001, 70 ff.). Die praktischen Auswirkungen u. Fallgestaltungen sind Vor §§ 43 ff. Rn. 18 ff. angesprochen, zu grds. Anm. zu der Entscheidung vgl. auch Einl. Rn. 138 ff.

27 Zu praktisch vergleichbaren Konsequenzen führt die Entscheidung des BGH v. 12.10.2004 (WPK-Mag. 1/2005, 48 m. Anm.). Der BGH hat mit dieser Entscheidung für die Tätigkeit eines WP als Insolvenzverwalter entschieden, dass das weitere Büro des Berufsangehörigen, in dem ausschließl. insolvenzverwaltende Tätigkeiten angeboten u. durchgeführt wurden, nicht den Restriktionen der WPO unterliegt, also damit wie eine zweite berufliche NL ohne WPO-Restriktionen betrieben werden kann (vgl. auch insoweit Vor §§ 43 ff. Rn. 14 u. Einl. Rn. 111 ff).

5. Angestellte Wirtschaftsprüfer

28 Unter „angestellter Wirtschaftsprüfer" sind **alle unselbstständigen Berufsausübungsformen** gem. § 43a Abs. 1 zu verstehen. Als angestellte WP gelten auch die gesetzl. Vertreter v. WPG u. WP mit Prokura. Dies gilt unabhängig davon, ob ein Anstellungsvertrag abgeschlossen wurde. **Berufliche NL eines ausschließl. unselbstständigen WP** ist die NL der WPG, des Arbeitgeber-WP o. der ZN, in der er tätig ist (BT-Drs. 12/5685, 1). Das Wort „Niederlassung" muss umfassend verstanden werden; hierunter fallen also auch ZN.

29 Insbesondere angestellte WP, die in WPG mit internationalen Verbindungen tätig sind, werden vorübergehend zu ausländischen Prüfungsgesellschaften entsandt (sog. **Expatriates**). Durch die Entsendung wird das Anstellungsverhältnis nicht berührt; denn im Regelfall wird ein **ruhendes Anstellungsverhältnis** vereinbart. Das bedeutet, dass das Anstellungsverhältnis als solches fortbesteht. Es ruhen ledigl. die beiderseitigen Hauptpflichten, also die Arbeitspflicht des Arbeitnehmers u. die Vergütungspflicht des Arbeitgebers. Auswirkungen auf die berufliche NL hat dieser Umstand also nicht.

Sofern für die Zeit des Auslandsaufenthaltes das Anstellungsverhältnis beendet wird u. der WP **bei einer ausländischen Prüfungsgesellschaft ein Anstellungsverhältnis begründet**, darf er dies nur unter den Voraussetzungen des § 43a Abs. 2. Er muss dann zumindest in eigener Praxis tätig sein u. damit auch eine berufliche NL unterhalten. Es steht ihm frei, diese im Ausland o. im Geltungsbereich der WPO zu begründen. Letzteres wird sich anbieten, wenn die Mitarbeit bei Angehörigen ausländischer Prüferberufe im grenznahen Ausland erfolgt (siehe auch WPK, WPK-Mitt. 1997, 303). 30

Nimmt der angestellte WP an einer **Wehrübung** teil, ruht das Anstellungsverhältnis ebenfalls (§ 1 Abs. 1 ArbPlSchG); auch dies hat also keine Auswirkungen auf die berufliche NL. Gleiches ist bei Inanspruchnahme v. **Elternzeit** (früher „Erziehungsurlaub") und v. **Pflegezeit** der Fall. Das BEEG u. das Pflegezeitgesetz ordnen das Ruhen anders als etwa § 1 Abs. 1 ArbPlSchG zwar nicht ausdr. an, setzen aber das Ruhen voraus. Bei der beruflichen NL bleibt es also. Bei Vereinbarung von **Altersteilzeit** besteht ein Anstellungsverhältnis in der Freistellungsphase unter den Voraussetzungen des § 7 SGB IV fort. 31

Für den Fall, dass ein WP **bei mehreren WP/WPG angestellt** ist u. der Ort der überwiegenden Berufsausübung nicht eindeutig zu klären ist, enthält die WPO keine Regelung über die Zuordnung der beruflichen NL. Sachgerecht wird alsdann diejenige Arbeitsstätte als berufliche NL anzunehmen sein, bei der das **erste Anstellungsverhältnis** begründet wurde. Bei gleichzeitiger Aufnahme einer unselbstständigen Tätigkeit bei mehreren WPG an verschiedenen Orten (z.B. im Verbund) muss eine **Eigenerklärung** des WP für die Zuordnung der beruflichen NL akzeptiert werden. 32

6. Arbeitslose Wirtschaftsprüfer

Für einen aus einem Anstellungsverhältnis ausgeschiedenen u. arbeitsuchenden WP gilt die Fiktion des § 3 Abs. 1 Satz 3 nicht mehr. Er muss wegen der **Pflicht**, immer eine **berufliche NL** zu unterhalten, nahtlos eine neue berufliche NL begründen. Entweder gelingt ihm der lückenlose Anschluss eines neuen Anstellungsverhältnisses o. er muss ebenfalls lückenlos eine berufliche NL als selbstständiger WP unterhalten u. hierzu eine BHV abschließen. 33

Die Entscheidung des BVerfG 28.3.2002, NJW 2002, 3163 ff. zum arbeitslosen StB ist für WP nicht einschlägig. Das Gericht verneint die Pflicht eines arbeitslos gewordenen StB zur Aufnahme einer selbstständigen Tätigkeit u. damit zum Abschluss einer Berufshaftpflichtversicherung wegen Fehlens einer gesetzlichen Grundlage. Gemäß § 34 Abs. 1 StBerG in der seinerzeitigen Fassung mussten StB „lediglich" eine berufliche NL begründen, aber nicht dauerhaft unterhalten. Daher führte die Aufgabe einer beruflichen NL auch nicht zum Widerruf der Bestellung; § 46 Abs. 2 Nr. 6 StBerG enthielt keine entsprechende Regelung. Eine Anpassung an die WPO ist im 8. ÄndG des StBerG vorgenommen worden. 34

III. Niederlassung der Wirtschaftsprüfungsgesellschaft (Abs. 2)

35 Die **Haupt-NL** einer WPG entspricht der beruflichen NL eines WP; die Haupt-NL befindet sich **am Sitz der Gesellschaft**. Absatz 2 ist allg. gehalten, weil sich der Sitz einer Gesellschaft nach dem jeweils geltenden **Gesellschaftsrecht** richtet. Sitz der Gesellschaft ist der Ort, den der **Gesellschaftsvertrag** bestimmt (§ 4a GmbHG, § 5 AktG, § 3 Abs. 2 Nr. 1 PartGG). Für OHG u. KG muss mit der Anmeldung zum HR der Sitz angegeben werden (§§ 106 Abs. 2 Nr. 2, 161 Abs. 2 HGB). Mit Inkrafttreten des Gesetzes zur Modernisierung des GmbH-Rechts und zur Bekämpfung von Missbräuchen (MoMiG) am 1.11.2008 ist zwar § 4a Abs. 2 GmbHG – ebenso § 5 Abs. 2 AktG - gestrichen worden. Die Vorschrift bestimmte, dass Satzungssitz und Verwaltungssitz einer GmbH übereinstimmen mussten. Gesellschaftsrechtlich können diese nunmehr auseinanderfallen. Berufsrechtlich hat die Gesetzesänderung aber keine Auswirkung auf die Auslegung des § 3 Abs. 2. Gemäß § 28 Abs. 1 Satz 4 muss mindestens ein WP-Geschäftsführer seine berufliche NL am Sitz der Gesellschaft haben. Da die Vorschrift keine unterschiedliche Betrachtung nach Satzungssitz und Verwaltungssitz eröffnet und die WPO als spezialgesetzliche Regelung gegenüber allgemeinem Gesellschaftsrecht nicht nachrangig ist, bleibt der **Satzungssitz** der **Sitz** einer WPG. Würde zusätzlich dennoch ein so bezeichneter Verwaltungssitz begründet, wäre er berufsrechtlich als ZN einzuordnen.

36 Sofern eine WPG ihren **Sitz verlegt**, muss hierfür der Gesellschaftsvertrag geändert werden. Änderungen des Gesellschaftsvertrages sind zum HR anzumelden (§ 54 Abs. 1 GmbHG). Die Änderungen entfalten erst dann rechtliche Wirkung, wenn sie im **HR des (neuen) Sitzes** der Gesellschaft eingetragen sind (§§ 54 Abs. 3 GmbHG, 181 Abs. 1, 3 AktG). Zur Publizität des HR i.Ü. s. § 15 HGB. Die Änderung des Sitzes einer WPG kann demzufolge erst dann gem. § 38 Nr. 2c im BR eingetragen werden, wenn die Sitzverlegung im HR des neuen Sitzes eingetragen ist. Anders verhält es sich bei WPG in der Rechtsform der **oHG, KG** o. **Partnerschaft**. Hier ist die Verlegung des Sitzes ein tats. Vorgang, so dass die HR/PR-Eintragung lediglich deklaratorische Wirkung hat. Demzufolge kann die Bekanntgabe der Sitzverlegung zum **Zeitpunkt des Vollzuges** im BR erfasst werden.

37 Regelmäßig gehen **mit der Sitzverlegung einer WPG die Veränderungen der beruflichen NL ausschließl. dort angestellter WP** einher. Davon unberührt besteht grds. die Pflicht eines jeden angestellten WP – auch der gesetzl. Vertreter –, gem. §§ 38 Nr. 1c), 40 Abs. 2 die Veränderung der beruflichen NL zum BR anzuzeigen. Aus Gründen der Praktikabilität reicht es aus, wenn die WPG diese Veränderung zugl. auch im Namen ihrer angestellten WP anzeigt.

38 **Unabhängig v. der Rechtswirksamkeit der Sitzverlegung** insb. v. WPG in der Rechtsform der GmbH o. AG wird es keinen berufsrechtlichen Bedenken beggnen, nach außen bereits unter der neuen Anschrift aufzutreten, wenn alle organisatorischen Maßnahmen umgesetzt u. die Voraussetzungen für eine im Zweifel dann auch zeitnahe Eintragung in das HR vorliegen.

IV. Zweigniederlassungen (Abs. 3)

Zur **Regelungssystematik des Rechts der ZN** vgl. zunächst Rn. 4. Die wesentlichen Voraussetzungen zur Errichtung einer ZN folgen aus § 3; aus § 47 folgt allein die Regelung der ZN-Leitung. **39**

1. Wirtschaftsprüfer

Selbstständige WP dürfen ZN begründen. Die **Anzahl ist nicht begrenzt**. Allerdings muss der Praxisinhaber sicherstellen, dass in den ZN den Berufspflichten der Eigenverantwortlichkeit u. Gewissenhaftigkeit nachgekommen wird; zum anderen steht er in der Pflicht, jede ZN gem. § 47 mit einem anderen WP zu besetzen. Zweigniederlassungen können sowohl in derselben politischen Gemeinde als auch an einem anderen beliebigen Ort errichtet werden, also auch im Ausland. Zum **Leitungserfordernis** s. § 47 Rn. 3 **40**

a) Begriff

Gemäß § 19 Abs. 1 BS WP/vBP begründet jede organisatorisch selbstständige Einheit das Bestehen einer NL o. ZN. Das Bestehen einer organisatorisch selbstständigen Einheit wird durch entspr. Kundmachung verwirklicht. Soweit ein WP neben seiner beruflichen NL eine **weitere Anschrift kundmacht**, löst dies das **Bestehen einer ZN** aus. Kundmachung bedeutet u.a. das Anbringen eines Praxisschildes, Angabe auf Geschäftspapieren, in Verzeichnissen o. im Internet (vgl. auch Rn. 5, 12). Die Kundmachung einer weiteren Anschrift muss nicht mit einer Kennzeichnung als ZN versehen werden, was aber zur Klarstellung für die Verkehrskreise sinnvoll ist. Es genügt also allein die Kundmachung einer weiteren Anschrift. Abgesehen davon ist der WP nicht gezwungen, eine ZN kundzumachen (Für RA'e BGH 16.5.2012, AnwBl. 2013, 69). Er kann sich auch darauf beschränken, zum BR eine ZN anzumelden u. mitzuteilen, welcher WP diese leitet. **41**

b) Weitere Arbeitsräume

Von der ZN sind sog. **ausgelagerte Arbeitsräume** abzugrenzen. Als Arbeitsräume i.d.S. sind solche Räumlichkeiten anzusehen, die nach außen hin **nicht den Eindruck des Bestehens einer ZN** erwecken (KG 4.7.2001, WPK-Mitt. 2001, 321). Arbeitsräume werden regelmäßig zum Zweck der **Archivierung** v. Akten angemietet. Kapazitätsgründe lassen es auch notwendig werden, einzelne Abteilungen einer Praxis, über die keine originäre Mandatsbetreuung stattfindet, auszulagern. Sie sind nicht kundmachungsfähig (Thüringer OLG 4.2.2004, DStRE 2004, 542 f.); anderenfalls muss grds. v. einer eigenen Organisationseinheit ausgegangen werden. **42**

Die BS WP/vBP lässt nach § 19 Abs. 1 BS WP/vBP i.d.F. v. 11.3.2002 eine solche Ausnahme zu, da **Bezugspunkt** für die Begr. einer NL **nicht** mehr die **kundgemachte berufliche Anschrift**, sondern die **organisatorisch selbstständige Einheit** ist, in der der Beruf ausgeübt wird. Die ursprüngliche Regelung ist allerdings insofern übernommen worden, als für den Regelfall davon ausgegangen wird, dass sich an jeder kundgemachten beruflichen Anschrift eine derartige organisatorisch selbstständige Einheit befindet (§ 19 Abs. 1 Satz 2 BS WP/vBP; für die weitere Beratungsstelle eines StB Thüringer OLG, a.a.O.). **43**

44 Die Voraussetzungen, unter denen bei Kundmachung mehrerer beruflicher Anschriften v. einer organisatorisch selbstständigen Einheit u. damit nur einer NL o. ZN ausgegangen werden kann, sind in § 19 Abs. 1 Satz 3 BS WP/vBP geregelt. Hiernach müssen die Anschriften in einem **engen örtlichen Zusammenhang** stehen u. die unter den Anschriften angebotenen Dienstleistungen unter **einheitlicher Leitung** erbracht werden. Der örtliche Zusammenhang verlangt nicht zwingend, dass sich die kundgemachten beruflichen Anschriften innerhalb einer politischen Gemeinde befinden müssen. Als organisatorische Einheit dürfte eine räumliche Entfernung v. bis zu 30 km v. der eigenen Praxis noch angenommen werden können. Bei günstiger Verkehrsanbindung könnte als Anhaltspunkt auch eine zeitliche Erreichbarkeit innerhalb v. 30 Minuten genommen werden.

45 Gemäß § 19 Abs. 1 Satz 4 BS WP/vBP ist die Kundmachung mehrerer beruflicher Anschriften für eine organisatorisch selbstständige Einheit darüber hinaus nur zulässig, soweit dies für den **Publikumsverkehr erforderlich** ist. Daher dürfen etwa Archive o. sonstige ausgelagerte Büros, die dem Publikumsverkehr nicht zugänglich sind, nicht kundgemacht werden. Die Kundmachung beruflicher Anschriften soll dem Publikum den Zugang zum Berufsangehörigen ermöglichen, nicht hingegen über die Größe einer Kanzlei informieren o. eine nicht vorhandene Größe vortäuschen (Knorr/Schnepel, WPK-Mitt. 2002, 2 ff.).

46 Um den Eindruck des Bestehens einer ZN zu vermeiden, muss die Kundmachung einer solchen Organisationseinheit entspr. gestaltet werden. **Hinreichende Klarheit** wird hier dadurch geschaffen, dass die weitere kundgemachte Anschrift auf dem Geschäftsbriefbogen der Praxis z.B. als „weiteres Büro" kundgemacht wird. Auf dem Geschäftsbriefbogen des Büros ist klarzustellen, dass es sich dort um ein weiteres Büro handelt u. wo sich die berufliche NL befindet. Dies sollte auch auf dem Praxisschild des auswärtigen Büros erkennbar gemacht werden.

c) Trennung der Berufe

47 Gemäß der Entscheidung des BVerwG v. 22.8.2000 (WPK-Mitt. 2001, 70 ff.) ist der **WP**, der **gleichzeitig** als **StB u./o.** RA bestellt/zugelassen ist, **nicht verpflichtet**, als WP eine **ZN** zu errichten u. mit einem anderen WP als Leiter zu besetzen, wenn er in dem anderen Ort ausschließl. **steuerberatende Leistungen** erbringt u./o. **anwaltliche Tätigkeiten** verrichtet u. dort auf die **Kundmachung als WP verzichtet**. Da die Entscheidung Auswirkungen auch auf das Niederlassungsrecht des Selbstständigen (Stichwort: zweite berufliche NL, vgl. Rn. 14) u. auf andere Berufsausübungsformen (Stichwort: Anstellung nur als StB entgegen § 43a Abs. 1 bei einem anderen StB) hat, ist sie zu den einzelnen Fallgestaltungen Vor §§ 43 ff. Rn. 18 ff. u. im Grundsätzlichen im Rahmen der Einl. Rn. 131 ff. angesprochen.

48 Vergleichbare Möglichkeiten für einen Nur-WP eröffnet BGH 12.10.2004 (WPK-Mag. 1/2005, 48 f.). In dem entschiedenen Fall hatte der WP neben seiner beruflichen NL als WP an anderen Orten **Büros als Insolvenzverwalter** eröffnet u. trat dort allein als Insolvenzverwalter auf. Der BGH verneint hier das Bestehen einer ZN als WP. Da die Entscheidung Auswirkungen auch auf das Niederlassungsrecht des Selbstständigen (Stichwort: zweite berufliche NL, vgl. Rn. 14) u. auf andere Berufsausübungsformen (Stichwort: Anstellung nur als StB entgegen § 43a Abs. 1 bei einem anderen StB) hat, ist sie zu den einzelnen Fallgestaltungen Vor §§ 43 ff. Rn. 18 ff. u. im Grundsätzlichen im Rahmen der Einl. Rn. 111 ff. angesprochen.

2. Wirtschaftsprüfungsgesellschaften

Für WPG gelten für die Errichtung v. ZN grds. dieselben Rechte u. Pflichten wie für WP. Eine **Besonderheit** ergibt sich für WPG bei der **Firmierung** v. **ZN**. Bis 10.3.2002 durften WPG für eine ZN keine abweichende Firmierung verwenden. Dieses Verbot ist aufgegeben worden. Es gelten die allg. firmenrechtlichen Grundsätze zur Firmierung v. ZN, deren Hauptaussagen in einen Beschluss des BayObLG 19.3.1992, BB 1992, 944 f. zusammengefasst sind; danach dürfen mehrere ZN desselben Unternehmens unterschiedliche Firmen führen, sofern dem Grundsatz der Firmenwahrheit dadurch Rechnung getragen wird, dass entw. für die Firma der Haupt- u. Zweigniederlassung ein einheitlicher Firmenkern besteht, der durch Zusätze ergänzt werden kann, o. bei einem selbstständigen Firmenkern in der Firma der ZN durch einen entsprechenden Zusatz die Zugehörigkeit zur HN klargestellt wird. Wird somit für die ZN einer Berufsgesellschaft ein abweichender Firmenkern gewählt, ist die Eigenschaft als ZN etwa durch den Zusatz „Zweigniederlassung der X-WPG" kenntlich zu machen. 49

Die Errichtung von ZN unter erleichterten Bedingungen auf der Grundlage des Instituts **„Trennung der Berufe"** muss auch Berufsgesellschaften möglich sein (vgl. für den WP Rn. 47, 48). Wirtschaftsprüfungsgesellschaften können aber nicht einfach den Firmenbestandteil „Wirtschaftsprüfungsgesellschaft" streichen, wie sich dies das BVerwG beim WP mit der Unterdrückung der Berufsbezeichnung vorstellt. Eine Gesellschaft muss vielmehr **stets mit der Firma auftreten**, mit der sie **im HR eingetragen** ist (BayObLG 6.2.1992, WPK-Mitt. 1992, 92). Auch die Berufsgesetze verpflichten Berufsgesellschaften, den Bestandteil „Wirtschaftsprüfungsgesellschaft" (§ 31), „Steuerberatungsgesellschaft" (§ 53 StBerG) u./o. „Rechtsanwaltsgesellschaft" (§ 59k BRAO) in der Firma zu führen. Die Gesellschaften müssen daher durch eine zusätzl. Kundmachung wie z.B. „Nur Steuerberatung" (Knorr/Schnepel, a.a.O., 7) im Rahmen der Kundmachung der ZN deutlich machen, dass hier keine Vorbehaltsaufgaben einer WPG angeboten werden. Es könnte auch die Möglichkeit einer abweichenden Firmierung genutzt werden (vgl. Rn. 49), z.B. Y-Stbg, ZN der X-GmbH WPG/StBG. Auch hier gilt, dass Gesellschaften mit alleiniger Anerkennung als WPG diese Spaltungsmöglichkeit nicht haben. 50

§ 4 Wirtschaftsprüferkammer

(1) ¹Zur Erfüllung der beruflichen Selbstverwaltungsaufgaben wird eine Kammer der Wirtschaftsprüfer gebildet; diese wird bei der Prüfung und der Eignungsprüfung, der Bestellung, der Anerkennung, dem Widerruf und der Registrierung, der Berufsaufsicht und der Qualitätskontrolle sowie bei dem Erlass von Berufsausübungsregelungen (§ 57 Abs. 3, § 57c) in mittelbarer Staatsverwaltung tätig. ²Sie führt die Bezeichnung „Wirtschaftsprüferkammer".

(2) ¹Die Wirtschaftsprüferkammer ist eine Körperschaft des öffentlichen Rechts. ²Ihr Sitz bestimmt sich nach ihrer Satzung.
(3) Die Wirtschaftsprüferkammer kann Landesgeschäftsstellen errichten.

Schrifttum: *Kluth*, Rechnungslegung, Rechnungsprüfung und Rechnungshofkontrolle der Kammern, WiVerw 2006, 227; *Kluth*, Das Selbstverwaltungsrecht der Kammern und sein verfassungsrechtlicher Schutz, DÖV 2005, 368; *Kluth*, IHK-Pflichtmitgliedschaft weiterhin mit dem Grundgesetz vereinbar, NVwZ 2002, 298; *Leisner*, Die gesetzlichen Aufgaben der Industrie- und Handelskammern. Neue Entwicklungen zum Beteiligungsrecht an Infrastrukturgesellschaften, BayVBl. 2001, 601; *Schöbener*, Verfassungsrechtliche Aspekte der Pflichtmitgliedschaft in wirtschafts- und berufsständischen Kammern, VerwArch 91 (2000), 374; *Kluth*, Zukunftsperspektiven der Selbstverwaltung in der Wirtschaftsprüferkammer, WPK-Mitt. 1997, 266.

Inhaltsübersicht

	Rn.
I. Allgemeines	1–5
1. Sinn und Zweck des § 4	1
2. Historische Diskussion um die Verkammerung des Berufsstandes.	2–5
II. Berufliche Selbstverwaltung	6–19
1. Grundsatz der beruflichen Selbstverwaltung (Abs. 1 Satz 1 Hs. 1)	6–11
2. Die Teilbereiche der mittelbaren Staatsverwaltung (Abs. 1 Satz 1 Hs. 2)	12–16
3. Die Modifikation des Prinzips Selbstverwaltung durch die APAK (§ 66a)	17–19
III. Wirtschaftsprüferkammer	20–31
1. Errichtung (Abs. 1 Satz 1 Hs. 1)	21–24
2. Bezeichnung (Abs. 1 Satz 2)	25
3. Rechtsform (Abs. 2 Satz 1)	26–27
4. Sitz (Abs. 2 Satz 2)	28
5. Landesgeschäftsstellen (Abs. 3)	29–31

I. Allgemeines

1. Sinn und Zweck des § 4

1 Die Vorschrift enthält die gesetzgeberische Grundentscheidung für die **Selbstverwaltung des Berufsstandes der WP** auf **öffentlich-rechtlicher Grundlage** durch eine **Kammer mit gesetzlicher Pflichtmitgliedschaft** (WPK). Eine Regelung dieses Umfangs war mit dem damaligen § 4 bereits in der **WPO 1961** enthalten; sie stellt damit eine der **Konstanten der gesetzlichen Regulierung des WP-Berufs** dar. Der durch die 6. WPO-Novelle 2005 eingefügte Abs. 1 Satz 1 Hs. 2 stellt ergänzend klar, dass die WPK bei der Erfüllung der dort aufgezählten, in besonderem

Maße gemeinwohlbezogenen Aufgaben in **mittelbarer Staatsverwaltung** tätig wird (Rn. 12 ff.).

2. Historische Diskussion um die Verkammerung des Berufsstandes
Nachdem in der Begr. zum Regierungsentwurf der WPO 1961 die **Verkammerung des Berufsstandes als geboten bezeichnet wurde**, um insb. die Aufgabe der BA effektiv erfüllen zu können (vgl. BT-Drs. 3/201, 35), hielt der Bundesrat dies in seiner nachfolgenden Entschließung für **verfassungspolitisch problematisch**, da eine solche „ständische Ordnung" als „nur schwerlich mit der i.Ü. angestrebten freiheitlichen Staats- u. Wirtschaftsordnung vereinbar" sei (BT-Drs. 3/201, 80). Ein diese Bedenken aufgreifender Änderungsvorschlag erfolgte gleichwohl nicht.

In ihrer sich anschließenden Stellungnahme betonte die Bundesregierung, die Befürchtungen des Bundesrates seien unbegründet, da u.a. für die wirtschaftsprüfenden Berufe seit längerer Zeit Berufskammern existierten, die **Verkammerung durch die WPO 1961 also nicht neu geschaffen werde**. Im Übrigen machten die WP gesetzlich zugewiesenen Aufgaben eine BA unabdingbar. Sei eine solche erforderlich, könne ihre Durchführung durch eine Körperschaft der beruflichen Selbstverwaltung auch **keine unzumutbare Einengung der Freiheit der persönlichen Betätigung** darstellen (BT-Drs. 3/201, 85).

Der Wirtschaftsausschuss des Bundestages schloss sich der Auffassung der Bundesregierung mit der Begr. an, die Art der fachlich schwierigen Berufstätigkeit verlange eine **praxisnahe strenge Aufsicht** durch eine **Einrichtung, die mit der Berufsmaterie vertraut ist** u. gleichzeitig **Zugriff auf alle Berufsangehörige** habe. Diese Einrichtung habe gleichzeitig der **Wahrung des fachlichen Ansehens des Berufes** wie auch der **Weiterentwicklung qualifizierter Berufsarbeit** zu dienen. Die genannten Voraussetzungen aber lägen bei einer Berufsorganisation in höherem Maße vor als bei einer staatlichen Behörde, die der praktischen Berufsarbeit ferner stehe (Bericht des Abg. Lange, Essen, zu BT-Drs. 3/2565, 4).

Die Verkammerung wurde daraufhin Gesetz, ohne dass die Thematik Gegenstand des Verfahrens vor dem Vermittlungsausschuss geworden wäre (zum Gesetzgebungsverfahren insgesamt Gerhard, WPO 1961, 3 ff.).

II. Berufliche Selbstverwaltung

1. Grundsatz der beruflichen Selbstverwaltung (Abs. 1 Satz 1 Hs. 1)
Gemäß § 4 Abs. 1 Satz 1 Hs. 1 ist Zweck der Bildung der WPK die **Erfüllung der beruflichen Selbstverwaltungsaufgaben** (vgl. hierzu den Aufgabenkatalog des § 57). Diese wurden v. Gesetzgeber in einem Akt **kollektiver demokratischer Legitimation** (Kluth, Funktionale Selbstverwaltung, 376 ff.) auf den Berufsstand der WP übertragen. Das hierdurch begründete Selbstverwaltungsrecht eröffnet WP die **sachunmittelbare Mitwirkung an der Erfüllung der sie betr. öffentl. Aufgaben**, womit zugleich der prägende Wesenszug der beruflichen Selbstverwaltung im Allg. benannt ist.

7 Ein weiteres wesentliches Merkmal der Selbstverwaltung auch im Regelungsbereich der WPO ist der Umstand, dass das Handeln der WPK grds. nur der **Rechtsaufsicht** durch die zuständige Behörde, hier das BMWi, unterliegt (§ 66; zu der mit der Einführung der APAK durch die 6. WPO-Novelle 2005 verbundenen bereichsspezifischen Modifikation dieses Prinzips vgl. noch Rn. 17 ff.).

8 Die Aufgabenübertragung auf die WPK als Selbstverwaltungskörperschaft führt nicht nur zu einer **Entlastung der staatlichen Behörden**, sondern bewirkt darüber hinaus eine **effektive Aufgabenerfüllung** aufgrund der im Berufsstand vorhandenen besonderen Sachnähe u. Erfahrung. Hinzu kommt eine **gesteigerte Akzeptanz** v. Seiten der Mitglieder, welche aufgrund der – für KöR zwingend vorgegebenen – **demokratischen Binnenstruktur** der WPK u. den damit verbundenen mitgliedschaftlichen Partizipationsrechten entscheidungsnäher positioniert sind als bei einem Tätigwerden staatlicher Behörden auf den entsprechenden Sachgebieten.

9 Stammaufgabe der WPK wie auch anderer Berufskammern ist es, die **beruflichen Belange der Gesamtheit ihrer Mitglieder zu wahren** u. die **Erfüllung der beruflichen Pflichten zu überwachen** (vgl. die in § 57 Abs. 1 Hs. 2 enthaltene Generalklausel). Insofern erscheint es folgerichtig u. für die Effizienz der Aufgabenerfüllung auch geboten, dass der Gesetzgeber die Mitgliedschaft in der WPK dem einzelnen Berufsangehörigen nicht freigestellt, sondern als **gesetzlich vorgeschriebene Pflichtmitgliedschaft** (§ 58) ausgestaltet hat.

10 Das BVerfG hat die Pflichtmitgliedschaft in den Kammern als mit Art. 2 Abs. 1 GG vereinbar erklärt; es sei verfassungsrechtlich nicht zu beanstanden, wenn der Gesetzgeber diese aufgrund der **effizienten u. sachnahen Erfüllung** legitimer öffentlicher Aufgaben (zum Begriff BVerfGE 10, 89, 102; 15, 235, 241; 38, 281, 299; BVerfG 17.12.2001, NVwZ 2002, 335, 336) durch die Kammern weiterhin für erforderlich hält (BVerfGE 15, 235; 38, 281; BVerfG, NVwZ 2002, 335). In der zuletzt genannten Entscheidung betont das Gericht zudem die besondere „**freiheitssichernde und legitimatorische Funktion**" der Pflichtmitgliedschaft in den Kammern, die das Prinzip einer auf der **demokratischen Teilhabe des einzelnen Mitglieds** beruhenden, v. **relativer Staatsferne** geprägten **Betroffenen-Selbstverwaltung** verwirkliche (BVerfG, NVwZ 2002, 335, 337).

11 Die Pflichtmitgliedschaft geht mit einem im Mitgliedschaftsverhältnis wurzelnden Anspruch des einzelnen Kammermitglieds auf **Einhaltung des gesetzlich normierten Aufgabenspektrums** durch die WPK einher. Überschreitet die Kammer ihren Aufgabenkreis, kann das Mitglied sie vor dem Verwaltungsgericht auf Unterlassung in Anspruch nehmen. Dieser v. der Verwaltungsgerichtsbarkeit entwickelte (BVerwGE 107, 169, 175 m.w.N.; kritisch zur dogmatischen Konstruktion Leisner, BayVBl. 2001, 601, 615) **Schutzanspruch des Kammermitglieds** flankiert die öffentlich-rechtliche Staatsaufsicht u. stellt einen Kontrollmechanismus zur Verfügung, der unter Rechtsschutzgesichtspunkten dem privaten Verbandsmodell überlegen ist.

2. Die Teilbereiche der mittelbaren Staatsverwaltung (Abs. 1 Satz 1 Hs. 2)

Ergänzend zu der in § 4 Abs. 1 Satz 1 Hs. 1 enthaltenen Grundentscheidung des Gesetzgebers für eine berufsgetragene Selbstverwaltung wird in § 4 Abs. 1 Satz 1 Hs. 2 hervorgehoben, dass die WPK bei der Prüfung und der Eignungsprüfung, der Bestellung, der Anerkennung, dem Widerruf u. der Registrierung, der BA u. der QK sowie bei dem Erlass v. Berufsausübungsregelungen in der BS (§ 57 Abs. 3) u. der SaQK (§ 57c) in **mittelbarer Staatsverwaltung** tätig wird. Es werden somit Teilbereiche der beruflichen Selbstverwaltung unter dem (organisationsrechtlichen) Begriff der mittelbaren Staatsverwaltung zusammengefasst, ohne dass klar wird, welche **konkreten Rechtsfolgen** hiermit verbunden sein sollen. 12

Solche Rechtsfolgen lassen sich zunächst nicht daraus ableiten, dass mit der 6. WPO-Novelle 2005 gleichzeitig **andere Bestimmungen zum Verhältnis v. Staat u. WPK geändert worden wären.** Insbesondere haben sich **Art u. Umfang der Rechtsaufsicht** durch Behörden der unmittelbaren Staatsverwaltung (§ 66) nicht geändert. 13

Dementsprechend kann aus der Regelung **nicht geschlussfolgert werden**, dass der in § 4 Abs. 1 Satz 1 Hs. 1 aufgestellte **Grundsatz einer Aufgabenerfüllung im Wege beruflicher Selbstverwaltung** in den genannten Bereichen **außer Kraft gesetzt würde**. Wie aus der Regierungsbegr. zur 6. WPO-Novelle 2005 (BT-Drs. 15/3983, 12) hervorgeht, will das Gesetz durch die entsprechende Hervorhebung der mittelbaren Staatsverwaltung lediglich. verdeutlichen, dass die Erfüllung der genannten Kammeraufgaben **in besonderem Maße im öffentl. Interesse liegt** u. daher **objektiv an den Belangen des Gemeinwohls** auszurichten ist. 14

Im Übrigen vermag eine alternative Stellung beider Hs. des § 4 Abs. 1 Satz 1 auch aus der Sicht des **Verwaltungsorganisationsrechts** nicht einzuleuchten. Der unscharfe u. in Bedeutung u. Reichweite durchaus umstrittene Begriff der mittelbaren Staatsverwaltung (zu den verschiedenen Auffassungen Kluth, in: Wolff/Bachof/ Stober, Verwaltungsrecht, Band 2, § 86 Rn. 1 ff.) besagt nämlich zunächst nur, dass der Staat im engeren Sinne sich zur Erfüllung öffentl. Aufgaben anderer Träger als der der unmittelbaren Staatsverwaltung (= Ministerialverwaltung) bedient (Tettinger, Kammerrecht, 126). Es handelt sich daher um einen **organisationsrechtlichen Sammelbegriff**, der als solcher noch nichts über die Art u. Weise der Erfüllung der jeweils übertragenen öffentl. Aufgaben aussagt. Der Gesetzgeber kann deshalb, wie im Falle der berufsständischen Kammern, die entsprechenden Aufgaben auch zur Erfüllung im Wege der beruflichen Selbstverwaltung auf die jeweiligen Personal-KöR übertragen, ohne dass hierdurch die organisationsrechtliche Klassifizierung der Erfüllung dieser Aufgaben „in mittelbarer Staatsverwaltung" entfiele. Auch aus dogmatischer Sicht ist daher ein **kumulatives**, nicht aber ein alternatives Verständnis beider Kategorien angezeigt. 15

Auch die **rechtsvergleichende Perspektive** lässt keine weiteren Schlussfolgerungen zu, da in **keinem der anderen Berufsrechte** – nicht einmal in dem der **Notare** – eine die jeweiligen Berufskammern betreffende vergleichbare Regelung 16 enthalten ist. Ausgehend v. der insgesamt wenig ergiebigen Gesetzesgeschichte (vgl. zur Beschlussempfehlung des Wirtschaftsausschusses noch BT-Drs. 15/4410, 6) ist daher i. Erg. davon auszugehen, dass auch nach dem Willen des Gesetzgebers lediglich eine **Klarstellung zum besonderen öffentl. Interesse an der Aufgabenerfüllung** (Rn. 14), **nicht aber eine gezielte Rechtsänderung** herbeigeführt werden sollte.

3. Die Modifikation des Prinzips Selbstverwaltung durch die APAK (§ 66a)

17 Gegen ein kumulatives Verständnis der Kategorien „berufliche Selbstverwaltung" u. „mittelbare Staatsverwaltung" spricht auch nicht, dass die APAK gem. § 66a Abs. 1 Satz 1 *„eine öffentliche fachbezogene Aufsicht über die WPK führt, soweit diese Aufgaben nach § 4 Abs. 1 Satz 1 erfüllt, die gegenüber Berufsangehörigen und Gesellschaften wahrzunehmen sind, die zur Durchführung gesetzlich vorgeschriebener Abschlussprüfungen befugt sind oder solche ohne diese Befugnis tatsächlich durchführen".*

18 Da die Befugnisse der APAK nicht als staatliche Fachaufsicht im engeren Sinne, sondern vielmehr als **Sonderform einer öffentl., berufsstandsunabhängigen Aufsicht** ausgestaltet sind, wird durch sie das Prinzip Selbstverwaltung in den genannten Aufgabenbereichen **nicht aufgehoben**, sondern durch Hinzunahme eines seinerseits nur staatlicher Rechtsaufsicht unterliegenden (vgl. § 66) **berufsstandsunabhängigen Aufsichtsgremiums modifiziert**. Diese „Modifikation" der Selbstverwaltung ergibt sich jedoch nicht bereits aus § 4 Abs. 1 Satz 1 Hs. 2 (hier wird lediglich der Begriff „mittelbare Staatsverwaltung" eingeführt), sondern erst aus der **Vorschrift des § 66a**.

19 Im Ergebnis kann daher – bezogen auf die Zuständigkeit der APAK – v. einer **bereichsspezifisch modifizierten Selbstverwaltung** gesprochen werden, wobei „bereichsspezifisch" hier in zweifacher Hinsicht einschränkend zu verstehen ist: Zwar deckt der Zuständigkeitsbereich der APAK alle Aufgabenbereiche der WPK i.S.d. § 4 Abs. 1 Satz 1 Hs. 2 ab, dies aber nur insoweit, als die dort genannten Aufgaben ggü. Berufsangehörigen u. Gesellschaften wahrzunehmen sind, die zur Durchführung von gesetzlichen Pflichtprüfungen befugt sind o. diese ohne Befugnis tats. durchführen (§ 66a Abs. 1 Satz 1).

III. Wirtschaftsprüferkammer

20 Den **organisatorischen bzw. institutionellen Rahmen der beruflichen Selbstverwaltung** im Bereich des Berufsstandes der WP bildet die **WPK als (Personal-) KöR**.

1. Errichtung (Abs. 1 Satz 1 Hs. 1)

21 Die WPK ist aufgrund der gesetzlichen Anordnung in § 4 Abs. 1 Satz 1 Hs. 1 mit **Inkrafttreten der WPO 1961** am 1.11.1961 errichtet worden. Eines darüber hinausgehenden besonderen Gründungsaktes bedurfte es nicht.

22 Eine vergleichbare **Vorgängerorganisation** auf Bundesebene existierte nicht; die Regelungssituation in den Ländern war vor Inkrafttreten der WPO sehr unterschied-

lich. In den Ländern NRW, Niedersachsen, Schleswig-Holstein u. Hamburg waren nach dem Krieg **Landeskammern für das wirtschaftliche Prüfungs- u. Treuhandwesen** als KöR mit einer Hauptkammer als länderübergreifende Spitzenorganisation errichtet worden. In den ehemaligen Ländern Baden sowie Württemberg-Hohenzollern waren die Angehörigen der prüfenden Berufe in **Kammern der Wirtschafts- u. Steuersachverständigen**, ebenfalls KöR, zusammengeschlossen. In Bayern, dem ehemaligen Württemberg-Baden, Hessen, Bremen u. Rheinland-Pfalz gab es keine derartigen, auf der Basis einer gesetzlichen Pflichtmitgliedschaft gebildeten Körperschaften. Im Vergleich insb. mit den RA, deren gleichmäßige Verkammerung bereits mit Erlass der RAO im Jahre 1879 erfolgte, verfügen die prüfenden Berufe daher über eine insgesamt noch **relativ junge berufliche Selbstverwaltung** (Gerhard, WPO 1961, 15 f., 24).

Im Unterschied zu BRAO u. StBerG hat der Gesetzgeber für den Regelungsbereich der WPO ein **zentralistisches Einheitsmodell** gewählt, wonach für das gesamte Bundesgebiet eine einzige Kammer, die WPK, gebildet wird. Ursache hierfür war die „**Notwendigkeit einheitlicher Richtlinien für die Berufsausübung**" sowie die zum Zeitpunkt des Inkrafttretens der WPO 1961 im Vergleich zu RA u. StB **relativ geringe Zahl der Berufsangehörigen** (in BT-Drs. 3/201, 35 ist v. etwa 1.300 WP im Bundesgebiet die Rede [über die Anzahl der vBP, die gem. § 128 Abs. 3 Satz 1 ebenfalls Pflichtmitglieder der WPK sind, wird keine Aussage getroffen; laut Gerhard [WPO 1961, 25] waren im Jahre 1961 etwa 1.580 WP u. etwa 1.150 vBP öffentl. bestellt]). 23

Die v. Gesetzgeber gewählte zentralistische Lösung hat zur Folge, dass der WPK neben den **mitgliederbezogenen „operativen" Aufgaben**, welche nach BRAO u. StBerG den Regionalkammern zugewiesen sind, auch die **besonderen Aufgaben der dort gebildeten Bundeskammern** (BRAK u. BStBK) für den Bereich der WPO obliegen (zu den Aufgaben im Einzelnen s. § 57). Um die erforderliche regionale Präsenz der WPK zu gewährleisten, kann die Kammer nach § 4 Abs. 3 allerdings (rechtlich unselbstständige) **LGS** errichten; v. dieser Möglichkeit hat sie Gebrauch gemacht (Rn. 29 ff.). 24

2. Bezeichnung (Abs. 1 Satz 2)
Obwohl der WPK nicht lediglich. WP u. WPG als Mitglieder angehören, vielmehr insb. auch vBP/BPG gem. § 128 Abs. 3 Satz 1 Pflichtmitglieder der Kammer sind (Rn. 23; zum Kreis der Mitglieder insgesamt §§ 58, 128 Abs. 3), führt diese nach § 4 Abs. 1 Satz 2 die **einheitliche Bezeichnung** „Wirtschaftsprüferkammer". Eine Diskriminierung des Berufsstands der vBP ist mit der Verwendung dieser „Sammelbezeichnung" nicht verbunden (VG Düsseldorf 5.4.1991, WPK-Mitt. 1991, 139, 140). 25

3. Rechtsform (Abs. 2 Satz 1)
Wie § 4 Abs. 2 Satz 1 zeigt, ist der WPK v. Gesetzgeber der **Status einer KöR** verliehen worden. Dies bewirkt ihre organisationsrechtliche Verselbstständigung als mitgliedschaftlich strukturierte Personalkörperschaft (jur. Person des öffentl. 26

Rechts) u. führt dazu, dass sie in den ihr gesetzlich zugewiesenen Aufgabenbereichen grds. hoheitlich tätig wird. Der Status als KöR hat darüber hinaus zur Folge, dass die WPK als Teil der öffentl. Gewalt den Bindungen der Art. 1 Abs. 3, 20 Abs. 3 GG unterliegt u. damit durch unmittelbare verfassungsrechtliche Regelung **an Recht u. Gesetz**, insb. an die **Grundrechte**, gebunden ist. Dieser Umstand dürfte auch gemeint sein, wenn v. der Gemeinwohlbindung der berufsständischen Kammern im Allg. u. der WPK im Speziellen die Rede ist.

27 Eine weitere Folge der in § 4 Abs. 2 Satz 1 enthaltenen Organisationsentscheidung des Gesetzgebers ist, dass die WPK als Bestandteil der mittelbaren Staatsverwaltung **staatlicher Aufsicht** unterliegt. Diese ist mit Blick auf die Eigenschaft der Kammer als Körperschaft beruflicher Selbstverwaltung als **Rechtsaufsicht** ausgestaltet worden (§ 66). Soweit der APAK weitergehende **(Fach-)Aufsichtsrechte** zukommen, sind diese nicht als Staatsaufsicht im engeren Sinne, sondern als **Sonderform einer öffentl., berufsstandsunabhängigen Aufsicht** einzuordnen, welche die i.Ü. eigenverantwortlich durch den Berufsstand wahrzunehmende Selbstverwaltung durch die Hinzunahme eines extraprofessionellen Elements bereichsweise modifiziert (Rn. 17 ff.).

4. Sitz (Abs. 2 Satz 2)

28 § 4 Abs. 2 Satz 2 überlässt die **Bestimmung des Sitzes** der Kammer der **Satzung der WPK**. In Ausfüllung dieser Vorschrift regelt § 1 Abs. 1 Satz 1 Satzung WPK, dass die WPK ihren Sitz in **Berlin** hat. Bis zum Jahr 1996 war Düsseldorf der satzungsmäßige Sitz der Kammer.

5. Landesgeschäftsstellen (Abs. 3)

29 Die in § 4 Abs. 3 enthaltene Ermächtigung, wonach die WPK **LGS** errichten kann, wird v. § 9 Abs. 3 der Satzung der WPK aufgegriffen. Nach dieser Vorschrift unterhält die WPK LGS, welche die Aufgabe haben, die Landespräsidenten (zu deren Stellung, Aufgaben u. Amtszeit vgl. § 9 Abs. 1 u. 2 Satzung WPK) u. die gem. § 1 Abs. 1 Satz 2 Satzung WPK a.O. des Sitzes, also in Berlin errichtete HGS in der Durchführung der ihnen obliegenden Aufgaben zu unterstützen.

30 Die Entscheidung über die Errichtung v. LGS trifft gem. §§ 7 Abs. 1 Nr. 16, 9 Abs. 3 Satz 2 Hs. 1 Satzung WPK der **Beirat**; dieser hat im Rahmen seiner Entscheidung die Vorgaben des § 9 Abs. 3 Satz 2 Hs. 2 Satzung WPK zu berücksichtigen, wonach eine den Aufgaben angemessene **regionale Vertretung** der WPK gewährleistet sein muss. Praktische Relevanz hat dies insb. für die organisatorische Abwicklung der schriftlichen u. mündlichen Prüfungen im Rahmen des WP-Examens sowie der Bestellungen zum WP.

31 Die LGS sind **rechtlich unselbstständige** organisatorische Untergliederungen der WPK. Derzeit unterhält die WPK sechs LGS mit Sitz in Berlin (zuständig für Berlin, Brandenburg, Sachsen u. Sachsen-Anhalt), Düsseldorf (zuständig für NRW), Frankfurt (zuständig für Hessen, Rheinland-Pfalz, Saarland u. Thüringen), Hamburg (zuständig für Bremen, Hamburg, Mecklenburg-Vorpommern, Niedersachsen

u. Schleswig-Holstein), München (zuständig für Bayern) u. Stuttgart (zuständig für Baden-Württemberg).

§ 4a Verfahren über eine einheitliche Stelle

Die Verwaltungsverfahren in öffentlich-rechtlichen und berufsrechtlichen Angelegenheiten, die in diesem Gesetz oder in einer auf Grund dieses Gesetzes erlassenen Rechtsverordnung geregelt werden, können über eine einheitliche Stelle nach den Vorschriften des Verwaltungsverfahrensgesetzes abgewickelt werden.

Schrifttum: *Mann*, Randnotizen zur Umsetzung der Dienstleistungsrichtlinie im Gewerberecht, GewArch 2010, 93; *Luch/Schulz*, Die Gesetzgebung der Bundesländer zur Einrichtung Einheitlicher Ansprechpartner nach Art. 6 DLR, GewArch 2010, 225; *Schmitz/Prell*, Verfahren über eine einheitliche Stelle – Das Vierte Gesetz zur Änderung verwaltungsverfahrensrechtlicher Vorschriften, NVwZ 2009, 1.

Artikel 6 EU-Dienstleistungs-RiLi, die bis zum 28.12.2009 umzusetzen war, sieht die Schaffung v. sog. **„Einheitlichen Ansprechpartnern"** (EAP) vor, an die sich alle in der EU ansässigen Dienstleister richten können, die in einem anderen EU-Mitgliedsstaat ihre Dienstleistungen erbringen wollen. Über den EAP sollen sämtliche für die Aufnahme u. Ausübung der Dienstleistung notwendigen Verfahren u. Formalitäten abgewickelt werden können (sog. „one-stop-shop" o. „one-stop-government"). Die originären Aufgaben der zuständigen Stellen bleiben davon unberührt, d.h. diese erlassen weiterhin die notwendigen VA. 1

Die **Umsetzung in Deutschland** erfolgte in zwei Stufen: Zunächst wurden die allg. verwaltungsverfahrensrechtlichen Grundsätze über die Zusammenarbeit zwischen EAP u. zuständiger Stelle durch das am 18.12.2008 in Kraft getretene 4. Gesetz zur Änderung verwaltungsverfahrensrechtlicher Vorschriften (4. VwVfÄndG, BGBl. I 2008, 2418) geregelt. Der deutsche Gesetzgeber verwendet für den EAP im nationalen Recht den Begriff **„einheitliche Stelle"**. Die Abwicklung v. Verfahren über den EAP muss durch eine Rechtsvorschrift ausdr. angeordnet sein (§ 71a Abs. 1 Satz 1 VwVfG). Diese Anordnung erfolgte in einer zweiten Stufe durch die Novelle diverser Fachgesetze, insb. auch der Einfügung von § 4a durch das zum 28.12.2009 in Kraft getretene Gesetz zur Umsetzung der Dienstleistungsrichtlinie im Gewerberecht u. in weiteren Rechtsvorschriften (BGBl. I 2009, 2091). 2

Der EAP steht auch **inländischen Dienstleistern** zur Verfügung. § 4a erfasst nach seinem Wortlaut Verwaltungsverfahren in öffentlich-rechtlichen u. berufsrechtlichen Angelegenheiten, die in der WPO selbst o. in einer aufgrund der WPO erlassenen Rechtsverordnung geregelt werden. Unproblematisch erfasst ist damit auch die Zulassung zum WP-Examen gemäß WiPrPrüfV. Nach dem Wortlaut nicht erfasst sind hingegen Verfahren, die im Satzungsrecht geregelt sind. Diese betreffen aber nicht die Zulassung zu einer Dienstleistung als solche, sondern ledigl. Informationspflichten gegenüber der WPK im Rahmen der konkreten Abwicklung einer Dienstleistung (z.B. bei Erteilung eines Auftrages zur Durchführung einer QK, § 9 3

SaQK). Ebenfalls nach dem Wortlaut nicht erfasst sind in anderen Gesetzen geregelte Verfahren (z.B. Antrag auf Ausnahmegenehmigung bei Überschreiten der Umsatzgrenzen, § 319 Abs. 3 Satz 1 Nr. 5 HGB) u. Informationspflichten an die WPK (z.B. Kündigung des Prüfungsauftrages bei gesetzlichen AP, § 318 Abs. 8 HGB). Es ist v. einem Redaktionsversehen des Gesetzgebers auszugehen. § 4a ist jedoch bereits nach der Gesetzesbegr. selbst v. **geringer Praxisrelevanz**, so dass dies i. Erg. dahinstehen kann. Der Gesetzgeber ging ersichtlich davon aus, dass der weit überwiegende Teil der Dienstleistungserbringer sich weiterhin unmittelbar an die WPK wendet (vgl. BR-Drs. 284/09, 35). Dies ist nicht zuletzt i.S. der Verfahrensbeschleunigung unbedingt zu empfehlen (WPK, WPK-Mag. 3/2009, 39).

4 Die **Verfahrensabwicklung durch den EAP** (inklusive des **Zusammenwirkens zwischen EAP u. zuständiger Stelle**) ist in §§ 71a – 71e VwVfG geregelt, soweit keine abweichenden Bestimmungen in den Fachgesetzen existieren. Eine Genehmigungsfiktion greift nur ein, soweit dies ausdr. bestimmt ist (§ 42a Abs. 1 VwVfG). In der WPO ist dies jedoch nicht der Fall.

5 Die **Verortung des EAP** regeln aufgrund allg. verfassungsrechtlicher Kompetenzzuweisung (Art. 70 Abs. 1 GG) die **Bundesländer in eigener Verantwortung**. Das BMWi hat es für die WPK aufgrund ihrer Verfasstheit als originär zuständige Bundeskammer (im Gegensatz zu der als Dachverband für die Regionalkammern fungierenden BStBK o. BRAK) nicht als sinnvoll angesehen, dass diese selber EAP wird. Mit BMWi-Rundschreiben v. 25.8.2008 an den zuständigen Bund-Länder-Ausschuss Dienstleistungswirtschaft u. die damalige Bund-Länder-AG zur Umsetzung der EU-Dienstleistungs-RiLi wurde auf die Sonderstellung der WPK als Bundeskammer hingewiesen u. die Bundesländer aufgefordert, in der praktischen Umsetzung dafür Sorge zu tragen, dass der im Rahmen ihrer jeweiligen Verortungsentscheidungen zuständige EAP Anfragen v. Dienstleistern, die im Bereich der Wirtschaftsprüfung tätig werden wollen, an die WPK als zuständige Stelle weiterleitet. Damit sollte eine bundeseinheitliche Lösung sichergestellt werden. In der Verwaltungspraxis der WPK hat der EAP bislang aber keine nennenswerte Rolle gespielt.

6 Die Bundesländer haben **unterschiedliche Varianten** für die Verortung des EAP gewählt. Für die regionalen RAK u. StBK besteht die Möglichkeit, dass diese als EAP tätig werden (§§ 76 Abs. 7 StBerG, 73a BRAO). Analog § 4a können zudem auch die Verfahren v. StBK u. RAK über den EAP abgewickelt werden (§§ 164a StBerG, 32 Abs. 1 BRAO). In einigen Bundesländern fungieren die freiberuflichen u. gewerblichen Regionalkammern als EAP (sog. Allkammermodell, z.B. Hamburg), z.T. ist der EAP aber auch als eigenständige Einrichtung organisiert (z.B. Brandenburg, Schleswig Holstein) o. bei Kommunal- u. Mittelbehörden verankert (z.B. Baden-Württemberg, Sachsen). Für eine aktuelle Übersicht s. http://www.dienstleisten-leicht-gemacht.de/ DLR/Navigation/ laenderinformationen.html.

§ 4b Frist für den Erlass von Verwaltungsakten

¹Über Anträge auf Erteilung eines Verwaltungsaktes durch die Wirtschaftsprüferkammer ist innerhalb einer Frist von drei Monaten zu entscheiden, soweit keine kürzere Frist vorgesehen ist; § 42a Absatz 2 Satz 2 bis 4 des Verwaltungsverfahrensgesetzes gilt entsprechend. ²In den Fällen des § 16a und des § 20a beginnt die Frist erst mit der Vorlage des ärztlichen Gutachtens.

Schrifttum: *Eisenmenger*, Moderne Verwaltung – Modernes Verfahren, GewArch 2012, 192; *Hofmann*, Die Bescheinigung der Fiktion, DVP 2012, 428; *Cancik*, Fingierte Rechtsdurchsetzung?, DÖV 2011, 1; *Gas*, Tücken des neuen Genehmigungsverfahrensrechts, Jura 2011, 781; *Kluth*, Die Genehmigungsfiktion des § 42a VwVfG – Verfahrensrechtliche und prozessuale Probleme, JuS 2011, 1078; *Weidemann/Barthel*, Die Genehmigungsfiktion und das 4. VwVfÄndG, JA 2011, 221; *Eisenmenger*, Das Öffentliche Wirtschaftsrecht im Umbruch - Drei Jahre Dienstleistungsrichtlinie in Deutschland, NVwZ 2010, 337; *Guckelberger*, Die Rechtsfigur der Genehmigungsfiktion, DÖV 2010, 109; *Uechtritz*, Die allgemeine verwaltungsverfahrensrechtliche Genehmigungsfiktion des § 42a VwVfG, DVBl 2010, 684; *Bernhardt*, Fingierte Genehmigungen nach der Dienstleistungsrichtlinie – Möglichkeiten der Regelung und Einschränkung, GewArch 2009, 100; *Biermann*, Verfahrens- und Entscheidungsfristen, NordÖR 2009, 377; *Jäde*, Die verwaltungsverfahrensrechtliche Genehmigungsfiktion, UPR 2009, 169; *Ziekow*, Die Umsetzung der Dienstleistungsrichtlinie im Verwaltungsverfahrensrecht, WiVerw 2008, 176

Inhaltsübersicht

	Rn.
I. Allgemeines	1
II. Dreimonatsfrist	2–7
III. Keine Genehmigungsfiktion	8–9
IV. Rechtsfolgen der Fristversäumnis	10
V. Sonstiges	11

I. Allgemeines

Auch wenn das Verhältnis v. Dienstleistungs-, Berufsqualifikations- u. AP-RiLi der EU bislang ungeklärt ist, wurde § 4b vorsorglich zur Umsetzung insb. v. Art. 13 der Richtlinie 2006/123/EG des Europäischen Parlaments u. des Rates v. 12.12.2006 über Dienstleistungen im Binnenmarkt (ABl. L 376, 36) durch Art. 18 des Gesetzes zur Umsetzung der Dienstleistungsrichtlinie in der Justiz u. zur Änderung weiterer Vorschriften v. 22.12.2010 (BGBl. I, 2248) mit Wirkung v. 28.12.2010 in die WPO aufgenommen (BT-Drs. 17/1464, 26). Die Regelung soll einen zügigen Ablauf v. Verwaltungsverfahren der WPK sicherstellen u. so einen Beitrag zur Reduzierung bürokratischer Hemmnisse zugunsten der WP leisten (BT-Drs. 17/1464, 26).

II. Dreimonatsfrist

2 Satz 1 bestimmt zunächst drei Monate als Frist für die Entscheidung über Anträge auf Erlass eines Verwaltungsaktes. Dadurch wird Art. 13 Abs. 3 Satz 1 der Dienstleistungsrichtlinie umgesetzt, der bestimmt, dass Genehmigungsverfahren sicherstellen müssen, dass Anträge unverzüglich u. in jedem Fall binnen einer vorab festgelegten u. bekannt gemachten angemessenen Frist bearbeitet werden. Mit der Dreimonatsfrist orientiert sich der Gesetzgeber an der Regelfrist des § 42a Abs. 2 Satz 1 VwVfG. Die Dreimonatsfrist ist nach dem Wortlaut des Gesetzes („zu entscheiden") eine **Entscheidungsfrist** (vgl. BT-Drs. 16/10493, 16 – Begr. zu § 42a VwVfG), d.h. dass die Entscheidung innerhalb von drei Monaten zu treffen ist, während die **Bekanntgabe der Entscheidung** auch noch nach Ablauf der Frist erfolgen kann.

3 Durch den Vorbehalt in Satz 1 bleibt eine durch spezielles Verfahrensrecht vorgesehene **kürzere Frist** für Entscheidungen der WPK von der generellen Regelung des § 4b unberührt. Zu berücksichtigen sind dabei **sowohl gesetzl. als auch satzungsrechtl. Fristbestimmungen**. Exemplarisch nimmt die Gesetzesbegr. ausdr. auf § 57a Abs. 6 Satz 3 WPO, aber auch auf § 11 Abs. 1 Satz 1 der SaQK Bezug (BT-Drs. 17/1464, 27). Der Vorbehalt erstreckt sich auch auf zukünftige gesetzl. o. satzungsrechtl. Bestimmungen v. Entscheidungsfristen (BT-Drs. 17/1464, 27).

4 Der Verweis auf § 42a Abs. 2 Satz 2 VwVfG setzt Art. 13 Abs. 3 Satz 2 EU-Dienstleistungs-RiLi um. Danach beginnt die dreimonatige Entscheidungsfrist nach Satz 1 erst, wenn alle Unterlagen vollständig eingereicht wurden. Gemeint ist damit der Antrag nebst allen zur Begr. des Antrages erforderlichen Unterlagen. Für den **Fristbeginn** ist dabei nach einem objektiven Maßstab auf die üblicherweise erforderlichen Unterlagen abzustellen, wie sie sich etwa aus einem Merkblatt o. einer Checkliste der WPK ergeben. Sind die Unterlagen wegen der Besonderheiten des Einzelfalls nicht ausreichend, muss die WPK hierauf ausdr. hinweisen u. ggf. nach Satz 1, 2. Hs., § 42a Abs. 2 Satz 3 v. ihrem Recht auf Fristverlängerung Gebrauch macht.

5 Ist fraglich, ob einem Antrag auf Bestellung die fehlende gesundheitliche Eignung des Bewerbers entgegensteht (§ 16 Abs. 1 Nr. 5), beginnt die Frist nach Satz 2 erst mit der **Vorlage des ärztlichen Gutachtens** nach § 16a. Dabei handelt es sich ausweislich der Gesetzesbegr. um eine nur klarstellende Regelung (BT-Drs. 17/1464, 27). Gleiches ordnet Satz 2 auch für den Fall an, dass die WPK den Widerruf der Bestellung aus gesundheitlichen Gründen prüft, obwohl es sich dabei strenggenommen nicht um ein Antragsverfahren i.S. des § 4b handelt, da ein Widerruf v. Amts wegen erfolgt u. die Mitteilungspflichten nach § 20 Abs. 3 keinen Antrag darstellen.

6 Der Verweis auf § 42a Abs. 2 Satz 3 VwVfG setzt Art. 13 Abs. 3 Satz 3 EU-Dienstleistungs-RiLi um. Danach kann die zuständige Behörde die **Frist** einmal für eine begrenzte Dauer **verlängern**, wenn dies durch die Komplexität der Angelegenheit gerechtfertigt ist. Die „Komplexität der Angelegenheit" hat der deutsche Gesetzgeber, durch „Schwierigkeiten der Angelegenheit" umgesetzt, ohne dass damit eine

inhaltliche Veränderung bezweckt wurde. Ob eine Angelegenheit etwa wegen ihrer Komplexität besonders schwierig ist, bedarf der Klärung im Einzelfall. Dieser ist dabei an regelmäßigen Fallgestaltungen zu messen. Die Dauer der Verlängerung liegt im Ermessen der WPK, die sich dabei an dem durch die besonderen Schwierigkeiten der Angelegenheit ausgelösten tats. Mehraufwand orientieren muss. Verlängerungen aus anderem Grund sind ebenso unzulässig wie Pauschalverlängerungen. Die Entscheidung über die Verlängerung ist kein Verwaltungsakt (Kopp/ Ramsauer VwVfG § 42a Rn. 28) u. nach § 44a VwGO nur gemeinsam mit der Sachentscheidung gerichtlich überprüfbar.

Der Verweis auf § 42a Abs. 2 Satz 4 VwVfG setzt Art. 13 Abs. 3 Satz 4 EU-Dienstleistungs-RiLi um. Danach sind die Fristverlängerung u. deren Ende ausreichend zu begründen u. dem Antragsteller vor Ablauf der ursprünglichen Frist mitzuteilen. Die Begr. muss auf die konkreten Gründe der Verlängerung, mithin auf die besonderen Schwierigkeiten der Angelegenheit eingehen u. den dadurch ausgelösten Mehraufwand für die Bearbeitung der Angelegenheit darlegen. 7

III. Keine Genehmigungsfiktion

Abweichend v. Art. 13 Abs. 4 Satz 1 EU-Dienstleistungs-RiLi u. dessen Umsetzung in § 42a Abs. 1 Satz 1 VwVfG ordnet § 4b **keine Genehmigungsfunktion** an. Der beantragte Verwaltungsakt gilt folglich nicht kraft Gesetzes als erteilt, wenn die WPK dem Antrag innerhalb v. drei Monaten weder stattgegeben noch ihn zurückgewiesen hat. Nach Auffassung des Gesetzgebers sind die v. der WPK zu erlassenden Genehmigungen, wie z.b. die Bestellung zum WP, v. solcher Bedeutung für das Allgemeininteresse, dass eine Fiktion nicht angemessen wäre, da sie nicht hinnehmbare Risiken in sich bergen würde. Es muss vielmehr sichergestellt sein, dass die verantwortungsvollen Aufgaben eines WP, wie etwa die Abschlussprüfung v. gesamtwirtschaftlich bedeutenden Unternehmen, nur v. Personen vorgenommen werden, deren fachliche u. persönliche Eignung auch tats. geprüft worden ist (BT-Drs. 17/1464, 27). 8

Nach Art. 13 Abs. 4 Satz 2 EU-Dienstleistungs-RiLi kann der deutsche Gesetzgeber v. der Einführung einer **Genehmigungsfiktion** absehen, wenn dies durch einen zwingenden Grund des Allgemeininteresses, einschließl. eines berechtigten Interesses Dritter, gerechtfertigt ist. Hinsichtlich der v. Gesetzgeber angeführten Bestellung als Berufsangehöriger o. der Anerkennung als Berufsgesellschaft ist dies sicher unbestreitbar. Ob sich diese Argumentation aber auch auf den Antrag eines Berufsangehörigen auf eine Beitragsermäßigung o. einen Antrag auf Akteneinsicht im BA-Verfahren erstrecken lässt, ist fraglich. 9

IV. Rechtsfolgen der Fristversäumnis

Erteilt die WPK den beantragten Verwaltungsakt nicht innerhalb von drei Monaten nach Antragstellung, obwohl alle Voraussetzungen hierfür vorliegen, begründet § 4b keinen eigenen materiellen Anspruch auf Erteilung des beantragten Verwaltungsaktes. Zur Verfolgung seines ursprünglichen Anspruchs steht dem Antragstel- 10 ler nach Ablauf der Frist die **Untätigkeitsklage** nach § 75 VwGO zur Verfügung. Die Dreimonatsfrist konkretisiert aber die **Amtspflicht zur unverzüglichen Sachentscheidung**. Wird über einen nachgewiesenen Anspruch nicht innerhalb v. drei Monaten entschieden und der beantragte Verwaltungsakt nicht innerhalb einer angemessen Frist nach der Entscheidung bekanntgegeben (Rn. 2), kann dies im Einzelfall einen **Amtshaftungsanspruch** des Antragstellers gegen die WPK begründen.

V. Sonstiges

11 § 4b gilt nicht für Verfahren der APAK.

Zweiter Teil
Voraussetzungen für die Berufsausübung
Erster Abschnitt
Zulassung zur Prüfung

§ 5 Prüfungsstelle, Rechtsschutz

(1) Die Wirtschaftsprüferkammer richtet zur Erfüllung der ihr nach dem Zweiten und Neunten Teil dieses Gesetzes obliegenden Aufgaben für das Zulassungs- und staatliche Prüfungsverfahren eine „Prüfungsstelle für das Wirtschaftsprüfungsexamen bei der Wirtschaftsprüferkammer" (Prüfungsstelle) ein.

(2) ¹Die Prüfungsstelle ist eine selbstständige Verwaltungseinheit bei der Wirtschaftsprüferkammer. ²Die Prüfungsstelle wird von einer Person geleitet, welche die Befähigung zum Richteramt haben muss (Leitung der Prüfungsstelle). ³Die Prüfungsstelle ist bei der Erfüllung ihrer Aufgaben an Weisungen nicht gebunden.

(3) Die Prüfungsstelle kann bei der Durchführung ihrer Aufgaben die Landesgeschäftsstellen der Wirtschaftsprüferkammer einbeziehen.

(4) Die Prüfungsstelle unterstützt die Aufgabenkommission, die Prüfungskommission und die Widerspruchskommission.

(5) Über den Widerspruch gegen Bescheide, die im Rahmen des Zulassungs- und Prüfungsverfahrens erlassen worden sind, entscheidet die Widerspruchskommision.

Schrifttum: *Pfadt,* Die Aufgaben- und die Widerspruchskommission für das WP-Examen, WPK-Mag. 2/2006, 46; *Schmidt/Kaiser,* Die Fünfte WPO-Novelle – eine umfassende Reform in schwieriger Zeit, WPK-Mitt. 2003, 150; *Kaiser,* Veränderungen beim Berufszugang zum Wirtschaftsprüfer durch die 5. WPO-Novelle, DStR 2003, 995; *IDW/WPK-Arbeitskreis Reform des Wirtschaftsprüferexamens,* Überlegungen zur Reform des Wirtschaftsprüferexamens, WPg 2001, 1110; *Wahl,* Zusätzliche Aufgaben der Wirtschaftsprüferkammer ab dem 1.1.2002 – Bestellungen der WP/vBP und Anerkennungen der Berufsgesellschaften – Organisation des WP/vBP-Examens in Nordrhein-Westfalen, WPK-Mitt. 2001, 258; *Bahr/Richter,* Ist das Wirtschaftsprüfer-Examen noch zeitgemäß? – Alternativen und empirische Ergebnisse (II), WPK-Mitt. 2001, 6; *Bahr/Richter,* Ist das Wirtschaftsprüfer-Examen noch zeitgemäß? – Alternativen und empirische Ergebnisse (I), WPK-Mitt. 2000, 214.

Inhaltsübersicht

	Rn.
I. Allgemeines	1–4
II. Einrichtung einer Prüfungsstelle (Abs. 1)	5
III. Organisation, Leitung und Selbstständigkeit der Prüfungsstelle (Abs. 2)	6–8

1. Organisation (Abs. 2 Satz 1)	6
2. Leitung (Abs. 2 Satz 2)	7
3. Selbstständigkeit (Abs. 2 Satz 3)	8
IV. Verfahren (Abs. 3)	9–10
V. Aufgaben der Prüfungsstelle (Abs. 4)	11–15
1. Unterstützung der Aufgabenkommission, der Prüfungskommission und der Widerspruchskommission	11–14
2. Originäre Aufgaben der Prüfungsstelle	15
VI. Rechtsschutz (Abs. 5)	16–20

I. Allgemeines

1 Seit dem 1.1.2004 ist für die Durchführung des WP-Examens u. der Eignungsprüfung als WP **die WPK zuständig.** Die 5. WPO-Novelle 2004 hat die Zuständigkeit für die Durchführung der Berufsexamina v. den Ländern auf die WPK verlagert. Hierdurch ist „ein **bundesweit einheitliches** und somit **erstmalig vergleichbares Examen**" (BT-Drs. 15/1241, 26) geschaffen worden. Das WP-Examen ist eine **staatliche Prüfung.** Das wird insb. dadurch unterstrichen, dass vorsitzendes Mitglied der Prüfungs-, der Aufgaben- u. der Widerspruchskommission ein Vertreter einer obersten Landesbehörde ist.

2 Zuvor hatte die WPK aufgrund einer Vereinbarung mit dem Land **Nordrhein-Westfalen** mit Wirkung vom 1.1.2002 vom dortigen Wirtschaftsministerium die Aufgabe, das WP-Examen durchzuführen, übernommen.

3 Bis zum 31.12.2006 hat die WPK auch das **vBP-Examen** durchgeführt. Aufgrund der mit der 5. WPO-Novelle 2004 verfolgten Wiederherstellung der Einheitlichkeit des Prüferberufs wird die vBP-Prüfung seit 2007 nicht mehr durchgeführt (§ 139 Rn. 1-4).

4 Die WPK wird bei der Prüfung in **mittelbarer Staatsverwaltung** tätig (vgl. § 4 Rn. 12 ff.). Die ihr im Bereich des WP-Examens u. der Eignungsprüfung obliegenden Aufgaben nimmt die WPK unter der **Rechtsaufsicht des BMWi** wahr (vgl. § 66 Rn. 3). Ob u. ggf. in welchem Umfang die **APAK die Fachaufsicht** hat, ist umstritten. Zwar passt der Bezug in § 66a Abs. 1 auf § 4 Abs. 1 Satz 1, aber nicht die Einschränkung, dass Berufsangehörige u. Gesellschaften betroffen sein müssen, die zur Durchführung gesetzlicher AP befugt sind o. solche ohne diese Befugnis tats. durchführen. Von praktischer Relevanz war diese Frage bisher nicht (vgl. auch § 66a Rn. 40 f.).

II. Einrichtung einer Prüfungsstelle (Abs. 1)

5 Zur Erfüllung der ihr im Bereich des WP-Examens u. der Eignungsprüfung obliegenden Aufgaben hat die WPK die **Prüfungsstelle für das WP-Examen bei der WPK** (Prüfungsstelle) eingerichtet. Es obliegt der WPK, die Prüfungsstelle zu unterhalten (vgl. § 57 Rn. 77 f.).

III. Organisation, Leitung und Selbstständigkeit der Prüfungsstelle (Abs. 2)

1. Organisation (Abs. 2 Satz 1)

Die Prüfungsstelle ist eine **selbstständige Verwaltungseinheit** bei der WPK. Hierdurch wird die Unabhängigkeit der Prüfungsstelle unterstrichen. Die Prüfungsstelle ist eine **Behörde** i.S. des VwVfG; sie ist zu öffentlich-rechtlichem, außenwirksamen Handeln (Rn. 15) in eigenem Namen befugt (zur Behördeneigenschaft der WPK § 59 Rn. 2). 6

2. Leitung (Abs. 2 Satz 2)

Die Leitung der Prüfungsstelle obliegt einem **Verwaltungsleiter**. Dieser muss als Volljurist über die Befähigung zum Richteramt verfügen. 7

3. Selbstständigkeit (Abs. 2 Satz 3)

Die Unabhängigkeit der Prüfungsstelle wird weiterhin dadurch unterstrichen, dass sie bei der Erfüllung ihrer Aufgaben **nicht an Weisungen gebunden** ist. Sie bzw. ihr Leiter sind bei allen wesentlichen zu treffenden Entscheidungen rechtlich gebunden. An Weisungen der WPK u. ihrer Organe ist sie hingegen nicht gebunden (BT-Drs. 15/1241, 29). 8

IV. Verfahren (Abs. 3)

Die Prüfungsstelle kann sich bei der Durchführung ihrer Aufgaben der **LGS der WPK bedienen**. Dies geschieht in der Form, dass die LGS für die Prüfungsstelle die Zulassungsverfahren durchführen u. die schriftlichen u. mündlichen Prüfungen organisieren u. an ihrem jeweiligen Sitz durchführen. 9

Hierbei handeln die **LGS als „Prüfungsstelle bei der WPK"** u. nicht als „Teil der WPK". Die LGS sind insoweit nicht Weisungen der WPK u. ihrer Organe unterworfen, sondern nur durch Weisungen der Organe der Prüfungsstelle gebunden. Sie verfügen insoweit auch über keine eigenen Kompetenzen. 10

V. Aufgaben der Prüfungsstelle (Abs. 4)

1. Unterstützung der Aufgabenkommission, der Prüfungskommission und der Widerspruchskommission

Die **Prüfungsstelle unterstützt** die Aufgabenkommission, die Prüfungskommission u. die Widerspruchskommission. 11

Die **Aufgabenkommission** gemäß § 8 WiPrPrüfV bestimmt die Prüfungsaufgaben in der schriftlichen Prüfung u. entscheidet über die zuzulassenden Hilfsmittel. Sie trifft ihre Entscheidungen mit Zweidrittelmehrheit. Ihr gehören ein Vertreter einer obersten Landesbehörde als vorsitzendes Mitglied, die Leitung der Prüfungsstelle, ein Vertreter der Wirtschaft, ein Mitglied mit Befähigung zum Richteramt, das auch WP sein kann, zwei Hochschullehrer der Betriebswirtschaftslehre, zwei WP u. ein Vertreter der Finanzverwaltung an. 12

Vor der **Prüfungskommission** (vgl. § 12) wird die WP-Prüfung abgelegt. Ihre Mitglieder bewerten die Aufsichtsarbeiten u. nehmen die mündlichen Prüfungen ab. 13

14 Die **Widerspruchskommission** gemäß § 9 WiPrPrüfV entscheidet über den Widerspruch gegen Bescheide, die im Rahmen des Zulassungs- u. Prüfungsverfahrens erlassen worden sind (hierzu Rn. 16 ff.). Sie ist personenidentisch mit der Aufgabenkommission (vgl. Rn. 12) besetzt.

2. Originäre Aufgaben der Prüfungsstelle

15 Die **Prüfungsstelle** entscheidet in den folgenden Punkten in **eigener Zuständigkeit**:

- Erteilung einer verbindlichen Auskunft gemäß § 6
- Zulassung zum WP-Examen u. zur Eignungsprüfung als WP
- Anrechnung v. Leistungen auf das WP-Examen gemäß § 6 Abs. 1 u. § 9 Abs. 1 WPAnrV
- Erteilung einer Bestätigung gemäß § 8 Abs. 1 WPAnrV
- Rücknahme u. Widerruf der Zulassung
- Bestimmung der Prüfer für die schriftlichen u. mündlichen Prüfungen gemäß § 2 Abs. 5 WiPrPrüfV u. § 26 Abs. 2 i.V.m. § 2 Abs. 5 WiPrPrüfV
- Bestimmung der Themen für den Kurzvortrag in der mündlichen Prüfung auf Vorschlag eines Mitglieds der Prüfungskommission gemäß § 2 Abs. 5 WiPrPrüfV
- Entscheidung über die entschuldigte Nichtteilnahme an der Prüfung gemäß § 21 Abs. 2 Satz 3 WiPrPrüfV u. § 32 Satz 3 i.V.m. § 21 Abs. 2 Satz 3 WiPrPrüfV
- Entscheidung über den Ausschluss von der Prüfung bei sonstigen erheblichen Verstößen gegen die Ordnung gemäß § 24 Abs. 2 WiPrPrüfV u. § 34 Satz 3 i.V.m. § 24 Abs. 2 WiPrPrüfV
- Entscheidung über den Erlass v. Prüfungsleistungen im Rahmen der Eignungsprüfung als WP gemäß § 28 Abs. 2 u. 3 WiPrPrüfV

VI. Rechtsschutz (Abs. 5)

16 Alle Bescheide, die im Zulassungs- u. Prüfungsverfahren erlassen werden, können im **Widerspruchsverfahren gemäß §§ 68-73 VwGO** auf ihre Zweck- u. Rechtmäßigkeit überprüft werden.

17 Voraussetzung für die Einlegung eines Widerspruchs ist, dass es sich um eine **Einzelfallentscheidung mit Außenwirkung**, also einen VA gemäß § 35 VwVfG handelt.

18 **Verwaltungsakte** sind z.B. die Entscheidung der Prüfungsstelle, einen Bewerber nicht zum WP-Examen zuzulassen, die Entscheidung der Prüfungskommission, dass das WP-Examen nicht bestanden o. eine Ergänzungsprüfung abzulegen ist, o. die Entscheidung der Prüfungsstelle, ob ein Grund für die Nichtteilnahme an der schriftlichen o. mündlichen Prüfung gemäß § 21 Abs. 2 Satz 3 WiPrPrüfV als triftig anzusehen u. der Grund rechtzeitig nachgewiesen worden ist.

19 Über **Widersprüche** entscheidet die Widerspruchskommission (vgl. Rn. 14). Sie entscheidet gemäß § 9 Satz 2 Hs. 1 WiPrPrüfV mit Stimmenmehrheit. Bei Stim-

mengleichheit entscheidet gemäß § 9 Satz 2 Hs. 2 WiPrPrüfV die Stimme ihres vorsitzenden Mitglieds.

Gegen Widerspruchsentscheidungen ist der Verwaltungsgerichtsweg eröffnet. Behörden selbst sind nur an Verwaltungsstreitverfahren beteiligt, sofern Landesrecht dies bestimmt (§ 61 Nr. 3 VwGO), u. Anfechtungs- u. Verpflichtungsklagen können auch nur dann gegen eine Behörde gerichtet werden, wenn dies landesrechtlich vorgesehen ist (§ 78 Abs. 1 Satz 1 Nr. 2 VwGO). Für das Zulassungs- u. Prüfungsverfahren gilt Bundesrecht. Klagen sind daher gegen den Rechtsträger, die WPK, zu richten. 20

§ 6 Verbindliche Auskunft

Auf Antrag erteilt die Prüfungsstelle eine verbindliche Auskunft über die Erfüllung einzelner Voraussetzungen für die Zulassung zur Prüfung, für die Befreiung von Zulassungsvoraussetzungen und für die Anrechnung von Prüfungsleistungen.

Inhaltsübersicht

	Rn.
I. Allgemeines	1
II. Antrag	2–4
1. Antrag	2
2. Zuständige Stelle	3
3. Form des Antrags	4
III. Inhalt der verbindlichen Auskunft	5–9
1. Allgemeines	5
2. Tatbestände	6–9
a) Voraussetzungen für die Zulassung zur Prüfung	7
b) Befreiung von Zulassungsvoraussetzungen	8
c) Anrechnung von Prüfungsleistungen	9
IV. Wirkung der verbindlichen Auskunft	10–12

I. Allgemeines

Die Vorschrift ist § 38a StBerG nachgebildet. Potentielle Bewerber haben einen Anspruch, „**auf Antrag verbindliche Auskunft von der Prüfungsstelle über die Erfüllung einzelner Zulassungsvoraussetzungen**" zu erhalten (BT-Drs. 15/1241, 29). 1

II. Antrag

1. Antrag

Bevor ein Antrag auf Zulassung zur Prüfung gestellt wird (vgl. § 7), kann eine verbindliche Auskunft über die Erfüllung einzelner Voraussetzungen für die Zulassung zur Prüfung, für die Befreiung v. Zulassungsvoraussetzungen u. für die Anrechnung 2

v. Prüfungsleistungen erteilt werden. Die verbindliche Auskunft setzt einen **eigenen Antrag** voraus. Die Auskunft ist gebührenpflichtig; es wird eine **Gebühr** in Höhe von 50 Euro erhoben (vgl. § 14a Rn. 13 f.).

2. Zuständige Stelle

3 Die verbindliche Auskunft wird v. der **Prüfungsstelle** erteilt. Der Antrag ist an die **Prüfungsstelle** zu richten, ggf. über die HGS o. eine der **LGS der WPK**.

3. Form des Antrags

4 Die Vorschrift legt nicht fest, in welcher Form der Antrag auf Erteilung einer verbindlichen Auskunft zu stellen ist. Wegen der Wirkung der verbindlichen Auskunft (vgl. Rn. 10 ff.) ist der Antrag wie ein Antrag auf Zulassung zur Prüfung (vgl. § 7 Rn. 2) in **schriftlicher Form** unter **Beifügung der entscheidungserheblichen Unterlagen** zu stellen. Hierbei genügt die Vorlage einfacher Kopien nicht. Beizufügen sind die Unterlagen in **Urschrift** (im Original) o. in **beglaubigter Abschrift**.

III. Inhalt der verbindlichen Auskunft

1. Allgemeines

5 Mit der verbindlichen Auskunft wird festgestellt, ob für die Zulassung zur Prüfung, für die Befreiung v. Zulassungsvoraussetzungen u. für die Anrechnung v. Prüfungsleistungen **alle o. einzelne Voraussetzungen bereits erfüllt** sind. Die Beurteilung kann sich nicht auf Umstände beziehen, die erst in Zukunft verwirklicht werden. So kann festgestellt werden, ob ein abgeschlossenes Studium eine Hochschulausbildung gemäß § 8 ist; es kann hingegen durch eine verbindliche Auskunft nicht festgestellt werden, dass ein Studium, das der Antragsteller noch nicht abgeschlossen hat o. erst aufzunehmen beabsichtigt, diese Voraussetzung erfüllen wird.

2. Tatbestände

6 Die Vorschrift zählt die **Tatbestände abschließend** auf, für die eine verbindliche Auskunft beantragt werden kann. Eine verbindliche Auskunft kann daher nur für die in der Vorschrift genannten Tatbestände erteilt werden.

a) Voraussetzungen für die Zulassung zur Prüfung

7 Voraussetzungen für die Zulassung zur Prüfung sind die **Vorbildung gemäß § 8** u. die **Prüfungstätigkeit gemäß § 9**. Mit der verbindlichen Auskunft kann festgestellt werden, ob eine o. beide dieser Voraussetzungen erfüllt sind.

b) Befreiung von Zulassungsvoraussetzungen

8 Die WPO sieht ausdr. keine Befreiung v. Zulassungsvoraussetzungen vor. Allerdings kann der Nachweis der Tätigkeit wie auch der Prüfungstätigkeit nach § 9 Abs. 4 entfallen (vgl. § 9 Rn. 15 ff.). Auch kann nach § 9 Abs. 6 eine Zulassung zur Prüfung abweichend v. § 9 Abs. 1 erfolgen (vgl. § 9 Rn. 30 f.). Ob die Voraussetzung vorliegt, **ohne den Nachweis der nach § 9 Abs. 1 u. 2 erforderlichen Tätigkeit u. Prüfungstätigkeit o. ohne Nachweis der nach § 9 Abs. 1 erforderlichen praktischen Ausbildung** zur Prüfung zugelassen werden zu können, kann mit einer verbindlichen Auskunft festgestellt werden.

c) Anrechnung von Prüfungsleistungen

Die **Anrechnung v. Prüfungsleistungen regelt § 13b**. Ob die Voraussetzungen für die Anrechnung v. Prüfungsleistungen vorliegen, kann mit einer verbindlichen Auskunft festgestellt werden.

9

IV. Wirkung der verbindlichen Auskunft

Die Vorschrift regelt die Wirkung u. Geltung einer verbindlichen Auskunft nicht. Dennoch **bindet die verbindliche Auskunft die Prüfungsstelle** in Bezug auf die in der verbindlichen Auskunft getroffenen Feststellungen für ein späteres Zulassungsverfahren.

10

Die verbindliche Auskunft steht entsprechend § 38 Abs. 2 VwVfG unter dem **Vorbehalt einer unveränderten Rechtslage**. Ist eine Vorschrift, die Grundlage für die Erteilung einer verbindlichen Auskunft gewesen ist, zum Zeitpunkt der Entscheidung über einen Antrag auf Zulassung zur Prüfung geändert worden, ist über den Zulassungsantrag ungeachtet der verbindlichen Auskunft nach Maßgabe der zum Zeitpunkt der Entscheidung über den Zulassungsantrag geltenden Rechtslage zu entscheiden.

11

Wird festgestellt, dass die verbindliche Auskunft aufgrund **falscher Angaben des Antragstellers** erteilt worden ist, kann die Prüfungsstelle sie gemäß § 48 VwVfG zurücknehmen.

12

§ 7 Antrag auf Zulassung zur Prüfung

Der Antrag auf Zulassung zur Prüfung ist in schriftlicher Form an die Prüfungsstelle zu richten.

Inhaltsübersicht

		Rn.
I.	Allgemeines	1
II.	Antrag	2–7
	1. Schriftform	2
	2. Zuständige Stelle	3
	3. Antragsfrist	4–6
	4. Antragsunterlagen	7
III.	Zulassung zur Prüfung	8–11
IV.	Zulassungsgebühr	12–13

I. Allgemeines

Die Zulassung zur WP-Prüfung erfolgt auf Antrag. Das Zulassungsverfahren wird ohne Antragstellung nicht eröffnet. Der Antrag muss für einen bestimmten Prüfungstermin gestellt werden. Aus dem Antragsschreiben muss hervorgehen, auf welchen Prüfungstermin der Zulassungsantrag sich bezieht. Eine **Verschiebung** des Antrags auf einen späteren Prüfungstermin ist **nicht möglich**.

1

II. Antrag

1. Schriftform

2   Der Antrag auf Zulassung zur WP-Prüfung ist **schriftlich** zu stellen.

2. Zuständige Stelle

3   Der Antrag ist an die Prüfungsstelle zu richten, zweckmäßigerweise an die **LGS der WPK**, in deren Zuständigkeitsbereich der Bewerber wohnt. Fristen werden allerdings auch gewahrt, wenn der Antrag in der HGS der WPK o. in einer anderen LGS der WPK eingeht.

3. Antragsfrist

4   Der Zulassungsantrag ist **fristgebunden**. Die Prüfungsstelle setzt für jeden Prüfungstermin eine Antragsfrist fest, die rechtzeitig im Internet u. im WPK-Mag. bekannt gemacht wird.

5   In der Regel endet die **Antragsfrist** für die Prüfung, die im ersten Halbjahr durchgeführt wird, am 31.8. des Vorjahres u. die für die Prüfung im zweiten Halbjahr am 28. bzw. 29.2. desselben Jahres. Das gilt auch dann, wenn das Ende der Antragsfrist auf einen Samstag o. Sonntag fällt. Da es sich um eine Verwaltungsfrist handelt, findet § 193 BGB keine Anwendung. Die Frist verlängert sich nicht bis zum nächsten Werktag.

6   Entscheidend ist der fristgemäße **Eingang des Antrags**. Es reicht nicht aus, wenn der Antrag noch innerhalb der Antragsfrist abgeschickt wird, aber erst nach Fristende bei der Prüfungsstelle bzw. einer LGS der WPK eingeht. Das gilt auch für Anträge auf erneute Zulassung zur Prüfung, die Zulassung zur **Wiederholung der Prüfung**.

4. Antragsunterlagen

7   Welche Unterlagen u. Erklärungen **dem Antrag beizufügen** sind, regelt § 1 WiPrPrüfV. Wird ein **Antrag auf Zulassung zur Wiederholung** der Prüfung gestellt, gilt insoweit § 21 Abs. 2 WiPrPrüfV.

III. Zulassung zur Prüfung

8   Über die Zulassung zur Prüfung **entscheidet die Prüfungsstelle**. Die Entscheidung wird dem Bewerber mit einem Bescheid mitgeteilt.

9   Bis zur Entscheidung über den Zulassungsantrag kann der **Antrag zurückgenommen** werden.

10 Mit der Entscheidung über den Zulassungsantrag **endet das Zulassungsverfahren**. Im Fall der Zulassung zur WP-Prüfung beginnt das Prüfungsverfahren. Die Rücknahme des Zulassungsantrages ist dann nicht mehr möglich. Mit der Zulassung kommt ein **Prüfungsrechtsverhältnis** zustande, das den Bewerber zur Teilnahme an der Prüfung verpflichtet.

11 **Tritt ein Bewerber dann von der Prüfung zurück**, gilt die gesamte Prüfung nach § 21 Abs. 1 Satz 1 WiPrPrüfV als nicht bestanden. Der Prüfungsversuch ist ver-

braucht. Nur wenn ein triftiger Grund vorliegt, an einer Aufsichtsarbeit nicht teilzunehmen o. sich der mündlichen Prüfung o. Teilen derselben nicht zu unterziehen, u. der Grund der Prüfungsstelle unverzüglich schriftlich mitgeteilt u. nachgewiesen wird, gilt dies nicht als Rücktritt.

IV. Zulassungsgebühr

Für das Zulassungsverfahren wird nach der GebO WPK eine **Gebühr** erhoben. Sie beträgt derzeit 500 Euro. Die Zulassungsgebühr ist **mit Antragstellung fällig**. Sie ist an die WPK zu zahlen. 12

Wenn der **Antrag auf Zulassung zurückgenommen** wird, ermäßigt sich die Zulassungsgebühr auf die Hälfte. 13

§ 8 Voraussetzungen für die Zulassung (Vorbildung)

(1) Die Zulassung setzt den Nachweis einer abgeschlossenen Hochschulausbildung voraus.

(2) Auf den Nachweis einer abgeschlossenen Hochschulausbildung kann verzichtet werden, wenn die Bewerbenden

1. sich in mindestens zehnjähriger Tätigkeit als Beschäftigte bei Berufsangehörigen, einer Wirtschaftsprüfungsgesellschaft, vereidigten Buchprüfern oder vereidigten Buchprüferinnen, einer Buchprüfungsgesellschaft, einem genossenschaftlichen Prüfungsverband oder der Prüfungsstelle eines Sparkassen- und Giroverbandes oder einer überörtlichen Prüfungseinrichtung für Körperschaften und Anstalten des öffentlichen Rechts bewährt haben;
2. mindestens fünf Jahre den Beruf als vereidigter Buchprüfer oder vereidigte Buchprüferin oder als Steuerberater oder Steuerberaterin ausgeübt haben.

(3) Wurde die Hochschulausbildung außerhalb des Geltungsbereiches dieses Gesetzes abgeschlossen, so muss das Abschlusszeugnis gleichwertig sein.

Inhaltsübersicht

	Rn.
I. Abgeschlossene Hochschulausbildung (Abs. 1).................	1–5
II. Ersatz der abgeschlossenen Hochschulausbildung (Abs. 2).........	6–11
1. Langjährige Bewährung (Nr. 1)........................	6–8
2. Berufsausübung als vBP oder StB (Nr. 2).................	9–11
III. Abschluss der Hochschulausbildung im Ausland (Abs. 3)..........	12–13

I. Abgeschlossene Hochschulausbildung (Abs. 1)

Die Zulassung zum WP-Examen setzt regelmäßig eine **abgeschlossene Hochschulausbildung (Studium)** voraus. Dies soll gewährleisten, dass der Berufsnach- 1 wuchs über ein solides theoretisches Fundament für die praktische Berufstätigkeit verfügt.

2 Der Begriff der **Hochschule** wird in § 1 HRG definiert u. umfasst Universitäten, Pädagogische Hochschulen, Kunsthochschulen, Fachhochschulen u. die sonstigen Einrichtungen des Bildungswesens, die nach Landesrecht staatliche Hochschulen sind. Auch private Hochschulen, die staatlich anerkannt sind, fallen unter diesen Begriff. Bis 2003 wurde in der WPO noch zwischen Universitäten u. Fachhochschulen unterschieden; diese Unterscheidung wurde durch die 5. WPO-Novelle 2004 aufgehoben.

3 **Berufsakademien** sind keine Hochschulen. Dennoch können auch Absolventen einer Berufsakademie ein abgeschlossenes Hochschulstudium i.s. dieser Norm nachweisen, wenn der jeweilige Landesgesetzgeber den an einer Berufsakademie des Landes erworbenen Abschluss mit einem (Fach-)Hochschulabschluss gleichstellt. In Baden-Württemberg wurden die bestehenden Berufsakademien zum 1.3.2009 zur Dualen Hochschule Baden-Württemberg, die gemäß § 1 Landeshochschulgesetz Baden-Württemberg i.d.F. v. 10.7.2012 (GBl. S. 457) eine staatliche Hochschule ist.

4 Es ist unerheblich, in welchem Fach ein Kandidat sein Studium abgeschlossen hat. Der sog. **Fakultätsvorbehalt** wurde ebenfalls durch die 5. WPO-Novelle 2004 aufgehoben. Bis 2003 kamen nur Absolventen eines wirtschaftswissenschaftlichen, rechtswissenschaftlichen, technischen o. landwirtschaftlichen Universitätsstudiums o. eines anderen Universitätsstudiums mit wirtschaftswissenschaftlicher Ausrichtung sowie Absolventen eines wirtschaftswissenschaftlichen o. anderen Studiums mit wirtschaftswissenschaftlicher Ausrichtung an einer Fachhochschule für diese Art der Erfüllung der Vorbildungsvoraussetzung in Betracht. Der Gesetzgeber begründete die Liberalisierung mit der gewollten Möglichkeit, aufgrund der zunehmenden Komplexität u. Internationalisierung des Wissens auch Quereinsteigern die Chance zu geben, den Beruf des WP zu ergreifen, wie dies etwa für Mathematiker, Informatiker o. Biotechnologen der Fall sein könne. Eine ledigl. inhaltliche Erweiterung des bestehenden Fakultätsvorbehaltes hat der Gesetzgeber abgelehnt, da aufgrund des beständigen Wandels der Anforderungen an das Berufsbild des WP eine abschließende, umfassende Aufzählung aller in Frage kommenden Fakultäten nicht möglich sei u. ständiger Anpassungsbedarf für die Zukunft vermieden werden solle (s. BT-Drs. 15/1241, 30).

5 Der **Zeitpunkt des Studienabschlusses** richtet sich grds. danach, wann die Bewerbenden die letzte Prüfungsleistung ihres Studiums erbracht haben. Für die Zulassung zur StB-Prüfung hat dies der BFH entschieden (Urt. v. 21.11.2006 – VII R 39/06, DStR 2007, 555). Auf den Zeitpunkt der Prüfungsentscheidung kommt es danach nicht mehr an. Der genaue Zeitpunkt des Studienabschlusses kann bei der Berechnung der Zeit von Bedeutung sein, die gemäß § 9 Abs. 1 als praktische Tätigkeit zu absolvieren ist (s. § 9 Rn. 7).

II. Ersatz der abgeschlossenen Hochschulausbildung (Abs. 2)

1. Langjährige Bewährung (Nr. 1)

Eine abgeschlossene Hochschulausbildung ist allerdings für die Erfüllung der Vorbildungsvoraussetzung nicht zwingend. Es ist möglich, sich das erforderliche theoretische Wissen statt durch ein Studium durch eine **langjährige praktische Tätigkeit** anzueignen. Diese muss mind. 10 Jahre betragen. Es muss sich um Berufstätigkeit im eigentlichen Sinne handeln; inhaltliche Vorgaben bestehen nur mittelbar durch die Qualifikation u. Tätigkeitsausrichtung der in Frage kommenden Arbeitgeber. Zeiten der Berufsausbildung können dagegen nicht berücksichtigt werden. 6

Die gesetzl. geforderte **Bewährung** muss durch ein Zeugnis o. eine ähnliche Bestätigung des Arbeitgebers nachgewiesen werden. Es reicht also nicht aus, wenn lediglich die Dauer der Tätigkeit bestätigt wird. Vielmehr muss der Arbeitgeber jedenfalls sinngemäß auch erklären, dass Art u. Qualität der Arbeitsleistung die Feststellung der Bewährung erlaubt. 7

Die **in Frage kommenden Arbeitgeber** werden v. Gesetz abschließend definiert: Es handelt sich um WP, WPG, vBP, BPG, genossenschaftliche Prüfungsverbände, Prüfungsstellen eines Sparkassen- u. Giroverbandes u. überörtliche Prüfungseinrichtungen für Körperschaften u. Anstalten des öffentlichen Rechts; Beispiele für solche überörtlichen Prüfungseinrichtungen sind etwa kommunale Prüfungsverbände o. Rechnungshöfe. Anders als beim Nachweis der Prüfungstätigkeit (s. § 9 Rn. 13) ist es hier ohne Belang, ob in den drei letztgenannten Einrichtungen ein WP tätig ist. 8

2. Berufsausübung als vBP oder StB (Nr. 2)

Der Nachweis einer abgeschlossenen Hochschulausbildung ist auch dann verzichtbar, wenn der Bewerber mind. **5 Jahre den Beruf als vBP o. als StB ausgeübt** hat. Der Gesetzgeber geht davon aus, dass eine solche Berufstätigkeit die Erlangung v. theoretischem Wissen ermöglicht, das mit dem Wissensstand nach Abschluss einer Hochschulausbildung vergleichbar ist. 9

Es ist nicht erforderlich, dass zum Zeitpunkt der Antragstellung die Bestellung als vBP o. als StB noch besteht. Auch muss die geforderte **Berufsausübung nicht ununterbrochen geleistet** worden sein; Zeiten vor einer möglichen Beurlaubung o. einem Verzicht auf die Bestellung können daher berücksichtigt werden, nicht allerdings die Zeit der Beurlaubung o. des Verzichts selbst. 10

Eine Konkretisierung der beruflichen Tätigkeit als vBP o. als StB enthält das Gesetz nicht. Es muss sich aber um **Berufsausübung im Kernbereich** handeln. Nicht ausreichend wäre es, wenn der Bewerber in dem zur Anrechnung vorgelegten Zeitraum zwar als vBP bzw. als StB bestellt gewesen ist, in dieser Zeit aber nicht den Beruf selbst, sondern lediglich eine mit dem Beruf vereinbare Tätigkeit gemäß § 130 Abs. 1 i.V.m. § 43a Abs. 4 bzw. gemäß § 57 Abs. 3 StBerG ausgeübt hätte. 11

III. Abschluss der Hochschulausbildung im Ausland (Abs. 3)

12 Die Zulassung zum Examen setzt nicht voraus, dass die nachzuweisende Hochschulausbildung in Deutschland abgeschlossen wurde. Auch ein **im Ausland erworbener Studienabschluss** kann grds. berücksichtigt werden. Voraussetzung dafür ist allerdings, dass das Abschlusszeugnis einem deutschen Studienabschluss gleichwertig ist.

13 Da es für die Berücksichtigung eines ausländischen Studienabschlusses keine weiteren Voraussetzungen gibt, kann grds. mit jedem Abschluss weltweit die Vorbildungsvoraussetzung erfüllt werden. Die **Feststellung der Gleichwertigkeit** kann allerdings im Einzelfall Schwierigkeiten bereiten. Diese werden jedoch weitestgehend durch die Informationen behoben, die die Zentralstelle für ausländisches Bildungswesen, welche im Sekretariat der Ständigen Konferenz der Kultusminister der Länder in der Bundesrepublik Deutschland eingerichtet ist, zur Verfügung stellt (www.anabin.de). Die Zentralstelle erbringt beratende u. informatorische Dienstleistungen für die mit der Anerkennung ausländischer Bildungsnachweise befassten Stellen in Deutschland; sie hat selbst keine Entscheidungsbefugnisse. Auch Privatpersonen können bei der Zentralstelle eine Zeugnisbewertung durchführen lassen (Informationen unter www.kmk.org/zab/).

§ 8a Anerkannte Hochschulausbildungsgänge, Rechtsverordnung

(1) **Hochschulausbildungsgänge,**
1. **die alle Wissensgebiete nach § 4 der Wirtschaftsprüferprüfungsverordnung umfassen,**
2. **die mit einer Hochschulprüfung oder einer staatlichen Prüfung abschließen und**
3. **in denen Prüfungen einzelner Wissensgebiete, für die ein Leistungsnachweis ausgestellt wird, in Inhalt, Form und Umfang einer Prüfung im Wirtschaftsprüfungsexamen entsprechen,**

können auf Antrag der Hochschule von der in der Rechtsverordnung nach Absatz 3 bestimmten Stelle als zur Ausbildung von Berufsangehörigen besonders geeignet anerkannt werden.

(2) ¹Leistungsnachweise, die in Prüfungen nach Absatz 1 Nr. 3 erbracht wurden, ersetzen die entsprechenden Prüfungen im Wirtschaftsprüfungsexamen. ²Die Leistungsnachweise sind der Prüfungsstelle vorzulegen.

(3) ¹**Das Bundesministerium für Wirtschaft und Technologie bestimmt durch Rechtsverordnung mit Zustimmung des Bundesrates die für die Anerkennung zuständige Stelle.** ²In der Rechtsverordnung kann es ferner
1. die Voraussetzungen der Anerkennung näher bestimmen, insbesondere das Verfahren zur Feststellung, ob Wissensgebiete des Hochschulausbildungsgangs denen nach § 4 der Wirtschaftsprüferprüfungsverordnung entsprechen,

2. **Einzelheiten des Anerkennungsverfahrens, insbesondere die dem Antrag beizufügenden Unterlagen, und die Bekanntmachung der Anerkennung regeln sowie**
3. **die Voraussetzungen der frühzeitigen Zulassung zur Prüfung nach § 9 Abs. 6 Satz 2, insbesondere die dem Antrag beizufügenden Unterlagen, bestimmen.**

Schrifttum: *Orth/Tissen,* Integration des Ausbildungsweges nach § 8 a WPO in die Personalentwicklung einer großen Wirtschaftsprüfungsgesellschaft, WPg 2011, 1066; *Riese/Heinrich,* Erwartungen an die Gestaltung von Studiengängen gem. § 8 a WPO aus Sicht einer mittelständischen Wirtschaftsprüfungsgesellschaft, WPg 2011, 1060; *Ballwieser,* Anforderungen an die Wirtschaftsprüfer-Ausbildung in Folge der Bologna-Reform, WPg 2011, 1051; *Hamannt/Rothkegel-Hoffmeister,* Der Master-Studiengang nach § 8 a WPO, WPg 2011, 1043; *Hömberg,* Zur Reform des Wirtschaftsprüferexamens, WPg 2002, 717; *Schneider/Bareis/Rückle/Siegel/ Sigloch,* Die Qualität des Wirtschaftsprüfers und die Betriebswirtschaftslehre im Wirtschaftsprüfer-Examen, WPg 2002, 397; *Baetge/Ballwieser/Böcking,* Ansätze für eine Reform der Hochschulausbildung im Fach „Wirtschaftsprüfung" – Optionen für einen zusätzlichen Zugang zum Wirtschaftsprüferberuf, WPg 2001, 1138.

Inhaltsübersicht

		Rn.
I.	Allgemeines	1–3
II.	Voraussetzungen (Abs. 1)	4–7
	1. Allgemeines	4
	2. Studieninhalte (Abs. 1 Nr. 1)	5
	3. Studienabschluss (Abs. 1 Nr. 2)	6
	4. Prüfungsanforderungen (Abs. 1 Nr. 3)	7
III.	Anrechnung von Leistungsnachweisen (Abs. 2)	8–9
IV.	Umsetzung durch die Wirtschaftsprüfungsexamens-Anrechnungsverordnung (Abs. 3)	10–30
	1. Allgemeines	10
	2. Beschränkung auf Masterstudiengänge	11
	3. Ausgestaltung des Masterstudiengangs	12–17
	4. Anerkennung des Masterstudiengangs	18–20
	5. Referenzrahmen	21–22
	6. Curricula	23–25
	7. Anrechnung von Leistungen	26–30
V.	Zulassung zum WP-Examen	31

I. Allgemeines

Die Vorschrift ist durch die 5. WPO-Novelle 2004 in die WPO eingefügt worden. Unter bestimmten Voraussetzungen können **Hochschulausbildungsgänge (Studiengänge) als zur Ausbildung v. WP besonders geeignet** anerkannt werden. Die

1

§ 8a *Anerkannte Hochschulausbildungsgänge, Rechtsverordnung*

Vorschrift schafft die Voraussetzungen für die **Anrechnung v. Leistungsnachweisen v. Hochschulen** u. eröffnet einen **zusätzl. Zugangsweg zum WP-Examen** (vgl. Rn. 31). Die Teilnahme am staatlichen WP-Examen als Voraussetzung für den Zugang zum WP-Beruf wurde nicht abgeschafft, ein Teil der Prüfungen im WP-Examen wird durch Prüfungen ersetzt, die in einem Hochschulstudium erbracht werden.

2   Die Vorschrift ist des Weiteren **Ermächtigungsgrundlage für den Erlass einer Rechtsverordnung** zur Regelung v. Einzelheiten zum Verfahren durch das BMWi, die der Zustimmung des Bundesrates bedarf. Das BMWi hat v. der Verordnungsermächtigung durch Erlass der „Verordnung über die Voraussetzungen der Anerkennung v. Studiengängen nach § 8a der Wirtschaftsprüferordnung und über die Anrechnung v. Prüfungsleistungen aus Studiengängen nach § 13b der Wirtschaftsprüferordnung (**Wirtschaftsprüfungsexamens-Anrechnungsverordnung – WPAnrV**)" v. 27.5.2005 (s. Anhang 3) Gebrauch gemacht. Die WPAnrV wurde durch die Erste Verordnung zur Änderung der WPAnrV v. 8.6.2009 (BGBl. I S. 1263) u. durch die Zweite Verordnung zur Änderung der WPAnrV v. 28.9.2012 (BGBl. I S. 2095) geändert.

3   Ziel des neuen Berufszugangsweges ist „eine **Modernisierung, Verschlankung u. Internationalisierung der Berufszugangsregelungen** in der WPO i.S. der deutschen Hochschulrahmenpolitik der letzten Jahre, die es notwendig macht, auch neue, integrierte Ausbildungsgänge u. Studiengestaltungen neben der ‚klassischen' Ausbildung zu berücksichtigen" (BT-Drs. 15/1241, 30).

II. Voraussetzungen (Abs. 1)

1. Allgemeines

4   Die Anrechnung v. Prüfungsleistungen aus einem Hochschulstudium setzt eine **Anerkennung des Studiengangs** als zur Ausbildung v. WP besonders geeignet voraus. Die Vorschrift begrenzt die Anrechnung v. Studienleistungen auf bestimmte Studiengänge u. schließt die Anrechnung in anderen Studiengängen erbrachter Prüfungsleistungen aus.

2. Studieninhalte (Abs. 1 Nr. 1)

5   Studiengänge nach dieser Vorschrift müssen alle Wissensgebiete nach § 4 WiPrPrüfV umfassen. Entsprechend bestimmt § 2 Abs. 1 Satz 3 WPAnrV, dass ein solcher Studiengang folgende **wesentliche Lehrinhalte** umfassen muss:

- das wirtschaftliche Prüfungswesen, die Unternehmensbewertung u. das Berufsrecht,
- die Angewandte Betriebswirtschaftslehre u. Volkswirtschaftslehre,
- das Wirtschaftsrecht u.
- das Steuerrecht.

3. Studienabschluss (Abs. 1 Nr. 2)

6   Die Studiengänge müssen mit einer **Hochschulprüfung o. einer staatlichen Prüfung** abschließen.

4. Prüfungsanforderungen (Abs. 1 Nr. 3)

Prüfungen in diesen Studiengängen müssen in Inhalt, Form u. Umfang einer **Prüfung im WP-Examen entsprechen**. 7

III. Anrechnung von Leistungsnachweisen (Abs. 2)

Leistungsnachweise („Scheine"), die in Prüfungen an der Hochschule nach Abs. 1 Nr. 3 erbracht wurden, **ersetzen die entsprechenden Prüfungen im WP-Examen**. § 6 Abs. 3 Satz 1 WPAnrV begrenzt die Anrechnung auf Leistungsnachweise in den Prüfungsgebieten „Angewandte Betriebswirtschaftslehre, Volkswirtschaftslehre" u. „Wirtschaftsrecht". 8

Voraussetzung für die Anrechnung v. Leistungsnachweisen ist deren **Vorlage bei der Prüfungsstelle** (Abs. 2 Satz 2). 9

IV. Umsetzung durch die Wirtschaftsprüfungsexamens-Anrechnungsverordnung (Abs. 3)

1. Allgemeines

Das BMWi hat durch Erlass der **WPAnrV** v. der Ermächtigung nach Abs. 3 Gebrauch gemacht (vgl. Rn. 2 u. Anhang 3). Teil 1 der Verordnung regelt die **Anerkennung v. Studiengängen** nach dieser Vorschrift. 10

2. Beschränkung auf Masterstudiengänge

Die WPO enthält keine Regelungen zur Art der Studiengänge, die als zur Ausbildung v. WP besonders geeignet anerkannt werden können. § 1 WPAnrV beschränkt die Möglichkeit der Anerkennung auf **Masterstudiengänge**. Die Anerkennung v. Bachelor-, Diplom-, Staatsexamens- o. sonstigen Studiengängen wird dadurch ausgeschlossen. 11

3. Ausgestaltung des Masterstudiengangs

Die Anerkennung eines Masterstudiengangs setzt voraus, dass dessen Prüfungsordnung **vier Theoriesemester** vorsieht (§ 3 Nr. 3 WPAnrV). Der Studiengang darf keine Praxissemester beinhalten. Es müssen 120 ECTS-Punkte nachgewiesen werden; ECTS ist das Europäische System zur Übertragung und Akkumulierung von Studienleistungen (**E**uropean **C**redit **T**ransfer and **A**ccumulation **S**ystem). Ein berufsbegleitendes Teilzeitstudium schließt die Regelung nicht aus. 12

Der Zugang zu dem Masterstudiengang setzt das Bestehen einer **Zugangsprüfung** voraus (§ 3 Nr. 2 WPAnrV). Die Zugangsprüfung muss **wirtschaftsprüfungsrelevante Anteile** berücksichtigen. Die gesamten Inhalte des WP-Examens können nicht ausschließl. in einem viersemestrigen Masterstudium vermittelt werden. Sie müssen daher bereits z.T. zuvor, in einem Studium o. anderweitig, erlernt werden. Zweck der Zugangsprüfung ist festzustellen, ob dieses ausreichend geschehen ist. 13

Die Teilnahme an der Zugangsprüfung setzt einen **ersten berufsqualifizierenden Abschluss** voraus (§ 3 Nr. 1 WPAnrV). 14

15 Die **Art des ersten berufsqualifizierenden Abschlusses** hat der Verordnungsgeber offen gelassen. Es kann sich um einen Bachelor-, Diplom-, mit einem Staatsexamen abschließenden o. sonstigen Studiengang handeln.

16 Die WPAnrV enthält keine Regelung zu der **fachlichen Ausrichtung des ersten berufsqualifizierenden Abschlusses**. Eine gesetzliche Vorgabe, dass es sich hierbei um ein wirtschaftswissenschaftliches Studium handeln muss, war nicht möglich. Soweit dies hochschulrechtlich zulässig ist, kann eine Hochschule den Zugang zu einem Masterstudiengang nach dieser Vorschrift aber davon abhängig machen, dass der erste Studienabschluss in einem wirtschaftswissenschaftlichen Studium erlangt wurde.

17 Die für die Aufnahme des Studiums erforderliche **berufsbezogene u. mind. sechsmonatige Praxiszeit** kann in eine drei Monate (**Tätigkeit** gemäß § 9 Abs. 1) dauernde u. nicht näher definierte praktische Ausbildung u. in eine mind. drei Monate dauernde **Prüfungstätigkeit** gemäß § 9 Abs. 2 (§ 3 Nr. 1 WPAnrV) aufgeteilt sein. Diese Praxiszeit muss nach Erwerb des ersten berufsqualifizierenden Abschlusses durchlaufen werden. Praxissemester aus dem ersten Studium o. praktische Tätigkeiten während des Erststudiums werden nicht berücksichtigt. Die **Praxiszeit muss vor Beginn des Studiums abgeleistet sein** (§ 3 Nr. 2 WPAnrV).

4. Anerkennung des Masterstudiengangs

18 Die Anerkennung nach Abs. 1, dass ein Masterstudiengang zur Ausbildung v. WP besonders geeignet ist, erfolgt durch **Akkreditierung auf Antrag der Hochschule** (§ 5 Abs. 1 WPAnrV). Die Übersicht über anerkannte Studiengänge veröffentlicht die WPK auf ihrer Homepage.

19 Die für die Anerkennung **zuständige Stelle** gemäß Abs. 3 Satz 1 ist gemäß § 5 Abs. 1 WPAnrV eine v. Akkreditierungsrat, einer Stiftung zur Akkreditierung v. Studiengängen in Deutschland, akkreditierte (zertifizierte) **(Akkreditierungs-) Agentur**.

20 Die Feststellung, ob ein Masterstudiengang zur Ausbildung v. WP besonders geeignet ist, setzt gemäß § 5 Abs. 2 WPAnrV die **Mitwirkung je eines Vertreters o. Beauftragten des BMWi, der Finanzverwaltung u. der WPK voraus**. Die Entscheidung, ob ein Masterstudiengang zur Ausbildung v. WP besonders geeignet ist, bedarf nach § 5 Abs. 2 Satz 2 WPAnrV der **Zustimmung v. mind. zwei dieser Vertreter o. Beauftragten**.

5. Referenzrahmen

21 Ob ein Masterstudiengang für die Ausbildung v. WP besonders geeignet ist, wird auf Grundlage eines **Referenzrahmens** beurteilt (§ 4 WPAnrV). Das BMWi hat am 30.3.2006 den **Referenzrahmen für verbindlich** erklärt. Er wird gemäß § 4 Abs. 2 Satz 7 WPAnrV v. der Prüfungsstelle elektronisch geführt u. zugänglich gemacht.

22 Der Referenzrahmen regelt gemäß § 4 Abs. 1 WPAnrV die **Anforderungen an die einzelnen Studien- u. Prüfungsziele** des Masterstudiengangs sowie an den **Inhalt der Zugangsprüfung** (vgl. Rn. 13). Er ist – in der vom BMWi am 30.3.2006 für verbindlich erklärten Fassung (vgl. Rn 21) – v. je einem Vertreter der Aufgabenkommission nach § 8 WiPrPrüfV, der Finanzverwaltung, der WPK, des IDW, des Verbandes der Hochschullehrer für Betriebswirtschaft e.V. u. des Fachhochschullehrer-Arbeitskreises „Steuern und Wirtschaftsprüfung" erarbeitet u. beschlossen worden. Das Gremium besteht nach der Änderung der WPAnrV durch die Zweite Verordnung zur Änderung der WPAnrV (vgl. Rn. 2) aus je einem Vertreter o. einer Vertreterin der Aufgabenkommission nach § 8 WiPrPrüfV, der Finanzverwaltung, der WPK, einer o. einem Beauftragten des BMWi sowie je zwei Vertretern oder Vertreterinnen des Berufsstandes, d.h. WP, u. der Hochschulen. Der Akkreditierungsrat (vgl. Rn. 19) kann an den Sitzungen des Gremiums beratend teilnehmen.

6. Curricula

Gemäß § 4 Abs. 2 Satz 5 WPAnrV ist das Gremium auch berechtigt, **unverbindliche Lehrpläne (Curricula)** zu erstellen. 23

Dementsprechend ist auf der Grundlage der Vorgaben des Referenzrahmens u. der WPAnrV ein **Vorschlag zur Gestaltung eines Masterstudiengangs** i.S. dieser Vorschrift erarbeitet worden. Die Curricula geben **Hinweise zur Gewichtung der vier Prüfungsgebiete** des WP-Examens, die Inhalt des Masterstudiengangs sind. 24

Die Curricula sind ein **unverbindlicher Vorschlag**. Er soll den Hochschulen, die einen Masterstudiengang i.S. dieser Vorschrift einrichten, Hinweise auf eine angemessene inhaltliche Aufgliederung u. Gewichtung der Studieninhalte geben u. sie bei der Umsetzung der WPAnrV unterstützen. 25

7. Anrechnung von Leistungen

Die Anrechnung v. Leistungen aus einem anerkannten Masterstudiengang auf das WP-Examen setzt gemäß § 6 WPAnrV voraus, dass dem Antrag an die Prüfungsstelle auf Zulassung zum WP-Examen das **Zeugnis über den Masterabschluss** im Original o. in beglaubigter Abschrift beigefügt wird. Eine Anrechnung ist daher nur möglich, wenn der **Masterstudiengang mit Erfolg abgeschlossen** wird. 26

Zum Zeitpunkt der **Antragstellung auf Zulassung** zum WP-Examen darf die **Masterabschlussprüfung nicht länger als drei Jahre zurückliegen** (§ 6 Abs. 2 Satz 2 WPAnrV). 27

Die Leistungen aus einem Masterstudiengang **ersetzen in den Prüfungsgebieten** „Angewandte Betriebswirtschaftslehre, Volkswirtschaftslehre" u. „Wirtschaftsrecht" die schriftlichen u. mündlichen Prüfungen im WP-Examen (§ 6 Abs. 3 WPAnrV). 28

Die schriftlichen u. mündlichen Prüfungen in den **übrigen Prüfungsgebieten** „Wirtschaftliches Prüfungswesen, Unternehmensbewertung und Berufsrecht" u. „Steuerrecht" müssen wie beim „Normalexamen" vor der Prüfungskommission abgelegt werden (§ 2 WiPrPrüfV). 29

Grundsätzlich werden Leistungen aus einem akkreditierten Masterstudiengang auf das WP-Examen angerechnet. Im **Einzelfall kann eine Anrechnung aber ausge-** 30 schlossen sein. Dies kann gemäß § 6 Abs. 4 WPAnrV insb. gerechtfertigt sein, wenn ein Masterstudiengang nach der Akkreditierung wesentlich umgestaltet wurde, so dass die besondere Eignung für die Ausbildung v. WP ganz o. in Teilen entfallen ist.

V. Zulassung zum WP-Examen

31 Für die Zulassung v. Absolventen eines Masterstudiengangs nach dieser Vorschrift gilt § 9 mit der Maßgabe, dass eine **Zulassung zum WP-Examen unmittelbar nach erfolgreichem Abschluss des Masterstudiums** möglich ist, ohne dass es des Nachweises der nach § 9 erforderlichen Tätigkeit u. Prüfungstätigkeit bedarf. Dies ergibt sich aus § 9 Abs. 6 (vgl. § 9 Rn. 30 f.). Für das Zulassungsverfahren gilt i.Ü. § 7.

§ 9 Voraussetzungen für die Zulassung (Prüfungstätigkeit)

(1) ¹Die Zulassung setzt eine für die Ausübung des Berufes genügende praktische Ausbildung (Tätigkeit) voraus. ²Bewerbende mit abgeschlossener Hochschulausbildung haben eine wenigstens dreijährige Tätigkeit bei einer in § 8 Abs. 2 Nr. 1 genannten Stelle nachzuweisen. ³Beträgt die Regelstudienzeit der Hochschulausbildung weniger als acht Semester, verlängert sich die Tätigkeit auf vier Jahre; eine darüber hinausgehende Tätigkeit wird nicht gefordert. ⁴Die Tätigkeit muss nach Erwerb des ersten berufsqualifizierenden Hochschulabschlusses erbracht werden; Absatz 6 Satz 2 bleibt unberührt.

(2) ¹Von ihrer gesamten Tätigkeit müssen die Bewerbenden wenigstens während der Dauer zweier Jahre überwiegend an Abschlussprüfungen teilgenommen und bei der Abfassung der Prüfungsberichte mitgewirkt haben (Prüfungstätigkeit). ²Sie sollen während dieser Zeit insbesondere an gesetzlich vorgeschriebenen Abschlussprüfungen teilgenommen und an der Abfassung der Prüfungsberichte hierüber mitgewirkt haben. ³Die Prüfungstätigkeit muss

1. im Falle des § 8 Abs. 2 Nr. 1 nach dem fünften Jahr der Mitarbeit abgeleistet werden;
2. im Falle des § 8 Abs. 2 Nr. 2 während oder nach der beruflichen Tätigkeit als vereidigter Buchprüfer oder vereidigte Buchprüferin oder als Steuerberater oder Steuerberaterin abgeleistet werden.

⁴Das Erfordernis der Prüfungstätigkeit ist erfüllt, wenn die Bewerbenden nachweislich in fremden Unternehmen materielle Buch- und Bilanzprüfungen nach betriebswirtschaftlichen Grundsätzen durchgeführt haben. ⁵Als fremd gilt ein Unternehmen, mit dem die Bewerbenden weder in einem Leitungs- noch in einem Anstellungsverhältnis stehen oder gestanden haben.

(3) Die Prüfungstätigkeit muss in Mitarbeit bei Berufsangehörigen, einer Wirtschaftsprüfungsgesellschaft, vereidigten Buchprüfern oder vereidigten Buchprüferinnen, einer Buchprüfungsgesellschaft, einem genossenschaftlichen Prüfungsverband, einer Prüfungsstelle eines Sparkassen- und Giroverbandes oder einer überörtlichen Prüfungseinrichtung für Körperschaften und Anstalten des

öffentlichen Rechts, in denen ein Berufsangehöriger tätig ist, ausgeübt worden sein.

(4) Der Nachweis der Tätigkeit wie auch der Prüfungstätigkeit entfällt für Bewerbende, die seit mindestens 15 Jahren den Beruf als Steuerberater oder Steuerberaterin oder als vereidigter Buchprüfer oder vereidigte Buchprüferin ausgeübt haben; dabei sind bis zu zehn Jahre Berufstätigkeit als Steuerbevollmächtigter oder Steuerbevollmächtigte anzurechnen.

(5) ¹Eine Revisorentätigkeit in größeren Unternehmen oder eine Tätigkeit als Steuerberater oder Steuerberaterin oder in einem Prüfungsverband nach § 26 Abs. 2 des Kreditwesengesetzes oder eine mit der Prüfungstätigkeit in Zusammenhang stehende Tätigkeit bei der Wirtschaftsprüferkammer oder bei einer Personenvereinigung nach § 43a Abs. 4 Nr. 4 kann bis zur Höchstdauer von einem Jahr auf die Tätigkeit nach Absatz 1 angerechnet werden. ²Dasselbe gilt für prüfende Personen im öffentlichen Dienst, sofern sie nachweislich selbstständig Prüfungen von größeren Betrieben durchgeführt haben. ³Eine Tätigkeit im Ausland ist auf die Tätigkeit nach Absatz 1 anzurechnen, wenn sie bei einer Person, die in dem ausländischen Staat als sachverständiger Prüfer ermächtigt oder bestellt ist, abgeleistet wurde und wenn die Voraussetzungen für die Ermächtigung oder Bestellung den Vorschriften dieses Gesetzes im Wesentlichen entsprechen.

(6) ¹Eine Tätigkeit im Sinne des Absatzes 1, die im Rahmen eines nach § 8a anerkannten Hochschulausbildungsgangs nachgewiesen wird, kann bis zu einer Höchstdauer von einem Jahr auf die Tätigkeit nach Absatz 1 angerechnet werden. ²Zudem kann die Zulassung zur Prüfung abweichend von Absatz 1 bereits zu einem früheren Zeitpunkt erfolgen.

Schrifttum: *Drescher*, Die Prüfungstätigkeit nach § 9 Abs. 1 Satz 1 WPO als Zulassungsvoraussetzung zum Wirtschaftsprüferexamen – Teil I, WPK-Mitt. 1998, 200; Teil II, WPK-Mitt. 1998, 300.

Inhaltsübersicht

		Rn.
I.	Art und Dauer der gesamten praktischen Tätigkeit (Abs. 1)	1–8
II.	Art und Dauer der Prüfungstätigkeit (Abs. 2)	9–12
III.	Verantwortlicher für die Prüfungstätigkeit (Abs. 3)	13–14
IV.	Wegfall des Nachweises der Prüfungstätigkeit (Abs. 4)	15–18
V.	Anrechnung auf die praktische Tätigkeit (Abs. 5)	19–29
	1. Allgemeines	19–22
	2. Inhaltlich vergleichbare Tätigkeit im Inland	23–28
	3. Tätigkeit bei ausländischem Prüfer	29
VI.	Zulassung nach Abschluss eines gemäß § 8a WPO anerkannten Studiengangs (Abs. 6)	30–31

§ 9 Voraussetzungen für die Zulassung (Prüfungstätigkeit)

I. Art und Dauer der gesamten praktischen Tätigkeit (Abs. 1)

1 Alle Bewerber mit **abgeschlossener Hochschulausbildung** müssen eine **wenigstens dreijährige Tätigkeit** nachweisen, die bei einer der in § 8 Abs. 2 Nr. 1 genannten Stellen abgeleistet wurde (s. § 8 Rn. 8). Die Dauer v. mind. drei Jahren wird v. Art. 10 Abs. 1 AP-RiLi gefordert. § 9 Abs. 1 stellt keine inhaltlichen Anforderungen an die nachzuweisende Tätigkeit.

2 Beträgt die **Regelstudienzeit weniger als acht Semester**, muss eine **mind. vierjährige Tätigkeit** nachgewiesen werden. Bei der Berechnung der zu berücksichtigenden Regelstudienzeit werden alle abgeschlossenen Studiengänge berücksichtigt. Dies ist deshalb wichtig, weil die traditionellen Diplom-Studiengänge zunehmend durch Bachelor- u. Master-Studiengänge ersetzt werden.

3 Da die Dauer der Regelstudienzeit über den genauen Umfang der nachzuweisenden praktischen Tätigkeit entscheidet, ist dem Antrag auf Zulassung zum Examen ein **Nachweis der Regelstudienzeit** beizufügen (§ 1 Abs. 1 Satz 2 Nr. 4 WiPrPrüfV).

4 § 9 Abs. 1 Satz 3 Hs. 2 stellt klar, dass eine über die vorgenannte Tätigkeit hinausgehende Tätigkeit nicht gefordert wird. Damit wird aber ledigl. in zeitlicher Hinsicht betont, dass die Erfüllung der praktischen Zulassungsvoraussetzung für Hochschulabsolventen innerhalb v. drei bzw. vier Jahren möglich ist. Inhaltlich stellt § 9 Abs. 2 durchaus weitere Anforderungen auf, da er eine **bestimmte Prüfungstätigkeit** verlangt (vgl. noch Rn. 9 ff.).

5 Bei der **Berechnung der praktischen Tätigkeit** wird v. einer **Vollzeittätigkeit** ausgegangen. Unterbrechungen durch Sonderurlaub, Erziehungsurlaub o. längere Krankheiten sind keine Tätigkeitszeit. Zeiten für den Besuch v. ganztägigen Lehrgängen zur Vorbereitung auf das Examen können nicht auf die erforderliche Tätigkeitszeit angerechnet werden, da es sich hierbei nicht um Zeiten einer praktischen Ausbildung handelt. Dies gilt allerdings nicht, soweit für diesen Besuch der vertraglich zustehende Urlaub des laufenden Jahres o. aufgesparter Jahresurlaub aus Vorjahren in Anspruch genommen wird.

6 Die praktische Tätigkeit kann auch in **Teilzeit** ausgeübt werden. Teilzeitbeschäftigungen werden in dem Umfang berücksichtigt, der dem Verhältnis zwischen der Teilzeitbeschäftigung u. einer Vollzeittätigkeit entspricht.

7 Die Tätigkeit muss vollständig **nach Abschluss der Hochschulausbildung** erbracht werden. Vor Abschluss des Erststudiums geleistete Praktika bleiben damit bei der Feststellung der erforderlichen praktischen Tätigkeit außer Betracht. **Nach Abschluss des Erststudiums**, z.B. eines Bachelor-Studiengangs, erbrachte Tätigkeit kann dagegen in vollem Umfang berücksichtigt werden, was durch die 7. WPO-Novelle 2007 klargestellt wurde (BT-Drs. 16/2858, 22). Es sind also auch dann ledigl. mind. drei Jahre praktische Tätigkeit nachzuweisen, wenn das Erststudium zwar weniger als acht Semester Regelstudienzeit hat, durch ein nachfolgendes Studium aber insgesamt eine Regelstudienzeit v. mind. acht Semestern erreicht wird.

Durch den Hinweis auf § 9 Abs. 6 Satz 2 (s. Rn. 30 f.) wird klargestellt, dass Absolventen eines **Studienganges nach § 8a** zum Examen auch dann zugelassen werden können, wenn sie noch nicht mind. drei Jahre Tätigkeit nachweisen können. **8**

II. Art und Dauer der Prüfungstätigkeit (Abs. 2)

Eine inhaltliche Vorgabe für einen Teil der praktischen Tätigkeit enthält Abs. 2, der ein bestimmtes Maß an Prüfungstätigkeit verlangt. Prüfungstätigkeit definiert das Gesetz als **Teilnahme an AP u. Mitwirkung bei der Abfassung der PB**. Die Prüfungstätigkeit soll, muss sich aber nicht auf gesetzliche AP erstrecken. Die Zulassung zum Examen ist daher auch dann möglich, wenn ausschl. die Teilnahme an freiwilligen AP nachgewiesen wird. Dies ermöglicht es auch Mitarbeitern kleiner Berufspraxen, welche unter Umständen nur über wenige o. gar keine Pflichtprüfungsmandate verfügen, die Zulassung zur Berufszugangsprüfung in überschaubarer Zeit zu erreichen. **9**

Das Gesetz verlangt, dass die Prüfungstätigkeit wenigstens „**während der Dauer zweier Jahre überwiegend**" geleistet wird. Ein Zeitraum v. zwei Jahren entspricht 104 Wochen. Für die Feststellung „überwiegender" Prüfungstätigkeit ist daher ein Nachweis v. mind. 53 Wochen erforderlich. Dabei ist von einer Vollzeittätigkeit auszugehen (s. Rn. 5 f.). Wird dagegen nur in einem Teil der Woche, etwa an drei v. fünf Tagen, Prüfungstätigkeit geleistet, können auch nur diese drei Tage berücksichtigt werden. Nicht erforderlich ist dagegen, dass der Zeitraum v. zwei Jahren, innerhalb dessen die mind. 53 Wochen Prüfungstätigkeit geleistet werden, an einem Stück absolviert wird. Es ist daher möglich, die erforderliche Prüfungstätigkeit über einen längeren Zeitraum hinweg zu sammeln. **10**

Bewerber mit abgeschlossener Hochschulausbildung müssen ihre gesamte praktische Tätigkeit, also auch ihre Prüfungstätigkeit, nach Abschluss ihres Studiums ableisten (s. Rn. 7). Für Bewerber, die den Nachweis der abgeschlossenen Hochschulausbildung nach § 8 Abs. 2 ersetzen, konkretisiert das Gesetz den **Zeitraum, in welchem die Prüfungstätigkeit** zu leisten ist: Bei Bewerbern mit langjähriger Bewährung bei einer der im Einzelnen genannten Stellen (§ 8 Abs. 2 Nr. 1) muss die Prüfungstätigkeit nach dem fünften Jahr der Mitarbeit abgeleistet werden. Bei Bewerbern, die die Vorbildungsvoraussetzung durch die Berufsausübung als vBP o. als StB erfüllen (§ 8 Abs. 2 Nr. 2), muss die Prüfungstätigkeit während o. nach dieser beruflichen Tätigkeit abgeleistet werden. Mit dieser Regelung soll gewährleistet werden, dass die Prüfungstätigkeit nicht ohne hinreichende theoretische Grundlage durchgeführt wird; anderenfalls wäre der erforderliche Ausbildungseffekt nicht zu erreichen. **11**

§ 9 Abs. 2 Satz 4 definiert den **Begriff der Prüfungstätigkeit** als Durchführung materieller Buch- u. Bilanzprüfungen nach betriebswirtschaftlichen Grundsätzen in fremden Unternehmen. Eine Legaldefinition der Prüfungstätigkeit findet sich aber bereits in § 9 Abs. 2 Satz 1 (s. Rn. 9). Entscheidend ist daher, dass im notwendigen Umfang die **Teilnahme an AP** nachgewiesen wird. Eine eigenständige Bedeutung des § 9 Abs. 2 Satz 4 dürfte daher vor allem darin liegen, dass auf ein „fremdes" **12**

Unternehmen abgestellt wird. Als fremd gilt ein Unternehmen, wenn der Bewerber zu dem Unternehmen weder in einem Leitungs- noch in einem Anstellungsverhältnis steht o. gestanden hat. Der Ausschluss einer aktuellen Beziehung zum Unternehmen ist nachvollziehbar, da anderenfalls die Gefahr bestände, dass der Bewerber eine materielle Prüfung deshalb nicht vornimmt, weil er die zu prüfenden Unterlagen selbst erstellt hat o. diese v. Personen erstellt wurden, zu denen der Bewerber in einem Vertrauensverhältnis steht. Im Übrigen dürfen gemäß § 319 Abs. 3 Satz 1 Nr. 4 HGB bei AP keine Personen eingesetzt werden, die gesetzl. Vertreter, Mitglied des Aufsichtsrats o. Arbeitnehmer der zu prüfenden Gesellschaft sind. Warum allerdings auch eine frühere Bindung an das Unternehmen im Rahmen der nachzuweisenden Prüfungstätigkeit schädlich sein soll, ist nicht nachzuvollziehen. Es erscheint nicht ausgeschlossen, dass Mitarbeiter des Rechnungswesens eines Unternehmens zu einem WP o. einer WPG wechseln, die auch den Abschluss dieses Unternehmens prüfen. Wenn § 319 HGB u. die berufsrechtlichen Vorgaben die Mitwirkung eines solchen Mitarbeiters bei dieser AP zulassen, wäre es nicht folgerichtig, diese Mitwirkung dann bei der Berechnung der erforderlichen Prüfungstätigkeit dieses Mitarbeiters nicht zu berücksichtigen.

III. Verantwortlicher für die Prüfungstätigkeit (Abs. 3)

13 Die Prüfungstätigkeit i.S. des § 9 Abs. 2 muss bei bestimmten Stellen absolviert werden, die i.d.R. Auftragnehmer der jeweiligen Prüfungsaufträge u. damit für die Prüfungstätigkeit verantwortlich sind. Sie bescheinigen dann auch die Erfüllung dieser Zulassungsvoraussetzung (§ 1 Abs. 1 Satz 2 Nr. 5, Abs. 2 WiPrPrüfV). Damit eine sachgerechte Ausbildung im Bereich der Kernaufgabe der WP u. vBP gewährleistet ist, ist die **Prüfungstätigkeit entw. in einer Praxis eines WP o. vBP** bzw. in einer entsprechenden Berufsgesellschaft o. bei einer **im Gesetz näher bezeichneten Prüfungseinrichtung** abzuleisten, bei welcher – anders als bei § 8 Abs. 2 Nr. 1 (s. § 8 Rn. 8) u. § 9 Abs. 1 – ein Berufsangehöriger, also gemäß der Legaldefinition in § 1 Abs. 1 ein Wirtschaftsprüfer o. eine Wirtschaftsprüferin, tätig sein muss. Berücksichtigt wird darüber hinaus Prüfungstätigkeit, die bei einem in einem Mitgliedstaat der Europäischen Union zugelassenen Abschlussprüfer oder einer in einem solchen Staat zugelassenen Prüfungsgesellschaft absolviert worden ist. Dies ergibt sich aus einer richtlinienkonformen Anwendung unter Berücksichtigung des Art. 10 Abs. 1 AP-RiLi.

14 Die Prüfungstätigkeit muss „**in Mitarbeit**" bei einer der genannten Stellen erfolgen. Dieser Begriff geht über eine Tätigkeit als fest Angestellter hinaus u. erfasst z.B. auch freie Mitarbeiter. Aus § 1 Abs. 2 Satz 8 WiPrPrüfV ergibt sich, dass in eigener Praxis tätige Bewerber auch eine Bescheinigung über eigenverantwortlich durchgeführte Prüfungstätigkeit einreichen können. Diese Regelung bezieht sich auf vBP.

IV. Wegfall des Nachweises der Prüfungstätigkeit (Abs. 4)

15 Tätigkeit gemäß § 9 Abs. 1 u. Prüfungstätigkeit gemäß § 9 Abs. 2 müssen nicht nachgewiesen werden, wenn der Bewerber seit **mind. 15 Jahren den Beruf als StB**

o. als vBP ausgeübt hat. Eine Tätigkeit als StBv kann bis zur Höchstdauer v. zehn Jahren auf diese Frist angerechnet werden. Der Gesetzgeber geht davon aus, dass ein Bewerber während dieser Zeiten auf den Gebieten des Finanzwesens, des Rechts u. der Buchführung so ausreichende Erfahrungen erwerben kann, dass er zum Examen zugelassen werden kann (BT-Drs. 10/4268, 136).

Aus der Formulierung des Gesetzes wird Verschiedenes deutlich: Die Bewerber, die v. dieser Erleichterung Gebrauch machen möchten, müssen **zum Zeitpunkt der Entscheidung über die Zulassung zum Examen als vBP o. als StB bestellt** sein; es reicht nicht aus, dass sie dies in der Vergangenheit waren. **16**

Ferner muss die mind. 15-jährige **Berufsausübung ununterbrochen** erfolgt sein; dies ergibt sich aus der Verwendung des Wortes „seit", die nicht erfolgt wäre, wenn der Gesetzgeber – wie in § 8 Abs. 2 Nr. 2 (s. § 8 Rn. 10) – auch Unterbrechungen hätte zulassen wollen. Es wäre daher bspw. nicht ausreichend, zunächst acht Jahre den Beruf als vBP auszuüben, dann auf die Bestellung zu verzichten u. nach einer späteren Wiederbestellung weitere sieben Jahre den Beruf als vBP auszuüben. Die Frist v. 15 Jahren beginnt mit der Wiederbestellung neu zu laufen. **17**

Schließlich muss der **Beruf des vBP o. des StB im Kernbereich ausgeübt** worden sein. Hierzu zählt auch eine Tätigkeit gemäß § 58 Satz 2 Nr. 5a. StBerG. Eine lediglich. mit dem Beruf **vereinbare Tätigkeit** gemäß § 130 Abs. 1 i.V.m. § 43a Abs. 4 bzw. gemäß § 57 Abs. 3 StBerG kann dagegen nicht berücksichtigt werden. **18**

V. Anrechnung auf die praktische Tätigkeit (Abs. 5)

1. Allgemeines

Der Abs. eröffnet verschiedene Möglichkeiten der **Anrechnung v. Tätigkeiten** außerhalb des eigentlichen Aufgabenspektrums des WP. Dabei ist zu beachten, dass eine Anrechnung ausdr. nur auf die Tätigkeit gemäß § 9 Abs. 1 erfolgen kann. Die **Prüfungstätigkeit** gemäß § 9 Abs. 2 muss dagegen regelmäßig in vollem Umfang nachgewiesen werden. **19**

Die inhaltlich vergleichbaren **Tätigkeiten im Inland** können bis zur Höchstdauer v. 1 Jahr angerechnet werden. Dass es sich tats. um Tätigkeit im Inland handeln muss, ergibt sich im Umkehrschluss aus § 9 Abs. 5 Satz 3, nach welchem eine Tätigkeit im Ausland nur dann angerechnet werden kann, wenn sie bei einem ausländischen Prüfer (Rn. 21, 29) abgeleistet wurde. **20**

Die Tätigkeit im Ausland (§ 9 Abs. 5 Satz 3) bedarf nur noch insofern einer gesonderten Berücksichtigung, als sie außerhalb der EU, also in einem sog. Drittstaat, erfolgt (s. Rn. 13). Für diese **Tätigkeit** enthält das Gesetz keine zeitliche Begrenzung. Wenn der Bewerber gemäß § 9 Abs. 1 mind. drei Jahre nachweisen muss, wirkt sich dieser Unterschied nicht aus; denn § 9 Abs. 2, 3 verlangen einen Mitwirkungszeitraum v. mind. zwei Jahren bei einer Stelle, die im Inland oder in einem EU-Staat zur gesetzlichen AP berechtigt ist. Muss der Bewerber dagegen gemäß § 9 **21**

Abs. 1 mind. vier Jahre nachweisen, können darauf 2 Jahre bei einem ausländischen Prüfer angerechnet werden.

22 Es ist zu beachten, dass anzurechnende Zeiten nicht zeitgleich mit der weiterhin nachzuweisenden praktischen o. Prüfungstätigkeit liegen; eine „**Doppelberücksichtigung**" desselben Zeitraums kommt also nicht in Betracht. Insgesamt bedarf es daher auf jeden Fall eines Nachweises v. mind. drei Jahren. Dieser Abs. eröffnet ledigl. weitere Möglichkeiten, in welcher Weise ein Teil dieses Zeitraums ausgefüllt werden kann.

2. Inhaltlich vergleichbare Tätigkeit im Inland

23 Anrechenbar ist zunächst eine **Revisorentätigkeit** in größeren Unternehmen, bspw. als Mitarbeiter der internen Revision o. Konzernrevision. Als „größer" dürfte man solche Unternehmen bezeichnen können, die mind. die Kriterien für mittelgroße Unternehmen i.S. des § 267 Abs. 2 HGB erfüllen.

24 Auch eine **Tätigkeit als StB** ist anrechenbar. Insbesondere wenn Studienabschluss, Bestellung als StB u. weitere praktische Tätigkeit in engerem zeitlichen Zusammenhang stehen, ist darauf zu achten, dass es nicht zu der oben in Rn. 22 angesprochenen Doppelberücksichtigung kommt.

25 Ferner ist eine **Tätigkeit in einem PrfgVerb nach § 26 Abs. 2 KWG** anrechenbar. In dieser Norm sind jedoch keine näheren Angaben über einen solchen PrfgVerb enthalten. Der Begriff der Sicherungseinrichtung ist in § 23a KWG definiert. Diese Einrichtung darf gemäß § 9 Abs. 3 Einlagensicherungs- u. Anlegerentschädigungsgesetz Prüfungen bei Kreditinstituten zur Einschätzung der Gefahr des Eintritts eines Entschädigungsfalles durchführen. Dies erfolgt im Bereich des privaten Bankgewerbes regelmäßig durch den **PrfgVerb deutscher Banken e.V.**

26 Eine **Tätigkeit bei der WPK** kann angerechnet werden, wenn sie mit der Prüfungstätigkeit in Zusammenhang steht. Da die WPK keine Prüfungstätigkeit im eigentlichen Sinne durchführt, dürfte mit diesem Kriterium gemeint sein, dass sich der Bewerber in detaillierter Weise mit inhaltlichen Aspekten bereits durchgeführter Prüfungen befasst hat. Dies ist etwa im Bereich der BA, der SU o. der QK denkbar.

27 Die gleiche Frage stellt sich bei der Anrechnung einer **Angestelltentätigkeit bei einer Personenvereinigung nach § 43a Abs. 4 Nr. 4**, da auch sämtliche der dort genannten Einrichtungen keine Abschlussprüfungstätigkeit im eigentlichen Sinne durchführen. § 43a Abs. 4 Nr. 4 nennt mehrere Institutionen (§ 43a Rn. 118 ff.): **DRSC, DPR** u. die verschiedenen **Berufsverbände** der WP u. vBP.

28 War der Bewerber **im öffentl. Dienst als Prüfer** tätig, kann dies bis zur Höchstdauer v. einem Jahr angerechnet werden, wenn er nachweislich selbstständig Prüfungen v. größeren Betrieben durchgeführt hat. Gemeint sein dürften vor allem Betriebsprüfungen. Auch hier wird man v. einem „größeren" Betrieb sprechen können, wenn mind. die Kriterien für mittelgroße Unternehmen i.S. des § 267 Abs. 2 HGB erfüllt sind.

3. Tätigkeit bei ausländischem Prüfer

Auf die Tätigkeit gemäß § 9 Abs. 1 ist schließlich eine Tätigkeit anrechenbar, die bei einem ausländischen (Abschluss-)Prüfer geleistet wird, u. dies ohne zeitliche Begrenzung (Rn. 21). Es kommt allerdings **nicht jeder ausländische Prüfer** in Betracht. Dieser muss im Ausland nach Vorgaben ermächtigt o. bestellt sein, die denjenigen der WPO im Wesentlichen entsprechen (§ 28 Rn. 42 ff.). 29

VI. Zulassung nach Abschluss eines gemäß § 8a WPO anerkannten Studiengangs (Abs. 6)

Diese Regelung bezieht sich ausschließl. auf Bewerber, die einen nach § 8a anerkannten Studiengang absolviert haben. Satz 1 ist aufgrund der zwischenzeitlichen Rechtsentwicklung allerdings hinfällig. Er basierte auf der Vorstellung, dass Studiengänge nach § 8a als **konsekutive Studiengänge**, bestehend aus Bachelor- u. darauf aufbauendem Masterstudium, gestaltet werden (BT-Drs. 15/1241, 31 f.). Eine im Rahmen eines solchen Studiengangs geleistete Tätigkeit hätte grds. ohne diese Regelung nicht berücksichtigt werden können, da sie nicht nach **Abschluss des Studiums** geleistet wird, wie es § 9 Abs. 1 verlangt. Die Regelung ist dadurch gegenstandslos geworden, dass § 1 WPAnrV festlegt, dass es sich bei Studiengängen nach § 8a um **Masterstudiengänge** handeln muss. Zwar müssen gemäß § 3 Nr. 1 WPAnrV vor Beginn des Masterstudiengangs drei Monate Tätigkeit gemäß § 9 Abs. 1 u. drei Monate Prüfungstätigkeit gemäß § 9 Abs. 2 geleistet werden, dies erfolgt allerdings zwingend nach Abschluss des Erststudiums (Bachelor o. Diplom). Durch die 7. WPO-Novelle 2007 wurde klargestellt, dass § 9 Abs. 1 auf den Abschluss des Erststudiums abstellt (Rn. 7). Es bedarf also für die Berücksichtigung der vor dem Studiengang gemäß § 8a zu leistenden Tätigkeit keiner Sonderregelung mehr. 30

Nach wie vor v. Bedeutung ist Satz 2. Ein Bewerber, der einen nach § 8a anerkannten Studiengang erfolgreich abgeschlossen hat, kann danach jederzeit die **Zulassung zum WP-Examen** beantragen, auch wenn er die nach Abs. 1 vorgeschriebene Tätigkeit noch nicht vollständig geleistet hat. Ein Vorteil dieser Möglichkeit könnte darin liegen, dass der Bewerber unmittelbar nach Abschluss des Studiums einen Wissensstand erreicht hat, der es ihm ermöglicht, das Examen erfolgreich zu bewältigen. Eine erneute Prüfungsvorbereitung zu einem späteren Zeitpunkt, die ohne diese Regelung erforderlich wäre, entfiele damit. **Vor der Bestellung als WP** muss der Bewerber gemäß § 15 Satz 4 jedoch nachweisen, dass er insgesamt mind. 3 Jahre gemäß § 9 Abs. 1 tätig war u. dabei auch die erforderliche Prüfungstätigkeit gemäß § 9 Abs. 2 geleistet hat (§ 15 Rn. 15). 31

§ 10 (aufgehoben)

§ 10a (aufgehoben)

§ 11 (aufgehoben)

§ 11a (aufgehoben)

Zweiter Abschnitt
Prüfung

§ 12 Prüfungskommission und Gliederung der Prüfung
(1) Die Prüfung wird vor der Prüfungskommission abgelegt.
(2) Die Prüfung gliedert sich in eine schriftliche und eine mündliche Prüfung.
(3) An alle Bewerber sind ohne Rücksicht auf ihren beruflichen Werdegang gleiche Anforderungen zu stellen.

Inhaltsübersicht

	Rn.
I. Prüfungskommission (Abs. 1)	1–16
1. Allgemeines	1–3
2. Zusammensetzung	4–7
3. Berufung	8–12
4. Rechte und Pflichten	13–14
5. Entscheidungen	15–16
II. Prüfung (Abs. 2)	17–35
1. Prüfungstermine	17–18
2. Schriftliche Prüfung	19–22
3. Mündliche Prüfung	23–27
4. Prüfungsergebnis	28–35
III. Einheitliche Anforderungen (Abs. 3)	36

I. Prüfungskommission (Abs. 1)
1. Allgemeines

1 Die Prüfung wird vor der **Prüfungskommission** abgelegt. Sie ist alleine für alle **Entscheidungen in der schriftlichen u. mündlichen Prüfung** zuständig, die als solche ggü. dem Bewerber ergehen. Dazu gehören vor allem die Benotung der Examensklausuren u. der mündlichen Prüfung. Über die **Aufgabenstellung der Examensklausuren** entscheidet dagegen gemäß § 8 WiPrPrüfV die Aufgabenkommission (§ 5 Rn. 12).

Den Geschäftsbetrieb der Prüfungskommission führt gemäß § 2 Abs. 5 Satz 1 WiPrPrüfV die **Prüfungsstelle** (§ 5 Rn. 11 ff.). Sie ist in diesem Rahmen zuständig für:

- die Bestimmung der Themen für den Vortrag in der mündlichen Prüfung, dies auf Vorschlag eines Mitglieds der Prüfungskommission,
- die Entscheidung, welches Mitglied der Prüfungskommission in welcher Prüfung tätig werden soll,
- alle Entscheidungen, soweit nicht die Aufgaben-, die Prüfungs- o. die Widerspruchskommission zuständig sind.

§ 2 Abs. 5 Satz 2 WiPrPrüfV stellt ausdr. klar, dass zur **Korrektur der Klausuren** auch Mitglieder der Prüfungskommission eingesetzt werden können, die nicht als Prüfer an der mündlichen Prüfung derjenigen Kandidaten teilnehmen, deren Klausuren sie bewerten.

2. Zusammensetzung

Es gibt deutschlandweit nur **eine Prüfungskommission**, der insgesamt ca. 730 Mitglieder angehören. Die früher bestehende regionale Aufteilung der Prüfungskommissionen, die der Zuständigkeit der Bundesländer für das WP-Examen entsprang, wurde durch die 5. WPO-Novelle 2004 mit der Einführung eines bundeseinheitlichen Examens aufgehoben.

Der Begriff „Prüfungskommission" wird jedoch noch in einem weiteren Sinne verwendet: Gemeint ist damit auch die konkrete, jeweils für **eine bestimmte mündliche Prüfung zusammengestellte Kommission**. Dieser Kommission gehören gemäß § 2 Abs. 1 WiPrPrüfV folgende Mitglieder an:

- ein Vertreter der für die Wirtschaft zuständigen o. einer anderen obersten Landesbehörde als **Vorsitzender**: Dieser Vertreter gewährleistet die **Staatlichkeit des Examens**. Die ausdr. Nennung der obersten Landesbehörden für Wirtschaft hat zunächst historische Gründe, da diese Behörden bis zur 5. WPO-Novelle 2004 für das WP-Examen zuständig waren. Es handelt sich i.d.R. auch um diejenigen Ministerien, die dem Beruf des WP inhaltlich am meisten verbunden sind. In jüngerer Zeit ist es jedoch regelmäßig zu Strukturänderungen im Bereich v. Landesregierungen gekommen. Um diesen die Möglichkeit zu geben, auch geeignete Vertreter anderer Ministerien in die Prüfungskommission entsenden zu können, ist die Formulierung erweitert worden;
- ein Hochschullehrer der Betriebswirtschaftslehre: Dieses Mitglied repräsentiert das Prüfungsgebiet „Angewandte Betriebswirtschaftslehre, Volkswirtschaftslehre". Ob es v. einer Universität o. einer Fachhochschule kommt, ist rechtlich unerheblich;
- ein Mitglied mit der Befähigung zum Richteramt: Dieses Mitglied repräsentiert das Prüfungsgebiet „Wirtschaftsrecht";
- ein Vertreter der Finanzverwaltung: Dieses Mitglied repräsentiert das Prüfungsgebiet „Steuerrecht";

- ein Vertreter der Wirtschaft: Dieses Mitglied gewährleistet, dass bei Entscheidungen der Prüfungskommission auch die Perspektive der potentiellen Mandanten, also der „Abnehmer" der v. WP erbrachten beruflichen Leistungen, berücksichtigt wird;
- zwei WP: Diese beiden Mitglieder gewährleisten, dass die Anforderungen der Berufspraxis in die Prüfungsentscheidung Eingang finden. Dies ist vor allem deshalb v. Bedeutung, weil in der mündlichen Prüfung gemäß § 15 Abs. 2 Satz 4 WiPrPrüfV Fragen zu stellen sind, die mit der Berufsarbeit des WP zusammenhängen.

6   Die fachliche **Zuordnung der Mitglieder der Prüfungskommission zu den einzelnen Prüfungsgebieten** gemäß § 4 WiPrPrüfV (Rn. 19, 23) ist damit faktisch weitgehend vorgegeben, nicht jedoch rechtlich. Die Noten der mündlichen Prüfung werden gemäß § 16 Abs. 2 WiPrPrüfV ohnehin v. der gesamten Prüfungskommission festgesetzt, allerdings auf Vorschlag desjenigen, der den jeweiligen Prüfungsabschnitt gestaltet hat.

7   Gemäß § 2 Abs. 1 Satz 2 WiPrPrüfV nehmen diejenigen Mitglieder der Prüfungskommission an **verkürzten Prüfungen** i.S. der §§ 8a, 13-13b nicht teil, in welchen das diesen Prüfern inhaltlich zuzuordnende Prüfungsgebiet entfällt: Bei einer um das Prüfungsgebiet „Steuerrecht" verkürzten Prüfung fehlt der Vertreter der Finanzverwaltung, bei einer um das Prüfungsgebiet „Angewandte Betriebswirtschaftslehre, Volkswirtschaftslehre" verkürzten Prüfung fehlt der Hochschullehrer der Betriebswirtschaftslehre, u. bei einer um das Prüfungsgebiet „Wirtschaftsrecht" verkürzten Prüfung fehlt ein zusätzl. Mitglied mit der Befähigung zum Richteramt; im letzteren Fall ist allerdings darauf zu achten, dass mind. ein Mitglied der Prüfungskommission die Befähigung zum Richteramt haben muss.

3. Berufung

8   Das Verfahren der **Berufung** der Mitglieder der Prüfungskommission regelt § 3 WiPrPrüfV. Das Vorschlagsrecht hat der VO der WPK. Nachdem der VO über seinen Vorschlag entschieden hat, bedarf dieser der Zustimmung des BMWi. Anschließend erfolgt dann die eigentliche Berufung durch den **Beirat** der WPK. Die Berufung erfolgt i.d.R. für 5 Jahre. Allerdings ist auch eine Berufung für einen kürzeren Zeitraum möglich, so dass auch Nachberufungen in der laufenden Amtszeit der Kommission möglich sind. Dies ist deshalb wichtig, weil gemäß § 3 Abs. 1 Satz 2 WiPrPrüfV Mitglieder der Prüfungskommission in ausreichender Zahl zu berufen sind. Im Laufe einer Amtsperiode kann es in einzelnen Bereichen dazu kommen, dass die Zahl der zur Verfügung stehenden aktiven Prüfer sinkt; darauf kann mit Nachberufungen reagiert werden. Die nächste komplette **Neuberufung** der Kommission wird zum 1.1.2014 erfolgen.

9   Nach dem Wortlaut bezieht sich das Vorschlagsrecht des VO der WPK auf alle Mitgliedergruppen der Prüfungskommission. § 3 Abs. 1 WiPrPrüfV enthält jedoch die Einschränkung, dass die **Vertreter der obersten Landesbehörden** nach Benennung durch diese unmittelbar zu berufen sind.

Prüfungskommission und Gliederung der Prüfung § 12

Die **Vertreter der Finanzverwaltung** sind dem VO gemäß § 3 Abs. 2 WiPrPrüfV 10
v. den obersten Landesbehörden für Finanzen vorzuschlagen. Auch an diese Vorschläge ist der VO gebunden, was sich aus einem Umkehrschluss aus § 3 Abs. 4 WiPrPrüfV ergibt, der ausdr. erklärt, dass der VO (nur) an die Vorschläge nach § 3 Abs. 3 WiPrPrüfV nicht gebunden ist; diese Vorschläge betreffen den **Vertreter der Wirtschaft** u. sind v. DIHK auf Anforderung des VO einzureichen.

Nach Möglichkeit ist schon bei der Berufung sicherzustellen, dass die Einhaltung 11
der Rechte u. Pflichten eines Prüfers gewährleistet ist. Eine grds. **Inkompatibilität** ist dagegen bei Personen anzunehmen, die bei **Lehr- u. Vortragsveranstaltungen zur Vorbereitung auf das Examen** tätig sind; diese Personen werden daher i.d.R. nicht in die Prüfungskommission berufen.

§ 3 Abs. 1 Satz 3 WiPrPrüfV eröffnet die Möglichkeit, eine **Berufung aus wich-** 12
tigem Grund zurückzunehmen. Dies kommt etwa bei schweren Verstößen gegen die Pflicht zur Verschwiegenheit o. dann in Betracht, wenn sich nachträglich herausstellt, dass ein Mitglied auch im Rahmen der Vorbereitung v. Kandidaten auf das Examen (Rn. 11) tätig ist. Ferner kann eine weitere Mitwirkung in der Kommission dann unmöglich werden, wenn ein Mitglied die Qualifikation verliert, die Voraussetzung für seine Berufung war; dies ist etwa bei der Pensionierung v. Vertretern der obersten Landesbehörden o. der Finanzverwaltung der Fall.

4. Rechte und Pflichten

Die Mitglieder der Prüfungskommission sind gemäß § 2 Abs. 3 Satz 1 WiPrPrüfV 13
zur **Verschwiegenheit** verpflichtet. Diese Pflicht bezieht sich auf alle Informationen, die ihnen im Rahmen ihrer Tätigkeit in der Prüfungskommission bekannt werden. Grundsätzlich ist ohne das Vorliegen konkreter Hinweise v. jedem potentiellen Mitglied der Kommission zu erwarten, dass es sich an diese Vorgabe hält. Gleichwohl verlangt § 2 Abs. 3 Satz 2 WiPrPrüfV bei erstmaliger Berufung eine Verpflichtung auf die gewissenhafte Erfüllung ihrer Obliegenheiten derjenigen Mitglieder der Kommission, die keine **Amtsträger** sind. Bei letzteren wird davon ausgegangen, dass der von diesen geleistete Amtseid (z.B. § 64 BBG) eine zusätzl. förmliche Verpflichtung überflüssig macht.

Die Mitglieder der Prüfungskommission sind gemäß § 2 Abs. 4 WiPrPrüfV in ihrer 14
Prüfungstätigkeit **unabhängig**. Sie unterliegen keinen Weisungen u. sind an keinerlei Vorgaben gebunden. Dies bedeutet bei der Bewertung v. Klausuren, dass die Korrektoren an etwaige Lösungshinweise zu diesen Klausuren nicht gebunden sind; solche Lösungshinweise können deshalb immer nur unverbindlich sein.

5. Entscheidungen

Die **Prüfungskommission entscheidet in ihrer Gesamtheit** sowohl bei den Noten 15
in der mündlichen Prüfung (§ 16 Abs. 2 WiPrPrüfV) als auch beim Prüfungsergebnis (§ 18 Abs. 1 WiPrPrüfV); eine Entscheidung einzelner Kommissionsmitglieder im Namen der gesamten Kommission ist insoweit nicht vorgesehen (anders als bei der Bewertung der Klausuren, die v. Erst- u. Zweitkorrektor im Namen der Kommission vorgenommen wird, § 12 WiPrPrüfV). Gemäß § 2 Abs. 2 WiPrPrüfV ent-

scheidet die Kommission mit **Stimmenmehrheit**. Sollte Stimmengleichheit bestehen, entscheidet die Stimme des Vorsitzenden.

16 § 2 Abs. 6 WiPrPrüfV ermöglicht es der Prüfungskommission ausdrücklich, außerhalb der mündlichen Prüfung Entscheidungen auch im **schriftlichen Verfahren** zu treffen. Ein Bsp. hierfür ist § 24 Abs. 4 WiPrPrüfV, der die Prüfungskommission ermächtigt, bei nachträglicher Feststellung eines Täuschungsversuchs innerhalb v. 3 Jahren nach Beendigung der Prüfung die Prüfungsentscheidung zu widerrufen u. auszusprechen, dass die Prüfung nicht bestanden ist. Für eine solche Entscheidung ist aus der Gesamtheit aller Mitglieder der Prüfungskommission nach den Vorgaben des § 2 Abs. 1 WiPrPrüfV (Rn. 5) eine ständige Kommission eingerichtet worden, die durch § 2 Abs. 6 WiPrPrüfV die Möglichkeit erhält, auch im schriftlichen Verfahren zu entscheiden.

II. Prüfung (Abs. 2)

1. Prüfungstermine

17 Gemäß § 2 Abs. 7 WiPrPrüfV sollen pro Kalenderjahr **mind. zwei bundesweite Prüfungstermine** durchgeführt werden. Dieser Vorgabe kommt die Prüfungsstelle nach. Die Klausuren werden derzeit üblicherweise im Februar u. im August geschrieben. Die mündlichen Prüfungen finden i.d.R. noch im selben Halbjahr statt; ledigl. im Falle großer Kandidatenzahlen kann es vorkommen, dass auch zu Beginn des folgenden Halbjahres noch mündliche Prüfungen durchgeführt werden müssen.

18 Es bedürfte keiner gesonderten Hervorhebung, dass es sich um „bundesweite" Termine handelt. Dies ist aufgrund der deutschlandweiten Zuständigkeit der Prüfungsstelle ohnehin klar. Gleichwohl wird auch hierdurch verdeutlicht, dass in jedem einzelnen Prüfungstermin **an alle Bewerber gleiche Anforderungen** zu stellen sind.

2. Schriftliche Prüfung

19 Die **schriftliche Prüfung** besteht aus **sieben Klausuren**. Je zwei Klausuren sind aus den Prüfungsgebieten „Wirtschaftliches Prüfungswesen, Unternehmensbewertung und Berufsrecht", „Angewandte Betriebswirtschaftslehre, Volkswirtschaftslehre" u. „Steuerrecht" zu bearbeiten, eine Klausur aus dem „Wirtschaftsrecht". Die Zahl reduziert sich entsprechend, wenn die Prüfung gemäß §§ 8a, 13-13b verkürzt wird.

20 Für jede Klausur stehen zwischen **vier u. sechs Stunden Bearbeitungszeit** zur Verfügung; die genaue Bearbeitungszeit bestimmt die Aufgabenkommission. Eine Schreibzeitverlängerung ist möglich, wenn ein Bewerber behindert ist. Außerdem kommt in solchen Fällen auch die Inanspruchnahme v. Hilfsmitteln in Betracht.

21 Jede Klausur wird v. **zwei Mitgliedern der Prüfungskommission selbstständig bewertet**, die nicht an der mündlichen Prüfung teilnehmen müssen. Gemäß § 12 Abs. 1 Satz 2 WiPrPrüfV können die Bewertungen der beiden Korrektoren gegenseitig mitgeteilt werden. Es ist also nicht nur nach allg. Prüfungsrecht, sondern ausdr. auch nach den Regelungen der WiPrPrüfV zulässig, wenn der Zweitkorrektor

seine Korrektur in Kenntnis der Bewertung durch den Erstkorrektor vornimmt. Weichen die Bewertungen der beiden Korrektoren voneinander ab, gilt gemäß § 12 Abs. 2 WiPrPrüfV der Durchschnitt der Bewertungen.

Für die schriftliche Prüfung wird gemäß § 13 Abs. 1 WiPrPrüfV eine **Gesamtnote** gebildet. Diese Gesamtnote entscheidet über die Zulassung zur mündlichen Prüfung. Die Gesamtnote muss mind. 5,00 (mangelhaft) betragen, anderenfalls ist der Weg in die mündliche Prüfung versperrt und die Prüfung ist nicht bestanden. Dies gilt auch dann, wenn die Klausuren im Prüfungsgebiet „Wirtschaftliches Prüfungswesen, Unternehmensbewertung und Berufsrecht" im Durchschnitt nicht mind. mit 5,00 bewertet sind. 22

3. Mündliche Prüfung

Die mündliche Prüfung besteht aus einem **kurzen Vortrag** u. **fünf Prüfungsabschnitten, in denen Fragen gestellt werden**, die mit der Berufsarbeit der WP zusammenhängen. Im Prüfungsgebiet „Wirtschaftliches Prüfungswesen, Unternehmensbewertung und Berufsrecht" werden zwei Prüfungsabschnitte durchgeführt, in den anderen Prüfungsgebieten je einer. Auch diese Zahl reduziert sich entsprechend, wenn die Prüfung gemäß §§ 8a, 13-13b verkürzt wird. 23

Für den **kurzen Vortrag** wird jedem Kandidaten aus der Berufsarbeit der WP ein Thema aus jedem Prüfungsgebiet vorgelegt; der Kandidat entscheidet, welches Prüfungsgebiet Gegenstand seines Vortrages sein soll. Auch wenn weniger als drei Prüfungsgebiete geprüft werden, stehen mind. drei Themen zur Auswahl; die Zahl der Vorschläge aus dem Prüfungsgebiet „Wirtschaftliches Prüfungswesen, Unternehmensbewertung und Berufsrecht" erhöht sich dann entsprechend (§ 15 Abs. 2 Satz 2 WiPrPrüfV). Die Vorbereitungszeit beträgt für den einzelnen Kandidaten eine halbe Stunde, der Vortrag selbst soll zehn Minuten nicht überschreiten. Seine Bewertung fließt bei der Ermittlung des Ergebnisses der mündlichen Prüfung in das Prüfungsgebiet ein, dem er entnommen ist. 24

Für die **Dauer der mündlichen Prüfung** ist lediglich. eine Höchstgrenze festgelegt: Sie soll gemäß § 15 Abs. 3 Satz 1 WiPrPrüfV für den einzelnen Kandidaten zwei Stunden nicht überschreiten. Für Kandidaten, die in der Vergangenheit (§ 13a Rn 1) eine nach § 13a verkürzte Prüfung abgelegt haben, sollte die Höchstdauer der Prüfung pro Kandidat eine Stunde betragen. Für die mündliche Prüfung im Rahmen einer nach § 8a verkürzten Prüfung legt § 6 Abs. 3 Satz 4 WPAnrV eine Prüfungsdauer v. 60 Minuten fest; auch dies dürfte sich auf den einzelnen Kandidaten beziehen. Schließlich bestimmt § 9 Abs. 4 WPAnrV, dass bei nach § 13b verkürzten Prüfungen die mündliche Prüfung im Prüfungsgebiet „Wirtschaftliches Prüfungswesen, Unternehmensbewertung und Berufsrecht" 45 Minuten betragen muss, wenn die Prüfung um das Prüfungsgebiet „Angewandte Betriebswirtschaftslehre, Volkswirtschaftslehre" verkürzt wird; diese Vorgabe findet keine Anwendung, wenn nur das Prüfungsgebiet „Wirtschaftsrecht" wegfällt. 25

Die mündliche Prüfung ist grds. **nicht öffentl.** Die Prüfungsstelle kann jedoch Personen, die mit dem WP-Examen befasst sind, gemäß § 15 Abs. 4 Satz 2 WiPrPrüfV 26

§ 12 *Prüfungskommission und Gliederung der Prüfung*

gestatten, bei der Prüfung zuzuhören. Ferner kann die Prüfungsstelle gemäß § 15 Abs. 4 Satz 3 WiPrPrüfV sowohl Beschäftigte der WPK als auch sonstige Personen für technische Hilfeleistungen im Rahmen der Prüfung hinzuziehen. Schließlich können zur Prüfung zugelassene Kandidaten u. Personen, die mind. vier Jahre im wirtschaftlichen Prüfungswesen tätig sind u. ein berechtigtes Interesse glaubhaft machen, auf Antrag einmal bei einer mündlichen Prüfung zuhören; nähere Kriterien für die Glaubhaftmachung des Interesses u. für eine inhaltliche Eingrenzung der erforderlichen Tätigkeit enthält die WiPrPrüfV nicht.

27 Für den kurzen Vortrag u. für jeden Prüfungsabschnitt erfolgen gemäß § 16 Abs. 1 WiPrPrüfV **gesonderte Bewertungen**. Hierzu macht der jeweilige Fachprüfer einen Vorschlag, die Noten werden jedoch gemäß § 16 Abs. 2 WiPrPrüfV v. der gesamten Kommission festgesetzt. Dann wird auch für die mündliche Prüfung eine **Gesamtnote** gebildet. Hierzu werden die Noten des Vortrags u. der einzelnen Prüfungsabschnitte addiert u. diese Summe dann durch die Zahl der Noten geteilt.

4. Prüfungsergebnis

28 Durch Multiplikation der Gesamtnote der schriftlichen Prüfung mit dem Faktor 6 u. der Gesamtnote der mündlichen Prüfung mit dem Faktor 4 u. anschließender Division der Summe aus diesen beiden Ergebnissen durch 10 wird gemäß § 17 WiPrPrüfV eine **Prüfungsgesamtnote** gebildet. Die schriftliche Prüfung hat also eine höhere Wertigkeit als die mündliche Prüfung.

29 Die Prüfungskommission entscheidet nach der mündlichen Prüfung über das Prüfungsergebnis. Für das Bestehen der Prüfung kommt es jedoch nicht auf die Prüfungsgesamtnote an. Die Prüfung ist gemäß § 18 Abs. 1 Satz 2 WiPrPrüfV vielmehr dann bestanden, wenn **in jedem Prüfungsgebiet eine mind. mit der Note 4,00 bewertete Leistung** erbracht wurde. Auch für diese Feststellung werden schriftliche u. mündliche Leistung in jedem einzelnen Prüfungsgebiet im Verhältnis 6:4 gewichtet.

30 Die **Prüfungsstelle teilt der geprüften Person das Prüfungsergebnis mit** (§ 23 WiPrPrüfV). Als Prüfungsergebnisse kommen das Bestehen u. das Nichtbestehen der Prüfung sowie die Auferlegung einer Ergänzungsprüfung (Rn. 31 ff.) in Betracht. Auf ausdr. Wunsch des Kandidaten kann in dieser Mitteilung auch die Prüfungsgesamtnote angegeben werden.

31 Das WP-Examen weist ggü. vielen anderen Prüfungen die Besonderheit auf, dass es neben den möglichen Prüfungsergebnissen „bestanden" u. „nicht bestanden" noch ein weiteres Ergebnis vorsieht: die **Ergänzungsprüfung (§ 19 WiPrPrüfV)**. Eine solche kann in zwei Fällen auferlegt werden:

- In einem o. mehreren Prüfungsgebieten wurde ledigl. eine Gesamtnote erzielt, die schlechter als 4,00 ist. Die Prüfungsgesamtnote ist allerdings 4,00 o. besser. In einem solchen Fall ist auf dem o. den Prüfungsgebieten, die eigentlich nicht bestanden sind, eine Ergänzungsprüfung abzulegen (§ 19 Abs. 1 WiPrPrüfV).

- Die Prüfungsgesamtnote ist schlechter als 4,00, allerdings ist ledigl. eines der Prüfungsgebiete schlechter als 4,00 bewertet worden, also nicht bestanden. In dem Fall ist auf diesem Prüfungsgebiet eine Ergänzungsprüfung abzulegen (§ 19 Abs. 2 WiPrPrüfV).

Ein Kandidat, dem eine Ergänzungsprüfung auferlegt wurde, kann sich gemäß § 19 Abs. 3 WiPrPrüfV nur **innerhalb eines Jahres** nach dem Tag der Mitteilung des Prüfungsergebnisses zur Ablegung der Ergänzungsprüfung melden. Versäumt er diese Frist, gilt der Prüfungsversuch endgültig als nicht bestanden. 32

In den Prüfungsgebieten, die Teil der Ergänzungsprüfung sind, muss wiederum eine **schriftliche u. eine mündliche Prüfung** abgelegt werden, letztere allerdings ohne kurzen Vortrag. Um die Ergänzungsprüfung erfolgreich zu absolvieren, muss der Kandidat – ebenso wie in der Ausgangsprüfung – auf jedem Prüfungsgebiet, das Gegenstand der Ergänzungsprüfung ist, eine mind. mit 4,00 bewertete Leistung erbringen; anderenfalls ist der Prüfungsversuch endgültig nicht bestanden. 33

Bei einer verkürzten Prüfung nach § 13a konnte gemäß § 19 Abs. 1 Satz 3, Abs. 2 Satz 3 WiPrPrüfV **keine Ergänzungsprüfung** auferlegt werden. Darüber hinaus stellt § 19 Abs. 5 WiPrPrüfV klar, dass eine Ergänzungsprüfung auch dann nicht auferlegt werden kann, wenn die Prüfung nur das Prüfungsgebiet „Wirtschaftliches Prüfungswesen, Unternehmensbewertung und Berufsrecht" umfasst. Dies kann dann der Fall sein, wenn eine Verkürzung nach § 8a o. § 13b (Wegfall der Prüfungsgebiete „Angewandte Betriebswirtschaftslehre, Volkswirtschaftslehre" und „Wirtschaftsrecht") neben eine Verkürzung nach § 13 (Wegfall des Prüfungsgebiets „Steuerrecht") tritt. 34

Wird die Prüfung nicht bestanden, kann sie gemäß § 22 Abs. 1 WiPrPrüfV **zweimal wiederholt** werden. Insgesamt stehen jedem Kandidaten also drei Prüfungsversuche zur Verfügung. Jede Teilnahme am WP-Examen, egal in welcher Form, gilt als ein Versuch; ob v. einer Verkürzungsmöglichkeit Gebrauch gemacht wurde, spielt keine Rolle. Auch eine bspw. nach § 13a verkürzte Prüfung ist in diesem Sinne ein Prüfungsversuch. Nicht als Prüfungsversuch zählt in diesem Zusammenhang dagegen die Teilnahme an der Eignungsprüfung nach dem Neunten Teil der WPO. Für das StB-Examen hat der BFH (Urt. v. 1.4.2008 – VII R 13/07) dies anders entschieden. Die Begründung lässt sich jedoch nicht auf das WP-Examen übertragen. 35

III. Einheitliche Anforderungen (Abs. 3)

Die Vorgabe des § 12 Abs. 3, dass an alle Bewerber **ohne Rücksicht auf ihren beruflichen Werdegang gleiche Anforderungen** zu stellen sind, ist im Grunde eine Selbstverständlichkeit. Der berufliche Werdegang wird bereits insofern berücksichtigt, als etwa Absolventen des StB-Examens gem. § 13 v. Prüfungsgebiet „Steuerrecht" befreit sind. Innerhalb der abzulegenden Prüfungsgebiete wird dagegen nicht nach der Vorbildung der Kandidaten differenziert. 36

§ 13 Verkürzte Prüfung für Steuerberater

¹Steuerberater und Bewerber, die die Prüfung als Steuerberater bestanden haben, können die Prüfung in verkürzter Form ablegen. ²Bei der Prüfung in verkürzter Form entfällt die schriftliche und mündliche Prüfung im Steuerrecht.

Inhaltsübersicht

		Rn.
I.	Voraussetzungen (Satz 1)	1
II.	Verkürzung der Prüfung (Satz 2)	2–3
III.	Antrag	4–6

I. Voraussetzungen (Satz 1)

1 Die Vorschrift ist zuletzt durch die 4. WPO-Novelle 2001 geändert worden. Sie ermöglicht zum Zeitpunkt des WP-Examens bestellten StB u. Bewerbern, die das StB-Examen bestanden haben u. nicht als StB bestellt sind, die WP-Prüfung in verkürzter Form abzulegen. Keine Ausnahme gilt für StB, die gemäß § 38 StBerG **prüfungsfrei als StB bestellt** worden sind. Auch diese können die WP-Prüfung in verkürzter Form ablegen.

II. Verkürzung der Prüfung (Satz 2)

2 Bei der verkürzten Prüfung **entfällt die schriftliche u. mündliche Prüfung im Steuerrecht**. Bei Bewerbern, die StB sind o. die Prüfung als StB bestanden haben, war Steuerrecht i.S. des § 4 Buchstabe D. WiPrPrüfV bereits Gegenstand der v. diesen Bewerbern abgelegten Prüfung als StB.

3 **Prüfungsfrei als StB bestellte Personen**, deren Bestellung erloschen ist, können die Vorschrift nicht in Anspruch nehmen, da sie aufgrund der Ausnahmeregelung des § 38 StBerG keine Prüfung als StB abgelegt haben.

III. Antrag

4 Die Verkürzung der Prüfung nach dieser Vorschrift setzt einen **Antrag** voraus. Gemäß § 1 Abs. 1 Satz 2 Nr. 8 WiPrPrüfV ist dem Antrag auf Zulassung zur Prüfung eine Erklärung darüber beizufügen, ob die Prüfung in verkürzter Form abgelegt werden soll.

5 Die Zulassung zur Ablegung der Prüfung in verkürzter Form setzt voraus, dass die Voraussetzungen **spätestens dann** gegeben sind, wenn die Prüfungsstelle über die **Zulassung zur Prüfung entscheidet**. Es reicht nicht aus, wenn die StB-Prüfung nach der Zulassung zur Prüfung, aber bis zum Beginn der schriftlichen Prüfung bestanden wird.

6 Die Prüfung im Steuerrecht kann ebenso wenig im Nachhinein erlassen werden. So kann ein Bewerber, der in der WP-Prüfung das Steuerrecht nicht bestanden hat, aber parallel an der Prüfung als StB mit Erfolg teilgenommen hat, **nicht nachträglich die Verkürzung der WP-Prüfung um Steuerrecht** beantragen.

§ 13a Verkürzte Prüfung für vereidigte Buchprüfer

(1) ¹Vereidigte Buchprüfer und vereidigte Buchprüferinnen können die Prüfung in verkürzter Form ablegen. ²Bei der Prüfung in verkürzter Form entfällt für vereidigte Buchprüfer und vereidigte Buchprüferinnen, die Steuerberater oder Steuerberaterinnen sind, die schriftliche und mündliche Prüfung im Steuerrecht, in Angewandter Betriebswirtschaftslehre und Volkswirtschaftslehre, für vereidigte Buchprüfer und vereidigte Buchprüferinnen, die Rechtsanwälte oder Rechtsanwältinnen sind, im Wirtschaftsrecht, in Angewandter Betriebswirtschaftslehre und Volkswirtschaftslehre.

(2) ¹Anträge auf Zulassung zur verkürzten Prüfung, die nicht für eine Wiederholungsprüfung gestellt werden, müssen bis spätestens 31. Dezember 2007 formgerecht eingereicht werden. ²Die Prüfungen müssen bis spätestens 31. Dezember 2009 abgelegt sein. ³Dieselbe Frist gilt für die den Prüfungen nachfolgenden Rücktrittsfolge- und Wiederholungsprüfungen nach den §§ 21, 22, 32 und 33 der Wirtschaftsprüferprüfungsverordnung; nach Ablauf der Frist nach Satz 2 besteht kein Anspruch mehr auf deren Durchführung.

Die Vorschrift ist zuletzt durch die 5. WPO-Novelle 2004 **im Rahmen der Regelungen zur Schließung des Zugangs zum vBP-Beruf** geändert worden (vgl. Vor §§ 128 ff. Rn. 7-12). Sie ermöglichte vBP noch bis zum 31.12.2009, die WP-Prüfung in verkürzter Form abzulegen (zu den Einzelheiten der verkürzten Prüfung nach dieser Regelung s. die Kommentierung in der 1. Aufl.). 1

Wer als vBP bis zum 31.12.2009 nicht alle Prüfungsversuche ausgeschöpft hat – das WP-Examen kann zweimal wiederholt werden –, kann die Prüfung seitdem nur noch nach den sonstigen Regelungen der WPO ablegen. Die Möglichkeit für vBP, die zugl. StB sind, die Prüfung gemäß § 13 in verkürzter Form abzulegen, besteht weiterhin. 2

§ 13b Verkürzte Prüfung nach Anrechnung gleichwertiger Prüfungsleistungen, Rechtsverordnung

¹Prüfungsleistungen, die im Rahmen einer Hochschulausbildung erbracht werden, werden angerechnet, wenn ihre Gleichwertigkeit in Inhalt, Form und Umfang mit den in § 4 der Wirtschaftsprüferprüfungsverordnung aufgeführten Anforderungen der Prüfungsgebiete Angewandte Betriebswirtschaftslehre, Volkswirtschaftslehre oder Wirtschaftsrecht im Zulassungsverfahren durch die Prüfungsstelle festgestellt wird. ²Bei der Prüfung in verkürzter Form entfällt die schriftliche und mündliche Prüfung in dem entsprechenden Prüfungsgebiet. ³Das Bundesministerium für Wirtschaft und Technologie wird ermächtigt, durch Rechtsverordnung mit Zustimmung des Bundesrates die inhaltlichen und formalen Voraussetzungen für die Feststellung der Gleichwertigkeit und das Verfahren festzulegen.

§ 13b Verkürzte Prüfung nach Abrechnung gleichwertiger Prüfungsleistungen, Rechtsverordnung

Inhaltsübersicht

	Rn.
I. Allgemeines	1–2
II. Anwendungsbereich	3
III. Wirtschaftsprüfungsexamens-Anrechnungsverordnung	4–23
1. Allgemeines	4–6
2. Voraussetzungen der Anrechnung	7–12
3. Verfahren der Anrechnung	13–20
4. Folge der Anrechnung	21–22
5. Ausschluss der Anrechnung	23

I. Allgemeines

1 Die Vorschrift ist durch die 5. WPO-Novelle 2004 eingefügt worden. Sie ist Grundlage für die **Anrechnung v. an einer Hochschule erbrachten Prüfungsleistungen.**

2 Die Vorschrift „hat das Ziel, auf den Beruf des Wirtschaftsprüfers ausgerichtete Theorieangebote der Hochschulen zu fördern, um somit bestimmte Teile, (…), die im Rahmen des Wirtschaftsprüfungsexamens ohnehin erlernt werden müssen, aus dem Hochschulbereich – und damit zur Wahrung der Qualität im staatlichen Bereich belassend – anzurechnen. Damit wird nicht nur das **Wirtschaftsprüfungsexamen entlastet**, sondern auch (…) notwendiges Mehrfacherlernen desselben Themenstoffes zugunsten einer moderneren, schlanken und zügigeren Ausbildung vermieden" (BT-Drs. 15/1241, 32 f.).

II. Anwendungsbereich

3 Die Vorschrift ist Grundlage für die **Anrechnung** v. Prüfungsleistungen aus den Prüfungsgebieten „**Angewandte Betriebswirtschaftslehre, Volkswirtschaftslehre**" u. „**Wirtschaftsrecht**". Eine Anrechnung v. im Rahmen eines Studiums erbrachten Prüfungsleistungen aus den Gebieten „Wirtschaftliches Prüfungswesen, Unternehmensbewertung und Berufsrecht" u. „Steuerrecht" ist nicht möglich.

III. Wirtschaftsprüfungsexamens-Anrechnungsverordnung

1. Allgemeines

4 Die Einzelheiten der Anrechnung v. Prüfungsleistungen auf das WP-Examen regelt die Vorschrift nicht. Sie ermächtigt das BMWi, die inhaltlichen u. formalen Voraussetzungen für die Feststellung der Gleichwertigkeit u. das **Verfahren in einer Rechtsverordnung festzulegen**. Der Bundesrat muss der Verordnung zustimmen.

5 Das BMWi hat v. der Verordnungsermächtigung durch Erlass der „Verordnung über die Voraussetzungen der Anerkennung von Studiengängen nach § 8a der Wirtschaftsprüferordnung und über die Anrechnung von Prüfungsleistungen aus Studiengängen nach § 13b der Wirtschaftsprüferordnung (**Wirtschaftsprüfungsexamens-Anrechnungsverordnung – WPAnrV**) v. 27.5.2005 (BGBl. I S. 1520) Gebrauch gemacht (Anhang 3). Die WPAnrV wurde durch die Erste Verordnung zur Änderung der WPAnrV v. 8.6.2009 (BGBl. I S. 1263) und durch die Zweite Verordnung zur Änderung der WPAnrV v. 28.9.2012 (BGBl. I S. 2095) geändert.

Teil 2 der WPAnrV regelt in Umsetzung der Vorschrift die **verkürzte Prüfung** nach Anrechnung gleichwertiger Prüfungsleistungen. Es werden die **Voraussetzungen** u. das **Verfahren** für die Anrechnung v. Hochschulprüfungen in einem o. beiden der Prüfungsgebiete „Angewandte Betriebswirtschaftslehre, Volkswirtschaftslehre" u. „Wirtschaftsrecht" auf das WP-Examen geregelt. 6

2. Voraussetzungen der Anrechnung

Leistungsnachweise für schriftliche u. mündliche Prüfungen in einem o. beiden der Prüfungsgebiete „Angewandte Betriebswirtschaftslehre, Volkswirtschaftslehre" u. „Wirtschaftsrecht", die in einem Studium erbracht worden sind, werden gemäß § 7 Abs. 1 Satz 1 WPAnrV **auf das WP-Examen angerechnet**, wenn 7

- die **Prüfungen** als **gleichwertig** festgestellt werden,
- das gewählte **Haupt- o. Schwerpunktfach** den wesentlichen Inhalten eines o. beider Prüfungsgebiete „Angewandte Betriebswirtschaftslehre, Volkswirtschaftslehre" u. „Wirtschaftsrecht" entspricht u.
- hierin **Prüfungsleistungen erbracht** worden sind.

Gleichwertigkeit ist dann gegeben, wenn die Prüfungen nach ihrem **Inhalt**, ihrer **Form** u. ihrem gesamten **zeitlichen Umfang** denen des WP-Examens i. Erg. gleichzusetzen sind (§ 7 Abs. 2 Satz 1 WPAnrV). 8

Die Gleichwertigkeit wird gemäß § 7 Abs. 2 Satz 3 anhand des **Referenzrahmens** (vgl. § 8a Rn. 21 f.) u. darauf basierender Lehrpläne (**Curricula**) (vgl. § 8a Rn. 23 ff.) beurteilt. 9

Die WPAnrV beschränkt die Anrechnung nicht auf bestimmte Studiengänge. Es kann sich gemäß § 7 Abs. 1 Satz 1 WPAnrV um **in- o. ausländische Studiengänge** handeln. 10

Durch die WPAnrV wird **keine bestimmte fachliche Ausrichtung der Studiengänge** vorgegeben. Da gemäß § 7 Abs. 1 Satz 1 Nr. 2 WPAnrV das gewählte Haupto. Schwerpunktfach den wesentlichen Inhalten eines o. beider Prüfungsgebiete „Angewandte Betriebswirtschaftslehre, Volkswirtschaftslehre" u. „Wirtschaftsrecht" entsprechen muss, muss es sich aber um einen wirtschafts- u. bzw. o. rechtswissenschaftlich ausgerichteten Studiengang handeln. 11

Zur **Art des Studiengangs** enthält die WPAnrV ebenfalls keine Vorgaben. Grundsätzlich können Prüfungen aus jedem hochschulrechtlich möglichen Studiengang angerechnet werden. Eine Beschränkung auf bestimmte Studiengänge gilt im Gegensatz zur Umsetzung des § 8a nicht. Anrechenbar sind damit grds. Prüfungen aus Bachelor-, Master-, Diplom-, Staatsexamens- o. sonstigen Studiengängen. 12

3. Verfahren der Anrechnung

Die **Gleichwertigkeit** v. Prüfungen u. deren Anrechnung auf das WP-Examen **stellt** gemäß § 9 Abs. 1 Satz 1 WPAnrV die **Prüfungsstelle** im Zulassungsverfahren zum WP-Examen **fest**. 13

§ 13b *Verkürzte Prüfung nach Abrechnung gleichwertiger Prüfungsleistungen, Rechtsverordnung*

14 Die Feststellung kann auf zwei verschiedenen Wegen erfolgen: Entweder gemäß § 9 Abs. 1 Satz 2 WPAnrV auf Grundlage einer zuvor **einer Hochschule erteilten Bestätigung** o. aufgrund einer **(Einzel-)Feststellung zur Anrechnung einzelner Leistungsnachweise**.

15 Die sog. **Hochschulbestätigung** ist eine Feststellung der Prüfungsstelle, dass schriftliche u. mündliche Prüfungen einer Hochschule dem Grundsatz nach den Prüfungen im WP-Examen als gleichwertig gelten (§ 8 Abs. 1 WPAnrV).

16 Die Bestätigung wird einer Hochschule auf **Antrag** erteilt (§ 8 Abs. 1 Satz 1 WP-AnrV).

17 Sie ist gemäß § 8 Abs. 1 Satz 2 WPAnrV **verbindlich**. Wenn ein Studiengang nach Erteilung der Bestätigung wesentlich umgestaltet wurde, kann nach § 9 Abs. 6 Satz 3 WPAnrV jedoch die Anrechnung v. Prüfungsleistungen abgelehnt werden. Nach Maßgabe der Gebührenordnung der WPK ist sie **kostenpflichtig** (§ 8 Abs. 2 WPAnrV).

18 Wenn einer Hochschule keine Bestätigung erteilt wurde, erfolgt die Feststellung der **Anrechnung anhand einzelner Leistungsnachweise**. Dies ist jedoch seit der Änderung der WPAnrV durch die Erste Verordnung zur Änderung der WPAnrV (vgl. Rn. 5) gemäß § 10 Abs. 3 WPAnrV nur noch dann möglich, wenn die Prüfungsleistungen in einem Studium erbracht worden sind, das spätestens am 17.6.2009 begonnen wurde.

19 Die **Leistungsnachweise** sind unabhängig davon, ob eine sog. Hochschulbestätigung erteilt worden ist, v. dem Antragsteller im Zulassungsverfahren zum WP-Examen gemäß § 9 Abs. 2 Satz 1 WPAnrV **im Original o. in beglaubigter Abschrift der Prüfungsstelle vorzulegen**. Für das Zulassungsverfahren gilt i.Ü. § 7.

20 Das **Studium muss mit Erfolg abgeschlossen** worden sein; der erfolgreiche Studienabschluss darf zum Zeitpunkt der Antragstellung auf Zulassung zum WP-Examen nicht länger als sechs Jahre zurückliegen (§ 9 Abs. 2 Satz 2 WPAnrV).

4. Folge der Anrechnung

21 Im Falle der Anrechnung v. Prüfungsleistungen **entfallen im WP-Examen** die schriftlichen u. mündlichen Prüfungen auf einem o. beiden der Prüfungsgebiete „**Angewandte Betriebswirtschaftslehre, Volkswirtschaftslehre**" u. „**Wirtschaftsrecht**".

22 Soweit im WP-Examen nach dieser Vorschrift **beide Prüfungsgebiete entfallen** u. das WP-Examen auch nach § 13 verkürzt wird, so dass **auch das Prüfungsgebiet „Steuerrecht" entfällt**,, ist eine **Ergänzungsprüfung ausgeschlossen** (§ 9 Abs. 5 WPAnrV).

5. Ausschluss der Anrechnung

23 Die Anrechnung v. Prüfungsleistungen nach dieser Vorschrift ist ausgeschlossen, wenn die Prüfungsleistungen vor Inkrafttreten der WPAnrV erbracht worden sind.

Die WPAnrV ist am 8.6.2005 in Kraft getreten. Nur **nach dem 8.6.2005 erbrachte Prüfungsleistungen** unterliegen daher der Anrechnung nach dieser Vorschrift.

§ 14 Einzelheiten des Prüfungsverfahrens

¹**Das Bundesministerium für Wirtschaft und Technologie regelt durch Rechtsverordnung**

1. die Einrichtung der Prüfungskommission, der Aufgabenkommission und der Widerspruchskommission, in denen jeweils eine Person, die eine für die Wirtschaft zuständige oder eine andere oberste Landesbehörde vertritt, den Vorsitz hat, die Zusammensetzung und die Berufung ihrer Mitglieder;
2. die Einzelheiten der Prüfungsaufgabenfindung, der Prüfung und des Prüfungsverfahrens, insbesondere die dem Antrag auf Zulassung zur Prüfung beizufügenden Unterlagen, und die Prüfungsgebiete;
3. die schriftliche und mündliche Prüfung, Rücktritt und Ausschluss von der Prüfung, Prüfungsergebnis, Ergänzungsprüfung, Wiederholung der Prüfung und die Mitteilung des Prüfungsergebnisses.

²**Die Rechtsverordnung bedarf nicht der Zustimmung des Bundesrates.**

Es handelt sich um eine **Ermächtigungsgrundlage für das BMWi** zum Erlass einer Rechtsverordnung, welche die Einzelheiten zur Einrichtung, Zusammensetzung u. Berufung v. Prüfungs-, Aufgaben- u. Widerspruchskommission u. v. Prüfungsablauf u. -durchführung regelt. Die Rechtsverordnung bedarf nicht der Zustimmung des Bundesrates. 1

Die früher geltende „Prüfungsordnung für Wirtschaftsprüfer" wurde durch die **Prüfungsverordnung für Wirtschaftsprüfer nach §§ 14 u. 131l der Wirtschaftsprüferordnung (Wirtschaftsprüferprüfungsverordnung – WiPrPrüfV) v. 20.7.2004** ersetzt (BGBl. I, 1707, **Anhang 2**). Die bisher letzte Änderung erfolgte durch die 7. WPO-Novelle 2007; sie betraf ledigl. einzelne redaktionelle Anpassungen. Die WiPrPrüfV fasst die Vorschriften für das reguläre WP-Examen u. für die Eignungsprüfung zusammen. Auf das WP-Examen beziehen sich im Wesentlichen die §§ 1-24 WiPrPrüfV. Die einschlägigen Regelungen sind im Rahmen der Kommentierung der §§ 5 ff. angesprochen. 2

§ 14a Zulassungsgebühr, Prüfungsgebühr

¹**Für alle Zulassungs- und Prüfungsverfahren und für erfolglose Widerspruchsverfahren sind Gebühren an die Wirtschaftsprüferkammer zu zahlen; die Wirtschaftsprüferkammer kann die Erhebung der Gebühren sowie deren Höhe und Fälligkeit bestimmen.** ²**Näheres regelt die Gebührenordnung der Wirtschaftsprüferkammer (§ 61 Abs. 2).**

Inhaltsübersicht

	Rn.
I. Allgemeines	1
II. Gebühren (Satz 1)	2–24
1. Gebührentatbestände	2–8
2. Gebührenerhebung	9
3. Gebührenhöhe	10–18
4. Gebührenfälligkeit	19–24

I. Allgemeines

1 Die Vorschrift ist durch die 5. WPO-Novelle 2004 geändert worden. § 135 enthält eine **Übergangsregelung**, die Kandidaten v. Anwendungsbereich der GebO WPK ausnimmt, die zum Zeitpunkt des Inkrafttretens des Gesetzes bereits im Prüfungsverfahren standen.

II. Gebühren (Satz 1)

1. Gebührentatbestände

2 Die Vorschrift regelt abschließend die Verfahren, für die i.Z.m. der WP-Prüfung Gebühren an die WPK zu zahlen sind. Die WPK hat in der nach § 61 Abs. 2 erlassenen GebO **die Gebührentatbestände** u. die **Höhe der Gebühren** sowie deren **Fälligkeit** geregelt.

a) Zulassungsverfahren

3 Das Zulassungsverfahren **beginnt mit dem Zugang eines Antrages auf Zulassung** zur Prüfung bei der Prüfungsstelle o. einer LGS der WPK. Für das Zulassungsverfahren ist eine Zulassungsgebühr an die WPK zu zahlen.

4 Die **Erteilung einer verbindlichen Auskunft** (s. § 6) nimmt eine (Teil-) Entscheidung im Zulassungsverfahren vorweg. Die verbindliche Auskunft ist eine (teilw.) vorverlagerte Entscheidung über einen Zulassungsantrag. Für die Erteilung einer verbindlichen Auskunft durch die Prüfungsstelle ist daher ebenfalls eine Gebühr an die WPK zu zahlen.

b) Prüfungsverfahren

5 Für das Prüfungsverfahren ist eine Prüfungsgebühr an die WPK zu zahlen.

6 Wird die Prüfung mit dem Prüfungsergebnis abgeschlossen, dass eine Ergänzungsprüfung abzulegen ist (§§ 18 f. WiPrPrüfV), hat die geprüfte Person, die sich zur Ablegung der Ergänzungsprüfung meldet, für die **Ergänzungsprüfung eine weitere Gebühr** an die WPK zu zahlen.

c) Erfolglose Widerspruchsverfahren

7 Gegen Bescheide, die im Rahmen des Zulassungs- u. Prüfungsverfahrens erlassen werden, kann gemäß § 68 Abs. 1 Satz 1 VwGO Widerspruch erhoben werden (vgl. § 5 Rn. 16 ff.). Bei einem **erfolglosen Widerspruchsverfahren ist eine Gebühr an die WPK zu zahlen.**

Wird **gegen Gebührenbescheide erfolglos Widerspruch erhoben, ist keine weitere Gebühr** an die WPK zu zahlen. 8

2. Gebührenerhebung
Die **Erhebung der jeweiligen Gebühr** erfolgt durch die Prüfungsstelle über die LGS der WPK. 9

3. Gebührenhöhe
Die Gebührenhöhe hat die WPK in der Gebührenordnung der WPK (GebO WPK) festgelegt. In der Fassung des Beiratsbeschlusses v. 20.11.2012 gilt folgendes: 10

a) Zulassungsverfahren
Für die Bearbeitung eines Antrages auf **Zulassung zur Prüfung** wird eine Zulassungsgebühr in Höhe von 500 Euro erhoben. 11

Die Gebühr ermäßigt sich auf die Hälfte, wenn der **Antrag vor der Entscheidung über die Zulassung zur Prüfung zurückgenommen** wird. 12

Für eine auf Antrag erteilte **verbindliche Auskunft** wird eine Gebühr in Höhe von 50 Euro erhoben. 13

Die Gebühr ermäßigt sich auf die Hälfte, wenn der **Antrag auf Erteilung der verbindlichen Auskunft vor deren Erteilung zurückgenommen** wird. 14

b) Prüfungsverfahren
Für das **Prüfungsverfahren** wird eine Prüfungsgebühr in Höhe von 3.000 Euro erhoben; für das Prüfungsverfahren nach dem Neunten Teil der WPO (Eignungsprüfung als WP) beträgt die Prüfungsgebühr 1.500 Euro. 15

Bei **Ergänzungsprüfungen** wird eine Prüfungsgebühr in Höhe von 1.500 Euro erhoben. 16

Die jeweilige Gebühr ermäßigt sich auf die Hälfte, wenn der Bewerber **bis zum Ende der Bearbeitungszeit für die letzte Aufsichtsarbeit v. der Prüfung zurücktritt**. Das gilt auch, wenn der Rücktritt bereits vor Beginn der schriftlichen Prüfung erfolgt o. ein Bewerber an den Aufsichtsarbeiten nicht teilnimmt, ohne dass hierfür ein triftiger Grund besteht u. rechtzeitig nachgewiesen wird (§ 21 WiPrPrüfV). 17

c) Erfolglose Widerspruchsverfahren
Für **erfolglos eingelegte Widersprüche gegen Entscheidungen im Zulassungs- u. Prüfungsverfahren** wird eine Gebühr in Höhe der Hälfte der Zulassungs- o. jeweiligen Prüfungsgebühr erhoben. 18

4. Gebührenfälligkeit
Die jeweilige Gebühr ist gemäß § 4 GebO WPK mit dem Antrag o. zu einem v. der WPK zu bestimmenden Zeitpunkt zu entrichten. 19

a) Zulassungsverfahren
Die **Zulassung zur Prüfung** erfolgt gemäß § 7 auf Antrag. Die WPK hat keine Festlegung über den Zeitpunkt für die Entrichtung der Zulassungsgebühr getroffen. 20

Die Zulassungsgebühr ist daher **mit Antragstellung zu entrichten.** Sie ist zu diesem Zeitpunkt fällig.

21 Eine **verbindliche Auskunft** wird gemäß § 6 auf Antrag erteilt. Die WPK hat keine Festlegung über den Zeitpunkt für die Entrichtung der Gebühr für die Erteilung einer verbindlichen Auskunft getroffen. Die Gebühr ist daher **mit der Antragstellung zu entrichten.** Sie ist zu diesem Zeitpunkt fällig.

b) Prüfungsverfahren

22 Die WPK hat bestimmt, dass die **Prüfungsgebühr** mit der Eröffnung des Zulassungsverfahrens angefordert wird. Sie ist – wie die Zulassungsgebühr – **mit der Stellung des Antrags auf Zulassung zur Prüfung fällig.**

23 Die Prüfungsgebühr für **Ergänzungsprüfungen** wird angefordert, wenn die geprüfte Person sich nach § 19 Abs. 3 WiPrPrüfV zur Ablegung der Ergänzungsprüfung meldet.

c) Erfolglose Widerspruchsverfahren

24 Ob ein Widerspruchsverfahren erfolglos bleibt, ergibt sich aus der Entscheidung der hierfür zuständigen Widerspruchskommission (vgl. § 5 Rn. 14). Wird ein **Widerspruch als unzulässig o. unbegründet zurückgewiesen**, wird im Widerspruchsbescheid auch festgelegt, dass für das erfolglose Widerspruchsverfahren die entsprechende Gebühr zu entrichten ist. Die Gebühr für erfolglose Widerspruchsverfahren ist **mit Erlass des Widerspruchsbescheides fällig.**

§§ 14b und 14c (aufgehoben)

Dritter Abschnitt

Bestellung

§ 15 Bestellungsbehörde und Gebühren

[1]Nach bestandener Prüfung wird der Bewerber auf Antrag durch Aushändigung einer von der Wirtschaftsprüferkammer ausgestellten Urkunde als Wirtschaftsprüfer bestellt. [2]Zuständig ist die Wirtschaftsprüferkammer. [3]Wird der Antrag auf Bestellung als Wirtschaftsprüfer nicht innerhalb von fünf Jahren nach bestandener Prüfung gestellt, so finden auf die Bestellung die Vorschriften des § 23 Abs. 2 und 3 entsprechende Anwendung. [4]Wer gemäß § 9 Abs. 6 Satz 2 zugelassen wurde, hat vor der Bestellung den Nachweis der insgesamt dreijährigen Tätigkeit nach § 9 Abs. 1, einschließlich der Prüfungstätigkeit nach § 9 Abs. 2, vorzulegen.

Schrifttum: *Dietlein/Heinemann*, eGovernment und elektronischer Verwaltungsakt – Ein Überblick über das 3. VwVfÄndG –, NWVBl. 2005, 53-59; *Schmitz*, Die Regelung der elektronischen Kommunikation im Verwaltungsverfahrensgesetz, DÖV 2005, 885-893; *Lenz*, Kontrolle und Transparenz im Unternehmensbereich durch die Institution Abschlussprüfung, BB 1997, 1523; *Wemmer,* Die Aushändigung einer beamtenrechtlichen Urkunde, DÖV 1964, 767-771.

Inhaltsübersicht

	Rn.
I. Allgemeines	1
II. Funktion der öffentlichen Bestellung	2–4
III. Bestellungsverfahren	5–24
1. Zuständigkeit	6
2. Antrag	7–10
3. Prüfung des Antrages	11–15
4. Bestellung	16–22
5. Gebühren	23
6. Niederschrift	24

I. Allgemeines

§ 15 trifft die **maßgeblichen Bestimmungen zum Bestellungsverfahren.** Die Kernaussage der Vorschrift, nach der die Bestellung durch Aushändigung der Bestellungsurkunde durch eine staatliche Stelle erfolgt, ist seit Inkrafttreten der WPO unverändert. Die vorgenommenen Änderungen stellen Anpassungen an das wiederholt geänderte Verwaltungsverfahrensgesetz, an Änderungen des Prüfungsrechts u. an die Zuständigkeitsübertragung v. den obersten Landesbehörden auf die WPK dar. Eine 1970 eingefügte Regelung über die Erhebung einer Gebühr für die Bestellung wurde durch die 4. WPO-Novelle 2001 zugunsten einer allg. Befugnis zur Gebührenerhebung in § 61 Abs. 2 Satz 1 gestrichen; dabei wurde die Streichung der nunmehr irreführenden amtl. Überschrift des § 15 „... und Gebühren" v. Gesetzgeber vergessen. Das ursprünglich in Satz 2 geregelte Verbot der Bestellung in elektronischer Form wurde 2009 durch das „Gesetz zur Umsetzung der Dienstleistungsrichtlinie im Gewerberecht und in weiteren Rechtsvorschriften" aufgehoben. 1

II. Funktion der öffentlichen Bestellung

Gemäß § 1 Abs. 1 Satz 1 sind Wirtschaftsprüfer u. Wirtschaftsprüferinnen (Berufsangehörige) Personen, die als solche öffentl. bestellt sind. Das Erfordernis der öffentl. Bestellung folgt aus der dem Beruf mit der Durchführung gesetzlicher AP übertragenen öffentl. Aufgabe (§ 1 Rn. 6). Das Erfordernis der **öffentl. Bestellung** soll zusammen mit der Vereidigung neben der notwendigen Legitimation das im besonderen Maß erforderliche **Vertrauen in** die **Kompetenz** u. **Unabhängigkeit** der Berufsangehörigen sicherstellen (Lenz, BB 1997, 1523). 2

Die Öffentlichkeit der Bestellung findet sich im Wortlaut des § 15 anders als in § 1 Abs. 1 nicht ausdr. wieder. Sie geht inhaltlich aber in der Zuständigkeit der WPK für die Bestellung auf. Die **Bestellung** wird gerade dadurch, dass sie **durch die WPK als KöR erfolgt, zur öffentl. Bestellung** i.S.d. § 1 Abs. 1. Eine Bestellung durch nicht hoheitliche Stellen, etwa durch rein privatrechtlich organisierte Berufsvereinigungen ohne Beleihung, kann die Voraussetzung des § 1 Abs. 1 nicht erfül- 3 len. Die WPK unterstreicht den öffentlich-rechtlichen Charakter der Bestellung durch die Öffentlichkeit der Bestellungsveranstaltungen (§ 1 Rn. 7).

4 Rechtlich ist die Bestellung als **mitwirkungsbedürftiger, formgebundener u. rechtsgestaltender VA** einzuordnen, auf den der Bewerber bei Vorliegen der Voraussetzungen einen grundrechtlich geschützten Anspruch hat. Als rechtsgestaltender VA ist die Bestellung **bedingungsfeindlich** (BVerwG 29.6.1967, NJW 1967, 2421).

III. Bestellungsverfahren

5 Auf das **Bestellungsverfahren** findet § 36a, insb. Abs. 2 Anwendung. Danach ist der Bewerber verpflichtet, die für die Prüfung der Bestellungsvoraussetzungen erforderlichen Tatsachen vorzubringen u. wenn nötig nachzuweisen.

1. Zuständigkeit

6 Für die Durchführung des gesamten Bestellungsverfahrens ist nach Satz 2 die **WPK zuständig**. Diese ist als KöR Teil der mittelbaren Staatsverwaltung u. damit Träger öffentlicher Gewalt. Mit der Zuweisung der Bestellung an die WPK stellt der Gesetzgeber die Öffentlichkeit der Bestellung sicher u. unterstreicht die staatliche Funktion der WPK.

2. Antrag

7 Die Bestellung erfolgt **nur auf Antrag**. Dadurch werden erfolgreiche Examenskandidaten vor einer ungewollten Auferlegung der aus der Bestellung zum WP folgenden Pflichten bewahrt. Vor Einführung der WPO war in den Ländern der ehemaligen amerikanischen Besatzungszone der Antrag auf Bestellung mit dem Antrag auf Zulassung zur Prüfung verbunden. Mit erfolgreicher Ablegung der Prüfung wurden die Kandidaten zugleich Mitglieder des Berufsstandes.

8 Der Antrag ist eine **empfangsbedürftige Willenserklärung**, auf welche die Vorschriften über zivilrechtliche Willenserklärungen gemäß § 130 Abs. 3 BGB Anwendung finden. Der Antrag kann mithin bis zu seinem Zugang bei der WPK widerrufen, danach wegen seiner verfahrensrechtlichen Bedeutung bis zur Bestellung zurückgenommen werden.

9 Der Antrag auf Bestellung ist **nicht formgebunden**. Er ist an die nach Satz 2 zuständige WPK zu richten. Nach deren internen Geschäftsverteilung obliegt die Durchführung des Bestellungsverfahrens der LGS, in deren Zuständigkeitsbereich der Antragsteller seine berufliche NL zu begründen beabsichtigt. Insoweit knüpft die Praxis an die frühere dezentrale Bestellung durch die obersten Landesbehörden für Wirtschaft an. Bei beabsichtigter beruflicher NL im Ausland kann der Bewerber eine beliebige LGS auswählen. Ein **Antragsformular** u. ein Erfassungsbogen für den Ureintrag im Berufsregister, deren Verwendung die Bearbeitung vereinfacht u. beschleunigt, finden sich, ebenso wie die Darstellung der regionalen Zuständigkeiten der LGS, **im Internetangebot der WPK**.

10 Der Antrag auf Bestellung ist **nicht fristgebunden**. Geht der Antrag auf Bestellung **jedoch nicht innerhalb v. fünf Jahren** nach bestandener Prüfung bei der WPK ein, begründet die bestandene Prüfung nicht mehr die Vermutung der für die Bestellung erforderlichen fachlichen Eignung. Die WPK ist vielmehr verpflichtet zu prüfen, ob die pflichtgemäße Ausübung des Berufes gewährleistet erscheint (Rn. 12).

3. Prüfung des Antrages

Stellt der Bewerber seinen **Antrag** auf Bestellung **innerhalb v. fünf Jahren** nach bestandenem WP-Examen (Rn. 14), so geht der Gesetzgeber davon aus, dass der Bewerber über die nach § 1 Abs. 1 Satz 2 für die Bestellung **erforderliche fachliche Eignung** verfügt. Die Prüfung des Antrages beschränkt sich daher auf das Vorliegen v. Versagungsgründen nach § 16. 11

Wird der **Antrag** auf Bestellung **nicht innerhalb v. fünf Jahren** nach bestandenem WP-Examen (Rn. 14) gestellt, begründet die bestandene Prüfung nicht mehr die Vermutung der erforderlichen fachlichen Eignung. Der Verweis in Satz 3 auf § 23 Abs. 2 verpflichtet die WPK vielmehr vor der Bestellung zu der Feststellung, dass die pflichtgemäße Ausübung des Berufes gewährleistet erscheint. Hierfür kann sie die Wiederholung der Prüfung o. v. Teilen derselben anordnen (§ 23 Rn. 17 ff.). Nach der Gesetzesbegr. (BT-Drs. 7/2417, 18) soll damit ein unkontrollierter Berufszugang für Bewerber verhindert werden, die insb. bei wesentlichen Änderungen einschlägiger Rechtsvorschriften nicht mehr über die zur pflichtgemäßen Berufsausübung **erforderlichen Kenntnisse** verfügen. Diese im Recht der rechts- u. wirtschaftsberatenden Berufe einzigartige Regelung unterstreicht die besondere Bedeutung, die der Gesetzgeber der fachlichen Qualifikation der WP beimisst. Der Verweis auf § 23 Abs. 3 u. damit auch die Versagungsgründe des § 16 soll klarstellen, dass das Vorliegen v. Bestellungshindernissen in jedem Fall zu prüfen ist. 12

Hinsichtlich des Vorliegens der erforderlichen fachlichen Eignung differenziert die WPK im Rahmen v. **Wiederbestellungen** in der Praxis zwischen Anträgen **innerhalb v. fünf bis zehn Jahren** u. **nach mehr als zehn Jahren** nach dem Verzicht auf die Bestellung bzw. der außerberuflichen Tätigkeit. Die WPK geht im Regelfall davon aus, dass Bewerber, die ihre Wiederbestellung fünf bis zehn Jahre nach ihrem Verzicht beantragen, über die erforderliche fachliche Eignung verfügen, wenn sie in dieser Zeit berufsnah, d.h. als StB, RA, im Rechnungswesen/Accounting, Controlling, in der kaufmännischen Leitung, Bereichsleitung Finanzen o.ä. tätig waren u. keine erheblichen Rechtsänderungen eingetreten sind (§ 23 Rn. 20). Nach Ablauf v. mehr als zehn Jahren erfolgt in jedem Fall eine detaillierte Einzelfallprüfung der Bestellungsvoraussetzungen u. ggf. die Anordnung von Fortbildungsmaßnahmen o. einer Prüfung bzw. Teilprüfung. Diese Praxis ist auf eine **Erstbestellung nach mehr als fünf Jahren** nach bestandenem WP-Examen nur bedingt übertragbar, da einer Wiederbestellung anders als einer Erstbestellung eine berufliche Tätigkeit als WP vorangeht, in der sich die für das Examen erworbenen Kenntnisse festigen u. entwickeln konnten. Der zeitliche Horizont für eine prüfungsbefreite Erstbestellung wird daher enger sein. 13

Das WP-Examen ist nach § 18 WiPrPrüfV mit der Bekanntgabe der positiven Entscheidung der Prüfungskommission an den Kandidaten im Anschluss an die mündliche Prüfung bestanden. Damit beginnt der Fristlauf nach Satz 4. 14

15　Satz 4 ist Folgeänderung zu § 9 Abs. 6 u. dient der Klarstellung, dass Bewerber, die einen anerkannten Ausbildungsgang gemäß § 8a absolviert haben u. bereits vor der Ableistung der dreijährigen Tätigkeit zur Prüfung zugelassen wurden, **vor** der Bestellung zum WP zunächst den **Nachweis der insgesamt dreijährigen Tätigkeit** nach § 9 Abs. 1 einschließl. der zweijährigen Prüfungstätigkeit nach § 9 Abs. 2 vorzulegen haben. Damit wird dem europarechtlichen Erfordernis nach einer mind. dreijährigen Tätigkeit als Voraussetzung der Bestellung zum WP Rechnung getragen.

4. Bestellung

16　Die Bestellung erfolgt durch **Aushändigung** einer v. der WPK ausgestellten Urkunde an den Bewerber. Aushändigung bedeutet nach dem Wortsinn die **Übergabe der Urkunde v. Hand zu Hand.** Rechtlich maßgeblich ist dabei aber allein die willentliche Besitzverschaffung an der Originalurkunde durch die WPK mit dem Willen des Bewerbers zur Besitzbegründung. Es genügt nicht, wenn eine Abschrift o. ein Entwurf der Urkunde übergeben werden (OVG Münster, DÖV 1961, 271). Eine entwendete o. dem Empfänger ohne o. gegen seinen Willen aufgedrängte Bestellungsurkunde ist nicht ausgehändigt. Solange die Bestellungsurkunde dem Bewerber nicht ausgehändigt ist, kann der Bestellungsvorgang wenn nötig angehalten u. rückgängig gemacht werden.

17　Die Aushändigung erfolgt durch **persönliche Übergabe** der Urkunde im Rahmen der Bestellungsveranstaltung durch den Landespräsidenten o. einen befugten Vertreter. Nur bei Vorliegen besonderer Gründe kann im Ausnahmefall die Aushändigung durch förmliche Zustellung o. durch Einschreiben (Übergabeeinschreiben mit Rückschein) im Postwege erfolgen, wenn der Bewerber den Erhalt der Urkunde bestätigt (Battis, BBG, § 10 Rn. 5). Es wird jedoch für den Bewerber in der Regel zumutbar sein, persönlich zur Bestellungsveranstaltung zu erscheinen, zumal die Anwesenheit bei der Bestellungsveranstaltung ohnehin für die höchstpersönliche Eidesleistung vor Aushändigung der Urkunde erforderlich ist (§ 17 Rn. 12 f.) Die Zustellung im Ausland ist mittels Einschreiben mit Rückschein o. Ersuchen der zuständigen Behörde des fremden Staates o. der deutschen konsularischen o. diplomatischen Vertretung zu diesem Staat denkbar, § 9 VwZG. Letztendlich obliegt der WPK die Entscheidung über die Art der Aushändigung.

18　Erst vom **Zeitpunkt der Aushändigung** an ist die Bestellung wirksam. Es kommt entscheidend auf die Sicherung der Besitzverschaffung an der Urkunde u. die genaue Kenntnis des Aushändigungsdatums an (Battis, BBG, § 10 Rn. 5). Damit scheiden die Zustellung durch die Post mittels einfachem Brief o. Einwurfeinschreiben sowie die Ersatzzustellung aus, die diese Voraussetzung nicht erfüllen.

19　Die **Bestellung in elektronischer Form** war bisher durch § 15 Satz 2 ausgeschlossen. Dieser ausdr. geregelte Ausschluss der elektronischen Bestellung erschien jedoch mit Blick auf die Regelungen der Dienstleistungsrichtlinie als zu weitgehend. Nach Art. 8 der RL müssen alle zuständigen Behörden auch elektronisch erreichbar sein u. alle Formalitäten auch problemlos aus der Ferne u. elektronisch abgewickelt werden können. Die Aufhebung des § 15 Satz 2 erfolgte daher mit „Gesetz zur Umsetzung der Dienstleistungsrichtlinie im Gewerberecht und in weiteren Rechtsvorschriften" v. 17.7.2009 (BGBl. 2009 I Nr. 44 S. 2091). § 15 enthält nunmehr keine Aussage mehr zur Bestellung in elektronischer Form. Zur Gewährleistung der Sicherheit u. Dauerhaftigkeit des elektronischen Verwaltungshandelns müsste es sich um eine qualifizierte elektronische Signatur handeln. Da jedoch auch die elektronische Zustellung keine Klarheit über den tatsächlichen Zeitpunkt des Zugangs einer elektronisch erstellten Bestellungsurkunde bietet, wird es auch weiterhin bei der persönlichen Übergabe der Urkunde verbleiben. Auch der Gesetzgeber ging trotz der Aufhebung des § 15 Satz 2 davon aus, dass die Bestellung als Wirtschaftsprüfer auch künftig in aller Regel durch die persönliche Urkundenübergabe erfolgt (BT-Drs. 16/12784). Die Aushändigung an einen Bevollmächtigten des Bewerbers genügt nicht. Dagegen spricht bereits die mit der Bestellung verbundene höchstpersönliche Pflichtenübernahme.

Die **Bestellungsurkunde verkörpert** den formalen rechtsgestaltenden **VA der öffentl. Bestellung**. Die Aushändigung der Urkunde ist konstitutives, d.h. rechtsbegründendes Element der Bestellung. Ohne die **Aushändigung der Urkunde** ist **keine Bestellung** erfolgt. Erst u. nur vom Zeitpunkt der Aushändigung der Urkunde wird der Bewerber unabhängig v. Vorliegen der Bestellungsvoraussetzungen o. v. Bestellungshindernissen zum WP. Werden nachträglich Tatsachen bekannt, bei deren Kenntnis die Bestellung hätte versagt werden müssen, so ist die Bestellung nach § 20 Abs. 1 mit Wirkung für die Zukunft (§ 20 Rn. 5 ff.), andernfalls nach § 48 VwVfG (§ 20 Rn. 10) zurückzunehmen. **20**

Die Bestellung ist mitwirkungsbedürftig. Eine ausdr. o. in bestimmter Form ergehende Erklärung des Einverständnisses des Bewerbers ist nicht erforderlich. Es genügt die vorbehaltlose **Entgegennahme der Bestellungsurkunde**. Mit dieser Zustimmung des Bewerbers zur Bestellung **treten die Rechtsfolgen der Bestellung ein**. Der Bewerber wird Berufsangehöriger. Er erwirbt die **Mitgliedschaft in der WPK**, das Recht den Beruf auszuüben, hat die Pflicht zur Führung der Berufsbezeichnung sowie zur Begründung einer beruflichen Niederlassung u. unterwirft sich gleichzeitig der Aufsicht durch die WPK u. sämtlichen Regularien des Berufes. Verweigert der Bewerber hingegen die Entgegennahme der Urkunde, kommt die Bestellung nicht wirksam zustande. Eine vorbehaltlose Entgegennahme der Urkunde liegt nicht vor, wenn der Bewerber die Bestellungsurkunde nicht bewusst u. gewollt als Urkunde annimmt, sondern sie zur Prüfung des Inhalts entgegennimmt u. unmittelbar nach Kenntniserlangung zurückweist (Battis, BBG, § 10 Rn. 6). **21**

Zur **Form der Bestellungsurkunde** beschränkt sich der Gesetzgeber – anders als im Berufsrecht der StB, § 35 Satz 1 DVStB – auf die Festlegung, dass die Bestellungsurkunde v. der WPK ausgestellt sein muss. Als Verkörperung der Bestellung muss die Bestellungsurkunde den Mindestanforderungen des § 37 VwVfG an einen schriftlichen VA genügen. Die Bestellungsurkunde muss somit die Bestellungsbehörde u. den Bewerber erkennen lassen, den Regelungsgegenstand hinreichend genau bestimmen u. die Unterschrift des Präsidenten der WPK, seines Vertreters o. **22** eines Beauftragten enthalten. Nicht zwingend erforderlich, aber empfehlenswert ist die Aufnahme des Bestellungsdatums.

5. Gebühren

23 Für die Bearbeitung eines Antrages auf Bestellung erhebt die WPK gemäß § 3 Abs. 2 Nr. 1 GebO WPK (Stand: 20.11.2012) eine **Gebühr** i.H.v. 230 Euro. Der Gebührenbescheid ergeht nach Erhalt des Antrages, mit dem das Bestellungsverfahren eröffnet wird. Gebührenschuldner ist nach § 2 Abs. 1 GebO WPK der Antragsteller. Wird der Antrag zurückgenommen o. zurückgewiesen, ermäßigt sich die Gebühr auf die Hälfte (§ 3 Abs. 2 Satz 2 GebO).

6. Niederschrift

24 Die WPK fertigt eine **Niederschrift über die Bestellung** an, die von dem Bestellten u. einem Vertreter der WPK zu unterzeichnen ist. Die Niederschrift wird ebenso wie eine Abschrift der Bestellungsurkunde zur Registerakte genommen.

§ 16 Versagung der Bestellung

(1) Die Bestellung ist zu versagen,
1. wenn nach der Entscheidung des Bundesverfassungsgerichts ein Grundrecht verwirkt wurde;
2. wenn infolge strafgerichtlicher Verurteilung die Fähigkeit zur Bekleidung öffentlicher Ämter nicht gegeben ist;
3. solange die vorläufige Deckungszusage auf den Antrag zum Abschluss einer Berufshaftpflichtversicherung nicht vorliegt, es sei denn, es besteht ausschließlich eine Tätigkeit als Organmitglied oder eine Anstellung nach § 43a Abs. 1;
4. wenn sich der Bewerber oder die Bewerberin eines Verhalten schuldig gemacht hat, das die Ausschließung aus dem Beruf rechtfertigen würde;
5. wenn der Bewerber oder die Bewerberin aus gesundheitlichen oder anderen Gründen nicht nur vorübergehend nicht in der Lage ist, den Beruf ordnungsgemäß auszuüben;
6. solange eine Tätigkeit ausgeübt wird, die mit dem Beruf nach § 43 Abs. 2 Satz 1 oder § 43a Abs. 3 unvereinbar ist;
7. wenn sich der Bewerber oder die Bewerberin in nicht geordneten wirtschaftlichen Verhältnissen, insbesondere in Vermögensverfall befindet; ein Vermögensverfall wird vermutet, wenn ein Insolvenzverfahren über das Vermögen eröffnet oder eine Eintragung in das vom Vollstreckungsgericht zu führende Verzeichnis (§ 26 Abs. 2 der Insolvenzordnung, § 882b der Zivilprozessordnung) vorliegt.

(2) Die Bestellung kann versagt werden, wenn der Bewerber sich so verhalten hat, dass die Besorgnis begründet ist, er werde den Berufspflichten als Wirtschaftsprüfer nicht genügen.

(3) Über die Versagung der Bestellung entscheidet die Wirtschaftsprüferkammer.

Versagung der Bestellung § 16

Inhaltsübersicht

	Rn.
I. Allgemeines	1–4
II. Ist-Versagung der Bestellung (Abs. 1)	5–41
1. Verwirkung eines Grundrechtes (Nr. 1)	5–7
2. Mangelnde Fähigkeit zur Bekleidung öffentlicher Ämter (Nr. 2)	8–9
3. Fehlende Berufshaftpflichtversicherung (Nr. 3)	10–12
4. Hypothetische Ausschließung aus dem Beruf (Nr. 4)	13–14
5. Gesundheitliche oder andere Gründe (Nr. 5)	15–18
6. Unvereinbare Tätigkeit (Nr. 6)	19–21
7. Wirtschaftliche Verhältnisse (Nr. 7)	22–41
a) Allgemeines	22–27
b) Vermögensverfall	28–31
c) Ordnung der wirtschaftlichen Verhältnisse	32–41
III. Kann-Versagung der Bestellung (Abs. 2)	42–46
IV. Zuständigkeit (Abs. 3)	47

I. Allgemeines

§ 16 gehört zu den zentralen Vorschriften der WPO. Eine Bestellung darf nach dem Willen des Gesetzgebers nur erfolgen, wenn der Bewerber die persönliche u. fachliche Eignung für eine ordnungsgemäße Berufsausübung uneingeschränkt erfüllt (BT-Drs. 3/201, 45). Grundsätzlich geht die WPO v. der erforderlichen persönlichen u. fachlichen Eignung v. Bewerbern aus, die das WP-Examen erfolgreich absolviert haben (§ 1 Rn. 9). In Abgrenzung zu diesen positiven Bestellungsvoraussetzungen bestimmt § 16 **negative Bestellungsvoraussetzungen**, mithin **Bestellungshindernisse**, deren Vorliegen eine Bestellung verbietet. Dabei unterscheidet der Gesetzgeber zwischen der zwingenden Versagung der Bestellung nach Abs. 1 u. der im Ermessen der WPK stehenden Versagung der Bestellung nach Abs. 2. **1**

Durch die Normierung v. **Bestellungshindernissen** belegt der Gesetzgeber zunächst die WPK mit der Pflicht, deren Vorliegen festzustellen. Diese **Feststellungslast** kehrt sich jedoch gegen den Bewerber, wenn er ohne triftigen u. angesichts der im Bestellungsverfahren auf dem Spiel stehenden öffentl. Interessen hinreichend gewichtigen Grund seine Mitwirkung an der Aufklärung des Sachverhalts verweigert (BFH 10.2.2003, BFH/NV 2003, 664). **2**

Die Bestellungshindernisse stellen **subjektive Berufszugangsbeschränkungen** dar. Die Versagung der Bestellung ist daher nur gerechtfertigt, wenn dadurch ein der Freiheit des Bewerbers vorrangiges überragendes Gemeinschaftsgut geschützt werden soll (BVerfG 11.6.1958, BVerfGE 7, 377). Der Schutz v. Mandanten u. Dritten vor wirtschaftlicher Schädigung (BFH 14.6.1983, DB 1983, 1963) ist ebenso ein solches wichtiges Gemeinschaftsgut, wie ein funktionierendes u. anerkanntes Wirtschaftsprüfungswesen (BVerwG 26.8.1997, Stbg 1998, 83). **3**

4   Hat der Bewerber ein Grundrecht verwirkt (Nr. 1), ist seine Fähigkeit zur Bekleidung öffentlicher Ämter nicht gegeben (Nr. 2) o. hat er sich eines Verhaltens schuldig gemacht, das die Ausschließung aus dem Beruf rechtfertigen würde (Nr. 4), ist der Bewerber aus gesundheitlichen o. anderen Gründen nicht nur vorübergehend nicht in der Lage, den Beruf ordnungsgemäß auszuüben (Nr. 5), fehlt ihm die für eine ordnungsgemäße Berufsausübung erforderliche **persönliche Eignung** (BT-Drs. 3/201, 38). Befindet sich der Bewerber nicht in geordneten wirtschaftlichen Verhältnissen (Nr. 7), liegt die **wirtschaftliche Unabhängigkeit** als allgemeine Voraussetzung für die ordnungsgemäße Berufsausübung nicht vor. Unterhält der Bewerber keinen Versicherungsschutz (Nr. 3), begründet die Bestellung die **erhebliche Gefahr für Mandanten u. Dritte**, im Schadensfall keine Deckung zu erlangen. Wird der Bewerber nicht eigenverantwortlich tätig o. übt er eine unvereinbare Tätigkeit aus (Nr. 6), ist seine unabhängige Berufsausübung beeinträchtigt u. das **Vertrauen in die Integrität des Berufsstandes gefährdet**.

II.   Ist-Versagung der Bestellung (Abs. 1)

1.   Verwirkung eines Grundrechtes (Nr. 1)

5   Die Vorschrift wurde **in Anlehnung an das Berufsrecht der RA** (§§ 7 Nr. 1, 14 Abs. 2 Nr. 1 BRAO) durch die 7. WPO-Novelle 2007 in die WPO aufgenommen. Sie entspricht § 20 Abs. 2 Nr. 7 (§ 20 Rn. 87 ff.).

6   Wer eines der in **Art. 18 Abs. 1 GG genannten Grundrechte** zum Kampf gegen die freiheitlich demokratische Grundordnung missbraucht, hat dieses Grundrecht verwirkt. Das BVerfG spricht die Verwirkung aus. Der Ausspruch der Verwirkung wird mit Verkündung wirksam. Die WPK ist an die Entscheidung des BVerfG gebunden. Zur materiellen Überprüfung der Entscheidung ist sie nicht befugt. Ein Bewerber, der ein Grundrecht verwirkt hat, bietet nicht die erforderliche Gewähr für eine sachgerechte Erfüllung der dem Beruf, insb. mit der Durchführung v. gesetzlichen AP übertragenen Kontrollfunktion. Ihm fehlt die für die Berufsausübung erforderliche **persönliche Eignung**. Seine Bestellung ist daher zu versagen.

7   Entfallen die Wirkungen der Grundrechtsverwirkung durch Fristablauf o. Aufhebung der Entscheidung, kann der Betroffene erneut seine Bestellung beantragen. Die WPK hat aber nach Abs. 2 weiter zu prüfen, ob das der Verwirkung des Grundrechts zugrunde liegende Fehlverhalten weiterhin die Besorgnis begründet, der Bewerber werde den Berufspflichten als WP nicht genügen. Gegebenenfalls ist eine **weitere Wohlverhaltenszeit** vor der Bestellung abzuwarten.

2.   Mangelnde Fähigkeit zur Bekleidung öffentlicher Ämter (Nr. 2)

8   Die Regelung entspricht § 20 Abs. 2 Nr. 2 (§ 20 Rn. 20 ff.). Nach § 45 Abs. 1 StGB verliert für die Dauer v. fünf Jahren die **Fähigkeit, öffentl. Ämter zu bekleiden**, wer wegen eines Verbrechens zu einer Freiheitsstrafe v. mind. einem Jahr verurteilt wird (im Einzelfall kürzere Dauer, § 45 Abs. 2 StGB). Die Folgen des Verlustes treten erst mit Rechtskraft des Urteils ein. Somit kann vor diesem Zeitpunkt die Bestellung nicht versagt werden. Bei erst nach Bestellung eintretender Rechtskraft muss die zunächst erfolgte Bestellung widerrufen werden (§ 20 Abs. 2 Nr. 2).

Versagung der Bestellung § 16

Hat der Bewerber nach einer entsprechenden Verurteilung die Fähigkeit zur Bekleidung öffentlicher Ämter mangels Fristablauf noch nicht wiedererlangt, ist seine Bestellung zu versagen. Die Versagung findet ihre Rechtfertigung in der aus der Begehung der schweren Straftat folgenden **fehlenden persönlichen Eignung** für die Berufsausübung (BT-Drs. 3/201, 38). Die Begehung der Straftat kann zugl. die berechtigte Besorgnis zukünftiger Berufspflichtverletzungen begründen (Rn. 42 ff.). Die WPK muss daher vor einer Bestellung prüfen, ob die Straftat weiterhin die Besorgnis begründet, der Bewerber werde den Berufspflichten als WP nicht genügen. Gegebenenfalls ist eine **weitere Wohlverhaltenszeit** vor der Bestellung abzuwarten. 9

3. Fehlende Berufshaftpflichtversicherung (Nr. 3)
Die gesetzliche Verpflichtung zum Abschluss einer BHV dient dem **Schutz der Interessen v. Mandanten u. Dritten**. Diese sollen darauf vertrauen können, dass ihre Schadensersatzansprüche gegen Berufsangehörige jederzeit abgedeckt sind. Gleichzeitig hat der Berufsstand ein Gesamtinteresse an der Sicherung u. Durchsetzung der Versicherungspflicht, um in der Öffentlichkeit als unbedingt zuverlässig angesehen zu werden (Lamprecht, DStR 2002, 1322). 10

Strebt der Bewerber eine selbstständige Tätigkeit z.b. in eigener Praxis o. Sozietät an, setzt die Bestellung zumindest den **Nachweis einer vorläufigen Deckungszusage** voraus. Dabei handelt es sich um einen selbstständigen Vertrag mit dem Ziel, den Deckungsschutz aus einem noch zu schließenden Versicherungsvertrag zeitlich vorzuverlegen (BGH 14.6.1950, VersR 51, 166). Die vorläufige Deckungszusage muss den **Mindestversicherungsschutz** des § 54 Abs. 1 gewähren. Dem Bewerber bleibt es unbenommen, statt der vorläufigen Deckungszusage den **Abschluss eines Versicherungsvertrages** nachzuweisen. 11

Ausgenommen v. der Verpflichtung, zumindest eine vorläufige Deckungszusage nachzuweisen, sind **Bewerber, die ihren Beruf ausschl. in einem Anstellungsverhältnis o. als Organ o. Organmitglied einer WPG o. BPG ausüben** werden. Nur dann entfällt die Versicherungspflicht (BVerwG 13.5.1986, BB 1986, 1614). Diese Bewerber sind in den Versicherungsschutz der Berufsgesellschaft einbezogen, so dass mögliche Schadensersatzansprüche v. Mandanten u. Dritten im gesetzlich vorgeschriebenen Rahmen abgedeckt sind. 12

4. Hypothetische Ausschließung aus dem Beruf (Nr. 4)
Die Bestellung ist zu versagen, wenn der Bewerber sich eines Verhaltens schuldig gemacht hat, das seine **Ausschließung aus dem Beruf** rechtfertigen würde. Für die Beurteilung, ob ein Verhalten die Ausschließung aus dem Beruf rechtfertigen würde, sind die Maßstäbe anzulegen, die das Berufsrecht für das Verhalten eines WP vorgibt (BT-Drs. 3/201, 38). Eine Ausschließung aus dem Beruf kommt als schwerste berufsgerichtliche Maßnahme nur in Betracht, wenn sie bei schweren Pflichtverletzungen zum Schutz eines überragend wichtigen Gemeinschaftsgutes, nämlich den Interessen der Allgemeinheit an einem funktionstüchtigen Prüfungswesen u. der Wahrung des Vertrauens der Öffentlichkeit in die Integrität des Berufsstandes 13

bei Gesamtwürdigung v. Tat, Persönlichkeit u. Gesamtverhalten geeignet u. erforderlich ist (BGH 6.8.1993, BB 1993, 2184). Dabei ist zu berücksichtigen, dass der Bewerber zum Zeitpunkt des zu beurteilenden Verhaltens noch nicht bestellt war (BT-Drs. 3/201, 38). Die besonderen Maßstäbe, die das Berufsrecht an das Verhalten eines Berufsangehörigen legt, sind auf das Verhalten, eines dem Berufsrecht nicht unterliegenden Bewerbers nur eingeschränkt übertragbar.

14   Bei der Entscheidung über die Bestellung muss die WPK die verfassungsrechtlich gewährleistete Berufsfreiheit berücksichtigen. Durch **Zeitablauf u. Wohlverhalten** kann das Fehlverhalten des Bewerbers derart an Bedeutung verloren haben, dass sein geschütztes Interesse an der Berufsausübung das berechtigte Interesse der Öffentlichkeit an der Integrität des Berufes überwiegt u. das Fehlverhalten der Bestellung damit nicht mehr im Wege steht (BGH 13.3.2000, BRAK-Mitt. 2000, 194). Die Frage, welche Zeitspanne zwischen Fehlverhalten u. der Bestellung verstrichen sein muss, kann dabei nicht schematisch beantwortet werden. Der Zeitraum kann nach der Rspr. des BGH bis zu 15 o. 20 Jahre betragen (z.B. bei Abgabe unzutreffender dienstlicher Äußerung u. einer falschen eidesstattlichen Versicherung), in besonders schweren Fällen, etwa bei schweren Fällen v. Untreue o. Betrug ausnahmsweise sogar noch länger (BGH 14.6.1993, BRAK-Mitt. 1993, 170). Orientierung bei der Bemessung der erforderlichen Zeitspanne zwischen Fehlverhalten u. Bestellung gibt die der **Mindestwohlverhaltensphase des § 23 Abs. 1 Nr. 2** innewohnende richtungsweisende Wertung des Gesetzgebers, wonach vor einer Wiederbestellung nach einer rechtskräftigen Ausschließung aus dem Beruf **mind. acht Jahre** vergangen sein müssen. Ein Antrag auf Bestellung innerhalb v. acht Jahren nach dem Fehlverhalten ist daher regelmäßig zurückzuweisen.

5.   Gesundheitliche oder andere Gründe (Nr. 5)
a)   Gesundheitliche Gründe

15   Die Regelung entspricht § 20 Abs. 2 Nr. 3 (§ 20 Rn. 24 ff.). Mangelnde **gesundheitliche Eignung** setzt nach der Rspr. des BGH zum den Widerruf der Zulassung betreffenden und gleichlautenden § 14 Abs. 2 Nr. 3 BRAO (BGH 2.4.2001, NJW 2002, 304) weder eine die Bestellung eines Betreuers nach § 1896 BGB rechtfertigende psychische Krankheit o. körperliche, geistige o. seelische Behinderung, noch Schuldunfähigkeit i.S.d. § 20 StGB voraus. In diesen Fällen wird eine Versagung der Bestellung aber regelmäßig gerechtfertigt sein. Es bedarf stattdessen **erheblicher körperlicher** (§ 20 Rn. 26) o. **geistiger** (§ 20 Rn. 27) **Mängel, die eine dauernde ordnungsgemäße Berufsausübung ausschließen.** Aufgrund des erheblichen Eingriffs in die Berufswahl gemäß Art. 12 Abs. 1 GG stellt nur eine **dauerhafte** Erkrankung einen Versagungsgrund dar (BGH zum Berufsrecht der Rechtsanwälte, Beschl. v. 20.7.1987, AnwZ (B) 14/87; vgl. § 20 Rn. 31) In Abhängigkeit ihrer Ausprägung können **Suchterkrankungen** sowohl den körperlichen als auch den geistigen Mängeln zugeordnet werden (§ 20 Rn. 28).

16   Um der WPK eine sichere Grundlage für die Entscheidung über das Vorliegen des Versagungsgrundes zu verschaffen, sieht § 16a die **Anordnung eines ärztlichen Gutachtens** vor.

Versagung der Bestellung § 16

b) Andere Gründe

Das Vorliegen anderer Gründe ist seit der 7. WPO-Novelle 2007 Bestellungshindernis. Die Regelung entspricht § 20 Abs. 2 Nr. 3 (§ 20 Rn. 32 ff.). Eine vergleichbare Regelung im Berufsrecht anderer rechts- o. wirtschaftsberatender Berufe besteht nicht. 17

Welche Gründe „**andere Gründe**" i.S.d. Abs. 2 Nr. 3 konkret sein können, lässt der Gesetzgeber offen. Die systematische Einordnung neben den gesundheitlichen Gründen legt **persönlichkeitsbezogene Gründe**, wie etwa die fehlende erforderliche Sorgfalt u. Gewissenhaftigkeit o. die fehlende fachliche Eignung nahe, wobei die fachliche Eignung innerhalb v. fünf Jahren nach erfolgreicher Teilnahme am WP-Examen gesetzlich vermutet wird (§ 15 Rn. 11). Vor dem Hintergrund der präventiven Funktion der Versagung der Bestellung u. dem damit verbundenen erheblichen Eingriff in die Berufsfreiheit kann die Bestellung aus „anderen Gründen" nur versagt werden, wenn diese „anderen Gründe" einen ebenso schwerwiegenden Mangel in der persönlichen o. fachlichen Eignung o. eine ebenso schwerwiegende Gefährdung der Interessen v. Mandanten u. Dritten o. des Vertrauens der Öffentlichkeit in die Integrität des Berufsstandes wie die übrigen im Katalog des § 16 Abs. 1 benannten Bestellungshindernisse begründen. 18

6. Unvereinbare Tätigkeit (Nr. 6)

Nach § 16 Abs. 1 Nr. 6 ist die Bestellung zu versagen, solange der Bewerber eine Tätigkeit ausübt, die mit dem Beruf nach § 43 Abs. 2 Satz 1 o. § 43a Abs. 3 unvereinbar ist. Die Versagung der Bestellung bei Ausübung einer unvereinbaren Tätigkeit sichert das Vertrauen der Öffentlichkeit in die Integrität des Berufsstandes durch den Ausschluss inner- u. außerberuflicher Einflussnahmen o. Abhängigkeiten. Übt der Bewerber eine mit dem Beruf unvereinbare Tätigkeit aus u. ist er nicht bereit, diese aufzugeben, begründet er (zumindest) eine **abstrakte Gefährdung des Vertrauens in die Integrität des Berufsstandes** (BVerfG 25.7.1967, BVerfGE 22, 275). Seine Bestellung kommt folglich nicht in Betracht. 19

§ 43 Abs. 2 Satz 1 gebietet dem Bewerber sich jeder mit dem Beruf des WP o. dem Ansehen des Berufes des WP **unvereinbaren Tätigkeit** zu enthalten. Dieses Gebot wird durch § 43a Abs. 3 konkretisiert, der dem Bewerber die Ausübung mit dem Beruf des WP **unvereinbarer außerberuflicher Tätigkeiten**, wie **gewerbliche Tätigkeiten** (§ 43a Rn. 63 ff.), **außerberufliche Anstellungsverhältnisse** (§ 43a Rn. 95ff.), bestimmte **öffentlich-rechtliche Dienstverhältnisse** (§ 43a Rn. 107 ff.) und alle Tätigkeiten, die den Eindruck einer unvereinbaren Tätigkeit erwecken (§ 43a Rn. 53) verbietet. 20

Tätigkeiten des Bewerbers, die ab der Bestellung nach § 44 als nicht eigenverantwortlich einzuordnen wären, stellen bis zur Bestellung mit dem Beruf unvereinbare Tätigkeiten nach § 43 Abs. 2 Nr. 1 dar (§ 43 Rn. 259 ff.). Andernfalls wäre etwa ein bei einer Berufsgesellschaft angestellter, in der Eigenverantwortlichkeit arbeitsvertraglich beschränkter Bewerber trotz Vorliegens eines Widerrufsgrundes (§ 20 Abs. 2 Nr. 1) zu bestellen. Der Versagungsgrund entspricht damit – auch ohne die 21

Schwoy

ausdr. Bezugnahme auf die **Eigenverantwortlichkeit** – § 20 Abs. 2 Nr. 1 (§ 20 Rn. 16 ff.). Da die eigenverantwortliche Berufsausübung eine der in § 43a Abs. 1 geregelten originären Berufsausübungsformen unter Ausschluss der in § 44 Abs. 1 Satz 1 u. Abs. 2 näher bestimmten Kriterien (§ 44 Rn. 11 ff.) erfordert, kommt eine Verletzung dieser Berufspflicht vor Bestellung auch nicht in Betracht.

7. Wirtschaftliche Verhältnisse (Nr. 7)
a) Allgemeines

22   Geordnete wirtschaftliche Verhältnisse sind seit Inkrafttreten der WPO 1961 zwingende Voraussetzung für die Bestellung. Die **wirtschaftliche Unabhängigkeit** ist allg. Voraussetzung für die ordnungsgemäße Berufsausübung (BT-Drs. 3/201, 38). Die aus dem Vorliegen nicht geordneter wirtschaftlicher Verhältnisse folgende **abstrakte Gefährdung** der Interessen v. Mandanten u. Dritten rechtfertigt den mit der Versagung der Bestellung verbundenen Eingriff in die Berufsfreiheit des Betroffenen (BVerfG 20.1.1988, HFR 1989, 46). Vor diesem Hintergrund verpflichtet der Gesetzgeber die WPK nicht nur zur Versagung der Bestellung, sondern ggf. auch zum Widerruf der Bestellung (§ 20 Rn. 58 ff.).

23   Anders als beim Widerruf der Bestellung knüpft die Versagung der Bestellung **unwiderleglich** an eine abstrakte Gefährdung der Interessen v. Mandanten u. Dritten an (vgl. BVerfG 3.7.2003, BVerfGE 108, 150). Die Bestellung ist daher **auch dann zu versagen**, wenn eine Gefährdung der Interessen v. Mandanten u. Dritten aufgrund besonderer Umstände des Einzelfalls ausgeschlossen ist (BFH 7.5.2005, NJW 2005, 1944).

24   Die WPO enthält weder eine Definition geordneter wirtschaftlicher Verhältnisse, noch nicht geordneter wirtschaftlicher Verhältnisse. **Geordnete wirtschaftliche Verhältnisse** liegen nach der Entscheidung des **BVerwG** (BVerwG 17.8.2005, NJW 2005, 3795) vor, wenn die regelmäßigen Ausgaben des WP seine regelmäßigen Einnahmen jedenfalls nicht auf Dauer übersteigen. Soweit Schulden vorhanden sind, denen keine realisierbaren Vermögenswerte gegenüberstehen, ist v. geordneten finanziellen Verhältnissen nur dann auszugehen, wenn die Schulden nach Maßgabe mit den Gläubigern getroffenen Vereinbarungen bedient werden u. die Verbindlichkeiten zudem nach Art u. Höhe in Ansehung der gesamten wirtschaftlichen Verhältnisse in einem überschaubaren Zeitraum getilgt werden können. Genügen die wirtschaftlichen Verhältnisse des Bewerbers diesen Anforderungen nicht, so befindet er sich i.d.R. nicht in geordneten wirtschaftlichen Verhältnissen.

25   Die **Ursachen für nicht geordnete wirtschaftliche Verhältnisse** sind nicht entscheidend, auch wenn besonderes Augenmerk wegen ihres Drittbezuges öffentlich-rechtlichen Forderungen zukommt, wie etwa den Arbeitnehmeranteilen zur Sozialversicherung, Steuern o. auch der Prämie für die BHV (VG Dessau 23.7.1997, WPK-Mitt. 1997, 320). Aber auch ausschl. privatrechtliche Verbindlichkeiten können das Vorliegen nicht geordneter wirtschaftlicher Verhältnisse begründen.

26   Der Einwand des Bewerbers, eine **titulierte Forderung** würde nicht bestehen, ist regelmäßig nicht zu berücksichtigen. Die WPK ist an die Feststellung bestehender

Forderungen, insb. an die Mitteilung der Finanzverwaltung gebunden (VG Berlin 28.5.2009, 16 K 33.09). Eine Nichtberücksichtigung von Schulden kommt ggf. im Falle der Aussetzung der Vollziehung, etwa durch die Finanzverwaltung bzw. die Finanzgerichte in Betracht.

Nicht geordnete wirtschaftliche Verhältnisse können bereits dann vorliegen, 27 wenn noch kein Vermögensverfall eingetreten ist, der Bewerber mangels Zahlungsfähigkeit aber jederzeit mit einem Insolvenzantrag, dem Antrag auf Abgabe der eidesstattlichen Versicherung (ab 01.01.2013: Abnahme der Vermögensauskunft) o. auf Erlass eines Haftbefehls rechnen muss. Diese Rspr. des BVerwG hat der Gesetzgeber in der 7. WPO-Novelle 2007 aufgegriffen. Nach Nr. 7 liegen nicht geordnete wirtschaftliche Verhältnisse nun insb. bei Vermögensverfall vor.

b) Vermögensverfall

Auch der Begriff des Vermögensverfalls wird durch die WPO nicht näher bestimmt. 28 Ein **Vermögensverfall wird gesetzlich vermutet**, wenn ein **Insolvenzverfahren** über das Vermögen des Bewerbers eröffnet wurde o. eine Eintragung im **vom Vollstreckungsgericht zu führenden Verzeichnis** (Schuldnerverzeichnis) vorliegt. Die erforderliche Sachverhaltsfeststellung wird der WPK zukünftig durch die mit „Gesetz zur Reform der Sachaufklärung in der Zwangsvollstreckung" v. 29.07.2009 vorgesehene elektronische Verwaltung der Daten aus den Schuldnerverzeichnissen und den Abruf über das „Gemeinsame Vollstreckungsportal der Länder" erleichtert. Durch dieses Gesetz ist ebenfalls der § 915 ZPO mit Wirkung vom 01.01.2013 aufgehoben u. in § 882b ZPO neu geregelt worden; zugleich erfolgte eine redaktionelle Anpassung des Wortlautes des § 16 Abs. 1 Nr. 7.

Diese **gesetzliche Vermutung** ist **unwiderleglich** (vgl. VG Berlin, 10.11.2011, VG 29 16 K 184.11). Da der Vermögensfall eine besondere an Formalkriterien anknüpfende Ausprägung nicht geordneter wirtschaftlicher Verhältnisse ist, kommt die **Vermutung aber nicht zur Anwendung**, wenn der **Bewerber** die **Ordnung** seiner wirtschaftlichen Verhältnisse einschließlich der Tilgung der der eidesstattlichen Versicherung o. dem Erlass eines Haftbefehls zugrunde liegenden Forderung **nachweist** (BGH 26.11.2002, MDR 2003, 599; FG Bremen 19.2.2003, EFG 2003, 956). Sind die wirtschaftlichen Verhältnisse nachweislich geordnet, geht allein von der Eintragung in das Schuldnerverzeichnis keine die Versagung der Bestellung rechtfertigende Gefahr aus.

Umgekehrt entfällt mit der **Löschung der Eintragung im Schuldnerverzeichnis** 30 zwar die Vermutung des Vermögensverfalls, damit ist aber **nicht automatisch** der **Nachweis** erbracht, dass tats. **kein Vermögensverfall** o. wieder geordnete wirtschaftliche Verhältnisse vorliegen (FG Stuttgart 17.5.2005, DStRE 2006, 88), vielmehr fällt die **Darlegungs- u. Beweislast** für das Vorliegen nicht geordneter wirtschaftlicher Verhältnisse wieder der WPK zu (BGH 2.7.2007, AnwBl. 2008, 67).

Nach ständiger Rspr. des BGH zu § 14 Abs. 2 Nr. 7 BRAO u. des BFH zu § 46 31 Abs. 2 Nr. 5 StBerG liegt ein **Vermögensverfall unabhängig v. Eintritt der gesetzlichen Vermutung auch vor, wenn der Bewerber in nicht geordnete schlechte finanzielle Verhältnisse geraten ist, die er in absehbarer Zeit nicht ordnen kann u. außerstande ist, seinen Verpflichtungen nachzukommen. **Beweisanzeichen** für einen Vermögensverfall sind die Erwirkung v. Schuldtiteln u. fruchtlose Vollstreckungsmaßnahmen gegen den Bewerber (BGH 25.3.1991, NJW 1991, 2083; BFH 3.11.1992, BFH/NV 1993, 624). Die Eröffnung eines Insolvenzverfahrens o. einen Eintrag in das Schuldnerverzeichnis setzt der Vermögensverfall damit nicht notwendig voraus (OVG NRW 19.4.2001, WPK-Mitt. 2002, 268). Der Verweis des Gläubigers einer unbestrittenen u. fälligen Forderung auf das Zwangsvollstreckungsverfahren steht nicht im Einklang mit der Rechtsordnung u. lässt sich als (berufs-) rechtswidrig kennzeichnen (VG Dessau 23.7.1997, WPK-Mitt. 1997, 320).

c) Ordnung der wirtschaftlichen Verhältnisse

32 Nach Ansicht des **BVerwG** ist v. einer **Ordnung der wirtschaftlichen Verhältnisse** (nur) dann auszugehen, wenn der Schuldendienst nach Maßgabe mit den Gläubigern getroffenen Vereinbarungen bedient wird u. die Verbindlichkeiten zudem nach Art u. Höhe in Ansehung der gesamten wirtschaftlichen Verhältnisse in einem überschaubaren Zeitraum getilgt werden können (BVerwG 17.08.2005, NJW 2005, 3795). Der **BGH** verlangt neben der Verpflichtung des Schuldners zum Abschluss von Vergleichs- u. Ratenzahlungsvereinbarungen mit seinen Gläubigern zur ratenweisen Tilgung seiner Verbindlichkeiten zusätzlich, dass während der Ratenzahlungen keine Vollstreckungsmaßnahmen gegen den Bewerber eingeleitet werden (BGH 24.10.1994, BRAK-Mitt. 1995, 29). Nach dem **BFH** ist ein Vermögensverfall erst dann beseitigt, wenn der Schuldner mit den Gläubigern der titulierten Forderungen Vereinbarungen getroffen hat, die erwarten lassen, dass es zu keinen Vollstreckungsmaßnahmen mehr kommen wird u. anzunehmen ist, dass der Schuldner in Zukunft seine Schulden aus seinen Einkünften in geordneter u. vorausschaubarer Weise begleichen kann (BFH 6.6.2000, HFR 2000, 741).

33 Eine **Ordnung der wirtschaftlichen Verhältnisse** tritt demnach wieder ein, wenn der Bewerber seine Verbindlichkeiten nachweislich zurückgeführt oder mit den Gläubigern **Tilgungsvereinbarungen** getroffen hat, die eine Tilgung in einem überschaubaren Zeitraum erwarten lassen u. er seinen Verpflichtungen aus der Tilgungsvereinbarung nachkommt, so dass Zwangsvollstreckungsmaßnahmen ausgeschlossen sind (BVerwG 17.8.2005, NJW 2005, 3795). Mangels überschaubaren Zeitraums ist eine Ordnung der wirtschaftlichen Verhältnisse aber bei einem Schuldentilgungszeitraum v. mehr als ca. 4 Jahren nicht gegeben (FG Berlin-Brandenburg 16.5.2007, EFG 2007, 1373).

34 Der Umstand, dass **Gläubiger v. Vollstreckungsmaßnahmen absehen**, also etwa wegen bestimmter Zahlungen des Schuldners (einstweilen) stillhalten, reicht nicht aus, um v. geordneten wirtschaftlichen Verhältnissen zu sprechen. Es steht bei dieser Lage im Belieben des Gläubigers, jederzeit seine weiterhin bestehenden Forderungen durchzusetzen.

Versagung der Bestellung § 16

Auch eine weitgehende Befriedigung (nur) der Hauptgläubiger führt nicht zu geordneten wirtschaftlichen Verhältnissen, wenn weiterhin Vollstreckungen gegen den Berufsangehörigen erfolgen (BGH 6.11.2000, BGH-Report 2001, 312). Dies gilt insb. dann, wenn die **Zahlungen** nur **mit Hilfe Dritter** erfolgen (VG Berlin 25.6.2003, WPK-Mag. 1/2004, 49). Erforderlich ist vielmehr, dass der Bewerber seine Schulden **aus eigener Kraft** in geordneter u. vorausschaubarer Weise begleichen kann (BFH 6.6.2000, HFR 2000, 741; BGH 9.12.1996, NJW-RR 1997, 1558). Bestehendes **Vermögen** ist nur beachtlich, wenn es zur Tilgung der Verbindlichkeiten in absehbarer Zeit einsetzbar ist. Bei **Bankguthaben** des Bewerbers kann es sich um bei der Beurteilung seiner wirtschaftlichen Verhältnisse unbeachtliche Fremdgelder handeln (VG München 2.3.1999, WPK-Mitt. 1999, 198). 35

Durch die **Eröffnung eines Insolvenzverfahrens** tritt **noch keine Ordnung** der wirtschaftlichen Verhältnisse ein. Der z. T. von der Literatur nach Inkrafttreten der Insolvenzordnung vertretenen Gegenauffassung (Schmittmann NJW 2002, 182), die sich auf das nach § 1 Abs. 1 Satz 1 InsO zulässige Ziel der Fortführung des Unternehmens u. die Möglichkeit der Restschuldbefreiung stützt, ist die höchstrichterliche Rspr. einheitlich entgegengetreten (BVerwG 17.6.2005, NJW 2005, 3795; BFH 4.3.2004, BStBl. II 2004, 1016; BFH 20.4.2006, BFH/NV 2006, 1522; BGH 20.11.2006, DB 2007, 109; BGH 12.2.2001, AnwZ (B) 7/00). 36

Auch die **Freigabe einer Einzelpraxis im noch laufenden Insolvenzverfahren** durch den Insolvenzverwalter beseitigt die Insolvenz und damit den Vermögensverfall nicht (BFH 20.04.2010, DStR 2010, 1696; BGH 28.9.2011, ZInsO 2012, 140; BGH 16.4.2007, ZVI 2007, 619). 37

Ebenso reichen die zunächst **nur abstrakte Möglichkeit** der Restschuldbefreiung oder des Abschlusses eines Insolvenz- o. Schuldenbereinigungsplanes zur Ordnung der wirtschaftlichen Verhältnisse **nicht aus** (BVerwG 17.8.2005, NJW 2005, 3795; BFH 28.8.2003, DStR 2004, 974; BGH 13.3.2000, ZIP 2000, 1018). Bis zur Erteilung der Restschuldbefreiung oder zur Annahme u. Bestätigung eines Insolvenzplans ist es vollkommen ungewiss, ob das Ziel der Bereinigung der Vermögensverhältnisse erreicht werden kann. 38

Ein **Zustand geordneter wirtschaftlicher Verhältnisse** kann somit wieder erreicht sein, wenn ein **Insolvenzverfahren zu einer Restschuldbefreiung** führt (BVerwG 17.8.2005, NJW 2005, 3795). Im Ausnahmefall kann bereits während der Wohlverhaltensphase v. geordneten wirtschaftlichen Verhältnissen ausgegangen werden (BGH 7.12.2004, NJW 2005, 1271), frühestens jedoch mit der rechtskräftigen Ankündigung der Restschuldbefreiung u. Aufhebung des Insolvenzverfahrens durch Beschluss des Insolvenzgerichtes (VG Berlin 27.5.2005, WPK-Mag. 4/2005, 48). Der BFH hat eine Ordnung der wirtschaftlichen Verhältnisse durch die bloße Ankündigung der Restschuldbefreiung verneint (BFH 23.1.2004, BFH/NV 2004, 982), sondern macht diese von den Umständen des Einzelfalls abhängig (BFH 20.4.2010, BFH/NV 2010, 1496). 39

40 Ob der **Abschluss** eines **Insolvenz- o. Schuldenbereinigungsplanes** zu einer Ordnung der wirtschaftlichen Verhältnisse führt, ist v. der Rspr. bisher nicht abschließend geklärt. Der BGH hat aber angedeutet, dass hierdurch eine Ordnung der wirtschaftlichen Verhältnisse eintreten könne (BGH 6.11.2000, Anwz (B) 1/00 – juris). Maßgeblich sind die Umstände des Einzelfalls.

41 Die zur **Amtsenthebung eines Notars wegen Vermögensverfalls** ergangene Entscheidung des BVerfG (NJW 2005, 3057), nach der bereits der Beschluss der Gläubigerversammlung, das Notariat vorläufig fortzuführen u. der Auftrag an den Insolvenzverwalter, einen Insolvenzplan zu erstellen, zu einer Ordnung der wirtschaftlichen Verhältnisse führt, ist auf das Berufsrecht der WP nicht übertragbar. Während Notare nach der Konsolidierung der Vermögensverhältnisse lediglich einen Anspruch auf ermessensfehlerfreie Entscheidung haben, steht Bewerbern ein gesetzlicher Anspruch auf Bestellung zur Seite, so dass hier ein höherer Maßstab gerechtfertigt ist.

III. Kann-Versagung der Bestellung (Abs. 2)

42 Im Vorgriff auf Art. 4 der AP-RiLi, wonach die Mitgliedstaaten die Zulassung nur Personen mit gutem Leumund erteilen dürfen, kann die Bestellung bereits seit Inkrafttreten der WPO 1961 versagt werden, wenn der Bewerber sich so verhalten hat, dass die Besorgnis begründet ist, er werde den Berufspflichten als WP nicht genügen. Nach dem Willen des Gesetzgebers sollen Bewerber, die aufgrund ihrer Lebensführung nach dem Gesamtbild der Entwicklung u. der Persönlichkeit einen „**schlechten Ruf**" besitzen, nicht in eine öffentliche Stellung gelangen (BR-Drs. 201/38). Die im Ermessen der WPK stehende Versagung der Bestellung kommt insb. zur Anwendung, wenn die Bestellung nicht bereits aus einem anderen Grund zwingend nach Abs. 1 zu versagen ist. In diesen Fällen erlangt sie aber Bedeutung, wenn die Bestellung insb. aus den Gründen des Abs. 1 Nr. 1 u. 2 nicht mehr zwingend zu versagen, aber weiterhin die Besorgnis zukünftiger Berufspflichtverletzungen begründet ist.

43 Die **Besorgnis zukünftiger Berufspflichtverletzungen** ist begründet, wenn ein mit den (künftigen) Berufspflichten nicht zu vereinbarendes Verhalten in der Vergangenheit den Schluss zulässt, der Bewerber werde künftig gegen die Berufspflichten verstoßen (FG Rheinland-Pfalz 11.11.2003, 2 K 1723/03 – juris). Dabei ist zu berücksichtigen, dass der Bewerber zum Zeitpunkt des zu beurteilenden Verhaltens noch nicht bestellt war (BT-Drs. 3/201, 38) (Rn. 13). Die Rspr. hat die Besorgnis zukünftiger Berufspflichtverletzungen **stets bei Verurteilung** der Bewerber **wegen Wirtschafts- bzw. Vermögensdelikten** bejaht (BFH 25.2.1986, BFH/NV 1986, 497; BFH 29.4.1986, BFH/NV 1987, 127). Entscheidend ist, ob durch das Fehlverhalten eine mit dem Berufsrecht unvereinbare Einstellung des Bewerbers zum Ausdruck kommt, die die **Gefahr der Wiederholung** v. Verfehlungen gegen die Berufspflichten begründet (Gehre/Koslowski, StBerG, § 40 Rn. 18 f). Dies kann bereits dann der Fall sein, wenn Strafverfolgungsbehörden **Ermittlungen gegen Bewerber** aufgenommen haben. In diesem Fall ist die WPK weder in der Lage noch verpflichtet, den Sachverhalt selbstständig aufzuklären. Solange der Verdacht ernstlich bestehen bleibt, ist die Bestellung zu versagen (BGH 20.3.2000, NJW-RR 2000, 1444).

Besteht die begründete Besorgnis, der Bewerber werde den Berufspflichten als WP nicht genügen, hat die WPK das ihr eingeräumte **Ermessen** pflichtgemäß auszuüben. Dabei hat sie das verfassungsrechtlich geschützte Interesse des Bewerbers an der Berufsausübung mit der daraus folgenden Gefährdung von Interessen Dritter sowie des Vertrauens in die Integrität des Berufsstandes gegeneinander abzuwägen. Hierbei ist neben der persönlichen Führung des Bewerbers seit seinem Fehlverhalten ggf. auch eine Wiedergutmachung des Schadens zu berücksichtigen. 44

Auch wenn der Begriff „Besorgnis begründet" ein unbestimmter Rechtsbegriff ist, der grds. der **gerichtlichen Überprüfung** unterliegt, kann die Versagung der Bestellung gerichtlich nur darauf überprüft werden, ob die WPK die Grenzen des Ermessens überschritten o. v. dem Ermessen in einer dem Zweck der Ermächtigung nicht entspr. Weise Gebrauch gemacht hat. Durch die Koppelung des durch den Begriff „kann" eingeräumten Ermessens mit der tatbestandlichen Voraussetzung der „begründeten Besorgnis" handelt es sich bei Abs. 2 um eine **einheitliche Ermessensvorschrift** (BFH 14.6.1983, DB 1983, 1963) i.S. der Entscheidung des gemeinsamen Senates der obersten Gerichtshöfe des Bundes (GmS-OBG 13.12.1970, BVerwGE 39, 355). 45

Um dem Gericht die erforderliche Überprüfung zu ermöglichen, muss die WPK ihr **Ermessen erkennbar ausüben u. darlegen**, welches Verhalten des Bewerbers sie zu der Auffassung veranlasst hat, es sei die Besorgnis begründet, er werde den Berufspflichten zukünftig nicht genügen. Sie muss weiter begründen u. darlegen, aufgrund welcher Ermessenserwägung sie zu der für den Bewerber negativen Entscheidung gelangt ist, wobei im Hinblick auf die Besorgnis im vorgenannten Sinne darzulegen ist, durch welches Verhalten des Bewerbers im Einzelfall die Einhaltung v. Berufspflichten als gefährdet angesehen werden kann. Ferner muss sich aus der Begr. ergeben, dass die WPK den Grundsatz der Verhältnismäßigkeit beachtet hat (BFH 25.2.1986, BFH/NV 1986, 497). Die Abwägung des Für u. Wider der sich gegenüberstehenden Belange muss aus der Entscheidung erkennbar sein (BFH 3.2.1981, BStBl. II 1981, 493). 46

IV. Zuständigkeit (Abs. 3)

So wie die **WPK** über die Bestellung entscheidet, **ist** sie auch **für die Versagung der Bestellung zuständig**. Die ausdr. Regelung des Abs. 3 ist vor diesem Hintergrund nicht mehr erforderlich u. hat ausschl. klarstellende Funktion. Sie ist ein Relikt der Aufgabenübertragung v. den obersten Landesbehörden für Wirtschaft auf die WPK durch die 4. WPO-Novelle 2001. 47

§ 16a Ärztliches Gutachten im Bestellungsverfahren

(1) ¹Wenn es zur Entscheidung über den Versagungsgrund des § 16 Abs. 1 Nr. 5 erforderlich ist, gibt die Prüfungsstelle dem Bewerber oder der Bewerberin auf, innerhalb einer bestimmten angemessenen Frist ein Gutachten eines bestimm-

ten Arztes oder einer bestimmten Ärztin über den Gesundheitszustand des Bewerbers oder der Bewerberin vorzulegen. ²Das Gutachten muss auf einer Untersuchung und, wenn dies ein Amtsarzt oder eine Amtsärztin für notwendig hält, auch auf einer klinischen Beobachtung des Bewerbers oder der Bewerberin beruhen. ³Die Kosten des Gutachtens hat der Bewerber oder die Bewerberin zu tragen.

(2) ¹Anordnungen nach Absatz 1 sind mit Gründen zu versehen und dem Bewerber oder der Bewerberin zuzustellen. ²Gegen die Anordnungen kann innerhalb eines Monats nach der Zustellung ein Antrag auf gerichtliche Entscheidung gestellt werden.

(3) Kommt der Bewerber oder die Bewerberin ohne ausreichenden Grund der Anordnung der Wirtschaftsprüferkammer nicht nach, gilt der Antrag auf Bestellung als zurückgenommen.

Schrifttum: *Krause*, Die Anordnung eines ärztlichen Gutachtens gem. § 14 Abs. 1 S. 1 Nr. 2 FeV, SVR 2007, 287-292; *Oertel*, Amtsärztliche Gutachten, Bundesgesundhbl. 2005, 1120-1124.

Inhaltsübersicht

		Rn.
I.	Allgemeines	1–2
II.	Anordnung der Begutachtung	3–7
III.	Kosten des Gutachtens	8
IV.	Rechtsschutz gegen die Anordnung	9–12
V.	Nichtbeibringung des Gutachtens oder unzureichendes Gutachten	13–14
VI.	Folge der gesetzlichen Rücknahmefiktion	15–16

I. Allgemeines

1 Die Vorschrift wurde durch die 7. WPO-Novelle 2007 in die WPO eingefügt u. ist an die Stelle des früheren § 10a getreten. Über den Verweis in § 20a Satz 1 findet die Regelung auch in Widerrufsverfahren Anwendung. § 16a entspricht dem weitgehend regelungsidentischen § 15 BRAO, der seit einer Gesetzesänderung 2009 zusammenfassend sowohl das Zulassungsverfahren (§ 8 a bzw. § 8 BRAO a. F.) als auch das Widerrufsverfahren erfasst. Das Berufsrecht der StB enthält nunmehr auch eine vergleichbare Regelung in § 40 Abs. 4 StBerG.

2 Die Regelung soll der WPK eine **sichere Grundlage für die Entscheidung über das Vorliegen des Versagungsgrundes des § 16 Abs. 1 Nr. 5 verschaffen** u. steht i.Z.m. der Mitwirkungsverpflichtung des § 36 a Abs. 2 Satz 1. Bis zur Einführung der besonderen Mitwirkungsverpflichtung des Bewerbers war die Feststellung des Vorliegens des Versagungsgrundes mit erheblichen tats. u. rechtl. Schwierigkeiten verbunden. So bestand für den Bewerber keine gesetzl. Verpflichtung, sich einer für die abschließende Beurteilung seines Gesundheitszustandes notwendigen ärztlichen

Untersuchung zu unterziehen. Die ermittelbaren Umstände brachten im Regelfall nicht die für den erheblichen Eingriff notwendige Rechtssicherheit.

II. Anordnung der Begutachtung

Zuständig für die Anordnung der Begutachtung ist **ausweislich des Gesetzes- 3 wortlautes die Prüfungsstelle**. Zuständig für die Bestellung u. damit für die Feststellung des Vorliegens der Bestellungsvoraussetzung und etwaiger Versagungsgründe ist **aber die WPK** u. nicht die bei der WPK eingerichtete Prüfungsstelle (vgl. zur Prüfungsstelle § 5 Rn. 1 ff.). Vor diesem Hintergrund kann davon ausgegangen werden, dass es sich bei der **Zuständigkeit** der Prüfungsstelle um einen redaktionellen Fehler des Gesetzgebers bei der Übertragung der Vorschrift (s. Rn. 1) handelt. Eine Korrektur ist absehbar. **Adressat der Anordnung** ist der **Bewerber**.

Voraussetzung für die **Anordnung** ist die **Erforderlichkeit des Gutachtens für** 4 **die Entscheidung über den Versagungsgrund**. Bei der Feststellung der Erforderlichkeit ist zu berücksichtigen, dass die Anordnung eines medizinischen Gutachtens in das aus Art. 2 Abs. 1 GG i.V.m. Art. 1 Abs. 1 GG folgende Recht auf informationelle Selbstbestimmung eingreift. Dabei stehen psychologische Befunde, die die Selbstachtung u. die gesellschaftliche Stellung des Betroffenen berühren, dem unantastbaren Bereich privater Lebensgestaltung noch näher als rein medizinische Feststellungen (BVerfG 24.6.1993, NJW 1993, 2365). Die Anordnung, ein ärztliches Gutachten beizubringen, ist aus diesem Grund – so auch die Gesetzesbegr. zu – dem zwischenzeitlich aufgehobenen – § 8a BRAO (BT-Drs. 11/3253, 20) – **nur zulässig, wenn andere Beweismittel nicht ausreichen o. der Antrag auf Bestellung nicht bereits aus anderen Gründen abzulehnen ist** (§ 20a Rn. 5 f.).

Gegenstand der ärztlichen Begutachtung ist die Frage, ob der Bewerber aus ge- 5 sundheitlichen Gründen nicht nur vorübergehend unfähig ist, den Beruf des WP ordnungsgemäß auszuüben. Dieser Gegenstand der Begutachtung ist dem Bewerber **in der Anordnung** mitzuteilen. Eine Gutachtenanordnung muss dabei erkennen lassen, mit welchen Fragen zum Gesundheitszustand des Bewerbers sich der Gutachter befassen soll. Ausnahmsweise sind die Formulierung der einzelnen Fragen sowie die Präzisierung der gesundheitlichen Störung, der nachgegangen werden soll, entbehrlich, wenn die Begutachtung an ein konkretes tatsächliches Geschehen anknüpft, das sich selbst erklärt und die anstehenden Fragen auch ohne zusätzliche Verbalisierung klar zutage kommen lässt (z.B. Schreiben von Dienststellen der Justiz, detaillierter Bericht des Polizeipräsidiums, BGH, 6.7.2009, NJW-RR 2009, 1578, 1579 Rn. 13; BGH, 22.11.2010 – AnwZ (B) 74/07; EGH München, BRAK-Mitt. 1992, 221).

Die WPK muss dem Betroffenen für die Beibringung des Gutachtens eine **ange-** 6 **messene Frist** einräumen u. den mit der Begutachtung zu **beauftragenden Arzt konkret bestimmen**. Bei der Bemessung der Frist ist zu berücksichtigen, ob das zu erstellende Gutachten auf einer ambulanten Untersuchung oder, wenn dies ein Amtsarzt für notwendig hält, auf einer klinischen Untersuchung des Bewerbers beruhen soll. Der mit der Begutachtung zu beauftragende Arzt ist in der Anordnung namentlich zu bezeichnen, um dem Bestimmtheitsgebot zu genügen. Begründet wird dies damit, dass für den Bewerber hinreichende Klarheit darüber bestehen muss, mit welchen sachverständigen Personen er sich ggf. auseinanderzusetzen hat u. ob für ihn Anlass besteht, die fachliche Kompetenz u. persönliche Unabhängigkeit dieser Person zu überprüfen (BGH 23.9.2002, NJW 2003, 215). Die namentliche Nennung kann aber entbehrlich sein, wenn der zunächst zuständige Arzt in den Ruhestand getreten u. ein Nachfolger noch nicht benannt ist o. die Frage noch der Klärung bedarf, ob der Betroffene v. einem Neurologen, Psychologen o. anderem Spezialisten untersucht werden muss (AGH Celle 21.4.2004, BRAK-Mitt. 2004, 179).

7   Die **Anordnung ist zu begründen** (Abs. 2 Satz 1) u. dem Betroffenen **zuzustellen**. Die Begr. muss nach allg. rechtsstaatlichen Grundsätzen die tragenden tats. u. rechtlichen Gründe der Entscheidung wiedergeben. Die Zustellung richtet sich nach den Vorschriften des VwZG.

III. Kosten des Gutachtens

8   Die Kosten des Gutachtens **hat der Bewerber zu tragen**. Der Bewerber ist in Folge der Beibringungslast, die ihm § 16a Abs. 1 Satz 1 auferlegt, Auftraggeber des Gutachtens u. damit auch Kostenschuldner. Auf die wirtschaftlichen Verhältnisse des Bewerbers kommt es dabei nicht an (BVerwG 12.3.1985, NJW 1985, 2490), solange nicht ungeordnete wirtschaftliche Verhältnisse vorliegen.

IV. Rechtsschutz gegen die Anordnung

9   Für den Rechtsschutz gegen die Anordnung, ein ärztliches Gutachten vorzulegen, bestimmt Abs. 2 Satz 2, dass der Bewerber innerhalb eines Monats nach der Zustellung Antrag auf gerichtliche Entscheidung stellen kann.

10 Hier offenbart sich eine Unaufmerksamkeit im Gesetzgebungsverfahren. Wie aufgezeigt, orientiert sich die Regelung an der BRAO (Rn. 1). Diese trat 1959 – mithin vor der VwGO – in Kraft u. berücksichtigt die historisch gewachsene Anwaltsgerichtsbarkeit. Gegen öffentlich-rechtliche Maßnahmen der WPK ist hingegen der **Verwaltungsrechtsweg** gem. § 40 Abs. 1 Satz 1 VwGO eröffnet. Absatz 2 Satz 2 kann vor diesem Hintergrund nicht – wie die Regelung in der BRAO – als abdrängende Sonderzuweisung zur ordentlichen Gerichtsbarkeit, etwa zur Berufsgerichtsbarkeit, verstanden werden.

11 Die Regelung gewinnt aber vor dem Hintergrund der Rspr. des BVerwG an Bedeutung. Danach stellt die Anordnung, zum Nachweis der Prüfungsunfähigkeit im Rahmen einer wissenschaftlichen Staatsprüfung ein ärztliches Gutachten beizubringen, **keinen VA**, sondern eine **behördliche Verfahrenshandlung** dar, die gem. § 44a VwGO nicht isoliert angefochten werden kann (BVerwG 27.8.1992, DVBl. 1993, 51). Der Ausschluss einer gerichtlichen Überprüfung v. Verfahrenshandlungen darf dabei aber für die Rechtsuchenden nicht zu unzumutbaren Nachteilen führen, die in einem späteren Prozess nicht mehr vollständig beseitigt werden können (BVerfG

24.10.1990, NJW 1991, 415). Diesbezügliche Abgrenzungsfragen im Einzelfall erübrigen sich durch die **ausdr. Eröffnung gerichtlichen Rechtsschutzes**.

Als statthafter Rechtsbehelf kommt eine **Feststellungsklage** in Betracht. Eine Anfechtungs- bzw. Fortsetzungsfeststellungsklage scheitert an der Verwaltungsaktqualität der Anordnung, die als vorbereitende Verfahrenshandlung weder vollstreckbar ist, noch das Verwaltungsverfahren abschließt (st. Rspr. BVerwG 15.12.1989, NJW 1990, 2637). 12

V. Nichtbeibringung des Gutachtens oder unzureichendes Gutachten

Bestehen nachvollziehbare Gründe für die **nicht rechtzeitige Beibringung des Gutachtens**, so kann die WPK die Frist zur Vorlage des Gutachtens v. Amts wegen o. auf Antrag des Betroffenen verlängern. Reicht das Gutachten zur abschließenden Beurteilung des Sachverhalts nicht aus, etwa, weil der untersuchende Arzt aus fachlichen Gründen nicht in der Lage ist, den gesundheitlichen Zustand des Bewerbers zu beurteilen, so kann die WPK die **Beibringung eines weiteren Gutachtens anordnen**. Für dieses weitere Gutachten gelten dieselben Voraussetzungen u. Rechtsfolgen wie für das erste Gutachten. 13

Kommt der Bewerber der Anordnung **ohne zureichenden Grund** nicht nach, **gilt der Bestellungsantrag als zurückgenommen**. Die Regelung ist notwendige Folge der fehlenden Vollstreckbarkeit der Anordnung (Rn. 11). Weigert sich der Bewerber das angeforderte Gutachten beizubringen, besteht für die WPK keine alternative Möglichkeit zur Sachverhaltsaufklärung. Die fortbestehende Unsicherheit über die gesundheitliche Eignung des Bewerbers geht durch die gesetzl. Fiktion der Antragsrücknahme zu dessen Lasten. Gleiches gilt für den Fall, dass das Gutachten aus vom Bewerber zu vertretenden Gründen für eine abschließende Beurteilung des Sachverhalts nicht ausreicht, etwa, weil der Bewerber für die ärztliche Untersuchung notwendige Mitwirkungshandlungen unterlässt. 14

VI. Folge der gesetzlichen Rücknahmefiktion

Gilt der Antrag auf Bestellung als zurückgenommen, entfällt eine Verfahrens- u. Sachentscheidungsvoraussetzung für das Bestellungsverfahren. Eine **Bestellung darf nicht erfolgen**. Die WPK **stellt das Verfahren ein** u. teilt dies dem Bewerber unter Hinweis auf den Eintritt der gesetzl. Fiktion mit. 15

Grundsätzlich stellt die Einstellung eines Verwaltungsverfahrens nach Rücknahme des Antrags mangels Regelungsgehaltes keinen VA dar (OVG NRW 29.3.1995, 13 A 3778/93 – juris). Hier stellt die WPK mit der Einstellung jedoch den Eintritt der gesetzlichen Fiktion positiv fest u. konkretisiert damit die bestehende Rechtslage. Die Einstellung des Bestellungsverfahrens durch die WPK muss vor diesem Hintergrund als **feststellender VA** qualifiziert werden. Gegen die Entscheidung kann der Bewerber folglich nach § 41 unmittelbar **Klage vor dem VG** erheben. 16

§ 17 Berufsurkunde und Berufseid

(1) ¹Bewerber haben vor Aushändigung der Urkunde den Berufseid vor der Wirtschaftsprüferkammer oder einer von ihr im Einzelfall beauftragten Stelle zu leisten.

²Die Eidesformel lautet:

„Ich schwöre, dass ich die Pflichten eines Wirtschaftsprüfers verantwortungsbewusst und sorgfältig erfüllen, insbesondere Verschwiegenheit bewahren und Prüfungsberichte und Gutachten gewissenhaft und unparteiisch erstatten werde, so wahr mir Gott helfe."

(2) Der Eid kann auch ohne religiöse Beteuerung geleistet werden.

(3) Gestattet ein Gesetz den Mitgliedern einer Religionsgesellschaft an Stelle des Eides andere Beteuerungsformeln zu gebrauchen, so kann der Bewerber, der Mitglied einer solchen Religionsgesellschaft ist, diese Beteuerungsformel sprechen.

Schrifttum: *Ludewig,* Zur Berufsethik der Wirtschaftsprüfer, WPg 2003, 1093; *Geiger,* Unternehmensüberwachung, Kapitalmarkt und Abschlußprüfung, VW 1998, 594; *Redeker,* Der Anwaltseid – unzulässig und überflüssig, DVBl. 1987, 200-203; *Engelmann,* Glaubensfreiheit und Eidespflicht – Zur Entscheidung des BVerfG vom 11.4.1972, MDR 1973, 365-368; *Schulze-Osterloh,* Zur öffentlichen Funktion des Abschlußprüfers, ZGR 1976, 411-434.

Inhaltsübersicht

	Rn.
I. Allgemeines	1–2
II. Eidesformel	3–9
III. Verfahren	10–17
IV. Rechtsfolgen der Eidesleistung	18–19

I. Allgemeines

1 Der Eid, sei es der religiöse, der nicht religiöse (weltliche) Eid o. die eidesgleiche Bekräftigung, ist die feierliche Beteuerung entw. der Wahrheit v. Aussagen (assertorischer Eid) o. zur Bekräftigung eines Versprechens (promissorischer Eid). Im öffentl. Recht wird die promissorische Eidesleistung zur **Unterstreichung besonderer im öffentl. Interesse stehender Pflichten** eingesetzt (Amtseid des Bundespräsidenten, des Bundeskanzlers, der Notare, Richterdiensteid, Diensteid der Beamten usw.).

2 Im Rahmen des Gesetzgebungsverfahrens wurde ausführlich erörtert, ob nicht anstelle des tradierten Berufseides eine **einfache Verpflichtungserklärung** ausreiche, wie sie in das Berufsrecht der StB Eingang gefunden hat. Im Ergebnis erachtete der Gesetzgeber die Verpflichtung zur Ablegung eines Berufseides im Hinblick auf die für die Ausübung der wirtschaftsprüfenden Berufe maßgebliche Berufspflicht der

Unparteilichkeit, die Ausübung einer öffentl. Funktion bei der Erteilung v. BV, die Befugnis zur Siegelführung als angemessen u. gerechtfertigt. Die Pflicht zur Eidesleistung unterstreicht neben dem Recht und der Pflicht zur Siegelführung (§ 48 WPO) die öffentl. Einbindung der Berufsangehörigen (BVerfG 8.4.1998, NJW 1998) in die Erfüllung einer öffentl. Aufgabe durch den Berufsstand (BGH 10.12.2009, DStR 2010, 34; VG Weimar 10.1.1995, WPK-Mitt. 1995, 231; Geiger, VW 1998, 594; Schulze-Osterloh, ZGR 1976, 411.

II. Eidesformel

Die Eidesformel knüpft an die früheren Berufsordnungen der Länder an. Sie betont im Hinblick auf die öffentl. Aufgabe die verantwortungsbewusste Erfüllung der Berufspflichten, insb. der Verschwiegenheit sowie der unparteiischen Erstattung v. PB u. Gutachten. Besondere Bedeutung kommt der **Verpflichtung zur verantwortungsbewussten Aufgabenerfüllung** zu, da diese als persönlichkeitsbezogener Berufsgrundsatz in die Regelung der tätigkeitsbezogenen allg. Berufspflichten des § 43 keinen Eingang gefunden hat (Ludewig, WPg 2003, 1093).   3

Der Gesetzgeber geht mit der Eidesformel „Ich schwöre …, so wahr mir Gott helfe." historisch bedingt v. der **christlich religiösen Eidesleistung** als Grundform der Eidesleistung aus. Eine Wertung des Gesetzgebers ist damit nicht verbunden.   4

Artikel 140 GG i.V.m. 136 Abs. 4 WRV (Niemand darf … zur Benutzung einer religiösen Eidesformel gezwungen werden.") gewährleistet zusammen mit Art. 4 Abs. 1 GG die negative Religionsfreiheit. Zur Gewährleistung dieses Grundrechts bestimmt Abs. 2, dass der Eid auch ohne religiöse Beteuerung geleistet werden kann. Vor dem gleichen Hintergrund wurde die früher in der Eidesformel enthaltene Bezugnahme auf „Gott dem Allmächtigen und Allwissenden" als Eidesgaranten durch die 7. WPO-Novelle 2007 gestrichen. Die **weltliche Eidesleistung** erfolgt ohne die Wort „so wahr mir Gott helfe".   5

Bewerber einer anderen Religionsgemeinschaft können an Stelle der vorgesehenen christlich religiösen Beteuerung „Ich schwöre, … so wahr mir Gott helfe" eine **andere religiöse Beteuerung** sprechen. Einer nach Abs. 3 erforderlichen gesetzlichen Regelung bedarf es nicht. Es gilt das sog. Sektenprivileg (BVerfG 11.4.1972, BVerfGE 33, 23). Von einer Gesetzesänderung wie etwa im Strafprozessrecht hat der Gesetzgeber aber im Hinblick auf die Möglichkeit der verfassungskonformen Auslegung v. Abs. 3 bisher abgesehen.   6

Im Hinblick auf die durch Art. 4 GG neben der Religionsfreiheit gewährleistete Bekenntnisfreiheit ist Abs. 3 entsprechend den Regelungen in der StPO u. ZPO zusätzl. dahingehend verfassungskonform auszulegen, dass die Eidesleistung anstelle einer religiösen Beteuerung unter den dargelegten Voraussetzungen auch durch die **Beteuerung weltanschaulicher Bekenntnisgemeinschaften** zulässig ist (BVerfG 26.1.1978, NJW 1978, 1150).   7

Eine andere religiöse o. weltanschauliche Beteuerung (Rn. 6, 7) darf **Sinn u. Zweck der Eidesleistung nicht widersprechen.**   8

9   Zur Gewährleistung der Glaubens- u. Bekenntnisfreiheit kann ein Bewerber, der aus Glaubens- o. Gewissensgründen keinen Eid leisten darf, eine **eidesgleiche Bekräftigung** ablegen. Dazu erklärt der Bewerber „Ich bekräftige im Bewusstsein meiner Verantwortung, dass ich die Pflichten eines Wirtschaftsprüfers verantwortungsbewusst und sorgfältig erfülle, insbesondere Verschwiegenheit bewahren und Prüfungsberichte und Gutachten gewissenhaft und unparteiisch erstatten werde."

III. Verfahren

10 Für die Abnahme des Berufseides ist seit der 4. WPO-Novelle 2001 die **WPK zuständig**. Die Organisation erfolgt über die regional zuständigen LGS der WPK (vgl. § 4 Rn. 29 ff.). Die **Abnahme des Eides** sowie die **Aushändigung der Bestellungsurkunde** erfolgt im Rahmen v. Bestellungsveranstaltungen durch den regionalen Landespräsidenten. Ist der Landespräsident an der Abnahme des Eides o. der Aushändigung der Bestellungsurkunde verhindert, kann er durch den Leiter der zuständigen LGS der WPK o. einen anderen befugten Funktionsträger der WPK vertreten werden.

11 Lebt der Bewerber im Ausland und ist ihm aus besonderen im Einzelfall nachzuweisenden Gründen die Eidesleistung in einer Bestellungsveranstaltung in Deutschland nicht möglich o. zumutbar, kann die Eidesleistung auch vor einer von der WPK beauftragten Stelle erfolgen. In Betracht kommen hierfür insbesondere Mitarbeiter der konsularischen Vertretungen der Bundesrepublik. Das Auswärtige Amt leistet der WPK dann insoweit Amtshilfe. Zur Aushändigung der Bestellungsurkunde in derartigen Fällen (s. § 15 Rn. 17).

12 Der **Eid ist höchstpersönlich** in Anwesenheit eines zur Abnahme des Eides Befugten zu leisten. Vertretung bei der Abgabe des Berufseides ist ausgeschlossen.

13 Der Eid ist anders als bei den Notaren **vor der Aushändigung der Bestellungsurkunde** zu leisten. Der Entgegennahme des Eides geht die Prüfung des Vorliegens der an einem WP zu stellenden persönlichen u. fachlichen Anforderungen voraus. Ihr liegt daher – zwar nicht ausdrücklich, wohl aber sinngemäß – die Feststellung zugrunde, dass diese Anforderungen in der Person des o. der Beeidigten erfüllt sind (BVerwG 16.1.2007, NJW 2007, 1478). Die Eidesleistung ist damit Voraussetzung für die Bestellung durch Aushändigung der **Berufskurkunde** (§ 15 Rn. 16 ff.).

14 **Hör- u. sprachbehinderte Bewerber** leisten den Eid o. die eidesgleiche Bekräftigung mangels Regelung in der WPO in Anlehnung an die Bestimmungen der StPO, der ZPO u. des Gesetzes zur Gleichstellung behinderter Menschen nach ihrer Wahl durch Nachsprechen, Abschreiben o. Unterschreiben der Eidesformel o. mit Hilfe einer die Verständigung ermöglichenden Person.

15 Der **Bewerber ist auf die Möglichkeiten hinzuweisen**, den Eid nach Wahl ohne die gesetzlich vorgesehene religiöse o. mit einer sonstigen Beteuerung abzulegen o. seine Verpflichtung auf die Einhaltung der Berufspflichten eidesgleich zu bekräftigen. Gleiches gilt für die Möglichkeiten der Eidesleistung hör- u. sprachbehinderter Bewerber.

Die (Nicht) Mitgliedschaft des Bewerbers in einer Religions- o. weltanschaulichen **16** Bekenntnisgemeinschaft u. die Üblichkeit der gewählten Bekräftigung werden v. der WPK, solange **keine Zweifel an der Richtigkeit des Vortrages bestehen**, weder geprüft noch müssen sie glaubhaft gemacht werden. Gleiches gilt für die v. einem Bewerber vorgetragenen Glaubens- o. Gewissensgründe.

Über die Ableistung des Eides u. die Aushändigung der Urkunde (§ 15 Rn. 16 ff.) **17** wird eine **Niederschrift** erstellt. Die Niederschrift gibt den Wortlaut des Eides o. der eidesgleichen Bekräftigung wieder u. ist v. Bestellten u. einem Vertreter der WPK zu unterzeichnen. Die Niederschrift wird zur Registerakte genommen.

IV. Rechtsfolgen der Eidesleistung

Der promissorische Eid (vgl. Rn. 1) erstreckt sich als Gelöbnis auf die Zukunft; sein **18** Bruch bleibt daher zumindest **berufsaufsichtsrechtlich ohne Sanktion**. Es wird aber vertreten, dass die Ernennung eines Beamten wegen arglistiger Täuschung zurückzunehmen ist, wenn der Kandidat bei der im Beamtenrecht für die Bestellung nicht einmal konstitutiven Eidesleistung nicht gewillt ist, die beeideten Pflichten tats. zu erfüllen (Battis, BBG, § 64 Rn. 5).

Wird der **WP als Sachverständiger** tätig, kann er sich vor Gericht auf die Ableistung des Berufseides berufen (§§ 410 Abs. 2 ZPO, 79 Abs. 3 StPO, 96 Abs. 7 AO). **19** Eine weitere Vereidigung als Sachverständiger, etwa nach § 36 GewO, ist zulässig, aber nicht erforderlich.

§ 18 Berufsbezeichnung

(1) ¹Wirtschaftsprüfer haben im beruflichen Verkehr die Berufsbezeichnung „Wirtschaftsprüfer" zu führen. ²Frauen können die Berufsbezeichnung „Wirtschaftsprüferin" führen. ³Werden Erklärungen im Rahmen von Tätigkeiten nach § 2 Abs. 1, die Berufsangehörigen gesetzlich vorbehalten sind, abgegeben, so dürfen diese Erklärungen unter Verwendung nur der Berufsbezeichnung und zusätzlich mit einem amtlich verliehenen ausländischen Prüfertitel unterzeichnet werden.

(2) ¹Akademische Grade und Titel und Zusätze, die auf eine staatlich verliehene Graduierung hinweisen, können neben der Berufsbezeichnung geführt werden. ²Amts- und Berufsbezeichnungen sind zusätzlich gestattet, wenn sie amtlich verliehen worden sind und es sich um Bezeichnungen für eine Tätigkeit handelt, die neben der Tätigkeit des Wirtschaftsprüfers ausgeübt werden darf (§ 43a); zulässig sind auch Fachanwaltsbezeichnungen. ³Zusätzlich gestattet sind auch in anderen Staaten zu Recht geführte Berufsbezeichnungen für die Tätigkeit als gesetzlicher Abschlussprüfer oder für eine Tätigkeit, die neben der Tätigkeit als Wirtschaftsprüfer ausgeübt werden darf.

(3) ¹Mit dem Erlöschen, der Rücknahme oder dem Widerruf der Bestellung erlischt die Befugnis, die Berufsbezeichnung zu führen. ²Die Berufsbezeichnung darf auch nicht mit einem Zusatz, der auf die frühere Berechtigung hinweist, geführt werden.

(4) ¹Die Wirtschaftsprüferkammer kann Berufsangehörigen, die wegen hohen Alters oder wegen körperlicher Leiden auf die Rechte aus der Bestellung verzichten und keine berufliche Tätigkeit mehr ausüben, auf Antrag die Erlaubnis erteilen, weiterhin die Berufsbezeichnung zu führen. ²Die Wirtschaftsprüferkammer kann diese Erlaubnis zurücknehmen oder widerrufen, wenn nachträglich Umstände bekannt werden oder eintreten, die das Erlöschen, die Rücknahme oder den Widerruf der Bestellung nach sich ziehen würden oder zur Ablehnung der Erlaubnis hätten führen können. ³Vor der Rücknahme oder dem Widerruf der Erlaubnis ist der oder die Betroffene zu hören.

Schrifttum: *Zastrow*, Der anwaltliche Briefbogen, BRAK-Mitt. 2009, 55; *Richter*, Fortführung der Berufsbezeichnung nach Verzicht auf die Bestellung als Steuerberater, DStR 2008, 1754; *Vahle*, Akademische Grade – Erwerb, Nachweis und berechtigtes Führen, NWB 2008, 4141; *Krumbiegel*, Zulässigkeit des Führens der Bezeichnung „Fachberater (DStV)" durch Wirtschaftsprüfer und vereidigte Buchprüfer, DB 2007, 2582; *WPK*, Weiterführung der Berufsbezeichnung „Wirtschaftsprüfer" und „vereidigte Buchprüfer" nach dem Verzicht auf die Bestellung, WPK-Mag. 4/2007, 38; *Römermann*, Die Firma der Steuerberater-, Wirtschaftsprüfer- und Anwaltssozietät, INF 2001, 181; *Weniger*, Grenzen zulässiger Informationswerbung, DStR 1992, 1829; *Kornblum*, Aktuelle Fragen des Werbeverbots für die steuerberatenden freien Berufe, StVj 1991, 271; *Prieß*, Die Genehmigung zur Führung ausländischer akademischer und staatlicher Grade, NVwZ 1991, 111; *Pausch*, Die Herkunft der Berufsbezeichnungen „Steuerberater" und „Steuerbevollmächtigter", DStR 1978, 313; *Horn*, Berufsbezeichnung „Steuersachverständiger", StB 1977, 107; *Eisfeld*, Zur Entstehungsgeschichte des Wirtschaftsprüferberufes, WPg 1956, 450.

Inhaltsübersicht

	Rn.
I. Allgemeines	1–10
1. Historie und Bedeutung	1–5
2. Straf- und wettbewerbsrechtlicher Schutz der Berufsbezeichnung.	6–10
II. Pflicht zur Führung der Berufsbezeichnung (Abs. 1)	11–18
1. Vorbehaltsbereich	11–12
2. Pflicht und Ausnahmen	13–15
3. Übersetzung der Berufsbezeichnung	16–17
4. Führen der Berufsbezeichnung in der Privatsphäre	18
III. Akademische Grade, Titel, Amts- und Berufsbezeichnungen (Abs. 2)	19–39
1. Akademische Grade und Titel, staatlich verliehene Graduierungen	19–26
2. Amts- und Berufsbezeichnungen	27–34
a) Amtsbezeichnungen	27–30
b) Berufsbezeichnungen	31–34
3. Fachgebietsbezeichnungen im Zusammenhang mit Berufsbezeichnungen	35–36

4. Ausländische Berufsbezeichnungen	37–39
a) Gesetzlicher Abschlussprüfer	38
b) Andere ausländische Berufsbezeichnungen	39
IV. Erlöschen der Befugnis zur Führung der Berufsbezeichnung (Abs. 3)	40–42
V. Erlaubnis zur Weiterführung der Berufsbezeichnung (Abs. 4)	43–56
1. Sinn und Zweck der Ausnahmeregelung	43–45
2. Verzicht auf die Bestellung und vollständige Aufgabe der Berufstätigkeit	46–47
3. Hohes Alter und körperliche Leiden als Ursache des Verzichts	48–50
4. Kennzeichnung der ehemaligen Berufszugehörigkeit	51
5. Verfahren	52–53
6. Widerruf und Rücknahme der Erlaubnis	54–56

I. Allgemeines

1. Historie und Bedeutung

Es gibt keine Quellen, die Aufschluss über die **Entstehung der Berufsbezeichnung** „Wirtschaftsprüfer" geben können. Ein „Erfinder" der Berufsbezeichnung ist nicht bekannt. Man war bestrebt, eine Berufsbezeichnung zu finden, in der sich das breite Spektrum der Berufstätigkeit widerspiegeln soll; favorisiert wurde zunächst die Bezeichnung „Wirtschaftstreuhänder". Diese Absicht stieß bei Anwälten u. Volkswirten wegen deren artverwandter Tätigkeit auf Widerstand. Im Ergebnis einigte man sich auf den „Wirtschaftsprüfer", weil der Beruf im Schwerpunkt zur Prüfung v. Wirtschaftsbetrieben ins Leben gerufen wurde (Eisfeld, WPg 1956, 451; Markus, Der Wirtschaftsprüfer, 26). 1

Die Regelung des § 18 Abs. 1 Satz 2 verfolgt i. Erg. ein anderes Ziel als vergleichbare Vorschriften anderer Berufsgesetze, wenn formuliert wird, dass WP im beruflichen Verkehr die Berufsbezeichnung „Wirtschaftsprüfer" zu führen haben. So sind z.B. RA nach ihrer Zulassung „ledigl." berechtigt, die Berufsbezeichnung zu führen (§ 12 Abs. 2 BRAO). Der Gesetzgeber der WPO geht damit einen Schritt weiter u. normiert die **Pflicht, im beruflichen Verkehr die Berufsbezeichnung „Wirtschaftsprüfer" zu führen**. Begründet wird das Gebot damit, dass der Berufsstand im beruflichen Leben jederzeit erkennbar sein muss (BT-Drs. 3/201, 46). 2

Die Vorschrift regelt auch, welche **Titel neben der Berufsbezeichnung** geführt werden dürfen. § 18 dient damit auch dem **Schutz der Allgemeinheit vor Irreführung**. Eine Gefahr der Irreführung besteht bei solchen berufs- o. tätigkeitsbezogenen Bezeichnungen u. Zusätzen, die bei der Allgemeinheit zur unzutreffenden Annahme führen können, dass die v. Unbefugten in Anspruch genommene Berufsbezeichnung besondere Sachkompetenz vermittelt (BGH 16.1.1981, NJW 1981, 2519, 2520; BGH 10.3.1988, MDR 1988, 751 ff.). 3

Durch die 7. WPO-Novelle 2007 wird geregelt, BV bei **Pflichtprüfungen sowohl mit der insoweit ansonsten ausschließlich zu führenden Berufsbezeichnung „Wirtschaftsprüfer" als auch mit einem amtlich verliehenen ausländischen Prüfertitel** zu unterzeichnen (vgl. noch Rn. 11, 12). Die Notwendigkeit der amtl. 4

Verleihung stellt sicher, dass nicht bloß die deutsche Berufsbezeichnung in eine Fremdsprache übersetzt u. damit die Öffentlichkeit getäuscht wird (vgl. auch noch Rn. 16).

5   Des Weiteren hat die 7. WPO-Novelle 2007 die Möglichkeit eröffnet, nach dem Verzicht auf die Bestellung eine **Erlaubnis zur Weiterführung der Berufsbezeichnung** zu erhalten. Damit vollzieht der Gesetzgeber eine Angleichung an andere Berufsrechte, durchbricht aber damit die bisherige Systematik, dass nur derjenige die Berufsbezeichnung WP führen darf, der als WP bestellt ist (vgl. auch noch Rn. 43 ff.).

2.   Straf- und wettbewerbsrechtlicher Schutz der Berufsbezeichnung

6   „Wirtschaftsprüfer" u. „Wirtschaftsprüferin" gehören zu den **strafrechtlich geschützten Berufsbezeichnungen** (§ 132a StGB), da auch der WP-Beruf beratende, helfende o. unterstützende Funktionen mit besonderen Zugriffsmöglichkeiten auf Rechtsgüter der Bürger bietet u. daher in besonderem Maß Vertrauen in die Integrität u. Zuverlässigkeit der Berufsausübung voraussetzt (Fischer, StGB, § 132a Rn. 13).

7   Die **Berufsbezeichnung wird i.S. des Strafrechts „geführt"**, wenn sie jemand für sich selbst in Anspruch nimmt. Dies muss in einer Weise geschehen, dass das Interesse der Allgemeinheit u. insb. des geschäftlichen Verkehrs berührt werden. Anhaltspunkte sind die Verwendung der Berufsbezeichnung auf Briefbogen, Schildern, in Telefonbüchern u. auf Siegelimitaten. Auch kann das Führen der Berufsbezeichnung im privaten Verkehr als Straftat zu ahnden sein, jedoch nur dann, wenn Art u. Intensität die Allgemeinheit berühren; es genügt auch ein nur einmaliger Gebrauch, wenn dies z.B. öffentl. o. ggü. einer Mehrzahl v. Personen geschieht. Als nicht strafbar dürfte die einmalige Verwendung der Berufsbezeichnung „Wirtschaftsprüfer" z.B. bei einer polizeilichen Vernehmung gewertet werden können, weil die Berufsbezeichnung weder in einer für die Allgemeinheit zugänglichen Form benutzt, noch durch ihre Verwendung eine besondere Vertrauenswürdigkeit vorgespiegelt wird.

8   Die unbefugte Führung der Berufsbezeichnung „Wirtschaftsprüfer" ist gemäß § 5 UWG auch **wettbewerbsrechtlich verfolgbar**. Wer im geschäftlichen Verkehr zu Zwecken des Wettbewerbs über geschäftliche Verhältnisse irreführende Angaben macht, kann nach dieser Vorschrift auf Unterlassung solcher Angaben in Anspruch genommen werden. Eine Angabe ist irreführend i.S. dieser Vorschrift, wenn sie die Wirkung einer unzutr. Angabe ausübt, d.h. dem v. ihr angesprochenen Verkehrskreis einen unrichtigen Eindruck vermittelt (ständige Rspr. des BGH seit 11.5.1954, BGHZ 13, 244, 253). Entscheidend für die Beurteilung einer Angabe als irreführend ist das Verkehrsverständnis der beteiligten Verkehrskreise. Als solche kommen sowohl Endverbraucher als auch Fachkreise in Betracht. Für die Irreführung genügt die Täuschung der Angehörigen eines dieser Verkehrskreise.

9   Im allg. Geschäftsverkehr ist seit jeher auch die **Abkürzung „WP"** für die Berufsbezeichnung „Wirtschaftsprüfer" gebräuchlich u. damit auch geschützt (WPK,

MittBl. WPK 9/1964, 19). Wer nicht als WP bestellt ist, aber mit der Abkürzung „WP" in Erscheinung tritt, kann auf Unterlassung in Anspruch genommen werden, weil eine Irreführung auch durch eine nahe liegende Kurzbezeichnung herbeigeführt werden kann (vgl. Hefermehl/Köhler/Bornkamm, Wettbewerbsrecht, § 5 Rn. 2.90 m.w.N.). Gebräuchliche Abkürzungen sind zudem als verwechselungsfähige Bezeichnungen gemäß § 132a Abs. 2 StGB den Berufsbezeichnungen gleichzusetzen (zur Abkürzung „Prof." Bay ObLG 20.4.1977, NJW 1978, 2348).

Zur Verwechselungsfähigkeit der Bezeichnung **„Wirtschaftsberater"** s. WPK, WPK-Mitt. 1993, 103, 104; sie ist i. Erg. zu verneinen. Anders sieht es der Gesetzgeber bei den Bezeichnungen **Buchprüfer, Buchrevisor o. Wirtschaftstreuhänder** sowie bei den **ausländischen Titeln Wirtschaftsprüfer/in**, soweit nicht der andere Staat angegeben wird (vgl. hierzu auch Rn. 16 ff.); dies stellt eine **Ordnungswidrigkeit nach § 132** dar. 10

II. Pflicht zur Führung der Berufsbezeichnung (Abs. 1)

1. Vorbehaltsbereich

Durch die 7. WPO-Novelle 2007 ist Abs. 1 um den Grundsatz ergänzt worden, dass bei dem WP-Beruf vorbehaltenen gesetzlichen AP Erklärungen **nur mit der Berufsbezeichnung „Wirtschaftsprüfer" o. „Wirtschaftsprüferin"** unterzeichnet werden dürfen (vgl. auch LG Berlin 9.5.2011, WPK Mag 3/2011, 45). Das bedeutet, dass in diesem Bereich die durch andere Bestellungen u. Zulassungen erworbenen Berufsbezeichnungen wie **StB u./o. RA nicht geführt** werden dürfen; entspr. gilt für vergleichbare ausländische Berufsbezeichnungen. Mit dieser Eingrenzung im Kernbereich der Berufsausübung wird die besondere Stellung des Berufes als gesetzlicher AP hervorgehoben (zum Vorbehaltsbereich vgl. § 2 Rn. 9 u. Einl. Rn. 119). 11

Eine Ausnahme lässt das Gesetz nur für den Fall zu, dass der WP zur Führung eines **amtlich verliehenen ausländischen Prüfertitels** befugt ist. Gemeint sind die in Abs. 2 Satz 3 genannten Berufsqualifikationen (Rn. 38). Bei privaten Institutionen erworbene Prüfertitel fallen nicht hierunter wie z.B. Certified Internal Auditor (s. noch Rn. 34). 12

2. Pflicht und Ausnahmen

Wirtschaftsprüfer, die nach diesem Gesetz als solche bestellt u. vereidigt sind, sind nicht nur berechtigt, sondern auch **verpflichtet, ihre Berufsbezeichnung zu führen**, u. zwar gemäß der in Abs. 1 bestimmten Schreibweise. Die Berufsbezeichnung ist auf Geschäftspapieren u. Praxisschildern anzugeben. Dem steht nicht entgegen, dass aus Platzgründen z.B. im Adressfeld die Abkürzung „WP" kundgemacht wird. Dies bietet sich auch für Sozietätsbriefbögen an, wenn eine größere Zahl v. Sozien aufzulisten ist. Einmal muss die Berufsbezeichnung (z.B. im Namen der Sozietät) aber ausgeschrieben erkennbar sein. 13

Die Pflicht zur Führung der Berufsbezeichnung besteht nur im beruflichen Verkehr. Zum **beruflichen Verkehr** gehören alle in § 2 aufgezählten Tätigkeiten u. auch die zulässigen u. vereinbaren Tätigkeiten gemäß § 43a Abs. 2 u. 4 (Kuhls/Willerscheid, 14

StBerG, § 43 Rn. 18), wobei im Bereich vereinbarer Tätigkeiten im Einzelfall Ausnahmen denkbar sind. Die Veröffentlichung eines Fachaufsatzes (§ 43a Abs. 4 Nr. 7) ohne Angabe der Berufsbezeichnung wird im Zweifel nicht als berufliches Fehlverhalten verstanden werden müssen; der Berufsangehörige könnte für sich reklamieren, als Privatmann gehandelt zu haben (vgl. noch Rn. 18).

15 Die höchstrichterliche Rspr. hat in zwei Entscheidungen den **nach der WPO relevanten beruflichen Verkehr** ggü. der Steuerberatung (BVerwG 22.8.2000, WPK-Mitt. 2001, 70 ff.) u. ggü. vereinbaren Tätigkeiten (BGH 12.10.2004, WPK-Mag. 1/2005, 48) abgegrenzt. Die Entscheidungen setzen sich nicht mit § 18 auseinander, stellen aber gleichwohl das bisher weite Verständnis des beruflichen Verkehrs auch u. gerade i.Z.m. der Pflicht zur Führung der Berufsbezeichnung in Frage. Zur auch kritischen Kommentierung der beiden Entscheidungen vgl. die Einl. Rn. 110 ff. Die WPK akzeptiert auf der Grundlage der beiden Entscheidungen eine differenzierte Anwendung des Berufsrechts u. der Außendarstellung des WP (vgl. Vor §§ 43 ff. Rn. 18 ff. u. die Begr. zu § 34 BS WP/vBP).

3. Übersetzung der Berufsbezeichnung

16 Die Berufsbezeichnung „Wirtschaftsprüfer" ist nicht in eine Fremdsprache übersetzungsfähig; ebenso wenig ist eine gesetzlich verliehene AP-Berufsbezeichnung im Ausland in die deutsche Sprache übersetzungsfähig. Einen Sonderfall bilden die Regelungen im deutschsprachigen Ausland. Sofern in einem **ausländischen Staat** die **Berufsbezeichnung „Wirtschaftsprüfer"** verliehen wird (z.B. Österreich), die also identisch mit der Berufsbezeichnung nach der WPO ist, muss der Angehörige des ausländischen Prüferberufes im Geltungsbereich der WPO die Berufsbezeichnung so führen, dass die Herkunft erkennbar ist (§ 132 Rn. 7).

17 Der **gesetzliche Schutz ausländischer Berufsbezeichnungen** verbietet es, insb. im grenzüberschreitenden Verkehr neben der Berufsbezeichnung „Wirtschaftsprüfer" gleichzeitig die Berufsbezeichnung des gesetzlichen AP im Nachbarland als „Übersetzung" für „Wirtschaftsprüfer" kundzumachen. Nur wenn dem Berufsangehörigen v. der zuständigen Stelle des Nachbarlandes die Befugnis zur Führung der dortigen Berufsbezeichnung verliehen ist, darf er diese verwenden. Möchte er nur die deutsche Berufsbezeichnung übersetzen, bietet es sich an, mit der zuständigen Stelle abzuklären, mit welcher Bezeichnung dies möglich ist. Die Compagnie Nationale des Commissaires aux Comptes erlaubt dem WP in Frankreich die Führung der Bezeichnungen „auditeur externe allemand" o. „réviseur allemand".

4. Führen der Berufsbezeichnung in der Privatsphäre

18 Anders als im beruflichen Verkehr ist die Verwendung der Berufsbezeichnung im **privaten Verkehr** freigestellt. Der WP darf aber beim Auftreten als WP im Privatbereich nicht den Eindruck vermitteln, dass er in seiner Berufseigenschaft auftritt, z.B. durch Angaben einer Kontonummer u. für Geschäftsbriefbögen übliche Angaben auf den Privatbriefbogen (z.B. Platzhalter für „Zeichen", „Datum"). Ein **ausschließl.** als **Angestellter** tätiger WP erweckt durch ein derart offizielles Auftreten ggü. Dritten den Eindruck, auch **selbstständig in eigener** Praxis tätig zu sein (VG

Berufsbezeichnung § 18

Berlin 23.10.2006, WPK-Mag. 1/2007, 52). Dies wäre ggf. zulässig, hätte aber zur Folge, dass er eine BHV abschließen müsste (§ 54). Ein WP, der in eigener Praxis tätig ist u. örtlich getrennt unter seiner Privatanschrift einen vergleichbar gestalteten Briefbogen verwendet, zeigt dem Rechtsverkehr, dass er dort auch in eigener Praxis tätig ist. Dies wäre ein Verstoß gegen § 3, wonach ein WP nur eine berufliche NL begründen darf (s. hierzu auch § 3 Rn. 3, 4). Bei **schriftstellerischer Tätigkeit** jedenfalls im Bereich der Belletristik (§ 43a Abs. 4 Nr. 7) wird nicht verlangt werden können, die Berufsbezeichnung zu führen; es wäre aber erlaubt (vgl. Rn. 14).

III. Akademische Grade, Titel, Amts- und Berufsbezeichnungen

1. Akademische Grade und Titel, staatlich verliehene Graduierungen
Mit der Klarstellung, dass allein **akademische Grade**, Titel u. **Zusätze, die auf eine staatlich verliehene Graduierung** hinweisen, geführt werden dürfen, wird zur Führung anderer Bezeichnungen abgegrenzt; andere Bezeichnungen sind also nicht gestattet. Akademische Grade werden auch als akademische Titel bezeichnet. Diese Lesart könnte auch der Wortlaut des Gesetzes vermitteln. Gemeint sind aber Titel gemäß dem Gesetz über Titel, Orden u. Ehrenzeichen; danach werden Titel ausschließl. v. Bundespräsidenten verliehen. 19

Die gängigsten **akademischen Grade**, die WP erwerben, sind neben dem Doktorgrad der des Dipl.-Kfm. u. Dipl.-Vw. Die Berechtigung zur Führung der Bezeichnung „**Assessor**" wird zwar nicht v. den Hochschulen verliehen, sondern nach den jeweiligen Landesgesetzen über die Juristenausbildung (u.a. § 61 JAG NRW, § 2 Abs. 3 Hmb JAG). Mit der Befugnis zur Führung dieser Bezeichnung wird aber die Befähigung zum Richteramt bescheinigt; sie kann nicht niedriger angesetzt werden als ein akademischer Grad. Zur Führung ausländischer akademischer Grade s. WPK, WPK-Mitt. 1993, 15. 20

Weiterbildungsangebote v. Hochschulen, die im Regelfall auf die Dauer eines Semesters angelegt sind, reichen auch dann nicht, wenn sie mit einer Prüfung abschließen u. ein Titel verliehen wird (z.B. „Zertifizierter Rating – Analyst (FH)", OLG Karlsruhe 19.6.2012, NJW-RR 2012, 1526 o. „Zertifizierter Finanzplaner (FH)", LG Freiburg v. 21.1.2008 – StL 3/07). Da es sich hierbei um **kein abgeschlossenes Hochschulstudium** handelt, steht die Titelvergabe nicht einer staatlichen Graduierung gleich u. darf deshalb nicht geführt werden. Ausführlich zu Fortbildungsbezeichnungen und unzulässigen Berufsbezeichnungen s. Kuhls/Willerscheid, StBerG, § 43 Rn. 42 ff. u. auch Rn. 34. 21

Die Befugnis zur Führung **ausländischer Doktorgrade** bestimmt sich nach dem jeweiligen Landesrecht. Dabei entsprechen sich die jeweiligen Vorschriften in den Landeshochschulgesetzen o. nachgeordneten Vorschriften, da alle Landesgesetzgeber die maßgebenden Beschlüsse der Kultusministerkonferenz 14.4.2000 bzw. 21.9.2001 (dokumentiert auf anabin.de) zwischenzeitlich in Landesrecht umgesetzt haben. Danach darf ein ausländischer Hochschulgrad, der v. einer nach dem Recht des Herkunftslandes anerkannten Hochschule u. aufgrund eines nach dem Recht des Herkunftslandes anerkannten Hochschulabschlusses nach einem ordnungsge- 22 mäß durch Prüfung abgeschlossenen Studium verliehen worden ist, **in der Form, in der er verliehen wurde, unter Angabe der verleihenden Hochschule** geführt werden. Soweit erforderlich kann die verliehene Form in lateinische Schrift übertragen u. die im Herkunftsland zugelassene o. nachweislich allg. übliche Abkürzung verwendet u. eine wörtliche Übersetzung in Klammern hinzugefügt werden.

23 Eine Privilegierung erfolgt für **Doktorgrade aus Mitgliedstaaten der EU** o. des Europäischen Wirtschaftsraumes sowie des Europäischen Hochschulinstituts Florenz u. der Päpstlichen Hochschulen. Diese können ohne Herkunftsbezeichnung geführt werden. Inhaber solcher in einem wissenschaftlichen Promotionsverfahren erworbenen Doktorgrade können anstelle der im Herkunftsland zugelassenen o. nachweislich allg. üblichen Abkürzung die Abkürzung „Dr." ohne fachlichen Zusatz u. ohne Herkunftsbezeichnung führen. Dies gilt nicht für Doktorgrade, die ohne Promotionsstudien u. -verfahren vergeben werden (sog. Berufsdoktorate u. kleine Doktorgrade) u. für Doktorgrade, die nach den rechtlichen Regelungen des Herkunftslandes nicht der dritten Ebene der Bologna-Klassifikation (dokumentiert auf anabin.de) zugeordnet sind. Nicht der dritten Ebene der Bologna-Klassifikation zuordnungsfähig sind der slowakische Titel „doktor filozofie" (PhDr.) (OLG Schleswig 26.5.2011 – 6 U 6/10) u. der slowakische Titel „Dr. práv" (JUDr.) (OLG Schaumburg 27.10.2010 – 5 U 91/10; OLG Köln 8.10.2010, MDR 2011, 267).

24 Eine **weitere Privilegierung** besteht nach dem Beschluss der Kultusministerkonferenz v. 21.9.2001 (Rn. 22) für Inhaber eines in Australien o. Israel erworbenen „Doctor of ...", eines kanadischen „Doctor of Philosophy, Ph.D", eines russischen „kandidat ..." o. eines in den USA verliehenen „Doctor of Philosophy, Ph.D." einer Universität der Carnegie-Liste. Diese Doktorgrade können als „Dr." ohne fachlichen Zusatz, jedoch mit der Herkunftsbezeichnung geführt werden.

25 Eine **Umwandlung ausländischer Doktorgrade** in einen entsprechenden deutschen Grad findet nicht statt; eine Ausnahme hiervon gilt für Berechtigte nach § 10 des Bundesvertriebenengesetzes. Eine v. den landesgesetzlichen Vorgaben abweichende Grad- o. Titelführung ist untersagt. Doktorgrade, die durch Kauf o. sonst in unrechtmäßiger Weise erworben wurden, dürfen nicht geführt werden. Die unbefugte Führung ausländischer Grade ist gemäß § 132a Abs. 1 Nr. 1 StGB unter Strafe gestellt.

26 Soweit **Vereinbarungen u. Abkommen der Bundesrepublik mit anderen Staaten** über Gleichwertigkeiten im Hochschulbereich o. Vereinbarungen der Länder die Inhaber ausländischer Doktorgrade abweichend v. den dargestellten Grundsätzen begünstigen, gehen diese Vereinbarungen den landesgesetzlichen Regelungen bzw. den Beschlüssen der Kultusministerkonferenz vor.

2. Amts- und Berufsbezeichnungen
a) Amtsbezeichnungen

27 Der WP darf neben seiner Berufsbezeichnung solche Amtsbezeichnungen führen, die sich auf eine Tätigkeit beziehen, die neben der Tätigkeit als WP gemäß § 43a ausgeübt werden darf. Amtsbezeichnungen sind gesetzlich geschützte **Bezeich-**

Berufsbezeichnung § 18

nungen für ein übertragbares öffentl. Amt (vgl. BGHSt 26, 267). Sie ergeben sich aus der Ernennungsurkunde.

Wenn ein WP gleichzeitig Anwaltsnotar ist, nimmt er in seiner Eigenschaft als Notar ein Amt wahr (§ 1 BNotO). Die Tätigkeit als **Anwaltsnotar darf neben der des WP ausgeübt werden** (§ 8 Abs. 2 Satz 2 BNotO). 28

Sofern ein WP gemäß § 43a Abs. 4 Nr. 2 **beamteter Hochschullehrer** ist, wird ihm die Bezeichnung „Professor" verliehen; sie wird ebenfalls als **Amtsbezeichnung** eingeordnet. Sofern ein Professortitel im Ausland verliehen wird, ist bei der Kundmachung Vorsicht geboten, um sich keines wettbewerbswidrigen o. strafrechtlichen Vorwurfs auszusetzen. Der Professortitel sollte stets mit einem Herkunftshinweis versehen werden (BayObLG 20.4.1977, NJW 1978, 2348 f.; BayVerfGH 4.6.2003 – V f. 4-VII-02 jurisweb.de). 29

Honorarprofessoren sind Professoren, die wegen ihres langjährigen akademischen Einsatzes als Dozent eine Titularprofessur erhalten u. mit der Hochschule in besonderer Weise verbunden sind. Honorarprofessoren sind Praktiker, die hauptsächlich in ihrem Beruf tätig sind u. ihr Wissen u. ihre Erfahrung in die wissenschaftliche Ausbildung einbringen. Im Gegensatz zum beamteten Professor führt der **Honorarprofessor keine Amtsbezeichnung** (a. A. BayObLG, a.a.O.). 30

b) Berufsbezeichnungen

Gemäß dem grundlegenden „Apotheker"-Urteil des BVerfG v. 11.6.1958 ist **Beruf** jede auf Dauer berechnete, nicht nur vorübergehende, der Schaffung u. Unterhaltung einer Lebensgrundlage dienende Betätigung (BVerfGE 7, 377 ff.). Eine Berufsbezeichnung kennzeichnet den Beruf. 31

Amtlich verliehen ist eine Berufsbezeichnung dann, wenn der Träger dieser Bezeichnung hierzu durch die gesetzlich ermächtigte Behörde förmlich berechtigt u. verpflichtet ist (LG Köln 27.11.1981, StB 1982, 99 f.). Dies geschieht i.d.R. durch Aufnahme in den Berufsstand, nachdem ein geregeltes Zulassungs- u. Prüfungsverfahren durchlaufen worden ist. „Amtlich verliehen" heißt nicht, dass die amtl. Verleihung durch eine staatliche Behörde vorgenommen wird; es kann sich auch um eine Einrichtung handeln, die mit staatlichen Aufgaben betraut worden ist, also u.a. eine KöR, welche staatliche Aufgaben mit hoheitlichen Mitteln unter staatlicher Aufsicht erfüllt. Das Gebot, neben der Berufsbezeichnung „Wirtschaftsprüfer" die Führung nur weiterer amtlich verliehener Berufsbezeichnungen zu gestatten, ist auch verfassungsgemäß (BVerfG 20.4.1982, BVerfGE 60, 215, 233). 32

Zu den **amtlich verliehenen Berufsbezeichnungen** gehören u.a. „Steuerberater" u. „Rechtsanwalt", aus der Zahl der Fachanwaltsbezeichnungen (Abs. 2 Satz 2 Hs. 2) beispielhaft „**Fachanwalt für Steuerrecht**" (§ 43c BRAO), „**Rechtsbeistand**", aber auch „**Umweltgutachter**" (vgl. §§ 9, 28 UmweltauditG). Seit Inkrafttreten einer Fachberaterordnung können auch StB sog. Fachberaterbezeichnungen erwerben, die als amtl. verliehene Berufsbezeichnungen einzuordnen sind. Gesetzliche Grundlage ist § 86 Abs. 4 Nr. 11 StBerG. Derzeit werden der „**Fachberater** 33

Teckemeyer

für Internationales Steuerrecht" u. der „**Fachberater für Zölle und Verbrauchsteuern**" verliehen. Bei den o.g. Berufsbezeichnungen handelt es sich um Tätigkeiten, die neben der als WP ausgeübt werden dürfen. Der gegebene Verweis auf § 43a kann sich nur auf Abs. 4 Nr. 1 u. 2 beziehen, weil die anderen genannten vereinbaren Tätigkeiten nicht mit der Führung einer anderen Amts- u. Berufsbezeichnung in Verbindung gebracht werden können.

34 **Keine amtlich verliehenen Berufsbezeichnungen** sind Titel, die v. **privatrechtlichen Institutionen** verliehen wurden, auch wenn diese Einrichtungen die Verleihung des Titels v. einem Anerkennungs- u./o. Prüfungsverfahren abhängig machen. Um Irrtümern des Publikums über eine vermeintliche Amtlichkeit vorzubeugen, ist bei Kundmachung derartiger Bezeichnungen eine räumliche Nähe zur amtlich verliehenen Berufsbezeichnung zu vermeiden (BVerfG 9.6.2010 – WPK Mag 3/2010, 46) o. ein klärender Zusatz wie „nicht amtlich verliehen" o. „Zusatzqualifikationen" hinzuzufügen. Entsprechendes gilt für im Ausland erworbene Bezeichnungen wie „Certified Internal Auditor", „Certificate in International Accounting" u./o. „Certified Information Systems Auditor". Weder amtlich noch verliehen sind Bezeichnungen wie „**Unternehmensberater**" o. „**Insolvenzberater**" und damit nicht kundmachungsfähig. Es handelt sich um nicht geschützte Wortschöpfungen, die sich aus der Art der Dienstleistung entwickelt haben. Die Unternehmens- u. Insolvenzberatung gehört zwar zum Berufsbild des WP; diese Bezeichnungen sind aber nicht amtlich verliehen (KG 8.6.2006, WPK-Mag. 4/2006, 58; LG Berlin 23.8.2002, WPK-Mitt. 2002, 303; OLG Jena 15.1.2003, WPK-Mitt. 2003, 207; OLG Thüringen 12.2.2003, Stbg 2004, 340 ff.; vgl. auch die umfassende Zusammenstellung hierzu in Kuhls/Willerscheid, StBerG § 43 Rn. 42 - 48). Des Weiteren sind nicht amtlich verliehene Berufsbezeichnungen solche Bezeichnungen für Berufe, bei denen ein bestimmter Ausbildungsweg durchlaufen wurde, o. für Bezeichnungen, die nicht auf eine Tätigkeit, sondern auf eine Befähigung oder auf eine bestandene Prüfung zur Fortbildung hinweisen (FG Rheinland-Pfalz 12.11.2008 – 2 K 1569/08). Ebensowenig Berufsbezeichnung i.S. des Berufsrechts ist der nach Ernennung zum Ehrensenator durch eine Hochschule für Musik und Theater geführte Zusatz „Senator e.h" (OLG Celle 3.12.2009 – StO 4/09).

3. Fachgebietsbezeichnungen im Zusammenhang mit Berufsbezeichnungen

35 § 13a BS WP/vBP gestattet u.a. die Führung v. **Fachgebietsbezeichnungen**, die gesetzlich zugelassen sind. Nach der Begr. bezieht sich diese Vorschrift in erster Linie auf **Berufsangehörige, die zugl. RA u./o. StB** sind, weil deren Berufsordnungen teilw. die Führung v. Fachgebietsbezeichnungen gestatten, die nach der WPO nicht zulässig sind. Dem RA ist u.a. die Führung der Bezeichnung „Mediator" gestattet (§ 7a BORA).

36 Die WPK gestattet registrierten **Prüfern für QK** die Kundmachung dieses Status neben der Berufsbezeichnung (WPK-Mag. 2005, 22), dies jedoch nur unter der Vo-

raussetzung der Kundmachung mit dem Zusatz „nach § 57a Abs. 3 WPO". Damit soll klargestellt werden, dass es sich nicht um eine Berufsbezeichnung handelt.

4. Ausländische Berufsbezeichnungen

Ausländische Berufsbezeichnungen sind gestattet, soweit sie sich auf AP- u. vereinbare Tätigkeiten beziehen u. die neben dem Beruf des WP ausgeübt werden dürfen (Abs. 2 Satz 3). Die Befugnis hierzu muss nach ausländischem Recht vorliegen. **37**

a) Gesetzlicher Abschlussprüfer

Ausländische Berufsbezeichnungen für gesetzliche AP dürfen dann geführt werden, wenn sie im Herkunftsland in einem förmlichen Prüfungs- u. Bestellungsverfahren erworben sind; denn ebenso wie die Berufsbezeichnung „Wirtschaftsprüfer" sind auch die ausländischen Berufsbezeichnungen im Herkunftsland gesetzlich geschützt. Die verbreitetsten v. WP im Ausland erworbenen Berufsqualifikationen sind „Commisaire aux Comptes" (Frankreich), „Charterd/Certified Accountant" (Großbritannien), „Reviseur d'Entreprises" (Luxemburg), „Revisore Contabile" (Italien) o. „Certified Public Accountant" (USA). Ebenso wie die Berufsbezeichnung „Wirtschaftsprüfer" vielfach abgekürzt durch „WP" Verwendung findet, dürften auch ausländische Berufsbezeichnungen nach den landeseigenen Usancen abkürzungsfähig sein. **38**

b) Andere ausländische Berufsbezeichnungen

Des Weiteren ist die Führung ausländischer Berufsbezeichnungen für Tätigkeiten gestattet, die neben der Tätigkeit des WP ausgeübt werden dürfen. In Betracht kommt die Zugehörigkeit zum Beruf des **RA o. StB nach ausländischem Recht**. Es muss sich aber um Berufsbezeichnungen handeln, die entsprechend deutschem Berufsrecht reglementiert sind. **39**

IV. Erlöschen der Befugnis zur Führung der Berufsbezeichnung (Abs. 3)

Mit dem **Erlöschen der Bestellung** geht das **Verbot zur Weiterführung der Berufsbezeichnung** einher. Die Gründe, die zum Erlöschen der Bestellung führen, sind in § 19 (Erlöschen der Bestellung) u. in § 20 (Erlöschen der Bestellung durch Rücknahme o. Widerruf der Bestellung) schon enthalten. Einen Sonderfall regelt § 128 Abs. 1 für vBP, die als WP bestellt worden sind. Mit der Bestellung als WP erlischt die Bestellung als vBP mit den entspr. Folgen aus Abs. 3. **40**

Das Erlöschen der Befugnis zur Führung der Berufsbezeichnung beginnt **ab dem Zeitpunkt**, zu dem die Verzichtserklärung bei der WPK eingegangen ist, bei berufsgerichtlicher Ausschließung aus dem Beruf mit Rechtskraft des letztinstanzlichen Urteils. Bei Rücknahme o. Widerruf der Bestellung gemäß § 20 erlischt die Befugnis zur Führung der Berufsbezeichnung zum Zeitpunkt der Bestandskraft des Bescheides o. mit Rechtskraft des die Anfechtungsklage gegen den Bescheid abweisenden Urteils. **41**

Absatz 3 Satz 2 stellt zudem klar, dass die frühere Berufsbezeichnung auch **nicht mit einem Zusatz** geführt werden darf, der auf die frühere Berechtigung hinweist, **42** z.B. „a.D." o. „i.R.". Diese Regelung ist auch sachgerecht, weil zum einen nicht hinnehmbar ist, eine ehemalige Berufszugehörigkeit kundzumachen, soweit diese berufsgerichtlich o. im Widerrufsverfahren entzogen worden ist. Zum anderen muss das Verbot vor dem Hintergrund der Regelung in Abs. 4 gesehen werden, der Erlaubnistatbestände zur Weiterführung der Berufsbezeichnung nach Verzicht auf die Bestellung enthält.

V. Erlaubnis zur Weiterführung der Berufsbezeichnung (Abs. 4)

1. Sinn und Zweck der Ausnahmeregelung

43 Mit der **Erlaubnis zur Weiterführung der Berufsbezeichnung** soll eine **Anerkennung des beruflichen Wirkens** in der Vergangenheit zum Ausdruck kommen. Alter u. körperliche Gebrechen sind ausschließl. Motivationen zum Ausscheiden aus dem Beruf. Somit kommt die Erlaubnis nur bei einem freiwilligen ehrenvollen Ausscheiden aus dem Beruf in Betracht. Sie soll demjenigen zugutekommen, der alters- o. gesundheitsbedingt nicht mehr beruflich tätig sein will o. kann, sich aber nach einem erfüllten Berufsleben noch eng mit seiner Berufsbezeichnung verbunden fühlt. Dies ist nicht bei solchen Berufsangehörigen anzunehmen, die mit dem Verzicht einer Ausschließung aus dem Beruf o. einem Widerrufsverfahren entgehen wollen.

44 Ein erfülltes Berufsleben bedeutet aber auch, dass eine verhältnismäßig **kurze Zugehörigkeit zum Beruf** diese Annahme nicht rechtfertigt. Wer also erst spät bestellt worden ist o. nach langjähriger außerberuflicher Tätigkeit quasi im Rentenalter wieder in den Beruf zurückgekehrt ist, kann nicht auf ein anerkennenswertes berufliches Wirken u. ein erfülltes Berufsleben als WP zurückblicken. Daher sollte eine mind. 10-jährige Berufsausübung zum Zeitpunkt des Verzichts vorausgegangen sein.

45 Die WPK wendet die Regelung auch in Fällen an, in denen **ehemalige Berufsangehörige** vor Inkrafttreten der 7. WPO-Novelle am 6.9.2007 auf die Bestellung als WP verzichtet hatten u. die Voraussetzungen i.Ü. erfüllt sind; die Voraussetzungen mussten zum Zeitpunkt des Verzichts erfüllt gewesen sein. Auch wer verzichtet u. erst später jegliche andere Tätigkeit aufgibt (z.B. nach Abwicklung der noch verbliebenen StB- o. RA-Praxis), kann als dann ehemaliger Berufsangehöriger bei Erfüllung der übrigen Voraussetzungen noch die Erlaubnis zur Weiterführung der Berufsbezeichnung erhalten.

2. Verzicht auf die Bestellung und vollständige Aufgabe der Berufstätigkeit

46 Voraussetzung für das Erteilen der Erlaubnis zur Weiterführung der Berufsbezeichnung ist der Verzicht auf die Bestellung aus bestimmten, abschließend genannten Gründen, nämlich wegen **hohen Alters** u. **körperlicher Leiden**. Es geht nicht darum, den Kammerbeitrag o. die Versicherungsprämie zu sparen, sondern darum, dass berufliche Aktivitäten schwer fallen, wenn nicht sogar unmöglich geworden sind. Das Gesetz geht v. der **Beendigung des Berufslebens** überhaupt u. damit v. Rückzug in die Privatsphäre aus. Wenn ein Berufsangehöriger nach Maßgabe der gesetzlichen Vorgabe auf seine Bestellung verzichtet, setzt dies auch voraus, auf die

Berufsbezeichnung § 18

Bestellung o. Zulassung als StB u./o. RA zu verzichten. Auch vereinbare Tätigkeiten wie die Unternehmensberatung wären schädlich.

Kein Rückzug in die Privatsphäre liegt bei Tätigkeit als **GF eines Berufsverbandes** vor, weil es sich um eine **vereinbare Tätigkeit** gemäß § 43a Abs. 4 Nr. 4 und daher um eine mit beruflichem Bezug handelt. Entsprechendes gilt für die Tätigkeit als **Aufsichtsrat**, weil sie als berufstypisch einzuordnen ist (319 Abs. 3 Nr. 2 HGB), und für die ehrenamtliche Tätigkeit als **Handelsrichter**; dieser ist kein Laienrichter, sondern sachkundiger Richter, in dessen Amt der WP sein fachliches Wissen und seine Erfahrung einbringt. Auch eine **Selbstvertretung vor Gericht** ist ausgeschlossen (BSG 9.2.2010, NJW 2010, 3388). Ebenso scheidet die Erlaubnis zur Weiterführung der Berufsbezeichnung bei **wirtschaftlicher** oder **beruflicher Verwertung** der Berufsbezeichnung z.b. im Rahmen **fachliterarischer Tätigkeit** aus (FG Köln 26.6.2008, EFG 2009, 291). Demgegenüber dürfte die ehrenamtliche Tätigkeit z.b. als **Mitglied eines Stadtrates** mangels Berufsbezug statthaft sein. Auch wird die eigene Steuererklärung mit „Wirtschaftsprüfer" unterzeichnet werden können, weil diese jedermann treffende Pflicht nur zufälligen Berufsbezug hat. 47

3. Hohes Alter oder körperliche Leiden als Ursache des Verzichts

Hohes Alter u. körperliche Leiden müssen jeweils **Ursache des Verzichts** sein. Wer auf die Bestellung verzichtet, um dem Erlöschen der Bestellung gemäß § 19 Abs. 1 Nr. 3 (rkr. Ausschließung aus dem Beruf) o. der Rücknahme o. dem Widerruf gemäß § 20 zuvorzukommen, wird Alters- u. Gesundheitsgründe kaum für sich in Anspruch nehmen können. Jedoch kann der Berufsangehörige im Anwendungsbereich des § 18 Abs. 4 bleiben, der mit dem Verzicht dem Widerruf gemäß § 20 Abs. 2 Nr. 3 (Widerruf aus gesundheitlichen Gründen) vorbeugen möchte. 48

Der unbestimmte Rechtsbegriff „**hohes Alter**" wird derzeit mit 65 Jahren angenommen. Da der WP-Beruf in der Rspr. wiederholt mit dem Beruf des Notars verglichen wird, könnte auch die Altersgrenze für Notare mit 70 Jahren (§ 48a BNotO) in Ansatz gebracht werden. 49

Unter **körperlichen Leiden** können nicht allein die gesundheitlichen Gründe des Widerruftatbestandes gemäß § 20 Abs. 2 Nr. 3 verstanden werden. Andernfalls hätte der Gesetzgeber aus terminologischen Gründen auf diese Vorschrift verweisen müssen. Der Begriff muss hier in dem Sinne verstanden werden, dass er alle ernstzunehmenden Beeinträchtigungen der Gesundheit umfasst, die ein freiwilliges Ausscheiden aus dem Berufsleben als vernünftig erscheinen lassen, u. zwar auch u. gerade aus Sicht des Betroffenen. 50

4. Kennzeichnung der ehemaligen Berufszugehörigkeit

Das Gesetz geht v. einer unveränderten Verwendung der Berufsbezeichnung aus. Es kann aber nicht ausgeschlossen werden, dass der ehemalige Berufsangehörige selbst ein **berechtigtes Interesse an einer klarstellenden Kundmachung** geltend macht, z.B. „i.R." o. „a.D.". Dies könnte zur Vermeidung einer nicht gewollten Inanspruchnahme o. **Anscheinshaftung** nahe liegen, insb. dann, wenn ein Praxisnachfolger seinen Namen mit einem Hinweis auf einen vorherigen Praxisinhaber 51

Teckemeyer

kundmachen möchte o. wenn er Mitglied einer Sozietät war u. die Sozien auf seine ehemalige Zugehörigkeit zur Sozietät hinweisen wollen. § 18 Abs. 3 steht nicht entgegen, weil dort Sachverhalte geregelt sind, die ein anderweitiges Ausscheiden aus dem Beruf zum Gegenstand haben.

5. Verfahren

52 Für die Erlaubnis zur Weiterführung der Berufsbezeichnung muss ein **Antrag** gestellt werden. Er kann mit der Verzichtserklärung verbunden werden. Die Verzichtserklärung steht jedoch nicht i.Z.m. dem Erlaubnisverfahren. Die Verzichtserklärung ist eine bedingungsfeindliche Willenserklärung, während die Weiterführung der Berufsbezeichnung in einem **gesonderten Verfahren** erlaubt wird. Der Berufsangehörige darf also seinen Verzicht nicht von der Erlaubnis zur Weiterführung der Berufsbezeichnung abhängig machen.

53 Wird der Antrag auf Erteilung der Erlaubnis zurückgewiesen, ist unter Hinweis auf § 41 gegen abweisende Bescheide unmittelbar der **Rechtsweg zum Verwaltungsgericht** eröffnet.

6. Widerruf und Rücknahme der Erlaubnis

54 Die WPK kann die **Erlaubnis zurücknehmen o. widerrufen**, wenn nachträglich Umstände bekannt werden o. eintreten, die das Erlöschen, die Rücknahme o. den Widerruf der Bestellung nach sich ziehen würden (erste Alt.) o. zur Ablehnung der Erlaubnis hätten führen können (zweite Alt.). Vor der Rücknahme o. dem Widerruf der Erlaubnis ist der o. die Betroffene zu hören.

55 Fälle der ersten Alt. sind z. B. die, dass der ehemalige Berufsangehörige doch in Ansehung der befürchteten **Ausschließung** aus dem Beruf o. des **Widerrufs** der Bestellung auf seine Bestellung verzichtet hat. Solche Konstellationen sind möglicherweise im Zeitpunkt der Entscheidung über die Erlaubnis nicht bekannt. Sie werden – wenn überhaupt – erst nachträglich bekannt. Ausgeschlossen bleibt aber weiterhin die Anwendung des § 20 Abs. 2 Nr. 3.

56 Wesentlich bedeutsamer dürften die Fälle sein (zweite Alt.), in denen festgestellt wird, dass sich der Erlaubnisträger nicht in die Privatsphäre zurückgezogen hat, vielmehr anderen **Erwerbstätigkeiten nachgeht**. Dies können anderweitige berufliche Aktivitäten (z.B. als Insolvenzverwalter) o. solche als freier Mitarbeiter eines aktiven Kollegen sein.

§ 19 Erlöschen der Bestellung

(1) Die Bestellung erlischt durch
  1. Tod,
  2. Verzicht,
  3. rechtskräftige Ausschließung aus dem Beruf.

(2) Der Verzicht ist schriftlich gegenüber der Wirtschaftsprüferkammer zu erklären.

Erlöschen der Bestellung § 19

Schrifttum: *Baumann,* Die Pflicht zum Gebrauchmachen von behördlichen Genehmigungen – zur staatlichen Gewährleistung von Gemeinwohlfunktionen durch Betriebspflichten, GewArch 2004, 448; *Eisele,* Verzicht auf die Fahrerlaubnis als Instrument zur Beendigung von Strafverfahren, NZV 1999, 232; *Fluck,* Zum Verzicht des Begünstigten auf Rechte aus einem Verwaltungsakt am Beispiel der Börsenzulassung, WM 1995, 553; *Nebendahl/Rönnau,* Der Verzicht auf den Doktorgrad – eine mögliche Alternative zum Entziehungsverfahren?, NVwZ 1988, 873.

Inhaltsübersicht

	Rn.
I. Allgemeines	1–2
II. Erlöschenstatbestände	3–7
1. Tod	3
2. Verzicht	4–7
3. Rechtskräftige Ausschließung aus dem Beruf	8
III. Form der Verzichtserklärung	9
IV. Rechtsfolgen des Erlöschens der Bestellung	10–12
V. Sonstiges	13

I. Allgemeines

§ 19 Abs. 1 ist seit Inkrafttreten der WPO unverändert. In § 19 Abs. 2 wurde die vormalige Empfangszuständigkeit der obersten Landesbehörden für Wirtschaft für den Verzicht durch die 4. WPO-Novelle zum 1.1.2002 der WPK zugewiesen.   **1**

Die WPO unterscheidet zwei Möglichkeiten des Wegfalls der Rechte u. Pflichten aus der Bestellung; den **Wegfall durch gesetzliche Anordnung** des Erlöschens der Bestellung (§§ 19, 128 Abs. 1 Satz 1) o. ihre **Aufhebung durch die WPK** im Verwaltungsverfahren (§ 20).   **2**

II. Erlöschenstatbestände

1. Tod

Mit dem Tod endet die Rechtsfähigkeit des Menschen, also seine Fähigkeit, Träger v. Rechten u. Pflichten zu sein. Die aus der Bestellung folgenden Rechte sind als höchstpersönliche Rechte weder unter Lebenden übertragbar, noch gehen sie auf den Erben über. Die Regelung entbehrt damit eines eigenen materiellen Gehaltes. Sie stellt aber die gesetzlich nicht ausdr. festgestellte **Höchstpersönlichkeit der Bestellung** klar. Dem Tod steht die formelle Todeserklärung nach den Bestimmungen des Verschollenheitsgesetzes gleich. Auf die Kenntnis der WPK v. Tod des WP u. die Löschung im BR kommt es für das Erlöschen der Bestellung nicht an.   **3**

2. Verzicht

Die **Bestellung als WP** steht als höchstpersönliches Recht zur Disposition des Berechtigten. Es ist **uneingeschränkt verzichtbar**. Selbst ein berufsgerichtliches o. ein Widerrufsverfahren schließen einen Verzicht nicht aus. Der WP kann sich einem solchen Verfahren vielmehr jederzeit wissentlich durch einen Verzicht entziehen.   **4**

5 Der Verzicht ist eine **einseitige empfangsbedürftige Willenserklärung.** Seine Form bestimmt sich nach Abs. 2 (Rn. 9). Auf den Verzicht finden nach § 130 Abs. 3 BGB die allg. zivilrechtlichen Bestimmungen für Willenserklärungen Anwendung. Somit wird der Verzicht mit Zugang bei der WPK wirksam, wenn nicht gleichzeitig o. vorher ein Widerruf der Verzichtserklärung zugeht. Dabei erbringt der Eingangsvermerk der WPK grds. Beweis für den Zeitpunkt des Eingangs (vgl. BFH 19.7.1995, NJW 1996, 679). Anders als nach dem Berufsrecht der RA ist ein zum Erlöschen der Bestellung führender Widerruf nicht erforderlich.

6 Die **Verzichtserklärung muss eindeutig u. bestimmt sein,** ist aber der Auslegung durch die WPK zugänglich. So ist die „Kündigung der Mitgliedschaft zur WPK" – wenn der Erklärung nicht weitere Umstände hinzutreten – nicht als Verzichtserklärung zu werten; denn das Ende der Mitgliedschaft ist Frage der vorherigen Verzichtserklärung. Ebenso wenig genügt die Erklärung, den Beruf nicht mehr ausüben zu wollen o. auszuüben, denn der WP ist nicht zur Ausübung des Berufes gezwungen. Demgegenüber kann eine kommentarlose Rückgabe der Bestellungsurkunde als Verzicht gewertet werden, etwa wenn der Berufsangehörige zugleich die Weiterführung der Berufsbezeichnung beantragt. Gleiches kann für die Erklärung aus der Kammer auszutreten gelten, etwa wenn diese im Rahmen eines Widerrufsverfahrens abgegeben wird (AGH Berlin 24.2.10, OLG Report Ost 23/2010 Anm. 11). Zur Vermeidung v. Unklarheiten empfehlen sich die Worte „Verzicht" u. „Bestellung" in der Erklärung zu verwenden. Gegebenenfalls kann der Erklärende seine Verzichtserklärung analog §§ 119 ff. BGB anfechten. Eine wirksame Anfechtung lässt den Verzicht rückwirkend entfallen.

7 Der **Verzicht ist** als unmittelbar rechtsgestaltende Willenserklärung **bedingungsfeindlich** (BayAGH 8.5.1998, BRAK-Mitt. 1998, 287). Zulässig ist lediglich die Bestimmung eines zukünftigen Termins für den Eintritt der materiellen Wirksamkeit (Verzicht zum ...). Eine Rückwirkung ist ausgeschlossen. Der Verzicht kann dann noch bis zum Eintritt des Datums noch widerrufen werden. Der (rückwirkende) Widerruf eines rechtswirksam gewordenen Verzichtes ist wegen der rechtsgestaltenden Wirkung des Verzichts dagegen nicht möglich.

3. Rechtskräftige Ausschließung aus dem Beruf

8 Die Bestellung erlischt ferner durch **rkr. Ausschließung aus dem Beruf.** Die Ausschließung aus dem Beruf ist eine berufsgerichtliche Maßnahme (§ 68 Abs. 1 Nr. 4). Für den Zeitpunkt des Erlöschens der Bestellung ist ihre **formelle Rechtskraft maßgeblich,** d.h., dass die Entscheidung v. den Verfahrensbeteiligten nicht mehr mit einem ordentlichen Rechtsmittel angefochten werden kann u. für diesen Prozess damit nicht mehr abänderbar ist. Formelle Rechtskraft tritt durch die Verwerfung o. die Zurücknahme eines Rechtsmittels, den Verzicht auf ein Rechtsmittel o. den ungenutzten Ablauf einer Anfechtungsfrist ein. Neben den spezialgesetzlichen Verfahrensvorschriften des Fünften Teils der WPO findet nach § 127 die StPO Anwendung.

III. Form der Verzichtserklärung

Absatz 2 bestimmt, dass der Verzicht **schriftlich** ggü. der WPK zu erklären ist. Schriftlich bedeutet in schriftlich abgefasster Form. Notwendig ist dazu die **handschriftliche Unterzeichnung**. Nur so kann sichergestellt werden, dass die Erklärung vom Verzichtenden herrührt u. mit dessen Willen an die WPK gelangt ist. Maschinelle u. Faksimileunterschriften genügen dem nicht. Zulässig ist aber die Abgabe der Erklärung per **Telefax** (Stelkens, Bonk Sachs VwVfG, § 22 Rn. 32). Die WPK kann die Nachreichung des Originals der Verzichtserklärung verlangen. Daneben besteht nach § 3a VwVfG die Möglichkeit, ein **elektronisches Dokument (E-Mail)** zu verwenden. In diesem Fall ist das elektronische Dokument mit einer qualifizierten elektronischen Signatur nach dem SignaturG zu versehen. Ist das elektronische Dokument zur Bearbeitung nicht geeignet, teilt die WPK dies dem Absender unter Angabe der für sie geltenden technischen Rahmenbedingungen mit. 9

IV. Rechtsfolgen des Erlöschens der Bestellung

Zeitgleich **mit dem Erlöschen der Bestellung erlöschen sämtliche Rechte u. Pflichten des WP**. Die Mitgliedschaft in der WPK endet. Spätere Rechtshandlungen, die an die Befugnisse eines Wirtschaftsprüfers anknüpfen, sind unwirksam. Die Berufsbezeichnung darf nicht mehr geführt werden. Zuwiderhandlungen können sowohl straf- als auch wettbewerbsrechtlich verfolgt werden. 10

Zur Beseitigung des aus der **Bestellungsurkunde** folgenden Rechtsscheins **ist** diese **zurückzugeben** (§ 52 VwVfG). Der Inhaber ist zur Herausgabe verpflichtet. Die Urkunde wird dem ehemaligen Berufsangehörigen, nachdem sie als ungültig gekennzeichnet wurde, auf Verlangen überlassen. Zur Ungültigmachung wird die Urkunde durchgestrichen, „Ungültig" gestempelt u. gesiegelt. **Berufsgerichtliche Verfahren sind** nach § 103 Abs. 3 Nr. 1 wegen eines Verfahrenshindernisses **einzustellen** (vgl. BGH 4.8.1997, HFR 1998, 406). Gleiches gilt für Widerrufs- u. Berufsaufsichtsverfahren. 11

Erlischt die Bestellung durch Verzicht, ist eine **Wiederbestellung** gem. § 23 Abs. 1 Nr. 1 möglich. Wegen des Erlöschens der Bestellung eingestellte berufsgerichtliche o. berufsaufsichtsrechtliche Verfahren (Rn. 11) können wieder aufgenommen werden. 12

V. Sonstiges

Das Erlöschen der Bestellung wird gebührenfrei im **BR** gem. § 39 Abs. 1 Nr. 1 eingetragen. Die Eintragung erfolgt v. Amts wegen. Sie ist deklaratorisch. Gemäß § 4 Abs. 4 BO WPK wird der Kammerbeitrag beginnend ab dem auf das Erlöschen der Bestellung folgenden Quartal anteilig gekürzt u. gutgeschrieben. 13

§ 20 Rücknahme und Widerruf der Bestellung

(1) Die Bestellung ist mit Wirkung für die Zukunft zurückzunehmen, wenn nachträglich Tatsachen bekannt werden, bei deren Kenntnis die Bestellung hätte versagt werden müssen.

(2) Die Bestellung ist zu widerrufen, wenn der Wirtschaftsprüfer oder die Wirtschaftsprüferin
1. nicht eigenverantwortlich tätig ist oder eine Tätigkeit ausübt, die mit dem Beruf nach § 43 Abs. 2 Satz 1 oder § 43a Abs. 3 unvereinbar ist;
2. infolge strafgerichtlicher Verurteilung die Fähigkeit zur Bekleidung öffentlicher Ämter verloren hat;
3. aus gesundheitlichen oder anderen Gründen nicht nur vorübergehend nicht in der Lage ist, den Beruf ordnungsgemäß auszuüben;
4. nicht die vorgeschriebene Berufshaftpflichtversicherung (§ 44b Abs. 4, § 54) unterhält oder die vorgeschriebene Berufshaftpflichtversicherung innerhalb der letzten fünf Jahre wiederholt mit nennenswerter Dauer nicht aufrecht erhalten hat und diese Unterlassung auch zukünftig zu besorgen ist;
5. sich in nicht geordneten wirtschaftlichen Verhältnissen, insbesondere in Vermögensverfall (§ 16 Abs. 1 Nr. 7) befindet;
6. eine berufliche Niederlassung gemäß § 3 Abs. 1 Satz 1 nicht unterhält:
7. nach der Entscheidung des Bundesverfassungsgerichts ein Grundrecht verwirkt hat.

(3) [1]Der Wirtschaftsprüfer und die Wirtschaftsprüferin haben der Wirtschaftsprüferkammer unverzüglich anzuzeigen,
1. dass eine gewerbliche Tätigkeit ausgeübt wird (§ 43a Abs. 3 Nr. 1),
2. dass er oder sie ein Anstellungsverhältnis eingeht oder dass eine wesentliche Änderung eines bestehenden Anstellungsverhältnisses eintritt (§ 43a Abs. 3 Nr. 2),
3. dass er oder sie dauernd oder zeitweilig als Richter oder Richterin, Beamter oder Beamtin, Berufssoldat oder Berufssoldatin oder Soldat auf Zeit oder Soldatin auf Zeit verwendet wird (§ 43a Abs. 3 Nr. 3).

[2]Der Wirtschaftsprüferkammer sind auf Verlangen die Unterlagen über ein Anstellungsverhältnis vorzulegen.

(4) [1]In den Fällen des Absatzes 2 Nr. 1 und 4 ist von einem Widerruf abzusehen, wenn anzunehmen ist, dass der Wirtschaftsprüfer künftig eigenverantwortlich tätig sein, die nach § 43 Abs. 2 und § 43a Abs. 3 unvereinbare Tätigkeit dauernd aufgeben oder die vorgeschriebene Haftpflichtversicherung künftig laufend unterhalten wird. [2]Dem Wirtschaftsprüfer kann hierfür eine angemessene Frist gesetzt werden. [3]Kommt er seiner Verpflichtung innerhalb der gesetzten Frist nicht nach, so ist der Widerruf der Bestellung auszusprechen. [4]Von einem Widerruf in den Fällen des Absatzes 2 Nr. 5 kann abgesehen werden, wenn der Wirtschaftsprüferkammer nachgewiesen wird, dass durch die nicht geordneten wirtschaftlichen Verhältnisse die Interessen Dritter nicht gefährdet sind.

(5) (aufgehoben)

(6) [1]Ist der Wirtschaftsprüfer wegen einer psychischen Krankheit oder einer körperlichen, geistigen oder seelischen Behinderung zur Wahrnehmung seiner Rechte in dem Verfahren nicht in der Lage, bestellt das Vormundschaftsgericht

auf Antrag der Wirtschaftsprüferkammer einen Betreuer als gesetzlichen Vertreter in dem Verfahren; die Vorschriften des Gesetzes über die Angelegenheiten der freiwilligen Gerichtsbarkeit bei der Anordnung einer Betreuung nach §§ 1896 ff. des Bürgerlichen Gesetzbuches sind entsprechend anzuwenden. ²Zum Betreuer soll ein Wirtschaftsprüfer bestellt werden.

(7) ¹Entfällt die aufschiebende Wirkung einer Anfechtungsklage, sind § 116 Abs. 2 bis 4, § 117 Abs. 2 und § 121 entsprechend anzuwenden. ²Die Anfechtungsklage gegen einen Widerruf aus den Gründen des Absatzes 2 Nr. 4 hat keine aufschiebende Wirkung.

Schrifttum: *Dahns*, Die Anwaltschaft und der öffentliche Dienst, NJW-Spezial 2012, 318; *Kleine-Cosack*, Massive Rechtsschutzverkürzung beim Widerruf der Anwaltszulassung, AnwBl 2011, 939; *Kleine-Cosack*, Widerruf der Zulassung, AnwBl 2011, 204; *Dahns*, Aufgabe der Selbstständigkeit bei Vermögensverfall - die Rettung?, NJW-Spezial 2011, 638; *Klose*, Der Widerruf der Anwaltszulassung in der Insolvenz des Rechtsanwalts; BRAK-Mitt 2010, 6; *Mutschler*, Widerruf der Bestellung als Steuerberater bei Vermögensverfall, DStR 2010, 136; *Römermann*, Und doch: Licht am Ende eines langen Tunnels!, AnwBl 2010, 418; *Fölsing*, Insolvenz: Gefahr für die WP-Bestellung?, DStR 2009, 2386; *Bartosch-Koch*, Widerruf der Zulassung zur Rechtsanwaltschaft wegen Vermögensverfalls, AnwBl 2008, 737; *Ehlers*, Die Vermeidung des Widerrufs der Zulassung als kammergebundener Freiberufler wegen Vermögensverfalls, NJW 2008, 1480; *Mutschler*, Widerruf der Bestellung als Rechtsanwalt/Steuerberater und die Frage der Nichtgefährdung von Auftraggeberinteressen, DStR 2007, 2184; *Juretzek*, Widerruf der Bestellung bei Vermögensverfall und Gefährdung von Auftraggeberinteressen, DStR 2006, 1859; *Dahns*, BFH, Hält an der Unvereinbarkeit einer Arbeitnehmertätigkeit mit dem Beruf des Steuerberaters fest – Ministerium plant Gesetzesänderung, DStR 2006, 2147; *Fölsing*, Der Widerruf der Bestellung des Wirtschaftsprüfers wegen nicht geordneter wirtschaftlicher Verhältnisse, DStR 2006, 1427; *Schmittmann*, Vermögensverfall, Insolvenzplan und Notaramt, ZInsO 2006, 419; *Theis*, Zur Löschung aus der Architektenliste wegen dauerhaften Vermögensverfalls, EWiR 2006, 741; *Römermann*, Keine Hoffnung (mehr) für insolvente Rechtsanwälte, AnwBl. 2006, 237; *Janca*, Endlich Rechtsanwalt bleiben?, ZInsO 2005, 242-244; *Kleine-Cosack*, Anmerkung zu OVG NRW vom 29.7.2004, AnwBl. 2005, 72; *Kleine-Cosack*, Abschied vom freiberuflichen Anwaltsideal, AnwBl. 2005, 442; *Römermann*, Anwaltszulassung trotz Vermögensverfall, AnwBl. 2005, 178; *Römermann*, Aufrechterhaltung der Bestellung trotz Vermögensverfall, Stbg 2005, 329; *Schmittmann*, Steuerberater und Insolvenz, ZSteu 2005, 53; *Kleine-Cosack*, Verschärfte Voraussetzungen beim Widerruf freiberuflicher Zulassungen, NJW 2004, 2473; *Schmittmann*, Freie Kammerberufe und Insolvenzplanverfahren, ZInsO 2004, 725; *Bärlein, Pananis, Rehmsmeier*, Spannungsverhältnis zwischen der Aussagefreiheit im Strafverfahren und den Mitwirkungspflichten ..., NJW 2002, 1825-1830; *Kluth*, Die freiberufliche Praxis „als solche" in der Insolvenz – „viel Lärm um nichts"?, NJW 2002, 186; *Lamprecht*, Widerruf der Bestellung als Steuerberater bei bestehender

Versicherungslücke, DStR 2002, 1322; *Henssler*, Widerruf der Anwaltszulassung wegen fehlender Berufshaftpflichtversicherung, EWiR 2001, 913; *Schmittmann*, Vermögensverfall und Widerruf der Bestellung bei freien kammergebundenen rechts- und steuerberatenden Berufen, NJW 2002, 182; *Späth*, Anmerkung zum BGH-Beschluss vom 18.6.2001, Steuerberaterwoche 2001, 663; *Hensler*, Kurzkommentar zum BGH-Beschluss vom 18.6.2001, EWiR 2001, 913; *Laubinger*, Der Betreute im Verwaltungsverfahren und Verwaltungsprozeß, VerwArch 1985, 86-121 (1994).

Inhaltsübersicht

		Rn.
I.	Allgemeines	1–4
II.	Rücknahme der Bestellung (Abs. 1)	5–11
III.	Widerruf der Bestellung (Abs. 2)	12–90
	1. Allgemeines	12–15
	2. Nicht eigenverantwortliche Tätigkeit oder unvereinbare Tätigkeit (Abs. 2 Nr. 1)	16–19
	3. Verlust der Fähigkeit zur Bekleidung öffentlicher Ämter (Abs. 2 Nr. 2)	20–23
	4. Gesundheitliche oder andere Gründe (Abs. 2 Nr. 3)	24–35
	a) Gesundheitliche Gründe	24–31
	b) Andere Gründe	32–35
	5. Berufshaftpflichtversicherung (Abs. 2 Nr. 4)	36–57
	a) Allgemeines	36–37
	b) Nichtunterhaltung der vorgeschriebenen Berufshaftpflichtversicherung	38–51
	c) Wiederholte Unterbrechungen in der Vergangenheit	51–57
	6. Wirtschaftliche Verhältnisse (Abs. 2 Nr. 5)	58–84
	a) Allgemeines	58–59
	b) Nichtgefährdung der Interessen Dritter (Abs. 4 Satz 4)	60–83
	c) Berufspflichtverletzung	84
	7. Nichtunterhaltung einer beruflichen Niederlassung (Abs. 2 Nr. 6)	85–86
	8. Verwirkung eines Grundrechts (Abs. 2 Nr. 7)	87–90
IV.	Absehen vom Widerruf (Abs. 4)	91–97
V.	Bestellung eines Betreuers	98–102
VI.	Sofortige Vollziehung und Berufsverbot (Abs. 7)	103–118
	1. Allgemeines	103
	2. Aufschiebende Wirkung	104–109
	3. Fortfall der aufschiebenden Wirkung	110–116
	4. Rechtsfolgen des Fortfalls der aufschiebenden Wirkung	117–118
VII.	Verfahrensfragen	119–140
	1. Allgemeines	119
	2. Besondere Verfahrensbestimmungen der WPO (Abs. 3)	120–130

3. Allgemeine Verfahrensbestimmungen 131–140
VIII. Rechtsfolgen der bestandskräftigen Aufhebung der
Bestellung 141–144

I. Allgemeines

Die **Aufhebung eines VA** (Bestellung) durch Rücknahme o. Widerruf beseitigt dessen Rechtswirksamkeit. Sie ist zu jedem Zeitpunkt nach Erlass des aufzuhebenden VA möglich u. stellt somit eine **Durchbrechung der Bestandskraft** dar. Die Aufhebung eines VA ist selbst VA u. hat den entsprechenden gesetzlichen. Regelungen zu genügen. 1

Die Rücknahmetatbestände des § 20 Abs. 1 i.V.m. § 16 Abs. 1 u. die Widerrufstatbestände des § 20 Abs. 2 gehören zum Urbestand der WPO u. setzen die Regelungen früheren Berufsrechtes fort. Schon in den ersten Entwürfen zur WPO brachte der Gesetzgeber klar zum Ausdruck, dass die Aufhebung der Bestellung eines WP möglich sein muss, der wesentliche Berufspflichten verletzt o. bei dem ein Mangel seiner persönlicher Eignung zur Ausübung des Berufes festgestellt wird (BT-Drs. 3/201, 48). Rücknahme u. Widerruf sind **ein Instrument der präventiven BA**. 2

Bis zur **7. WPO-Novelle 2007** waren in § 20 Abs. 1 i.V.m. § 16 Abs. 1 u. § 20 Abs. 2 **ausschl. tatbestandlich eng umrissene Gründe** für die Versagung o. die Aufhebung der Bestellung vorgesehen. Dadurch waren Sachverhaltsgestaltungen denkbar, bei denen trotz fehlender persönlicher o. fachlicher Eignung die Bestellung nicht hätte versagt o. aufgehoben werden können. Diese Lücke können unter Umständen die durch die 7. WPO-Novelle 2007 in § 16 Abs. 1 Nr. 5 u. § 20 Abs. 2 Nr. 3 aufgenommenen „**anderen Gründe**" für die Versagung o. Aufhebung der Bestellung schließen. Dieses Verständnis stünde im Einklang mit Art. 5 Abs. 1 Satz 1 der AP-RiLi. Danach muss das nationale Recht bestimmen, dass die Zulassung entzogen wird, wenn der Ruf eines AP ernsthaft beschädigt ist. 3

Neu sind seit der **7. WPO-Novelle 2007** auch der Widerrufsgrund der **Verwirkung eines Grundrechts** in Abs. 2 Nr. 7 u. die **Mitteilungspflichten über das Vorliegen v. Widerrufsgründen** in Abs. 3. 4

II. Rücknahme der Bestellung (Abs. 1)

Rücknahme ist die **Aufhebung eines** v. Anfang an **rechtswidrigen VA**. 5

Die Bestellung ist zurückzunehmen, wenn nachträglich Tatsachen bekannt werden, welche die Bestellungsbehörde zur Versagung der Bestellung verpflichtet hätten. § 20 Abs. 1 bezieht sich damit auf die **zwingenden Versagungsgründe** des § 16 Abs. 1. Der im Ermessen der Bestellungsbehörde stehende Versagungsgrund bei einem die Besorgnis zukünftiger Berufspflichtverletzungen begründenden Verhaltens nach § 16 Abs. 2 ist damit nicht in Bezug genommen. 6

Die **Tatsachen** die zur Versagung der Bestellung verpflichtet hätten, **müssen nachträglich bekannt werden**. Eine Rücknahme nach Abs. 1 kommt damit nicht in 7

Betracht, wenn die Bestellungsbehörde die Tatsachen kannte, aber falsch gewürdigt hat (Rn. 10) o. die Tatsachen hätte kennen müssen (BVerwG 19.12.1984, NJW 1985, 819).

8 Bei der Entscheidung über die Rücknahme der Bestellung billigt § 20 Abs. 1 der WPK **kein Ermessen** zu. Die WPK ist zur Rücknahme verpflichtet.

9 Die **Rücknahme wirkt** kraft Gesetzes auch ohne ausdr. Erklärung im Rücknahmebescheid **nur für die Zukunft**. Von der Bestellung bis zur Bestandskraft der Rücknahme war der WP somit ordnungsgemäß bestellt. Sämtliche Erklärungen eines bestellten WP bleiben damit auch im Fall der Rücknahme rechtswirksam. Der Gesetzgeber hat damit die Voraussetzungen dafür geschaffen, dass die Allgemeinheit zu jedem Zeitpunkt auf die Wirksamkeit u. den Bestand der Handlungen u. Erklärungen eines WP vertrauen kann.

10 Liegen die Voraussetzungen des § 20 Abs. 1 nicht vor, etwa weil die Tatsachen, die zu einer Versagung der Bestellung geführt hätten zwar bekannt waren, aber falsch gewürdigt wurden, kommt ggf. eine **Rücknahme nach § 48 VwVfG** in Betracht (BT-Drs. 15/1241, 34). Das Gleiche gilt, wenn nachträglich Tatsachen bekannt werden, die im Rahmen der Ermessensentscheidung nach § 16 Abs. 2 zu einer anderen Entscheidung geführt hätten.

11 Im Rahmen der Entscheidung über die Rücknahme nach § 48 VwVfG hat die WPK ihr **Ermessen** rechtsfehlerfrei auszuüben. Dabei ist auch zu berücksichtigen, warum die Tatsachen bei der ursprünglichen Entscheidung nicht bekannt waren. Kann nicht mit Sicherheit ausgeschlossen werden, dass der WP seinen Beruf seit der Bestellung ausgeübt hat, darf die Rücknahme nach § 48 VwVfG zum Schutze des Vertrauens der Allgemeinheit in die Wirksamkeit u. den Bestand der Handlungen u. Erklärungen eines WP (Rn. 9) entgegen § 48 Abs. 1 VwVfG nur mit Wirkung für die Zukunft ausgesprochen werden.

III. Widerruf der Bestellung (Abs. 2)

1. Allgemeines

12 Der Widerruf ist die **Aufhebung eines rechtmäßigen VA**.

13 Die Bestellung ist daher zu widerrufen, wenn **nach der rechtmäßigen Bestellung** als WP Tatsachen eintreten, die seine fachliche o. persönliche Eignung in Frage stellen u. eine gegenwärtig o. zukünftige **ordnungsgemäße Berufsausübung nicht erwarten lassen u.** damit eine **Gefährdung der Interessen Dritter begründen**.

14 Die **Widerrufsgründe sind abschließend** in Abs. 2 geregelt. Ein Widerruf nach § 49 VwVfG kommt nicht in Betracht.

15 Bei der Entscheidung über den Widerruf der Bestellung billigt § 20 Abs. 2 der WPK **kein Ermessen** zu. Liegt ein Widerrufsgrund vor, ist die WPK zum Widerruf verpflichtet.

2. Nicht eigenverantwortliche Tätigkeit oder unvereinbare Tätigkeit (Abs. 2 Nr. 1)

Die Regelung ist **seit Inkrafttreten der WPO inhaltlich unverändert**. Der Widerrufstatbestand des § 20 Abs. 2 Nr. 1 ergänzt die Regelung des § 16 Abs. 1 Nr. 6, nach der die Bestellung zu versagen ist, solange der Bewerber eine Tätigkeit ausübt, die mit dem Beruf unvereinbar ist, für den Zeitraum ab der Bestellung. 16

Nach § 43 Abs. 1 Satz 1 hat der WP seinen Beruf unabhängig, gewissenhaft, verschwiegen u. eigenverantwortlich auszuüben. Die **Eigenverantwortlichkeit** zählt damit zu den primären Berufspflichten (Vor §§ 43 ff. Rn. 8 ff.). Eine Begriffsbestimmung der Eigenverantwortlichkeit trifft die WPO nicht. Sie beschränkt sich stattdessen in § 44 Abs. 1 Satz 1 u. Abs. 2 auf eine Beschreibung, die Eigenverantwortlichkeit ausschließender Rahmenbedingungen der Berufsausübung. Bis zur Änderung durch die 3. WPO-Novelle 1995 setzte § 44 Abs. 1 für eine eigenverantwortliche Berufsausübung noch eine der heute in § 43a Abs. 1 geregelten originären Berufsausübungsformen voraus. An dieser Grundvoraussetzung für eine eigenverantwortliche Berufsausübung hat sich durch die systematische Verschiebung der Regelung v. § 44 Abs. 1 nach § 43a Abs. 1 durch die 3. WPO-Novelle 1995 nichts geändert (BT-Drs. 12/5685, 26). 17

Bezüglich der Ausübung von unvereinbaren Tätigkeiten entspricht Abs. 2 Nr. 1 vollumfänglich § 16 Abs. 1 Nr. 6. Auf die dortige Kommentierung wird verwiesen. 18

Der Widerrufstatbestand des § 20 Abs. 2 Nr. 1 dient der Durchsetzung u. Sicherung wesentlicher Berufspflichten. Das Gebot der Eigenverantwortlichkeit u. das Verbot unvereinbarer Tätigkeiten sichern das Vertrauen der Öffentlichkeit in die Integrität des Berufsstandes durch den Ausschluss inner- u. außerberuflicher Einflussnahmen o. Abhängigkeiten. Angesichts der Bedeutung eines funktionierenden u. anerkannten Wirtschaftsprüfungswesens stellt das Vertrauen der Öffentlichkeit in die Integrität des Berufsstandes ein **besonders wichtiges Gemeinschaftsgut** dar (BVerwG 26.8.1997, Stbg 1998, 83). Die mit einer nicht eigenverantwortlichen o. unvereinbaren Tätigkeit verbundene (zumindest) **abstrakte Gefährdung des Vertrauens in die Integrität des Berufsstandes** rechtfertigt den mit dem Widerruf der Bestellung verbundenen Eingriff in die Berufsfreiheit (VG Berlin 23.6.2011, DStR 2011, 1636; BVerfG 4.11.1992, BB 1993, 460; BVerfG 15.2.1967, DB 1967, 933; BVerfG 25.7.1967, BVerfGE 22, 275). Weder der BGH (BGH 10.10.2011, NJW 2012, 534) noch der BFH (BFH 29.11.2011, BFH/NV 2012, 797) sehen gegenwärtig Anlass, v. dieser Rspr. abzuweichen. 19

3. Verlust der Fähigkeit zur Bekleidung öffentlicher Ämter (Abs. 2 Nr. 2)

Die Vorschrift komplettiert die Regelung des § 16 Abs. 1 Nr. 2 für den Fall des **Verlustes der Fähigkeit zur Bekleidung öffentl. Ämter nach der Bestellung**. Sie begegnet ebenso wie die entsprechenden Regelungen in § 14 Abs. 2 Nr. 2 BRAO (BGH 5.6.2003, BRAK-Mitt. 2004, 236; BGH 18.10.1999, BRAK-Mitt. 2000, 42) u. § 46 Abs. 2 Nr. 2 StBerG (Hess. FG 20.4.1989, EFG 1990, 338) keinen verfassungsrechtlichen Bedenken. 20

§ 20 *Rücknahme und Widerruf der Bestellung*

21   Nach § 45 Abs. 1 StGB verliert, wer **wegen eines Verbrechens zu einer Freiheitsstrafe v. mind. einem Jahr verurteilt** wird, als Nebenfolge seiner Strafe für die Dauer v. fünf Jahren (ggf. kürzer, § 45 Abs. 2 StGB) die Fähigkeit, öffentl. Ämter zu bekleiden. Die Folgen des Verlustes treten mit Rechtskraft des Urteils ein.

22   Mit Rechtskraft des Strafurteils ist der Widerrufstatbestand erfüllt. Das rkr. **Strafurteil ist für die WPK bindend.** Einer weiteren Sachverhaltsermittlung o. Abwägung bedarf es nicht. Mit der Verurteilung wegen eines Verbrechens zu mind. einem Jahr Freiheitsstrafe hat der Gesetzgeber den Widerruf an so hohe Voraussetzungen gebunden, dass eine weitere Abwägung weder erforderlich noch geboten ist (AGH Nds. 5.6.2003, BRAK-Mitt. 2004, 236). Die für den Widerruf erforderliche Gefahr wird durch die Begehung der schweren Straftat u. die daraus folgende berechtigte Besorgnis zukünftiger Pflichtverletzungen begründet.

23   Der **Widerruf ist nicht auf die Dauer des Verlustes der Fähigkeit zur Bekleidung öffentl. Ämter zu befristen.** Eine solche Befristung sieht die WPO weder vor, noch ist sie verfassungsrechtlich geboten (Hess. FG 20.4.1989, EFG 1990, 338).

4.   Gesundheitliche oder andere Gründe (Abs. 2 Nr. 3)
a)   Gesundheitliche Gründe

24   Schon bei ihrem Inkrafttreten 1961 sah die WPO in § 20 Abs. 1 Nr. 3 den Widerruf der Bestellung vor, wenn ein Berufsangehöriger infolge eines körperlichen Gebrechens o. wegen Schwäche seiner geistigen Kräfte dauernd unfähig ist, seinen Beruf ordnungsmäßig auszuüben. Durch die 3. WPO-Novelle 1995 wurde dieser Katalog um Suchterkrankungen ergänzt. Um einer sprachlichen Diskriminierung entgegenzuwirken, fasste der Gesetzgeber die Tatbestandsmerkmale „körperliche Gebrechen", „Schwäche der geistigen Kräfte" u. „Sucht" durch das Gesetz zur Gleichstellung behinderter Menschen u. zur Änderung anderer Gesetze v. 30.4.2002 (BGBl. I, 1467) im Gesetzesbegriff **„gesundheitliche Gründe"** zusammen. Eine inhaltliche Neuregelung war damit ausdr. nicht bezweckt (BR-Drs. 928/01, 84). § 20 Abs. 2 Nr. 5 ergänzt die gleichlautende Bestimmung über die Versagung der Bestellung (§ 16 Abs. 1 Nr. 5) für den Fall des Eintritts der mangelnden gesundheitlichen Eignung nach der Bestellung.

25   Mangelnde gesundheitliche Eignung setzt nach der Rspr. des BGH zum gleichlautenden § 14 Abs. 2 Nr. 3 BRAO (BGH 2.4.2001, NJW 2002, 304) weder eine die Bestellung eines Betreuers nach § 1896 BGB rechtfertigende psychische Krankheit o. körperliche, geistige o. seelische Behinderung, noch Schuldunfähigkeit i.S.d. § 20 StGB voraus. In diesen Fällen wird ein Widerruf aber regelmäßig gerechtfertigt sein. Es bedarf stattdessen **erheblicher körperlicher o. geistiger, die dauernde ordnungsgemäße Berufsausübung ausschließender Mängel** (BGH 17.6.2011, DStRE 2012, 910).

26   **Körperliche Mängel** bestehen beim Ausschluss der körperlichen Leistungsfähigkeit (Blindheit, Taubheit, Lähmung) o. einer vergleichbaren Einschränkung gemessen an einem durchschnittlich konstituierten Menschen.

Geistige Mängel können in Anlehnung an das Betreuungsrecht durch psychische Krankheiten sowie geistige o. seelische Behinderungen begründet sein. Psychische Krankheiten sind alle anerkannten Krankheitsbilder der klinischen Psychiatrie. Geistige Behinderungen sind Intelligenzdefekte verschieden schwerer Grade. Seelische Behinderungen sind bleibende psychische Beeinträchtigungen als Folge psychischer Krankheiten. Berufs- o. strafgerichtlich aufzugreifende Fehlverhalten u. wiederholte Verstöße gegen das Gebot zu berufswürdigem Verhalten im Rahmen der Wahrnehmung eigener Interessen kommen als geistige Mängel in Betracht, wenn sie Ausdruck einer zwanghaften Persönlichkeitsstörung sind. — 27

Suchterkrankungen können in Abhängigkeit ihrer Ausprägung sowohl den körperlichen als auch den geistigen Mängeln zugeordnet werden. Zu den Suchterkrankungen werden u.a. starke Alkoholabhängigkeit u. erheblicher Rauschgiftkonsum gezählt. Unabhängig von einer möglichen Einordnung der Spielsucht als Suchterkrankung wird die mit der Glücksspielsucht häufig einhergehende Vermögenslosigkeit regelmäßig im Rahmen der wirtschaftlichen Verhältnisse als Widerrufsgrund relevant werden. — 28

Der Widerruf setzt voraus, dass der Berufsangehörige **nicht in der Lage** ist, **den Beruf ordnungsgemäß auszuüben**. Hiervon ist auszugehen, wenn die mangelnde gesundheitliche Eignung dem Berufsangehörigen die Einhaltung der Berufspflichten unmöglich macht. Besondere Bedeutung kommt dabei der sachgemäßen u. sorgfältigen Wahrnehmung der Interessen v. Mandanten u. Dritter am Jahresabschluss bei (BR-Drs. 926/01, 127). Während körperliche Mängel durch technische Hilfsmittel kompensiert werden können, ist die Kompensation geistiger Mängel vor dem Hintergrund der Natur der zu erbringenden Dienstleistung höherer Art ausgeschlossen. — 29

Ob ein Berufsangehöriger nicht mehr in der Lage ist, seinen Beruf ordnungsgemäß auszuüben, ist immer eine Einzelfallentscheidung. Die Rspr. zum Berufsrecht der StB hält mind. die **Möglichkeit zur halbtäglichen Berufsausübung** für erforderlich (BFH 21.7.1964, HFR 1965, 82; FG München 24.4.2002, EFG 2002, 1556). Daran hat sich auch durch die Einführung moderner Bürotechnik nichts geändert (FG München 10.5.2000, EFG 2000, 1279). — 30

Die Unfähigkeit, den Beruf ordnungsgemäß auszuüben, darf nicht nur vorübergehend sein; erfordert mithin eine gewisse Dauerhaftigkeit. In Anlehnung an die Rspr. des BVerwG zur dauernden Dienstunfähigkeit eines Beamten ist darauf abzustellen, ob die **Wiederherstellung der Berufsfähigkeit in absehbarer Zeit unwahrscheinlich** ist (BVerwG 17.1.1957, DVBl. 1958, 61; BVerwG 14.8.1974, BVerwGE 47, 1). Dieses Begriffsverständnis legt der Gesetzgeber auch beim Merkmal „vorübergehend" in § 46 Abs. 1 zugrunde. Dauerhaftigkeit erfordert somit keine abschließende Unbehebbarkeit der gesundheitlichen Einschränkungen. Vielmehr sind auch solche Einschränkungen, die heilbar sind, deren Behandlung aber längere Zeit in Anspruch nimmt, dauernd in diesem Sinne (vgl. Gitter in MüKo zu § 104 Abs. 2 BGB Rn. 2). — 31

b) Andere Gründe

32 Dieser Widerrufstatbestand wurde durch die **7. WPO-Novelle 2007** ohne weitere Begr. in die WPO aufgenommen. Eine vergleichbare Regelung im Berufsrecht anderer rechts- o. wirtschaftsberatenen Berufe besteht nicht.

33 Welche Gründe andere Gründe i.S.d. Abs. 2 Nr. 3 konkret sein können, lässt der Gesetzgeber offen. Die AP-RiLi sieht in Art. 5 Abs. 1 den Widerruf der Zulassung vor, wenn der Ruf eines AP ernsthaft beschädigt ist. Die systematische Einordnung neben den gesundheitlichen Gründen legt vor diesem Hintergrund **insb. persönlichkeitsbezogene Gründe** nahe. In Betracht kommen etwa die **fehlende fachliche Eignung** o. **die fehlende erforderliche Sorgfalt u. Gewissenhaftigkeit**. Bisher berechtigt die nach der Bestellung entfallende fachliche Eignung nicht zum Widerruf der Bestellung, während fehlende fachliche Eignung im Zeitpunkt der Bestellung die WPK nach § 20 Abs. 1 zur Rücknahme berechtigt. Die fehlende erforderliche Sorgfalt u. Gewissenhaftigkeit ist anerkannter Widerrufsgrund im Bereich der technischen Berufe. Letztlich können sowohl die fehlende fachliche Eignung als auch die fehlende erforderliche Sorgfalt u. Gewissenhaftigkeit je nach Sachverhaltsgestaltung das Merkmal der Unzuverlässigkeit des Gewerbeaufsichtsrechts erfüllen.

34 Vor dem Hintergrund der präventiven Funktion des Widerrufs der Bestellung u. dem damit verbundenen erheblichen Eingriff in die Berufsfreiheit, kann die Bestellung aus „anderen Gründen" nur widerrufen werden, wenn diese „anderen Gründe" eine **ebenso schwerwiegende Gefährdung** der Interessen v. Mandanten u. Dritten wie die übrigen im Katalog des § 20 Abs. 2 benannten Widerrufstatbestände begründen.

35 Fraglich ist, ob das Tatbestandsmerkmal „andere Gründe" dem Parlamentsvorbehalt u. dem **Bestimmtheitsgrundsatz** genügt. Generalklauseln u. unbestimmte Rechtsbegriffe sind verfassungsrechtlich grds. unbedenklich. Die Anforderungen an die inhaltliche Bestimmtheit u. Bestimmbarkeit steigen aber mit der Intensität des Grundrechtseingriffes. Die enge Einbindung in den gewachsenen Normkontext des § 20 Abs. 2 lässt aber eine verfassungsgemäße Ausfüllung des unbestimmten Tatbestandes durch die Verwaltungspraxis u. die Rspr. auch im Hinblick auf den damit verbundenen Eingriff in die Berufsfreiheit des Art. 12 GG erwarten.

5. Berufshaftpflichtversicherung (Abs. 2 Nr. 4)
a) Allgemeines

36 Der verschuldensunabhängige Widerrufstatbestand, bei dessen Anwendung der für den Widerruf zuständigen WPK kein Ermessen eingeräumt ist, dient der Sicherung u. Durchsetzung der aus § 54 Abs. 1 folgenden Verpflichtung, als selbstständiger WP eine BHV zur Deckung der sich aus ihrer Berufstätigkeit ergebenden Haftpflichtgefahren für Vermögensschäden abzuschließen u. die Versicherung für die Dauer ihrer Bestellung zu unterhalten. Diese gesetzliche Verpflichtung zum Abschluss einer Versicherung dient dem Schutz der Interessen v. Mandanten u. Dritten. Diese sollen darauf vertrauen können, dass ihre Schadensersatzansprüche gegen Berufsangehörige abgedeckt sind. Gleichzeitig hat der Berufsstand ein Gesamtinteresse an der Sicherung u. Durchsetzung der Versicherungspflicht, um in der Öffentlichkeit als unbedingt zuverlässig angesehen zu werden (Lamprecht, DStR 2002, 1322).

Die Verpflichtung der WPK, den Widerruf der Bestellung auszusprechen sofern ein 37 Berufsangehöriger nicht die vorgeschriebene BHV unterhält, komplettiert als **Maßnahme der präventiven BA** seit 1975 die Regelung des § 16 Abs. 1 Nr. 3. Danach ist die Bestellung zu versagen, wenn ein wegen der Art der in Aussicht genommenen Tätigkeit versicherungspflichtiger Bewerber keine vorläufige Deckungszusage beibringt. Bis zur Einführung des § 20 Abs. 2 Nr. 4 konnten der Fortfall, Einschränkungen o. Unterbrechungen des Versicherungsschutzes alleine im Wege der repressiven BA geahndet werden. Durch die 5. WPO-Novelle 2004 wurde § 20 Abs. 2 Nr. 4 um die Verpflichtung zum Widerruf bei wiederholten Versicherungslücken u. den Widerruf bei nicht ausreichendem Versicherungsschutz bei beruflicher Zusammenarbeit in einer interprofessionellen (Schein-) Sozietät nach § 44b Abs. 4 u. 6 vervollständigt.

b) Nichtunterhaltung der vorgeschriebenen Berufshaftpflichtversicherung

Nach der ersten Alt. des § 20 Abs. 2 Nr. 4 ist die Bestellung zu widerrufen, wenn der 38 WP nicht die vorgeschriebene BHV (§ 44b Abs. 4, § 54) unterhält.

aa) Vorgeschriebene Berufshaftpflichtversicherung

Die **gesetzliche Versicherungspflicht** selbstständiger WP wird unabhängig v. Ort 39 der beruflichen Niederlassung (BGH 10.5.2010, NJW-Spezial 2010, 543) u. der tats. Ausübung der selbstständigen Tätigkeit allein durch die Berechtigung zur Berufsausübung begründet (BGH 4.12.2006, AnwZ (B) 105/2005 – juris). Sie entfällt nur dann, wenn der Berufsangehörige seinen Beruf ausschl. in einem zulässigen Anstellungsverhältnis nach § 43a Abs. 1 ausübt (BVerwG 13.5.1986, BB 1986, 1614). Die Entscheidung des BVerfG (BVerfG 28.3.2002, DStRE 2002, 1415) zur **Versicherungsfreiheit eines arbeitslosen StB** ist vor diesem Hintergrund auf das Berufsrecht der Wirtschaftsprüfer **nicht übertragbar** (vgl. § 54 Rn. 17, § 43a Rn. 10).

Den **Mindestumfang des Versicherungsschutzes** bestimmt § 54 Abs. 1 Satz 2 40 i.V.m. der auf Grundlage v. § 54 Abs. 2 erlassenen WPBHV. Zwar wurde die **WPBHV** durch Art. 5 der 7. WPO-Novelle 2007 aufgehoben; die Regelungen gelten aber nach § 137 solange fort, bis die WPK die Vorschriften über die BHV nach § 54 Abs. 4 Nr. 1e) in die BS WP/vBP aufgenommen hat. Als versicherungspflichtige selbstständige Tätigkeit gelten insb. die Tätigkeit in eigener Praxis (§ 54 Rn. 10, § 43a Rn. 4 ff.), in Sozietät (§ 54 Rn. 10, § 43a Rn. 11) u. in einfacher Partnerschaft (§ 54 Rn. 13, § 43a Rn. 34).

§ 44b Abs. 4 verpflichtet WP, die ihren Beruf in einer **interprofessionellen Sozietät** 41 ausüben, der WPK bei Aufnahme der Tätigkeit nachzuweisen, dass ihnen auch bei gesamtschuldnerischer Inanspruchnahme der nach § 54 vorgeschriebene Versicherungsschutz für jeden Versicherungsfall uneingeschränkt zur Verfügung steht. Gleiches gilt nach § 44b Abs. 6 für WP, die ihren Beruf in einer interprofessionellen Scheinsozietät ausüben. Die Versicherungspflicht nach § 44b Abs. 4 u. 6 besteht für die Dauer des Bestehens der interprofessionellen (Schein-) Sozietät (OVG Berlin-Brandenburg 23.2.2012, WPK Mag 2/2012, 48). Mit der Formulierung „bei Aufnahme" hat sich der Gesetzgeber klarstellend (BT-Drs. 15/1241, 36) an § 16 Abs. 1 Nr. 3 angelehnt, ohne den Regelungszweck des § 44b Abs. 4 in der Fassung bis zum 31.12.2003 („abzuschließen und aufrechtzuerhalten") aufzugeben.

bb) Nichtunterhaltung

42 Ein WP unterhält die vorgeschriebene Versicherung nicht, wenn er **kein vertragliches Versicherungsverhältnis** unterhält o. das bestehende **Versicherungsverhältnis den gesetzlichen Mindestversicherungsschutz nicht gewährt**.

43 Über das Nichtbestehen o. die Beendigung des Versicherungsverhältnisses **informieren die Versicherer die WPK** als hierfür nach § 54 Abs. 1 Satz 3 zuständige Stelle gemäß § 117 Abs. 2 VVG. Darüber hinaus sind die Versicherer nach § 6 WPBHV aus dem jeweiligen Versicherungsverhältnis verpflichtet, der WPK die Beendigung o. Kündigung des Versicherungsvertrages mitzuteilen. Letztlich besteht nach §§ 1 Abs. 4 Satz 2 WPBHV, 17 Abs. 1 BS WP/vBP die Berufspflicht, die Beendigung o. Kündigung des Versicherungsvertrages unverzüglich anzuzeigen.

44 Nicht ausreichend für den Widerruf wegen Nichtunterhaltung der vorgeschriebenen BHV ist eine Meldung der Versicherung über die Leistungsfreiheit nach § 38 Abs. 2 VVG, ohne dass das Versicherungsverhältnis durch **Kündigung gemäß § 38 Abs. 3 VVG o. Zeitablauf beendet** wurde (BGH 13.10.1986, DNotZ 1987, 442; BGH 20.11.2000, MDR 2001, 298). Der Zweck der gesetzlichen Versicherungspflicht bleibt in diesem Fall durch § 117 Abs. 2 VVG gewahrt. Die Leistungsverpflichtung des Versicherers im Verhältnis zu Dritten endet danach frühestens mit Ablauf eines Monats nach Beendigung des Versicherungsverhältnisses. Bis zur Beendigung des Versicherungsvertrages unterhält der Berufsangehörige ein vertragliches Versicherungsverhältnis u. damit vertraglichen Versicherungsschutz i.S.d. § 20 Abs. 2 Nr. 4 erste Alt.

45 Die durch § 117 Abs. 2 VVG auf einen Monat befristete **Nachhaftung** des Versicherers hindert den vorherigen Widerruf der Bestellung hingegen nicht, wenn das Versicherungsverhältnisses durch Kündigung nach § 38 Abs. 3 VVG o. durch Zeitablauf beendet ist (AGH Naumburg 23.1.2004, 1 AGH 20/03 – juris). Durch die Nachhaftung aus § 117 Abs. 1 VVG wird nach der Rspr. entweder ein Versicherungsverhältnis in Ansehung Dritter als fortbestehend fingiert (BGH 27.5.1957, BGHZ 24, 308) o. ein gesetzliches Schuldverhältnis begründet (BGH 23.1.1958, NJW 1959, 39). In jedem Fall besteht kein vertragliches Versicherungsverhältnis mehr. Zweck der Nachhaftung ist es, der zuständigen Stelle zu ermöglichen, für die Wiederherstellung des vorgeschriebenen Versicherungsschutzes o. die Einstellung der Berufsausübung Sorge zu tragen, bevor Mandanten o. Dritte gefährdet werden.

46 Ob der Berufsangehörige den **Fortfall des Versicherungsschutzes zu vertreten** hat, ist für den Widerruf der Bestellung unbeachtlich. Auch wenn er schuldlos sei-

nen Versicherungsschutz verliert, ist seine Bestellung zu widerrufen (AGH Naumburg 23.1.2004, 1 AGH 20/03 – juris; BGH 1.2.2006, AnwBl. 2005, 356). Gleiches gilt, wenn der Versicherungsschutz zwischen dem Berufsangehörigen u. seinem Versicherer etwa wegen Unstimmigkeiten über die Höhe der **Versicherungsprämie streitig** o. der Berufsangehörige mit der Kündigung des Vertrages durch den Versicherer nicht einverstanden ist. Aus § 54 folgt auch die Pflicht des Berufsangehörigen, für unstreitigen Versicherungsschutz notfalls durch einen Wechsel des Versicherers (AGH Naumburg 23.1.2004, a.a.O.) o. durch vorsorgliche Zahlung einer möglicherweise überhöhten Versicherungsprämie Sorge zu tragen. Unsicherheiten über den Versicherungsschutz können nicht zu Lasten v. Mandanten o. Dritten gehen.

Ein Berufsangehöriger unterhält die vorgeschriebene Versicherung auch dann nicht, wenn das bestehende Versicherungsverhältnis den gesetzlichen **Mindestumfang des Versicherungsschutzes** (s. § 54 Rn. 34 ff.) nicht gewährt. Hierzu zählt auch der Fall der fehlenden **Absicherung gegen die gesamtschuldnerische Inanspruchnahme** als Sozius o. Schein-Sozius einer interprofessionellen (Schein-) Sozietät. Die Versicherer sind nach § 6 WPBHV aus dem jeweiligen Versicherungsverhältnis verpflichtet, der WPK jede Änderung des Versicherungsvertrages u. damit auch des Versicherungsumfanges unverzüglich anzuzeigen. **47**

Nicht v. Widerrufstatbestand des Abs. 2 Nr. 4 sind die Fälle erfasst, in denen der Berufsangehörige zwar eine den gesetzlichen Mindestanforderungen entsprechende Versicherung unterhält, diese aber ein **aus der Mandatsstruktur begründetes deutlich höheres Schadensrisiko** nicht abdeckt. Die Regelung des § 17 Abs. 2 BS WP/vBP, wonach die gemäß § 54 abzuschließende u. aufrechtzuerhaltende BHV über die Höhe der Mindestversicherung hinausgehen soll wenn Art u. Umfang des Haftungsrisikos des WP dies erfordern, stellt als satzungsrechtliche Berufspflicht keine Bestimmung i.S.d. § 20 Abs. 2 Nr. 4 dar. Verstöße gegen diese Verpflichtung können nur berufsaufsichtsrechtlich geahndet werden. **48**

cc) Wiederherstellung des vorgeschriebenen Versicherungsschutzes
Erbringt der Berufsangehörige vor Bekanntgabe des Widerrufsbescheides einen **Nachweis, dass (zumindest) für die Zukunft** der vorgeschriebene **Versicherungsschutz** besteht, entfällt der Widerrufsgrund. Sinn u. Zweck des präventiven Widerrufes ist die Beseitigung gegenwärtiger u. zukünftiger Gefahren für Mandanten u. Dritte. Erbringt der Berufsangehörige vor Eintritt der Bestandskraft des ausgesprochenen Widerrufes seiner Bestellung (Rn. 106 ff.) einen Nachweis, dass (zumindest) für die Zukunft der vorgeschriebene Versicherungsschutz besteht, ändert dies an der Rechtmäßigkeit des Widerrufsbescheides aber nichts. Der Betroffene hat nach § 23 die Möglichkeit, seine Wiederbestellung zu beantragen (VG Weimar 7.2.1997, GI 1997, 229). Alternativ kann die WPK aber auch den Widerruf des Widerrufs der Bestellung aussprechen u. das Widerrufsverfahren damit erledigen. Nach Eintritt der Bestandskraft bleibt dem Berufsangehörigen nur die Möglichkeit der Wiederbestellung (§ 23). **49**

50 Jede **Unterbrechung des Versicherungsschutzes** stellt eine **Berufspflichtverletzung** dar, die unabhängig davon, ob die Versicherungslücke geschlossen wird o. nicht, berufsaufsichtsrechtlich zu würdigen ist (§ 54 Rn. 47).

c) **Wiederholte Unterbrechungen in der Vergangenheit**

51 Nach der zweiten Alt. des § 20 Abs. 2 Nr. 4 ist die Bestellung zu widerrufen, wenn der WP die vorgeschriebene BHV **innerhalb der letzten fünf Jahre wiederholt mit nennenswerter Dauer nicht aufrechterhalten** hat u. diese Unterlassung auch zukünftig zu besorgen ist. Der Gesetzgeber hat diesen Widerrufstatbestand mit dem für das Gefahrenabwehrrecht typischen Analyse-Prognose-Verhältnis aus Gründen des Verbraucherschutzes eingeführt (BT-Drs. 15/1241, 34). Er knüpft damit an frühere Rspr. u. Literatur an, die einen auf zurückliegende Verletzungen der Versicherungspflicht gestützten Widerruf trotz aktuellen Versicherungsschutzes für zulässig erachtete (Hess. AGH 8.5.2000, BRAK-Mitt. 2000, 310; FG Stuttgart 4.9.2002, Az. 13 K 216/00 – juris).

aa) **Wiederholte Unterbrechungen**

52 Eine **Unterbrechung des vorgeschriebenen Versicherungsschutzes** erfordert anders als die Nichtunterhaltung der vorgeschriebenen Versicherung nicht die Beendigung des vertraglichen Versicherungsverhältnisses (Rn. 44). Ausreichend ist vielmehr bereits eine Mitteilung des Versicherers über die Leistungsfreiheit infolge der Nichtzahlung einer Versicherungsprämie nach § 38 Abs. 2 VVG. Einer Beendigung des Versicherungsverhältnisses etwa durch Kündigung o. Zeitablauf bedarf es nicht.

53 Um eine **wiederholte Unterbrechung** handelt es sich bei einfachem Wortlautverständnis bereits bei der zweiten Unterbrechung des Versicherungsschutzes. Da es sich beim Widerruf der Bestellung aber um einen erheblichen Eingriff in die grundrechtlich geschützte Berufsfreiheit handelt, erfordert die für den Widerruf erforderliche Prognose (Rn. 56 f.) ein Maß an Sicherheit, das regelmäßig erst bei einer zumindest dreimaligen Unterbrechung des vorgeschriebenen Versicherungsschutzes erreicht wird.

54 Von einer **nennenswerten Dauer der Unterbrechung** des vorgeschriebenen Versicherungsschutzes muss vor dem Hintergrund des durch den Widerrufstatbestand bezweckten Verbraucherschutzes ausgegangen werden, wenn die Gefahr besteht, dass Mandanten o. Dritte im Schadensfall keine Deckung erlangen können. Dies ist immer dann der Fall, wenn der Bereich der einmonatigen Nachhaftung des § 117 VVG überschritten wird. Aber auch kürzere Unterbrechungen des Versicherungsschutzes kommen in Betracht, wenn die rechtzeitige Fortsetzung des Versicherungsschutzes nach der konkreten Fallgestaltung nicht gewährleistet ist, etwa wenn der Berufsangehörige wiederholt erst unter dem Druck des Widerrufs seiner Bestellung Versicherungslücken schließt. Nach der Gesetzesbegr. erfordert der Widerruf lediglich, dass der Versicherungsschutz wiederholt „nicht nur kurzfristig" unterbrochen war (BT-Drs. 15/1241, 34).

55 Die wiederholten Unterbrechungen des vorgeschriebenen Versicherungsschutzes mit nennenswerter Dauer müssen **innerhalb der letzten fünf Jahre** erfolgt sein.

Die zeitliche Eingrenzung des Analysezeitraums für die vorzunehmende Prognose zukünftiger Unterbrechungen des Versicherungsschutzes erfolgt vor dem Hintergrund des mit dem Widerruf verbundenen erheblichen Eingriffs in die Berufsfreiheit.

bb) Besorgnis zukünftiger Unterbrechungen
Der Widerruf der Bestellung erfordert wegen der mit dem Fehlen des Versicherungsschutzes verbundenen erheblichen Risiken nur eine **abstrakte Gefährdung** v. Mandanten u. Dritten. Die Feststellung einer abstrakten Gefahr verlangt eine in tats. Hinsicht genügend abgesicherte Prognose. Es müssen bei abstrakt genereller Betrachtung hinreichende Anhaltspunkte vorhanden sein, die den Schluss auf den drohenden Eintritt v. Schäden rechtfertigen. 56

Hat ein WP die vorgeschriebene BHV innerhalb der letzten fünf Jahre wiederholt mit nennenswerter Dauer nicht aufrechterhalten u. treten keine weiteren besonderen Umstände im Einzelfall hinzu, bestehen hinreichende Anhaltspunkte, die den Schluss auf weitere Unterbrechungen des Versicherungsschutzes u. damit auf eine den Widerruf der Bestellung hinreichend wahrscheinliche **abstrakte Gefährdung** der Interessen v. Mandanten u. Dritten. Dabei ist zu berücksichtigen, dass diese abstrakte Gefahr sich bereits bei punktuellem Fehlverhalten des Berufsangehörigen in einem konkreten Schaden realisieren. Die WPK ist damit bei ihrer Prognose im Regelfall an die Wertung des Gesetzgebers gebunden, wobei es im Wesen v. Prognosen liegt, dass die vorhergesagten Ereignisse wegen anderer als der erwarteten Geschehensabläufe ausbleiben können (BVerwG 3.7.2002, DVBl. 2002, 1562). 57

6. Wirtschaftliche Verhältnisse (Abs. 2 Nr. 5)
a) Allgemeines
Geordnete wirtschaftliche Verhältnisse sind seit Inkrafttreten der WPO 1961 zwingende Voraussetzungen für die Bestellung als WP u. die Aufrechterhaltung der Bestellung. Die wirtschaftliche Unabhängigkeit ist allg. Voraussetzung für die ordnungsgemäße Berufsausübung (BT-Drs. 3/201, 38). Diese ist im Falle einer wirtschaftlichen Notlage des WP potentiell gefährdet, da Berufspflichtverletzungen zu besorgen sind, die die Interessen der Auftraggeber o. Dritter verletzen. Neben der Gefährdung v. Fremdgeldern besteht auch die Gefahr, dass ein unter finanziellen Druck geratener WP dazu neigen könnte, Aufträge zu übernehmen, denen er wegen des Umfangs, der rechtlichen Schwierigkeit u./o. der Zahl der Fälle nicht ausreichend gewachsen ist. Weiter ist zu besorgen, dass er Versuchen Dritter, seine Prüftätigkeit sachwidrig zu beeinflussen, nicht mit dem erforderlichen Nachdruck entgegentreten will o. kann. Es besteht die Gefahr, dass der WP bei Erfüllung seiner Aufgaben nicht mehr frei, sondern durch sein angesichts der wirtschaftlichen Verhältnisse gesteigertes Interesse an der Erhaltung u. Mehrung seiner Einkünfte gelenkt ist (BVerwG 17.6.2005, NJW 2005, 3795). Die aus dem Vorliegen nicht geordneter wirtschaftlicher Verhältnisse folgende **abstrakte Gefährdung der Interessen v. Mandanten u. Dritten rechtfertigt** den mit dem Widerruf der Bestellung verbundenen **Eingriff in die Berufsfreiheit** des Betroffenen (OVG Berlin-Brandenburg, 2.3.2009, WPK-Mag. 2/2009, 34; BVerwG 17.8.2005, BVerwGE 58

124, 110, BVerfG 20.1.1988, HFR 1989, 46). Auch gegen Europarecht verstößt die gesetzliche Regelung zum Widerruf der Bestellung wegen nicht geordneter wirtschaftlicher Verhältnisse nicht (BFH 13.12.2007, VII B 182/07 – juris).

59 Wie der **Verweis auf § 16 Abs. 2 Nr. 7** zeigt, entspricht § 20 Abs. 2 Nr. 5 inhaltlich sowohl bezüglich des Vorliegens nicht geordneter wirtschaftlicher Verhältnisse oder eines Vermögensverfalls als auch bezüglich der Ordnung nichtgeordneter wirtschaftlicher Verhältnisse vollumfänglich den Bestellungsvoraussetzungen. **Auf die dortige Kommentierung wird verwiesen.**

b) Nichtgefährdung der Interessen Dritter (Abs. 4 Satz 4)

60 Nach Absatz 4 Satz 4 kann vom Widerruf abgesehen werden, wenn der Wirtschaftsprüfer nachweist, dass durch die nichtgeordneten Verhältnisse die Interessen Dritter nicht gefährdet sind. Die Regelung ersetzt die früher unmittelbar an den Widerrufstatbestand des § 20 Abs. 2 Nr. 5 angehängte Ausnahmeregelung, nach welcher der Widerruf wegen nicht geordneter wirtschaftlicher Verhältnisse zu unterbleiben hatte, wenn durch die nicht geordneten wirtschaftlichen Verhältnisse des WP die Interessen seiner Auftraggeber o. anderer Personen nicht gefährdet wurden. Durch den angefügten neuen Satz 4 hat der Gesetzgeber in Anknüpfung an die Rspr. des BVerwG klargestellt, dass der Vermögensverfall dann nicht als Widerrufsgrund angewendet werden muss, wenn Interessen Dritter, also der Auftraggeber u. des Publikums, nicht gefährdet sind (BT-Drs. 16/282, 24).

61 Das BVerwG (WPK-Mag. 1/2006, 48) hat im Einklang mit der bestehenden höchstrichterlichen Rspr. (BVerfG 3.7.2003, BVerfGE 108, 150; BFH 22.9.1992, BFHE 169, 286; BGH 7.3.2005, NJW 2005, 1944) zu der früheren „es sei denn, dass …"-Regelung des Abs. 2 Nr. 5 entschieden, dass es für die Annahme des Regelfalls keiner Feststellung einer konkreten Gefährdung der genannten Interessen bedarf, sondern insoweit für den Widerruf der Bestellung eine **potentielle Gefährdung** ausreicht. Das Gesetz vermutet somit beim Vorliegen nicht geordneter wirtschaftlicher Verhältnisse widerlegbar eine Gefährdung der Interessen der Auftraggeber o. anderer Personen.

62 Die **Darlegungs- u. Feststellungslast** für das Vorliegen des Ausnahmetatbestandes trägt der WP (BVerwG 17.6.2005, NJW 2005, 3795; BFH 8.2.2000, BFH/NV 2000, 992). Andernfalls gingen Unsicherheiten bei der Prognose im Rahmen einer Anfechtung des Widerrufsbescheides zu Lasten der WPK, was mit dem Gedanken der Gefahrenabwehr nicht vereinbar ist (BT-Drs. 16/2825, 24). Der WP hat im Einzelnen substantiiert u. glaubhaft darzutun (OVG Berlin-Brandenburg 2.3.2009, WPK-Mag. 2/2009, 34; BFH 4.3.2004, DStRE 2004, 733) u. zu belegen, aus welchen Gründen in seinem konkreten Fall trotz nicht geordneter wirtschaftlicher Verhältnisse keine Gefährdung der Interessen Dritter anzunehmen ist (BVerwG, a.a.O.).

63 An den **Entlastungsbeweis** ist ein strenger Maßstab anzulegen (VG Berlin 22.11.2012, VG 16 K 120.11, juris). Eine Nichtgefährdung der Interessen Dritter ist erst dann anzunehmen, wenn die **Interessengefährdung hinreichend sicher ausgeschlossen** werden kann, weil sie so fern liegt, dass sie ohne Bedenken außer Be-

tracht gelassen werden kann (OVG Berlin-Brandenburg 2.3.2009, WPK-Mag. 2/2009, 34; BVerwG 17.6.2005, NJW 2005, 3795). Wegen des **Regel-Ausnahme-Verhältnisses** bedarf es des Nachweises besonderer Umstände, um trotz nicht geordneter wirtschaftlicher Verhältnisse eine Interessengefährdung ausschließen zu können (OVG Berlin-Brandenburg 15.12.2008, OVG 12 N 224.07, OVG 12 L 102.07. juris).

In diesem Zusammenhang kann es v. Bedeutung sein, aus welchen Gründen der WP in nicht geordnete wirtschaftliche Verhältnisse geraten ist, wie er einem nicht v. vornherein fern liegenden Vorhalt ungenügender wirtschaftlicher Kompetenz entgegenarbeitet, ob er etwa vorhandene Mandanten seine Lage offen legt u. vor allem, wie er die dargestellten Gefahren durch konkrete, verbindliche u. auf Dauer verlässliche Strategien praktisch vermeidet. Solche Umstände können etwa vorliegen, wenn der WP durch verbindliche Beschränkungen seiner beruflichen Betätigung ausschließt, dass die dargestellten Gefahren eintreten (BVerwG, a.a.O.). 64

Die Gesichtspunkte, die dem Widerruf entgegengehalten werden, sind im Lichte des Schutzzweckes der Widerrufsregelung insb. abzuwägen mit Art u. Ausmaß der wirtschaftlichen Schwierigkeiten. Je größer die finanzielle Schieflage, umso gewichtiger müssen die geltend gemachten entlastenden Umstände sein. Auch wenn damit nicht jede denkbare Möglichkeit der Interessengefährdung ausgeschlossen werden muss (BFH 22.9.1992, BStBl. II 1993, 203), kommt eine Widerlegung der gesetzlichen Vermutung nur in extrem gelagerten Ausnahmefällen in Betracht (BGH 18.4.2005, AnwZ (B) 38/04 – bundesgerichtshof.de). 65

Allein die **Möglichkeit der Eröffnung des Insolvenzverfahrens** o. dessen Eröffnung und die damit verbundene Verfügungsgewalt des Insolvenzverwalters schließt die Gefährdung der Interessen Dritter nicht aus (BGH 13.3.2000, BRAK-Mitt. 2000, 144; BFH 23.3.2007, BFH/NV 2007, 1360). 66

Auch die **Freigabe der Einzelpraxis** eines Wirtschaftsprüfer im noch laufenden Insolvenzverfahren durch den Insolvenzverwalter beseitigt die Gefährdung der Interessen der Rechtsuchenden durch den Vermögensverfall nicht (BFH 20.4.2010, BFH/NV 2010, 1496; BGH 21.3.2011, NZI 2011, 464; BGH 16.4.2007, ZVI 2007, 619). 67

Ebenso unbeachtlich ist es, wenn der Berufsangehörige bisher keine **Mandantengelder** angenommen hat (BGH 12.3.2001, BGH-Report 2001, 668), es bisher nicht zu Unregelmäßigkeiten im Umgang mit Mandantengeldern (BGH 18.1.2006, AnwZ (B) 79/04 – bundesgerichtshof.de) o. einer Verurteilung gekommen ist (VG Berlin 5.12.2003, WPK-Mag. 2/2004, 55), die Tätigkeit des Berufangehörigen bisher unbeanstandet ist (FG Nürnberg 25.7.2002, EFG 2003, 1574) o. es sich ausschl. um außerberufliche Verbindlichkeiten handelt (FG Bremen 19.2.2003, EFG 2003, 956). 68

Auch durch Selbstbeschränkungen v. Berufsangehörigen o. der sie beschäftigenden Berufsgesellschaften sieht die höchstrichterliche Rspr. den Nachweis, dass durch die nicht geordneten wirtschaftlichen Verhältnisse die Interessen Dritter nicht ge- 69 fährdet sind, als nicht erbracht an. Derartige freiwillige Selbstbeschränkungen sind jederzeit frei rücknehmbar u. ihre Einhaltung ist weder überprüf- noch kontrollierbar (u.a. BVerwG 17.6.2005, NJW 2005, 3795; BGH 12.3.2001, BGH-Report 2001, 668; BGH 18.10.2004, BRAK-Mitt. 2005, 27; BGH 15.5.2006, NJW 2006, 2488; BFH 4.3.2004, DStRE 2004, 733; BFH 4.12.2003, BFH/NV 2004, 824). Daran ändert sich auch nichts, wenn der Berufsangehörige bereit ist, der WPK umfangreiche Einsichts- u. Auskunftsrechte zu gewähren (VG Berlin 5.12.2003, WPK-Mag. 2/2004, 55).

70 Die Verpflichtung eines selbstständig tätigen Berufsangehörigen, seine Mandate zahlenmäßig zu beschränken, keine Mandantengelder treuhänderisch zu verwalten u. keine Erstattungsansprüche gegen das Finanzamt abzutreten, ist zur Widerlegung der abstrakten Gefahr selbst dann nicht ausreichend, wenn der WP dabei durch abhängig beschäftigte Angestellte beobachtet wird (BVerwG 17.6.2005, NJW 2005, 3795; BGH 25.3.1991, BRAK-Mitt. 1991, 102).

71 Ebenso ist es nicht ausreichend, wenn der WP sich ausschl. auf steuerberatende Tätigkeiten beschränkt (OVG Münster 9.2.2001, NJW 2002, 234), sich vertraglich verpflichtet nur im Rahmen einer Kooperation tätig zu werden (VG Berlin 22.11.2012, VG 16 K 120.11, juris) o. **ausschl. als freier Mitarbeiter** tätig wird u. dabei zusätzl. durch gesundheitliche Einschränkungen auf die Erstellung v. Gutachten u. gelegentlichen Terminsvertretungen beschränkt ist (BGH 3.7.2006, AnwZ (B) 28/05 – bundesgerichtshof.de). Die Selbstbeschränkung ist mangels absehbarer Stabilität für die Zukunft selbst dann nicht ausreichend, wenn der Berufangehörige sich bereits seit langem auf Tätigkeiten in eigenen Sachen beschränkt (BGH 18.4.2005, AnwZ (B) 38/04 – bundesgerichtshof.de), seine Praxis überträgt u. alle Mandate niederlegt (BGH 6.12.2004, AnwZ (B) 90/03 – bundesgerichtshof.de) o. seine Tätigkeit krankheitsbedingt einstellt u. zunächst Berufsunfähigkeitsrente erhält (BGH 21.11.2005, AnwZ (B) 50/06 – bundesgerichtshof.de).

72 Gleiches gilt, wenn der Berufsangehörige sich verpflichtet, ausschl. für eine Gesellschaft tätig zu werden, welche sich wiederum verpflichtet, keine Treuhandgeschäfte wahrzunehmen (BFH 4.12.2003, BFH/NV 2004, 824) o. die ausschl. in einem Geschäftsfeld mit überschaubaren Mandantenrisiko tätig wird (BFH 4.3.2004, DStRE 2004, 733). Der angestellte Berufsangehörige kann weiterhin Mandantengelder in Empfang nehmen, zudem hat er bei Fortbestand seiner Erlaubnis jederzeit die Möglichkeit, wieder selbstständig in eigener Praxis o. nebenher selbstständig auf eigene Rechnung tätig zu werden, ohne dass dies v. der WPK fortwährend lückenlos überwacht o. v. seinem Arbeitgeber kontrolliert werden kann (BGH 18.10.2004, NJW 2005, 511; VG Berlin 27.5.2005, WPK-Mag. 4/2005, 48).

73 Auch die nachweisliche Aufgabe der eigenen Praxis u. die Aufnahme einer dauerhaften Tätigkeit als Angestellter schließen die Gefährdung der Interessen Dritter nicht ohne weiteres aus (BGH 18.10.2004, WPK-Mag. 3/2005, 48; BFH 28.8.2003, DStR 2004, 974).

Auch vor WP, die ihren Beruf ausschließlich im Anstellungsverhältnis ausüben gilt die Vermutung der Gefährdung der Interessen von Mandanten und Dritten in Fall nicht geordneter wirtschaftlicher Verhältnisse (BFH 8.2.2000, BFH/NV 2000, 992). Auch von ihnen verlangt das Gesetz persönliche Eignung, die u.a. grds. voraussetzt, dass sie in geordneten Vermögensverhältnissen leben und nicht in Vermögensverfall. Anders als dem nur selbstständig WP fällt es dem ausschließlich angestellten WP, leichter, sich gegenüber seinem Arbeitgeber vertraglichen Beschränkungen und Kontrollen zu unterwerfen, die, soweit diese vom Arbeitgeber tatsächlich durchgeführt werden, geeignet sein können, die wegen des Vermögensverfalls zu befürchtende konkrete Gefährdung von Mandanteninteressen weitgehend auszuschließen. Die **Anforderungen an den Entlastungsbeweis** sind **für ausschließlich angestellte WP** deshalb aber nicht von vornherein geringer (BFH 16.9.2009, VII B 75/09, juris). 74

Maßgeblich sind dabei stets auch die Interessen der Mandanten des Arbeitgebers zu berücksichtigen (BFH 29.5.2005, BFH/NV 2002, 1344). Eine ständige „Angestelltenüberwachung" ist nicht möglich (VG Berlin 27.5.2005, WPK-Mag. 4/2005, 48). Die Eingehung eines Anstellungsverhältnisses mit einer Einzelkanzlei mit umfangreichen arbeitsvertraglichen Beschränkungen (keine Verfügungsberechtigung, keine Abrechnung mit Mandanten, keine eigenen Mandate in eigener Praxis) ist damit zur Widerlegung der Gefährdung der Interessen Dritter nicht geeignet (BGH 15.5.2006, AnwZ (B) 17/05 – bundesgerichtshof.de). Die Einhaltung derartiger vertraglicher Verpflichtung kann in einer Einzelkanzlei nicht wirksam kontrolliert u. sichergestellt werden (BGH 5.12.2005, HFR 2006, 820), selbst wenn die Vertretung des Praxisinhabers durch einen anderen RA bei Verhinderung geregelt ist (BGH 5.12.2005, AnwBl. 2006, 281) o. weitere angestellte RA in der Einzelkanzlei tätig sind (BGH 5.12.2005, AnwZ (B) 96/04 – bundesgerichtshof.de). Umso mehr gilt dies, wenn der Berufsangehörige eine Berufsgesellschaft errichtet, in die er seine eigene Praxis einbringt (FG Nürnberg 25.7.2002, DStRE 2003, 1309). Auch die Aufnahme zweier Teilzeitbeschäftigungsverhältnisse, insb. bei räumlich erheblich voneinander entfernten Arbeitgebern, ist zur Widerlegung der Gefährdung der Interesse Dritter nicht geeignet, weil dem WP ohne weiteres die Möglichkeit eröffnet ist, sich einer Kontrolle zu entziehen und selbständig tätig zu werden (OVG Berlin-Brandenburg 2.3.2009, WPK-Mag. 2/2009, 34). 75

Trotz der restriktiven Rspr. kann eine Tätigkeit als Angestellter mit verbindlicher Vereinbarung u. Beschränkung der Tätigkeitsfelder u. Gegenzeichnungspflicht durch einen anderen WP i.S. eines „Vier-Augen-Prinzips" (OVG NRW 29.7.2004, GewArch 2004, 497) bei Gesamtwürdigung aller Umstände des konkreten Falles zur Anerkennung einer Ausnahme führen, wenn eine hinreichend verlässliche Kontrolle gewährleistet ist (BVerwG 17.6.2005, NJW 2005, 3795, BFH 4.3.2004, DStRE 2004, 733). 76

Eine solche extrem gelagerte **Ausnahme** hat der BGH angenommen, wenn der in Vermögensverfall geratene RA seinen Beruf bisher ohne Beanstandung ausgeübt hatte, das Insolvenzverfahren auf seinen Antrag eingeleitet wurde u. Forderungen v. 77

Mandanten davon nicht betroffen waren, der RA ausschl. im Anstellungsverhältnis bei einer angesehenen RA-Sozietät tätig ist, die bisher ebenfalls berufsrechtlich nicht in Erscheinung getreten ist u. im Arbeitsvertrag vereinbart ist, dass der RA nicht kundgemacht wird, die Auftragsannahme im Namen u. für Rechnung der Sozietät erfolgte u. bei Barzahlungen ein Kollege o. die Bürovorsteherin hinzuzuziehen ist. Die Sozietät hat sich zudem verpflichtet, den pfändbaren Teil des Arbeitseinkommens an einen v. Insolvenzgericht bestellten Treuhänder abzuführen. RA u. Sozietät haben sich darüber hinaus ggü. der zuständigen RAK verpflichtet, jede Änderung o. die Beendigung des Anstellungsvertrages unverzüglich mitzuteilen (BGH 18.10.2004, NJW 2005, 511; WPK-Mag. 3/2005, 48; BGH 25.6.2007, AnwZ (B) 101/05 – bundesgerichtshof.de). Der BFH hat eine vergleichbare Entscheidung des FG Berlin 25.8.2005 – 4 K 2348/04 (NV) bestätigt (BFH 10.4.2006, BFH/NV 2006, 1520).

78 Der BGH hat in seiner weiteren Rechtsprechung betont, dass es sich bei der Entscheidung v. 18.10.2004 (WPK-Mag. 3/2005) um einen seltenen Ausnahmefall gehandelt habe (BGH 16.4.2007, AnwZ (B) 6/06 – juris). Ebenso hat der BFH klargestellt, dass diese Entscheidung als Einzelfallentscheidung allein auf die Gesamtwürdigung der Person u. der außergewöhnlichen Umstände zurückzuführen war (BFH 16.11.2005, DStRE 2006, 252). In einem weiteren vergleichbaren Fall hat der BGH aber an seiner Rspr. festgehalten (BGH 25.6.2007, DStR 2007, 2183).

79 Zusätzlich verlangt der BGH nun aber auch, dass die getroffene **Vereinbarung** über einen längeren Zeitraum beanstandungsfrei **gelebt wird** (BGH 8.2.2010, DStR 2010, 1499).

80 Das OVG Berlin-Brandenburg hat für das Berufsrecht der WP betont, dass die Frage, welchen arbeitsvertraglichen Beschränkungen sich der WP unterwerfen muss, damit die gesetzliche Vermutung der Interessengefährdung ausgeräumt ist, und wie die Kontrollmechanismen aussehen müssen, die die Einhaltung der eingegangenen arbeitsvertraglichen Beschränkungen gewährleisten sollen, **einer Verallgemeinerung** und damit einer grundsätzlichen Klärung **nicht zugänglich** ist. Ihre Beantwortung hängt vielmehr von den jeweiligen Umständen des Einzelfalles ab. (OVG Berlin-Brandenburg 2.3.2009, WPK-Mag. 2/2009, 34). Unbeachtlich ist der Einwand des Wirtschaftsprüfer, sein fortgeschrittenes Alter erschwere die Begründung eines Anstellungsverhältnisses (BGH 5.9.2012, NJW-RR 2013, 175).

81 Der bloße Hinweis, dass bei einem Anstellungsverhältnis per se von einer Kontrolle „des Anstellenden" auszugehen sei, der eine derartige Kontrolle schon im eigenen Haftungs- und Vermögensinteresse wahrnehmen werde, genügt dafür nicht. Er vermag die vom VG zu Recht geforderte substantiierte und glaubhafte Darlegung, dass und wie die im Falle des Klägers vertraglich vorgesehenen Kontrollmaßnahmen **in der Praxis tatsächlich umgesetzt werden**, nicht zu ersetzen. Dass allein die Aufnahme einer durch vertragliche Regelungen beschränkten Tätigkeit im Angestelltenverhältnis nicht ausreicht, um den Entlastungsnachweis zu erbringen, sondern auch tatsächlich eine hinreichend verlässliche Kontrolle gewährleistet sein muss, liegt auf der Hand (OVG Berlin-Brandenburg 2.3.2009, WPK-Mag. 2/2009, 34).

Die v. BGH aufgestellten Voraussetzungen für einen Ausnahmefall greifen ggf. **82** nicht, wenn der Betroffene sich erst im Rahmen des Widerrufsverfahrens zur Eingehung eines Anstellungsverhältnisses entschließt (OVG Berlin-Brandenburg 15.12.2008, OVG 12 N 224.07, OVG 12 L 102.07. juris; BGH 8.2.2010, DStR 2010, 1499; AGH Schleswig-Holstein 2.5.2005, BRAK-Mitt. 2005, 193). Die Tatsache, dass Beschränkungen der beruflichen Tätigkeit erst unter dem Druck eines laufenden Widerrufs- und Klageverfahrens eingeleitet worden sind, kann durchaus Rückschlüsse auf den Umgang mit nicht geordneten wirtschaftlichen Verhältnissen und der damit indizierten Gefährdung der Interessen Dritter zulassen (OVG Berlin-Brandenburg 2.3.2009, WPK-Mag. 2/2009, 34).

Letztlich kann eine Interessengefährdung Dritter ausgeschlossen sein, wenn etwa **83** die sog. **Wohlverhaltensphase** im Rahmen einer Restschuldbefreiung läuft o. ein **genehmigter Insolvenzplan** o. ein **Schuldenbereinigungsplan** vorliegen (BT-Drs. 16/2825, 24; BGH 7.12.2004, NJW 2005, 1271). Voraussetzung ist aber in jedem Fall, dass die Vermutung des Vermögensverfalls durch die **rkr. Aufhebung des Insolvenzverfahrens** entfallen ist u. der Berufsangehörige seinen Verpflichtungen erkennbar nachkommt. Insoweit muss der WPK eine angemessene Beobachtungszeit zuerkannt werden. Auch der Rechtsprechung zum Fortfall des Widerrufsgrundes ist wegen der üblichen Prozessabläufe stets eine Beobachtungszeit vorausgegangen.

c) **Berufspflichtverletzung**
Sind die wirtschaftlichen Verhältnisse des Berufsangehörigen noch nicht in einem **84** Maß ungeordnet, das die WPK zum Widerruf der Bestellung verpflichtet, können sie dennoch seine berufliche **Entscheidungsfreiheit** beeinträchtigen. Diese steht im Widerspruch zu der aus § 43 Abs. 1 folgende Berufspflicht, den Beruf unabhängig auszuüben u. gibt Anlass zu einer berufsaufsichtsrechtlichen Überprüfung. Gleichzeitig schädigen Vollstreckungsmaßnahmen gegen Berufsangehörige das **Ansehen des Berufes** (LG Karlsruhe 18.6.1985, StB 1987, 205). Einer evtl. berufsaufsichtsrechtlichen Maßnahme kommt damit auch präventiver Charakter zu, weil sie dem Berufsangehörigen anhält, für eine Ordnung seiner wirtschaftlichen Verhältnisse Sorge zu tragen.

7. **Nichtunterhaltung einer beruflichen Niederlassung (Abs. 2 Nr. 6)**
Unter Verweis auf das Berufsrecht der StB wurde durch die inzwischen überholte **85** **1. WPO-Novelle 1975** zugl. mit der **Verpflichtung**, innerhalb v. sechs Monaten nach der Bestellung eine berufliche NL zu begründen, eine Regelung in § 20 aufgenommen, nach der die Bestellung **nach Ablauf der sechs Monate widerrufen** werden konnte, wenn der WP keine berufliche NL begründet hatte. Nach der Begr. zum Entwurf des StBerG soll die Bestellung ausschl. der Berufsausübung u. nicht etwa der Erleichterung der Suche nach einem außerberuflichen Anstellungsverhältnis dienen (BT-Drs. 2/785, 39). Die Einführung des im Ermessen stehenden Widerrufstatbestandes sollte die Einhaltung der NL-Pflicht gewährleisten (BT-Drs. 7/2417, 19).

86 Seit dem 1.1.2004 sind WP nach § 3 Abs. 1 Satz 1 verpflichtet, **unmittelbar nach der Bestellung eine berufliche NL zu begründen**. Zeitgleich wurde § 20 angepasst u. bestimmt nun in Abs. 2 Nr. 6, dass die Bestellung eines WP **zu widerrufen ist, wenn er eine berufliche NL nicht unterhält**. Ein Ermessen kommt der WPK damit beim Widerruf nicht mehr zu. Zugleich findet der Widerrufstatbestand nun auch auf Fälle Anwendung, in denen ein Berufsangehöriger seine zunächst begründete berufliche NL aufgibt. Jedem Missbrauch der Bestellung zu anderen Zwecken als der Berufsausübung soll damit vorgebeugt werden. Möchte ein Berufsangehöriger nach Aufgabe der Berufsausübung, etwa aus Altersgründen, keine berufliche NL mehr unterhalten, muss er zur Vermeidung eines Widerrufes auf seine Bestellung verzichten (§ 19 Rn. 4 ff.).

8. Verwirkung eines Grundrechts (Abs. 2 Nr. 7)

87 Die Vorschrift wurde in Anlehnung an das Berufsrecht der RA (§§ 7 Nr. 1, 14 Abs. 2 Nr. 1 BRAO) durch die 7. WPO-Novelle 2007 in die WPO aufgenommen.

88 Wer eines der in Art. 18 Abs. 1 GG genannten Grundrechte zum Kampf gegen die freiheitliche demokratische Grundordnung missbraucht, hat dieses Grundrecht verwirkt. Das **BVerfG spricht die Verwirkung aus**. Ein Berufsangehöriger, der ein Grundrecht verwirkt hat, bietet nicht die erforderliche Gewähr für eine sachgerechte Erfüllung der dem Beruf insb. mit der Durchführung v. gesetzlichen AP übertragenen Kontrollfunktionen zugunsten der Öffentlichkeit, der Unternehmen, zugunsten des Kapitalanlegerschutzes u. des Gläubigerschutzes. Seine Bestellung ist daher zu widerrufen.

89 Der Ausspruch der **Verwirkung** wird **mit Verkündung** durch das BVerfG wirksam u. ist konstitutiv für den Widerruf der Bestellung. Die WPK ist an die Entscheidung des BVerfG gebunden. Zur materiellen Überprüfung der Entscheidung ist sie nicht befugt. Auch ein Ermessen kommt der WPK nicht zu. Die Verwirkung eines Grundrechtes hat damit zwingend den Widerruf der Bestellung zur Folge. Anders als im Beamtenrecht erlischt die Bestellung aber nicht kraft Gesetz, sondern bedarf noch eines rechtsmittelfähigen Widerrufsbescheides.

90 Entfallen die Wirkungen der Grundrechtsverwirkung durch Fristablauf o. Aufhebung der Entscheidung, kann der Betroffene seine **Wiederbestellung** beantragen. Bei der Entscheidung über die Wiederbestellung erlangt § 16 Abs. 2 aber besonderes Gewicht.

IV. Absehen vom Widerruf (Abs. 4)

91 Die Sätze 1-3 des Abs. 4 gehören zum Kernbestand der WPO u. sind seit ihrem Inkrafttreten inhaltlich unverändert.

92 Der Widerruf der Bestellung ist eine präventive Maßnahme der Gefahrenabwehr. Als solche ist ihm eine auf Umstände in der Vergangenheit o. der Gegenwart gestützte **Gefahrenprognose** immanent. Hinsichtlich der Möglichkeit v. Widerruf abzusehen differenziert der Gesetzgeber zwischen den Widerrufstatbeständen, die

sich ausschl. auf Umstände in der Vergangenheit stützen u. den Widerrufstatbeständen, die zugl. auf Umstände in der Gegenwart abstellen.

Hat der WP infolge strafgerichtlicher Verurteilung die Fähigkeit zur Bekleidung öffentl. Ämter verloren (Abs. 2 Nr. 2) o. nach einer Entscheidung des BVerfG ein Grundrecht verwirkt (Abs. 2 Nr. 7), ist er aus gesundheitlichen o. anderen Gründen nicht nur vorübergehend nicht in der Lage, den Beruf ordnungsgemäß auszuüben (Abs. 2 Nr. 3) o. unterhält er keine berufliche NL (Abs. 2 Nr. 6), hat die WPK den **Widerruf ohne weiteres auszusprechen**. Abgesehen v. der Unterhaltung einer beruflichen NL ist diesen **Widerrufsgründen** gemein, dass die Umstände, die den Widerruf erforderlich machen, ausschl. **in der Vergangenheit** liegen u. somit v. WP nicht mehr beseitigt werden können. 93

Ist ein WP nicht eigenverantwortlich tätig (Abs. 2 Nr. 1 erste Alt.), übt er eine unvereinbare Tätigkeit aus (Abs. 2 Nr. 1 zweite Alt.) o. unterhält er nicht die vorgeschriebene BHV (Abs. 2 Nr. 4), ist v. Widerruf abzusehen, wenn der Fortfall des Widerrufsgrundes anzunehmen ist. Gleiches gilt, wenn der WPK nachgewiesen wird, dass durch die nicht geordneten wirtschaftlichen Verhältnisse die Interessen Dritter nicht gefährdet sind. Diesen **Widerrufsgründen** ist gemein, dass die Umstände, die den Widerruf erforderlich machen, **fortwirken** u. v. WP beseitigt werden können. 94

Kann der Widerrufsgrund v. WP beseitigt werden, ist der Widerruf der Bestellung vor dem Hintergrund des damit verbundenen schweren Eingriffs in die Berufsfreiheit nur gerechtfertigt, wenn dem WP vorher auch tats. Gelegenheit gegeben wird, den Widerrufsgrund zu beseitigen. Vor Erlass des Widerrufsbescheides muss die WPK daher eine **Aufforderung an den WP** richten, die unvereinbare (§ 43a Abs. 3) o. die Eigenverantwortlichkeit ausschließende (§ 44) Tätigkeit nachweislich zu beenden o. die Unterhaltung der vorgeschriebenen BHV (§ 54) nachzuweisen u. damit den Widerrufsgrund zu beseitigen. 95

Da die Beseitigung der in Frage kommenden Widerrufsgründe allein in die Sphäre des WP fällt, kann die WPK dem WP hierfür eine **angemessene Frist** setzen. Die Dauer der Frist wird dabei maßgeblich v. den aus der Verwirklichung des Widerrufstatbestandes folgenden Gefahren für Mandanten u. Dritte bestimmt. Unterhält der WP die vorgeschriebene BHV nicht, hat die WPK bei der Bemessung der Frist zu beachten, dass sie innerhalb der einmonatigen Nachhaftung für die Wiederherstellung des vorgeschriebenen Versicherungsschutzes o. die Einstellung der Berufsausübung Sorge zu tragen hat (Rn. 45). Beseitigt der WP den Widerrufstatbestand innerhalb der ihm gesetzten Frist nicht, ist der Widerruf auszusprechen, da nicht anzunehmen ist, dass der Widerrufsgrund zukünftig fortfällt. 96

Die Sätze 1-3 finden keine Anwendung auf den Widerruf der Bestellung wegen **wiederholter nennenswerter Unterbrechungen des Versicherungsschutzes** innerhalb der letzten fünf Jahre nach Abs. 2 Nr. 4 zweite Alt. Für diesen ausschl. an Umständen in der Vergangenheit anknüpfenden u. daher v. WP nicht zu beseiti- 97 genden Widerrufstatbestand enthält Abs. 2 Nr. 4 insoweit eine Abs. 4 vorrangige Sonderregelung.

V. Bestellung eines Betreuers (Abs. 6)

98 Die Regelung wurde – entgegen dem Trend des Betreuungsgesetzes v. 1990 – mit Verweis auf § 60 Abs. 3 BRAO durch die 3. WPO-Novelle 1995 in die WPO aufgenommen. Sie verdrängt unnötigerweise die bis dahin für Verfahren der WPO geltende Regelung des § 16 VwVfG. Die Bestellung eines Betreuers soll der **WPK die Durchführung des Widerrufsverfahrens** u. dem betroffenen **Berufsangehörigen die Wahrung seiner Rechte** ermöglichen. Hat der Berufsangehörige bereits einen **Vertreter** bestellt, schließt dies die Beantragung einer Betreuung aus. Die Befugnisse eines ggf. bestellten **Insolvenzverwalters** erstrecken sich nicht auf ein Widerrufsverfahren nach § 20 Abs. 2 Nr. 5 (BFH 5.2.2003, BFH/NV 2003, 663).

99 **Voraussetzung für den Antrag** auf Bestellung eines Betreuers ist, dass der Berufsangehörige aufgrund seiner gesundheitlichen Einschränkungen zur Wahrnehmung seiner Rechte nicht in der Lage ist. Die gesundheitlichen Einschränkungen müssen für die Verhinderung des Berufsangehörigen ursächlich sein. Ist der Berufsangehörige noch in der Lage, einen Vertreter zu bestellen, verzichtet er jedoch darauf, so stellt dies eine Verletzung seiner Mitwirkungspflichten dar.

100 Über den Antrag der WPK entscheidet das nach § 272 Abs. 1 FamFG örtlich zuständige **Amtsgericht**. Das Amtsgericht ist dabei entgegen dem Wortlaut nicht an den Antrag der WPK gebunden. Es entscheidet vielmehr gemäß § 1896 Abs. 1 Satz 1 BGB v. Amts wegen. Der Antrag stellt somit tats. lediglich eine Anregung dar.

101 Abweichend v. den Regelungen des BGB erfolgt die **Auswahl des Betreuers** nicht nach der persönlichen Nähe zum Berufsangehörigen, sondern es soll nach Satz 2 **ein Berufsangehöriger zum Betreuer bestellt werden**. Zwingend ist dies aber nicht. Das Gericht kann bei der Betreuerauswahl sowohl Vorschläge des Betroffenen als auch der WPK berücksichtigen. Die Bestellung eines Berufsangehörigen zum Betreuer soll nach dem Willen des Gesetzgebers die bestmögliche Interessenwahrnehmung des Betroffenen im Widerrufsverfahren ermöglichen. Das Gericht kann nach § 1899 BGB auch mehrere Betreuer mit verschiedenen Aufgabenkreisen bestellen, wovon es im Interesse des Betroffenen aber auch des zum Betreuer bestellten Berufsangehörigen ggf. Gebrauch machen wird.

102 Der **Betreuer vertritt den Betreuten im Widerrufsverfahren**. Hat der Betreuer seine Tätigkeit aufgenommen, kann der Betreute keine wirksamen Verfahrenshandlungen mehr vornehmen. Die Vergütung des Betreuers regelt Abs. 6 anders als § 16 Abs. 3 VwVfG o. § 81 Abs. 3 AO nicht. Inwieweit § 16 Abs. 3 VwVfG neben Abs. 6 Anwendung findet, ist nicht geklärt. Nach §§ 1908i, 1835 BGB kann der Betreuer v. Betreuten Aufwendungsersatz verlangen. Ist der Betreute mittellos, kann der Betreuer Ersatz aus der Staatskasse verlangen.

VI. Sofortige Vollziehung und Berufsverbot (Abs. 7)

1. Allgemeines

Von 1995 bis 2003 bestimmte § 20 zunächst in Abs. 8, dann in Abs. 7, dass die Bestimmungen des Berufsverbotes der §§ 116 Abs. 2-4, 117 Abs. 2 u. 121 entsprechend anzuwenden sind, wenn die sofortige Vollziehung des Widerrufes der Bestellung angeordnet ist. Durch die 5. WPO-Novelle 2004 wurden die Bestimmungen i.Z.m. der gesetzlichen Anordnung der sofortigen Vollziehbarkeit des Widerrufes der Bestellung wegen des Fehlens der vorgeschriebenen BHV neu gefasst. 103

2. Aufschiebende Wirkung

Der Widerruf der Bestellung ist als **actus-contrarius** zur Bestellung ein rechtsgestaltender VA (§ 15 Rn. 4). Seine Rechtswirkung, der Fortfall sämtlicher Rechte u. Pflichten aus der Bestellung, entfaltet sich, ohne dass es eines weiteren Vollzuges bedarf, unmittelbar mit seiner Wirksamkeit. 104

Grundsätzlich werden VA nach § 43 Abs. 1 Satz 1 VwVfG mit Bekanntgabe wirksam. Dies hätte aber zur Folge, dass die Bestellung auch unmittelbar mit Bekanntgabe eines rechtswidrigen Widerrufes erlöschen würde. Der Rechtsschutz des WP ginge faktisch ins Leere, weil der WP auch im Falle seines Obsiegens auf die Wiederbestellung zu verweisen wäre, denn die rechtsgestaltende Wirkung des Widerrufes kann durch seine Aufhebung nicht beseitigt werden. Zugl. bestünde eine Lücke in der Berufsausübung, die weitreichende Folgen haben kann. Die Allgemeinheit muss aber zu jedem Zeitpunkt darauf vertrauen können, dass die Handlungen u. Erklärungen eines WP Bestand haben, auch wenn dieser sich in einer rechtlichen Auseinandersetzung mit der WPK über die Rechtmäßigkeit seines Widerrufs befindet. 105

Der **Widerruf** der Bestellung wird aus diesem Grund – wie aus den Rechtsfolgen der sofortigen Vollziehbarkeit des Widerrufes (Rn. 117 f.) erkennbar ist – abweichend v. § 43 Abs. 1 Satz 1 VwVfG nicht bereits mit seiner Bekanntgabe, sondern **erst mit Bestandskraft wirksam**. Die diesbezgl. bis 1986 in Abs. 8 enthaltene klarstellende Regelung hat der Gesetzgeber durch das erste Gesetz zur Bereinigung des Verwaltungsverfahrensrechtes (BGBl. I, 1986, 265) ersatzlos gestrichen. 106

Folge des Eintritts **der Wirksamkeit des Widerrufes** mit Bestandskraft ist, dass ein WP, dessen Bestellung rechtmäßig u. damit aus gutem Grund v. der WPK widerrufen wurde, v. der Bekanntgabe des Widerrufes bis zu dessen Bestandskraft seinen Beruf bei fortbestehender Bestellung uneingeschränkt u. ungehindert ausüben kann. 107

Die **Bestandskraft des Widerrufes** tritt frühestens mit ungenutztem Ablauf der einmonatigen Klagefrist des § 74 Abs. 1 Satz 2 VwGO ein. Ficht der WP den Widerruf an, hat seine Anfechtungsklage nach § 80 Abs. 1 VwGO aufschiebende Wirkung. Dies bedeutet unabhängig davon, ob man der Vollziehbarkeitstheorie (BVerwG 28.1.1992, BVerwGE 89, 357) o. der Wirksamkeitstheorie (Schoch/Schmidt-Aßmann/Pietzner/Schoch, VwGO, § 80 Rn. 75) folgt, dass bis zur rkr. Entscheidung über die Anfechtung niemand Rechtsfolgen aus dem Widerruf herlei- 108 ten darf. Damit verzögert sich der Eintritt der Bestandskraft u. damit die Wirksamkeit des Widerrufes der Bestellung ggf. bis zu einer Entscheidung des BVerwG, die regelmäßig erst nach mehreren Jahren zu erwarten ist. Dies ist mit Sinn u. Zweck des Widerrufes der Bestellung, der Abwehr v. Gefahren für Mandanten u. Dritte, nicht vereinbar.

109 Um der Gefährdung der Interessen Dritter durch eine uneingeschränkte u. ungehinderte Berufsausübung bis zur Bestandskraft des Widerrufes zu begegnen, knüpft der Gesetzgeber in Satz 1 an den Fortfall der aufschiebenden Wirkung des Widerrufes der Bestellung die Rechtsfolgen eines **Berufsverbotes** (§§ 116 ff.). Die bloße sofortige Vollziehbarkeit des Widerrufes hätte mangels der erst mit Bestandskraft eintretenden Wirksamkeit (Rn. 106) u. der fehlenden Vollstreckbarkeit des Widerrufes keine Auswirkungen auf die Berufsausübung des WP.

3. Fortfall der aufschiebenden Wirkung

110 Die **aufschiebende Wirkung der Anfechtungsklage** entfällt kraft Gesetz nach § 80 Abs. 2 Nr. 2 VwGO in den durch Satz 2 angeordneten Fällen o. wenn die WPK die **sofortige Vollziehung des Widerrufes** nach § 80 Abs. 2 Nr. 4 VwGO besonders anordnet.

111 Die **gesetzliche Anordnung der sofortigen Vollziehung** des Widerrufes der Bestellung wegen des Fehlens der vorgeschriebenen **BHV** in Satz 2 soll sicherstellen, dass eine Anfechtungsklage gegen den Widerruf der Bestellung wegen fehlender BHV keine aufschiebende Wirkung entfaltet, ohne dass der WPK ein Ermessen in der Frage eingeräumt bleibt, ob der Widerruf v. ihr für sofort vollziehbar erklärt wird o. nicht (BT-Drs. 15/1585, 43). Der Gesetzgeber unterstreicht damit die der Berufsausübung ohne den vorgeschriebenen Versicherungsschutz innewohnende erhebliche Gefährdung der Interessen Dritter. Mehr als bei anderen Widerrufsgründen stellt das Fehlen einer BHV für Mandanten eine akute Gefahr dar, einen unwiederbringlichen Vermögensschaden zu erleiden (AGH München 26.2.1996, BRAK-Mitt. 1996, 167).

112 Widerruft die WPK die Bestellung eines WP aus einem anderen Grund als dem Fehlen der vorgeschriebenen BHV, kann sie die sofortige Vollziehung des Widerrufes gemäß § 80 Abs. 2 Nr. 4 VwGO anordnen. Die **Anordnung der sofortigen Vollziehung durch die WPK** setzt wegen der damit verbundenen Folge eines vorübergehenden Berufsverbotes neben einer hohen Wahrscheinlichkeit der Bestandskraft der Widerrufsverfügung weiter voraus, dass sie schon vor Rechtskraft des Hauptverfahrens **im überwiegend öffentl. Interesse** als Präventivmaßnahme zur Abwehr konkreter Gefahren für wichtige Gemeinschaftsgüter erforderlich ist (BVerfG 2.3.1977, BVerfGE 44, 105). Die Abwehr konkreter Gefahren für Mandanten u. Dritte (BGH 24.9.2001, NJW-RR 2002, 1718) ist dabei ebenso ein wichtiges Gemeinschaftsgut, wie ein verlässliches, das Vertrauen der beteiligten Kreise genießendes Wirtschaftsprüferwesen (BVerwG 17.6.2005, NJW 2005, 3795; BVerwG 26.8.1997, Stbg 1998, 83).

Bei ihrer Entscheidung muss die WPK das öffentl. Interesse an der sofortigen Vollziehung (Vollzugsinteresse) u. das Interesse des WP an der Aufrechterhaltung der aufschiebenden Wirkung seiner Klage (Aussetzungsinteresse), mithin sein Interesse an der weiteren Berufsausübung, gegeneinander abwägen. Dabei ist für die Anordnung der sofortigen Vollziehung des Widerrufsbescheides ein besonderes öffentl. Vollzugsinteresse erforderlich, das über das bloße Erlassinteresse, welches den Widerrufsbescheid selbst rechtfertigt, hinausgeht (BVerfGE 35, 383). Bei der **Interessenabwägung** überwiegt regelmäßig das Vollzugsinteresse, wenn die Klage i. Erg. aller Wahrscheinlichkeit nach keine Aussicht auf Erfolg hat u. die Interessen Dritter konkret gefährdet sind (BVerwG 29.4.1974, NJW 1974, 1294). 113

Die **Interessen Dritter** sind regelmäßig **konkret gefährdet**, wenn gegen den Berufsangehörigen wegen der Nichtabführung v. Sozialversicherungsbeiträgen und der Einbehaltung v. Lohnsteuer ermittelt wird (BFH 9.4.2002, BFH/NV 2002, 955), er über einen längeren Zeitraum seinen eigenen Pflichten zur Abgabe v. Steuererklärungen nicht nachgekommen ist u. Umsatzsteuerverbindlichkeiten nicht an das Finanzamt abgeführt hat (FG Niedersachsen 11.11.2005, 6 K 247/05 – juris), er wiederholt Mandantengelder veruntreut hat u. deshalb Strafverfahren laufen (BGH 31.08.2012, AnwZ (Brfg) 25/12, juris) o. er bereits (mehrfach) verurteilt wurde (BGH 4.3.2009, BRAK-Mitt 2009, 129; BGH 18.10.2006, AnwZ (B) 29/06 – juris) o. er Mandantengelder „hinter dem Rücken" des Insolvenzverwalters entgegennimmt (BGH 21.7.2003, ZInsO 2003, 992). 114

Die **Interessen Dritter** sind hingegen **regelmäßig nicht konkret gefährdet**, wenn der Berufsangehörige den Beruf nicht mehr ausübt (BGH 19.9.2001, BGH-Report 2002, 132) o. ledigl. die Vermutung besteht, der Berufsangehörige habe keinerlei Vorsorge getroffen, um eingehende Zahlungen zugunsten v. Mandanten zu sichern (BGH 24.9.2001, NJW-RR 2002, 1718). 115

Die Anordnung der sofortigen Vollziehung ist kein VA. Ob der Betroffenen vor Erlass der Anordnung anzuhören ist, ist in Rspr. u. Literatur umstritten, wird aber unter Hinweis auf die fehlende Verwaltungsaktqualität der Anordnung überwiegend abgelehnt (Stelkens/Bonk/Sachs, VwVfG, § 28 Rn. 44). Gegebenenfalls empfiehlt es sich die **Anhörung zur Anordnung der sofortigen Vollziehung** entsprechend § 28 VwVfG mit der Anhörung zum Widerruf der Bestellung zu verbinden. Die Anordnung der sofortigen Vollziehung ist gemäß § 80 Abs. 3 Satz 1 VwGO schriftlich zu begründen. Dabei können auch Umstände berücksichtigt werden, die den Widerruf selbst begründen (BFH 9.4.2002, BFH/NV 2002, 955). Die Anordnung der sofortigen Vollziehung kann mit dem Widerruf verbunden werden. Die WPK kann aber auch abwarten, ob ein Rechtsbehelf eingelegt wird u. hierauf durch die Anordnung der sofortigen Vollziehung reagieren. Letztlich kann die Anordnung auch noch während des Klageverfahrens erfolgen, wenn sich die Notwendigkeit hierfür ergibt. 116

4. Rechtsfolgen des Fortfalls der aufschiebenden Wirkung

Hat die Klage gegen den Widerruf der Bestellung wegen der gesetzlichen Anordnung der sofortigen Vollziehung o. der Anordnung der sofortigen Vollziehung durch 117 die WPK keine aufschiebende Wirkung, ordnet das Gesetz die **Rechtsfolgen eines Berufsverbotes** an. Der WP darf seinen Beruf nicht ausüben (§ 116 Abs. 2). Ausgenommen ist die Wahrnehmung seiner eigenen Angelegenheiten, der Angelegenheiten seines Ehegatten o. seines Lebenspartners u. seiner minderjährigen Kinder, soweit es sich dabei nicht um die Erteilung v. Prüfungsvermerken handelt (§ 116 Abs. 3). Wird der WP unter Verstoß gegen das Berufsverbot tätig, werden seine Rechtshandlungen u. Rechtshandlungen, die ihm ggü. vorgenommen werden, wirksam (§ 116 Abs. 4). Andernfalls würde das Berufsverbot selbst gutgläubige Dritte belasten. Wegen des fehlenden Verweises auf § 117 Abs. 1 kann der Verstoß gegen das Berufsverbot aber nicht mit einem Ausschluss aus dem Beruf geahndet werden. Unbenommen bleibt die berufsaufsichtsrechtliche Würdigung der **Berufspflichtverletzung** durch die WPK. Gerichte o. Behörden sollen einen WP, der entgegen einem Berufsverbot vor ihnen auftritt, zurückweisen (§ 117 Abs. 2). Die WPK kann für den WP nach § 121 einen Vertreter bestellen.

118 Ordnet das Gesetz o. die WPK die sofortige Vollziehung des Widerrufs der Bestellung an, ist die **Eintragung des WP in das BR** gemäß § 39 Abs. 2 Satz 1 **zu löschen**. Wird die aufschiebende Wirkung der Klage angeordnet o. wiederhergestellt o. die Rücknahme o. der Widerruf rkr. aufgehoben, hat die Eintragung nach § 39 Abs. 2 Satz 2 erneut zu erfolgen.

VII. Verfahrensfragen

1. Allgemeines

119 Die auf die Prüfung der Voraussetzungen, die Vorbereitung u. den Erlass einer präventiven Aufhebung der Bestellung gerichteten **Rücknahme- bzw. Widerrufsverfahren sind** als nach außen wirkende Tätigkeiten der WPK **Verwaltungsverfahren** nach § 9 VwVfG. Sofern keine **besonderen Verfahrensbestimmungen der WPO** Anwendung finden, gelten nach § 1 Abs. 1 Nr. 1 VwVfG die **allg. Vorschriften des VwVfG**.

2. Besondere Verfahrensbestimmungen der WPO (Abs. 3)

120 Die **Zuständigkeit** für die Durchführung des Rücknahme- bzw. Widerrufsverfahrens u. den Erlass des Rücknahme- bzw. Widerrufsbescheides liegt nach § 21 bei der WPK. Innerhalb der WPK ist der VO zuständig. Dieser hat seine Zuständigkeit nach § 59a auf eine Abteilung des VO übertragen. Entsprechend wird der Widerrufsbescheid v. Vorsitzenden der Abteilung des VO o. seinem Stellvertreter ausgefertigt.

121 Die **Mitteilungspflicht der Berufsangehörigen nach Abs. 3** wurde durch die 7. WPO-Novelle 2007 neu in die WPO aufgenommen. Der Gesetzgeber will damit ausdr. klarstellen, dass die Berufsangehörigen die Pflicht haben, die normierten Änderungen in ihrer beruflichen Tätigkeit (§ 43a Abs. 3) der WPK auch zu melden (BT-Drs. 16/2858, 24) u. auf Verlangen der WPK Unterlagen über ein Anstellungsverhältnis vorzulegen.

Rücknahme und Widerruf der Bestellung § 20

Die Ausübung einer gewerblichen Tätigkeit, das Eingehen eines außerberuflichen Anstellungsverhältnisses, dessen wesentliche Änderungen u. die Berufung in ein mit dem Beruf unvereinbares Beamtenverhältnis unterliegen nicht der Meldepflicht zum BR nach § 40 Abs. 2, da es sich hierbei nicht um Tatsachen nach § 38 handelt, die in das BR einzutragen sind. Bisher war v. einer diesbzgl. Meldepflicht nur aufgrund eines Umkehrschlusses zu den §§ 43a, 44 u. 44a ausgegangen worden (BT-Drs. 16/2858, 24). 122

Wirtschaftsprüfer sind damit bei Aufnahme o. Ausübung einer unvereinbaren Tätigkeit verpflichtet, ihre Bestellung im Rahmen eines Widerrufsverfahrens selbst zur Überprüfung zu stellen. Andererseits können WP durch die Information der WPK mögliche, mit ihrer Tätigkeit verbundene Unwägbarkeiten ausräumen u. ein Widerrufsverfahren verhindern. 123

Für den Bereich des präventiven Widerrufsverfahrens ist diese Mitteilungsverpflichtung rechtlich unbedenklich. Problematisch ist jedoch, dass der Betroffene damit gleichzeitig verpflichtet ist, eine Berufspflichtverletzung mitzuteilen, die ggf. im Rahmen eines repressiven Berufsaufsichtsverfahrens gewürdigt werden kann, wenn es etwa wegen der Beendigung der unvereinbaren Tätigkeit nicht zum Widerruf der Bestellung kommt. Insoweit steht die Mitteilungsverpflichtung mangels gesetzlicher Regelung eines Auskunftsverweigerungsrechtes in einem Spannungsverhältnis zum **nemo-tenetur-Grundsatz**, nach dem niemand verpflichtet ist, sich im Rahmen eines repressiven Verfahrens selbst zu belasten. Dieser verfassungsrechtlich gebotene Schutz vor einer Verpflichtung zu einer Selbstbelastung schließt die Rechtmäßigkeit v. gesetzlichen Auskunftspflichten aber nicht grds. aus (BVerfG 15.10.2004, NJW 2005, 352). Gegebenenfalls kann das Spannungsverhältnis durch ein Verwertungsverbot aufgelöst werden (Bärlein, Pananis, Rehmsmeier, NJW 2002, 1825). Es ist aber auch zu berücksichtigen, dass die Rspr. Verwertungsverbote bisher nur bei zwangsweise durchsetzbaren Selbstbelastungsverpflichtungen für erforderlich gehalten u. anerkannt hat (BVerfG 13.1.1981, NJW 1981, 1431; BGH 15.12.1998, NJW 1990, 1426). Zwangsweise **durchsetzbar ist die Mitteilungsverpflichtung** aber wegen des Fehlens eines § 40 Abs. 2 Satz 2 vergleichbaren Verweises auf § 62 gerade nicht. 124

Unterlässt der WP die erforderliche Mitteilung an die WPK, so stellt dies eine **Berufspflichtverletzung** dar, die berufsaufsichtsrechtlich gewürdigt werden kann. 125

Neben der Mitteilungspflicht nach Abs. 3 trifft den am Verfahren beteiligten WP nach § 36a Abs. 2 Satz 1 die Pflicht bei der Ermittlung des Sachverhalts mitzuwirken. Die **Mitwirkungspflicht** ist **nicht erzwingbar**. Eine Verletzung der Pflicht mindert aber die Aufklärungspflicht der WPK auf nahe liegende o. bekannte Umstände, insb. zugunsten des WP. 126

Die **Darlegungs- u. Beweislast für das Vorliegen des** jeweiligen **Widerrufstatbestandes** trägt unabhängig davon, ob der WP seinen Mitteilungs- u. Mitwirkungspflichten genügt o. nicht, grds. die WPK. Ausgenommen hiervon ist der **Widerruf aus gesundheitlichen Gründen** nach Abs. 2 Nr. 3. Da die WPK hier regelmäßig 127 ohne die Mitwirkung des Betroffenen praktisch keine Möglichkeit hat, den Sachverhalt entscheidungsreif zu ermitteln, verpflichtet § 20a den betroffenen WP auf Aufforderung der WPK ein ärztliches Gutachten beizubringen. Auch diese Mitwirkungsverpflichtung ist nicht erzwingbar. Der Gesetzgeber knüpft aber an die fehlende o. unzureichende Mitwirkung die Vermutung, der Widerrufstatbestand sei erfüllt (§ 20a Rn. 13).

128 Aus der Gesetzessystematik folgt, dass die **Darlegungs- u. Beweislast für die Nichtgefährdung der Interessen Dritter** der WP trägt (Rn. 62).

129 Überprüft die WPK den **Widerruf aus gesundheitlichen Gründen** nach Abs. 2 Nr. 3 ist dem beteiligten WP nach Abs. 6 ggf. ein **Betreuer** zu bestellen (Rn. 98 ff.).

130 Ist ein WP nicht eigenverantwortlich tätig (Abs. 2 Nr. 1 erste Alt.), übt er eine unvereinbare Tätigkeit aus (Abs. 2 Nr. 1 zweite Alt.) o. unterhält er die vorgeschriebene BHV nicht (Abs. 2 Nr. 4), setzt der Widerruf der Bestellung nach Abs. 4 Satz 1 eine **Aufforderung** der WPK an den WP voraus, die unvereinbare (§ 43a Abs. 3) o. die Eigenverantwortlichkeit ausschließende (§ 44) Tätigkeit nachweislich zu beenden o. die Unterhaltung der vorgeschriebenen BHV (§ 54) nachzuweisen u. damit den **Widerrufsgrund zu beseitigen.** Hierfür kann die WPK dem WP nach Abs. 4 Satz 2 eine angemessene **Frist** setzen. Die Aufforderung, den Widerrufstatbestand zu beseitigen, kann mit der Fristsetzung u. der Anhörung im Widerrufsverfahren verbunden werden.

3. Allgemeine Verfahrensbestimmungen

131 Die **Eröffnung eines Widerrufsverfahrens** erfordert nach dem **Opportunitätsprinzip** des § 22 Satz 1 VwVfG die pflichtgemäße Ermessensentscheidung der WPK, ein solches Verfahren durchzuführen. Ausgangspunkt dieser Ermessensentscheidung ist das Vorliegen v. Anhaltspunkten, die nach den allg. Erfahrungen der Behörde die Erfüllung eines Widerrufsgrundes nahe legen (Tipke/Kruse, AO-Komm., § 86 Rn. 2). Diese können sich insb. aus einer Mitteilung des WP nach Abs. 3 ergeben. Stichproben o. Untersuchungen ins Blaue hinein sind damit unzulässig. Liegen bereits konkrete einzelfallbezogene Anhaltspunkte o. ein Anfangsverdacht im strafprozessualen Sinn vor, reduziert sich das Ermessen der WPK auf Null u. sie muss ein Verfahren einleiten.

132 Bei der Ermessensausübung ist zu berücksichtigen, dass sowohl die Durchführung eines Verfahrens an sich, als auch die der WPK zur Verfügung stehenden **Ermittlungsmaßnahmen** nur einen sehr geringfügigen Eingriff darstellen. Überwiegend handelt es sich um die Beschaffung v. **Informationen aus öffentl. zugänglichen Quellen**, wie etwa dem HR, dem Schuldnerverzeichnis o. dem BAnz. Daneben besteht nach § 36a Abs. 3 die Möglichkeit **Informationen v. Behörden**, etwa der Finanzverwaltung **u. Gerichten** einzuholen. Letztlich kann sich der Betroffene im Rahmen der **Anhörung** nach § 28 VwVfG vor Erlass des Widerrufsbescheides zum Sachverhalt äußern. Die Anforderung eines ärztlichen Gutachtens nach § 20a bedarf einer gesonderten Entscheidung der WPK.

Ein etwaiges **berufsgerichtliches Verfahren**, insb. ein vorläufiges Berufsverbot nach § 111 o. ein Berufsverbot im Anschluss an die Hauptverhandlung nach § 114 hindert die Durchführung eines **Widerrufsverfahrens** nicht. Wird der Berufsangehörige vor Bestandskraft des Widerrufsbescheides berufsgerichtlich rkr. aus dem Beruf ausgeschlossen, findet das Widerrufsverfahren seine Erledigung. 133

Das **Verfahren endet durch Erledigung,** wenn sich die Anhaltspunkte für das Vorliegen eines Widerrufsgrundes nicht bestätigen, der WP den Widerrufsgrund beseitigt (Abs. 4) o. seine Bestellung erlischt (§ 19 Abs. 1). Stellt die WPK das Vorliegen eines Widerrufsgrundes fest, endet das Verfahren **durch Erlass des Rücknahme- bzw. Widerrufsbescheides.** Es handelt sich um eine **gebundene Entscheidung.** Ein Ermessen kommt der WPK damit nicht zu. 134

Die Rücknahme u. der Widerruf sind als der Bestellung entgegengesetzte Handlungen nach dem actus-contrarius Gedanken **rechtsgestaltende VA**. Sie werden mit Bestandskraft wirksam (Rn. 106). Mit Bestandskraft erlöschen die Rechte u. Pflichten aus der Bestellung; die Mitgliedschaft in der WPK endet. 135

Den Erlass einer ggf. **weniger einschneidenden Maßnahme**, etwa die Erteilung einer Auflage, sich der Aufsicht eines Berufskollegen zu unterwerfen, o. die Tätigkeit auf bestimmte Gebiete o. Mandanten einzuschränken, sieht die WPO nicht vor. Die WPO geht bei Vorliegen der Tatbestandsvoraussetzungen des § 20 Abs. 2 Nr. 5 zwingend v. Widerruf aus. Eine derartige Maßnahme, die regelmäßig nur in Form v. Stichproben zu leisten ist, wäre nicht gleichermaßen effektiv wie der Widerruf der Bestellung u. kann die gesetzliche vermutete Interessengefährdung nicht hinreichend sicher ausräumen (BVerwG 17.6.2005, NJW 2005, 3795). Gleiches gilt für den Abschluss eines öffentlich-rechtlichen Vertrages (BFH 4.3.2004, DStRE 2004, 733). 136

Fraglich ist, ob auf die Rücknahme u. den Widerruf der Bestellung nach § 20 die **Jahresfrist des § 48 Abs. 4 VwVfG** Anwendung findet, nach der der Widerruf bzw. die Rücknahme innerhalb eines Jahres ab Kenntnis des Rücknahme- bzw. Widerrufsgrundes ausgesprochen werden muss. Die Anwendung ist nach § 1 Abs. 1 VwVfG ausgeschlossen, wenn die WPO hierzu eine eigene Regelung trifft. Die WPO trifft hierzu keine ausdr. Regelung. Handelt es sich aber – wie bei der WPO – um bei Inkrafttreten des VwVfG bereits geltendes Recht, ist neben dem Wortlaut auch Sinn u. Zweck der Regelung zu ermitteln (BVerwG 8.8.1986, NVwZ 1987, 488). Die Jahresfrist des § 48 Abs. 4 VwVfG ist nicht entsprechend heranzuziehen, wenn der Gesetzgeber erkennbar zum Schutz vorrangiger Grundrechte o. Rechtsgüter Dritter einen gesetzwidrigen Zustand nicht hinnehmen will (BVerwG 26.3.1996, BVerwGE 101, 24). Die höchstrichterliche Rspr. hat wiederholt die Bedeutung eines funktionierenden Wirtschaftsprüferwesens unterstrichen, sodass in Verbindung mit den bei Vorliegen eines Widerrufs- o. Rücknahmegrundes bestehenden Gefahren für Mandanten u. Dritte eine Anwendung der Jahresfrist ausgeschlossen ist (vgl. BVerwG 16.9.1997, NJW 1998, 2756). Die Rspr. des BFH zur Anwendbarkeit der Jahresfrist des § 130 Abs. 3 AO auf den Widerruf der Bestellung als StB 137

(BFH 1.8.2002, BFH/NV 2002, 1499) ist auf die Rücknahme u. den Widerruf der Bestellung nicht übertragbar, da die AO keine § 1 Abs. 1 VwVfG vergleichbare Subsidiaritätsklausel enthält.

138 Bis zur Bestandskraft des Widerrufes kann die WPK den **Widerruf des Widerrufes** aussprechen, wenn der Widerrufsgrund nach Erlass des Widerrufsgrundes, etwa durch eine Konsolidierung der Vermögensverhältnisse o. den nachweislichen Abschluss einer BHV entfällt. **Nach Eintritt der Bestandskraft** u. dem Fortfall der Rechte u. Pflichten aus der Bestellung bedarf es einer Wiederbestellung als rechtsgestaltenden VA. Der Widerruf des Widerrufs scheidet aus.

139 Gegen die Rücknahme bzw. den Widerruf der Bestellung kann der WP nach § 41 unmittelbar **Anfechtungsklage** beim VG erheben. Die Klage ist gegen die WPK vertreten durch den Präsidenten zu richten. Die Klage hat **aufschiebende Wirkung** u. verhindert somit den Eintritt der Bestandskraft der Rücknahme bzw. des Widerrufes u. damit den Verlust der Rechte aus der Bestellung.

140 Hat die Anfechtungsklage keine aufschiebende Wirkung, weil der Widerruf kraft Gesetzes o. durch die Anordnung der WPK sofort vollziehbar ist, kann der WP beim VG neben der Klage gegen den Widerruf seiner Bestellung **einstweiligen Rechtsschutz** mit dem Ziel beantragen, die aufschiebende Wirkung seiner Klage ganz o. teilw. anzuordnen o. wiederherzustellen u. damit die Folgen des Berufsverbotes zu beseitigen.

VIII. Rechtsfolgen der bestandskräftigen Aufhebung der Bestellung

141 Zeitgleich **mit Bestandskraft der Aufhebung der Bestellung erlöschen sämtliche Rechte u. Pflichten des WP.** Spätere Rechtshandlungen des ehemaligen WP sind unwirksam. Die Mitgliedschaft in der WPK endet. Der WP wird v. Amts wegen gemäß § 39 Abs. 1 Nr. 1 im BR gelöscht. Gemäß § 4 Abs. 4 BO WPK wird der Kammerbeitrag beginnend ab dem auf das Erlöschen der Bestellung folgenden Quartal anteilig gekürzt u. gutgeschrieben. Die Berufsbezeichnung darf nicht mehr geführt werden. Zuwiderhandlungen können sowohl straf-, als auch wettbewerbsrechtlich verfolgt werden. Berufsgerichtliche Verfahren sind nach § 103 Abs. 3 Nr. 1 einzustellen.

142 Als **Nebenfolge** der Bestandskraft der Aufhebung der Bestellung kann der ehemalige WP nach § 76 Abs. 3 Satz 4 AktG ggf. nicht Mitglied des Vorstandes einer Gesellschaft sein, deren Unternehmensgegenstand ganz o. teilw. mit dem Gegenstand des Verbotes übereinstimmt. Ob u. inwieweit dieser Gedanke auf Gesellschaften anderer Rechtsform übertragbar ist, ist bisher nicht geklärt.

143 Zur Beseitigung des aus der **Bestellungsurkunde** folgenden Rechtsscheins **ist** diese **zurückzugeben** (§ 52 VwVfG). Die Urkunde wird dem ehemaligen Berufsangehörigen, nachdem sie als ungültig gekennzeichnet wurde, auf Verlangen überlassen. Zur Ungültigmachung wird die Urkunde durchgestrichen, „Ungültig" gestempelt u. gesiegelt.

Eine **Wiederbestellung** ist nach § 23 Abs. 1 Nr. 3 möglich, wenn die Gründe, die für die Rücknahme o. den Widerruf der Bestellung maßgeblich gewesen sind, nicht mehr bestehen (§ 23 Rn. 3 ff.). **144**

§ 20a Ärztliches Gutachten im Widerrufsverfahren

¹**Im Verfahren wegen des Widerrufs der Bestellung nach § 20 Abs. 2 Nr. 3 ist § 16a Abs. 1 und 2 entsprechend anzuwenden.** ²**Wird das Gutachten ohne zureichenden Grund nicht innerhalb der von der Wirtschaftsprüferkammer gesetzten Frist vorgelegt, wird vermutet, dass der Wirtschaftsprüfer aus dem Grund des § 20 Abs. 2 Nr. 3, der durch das Gutachten geklärt werden soll, nicht nur vorübergehend unfähig ist, seinen Beruf ordnungsmäßig auszuüben.**

Inhaltsübersicht

		Rn.
I.	Allgemeines	1–2
II.	Anordnung der Begutachtung	3–9
III.	Kosten des Gutachtens	10
IV.	Rechtsschutz gegen die Anordnung	11
V.	Nichtbeibringung des Gutachtens/Beibringung eines unzureichenden Gutachtens	12–13
VI.	Folge der gesetzlichen Vermutung/bestätigendes Gutachten	14

I. Allgemeines

Die Vorschrift wurde durch die **3. WPO-Novelle 1995** in die WPO eingefügt. Die Gesetzesbegr. verweist ausdr. auf den weitestgehend regelungsidentischen § 15 BRAO (BT-Drs. 12/5685, 24). Das Berufsrecht der StB enthält in § 46 Abs. 3 StBerG eine vergleichbare Regelung. **1**

Die Regelung soll der WPK bei der Prüfung, ob ein Berufsangehöriger aus gesundheitlichen Gründen nicht nur vorübergehend unfähig ist, den Beruf ordnungsgem. auszuüben, **eine sichere Grundlage für die Entscheidung über den Widerruf der Bestellung gem. § 20 Abs. 1 Nr. 3 verschaffen**. Sie steht i.Z.m. der gleichzeitig durch § 36 a Abs. 2 Satz 1 eingeführten Mitwirkungsverpflichtung. Bis zur Einführung der Regelung war die Prüfung über das Vorliegen des Widerrufsgrundes mit erheblichen tats. u. rechtl. Schwierigkeiten verbunden. So bestand für den Berufsangehörigen keine gesetzl. Verpflichtung, sich einer für die abschließende Beurteilung seines Gesundheitszustandes notwendigen ärztlichen Untersuchung zu unterziehen. Die ermittelbaren Umstände brachten im Regelfall nicht die für den erheblichen Eingriff notwendige Rechtssicherheit. **2**

II. Anordnung der Begutachtung

Zuständig für die Anordnung der Begutachtung ist die WPK. **Adressat** der Anordnung ist der Bewerber. **3**

4 Voraussetzung für die Anordnung, ein ärztliches Gutachten beizubringen, ist die **Erforderlichkeit des Gutachtens** für die Entscheidung über das **Vorliegen des Widerrufsgrundes**. Die Anordnung muss verhältnismäßig, insb. angemessen sein. Die WPK hat bei ihrer Entscheidung zu berücksichtigen, dass die Anordnung eines medizinischen Gutachtens in das aus Art. 2 Abs. 1 GG i.V.m. Art. 1 Abs. 1 GG folgende informationelle Selbstbestimmungsrecht eingreift. Dabei stehen die für den Widerruf nach § 20 Abs. 1 Nr. 3 regelmäßig relevanten psychologische Befunde dem unantastbaren Bereich privater Lebensgestaltung noch näher als rein medizinische Feststellungen, da sie die Selbstachtung u. die gesellschaftliche Stellung des Betroffenen berühren (BVerfG 24.6.1993, NJW 1993, 2365).

5 Die Anordnung, ein ärztliches Gutachten beizubringen, ist aus diesem Grund – so auch die Gesetzesbegr. zum zwischenzeitlich aufgehobenen § 8a BRAO (BT-Drs. 11/3253, 20) – nur zulässig, wenn andere Beweismittel, etwa ein Gutachten zur Feststellung einer rentenversicherungsrechtlichen Berufs- o. Erwerbsunfähigkeit oder zur Festlegung eines Betreuungsfalles, nicht ausreichen **u. der Widerruf nicht bereits aus anderen Gründen auszusprechen ist**. Die WPK hat bei ihrer Entscheidung somit auf der Grundlage der bekannten Umstände die möglichen weit reichenden Folgen der Ausübung des Berufs durch einen Berufsangehörigen, der aus gesundheitlichen Gründen nicht nur vorübergehend unfähig ist den Beruf ordnungsgem. auszuüben gegen den Grundrechtseingriff abzuwägen. Dabei ist zu berücksichtigen, dass der Widerruf der Bestellung eine Maßnahme der Gefahrenabwehr im Interesse sowohl der Mandanten des Berufsangehörigen als auch Dritter – mithin der Allgemeinheit – darstellt.

6 Nach der Rspr. kann ein ärztliches Gutachten etwa verlangt werden, wenn konkrete Anhaltspunkte vermuten lassen, ein RA der an **Alkoholismus** leide, könne seinen Beruf nicht ordnungsgemäß ausüben (EGH München 19.5.1992, BRAK-Mitt. 1992, 221). Ebenso können Gutachten, die dem Berufsangehörigen eine **eingeschränkte Schuld- o. Geschäftsfähigkeit** attestieren zur Anforderung eines ärztlichen Gutachtens nach § 20a berechtigen (AGH Hamm 19.4.1996, BRAK-Mitt. 1996, 263); an dessen Stelle kann ein solches Gutachten aber wegen des abweichenden Gutachtenauftrags nicht treten. Gleiches gilt für ein für den Rententräger erstelltes Gutachten zur Berufs- o Erwerbsunfähigkeit.

7 Die WPK hat dem Betroffenen mit der Anordnung den **Gegenstand der Begutachtung** mitzuteilen, mithin die Frage, ob er aus gesundheitlichen Gründen nicht nur vorübergehend unfähig ist, den Beruf des WP ordnungsgem. auszuüben. Dabei muss die Gutachtenanordnung erkennen lassen, mit welchen Fragen zum Gesundheitszustand des WP sich der Gutachter befassen soll. Dies ist nur entbehrlich, wenn die Begutachtung an ein konkretes tatsächliches Geschehen anknüpft, das sich selbst erklärt und die anstehenden Fragen auch ohne zusätzliche Verbalisierung klar zu Tage treten lässt (BGH 6.7.2009, NJW-RR 2009, 1578). Für die Beibringung des Gutachtens muss sie dem Betroffenen eine **angemessene Frist einräumen** u. einen **konkreten Arzt bestimmen**.

Zur Frage, welche **Frist** angemessen ist, besteht keine Rspr. Bei der Bemessung der 8
Frist ist zu berücksichtigen, ob das zu erstellende Gutachten auf einer ambulanten Untersuchung o., wenn dies ein Amtsarzt für notwendig hält, auf einer klinischen Untersuchung des Bewerbers beruhen soll. Gibt es triftige Gründe, weshalb die Begutachtung nicht stattfinden konnte, ist die Frist im erforderlichen Umfang zu verlängern. Solche Umstände können die Verhinderung des Gutachters oder Verzögerungen etwa bei Laboruntersuchungen sein. Dagegen sind Umstände in der Sphäre des Betroffenen regelmäßig unbeachtlich. Es sind von ihm alle zumutbaren Anstrengungen zu verlangen, um eine zeitgerechte Gutachtensvorlage zu gewährleisten. Vom Berufsangehörigen für eine Fristverlängerung vorgetragene Gründe sind v. diesem zu belegen o. soweit möglich v. der WPK gem. § 36a Abs. 1 zu überprüfen. Wegen der erhöhten Gefährdung der Interessen v. Mandanten u. Dritten durch einen den Beruf weiterhin ausübenden WP kann die Frist im Rahmen eines Widerrufsverfahrens kürzer bemessen werden als im Fall des § 16a. Den mit der Begutachtung zu beauftragenden **Arzt** muss die WPK **namentlich bezeichnen**, um dem Bestimmtheitsgebot zu genügen (BGH 23.9.2002, NJW 2003, 215). Die namentliche Nennung kann aber dann entbehrlich sein, wenn z.B. der zunächst zuständige Arzt in den Ruhestand getreten o. ein Nachfolger noch nicht benannt ist u. die Frage, ob der Betroffene v. einem Neurologen, Psychologen o. anderem Spezialisten untersucht werden muss, noch der Klärung bedarf (AGH Celle 21.4.2004, BRAK-Mitt. 2004, 179).

Die Anordnung ist nach § 16 Abs. 2 Satz 1 **zu begründen** u. dem Betroffenen **zu-** 9
zustellen. Die Begr. muss nach allg. rechtsstaatlichen Grundsätzen die tragenden tats. u. rechtlichen Gründe der Entscheidung wiedergeben. Die Zustellung richtet sich nach den Vorschriften des VwZG.

III. Kosten des Gutachtens

Die Kosten des Gutachtens hat der Berufsangehörige zu tragen (vgl. § 16a Rn. 8). 10

IV. Rechtsschutz gegen die Anordnung

Der in Satz 1 in Bezug genommene § 16a Abs. 2 Satz 2 bestimmt, dass der betroffene Berufsangehörige innerhalb eines Monats nach der Zustellung **Antrag auf gerichtliche Entscheidung** stellen kann. Damit eröffnet der Gesetzgeber den **Verwaltungsrechtsweg**. Die **Anordnung**, ein ärztliches Gutachten zur Aufklärung des Sachverhaltes beizubringen ist aber **kein VA**, sondern stellt eine nicht vollsteckbare **behördliche Verfahrenshandlung** dar, die gem. § 44a VwGO nicht isoliert angefochten werden kann (BVerwG 27.8.1992, DVBl. 1993, 51). Als **statthafter Rechtsbehelf** kommt somit eine **Feststellungsklage** in Betracht. Anfechtungs- bzw. Fortsetzungsfeststellungsklage scheitern an der fehlenden Verwaltungsaktqualität der Anordnung. Für die Einzelheiten vgl. § 16a Rn. 9 ff. 11

V. Nichtbeibringung des Gutachtens/Beibringung eines unzureichenden Gutachtens

12 Bestehen **zureichende Gründe für die nicht rechtzeitige Beibringung** des Gutachtens, so kann die WPK die Frist zu Vorlage des Gutachtens v. Amts wegen o. auf Antrag des Berufsangehörigen verlängern (s. Rn. 8). Reicht das Gutachten aus v. Berufsangehörigen nicht zu vertretenden Gründen zur abschließenden Beurteilung des Sachverhalts nicht aus, etwa, weil der untersuchende Arzt aus fachlichen Gründen nicht in der Lage ist, den gesundheitlichen Zustand des Berufsangehörigen zu beurteilen, so kann die WPK die **Beibringung eines weiteren Gutachtens anordnen**. Für dieses Gutachten gelten dieselben Voraussetzungen u. Rechtsfolgen wie für das erste Gutachten.

13 Wird das Gutachten **ohne zureichenden Grund** nicht innerhalb der v. der WPK gesetzten u. ggf. verlängerten Frist vorgelegt, wird gesetzl. vermutet, dass der WP aus dem Grund des § 20 Abs. 2 Nr. 3, der durch das Gutachten geklärt werden soll, **nicht nur vorübergehend unfähig ist, seinen Beruf ordnungsmäßig auszuüben.** Die Regelung ist Folge der fehlenden Vollstreckbarkeit der Anordnung. Weigert sich der Berufsangehörige das angeforderte Gutachten beizubringen o. reicht das Gutachten aus vom Berufsangehörigen zu vertretenden Gründen, etwa, weil er für die ärztliche Untersuchung notwendige Mitwirkungshandlungen unterlässt, für eine abschließende Beurteilung des Sachverhalts nicht aus, bestehen für die WPK keine weitere Möglichkeiten zur Sachverhaltsaufklärung. Die fortbestehende Unsicherheit über die gesundheitliche Eignung des Berufsangehörigen geht durch die **gesetzl. Vermutung** im Interesse der Allgemeinheit zu dessen Lasten. Das Interesse des Gemeinwohls geht damit der grds. Wertung des GG folgend dem Einzelinteresse des Betroffenen vor.

VI. Folge der gesetzlichen Vermutung/bestätigendes Gutachten

14 Greift die gesetzl. Vermutung o. bestätigt das ärztliche Gutachten die nicht nur vorübergehende Unfähigkeit des Berufsangehörigen, den Beruf des WP ordnungsgem. auszuüben, muss die WPK den **Widerruf der Bestellung** gem. § 20 Abs. 2 Nr. 3 aussprechen. **Alternativ** kann der Berufsangehörige bis zur Bestandskraft des Widerrufsbescheides den **Verzicht** auf seine Bestellung erklären.

§ 21 Zuständigkeit

Über die Rücknahme und den Widerruf der Bestellung entscheidet die Wirtschaftsprüferkammer

Schrifttum: *Ladner,* Örtliche und sachliche Zuständigkeit der Behörde, LKV 1991, 200.

1 Die Regelung wurde im Rahmen der Aufgabenübertragung v. den obersten Landesbehörden für Wirtschaft auf die WPK durch Art. 2 der 4. WPO-Novelle 2001 mit Wirkung v. 1.1.2002 in die WPO eingefügt. Zuvor war in § 21 neben der sachlichen vor allem die örtliche Zuständigkeit der obersten Landesbehörden geregelt. Nun-

Wiederbestellung § 23

mehr ordnet die Vorschrift die **sachliche Zuständigkeit der WPK** für die Rücknahme u. den Widerruf der Bestellung an. Die Regelungen zur örtlichen Zuständigkeit sind wegen der bundesweiten Alleinzuständigkeit der WPK nicht mehr erforderlich. Die früher gesetzl. gebotene Praxis der Abgabe einer Stellungnahme der WPK in Widerrufsverfahren ggü. den obersten Landesbehörden ist mit der Aufgabenübertragung entfallen.

Die auf den ersten Blick entbehrlich erscheinende Vorschrift findet ihre Berechtigung zunächst in der **Schließung einer Lücke des allg. Verwaltungsverfahrensrechts**. Dieses regelt bewusst keine sachlichen Zuständigkeiten, da einheitliche Vorschriften über die sachliche Zuständigkeit historisch niemals bestanden u. aufgrund der differenzierten Behördenorganisation auch nicht bestehen können (Begr. zum Musterentwurf eines VwVfG). Weiter besteht bei einem **Wechsel der sachlichen Zuständigkeit** Streit, ob die sachliche Zuständigkeit für die Aufhebung eines VA bei der ursprünglich zuständigen Behörde, den obersten Landesbehörden für Wirtschaft, verbleibt o. auf die im Zeitpunkt der Aufhebung für den Erlass des Ausgangsbescheides sachlich zuständige Behörde, die WPK, übergeht. Das BVerwG sucht die Lösung regelmäßig vorrangig im Fachrecht (BVerwG 20.12.1999, DVBl. 1996, 811). 2

Im Hinblick auf die aus der Gefahrenabwehrfunktion der Aufhebung der Bestellung eines WP folgenden notwendigen Verfahrensklarheit für alle Beteiligten beseitigt der Gesetzgeber mit der **ausdr. Zuweisung der sachlichen Zuständigkeit an die WPK** somit alle diesbzgl. Unklarheiten. Allein der WPK obliegen Rücknahme u. Widerruf sämtlicher Bestellungen, einschl. solcher der obersten Landesbehörden u. sonstigen früher zuständigen Stellen. 3

§ 22 (aufgehoben)

§ 23 Wiederbestellung

(1) Ein ehemaliger Wirtschaftsprüfer kann wiederbestellt werden, wenn
1. die Bestellung nach § 19 Abs. 1 Nr. 2 erloschen ist;
2. im Falle des Erlöschens der Bestellung nach § 19 Abs. 1 Nr. 3 die rechtskräftige Ausschließung aus dem Beruf im Gnadenwege aufgehoben worden ist oder seit der rechtskräftigen Ausschließung mindestens acht Jahre verstrichen sind;
3. die Bestellung zurückgenommen oder widerrufen ist und die Gründe, die für die Rücknahme oder den Widerruf maßgeblich gewesen sind, nicht mehr bestehen.

(2) ¹Eine erneute Prüfung ist nicht erforderlich. ²Die Wirtschaftsprüferkammer kann im Einzelfall anordnen, dass sich der Bewerber der Prüfung oder Teilen derselben zu unterziehen hat, wenn die pflichtgemäße Ausübung des Berufes sonst nicht gewährleistet erscheint.

(3) Die Wiederbestellung ist zu versagen, wenn die Voraussetzungen für die Wiederbestellung unter sinngemäßer Anwendung des § 16 nicht vorliegen.

Schrifttum: *Koenig*, Nachträglicher Abschluß einer Berufshaftpflichtversicherung für die Wiederbestellung zum Steuerberater, StB 1999, 60; *Späth*, Wiederbestellung zum Beruf des Steuerberaters, Stbg 1998, 507.

Inhaltsübersicht

	Rn.
I. Allgemeines	1–2
II. Wegfall des Erlöschensgrundes (Abs. 1)	3–15
1. Wiederbestellung nach Verzicht auf die Bestellung	3
2. Wiederbestellung nach rechtskräftiger Ausschließung aus dem Beruf	4–7
3. Wiederbestellung nach Wegfall des Rücknahme- oder Widerrufsgrundes	8-15
III. Ermessensentscheidung der WPK	16
IV. Prüfung (Abs. 2)	17–22
V. Versagung der Wiederbestellung (Abs. 3)	23–26
VI. Wiederbestellungsverfahren	27
VII. Rechtsschutz	28

I. Allgemeines

1 Die Bestimmungen über die Wiederbestellung sind abgesehen v. redaktionellen Änderungen im Wesentlichen seit Inkrafttreten der WPO unverändert. Die Entscheidung des Gesetzgebers, einem ehemaligen WP die **Wiederbestellung** zu ermöglichen, **wenn die pflichtgem. Berufsausübung für die Zukunft erwartet werden kann** (BT-Drs. 3/201, 49), hat die spätere Rspr. zur grds. Verfassungswidrigkeit eines lebenslangen Ausschlusses aus dem Beruf (BVerfG 4.4.1984, NJW 1984, 2341) vorweggenommen, nach der eine Rückkehr in den Beruf nicht von vornherein ausgeschlossen sein darf.

2 Eine Wiederbestellung kommt grds. in allen Fällen des Erlöschens der Bestellung in Betracht. Entschließt sich ein ehemaliger WP nach seinem Verzicht, den Beruf wieder ausüben zu wollen o. entfällt der Grund für das Erlöschen seiner Bestellung, so besteht ein **Anspruch auf Wiederbestellung**, wenn der ehemalige WP über die erforderliche persönliche u. fachliche Eignung verfügt. Das Vorliegen dieser Voraussetzungen hat die WPK im Rahmen des Wiederbestellungsverfahrens zu überprüfen.

II. Wegfall des Erlöschensgrundes (Abs. 1)

1. Wiederbestellung nach Verzicht auf die Bestellung

3 Wer aus freien Stücken auf die Bestellung verzichtet hat, kann jederzeit wiederbestellt werden, wenn die allgemeinen Bestellungsvoraussetzungen erfüllt werden, insb. die pflichtgemäße Ausübung des Berufes gewährleistet ist, und kein Bestellungshindernis nach Abs. 3 vorliegt. Letzteres kann z.B. der Fall sein, wenn der WP unter dem Druck eines BA-Verfahrens verzichtet hat (Rn. 26).

2. Wiederbestellung nach rechtskräftiger Ausschließung aus dem Beruf

Ist die Bestellung nach § 19 Abs. 1 Nr. 3 durch eine rkr. Ausschließung aus dem Beruf (§ 68 Abs. 1 Nr. 6) erloschen (§ 19 Rn. 8), setzt die Wiederbestellung entw. die Aufhebung der Ausschließung aus dem Beruf im **Gnadenweg** o. den Ablauf v. **mind. acht Jahren** seit der Rechtskraft der Ausschließung voraus. 4

Das **Gnadenrecht** steht dem Land zu, dessen Gericht im ersten Rechtszug die Ausschließung aus dem Beruf beschlossen hat. In Betracht kommen damit durch die Sitzverlegung der WPK v. Düsseldorf nach Berlin gem. § 72 Abs. 1 die Länder Nordrhein-Westfalen u. Berlin. Nach den Landesverfassungen übt in Nordrhein-Westfalen der Ministerpräsident, in Berlin der Senat das Recht der Begnadigung aus. Der Bundespräsident hat sich in Art. 1 Nr. 5 der Anordnung des Bundespräsidenten über die Ausübung des Begnadigungsrechtes des Bundes die Aufhebung der gegen einen Rechtsanwalt beim BGH erkannten Ausschließung aus der Anwaltschaft vorbehalten. Ob dies analog auch für die Ausschließung eines WP aus dem Beruf durch den BGH gilt, ist bisher nicht entschieden. 5

Die achtjährige **Mindestwohlverhaltensphase nach rkr. Ausschließung** aus dem Beruf entspricht der Rspr. des BVerfG, wonach ein lebenslanges Berufsverbot mit dem GG nicht vereinbar ist, sondern jedem ausgeschlossenen Berufsangehörigen grds. die Möglichkeit der Wiedereingliederung gegeben werden muss, wenn die pflichtgemäße Berufsausübung für die Zukunft erwartet werden kann (BVerfG, a.a.O.). **Vor Ablauf v. acht Jahren** kommt eine Wiederbestellung nach rkr. Ausschließung aus dem Beruf nicht in Betracht. **Nach Ablauf v. acht** Jahren steht die Wiederbestellung im pflichtgemäßen Ermessen der WPK (Rn. 16). Die Feststellung, ob die pflichtgemäße Berufsausübung für die Zukunft erwartet werden kann, entspricht der Feststellung nach Abs. 3 i.V.m. § 16 Abs. 2 (§ 16 Rn. 38 ff.), ob die Besorgnis zukünftiger Berufspflichtverletzungen besteht. 6

Die der **Mindestwohlverhaltensphase** innewohnende richtungsweisende Wertung des Gesetzgebers ist aber immer auch dann zu berücksichtigen, **wenn keine rkr. Ausschließung** aus dem Beruf erfolgte, weil sich ein berufsgerichtl. Verfahren, das zum Ausschluss aus dem Beruf geführt hätte, durch einen vorherigen Verzicht o. Widerruf der Bestellung erübrigt hat (BGH 14.6.1993, BRAK-Mitt. 1993, 170). Ein Antrag auf Bestellung vor acht Jahren ist in diesem Fall nach Abs. 3 i.V.m. § 16 Abs. 2 zurückzuweisen. 7

3. Wiederbestellung nach Wegfall des Rücknahme- oder Widerrufsgrundes

Die Wiederbestellung nach einem Widerruf der Bestellung nach § 20 Abs. 2 Nr. 1 **mangels eigenverantwortlicher Tätigkeit** o. wegen der **Ausübung einer mit dem Beruf unvereinbaren Tätigkeit**, setzt die nachweislich eigenverantwortliche Berufsausübung bzw. die nachweisliche Beendigung der unvereinbaren Tätigkeit voraus. Gegebenenfalls ist die zum Widerruf der Bestellung führende frühere nicht eigenverantwortliche o. unvereinbare Tätigkeit nach der Wiederbestellung berufsaufsichtsrechtl. zu würdigen (§ 43a Rn. 58). 8

9   Erfolgte der **Widerruf** der Bestellung nach § 20 Abs. 2 Nr. 2 **wegen des Verlustes der Fähigkeit zur Bekleidung öffentl. Ämter** infolge einer strafgerichtlichen Verurteilung, kommt eine Wiederbestellung wegen des Wegfalls dieses Widerrufsgrundes erst ab dem Tag, ab dem die Freiheitsstrafe verbüßt, verjährt o. erlassen ist, in Betracht – mithin nicht schon fünf Jahre nach Rechtskraft des Strafurteils. Die Begehung der Straftat kann aber zugleich die berechtigte Besorgnis zukünftiger Pflichtverletzungen begründen. Die WPK muss daher vor einer Wiederbestellung nach Abs. 3 i.V.m. § 16 Abs. 2 prüfen, ob die Straftat weiterhin die Besorgnis begründet, der Bewerber werden den Berufspflichten als WP nicht genügen. Gegebenenfalls ist eine **weitere Wohlverhaltensphase** vor der Wiederbestellung abzuwarten.

10 Die Wiederbestellung nach einem Widerruf der Bestellung nach § 20 Abs. 2 Nr. 3 aus **gesundheitlichen Gründen** o. **anderen Gründen** setzt den Nachweis einer gesundheitlichen Eignung bzw. des Wegfalls der anderen Gründe voraus. Zur Feststellung der gesundheitlichen Eignung kann die WPK nach Abs. 3 i.V.m. §§ 16 Abs. 1 Nr. 5, 16a die Beibringung eines **ärztlichen Gutachtens** anordnen.

11 Erfolgte der Widerruf der Bestellung nach § 20 Abs. 2 Nr. 4 **wegen Nichtunterhaltung der vorgeschriebenen BHV**, setzt die Wiederbestellung entw. den Nachweis, dass zumindest ab dem Zeitpunkt der Wiederbestellung der vorgeschriebene Versicherungsschutz besteht o. die Beendigung der selbstständigen Tätigkeit u. die Eingehung eines Anstellungsverhältnisses nach § 43a Abs. 1 voraus. Die früher in der Rspr. u. der Literatur vertretene Auffassung, nach der die zum Widerruf führende Versicherungslücke vor einer Wiederbestellung zu schließen sei, ist seit BGH 18.6.2001 (DStR 2002, 1328) nicht mehr haltbar. Nach dieser Entscheidung ist der Widerruf als rein präventive Maßnahme ausgeschlossen, wenn der Betroffene ohne die bestehende Versicherungslücke zu schließen, Versicherungsschutz für die Zukunft nachweist. Würde die Versicherungslücke die **Ausschließung aus dem Beruf** rechtfertigen, ist die Bestellung vor Ablauf der Mindestwohlverhaltensphase (Rn. 6) aber nach Abs. 3 i.V.m. § 16 Abs. 1 Nr. 4 zu versagen. Rechtfertigt die Versicherungslücke nicht die Ausschließung aus dem Beruf, kann sie dennoch nach Abs. 3 i.V.m. § 16 Abs. 2 die Besorgnis zukünftiger Berufspflichtverletzungen begründen. Gegebenenfalls ist dann vor der Wiederbestellung eine weitere angemessene Wohlverhaltenszeit (Rn. 26) abzuwarten. Wird der ehemalige WP wiederbestellt, ist die **frühere Unterbrechung des Versicherungsschutzes** ggf. **berufsaufsichtrechtl. zu würdigen**.

12 Wurde die Bestellung nach § 20 Abs. 2 Nr. 4 **wegen wiederholter Versicherungslücken** widerrufen, setzt die Wiederbestellung zunächst den Nachweis voraus, dass der ehemalige WP die den Widerruf rechtfertigende Prognose der Gefährdung der Interessen v. Mandanten u. Dritten durch die weitere Unterbrechung des Versicherungsschutzes in geeigneter Weise, etwa durch eine Vorausleistung der Versicherungsprämie o. eine entspr. Sicherheitsleistung, entgegentritt. Ebenso wie bei der Wiederbestellung nach einem Widerruf wegen Nichtunterhaltung der vorgeschriebenen BHV (Rn. 11) kann die Wiederbestellung nach einem Widerruf der Bestellung

wegen wiederholter Versicherungslücken vom Ablauf eine Mindestwohlverhaltensphase (Rn. 6) oder eine von der WPK zu bestimmenden weiterer angemessenen Wohlverhaltensphase (Rn. 26) abhängig gemacht werden. Zur Berufsaufsicht siehe Rn. 11.

Erfolgte der Widerruf der Bestellung nach § 20 Abs. 2 Nr. 5 **wegen nicht geordneter wirtschaftlicher Verhältnisse**, setzt die Wiederbestellung den Nachweis voraus, dass die wirtschaftlichen Verhältnisse des ehemaligen WP wieder geordnet sind. Die bloße Nichtgefährdung der Interessen Dritter lässt den Widerrufstatbestand des § 20 Abs. 2 Nr. 5 nicht entfallen, sondern verpflichtet die WPK nach § 20 Abs. 4 Satz 4 ledigl. trotz Vorliegens nicht geordneter wirtschaftlicher Verhältnisse v. Widerruf abzusehen. 13

Begehrt ein ehemaliger WP, dessen Bestellung nach § 20 Abs. 2 Nr. 6 **wegen Nichtunterhaltung einer beruflichen NL** widerrufen wurde seine Wiederbestellung, muss er die Unterhaltung einer beruflichen NL in geeigneter Weise nachweisen. 14

Erfolgte der Widerruf der Bestellung nach § 20 Abs. 2 Nr. 7 **wegen der Verwirkung eines Grundrechtes**, kann der ehemalige WP seine Wiederbestellung beantragen, wenn die Wirkung der Grundrechtsverwirkung durch Fristablauf o. Aufhebung der Entscheidung entfallen ist. Die WPK hat vor der Wiederbestellung aber nach Abs. 3 i.V.m. § 16 Abs. 2 weiter zu prüfen, ob das der Verwirkung des Grundrechtes zugrunde liegende Fehlverhalten weiterhin die Besorgnis begründet, der Bewerber werde den Berufspflichten als WP nicht genügen. Gegebenenfalls ist eine **weitere Wohlverhaltenszeit** vor der Wiederbestellung abzuwarten. 15

III. Ermessensentscheidung der WPK

Erfüllt der Bewerber die Tatbestandsvoraussetzungen einer der Alternativen des Abs. 1 steht die Entscheidung über die Wiederbestellung im Ermessen der WPK (*„kann wiederbestellt werden"*). Die Rechtsprechung der Finanzgerichte (FG Hessen 07.10.2010, DStRE 2011, 854; BFH 09.08.2011, DStR 2012, 1362) wonach § 48 StBerG den Steuerberaterkammern ungeachtet der Formulierung *„können wiederbestellt werden"* kein Ermessen einräumt, ist auf das Berufsrecht der WP nicht übertragbar. Zum einen sind § 23 WPO und § 48 StBerG strukturell nicht vergleichbar, zum anderen entsprechen sich die Berufsbilder des WP und des StB nicht. Anders als § 48 StBerG räumt § 23 Abs. 2 WPO der WPK die Befugnis ein, im Einzelfall anzuordnen, dass sich der Bewerber **der Prüfung oder Teilen derselben zu unterziehen** hat, wenn die pflichtgemäße Ausübung des Berufes sonst nicht gewährleistet erscheint (Rn. 17 ff.). Hinzu tritt, dass Abs. 3 **besondere Versagungsgründe** vorsieht (Rn. 23 ff.). Stünde die Wiederbestellung nicht im Ermessen der WPK, würde dies zu einer mit der Einheit der Rechtsordnung unvereinbaren Normkollision führen, wenn ein Kandidat die Voraussetzungen des Abs. 1 erfüllt und damit bei einer gebundenen Entscheidung einen Anspruch auf Widerbestellung hätte, aber Versagungsgründe bestehen. Vor dem Hintergrund der durch Art. 12 Abs. 1 GG gewährleisteten Berufsfreiheit reduziert sich das der WPK eingeräumte Ermes- 16 sen aber stets auf Null, wenn die pflichtgemäße Ausübung des Berufes (Abs. 2) gewährleistet ist und keine Versagungsgründe (Abs. 3) bestehen.

IV. Prüfung (Abs. 2)

17 Eine **erneute Prüfung** soll bei der Wiederbestellung grds. nicht stattfinden (BT-Drs. 3/201, 49). Etwas anderes gilt nach Satz 2 aber dann, wenn die pflichtgemäße Ausübung des Berufes sonst nicht gewährleistet erscheint. Die Vorschrift dient dem Schutz v. Mandanten u. Dritten vor wirtschaftlicher Schädigung u. gewährleistet das Vertrauen der Öffentlichkeit in ein funktionierendes u. anerkanntes Wirtschaftsprüfungswesen u. den Berufsstand.

18 Die pflichtgemäße Ausübung des Berufes erscheint nicht gewährleistet, wenn **berechtigte Zweifel an der fachlichen Eignung**, insb. im Bereich des wirtschaftlichen Prüfungswesens als der dem Beruf zugewiesenen Vorbehaltsaufgabe, bestehen. Eine positive Feststellung der fehlenden fachlichen Eignung ist nicht erforderlich (VG Arnsberg 13.6.2001, WPK-Mitt. 2002, 307). Berechtigte Zweifel an der fachlichen Eignung können bestehen, wenn **seit dem Erlöschen der Bestellung erhebliche Zeit verstrichen** ist o. **wesentliche Rechtsänderungen** auf dem Gebiet des Prüfungswesens eingetreten sind.

19 Unter Rückgriff auf die gesetzliche Vermutung der fachlichen Eignung innerhalb v. 5 Jahren nach bestandener Prüfung (§ 15 Rn. 11), geht die WPK innerhalb v. 5 Jahren nach Beendigung der originären Berufsausübung v. der für die Wiederbestellung erforderlichen fachlichen Eignung aus. Beantragt der ehemalige WP seine **Wiederbestellung innerhalb v. 5 Jahren** nach dem Beginn seiner Beurlaubung, ist eine Prüfung damit nicht erforderlich.

20 Je länger die berufliche Tätigkeit zurückliegt, desto höher ist die Gefahr, dass die durch die Ausbildung u. Berufsausübung erworbenen u. verfestigten Kenntnisse u. Fähigkeiten verloren gehen (VG Arnsberg 13.6.2001, a.a.O.). In die Beurteilung ist folglich neben nachweislichen **Fortbildungsmaßnahmen** auch einzubeziehen, wie lang u. mit welchem Schwerpunkt der Bewerber den Beruf des WP vor dem Erlöschen seiner Bestellung ausgeübt u. welche Aufgaben er in der Zwischenzeit wahrgenommen hat. Eine vollkommen **berufsfremde Tätigkeit** verkürzt dabei den Zeitrahmen, während eine **berufsnahe Tätigkeit**, etwa als StB, RA o. im Rechnungswesen eines Unternehmens, ihn vergrößern kann. Dabei kann trotz regelmäßiger Durchführung v. freiwilligen Prüfungen als StB (VG Arnsberg, a.a.O.) o. langjähriger Tätigkeit als für den Bereich Rechnungs- u. Finanzwesen zuständiger GF (VG Düsseldorf 15.10.1996, WPK-Mitt. 1998, 179) eine Wiederholung der Prüfung o. v. Teilen der Prüfung notwendig sein; auch diese berufsnahen Tätigkeiten sind nicht uneingeschränkt mit dem Beruf des WP vergleichbar u. begründen kein präsentes Wissen der geltenden Vorschriften einschließl. der in Rspr. u. Literatur herausgearbeiteten Auslegung einzelner gesetzl. Tatbestandsmerkmale (VG Düsseldorf, a.a.O.). Zwischenzeitliche **Erfahrungen im Steuer-, Handels- o. Gesellschaftsrecht** o.ä. sind vor dem Hintergrund der dem Beruf als Vorbehaltsaufgabe zugewiesenen Durchführung gesetzl. AP unerheblich.

Bestehen berechtigte Zweifel an der fachlichen Eignung, bestimmt die WPK den **Umfang der Prüfung** im Einzelfall nach Notwendigkeit. Eine Beschränkung auf die mündliche Prüfung ist ebenso wenig vorgesehen, wie eine Beschränkung auf Neuerungen, die erfahrungsgem. nicht ohne Zusammenhang mit den Grundlagen geprüft werden können, wobei die Abgrenzung Schwierigkeiten bereitet (BT-Drs. 3/2001, 49). 21

Die Durchführung der Prüfung fällt in die Zuständigkeit der Prüfungsstelle bei der WPK (§ 5). Die Prüfung erfolgt nach dem aktuell geltenden formellen und materiellen Prüfungsrecht (OVG Münster, 26.09.2006, StuB 2007, 244). Die notwendigen Beschränkungen des Prüfungsumfanges für ehemalige vBP ergeben sich aus dem für vBP zuletzt gültigen materiellen Prüfungsrecht. 22

V. Versagung der Wiederbestellung (Abs. 3)

Ist der Widerrufsgrund entfallen u. bestehen – ggf. nach Wiederholung der Prüfung o. v. Teilen der Prüfung – keine berechtigten Zweifel an der fachlichen Eignung, hat der ehemalige WP in Folge einer Ermessensreduzierung auf Null einen Anspruch auf seine Wiederbestellung (Rn. 16), sofern **keine Bestellungshindernisse nach § 16** bestehen. 23

Liegt ein **Bestellungshindernis nach § 16 Abs. 1** vor, ist die Wiederbestellung zu versagen. 24

Besteht ein **Bestellungshindernis nach § 16 Abs. 2**, steht die Wiederbestellung im **Ermessen** der WPK. Bei ihrer Entscheidung hat die WPK zwischen dem Interesse des ehemaligen WP nach sozialer u. beruflicher Eingliederung u. dem Interesse der Öffentlichkeit an der Integrität des Berufsstandes u. der Vermeidung v. Gefahren für Mandanten u. Dritte abzuwägen. Ein aus dem Beruf ausgeschlossener Berufsangehöriger muss vor dem Hintergrund der verfassungsrechtl. geschützten Menschenwürde u. Berufsfreiheit nach Verbüßung seiner Strafe u. geglückter Resozialisierung die Möglichkeit erhalten, in den Beruf zurückzukehren (BVerfG 4.4.1994, NJW 1984, 2341). Daneben kann das Lebensalter des ehemaligen WP zu berücksichtigen sein, wenn der Verweis auf eine spätere Wiederbestellung die Berufsausübung unmöglich macht (FG Hamburg 24.5.1996, EFG 1996, 1124). 25

Besondere Bedeutung gewinnt Abs. 3 i.V.m. § 16 Abs. 2, wenn die Bestellung des ehemaligen WP durch eine rkr. Ausschließung aus dem Beruf o. den Widerruf des Verlustes der Fähigkeit zur Bekleidung öffentl. Ämter in Folge einer strafgerichtlichen Verurteilung (§ 20 Abs. 2 Nr. 2) o. wegen der Verwirkung eines Grundrechtes (§ 20 Abs. 2 Nr. 7) erloschen ist o. der ehemalige WP dem durch einen Verzicht zuvorgekommen ist. In diesen Fällen können die Schwere des Fehlverhaltens o. weitere Umstände, wie etwa das zwischenzeitliche Verhalten des ehemaligen WP, seiner Wiederbestellung entgegenstehen, obwohl die achtjährige Wohlverhaltensphase nach Abs. 1 Nr. 2 verstrichen ist o. der ehemalige WP die Fähigkeit zur Bekleidung öffentl. Ämter o. seine Grundrechtsfähigkeit wiedererlangt hat. Die Widerbestellung kann in diesen Fällen von einer weiteren angemessenen Wohlverhaltensphase abhängig gemacht werden. 26

VI. Wiederbestellungsverfahren

27 Das **Wiederbestellungsverfahren** verläuft entspr. dem Bestellungsverfahren (§ 15). Für die Bearbeitung eines Antrags auf Wiederbestellung erhebt die WPK gem. § 3 Abs. 2 Nr. 2 GebO WPK eine **Gebühr** i.H.v. derzeit 400 Euro. Der Gebührenbescheid ergeht nach Erhalt des Antrages, mit dem das Wiederbestellungsverfahren eröffnet wird. Gebührenschuldner ist nach § 2 Abs. 1 GebO WPK der Antragsteller. Wird der Antrag zurückgenommen o. zurückgewiesen, ermäßigt sich die Gebühr auf die Hälfte.

VII. Rechtsschutz

28 Versagt die WPK die Widerbestellung, kann der Antragsteller seinen Anspruch durch eine Verpflichtungsklage vor dem Verwaltungsgericht am Sitz der WPK verfolgen. Einer vorherigen Durchführung eines Widerspruchsverfahrens bedarf es nach § 41 WPO nicht.

§ 24 (aufgehoben)

Vierter Abschnitt
(aufgehoben)

Fünfter Abschnitt
Wirtschaftsprüfungsgesellschaften

Vorbemerkungen zu §§ 27-34

Das Recht der Wirtschaftsprüfungsgesellschaft und Buchprüfungsgesellschaft hat eine große praktische Bedeutung. Wichtige Regelungen wie z.B. die zur Kapitalbindung sind nicht ohne Kenntnis der historischen Entwicklung verständlich. Der Kommentar enthält daher an dieser Stelle eine zusammenfassende Darstellung des Rechts der WPG/BPG. Von großem praktischem Nutzen ist die tabellarische Übersicht der wesentlichen Eckdaten der Wirtschaftsprüferordnung, des Steuerberatungsgesetzes und der Bundesrechtsanwaltsordnung für interdisziplinäre Gesellschaften (vgl. Vor §§ 27-34 Rn. 31).

Schrifttum: *Timmer,* Zulässigkeit von WPG in der Form der GmbH & Co. KG, NWB-WP Praxis 2013, 108; *WPK,* Marktstrukturanalyse 2011 – Anbieterstruktur, Abschlussprüferhonorare und Umsatzerlöse im Wirtschaftsprüfungsmarkt; WPK Mag. 4/2012, 12; *Potsch,* Haftungsrisiken von Steuerberatungs- und Wirtschaftsprüfungsgesellschaften in der Rechtsform der GmbH & Co KG, NZG 2012, 329; *Römermann,* Dogmatisches Chaos und unabsehbare Haftungsgefahren bei der Freiberufler-GmbH & Co KG, GmbHR 2012, 64; *Arens,* die Eintragungsfähigkeit von Steuerberatungs- und Wirtschaftsprüfungs- GmbH & Co KG im Handelsregister, DStR 2011, 1825; *Hölscheidt,* Die Steuerberatungs- oder Wirtschaftsprüfungs-GmbH & Co KG im Spannungsfeld zwischen Berufs- und Handelsrecht; NWB 2011, 3311; *Karl,* Sind die Einkünfte einer WP/StB-GmbH & Co KG gewerbesteuerpflichtig? DStR 2011, 159; *Schmidt,* Die Anwalts-GmbH & Co KG: Kraftprobe des Berufsrechts oder des § 105 Abs. 2 HGB?; *Tersteegen,* Fehlende Eintragungsfähigkeit einer Freiberufler-GmbH & Co KG ins Handelsregister am Beispiel der Steuerberatungs- bzw. Wirtschaftsprüfungs-GmbH & Co KG, NZG 2010, 651;. *Krafka,* Registerrechtliche Neuerungen durch das FamFG, NZG 2009, 650, *Wagner,* Europäische Gesellschaftsformen – Überblick über die EWIV, SE, SCE und SPE und Gestaltungsmöglichkeiten in der Praxis, AnwBl. 2009, 409, *Leuering,* Die als Einheitsgesellschaft ausgestaltete GmbH & Co KG, NJW-Spezial 2007, 267; *Timmer,* Wirtschaftsprüfungsgesellschaften - Schranken fallen, DATEV-Mag. 2/2007, 28; *Henssler,* Die Kapitalbeteiligung an Anwaltsgesellschaften, BRAK-Mitt. 2007, 186; *Werner,* Die GmbH & Co KG in der Form der Einheitsgesellschaft, DStR 2006, 706; *Kempter/Kopp,* Zulässigkeit und berufsrechtliche Zulassung der Rechtsanwalts-AG, NZG 2005, 582; *Merkner,* Interprofessionelle Zusammenarbeit von Wirtschaftsprüfern, Steuerberatern und Rechtsanwälten in der GmbH, AnwBl. 2004, 529; *Pluskat,* Chancen für eine interprofessionelle GmbH von RA, StB und WP mit gleichberechtigten Gesellschaftern, DStR 2004, 58; *dieselbe,* Satzungsentwurf für eine interprofessionelle GmbH AnwBl. 2004, 535; *Eder,* Die rechtsgeschäftliche Übertragung von Aktien, NGZ 2004, 107; *Elsing,* BGB-Gesellschaft als Kommanditistin BB 2001, 2338 (Anm. zu BGH 16.7.2001, BB 2001, 1966); *Vögele/Kircher,* Im Blickpunkt: Partiarischer Dienstvertrag im internationalen Konzern, BB 2000, 1581; *Jahn,* Zur Beitragsentlastung der Unternehmen nach Änderung des IHK-Gesetzes, BB 1999, 7; *WPK,* Beitragspflicht der Wirtschaftsprüfungsgesellschaften zur IHK, WPK-Mitt. 1999, 100; Thees, Chartered Accountants als Geschäftsführer von Steuerberatungsgesellschaften? (Anm. zu BFH 13.6.1997, V II R 101/96, StB 1998, 195), StB 1998, 198; *WPK,* Berufshaftpflichtversicherung der Partner einer Wirtschaftsprüfungsgesellschaft bzw. Buchprüfungsgesellschaft in der Rechtsform der Partnerschaft, WPK-Mitt. 1997, 309; *WPK,* Beachtung der §§ 28 Abs. 4 Nr. 6, 133 bei der Errichtung von Wirtschaftsprüfungsgesellschaften/Buchprüfungsgesellschaften, WPK-Mitt. 1996, 328; *Teckemeyer,* WP-Examen, vBP-Examen, Anerkennung von WPG gestern und heute, WPg 1986, 650; *WPK,* Zur Geschichte des WP-Berufes und seiner Organisationen, MittBl. WPK 123/1986, 2; *Niessen,* Die Regelung der europäischen Gemeinschaft über die Zulassung der Abschlussprüfer als Teil der Koordinierung des Gesellschaftsrechts, WPg 1984, 408; *Stehle,* Die „Freiberufler-GmbH" – ihre Vor- und Nachteile, DStR 1983, 100; *Koch,* Wirtschaftsprüfungsgesellschaften in der englischen Zone, Der Wirtschaftsprüfer 1948, 98.

Inhaltsübersicht

	Rn.
I. Allgemeines	1–2
II. Historische Entwicklung der WPG	3–15
1. Entwicklung vor Inkrafttreten der WPO 1961	3–5
2. Entwicklung von Inkrafttreten der WPO bis zum BiRiLiG 1986	6–7

3. Kapitalbindung durch das BiRLiG 8–11
4. Jüngere Entwicklungen 12–15
III. Das aktuelle Recht der WPG im Überblick 16–25
IV. Anwendung von Vorschriften für gewerbliche Gesellschaften 26–29
V. Berufsgesellschaften mit mehrfacher Anerkennung 30–31

I. Allgemeines

1 Wirtschaftsprüfungsgesellschaften sind neben der Tätigkeit in eigener Praxis u. in einer Sozietät weiteres **Instrument der Berufsausübung für WP**. In der Praxis hat die Tätigkeit in WPG eine herausragende Bedeutung. Zum 1.1.2013 waren etwa 67 % aller WP zumindest auch in WPG tätig (www.wpk.de/pdf/wpk-statistiken_januar_2013.pdf). 22 % aller WP waren zum 1.1.2011 in großen WPG tätig (WPK, WPK-Mag. 4/2012, 12, 16).

2 Seit Inkrafttreten der WPO 1961 hat sich die **Bedeutung der WPG** erheblich erhöht. Vorteile ggü. der Berufsausübung in eigener Praxis u. in Sozietät ergeben sich insb. aus den in früheren Jahren noch interessanteren, da weitergehenden **Werbemöglichkeiten über die Firma** u. aus der Möglichkeit einer **rechtsformabhängigen Haftungsbeschränkung** (hierzu eingehend Stehle, DStR 1983, 100). Auch angesichts der **Tendenz zu immer größeren Zusammenschlüssen** über regionale Grenzen hinaus u. der fortschreitenden Globalisierung insb. seit Beginn der 1990er Jahre sahen viele WP Vorteile darin, sich in einer Berufsgesellschaft zu organisieren. Ein weiterer Schub für die Berufsausübung in einer WPG ergab sich i.Z.m. der Einführung **des Qualitätskontrollverfahrens nach §§ 57a ff.**; in nicht wenigen Fällen haben Berufsangehörige die zur QK-Pflicht führenden AP-Mandate in einer Berufsgesellschaft gebündelt. Die Mitgliederstatistik der WPK (www.wpk.de) seit ihrer Errichtung zum 1.11.1961 mag die Entwicklung illustrieren (Stand jeweils 1. Januar; nur 1961 der 1. November):

Jahr	Anzahl WPG	Steigerung zum vorgenanntem Jahr	Gesamtzahl Mitglieder WPK
1961	196		3 010
1965	194	- 1,0 %	3 177
1970	258	33,0 %	3 273
1975	425	64,7 %	3 931
1980	651	53,2 %	4 933
1985	920	41,3 %	6 125
1990	1 215	32,1 %	10 840
1995	1 541	26,8 %	14 470
2000	1 879	21,9 %	16 881
2005	2 221	18,2 %	19 428
2010	2 540	14,4 %	20 796
2013	2 762	8,7 %	21 469

II. Historische Entwicklung der WPG

1. Entwicklung vor Inkrafttreten der WPO 1961

Ab dem **Ende des 19. Jahrhunderts** entstanden im Deutschen Reich nach angloamerikanischem Vorbild sog. Treuhandgesellschaften, welche die alte Einrichtung der Treuhand auf moderne kapitalistische Verhältnisse anwenden wollten. Die erste rein deutsche Treuhandgesellschaft wurde 1890 in Berlin v. der Deutschen Bank AG u. dem Bankhaus Jakob H.S. Stern gegründet. Zu diesem Zeitpunkt war an Revisionstätigkeit noch nicht gedacht worden (Meisel, Geschichte der Wirtschaftsprüfer, 145). Erst 1902 erfolgte die Aufnahme der Prüfungstätigkeit. Auch v. anderen Bankengruppen wurden solche Gesellschaften errichtet, so dass 1914 bereits 14 Treuhandgesellschaften bestanden, die sich vorwiegend auf dem Gebiet des Prüfungswesens betätigten (Teckemeyer, WPg 1986, 655, 656). Schließlich begründete auch die öffentl. Hand Treuhand- u. Prüfungsgesellschaften, so z.B. 1925 die Deutsche Revisions- u. Treuhand-Gesellschaft, deren Anteile v. Deutschen Reich gehalten wurden. Ein dritter Typ v. Prüfungsgesellschaften wurde v. Industrieverbänden ins Leben gerufen, um Prüfungen bei ihren Mitgliedsunternehmen vorzunehmen (Koch, WPg 1948, 98 ff.). Eine Besonderheit stellten die genossenschaftlichen Prüfungsverbände dar, deren Mitglieder die geprüften Genossenschaften waren. Diese heute noch bestehenden Verbände gehören z.T. als freiwillige Mitglieder der WPK an (§ 58 Abs. 2).

Mit **Begründung des Berufsstandes der WP im Jahre 1931** (vgl. auch Einl. Rn. 62) mussten auch **WPG staatlich anerkannt**, d.h. in die Gesellschaftsliste bei der Hauptstelle für die öffentl. bestellten WP eingetragen werden. Voraussetzung der Ausübung der WP-Tätigkeit durch AG, KGaA u. GmbH war nach den Bestimmungen der Hauptstelle, dass mind. ein Mitglied des VO bzw. der Geschäftsführung WP war. Wenn nur ein WP als Organ bestellt war, so musste ein zeichnungsberechtigter Vertreter bestellt werden, der ebenfalls WP war. Gesellschafter konnte indes jedermann sein. Bei oHG mussten alle phG, die im Reichsgebiet ihren Wohnsitz hatten, als WP bestellt sein. Hatte nur ein phG seinen Wohnsitz in Deutschland, so war ein zeichnungsberechtigter Vertreter zu bestellen, der ebenfalls als WP bestellt sein musste (ausführlich hierzu Teckemeyer, WPg 1986, 650, 657).

Nach dem **Zusammenbruch infolge des zweiten Weltkrieges** bestanden in den **Besatzungszonen unterschiedliche Anerkennungsvoraussetzungen.** Die strengsten Regelungen existierten in den Bundesländern der britischen Besatzungszone, in der sämtliche Organe u. Gesellschafter WP sein mussten. Dagegen sahen die Vorschriften der amerikanischen Zone vor, dass vBP, StB u. besonders befähigte Personen anderer Fachrichtungen neben WP eine Organfunktion wahrnehmen konnten. Die Beteiligung an WPG in der Rechtsform der Kapitalgesellschaft war frei (Gerhard, WPO 1961, 15 f., Markus, Der Wirtschaftsprüfer, 157 ff., Teckemeyer, WPg 1986, 650, 657).

2. Entwicklung von Inkrafttreten der WPO bis zum BiRiLiG 1986

Die **Rechtszersplitterung** der Nachkriegszeit wurde erst mit dem **Inkrafttreten der WPO** am **1.11.1961** beendet. Im Wesentlichen wurden die Anerkennungsvoraussetzungen übernommen, die in den Bundesländern der ehemaligen amerikanischen Besatzungszone galten. Anerkennungsbehörde war die oberste Landesbehörde für Wirtschaft des Landes, in dem die Gesellschaft ihren Sitz hatte. Nach § 27 konnten AG, KGaA, GmbH, OHG u. KG als WPG anerkannt werden. § 28 sah vor, dass die VO-Mitglieder, die GF o. phG WP sein mussten. Daneben konnten nach Erteilung einer Ausnahmegenehmigung durch die Anerkennungsbehörde vBP, StB u. besonders befähigte Personen anderer Fachrichtung (z.B. RA u. Angehörige technischer Berufe) als gesetzl. Vertreter bestellt werden. Die Zahl dieser Personen durfte die der WP nicht übersteigen. Die kapitalistische Beteiligung an WPG blieb für jedermann möglich.

7 An der **Beteiligung berufsfremder Personen,** insb. Banken u. der öffentl. Hand, entzündete sich bald nach Inkrafttreten der WPO **Kritik** (Markus, a.a.O.; Haibt, Kapitalbeteiligung, 82 ff.). So prüften WPG, deren Anteile in der Hand v. Bund u. Ländern waren, überwiegend Staatsunternehmen. WPG, an denen Banken beteiligt waren, prüften Gesellschaften, an denen diese Banken beteiligt waren. Es wurden Bedenken gegen die fehlende Unabhängigkeit v. WPG erhoben. Diese wurden insb. im Ausland geltend gemacht, da international die Beteiligung Berufsfremder an WPG nicht üblich war (Lück, DB 1979, 317, 324). Der möglichen Befangenheit der handelnden WP könne aber dadurch entgegengewirkt werden, dass die berufsfremden Anteilseigner ihre Anteile auf die in der WPG tätigen WP übertrügen (Haibt, Kapitalbeteiligung, 87).

3. Kapitalbindung durch das BiRiLiG

8 Die Beteiligung an WPG wurde erst mit **Inkrafttreten des BiRiLiG zum 1.1.1986 in Folge der 8. EU-Richtlinie (1984)** reguliert. Die zuvor für jedermann mögliche Beteiligung an WPG wurde erheblich verschärft, obwohl **die 8. EU-Richtlinie (1984)** insb. aufgrund politischen Druckes der Bundesregierung keine Kapitalbindung für Mitgliedstaaten vorsah, die eine solche Regelung bisher nicht kannten (Haibt, Kapitalbeteiligung, 97; Niessen, WPg 1984, 408, 410). Als Kompromiss in der politisch umstrittenen Frage wurde vereinbart, dass alle Aktien o. Anteile an einer Prüfungsgesellschaft auf Namen lauten u. ihre Übertragung an die Zustimmung der Gesellschaft gebunden wurde. Weiterhin musste die Mehrheit der Stimmrechte im Besitz v. Berufsangehörigen sein (Art. 2 Abs. 1b) ii) 8. EU-Richtlinie (1984)). Im **Kabinettsentwurf zum BiRiLiG** wurde dementsprechend zunächst auf die Einführung einer Kapitalbindung verzichtet. Gegen die Auffassung der Bundesregierung stellte sich im Gesetzgebungsverfahren jedoch der **Rechts- u. der Wirtschaftsausschuss des Deutschen Bundestages.** Berufsfremde sollten sich an WPG nur beteiligen können, wenn sie in der Gesellschaft in zulässiger Weise in verantwortlicher Position tätig waren u. sich die Mehrheit der Anteile in Händen v. WP u. WPG befänden. Der Deutsche Bundestag folgte der Beschlussempfehlung seines Rechts- u. seines Wirtschaftsausschusses, so dass Abs. 4 Satz 1 Nr. 1 eine Kapitalbindung vorsah (Biener/Bernecke, BiRiLiG – Bericht des Rechtsausschusses V.4, 13, Haibt, Kapitalbeteiligung, 103).

Für die zum Zeitpunkt des Inkrafttreten des BiriLiG **bereits anerkannten Gesell-** 9
schaften wurde mit § 134a Abs. 2 eine Sonderregelung getroffen. Sie durften bis
zum 31.12.1987 ihre Beteiligungsverhältnisse beliebig gestalten (vgl. § 134a
Rn. 5 f.).

Das **gesetzgeberische Ziel**, nicht in der WPG tätige **Nicht-WP** v. der Beteiligung 10
an WPG **auszuschließen**, ist mit der 5. WPO-Novelle zum 1.1.2004 z.T. aufgegeben worden. Nunmehr reicht es, wenn mind. die Hälfte der nicht als WP bestellten
Gesellschafter in der Gesellschaft tätig ist (Abs. 4 Nr. 1a). Die anderen nicht in der
Gesellschaft tätigen Nicht-WP-Gesellschafter dürfen nur weniger als ein Viertel am
Nennkapital o. der im HR eingetragenen Einlagen der Kommanditisten halten
(Abs. 4 Nr. 3a). Hintergrund der Änderung war, die Zusammenarbeit mit den „verwandten" Berufen des StB u. des RA zu fördern. Oftmals sind WPG personell mit
Sozietäten verbunden. Den RA- bzw. StB-Sozien ist es oftmals nicht möglich, den
Schwerpunkt ihrer Tätigkeit in der WPG zu haben. Es sollte aber sichergestellt werden, dass diese Personen nur eine einfache Minderheitsbeteiligung eingehen können, also keine qualifizierte Mehrheit an Stimmen o. Anteilen halten dürfen (BT-Drs. 15/1241, 35).

Neben der Kapitalbeteiligung wurden **weitere Anerkennungsvoraussetzungen re-** 11
striktiver geregelt. So darf seit 1990 die Zahl der Nicht-WP-gesetzlichen Vertretern die Zahl der WP-Organe nicht mehr erreichen. Lediglich bei zwei gesetzlichen
Vertretern genügt Parität. Bereits vor Anerkennung der Gesellschaft muss eine vorläufige Deckungszusage der BHV vorgelegt werden.

4. Jüngere Entwicklungen
Mit der **3. WPO-Novelle 1995** entfiel das Erfordernis, dass mind. ein WP-Organ 12
seinen Wohnsitz am Sitz der Gesellschaft haben muss. Es kommt seitdem ausschließl. auf die berufliche NL an. Das Erfordernis einer Ausnahmegenehmigung
der obersten Landesbehörde zur Bestellung v. vBP u. StB als weitere Organe neben
WP wurde im Interesse der Verwaltungsvereinfachung aufgehoben (BT-Drs. 361/93,
13 f., 73 ff.). In demselben Jahr wurde als weitere zulässige Rechtsform für WPG
die PartG etabliert.

Das **Gesetz zur Schaffung v. PartG** v. 25.7.1994 ermöglichte ab 1.1.1995, WPG 13
neben den bereits zulässigen Rechtsformen GmbH, AG, OHG u. KG auch in der
Rechtsform der PartG anzuerkennen.

Durch die **4. WPO-Novelle 2001** wurden ab dem 1.1.2002 die Aufgaben der ober- 14
sten Landesbehörden für Wirtschaft bzgl. des Anerkennungsverfahrens u. der Überwachung der Anerkennungsvoraussetzungen auf die WPK übertragen u. damit die
ausschließl. Zuständigkeit der WPK begründet. Bereits zum 1.1.2001 wurde § 28
Abs. 2 dahingehend geändert, dass nunmehr auch RA keiner Ausnahmegenehmigung der Anerkennungsbehörde mehr bedurften, um GF, VO, phG o. Partner einer
WPG zu werden. Auch wurden ausländische RA, StB u. PA als gesetzl. Vertreter
zugelassen, jedoch nur nach Erteilung einer Ausnahmegenehmigung. Entsprechend
wurde der Gesellschafterkreis um Personen, mit denen eine gemeinsame Berufsaus-

übung zulässig ist (s. § 44b Rn. 19 ff.) erweitert. Erfasst werden insb. ausländische Prüfer, RA, PA u. StB, die allerdings in der Gesellschaft tätig sein müssen.

15 **Die 5. WPO-Novelle 2004** nahm im Bereich der Berufsgesellschaften eine Lockerung der Kapitalbindungsvorschriften des § 28 Abs. 4 vor (s. oben Rn. 10). Mit der **7. WPO-Novelle 2007** wurde als Folge der AP-RiLi eine **Europäisierung der Leitungs- u. Beteiligungsebene** eingeführt. Bei den gesetzlichen Vertretern u. Gesellschaftern werden EU-AP den WP weitgehend gleichgestellt. Da § 1 Abs. 3 nach wie vor die verantwortliche Führung einer WPG durch WP voraussetzt, muss jedoch mind. ein WP gesetzlicher Vertreter sein (§ 1 Rn. 39). Als neue Rechtsform wurde die SE zugelassen. WPG konnten nun auch phG einer anderen WPG sein, so dass nunmehr die Konstruktion der GmbH & Co KG für WPG möglich ist. Auch wurde das Erfordernis der **Registrierung der Netzwerkzugehörigkeit von WPG** im BR der WPK in die WPO aufgenommen (vgl. § 38 Rn. 20 ff.).

III. Das aktuelle Recht der WPG im Überblick

16 § 27 enthält einen abschließenden **Rechtsformenkatalog** für WPG.

17 § 28 regelt die **Anerkennungsvoraussetzungen als WPG** im Hinblick auf die Anforderungen an die gesetzlichen Vertreter, die Gesellschafter, die Ausübung v. Gesellschafterrechten, die Übertragung v. Anteilen, die Einzahlung des gesetzl. Grund- bzw. Stammkapitals u. das Erfordernis der Vorlage einer vorläufigen Deckungszusage der BHV.

18 § 29 bestimmt die WPK als Anerkennungsbehörde u. das **Anerkennungsverfahren** als WPG.

19 § 30 betrifft **Änderungsanzeigen** bereits bestehender Gesellschaften ggü. der WPK.

20 § 31 verpflichtet die anerkannte WPG, die Bezeichnung „Wirtschaftsprüfungsgesellschaft" in die **Firma** aufzunehmen u. diese im Rechtsverkehr zu führen. Daneben bestehen weitere Anforderungen zur Firma in § 29 BS WP/vBP.

21 § 32 enthält eine Regelung zur **Unterzeichnung** gesetzlich vorgeschriebener **BV** für WPG.

22 § 33 regelt das **Erlöschen der Anerkennung** als WPG durch Auflösung o. Verzicht.

23 § 34 ist Ermächtigungsgrundlage für die WPK zur **Rücknahme** bzw. zum **Widerruf der Anerkennung** als WPG u. enthält die Tatbestandsvoraussetzungen.

24 Außerhalb der §§ 27 ff. gewährt **§ 134a Abs. 2** unter bestimmten Voraussetzungen sog. **Altgesellschaften** Bestandsschutz, die vor dem 31.12.1987 als WPG anerkannt waren u. im Hinblick auf die Beteiligungsverhältnisse nicht mehr die Anerkennungsvoraussetzungen nach Maßgabe der Kapitalbindungsvorschriften erfüllen (hierzu näher § 134a Rn. 4 ff.).

25 Gemäß § 133 ist es nicht als WPG anerkannten Gesellschaften zur Vermeidung einer Ordnungswidrigkeit untersagt, die Bezeichnung „Wirtschaftsprüfungsgesell-

schaft" o. einer solchen zum Verwechseln ähnlichen Bezeichnung zu gebrauchen. Die v. der WPK zu verhängende Geldbuße kann bis zu 10.000 Euro betragen.

IV. Anwendung von Vorschriften für gewerbliche Gesellschaften

Wirtschaftsprüfungsgesellschaften sind Instrumente der Ausübung des freien Berufes des WP. Ebenso wie dem WP sind der Berufsgesellschaft gemäß § 43a Abs. 3 Nr. 1 **gewerbliche Tätigkeiten untersagt** (zur Abgrenzung § 43a Rn. 63 ff.). Nach der Anerkennung als WPG ist die Gesellschaft unabhängig v. ihrer Rechtsform nicht mehr als gewerblich zu qualifizieren (BVerfG 15.3.1967, NJW 1967, 1315). Soweit **Vorschriften für gewerbliche Gesellschaften** auch auf WPG anzuwenden sind, wird an die **Rechtsform angeknüpft**, nicht jedoch auf die materielle Tätigkeit.   26

Aufgrund ihrer Rechtsform sind GmbH, AG, KGaA, KG u. OHG **Mitglied der IHK**, in deren Bezirk sie ihren Sitz haben (§ 2 Abs. 2 IHKG). Für WPG in den genannten Rechtsformen ergibt sich somit eine Pflichtmitgliedschaft sowohl zur WPK als auch zur IHK (Jahn, BB 1999, 7, 10 f.). Die Rspr. hat die Pflichtmitgliedschaft v. Freiberufler-Gesellschaften zur IHK als mit Art. 9 u. 12 GG vereinbar angesehen (BVerfG 19.12.1962, E 15, 235, u. 7.12.2001, WPK-Mitt. 2002, 170 ff.; BVerwG 21.7.1998, WPK-Mitt. 1999, 120 ff. und 21.10.2004 NVwZ 2005, 340). Die Pflichtzugehörigkeit zur IHK wird danach nicht durch die auf einer anderen Rechtsgrundlage beruhende Pflichtmitgliedschaft in einer anderen Kammer – hier der eines freien Berufs in Frage gestellt. Das IHKG geht in § 2 Abs. 2 wie auch in § 3 Abs. 4 Satz 3 v. der Möglichkeit einer solchen Doppelmitgliedschaft aus. Liegen die jeweiligen tatbestandsmäßigen Voraussetzungen der Mitgliedschaft in beiden Kammern vor, so rechtfertigt die unterschiedliche Aufgabenstellung der Kammern die Mitgliedschaft in beiden Organisationen auch vor Art. 2 Abs. 1 GG. Der Problematik einer unverhältnismäßigen Belastung durch eine doppelte Beitragspflicht hat der Gesetzgeber durch § 3 Abs. 4 Satz 3 IHKG Rechnung getragen, wonach Gesellschaften, die bereits Pflichtmitglied einer anderen Kammer sind, nur noch mit 10 % des Gewerbeertrages als Bemessungsgrundlage für die Berechnung des Grundbeitrages u. der Umlagebeiträge herangezogen werden.   27

Wirtschaftsprüfungsgesellschaften in den genannten Rechtsformen sind **gewerbesteuerpflichtig**. Nicht gewerbliche Einkünfte werden wegen der Organisationsform der Gesellschaft zu gewerblichen Einkünften umqualifiziert (FG München 22.7.2003, EFG 2003, 1722). Eine ausschließlich freiberuflich tätige GmbH & Co KG hat nur Einkünfte gemäß § 18 EStG, wenn die Komplementär-GmbH nicht Mitunternehmer wird (BFH 8.4.2008 DStR 2008,1187). Wegen der unbeschränkten Außenhaftung der Komplementär-GmbH wird jedoch eine Mitunternehmerschaft bestehen (Schmidt-Wacker, Kommentar zum EstG, § 15 Rn. 264, a.A. Karl, DStR 2011, 159).   28

Die Anerkennung als Berufsgesellschaft hat jedoch zur Folge, dass unabhängig v. der Rechtsform eine **gewerberechtliche Anmeldung** gemäß § 14 GewO **nicht erforderlich** ist. Da die WPG Instrument der Ausübung des freien Berufes des WP ist,   29 unterfällt sie nicht dem Gewerberecht. Auf die Rechtsform kommt es i. Ggs. zur IHK-Mitgliedschaft nicht an (Landmann/Rohner, GewO, § 14 Rn. 24).

V. Berufsgesellschaften mit mehrfacher Anerkennung

30 35,4 % aller WPG waren zum 1.1.2013 **gleichzeitig** auch **als StBG anerkannt**. Seit 1999 können **Rechtsanwaltsgesellschaften (RAG)** in der Rechtsform der GmbH zugelassen werden. WPG, die auch über eine Zulassung als RAG verfügen, sind jedoch aufgrund der strengen Anforderungen an eine solche Gesellschaft nach der BRAO die Ausnahme geblieben. Zum 1.1.2013 waren nur 5 WPG auch als RAG zugelassen (www.wpk.de/beruf-wp-statistiken.asp).

31 Bei der **Gründung v. Mehrbändergesellschaften** kann es aufgrund der unterschiedlichen Regelungen der jeweiligen Berufsrechte zu Problemen kommen (Merkner, AnwBl. 2004, 529; Pluskat, DStR 2004, 58, AnwBl. 2004, 535), da die jeweiligen Anforderungen auch beachtet werden müssen, wenn die Berufsrechte unterschiedliche u. sich ggf. widersprechende Anforderungen stellen. Die nachfolgende Synopse gibt die Rechtslage zum 1.1.2013 wieder. Mit Inkrafttreten des 8. StBerÄG konnten auch StBG phG v. anderen StBG werden. Die Konstruktion der GmbH & Co. KG ist damit nach Inkrafttreten der Gesetzesnovelle für Gesellschaften mit Doppelanerkennung WPG/StBG möglich.

WPO	StBerG	BRAO
1. Rechtsformen		
§ 27 AG, GmbH, KGaA, KG, OHG, PartG, SE	§ 49 Abs. 1 u. 2 Dieselben Rechtsformen wie bei WPG mit Ausnahme der SE	§ 59c Abs. 1 Nur GmbH vorgesehen, AG von der Rspr. anerkannt (BayObLG 27.3.2000 NJW 2000, 1647). Die Personenhandelsgesellschaften OHG und KG sind unzulässig (BGH 18.07.2011, WPK Mag 3/2011, 14 und NJW 2011, 3036 sowie BVerfG 06.12.2011 WPK Mag 3/2012, 61 = NJW 2012, 993)
2. Leitungsebene		
§ 1 Abs. 3 Verantwortliche Führung durch WP	§ 32 Abs. 3 Satz 2 Verantwortliche Führung durch StB	§ 59f Abs. 1 Satz 1 u. Abs. 4 Verantwortliche Führung durch RA

WPO	StBerG	BRAO
§ 28 Abs. 1	§ 50 Abs. 1	§§ 59f Abs. 1 Satz 2, 59i Abs. 1
Gesetzliche Vertreter müssen WP, WPG, EU-/EWR-AP o. EU-/EWR-Prüfungsgesellschaften sein, berufliche NL mind. eines solchen gesetzl. Vertreters muss am Sitz der Gesellschaft sein.	Gesetzliche Vertreter müssen StB sein, berufl. NL eines solchen StB im Nahbereich der Gesellschaft ist ausreichend. Auch StBG können phG einer StBG werden.	GF müssen mehrheitlich RA sein. Mindestens ein geschäftsführender RA muss in der Kanzlei am Sitz der Gesellschaft tätig sein. Sie muss den Mittelpunkt seiner Tätigkeit bilden.
§ 28 Abs. 1 u. 2	§ 50 Abs. 2, 3, 4	§ 59f Abs. 2 i.V.m. § 59 e Abs. 1 Satz 1
Bestellung v. vBP, StB, RA als weitere gesetzl. Vertreter, andere Berufsgruppen mit Ausnahmegenehmigung. WP, WPG, EU-/EWR-AP bzw. EU-/EWR-Prüfungssgesellschaften haben die Majorität bei den gesetzl. Vertretern	Bestellung v. WP, vBP, RA, niedergelassene europ. RA u. StBv als weitere gesetzl. Vertreter, andere Berufsgruppen nur mit Ausnahmegenehmigung der StBK, mind. die Hälfte der gesetzl. Vertreter muss StB sein	Bestellung v. WP, vBP, StB, StBv, europ. RA u. PA als weitere GF. Auch Angehörige vergleichbarer ausländischer Berufe können bestellt werden.
§ 28 Abs. 3	§ 50 Abs. 3	Keine Ausnahmegenehmigungen vorgesehen
Prüfer aus Drittstaaten, ausländische StB, RA, PA als gesetzl. Vertreter mit Ausnahmegenehmigung	Besonders befähigte Personen mit anderer Ausbildung benötigen eine Ausnahmegenehmigung	
3. Beteiligungsebene		
§ 28 Abs. 4 Satz 1 Nr. 1	§ 50a Abs. 1 Nr. 1	§ 59e Abs. 1
Kapitalbindung zugunsten WP, WPG, EU-/EWR-AP u. EU- /EWR-Prüfungsgesellschaften	Kapitalbindung zugunsten StB, StBG, WP, vBP, RA, niedergelassene europ. RA, StBv	Kapitalbindung zugunsten RA u. weiterer Berufe, deren Angehörige GF werden können

WPO	StBerG	BRAO
§ 28 Abs. 4 Satz 1 Nr. 1a Andere Berufsgruppen als Minderheitsgesellschafter. Grds. Erfordernis der Tätigkeit in der Gesellschaft	§ 50a Abs. 1 Nr. 1 In der Gesellschaft tätige Personen, denen eine Ausnahmegenehmigung erteilt worden ist, sind als Gesellschafter zugelassen	§ 59e Abs. 1 Satz 2 Alle Gesellschafter müssen in der Gesellschaft tätig sein
§ 28 Abs. 4 Satz 1 Nr. 2 Kein Halten v. Anteilen für Rechnung v. Dritten	§ 50a Abs. 1 Nr. 2 Kein Halten v. Anteilen für Rechnung v. Dritten	§ 59e Abs. 3 Kein Halten v. Anteilen für Rechnung v. Dritten. Verbot der Beteiligung Dritter am Gewinn der Gesellschaft.
§ 28 Abs. 4 Satz 1 Nr. 3 Majorität der WP, WPG, EU-/EWR-AP u. EU-/EWR-Prüfungsgesellschaften	§ 50a Abs. 1 Nr. 3 Keine StB-Majorität erforderlich	§ 59e Abs. 2 RA-Majorität
§ 28 Abs. 4 Satz 1 Nr. 3a Anteile nicht tätiger Gesellschafter, die nicht WP, WPG, EU-/EWR-AP o. EU-/EWR-Prüfungsgesellschaft sind, dürfen 25 % nicht erreichen	Keine vergleichbare Regelung	§ 59 e Abs. 1 Satz 2 Alle Gesellschafter müssen in der Gesellschaft tätig sein.
§ 28 Abs. 4 Satz 1 Nr. 4 Mehrheit der Kommanditanteile bei WP, WPG EU-AP o. EU-Prüfungsgesellschaften	§ 50a Abs. 1 Nr. 4 Keine StB-Majorität erforderlich	KG ist keine zulässige Rechtsform
§ 28 Abs. 4 Satz 2 Beteiligungs-GbR: Anteile an WPG werden den Gesellschaftern im Verhältnis ihrer Beteiligung an der GbR zugerechnet	§ 50a Abs. 2 Satz 1 Beteiligungs-GbR: Anteile an StBG werden den Gesellschaftern im Verhältnis ihrer Beteiligung an der GbR zugerechnet	Keine Zulassung v. Beteiligungs-GbR als Gesellschafterin

WPO	StBerG	BRAO
§ 28 Abs. 4 Satz 3 Stiftungen u. e.V. als weitere Gesellschafter	§ 50a Abs. 2 Satz 2 Stiftungen und e.V. als weitere Gesellschafter	Keine Zulassung v. Stiftungen u. e.v. als Gesellschafter
§ 28 Abs. 5 Satz 1 Namensaktien bei AG u. KGaA	§ 50 Abs. 5 Satz 1 Namensaktien bei AG u. KGaA	Keine Regelung bzgl. AG; KGaA ist keine zulässige Rechtsform
§ 28 Abs. 5 Satz 2, 3 bei Anteilsübertragung an AG, KGaA und GmbH Zustimmung der Gesellschaft	§ 50 Abs. 5 Satz 2, 3 bei Anteilsübertragung an AG, KGaA und GmbH Zustimmung der Gesellschaft	Keine Regelung
§ 28 Abs. 6 Satz 1, 2 Einzahlung des gesetzl. Stamm- o. Grundkapitals	Keine Regelung getroffen, es gilt allg. Gesellschaftsrecht	Keine Regelung getroffen, es gilt allg. Gesellschaftsrecht
4. Gesellschafterrechte		
§ 28 Abs. 4 Satz 1 Nr. 5 Mehrheit der Stimmrechte bei WP, WPG, EU-/EWR-AP o. EU-/EWR-Prüfungsgesellschaften	§ 50a Abs. 1 Nr. 5 Mehrheit der Stimmrechte bei StB, RA, niedergelassene europ. RA, WP, vBP, StBv o. StBG	§ 59e Abs. 2 Mehrheit der Stimmrechte bei RA
§ 28 Abs. 4 Satz 1 Nr. 6 Nur andere WP o. EU-/EWR-AP-Gesellschafter können zur Ausübung v. Gesellschafterrechten bevollmächtigt werden	§ 50a Abs. 1 Nr. 6 StB, WP, vBP, RA, niedergelassene europ. RA u. StBv-Gesellschafter können zur Ausübung v. Gesellschafterrechten bevollmächtigt werden	§ 59e Abs. 4 RA o. Angehörige desselben Berufes wie der Vertretene können zur Ausübung v. Gesellschafterrechten bevollmächtigt werden
5. Berufshaftpflichtversicherung		
§ 28 Abs. 7 BHV ist vor Anerkennung abzuschließen	§ 50 Abs. 6 BHV ist vor Anerkennung abzuschließen	§§ 59d Nr. 3, 59j BHV ist vor Anerkennung abzuschließen

WPO	StBerG	BRAO
6. Anerkennungsverfahren		
§ 29 Abs. 1	§ 49 Abs. 3 Satz 1	§§ 59 g Abs. 1 Satz 1, 224 a
Anerkennung durch WPK	Anerkennung durch StBK	Anerkennung durch RAK
§ 29 Abs. 2	§ 49 Abs. 3 Satz 2	§§ 59d, 59g Abs. 1 Satz 2
Nachweise im Anerkennungsverfahren	Nachweise im Anerkennungsverfahren	Nachweise im Anerkennungsverfahren
§ 29 Abs. 3	§ 52	§ 59g Abs. 3 i.V.m. § 12 Abs. 1
Anerkennungsurkunde	Anerkennungsurkunde	Zulassungsurkunde
§ 30	§ 49 Abs. 4	§ 59m Abs. 1
Änderungsanzeige	Änderungsanzeige	Änderungsanzeige
7. Anforderungen an die Firma bzw. den Namen		
§ 31 Satz 1	§ 53 Satz 1	§ 59k
Aufnahme „WPG" (§ 29 BS WP/vBP: WPG ungebrochen u. nach Rechtsform)	Aufnahme „StBG"	Aufnahme „RAG" Mindestens ein RA-Gesellschaftername ist aufzunehmen
§ 31 Satz 2	§ 53 Satz 2	PartG ist keine zulässige Rechtsform
Name einer PartG: WPG ersetzt die Berufsbezeichnungen der Partner	Name einer PartG: StBG ersetzt die Berufsbezeichnungen der Partner	
8. Beendigung		
§ 33 Abs. 1	§ 54 Abs. 1	§ 59h Abs. 1
Auflösung u. Verzicht	Auflösung und Verzicht	Auflösung
§ 33 Abs. 2	§ 54 Abs. 2	§ 59h Abs. 4 Nr. 1
Schriftformerfordernis des Verzichts	Schriftformerfordernis des Verzichts	Nach schriftlichem Verzicht auf die Rechte aus der Zulassung Widerruf durch Rechtsanwaltskammer

WPO	StBerG	BRAO
§ 34	§ 55	§ 59h Abs. 2 u. 3
Rücknahme u. Widerruf 9. Altgesellschaften § 134a Abs. 2 Satz 1	Rücknahme u. Widerruf § 154 Abs. 1 Satz 1	Rücknahme u. Widerruf Keine Regelung
Bestandsschutz Altgesellschaften § 134a Abs. 2 Satz 2	Bestandsschutz Altgesellschaften § 154 Abs. 1 Satz 3	Keine Regelung
Wegfall des Bestandsschutzes	Wegfall des Bestandsschutzes	

§ 27 Rechtsform

(1) Aktiengesellschaften, Europäische Gesellschaften (SE), Kommanditgesellschaften auf Aktien, Gesellschaften mit beschränkter Haftung, Offene Handelsgesellschaften, Kommanditgesellschaften und Partnerschaftsgesellschaften können nach Maßgabe der Vorschriften dieses Abschnittes als Wirtschaftsprüfungsgesellschaften anerkannt werden.

(2) Offene Handelsgesellschaften und Kommanditgesellschaften können als Wirtschaftsprüfungsgesellschaften anerkannt werden, wenn sie wegen ihrer Treuhandtätigkeit als Handelsgesellschaften in das Handelsregister eingetragen worden sind.

Schrifttum: *Die Hinweise zum Schrifttum sind für das Recht der Berufsgesellschaften vor den Vorbemerkungen zu den §§ 27-34 gebündelt.*

Inhaltsübersicht

		Rn.
I.	Allgemeines	1–2
II.	Zulässige Rechtsformen	3–12
III.	Unzulässige Rechtsformen	13–18

I. Allgemeines

Der in § 27 Abs. 1 genannte **Katalog der zulässigen Rechtsformen** für WPG ist **abschließend**. Es können nur Gesellschaften in den Rechtsformen der AG, KGaA, europäische Gesellschaft (SE), GmbH, KG, OHG u. PartG als WPG anerkannt werden. Bei Gründung des Berufsstandes 1931 waren zunächst AG, GmbH, OHG u. KG zugelassen. 1961 wurde der Rechtsformenkatalog um die KGaA erweitert, weil diese nach Auffassung des Gesetzgebers durch die Vereinigung phG mit der Form der jur. Person dem Wesen des Berufs u. den Erfordernissen großer Prüfungsgesell- 1 schaften gerecht zu werden vermochte (BT-Drs. 3/201, 50). Diese Begr. weist auf den **Sinn u. Zweck der Beschränkung** auf die Rechtsformen des Katalogs hin. Die genannten Rechtsformen gewährleisten aufgrund der Organisationsstruktur u. der Pflicht der Eintragung insb. ins HR **Transparenz** u. die **Möglichkeit umfangreicher Betriebsprüfungen** (VG Düsseldorf 29.10.1964, WPg 1965, 321, 322). Seit 1995 kann die in das PR einzutragende PartG u. seit 2007 die im HR o. einem vergleichbaren Register in einem anderen EU-Mitgliedsstaat einzutragende SE (societas europaea) als WPG anerkannt werden (vgl. Vor § 27 Rn. 15).

2 Hinsichtlich der zulässigen Rechtsformen ergeben sich z.T. **Unterschiede zu den Regelungen** des StBerG für StBG u. der **BRAO** für RAG. Während für StBG gemäß § 49 StBerG mit Ausnahme der SE dieselben Rechtsformen wie für WPG zugelassen werden, lässt § 59c Abs. 1 BRAO für RAG nur die Rechtsform der GmbH zu. Nach der Rspr. kann die RAG allerdings auch in der Rechtsform der AG zugelassen werden. (vgl. Bay ObLG 27.3.2000, NJW 2000, 1647). Zum 1.1.2013 waren v. insgesamt 2 762 WPG 979 WPG auch als StBG u. 5 WPG auch als RAG anerkannt (www.wpk.de/beruf-wp-vbp/statistiken.asp).

II. Zulässige Rechtsformen

3 Der Rechtsform der **GmbH** kommt herausragende Bedeutung zu. Am 1.1.2013 hatten etwa 83 % aller WPG diese Rechtsform. Die Beliebtheit dieser Rechtsform ergibt sich aus der Haftungsbeschränkung der GmbH-Gesellschafter auf das Stammkapital. Das Vorhandensein des gesetzlichen Stammkapitals in Höhe v. 25.000 Euro ist im Anerkennungsverfahren als WPG nachzuweisen. Es handelt sich um eine Sondervorschrift, die dem allg. Gesellschaftsrecht vorgeht (vgl. § 28 Rn. 93 ff.). Die Übertragung v. Anteilen ist an die Zustimmung der Gesellschafter gebunden (vgl. § 28 Rn. 88).

4 5 % aller WPG bestehen in der Rechtsform der **AG**. Im Anerkennungsverfahren als WPG sind neben den Anforderungen an das AktG berufsrechtliche Besonderheiten zu beachten. So müssen die Aktien auf Namen lauten. Die Übertragung ist ebenso wie bei Geschäftsanteilen an einer GmbH an die Zustimmung der Gesellschaft gebunden. Bei der Besetzung des Aufsichtsrates sind die Aktionäre aber frei. Eine berufsrechtliche Einschränkung besteht nicht (vgl. § 28 Rn. 91).

5 Die **KGaA** ist eine Mischform aus Elementen der AG u. der KG. Sie ist wie die AG jur. Person, unterscheidet sich v. dieser jedoch dadurch, dass es neben den Kommanditaktionären mind. einen phG gibt, dessen Stellung der eines Komplementärs in der KG ähnelt. Auf die Gesellschaft finden die Vorschriften des AktG Anwendung, sofern sich aus § 278 AktG nicht etwas anderes ergibt. Im Anerkennungsverfahren als WPG gelten für die phG §§ 28 Abs. 1-3 u. für die Kommanditaktionäre §§ 28 Abs. 4-6.

6 Die Anerkennung einer **KG u. OHG** als WPG setzt voraus, dass die Gesellschaft wegen ihrer **Treuhandtätigkeit in das HR eingetragen** ist (Abs. 2). Aus dem Wortlaut ist aber nicht zu schließen, dass nach einer Eintragung als Treuhandgesell-

schaft erst eine Zweiteintragung als WPG zulässig sei. Ein **gestuftes Verfahren** würde eine unnötige **Förmelei** darstellen. Trotz Eintragung in das HR üben die als WPG anerkannten Gesellschaften eine aus berufsrechtlicher Sicht **freiberufliche Tätigkeit** i.S.d. WPO aus. Demgegenüber müssen Personengesellschaften i.S.d. **HGB gesellschaftsrechtlich nach h.M ein Handelsgewerbe** ausüben (§§ 105, 161 HGB). Dies führt zu einem Spannungsverhältnis zwischen Berufsrecht und Gesellschaftsrecht.

Der **gesetzgeberischen Wille** ist eindeutig. Bereits die Urfassung der WPO 1961 sah OHG, KG und KGaA vor. Die Zulassung von WPG und EU-/EWR-Prüfungsgesellschaften als phG in 2007 (hierzu § 28 Rn. 15) wurde explizit damit begründet, dass die Vorteile steuer- und haftungsrechtlicher Art dem Berufsstand zu Gute kommen sollten (BT-Drs. 16/2858, S. 24). 7

In der **Rechtsliteratur** ist die Zulässigkeit der WPG in den Rechtsformen der Personenhandelsgesellschaften strittig. Ein Teil geht davon aus, dass der Gesetzgeber zumindest für WPG vom Erfordernis eines Handelsgewerbe abgesehen habe, da ansonsten die berufsrechtliche Zulassung der Rechtsformen der OHG und der KG keine Anwendung mehr finden würde (Arens, DStR 2011, 1825, 1827) bzw. OHG und KG ohne Ausübung eines Handelsgewerbes ins HR eingetragen werden können (Schmidt, MüKo HGB, § 105 Rn. 58 ff. und DB 2011, 2477). Ein anderer Teil lehnt aus handels- und gesellschaftsrechtlicher Sicht die Eintragung v. WPG als OHG o. KG im HR ab, da eine Gesellschaft nicht gleichzeitig freiberuflich und gewerblich tätig sein könne. Eine dennoch vorgenommene Eintragung einer KG führe nicht zur **Haftungskonzentration** auf den Komplementär, weil tatsächlich eine nicht eintragungsfähige GbR mit gesamtschuldnerischer Haftung der Gesellschafter vorliege (Potsch, NZG 2012, 329, 331, Tersteegen NZG 2010, 651). 8

Die letztgenannte Auffassung konstruiert einen Vorrang des Handelsrechts vor dem Berufsrecht, obwohl die WPO als Bundesgesetz denselben Rang wie das HGB hat. Die Gesetzeskonkurrenz kann nur so aufgelöst werden, dass WPG als OHG bzw. KG dann in das HR eingetragen werden können, wenn sie gemäß ihres Gegenstandes Treuhandtätigkeiten ausüben dürfen, die berufsrechtlich gemäß § 1 i.V.m. § 2 Abs. 3 Nr. 3 als freiberuflich, handelsrechtlich aber als gewerblich angesehen werden können. Zur Vermeidung v. Rechtsunsicherheit zur Eintragungsfähigkeit scheint aber eine **klarstellende Regelung des Gesetzgebers** erforderlich zu sein. Diese könnte dadurch erfolgen, dass zu Abs. 2 eine Ergänzung vorgenommen wird, dass § 105 Abs. 2 HGB für WPG keine Anwendung findet. 9

Das **BVerfG** hat die Entscheidung des **BGH**, dass Anwaltsgesellschaften in der Rechtsform der (GmbH & Co) KG nicht zugelassen werden können, bestätigt (BVerfG 06.12.2011, NJW 2012, 993 = WPK-Mag. 3/2012, 61 u. BGH 18.07.2011, NJW 2011, 3036 = WPK-Mag. 3/2011, 14). Es sei aber möglich, eine Zulassung als WPG o. StBG als KG zu erhalten, wenn diese wegen der Treuhandtätigkeit ins HR eingetragen sei. Diese ausdr. Differenzierung kann nur so verstanden werden, dass das BVerfG keine Unzulässigkeit der Rechtsformen der Personenhandelsgesell- 10 schaften für WPG präjudizieren wollte. Demgegenüber wurde die Ablehnung der Eintragung einer StBG als GmbH & Co KG durch das HR in einem Fall wegen fehlender gewerblicher Treuhandtätigkeit obergerichtlich bestätigt (OLG Dresden 06.12.2012, 12 W 865/12, n.rkr.).

11   Die **PartG** ähnelt v. ihrer Struktur der OHG. Die Anerkennungsvoraussetzungen einer OHG gelten daher entsprechend für PartGG mit der Ausnahme, dass letztere in das PR eingetragen werden. Dieser Rechtsform kam aber wegen der persönlichen Haftung zumindest des das Mandat bearbeitenden Partners (§ 8 Abs. 2 PartGG), die v. der BHV der Gesellschaft abzudecken ist, nicht die Bedeutung der GmbH zu. Mit Wirkung vom 19.07.2013 trat das Gesetz zur Einführung der Partnerschaftsgesellschaft mit beschränkter Berufshaftung (PartGmbB) in Kraft. Seitdem können WPG auch in dieser Variante der PartG betrieben werden, bei der die persönliche Haftung der handelnden Partner ausgeschlossen wird, sofern die PartG eine BHV nach Maßgabe von § 8 Abs. 4 PartGG, § 54 WPO unterhält. Die für WPG abzuschließende BHV erfüllt diese Voraussetzung.

12   Die Anerkennung einer **europäischen AG (SE)** als WPG ist möglich, seit diese Rechtsform mit der 7. WPO-Novelle 2007 in § 27 aufgenommen wurde. Gemäß Art. 10 der Verordnung über das Statut der SE (SE-VO) der EU-Kommission (Nr. 2157/2001 v. 8.11.2001) ergibt sich ein die EU-Mitgliedstaaten unmittelbar bindender Anspruch der SE, in jedem Mitgliedstaat wie eine AG behandelt zu werden. Der deutsche Gesetzgeber hat dem durch das SEAG Rechnung getragen. Gesellschafter können nur jur. Personen sein, d.h. AG, GmbH, bereits bestehende SE sowie vergleichbare europäische Gesellschaften (Art. 2 SE-VO). Die Gründungsgesellschaften müssen ihren Sitz u. ihre Hauptverwaltung in der EU haben. Zudem müssen sie Beziehungen zu mehreren EU-Mitgliedstaaten aufweisen (Verschmelzung von Gesellschaften verschiedener Nationalität, Holding- o. Tochtergesellschaften, ZN in anderen EU-Mitgliedstaaten). Das Mindestkapital beträgt 120.000 Euro. Bezüglich der Leitung der Gesellschaft kann entw. ein Leitungs- u. ein Aufsichtsorgan gemäß §§ 15 ff. SEAG wie bei einer deutschen AG mit VO u. Aufsichtsrat (dualistisches System) o. ein Verwaltungsrat neben der Hauptversammlung gemäß §§ 20 ff. SEAG (monistisches System) etabliert werden. Bei letzterem muss es im Verwaltungsrat zumindest einen geschäftsführenden Direktor neben einer Mehrheit nicht geschäftsführender Verwaltungsratsmitglieder geben. Der geschäftsführende Direktor leitet die Gesellschaft, bestimmt die Grundlinien ihrer Tätigkeit u. überwacht deren Umsetzung. Er ist gesetzl. Vertreter (§§ 40 ff. SEAG). Daher muss die Mehrheit der VO-Mitglieder bzw. geschäftsführenden Direktoren WP bzw. EU-AP sein (vgl. § 28 Rn. 20). Im Anerkennungsverfahren als WPG gelten die Anforderungen an AG. Bislang ist diese Rechtsform auf kein Interesse des Berufsstandes gestoßen. Zum 01. Januar 2013 gab es noch keine WPG in der Rechtsform der SE.

III. Unzulässige Rechtsformen

Andere als die genannten Rechtsformen **können nicht als WPG anerkannt werden** (vgl. Rn. 1). Die nachfolgend angesprochenen Rechtsformalternativen sind auch für StBG u. RAG nicht zugelassen.

13

Für die **GbR (Sozietät)** hat dies das VG Düsseldorf bereits 1964 entschieden (Urteil v. 29.10.1964, WPg 1965, 321). Mangels Eintragung in das Handels- o Partnerschaftsregister ergibt sich keine Transparenz. Die Zusammensetzung der Gesellschafter u. damit der Leitungsebene lässt sich nicht ersehen. Auch die später ergangene Rspr. des BGH **zur Rechtsfähigkeit der BGB-Gesellschaft** (Urteil v. 29.1.2001, DB 2001, 423; Beschl. 18.2.2002, ZIP 2002, 614, zuletzt Urt. v. 10.5.2012, WPK Mag 3/2012, 65 mit Anm.) ändert hieran nichts. Die Entscheidungen betrafen die Haftung in der GbR. Eine Aufnahme der GbR in den Katalog des § 27 wäre systemwidrig. Gemäß § 27 Abs. 2 können Gesellschaften in der Rechtsform der OHG u. der KG nur als WPG anerkannt werden, wenn sie in das HR eingetragen sind. Partnerschaftsgesellschaften sind gemäß § 2 PartGG in das PR einzutragen. Für die GbR kommt eine Eintragung in ein entsprechendes Register nicht in Betracht. Würden die Voraussetzungen hierfür geschaffen, würde die GbR in vielen Fällen als Instrument der interdisziplinären Zusammenarbeit ausfallen, da nicht in allen Fällen die RA- u. StB-Mitgesellschafter die dann erforderliche Dominanz (Führung) der WP akzeptieren würden.

14

Ausländische Rechtsformen können grds. keine Anerkennung als WPG erhalten. Etwas anderes ergibt sich auch nicht für die Rechtsformen anderer EU-Staaten aus der Niederlassungs- u. Dienstleistungsfreiheit nach dem EG-Vertrag. Zum einen sind diese Gesellschaften (z.B. britische Limited) nicht im Katalog des Abs. 1 enthalten, zum anderen sind sie ausschließl. Instrument der Berufsausübung des ausländischen AP. Ausländische Berufsgesellschaften können gemäß § 27 nur dann auch als WPG anerkannt werden, wenn sie die **Rechtsform der SE** haben u. die Anerkennungsvoraussetzungen gemäß § 28 i.Ü. erfüllt sind.

15

Ob zukünftig auch **europäische Privatgesellschaften** (SPE) als WPG anerkannt werden können, hängt von der Entwicklung auf europäischer Ebene, auf der eine entsprechende Richtlinie bislang insbes. aufgrund deutschen Widerstands nicht zustande kam, und der nachfolgenden Aufnahme durch den Gesetzgeber in den Katalog gemäß Abs. 1 ab. Die Rechtsform ist als europäische Kapitalgesellschaft für kleinere und mittlere Unternehmen vorgesehen (Wagner, AnwBl. 2009, 409, 416).

16

Die **EWIV (Europäische Wirtschaftliche Interessenvereinigung)** kann nicht als WPG anerkannt werden, da sich deren Tätigkeit nicht auf die Berufstätigkeit als solche, sondern nur auf Hilfsgeschäfte erstrecken darf (WPH I, A Rn. 123; Mayer-Landrut, WPK-Mitt. 1989, 56).

17

Stille Gesellschaften gemäß §§ 230 ff. HGB sind selber nicht als WPG anerkennungsfähig. Zweck ist die Beteiligung des Stillen am Unternehmen des Geschäftsinhabers gegen einen Gewinnanteil. Der Stille beteiligt sich mit einer Vermögens-

18

einlage, die in das Vermögen des Geschäftsinhabers erbracht wird, d.h. es wird kein Gesellschaftsvermögen gebildet. Der stille Gesellschafter muss aber am Gewinn beteiligt werden (§ 231 Abs. 2 HGB). Gegenstand der Gesellschaftsform, die keine Wirkung nach Außen entfaltet, ist also nicht die Berufsausübung als WPG. Entsprechend ihrem Zweck kommt die (typische) stille Gesellschaft allerdings unter engen Voraussetzungen als **Form der Beteiligung an einer WPG** in Betracht. Hierbei dürfen der Hauptgesellschafter u. der stille Gesellschafter aber nicht gegen die Kapitalbindungsvorschriften verstoßen. Erforderlich ist, dass der stille Gesellschafter auf jegliche Mitwirkungsrechte an der Hauptgesellschaft verzichtet (§ 28 Rn. 65).

§ 28 Voraussetzungen für die Anerkennung

(1) [1]Voraussetzung für die Anerkennung ist, dass die Mehrheit der Mitglieder des Vorstandes, der Geschäftsführer und Geschäftsführerinnen, der persönlich haftenden Gesellschafter und Gesellschafterinnen, der geschäftsführenden Direktoren und Direktorinnen oder der Partner und Partnerinnen (gesetzliche Vertreter) Berufsangehörige oder in einem anderen Mitgliedstaat der Europäischen Union oder Vertragsstaat des Abkommens über den europäischen Wirtschaftsraum zugelassene Abschlussprüfer oder Abschlussprüferinnen sind. [2]Persönlich haftende Gesellschafter und Gesellschafterinnen können auch Wirtschaftsprüfungsgesellschaften oder in einem anderen Mitgliedstaat der Europäischen Union zugelassene Prüfungsgesellschaften sein. [3]Hat die Gesellschaft nur zwei gesetzliche Vertreter, so muss einer von ihnen Wirtschaftsprüfer oder Wirtschaftsprüferin oder in einem anderen Mitgliedstaat der Europäischen Union oder Vertragsstaat des Abkommens über den europäischen Wirtschaftsraum zugelassener Abschlussprüfer oder zugelassene Abschlussprüferin sein. [4]Mindestens eine in Satz 1 bis Satz 3 genannte Person oder Gesellschaft muss ihre berufliche Niederlassung am Sitz der Gesellschaft haben.

(2) [1]Neben Berufsangehörigen, Wirtschaftsprüfungsgesellschaften, in einem anderen Mitgliedstaat der Europäischen Union oder Vertragsstaat des Abkommens über den europäischen Wirtschaftsraum zugelassenen Abschlussprüfern oder Abschlussprüferinnen und Prüfungsgesellschaften sind vereidigte Buchprüfer und Buchprüferinnen, Steuerberater und Steuerberaterinnen sowie Rechtsanwälte und Rechtsanwältinnen berechtigt, gesetzliche Vertreter von Wirtschaftsprüfungsgesellschaften zu sein. [2]Dieselbe Berechtigung kann die Wirtschaftsprüferkammer besonders befähigten Personen, die nicht in Satz 1 genannt werden und die einen mit dem Beruf des Wirtschaftsprüfers und der Wirtschaftsprüferin vereinbaren Beruf ausüben, auf Antrag erteilen.

(3) [1]Die Wirtschaftsprüferkammer kann genehmigen, dass Personen, die in einem Drittstaat als sachverständige Prüfer oder Prüferinnen ermächtigt oder bestellt sind, neben Berufsangehörigen und in einem anderen Mitgliedstaat der Europäischen Union oder Vertragsstaat des Abkommens über den europäischen Wirtschaftsraum zugelassenen Abschlussprüfer oder Abschlussprüferinnen gesetzliche Vertreter von Wirtschaftsprüfungsgesellschaften sein können, wenn

die Voraussetzungen für ihre Ermächtigung oder Bestellung den Vorschriften dieses Gesetzes im Wesentlichen entsprechen. ²Diejenigen sachverständigen, in einem Drittstaat ermächtigten oder bestellten Prüfer und Prüferinnen, die als persönlich haftende Gesellschafter oder Gesellschafterinnen von der Geschäftsführung ausgeschlossen sind, bleiben unberücksichtigt. ³Die Sätze 1 und 2 gelten entsprechend für Rechtsanwälte und Rechtsanwältinnen, Patentanwälte und Patentanwältinnen sowie Steuerberater und Steuerberaterinnen anderer Staaten, wenn diese einen nach Ausbildung und Befugnissen der Bundesrechtsanwaltsordnung, der Patentanwaltsordnung oder des Steuerberatungsgesetzes entsprechenden Beruf ausüben.

(4) ¹Voraussetzung für die Anerkennung ist ferner, dass
1. Gesellschafter ausschließlich Berufsangehörige, Wirtschaftsprüfungsgesellschaften, welche die Voraussetzungen dieses Absatzes erfüllen, oder in einem anderen Mitgliedstaat der Europäischen Union oder Vertragsstaat des Abkommens über den europäischen Wirtschaftsraum zugelassene Abschlussprüfer, Abschlussprüferinnen oder dort zugelassene Prüfungsgesellschaften oder Personen nach Nummer 1a sind;
1a. Gesellschafter vereidigte Buchprüfer oder vereidigte Buchprüferinnen, Steuerberater oder Steuerberaterinnen, Steuerbevollmächtigte, Rechtsanwälte oder Rechtsanwältinnen, Personen, mit denen eine gemeinsame Berufsausübung nach § 44b Abs. 2 zulässig ist, oder Personen sind, deren Tätigkeit als Vorstandsmitglied, Geschäftsführer oder Geschäftsführerin, Partner oder Partnerin oder persönlich haftender Gesellschafter oder persönlich haftende Gesellschafterin nach Absatz 2 oder 3 genehmigt worden ist, und mindestens die Hälfte der Anzahl der in dieser Nummer genannten Personen in der Gesellschaft tätig ist;
2. die Anteile an der Wirtschaftsprüfungsgesellschaft nicht für Rechnung eines Dritten gehalten werden;
3. bei Kapitalgesellschaften die Mehrheit der Anteile Wirtschaftsprüfern oder Wirtschaftsprüfungsgesellschaften, die die Voraussetzungen dieses Absatzes erfüllen, oder in einem anderen Mitgliedstaat der Europäischen Union oder Vertragsstaat des Abkommens über den europäischen Wirtschaftsraum zugelassenen Abschlussprüfern, Abschlussprüferinnen oder dort zugelassenen Prüfungsgesellschaft gehört;
3a. bei Kapitalgesellschaften, Kommanditgesellschaften und Kommanditgesellschaften auf Aktien denjenigen Personen nach Nummer 1a, die nicht in der Gesellschaft tätig sind, weniger als ein Viertel der Anteile am Nennkapital oder der im Handelsregister eingetragenen Einlagen der Kommanditisten gehören (einfache Minderheitenbeteiligung);
4. bei Kommanditgesellschaften die Mehrheit der im Handelsregister eingetragenen Einlagen der Kommanditisten von Wirtschaftsprüfern oder Wirtschaftsprüfungsgesellschaften, die die Voraussetzungen dieses Absatzes erfüllen, oder von in einem anderen Mitgliedstaat der Europäischen Union oder Vertragsstaat des Abkommens über den europäischen

Wirtschaftsraum zugelassenen Abschlussprüfern, Abschlussprüferinnen oder von dort zugelassenen Prüfungsgesellschaften übernommen worden ist;

5. Wirtschaftsprüfern oder Wirtschaftsprüfungsgesellschaften, die die Voraussetzungen dieses Absatzes erfüllen, oder in einem anderen Mitgliedstaat der Europäischen Union oder Vertragsstaat des Abkommens über den europäischen Wirtschaftsraum zugelassenen Abschlussprüfern, Abschlussprüferinnen oder dort zugelassenen Prüfungsgesellschaften zusammen die Mehrheit der Stimmrechte der Aktionäre, Kommanditaktionäre, Gesellschafter einer Gesellschaft mit beschränkter Haftung oder Kommanditisten zusteht und

6. im Gesellschaftsvertrag bestimmt ist, dass zur Ausübung von Gesellschafterrechten nur Gesellschafter bevollmächtigt werden können, die Berufsangehörige oder in einem anderen Mitgliedstaat der Europäischen Union oder Vertragsstaat des Abkommens über den europäischen Wirtschaftsraum zugelassene Abschlussprüfer oder Abschlussprüferinnen sind.

²Haben sich Berufsangehörige im Sinne von Satz 1 Nr. 1 zu einer Gesellschaft bürgerlichen Rechts zusammengeschlossen, deren Zweck ausschließlich das Halten von Anteilen an einer Wirtschaftsprüfungsgesellschaft ist, so werden ihnen die Anteile an der Wirtschaftsprüfungsgesellschaft im Verhältnis ihrer Beteiligung an der Gesellschaft bürgerlichen Rechts zugerechnet. ³Stiftungen und eingetragene Vereine gelten als Berufsangehörige im Sinne von Satz 1 Nr. 1, wenn

a) sie ausschließlich der Altersversorgung von in der Wirtschaftsprüfungsgesellschaft tätigen Personen und deren Hinterbliebenen dienen oder ausschließlich die Berufsausbildung, Berufsfortbildung oder die Wissenschaft fördern und

b) die zur gesetzlichen Vertretung berufenen Organe mehrheitlich aus Wirtschaftsprüfern bestehen.

(5) ¹Bei Aktiengesellschaften und Kommanditgesellschaften auf Aktien müssen die Aktien auf Namen lauten. ²Die Übertragung muss an die Zustimmung der Gesellschaft gebunden sein. ³Dasselbe gilt für die Übertragung von Geschäftsanteilen an einer Gesellschaft mit beschränkter Haftung.

(6) ¹Bei Gesellschaften mit beschränkter Haftung muss das Stammkapital mindestens fünfundzwanzigtausend Euro betragen. ²Bei Aktiengesellschaften, Kommanditgesellschaften auf Aktien und Gesellschaften mit beschränkter Haftung muss bei Antragstellung nachgewiesen werden, dass der Wert der einzelnen Vermögensgegenstände abzüglich der Schulden mindestens dem gesetzlichen Mindestbetrag des Grund- oder Stammkapitals entspricht.

(7) Die Anerkennung muss versagt werden, solange nicht die vorläufige Deckungszusage auf den Antrag zum Abschluss einer Berufshaftpflichtversicherung vorliegt.

Schrifttum: *Die Hinweise zum Schrifttum sind für das Recht der Berufsgesellschaften vor den Vorbemerkungen zu den §§ 27-34 gebündelt.*

Inhaltsübersicht

	Rn.
I. Allgemeines	1–3
II. Gesetzliche Vertreter (Abs. 1-3)	4–49
1. Definition	4
2. Berufsangehörige, EU-Abschlussprüfer und Berufsgesellschaften (Abs. 1 Satz 1 und Satz 2)	5–24
a) Berufsangehörige	5–13
b) EU-Abschlussprüfer	14
c) Berufsgesellschaften als phG (Abs. 1 Satz 2)	15–19
d) Mehrheitserfordernis (Abs. 1 Satz 1 und Satz 3)	20–21
e) Residenzpflicht (Abs. 1 Satz 4)	22–24
3. Angehörige weiterer freier Berufe (Abs. 2)	25–47
a) VBP, StB, RA	25–26
b) Besonders befähigte Personen	27–41
c) Drittstaatenprüfer, RA, PA und StB anderer Staaten (Abs. 3)	42–47
III. Beteiligungsebene (Abs. 4 und 5)	48–92
1. Kapitalbindungsvorschriften (Abs. 4)	51–86
a) Kreis der zulässigen Gesellschafter	51–62
b) Verbot des Haltens von Anteilen für Rechnung eines Dritten (Satz 1 Nr. 2)	63–68
c) Majorität der WP, WPG, EU-AP und europäischen Prüfungsgesellschaften (Satz 1 Nr. 3 und 4)	69–71
d) Stimmrecht (Satz 1 Nr. 5)	72–75
e) Vertretung bei der Ausübung von Gesellschafterrechten (Satz 1 Nr. 6)	76–82
f) Beteiligung über eine GbR (Satz 2)	83–84
g) Beteiligung von Stiftungen u. eingetragenen Vereinen (Satz 3)	85–86
2. Besonderheiten bei Kapitalgesellschaften (Abs. 5)	87–92
a) Aktiengesellschaften und Kommanditgesellschaften auf Aktien	88–91
b) Gesellschaften mit beschränkter Haftung	92
IV. Kapitalausstattung (Abs. 6)	93–95
V. Berufshaftpflichtversicherung (Abs. 7)	96
VI. Vorratsgesellschaften	97–98

I. Allgemeines

1 § 28 ist die zentrale Vorschrift zur Regelung der **Anerkennungsvoraussetzungen für WPG**. Sie konkretisiert in Abs. 1-3 die durch § 1 Abs. 3 vorgegebene **verantwortliche Führung** einer WPG durch WP, enthält in Abs. 4 u. 5 **Kapitalbindungsregelungen** für die Beteiligungsebene, regelt die **Kapitalausstattung** der Gesellschaft in Abs. 6 u. bestimmt, dass im Anerkennungsverfahren der Nachweis des **Abschlusses einer BHV** für die Gesellschaft geführt werden muss (Abs. 7).

2 Sinn u. Zweck der Vorschriften ist es, die **eigenverantwortliche Berufsausübung** u. damit die Einhaltung der Berufspflichten der **Unbefangenheit u. Unabhängigkeit** der handelnden **gesetzlichen Vertreter, die als WP bestellt o. EU-AP sind**, ggü. der Einflussnahme anderer gesetzlicher Vertreter als auch der Gesellschafter zu gewährleisten. § 28 hat im Laufe seiner Geschichte zahlreiche Veränderungen erfahren. In der WPO 1961 war die verantwortliche Führung der Gesellschaft durch Regelungen der Leitungsebene sowie die Kapitalausstattung der Gesellschaften normiert worden. Die 1. WPO-Novelle 1975 führte das Anerkennungserfordernis des Nachweises einer vorläufigen Deckungszusage auf Abschluss einer BHV der Gesellschaft ein. Die Kapitalbindungsregelungen gemäß Abs. 4 traten 1986 durch das BiRiLiG hinzu (vgl. Vor §§ 27-34 Rn. 8 ff.).

3 Mit der 7. WPO-Novelle 2007 wurden **EU-AP** den WP weitgehend gleichgestellt. Dies gilt seit dem BilMoG 2009 auch für die Abschlussprüfer der **EWR-Staaten** Norwegen, Island und Liechtenstein. Soweit nachfolgend EU-AP u. EU-Prüfungsgesellschaften bezeichnet werden, sind auch solche der EWR-Staaten gemeint. Diese können nunmehr in gleichem Umfang Gesellschafter u. gesetzlichen Vertreter v. WPG werden wie WP. Eine Einschränkung ergibt sich gemäß § 1 Abs. 3 Satz 2, der nach wie vor an der verantwortlichen Führung der Gesellschaft durch WP festhält, so dass mind. ein WP gesetzlichen Vertreter sein muss (§ 1 Rn. 39 u. zu dieser Vorschrift Rn. 14 ff.).

II. Gesetzliche Vertreter (Abs. 1-3)

1. Definition

4 Absatz 1 Satz 1 definiert zunächst den Begriff der **gesetzlichen Vertreter** einer WPG. Entsprechend den zugelassenen Rechtsformen gemäß § 27 sind dies die Mitglieder des VO für die AG, die GF für die GmbH, die phG für die KG (Komplementäre), die Gesellschafter für die OHG, geschäftsführende Direktorinnen u. Direktoren für die SE sowie Partnerinnen u. Partner für die PartG. Seit der 7. WPO-Novelle 2007 sind neben nat. Personen auch WPG u. EU-Prüfungsgesellschaften als phG einer WPG in den Rechtsformen der KG u. der OHG als gesetzlichen Vertreter zugelassen.

2. Berufsangehörige, EU-Abschlussprüfer und Berufsgesellschaften (Abs. 1 Satz 1 und Satz 2)

a) Berufsangehörige

Die Bezeichnung „Berufsangehörige" ist mit der 7. WPO-Novelle 2007 in das 5
Gesetz aufgenommen worden u. ersetzt den bisherigen Begriff „Wirtschaftsprüfer".
Die Änderung ist aus sprachlichen Gründen erfolgt, um den Anforderungen des
Gleichstellungsgesetzes 2005 gerecht zu werden, nach dem die weibliche Form der
männlichen gleichzustellen ist. Inhaltlich erfasst der Begriff „Berufsangehörige"
unverändert Wirtschaftsprüfer u. Wirtschaftsprüferinnen (vgl. § 1 Rn. 5).

Die Regelung in § 28 Abs. 1 Satz 1 ist **Ausdruck des Erfordernisses der verant-** 6
wortlichen Führung einer WPG **durch WP** gemäß § 1 Abs. 3 (hierzu § 1 Rn. 35).

Die Gesellschaft ist **Instrument der Berufsausübung der Berufsangehörigen**. 7
Voraussetzung ist die innere u. äußere Unabhängigkeit ihrer Berufsausübung
(BFH 9.12.1980, BStBl. II 1981, 313 für StBG). Der Berufsangehörige muss im
Verhältnis zu anderen gesetzlichen Vertretern u. den Gesellschaftern so weisungsfrei u. unabhängig wie ein selbstständiger WP agieren können. Der maßgebliche
Einfluss muss sich auf die Angelegenheiten der Gesellschaft als ganzes erstrecken
(BFH 23.11.1998, NV 1999, 679, für StBG). Im Innenverhältnis gehört zur verantwortlichen Führung, dass die als WP bestellten gesetzlichen Vertreter als WP über
die **nötige Dispositionsfreiheit** verfügen, bei ihren Entscheidungen im Rahmen der
innergesellschaftlichen Organisation in beruflichen Angelegenheiten also insb.
nicht an die Zustimmung v. Gesellschaftern o. anderen Personen gebunden sind, die
nicht selbst als WP bestellt o. als WPG anerkannt sind.

Über den **Umfang der Vertretungsmacht** trifft die WPO keine spezielle Regelung; 8
diese ergibt sich aus den gesellschaftsrechtlichen Vorschriften. Die Gesellschaft erbringt Dienstleistungen höherer Art, bei denen nat. Personen als Verantwortliche
dem Rechtsverkehr unmittelbar erkennbar sein müssen.

Aus dem Grundsatz der verantwortlichen Führung durch Berufsangehörige ergibt 9
sich, dass wenn die Gesellschaft **nur einen WP** als gesetzlichen Vertreter hat, diesem stets **Alleinvertretungsbefugnis** zustehen muss. Nur WP können die Gesellschaft im Bereich der Vorbehaltsaufgaben vertreten (§ 32).

Der Grundsatz der verantwortlichen Führung der Gesellschaft durch WP erlaubt 10
gleichwohl, auch **anderen Personen Einzelvertretungsbefugnis** einzuräumen.
Aus § 32, der die Unterzeichnung v. gesetzlich vorgeschriebenen BV nur durch WP
zulässt, kann geschlossen werden, dass in allen anderen Fällen die (Mit-) Unterzeichnung durch WP nicht zwingend vorgeschrieben ist. Der **bestimmende Ein-**
fluss der WP kann auch anderweitig, z.B. durch Befugnisbeschränkungen für den
Nicht-WP im Innenverhältnis erreicht werden; so können bestimmte Sachgebiete
festgelegt werden, in denen der Nicht-WP nur tätig werden darf o. dass das Einzel-
vertretungsrecht im Innenverhältnis bei bedeutsamen Fragen v. der Zustimmung der
als WP bestellten gesetzlichen Vertreter abhängig gemacht wird (vgl. für das vergleichbare Recht der StB BFH 23.2.1995, BB 1995, 1228, 1229).

11 Die **Gesellschafterversammlung** u. der **Aufsichtsrat** dürfen nicht in die verantwortliche Führung der Gesellschaft durch die gesetzlichen Vertreter eingreifen. Die als WP bestellten gesetzlichen Vertreter müssen die Fäden der Gesellschaft insgesamt, also ihres gesamten Betätigungsfeldes einschließl. organisatorischer betriebswirtschaftlicher Angelegenheiten in den Händen halten (hierzu BFH 23.11.1998, NV 1999, 679 für StBG). Nur soweit Geschäfte betroffen sind, die die **finanziellen Angelegenheiten** der Gesellschaft u. damit die Vermögensinteressen der Gesellschafter betreffen o. in anderer Weise in die Struktur der Gesellschaft eingreifen, ist ein **Zustimmungserfordernis** des Kontrollgremiums zulässig. Dies betrifft z.B. die Einstellung leitender Mitarbeiter, die Festsetzung der Vergütung für gesetzlichen Vertreter, der Erwerb u. die Veräußerung v. Grundstücken. Allerdings dürfen auch hierüber die Handlungsfreiheit u. Handlungsmöglichkeiten der WP-Vertreter nicht über Gebühr eingeschränkt werden, eine notwendige Zustimmung also nur für außerordentliche u. nicht das Tagesgeschäft berührende Vorgänge postuliert werden.

12 In **Angelegenheiten der beruflichen Sphäre** dürfen die Gesellschafter u. der Aufsichtsrat schon deswegen nicht eingreifen, da die berufsangehörigen gesetzlichen Vertreter insoweit bereits der **Verschwiegenheitspflicht** unterliegen. § 323 Abs. 3 HGB regelt ausdrücklich, dass die Verpflichtung zur Verschwiegenheit bei gesetzlichen JAP auch ggü. dem Aufsichtsrat der Prüfungsgesellschaft gilt. Das bedeutet, dass der Aufsichtsrat über die Mandate u. ihre konkrete Bearbeitung nicht informiert werden darf (vgl. § 43 Rn. 133). Dies gilt auch für WPG in anderen Rechtsformen als der AG, wenn ein dem AR entsprechendes Gremium besteht sowie ggü. den Gesellschaftern.

13 Im Bereich der gesetzlichen JAP wird darüber hinaus die verantwortliche Führung der Gesellschaft durch WP mit zwei Regelungen **besonders geschützt**. Zum einen bestimmt § 44 Abs. 1 Satz 3, dass gesetzliche Vertreter u. Gesellschafter, die nicht WP sind u. Mitglieder des Aufsichtsrats der WPG auf die Durchführung v. JAP keinen Einfluss nehmen dürfen, durch den die Unabhängigkeit der verantwortlichen WP gefährdet würde (hierzu § 44 Rn. 12). Zum anderen dürfen gesetzlich vorgeschriebene BV, die WPG erteilen, nur v. WP unterzeichnet werden. Ausnahmsweise können die BV auch v. vBP unterzeichnet werden, soweit diese gesetzlich dazu befugt sind (hierzu § 32 Rn. 13).

b) EU-Abschlussprüfer

14 Mit der 7. WPO-Novelle 2007 erfolgte eine Europäisierung dahingehend, dass **EU-AP den WP** hinsichtlich der gesetzlichen Vertretung v. WPG **gleichgestellt** wurden mit der Einschränkung, dass die verantwortliche Führung der Gesellschaft nach wie vor WP obliegt (§ 1 Abs. 3). Es ist daher denkbar, dass die gesetzlichen Vertreter einer WPG **in beliebiger Zahl EU-AP sowie mind. ein WP** sind (vgl. § 1 Rn. 39). Die Gesetzesänderung ist Ausfluss der AP-RiLi (Art. 3 Abs. 4b) u. c)). Abschlussprüfer u. Prüfungsgesellschaften i.S.d. AP-RiLi sind nat. bzw. jur. Personen, die v. den zuständigen Stellen eines Mitgliedstaates nach den o.g. Bestimmungen für die Durchführung v. Pflichtprüfungen (Prüfung des Jahresabschlusses o. des konsolidierten Abschlusses (Konzernabschluss) zugelassen wurden (BT-Drs. 16/2858, 24).

Fraglich ist, ob über die Bestellung mind. eines WP als gesetzlicher Vertreter der WPG hinaus die Grundsätze zur verantwortlichen Führung der Gesellschaft auf die in Deutschland bestellten WP beschränkt werden können. Die v. der APRiLi vorgegebene Europäisierung spricht dafür, dass EU-AP i.Ü. in die verantwortliche Führung der Gesellschaft durch WP eingebunden sind.

c) Berufsgesellschaften als phG (Abs. 1 Satz 2)
Bis zum Inkrafttreten der 7. WPO-Novelle konnten Berufsgesellschaften nicht gesetzlicher Vertreter v. WPG werden. Begründet wurde dies damit, dass eine WPG v. nat. Personen zu führen sei. Eine jur. Person könne diese Voraussetzung nicht erfüllen (WPK, WPK-Mitt. 2000, 231). Dieser Zustand wurde zum vergleichbaren Berufsrecht der StB kritisiert (Best/Schmidt/Gröger, INF 2003, 764). Es bestünden systembedingte Vorteile ggü. einer GmbH, insb. bei der Erbschafts- u. Schenkungsteuer sowie bei der Behandlung beteiligungsspezifischer Aufwendungen. Der Gesetzgeber hat sich den Forderungen, **WPG als gesetzliche Vertreter v. WPG** zuzulassen, nicht verschlossen u. diese Konstruktion zugelassen. Die Gesetzesbegr. führt hierzu aus, dass mit der Liberalisierung WPG insb. als Komplementäre einer GmbH & Co KG zugelassen werden sollen. Aufgrund steuer- u. haftungsrechtlicher Vorteile der GmbH & Co KG sei ein Bedarf im Berufsstand gegeben (BT-Drs. 16/2858, 24).

Damit ist insb. die **Rechtskonstruktion der GmbH & Co KG** für WPG berufsrechtlich zulässig. Str. ist allerdings die handelsrechtliche Zulässigkeit v. Personenhandelsgesellschaften für freie Berufe u. damit i. Erg. die beabsichtigte Haftungsbeschränkung (vgl. hierzu § 27 Rn. 9). Zu beachten ist, dass es sich bei GmbH & Co KG nicht um eine eigene Rechtsform handelt. Es handelt sich um eine WPG in der Rechtsform der KG, die eine andere WPG als phG hat. Die phG muss selber die Anforderungen des aktuellen Rechts erfüllen, darf also keine Altgesellschaft i.S.d. § 134a Abs. 2 sein (hierzu § 134a Rn. 6). Die Anforderungen an die Kommanditisten ergeben sich aus Abs. 4 (hierzu Rn. 51 ff.).

Beide Gesellschaften sind **Mitglied der WPK** u. müssen alle Anerkennungsvoraussetzungen als WPG erfüllen. Auch eine ansonsten inaktive phG muss weiterhin als WPG anerkannt bleiben, um die Voraussetzungen des Abs. 1 Satz 2 zu erfüllen.

Die Komplementär-WPG kann nach allg. Gesellschaftsrecht **nicht gleichzeitig Kommanditistin** sein. Dies folgt aus der Einheitlichkeit der Beteiligung. Vereinigen sich zwei Mitgliedschaften in einer Person, so bildet sich eine einheitliche Beteiligung (BGH, BB 1963, 1076; OLG Hamm, DB 1999, 272; Röhricht/Graf v. Westphalen, HGB, § 161 Rn. 20). Denkbar ist aber, dass die KG WPG einzige Gesellschafterin ihrer Komplementärin, der GmbH WPG ist u. die GF der GmbH Kommanditisten der KG sind (sog. **Einheitsgesellschaft**).

Nach dem Gesetzeswortlaut können auch **EU-Prüfungsgesellschaften** phG sein. Hierbei ergeben sich **praktische Umsetzungsprobleme**. Um die verantwortliche Führung der WPG durch WP gemäß § 1 Abs. 3 sicherzustellen, muss zunächst mind. ein WP o. eine WPG gesetzlicher Vertreter der EU-Prüfungsgesellschaft sein.

Weiterhin muss gemäß Abs. 1 Satz 4 mind. ein gesetzlicher Vertreter, der WP, WPG, EU-AP o. EU-Prüfungsgesellschaft ist, seine berufliche NL o. Sitz am Sitz der WPG haben. Dies ist für Prüfungsgesellschaften aus dem EU-Ausland kaum umsetzbar, da sie i.d.R. ihren Sitz in dem Mitgliedsstaat haben, in dem sie zu gesetzlichen JAP ermächtigt sind. Faktisch kann eine EU-Prüfungsgesellschaft dann gesetzlicher Vertreter einer WPG sein, wenn zugleich ein WP o. eine WPG gesetzlicher Vertreter ist.

d) Mehrheitserfordernis (Abs. 1 Satz 1 und Satz 3)

20 WP, EU-AP, WPG u. EU-Prüfungsgesellschaften müssen die **Mehrheit der gesetzlichen Vertreter** stellen. Hat die Gesellschaft nur zwei gesetzliche Vertreter, so muss nach dem Wortlaut des Abs. 1 Satz 3 einer WP o. EU-AP sein. Bereits die WPO 1961 sah vor, dass WP die Mehrheit der gesetzliche Vertreter einer WPG waren. Mit der 7. WPO-Novelle 2007 wurden EU-AP, WPG u. EU-Prüfungsgesellschaften den WP gleichgestellt. Der Gesetzgeber hat in § 1 Abs. 3 Satz 2 am Grundsatz der verantwortlichen Führung durch WP festgehalten, so dass grds. mind. ein gesetzlicher Vertreter WP sein muss (§ 1 Rn. 39). Satz 3 ist hierbei allerdings über den Wortlaut verfassungskonform am Maßstab v. Art. 3 GG dahingehend auszulegen, dass die verantwortliche Führung durch WP auch dadurch verwirklicht wird, dass eine WPG gesetzlicher Vertreter ist, die zumindest v. einem WP geleitet wird. Ein sachlicher Grund für die ungleiche Behandlung v. WP u. WPG ist nicht ersichtlich.

21 Am Bsp. einer WPG in der Rechtsform der GmbH sind folgende Konstellationen zu unterscheiden:

Zahl der GF	davon WP	andere Berufsgruppen	Zulässigkeit
2	1	1 StB	ja Da nur 2 GF bestellt sind, reicht Parität aus.
3	2	1	ja
4	2	1 StB, 1 vBP	nein Parität ist nicht ausreichend, da mehr als 2 GF bestellt sind. Unerheblich ist, dass auch der vBP einen Prüferberuf ausübt. Entscheidend ist, dass er nicht WP ist u. nicht im gesamten Aufgabenspektrum einer WPG tätig werden darf.

3	1	1 Chartered Accountant (UK), 1 Commissaire aux Comptes (FR)	ja Der Chartered Accountant (UK) u. der Commissaire aux Comptes (FR) werden als EU-AP der WP-Seite zugerechnet.
3	0	1 Chartered Accountant (UK), 1 Commissaire aux Comptes (FR), 1 Registeraccountant (NL)	nein Gemäß § 1 Abs. 3 bleibt trotz Europäisierung Anerkennungsvoraussetzung, dass die Gesellschaft verantwortlich v. WP geführt wird. Es ist also mind. ein deutscher WP als GF zu bestellen.

e) **Residenzpflicht (Abs. 1 Satz 4)**

Mindestens einer der genannten gesetzlichen Vertreter muss seine **berufliche NL am Sitz der Gesellschaft** haben (Abs. 1 Satz 4 u. § 19 Abs. 2 BS WP/vBP). Der Sitz ergibt sich aus dem Gesellschaftsvertrag u. gesellschaftsrechtlichen Regelungen (hierzu § 3 Rn. 35). Die Residenzpflicht bedeutet, dass der WP, EU-AP o. die Berufsgesellschaft als gesetzlicher Vertreter **in derselben politischen Gemeinde** wie die WPG residieren muss. Bei ausschließl. in der WPG tätigen WP o. EU-AP ergibt sich die berufliche NL am Sitz der Gesellschaft grds. aus § 3 Abs. 1 Satz 3. Hat der WP o. EU-AP bislang seine berufliche NL in einer anderen politischen Gemeinde, so muss die berufliche NL spätestens mit Wirkung zum Zeitpunkt der Anerkennung an den Sitz der WPG verlegt werden. Der Wohnort des WP oder EU-AP spielt hingegen keine Rolle. 22

Mit dem MoMiG 2008 sind die Regelungen für GmbH (§ 4 a GmbHG) u. AG (§ 36 Abs. 2 Satz 2 AktG), dass Satzungs- u. Verwaltungssitz übereinstimmen mussten, gestrichen worden. Berufsrechtlich ist die **Residenzpflicht am Satzungssitz** zu erfüllen. Diesbezüglich geht die berufsrechtliche Regelung dem allg. Gesellschaftsrecht als lex specialis vor. Satz 4 kennt nur den Sitz einer WPG. Führt die WPG ihre Verwaltung in einer anderen politischen Gemeinde als dem Satzungssitz, ist dieser Standort grds. als Zweigniederlassung is.d. § 3 Abs. 3 einzuordnen, mit der Folge, dass diese v. einem WP mit beruflicher Niederlassung am Ort der Zweigniederlassung geleitet werden muss (§ 47). 23

Seit der Änderung der BS WP/vBP im Jahre 2001 ist es nicht mehr erforderlich, dass der gesetzliche Vertreter unter **derselben Adresse** wie die WPG, die er vertritt, seine berufliche NL o. Sitz hat. Allerdings reicht i. Ggs. zum Berufsrecht der StB (§ 50 Abs. 1 Satz 2 StBerG) die berufliche NL im **Nahbereich des Sitzes der Gesellschaft** nicht aus. Auf den **Wohnsitz** des WP kommt es seit der Änderung der WPO zum 1.1.1995 nicht mehr an (BT-Drs. 361/93, 14, 73). 24

3. Angehörige weiterer freier Berufe (Abs. 2)
a) VBP, StB, RA

25 Neben WP, EU-AP, WPG u. EU-Prüfungsgesellschaften können gemäß Abs. 2 Satz 1 vBP, StB u. RA als **weitere gesetzliche Vertreter** einer WPG berufen werden. Es soll die Zusammenarbeit mit den im Bereich wirtschaftsnaher Dienstleistungen verwandten freien Berufe ermöglicht u. der häufigen Doppelanerkennung auch als StBG Rechnung getragen werden (BT-Drs. 361/93, 74,75). Eine Ausnahmegenehmigung ist für die genannten Berufsträger nicht mehr erforderlich. Für vBP u. StB ist der Erlaubnisvorbehalt 1995 mit der 3. WPO-Novelle 1995, für RA 2001 mit der 4. WPO-Novelle 2001 entfallen. Ist **nur ein WP** neben anderen Berufsträgern als **gesetzliche Vertreter** bestellt, so ist die v. Gesellschaftsrecht (§ 35 Abs. 2 GmbHG, § 77 Abs. 1 AktG, § 114 Abs. 1 HGB, § 6 Abs. 3 PartGG) grds. vorgeschriebene Gesamtvertretungsbefugnis im Gesellschaftsvertrag auszuschließen; dem als WP bestellten gesetzlichen Vertreter muss in diesem Fall **Einzelvertretungsbefugnis** zustehen (vgl. Rn. 9). Auch den Nicht-WP unter den gesetzlichen Vertretern kann Einzelvertretungsbefugnis eingeräumt werden (vgl. Rn. 10). Im Vorbehaltsbereich der WP ist eine Vertretung der WPG durch Nicht-WP jedoch ausgeschlossen (§ 32).

26 Den in Deutschland zugelassenen RA sind gemäß § 2 Abs. 1 EuRAG sog. **niedergelassene europäische Rechtsanwälte** gleichgestellt (BT-Drs. 16/2858, 24 f.). Nach der Aufnahme in die regional zuständige RAK sind sie berechtigt, in Deutschland unter der Berufsbezeichnung des Herkunftsstaates die Tätigkeit eines RA auszuüben. Die Gleichstellung mit deutschen RA hat zur Folge, dass sie ohne Erteilung der Berechtigung gemäß Abs. 2 Satz 2 als weitere GF v. WPG bestellt werden können.

b) Besonders befähigte Personen

27 Neben WP, EU-AP, WPG u. EU-Prüfungsgesellschaften können **besonders befähigte Personen**, die einen mit dem Beruf des WP vereinbaren Beruf ausüben, nach **Erteilung der Berechtigung** (so tats. der Gesetzeswortlaut; nachfolgend Erteilung der Genehmigung) durch die WPK als gesetzlicher Vertreter einer WPG bestellt werden (Abs. 2 Satz 2).

28 Das Erfordernis der Erteilung einer Ausnahmegenehmigung stellt eine **verfassungsrechtlich zulässige Schranke v. Art. 12 GG** dar. Die Beschränkung der Zulassung v. Personen als gesetzliche Vertreter einer WPG dient der Sicherung der Qualität der Tätigkeit einer WPG. Dieses Ziel wäre gefährdet, wenn WPG v. gesetzlichen Vertretern geführt werden dürften, die nicht die zur Ausübung des Berufes erforderlichen Kenntnisse mit einem Examen nachgewiesen haben (OVG Berlin Brandenburg 10.5.2011, WPK-Mag. 3/2011, 41, 42).

aa) materielle Voraussetzungen

29 Bis zum 31.12.2003 konnte nur Angehörigen eines freien Berufes auf dem Gebiet der Technik, des Rechtswesens gemäß § 43a Abs. 4 Nr. 1 u. eines nach § 44b Abs. 1 sozietätsfähigen Berufes die Ausnahmegenehmigung erteilt werden. Dem Gesetz-

geber ging es bei der Erweiterung des Tatbestandes darum, die **Einbeziehung berufsfremden Fachwissens**, bspw. v. **Biotechnologen, Informatikern** u. **Mathematikern**, nutzbar zu machen (BT-Drs. 15/1241, 35). Daher wurde mit der 5. WPO-Novelle zum 1.1.2004 der Verweis auf § 43a Abs. 4 Nr. 1 gestrichen. Danach kommen grds. alle Personen, die eine der in § 43a Abs. 4 Nr. 1-8 genannte Tätigkeit ausüben, als gesetzliche Vertreter einer WPG in Betracht (vgl. aber auch noch Rn. 34 ff.).

Mit dem Beruf des WP vereinbar ist die Ausübung eines **freien Berufes auf dem Gebiet der Technik** (§ 43a Abs. 4 Nr. 1). Hierzu gehören die v. Gesetzgeber in der Begr. beispielhaft aufgezählten o.g. freien Berufe. Ebenso werden **Ingenieurberufe** erfasst. Dies gilt insb. auch für Wirtschaftsingenieure, deren Ausbildung auch technische Elemente beinhaltet. 30

Ebenfalls sind **freie Berufe auf dem Gebiet des Rechtswesens** erfasst. Hierunter fallen insb. **Rechtsbeistände**. Ob auch Personen, die einen Abschluss als **Diplom-Jurist** erzielt haben, eine Ausnahmegenehmigung erhalten können, ist eine Frage des Einzelfalles. Dies ist unter der Voraussetzung denkbar, dass der Diplom-Jurist im Rahmen seiner Ausbildung u. Berufsausübung Kenntnisse erworben hat, die für die antragstellende WPG eine herausragende Bedeutung haben. **Patentanwälte** üben einen freien Beruf an der Schnittstelle zwischen Recht u. Technik aus u. können mit einer Ausnahmegenehmigung gemäß Abs. 2 gesetzliche Vertreter v. WPG werden. 31

Auch können **Angehörige sozietätsfähiger Berufe** i.S.d. § 44b Abs. 1 als gesetzliche Vertreter bestellt werden. Dies sind Personen, die der BA eines freien Berufes im Geltungsbereich der WPO unterliegen u. ein Zeugnisverweigerungsrecht nach § 53 StPO haben. Hierzu zählen u.a. **StBv**, aber auch **Ärzte** u. **Zahnärzte**. Nicht erfasst werden die in § 44 b Abs. 1 genannten jur. Personen u. Personengesellschaften. 32

Darüber hinaus kann einer WPG eine Ausnahmegenehmigung erteilt werden, einen **beamteten Hochschullehrer** (§ 43a Abs. 4 Nr. 2) als weiteren gesetzlichen Vertreter zu bestellen, wenn dieser über berufsstandsfremdes u. für die Berufsausübung der Berufsgesellschaft erforderliches Fachwissen verfügt. 33

Sehr fraglich ist, ob **Diplom-Kaufleute u. Diplom-Volkswirte** eine Ausnahmegenehmigung erhalten können, da es sich bei den Vorkenntnissen dieser Berufe nicht um berufsfremdes Fachwissen handelt. Es wird eine besondere Art der Befähigung vorausgesetzt, die sich v. der **Tätigkeit v. WP unterscheidet**. Erforderlich sind Kenntnisse u. Fähigkeiten, die sich **nicht** nur als eine **Vertiefung der Qualifikation v. Berufsangehörigen** darstellen. Die Erteilung der Ausnahmegenehmigung soll gerade fachlich erwünschten „Quereinsteigern" dienen (OVG Berlin Brandenburg 10.05.2011, WPK-Mag. 3/2011, 41). Daraus folgt, dass die Kenntnisse der gesetzlichen Vertreter gemäß Abs. 2 Satz 2 solche sein müssen, die ein WP typischerweise nicht erworben hat. Die Vorschrift eröffnet daher keine Möglichkeit, Personen mit wirtschaftsprüfergleichen Vorkenntnissen den Zugang zu WPG zu eröffnen. Solche 34 liegen dann vor, wenn die vom Kandidaten ausgeübte Tätigkeit jedenfalls in den Grundzügen Gegenstand des WP-Examens ist (OVG Berlin-Brandenburg a.a.O.).

35 Zu beachten ist, dass insb. die **Unternehmensberatung** auch zu den Berufsaufgaben des WP gehört, so dass keine Betätigung in einem fachlich anderen Bereich gegeben ist, auch nicht in einer Führungsposition einer großen Unternehmensberatungsgruppe. Führungskompetenz wird im Grundsatz auch v. WP erwartet (VG Berlin 26.1.2012, 16 K 76.11). Die v. einem **Investmentanalysten/DVFA** erworbenen Kenntnisse weisen einen engen Bezug zu den Aufgaben eines WP auf u. stellen kein berufsfremdes Fachwissen dar (OVG Berlin-Brandenburg, a.a.O.) Ein **Bankkaufmann** mit Fortbildung zum Sparkassenbetriebswirt hat keine besondere Befähigung auf einem anderen Fachgebiet erworben, da es sich um Kenntnisse aus dem Bereich der Betriebs- u. Finanzwirtschaft handelt (zum vergleichbaren § 50 Abs. 3 StBerG für StBG BFH 18.9.2012, DStRE 2012, 1483, 1485). Allenfalls in atypischen Ausnahmefällen kommt die Erteilung der Ausnahmegenehmigung in Betracht, wenn die spezifischen Fähigkeiten des Bewerbers in ihrer Breite weit über die Kenntnisse hinausgehen, wie sie auch ein qualifizierter u. einschlägig tätiger WP haben kann.

36 Erforderlich ist bei allen Kandidaten eine **besondere Güte der Befähigung,** z.B. durch einen Abschluss mit einer überdurchschnittlichen Note (VG Berlin 21.1.2010, 16 K 36/09 u. 26. 1.2012, 16 K 76.11). Hiermit sind Fähigkeiten u. Kenntnisse gemeint, welche die Besonderheiten des ausgeübten Berufes umfassen u. im Rahmen der Tätigkeit einer WPG besonders gut verwertbar sind. Die Kenntnisse müssen über dem Durchschnitt dessen liegen, was das Recht des Berufes verlangt, den der Kandidat ausübt u. über die hierfür übliche Fachkunde hinausgehen (für StBG: BFHE 124, 290 u. 125, 232; unter Bezugnahme auf den BFH: OVG Berlin-Brandenburg 10.5.2011 WPK-Mag. 3/2011, 41). So können die spezifischen Kenntnisse eines Biotechnologen für eine WPG, die vor allem Biotechnologieunternehmen prüft, v. so erheblicher Bedeutung sein, dass es erforderlich ist, ihn als weiteren gesetzlichen Vertreter zu bestellen.

bb) formelle Voraussetzungen

37 In formeller Hinsicht ist erforderlich, dass die Gesellschaft oder die Person, der die Ausnahmegenehmigung erteilt werden soll, einen **Antrag bei der WPK** stellt. Sofern der Vertreter bereits mit Gründung der Gesellschaft gesetzlicher Vertreter wird, ist der Antrag v. den Gründungsgesellschaftern im Anerkennungsverfahren als WPG zu stellen. Dem Antrag sind ein Lebenslauf, eine Abschrift des Abschlusszeugnisses bzw. der Berufszugangsurkunde sowie eine Begr. beizufügen, aus der sich die besondere Befähigung ergibt. Die Genehmigung kann nur versagt werden, wenn die besondere Befähigung nicht besteht o. die persönliche Zuverlässigkeit nicht vorhanden ist. Bei der Erteilung der Ausnahmegenehmigung nach Abs. 2 handelt es sich um eine **Ermessensvorschrift,** wobei die gesetzlichen Grenzen des Ermessens zu beachten sind (BT-Drs. 14/3649, 22).

Voraussetzungen für die Anerkennung § 28

38 Im Rahmen der Ausübung des Ermessens muss die WPK überprüfen, dass der zukünftige gesetzliche Vertreter der WPG **persönlich zuverlässig** ist. Dieses Tatbestandsmerkmal war in der ursprünglichen Fassung der WPO 1961 ausdr. als „charakterliche Zuverlässigkeit" aufgenommen worden. Mit der 1. WPO-Novelle 1975 wurde „charakterliche" durch „persönliche" Zuverlässigkeit ersetzt. Mit der 3. WPO-Novelle 1995 wurde Abs. 2 redaktionell neu gefasst u. der Begriff der persönlichen Zuverlässigkeit nicht mehr aufgenommen. Die Begr. des Gesetzgebers (BT-Drs. 361/93, 74) geht aber nach wie vor v. der Notwendigkeit der Zuverlässigkeit aus, so dass es sich um ein **ungeschriebenes Tatbestandsmerkmal** handelt.

39 Die Genehmigung **kann versagt werden**, wenn die **Bestellung als WP gemäß § 20 zurückzunehmen o. zu widerrufen wäre**. Sie könnte demnach versagt werden, wenn der WPK Erkenntnisse über nicht geordnete wirtschaftliche Verhältnisse i.S.d. § 20 Abs. 2 Nr. 5 vorliegen o. der Bewerber infolge strafgerichtliche Verurteilung die Fähigkeit zur Bekleidung öffentl. Ämter nicht besitzt o. sich so verhalten hat, dass die Besorgnis begründet ist, er werde den Berufspflichten, denen er über § 56 als gesetzliche Vertreter einer WPG unterworfen ist, nicht genügen. Letzteres ist insb. dann der Fall, wenn der Bewerber neben der Funktion als gesetzlicher Vertreter der WPG auch eine **gewerbliche Tätigkeit** ausübt, z.B. als Dipl.-Mathematiker eine Unternehmensberatungsgesellschaft leitet.

40 Die **Genehmigung bleibt** als VA gemäß § 43a Abs. 2 VwVfG **wirksam**, solange u. soweit sie nicht aufgehoben wurde o. sich durch Zeitablauf o. auf andere Weise erledigt hat. Merkmal der Genehmigung als VA der WPK ist gemäß § 35 VwVfG ihre Regelungswirkung. Entfällt die Regelungswirkung durch Änderung der Sach- o. Rechtslage, so erledigt sich der VA in anderer Weise. Regelungsgegenstand der Genehmigung ist die Legitimierung der Aufnahme der in Abs. 2 Satz 2 genannten Personen als weitere gesetzliche Vertreter einer WPG. Daher **erlischt die Genehmigung**, wenn die Bestellung des Berechtigten als gesetzlicher Vertreter endet, z.B. durch Abberufung als GF o. VO. Dem steht es gleich, wenn der Berechtigte nach Erhalt der Ausnahmegenehmigung erklärt, er wolle nicht gesetzlicher Vertreter der WPG werden. Weiterhin endet die Ausnahmegenehmigung, wenn die Anerkennung der Berufsgesellschaft als WPG erlischt.

41 Darüber hinaus kommt auch die **Rücknahme** o. der **Widerruf der Genehmigung** durch die WPK gemäß §§ 48, 49 VwVfG in Betracht, wenn sich herausstellt, dass die besondere Befähigung nicht vorlag o. der Begünstigte nicht zuverlässig war (Rücknahme) bzw. die Zuverlässigkeit weggefallen ist (Widerruf). Dass die besondere Befähigung im Nachhinein wegfällt u. damit einen Widerrufstatbestand begründet, ist schwer vorstellbar.

c) Drittstaatenprüfer, RA, PA und StB anderer Staaten (Abs. 3)

42 Gemäß Abs. 3 Satz 1 kann eine entsprechende Genehmigung auch Personen erteilt werden, die in einem **Drittstaat als sachverständige Prüfer ermächtigt o. bestellt** sind, wenn die **Voraussetzungen für die Bestellung o. Ermächtigung den Vorschriften der WPO im Wesentlichen entsprechen**. Drittstaaten i.S.d. Abs. 3 sind solche, die nicht der EU bzw. dem EWR angehören. Abweichend v. der Regelung in § 3 Abs. 1 Satz 1 Hs. 2 u. § 134 gilt auch die **Schweiz** als Drittstaat. Hier besteht allerdings eine Entsprechung zum deutschen Recht, so dass die Berechtigung auf Antrag in aller Regel zu erteilen ist.

43 Nach der Verwaltungspraxis können auch **US-CPA** mit einer Ausnahmegenehmigung der WPK als gesetzliche Vertreter einer WPG bestellt werden. Von der Rspr. ist die Vergleichbarkeit der Ermächtigung eines **indischen Chartered Accountant** mit den in Deutschland bestellten WP bejaht worden (VG Frankfurt/Main, 12 E 3292/97 v. 20.10.2000). Aus dem Urteil lässt sich eine Gleichwertigkeit für diejenigen Staaten entnehmen, die den Beruf des Chartered Accountant nach britischem Vorbild eingeführt haben, insb. im Commonwealth. Für die **Prüferberufe anderer Staaten** ist jeweils eine Einzelfallprüfung erforderlich. Es muss eine Vergleichbarkeit der Berufszugangsregelung (Prüfung), staatliche Bestellung o. Ermächtigung (Lizenzierung), Ausübung eines freien Berufes (nicht Mitarbeiter einer staatlichen Prüfungsstelle), Verbot der gewerblichen Tätigkeit u. Regelungen zur Unabhängigkeit bestehen. Die Vergleichbarkeit ist für Brasilien, Japan, Mexiko, die Russische Föderation u. die Vereinigten Arabischen Emirate positiv festgestellt worden (WPK, WPK-Mag. 4/2011, 41).

44 In Zweifelsfällen kann die WPG, die beabsichtigt, einen Drittstaatenprüfer als weiteren gesetzlichen Vertreter zu bestellen, vor dem Antrag auf Erteilung der Genehmigung eine **Auskunft der WPK** einholen, ob die Voraussetzungen der Berufsausübung im Drittstaat denen in Deutschland entsprechen.

45 Auch für die Erteilung einer Genehmigung für Drittstaatenprüfer als gesetzliche Vertreter einer WPG gilt, dass die übrigen Voraussetzungen gemäß Abs. 2 gegeben sind, d.h. dass die Kandidaten **zuverlässig sind**.

46 Die o.g. **Drittstaatenprüfer**, die als **phG v. der Geschäftsführung ausgeschlossen** sind, bleiben nach dem Wortlaut v. § 28 Abs. 3 Satz 2 unberücksichtigt. Für die Aufnahme solcher Personen in WPG in der Rechtsform der OHG oder KG ist daher keine Ausnahmegenehmigung der WPK erforderlich. Zu beachten ist allerdings, dass diese als Gesellschafter i.S.d. § 28 Abs. 4 Nr. 1 a grds. **in der Gesellschaft tätig** sein müssen u. ein entsprechender Nachweis ggü. der WPK zu erbringen ist (hierzu Rn. 60 ff.).

47 Die Vorschriften für Drittstaatenprüfer gelten gemäß § 28 Abs. 3 Satz 4 entsprechend für **RA, PA u. StB anderer Staaten**, sofern diese einen **nach Ausbildung u. Befugnissen der BRAO, der PAO o. dem StBerG entsprechenden Beruf** ausüben. Erfasst werden hier sowohl Berufsträger anderer EU- bzw. EWR-Mitgliedstaaten als auch v. Drittstaaten. Eine Vergleichbarkeit mit dem deutschen Berufsrecht ist für die anderen EU-Staaten, den Staaten des EWR, die Schweiz u. die USA gegeben. Für die übrigen Staaten ist jeweils eine Einzelfallprüfung erforderlich. Niedergelassene europäische Rechtsanwälte gemäß EuRAG, die Mitglied einer RAK in Deutschland sind, können allerdings gemäß Abs. 2 Satz 1 ohne Genehmigung der WPK als weitere gesetzliche Vertreter bestellt werden (vgl. Rn. 26).

III. Beteiligungsebene (Abs. 4 und 5)

Die Beteiligungsebene ist im Vergleich zu den Berufsgesellschaften der verwandten Berufe StB u. RA sehr detailliert geregelt. Dies ist auf die mit dem BiRiLiG eingeführten sog. **Kapitalbindungsregelungen** zurückzuführen (vgl. Rn. 2 u. Vor §§ 27-34 Rn. 8 ff.). Durch die Mehrheit der Anteile in den Händen des Prüferberufs soll sichergestellt sein, dass dieser auch wirtschaftlich unabhängig tätig u. die Gesellschaft als sein Berufsausübungsinstrument (Rn. 7) nutzen kann. Wie wichtig diese Regelungen sind, zeigt das Bemühen des Gesetzgebers, u.a. mit dem Verbot des treuhänderischen Haltens v. Anteilen Umgehungstatbestände auszuschließen. Trotz aller Bemühungen um klare gesetzliche Rahmenbedingungen wird die Unabhängigkeit der in der WPG tätigen WP auch durch viele weiche Faktoren beeinflusst. So kann ein starker berufsfremder Gesellschafter (der 49 % der Anteile hält) faktisch eine starke Rolle spielen, wenn die Anteile auf der WP-Seite stark gestreut sind. Von daher gibt es je nach Zusammensetzung des Gesellschafterkreises auch noch zusätzlich, dann im Gesellschaftsvertrag o. in der Satzung der Gesellschaft zu berücksichtigende Sicherungsmechanismen (vgl. hierzu Rn. 11 ff.).

Die Kapitalbindungsregelungen sind **mit europäischem Recht vereinbar.** Der Eingriff in die Kapitalverkehrsfreiheit gemäß Art. 63 AEUV ist gerechtfertigt, weil er Zielen dient, die im Allgemeininteresse stehen. Maßgebend ist die AP-RiLi, die Beschränkungen der Beteiligungsfähigkeit an Berufsgesellschaften durch die Mitgliedsstaaten nicht ausschließt (Art. 3 Abs. 4 APRiLi). Die Bedingungen müssen zu den verfolgten Zielen verhältnismäßig sein u. dürfen nicht über das hinausgehen, was unbedingt erforderlich ist. Eine Öffnung der Beteiligungsmöglichkeiten für Dritte insbes. Gewerbetreibende stellt eine Gefahr für die Unabhängigkeit der Berufsausübung dar, der entgegengewirkt werden soll.

Die Vereinbarkeit v. Kapitalbindungsvorschriften mit EU-Recht ist **höchstrichterlich** vom BFH (VII R 54/10 vom 4.9.2012) für StBG **bestätigt** worden. Den Mitgliedsstaaten werde ein weiter Gestaltungsspielraum bei der Bestimmung schützenswerter öffentlicher Belange eingeräumt. Solche bedeutsamen Belange seien in der Gewähr einer verantwortlichen u. unabhängigen Berufsausübung zu sehen. Sie wäre bei berufsfremder Beteiligung gefährdet, weil mit ihr Interessenkonflikte einhergehen würden. Die Kapitalbindung sei daher geeignet, eine Einflussnahme berufsfremder Kreise auf eine Berufsgesellschaft auszuschließen. Eine mildere u. ebenso effektive Regelung ergebe sich auch nicht durch den Vorbehalt einer Beschränkung der Geschäftsführung für Berufsangehörige, da die Gefahr einer zumindest faktischen Einflussnahme der Gesellschafter auf die Geschäftspolitik nicht ausgeschlossen werden könne. Die die Entscheidung tragenden Gründe gelten auch für WPG. Dementsprechend sind die berufsrechtlichen Kapitalbindungsvorschriften auch eine verfassungsgemäße Schranke der Berufsausübungsfreiheit gemäß Art. 12 GG.

1. Kapitalbindungsvorschriften (Abs. 4)
a) Kreis der zulässigen Gesellschafter
aa) WP, WPG, EU-AP und europäische Prüfungsgesellschaften (Satz 1 Nr. 1)

51 Nach Abs. 4 Nr. 1 sind Berufsangehörige, d.h. **WP u. WPG, die die Voraussetzungen des Absatzes erfüllen**, ohne Einschränkung als Gesellschafter einer WPG zugelassen.

52 Wirtschaftsprüfer sind alle **öffentl. bestellten Personen**, deren Bestellung nicht erloschen ist o. aufgehoben wurde (vgl. § 15 Rn. 16 ff.). Ist diese **zurückgenommen** o. **widerrufen** worden, so kommt es auf die **Rechtskraft des Bescheides** der WPK an.

53 Wird ein WP gemäß § 46 **beurlaubt**, so ist dies im Hinblick auf die **Gesellschafterstellung** in einer WPG **unschädlich**. Die Beurlaubung berührt die Bestellung nicht. Ausweislich der ursprünglichen Gesetzesbegr. zu § 71 a.F. – Mitgliedschaft (heute § 58) – ist mit dem Ruhen der Mitgliedschaft der Wegfall der besonderen an der Mitgliedschaft hängenden Pflichten, insb. der Beitragspflicht verbunden. Die Mitgliedschaft an sich bleibt aber erhalten. Der WP bleibt auch der Berufsgerichtsbarkeit unterworfen (hierzu § 58 Rn. 12 u. § 46 Rn. 17). Er ist somit auch im Fall der Beurlaubung formal bestellter WP.

54 **Wirtschaftsprüfungsgesellschaften,** die sich an einer WPG beteiligen, müssen selbst die „Voraussetzungen des Absatzes", d.h. die **Anerkennungsvoraussetzungen erfüllen**. Wirtschaftsprüfungsgesellschaften, die vor Inkrafttreten der Kapitalbindungsvorschriften anerkannt worden sind, aber noch nicht an das geltende Recht angepasst worden sind (sog. **„Altgesellschaften"**; hierzu § 134a Rn. 6), **können sich nicht an WPG beteiligen** (Wahl, WPK-Mitt. 2001, 258, 263). Ebenfalls sind Gesellschaften ausgeschlossen, bei denen die Anerkennungsvoraussetzungen nachträglich entfallen sind, z.B. weil ein WP-Gesellschafter verstorben ist u. die Anteile im Wege der Gesamtrechtsnachfolge gemäß §§ 1922, 1967 BGB auf die Erben, die selbst nicht nach Abs. 4 Nr. 1 u. Nr. 1a) zulässige Gesellschafter sind, übergegangen sind.

55 Dies gilt auch für WPG, denen eine **Anpassungsfrist zur Wiederherstellung der Anerkennungsvoraussetzungen nach § 34 Abs. 1 Nr. 2** gewährt worden ist. Die Anpassungsfrist verhindert, dass zwischenzeitlich die Anerkennung der Gesellschaft widerrufen wird, bewirkt aber nicht, dass die Gesellschaft als WPG i.S.d. Abs. 4 zu behandeln wäre. Eine WPG, der z.B. eine Anpassungsfrist wegen eines Erbfalls erteilt worden ist, kann sich so lange nicht an einer WPG beteiligen, als die Anteile v. den Erben nicht auf nach Abs. 4 Nr. 1 u. 1a) zulässige Gesellschafter übertragen worden sind.

56 Der **Erwerb eigener Anteile** scheidet bei der Betrachtung aus, ob die WPG die Anforderungen des Abs. 4 erfüllt. Die Mehrheit der Anteile abzüglich der v. der WPG an sich selbst gehaltenen Anteile muss daher gemäß Nr. 3 v. **WP, EU-AP u. anderen WPG** bzw. europäischen Prüfungsgesellschaften gehalten werden.

EU-Abschlussprüfer u. europäische Prüfungsgesellschaften können sich ohne 57
Einschränkungen an WPG beteiligen. Dies gilt auch für EU-Abschlussprüfer, die
gemäß einer nationalen Berufsausübungsregelung, die § 46 WPO entspricht, beurlaubt sind.

bb) Weitere zugelassene Gesellschafter (Satz 1 Nr. 1a)

Als weitere Gesellschafter sind **vBP, StB, RA u. niedergelassene europäische RA** 58
zugelassen. Außerdem können sich **StBv, Personen, mit denen eine gemeinsame
Berufsausübung nach § 44 b Abs. 2 zulässig ist** u. **Personen, deren Tätigkeit als
gesetzliche Vertreter v. der WPK genehmigt** worden ist, beteiligen. Personen, mit
denen eine gemeinsame Berufsausübung gemäß § 44 b Abs. 2 zulässig ist, sind AP
u. Prüfungsgesellschaften aus Drittstaaten sowie die RA, PA u. StB anderer Staaten,
sofern ihre Ausbildung u. Befugnisse der BRAO, PAO u. dem StBerG entsprechen
u. sie ihren Beruf in Sozietäten mit in Deutschland bestellten WP ausüben dürfen
(hierzu § 44b Rn. 22).

Grundsätzlich können sich auch **Prüfungsgesellschaften aus Drittstaaten** an 59
WPG beteiligen, da eine gemeinsame Berufsausübung mit diesen gemäß § 44b
Abs. 2 zulässig ist (hierzu § 44 b Rn. 22). Die Beteiligungsfähigkeit der Berufsgesellschaft setzt voraus, dass für sie im **Ausland vergleichbare Anerkennungsvoraussetzungen** bestehen. Dies ist der Fall, wenn eine organschaftl. u. kapitalmäßige
Beherrschung durch AP vorliegt. Des Weiteren ist zu fordern, dass im Herkunftsstaat auch vergleichbare Regelungen im Bereich der Berufsaufsicht bestehen.

In der Regel können sich die in Nr. 1a) genannten Gesellschafter nur dann an einer 60
WPG beteiligen, wenn sie **in der Gesellschaft tätig** sind. Etwas anderes gilt dann,
wenn mehrere Gesellschafter, die nicht WP, WPG, EU-AP o. europäische Prüfungsgesellschaft sind, an der Gesellschaft beteiligt sind. Dann muss gemäß Nr. 1a) mind.
die Hälfte der nicht als WP bestellten Gesellschafter in der Gesellschaft tätig sein.
Bei PartG u. OHG hat die Regelung keine Bedeutung, da die Partner bzw. Gesellschafter aufgrund der Rechtsform der Gesellschaften das Tätigkeitserfordernis erfüllen. Anders stellt sich die Situation für die Gesellschafter einer GmbH, die Aktionäre einer AG u. die Kommanditisten einer KG dar. Zu beachten ist, dass nach
Nr. 3a) die nicht in der Gesellschaft tätigen Nicht-WP-Gesellschafter nur weniger
als ein Viertel der Anteile am Nennkapital halten dürfen.

Das **Tätigkeitserfordernis** wird durch eine **Bestellung als VO, GF o. die Aufnah-** 61
me als phG erfüllt. Dies ergibt sich aus der mit der Organstellung verbundenen
Verantwortlichkeit der gesetzlichen Vertreter (vgl. § 76 AktG, § 43 GmbHG, § 116
HGB). Beteiligt sich eine **ausländischen Prüfungsgesellschaft** aus einem Nicht-
EU-Staat an einer WPG, so kann das Tätigkeitserfordernis durch einen gesetzlichen
Vertreter dieser Gesellschaft erbracht werden, wenn er gemäß Abs. 3 auch zum gesetzlichen Vertreter der WPG bestellt wird.

62 Die Tätigkeit in der Gesellschaft kann auch auf einer **anderen Rechtsgrundlage** ausgeübt werden. Der **Schwerpunkt der Arbeitstätigkeit** muss dann aber in der Gesellschaft liegen. In Betracht kommt ein **Anstellungsvertrag**. Auch bei einer **gesellschaftsvertraglichen Verpflichtung** des Gesellschafters, den Schwerpunkt seiner Arbeitstätigkeit in der Gesellschaft zu haben, wird die Tätigkeit in der Gesellschaft zu bejahen sein. Die **Erteilung einer Prokura** ist für sich allein nicht ausreichend; es kommt darauf an, dass die verantwortliche Tätigkeit tats. u. in nicht unerheblichem Umfang ausgeübt wird (WPK, WPK-Mitt. 1998, 66).

b) Verbot des Haltens von Anteilen für Rechnung eines Dritten (Satz 1 Nr. 2)

aa) Verbot der Treuhandabrede

63 Zur **Vermeidung** v. **Umgehungen der Kapitalbindungsvorschriften** bestimmt Abs. 4 Satz 1 Nr. 2, dass Kapitalanteile an einer WPG **nicht für Rechnung eines Dritten** gehalten werden dürfen (Biener/Bernecke, BiRiLiG, Bericht des Rechtsausschusses Nr. 6b, 616). Der Abschluss eines entsprechenden Treuhandvertrages lässt die Anerkennungsvoraussetzung der Gesellschaft als WPG entfallen; sie führt zum Widerruf der Anerkennung als WPG. Der Verstoß gegen das Verbot durch einen als Treuhänder fungierenden WP kann aber im Rahmen der BA verfolgt werden.

64 Fraglich ist jedoch, ob das Verbot des treuhänderischen Haltens v. Anteilen für Dritte jede rein finanziell Beteiligung an einem Gesellschaftsanteil u. am Ertrag einer WPG ausschließt. Bei einer restriktiven Auslegung wären **Unterbeteiligungen, stille Gesellschaften, partiarische Rechtsverhältnisse u. Nießbrauch** an einem Geschäftsanteil generell ausgeschlossen. Als Gründe werden der Aspekt der Innengesellschaft, die Nähe zum Treuhandverhältnis, die Gefahr einer berufsfremden Einflussnahme u. eine Beeinträchtigung der beruflichen Unabhängigkeit durch Kontroll- u. Mitwirkungsrechte Berufsfremder genannt (so für das Verbot des treuhänderischen Haltens v. Anteilen an StBG: Kuhls/Meurers, StBerG, § 50a Rn. 14).

65 Für eine restriktive Auslegung spricht auch die Möglichkeit einer klaren Abgrenzung u. Handhabbarkeit in der Praxis. Die Beteiligungsverhältnisse an einer WPG sollen dem Rechts- u. Geschäftsverkehr transparent sein. Daraus folgt, dass eine nach Abs. 4 Satz 1 Nr. 2 unzulässige Beteiligung jedenfalls dann vorliegt, wenn dem berufsfremden Dritten der gesamte o. der wesentliche Teil des Gewinnanteils des Gesellschafters der WPG nach der getroffenen Vereinbarung zustehen soll. Allerdings können Ausnahmen zugelassen werden, wenn eine **rechtliche Einflussnahme der Dritten** auf die Gesellschafter, etwa beim Stimmverhalten in der Gesellschafterversammlung, ausgeschlossen ist.

bb) Nießbrauch

66 Durch die Bestellung eines Nießbrauchs gemäß § 1069, 1030 BGB am Gesellschaftsanteil erhält der Nießbraucher das **Recht, Nutzungen (Gewinn) aus dem Recht des Gesellschafters der WPG zu ziehen**. Bei einem **Vollrechtsnießbrauch** wird der Nießbraucher im Außenverhältnis Gesellschafter auf Zeit; er nimmt also für die Zeit des Nießbrauchs auch der Gesellschaft ggü. alle Rechte eines Gesellschafters war. Würde ein WP-Gesellschafter einem Berufsfremden Nießbrauch einräumen u. dieser seine Interessen bei der Stimmabgabe z.b. in der Gesellschafterversammlung berücksichtigt sehen wollen, kann im Zweifel – je nachdem wie groß die Stimmrechtsmehrheit ausgestaltet ist (z.b. nur 51 % zugunsten des WP) – eine Stimmrechtsmehrheit der WP nicht mehr gegeben sein.

Eine Umgehung der Kapitalbindungsvorschriften nach § 28 Abs. 4 Nr. 2 wäre ebenfalls indiziert, wenn der Nießbraucher auf die Geschäftspolitik der WPG Einfluss nehmen kann. Sofern jedoch der Nießbraucher mit dem Gesellschafter vereinbart, dass die **Stimmrechte beim Gesellschafter verbleiben**, ist die Vereinbarung berufsrechtlich vertretbar. Zu beachten ist, dass gemäß § 28 Abs. 5 Sätze 1 u. 2 die Zustimmung der Gesellschaft zur Bestellung des Nießbrauchs am Gesellschafteranteil erforderlich ist, da gemäß § 1069 Abs. 1 BGB die Bestellung des Nießbrauchs nach den für die Übertragung des Rechts geltenden Vorschriften erfolgt. 67

cc) Gewinnbeteiligung von Dritten

Die **Unterbeteiligung** ist eine schuldrechtliche Innenbeteiligung an dem Anteil, den ein Gesellschafter an einer Kapital- o. Personengesellschaft innehat. Sie ist unter der Voraussetzung berufsrechtlich statthaft, dass dem Unterbeteiligten im Unterbeteiligungsvertrag kein Einfluss auf das Rechtsverhältnis zwischen Gesellschafter u. Gesellschaft eingeräumt wird. Ebenso ist die Eingehung **partiarischer Rechtsverhältnisse zulässig.** Der nicht berufsangehörige Beteiligte hat ledigl. im Innenverhältnis einen Anspruch auf Beteiligung am Gewinn, auf die Geschäftspolitik der WPG kann er keinen Einfluss nehmen (vgl. Vögele, BB 2000, 1581). Die Ausgabe v. **Genussscheinen** ist unbedenklich, da es sich nicht um ein gesellschaftsrechtlich geprägtes Mitgliedschaftsrecht handelt (BGH 5.12.1992, BGHZ 119, 305, 309), sondern um einen schuldrechtlichen Anspruch gegen die WPG, an deren Gewinn der Berechtigte beteiligt werden soll. 68

c) Majorität der WP, WPG, EU-AP und europäischen Prüfungsgesellschaften (Satz 1 Nr. 3 und 4)

Gemäß Abs. 4 Satz 1 Nr. 3 muss die **Mehrheit der Anteile** an Kapitalgesellschaften **WP, WPG, EU-AP u. europäischen Prüfungsgesellschaften**, die die Voraussetzungen des Abs. 4 erfüllen, gehören. 69

Gesellschafter gemäß Nr. 1a) können daher nur Minderheitsgesellschafter sein. Von den in Nr. 1a) genannten Gesellschaftern, die **nicht in der Gesellschaft tätig** sind, dürfen nur **weniger als ein Viertel** der Anteile am Nennkapital o. der im HR eingetragenen Einlagen der Kommanditisten gehören (Nr. 3a). Die Regelung gilt für WPG in den Rechtsformen der AG, GmbH, KG u. KGaA. Für diese Gesellschafter gilt also eine **doppelte Beschränkung der Beteiligungsmöglichkeit**. Zum einen können sich solche Gesellschafter als Minderheitsgesellschafter nur beteiligen, wenn bereits andere Gesellschafter, die ebenfalls nicht WP, EU-AP oder Prüfungsgesellschaft sind, existieren. Gemäß Nr. 1a) muss mind. die Hälfte der Gesellschafter dieser Gruppe in der WPG tätig sein. Zum anderen ist für die nicht tätigen 70

Gesellschafter nur eine Beteiligung unter 25 % des aufgebrachten Kapitals bzw. der Summe der Kommanditeinlagen möglich.

71 Gemäß Nr. 4 ist bei KG die **Mehrheit** der im HR eingetragenen **Einlagen der Kommanditisten v. WP, WPG, EU-AP u. europäischen Prüfungsgesellschaften zu übernehmen**. Zwar sind die Kommanditisten gemäß § 164 HGB v. der Geschäftsführung ausgeschlossen, können jedoch über Gesellschafterbeschlüsse Einfluss auf die interne Willensbildung der KG nehmen. Daher sollte nach dem Willen des Gesetzgebers auch bei den Kommanditisten eine WP-Mehrheit bestehen (Biener/Bernicke, BiRiLiG, 616).

d) Stimmrecht (Satz 1 Nr. 5)

72 **Wirtschaftsprüfer, WPG, EU-AP u. europäischen Prüfungsgesellschaften** müssen die **Mehrheit der Stimmrechte** der Aktionäre, Kommanditaktionäre, Gesellschafter einer GmbH o. Kommanditisten zustehen (Nr. 5). Die zugelassenen weiteren Gesellschafter gemäß Nr. 1a) müssen sich bzgl. ihres Stimmrechts majorisieren lassen. Es soll verhindert werden, dass diese Gesellschafter die WPG beherrschen (Biener/Bernecke, BiRiLiG, 617, für StBG: Gehre/Koslowski, StBerG, § 50a Rn. 10). Daher ist **im Gesellschaftsvertrag** für **Beschlüsse der Gesellschafterversammlung** immer die Mehrheit zugunsten der Gesellschafter sicherzustellen, die WP, WPG, EU-AP o. europäische Prüfungsgesellschaft sind. Werden in der Satzung bzw. Gesellschaftsvertrag für bestimmte Angelegenheiten **qualifizierte Mehrheiten in der Gesellschafterversammlung** vorgeschrieben, die über dem Stimmanteil der WP-Gesellschafter liegen, besteht die Gefahr, dass diese trotz ggf. einfacher Mehrheit der Stimmen v. ihnen angestrebte Beschlüsse nicht durchsetzen können. Das gesetzliche **Mehrheitserfordernis** bei den Stimmrechten zugunsten WP, WPG, EU-AP u. europäischen Prüfungsgesellschaften **würde unterlaufen**, wenn Mehrheitsbeschlüsse aufgrund entsprechender Satzungsklauseln nur mit den Stimmen v. Nicht-WP-Gesellschaftern gefasst werden könnten.

73 Aus diesem Grund ist eine Regelung in der Satzung **zu beanstanden**, wonach die WP ihre Stimmrechtsmehrheit **nicht gegen den einheitlichen Willen** der übrigen, **nicht berufsangehörigen Gesellschafter** ausüben dürfen. Dasselbe gilt, wenn die **Zustimmung einer außerhalb der Gesellschaft stehenden Person** zu bestimmten Beschlüssen der Gesellschafterversammlung eingeholt werden muss, z.B. zu Änderungen der Satzung einer WPG.

74 Eine über den Stimmanteil der Gesellschafter, die WP, WPG, EU-AP o. europäische Prüfungsgesellschaft sind, hinausgehende **qualifizierte Mehrheit** in der Gesellschafterversammlung ist dann **zulässig**, wenn es sich um **Grundlagengeschäfte der Gesellschaft** handelt, die die Vermögensinteressen aller Gesellschafter erheblich betreffen, wie z.B. Erwerb, Veräußerung u. Belastung v. Grundstücken u. Rechten an Grundstücken, Errichtung v. ZN, Übertragung u. Teilung v. Geschäftsanteilen, Festsetzung der Vergütung für die GF, sofern der Anstellungsvertrag hierzu keine Regelung trifft.

Dem Wortlaut nach gilt Nr. 5 nicht für WPG in der Rechtsform der **OHG u. der** 75
PartG. Der Gesetzgeber geht davon aus, dass hier in der Gesellschafterversammlung eine **Mehrheit nach Köpfen** besteht. Nr. 5 ist jedoch dann **entsprechend** auch auf diese Rechtsformen **anzuwenden**, wenn eine **abweichende Regelung im Gesellschafts- bzw. Partnerschaftsvertrag** besteht, die eine Mehrheit zugunsten v. Gesellschaftern bzw. Partnern vorsieht, die nicht WP, WPG, EU-AP o. europäische Prüfungsgesellschaft sind. Ist bei einer GmbH & Co KG die Komplementärin vom Stimmrecht in der Gesellschafterversammlung ausgeschlossen, ist das **Stimmenverhältnis unter den Kommanditisten** entscheidend.

e) **Vertretung bei der Ausübung von Gesellschafterrechten (Satz 1 Nr. 6)**
aa) **Gesellschafterrechte**
Unabhängig v. dem Recht jedes Gesellschafters, sein Stimmrecht persönlich wahr- 76
zunehmen, ist gemäß Nr. 6 im Gesellschaftsvertrag zu regeln, dass **zur Ausübung v. Gesellschafterrechten nur Gesellschafter bevollmächtigt werden dürfen, die WP o. EU-AP sind**. Es soll verhindert werden, dass Berufsfremde u. Nichtgesellschafter Gesellschafterrechte wahrnehmen, die Gesellschaft damit faktisch beherrschen u. dadurch die Kapitalbindungsvorschriften, insb. die Stimmrechtsmehrheit zugunsten v. WP u. WPG unterlaufen werden (Biener/Bernecke, BiRiLiG, 617). Die Regelung ist enger als bei StBG u. RAG (hierzu Vor §§ 27-34 Rn. 31) u. geht bei Anerkennung einer WPG auch als StBG bzw. RAG als **strengeres Berufsrecht** den Regelungen des StBerG u. der BRAO vor.

Hat die Gesellschaft **nur einen Gesellschafter,** scheidet bereits begrifflich die Be- 77
vollmächtigung eines anderen Gesellschafters, der WP o. EU-AP ist, aus. Handelt es sich bei der einzigen Gesellschafterin um eine WPG o. eine europäische Prüfungsgesellschaft, so stellt die Wahrnehmung der Gesellschafterrechte dieser alleinigen Gesellschafterin durch ihre gesetzlichen Vertreter keine Bevollmächtigung i.S.d. Nr. 6 dar. Die Regelung des § 28 Abs. 1 Satz 1 spricht dafür, dass die Gesellschafterrechte einer WPG o. europäischen Prüfungsgesellschaft als alleiniger Anteilseignerin nur durch gesetzliche Vertreter dieser Gesellschafterin, die WP o. EU-AP sind, ausgeübt werden können. Ist nur ein WP o. eine WPG neben Gesellschaftern mit anderer Berufsqualifikation beteiligt, so müssen die Gesellschafterrechte v. WP u. der WPG (durch einen ihrer gesetzlichen Vertreter, der WP ist), immer selbst ausgeübt werden.

Auch wenn im Einzelfall nicht die Absicht besteht, dass sich die Gesellschafter bei 78
der Wahrnehmung der Gesellschafterrechte vertreten lassen, ist die **Klausel,** dass zur Ausübung v. Gesellschafterrechten nur Gesellschafter, die WP o. EU-AP sind, bevollmächtigt werden können, **in den Gesellschaftsvertrag aufzunehmen**. Das gesellschaftsrechtliche Abspaltungsverbot (§§ 161 Abs. 2, 109 HGB i.V.m. § 717 BGB, § 35 GmbHG, § 118 ff. AktG) der Überlassung der Ausübung v. Verwaltungsrechten an Mitgesellschafter o. Dritte steht nicht entgegen. Gesellschaftsrechtlich ist es nicht erforderlich, die Vertretung bei der Ausübung v. Gesellschafterrechten im Gesellschaftsvertrag vorzusehen. Es reicht bereits aus, wenn alle Gesellschafter ohne förmliche Regelung im Gesellschaftsvertrag einverstanden

sind (Baumbach-Hopt, HGB, § 105 Rn. 50). Deshalb verlangt das Berufsrecht, die Klausel gemäß Nr. 6 ausdr. in den Gesellschaftsvertrag aufzunehmen.

79 Zu den Gesellschafterrechten gehören das Recht auf **Teilnahme an der Gesellschafterversammlung** u. die **Abstimmung bei Gesellschafterbeschlüssen**. Daneben zählen auch **Auskunfts- u. Einsichtsrechte** (§ 51a GmbHG, §§ 131 f. AktG, §§ 118 HGB) zu den Gesellschafterrechten. Da nach dem Gesetzeswortlaut alle Gesellschafterrechte v. Nr. 6 erfasst werden, reicht es nicht aus, im Gesellschaftsvertrag nur die Bevollmächtigung zur Vertretung in der Gesellschafterversammlung zu regeln. Auch die sonstigen Gesellschafterrechte (z.B. Auskunfts- u. Einsichtsrechte) sind zu erfassen. Es ist daher zu empfehlen, den **Wortlaut der Nr. 6** in den Gesellschaftsvertrag zu **übernehmen**.

bb) Folgen eines Verstoßes

80 Die **Klausel ist Anerkennungsvoraussetzung**. Wird sie **aus dem Gesellschaftsvertrag** einer bereits anerkannten WPG **entfernt**, führt dies gemäß § 34 Abs. 1 Nr. 2 zum **Widerruf der Anerkennung** als WPG, wenn die Regelung nicht innerhalb einer angemessenen, v. der WPK zu setzenden Anpassungsfrist wieder in den Gesellschaftsvertrag aufgenommen wird. **Missachten die Gesellschafter die Regelung** des Gesellschaftsvertrages, in dem z.B. der Vertreter einer Verbundgesellschaft zur Vertretung in der Gesellschafterversammlung bevollmächtigt wird, führt der Verstoß gegen den Gesellschaftsvertrag zur **Unwirksamkeit der betroffenen Stimmen**.

81 Werden **im Rahmen des Anerkennungsverfahrens als WPG** Gesellschafterbeschlüsse zur Beschleunigung des Verfahrens nach Bevollmächtigung durch die Gründer v. **Notariatsangestellten** gefasst, z.B. Änderungen des Gesellschaftsvertrages um die Anerkennungsvoraussetzungen als WPG zu gewährleisten, so liegt kein Verstoß gegen Nr. 6 vor, da die Gesellschaft in Gründung mangels erfolgter Anerkennung als WPG noch nicht der Vorschrift unterliegt (a.A. noch WPK, WPK-Mitt. 1996, 328).

cc) Altgesellschaften

82 Für Gesellschaften, die vor Inkrafttreten des Abs. 4 am 1.1.1986 anerkannt sind (sog. **Altgesellschaften** – hierzu § 134a Rn. 4 ff.) u. den Gesellschaftsvertrag noch nicht Nr. 6 angepasst haben, gilt die Regelung nicht. Die Bevollmächtigung zur Ausübung v. Gesellschafterrechten ist frei. Der Wortlaut des § 134a Abs. 2 u. § 28 Abs. 4 Satz 1 Nr. 6 sprechen gegen die Verpflichtung zur Beachtung durch Altgesellschaften; außerdem wäre **bei ausschließl. berufsfremder Beteiligung** die Regelung praktisch nicht umsetzbar. Da die Vorschrift dem Schutz der Kapitalbindungsvorschriften gemäß Nr. 3 u. Nr. 5 (WP u. EU-AP-Majorität bei den Anteilen u. Stimmrechten) dient, ist jedenfalls bei Herstellung dieser Voraussetzungen eine entsprechende Klausel in den Gesellschaftsvertrag aufzunehmen.

f) Beteiligung über eine GbR (Satz 2)

83 Gemäß Abs. 4 Satz 2 ist für Gesellschafter i.S.d. Nr. 1 u. Nr. 1a eine **mittelbare Beteiligung an einer WPG** über eine GbR möglich. Einziger Zweck der GbR muss

das **Halten v. Anteilen** an einer WPG sein. Auch wenn der Wortlaut nur v. „einer" WPG ausgeht, begegnet das Halten u. Verwalten v. Anteilen an mehreren Berufsgesellschaften durch eine Beteiligungs-GbR keinen grds. Bedenken. Zu beachten ist aber, dass daneben **kein weiterer Gesellschaftszweck** bestehen darf. Eine Sozietät mit dem Gegenstand der gemeinsamen Berufsausübung der Sozien in der Rechtsform der GbR kann sich nicht an einer WPG beteiligen. Die mittelbare Beteiligung wird den Gesellschaftern i. Erg. **unmittelbar zugerechnet** (Biener/Bernecke, BiRiLiG, Bericht des Rechtsausschusses, 616). Insoweit besteht keine rechtliche Verselbstständigung der GbR ggü. ihren Gesellschaftern.

Die Rspr. des BGH (Urteil v. 29.1.2001, BB 2001, 374 = DB 2001, 374 u. v. **84** 10.5.2012, NJW 2012, 2435 = DB 2012, 2270) zur Fähigkeit der GbR am Rechtsverkehr teilzunehmen, steht dem nicht entgegen. Satz 2 ist **lex specialis** im Verhältnis zum allg. Gesellschaftsrecht. Für die **Beteiligungsstruktur der GbR** gelten die **Anforderungen der Kapitalbindungsvorschriften gemäß Abs. 4**. Ist die Beteiligungs-GbR alleinige Gesellschafterin der WPG, müssen ihre Anteile mehrheitlich v. WP, WPG, EU-AP u. europäischen Prüfungsgesellschaften gehalten werden. Mind. die Hälfte der GbR-Gesellschafter gemäß Nr. 1a muss in der WPG tätig sein. Die nicht tätigen Gesellschafter dieser Gruppe dürfen insgesamt nur weniger als ein Viertel der Anteile halten.

g)   Beteiligung von Stiftungen und eingetragenen Vereinen (Satz 3)
Gemäß Satz 3 sind auch **Stiftungen u. eingetragene Vereine** als Gesellschafter **85** einer WPG unter der Voraussetzung zugelassen, dass sie ausschließl. der Altersversorgung v. in der WPG tätigen Personen u. deren Hinterbliebenen dienen o. die Berufsausbildung, Berufsfortbildung o. die Wissenschaft fördern u. die zur gesetzlichen Vertretung berufenen Organe der Stiftung o. des Vereins mehrheitlich aus WP bestehen. Die Vorschrift wurde mit dem BiRiLiG in die WPO eingefügt, um **Altgesellschaften die Anpassung an das neue Recht zu erleichtern** (Biener/Bernecke, BiRiLiG, Bericht des Rechtsausschusses, 616). Dementsprechend ist hinsichtlich der Struktur dieser Gesellschafter eine Gleichstellung der EU-AP mit WP in der 7. WPO-Novelle 2007 nicht erfolgt.

Handelt es sich bei dem Gesellschafter um eine Stiftung o. einen eingetragenen **86** Verein, der neben der Altersversorgung v. Mitarbeitern der WPG **auch der Altersversorgung v. Mitarbeitern einer verbundenen Gesellschaft** dient, so ist dies nicht schädlich, da das Wort „ausschließlich" sich auf den Bereich der Altersversorgung bezieht (WPH I 2006, A Rn. 150, a.A. Haibt, Kapitalbeteiligung, 145). Die Stiftungen u. Vereine gelten **nur als zulässige Gesellschafter**, nicht aber als WP u. können daher **nicht Mehrheitsgesellschafter** einer WPG sein (WPH I 2000, A Rn. 122). Da die Kapitalbindungsvorschriften des Abs. 4 durch die Beteiligung dieser Gesellschafter nicht unterlaufen werden sollen, ist die Bezeichnung „Berufsangehörige i.S.d. Abs. 1 Nr. 1" nicht als Berufsangehörige i.S.d. § 1 Satz 1 (Wirtschaftsprüfer u. Wirtschaftsprüferinnen) zu verstehen.

2. Besonderheiten bei Kapitalgesellschaften (Abs. 5)

87 Für WPG in den Rechtsformen der AG, KGaA u. GmbH gelten neben den Vorschriften des AktG, HGB u. GmbHG zusätzl. **berufsrechtliche Sondervorschriften** hinsichtlich der Anteile u. ihrer Übertragung gemäß Abs. 5. in Verbindung mit der Pflicht der Meldung der Gesellschafter zum BR gemäß § 38 Nr. 2 d) soll jederzeit festgestellt werden, in wessen Händen sich die Gesellschaftsanteile befinden (BT-Drs. 3/201, 49). Es soll sichergestellt werden, dass die Aktien u. Geschäftsanteile einer WPG nicht uneingeschränkt gehandelt werden, weil das eine Gefahr für die Unabhängigkeit der Berufsausübung durch den VO bzw. die Geschäftsführung bedeuten könnte (Gehre/Koslowski, StBerG, § 50 Rn. 20).

a) Aktiengesellschaften und Kommanditgesellschaften auf Aktien

88 Bei AG u. KGaA müssen die Aktien auf Namen lauten. Die Übertragung muss an die Zustimmung der Gesellschaft gebunden sein (Sätze 1 u. 2). Es handelt sich somit um **vinkulierte Namensaktien**, d.h. sie sind auf den Aktionär persönlich ausgestellt. Die **Übertragung v. Namensaktien** erfolgt rechtsgeschäftlich gemäß § 68 Abs. 1 AktG durch **Indossament**, d.h. durch eine schriftliche Übertragungserklärung auf der Aktienurkunde o. einem fest mit ihr verbundenen Anhang. Auch kommt eine Übertragung durch Abtretung gemäß §§ 413, 398 BGB in Betracht. Des Weiteren ist nach h.M. die Übereignung durch Einigung u. Übergabe o. ein Übergabesurrogat gemäß §§ 929 ff. BGB erforderlich (hierzu Eder, NZG 2005, 107). Bei nicht verkörperten Aktien bedarf es nur der Einigung über den Rechtsübergang; die Übergabe o. das Übergabesurrogat entfällt.

89 Voraussetzung ist die **Zustimmung der Gesellschaft durch den VO**. Das bedeutet, dass die gesetzlichen Vertreter der WPG das letzte Wort haben, ob die Anteile übertragen werden können. Hintergrund ist, dass diese vor der Abtretung die berufsrechtliche Zulässigkeit überprüfen soll. Das Zustimmungserfordernis durch den VO ist in der Satzung vorzusehen, da die Vinkulierung nicht kraft Gesetz erfolgt.

90 Sofern **Vorzugsaktien ohne Stimmrecht** i.S.d. § 139 ff. AktG ausgegeben werden, haben die Inhaber dieser Aktionäre alle Aktionärsrechte mit Ausnahme des Stimmrechts. Sie sind also Gesellschafter i.S.d. § 28 Abs. 4 Nr. 3, werden allerdings bei der Ermittlung des Verhältnisses der Stimmrechte i.S.d. § 28 Abs. 4 Nr. 5 nicht mitgerechnet.

91 Für WPG in der Rechtsform der AG enthält die WPO keine speziellen Anforderungen für die **Besetzung des Aufsichtsrats**. Eine berufsrechtliche Pflicht zur Besetzung des Aufsichtsrats mit überwiegend WP besteht daher nicht. Jedermann kann Aufsichtsratsmitglied einer WPG werden. Aufsichtsratsmitglieder sind nicht anzeigepflichtig u. werden nicht im BR erfasst.

b) Gesellschaften mit beschränkter Haftung

92 Ebenso ist gemäß Satz 3 die **Übertragung v. Geschäftsanteilen an einer GmbH** v. der **Genehmigung der Gesellschaft durch ihre GF** abhängig zu machen. Die Genehmigung kann nicht bereits antizipiert im Gesellschaftsvertrag für zukünftige Anteilsabtretungen vorweggenommen werden. Die GF haben die berufsrechtliche

Gesetzesvorschrift zu beachten, deren Befolgung Vorrang vor der Einhaltung des Gesellschaftsvertrages hat. Gleichwohl kann der Gesellschaftsvertrag vorsehen, dass neben der Zustimmung der GF auch eine Zustimmung der Gesellschafterversammlung zur Anteilsübertragung erforderlich ist.

IV. Kapitalausstattung (Abs. 6)

Gemäß Abs. 6 ist bei Antragstellung auf Anerkennung als WPG das **Vorhandensein des gesetzlichen Grund-/Stammkapitals nachzuweisen**. Bei Gründung einer als WPG anzuerkennenden GmbH reicht die Einzahlung der Hälfte des gesetzlichen Stammkapitals gemäß § 7 Abs. 2 GmbHG nicht aus; Abs. 6 ist lex specialis zu § 7 Abs. 2 GmbHG. Gemäß § 28 Abs. 6 Satz 1 WPO muss bei GmbH das Stammkapital min. 25.000 Euro betragen. Die Anerkennung als WPG ist zu versagen, wenn das gesetzliche Stammkapital in dieser Höhe nicht aufgebracht ist (VG Hannover 25.8.1993, WPK-Mitt. 1994, 65). **Unternehmergesellschaften** (UG) i.S.d. § 5a GmbHG können aufgrund der ausdrücklichen Regelung gemäß Abs. 6, dass 25 000 € eingezahlt sei müssen, nicht als WPG anerkannt werden. 93

Die ab dem 1.1.2001 geltende **aktuelle Fassung** des Abs. 6 erfasst v. **Wortlaut auch Sachgründungen** neu errichteter Gesellschaften u. die Kapitalausstattung bereits länger bestehender Gesellschaften, die erst eine gewisse Zeit nach ihrer Eintragung ins HR die Anerkennung als WPG erhalten sollen, z.B. StBG o. Vorratsgesellschaften. Die Regierungsbegr. (BT-Drs. 14/3649, 22) führt hierzu aus, dass das **tats. Vorhandensein des entsprechenden Vermögens** eine **Anerkennungsvoraussetzung** darstellt. Damit werde gewährleistet, dass bei Anerkennung als Berufsgesellschaft stets ein Mindesthaftkapital i.H.v. 25.000 Euro zur Verfügung stehe. 94

Wird keine Bargründung, sondern eine Sachgründung vorgenommen, o. soll eine bereits existierende Gesellschaft als WPG anerkannt werden, so ist mittels eines Sachgründungsberichts bzw. einer (Zwischen-)Bilanz das Vorhandensein des Grund-/Stammkapitals zum **Zeitpunkt der Antragstellung** nachzuweisen. Daher ist v. den Antragstellern ein aktueller Nachweis vorzulegen. Liegen zwischen der Erstellung des Sachgründungsbericht bzw. der (Zwischen-)Bilanz u. der Antragstellung mehr als drei Monate, sind diese nicht mehr geeignet, das Vorhandensein zu belegen. Werden zwischen Antragstellung u. Anerkennung Anhaltspunkte erkennbar, dass das Grund- bzw. Stammkapital nicht mehr vorliegt, kann die Anerkennung versagt werden. Dies ergibt sich aus dem Grundsatz, dass eine Anerkennung nicht erfolgen muss, wenn diese sofort gemäß § 34 Abs. 1 Nr. 2 zurückgenommen werden müsste. 95

V. Berufshaftpflichtversicherung (Abs. 7)

Gemäß Abs. 7 ist die Anerkennung als WPG zu versagen, solange nicht die **vorläufige Deckungszusage** auf den Antrag zum Abschluss einer BHV gemäß § 54 vorliegt. Die vorläufige Deckungszusage stellt noch keinen **Versicherungsnachweis** dar. Dieser ist **nach Anerkennung als WPG nachzureichen**. Anderenfalls müsste 96 die Anerkennung als WPG mangels Vorliegen einer BHV gemäß § 34 Abs. 1 Nr. 2 zurückgenommen werden.

VI. Vorratsgesellschaften

97 Berufsangehörige können zur **Beschleunigung des Anerkennungsverfahrens** eine sog. „**Vorratsgesellschaft**" erwerben, die nicht als Berufsgesellschaft anerkannt ist. Die Bestellung v. WP als gesetzliche Vertreter einer solchen Gesellschaft verstößt nicht gegen das **Verbot der gewerblichen Tätigkeit** gemäß § 43a Abs. 3 Nr. 1, wenn das **Anerkennungsverfahren als WPG zügig durchgeführt** wird. Das Vorliegen der Voraussetzung des Abs. 6 ist durch eine aktuelle (Zwischen-)Bilanz nachzuweisen.

98 Wird die **Eintragung des Firmenbestandteils** „**Wirtschaftsprüfungsgesellschaft**" beim HR veranlasst, ist zuvor der Antrag auf Anerkennung als WPG bei der WPK zu stellen. Diese stellt eine **Unbedenklichkeitsbescheinigung** aus, aufgrund der die Eintragung im HR vorgenommen werden kann (vgl. § 29 Rn. 4). Erfolgt die Eintragung **ohne Unbedenklichkeitsbescheinigung**, verstoßen die Gründer gegen § 133. Werden die Anerkennungsvoraussetzungen als WPG nicht kurzfristig nachgewiesen, so ist der Antrag auf Anerkennung zurückzuweisen. Dies führt zur Löschung der Firma im HR gemäß § 395 FamFG v. Amts wegen.

§ 29 Zuständigkeit und Verfahren

(1) Zuständig für die Anerkennung als Wirtschaftsprüfungsgesellschaft ist die Wirtschaftsprüferkammer.

(2) Dem Antrag sind eine Ausfertigung oder eine öffentlich beglaubigte Abschrift des Gesellschaftsvertrages oder der Satzung sowie Nachweise zum Vorliegen der in § 28 genannten Anerkennungsvoraussetzungen beizufügen.

(3) [1]Über die Anerkennung als Wirtschaftsprüfungsgesellschaft wird eine Urkunde ausgestellt. [2]§ 3a des Verwaltungsverfahrensgesetzes findet keine Anwendung.

Schrifttum: *Ries*, Auswirkungen der Reform des Rechts der freiwilligen Gerichtsbarkeit auf das Gesellschaftsrecht unter Berücksichtigung der Neuerungen durch das MoMiG und ARUG, NZG 2009, 654, *Spindler/Kramski*, Der elektronische Bundesanzeiger als zwingendes Gesellschaftsblatt für Pflichtbekanntmachungen der GmbH, NZG 2005, 746; *Brück*, Rechtsprobleme der Auslandsbeurkundung im Gesellschaftsrecht, DB 2004, 2409; *Priester*, Unwirksamkeit von Satzungsänderungen bei Eintragungsfehlern, BB 2002, 2613; *WPK*, Wettbewerbsabreden in Gesellschaftsverträgen von Berufsgesellschaften, WPK-Mitt. 1994, 164.
Weitere Hinweise zum Schrifttum vgl. vor den Vorbemerkungen zu den §§ 27-34.

Inhaltsübersicht

	Rn.
I. Allgemeines	1
II. Anerkennungsverfahren	2–6
1. Nachweise	2
2. Gebühren	3
3. Unbedenklichkeitsbescheinigung	4–5
4. Anerkennungsurkunde	6
III. Gesellschaftsvertrag	7–14
1. Zwingende Klauseln	10–11
2. Empfohlene Regelungen	12–14

I. Allgemeines

Wirtschaftsprüfungsgesellschaften bedürfen der **staatlichen Anerkennung**. Die 1 WPO 1961 wies diese Aufgabe den **obersten Landesbehörden für Wirtschaft** zu. Mit der 4. WPO-Novelle 2001 wurde die Zuständigkeit zum 1.1.2002 auf die **WPK übertragen**. In der Zuständigkeit der obersten Landesbehörden für Wirtschaft verblieben nur bereits gestellte Anträge auf Anerkennung als WPG, über die am 1.1.2002 noch nicht entschieden worden war (§ 138 Satz 1).

II. Anerkennungsverfahren

1. Nachweise

Dem **Antrag auf Anerkennung** als WPG sind gemäß Abs. 2 folgende Unterlagen 2 u. Nachweise beizufügen:

- Eine Ausfertigung o. eine öffentl. beglaubigte Abschrift der **Satzung** o. des **Gesellschaftsvertrages** (vgl. noch Rn. 7 ff.). Um Nachbeurkundungen zu vermeiden, ist zu empfehlen, im Vorfeld des Anerkennungsverfahrens einen Gesellschaftsvertragsentwurf mit der WPK abzustimmen.
- Nachweise zum Vorliegen der in § 28 genannten Anerkennungsvoraussetzungen:
  o Nachweis der **Bestellung der gesetzlichen Vertreter** der Gesellschaft;
  o Nachweis über den **Abschluss einer ausreichenden BHV** (vorläufige Deckungszusage des Berufshaftpflichtversicherers - § 28 Rn. 96);
  o Bei AG, KGaA u. GmbH der Nachweis der **Einzahlung des gesetzlichen Mindestkapitals** (§ 28 Rn. 93 ff.). Bei einer Bargründung ist der Nachweis der Einzahlung durch eine Bankbescheinigung o. einen Kontoauszug im Original o. öffentl. beglaubigter Abschrift zu erbringen. Bei Leistung v. Sacheinlagen ist ein Sachgründungsbericht, bei bereits bestehenden Gesellschaften eine (Zwischen-) Bilanz zu erstellen;
  o Erklärung der Gesellschafter, dass diese **keine Anteile für Rechnung eines Dritten** halten;

§ 29 Zuständigkeit und Verfahren

    ○ **Anstellungsverträge der in der Gesellschaft tätigen Gesellschafter**, die nicht WP o. EU-AP u. nicht gesetzliche Vertreter sind o. alternative Erklärungen u. Nachweise (§ 28 Rn. 58 ff.).

2. Gebühren

3 Die **Gebühr für das Anerkennungsverfahren** beträgt derzeit 1.050 Euro u. ist an die WPK zu zahlen (§ 61 i.V.m. § 3 Abs. 2 GebO WPK). Sie ist mit dem Antrag zu entrichten (§ 4 GebO WPK). **Gebührenschuldner** ist gemäß § 2 Abs. 1 GebO WPK der **Antragsteller** sowie der **Begünstigte**. Sind dies mehrere Personen, so haften sie als Gesamtschuldner.

3. Unbedenklichkeitsbescheinigung

4 Die gesellschaftsrechtliche Existenz einer als WPG anzuerkennenden Gesellschaft setzt deren Bestehen, also die Eintragung ins HR (§§ 36 ff. AktG, §§ 7 ff. GmbHG, §§ 106 ff. HGB für die OHG, §§ 161 Abs. 2, 162 HGB für die KG) o. in das PR (§§ 4, 5 PartGG) voraus. Vor Inkrafttreten des MoMiG zum 1.11.2008 war Voraussetzung der Eintragung einer GmbH und AG mit dem Firmenbestandteil „WPG" in das HR, dass dem HR eine **Unbedenklichkeitsbescheinigung** der WPK als Anerkennungsbehörde dem HR vorgelegt wurde. Mit der Streichung der Vorschriften des § 8 Abs. 1 Nr. 6, 9c) GmbHG und § 37 Abs. 4 Nr. 5 AktG ist dies zur Eintragung der Gesellschaft ins HR nicht mehr erforderlich. Da eine WPG noch nicht mit Eintragung in das HR, sondern erst mit Ausstellung der Anerkennungsurkunde anerkannt und zur Führung der Bezeichnung „WPG" im Rechts- und Geschäftsverkehr befugt ist, stellt die WPK nach wie vor eine Unbedenklichkeitsbescheinigung aus, wenn die berufsrechtlichen Voraussetzungen für die Anerkennung gegeben sind. Hierdurch wird verhindert, dass die Gründer gegen das Verbot gemäß § 133 WPO verstoßen, für nicht als solche anerkannte Gesellschaften mit dem Firmenbestandteil „WPG" aufzutreten. Zudem wird in der Praxis das HR gemäß § 380 Abs. 2 FamFG die Zustimmung der WPK zur Firmierung abwarten, bevor es die Gesellschaft einträgt, um eine täuschende Firma i.S.d. § 18 Abs. 2 HGB zu vermeiden (vgl. Ries, NZG 2009, 654, 656). Bei Gründung einer WPG sollte daher die Unbedenklichkeitsbescheinigung der WPK abgewartet werden u. erst dann die **Anmeldung zum HR unter Beifügung der Unbedenklichkeitsbescheinigung** vorgenommen werden.

5 Werden **bereits existierende Gesellschaften** als WPG anerkannt, so hat die WPK vor Eintragung des Firmenbestandteils zu überprüfen, ob die Anerkennungsvoraussetzungen als WPG vorliegen u. dies für das Registergericht durch die Unbedenklichkeitsbescheinigung zu erklären. Erfolgt eine **fehlerhafte Eintragung** der Firma, der gesetzl. Vertreter o. des Gegenstandes, so kann die Anerkennung als WPG vor einer Korrektur versagt werden. Wird die Eintragung v. Registergericht **ohne Erteilung einer Unbedenklichkeitsbescheinigung** vorgenommen, so ist die Eintragung als Kapitalgesellschaft gemäß § 8 Abs. 1 Nr. 6, 9c) GmbHG, § 37 Abs. 4 Nr. 5 AktG unzulässig. Sofern die Gesellschaft nicht kurzfristig das Vorliegen der Anerkennungsvoraussetzungen ggü. der WPK nachweist, ist wegen Nichtigkeit der Satzung ein Amtslöschungsverfahren gemäß § 395 FamFG durch das Registerge-

richt durchzuführen. Die Entscheidung der WPK sowie deren Negativattest bzw. das des insoweit zur Überprüfung berufenen VG ist für das Registergericht bindend (OLG Frankfurt/Main 8.6.2005, DB 2005, 2569 zum bis zum 31.10.2008 bestehenden § 8 Abs. 1 Nr. 6 GmbHG).

4. Anerkennungsurkunde
Nach Eintragung in das Handels- bzw. **Partnerschaftsregister** erkennt die WPK die Gesellschaft gemäß Abs. 3 als WPG an, sofern nicht die Anerkennungsvoraussetzungen zwischenzeitlich entfallen sind. Die Anerkennung ist ein VA i.S.d. § 35 VwVfG. Über die Anerkennung wird eine **Anerkennungsurkunde** ausgestellt. § 3a VwVfG findet keine Anwendung, d.h. die Ausstellung einer elektronischen Urkunde ist unzulässig. Als WPG anerkannt ist die Gesellschaft erst ab dem Tag, an dem die Anerkennungsurkunde ausgestellt ist.   6

III. Gesellschaftsvertrag

Gemäß Abs. 2 ist eine **Ausfertigung** o. eine **öffentl. beglaubigte Abschrift** der Satzung o. des Gesellschaftsvertrages bei der WPK einzureichen. Für **AG, KGaA u. GmbH** gilt, dass die Satzung notariell beurkundet werden muss (§§ 23 Abs. 1, 280 Abs. 1 AktG, § 2 Abs. 1 GmbHG). **Für PartG** schreibt § 3 Abs. 1 PartGG die Schriftform des Vertrages vor.   7

Soweit das allg. Gesellschaftsrecht für den Gesellschaftsvertrag einer **OHG** o. **KG** (§§ 109, 161 Abs. 2 HGB, § 705 BGB) kein Formerfordernis vorsieht, ist für WPG in diesen Rechtsformen die **Schriftform** erforderlich. Abs. 2 ist **lex specialis** zum allg. Gesellschaftsrecht. Die v. HGB u. BGB abweichende Regelung begründet sich durch das Erfordernis eines **staatlichen Anerkennungsverfahrens** für eine WPG u. der **sachgerechten Überprüfung des Vorliegens der Anerkennungsvoraussetzungen** durch die WPK als Anerkennungsbehörde. Die besondere Überwachungsbedürftigkeit der Tätigkeit v. WPG dient dem Schutz eines funktionierenden u. anerkannten Wirtschaftsprüfungswesens.   8

Die WPK stellt auf ihrer Website (www.wpk.de/berufsregister/berufsgesellschaften.asp) **Vertragsmuster** für die Rechtsformen der GmbH, PartG u. KG zur Verfügung, die insb. die berufsrechtlichen Belange einer WPG berücksichtigen.   9

1. Zwingende Klauseln
Der Gesellschaftsvertrag muss aus berufsrechtlicher Sicht zumindest folgende Regelungen enthalten: Als **Gegenstand** sind **die gesetzlich u. berufsrechtlich zulässigen Tätigkeiten** v. WPG i.S.d. § 2 i.V.m. § 43a Abs. 4 aufzunehmen. Gewerbliche Tätigkeiten müssen ausgeschlossen werden. Die gemeinsame Berufsausübung der Gesellschafter kann i. Ggs. zur nicht als Berufsgesellschaft anerkannten PartG nicht Gegenstand sein, da die Gesellschaft nur die für WP zulässigen Tätigkeiten ausüben darf, nicht jedoch bei Beteiligung eines RA unbeschränkte Rechtsberatung. Letzteres kommt nur ausnahmsweise in Betracht, soweit nach der BRAO die Partnerschaft auch als solche v. Rechtsanwälten anzusehen ist. Hierzu sollten die Gründer eine Abstimmung mit der für sie zuständigen RAK durchführen (hierzu näher § 31   10

Rn. 17). Es müssen des weiteren Regelungen getroffen werden, die die **verantwortliche Führung der Gesellschaft durch WP sicherstellen** (§ 1 Abs. 3), insb. im Bereich der Leitungsebene u. den Genehmigungsvorbehalten bei Grundlagengeschäften durch die Gesellschafter. Es ist zu regeln, dass zur **Ausübung v. Gesellschafterrechten** nur Gesellschafter bevollmächtigt werden können, die WP sind (hierzu § 28 Rn. 78 f.). Wirtschaftsprüfungsgesellschaften in der Rechtsform der **AG** u. **GmbH** müssen in die Satzung eine Klausel aufnehmen, dass zur **Übertragung v. Anteilen** die **Zustimmung der Gesellschaft** (durch den VO bzw. die GF) erforderlich ist (§ 28 Abs. 5).

11 Daneben bestehen **weitere Erfordernisse** der Festlegung in der Satzung aus dem Gesellschaftsrecht **je nach der gewählten Rechtsform** u. der **Größe der Gesellschaft** (z.B. die Festlegung des Geschäftsjahres, des Grund- bzw. Stammkapitals).

2. Empfohlene Regelungen

12 Vertragliche **Wettbewerbsabreden** sind grds. zulässig. Sie bedürfen zur Wirksamkeit auch keiner Gegenleistungen, da §§ 74 ff. HGB (Karenzentschädigung) auf Gesellschafter u. GF keine Anwendung finden. Sie dürfen für den ausgeschiedenen Gesellschafter aber **nicht zu einer unangemessenen Beschränkung der Berufsfreiheit** führen (WPK, WPK-Mitt. 1994, 164). Ein über zwei Jahre hinausgehendes **nachvertragliches Wettbewerbsverbot** für einen ausgeschiedenen Gesellschafter verstößt in zeitlicher Hinsicht gegen § 138 BGB, weil sich nach einem Zeitraum v. **zwei Jahren** die während der Zugehörigkeit zur Gesellschaft geknüpften Mandantenverbindungen typischerweise so gelöst haben, dass der ausgeschiedene Gesellschafter wie jeder andere Wettbewerber behandelt werden soll (BGH 8.5.2000, BB 2000, 1420 u. BGH 29.9.2003, NJW 2004, 66). Überschreitet die Klausel das zeitlich tolerable Maß v. zwei Jahren, so führt dies nicht zur Nichtigkeit der Abrede, sondern hat ledigl. die zeitliche Begrenzung auf längstens zwei Jahre zur Folge (BGH 8.5.2000, a.a.O.).

13 Aus Transparenzgründen für die Gesellschafter u. Aufsichtsorgane ist die Aufnahme einer Klausel zur **VSP der in der Gesellschaft tätigen Berufsangehörigen u. Mitarbeiter** ggü. den Gesellschaftern, der Gesellschafterversammlung sowie einem Aufsichtsorgan (Aufsichtsrat, Beirat o. Verwaltungsrat) zu empfehlen. Dies gilt auch für **Veröffentlichungen** der Gesellschaft im seit dem 1.10.2012 nur noch in elektronischer Form erscheinenden **BAnz**, der für AG u. GmbH zwingendes Gesellschaftsblatt für die Veröffentlichung v. Pflichtbekanntmachungen ist (§ 25 AktG, § 12 GmbHG – hierzu Spindler/Kramski, NZG 2005, 746).

14 Soweit die **Gründungskosten** nicht zu Lasten der Gründer gehen sollen, ist der Gründungsaufwand im Gesellschaftsvertrag bzw. der Satzung festzusetzen. Für die GmbH ist dies höchstrichterlich festgestellt (BGH 20.2.1989, DB 1989, 871). Es sollte ein realistischer Höchstbetrag festgesetzt werden, da Registergerichte bei Gründungskosten v. über 2.000 Euro ohne konkreten Nachweis die Anmeldung ggf. zurückweisen u. Herabsetzung im Gesellschaftsvertrag verlangen.

§ 30 Änderungsanzeige

¹Jede Änderung des Gesellschaftsvertrages oder der Satzung oder in der Person der gesetzlichen Vertreter ist der Wirtschaftsprüferkammer unverzüglich anzuzeigen. ²Der Änderungsanzeige ist eine öffentlich beglaubigte Abschrift der jeweiligen Urkunde beizufügen. ³Wird die Änderung im Handelsregister oder Partnerschaftsregister eingetragen, ist eine öffentlich beglaubigte Abschrift der Eintragung nachzureichen.

Schrifttum: *WPK:* Beglaubigungen durch WP/vBP, WPK-Mitt. 2003, 172, *dieselbe:* Beglaubigungen, WPK-Mitt. 1990, 255.
Weitere Hinweise zum Schrifttum vgl. vor den Vorbemerkungen zu den §§ 27-34.

Inhaltsübersicht

	Rn.
I. Allgemeines	1
II. Anlässe für eine Änderungsanzeige	2
III. Nachweise	3–7
1. Änderungen des Gesellschaftsvertrages oder der Satzung	4–5
2. Änderung in der Person der gesetzlichen Vertreter	6
3. Eintragung im Handels- oder Partnerschaftsregister	7

I. Allgemeines

Die Vorschrift betrifft WPG u. ergänzt § 38 Nr. 2 als **Sondervorschrift der Meldung zum BR**. Mit der 1. WPO-Novelle 1975 wurde das Erfordernis, der obersten Landesbehörde **Satzungsänderungen** unverzüglich mitzuteilen, als § 29 Abs. 2 in die WPO eingefügt, um der Behörde die Überprüfung des Fortbestandes der Anerkennungsvoraussetzungen zu erleichtern (BT-Drs. 7/2417, 20). Mit der 3. WPO-Novelle 1995 wurde die Meldepflicht dahingehend ergänzt, dass auch **Änderungen in der Person der gesetzl. Vertreter** mitgeteilt werden müssen. Es sind jeweils öffentl. beglaubigte Abschriften der jeweiligen Urkunde u. der Registereintragung beizufügen. Die Verpflichtung, den Änderungsanzeigen einen entspr. Nachweis beizufügen, ist notwendig, da hieraus Umstände ersichtlich sein können, die für das Anerkennungsverfahren o. das Fortbestehen der Anerkennung v. Bedeutung sind, bisher jedoch nicht mitgeteilt o. in der Änderungsanzeige nicht berücksichtigt sind (BT-Drs. 361/93, 75). Seit dem 1.1.2002 sind die Änderungen nicht mehr der obersten Landesbehörde für Wirtschaft, sondern der WPK mitzuteilen. Der bisherige § 29 Abs. 2 wurde § 30. Z.T. wird kritisiert, dass die Vorlage von öffentlich beglaubigten Abschriften insbes. der HR-Eintragung nicht mehr zeitgemäß sei. Aufgrund des eindeutigen Gesetzeswortlauts ist die WPK aber nach wie vor verpflichtet, öffentlich beglaubigte Abschriften anzufordern. Eine Liberalisierung der Nachweisanforderungen kann nur durch den Gesetzgeber erfolgen. Den gleichen Beweiswert wie öffentlich beglaubigte Abschriften haben Originalurkunden. Daher können auch diese bei der WPK eingereicht werden. Nach der Prüfung werden die Urkunden bzw. beglaubigten Abschriften der WPG zurückgegeben.

II. Anlässe für eine Änderungsanzeige

2   Die Anzeigepflichten u. Formerfordernisse gem. § 30 betreffen **Änderungen der Satzung bzw. des Gesellschaftsvertrages** u. **der gesetzl. Vertreter**, nicht jedoch Änderungen der Beteiligungsverhältnisse bei einer Kapitalgesellschaft o. bei den Einlagen eines Kommanditisten, sofern diese nicht im Gesellschaftsvertrag festgelegt sind. Hier gilt die allg. Regelung gem. § 38 Nr. 2. Die Änderung ist **unverzüglich**, d.h. ohne schuldhaftes Zögern, der WPK mitzuteilen. Erfolgt die Mitteilung innerhalb v. zwei Wochen nach Wirksamwerden der Änderung, ist die Unverzüglichkeit noch gegeben. Die Pflicht trifft die gesetzl. Vertreter der WPG.

III. Nachweise

3   Der Änderungsmitteilung ist eine **öffentl. beglaubigte Abschrift der jeweiligen Urkunde** beizufügen. Die Urkunde muss v. einem Notar beglaubigt werden (§ 129 Abs. 1 BGB). Die amtl. Beglaubigung gem. § 65 UrkG durch eine Behörde ist nicht ausreichend. Dies gilt erst recht bei einer nicht amtl. Beglaubigung durch WP, StB o. RA gem. § 155 FGO i.V.m. § 169 Abs. 2 ZPO (hierzu WPK, WPK-Mitt. 1990, 255 u. 2003, 172).

1. Änderungen des Gesellschaftsvertrages oder der Satzung

4   Für **Kapitalgesellschaften** gilt, dass **Satzungsänderungen**, insb. Firmenänderungen, Sitzverlegungen u. Kapitalerhöhungen bzw. -herabsetzungen **erst mit der Eintragung ins HR wirksam** werden (§ 54 Abs. 3 GmbHG, § 181 Abs. 3 AktG). Sofern das **Protokoll der Gesellschafterversammlung** nicht notariell beurkundet ist, muss eine v. den Gesellschaftern unterzeichnete Ausfertigung o. eine öffentl. beglaubigte Abschrift eingereicht werden.

5   Bei **PartG** bedürfen Änderungen des Partnerschaftsvertrages keiner notariellen Beurkundung. **Schriftform ist ausreichend** (§ 3 Abs. 1 PartGG). Hier kann der WPK eine **Ausfertigung der Änderung** des Partnerschaftsvertrages im Original überlassen werden. Bei **formlosen Änderungen** des Gesellschaftsvertrages einer **OHG o. KG** ist der WPK mind. eine **schriftliche**, v. allen Gesellschaftern unterzeichnete **Mitteilung** über die Änderungen zu machen (hierzu § 29 Rn. 8). Eintragungspflichtig ins Handels- bzw. Partnerschaftsregister sind ledigl. die Änderung der Firma bzw. des Namens, des Sitzes u. des Gegenstandes der Gesellschaft, nicht aber sonstige Änderungen des Gesellschafts- bzw. Partnerschaftsvertrages (§§ 106, 107 HGB, § 4 Abs. 2 PartGG). Die Eintragung durch das Registergericht ist deklaratorisch.

2. Änderung in der Person der gesetzlichen Vertreter

6   Die o.g. Formvorschriften sind auch bei der **Bestellung u. Abberufung v. GF, VO-Mitgliedern** bei GmbH u. AG u. der **Aufnahme bzw. dem Ausscheiden v. Partnern u. phG** einer WPG in der Rechtsform der PartG, OHG o. KG zu beachten. Die Eintragung durch das Registergericht ist deklaratorisch. Konstitutiv ist der

v. dem zuständigen Gremium der Gesellschaft (Aufsichtsrat, Gesellschafter- bzw. Partnerversammlung) festgelegte Zeitpunkt. Ein rückwirkender Beschluss ist nicht zulässig.

3. Eintragung im Handels- oder Partnerschaftsregister

Sobald die Eintragung v. Registergericht vorgenommen worden ist, muss der WPK zusätzl. eine **öffentl. beglaubigte Abschrift** der Eintragung v. den gesetzl. Vertretern der WPG unverzüglich nachgereicht werden. Dem steht die Überlassung eines **amtl. Ausdrucks** des HR bzw. PR o. einer **Eintragungsmitteilung des Registergerichts im Original** gleich (vgl. auch Rn. 1 a.E.). 7

§ 31 Bezeichnung „Wirtschaftsprüfungsgesellschaft"

¹**Die anerkannte Gesellschaft ist verpflichtet, die Bezeichnung „Wirtschaftsprüfungsgesellschaft" in die Firma oder den Namen aufzunehmen und im beruflichen Verkehr zu führen.** ²**Für eine Partnerschaftsgesellschaft entfällt die Pflicht nach § 2 Abs. 1 des Partnerschaftsgesellschaftsgesetzes vom 25. Juli 1994 (BGBl. I S. 1744), zusätzlich die Berufsbezeichnungen aller in der Partnerschaft vertretenen Berufe in den Namen aufzunehmen.**

Schrifttum: *Schulte/Warnke,* Vier Jahre nach der HGB-Reform – Das neue Firmenrecht der GmbH im Handelsregisterverfahren, GmbHR 2002, 626; *Kögel,* Entwurf eines Handelsrechtsreformgesetzes BB 1997, 793; *Upmeier,* Anmerkung zu OLG Oldenburg vom 24.2.1994 in WPK-Mitt. 1994, 196.

Inhaltsübersicht

		Rn.
I.	Allgemeines	1–3
II.	Führen der Bezeichnung „Wirtschaftsprüfungsgesellschaft"	4–5
III.	Anforderungen des Handels- und Gesellschaftsrechts an WPG	6–13
IV.	Besonderheiten bei Partnerschaftsgesellschaften	14–18
V.	Berufsrechtliche Anforderungen (§ 29 BS WP/vBP)	19–27
VI.	Altfirmierungen	28–30

I. Allgemeines

Satz 1 enthält seit dem Erlass der WPO im Jahre 1961 die **Pflicht** für jede als WPG anerkannte Gesellschaft, die Bezeichnung **„Wirtschaftsprüfungsgesellschaft" in die Firma aufzunehmen**. Der Gesetzgeber begründete dies damit, dass eine der Vorschrift des § 18 Abs. 1 entsprechende Regelung, nach der jeder WP im beruflichen Verkehr die Berufsbezeichnung führen muss, auch für Berufsgesellschaften getroffen werden sollte. Die Verpflichtung bestehe nicht nur, wenn die Gesellschaft BV erteile, sondern auch dann, wenn sie andere zulässige Tätigkeiten ausübe, wie Beratungstätigkeit auf wirtschaftlichem o. steuerlichem Gebiet u. insb. auch eine gutachtliche Tätigkeit (BT-Drs. 3/201, 52). Satz 2 wurde mit dem Gesetz zur Schaffung v. PartG v. 25.7.1994 in die WPO aufgenommen, um den **Besonderheiten der** 1

Rechtsform der PartG Rechnung zu tragen. Daher wurde auch in Satz 1 neben der Bezeichnung „Firma" das Wort „Name" für PartG eingefügt.

2 Bis zur 7. WPO-Novelle 2007 fehlte für WPG eine ausdr. Verpflichtung, die **Bezeichnung „Wirtschaftsprüfungsgesellschaft" im Rechts- u. Geschäftsverkehr zu führen.** Die Begr. des Gesetzgebers der WPO 1961 ging zwar bereits v. der Pflicht der Berufsgesellschaft aus, mit der Bezeichnung „Wirtschaftsprüfungsgesellschaft" aufzutreten (BT-Drs. 3/201, a.a.O.). Mit der Aufnahme des Passus in Satz 1 **„und im beruflichen Verkehr zu führen"** durch die 7. WPO-Novelle 2007 ist dies auch im Gesetz klargestellt.

3 Für das Firmen- u. Namensrecht v. WPG sind neben den **handels- u. gesellschaftsrechtlichen Voraussetzungen** auch die **berufsrechtlichen Besonderheiten** relevant, die über § 31 hinaus in § 29 BS WP/vBP kodifiziert sind. Auch **wettbewerbsrechtliche Sanktionen** sind bei der Firmierung einer WPG zu berücksichtigen. Die WPK kann **bei Verstößen** nicht nur gegen die gesetzlichen Vertreter im Rahmen der **BA** vorgehen, sondern auch gegen die betroffene Gesellschaft im Wege der **wettbewerbsrechtlichen Unterlassungsklage** (OLG Oldenburg 24.2.1994, WPK-Mitt. 1994, 196 mit Anm. Upmeier WPK-Mitt. 1994, 197).

II. Führen der Bezeichnung „Wirtschaftsprüfungsgesellschaft"

4 Die Firma o. der Name einer WPG muss die **Bezeichnung „Wirtschaftsprüfungsgesellschaft"** enthalten. Diese ist in den **Gesellschaftsvertrag** aufzunehmen u. im **Handels- bzw. Partnerschaftsregister** einzutragen. Die Bezeichnung „Wirtschaftsprüfungsgesellschaft" ist darüber hinaus **auch im beruflichen Verkehr zu führen** (vgl. Rn. 2). Die Gesellschaft muss daher diesen Firmenbestandteil auf Briefbögen, Praxisschildern u. im Internetauftritt verwenden.

5 Die **unbefugte Führung der Bezeichnung „Wirtschaftsprüfungsgesellschaft"** durch Gesellschaften, die nicht als WPG anerkannt sind, stellt gem. § 133 eine Ordnungswidrigkeit dar. Gesellschaften, für die der Antrag auf Anerkennung als WPG gestellt worden ist, die aber noch keine Anerkennung erhalten haben, dürfen daher die Bezeichnung nicht führen, auch nicht mit dem Zusatz „i.G.". Auch die Unbedenklichkeitsbescheinigung zur Eintragung in das HR o. PR berechtigt noch nicht zur Führung der Bezeichnung „Wirtschaftsprüfungsgesellschaft" z.B. auf dem Briefbogen o. im Internet. Die Unbedenklichkeitsbescheinigung bewirkt aber, dass die vor der Anerkennung als WPG erforderliche Eintragung ins HR o. PR keinen Verstoß gegen § 133 darstellt.

III. Anforderungen des Handels- und Gesellschaftsrechts an WPG

6 Bei der Firmierung einer WPG sind insb. die §§ 18, 30 HGB zu beachten, d.h. die **Firma muss Unterscheidungskraft** besitzen u. sich v. anderen in derselben Gemeinde bestehenden u. in das HR eingetragenen Firmen deutlich unterscheiden. Die Firmenausschließlichkeit dient den Interessen des Rechtsverkehrs, der die Firma als Identifikationsmerkmal braucht. Sich deutlich unterscheiden heißt, jede ernstliche Verwechslungsgefahr auszuschließen (Baumbach/Hopt, HGB, § 30 Rn. 4). Ent-

scheidend ist der Gesamteindruck (BGH 14.7.1966, BGHZ 46, 7, 12). Nur durch eine **andere Rechtsform** und deren Bezeichnung wird **keine Unterscheidungskraft** begründet (vgl. Baumbach-Hopt, HGB § 19 Rn. 36).

Strenge Maßstäbe sind bei der Unterscheidbarkeit anzulegen, wenn zwischen den Unternehmen der beiden Firmen **Branchennähe** gegeben ist, weil dadurch die Verwechselungsfähigkeit weit höher ist, als wenn es sich um Branchen handelt, die völlig verschieden sind (Ulrich/Graf v. Westphalen-Ammon, HGB, § 30 Rn. 17). Besteht das **einzige Unterscheidungsmerkmal** zweier Firmen in den **Bezeichnungen** „Wirtschaftsprüfungsgesellschaft" bzw. „Steuerberatungsgesellschaft", so ist Firmenidentität i.S.d. § 30 Abs. 1 HGB zu bejahen. Die Bezeichnungen gehören nicht zum Firmenkern, sondern bezeichnen die Anerkennung der jeweiligen Gesellschaft als Berufsgesellschaft. Zwischen WPG u. StBG besteht Branchennähe, da WPG gemäß § 2 Abs. 2 zur Beratung u. Vertretung in Steuersachen befugt sind. 7

Die Firma darf **keine Angaben** enthalten, die geeignet sind, über geschäftliche Verhältnisse, die für die angesprochenen Verkehrskreise wesentlich sind, **irrezuführen** (§ 18 Abs. 2 HGB). Seit dem Handelsrechtsreformgesetz 1998 (BGBl. I, 1474) u. der Liberalisierung des Werberechts für Berufsangehörige (hierzu § 52 Rn. 3 ff.) ist in diesem Bereich eine Entschärfung eingetreten, zumal im europäischen Ausland die Anforderungen an Firmierungen seit jeher weniger streng waren (Schulte/Warnke, GmbHR 2002, 626, 627). Die Prüfung des Registergerichts ist seitdem auf ein „Grobraster" beschränkt. Es können aber nach wie vor Angaben beanstandet werden, bei denen die Täuschungseignung nicht allzu fern liegt u. ohne umfangreiche Beweisaufnahme bejaht werden kann (OLG Stuttgart 8.3.2012, DB 2012, 741). Das **Prinzip der Firmenwahrheit** beinhaltet aber nach wie vor, dass die Firma so gefasst werden muss, dass sie nicht zu Irrtümern u. Täuschungen des Rechtsverkehrs über tatsächliche o. rechtliche Verhältnisse des Unternehmens o. eines Gesellschafters führen kann (Schulte/Warnke, a.a.O.; Kögel, BB 1997, 793). Einer WPG ist eine **berufsunwürdige, deutlich reklamehafte** Züge tragende Firmierung o. eine eindeutige, beabsichtigte **Täuschung des Publikums** über ihre geschäftliche Leistungsfähigkeit verboten (BayVGH 11.4.1989, StB 1989, 371, 373). Auch **mehrdeutige Angaben** können falsch sein, wenn ein relevanter Teil des Geschäftsverkehrs eine nach dem Wortsinn verständigerweise mögliche, aber unzutr. Ausdeutungsmöglichkeit wählt (BGH 21.2.1991, GRUR 1992, 66, 67). Von einer **Irreführungseignung** kann aber nur gesprochen werden, wenn die unzutr. Aussage gerade in ihrem unrichtigen Bedeutungsgehalt den Verkehr veranlasst, die der Firma entgegengebrachte Wertschätzung zu beeinflussen, insb. ihr eine stärkere Beachtung zu schenken, als dies ohne den fraglichen Bestandteil geschehen wäre (BGH 5.4.1995, GRUR 1995, 610, 611). 8

Der **Firmenbestandteil „& Kollegen"** ist nur zulässig, wenn sich neben dem Namensgeber mindestens zwei weitere Berufsträger beteiligen (BGH 13.8.2007 NJW 2007,3349, BVerfG 20.11.2007 NJW 2008, 502).Die Bezeichnung „& Co" ist für eine Gesellschaft mit nur einem Gesellschafter nicht zulässig. Die Verwendung des 9

Firmenbestandteils **„Gruppe"** ist für eine solche Gesellschaft bedenklich, kann aber u.U. bei Zugehörigkeit zu einer Gruppe als nicht irreführend angesehen werden (vgl. OLG Schleswig 28.9.2011 NJW-RR 2012, 497, 499 für e.K.). Nimmt eine Ein-Personengesellschaft den Firmenbestandteil **„Beratungsnetzwerk"** auf, so ist dies nur unter der Voraussetzung möglich, dass die Gesellschaft einem gemäß § 38 Nr. 2 c) ins BR eintragungspflichtigen Netzwerk, in der ggü. den Mandanten Beratungsleistungen erbracht werden, angehört.

10   Die Aufnahme der Firmenbestandteile **„Global"** o. **„International"** ist nur zulässig, wenn die **Größe des Unternehmens** u./o. die **Mandatsstruktur** auf den **internationalen Markt** zugeschnitten sind. Die grenzüberschreitende Tätigkeit muss eine nachhaltige u. unternehmensprägende Bedeutung haben (Kögel, GmbHR 2002, 642, 644).

11   Die Aufnahme v. **Länder-, Regional- u. Städtebezeichnungen** in die Firma v. WPG ist **zulässig**, wenn sie in **substantivischer Form** erfolgt u. damit nur der Firmensitz angegeben wird (BGH 19.10.1989, WPK-Mitt. 1990, 47; Niedersächsisches FG 13.6.1996, EFG 1996, 1125). **Zu beanstanden** ist die Firmierung jedoch, wenn die **Bezeichnung eine herausragende Stellung der WPG für die Stadt o. Region suggeriert** (KreisG Gera Stadt 11.6.1993, WPK-Mitt 1993, 186, für StBG FG Baden-Württemberg 4.9.2007 4 K 173/05). Ein vorangestellter Ortsname bringt die Inanspruchnahme einer führenden Stellung stärker zum Ausdruck als eine nachgestellte Ortsangabe (OLG Stuttgart 17.11.2000, DB 2001, 697). Dies gilt erst Recht bei einer fehlenden Individualisierung. Eine „Berlin Audit GmbH WPG" ist bereits mangels Individualisierung zu beanstanden.

12   **Orts- u. Regionalangaben in attributivischer Form** (z.B. „Kölner Treuhand GmbH WPG") sind unzulässig. Nur bei einer **Individualisierung mit dem Personennamen** („Kölner Treuhand Josef Schmitz GmbH WPG") wird man attributivische Ortsnamen ausnahmsweise zulassen können. Bei kleineren Gemeinden u. Ortsteilen kann in Ausnahmefällen eine attributivische Aufnahme des Namens in die Firma erfolgen, da dem Geschäfts- u. Rechtsverkehr i.d.R. keine überragende regionale Bedeutung vermittelt wird (BGH 19.10.1989, WPK-Mitt. 1990, 47, OLG München 28.4.2010 DB 2010, 1284).

13   **Fremdsprachliche Bezeichnungen** sind i.d.R. zulässig. Es kommt aber ebenso wie bei deutschsprachigen Bezeichnungen darauf an, dass die gewählte Bezeichnung dem Gegenstand der Gesellschaft entspricht. Zulässig sind „Audit, Consulting, Tax", da sie nur allg. Tätigkeiten beschreiben, die gem. § 2 zum Berufsbild des WP gehören, Bedenken bestehen demggü. gegen Firmenbestandteile, die auf eine unbeschränkte Rechtsberatung hindeuten („Law Firm").

IV. Besonderheiten bei Partnerschaftsgesellschaften

14   Die o.g. Grundsätze gelten gemäß § 2 Abs. 2 PartGG, der auf die o.g. Normen des HGB verweist, auch für WPG in der Rechtsform der PartG. Insbesondere das Prinzip der Firmenwahrheit ist auch v. PartG zu beachten (OLG Rostock 29.11.2005,

NJW-RR 2006,784). Bei WPG in dieser Rechtsform ergeben sich **weitere Besonderheiten**. Der Name muss gem. § 2 Abs. 1 PartGG den **Namen mind. eines Partners sowie den Zusatz „und Partner"** o. **„Partnerschaft"** enthalten. Die Verwendung des Namensbestandteils „& Partner" ist allerdings dann irreführend u. unzulässig, wenn der Name suggeriert, dass mehr Partner beteiligt sind, als dies tats. der Fall ist. Besteht die WPG nur aus den Partnern WP A u. WP B, so kann der Name „A, B & Partner WPG" nicht gewählt werden. Als zulässige Alternativen kommen „A und Partner WPG", „B und Partner WPG" o. „A und B Partnerschaft WPG" in Betracht.

Zusätzlich zu den Pflichtangaben gem. § 2 Abs. 1 PartGG darf eine **Fantasiebezeichnung** aufgenommen werden (BGH 11.3.2004, NJW 2004, 1651). Die Vorschrift enthält keine Regelung für Sachbezeichnungen. Die Begr. des Gesetzgebers geht v. der Zulässigkeit entsprechender Zusätze aus (BT-Drs. 12/6152, 12). 15

Gemäß Satz 2 entfällt die Pflicht, die in der Partnerschaft vertretenen Berufe in den Namen aufzunehmen. Die Regelung ist entgegen dem missverständlichen Wortlaut nicht fakultativ zu verstehen, sondern enthält ein **Verbot der Aufnahme v. Berufsbezeichnungen** neben der Bezeichnung „Wirtschaftsprüfungsgesellschaft". Als WPG ist die Gesellschaft nicht befugt, die Berufsbezeichnungen „Wirtschaftsprüfer" o. „Steuerberater" in die Firma aufzunehmen, auch wenn der namensgebende Partner über beide Berufsqualifikationen verfügt (vgl. § 132a StGB u. § 43 Abs. 4 Satz 1 StBerG). 16

Problematisch ist insb. die Absicht der **Aufnahme der Berufsbezeichnung „Rechtsanwalt"**, da darin irreführend eine unbeschränkte Rechtsberatungsbefugnis zum Ausdruck käme. Eine WPG, für die ein als RA zugelassener Gesellschafter handelt, genießt grds. nicht das Privileg unbeschränkter Rechtsberatungsbefugnis nach dem Rechtsdienstleistungsgesetz, wenn sie nicht auch als Rechtsanwaltsgesellschaft zugelassen ist (OLG Düsseldorf 30.10.2007 MDR 2008,775). Etwas anderes kann allenfalls gelten, wenn nach der BRAO die Partnerschaftsgesellschaft auch als solche von Rechtsanwälten ohne staatliche Anerkennung als RAG zu qualifizieren wäre. Bei der sog. „einfachen" Partnerschaft könnte die Bezeichnung deswegen zugelassen werden, weil hier die Berufsausübung dem einzelnen Partner zugeordnet wird. 17

§ 11 Abs. 1 PartGG reserviert den **Namensbestandteil „u. Partner"** bzw. **„Partnerschaft"** für PartG. Für andere Rechtsformen dürfen die Bezeichnungen in der Firmierung nicht verwendet werden. Aus Gründen des Bestandsschutzes besteht eine Sonderregelung für Unternehmen, die bereits vor Inkrafttreten des PartGG den Partner-Zusatz in der Firma verwendeten. Solchen Unternehmen gewährte § 11 Abs. 1 Satz 2 eine bereits am 30.6.1997 abgelaufenen Übergangsfrist v. zwei Jahren. Nach § 11 Abs. 1 Satz 3 dürfen diese Unternehmen auch nach Ablauf der Zweijahresfrist den Zusatz im Rahmen ihrer bisherigen Firma weiterführen, wenn sie einen Hinweis auf ihre v. der Partnerschaft abweichende Rechtsform beifügen. Der 18

Bestandsschutz gilt auch bei Formwechsel, z.B. v. der OHG in die GmbH (OLG Frankfurt/Main 19.2.1999, NJW 1999, 2285).

V. Berufsrechtliche Anforderungen (§ 29 BS WP/vBP)

19 Die WPK hat in § 29 BS WP/vBP über das allg. Firmen- u. Namensrecht v. Gesellschaften hinausgehende **berufsrechtliche Spezialregelungen** für die Bildung der Firma bzw. des Namens einer WPG erlassen. Die satzungsrechtliche Vorschrift stellt eine verfassungsrechtlich ausreichend legitimierte Rechtsvorschrift auf der EGL des § 57 Abs. 3 Satz 1, Abs. 4 Nr. 3d WPO dar, wonach die WPK besondere Berufspflichten als Schranke v. Art. 12 GG bei der Errichtung u. Tätigkeit v. WPG definieren darf (LG Berlin 10.4.2012 WPK Mag 3/2012, 64).

20 Gemäß Abs. 1 Satz 1 ist die Bezeichnungen „Wirtschaftsprüfungsgesellschaft" **nach der Rechtsformbezeichnung** in die Firmierung aufzunehmen, weil ansonsten der unzutr. Eindruck entstünde, es gäbe z.b. eine „Wirtschaftsprüfungsgesellschaft mit beschränkter Haftung", obwohl den Mandanten im Hinblick auf die Pflichtverletzung der Berufsgesellschaften ein höheres Haftungssubstrat als das gesetzlich vorgeschriebene Stammkapital einer GmbH zur Verfügung steht. Die Norm stellt daher auf den Mandanten- u. Verbraucherschutz und damit Gemeinwohlinteressen ab. Die angesprochenen Verkehrskreise dürfen beim Kontakt mit einer WPG nicht nur erwarten, dass die für die jeweilige Gesellschaftsform relevanten allg. Bedingungen beachtet worden sind, sondern sollen sofort erkennen, dass auch die in der WPO geregelten Sonderbestimmungen für WPG zum Tragen kommen. So nimmt ein durchschnittlich verständiger Bürger den Charakter einer GmbH gerade als WPG eher ins Bewusstsein auf, wenn sie als „…GmbH WPG" firmiert als in umgekehrter Reihenfolge (LG Berlin a.a.O.).

21 Bei der Beurkundung einer Neugründung o. der Umfirmierung einer bereits bestehenden WPG ist also darauf zu achten, dass es nicht „ABC Wirtschaftsprüfungsgesellschaft mbH" o. „Meier, Müller, Schulze Wirtschaftsprüfungsgesellschaft Partnerschaftsgesellschaft" heißt, sondern die Bezeichnung „Wirtschaftsprüfungsgesellschaft" erst nach der Rechtsformbezeichnung steht. Bei einer Doppelanerkennung, z.B. einer Anerkennung auch als StBG, ist die Reihenfolge der Nennung der **Bezeichnungen „Wirtschaftsprüfungsgesellschaft" u. „Steuerberatungsgesellschaft"** beliebig. Unzulässig ist gemäß § 29 Abs. 1 S. 2 BS WP/vBP jedoch die Wortverbindung zwischen beiden Firmenbestandteilen, z.B. „Müller Audit & Tax GmbH Wirtschaftsprüfungs- u. Steuerberatungsgesellschaft".

22 **Hinweise auf berufsfremde Unternehmen u. Unternehmensgruppen** sind gemäß § 29 Abs. 2 BS WP/vBP nicht zulässig. Die Regelung soll verhindern, dass über die Firmierung o. den Namen einer Berufsgesellschaft ein Bezug zu solchen Unternehmen o. Unternehmensgruppen hergestellt werden kann, die als Auftraggeber v. Berufsgesellschaften in Frage kommen, u. hierdurch der Eindruck der fehlenden Unabhängigkeit entsteht. Insoweit ist z.B. die Verwendung des Firmenbestandteils „Kommunale" bedenklich, da hierdurch der Eindruck erweckt werden kann, dass der Schwerpunkt der Tätigkeit in der Prüfung der Jahresabschlüsse kom-

Bezeichnung „Wirtschaftsprüfungsgesellschaft" § 31

munaler Unternehmen besteht. Allgemein gehaltene Bezeichnungen, die über einzelne Branchen hinausgehen, wie z.B. „Industrie" o. „öffentlicher Sektor" sind demggü. erlaubt.

Bei **Personenfirmen** müssen die aufgenommenen **Namen Gesellschaftern zuzuordnen** sein. Neben den Namen v. WP- u. EU-AP-Gesellschaftern sowie den Firmierungen v. WPG- u. europäischen Prüfungsgesellschaften, die sich beteiligen, können auch die Namen v. Gesellschaftern gemäß § 28 Abs. 4 Satz 1 Nr. 1a) aufgenommen werden. Zu beachten ist jedoch, dass die **Mehrheit der aufgenommenen Namen in § 28 Abs. 1 Nr. 1 WPO genannten Gesellschaftern**, also WP, EU-AP, WPG u. europäischen Prüfungsgesellschaften, zuzuordnen ist. Lediglich bei der Aufnahme v. zwei Gesellschafternamen reicht Parität aus. 23

Wird ein **Personenname eines Nicht-Gesellschafters bzw. Nicht-WP** in Großschrift in die Firma einer WPG aufgenommen, so ergibt sich u.U. kein Verstoß gegen Berufsrecht u. auch in wettbewerbsrechtlicher Hinsicht keine Irreführung, wenn der Name als solcher nicht erkennbar ist, weil er **wegen der Schreibweise wie eine Sach- o. Phantasiebezeichnung** wirkt (OLG Frankfurt/Main 6.4.1995, WPK-Mitt. 1995, 183). Handelt es sich jedoch um einen weit verbreiteten Familiennamen u. ist dieser für den Rechts- u. Geschäftsverkehr als solcher auch in Großschrift deutlich erkennbar, ist v. der Unzulässigkeit auszugehen. 24

Ausnahmsweise kann über den Wortlaut des § 29 Abs. 3 Satz 1 BS WP/vBP hinaus die **Aufnahme der Namen v. Nichtgesellschaftern** zulässig sein, wenn z.B. eine am Markt eingeführte PartG die Anerkennung als WPG anstrebt, der namensgebende WP-Partner aber aus Altersgründen bereits ausgeschieden ist. Ein entsprechender **Bestandsschutz** ist auch anzunehmen, wenn eine **Sozietät in eine PartG WPG** umgewandelt wird u. der **Name eines ehemaligen Sozius**, der prägend für den Namen der Sozietät war, übernommen wird. Ein Missbrauch u. eine Irreführung, die die Norm verhindern soll, kann in diesen speziellen Fällen ausgeschlossen werden. 25

Weiterhin sind Firmen v. WPG am **Grundsatz der Berufswürdigkeit** zu messen. Unabhängig v. der Frage, ob Firmen wie „no name GmbH" o. „1 + AG" überhaupt **Kennzeichnungskraft** besitzen u. handelsregisterrechtlich eintragungsfähig sind (Kögel, BB 1997, 793, 796), dürften die genannten Firmen wegen einer **Unsachlichkeit**, die nicht dem v. der Öffentlichkeit in eine ordnungsgemäße Prüfungstätigkeit der Gesellschaften gesetzten Vertrauen entspricht, berufsrechtlich unzulässig sein. Dies gilt erst recht für Firmenbildungen, die der öffentl. Ordnung widersprechen o. religiöse Gefühle verletzen können (vgl. BGH 2.11.1993, GRUR 1994, 377). 26

Das in den bis 1996 geltenden Richtlinien für die Berufsausübung der WP u. vBP in VIII. 1. c) enthaltene Verbot, eine **identische Firma durch unterschiedliche WPG** zu verwenden, ist nicht in die BS WP/vBP übernommen worden. Insoweit gilt ausschließl. § 30 Abs. 1 HGB. Die Verwendung identischer Firmierungen durch unterschiedliche Gesellschaften eines Verbundes ist jedoch bedenklich, da vorgespielt 27

Timmer

wird, dass eine einheitliche Organisationsstruktur bestehe, obwohl dies tats. nicht der Fall ist. Die Verwechselungsgefahr wird allerdings gemindert, wenn die Gesellschaften an verschiedenen Orten ihren Sitz haben. Eine Unterscheidung ergibt sich dann durch die Ortsangabe im unteren Teil des äußeren Kreises des Berufssiegels.

VI. Altfirmierungen

28 Der **Grundsatz der Firmenbeständigkeit** beinhaltet die Regelung, dass eine Firmierung, die in Übereinstimmung mit den gesetzl. Vorschriften gebildet wurde, auch dann beibehalten werden darf, wenn eine Änderung in denjenigen Verhältnissen eintritt, zu denen die Firma eine Aussage trifft (Hüffer, Großkommentar HGB, Vor § 17 Rn. 11). Die **fortgeführte Firma** darf jedoch **nicht irreführen**. Bei einer wesentlichen Irreführungsgefahr ist die Firma insoweit zu ändern (Koller-Roth-Morck, HGB, § 22 Rn. 17).

29 Führt eine WPG die Firma „A u. Kollegen GmbH WPG" u. ist nach **Ausscheiden aller Kollegen** nur noch A Gesellschafter u. GF, so wird der Firmenbestandteil „u. Kollegen" grds. unzulässig. Sofern die Gesellschaft jedoch noch über leitende Angestellte mit der Qualifikation freier Berufe verfügt, kann die Fortführung der zulässig sein. Nach **Ausscheiden namensgebender Gesellschafter** ist die Namensfortführung zulässig. Sofern ein **akademischer Titel Gegenstand der Firma** war („Dr.", „Doctores", „Prof."), aber der Träger aus der Gesellschaft ausgeschieden ist, muss zur Klarstellung der Zusatz „Nachf." in die Firma eingefügt werden (BGH 2.10.1997, NJW 1998, 1151). Im Übrigen entfällt der Bestandsschutz bei Hinzufügung o. Streichung wesentlicher Bestandteile des Firmenkerns.

30 Altfirmierungen, die vor der Änderung firmenrechtlicher Vorschriften begründet wurden, genießen **Bestandsschutz**. Eine Pflicht zur Anpassung der Firma an das aktuelle Berufsrecht besteht nicht. Etwas anderes gilt, wenn eine **wesentliche Änderung des Firmenkerns**, etwa durch Aufnahme der Namen v. neu hinzugetretenen Gesellschaftern (OLG Stuttgart 21.3.2000, BB 2000, 1001) vorgenommen wird. Dies gilt auch, wenn einzelne in der Firma geführten Vor- o. Familiennamen gestrichen werden (OLG Düsseldorf 27.7.2007, MDR 2008, 274. In diesen Fällen entfällt der Bestandsschutz u. die Firma ist an das geltende Recht anzupassen.

§ 32 Bestätigungsvermerke

¹**Erteilen Wirtschaftsprüfungsgesellschaften gesetzlich vorgeschriebene Bestätigungsvermerke, so dürfen diese nur von Wirtschaftsprüfern unterzeichnet werden; sie dürfen auch von vereidigten Buchprüfern unterzeichnet werden, soweit diese gesetzlich befugt sind, Bestätigungsvermerke zu erteilen.** ²**Gleiches gilt für sonstige Erklärungen im Rahmen von Tätigkeiten, die den Berufsangehörigen gesetzlich vorbehalten sind.**

§ 32 bezieht sich lediglich auf die Unterzeichnung gesetzlich vorgeschriebener Bestätigungsvermerke oder sonstiger gesetzlich vorbehaltener Erklärungen, die von WPG abgegeben werden. In diesem Zusammenhang werden aber auch die übrigen nicht ausdrücklich geregelten Grundsätze zur Unterzeichnung von berufsrelevanten Erklä-

rungen sowie zur Bedeutung der Unterzeichnung im Rahmen der Berufsaufsicht erläutert.

Schrifttum: *WPK*, Auswirkungen der BGH-Rechtsprechung zur GbR bei gesetzlichen Abschlussprüfungen, WPK-Mag. 4/2012, 44; *WPK*, Anm. zu „Der praktische Fall – Berufsaufsicht", WPK-Mag. 4/2012, 42; *Schnepel*, Änderungen durch das Bilanzrechtsmodernisierungsgesetz – Neue berufliche Rahmenbedingungen für gesetzliche Abschlussprüfer, NWB 2009, 1088; *WPK*, Bilanzrechtsmodernisierungsgesetz – Auswirkungen auf die beruflichen Rahmenbedingungen des Abschlussprüfers, WPK-Mag. 2/2009, 4; *Gelhausen/Goltz*, Die sechste Änderung der Berufssatzung, WPK-Mag. 1/2008, 33; *Gelhausen*, Organisation der Abschlussprüfung, Unterzeichnung von Bestätigungsvermerken und berufsrechtliche Verantwortung, WPK-Mag. 4/2007, 58; *IDW*, Aufgaben der Abschlussprüfer im Zusammenhang mit der Offenlegung von Abschlussunterlagen nach dem EHUG, IDW-FN. 2007, 323; *Rüntz*, Praxisfragen nach Einführung des elektronischen Handelsregisters, NWB 2007, 1869; *WPK*, Anm. zu BGH-Urt. vom 26.1.2006 und zu OLG München, Urt. vom 28.7.2006, WPK-Mag. 4/2006, 60; *WPK*, Wegfall des ursprünglichen Abschlussprüfers bei Nachtragsprüfung, WPK-Mag. 4/2006, 42; *WPK*, Wahl und Beauftragung „der Zweigniederlassung" einer Berufsgesellschaft zum gesetzlichen Abschlussprüfer, WPK-Mag. 4/2006, 32; *WPK*, Unterzeichnung von Bestätigungsvermerken bei Pflichtprüfungen durch WP/vBP, Berufsgesellschaften und Prüfungsverbände, WPK-Mag. 3/2006, 21; *WPK*, Mitunterzeichnung des Prüfungsberichts und Berichtskritik – auftragsbegleitende Qualitätssicherung, WPK-Mag. 2/2006, 35; *WPK*, Nachträglicher Wegfall eines Abschlussprüfers bei gemeinsamer Abschlussprüfung, WPK-Mag. 3/2004, 26; *WPK*, Formale Aspekte der Berufstätigkeit: Unterzeichnung von Erklärungen, WPK-Mag. 1/2004, 27.

Inhaltsübersicht

		Rn.
I.	Allgemeines	1
II.	Unterzeichnung von gesetzlich vorgeschriebenen Bestätigungsvermerken und sonstigen Erklärungen im Vorbehaltsbereich	2–17
	1. Allgemeines	2
	2. WP in Einzelpraxis	3–5
	3. Gesellschaft bürgerlichen Rechts/einfache Partnerschaftsgesellschaft	6
	4. Berufsgesellschaft	7–15
	a) Allgemeines	7–10
	b) Wirtschaftsprüfungsgesellschaft (§ 32)	11–14
	c) Buchprüfungsgesellschaft	15
	5. Genossenschaftlicher Prüfungsverband/Prüfungsstelle von Sparkassen- und Giroverbänden	16–17
III.	Unterzeichnung von Erklärungen außerhalb des Vorbehaltsbereichs	18–21
	1. Allgemeines	18
	2. Erklärungen mit Siegelführung	19–20

3. Bestellung als Gerichtsgutachter.......................... 21
IV. Berufsrechtliche Verantwortlichkeit des Unterzeichnenden......... 22–23

I. Allgemeines

1 Zu den formalen Aspekten der beruflichen Tätigkeit, etwa der Unterzeichnung beruflich veranlasster Erklärungen, enthält das Berufsrecht der WP nur sehr wenige Regelungen. Dies liegt daran, dass sich in diesem Bereich vieles aus allg. o. auch besonderen Regelungen außerhalb der WPO ergibt. Zum Teil können auch die allg. Berufspflichten, z.b. die Pflicht zur eigenverantwortlichen Berufsausübung, herangezogen werden. Für speziell regelungsbedürftig gehalten hat der Gesetzgeber die **Unterzeichnung gesetzlich vorgeschriebener BV** u. seit der 7. WPO-Novelle 2007 auch **sonstiger Erklärungen im Vorbehaltsbereich** für den Fall, dass die Erklärung durch eine **WPG** abgegeben wird (zum Vorbehaltsbereich § 2 Rn. 9 ff., § 48 Rn. 9 ff.) u. zur Beschränkung der Führung v. Berufsbezeichnungen § 18 Rn. 11 f.). Regelungsziel ist aber auch hier nicht eine allg. Umschreibung der Anforderungen an eine solche Erklärung. Gesehen wurde auch hier nur Klarstellungsbedarf vor dem Hintergrund, dass die zivil- u. handelsrechtlich Vertretungsmöglichkeiten bei WPG sehr weitgehend sind u. in einer WPG nicht nur WP, sondern auch Angehörige anderer Berufsgruppen tätig sein können. Der Umstand, dass **vBP ebenfalls zur Abgabe gesetzlich vorgeschriebener BV befugt** sind, führte in der Praxis zu Unsicherheiten u. hat den Gesetzgeber daher bewogen, im Rahmen der 3. WPO-Novelle 1995 Umfang u. Grenzen deren Unterzeichnungsbefugnis für WPG gesondert deutlich zu machen (BT-Drs. 12/5685, 25).

II. Unterzeichnung von gesetzlich vorgeschriebenen Bestätigungsvermerken und sonstigen Erklärungen im Vorbehaltsbereich

1. Allgemeines

2 Der Begriff „Bestätigungsvermerk" ist gesetzlich nicht geschützt. Unter gesetzlich vorgeschriebenem BV wird aber in erster Linie der **BV nach § 322 HGB** verstanden. Nach dessen Abs. 7 Satz 1 hat der AP den BV zu unterzeichnen. Gleiches gilt nach § 321 Abs. 5 Satz 1 HGB für den **PB**. Die Unterzeichnung durch den bestellten AP ist somit **Wirksamkeitsvoraussetzung** für beide Erklärungen, die demzufolge in Schriftform abgegeben werden müssen. Eine Abgabe in Papierform lässt sich hingegen aus der Unterzeichnungspflicht als solcher nicht herleiten, da eine **handschriftliche Unterzeichnung** v. Gesetz nicht zwingend gefordert wird. Möglich wäre an sich daher auch ein elektronisches Dokument verbunden mit einer elektronischen Signatur i.S.d. § 126a BGB (vgl. § 126 Abs. 3 BGB). Ob dies praktikabel wäre, ist eine andere Frage. Da Erklärungen im Vorbehaltsbereich nach § 48 Abs. 1 Satz 1 mit dem Berufssiegel zu versehen sind u. die Möglichkeit eines elektronischen Siegels derzeit nicht besteht, ist aber unabhängig davon i.E. weiterhin die handschriftliche Unterzeichnung u. damit auch die Abgabe der Erklärungen in Papierform erforderlich.

2. WP in Einzelpraxis

Werden WP in Einzelpraxis als gesetzliche JAP bestellt o. mit der Durchführung einer sonstigen Vorbehaltsaufgabe beauftragt, haben (nur) sie **in Person** den BV, den PB o. die sonstige Erklärung zu unterzeichnen. Bei gesetzlichen JAP ergibt sich dies aus § 322 Abs. 7 Satz 1 HGB u. § 321 Abs. 5 Satz 1 HGB unmittelbar, da „der Abschlussprüfer" zu unterzeichnen hat. Aber auch bei den übrigen Erklärungen besteht eine **persönliche Unterzeichnungspflicht** des beauftragten WP. Eine **Vertretung** ist daher **unzulässig**, u. zwar auch dann, wenn der Vertreter selbst die Qualifikation als WP hat. Dies gilt nicht nur für die Alleinunterzeichnung durch einen Dritten; auch die Mitunterzeichnung einer weiteren, nicht selbst beauftragten Person ist ausgeschlossen. 3

Fällt der beauftragte WP vor Beendigung des Auftrags aus o. kann aus sonstigen Gründen seine Arbeitsergebnisse nicht persönlich unterzeichnen, muss der Auftrag daher an einen anderen Berufsangehörigen neu vergeben werden. Bei gesetzlichen JAP ist nach § 318 Abs. 4 Satz 2 HGB ein **anderer Prüfer** durch das Gericht bestellen zu lassen, sofern die zu prüfende Gesellschaft nicht bereits einen **Ersatzprüfer** gewählt hat. Dies gilt selbst dann, wenn mehrere WP o. vBP als **Gemeinschaftsprüfer** bestellt worden sind. Da in diesem Fall zwingend beide AP den BV u. den PB zu unterzeichnen haben, muss ein Ersatzprüfer auch für den Fall bestellt werden, dass nur einer der AP an der Unterzeichnung gehindert ist. 4

Trotz der strengen Regeln zur persönlichen u. alleinigen Unterzeichnung durch den beauftragten WP kann es angebracht sein, in bestimmten Fällen die Mitwirkung eines Angestellten o. sonstigen Dritten an der Auftragsdurchführung zu dokumentieren. Dies ist möglich in Form der sog. **„Beizeichnung"**, die v. der Unterzeichnung strikt zu unterscheiden ist. Die Beizeichnung erlaubt zwar die Nennung der dritten Person u. auch deren Unterschrift. Durch Kennzeichnung der Funktion des Dritten im Rahmen der Auftragsdurchführung, z.B. „als Prüfungsleiter", „als Prüfungsgehilfe" o. „Mitarbeiter" sowie durch räumliche Trennung v. der Unterschrift des Unterzeichnenden ist aber deutlich zu machen, dass der Benannte nicht Miturheber der Erklärung ist. Unzulässig sind daher eine Vertretung andeutende Zusätze, wie „i.V." o.ä. Auf der anderen Seite ist es nicht erforderlich, dass der „Beizeichnende" selbst WP ist. Zu beachten ist, dass die Grundsätze zur Beizeichnung nicht bei der **Wiedergabe v. BV** gelten, etwa zwecks Veröffentlichung im BAnz. Hier ist ausschließlich die Angabe des beauftragten WP zulässig. 5

3. Gesellschaft bürgerlichen Rechts/einfache Partnerschaftsgesellschaft

Die **GbR** als solche kann nicht zum gesetzlichen AP bestellt werden, unabhängig davon, ob es sich um eine sog. interprofessionelle o. ausschließlich aus WP bestehende GbR handelt. Hieran hat auch die Anerkennung der Rechtsfähigkeit der GbR durch die Rspr. nichts geändert (WPK, WPK-Mag. 4/2012, 44; s. im Einzelnen hierzu auch § 44b Rn. 17). Auch bei anderen Vorbehaltsaufgaben werden bislang ausschließlich „der WP/die WPG" o. zusätzl. „der vBP/die BPG" als Befugnisträger genannt. Soweit daher nicht ein o. mehrere bestimmte WP o. bei JAP i.S.d. § 319 Abs. 1 Satz 2 HGB auch vBP gewählt u. beauftragt werden, sondern „die 6

GbR", sind daher nach hergebrachter u. weiterhin sinnvoller Auffassung **alle Gesellschafter mit der entsprechenden Befugnis** als bestellt anzusehen (§ 44b Rn. 17). Auch hier handelt es sich insoweit dann aber, wie beim WP in Einzelpraxis, um eine **höchstpersönliche Bestellung**. Der bestellte Gesellschafter muss also persönlich unterzeichnen, darf sich demnach selbst durch andere WP-Gesellschafter nicht vertreten lassen. Sind mehrere Gesellschafter ausdr. bestellt o. als bestellt anzusehen, sind sie **Gemeinschaftsprüfer**, so dass jeder einzelne unterzeichnen muss (Rn. 4). Für die sog. **einfache PartG** gelten die vorgenannten Grundsätze entsprechend.

4. Berufsgesellschaft
a) Allgemeines

7   Für den Fall der Bestellung einer **Berufsgesellschaft als gesetzlicher AP** muss die Unterzeichnungspflicht i.Z.m. dem **Organisationsrecht der jeweiligen Rechtsform** der Gesellschaft gesehen werden. „Die WPG" kann, auch wenn sie selbst als Trägerin v. Rechten u. Pflichten die Stellung als AP innehat, als solche nicht unterzeichnen. Sie muss sich zwangsläufig durch **nat. Personen** vertreten lassen. Von der hierfür erforderlichen **Vertretungsberechtigung** ohne weiteres auszugehen ist hierbei bei Unterzeichnung durch die **gesetzlichen Vertreter** (VO, Komplementäre, Partner). Da sich die Gesellschaft aber ohnehin vertreten lassen muss, bestehen auch keine Bedenken dagegen, dass sie durch Personen vertreten wird, denen eine **rechtsgeschäftliche Vertretungsmacht** eingeräumt worden ist (Prokuristen, Handlungsbevollmächtigte, sonstige Bevollmächtigte). Insoweit gelten die allg. Vorschriften zum Vertretungsrecht. Dies gilt nicht nur für den Umfang (für Prokuristen vgl. etwa § 49 HGB), sondern auch für die Art der Vollmachtsausübung (z.B. Einzel- o. Gesamtvertretung).

8   Bei Berufsgesellschaften ist es daher grds. auch zulässig, **freie Mitarbeiter** nicht nur im Rahmen der Prüfungsdurchführung als Prüfungsgehilfen, Prüfungsleiter vor Ort o. auch verantwortlichen Prüfer heranzuziehen, sondern diese auch den BV, den PB o. sonstige Erklärungen im Vorbehaltsbereich für die Berufsgesellschaft (mit) unterzeichnen zu lassen. Von praktischer Bedeutung hat diese Fallkonstellation insb. vor dem Hintergrund gewonnen, dass für die Durchführung gesetzlich vorgeschriebener JAP eine TB o. Ausnahmegenehmigung nach §§ 57a ff. erforderlich ist. Es gibt daher Angebote v. Berufsgesellschaften mit TB, z.T. speziell zu diesem Zweck gegründet, die gesetzlich vorgeschriebenen AP-Mandate v. solchen Berufskollegen zu „übernehmen", die eine QK nicht durchführen lassen möchten. Die verantwortliche Prüfungsdurchführung soll aber weiterhin durch den bisherigen AP, jetzt aber z.B. als freier Mitarbeiter im Namen der Berufsgesellschaft, erfolgen.

9   Ebenfalls kommt es zuweilen vor, dass zur Durchführung gesetzlich vorgeschriebener JAP eine bestimmte **ZN einer Berufsgesellschaft** beauftragt wird u. der Auftrag auch v. „der ZN" angenommen wird. Obwohl die ZN als solche nicht AP sein kann, sondern nur die Berufsgesellschaft als Ganze, kann der Auftrag ohne weiteres v. in der ZN tätigen WP durchgeführt werden u. BV sowie PB auch v. diesen unterzeichnet werden. Ebenso möglich ist bei entsprechender Vertretungsmacht aber

auch hier die zusätzl. o. ausschließl. Unterzeichnung durch in der Hauptniederlassung o. anderen ZN tätige Berufsangehörige.

Anders als in bestimmten Fällen bei gen. PrfgVerb (s. hierzu Rn. 16) enthielten zur Frage, ob bei Berufsgesellschaften der o. die Unterzeichner an der Auftragsdurchführung verantwortlich o. in sonstiger Weise mitgewirkt haben müssen, lange Zeit weder das Berufsrecht noch andere Gesetze eine ausdr. Regelung. Mit Blick auf Art. 28 Abs. 1 AP-RiLi 2006 ist aber im Rahmen der 6. Änderung der BS WP/vBP 2008 ein neuer § 27a Abs. 1 eingeführt worden, wonach der BV u. der PB zumindest v. dem i.S.d. § 24a Abs. 2 BS WP/vBP für die Prüfungsdurchführung verantwortlichen WP unterzeichnet werden müssen. Dessen Mitunterzeichnung ist ohnehin gängige Praxis. Üblich sind zwei Unterschriften, wobei zumeist der **Rechtsunterzeichner** innerhalb der Gesellschaft **verantwortlich** für den Auftrag zuständig ist. Als **Linksunterzeichner** fungieren zuweilen der **Berichtskritiker** nach § 24d Abs. 1 BS WP/vBP o. der **auftragsbegleitende Qualitätssicherer** nach § 24d Abs. 2 BS WP/vBP (siehe auch VO 1/2006 Tz. 137), auch wenn diese gar nicht o. – so beim Berichtskritiker – jedenfalls nur ganz unwesentlich an der Prüfung selbst mitwirken dürfen. Nicht unüblich u. grds. auch nicht zu beanstanden ist aber auch die Mitunterzeichnung einer Person etwa aus einer höheren **Leitungsebene**, die nicht vergleichbar direkt, sondern im Schwergewicht aufsichtsführend in die Auftragsdurchführung eingebunden war (zu den Pflichten des Unterzeichners u. seiner Verantwortlichkeit im Rahmen der BA s. Rn. 22, 23). Unzulässig ist hingegen die Mitunterzeichnung eines BV o. PB durch einen WP, der wegen des Grundsatzes der sog. **internen Rotation** nach § 319a Abs. 1 Satz 1 Nr. 4 HGB v. der Mitwirkung an der gesetzlich vorgeschriebenen JAP ausgeschlossen ist.

b) Wirtschaftsprüfungsgesellschaft (§ 32)
Nach den **allg. Vertretungsregeln** könnten neben Berufsträgern z.B. auch **EU-AP, StB, RA o. sonstige Dritte** bevollmächtigt werden. Dies gilt auch für den Bereich der **gesetzlichen Vertretung**. Bei Berufsgesellschaften ist dies ledigl. insofern eingeschränkt, als die Anzahl der Nicht-Berufsträger die der Berufsträger nicht erreichen darf o. bei zwei gesetzlichen Vertretern mind. einer Berufsträger sein muss. Eine Ausnahme besteht seit der 7. WPO-Novelle 2007 ledigl. auch insofern für EU-AP (im Einzelnen § 28 Rn. 20 f.). Gleichwohl setzt der Gesetzgeber als selbstverständlich voraus, dass die nach § 319 Abs. 1 HGB bestehende **Beschränkung der materiellen Befugnis** zur Durchführung der Prüfungen nach §§ 316 ff. HGB bei Berufsgesellschaften dadurch fortgesetzt wird, dass die **verantwortliche Prüfungsdurchführung** nur durch solche Personen erfolgt, die v. der beruflichen Qualifikation her selbst als AP bestellt werden könnten. Ausdrücklich bestätigt wird dieser Grundsatz durch Art. 3 Abs. 4 a) AP-RiLi 2006, wonach trotz der Gleichstellung v. EU-AP mit den nationalen Berufsangehörigen im Organisationsrecht der Berufsgesellschaften die Durchführung gesetzlich vorgeschriebener AP nur durch jeweils im Mitgliedstaat als AP zugelassene Personen erfolgen darf.

Um dem materiellen Befugnisrahmen auch in **formeller Hinsicht** zu entsprechen, stellt Satz 1 Hs. 1 daher klar, dass v. WPG erteilte – gemeint ist dem WP o. der WPG vorbehaltene – BV nur v. WP unterzeichnet werden dürfen. Durch das Wort „nur" wird unmissverständlich deutlich gemacht, dass nicht nur die **Allein-**, sondern auch die **Mitunterzeichnung durch Nicht-WP**, also auch durch vBP, ausgeschlossen ist. Auch EU-AP dürfen nicht (mit-)unterzeichnen. § 32 bedarf ebenso wie § 319 Abs. 1 HGB auch vor dem Hintergrund der AP-RiLi keiner Änderung. Der Ausschluss v. Nicht-WP als Unterzeichner gilt selbst dann, wenn im Gesellschaftsvertrag **Gesamtvertretung** vorgesehen sein sollte, die an sich, etwa bei einer nur aus einem WP u. einem Nicht-WP bestehenden WPG, die Mitunterzeichnung auch des Nicht-WP erfordern würde. Die gesetzliche Regelung des § 32 ist auch in diesen Fällen einzuhalten. Gegebenenfalls muss dann der WP zur Einzelvertretung ermächtigt werden.

13 Die **Unterzeichnung durch vBP** ist nach dem durch die 3. WPO-Novelle 1995 ergänzten Satz 1 Hs. 2 folgerichtig zulässig, „soweit diese befugt sind, Bestätigungsvermerke zu erteilen". Für die Vertretung v. WPG bedeutet dies, dass vBP einen gesetzlich vorgeschriebenen BV dann, aber auch nur dann unterzeichnen dürfen, wenn es sich um AP bei **mittelgroßen GmbH o. Personenhandelsgesellschaften i.S.d. § 264a Abs. 1 HGB** handelt. In diesen Fällen ist demnach nicht nur die Mitunterzeichnung eines vBP zulässig, sondern auch – bei entsprechender Vertretungsbefugnis – die alleinige Unterzeichnung v. Angehörigen dieser Berufsgruppe. Die (Mit-) Unterzeichnung sonstiger Dritter, etwa EU-AP, StB o. RA, ist wiederum ausgeschlossen.

14 Bis zur 7. WPO-Novelle 2007 bezog sich § 32 ausdr. nur auf die Unterzeichnung gesetzlich vorgeschriebener BV. Wegen des Grundsatzes der Parallelität v. materieller Befugnis u. formeller Außenwirkung besteht aber kein sachlicher Grund, bei der Unterzeichnung anderer Erklärungen, die dem **Vorbehaltsbereich** unterliegen, anders zu verfahren. Für den PB nach § 321 HGB galt dies ohnehin als selbstverständlich. Dem hat der Gesetzgeber Rechnung getragen u. die Grundsätze des Satzes 1 auf alle Erklärungen im Vorbehaltsbereich erstreckt.

c) Buchprüfungsgesellschaft

15 Bei Erklärungen durch eine **BPG** gelten über den Verweis in § 130 Abs. 2 Satz 1 die für die WPG genannten Grundsätze entsprechend. Wegen des weiter gesteckten Befugnisrahmens dürfen hier neben o. auch anstelle v. vBP allerdings immer auch **WP (mit)unterzeichnen**.

5. Genossenschaftlicher Prüfungsverband/Prüfungsstelle von Sparkassen- und Giroverbänden

16 Für die **gen. PrfgVerb** (§ 43a Rn. 25 ff.) gilt die WPO nur, sofern u. soweit auf diese im GenG verwiesen wird. § 32 gehört nicht hierzu. Aus dem GenG selbst ergibt sich vielmehr, dass die gesetzlich vorgeschriebenen Prüfungen bei den Genossenschaften nicht zwingend (nur) durch WP verantwortlich durchzuführen sind. Dementsprechend können auch die BV v. Angehörigen anderer Berufe unterzeichnet werden. Anderes gilt allerdings für **Prüfungen nach Art. 25 EGHGB**. Derartige Prüfungen müssen ausschließlich **durch WP verantwortlich** durchgeführt

werden (Art. 25 Abs. 2 Satz 2-5 EGHGB). Auch zur Frage der Unterzeichnung v. BV enthält Art. 25 EGHGB – in Parallele zu § 32 – eine ausdr. Regelung. Nach dessen Abs. 2 Satz 1 darf der gesetzlich vorgeschriebene BV **nur v. WP unterzeichnet** werden. Wie bei § 32 dürfte auch hier gleiches für den PB gelten. Für die Prüfung v. **Kreditinstituten in der Rechtsform der Genossenschaft** enthielt § 340k Abs. 2 HGB bis zum Inkrafttreten des BilMoG keine Regelung zur verantwortlichen Durchführung u. Unterzeichnung. Seither ist dies durch Satz 1 des neu eingefügten § 340k Abs. 2a) HGB zwingend an die WP-Qualifikation gebunden.

Zu den PrüSt allg. s. die Kommentierung zu § 43a Rn. 28 ff. Anders als bei den gen. PrfgVerb enthält § 340k Abs. 3 HGB für **PrüSt keine ausdr. Regelung** zur verantwortlichen Prüfungsdurchführung u. Unterzeichnung des BV. Hier wird die verantwortliche Prüfung u. Unterzeichnung somit weiterhin nicht nur durch für die PrüSt tätige WP zulässig sein. **17**

III. Unterzeichnung von Erklärungen außerhalb des Vorbehaltsbereichs

1. Allgemeines

Bei den Tätigkeiten des WP handelt es sich i.d.R. um sog. **Dienstleistungen höherer Art** i.S.d. § 613 BGB. Auch soweit es sich nicht um Vorbehaltsaufgaben handelt, sondern etwa um eine freiwillige AP, ein Steuerberatungsmandat o. eine sonstige Tätigkeit, die nach § 2 zum Berufsbild des WP gehört, sind diese daher **grds. ebenfalls höchstpersönlich** zu erledigen, entsprechende Erklärungen somit durch den beauftragten Berufsangehörigen in Person zu unterzeichnen. Anders als im Vorbehaltsbereich ist die Unterzeichnung durch den Beauftragten selbst allerdings nicht Wirksamkeitsvoraussetzung für die Erklärung u. zudem **nicht ausnahmslos** unzulässig. Nicht nur eine Mit-, sondern auch die Alleinunterzeichnung durch einen Vertreter kommt hier somit auch bei Einzel-WP, Sozietäten o. einfachen PartG in Betracht. Anderenfalls liefe das **Zeichnungsrecht** des angestellten WP leer, das nicht nur für die Anstellung bei einer Berufsgesellschaft gilt. Zivilrechtlich richtet sich die Frage einer **Delegationsmöglichkeit** der Auftragsdurchführung nach § 613 BGB, somit in erster Linie nach dem ausdr. o. konkludenten Willen der Vertragspartner. Zu Umfang u. Grenzen der Aufgabenübertragung aus berufsrechtlicher Sicht s. im Einzelnen § 43 Rn. 223 ff., zur Frage des **Vertretungszusatzes** § 44 Rn. 10. **18**

2. Erklärungen mit Siegelführung

Für Erklärungen, bei denen **freiwillig das Siegel geführt** wird, besteht mit § 27a Abs. 2 BS WP/vBP eine Vorschrift, die ihrem Regelungsgehalt nach § 32 ähnelt u. diesen ergänzt. § 27a Abs. 2 BS WP/vBP stellt klar, dass bei solchen betriebswirtschaftlichen Prüfungen i.S.d. § 2 Abs. 1, die zwar nicht zum Vorbehaltsbereich des WP gehören, bei denen aber das Siegel freiwillig geführt wird, der Prüfungsvermerk o. der PB v. **mind. einem WP** mitunterzeichnet werden muss. Gleiches gilt für Gutachten. Hintergrund hierfür ist, dass nur WP berechtigt sind, ein Siegel zu verwenden. Wird daher diese Befugnis genutzt u. das hiermit verbundene besonde- **19** re Vertrauen in Anspruch genommen, soll dem dadurch entsprochen werden, dass eine Beteiligung v. WP an der Auftragsdurchführung dokumentiert wird. Dies gilt unabhängig davon, ob es sich um eine – nicht dem Vorbehaltsbereich zuzuordnende – gesetzlich vorgeschriebene Prüfung (wie z.B. die Gründungsprüfung nach § 33 AktG) o. um eine freiwillige Prüfung handelt.

20 Die Regelung gilt grds. für alle Formen der Berufsausübung, ihre **praktische Bedeutung** beschränkt sich aber auf **Berufsgesellschaften**, auf die § 27a Abs. 2 BS WP/vBP über § 34 Abs. 1 Satz 2 BS WP/vBP ebenfalls anzuwenden ist. Da das Siegel bei nat. Personen ohnehin nur durch dessen Inhaber höchstpersönlich geführt werden darf, also auch nicht durch einen Vertreter (§ 48 Rn. 6), läuft die Regelung bei WP in Einzelpraxis leer. Gleiches gilt für die GbR, die als solche auch nach Anerkennung der Rechtsfähigkeit durch die Rspr. kein Siegel führen darf (WPK, WPK-Mag. 4/2012, 44 sowie § 48 Rn. 5), u. die einfache PartG, bei der die Siegelführung generell unzulässig ist (§ 48 Rn. 5, 7).

3. Bestellung als Gerichtsgutachter

21 Obwohl keine Vorbehaltsaufgabe, erfolgt die Bestellung als **Gerichtsgutachter** immer **höchstpersönlich**. Der Gutachter kann sich somit nicht vertreten lassen u. hat demzufolge in Person zu unterzeichnen. Eigenständige Bedeutung hat die Bestellung insb. bei **ausschließlich angestellten WP**. Wegen der Höchstpersönlichkeit der Bestellung unterzeichnet auch dieser das Gutachten nicht als Vertreter seiner Berufsgesellschaft, sondern handelt **im eigenen Namen** u. kann daher in diesem Fall ausnahmsweise auch ein **eigenes Siegel** führen (siehe auch § 48 Rn. 6). Gleichwohl kann er die eigene Erklärung für **fremde Rechnung** (die seiner Berufsgesellschaft) abgeben, wodurch die anderenfalls zwangsläufige Selbstständigkeit als WP in eigener Praxis mit der damit verbundenen Pflicht einer eigenen BHV vermieden wird (siehe auch § 54 Rn. 15).

IV. Berufsrechtliche Verantwortlichkeit des Unterzeichnenden

22 Die **Unterzeichnung eines Arbeitsergebnisses** führt unabhängig v. der internen Funktion o. Motivationslage auch bei **Berufsgesellschaften** grds. zu einer **umfassenden berufsrechtlichen Verantwortung** u. kann nicht auf eine gesellschaftsrechtlich notwendige Vertretung reduziert werden. Von diesem Grundsatz erfasst sind ausdr. auch solche (Mit)Unterzeichner, die z.B. ledigl. aus Gründen der Repräsentation ein Arbeitsergebnis unterschreiben (richtungsweisend Gelhausen, WPK-Mag. 4/2007, 58). Dies folgt daraus, dass auch der Mitunterzeichner durch die Unterschrift seine Eigenverantwortlichkeit dokumentiert u. daher auch die berufsrechtliche Verantwortung für das v. ihm (mit)unterzeichnete Arbeitsergebnis trägt.

23 Sofern er nicht selbst an der Auftragsdurchführung im Einzelnen beteiligt war, muss sich der Mitunterzeichner entsprechend intensiv über alle wesentlichen Umstände

informieren u. sich die getroffenen **Prüfungsentscheidungen zu eigen** machen. Dies gilt insb. für die Prüfungsplanung, für die Ermittlung u. Feststellung der Wesentlichkeitsgrenzen, für alle wesentlichen Prüfungsfeststellungen sowie für die abschließende Beurteilung (BV), die Berichterstattung (PB) u. dabei insb. auch zu einer evtl. relevanten Fortführungsprognose. Ein Indikator für eine ausreichende Befassung des Mitunterzeichners dürfte auch der Zeitaufwand sein, den dieser in die Prüfung investiert. Der Zeitaufwand muss deutlich machen, dass sich der Mitunterzeichner intensiv mit der Prüfung befasst hat. Dies gilt entsprechend, wenn **zwei o. mehrere WP gemeinschaftlich beauftragt** wurden. Eine Differenzierung hinsichtlich der Verantwortlichkeit der Unterzeichner bzw. ihrer berufsaufsichtsrechtlich zu sanktionierenden Schuld kommt nur aufgrund besonderer Umstände des Einzelfalles in Betracht, die konkret darzulegen u. ggf. nachzuweisen sind (WPK, WPK-Mag. 4/2012, 42).

§ 33 Erlöschen der Anerkennung

(1) Die Anerkennung erlischt durch
  1. **Auflösung der Gesellschaft;**
  2. **Verzicht auf die Anerkennung.**

(2) ¹**Der Verzicht ist schriftlich gegenüber der Wirtschaftsprüferkammer zu erklären.** ²**Die Auflösung der Gesellschaft ist der Wirtschaftsprüferkammer unverzüglich anzuzeigen.**

Inhaltsübersicht

	Rn.
I. Allgemeines	1–2
II. Auflösung	3–13
1. Auflösungstatbestände	3–8
2. Zeitpunkt des Erlöschens	9
3. Anzeigepflicht	10
4. Abwicklung und Beendigung	11–13
III. Verzicht	14–17
1. Erklärung	14–15
2. Zeitpunkt des Erlöschens	16–17

I. Allgemeines

Die Vorschrift entspricht der Regelung des § 54 Abs. 1 u. 2 StBerG für StBG. Weiterhin vergleichbar ist § 19 für WP als nat. Personen. Die Regelung war bereits in der WPO 1961 enthalten. Sowohl die **Auflösung** der Gesellschaft als auch der **Verzicht** auf die Anerkennung führen zum **Wegfall der Anerkennung der Gesellschaft als WPG**. 1

2 Absatz 2 ist durch die 4. WPO-Novelle 2001 geändert worden. Für die Entgegennahme der schriftlichen Verzichtserklärung ist nunmehr die **WPK zuständig**; zuvor waren es die jeweiligen obersten Landesbehörden für die Wirtschaft.

II. Auflösung

1. Auflösungstatbestände

3 Die typischen Auflösungstatbestände sind der **Liquidationsbeschluss** (§ 60 Abs. 1 Nr. 2 GmbHG, § 262 Abs. 1 Nr. 2 AktG, §§ 131 Abs. 1 Nr. 2, 161 Abs. 2 HGB, § 9 Abs. 1 PartGG), im Fall einer **erfolgreichen Auflösungsklage** ein rkr. Urteil (§ 60 Abs. 1 Nr. 3 GmbHG, § 131 Abs. 1 Nr. 4 HGB) u. die **Eröffnung des Insolvenzverfahrens** über das Vermögen einer WPG (§ 60 Abs. 1 Nr. 4 GmbHG, § 262 Abs. 1 Nr. 3 AktG, §§ 131 Abs. 1 Nr. 3, 161 Abs. 2 HGB, § 9 Abs. 1 PartGG).

4 Einen weiteren Fall der Auflösung stellt die **Verschmelzung einer WPG auf einen anderen Rechtsträger** nach dem UmwG dar. Mit der Eintragung der Verschmelzung in das Register des Sitzes des übernehmenden Rechtsträgers geht der übertragende Rechtsträger als Rechtssubjekt unter (Schmitt/Hörtnagl/Stratz, UmwG, § 20 Rn. 6). Das gesamte Vermögen einschließlich der Verbindlichkeiten geht gem. § 20 Abs. 1 Nr. 1 UmwG auf die übernehmende Gesellschaft im Wege der **Gesamtrechtsnachfolge** über.

5 **Höchstpersönliche Rechte u. Pflichten**, die nur im Hinblick auf eine bestimmte Person begründet werden, gehen nicht im Wege der Gesamtrechtsnachfolge über. Der **Übergang v. Mandaten** auf den übernehmenden Rechtsträger ist grds. ausgeschlossen. Bei **Verschmelzung auf eine andere WPG** wird in der Literatur allerdings v. der Zulässigkeit des Übergangs der Mandate ausgegangen. Zwar ist die Stellung als gesetzl. JAP ein höchstpersönliches Recht. Diese soll aber bei der Beauftragung einer WPG eingeschränkt sein, weil der Auftrag zur Durchführung der JAP nicht einem einzelnen WP, sondern der Berufsgesellschaft mit ihrem gebündelten Fachwissen u. v. einzelnen nat. Personen unabhängiger Kontinuität übertragen wird. Begründet wird dies mit der Regelung in § 319 Abs. 3 Nr. 6 HGB, die unter bestimmten Umständen ein Auswechseln der Prüfer vorschreibt, die den BV unterschreiben. Bei dieser Sachlage sei der Wille der Vertragsparteien regelmäßig darauf gerichtet, dass die Stellung als gesetzl. JAP auf den übernehmenden Rechtsträger übergeht (ADS, § 319 HGB Rn. 33, Schmitt/Hörtnagl/Stratz/Dehmer, UmwG, § 20 Rn. 85). Dies gilt nur, sofern sich aus dem Wahlbeschluss u. dem Prüfungsauftrag nichts anderes ergibt.

6 Die **Verschmelzung mit einer anderen Gesellschaft unter Verlust der Identität beider Gesellschaften** führt ebenfalls zur Auflösung u. dem Erlöschen der Anerkennung als WPG. Die **Verschmelzung einer anderen Gesellschaft auf eine WPG** führt demggü. nicht zur Auflösung der WPG. Allerdings kann die **Verschmelzung eines gewerblichen Unternehmens auf eine WPG** zu Kollisionen mit dem Berufsrecht führen. Das OLG Hamm hat die Verschmelzung eines gewerblichen Unternehmens auf eine StBG wegen eines Verstoßes gegen das gesetzl. Verbot der gewerblichen Tätigkeit der StBG gem. § 134 als nichtig angesehen, da gem. § 20

UmwG der übernehmende Rechtsträger in die Rechte u. Pflichten des übertragenden Rechtsträgers eintrete. Der Unternehmensgegenstand der übertragenden Gesellschaft werde damit auch zum Unternehmensgegenstand der übernehmenden Gesellschaft u. diese mithin zur gewerblichen Tätigkeit verpflichtet (OLG Hamm 26.9.1996, NJW 1997, 666, 667). Dies kann für WPG allerdings nur gelten, wenn es sich um einen Unternehmensgegenstand handelt, der nicht v. einer WPG weitergeführt werden darf, z.b. Handels- u. Bankgeschäfte. War Gegenstand des gewerblichen Unternehmens jedoch eine Tätigkeit, die auch v. §§ 2, 43a Abs. 4 erfasst wird, z.b. Unternehmensberatung, so bestehen keine Bedenken gegen die Verschmelzung.

Bei einem **Rechtsformwechsel** gem. §§ 190 ff. UmwG erfolgt keine Auflösung der formwechselnden Gesellschaft. Es tritt also kein Identitätsverlust ein u. die Anerkennung als WPG bleibt auch in der neuen Rechtsform erhalten. Zu beachten ist allerdings, dass die neue Rechtsform den Vorgaben des § 27 entspricht. Sofern keine der hier genannten Rechtsformen gewählt worden sein sollte, ist die Anerkennung v. der WPK unter den Voraussetzungen des § 34 Abs. 1 Nr. 2 zu widerrufen. 7

Die Anerkennung als WPG erlischt ferner bei **Personengesellschaften** (KG, OHG u. PartG) durch Auflösung u. Beendigung bei **Reduzierung des Gesellschafterkreises auf eine Person**. Es gibt keine Ein-Mann-Personengesellschaft (BayObLG 10.3.2000, ZIP 2000, 1214, 1215 mit weiteren Hinweisen auf höchstrichterl. Rspr.). Die Anerkennung erlischt entw. durch **gewillkürtes Ausscheiden** der Gesellschafter o. bei einer Zweipersonengesellschaft durch **Tod** des weiteren Gesellschafters. Eine Fortsetzung mit den Erben ist grds. ausgeschlossen, es sei denn dies ist im Gesellschaftsvertrag gesondert vereinbart (§ 131 Abs. 3 Nr. 1 HGB, § 9 PartGG). Sollten die persönlichen Voraussetzungen des o. der Erben eine Gesellschafterstellung nicht zulassen, ist dies in einem gesonderten Verfahren zu klären (vgl. § 34 Rn. 12). Tritt in eine WPG in der Rechtsform einer Personengesellschaft eine andere Gesellschaft als phG ein u. treten alle anderen Gesellschafter aus, so geht das Vermögen der WPG durch Anwachsung gem. § 738 BGB auf die eingetretene Gesellschaft über (OLG Frankfurt 25.8.2003, BB 2003, 2531). 8

2. Zeitpunkt des Erlöschens
Bei einer **Auflösung** der Gesellschaft erlischt die Anerkennung zum Zeitpunkt des Wirksamwerdens der Auflösung. Wird die **Liquidation** beschlossen, handelt es sich i.d.R. um das Datum des Beschlusses, es sei denn die Gesellschafter beziehen die Auflösung auf ein Datum in der Zukunft. Im Übrigen richtet sich das Erlöschen der Anerkennung nach dem Auflösungsgrund. Bei **Insolvenz** ist das Datum der Insolvenzeröffnung entscheidend, bei **Auflösung durch Urteil** das Datum, an dem das Urteil rkr. wird. Bei einer **Verschmelzung** auf einen anderen Rechtsträger erlischt die Anerkennung mit der Eintragung der Verschmelzung im HR der aufnehmenden Gesellschaft. 9

3. Anzeigepflicht

10 Sobald die Auflösung einer WPG beschlossen worden ist, ist diese Tatsache **unverzüglich der WPK anzuzeigen** (Abs. 2 Satz 2). Dies ergibt sich daraus, dass der Rechts- u. Geschäftsverkehr nicht über die im öffentl. BR der WPK kundgemachte Anerkennung einer WPG getäuscht werden soll. Die Liquidatoren sind daher, ohne schuldhaftes Zögern, d.h. im Rahmen des normalen Geschäftsganges, zur entspr. Mitteilung ggü. der WPK verpflichtet. Im Gegensatz zum Verzicht ist hierfür nicht die Schriftform vorgeschrieben. Aufgrund der weit reichenden Rechtsfolge des Verlustes der Anerkennung als WPG u. aus Beweisgründen sind die entspr. Dokumente der WPK jedenfalls als Abschrift vorzulegen.

4. Abwicklung und Beendigung

11 Durch den Verlust der Anerkennung als WPG ist eine **fortbestehende gesetzl. Vertretung durch einen WP** grds. als **gewerbliche Tätigkeit** des WP einzuordnen (BVerwG 26.8.1997, WPK-Mitt. 1998, 70; BGH 4.3.1996, WPK-Mitt. 1996, 232; LG München 31.8.1992, WPK-Mitt. 1993, 77; zu Ausnahmen s. § 43a Rn. 75 f.). Dies hat zur Folge, dass der WP abzuberufen ist. Etwas anderes gilt, wenn die Gesellschaft als StBG o. RAG fortgeführt wird; ein WP darf in einer solchen Gesellschaft als gesetzl. Vertreter tätig sein (vgl. § 43a Rn. 41 ff.). Etwas anderes gilt auch, wenn die Gesellschaft liquidiert wird. Die Tätigkeit als Liquidator stellt eine Treuhandtätigkeit i.S.d. § 2 Abs. 3 Nr. 3 dar, die v. WP durchgeführt werden darf (vgl. § 2 Rn. 21).

12 An die Auflösung der Gesellschaft schließt sich die **Abwicklung** an, deren Ziel es ist, die Gesellschaftsgläubiger zu befriedigen u. das verbleibende Vermögen unter den Gesellschaftern zu verteilen. Beendet ist die Gesellschaft erst, wenn diese **Tatsache im HR eingetragen** ist. Nach Ablauf des Sperrjahres (§§ 73 Abs. 1 GmbHG, § 272 Abs. 1 AktG), in dem Änderungen der Firma nicht zulässig sind, ist entw. die Firma komplett o. zumindest der Firmenbestandteil „Wirtschaftsprüfungsgesellschaft" im HR zu **löschen**. Dies gilt jedenfalls bei Fortsetzung der Gesellschaft (vgl. hierzu auch die Hinweise zu Rn. 17).

13 Mit der **Insolvenz** ist die Gesellschaft zwar aufgelöst (Rn. 3), aber noch nicht beendet. Beschließen die Gesellschafter nach Aufhebung des Insolvenzverfahrens o. einer Zustimmung der Gläubiger zu einem Insolvenz- o. Tilgungsplan die **Fortsetzung der Gesellschaft,** so lebt hierdurch die Anerkennung als WPG nicht wieder auf. Die Anerkennung als WPG kann nur durch ein **erneutes Anerkennungsverfahren** gem. §§ 27 ff. erreicht werden u. nur für die Zukunft ausgesprochen werden, eine rückwirkende Anerkennung ist nicht möglich.

III. Verzicht
1. Erklärung

14 Für den Verzicht auf die Anerkennung als WPG gem. Abs. 1 Nr. 2 gelten grds. dieselben Regeln wie für den Verzicht auf die Bestellung als WP (hierzu § 19 Rn. 4 ff.). Der Verzicht ist v. mind. einem gesetzl. Vertreter zu erklären. Die WPO verlangt **Schriftform.** Es muss sich um eine **eindeutige u. bestimmte Erklärung** handeln.

Eine Auslegung gem. § 133 BGB analog ist möglich. Nicht ausreichend ist die Erklärung, es sei die Tätigkeit im Bereich der Wirtschaftsprüfung eingestellt worden, da auch denkbar ist, dass die Gesellschaft andere Mandate als WPG weiterbearbeitet. Die Verzichtserklärung ist **bedingungsfeindlich** (BayVGH 8.5.1998, BRAK-Mitt. 1998, 287, 288). Zulässig ist aber, den Verzicht zu einem bestimmten Datum in der Zukunft zu erklären. Für die **Anfechtung der Verzichtserklärung** gelten §§ 119 ff. BGB analog.

Zur Erfüllung der **Schriftform** ist die handschriftliche Unterzeichnung erforderlich. Die Übermittlung eines unterschriebenen Textes per **Telefax** ist ausreichend, da dieses nach h.m. Urkundsqualität hat (hierzu Fischer, StGB, § 267 Rn. 126). Demgegenüber reicht eine einfache **E-Mail** nicht aus; da der Mitteilung die Unterschrift fehlt, ist der Aussteller nicht erkennbar. Im Gegensatz zur Meldung zum BR gem. § 40 (hierzu § 40 Rn. 5) ist mit der 7. WPO-Novelle 2007 nicht ausdr. die Möglichkeit eingeführt worden, die Verzichtserklärung elektronisch unter Verwendung der **qualifizierten elektronischen Signatur** zu erklären. Allerdings gilt subsidiär § 3a VwVfG, so dass die WPK eine elektronische Abgabe der Verzichtserklärung unter Verwendung der qualifizierten elektronischen Signatur nicht zurückweisen kann. 15

2. Zeitpunkt des Erlöschens

Beim **Verzicht** ist das Datum des Eingangs der Verzichtserklärung bei der WPK entscheidend, wenn der Verzicht nicht auf ein Datum in der Zukunft bezogen wird. Ein **rückwirkender Verzicht** auf die Anerkennung als WPG mit der Begründung, dass ab einem bestimmten Datum keine Aktivitäten mehr entfaltet worden sind, ist nicht zulässig. Ist eine **Anfechtung der Verzichtserklärung** erfolgreich, wird diese rückwirkend unwirksam, d.h. die Anerkennung als WPG besteht ununterbrochen fort. 16

Nach Wirksamwerden des Verzichts gilt auch hier, dass die Gesellschaft nicht mehr den **Firmenbestandteil „Wirtschaftsprüfungsgesellschaft"** führen darf (vgl. § 133). Die Firma und der **Geschäftsgegenstand der Gesellschaft** sind entsprechend zu ändern. Auch sonstige Firmenbestandteile, die auf eine Tätigkeit als WPG hinweisen, sind aus wettbewerbsrechtlichen Gründen zu löschen. Soweit der Begriff „Revision" ohne einschränkende Zusätze verwandt wird, kann der unzutreffende Eindruck vermittelt werden, die Gesellschaft sei ohne rechtliche Einschränkung befugt, betriebswirtschaftliche Prüfungen gem. § 2 Abs. 1 durchzuführen, also auch solche Prüfungen, die WP/vBP und den entspr. Berufsgesellschaften gesetzl. Vorbehalten sind (vgl. BayObLG 29.7.1982, DB 1982, 2395; OLG Bamberg 14.2.1990, WPK-Mitt. 1990, 101; LG Bielefeld 5.4.2004 24 T 19/03). Nimmt die Gesellschaft keine Änderungen vor, kann das Registergericht ein **Amtslöschungsverfahren** gem. § 395 FamFG wegen des Mangels einer wesentlichen Voraussetzung betreiben. 17

18 Ob die als WP o. vBP bestellten gesetzlichen Vertreter nach dem Verzicht auf die Anerkennung als WPG weiter in der Gesellschaft tätig bleiben können, ist gesondert zu prüfen (vgl. die Hinweise zu Rn. 11).

§ 34 Rücknahme und Widerruf der Anerkennung

(1) Die Anerkennung ist zurückzunehmen oder zu widerrufen, wenn
1. für die Person eines Vorstandsmitgliedes, Geschäftsführers, persönlich haftenden Gesellschafters oder Partners die Bestellung zurückgenommen oder widerrufen ist, es sei denn, dass jede Vertretungs- und Geschäftsführungsbefugnis dieser Person unverzüglich widerrufen oder entzogen ist;
2. sich nach der Anerkennung ergibt, dass sie hätte versagt werden müssen, oder wenn die Voraussetzungen für die Anerkennung der Gesellschaft, auch bezogen auf § 54 Abs. 1, nachträglich fortfallen, es sei denn, dass die Gesellschaft innerhalb einer angemessenen, von der Wirtschaftsprüferkammer zu bestimmenden Frist, die bei Fortfall der in § 28 Abs. 2 Satz 3 und Abs. 3 Satz 2 genannten Voraussetzungen höchstens zwei Jahre betragen darf, den dem Gesetz entsprechenden Zustand herbeiführt; bei Fortfall der in § 28 Abs. 4 genannten Voraussetzungen wegen eines Erbfalls muss die Frist mindestens fünf Jahre betragen;
3. ein Mitglied des Vorstandes, ein Geschäftsführer, ein persönlich haftender Gesellschafter oder ein Partner durch rechtskräftiges berufsgerichtliches Urteil aus dem Beruf ausgeschlossen ist oder einer der in § 28 Abs. 2 Sätze 1, 2 und Abs. 3 genannten Personen die Eignung zur Vertretung und Geschäftsführung einer Wirtschaftsprüfungsgesellschaft aberkannt ist, es sei denn, dass die Wirtschaftsprüfungsgesellschaft der Wirtschaftsprüferkammer nachweist, dass jede Vertretungs- und Geschäftsführungsbefugnis des Verurteilten unverzüglich widerrufen oder entzogen ist.

(2) Die Anerkennung ist zu widerrufen, wenn die Gesellschaft in Vermögensverfall geraten ist, es sei denn, dass dadurch die Interessen der Auftraggeber oder anderer Personen nicht gefährdet sind.

(3) Über die Rücknahme und den Widerruf der Anerkennung entscheidet die Wirtschaftsprüferkammer.

Schrifttum: *Schmittmann,* Vermögensverfall und Widerruf der Bestellung bei freien kammergebundenen rechts- und steuerberatenden Berufen, NJW 2002, 182; *Neumann,* Die Entwicklung des Verwaltungsverfahrensrechtes, im Besonderen: Widerruf und Rücknahme begünstigender Verwaltungsakte, NVwZ 2000, 1244.

Inhaltsübersicht

	Rn.
I. Allgemeines	1–3

II. Rücknahme der Anerkennung........................... 4–6
III. Widerruf der Anerkennung............................ 7–20
  1. Rücknahme bzw. Widerruf der Bestellung eines gesetzlichen
     Vertreters... 8–9
  2. Wegfall weiterer Anerkennungsvoraussetzungen als WPG 10–16
    a) Anerkennungsvoraussetzungen....................... 10
    b) Gewährung einer angemessenen Anpassungsfrist........... 11–16
  3. Ausschluss eines gesetzlichen Vertreters aus dem Beruf........ 17
  4. Vermögensverfall..................................... 18–21

I. Allgemeines

Die Norm entspricht § 20 für nat. Personen. Es werden mehrere Tatbestände aufgeführt. Die Vorschrift gibt im Gegensatz. zum Berufsrecht der StB **keine Definition der Rücknahme u. des Widerrufs**. Die Urfassung der WPO 1961 enthielt nur die Bezeichnung Rücknahme. Mit der 1. WPO-Novelle 1975 wurde aufgrund der Weiterentwicklung der verwaltungsrechtliche Terminologie ergänzend der Widerruf der Anerkennung eingefügt. Die Abgrenzung ist anhand der subsidiär anzuwendenden §§ 48, 49 VwVfG vorzunehmen. Die **Anerkennung als WPG ist zurückzunehmen**, wenn diese rechtswidrig war, d.h. bei Kenntnis der wahren Sachlage nicht hätte ausgesprochen werden dürfen. Der **Widerruf** setzt demgegenüber eine ursprünglich rechtmäßige Anerkennung voraus. Erst durch **eine nachträgliche Änderung der Sachlage** entfallen die Anerkennungsvoraussetzungen als WPG bzw. treten die in Abs. 1 Nr. 1 u. 3 sowie Abs. 2 genannten Tatbestandsmerkmale ein (vgl. zur Abgrenzung auch § 20 Rn. 5 ff. u. Rn. 12 ff.). 1

Mit der 4. WPO-Novelle 2001 ging zum 1.1.2002 die **Zuständigkeit** v. den **obersten Landesbehörden für Wirtschaft auf die WPK** über. Eine Ausnahme für die in Abs. 3 normierte Zuständigkeit der WPK besteht gemäß § 138 nur für solche Verfahren, die v. den obersten Landesbehörden zuvor bereits eingeleitet waren, aber noch nicht zu einem rkr. Abschluss gebracht werden konnten. Hier verblieb es bei der Zuständigkeit der obersten Landesbehörden. Die Regelung ist inzwischen gegenstandslos. 2

Es handelt sich bei Rücknahme u. Widerruf um **gebundene VA**, d.h. es besteht grds. **kein Ermessen** der WPK. Allerdings kann diese in Fällen des Abs. 1 Nr. 2 eine angemessenen Frist zur Wiederherstellung der Anerkennungsvoraussetzungen setzen (s. unten Rn. 11 ff.). Die Rücknahme bzw. der Widerruf ist der Gesellschaft bekannt zu geben. Der Bescheid ist erst nach Rechts- u. Bestandskraft **vollziehbar**, sofern die WPK nicht die sofortige Vollziehung gemäß § 80 Abs. 2 Nr. 4 VwGO angeordnet hat. **Rechtsfolge** des bestandskräftigen Bescheides ist das Erlöschen der Anerkennung u. damit auch das Ende der Mitgliedschaft der Gesellschaft in der WPK. 3

II. Rücknahme der Anerkennung

4 War die **Anerkennung als WPG rechtswidrig**, d.h. hätte sie bei Kenntnis der wahren Sach- u. Rechtslage versagt werden müssen, ist die Anerkennung zurückzunehmen. In Betracht kommen das Fehlen einer Anerkennungsvoraussetzung zum **Zeitpunkt der Anerkennung**, o. ein Fall des Abs. 1 Nr. 1 o. 3, der der zuständigen Behörde verborgen geblieben ist. Als Bsp. ist die Verfügung v. Anteilen durch einen WP o. EU-AP-Gesellschafter an einen gemäß § 28 Abs. 4 Nr. 1 o. Nr. 1a) unzulässigen Gesellschafter zwischen der Erteilung der Unbedenklichkeitsbescheinigung u. der Anerkennung der Gesellschaft zu nennen. Hier besteht für die Anerkennungsbehörde nicht die Möglichkeit, das Fehlen der Anerkennungsvoraussetzung zu bemerken, da der vorzulegende HR-Auszug nicht die Änderung der Kapitalanteile ausweist.

5 Eine **nachträgliche Heilung des Anerkennungshindernisses** ist möglich. Der Wortlaut räumt der WPK gemäß Abs. 1 Nr. 2 die Möglichkeit der Erteilung einer Anpassungsfrist nur bei nachträglichem Fortfall der Anerkennungsvoraussetzungen ein; sie kann aber auch v. einer Rücknahme absehen, wenn sie die Gesellschaft unmittelbar danach wieder anerkennen müsste. Es ist angemessen, der betroffenen Gesellschaft eine Frist v. wenigen Wochen zur Herstellung der Anerkennungsvoraussetzungen bzw. der Beseitigung der Fälle nach Nr. 1 u. Nr. 3 einzuräumen. Beruht die rechtswidrige Anerkennung auf einer **arglistigen Täuschung** durch die Antragsteller im Anerkennungsverfahren, ist allerdings eine kurzfristige Rücknahme sinnvoll, um alle Anerkennungsvoraussetzungen ggf. in einem neuen Anerkennungsverfahren noch einmal sorgfältig überprüfen zu können.

6 Gemäß § 48 Abs. 1 Satz 1 VwVfG kann die Rücknahme eines VA mit **Wirkung für die Zukunft o. für die Vergangenheit** erfolgen. Es ist fraglich, ob dies auch für die Anerkennung als WPG gilt. Die auf den Zeitpunkt der Anerkennung rückwirkende Rücknahme begegnet im Hinblick auf die erhebliche Beeinträchtigung v. Mandanteninteressen Bedenken (bei StBG str: für ein Ermessen der StBK hinsichtl. einer rückwirkenden Rücknahme Kuhls/Willerscheid, StBerG, § 55 Rn. 10, dagegen Gehre/Koslowski, StBerG, § 55 Rn. 3). Die Schutzwürdigkeit des Rechts- und Geschäftsverkehrs hinsichtlich der Wirksamkeit der vor dem Rücknahmebescheid erteilten Testate einer WPG spricht gegen eine rückwirkende Rücknahme.

III. Widerruf der Anerkennung

7 In der Praxis ist der Fall, dass **nach der Anerkennung als WPG einer der in Abs. 1 u. 2 genannten Anerkennungsvoraussetzungen entfällt** u. ein Widerrufsverfahren einzuleiten ist, erheblich häufiger anzutreffen als die Rücknahme der Anerkennung.

1. Rücknahme bzw. Widerruf der Bestellung eines gesetzlichen Vertreters

8 Absatz 1 Nr. 1 betrifft die **rkr. Rücknahme o. Widerruf der Bestellung eines gesetzlichen Vertreters**. Gemeint ist hiermit die Rücknahme bzw. der Widerruf der **Berufszugehörigkeit**. Da WPG Instrument der Berufsausübung v. WP sind, betrifft dies zunächst die gesetzlichen Vertreter mit WP-Qualifikation, z.B. bei einem Widerruf der Bestellung wegen nicht geordneter wirtschaftlicher Verhältnisse gemäß § 20 Abs. 2 Nr. 5. Vom Wortlaut erfasst werden **auch die nicht als WP bestellten weiteren gesetzlichen Vertreter**, wenn eine Rücknahme o. ein Widerruf der Bestellung o. Zulassung nach dem für sie geltenden Berufsrecht erfolgt ist. Dies wird dadurch begründet, dass den nicht als WP bestellten gesetzlichen Vertretern Einzelvertretungsbefugnis eingeräumt werden kann (vgl. § 28 Rn 10). Sie sind ledigl. bei gesetzlichen JAP v. der Vertretung ausgeschlossen (hierzu § 32 Rn. 12 ff.).

Allerdings kann die Gesellschaft zur Vermeidung des Widerrufs **jede Vertretungs- u. Geschäftsführungsbefugnis entziehen**. Dies ist ggf. durch eine einstweilige Verfügung der die Abberufung betreibenden Gesellschafter zu bewirken (für die GmbH: OLG Frankfurt/Main 18.9.1998, DB 1998, 2213). Das bedeutet aber nicht, dass die Anerkennungsvoraussetzungen als WPG damit wiederhergestellt sind. Danach liegt ein Fall v. Nr. 2 vor, wenn die Gesellschaft die Anerkennungsvoraussetzungen der § 28 Abs. 1-3 aufgrund des betroffenen gesetzlichen Vertreters nicht mehr erfüllt. Die Gesellschaft kann eine Anpassungsfrist erhalten, um den gesetzlichen Vertreter abzuberufen bzw. bei Personengesellschaft im Wege der Ausschlussklage aus der Gesellschaft auszuschließen. 9

2. Wegfall weiterer Anerkennungsvoraussetzungen als WPG
a) Anerkennungsvoraussetzungen
Nummer 2 regelt, den Fall, dass die **Anerkennungsvoraussetzungen** i.S.d. §§ 27 ff. **nachträglich wegfallen**. In Betracht kommen u.a. folgende Fälle: 10

- **Rechtsformwechsel** in eine unzulässige Rechtsform, z.B. in die GbR.
- Die **Leitungsebene der Gesellschaft** ist nicht ordnungsgemäß besetzt. Hier ist zu unterscheiden zwischen Fällen in denen die Gesellschaft noch über gesetzliche Vertreter verfügt, die als WP bestellt sind, allerdings nicht mehrheitlich u. Fällen, in denen überhaupt kein als WP bestellter gesetzlicher Vertreter vorhanden ist. Weiterhin kommt in Betracht, dass die Gesellschaft zwar über mehrheitlich als WP bestellte gesetzliche Vertreter verfügt, v. denen aber keiner seine berufliche NL am Sitz der Gesellschaft hat. Die Anerkennungsvoraussetzung ordnungsgemäßer Vertretungsverhältnisse ist auch entfallen, wenn eine GmbH WPG einzige Komplementärin einer GmbH & Co KG WPG ist u. nicht ihren Sitz am Sitz der GmbH & Co KG WPG hat, sondern nur eine ZN (vgl. § 28 Rn. 23).
- Die **Beteiligungsverhältnisse** o. **Gewichtung der Stimmverhältnisse** entspricht nicht der WPO.
- Der **Gesellschaftsvertrag** verstößt gegen zwingende berufsrechtliche Vorgaben, z.B. fehlt die Klausel gemäß § 28 Abs. 4 Nr. 6, dass zur Ausübung v. Gesellschafterrechten ausschließl. Gesellschafter bevollmächtigt werden dürfen, die WP o. EU-AP sind.
- Die WPG unterhält **keine BHV** gemäß § 54. Dies ist als Widerrufsgrund mit der 7. WPO-Novelle ausdr. klargestellt worden.

b) Gewährung einer angemessenen Anpassungsfrist

11 Von der WPK ist gemäß Abs. 1 Nr. 2 auf **Antrag** eine **angemessene Frist** zu bestimmen, in der die Anerkennungsvoraussetzungen wiederherzustellen sind. Bei der Bemessung der Frist steht der WPK ein Ermessensspielraum zur Verfügung. Der Widerruf nach fruchtlosem Ablauf der Frist wird hierdurch jedoch nicht zu einer Ermessensentscheidung.

12 Die Vorschrift regelt für **zwei Widerrufstatbestände den Fristenrahmen**. Der eine betrifft den Wegfall der Anerkennungsvoraussetzungen bei **Eintritt eines Erbfalls**. Betroffen sind damit die Fälle, in denen ein Gesellschafter stirbt u. sein Anteil an der Gesellschaft in den Nachlass fällt, ohne dass die Erben Berufsträger sind. Hier muss eine Anpassungsfrist v. mind. fünf Jahren gewährt werden. Wird allerdings eine Verfügung über den Anteil durch die Erben vorgenommen, entfällt die fünfjährige Anpassungsfrist. Dies gilt auch für den Fall, dass eine Verfügung über Gesellschaftsanteile zugunsten der Erben erfolgt, die keine Berufsträger sind. Von der WPK ist dann eine angemessene, aber i.d.R. weniger als fünf Jahre betragende Anpassungsfrist zu setzen. Der andere Zeitfaktor betrifft die **zahlenmäßige Zusammensetzung der gesetzlichen Vertreter**, wenn sie nicht mehr den Anforderungen des § 28 Abs. 1-3 genügt. Hier darf die Anpassungsfrist höchstens zwei Jahre betragen. Der Gesetzgeber erwartet hierbei nicht, dass die Interpretation des Begriffes „höchstens" zur Ausschöpfung des Zweijahreszeitraums führen soll; ansonsten hätte er die Formulierung „bis zu zwei Jahren" wählen müssen.

13 Für den Wegfall der Anerkennungsvoraussetzungen **i.Ü. gibt es keine zeitliche Vorgabe**. Die Angemessenheit der Frist ist durch eine **Abwägung am Einzelfall** zu bestimmen. Diese hat auf der einen Seite das **öffentl. Interesse an einer kurzfristigen Wiederherstellung** der Anerkennungsvoraussetzungen zu berücksichtigen, auf der anderen Seite soll die Gesellschaft in die Lage versetzt werden, eine **rechtlich zulässige u. wirtschaftlich vernünftige Lösung** zur Wiederherstellung der Anerkennungsvoraussetzungen zu finden. Hierbei ist zu berücksichtigen, ob die Gesellschaft überhaupt noch durch WP vertreten wird, ob zum WP-Vorbehaltsbereich gehörende Mandate vorhanden sind, ob die Gesellschaft sich bei Wegfall der Anerkennungsvoraussetzung über die Gesetzeslage hinweggesetzt hat, o. ob die Anerkennungsvoraussetzungen aus v. den Gesellschaftern u. den verbleibenden gesetzlichen Vertretern nicht zu verantwortenden Gründen weggefallen sind.

14 Bei **Wegfall der BHV** einer WPG sind aufgrund des Mandantenschutzes nur sehr kurze Anpassungsfristen angemessen. Das Widerrufsverfahren der Anerkennung richtet sich hier nach den für WP geltenden Vorgaben gemäß § 20 Abs. 2 Nr. 4 (§ 20 Rn. 36 ff.) Anders als bei § 20 Abs. 2 Nr. 4 ist der Widerrufsbescheid jedoch nicht v. Gesetzes wegen sofort vollziehbar. Aufgrund der für Auftragnehmer bestehenden Gefahr, Regressansprüche nicht durchsetzen zu können, ist in solchen Fällen i.d.R. aber die **Anordnung der sofortige Vollziehung** des Widerrufsbescheides gemäß § 80 Abs. 2 Nr. 4 VwGO angezeigt.

Bei Wegfall der Anerkennungsvoraussetzung **ordnungsgemäßer Beteiligungsver-** 15
hältnisse. kann bei Vorliegen einer außergewöhnlichen Sachverhaltskonstellation ggf. eine Anpassungsfrist v. mehr als zwei Jahren vertretbar sein, insb. wenn sich gegen den unzulässigen Gesellschafter eine Ausschlussklage richtet, also die Einflussmöglichkeiten beschränkt sind.

Die v. der WPK gesetzte Anpassungsfrist erledigt sich durch **Wiederherstellung** 16
der Anerkennungsvoraussetzungen. Bei **fruchtlosem Ablauf der gesetzten Frist** kommt je nach Sachlage eine Verlängerung o. der Widerruf der Anerkennung in Betracht.

3. Ausschluss eines gesetzlichen Vertreters aus dem Beruf

Nummer 3 regelt einen ähnlichen Fall wie Nr. 1. Auch bei **Ausschluss eines gesetz-** 17
lichen Vertreters aus dem Beruf durch ein rkr. Urteil ist es möglich, den Widerruf der Anerkennung der Gesellschaft durch Entzug der Vertretungs- u. Geschäftsführungsbefugnis zuvorzukommen. Bei einem als WP bestellten gesetzlichen Vertreter ist der Ausschluss aus dem Beruf gemäß § 68 Abs. 1 Nr. 6 gemeint. Die **Verhängung eines Tätigkeits- o. Berufsverbotes** nach Nr. 4 u. 5 reicht für den Widerruf nicht aus. Bei nicht als WP bestellten gesetzlichen Vertretern gilt dies bei einer entsprechenden Verurteilung nach dem anderen Berufsrecht, z.B. § 114 Abs. 1 Nr. 5 BRAO u. § 90 Abs. 1 Nr. 4 StBerG. Ebenso ist ein **gerichtlich angeordnetes Vertretungsverbot** in Bezug auf WPG zu beachten.

4. Vermögensverfall

Anders als beim **Widerruf der Bestellung eines WP gemäß § 20 Abs. 2 Nr. 5** we- 18
gen nicht geordneter wirtschaftlicher Verhältnisse reicht bei der WPG das Vorliegen nicht geordneter wirtschaftlicher Verhältnisse noch nicht aus; es muss bereits **Vermögensverfall** vorliegen (zur Abgrenzung BVerwG 22.8.2005, NJW 2005, 3795 u. WPK-Mag. 1/2006; 48, Schmittmann, NJW 2002, 182, sowie § 16 Rn. 22 ff.). Dieser ist gegeben, wenn z.B. der GF einer GmbH WPG die **eidesstattliche Versicherung** für die Gesellschaft abgegeben hat o. die finanziellen Verhältnisse der Gesellschaft so schlecht sind, dass sie auf absehbare Zeit nicht in der Lage ist, ihren Verpflichtungen nachzukommen. Indizien sind fruchtlose Zwangsvollstreckungsmaßnahmen in erheblichem Umfang.

Ein Indiz für den Eintritt des Vermögensverfalls kann auch darin bestehen, dass die 19
Bilanz einer WPG einen **nicht durch Eigenkapital gedeckten Fehlbetrag** ausweist. In diesem Fall ist jedenfalls bei WPG in der Rechtsform der GmbH, AG oder KGaA auch die Anerkennungsvoraussetzung der Kapitalerhaltung gemäß § 28 Abs. 6 entfallen (siehe § 28 Rn. 93), so dass bereits aus diesem Grunde nach Einräumung einer angemessenen Anpassungsfrist durch die WPK ein Widerrufsverfahren gegen die WPG einzuleiten wäre.

Die **Eröffnung des Insolvenzverfahrens** über das Vermögen einer WPG führt 20
schon zur Auflösung der Gesellschaft (hierzu § 33 Rn. 3). Die Durchführung eines Widerrufsverfahrens gemäß § 34 Abs. 2 ist nicht mehr erforderlich. Wird die Eröffnung des Insolvenzverfahrens erfolgreich gerichtlich angefochten, lebt die Aner-

kennung allerdings wieder auf. Sind trotzdem Anhaltspunkte für das Vorliegen eines Vermögensverfalls gegeben, ist das Widerrufsverfahren wieder aufzunehmen.

21 Ebenfalls anders als § 20 Abs. 2 Nr. 5 gibt § 34 Abs. 2 der betroffenen Gesellschaft **keine Möglichkeit des Entlastungsbeweises** dergestalt, dass keine Gefährdung der Interessen v. Auftragnehmern o. Dritten vorliege. Der Gesetzgeber geht davon aus, dass i. Ggs. zu nat. Personen eine selbstständige Tätigkeit einer WPG immer gegeben ist u. damit stets die abstrakte Gefahr der Gefährdung dieser Interessen besteht (zur Möglichkeit der Entlastung bei WP s. § 20 Rn. 60 ff.).

§ 35 (aufgehoben)

§ 36 (aufgehoben)

**Sechster Abschnitt
Allgemeine Vorschriften für das Verwaltungsverfahren**

§ 36a Untersuchungsgrundsatz, Mitwirkungspflicht, Übermittlung personenbezogener Daten

(1) Die Wirtschaftsprüferkammer ermittelt den Sachverhalt von Amts wegen.

(2) ¹Die am Verfahren beteiligten Bewerber, Wirtschaftsprüfer oder Gesellschaften sollen bei der Ermittlung des Sachverhalts mitwirken und, soweit es dessen bedarf, ihr Einverständnis mit der Verwendung von Beweismitteln erklären. ²Ihr Antrag auf Gewährleistung von Rechtsvorteilen ist zurückzuweisen, wenn die für die Entscheidung zuständige Stelle infolge ihrer Verweigerung der Mitwirkung den Sachverhalt nicht hinreichend klären kann. ³Der Bewerber, Wirtschaftsprüfer oder die Gesellschaft ist auf diese Rechtsfolge hinzuweisen.

(3) ¹Es übermitteln

1. die Wirtschaftsprüferkammer, Gerichte und Behörden Daten über natürliche und juristische Personen, die aus der Sicht der übermittelnden Stelle für die Zulassung zur oder die Durchführung der Prüfung und Eignungsprüfung, für die Erteilung einer Ausnahmegenehmigung nach § 28 Abs. 2 oder 3 oder für die Rücknahme oder den Widerruf dieser Entscheidung erforderlich sind, an die für die Entscheidung zuständige Stelle,

2. Gerichte und Behörden Daten über natürliche und juristische Personen, die aus Sicht der übermittelnden Stelle für die Bestellung oder Wiederbestellung, die Anerkennung oder die Rücknahme oder den Widerruf dieser Entscheidung erforderlich sind oder die den Verdacht einer Berufspflichtverletzung begründen können, an die Wirtschaftsprüferkammer, soweit hierdurch schutzwürdige Interessen des oder der Betroffenen nicht beeinträchtigt werden oder das öffentliche Interesse das Geheimhaltungsinteresse

der Beteiligten überwiegt. ²Die Übermittlung unterbleibt, wenn besondere gesetzliche Verwendungsregelungen entgegenstehen; dies gilt nicht für das Steuergeheimnis nach § 30 der Abgabenordnung, die Verschwiegenheitspflicht nach § 64, die Verschwiegenheitspflicht der Organmitglieder, Beauftragten und Angestellten der Berufskammer eines anderen freien Berufs im Geltungsbereich dieses Gesetzes und die Verschwiegenheitspflicht der in § 9 Abs. 1 des Kreditwesengesetzes und in § 8 des Wertpapierhandelsgesetzes sowie der in § 342c des Handelsgesetzbuchs benannten Personen und Stellen.

(4) Soweit natürliche oder juristische Personen Mitglieder einer Berufskammer eines anderen freien Berufs im Geltungsbereich dieses Gesetzes sind, darf die Wirtschaftsprüferkammer Daten im Sinne des Absatzes 3 und nach Maßgabe dieser Vorschrift auch an andere zuständige Stellen übermitteln, soweit ihre Kenntnis aus der Sicht der übermittelnden Stelle für die Verwirklichung der Rechtsfolge erforderlich ist.

(5) Die Wirtschaftsprüferkammer darf personenbezogene Daten ihrer Mitglieder an die Versorgungswerke der Wirtschaftsprüfer und der vereidigten Buchprüfer übermitteln, soweit sie für die Feststellung der Mitgliedschaft sowie von Art und Umfang der Beitragspflicht oder der Versorgungsleistung erforderlich sind.

Schrifttum: *Pananis / Rehmsmeier / Bärlein*, Spannungsverhältnis zwischen der Aussagefreiheit im Strafverfahren und den Mitwirkungspflichten im Verwaltungsverfahren, NJW 2002, 1825; *Grupp*, Mitwirkungspflichten im Verwaltungsverfahren, VerwArch 80 (1989), 44.

Inhaltsübersicht

	Rn.
I. Allgemeines	1
II. Untersuchungsgrundsatz (Abs. 1)	2–4
III. Mitwirkungspflicht (Abs. 2)	5–8
IV. Datenübermittlung (Abs. 3-5)	9
1. Normzweck des Abs. 3	9
a) Datenübermittlung durch WPK, Gerichte und Behörden (Abs. 3 Satz 1 Nr. 1)	10–11
b) Datenübermittlung an die WPK (Abs. 3 Satz 1 Nr. 2)	12
c) Interessenabwägung	13–20
2. Datenübermittlung durch die WPK bei Mehrfachbändern (Abs. 4)	21
3. Datenübermittlung der WPK an Versorgungswerke (Abs. 5)	22
V. Abgrenzung zu § 84a	23

I. Allgemeines

§ 36a wurde unter Nachbildung des anwaltlichen Berufsrechts durch die 3. WPO-Novelle 1995 in die WPO aufgenommen. Insbesondere die datenschutzrechtlichen Bestimmungen wurden bis heute (zuletzt durch die 7. WPO-Novelle **1**

2007) mehrfach geändert. § 36a findet vorbehaltlich spezieller Regelungen **auf alle Verfahren der WPK Anwendung**.

II. Untersuchungsgrundsatz (Abs. 1)

2 Absatz 1 wiederholt u. betont die Geltung des Untersuchungsgrundsatzes. Einen eigenen, **§ 24 VwVfG überschreitenden, Regelungsgehalt** entfaltet die Vorschrift nicht. Auf die einschlägigen Kommentierungen zum VwVfG kann daher uneingeschränkt verwiesen werden.

3 Der Untersuchungsgrundsatz verpflichtet die WPK, den relevanten **Sachverhalt** ohne Bindung an das Vorbringen der Beteiligten umfassend v. Amts wegen zu erforschen u. hierauf die **einschlägigen Rechtsvorschriften** anzuwenden. Die Art der Ermittlung der entscheidungserheblichen Tatsachen steht im Ermessen der WPK. Dabei muss sie alle vernünftigerweise zur Verfügung stehenden Möglichkeiten einer Aufklärung ausschöpfen.

4 Ohne dass es einer besonderen Anordnung bedarf, unterliegen alle Ermittlungsergebnisse der Wertung u. Würdigung der WPK nach dem **Grundsatz der freien Beweiswürdigung**. Voraussetzung für eine Sachentscheidung ist die an Sicherheit grenzende Wahrscheinlichkeit der Richtigkeit u. Vollständigkeit des festgestellten Sachverhaltes. Gewissheit ist nicht erforderlich.

III. Mitwirkungspflicht (Abs. 2)

5 Absatz 2 Satz 1 wiederholt u. betont in Anlehnung an § 26 Abs. 2 Satz 1 VwVfG die **allg. Mitwirkungsverpflichtung** der Verfahrensbeteiligten. Diese sollen bei der Sachverhaltsermittlung mitwirken u., soweit es dessen bedarf, ihr Einverständnis mit der Verwendung v. Beweismitteln erklären. Die Notwendigkeit der Einverständniserklärung kann sich – so auch die Gesetzesbegr. (BT-Drs. 14/3649, 24) – aus dem Recht auf informationelle Selbstbestimmung ergeben. Vergleichbar § 26 Abs. 2 Satz 1 VwVfG begründet Abs. 2 Satz 1 grds. keine unmittelbare durchsetzo. sanktionierbare Mitwirkungsverpflichtung, sondern eine **Mitwirkungslast**. Wirkt ein Beteiligter an der Sachverhaltsaufklärung nicht mit o. erklärt er sein erforderliches Einverständnis nicht, geht ein hinsichtlich Tatsachen aus seiner Sphäre unvollständig o. unrichtig festgestellter Sachverhalt zu seinen Lasten. Soll eine Mitwirkungspflicht aber die Funktionsfähigkeit der Kammern als Körperschaft des Öffentlichen Rechts sicherstellen, weist ihre Verletzung aber unmittelbaren Bezug zum beruflichen Tätigkeitsfeld auf u. kann entsprechend sanktioniert werden (BGH 14.8.2012, WPK-Mag. 1/2013, S. 35 zur Beitragspflicht).

6 Absatz 2 Satz 2 **präzisiert die dargestellte Mitwirkungslast**, ohne eine über Satz 1 hinausgehende durchsetz- o. sanktionierbare besondere Mitwirkungsverpflichtung zu begründen. Die Regelung entspricht damit dem allg. Grundsatz, dass die Aufklärungsverpflichtung der Behörde im Bereich der gewährenden Verwaltung dort aufhört, wo der eine Leistung der Verwaltung Begehrende seiner Mitwirkungsverpflichtung schuldhaft nicht nachkommt (BVerwG 18.10.1985, NJW 1986, 1704).

Durch die Formulierung „ist zurückzuweisen" hat der Gesetzgeber zudem klargestellt, dass die WPK keine Ersatzermittlungen anstellen darf.

Wegen der ggf. weit reichenden Folgen der Zurückweisung eines Antrages auf Gewährung eines Rechtsvorteils ist der Antragsteller auf die **Folgen seiner unterlassenen Mitwirkung zuvor hinzuweisen**. 7

In Ergänzung zu Abs. 2 begründet die WPO an anderer Stelle weitere **allg. Mitwirkungspflichten**, etwa in § 8a Abs. 2 Satz 2, § 15 Satz 5, § 39 Abs. 2, aber auch wie in § 16a Abs. 1 Satz 1, § 40 Abs. 2 Satz 1 u. § 62 **besondere Mitwirkungsverpflichtungen**. Deren Erfüllung kann z.t. im Wege des Verwaltungszwanges durchgesetzt werden (§§ 40 Abs. 2 Satz 2, 62a). Gleichzeitig kann die Missachtung besonderer Mitwirkungsverpflichtungen berufsaufsichtsrechtlich sanktioniert werden. Im Fall der §§ 16a Abs. 3 u. 20a Satz 2 knüpft der Gesetzgeber an die Missachtung ausdr. eine Sachverhaltsfiktion zu Lasten des Betroffenen. 8

IV. Datenübermittlung (Abs. 3-5)

1. Normzweck des Abs. 3

Bei Abs. 3 handelt es sich um eine bereichsspezifische Mitteilungsregelung, die die **Übermittlung personenbezogener Informationen** durch u. an die WPK zur Durchführung der in § 36a Abs. 3 Satz 1 Nr. 1 u. 2 angesprochenen Verwaltungsverfahren bzw. berufsgerichtlichen Verfahren regelt. Als bereichsspezifische Norm geht § 36a Abs. 3 den allg. Regelungen zum Datenschutz (insb. dem BDSG) vor (§ 1 Abs. 3 BDSG; vgl. zum Verhältnis v. BDSG zu spezialgesetzlichen Normen auch Simitis/Dix, BDSG, § 1 Rn. 164 ff.). Die Norm regelt nicht nur die Datenübermittlung **zwischen Berufskammern**, sondern auch **zwischen Gerichten u. Behörden**. In Betracht kommen insb. Mitteilungen über strafrechtlichen Ermittlungsverfahren, Strafverfahren, anhängige Zivilklagen, Zivilurteile, Erkenntnisse über ungeordnete wirtschaftliche Verhältnisse, die Hinweise auf einen möglichen Vermögensverfall geben könnten usw. Der Anwendungsbereich der Norm erstreckt sich mithin nur auf Informationen, die für die Erfüllung der Aufgaben der WPK, anderer Berufskammern sowie sonstiger Zulassungsbehörden, der Gerichte u. Staatsanwaltschaften, erforderlich sind. Für die von § 36a nicht erfassten Fälle v. Datenübermittlungen gelten – vorbehaltlich der Übermittlung v. öffentlichen Daten des Berufsregisters – die Vorschriften des allgemeinen Datenschutzrechts, insb. § 15 BDSG (Datenübermittlung an öffentliche Stellen) u. § 16 BDSG (Datenübermittlung an Private). Zur Übermittlung v. Daten aus dem Berufsregister s. § 37 Rn. 6 ff. 9

a) Datenübermittlung durch WPK, Gerichte und Behörden (Abs. 3 Satz 1 Nr. 1)

Die Regelung in § 36a Abs. 3 Nr. 1 (u. die entspr. Regelungen in § 10 Abs. 2 StBerG u. § 36 Abs. 2 BRAO) enthält eine **Ausnahme v. der gesetzlichen VSP gem. § 64**. Datenübermittlungen durch die WPK können insb. bei Mehrfachberufsträgern relevant werden, um der anderen Berufskammer eine Überprüfung nach dem eigenen Berufsrecht u. insb. unter dem Blickwinkel des disziplinarischen 10

Überhangs (vgl. §§ 69a; 92 StBerG, 115b BRAO) zu ermöglichen (s. dazu auch Rn. 21). Neben § 36a Abs. 3 selbst ist Rechtsgrundlage für Mitteilungen an StBK auch § 10 Abs. 2 Nr. 3 StBerG sowie für Mitteilungen an RAK § 36 Abs. 2 BRAO.

11 Hinsichtlich des **sachlichen Umfangs der Mitteilungen** ist ausdr. geregelt, dass nur die aus Sicht der übermittelnden Stelle „erforderlichen" Daten übermittelt werden dürfen. Materiell gelten damit für die Datenübermittlung vergleichbare Kriterien wie im allgemeinen Datenschutzrecht aufgrund des Grundsatzes der Datensparsamkeit (§ 3a BDSG), auch wenn dieser im Bereich spezialgesetzlicher Datenschutznormen nicht unmittelbar anwendbar ist (vgl. Simitis/Scholz, a.a.O., § 3a Rn. 20). Einschränkungen in der Übermittlungsbefugnis können nicht nur hinsichtl. des sachlichen Umfangs der Daten, sondern auch des **Personenkreises** bestehen, dem sie zugänglich gemacht werden sollen. Dies folgt aus anderen datenschutzrechtlichen Befugnisnormen, insb. den Regelungen zum Akteneinsichtsrecht im berufsgerichtlichen Verfahren (§ 82b, ähnlich §§ 108 StBerG, 117b BRAO). Da das Recht zur Einsichtnahme in Akten, die dem Berufsgericht vorliegen o. diesem im Falle der Einreichung einer Anschuldigungsschrift vorzulegen wären, sowie die Besichtigung amtlich verwahrter Beweisstücke neben dem Betroffenen selbst nur dem VO der WPK u. v. diesen beauftragten Personen zusteht, dürfte eine ungefilterte Weitergabe v. hierauf ruhenden Erkenntnissen an Dritte grds. der gesetzgeberischen Wertung widersprechen, den Kreis der zur Akteneinsicht berechtigten Personen einzuschränken.

b) Datenübermittlung an die WPK (Abs. 3 Satz 1 Nr. 2)

12 Für StBK, RAK, Gerichte u. Behörden ergibt sich aus § 36a Abs. 3 Satz 1 Nr. 2 die **Rechtsgrundlage, der WPK Daten über WP zu übermitteln** u. zwar zum Zwecke v. Bestellungs-, Anerkennungs-, Rücknahme- o. Widerrufsverfahren o. zum Zwecke der BA. Für StBK u. für die Finanzverwaltung ergibt sich für Mitteilungen über WP mit StB-Qualifikation eine zusätzl. Rechtsgrundlage aus § 10 Abs. 3 StBerG. Für RAK ist eine weitere Rechtsgrundlage § 36 Abs. 3 BRAO, wonach nunmehr ausdr. die Übermittlung v. Daten durch RAK an andere Berufskammern (also auch die WPK) statthaft ist (vgl. auch Feuerich/Weyland, BRAO, § 76 Rn. 19).

c) Interessenabwägung
aa) Vorrang des öffentlichen Interesses

13 Die Kenntnis der Daten muss aus der Sicht der übermittelnden Stelle für die Einleitung eines in § 36a Abs. 3 bezeichneten Verfahrens erforderlich sein; insofern **trifft die übermittelnde Stelle eine eigene Prognoseentscheidung.** Durch die Übermittlung dürfen schutzwürdige Belange des Betroffenen nicht beeinträchtigt werden bzw. das öffentl. Interesse muss das Geheimhaltungsinteresse des Betroffenen überwiegen (Interessenabwägung).

14 Regelmäßig ist davon auszugehen, dass das **öffentl. Interesse an der Berausaufsicht Vorrang hat,** denn bei der hohen Bedeutung der Einhaltung der Berufspflichten bei der Ausübung des Berufs liegt es im öffentl. Interesse u. dient dem Schutz der Allgemeinheit, dass Verfehlungen im Rahmen entspr. Verfahren geprüft u. ggf.

geahndet werden. Zu beachten ist insofern auch, dass den Interessen des Betroffenen regelmäßig bereits durch die Nichtöffentlichkeit des Verfahrens u. die VSP (§ 64) Rechnung getragen wird.

bb) Vorrang schutzwürdiger Interessen des Betroffenen
Allerdings ist auch die Schwere der mutmaßlichen Pflichtverletzung zu berücksichtigen, so dass die Interessenabwägung ausnahmsweise zugunsten des Betroffenen ausfallen kann mit der Folge, dass eine Übermittlung unterbleiben muss. Bei den **schutzwürdigen Belangen des Betroffenen** sind insb. seine Intim- u. Privatsphäre, seine wirtschaftliche u. berufliche Handlungsfreiheit, seine berufliche Chancengleichheit u. sein Ansehen in der Öffentlichkeit zu beachten. Es bleibt daher jeweils eine auf den Einzelfall bezogene Abwägung erforderlich. Bei der Übermittlung v. Daten durch Strafgerichte u. Staatsanwaltschaften sieht Nr. 29 Abs. 2 Satz 2 der Anordnung über Mitteilungen in Strafsachen (MiStra) vor, dass bei der Interessenabwägung auch zu berücksichtigen ist, wie gesichert die zu übermittelnden Erkenntnisse sind. 15

Stehen im Einzelfall schutzwürdige Belange einer Übermittlung entgegen, ist eine **Interessenabwägung** vorzunehmen u. zu prüfen, ob das öffentl. Interesse das Geheimhaltungsinteresse des Betroffenen dennoch überwiegt. Weisen die Informationen z.B. auf eine so schwerwiegende Pflichtverletzung hin, dass ein Ausschluss aus dem Beruf o. ein Tätigkeitsverbot zu erwarten sind, wird stets das öffentl. Interesse an der Integrität des Berufsstands überwiegen. Gleiches gilt, wenn eine Rücknahme o. ein Widerruf der Zulassung in Betracht kommt. 16

cc) Entgegenstehen gesetzlicher Verwendungsregelungen (Abs. 3 Satz 2)
Nach Abs. 3 Satz 2 hat die Übermittlung zu unterbleiben, wenn **besondere gesetzliche Verwendungsregelungen entgegenstehen** (z.B. das **Sozialdatengeheimnis** gem. §§ 67 ff. SGB X i.V.m. § 35 SGB I). Dazu zählen nach Abs. 3 Satz 2 Hs. 2 nicht das Steuergeheimnis nach § 30 AO, die VSP nach § 64 o. anderen Berufsgesetzen o. §§ 9 Abs. 1 KWG, 8 WpHG u. 342c HGB. Damit ist auch eine umfassende Übermittlung von **steuerlichen Informationen** statthaft, sofern dies im o.g. Sinne erforderlich ist (FG Hamburg 23.12.2010, Az: 3 KO 190/10 – juris). Insbesondere bei der für den Widerrufstatbestand des § 20 Abs. 2 Nr. 5 erforderlichen Beurteilung der wirtschaftlichen Verhältnisse wird die Übermittlung von Daten über Steuerverbindlichkeiten regelmäßig erforderlich sein (ähnlich Feuerich/Weyland, a.a.O., § 36 Rn. 10). 17

In der Vergangenheit haben vereinzelt RAK die Auskünfte über ihre Mitglieder an die WPK unter Berufung auf § 76 BRAO bzw. datenschutzrechtliche Vorschriften verweigert. Es ist aber davon auszugehen, dass auch **RAK Behörden i.S.v. § 36a Abs. 3** sind. Danach dürfen u. müssen RAK personenbezogene Daten an die WPK übermitteln, soweit die Daten für die genannten WPK-Verfahren relevant sein können u. schutzwürdige Interessen der Betroffenen nicht entgegenstehen. 18

Bei **§ 76 BRAO handelt es sich nicht um eine der Datenübermittlung entgegenstehende** gesetzlichen Verwendungsregelung. § 76 BRAO regelt die Pflicht der 19

VO-Mitglieder der RAK zur Verschwiegenheit über Angelegenheiten, die ihnen bei ihrer Tätigkeit im VO über RA, Bewerber u. anderer Personen bekannt werden. Diese Pflicht steht einer Weitergabe v. Daten durch eine RAK aber nicht entgegen, was schon aus § 36 Abs. 3 BRAO folgt (s. auch oben Rn. 12).

2. Datenübermittlung durch die WPK bei Mehrfachberufsträgern (Abs. 4)

20 Für Mehrfachberufsträger stellt Abs. 4 klar, dass die WPK Daten i.S.v u. nach Maßgabe des Abs. 3 auch an andere zuständige Stellen übermitteln kann. Zu diesen zuständigen Stellen können neben Berufskammern wie StBK u. RAK auch die Berufsgerichtsbarkeiten o. Anschuldigungsbehörden anderer Berufe o. sonstige Aufsichtsbehörden gehören.

21 Die Übermittlungsvorschriften in den einzelnen Berufsrechten weisen nach ihrem Wortlaut hinsichtlich der Rechtsfolgenseite Unterschiede auf, so dass sich die Frage stellen kann, welche Vorschrift bei einem Mehrfachberufsträger einschlägig ist. Während § 36a Abs. 3 u. § 36a Abs. 3 BRAO eine grds. Mitteilungspflicht begründen, ist § 10 Abs. 3 StBerG als Ermessensbestimmung formuliert. Dieser Unterschied zwischen den Bestimmungen wird sich allerdings in der Praxis zumeist nicht entscheidend auswirken. Auch für die jeweilige StBK dürfte i.d.R. eine Pflicht zur Übermittlung v. Informationen über Mehrfachberufsträger in Folge einer Ermessensreduktion auf Null bestehen, denn das öffentl. Interesse an der Beraufsaufsicht wird im **Regelfall für eine Übermittlung der Daten** sprechen (s.o. Rn. 14). Die Ausgestaltung als Ermessensnorm soll nur eine **Mitteilungspflicht in Bagatellfällen ausschließen**. Des Weiteren ist zu bedenken, dass die sachgerechte Bewertung v. Berufsverletzungen bei Mehrfachberufsträgern nur unter Berücksichtigung bereits getroffener Maßnahmen erfolgen kann; dies dient nicht zuletzt auch dem Schutz des betroffenen Mitglieds selbst. Schließlich entspricht es allg. Rechtsstaatsprinzipien, bei potentiell konkurrierenden Zuständigkeiten mehrerer Behörden auch der anderen Stelle eine eigene Überprüfung ihrer Zuständigkeiten zu ermöglichen.

3. Datenübermittlung der WPK an Versorgungswerke (Abs. 5)

22 Bei § 36a Abs. 5 handelt es sich um eine **spezielle Befugnisnorm** zur Übermittlung v. **Daten an berufsständische Versorgungswerke**, insb. das WPV.

V. Abgrenzung zu § 84a

23 Neben § 36a Abs. 3 sieht auch § 84a **behördliche Mitteilungspflichten an u. durch die WPK** vor. Diese Norm beschränkt sich jedoch auf Tatsachen, die eine berufsgerichtliche Maßnahme nach § 68 Abs. 1 begründen können. In beiden Absätzen (also auch § 84 Abs. 2) ist die „nach § 84 zuständige StA" gemeint, also die **GStA Berlin** (§ 84 i.V.m. § 1 Abs. 1 Satz 1 Satzung WPK). Die Norm dient anders als § 36a Abs. 3 zumindest mittelbar auch der Kompetenzabgrenzung zwischen GStA Berlin und WPK im Bereich der BA. Sie ist in ihrem datenschutzrechtlichen Regelungsbereich enger als § 36a, denn sie betrifft ausschließl. Datenübermittlungen bzgl. Tatsachen im o.g. Bereich, ist insofern also **lex specialis**.

Siebenter Abschnitt
Berufsregister

§ 37 Registerführende Stelle

(1) ¹Die Wirtschaftsprüferkammer führt ein Berufsregister für Wirtschaftsprüfer und Wirtschaftsprüfungsgesellschaften. ²Alle einzutragenden Berufsangehörigen und Wirtschaftsprüfungsgesellschaften erhalten jeweils eine Registernummer. ³Das Berufsregister wird in deutscher Sprache elektronisch geführt und ist der Öffentlichkeit mit den aktuellen Daten mit Ausnahme des Geburtstags und des Geburtsortes bei Berufsangehörigen elektronisch zugänglich.

(2) Die Wirtschaftsprüferkammer kann ein Mitgliederverzeichnis veröffentlichen, das weitere, über § 38 hinausgehende freiwillige Angaben der Berufsangehörigen und der Berufsgesellschaften enthalten kann.

(3) ¹Auf Verlangen des Mitgliedes muss die Eintragung in das Mitgliederverzeichnis unterbleiben. ²Das Mitglied ist von der Wirtschaftsprüferkammer auf sein Widerspruchsrecht hinzuweisen.

Inhaltsübersicht

		Rn.
I.	Allgemeines	1–5
II.	Berufsregister (Abs. 1)	6–11
	1. Öffentlichkeit	6–8
	2. Inhaltliche Richtigkeit der Daten	9–11
III.	Mitgliederverzeichnis (Abs. 2)	12–16

I. Allgemeines

Die Führung des BR gehört seit Inkrafttreten der WPO 1961 zu den **Kernaufgaben der WPK** (§ 57 Abs. 2 Nr. 12). Da die WPK eine bundesweit zuständige Körperschaft ist, ist das BR der WPK ein **bundesweites Verzeichnis**. Es wird am Sitz der WPK geführt. Das BR besteht im **öffentl. Interesse**, weil die Wirtschaft u. die weitere Öffentlichkeit die Möglichkeit haben sollen, sich jederzeit über die bestellten WP u. anerkannten WPG zu informieren; entsprechendes gilt für vBP u. BPG gemäß § 130 Abs. 1 u. 2. 1

Bis 1975 mussten gemäß § 42 (weggefallen) Bestellungen u. Anerkennungen sowie deren Erlöschen zusätzl. in einem amtl. Mitteilungsblatt des zuständigen Bundeslandes u. v. BMWi auch im BAnz bekannt gemacht werden. Begründet wurde die Regelung damit, dass die Öffentlichkeit ohne Einsichtnahme in das BR auf diesem Weg die wichtigsten Änderungen im Berufsstand zur Kenntnis nehmen kann. Die **dreifache Publizität erwies sich als unnötig**, weil der Zugriff auf das zentral geführte BR der WPK umfassende Informationen „aus einer Hand" ermöglichte. § 42 wurde daher mit der 1. WPO-Novelle 1975 aufgehoben. 2

3   Bis Ende 2001 waren die **obersten Landesbehörden für Wirtschaft** für die Bestellungen als WP u. vBP sowie für die Anerkennung v. Berufsgesellschaften zuständig. Damit einher ging gemäß § 37 Abs. 2 a.F. die Pflicht der WPK, diesen **alle Eintragungen in das BR mitzuteilen.** Gleichzeitig waren die **Berufsangehörigen** über Änderungen ihrer Daten zu **informieren.** Mit der Übertragung dieser Zuständigkeit auf die WPK wurde diese Vorschrift in der seinerzeitigen Fassung mit Wirkung vom 1.1.2002 aufgehoben. Damit **entfiel auch die Mitteilungspflicht an die Berufsangehörigen.** Sie ist auch spätestens **seit der Einstellung** des BR **in das Internet obsolet** geworden (Rn. 6, 7), weil sich hierüber jederzeit über die eingetragenen Daten informiert werden kann.

4   Mit der **AP-RiLi** wurden die Mitgliedstaaten verpflichtet sicherzustellen (Art. 15), dass die „Verzeichnisse" der Namen u. Anschriften aller nat. Personen u. Gesellschaften, die zur Pflichtprüfung der in Art. 1 Abs. 1 der Richtlinie genannten Unterlagen zugelassen sind, der Öffentlichkeit in elektronischer Form zur Verfügung stehen. In Umsetzung der dies aufgreifenden 7. WPO-Novelle 2007 ist das **BR der Öffentlichkeit elektronisch** u. damit über das **Internet – www.wpk.de –** zugänglich. Dieses Verzeichnis ist eng mit dem **Mitgliederverzeichnis** verknüpft, das die WPK nach Abs. 2 zu führen berechtigt ist u. ebenfalls veröffentlicht.

5   Die besondere Bedeutung, die der Führung des BR beigemessen wird, kommt insb. auch dadurch zum Ausdruck, dass nicht nur die Pflicht zur Führung eines BR gesetzlich geregelt ist, sondern im Detail auch **der Umfang der einzutragenden Daten** (§§ 38, 39) u. das Verfahren **zur Führung des BR** (§ 40). Der WPK steht insoweit kein Ermessen zu (zum Rechtsanwaltsverzeichnis s. hierzu auch BGH 2.11.2012 – AnwZ (Brfg) 50/12).

II. Berufsregister (Abs. 1)

1. Öffentlichkeit

6   Gemäß Abs. 2 Satz 1 ist das BR öffentlich, d.h. dass jedermann ohne Angabe eines berechtigten Interesses **Einsicht in das BR** nehmen o. **Auskunft aus dem BR** erhalten kann. Ein Mitspracherecht hat das Mitglied hierbei nicht (BGH a.a.O.). Eine Auskunft beschränkt sich auf die gemäß § 38 u. § 39 einzutragenden Daten, nicht aber auf den Grund, der zur Löschung im BR geführt hat. Der Grund der Löschung v. – ehemaligen – Berufsangehörigen, deren Bestellung i.Z.m. präventiver o. repressiver BA erloschen ist (Widerruf der Bestellung gemäß § 20, Ausschließung aus dem Beruf gemäß § 68), unterliegt der VSP der WPK (§ 64).

7   Durch die 7. WPO-Novelle 2007 hat das Einsichtsrecht in das BR eine erweiterte Dimension erhalten. Bisher bestand nur die Möglichkeit, in der Geschäftsstelle der WPK die Daten der Berufsangehörigen einzusehen o. sich schriftlich Auskunft geben zu lassen. Diese Möglichkeit besteht unverändert fort. Nunmehr müssen die Daten der Öffentlichkeit aber auch elektronisch, also **über das Internet zugänglich** gemacht werden (vgl. auch Rn. 3).

Die **Internetversion des BR** ist eine eingeschränkte Version des BR. Im BR sind **8**
die Daten gemäß § 38 mit den jeweiligen Änderungen zu erfassen (§ 38 Rn. 1). Im
Ergebnis heißt dies, dass auch auf in der Vergangenheit liegende Daten zurückgegriffen werden kann. Da die Öffentlichkeit i.d.R. allein an den aktuellen Daten interessiert sein kann, sind in der Internetversion des BR allein die **aktuellen Daten** zur Verfügung zu stellen. Über die Verknüpfung mit dem Mitgliederverzeichnis enthält die Internetversion des BR zusätzl. verkehrsfördernde Hinweise (vgl. noch Rn. 14, 15).

2. Inhaltliche Richtigkeit der Daten

Der mit der Öffentlichkeit des BR verfolgte Zweck wird nur dann erfüllt, wenn es **9**
über die wesentlichen Daten der Berufsangehörigen umfassend Auskunft gibt. Das kann nur heißen, dass es die **wahren Daten** wiedergibt (BGH 12.10.2000, WPK-Mitt. 2001, 72, 73). Grundsätzlich muss davon ausgegangen werden, dass Anträge auf Einträge in das BR nach Maßgabe der tats. Verhältnisse gestellt werden. Für bestimmte Einträge wird ein gesetzl. Gebot zur Vorlage v. Belegen definiert (§ 30). Bei begründeten Zweifeln trifft die WPK eine Aufklärungspflicht, zumal die Einträge v. Amts wegen vorzunehmen sind (§ 40 Abs. 1).

Eine rechtliche Vermutung der Richtigkeit der Eintragungen wird gleichwohl nicht **10**
begründet. Die Eintragungen entfalten also **keine konstitutive Wirkung**. Ähnlich dem HR liefert die Eintragung in das BR jedoch einen Beweis des ersten Anscheins, der erschüttert werden kann. Für eine rechtliche Vermutung der Richtigkeit der Eintragungen wäre eine gesetzl. Anordnung erforderlich (z.B. §§ 891, 892 BGB, VG Düsseldorf 24.3.2003 – 23 K 1351/01; a.A. LG Berlin 11.4.2003 – Wil 1/01).

Da die Öffentlichkeit des BR nur dann ihren Sinn erfüllt, wenn es über die tats. **11**
Verhältnisse v. Berufsangehörigen Auskunft gibt, müssen auch **berufsrechtlich unzulässige Tatsachen** eingetragen werden, auf deren Beseitigung die WPK aber hinzuwirken hat (bspw. unzulässige Gesellschafter v. Berufsgesellschaften, nicht gegebene Kapitalmehrheit in WP-Hand entgegen § 28 Abs. 4 Nr. 3, kein WP als gesetzl. Vertreter am Sitz der Gesellschaft entgegen § 28 Abs. 1).

III. Mitgliederverzeichnis (Abs. 2)

Ein **Mitgliederverzeichnis** über die WP u. WPG sowie der vBP/BPG erscheint seit **12**
1951, seit 1973 mit der WPK als Hrsg, seit 2003 ausschließl. als virtuelles Verzeichnis im Internet unter der Adresse www.wpk.de, seit 2007 in Verbindung mit dem BR (vgl. Rn. 4, 8). Das Mitgliederverzeichnis erscheint seit seiner ersten Ausgabe unter dem Titel „WP-Verzeichnis", seit 2003 als „WP Verzeichnis Online". Der Titel diskriminiert nicht die vBP, weil sich auf der Grundlage gesetzlicher Regelungen die Sammelbezeichnung „Wirtschaftsprüfer" verfestigt hat und die Wirtschaftsprüferordnung auch die Rechte und Pflichten der vBP regelt (VG Düsseldorf 5.4.1991, WPK-Mitt. 1991, 139 f.).

Mit der 3. WPO-Novelle 1995 wurde die Veröffentlichung des Mitgliederverzeichnisses auf eine **gesetzl. Grundlage** gestellt, um den Mitgliedern der WPK ihr **13**

§ 38 Eintragung

Grundrecht auf informationelle Selbstbestimmung sicherzustellen. Die Aufnahme in das Mitgliederverzeichnis erfolgt freiwillig. Gemäß Abs. 3 muss auf Verlangen die Eintragung in das Verzeichnis unterbleiben. Die WPK ist verpflichtet, das Mitglied auf sein **Widerspruchsrecht** hinzuweisen.

14 Das bisherige **Mitgliederverzeichnis** musste u.a. die Daten des BR (§ 38) enthalten. Diese Daten werden der Öffentlichkeit nunmehr über das in das Internet gestellte BR zugänglich gemacht (vgl. Rn. 7), so dass ein zusätzl. Mitgliederverzeichnis mit denselben Angaben keinen Sinn macht, bestenfalls noch wegen der Möglichkeit der Darstellung freiwilliger Angaben. Um die Benutzerfreundlichkeit zu fördern, bildet die WPK die öffentlichen u. freiwilligen Daten eines jeden Mitglieds im Zusammenhang ab, allerdings deutlich **differenziert nach Registereintrag u. zusätzl. freiwilligen Angaben**.

15 Gemäß § 38 Nr. 1 sind **Geburtstag und -ort** eines WP u. vBP in das BR einzutragen. Zweck der Aufnahme dieser Daten in das BR ist es, Verwechslungen bei Namens- und Ortsgleichheit zu vermeiden. Seit Ende 2010 werden diese Daten aufgrund einer Änderung von Abs. 2 **im Internet** deshalb **nicht mehr veröffentlicht**, weil es die grundrechtlich geschützte informationelle Selbstbestimmung als unverhältnismäßig erscheinen lassen würde, diese Daten der Öffentlichkeit elektronisch zugänglich zu machen (BT-Drs. 17/4064, S. 27). Da die **Daten** gemäß § 38 Nr. 1 Buchstabe a weiterhin Teil des Berufsregisters sind, **bleiben** sie **als solche öffentlich**.

16 Zu den **freiwilligen Angaben** gehören verkehrsfördernde Hinweise (Tel., Fax, E-Mail, Internetadresse) sowie die Privatanschrift u. zusätzl. Berufsqualifikationen i.S.d. § 18. Im Rahmen eines angehängten **Suchservice** ist auch die Angabe v. Branchen- u. Fachkenntnissen möglich. Auch freiwillige Angaben müssen v. **Art u. Umfang her angemessen** sein, dürfen also nicht kommerzielle Anzeigen enthalten u. nur mit dem Berufsrecht vereinbare Inhalte haben. Da freiwillige Angaben durch die WPK nicht überprüft werden können, sind die Mitglieder für deren inhaltliche Richtigkeit verantwortlich.

§ 38 Eintragung

In das Berufsregister sind einleitend die für alle Berufsangehörigen und Wirtschaftsprüfungsgesellschaften verantwortlichen Stellen für die Zulassung, die Qualitätskontrolle, die Berufsaufsicht und die öffentliche Aufsicht nach § 66a (Bezeichnungen, Anschriften) und darauf folgend im Einzelnen neben der jeweiligen Registernummer einzutragen

1. **Wirtschaftsprüfer, und zwar**
    a) Name, Vorname, Geburtstag, Geburtsort und Veränderungen des Namens,
    b) Tag der Bestellung und die Behörde, die die Bestellung vorgenommen hat,

c) Datum der Begründung der beruflichen Niederlassung, deren Anschrift, in den Fällen des § 3 Abs. 1 Satz 1 Halbsatz 2 die inländische Zustellungsanschrift und ihre Veränderungen unter Angabe des Datums,
d) Art der beruflichen Tätigkeit nach § 43a Abs. 1 und 2 und alle Veränderungen unter Angabe des Datums,
e) Name, Vorname, Berufe oder Firma und die Anschriften der beruflichen Niederlassungen der Mitglieder der Sozietät, Name der Sozietät und alle Veränderungen unter Angabe des Datums; dies gilt entsprechend im Falle der Kundmachung einer Sozietät, auch wenn die Voraussetzungen nach § 44b Abs. 1 Satz 1 nicht vorliegen,
f) Firma, Anschrift, Internetadresse und Registernummer der Prüfungsgesellschaft, bei welcher der Wirtschaftsprüfer oder die Wirtschaftsprüferin angestellt oder in anderer Weise tätig ist oder der er oder sie als Partner oder Partnerin angehört oder in ähnlicher Weise verbunden ist,
g) Name, Vorname, Berufe und Anschriften der beruflichen Niederlassungen der Partner, Name der Partnerschaft sowie alle Veränderungen unter Angabe des Datums; dies gilt entsprechend im Falle der Kundmachung einer Partnerschaft, auch wenn die Voraussetzungen nach § 1 des Partnerschaftsgesellschaftsgesetzes nicht vorliegen,
h) Erteilung der Bescheinigung nach § 57a Abs. 6 Satz 7 und Ablauf der Frist nach § 57a Abs. 6 Satz 8 oder Ablauf der Frist nach § 57a Abs. 1 Satz 2 und alle Veränderungen unter Angabe des Datums,
i) Registrierung als Prüfer für Qualitätskontrolle nach § 57a Abs. 3,
j) alle anderen Registrierungen bei zuständigen Stellen anderer Staaten unter Angabe des Namens der betreffenden Registerstelle sowie der Registernummer,
k) berufsgerichtlich festgesetzte, auch vorläufige Tätigkeits- und Berufsverbote und bei Tätigkeitsverboten das Tätigkeitsgebiet, jeweils unter Angabe des Beginns und der Dauer.
2. Wirtschaftsprüfungsgesellschaften, und zwar
a) Name und Rechtsform,
b) Tag der Anerkennung als Wirtschaftsprüfungsgesellschaft und die Behörde, die die Anerkennung ausgesprochen hat,
c) Anschrift der Hauptniederlassung, Kontaktmöglichkeiten einschließlich einer Kontaktperson, Internetadresse und, sofern die Wirtschaftsprüfungsgesellschaft in ein Netzwerk eingebunden ist, Firmen und Anschriften der Mitglieder des Netzwerks und ihrer verbundenen Unternehmen oder ein Hinweis darauf, wo diese Angaben öffentlich zugänglich sind,
d) Namen, Berufe und Anschriften der Gesellschafter und der Mitglieder des zur gesetzlichen Vertretung berufenen Organs einer juristischen Person und die Höhe ihrer Aktien und Stammeinlagen sowie Namen, Berufe, Geburtsdaten und Anschriften der vertretungsberechtigten und der übrigen Gesellschafter einer Personengesellschaft und die Höhe der im Handelsregister eingetragenen Einlagen der Kommanditisten,

e) Namen, Geschäftsanschriften und Registernummern der im Namen der Gesellschaft tätigen Wirtschaftsprüfer
f) Erteilung der Bescheinigung nach § 57a Abs. 6 Satz 7 und Ablauf der Frist nach § 57a Abs. 6 Satz 8 oder Ablauf der Frist nach § 57a Abs. 1 Satz 2,
g) Registrierung als Prüfer für Qualitätskontrolle nach § 57a Abs. 3,
h) alle anderen Registrierungen bei zuständigen Stellen anderer Staaten unter Angabe des Namens der Registerstelle sowie der Registernummer sowie alle Veränderungen zu den Buchstaben a, c, d, e, f, g und h unter Angabe des Datums.

3. Zweigniederlassungen von Wirtschaftsprüfern und Wirtschaftsprüfungsgesellschaften, und zwar
   a) Name,
   b) Anschrift der Zweigniederlassung,
   c) Namen und Anschriften der die Zweigniederlassung leitenden Personen sowie alle Veränderungen zu Buchstaben a bis c unter Angabe des Datums.

4. Abschlussprüfer, Abschlussprüferinnen und Abschlussprüfungsgesellschaften aus Drittstaaten gemäß § 134; die Nummern 1 bis 3 gelten entsprechend.

Schrifttum: *Petersen/Zwirner/Boecker,* Ausweitung der Auschlussgründe für Wirtschaftsprüfer bei Vorliegen eines Netzwerkes – Anmerkungen zu § 319 b HGB, WPg 2010, 464; *Knorr/Schnepel,* Die Novellierung der Berufssatzung, WPK-Mitt. 2002, 3.

Inhaltsübersicht

	Rn.
I. Allgemeines	1–2
II. Eintragungspflichtige Tatbestände	3–36
1. Wirtschaftsprüfer (Nr. 1)	4–15
a) Name, Namensänderungen	5
b) Bestellungstag und -behörde	6
c) Datum der Begründung der beruflichen Niederlassung	7
d) Art der Berufsausübung	8
e) Sozietäten/Scheinsozietäten	9–10
f) Unselbständige Tätigkeiten	11
g) Partnerschaften	12
h) System der Qualitätskontrolle	13
i) Registrierung bei zuständigen Stellen anderer Staaten	14
j) Tätigkeits- und Berufsverbote	15
2. Wirtschaftsprüfungsgesellschaften (Nr. 2)	16–30
a) Name und Rechtsform	17
b) Tag der Anerkennung	18

c)	Anschrift und Verbunddaten	19
	aa) Netzwerk..	20
	aaa) Definition..................................	21-22
	bbb) Einzelne Tatbestandsmerkmale	23
	ccc) Abgrenzung von Netzwerkmerkmalen	24
	bb) Verbundene Unternehmen.........................	25
d)	Beteiligungsverhältnisse und gesetzliche Vertreter	26–27
e)	Angestellte/Prokuristen/Handlungsbevollmächtigte	28
f)	System der Qualitätskontrolle	29
g)	Registrierung bei zuständigen Stellen anderer Staaten	30
3.	Zweigniederlassungen (Nr. 3)............................	31–35
4.	Abschlussprüfer, Abschlussprüferinnen und Abschlussprüfungsgesellschaften aus Drittstaaten (Nr. 4)......................	36

I. Allgemeines

Der **Zweck des BR** besteht darin, über die **beruflichen Verhältnisse** eines WP u. die gesellschaftsrechtlichen Verhältnisse einer WPG umfassend Auskunft zu geben (vgl. auch § 37). Seit Inkrafttreten der WPO in 1961 ist der Katalog der einzutragenden Tatsachen erheblich erweitert worden. Zur Publizität des BR (§ 37 Rn. 9 ff.) gehört auch, alle **Veränderungen der Berufsausübung u. gesellschaftsrechtlichen Verhältnisse** transparent zu machen (für § 31 BRAO (Rechtsanwaltsverzeichnis) s. hierzu auch BGH 2.11.201, BRAK-Mitt. 1/2013, 38). Dies hat zur Folge, dass sich im BR der gesamte berufliche Lebensweg eines Mitgliedes widerspiegelt; eine Ausnahme gilt nur für die **Internetversion des BR**, in der die sog. Historie nicht abgebildet werden muss (§ 37 Rn. 7). **1**

Alle **Veränderungen im BR** sind unter Angabe des Datums in das BR einzutragen. Mit der zeitlichen Erfassung beruflicher Veränderungen ist u.a. feststellbar, ab welchem Zeitpunkt ein WP bei Aufnahme einer selbstständigen Tätigkeit eine Berufshaftpflichtversicherung nachweisen muss. Die genaue zeitliche Erfassung ist auch für die Fälle geboten, in denen durch Veränderung der beruflichen u. gesellschaftsrechtlichen Verhältnisse der Wegfall der Bestellungs- o. Anerkennungsvoraussetzungen eintritt (§ 20 Abs. 2 Nr. 1, 4, 6; § 34 Abs. 1). **2**

II. Eintragungspflichtige Tatbestände

Gemäß dem einleitenden Satz des § 38 ist den BR-Eintragungen voranzustellen, dass die **WPK** für die Bestellungen, Anerkennungen, QK (KfQK) u. für die BA (VO) **zuständig** ist u. die **APAK** die **öffentl. Aufsicht** wahrnimmt. **3**

1. Wirtschaftsprüfer (Nr. 1)

Die eintragungspflichtigen Daten erklären sich aus dem Wortlaut des Gesetzes im Wesentlichen selbst, so dass nachfolgend nur klarstellende Hinweise gegeben werden. **4**

§ 38 Eintragung

a) Name, Namensänderungen

5 **Namen** u. **Namensänderungen** sind einzutragen. Zum Namen gehört nicht ein akademischer Grad (Dipl.-Kfm., Dr. rer. pol.; vgl. BVerwG 24.10.1957, BVerwGE 5, 291 u. BGH 8.8.1957, BGHZ 38, 380). Dies ergibt sich auch aus dem PassG u. dem PersonalausweisG. Gemäß § 4 Abs. 1 Nr. 3 PassG u. § 5 Abs. 2 Nr. 3 PersonalausweisG können Dr.-Grade in die Ausweispapiere eingetragen werden. Hieraus wird deutlich, dass akademische Grade eben nicht dem Namen zuzuordnen sind; andernfalls wären die Regelungen überflüssig. Es bestehen aber keine durchgreifenden Bedenken, den Namen im BR um solche Qualifikationen zu ergänzen, alternativ auch als Teil eines Mitgliederverzeichnisses vorzusehen; es kann gemäß § 37 Abs. 2 weitere Daten enthalten. Näheres zu akademischen Graden bei § 18.

b) Bestellungstag und -behörde

6 Das **Bestellungsdatum** hat die Bedeutung, dass alle **beruflichen Rechtshandlungen** ab diesem Tag dem Berufsangehörigen in seiner Eigenschaft als WP zugerechnet werden. Bestellungstag ist auch der Tag einer Wiederbestellung (§ 23). Für die Bestellung war bis Ende 2001 die oberste Landesbehörde für Wirtschaft des Landes zuständig, in dem der zu bestellende WP seine berufliche NL begründen wollte. Seit 2002 ist hierfür ausschließlich die WPK zuständig.

c) Datum der Begründung der beruflichen Niederlassung

7 Die Erfassung des **Datums der Begr. der beruflichen NL** im BR dokumentiert die Aufnahme einer **Tätigkeit in eigener Praxis**; die berufliche NL aufgrund einer **Angestelltentätigkeit** kann ebenfalls hierunter subsumiert werden, anderenfalls über die nachfolgenden Tatbestände gemäß Rn. 7 u. 11. Das Datum des Beginns der Tätigkeit in eigener Praxis bedeutet auch das Datum für den Abschluss einer BHV. Zusätzlich ist auch die **Anschrift der beruflichen NL** einzutragen; denn der Sinn eines BR besteht nicht nur darin zu dokumentieren, wer als WP o. vBP bestellt ist, sondern auch – neben weiteren Daten gemäß Nr. 1 – die Erreichbarkeit sicherzustellen. Auch ein **freier Mitarbeiter** ist – sofern nicht die Kriterien für eine Arbeitnehmerschaft oder Vertretungsbefugnis erfüllt sind – grds. selbstständig in eigener Praxis tätig (WPK, WPK-Mitt. 1995, 86; OLG Köln 3.12.2001, DStR 2003, 1505 ff.). Zu **inländischen Zustellanschriften** näheres bei § 3 Rn. 17 f. Nicht einzutragen sind berufliche NL aufgrund anderer Berufsqualifikationen (vgl. § 3 Rn. 26).

d) Art der Berufsausübung

8 Nach Buchst. d) ist der gesamte Komplex der **originären Berufsausübung** u. weitestgehend der **zusätzl. zulässigen Tätigkeiten** zu erfassen. Die originäre Berufsausübung als WP ist in § 43a Abs. 1 geregelt, die weiteren zulässigen Tätigkeiten in § 43a Abs. 2. Damit kommt das BR dem gesetzlichen Auftrag nach, umfassend über die beruflichen Verhältnisse zu informieren. Hierzu gehört auch die Angestelltentätigkeit, wenn sie nicht schon über Nr. 1c) (Rn. 7) o. Nr. 1f) (Rn. 11) erfasst sein sollte.

e) Sozietäten/Scheinsozietäten

Die Überwachung der Vorschriften zur Gründung einer Sozietät (§ 44b) erfordert, dass die Berufsangehörigen verpflichtet werden, alle **Sozietätsdaten** in das BR eintragen zu lassen (Buchst. e)). Zusätzlich darf die WPK den Sozietätsvertrag einsehen (§ 44b Rn. 24). 9

Auch **Außen-/Scheinsozietäten** sind einzutragen; sie sind Formen der Berufsausübung, wenngleich nicht solche der Berufsausübung i.S.d. § 44b Abs. 1. Soweit der Verkehr bestimmte Erwartungen an diese zunehmenden Erscheinungsformen knüpft, muss das Berufsrecht dem Rechnung tragen. Kristallisationspunkte solcher Verkehrserwartungen sind die Publizität des BR u. die BHV. Besteht der Anschein gemeinsamer Berufsausübung, muss das BR dies erfassen, um verlässlich Auskunft zu geben. Der Gesetzgeber reagierte mit der Aufnahme dieses Tatbestandes in den Katalog der BR-Eintragungen auf BGH 12.10.2000, WPK-Mitt. 2001, 72, 73. 10

f) Unselbstständige Tätigkeiten

Die Art der Berufsausübung ist nach Nr. 1d) zu erfassen. Unter Buchst. f) wird detailliert beschrieben, welche Daten des Dienstherrn, soweit Prüfungsgesellschaft, bei **unselbstständiger Tätigkeit** einzutragen sind. Mit „oder in anderer Weise tätig … oder … als Partner oder Partnerin angehört oder in ähnlicher Weise verbunden" werden zum anderen auch solche unselbstständigen Tätigkeiten erfasst, denen **kein originäres Anstellungsverhältnis** zugrunde liegt. Dabei handelt es sich um von Berufsgesellschaften erteilte Handlungsvollmachten, ohne dass diesen ein Anstellungsvertrag zwischen Gesellschaft und Bevollmächtigtem zugrunde liegt. Um eine Verzerrung der Darstellung der im BR eingetragenen Verhältnisse zu vermeiden, werden nur mit einer gewissen **Regelmäßigkeit wahrgenommene Handlungsvollmachten** erfasst. Wer eine allenfalls in Einzelfällen gelebte Vollmacht hat, ist nicht in ähnlicher Weise wie ein Partner verbunden und wird daher nicht im BR erfasst. 11

g) Partnerschaften

Die Tätigkeit als Partner in einer **Partnerschaft** (§ 43a Abs. 2), die nicht als Berufsgesellschaft anerkannt ist, ist in das BR einzutragen (Buchst. g)). Auch **Außen-/Scheinpartnerschaften** sind einzutragen. Die Erwartungshaltung ist hier keine andere als bei Außen-/Scheinsozietäten. Namensrechtlich ist zu beachten, dass eine Partnerschaft mit dem **Namensbestandteil „Wirtschaftsprüfer"** nur dann eintragungsfähig ist, wenn **der Partnerschaft ein WP** auch **als echter Partner angehört**. Es ist irreführend, wenn sich ein WP einer Partnerschaft mit StB u./o. RA allein als Scheinpartner anschließt, um der Partnerschaft die Führung der Berufsbezeichnung „Wirtschaftsprüfer" zu ermöglichen. Dementsprechend ist auch die Tätigkeit in einer PartGmbB in das BR eintragungspflichtig, da es sich hierbei lediglich um eine Sonderform der PartG handelt. 12

h) System der Qualitätskontrolle

Die Einführung des Systems der QK bedingt auch eine Berücksichtigung im BR. Damit bei den einzelnen Berufsangehörigen in eigener Praxis u. den Berufsgesellschaften deutlich wird, dass sie am System der QK teilnehmen, ist die Erteilung der 13

Bescheinigung gemäß § 57a Abs. 6 Satz 3 einschl. der Frist gemäß § 57a Abs. 6 Satz 4, innerhalb derer die nächste QK durchzuführen ist bzw. der Zeitpunkt des Fristablaufs der Ausnahmegenehmigung gemäß § 57a Abs. 1 Satz 2 im BR zu vermerken (Buchst. h) u. i)). Damit besteht für die interessierte Öffentlichkeit vollständige Transparenz, **ob eine QK erfolgt ist** u. wann (im Fall der Durchführung gesetzl. AP) die nächste durchzuführen sein wird. Zudem wird die **Registrierung als PfQK** im BR kenntlich gemacht.

i) Registrierung bei zuständigen Stellen anderer Staaten

14 Hiermit wird die Vorgabe des Art. 16 Abs. 1c) AP-RiLi umgesetzt. Soweit ein WP auch eine **Zulassung/Bestellung als AP in einem EU-Staat o. anderem Staat** innehat, ist diese Tatsache im BR u. unter Angabe der zuständigen Stelle (Zulassungsbehörde) mit der dortigen Registernummer einzutragen.

j) Tätigkeits- und Berufsverbote

15 Mit dieser Vorschrift soll der Öffentlichkeit die Möglichkeit gegeben werden festzustellen, ob gegen einen WP ein berufsgerichtlich festgesetztes – auch vorläufiges – **Tätigkeits- u./o. Berufsverbot** verhängt worden ist. Auch soll im Fall eines Tätigkeitsverbotes ersichtlich sein, auf welches Gebiet es sich bezieht. Beginn u. Dauer sind festzuhalten.

2. Wirtschaftsprüfungsgesellschaften (Nr. 2)

16 Ebenso umfassend wie die Daten der WP in das BR aufzunehmen sind, werden auch die der WPG eingetragen, hier aber mit den für Gesellschaften gegebenen Besonderheiten. Dies sind neben den Adress- u. Verbunddaten insb. die **Beteiligungsverhältnisse**, alle **gesetzlichen Vertreter** sowie die **WP, die im Namen der Gesellschaft tätig** sind.

a) Name und Rechtsform

17 Zur Publizitätsfunktion des BR gehört, dass nicht nur der Name der Gesellschaft erfasst wird, sondern auch gesondert die Rechtsform. Die Rechtsform ist regelmäßig dem Namen zu entnehmen; mit der gesonderten Erfassung sollen der Öffentlichkeit die **Rechtsverhältnisse** der Gesellschaft aufgezeigt werden. Auch für HR u. PR ist eine gesonderte Spalte für die Rechtsform vorgesehen. Der „Name" ist als weitergehender Begriff zu verstehen; denn **Name** einer jur. Person o. Personenhandelsgesellschaft ist die **Firma**. Demgegenüber haben Partnerschaften einen Namen.

b) Tag der Anerkennung

18 Anerkannt als WPG ist eine Gesellschaft mit dem Datum, das die v. der WPK ausgestellte **Anerkennungsurkunde** ausweist (§ 29). Hierzu u. zur Bestellungsbehörde vgl. auch bei Rn. 6.

c) Anschrift und Verbunddaten

19 Die Neufassung des Buchstaben c) durch die 7. WPO-Novelle 2007 sieht vor, neben der **Anschrift der Haupt-NL** u. den **Kontaktmöglichkeiten (Kontaktperson u. Internetadresse)** evtl. **Netzwerk- u. Verbundgesellschaften** einzutragen. Mit der Alternative „oder einen Hinweis darauf, wo diese Daten öffentlich zugänglich sind"

eröffnet der Gesetzgeber die Möglichkeit, die Internetadresse der WPG in das BR einzutragen, damit der Öffentlichkeit auf diesem Weg ein Zugriff auf Kontakte, verbundene Unternehmen u. Netzwerkdaten gegeben wird.

aa) Netzwerk

Die Pflicht der Erfassung der **Mitgliedschaft in einem Netzwerk** im BR erfolgte in Umsetzung des Art. 17 AP-RiLi (2006) durch das BARefG in 2007. Mitgliedschaften in Netzwerken sind **allein bei WPG** zu erfassen. Dabei könnten nach Art. 2 Nr. 7 AP-RiLi (2006) aber auch natürliche Personen Mitglieder sein, weil dort von „Abschlussprüfern oder Prüfungsgesellschaften" die Rede ist. Die „oder"-Regelung zwingt nicht dazu, zwischen natürlichen und jur. Personen zu unterscheiden. Der Mitgliederkreis umfasst nicht allein WPG; auch StBG, RAG, ausländische Prüfungsgesellschaften, Unternehmensberatungsgesellschaften sowie andere gewerbliche Unternehmen können Netzwerkmitglieder sein. Bemerkenswerterweise ist das Netzwerk i.S. der AP-RiLi (2006) in der WPO nicht weiter definiert, dafür aber in § 319b Abs. 1 Satz 3 HGB, obwohl dort die einzelnen Kriterien nicht wörtlich in das deutsche Recht übernommen wurden, sondern eine allgemeine Formulierung gewählt wurde, die die Kriterien zusammenfasst, ohne deren Gehalt abzuändern (BT-Drs. 16/10067, S. 90). Zur Verbundenheit in einem Netzwerk s. auch § 49 Rn. 96 ff.

20

aaa) Definition

*Der Begriff „Netzwerk" versteht sich gemäß Art. 2 Nr. 7 AP-RiLi (2006) als eine breitere Struktur, die auf Kooperation ausgerichtet ist u. der ein Abschlussprüfer o. eine Prüfungsgesellschaft angehört, u. die eindeutig auf Gewinn- o. Kostenteilung abzielt, o. durch gemeinsames Eigentum, gemeinsame Kontrolle o. Geschäftsführung, gemeinsame Qualitätssicherungsmaßnahmen u. -verfahren, eine gemeinsame Geschäftsstrategie, die Verwendung einer gemeinsamen Marke o. durch einen wesentlichen Teil gemeinsamer fachlicher Ressourcen **miteinander verbunden** ist* (BT-Drs. 16/2858, S. 26). Mit einem Netzwerk werden also **gemeinsame wirtschaftliche Interessen** verfolgt.

21

Eine Gesamtbetrachtung der in Artikel 2 Nr. 7 AP-RiLi (2006) aufgezählten Kriterien u. der Beschreibung eines Netzwerkes in § 319b Abs. 1 Satz 3 HGB lässt nur den Schluss zu, dass das auf eine **gewisse Dauer** angelegte Zusammenwirken der Netzwerkmitglieder auf die **Verfolgung gemeinsamer wirtschaftlicher Interessen** ausgerichtet sein muss. Dies belegt die Verwendung des allgemein gehaltenen Begriffs **„Kooperation"**. Auf die rechtliche Ausgestaltung des Netzwerkes und die nationale Zugehörigkeit der Netzwerkmitglieder kommt es dabei ebenso wenig an wie auf die Größe des Zusammenschlusses (WPK-Mag. 1/2013, 25). Es genügt die Feststellung nur eines der Tatbestandsmerkmale zur Annahme eines Netzwerkes.

22

bbb) Einzelne Tatbestandsmerkmale

Die Verwendung einer **gemeinsamen Marke** ist immer dann gegeben, wenn sich ein prägender Namensteil des Zusammenschlusses in der Firmierung v. Mitglieds-

23

gesellschaften wiederfindet. Eine Widerlegung dieser Vermutung ist nicht möglich. Eine gemeinsame Marke kann auch dann bestehen, wenn der Außenauftritt (Geschäftspapiere, Internetauftritt, andere Corporate-Identity-Maßnahmen) durch ein gemeinsames Logo o. einen namensähnlichen Hinweis auf einen Zusammenschluss bestimmt wird (Näheres s. WPK-Mag. 4/2010, 44 f.). Die Zielsetzung u. Wirkung einer solchen Kundmachung ist vergleichbar mit der über gemeinsame Firmenbestandteile. Ein Netzwerk ist weiterhin bei **gemeinsamer Kosten- u. Gewinnteilung** gegeben, die sich nicht auf gesamte berufliche Tätigkeit beziehen muss, sondern auch einzelne Bereiche betreffen kann. **Bloße Kostenbeteiligungen u. Umlagen für sächliche Mittel wie bei Bürogemeinschaften** zählen nicht dazu. Unter **gemeinsames Eigentum** fällt z.B. die Nutzung gemeinsamer Ressourcen zur Berufsausübung wie gemeinsames EDV-Betriebssystem, das den Informationsaustausch über Mandantendaten, Abrechnungen u. Zeitnachweisen ermöglicht, u. die Nutzung gemeinsamer Geschäftsräume des Verbundes. **Gemeinsame Kontrolle** besteht bei Vorliegen eines der Tatbestandsmerkmale der Beherrschungsvorschriften i.S. des § 290 Abs. 2 HGB o. einer Leitungs- o. Organisationseinheit. **Gemeinsame Geschäftsführung** wird bei einer vollständigen Personenidentität im Kreis der gesetzlichen Vertreter einzelner oder aller Mitglieder, im Fall teilweiser Personenidentität bei erheblicher Intensität der beruflichen Zusammenarbeit der Mitglieder verwirklicht. Ist ein für das Netzwerk entwickeltes System der Qualitätssicherung im Einsatz, ist von **gemeinsamen Qualitätssicherungsmaßnahmen u. -verfahren** auszugehen. Eine **gemeinsame Geschäftsstrategie** besteht bei einer systematischen, zentral organisierten Vermittlung von Mandanten innerhalb des Netzwerkes, einheitlichen Informationsmaterialien für Mandanten o. gemeinsamen Mandanten-Seminaren (s. hierzu auch WPK-Mag. 1/2013, 22 f.). Bei über den Einzelfall hinausgehender Personalgestellung o. eigens für den Verbund organisierter gemeinsamer Fortbildung der Mitglieder ist ebenso v. der Nutzung **gemeinsamer fachlicher Ressourcen** auszugehen wie bei gemeinsamer Prüfungsmethodik o. gemeinsamen Fachabteilungen.

ccc)   Abgrenzung von Netzwerkmerkmalen

24   Ein **einmaliges o. nur gelegentliches Zusammenwirken** genügt für die **Annahme eines Netzwerkes nicht**. Auch eine reine Bürogemeinschaft, die sachliche u. ggf. personelle, aber nicht fachliche Ressourcen betrifft, ist nicht erfasst. Entsprechendes gilt für die **gemeinsame Nutzung v. Standardsoftware** o. EDV-Tools. Auch begründet die berufliche Zusammenarbeit in Einzelfällen wie Gemeinschaftsprüfungen nicht die Annahme eines Netzwerkes. Die Mitgliedschaft in **Berufsverbänden** führt ebenfalls nicht zur Annahme eines Netzwerkes, weil sie sich nicht auf die konkrete Berufstätigkeit, sondern nur auf allgemeine berufspolitische o. fachliche Aspekte bezieht u. weil es nicht unmittelbar um die Verfolgung gemeinsamer wirtschaftlicher Interessen geht. Die Verwendung eines v. der Firma **abgesetzten Logos** o. eines namensähnlichen Hinweises führt dann **nicht** zu der Annahme einer **gemeinsamen Marke** i.S. der Netzwerkdefinition, **wenn** im Zusammenhang mit dem Logo eine diese Annahme hinreichend ausschließende **Klarstellung** erfolgt. Nähe-

res s. WPK-Mag 4/2010, S. 44 f. Dort wird auch darauf hingewiesen, dass z.b. die Hervorhebung als Empfehlungsverbund (Mandatsvermittlung im Rahmen des berufsrechtlich Zulässigen) die Annahme eines Netzwerkes ausschließt. Ein Empfehlungsverbund verfolgt auch keine gemeinsamen wirtschaftlichen Interessen.

bb) Verbundene Unternehmen

Neben den Netzwerkmitgliedern sind auch ihre verbundenen Unternehmen im BR zu erfassen. Nach der Definition in Art. 2 Nr. 8 AP-RiLi (2006) ist verbundenes Unternehmen ein Unternehmen gleich welcher Rechtsform, das mit einer Prüfungsgesellschaft durch gemeinsames Eigentum, gemeinsame Kontrolle o. gemeinsame Geschäftsführung verbunden ist. Diese **Tatbestandsmerkmale sind bereits in der Netzwerkdefinition enthalten.** Das bedeutet, dass alle **verbundenen Unternehmen** von WPG bereits als **Netzwerkmitglieder** zu verstehen sind und damit ein zusätzlicher Eintrag im BR entfällt. Der Eintrag eines verbundenen Unternehmens kann nur dann relevant werden, wenn das verbundene Unternehmen mit einem Netzwerkmitglied verbunden ist, das selbst keine WPG ist und mit diesem Netzwerkmitglied ein weiteres Netzwerk bildet. Ein Anwendungsfall zum Eintrag verbundener Unternehmen in das BR wäre, dass ein Netzwerk nicht o. unvollständig im Internet dargestellt wird u. eine WPG ein Netzwerk mit seinen Mitgliedern u. die mit den Netzwerkmitgliedern ohne Anerkennung als WPG verbundenen Unternehmen, die selbst keine Netzwerkmitglieder sind, zum Eintrag anmeldet. 25

d) Beteiligungsverhältnisse und gesetzliche Vertreter

Die **Beteiligungsverhältnisse** müssen sich an den Vorgaben des § 28 Abs. 4 orientieren. 26

Ebenso ist die **Zusammensetzung der gesetzlichen Vertreter,** zu denen neben WP auch die in § 28 Abs. 2, 3 genannten Berufsträger gehören, einzutragen. 27

e) Angestellte/Prokuristen/Handlungsbevollmächtigte

Neben dem Kreis der gesetzlichen Vertreter sind auch die WP in das BR einzutragen, die **im Namen einer WPG tätig** sind (Buchst. e)). Dies sind die dort angestellten WP (einschließl. der gesetzlichen Vertreter) u. jeder sonstige zeichnungsberechtigte Vertreter (§ 44), also grds. jeder, der mit Vertretungsbefugnis im Namen der Gesellschaft auftritt, u. zwar unabhängig v. Art u. Umfang der Vollmacht u. unabhängig v. dem der Vertretung zugrunde liegenden Grundverhältnis. In das BR für WPG sind damit auch WP einzutragen, denen Prokura erteilt wurde, auch wenn die Prokura nicht in das HR eingetragen ist. Die Eintragung im HR hat allein deklaratorische Bedeutung. Es kommt auf den Bestellungsakt an. Entsprechendes gilt für gesetzliche Vertreter; denn die Organstellung ist grds. wirksam, auch wenn ein schuldrechtliches Verhältnis unwirksam o. noch nicht zum Abschluss gekommen ist (Zöllner/Noack in: Baumbach/Hueck, GmbHG, § 35 Rn. 16). Zur im Einzelfall differenzierenden Zuordnungsmöglichkeit einer Handlungsvollmacht s. Rn. 11. 28

f) System der Qualitätskontrolle

29 Die bei Rn. 13 gegebenen Hinweise gelten entsprechend.

g) Registrierung bei zuständigen Stellen anderer Staaten

30 Grundsätzlich gelten auch die bei Rn. 14 gegebenen Hinweise entsprechend mit der Maßgabe, dass sich für Berufsgesellschaften aus heutiger Sicht kein Erfassungstatbestand ergibt.

3. Zweigniederlassungen (Nr. 3)

31 **Zweigniederlassungen** v. WP u. WPG sind in das BR einzutragen u. zwar mit unter § 38 Nr. 3 genannten Angaben.

32 Gemäß § 19 Abs. 1 BS WP/vBP begründet jede kundgemachte berufliche Anschrift – neben der der Hauptniederlassung – das Bestehen einer eigenen **organisatorischen Einheit** u. damit das Bestehen einer ZN gemäß § 3 Abs. 3 mit den sich aus § 47 ergebenden Folgen. Jede ZN eines WP o. einer WPG ist mit Adresse u. dem Namen des Leiters, der am Sitz der ZN beruflich niedergelassen sein muss, in das BR einzutragen.

33 Davon abweichend u. damit nicht in das BR einzutragen sind **weitere kundgemachte berufliche Anschriften**, wenn sie unter den Voraussetzungen des § 19 Abs. 1 Satz 3, 4 BS WP/vBP mit der Hauptniederlassung o. bereits bestehenden ZN eine organisatorische Einheit bilden (vgl. § 3 Rn. 42 ff.).

34 Ebenfalls nicht in das BR einzutragen sind – allg. umschrieben – weitere **Beratungsstellen eines WP, in denen er nicht als WP auftritt** u. er dort auch keine Vorbehaltsaufgaben wahrnimmt (vgl. § 3 Rn. 26, 27 u. 47, 48 m.w.N.).

35 Sofern eine WPG eine ZN unterhält, die dort mit einer **abweichenden Firmierung** zur Firma am Hauptsitz auftritt, ist entspr. § 18 Abs. 4 BS WP/vBP die Firma der ZN mit dem Zusatz „Zweigniederlassung der XY-GmbH Wirtschaftsprüfungsgesellschaft" in das BR einzutragen. Zur Zulässigkeit u. den satzungsrechtlichen Anforderungen an die Firmenbildung einer ZN (BayObLG 19.3.1992, BB 1992, 944). Ob die ZN einer WPG im HR des Sitzes der ZN eingetragen wird o. nicht, ist berufsrechtlich ohne Bedeutung. In beiden Fällen hat eine Eintragung in das BR zu erfolgen.

4. Abschlussprüfer, Abschlussprüferinnen und Abschlussprüfungsgesellschaften aus Drittstaaten (Nr. 4)

36 Die durch die 7. WPO-Novelle 2007 neu eingefügte Nr. 4 berücksichtigt das Erfordernis der Art. 45 u. 46 der AP-RiLi (2006) u. führt eine Registrierungspflicht auch für **Drittstaaten-Prüfer** ein, sofern die Voraussetzungen des § 134 gegeben sind. Das heißt, AP u. Abschlussprüfungsgesellschaften aus Drittstaaten sind einzutragen, wenn sie AP bei Unternehmen gemäß § 134 Abs. 1 durchführen, die übrigen Voraussetzungen des § 134 Abs. 2 erfüllen u. kein Eintragungsdispens durch Abkommen gemäß § 134 Abs. 4 vorliegt; die Nummern 1 bis 3 gelten entsprechend.

§ 39 Löschung

(1) Im Berufsregister sind zu löschen
1. Wirtschaftsprüfer, wenn die Bestellung als Wirtschaftsprüfer erloschen oder unanfechtbar zurückgenommen oder widerrufen ist;
2. Wirtschaftsprüfungsgesellschaften, wenn die Anerkennung als Wirtschaftsprüfungsgesellschaft erloschen oder unanfechtbar zurückgenommen oder widerrufen ist;
3. Zweigniederlassungen,
   a) wenn die Zweigniederlassung aufgehoben ist,
   b) wenn die Zweigniederlassung nicht mehr von einem Wirtschaftsprüfer verantwortlich geleitet wird und eine Ausnahmegenehmigung der Wirtschaftsprüferkammer nicht vorliegt.

(2) ¹Wirtschaftsprüfer oder Wirtschaftsprüfungsgesellschaften und ihre Zweigniederlassungen sind, wenn die sofortige Vollziehung von Rücknahme oder Widerruf der Bestellung oder Anerkennung besonders angeordnet wurde, abweichend von Absatz 1 im Berufsregister zu löschen. ²Wird die aufschiebende Wirkung der Klage angeordnet oder wiederhergestellt oder die Rücknahme oder der Widerruf rechtskräftig aufgehoben, hat die Eintragung nach § 38 erneut zu erfolgen.

(3) ¹Die Angaben nach § 38 Nr. 1 Buchstaben h und i und § 38 Nr. 2 Buchstaben f und g sind zu löschen, wenn die Bescheinigung nach § 57a Abs. 6 Satz 7, die Ausnahmegenehmigung nach § 57a Abs. 1 Satz 2 oder die Registrierung als Prüfer für Qualitätskontrolle unanfechtbar zurückgenommen oder widerrufen oder durch Fristablauf erloschen ist. ²Die Angaben zu § 38 Nr. 1 Buchstabe k sind zu löschen, wenn die Tätigkeits- oder Berufsverbote erloschen sind.

Inhaltsübersicht

		Rn.
I.	Allgemeines	1
II.	Löschungsgründe (Abs. 1 und 3)	2–5
III.	Vorübergehende Löschung (Abs. 2)	6–9

I. Allgemeines

Im BR sind die WP u. WPG zu führen, die als solche bestellt o. anerkannt sind (§ 38). Ist die Bestellung o. Anerkennung erloschen, führt dies zur **Löschung im BR**. Die Löschung bewirkt nicht, dass die WPK alsdann über ehemalige Berufsangehörige o. Berufsgesellschaften keine Auskunft mehr erteilen könnte. Die Öffentlichkeit hat einen Anspruch darauf zu erfahren, ob u. bis wann ein WP bestellt o. eine WPG anerkannt war. Allein diese Tatsachen sind auskunftsfähig, nicht aber der Grund der Löschung (§ 64; vgl. auch § 37 Rn.6). Auch die HR geben Auskunft über Kaufleute u. Gesellschaften, deren Firma erloschen ist.

II. Löschungsgründe (Abs. 1 und 3)

2   Die **Löschungsgründe** sind in §§ 19, 33 geregelt, wobei unter „Ausschließung aus dem Beruf" die Ausschließung durch eine berufsgerichtliche Maßnahme gemäß § 68 Abs. 1 Nr. 4 gemeint ist.

3   Weitere Löschungsgründe sind die **Rücknahme** u. der **Widerruf der Bestellung** (§ 20) o. **Anerkennung** (§ 34). „Unanfechtbar" bedeutet, dass Rücknahme/Widerruf entw. durch einen nicht angefochtenen Bescheid der WPK bestandskräftig o. durch ein Klage abweisendes Urteil rkr. geworden ist.

4   **Zweigniederlassungen** sind zu dem Zeitpunkt im BR zu löschen, zu dem sie aufgehoben werden. Ein weiterer Löschungsgrund ist gegeben, wenn die ZN eines WP o. einer WPG **nicht mehr verantwortlich v. einem anderen WP geleitet** wird u. eine **Ausnahmegenehmigung nicht vorliegt**. Zu den Ausnahmen vom Leitungserfordernis einer ZN eines WP vgl. § 47 Rn. 8-11. Für WPG kommen keine Ausnahmegenehmigungen in Betracht. Hier kann analog § 34 Abs. 1 Nr. 2 eine Anpassungsfrist in Betracht gezogen werden.

5   Entsprechend Abs. 1 ist zu verfahren, wenn die **TB** gemäß § 57 a Abs. 6 Satz 7, die **befristete Ausnahmegenehmigung** v. der Teilnahme an der QK gemäß § 57a Abs. 1 Satz 2 o. die Registrierung als **PfQK** unanfechtbar zurückgenommen o. widerrufen o. durch Fristablauf o. die Tätigkeits- o. Berufsverbote erloschen sind.

III. Vorübergehende Löschung (Abs. 2)

6   Bis Ende 2000 war es nicht möglich, vor einer rkr. Entscheidung über die Rücknahme o. den Widerruf einer Bestellung o. Anerkennung das öffentl. BR zu berichtigen. Bei Anordnung des Sofortvollzugs einer Rücknahme o. eines Widerrufs hatte bis dahin das Berufsregister die Tatsachen bis zur Wiederherstellung der aufschiebenden Wirkung o. der rkr. Aufhebung v. Rücknahme u. Widerruf nicht richtig wiedergegeben. Daher ist seit 2001 in § 39 Abs. 2 die Möglichkeit einer **vorübergehenden Löschung im BR** vorgesehen.

7   Der Widerruf der Bestellung o. Anerkennung kann unter den Voraussetzungen des § 80 Abs. 2 Nr. 4 VwGO mit sofortiger Vollziehung angeordnet werden; in den Fällen des Widerrufs wegen fehlender BHV ist die sofortige Vollziehung sogar gesetzlich angeordnet (§ 20 Abs. 7), muss also nicht ausdr. durch die WPK angeordnet werden. Das hat zur Folge, dass in diesen Fällen mit **Zugang des Widerrufsbescheides** eine **Löschung** vorzunehmen ist. Dieses „**Schicksal**" teilen die ZN v. WP u. WPG. Gemäß Satz 2 muss die **Eintragung erneut** erfolgen, wenn die aufschiebende Wirkung der Klage gegen den Widerrufsbescheid durch Aussetzung der Vollziehung seitens der WPK o. durch eine gerichtliche Entscheidung rkr. wieder hergestellt o. angeordnet ist, o. der Widerruf der Bestellung o. Anerkennung durch das Gericht rkr. aufgehoben wurde.

8   Die vorübergehende Löschung bewirkt nicht, dass die Bestellung o. Anerkennung entfällt. Die durch Bescheid angeordnete u. gesetzlich ausgelöste sofortige Vollziehung haben zunächst allein zur Folge, dass der Beruf nicht ausgeübt werden darf.

§ 20 Abs. 7 verweist diesbzgl. auf die Wirkungen des Berufsverbotes. Das Berufsverbot berührt die Bestellung o. Anerkennung als solche nicht (s. § 116). Danach muss eine **Auskunft über einen vorläufig im BR gelöschten WP** o. eine vorläufig gelöschte WPG lauten, dass der Berufsangehörige/die Berufsgesellschaft im BR gelöscht ist. Der gesetzgeberische Wille zur Regelung in Abs. 2 ist i.d.S. zu verstehen, dass nur zur Berufsausübung befugte WP/WPG im BR zu erfassen sind. Auskünfte des Inhalts „derzeit oder vorübergehend gelöscht" o. gar „als WP bestellt, darf aber den Beruf aufgrund eines Berufsverbotes nicht ausüben" wären unzulässig. Die Gründe, die zu einer –auch vorübergehenden – Löschung führen, sind nicht publizitätsfähig (vgl. Rn. 1).

Da Eintragungen in das BR keine konstitutive Wirkung haben (§ 37 Rn. 10) u. ein Berufsverbot die Bestellung/Anerkennung als solche unberührt lässt, steht der mit einem Berufsverbot belegte WP – ebenso die WPG – weiterhin in der Pflicht, eine **BHV zu unterhalten**. Entsprechendes gilt für die **Entrichtung des Kammerbeitrages**; die Mitgliedschaft zur WPK endet erst mit dem endgültigen Erlöschen der Bestellung/Anerkennung (§§ 19, 33). 9

§ 40 Verfahren

(1) Eintragungen und Löschungen werden von der Wirtschaftsprüferkammer von Amts wegen vorgenommen.

(2) ¹Die Mitglieder der Wirtschaftsprüferkammer sind verpflichtet, die Tatsachen, die eine Eintragung, ihre Veränderung oder eine Löschung erforderlich machen, der Wirtschaftsprüferkammer unverzüglich in einer den §§ 126, 126a des Bürgerlichen Gesetzbuches entsprechenden Form mitzuteilen. ²§ 62a gilt entsprechend.

Inhaltsübersicht

	Rn.
I. Allgemeines	1
II. Eintragung von Amts wegen (Abs. 1)	2
III. Mitteilungspflicht (Abs. 2)	3–8
1. Umfang	3–7
2. Zwangsgeld	8

I. Allgemeines

Mit der Übernahme der Zuständigkeiten der WPK durch die 4. WPO-Novelle 2001 wurde § 40 grundlegend geändert. Bis dahin wurde in dieser Vorschrift geregelt, wer für welche persönlichen o. eine Berufsgesellschaft betreffenden Angelegenheiten **Anträge auf Eintrag** in das BR zu stellen hatte, u. für welche Angelegenheiten kein Eintrag zu stellen war (Löschen o. Widerruf der Bestellung/Anerkennung). Nunmehr hat die WPK alle **Einträge u. Löschungen v. Amts wegen** vorzunehmen. 1

II. Eintragung von Amts wegen (Abs. 1)

2 Das sog. Amtsverfahren macht die BR-Führung nicht v. Anträgen u. Erklärungen der einzutragenden Personen u. Gesellschaften abhängig. Im Übrigen ändert das Verfahren aber nichts an den Mitwirkungspflichten der Mitglieder (§ 40 Abs. 2). Die WPK ist i.d.R. auf die Informationen der Betroffenen angewiesen. Bei Zweifeln an der Richtigkeit hat sie dann aber **Aufklärung** zu betreiben u. alsdann ermessensfehlerfrei **in eigener Zuständigkeit** festzustellen, welche Daten einzutragen sind. Auch wenn die **Eintragungen** in das BR von Amts wegen vorzunehmen sind, werden sie nicht als VA, sondern als **Realakt** einzuordnen sein, weil mit der Eintragung **keine unmittelbare Rechtsfolge** herbeigeführt wird. Sofern mit einer Eintragung z.B. finanzielle Aufwendungen o. mögliche berufsrechtliche Konsequenzen verbunden sein sollten, besteht die Möglichkeit einer Überprüfung durch eine **Feststellungsklage** vor dem VG. Löst die Eintragung einen **Beitragsbescheid** aus, kann bei Zurückweisung eines Widerspruchs Anfechtungsklage mit einer damit verbundenen Überprüfung der Richtigkeit der Eintragung erhoben werden.

III. Mitteilungspflicht (Abs. 2)

1. Umfang

3 Es besteht die **gesetzliche Pflicht** aller Mitglieder (§ 58 Abs. 1), alle Tatsachen zu melden, die entw. neu entstanden sind o. Veränderungen in den beruflichen Verhältnissen ausgelöst haben. Auch Tatsachen, die im BR zu löschen sind, sind anzuzeigen. Dabei handelt es sich um eine Berufspflicht, da sie zur Aufgabenerfüllung der WPK (§ 57 Abs. 2 Nr. 12) und damit ihrer Funktionsfähigkeit beiträgt (BGH 14.8.2012, WPK-Mag. 1/2013, 35 f.).

4 **Mitteilungspflichtig sind alle Mitglieder.** Angesprochen sind also auch die gesetzlichen Vertreter v. WPG, die nicht als WP o. vBP bestellt sind. Auch ein in einer WPG tätiger WP muss hinsichtlich der Veränderung seiner persönlichen Verhältnisse in der Gesellschaft seinen Meldepflichten ebenso nachkommen wie die WPG selbst (§ 38 Nr. 1d), 2d)). Insofern führt das Gesetz zu einer **parallelen Meldepflicht**. Es ist Sache der beteiligten Berufsangehörigen, sich abzustimmen u. zweckmäßigerweise die Erklärung auch namens anderer Beteiligter abzugeben.

5 Alle in das BR einzutragenden Tatsachen sind in **schriftlicher Form** mitzuteilen. Die Schriftform wird durch die Verweise auf §§ 126, 126a BGB definiert. Damit besteht zum einen die Möglichkeit, Meldungen zum BR **persönlich unterschrieben** ggü. der WPK abzugeben. Eine Fax-Mitteilung ist ausreichend. Eine **schlichte E-Mail reicht nicht**; denn E-Mails müssen nicht v. dem Absender stammen, dessen Name angegeben wird. Will der WP eine schriftliche **Meldung zum BR in elektronischer Form** vornehmen, so muss er der Erklärung seinen Namen hinzufügen u. das elektronische Dokument mit einer qualifizierten Signatur nach dem SigG versehen.

6 Der **Mitteilungspflicht** wird nicht dadurch genügt, dass z.B. kommentarlos ein geänderter Geschäftsbriefbogen einer Sozietät, einer Berufsgesellschaft o. eines WP in Einzelpraxis mit einer geänderten Praxisanschrift übersandt wird. Es genügt aber, solche Geschäftspapiere mit dem klarstellenden Hinweis zu übersenden, wann sich welche Veränderungen aus dem aktuellen **Geschäftsbriefbogen** ergeben haben.

In das BR einzutragende Tatsachen sind der WPK **unverzüglich** anzuzeigen, also **ohne schuldhaftes Zögern**. Das irrtümliche Unterlassen einer Anzeige mit der Begr., dass das Mitglied v. einer fehlenden Meldepflicht ausging, ist regelmäßig unbeachtlich. Die §§ 38, 39 stellen unmissverständlich klar, welche Tatsachen in das BR einzutragen sind. WP u. WPG werden i.Z.m. der Bestellung/Anerkennung darüber belehrt, dass Änderungen gemäß §§ 38, 39 anzeigepflichtig sind. Ist das Mitglied durch Krankheit o. Urlaub vorübergehend gehindert, wird Unverzüglichkeit der Meldepflicht dann noch anzunehmen sein, wenn die Mitteilung nach Wegfall der Verhinderung sofort erfolgt. Ebenso unbeachtlich ist es, sich auf ein **versehentliches Unterlassen** einer Meldung zum BR zu berufen. 7

2. Zwangsgeld

Kommt das Mitglied seiner Meldepflicht nicht nach, kann ein **Zwangsgeldverfahren** gemäß § 62a eingeleitet werden. Damit unterstreicht das Gesetz die Bedeutung des BR u. der hierin zu erfassenden Daten im Hinblick auf die Aktualität u. Vollständigkeit. 8

§ 40a Register für genossenschaftliche Prüfungsverbände und Prüfungsstellen der Sparkassen- und Giroverbände

(1) ¹Bei der Wirtschaftsprüferkammer werden auch die genossenschaftlichen Prüfungsverbände registriert, die Abschlussprüfungen im Sinne des § 340k Abs. 2 Satz 1 des Handelsgesetzbuchs oder des Artikels 25 Abs. 1 Satz 1 des Einführungsgesetzes zum Handelsgesetzbuch durchführen, sowie die Prüfungsstellen der Sparkassen- und Giroverbände. ²§ 37 Abs. 1 gilt entsprechend.

(2) In das Register sind im Einzelnen neben der jeweiligen Registernummer einzutragen:
1. Name und Rechtsform des Prüfungsverbands oder Name der Prüfungsstelle sowie Name und Rechtsform des Trägers der Prüfungsstelle;
2. Tag der Verleihung des Prüfungsrechts und die Behörde, die das Recht verliehen hat oder gesetzliche Ermächtigung der Prüfungsstelle;
3. Anschrift des Hauptbüros sowie Kontaktmöglichkeiten einschließlich einer Kontaktperson, Internetadresse und, sofern der Prüfungsverband oder die Prüfungsstelle Mitglied in einem Netzwerk ist, Namen und Anschriften aller Mitglieder des Netzwerkes und ihrer verbundenen Unternehmen oder ein Hinweis darauf, wo diese Informationen öffentlich zugänglich sind;
4. Anschriften von weiteren Büros in Deutschland;
5. Namen und Geschäftsadressen aller Mitglieder des Vorstands des Prüfungsverbands oder des Leiters der Prüfungsstelle;

6. Namen und Registernummern der im Namen des Prüfungsverbands oder der Prüfungsstelle tätigen Wirtschaftsprüfer;
7. alle anderen Registrierungen bei zuständigen Stellen anderer Staaten unter Angabe des Namens der Registerstelle sowie der Registernummer;
8. Name und Anschrift der zuständigen Aufsichtsbehörde.

(3) ¹Die in Absatz 1 genannten Prüfungsverbände und Prüfungsstellen sind verpflichtet, der Wirtschaftsprüferkammer die in Absatz 2 genannten Tatsachen sowie jede Änderung dieser Tatsachen mitzuteilen. ²Die Wirtschaftsprüferkammer hat die mitgeteilten Tatsachen sowie Änderungen einzutragen.

(4) ¹Die in Absatz 1 genannten genossenschaftlichen Prüfungsverbände sind verpflichtet, der Wirtschaftsprüferkammer Mitteilung zu machen, wenn sie keine Abschlussprüfungen im Sinne des § 340k Abs. 2 Satz 1 des Handelsgesetzbuchs oder des Artikels 25 Abs. 1 Satz 1 des Einführungsgesetzes zum Handelsgesetzbuch mehr durchführen oder wenn ihr Prüfungsrecht unanfechtbar entzogen worden ist. ²Die in Absatz 1 genannten Prüfungsstellen der Sparkassen- und Giroverbände sind verpflichtet der Wirtschaftsprüferkammer mitzuteilen, wenn ihr Prüfungsrecht unanfechtbar entzogen worden ist. ³In diesen Fällen hat die Wirtschaftsprüferkammer die Eintragung zu löschen.

Inhaltsübersicht

		Rn.
I.	Allgemeines	1–2
II.	Eintragungsvoraussetzungen (Abs. 1)	3
III.	Eintragungspflichtige Tatsachen (Abs. 2)	4
IV.	Meldepflichten (Abs. 3)	5
V.	Löschungsvoraussetzungen (Abs. 4)	6

I. Allgemeines

1 Artikel 15 AP-RiLi schreibt vor, dass zugelassene AP u. Prüfungsgesellschaften in ein öffentl. Register einzutragen sind. Für WP u. WPG besteht diese Pflicht bereits seit Inkrafttreten der WPO. Auch die geforderte Einstellung des BR in das Internet war bereits vor Inkrafttreten der Richtlinie umgesetzt worden. Da aber auch **gen. PrfgVerb** u. **PrüSt** der Sparkassen- und Giroverbände gesetzliche **Abschlussprüfungen durchführen**, diese aber bisher **in keinem Register für AP geführt** wurden, musste die Gesetzeslücke insoweit geschlossen werden.

2 Da für die **Aufsicht** über die PrfgVerb u. PrüSt die **Länder** zuständig sind, hatte sich die Ländervertretung (**Bundesrat**) für eine **zentrale Registrierung durch die WPK** ausgesprochen. Dem Vorschlag folgte der Gesetzgeber u. fügte im Zusammenhang mit dem BilMoG den § 40a in die WPO ein, in dem die Eintragungsvoraussetzungen näher beschrieben sind. Da für die Führung des Registers nach § 40a andere Regeln gelten (s. Rn. 5) u. auch dem unzutreffenden Eindruck entgegenzuwirken ist, dass die PrüSt u. PrfgVerb Mitglieder der WPK mit denselben Rechten

u. Pflichten sind, musste für diese ein **eigenes Register** eingerichtet werden, das aber ebenso wie das BR auf die Internetseite der WPK eingestellt ist.

II. Eintragungsvoraussetzungen (Abs. 1)

In das **Register** sind **ausschließlich PrfgVerb u. PrüSt** einzutragen, die **Abschlussprüfungen** i.S.d. § 340k Abs. 2 S. 1 HGB o. Art. 25 Abs. 1 S. 1 EGHGB durchführen. Gemeint damit sind Prüfungen v. Kreditinstituten in der Rechtsform der Genossenschaft o. rechtsfähiger wirtschaftlicher Vereine. Entsprechendes **gilt für die PrüSt**, die die Sparkassen nach Landesrecht prüfen. Für die Führung des Registers ist § 37 Abs. 1 entsprechend anzuwenden. Der Verweis ist allein in dem Sinn zu verstehen, dass das Register in das Internet zu stellen ist.   3

III. Eintragungspflichtige Tatsachen (Abs. 2)

Vergleichbar dem BR für die Pflichtmitglieder der WPK sind in das Register Name, die das Prüfungsrecht verleihende Behörde, Anschrift, VO-Mitglieder nebst Anschriften, Namen der in der PrüfSt/dem PrfgVerb tätigen WP, Registrierungen bei ausländischen Prüferaufsichten sowie die Aufsichtsbehörde einzutragen. Auch sind im Register Mitgliedschaften in **Netzwerken** zu erfassen, wobei solche nach Art. 2 Nr. 7 der AP-RiLi gemeint sind. Soweit nach Nr. 3 – untechnisch – auch weitere Büros einzutragen sind, sind hierunter ZN zu verstehen.   4

IV. Meldepflichten (Abs. 3)

Die **PrfgVerb u. PrüSt** sind **verpflichtet**, der WPK die Daten nach Abs. 2 u. deren Änderungen **zum Eintrag in das Register mitzuteilen**. Die WPK ist zur Eintragung verpflichtet. Die **WPK** übernimmt insoweit eine gewisse **Servicefunktion** (BT-Drs. 16/12407, S. 98). Das **bedeutet** aber **nicht**, dass die WPK die Meldungen unkritisch übernehmen muss, wenn sie z. B. offensichtlich unzutreffend sind. Die **Richtigkeit u. Vollständigkeit der Daten** ist nach der Regierungsbegründung zwar **v. den Aufsichtsbehörden zu überwachen**. Da diese aber regelmäßig nicht in das Eintragungsverfahren einbezogen werden, steht die WPK in der Pflicht, die **Aufsichtsbehörden zu kontaktieren**, wenn die Prüfungsverbände u. -stellen zu keiner Berichtigung aus Sicht der WPK erkennbar unzutreffender Meldungen bereit sind. Immerhin handelt es sich um öffentl. Daten, für die die Öffentlichkeit die WPK wahrnimmt u. erwartet, dass sie zutreffende Daten veröffentlicht.   5

V. Löschungsvoraussetzungen (Abs. 5)

Die WPK hat die Eintragung eines PrfgVerb /einer PrüfSt zu löschen, wenn **keine Prüfungen mehr durchgeführt** werden u. das **Prüfungsrecht unanfechtbar entzogen** worden ist. Hier wird die WPK erst recht in der Pflicht stehen, zu den Aufsichtsbehörden Kontakt aufzunehmen, wenn ihr Erkenntnisse über diese Tatsachen vorliegen, sofern der PrfgVerb/die PrüfSt selbst keine Meldung vornimmt o. versäumt o. eine Anzeige der Aufsichtsbehörde unterblieben ist.   6

Achter Abschnitt
Verwaltungsgerichtliches Verfahren

§ 41 Unmittelbare Klage gegen Bescheide der Wirtschaftsprüferkammer

Vor Erhebung einer Klage gegen Bescheide der Wirtschaftsprüferkammer, die aufgrund von Vorschriften des Dritten und Fünften Abschnitts des Zweiten Teils und § 134a Abs. 1 und 2 dieses Gesetzes erlassen worden sind, bedarf es keiner Nachprüfung in einem Vorverfahren.

Schrifttum: *Steinbeiß-Winkelmann/Ott*, Das Widerspruchsverfahren als Voraussetzung des Gerichtszugangs in VwGO, FGO und SGG, NVwZ 2011, 914; *Kothe*, Abschaffung des Widerspruchsverfahrens: Entrümpelung oder Erosion des Rechtsstaats?, AnwBl. 2009, 96; *Beaucamp/Ringermuth*, Empfiehlt sich die Beseitigung des Widerspruchsverfahrens?, DVBl. 2008, 426; *Ziegler/Baumbach*, Erfahrungen der Handwerkskammer und Industrie- und Handelskammer mit der probeweisen Abschaffung des Widerspruchsverfahrens in Mittelfranken, GewArch 2007, 466; *Biermann*, Das Widerspruchsverfahren in der Krise – überflüssige Hürde auf dem Weg zum Verwaltungsgericht NordÖR 2007, 139; *Rüssel*, Zukunft des Widerspruchsverfahrens, NVwZ 2006, 523; *van Nieuwland*, Abschaffung des Widerspruchsverfahrens, BDVR-Rundschreiben 2004, 12.

Inhaltsübersicht

	Rn.
I. Allgemeines	1–3
II. Klagearten	4–8
1. Anfechtungsklagen	4
2. Verpflichtungsklagen	5
3. Sonstige Klagen/Anträge	6
4. Klagen Dritter	7
5. Klagen gegen sonstige Bescheide	8

I. Allgemeines

1 Die Vorschrift wurde durch das Euro-Bilanzgesetz mit Wirkung v. 1.1.2002 in die WPO eingefügt u. komplettiert die zum gleichen Zeitpunkt durch die 4. WPO-Novelle 2001 vollzogenen Aufgabenübertragungen v. den obersten Landesbehörden auf die WPK. Sie differenziert, in welchen Fällen **direkt gegen Bescheide der WPK geklagt** werden kann u. wann zuvor ein **Vorverfahren (Widerspruchsverfahren)** durchzuführen ist. Für das Berufsrecht der StB besteht eine entsprechende Regelungen in § 348 Nr. 5 AO.

2 § 41 schließt ein **kammerinternes Widerspruchsverfahren** bei solchen VA aus, die aufgrund v. Vorschriften des Dritten u. Fünften Abschnitt des Zweiten Teils u. § 134a Abs. 1, 2 ergangen sind. Hierzu gehören insb. die Bestellung (§ 15 Satz 1),

ihre Versagung (§ 16), Rücknahme u. Widerruf der Bestellung (§ 20), die Anforderung eines ärztlichen Gutachtens (§ 20a), die Wiederbestellung, ihre Versagung sowie ggf. die Anordnung, sich der Prüfung o. Teilen der Prüfung zu unterziehen (§ 23), die Erlaubnis zur Fortführung der Berufsbezeichnung, ihre Versagung o. Aufhebung (§ 18 Abs. 4), die Genehmigungen zur Aufnahmen einer besonders befähigte Person (§ 28 Abs. 2 Satz 3), eines Prüfers aus einem Drittstaat (§ 28 Abs. 3 Satz 1) o. eines Rechtsanwalts o. Steuerberaters aus einem anderen Staat (§ 28 Abs. 3 Satz 3) in den Kreis der gesetzlichen Vertreter einer WPG, die Anerkennung (§ 1 Abs. 3 i.V.m. § 29), ihre Versagung, Rücknahme u. Widerruf der Anerkennung (§ 34) sowie die Gewährung einer Anpassungsfrist (§ 34 Abs. 1 Nr. 2). Der Betroffene kann in diesen Fällen **direkt klagen**. Unbenommen bleibt der WPK aber die Aufhebung eines Verwaltungsaktes, etwa der Widerruf des Widerrufes einer Bestellung nach § 49 VwVfG o. die Wiederaufnahme eines Verfahrens nach § 51 VwVfG auf Antrag des Betroffenen o. von Amts wegen.

In allen anderen Fällen, wie z.B. Entscheidungen der Prüfungsstelle oder bei Ablehnung eines Antrages auf Erteilung einer Ausnahmegenehmigung nach § 57a Abs. 1 Satz 2 oder einer Beitragsermäßigung oder etwa der Erteilung von Auflagen nach § 57e Abs. 2, muss der WPK die Möglichkeit gegeben werden ihre Entscheidung vor Erhebung der Anfechtungs- o. Verpflichtungsklage auf ihre Recht- u. Zweckmäßigkeit in einem **Vorverfahren** nach § 68 Abs. 1 Satz 1 u. Abs. 2 VwGO nachzuprüfen. Anders als regionale Kammer bleibt die WPK als bundesunmittelbare Körperschaft des öffentlichen Rechts v. etwaigen landesgesetzlichen Abschaffungen des Widerspruchsverfahrens unberührt. Zuständig wäre, sowohl soweit es sich um den Bereich der funktionalen Selbstverwaltung handelt, nach § 73 Abs. 1 Nr. 3 VwGO als auch für den Bereich der mittelbaren Staatsverwaltung nach § 73 Abs. 1 Nr. 2 VwGO die WPK. Auf den Widerspruch als statthaften Rechtsbehelf ist in der Rechtsbehelfsbelehrung hinzuweisen. 3

II. Klagearten

1. Anfechtungsklagen

Im Hinblick auf die Inanspruchnahme v. Rechtsbehelfen kommt § 41 praktische Bedeutung vor allem den **statusverweigernden** (Versagung der Bestellung/Anerkennung) **u. statusentziehenden VA** (Aufhebung der Bestellung/Anerkennung) zu. Gerade in diesem Bereich vermag das Vorverfahren aber seine wesentlichen Funktionen nicht zu erfüllen. Sinn u. Zweck des Vorverfahrens ist neben der Selbstkontrolle der Verwaltung u der Entlastung der Gerichte vor allem der ggü. den Gerichten erweiterte Rechtsschutz durch die Überprüfung der Zweckmäßigkeit einer Verwaltungsentscheidung im Bereich v. Ermessensentscheidungen. Die rechtsschutzrelevanten Entscheidungen sind aber – mit Ausnahme der Versagung der Bestellung nach § 16 Abs. 2 – gebundene Entscheidungen, bei denen der WPK kein Ermessen zukommt. In Frage steht vielmehr die rechtmäßige Anwendung unbestimmter Rechtsbegriffe, welche bereits der uneingeschränkten Nachprüfung durch das VG unterliegt. Der Gesetzgeber hielt die **Durchführung eines Widerspruchs-** 4

verfahren daher **nicht für erforderlich** (BT-Drs. 14/7081, 17) u. entschloss sich mit § 41 zu einer Regelung i.S.d. § 68 Abs. 1 Satz 2 Alt. 1 VwGO.

2. Verpflichtungsklagen

5 § 41 gilt auch für Verpflichtungsklagen als **Versagungsgegenklage**. Der Wortlaut „Klage gegen Bescheide" bezieht sich insoweit auf das jeder Versagungsgegenklage immanente Begehren, die Versagung aufzuheben. Unterschiedlicher Rechtsschutz gegen die Aufhebung einer Bestellung o. deren Versagung ist gerade auch im Hinblick auf die Gesetzesbegr. (Rn. 4) nicht geboten. Bei der Verpflichtungsklage als **Untätigkeitsklage** ist die Durchführung eines Vorverfahrens sachlogisch ausgeschlossen.

3. Sonstige Klagen/Anträge

6 **Leistungs- u. Feststellungsklagen** sind, da sie grds. kein Vorverfahren erfordern, v. § 41 nicht betroffen. Der **einstweilige Rechtsschutz** u. das Hauptsache-Verfahren folgen i.Ü. uneingeschränkt den Regelungen der VwGO.

4. Klagen Dritter

7 § 41 findet auch auf **Anfechtungs- o. Verpflichtungsklagen Dritter** Anwendung. Klagen im Bereich der VA mit Doppelwirkung o. Konkurrentenklagen haben aber nur Aussicht auf Erfolg, sofern den Regelungen des Berufsrechts Drittwirkung zukommt.

5. Klagen gegen sonstige Bescheide

8 Soweit keine Sonderzuweisungen zur Berufsgerichtsbarkeit bestehen (z.B. § 62a Abs. 3, § 63a Abs. 1, § 72) gilt für alle übrigen VA der WPK § 68 Abs. 1 Satz 1 VwGO. Danach ist die Recht- u. Zweckmäßigkeit eines VA vor Erhebung der Klage in einem **Vorverfahren** nachzuprüfen (Rn. 3).

§ 42 (aufgehoben)

Dritter Teil
Rechte und Pflichten der Wirtschaftsprüfer
Vorbemerkungen zu §§ 43 ff.

Schrifttum: *Prütting*, Der neue IDW-Standard zur Erstellung von Sanierungskonzepten (IDW S 6) in der rechtlichen Beurteilung, ZIP 2013, 203; *Beul*, Bilanzierung und Prüfung (Teil 2), steueranwaltsamagazin 6/2012, 226; *Hellwig*, Anwaltliches Berufsrecht und Europa, AnwBl. 2011, 77; *Deckenbrock*, Tätigkeitsverbote des Anwalts: Rechtsfolgen beim Verstoß, AnwBl. 2010, 221; *Busse*, Mandatsverletzungen durch den Steuerberater aus berufsrechtlicher Sicht, DStR 2010, 2652; *Dahns*, Berufshaftpflichtversicherung auch bei Kanzlei im Ausland, NJW-Spezial 2010, 453; *Henssler*, Anwaltliche Berufspflichten bei grenzüberschreitender Tätigkeit, NJW 2009, 1556; *ders.* Die grenzüberschreitende Tätigkeit von Rechtsanwaltsgesellschaften in der Rechtsform der Kapitalgesellschaft innerhalb der EU, NJW 2009, 950; *Hartung*, Sanktionsfähige Berufspflichten aus einer Generalklausel?, AnwBl. 2008, 782; *Gelhausen/Goltz*, Die sechste Änderung der Berufssatzung, WPK-Mag. 1/2008, 33; *WPK,* § 319a HGB-Mandate im Sinne der einzuführenden Sonderuntersuchungen, WPK-Mag. 2/2007, 21; *Hartung*, § 43 BRAO - eine Norm ohne Anwendungsbereich?, KammerMitt. RAK Düsseldorf 2007, 31; *Tiedje*, Die neue EU-Richtlinie zur Abschlussprüfung, WPg 2006, 593; *Lanfermann*, Neue EU-Richtlinie zur Abschlussprüfung, WPK-Mag. 1/2006, 40; *WPK*, Zur Abtrennung der Berufe, WPK-Mitt. 2003, 117; *Knorr/Schnepel*, Die Novellierung der Berufssatzung, WPK-Mitt. 2002, 2; *Lorz*, Die Erhöhung der verfassungsrechtlichen Kontrolldichte ggü. berufsrechtlichen Einschränkungen der Berufsfreiheit, NJW 2002, 169; *Späth*, Gilt das Verbot der Vereinbarung eines Erfolgshonorars nach § 9 StBerG gegenüber ausländischen Mandanten?, INF 2001, 88; *Kuhner*, Der Code of Ethics for Professional Accountants der International Federation of Accountants (IFAC) - Neue Verhaltensrichtschnur für Wirtschaftsprüfer?, WPK-Mitt. 1999, 7; *Zuck*, Die berufsrechtlichen Pflichten des Rechtsanwalts, MDR 1996, 1204; *Krämer*, Die verfassungsrechtliche Stellung des Rechtsanwalts, NJW 1995, 2313; *Hufen*, Berufsfreiheit – Erinnerung an ein Grundrecht – NJW 1994, 2913; *Späth*, Die zivilrechtliche Haftung des Steuerberaters, 4. Aufl. 1994; *Taupitz*, Berufsständische Satzungen als Verbotsgesetze im Sinne des § 134 BGB, JZ 1994, 221; *Hartstang*, Anwaltshaftung – Teil des Anwaltsrechts, BRAK-Mitt. 1992, 73; *Müller*, Wirtschaftsprüfer und vereidigte Buchprüfer als Sachverständige und Gutachter, WPK-Mitt. Sonderheft 1991, 3; *Taupitz*, Zur Sittenwidrigkeit einer Vereinbarung zwischen Anwalt und Nichtanwalt über die Zahlung von Provisionen für die Vermittlung von Mandanten, NJW 1989, 2871; *Willandsen*, Die verwaltungs- und standesrechtliche Stellung des auch im Ausland zugelassenen deutschen Rechtsanwalts oder Rechtsbeistandes, NJW 1989, 1128; *Taupitz*, Anwaltliches „Standesrecht" im Konflikt mit zivilrechtlichen Ansprüchen des Mandanten, MDR 1989, 385; *Engelhardt*, Standesrichtlinien und Grundgesetz – Zur Problematik der Standesrichtlinien der Steuerberater im Lichte der Beschlüsse des BVerfG vom 14.7.1987 – StB 1988, 73; *Jähnke*, Rechtliche Vorgaben einer künftigen Neuregelung des anwaltlichen Standesrechts, NJW 1988, 1888.

Inhaltsübersicht

	Rn.
I. Allgemeines	1–3
II. Berufspflichten als berufsausübungsbeschränkende Regelungen	4–6
1. Allgemeines	4–5
2. Bestimmtheitsgebot	6
III. Kategorien von Berufspflichten	7–11
1. Allgemeine und besondere Berufspflichten	7
2. Primäre und sekundäre Berufspflichten	8–9
3. Elementare und sonstige Berufspflichten	10–11
IV. Geltungsbereich	12–16
1. Persönlicher Geltungsbereich	12–13
2. Sachlicher Geltungsbereich	14
3. Örtlicher Geltungsbereich	15–16
V. Verhältnis zu anderen Berufsrechten	17–23
1. Prinzip des strengsten Berufsrechts	17
2. „Trennung" der Berufe	18–23
VI. Auswirkungen von Berufspflichten außerhalb des Berufsrechts	24–31
1. Allgemeines	24
2. Berufspflichten als konkludenter Vertragsbestandteil?	25
3. Berufspflichten als Verbotsgesetz nach § 134 BGB?	26–27
4. Sittenwidrigkeit nach § 138 BGB?	28
5. Schutzgesetz nach § 823 Abs. 2 BGB?	29
6. Gesetz gegen den unlauteren Wettbewerb	30
7. Rechtsschutzinteresse bei nicht durchgeführtem Vermittlungsverfahren	31

I. Allgemeines

1 Als Angehöriger eines freien Berufs, dessen Berufsbild gesetzlich umschrieben u. dem bestimmte Tätigkeiten gesetzlich vorbehalten sind, unterliegt der WP wie der StB, RA o. Notar einem Regelungsgefüge, das seine Rechte, insb. aber auch seine Pflichten festlegt. Diese sog. **Berufspflichten** sind insb. in den §§ 43 ff. niedergelegt, aber vereinzelt auch in anderen Teilen der WPO geregelt. In seiner **Funktion als gesetzlicher AP** unterliegt der WP durch § 323 Abs. 1 HGB auch **außerhalb der WPO** besonderen Pflichten. Da sich diese mit den in § 43 Abs. 1 genannten Berufspflichten decken, kann allerdings die Frage offen bleiben, ob es sich auch insoweit um Berufsrecht im engeren Sinne handelt. Gleiches gilt für §§ 318 Abs. 3, 319, 319a u. 319b HGB, deren unmittelbare Zielrichtung in der Glaubwürdigkeit der gesetzlichen AP liegt, die aber über § 49 Hs. 2 sowie § 22a BS WP/vBP auf das Berufsrecht einwirken (vgl. auch Einl. Rn. 33 ff.).

Vorbemerkungen   **Vor § 43 ff.**

Insbesondere die in § 43 enthaltenen Berufspflichten sind sehr allg. gehalten u. daher **auslegungsbedürftig** (s. auch Rn. 6). Hierzu dienen in erster Linie die **Konkretisierungen** in der BS WP/vBP sowie der SaQK, die ebenfalls **verbindliches Berufsrecht** darstellen. Daneben sind auch die **Erläuterungstexte** zur BS WP/vBP, **Verlautbarungen** o. sonstige **meinungsbildende Auffassungen** wie z.B. Hinweise des VO o. der KfQK bei der Berufsausübung zu berücksichtigen. Anders als den Regelungen in der WPO, BS WP/vBP u. SaQK kommt diesen **Auslegungshilfen** („guidance") allerdings **keine unmittelbare Rechtsverbindlichkeit** zu. Sie sind allerdings zu beachten (so für Beschlüsse v. Organen der WPK ausdr. § 4 Abs. 3 Satzung WPK), d.h. zumindest zur Kenntnis zu nehmen u. auch zu befolgen, soweit keine plausiblen Gründe für eine Abweichung vorliegen. Zudem führt ihre Einhaltung zu einer **Selbstbindung der WPK** (s. auch Vor VO 1/2006, Rn 1 u. Einl. Rn. 56).   **2**

Erst recht **keine Rechtsverbindlichkeit** entfalten Prüfungs- o. sonstige **Standards** sowie **Empfehlungen des IDW**. Es handelt sich um notwendige „State of the Art"-Regelungen, ohne die ein hochqualifizierter Beruf nicht auskommt, soll die gewissenhafte Berufsausübung nicht zu einer beliebigen Leerformel zum Nachteil des Mandanten u. – insb. bei gesetzlich vorgeschriebenen Prüfungen – der Allgemeinheit degenerieren. § 4 Abs. 1 BS WP/vBP verpflichtet WP, **fachliche** Regeln zu beachten. Dies bedeutet nicht zwingend eine Übernahme jeder einzelnen Standardregelung, aber doch die Pflicht zu deren **Berücksichtigung i.S. eines „best practice"** (zur Rechtsqualität der Standards des IDW s. auch Prütting, ZIP 2013, 203 sowie zum Ganzen § 43 Rn. 45 ff.). Dies gilt auch für **internationale** Standards, u.a. den **IESBA CoE2009** (vgl. im Einzelnen Einl. Rn. 53 ff. sowie § 43 Rn. 51). Unmittelbar **verpflichtend** sein werden allerdings auch **Prüfungsstandards**, wenn die v. IAASB entwickelten **International Standards on Auditing** (ISA) EU-weit verbindlich werden sollten (Einl. Rn. 55 u. § 43 Rn. 52; s. hierzu auch Beul, steueranwaltsmagazin 6/2012, 226).   **3**

II. Berufspflichten als berufsausübungsbeschränkende Regelungen
1. Allgemeines
Auf die Einl. (Rn. 1 ff.) wird verwiesen; hier aufgrund des Sachzusammenhanges nur zusammenfassend: Die Berufspflichten greifen insb. in das Grundrecht auf **freie Berufsausübung** (Art. 12 GG) ein, bedürfen daher einer am **Gemeinwohlinteresse** orientierten **sachlichen Rechtfertigung**. Die Auffassung hierüber unterliegt dem ständigen Wandel, der auch die Auslegung u. damit auch die Konkretisierung in der BS WP/vBP bestimmt. Insgesamt ist eine Tendenz zu einem **höheren Rechtfertigungsbedarf** für berufsausübungsbeschränkende Regelungen auch bei den freien Berufen festzustellen. Die Berufspflichten in ihrem Kern werden zwar weiterhin als verfassungsrechtlich gerechtfertigt angesehen. Die **Anwendbarkeit** v. Berufspflichten wird jedoch umso mehr hinterfragt, je mehr es sich um **Tätigkeiten** handelt, die **außerhalb des Vorbehaltsbereichs** liegen (vgl. Einl. Rn. 100; zum Vorbehaltsbereich allg. § 2 Rn. 9 ff.).   **4**

5 Die Bestimmung des Gemeinwohlinteresses richtet sich in erster Linie nach Belangen des **Verbraucherschutzes**, aber auch nach der **öffentl. Funktion**, die der WP als gesetzlicher AP ausübt. Die verfassungsrechtlichen Gesichtspunkte werden mittlerweile ergänzt o. sogar überlagert durch **EU-Recht**. Nicht unerhebliche Änderungen der WPO im Rahmen der 6. WPO-Novelle 2005 u. insb. der 7. WPO-Novelle 2007 beruhen auf der **Umsetzung der AP-RiLi (2006)**. Quasi als Gegentrend zum stärker als in der Vergangenheit erforderlichen verfassungsrechtlichen Rechtfertigungsbedarf einzelner Berufspflichten u. damit einhergehender Liberalisierungen sind hierdurch in Teilbereichen **zusätzl. Pflichten** entstanden. Zu nennen sind z.b. die Meldepflicht zum BR bei Einbindung einer WPG in ein Netzwerk (§ 38 Nr. 2c)) o. die Pflicht zur Veröffentlichung eines Transparenzberichts für AP bei Unternehmen v. öffentl. Interesse (§ 55c).

2. Bestimmtheitsgebot

6 Insbesondere die in § 43 Abs. 1 niedergelegten Berufspflichten sind sehr allg. gefasst (Rn. 2). Die **Auslegungsbedürftigkeit** dieser unbestimmten Rechtsbegriffe, die z.T. wortgleich auch im StBerG u. der BRAO verwendet werden, ändert aber nichts an deren **verfassungsrechtlichen Zulässigkeit** (BVerfG 20.4.1982, StB 1982, 219 ff., zuletzt BGH 14.8.2012, WPK-Mag 1/2013, 35; gegen § 43 BRAO als Grundlage berufsrechtlicher Maßnahmen allerdings Henssler, AnwBl. 2008, 782). Sie bieten zudem den Vorteil, den sich wandelnden Anschauungen entsprechend jeweils verfassungskonform ausgelegt werden zu können, ohne dass es einer Änderung des Gesetzes selbst bedarf.

III. Kategorien von Berufspflichten

1. Allgemeine und besondere Berufspflichten

7 Die Unterscheidung zwischen allg. u. besonderen Berufspflichten beruht darauf, dass erstere grds. bei **jeder beruflichen Tätigkeit**, die Pflicht zu berufswürdigem Verhalten sogar im **außerberuflichen Bereich** zu beachten sind, während sich die besonderen Berufspflichten auf bestimmte **Ausschnitte der Berufstätigkeit** beziehen. Eine systematische Trennung wird in der WPO nicht vorgenommen, soweit es um den Katalog der Berufspflichten selbst geht. Zwar ist § 43 als Grundnorm mit „Allgemeine Berufspflichten" überschrieben; dies bedeutet aber nicht, dass alle außerhalb des § 43 geregelten Pflichten „besondere" sind. So ist auch die Pflicht zum Abschluss u. der Unterhaltung einer BHV (§ 54) eine allg. Berufspflicht. Auf der anderen Seite enthält jedenfalls nach dem Verständnis der WPK § 43 auch eine besondere Berufspflicht, da die in dessen Abs. 1 Satz 2 geforderte Unparteilichkeit nicht bei jeder beruflichen Tätigkeit gefordert werden kann, sondern ausschließlich i.Z.m. Prüfungen u. Gutachten. Bestätigt wird dies durch § 57 Abs. 4 Nr. 2a). Auch i.Ü. verschafft die Katalogisierung in § 57 Abs. 4, der die Ermächtigungsgrundlagen für die WPK zur Konkretisierung der Berufspflichten in der BS WP/vBP enthält, einen Überblick über die wichtigsten allg. u. besonderen Berufspflichten. Sie diente der WPK bis zur 5. Änderung der BS WP/vBP 2006 zugl. als Struktur für deren Gliederung.

2. Primäre und sekundäre Berufspflichten

Eine weitere Unterteilung bei den Berufspflichten kann danach vorgenommen werden, ob sie – wie insb. die Pflicht zur Gewissenhaftigkeit – **unmittelbar mit der Auftragsdurchführung** zusammenhängen (primäre Berufspflichten) o. ob sie i.Z.m. den **organisatorischen Rahmenbedingungen** stehen, unter denen der Beruf auszuüben ist (sekundäre Berufspflichten). Als Bsp. für Letzteres sind etwa die Pflicht zum Abschluss u. zur Unterhaltung einer BHV (§ 54) o. die Pflicht zur Besetzung einer ZN mit einem WP als ZN-Leiter (§ 47) zu nennen. Eine begriffliche Unterscheidung zwischen primären u. sekundären Berufspflichten ist aber bislang nicht verbreitet (s. aber z.B. Kuhls/Maxl, StBerG, § 57 Rn. 18, der das Leitererfordernis bei einer auswärtigen Beratungsstelle eines StB als sekundäre Berufspflicht bezeichnet, da sie als Hilfsmittel zur Sicherung der Verpflichtung zur eigenverantwortlichen Berufsausübung diene). 8

Die in der Vergangenheit eher theoretische Frage nach primären u. sekundären Berufspflichten hat an **praktischer Bedeutung** gewonnen durch BGH 12.10.2004 (WPK-Mag. 1/2005, 48 m. Anm.), wonach das Berufsrecht des WP zwar **grds. bei allen beruflichen Tätigkeiten** eines Berufsangehörigen anwendbar ist, **je nach konkreter Tätigkeit** aber **nicht alle Berufspflichten** ohne weiteres gelten (zur grds. Auseinandersetzung mit der Entscheidung vgl. Einl. Rn. 111 ff.). Hier könnte eine Differenzierung zwischen primären u. sekundären Berufspflichten dazu beitragen, im Einzelfall eine angemessene Entscheidung zu treffen. Während die primären Berufspflichten immer gelten müssen, soweit ihr Anwendungsbereich nicht bereits durch sie selbst begrenzt ist, besteht bei den sekundären Berufspflichten mehr Spielraum für flexible Lösungen. Sogar ausdr. geregelt ist dies für die sekundäre Berufspflicht der BHV. Nach § 1 WPBHV (zu deren Weitergeltung bis zu einer Implementierung in der BS WP/vBP s. § 137) sind (nur) diejenigen Tätigkeiten durch eine BHV abzudecken, die in § 2 genannt werden u. damit dem Berufsbild des WP zugeordnet sind. Ein ausschließlich angestellter WP, der daneben „selbstständig" eine vereinbare Tätigkeit nach § 43a Abs. 4 ausüben möchte, wird hierfür somit keine eigene BHV abschließen müssen (s. aber auch zu hiergegen bestehende Bedenken § 54 Rn. 15). Ebenfalls herangezogen werden kann die Differenzierung zur Beantwortung der Frage nach dem **örtlichen Geltungsbereich** von Berufspflichten (Rn. 15, 16). 9

3. Elementare und sonstige Berufspflichten

Unterschieden werden kann schließlich zwischen sog. elementaren u. sonstigen Berufspflichten. Auch sonstige Berufspflichten sind „echte" Berufspflichten, demnach nicht weniger verbindlich als die elementaren Pflichten. Umgekehrt macht die Kennzeichnung einer Berufspflicht als „elementar" aber deutlich, dass ein Verstoß hiergegen im Rahmen der **BA grds. strenger geahndet** wird. Auch kann die Unterscheidung, ebenso wie zwischen primären u. sekundären Berufspflichten, wiederum für die Beantwortung der Frage hilfreich sein, ob u. in welchem Umfang Berufspflichten auch bei **grenzüberschreitender Tätigkeit** gelten (Rn. 15) sowie auf Bereiche außerhalb des Berufsrechts ausstrahlen (s. Rn. 24 ff.). 10

11 Eine allg. anerkannte Kategorisierung elementarer u. sonstiger Berufspflichten gibt es ebenso wenig wie bei den allg. u. besonderen o. den primären u. sekundären Pflichten. Bei den **primären Pflichten** dürfte es sich zugl. immer auch um **elementare Berufspflichten** handeln. Elementar sein können aber auch **sekundäre Berufspflichten**, insb. die Pflicht zum Abschluss u. zur ununterbrochenen Unterhaltung einer BHV (§ 54). Gleiches dürfte zumindest für alle weiteren sekundären Berufspflichten gelten, deren Verletzung nicht nur zu einer Ahndung im Rahmen der BA, sondern auch zum **Widerruf der Bestellung** als WP/vBP (§ 20) o. der **Anerkennung** als Berufsgesellschaft (§ 34) führen können.

IV. Geltungsbereich

1. Persönlicher Geltungsbereich

12 Unmittelbar angesprochen wird durch die WPO zumeist der **WP** o. seit der 5. WPO-Novelle 2004 der **Berufsangehörige** (§ 1 Rn. 5). Über § 130 Abs. 1 gelten u.a. auch die Berufspflichten für den **vBP** in gleicher Weise. Aber auch **Angehörige anderer Berufe** sind zur Einhaltung zahlreicher Berufspflichten verpflichtet, sofern sie in der **Leitung einer Berufsgesellschaft** tätig sind (§ 56 Abs. 1; vgl. auch Einl. Rn. 92 ff.).

13 Auch für die **Berufsgesellschaften** gelten nach dieser Vorschrift die dort genannten Berufspflichten sinngemäß In einigen Regelungen (z.B. §§ 47, 48, 54, 55c, 57a ff.) wird aber auch die WPG unmittelbar angesprochen, so dass insoweit ein Verweis über § 56 Abs. 1 nicht erforderlich ist. Im Gegensatz zu den vorgenannten nat. Personen, die über § 71 Satz 1 auch der BA nach der WPO unterliegen, kann für eine Verletzung v. Pflichten der Berufsgesellschaft im Rahmen der **Disziplinaraufsicht** nach derzeitiger Rechtslage immer nur eine für die Gesellschaft handelnde nat. Person zur Verantwortung gezogen werden (§ 56 Rn. 12, 13, § 71 Rn. 1). Soweit die Verletzung v. Berufspflichten auch einen **Widerrufsgrund** darstellt o., wie insb. bei § 55b, für die **QK** v. Bedeutung ist, ist v. deren Folgen allerdings auch die Berufsgesellschaft selbst betroffen.

2. Sachlicher Geltungsbereich

14 Sofern u. soweit einzelne Berufspflichten ihre Anwendbarkeit nicht inhaltlich selbst beschränken (z.B. § 48 Abs. 1 die Siegelpflicht auf Erklärungen im gesetzlichen Vorbehaltsbereich o. § 24d Abs. 2 BS WP/vBP die Pflicht zur Durchführung einer auftragsbegleitenden QS bei gesetzlichen AP v. Unternehmen v. öffentl. Interesse nach § 319a HGB), unterliegen die für den WP nach § 2 u. den vBP nach § 129 (inhaltlich deckungsgleichen) das Berufsbild prägenden Tätigkeiten grds. auch dann sämtlichen Regelungen der WPO u. der BS WP/vBP, wenn sie **nicht zum Vorbehaltsbereich** gehören. Gleiches gilt für die **vereinbaren Tätigkeiten** nach § 43a Abs. 4. Ausdrücklich entschieden hat dies der BGH in seinem Urt. v. 12.10.2004 für die Tätigkeit als **Insolvenzverwalter** (WPK-Mag. 1/2005, 48 m. Anm.; vgl. auch Rn. 9). Insbesondere unter dem Blickwinkel der **Berufsausübungsfreiheit** (Art. 12 GG) u. des **Verhältnismäßigkeitsprinzips** kann nach Auffassung des BGH aber gleichwohl im Einzelfall die Anwendung bestimmter Rege-

lungen ausgeschlossen sein. In die Bewertung solcher u. künftiger Fragestellungen wird einzufließen haben, ob es sich jeweils um primäre o. sekundäre (Rn. 8,9) bzw. elementare o. sonstige (Rn. 10, 11) Berufspflichten handelt.

3. Örtlicher Geltungsbereich

Anders als das Berufsrecht der StB, wonach gemäß § 21 Abs. 1 BOStB das StBerG **15** u. die BOStB grds. auch bei grenzüberschreitender Tätigkeit zu beachten sind (s. aber auch Bay. VGH 22.6.2007, DStR 2007, 2275, zur Verfassungsmäßigkeit des § 34 Abs. 2 Satz 3 StBerG, wonach nur inländische weitere Beratungsstellen, nicht hingegen solche in einem anderen EU- o. EWR-Mitgliedstaat o. der Schweiz v. einem StB geleitet werden müssen, sowie insgesamt kritisch ggü. § 21 BOStB Kuhls/Maxl, StBerG, § 57 Rn. 17, 18), enthalten weder die WPO noch die BS WP/vBP eine Aussage zum örtlichen Geltungsbereich der Berufspflichten. Da schon die **berufliche NL** des WP nicht an das Inland gebunden ist (§ 3 Rn. 15) u. die **konkrete Durchführung eines Mandates** erst recht nicht im Inland erfolgen muss, ist die Frage nicht nur v. theoretischer Bedeutung. Ein Rückgriff auf § 3 StGB, wonach sich das Strafrecht grds. nur auf im Inland begangene Straftaten beschränkt, dürfte ebenso ausscheiden wie auf die undifferenzierte u. zudem „lediglich" satzungsrechtliche Regelung des § 21 Abs. 1 BOStB (zu zumindest zeitweise entgegengesetzten Tendenzen im anwaltlichen Berufsrecht s. Rn. 16). Abzustellen sein wird auch hier in erster Linie, wenn auch nicht ausschließlich, auf die **Unterscheidung zwischen primären u. sekundären Berufspflichten** (Rn. 8-9). Die Pflicht zur Gewissenhaftigkeit etwa ist an den Berufsangehörigen unmittelbar „angebunden", er trägt sie gleichsam mit sich u. hat sie daher grds. unabhängig v. seinem Tätigkeitsort einzuhalten (zu möglichen Ausnahmen s. aber Rn. 18 ff.). Pflichten, die v. der Person u. der eigentlichen Auftragsdurchführung losgelöst sind u. eher dazu dienen, deren Einhaltung organisatorisch zu gewährleisten, können hingegen auch mit Blick auf die im Ausland nicht in gleicher Weise wie im Inland an den WP verbundene Erwartungshaltung der Öffentlichkeit u. des Verbrauchers grds. als auf das **deutsche Staatsgebiet** beschränkbar angesehen werden. Dieser Grundsatz gilt allerdings nicht statisch. In **Grenzregionen** werden auch die sekundären Berufspflichten eine stärkere Bedeutung haben müssen als etwa in **fern gelegenen Staaten**. Zugleich wird auch innerhalb der sekundären Berufspflichten zwischen elementaren u. sonstigen Pflichten zu differenzieren sein (Rn. 10, 11). Die Pflicht zum Abschluss u. zur Unterhaltung einer **BHV** ist etwa auch bei v. WP mit NL u. (bisheriger) Tätigkeit ausschließlich im Ausland schon deshalb immer zu beachten, weil sie ausschließlich an die Bestellung anknüpft u. grds. überhaupt keine berufliche Tätigkeit voraussetzt (vgl. zuletzt die auf WP übertragbaren Beschl. des BGH 4.12.2006, AnwZ (B) 106/05, zur BHV-Pflicht eines ausschließlich im Ausland tätigen RA sowie 10.5.2010, AnwZ(B) 30/09, für einen RA mit Kanzleisitz im Ausland).

Zu berücksichtigen ist auch, welche Art Tätigkeit der WP im Ausland ausübt. Die **16** für den sachlichen Geltungsbereich v. BGH vorgenommenen Differenzierungen (vgl. Einl. Rn. 111) dürften erst recht u. ggf. noch verstärkt bei Tätigkeiten im Ausland zu beachten sein. Wird der WP im Rahmen einer **gesetzlich vorgeschriebenen JAP** etwa in einer ausländischen Filiale des Prüfungsmandanten tätig, sind jedenfalls die primären Berufspflichten in gleicher Weise einzuhalten wie im Inland. Bei einer **Insolvenz- o. Wirtschaftsberatung** im fern gelegenen Ausland können hingegen selbst die primären Berufspflichten ggf. ihre uneingeschränkte Bedeutung verlieren. Ein genereller Vorrang des Berufsrechts des Ziellandes bei grenzüberschreitender Tätigkeit wird allerdings in Teilen der Anwaltschaft vertreten, sofern keine Auswirkungen auf den Heimatstaat eintreten (Henssler, NJW 2009, 1556). Der DAV hatte hierzu sogar eine entsprechende ausdr. Regelung für einen neuen § 59o Abs. 2 BRAO vorgeschlagen, die der Gesetzgeber bislang allerdings nicht umgesetzt hat.

V. Verhältnis zu anderen Berufsrechten

1. Prinzip der Geltung des strengsten Berufsrechts

17 Wirtschaftsprüfer, die zugl. StB, RA u./o. Anwaltsnotar sind, sind grds. an die Einhaltung sämtlicher für diese Berufe normierten Pflichten gebunden (zu Ausnahmen s. Rn. 18 ff.). Bei sich deckenden Pflichtenkreisen bedeutet dies im Zweifel, dass die jeweils **restriktivste Regelung** einzuhalten ist (BGH 4.3.1996, NJW 1996, 1833). Ein auch als StB bestellter WP muss also die strengeren Werbevorschriften nach § 57a StBerG u. § 9 BOStB beachten u. kann sich insoweit nicht auf § 52 berufen. Umgekehrt kann ein WP nicht das Verbot der gewerblichen Tätigkeit nach § 43a Abs. 3 Nr. 1 missachten, nur weil er als RA in diesem Bereich einen größeren Spielraum o. als StB eine seit dem 8. StBerÄG mögliche Ausnahmegenehmigung erhalten hat. Das Prinzip der **Geltung des strengsten Berufsrechts** ergibt sich schon daraus, dass ein Berufsangehöriger mit einem „Zweitberuf" nicht weniger an das jeweilige Berufsrecht gebunden sein kann als ein Nur-WP, StB, RA o. Notar.

2. „Trennung" der Berufe

18 Als Folge einer Entscheidung des BVerwG (22.8.2000, WPK-Mitt. 2001, 70 ff.) ergibt sich allerdings unter bestimmten Voraussetzungen eine Einschränkung des Grundsatzes, wonach den Anforderungen aller Berufsrechte genügt werden muss. In dieser Entscheidung wurden die WPO u. die BS WP/vBP für unanwendbar erklärt, wenn ein Berufsangehöriger, der zugl. StB ist, eine ZN betreibt, sofern er in der ZN **ausschließlich steuerberatende Tätigkeiten** ausführt u. dies **hinreichend deutlich kundmacht**, indem er etwa ausschließlich als StB auftritt. Nach Auffassung der WPK liegt der Entscheidung ein **allg. Rechtsgedanke** zugrunde, der sich auf das gesamte Berufsrecht u. damit auf die Anwendbarkeit des Berufsrechts insgesamt auswirkt (zu den grundlegenden u. kritischen Anmerkungen zu der Entscheidung vgl. Einl. Rn. 141 ff.).

19 Als **wesentliche u. für die §§ 3, 18, 43a u. 47 relevanten Fallgestaltungen** sind zu nennen:

- Ist ein WP/StB Mitglied einer gemischten Sozietät mit RA u./o. StB, kann er dieser **Sozietät allein als StB angehören** (um z.B. die „Zusatzversicherung"

Vorbemerkungen **Vor § 43 ff.**

nach § 44b Abs. 4 zu vermeiden). Der WP muss dann aber zusätzl. in einer der in § 43a Abs. 1 genannten Berufsausübungsformen als WP tätig sein.
- Ein WP/StB darf an sich nicht **Angestellter eines StB**, einer StBG o. einfachen PartG sein (§ 43a Abs. 1 u. 2). Bei einer Trennung der Berufe kann er hingegen als StB Angestellter sein. Entsprechendes gilt für einen WP/RA als angestellter RA bei einem RA o. einer RAG.
- Denkbar ist auch, dass z.B. ein **WP/RA zwei NL** unterhält, indem er bei sich selbst eine Trennung vollzieht.
- Bei einer WPG o. einem WP angestellte WP/StB betreiben oft eine sog. Feierabendpraxis, in der sie für Verwandte u. Bekannte ausschließlich steuerberatend tätig sind. Sie können eine **eigene Praxis allein als StB** betreiben, um sich auch nur als StB versichern zu müssen. Entsprechendes gilt für einen bei einer WPG angestellten WP/RA, der eine eigene Praxis als RA unterhält.

Die Möglichkeit der Trennung der Berufe besteht nur unter der Voraussetzung, dass **20** diese im Verhältnis zu Dritten, insb. im Verhältnis zu Mandanten, **unmissverständlich klargestellt** wird. Dies betrifft insb. den Bereich der Kundmachung. Eine hinreichend klare Kundmachung der Abtrennung sollte dadurch erfolgen, dass die Kundmachung im Rahmen der Tätigkeit als StB o. RA (sei es in Einzelpraxis, sei es in Sozietät o.a.) **keinen unmittelbaren Hinweis** auf die **weitere Qualifikation als WP** beinhaltet (Geschäftspapiere, Praxisschild, Praxisprospekte, Verzeichnisse, Internet etc.). Das LG Hamburg (7.1.2004, DStRE 2004, 429) hat dementsprechend eine zulässige Trennung der Berufe eines WP/StB bei – auch örtlich – verschiedenen NL verneint, wenn dieser unter beiden Anschriften als „Wirtschaftsprüfer und Steuerberater" auftritt (zur insoweit abweichenden Rechtslage bei den Berufsgesellschaften Rn. 22). Ein Hinweis auf die gesonderte Berufsausübung als WP entsprechend den Grundsätzen zur Kooperation, d.h. z.B. in der Fußleiste des Geschäftsbriefbogens (§ 44b Rn. 47), ist hierdurch nicht ausgeschlossen. In jedem Fall muss klargestellt sein, dass im Rahmen der Tätigkeit als StB o. RA **keine Vorbehaltsaufgaben des WP** wahrgenommen werden.

Des Weiteren muss die Trennung, so wie sie kundgemacht wird, auch i.Ü. durch **21** eine entsprechende **Praxisorganisation** umgesetzt werden, insb. bei der Mandatsbearbeitung. Die **organisatorische Trennung** wird allerdings nicht schon dadurch in Frage gestellt, dass die verschiedenen beruflichen Tätigkeiten in **räumlicher Nähe** zueinander ausgeübt werden. Selbst wenn die Tätigkeiten unter einer einheitlichen Anschrift ausgeübt werden, ist dies berufsrechtlich nicht zu beanstanden. Andererseits verdeutlicht eine auch räumliche Trennung das Bemühen um eine organisatorische Abgrenzung. Sofern die getrennte Berufsausübung in den selben Räumen einer gemischten Sozietät, als Angestellter o. in eigener Praxis vollzogen wird, ist es z.B. geboten, innerbetriebliche Vorkehrungen zu treffen, die sicherstellen, dass die Grundsätze der **VSP** gewahrt bleiben. Der WP, der z.B. seine eigene Praxis als WP einerseits u. als StB einer gemischten Sozietät andererseits in den Räumen der Sozietät unterhält, muss sicherstellen, dass die v. ihm als WP betreuten Mandate v. der Sozietät getrennt gehalten werden. Trotz auch organisatorischer Maßnahmen kann eine **Trennung der Berufsausübung innerhalb einer überört-**

lichen **Sozietät** nicht dadurch vollzogen werden, dass ein WP/StB am Standort A als WP u. am Standort B als StB kundgemacht wird. Gemäß § 28 Abs. 3 BS WP/vBP müssen alle Sozien mit ihren Berufsbezeichnungen u. bei überörtlicher Sozietät darüber hinaus mit ihren beruflichen NL auf dem Briefbogen gesondert aufgeführt werden. Wenn also ein WP/StB einer Sozietät mit beiden beruflichen Qualifikationen angehören will, gilt dies für die Kundmachung an allen Standorten einheitlich.

22 Die vorgenannten Grundsätze sind auf **Berufsgesellschaften** entsprechend anzuwenden. Anders als bei nat. Personen ist es allerdings wegen §§ 31, 128 Abs. 2 nicht möglich, zur Verdeutlichung der beruflichen Trennung auf den **Firmenbestandteil** „Wirtschaftsprüfungsgesellschaft" bzw. „Buchprüfungsgesellschaft" zu verzichten. Die Trennung der beruflichen Tätigkeiten muss dann auf andere Weise, z.B. durch einen **klarstellenden Zusatz** auf dem Briefbogen der NL bzw. in den sonstigen Materialien, deutlich gemacht werden.

23 Die Bsp. sind Gestaltungsmöglichkeiten allein aus berufsrechtlicher Sicht. Mangels einschlägiger Rspr. kann derzeit noch keine Aussage über die **Risiken** getroffen werden, die sich für die Berufsangehörigen bei Eintritt eines Schadensfalles aus **haftungs- u. versicherungsrechtlicher Sicht** ergeben können. Die Höhe eines Regresses wird nicht durch die Höhe der Versicherungssumme bestimmt, sie ist unbegrenzt, soweit es keine gesetzliche o. vertragliche Haftungsbegrenzung gibt (§ 54a Rn. 1).

VI. Auswirkungen von Berufspflichten außerhalb des Berufsrechts

1. Allgemeines

24 Für das **Verwaltungsrecht** u. das **Strafrecht** sind die Berufspflichten nur v. vergleichsweise geringer Bedeutung. Hervorzuheben ist allerdings § 203 StGB, der in Entsprechung der berufsrechtlichen VSP die **Verletzung v. Privatgeheimnissen** durch den WP ebenso wie durch Angehörige anderer einer VSP unterliegenden Berufe unter Strafe stellt. Auf der anderen Seite wird der VSP durch das **Zeugnisverweigerungsrecht** sowie das **Beschlagnahmeverbot** nach §§ 53 Abs. 1 Satz 1 Nr. 3, 97 Abs. 1 Nr. 1 StPO Rechnung getragen. Das Zeugnisverweigerungsrecht gilt ebenso für zivilrechtliche Verfahren (§ 383 Abs. 1 Nr. 6 ZPO). Darüber hinaus ergeben sich aber weitere Bezüge auch zum materiellen Zivilrecht.

2. Berufspflichten als konkludenter Vertragsbestandteil?

25 Die Berufspflichten fließen jedenfalls nicht in toto in die **Vertragsbeziehungen** mit dem Mandanten ein (so auch Späth, Rn. 62 ff.; s. aber auch Kuhls/Maxl, StBerG § 57 Rn. 22, wonach der Mandant auch einen vertraglichen Anspruch auf Einhaltung der Berufspflichten habe). Dies leuchtet unmittelbar ein bei den sekundären Berufspflichten (Rn. 8, 9). Eine vertragliche Haftung ggü. dem Mandanten o. ein diesem zustehendes Kündigungsrecht etwa wegen nicht ordnungsgemäßer Besetzung einer ZN o. unterlassener Meldung eines Sozius zum BR wäre nicht sachgerecht. Auswirkungen sind also allenfalls bei Verstößen gegen solche Berufspflichten denkbar, deren Zielrichtung nicht in erster Linie im Schutz der Interessen der Allge-

meinheit liegt (Späth, a.a.O.), sondern unmittelbar auf die **ordnungsgemäßer Abwicklung eines Auftrags** gerichtet ist o. bei denen jedenfalls das **besondere Vertrauensverhältnis** zwischen Mandant u. WP berührt ist (so sieht Gräfe, Gräfe/Lenzen/Rainer, Rn. 57, in einem Verstoß gegen die VSP zu Recht einen Grund für eine fristlose Kündigung des Auftrags). Im Vordergrund dieser primären Berufspflichten (Rn. 8, 9) steht insb. die Pflicht zur **gewissenhaften Berufsausübung**, die als **Verbindungsstelle zwischen beruflichen u. vertraglichen Verpflichtungen** gesehen werden kann (so Engelhardt, StB 1988, 73, 76, Müller, WPK-Mitt. Sonderheft 1991, 7, Hartstang, BRAK-Mitt. 1992, 73). Auf der anderen Seite ist auch in diesem Fall das **Berufsrecht nicht konstitutiv** für zivilrechtliche Ansprüche des Mandanten. Die Rechtsfolgen bei Nicht-, nicht rechtzeitiger- o. Schlechterfüllung ergeben sich unabhängig hiervon aus dem BGB. Von größerer praktischer Bedeutung ist daher die **konkrete Ausfüllung** der einschlägigen Berufspflichten, z.B. durch berufliche Standards (Rn. 3), weil diese auch den Zivilgerichten als Auslegungshilfe dienen.

3. Berufspflichten als Verbotsgesetz nach § 134 BGB?

Nach § 134 BGB führen **Verstöße gegen ein VerbotsG** i.S. dieser Vorschrift zur **Nichtigkeit des Vertrages**. Aus Sicht des WP hat dies den Verlust jedenfalls des vertraglichen **Honoraranspruchs** zur Folge (zum ggf. möglichen Ausgleich nach Bereicherungsrecht s. §§ 816 ff. BGB). Zu dem dem § 43a Abs. 3 entsprechenden § 57 Abs. 4 StBerG hatte der BGH noch festgestellt, dass es sich zwar um ein Verbotsgesetz i.S.d. § 134 BGB handele (Urt. v. 23.10.1980, DB 1981, 419), zugl. aber eine Nichtigkeit des Vertrages nur dann angenommen, wenn der **Schutz des Vertragspartners** dies erfordert (s. auch § 43a Rn. 61). Dies wurde etwa verneint bei einem StB, der als **Subunternehmer für einen Wirtschaftsberater** tätig war (BGH 21.3.1996, NJW 1996, 1954 u. die kritische Anm. Hund hierzu in DStR 1996, 1626). Bejaht hat dies der BGH hingegen wegen **Verstoßes gegen § 5 Abs. 1 StBerG** bei einem Steuerberatungsmandat einer Sozietät, bei der nicht alle Sozien zur geschäftsmäßigen Hilfe in Steuersachen befugt waren. (BGH 26.1.2006, WPK-Mag. 2/2006, 56 u. Anm. WPK, WPK-Mag. 4/2006, 60). Ebenfalls als nichtig angesehen wurde die **Abtretung v. Honorarforderungen** an nicht v. Berufsrecht als zulässige Zessionare vorgesehene Dritte (BGH 10.7.1991, BB 1991, 1737) sowie bei **Übertragung einer Praxis** ohne Zustimmung der Mandanten (BGH 22.5.1996, NJW 1996, 2087; Anm. Henssler, EWiR 1996, 669) wegen des hiermit verbundenen Verstoßes gegen die VSP. Zur Nichtigkeit führt des Weiteren ein Verstoß gegen das Verbot, **Provisionen für die Vermittlung v. Mandanten** zuzusagen (BGH 21.3.1996, NJW 1996, 1954 zum StB: vgl. für den WP § 55 Abs. 2), die **Vertretung widerstreitender Interessen**, wenn die Parteien das Mandat in einer Weise abgegrenzt haben, dass mögliche Interessengegensätze ausgespart sind (BGH 9.2.2012, BeckRS 2012, 06067; s. auch schon BGH 24.9.1979, NJW 1980, 638 zum RA; vgl. für den WP § 53 Hs. 1) sowie ein **Verschmelzungsvertrag zwischen einer Berufsgesellschaft u. einem gewerblichen Unternehmen** (zur StBG: OLG Hamm 26.9.1996, DB 1997, 268). Nicht als Verbotsgesetz eingestuft wird, anders als §§ 319, 319a u. 319b HGB, **§ 49 Hs. 2**, wonach die Tätigkeit u.a. bei **Besorgnis**

26

der **Befangenheit** zu versagen ist (BGH 3.6.2004, DStR 2004, 1438). Jedenfalls bei solchen **freiwilligen** AP, bei denen ein dem § 322 HGB nachgebildeter BV erteilt wird, soll nach dem Urt. des OLG Hamm v. 27.1.2009 (WPK-Mag. 4/2009, 56; zust. Pöschke, DStR 2009, 1979) § 319 HGB mit der möglichen Folge des § 134 BGB anwendbar sein. Der BGH hat mit seinem Urt. v. 21.1.2010 (WPK-Mag. 2/2010, 46) dem OLG Hamm insoweit zugestimmt u. hierbei insb. auf § 24 Abs. 2 BS WP/vBP abgestellt, wonach die §§ 319 ff. HGB bei nicht gesetzlich vorgeschriebenen AP, bei denen ein dem § 322 HGB nachgebildeter BV erteilt wird, sinngemäß gelten. Auch solche berufsständischen Vorschriften könnten nach der Rspr. des BGH ein gesetzliches Verbot i.S.d. § 134 BGB begründen.

27 Der BGH hat damit noch einmal klargestellt, dass auch **untergesetzliche Regelungen** wie die BS WP/vBP o. die SaQK Verbotsgesetze i.S.d. § 134 BGB sein können (s. schon BGH, 22.1.1986, NJW 1986, 2360, zu § 18 der Berufsordnung für die nordrheinischen Ärzte; anders hingegen noch zur BOStB BGH 23.10.1980, DB 1981, 419).

4. Sittenwidrigkeit nach § 138 BGB?

28 Zur Sittenwidrigkeit eines Rechtsgeschäfts nach § 138 BGB führt die Verletzung v. Berufspflichten nur in Ausnahmefällen. In Betracht kommt dies allenfalls bei Verstößen gegen **elementare Berufspflichten** (Rn. 10, 11) u. auch hier nur dann, wenn **besondere Umstände** des Einzelfalls hinzutreten, die das Werturt. der Sittenwidrigkeit rechtfertigen (BGH 19.6.1980, NJW 1980, 2407; BGH 23.10.1980, DB 1981, 419; Taupitz, MDR 1989, 385).

5. Schutzgesetz nach § 823 Abs. 2 BGB?

29 Die Berufspflichten als solche stellen kein Schutzgesetz i.S.d. § 823 Abs. 2 BGB dar (OLG Saarbrücken 12.7.1978, BB 1978, 1434, zu § 43 a.F.). Wird allerdings durch die Berufspflichtverletzung zugl. ein **Straftatbestand** erfüllt, ist auch eine Haftung aus § 823 Abs. 2 BGB möglich. Dies kommt etwa in Betracht bei der **Verletzung der VSP**, soweit hierdurch auch der Tatbestand des § 203 StGB (Verletzung v. Privatgeheimnissen) erfüllt wird, o. auch bei der **Verletzung der Berichtspflicht** nach § 332 HGB.

6. Gesetz gegen den unlauteren Wettbewerb

30 Soweit WP untereinander in einem **Wettbewerbsverhältnis** i.S.d. UWG stehen, können **Unterlassungs-, Beseitigungs- u. Schadensersatzansprüche** aufgrund dieses Gesetzes in Betracht kommen, wenn ein WP sich unter Verletzung des Berufsrechts einen **unzulässigen Rechtsvorteil** verschafft. Auch ggü. Dritten sind diese Ansprüche denkbar, wenn das berufswidrige Verhalten des WP zum eigenen Wettbewerbsvorteil ausgenutzt wird. Es muss sich aber um die Verletzung solcher Pflichten handeln, die zumindest auch eine auf die **Lauterkeit des Wettbewerbs bezogene Schutzfunktion** haben (BGH 17.10.2003, V ZR 429/02). Nachdem das früher eigenständige Werberecht für WP nur noch auf das Unlauterkeitsrecht verweist (§ 52), kommt dem Berufsrecht insoweit **keine eigenständige Bedeutung** mehr zu. Anders ist dies bei Verstößen gegen spezifisch **berufsrechtliche Tätig-**

keitsverbote, gegen die ebenfalls grds. auch mit den Mitteln des Wettbewerbsrechts vorgegangen werden kann (BGH 23.10.2003, INF 2004, 291 u. Anm. hierzu v. Ring, EWiR 2004, 567).

7. Rechtsschutzinteresse bei nicht durchgeführtem Vermittlungsverfahren
Der in der Vergangenheit als Teil des Berufsethos verstandene Grundsatz der **Kollegialität** (§ 43 Rn. 354 f.) ist im Lauf der Zeit einer Satz 1, 33 Abs. 1 BOStB pragmatischeren Sichtweise gewichen. Die (wenigen) **berufsrechtlichen Ausprägungen** dieser Besonderheit bei den freien Berufen, die sich jedenfalls nicht in erster Linie als Wettbewerber am Markt sahen, sind mit Blick auf Art. 12 GG mittlerweile **einschränkend auszulegen** (so OLG Düsseldorf 26.9.2002, WPK-Mitt. 2003, 65 zu §§ 32 Abs. 2; s. auch § 43 Rn. 355) o. sogar vollständig unzulässig, wenn hierdurch **Interessen des Mandanten** o. sonstiger Dritter berührt werden (vgl. BVerfG 14.12.1999, NJW 2000, 347 zur Nichtigkeit des § 13 BORA, wonach die Erwirkung eines Versäumnisurt. gegen die anwaltlich vertretene Gegenpartei ohne vorherige Ankündigung verboten war). Problematisch war auch die früher in § 31 Abs. 3, 4 BOStB enthaltene Pflicht, vor Klageerhebung im Rahmen einer Sozietätsauseinandersetzung ein **Vermittlungsverfahren** durch die Berufskammer anzuregen. Die Missachtung dieser Pflicht wurde daher v. der Rspr. nicht als Hindernis für die Zulässigkeit der Klage gewertet (OLG Hamm 7.1.2002, DStRE 2002, 726). Das Berufsrecht des WP sieht eine derartige Pflicht v. vornherein nicht vor. Ist allerdings – wie häufig – in den **vertraglichen Vereinbarungen** ein Vermittlungsverfahren durch die Kammer vorgesehen, ist dies v. Gericht zu beachten, sofern eine der Parteien dies geltend macht (BGH 18.11.1998, NJW 1999, 647). Inwieweit die jetzt in § 7 Abs. 3 BOStB enthaltene allg. Pflicht trägt, bei berufsbezogenen Streitigkeiten unter StB zunächst eine gütliche Einigung zu versuchen u. vor Einleitung gerichtlicher Schritte grds. eine Vermittlung durch die StBK zu beantragen, wird sich noch zeigen (s. hierzu auch Kuhls/Maxl, StBerG, § 57 Rn. 31, wo die Bedeutung der Regelung stark relativiert wird).

31

§ 43 Allgemeine Berufspflichten

(1) ¹Der Wirtschaftsprüfer hat seinen Beruf unabhängig, gewissenhaft, verschwiegen und eigenverantwortlich auszuüben. ²Er hat sich insbesondere bei der Erstattung von Prüfungsberichten und Gutachten unparteiisch zu verhalten.

(2) ¹Der Wirtschaftsprüfer hat sich jeder Tätigkeit zu enthalten, die mit seinem Beruf oder mit dem Ansehen des Berufs unvereinbar ist. ²Er hat sich der besonderen Berufspflichten bewusst zu sein, die ihm aus der Befugnis erwachsen, gesetzlich vorgeschriebene Bestätigungsvermerke zu erteilen. ³Er hat sich auch außerhalb der Berufstätigkeit des Vertrauens und der Achtung würdig zu erweisen, die der Beruf erfordert. ⁴Er ist verpflichtet, sich fortzubilden.

(3) Wer Abschlussprüfer eines Unternehmens im Sinn des § 319a Abs. 1 Satz 1 des Handelsgesetzbuchs war oder wer als verantwortlicher Prüfungspartner im Sinn des § 319a Abs. 1 Satz 5, Abs. 2 Satz 2 des Handelsgesetzbuchs bei der Ab-

schlussprüfung eines solchen Unternehmens tätig war, darf dort innerhalb von zwei Jahren nach der Beendigung der Prüfungstätigkeit keine wichtige Führungstätigkeit ausüben.

Die Vorschrift regelt die wesentlichen Berufspflichten. Das Thema „Geldwäsche" und die damit verbundenen Pflichten des WP haben insoweit eine „pflichtenübergreifende" Bedeutung gewonnen und werden daher in einem gesonderten Abschnitt kommentiert.

Die nachfolgende Inhaltsübersicht bietet eine erste Orientierung. Weitere Inhaltsübersichten und spezielle Hinweise zum Schrifttum sind den einzelnen Unterpunkten vorangestellt, soweit dies vom Umfang her geboten ist. Grundsätzliche und pflichtenübergreifende Aspekte sind in den Vorbemerkungen zu §§ 43 ff. sowie in der Einleitung dargestellt.

Inhaltsübersicht

		Rn.
I.	Unabhängigkeit (Abs. 1 Satz 1)	1–15
II.	Gewissenhaftigkeit (Abs. 1 Satz 1)	16–118
III.	Verschwiegenheit (Abs. 1 Satz 1)	119–199
IV.	Eigenverantwortlichkeit (Abs. 1 Satz 1)	200–245
V.	Unparteilichkeit (Abs. 1 Satz 2)	246–258
VI.	Unvereinbare Tätigkeiten (Abs. 2 Satz 1)	259–263
VII.	Bestätigungsvermerk (Abs. 2 Satz 2)	264–336
VIII.	Berufswürdiges Verhalten (Abs. 2 Satz 3)	337–360
IX.	Fortbildungspflicht (Abs. 2 Satz 4)	362–374
X.	Wechsel des Abschlussprüfers zum Prüfungsmandanten (Abs. 3)	375–400
XI.	Berufspflichten aus dem Geldwäschegesetz	401–414

I. Unabhängigkeit (Abs. 1 Satz 1)

Schrifttum: *s. Schrifttum zu § 49*

Inhaltsübersicht

		Rn.
1.	Allgemeines	1–4
2.	Eigene Belange	5–12
	a) Eigeninteressen	5–6
	b) Wirtschaftliche Unabhängigkeit	7–12
3.	Interessen Dritter	13–15

1. Allgemeines

1　Der WP hat seinen Beruf unabhängig auszuüben (§ 43 Abs. 1 Satz 1). Die Unabhängigkeit ist eine **Kardinaltugend** (vgl. Röhricht, WPg 2001, Sonderheft S. 580) für jeden Berufsangehörigen und ihre Wahrung seine **elementare Pflicht** (vgl. WPH I, A Rn. 276). Der Begriff der Unabhängigkeit wird in § 2 Abs. 1 BS WP/vBP definiert als **Freiheit v. Bindungen, die die berufliche Entscheidungsfreiheit des WP beeinträchtigen o. beeinträchtigen könnten**. Unter „Bindungen" sind sowohl rechtliche Verpflichtungen ohne Rücksicht auf ihren Rechtsgrund sowie Bindungen tatsächlicher Art zu verstehen (Feuerich/Weyland, BRAO, § 43a Rn. 7). § 2 Abs. 2 BS WP/vBP zählt einzelne Konstellationen auf, die als „insbesondere berufswidrig" eingeordnet werden; sie stellen im Wesentlichen auf die **wirtschaftlichen u. rechtlichen Rahmenbedingungen der Mandatsbeziehungen** ab, d.h. die Art u. Weise der Vergütungsvereinbarungen (§§ 55, 55a), das Verbot der Übernahme v. Mandantenrisiken u. das Verbot der Annahme v. Versorgungszusagen v. Auftraggebern. Im Hinblick auf etwaige Näheverhältnisse tatsächlicher Art ist zu berücksichtigen, dass diese nicht stets im Rechtssinne einen Verstoß gegen die Unabhängigkeit des WP darstellen. So stellen **bloße religiöse, ideologische o. weltanschauliche Gemeinsamkeiten** solange keine Gefährdung der Unabhängigkeit dar, wie sie strafrechtlich nicht relevant sind. Derartige Affinitäten zwischen WP u. Mandant sind noch keine „Bindungen" im o.g. Sinne, auch wenn sie in ihrer tatsächlichen Gefährlichkeit für die Unabhängigkeit unzulässigen rechtlichen Bindungen im Einzelfall nicht nachstehen (vgl. Feuerich/Weyland, a.a.O., § 43a Rn. 10).

In der berufsrechtlichen Diskussion wird sehr oft über die **Unabhängigkeit des Abschlussprüfers** gesprochen. Dies ist darauf zurückzuführen, dass internationale Regelungswerke wie die EU-Empfehlung zur Unabhängigkeit des Abschlussprüfers u. der IESBA CoE (s. dazu auch § 49 Rn. 22 ff.) ausschl. mit dem Begriff der (inneren/äußeren) „Unabhängigkeit" bzw. „independence" (in appearance/in mind) operieren. **Innere Unabhängigkeit** i.S. einer **Unbefangenheit** meint dabei die innere Einstellung, die ausschl. die zur Erfüllung des konkreten Auftrags relevanten Aspekte in Betracht zieht, während die **äußere Unabhängigkeit** (das **Nichtbestehen der Besorgnis der Befangenheit**) als Vermeidung v. Tatsachen u. Umständen aufgefasst wird, die so sehr ins Gewicht fallen, dass ein sachverständiger u. informierter Dritter die Fähigkeit des AP zur objektiven Wahrnehmung seiner Aufgaben in Zweifel ziehen würde (vgl. WPH I, A Rn. 277). Unter die Begriffe innere u. äußere Unabhängigkeit werden damit Regelungsinhalte gefasst, die nach dem Verständnis des deutschen Berufsrechts eher dem Begriffspaar Unparteilichkeit (§ 43 Abs. 1 Satz 2) / Besorgnis der Befangenheit (§ 49 Alt. 2) zuzuordnen sind, welches sich insb. auf die Erstattung v. PB u. Gutachten bezieht (vgl. Rn. 246 ff. sowie ausführlich § 49 Rn. 11 ff.). Die Tätigkeit als Prüfer, insb. als AP, o. Gutachter stellt jedoch nur einen – wenn auch gewichtigen – Teil der beruflichen Tätigkeit des WP dar (vgl. § 2 Abs. 1); das deutsche Berufsrecht kennt daher für den **Bereich der AP speziellere Regelungen zur Sicherung der Unabhängigkeit** des WP: berufsrechtlich das Gebot der unparteilichen Tätigkeit (§ 43 Abs. 1 Satz 2) sowie die Gebote zur Einhaltung einer Cooling off-Phase beim Wechsel in eine Führungsposition beim Mandanten (sofern ein Unternehmen i.S.d. § 319a Abs. 1 Satz 1 HGB, vgl. § 43 Abs. 3 WPO) sowie zur Vermeidung auch schon nur einer *Besorgnis* der Befangenheit (also bereits äußerer Umstände, die einen verständigen Dritten an der Fähigkeit des AP bzw. Gutachters zur objektiven Wahrnehmung seiner Aufgaben zweifeln lassen, obwohl ggf. seine (innere) Unabhängigkeit noch gar nicht verloren ist; vgl. § 49 Rn. 27); handelsrechtlich die Ausschlussgründe der §§ 319 – 319b

HGB, die mit den berufsrechtlichen Wertungen korrespondieren (vgl. § 49 Rn. 14 ff.).

3 Die **Unabhängigkeit des WP** als berufsbezogene Pflicht geht aber in ihrem Anwendungsbereich über die Unparteilichkeit u. Unbefangenheit des AP bzw. Gutachters als tätigkeitsbezogene Pflichten hinaus. So wird auch v. „Unabhängigkeit in einem umfassenderen Sinne" gesprochen u. diese so definiert, dass der WP in objektiver u. subjektiver Hinsicht seine Feststellungen unbeeinflusst v. sachfremden Erwägungen u. ohne **Rücksichtnahme auf eigene Belange o. Interessen Dritter** treffen kann (WPH I, A Rn. 277).

4 Unabhängigkeit wird nach alledem als **Entscheidungs- u. Handlungsfreiheit** u. somit als persönliche Eigenschaft verstanden (Müller, Unabhängigkeit, 23), die die **berufliche Tätigkeit des WP in ihrer Gesamtheit** betrifft u. losgelöst v. der jeweils konkret ausgeübten Tätigkeit bzw. dem einzelnen Auftrag zu betrachten ist. Unabhängig muss der WP daher insb. auch bei der **Beratung** u. der **Interessenvertretung** sein. Insoweit ist das Unabhängigkeitsgebot des § 43 Abs. 1 Satz 1 mit demjenigen für StB (§ 57 Abs. 1 StBerG) u. RA (§ 1 BRAO) vergleichbar. Dies bedeutet, dass insb. bei einer Tätigkeit als Interessenvertreter im Rahmen der **Steuerrechtshilfe** (§ 2 Abs. 2), der **Wirtschafts- u. Unternehmensberatung** (§ 2 Abs. 3 Nr. 2) sowie der **Treuhandtätigkeit** (§ 2 Abs. 3 Nr. 3) der WP zwar insoweit gebunden ist, als dass er im Rahmen seines Auftrags legale Interessen des Mandanten bestmöglich – u. damit ggf. gegen die Interessen anderer, z.B. auch der Finanzverwaltung – vertreten muss. Diese Interessengebundenheit kennzeichnet jedoch gerade die vorgenannten Aufgabengebiete. Abgesehen v. dieser **aufgabenimmanenten Interessengebundenheit** muss der WP in seiner **Entscheidungs- u. Handlungsfreiheit jedoch unabhängig** sein, d.h. die Freiheit haben, nicht jedes Mandat annehmen zu müssen o. solche Aufträge ablehnen zu können, die seiner inneren Überzeugung widersprechen (so auch Kuhls/Maxl, StBerG, § 57 Rn. 34). Entsprechend unbeeinträchtigt muss der WP auch im Hinblick auf die Art u. Weise der Mandatsbearbeitung sein.

2. Eigene Belange
a) Eigeninteressen

5 **Eigeninteressen** des WP können sich aus **Beziehungen geschäftlicher, finanzieller o. persönlicher Art** ergeben. Solche Umstände i.S.v. Eigeninteressen, die im Bereich der Prüfung u. Begutachtung zu einer Besorgnis der Befangenheit gemäß § 49 i.V.m. §§ 21 Abs. 3 Satz 1, 23 BS WP/vBP führen, können auch im Bereich der interessengerichteten Beratung je nach Konkretisierung geeignet sein, einen **Interessenkonflikt** zu begründen. Dann muss aber entsprechend § 21 Abs. 2 Satz 3 BS WP/vBP (erst recht) im Beratungsbereich die offensichtliche Unwesentlichkeit für die Urteilsbildung o. die Unbedeutsamkeit aufgrund des Vorliegens v. Schutzmaßnahmen (vgl. § 22 BS WP/vBP) zur tatbestandlichen Einschränkung bzgl. des Vorhandenseins eines konkreten Interessenkonflikts führen.

6 Ein Interessenkonflikt i.S.v. § 23 Abs. 2 BS WP/vBP kann sich insb. aus einer **früheren Tätigkeit für denselben Mandanten** ergeben, wenn dabei ein **Beratungs-**

Unabhängigkeit § 43

fehler unterlaufen ist, auf den grds. hinzuweisen ist (sog. „Belehrungspflicht gegen sich selbst"; vgl. nur BGH 20.1.1982, ZIP 1982, 451; BGH 7.2.2008, NJW 2008, 2041). Weiter kommt ein solcher in Betracht bei Verteidigung eines Mandanten in **Steuerstraf- u. Bußgeldverfahren**, wenn der WP vorher in derselben Angelegenheit steuerberatend tätig war. Der WP könnte in diesem Fall als Zeuge o. gar als Mitbeschuldigter in Frage kommen. Hier ist die Interessenlage sorgfältig zu prüfen; v. einer generellen Unvereinbarkeit ist allerdings nicht auszugehen (vgl. hierzu auch Kuhls/Maxl, StBerG, § 57 Rn. 68).

b) Wirtschaftliche Unabhängigkeit

Die erforderliche innere Unabhängigkeit wird anerkanntermaßen durch eine **wirtschaftliche Unabhängigkeit** des WP gesichert. Diese garantiert zwar keine sachgerechte Tätigkeit, lässt andererseits aber auch nicht an ihr zweifeln. Bestehen naheliegende Zweifel bei bestimmten Fallkonstellationen, hat der Gesetzgeber insoweit durch die Regelung v. Gefährdungstatbeständen für entsprechende Sicherungsmechanismen gesorgt. Unter diesem Blickwinkel sind zu sehen. 7

- der **Widerruf der Bestellung des WP bei ungeordneten wirtschaftlichen Verhältnissen** (§ 20 Abs. 2 Nr. 5),
- das Verbot einer **gewerblichen Tätigkeit** (§ 43a Abs. 3 Nr. 1) u.
- das Verbot einer (abhängigen) **Anstellung im außerberuflichen Bereich** (§ 43a Abs. 3 Nr. 2).

Das Verbot der Anstellung im außerberuflichen Bereich indiziert auch das Verbot einer **sonstigen wirtschaftlichen Abhängigkeit v. Mandanten**. Wer ledigl. einen Mandanten hat u. damit möglicherweise nur „scheinselbstständig" tätig ist, ist gleichermaßen wie der Angestellte abhängig. Bei nur zwei Mandanten wird man dies u.U. auch noch annehmen können. Auf der anderen Seite werden selbst im Rahmen der gesetzlichen Abschlussprüfung Umsatzanteile mit einem Mandanten in Höhe bis zu 30 % (bei Unternehmen i.S.v. § 319a HGB: 15 %) über einen Zeitraum v. fünf Jahren noch akzeptiert, vgl. §§ 319 Abs. 3 Satz 1 Nr. 5, 319a Abs. 1 Satz 1 Nr. 1 HGB. Die genannten Schwellenwerte dürften auch außerhalb ihrer unmittelbaren u. ihrer berufsrechtlich erweiterten Anwendungsbereiche (§ 22a Abs. 1 BS WP/vBP) eine gewisse Indizfunktion entfalten. Eine Verpflichtung des WP, durch eine Auffächerung seiner Mandantenstruktur die Gefahr einer zu großen wirtschaftlichen Abhängigkeit v. Großmandanten zu vermeiden, besteht damit aber i.d.R. nicht (vgl. Feuerich/Weyland, BRAO, § 43a Rn. 10). Ebenso ist das Streben durch Verbindungen zu Großmandanten, Politikern, Vereinen, Verbänden u. gesellschaftlichen Gruppierungen verschiedener Art Mandate zu erlangen, grds. legitim (vgl. ebenda). Im Ergebnis kommt es aber auf die Einzelbetrachtung des Falles unter Berücksichtigung aller Gesamtumstände, zu denen auch nicht-ökonomische Gegebenheiten (etwa persönliche Vertrautheit, vgl. § 24 BS WP/vBP) gehören können, an. 8

Ebenfalls unter dem Blickwinkel einer unzulässigen wirtschaftlichen Abhängigkeit v. Mandanten ist das satzungsrechtliche Verbot zu sehen, sich eine **Versorgungszusage des Mandanten** geben zu lassen (§ 2 Abs. 2 Nr. 6 BS WP/vBP). 9

10 Die **Vergütung des WP** soll nach den Vorstellungen des Gesetzgebers u. des Satzungsgebers allein darauf abstellen, dass der WP für seine Tätigkeit als solche bezahlt wird. Das frühere strikte Verbot v. **Erfolgshonoraren** wurde allerdings im Rahmen der 7. WPO-Novelle 2007 durchbrochen, soweit es um eine wirtschaftsberatende Tätigkeit geht (vgl. insgesamt zu §§ 55, 55a sowie § 2 Abs. 2 Nr. 1-3 BS WP/vBP).

11 Das gleichermaßen ausdr. satzungsrechtlich geregelte Verbot der **Übernahme v. Mandantenrisiken** (§ 2 Abs. 2 Nr. 5 BS WP/vBP) soll ebenfalls verhindern, dass der WP seine Tätigkeit v. wirtschaftlichen Überlegungen leiten lässt. Dies korrespondiert mit dem schon angesprochenen Verbot gewerblicher Tätigkeit (§ 43a Abs. 3 Nr. 1) u. dient der Vermeidung des Risikos, dass der WP sich in sachfremden Maße v. eigenen finanziellen Vorteilen leiten lässt. Hierunter können **Bürgschaften o. Darlehen** zugunsten des Mandanten o. umgekehrt des Mandanten zugunsten des WP fallen sowie auch (direkte u. indirekte) **Beteiligungen des WP am Mandantenunternehmen** (vgl. ausführlich Kuhls/Maxl, StBerG, § 57 Rn. 63 ff.).

12 Unzulässig ist auch die **Annahme v. Provisionen** für die Vermittlung v. Anlageberträgen eines Mandanten u. zwar grds. auch dann, wenn sie als Ersatz für ein ansonsten berechnetes Beratungshonorar angesehen werden (vgl. im Einzelnen Kuhls/Maxl, a.a.O., § 57 Rn. 52 ff.). § 2 Abs. 2 Nr. 4 BS WP/vBP unterstreicht dies mit dem ausdr. Verbot, sonstige Vorteile für die Vermittlung v. Aufträgen, gleich, ob im Verhältnis zu einem WP o. Dritten, abzugeben o. entgegenzunehmen.

3. Interessen Dritter

13 Die WPO u. die BS WP/vBP untersagen die Tätigkeit eines WP, wenn er einen **anderen Auftraggeber in derselben Sache** im widerstreitenden Interesse beraten o. vertreten hat o. aktuell berät o. vertritt (§ 3 BS WP/vBP). Dies ist typischerweise der Fall bei kollidierenden Mandanteninteressen, z.B. zwingend entgegenstehenden Interessengegensätzen einer **Gesellschaft u. deren Gesellschafter** o. bei einem **Gesellschafterstreit**. Konfliktträchtig kann aber ggf. auch die steuerliche Betreuung v. **Ehegatten** sein, insb. wenn es zu familienrechtlichen Auseinandersetzungen kommt (vgl. hierzu Kuhls/Maxl, a.a.O., § 57 Rn. 73) o. die **treuhänderische Verwahrung v. Geldern** für mehrere Parteien (vgl. Kahlert, BRAK-Mitt. 2009, 264 f.). In solchen Fällen kann unter Umständen auch der strafrechtliche Tatbestand eines Parteiverrats (§ 356 StGB) gegeben sein (vgl. Kuhls/Maxl, StBerG, § 57 Rn. 70).

14 Solche widerstreitenden Interessen i.S.v. § 3 BS WP/vBP können jedoch auch z.B. bei der Übernahme eines **Treuhandmandates** für Anleger an einem Objekt gegeben sein, an dessen Konzeption u. Auflage der WP mitgewirkt hat. Grds. denkbar ist eine solche Interessenkollision auch bei Übernahme einer **Aufsichtsfunktion beim Mandanten**, die parallel zu einem Dienstleistungsverhältnis mit diesem ausgeübt wird (vgl. Kuhls/Maxl, a.a.O., § 57 Rn. 70). Hierbei dürften jedoch, insb. im Rahmen v. parallel zur Aufsichtsfunktion bestehenden **Beraterverträgen**, die Wertungen der entsprechenden gesellschaftsrechtlichen Regelungen zu derartigen Interessenkollisionen (vgl. nur § 114 AktG) zu berücksichtigen sein.

Kein Interessengegensatz liegt dagegen vor, wenn **mehrere Auftraggeber einen gemeinsamen Auftrag** erteilen, z.B. i.Z.m. der Beratung einer Erbengemeinschaft (§ 3 Satz 2 BS WP/vBP). Statthaft ist darüber hinaus auch eine **vermittelnde Tätigkeit im Auftrag aller Beteiligten** (§ 3 Satz 3 BS WP/vBP). 15

II. Gewissenhaftigkeit (Abs. 1 Satz 1)

Schrifttum: *Prütting*, Der neue IDW-Standard zur Erstellung von Sanierungskonzepten (IDW S 6) in der rechtlichen Beurteilung, ZIP 2013, 203; *Schruff*, Zur Facharbeit des Hauptfachausschusses (HFA) des IDW, WPg 2013, 117; *Beul*, Bilanzierung und Prüfung, steueranwaltsmagazin 2012, 137 u. 226; *Farr/Niemann*, Skalierte Prüfungsdurchführung – Anregungen der WP-Kammer nach Änderung der Berufssatzung, DStR 2012, 1875; *WPK*, Internationale und europäische Gremien und Organisationen im Bereich der Rechnungslegung und Abschlussprüfung, WPK-Mag. 2/2012, 38; *Farr/Niemann*, Neue Grundsätze für die Erstellung von Jahresabschlüssen durch Wirtschaftsprüfer und Steuerberater, DStR 2010, 1095; *WPK*, Grundsätze für die Erstellung von Jahresabschlüssen: IDW S 7 und Verlautbarung der BStBK zu den Grundsätzen für die Erstellung von Jahresabschlüssen, WPK-Mag. 3/2010, 29 f.; *Gelhausen/Goltz*, Die sechste Änderung der Berufssatzung, WPK-Mag. 1/2008, 33; *Schruff*, Die Rolle des Hauptfachausschusses (HFA) des IDW – Standortbestimmung und Ausblick anlässlich der 200. Sitzung, WPg 2006, 1; *WPK*, Einholung von externem fachlichem Rat durch WP/vBP, WPK-Mag. 4/2006, 37; *WPK*, Bescheinigungen auf Formblättern u. Verwendung vorformulierter Bescheinigungen, WPK-Mag. 2/2006, 32; *WPK*, Anpassung des Qualitätssicherungssystems an Neuregelung von Berufspflichten, WPK-Mag. 2/2006, 34; *WPK*, Die fünfte Änderung der Berufssatzung, WPK-Mag. 1/2006, 44; *Schmidt/Pfitzer/Lindgens*, Qualitätssicherung in der Wirtschaftsprüferpraxis, WPg 2005, 321; *Kuhner*, Der Code of Ethics for Professional Accountants der International Federation of Accountants (IFAC) – Neue Verhaltensrichtschnur für den Wirtschaftsprüfer?, WPK-Mag. 1/1999, 7; *Späth*, Die Pflicht des Steuerberaters zur gewissenhaften Berufsausübung u. die Organisation der Kanzlei zur Sicherung der Wahrung von Fristen, INF 1994, 180; *Clemm*, Gedanken zur Ethik u. Verantwortung im Prüferberuf, WPK-Mitt. 3/1992, 100; *Taupitz*, Die Entwicklung von Grundsätzen ordnungsmäßiger Buchführung durch die Wirtschaftsprüferkammer, BB 1990, 2367; *Meng*, Die gewissenhafte Berufsausübung des Steuerberaters, StB 1990, 113.

Inhaltsübersicht

	Rn.
1. Allgemeines.	16–22
a) Definition u. Abgrenzung	16–20
b) Satzungsrechtliche Konkretisierung	21–22
2. Praxisorganisation	23–32
a) Praxisräume/Praxisvertretung	24–26
b) Gesamtplanung aller Aufträge	27–30

c) Handakten 31
d) Qualitätssicherungssystem. 32
3. Beachtung der gesetzlichen u. fachlichen Regeln 33–55
   a) Allgemeines. 33–37
   b) Fachliche Regeln u. deren rechtliche Bedeutung 38–52
   c) Grundsatz der Verhältnismäßigkeit 53–55
4. Auftragsverhältnis. 56–118
   a) Allgemeines. 56–57
   b) Durchführung gesetzlicher Abschlussprüfungen. 58–90
   c) Sachverständigentätigkeit 91–106
   d) Treuhandtätigkeit. 107–112
   e) Erstellung von Jahresabschlüssen 113–118

1. Allgemeines
a) Definition u. Abgrenzung

16 Die allgemeine Berufspflicht zu gewissenhafter Berufsausübung ist – wie im Berufsrecht der StB (§ 57 StBerG) u. RA (§ 43 BRAO) – eine der **Kernvorschriften** in der Berufsordnung u. gilt für **alle beruflichen Tätigkeiten** (§§ 2, 43a Abs. 4) unabhängig davon, in welcher Funktion der Beruf ausgeübt wird.

17 Konkretisiert durch weitere Regelungen der Rechtsordnung (Rn. 21 f.) trägt sie dem **verfassungsrechtlichen Bestimmtheitsgebot** des § 103 Abs. 2 GG noch ausreichend Rechnung, insb. weil Mandanten u. andere v. der Tätigkeit des WP tangierte Verkehrskreise erwarten dürfen, dass sich der WP an die Gesetze u. an die anerkannten fachlichen Standards hält (vgl. BGH 14.8.2012, WpSt(R) 1/12, NJW 2012, 3251 u. LG Berlin 20.3.2009, WiL 18/08, WPK-Mag. 3/2009, 41; s. auch Vor §§ 43 ff. Rn. 6).

18 Die **Auslegungsbedürftigkeit** der Berufspflicht zu gewissenhafter Berufsausübung gebietet jedoch insoweit eine **restriktive Anwendung**, als nicht jedes berufswidrige Verhalten zugleich auch unter eine nicht mehr gewissenhafte Berufsausübung subsumiert werden kann. Vielmehr kann ein Fehlverhalten nur dann als Verstoß gegen die Gewissenhaftigkeit eingeordnet werden, wenn keine der anderen speziell benannten Berufspflichten, wie z.B. die allgemeine Berufspflicht zur Verschwiegenheit o. auch die besondere Berufspflicht zur dauerhaften Unterhaltung einer Berufshaftpflichtversicherung, betroffen ist (vgl. auch Kuhls/Maxl, StBerG, § 57 Rn. 19 u. Henssler/Prütting, BRAO, § 43 Rn. 19).

19 Die Pflicht zu gewissenhafter Berufsausübung ist zudem auf die **Art u. Weise der Mandatserledigung**, d.h. auf die berufliche Aufgabenerfüllung gegenüber dem Mandanten beschränkt. Im Wesentlichen ist der Begriff der Gewissenhaftigkeit mit der „**im Verkehr erforderlichen Sorgfalt**" i.S.d. § 276 Abs. 1 Satz 2 BGB gleichzusetzen (s. auch Bölingen, Das Rügeverfahren der Wirtschaftsprüfer, 45 m.w.N.). Dementsprechend wird durch die Pflicht zu gewissenhafter Berufsausübung erfasst, die Interessen der Mandanten bestmöglich u. sorgfältig zu vertreten.

Weist ein Sachverhalt **keinen konkreten Mandatsbezug** auf, ist ein Verstoß gegen **20 andere spezielle Berufspflichten** zu prüfen. Soweit eine mögliche Pflichtverletzung keinem speziellen Tatbestand zugeordnet werden kann, bleibt insoweit noch der Auffangtatbestand des § 43 Abs. 2 Satz 3, sich sowohl innerhalb als auch außerhalb der Berufstätigkeit des Vertrauens u. der Achtung würdig zu erweisen, die der Beruf erfordert (vgl. Kuhls/Maxl, StBerG, § 57 Rn. 125 f.; s. auch Rn. 337 ff.).

b) Satzungsrechtliche Konkretisierung
Eine weitere Konkretisierung erfährt der Grundsatz der Gewissenhaftigkeit vor **21** allem durch § 4 Berufssatzung WP/vBP. Danach sind WP bei der Erfüllung ihrer Aufgaben **an das Gesetz gebunden** u. haben sich über die **für ihre Berufsausübung geltenden Bestimmungen zu unterrichten** u. diese u. **fachliche Regeln zu beachten** (§ 4 Abs. 1 BS WP/vBP). Sie dürfen Aufträge nur übernehmen, wenn sie über die dafür **erforderliche Sachkunde u. Zeit** verfügen (§ 4 Abs. 2 BS WP/vBP). Durch die **sachgerechte Gesamtplanung** aller Aufträge haben WP die Voraussetzungen dafür zu schaffen, dass die übernommenen u. erwarteten Aufträge unter Beachtung der Berufsgrundsätze ordnungsgemäß durchgeführt u. zeitgerecht abgeschlossen werden können (§ 4 Abs. 3 u. 4 BS WP/vBP).

Daneben weisen insb. die folgenden Satzungsbestimmungen Bezüge zur gewissen- **22** haften Berufsausübung auf:

- **§ 4a BS WP/vBP** zur Fortbildungspflicht des WP (Rn. 362 ff.);
- **§§ 5-6 BS WP/vBP** zur Mitarbeiterentwicklung (Rn. 67);
- **§ 7 BS WP/vBP**, wonach Berufsangehörige die Einhaltung der Berufspflichten in ihrer Praxis in angemessenen Zeitabständen zu überprüfen u. Mängel abzustellen haben (Rn. 32);
- **§ 8 BS WP/vBP** zum gewissenhaften Umgang mit fremden Vermögenswerten (Rn. 107 ff.);
- **§ 19 BS WP/vBP** zur beruflichen Niederlassung des WP (Rn. 24 f.);
- **§ 24a-d BS WP/vBP** zur sachgerechten Prüfungsplanung u. Auftragsabwicklung (Rn. 66 ff.) sowie den gewissenhaften Umgang mit Beschwerden u. Vorwürfen (Rn. 73);
- **§ 26 BS WP/vBP** zu den Pflichten bei Wechsel des Abschlussprüfers (Rn. 81);
- **§ 27 BS WP/vBP** über die Vergütung v. Prüfungen u. Gutachten (Rn. 86, 105 u. 221);
- **§ 27a BS WP/vBP** zur Unterzeichnung v. Prüfungsvermerken, Prüfungsberichten u. Gutachten (Rn. 84, 106, 216 u. 328 ff.)
- **§§ 31-33 BS** über die Pflicht zur Einrichtung eines QS-Systems in der WP-Praxis (Rn. 32).

2. Praxisorganisation
Eine gewissenhafte Berufsausübung setzt zunächst die **Schaffung angemessener** **23** **Rahmenbedingungen** für eine beanstandungsfreie Berufsausübung voraus. Hierzu zählen u.a. die Begründung einer beruflichen NL (Rn. 24 f.), eine sachgerechte Gesamtauftragsplanung (Rn. 27 ff.), das Führen v. Handakten (Rn. 31) u. die Errich-

tung eines QS-Systems (Rn. 32). In den Fällen, in denen unzureichende berufliche Rahmenbedingungen Mandanteninteressen unmittelbar betreffen u. keine anderen konkret benannten Berufspflichten vorrangig verletzt sind, können Mängel der Praxisorganisation als Verstoß gegen den Grundsatz der Gewissenhaftigkeit geahndet werden (s. auch Rn. 20).

a) Praxisräume/Praxisvertretung

24 WP müssen unmittelbar nach der Bestellung eine **berufliche Niederlassung als Mittelpunkt der Berufstätigkeit** (Hauptniederlassung) begründen u. unterhalten. Bei einem selbständigen WP ist dies die eigene Praxis, bei einem angestellten WP die NL, v. der aus er seinen Beruf überwiegend ausübt, bei einer WPG der Sitz der Gesellschaft (§ 3 Abs. 1 u. 2). Daneben dürfen WP u. WPG auch **Zweigniederlassungen** begründen (§ 3 Abs. 3 i.V.m. § 47). Konkretisierende Bestimmungen zu beruflichen NL u. Zweigniederlassungen enthält § 19 BS WP/vBP (vgl. im Einzelnen Kommentierungen zu § 3 u. § 47).

25 Um die ordnungsgemäße Durchführung u. den zeitgerechten Abschluss v. Aufträgen zu gewährleisten (§ 4 Abs. 3 BS WP/vBP), muss es dem Mandanten trotz des hohen Mobilitätsgrades der WP-Tätigkeit möglich sein, zeitnah Kontakt zum Berufsangehörigen aufzunehmen (vgl. auch FG Düsseldorf 5.9.2012, 15 K 682/12 F, WPK-Mag. 4/2012, 73). Aus diesem Grund müssen die Praxisräume **publikumsfähig** sein. Das bedeutet, dass der WP in seiner kundgemachten beruflichen NL tatsächlich seine Arbeitsräume unterhalten, d.h. seinen Beruf überwiegend dort ausüben muss (zu weiteren Arbeitsräumen vgl. auch § 3 Rn. 14).

26 Die WPO enthält – anders als das Berufsrecht der StB (§ 69 StBerG) u. RA (§ 53 BRAO) – bis auf die Fälle eines vorläufigen Tätigkeitsverbots o. eines Berufsverbots (§ 121) keine Regelungen zur **Praxisvertretung**. Gleichwohl ist eine Vertretungsregelung mit einem anderen WP auch mit Blick auf eine sorgfältige Mandatserledigung grds. notwendig u. dementsprechend auch nach dem Berufsrecht der WP geboten. In den Bereichen der gesetzlichen AP (§§ 316 ff. HGB) und der gerichtlichen Gutachtenaufträge ist aufgrund der höchstpersönlichen Leistungserbringung keine Vertretung möglich.

b) Gesamtauftragsplanung aller Aufträge

27 Zwingende Voraussetzung für die ordnungsgemäße u. zeitgerechte Durchführung aller Aufträge (§ 4 Abs. 3 BS WP/vBP) ist eine Praxisorganisation, die dem Berufsangehörigen eine **sachgerechte Gesamtplanung** seiner Aufträge unter Berücksichtigung der Anzahl, dem Volumen u. der Komplexität der Aufträge ermöglicht. Ausgangspunkt einer solchen Gesamtplanung ist die Einzelplanung der abzuwickelnden Aufträge. Hierzu gehört auch eine **Terminplanung** der Einzelaufträge o. Auftragsgruppen (z.B. Prüfungs-, Erstellungs-, Steuerberatungs- o. Gutachtenaufträge), die eine personelle u. zeitliche Abstimmung sowie eine **angemessene Bearbeitungszeit** des Einzelauftrags ermöglicht (vgl. auch VO 1/2006, Tz. 80).

Im Rahmen der Gesamtplanung hat der WP auch für eine **zuverlässige Fristenkon-** 28
trolle zu sorgen u. die Praxisorganisation so zu gestalten, dass Fristversäumnisse
vermieden werden (s. auch BFH 21.1.2003, X B 118/02 (NV) u. WPH I, Rn. A 388).

Zeitmangel ist kein Entschuldigungsgrund für eine nicht gewissenhafte Berufsaus- 29
übung. Ist v. Auftraggeber eine zu kurze Zeit gesetzt, so hat der WP unverzüglich zu
erklären, dass der Auftrag nicht o. nicht vollständig in der vorgesehenen Frist durchgeführt werden kann. Ist die Zeitnot in der Person des WP begründet (z.B. durch
Krankheit), so hat er – falls eine Terminverlängerung nicht möglich ist – sich darum
zu bemühen, dass die ihm übertragene Aufgabe v. einem anderen Sachkundigen
durchgeführt wird (s. zur Praxisvertretung auch Rn. 26). Ist dies nicht möglich, z.B.
bei der Bestellung zum gesetzlichen AP o. bei durch das Gericht erteilten Gutachteraufträgen, ist der Auftrag gemäß § 51 im Rahmen des Möglichen zurückzugeben
(s. auch Kommentierung zu § 51 und Vor § 51 Rn. 59 ff.).

Verzögert der WP die Bearbeitung eines Auftrags schuldhaft, ist hierin ein Ver- 30
stoß gegen die Pflicht zu gewissenhafter Berufsausübung zu sehen. In diesem Sinne
bestätigte das LG Berlin die einem mit der Erstellung einer Auseinandersetzungsbi-
lanz beauftragten Berufsangehörigen erteilte Rüge, weil dieser gegenüber dem
Mandanten über einen Zeitraum v. fast zwei Jahren nicht klargestellt hatte, dass der
Auftrag aus seiner Sicht bereits abgeschlossen gewesen sei (vgl. LG Berlin
16.10.2004, WiL 5/04, WPK-Mag. 2/2005, 36 f.).

c) Handakten
WP müssen zur Vermittlung eines zutreffenden Bildes über ihre Tätigkeit **klare u.** 31
übersichtliche Handakten anlegen u. grds. für die Dauer v. **zehn Jahren** nach
Beendigung des entsprechenden Auftrages **aufbewahren** (§ 51b Abs. 1 u. 2). Die
Handakten dokumentieren das Mandatsverhältnis v. der Auftragsannahme bis zur
Auftragsbeendigung u. umfassen **alle das Auftragsverhältnis betreffenden Un-**
terlagen, die in die Hände des WP gelangt sind o. v. ihm selbst erstellt wurden u.
seine berufliche Tätigkeit nachweisen. Eine gewissenhafte Führung v. Handakten
ist Voraussetzung für den Nachweis der geforderten bestmöglichen u. sorgfältigen
Mandatserledigung i.S. einer gewissenhaften Berufsausübung (zu Handakten s. im
Einzelnen Kommentierung zu § 51b).

d) Qualitätssicherungssystem
Berufsangehörige haben die **Regelungen**, die nach den Tätigkeitsbereichen u. den 32
Verhältnissen der Praxis **zur Einhaltung der Berufspflichten** erforderlich sind, zu
schaffen u. zu dokumentieren sowie ihre angemessene u. wirksame Anwendung
durchzusetzen u. zu überwachen (§ 55b i.V.m. §§ 7 u. 31 ff. BS WP/vBP). Hierzu
gehört gemäß § 5 Abs. 2 u. 3 BS WP/vBP auch die **Information der Mitarbeiter**
über das QS-System. So sind diese auch bereits vor Dienstantritt **schriftlich** auf
die **Einhaltung der Vorschriften zur Verschwiegenheit**, zum Datenschutz u. zu
den Insiderregeln des WpHG sowie der Regelung zum QS-System zu verpflichten
(vgl. § 50 Rn. 10).

3. Beachtung der gesetzlichen u. fachlichen Regeln

a) Allgemeines

33 WP sind bei der Erfüllung ihrer Aufgaben an das **Gesetz gebunden** (§ 4 Abs. 1 BS WP/vBP). Zu beachtende Gesetze sind die für die Berufsausübung geltenden (z.b. WPO, §§ 318, 319, 323 u. 324 HGB), aber auch die für die jeweilige Tätigkeit geltenden gesetzlichen speziellen **fachlichen Vorschriften** (§§ 316-317, 320-322 HGB für die Pflichtprüfung, Einzelbestimmungen in AktG, GmbHG, KWG, HBG, VAG, MaBV usw.) sowie die allg. **zivil- u. strafrechtlichen Vorschriften**.

34 Speziell für die gesetzliche AP verlangt auch § 323 Abs. 1 Satz 1 HGB ein gewissenhaftes Vorgehen des WP in seiner Eigenschaft als AP. Die HGB-Vorschrift kann über die nach der WPO allein mögliche disziplinarische Ahndung hinaus zusätzl. den **Anspruch auf Schadensersatz** auslösen.

35 Berufsangehörige haben auch die für die Berufsausübung geltenden Bestimmungen, wie sie in der **Berufssatzung u. deren Begründung** zum Ausdruck kommen, zu kennen u. zu beachten. Zwar ist die **Begründung zur BS** kein förmlicher Bestandteil der BS; sie ist aber v. Beirat der WPK zustimmend zur Kenntnis genommen worden und führt somit zu einer Selbstbindung der WPK. Die Begründungstexte zur BS sind auch nicht abschließend zu verstehen. Daher muss auch auf anderweitige **Äußerungen der WPK** (z.B. WPK-Mag., VO 1/2006) zu den Berufspflichten geachtet werden. Dies gilt insb. für **VO-Verlautbarungen**, die zumeist allg. Auffassungen über Fragen der Ausübung des Berufs darstellen (vgl. Rn. 38 ff.), u. **Hinweise** der WPK (z.B. skalierte Prüfungsdurchführung, vgl. Rn. 42, 53 ff.).

36 Der Übergang zu den ebenfalls zu beachtenden **fachlichen Regeln** (§ 4 Abs. 1 BS WP/vBP) ist fließend. Die Verwendung des Begriffs „fachliche Regeln" in der BS stellt keine jur. Verweisung auf ein spezielles o. gar förmliches Regelwerk dar, sondern ist eine Beschreibung branchenüblicher Verfahrensweisen, die von allgemein anerkannten Autoritäten unter Bezug auf gesetzliche Grundlagen, deren Interpretation u. praktische Erfahrungswerte themenbezogen zusammengestellt werden.

37 Als fachliche Regeln sind neben den **Grundsätzen ordnungsmäßiger Buchführung** (GoB) u. **AP** (GoA) insb. auch die sonstigen Hinweise / Verlautbarungen der WPK (vgl. Rn. 35) zu beachten sowie, soweit sie allgemeine Akzeptanz gefunden haben, **Verlautbarungen** des **IDW zur Rechnungslegung und Prüfung** und der BStBK zur Erstellung von JA (vgl. auch Rn. 113). Soweit die vom **DRSC** gemäß § 342 Abs. 1 HGB entwickelten Standards zur Konzernrechnungslegung vom BMJ bekanntgemacht sind (§ 342 Abs. 2 HGB), haben sie die Vermutung für sich, **GoB für Konzernrechnungslegung** zu sein und sind gleichfalls zu beachten. Auch Rechnungslegungs- und Prüfungsstandards **internationaler Standardsetter** sind als fachliche Regeln anzusehen. Für **Rechnungslegungsstandards** (IAS/IFRS) gilt dies bspw. unmittelbar gemäß § 315a HGB. Für **Prüfungsstandards** (ISA) ist die unmittelbare Anwendung gemäß § 317 Abs. 5 HGB mit Möglichkeiten der Modifizierung durch das BMJ gemäß § 317 Abs. 6 HGB verpflichtend vorgesehen (s. auch Rn. 46, 51 ff.).

b) Fachliche Regeln u. deren rechtliche Bedeutung

aa) Äußerungen der Wirtschaftsprüferkammer

Die WPK ist die v. Gesetzgeber im Jahre 1961 errichtete u. mit hoheitlichen Aufgaben betraute **bundeseinheitliche Berufsorganisation**, deren Pflichtmitglieder alle WP u. vBP sind. Bei den der WPK **per Gesetz übertragenen Aufgaben** handelt es sich insb. um die Entwicklung u. den Erlass v. Regelungen zur Berufsausübung in Form der **Berufssatzung** u. die Ausübung der **Berufsaufsicht** über ihre Mitglieder (s. auch Kommentierung zu § 57). Im Zuge der Einführung des APAG (6. WPO-Novelle 2005, § 66a Rn. 1 ff.) entstand vorübergehend in der Fachliteratur auch die Forderung, der WPK den Erlass von Prüfungsstandards zu übertragen, da ansonsten die zunächst im RefE vorgesehene (später nicht übernommene) Aufsicht der APAK auch über die Annahme von Prüfungsstandards ins Leere laufe (vgl. Lenz, BB 2004, 1953 f.; a.a. Baetge/Lienau, DB 2004, 2280 f.). 38

Die VO 1/2006 zur QS, d.h. die **gemeinsame Stellungnahme** v. WPK u. IDW zu den Anforderungen an die QS in der WP-Praxis, wurde v. den VO der beiden Organisationen unter dem 27.3.2006 beschlossen u. veröffentlicht (vgl. u.a. Anlage zu WPK-Mag. 2/2006). Die VO 1/2006 wurde bislang keiner **Überarbeitung u. Fortentwicklung** unterzogen. Da sich seitdem sowohl die WPO als auch die BS WP/vBP inhaltlich mehrmals geändert haben u. auch die der VO 1/2006 zugrunde liegenden internationalen Regelungen (ISQC 1 u. ISA 220) ständig weiterentwickelt werden, hat die VO 1/2006 an Aktualität eingebüßt (s. auch Einleitung Rn. 58). 39

Die VO 1/2006 hat **keinen Normcharakter**. Berufsrechtlich hat sie mittelbar nur insoweit Bedeutung, als sie zu einer **Selbstbindung des VO der WPK** führt; der VO bringt damit zum Ausdruck, dass er keinen Berufsangehörigen berufsaufsichtsrechtlich belangen wird, wenn u. soweit er sich an die Regeln der VO 1/2006 hält. Die **KfQK** war an dem Erlass der VO 1/2006, die für das Qualitätskontrollverfahren noch wichtiger sein dürfte als für die BA, nicht beteiligt; der VO der WPK hat auch weder ausdr. noch konkludent in ihrem Namen gehandelt. Da die KfQK gemäß § 57e Abs. 1 Satz 3 v. VO der WPK unabhängig ist (vgl. § 57e Rn. 1 ff.), dürfte sich also de iure für sie keine Bindung wie für den VO der WPK ergeben. 40

Die **Berufsgerichte** sind bei ihrer Beurteilung, ob eine Berufspflichtverletzung gegeben ist, an diese Regeln eindeutig nicht gebunden, auch wenn natürlich bei einem Berufsangehörigen, der sich an die VO 1/2006 hält, das Verschulden bei der Pflichtverletzung nur schwierig zu bejahen sein wird. 41

Daneben äußert die WPK ihre Auffassung in **Hinweisen**. Dazu zählen die Hinweise der **KfQK** (s. auch § 57a), die insb. die Durchführung v. QK u. die Berichterstattung darüber betreffen, die Hinweise zur Erstellung u. Veröffentlichung v. **Transparenzberichten** (s. auch § 55c) sowie der Hinweis zur **skalierten Prüfungsdurchführung** (vgl. Rn. 55). Alle Hinweise sind auf der Homepage der WPK (www.wpk.de) abrufbar. 42

Hinweise auf die Anforderungen an eine gewissenhafte Berufsausübung geben auch die in den Bd. I u. II der **Berufsgerichtlichen Entscheidungen**, die in den 43

WPK-Mag. (früher: WPK-Mitt.) sowie die im jährlichen **Bericht der Berufsaufsicht** veröffentlichten Fälle. Im WPK-Mag. publizierte Hinweise für die Berufsausübung, die u.a. Auffassungen u. Beschlüsse des VO o. seiner Abteilungen u. Ausschüsse beinhalten können, sind grds. zu beachten.

44 So hat die WPK in einem Fall von der Erteilung einer Rüge abgesehen, da der Vorstandsbeschluss, dass die Durchführung einer QK durch Verbundmitglieder gegen § 49 WPO verstößt (vgl. WPK-Mag. 1/2004, 28), erst **nach Auftragsdurchführung im WPK-Mag. veröffentlicht** wurde. Berufsangehörige haben somit die Berufspflichten nicht nur zu beachten, sondern sich auch über Entwicklungen in der Auslegung der Berufsgrundsätze zu informieren.

bb) IDW-Standards

45 Im Rahmen seiner Facharbeit gibt das IDW eine Reihe v. **fachlichen Verlautbarungen** heraus, insb. in der Form v. IDW Fachgutachten (IDW FG), IDW Prüfungsstandards (IDW PS), IDW Stellungnahmen zur Rechnungslegung (IDW RS) u. IDW Standards (IDW S), welche die Berufsauffassung der WP zu fachlichen Fragen insb. der Rechnungslegung u. Prüfung darlegen (vgl. WPH I, A 384 ff., Anhang 3). Die Satzung des IDW verpflichtet die Mitglieder des IDW, diese Standards zu erfüllen – u. zwar auch dann, wenn sie über die gesetzlichen Anforderungen hinausgehen. Ordentliches Mitglied des IDW können nur WP u. WPG sein, nicht dagegen vBP u. BPG (§ 3 Abs. 1 Satzung IDW). Laut eigenen Angaben des IDW sind zum 1.1.2013 ca. 85 % aller bestellten WP Mitglied im IDW.

46 Die **Notwendigkeit, fachliche Verlautbarungen** herauszugeben, wurde bereits in der Einleitung zur 1. Aufl. der Sammlung v. FG u. Stellungnahmen des IDW begründet. Danach stellte die Einführung v. Pflichtprüfungen v. JA den zur Durchführung dieser Aufgabe geschaffenen Berufsstand vor zahlreiche schwierige fachliche Fragen. Dementsprechend sieht das IDW seine Aufgabe laut Satzung darin, die einheitliche Behandlung u. das gemeinsame Vorgehen des Berufsstandes zu fachlichen Themen in den Bereichen der Prüfung u. Rechnungslegung zu fördern. Mit der künftigen unmittelbaren Anwendung der ISA – normiert durch BilMoG in § 317 Abs. 5 HGB – wird ausdr. der EU-Kommission die Weiterentwicklung v. Anforderungen an die AP übertragen (vgl. Gelhausen u.a., BilMoG, Abschn. S, Rn. 17; kritisch dazu Beul, steueranwaltsmagazin 2012, 227).

47 Die Standards des IDW sind **keine Rechtsnormen**, sie können deswegen die BA u. die Gerichte nicht unmittelbar binden (vgl. WPH I, Abschn. A, Rn. 366; zum Überblick über verschiedene Ansichten zur Qualifizierung der Standards vgl. auch MünchKomm HGB/Ebke, § 323 Rn. 31). Das IDW selbst geht aber v. einer **faktischen Bindungswirkung** der PS mit Blick auf die Einbeziehung der Öffentlichkeit bei der Entstehung der PS sowie mangels anderweitiger Festsetzung durch andere Institutionen aus (vgl. Schruff, WPg 2013, 117; ders., WPg 2006, 6). Eine mögliche Bindungswirkung kommt auch in der Begr. zum RegE des BilMoG zum Ausdruck: *„Bei den Prüfungsstandards, die gegenwärtig von Abschlussprüfern in*

Deutschland beachtet werden, handelt es sich um Regelungen, die diese sich selbst auferlegt haben." (BT-Drs. 16/10067, 87).

Anerkannt ist, dass die Standards als **Erkenntnisquelle für die GoA** ggf. eine Entlastung bilden, wenn der Prüfer sich in Zweifelsfragen darauf beruft (ADS, § 323, Rn. 23). Sie stärken zugleich auch die Stellung des Prüfers gegenüber dem Geprüften (Rückle, HWRP, 1029). Die Verlautbarungen des IDW sollen Hilfestellung für Berufskollegen sein, verständlich machen, was WP tun u. zugleich den Nachweis für eine Übereinstimmung mit den ISA erbringen. In diesem Sinne tragen die PS des IDW dazu bei, die GoA auch aus Sicht eines berufsständischen Vereins zu interpretieren (vgl. Schruff, WPg 2013, 123). Sie stellen damit auch eine wichtige **Entscheidungshilfe** für Gerichte dar (ADS, § 323, Rn. 23). Gleichwohl sind die gerichtlichen Entscheidungen uneinheitlich. So wurde die Ansicht vertreten, dass es sich bei den Stellungnahmen des IDW lediglich um Meinungsäußerungen handelt, die nur Gewicht haben, soweit ihnen überzeugende Argumente zugrunde liegen (AG Duisburg 31.12.1993, 23 HR B 31/93, DB 1994, 466). Eine andere Ansicht sah den Zweck der Standards in der Bestimmung und Ausfüllung des Pflichtenkreises für das zivile Haftungsrecht (LG Frankfurt a.M. 8.4.1997, 2/18 O 475/95, BB 1997, 1682). Jüngst hat der BGH festgestellt: *„insbesondere handelt es sich bei dem ... Wirtschaftsprüfer-Handbuch 1996 nicht um eine völlig unverbindliche ‚private Meinung'."* (BGH 19.4.2012, III ZR 224/10, www.bundesgerichtshof.de).   48

Die Standards des IDW sind danach **berufsrechtlich nicht ohne Bedeutung**. Werden diese nicht o. nicht vollständig eingehalten, liegt darin als solches aber noch kein Verstoß gegen die gewissenhafte Berufsausübung.   49

Etwas anderes gilt allerdings dann, wenn der AP den **Eindruck der Beachtung u. Einhaltung der IDW-Standards** vermittelt, insb. durch einen Verweis auf die IDW PS im BV u. im PB. Dort sind die angewandten Prüfungsgrundsätze anzugeben (§§ 321 Abs. 3 Satz 2, 322 Abs. 1 Satz 2 HGB). Unabhängig davon, welche Prüfungsgrundsätze der Berufsangehörige verwendet, muss er die vorgenommenen Prüfungshandlungen u. damit die angewandten Prüfungsgrundsätze in seinen Arbeitspapieren im Rahmen seiner Eigenverantwortlichkeit nach pflichtgemäßem Ermessen in Abhängigkeit v. Größe, Komplexität u. Risiko des Prüfungsmandats dokumentieren (§ 51b Abs. 1; § 24b Abs. 1 Satz 2 BS WP/vBP).   50

cc) Internationale Standards

Auch **Verlautbarungen internationaler Gremien u. Organisationen** beeinflussen die Berufsausübung (s. hierzu WPK, WPK-Mag. 2/2012, 38 ff.). Bei der Prüfung v. Abschlüssen, die nach internationalen Rechnungslegungsvorschriften aufgestellt worden sind, sind die IAS/IFRS o. die US-GAAP zu beachten. Für die AP veröffentlicht das IFAC Prüfungs- u. Berufsgrundsätze, darunter v. IESBA zu berufsethischen Fragen u. v. IAASB zur Entwicklung v. Prüfungs- u. QS-Standards. Das zu den fachlichen Verlautbarungen des IDW Gesagte gilt sinngemäß für die **fachlichen Verlautbarungen der internationalen Organisationen u. Gremien, insb. die IAS/IFRS des IASC (IASB) u. die ISA der IFAC (IAASB)**. Auch ihnen fehlt die   51 unmittelbare rechtliche Verbindlichkeit u. damit der Normcharakter, was aber ihre **mittelbare berufsrechtliche Bedeutung** nicht hindert. Insb. gilt dies für den **IESBA Code of Ethics 2009**. Als Mitglied des IFAC ist die WPK verpflichtet, die Regelungen des Code of Ethics in nationales Berufsrecht umzusetzen, sofern u. soweit dies mit höherrangigem Recht vereinbar ist. Ein fortdauernder Abgleich des deutschen Berufsrechts mit den Anforderungen des Codes im Rahmen des **IFAC Compliance Program** in 2009 hat eine **weitestgehende inhaltliche Übereinstimmung** ergeben. Ergänzungen im Detail sind hierdurch aber nicht ausgeschlossen. So ist die Ergänzung des § 24d Abs. 2 BS WP/vBP im Rahmen der 6. Änderung der BS WP/vBP dahingehend, dass auch der **auftragsbegleitende Qualitätssicherer** einer **internen Rotation** unterliegt, auf eine Vorgabe des IFAC Code of Ethics zurückzuführen. Gleiches gilt für die mit derselben Satzungsänderung eingeführten beruflichen Pflichten bei der Erstattung einer „**second opinion**" (§ 24b Abs. 5 BS WP/vBP; s. auch Rn. 93).

52 Eine wichtige Ausnahme – bezogen auf die unmittelbare Verbindlichkeit – gilt für die IAS u. ISA. Bei ihnen geht die Entwicklung in die Richtung einer stärkeren u. sogar **unmittelbaren Verbindlichkeit**. Die sog. IAS-VO (Verordnung (EG) Nr. 1606/2002 v. 18.7.2002 – vgl. ABl EG Nr. L 243, 1) hat die **IAS** (Rechnungslegungsgrundsätze) in dem dort geregelten Umfang auch in Deutschland für verbindlich erklärt. Für die **ISA** (Prüfungsgrundsätze) ist nach der geänderten 8. EU-Richtlinie ein Anerkennungsmechanismus vorgesehen, mit dem ISA europaweit für alle AP verbindlich gemacht werden können. Wenn u. soweit für internationale Standards eine solche Umsetzung in verbindliches Recht erfolgt, gehören sie zwar ebenso wenig wie die §§ 239 ff. HGB u. die §§ 316 ff. HGB zum Berufsrecht im eigentlichen Sinne, sind aber über die Berufspflicht zu gewissenhafter Berufsausübung zu beachten (vgl. Rn. 33 ff., 46 u. auch Einleitung Rn. 55).

c) Grundsatz der Verhältnismäßigkeit

53 Aus dem **verfassungsrechtlich** verankerten Rechtsstaatsprinzip ist der allgemeine Rechtsgrundsatz der **Verhältnismäßigkeit** ableitbar. Die danach geltenden Prinzipien der Geeignetheit, Erforderlichkeit u. Angemessenheit bei der Anwendung v. Gesetzen gelten erst Recht für die Anwendung untergesetzlicher Regelungen u. Standards.

54 Für die Anforderungen an die **Prüfungsdurchführung** wurde dem **Grundsatz der Verhältnismäßigkeit** durch Kodifizierung in § 24b Abs. 1 BS WP/vBP stärker Rechnung getragen. Danach hat sich der WP bei Durchführung der Prüfung an den tatsächlichen Gegebenheiten des Prüfungsgegenstandes, namentlich Größe, Komplexität u. Risiko zu orientieren. Der AP hat nach seinem pflichtgemäßen Ermessen diese Aspekte zu beurteilen u. anhand einer sachgerechten Gewichtung den Grad der **Skalierbarkeit** der Prüfungsdurchführung abzuleiten.

55 Zusammen mit der Neufassung v. § 24b Abs. 1 BS WP/vBP hat die WPK den „**Hinweis zur skalierten Prüfungsdurchführung auf Grundlage der ISA**" erarbeitet. Dieser Hinweis soll die Sichtweise der WPK zur skalierten Prüfungsdurchführung

verdeutlichen u. den Berufsangehörigen als Hilfestellung bei der Prüfung insb. v. kleinen u. mittleren Unternehmen dienen (vgl. Farr/Niemann, DStR 2012, 1875; Schruff, WPg 2013, 119 f.; kritisch dazu Beul, steueranwaltsmagazin 2012, 137 u. 228). Der Grundsatz der Verhältnismäßigkeit ist auf die Prüfungsdurchführung im engeren Sinne beschränkt. Es bleibt abzuwarten, ob für weitere Prüfungsprozesse – auch mit Blick auf die künftige unmittelbare Anwendbarkeit der ISA – die Skalierbarkeit explizit geregelt werden kann.

4. Auftragsverhältnis

a) Allgemeines

Die rechtlichen Beziehungen zwischen WP/WPG u. ihren Mandanten sind in erster Linie durch das Vertragsrecht (Zivilrecht) geprägt, welches durch das Berufsrecht zahlreiche Modifikationen u. Konkretisierungen erfährt (zum zivilrechtlichen Vertragsverhältnis s. im Einzelnen Kommentierung zu Vor § 51). Für die gesetzliche AP enthält das HGB spezielle Regelungen zur **Wahl** u. **Beauftragung** (= Bestellung) sowie zum **Widerruf des Auftrages** o. zur **Kündigung** (s. insb. § 318 HGB), die zu beachten sind. 56

Weder die allgemeinen noch die besonderen Berufspflichten werden unmittelbar zum Vertragsgegenstand. Gleichwohl prägen sie das Auftragsverhältnis derart, dass ein Anspruch auf Auftragserfüllung entsprechend den Berufspflichten besteht (vgl. auch Rn. 34 zur gesetzlichen AP u. Vor § 43 Rn. 25). 57

b) Durchführung gesetzlicher Abschlussprüfungen

aa) Auftragsannahme

Der WP hat **vor Auftragsannahme** unter Berücksichtigung der sachlichen u. zeitlichen Gesamtplanung seiner Aufträge (s. Rn. 27 ff.) eingehend zu prüfen, ob der Prüfungsauftrag nach den gesetzlichen u. berufsrechtlichen Vorschriften angenommen werden darf. Dies schließt die Prüfung mit ein, ob eine gesetzliche Prüfungspflicht besteht und wer AP sein darf; nämlich nur WP/WPG sowie für bestimmte Unternehmen auch vBP/BPG. Bei gesetzlichen AP ist also zunächst stets die **Habilität** gemäß § 319 Abs. 1 HGB zu prüfen. 58

In diesem Zusammenhang ist auch zu beachten, dass die nach § 319 Abs. 1 Satz 3 HGB i.V.m. § 57a Abs. 1 notwendige **TB o. entsprechende Ausnahmegenehmigung** v. Zeitpunkt der Auftragsannahme bis zur Beendigung der Prüfung vorliegen muss (s. auch § 57a Rn. 1 ff.). So ist die Durchführung gesetzlich vorgeschriebener JAP ohne eine entsprechende Bescheinigung ein rügewürdiger Verstoß gegen die Pflicht zu gewissenhafter Berufsausübung. Die Rüge wird regelmäßig mit einer Geldbuße verbunden (vgl. LG Berlin 17.7.2009, WiL 7/09, WPK-Mag. 4/2009, 59; LG Berlin 8.11.2011, WiL 2/11, WPK-Mag. 1/2012, 46 f.). 59

Die gemäß § 4 Abs. 2 BS WP/vBP erforderliche **Sachkunde** setzt Kenntnisse u. Erfahrungen voraus, um den Prüfungsauftrag sachgerecht durchführen zu können. Dies gilt bspw. für die AP v. Versicherungsunternehmen u. Kreditinstituten o. die Depotprüfung. Die erforderliche Sachkunde umfasst auch rechtliche Beschrän- 60 kungen zur Leistungserbringung. Solche Beschränkungen können sich bspw. aus dem RBerG o. § 319 Abs. 1 HGB o. anderen Vorbehaltsaufgaben ergeben. **Mangelnde Sachkunde**, beruht sie nun auf fehlender Spezialausbildung o. erforderlicher Weiterbildung (s. dazu § 43 Abs. 2 Satz 4 u. § 4a BS WP/vBP), ist daher kein Entschuldigungsgrund für Qualitätsmängel u. evtl. daraus folgende Verstöße gegen das Gebot der Gewissenhaftigkeit (s. dazu auch Einzelfälle, Rn. 88 ff.).

61 Eine ordnungsgemäße Prüfung der Auftragsannahme umfasst insb. auch die Überprüfung der **Unabhängigkeit**. Bei gesetzlichen AP hat der WP die zur Prüfung seiner Unabhängigkeit ergriffenen Maßnahmen, festgestellte diese gefährdende Umstände sowie ergriffene Schutzmaßnahmen in den Handakten zu dokumentieren (vgl. § 51b Rn. 59 ff.). Besonders in einem Netzwerk sind Vorkehrungen zur Sicherstellung der Unabhängigkeit zu treffen (§ 319b HGB). Der AP hat gemäß § 321 Abs. 4a HGB seine **Unabhängigkeit im PB zu bestätigen**. Damit soll auch gewährleistet werden, dass die Unabhängigkeit während der gesamten Dauer der AP, vom Zeitpunkt der Wahl bis zur Auslieferung des PB, besteht (BeckBilK/Winkeljohann/Poullie, § 321 Rn. 75).

62 Das Gesetz enthält keine Regelungen zu den für den Prüfungsauftrag erforderlichen Erklärungen. Wegen des Grundsatzes der **Formfreiheit** besteht daher kein Zwang, den Auftrag schriftlich zu vereinbaren. Die Auftragserteilung kann auch bei gesetzlichen JAP zivilrechtlich wirksam formlos erfolgen. Der AP sollte dennoch die Erklärung über die Annahme des Auftrags vor Beginn der Prüfungshandlungen aus **Nachweisgründen** schriftlich abgeben (vgl. Vor § 51 Rn. 6).

63 Zur gewissenhaften Berufsausübung gehört die Klärung, ob eine **wirksame Bestellung** als AP vorliegt (LG Köln 13.9.1991, 90 O 244/90, BB 1992, 181; WPK-Mitt. 1992, 88). Werden Mängel der Wahl o. Beauftragung festgestellt, sind diese durch Nachholung der entsprechenden Maßnahmen spätestens bis zur Unterzeichnung des BV zu beseitigen (vgl. IDW PS 220, Tz. 12).

64 Wesentliche Abreden sind schriftlich zu treffen, um Zweifel zu vermeiden, mit welchem Inhalt der Prüfungsauftrag zustande gekommen ist. Grundsätzlich kann der Auftraggeber **spezifizierende Regelungen zur AP** (z.B. Festlegung v. Prüfungsschwerpunkten) mit dem AP treffen, solange keine Beschränkung des v. AP als erforderlich angesehenen Prüfungsumfangs erfolgt. So ist bspw. der Ausschluss bestimmter Prüfungshandlungen o. bestimmter Prüfungsfelder durch den Auftraggeber nicht zulässig. Unzulässig ist gleichfalls die Festlegung v. Wesentlichkeiten o. v. Anzahl, Art u. Umfang der Stichproben u. der Stichprobenverfahren durch den Auftraggeber o. auch die Mitteilung darüber durch den AP an den Auftraggeber im Vorfeld der Prüfung.

65 Bestehen berufsrechtliche Bedenken, eine offensichtlich v. Auftraggeber erwartete **Berichterstattung in Form o. Inhalt** zu erfüllen, ist bereits **bei Auftragserteilung** darauf hinzuweisen. Im Zweifel ist der Auftrag abzulehnen (vgl. WPK-Mag. 2/2006, 32). Das Mandat ist **unverzüglich abzulehnen** (§ 51), wenn absehbar ist, dass es durch v. Auftraggeber artikulierte o. durch das Honorar indizierte Beschränkungen

des Prüfungsumfangs nicht möglich sein wird, berufsübliche Prüfungsnachweise zu erlangen u. dieses Prüfungshemmnis voraussichtlich zu einer Versagung des Prüfungsurteils führen würde (vgl. dazu auch § 44 und IDW EPS 320 n.F., Tz. 12).

bb) Auftragsdurchführung
WP haben durch eine **sachgerechte Prüfungsplanung** dafür Sorge zu tragen, dass ein den Verhältnissen des zu prüfenden Unternehmens **angemessener u. ordnungsgemäßer Prüfungsablauf in personeller, zeitlicher u. sachlicher Hinsicht** gewährleistet ist (§ 24a Abs. 1 BS WP/vBP). 66

In **personeller Hinsicht** ist sicherzustellen, dass die für die Auftragsabwicklung eingesetzten Mitarbeiter **ausreichend qualifiziert u. informiert** sind u. über ausreichende zeitliche Reserven für die Auftragsabwicklung verfügen. Dies gilt insb. auch bei der Auslagerung v. Tätigkeiten auf externe Dienstleister. Die **fachliche u. persönliche Eignung** v. Mitarbeitern ist bereits bei deren Einstellung zu prüfen (§ 5 Abs. 1 BS WP/vBP u. VO 1/2006, Tz. 69). Die Einhaltung der vorgeschriebenen Aus- u. Fortbildung der Mitarbeiter stellt sicher, dass ihnen Verantwortung nur insoweit übertragen werden darf, als sie die dafür erforderliche Qualifikation besitzen (§§ 5, 6 BS WP/vBP u. VO 1/2006, Tz. 68 ff.). 67

WP sind verpflichtet, die **Verantwortlichkeit** für die Auftragsdurchführung **festzulegen** u. zu **dokumentieren** (§ 24a Abs. 2 BS WP/vBP). Diese satzungsrechtliche Pflicht betrifft den zum AP bestellten Einzel-WP nur mittelbar, da dieser höchstpersönlich zur Auftragsdurchführung verpflichtet ist. Ist dagegen eine WPG zum AP bestellt, so muss der festzulegende **verantwortliche Wirtschaftsprüfer** über die erforderlichen Erfahrungen u. Kenntnisse verfügen, da ihm innerhalb der Auftragsabwicklung weitere Aufgaben zukommen. So hat er zu beurteilen u. zu dokumentieren, ob Gefährdungen für die Einhaltung der allg. Berufspflichten vorliegen könnten u. ob ggf. angemessene Vorkehrungen getroffen worden sind. In diesem Zusammenhang hat der verantwortliche WP auch sicherzustellen, dass die Regelungen der WP-Praxis zur Einhaltung gesetzlicher Vorschriften u. fachlicher Regeln einschließlich der Unabhängigkeitsregelungen eingehalten werden (vgl. VO 1/2006, Tz. 84 ff.). Darüber hinaus legt er die Auftragsziele fest u. überzeugt sich davon, dass bei den Mitgliedern des Prüfungsteams ausreichende praktische Erfahrungen, die notwendigen Branchenkenntnisse u. ein Verständnis der fachlichen Regeln u. des QS-Systems vorhanden sind (§ 24a Abs. 3 BS WP/vBP). 68

Zur Sicherstellung eines in **sachlicher Hinsicht** angemessenen Prüfungsablaufs hat der WP **Art, Umfang u. Dokumentation der Prüfungsdurchführung** in Abhängigkeit v. Größe, Komplexität u. Risiko des Prüfungsmandats zu bestimmen (§ 24b Abs. 1 BS WP/vBP). 69

Die eingesetzten Mitarbeiter sind durch **Prüfungsanweisungen** in angemessener u. ausreichender Weise über ihre Aufgaben u. Verantwortlichkeiten im Rahmen des Auftrags zu informieren (vgl. VO 1/2006, Tz. 95 ff., 106 f.). Dadurch soll gewährleistet werden, dass Prüfungshandlungen sachgerecht vorgenommen u. in den Arbeitspapieren ausreichend u. ordnungsgemäß dokumentiert werden sowie ord- 70 nungsgemäß Bericht erstattet werden kann. Die Einhaltung der Prüfungsanweisungen ist zu überwachen (§ 24b Abs. 2 BS WP/vBP).

71 Bei für das Prüfungsergebnis bedeutsamen Zweifelsfragen ist **interner o. externer fachlicher Rat** einzuholen, soweit dies bei pflichtgemäßer Beurteilung nach den Umständen des Einzelfalls erforderlich ist.

72 Damit Konsequenzen einer **Konsultation** für das weitere Prüfungsvorgehen Berücksichtigung finden können, hat die Klärung möglichst frühzeitig zu erfolgen. Die Ergebnisse u. die gezogenen Folgerungen sind zu dokumentieren (§ 24b Abs. 3 BS WP/vBP). Die Konsultationen entbinden nicht v. einer eigenverantwortlichen Würdigung der daraus gewonnenen Erkenntnisse (vgl. VO 1/2006, Tz. 98 ff.).

73 Auch haben WP **Beschwerden u. Vorwürfen v. Mitarbeitern, Mandanten o. Dritten** nachzugehen, wenn sich aus ihnen Anhaltspunkte für Verstöße gegen gesetzliche o. fachliche Regeln ergeben (§ 24c BS WP/vBP). Damit soll i. S. der gewissenhaften Berufsausübung sichergestellt werden, dass Hinweisen auf Verstöße gegen gesetzliche o. fachliche Regeln bei der Berufsausübung, d.h. nicht nur bei der Durchführung v. Prüfungen u. Erstattung v. Gutachten, konsequent nachgegangen wird (s. im Einzelnen VO 1/2006, Tz. 81 ff.). Vor diesem Hintergrund hat das LG Berlin auch in der Nichtbeantwortung entsprechender Schreiben der WPK einen Verstoß gegen die Pflicht zu gewissenhafter Berufsausübung gesehen (vgl. LG Berlin 25.4.2003, WiL 25/03, WPK-Mitt. 3/2003, 208).

74 Bei Prüfungen, bei denen das Berufssiegel geführt werden muss o. freiwillig geführt wird, ist gemäß § 24d Abs. 1 BS WP/vBP vor Auslieferung des PB zu überprüfen, ob die für den PB geltenden fachlichen Regeln eingehalten wurden; dabei ist auch zu beurteilen, ob die im PB dargestellten Prüfungshandlungen u. Prüfungsfeststellungen schlüssig sind (**Berichtskritik**). Die Überprüfung darf nur v. solchen fachlich u. persönlich geeigneten Personen wahrgenommen werden, die an der Erstellung des PB nicht selbst mitgewirkt haben u. die an der Prüfung nicht wesentlich beteiligt waren. Von einer Berichtskritik kann nur abgesehen werden, wenn diese nach pflichtgemäßer Beurteilung des WP/vBP nicht erforderlich ist.

75 Bei gesetzlichen AP v. Unternehmen v. öffentl. Interesse nach § 319a HGB ist während der gesamten Durchführung der AP, also v. der Auftragsplanung bis zur Berichterstattung, eine **auftragsbegleitende QS** durchzuführen u. entsprechend zu dokumentieren. Sie dient der Beurteilung, ob die Prüfung unter Beachtung der gesetzlichen u. fachlichen Regeln durchgeführt wird u. die Behandlung wesentlicher Sachverhalte angemessen ist (§ 24d Abs. 2 BS WP/vBP). Da die auftragsbegleitende QS in hohem Maße zur QS beiträgt, ist in WP-Praxen zu regeln, ob u. ggf. in welchen Fällen eine auftragsbegleitende QS auch bei **Prüfungen außerhalb des § 319a-Bereiches** stattzufinden hat (§ 24d Abs. 3 BS WP/vBP). Die Bedeutung der auftragsbegleitenden QS zeigt sich auch daran, dass im Rahmen der BA auch immer wieder Pflichtverletzungen des auftragsbegleitenden Qualitätssicherers zu beurteilen sind (vgl. Rn. 89).

Der **auftragsbegleitende Qualitätssicherer** muss fachlich u. persönlich geeignet 76
u. darf zur Wahrung seiner Objektivität nicht an der Durchführung der AP beteiligt
sein. Die **Rotationsregelung** des § 24d Abs. 2 Satz 5 u. 6 BS WP/vBP ergänzt die
in § 319a Abs. 1 Nr. 4, Satz 4 u. 5, Abs. 2 HGB vorgesehene Rotation des verantwortlichen WP u. soll den für die Aufgabe des Qualitätssicherers erforderlichen
Abstand zur Auftragsabwicklung gewährleisten.

cc) Auftragsbeendigung
Das Auftragsverhältnis endet im Regelfall mit der Erbringung der vereinbarten 77
Leistung (**Erfüllung**). Eine vorzeitige Beendigung des Auftrags kann durch **Kündigung** o. **persönliche Verhinderung** des WP vorliegen (vgl. Vor § 51 Rn. 59 ff.). Bei
freiwilligen AP u. sonstigen Beauftragungen stehen einer Kündigung des Auftrags
keine gesetzlichen o. berufsrechtlichen Beschränkungen entgegen.

Die §§ 316 ff. HGB sehen keine ausdr. **Frist für die Durchführung einer AP** als 78
solche vor (vgl. ADS, § 316 HGB Rn. 40; BeckBilK/Förschle/Küster, § 316 HGB
Rn. 23). Kommt es bei der Prüfung zu Verzögerungen, die v. dem Unternehmen zu
vertreten sind, kann der AP nicht gezwungen werden, seine Prüfung abzuschließen,
ehe er die aus seiner Sicht notwendigen Feststellungen hat treffen können, selbst
wenn dadurch die gesetzlichen Feststellungsfristen überschritten werden. Liegt der
Grund der Verzögerung z.b. darin, dass der Mandant die für die Prüfung angeforderten Unterlagen nicht beibringt u. besteht gleichwohl die berechtigte Erwartung,
dass die Unterlagen vorgelegt werden, sind die Voraussetzungen für ein Prüfungsurteil nicht gegeben. Ist allerdings mit weiteren Prüfungsnachweisen nicht mehr zu
rechnen, so ist der BV einzuschränken o. zu versagen. Wann dieser Zeitpunkt erreicht ist, liegt grds. im Ermessen des AP (vgl. ADS, a.a.O. Rn. 40; BeckBilK,
a.a.O. Rn. 23 a.E.). Insb. konkret in Aussicht stehende Sanierungsmaßnahmen, die
Voraussetzung für die Annahme der Unternehmensfortführung sind, können es
rechtfertigen, die Prüfung für eine gewisse Zeit auszusetzen (vgl. ADS, § 322 HGB
Rn. 64).

Da eine schuldhafte **Verzögerung** durch den WP einen Verstoß gegen die Pflicht zu 79
gewissenhafter Berufsausübung darstellt (vgl. LG Berlin 16.10.2004, WiL 5/04,
WPK-Mag. 2/2005, 36 f. sowie Rn. 30), ist die Verantwortlichkeit für mögliche
Verzögerungen zu dokumentieren. Die Pflicht zu gewissenhafter Berufsausübung
erfordert auch, auf **Sachstandsanfragen u. Erinnerungen des Auftraggebers** unverzüglich, wahrheitsgemäß u. vollständig zu antworten u. eine Zusage zum Zeitpunkt der Auftragserledigung einzuhalten.

Treten nach Auftragsannahme Umstände ein, die zur **Ablehnung des Auftrages** 80
hätten führen müssen, ist der Auftrag im Rahmen des rechtlich möglichen zu beenden (§ 4 Abs. 4 BS WP/vBP). Die Regelung erfasst die Fälle, bei denen nach Auftragsannahme Umstände eintreten o. bekannt werden, die – wären sie bei Auftragsannahme bekannt gewesen – zur Ablehnung des Auftrags hätten führen müssen.

Der durch das BilMoG neu eingeführte § 320 Abs. 4 HGB enthält **Berichtspflich-** 81
ten des bisherigen AP gegenüber dem neuen AP sowohl für den Fall der vorzei-

tigen Beendigung eines gesetzlichen Prüfungsauftrags als auch für den Fall eines regulären Prüferwechsels. Demnach hat der bisherige AP auf schriftliche Anfrage des neuen AP über das Ergebnis der bisherigen Prüfung in Berichtsform zu unterrichten. Von seiner VSP (§ 323 Abs. 1 Satz 1 HGB) ist er insoweit befreit (vgl. auch RegE BilMoG, BT-Drs. 16/10067, 91). Daneben enthält § 26 BS WP/vBP konkrete Informationspflichten bei vorzeitiger Beendigung eines Prüfungsauftrags sowohl für den bisherigen Prüfer als auch den Nachfolger, soweit die VSP dem nicht entgegensteht.

82 Die Prüfung ist erst mit der Auslieferung des PB an die gesetzlichen Vertreter resp. Aufsichtsrat beendet (vgl. ADS, § 316 HGB Rn. 48). Der WP hat ordnungsgemäß über die Prüfung zu berichten. Dazu gehören die **Erteilung des BV** (vgl. Rn. 264 ff.) u. die **Erstellung des PB**.

83 Die Erteilung eines **BV in der vor Inkrafttreten des KonTraG geltenden Fassung** ist ein im „Kernbereich" der wirtschaftsprüfenden Tätigkeit liegender Verstoß gegen die Pflicht zu gewissenhafter Berufsausübung (LG Berlin 25.4.2003, WiL 25/03, WPK-Mitt. 3/2003, 208). Es widerspricht auch der gewissenhaften Berufsausübung, im PB bewusst unzutreffende Angaben zu machen (KG Berlin 4.11.2008, 1 WiO 2/08, WPK-Mag. 3/2009, 40 f.).

84 Der **PB** ist zumindest v. dem für die Auftragsdurchführung verantwortlichen WP zu **unterzeichnen** (§ 27a Abs. 1 BS WP/vBP) u. vorzulegen (zur Unterzeichnung v. BV u. zur **Mitunterzeichnung** vgl. § 32 Rn. 10, 22).

85 In der Praxis ist es üblich, **PB** in **elektronischer Form** auszuliefern o. in einen zugangsgeschützten Bereich auf der Webseite der WPG/des WP einzustellen. Dies ist zulässig. Es ist aber zu beachten, dass die Dateien gegen Änderungen u. das Kopieren u. Entnehmen v. Inhalten geschützt werden. Darüber hinaus wird es als sachgerecht erachtet, bei der Erstellung der Dateien den Hinweis anzubringen (bspw. durch Wasserzeichen), dass es sich bei den PB in Dateiformat nicht um Originale handelt, sondern um elektronische Kopien, was durch Verzicht auf die Abbildung der Unterschriften weiter verdeutlicht werden kann. Im Fall der Versendung der PB in elektronischer Form über das **Internet** sollte zur Gewährleistung der Vertraulichkeit, Authentizität u. Sicherheit v. Verschlüsselungs- u. Signaturverfahren Gebrauch gemacht werden.

86 Das **Honorar des AP** muss gemäß § 27 Abs. 1 BS WP/vBP angemessen sein, um die Qualität der Prüfung sicherzustellen. Eine angemessene Qualität erfordert insb. eine **hinreichende Bearbeitungszeit** für den jeweiligen Auftrag sowie den **Einsatz qualifizierter Mitarbeiter**. Bei zu geringen Vergütungen entsteht regelmäßig die Gefahr, dass diesen Erfordernissen nicht in hinreichendem Maße Rechnung getragen werden kann. Dies kann i. Erg. zu Einbußen bei der Qualität u. damit letztlich zu Verstößen gegen die Pflicht zu gewissenhafter Berufsausübung führen. Die Vergütung ist grds. dann angemessen, wenn sie auf einer Kalkulation beruht, der die zur Bearbeitung des Auftrags nötige Zeit sowie der Einsatz qualifizierter Mitarbeiter in dem erforderlichen Umfang zugrunde liegen. Ein Pauschalhonorar darf ge-

mäß § 27 Abs. 2 BS WP/vBP nur vereinbart werden, wenn festgelegt wird, dass bei Eintritt nicht vorhersehbarer Umstände im Bereich des Auftraggebers, die zu einer erheblichen Erhöhung des Aufwandes führen, das Honorar entsprechend zu erhöhen ist (vgl. auch Kommentierung zu § 55).

Die **Handakten** sind gemäß § 51b Abs. 2 ordnungsgemäß aufzubewahren (vgl. im Einzelnen Kommentierung zu § 51b). Der **Abschluss** der **Auftragsdokumentation** hat in angemessener Zeit nach der Erteilung des BV zu erfolgen. Das IDW empfiehlt den Abschluss innerhalb v. 60 Tagen (vgl. IDW PS 460 n.F. Tz. 27). 87

dd) Einzelfälle pflichtwidriger Auftragsdurchführung
Es gehört zu einer gewissenhaften Berufsausübung, die einschlägigen **Regelungen für die Prüfung u. Bestätigung v. (befreienden) KA** zu kennen, diese einzuhalten u. **wesentliche Verstöße gegen Rechnungslegungsvorschriften** zu beanstanden (LG Berlin 12.3.2004, WiL 19/03 u. KG Berlin 1.9.2004, WiO 2/04, WPK-Mag. 1/2005, 50 f.). Wesentliche u. damit rügefähige Rechnungslegungsfehler im Rahmen der Prüfung v. IFRS-KA sind z.B. das **Fehlen des Ergebnisses je Aktie** (vgl. LG Berlin 12.5.2006, WiL 4/05, WPK-Mag. 1/2007, 49) u. der **Angaben zu wesentlichen Beziehungen mit nahe stehenden Personen in einem IFRS-KA** (LG Berlin 7.8.2009, WiL 11/09, WPK-Mag. 1/2010, 37 f.) sowie das **Fehlen des Anlagespiegels in einem HGB-JA** (vgl. LG Berlin 11.11.2005, WiL 5/05, WPK-Mag. 1/2006, 53). 88

Aufgrund wesentlicher Mängel in der Prüfungsdurchführung, die die **ungenügende Umsetzung des risikoorientierten Prüfungsansatzes** im Bereich der Vorratsbewertung, die unzureichende Werthaltigkeitsprüfung einer Beteiligung, die Nichtbeanstandung der unzulässigen Berücksichtigung eines zukünftigen unsicheren Ereignisses bei der Bewertung einer Verbindlichkeit sowie die unzureichende Prüfung der Fortführungsannahme betrafen, erteilte die WPK sowohl den Unterzeichnern der BV als auch dem auftragsbegleitenden Qualitätssicherer eine Rüge mit Geldbuße. Auch eine **nicht gewissenhafte auftragsbegleitende QS** kann damit zu berufsaufsichtsrechtlichen Konsequenzen führen. Der vorgebrachte Einwand, die relevanten Sachverhalte seien nicht an ihn herangetragen worden, konnte den Qualitätssicherer nicht entlasten, da die beanstandeten Sachverhalte den Arbeitspapieren, dem PB u. Gesprächen mit den verantwortlichen WP zu entnehmen waren (vgl. WPK-Mag. 4/2012, 42). Die Erteilung eines uneingeschränkten BV, obwohl trotz zureichender Anhaltspunkte der **Beteiligungsansatz unzureichend geprüft** wurde u. eine Abwertung nicht ausgeschlossen war, verstößt gleichfalls gegen eine gewissenhafte Berufsausübung (LG Berlin 16.3.2007, WiL 7/06, WPK-Mag. 3/2007, 61 f.). 89

Ebenso gehört es zu einer gewissenhaften Berufsausübung, bei der Testierung einer freiwilligen **Vermögensaufstellung auch das Bestehen v. (Eventual-) Verbindlichkeiten kritisch zu prüfen** (LG Berlin 13.7.2007, WiL 1/07, WPK-Mag. 4/2007, 67 f.). Auch verstößt ein WP gegen die Pflicht zu gewissenhafter Berufsausübung, wenn er im Rahmen einer Gründungsprüfung bei der **Prüfung stiller Reserven im** 90

Sachanlagevermögen (Grundstück) trotz eines kürzlich erst gezahlten deutlich niedrigeren Anschaffungspreises auf die überschlägige Wertermittlung eines Architekten vertraut u. auf die Einholung eines Gutachtens verzichtet (LG Berlin 13.7.2007, WiL 2/07, WPK-Mag. 4/2007, 68 f.). Ein zu geringer Stundenaufwand bei der **Durchführung einer QK** ist rügefähig, wenn bei deutlicher Unterschreitung der zeitlichen Erfahrungswerte der KfQK der daraus resultierende Anfangsverdacht einer nicht ordnungsgemäßen QK durch die Auswertung der vorgelegten Arbeitspapiere bestätigt wird (vgl. WPK-Mag. 3/2012, 43 f.).

c) Sachverständigentätigkeit

91 Die Sachverständigentätigkeit auf dem Gebiet der wirtschaftlichen Betriebsführung umfasst sowohl die **Erstattung v. Gutachten** als auch die **Wirtschafts- u. Unternehmensberatung** (s. auch § 2 Rn. 17 ff.).

92 Regelungen zu **besonderen Berufspflichten** bei der Durchführung v. Prüfungen u. **Erstattung v. Gutachten** enthalten die §§ 20-27a BS WP/vBP. Während die §§ 20-24 BS WP/vBP die Berufspflichten der Unparteilichkeit u. Unabhängigkeit bei der Prüfungs- u. Gutachtentätigkeit konkretisieren (s. hierzu insb. Kommentierung zu § 49), bestimmen die §§ 24a-d BS WP/vBP vornehmlich die besonderen Berufspflichten bei der Durchführung v. Prüfungen (s. hierzu Rn. 66 ff.).

93 Im Zusammenhang mit der **Annahme eines Gutachtenauftrags** greift § 24b Abs. 5 BS WP/vBP die Erstattung v. Gutachten über konkrete Sachverhalte in der Rechnungslegung (sog. **Second Opinions**) auf u. verpflichtet den WP, der nicht als AP bestellt ist, vor der Annahme eines entsprechenden Gutachtenauftrags den Hintergrund u. die Rahmenbedingungen sowie die für die Beurteilung wesentlichen Einzelheiten des Sachverhalts **mit dem AP des Unternehmens zu erörtern**. Erteilt der Auftraggeber keine Entbindung v. der VSP des AP o. widerspricht er einer Kontaktaufnahme mit dem AP, so ist der Auftrag abzulehnen.

94 Erörterung bedeutet, dass der Gutachter mit dem AP des Unternehmens ein **persönliches Gespräch** führt. Eine schriftliche Anfrage mit schriftlicher Auskunft ist nicht ausreichend, da schon aufgrund der fehlenden Möglichkeit der unmittelbaren Reaktion auf die Auskünfte die Gefahr einer nur unvollständigen Übermittlung v. Informationen besteht.

95 Von der Regelung des § 24b Abs. 5 BS WP/vBP sind nur auf die **bilanzielle Beurteilung v. konkreten Sachverhalten u. Maßnahmen** gerichtete Gutachtenaufträge erfasst (z.B. isolierte Einzelfragen zur Bilanzierung, Bewertung o. Reichweite v. Angabepflichten o. Stellungnahmen zu den Auswirkungen konkreter Transaktionen auf die Rechnungslegung, etwa bei Unternehmenserwerben o. bei Verträgen über strukturierte Finanzierungsprodukte).

96 Eine Erörterung mit dem AP kommt dagegen nicht in Frage, wenn die **Begutachtung nach Beendigung der AP** mit dem Ziel erfolgt, die vorgenommene Bilanzierung zu überprüfen. Daneben werden v. der Regelung Aufträge nicht erfasst, die der **abstrakten Begutachtung v. Gestaltungen** (sog. **Generic Opinions**) dienen. In

diesem Fall muss der WP in dem Gutachten deutlich darauf hinweisen, dass es sich wegen der fehlenden Informationen über die konkrete Ausgestaltung des Einzelfalls u. über die Verhältnisse des Bilanzierenden nur um eine vorläufige Beurteilung zur Behandlung in der Rechnungslegung handelt.

Hat der Auftrag eine **Darstellung mit argumentativer Funktion** zum Gegenstand, muss dies in der Bezeichnung des Auftrags u. in der Darstellung des Ergebnisses deutlich zum Ausdruck kommen. Die Bezeichnung „Gutachten" darf in diesem Fall gemäß § 20 Abs. 2 BS WP/vBP nicht verwendet werden. 97

Fachliche Regeln zur Durchführung einer **Unternehmensbewertung** enthält insb. **IDW S 1 i.d.F. 2008**. Auch wenn die dort dargestellten Grundsätze zur Durchführung v. Unternehmensbewertungen anhand v. kapitalwertorientierten Verfahren (z.B. Ertragswertverfahren o. Discounted Cash Flow-Verfahren) keinen Gesetzescharakter haben, sind sie als aus Theorie, Praxis u. Rspr. entwickelte berufsständische Auffassung grds. zu beachten (s. auch Rn. 47 ff. sowie zur gerade auch bei Bewertungsgutachten sehr häufigen Selbstverpflichtung Rn. 50). 98

So erteilte die WPK einem Berufsangehörigen eine Rüge, weil die v. diesem mit Hilfe des Ertragswertverfahrens durchgeführte Unternehmensbewertung nicht den in IDW S 1 dargestellten berufsständischen Grundsätzen entsprach, obwohl der Berufsangehörige die Beachtung dieser fachlichen Regeln in seinem Gutachten ausdr. erklärt hatte (vgl. WPK-Mag. 1/2013, 23 f.). 99

Nichtsdestotrotz sind auch Fälle denkbar, z.B. bei der Bewertung kleiner Unternehmen, in denen keine berufsrechtlichen Bedenken gegen eine Ermittlung des Unternehmenswertes anhand **vereinfachter Preisfindungen** (z.B. Multiplikatorverfahren) bestehen. Im Sinne einer gewissenhaften Berufsausübung ist aber zu verlangen, dass der Berufsangehörige in seinem Gutachten klar zum Ausdruck bringt, welches Wertfindungsverfahren er aus welchen Gründen der Unternehmensbewertung zu Grunde gelegt hat mit der Folge, sich an diesen Angaben auch berufsrechtlich festhalten lassen zu müssen. 100

Aufgrund der gesetzlichen Anforderungen an den Inhalt v. Börsenzulassungsprospekten u. anderen Prospekten, z.B. über öffentl. angebotene Wertpapiere, über Vermögensanlagen i.S.d. § 8f Abs. 1 Verkaufsprospektgesetz o. über deutsche u. in Deutschland vertriebene ausländische Investmentanteile, ist die **Erstattung v. Prospektgutachten** v. erheblicher Bedeutung im Wirtschaftsleben. Die Berufsauffassung zu den fachlichen Regeln für die Erstellung v. Prospektgutachten fasst IDW S 4 zusammen (zur berufsrechtlichen Verbindlichkeit v. IDW-Standards vgl. Rn. 47 ff.). 101

Der WP soll in einem Prospektgutachten mit hinreichender Sicherheit feststellen, ob in dem Verkaufsprospekt die für eine **Anlageentscheidung erheblichen Angaben**, wie z.B. zur voraussichtlichen Entwicklung der Anlage, vollständig u. richtig enthalten sind u. ob diese Angaben klar – d.h. gedanklich geordnet, eindeutig u. verständlich – gemacht werden. 102

103 Ein Prospekt entspricht diesen Grundsätzen z.B. nicht, wenn es bei einem durchschnittlichen Anleger insgesamt den Eindruck erweckt, dass er mit seiner Beteiligung nur ein begrenztes wirtschaftliches Risiko eingeht, obwohl tatsächlich im Extremfall ein **Totalverlustrisiko** drohen kann (vgl. BGH 14.6.2007, III ZR 300/05, WPK-Mag. 1/2008, 50 f.). Dementsprechend stellt es auch eine erhebliche Pflichtverletzung dar, wenn es der Prospektgutachter unterlässt, zur Realitätsnähe der in dem Prospekt enthaltenen Prognosen Stellung zu nehmen (vgl. LG Berlin 20.3.2009, WiL 18/08, WPK-Mag. 2009, 41 f.).

104 Im Bereich der Wirtschafts- u. Unternehmensberatung zählen auch die **Erstellung v. Sanierungskonzepten** u. v. Stellungnahmen zur finanziellen Angemessenheit v. Transaktionspreisen (sog. **Fairness Opinions**) zu den Tätigkeitsfeldern im Rahmen der Sachverständigentätigkeit. Zur Sicherstellung einer gewissenhaften Berufsausübung hat sich der WP mit den für diese Tätigkeiten bestehenden fachlichen Regeln (insb. IDW S 6 u. IDW S 8) auseinanderzusetzen (vgl. auch Prütting, ZIP 2013, 204).

105 WP haben sich auch bei der **formalen Auftragsdurchführung** des Sachverständigenauftrages gewissenhaft zu verhalten. So hat das LG Berlin einen groben Verstoß gegen den Grundsatz der Gewissenhaftigkeit bejaht, weil der WP bei seiner Gutachtertätigkeit für verschiedene StA in seinen Rechnungen überhöhte Stundenzahlen abgerechnet u. dadurch die Auszahlung v. ihm nicht zustehenden Vergütungen erlangt hatte (vgl. LG Berlin 11.4.2008, WiL 12/07, WPK-Mag. 3/2008, 55 f., zur Vergütung s. auch Rn. 86).

106 Nähere berufsrechtliche Bestimmungen zur **Unterzeichnung v. Gutachten** enthält § 27a BS WP/vBP. Danach muss ein v. einem WP erstelltes Gutachten auch v. mindestens einem WP unterzeichnet sein, sofern gemäß § 48 Abs. 1 Satz 2 das Siegel geführt wird. Dies gilt auch, wenn eine Sozietät mit der Gutachtenerstattung beauftragt worden ist, an der Nicht-WP beteiligt sind.

d) Treuhandtätigkeit

107 Inhalt u. Pflichten aus einem Treuhandverhältnis richten sich nach der Treuhandabrede (zur Fülle treuhänderischer Funktionen § 2, Rn. 21 f., vgl. auch WPK-Mag. 1/2012, 50 f.). Konkrete berufsrechtliche Anforderungen an die **treuhänderische Verwaltung** v. Vermögen durch den WP enthält § 8 Abs. 1 Satz 1 BS WP/vBP, wonach WP ihnen anvertraute Vermögenswerte v. dem eigenen u. anderen fremden Vermögen getrennt zu halten u. gewissenhaft zu verwalten haben.

108 Als einen erheblichen Verstoß gegen die Pflicht zur gewissenhaften Treuhandtätigkeit beurteilte das LG Duisburg einen Fall, in dem ein WP Verlustübernahmeerklärungen ohne Prüfung ihrer Werthaltigkeit in den Monatsabrechnungen über die v. ihm treuhänderisch verwalteten Gelder berücksichtigte u. damit zur Täuschung v. Anlegern beigetragen hatte (vgl. LG Duisburg 22.4.2004, WiL 17/03, WPK-Mag. 4/2004, 47).

Gemäß § 8 Abs. 1 Satz 2-4 BS WP/vBP sind über fremde Vermögenswerte gesonderte Rechnungsunterlagen zu führen. Geld u. Wertpapiere sind entweder auf den Namen des Treugebers o. auf **Anderkonten** anzulegen. Durchlaufende fremde Gelder sind unverzüglich an den Empfangsberechtigten weiterzuleiten. Insbesondere hat sich der Treuhänder jeder Verquickung des Treuhandvermögens mit seinen eigenen persönlichen u. wirtschaftlichen Interessen zu enthalten. Daher stellt die Annahme eines Darlehens aus einer treuhänderisch zu verwaltenden Erbmasse einen erheblichen Verstoß gegen die Pflicht zu gewissenhafter Berufsausübung dar (vgl. LG Kiel 26.10.2009, 29 StL 4/09, WPK-Mag. 4/2010, 63). 109

Bei der **Verwaltung v. Geldern** durch den WP ist „jede Masse" auf einem **gesondert bezeichneten Konto** zu führen, wobei jedoch die Bezeichnung der Konten nicht maßgebend ist. Zulässig ist es danach, mehrere Konten unter einer Sammelnummer mit Unterkonten zu führen, soweit die Konten als getrennte Konten geführt werden (so auch § 12 Abs. 2 DONot). Die Führung mehrerer Massen auf einem Sammelkonto ist mit der gewissenhaften Verwaltung fremden Vermögens nicht vereinbar. 110

Gemäß § 8 Abs. 2 BS WP/vBP dürfen WP fremde Vermögenswerte, die ihnen zweckgebunden anvertraut sind, ohne ausdrückliche Ermächtigung durch den Treugeber nicht zur Deckung eigener Kostenforderungen (Honorare, Vorschüsse u. Auslagenersatz) verwenden. Danach ist die **Aufrechnung** über die gesetzlich u. vertraglich ausdr. geregelten Aufrechnungs- u. Zurückbehaltungsrechte hinaus grds. ausgeschlossen, da wegen des besonderen Inhalts u. Zwecks des Treuhandverhältnisses eine Erfüllung durch Aufrechnung als mit Treu u. Glauben (§ 242 BGB) i.d.R. unvereinbar ist. Im Einzelfall kann ein Aufrechnungsverbot aber dann zu verneinen sein, wenn es an einem rechtlich anzuerkennenden Interesse des i.d.R. schutzwürdigen Treugebers fehlt. Dies ist der Fall, wenn der Treugeber selbst nicht im Einklang mit Treu u. Glauben handelt (z.B. bei Einsatz einer Treuhandabrede zur Erreichung eines gesetzlich verbotenen Ziels) u. sich demzufolge zur Abwehr der Aufrechnung gegen seine Forderung nicht auf § 242 BGB berufen kann (vgl. BGH 4.3.1993, IX ZR 151/92, NJW 1993, 2041 m.w.N.). 111

Zu einer gewissenhaften Treuhandtätigkeit gehört auch die **unverzügliche Auszahlung** der auf einem Treuhandkonto verwalteten Fremdgelder (vgl. §§ 675, 667, 271 BGB). Dementsprechend ist die Prüfung eines Auszahlungsersuchens des Treugebers durch den Treuhänder **in einem angemessenen Zeitrahmen** durchzuführen. 112

e) Erstellung von Jahresabschlüssen

Besondere gesetzliche Vorgaben zur Konkretisierung der gewissenhaften Erstellung v. JA durch den WP bestehen nicht. Sowohl die BStBK als auch das IDW haben Grundsätze zur Erstellung v. JA herausgegeben (vgl. Verlautbarung der BStBK zu den Grundsätzen für die Erstellung v. Jahresabschlüssen, Beihefter zu DStR 16/2010 u. IDW S 7 sowie Farr/Niemann, WPg 2010, 1095 ff.). Diese Verlautbarungen stimmen in den wesentlichen Ausführungen u. den Bescheinigungstexten sowohl inhaltlich als auch redaktionell überein (vgl. WPK-Mag. 3/2010, 30) u. ge- 113 ben die **berufsständische Auffassung einer gewissenhaften Abwicklung v. Erstellungsaufträgen** wieder.

114 Danach bestehen in Abhängigkeit vom **Umfang des Erstellungsauftrages** (ohne Beurteilungen, mit Plausibilitätsbeurteilungen o. mit umfassenden Beurteilungen) **unterschiedliche Anforderungen** an eine gewissenhafte Erstellungstätigkeit. Die v. WP zu übernehmenden Aufgaben sind daher **bei der Auftragsannahme eindeutig festzulegen** u. in der Auftragsbestätigung zu beschreiben. Darüber hinaus sind sämtliche bei der Erstellung vorgenommenen **Tätigkeiten** durch den WP in seinen Handakten (Arbeitspapiere u. ggf. Erstellungsbericht) zu **dokumentieren**.

115 Bei allen Erstellungsaufträgen ist zu beachten, dass die **Pflicht zur Aufstellung des JA** dem **Auftraggeber** (Kfm. o. gesetzliche Vertreter einer Gesellschaft) obliegt. Daher können die mit der Aufstellung verbundenen Entscheidungen u. Rechtsakte nicht auf den WP übertragen werden. Lediglich die zur Aufstellung erforderlichen Arbeiten (Erstellung) werden mit Auftragserteilung übergeben. Verantwortlich für den JA bleibt der Kfm. bzw. die gesetzlichen Vertreter der Gesellschaft. Dementsprechend hat sich der WP **Entscheidungsvorgaben des Auftraggebers** zu den anzuwendenden Bilanzierungs- u. Bewertungsmethoden einzuholen. Entsprechendes gilt für Entscheidungen über die Anwendung v. Aufstellungs- u. Offenlegungserleichterungen. Dies schließt eine **Beratung in bilanzpolitischen Fragen** (Ausübung v. Ansatz-, Bewertungs- u. Ausweiswahlrechten) nicht aus. Der WP hat jedoch seine **Mitwirkung an unzulässigen Wertansätzen u. Darstellungen** im JA zu versagen. Verlangt der Mandant entsprechende Wertansätze u. Darstellungen o. verweigert er erforderliche Korrekturen, so hat der WP dies in geeigneter Weise in seiner Bescheinigung sowie ggf. in seiner Berichterstattung zu würdigen. Im Einzelfall kann es angeraten sein, das Mandat niederzulegen (vgl. IDW S 7, Tz. 9 u. 29 f. u. Verlautbarung der BStBK, Abschn. 3.1.1).

116 Im Rahmen eines jeden Erstellungsauftrages ist der Auftraggeber über **gesetzliche Aufstellungs-, Feststellungs- u. Offenlegungsfristen** u. über eine mögliche **Prüfungspflicht** v. JA u. Lagebericht aufzuklären. Darüber hinaus hat der WP den Mandanten in jedem Fall auf **offensichtliche Unrichtigkeiten** in den vorgelegten Unterlagen hinzuweisen, Korrekturvorschläge zu unterbreiten u. auf deren Umsetzung zu achten. Schließlich hat der WP ggf. über Bestandsgefährdungen o. Gesetzesverstöße v. gesetzlichen Vertretern o. Mitarbeitern im Erstellungsbericht o. in sonstiger Weise schriftlich zu berichten.

117 Diese **Redepflichten** ergeben sich regelmäßig bereits aus der vertraglichen Treuepflicht, werden aber weitestgehend auch in den berufsständischen Verlautbarungen i.S. einer gewissenhaften Erstellung gefordert. Auch das OLG Hamm beurteilte es als Fehlverhalten, dass ein StB bei der Erstellung eines JA ohne weitere Prüfungshandlungen die Buchung v. Millionenbeträgen auf dem Konto „durchlaufende Posten" nicht hinterfragt u. den Auftraggeber hierüber auch nicht informiert hatte (vgl. OLG Hamm 27.3.2009, 25 U 58/07, DStR 2010, 1403 u. WPK-Mag. 3/2010, 29 f.).

Die gewissenhafte Beendigung eines Erstellungsauftrages umfasst die Erteilung einer **Bescheinigung über die Erstellung** u. soweit vereinbart die Erstattung eines **Erstellungsberichtes** (vgl. IDW S 7, Tz. 56 ff. u. Verlautbarung der BStBK, Abschn. 5). 118

III. Verschwiegenheit (Abs. 1 Satz 1)

Schrifttum: *Hiller/Bernardi*, Auskunftsrecht vs. Schweigepflicht – der Abschlussprüfer im Spannungsfeld der Organe, WP Praxis 2013, 48; *Olgemöller*, Die Verschwiegenheitspflicht-Entbindung im Steuerprozess, Stbg 2013, 71; *Kilian*, Hilfspersonal in Anwaltskanzleien, AnwBl. 2012, 798; *Autenrieth*, Zeugnisverweigerungsrecht des früheren Mitarbeiters eines Steuerberaters, NWB 2012, 3568; *Römermann*, Praxisverkauf und Praxisbewertung bei Freiberuflern – ein (scheinbar) unlösbares Problem, NJW 2012, 1694; *Ewer u.a.*, Outsourcing in Kanzleien und Verschwiegenheit – wie geht es weiter?, AnwBl. 2012, 476; *Mack*, Erscheinen der Steuerfahndung in der Beraterpraxis, DStR 2011, 53; *Jahn/Palm*; Outsourcing in der Kanzlei: Verletzung von Privatgeheimnissen?, AnwBl. 2011, 1; *Wagener*, Datenschutz und Mandatsgeheimnis – der Umgang mit personenbezogenen Daten im Anwaltsmandat, BRAK-Mitt. 2011, 2; *Winkler*, Im Blickpunkt: Verschwiegenheitspflicht vs. datenschutzrechtliches Auskunftsverlangen, KG Berlin: Keine Auskunftspflicht eines Anwalts über die Herkunft der Informationen, BB 2011, VI; *Ehrig*, Vorrang der anwaltlichen Schweigepflicht gegenüber dem Datenschutzbeauftragten, Berliner Anwaltsblatt, 2010, 370; *Härting*, Datenschutz und Anwaltsgeheimnis, ITRB, 2009, 6; *Redeker*, Datenschutz auch bei Anwälten – aber gegenüber Datenschutzkontrollinstanzen gilt das Berufsgeheimnis, NJW 2009, 554; *Weichert*, Datenschutz auch bei Anwälten?, NJW 2009, 550; *Mutschler*, Betriebsprüfungen bei Steuerberatern und die Pflicht zur Verschwiegenheit, DStR 2008, 2087; *Rüpke*, Datenschutz, Mandatsgeheimnis und anwaltliche Kommunikationsfreiheit; NJW, 2008, 1121; *Gola/Klug*, Neuregelung zur Bestellung betrieblicher Datenschutzbeauftragter, NJW 2007, 118, 21; *Forster/Gelhausen/Möller*, Das Einsichtsrecht nach § 321a HGB in Prüfungsberichte des gesetzlichen Abschlussprüfers, WPg 2007, 191; *Kiethe*, Prozessuale Zeugnisverweigerungsrechte in der Insolvenz, NZI 2006, 267; *Ernst*, Entbindung von der Pflicht zur Berufsverschwiegenheit durch Betreuer, NJW 2005, 3120; *von Falkenhausen/Widder*, Die Weitergabe von Insiderinformationen innerhalb einer Rechtsanwalts-, Wirtschaftsprüfer- oder Steuerberatersozietät, BB 2004, 165; *Quick*, Geheimhaltungspflicht des Abschlussprüfers: Strafrechtliche Konsequenzen bei Verletzung, BB 2004, 1490; *Schramm*, Interessenkonflikte bei Wirtschaftsprüfern, Steuerberatern und Rechtsanwälten unter dem besonderen Aspekt der beruflichen Verschwiegenheit, DStR 2003, 1316, 1364; *Kunz*, Wirtschaftsprüfer und vereidigte Buchprüfer als Betroffene von Durchsuchungs- und Beschlagnahmemaßnahmen, WPK-Mitt. 2003, 166; *Berger*, Anwaltliche Honorarforderungen – Gerichtliche Durchsetzung und berufsrechtliche Verschwiegenheitspflicht, MDR 2003, 970; *Mock*, Die Verschwiegenheitspflicht des Abschlussprüfer und Interessenkonflikte, DB 2003, 1996; *Deckenbrock*, Interessenkonflikte bei Wirtschaftsprüfern und Rechtsanwälten unter dem besonderen Aspekt der beruflichen Verschwiegenheitspflicht, BB 2002, 2453; *Schaumburg*, Der Datenzugriff und andere Kontrollmöglichkeiten der Finanzverwaltung, DStR 2002, 829; *Reich/ Helios*, Inhalt und Grenzen des Verschwiegenheitsschutzes im Gemeinschaftsrecht für Rechtsanwälte und Steuerberater – Ein Beitrag zur neuen Geldwäscherichtlinie, StB 2002, 144; *Stoll*, Zur Verschwiegenheitspflicht des Wirtschaftsprüfers gegenüber Auftraggeber und geprüften Unternehmen, BB 1998, 785; *Simitis*, Die betrieblichen Datenschutzbeauftragten – Zur notwendigen Korrektur einer notwendigen Kontrollinstanz, NJW 1998, 1935; *Henssler*, Das anwaltliche Berufsgeheimnis, NJW 1994, 1817; *Schmitt*, Probleme des Zeugnisverweigerungsrechts (§ 53 I Nr. 3 StPO, § 383 Nr. 6 ZPO) und des Beschlagnahmeverbots (§ 97 StPO) bei Beratern juristischer Personen – zugleich ein Beitrag zu der Entbindungsbefugnis des Konkursverwalters, wistra 1993, 9; *Beder*, Datenschutzbeauftragter in Unternehmen: eine originär anwaltliche Aufgabe, CR 1990, 618; *Sdrenka*, Durchsuchung und Beschlagnahme von Geschäftsunterlagen, von Handakten und von Verteidigerpost beim Steuerberater, Wirtschaftsprüfer und Rechtsanwalt, StB 1990, 334.

Inhaltsübersicht

	Rn.
1. Allgemeines	119–126
a) Die berufsrechtliche Schweigepflicht	119–122
b) Die Schweigepflicht außerhalb des Berufsrechts	123–126
2. Umfang der Schweigepflicht	127–147
a) Allgemeines	127–135
b) Gegenstand der Schweigepflicht	136–141
c) Zeugnisverweigerungsrechte, Beschlagnahmeschutz	142–147
3. Schweigepflicht der Mitarbeiter, Gehilfen und anderer Beauftragter	148
4. Entbindung von der Schweigepflicht	149–161
a) Berechtigte Personen	149–156
b) Verfahrensfragen	157–161
5. Durchbrechung der Verschwiegenheitspflicht	162–176
a) Gesetzliche Durchbrechungen und Pflichtenkollisionen	163–170
b) Wahrnehmung berechtigter Interessen/Notwendigkeit der Entbindung von der Verschwiegenheitspflicht	171–176
6. Datenschutzrechtliche Regelungen	177–199
a) Allgemeines	177
b) Verhältnis BDSG/Berufsrecht	178–182
c) Betrieblicher Datenschutzbeauftragter	183–190
d) Sonstiges	191–199

1. Allgemeines

a) Die berufsrechtliche Schweigepflicht

119 Die VSP ist eine der elementaren Berufspflichten des WP u. zusätzl. Gegenstand zahlreicher spezialgesetzlicher Vorschriften. Sie schützt das **Vertrauen der Man-**

danten u. der Öffentlichkeit in den Berufsstand. Sie liegt zugleich auch im **Interesse des WP**, denn er würde nicht gleichermaßen konsultiert und informiert, könnten die Mandanten nicht auf seine Verschwiegenheit vertrauen (vgl. zum Anwalt BVerwG 13.12.2011, NJW 2012, 1241, 1243). Sie ist insb. auch **Grundlage einer effektiven Abschlussprüfung**, weil der AP nicht mit staatsanwaltlicher Aufgabenstellung u. Ermittlungskompetenzen tätig wird, sondern im Rahmen seiner freiberuflichen Aufgabenstellung darauf angewiesen ist, dass ihm das geprüfte Unternehmen im Vertrauen auf eine verschwiegene u. nur aufgabenorientierte Verwertung alle unternehmensrelevanten Informationen gibt.

In seinen Entscheidungen zum Berufsrecht der RA u. StB geht das BVerfG v. einem *„gesetzlich geschützten Vertrauensverhältnis"* aus. Das BVerfG stellt fest, dass ein Mandatsverhältnis nicht mit Unsicherheiten hinsichtlich seiner Vertraulichkeit belastet sein darf, da mit dem Ausmaß potentieller Kenntnis staatlicher Organe v. vertraulichen Äußerungen die Gefahr wächst, dass sich auch Unverdächtige nicht mehr den Berufsgeheimnisträgern zur Durchsetzung ihrer Interessen anvertrauen (BVerfG 12.4.2005, NJW 2005, 1917). 120

Neben der Vorschrift des § 43 Abs. 1 Satz 1 wird die berufsrechtliche Verpflichtung zur verschwiegenen Berufsausübung durch die Regelungen in **§ 9 (Verschwiegenheit) u. § 10 (Verbot der Verwertung v. Berufsgeheimnissen) der BS WP/vBP** konkretisiert. 121

§ 9 BS WP/vBP verbietet nicht nur, dass der WP durch **aktives Handeln** dem Gebot der Verschwiegenheit zuwiderhandelt (Abs. 1), sondern verpflichtet den Berufsangehörigen auch zu **Vorkehrungen**, dass der VSP unterliegende Tatsachen u. Umstände Unbefugten nicht bekannt werden (Abs. 2). Die Verpflichtung, Vorkehrungen gegen die Verletzung der VSP zu treffen, besteht auch praxisintern, d.h. auch ggü. Mitarbeitern, die nicht mit dem jeweiligen Mandat befasst sind (vgl. Begr. zu § 9 Abs. 2 BS WP/vBP). 122

b) Die Schweigepflicht außerhalb des Berufsrechts

Als **gesetzlicher AP** ist der WP zusätzlich durch eine spezielle Regelung zur Verschwiegenheit verpflichtet (§ 323 Abs. 1 Satz 1 HGB). Eine Verletzung der Geheimhaltungspflicht ist strafbewehrt (§ 333 HGB). Auch bei anderen Prüfungen finden sich ausdr. Regelungen zur VSP des WP (vgl. u.a. § 144 AktG bei Sonderprüfungen nach § 142 AktG). 123

Die **gesamte berufliche Tätigkeit des WP ist strafbewehrt** nach §§ 203, 204 StGB, soweit er unbefugt fremde Geheimnisse, die ihm in seiner Eigenschaft als Berufsträger anvertraut o. sonst bekannt geworden sind, offenbart o. verwertet. Mit dieser Strafandrohung korrespondieren verschiedene **Zeugnis- u. Auskunftsverweigerungsrechte des Berufsträgers** (§ 53 StPO für das Strafverfahren, § 383 ZPO für das Zivilverfahren, § 102 Abs. 1 Nr. 3 AO ggü. der Finanzverwaltung u. § 84 Abs. 1 FGO im finanzgerichtlichen Verfahren). Durch diese Zeugnis- u. Auskunftsverweigerungsrechte soll eine **Interessenkollision** vermieden werden, in dem der WP allein seinen Mandanten u. nicht den Behörden/Gerichten verpflichtet 124 ist. Das Interesse des Mandanten an der Geheimhaltung seiner Daten wird zunächst höher eingestuft als die Wahrheitsfindung in staatlich geregelten Verfahren.

125 Insbesondere im Strafverfahren wird das Zeugnisverweigerungsrecht durch ein **Beschlagnahmeverbot** (§ 97 StPO) erweitert. Danach unterliegen Unterlagen v. Personen, denen nach § 53 StPO ein Zeugnisverweigerungsrecht zusteht, nicht der Beschlagnahme (Rn. 142 f.).

126 Das **Datenschutzrecht** stellt eine konkrete Ausgestaltung der VSP in Bezug auf die Datenverarbeitung in der Praxis dar (Rn. 177 f.). Zu den Strafvorschriften und Ordnungswidrigkeiten vgl. §§ 43, 44 BDSG (s. auch Rn. 198).

2. Umfang der Schweigepflicht

a) Allgemeines

127 Die VSP ist v. WP **unabhängig v. der Art seiner Berufsausübung** einzuhalten. Sie gilt daher für den WP in eigener Praxis, Sozietät o. Partnerschaft ebenso wie für den gesetzlichen Vertreter einer Berufsgesellschaft sowie für den angestellten WP.

128 Die Schweigepflicht ist **zeitlich unbegrenzt** u. gilt auch nach Beendigung des Mandates weiter fort. Auch nach dem Tod des Mandanten ist die Schweigepflicht zu beachten; in höchstpersönlichen Angelegenheiten des Mandanten gilt sie auch ggü. dessen Rechtsnachfolger.

129 Auch nach dem **Verzicht des WP** auf seine Bestellung, während der Dauer einer **Beurlaubung** sowie nach einem möglichen **Ausschluss aus dem Beruf** ist die VSP zu beachten. Mit Ausnahme der Beurlaubung unterliegt der WP in solchen Fällen nicht mehr dem Berufsrecht nach der WPO. Die Verschwiegenheitsverpflichtung ergibt sich aber zum einen aus den strafrechtlichen Vorschriften zur Verletzung u. Verwertung v. Geheimnissen (§§ 203, 204 StGB) u. zum anderen aus der nachvertraglichen Treuepflicht aus dem Mandatsverhältnis. Der Mandant ist hierdurch weiterhin geschützt.

130 Die VSP gilt **ggü. jedem Dritten**, insb. auch ggü. Behörden, Gerichten u. anderen staatlichen Stellen. In solchen Fällen steht dem WP ein Zeugnis- bzw. Auskunftsverweigerungsrecht zu (Rn. 142 ff.). Soweit ausnahmsweise gegenüber Dritten u. dabei insb. gegenüber staatlichen Stellen gegen den Willen des Mandanten Auskunftspflichten bestehen, bedarf es einer gesetzlichen Regelung u. im Zweifel auch einer Interessenabwägung im Einzelfall (vgl. Rn. 162 ff.).

131 Auch ggü. **Dritten, die ihrerseits einer Schweigepflicht unterliegen**, besteht die Verschwiegenheitsverpflichtung. Dies gilt auch innerhalb der WP-Praxis o. -Gesellschaft.

132 Bei einem **Beratungsmandat einer gemischten Sozietät** kann – sofern das Mandat nicht ausdr. auf einen Sozius beschränkt ist (BGH 7.6.1994, NJW 1994, 2302) – davon ausgegangen werden, dass der Auftrag der gesamten Sozietät erteilt ist (BGH 17.10.1989, WPK-Mitt. 1990, 91). Die Möglichkeit der Informationsweitergabe bezieht sich dabei auch auf später eintretende Sozien (BGH 5.11.1993,

NJW 1994, 257). Gleichwohl dürfen insb. bei größeren Sozietäten, in denen keine Notwendigkeit jederzeitiger Vertretung durch alle Sozien besteht, Informationen über Mandate nur insoweit an Mitgesellschafter weitergegeben werden, soweit dies zur ordnungsgemäßen Auftragserledigung erforderlich ist (z.B. zur Klärung v. Unabhängigkeitsfragen, vgl. noch Rn. 164). Noch eindeutiger ist die Abgrenzung, wenn nur einem WP - Sozius ein **gesetzlicher Prüfungsauftrag** übertragen wird, so dass dessen VSP ggü. den nicht als AP bestellten u. beauftragten Sozien schon aus der differenzierten vertraglichen Ausgangslage heraus folgt. Nur sofern weitere Sozien in die Auftragsdurchführung einbezogen sind, sind sie informationsberechtigt.

Innerhalb einer **WPG** entscheidet der gesetzliche Vertreter, wer den Prüfungsauftrag durchführt u. welche Personen hieran beteiligt sind. Gegenüber allen anderen nicht unmittelbar an der Prüfung o. allgemein an der Auftragsbearbeitung Beteiligten ist die Vertraulichkeit zu wahren; dies gilt auch ggü. den Mitgliedern des eigenen Aufsichtsrates der WPG – unabhängig v. deren Berufszugehörigkeit (§ 323 Abs. 3 HGB). Dass die WPO die Mitglieder des Aufsichtsrats vorsichtshalber ebenfalls zur Verschwiegenheit verpflichtet (§ 56 Abs. 2), ändert daran nichts. **133**

Mitarbeiter o. Gehilfen – unabhängig davon, ob es sich dabei um Partner, freie Mitarbeiter o. andere externe Dritte handelt – dürfen nur in dem Umfang unterrichtet werden, in dem es für die ordnungsgemäße Durchführung des Auftrages notwendig ist (OLG Düsseldorf 11.10.1994, WPK-Mitt. 1995, 101). Zur VSP eines freien Mitarbeiters WPK-Mitt. 2001, 30 sowie zur internen Nachschau durch externe Dritte vgl. WPK-Mag. 1/2004, 25. **134**

Auch ggü. **verbundenen Berufsgesellschaften u. Netzwerkgesellschaften** sowie den dort tätigen, nicht in die Auftragsabwicklung eingebundenen Mitarbeitern ist die Schweigepflicht einzuhalten. Zur Frage der **Verschwiegenheit ggü. dem Konzern-AP** im nationalen u. internationalen Bereich vgl. noch Rn. 163, im Fall der **Prüfung der Unabhängigkeitsvoraussetzungen** im Verbund o. Netzwerk Rn. 164. **135**

b) Gegenstand der Schweigepflicht

Die Schweigepflicht umfasst alles, was dem WP in Ausübung o. bei Gelegenheit seiner Berufstätigkeit anvertraut o. bekannt geworden ist (BGH 20.4.1983, DB 1983, 1921). Unter **Berufstätigkeit** ist dabei sowohl die Tätigkeit als Prüfer nach § 2 Abs. 1 u. die weiteren Tätigkeiten nach § 2 sowie alle anderen vereinbaren Tätigkeiten nach § 43a zu verstehen. Ein **eingeschränkter beruflicher Bezug** kann bei gesetzlichen Kollisionsnormen angenommen werden (vgl. BVerwG 13.12.11, NJW 2012, 1241, 1242, zur ggf. nicht geschützten vorrangig wirtschaftlichen Betätigung des RA ohne Bezug zur Rechtsberatung o. -verfolgung). **136**

Bei Informationen über den Mandanten, die jedermann zugänglich u. damit offenkundig sind, ist zwischen dem Berufsrecht u. den Vorschriften anderer Gesetze zu unterscheiden. Das Strafrecht (§§ 203, 204 StGB) sowie das HGB (§ 323 Abs. 1 Satz 2 HGB) gehen v. dem Begriff des „Geheimnisses" aus. Danach darf der WP keine Geschäfts- u. Betriebsgeheimnisse verraten o. verwerten. **Offenkundige Tatsachen** stellen aber kein Geheimnis mehr dar u. sind nach den genannten Vorschrif- **137** ten nicht zu schützen. Das Berufsrecht kennt den Begriff des „Geheimnisses" dagegen nicht, so dass hier alle Informationen – seien sie auch offenkundig – geschützt sind. Der WP darf berufsrechtlich daher offenkundige Tatsachen u. Umstände nicht preisgeben o. auch nur bestätigen.

138 Der WP darf Mandanteninformationen nicht verwerten (§ 10 BS WP/vBP). Insbesondere geschäftliche Entschlüsse o. Transaktionen, die den Auftraggeber o. Dritte betreffen, dürfen nicht unbefugt für eigene o. fremde Vermögensdispositionen genutzt werden. Neben verschiedenen **strafrechtlichen Verwertungsverboten** (z.B. § 204 StGB, § 333 Abs. 2 Satz 2 HGB, § 404 Abs. 2 Satz 2 AktG, § 85 Abs. 2 Satz 2 GmbHG) ist besonders die **Insiderbestimmung des § 14 WpHG** zu beachten. Dieses Verbot v. Insidergeschäften tritt neben die berufsrechtliche VSP (vgl. Begr. zu § 10 BS WP/vBP).

139 Informationen, die der WP **außerhalb seiner Berufstätigkeit** erfahren hat, unterliegen nicht der Schweigepflicht, sofern sie im privaten Bereich verbleiben u. keine Auswirkungen auf die berufliche Tätigkeit haben. Eine Verschwiegenheit könnte sich allenfalls aus der vertraglichen Treuepflicht des WP zu seinem Mandanten ergeben.

140 Nicht erfasst werden auch **Tatsachen, die Dritte betreffen** u. anlässlich der beruflichen Tätigkeit in Erfahrung gebracht werden; diese Dritten sind nicht schützenswert, sofern kein Mandatsverhältnis besteht u. der WP keinen besonderen Vertrauensschutztatbestand geschaffen hat (Kuhls/Maxl, StBerG, § 57 Rn. 204). Nicht erfasst werden ferner die aus der beruflichen Tätigkeit gewonnenen fachlichen u. rechtlichen Erfahrungen u. Kenntnisse.

141 Von der Schweigepflicht erfasst werden auch Tatsachen, die dem **Privatbereich des Mandanten** zuzurechnen sind u. keinen Bezug zur primären Berufstätigkeit haben. Der WP muss diese Informationen aber in Ausübung o. bei Gelegenheit seiner Berufstätigkeit erlangt haben.

c) Zeugnisverweigerungsrechte, Beschlagnahmeschutz

142 Die berufliche Verschwiegenheitspflicht wird durch **Zeugnisverweigerungsrechte** abgesichert (§§ 53, 53a StPO im Strafverfahren, §§ 102, 104 Abs. 1 AO sowie § 84 Abs. 1 FGO in steuerstrafrechtlichen Ermittlungen u. finanzgerichtlichen Verfahren, §§ 383 ff. ZPO in zivilgerichtlichen Verfahren). Wirtschaftsprüfer sind demnach grds. zur Verweigerung des Zeugnisses über Tatsachen verpflichtet, die ihnen in ihrer beruflichen Eigenschaft anvertraut o. bekannt geworden sind. Diese Voraussetzungen korrespondieren mit denen der Strafbarkeit nach § 203 StGB (vgl. Rn. 124, 137). Nicht alles, was der beruflichen Schweigepflicht unterliegt, ist daher durch Zeugnisverweigerungsrechte geschützt; so begründen privat erfahrene Tatsachen kein Zeugnisverweigerungsrecht.

143 Der WP sollte in **Zweifelsfällen v. Zeugnisverweigerungsrecht Gebrauch machen** u. es auf eine gerichtliche Entscheidung ankommen lassen (vgl. Kuhls/Maxl, StBerG, § 57 Rn. 260). Dies gilt insb. in den Fällen, in denen streitig ist, wer den

WP von der VSP entbinden kann. Zu bedenken ist auch, dass § 102 AO keine Belehrung des Beraters kennt u. es anders als im Strafverfahren kein Verwertungsverbot aus diesem Grund irrtümlich erteilter Informationen gibt (Christ, INF 03, 36).

Auch bei einem Streit über ein **Beschlagnahmeverbot** sollte der Standpunkt größtmöglicher Beschlagnahmefreiheit eingenommen werden (vgl. noch Rn. 147). Die Frage, welche Unterlagen im Einzelnen dem Beschlagnahmeverbot unterliegen, wird in Rspr. u. Literatur nicht einheitlich beantwortet. **Beschlagnahmefrei** sind schriftliche Mitteilungen zwischen dem Beschuldigten u. dem WP, ebenso Aufzeichnungen, welche der WP über die ihm v. Beschuldigten anvertrauten Mitteilungen o. über andere Umstände gemacht hat. Dies ergibt sich unmittelbar aus dem Wortlaut des § 97 Abs. 1 StPO. Erfasst werden hiervon alle Unterlagen, die erst aufgrund des Mandatsverhältnisses entstanden sind, z.b. der Schriftwechsel mit dem Mandanten, Gesprächsprotokolle, interne Notizen über den Auftrag u. das Mandatsverhältnis, Gutachtenentwürfe u. sonstige Aufzeichnungen, die der WP in seiner Eigenschaft als WP erstellt hat (LG Bonn 29.10.2001, WPK-Mitt. 2003, 74). Hierunter fallen auch PB über Jahresabschlüsse (OLG Köln 7.5.1991, StV 1991, 507), ebenso die Arbeitspapiere u. Handakten des WP (zu eng LG Berlin 20.7.2000, StuB 2001, 780). Hierbei erfolgt insb. keine Differenzierung innerhalb der Tätigkeitsbereiche, so dass sich die dargestellten Grundsätze sowohl auf die Tätigkeit als AP als auch auf alle anderen vereinbaren Tätigkeiten nach § 2 erstreckt (LG Bonn, a.a.O.). 144

Beschlagnahmefähig sind dagegen Buchhaltungsunterlagen u. Belege des Mandanten, deren Erstellung u. Aufbewahrung dem Beschuldigten gesetzlich auferlegt ist (§ 140 ff. AO, §§ 238, 242 HGB). Sofern diese Unterlagen dem WP zur weiteren Bearbeitung übergeben werden, bedürfen sie keiner Vertraulichkeit (LG Darmstadt 18.3.1988, NStZ 1988, 286; a.A. LG Stuttgart 20.2.1997, DStR 1997, 1449). Eine andere Bewertung kann sich ergeben, wenn die übergebenen Unterlagen mit Anm. des WP versehen sind (so LG München 22.4.1988, NJW 1989, 536). Fertiggestellte Jahresabschlüsse unterliegen ebenfalls nicht einem Beschlagnahmeverbot (LG Hamburg 4.7.2005, wistra 2005, 394-398; LG Chemnitz 20.9.2000, DStZ 2001, 100; a.A. LG Stade 24.3.1986, NStZ 1987, 38). Sofern sie jedoch noch zur Erstellung u. Vorbereitung der Bilanz benötigt werden, dürften sie noch beschlagnahmefrei sein (so LG Frankfurt 15.10.2002, DStR 2004, 290-292). 145

Weiterführende Hinweise enthält die **Kommentierung zur Handakte** (§ 51b Rn. 96 ff.). Zu beachten ist auch, dass die **nach dem Geldwäschegesetz (§ 9 GwG) vorzunehmenden Aufzeichnungen des WP** der Beschlagnahme unterliegen. Deshalb wird empfohlen, diese Aufzeichnungen getrennt v. den Handakten aufzubewahren, um die Handakten vor Beschlagnahme zu schützen. Bei Vermischung besteht die Gefahr, dass bei der Beschlagnahme der Aufzeichnungen nach § 9 GwG auch der VSP unterliegende Daten offenbart werden (Henssler, NJW 1994, 1817, 1821; Johnigk, BRAK-Mitt. 1994, 58, 61 – hierzu auch Kommentierung zum GwG Rn. 401 ff.). 146

147 Grundsätzlich sollte der WP bei einer Durchsuchungs- u. Beschlagnahmemaßnahme zunächst die **Position der größtmöglichen Beschlagnahmefreiheit** einnehmen. Er sollte versuchen, seinen Mandanten zu erreichen, um sich v. der VSP entbinden zu lassen. Lehnt der Mandant eine Befreiung v. der VSP ab, so hat der WP ausdr. Widerspruch gegen die Durchsuchung zu erheben. Ferner sollte der WP darauf bestehen, dass die beschlagnahmten Unterlagen in einem verschlossenen Behältnis aufbewahrt u. versiegelt werden (zu Einzelheiten s. das Merkblatt der WPK zu Verhaltenshinweisen bei Durchsuchungs- u. Beschlagnahmemaßnahmen bei Berufsangehörigen www.wpk.de/Praxishinweise; s. auch Kunz, WPK-Mitt. 2003, 166 f).

3. Schweigepflicht der Mitarbeiter, Gehilfen und anderer Beauftragter

148 Der WP kann sich bei seiner Tätigkeit der Hilfe Dritter bedienen. Da nicht alle Gehilfen, zu denen auch Angestellte u. freie Mitarbeiter gehören, v. Gesetzeswegen zur Verschwiegenheit verpflichtet sind, verpflichtet § 50 den WP, die nicht selbst zur Verschwiegenheit verpflichteten **Gehilfen seinerseits zur Verschwiegenheit zu verpflichten**. Dies gewinnt zunehmend Bedeutung vor dem Hintergrund der Auslagerung v. Vorarbeiten o. auch beruflicher Teilleistungen auf andere Unternehmen (vgl. die Kommentierung zu § 50 u. speziell zum **Outsourcing beruflicher Teilleistungen** § 50 Rn. 4).

4. Entbindung von der Schweigepflicht

a) Berechtigte Personen

149 Die VSP entfällt, wenn der WP v. dieser Pflicht wirksam entbunden worden ist. Von der Schweigepflicht entbinden kann, wer von ihr geschützt werden soll. In der Regel ist dies der **Mandant o. ggf. auch dessen Rechtsnachfolger**. Gibt es mehrere von der Schweigepflicht Begünstigte, müssen alle sog. **Träger des Geheimhaltungsinteresses** den WP v. seiner Schweigepflicht entbinden (BGH 20.4.1983, DB 1983, 1921).

150 Bei **Eheleuten** ist zu unterscheiden, ob eine gemeinsame o. getrennte Beauftragung vorliegt. Bei einer gemeinsamen Beauftragung muss der WP jedem Ehepartner die Auskünfte erteilen, die dessen Auftragsteil berühren. Sofern nur die Beauftragung durch einen Ehepartner erfolgt, ist der WP auch nur diesem ggü. verpflichtet; er darf dem anderen Teil ohne Entbindungserklärung nur eingeschränkt Auskunft erteilen (OLG Koblenz 17.1.1991, StB 1991, 170, 171). Die vertragliche Beziehung zu nur einem Ehepartner hat jedoch eine Schutzwirkung zugunsten des anderen Ehepartners (BGH 5.6.1985, NJW 1996, 1050).

151 In der Regel gilt die VSP auch über den Tod des Mandanten hinaus. Sofern der Erblasser bereits zu Lebzeiten eine über seinen Tod hinausreichende Entbindungserklärung verfasst hat, ist der WP uneingeschränkt berechtigt, den **Erben o. einem Nachlasspfleger** Auskünfte zu geben. Sofern eine solche Erklärung nicht vorliegt, ist eine Auskunftserteilung über vermögensrechtliche Verhältnisse ggü. den Erben aber dennoch möglich (OLG Stuttgart 18.10.1982, NJW 1983, 1070). Höchstpersönliche Angelegenheiten des Erblassers (z.B. Krankheiten, Mitgliedschaften in

Organisationen u. Vereinen etc.) sind v. der Weitergabe aber ausgenommen (so Haufs-Brusberg, Anm. zu OLG Koblenz 17.1.1991, DStR 1991, 789).

Bei **Personengesellschaften** konnte früher jeder Gesellschafter als Mandant des WP angesehen werden u. diesen daher wirksam v. der Verschwiegenheit entbinden; dies galt auch, wenn die Gesellschaft einen o. mehrere GF hat. Da inzwischen selbst der GbR wesentliche Elemente einer eigenen Rechtspersönlichkeit zugeschrieben werden, gelten für die GbR, die OHG u. die KG die nachfolgend zur jur. Person aufgezeigten Grundsätze. **152**

Bei **jur. Personen** entscheidet der gesetzliche Vertreter über die Entbindungserklärung. Die Gesellschafter haben unmittelbar keinen Auskunftsanspruch ggü. dem WP, sondern sind auf den gesellschaftsrechtlichen Auskunftsanspruch ggü. dem gesetzlichen Vertreter der Gesellschaft beschränkt. Dies ist darin begründet, dass zwischen dem Gesellschafter u. dem WP keine vertraglichen Beziehungen bestehen. Bei der **gesetzlichen JAP** gilt die Besonderheit, dass der Aufsichtsrat für die Auftragserteilung zuständig u. der AP in Folge dessen auch gegenüber dem VO des Unternehmens zur Verschwiegenheit verpflichtet ist. Im Rahmen einer gesetzlichen AP entbindet also der Aufsichtsrat v. der VSP (Mock, DB 2003, 1996, 1998; a.A. BeckBilK/Winkeljohann/Feldmüller, § 323 Rn. 44 u. Hiller/Bernardi, WP Praxis 2013, 48; Krause, FS Dahs, 349, 377 ff., hält eine Entbindung sowohl durch den AR als auch den VO für erforderlich, vgl. auch noch Rn. 155, 156 – dem kann insoweit gefolgt werden, dass der AR „über alles" entbinden muss, während es beim VO darauf ankommt, welche Informationen er gegeben hat u. ob sie ihn „persönlich" betreffen). **153**

Bei einem **Wechsel des gesetzlichen Vertreters** stellt sich die Frage, ob auch der ehemalige GF/VO schutzwürdig ist u. den WP zusätzl. v. der Verschwiegenheit entbinden muss. Sofern es um Informationen geht, die ausschl. die Verhältnisse der Gesellschaft betreffen, dürfte i.d.R. die Entbindungserklärung des derzeitigen gesetzlichen Vertreters ausreichen. Sofern aber auch schutzwürdige Interessen eines ausgeschiedenen GF/VO berührt sind, ist zusätzl. eine Entbindungserklärung des ehemaligen gesetzlichen Vertreters zu fordern; i.d.R. ist ein schutzwürdiges Interesse gegeben, wenn sich gegen den ehemaligen GF/VO ein Strafverfahren richtet (AG Tiergarten 10.6.2004, wistra 2004, 319 hinsichtlich eines Verfahrens vor einem Untersuchungsausschuss). Sofern der WP daher zu Umständen befragt werden soll, die ihm während der Dauer der Tätigkeit des früheren GF/VO einer jur. Person bekannt geworden sind, sollte hierfür die Entbindungserklärung dieser Person – zusätzl. zur Entbindungserklärung des derzeitigen GF/VO – eingeholt werden (a.A. LG Berlin 5.3.1993, wistra 1993, 278, wonach die Entbindung durch den derzeitigen GF nicht erforderlich sein soll). Erstreckt sich die Informationsweitergabe auf Information nach dem Ausscheiden des vertretungsberechtigten Organs, ist eine Entbindungserklärung durch dieses nicht erforderlich. Zur weiteren Bewertung siehe auch die nachfolgenden Ausführungen, die entsprechend anwendbar sind. **154**

155 Im **Insolvenzfall einer jur. Person** unterscheidet die Rechtsprechung. Für den **Bereich des Insolvenzverfahrens** genügt grds. die Entbindung durch den Insolvenzverwalter, da die Schweigepflicht des WP in solchen Fällen in erster Linie die jur. Person betrifft. Den Organmitgliedern müsse klar sein, dass im Konflikt mit den Schweigepflichtigen die Interessen der jur. Person als Mandantin Vorrang haben müssten. Demzufolge könne der Insolvenzverwalter v. der Schweigepflicht entbinden u. die Herausgabe o. Einsicht in die Akten verlangen (BGH 30.11.1989, WPK-Mitt. 1990, 93). Diese Grundsätze, die die Rechtslage zur Konkursordnung betrafen, hat die Rspr. auch unter Geltung der aktuellen Insolvenzordnung angewendet (AG Göttingen 5.9.2002, NZI 2002, 615, wonach gemäß § 80 InsO die Verwaltungs- u. Verfügungsmacht auf den Insolvenzverwalter übergeht u. er daher einen Zeugen i.S. des § 383 Abs. 1 Nr. 6 ZPO v. der VSP entbinden kann). Eine Ausnahme liegt nach der Rspr. jedoch dann vor, wenn neben der insolventen Gesellschaft ein (ehemaliges) Organmitglied ein selbstständiges schutzwürdiges Interesse an der Verschwiegenheit des Berufsangehörigen hat. Dies sei z.B. dann anzunehmen, wenn zwischen dem Berufsträger u. einem ehemaligen GF/VO ein rechtlich selbstständiges Rechtsverhältnis (z.B. Beratungsmandat) bestand o. angenommen werden kann. In diesem Fall bedürfe der Berufsträger auch der Entbindung durch das ehemalige Organmitglied.

156 Uneinheitlich ist die Rspr. dagegen zur Frage des Geheimnisträgers in Fällen, in denen es um die Aussage eines Berufsangehörigen in einem **Strafverfahren** gegen einen früheren GF/VO der insolventen Gesellschaft geht. Während eine Meinung neben der Entbindung durch den Insolvenzverwalter auch die Entbindung durch den früheren GF als notwendig erachtet (OLG Schleswig 27.5.1980, NJW 1981, 294), geht eine andere Meinung davon aus, dass auch in einem Strafverfahren die Entbindung v. der VSP allein durch den Insolvenzverwalter ausreicht (OLG Nürnberg 18.6.09, DStR 2010, 464; OLG Oldenburg 28.5.2004, WPK-Mag. 3/2004, 48 nebst Anm.). Die Frage ist noch nicht höchstrichterlich entschieden. Daher sollte der WP immer den sichersten Weg gehen u. sich sowohl v. dem aktuellen als auch v. dem ehemaligen Organmitglied v. der Verschwiegenheit entbinden lassen (m.w.N. Krause, FS Dahs, 349, 366 ff.).

b) Verfahrensfragen

157 Die Entbindung v. der Schweigepflicht ist eine **Willenserklärung**. Sofern der Berechtigte nicht handlungsfähig ist u. keine wirksame Willenserklärung abgeben kann, hat die Entbindung durch den gesetzlichen Vertreter zu erfolgen (Ernst, NJW 2005, 3120 zur Entbindung durch einen Betreuer).

158 Sofern eine wirksame Entbindungserklärung vorliegt, muss der WP dem jeweiligen Dritten Auskunft erteilen u. seinen Gehilfen eine Aussagegenehmigung erteilen (§ 50 Rn. 15). Ein **eigenes Geheimhaltungsinteresse** des WP besteht i.d.R. nicht, kann aber angenommen werden, wenn es sich um höchstpersönliche Wahrnehmungen u. vertrauliche Hintergrundinformationen handelt (BGH 30.11.1989, NJW 1990, 510).

Die Entbindungserklärung wird i.d.R. **nicht umfassend u. uneingeschränkt** o. auch schon **zu Beginn eines Mandates** erteilt. Der rechtssichere Weg verlangt, dass der Berechtigte aus konkretem Anlass den WP partiell entbindet. Der Berufsträger ist dann hinsichtlich der Auskunftserteilung an Dritte auf diesen Bereich beschränkt. 159

Eine bestimmte Form für die Entbindung v. der Schweigepflicht ist nicht vorgegeben. Sie kann ausdr., aber auch konkludent erfolgen. An eine **konkludente Entbindung** v. der Schweigepflicht sind aber hohe Anforderungen zu stellen. Im Zweifel sollte der WP auf einer ausdr. Erklärung bestehen. Eine konkludente Entbindungserklärung dürfte vorliegen, wenn der Mandant den WP als Zeugen in einem Verfahren benennt o. gegen ihn selbst einen Schadensersatzprozess führt (Kuhls/Maxl, StBerG, § 57 Rn. 210). Auch bei einer Beschwerde durch den Mandanten selbst dürfte von einer konkludenten Entbindung v. der VSP ausgegangen werden (Kuhls/Maxl, a.a.O., Rn. 256; zur Wahrnehmung berechtigter Interessen vgl. noch Rn. 171). 160

In zivil- u./o. strafgerichtlichen Verfahren durch einen RA des Mandanten abgegebene Erklärungen zur Entbindung der VSP sind nur bei ausdr. **Vollmacht des (ehemaligen) Mandanten** für eine wirksame Entbindung v. der Schweigepflicht ausreichend. Von einer solchen Vollmacht kann ausgegangen werden, wenn der WP als Zeuge schriftlich benannt wurde, da der Mandant den Schriftsatz regelmäßig kennt u. gebilligt haben dürfte. Eine Vollmacht ist jedoch dann notwendig, wenn der RA ohne Bezug auf eine schriftsätzliche Zeugenbenennung den WP als Zeugen anbietet. Im Zweifel sollte sich der WP immer eine eindeutige Vollmacht vorlegen lassen. 161

5. Durchbrechung der Verschwiegenheitspflicht

Eine Offenbarung v. Informationen außerhalb auftragsgemäßen Tätigwerdens o. ohne dass eine Entbindungserklärung der berechtigten Person vorliegt, ist nur in sehr engen Grenzen möglich. In nicht wenigen Fällen gibt es **gesetzliche Pflichtenkollisionen**, die entw. schon durch den Gesetzgeber o. im Rahmen einer Interessenabwägung aufzulösen sind. Eine zweite Fallgruppe ist durch widerstreitende Interessen des Auftraggebers einerseits u. des WP andererseits an der Einhaltung der VSP geprägt; im Zweifel geht das Mandanteninteresse an der Einhaltung der gesetzlichen VSP durch den WP vor, muss aber im Einzelfall hinter anerkannten **berechtigten Eigeninteressen des WP** zurückstehen. 162

a) Gesetzliche Durchbrechungen und Pflichtenkollisionen

Eine Mischung zwischen auftragsgemäßen Handeln und gesetzlichem Auftrag ist die **Berichterstattung im Rahmen und nach gesetzlichen AP** (vgl. die Beispiele in BeckBilK/Winkeljohann/Feldmüller, § 323 Rn. 40; Forster/Gelhausen/Möller, WPg 2007, 191). Eine gesetzliche Durchbrechung der Schweigepflicht ist speziell auch in § 320 Abs. 3 Satz 2 HGB für den **Bereich der Konzernabschlussprüfung** vorgesehen. Danach hat der Konzern-AP ggü. den AP der Mutter- u. Tochterunternehmen einen Auskunfts- u. Herausgabeanspruch; einer gesonderten Entbindungserklärung bedarf es nicht. Die Herausgabepflicht erstreckt sich aber nicht auf die Prüfungsunterlagen o. die Arbeitspapiere in ihrer Gesamtheit, sondern betrifft lediglich die zu einzelnen Aspekten erforderlichen Nachweise u. Informationen. Im Ver- 163 hältnis zu ausländischen Konzern-AP gilt diese Ausnahme nicht (zu weiteren Einzelheiten WPK-Mag. 3/2005, 30).

164 WP sind vor Annahme eines Auftrages wie auch während einer Auftragsabwicklung zur **Prüfung ihrer Unabhängigkeit** verpflichtet. Besondere Relevanz hat diese Pflicht im Rahmen gesetzlicher AP; insoweit sind WP sogar ausdr. zur Dokumentation dieser Prüfung in ihrer Handakte verpflichtet (§ 51b Abs. 4 Satz 2). Dies geht nicht ohne Austausch über relevante Daten potentieller Mandanten o. v. Mandantendaten mit Personen o. Gesellschaften, mit denen der WP den Beruf gemeinsam ausübt – ggf. auch nur Einzelfallbezogen im Rahmen einer Kooperation, selbstredend aber auch im Rahmen einer verfestigten Zusammenarbeit (Sozietät, Gesellschaft, Verbundgesellschaft, Netzwerkgesellschaft).

165 Die Berufssatzung sieht im Rahmen gesetzlicher Abschlussprüfungen im Einzelfall eine **Berichtskritik** u. **auftragsbegleitende Qualitätssicherung** vor (§§ 24d BS WP/vBP), die ggf. auch durch externe Dritte geleistet werden müssen. Dies ist durch die generelle Befugnis gedeckt, zur ordnungsgemäßen Auftragserledigung Hilfskräfte beschäftigen o. beauftragen zu können (vgl. Rn. 148).

166 Beim **Mandatswechsel** gibt es grds. keine Möglichkeit, sich ohne Abstimmung mit dem Auftraggeber mit dem vorherigen oder nachfolgenden Mandatsinhaber auszutauschen (vgl. auch Kuhls/Maxl, StBerG, § 57 Rn. 220). Bei der **gesetzlichen AP** gilt die Sonderregelung des § 320 Abs. 4 HGB, wonach der bisherige AP einem neuen AP auf schriftl. Aufforderung hin über das Ergebnis seiner bisherigen Prüfung zu berichten hat.

167 Im Rahmen einer **steuerlichen Betriebsprüfung beim WP** befindet sich dieser in einer Pflichtenkollision, einerseits seinen gesetzlichen Mitwirkungspflichten nachzukommen u. andererseits die VSP aus dem Mandatsverhältnis bestmöglich zu wahren. Einer BP steht dies nicht entgegen, im Einzelfall können Mandantendaten neutralisiert werden (vgl. mit weiterführenden Hinweisen BFH 28.10.09, DStR 2010, 326, mit Anm. Mutschler, a.a.O., 950; LfSt Bayern, DStR 2012, 1610).

168 Für das **Enforcementverfahren** (Aufsicht über Rechnungsleger) sieht das Gesetz in § 37o Abs. 4 WpHG eine Durchbrechung der Verschwiegenheitsverpflichtung vor. Die Vorschrift wurde im Dezember 2004 durch das BilKoG eingeführt u. soll dazu dienen, der BAFin auch dann eine Prüfung zu ermöglichen, wenn eine Zusammenarbeit auf freiwilliger Basis verweigert wird. Die BAFin kann danach Auskünfte u. Unterlagen verlangen (zum Umfang der Auskünfte OLG Frankfurt 12.2.2007, BB 2007, 1383; OLG Frankfurt 29.11.2007, DB 2008, 629); eine Ausforschung des Unternehmens ist grds. unzulässig. Gegenstand des Enforcementverfahrens ist dabei nicht die AP, sondern die Rechnungslegung des Unternehmens. Die Auskunftspflicht des AP ist außerdem auf Tatsachen beschränkt, die ihm im Rahmen seiner AP bekannt geworden sind; Informationen aus anderen (beratenden) Tätigkeiten sind nicht erfasst. Zur Problematik der Vorlagepflicht der Arbeitspapiere des AP § 51b Rn. 93. Auch wenn eine **Beauftragung einer gesetzlichen Prüfung durch eine für das zu prüfende Unternehmen zuständige Aufsicht** genehmigt werden muss o.

gar durch die Aufsicht erfolgt, kann es Berichts- u. Vorlagepflichten des AP gegenüber der Aufsicht geben, ohne dass es einer Entbindung von der VSP durch das geprüfte Unternehmen bedarf (so bspw. gegenüber der BaFin bei Prüfungen nach § 36 Abs. 1 WpHG).

Eine weitere Durchbrechung der VSP findet sich für den **Bereich der QK** (§ 57b Abs. 3). Danach ist die VSP eingeschränkt, soweit dies zur Durchführung der QK erforderlich ist (zu Einzelheiten § 57b Rn. 5 f). Auch im **BA-Verfahren** wird der Verschwiegenheitsgrundsatz in engen Grenzen durchbrochen (§ 62 Abs. 3). 169

Für den **Bereich der Geldwäsche** regelt § 11 Abs. 3 GwG die Durchbrechung der VSP bei Verdachtsanzeigen. Wirtschaftsprüfer sind danach in bestimmten Fällen zu einer Verdachtsanzeige verpflichtet, wenn sie bei ihrer beruflichen Tätigkeit Informationen erhalten, die den Verdacht einer Geldwäschetransaktion begründen können; einer Entbindung durch den Mandaten bedarf es nicht; vielmehr darf der Mandant über eine erfolgte Verdachtsanzeige nicht unterrichtet werden (§ 11 Abs. 5 GwG; gesonderte Kommentierung zum GwG unter Rn. 401). 170

b) Wahrnehmung berechtigter Interessen/Notwendigkeit der Entbindung von der Verschwiegenheitspflicht

Der WP kann ohne das Vorliegen einer Entbindungserklärung Tatsachen auch dann offenbaren, wenn dies zur Wahrnehmung eigener, in begrenztem Umfang auch zur Wahrnehmung fremder Interessen zwingend erforderlich ist. Dies ist aber nur in sehr engen Grenzen möglich u. bedarf einer umfassenden **Güter- u. Interessenabwägung**. Es werden dabei die Maßstäbe des § 34 StGB (rechtfertigender Notstand) angelegt. Die Interessenabwägung muss zu dem Ergebnis führen, dass das geschützte Interesse (des WP) das beeinträchtigte (Interesse des Mandanten an der Schweigepflicht) wesentlich überwiegt, wobei eine Gesamtwürdigung aller Umstände u. widerstreitenden Interessen erforderlich ist. Bei der Offenbarung v. Mandanteninformationen muss sich der WP dabei immer auf das Notwendige beschränken (KG Berlin 7.10.1993, NJW 1994, 462). 171

Die **Wahrnehmung berechtigter eigener Interessen** kommt als Rechtfertigungsgrund in Betracht, wenn der WP gegen seinen (ehemaligen) Mandanten **Klage auf Zahlung des fälligen Honorars** erhebt; ebenso sind berechtigte Interessen in **Regressprozessen** gegen den (ehemaligen) Mandanten o. Dritte (LG München I 19.11.1980, DStR 1982, 179) sowie im Rahmen der eigenen **Verteidigung in Straf- o. berufsrechtlichen Verfahren** anerkannt. Eine Durchbrechung der Schweigepflicht ist in diesen Fällen geboten, da der Berufsträger sonst schutzlos u. in der Verfolgung seiner Rechte beschränkt wäre (für Regressprozesse u. die Verteidigungsfälle kann die Rechtfertigung aber auch aus einer konkludenten Entbindung von der VSP durch den Mandanten abgeleitet werden, vgl. Rn. 160). Dem WP muss auch die Möglichkeit gegeben werden, sich bei einer **Beeinträchtigung seines beruflichen Ansehens in der Öffentlichkeit** durch unwahre Behauptungen des Auftraggebers o. Dritter rechtfertigen zu können (hierzu WPK-Mitt. 1994, 104). 172

173 Ebenfalls ein Fall der Wahrnehmung berechtigter Interessen liegt vor, wenn der WP sich selbst einer **Strafandrohung gemäß § 261 Abs. 5 StGB (leichtfertige Geldwäsche)** ausgesetzt sieht. Ein etwaiger Verstoß gegen die VSP aus § 203 StGB – unabhängig v. § 12 GwG u. der des § 261 Abs. 9 StGB – kann mit der Wahrnehmung berechtigter Interessen gerechtfertigt sein. Bei möglichen **Nacherklärungs- oder Berichtigungspflichten** des WP in steuerlichen Angelegenheiten des Mandanten nach § 153 AO darf der WP nicht am Mandanten vorbei eine **Selbstanzeige erstatten** u. damit dem Mandanten diese Möglichkeit verbauen. Er muss dem Mandanten die Möglichkeit eröffnen, einer Selbstanzeige beizutreten (vgl. im Einzelnen Kuhls/Maxl, StBerG, § 57 Rn. 251, 252).

174 Bei der **Wahrnehmung fremder Interessen** sind die Grenzen noch enger zu ziehen. **Strafbares Verhalten eines Mandanten** darf danach nicht angezeigt werden; ebenso darf keine Anzeige ggü. den Steuerbehörden erfolgen (LG Köln 13.10.10, DStR 2011, 288; LG Freiburg 14.12.09, DStRE 2011, 600).

175 Eine **Praxisübertragung/-verkauf** an einen anderen WP ist – unter Beachtung der VSP – grds. zulässig (§ 14 Abs. 1 BS WP/vBP). Der Praxisverkäufer darf dem Erwerber aber erst nach Zustimmung seiner Mandanten deren Namen u. die diesbzgl. Akten übergeben (richtungsweisend BGH 11.12.91, Stbg 1992, 205; Römermann, NJW 2012, 1694; zuletzt OLG Hamm 15.12.11, DStRE 2012, 840). Dies gilt auch bei einem Verkauf an eine andere Berufsgesellschaft, die unter derselben Leitung steht (LG Hannover 13.9.1993, Stbg 1994, 65). Auch bei der Umwandlung einer Einzelpraxis in eine Sozietät (BGH 4.2.1988, NJW 1988, 1973), nicht aber bei einer bloßen Erweiterung der Sozietät (BGH 5.11.1993, NJW 1994, 257) sind die dargestellten Grundsätze zu beachten.

176 Eine **Forderungsabtretung**, bei der die Namen u. sonstige Daten des Mandanten an Dritte weitergegeben werden, ist nur eingeschränkt unter den Voraussetzungen des § 55 Abs. 3 möglich. Eine **Pfändung v. Honorarforderungen** ist zulässig, sofern sich der WP darauf beschränkt, nur den Namen, die Anschrift des Drittschuldners, den Grund der Forderung u. die Beweismittel zu bezeichnen (BGH 25.3.1999, NJW 1999, 1544).

6. Datenschutzrechtliche Regelungen

a) Allgemeines

177 Die Regelungen des BDSG in der Fassung der Bekanntmachung v. 14.1.2003 (BGBl. I, 66), zuletzt geändert durch Art. 1 des Gesetzes v. 14.8.2009 (BGBl. I, 1970) zum Datenschutz sowie zur Datensicherheit sind als **konkrete Ausgestaltung der beruflichen VSP** zu sehen. Das **BDSG** ist zwar ggü. dem Berufsrecht bei bereichsüberschneidenden Regelungen gemäß § 1 Abs. 3 BDSG **subsidiär**, da aber das BDSG umfangreichere u. weit speziellere Regelungen enthält, hat es gleichwohl eine **große praktische Bedeutung**. Nahezu jede WP-Praxis dürfte betroffen sein. Das BDSG gilt für den Umgang mit **personenbezogenen Daten**, d.h. alle Einzelangaben über persönliche o. sachliche Verhältnisse einer bestimmten o. bestimmbaren nat. Person (§ 3 Abs. 1 BDSG). Als Datei gilt jede Sammlung perso-

nenbezogener Daten, die durch ein automatisiertes Verfahren nach bestimmten Merkmalen ausgewertet werden kann (vgl. dazu Simitis/Dammann, BDSG, § 3 Rn. 74 ff.). Manuell verarbeitete Sammlungen, z.B. auch Akten o. Aktensammlungen, sind ebenfalls Dateien, wenn sie gleichartig aufgebaut u. nach bestimmten Merkmalen zugänglich sind o. ausgewertet werden können (Simitis/Dammann, BDSG, § 3 Rn. 85).

b) Verhältnis BDSG/Berufsrecht
Schwierigkeiten bzgl. des **Verhältnisses der Normen** ergeben sich daraus, dass § 1 Abs. 3 Satz 1 mit dem Wort „soweit" verdeutlicht, dass der Vorrang einer anderweitigen Berufsnorm nur dann in Betracht kommen kann, wenn u. soweit sie genau den Sachverhalt ansprechen, der auch Gegenstand der Regelung des BDSG ist. Deshalb kann nur eine **deckungsgleiche Regelung** der betreffenden Bestimmung des BDSG vorgehen. Die Subsidiaritätswirkung tritt mit anderen Worten nur bei Tatbestandskongruenz ein (Gola/Schomerus, BDSG, § 1 Rn. 24). **178**

Die BRAK ist der Auffassung, dass das **BDSG hinsichtlich mandatsbezogener Daten auf Rechtsanwaltskanzleien** nicht anwendbar sei. Dies habe zur Folge, dass sich die Verarbeitung mandatsbezogener Daten durch RA nicht an den Vorschriften des BDSG messen lassen müsse u. RA wegen des Mandatsgeheimnisses weder verpflichtet noch berechtigt seien, eine Aufsichtsbehörde für den Datenschutz Antwort auf deren Fragen zu erteilen; die Datenschutzaufsicht bei RA vielmehr v. den RAK wahrgenommen würde. **179**

Diese Auffassung wird v. **Bundesdatenschutzbeauftragten** nicht geteilt (vgl. 21. Tätigkeitsbericht, BT-Drs. 16/4950, 112 unter 9.7). Seiner Auffassung nach treten die Vorschriften des BDSG nur insoweit zurück, als spezifische Datenschutzvorschriften bestehen. In der BRAO finden sich aber nur punktuelle Regelungen zum Datenschutz (z.B. §§ 43a Abs. 2, 50 BRAO). Daher bleibe es i.Ü. bei der Anwendung des BDSG. Entgegen der Ansicht der BRAK stehe nach Auffassung des Bundesdatenschutzbeauftragten dem nicht etwa das Mandatsgeheimnis entgegen. Die durch das „Erste Gesetz zum Abbau bürokratischer Hemmnisse insbesondere in der mittelständischen Wirtschaft" (Gesetz v. 22.8.2006, BGBl. I, 1970), das sog. MEG I, vorgenommenen Änderungen des BDSG für Berufsgeheimnisträger (vgl. § 4f Abs. 2 Satz 3 BDSG) zeigen vielmehr, dass der Gesetzgeber voraussetzt, dass das BDSG für Berufsgeheimnisträger gilt. **180**

Das AG Tiergarten verneinte in einem Urt. v. 5.10.2006 (NJW 2007, 97) eine Auskunftspflicht des RA ggü. dem Datenschutzbeauftragten, da ein RA aufgrund der vorrangig anwaltlichen VSP nicht verpflichtet sei, dem Datenschutzbeauftragten mitzuteilen, wie er in den Besitz mandatsbezogener Unterlagen gekommen ist. In dem konkreten Fall haben sich Zeugen eines Strafverfahrens i.Z.m. einer Nachbarschaftsstreitigkeit unter Berufung auf ihr informationelles Selbstbestimmungsrecht beim Landesdatenschutzbeauftragten beschwert, dass der Strafverteidiger Briefe der Zeugen entlastend in den Prozess eingebracht hat. Die BRAO enthalte nach **181**

Auffassung des AG Tiergarten **bereichsspezifische Sonderregelungen** i.S.d. § 1 Abs. 3 Satz 1 BDSG.

182 Die zweite Instanz (KG Berlin, Beschl. v. 28.8.2010, 1 Ws (B) 51/07, BRAK-Mitt. 2010, 224) stellt ausdr. fest, dass „die Frage, ob der Datenschutzbeauftragte Auskunft über die Herkunft v. Informationen verlangen darf, die der RA i.Z.m. einer Strafverteidigung erlangt o. verwendet hat", obergerichtlich noch nicht entschieden sei. Es verneint die Auskunftspflicht des RA gemäß § 38 Abs. 3 Satz 1 BDSG insoweit mit dem AG Tiergarten übereinstimmend unter Hinweis auf das Verweigerungsrecht nach § 38 Abs. 3 Satz 2 BDSG. Anders als das AG Tiergarten geht das Kammergericht aber nicht davon aus, dass berufsrechtliche Vorschriften der BRAO (insb. zur Verschwiegenheitspflicht) das BDSG gemäß § 1 Abs. 3 Satz 1 BDSG generell verdrängen, sondern stützen ihre Entscheidung auf § 1 Abs. 3 Satz 2 BDSG. Nach dieser Bestimmung bleibt u.a. die Verpflichtung zur Wahrung gesetzlicher Geheimhaltungspflichten „unberührt". Hier ist die Verschwiegenheitsverpflichtung des RA gemäß § 43a Abs. 2 Satz 1 u. 2 BRAO einschlägig, die sich auf alles bezieht, was ihn in Ausübung seines Berufs bekannt geworden ist. Nach § 38 Abs. 3 Satz 2 BDSG darf der Auskunftspflichtige die Beantwortung solcher Fragen verweigern, mit der er sich der Gefahr einer strafrechtlichen Verfolgung aussetzt. Das ist in dem Fall § 203 Satz 1 Nr. 3 StGB, der für den RA die Verletzung v. Privatgeheimnissen seiner Mandanten unter Strafe stellt. Die BRAK bemüht sich um die Einfügung einer der anwaltlichen Tätigkeit angemessenen Regelung für mandatsbezogene Datenverarbeitung in die BRAO. Die Entwicklung bleibt abzuwarten.

c) Betrieblicher Datenschutzbeauftragter

183 Nicht öffentl. Stellen, die personenbezogene Daten verarbeiten, haben nach § 4 BDSG einen **bDSB** zu bestellen. Durch das bereits angesprochene MEG I ist das BDSG nunmehr geändert worden. Dies dürfte insb. **kleinen u. mittleren WP-Praxen** entgegenkommen u. zudem bestehende Unklarheiten beseitigen – insb. bzgl. des **Verhältnisses zwischen Datenschutzrecht u. VSP** gemäß § 43 Abs. 1. Die Gesetzesänderung ist ab 26.8.2006 in Kraft getreten.

184 Die Bestellung des bDSB ist jetzt nur noch dann erforderlich, wenn **mehr als neun Personen mit der automatisierten Verarbeitung personenbezogener Daten beschäftigt werden.** Sofern das Gesetz nunmehr v. „**Personen**" u. nicht mehr wie früher v. „**Arbeitnehmern**" spricht, ist dies keine Verschärfung der Gesetzeslage, sondern ledigl. eine Klarstellung der schon bisher geltenden Rechtsauffassung. Schon nach der alten BDSG-Fassung war nicht der Arbeitnehmerbegriff im sozialversicherungsrechtlichen Sinne maßgeblich, sondern ausschl. die Tatsache, ob eine im Betrieb beschäftigte Person mit der Datenverarbeitung beschäftigt ist (Simitis, BDSG, § 4f Rn. 22). Hierzu können neben den Sozien, Partnern u. angestellten WP auch Sekretariatskräfte u. sonstige Mitarbeiter gehören. Mitzuzählen sind auch Teilzeitkräfte, Auszubildende, Praktikanten u. ggf. freie Mitarbeiter.

185 Soweit es um die **Datenverarbeitung auf sonstige Weise** geht, gilt unverändert ein Schwellenwert v. **mehr als zwanzig Personen.** Dies dürfte aber in der Praxis kaum relevant sein, da die Verarbeitung personenbezogener Daten regelmäßig nur noch EDV-mäßig erfolgt.

Zu betonen ist auch, dass sich die **Schwellenwerte** nur auf das **Erfordernis der** **Bestellung des bDSB** beziehen, nicht jedoch den Praxisinhaber v. der Verpflichtung zur Einhaltung des BDSG insgesamt entbinden. Auch unterhalb der Schwellenwerte ist der Praxisinhaber also verpflichtet, die datenschutzrechtlichen Vorschriften i.Ü. einzuhalten. 186

Die **Bestellung** eines bDSB muss **schriftlich dokumentiert** u. **in der WP-Praxis bekannt gegeben werden**. Dies ist schon deshalb erforderlich, weil der bDSB auch als Ansprechpartner für die Mitarbeiter in datenschutzrechtlichen Belangen fungiert. Seine Aufgaben richten sich nach § 4g BDSG. 187

Als bDSB bestellt werden kann zum einen ein **zuverlässiger Mitarbeiter** des WP, der sich die **erforderliche Fachkunde** erarbeitet (interner bDSB). Voraussetzung ist allerdings, dass die erforderliche **Unabhängigkeit** gewahrt bleibt u. mögliche Interessenkollisionen vermieden werden. Insbesondere Kanzleiinhaber bzw. GF o. IT/EDV-Mitarbeiter kommen daher regelmäßig nicht für die Position des bDSB in Betracht. Als weitere Möglichkeit besteht die Bestellung eines **externen bDSB**. Durch § 4f Abs. 2 Satz 3 BDSG wird klargestellt, dass sich die **Kontrollbefugnis** sowohl v. internen als auch v. externen bDSB ausdr. auch auf personenbezogene Daten erstreckt, die einem **Berufsgeheimnis** unterliegen. Damit kommt es auf die bisher teils problematische Abgrenzung zwischen solchen personenbezogenen Daten, die der beruflichen VSP des WP unterliegen (insb. Mandantendaten) u. anderen personenbezogenen Daten, die in der Praxis verarbeitet werden (z.B. Personaldaten der Mitarbeiter), nicht mehr an. 188

Bisher war die Zulässigkeit eines **externen bDSB** für Freiberufler-Praxen aufgrund der **VSP** umstritten. Um die Tätigkeit insb. des externen bDSB rechtl. abzufedern, überträgt der neu eingeführte § 4f Abs. 4a BDSG das **berufliche Aussageverweigerungsrecht** nunmehr ausdr. auch auf den bDSB u. dessen Hilfspersonal. Zudem besteht für die Reichweite des Aussageverweigerungsrechts ein **Beschlagnahmeverbot**. Über die Ausübung des Aussageverweigerungsrechts entscheidet der Berufsträger, dem es aus beruflichen Gründen zusteht, es sei denn, dies ist aufgrund Eilbedürftigkeit nicht möglich. 189

Arbeitsgrundlage für die Tätigkeit des bDSB ist das sog. **Verfahrensverzeichnis** (§ 4e BDSG). In diesem ist schriftlich zu erfassen, welche Regeln im Betrieb für den Umgang mit persönlichen Daten gelten u. welche Daten erhoben werden. Dazu gehören z.B. nicht nur Regelungen für den Umgang mit Mandantenakten, sondern auch bzgl. der Nutzung v. Telefon, Telefax, Internet, E-Mail usw. durch die Mitarbeiter. Oftmals wird in den Betrieben eine bestimmte Praxis „gelebt", ohne dass diese schriftlich dokumentiert ist. 190

d) Sonstiges

191 Die **Erhebung, Verarbeitung u. Nutzung personenbezogener Daten** sind nur zulässig, soweit das BDSG o. eine andere Rechtsvorschrift dies erlaubt o. anordnet o. der Betroffene **eingewilligt** hat (§ 4 Abs. 1 BDSG). Die Anforderungen, die an die **Einwilligung** zu stellen sind, sind § 4a BDSG zu entnehmen. Grundsätzlich bedarf die Einwilligung der Schriftform, soweit nicht wegen besonderer Umstände eine andere Form angemessen ist.

192 Eine Einwilligung dürfte bei den meisten Mandatsverhältnissen jedoch nicht erforderlich sein, da bereits nach **§ 28 Abs. 1 Nr. 1 BDSG** das Erheben, Speichern, Verändern o. Übermitteln personenbezogener Daten o. ihre Nutzung als Mittel für die **Erfüllung eigener Geschäftszwecke** zulässig ist, da es der **Zweckbestimmung des Mandatsverhältnisses** mit dem Betroffenen dient.

193 Der WP hat **vor der erstmaligen Erfassung** u. Speicherung v. personenbezogenen Daten im EDV-System die **Mandanten grds. darauf hinzuweisen**, dass er die Daten erfasst u. speichert u. wie er sie nutzt (vgl. § 4 Abs. 3 BDSG). Der Begriff der „personenbezogenen Daten" gilt allerdings **grds. nicht bei jur. Personen**, jedenfalls soweit Daten über diese zwangsläufig nicht auch Angaben über nat. Personen beinhalten.

194 Seit dem Inkrafttreten der o.g. Datenschutznovelle im September 2009 (vgl. § 43 Rn. 177) wird bei Anbahnung o. Verlängerung v. Auftragsverhältnissen v. WP in zunehmenden Maße verlangt, einen **Vertrag zur Auftragsdatenverarbeitung** gemäß § 11 BDSG n.F. zu unterschreiben. Dieser ist i.d.R. umfangreich u. enthält u.a. eigenständige Regelungen zur Beachtung des Datengeheimnisses.

195 Gemäß § 11 Abs. 4 BDSG ergibt sich in Bezug auf die datenschutzrechtlichen Pflichten des WP jedoch eine wesentliche Einschränkung, wenn er personenbezogene Daten lediglich im Auftrag des Mandaten erhebt, verarbeitet o. nutzt (sog. Auftragsdatenverarbeitung i.S.v. § 11 Abs. 1 BDSG). Gemäß § 11 Abs. 1 BDSG trifft die Außenverantwortlichkeit für die Einhaltung datenschutzrechtlicher Vorschriften in diesen Fällen allein den **Auftraggeber (Mandant)**. Für den **Auftragnehmer (WP)** gelten gemäß § 11 Abs. 4 Nr. 2 BDSG neben den allg. Vorschriften der §§ 5, 9 BDSG u. den Ordnungswidrigkeiten u. Strafvorschriften des § 43 Abs. 1 Nr. 2, 10 u. 11, Abs. 2 Nr. 1-3 u. Abs. 3 sowie des § 44 BDSG ledigl. die Vorschriften über die Datenschutzkontrolle u. die Aufsicht. Im Außenverhältnis wird der WP, sofern er Daten ledigl. im Auftrag seines Mandanten verarbeitet, demzufolge als Teil des Auftraggebers (Mandant) gesehen.

196 Eine solche Auftragsdatenverarbeitung liegt ausschl. bei solchen Mandaten vor, bei denen eine weisungsgebundene **Datenverarbeitung im Rechtskreis des Mandanten** anfällt (z.B. Lohn- u. Gehaltsabrechnung durch den WP). Ob darüber hinaus die Führung der Bücher insgesamt hierzu zählt, ist zweifelhaft u. dürfte v. der Ausgestaltung im Einzelfall abhängig sein.

Hat die Tätigkeit des WP demgegenüber nicht lediglich eine Datenverarbeitung im Auftrag des Mandanten zum Inhalt, sondern darüber hinaus **eigenständig beratenden o. gestaltenden Charakter** wie z.b. bei der **Erstellung v. Steuererklärungen u. Jahresabschlüssen** für den Mandaten, liegt eine sog. Funktionsübertragung mit der Folge vor, dass keine Auftragsdatenverarbeitung i.S.v. § 11 BDSG vorliegt (vgl. Gola/Schomerus, BDSG, § 11, Rn. 11). In diesen Fällen verarbeitet der WP die ihm v. Mandaten übermittelten Daten zu eigenen Geschäftszwecken u. ist demzufolge selbst verantwortliche Stelle i.S.d. § 3 Abs. 3 BDSG. Letzteres gilt auch für die **prüfende u. gutachterliche Tätigkeit**, die v. WP unabhängig i.S. der §§ 49 2. Alt. WPO, 20 ff. BS WP/vBP durchzuführen ist (so i. Erg. auch Aßmus, MMR 2009, 599, 601 für die gesetzliche AP).

197

Als Folge der alleinigen Verantwortlichkeit ggü. Dritten gemäß § 11 Abs. 1 BDSG hat der Auftraggeber (Mandant o. auch WP, soweit dieser in zulässiger Weise die Auftragsdatenverarbeitung an Dritte vergibt), wenn er Daten durch einen Dritten im Auftrag verarbeiten lassen will, diesen vertraglich in besonderer Weise **auf die Wahrung datenschutzrechtlicher Belange zu verpflichten**. Im Rahmen der o.g. Datenschutznovelle im Jahre 2009 ist die bisherige generalklauselartige Regelung konkretisiert u. um einen zehn Einzelpunkte umfassenden Katalog erweitert worden. Danach hat der Auftraggeber in dem v. ihm schriftlich zu erteilenden Auftrag zwingend entsprechende Regelungen vorzusehen. Wird ein Auftrag entgegen § 11 Abs. 2 Satz 2 BDSG vorsätzlich o. fahrlässig „nicht vollständig (....) erteilt", liegt gemäß § 43 Abs. 1 Nr. 2b BDSG eine Ordnungswidrigkeit vor, die mit einer Geldbuße bis zu 50.000 Euro geahndet werden kann.

198

Die **Neuregelung zur Auftragsdatenverarbeitung** u. die damit verbundene neue datenschutzrechtliche Pflichtenlage führt dazu, dass Mandanten nunmehr dort, wo aus ihrer Sicht eine Auftragsdatenverarbeitung durch den WP vorliegt, ein umfangreiches, sämtliche Punkte des § 11 Abs. 2 Satz 2 BDSG ausdr. regelndes Vertragswerk verwenden. In diesem Zusammenhang werden regelmäßig auch gesonderte Erklärungen zur Verschwiegenheit gefordert, obwohl eine entsprechende Verpflichtung bereits gemäß §§ 43 Abs. 1 Satz 1, 50 besteht. Zwar ist zumindest Letzteres wegen der parallelen gesetzlichen Regelung inhaltlich zweifelhaft, insgesamt ist das beschriebene Vorgehen jedoch nachvollziehbar, geht es dem Mandanten doch darum, nachweisen zu können, eigenen gesetzlichen Pflichten nachgekommen zu sein. Entsprechenden Anfragen v. Seiten des Mandanten sollten mit Blick auf dessen datenschutzrechtliche Pflichtenlage daher grds. kooperativ begegnet werden. Gleichwohl ist zu empfehlen, in jedem Einzelfall zu prüfen, ob eine Auftragsdatenverarbeitung tats. vorliegt, da die besonderen Pflichten des § 11 Abs. 2 BDSG nur in diesem Fall greifen.

199

IV. Eigenverantwortlichkeit (Abs. 1 Satz 1)

Schrifttum: *Kompenhans/Buhleier/Splinter*, Festlegung von Prüfungsschwerpunkten durch Aufsichtsrat und Abschlussprüfer, WPg 2013, 59; *Naumann/Hamannt*, Reform des Berufsrechts der Wirtschaftsprüfer durch das BARefG, WPg 2007, 901;

Gelhausen, Organisation der Abschlussprüfung, Unterzeichnung von Bestätigungsvermerken und berufsrechtliche Verantwortung, WPK-Mag. 2007, 58; *WPK*, Die Rolle des Arbeitgebers eines angestellten WP/vBP in der Berufsaufsicht, WPK-Mag. 2007, 23; *Knöfel*, Der Berufsstatus angestellter Rechtsanwälte – Binnenethik im Anwaltsberuf, NJW Beilage zu Heft 5, 2006, 20-26; *WPK*, Bescheinigungen auf Formblättern und Verwendung vorformulierter Bescheinigungen, WPK-Mag. 2006, 32; *Schmidt/Pfitzer/Lindgens*, Qualitätssicherung in der Wirtschaftsprüferpraxis, WPg 2005, 321; *Kuhner*, Der Code of Ethics for Professional Accountants der International Federation of Accountants (IFAC) – Neue Verhaltensrichtschnur für den Wirtschaftsprüfer?, WPK-Mitt. 1999, 7; *Scharl*, Zur eigenverantwortlichen Tätigkeit als Abgrenzungsmerkmal zwischen freiem Beruf und Gewerbe, StB 1989, 397; *Meng*, Die eigenverantwortliche Berufsausübung des Steuerberaters, StB 1989, 105; *Longin*, Persönliche Verantwortung in den Freien Berufen, DStR 1983, 667; *Meilicke*, Der Begriff der Eigenverantwortlichkeit des Steuerberaters, StB 1963, 162.

Inhaltsübersicht

	Rn.
1. Allgemeines	200–204
2. Anforderungen an den Berufsträger	205–218
a) Formen und Funktionen der Berufsausübung	205–211
b) Anforderungen an die Berufsausübung	212–218
3. Weisungsunabhängigkeit	219–222
4. Mitarbeitereinsatz und Aufgabendelegation	223–235
a) Grundsätze	223–228
b) Personen mit vergleichbaren Befugnissen	229–230
c) Personen ohne vergleichbare Befugnisse	231–233
d) Freie Mitarbeiter	234–235
5. Verwertung v. Ergebnissen Dritter	236–245
a) Ergebnisse anderer Prüfer	236–242
b) Ergebnisse sonstiger Dritter	243–245

1. Allgemeines

200 Neben der Unabhängigkeit ist es insb. die **Eigenverantwortlichkeit**, die die Berufsausübung des WP kennzeichnet. Der Gewährleistung eigenverantwortlicher Tätigkeit dienen mehrere Vorschriften der WPO. Die Zentralnorm bildet insoweit § 43 Abs. 1 Satz 1.

201 Eine Begriffsbestimmung enthält die WPO nicht. Aus dem Bericht des Abgeordneten Lange im Rahmen der Entwicklung der WPO 1961 ergibt sich, dass die Berufspflicht auf **den einzelnen WP als natürliche Person** abstellt. Sie verankert die Garantie der **persönlichen Verantwortlichkeit** eines WP (Gerhard, WPO 1961, 76). Die Berufsaufsicht knüpft daher wegen des erforderlichen schuldhaften Verhaltens nur an das mögliche Fehlverhalten natürlicher Personen an (Gerhard, a.a.O.; Gelhausen, WPK-Mag. 2007, 59).

Eigenverantwortlichkeit § 43

Die damalige Gesetzesbegr. (1958, BT-Drs. 201, 56) führt zur Eigenverantwortlichkeit aus, dass der WP bei der Durchführung v. Pflichtprüfungen u. bei der Erteilung v. BV nur seinem **Gewissen** u. **pflichtgemäßen Ermessen** unterworfen sein kann. Die Unabhängigkeit seiner Entscheidung muss gewährleistet sein. Sollen Testate den Wert behalten, der sowohl v. Auftraggeber als auch v. der Öffentlichkeit damit verbunden wird, darf der WP nicht gezwungen sein, gegen seine Überzeugung zu handeln. 202

In diesem Sinne strahlt die Berufspflicht in **weitere Vorschriften der WPO** aus. So verlangt **§ 1 Abs. 3 Satz 2** i.V.m. § 28 Abs. 1 Satz 1 für die Anerkennung einer WPG, dass die Gesellschaft v. WP verantwortlich geführt wird. Zudem ist jede ZN v. einem WP verantwortlich zu leiten (§ 47). § 32 regelt, dass v. WPG erteilte gesetzlich vorgeschriebene BV grds. nur v. WP unterzeichnet werden dürfen. § 43a normiert Berufsausübungsformen, die eine Fremdbestimmung durch Berufsfremde weitgehend ausschließen sollen. § 44 konkretisiert dies für gesetzliche Vertreter v. Berufsgesellschaften u. angestellte WP. Das Fehlen einer eigenverantwortlichen Tätigkeit führt zum Widerruf der Bestellung als WP (**§ 20 Abs. 2 Nr. 1**). 203

Die Eigenverantwortlichkeit ist Ausfluss der Pflicht zu **unabhängiger Berufsausübung** u. insoweit die speziellere, nämlich auf die fachliche Kompetenz des WP bezogene Regelung. Die Eigenverantwortlichkeit überschneidet sich insoweit auch mit der Pflicht zu **gewissenhafter Berufsausübung**, soweit diese auf die Art u. Weise einer Auftragserledigung abstellt. Sie verlangt die **persönliche Tätigkeit des Berufsangehörigen** u. die Gewährleistung seiner **Freiheit zu pflichtgemäßem Handeln** (Kuhls/Maxl, StBerG, § 57 Rn. 83). Dies schließt den **Einsatz v. Mitarbeitern** sowie die **Verwendung v. Ergebnissen Dritter** nicht aus, führt aber jeweils zu spezifischen Anforderungen u. Restriktionen. 204

2. Anforderungen an den Berufsträger

a) Formen und Funktionen der Berufsausübung

In Abhängigkeit v. der **Form der Berufsausübung** (§ 43a) hat bereits der Gesetzgeber unterschiedliche Anforderungen an die Eigenverantwortlichkeit festgelegt. 205

Bei **selbständigen Berufsträgern** in eigener Praxis geht der Gesetzgeber davon aus, dass diese aufgrund ihrer ungebundenen beruflichen Stellung zu eigenverantwortlicher Tätigkeit in der Lage sind. Sobald sie ihren Beruf **gemeinsam** mit Anderen **nach § 44b** ausüben, müssen sie befugt bleiben, **gesetzlich vorgeschriebene Prüfungen** durchzuführen. 206

Ähnlich verhält es sich mit den Anforderungen an Berufsträger, die **gesetzliche Vertreter v. Berufsgesellschaften** sind. Die Stellung eines gesetzlichen Vertreters einer als WPG anerkannten Berufsgesellschaft lässt sich nicht mit der Stellung eines Selbständigen vergleichen, vielmehr mit der Tätigkeit in einer Sozietät. Arbeitet der WP mit Berufsfremden zusammen, muss auch hier sichergestellt sein, dass seine Tätigkeit durch diese nicht in unzulässiger Weise beeinflusst wird (vgl. § 44). 207

208 WP als **gesetzliche Vertreter nicht als WPG anerkannter** in- u. ausländischer Berufsgesellschaften (z.B. BPG, RAG o. StBG) sowie ausländischer Prüfungsgesellschaften müssen zur Einhaltung der Eigenverantwortlichkeit ebenfalls befugt bleiben, **gesetzlich vorgeschriebene Prüfungen** durchzuführen (§ 43a Abs. 2 Satz 1 u. 2).

209 Mit einer eigenverantwortlichen Berufsausübung ist grds. auch das **Angestelltenverhältnis** vereinbar (vgl. insoweit § 44).

210 Übt ein Berufsangehöriger den **Beruf parallel in verschiedenen Formen** aus, ist § 11 Abs. 2 BS WP/vBP zu beachten, der die Übernahme beruflicher Tätigkeiten untersagt, wenn die geforderte berufliche Verantwortung nicht getragen werden kann o. soll. Zum einen spricht diese Regelung die Problematik der Vereinbarkeit zwischen der Übernahme der geforderten persönlichen Verantwortung u. dem gleichzeitigen Innehaben **mehrerer Funktionen** durch einen Berufsträger an, zum anderen die daraus entstehende Gefahr der Übernahme einer **Strohmannfunktion**. Der WP muss daher jede dieser Funktionen tats. wahrnehmen u. übersehen können.

211 Mit Blick auf die Grundsätze der verantwortlichen Führung einer WPG u. der verantwortlichen (fachlichen) Leitung v. ZN durch WP, die aus dem Gebot der Eigenverantwortlichkeit abgeleitet sind, wiesen die Richtlinien für die Berufsausübung (WPK, BerufsRiLi, Abschnitt III, Nr. 3) u. der Begründungstext zur BS WP/vBP bis 2004 explizit darauf hin, dass ein WP nur dann gleichzeitig eine eigene Praxis unterhalten u. z.b. als alleiniger WP-GF einer WPG tätig sein kann, wenn die eigene Praxis u. die Gesellschaft **örtlich u. organisatorisch eine Einheit** bilden. Entsprechendes galt für den Fall, dass neben der eigenen Praxis gleichzeitig die NL eines anderen WP o. einer WPG nach § 47 (fachlich) geleitet wird. Die heutige Fassung der BS WP/vBP verzichtet zwar auf diese formalen Anforderungen u. zeigt ledigl. den materiellen Rahmen auf. Jedoch könnte der formale Aspekt bei der Beurteilung im Einzelfall durchaus zum Tragen kommen.

b) Anforderungen an die Berufsausübung

212 Unabhängig v. der Art der beruflichen Tätigkeit verlangt die Pflicht zu eigenverantwortlicher Berufsausübung, dass WP ihr Handeln in eigener Verantwortung zu bestimmen, ihr Urteil selbst zu bilden u. ihre Entscheidungen selbst zu treffen haben (§ 11 Abs. 1 BS WP/vBP). Dabei sind sie in fachlicher Hinsicht nicht nur an die Gesetze gebunden, sondern haben sich über die für ihre Berufsausübung geltenden Bestimmungen zu unterrichten u. diese u. fachliche Regeln zu beachten (§ 4 Abs. 1 BS WP/vBP). Interpretationshilfen – wie z.B. Verlautbarungen der WPK o. des IDW – können insoweit nur dazu dienen, das fachliche Beurteilungsvermögen auf eine breitere Grundlage zu stellen. Von der Verpflichtung, im konkret zu würdigenden Einzelfall ein **eigenes Urteil** zu fällen, befreien sie den Berufsangehörigen nicht (vgl. auch Schruff, WPg 2013, 123 sowie den Hinweis in den jeweiligen Vorbemerkungen zu IDW-Standards: „unbeschadet ihrer Eigenverantwortlichkeit").

Eigenverantwortlichkeit § 43

Die Pflicht zu eigenverantwortlicher Berufsausübung verbietet es dem WP, berufliche Tätigkeiten zu übernehmen, wenn die berufliche Verantwortung nicht getragen werden kann o. nicht getragen werden soll (§ 11 Abs. 2 BS WP/vBP). So darf er nur Mandate annehmen, die er **fachlich beherrscht** u. für deren Bearbeitung er in seiner Praxis über eine **ausreichende Zahl an (qualifizierten) Mitarbeitern** u. **genügende zeitliche Ressourcen** verfügt. 213

Bei der Durchführung v. **Prüfungen** besteht nach § 24a Abs. 2 BS WP/vBP die besondere Berufspflicht, die **Verantwortlichkeit für die Auftragsdurchführung** festzulegen u. zu dokumentieren. Der insoweit bestimmte WP wird als sog. „verantwortlicher WP" bezeichnet (vgl. auch § 44 Abs. 1 Satz 3). Bei der **Bestellung eines WP als AP** ist er der verantwortliche Prüfer i.S. der Vorschrift u. damit Subjekt eines möglichen BA-Verfahrens. Eine **Berufsgesellschaft** dagegen muss sich bei der AP durch natürliche Personen vertreten lassen (gesetzliche o. bevollmächtigte Vertreter). Die Auswahl des verantwortlichen WP ist im Rahmen der Organisationsverantwortung der Mitglieder des gesetzlichen Vertretungsorgans sicherzustellen (vgl. Gelhausen, WPK-Mag. 2007, 59). 214

Der **verantwortliche Prüfer** trägt berufsrechtlich nicht nur die Verantwortung für seine eigenen Prüfungsaktivitäten, sondern auch die Organisationsverantwortung für die Prüfung, welche die Prüfungsplanung (§ 24a BS WP/vBP), die Auftragsabwicklung (§ 24b BS WP/vBP) u. die auftragsbezogene Qualitätssicherung (§ 24d BS WP/vBP) umfasst. Insoweit wird v. der „Gesamtverantwortung" des verantwortlichen Prüfers gesprochen (vgl. Gelhausen, WPK-Mag. 2007, 59). Konkretisiert finden sich diese besonderen satzungsrechtlichen Bestimmungen des zweiten Teils der BS WP/vBP insb. in der **VO 1/2006** u. speziell für die **Durchführung v. Konzernabschlussprüfungen** in IDW PS 320 n. F. (Stand 1.3.2012; vgl. auch IDW-FN 2011, 438 ff.). 215

Nach eigenverantwortlicher Beurteilung der Einhaltung der gesetzlichen u. fachlichen Regeln (§ 24b Abs. 3 Satz 1 BS WP/vBP) ist v. dem bestellten AP der BV o. der Vermerk über seine Versagung nach § 322 Abs. 7 Satz 1 HGB zu **unterzeichnen**. Sind Berufsgesellschaften mit gesetzlichen Pflichtprüfungen beauftragt u. damit als AP zur Erteilung des Testats verpflichtet, so muss dieses sowie der dazugehörige PB zumindest v. dem für die **Auftragsdurchführung Verantwortlichen** (§ 24a Abs. 2 BS WP/vBP) unterzeichnet werden (§ 27a Abs. 1 BS WP/vBP). 216

Zur Frage der berufsrechtlichen **Verantwortung auch des Mitunterzeichners** des Testats wird zum einen auf den Aufsatz v. Gelhausen im WPK-Mag. 2007, 58 ff. u. die Anmerkung zum praktischen Fall im WPK-Mag. 2012, 42; IDW-FN 2013, 294; sowie die Kommentierung zu § 32 Rn. 22 f. verwiesen. 217

Zur Frage, in welchen Fällen „Prüfungsverantwortlichkeit" einen Ausschlussgrund nach §§ 319 Abs. 4, 319a HGB begründen kann, wird auf die Kommentarliteratur zu diesen Vorschriften verwiesen sowie hier auf § 49 Rn 114. 218

Schleip 379

3. Weisungsunabhängigkeit

219 Der WP darf **keinen fachlichen Weisungen** unterliegen, die ihn verpflichten, PB u. Gutachten auch dann zu unterzeichnen, wenn sich ihr Inhalt nicht mit seiner Überzeugung deckt (§ 44 Abs. 1 Satz 1). Dies gilt nicht nur für den zeichnungsberechtigten WP u. den angestellten WP, für das Gesetz dies vorsorglich klarstellen musste, sondern auch für den selbständigen WP. Je nach Inhalt der Tätigkeit u. Situation des Mandanten sind verschieden intensive Einflussmöglichkeiten des Mandanten auf die Auftragsdurchführung denkbar.

220 Bereits aus dem **Auftragsrecht** folgt, dass der Auftraggeber entscheidend den Inhalt des Auftrags gestalten u. auch Weisungen erteilen kann (§ 665 BGB, eingehend zum Auftragsrecht vgl. Vor § 51). Der Berufsangehörige muss daher grds. die Weisungen seines Mandanten befolgen. So sind die Einflussmöglichkeiten des Auftraggebers dort am größten, wo keine o. nur wenige gesetzliche, berufsständische o. fachliche Regeln zu beachten sind. Die Grenze der Weisungsmöglichkeiten des Auftraggebers liegt in dem Verlangen **rechtswidrigen o. sittenwidrigen Handelns**.

221 Im Fall der **Durchführung gesetzlich vorgeschriebener AP** bestimmen der Prüfungsauftrag u. die mit ihm verbundenen Normen (vgl. insb. §§ 317, 320, 321 u. 322 HGB) die Anforderungen u. Informationen, die der Prüfer v. Auftraggeber u. Anderen verlangen muss. Der Prüfer muss deshalb sicherstellen, dass er bei der gesamten Durchführung der Prüfung u. Erstellung des PB keinen Weisungen unterliegt, die sich auf den Inhalt der Tätigkeit beziehen. Insbesondere muss er auch über den **notwendigen Prüfungsumfang** entscheiden können u. eine entsprechend flexible Honorarvereinbarung treffen (vgl. auch zur sog. **Anpassungsklausel beim Pauschalhonorar** § 27 Abs. 2 BS WP/vBP).

222 **Zulässig** ist es dagegen, **Prüfungsschwerpunkte**, die insb. v. Aufsichtsrat erfolgen, u. **Erweiterungen** des Prüfungsauftrages vorzunehmen. Die gesetzliche AP kann auch durch **zusätzl. Prüfungsaufträge** ergänzt werden.

4. Mitarbeitereinsatz und Aufgabendelegation

a) Grundsätze

223 Mit dem Gebot der eigenverantwortlichen Tätigkeit vereinbar ist es, sich bei der Erledigung beruflicher Aufgaben der **Mithilfe fachlich vorgebildeter Mitarbeiter u. anderer Gehilfen** zu bedienen (zum Begriff vgl. BFH 21.3.1995, BStBl. II, 732). Auch die Allgemeinen Auftragsbedingungen für WP/WPG sehen die Delegation vor, indem der WP/die WPG ausdr. berechtigt ist, sich zur Durchführung des Auftrags **sachverständiger Personen** zu bedienen (**AAB**, Ziffer 2 Abs. 1).

224 Beim Einsatz v. Mitarbeitern verlangt § 12 BS WP/vBP, dass der Berufsangehörige in der Lage sein muss, die **Tätigkeiten seiner Mitarbeiter derart zu überblicken u. zu beurteilen**, dass er sich eine auf Kenntnissen beruhende, eigene Überzeugung bilden kann. Die Begr. zu § 12 BS WP/vBP nennt zudem als Voraussetzung für den Einsatz v. Mitarbeitern eine **sorgfältige Auswahl** der Mitarbeiter, die Notwendigkeit der **Überwachung** ihrer Tätigkeiten u. die Notwendigkeit einer **geordneten Arbeitsverteilung**.

Die seinerzeit im Begründungstext zur Einführung der WPO explizit angesprochene Erwartung, dass die WPK in den seinerzeitigen Berufsrichtlinien u.a. die **Anzahl der Gehilfen** festlegt, damit die persönliche Verantwortung erhalten bleibt, wurde zwar in den Berufsrichtlinien umgesetzt, hat aber niemals konkrete Anwendung o. Bedeutung erfahren. Danach durfte die Zahl der ständig für einen WP tätigen Mitarbeiter fünf nicht überschreiten. War der WP in mehreren Funktionen gleichzeitig tätig, so waren diese zusammen zu betrachten. Bei überwiegender Buchstellentätigkeit durfte die Zahl v. zehn fachlichen Mitarbeitern erreicht werden. Da jede konkrete zahlenmäßige Begrenzung hinterfragt werden kann, ist in der heutigen BS WP/vBP auf eine **angemessene Zahl der Mitarbeiter** abgestellt. 225

Der für den Auftrag zu benennende verantwortliche WP hat insb. **Auftragsziele** – soweit nicht gesetzlich geregelt – zu definieren (Zielbildungsverantwortung). Dazu gehört auch abzuklären, ob der Auftrag zeitgerecht u. unter Berücksichtigung der Gesetze u. fachlichen Regeln übernommen u. ausgeführt werden kann. Einen Teil seiner Aufgaben kann er delegieren; er trägt jedoch weiterhin die Gesamtverantwortung. 226

Der verantwortliche WP hat bei entsprechendem Umfang der Prüfung ein sachgerechtes **Prüfungsteam** auszuwählen u. sich v. einem zeitgerechten Mitarbeitereinsatz zu überzeugen (vgl. § 24a Abs. 3 BS WP/vBP). Ein sachgerechter Einsatz setzt in erster Linie voraus, dass die Mitarbeiter über ausreichende Fachkenntnisse u. Fähigkeiten (z.B. praktische Erfahrungen, Branchenkenntnisse sowie Verständnis für das QS-System der WP-Praxis) verfügen. Grundlegende Bedeutung für die sachgerechte Auswahl des Prüfungsteams haben dabei Regelungen zur Personalplanung u. -entwicklung, die u.a. Mitarbeiterbeurteilungen umfassen. Der verantwortliche WP hat angemessen strukturierte u. klar verständliche **Prüfungsanweisungen** zu erteilen, um die ordnungsgemäße Prüfungsdurchführung sicherzustellen. 227

Der für den Auftrag verantwortliche WP übernimmt mit der **laufenden Überwachung** sowie der **abschließenden Durchsicht** Kontrollverantwortung (§ 24b Abs. 1 u. 3 BS WP/vBP). Erstere schließt neben der Überwachung der Einhaltung der Prüfungsanweisungen, der Tätigkeit der Mitarbeiter sowie des Auftragsfortschritts eine Beteiligung an der Auftragsdurchführung selbst dergestalt ein, dass die Bildung eines eigenverantwortlichen Urteils ermöglicht wird. Durch die abschließende Durchsicht hat sich der verantwortliche WP ein eigenverantwortliches Urteil über die Einhaltung der gesetzlichen Vorschriften u. fachlichen Regeln zu bilden. Dies umfasst auch die Ergebnisse der auftragsbezogenen QS-Sicherung (vgl. VO 1/2006 Tz. 108 ff.). 228

b) Personen mit vergleichbaren Befugnissen
Einer Delegation v. Aufgaben auf andere WP/vBP sind unter berufsrechtlichen Aspekten **grds. keine inhaltlichen Schranken** gesetzt. Im Außenverhältnis gilt dies nur mit **Einschränkungen (vgl. § 32)**. Zur Frage, ob ein als AP bestellter WP einen anderen WP (z.B. einen in seiner Praxis angestellten WP o. einen WP als freier Mit- 229

arbeiter) als verantwortlichen Prüfer i. S. v. § 24a Abs. 2 BS WP/vBP einsetzen darf u. der jeweiligen Verantwortung vgl. Gelhausen, WPK-Mag. 2007, 61.

230 Die Gesamtverantwortung des verantwortlichen Prüfers befreit diejenigen **Mitarbeiter, die selbst WP/vBP sind**, nicht v. der sie treffenden Pflicht zu eigenverantwortlicher Berufsausübung. Im Rahmen des ihnen v. verantwortlichen Prüfer zugewiesenen Pflichtenbereichs bei der Prüfungsdurchführung können sie ebenfalls berufsrechtlich zur Verantwortung gezogen werden (vgl. Gelhausen, WPK-Mag. 2007, 60).

c) Personen ohne vergleichbare Befugnisse

231 Wie bereits erwähnt, ist es mit dem Gebot der Eigenverantwortlichkeit vereinbar, sich der **Mithilfe** fachlich vorgebildeter Mitarbeiter zu bedienen (vgl. Rn. 223). Allerdings dürfen die Arbeiten nicht ausschl. den Mitarbeitern überlassen werden. Vielmehr muss der WP als Berufsträger an der praktischen Arbeit in ausreichendem Umfang selbst teilnehmen (vgl. BFH 5.7.1997, BStBl. II, 681). Letztlich muss die Tätigkeit aber immer noch den „Stempel der Persönlichkeit" des WP tragen (vgl. so für das Steuerrecht BFH 1.2.1990, BStBl. II, 507). Reine Hilfstätigkeiten v. fachlich nicht vorgebildetem Personal (Schreibkräfte, Telefonistin etc.) bleiben für die Beurteilung der Eigenverantwortlichkeit außer Betracht.

232 In diesem Sinne urteilte das LG Karlsruhe, das einem WP vorhielt, er habe eine Pflichtprüfung durch einen angestellten StB vornehmen lassen u. nur noch unterschrieben, wie folgt (Urteil 30.4.1982, BB 1982, 1709): *„Zwar ist es sicherlich statthaft, dass sich WP bei ihrer Prüfung der Mitarbeit von Gehilfen bedienen. Das Vertrauen, das die Verkehrsanschauung der Kompetenz eines ausgebildeten WP entgegenbringt, gebietet es jedoch, dass diese von den Gehilfen geleistete Hilfstätigkeit eine solche bleibt, die Hauptarbeit hingegen, insbesondere Auswertung der von den Gehilfen zusammengetragenen Ergebnisse, Koordination, Beaufsichtigung der Gehilfen und Überprüfung ihrer Ergebnisse und letztlich Abfassung des Prüfungsberichts von dem WP selbst vorgenommen wird."*

233 Bei der **Steuerberatung** gilt, dass eine Vertretung durch Angestellte ohne persönliche Befugnis, z.B. gemäß § 3 StBerG, unzulässig ist (vgl. LG Düsseldorf 11.5.1993, DB 1993, 1179). Dies gilt auch, wenn ein Berufsangehöriger es zulässt, dass nicht zur Steuerberatung Befugte in seiner Praxis steuerliche Angelegenheiten Dritter selbständig erledigen u. sich dabei seines Namens bzw. seiner Berufsqualifikation bedienen (vgl. LG Berlin 15.5.1992, DStR 1993, 36; LG Hannover 19.12.2011, DStR 2012, 1364).

d) Freie Mitarbeiter

234 Es ist seit jeher anerkannt, dass grds. jede Person **freier Mitarbeiter** sein kann. Letztlich kommt es aber darauf an, ob der freie Mitarbeiter für die ihm übertragenen Aufgaben ausreichend qualifiziert ist. Auch seine Beaufsichtigung erfolgt nach allg. Grundsätzen. Auf die Regelungen in §§ 5, 6 BS WP/vBP wird insoweit verwiesen.

235 Eigenverantwortlichkeit ist auch sicherzustellen, wenn WP o. WPG zur Auftragsabwicklung sog. **externe Dienstleister als Subunternehmer** in Anspruch nehmen u.

an sie z.B. die Verwaltung, Verarbeitung, Auswertung v. Daten u. Informationen auslagern. Ebenso wie seine Mitarbeiter hat der verantwortliche Prüfer den externen Dienstleister anzuleiten u. zu überwachen u. darf dessen Arbeitsergebnisse nicht ungeprüft übernehmen. Auf die dem Dienstleister überlassenen Daten hat sich der WP o. die WPG vertraglich ein jederzeit durchsetzbares Zugriffsrecht zu sichern. Gleiches gilt auch für Verbund- o. Netzwerkunternehmen, auf die diese Tätigkeiten im Rahmen v. AP ausgelagert werden (vgl. auch Rn. 148).

5. Verwertung v. Ergebnissen Dritter

a) Ergebnisse anderer Prüfer

Der eigenverantwortlichen Tätigkeit steht es grds. nicht entgegen, wenn der Prüfer die **Arbeit eines anderen externen Prüfers o. Gutachters** verwertet. Insoweit wird für die **Prüfung von Konzernabschlüssen** seit BilMoG in § 317 Abs. 3 Satz 2 HGB geregelt, dass die Übernahme v. Prüfungsergebnissen eines anderen externen Prüfers nicht mehr zulässig ist u. der verantwortliche Konzern-AP dessen Arbeit zu überprüfen u. dies zu dokumentieren hat. Letztere Vorgabe gilt sinngemäß auch in den Fällen, in denen ein AP im Rahmen der AP Arbeitsergebnisse eines anderen Prüfers, bei dem es sich nicht um einen Teilbereichsprüfer handelt, verwerten will. **236**

In welchem Ausmaß u. mit welcher Gewichtung die Arbeit eines anderen externen Prüfers verwertet werden kann, hängt dementsprechend neben der Bedeutung des v. dem anderen externen Prüfer geprüften Gegenstands für das Gesamturteil des AP v. der **fachlichen Kompetenz** u. der **beruflichen Qualifikation** des anderen externen Prüfers ab (vgl. auch IDW PS 320 n. F. Tz. 16 ff.). Der AP hat letztlich durch geeignete eigene Prüfungshandlungen die Qualität der Arbeit des anderen externen Prüfers zu beurteilen (vgl. IDW PS 320 n. F. Tz. 39 ff.). **237**

Hat sich der AP bei der Prüfung nach pflichtgemäßem Ermessen auf die Prüfungsergebnisse anderer AP gestützt, so sind hierauf verweisende Angaben zum Prüfungsumfang im Testat nicht sachgerecht, da die **Gesamtverantwortung** für die AP beim AP verbleibt (vgl. auch IDW PS 400, Tz. 34). Im PB dagegen ist auf die Verwertung v. wesentlichen Arbeiten anderer externer Prüfer einzugehen (vgl. auch IDW PS 450, Tz. 57). **238**

Die Pflichten bei **Wechsel des AP** sind für Mandatsvorgänger u. Mandatsnachfolger in § 26 BS WP/vBP geregelt. **239**

Erwachsen dem AP bei Durchsicht des **PB der Vorperiode** Zweifel an der Ordnungsmäßigkeit der Prüfung/des Prüfungsergebnisses o. bleiben Unklarheiten bestehen, so hat er tiefergehende Untersuchungen anzustellen. Es empfiehlt sich, in Abstimmung mit dem Auftraggeber auch insoweit Kontakt mit dem Vorjahresprüfer aufzunehmen. Lediglich in Ausnahmefällen wird der Vorjahresprüfer um Einsichtnahme in seine Arbeitsunterlagen zu bitten sein. **240**

Im Fall einer gemeinschaftlichen Auftragsdurchführung durch mehrere voneinander unabhängige WP/WPG (**Gemeinschaftsprüfer**) übernimmt jede Partei grds. die volle Verantwortung auch für die jeweils v. anderen Prüfern geprüften Bereiche. **241**

§ 43 *Unparteilichkeit*

Die Überlegungen zum Prüfungsergebnis sind i.d.R. voneinander unabhängig, jedoch unter Berücksichtigung der Beurteilungen der übrigen Kollegen anzustellen; ggf. sind bei abweichendem Gesamturteil gesonderte Testate zu erteilen.

242 Dabei entscheidet jeder Gemeinschaftsprüfer eigenverantwortlich über die Annahme des Prüfungsauftrages u. ist für die Auftragsausgestaltung u. das Prüfungsergebnis selbst verantwortlich. Jeder Gemeinschaftsprüfer hat sich ein **eigenes Urteil** darüber zu bilden, ob die Buchführung, der Jahresabschluss u. ggf. der Lagebericht den für diese geltenden Vorschriften entsprechen. Dies setzt eine angemessene Beteiligung an der Prüfung voraus. Die Prüfungshandlungen u. Prüfungsergebnisse der jeweils anderen Prüfer sind in **eigener Verantwortung** zu würdigen. Über das in einem BV abzufassende Gesamturteil sollten die Prüfer unbeschadet ihrer Eigenverantwortlichkeit Einvernehmen erzielen (vgl. hierzu insgesamt auch IDW PS 208).

b) Ergebnisse sonstiger Dritter

243 Im Rahmen der AP kann der AP regelmäßig **Feststellungen der Internen Revision** verwerten, nachdem er die Wirksamkeit der Internen Revision eingeschätzt u. in Teilen überprüft hat. In sein Prüfungsteam eingliedern darf der AP Mitarbeiter der Internen Revision aber nach § 319 Abs. 3 Satz 1 Nr. 2 HGB nicht.

244 Es gilt der Grundsatz, dass **Arbeitsergebnisse von Sachverständigen** verwertet werden können. Dabei ist zwischen einem vom AP eingesetzten u. einem von den gesetzlichen Vertretern des zu prüfenden Unternehmens beauftragten Sachverständigen zu unterscheiden. Während die Berücksichtigung der Arbeitsergebnisse eines vom AP eingesetzten Sachverständigen Teil des Prüfungsprozesses ist (vgl. auch IDW PS 322), handelt es sich bei Informationen, die unter Verwendung eines Sachverständigen der gesetzlichen Vertreter erstellt wurden, um einen Bestandteil des Prozesses zur Aufstellung des zu prüfenden Abschlusses (vgl. auch IDW PS 300).

245 Über die Verwertung und die Einschätzung von für die Beurteilung wesentlicher Arbeiten Dritter (wie z.B. der Internen Revision o. v. Sachverständigen) ist im PB zu berichten (vgl. auch IDW PS 450, Tz. 57).

V. Unparteilichkeit (Abs. 1 Satz 2)

Schrifttum: *s. Schrifttum zu § 49.*

Inhaltsübersicht

	Rn.
1. Anwendungsbereich	246–249
2. Definition	250–257
3. Berichterstattung	258

1. Anwendungsbereich

246 Die in § 43 Abs. 1 Satz 2 statuierte Berufspflicht der Unparteilichkeit ist durch den Zusatz „insbesondere bei der Erstattung **von Prüfungsberichten** und **Gutachten**" einer sachlichen Einschränkung unterworfen. Hierdurch unterscheidet sie sich v. der in § 43 Abs. 1 Satz 1 angesprochenen Berufspflicht der Unabhängigkeit (vgl.

oben Rn. 1 ff.). Es handelt sich i. Ggs. zur Unabhängigkeit nicht um eine allgemeine, berufsbezogene Pflicht, sondern um eine **tätigkeitsbezogene Pflicht**. Statt einer generellen kommt ihr eine nur punktuelle Wirkung zu, abhängig v. Art u. Umfang des Mandats. Dieser Unterschied wird letztlich bereits im Gesetz selbst sprachlich u. systematisch verdeutlicht: Während in § 43 Abs. 1 Satz 1 v. WP verlangt wird, dass er „seinen Beruf" unabhängig auszuüben hat, fordert Satz 2, dass er sich „bei" PB u. Gutachten unparteiisch zu verhalten habe.

Zwar könnte man dem Wort „insbesondere" in Satz 2 auch eine generelle Wirkung mit Verstärkung eben bei PB u. Gutachten entnehmen. Das würde jedoch am Sinn der Vorschrift vorbeigehen (vgl. insoweit auch die Erläuterungstexte zu § 20 Abs. 1 BS WP/vBP: „Neben der Pflicht zur persönlichen und wirtschaftlichen Unabhängigkeit… fordert das Berufsrecht bei der Durchführung von Prüfungen… und der Erstattung von Gutachten in § 43 Abs. 1 Satz 2 die Unparteilichkeit"). Unparteilichkeit wird überall da gefordert, wo der **WP als Neutraler frei v. Parteibindungen Aussagen** treffen soll. Damit erstreckt sich diese Berufspflicht zwar auf einen wesentlichen Teil der Tätigkeiten des WP, womöglich sogar den Kernbereich, aber eben nicht auf alle möglichen u. zulässigen Tätigkeiten. Dass dieses Verständnis der Unparteilichkeit schon vor Inkrafttreten der BS WP/vBP maßgeblich wahr, zeigt aber auch ein Blick in Abschn. I. Abs. 4 der früheren RiLWP, wo es hieß: „Der Grundsatz der Besorgnis der Befangenheit (§ 49) ist nicht anwendbar, wenn die Berufspflicht der Unparteilichkeit i.S.d. § 43 Abs. 1 nicht besteht, wie z.B. bei der Beratung u. Wahrung der Interessen des Auftraggebers in steuerlichen u. wirtschaftlichen Angelegenheiten." 247

Wird der WP im Rahmen **zielbezogener Beratung u. Interessenvertretung** für einen Mandaten tätig, ist er insoweit mit den typischerweise interessenvertretenden Berufen des RA u. des StB vergleichbar, deren Berufsrechte die Pflicht zur Unparteilichkeit konsequenterweise nicht kennen (anders aber das Berufsrecht der Notare, vgl. §§ 28 BNotO, 3 BeurkG). Insoweit kann der WP also – im Rahmen gewissenhafter Berufsausübung u. ordnungsgemäßer Auftragsabwicklung – die Interessen des Mandanten wahrnehmen u. bis zur Grenze der Wahrnehmung berechtigter Interessen des Mandanten gehen. Diese Konstellation hat etwa § 20 Abs. 2 BS WP/vBP im Sinn, der klarstellt, dass es dem WP/vBP nicht verwehrt ist, in Abgrenzung zur **Gutachtenerstellung** den Auftrag zur Erstellung eines einseitig positive o. negative Aspekte betonenden **Argumentationspapiers** zu übernehmen. Voraussetzung ist dabei allerdings, dass keine Verwechselungsgefahr mit einem neutralen Gutachten entstehen kann, weshalb die Bezeichnung „Gutachten" bei derartigen Mandaten nicht verwendet werden darf (vgl. § 20 Abs. 2 Satz 2 BS WP/vBP). 248

Die Begriffe „Prüfung" bzw. „Prüfungsbericht" u. „Gutachten" sind andererseits rein funktional u. eher weit zu verstehen. Auf eine gesetzliche Pflicht zur Durchführung der Prüfung (z.B. nach § 316 Abs. 1 HGB) u. auch auf Art u. Umfang der Prüfung kommt es für die Eröffnung des Anwendungsbereichs v. § 43 Abs. 1 Satz 2 dabei grds. nicht an. Damit sind nicht nur **gesetzliche JAP** erfasst, für die das Gebot der Unparteilichkeit inhaltlich deckungsgleich in § 323 Abs. 1 Satz 1 HGB noch- 249 mals gesondert statuiert wird u. für die zudem die §§ 319, 319a HGB zu beachten sind. Vielmehr fallen in den Anwendungsbereich auch sämtliche **anderen gesetzlich vorgeschriebenen Prüfungen** sowie sämtliche **freiwillige Jahresabschluss- o. sonstige Prüfungen** (vgl. auch Erläuterungstexte zu § 20 Abs. 1 BS WP/vBP). Ein ebenso umfassendes Begriffsverständnis muss bei den **Gutachten** zu Grunde gelegt werden.

2. Definition

250 Der Begriff der Unparteilichkeit ist in der WPO nicht definiert. **§ 20 Abs. 1 Satz 2 BS WP/vBP** enthält aber zumindest gewisse Verhaltensanforderungen für die Unparteilichkeit. Danach ist es erforderlich, dass der WP strikte **Neutralität** wahrt, d.h. den **Sachverhalt vollständig** erfasst, unter **Abwägung der wesentlichen Gesichtspunkte fachlich beurteilt** u. bei der **Berichterstattung alle wesentlichen Gesichtspunkte** vollständig wiedergibt. Dazu ist eine vollständige Abwägung aller für u. gegen ein Ergebnis sprechenden Umstände erforderlich, wobei kritische Aspekte nicht unterschlagen werden dürfen (vgl. auch Erläuterungstexte zu § 20 Abs. 1 BS WP/vBP).

251 Auch **andere Rechtsnormen**, die auf die Unparteilichkeit abstellen (insb. die des Richters, Schiedsrichters o. Sachverständigen) verzichten auf eine Definition des Begriffs (vgl. §§ 42 Abs. 2 ZPO, 1036 Abs. 2 ZPO, 24 Abs. 2 StPO, 54 Abs. 3 VwGO, 60 Abs. 3 SGG, 51 Abs. 3 FGO). Von einem Richter wird jedoch erwartet, dass er aufgrund seiner Ausbildung, seines beruflichen Ethos u. seiner beruflichen Erfahrung sich der Gefahren unsachlicher Einflüsse auf seine Rspr. bewusst ist u. sie infolgedessen vermeidet (Pfeiffer, ZIP 1994, 769 m.w.N.). Diese allg. Umschreibung der Unparteilichkeit als vor allem (auch) eine Frage der **inneren Einstellung** lässt sich – bei allen Unterschieden zu Richtern – auch auf den WP übertragen.

252 Fraglich ist die **Abgrenzung** des Begriffes „Unparteilichkeit" v. dem Begriffspaar „**Unbefangenheit**"/„**Besorgnis der Befangenheit**". In den o.g. prozessrechtlichen Normen zur Befangenheit des Richters wird der Begriff der „Unparteilichkeit" mit dem der Unbefangenheit gleichgesetzt. So regelt bspw. § 42 Abs. 2 ZPO, dass die Ablehnung eines Richters wegen der Besorgnis der Befangenheit stattfindet, wenn ein Grund vorliegt, der geeignet ist, Misstrauen gegen die Unparteilichkeit des Richters zu rechtfertigen. Entscheidend ist dabei nicht, ob der Richter tatsächlich befangen ist oder sich für befangen hält, sondern allein das Vorliegen von objektiven Gründen, die in den Augen eines vernünftigen Menschen geeignet sind, Misstrauen gegen die Unparteilichkeit des Richters zu erzeugen (BAG 7.11.2012, NZA-RR 2013, 313).

253 Dieses wechselseitige Begriffsverständnis lässt sich auf das Berufsrecht des WP sinnvoll übertragen. Demnach stellt die in § 49 Hs. 2 enthaltene Versagungspflicht bei Besorgnis der Befangenheit das negative Pendant zur positiven Formulierung in § 43 Abs. 1 Satz 2 dar. Ein WP ist also stets **dann nicht unparteilich, wenn die Besorgnis der Befangenheit** i.S.d. § 49 Hs. 2 besteht. Auch, wenn der WP somit im Rahmen einer Prüfung o. Gutachtertätigkeit widerstreitenden Interessen ausgesetzt

ist, dürfen keine Umstände vorliegen, die die Annahme rechtfertigen, er sei einzelnen Interessen verpflichtet (ähnlich WPH I, A Rn. 341). Gegen diese Koppelung v. § 43 Abs. 1 Satz 2 u. § 49 Hs. 2 spricht auch nicht der Umstand, dass nach dem Wortlaut des § 49 Hs. 2 keine Beschränkung der Versagungspflicht auf Gutachten u. Prüfungen vorgesehen ist. Denn das Verständnis der Besorgnis der Befangenheit als „Kehrseite" der Unparteilichkeit wird gestützt durch § 57 Abs. 4 Nr. 2a), wo sowohl die Unparteilichkeit als auch die Unbefangenheit – anders als die Unabhängigkeit (vgl. § 57 Abs. 4 Nr. 1a)) – bei den Satzungsermächtigungen zur Regelung der besonderen Berufspflichten bei der Durchführung v. Prüfungen u. Erstattung v. Gutachten eingeordnet werden. Konsequenterweise geht dann auch die BS WP/vBP v. einer Beschränkung der Pflicht zur Unbefangenheit auf diese Tätigkeiten aus (vgl. § 21 Abs. 1 BS WP/vBP). Dies entsprach i.Ü. offenbar auch schon dem Verständnis der früheren RiLWP (s.o. zu Rn. 247).

Aus obigen Erwägungen folgt auch, dass die Begriffe „Unparteilichkeit" u. „Unbefangenheit" i. Erg. einen identischen Bedeutungsinhalt haben. Die Umschreibungen in § 20 Abs. 1 Satz 2 BS WP/vBP für die Unparteilichkeit u. in § 21 Abs. 2 Satz 1 BS WP/vBP für die Unbefangenheit stellen demnach keine Definition verschiedener Begriffe dar, sondern deuten auf notwendige Elemente derselben inneren Einstellung des WP hin. Diese „Unparteilichkeit" bzw. „Unbefangenheit" entspricht dem anglo-amerikanischen Begriffsverständnis der **„independence in mind"** (vgl. auch Erläuterungstexte zu § 21 Abs. 2 BS WP/vBP). Der englische Begriff „independence" ist in diesem Zusammenhang also gerade nicht mit „Unabhängigkeit" i.S.d. § 43 Abs. 1 Satz 1 gleichzusetzen, sondern mit „Unbefangenheit" bzw. „Unparteilichkeit" i.S. einer **inneren Einstellung**. „**Independence in appearance**" ist dagegen gleichbedeutend mit fehlender Besorgnis der Befangenheit, d.h. dem Fehlen v. äußeren Tatsachen u. Umständen, die aus Sicht eines Dritten an der Fähigkeit des AP zur objektiven Wahrnehmung seiner Aufgaben zweifeln lassen (vgl. Rn. 2). Eine „Besorgnis der Abhängigkeit" als solche gibt es hingegen nicht (s.o. zur Unabhängigkeit), wobei Tatbestände, die den Eindruck erwecken, der WP sei nicht unabhängig i.S.d. § 43 Abs. 1 Satz 1, häufig auch eine Besorgnis der Befangenheit begründen dürften. **254**

Besondere Bedeutung gewinnt das Gebot der Unparteilichkeit, wenn der WP im Rahmen eines Mandats **mehreren Auftraggebern** mit ggf. widerstreitenden Interessen verpflichtet ist, wie z.B. im Rahmen einer **Schiedsgutachtertätigkeit**. Zwar kann auch ein Vertragspartner allein den Schiedsgutachtervertrag mit dem WP schließen. Auch bei der Auftragsvergabe durch nur einen Vertragspartner ist der Schiedsgutachter jedoch beiden Parteien zur ordnungsgemäßen Erstellung des Gutachtens verpflichtet. Erstattet der WP das Gutachten in einem solchen Fall überwiegend im einseitigen Interesse, droht der Verlust der Eignung als Schiedsgutachter (vgl. hierzu BGH 6.6.1994, DB 1994, 2131). Ein derartiges Gutachten dürfte berufsrechtlich (§ 20 Abs. 2 Satz 2 BS WP/vBP) nicht als solches bezeichnet werden (s.a. oben Rn. 248). **255**

256 Bei der Durchführung v. **Abschlussprüfungen** besteht die Besonderheit, dass es dort zwar keine „Parteien" im eigentlichen Sinn gibt, da der AP ausschl. mit der zu prüfenden Gesellschaft vertragliche Beziehungen unterhält u. seine Prüfungstätigkeit nur v. dieser vergütet wird. Zu berücksichtigen ist jedoch, dass die AP nicht ausschl. der gesellschaftsinternen Selbstkontrolle, sondern darüber hinaus auch den Kontroll- u. Informationsinteressen v. Gläubigern, Gesellschaftern, Arbeitnehmern sowie des Staates u. der Allgemeinheit dient (vgl. MünchKomm HGB/Ebke, § 316 Rn. 30). Vor diesem Hintergrund ist Unparteilichkeit i.S.d. § 43 Abs. 1 Satz 2 im Bereich v. AP dahingehend zu verstehen, dass der AP weder die besonderen Interessen der geprüften Gesellschaft noch einzelner interessierter Gruppen (Organe, Arbeitnehmer, Gläubiger) berücksichtigen darf. Vielmehr ist die Prüfung so anzulegen, dass sie **frei v. der Einflussnahme Dritter** zu objektiven Feststellungen führt (BeckBilK/Winkeljohann/Feldmüller, § 323 Rn. 25). Der Grundsatz der Unparteilichkeit bedeutet daher hier, dass der AP die Interessen einzelner Gruppen auszublenden hat. Insb. darf er sich von den Organen der Gesellschaft nicht dahingehend beeinflussen lassen, in welcher Weise er die Prüfung vorzunehmen o. das Prüfungsergebnis darzustellen hat (vgl. BeckBilK, a.a.O. Rn. 26).

257 Gerade bei gesetzlichen AP ist jedoch auch zu bedenken, dass eine ordnungsgemäße u. sorgfältige Prüfung eine ggf. eingehende Interaktion mit den Organen der Gesellschaft voraussetzt (vgl. § 320 Abs. 2 HGB). Vor diesem Hintergrund steht dem Gebot der Unparteilichkeit weder die Bitte des zuständige Gesellschaftsorgans (i.d.R. der AR) an den AP zum Setzen bestimmter **Prüfungsschwerpunkte** u. entsprechender Stellungnahme hierzu im Prüfbericht, noch die vorhergehende Aushändigung eines **Entwurfs des Prüfungsberichts** an die Geschäftsführung der Gesellschaft entgegen (vgl. BeckBilK, a.a.O.). Erteilt die Geschäftsführung zum Entwurf des Prüfungsberichts sachlich begründete Hinweise, so steht das Gebot der Unparteilichkeit einer Berücksichtigung in dem endgültigen PB nicht entgegen, solange der Prüfer die Hinweise, Ergänzungen bzw. Änderungen nach seiner eigenen fachlichen, unabhängigen u. unbefangenen Beurteilung mittragen kann (vgl. hierzu MünchKomm HGB/Ebke, § 323 Rn. 46 m.w.N.). Der Sache nach ist hierin ein letztes Auskunftsersuchen des Prüfers nach § 320 Abs. 2 HGB vor Auslieferung des endgültigen Prüfungsberichts zu sehen (vgl. ebenda).

3. Berichterstattung

258 Gemäß § 20 Abs. 1 Satz 2 BS WP/vBP gebietet der Grundsatz der Unparteilichkeit, bei der Berichterstattung alle wesentlichen Gesichtspunkte wiederzugeben. Dies bedeutet, dass im **PB** bzw. um **Gutachten** die **Neutralität** des WP auch **zum Ausdruck kommen** muss, indem wesentliche Sachverhalte stets beschrieben und im Rahmen einer nachvollziehbaren fachlichen Würdigung Berücksichtigung finden, welche keinesfalls von Einzelinteressen geprägt sein darf (vgl. WPH I, A Rn. 342; zur Abgrenzung zwischen Gutachten u. Argumentationspapier vgl. Rn. 248). Von Bedeutung ist die angemessene Dokumentation der Neutralität des WP vor allem dann, wenn er gegenüber **mehreren Auftraggebern** mit widerstreitender Interessen verpflichtet ist (vgl. Rn. 255).

VI. Unvereinbare Tätigkeiten (Abs. 2 Satz 1)

Inhaltsübersicht

	Rn.
1. Allgemeines	259–260
2. Anwendungsbereich	261–263

1. Allgemeines

Die Vorschrift ergänzt u. sichert seit Inkrafttreten der WPO unverändert die Berufspflichten aus Abs. 1, indem sie dem einzelnen Berufsangehörigen die Pflicht aufgibt, sich Tätigkeiten zu enthalten, die **mit seinem Beruf unvereinbar** sind. Zugleich dient die Vorschrift durch das Gebot, sich Tätigkeiten zu enthalten, die **mit dem Ansehen des Berufes unvereinbar** sind, dem Schutz des Ansehens des Berufes in der Öffentlichkeit u. damit dem gesamten Berufsstand. Das Gebot wird durch die dem Beruf mit der Befugnis zur Durchführung gesetzlicher Prüfungen u. zur Erteilung des v. Gesetz vorgeschriebenen BV auferlegte besondere Verantwortlichkeit gerechtfertigt (BT-Drs. 201/3, 56). 259

Das Gebot, sich jeder mit dem Beruf o. dem Ansehen des Berufes unvereinbaren Tätigkeiten zu enthalten, ist Gegenstück der Verbote unvereinbarer außerberuflicher Tätigkeiten in §§ 43 Abs. 3, 44a. Das vom Gesetzgeber als **Generalklausel** formulierte Gebot erhält seine inhaltliche Ausprägung insb. durch die konkreten Verbote **außerberuflicher Tätigkeiten** u. konkrete Vorgaben für bestimmte **berufliche Tätigkeitsbeschränkungen**, etwa in § 49. 260

2. Anwendungsbereich

Wegen des Vorrangs der spezielleren Verbote u. Vorschriften für berufliche u. außerberufliche unvereinbare Tätigkeiten ist der **praktische Anwendungsbereich** v. § 43 Abs. 2 Satz 1 gering. Ursprünglich beanspruchte die Regelung vor allem im Bereich außerberuflicher Tätigkeiten Geltung, bei denen tats. kein Gewerbe o. außerberufliches Anstellungsverhältnis vorlag, jedoch der Anschein der Ausübung einer unvereinbaren Tätigkeit erzeugt wurde (für StB LG Münster 10.4.1992, Stbg 1992, 443). Derartige Tätigkeiten werden nach der Rspr. heute aber ohne Frage unmittelbar v. den Verboten des § 43a Abs. 3 Nr. 1 u. Nr. 2 erfasst (§ 43a Rn. 53). 261

Vordringliches Abgrenzungskriterium der Verbote in § 43a Abs. 3 u. des Verbotes in Abs. 2 Satz 1 ist der **Grad der notwendigen Gefährdung von Berufspflichten**. Während § 43a Abs. 3 bereits eine abstrakte Gefahr ausreichen lässt, knüpft Abs. 2 Satz 1 an eine sich im Einzelfall konkretisierende Gefährdung von Berufspflichten an. Eine tatsächliche Berufspflichtverletzung ist aber nicht erforderlich. Damit findet das Gebot, sich unvereinbaren Tätigkeiten zu enthalten, vor allem auf Sachverhaltsgestaltungen Anwendung, in denen eine außerberufliche Tätigkeit nicht abstrakt verboten ist, weil eine Verletzung von Berufspflichten mit der notwendigen Sicherheit ausgeschlossen werden kann (§ 43a Rn 85 ff.), im Einzelfall aber dennoch die Gefahr v. Berufspflichtverletzungen droht, etwa wenn ein WP, der im zu- 262 lässigen Rahmen eine Land- o. Forstwirtschaft (§ 43a Rn. 91) betreibt, einen unmittelbaren Wettbewerber berät.

263 Eine noch anhaltende Verletzung des Gebotes, sich mit dem Beruf o. dem Ansehen des Berufes unvereinbaren Tätigkeit zu enthalten, verpflichtet die WPK nach § 20 Abs. 2 Nr. 1 zum präventiven **Widerruf der Bestellung**. Eine in der Vergangenheit liegende Verletzung kann als **Berufspflichtverletzung** berufsaufsichtsrechtlich geahndet werden.

VII. Bestätigungsvermerk (Abs. 2 Satz 2)

Schrifttum: *WPK, Auswirkungen der BGH-Rechtsprechung zur GbR bei gesetzlichen Abschlussprüfungen, WPK-Mag. 4/2012, 44; Gelhausen,* Organisation der Abschlussprüfung, Unterzeichnung von Bestätigungsvermerken und berufsrechtliche Verantwortung, WPK-Mag. 4/2007, 58; *Fachausschuss Recht,* Aufgaben des Abschlussprüfers im Zusammenhang mit der Offenlegung von Abschlussunterlagen nach dem EHUG, IDW-FN Nr. 6/2007, 323; *WPK,* „Elektronischer" Bestätigungsvermerk – Unterzeichnung und Siegelung, WPK-Mag. 2/2007, 29; *Rütz,* Praxisfragen nach Einführung des elektronischen Handelsregisters, NWB Nr. 22 v. 29.5.2007, 1869; *Bundesanzeiger Verlagsgesellschaft,* Zur Neuregelung der Jahresabschlusspublizität, WPK-Mag. 1/2007, 16; *WPK,* Unterzeichnung von Bestätigungsvermerken bei Pflichtprüfungen durch WP/vBP, Berufsgesellschaften und Prüfungsverbände, WPK-Mag. 3/2006, 21; *WPK,* Wiedergabe des Bestätigungsvermerks nach § 328 HGB, WPK-Mag. 2/2004, 31; *WPK,* Gestaltung von Briefbögen und Berichtsmappen bei interprofessionellen Sozietäten, WPK-Mag. 2/2004, 28; *WPK,* Formale Aspekte der Berufstätigkeit: Unterzeichnung von Erklärungen, WPK-Mag. 1/2004, 27.

Inhaltsübersicht

	Rn.
1. Allgemeines..	264–267
2. Besondere Berufspflichten bei der Erteilung gesetzlich vorgeschriebener Bestätigungsvermerke...................	268–327
a) Befugnis zur Erteilung von Bestätigungsvermerken.......	272–276
b) Bedeutung des Bestätigungsvermerks.................	277–284
c) Inhaltliche Anforderungen an die Erteilung von Bestätigungsvermerken............................	285–320
d) Pflichten bei der Offenlegung des Bestätigungsvermerks...	321–327
3. Für Prüfungen geltende besondere Berufspflichten	328–330
4. Besondere Berufspflichten bei nachgebildeten Erklärungen....	331–333
5. Besondere Berufspflichten bei sonstigen Erklärungen mit Siegelführung	334–336

1. Allgemeines

264 Mit dieser bereits seit Einführung der WPO existierenden Vorschrift wird der **Kernbereich der Berufsausübung des WP** angesprochen. Es gehört zu den elementaren beruflichen Aufgaben des WP, betriebswirtschaftliche Prüfungen, insb. v. Jahresabschlüssen wirtschaftlicher Unternehmen, durchzuführen u. BV über die Vornahme u. das Ergebnis solcher Prüfungen zu erteilen (§ 2 Abs. 1).

Die Regelung des § 43 Abs. 2 Satz 2, wonach der WP sich der besonderen Berufspflichten bewusst zu sein hat, die ihm aus der Befugnis erwachsen, gesetzlich vorgeschriebene BV zu erteilen, ist **für vBP** gemäß § 130 Abs. 1 **entsprechend anzuwenden**. Dies berührt allerdings nicht den Umstand, dass vBP nicht in allen Fällen, in denen WP hierzu befugt sind, BV erteilen dürfen (vgl. noch Rn. 272 ff.). 265

Als allg. geltende Berufspflicht erfasst die Vorschrift nicht nur den Vorbehaltsbereich mit der Erteilung gesetzlich vorgeschriebener BV, sondern auch mit dem Beruf des WP vereinbare andere Tätigkeiten. Grundsätzlich wird aus der Regelung zu folgern sein, dass der WP sich im Rahmen seiner Berufsausübung so zu verhalten hat, dass er das **besondere Vertrauen der Öffentlichkeit** rechtfertigt, welches er aufgrund seiner Stellung als AP genießt, u. dass er seine **Treuepflichten ggü. dem Auftraggeber** wahrt. 266

Konkretisiert wird die Vorschrift des § 43 Abs. 2 Satz 2 durch § 1 Abs. 2 Satz 2 BS WP/vBP. Die satzungsrechtliche Anforderung, sich der besonderen Berufspflichten bewusst zu sein, erstreckt sich auch auf den Siegelbereich. Als Begr. wird angeführt, dass die Befugnis zur Siegelführung **gesteigerte Anforderungen an die Berufstätigkeit** mit sich bringt (s. Begr. zu § 1 BS WP/vBP). 267

2. Besondere Berufspflichten bei der Erteilung gesetzlich vorgeschriebener Bestätigungsvermerke

Wenn in der öffentl. Diskussion v. „Testat" des WP die Rede ist, ist damit im allg. der BV zur handelsrechtlichen AP gemäß §§ 316 ff. HGB gemeint. Die rechtlichen Rahmenbedingungen zur Erteilung v. BV sind in § 322 HGB geregelt. Danach hat der AP eines Jahres- o. eines Konzernabschlusses das Ergebnis seiner Prüfung in einem BV zusammenzufassen. Der BV stellt also das **zusammengefasste Ergebnis einer AP** dar. Der BV gibt das Gesamturteil des AP wieder, das sich dieser aufgrund pflichtgemäßer u. nach den geltenden Prüfungsgrundsätzen durchgeführten Prüfung gebildet hat. Dieses Gesamturteil ergibt sich nicht lediglich als Summe der Urteile zu den Teilgebieten des Prüfungsgegenstandes, sondern erfordert eine Gewichtung der Einzelfeststellungen durch den Prüfer (vgl. IDW PS 400 Tz. 9), d.h. ein Abwägen der Bedeutung der Einzelfeststellungen u. etwaiger in diesem Zusammenhang zu erhebenden Einwendungen bzgl. des im BV zum Ausdruck gebrachten Positivbefunds. Darüber hinaus wird das Prüfungsergebnis im PB gemäß § 321 HGB im Einzelnen erläutert. 268

Folgt man der Definition des IDW PS 201 Tz. 20 ff., so umfassen die **anzuwendenden Prüfungsgrundsätze** sowohl berufliche Grundsätze als auch fachliche Grundsätze. Die Berufsgrundsätze sind dabei in §§ 318, 319, 319a, 319b und 323 HGB sowie §§ 43, 44 und 49 WPO und in der BS WP/vBP geregelt. Als fachliche Grundsätze kommen neben den einschlägigen Regelungen des HGB über die Prüfung (§§ 316, 317, 320-322 HGB) grds. die IDW PS o. die ISA in Betracht. Durch 269 das BilMoG wurde § 317 Abs. 5 HGB neu in das HGB eingefügt. Danach werden AP künftig verpflichtet, die von der IFAC herausgegebenen ISA anzuwenden. Voraussetzung hierfür ist, dass die ISA von der EU-Kommission im Rahmen eines Endorsement-Verfahrens übernommen werden. Im Zuge der Reformierung der AP-RiLi hat die EU-Kommission das Endorsement-Verfahren vorübergehend ausgesetzt, so dass die ISA zurzeit noch nicht verpflichtend anzuwenden sind. Das in § 24b Abs. 1 BS WP/vBP normierte Konzept der Verhältnismäßigkeit der Prüfungsdurchführung (sog. skalierte Prüfungsdurchführung) ist losgelöst von der Frage, welche Prüfungsstandards (nationale o. internationale) der Prüfung zugrunde gelegt werden (s. Begr. zu § 24b Abs. 1 BS WP/vBP).

270 Die besonderen Berufspflichten bei der Erteilung gesetzlich vorgeschriebener BV stehen i.Z.m. der beruflichen Tätigkeit des WP in seiner Funktion als AP (zur Kategorisierung v. allg. u. besonderen Berufspflichten vgl. Vor §§ 43 ff. Rn. 7). In WPO u. BS WP/vBP sind – mit Ausnahme v. 27a Abs. 1 BS WP/vBP (s. Rn. 328) – keine Einzelregelungen zur Erteilung gesetzlich vorgeschriebener BV enthalten. Aus der **Berufspflicht zur gewissenhaften Berufsausübung** folgt aber die Pflicht zur Beachtung der handelsrechtlich festgelegten Rahmenbedingungen in Bezug auf Bestellung, Durchführung, Beendigung u. Dokumentation der Prüfung. Die **besonderen Berufspflichten bei der Erteilung gesetzlich vorgeschriebener BV** ergeben sich somit **direkt aus den Anforderungen des HGB**. Daneben regelt die BS WP/vBP weitere besondere Berufspflichten, welche ebenfalls mit der Erteilung v. BV o. der Siegelführungsbefugnis verbunden sind (s. hierzu Rn. 328 ff.).

271 Durch die gemäß §§ 325 ff. HGB für den BV bestehenden **Publizitätspflichten** werden auch diejenigen **externen Adressaten** der Rechnungslegung, nämlich Aktionäre, potentielle Investoren, Gläubiger, andere Marktteilnehmer, Arbeitnehmer sowie allg. die interessierte Öffentlichkeit über das Ergebnis der AP informiert, die kein Recht auf unmittelbare Einsichtnahme in den PB haben (zu den Pflichten des AP bei der Offenlegung des BV s. Fn. 321 ff.).

a) Befugnis zur Erteilung von Bestätigungsvermerken

272 Voraussetzung für die Erteilung eines BV ist, dass der AP **zur Abgabe dieses Urteils befugt** sein muss. Im deutschen Handelsrecht wird die AP als eine Aufgabe definiert, die dem wirtschaftsprüfenden Berufsstand vorbehalten ist.

273 Gemäß § 316 Abs. 1 HGB sind Jahresabschluss u. Lagebericht mittelgroßer u. großer Kapitalgesellschaften durch einen AP zu prüfen. Diese **Pflicht zur Prüfung** gilt auch für Jahresabschlüsse u. Lageberichte mittelgroßer u. großer Personenhandelsgesellschaften i.S.v. § 264a Abs. 1 HGB. Ebenfalls einer AP zu unterziehen ist nach § 316 Abs. 2 HGB die Konzernrechnungslegung v. Kapitalgesellschaften u. Personenhandelsgesellschaften i.S.v. § 264a Abs. 1 HGB. Die AP ist dabei nach § 319 Abs. 1 Satz 1 HGB **durch WP u. WPG** vorzunehmen. Bei der Prüfung v. Jahresabschlüssen u. Lageberichten **mittelgroßer GmbH o. mittelgroßer Personenhandelsgesellschaften** i.S.v. § 264a Abs. 1 HGB kommen **auch vBP u. BPG** als AP in Betracht (§ 319 Abs. 1 Satz 2 HGB).

Branchenspezifische Regelungen zur Prüfungspflicht bestehen für Kredit- u. Finanzdienstleistungsinstitute. Unabhängig ihrer Größe haben **Kreditinstitute** ihren Jahresabschluss u. Lagebericht sowie Konzernabschluss u. Konzernlagebericht v. **einem WP o. einer WPG prüfen zu lassen** (§ 340k Abs. 1 Satz 1 HGB). Bei **Genossenschaftsbanken** ist die Prüfung abweichend v. § 319 Abs. 1 Satz 1 HGB v. **PrfgVerb** durchzuführen, dem das Kreditinstitut als Mitglied angehört, sofern die weiteren rechtlich normierten Voraussetzungen erfüllt sind (§ 340k Abs. 2 HGB). Dabei darf der gesetzlich vorgeschriebene BV nur v. WP unterzeichnet werden (§ 340k Abs. 2a HGB). Ist das Kreditinstitut eine **Sparkasse**, so darf die AP auch v. der **Prüfungsstelle eines Sparkassen- u. Giroverbandes** durchgeführt werden (§ 340k Abs. 3 HGB), wobei die Durchführung der Prüfung wiederum an bestimmte Voraussetzungen geknüpft ist. **Finanzdienstleistungsinstitute, deren Bilanzsumme am Stichtag 150 Mio. Euro nicht übersteigt**, dürfen **auch v. vBP u. BPG** geprüft werden (§ 340k Abs. 4 HGB). 274

Versicherungsunternehmen haben unabhängig ihrer Größe eine **Jahresabschluss- u. Konzernabschlussprüfung durch WP o. WPG** vornehmen zu lassen (§ 341k Abs. 1 Satz 1 HGB). VBP u. BPG sind hier nicht zur Prüfung berechtigt. 275

Neben der handelsrechtlichen AP u. dem hierbei zu erteilenden BV existiert eine **Vielzahl v. gesetzlich vorgeschriebenen Prüfungen**, bei denen zusammenfassende Erklärungen in Form eines BV v. WP abgegeben werden. Einen Überblick über die rechtlichen Grundlagen v. im Bereich der Wirtschaft vorgeschriebenen Prüfungen verschafft das WPH I, D Rn. 1 ff. 276

b) Bedeutung des Bestätigungsvermerks
Ihrem rechtlichen Gehalt nach ist die AP als **Gesetz- u. Ordnungsmäßigkeitsprüfung** angelegt. Sie erstreckt sich auf die Bereiche **Buchführung u. Rechnungslegung**. Der uneingeschränkt erteilte BV drückt einen **Positivbefund** über die Gesetz- u. Ordnungsmäßigkeit v. Buchführung, Jahresabschluss u. Lagebericht aus. **Einschränkungen** des Positivbefunds sind zulässig u. können sogar geboten sein, wenn wesentliche Einwendungen gegen abgrenzbare Teile der Rechnungslegung zu erheben sind, gleichwohl aber zu wesentlichen Teilen der Rechnungslegung noch ein Positivbefund möglich ist (vgl. IDW PS 400 Tz. 50). Ist ein Positivbefund nicht mehr möglich, ist der BV zu versagen u. ein **Versagungsvermerk** zu erteilen (§ 322 Abs. 4 und 5 HGB). 277

Die **rechtliche Tragweite des BV** ergibt sich aus § 317 HGB über Gegenstand u. Umfang der Prüfung des Jahres- u. Konzernabschlusses sowie des Lageberichts u. Konzernlageberichts. Die Prüfung hat sich darauf zu erstrecken, ob die gesetzlichen Vorschriften u. die ergänzenden Bestimmungen des Gesellschaftsvertrags o. der Satzung beachtet worden sind (§ 317 Abs. 1 Satz 2 HGB). Dabei ist die Prüfung so anzulegen, dass **Unrichtigkeiten u. Verstöße** gegen diese Bestimmungen, die sich auf die Darstellung des sich nach § 264 Abs. 2 HGB ergebenden Bildes der Vermögens-, Finanz- u. Ertragslage des Unternehmens wesentlich auswirken, **bei gewissenhafter Berufsausübung erkannt** werden (§ 317 Abs. 1 Satz 3 HGB). Außer- 278 dem ist zu prüfen, ob der Lagebericht mit dem Jahresabschluss sowie mit den bei der Prüfung gewonnenen Erkenntnissen des AP in Einklang steht u. ob der Lagebericht insgesamt eine zutr. Vorstellung v. der Lage des Unternehmens vermittelt (§ 317 Abs. 2 Satz 1). Auch zu prüfen ist eine zutr. Darstellung der Chancen u. Risiken der künftigen Entwicklung im Lagebericht (§ 317 Abs. 2 Satz 2 HGB). Gleiche Anforderungen sind auch an die Konzernabschlussprüfung zu stellen.

279 Hinsichtlich seiner Aussagefähigkeit unterliegt der BV verschiedenen **Grenzen** (s. hierzu ADS § 322 HGB Rn. 23 ff.)

- Mit der stärkeren Problemorientierung der Prüfung u. der geforderten Beurteilung der Lageberichterstattung sollen die Prüfung u. der BV zwar den Erwartungen der Öffentlichkeit stärker Rechnung tragen, für die Darstellung der Lage des Unternehmens sind jedoch die **gesetzlichen Vertreter allein verantwortlich**, während der AP nur die Richtigkeit u. Vollständigkeit dieser Darstellung prüfen kann.
- Der BV beinhaltet damit keine unmittelbare u. eigene Beurteilung der wirtschaftlichen Lage des Unternehmens als solche. Damit ist der BV **kein „Gütesiegel" (Qualitätssiegel) in Bezug auf die wirtschaftliche Lage des geprüften Unternehmens** (vgl. ADS, § 322 HGB Rn. 24 m.w.N.). Allerdings ist auch bei einem uneingeschränkten BV auf Risiken, die den Fortbestand des Unternehmens gefährden, gesondert einzugehen (§ 322 Abs. 2 Satz 3 HGB).
- Die Aussagekraft eines geprüften Abschlusses ist somit begrenzt auf die Erkenntnismöglichkeiten, die aus einem ordnungsgemäß aufgestellten Jahresabschluss zu gewinnen sind. Insbesondere die geforderte Einhaltung der **Generalnorm des § 264 Abs. 2 HGB** führt wegen der **Bezugnahme auf die GoB** zu einer **Relativierung der Abbildung** der realen Lage des Unternehmens. Die missverständliche Bezugnahme des BV auf die Generalnorm hat wohl mit dazu beigetragen, überzogene Erwartungen an den Jahresabschluss u. die AP zu wecken (vgl. ADS, § 322 HGB Rn. 20 m.w.N.).
- Im Übrigen ist zu beachten, dass die Rechnungslegung nur den Aussagewert haben kann, den ihr der Gesetzgeber im Wege eines Interessenausgleichs zugedacht hat. Die Aussagefähigkeit des BV muss an den tats. Möglichkeiten gemessen werden. Da die **Rechnungslegung** auch mit dem durch das BilReG und das BilMoG gesteigerten Informationsgehalt **vergangenheitsbezogen u. stichtagsorientiert** ist, wird zwangsläufig die Fähigkeit wesentlich eingeschränkt, über die künftige wirtschaftliche Entwicklung eines Unternehmens Auskunft zu geben.
- Mit dem ohne Einschränkung erteilten BV übernimmt der AP **keine Garantiefunktion ggü. der Öffentlichkeit**. Dementsprechend sieht § 323 Abs. 1 Satz 3 HGB eine Haftung nur ggü. der geprüften Gesellschaft o. verbundenen Unternehmen u. nicht ggü. Dritten vor. Daher kann dem BV auch keine „Art öffentlichen Glaubens" im Rechtssinne beigemessen werden, weil seine Aussage trotz der bestehenden Hinweispflichten auf Risiken der künftigen Entwicklung in erster Linie die Gesetz- u. Ordnungsmäßigkeit der Rechnungslegung als Prü-

fungsergebnis betrifft. Im Wesentlichen sind Rechnungslegung u. Prüfung gerade privatrechtlich ausgestaltet worden (vgl. ADS, § 322 HGB Rn. 23).
- Ebenfalls hat die AP nicht die Aufgabe, die Qualität der Geschäftsführung zu untersuchen o. eine Stellungnahme zur Bilanzpolitik abzugeben. Der BV enthält daher **kein Urteil über die Geschäftsführung**.
- Schließlich ist zu bedenken, dass der BV einen **subjektiven Charakter** trägt. Dies ergibt sich schon daraus, dass die Aussagen zum Prüfungsergebnis „aufgrund der bei der Prüfung gewonnenen Erkenntnisse des Abschlussprüfers nach seiner Beurteilung" im BV abzugeben sind (§ 322 Abs. 1 Satz 3 HGB).

Seit Einführung der Pflichtprüfung ist stets die sog. **„Erwartungslücke"** zwischen den Vorstellungen der Informationsempfänger u. dem gesetzlich normierten Zweck u. Umfang der AP Diskussionsgegenstand. Häufig liegt die Ursache für diese „Erwartungslücke" in der fehlenden Kenntnis der Öffentlichkeit über Rechnungslegungs- u. Prüfungsnormen. Gleichwohl stellt das Vertrauen der Öffentlichkeit das Fundament für die AP dar. Seit der Neugestaltung des § 322 HGB durch das KonTraG soll nach Auffassung des Gesetzgebers durch einen Verzicht auf eine Festlegung des Wortlauts des BV u. durch die Vorgabe zusätzl. Pflichtinhalte dem AP ermöglicht werden, durch eine vorbildliche Formulierung des BV die „Erwartungslücke" zu schließen. Auch die anstehenden EU-Vorschläge zur Reformierung des BV i. R. d. AP-RiLi, sind letztlich darauf gerichtet, das Vertrauen der Öffentlichkeit in die AP sicherzustellen. Des Weiteren ist in diesem Zusammenhang die laufende Initiative des IAASB zu nennen, die für den BV geltenden ISA fortzuentwickeln. **280**

Trotz der rechtlichen u. normbedingten Grenzen der Aussagefähigkeit des BV ist dessen tats. Bedeutung als öffentl. Urteil über die Rechnungslegung in der Praxis erheblich, denn die zuständigen Gesellschaftsorgane werden sich i.d.R. bemühen, einen uneingeschränkt erteilten BV zu erhalten, um das Ansehen der Gesellschaft nicht zu schädigen. Insbesondere sollen wirtschaftliche Nachteile, z.B. hinsichtlich der Kreditfähigkeit, vermieden werden. Das führt dazu, dass etwaige Einwendungen des AP gegen die Ordnungsmäßigkeit der Rechnungslegung bereits während der Prüfung o. aber noch v. Feststellung des Jahresabschlusses ausgeräumt werden. Daher ist der BV als das wirksamste **Instrument zur Erreichung einer den gesetzlichen Vorschriften entsprechenden Rechnungslegung** anzusehen. Er erfüllt in der Wirtschaft eine wesentliche **Ordnungsfunktion** (vgl. WPH I, Q Rn. 360). **281**

Die zentrale rechtliche Bedeutung des BV liegt in der damit verbundenen **Feststellungssperre**. Danach kann der Jahresabschluss v. mittelgroßen u. großen Kapitalgesellschaften erst festgestellt werden, wenn eine Prüfung stattgefunden hat u. der PB ausgehändigt wurde, in den der BV bzw. Versagungsvermerk aufzunehmen ist. Hat keine Prüfung stattgefunden, kann der **Jahresabschluss nicht festgestellt** werden (§ 316 Abs. 1 Satz 2 HGB). Bei prüfungspflichtigen Kapitalgesellschaften ist ein dennoch festgestellter Jahresabschluss nichtig gemäß bzw. analog § 256 Abs. 1 Nr. 2 AktG. Im Falle eines rechtsunwirksam festgestellten Jahresabschlusses ist der **282** entsprechende Gewinnverwendungsbeschluss ebenfalls nichtig. Darüber hinaus gibt es bestimmte gesellschaftsrechtliche Maßnahmen, die unmittelbar die Erteilung eines uneingeschränkten BV voraussetzen (vgl. hierzu WPH I, Q Rn. 359). Hat im Falle einer Prüfungspflicht keine Prüfung der Konzernrechnungslegung stattgefunden, so kann der **Konzernabschluss nicht gebilligt** werden (§ 316 Abs. 2 Satz 2 HGB).

283 Dabei kommt es allein auf die Tatsache an, dass die Prüfung stattgefunden u. beendet worden ist, nicht hingegen auf das Ergebnis der Prüfung, wie es im BV dokumentiert ist. Die Art des Vermerks (uneingeschränkter o. eingeschränkter BV, Versagungsvermerk) ist daher für die Möglichkeit zur Feststellung grds. ohne Bedeutung. Auch die durch das BilReG in das deutsche Recht eingeführte Nichterteilung eines Prüfungsvermerks (sog. „disclaimer of opinion") ist aufgrund der Definition als Versagungsvermerk (§ 322 Abs. 2 Nr. 4 HGB) eine Beurteilung des Prüfungsergebnisses aufgrund einer durchgeführten AP (vgl. WPH I, Q Rn. 353). Das den Jahresabschluss feststellende Organ wird sich davon überzeugen müssen, dass die Prüfung stattgefunden hat. Folgernd aus § 321 Abs. 5 Satz 1 HGB wird diese Voraussetzung dann erfüllt sein, wenn **ein v. AP unterzeichneter PB,** in dem der BV o. der Versagungsvermerk wiedergegeben ist, **den gesetzlichen Vertretern vorgelegt** wurde.

284 Liegen die Voraussetzungen für die Erteilung eines uneingeschränkten BV vor, besteht auch ein **Rechtsanspruch des Mandanten** auf seine Erteilung (vgl. ADS, § 322 HGB Rn. 355). Gleiches gilt wohl auch für den Versagungsvermerk, da sonst die Beendigung der AP als Voraussetzung für die Feststellung des Jahresabschlusses nicht dokumentiert werden kann. Der Anspruch kann in Form einer Leistungsklage durchgesetzt werden.

c) **Inhaltliche Anforderungen an die Erteilung von Bestätigungsvermerken**

285 Der Inhalt der pflichtgemäßen Prüfung ist bestimmt durch die gesetzlichen Anforderungen u. die weiteren beruflichen u. fachlichen Grundsätze. Beim BV ergeben sich die fachlichen Prüfungsgrundsätze zunächst unmittelbar aus dem Gesetz, hier **speziell aus § 322 HGB.** Darüber hinaus werden Grundsätze zur Erteilung ordnungsgemäßer BV in IDW PS festgehalten, welche als **fachlich anerkannte Regeln i. S. v. § 4 Abs. 1 BS WP/vBP** anzusehen sind (s. auch Rn. 33 ff.; zur Anwendung von ISAs. Rn. 269). Zu berücksichtigen ist hier insb. der IDW Prüfungsstandard „Grundsätze für die ordnungsmäßige Erteilung von BV bei AP (**IDW PS 400**)". Dabei entspricht IDW PS 400 grds. dem ISA 700 „The Auditor's Report on Financial Statements" u. den Anforderungen, die sich aus anderen ISA ergeben (zu den Abweichungen s. IDW PS 400 Tz. 116-117). In der Praxis wird die Beachtung der v. IDW festgelegten Prüfungsgrundsätze regelmäßig auch den vertraglichen Vereinbarungen mit den Mandanten zugrunde gelegt.

286 Der **Inhalt des BV** entspricht dem Ziel der AP, Feststellungen zur Übereinstimmung der Rechnungslegung mit den für das geprüfte Unternehmen geltenden Vorschriften zu treffen. Im Einzelnen ist festzustellen, ob die Prüfung zu keinen Ein-

wendungen geführt hat, ob der Jahres- bzw. Konzernabschluss den gesetzlichen Vorschriften entspricht, ob der Jahres- bzw. Konzernabschluss unter Beachtung der GoB o. sonstiger maßgeblicher Rechnungslegungsgrundsätze ein den tats. Verhältnissen entsprechendes Bild der Vermögens-, Finanz- u. Ertragslage der Kapitalgesellschaft bzw. des Konzerns vermittelt sowie ob der Lagebericht bzw. Konzernlagebericht ein zutr. Bild v. der Lage des Unternehmens o. des Konzerns vermittelt u. die Chancen u. Risiken der zukünftigen Entwicklung zutr. dargestellt sind.

aa) Wirksame Erteilung

Als allg. Voraussetzung für die Erteilung eines BV muss gelten, dass der **AP i.S.v. § 318 HGB wirksam bestellt**, d.h. gewählt u. beauftragt, wurde. An einer wirksamen Bestellung mangelt es, wenn der Abschluss v. Personen geprüft worden ist, die nicht zum AP bestellt worden bzw. nicht zur Prüfung berechtigt sind. In diesem Fall treten die Rechtsfolgen zur Nichtigkeit des Jahresabschlusses gemäß o. analog § 256 Abs. 1 Nr. 3 AktG ein. Zu den Voraussetzungen für eine wirksame Bestellung gehört es nach § 319 Abs. 1 Satz 3 HGB ferner, dass AP über eine wirksame TB über die **Teilnahme am Qualitätskontrollverfahren nach § 57a** verfügen, es sei denn die WPK hat eine Ausnahmegenehmigung erteilt. 287

Bedenken gegen eine handelsrechtlich wirksame Erteilung des BV können sich auch dann ergeben, wenn Unterzeichnungspflichten nicht beachtet wurden. Aus § 322 Abs. 7 HGB ergibt sich, dass der **AP den BV zu unterzeichnen** hat (s. auch IDW PS 400 Tz. 84). Erforderlich ist demzufolge eine **Abgabe in Schriftform**. Dabei muss die Erteilung u. somit die Unterzeichnung des BV zwingend gesondert, d.h. außerhalb der PB, vorgenommen werden. Der BV muss fest mit geprüftem Jahresabschluss u. Lagebericht verbunden sein, da er auf beide Unterlagen Bezug nimmt (vgl. IDW PH 9.450.2 Tz. 3). Neben der Unterschrift ist gemäß § 18 Abs. 1 die Berufsbezeichnung „Wirtschaftsprüfer" anzugeben. Zudem ist sind gesetzlich vorgeschriebene **BV zu siegeln**; das Fehlen eines Siegels unter dem BV führt jedoch nicht zu handelsrechtlichen Folgen (vgl. ADS, § 322 HGB Rn. 338). Auch die Verwendung eines nicht § 18a BS WP/vBP entsprechenden Berufssiegels dürfte die Wirksamkeit des BV nicht beeinträchtigen. 288

Berufsüblich ist es, Jahresabschluss u. Lagebericht zu einem sog. **Testatexemplar** zusammenzubinden u. den BV am Ende des Testatexemplars anzubringen, ggf. auch auf einer gesonderten, fest mit eingebundenen Seite. Gegebenenfalls kann der BV aber auch **in dem in die Anlagen zum PB aufgenommenen Jahresabschluss u. Lagebericht** (vgl. hierzu IDW PS 450 Tz. 109) erteilt werden. Hingegen kommt eine Erteilung des BV im PB selbst nicht in Betracht, da es sich lediglich um eine Wiedergabe handelt (vgl. IDW PH 9.450.2 Tz. 3-4). 289

Soweit der AP das Testatexemplar ausgefertigt, aber noch nicht übersandt hat, hindert dies die Wirksamkeit des BV nicht, da nach der gesetzlichen Regelung davon auszugehen ist, dass die Erteilung des BV eine **nicht empfangsbedürftige Willenserklärung** darstellt (vgl. ADS, § 322 HGB Rn. 45 m.w.N.). Auch wenn der AP ein gesondertes Testatexemplar noch nicht ausgeliefert hat, kann sich der Empfänger 290 des PB auf den hierin wiedergegebenen BV verlassen, da in diesem Fall die Aufnahme in den PB zugl. als Erteilung des BV zu werten ist.

291 Bestätigungsvermerke im Vorbehaltsbereich bei **selbstständig tätigen WP** dürfen ausschl. v. dem o. den beauftragten WP unterzeichnet werden. Eine (Mit-) Unterzeichnung durch einen Dritten ist unzulässig. Dies folgt aus den rechtlichen Rahmenbedingungen der AP, wonach WP bei Tätigkeiten im Vorbehaltsbereich verpflichtet sind, diese höchstpersönlich durchzuführen. Eine Heranziehung v. Hilfspersonen ist hierdurch jedoch nicht ausgeschlossen. Bei selbstständig tätigen WP ist jedwede Vertretung im Vorbehaltsbereich v. vornherein ausgeschlossen, auch wenn der Vertreter selbst WP ist. Durch die **(Mit-) Unterzeichnung** eines anderen WP könnte der irreführende Eindruck einer (Mit-) Urheberschaft an einer ausschl. v. dem als AP bestellten WP abzugebenden Erklärung entstehen (vgl. WPK-Mag. 1/2004, 27). Zulässig ist zur Dokumentation einer Mitwirkung nur eine sog. **Beizeichnung** (vgl. § 32 Rn. 5).

292 Wird eine **WPG** zum AP beauftragt, kann die **Vertretung nur durch vertretungsberechtigte WP** erfolgen. Insofern ist entsprechend den tats. Verhältnissen zur Beauftragung die Firmenbezeichnung bei der Unterzeichnung des BV mit aufzuführen. Dadurch wird deutlich, dass die Unterzeichner im Namen der WPG auftreten. Zusätzlich ergibt sich bei gesetzlich vorgeschriebenen Prüfungen die Verpflichtung zur Führung des Berufssiegels nach § 48 Abs. 1. Die Siegelung o. die Verwendung eines Praxisbriefbogens vermag die erforderliche Unterschriftsleistung nicht zu ersetzen, zumal diese Angaben bei der Wiedergabe v. BV i.d.R. entfallen.

293 Zur Unterzeichnungspflicht gesetzlich vorgeschriebener BV bei WPG s. § 32. In diesem Zusammenhang ist anzunehmen, dass die **Unterschriftsleistung durch Nicht-WP** dazu führt, dass der **BV nicht wirksam erteilt** worden ist u. keine Grundlage für die Feststellung des Jahresabschlusses bildet (so ADS, § 322 HGB Rn. 48 m.w.N.).

294 Wenn im Fall der **Beauftragung einer Sozietät** nicht sämtliche **bestellten WP-Sozien** den BV unterzeichnen, ist darin eine objektive Berufspflichtverletzung zu sehen. Die Erfordernis einer Unterschriftsleistung ergibt sich aus dem Gesetz (§ 322 Abs. 7 Satz 1 HGB) u. kommt auch in den fachlich anerkannten Regeln zum Ausdruck (vgl. IDW PS 208 Tz. 7). Ferner ist es ebenfalls unzulässig, wenn der Name der Sozietät unter dem BV aufgeführt wird. Ein Hinweis auf andere Sozien, insb. anderer Berufsgruppen, hat daher zu unterbleiben, da dies nicht den tats. handelsrechtlichen Verhältnissen zur Bestellung entspricht (vgl. WPK-Mag. 2/2004, 28; a.A. WPH I, A Rn. 613). Diese Grundsätze behalten auch unter Berücksichtigung der Rspr. des BGH zur Rechtsfähigkeit der GbR weiterhin ihre Berechtigung (s. WPK-Mag. 4/2012, 45).

295 Der BV darf erst dann erteilt werden, nachdem die für die Beurteilung erforderliche Prüfung materiell beendet ist. Daher ist insb. die gemäß § 322 Abs. 7 Satz 1 HGB erforderliche **Angabe des Tages** v. Bedeutung. Der BV ist auf den Tag zu datieren, an dem die Prüfung materiell abgeschlossen ist (z.B. Tag der Schlussbesprechung

mit den gesetzlichen Vertretern) u. eine zeitnahe Vollständigkeitserklärung vorliegt. Dieses Datum dokumentiert den für den AP maßgeblichen Zeitpunkt, zu dem die Beurteilung abgeschlossen wurde (**Beurteilungszeitpunkt**). Da der AP den v. den gesetzlichen Vertretern aufgestellten Jahresabschluss u. Lagebericht zu beurteilen hat, kann das Datum des BV nicht vor dem Zeitpunkt liegen, an dem die Aufstellungsphase des Jahresabschlusses u. des Lageberichts beendet ist (vgl. auch IDW PS 400 Tz. 81). Schließlich ist nach § 322 Abs. 7 Satz 1 HGB der BV auch unter **Angabe des Ortes** zu erteilen. Dies ist der Ort der beruflichen NL des WP, bei WPG der Sitz der NL, für die die Unterzeichner des BV tätig sind.

Ein BV kann auch **unter einer Bedingung erteilt** werden (§ 158 Abs. 1 BGB). **296** Dabei ist es wegen der Folgewirkung für die Möglichkeit der Feststellung des Jahresabschlusses sowie der Informationsfunktion des BV für die Öffentlichkeit u. des damit zusammenhängenden Interesses an der Verlässlichkeit nicht zulässig, den BV unter einer auflösenden Bedingung zu erteilen. Möglich ist aber die Erteilung des BV **unter einer aufschiebenden Bedingung**. Die Erteilung des BV unter einer aufschiebenden Bedingung bewirkt, dass das Rechtsgeschäft (die Erteilung) **schwebend unwirksam** ist mit der Folge, dass ein wirksamer BV erst dann erteilt ist, wenn die Bedingung eingetreten ist (vgl. ADS, § 322 HGB Rn. 51). Zulässig ist die bedingte Erteilung des BV nur für den Fall, dass der noch nicht wirksame Sachverhalt nach Eintritt der Bedingung auf den geprüften Abschluss zurückwirkt. In Betracht kommt eine Erteilung unter aufschiebender Bedingung ebenfalls nur dann, wenn die zum Abschluss der Prüfung noch nicht erfüllte Bedingung in einem formgebundenen Verfahren inhaltlich bereits festgelegt ist u. zur rechtlichen Verwirklichung noch der Beschlussfassung v. Organen o. formeller Akte bedarf u. wenn die anstehende Erfüllung mit an Sicherheit grenzender Wahrscheinlichkeit erwartet werden kann, z.B. bei noch nicht im HR eingetragenen Kapitaländerungen o. bei noch ausstehender Feststellung des Vorjahresabschlusses (vgl. IDW PS 400 Tz. 99). Ansonsten wäre der BV einzuschränken o. zu versagen. Der AP ist nicht verpflichtet, den **Bedingungseintritt zu überprüfen u. zu bestätigen**, jedoch sollte die Verwendung des BV ohne die Bedingung mit ihm abgestimmt werden. Erkennt der AP, dass die Voraussetzungen für die Verwendung eines bedingt erteilten BV noch nicht vorliegen, hat er der Verwendung des BV ohne Bedingung zu widersprechen (vgl. IDW PS 400 Tz. 100).

bb) Vollständigkeit

Die Rechtsgrundlage des § 322 HGB ist für den BV zum Jahresabschluss u. Konzernabschluss durch das **KonTraG** u. das **BilReG** weitgehend neu gefasst worden. Durch das KonTraG war der bis dahin zwingend vorgeschriebene Wortlaut des BV (Formeltestat, sog. Kernfassung) durch die **Vorgabe v. Mindestbestandteilen des BV** ersetzt worden. In § 322 HGB werden nunmehr Kernformulierungen des BV ihrem Wesen nach, nicht nach ihrem Wortlaut vorgegeben u. die weiteren Mindestbestandteile, ohne Vorgabe einer Reihenfolge, ledigl. inhaltlich umschrieben. Damit besteht für den AP grds. die Möglichkeit, den BV frei zu formulieren (zu den Vorteilen einer Verwendung standardisierter Formulierungen s. Rn. 313). **297**

298 Unter diesem Aspekt wird ein BV dann als unvollständig anzusehen sein, wenn er gesetzlich vorgeschriebene Mindestbestandteile nicht enthält. Die **Bestandteile des BV** nach § 322 HGB im Einzelnen sind in der – nicht verbindlichen – Reihenfolge:

- Beschreibung v. Gegenstand, Art u. Umfang der Prüfung (Abs. 1 Satz 2 Hs. 1, 1. Alt.),
- Angabe der angewandten Rechnungslegungs- u. Prüfungsgrundsätze (Abs. 1 Satz 2 Hs. 1, 2. Alt.),
- Beurteilung des Prüfungsergebnisses (Abs. 1 Satz 2 Hs. 2), hierzu zählen:
  - Erklärung, dass die nach § 317 HGB durchgeführte Prüfung zu keinen Einwendungen geführt hat (Abs. 3 Satz 1, 1. Alt.),
  - Erklärung, dass der v. den gesetzlichen Vertretern aufgestellte Jahres- o. Konzernabschluss aufgrund der bei der Prüfung gewonnenen Erkenntnisse des AP nach seiner Beurteilung den gesetzlichen Vorschriften entspricht (Abs. 3 Satz 1, 2. Alt.),
  - Erklärung zur Generalnorm des § 264 Abs. 2 HGB (Abs. 3 Satz 1, 3. Alt.),
  - Aussagen zur Darstellung des Lageberichts/Konzernlageberichts (Abs. 6 Satz 1),
  - Eingehen auf die Darstellung der Chancen u. Risiken im Lagebericht/Konzernlagebericht (Abs. 6 Satz 2),
- Ort u. Tag der Unterzeichnung (Abs. 7 Satz 1)
- ggf. Eingehen auf Fortbestandsrisiken eines Unternehmen o. Konzerns (Abs. 2 Satz 3),
- ggf. zusätzl. Hinweise auf Umstände, die der AP besonders hervorheben möchte (Abs. 3 Satz 2),
- ggf. Gründe u. Tragweite der Einschränkung (Abs. 4 Satz 3 u. 4).

299 Grundsätzlich wird das **Fehlen einzelner Bestandteile** im BV dessen Wirksamkeit nicht beeinträchtigen, solange dem BV insgesamt noch eine aussagekräftige Beurteilung des Prüfungsergebnisses zu entnehmen ist. Soweit ein BV **keine Aussagen zu einem Prüfungsergebnis** enthält, ist die Prüfung nicht ordnungsgemäß abgeschlossen u. der **BV nicht wirksam erteilt**.

300 Unzulässig ist es, eine Einschränkung des BV dadurch vorzunehmen, dass **Teile zur Beurteilung des Prüfungsergebnisses weggelassen** werden. Hier würde es schon an nach § 322 Abs. 4 Satz 3 u. 4 HGB erforderlichen Begr. u. der Darstellung der Tragweite fehlen (vgl. ADS, § 322 HGB Rn. 236).

301 Im Falle einer Nachtragsprüfung nach § 316 Abs. 3 HGB bleibt der BV grds. wirksam u. ist erforderlichenfalls entsprechend zu ergänzen. In diesen **Hinweis auf die Nachtragsprüfung** hat der AP den Gegenstand der Änderung zu bezeichnen u. ggf. zum Ausdruck zu bringen, dass sich aus der Prüfung der Änderungen keine Einwendungen ergeben haben. Lagen die Beendigung der ursprünglichen AP u. der Nachtragsprüfung zeitlich dicht beieinander u. wurde die Änderung spätestens bis zur Feststellung des Jahresabschlusses durchgeführt, ist die Ergänzung des Prüfungsurteils um einen gesonderten Hinweis auf die Nachtragsprüfung nicht erforderlich (vgl. IDW PS 400 Tz. 108). Ungeachtet dessen ist der BV im Falle der Nachtragsprüfung mit einem **Doppeldatum**, d.h. mit den Daten der Beendigung der ursprünglichen Prüfung u. der Beendigung der Nachtragsprüfung, zu versehen (vgl. IDW PS 400 Tz. 110).

Aus dem Auftragsverhältnis besteht ein **Anspruch des Mandanten auf Erteilung eines vollständig abgefassten BV**, wenn die Voraussetzungen hierzu vorliegen (vgl. Rn. 284). Entspricht ein BV nicht den Anforderungen nach § 322 HGB, ist er insb. nicht vollständig, weil er z.b. keine Aussage zur Beurteilung des Lageberichts trifft, könnte im Wege der Leistungsklage auf die Erteilung eines vollständigen BV geklagt werden (vgl. ADS, § 322 HGB Rn. 356). Möglich ist aber, dass der Mandant auf eine Nachbesserung des Testats verzichtet. Nach Rücksprache mit dem Mandanten kann es sich daher empfehlen, alle ausgegebenen unvollständigen Exemplare des BV wieder einzuziehen u. durch eine korrekte Fassung zu ersetzen. 302

cc) Richtigkeit
Als „richtig" wird ein BV dann anzusehen sein, wenn das **im BV dokumentierte Prüfungsergebnis** des AP zur Ordnungsmäßigkeit der Rechnungslegung **frei v. bedeutsamen Beurteilungsfehlern** ist. Eine fehlerhafte Beurteilung kann darin begründet liegen, dass der AP entw. im geprüften Abschluss festgestellte wesentliche Mängel nicht mit einer gebotenen Einschränkung o. Versagung des BV gewürdigt o. im Rahmen der Durchführung der Prüfung tats. vorhandene wesentliche Unrichtigkeiten u. Verstöße gegen Rechnungslegungsvorschriften nicht erkannt hat. Umgekehrt wird ein BV auch dann als unrichtig anzusehen sein, wenn er zu Unrecht eingeschränkt o. versagt wurde, obwohl die Voraussetzungen für die Erteilung eines uneingeschränkten BV vorlagen. 303

Hat der AP keine **wesentlichen Beanstandungen** gegen die Buchführung, den Jahresabschluss u. den Lagebericht zu erheben, u. liegen keine besonderen Umstände vor, aufgrund derer bestimmte wesentliche abgrenzbare o. nicht abgrenzbare Teile der Rechnungslegung nicht mit hinreichender Sicherheit beurteilt werden können (Prüfungshemmnisse), sind die Voraussetzungen für die Erteilung eines uneingeschränkten BV erfüllt. Sind dagegen Einwendungen zu erheben, so hat der AP seinen BV einzuschränken o. zu versagen (§ 322 Abs. 4 Satz 1 HGB). Sind etwaige Beanstandungen ledigl. v. untergeordneter Bedeutung, so kann der BV uneingeschränkt erteilt werden. 304

Von **Wesentlichkeit** ist auszugehen, wenn damit zu rechnen ist, dass festgestellte Mängel o. die nicht hinreichend sichere Beurteilbarkeit abgrenzbarer Teile der Rechnungslegung wegen ihrer relativen Bedeutung zu einer unzutreffenden Beurteilung der Rechnungslegung führen können (vgl. IDW PS 400 Tz. 51; zum Begriff der Wesentlichkeit s. auch IDW PS 250). Die Würdigung, ob die Auswirkungen v. Beanstandungen o. nicht beurteilbaren Bereichen auf die Beurteilung der Rechnungslegung wesentlich sind u. somit der BV uneingeschränkt o. eingeschränkt zu erteilen o. zu versagen ist (zu den Einschränkungsgründen im Einzelnen s. IDW PS 400 Tz. 53 ff.), obliegt dem **pflichtgemäßen Ermessen des AP** aufgrund 305 des Ergebnisses der v. ihm durchgeführten AP. Liegen mehrere für sich allein genommen unwesentliche Mängel o. nicht beurteilbare Bereiche vor, können sie in ihrer Gesamtheit so wesentlich sein, dass eine Einschränkung des BV dennoch geboten sein kann. Die Entscheidung, ob der BV im Einzelfall noch eingeschränkt werden kann o. zu versagen ist, unterliegt dabei dem pflichtgemäßen Ermessen des AP, d.h. der persönlichen, pflichtgemäßen Beurteilung (vgl. WPH I, Q Rn. 477 m.w.N.).

306 Soweit die nach den berufsüblichen Grundsätzen zur Planung u. Durchführung v. AP mit der gebotenen kritischen Grundhaltung durchgeführte AP keine Hinweise auf wesentliche Unrichtigkeiten u. Verstöße ergibt, kann der AP die Buchführung u. den Abschluss sowie den Lagebericht **als ordnungsgemäß akzeptieren u. bestätigen** (vgl. IDW PS 210 Tz. 17). Zur Feststellung, ob Abschluss und Lagebericht diesen Anforderungen entsprechen, führt der AP im Rahmen eines risikoorientierten Prüfungsansatzes eigenverantwortlich mit berufsüblicher Sorgfalt Prüfungshandlungen zur Risikobeurteilung (einschließlich der Aufbauprüfung), Funktionsprüfungen u. aussagebezogene Prüfungshandlungen durch, um mit hinreichender Sicherheit zu beurteilen, ob der Abschluss und der Lagebericht keine wesentlichen falschen Angaben enthalten. Sofern der AP seine **Prüfung nicht mit der berufsüblichen Sorgfalt durchgeführt** hat u. die geprüfte Rechnungslegung aufgrund dessen einen o. mehrere wesentliche Mängel aufweist, ist dies als **fahrlässiges Fehlverhalten** zu werten u. dem WP berufsrechtlich vorwerfbar. Auch in diesem Fall kann das im BV dokumentierte Prüfungsergebnis als unrichtig eingestuft werden, da der BV im Falle der Beachtung einer berufsüblichen Sorgfalt hätte eingeschränkt o. versagt werden müssen.

307 Auf Risiken, die den Fortbestand eines Unternehmens o. eines Konzerns gefährden, ist im BV gesondert einzugehen (§ 322 Abs. 2 Satz 3 HGB). Der AP genügt dieser Pflicht, wenn er in einem gesonderten Abschnitt des BV auf die Art des bestehenden Risikos u. dessen Darstellung im Lagebericht hinweist. Damit erfolgt eine **Hervorhebung der Bestandgefährdung**, die den BV nicht einschränkt (vgl. IDW PS 400 Tz. 77). Sofern es der AP bei einer zutr. Darstellung der Fortbestandsrisiken im Lagebericht unterlässt, einen entsprechenden. Hinweis im BV anzubringen, ist darin nicht nur eine unvollständige Erteilung des BV, sondern auch eine fehlerhafte Beurteilung zum Prüfungsergebnis zu sehen. Wird die Gefährdung des Fortbestands der Gesellschaft im Lagebericht nicht angemessen dargestellt, so sind die bestehenden Risiken u. ihre möglichen Auswirkungen anzugeben u. der BV ist einzuschränken (vgl. IDW PS 400 Tz. 78).

308 Der BV ist nur einzuschränken, wenn **zum Zeitpunkt des Abschlusses der Prüfung** ein zu einer wesentlichen Beanstandung führender Mangel noch vorliegt o. ein Prüfungshemmnis fortbesteht. Werden dagegen fehlerhafte Ansatz-, Gliederungs- o. Bewertungsentscheidungen sowie Anhang- o. Lageberichtangaben **bis zur Beendigung der Prüfung korrigiert**, führt dies nicht zu einer Einschränkung des BV, da für die Erteilung des BV das abschließende Ergebnis der Prüfung maßgebend ist.

Eine auf einer solchen Begr. beruhende Einschränkung des BV wäre daher als fehlerhaft zu beurteilen.

Kommt der AP **nach Erteilung des BV** aufgrund v. neuen Erkenntnissen zu dem Ergebnis, dass die Voraussetzungen für die Erteilung des BV nicht vorgelegen haben, u. ist die geprüfte Gesellschaft nicht bereit, die notwendigen Schritte zu einer Änderung des geprüften Abschlusses u. zur Information derjenigen zu unternehmen, die v. dem geprüften Abschluss Kenntnis erlangt haben, ist der AP grds. **zum Widerruf verpflichtet** (vgl. IDW PS 400 Tz. 111). Eine Verpflichtung zum Widerruf ist i.d.R. dann anzunehmen, wenn es sich um einen wesentlichen Fehler in der Rechnungslegung handelt u. die Nichtigkeit des Jahresabschlusses im Hinblick auf die Fristen des § 256 Abs. 6 AktG geltend gemacht werden könnte. Wenn hingegen die Vermeidung eines falschen Eindrucks über das Ergebnis der AP aufgrund v. Informationen der Adressaten bereits auf andere Weise sichergestellt ist, z.B. wenn ein geänderter Jahres- bzw. Konzernabschluss die Adressaten nicht wesentlich später erreicht als ein Widerruf, ist ein Widerruf nicht nötig (vgl. IDW PS 400 Tz. 112). 309

Der Widerruf ist **schriftlich** an den Auftraggeber zu richten u. **zu begründen**. Unter Umständen ist auch im Interesse des AP eine Unterrichtung v. Aufsichtsratsgremien o. Dritten, die v. BV Kenntnis erlangt haben, geboten (vgl. IDW PS 400 Tz. 115). Sofern die Voraussetzungen dafür vorliegen, ist nach erfolgtem Widerruf des ursprünglichen BV erneut ein davon abweichender BV zu erteilen (vgl. IDW PS 400 Tz. 113). 310

Es ist gemäß § 332 Abs. 1 HGB **strafrechtlich bewehrt**, wenn ein AP einen inhaltlich unrichtigen BV nach § 322 HGB erteilt. Voraussetzung dafür ist vorsätzliches Handeln (vgl. BeckBilK/Kozikowski/Gutmann, § 332 HGB Rn. 41). Der Tatbestand ist dann erfüllt, wenn der **BV nicht den nach dem Ergebnis der Prüfung erforderlichen Inhalt** hat. Wird der BV z.B. uneingeschränkt erteilt, obwohl nach dem Ergebnis der pflichtgemäßen Prüfung eine Einschränkung o. Versagung gemäß § 322 Abs. 4 HGB hätte erfolgen müssen, ist der BV inhaltlich unrichtig. Auch im umgekehrten Fall ist eine inhaltliche Unrichtigkeit gegeben, wenn nach dem abschließenden Ergebnis der Prüfung keine Einwendungen zu erheben waren u. der BV dennoch in eingeschränkter Form erteilt worden ist. 311

dd) Klarheit
Um die Verkehrsfähigkeit des BV sicherzustellen, hat der AP sein Prüfungsurteil klar u. unmissverständlich im BV zum Ausdruck zu bringen. Die Beurteilung des Prüfungsergebnisses soll gemäß § 322 Abs. 2 Satz 2 HGB **allgemeinverständlich u. problemorientiert** erfolgen unter Berücksichtigung des Umstands, dass die gesetzlichen Vertreter den Abschluss zu verantworten haben. Dabei muss die Beurteilung des Prüfungsergebnisses gemäß § 322 Abs. 2 Satz 1 HGB zweifelsfrei ergeben, ob 312

- ein uneingeschränkter BV erteilt,
- ein eingeschränkter BV erteilt,
- der BV aufgrund v. Einwendungen versagt o.

- der BV deshalb versagt wird, weil der AP nicht in der Lage ist, ein Prüfungsurteil abzugeben (sog. „disclaimer of opinion").

313 Hat der AP einen **uneingeschränkten BV** erteilt, so bedarf es regelmäßig keiner weiteren Beurteilung. Bei dieser Form des Prüfungsurteils umfasst der BV die positiven Aussagen zu den einzelnen Prüfungspunkten. In der Regel wird durch die Bestätigung, dass die Prüfung zu keinen Einwendungen geführt hat, deutlich, dass der BV in uneingeschränkter Form erteilt worden ist. Trotz der grds. bestehenden Formulierungsfreiheit können **Standardformulierungen zum uneingeschränkten BV** helfen, die Verkehrsfähigkeit u. die Vergleichbarkeit der Prüfungsergebnisse v. BV zu erhöhen (vgl. BeckBilK/Förschle/Küster, § 322 HGB Rn. 17 m.w.N.). Entsprechende Musterformulierungen hat das IDW im Anhang zu IDW PS 400 vorgeschlagen, die auch in der Praxis fast durchgängig verwandt werden. Letztendlich dient dies dem Ziel, die „Erwartungslücke" zu verringern. Bei einer freien Formulierung ist anzunehmen, dass der Adressat eine auf seine individuellen Bedürfnisse zugeschnittene Information erwartet, was in Anbetracht der Interessenpluralität nicht möglich ist u. die „Erwartungslücke" eher vergrößern würde. Insofern sind nach der im IDW 400 festgelegten Berufsauffassung Aufbau u. Inhalt des BV so zu gestalten, dass diese einheitlich verstanden werden können u. außergewöhnliche Umstände deutlich werden. Daraus wird eine Formulierung abgeleitet, deren einheitliche Handhabung sowohl im Interesse des Adressaten als auch im Interesse des AP zu empfehlen sein wird (vgl. WPH I, Q Rn. 362 m.w.N.).

314 Folgt man den Anforderungen von IDW PS 400 Tz. 17, so enthält der BV die folgenden **Grundbestandteile**:

- Überschrift (IDW PS 400 Tz. 19-23),
- einleitender Abschnitt (IDW PS 400 Tz. 24-27),
- beschreibender Abschnitt (IDW PS 400 Tz. 28-36),
- Beurteilung durch den AP (IDW PS 400 Tz. 37-76),
- ggf. Hinweis zur Beurteilung des Prüfungsergebnisses (IDW PS 400 Tz. 75),
- ggf. Hinweis auf Bestandsgefährdungen (IDW PS 400 Tz. 77-79).

315 Hat sich der AP für eine **Einschränkung o. Versagung des BV** entschieden, ergibt sich die Beurteilung aus der Begr. der Einschränkung o. der Versagung. Aus der Formulierung muss der Grund der Beanstandung eindeutig hervorgehen u. die relative Bedeutung des Mangels o. des nicht beurteilbaren Bereichs erkennbar gemacht werden. Die **Einschränkung** hat der BV das Wort „Einschränkung" zu enthalten u. ist im Prüfungsurteil mit der Formulierung einzuleiten, dass die Prüfung mit Ausnahme der folgenden Einschränkung zu keinen Einwendungen geführt hat (vgl. IDW PS 400 Tz. 59). Der Einschränkungsgrund ist **im Anschluss an diese einleitende Formulierung** anzugeben (vgl. IDW PS 400 Tz. 60).

316 Ein **Versagungsvermerk** darf **nicht als BV bezeichnet** werden (§ 322 Abs. 4 Satz 2 HGB). Im **Versagungsvermerk aufgrund v. Einwendungen** sind alle wesentlichen Gründe für die Versagung im ersten Satz des Prüfungsurteils zu beschreiben u. zu erläutern (vgl. IDW PS 400 Tz. 67). Grundsätzlich hat auch ein Versagungsvermerk alle Teile der Beurteilung zu umfassen.

Ein **Versagungsvermerk aufgrund v. Prüfungshemmnissen** ist zu erteilen, wenn deren Auswirkungen so wesentlich sind, dass der AP nach Ausschöpfung aller angemessenen Möglichkeiten zur Klärung des Sachverhalts nicht in der Lage ist, zu einem – ggf. eingeschränkten – Prüfungsurteil mit positiver Gesamtaussage über den Jahresabschluss zu gelangen (§ 322 Abs. 5 Satz 1 HGB). Solche Prüfungshemmnisse können bspw. in nicht behebbaren Mängeln der Buchführung o. in der der Verletzung v. wesentlichen Vorlage- u. Auskunftspflichten gemäß § 320 HGB begründet sein (vgl. IDW PS 400 Tz. 68a). Bei der Versagung des BV aufgrund v. Prüfungshemmnissen **entfällt der beschreibende Abschnitt** des BV (vgl. IDW PS 400 Tz. 69). 317

Im Hinblick auf das Klarheitsgebot ist es in Fällen v. **hinweisenden Zusätzen gemäß § 322 Abs. 2 Satz 3 HGB** erforderlich, der fachlich anerkannten Regel des IDW PS 400 Tz. 75 zum Aufbau des BV zu folgen. Insbesondere die Abgrenzung zwischen Einschränkung u. ledigl. hinweisendem Zusatz muss – trotz der grds. bestehenden Formulierungsfreiheit – über einen klaren u. deutlichen Aufbau des BV zum Ausdruck gebracht werden. Ansonsten entsteht der irreführende Eindruck, dass eine gebotene Einschränkung des BV zu Unrecht unterlassen worden sein könnte. Daraus folgt, dass ein **Hinweis in einen gesonderten Absatz im Anschluss an das Prüfungsurteil** aufzunehmen ist. Ein **Hinweis auf Bestandsgefährdungen** gemäß § 322 Abs. 2 Satz 3 HGB ist aus diesem Grund ebenfalls in einem gesonderten Absatz des BV **im Anschluss an das Prüfungsurteil** aufzunehmen (vgl. IDW PS 400 Tz. 77). 318

Diese Platzierung ist auch für eine Ergänzung des BV nach § 316 Abs. 3 Satz 2 HGB **im Fall einer Nachtragsprüfung** vorzusehen. Führt die Nachtragsprüfung zu dem Ergebnis, dass der ursprünglich erteilte BV unverändert aufrecht erhalten werden kann, bleibt das Prüfungsurteil nicht nur in seiner inhaltlichen Aussage, sondern auch in seiner Formulierung unverändert. Grundsätzlich ist es sodann erforderlich, das Prüfungsurteil um einen gesonderten Abschnitt zu ergänzen (vgl. IDW PS 400 Tz. 108). Der gesonderte Abs. ist **am Ende des BV** vor Angabe v. Ort u. Datum zu platzieren (vgl. WPH I, Q Rn. 597, letzter Satz). 319

Bei bedingt erteilten BV ist die **aufschiebende Bedingung unmittelbar vor dem Text des BV** aufzuführen (vgl. IDW PS 400 Tz. 101). 320

d) Pflichten bei der Offenlegung des Bestätigungsvermerks

Für die richtige u. vollständige Wiedergabe v. Jahresabschluss u. des hierzu erteilten BV sind die gesetzlichen Vertreter der offenlegungspflichtigen Gesellschaften verantwortlich (§ 325 Abs. 1 Satz 1 HGB). Der AP ist nicht verpflichtet zu prüfen, ob der Jahres- bzw. Konzernabschluss, der Lagebericht bzw. Konzernlagebericht u. der BV richtig offen gelegt werden. Es ist aber darauf zu achten, dass das **Vertrauen in den BV nicht leidet**. Wenn der AP v. einer mit seinem BV versehenen unvollständigen o. abweichenden Veröffentlichung erfährt, die nicht im Einklang mit den 321

§§ 325-328 HGB steht, ist der Auftraggeber i.S.d. § 318 Abs. 1 Satz 4 HGB aufzufordern, eine **Richtigstellung zu veranlassen** (vgl. IDW PS 400 Tz. 16).

322 Der BV bezieht sich auf den aufgestellten Jahresabschluss. Macht ein Unternehmen zulässigerweise v. Offenlegungserleichterungen Gebrauch, so kann der **BV nur dann i.V.m. dem verkürzten Jahresabschluss offen gelegt** werden, wenn v. Unternehmen gleichzeitig darauf hingewiesen wird, dass **sich der BV auf den vollständigen Jahresabschluss bezieht** (§ 328 Abs. 1 Nr. 1 Satz 3 HGB). Derartige größenabhängige Offenlegungserleichterungen bestehen im Bereich der Pflichtprüfung für mittelgroße Kapitalgesellschaften u. Personenhandelsgesellschaften gemäß § 264a HGB (§ 327 HGB).

323 Es ist zulässig u. auch berufsüblich, dass der AP aufgrund einer entsprechenden Auftragserweiterung auch die **zur Offenlegung bestimmte verkürzte Fassung des Jahresabschlusses** prüft. Prüfungsgegenstand ist in einem solchen Fall, ob die verkürzte Fassung ordnungsgemäß aus dem vollständigen Jahresabschluss abgeleitet worden ist u. nur die zugelassenen Erleichterungen in Anspruch genommen worden sind. IDW PS 400 Tz. 71, enthält einen entsprechenden Formulierungsvorschlag für solche Bescheinigungen, in die der unveränderte Wortlaut des BV aufzunehmen ist. Diese **Bescheinigung** ist **v. AP zu unterzeichnen**. Sie wird v. der Gesellschaft zur Offenlegung verwendet u. ersetzt den nach § 328 Abs. 1 Nr. 1 Satz 3 HGB erforderlichen Hinweis (vgl. ADS, § 328 HGB Rn. 60; zur Frage der Siegelführung vgl. WPK-Mag. 2/2004, 31). Ferner ist zu beachten, dass die für die Offenlegung bestimmte verkürzte Fassung des Jahresabschlusses fest mit der dazugehörigen Bescheinigung zu verbinden ist (vgl. IDW PS 400 Tz. 80 i.V.m. IDW PS 200 Tz. 5, sowie Formulierung in IDW PS 400 Tz. 71: „Der vorstehende ... Jahresabschluss ...").

324 Zulässig ist diese Form der Auftragserweiterung deswegen, weil Gründe für eine Besorgnis der Befangenheit o. Ausschlussgründe nach § 319 Abs. 2, 3 u. 4 HGB nicht vorliegen. Gleiches gilt im Grundsatz auch für den Fall, in dem der AP die **für die Offenlegung bestimmte verkürzte Fassung des Jahresabschlusses selber erstellt u. dies bescheinigt**. Da die Erstellungstätigkeit zeitlich nachgelagert ist, **greift** das **Selbstprüfungsverbot nicht**. Sie greift auch nicht für eine nachfolgende AP, da sich die AP dann auf den vollständigen Abschluss erstreckt.

325 Fraglich ist, in welcher Form der BV aufgrund der Vorschriften des **EHUG** beim Betreiber des BAnz einzureichen ist. Eine Einreichung v. Abschlussunterlagen sowie dazugehörigem BV beim Betreiber des BAnz im Original kommt dabei nicht in Betracht. Entgegen dem ursprünglichen Entwurf ist das Erfordernis einer digitalen Signatur bei der Einreichung v. Jahresabschlüssen nunmehr im EHUG entfallen. § 325 Abs. 6 HGB verweist im Hinblick auf die Formvorschriften auf § 12 Abs. 2 HGB. Danach genügt die **Übermittlung einer elektronischen Aufzeichnung**, wenn eine Urschrift o. eine einfache Abschrift einzureichen o. für das Dokument die Schriftform bestimmt ist. Daraus folgt, dass ledigl. eine **Wiedergabe v. Jahresabschluss u. BV nach § 328 HGB** beim Betreiber des BAnz einzureichen ist (zu den Einzelheiten des Verfahrens vgl. WPK-Mag. 1/2007, 19).

Unabhängig davon besteht im Mandatsverhältnis nach wie vor die Verpflichtung **326**
zur **Herausgabe v. PB u. Testatexemplar in gebundener Papierform**. Diese Exemplare sind im Original zu unterzeichnen u. zu siegeln. Nach bestehender Rechtslage ist dabei eine elektronische Siegelung ohnehin nach Maßgabe von § 18a BS WP/vBP nicht möglich.

Sofern mit dem Mandanten vereinbart wird, ihm darüber hinaus das Testatexemplar **327**
in einer für die Einreichung beim BAnz geeigneten Dateiform zur Verfügung zu stellen, bestehen dagegen keine Bedenken. Diese Unterlagen haben nur die **Qualität einer einfachen Abschrift mit der rechtlichen Anforderung einer vollständigen u. richtigen Wiedergabe** v. Abschluss u. BV. Hingegen wäre nicht zu empfehlen, dass der AP für den Mandanten die Einreichung des Jahresabschlusses übernimmt, da die weiteren mit dem Jahresabschluss offen zu legenden Unterlagen dem AP (z.B. Bericht des Aufsichtsrats, Ergebnisverwendungsvorschlag u. -beschluss, ggf. Entsprechenserklärung nach § 161 AktG) nicht unmittelbar zugänglich sind o. er keine eigene Kenntnis über bestimmte Angaben (z.B. Datum der Feststellung) besitzt (s. Fachausschuss Recht, IDW-FN 6/2007, 324).

3. Für Prüfungen geltende besondere Berufspflichten

Für den Bereich der gesetzlich vorgeschriebenen BV gilt die satzungsrechtliche Regelung des § 27a Abs. 1 BS WP/vBP unmittelbar. Sie beruht auf der Umsetzung v. **328**
Art. 28 Abs. 1 AP-RiLi u. schreibt vor, dass bei gesetzlich vorgeschriebenen BV u. den dazugehörigen PB, die **durch eine WPG o. eine BPG** erteilt werden, zumindest der o. diejenigen **Prüfer unterzeichnen müssen**, die i.S.d. § 24a Abs. 2 BS WP/vBP **für die Auftragsdurchführung verantwortlich** sind. Dies entsprach schon der zuvor üblichen Praxis, eine weitergehende Verpflichtung sah hingegen weder das Handels- noch das Berufsrecht vor.

Da der BV das zusammengefasste Ergebnis einer Prüfung darstellt, gelten mittelbar **329**
auch die weiteren in Teil 2 der BS WP/vBP geregelten **besonderen Berufspflichten bei der Durchführung v. Prüfungen**. Deren Einhaltung kann somit als Rahmenbedingung für die ordnungsgemäße Erteilung v. BV angesehen werden. Als für Prüfungen geltende Bereiche besonderer Berufspflichten wären zu nennen:

- Unparteilichkeit (§ 20 BS WP/vBP),
- Unbefangenheit u. Versagung der Tätigkeit aufgrund Besorgnis der Befangenheit (§ 21 BS WP/vBP),
- Schutzmaßnahmen (§ 22 BS WP/vBP),
- absolute Ausschlussgründe i.S.d. §§ 319 Abs. 3 u. 319a HGB (§ 22a BS WP/vBP),
- Selbstprüfungsverbot (§ 23a BS WP/vBP),
- Prüfungsplanung (§ 24a BS WP/vBP),
- Auftragsabwicklung (§ 24b BS WP/vBP), u. a. Grundsatz der Verhältnismäßigkeit der Prüfungsdurchführung (sog. skalierte Prüfungsdurchführung),
- Beschwerden u. Vorwürfe (§ 24c BS WP/vBP),
- auftragsbezogene QS, z.B. Berichtskritik, auftragsbegleitende QS bei § 319a HGB-Mandanten (§ 24d BS WP/vBP),

- Kennzeichnung übernommener Angaben in PB (§ 25 BS WP/vBP),
- Pflichten bei vorzeitiger Beendigung des Prüfungsauftrags (§ 26 BS WP/vBP),
- angemessene Vergütung (§ 27 BS WP/vBP).

Auf die Kommentierung zur gewissenhaften Berufsausübung wird ergänzend verwiesen (Rn. 16 ff.).

330 Für den **Nichtvorbehaltsbereich** gilt die satzungsrechtliche Bestimmung des § 27a Abs. 2 BS WP/vBP. Ist ein WP/vBP mit der Durchführung einer Prüfung beauftragt, die nicht gesetzlich vorbehalten ist, so muss der hierüber erteilte **Prüfungsvermerk u. der PB von mindestens einem WP/vBP unterzeichnet** sein, sofern das Siegel geführt wird. Dadurch soll gewährleistet werden, dass auch bei nicht dem Vorbehaltsbereich unterliegenden Prüfungen die Beteiligung v. WP/vBP an der Prüfungsdurchführung dokumentiert wird, wenn die nur dem WP/vBP zustehende Siegelführungsbefugnis genutzt und hierdurch zusätzliches Vertrauen in Anspruch genommen wird.

4. Besondere Berufspflichten bei nachgebildeten Erklärungen

331 Die gesteigerten berufsrechtlichen Anforderungen i.S.d. § 43 Abs. 2 Satz 2 können sich auch bei freiwilligen Prüfungen ergeben, in denen ein dem Wortlaut in § 322 HGB nachgebildeter BV erteilt wird. Voraussetzung für die Erteilung eines BV ist nach allg. Berufsauffassung, dass die mit dem Mandanten vereinbarte **Prüfung nach Art u. Umfang der handelsrechtlichen AP** entspricht (vgl. IDW PS 400 Tz. 5). Ansonsten darf nur eine Bescheinigung erteilt werden. Als „dem BV nachgebildet" werden Erklärungen angesehen werden können, wenn sie die an einen BV zu stellenden Mindestanforderungen einhalten u. das Prüfungsergebnis in Form eines Positivbefunds zur Ordnungsmäßigkeit der Rechnungslegung (insgesamt o. in Teilen) formuliert ist.

332 In diesem Bereich gilt nach § 22a Abs. 1 Satz 2 BS WP/vBP Satz 1 über **absolute Ausschlussgründe bei nicht gesetzlich vorgeschriebenen AP** sinngemäß, wenn hierbei ein nachgebildeter BV erteilt wird. Danach haben WP auch in diesen Fällen ihre Tätigkeit nach § 49 Hs. 2 u versagen, wenn sie Tatbestände i. S. d. §§ 319 Abs. 3 HGB, 319b Abs. 1 Satz 2 HGB verwirklichen.

333 Ebenso gelten die **Pflichten bei vorzeitiger Beendigung des Prüfungsauftrags** nach § 26 Abs. 5 BS WP/vBP sinngemäß für alle vorzeitig beendeten, nicht gesetzlich vorgeschriebenen AP, bei denen ein BV erteilt werden soll, der dem gesetzlichen BV in § 322 HGB nachgebildet ist.

5. Besondere Berufspflichten bei sonstigen Erklärungen mit Siegelführung

334 In § 1 Abs. 2 Satz 2 BS WP/vBP wird die Regelung des § 43 Abs. 2 Satz 2 auch auf **gesiegelte Erklärungen im Übrigen** für anwendbar erklärt. Dies folgt aus der weitgehenden Deckungsgleichheit der besonderen Berufspflichten aufgrund der Befugnis zur Erteilung v. BV einerseits u. aufgrund der Befugnis zur Siegelführung andererseits, zumal die Erteilung v. BV im Vorbehaltsbereich ausnahmslos mit einer Pflicht zur Siegelführung gemäß § 48 Abs. 1 Satz 1 einhergeht. Damit unterstreicht

die Siegelführungsbefugnis die Funktion des WP im Bereich der gesetzlichen AP (zur Siegelführungsbefugnis s. § 48).

Besonderheiten können sich ergeben, wenn **Erklärungen des WP im Nichtvorbehaltsbereich** abgegeben u. gemäß § 48 Abs. 2 **mit dem Berufssiegel** versehen werden. Dies können bspw. auf Vertrag beruhende Prüfungen sein, die nach Art u. Umfang der Prüfung hinter den Anforderungen der handelsrechtlichen AP zurückbleiben o. Erstellungstätigkeiten mit Prüfungshandlungen. Wie bereits erwähnt, darf in diesen Fällen nach bestehender Berufsauffassung kein BV erteilt werden (Rn. 258). Gleichwohl handelt es sich aber um Erklärungen über Ergebnisse v. Prüfungshandlungen, die zulässigerweise gesiegelt werden dürfen. Sofern das Siegel in diesen Bereichen tats. verwendet wird, ist anzunehmen, dass der WP damit sowohl für den Mandanten als auch für die Öffentlichkeit einen **besonderen Vertrauenstatbestand** schafft. 335

Darüber hinaus ergeben sich aus Teil 4 der BS WP/vBP im Hinblick auf die Siegelführungsbefugnis besondere Berufspflichten zur **Sicherung der Qualität der Berufsarbeit** gemäß § 55b. Diese gilt bspw. für freiwillige Prüfungen, zu denen Erklärungen abgegeben werden, die mit dem Berufssiegel versehen werden. Dies betrifft dann die nachfolgenden Bereiche besonderer Berufspflichten: 336

- QS-System für Aufgaben nach § 2 Abs. 1, bei denen das Siegel geführt wird (§ 32 BS WP/vBP),
- Nachschau (§ 33 BS WP/vBP).

VIII. Berufswürdiges Verhalten (Abs. 2 Satz 3)

Schrifttum: *Ludewig*, Zur Berufsethik der Wirtschaftsprüfer, WPg 2003, 1093-1099; *WPK*, Umgang mit gesetzeswidrigem Verhalten eines Mandanten, WPK-Mitt. 4/2001, 288 f.; *Kuhner*, Der Code of Ehtics for Professional Accountants der International Federation of Accountants (IFAC) – Neue Verhaltensrichtschnur für den Wirtschaftsprüfer?, WPK-Mitt. 1/1999, 7-15; *Klemm*, Gedanken zur Ethik und Verantwortung im Prüferberuf, WPK-Mitt. 3/1992, 100-108.

Inhaltsübersicht

	Rn.
1. Allgemeines	337–340
2. Abgrenzung beruflichen und außerberuflichen Verhaltens	341
3. Fälle beruflichen Fehlverhaltens	342–359
a) Sachlichkeitsgebot	342–343
b) Unterrichtung des Auftraggebers über Gesetzesverstöße	344–348
c) Zuwendungen an den und vom Auftraggeber	349–353
d) Verhalten gegenüber Berufskollegen	354–355
e) Sonstige Fälle beruflichen Fehlverhaltens	356–359
4. Fälle außerberuflichen Fehlverhaltens	360–361

1. Allgemeines

337 Nach § 43 Abs. 2 Satz 3 hat sich der WP sowohl innerhalb wie auch außerhalb der Berufstätigkeit des Vertrauens u. der Achtung würdig zu erweisen, die der Beruf erfordert. Die hohe Verantwortung der beruflichen, auch im öffentl. Interesse liegenden Aufgaben erfordert nicht nur ein korrektes Verhalten im beruflichen Umfeld, sondern auch ggü. Dritten (zum Leitbild des wirtschaftsprüfenden Berufs u. der Wirtschaftsprüferkammer vgl. WPK-Mag. 3/2012, 26 f.). Als Generalklausel gehört sie damit zu den Regelungen, die in besonderer Weise unter dem Blickwinkel des Bestimmtheitsgebotes als Berufsausübungsregel an Art. 12 GG gemessen werden muss (vgl. auch Vor §§ 43 ff. Rn. 6).

338 Über den konkreten Anwendungsbereich schweigen die Gesetzesmaterialien. Sinn der Vorschrift ist, als generelle Verhaltensrichtlinie die persönliche Integrität des Einzelnen zu sichern u. Zweifel des Publikums zu verhindern. Da gravierende Verstöße gegen nicht dem Berufsrecht zugehörige Rechtsnormen wegen ihrer Außenwirkung auch eine Verletzung berufsrechtlicher Pflichten darstellen können, z.B. im Falle einer v. WP begangenen Straftat, bedarf es im Berufsrecht einer **Norm, die diese aus anderen gesetzlichen Regelungen fließenden Pflichten in das Berufsrecht überträgt** (zur Transformationsfunktion s. Hennsler/Prütting, BRAO, § 43 Rn. 21). In einem obiter dictum hat der BGH festgestellt, dass die Generalklausel des § 43 gerade für außerberufliche Ge- u. Verbotsnormen etwa aus dem Strafrecht o. aus dem Recht der Ordnungswidrigkeiten den notwendigen berufsrechtlichen Transformationstatbestand bilde. Darüber hinaus bestimme sie die Grenze normierter Berufspflichten (BGH, Urt. v. 14.8.2012, WpSt (R) 1/12, WPK.Mag. 1/2013, 35 f.).

339 Nach alledem dürfte die Regelung des § 43 Abs. 2 Satz 3 aus sich alleine heraus keine Berufspflichten konstituieren, sondern auf jeden Fall einen Gesetzesverstoß o. eine mit Geldbuße bedrohte Handlung des WP voraussetzen (vgl. § 67 Abs. 2).

340 Gestützt auf die Satzungsermächtigung des § 57 Abs. 4 Nr. 1b hat der Satzungsgeber die Pflicht zu berufswürdigem Verhalten in den **satzungsrechtlichen Regelungen** in §§ 13 u. 14 BS WP/vBP konkretisiert. Sie betreffen das **Sachlichkeitsgebot** (§ 13 Abs. 1 BS WP/vBP), die Verpflichtung, **den Auftraggeber über Gesetzesverstöße zu unterrichten** (§ 13 Abs. 2 BS WP/vBP), die Verwendung des Namens o. der Qualifikation des Berufsangehörigen für **Werbung Dritter** (§ 13 Abs. 3 BS WP vBP), **Zuwendungen an den u. v. Auftraggeber** (§ 13 Abs. 4 BS WP/vBP) sowie **Verhaltensregeln ggü. Berufskollegen** (§ 14 BS WP/vBP).

2. Abgrenzung beruflichen und außerberuflichen Verhaltens

341 **Berufliches Fehlverhalten** ist bei Pflichtverletzungen anzunehmen, die der WP aufgrund seines Berufs zu beachten hat o. die sich sonst auf seine Berufstätigkeit beziehen. Das Verhalten muss also einen materiellen Berufsbezug haben (vgl. Kuhls/Maxl, StBerG, § 89 Rn. 47, KG Berlin 7.2.2001, WPK-Mitt. 2/2002, 158). Alles, was auch nur mittelbar i.Z.m. der Berufsausübung steht, gehört deshalb zur beruflichen Sphäre. Bei sog. **Mischtatbeständen** erfolgt die Zuordnung zum beruflichem Fehlverhalten (KG Berlin 7.2.2001, WPK-Mitt. 2/2002, 158; vgl. auch Kuhls, StBerG, § 89 Rn. 48). Nur wenn sich das Verhalten eindeutig als das einer Privatperson ohne jeden beruflichen Bezug ansehen lässt, ist es dem **außerberuflichen Bereich** zuzurechnen. Dem beruflichen Bereich sind damit auch jene Fälle zuzurechnen, in denen der Berufsangehörige ohne Führung des WP-Titels (vgl. Einleitung Rn. 138) z.B. als reiner StB o. als Insolvenzverwalter aufgetreten ist.

3. Fälle beruflichen Fehlverhaltens
a) Sachlichkeitsgebot

Aus dem Gebot der gewissenhaften Berufsausübung nach § 43 Abs. 1 Satz 1 u. dem Verbot, sich jeder Tätigkeit zu enthalten, die mit dem Ansehen des Berufs nicht vereinbar ist, folgt das Sachlichkeitsgebot, das den WP verpflichtet, die ihm anvertrauten Interessen sachlich u. in angemessener Form zu vertreten. Dieses Gebot ist in § 13 Abs. 1 BS WP/vBP konkretisiert. Inhalt u. Umfang des **Sachlichkeitsgebotes** wird insb. durch die Rspr. des BVerfG zu § 43 BRAO geprägt. Danach ist das standesgemäße Sachlichkeitsgebot dann verletzt, wenn der Berufsangehörige sich **beleidigend o. herabsetzend** äußert u. dies nicht durch die Wahrnehmung berechtigter Interessen i.S.d. § 193 StGB gedeckt ist, sowie dann, wenn er bewusst die Unwahrheit verbreitet (KG Berlin 7.2.2001, WPK-Mitt. 2/2002, 158; BVerfG, Beschluss v. 10.3.2009 - 1 BvR 2650/05, NJW-RR 2010, 204 ff.). 342

Zur Differenzierung, ob ein Verstoß gegen das Sachlichkeitsgebot als berufliches o. außerberufliches Fehlverhalten gewertet wird, kommt es darauf an, ob der Berufsangehörige in **Wahrnehmung eines beruflichen Mandats** o. **außerhalb eines Mandats** unsachlich war. Im Rahmen eines Mandats ist weiterhin zu beachten, dass persönliche Angriffe o. in der Sache überzogene Vorträge dem Interesse des Mandanten zuwiderlaufen (Kuhls/Maxl, StBG, § 57 Rn 274 f. mit weiteren Nachweisen). Ein Verhalten, für das außerhalb eines Mandats ein beruflicher Bezug erkennbar ist, wird als berufliches Verhalten im weiteren Sinne gewertet (KG Berlin 7.2.2001, WPK-Mitt. 2/2002, 157). 343

b) Unterrichtung des Auftraggebers über Gesetzesverstöße

Bereits in den **Richtlinien für die Berufsausübung** der WP u. vBP v. 12.3.1987 wird zum berufswürdigen Verhalten festgestellt, dass der Berufsangehörige sich im Bewusstsein seiner Verantwortung schon der Zumutung, an unlauteren Machenschaften mitzuwirken, zu widersetzen hat. Er ist verpflichtet, seinen Auftraggeber auf die Folgen ungesetzlicher Maßnahmen aufmerksam zu machen. 344

Nach § 13 Abs. 2 BS WP/vBP ist der Berufsangehörige verpflichtet, Auftraggeber auf **Gesetzesverstöße** aufmerksam zu machen, die er im Rahmen seiner Berufstätigkeit erkennt. Die Begr. zur BS WP/vBP führt aus, dass v. der Vorschrift ledigl. die Fälle erfasst werden, in denen der Berufsangehörige die Gesetzesverstöße erkennt, nicht jedoch das fahrlässige Nichterkennen derartiger Verstöße. Nach dem Verhältnismäßigkeitsgrundsatz gelte dieses Gebot daher nicht für Bagatellverstöße, sondern erst bei erheblichen Gesetzesverstößen. 345

§ 43 *Berufswürdiges Verhalten*

346 Die Aufklärungspflicht ggü. dem Mandanten ergibt sich i.d.R. bereits als **vertragliche Nebenpflicht** aus der Mandatsbeziehung. Zu diesen Nebenpflichten gehört die Pflicht, den Mandanten umfassend u. erschöpfend zu beraten sowie vor möglichen Schäden aus der Nichteinhaltung gesetzlicher Vorgaben zu bewahren. Insbes. bei unbewusst begangenen Gesetzesverstößen des Mandanten kann die Verletzung solcher Nebenpflichten diesem ggü. einen Schadenersatzanspruch auslösen (vgl. bswp. WPK-Mag. 1/2013, 36f.).

347 Die **Art u. Weise der Unterrichtung** bleibt dem Berufsangehörigen überlassen. In schwerwiegenden Fällen empfiehlt sich, die Unterrichtung auch in der Handakte zu dokumentieren, um sich einerseits berufsrechtlich abzusichern, andererseits aber auch in Zweifelsfällen über die Beachtung der vertraglichen Aufklärungspflicht Schadenersatzforderungen des Mandanten entgegentreten zu können bzw. zu dokumentieren, dass der Verstoß nicht v. Berufsangehörigen ausgeht o. mitgetragen wird, was im Hinblick auf eine mögliche Strafverfolgung o. ein Ordnungswidrigkeitsverfahren wesentlich zur Entlastung beitragen kann. Zur Pflicht zur **Mandatsniederlegung** s. § 49 1. Alt. (§ 49 Rn. 8).

348 Für die **gesetzliche JAP** gilt darüber hinaus die **schriftliche Redepflicht** nach § 321 Abs. 1 Satz 3 HGB.

c) Zuwendungen an den und vom Auftraggeber

349 Bereits das allg. Strafrecht verbietet eine **Vorteilsgewährung zum Zwecke der Erlangung eines geschäftlichen Vorteils** sowohl im allg. geschäftlichen Verkehr (§ 299 StGB) als auch ggü. Amtsträgern im behördlichen Verkehr (§§ 331 ff. StGB). Berufsrechtlich ist die aktive Bestechung u. die passive Bestechlichkeit zudem als berufsunwürdiges Verhalten zu qualifizieren u. daher unstatthaft. Die Entgegennahme v. Zuwendungen kann darüber hinaus auch die **Besorgnis der Befangenheit** i.S.d. § 21 BS WP/vBP begründen.

350 § 13 Abs. 4 Satz 1 BS WP/vBP enthält dementsprechend das grds. Verbot, **v. einem Auftraggeber Zuwendungen anzunehmen**. Das Verbot gilt nicht nur bei der Durchführung v. Prüfungen u. der Erstattung v. Gutachten, bei denen besondere Anforderungen an die Unparteilichkeit u. Unbefangenheit zu stellen sind, sondern für die gesamte Berufstätigkeit. Von dem Verbot nicht erfasst sind das vereinbarte Honorar, vereinbarte o. übliche Nebenleistungen (insb. Kostenerstattungen) sowie ggf. auch Erfolgsprämien, soweit diese nach § 55a zugelassen sind.

351 § 13 Abs. 4 Satz 2 BS WP/vBP erstreckt das Verbot auf Zuwendungen **v. dem WP an den Auftraggeber**. Auch diese können zu einer nicht hinnehmbaren Beeinträchtigung der Unabhängigkeit u. Unbefangenheit führen. Insbesondere i.Z.m. der Erteilung v. Aufträgen können sie auch strafbar sein.

352 Nicht erfasst sind jeweils Zuwendungen u. Leistungen, die ausschl. aus **privatem Anlass ohne Zusammenhang mit der beruflichen Tätigkeit** gewährt u. empfangen werden, wie dies insb. bei verwandtschaftlichen o. engen freundschaftlichen Beziehungen der Fall sein wird. Besteht daneben allerdings ein beruflicher Kontakt,

wird die Abgrenzung schwierig sein, so dass im Zweifel die Grundsätze des Abs. 4 eingehalten werden sollten. Die Begr. zur BS WP/vBP enthält weiterführende Hinweise.

§ 13 Abs. 4 Satz 3 BS WP/vBP verpflichtet den WP, dieselben Grundsätze zum sensiblen Umgang mit Zuwendungen in seiner gesamten Praxis einzuhalten u. ihnen auch seine Mitarbeiter zu unterwerfen. Die Einhaltung der Grundsätze ist in dem erforderlichen Umfang zu überwachen. 353

d) Verhalten gegenüber Berufskollegen

§ 14 BS WP/vBP konkretisiert den **berufswürdigen Umgang mit Kollegen**. Nach § 14 Abs. 1 BS WP/vBP darf bei der **Übertragung einer Praxis o. Teilpraxis** gegen Entgelt die Notlage eines Berufskollegen, seiner Erben o. Vermächtnisnehmer nicht ausgenutzt werden. Berufsrechtliche Sanktionen kommen nur in besonders gravierenden Fällen nicht angemessener, möglicherweise schon sittenwidriger Konditionen wie etwa auch bei der Ausnutzung einer wirtschaftlichen Notlage der Erben des Berufsangehörigen in Betracht. 354

Die Bestimmungen in § 14 Abs. 2 u. 3 BS WP/vBP konkretisieren das Gebot zum berufswürdigen Verhalten ggü. Kollegen mit den Tatbeständen eines **Abwerbungsverbotes v. Mandanten** bei Praxisgründung o. Auftraggeberwechsel. Im Hinblick darauf, dass bereits andere Ausprägungen der Pflicht zu berufswürdigem Verhalten, wie die Regelungen zur Werbung (§ 52) u. speziell zur Abwerbung von Mandanten durch die 7. WPO-Novelle 2007 bereits beschnitten wurden (vgl. Begründung zur Änderung des § 52 durch die 7. WPO-Novelle 2007), sind die Bestimmungen einschränkend auszulegen. Die Regelung kann u. soll daher auch nicht den Wettbewerb um Mandate als solchen unterbinden. Auch soweit es sich um Mandate eines ehemaligen Arbeitgebers handelt, ist daher nicht jede Maßnahme, die darauf zielt, diese für sich zu gewinnen, v. vornherein unzulässig. Dies ist erst dann der Fall, wenn das Abwerben durch **unlautere Methoden** geschieht, etwa durch Diffamierung des früheren Arbeitgebers o. durch unbefugte Mitnahme der Mandantendaten (vgl. OLG Düsseldorf 26.9.2002, WPK-Mitt. 1/2003, 65 ff.). Eine auch ohne derartige zusätzl. Umstände unlautere u. damit wettbewerbswidrige Abwerbung liegt allerdings dann vor, wenn u. solange ein Mitarbeiter noch vor dem Ausscheiden aus dem Arbeitsverhältnis dessen Mandanten direkt o. indirekt auf seine zukünftige Tätigkeit als Wettbewerber o. für einen anderen Wettbewerber hinweist (vgl. BGH 22.4.2004, NJW 2004, 2385 f.). 355

e) Sonstige Fälle beruflichen Fehlverhaltens

Strafbares o. ordnungswidriges Verhalten, das einen Zusammenhang mit dem Beruf erkennen lässt, ist mit dem Berufsbild nicht in Einklang zu bringen. So hat das LG Berlin am 6.6.2003 erkannt, dass der **Betrug an Mandanten bzw. Kunden** durch einen WP in ganz erheblicher Weise geeignet ist, das Vertrauen der Allgemeinheit in die Integrität des Berufsstandes zu beeinträchtigen u. deshalb derartige Taten es grds. rechtfertigen, auf den Ausschluss aus dem Beruf zu erkennen (WPK-Mitt. 4/2003, 261). In einem weiteren Verfahren hat das LG Berlin ebenfalls am 356

6.6.2003 die **Beihilfe zu Bankrott u. Konkursverschleppung** als Berufspflichtverletzung gewürdigt, bei der nach Art der Vorwürfe ebenfalls ein Ausschluss aus dem Beruf in Betracht zu ziehen war. In beiden Fällen hat das Gericht sowohl mit der Pflicht zur Gewissenhaftigkeit als auch mit dem berufswürdigen Verhalten argumentiert. Weitere Fälle:

- Berufsgerichtliche Maßnahme für WP als GF einer treuhänderisch tätigen GmbH, der sich der Insolvenzverschleppung u. des Bankrotts schuldig gemacht hat (**Insolvenzverschleppung**) (LG Berlin 11.11.2005, WPK-Mag. 3/2006, 39).
- Die **Verletzung gesetzlicher Mitwirkungspflichten im Insolvenzverfahren** gemäß § 97 InsO als Rechtsverstoß stellt eine Verletzung der Berufspflicht dar u. schädigt das Ansehen des Berufs (Rüge bei Insolvenz einer Berufsgesellschaft, WPK-Mag. 2/2007, 28).
- Berufsgerichtliche Maßnahme gegen WP für vorsätzlich gemeinschaftlichen **Betrug in Bereich v. Treuhandtätigkeiten** (LG Berlin 22.4.2004, WPK-Mag. 4/2004, 47).
- Berufsausschluss für StB bei **Veruntreuung v. Mandantengeldern** (BGH 6.3.1993, DStR 1994, 479).
- **Steuerdelikte in eigener Sache** haben i.d.R. einen materiellen Berufsbezug (BGH 27.8.1979, NJW 1980, 714).

357 Das Ansehen des Berufes erfordert, dass ein WP sich auch in eigenen finanziellen Angelegenheiten korrekt verhält. **Geordnete wirtschaftliche Verhältnisse** sind die Grundlage für die unabhängige u. eigenverantwortliche Berufsausübung. Dabei ist eine Berufspflichtverletzung unabhängig v. der Möglichkeit des Widerrufs der Bestellung (§ 20 Abs. 2 Nr. 5) zu ahnden. Vor diesem Hintergrund hat die Rspr. bei uneingeschränkt vergleichbaren Regelungen im StBerG wiederholt berufsaufsichtsrechtliche Maßnahmen gegen StB verhängt, die

- es in einer Vielzahl v. Fällen durch eigenes Verschulden zu (fruchtlosen) Vollstreckungen bis hin zur Ableistung der eidesstattlichen Versicherung u. zum Erlass v. Haftbefehlen kommen lassen (BGH 27.8.1979, NJW 1980, 714; LG Hannover 29.9.1980, StB 1981, 250; OLG Düsseldorf 5.12.2002, DStRE 2003, 1422),
- es trotz Zahlungsfähigkeit zu Zwangsvollstreckungsmaßnahmen durch den Gerichtsvollzieher kommen lassen, wobei die Zahlungsfähigkeit durch Zahlung der vollen Summe an den Gerichtsvollzieher im Fall als erwiesen galt (LG Hannover 29.9.1980, StB 1981, 250),
- ohne Angabe v. Gründen die in einem berufsgerichtlichen Verfahren verhängte Geldbuße nicht bezahlen, so dass es zu Zwangsbeitreibungsmaßnahmen kommt (LG Hannover 29.9.1980, StB 1981, 250),
- erhebliche Steuerverbindlichkeiten aufbauen u. es zu Säumniszuschlägen kommen lassen (LG Karlsruhe 18.6.1985, StB 1987, 205; OLG Hamburg 7.5.1996, wistra 1996, 239). Die Verletzung steuerlicher Verpflichtungen ordnet die Rspr. dabei z.T. den innerberuflichen Pflichtverstößen zu, wenn sie den Berufsange-

hörigen selbst betreffen u. auf beruflichen Vorgängen beruhen (BGH 15.12.1985, StB 1987, 205), z.T. zumindest der mittelbaren Berufstätigkeit zu (OLG Hamburg 7.5.1996, wistra 1996, 239).

Zum Berufsrecht der WP gibt es Entscheidungen i.Z.m. **Vollstreckungsmaßnahmen u. Abgabe der eidesstattlichen Versicherung** (LG Düsseldorf 29.6.1971, WPK, BGE 1, 93) sowie **Haftbefehl u. Vorführung durch den Gerichtsvollzieher** (LG Düsseldorf 14.1.1971, WPK, BGE 1, 98). Ggf. wird der Berufsangehörige gleichsam als Vorfeldmaßnahme zum Widerruf durch Anwendung berufsaufsichtsrechtliche Maßnahmen (Belehrung/Rüge) auf die Bedeutung der konsequenten Konsolidierung der Vermögensverhältnisse hingewiesen. Der Sonderfall **Nichtzahlung des Kammerbeitrags** wird gegenwärtig im Wiederholungsfall mit einer berufsaufsichtlichen Maßnahme geahndet. Dass die schuldhafte Nichtzahlung eine Berufspflichtverletzung darstellt, hat zuletzt der BGH am 14.8.2012 bestätigt (BHG 14.8.2012, WPK-Mag. 1/2013, 35f.). 358

Schließlich betrifft § 13 Abs. 3 BS WP/vBP die **Verwendung des Namens u./o. der Qualifikation v. WP zu werblichen Zwecken Dritter**. Danach ist dem Berufsangehörigen erlaubt, die Werbung mit dem Namen u./o. der Qualifikation bei Produkten o. Dienstleistungen mit Berufsbezug, z.B. Computerprogramme zur Praxisorganisation o. Prüfungsplanung durch einen Dritten zuzulassen. Zur Werbung mit Ergebnissen einer SU vgl. WPK-Mag. 3/2010, 32. **Werbung** für nicht berufsbezogene Produkte o. Dienstleistungen, etwa Qualitätsurteile über Konsumgüter des täglichen Bedarfs, sind dagegen nicht mit dem Berufsbild u. dem Ansehen in der Öffentlichkeit vereinbar, die WP als gesetzliche AP besitzen. Die Vorschriften über die besonderen Berufspflichten i.Z.m. erlaubter Kundmachung u. berufswidriger Werbung bleiben unberührt. 359

4. Fälle außerberuflichen Fehlverhaltens

Eine berufsaufsichtsrechtliche Maßnahme kommt für ein außerberufliches Fehlverhalten gemäß § 67 Abs. 2 nur dann in Betracht, wenn nach den Umständen des Einzelfalls das Verhalten des Berufsangehörigen **in besonderem Maße geeignet ist, Achtung u. Vertrauen** in einer für die Berufsausübung u. für das Ansehen des Berufs bedeutsamen Weise **zu beeinträchtigen**. Außerdem ist bei der Ahndung der berufliche Überhang zu beachten (§ 69a). In der Regel sind dies **strafrechtlich relevante Sachverhalte** o. **anderweitige Gesetzesverstöße**. Für strafrechtlich relevante Sachverhalte erfolgt die berufsaufsichtsrechtliche Beurteilung i.d.R. nach einer Mitteilung durch die jeweils zuständige StA an die WPK (§ 84a). 360

Berufsgerichtliche Entscheidungen liegen zu **Verkehrsdelikten** eines StB (LG Hannover 27.4.1987, StBg 1988, 353) u. WP (LG Düsseldorf 29.6.1971, WPK, BGE I 93, heute wohl nicht mehr einschlägig), zur Untreue eines WP im Rahmen **einer ehrenamtl. Tätigkeit als Vereinsvorsitzender** (LG Düsseldorf 25.3.1974, WPK, BGE I 100) sowie zur **Beleidigung in einem gerichtlichen Verfahren** durch einen WP (LG Düsseldorf 30.10.1975, WPK, BGE I 114) vor. 361

IX. Fortbildungspflicht (Abs. 2 Satz 4)

Schrifttum: *Ruhnke/Füssel*, Die Fortbildung des Wirtschaftsprüfers in Deutschland unter besonderer Berücksichtigung der im Rahmen einer kontinuierlichen berufsständischen Fortbildung relevanten internationalen Messkonzepte, WPg 2010, 193 ff.; *Grürmann/Wanagas*, Die gesetzliche Pflicht zur Fortbildung für Steuerberater und die Fortbildungsempfehlungen der Bundessteuerberaterkammer, DStR 2010, 1400 ff.; *Ruhnke/Imiela*, E-Learning-Software in der externen Unternehmensrechnung: Bestandsaufnahme, Systementwicklung und Beurteilung, WPg 2008, 542 ff.; *Naumann/Hamannt*, Reform des Berufsrechts der Wirtschaftsprüfer durch das BARefG, WPg 2007, 901 ff.; *Weidmann*, Die Siebte WPO-Novelle – Auswirkungen des Berufsaufsichtsreformgesetzes auf den Berufsstand, WPK Mag. 2007, 55 ff.; APAK, Tätigkeitsbericht der Abschlussprüferaufsichtskommission für das Jahr 2006, 11; *Sommer*, Systematische Fortbildung im Rahmen des Qualitätsmanagements von Steuerberatern und Wirtschaftsprüfern, DStR 2004, 745 ff.; *Hoffmann*, Für eine Verbesserung der Didaktik in der Aus- und Fortbildung (angehender) Wirtschaftsprüfer, WPK-Mill. 2003, 2 ff.; *Dahns/Eichele*, Die allgemeine Fortbildungspflicht deutscher und europäischer Rechtsanwälte unter Berücksichtigung des Rechts anderer freier Berufe, BRAK-Mitt. 2002, 259; *Overhage*, Multimediale Fortbildung im Berufsstand? – Anforderungen und Möglichkeiten, WPK-Mitt. 2002, 106 ff.; *Kilger*, Fortbildung des Rechtsanwalts, AnwBl. 1995, 435; *Späth*, Der Steuerberater und die Pflicht zur Fortbildung, Stbg 2000, 519 ff.

Inhaltsübersicht

		Rn.
1.	Allgemeines	362–368
2.	Art und Weise sowie Umfang der Fortbildung	369–372
3.	Dokumentation und Überwachung der Fortbildung	373–374

1. Allgemeines

362 Die **allg. Fortbildungspflicht** ist als statusbildende Berufspflicht im Rahmen der 3. WPO-Novelle 1995 in die WPO aufgenommen worden (BT-Drs. 12/5685 v. 16.9.1993, 26). In der Berufssatzung war die Fortbildungspflicht daraufhin u. bisher in § 4 Abs. 1 u. 2 BS WP/vBP a.F. auch nur in allg. Form geregelt. Es gab keine Vorgaben zu Inhalt u. Umfang der Fortbildungspflicht, so dass die Regelungen eher Appellfunktion hatten – Verstöße gegen die Fortbildungspflicht wirkten sich allenfalls mittelbar aus, weil sie die Ursache für mangelhafte Leistungen mit **ggf. haftungsrechtlichen o. auch berufsaufsichtsrechtlichen Konsequenzen** sein konnten. Die **Kontrolle der Einhaltung der allg. Fortbildungspflicht** für einen Teil der Berufsangehörigen (gesetzliche AP) war nur im Rahmen der QK möglich. Das QS-System der Praxen orientierte sich dabei i.d.R. an den (nicht verbindlichen) Vorgaben der VO 1/2006, die insb. unter Ziff. 71 ff. auf die Aus- u. Fortbildungspflicht eingeht.

363 **Artikel 13 der AP-RiLi** fordert v. den Mitgliedstaaten die Sicherstellung einer angemessenen u. kontinuierlichen Fortbildung u. angemessene Sanktionen bei Missachten dieser Anforderungen. Vor diesem Hintergrund sah der Gesetzgeber in Abkehr v. seiner bisherigen Auffassung die Notwendigkeit, die Fortbildungspflicht konkreter zu regeln. Im Rahmen der 7. WPO-Novelle 2007 wurde daher die Fortbildung in den Satzungskatalog des § 57 Abs. 4 Nr. 1 zur Konkretisierung durch die WPK aufgenommen (s. dort).

Auf der Grundlage der Satzungsermächtigung hat die WPK eine **konkretisierte u. justitiable Fortbildungspflicht** normiert (§ 4a BS WP/vBP). Die Vorschrift berücksichtigt die Regelungen in Section 130 des IESBA CoE2009 sowie des IES 7 „Continuing Professional Development" des IAESB. Das IAESB hat im August 2012 den überarbeiteten Entwurf des IES 8 „Professional Development for Engagement Partners Responsible for Audits of Financial Statements" veröffentlicht. Inwieweit hieraus weitere Normierungen erforderlich werden, bleibt abzuwarten (vgl. Ruhnke/Füssel, WPg 2010, 193 ff.). 364

Zur zivilrechtlichen Rspr. über den notwendigen **Kenntnisstand des Beraters unter Haftungsgesichtspunkten** vgl. Kuhls/Maxl, StBerG, § 57 Rn. 141. Danach muss sich der WP über die aktuelle Entwicklung der Gesetzgebung u. Rspr. informiert halten. Dies geht sogar soweit, dass v. ihm die Kenntnis auch der Entwicklung der Gesetzgebung u. Rspr. erwartet wird (vgl. BGH 23.9.2010, IX ZR 26/09, AnwBl. 2010, 876; OLG Karlsruhe 2.7.2003, BRAK-Mitt. 2004). Soweit Pflichtverletzungen zu einer zivilrechtlichen Haftung des WP führen, ist damit aber noch nicht zwingend auf eine berufsaufsichtsrechtliche Relevanz zu schließen – hierzu dürfte es nur bei Fällen grober Fahrlässigkeit kommen (vgl. auch Vor §§ 43 ff. Rn. 25). 365

Zur besonderen **Fortbildungspflicht der PfQK** s. § 57a Abs. 3 Satz 2 Nr. 4. Unter Nachweisgesichtspunkten ist diese Fortbildungspflicht nur noch relevant, falls der PfQK einen neuen Auftrag zur QK-Prüfung annimmt (§ 21 Abs. 2 SaQK). Zur Anrechnung auf die allg. Fortbildungspflicht vgl. Rn. 300. 366

Neben der persönlichen Fortbildungspflicht des WP besteht eine Pflicht zur **Ausbildung u. Fortbildung der Mitarbeiter**. Sie wird als Ausfluss der allg. Berufspflicht der Gewissenhaftigkeit in § 6 BS WP/vBP konkretisiert. 367

Im **Transparenzbericht nach § 55c** ist zu erklären, wie Prüfungsgesellschaften ihre Berufsangehörigen zur Einhaltung der Fortbildungspflicht anhalten (interne Grundsätze u. Maßnahmen). 368

2. Art und Weise sowie Umfang der Fortbildung

Waren Art u. Weise sowie der Umfang der allg. Fortbildung bisher in das eigenverantwortliche Ermessen der Berufsangehörigen gestellt, wird im Satzungsrecht (§ 4a BS WP/vBP) eine **Differenzierung zwischen der Teilnahme an Fortbildungsmaßnahmen u. Selbststudium** vorgenommen. Die Differenzierung hat Auswirkungen auf das Mengengerüst u. die Dokumentation. 369

Zu den **Fortbildungsmaßnahmen** gehören danach Fachveranstaltungen (Vorträge, Seminare u.ä., aber auch IT-gestützte Fachkurse, soweit die Dauer der Teilnahme 370 nachgewiesen werden kann). Diese können auch v. der Praxis selbst organisiert sein. Charakteristikum der Fortbildungsmaßnahmen in der Abgrenzung zum Selbststudium ist, dass es sich um geleitete u. strukturierte Fortbildungsveranstaltungen zur Erlangung u./o. Erhaltung von Fach- o. Methodenkompetenzen handelt. Den Fachveranstaltungen gleichgestellt werden die schriftstellerische Facharbeit sowie die Tätigkeit in in- u. externen Fachgremien (vgl. WPK-Mag. 1/2009, 25) sowie die Tätigkeit als Dozent an Hochschulen. Die Qualifikation einer deutschen Bildungseinrichtung als Hochschule ergibt sich aus den jeweiligen Landesgesetzen. Auch die pflichtige Fortbildung des PfQK gemäß §§ 20, 21 SaQK wird auf die Fortbildungsmaßnahmen angerechnet. Eine Bestandsaufnahme der durch digitale Medien unterstützten Lernsysteme (E-Learning) im Bereich der externen Rechnungslegung führten zuletzt Ruhnke/Imiela durch (Ruhnke/Imiela, WPg 2008, 542 ff.). Unter **Selbststudium** wird dagegen ein fach- o. methodenbezogenes Literaturstudium ohne Anleitung verstanden.

371 Zusätzlich ist eine **sachgerechte Schwerpunktbildung im Rahmen der Fortbildung** erforderlich. So müssen WP, die AP vornehmen, die Fortbildung in angemessenem Umfang auf die Prüfungstätigkeit (§§ 2 Abs. 1, 129 Abs. 1) erstrecken (§ 4a Abs. 4 Satz 3 BS WP/vBP).

372 Gemäß § 4a Abs. 5 BS WP/vBP soll die Fortbildung einen **Umfang v. 40 Stunden jährlich nicht unterschreiten**, wobei **20 Stunden auf die Teilnahme an Fortbildungsmaßnahmen** (= Fortbildungsveranstaltungen i.S.d. § 57 Abs. 4 Nr. 1 lit. 1) entfallen müssen. Die VO 1/2006 geht darüber hinaus so weit, als dort unter Tz. 73 auf eine Veröffentlichung des IDW zur beruflichen Fortbildung aus dem Jahr 1993 verwiesen wird (IDW VO 1/1993). Nach dieser ist neben Fortbildungsmaßnahmen im Umfang v. mind. 40 Stunden pro Jahr auch ein Selbststudium (Literaturstudium) erforderlich, zu dessen Umfang der Hinweis erfolgt, dass er den Umfang für Fortbildungsmaßnahmen erheblich übersteigen dürfte. Dies summiert sich auf insgesamt mind. 80 Stunden Fortbildung. Die BS WP/vBP fordert jedenfalls nur mind. 40 Stunden u. davon nur 20 Stunden an Fortbildungsmaßnahmen, die zu dokumentieren sind.

3. Dokumentation und Überwachung der Fortbildung

373 Die **Fortbildungsmaßnahmen** im Umfang v. mind. 20 Stunden sind unter Bezeichnung v. Art u. Gegenstand für Nachweiszwecke zu dokumentieren (§ 4a Abs. 5 Satz 2 Hs. 2 BS WP/vBP). Die Dokumentation dient der Prüfung, ob die Berufspflicht zur Fortbildung erfüllt worden ist. Die über die Fortbildungsmaßnahmen hinausgehenden Stunden des Selbststudiums brauchen nicht dokumentiert zu werden. Es dürfte sich jedoch anbieten, auch diese Stunden zu dokumentieren.

374 Mit der Satzungsänderung in Folge der 7. WPO-Novelle 2007 dürfte eine justitiable Kontrollmöglichkeit für alle Berufsangehörigen installiert worden sein. Die WPK hat jedoch **kein gesondertes Nachweisverfahren** für die allg. Fortbildungspflicht vorgesehen. Eine Kontrolle mit berufsaufsichtsrechtlicher Relevanz erfolgt daher im Rahmen **der QK, der BA u. der anlassunabhängigen SU**.

X. Wechsel des Abschlussprüfers zum Prüfungsmandanten (Abs. 3)

Schrifttum: *Gelhausen/Precht*, Die siebte Änderung der Berufssatzung, WPK-Mag. 1/2010, 29 ff.; *Schnepel*, Neue berufliche Rahmenbedingungen für gesetzliche Abschlussprüfer – Änderungen durch das Bilanzrechtsmodernisierungsgesetz, NWB 2009, 1088 ff.; *WPK*, Bilanzrechtsmodernisierungsgesetz – Auswirkungen auf die beruflichen Rahmenbedingungen des Abschlussprüfers, WPK-Mag. 2/2009, 4 ff.; *Ernst/Seidler*, Kernpunkte des Referentenentwurfs eines Bilanzrechtsmodernisierungsgesetzes, BB 2007, 2557 ff.

Inhaltsübersicht

		Rn.
1.	Allgemeines	375–382
2.	Anwendungsbereich und Schutzzweck	383–391
3.	Dauer des Tätigkeitsverbots	392–395
4.	Auswirkungen auf den aktuellen Abschlussprüfer	396–398
5.	Rechtsfolgen von Verstößen	399–400

1. Allgemeines

Die Vorschrift wurde im Zuge des am 29.5.2009 in Kraft getretenen **BilMoG** in Umsetzung v. Art. 42 Abs. 3 AP-RiLi in § 43 integriert u. beinhaltet das Verbot eines **Wechsels** des **AP** eines Unternehmens i.S.d. § 319a Abs. 1 HGB o. des **verantwortlichen Prüfungspartners** i.S.d. § 319a Abs. 1 Satz 5, Abs. 2 Satz 2 HGB in eine **wichtige Führungstätigkeit bei dem geprüften Unternehmen**, es sei denn eine Abkühlungsphase v. zwei Jahren (sog. „Cooling off") ist nach dem Ausscheiden der Person v. dem betr. Mandat vergangen (vgl. Ernst/Seidler, BB 2007, 2564). In unmittelbarer zeitlicher Nähe zum Inkrafttreten des BilMoG hat der Gesetzgeber eine vergleichbare Cooling off-Periode im Zuge des ab 5.8.2009 geltenden Gesetzes zur Angemessenheit der Vorstandsvergütung (VorstAG) grds. auch für den Wechsel v. Vorstandsmitgliedern in den Aufsichtsrat einer AG eingeführt (§ 100 Abs. 2 Nr. 4 AktG). 375

Im Rahmen des Transformationsprozesses v. Art. 42 Abs. 3 AP-RiLi in nationales Recht wäre auch denkbar gewesen, die Regelung nicht in § 43, sondern in die **handelsrechtlichen Unabhängigkeitsvorschriften** zu integrieren o. die Unternehmen mit einem **Einstellungsverbot** zu belegen. Die Verortung in § 43 trägt jedoch der Vorstellung der Europäischen Kommission Rechnung Art. 42 Abs. 3 AP-RiLi als ein **unmittelbar gegen den einzelnen WP gerichtetes Verbot** umzusetzen (vgl. BT-Drs. 16/10067, 109). 376

Wäre nämlich ein entsprechender Ausschlussgrund in § 319a HGB geregelt worden, hätte dies handels- wie berufsrechtlich einen absoluten Ausschluss der Prüfungsgesellschaft bedeutet, dem sie sich auch durch Schutzmaßnahmen nicht hätte entziehen können (vgl. § 22a Abs. 2 Satz 2 i.V.m. Abs. 4 BS WP/vBP). Da der Wechsel des verantwortlichen Prüfungspartners jedoch in dessen freier Entscheidung liegt, wäre eine Sanktionierung ggü. der Prüfungsgesellschaft nicht angemes- 377 sen gewesen. Auch wäre ein genereller Ausschluss v. der Prüfung bezogen auf den Grad einer ggf. durch den Wechsel entstehenden Besorgnis der Befangenheit nicht sachgerecht. Darüber hinaus untersagt Art. 42 Abs. 3 AP-RiLi gerade **nicht die Durchführung der Prüfung, sondern ledigl. die Übernahme einer wichtigen Führungsposition** in dem geprüften Unternehmen (vgl. zu Vorstehendem Gelhausen u.a., BilMoG, Kap. Z, Rn. 11).

378 Auch die Belegung der Unternehmen mit einem Einstellungsverbot über eine entsprechende gesellschaftsrechtliche Verbotsnorm, hätte keine sinnvolle Alternative zur Integration der Vorschrift in § 43 dargestellt. Zum einen wäre eine solche Verbotsnorm gesetzessystematisch allenfalls im Rahmen der persönlichen Voraussetzungen für Vorstands- u. Aufsichtsratsmitglieder (§§ 76 Abs. 3, 100 Abs. 2 AktG, § 6 Abs. 2 GmbHG) in Betracht gekommen. Damit wäre aber der Reichweite der Regelung nicht Genüge getan worden, denn untersagt sind während der Abkühlungszeit **nicht nur Organtätigkeiten**, sondern „wichtige Führungstätigkeiten" u. damit auch **Funktionen unterhalb der Vorstands- bzw. Geschäftsführungsebene** (vgl. Gelhausen u.a., BilMoG, a.a.O. Rn. 12 sowie zu einschlägigen Führungstätigkeiten sogleich Rn. 384 f.).

379 Das Tätigkeitsverbot des § 43 Abs. 3 stellt keinen unzulässigen Eingriff in die **Berufsfreiheit nach Art. 12 GG** dar (vgl. BT-Drs. 16/10067, 109). Die Vorschrift führt für den Betroffenen zwar zu einem befristeten Tätigkeitsverbot. Darin ist eine durchaus gravierende Beschränkung der Freiheit der Berufsausübung zu sehen. Die Intensität des Eingriffs in die Berufsfreiheit insgesamt ist jedoch erheblich eingeschränkt, da der WP bis zu seinem Wechsel im Regelfall nur die Prüfung eines § 319a HGB-Mandats (in Ausnahmefällen ggf. weniger § 319a HGB-Mandate) verantwortlich geleitet haben dürfte u. deshalb der Kreis der innerhalb der Abkühlungsfrist nicht in Frage kommenden Arbeitgeber begrenzt ist (vgl. Gelhausen u.a., BilMoG, a.a.O. Rn. 19).

380 Die Fallgestaltung, wonach ein AP o. einer seiner Mitarbeiter eine berufliche Tätigkeit bei einem Mandanten übernimmt, war bis zur Einführung des § 43 Abs. 3 in der WPO nicht ausdr. geregelt, sondern wurde ledigl. in der BS WP/vBP im Rahmen des § 23a Abs. 5 erfasst. Dass nach einem Wechsel zum Mandanten eine weitere Tätigkeit als AP i.d.R. ausgeschlossen ist, ergab u. ergibt sich allerdings in den meisten Fällen bereits daraus, dass ein WP nicht gewerblich tätig sein darf (§ 43a Abs. 3 Nr. 1). Der berufliche Wechsel zu einem Mandanten führt somit regelmäßig dazu, dass der Berufsangehörige auf seine **Bestellung verzichten** muss (vgl. Schnepel, NWB 2009, 1093; Gelhausen u.a., BilMoG, a.a.O. Rn. 14).

381 Innerhalb des § 43 – als der zentralen Vorschrift zu den wesentlichen Berufspflichten – nimmt Abs. 3 mithin eine Sonderstellung ein, da es sich nicht um eine allg. Berufspflicht handelt, sondern um eine spezielle Regelung in der **Nachwirkung zu der Tätigkeit als AP o. verantwortlicher Prüfungspartner** bei der AP eines Unternehmens i.S.d. § 319a HGB. Letztlich handelt es sich daher um eine **Berufspflicht eigener Art** die ihre Bedeutung häufig nur im Anschluss an das Ausscheiden

aus dem Beruf entfaltet. Daher kann ein Verstoß gegen § 43 Abs. 3 – anders als in Berufsaufsichtsfällen – auch dann gemäß § 133a als Ordnungswidrigkeit geahndet werden, wenn die Bestellung zum WP bereits erloschen ist (vgl. hierzu § 133a Rn. 1). Nur in Ausnahmefällen, z.b. wenn der Berufsangehörige nach § 46 zeitlich befristet beurlaubt ist, es sich bei dem Mandanten selbst wiederum um eine WPG o. StBG handelt o. der vormalige AP bei einer gewerblichen Gesellschaft eine mit dem Beruf des WP vereinbare Funktion übernimmt (z.b. Mitgliedschaft im Aufsichtsrat o. vergleichbaren Kontrollgremien), kann das Verbot auch v. einem bestellten WP verletzt u. ein Verstoß entsprechend gemäß § 133a geahndet werden (vgl. zu Vorstehendem Stellungnahme der WPK zum Ref.-E. BilMoG v. 14.1.2008, 11 sowie Schnepel, a.a.O.).

Anstelle des in der AP-RiLi enthaltenen Begriffes „Führungsposition übernehmen", wird in § 43 Abs. 3 der Begriff **„Führungstätigkeit ausüben"** verwandt. Daraus ergibt sich, dass der Regelung der Charakter einer **Dauerordnungswidrigkeit** zukommt (vgl. BT-Drs. 16/10067, 109). 382

2. Anwendungsbereich und Schutzzweck

Da die Abkühlungsphase, ebenso wie auch die interne Rotation, der Wahrung der Unabhängigkeit dient, übt der vormalige AP bzw. verantwortliche Prüfungspartner dann eine **wichtige Führungstätigkeit** aus, wenn er auf den aktuellen AP Einfluss nehmen o. **vergangenes Fehlverhalten verschleiern** kann (vgl. BT-Drs. 16/10067, a.a.O). 383

Dabei kommt es nicht entscheidend darauf an, auf welcher Führungsebene die Tätigkeit ausgeübt wird, weil eine Beschränkung der Abkühlungsphase bspw. allein auf die erste u. zweite Führungsebene Umgehungen geradezu herausfordern würde (vgl. BT-Drs. 16/10067, a.a.O). Vielmehr kommt es auf die **Stellung** im Unternehmen u. den **Bereich** an, in dem der WP tätig wird (vgl. WPH I, A Rn. 343). Eine „wichtige Führungstätigkeit" dürfte aber i.d.R. jedenfalls dann ausgeübt werden, wenn der vormalige AP o. verantwortliche Prüfungspartner eine „**Leitungsfunktion**" i.S.d. § 23a Abs. 5 BS WP/vBP (vgl. hierzu § 49 Rn. 64) bei dem früher v. ihm geprüften Unternehmen übernimmt, wie z.B. eine leitende Funktion im Rechnungswesen o. eine bedeutende Funktion im internen Kontrollsystem. 384

Da einem **Aufsichtsrat** o. einem **vergleichbaren Kontrollgremium** (z.B. Beirat o. Kuratorium) im Wesentlichen ledigl. Kontroll- u. Überwachungsaufgaben, aber keine Leitungsfunktionen obliegen, ist der Wechsel eines AP o. eines verantwortlichen Prüfungspartners in des Aufsichtsrat o. ein vergleichbares Kontrollgremium nicht v. § 43 Abs. 3 erfasst. Etwaigen Befangenheitsbedenken ist in solchen Fällen jedoch nach allg. Grundsätzen Rechnung zu tragen (vgl. Gelhausen u.a., BilMoG, a.a.O. Rn. 57). 385

Im Hinblick auf die vormalige Tätigkeit als **verantwortlicher Prüfungspartner** ist Hintergrund des Cooling off die frühere berufliche Verbindung des ehemaligen Prüfers mit dem o. den jetzigen Prüfern. Verhindert werden soll damit in erster Linie die **Einflussnahme auf die neuen Prüfer** u. **deren Rücksichtnahme auf einen frühe-** 386 ren Kollegen. (vgl. Stellungnahme der WPK zum Ref.-E. BilMoG v. 14.1.2008, 12). Hinzu kommt, dass der verantwortliche Prüfungspartner mit der Prüfungsplanung u. damit dem konkreten Vorgehen des AP in besonderem Maße vertraut ist. Zwar treffen diese Gesichtspunkte – mehr o. weniger – auch auf andere Mitglieder des Prüfungsteams zu. Richtlinien- u. Gesetzgeber werten diese aber offenbar nur für den AP bzw. den verantwortlichen Prüfungspartner selbst als so gewichtig, dass ein zeitlich begrenztes Tätigkeitsverbot erforderlich ist (vgl. Gelhausen u.a., BilMoG, a.a.O. Rn. 9 sowie auch Rn. 394).

387 Beim **Wechsel eines selbst als AP bestellten WP** in das Unternehmen kommt es hingegen zwangsläufig zur Bestellung eines neuen AP u. damit zu einem Prüferwechsel i.S. einer externen Rotation. Die – beim vormaligen verantwortlichen Prüfungspartner – unterstellte Gefährdungssituation der unzulässigen Einflussmöglichkeit durch „Vertrautheit" aufgrund früherer beruflicher Verbindung tritt daher hier grds. nicht in vergleichbarer Weise auf, denn persönliche Kontakte zwischen dem ehemaligen u. dem aktuellen AP, wie sie sich bspw. aus einer Zusammenarbeit in Berufsgremien ergeben können, dürften nicht anders zu werten sein, wie entsprechende Kontakte zwischen Unternehmensvertretern u. Prüfern allg.; sie führen nach § 319 Abs. 2 HGB nur unter engen Voraussetzungen zu einer Besorgnis der Befangenheit. Ausnahmsweise kann eine derartige Gefährdungslage allerdings dann entstehen, wenn der neue Prüfer die Infrastruktur des wechselnden Prüfers übernimmt, wie dies z.B. bei einem Praxiserwerb o. im Rahmen einer Sozietät mehrerer in eigener Praxis tätiger WP denkbar ist. Allerdings besteht auch nach einem Wechsel des AP das Risiko, dass der frühere AP (o. entsprechend auch der verantwortliche Prüfungspartner, der für eine WPG gehandelt hat u. diese nicht wieder zum AP bestellt wird), Fehler, die er bei der vorangegangenen Prüfung fahrlässig nicht erkannt o. bewusst ignoriert hat, im Rahmen seiner Führungstätigkeit bei dem v. ihm früher geprüften Unternehmen nicht v. sich aus aufdeckt (vgl. zu Vorstehendem Stellungnahme der WPK zum Ref.-E. BilMoG v. 14.1.2008, 12).

388 Die Einhaltung der Cooling off-Periode kann die vorstehend geschilderten Befangenheitsrisiken zwar nicht vollständig verhindern, soll diese aber **durch Zeitablauf mindern** (vgl. Gelhausen u.a., BilMoG, a.a.O. Rn. 10). Erzielt werden soll eine zunehmende Distanzierung des Wechselnden v. Prüfungsmandanten u. dem Prüfungsgegenstand u. damit eine Stärkung der Unabhängigkeit des AP v. dem zu prüfenden Unternehmen (vgl. ebenda Rn. 38).

389 Aus den Verweisungen auf § 319a Abs. 1 Satz 1 u. § 319a Abs. 1 Satz 5, Abs. 2 Satz 2 HGB ergibt sich, dass sich § 43 Abs. 3 auf die gesetzliche AP v. kapitalmarktorientieren Unternehmen i.S.d. § 264d HGB bezieht. Ob es sich dabei um die Prüfung des **JA u./o. des Konzernabschlusses** gehandelt hat, kommt es nicht an. Vielmehr löst jede dieser Prüfungen die Pflicht zur Einhaltung der Cooling off-Periode aus (vgl. Gelhausen u.a., BilMoG, a.a.O. Rn. 25).

390 War der AP bzw. der verantwortliche Prüfungspartner nur auf Ebene bedeutender Tochterunternehmen tätig, bezieht sich das Tätigkeitsverbot auf das **Mutterunter-**

nehmen u. darüber hinaus auf das einzelne **Tochterunternehmen**, wenn es selbst kapitalmarktorientiert ist (vgl. WPH I, A, Rn. 343 m.w.N.). Eine Erstreckung des Verbots auf weitere Unternehmen des Konzernkreises (z.b. Schwesterunternehmen) kommt darüber hinaus nicht in Betracht (vgl. Gelhausen u.a., BilMoG, a.a.O. Rn. 35, 54).

Auf die **Dauer der Tätigkeit als AP o. verantwortlicher Prüfungspartner** kommt es im Unterschied zur Regelung der internen Rotation (§ 319a Abs. 1 Satz 1 Nr. 4, Satz 4 HGB) nicht an. Das Tätigkeitsverbot wird bei einem Wechsel zum Mandanten daher auch dann ausgelöst, wenn der WP erstmals als AP o. verantwortlicher Prüfungspartner tätig geworden ist. Allerdings dürfte zu fordern sein, dass die **Prüfung in dieser Funktion abgeschlossen o. die Funktion zumindest eine gewisse Zeit ausgeübt** worden ist; wer als verantwortlicher Prüfungspartner benannt worden ist, dann aber bereits zu Beginn der (ersten) Prüfung zum geprüften Unternehmen wechselt, begründet unter dem Gesichtspunkt der Vertrautheit bzw. eines etwaigen Verdeckungsrisikos keine so große Gefährdung für die Unabhängigkeit des AP, wie derjenige, der die Prüfung beendet hat u. dabei auch prüferische Entscheidungen getroffen hat (vgl. Gelhausen u.a., BilMoG, a.a.O. Rn. 33). 391

3. Dauer des Tätigkeitsverbots

Der Cooling off-Zeitraum beträgt **zwei Jahre**. Er **beginnt** mit der **Beendigung der Prüfungstätigkeit** (vgl. Erläuterungstexte zu § 23a Abs. 5 BS WP/vBP). Ist im Hinblick auf eine bereits abgeschlossene AP eine **Nachtragsprüfung** durchzuführen u. ist der WP auch dort als verantwortlicher Prüfungspartner tätig, wird die Frist – unabhängig v. dem Umfang der zu prüfenden Änderungen – erneut ausgelöst (vgl. WPH I, A Rn. 343; Gelhausen u.a., BilMoG, a.a.O. Rn. 43). 392

Bezogen auf den **(Einzel-)AP** beginnt die Frist mithin regelmäßig mit der **Beendigung sämtlicher Prüfungshandlungen**. Im Zweifel dürfte auf den Zeitpunkt der **Erteilung des BV** abzustellen sein. Etwaige Nacharbeiten, wie Archivierung der Arbeitspapiere o. die Befassung mit der Prüfung anlässlich der Nachschau schieben den Fristbeginn nicht hinaus (vgl. Gelhausen u.a., BilMoG, a.a.O. Rn. 39). 393

Im Hinblick auf den **verantwortlichen Prüfungspartner bei einer Prüfungsgesellschaft** dürfte die **Unterlassung der Testatsunterzeichnung** u./o. die Übertragung der Verantwortlichkeit für die Durchführung der AP auf einen anderen WP für die Ingangsetzung der Frist ausreichen. Zwar stellt der Wortlaut des § 43 Abs. 3 nicht auf die Beendigung der Funktion als verantwortlicher Prüfungspartner, sondern auf die Beendigung der Prüfungstätigkeit ab. Die Formulierung „Beendigung der Prüfungstätigkeit" dürfte sich jedoch gerade auf die genannten schädlichen Tätigkeiten als AP o. verantwortlicher Prüfungspartner beziehen. Dafür spricht, dass die Vorschrift den besonderen Gefährdungstatbestand nur in einer Beteiligung an der Prüfung als AP o. verantwortlicher Prüfungspartner als gegeben sieht, nicht aber in anderen Funktionen. Vor diesem Hintergrund spricht einiges dafür, dass die Cooling off-Periode stets schon dann zu laufen beginnt, wenn die **kritischen Funktionen nicht mehr ausgeübt** werden (vgl. zu Vorstehendem Gelhausen u.a., BilMoG, a.a.O. Rn. 42). 394

Das **Fristende** bestimmt sich nach § 188 Abs. 2 BGB. Nach dieser Vorschrift endet die Frist mit Ablauf desjenigen Tages, welcher durch seine Benennung o. seine Zahl dem Tage entspricht, in den das Ereignis fällt, das den Fristablauf auslöst. Bei Erteilung des BV am 5. März 2009 endet sie somit mit dem Ablauf des 5. März 2011 (vgl. Bsp. bei Gelhausen u.a., BilMoG, a.a.O. Rn. 40).

395 Der Wechselnde kann sich freilich noch vor Ablauf der Cooling off-Periode ggü. dem Mandanten vertraglich verpflichten; die Verpflichtung zur Aufnahme der Führungstätigkeit im Rahmen des **Dienstvertrages** muss jedoch sodann **aufschiebend bedingt** sein auf den Ablauf der Abkühlungsfrist (so auch Gelhausen u.a., BilMoG, a.a.O. Rn. 46). Eine Überbrückung der Cooling off-Periode in der zum AP bestellten Prüfungsgesellschaft o. bei dem Mandanten ist zulässig, sofern der WP weder als verantwortlicher Prüfungspartner noch in verantwortlicher Führungsposition für den Mandanten tätig wird (vgl. Gelhausen u.a., BilMoG, a.a.O. Rn. 42). In solchen Fällen sind jedoch geeignete Schutzmaßnahmen zur Wahrung der Unabhängigkeit des AP zu treffen (vgl. sogleich Rn. 396 ff.).

4. Auswirkungen auf den aktuellen Abschlussprüfer

396 Übt der Wechselnde **während der Cooling off Periode** weder eine Tätigkeit beim aktuellen AP noch beim Mandanten aus, bestehen während dieses Zeitraums grds. keine Befangenheitsbedenken gegen den aktuellen AP. **Nach Ablauf** des Cooling off-Zeitraums ist die v. dem Wechselnden ausgehende potentielle Gefährdung der Unabhängigkeit des aktuellen AP im Regelfall nicht mehr anzunehmen (vgl. Rn. 388). Neben der Einhaltung der Abkühlungsphase außerhalb des zum AP bestellten WPG sowie des Mandanten sind ergänzende Schutzmaßnahmen daher i.d.R. nicht erforderlich (vgl. Gelhausen u.a., BilMoG, a.a.O. Rn. 18).

397 Überbrückt der Wechselnde hingegen die Cooling off-Phase in der zum AP bestellten Prüfungsgesellschaft o. beim Mandanten in einer **weniger herausgehobenen Position** (vgl. Rn. 395), sind **angemessene Schutzmaßnahmen** zur Wahrung der Unabhängigkeit des AP ebenso erforderlich, wie dann, wenn trotz eines nach § 133a sanktionierbaren Verstoßes als Ordnungswidrigkeit **vor Ablauf des Cooling off-Zeitraums** eine wichtige Führungstätigkeit übernommen wird (vgl. Gelhausen u.a., BilMoG, a.a.O. Rn. 17, 18).

398 Als mögliche Schutzmaßnahme kommt z.B. in Betracht, dass die Prüfungsgesellschaft solche Mitglieder des Prüfungsteams, für eine Übergangszeit auf einem **anderen Mandat einsetzt**, die besonders enge Beziehungen zum bislang verantwortlichen Prüfungspartner hatten. Überdies kann auch eine **Nachschau** der Prüfungsergebnisse des Wechselnden angezeigt sein (vgl. Gelhausen u.a., BilMoG, a.a.O. Rn. 16).

5. Rechtsfolgen von Verstößen

399 Ein Verstoß gegen das Tätigkeitsverbot des § 43 Abs. 3 kann mit einer **Geldbuße bis zu 50.000 Euro** geahndet werden (§ 133a), die vor dem Hintergrund des Charakters des Verbots als Dauerordnungswidrigkeit (vgl. Rn. 382) mehrfach verhängt werden kann (vgl. § 133a Rn. 3).

Nach der Übergangsregelung des § 140 gelten die § 43 Abs. 3 u. § 133a jedoch **400** nicht für solche Personen, die ihre Prüfungstätigkeit bei dem Mandanten bereits vor Inkrafttreten des BilMoG aufgegeben haben (vgl. § 140 Rn. 2).

XI. Berufspflichten aus dem Geldwäschegesetz

Schrifttum: *Klugmann*, Das Gesetz zur Optimierung der Geldwäscheprävention und seine Auswirkungen auf die anwaltliche Praxis, NJW 2012, 641; *Ruppert*, Gesetz zur Optimierung der Geldwäscheprävention: Neue Pflichten für Steuerberater; *Zentes*, Novellierung des Geldwäschegesetzes (GwG): Ausblick auf das Gesetz zur Optimierung der Geldwäscheprävention; *Beyer*, Geldwäschegesetz, Spezielle Pflichten, Datev-Magazin 2008, 43; *Kallert*, Das neue Geldwäschegesetz, DStR 2008, 1661; *Vahle*, Geldwäsche und ihre Bekämpfung, NWB, 2008, 4501; *Müller*, Der Pflichtenkatalog für Steuerberater und andere Freiberufler nach dem Geldwäschebekämpfungsgesetz, DStR 2004, 1313; Swienty, Was tun bei Geldwäscheverdacht, DStR 2003, 802; *Müller*, Der Pflichtenkatalog für Steuerberater und andere Freiberufler nach dem Geldwäschebekämpfungsgesetz, DStR 2004, 1313; *Wittig*, Die staatliche Inanspruchnahme des Rechtsanwalts durch das neue Geldwäschegesetz, AnwBl. 2004, 193; *Starke*, Zur Einbeziehung der Anwaltschaft in ein Gewinnaufspürungsgesetz, BRAK-Mitt. 1992, 178; *Johnigk*, Anwaltstätigkeit unter dem Geldwäschegesetz, BRAK-Mitt. 1994, 58.

Inhaltsübersicht

		Rn.
1.	Allgemeines	401
2.	Pflichtenlage	402–405
3.	Verdachtsmeldung	406–411
4.	Geldwäschebeauftragter	412–413
5.	Sonstiges	414

1. Allgemeines

Die 7. WPO-Novelle 2007 ordnet die Pflichtenlage des Berufsstandes im Rahmen **401** des GwG den **sog. weiteren Berufspflichten** zu. Die Überprüfung der Einhaltung dieser weiteren Berufspflichten zur Geldwäschebekämpfung gemäß § 57 Abs. 2 Nr. 17 WPO i.V.m. § 16 Abs. 4 GwG wird der **Berufsaufsicht der WPK** zugewiesen (vgl. Begr. zu § 57a Abs. 2 in BT-Drs. 16/2858, 32). Zur Zuständigkeit der WPK vgl. § 57 Rn. 79, 80.

2. Pflichtenlage

Wirtschaftsprüfer unterliegen als Verpflichte gemäß § 2 Abs. 1 Ziff. 8 GwG neben **402** vBP, StB u. StBV der Pflichtenlage des GwG. Die **Pflichtenlage** besteht bei **allen beruflichen Tätigkeiten**. Es handelt sich dabei um **allgemeine u. besondere Sorgfaltspflichten** (§§ 3 – 7 GwG). Hier sind u.a. die Identifizierungspflicht (§§ 3 Abs. 1 Nr. 1, 4 GwG), die Abklärung des Hintergrundes der Geschäftsbeziehung (§ 3 Abs. 1 Nr. 2 GwG) u. die kontinuierliche Überwachung der Geschäftsbeziehung (§ 3 Abs. 1 Nr. 4 GwG) sowie die vereinfachten u. verstärkten Sorgfaltspflichten (§§ 5, 6 GwG) zu nennen. Im Falle der Vorlage v. Sorgfaltspflichten unterliegen WP des Weiteren einer **Aufzeichnungs- u. Aufbewahrungspflicht** (§ 8 GwG). Zudem haben Sie grds. die **Pflicht zur Vornahme interner Sicherungsmaßnahmen** nach § 9 GwG nachzukommen, allerdings nur, soweit sie nicht unter die befreiende Anordnung fallen, die die WPK erlassen hat (WPK-Mitt. 2012, 30 ff.). Bei entsprechenden Anhaltspunkten haben WP eine **Verdachtsmeldung** vorzunehmen (§ 11 GwG). Eine umfängliche Darstellung der Pflichtenlage des Berufsstandes ist den Auslegungs- u. Anwendungshinweisen der WPK zum Geldwäschegesetz v. 13.8.2008 (BGBl. I. S. 1690), abrufbar unter http://www.wpk.de, zu entnehmen, die die WPK als zuständige Behörde für die Aufsicht nach § 16 Abs. 5 GwG i.V.m. § 16 Abs. 2 Nr. 7 GwG erlassen hat.

403 Die **Aufzeichnungen** nach dem GwG sind keine Handakten i.s.v. § 51b WPO (§ 51b Rn. 6). Der WP sollte die Aufzeichnungen nach dem GwG, die den Strafverfolgungsbehörden bei Bedarf zur Verfügung gestellt werden müssen, unbedingt auch getrennt v. den Handakten aufbewahren, um die Handakten vor der Beschlagnahme zu schützen (vgl. dazu Rn. 87).

404 Grundsätzlich **treffen die Pflichten nach dem GwG den einzelnen Berufsträger**; § 2 Abs. 1 Ziff. 8 GwG nimmt insoweit ausdr. Bezug auf die einzelne nat. Personen. Grund dafür war, eine Verdopplung v. Mitwirkungsverpflichtungen u. die Frage nach dem Konkurrenzverhältnis zwischen den Pflichten des einzelnen Berufsträgers u. der Gesellschaft zu vermeiden. Eine Ausnahme bildet § 9 Abs. 3 GwG. Danach obliegt die Verpflichtung zu internen Sicherungsmaßnahmen nach § 9 Abs. 1 Satz 3 GwG dem Unternehmen, wenn der WP seine berufliche Tätigkeit als Angestellter des Unternehmens ausübt.

405 Die **WPK** hat als **zuständige Behörde** gemäß § 16 Abs. 2 GwG v. ihrer **Anordnungsbefugnis** gemäß § 9 Abs. 2 Nr. 2 bis 4 GwG Gebrauch gemacht. Die Anordnung v. 1.3.2012 wurde im WPK-Mag. 2012, S. 30 ff., bekannt gemacht u. ist zwei Wochen nach Bekanntmachung in Kraft getreten (§§ 41 Abs. 4 Satz 3, 43 Abs. 1 Satz 1 VwVfG). Sie ist auch abrufbar unter http://www.wpk.de. Danach findet die **Pflicht zu internen Sicherheitsmaßnahmen** nach § 9 Abs. 1 und 2 Nr. 2 bis 4 GwG keine Anwendung auf WP u. vBP, die in eigener Praxis tätig sind, wenn in der eigenen Praxis **nicht mehr als insgesamt zehn Berufsangehörige o. Berufsträger sozietätsfähiger Berufe** gemäß § 44b Abs. 1 WPO tätig sind. Dies gilt nicht für solche WP/vBP, die überwiegend treuhänderische Tätigkeiten i.S.v. §§ 2 Abs. 3 Nr. 3, 129 Abs. 3 Nr. 3 WPO ausüben. Die Anordnung wurde zuvor mit der BRAK u. der BStBK abgestimmt, damit für interdisziplinäre Einheiten (Gesellschaften u. Sozietäten) u. vor dem Hintergrund der Bündelung mehrfacher Berufsqualifikationen in einer nat. Person vergleichbare Anforderungen gelten.

3. Verdachtsmeldung

406 Gemäß § 11 GwG sind WP neben den übrigen gemäß § 2 Abs. 1 GwG einbezogenen freien Berufen der Pflicht zur **Verdachtsmeldung** unterworfen. Schon nach § 11 GwG in der Fassung v. 15.12.2003 waren WP bei der Feststellung v. Tatsachen, die darauf schließen lassen, dass eine Finanztransaktion einer Geldwäsche nach § 261 StGB dient o. im Falle ihrer Durchführung dienen würde, zur Erstattung einer

Verdachtsanzeige verpflichtet. Diese Pflicht wurde in Umsetzung der Dritten Geldwäscherichtlinie (Richtlinie 2005/60/EG des Europäischen Parlaments und des Rates vom 26.10.2005, Abl. EG 2005 L 309, 15) dahingehend erweitert, dass nicht nur bei einem Geldwäscheverdacht, sondern auch beim **Verdacht der Terrorismusfinanzierung** eine Anzeigepflicht besteht. Zudem wurde die Pflicht zur Erstattung einer Verdachtsanzeige auf Fälle ausgeweitet, in denen sich erst **nachträglich ein Verdacht der Geldwäsche** o. **der Terrorismusfinanzierung** herausstellt u. sich somit auf vergangene Sachverhalte bezieht. Mit der Neufassung des § 11 Abs. 1 GwG im Rahmen des Gesetzes zur Optimierung der Geldwäscheprävention hat der Gesetzgeber auf ein entsprechendes Minitum der FATF reagiert u. klargestellt, dass zur Auslösung der dort geregelten Pflicht ein **strafrechtlicher Anfangsverdacht (§ 158 Abs. 1 Satz 1 StPO)** hinsichtlich des Vorliegens einer Geldwäsche o. Terrorismusfinanzierung **nicht erforderlich ist**. Deshalb besteht die Verdachtsmeldepflicht jetzt bereits schon dann, wenn Tatsachen vorliegen, die darauf hindeuten, dass ein für eine Verdachtsmeldung relevanter Sachverhalt gegeben ist.

Ebenfalls neu geregelt wurde, dass eine Meldepflicht auch dann besteht, wenn Tatsachen darauf schließen lassen, dass **der Mandant seiner Offenlegungspflicht** nach § 4 Abs. 6 Satz 2 GwG **zuwidergehandelt hat** (§ 11 Abs. 1 Satz 2 GwG). Nach § 4 Abs. 6 Satz 2 GwG hat der Vertragspartner ggü. dem Verpflichteten offenzulegen, ob er die Geschäftsbeziehung o. die Transaktion für einen wirtschaftlich Berechtigten begründen, fortsetzen o. durchführen will. Weiterer Anhaltspunkte für das Vorliegen einer Geldwäsche o. Terrorismusfinanzierung bedarf es für die Begr. der Meldepflicht nach § 11 Abs. 1 Satz 2 GwG nicht. **407**

Während die Verdachtsanzeigepflicht RA, Notare, PA u. verkammerte Rechtsbeistände nur im Rahmen ihrer beruflichen Tätigkeit nach § 2 Abs. 1 Nr. 7 GwG betrifft, also wenn sie bei den dort aufgezählten Tätigkeiten ihres Mandanten mitwirken, ohne dass sie hier rechtsberatend tätig werden, trifft die Verdachtsmeldepflicht WP, vBP, StB u. StBV grds. berufsbezogen, d.h. bei allen ihren Tätigkeiten. Aber auch sie sind gemäß § 11 Abs. 3 Satz 1 GwG im Bereich der Rechtsberatung u. Prozessvertretung gleichermaßen wie die rein rechtsberatenden Berufe v. der Verdachtsanzeigepflicht befreit (sog. **Rechtsberatungsprivileg**). Voraussetzung ist, dass dem Geldwäscheverdacht Informationen v. dem o. über den Mandanten zugrunde liegen, die im Rahmen der Rechtsberatung o. Prozessvertretung dieses Mandanten erhalten wurden. Die Anzeigepflicht bleibt nach § 11 Abs. 3 Satz 2 GwG jedoch bestehen, wenn die Berufsträger in diesen Fällen wissen, dass der Mandant ihre Rechtsberatung bewusst für den Zweck der Geldwäsche o. der Terrorismusfinanzierung in Anspruch genommen hat o. nimmt (sog. **Gewissheitsmeldung**). **408**

Während alle sonstigen Verpflichteten Verdachtsmeldungen gemäß § 11 Abs. 1 Satz 1 GwG unmittelbar ggü. den zuständigen Strafverfolgungsbehörden u. dem Bundeskriminalamt zu erstatten haben, konnten die Organisationen der betroffenen freien Berufe erreichen, dass die Berufsangehörigen u. somit auch WP ihre Verdachtsmeldungen an die für sie **zuständige Bundesberufskammer**, im Falle der **wirtschaftsprüfenden Berufe** also an die **WPK** zu übermitteln haben. Die WPK **409** hat die Möglichkeit, zur der Verdachtsmeldung Stellung zu nehmen. In jedem Fall muss sie die Meldung mit o. ohne **Stellungnahme** unverzüglich an das Bundeskriminalamt weiterleiten (vgl. § 11 Abs. 4 GwG).

410 Eine **Verdachtsmeldung** nach § 11 GwG stellt eine **gesetzliche Durchbrechung der beruflichen VSP** dar. Die berufliche VSP ist nach § 203 StGB strafbewehrt. Wirtschaftsprüfer befinden sich deshalb im Falle einer Verdachtsmeldung im Spannungsverhältnis zwischen der **gesetzlichen Offenbarungspflicht nach § 11 GwG** u. einer möglichen **Strafbarkeit nach § 203 StGB**. Eine ohne gesetzliche Pflicht vorgenommene Verdachtsmeldung kann ihrerseits nach § 203 StGB strafbar sein.

411 Zwar sieht § 13 Abs. 1 GwG vor, dass derjenige, der den Strafverfolgungsbehörden Sachverhalte i.S. des § 11 Abs. 1 GwG meldet o. eine Strafanzeige gemäß § 158 StGB erstattet, wegen dieser Meldung o. Anzeige nicht verantwortlich gemacht werden kann, sofern diese nicht vorsätzlich o. grob fahrlässig unwahr erstattet worden ist. Ob § 13 GwG auch v. der **strafrechtlichen Verantwortlichkeit** befreit, ist jedoch noch nicht abschließend geklärt, auch wenn dies wegen Sinn u. Zweck sowie aufgrund des weiten Wortlauts der Vorschrift einer in der Literatur verbreiteten Auffassung entspricht (Vahle, NWB 2008, 4501, 4507; Herzog, GwG 2010, § 13 Rn. 4; Teichmann/Achsnich, GWHB, § 2 Rn. 18, Fülbier/Aepfelbach/Langweg, GwG, § 12 Rn. 13).

4. Geldwäschebeauftragter

412 Wirtschaftsprüfer sind nicht dazu verpflichtet, einen **Geldwäschebeauftragten** zu bestellen. Die **WPK kann** nach § 9 Abs. 4 Satz 1 GwG allerdings **anordnen**, dass WP einen solchen zu bestellen haben, wenn sie dies für angemessen erachtet. Die WPK hat hiervon Gebrach gemacht. Diejenigen WP, die **mehr als insgesamt 30 Berufsangehörige o. Angehörige sozietätsfähiger Berufe** gemäß § 44 b Abs. 1 WPO umfassen, sind verpflichtet einen Geldwäschebeauftragten zu bestellen. Dies gilt unabhängig davon, in welcher Funktion o. Stellung die Berufsträger dort tätig sind.

413 Grund für die Anordnung der Bestellung eines Geldwäschebeauftragten bei Tätigkeit in beruflichen Einheiten ab dieser Größe ist, dass in Einheiten dieser Größe die **Gefahr v. Informationsverlusten** und **-defiziten** aufgrund **der arbeitsteiligen u. gegliederten Unternehmensstruktur** u. der **Anonymisierung innerbetrieblicher Prozesse** in erhöhtem Maße besteht. Der Geldwäschebeauftragte soll als **Ansprechpartner für die Mitarbeiter** u. für **Aufsichts- u. Ermittlungsbehörden** fungieren u. für die Implementierung u. Überwachung der Einhaltung der geldwäscherechtlichen Vorschriften in der Praxis zuständig sein. Die diesbezgl. Anordnung der WPK v. 1.3.2012 ist im WPK-Mag. 2012, S. 32 bekanntgemacht u. ist zwei Wochen nach Bekanntmachung in Kraft getreten (§§ 41 Abs. 4 Satz 3, 43 Abs. 1 Satz 1 VwVfG). Auch diese Anordnung wurde im Vorfeld mit der BRAK u. der BStBK aus denselben Gründen, wie unter Rn. 405 bereits ausgeführt, abgestimmt.

5. Sonstiges

414 Die Einhaltung der Pflichtenlage des Geldwäschegesetzes ist **bußgeldbewehrt** (§ 17 GwG). Das GwG regelt jedoch nicht, wer Bußgeldbehörde ist u. wie die Buß-

gelder verwendet werden. Dies regeln §§ 133d, 133e. Zuständige Verwaltungsbehörde für die Ordnungswidrigkeiten ist im Falle der nach § 17 GwG begangenen Ordnungswidrigkeiten die WPK (§ 133d). Auch die Geldbußen fließen in Fällen v. Ordnungswidrigkeiten nach § 17 GwG der WPK zu (§ 133e Abs. 1).

§ 43a Regeln der Berufsausübung

(1) Wirtschaftsprüfer dürfen ihren Beruf selbstständig in eigener Praxis oder in gemeinsamer Berufsausübung gemäß § 44b, als Vorstandsmitglieder, geschäftsführende Personen, persönlich haftende oder nach dem Partnerschaftsgesellschaftsgesetz verbundene Personen von Wirtschaftsprüfungsgesellschaften sowie als zeichnungsberechtigte Vertreter oder als zeichnungsberechtigte Angestellte bei Wirtschaftsprüfern, Wirtschaftsprüfungsgesellschaften, genossenschaftlichen Prüfungsverbänden und Prüfungsstellen von Sparkassen- und Giroverbänden oder überörtlichen Prüfungseinrichtungen für Körperschaften und Anstalten des öffentlichen Rechts ausüben.

(2) [1]Wirtschaftsprüfer dürfen als Vorstandsmitglieder, geschäftsführende Personen, persönlich haftende oder nach dem Partnerschaftsgesellschaftsgesetz verbundene Personen einer Buchprüfungsgesellschaft, einer Rechtsanwaltsgesellschaft, einer Steuerberatungsgesellschaft oder einer Partnerschaftsgesellschaft, die nicht als Wirtschaftsprüfungsgesellschaft oder Buchprüfungsgesellschaft anerkannt ist, nur tätig werden, wenn sie befugt bleiben, Aufträge auf gesetzlich vorgeschriebene Abschlussprüfungen nach § 316 des Handelsgesetzbuchs durchzuführen. [2]Unter der Voraussetzung des Satzes 1 dürfen Wirtschaftsprüfer als zeichnungsberechtigte Vertreter oder zeichnungsberechtigte Angestellte bei einem Angehörigen eines ausländischen Prüferberufs oder einer ausländischen Prüfungsgesellschaft oder als Vorstandsmitglieder, geschäftsführende Personen, persönlich haftende oder nach dem Partnerschaftsgesellschaftsgesetz verbundene Personen einer ausländischen Prüfungsgesellschaft tätig werden, wenn die Voraussetzungen für deren Berufsausübung den Vorschriften dieses Gesetzes im Wesentlichen entsprechen. [3]Satz 1 gilt entsprechend für die Tätigkeit als Vorstandsmitglied, geschäftsführende Personen, persönlich haftende oder nach dem Partnerschaftsgesellschaftsgesetz verbundene Personen einer ausländischen Rechtsberatungsgesellschaft oder Steuerberatungsgesellschaft, wenn die Voraussetzungen für deren Berufsausübung den Vorschriften der Bundesrechtsanwaltsordnung oder des Steuerberatungsgesetzes im Wesentlichen entsprechen.

(3) Wirtschaftsprüfer dürfen nicht ausüben

1. eine gewerbliche Tätigkeit;
2. jede Tätigkeit aufgrund eines Anstellungsvertrages mit Ausnahme der in den Absätzen 1 und 2 sowie in Absatz 4 Nr. 2, 3, 4, 5 und 8 genannten Fälle; in Ausnahmefällen kann die Wirtschaftsprüferkammer eine treuhänderische Verwaltung in einem Anstellungsverhältnis für vereinbar

erklären, wenn sie nur vorübergehende Zeit dauert und die Übernahme der Treuhandfunktion ein Anstellungsverhältnis erfordert;
3. jede Tätigkeit aufgrund eines Beamtenverhältnisses oder eines nicht ehrenamtlich ausgeübten Richterverhältnisses mit Ausnahme des in Absatz 4 Nr. 2 genannten Falles. § 44a bleibt unberührt.

(4) Vereinbar mit dem Beruf des Wirtschaftsprüfers sind
1. die Ausübung eines freien Berufes auf dem Gebiet der Technik und des Rechtswesens und eines nach § 44b Abs. 1 sozietätsfähigen Berufs;
2. die Tätigkeit an wissenschaftlichen Instituten und als Lehrer an Hochschulen;
3. die Tätigkeit als Angestellter der Wirtschaftsprüferkammer;
4. die Tätigkeit als Angestellter einer nach § 342 Abs. 1 des Handelsgesetzbuchs vom Bundesministerium der Justiz durch Vertrag anerkannten Einrichtung, als Angestellter einer nach § 342b Abs. 1 des Handelsgesetzbuchs vom Bundesministerium der Justiz im Einvernehmen mit dem Bundesministerium der Finanzen durch Vertrag anerkannten Prüfstelle oder als Angestellter einer nicht gewerblich tätigen Personenvereinigung, deren ordentliche Mitglieder Wirtschaftsprüfer, Wirtschaftsprüfungsgesellschaften, vereidigte Buchprüfer oder Buchprüfungsgesellschaften oder Personen und Personengesellschaften sind, die die Voraussetzungen des § 44b Abs. 2 Satz 1 erfüllen, und deren ausschließlicher Zweck die Vertretung der beruflichen Belange der Wirtschaftsprüfer oder vereidigten Buchprüfer ist und in der Wirtschaftsprüfer, Wirtschaftsprüfungsgesellschaften, vereidigte Buchprüfer oder Buchprüfungsgesellschaften die Mehrheit haben;
4a. die Tätigkeit als Angestellter der Bundesanstalt für Finanzdienstleistungsaufsicht, wenn es sich um eine Tätigkeit nach Abschnitt 11 des Wertpapierhandelsgesetzes handelt;
5. die Tätigkeit als Geschäftsführer einer Europäischen wirtschaftlichen Interessenvereinigung, deren Mitglieder ausschließlich sozietätsfähige Personen sind;
6. die Durchführung von Lehr- und Vortragsveranstaltungen zur Vorbereitung auf die Prüfungen als Wirtschaftsprüfer, vereidigter Buchprüfer und Steuerberater und zur Fortbildung der Mitglieder der Wirtschaftsprüferkammer;
7. die freie schriftstellerische, wissenschaftliche und künstlerische Tätigkeit und die freie Vortragstätigkeit;
8. die Tätigkeit als Angestellter eines Prüfungsverbands nach § 26 Abs. 2 des Gesetzes über das Kreditwesen.

Schrifttum: *Beyhs/Kühne/Zülch*, Abschlussprüfung und DPR-Verfahren – Darstellung und Würdigung der Verfahrensunterschiede, WPg 2012, 650; *Spatscheck/ Talaska*, Strafrechtliche Gefahren des freien Mitarbeiters, AnwBl. 2010, 203; *Lingemann/Winkel*, Der Rechtsanwalt als freier Mitarbeiter, (Teil 1) NJW 2010, 38,

(Teil 2) NJW 2010, 208; *Marburger,* Das Statusfeststellungsverfahren, NWB 2009, 867; *WPK,* Abgrenzung von Personalberatung zu unzulässiger Arbeitsvermittlung, WPK-Mag. 2005, 36; *Späth,* Gewerbliche Betätigung von Steuerberatern – steuerberatende Betätigung von Buchhaltern, INF 2002, 244 ff.; *Hartmann,* Vermögensberatung durch Steuerberater – Berufsrechtliche Schranken und haftungsrechtliche Grenzen, INF 2002, 694; *Siems,* Die Vermögensverwaltung im HGB – Gewerbebegriff und Vermögensverwaltungsgesellschaften, NZG 2001, 738 ff.; *Henssler,* Ist der Freie Mitarbeiter nun abgeschafft? Was nun?, AnwBl. 2000, 213; *Späth,* Das berufsrechtliche Verbot der gewerblichen Betätigung eines Steuerberaters in § 57 Abs. 4 Nr. 1 StBerG bzw. § 41 BOStB, INF 1999, 310 ff.; *Roemer,* Wirtschaftsprüfer und Steuerberater als Treuhänder für GmbH-Anteile, INF 1997, 692; *Kraft/ Schroeder,* Höchstrichterliche Verfestigung der Ungleichbehandlung der rechtsberatenden Berufe zu Lasten der Steuerberater, StB 1994, 223 ff.; *Wetzling,* Der freie Mitarbeiter im Tätigkeitsbereich des Wirtschaftsprüfers und Steuerberaters, WPK-Mitt. 1994, 150 ff.; *Kleine-Cosack,* Freiheit zum Zweitberuf: Grundsatzentscheidung des BVerfG zur Anwaltszulassung, NJW 1993, 1289 ff.; *Streck,* Der Steuerberater als Testamentsvollstrecker und Vermögensverwalter, DStR 1991, 592 ff.

Inhaltsübersicht

	Rn.
I. Allgemeines	1–3
II. Originäre WP-Tätigkeit (Abs. 1)	4–33
1. Selbstständig in eigener Praxis	4–10
a) Eigene Praxis	4
b) Freier Mitarbeiter	5–8
c) Aufgabe einer Angestelltentätigkeit	9
d) Arbeitsloser WP	10
2. Gemeinsame Berufsausübung gemäß § 44b Abs. 1	11–14
a) Sozietät (§ 44b Abs. 1)	11
b) Schein-/Außensozietät (§ 44b Abs. 6)	12
c) Bürogemeinschaft	13
d) Kooperation	14
3. Vertreter oder Angestellter einer WPG	15–17
a) Gesetzlicher Vertreter	15
b) Zeichnungsberechtigter Vertreter oder Angestellter	16–17
4. Zeichnungsberechtigter Angestellter oder Vertreter eines WP	18–22
a) Angestellter	18–20
b) Vertreter	21–22
5. Vertreter oder Angestellter bei Prüfungsverbänden, Prüfungsstellen und überörtlichen Prüfungseinrichtungen	23–33
a) Genossenschaftliche Prüfungsverbände	25–27
b) Prüfungsstellen von Sparkassen- und Giroverbänden	28–31
c) Überörtliche Prüfungseinrichtungen für Körperschaften und Anstalten des öffentlichen Rechts	32–33

III.	Tätigkeit in berufsnahen Gesellschaften und ausländischen Prüfungs- und berufsnahen Gesellschaften (Abs. 2).............	34–48
	1. Zulässige Art der Berufsausübung	34
	2. Vorbehalt der gesetzlichen Abschlussprüfung..............	35–36
	3. Funktion als gesetzlicher Vertreter/Angestellter.............	37–40
	a) Gesetzlicher Vertreter	37–39
	b) Zeichnungsberechtigter Angestellter/Vertreter	40
	4. Berufsausübung im Einzelnen...........................	41–48
	a) Gesetzlicher Vertreter in Berufsausübungsgesellschaften nach deutschem Recht............................	41–43
	b) Ausländische Prüfer...............................	44–45
	c) Ausländische Steuerberatungsgesellschaften/ Rechtsanwaltsgesellschaften.........................	46–48
IV.	Unvereinbare Tätigkeiten (Abs. 3)	49–110
	1. Allgemeines	49–62
	2. Gewerbliche Tätigkeit (Nr. 1)	63–94
	a) Berufsrechtlicher Gewerbebegriff	63–68
	b) Einzelfälle gewerblicher Tätigkeit	69–84
	c) Ausnahmen vom Verbot der gewerblichen Tätigkeit	85–94
	3. Anstellungsverhältnis (Nr. 2)	95–106
	a) Begriff des Anstellungsverhältnisses	95–98
	b) Freie Mitarbeit	99–100
	c) berufliche Anstellungsverhältnisse	101
	d) Ausnahmetatbestände	102–106
	4. Beamtentätigkeit (Nr. 3)	107–110
V.	Vereinbare Tätigkeiten (Abs. 4)	111–128
	1. Allgemeines..	111–112
	2. Anderer freier Beruf (Nr. 1)	113–116
	a) Technischer Beruf	113
	b) Beruf des Rechtswesens	114
	c) Sozietätsfähiger Beruf............................	115
	3. Wissenschaftliche Lehrtätigkeit (Nr. 2)..................	116
	4. Angestellter der WPK (Nr. 3)	117
	5. Angestellter bei anderen Organisationen (Nr. 4)............	118–120
	6. Angestellter der BaFin im Rahmen des Abschnitts 11 WpHG (Nr. 4a)	121
	7. Geschäftsführer einer EWIV (Nr. 5)	122
	8. Lehr- und Vortragsveranstaltungen (Nr. 6)	123–124
	9. Freie schriftstellerische, wissenschaftliche und künstlerische Tätigkeit, freie Vortragstätigkeit (Nr. 7).....	125–127
	10. Angestellter eines Prüfungsverbandes gemäß § 26 Abs. 2 KWG (Nr. 8)........................	128

I. Allgemeines

§ 43a Abs. 1 gehört zu den Kernvorschriften der WPO. Hier ist abschließend (BT-Drs. 12/5685, 26) geregelt, in welchen **Funktionen der Beruf originär** ausgeübt werden kann. Zumindest eine der dort genannten Berufsausübungsformen muss vorliegen. Sofern die Berufspflichten der eigenverantwortlichen u. gewissenhaften Berufsausübung nicht entgegenstehen, kann ein WP aber auch **mehrere Berufsausübungsformen gleichzeitig** wahrnehmen, bspw. also selbstständig tätig u. Angestellter/GF einer WPG sein. 1

§ 43a ist erst zum 1.1.1995 in die WPO aufgenommen worden; zuvor waren die Berufsausübungsformen unter § 44 zusammengefasst. Seinerzeit definierte der Gesetzgeber, dass eine **eigenverantwortliche Berufstätigkeit nur in einer der dort beschriebenen Funktionen** ausgeübt werden kann, die auch in Abs. 1 der jetzigen Fassung übernommen wurde. Die Sicherung der eigenverantwortlichen Tätigkeit ist auch heute noch das Ziel der Regelung. Eine nicht eigenverantwortliche Tätigkeit führt zum Widerruf der Bestellung gemäß § 20 Abs. 2 Nr. 1. 2

Neben der Beschreibung der originären (Abs. 1) u. zusätzl. zulässigen (Abs. 2) Berufsausübung enthält die Vorschrift eine Umschreibung unvereinbarer (Abs. 3) u. einen Katalog vereinbarer (Abs. 4) Tätigkeiten. Letztere vermitteln ein weitergehendes Verständnis über das **Berufsbild**. Davon abzugrenzen sind solche Tätigkeiten, die die Einhaltung der allg. Berufspflichten gemäß § 43 negativ beeinflussen können u. damit mit der Berufsausübung unvereinbar sind. Die Grenzziehung zwischen vereinbaren u. unvereinbaren Tätigkeiten unterliegt dem Wandel der Zeit. So war die Beratung u. Wahrung fremder Interessen in wirtschaftlichen Angelegenheiten in § 43 Abs. 4 Nr. 1 WPO 1961 noch eine nur vereinbare Tätigkeit; heute gehört sie zum Inhalt der Berufstätigkeit (§ 2 Abs. 3 Nr. 2). 1961 war es verboten, als beamteter Hochschullehrer tätig zu sein; heute ist es mit dem Beruf vereinbar (§ 43a Abs. 4 Nr. 2 WPO). 3

II. Originäre WP-Tätigkeit (Abs. 1)

1. Selbstständig in eigener Praxis

a) Eigene Praxis

Selbstständig in eigener Praxis heißt, dass der WP auf eigene Rechnung u. eigene Gefahr nach außen im eigenen Namen tätig wird (BVerwG 30.9.1976 – I C 32.74). Weiteres Merkmal der selbstständigen Tätigkeit ist, dass er keinen weisungsberechtigten Vorgesetzten hat. Eine Weisungsunterworfenheit bezieht sich i.Ü. allein auf die Eingliederung in einer Organisationseinheit; die eigenverantwortliche Berufsausübung gemäß §§ 43 Abs. 1, 44 bleibt davon unberührt. Aus der Tatsache, dass ein WP als gesetzlicher Vertreter einer WPG keiner Weisung unterliegt, kann nicht der Rückschluss gezogen werden, dass ein solcher WP auch selbstständig tätig sei. Zum einen ist eine ggf. anzunehmende Selbstständigkeit aus Gesellschaftsrecht v. berufsrechtlicher Selbstständigkeit abzugrenzen. Zum anderen zeigt Abs. 1, dass nur der selbstständig tätig ist, der eine eigene Praxis unterhält. 4

b) Freier Mitarbeiter

5 Der **freier Mitarbeiter** wird nicht selten u. irrtümlich als freiberuflicher Mitarbeiter bezeichnet (OLG Köln 3.12.2001, WPK-Mitt. 2003, 313 ff. = DStR 2003, 1505 ff.). Der WP ist im Rahmen seiner Berufsausübung stets **freiberuflich** tätig (§ 1 Abs. 2), ob selbstständig o. unselbstständig.

6 Die Frage, ob ein WP freier Mitarbeiter o. Angestellter ist, ist immer dann Gegenstand str. Auseinandersetzungen, wenn **keine klaren vertraglichen Vereinbarungen** getroffen werden. Aber auch vermeintlich geschaffene Rahmenbedingungen z.B. zur Stellung als (Stiller) Gesellschafter können **in** einen **Arbeitnehmerstatus umschlagen**, wenn die getroffenen Vereinbarungen anders gelebt werden. Die Verpflichtung zur Einbringung der vollen Arbeitskraft, Genehmigung von Nebentätigkeit und Weisungsgebundenheit sind Kriterien für die Annahme eines Arbeitnehmerstatus (OLG Dresden, 24.2.2010 – 13 W 0132/10). Entscheidend für die Annahme des Bestehens eines Freien-Mitarbeiter-Verhältnisses dürften folgende Kriterien sein:

- Die Parteien sollten **vereinbaren**, dass der WP auf der Basis **freier Mitarbeit** tätig wird.
- Es darf **keine feste Vergütung** vereinbart werden, sondern Auszahlung nach **Zeitaufwand** u. einem bestimmten **Stundensatz** zzgl. USt.
- Der freie Mitarbeiter darf **nicht** zur **ständigen Präsenzpflicht** verpflichtet werden u. muss im Wesentlichen **frei v.** zeitlichen, fachlichen sowie die Auftragsabwicklung betreffenden **Weisungen** sein.

Um eine arbeitnehmerähnliche Stellung i.S.d. § 5 Abs. 1 Satz 2 ArbGG auszuschließen, muss auch eine weitestgehende wirtschaftliche Unabhängigkeit sichergestellt werden (OLG Köln, a.a.O. m.w.N.). Gegebenenfalls kann zur Klärung der Frage, ob ein Beschäftigungsverhältnis besteht, gemäß § 7a SGB IV eine Entscheidung bei der Deutsche Rentenversicherung Bund beantragt werden. Zum Verfahren siehe auch Marburger, NWB 2009, 867. Zur Abgrenzung v. scheinselbstständigen Arbeitnehmern u. arbeitnehmerähnlichen Selbstständigen siehe auch WPK, WPK-Mitt. 1999, 242 ff.

7 Der WP als freier Mitarbeiter ist nicht darauf beschränkt, das Vertragsverhältnis allein mit WP, WPG o. einer Sozietät gemäß § 44b Abs. 1 einzugehen. Er kann **auch freier Mitarbeiter eines StB, RA, einer StBG, RAG o. auch einer sog. einfachen Partnerschaft** sein, in der sich Angehörige sozietätsfähiger Berufe zusammengeschlossen haben. Der WP hat sich hier **auf die freie Mitarbeit als solche zu beschränken**. Er kann nicht gleichzeitig zeichnungsberechtigter Vertreter sein, weil dies nur bei einem WP zulässig ist. Eine freie Mitarbeit bei gewerblich tätigen, u.a. einer Unternehmensberatungsgesellschaft, kommt allein schon aus der berufsrechtlichen Stellung des WP u. des sich hieraus ergebenden Rechtsverhältnisses nicht in Betracht. Ein **freier Mitarbeiter ist im fremden Namen auf eigene Rechnung tätig**; ein solches Verhältnis ist ggü. gewerblichen Unternehmen nicht umsetzungsfähig, weil keine freiberufliche Tätigkeit mehr gegeben wäre. Ein WP, der von

Gewerbetreibenden beauftragt wird, diesen ggü. berufliche Leistungen zu erbringen, geht ein Mandatsverhältnis i.S. eines Geschäftsbesorgungsvertrages mit Dienstvertragscharakter ein.

Besteht ein berufsrechtlich zulässiges Verhältnis auf der Basis freier Mitarbeit, ist der WP selbstständig tätig mit der Folge, eine **BHV** gemäß § 54 unterhalten zu müssen (WPK, WPK-Mitt. 1995, 86). Wirtschaftsprüfer, die gleichzeitig als StB bestellt sind, können sich nicht auf § 51 Abs. 2 DVStB berufen, wonach die selbstständige Tätigkeit ausschließlich als freier Mitarbeiter nicht der Versicherungspflicht unterliegt. In das BR wird der als freier Mitarbeiter tätige WP als selbstständig und in eigener Praxis eingetragen. 8

c)   Aufgabe einer Angestelltentätigkeit
Berufsangehörige, die durch alters- o. vertragsbedingte Beendigung ihres Anstellungsverhältnisses ihre Berufstätigkeit eingestellt haben, aber als WP bestellt bleiben wollen, unterliegen nach wie vor uneingeschränkt dem Berufsrecht; die Beachtung des Berufsrechts knüpft nicht an den Umfang der Berufsausübung an, sondern allein an die Bestellung. Mit Beendigung der unselbstständigen Berufsausübung **muss der WP selbstständig in eigener Praxis tätig sein,** weil Abs. 1 nur unselbstständige u./o. selbstständige WP kennt; erklärt er sich nicht entsprechend u. weist keine BHV nach, droht der Widerruf der Bestellung mangels einer beruflichen NL (§ 3 Rn. 8). 9

d)   Arbeitsloser WP
Wirtschaftsprüfer, die aus einem Anstellungsverhältnis ausgeschieden sind u. mangels Interesse an einer selbstständigen Tätigkeit einen anderen Arbeitgeber gemäß Abs. 1 suchen, melden sich vorübergehend arbeitslos, um Arbeitslosengeld beziehen zu können. Auch während der Zeit einer Arbeitslosigkeit i.S.d. §§ 16 Abs. 1 Nr. 1, 18 Abs. 1 Nr. 1 SGB III muss ein WP **als selbstständig in eigener Praxis** geführt werden (§ 3 Rn. 8, 33) u. damit eine eigene BHV unterhalten (§ 54 Rn. 17). Erklärt er sich nicht entsprechend u. weist er keine BHV nach, droht der Widerruf der Bestellung mangels einer beruflichen NL u. wegen Nichtunterhaltung einer BHV. 10

2.   Gemeinsame Berufsausübung gemäß § 44b Abs. 1
a)   Sozietät (§ 44b Abs. 1)
Der typische Fall der gemeinsamen Berufsausübung ist der **Zusammenschluss im Rahmen einer Sozietät** gemäß § 44b Abs. 1. Mit dem voran gesetzten Wort „oder" wird aber nicht bewirkt, dass diese Art der Berufsausübung einen Sonderfall ggü. der Grundvoraussetzung der selbstständigen o. unselbstständigen Berufsausübung darstellt. Sie ist vielmehr in dem Sinn zu verstehen, dass sie wie die Tätigkeit in eigener Praxis auch als selbstständige Tätigkeit einzuordnen ist. In der Regierungsbegr. zum Dritten WPO-Änderungsgesetz (BT-Drs. 12/5685, 19) wird ausdr. bestätigt, dass die selbstständige berufliche Tätigkeit in einer **Sozietät** der **selbstständigen Tätigkeit** in eigener Praxis **gleich steht**. Damit ist ein WP, der einer Sozietät angehört, selbstständig tätig. 11

b) Schein-/Außensozietät (§ 44 b Abs. 6)

12 Wirtschaftsprüfer dürfen auch einer Schein-/Außensozietät angehören. Sie ist auch eine Form der Berufsausübung, wenngleich nicht der gemeinsamen Berufsausübung i.S.d. § 44b Abs. 1, u. in das BR einzutragen (§ 38 Nr. 1e). Auch hier ist der WP originär **selbstständig** tätig. Sofern der als Scheinsozius kundgemachte WP tats. Angestellter v. WP-Sozien ist, muss sein Anstellungsvertrag um die Anforderungen ergänzt werden, die einer echten Sozietät zugrunde liegen. Es müssen also **vertragliche Grundlagen bestehen**, die die Kompetenzen der **eigenständigen Mandatsannahme, der Mandatskündigung u. der Verpflichtung zur wechselseitigen Vertretung** der Schein-/Außensozietät beinhalten (BGH 25.4.1996, ZIP 1996, 1314 ff.). Andernfalls wird die Zusammenarbeit aller gleichrangig aufgeführten Berufsträger der **Verkehrsauffassung** nicht gerecht. Sie würde zu einer Irreführung des Verkehrs führen mit der Folge, dass eine solche **Kundmachung** zu **unterlassen** ist. Werden bei einer Außensozietät die eine Sozietät kennzeichnenden Anforderungen eingehalten, ist der **angestellte Scheinsozius** wegen derselben Befugnisse wie die echten Sozien anzusehen u. damit auch **selbstständig** tätig. **Er muss gemäß § 44b Abs. 4 i.V.m. Abs. 6 eine BHV abschließen**. Daher sollte – wenn eine Außendarstellung gewünscht ist – durch unmissverständliche Kundmachung verdeutlicht werden, dass er ausschließlich Angestellter ist. Nur in einem solchen Fall kann er vermeiden, den Nachweis des Bestehens einer BHV zu erbringen.

c) Bürogemeinschaft

13 Die Bürogemeinschaft bezweckt nichts anderes als **die gemeinsame Nutzung sächlicher u./o. personeller Mittel**; sie ist eine sog. **Innengesellschaft**. Sozietäten u. Bürogemeinschaften sind zwar beide GbR (§§ 705 ff. BGB), verfolgen aber unterschiedliche Gesellschaftszwecke. Die Berufsausübung in einer Bürogemeinschaft ist eine **selbstständige Tätigkeit ausschließlich in eigener Praxis** u. keine gemeinsame Berufsausübung (BT-Drs., a.a.O., 26; vgl. auch mit weiteren Einzelheiten § 44b Rn. 55 ff.).

d) Kooperation

14 Kooperationen sind ebenfalls **kein Instrument gemeinsamer Berufsausübung** gemäß § 44b Abs. 1. Der Zweck besteht i.d.R. darin, durch entsprechende Kundmachung darauf hinzuweisen, dass **im Bedarfsfall andere Berufsträger einzelfallbezogen o. dauernd bei der Abwicklung v. Dienstleistungen einbezogen werden** u. damit die eigene Leistungsfähigkeit erhöht wird. Ebenso wie bei einer Bürogemeinschaft ist der WP auch hier **selbstständig in eigener Praxis** tätig (zur Kooperation siehe auch § 44b Rn. 48 ff.).

3. Vertreter oder Angestellter einer WPG

a) Gesetzlicher Vertreter

15 Entgegen dem Berufsrecht der RA, das erst seit einigen Jahren die RAG als Berufsausübungsgesellschaft kennt, wird der Beruf des WP seit jeher auch o. ausschließlich in einer WPG ausgeübt. Die Berufsgesellschaft ist i. Erg. neben der Sozietät ein

Regeln der Berufsausübung § 43a

bewährtes Instrument gemeinsamer Berufsausübung. Da WPG gemäß § 1 Abs. 3 verantwortlich v. WP geleitet werden müssen, folgt aus dieser Grundaussage des Gesetzes, dass eine WPG WP als gesetzliche Vertreter haben muss. Die Tätigkeit als gesetzlicher Vertreter ist eine im berufsrechtlichen Sinn unselbstständige Tätigkeit (vgl. auch Rn. 4).

b) Zeichnungsberechtigter Vertreter oder Angestellter
Wirtschaftsprüfer können auch als **Angestellte** den Beruf in einer WPG ausüben. Soweit das Gesetz auch die Vertreterstellung anspricht, dürfte es sich um eine Ausnahme v. der Regel handeln, wonach WP entw. als gesetzlicher Vertreter o. als Angestellte tätig sind. Es kann sich nur um ein **rechtsgeschäftliches Vertretungsverhältnis** handeln. Der angestellte Prokurist (§ 45) handelt als gewillkürter Vertreter aus dem Anstellungsverhältnis heraus. Für den Fall der Vertretung kommt daher eine Handlungsvollmacht gemäß § 54 HGB in Betracht, die auf Einzelfälle beschränkt sein wird. Die Erteilung der Handlungsvollmacht richtet sich nach dem Vertretungsrecht (§§ 167 ff. BGB); den Umfang der Vollmacht regeln §§ 54 ff. HGB u. ist an den Umfang der Tätigkeit einer WPG gebunden.   16

Der angestellte o. vertretende WP muss **zeichnungsberechtigt** sein. Dieses Attribut sagt nichts darüber aus, inwieweit die Tätigkeit als Angestellter o. Vertreter Beschränkungen im Umfang der Vertretung o. Befugnisse unterliegt; es gibt auch keinen Aufschluss über den Mindestumfang eines Vertretungsrechts. Mit dem Zusatz will der Gesetzgeber vielmehr eine die Berufsausübung regelnde Feststellung treffen. Er erwartet, dass ein Angestellter o. Vertreter auf jeden Fall zeichnungsberechtigt sein muss, u.a. also **auch BV unterzeichnen** darf. Hierbei sind selbstverständlich die satzungsmäßigen Klauseln einer WPG zum Vertretungsrecht zu beachten (zu den formalen Aspekten bei Unterzeichnung v. Erklärungen s. WPK, WPK-Mag. 1/2004, 27 f., 3/2005, 23 f., 3/2006, 21 ff. u. zur Weisungsbefugnis u. zur Freiheit zu pflichtgemäßem Handeln s. Anm. zu § 44).   17

4. Zeichnungsberechtigter Angestellter oder Vertreter eines WP
a) Angestellter

Ein angestellter WP muss seinen Beruf ebenso eigenverantwortlich ausüben dürfen wie ein selbstständiger WP; damit ist das **Zeichnungsrecht unabdingbar verbunden.** Ein umfassendes Zeichnungsrecht kann dem angestellten WP allerdings aus gesetzlichen Gründen nicht eingeräumt werden. Bei gesetzlich vorgeschriebenen AP hat sein Arbeitgeber (Auftragnehmer) nicht nur das ausschließliche Testatrecht, sondern die ausschließliche Testatpflicht, da nur er als AP bestellt worden sein kann.   18

Das Zeichnungsrecht kann auch durch die **organisatorische Eingliederung** reglementiert sein. Es unterliegt dem Bestimmungsrecht des Arbeitgebers, in welchen Bereichen er bei ihm angestellte WP einsetzt. Aus Gründen der Effizienz u. Wirtschaftlichkeit werden Reglementierungen aber nur beschränkt praktiziert werden. Je nach Eingliederung in die Praxisorganisation kommt ein gemeinsames o. auch alleiniges Zeichnungsrecht in Betracht. Ein gemeinsames Zeichnungsrecht wird   19

Teckemeyer 437

sich der Arbeitgeber für solche Mandate vorbehalten, die er persönlich betreut u. die von seinem angestellten WP fachlich (mit)bearbeitet werden. Ein alleiniges Zeichnungsrecht kommt für v. angestellten WP ausschließlich betreute Beratungsmandate in Betracht, aber stets mit einer Kennzeichnung, dass aus dem Anstellungsverhältnis heraus gehandelt wird. Im Gegensatz zu den Anm. bei Rn. 18 wird der Zusatz „i.V." angebracht sein. Entsprechendes gilt für die Dokumentation v. Arbeitsergebnissen der Mitarbeiter ggü. dem Mandanten, die unter der Verantwortung des angestellten WP tätig sind.

20 Ist ein WP **Angestellter einer gemischten Sozietät**, in der neben WP also auch StB u./o. RA-Sozien sind, darf das Anstellungsverhältnis **nur mit dem o. den WP-Sozius/Sozien** abgeschlossen werden. Ein WP darf nicht Angestellter eines anderen sozietätsfähigen Berufes sein; dementsprechend sind Anstellungsverträge abzuschließen. Folge ist, dass die Nicht-WP-Sozien dem angestellten WP keine Weisungen erteilen dürfen.

b) Vertreter

21 Im Gegensatz zum StBerG (§ 69) enthält die **WPO keine Regelung** der Aufgaben u. Befugnisse des **Vertreters** eines WP. Für die originäre Aufgabenstellung des WP, die gesetzliche AP, verbietet sich auch eine Vertretung; das Prüfungsmandat ist höchstpersönlicher Art. Eine Vertretung wird nur als **allg. Praxisvertretung** für die übrigen Aufgaben des WP bei Urlaub, Krankheit o. anderweitig längerer Abwesenheit in Betracht zu ziehen sein.

22 Das **Zeichnungsrecht** darf i.Z.m. der Vertreterstellung als Beschränkung der Vertretung angesehen werden. Würde die Zeichnungsberechtigung nicht erwähnt, ergäbe sich eine umfassende Stellvertretung. Andererseits ergibt sich aus dem Begriff des Zeichnungsrechts nichts über den Mindestumfang des Vertretungsrechts. Deshalb müssen Vertretener u. Vertreter regeln, welche Bereiche die Vertretung umfassen soll. Die Berufspflicht des Vertreters zur **eigenverantwortlichen Berufsausübung** muss gewahrt sein. Es ergäbe aber auch keinen Sinn, dem Vertreter eine nur sehr eingeschränkte Zeichnungsberechtigung zu erteilen, zumal der Vertretene aus seiner Pflicht zur gewissenhaften Berufsausübung heraus daran interessiert sein muss, dass sein Praxisbetrieb im Fall seiner Abwesenheit ordnungsgemäß geführt wird.

5. Vertreter oder Angestellte bei Prüfungsverbänden, Prüfungsstellen und überörtlichen Prüfungseinrichtungen

23 Seit Bestehen der WPO dürfen WP ihren Beruf auch bei genossenschaftlichen **Prüfungsverbänden, Prüfungsstellen** v. Sparkassen- u. Giroverbänden o. überörtlichen **Prüfungseinrichtungen** für Körperschaften u. Anstalten des öffentlichen Rechts ausüben. Diese Art der Berufsausübung ist historisch gewachsen. Systemgerecht ist sie nicht.

24 Die Besonderheit der Anstellung eines WP bei den genannten Einrichtungen besteht darin, dass dem VO des PrfVerb kein WP angehören muss (z.B. § 63b Abs. 5 GenG). Damit ist es für WP entgegen der Grundregel der Anstellung bei einem WP u./o.

einer WPG ausnahmsweise möglich, bei einer Einrichtung angestellt zu sein, ohne einen Vorgesetzten mit WP-Bestellung zu haben. Die außerberufliche Anstellung eines StB bei einer Buchstelle o. einer Beratungsstelle eines Lohnsteuerhilfevereins ist da konsequenter geregelt; sie setzt voraus, dass der Leiter StB o. StBv ist (§ 58 Satz 2 Nr. 3 StBerG).

a) Genossenschaftliche Prüfungsverbände

Genossenschaften unterliegen gemäß § 53 GenG der Pflichtprüfung; sie müssen 25 einem PrfgVerb angehören, der sie prüft (§§ 54, 55 GenG). Nach § 53 Abs. 1 GenG sind die **wirtschaftlichen Verhältnisse** u. die **Ordnungsmäßigkeit der Geschäftsführung** v. Genossenschaften zu prüfen, worunter nach § 53 Abs. 2 GenG auch die JAP fällt. Das Prüfungsrecht steht insoweit dem **PrfgVerb** zu, dem die Genossenschaft angehört (§ 55 Abs. 1 GenG).

Gemäß § 63b Abs. 5 GenG soll dem **VO des PrfgVerb mind. ein WP angehören**; 26 andernfalls hat der PrfgVerb einen **WP als besonderen Vertreter** gemäß § 30 BGB zu bestellen. Die Vorschriften sollen die **fachgerechte Leitung** der Prüfungstätigkeit des PrfgVerb sicherstellen; allein die Anstellung eines WP zur Unterstützung des VO des PrfgVerb genügt nicht. Bei Fehlen eines VO mit WP-Bestellung ist der besondere Vertreter Vereinsorgan wie der VO, aber nicht VO-Mitglied u. hat i. Ggs. zum VO einen – auf das Prüfungswesen – beschränkten Zuständigkeitsbereich (Beuthien, GenG, § 63b Rn. 9). Die Prüfer sind gemäß § 62 GenG zur gewissenhaften u. unparteiischen Prüfung sowie zur Verschwiegenheit verpflichtet. Damit soll dem in § 43 genannten Berufspflichten Rechnung getragen werden.

Sofern ein **Kreditinstitut** in der Rechtsform der Genossenschaft besteht, müssen 27 mehr als die Hälfte der geschäftsführenden Mitglieder des VO des PrfgVeb, der die Prüfung durchzuführen hat, WP sein; bei zwei VO-Mitgliedern genügt Parität (§ 340k Abs. 2 HGB). Im Fall der Prüfung eines genossenschaftlich betriebenen Kreditinstituts ist das Prüfungsrecht des PrfgVerb also davon abhängig, dass der VO maßgeblich mit WP besetzt ist. Eine vergleichbare Regelung enthält Art. 25 Abs. 1 EGHGB für die Prüfung von u.a. AG u. GmbH in mehrheitlichem Genossenschaftsbesitz.

b) Prüfungsstellen von Sparkassen- und Giroverbänden

Rechtsnatur u. Aufgabenumfang der **Prüfungsstelle eines Sparkassen- u. Giro-** 28 **verbandes** sind in den Sparkassengesetzen der Länder geregelt; die Verbände sind KöR u. unterstehen i.d.R. der Rechtsaufsicht des zuständigen Landesministeriums. Aufgabe eines Sparkassen- u. Giroverbandes ist u.a., im Auftrag der Sparkassenaufsichtsbehörden o. anderer ermächtigter Stellen **Prüfungen bei den Mitgliedssparkassen** durchzuführen. Er unterhält hierfür eine Prüfungsstelle, die in ihrer Prüfungstätigkeit u. Berichterstattung unabhängig u. nicht an Weisungen gebunden ist (Berger, SpkG, § 23 Rn. 6).

Bei den Prüfungen v. Sparkassen handelt es sich nach den landesrechtlichen Spar- 29 kassengesetzen um **gesetzliche AP.** Sie stehen damit im Einklang zu § 340k HGB, der die Prüfung v. Kreditinstituten regelt. Gemäß § 340k Abs. 1 HGB haben Kreditinstitute unabhängig v. der Größenordnung ihren Jahresabschluss u. Lagebericht nach den Bestimmungen der §§ 316 - 324 HGB prüfen zu lassen. Ist das Kreditinstitut eine **Sparkasse**, so dürfen die vorgeschriebenen Prüfungen abweichend v. § 319 Abs. 1 HGB v. der **Prüfungsstelle** eines Sparkassen- u. Giroverbandes durchgeführt werden (§ 340k Abs. 3 Satz 1 HGB). Die Befugnis wird aber davon abhängig gemacht, dass der **Leiter der Prüfungsstelle** die Voraussetzungen des § 319 Abs. 1 Satz 1 u. 2 HGB erfüllt. Der mit dem BilReg eingeführte Verweis auf die Sätze 1 u. 2 bedeutet nicht, dass neben WP auch vBP Leiter sein dürfen. Hierfür hätte es einer „oder"-Regelung bedurft. Der **Leiter** muss also **WP** sein.

30 Im Gegensatz zu anderen Wirtschaftsunternehmen (z.B. Kapitalgesellschaften, öffentlich-rechtliche Landesbanken) haben **Sparkassen** grds. **keine freie Prüferwahl**. Vielmehr ist das Recht zur Prüfung der Sparkassen als wesentlicher Bestandteil der Staatsaufsicht ausgestaltet u. liegt damit bei den Sparkassenaufsichtsbehörden, die sich hierbei der Prüfungsstellen bedienen (Berger, SpkG, § 26 Rn. 1). Je nach Landesrecht kann die Sparkassenaufsichtsbehörde in Einzelfällen auch einen externen WP mit der Prüfung beauftragen (z.B. § 23 Abs. 2 SpkG NS). Die Sonderstellung, die die Prüfungsstellen einnehmen, rechtfertigt es, dem WP dort die ausschließliche Berufsausübung zu gestatten; er ist unabhängig v. Weisungen, u. die Prüfungen werden nach Art u. Umfang der für Kapitalgesellschaften geltenden Regeln durchgeführt.

31 Dem WP ist im Bereich des Sparkassen- u. Giroverbandes **allein die Tätigkeit als Leiter o. Angestellter** der Prüfungsstelle gestattet. Andere Funktionen darf er im Verband nicht wahrnehmen (z.B. als Präsident o. Vizepräsident). Auch wenn ein Sparkassen- u. Giroverband öffentlich-rechtlich organisiert ist, steht er als Interessenverband der Sparkassen im Wettbewerb zu anderen Interessenverbänden der gewerblichen Wirtschaft (z.B. Bankenverband). Eine solche Tätigkeit ist mit der Berufsausübung unvereinbar (BVerwG 26.8.1997, WPK-Mitt. 1998, 166 ff.).

c) Überörtliche Prüfungseinrichtungen für Körperschaften und Anstalten des öffentlichen Rechts

32 **Überörtliche Prüfungseinrichtungen** sind solche Stellen, denen diese Funktion durch Gesetz ausdr. zugewiesen ist, wobei „überörtlich" i.S. einer regional erweiterten Zuständigkeit zu verstehen ist Die Zuständigkeiten insoweit sind je nach Bundesland unterschiedlich geregelt; z.B. in Nordrhein-Westfalen (§ 105 GO NW) u. Baden-Württemberg (§ 113 GO BW) der Gemeindeprüfungsanstalt überwiesen, in Hessen dem Hessischen Rechnungshof (§ 1 ÜPKKG) u. in Bayern dem Bayerischen Kommunalen PrfgVerb (Art. 105 GO Bay). Der Umfang der Prüfung richtet sich nach den Vorgaben der jeweiligen Kommunalverfassung. Im Wesentlichen sind dies die Wirtschaftsführung, das Rechnungswesen u. die Vermögensverwaltung. Auch die vom DIHT errichtete Rechnungsprüfungsstelle der IHK ist als überörtliche Prüfungseinrichtung einzuordnen. Die JAP der IHK ist gemäß § 12 Abs. 1 Nr. 7 IHKG grds. Ländersache mit der Folge der Zuständigkeit der Landesrechnungshöfe. Durch entsprechende Ausführungsbestimmungen haben die meisten

Länder aber die Prüfung der IHK auf die Prüfungsstelle übertragen, so dass sie überörtlich tätig ist.

Die **Tätigkeit des WP in einer überörtlichen Prüfungseinrichtung** muss sich auf den **Status eines zeichnungsberechtigten Angestellten** o. **Vertreters beschränken**. Es ist ihm nicht gestattet, in ein Beamtenverhältnis übernommen zu werden (§ 43a Abs. 3 Nr. 3).

III. Tätigkeit in berufsnahen Gesellschaften und ausländischen Prüfungs- und berufsnahen Gesellschaften (Abs. 2)

1. Zulässige Art der Berufsausübung

Absatz 2 enthält eine Vielzahl v. weiteren Berufsausübungsmöglichkeiten; sie sind aber abschließend aufgeführt. Es handelt sich bis auf die Stellung eines Partners in einer sog. einfachen Partnerschaft um **unselbstständige Tätigkeiten**; Partner einer Partnerschaft sind gemäß § 1 Abs. 2 PartGG selbständig tätig Die genannten Arten der Berufsausübung sind dem Katalog der **zulässigen Tätigkeiten** zuzuordnen u. sind nicht lediglich als mit dem Beruf vereinbar anzusehen (Abs. 4). Bis zur 3. WPO-Novelle 1995 war es dem WP ausschließlich gestattet, gesetzlicher Vertreter einer StBG zu sein. Seitdem ist der Katalog über die Wahrnehmung weiterer Funktionen erheblich erweitert worden.

2. Vorbehalt der gesetzlichen Abschlussprüfung

Keiner der nach Abs. 2 zugelassenen Dienst- o. Arbeitgeber ist befugt, nach deutschem Recht gesetzliche AP durchzuführen. Zur Sicherung der Unabhängigkeit des WP steht daher jede der beschriebenen Funktionen unter dem **Vorbehalt**, dass der WP befugt bleiben muss, **Aufträge zur Durchführung gesetzlich vorgeschriebener Prüfungen nach § 316 HGB** annehmen zu können (BT-Drs. 12/5685, 26 f.).

Die Befugnis zur **Wahrnehmung der originären Berufsaufgaben** ist **nach Maßgabe des Abs. 1** zu vollziehen. Der WP-GF einer StBG o. RAG kann diesem Gebot u.a. dadurch Rechnung tragen, dass er selbstständig in eigener Praxis o. Angestellter eines WP o. einer WPG ist; auch reicht die Anstellung bei einem gen. PrfgVerb.

3. Funktion als gesetzlicher Vertreter/Angestellter

a) Gesetzlicher Vertreter

Absatz 2 verlangt, Funktionen **in anderen nationalen Berufsausübungsgesellschaften** nur in der Stellung eines **gesetzlichen Vertreters** zu übernehmen. Dieses Gebot steht i.Z.m. der Pflicht zur eigenverantwortlichen Berufsausübung. Zwar hat auch ein Angestellter die berufsrechtliche Pflicht zur eigenverantwortlichen Berufsausübung; er hat aber grds. organisatorischen Weisungen seiner Vorgesetzten Folge zu leisten, ist also in der Gestaltung seiner Berufsausübung Beschränkungen unterworfen. Einer solchen Weisungsgebundenheit unterliegt ein gesetzlicher Vertreter grds. nicht. Um sicher zu stellen, dass ein WP in seiner **originären Berufsausübung** nicht eingeschränkt wird, hat der Gesetzgeber nur die Stellung eines gesetzlichen Vertreters zugelassen.

38 Eine andere Lesbarkeit der Vorschrift folgt auch nicht aus der Änderung durch die 5. WPO-Novelle 2004, mit der durch das BundesgleichstellungsG bedingt **zusätzl. Begriffe für gesetzliche Vertreter** eingefügt wurden. Materielle Änderungen wurden dabei nicht vollzogen, so dass die Bezeichnung „geschäftsführende Personen" ausschließlich der organschaftlichen Stellung zuzuordnen ist u. nicht etwa auch Prokuristen o. anderen Angestellten, denen herausragende Positionen als rechtsgeschäftliche Vertreter mit Geschäftsführungsbefugnis übertragen sind. Andere Anstellungsverhältnisse als die auf der Ebene der gesetzlichen Vertretung sind also verboten u. führen zum Widerruf der Bestellung (§ 20 Abs. 2 Nr. 1 i.V.m. § 43a Abs. 3 Nr. 2).

39 Vereinzelt lassen sich WP zu Prokuristen einer StBG o. BPG bestellen u. berufen sich darauf, ohne Anstellungsvertrag als Prokurist tätig zu sein. Dies ist berufsrechtlich unerheblich. Sofern in § 43a Abs. 3 Nr. 2 der Begriff „Anstellungsvertrag" verwendet wird, ist dies als generalisierende Umschreibung für eine **unselbstständige Tätigkeit** zu verstehen. Es kommt nicht darauf an, ob ein schriftlicher Anstellungsvertrag mit o. ohne Vergütungsabrede abgeschlossen ist. Für den Abschluss eines Anstellungsvertrages besteht grds. **Formfreiheit.** Wie jeder Vertrag kommt er durch Angebot u. Annahme zustande (§§ 145ff. BGB). Obwohl es sich bei ihm um einen gegenseitigen Vertrag handelt, genügt es, dass der Vertragstatbestand für die Erbringung der Dienstleistung vorliegt, wenn sie den Umständen nach nur gegen eine Vergütung zu erwarten ist; denn in diesem Fall gilt eine Vergütung als stillschweigend vereinbart (§ 612 Abs. 1 BGB). Formfreiheit bedeutet, dass der Vertrag mündlich u. sogar auch ohne Worte durch konkludentes Handeln zustande kommen kann (ErfK/Preis, § 611 Rn. 314). Anders sind auch Prokuristen nicht zu behandeln. Die **Prokuraerteilung** an eine organisatorisch **nicht eingegliederte Person** ist **unzulässig** (MünchKomm HGB/Krebs, Vor § 48 Rn. 28; 48 Rn. 27). Folglich steht eine Person, der **Prokura** erteilt worden ist, im **Anstellungsverhältnis** i.S.d. § 43a Abs. 3 Nr. 2 i.V.m. Abs. 2.

b) Zeichnungsberechtigter Angestellter/Vertreter

40 Eine Ausnahme v. Gebot, ausschließlich als gesetzlicher Vertreter einer anderen Berufsausübungsgesellschaft tätig zu sein, macht das Gesetz bei der **Zusammenarbeit mit Angehörigen ausländischer Prüferberufe.** Die Zusammenarbeit mit ausländischen Berufsangehörigen ließ bereits die WPO v. 1961 zu (§ 44 Abs. 4 a.F.). Wie die Zusammenarbeit ausgestaltet werden kann, ließ das Gesetz offen. Der Gesetzgeber hat sich zwischenzeitlich dafür entschieden, **auch die Stellung als zeichnungsberechtigter Vertreter o. Angestellter** bei einem ausländischen Berufsangehörigen o. einer ausländischen Prüfungsgesellschaft zuzulassen. Dies ist **kein Systembruch.** Seit jeher wird der Beruf auch grenzüberschreitend in enger Zusammenarbeit mit Angehörigen ausländischer Prüferberufe ausgeübt, insb. i.Z.m. der Prüfung multinationaler Unternehmen. Im Gegensatz zu den anderen Berufsausübungsgesellschaften ist die Zusammenarbeit mit ausländischen AP fachlich im Wesentlichen gleich ausgerichtet. Allerdings muss der WP **auch hier befugt blei-**

Regeln der Berufsausübung § 43a

ben, **seine Vorbehaltsaufgaben wahrzunehmen** (vgl. Rn. 36, 37). Zu den Voraussetzungen i.Ü. vgl. noch Rn. 44 ff.

4. Berufsausübungsformen im Einzelnen

a) Gesetzlicher Vertreter in Berufsausübungsgesellschaften nach deutschem Recht

Der **WP kann gesetzlicher Vertreter einer BPG, StBG u./o. RAG sein.** Die Aufzählung der einzelnen Funktionsbezeichnungen zeigt auf, dass diese Berufsgesellschaften in den Rechtsformen der AG, GmbH, OHG, KG o. Partnerschaft bestehen können, soweit dies das jeweilige Berufsrecht gestattet. 41

Einen Sonderfall bildet die PartG, die nicht als WPG o. BPG anerkannt ist (sog. **einfache Partnerschaft**). Die Partnerschaft hat als eine Art der Berufsausübungsgesellschaften für den WP-Beruf schon erhebliche Hürden nehmen müssen. Mangels klarer Regelungen in den Berufsgesetzen war sie zur Berufsausübung anfangs nicht umsetzungsfähig. Sie wurde nur dann akzeptiert, wenn sie als WPG o. BPG anerkannt wurde; eine einfache Partnerschaft war also nicht eintragungsfähig (AG Mannheim 6.11.1996, WKP-Mitt. 1997, 69 ff.). Bis zur Änderung des § 3 StBerG konnten über sie auch keine steuerberatenden Leistungen erbracht werden (BFH 23.7.1998, WPK-Mitt. 1998, 339 ff.). Eine Klarstellung wurde zum 1.1.2001 vorgenommen u. die Berufsausübung in einer einfachen Partnerschaft systemgerecht in den Katalog des Abs. 2 aufgenommen; weitere Einzelheiten bei § 44b Rn. 36 ff. 42

Die **einfache PartG** darf selbst keine **Vorbehaltsaufgaben** der WP durchführen. Dies ist nur den **WP-Partnern außerhalb der Partnerschaft** möglich. Um dies zu verdeutlichen u. um sämtliche Zweifelsfragen der Praxis auszuschließen, erfolgte die Ergänzung in § 43a Abs. 2 u. die Streichung in § 44b Abs. 1. Gleichzeitig wird damit verdeutlicht, dass die Tätigkeit v. WP in einer nicht als Berufsgesellschaft anerkannten PartG nur dann zulässig ist, wenn der Berufsangehörige befugt bleibt, Aufträge auf gesetzlich vorgeschriebene Prüfungen, die zu den beruflichen Aufgaben eines WP gehören, durchzuführen. Damit wird die nicht als Berufsgesellschaft anerkannte Partnerschaft mit der StBG gleichgestellt, die gleichfalls keine Vorbehaltsaufgaben der WP durchführen darf (BT-Drs. 14/3649, 24). Ebenso wenig wie bei einer StBG, BPG o. RAG dürfen **WP auch bei einfachen Partnerschaften nicht angestellt sein;** sie sind insofern den anderen nicht pflichtprüfungsberechtigten Berufsausübungsgesellschaften gleichgestellt. Entsprechendes gilt für die ab 19. Juli 2013 eingeführte PartGmbB (BGBl. I S. 2386), die nicht in § 43a Abs. 2 ausdrücklich erwähnt wird. Dies ist auch nicht erforderlich, weil sie als Sonderform der PartG keine andere berufsrechtliche Einordnung erhält. 43

b) Ausländische Prüfer

Wirtschaftsprüfer dürfen sowohl zeichnungsberechtigte Angestellte/Vertreter (s. hierzu Anm. zu Abs. 1 Rn. 13 ff.) als auch gesetzl. Vertreter einer **ausländischen Prüfungsgesellschaft** sein; entsprechendes gilt für den Angestellten-/Vertreterstatus bei einem **Angehörigen eines ausländischen Prüferberufes.** Er muss jedoch 44 befugt bleiben, seine **Vorbehaltsaufgaben als WP wahrzunehmen** (vgl. Rn. 36, 37).

45 Weitere Voraussetzung ist, dass die Berufsausübung bei einem Angehörigen des ausländischen Prüferberufes o. einer Prüfungsgesellschaft im Wesentlichen **dem deutschen Berufsrecht entspricht.** Fraglich kann dies nur bei Staaten außerhalb der EU sein. Die WPK hat die notwendige Vergleichbarkeit bisher bei Australien, Brasilien, Hongkong, Japan, Mexiko, Russland, Türkei, Vereinigte Arabische Emirate u. den USA festgestellt.

c) **Ausländische Steuerberatungsgesellschaften/Rechtsanwaltsgesellschaften**

46 Ebenso wie ein WP gesetzlicher Vertreter einer deutschen StBG u./o. RAG sein darf, ist es ihm auch gestattet, in dieser Funktion – u. nur in dieser – eine **Organstellung** in einer **ausländischen StBG o. RAG** inne zu haben. Auch diese Tätigkeit ist an zwei Bedingungen geknüpft. Er muss weiterhin befugt bleiben, seine **Vorbehaltsaufgaben als WP wahrzunehmen.** Des Weiteren muss die Berufsausübung in der ausländischen Gesellschaft den Voraussetzungen für deren Berufsausübung der **BRAO o. dem StBerG im Wesentlichen entsprechen.** Diese Frage ist mit der zuständigen deutschen RAK o. StBK zu klären, auch wenn die WPK dies letztlich entscheiden muss.

47 Im Sinne des BundesgleichstellungsG wurde Abs. 2 ab 1.1.2004 dahingehend geändert, dass WP „geschäftsführende Personen, persönlich haftende o. nach dem PartGG verbundene Personen" einer ausländischen Rechtsberatungsgesellschaft o. StBG sein können. Unabhängig v. der Frage, ob der deutsche Gesetzgeber eine Verknüpfung des PartGG zu ausländischem Gesellschaftsrecht erzeugen kann o. will, kann mit dieser Textgestaltung für den Umfang der Berufsausübung zumindest festgestellt werden, dass WP z.B. Partner einer englischen **Limited Liability Partnership** (LLP) sein können, in der sich englische RA zur gemeinsamen Berufsausübung zusammengeschlossen haben. Die LLP weist zum PartGG gewisse Ähnlichkeiten auf. Voraussetzung ist aber, dass die Gesellschaftsform im Ausland den dortigen Angehörigen freier Berufe zur Berufsausübung offen steht.

48 **Ausländische StB u. RA** scheiden konsequenterweise als Arbeitgeber aus, da Anstellungsverhältnisse bei deutschen StB u. RA ebenfalls nicht zulässig sind (vgl. Rn. 20).

IV. Unvereinbare Tätigkeiten (Abs. 3)
1. Allgemeines

49 Die Regelung war bereits in der ersten Fassung der WPO v. 1961 enthalten. Sie zählt auf, welche Tätigkeiten mit dem Beruf des WP unvereinbar sind. Sie steht im Abschnitt Rechte u. Pflichten v. WP u. ist i.Z.m. den in § 43 normierten Berufspflichten zu sehen.

50 WP übernehmen insb. mit der **Durchführung gesetzlicher Pflichtprüfungen wichtige Kontrollfunktionen zugunsten der Öffentlichkeit, der Unternehmen,**

zugunsten des **Kapitalanleger- und des Gläubigerschutzes** (vgl. BT-Drs. 14/3649, S. 17). Es besteht ein erhebliches öffentliches Interesse an der sachgerechten Erfüllung dieser Kontroll- u. Bestätigungsaufgabe, denn der moderne Rechts- und Wirtschaftsverkehr ist auf verlässliche betriebswirtschaftliche Prüfungen im Sinne des § 2 Abs. 1 WPO angewiesen. WP bedürfen vor diesem Hintergrund des besonderen Vertrauens aller am Wirtschaftsleben Beteiligten. Gleiches **gilt auch für die weiteren originären Aufgaben** der WP. Die besondere Bedeutung, die der Gesetzgeber dem Beruf beimisst, zeigt sich in der Notwendigkeit der Eidesleistung (§ 17) und der Befugnis und teilweisen Pflicht zur Siegelführung (§ 48), aber auch in seinen Berufspflichten. Das öffentliche Interesse an einem verlässlichen, das Vertrauen der beteiligten Kreise genießenden Prüfungswesen erfordert, dass der WP unabhängig, eigenverantwortlich und, soweit es insbesondere die Erstattung von Prüfungsberichten und Gutachten betrifft, unparteiisch tätig ist (BVerwG 17.8.2005, NJW 2005, 3795; BVerwG 26.8.1997, WPK-Mitt. 1/1998, 70; BVerwG 26.8.1997, WPK-Mitt. 2/1998, 166; s. auch das Leitbild des wirtschaftsprüfenden Berufes WPK Mag 3/2012, 26). Das **Vertrauen in die sachgerechte, unabhängige und eigenverantwortliche Berufsausübung hat** daher **den Rang eines besonders wichtigen Gemeinschaftsguts** (BVerwG 26.8.1997, a.a.O.).

Vor diesem Hintergrund lassen sich die in Abs. 3 zusammengefassten unvereinbaren Tätigkeiten zum Schutz des Vertrauens in die sachgerechte, unabhängige und eigenverantwortliche Berufsausübung als **Tätigkeitsverbote** o. **Inkompatibilitätsreglungen** vor dem Grundrecht der Berufsfreiheit des Art. 12 Abs. 1 GG rechtfertigen (zum Berufsrecht der WP: BVerfG 21.11.1995, GewArch 1996, 103; BVerwG 26.8.1997, WPK-Mitt 1/1998, 70; OVG Berlin-Brandenburg 23.6.2011, DStR 2011, 1636; OVG Berlin-Brandenburg 10.5.2012, WPK Mag. 3/2011, 43; zum Berufsrecht der StB: BVerfG 15.2.1967, NJW 1967, 1317; BFH 5.9.1978, BFHE 126, 346; BFH 4.8.1987, BFHE 150, 272; 9.2.1993, BFH/NV 1993, 693; zum Berufsrecht der RA: BVerfG 4.11.1992, BVerfGE 87, 287; BGH 26.6.1984, BGHZ 92, 1; BGH 13.2.1995, NJW 1995, 125; BGH 19.6.1995, BRAK-Mitt. 1995, 214; BGH 18.6.2001, NJW-RR 2001, 1642; BGH 10.10.2011, NJW 2012, 615).

51

Sowohl wegen der besonderen Nähe, als auch wegen der z.T. weitreichenden Unterschiede der Berufsbilder, müssen sich die Verbote unter Hinweis auf die Rechtsprechung zum Berufsrecht der StB und RA immer wieder an Art. 3 GG messen lassen. Im Hinblick auf das bezüglich der mit dem Beruf vereinbaren Tätigkeiten von je her liberalere Berufsrecht der RA und das insoweit liberalisierte Berufsrecht der StB betont die Rechtsprechung zum Berufsrecht der WP, dass WP insb. wegen der ihnen übertragenen Kontroll- und Bestätigungsaufgaben im öffentlichen Interesse mit RA und StB, deren Aufgabe zunächst in der Wahrung von Mandanteninteressen bestehe, nicht vergleichbar seien, sondern eher den Notaren näher stehen würden (BVerwG 17.8.2005, NJW 2005, 3795; OVG Rheinland-Pfalz 29.03.1994, GewArch 1994, 413; VG Berlin 24.11.2011, DStR 2011, 1636). Der Gesetzgeber ist damit nicht gehalten, Liberalisierungen im Berufsrecht der RA oder StB wie selbstverständlich auch auf das Berufsrecht der WP zu erstrecken, zumal es für WP die

52

Möglichkeit der Beurlaubung nach § 46 (VG Berlin 23.6.2011; DStRE 2011, 1490) und den umfangreichen Katalog vereinbarer Tätigkeiten in § 43a Abs. 4 gibt.

53 Die **Tätigkeitsverbote** des § 43a Abs. 3 **dienen dem Schutz des Vertrauens** in die sachgerechte, unabhängige und eigenverantwortliche Berufsausübung **in zweifacher Weise**. Zum einen stellen sie sicher, dass der WP tatsächlich nicht in Situationen gerät, die eine Gefahr für die pflichtgemäße Berufsausübung darstellen. Zum anderen bezweckt das Verbot aber auch, bereits den Anschein einer Gefährdung von Berufspflichten durch die Ausübungen einer unvereinbaren Tätigkeit zu vermeiden (BVerwG 26.8.1997, WPK-Mitt. 1/1998, 70; BVerwG 26.8.1997, WPK-Mitt. 2/1998, 166). Vom Verbot unvereinbarer Tätigkeiten sind folglich nicht nur die tatsächlich Ausübung solcher Tätigkeiten erfasst, sondern auch (berufliche) Tätigkeiten, die durch ihre Darstellung den Eindruck von unvereinbaren Tätigkeiten erwecken.

54 Mit der Normierung bestimmter unvereinbarer Tätigkeiten legt der Gesetzgeber dar, bei welchen Tätigkeiten bereits eine **abstrakte Gefahr** für die unabhängige, unparteiische u. eigenverantwortliche Berufsausübung besteht (BVerwG 26.8.1997, a.a.O.; BVerwG 26.8.1997, a.a.O.). Einer hinzutretenden konkreten Gefahr oder einer tatsächlichen Interessenkollision bedarf es daher nicht (VG Berlin 28.05.2009, 16 K 18.09, juris)

55 Ergänzend verpflichtet der Gesetzgeber WP in § 43 Abs. 2 Satz 1, sich bei einer **konkreten Gefahr** für die unabhängige, unparteiische u. eigenverantwortliche Berufsausübung einer unvereinbaren oder einer mit dem Ansehen des Berufes unvereinbaren Tätigkeit zu enthalten.

56 Unerheblich ist insoweit, ob der WP die Tätigkeit unter der Bezeichnung als WP ausübt o. nicht; er kann sich durch das Weglassen der Berufsbezeichnung „Wirtschaftsprüfer" nicht den berufsrechtlichen Pflichten entziehen.

57 Eine **fortdauernde unvereinbare Tätigkeit** sanktioniert der Gesetzgeber mit dem zwingenden **Widerruf der Bestellung** (§ 20 Abs. 2 Nr. 1).

58 Das Verbot unvereinbarer Tätigkeiten sowohl in § 43a Abs. 3 als auch in § 43 Abs. 2 Satz 1 stellt aber auch eine **eigenständige Berufspflicht** dar. Hat der WP die unvereinbare Tätigkeit – etwa unter dem Eindruck des angedrohten Widerrufes seiner Bestellung – bereits eingestellt, kann die zeitweise Ausübung einer unvereinbaren Tätigkeit im Rahmen der BA geahndet werden (§§ 61a ff.).

59 Die Berufspflichtverletzung u. der Widerrufs- bzw. Rücknahmegrund entfallen für die Dauer einer wegen der ausgeübten unvereinbaren Tätigkeit nach § 46 gewährten **Beurlaubung**.

60 Zu beachten ist, dass für unvereinbare Tätigkeiten **kein Versicherungsschutz** der Haftpflichtversicherung des WP besteht, selbst wenn der WP sie unter der Berufsbezeichnung ausführt. Die Versicherung deckt grds. nur die sich aus der Berufstä-

tigkeit ergebenden Haftpflichtgefahren für Vermögensschäden ab (§ 54 Abs. 1 Satz 1).

Die Regelung stellt ein **gesetzl. Verbot i.S.d. § 134 BGB** dar. Danach ist ein Rechts- 61
geschäft nichtig, das gegen ein gesetzliches Verbot verstößt und sich aus dem Gesetz nichts anderes ergibt. Ob ein Verstoß gegen § 43a Abs. 3 gemäß § 134 BGB zur Nichtigkeit führt, hängt damit davon ab, ob sich aus der berufsrechtlichen Norm „anderes" ergibt. Dabei ist zu berücksichtigen, dass sich das Verbot nur gegen den Berufsangehörigen, nicht auch gegen seinen Vertragspartner, richtet. Nach der Rspr. des BGH führt ein Verbotsgesetz, das sich nur gegen einen der Vertragspartner richtet, i.d.R. nicht zur Nichtigkeit des verbotenen Rechtsgeschäfts (vgl. BGH 26.11.1980, NJW 1981, 1205). Anders liegt es aber dann, wenn es mit dem Sinn u. Zweck des Verbotsgesetzes unvereinbar wäre, die durch das Rechtsgeschäft getroffene rechtliche Regelung hinzunehmen u. bestehen zu lassen (BGH 30.4.1992, DB 1992, 1466). Sinn u. Zweck des Verbotes der regelmäßig auf Dauer angelegten unvereinbaren Tätigkeiten ist es, die Einhaltung der Berufspflichten zu sichern u. so das Ansehen des Berufes zu wahren. Ein Verstoß gegen das Verbot kann wohl durch präventive als auch durch repressive berufsrechtliche Maßnahmen geahndet werden. Dennoch erfordern Sinn u. Zweck des Verbotes weder die zivilrechtliche Nichtigkeit des der unvereinbaren Tätigkeit zugrundeliegenden Rechtsgeschäftes (Geschäftsführerbestellung, Anstellungsvertrag) noch eines einzelnen, im Rahmen der Ausübung einer unvereinbaren Tätigkeit zustande gekommenen Vertrages (so auch BGH 23.10.1980, BGHZ 78, 263 ff. zum Gewerbeverbot im StBerG).

§ 43a Abs. 3 gilt gemäß § 130 Abs. 1 entsprechend **für vBP** u. nach § 71 auch **für** 62
VO-Mitglieder, GF u. phG einer WPG, die nicht WP sind.

2. Gewerbliche Tätigkeit (Nr. 1)

a) Berufsrechtlicher Gewerbebegriff

§ 43a Abs. 3 Nr. 1 verbietet WP die Ausübung von gewerblichen Tätigkeiten. Die 63
WPO definiert die gewerbliche Tätigkeit nicht.

Die Begr. zum Entwurf der WPO v. 13.2.1958 (BT-Drs. 3/201, 52) erläutert den 64
Begriff der gewerblichen Tätigkeit durch das Bsp. der *„Inhaberschaft eines kaufmännischen Unternehmens"*. In der Begr. zum Entwurf der 3. WPO-Novelle (BT-Drs. 12/5685, 27) v. 1992 wird bei der Übernahme des früheren § 43 Abs. 3 Nr. 1 in § 43a Abs. 3 Nr. 1 ausdr. festgestellt, dass gewerbliche Tätigkeiten mit dem Beruf des WP unvereinbar bleiben, weil hierdurch die Einhaltung der Berufspflichten unterlaufen werden kann. Die Ausübung gewerblicher Tätigkeiten könne zu **Interessenkollisionen o. zu einer Gefährdung der Unabhängigkeit** des WP führen u. sei insb. auch mit der **Unparteilichkeit (Objektivität)** des WP als AP nicht zu vereinbaren (BT-Drs., a.a.O.). Aus der generalisierenden Begr. des Gesetzentwurfes ergibt sich, dass dem WP generell jede gewerbliche Tätigkeit untersagt werden soll, ohne dass es darauf ankommt, ob im Einzelfall bei einer gewerblichen Tätigkeit eine Interessenkollision o. wirtschaftliche Abhängigkeit tats. eintritt.

65 Nach Ansicht des BVerfG begründet die Ausübung einer gewerblichen Tätigkeit die **Gefahr, dass WP die erworbenen Kenntnisse der Geschäftsvorgänge v. Mandanten im eigenen Interesse zu Nutze machen**; dies beeinträchtige die Unabhängigkeit u. Unparteilichkeit des Berufsangehörigen. Der Gesetzgeber darf danach v. der bloßen Möglichkeit ausgehen, dass berufliche Kombinationen zu Gefahren für die Schutzgüter führen u. eine strikte Trennung deshalb erforderlich sei (BVerfG 4.11.1992, NJW 1993, 318 ff.). An seiner Auffassung hat das BVerfG auch in einer späteren Entscheidung festgehalten (BVerfG 21.11.1995, WPK-Mitt. 1996, 116).

66 Die Rechtsprechung nimmt eine berufsrechtlich gewerbliche Tätigkeit im Hinblick auf den besonderen Schutzzweck des Verbotes u. den in anderen Rechtsgebieten entwickelten Begriffs der gewerblichen Tätigkeit an, wenn sie selbstständig u. dauerhaft ausgeübt wird u. maßgeblich v. erwerbswirtschaftlichem Streben nach Gewinn gekennzeichnet ist (KG 24.10.2003 WPK Mag. 1/2004, 47; VG Berlin 30.8.2007, WPK Mag. 4/2007, 69; VG Berlin 28.5.2009, 16 K 18.09, juris; OVG Berlin-Brandenburg 10.5.2011, WPK-Mag. 3/2011, 43). Wegen des besonderen berufsrechtlichen Schutzzweckes des Verbotes der gewerblichen Tätigkeit kommt es dabei nicht darauf an, ob der WP im eigenen o. im fremden wirtschaftlichen Interesse handelt u. in welcher Rechtsform die gewerbliche Tätigkeit ausgeübt wird. Auch organschaftliches Handeln für eine gewerblich tätige Gesellschaft wird geprägt durch den Charakter der Unternehmenstätigkeit u. ist daher selbst als gewerblich einzustufen (VG Berlin 30.8.2007, WPK-Mag. 4/2007, 69; VG Berlin 28.5.2009, 16 K 18.09, juris; BGH 4.3.1996, NJW 1996, 1833).

67 Da sich die Bedeutung der berufsrechtlichen Gewerblichkeit nach dem besonderen berufsrechtlichen Schutzzweck des Verbotes bestimmt, ist der Begriff mit dem handels-, steuer- o. gewerbe-aufsichtsrechtlichen Begriff der gewerblichen Tätigkeit nicht zwingend identisch. Nach dem Handels-, Steuer- o. Gewerbeaufsichtsrecht gewerbliche Tätigkeiten können, müssen aber nicht zugleich auch berufsrechtlich gewerblich sein.

68 Auf eine **Nachhaltigkeit der Tätigkeit** kommt es nicht an, so dass dieses Merkmal für den berufsrechtlichen Gewerbebegriff keine Bedeutung hat. Denn sofern die übrigen Merkmale eines Gewerbes vorliegen, ist eine Gefährdung der Schutzgüter auch bei einmaliger Tätigkeit gegeben (so auch LG Düsseldorf 18.2.1994, WPK-Mitt. 1994, 117).

b) **Einzelfälle gewerblicher Tätigkeit**
aa) **Betrieb eines einzelkaufmännischen Gewerbebetriebes**

69 Der Betrieb eines kaufmännischen Gewerbebetriebes ist berufsrechtlich gewerblich. (BT-Drs. 3/201, 52). Auf dem Umfang der Tätigkeit kommt es nicht an.

bb) **Organschaftliches Handeln für gewerbliche Unternehmen**

70 Die Tätigkeit als gesetzlicher Vertreter eines gewerblichen Unternehmens stellt eine berufsrechtlich gewerbliche Tätigkeit dar. Der gewerbliche Charakter der Unter-

nehmenstätigkeit prägt das Handeln des Geschäftsführers als Organ, weil er den Unternehmenszweck fördern u. die kaufmännisch-erwerbswirtschaftlichen Interessen der Gesellschaft wahren muss (BVerwG 26.9.2012, NJW 2013, 330; OVG Berlin-Brandenburg 23.6.2011, DStR 2011, 1636; BGH 4.3.1996, NJW 1996, 1833). Die Übernahme der Organfunktion für eine gewerbliche Gesellschaft ist damit mit dem Beruf des WP unvereinbar.

Gewerbliche Unternehmen sind alle Kapitalgesellschaften u. Personenhandelsgesellschaften. Ihre berufsrechtliche Gewerblichkeit wird unabhängig v. Umfang der Tätigkeit bereits durch die Rechtsform begründet. Es genügt bereits der durch das HR begründete Anschein einer gewerblichen Tätigkeit des Unternehmens, um das Vertrauen der Öffentlichkeit in die Unabhängigkeit u. Unparteilichkeit eines aus dem gewerblichen Unternehmen heraus tätigen WP zu erschüttern (VG Berlin 30.8.2007 WPK-Mag. 4/2007, 69). Vor diesem Hintergrund entfällt die berufsrechtlich Gewerblichkeit einer Gesellschaft auch nicht bei Gemeinnützigkeit (OVG Berlin-Brandenburg 23.6.2011, DStR 2011, 1636; OVG NRW 20.12.2011, Stbg 2012, 229).

Auf den **Umfang der Tätigkeit** kommt es nicht an. Wegen des besonderen Schutzzweckes des Verbotes der gewerblichen Tätigkeit ist es unerheblich, wenn neben dem WP weitere gesetzliche Vertreter bestellt sind u. der WP sich auf **untergeordnete Tätigkeiten** o. Tätigkeiten beschränkt, die dem Berufsbild zugeordnet werden können (BGH 29.2.1988, NJW 1988, 3274; BGH 4.3.1996, NJW 1996, 1833). Wegen das dadurch erweckten Rechtsscheins ist bereits die bloße Eintragung eines WP als GFO. Prokurist eines gewerblichen Unternehmens in das HR ausreichend (VG Berlin 30.8.2007, WPK-Mag. 4/2007, 69). Unbeachtlich ist es weiter, wenn der WP ehrenamtlich u. unentgeltlich tätig ist u. ledigl. eine Aufwandsentschädigung erhält (OVG Berlin-Brandenburg 23.6.2011, DStR 2011, 1636).

Die Geschäftsführung einer **Vorratsgesellschaft** ist ebenfalls als gewerbliche Tätigkeit unzulässig (LG München 31.8.1992, WPK-Mitt. 1993, 77; LG Hamburg 17.8.1993, StB 1993, 387). Es wird WP aber zugestanden, eine **Vorratsgesellschaft für die Anerkennung als Berufsgesellschaft** zu erwerben u. vorrübergehend die Geschäftsführerstellung einzunehmen, wenn die Anerkennung als Berufsgesellschaft unverzüglich in die Wege geleitet wird.

Gewerblich ist auch die Tätigkeit als **GF einer Berufsgesellschaft**, die gewerbliche Tätigkeiten wahrnimmt, die dem Berufsbild nicht nach § 2 u. § 43a Abs. 4 gesetzlich zugeordnet sind (BVerwG 29.9.2012, 8 C 26/11, juris; OVG Rheinland-Pfalz 22.6.2011, DStR 2011, 1730; FG Rheinland-Pfalz 24.2.2010, NWB 18/2010, 1404 für eine StBG mit Inkassotätigkeit). Maßgeblich ist hier allein die tatsächlich gewerbliche Tätigkeit, da ein gewerblicher Rechtsschein wegen der Anerkennung als Berufsgemeinschaft ausscheidet.

Zu den unvereinbaren gewerblichen Tätigkeiten zählt auch die Tätigkeit als **GF einer ehemaligen Berufsgesellschaft** nach deren Verzicht auf die Anerkennung o. die Tätigkeit als GF einer Berufsgesellschaft in der Insolvenz, die v. Insolvenzverwalter (vorläufig) fortgeführt wird, nicht aber die Tätigkeit als Liquidator einer aufgelösten Berufsgesellschaft.

76 Unzulässig ist aber nicht nur die formelle Geschäftsführung, sondern auch die **tats. Geschäftsführung** einer gewerblichen Gesellschaft. Gewerblich i.S. des Art. 43a Abs. 3 Nr. 1 ist jedes Tätigwerden aus einem gewerblichen Unternehmen heraus.

77 **Beschränkungen in der Geschäftsführung** reichen nicht aus, das Verbot der gewerblichen Tätigkeit auszuheben. Wie ausgeführt, kommt es auf die abstrakte Gefährdung an (Rn. 54, 64). Zudem bezieht sich die Beschränkung in der Geschäftsführung auf das Innenverhältnis. Eine rechtliche Außenwirkung hat sie nicht u. ist Dritten auch nicht bekannt. Zumindest der Anschein der gewerblichen Tätigkeit bleibt u. macht die Tätigkeit unzulässig.

78 Bei der Tätigkeit als VO-Mitglied einer AG o. GF einer GmbH kommt im Allgemeinen hinzu, dass die Tätigkeit nach Abs. 3 Nr. 2 unzulässig ist, da i.d.R. zumindest ein faktisches **Anstellungsverhältnis** im Sinne dieser Norm vorliegt.

cc) Vortrags- und Fortbildungsveranstaltung

79 Die freie Vortragstätigkeit stellt nach § 43a Abs. 4 Nr. 6 u. 7 zunächst eine mit dem Beruf vereinbare Tätigkeit dar. Die Tätigkeit bekommt aber ein gewerbliches Gepräge und wird damit mit dem Beruf unvereinbar, wenn der WP als Veranstalter oder Mitveranstalter von Vortragsveranstaltungen auftritt, die jedermann gegen Entgelt zugänglich sind (LG Düsseldorf 18.2.1994, WPK-Mitt. 2/1994, 117). Überdies kann die Vortragstätigkeit auch aufgrund ihres Umfanges in eine gewerbliche Tätigkeit umschlagen (BGH 25.2.2003, NJW 2003, 1540).

80 Gleiches gilt auch für Fortbildungsseminare (LG Düsseldorf 28.2.1994, WPK-Mitt. 2/1994, 118; BVerfG 21.11.1995, WPK-Mitt. 2/1996, 116), da der Geschäftserfolg in diesem Zweitberuf auch davon abhängen wird, dass in den Aus- u. Fortbildungsveranstaltungen die Preisgabe von Insiderwissen erhofft wird.

dd) Treuhandtätigkeiten

81 Nach § 2 Abs. 3 Nr. 3 sind WP zur **treuhänderischen Verwaltung** befugt. Hiervon ist vor dem Hintergrund des Verbotes gewerblicher Tätigkeiten aber nicht die sog. **gewerbliche Treuhand** erfasst. Allerdings ist bei der Wahrnehmung treuhänderisch geprägter Dienstleistungen die Grenze zwischen einer tendenziell freiberuflich o. ähnlich geprägten Aufgabenwahrnehmung einerseits und einer gewerblichen Tätigkeit andererseits fließend. Bei entsprechender Gestaltung kann deshalb im Einzelfall durchaus in Betracht kommen, eine Treuhandtätigkeit nicht mehr als eine nach § 2 Abs. 3 Nr. 3 WPO erlaubte „treuhänderische Verwaltung", sondern als eine für den WP unzulässige gewerbliche Tätigkeit zu qualifizieren (KG 24.10.2003 WPK Mag. 1/2004, 47). Ggf. ist auch zwischen einzelnen wahrgenommenen Tätigkeiten im Rahmen einer Treuhandvereinbarung zu differenzieren (BFH 21.4.1994, WPK-Mitt. 4/1994, 252).

82 Zu Treuhandtätigkeiten zählen auch **Tätigkeiten als Partei kraft Amtes**, wie z.B. als **Testamentsvollstrecker** (§ 2 Rn 21) oder **Insolvenzverwalter** (§ 2 Rn. 21).

Diese Treuhandtätigkeiten stellen in keinem Fall eine berufsrechtlich gewerbliche Tätigkeit dar, selbst wenn Gegenstand der Verwaltung der Betrieb eines gewerblichen Unternehmens ist.

ee) Beteiligung an gewerblichen Unternehmen
Die **bloße Beteiligung** an einer gewerblichen Kapitalgesellschaft stellt trotz der damit verbundenen Einflussnahmemöglichkeit noch keine gewerbliche Tätigkeit dar (BGH 10.7.1986, StB 1987, 110; OLG Celle 12.12.2000, DStRE 2001, 1006). Maßgeblich ist vielmehr, ob der WP zumindest faktisch die Geschäftsführung ausübt. Die Beteiligung als Gesellschafter einer oHG o. als persönlich haftender Gesellschafter einer KG ist dagegen stets unzulässig, da der Gesellschafter hier maßgeblich an der Geschäftsführung beteiligt ist. Unzulässig ist es auch, wenn der WP nur formell die Stellung als Kommanditist hat, tats. aber die Aufgabe eines GF ausübt (OLG Stuttgart 18.10.1983, StB 1984, 115 ff.). 83

ff) Kooperationen
Die **Kooperation** (§ 44b Rn. 48 ff.) **mit Gewerbetreibenden** fällt nicht unter das Gewerbeverbot. Da der abstrakte Gefährdungstatbestand des § 43a Abs. 3 nicht greift, ist die Kooperation mit Gewerbetreibenden vielmehr grds. zulässig. Im Einzelfall kann sie aber in Abhängigkeit von der konkreten vertraglichen o. organisatorischen Ausgestaltung gegen die Grundsätze der Unabhängigkeit o. Eigenverantwortlichkeit verstoßen. So hat das LG Düsseldorf am 24.7.2003 (DStRE 2004, 430 ff.) einen StB einer Berufspflichtverletzung für schuldig gesprochen, weil er seine Praxis mit einem Gewerbetreibenden in gemeinsamen Räumlichkeiten führte. 84

c) Ausnahmen vom Verbot der gewerblichen Tätigkeit
Das Verbot der Ausübung gewerblicher Tätigkeiten soll das für einen funktionierende Wirtschaftsprüferwesen notwendige Vertrauen in die sachgerechte, unabhängige und eigenverantwortliche Berufsausübung schützen (Rn. 53, 64). Die dadurch gerechtfertigte Beschränkung der Berufsfreiheit findet ihre Grenze dort, wo durch die außerberufliche gewerbliche Betätigung des WP die Gefährdung von Berufspflichten oder der Anschein der **Gefährdung von Berufspflichten mit der notwendigen Sicherheit ausgeschlossen** ist. 85

aa) Verwaltung eigenen Vermögens im Rahmen gewerblicher Gesellschaften
Nicht gewerblich ist eine vermögensverwaltende Tätigkeit im Rahmen einer gewerblichen Gesellschaft, wenn sie sich nachweislich auf das **eigene Vermögen des WP**, seiner **Kernfamilie** oder **langjähriger Berufskollegen** beschränkt, wenn die damit verbundene Teilnahme am Wirtschaftsleben unter einer neutralen Bezeichnung erfolgt und über ein absolut zu vernachlässigendes Maß nicht hinausgeht. Der Begriff Kernfamilie orientiert sich an § 116 Abs. 3 WPO, kann im Einzelfall (z.B. Eltern) aber auch darüber hinausgehen. 86

Wann die mit der Verwaltung des eigenen Vermögens verbundene **Marktteilhabe** über ein absolut zu vernachlässigendes Maß nicht hinausgeht, lässt sich nicht allgemein bestimmen. Erforderlich ist die Betrachtung des Einzelfalls unter Berücksichtigung aller Umstände. Für eine Gewerblichkeit sprechen dabei folgende Merkmale: 87

- die Notwendigkeit der Einrichtung und Unterhaltung kaufmännischer Organisationsstrukturen, wie z.b. gesonderte Büroräume, besondere Kommunikationswege, eigene Mitarbeiter,
- der Außenauftritt (Darstellung im Internet, Gestaltung des Briefbogens, Firma),
- die Anzahl und Dauer der bestehenden Vertragsverbindungen,
- der Umsatz, sofern dieser einen Rückschluss auf den Geschäftsumfang zulässt,
- die Nähe der Betätigung zum Investorentum statt zum Unternehmertum und
- ob der WP selbst oder vertreten durch eine Dritten am Wirtschaftsleben teilnimmt.

Diese Merkmale müssen weder kumulativ vorliegen, noch stehen sie zueinander in einer festen Gewichtung. Maßgeblich ist stets der Einzelfall.

88 Vor diesem Hintergrund fällt etwa die Tätigkeit als GF einer gewerblichen Gesellschaft nicht unter das Verbot der gewerblichen Tätigkeit, in die ausschließlich das **Wohngrundstück** oder die **Betriebsimmobilie des WP** eingebracht wurde.

bb) Hausverwaltung

89 Die **Verwaltung eigener Immobilien** stellt keine gewerbliche Tätigkeit dar, wenn die damit verbundene **Marktteilnahme** nach den vorgenannten Kriterien (Rn. 87) über ein absolut zu vernachlässigendes Maß nicht hinausgeht. Erfolgt die Hausverwaltung in einem **gewerblichen Rechtskleid** gelten die in Rn. 70, 87 ff. niedergelegten Kriterien.

cc) Betrieb von Photovoltaikanlagen

90 Der Betrieb einer Photovoltaikanlage zur primären **Eigenversorgung** unterfällt nicht dem Verbot der gewerblichen Tätigkeit. Gleiches gilt für den Betrieb einer Photovoltaikanlage, die nicht der Eigenversorgung dient, nur, wenn die mit dem Betrieb verbundene **Marktteilhabe** über ein absolut zu vernachlässigendes Maß nicht hinausgeht (Rn. 87). Dies ist der Fall, wenn der WP einen langfristigen Einspeisevertrag mit einem Energieversorger abschließt und die Wartung der Anlage langfristig auf einen Dritten überträgt. Gewerblich wird der Betrieb einer Photovoltaikanlage aber, wenn er durch eine durch den WP vertretene **gewerbliche Gesellschaft** (Rn. 70 ff.) erfolgt. Soll der Betrieb im Rahmen einer GbR erfolgen, ist eine Beteiligung an der GbR nur unter der Voraussetzung möglich, dass der WP gesellschaftsvertraglich v. der Geschäftsführung ausgeschlossen wird, sofern die GbR die in Rn. 87 dargelegten Voraussetzungen für eine nachrangige Marktteilnahme nicht erfüllt.

dd) Betrieb einer Land- oder Forstwirtschaft

91 Die für den Betrieb einer Photovoltaikanlage entwickelten Grundsätze (Rn. 90) gelten auch für den Betrieb einer **Land- oder Forstwirtschaft**.

ee) Arbeitsvermittlung

92 Die **Arbeitsvermittlung** ist als gewerbliche Tätigkeit v. einer mit dem Beruf vereinbaren **Personalberatung** abzugrenzen. Die Personalberatung ist Teil der weit gefassten Beratung in wirtschaftlichen Angelegenheiten, die nach § 2 Abs. 3 Nr. 2 zu den Aufgaben des WP zählt u. damit eine Tätigkeit des freien Berufes ist. Im

Rahmen der Personalberatung kann der WP grds. auch an der Auswahl v. Mitarbeitern beteiligt sein, sofern es sich dabei um Mitarbeiter auf Leitungsebene bzw. Mitarbeiter im Bereich des Rechnungswesens handelt (WPK, WPK-Mag. 2005, 36).

ff) Privatbereich
Bei sonstigen Geschäften, die der WP außerhalb seine Berufslebens ausschließl. in der Privatsphäre tätigt, dürfte i.d.R. eine nur unerhebliche **Teilnahme am Wirtschaftsleben** gegeben sein bzw. es an einer Einnahmeerzielungsabsicht fehlen. So betätigt sich nach dem Gesagten der WP, der bspw. einige Rebstöcke hat u. den Wein im Bekanntenkreis verteilt, nicht gewerblich i.S.d. WPO. Sobald er allerdings seinen Vertrieb ausweitet u. die in Rn.87 beschriebene Grenze überschreitet, liegt eine gewerbliche Tätigkeit vor. Wie bei der Verwaltung eigenen Vermögens ist dies eine Frage des Einzelfalls. 93

gg) Ausübung anderer freier Berufe
Auch die **Tätigkeit anderer freier Berufe** hat der Gesetzgeber als nicht gewerblich eingestuft. Voraussetzung ist, dass der **Beruf innerhalb des jeweiligen Berufsrechts** ausgeübt wird. Ausgenommen v. dem berufsrechtlichen Gewerbebegriff sind damit Tätigkeiten, die dem Berufsbild eines freien Berufes zugewiesen sind u. in der gesetzlich vorgeschriebenen Form wahrgenommen werden. 94

3. Anstellungsverhältnis (Nr. 2)

a) Begriff des Anstellungsverhältnisses
§ 43a Abs. 3 Nr. 2 verbietet WP die Eingehung außerberuflicher Anstellungsverhältnisse. Das Verbot wird von Rechtsprechung auf die allgemeine Erfahrung zurückgeführt, dass jede Anstellung zu einem Verlust an Selbstständigkeit führt. Arbeits- u. dienstrechtliche Beziehungen sind typischerweise auf Dauer angelegt u. begründen Rücksichtnahme- u. Treuepflichten. Der unselbstständig Tätige wird nachhaltig in die Interessensphäre des Dienstherrn eingebunden. Im Grundsatz nicht anders als bei Beamten entsteht eine Sonderbeziehung, die zwar punktuell rechtlich greifbar sein mag, gleichwohl ein unwägbares Risiko für eine unabhängige Berufsausübung darstellt, denn mit der Einbuße an „äußerer" Unabhängigkeit engt sich tendenziell auch die „innere" Entscheidungsfreiheit ein (BVerwG 26.8.1997, WPK-Mitt. 1/1998, 70; BVerwG 26.8.1997, WPK-Mitt. 2/1998, 166). 95

Auf die **Form der vertraglichen Vereinbarung** kommt es nicht an. Das Verbot erstreckt sich auch auf faktische Anstellungsverhältnisse. Dieses weite Verständnis erscheint auf den ersten Blick als Beschränkung der Berufsfreiheit, tatsächlich begründete es aber zugleich einen weiten Anwendungsbereich für die Ausnahmegenehmigung nach Abs. 3 Nr. 2 (Rn. 102 ff.) 96

Ebenso wie das Verbot gewerblicher Tätigkeiten (Rn. 63 ff.) bezweckt auch das Verbot der Eingehung außerberuflicher Anstellungsverhältnisse bereits den **Anschein einer durch ein Anstellungsverhältnis vermittelten Abhängigkeit des WP** zu vermeiden und auf diese Weise das Vertrauen der am Wirtschaftsleben Beteiligten in die Verlässlichkeit der Wirtschafts- und Buchprüfung zu sichern 97

(BVerwG 26.8.1997, WPK-Mitt. 1/1998, 70; BVerwG 26.8.1997, WPK-Mitt. 2/1998, 166).

98 Die Eingehung eines außerberuflichen Anstellungsverhältnisses begründete eine **abstrakte Gefahr** für die Einhaltung der Berufspflichten (Rn. 54), die das Verbot vor dem Hintergrund der Möglichkeit der Beurlaubung und des umfangreichen Kataloges der vereinbaren Tätigkeiten in Abs. 4 ebenso wie seine Durchsetzung durch den Widerruf der Bestellung rechtfertigt.

b) **Freie Mitarbeit**

99 Nach den unter Rn. 95 aufgezeigten Kriterien der Rechtsprechung ist auch die freie Mitarbeit zu beurteilen. Die sozialversicherungspflichtige Einordnung einer Tätigkeit als freie Mitarbeit bedeutet nicht zwangsläufig, dass diese nicht dennoch eine die Einhaltung der Berufspflichten gefährdende Abhängigkeit und damit ein außerberufliches Anstellungsverhältnis i.S. der Nr. 2 begründet. Maßgeblich ist die Ausgestaltung des Vertragsverhältnisses (Rn. 6). Die Frage, ob eine echte o. unechte freie Mitarbeit gegeben ist, spielt nur für die Einordnung als selbstständige o. unselbstständige Berufsausübung nach § 43a eine Rolle.

100 Für eine **selbstständige Tätigkeit** u. gegen ein unvereinbares außerberufliches Anstellungsverhältnis spricht, wenn der WP viele weitere Mandanten hat, Regelungen zur Arbeitszeit u. zum Arbeitsplatz fehlen, kein festes Gehalt vereinbart ist, der WP eigene Arbeitsmittel nutzt u. er keinen die Einhaltung der Berufspflichten in Frage stellenden fachlichen Weisungen o. Einflussnahmen unterliegt. Die Bezeichnung der Vereinbarung als „Freier Mitarbeiter Vertrag" o. dergleichen ist ohne Bedeutung. In Fällen einer freien Mitarbeit für Tätigkeiten der Abs. 1 u. 2 o. Abs. 4 Nr. 2, 3, 4, 5 u. 8 bedarf es schon deswegen keiner Abwägung, da auch insoweit ein Anstellungsverhältnis erlaubt ist.

c) **berufliche Anstellungsverhältnisse**

101 Ausgenommen vom Verbot sind die in Nr. 2 abschließend aufgezählten **beruflichen Anstellungsverhältnisse**. Diese begründen aufgrund der rechtlichen Rahmenbedingungen der Anstellungsverhältnisse keine Gefährdung v. Berufspflichten.

d) **Ausnahmetatbestände**

102 Die WPK kann in Ausnahmefällen eine **treuhänderische Verwaltung in einem Anstellungsverhältnis** für vereinbar erklären. Die Entscheidung liegt im Ermessen der WPK, wenn die Tatbestandsvoraussetzungen vorliegen („kann").

103 Die Erteilung der **Ausnahmegenehmigung** setzt voraus, dass es sich um eine treuhänderische Verwaltung in einem Angestelltenverhältnis handelt, die vorübergehend ist u. die Eingehung eines Angestelltenverhältnisses erfordert. Als Ausnahme v. grds. Verbot ist die Vorschrift eng auszulegen. Eine zeitliche Obergrenze für die vorübergehende Dauer ist dabei je nach Einzelfall festzulegen (WPK, WPK-Mitt. 1999, 32).

104 Regelfall für die Erteilung der Ausnahmegenehmigung ist die **Notgeschäftsführung für eine gewerbliche Gesellschaft**. Ein Notgeschäftsführer ist in dringenden

Fällen vom Gericht zu bestellen, wenn die Gesellschaft wegen Fehlens der Geschäftsführung handlungsunfähig ist. Die Ursache der Handlungsunfähigkeit ist dabei unbeachtlich. Da der Notgeschäftsführer die Rechtsstellung eines regulären Geschäftsführers einnimmt, ist die Tätigkeit als Notgeschäftsführer mit den Beruf nach § 43a Abs. 3 Nr. 1 WPO unvereinbar. Eine Ausnahmegenehmigung kann daher nur erteilt werden, wenn die Gesellschaft in einer Notsituation, d.h. nachweislich ohne gesetzlichen Vertreter ist u. der WP aufgrund besonderer Umstände, etwa wegen der vorausgehenden Beratung der Gesellschaft oder zumindest eines ihrer Gesellschafter, besonders geeignet erscheint.

Wegen des einschränkungslosen Verbotes gewerblicher Tätigkeiten muss sich der WP darüber hinaus auf die bloße Übernahme der Organfunktion, treuhänderische Tätigkeiten u. etwaige nach innen gerichtete Maßnahmen beschränken. Für die Teilnahme der Gesellschaft am allgemeinen Wirtschaftsleben muss nachweislich ein Dritter, etwa ein Prokurist oder Generalbevollmächtigter, vorhanden sein. Die Ausnahmegenehmigung ist zeitlich auf das absolut nötige Maß zu beschränken. Die Bestellung durch das Gericht ist berufsrechtlich nicht zwingend erforderlich, erleichtert der WPK aber die Entscheidung zugunsten des betroffenen WP. 105

Eine weitere Möglichkeit zur Erteilung einer Ausnahmegenehmigung besteht bei sog. **Sanierungsfällen**. Ein Sanierungsfall ist dabei nicht schon jede wirtschaftliche Schieflage; erforderlich ist vielmehr eine ernsthafte Existenzgefährdung des Unternehmens, wie sie etwa dem Schutzschirmverfahren nach § 270b InsO zugrunde liegt. Das Vorliegen dieser Voraussetzungen, insb. auch des Umstandes, dass die Sanierung nicht als Berater des Unternehmens begleitet werden kann, hat der WP der WPK nachzuweisen. Wegen des einschränkungslosen Verbotes gewerblicher Tätigkeiten muss sich die Tätigkeit des WP auf die zur Notgeschäftsführung dargestellten Aufgaben (Rn. 105) beschränken. 106

4. Beamtentätigkeit (Nr. 3)

Ein Beamtenverhältnis o. ein Richterverhältnis gefährdet die Unabhängigkeit des WP, wie die gewerbliche Tätigkeit nach Nr. 1 u. das Anstellungsverhältnis nach Nr. 2. Deshalb verbietet Nr. 3 jede Tätigkeit aufgrund eines Beamtenverhältnisses o. aufgrund eines nicht ehrenamtl. Richterverhältnisses mit Ausnahme v. Abs. 4 Nr. 2. 107

Ein Beamtenverhältnis ist geprägt v. der **Treuepflicht des Beamten**. Insoweit ist er noch stärker an den Dienstherrn gebunden als der Angestellte an den Arbeitgeber. Wesentliches Merkmal des Dienstverhältnisses ist die Abhängigkeit u. Weisungsgebundenheit des Beamten. 108

Das Verbot bezieht sich auf sämtliche Beamtenverhältnisse, mit Ausnahme v. § 44a und v. Abs. 4 Nr. 2, d.h. **Beamte an wissenschaftlichen Instituten u. als Lehrer an Hochschulen**. Ein Beamter in der Verwaltung einer Hochschule ist mithin v. der Ausnahme nicht betroffen. 109

110 Unerheblich ist grds., welcher Art das Beamtenverhältnis ist. Unvereinbar sind damit nicht nur das Beamtenverhältnis auf Lebenszeit, sondern auch das auf Probe, auf Zeit u. auf Widerruf. Für das die ähnliche Verbot im Berufsrecht der RA hat der BGH entschieden, dass die Inkompatibilitätsvorschrift nicht für Ruhestandsbeamte gilt (vgl. BGH 25.6.1984, BGHZ 1992, 1 ff.). Maßgeblich dürfte insoweit sein, dass der Ruhestandsbeamte keine Verpflichtung zur Dienstleistung hat u. die Pflichten i.Ü. nicht im gleichen Maße wie für den „aktiven" Beamten gelten. Im Übrigen ist auf das jeweilige Beamtenverhältnis abzustellen. So hat das BVerfG (BVerfG 15.3.2007, NJW 2007, 2317) entschieden, dass das Dienstverhältnis des **Kirchenbeamten** kein Beamtenverhältnis i.S.d. BRAO darstellt u. somit mit dem Beruf des RA vereinbar ist. Ein solches „Beamtenverhältnis" begründet aber ein dem Verbot der Nr. 2 unterfallendes außerberufliches Anstellungsverhältnis.

V. Vereinbare Tätigkeiten (Abs. 4)

1. Allgemeines

111 In Abgrenzung zu den unvereinbaren Tätigkeiten (Abs. 3) enthält Abs. 4 einen Katalog v. **vereinbaren Tätigkeiten**. Hierin werden z.T. andere Berufe, z.T. berufsnahe Tätigkeiten angesprochen. Gerade hier hat sich im Laufe der Zeit gezeigt, dass sich das Berufsbild weiter entwickeln kann. Mit Inkrafttreten des 3. WPO-ÄndG am 1.1.1995 wurde eine solche **Weiterentwicklung des Berufsbildes** gesetzlich umgesetzt. Der Gesetzgeber hat der Tatsache Rechnung getragen, dass die **Treuhandtätigkeit u. Wirtschaftsberatung** für den WP-Beruf erheblich an Bedeutung gewonnen hat; ein beachtlicher Teil der Nachfrage nach diesen Dienstleistungen wird v. WP befriedigt. Der BGH (BGHZ 48, 12 ff., BGHZ 100, 132 ff.) u. der BFH (BFH 4.12.1980, DB 1981, 670) hatten in mehreren Entscheidungen die Beratung u. Wahrung fremder Interessen in wirtschaftlichen Angelegenheiten u. die Treuhandtätigkeit zu den das Berufsbild prägenden Tätigkeiten der WP gerechnet. Daher sind diese Tätigkeiten jetzt in § 2 Abs. 3 erfasst.

112 Der Umfang der vereinbaren Tätigkeiten unterliegt keinen quantitativen Beschränkungen. Sie können also den Schwerpunkt der beruflichen Tätigkeit bilden. Aber auch im Rahmen der vereinbaren Tätigkeiten sind die Berufspflichten zu beachten (BGH 12.10.2004, WPK-Mag. 1/2005, 48 f.); insb. zu verdeutlichen ist, dass es sich um lediglich vereinbare Tätigkeiten handelt. Das heißt, dass der WP stets seine originären Berufsausübungsmöglichkeiten gemäß § 43a Abs. 1 aufrechterhalten muss. Anstellungsverhältnisse im **Rahmen vereinbarer Tätigkeit** entbinden WP also nicht, **zumindest auch** einer **selbstständigen Tätigkeit** in eigener Praxis nachzugehen. Was als zulässige Tätigkeit gemäß Abs. 2 an die Bedingung der Befugnis zur Durchführung v. Vorbehaltsaufgaben geknüpft wird, gilt erst recht für die vereinbaren Tätigkeiten.

2. Anderer freier Beruf (Nr. 1)

a) Technischer Beruf

113 Die kurze Beschreibung im Gesetz täuscht darüber hinweg, dass hier eine Vielzahl v. freien Berufen zugeordnet werden kann. Faktisch wird dies auf den WP-Beruf aber keine Auswirkungen haben, weil das Berufsbild des WP an sich schon durch große Aufgabenvielfalt geprägt ist. Denkbar ist die Ausübung des Berufes des **Architekten**. Hierbei handelt es sich um eine gesetzlich geschützte Berufsbezeichnung, zu deren Führung nur der befugt ist, der sich zur Mitgliedschaft in einer Architektenkammer verpflichtet hat (für RA s. BVerfG 4.4.1990, WPK-Mitt. 1990, 272 f.). In Frage kommen auch beratende **Ingenieure, Biotechnologen, Informatiker u. Mathematiker**. Sofern mit diesen Berufen im Rechtsverkehr zusätzl. zur Berufsbezeichnung „Wirtschaftsprüfer" aufgetreten werden soll, ist dies unter Hinweis auf § 18 Abs. 2 Satz 2 aber nur dann zulässig, wenn sie amtlich verliehen worden sind.

b) Beruf des Rechtswesens
Hierunter sind die Berufsausübung als **RA, RB, PA, StB** u. als Notar einzuordnen, sofern Letzterer gleichzeitig als RA zugelassen ist (§ 8 Abs. 2 BNotO). Diese Berufe sind gleichzeitig auch sozietätsfähig. 114

c) Sozietätsfähiger Beruf
Vereinbar mit dem WP-Beruf ist auch jede andere Berufsausübung, die durch § 44b Abs. 1 als sozietätsfähig erklärt wird. **Sozietätsfähig** ist damit jeder Beruf, für den eine **Pflichtmitgliedschaft zu einer Berufskammer eines freien Berufes mit BA** besteht, u. der gemäß § 53 Abs. 1 Nr. 3 StPO ein **Zeugnisverweigerungsrecht** hat. Neben RA, RB, PA u. StB, die nahezu ausschließlich Sozien v. WP sind, kann der WP aber auch den Beruf des Notars ausüben, sofern er gleichzeitig als RA zugelassen ist. Denkbar – wenn im Regelfall auch unwahrscheinlich – ist auch eine Approbation als Arzt o. Zahnarzt, ebenfalls die Berufsausübung als Apotheker. 115

3. Wissenschaftliche Lehrtätigkeit (Nr. 2)
Die Tätigkeit als Lehrer an Hochschulen u. damit auch an Fachhochschulen sowie wissenschaftlichen Instituten ist mit dem Beruf vereinbar. Da die Vorschrift keine Abgrenzung trifft, kann diese Tätigkeit sowohl **selbstständig** als auch **unselbstständig** ausgeübt werden. Dies lässt Abs. 3 Nr. 2 ausdr. zu. Mit dem allg. gehaltenen Begriff „Lehrer" muss das Gesetz in dem Sinn verstanden werden, dass die berufliche Stellung nicht maßgeblich ist. Der WP kann also Professor, Privatdozent o. Lehrbeauftragter sein. 116

4. Angestellter der WPK (Nr. 3)
Diese Vorschrift ist 1995 eingeführt worden, um der WPK eine gesetzlicher Grundlage zur Anstellung v. WP zu geben. Es dient der **Arbeit der WPK**, wenn sie WP als Angestellte einbezieht. Praktische Relevanz hat dies insb. in den Bereichen Berufsaufsicht einschl. Sonderuntersuchungen u. im Rahmen der Qualitätskontrolle. 117

5. Angestellter bei anderen Organisationen (Nr. 4)
Die Tätigkeit als Angestellter einer **nicht gewerblichen Personenvereinigung**, deren ordentliche **Mitglieder Berufsangehörige** sind, deren ausschließlicher Zweck die Vertretung der Belange des Berufsstandes ist u. in der die Berufsangehörigen der wirtschaftsprüfenden Berufe die Mehrheit haben, ist mit dem Beruf vereinbar. Unter dieser Voraussetzung sieht der Gesetzgeber keine möglichen Risiken für die 118

Unabhängigkeit des WP. Hierzu gehören Berufsverbände wie das IDW oder IFAC. Anstellungsverhältnisse bei Vereinigungen, die auch andere als die in dieser Vorschrift bezeichneten Personen als ordentliche Mitglieder haben, sind nicht zulässig (BT-Drs. 12/7648, 31).

119 Die Tätigkeit in einer anderen Einrichtung gemäß § 342 Abs. 1 HGB ist mit der Tätigkeit bei einer Personenvereinigung vergleichbar. Bei der Einrichtung handelt es sich um das **DRSC**. Es wurde 1998 gegründet u. durch Vertrag mit dem BMJ im selben Jahr auch als Einrichtung i.S.d. § 342 Abs. 1 Satz 1 HGB anerkannt. Zweck des DRSC ist – abgekürzt – die Standardisierung der Rechnungslegung durch ein unabhängiges, ausschließlich mit anerkannten Sachverständigen besetztes Gremium. Organe können nur nat. Personen sein, die Rechnungsleger sind. Dies sind nach der Satzung u.a. WP. Es entspricht dem Selbstverständnis des WP-Berufes, dass in eine solche Einrichtung das fachliche Wissen des Berufes eingebracht wird. Entsprechendes wird für das International Accounting Standards Commitee (IASC) gelten müssen; es ist das internationale Spiegelbild des DRSC.

120 Des Weiteren gestattet ist die Tätigkeit als Angestellter bei der **Deutschen Prüfstelle für Rechnungslegung (DPR)**, die am 30.3.2005 als Prüfstelle i.S.d. § 342b Abs. 1 HGB durch das BMJ anerkannt wurde. Die DPR prüft die Jahresabschlüsse u. Jahresberichte kapitalmarktorientierter Unternehmen auf die Einhaltung der gesetzlichen Vorschriften einschließlich der Grundsätze ordnungsgemäßer Buchführung oder der sonstigen Rechnungslegungsstandards. Da diese Aufgabe inhaltlich an die Berufsaufgaben des WP angelehnt ist, wurde § 43a Abs. 4 Nr. 4 WPO dahingehend ergänzt, dass WP Angestellte der DPR sein dürfen.

6. Angestellter der BaFin im Rahmen des Abschnitts 11 WpHG (Nr. 4a)

121 Das allgemein als „Enforcement-Verfahren" in der Rechnungslegung bezeichnete Prüfverfahren der Jahresabschlüsse u. Lageberichte kapitalmarktorientierter Unternehmen ist zweistufig geregelt. **Auf der ersten Stufe** wird die privatrechtlich organisierte **DPR tätig**, wenn Anhaltspunkte für Bilanzfehler vorliegen, aber auch im Rahmen von Stichproben oder auf besondere Anweisung der BaFin. Dieser selbstregulatorische Ansatz wird dadurch unterstrichen, dass die betroffenen Unternehmen nicht gesetzlich zur Mitwirkung verpflichtet sind. Immer dann, wenn das Unternehmen nicht mit der DPR kooperiert oder es aus anderen Gründen zu keiner einvernehmlichen Klärung kommt, **prüft auf der zweiten Stufe die BaFin**, ebenso wie bei begründeten Zweifeln hinsichtlich der Prüfungsfeststellung der DPR. So gesehen zielen beide Instanzen des Enforcement-Verfahrens in dieselbe Richtung, so dass **auf der fachlichen Seite keine nennenswerten Unterschiede in der Prüfungstätigkeit** bestehen. Allein die Befugnisse u. Durchgriffsmöglichkeiten sind durch die rechtliche Organisation der Einrichtungen – privatrechtlich/ öffentlich-rechtlich – unterschiedlich geregelt. In der Regierungsbegründung heißt es, dass die Ausdehnung deshalb sachgerecht ist, da Angestellte der BaFin bei einer Tätigkeit nach Abschnitt 11 WpHG in gleicher Weise wie DPR-Angestellte die Rechnungslegung von Unternehmen prüfen u. damit eine unmittelbar dem Berufsbild des Wirtschaftsprüfers entsprechende Tätigkeit ausüben (BT-Drs. 17/2628,

S. 7). Die Tätigkeit bei der BaFin ist auf den Angestelltenstatus beschränkt. Der Status als Beamter wäre mit der unabhängigen Berufsausübung nicht zu vereinbaren.

7. Geschäftsführer einer EWIV (Nr. 5)

Die EWIV ist die erste europäische grenzüberschreitende Rechtsform u. dient dem Ziel, die **grenzüberschreitende Zusammenarbeit** auch **der Angehörigen der freien Berufe in der EU** zu erleichtern. Die EWIV darf nur ihre Mitglieder unterstützende Hilfstätigkeiten leisten, darf also nicht anstelle ihrer Mitglieder u. auch nicht mit eigener Gewinnerzielungsabsicht tätig werden. Berufsrechtlich bestehen keine Bedenken, dass ein WP GF einer EWIV ist, soweit die Mitglieder ausschließlich sozietätsfähige Personen sind. Praktische Bedeutung hat die EWIV bisher wohl nicht erlangt (sieheauch Kuhls/Riddermann, StBerG, § 56 Rn. 147). Die europäische EWIV-VO v. 25.7.1985 gilt in den EU-Mitgliedstaaten unmittelbar; die Ausgestaltung im Einzelnen ist dem nationalen Gesetzgeber überlassen (EWIV-AusfG BGBl. 1988 I, 514).

122

8. Lehr- und Vortragsveranstaltungen (Nr. 6)

Das Anbieten v. **Fortbildungsseminaren gegen Entgelt für jedermann** verstößt grds. gegen das Verbot gewerblicher Tätigkeit (BVerfG 21.11.1995, WPK-Mitt. 1996, 116 f.). Das BVerfG sieht die Gefahr, dass der Geschäftserfolg solcher Veranstaltungen v. der Preisgabe v. Insiderwissen über die Vorgehensweise bei Prüfungen abhängt. Liegt die Intention der Veranstaltungen eher in der Werbung für die Praxis u. tritt die Einnahmenerzielungsabsicht in den Hintergrund, können Fortbildungsveranstaltungen aber auch zulässig sein (vgl. Rn. 79).

123

Die Vorschrift regelt Ausnahmetatbestände. Die Durchführung v. **Lehr- u. Vortragsveranstaltungen zur Vorbereitung auf die Berufsexamina** hatte die WPK in den früheren Berufsrichtlinien als mit dem Beruf vereinbar erklärt. Seit deren Aufhebung hat es der Gesetzgeber übernommen, die Zulässigkeit solcher Tätigkeiten ausdr. in der WPO zu normieren u. damit klarzustellen, dass die Durchführung solcher Veranstaltungen nicht gegen das Verbot gewerblicher Tätigkeit verstößt (3. WPO-Novelle 1995, vgl. auch BT-Drs. 12/5685, 27). Darüber hinaus dürfen WP auch **Vorbereitungsseminare für die Prüfung als StB u. Fortbildungsveranstaltungen für Mitglieder der WPK** durchführen.

124

9. Freie schriftstellerische, wissenschaftliche und künstlerische Tätigkeit, freie Vortragstätigkeit (Nr. 7)

Die Tätigkeit als **freier Schriftsteller, Wissenschaftler** o. **Künstler** ist mit dem Beruf vereinbar. Der WP kann sich also der Belletristik u. z.B. der Bildhauerei sowie der Malerei widmen. Er kann sich auch wissenschaftlich entfalten. Die „freie" Tätigkeit bedeutet aber, dass sie nicht unselbstständig betrieben wird (s. Anm. zu Abs. 1 u. 2), u. sie bleibt auf die beschriebenen Tätigkeiten als solche beschränkt. Weitergehende Aktivitäten auf diesem Gebiet wie der **Vertrieb v. Büchern im Eigenverlag** wird als Verstoß gegen das **Verbot gewerblicher Tätigkeit** einzuordnen sein. Demgegenüber ist die Herausgeberschaft unbedenklich.

125

126 Die hier angesprochene „freie Vortragstätigkeit" könnte vordergründig zur Annahme einer widersprüchlichen Regelung zu Nr. 6 Anlass geben. Nr. 6 schränkt u.a. die Vortragstätigkeit auf die Examensvorbereitung ein. Dieser vermeintliche Widerspruch ist damit aufzulösen, dass sich die **freie Vortragstätigkeit auf die in Nr. 7 beschriebenen Tätigkeiten** erstreckt. Daher darf diese Vorschrift nicht als Auffangtatbestand für einen ggf. ansonsten berufsrechtlich nicht greifbaren Sachverhalt verwertet werden. Insoweit muss der Entscheidung des LG Berlin 5.1.1999, WPK-Mitt. 1999, 109 f. kritisch entgegengetreten werden, wonach die Mitwirkung an Vortragsveranstaltungen eines Gewerbetreibenden „eher" als freie Vortragstätigkeit einzuordnen sei.

127 Der WP ist im Bereich der vereinbaren Tätigkeiten **nicht** zur **Führung der Berufsbezeichnung verpflichtet** (siehe auch BGH 12.10.2004, WPK-Mag. 1/2005, 48 f.); er darf es aber (vgl. auch § 18 Rn. 14). Gleichwohl unterliegt der WP auch hier stets seinen Pflichten aus § 43 Abs. 2 Satz 1 u. 2. Er hat also auch hier den allg. **Wohlverhaltenspflichten** aus § 43 Abs. 2 Satz 3 zu genügen (BGH, a.a.O.).

10. Angestellter eines Prüfungsverbandes gemäß § 26 Abs. 2 KWG (Nr. 8)

128 Die Tätigkeit als Angestellter eines Prüfverbandes gemäß § 26 Abs. 2 KWG ist deshalb als mit der Berufsausübung des WP für vereinbar erklärt worden, weil die Prüfungen des Verbandes unter Beachtung der Berufsgrundsätze der WP durchgeführt werden. Der PrfgVerb hat die Aufgabe, bei den ihm als Mitglieder angeschlossenen Kreditinstituten **Prüfungen zur Einschätzung der Gefahr des Eintritts eines Entschädigungsfalles** gemäß § 9 Abs. 1 u. 3 des Einlagensicherungs- u. AnlegerentschädigungsG vorzunehmen.

§ 44 Eigenverantwortliche Tätigkeit

(1) ¹Eine eigenverantwortliche Tätigkeit übt nicht aus, wer sich als zeichnungsberechtigter Vertreter oder als zeichnungsberechtigter Angestellter an Weisungen zu halten hat, die ihn verpflichten, Prüfungsberichte und Gutachten auch dann zu unterzeichnen, wenn ihr Inhalt sich mit seiner Überzeugung nicht deckt. ²Weisungen, die solche Verpflichtungen enthalten, sind unzulässig. ³Gesetzliche Vertreter und Gesellschafter einer Wirtschaftsprüfungsgesellschaft, die nicht Wirtschaftsprüfer sind, und Mitglieder des Aufsichtsrats der Wirtschaftsprüfungsgesellschaft dürfen auf die Durchführung von Abschlussprüfungen nicht in einer Weise Einfluss nehmen, die die Unabhängigkeit des verantwortlichen Wirtschaftsprüfers beeinträchtigt.

(2) Die Eigenverantwortlichkeit wird nicht schon dadurch ausgeschlossen, dass für gesetzliche Vertreter von Wirtschaftsprüfungsgesellschaften und für bei Wirtschaftsprüfern oder Wirtschaftsprüfungsgesellschaften angestellte Wirtschaftsprüfer eine Mitzeichnung durch einen anderen Wirtschaftsprüfer oder bei genossenschaftlichen Prüfungsverbänden, Prüfungsstellen von Sparkassen- und Giroverbänden oder überörtlichen Prüfungseinrichtungen für Körperschaften und Anstalten des öffentlichen Rechts durch einen zeichnungsberech-

tigten Vertreter des Prüfungsverbandes, der Prüfungsstelle oder der Prüfungseinrichtung vereinbart ist.

Schrifttum: *Auf die Schrifttumsangaben vor § 43 Rn. 200 wird verwiesen.*

Inhaltsübersicht

		Rn.
I.	Allgemeines	1–4
II.	Vertreter und Angestellte	5–10
III.	Weisungsfreiheit	11–13
IV.	Mitzeichnung	14–16

I. Allgemeines

§ 44 knüpft an die in § 43 Abs. 1 Satz 1 festgelegte Pflicht zu eigenverantwortlicher Berufsausübung an (vgl. § 43 Rn. 200, 203). Er flankiert die Berufspflicht als **Schutzvorschrift**, die der eigenverantwortlichen Tätigkeit insb. v. zeichnungsberechtigten Angestellten u. Vertretern sowie v. gesetzlichen Vertretern einer WPG **im Kernbereich der Berufsausübung** dient. Selbständig tätige WP begegnen nicht in vergleichbarer Form möglichen Einflussnahmen auf ihre Berufstätigkeit (vgl. § 43 Rn. 206). Weder sind sie im Rahmen ihrer Berufsausübung arbeits- o. gesellschaftsrechtlich Anderen untergeordnet, die Weisungen erteilen können, noch sind sie Mitglied eines geschäftsführenden Organs einer Berufsgesellschaft, das auch mit Nicht-WP besetzt sein kann. § 44 trägt speziell den sich aus der **beruflichen Zusammenarbeit** eines WP mit anderen WP u./o. Nicht-WP ergebenden besonderen tatsächlichen u. rechtlichen Bedingungen u. Bindungen Rechnung; er schützt die Freiheit des einzelnen WP zu pflichtgemäßem Handeln (vgl. § 43 Rn. 204) insb. in diesem Kontext. 1

Vergleichbare Strukturen des Berufsrechts finden sich in **§§ 57 u. 60 StBerG**. Auch dort wird die allg. Berufspflicht zu eigenverantwortlicher Tätigkeit durch eine spezielle Regelung für angestellte Berufsangehörige u. zeichnungsberechtigte Vertreter ergänzt. In der **BRAO** findet sich eine spezielle Regelung zur eigenverantwortlichen Tätigkeit nicht. Dies lässt sich dadurch erklären, dass dort die Tätigkeit als Angestellter – insb. als Angestellter o. Vertreter v. Berufsgesellschaften – nicht im gleichen Umfang anzutreffen ist wie bei WP u. StB. 2

Die die WPO-Vorschriften **ergänzenden satzungsrechtlichen Regelungen** betreffen in Teilen ebenfalls speziell den angestellten WP u. gesetzlichen Vertreter einer WPG (vgl. z.B. § 27a Abs. 1 BS WP/vBP). Sie haben trotz ihrer **Einbindung in eine Organisation** ihr Handeln in eigener Verantwortung zu bestimmen, ihr Urteil selbst zu bilden u. ihre Entscheidungen selbst zu treffen; auch ihnen ist es nicht erlaubt, berufliche Tätigkeiten zu übernehmen, wenn die geforderte berufliche Verantwortung nicht getragen werden kann o. nicht getragen werden soll (vgl. § 11 BS WP/vBP). 3

4 Adressaten der Vorschrift sind nicht nur die zeichnungsberechtigten Vertreter einer WPG u. die zeichnungsberechtigten Angestellten eines WP o. einer WPG. Adressaten sind auch die **Arbeitgeber des angestellten WP** sowie die **gesetzlichen Vertreter u. Gesellschafter einer WPG**, die nicht WP sind sowie die **Mitglieder des Aufsichtsrats** einer WPG. § 44 Abs. 1 Satz 3 untersagt diesem Personenkreis bestimmte Weisungen u. Einflussnahmen. Ein Pflichtenverstoß kann daher auch auf der Anweisungsseite zu einer Berufspflichtverletzung führen, falls in der Person die Kammermitgliedschaft u. die Unterwerfung unter die Berufsaufsicht der WPK gegeben ist (für gesetzliche Vertreter vgl. § 71, bei Mitgliedern des AR hängt es v. der Berufsqualifikation ab).

II. Vertreter und Angestellte

5 Interpretationsbedürftig geblieben ist der v. Gesetzgeber verwendete Begriff „**zeichnungsberechtigt**". Die bei Einführung der WPO verwendete Definition „zeichnungsberechtigter Vertreter oder Angestellter" wurde mit der 1. WPO-Novelle 1975 dahingehend ergänzt, dass das Wort „zeichnungsberechtigt" auch vor „Angestellter" gesetzt wurde. Ausweislich der Gesetzesbegr. handelte es sich um eine redaktionelle Bereinigung.

6 Die Voraussetzung der **Zeichnungsberechtigung** ist nicht gleichbedeutend mit einer **Vertretungsberechtigung**. Würden Zeichnungs- u. Vertretungsberechtigung gleichgesetzt, könnte der bei einem Berufskollegen angestellte WP sich an die Stelle seines Arbeitgebers, der zugl. Auftragnehmer des Mandanten ist, setzen. Somit könnte der Angestellte entscheiden, ob er o. der Auftragnehmer die entsprechenden Erklärungen unterzeichnet. Spätestens unter Berücksichtigung der Tatsache, dass es für die Stellung als gesetzlicher AP keine Stellvertretung gibt, weil es sich bei der Bestellung um einen höchstpersönlichen Auftrag handelt, wird klar, dass die Worte zeichnungsbefugt u. vertretungsberechtigt nicht gleichzusetzen sind.

7 Beim **Zeichnungsrecht der Vertreter** i.S.d. § 44 handelt es sich insb. um Prokura, Handlungs- u. Generalvollmacht. Dies verdeutlicht zugl. die Integration des Zeichnungsberechtigten in die Praxis i.S. eines Anstellungsverhältnisses. Keine zeichnungsberechtigten Vertreter i.S.d. Vorschrift sind die GF, VO, Partner o. phG, da sie aufgrund ihrer Organstellung gesetzliche Vertreter mit Zeichnungsrecht sind; ihnen muss das Zeichnungsrecht weder verliehen, noch kann es ihnen genommen werden. Soweit § 44 v. zeichnungsberechtigten Vertretern spricht, sind dies Vertretungsberechtigte unterhalb der gesetzlichen Vertretungsebene.

8 Nicht geregelt ist der **Umfang der Zeichnungsberechtigung**. Nach der Berufsordnung der StB muss die Eigenverantwortlichkeit durch (Mit-) Zeichnungsrechte gewahrt bleiben (§ 3 Abs. 3 Satz 1 BOStB). Gleiches wird für einen WP gelten können.

9 Art u. Umfang des Zeichnungsrechts eines Angestellten unterscheiden sich nicht von dem eines Vertreters. Die Eigenverantwortlichkeit ist nicht davon abhängig, dass der WP als Angestellter auch **Prokura** hat (§ 45).

Die ausdr. **Kennzeichnung eines Vertretungsverhältnisses** durch einen Vertretungszusatz ist in Ermangelung berufsrechtlich zwingender Vorschriften weder bei Berufsgesellschaften noch bei selbständig tätigen Einzel-WP erforderlich. Dies gilt unabhängig davon, ob das Vertretungsverhältnis auf organschaftlicher Stellung (z.B. GF, VO, phG) o. auf Rechtsgeschäft (z.B. Prokura) beruht. Somit bleibt es bei der allg. zivilrechtlichen Regelung, dass das Vertretungsverhältnis für Dritte zwar zumindest aus den Umständen erkennbar, aber nicht notwendigerweise durch einen ausdr. Vertretungszusatz dokumentiert sein muss. 10

III. Weisungsfreiheit

Das Gesetz grenzt die Eigenverantwortlichkeit mit dem Begriff der Weisungsgebundenheit negativ ab. Der WP darf **keinen fachlichen Weisungen** unterliegen, die ihn verpflichten, PB, BV u. Gutachten auch dann zu unterzeichnen, wenn sich ihr Inhalt nicht mit seiner Überzeugung deckt (§ 44 Abs. 1 Satz 1). Die fachliche Weisungsfreiheit in diesem Tätigkeitsbereich gilt für jeden WP, unabhängig von seiner gesellschaftsrechtlichen o. arbeitsrechtlichen Stellung. Selbstverständlich ist dies selbst beim selbständigen WP nicht (§ 43 Rn. 219 ff.). Bei abhängigen u. damit grds. fremdbestimmt tätigen WP hielt der Gesetzgeber eine **ausdrückliche Regelung** für erforderlich. 11

Weisungen, die entgegenstehende Verpflichtungen enthalten, werden für **unzulässig** erklärt (§ 44 Abs. 1 Satz 2). Unterfällt der Anweisende der BA, kann seine Weisung berufsaufsichtsrechtlich geahndet werden. 12

Zugleich werden mit § 44 Abs. 1 Satz 3 die gesetzlichen Vertreter u. Gesellschafter v. WPG ohne WP-Qualifikation sowie die Mitglieder des Aufsichtsrats v. WPG verpflichtet, v. einer **Einflussnahme auf die Durchführung v. AP abzusehen**, wenn dadurch die Unabhängigkeit des verantwortlichen WP beeinträchtigt wird. Damit sind WP – zumindest berufsrechtlich – v. der **Verpflichtung entbunden, PB, BV, Gutachten o. andere Arbeitsergebnisse zu unterschreiben**, wenn sie dies vor sich nicht verantworten können. Aber auch arbeits- o. gesellschaftsrechtlich stärkt dies die Stellung des WP. Eine weitere Anerkennung liegt darin, dass angestellte WP zur Sicherung ihrer Eigenverantwortlichkeit stets als leitende Angestellte i.S. des BetrVerfG gelten, auch wenn sie selbst nicht Arbeitgeberfunktionen wahrnehmen (§ 45 Satz 2). 13

IV. Mitzeichnung

Die **Mitzeichnung** ist ausdr. im Gesetz zugelassen u. schließt die Eigenverantwortlichkeit nicht aus (§ 44 Abs. 2). Dem Katalog der Formen der Berufsausübung (§ 43a Abs. 1) u. den daraus abgeleiteten Anforderungen an die Eigenverantwortlichkeit folgend, lässt das Gesetz eine unschädliche Mitzeichnung im Fall des gesetzlichen Vertreters einer WPG u. eines Angestellten eines Einzel-WP, einer WPG o. einer genannten Prüfungseinrichtung zu u. zwar durch einen anderen WP o., bei den genannten Prüfungseinrichtungen, durch einen zeichnungsberechtigten Vertreter. Allerdings lässt sowohl das Gesetz als auch die Begr. offen, worauf sich die 14

Mitzeichnung bezieht. Im Zweifel sind daher sämtliche Erklärungen im Rahmen der beruflichen Tätigkeit betroffen (z.b. PB, BV, Bescheinigungen, Gutachten).

15 Ein Systembruch liegt darin, dass durch die **Mitzeichnungsmöglichkeit durch Vertreter eines Prüfungsverbandes, einer Prüfungsstelle o. einer Prüfungseinrichtung** die Mitzeichnung berufsfremder Personen zugelassen wird. Der WP ist in einem solchen Fall schon formell nicht frei (vgl. auch die kritischen Hinweise zu § 43a Rn. 24).

16 Eine Mitunterzeichnung bedeutet, dass der Mitunterzeichner im Zweifel die **gleiche Verantwortung wie der Unterzeichner** übernimmt (vgl. § 32 Rn. 22 f.). Abzugrenzen ist die Mitzeichnung v. der bei gesetzlichen AP vorkommenden **Beizeichnung** (vgl. § 32 Rn. 5).

§ 44a Wirtschaftsprüfer im öffentlich-rechtlichen Dienst- oder Amtsverhältnis

¹Ist ein Wirtschaftsprüfer ein öffentlich-rechtliches Dienstverhältnis als Wahlbeamter auf Zeit oder ein öffentlich-rechtliches Amtsverhältnis eingegangen, so darf er seinen Beruf als Wirtschaftsprüfer nicht ausüben, es sei denn, dass er die ihm übertragene Aufgabe ehrenamtlich wahrnimmt. ²Die Wirtschaftsprüferkammer kann dem Wirtschaftsprüfer auf seinen Antrag einen Vertreter bestellen oder ihm gestatten, seinen Beruf selbst auszuüben, wenn die Einhaltung der allgemeinen Berufspflichten dadurch nicht gefährdet wird.

Schrifttum: *Linck*, Verfestigung des Leitbilds vom Berufsabgeordneten durch das BVerfG, NJW 2008, 24 ff.

Inhaltsübersicht

		Rn.
I.	Allgemeines	1–2
II.	Öffentlich-rechtliches Dienstverhältnis als Wahlbeamter auf Zeit	3–4
III.	Öffentlich-rechtliches Amtsverhältnis	5–11
IV.	Vereinbarkeit mit dem Beruf	12–15
V.	Vertreterbestellung, Genehmigung der Berufsausübung	16
	1. Vertreterbestellung	17–18
	2. Genehmigung der persönlichen Berufsausübung	19
VI.	Berufspflichten und Berufsaufsicht	20

I. Allgemeines

1 § 44 a ist § 59 StBerG nachgebildet u. 1975 in die WPO aufgenommen worden. Die Regelung bezweckt, dass ein WP **bestimmte öffentl. Ämter** übernehmen kann, ohne seine Bestellung zu verlieren. Sein allg. hohes Ansehen u. seine anerkannte Qualifikation prädestinieren den WP für die Übernahme wirtschaftsnaher öffentl. Ämter, wie z.B. in einem Fall als Landeswirtschaftsminister. Um nicht das generelle Verbot auszuhöhlen, Beamtenverhältnisse einzugehen (§ 43 a Abs. 3 Nr. 3), ist nur die Übernahme in bestimmte öffentlich-rechtlich Dienst- o. Amtsverhältnisse gestattet, die i. Erg. sämtlich **politische Ämter** sind.

§ 44 a ist als **Ausnahmeregelung** v. dem generellen Verbot, außerberufliche Anstellungsverhältnisse einzugehen (§ 43 a Abs. 3), eine **abschließende Regelung**. Andere als die genannten Dienst- u. Amtsverhältnisse sind nicht zulässig. Zur Frage der verfassungsrechtlich Gleichbehandlung u. zu vergleichbaren Regelungen in anderen Berufsordnungen s. Kuhls Ruppert, StBerG, § 59 Rn. 2 m.w.N.   2

II. Öffentlich-rechtliches Dienstverhältnis als Wahlbeamter auf Zeit

Wahlbeamte i.S.d. § 44 a gehören zur Gruppe der **Beamten auf Zeit** i.S.d. § 3 Abs. 1 Satz 1 Nr. 2 BRRG. Ihre Amtszeit ist v. vornherein durch die Dauer der Wahlperiode zeitlich begrenzt. Wahlbeamte sind demnach für solche Amtsverhältnisse vorgesehen, bei denen neben der fachlichen Eignung des Amtsinhabers auch politische Gesichtspunkte eine Rolle spielen. Zu den Wahlbeamten gehören daher insb. die v. den kommunalen Vertretungskörperschaften **gewählten leitenden Beamten der Gemeinden u. Gemeindeverbände**.   3

Unzulässig sind **unbefristete Beamtenverhältnisse**, auch wenn sie v. der Amtsstellung her einem Wahlbeamten entsprechen. Insbesondere die – für den WP ggf. interessante – Amtsstellung des Kämmerers einer Gemeinde o. Stadt ist in den GO der Länder unterschiedlich geregelt. So kann z.B. in NRW der Kämmerer Wahlbeamter sein (§§ 70, 71 GO NRW). In anderen Ländern (z.B. Niedersachsen) kennt die GO das Amt des Kämmerers nicht; dessen Funktion nehmen Laufbahnbeamte o. Angestellte wahr.   4

III. Öffentlich-rechtliches Amtsverhältnis

Von der Tätigkeit als Wahlbeamter im Rahmen eines **öffentlich-rechtlichen Dienstverhältnisses** ist die Eingehung eines **öffentlich-rechtlichen Amtsverhältnisses** abzugrenzen. § 44a Satz 1 folgt damit der Differenzierung des GG, das öffentlich-rechtlich Dienst- u. Treueverhältnisse (Art. 33 Abs. 4,) u. sonstige Amtsverhältnisse (Art. 54 Abs. 2, 64 Abs. 2 GG) unterscheidet. Ebenso unterscheidet das Beamtenrecht (§ 29 Abs. 1 Nr. 2 BBG u. die vergleichbaren Regelungen der LBG).   5

Öffentlich-rechtlich Amtsverhältnisse sind keine Beamtenverhältnisse u. unterliegen nicht dem öffentlichen Dienstrecht (Leppek, Beamtenrecht, Rn. 2). Sie werden durch ein besonderes Vertrauensverhältnis zwischen dem Amtsinhaber u. dem Amtsherrn geprägt, in dem der Amtsinhaber dem Amtsherrn regelmäßig **politisch o. parlamentarisch verantwortlich** ist u. begründen ein Sonderstatusverhältnis eigener Art welches häufig spezialgesetzl. ausgeformt ist.   6

§ 44a unterscheidet zwischen Wahlbeamten auf Zeit u. öffentlich-rechtlichen Amtsverhältnissen, wobei für letztere keine zeitliche Befristung gesetzt ist, also auch nicht verlangt wird. Die **Befristung ergibt sich aber aus der Natur des jeweiligen Amtsverhältnisses**. Die Berufung in die unter Rn. 5 angesprochenen Ämter erfolgt regelmäßig periodisch, so dass die zeitliche Begrenzung der Regelfall ist.   7

Teckemeyer

8 In einem öffentlich-rechtlichen Amtsverhältnis stehen etwa der **Bundespräsident**, die **Mitglieder der Bundesregierung u. der Landesregierungen** sowie parlamentarische Staatssekretäre (weitere Beispiele s. Kuhls Ruppert, StBerG, § 59 Rn. 6).

9 Zu den öffentlich-rechtlichen Amtsverhältnissen gehört **nicht das juristische Referendariat**. Wirtschaftsprüfer werden nach Abschluss eines jur. Studiums u. anschließender Übernahme in den Vorbereitungsdienst je nach Landesrecht in ein Beamtenverhältnis auf Widerruf berufen o. als Angestellte im öffentl. Dienst tätig; es liegt also kein Amtsverhältnis vor. Für die Zeit des Referendariats kommt allenfalls eine Beurlaubung gemäß § 46 in Betracht (vgl. dort Rn. 2).

10 Insbesondere dann, wenn WP im Bereich v. **Sparkassen u. Landesbanken Organfunktionen** übernehmen sollen, stellt sich die Frage, ob die Tätigkeit im VO einer solchen Einrichtung einem öffentlich-rechtlichen Amtsverhältnis gleichgestellt ist. Dies ist zu verneinen. Zwar erfüllen Landesbanken den Auftrag der öffentl. Daseinsvorsorge u. sind damit Teil der öffentl. Verwaltung (BGH 10.3.1983, BGHSt 31, 264, 271). Entsprechendes gilt für Sparkassen, deren Auftrag darin besteht, den Sparsinn zu fördern u. Gelegenheit zur sicheren Anlage v. Ersparnissen u. anderen Geldern zu geben. Damit sind die VO solcher Einrichtungen auch Amtsträger im strafrechtlichen Sinn (§ 11 Abs. 1 Nr. 2c StBG), aber keine Inhaber eines öffentlich-rechtlich Amtes; denn dann wäre eine Einordnung unter § 11 Abs. 1 Nr. 2b StBG vorzunehmen, was der BGH aber verneint (BGHSt, a.a.O.). Sie sind lediglich. **Amtsträger kraft Beauftragung mit öffentl. Aufgaben**.

11 Nicht zu den öffentlich-rechtlichen Amtsverhältnissen zählt zwar auch die Stellung als **Bundes- o. Landtagsabgeordneter** (vgl. Feuerich/Weyland/Böhnlein, BRAO, § 47 Rn. 23 m.w.N.), obwohl er ein öffentl. Amt bekleidet (BVerfG 30.9.1987, BVerfGE 76, 256, 341 f.). Gleichwohl ist diese Aufgabe mit dem Beruf vereinbar. Gemäß Art. 34 Abs. 1 Satz 2 GG sind Abgeordnete Vertreter des Volkes, an Auflagen u. Weisungen nicht gebunden u. nur ihrem Gewissen unterworfen. Es ist auch niemand gehindert, das Amt eines Abgeordneten zu übernehmen u. auszuüben. Hieraus ergibt sich das Recht, neben dem Mandat einen Beruf auszuüben (vgl. BGH 26.6.1978, BGHZ 72, 70, 75 m.w.N.).

IV. Vereinbarkeit mit dem Beruf

12 Das Gesetz differenziert zwischen ehrenamtl. u. besoldeter Tätigkeit. Bei Übernahme in ein Dienstverhältnis als Wahlbeamter auf Zeit o. Aufnahme eines öffentlich-rechtlichen Amtsverhältnisses darf der **WP seinen Beruf nicht ausüben**, es sei denn, dass er die übertragene Aufgabe **ehrenamtlich** wahrnimmt. Die **Ehrenamtlichkeit** in dem Zusammenhang ist nicht i.S. eines Freiwilligendienstes, sondern als Berufung in ein **nicht besoldetes Beamtenverhältnis** zur Wahrnehmung hoheitlicher Aufgaben zu verstehen (§ 6 Abs. 5 BBG). Ehrenbeamte sind vornehmlich in der kommunalen Selbstverwaltung z.B. als **ehrenamtliche Bürgermeister** kleinerer Gemeinden anzutreffen. Da sie Wahlbeamte sind, ist die Amtsführung mit der Berufsausübung als WP vereinbar. Ehrenbeamter i.S. des Beamtenrechts ist auch der **Honorarkonsul** (§ 20 Konsulargesetz). Er ist aber kein Wahlbeamter, so dass der WP zumindest nach deutschem Recht das Amt eines Honorarkonsuls nicht annehmen darf. Soweit der WP als Honorarkonsul die Interessen des Entsendestaates vertritt, richtet sich sein Status nach dem Recht des Entsendestaates. In dem Fall ist zu prüfen, ob ein vergleichbarer Beamtenstatus verliehen und/oder die Berufsausübung beschränkt wird. Sofern keine Bindungen z.b. durch ein beamtenrechtliches Subordinationsverhältnis bestehen, die die eigenverantwortliche u. unabhängige Berufsausübung gefährden könnten, bestehen keine Bedenken gegen die ehrenamtliche Tätigkeit.

Die Übernahme in ein **besoldetes öffentlich-rechtliches Dienst- o. Amtsverhältnis** führt zu einem zeitweiligen **Verbot der Berufsausübung**. Das heißt, dass das Gesetz grds. an dem Verbot zur Übernahme in öffentlich-rechtliche Dienstverhältnisse festhält (§ 43a Abs. 3 Nr. 3), ledigl. die Tatsache der Übernahme politischer Ämter nicht zum Widerruf der Bestellung führen soll. Insoweit besteht eine gewisse Parallele zur Beurlaubung gemäß § 46. Der WP, der für eine vorübergehende unvereinbare Tätigkeit beurlaubt wird, bleibt WP, darf den Beruf aber nicht ausüben. Damit liegt **keine Vereinbarkeit mit dem Beruf** vor (a.A. Kuhls/Ruppert StBerG, § 59 Rn. 8). Für § 47 Abs. 2 BRAO, der inhaltlich mit § 44a übereinstimmt, wird ein anderer Anknüpfungspunkt zur Unvereinbarkeit gewählt u. damit das Berufsausübungsverbot begründet. Maßgeblich seien nicht die berufsrechtlichen Vorgaben, sondern die amtsbezogenen Inkompatibilitätsregelungen, wonach gemäß den einschlägigen Gesetzen neben der Amtsführung kein weiterer Beruf ausgeübt werden darf (Feuerich/Weyland/Böhnlein, BRAO, § 47 Rn. 24 ff.). Ein Berufsgesetz regelt aber kein Berufsausübungsverbot zugunsten v. Verboten in anderen Gesetzen; es muss sich vielmehr aus den Berufsgrundsätzen u. dem Berufsbild, welche das Berufsgesetz definiert, selbst ergeben. 13

Daher muss der WP seine **BHV aufrechterhalten**; ansonsten riskiert er den **Widerruf der Bestellung**. Das Gebot der Unterhaltung einer BHV knüpft an die Bestellung, nicht an den Umfang der Berufsausübung (für RA s. BGH 22.2.2006, BRAK-Mitt. 2006, 137). 14

Im Gegensatz zur Beurlaubung verbietet § 44a nicht, **die Berufsbezeichnung weiterzuführen**. Dies dürfte als Systembruch anzusehen u. allein mit politischen Erwägungen zu begründen sein. Dennoch sollte schon unter Haftungsgesichtspunkten kundmachungsmäßig klargestellt werden, dass der WP den Beruf nicht ausübt. Möglich ist, seinem Namen den Hinweis hinzuzufügen „Rechte aus der Bestellung ruhen" o. „derzeit Minister". 15

V. Vertreterbestellung, Genehmigung der Berufsausübung

Bei einem besoldeten öffentlich-rechtlichen Dienst- oder Amtsverhältnis stellt sich die Frage nach einer Vertreterbestellung o. Genehmigung der persönlichen Berufsausübung. Von Bedeutung wird dies grds. nur für WP in Einzelpraxis o. als einziger GF einer WPG sein. Für beide Fälle ist Voraussetzung, dass die **Einhaltung der allg. Berufspflichten** nicht gefährdet ist. 16

1. Vertreterbestellung

17 Die Vertretungsgestaltungsalternative wird dann in Betracht kommen, wenn der WP seine Praxis fortführen will o. gar aus wirtschaftlichen Gründen fortführen muss, ohne selbst die Zeit dafür zu haben. Der **Vertreter führt die Kanzlei im Namen des WP** fort, handelt in eigener Verantwortung, aber im Interesse, auf Rechnung u. auf Kosten des Vertretenen. Er benutzt dabei das Briefpapier unter Kenntlichmachung der Vertreterstellung. Für eine WPG, in der der WP alleiniger GF ist, muss ein weiterer WP-GF mit Residenzpflicht (§ 28 Abs. 1) bestellt werden.

18 Eine Vertreterbestellung kommt dann nicht in Betracht, wenn die **Gefahr einer Interessenkollision** nicht ausgeschlossen werden kann. Eine solche ist z.b. anzunehmen, wenn Mandatsverhältnisse zwischen der – durch den Vertreter besetzten – Kanzlei u. der öffentlich-rechtlich Anstellungskörperschaft, in der der WP das Amt innehat, bestehen o. angebahnt sind. Ebenso wenig verträglich sind Beziehungen der WP-Praxis zu anderen Stellen, die durch das Amt beeinflusst sind o. werden können.

2. Genehmigung der persönlichen Berufsausübung

19 Die Genehmigung einer persönlichen Berufsausübung anstelle einer Vertreterbestellung setzt ebenfalls voraus, dass die **Einhaltung der Berufspflichten** nicht gefährdet wird (vgl. Rn. 16). Der in erster Linie in Betracht kommende Beurteilungsmaßstab ist auch hier, dass **keine Interessenkollision** drohen darf (vgl. Rn. 18). Des Weiteren muss gewährleistet sein, dass der WP tats. in der Lage ist, neben seinem Dienst- o. Amtsverhältnis die Zeit für die Berufsausübung als WP zu finden. Möglicherweise sind hier die Fallgruppen prädestiniert, in denen der WP als Sozius o. Mitgeschäftsführer im begrenzten Umfang als WP tätig sein muss u. das Hauptinteresse darin liegt, seine Stellung als Sozius o. Mitgeschäftsführer im Verhältnis zu den Mandanten zu wahren.

VI. Berufspflichten und Berufsaufsicht

20 Soweit WP in einem Dienst- o. Amtsverhältnis i.S. des § 44a stehen, unterliegen sie der **öffentlich-rechtlichen Disziplinargewalt**. Soweit sie als WP tätig sind, unterliegen sie **der BA** (vgl. im Einzelnen § 83a Rn. 24, 25).

§ 44b Gemeinsame Berufsausübung, Außen- und Scheinsozietät

(1) ¹Wirtschaftsprüfer dürfen ihren Beruf mit natürlichen und juristischen Personen sowie mit Personengesellschaften, die der Berufsaufsicht einer Berufskammer eines freien Berufes im Geltungsbereich dieses Gesetzes unterliegen und ein Zeugnisverweigerungsrecht nach § 53 Abs. 1 Satz 1 Nr. 3 der Strafprozessordnung haben, örtlich und überörtlich in Gesellschaften bürgerlichen Rechts (Sozietäten) gemeinsam ausüben. ²Mit Rechtsanwälten, die zugleich Notare sind, darf eine Sozietät nur bezogen auf die anwaltliche Berufsausübung eingegangen werden. ³Im Übrigen richtet sich die Verbindung mit Rechtsanwälten, die zugleich Notare sind, nach den Bestimmungen und Anforderungen des notariellen Berufsrechts.

(2) ¹Eine gemeinsame Berufsausübung mit natürlichen und juristischen Personen sowie mit Personengesellschaften, die in einem ausländischen Staat als sachverständige Prüfer ermächtigt oder bestellt sind, ist zulässig, wenn die Voraussetzungen für ihre Ermächtigung oder Bestellung den Vorschriften dieses Gesetzes im wesentlichen entsprechen und sie in dem ausländischen Staat ihren Beruf gemeinsam mit Wirtschaftsprüfern ausüben dürfen. ²Eine gemeinsame Berufsausübung ist weiter zulässig mit Rechtsanwälten, Patentanwälten und Steuerberatern anderer Staaten, wenn diese einen nach Ausbildung und Befugnissen der Bundesrechtsanwaltsordnung, der Patentanwaltsordnung oder dem Steuerberatungsgesetz entsprechenden Beruf ausüben und mit Rechtsanwälten, Patentanwälten oder Steuerberatern im Geltungsbereich dieses Gesetzes ihren Beruf in Sozietäten gemeinsam ausüben dürfen. ³Absatz 1 Satz 2 und 3 gilt entsprechend.

(3) ¹Die Wirtschaftsprüferkammer hat ein Einsichtsrecht in die Verträge über die gemeinsame Berufsausübung. ²Erforderliche Auskünfte sind auf Verlangen zu erteilen.

(4) Berufsangehörige dürfen ihren Beruf in Sozietäten mit Personen im Sinne von Absatz 1 Satz 1, die selbst nicht als Berufsangehörige oder als vereidigte Buchprüfer oder vereidigte Buchprüferin bestellt oder als Wirtschaftsprüfungsgesellschaft oder Buchprüfungsgesellschaft anerkannt sind, nur dann ausüben, wenn sie der Wirtschaftsprüferkammer bei Aufnahme einer solchen Tätigkeit nachweisen, dass ihnen auch bei gesamtschuldnerischer Inanspruchnahme der nach § 54 vorgeschriebene Versicherungsschutz für jeden Versicherungsfall uneingeschränkt zur Verfügung steht.

(5) Wirtschaftsprüfer haben die gemeinsame Berufsausübung unverzüglich zu beenden, wenn sie aufgrund des Verhaltens eines Mitglieds der Sozietät ihren beruflichen Pflichten nicht mehr uneingeschränkt nachkommen können.

(6) Wird eine gemeinsame Berufsausübung im Sinne des Absatzes 1 kundgemacht, sind die Vorschriften der Absätze 4 und 5 entsprechend anzuwenden.

Schrifttum: *Ehlers*, Rechtsformüberlegungen für Steuerberater, NWB 2012, 411; *Wertenbruch*, Die Rechtsprechung zum Personengesellschaftsrecht in den Jahren 2003 bis 2005, NZG 2006, 408; *Wälzholz*, Aktuelle Entwicklungen u. Probleme bei Freiberuflergesellschaften, DStR 2004, 1708; *Hund*, Gemeinschaftliche Berufsausübung des Steuerberaters mit anderen Berufen, DSWR 1999, 270; *Taupitz*, Grundlagen berufsrechtlicher Inkompatibilitäten, AnwBl. 1991, 558.

Weitere Schrifttumsangaben jeweils vor den Kapiteln II. (Gesellschaft bürgerlichen Rechts), III. (Weitere berufliche Zusammenschlüsse) und vor den Unterkapiteln III. 1. bis 5.

Inhaltsübersicht

	Rn.
I. Allgemeines	1–2
II. Gesellschaft bürgerlichen Rechts	3–36
1. Allgemeines	3–4
2. Zivilrechtliche Rahmenbedingungen	5–17
a) Allgemeines	5–6
b) Gesellschaftsvertrag	7–8
c) Haftung	9–15
d) Berufsbezogene Besonderheiten	16–17
3. Berufsrechtliche Rahmenbedingungen	18–36
a) Allgemeines	18
b) Kriterien für die Beteiligungsfähigkeit (Abs. 1 u. 2)	19–23
c) Einsichts- und Informationsrecht der WPK (Abs. 3)	24
d) Berufshaftpflichtversicherung (Abs. 4)	25–26
e) Berufsrechtliche Bindungen (Abs. 5)	27
f) Kundmachung	28–33
g) Außen- und Scheinsozietät (Abs. 6)	34–35
h) Sonstiges	36
III. Weitere berufliche Zusammenschlüsse	37–63
1. Partnerschaftsgesellschaft	37–47
a) Allgemeines	37–39
b) Zivilrechtliche Rahmenbedingungen	40–44
c) Berufsrechtliche Rahmenbedingungen	45–47
2. Kooperation	48–50
a) Allgemeines	48
b) Partner	49
c) Kundmachung	50
3. Netzwerk	51–54
a) Allgemeines	51–52
b) Partner	53
c) Kundmachung	54
4. Bürogemeinschaft	55–59
a) Allgemeines	55–56
b) Bürogemeinschafter	57
c) Kundmachung	58–59
5. Berufliche Zusammenschlüsse mit EU-Bezug	60–63
a) Europäische Wirtschaftliche Interessenvereinigung	60–61
b) Gesellschaftsformen in anderen EU-Mitgliedstaaten	62–63

I. Allgemeines

1 Von der Sondersituation der beruflichen Zusammenarbeit im Rahmen v. Berufsgesellschaften abgesehen (§§ 27 ff.), enthält die WPO i. Ggs. zur BRAO (§ 59a), zur

BNotO (§ 9) u. insb. zum StBerG (§ 56) keine Regelungen zu den **vielfältigen Möglichkeiten beruflicher Zusammenschlüsse** im weitesten Sinne. Näher geregelt ist in § 44b lediglich die gemeinsame Berufsausübung in Form der **GbR**, dort als Sozietät bezeichnet. Auch die BS WP/vBP beschränkt sich auf konkretisierende Vorschriften zu dieser klassischen beruflichen Zusammenarbeit, die Berufsgesellschaften wiederum beiseitegelassen. Bereits für die **PartG**, ebenfalls eine Form der gemeinsamen Berufsausübung, findet sich – v. den Meldepflichten zum BR abgesehen – nur eine versteckte u. ansatzweise Regelung in § 43a Abs. 2. **Netzwerke** haben aufgrund v. Vorgaben der AP-RiLi 2006 erst durch die 7. WPO-Novelle 2007 Eingang in die WPO gefunden, wenn auch nur i.Z.m. den Meldepflichten zum BR (§ 38 Nr. 2c)) sowie dem Transparenzbericht (§ 55c Abs. 1 Satz 1 Nr. 2.). Nachdem der Netzwerkbegriff durch das BilMoG auch in einem neuen § 319b HGB verankert wurde, ist dem allerdings auch im Rahmen der Unabhängigkeitsregelungen in der BS WP/vBP Rechnung getragen worden (§ 21 Abs. 4 Nr. 2 BS WP/vBP). Die **Kooperation** u. die **Bürogemeinschaft** werden im derzeit geltenden Berufsrecht der WP überhaupt nicht erwähnt. Die **EWIV** wird nur i.Z.m. den vereinbaren Tätigkeiten nach § 43a Abs. 4 genannt. Dieser vermeintliche Nachteil erweist sich insofern als gewissermaßen vorausschauend, als sich die Befreiung des Rechts der freien Berufe v. in der Vergangenheit als unverzichtbar gehaltenen Restriktionen auch auf die nach Art. 12 GG garantierte Möglichkeit beruflicher Zusammenschlüsse mit Dritten auswirkt. Auch diesen Ausschnitt des Grundrechts auf freie Berufsausübung beschränkende Regelungen bedürfen einer hinreichenden, am Gemeinwohl orientierten Rechtfertigung, die umso mehr zu hinterfragen ist, je stärker die Intensität der beruflichen Zusammenarbeit abnimmt. Eher aus Gründen der Klarstellung der weit reichenden Möglichkeiten der beruflichen Zusammenarbeit als zu deren – übermäßigen – Regulierung wären gleichwohl ausdr. Regelungen zu den verschiedenen Formen des beruflichen Zusammenwirkens auch im Berufsrecht des WP wünschenswert. Dies gilt jedenfalls, solange die Berufsrechte anderer freier Berufe weiterhin Beschränkungen enthalten, die zumindest teilw. hinterfragt werden können.

Je nach Art des beruflichen Zusammenschlusses **variiert die Intensität der beruflichen Zusammenarbeit** beträchtlich. Sie reicht v. der gemeinsamen Berufsausübung über das fachliche Zusammenwirken im Rahmen getrennter Auftragsverhältnisse bis zur völlig v. der eigentlichen Mandatsbearbeitung losgelösten, nur den beruflichen Rahmen betr. Zusammenarbeit. In Kürze lassen sich folgende Abstufungen vornehmen, wobei die in anderen EU-Mitgliedstaaten bekannten u. in Deutschland ebenfalls zulässigen Gesellschaftsformen (vgl. Rn. 62) wegen deren unterschiedlichster Struktur außen vor bleiben: 2

- In der **GbR** u. der **PartG** ist die berufliche Zusammenarbeit am intensivsten, indem der Beruf grds. gemeinsam ausgeübt wird. Die gemeinsame Berufsausübung ist gekennzeichnet durch die gemeinsame Mandatsannahme u. die Verpflichtung aller GbR-Gesellschafter u. Partner zur Durchführung des Auftrags. Eine interne Aufteilung, wonach das Mandat nur durch einen o. mehrere Gesellschafter tats. bearbeitet wird, ist hierdurch allerdings nicht ausgeschlossen (bei der PartG ist sogar das Haftungsregime hierauf ausgerichtet (vgl. Rn. 43 zur Handelndenhaftung). Nach Außen sind hingegen grds. alle Gesellschafter verantwortlich.

- Bei **Netzwerken** u. **Kooperationen** liegt ebenfalls eine berufsbezogene Zusammenarbeit vor, deren Inhalt u. Intensität allerdings nicht vorgegeben ist u. sich durch eine erhebliche Spannbreite auszeichnet. Maßgeblich ist die negative Abgrenzung zur gemeinsamen Berufsausübung, also die fehlende gemeinsame Mandatsannahme u. -bearbeitung. Ebenso wie die Auftragsverhältnisse sollen nach dem Willen der Netzwerk-/Kooperationspartner daher auch die rechtlichen Verantwortlichkeiten strikt getrennt sein.
- Bei der **Bürogemeinschaft** handelt es sich zwar um einen beruflichen Zusammenschluss im weitesten Sinne. Dem Zusammenschluss liegt aber nicht der Wille zu einer wie auch immer gearteten beruflichen Zusammenarbeit zugrunde, verstanden als inhaltliches Zusammenwirken. Ihr Zweck besteht vielmehr ledigl. in der gemeinsamen Nutzung sächlicher u./o. personeller Mittel, die zur inhaltlich völlig eigenständigen Mandatsbearbeitung benötigt werden.
- Die **EWIV** ist ein beruflicher Zusammenschluss, der ledigl. für Hilfstätigkeiten zugunsten der eigentlichen Berufsausübung herangezogen werden kann. Die Berufsausübung im Rahmen dieser Organisation selbst ist nicht möglich. Eine mandatsbezogene Zusammenarbeit liegt daher auch hier nicht vor.

II. Gesellschaft bürgerlichen Rechts

Schrifttum: *Gladys,* Sozienklausel reloaded, DStR 2013, 723; *Posegga,* Die Haftung der Mitglieder einer freiberuflichen Sozietät, DStR 2013, 547 (Teil I) und 611 (Teil II); *WPK,* Auswirkungen der BGH-Rechtsprechung zur GbR bei gesetzlichen Abschlussprüfungen, WPK-Mag. 4/2012, 44; *Lüneburg,* Die Nachhaftung des ausgeschiedenen Personengesellschafters für Altverbindlichkeiten, ZIP 2012, 2229; *Grunewald,* Die Entwicklung des anwaltlichen Berufsrechts im Jahr 2012, NJW 2012, 3622; *Hirtz,* Eine Sozietät ist auch keine Sozietät – Neuausrichtung der BGH-Rechtsprechung zur Verwendung der Bezeichnung „Sozietät", NJW 2012, 3550; *Jungk,* Anm. zum Urt. des BGH v. 10.5.2012, BRAK-Mitt. 2012, 208; *Juretzek,* Anm. zum Urt. des BGH v. 12.7.2012, DStR 2012, 2203; *Hölscheidt,* Anm. zum Urt. des BGH v. 10.5.1012, NWB 2012, 3562; *Borgmann,* Die Rechtsprechung des BGH zum Anwaltshaftungsrecht von Juli 2011 bis Juli 2012, NJW 2012, 3217; *WPK,* Anm. zum Urt. des BGH v. 10.5.2012, WPK-Mag. 3/2012, 69; *Meixner/Schröder,* Anm. zum Urt. des BGH v. 10.5.2012, DStR 2012, 1724; *Dahns,* Persönliche Haftung aller Partner in einer interprofessionellen Sozietät, NJW-Spezial, 2012, 510; *Henssler/Michel,* Austritt und Ausschluss aus der freiberuflichen Sozietät, NZG 2012, 401; *Beuthien,* Was hat die „rechtsfähige Personengesellschaft" Neues gebracht?, NZG 2011, 481; *WPK,* Anm. zum Urt. des BGH v. 9.12.2010, WPK-Mag. 2/2011, 37; *Gladys/Riechert,* Neuer Versicherungsschutz für Gesamthand und Gesamthänder bei Schäden aus beruflicher Tätigkeit, Teil 2, DStR 2011, 936, Teil 1, DStR 2011, 880; *Riechert,* Das Haftungsregime der Sozietät und neue

Versicherungskonzepte, AnwBl. 2011, 489; *Dahns*, Beauftragung einer interprofessionellen Sozietät – Folgemandat, NJW-Spezial 2011, 94; *Offermann-Burckart*, Die Scheinsozietät – das (un)bekannte Wesen, AnwBl. 2010, 743; *Jungk*, Anm. zum Urt. des LG Bonn v. 13.4.2010, BRAK-Mitt. 2010, 209; *Dahns*, Keine Nachhaftung eines ausgeschiedenen (Schein-) Gesellschafters, NJW-Spezial, 2010, 542; *Dahns*, Haftung einer interprofessionellen Sozietät, NJW-Spezial 2009, 382; *Berners*, Rechts- und Haftungsprobleme der interprofessionellen Sozietät, NWB 2009, 3940; *Posegga*, Die Haftung der Mitglieder einer interprofessionellen Sozietät aus Rechtsanwälten und Steuerberatern, DStR 2009, 2391; *Lux*, Haftung von berufsfremden Mitgliedern einer gemischten Sozietät, MDR 2009, 957; *Römermann*, Neues und immer noch offene Fragen zur Haftung in der gemischten Sozietät, NJW 2009, 1560; Meixner/Schröder, Anm. zum Urt. des BGH v. 5.2.2009, DStR 2009, 1003; *Wolff*, Die Auseinandersetzung von Freiberuflergesellschaften und ihre prozessuale Bewältigung, NJW 2009, 1302; *Sassenbach*, Sind Haftungsrecht und Berufsrecht (un)vereinbar?, AnwBl. 2009, 447; *Lux*, Anm. zum Urt. des BGH v. 26.6.2008, DStR 2008, 1982; *Dahns*, Die Haftung von Scheinsozien, NJW-Spezial 2008, 478; *Lux*, Rechtsscheinhaftung des Scheinsozius auch für nicht anwaltstypische Tätigkeiten, NJW 2008, 2309; *Schmidt K.*, Schwierigkeiten mit dem Prozessrecht der GbR, oder Steine statt Brot?, NJW 2008, 1841; *Jungk*, Anm. zum Urt. des BGH v. 26.6.2008, BRAK-Mitt. 2008, 209; *Schodder*, Kurzkommentar zum Urt. des BGH v. 26.6.2008, EWiR 2008, 523; *Alvermann/Wollweber*, Haftungsbegrenzungsvereinbarungen der Steuerberater, - sozietäten und steuerberatenden Partnerschaftsgesellschaften, DStR 2008, 1707; *Goette*, Aktuelle höchstrichterliche Rechtsprechung zur Freiberuflersozietät, AnwBl. 2007, 637; *Dahns*, Haftung der Sozietät für deliktisches Handeln des Scheinsozius, NJW-Spezial 2007, 429; *Römermann*, Auflösung und Abspaltung bei Anwaltssozietäten, NJW 2007, 2209; *Furmans*, Haftungsbegrenzung in der gemischten Sozietät und AGB-Kontrolle, NJW 2007, 1400; *Westermann*, Rechtsfolgen des Ausscheidens aus einer Freiberufler-Sozietät, AnwBl. 2007, 103; *Böttcher/Blasche*, Die Grundbuchfähigkeit der GbR im Lichte der aktuellen Rechtsentwicklung, NZG 2007, 121; *Glady*, Haftung des Steuerberaters für Berufsversehen des soziierten Rechtsanwalts im Bereich anwaltlicher Vorbehaltsaufgaben - Eine interprofessionelle Disharmonie, Stbg 2006, 177; *Peres/Depping*, Scheinsozietät und Scheinsozius - Gesellschafts-, berufs- und steuerrechtliche Fragen, DStR 2006, 2261; *Lepczyk*, Haftung des GbR-Scheingesellschafters für Altverbindlichkeiten, NJW 2006, 3391; *Segna*, Neues zur Haftung des Eintretenden für Altverbindlichkeiten der GbR: Das partielle Endes des Vertrauensschutzes für Altfälle, NJW 2006, 1566; *Richter*, Steuerberater-Sozietät mit ausländischen Berufskollegen, NWB 2006, 3931; *Knöfel*, Sozienhaftung für Altschulden aus dem Betrieb der eingebrachten Einzelkanzlei, AnwBl. 2006, 373; *Sassenbach*, Berufsrecht contra Gesellschaftsrecht - Haftungs- und versicherungsrechtliche Fragen bei der Anwendung der akzessorischen Haftung, AnwBl. 2006, 304; *Dahns/Detlefsen*, Berufsrechtliche Aspekte bei der Beendigung der Zusamenarbeit von Steuerberatern, DStR 2006, 1574; *Klerx*, Haftung des eintretenden BGB-Gesellschafters, NWB 2006, 3655; *Goez*, Die „Schein-Sozietät" bei den

Angehörigen der steuerberatenden Berufe, NWB 2006, 2045; *Klerx*, Haftung des angestellten Freiberuflers für Fehler seiner Vorgänger?, NWB 2005, 4301; *Baldringer/Jordans*, Die Haftung des Anwalts für den gemeinsamen Auftritt der (Schein-) Sozietät, AnwBl. 2005, 676; *Schmidt K.*, Die Sozietät als Sonderform der BGB-Gesellschaft, NJW 2005, 2801; *Dahns*, Berufsrechtliche Aspekte bei der Beendigung der Zusammenarbeit, NJW-Spezial 2005, 525; *Dahns*, Haftungsgefahren bei Außen- bzw. Scheinsozietäten, NJW-Spezial 2004, 333; *WPK*, Nachträglicher Wegfall eines Abschlussprüfers bei gemeinsamer Abschlussprüfung, WPK-Mag. 3/2004, 26; *WPK*, Gestaltung von Briefbögen und Berichtsmappen bei interprofessionellen Sozietäten, WPK-Mag. 2/2004, 28; *WPK*, Berufsrechtliche Anforderungen an die Außensozietät, WPK-Mitt. 2003, 240; *Lux*, Generelle Haftungsprivilegierung von Sozien?, NJW 2003, 2806; *Grams*, Die Anwaltssozietät in der Rechtsform der Gesellschaft bürgerlichen Rechts (GbR), BRAK-Mitt. 2002, 67; *Späth*, Eintritt eines Berufsangehörigen in eine bestehende Sozietät – Probleme u. Gefahren, DStR 2002, 1966; *WPK*, Scheinsozietät – Gefahren u. Alternativen, WPK-Mitt. 2002, 200; *Hartung*, Mandatsvertrag – Das Einzelmandat in der Anwaltssozietät, MDR 2002, 1224; *Gladys*, Rechts- u. Parteifähigkeit der GbR - Berufshaftpflichtversicherung für Vermögensschäden der Sozietät?, Stbg 2001, 684; *Mittelsteiner*, Vertragliche Gestaltungen in Sozietäten, DSWR 1999, 186; *Henssler*, Die interprofessionelle Zusammenarbeit in der Sozietät, WPK-Mitt. 1999, 2.

1. Allgemeines

3 Seit Inkrafttreten des BGB 1896 ist die **GbR** die herkömmliche Form der beruflichen Zusammenarbeit v. **Angehörigen freier Berufe**. Bei Erlass der WPO 1961 wurde sie als so selbstverständlich vorausgesetzt, dass sie dort keinerlei Erwähnung fand. Stattdessen wurde es der WPK aufgegeben, die berufsrechtlichen Rahmenbedingungen in Richtlinien für die Berufsausübung festzulegen (Anm. 1 zur Begr. zum Fünften Abschnitt der WPO 1961). In die WPO selbst haben die Regelungen zur GbR erst mit der 3. WPO-Novelle 1995 Eingang gefunden. Dies war wegen des statusbildenden Charakters der Bestimmungen zur gemeinsamen Berufsausübung verfassungsrechtlich geboten (BT-Drs. 12/5685, 27). Seine jetzige Fassung hat § 44b im Rahmen der 5. WPO-Novelle 2004 durch die Modifizierung des Abs. 4 sowie Ergänzung des Abs. 2 Satz 3 u. des Abs. 6 erhalten. Die GbR ist – neben der PartG – gekennzeichnet durch die jedenfalls grds. intensivste berufliche Zusammenarbeit, die **gemeinsame Berufsausübung** (Rn. 2). Im Gegensatz zur Tätigkeit in einer nicht als Berufsgesellschaft anerkannten sog. einfachen PartG wird der Beruf in der GbR allerdings originär ausgeübt (§ 43a Rn. 1, 11). Dies hat insb. Auswirkungen auf den Umfang der berufsrechtlich zulässigen Tätigkeit, die im Rahmen der GbR umfassend ist, in der einfachen PartG hingegen die Durchführung v. gesetzlichen Vorbehaltsaufgaben des WP ausschließt.

4 In § 44b Abs. 1 wird die **GbR** mit dem Begriff der **„Sozietät" gleichgesetzt** (siehe auch § 54a Abs. 2 u. § 28 BS WP/vBP). Durch das BGH-Urt. v. 12.7.2012 (WPK-Mag. 4/2012, 67), in der die Kundmachung einer Anwaltssozietät unter bestimmten Voraussetzungen auch dann als zulässig angesehen wird, wenn es sich nicht um eine

GbR handelt, ist allerdings unklar geworden, ob hierdurch allein auch für die RAe die sog. Schein- o. Außensozietät anerkannt wurde (für die WPO s. § 44b Abs. 6) o. ob der **Begriff der Sozietät** allg. v. **der Rechtsform der GbR losgelöst** werden sollte. Für letzteres spricht die Aussage des BGH, wonach der Begriff „Sozietät" gesetzlich nicht definiert sei u. seit einiger Zeit an Konturen verloren habe. Er könne daher jegliche Form gemeinsamer anwaltlicher Berufsausübung erfassen.

2. Zivilrechtliche Rahmenbedingungen

a) Allgemeines

Die GbR, geregelt in den §§ 705 ff. BGB, setzt ledigl. die gegenseitige Verpflichtung v. mind. zwei Personen voraus, einen **gemeinsamen Zweck** zu fördern. Abgesehen v. aus anderen Gründen formbedürftigen Regelungen ist der **Vertrag** als solcher **nicht formbedürftig**, kann also auch mündlich geschlossen werden. Üblich u. aus Gründen der Rechtssicherheit auch zu empfehlen ist aber die schriftliche Niederlegung wenigstens der wesentlichen Vertragsinhalte (Rn. 7). Die GbR ist sowohl Innen- als auch Außengesellschaft u. im Rahmen der allg. Vertragsfreiheit weitgehend frei gestaltbar. Nur soweit nicht ausdr. anderweitige Vereinbarungen getroffen werden, gibt das Gesetz bestimmte Rechtsverhältnisse u.- folgen vor. Anders als die für die Anerkennung als Berufsgesellschaft offen stehenden Gesellschaftsformen, einschließl. der PartG, bedarf die GbR keiner Eintragung in einem Register (zu den Eintragungspflichten im BR s. § 38 Rn. 9, 10). 5

Seit der Grundsatzentscheidung des BGH v. 29.1.2001 (WPK-Mitt. 2001, 170) ist die **Rechts- u. Parteifähigkeit** der GbR anerkannt. Für das Verwaltungsverfahren u. das verwaltungsgerichtliche Verfahren sind diese Grundsätze übernommen worden (OLG Bautzen 6.7.2001, NWB 2002, 2190). Die Rechtsfähigkeit hat zur Folge, dass **die GbR selbst**, nicht die Sozien, **Träger v. Rechten u. Pflichten** wird. Zu den berufsbezogenen Besonderheiten vgl. allerdings Rn. 17. 6

b) Gesellschaftsvertrag

Der, wenn auch rechtlich nicht vorgeschrieben (Rn. 5), i.d.R. schriftliche GbR-Vertrag sollte zumindest die **wesentlichen Grundsätze der gemeinsamen Berufsausübung** sowie Regelungen für den Fall des **Eintritts** u. das **Ausscheiden** einzelner Gesellschafter enthalten. Auch für den Fall, dass die GbR insgesamt beendet wird, sind **Auseinandersetzungsvereinbarungen** dringend zu empfehlen. Die WPO u. die BS WP/vBP verzichten auf Vorgaben (anders die BOStB u. die BORA, Rn. 8). Dies ist insoweit folgerichtig, als das Berufsrecht nicht die Aufgabe hat, die gesellschaftsrechtlichen Verhältnisse der Berufsangehörigen untereinander vorzugeben, sofern dies nicht durch spezifisch berufsbezogene Besonderheiten gerechtfertigt ist. 7

Der GbR-Vertrag sollte Regelungen insb. zu folgenden Bereichen enthalten: **Name der** GbR (bei Namensgebung durch die Gesellschafter deren Reihenfolge sowie Folgen des Ausscheidens für den Namen); erforderliche **Mandantenzustimmung** bei Einbringung v. Mandaten; **Geschäftsführung u. Vertretung**; Arbeitseinsatz, Urlaub u. Nebentätigkeiten; **Vertretungsvereinbarungen** bei Urlaub u. Krankheit; **Gewinnbeteiligung** u. Eigentumsverhältnisse; **Kündigungsfristen**, Wettbewerbs- 8 verbote u. sonstige **Regelungen bei Ausscheiden** eines Gesellschafters; Beendigung der GbR insgesamt. Insbesondere bei Auseinandersetzung der GbR können Hinweise hierzu auch § 26 Abs. 1 BOStB u. der entsprechenden Regelung in § 32 BORA entnommen werden. Ausdrücklich vereinbarte Auseinandersetzungsmodalitäten gehen allerdings auch für die v. Anwendungsbereich der Berufsordnungen erfassten Berufsträger vor.

c) **Haftung**

9 Die frühere gesamtschuldnerische Haftung der Gesellschafter einer GbR ist nach deren Anerkennung als rechtsfähiges Gebilde (Rn. 6) durch die **akzessorische Haftung nach den Grundsätzen des Rechts der OHG** ersetzt worden. Dem Gläubiger steht das Vermögen der GbR als solcher zur Verfügung. Daneben besteht die gesamtschuldnerische Haftung der einzelnen, u. zwar grds. aller Gesellschafter, die jetzt allerdings aus § 128 HGB analog u. damit als akzessorische Haftung hergeleitet wird. Diese Haftungskonstruktion gilt nicht nur für Ansprüche aus Vertragsverletzungen, sondern auch bei deliktischem Handeln eines Gesellschafters (zur Anwendbarkeit des § 31 BGB auf die GbR, BGH 24.6.2003, NJW 2003, 2984; BGH 3.5.2007, NJW 2007, 2490, WPK-Mag. 4/2007, 72).

10 In Abweichung zur grds. Haftung aller Gesellschafter war für Tätigkeiten, die einzelnen Gesellschaftern **gesetzlich vorbehalten** sind, seit der Entscheidung des BGH 16.12.1999 (NJW 2000, 1333, WPK-Mitt. 2000, 129) anerkannt, dass, der Berechtigung u. Verpflichtung zur Durchführung des Auftrags entsprechend, v. vornherein **nur die hierzu befugten Berufsträger haften**. Gesonderte Haftungsausschlüsse waren daher nur bei denjenigen Aufträgen erforderlich, die im Befugnisbereich aller Gesellschafter liegen o. soweit ein auch für eine Vorbehaltsaufgabe befugter Gesellschafter v. der Haftung entbunden sein soll. Diesen Grundsatz hat der BGH in seinem Urt. v. 10.5.2012 (WPK-Mag. 2012, 65 nebst Anm.) unter Berufung auf seine Entscheidungen zur Anerkennung der Rechtsfähigkeit der GbR **ausdr. aufgegeben**, indem er die Haftung auch der nicht zur Rechtsbesorgung befugten Gesellschafter auch für berufliche Fehler eines RA-Sozius bejaht hat. Dies gilt allerdings **nicht für Pflichtverletzungen**, die **vor der Änderung der Rspr.** zur Rechtsfähigkeit der GbR begangen wurden (BGH 26.6.2008, NJW-RR 2008, 1594). Zu den i.Ü. weiterhin bestehenden berufsbezogenen Besonderheiten im Vorbehaltsbereich des WP s. Rn. 17.

11 Die Übertragung der Haftungsstruktur bei der OHG auf die GbR gilt grds. auch für **neu eintretende Gesellschafter**. Der BGH hat in seinem Urt. v. 7.4.2003 (BGHZ 154, 370, WPK-Mitt. 3/2003, 209), u. zwar ausdr. auch für Freiberufler-GbR, entschieden, dass in analoger Anwendung des § 130 HGB Gesellschafter auch für solche **Verbindlichkeiten** der GbR haften, die **vor deren Eintritt** entstanden sind. Ob dies auch für **Verbindlichkeiten aus Berufspflichtverletzungen** gilt o. ob hier eine persönliche Haftungsbeschränkung nach § 8 Abs. 2 PartGG (Rn. 43) in Betracht kommen kann, war in der Entscheidung ausdr. offen gelassen worden u. ist höchstrichterlich weiterhin nicht geklärt. In zwei instanzgerichtlichen Urt. ist aber auch hier die Haftung des Eintretenden bejaht worden (LG Hamburg 11.5.2004,

NJW 2004, 3492; LG Frankenthal 21.7.2004, NJW 2004, 3190). Wird durch den Zusammenschluss zweier Personen erst eine **GbR begründet**, entsteht hingegen **keine** wechselseitige **Haftung für berufsbezogene Altverbindlichkeiten** des jeweils anderen (BGH 22.1.2004, NJW 2004, 836); für **sonstige Verbindlichkeiten**, etwa für Kanzleimietschulden einer bisherigen Einzelkanzlei, muss hingegen analog §§ 28, 128 HGB auch hier der hinzutretende Berufsträger einstehen (OLG Naumburg 17.1.2006, EWiR 2006, 239 m. zust. Anm. Knöfel).

Ausgeschiedene Gesellschafter haften gemäß § 128 HGB analog für Verbindlichkeiten der GbR, die während ihrer Mitgliedschaft begründet wurden, sofern ihre Nachhaftung nicht nach § 736 Abs. 2 BGB i.V.m. § 160 Abs. 1 HGB begrenzt ist (BGH 17.1.2012, NZG 2012, 221). Die auf fünf Jahre begrenzte Nachhaftung nach § 160 Abs. 1 HGB beginnt mit der positiven Kenntnis des Gesellschaftsgläubigers v. Ausscheiden des Gesellschafters (BGH 10.2.1992, BGHZ 117, 168; so jetzt auch für die OHG BGH 24.9.2007, II ZR 284/05). Die Haftung umfasst alle Ansprüche, für die die Rechtsgrundlage noch vor dem Ausscheiden gelegt wurde (BGH 17.1.2012, NZG 2012, 221). Allein die Begründung des Mandatsverhältnisses vor dem Ausscheiden genügt hierfür nicht, wenn die anspruchsbegründende Pflichtverletzung erst nach dem Ausscheiden begangen wurde (LG Bonn 13.4.2010, DStR 2010, 1648). 12

Die bei GbR grds. bestehende Haftung jedes einzelnen Gesellschafters tritt dann nicht ein, wenn ausdr. ein **persönlicher Haftungsausschluss** vereinbart worden ist. Diese Möglichkeit kommt vor allem dann in Betracht, wenn, wie in der Praxis üblich, ein Auftrag trotz der an sich bestehenden rechtlichen Verpflichtung aller Gesellschafter nur v. einem o. einzelnen Gesellschaftern schwerpunktmäßig bearbeitet wird. Dieser bei der GbR ausdr. zu vereinbarende Haftungsausschluss bildet bei der PartG das Grundkonzept, die Beschränkung auf die sog. Handelndenhaftung (Rn. 43). Für Mitglieder einer GbR enthält § 54a Abs. 2 allerdings insofern eine **Sonderregelung**, als für WP-Gesellschafter die persönliche Haftung auch durch vorformulierte Vertragsbedingungen auf diejenigen namentlich bezeichneten Gesellschafter beschränkt werden kann, die die vertragliche Leistung erbringen sollen (§ 54a Rn. 24 ff.). 13

Neben dem vollständigen Haftungsausschluss für Mitglieder einer GbR sieht § 54a Abs. 1, wie für andere Berufsangehörige u. Berufsgesellschaften auch, die Möglichkeit einer **Haftungsbeschränkung der Höhe** nach vor (§ 54a Rn. 14). 14

Wird durch eine entsprechende Kundmachung der Eindruck einer GbR erweckt, obwohl eine solche tats. nicht o. jedenfalls nicht für alle wie Gesellschafter erscheinenden Personen vorliegt (sog. **Außen- o. Scheinsozietät**), haften diese nach **Rechtsscheingrundsätzen** wie echte GbR-Gesellschafter (ständige Rspr., vgl. nur BGH 8.7.1999, WPK-Mitt. 2000, 71; BFH, 9.5.2006, NJW-RR 2006, 1696, sowie zur Haftung v. Gesellschaftern für deliktisches Handeln eines „Außensozius" BGH 3.5.2007, NJW 2007, 2490, WPK-Mag. 4/2007, 72), bei Freiberufler-GbR allerdings nur bezogen auf berufstypische Forderungen (BGH 16.4.2008, NJW 15

2008, 2330; zu den berufsrechtlichen Rahmenbedingungen der Außensozietät Rn. 34 ff.). Ob dies auch für die neue Rspr. zur **Haftung eintretender Sozien für Altverbindlichkeiten** gilt, ist noch **offen** (ablehnend noch OLG Saarbrücken 22.12.2005, VersR 2007, 361, mit krit. Anm. Feit/Giedinghagen; dagegen auch Klerx, NWB 2005, 4301, da im Hinblick auf die Altverbindlichkeiten kein schutzwürdiger Rechtschein bei Gläubigern hervorgerufen werde). Solange höchstrichterliche Rspr. zu diesem Fragenkomplex noch aussteht, sollten sich neu eintretende „Außensozien" der möglichen zusätzl. Haftungsrisiken bewusst sein. Entschieden hat der BGH hingegen, dass eine GbR für die Altverbindlichkeiten einer in diese **eingebrachten Einzelkanzlei** auch dann nicht haftet, wenn der Einzel-RA zuvor den **Anschein einer GbR** gesetzt hatte (BGH 17.11.2011, NJW-RR 2012, 239).

d) Berufsbezogene Besonderheiten

16 Soweit bereits vorhandene **Mandate in die GbR eingebracht** werden, ist hierfür wegen der berufsrechtlichen Pflicht zur Verschwiegenheit u. der strafrechtlichen Sanktionierung bei Verstößen gegen diese die **Zustimmung der Mandanten** erforderlich. Dies gilt sowohl für die Gründer der GbR als auch für neu eintretende Gesellschafter. Für einmal **in die GbR eingebrachte Mandate** bedarf es allerdings keiner ausdr. Zustimmung für den Fall, dass ein neuer Gesellschafter eintritt. Hier kann das **Einverständnis des Mandanten vermutet** werden (BGH 5.11.1993, WPK-Mitt. 1994, 256).

17 Der Grundsatz, wonach die GbR als solche Träger v. Rechten u. Pflichten ist (Rn. 6), gilt seit der Grundsatzentscheidung des BGH v. 9.12.2010 (WPK-Mag. 2/2011, 37) auch dann, wenn bestimmte Aufgaben nicht allen in einer GbR vertretenen Berufsgruppen, sondern nur einzelnen v. ihnen vorbehalten sind. Hervorzuheben sind hier die **Vorbehaltsaufgaben des WP** (insb. zur Durchführung gesetzlich vorgeschriebener JAP nach §§ 316 ff. HGB; zum Vorbehaltsbereich allg. § 2 Rn. 9 ff.) sowie die des RA im Bereich der Rechtdienstleistungen. Auch die **Beauftragung zur Durchführung einer gesetzlichen Abschlussprüfung** erfolgt daher **zivilrechtlich** nicht (mehr) gegenüber dem habilen oder den habilen Gesellschaftern persönlich, sondern gegenüber der **GbR als solcher**. Die **Wahl und Bestellung als gesetzlicher Abschlussprüfer** bezieht sich hingegen aufgrund des eindeutigen Wortlauts des § 319 Abs. 1 Satz 1 u. 2 HGB formal **weiterhin nur auf diejenigen Gesellschafter**, die zur Durchführung einer gesetzlichen Abschlussprüfung **befugt** sind, demnach auf die WP-Gesellschafter u., soweit es um die Prüfung mittelgroßer GmbH oder GmbH und Co KG geht, auch auf vBP-Gesellschafter. Werden nicht einzelne Gesellschafter im Wahlbeschl. ausdr. namentlich benannt, bleibt es dabei, dass alle habilen Gesellschafter als **Gemeinschaftsprüfer** zur Prüfungsdurchführung verpflichtet sind (WPK, WPK-Mag. 4/2012, 44).

3. Berufsrechtliche Rahmenbedingungen
a) Allgemeines

18 Im Vergleich zu den Berufsrechten der StB, RA u. Notare lässt die **WPO** die **weitgehendsten Gestaltungsmöglichkeiten** für GbR zu. Neben der auch nach dem

StBerG, der BRAO u. der BNotO bestehenden Möglichkeit zur **überörtlichen** GbR (diese schließt sowohl die sog. intraurbane als auch die grenzüberschreitende GbR mit ein) u. zur **gemeinsamen Berufsausübung mit Angehörigen ausländischer Staaten** dürfen sich WP nicht nur mit anderen nat. **Personen**, sondern auch mit **jur. Personen u. Personengesellschaften** zur gemeinsamen Berufsausübung zusammenschließen, sofern die erforderlichen Kriterien erfüllt sind (Rn. 19 ff.). Zulässig sind danach nicht nur GbR zwischen WP u. Berufsgesellschaften o. zwischen Berufsgesellschaften jeglicher Rechtsform, sondern auch mit einer o. zwischen sog. einfachen PartG; auch mehrere GbR können wiederum eine weitere GbR bilden. In der Praxis spielt insb. die letztgenannte Gestaltungsmöglichkeit allerdings nur eine geringe Rolle, da sich in diesen Fällen der Zusammenschluss zu einer Gesamt-GbR anbietet.

b) Kriterien für die Beteiligungsfähigkeit (Abs. 1 und 2)

Vergleichbar den Regelungen im StBerG u. der BRAO unterscheidet § 44b zwischen der gemeinsamen Berufsausübung mit Personen u. Gesellschaften, die den Regelungen im Geltungsbereich der WPO unterliegen (Rn. 20, 21), u. solchen ausländischer Staaten andererseits (Rn. 22, 23). Trotz der Schwierigkeit, allgemeingültige Kriterien zu entwickeln, bergen diese unterschiedlichen Regelungen die **Gefahr** in sich, jedenfalls in Bezug auf EU-Ausländer entw. **europarechtswidrig** zu sein o. umgekehrt ggf. zu einer unzulässigen Form der sog. **Inländerdiskriminierung** zu führen. Zumindest mittelfristig sollte der Gesetzgeber daher zu einer **einheitlichen Regelung** finden. 19

Anders als StBerG u. BRAO benennt die WPO nicht ausdr. diejenigen Berufe, mit denen sich WP zur gemeinsamen Berufsausübung zusammenschließen dürfen. Stattdessen wird die Beteiligungsfähigkeit an die Erfüllung **bestimmter Kriterien** gebunden. Für Zusammenschlüsse mit Personen u. Gesellschaften **im Geltungsbereich der WPO** orientieren sich diese Anforderungen an den Besonderheiten, die für den WP selbst gelten u. die das **besondere Vertrauensverhältnis** zum Mandanten prägen u./o. **verbraucherschützende Funktion** haben. Danach ist nur beteiligungsfähig, wer 20

- der **BA** einer Berufskammer eines freien Berufes im Geltungsbereich der WPO unterliegt u.
- ein **Zeugnisverweigerungsrecht** nach § 53 Abs. 1 Satz 1 Nr. 3 StPO hat.

Nach derzeitiger Rechtslage sind somit neben dem **WP u. dem vBP** selbst als beteiligungsfähige inländische Berufe anzusehen: **RA, PA, StB, StBv**, aber auch (anders als nach StBerG o. BRAO) **Ärzte, Zahnärzte** u. **Apotheker**. Obwohl jur. Personen u. Personengesellschaften als solchen kein Zeugnisverweigerungsrecht zusteht, sind nach der ausdr. Regelung in Abs. 1 Satz 1 auch diese beteiligungsfähig (Rn. 18). Implizit vorausgesetzt wird hier, dass die vertretungsberechtigten Organmitglieder o. Gesellschafter zur Zeugnisverweigerung berechtigt sind. Soweit es um Berufsgesellschaften geht, kommen als GbR-Gesellschafter allerdings **nur WPG/BPG** in Betracht, da für die anderen Berufsgruppen entw. Berufsgesellschaften v. vornherein nicht vorgesehen sind (PA, Notare) o. diese nach eigenem Recht nicht beteili- 21 gungsfähig sind (StBG, RAG). Aus dem gleichen Grund sind solche Personengesellschaften unterhalb der Anerkennung als Berufsgesellschaft nicht beteiligungsfähig, in denen andere Berufe als die des WP/vBP vertreten sind (zu den Restriktionen für StB Kuhls/Riddermann, StBerG, § 56 Rn. 49-53). Aus Sicht der WPO kann hingegen grds. auch mit einer anderen **GbR** o. einer sog. **einfachen PartG** eine GbR begründet werden. Selbst als nat. Personen **nicht beteiligungsfähig** sind trotz Erfüllung der genannten Anforderungen **Notare**. Grund hierfür sind wiederum die Beschränkungen der BNotO. Im Rahmen der WPO eigentlich systemwidrig, aber auch in das StBerG u. die BRAO eingegangen, sind daher die Regelungen in Abs. 1 Satz 2 u. 3, wonach eine GbR mit **Anwalts-Notaren** v. vornherein nur bezogen auf die anwaltliche Berufsausübung eingegangen werden kann u. sie sich i.Ü. nach den Bestimmungen u. Anforderungen des notariellen Berufsrechts zu richten hat.

22 Für die gemeinsame Berufsausübung mit nat. u. jur. Personen sowie mit Personengesellschaften **anderer Staaten** – eine Differenzierung zwischen EU-Mitgliedstaaten u. sonstigen Drittländern erfolgt nicht – stellt § 44b Abs. **2** wiederum auf bestimmte Anforderungen ab, bezieht sich hierbei aber zugl. auf einzelne vergleichbare inländische Berufe. Eine gemeinsame Berufsausübung mit einem **sachverständigen Prüfer** nach dem Recht eines Drittstaates ist nach Satz 1 dann zulässig, wenn die Voraussetzungen für die Ermächtigung u. Bestellung denen für den WP nach der WPO im Wesentlichen entsprechen. Auf vergleichbare Rahmenbedingungen der Berufsausübung selbst, insb. ein Zeugnisverweigerungsrecht, kommt es nach dem Gesetzeswortlaut hingegen nicht an. Zusätzlich vorausgesetzt wird allerdings, dass der sachverständige Prüfer nach seinem Heimatrecht seinerseits mit WP seinen Beruf, u. zwar in dem ausländischen Staat, gemeinsam ausüben darf. Für **andere Berufsgruppen** wird in Satz 2 ebenfalls auf die Vergleichbarkeit mit deutschem Recht abgestellt, allerdings nicht auf die Ermächtigung u. Bestellung, sondern auf die Ausbildung u. die Befugnisse. Diese müssen denen der RA, PA o. StB entsprechen. Eine Sozietät mit einem im Ausland zugelassenen Arzt, Zahnarzt o. Apotheker wäre demnach ausgeschlossen, ohne dass hierfür ein sachlicher Grund zu erkennen ist. Weitere Voraussetzung ist wiederum eine Art Gegenseitigkeitsverhältnis. Erforderlich ist allerdings nicht, dass sich die dem RA, PA o. StB entsprechenden Berufsangehörigen nach Drittstaatenrecht mit WP assoziieren dürfen, sondern „lediglich" mit den vergleichbaren Berufsgruppen selbst. Anders als bei sachverständigen Prüfern muss die Zusammenarbeit auch nicht im Drittstaat selbst zulässig sein, dafür allerdings im Geltungsbereich der WPO. Der Grund für diese unterschiedlichen Kriterien liegt in der Berücksichtigung der spezifischen Vorgaben der BRAO, PAO u. des StBerG für die dortige gemeinsame Berufsausübung mit vergleichbaren Berufsangehörigen aus Drittstaaten. Gleiches gilt für Satz 3, der für die gemeinsame Berufsausübung mit Anwaltsnotaren anderer Staaten die Regelungen in Abs. 1 Satz 2 u. 3 für entsprechend anzuwenden erklärt. Dies hat zur Folge, dass der WP selbst, nicht nur der Anwaltsnotar des Drittlandes, nach dem für diesen geltendes Recht gebunden ist.

Als den **Voraussetzungen des § 44b Abs. 2 in jedem Fall entsprechend** u. damit als drittstaatenbezogen sozietätsfähig anerkannt werden v. der WPK diejenigen Berufsgruppen, die v. **BMF**, v. Zeit zu Zeit aktualisiert, im **BStBl** als nach § 56 Abs. 3 StBerG beteiligungsfähig angesehen werden. Zur derzeit weiterhin **aktuellen Bekanntmachung** v. 23.6.2005 s. Anhang 8.1. Im Sinne des § 44b Abs. 2 ist diese Liste aber schon deshalb nicht abschließend, weil sie jur. Personen u. Personenvereinigungen nicht erfasst. 23

c) **Einsichts- und Informationsrecht der WPK (Abs. 3)**
Neben den Anzeigepflichten zum BR (§ 38 Rn. 9) u. den umfassenden Auskunfts- u. Vorlagepflichten nach § 62 im Rahmen eines Aufsichts- o. Beschwerdeverfahrens sieht § **44b Abs. 3** unabhängig hiervon ein **Einsichtsrecht der WPK in GbR-Verträge** vor. Ergänzt wird dies durch die Pflicht des WP, die **erforderlichen Auskünfte** zu erteilen. Hierdurch soll die Überprüfung der Einhaltung der für GbR geltenden berufsrechtlichen Beschränkungen ermöglicht werden. Da die GbR anders als Berufsgesellschaften keiner förmlichen Anerkennung bedarf, bildet das Einsichts- u. Informationsrecht einen Ausgleich für die dortige immanente Vorlagepflicht im Rahmen des Anerkennungsverfahrens. Zugleich geht das Gesetz bei GbR über die für andere berufliche Zusammenschlüsse geltenden Grundsätze hinaus, da das Einsichts- u. Informationsrecht auch nach Gründung der GbR fortwährend besteht, **ohne** dass es eines **Anfangsverdachts einer Berufspflichtverletzung** bedarf. Ist der Vertrag **nicht schriftlich** niedergelegt, müssen die Gesellschafter in **anderer geeigneter Weise** nachweisen, dass den berufsrechtlichen Anforderungen entsprochen wird (so BT-Drs. 12/6753, 17 zum insoweit vergleichbaren § 56 Abs. 4 StBerG). 24

d) **Berufshaftpflichtversicherung (Abs. 4)**
Die **GbR als solche** ist – da keine Berufsgesellschaft – **nicht zum Abschluss einer eigenen BHV** verpflichtet (§ 54 Rn. 18). Hieran hat auch die **Rspr. des BGH** zur Rechtsfähigkeit der GbR **nichts geändert** (WPK, WPK-Mag. 4/2012, 44). Die **Versicherer** haben allerdings auf diese Rspr. reagiert, indem sie ihren **Versicherungsschutz** für den einzelnen WP-Gesellschafter auch auf **die GbR als solche erstreckt** haben. 25

Die in § 44b Abs. 4 enthaltene gesonderte Regelung zur BHV im Rahmen der GbR ist aber deshalb erforderlich, weil die **gesetzliche Mindestdeckungssumme** für WP um das vierfache höher liegt als die möglicher Gesellschafter aus anderen Berufsgruppen. Die mit der gemeinsamen Berufsausübung verbundene gesamtschuldnerische Haftung berechtigt den Gläubiger, einen o. mehrere Gesellschafter in voller Höhe in Anspruch zu nehmen. Ist ausschl. ein WP zur Zahlung verpflichtet, kann sich der Gläubiger darauf verlassen, dass er in Höhe dieser Mindestdeckung nicht in Ausfall gerät. Bei sog. **gemischten o. interprofessionellen** GbR gilt dies hingegen nicht ohne weiteres. Ohne gesetzliche Regelung würden die Versicherer des in Anspruch genommenen WP einen **Durchschnitt der Deckungssummen** aller verpflichteten Gesellschafter bilden, wäre die Deckungssumme des o. der WP-Gesellschafter mithin reduziert. Um dies zu vermeiden, muss der WP-Gesellschafter ge- 26 mäß § 44b Abs. 4 dafür Sorge tragen, dass seine **Mindestdeckung auch im Falle einer gesamtschuldnerischen Inanspruchnahme vollständig** zur Verfügung steht. Die Versicherer haben entsprechende Vertragsmodalitäten entwickelt. Zur Frage der Verwendung von AAB bei gemischten GbR s. § 54a Rn. 28.

e) **Berufsrechtliche Bindungen (Abs. 5)**

27 Die Pflicht des WP zur **Einhaltung sämtlicher Berufspflichten** besteht selbstverständlich auch bei gemeinsamer Berufsausübung mit anderen Berufsangehörigen o. Angehörigen anderer Berufe. Gleichwohl besteht hier verstärkt die Gefahr der **Einflussnahme durch die Mitgesellschafter**, insb. dann, wenn der WP nach der internen Gestaltung der GbR nicht die beherrschende Rolle spielt. Die besondere Berufspflicht des WP, die GbR verlassen zu müssen, sofern er durch das Verhalten eines anderen Gesellschafters seinen beruflichen Pflichten nicht mehr uneingeschränkt nachkommen kann, ist daher in erster Linie als **unterstützendes Argument** für den bedrängten Gesellschafter zu verstehen. Ein besonderes gesetzliches Kündigungsrecht wird hierdurch allerdings nicht begründet (BT-Drs. 12/5685, 28). Die Kündigung hat aber zum nach GbR-Vertrag o. Gesetz nächstmöglichen Zeitpunkt zu erfolgen. Da jeder Gesellschafter seine Berufspflichten auch dann vollumfänglich zu erfüllen hat, wenn er mit (berufsfremden) Dritten zusammenarbeitet, hat dies zur Folge, dass im Kollisionsfall das jeweils **strengere Berufsrecht** zu befolgen ist (Henssler, WPK-Mitt. 1992, 2; zu diesem Grundsatz auch bei mehrfach qualifizierten Berufsangehörigen Vor §§ 43 ff. Rn. 17; zum Sonderfall der Trennung der Berufe Vor §§ 43 ff. Rn. 18 ff.).

f) **Kundmachung**

28 Gesonderte Vorschriften zur Kundmachung v. GbR enthält die WPO nicht. Im Zusammenhang mit der nach § 57 Abs. 4 Nr. 3c) bestehenden Ermächtigung zur Konkretisierung besonderer Berufspflichten bei der gemeinsamen Berufsausübung enthält die **BS WP/vBP** allerdings auch die wesentlichen **Kundmachungsregelungen** bei der gemeinsamen Berufsausübung im Rahmen einer GbR (dort ausschließlich als „Sozietät" bezeichnet).

29 Herkömmlicherweise besteht der Name einer GbR aus den **Namen u. Berufsbezeichnungen** der einzelnen Gesellschafter (§ 28 Abs. 1 BS WP/vBP). Zulässig sind aber auch **firmenähnliche Kurzbezeichnungen** (§ 28 Abs. 2 BS WP/vBP), die entw. aus dem Namen nur eines o. einzelner Gesellschafter bestehen o. auch reine **Fantasiebezeichnungen** sein können (ebenso bei RA § 9). Werden nicht alle Gesellschafter in den Namen aufgenommen, ist es üblich, aber nicht zwingend, das Vorhandensein weiterer Gesellschafter durch den Zusatz „und Kollegen" o.ä. deutlich zu machen. Die Verwendung des Plurals setzt hierbei voraus, dass mind. zwei weitere Personen als Gesellschafter auf dem Briefbogen namentlich aufgeführt werden (bei den RAen genügen auch Angestellte o. freie Mitarbeiter dieser Anforderung, BGH 13.8.2007, NJW 2007, 3349). Der Zusatz „und Partner" o.ä. ist hingegen seit In-Kraft-Treten des PartGG grds. unzulässig, weil dieser Gesellschaftsform vorbehalten (§ 11 Abs. 1 Satz 1 PartGG). Ein ausdr. Hinweis darauf, dass es sich um eine GbR handelt, ist allerdings nicht erforderlich.

Unabhängig v. der Namensgestaltung sind nach § 28 Abs. 3 Satz 1 BS WP/vBP auf dem Briefbogen grds. alle Gesellschafter mit ihren Berufsbezeichnungen aufzunehmen (zur Verfassungsmäßigkeit des vergleichbaren § 10 Abs. 1 BORA BVerfG 13.6.2002, NJW 2002, 2163). Da dies insb. bei größeren Einheiten aus Platzgründen zu Schwierigkeiten führen u. das häufigere Eintreten o. Ausscheiden v. Gesellschaftern eine permanente Überarbeitung der Briefbogen erfordern würde, lässt es § 28 Abs. 3 Satz 2 BS WP/vBP – ebenso wie § 28 Abs. 4 BS WP/vBP für Praxisschilder – zu, auf die Nennung aller Gesellschafter auf dem Briefbogen zu verzichten, sofern alle in der GbR vertretenen Berufe i.Z.m. deren Namen aufgeführt werden. Darüber hinaus müssen nach § 28 Abs. 3 Satz 3 BS WP/vBP in diesem Fall alle Gesellschafter mit ihren Berufsbezeichnungen an anderer geeigneter Stelle aufgeführt o. diese Angaben dem Rechtsverkehr anderweitig offen gelegt werden, z.B. durch Übersendung einer aktuellen Gesellschafterliste. **30**

Die GbR kann nur unter **einheitlichem Namen** auftreten (§ 28 Abs. 2 Hs. 2 BS WP/vBP). Besteht der Name aus den Namen u. Berufsbezeichnungen o. dem entsprechenden Dienstleistungsangebot der Gesellschafter, ist dieser daher **auch bei überörtlichen** Sozietäten einheitlich zu verwenden. Darauf, ob die Dienstleistung an dem jeweiligen Standort tats. erbracht werden kann, kommt es nicht an. Um hier für den Rechtsverkehr Klarheit zu schaffen, sind die einzelnen Sozien zusätzl. mit dem **Ort ihrer beruflichen NL** zu nennen (§ 28 Abs. 3 Satz 1 BS WP/vBP). Dies gilt auch bei Beteiligung v. Anwaltsnotaren. Den insoweit entgegen stehenden § 29 Abs. 3 Satz 1 BNotO, der die Angabe „Notar" auf solchen **Geschäftspapieren** untersagt, die nicht v. der Geschäftsstelle des Notars aus versandt werden, hat das BVerfG (8.3.2005, NJW 2005, 1483) für verfassungswidrig erklärt. **31**

Kundgemacht werden dürfen nicht nur Gesellschafter, sondern auch **sonstige Personen**, allerdings nur dann, wenn sie für die GbR **dauerhaft tätig** sowie selbst **beteiligungsfähig** sind u. wenn ihr **Status gekennzeichnet** wird (§ 13a Abs. 1 Satz 2 BS WP/vBP). Dies betrifft insb. **angestellte o. freie Mitarbeiter** mit entsprechender Berufsqualifikation. Die Kennzeichnung des Status richtet sich danach, welche Funktion die genannte Person hat. Soll z.B. ein angestellter StB genannt werden u. auch nur als solcher für den Rechtsverkehr ersichtlich sein, muss dem durch eine allgemeinverständliche Angabe, etwa durch den Zusatz „StB im Anstellungsverhältnis" o. „Angestellter nach § 58 StBerG" Rechnung getragen werden. Anderenfalls besteht haftungsrechtlich die Gefahr der Einordnung als „Außensozius" u. der berufsrechtlichen Unzulässigkeit der Kundmachung, sofern die weiteren Voraussetzungen hierfür fehlen (Rn. 35). Gleiches gilt für die weitere Nennung v. **Gesellschaftern nach deren Ausscheiden.** Soweit der Name nicht vollständig gestrichen wird, sind das Ausscheiden sowie dessen Zeitpunkt in hinreichender Klarheit deutlich zu machen (so ausdr. § 10 Abs. 4 BORA). Erfolgt dies nicht, hat der Ausgeschiedene die Pflicht, alles im Rahmen des Zumutbaren zu tun, um den Rechtsschein zu zerstören. Hierfür genügt nicht nur die interne Untersagung der weiteren Kundmachung seines Namens; zumindest ggü. den bisherigen Mandanten **32** muss er durch **aktives Herantreten** für Klarstellung sorgen (BGH 24.1.1991, WPK-Mitt. 1991, 128).

33 Die o.g. Kundmachungsgrundsätze gelten uneingeschränkt nur für solche Tätigkeiten des WP, die dieser mit anderen Gesellschaftern auch tats. durchführen kann. Im Vorbehaltsbereich sind daher auch **bei der Kundmachung Besonderheiten** zu beachten. Der **VO der WPK** hat dazu verlautbart, dass insb. bei gesetzlichen AP **gesonderte Briefbogen** verwendet werden sollen, auf denen **nur der o. die WP** erscheinen dürfen (WPK-Mag. 2/2004, 29). Ein Hinweis auf die GbR insgesamt soll hingegen unterbleiben. Für die bei gesetzlichen AP typischen **Berichtsmappen** wird die Einhaltung dieses Grundsatzes erst recht für erforderlich gehalten. An sich wäre es folgerichtig, bei mehreren WP-Gesellschaftern verschiedene Briefbogen u. Berichtsmappen auch für den Fall vorzuhalten, dass nur einer o. mehrere v. ihnen beauftragt werden. Dies wäre indes unpraktikabel. Daher können für den Vorbehaltsbereich **einheitliche Briefbogen u. Berichtsmappen** verwendet werden, auf denen **alle WP-Gesellschafter** genannt werden. In diesen Fällen ist aber so frühzeitig u. deutlich wie möglich **klarzustellen**, welcher o. welche Gesellschafter den Auftrag erhalten haben. Bei **Auftragsbestätigungsschreiben** versteht sich dies von selbst. Bei **PB** kann dies auf dem Deckblatt, spätestens auf der zweiten Seite erfolgen. Die mit den genannten Grundsätzen beabsichtigte Transparenz u. stärkere Dokumentation des Vorbehaltsbereichs soll insb. auch bei der Wiedergabe von BV, etwa zwecks **Veröffentlichung im BAnz** beachtet werden. Hier wäre danach nur die Angabe des o. der tats. beauftragten AP zulässig. Ein Hinweis auf andere Gesellschafter, insb. anderer Berufsgruppen müsste daher unterbleiben. Bei Kundmachungen, die ledigl. mittelbar mit der Vorbehaltsaufgabe im Zusammenhang stehen, z.B. Rechnungen, gelten die aufgezeigten Beschränkungen nicht. Die vorgenannten Grundsätze haben nach Auffassung der WPK auch nach der neuen BGH-Rspr., wonach die (interprofessionelle) GbR auch im Vorbehaltsbereich einzelner Berufsgruppen als solche beauftragt werden kann, unabhängig v. der Frage der Justiziabilität ihre innere Berechtigung (WPK, WPK-Mag. 4/2012, 44).

g) Außen- und Scheinsozietät (Abs. 6)

34 § 44b Abs. 6 ist erst mit der 5. WPO-Novelle 2004 eingefügt worden. Die Regelung ist Folge der Entscheidung des BGH v. 12.10.2000 (WPK-Mitt. 2001, 72), wonach ohne ausdr. gesetzliche Grundlage bei sog. **Außen- o. Scheinsozien** weder die gesonderten Regelungen zur BHV nach Abs. 4 noch die Anzeigepflichten zum BR anzuwenden seien (zum letzteren § 38 Rn. 9). Durch die Vorschrift soll sichergestellt werden, dass die für GbR geltenden **berufsrechtlichen Vorgaben** auch dann einzuhalten sind, wenn eine solche zwar nicht tats. vorliegt, aber insb. durch die Kundmachung, z.B. auf dem Praxisschild o. dem Briefbogen, ein dahingehender **Rechtschein** gesetzt wird. Dies gilt auch dann, wenn lediglich einzelne Personen wie Gesellschafter in Erscheinung treten, ohne es nach den internen Vertragsausgestaltungen zu sein (sog. Außen- o. Scheinsozien). Die nach ständiger Rspr. aus dem gesetzten Rechtschein resultierende zivilrechtliche Folge der der "echten" GbR ent-

sprechenden Haftung (Rn. 15) wird somit auf der Rechtsfolgenseite **berufsrechtlich fortgesetzt**.

Die Außensozietät ist grds. **(berufs) rechtlich zulässig** u. in der Praxis auch verbreitet. Ihre Zulässigkeit ergibt sich allerdings nicht bereits daraus, dass sich die Außensozien im Haftungsfall o. berufsrechtlich an dem gesetzten Rechtschein festhalten lassen müssen. Der BGH hat in seiner Entscheidung v. 25.4.1996 (WPK-Mitt. 1996, 352) deutlich gemacht, dass es sich insoweit ausschließlich um die **Folgen der Rechtscheinsetzung**, nicht um die erforderlichen **Voraussetzungen für eine zulässige Außensozietät** handelt. Sowohl die Haftung als auch die berufsrechtlichen Folgewirkungen stellen ledigl. einen Ausschnitt derjenigen tats. u. rechtlichen Verhältnisse dar, die für die gemeinsame Berufsausübung im Rahmen einer GbR kennzeichnend sind. Soweit diese Verhältnisse für Dritte, insb. Mandanten, v. Bedeutung sind, müssen diese auch bei der Außensozietät vorliegen (so auch für die RA zuletzt BGH 12.7.2012, WPK-Mag. 4/2012, 67). Dies betrifft insb. die **Spezialisierung** einzelner Gesellschafter, die gegenseitige **Vertretung** sowie die interne **Beratung u. Abstimmung**. Sind diese Merkmale nicht erfüllt, handelt es sich um eine rechtswidrige Irreführung des Rechtsverkehrs, die auch berufsrechtlich nicht geduldet wird (WPK, WPK-Mitt. 2003, 240). Die zulässige Außensozietät unterscheidet sich demnach v. der „echten" GbR ledigl. dadurch, dass das **interne, nicht auf die Mandatsbearbeitung bezogene Verhältnis** der beteiligten Personen untereinander v. den üblichen Regelungen abweicht. Dies betrifft in erster Linie den **wirtschaftlichen Bereich** (Anstellungsverhältnis o. Freier-Mitarbeiter-Vertrag statt gesellschaftsrechtlicher Beteiligung; festes Gehalt statt Gewinn- u. Verlustbeteiligung; kein Mitspracherecht bei Grundsatzentscheidungen). Angesichts der weit reichenden Rechtsfolgen, die mit der Aufnahme als Außensozius verbunden sind, ist nicht nur diese v. dessen Zustimmung abhängig; auch die Entfernung des Namens des Außensozius ist nur einvernehmlich o., bei Angestellten, auch im Wege der Änderungskündigung zulässig (LAG Düsseldorf 8.10.2003, AnwBl. 2004, 187).

h) Sonstiges

Zur Frage, ob u. inwieweit GbR **ZN** unterhalten können, s. Anm. zu § 3 (dort Rn. 25) u. zur **Siegelführung** § 48 Rn. 5 u. 8.

III. Weitere berufliche Zusammenschlüsse

1. Partnerschaftsgesellschaft

Schrifttum: *Seibert,* Die Partnerschaftsgesellschaft mit beschränkter Berufshaftung (PartGmbB), DB 2013, 1710; *Ruppert,* Partnergesellschaft mit beschränkter Berufshaftung – Ende gut, Alles gut?, DStR 2013, 1623; *Uwer/Roeding,* Partnerschaftsgesellschaft mit beschränkter Berufshaftung kommt, AnwBl. 2013, 483; *Dahns,* Die neue Partnerschaftsgesellschaft mit beschränkter Berufshaftung, NJW Spezial 2013, 446; *Willerscheid,* Die Partnerschaftsgesellschaft mit beschränkter Berufshaftung – Eine Alternative zur Partnerschaftsgesellschaft mit Handelndenhaftung?, NWB 2013, 2490; *Kilian,* Die Partnerschaftsgesellschaft mit beschränkter Berufshaftung, AnwBl. 2013, 14; *WPK*, Gesetzentwurf zur Partnerschaftsgesellschaft mit beschränkter Berufshaftung (PartGmbB), WPK-Mag. 1/2013, 27; *Sommer/Treptow/Friemel*, Die Aushebelung der Haftungskonzentration nach § 8 II PartGG durch Scheinpartner, NZG 2012, 1249; *Gladys*, Die Partnerschaftsgesellschaft mit beschränkter Berufshaftung – Anmerkungen zum Regierungsentwurf aus Sicht der Berufshaftpflichtversicherung, DStR 2012, 2249; *Römermann/Praß*, Die Partnerschaftsgesellschaft mit beschränkter Berufshaftung (PartGmbB) eine attraktive Rechtsform für Steuerberatungsgesellschaften?, Stbg 2012, 319; *dies.*, Die Partnerschaftsgesellschaft mit beschränkter Berufshaftung, NZG 2012, 601; *Gehling*, Diskussionsbericht: Zur Partnerschaftsgesellschaft mit beschränkter Berufshaftung, ZIP 2012, 1118; *Leuering*, Auf dem Weg zur Partnerschaftsgesellschaft mit beschränkter Berufshaftung, ZIP 2012, 1112; *WPK*, Wirtschaftsprüfer und vereidigte Buchprüfer in einfachen Partnerschaften, WPK-Mag. 1/2012, 27; *Hahn/Naumann*, Rechts- und Auslegungsfragen der Haftungskonzentration nach § 8 Abs. 2 PartGG, WM 2012, 1756; *WPK*, Partnerschaftsgesellschaft „mit beschränkter Haftung für Berufsfehler", WPK-Mag. 3/2011, 13; *WPK*, Bezeichnung „Rechtsanwälte" im Namen einer als WPG anerkannten Partnerschaftsgesellschaft, WPK-Mag. 2/2011, 29; *Gladys/Riechert*, Neuer Versicherungsschutz für Gesamthand und Gesamthänder bei Schäden aus beruflicher Tätigkeit, Teil 2, DStR 2011, 936, Teil 1, DStR 2011, 880; *Meixner/Schröder*, Anm. zum Urt. des BGH v. 19.11.2009, DStR 2010, 463; *Spelmeyer*, Haftung des neuen Partners, NJW-aktuell 6/2010, 68; *Dahns*, Persönliche Haftung in einer Partnerschaftsgesellschaft, NJW-Spezial 2010, 478; *ders.*, Haftung des in eine Partnerschaft eingetretenen Anwalts, NJW-Spezial 2010, 94; *Jungk*, Anm. zum Urt. des BGH v. 19.11.2009, BRAK-Mitt. 2/2010, 70; *Kamps/Wollweber*, Formen der Berufsausübung für Steuerberater – Steuerberatungs-GmbH und Partnerschaftsgesellschaft, DStR 2009, 1870; *Alvermann/Wollweber*, Haftungsbegrenzungsvereinbarungen der Steuerberater, - sozietäten und steuerberatenden Partnerschaftsgesellschaften, DStR 2008, 1707; *Klose*, Die Partnerschaftsgesellschaft – Eine Rechtsformalternative für Freie Berufe, NWB 2005, 429; *Langenkamp/Jaeger*, Die Haftung für Fehler von Scheinpartnern in Rechtsanwalts-und Steuerberater-Partnerschaftsgesellschaften, NJW 2005, 3238; *Gladys*, Partner einer Partnerschaft ohne Anerkennung als Berufsgesellschaft (§ 43a Abs. 1 WPO), Stbg 2004, 336; *Posegga*, „Schein-Partnerschaft", Rechtsscheinhaftung, Kurzkommentar zu OLG München, Urt. v. 18.1.2001, EWiR 2002, 129.

a) Allgemeines

37 Die PartG ist im PartGG geregelt. Mit dieser 1995 geschaffenen Gesellschaftsform wollte der Gesetzgeber speziell den **freien Berufen** eine **weitere Möglichkeit der gemeinsamen Berufsausübung** zur Verfügung stellen. Die PartG entspricht v. der Struktur her der, soweit nicht als WPG/BPG anerkannt, den Kaufleuten vorbehaltenen OHG. Ihre **Besonderheit** besteht allerdings darin, die grds. gesamtschuldnerische (akzessorische) Haftung aller Gesellschafter bei OHG u. GbR durch die sog. **Handelndenhaftung** zu ersetzen (Rn. 43). Hierdurch sollte den Freiberuflern ein der beschränkten Haftung bei den Kapitalgesellschaften nahe kommendes Modell angeboten werden. Zugleich ist die PartG dem Handelsrecht insofern angenähert,

als sie wie die Personenhandelsgesellschaften nach HGB u. anders als die GbR **registerpflichtig** ist. Sie wird zwar nicht im HR, aber in einem gesonderten **PR** geführt (§ 7 Abs. 1 PartGG).

Am 19.7.2013 ist das **Gesetz zu einer Partnerschaftsgesellschaft mit beschränk-** 38
ter Berufshaftung (PartGmbB) in Kraft getreten (BGBl. 2013, 2386). Damit wurde für Angehörige freier Berufe die Möglichkeit eröffnet, sich optional für eine PartGmbB zu entscheiden, sofern die Partnerschaft eine zu diesem Zweck durch Gesetz vorgegebene BHV unterhält. Regelungen zur BHV und zu eventuellen Pflichten gegenüber Berufskammern sollen den jeweiligen BerufsG vorbehalten sein. Bereits mit dem Gesetz wurden dahingehende Änderungen nicht nur der BRAO, der PAO sowie des StBerG, sondern auch der WPO vorgenommen. Auch für WP/vBP besteht somit die Möglichkeit, v. der Option für eine PartGmbB Gebrauch zu machen. Bei der PartGmbB handelt es sich nicht um eine gesonderte Rechtsform, sondern lediglich um eine Variante der PartG. Die wichtigsten Fragen und Antworten zur PartGmbB aus Sicht der WP/vBP hat die WPK auf ihrer Internetseite zusammengestellt.

Im Gegensatz zur GbR gehört die PartG zu denjenigen Gesellschaftsformen, die **als** 39
WPG o. BPG anerkannt werden können. Die Voraussetzungen hierfür ergeben sich wie bei den anderen Gesellschaftstypen aus den §§ 28 ff. (s. dortige Anm.). Die nachfolgenden Ausführungen zu den zivilrechtlichen Rahmenbedingungen beziehen sich sowohl auf die als WPG/BPG anerkannte als auch die nicht anerkannte, sog. einfache PartG. Die berufsrechtlichen Rahmenbedingungen unterscheiden sich hingegen gravierend. Für als Berufsgesellschaft anerkannte PartG ergeben sie sich wiederum weitestgehend aus §§ 28 ff., weshalb sie dort erläutert werden. Die in Rn. 45 f. dargelegten berufsrechtlichen Rahmenbedingungen beschränken sich daher auf die einfache PartG.

b) Zivilrechtliche Rahmenbedingungen

Anders als der GbR-Vertrag bedarf der Vertrag der PartG der **Schriftform** (§ 3 40
Abs. 1 PartGG). Die einzelnen in den Vertrag aufzunehmenden Inhalte, darunter der Gegenstand der PartG, sind in § 3 Abs. 2 PartGG enumerativ aufgeführt.

Der Kreis der nach dem PartGG **zulässigen Partner** ergibt sich aus der Aufzählung 41
in dessen § 1 Abs. 2 Satz 2. Partnerschaftsfähig sind danach zum einen nur sog. freie, nicht notwendigerweise verkammerte o. einem Berufsgesetz unterliegende Berufe, zum anderen ausschließlich nat. Personen. Notare sind, da sie ein öffentl. Amt ausüben, v. vornherein nicht partnerschaftsfähig (Schippel/Bracker/Görk, BNotO, § 9 Rn. 5). Unabhängig v. den in der PartG vertretenen Berufen ist/sind Auftragnehmer nicht der o. die einzelnen Partner, sondern die PartG als solche. Die für die GbR v. der Rspr. erst nach Jahrzehnten entwickelte **Rechtsfähigkeit** ist somit bei der PartG v. Anfang an u. v. Gesetzes wegen angelegt (§ 7 Abs. 2 PartGG i.V.m. § 124 HGB).

Die PartG hat (nur) **einen Sitz**, der zum PR anzugeben ist. Eine **überörtliche PartG** 42
ist daher i. Ggs. zur GbR (Rn. 18) ausgeschlossen (Michalski/Römermann, PartGG,

§ 3 Rn. 15). Bei den StB werden allerdings gleichwohl überörtliche PartG berufsrechtlich zugelassen (Kuhls/Riddermann, StBerG, § 56 Rn. 93). Zur **ZN** einer PartG s. § 3 Rn. 25.

43 Für Verbindlichkeiten der PartG haftet neben dieser selbst nur der Partner, der die Verbindlichkeit verursacht hat. Diese sog. **Handelndenhaftung** gemäß § 8 Abs. 2 PartGG ist das **wesentliche Merkmal** der PartG, insb. im Unterschied zur GbR. Für die sog. **ScheinPartG** gelten die für die GbR entwickelten Rechtsscheingrundsätze (Rn. 15) entsprechend, wenn auch an das Haftungssystem der PartG angepasst. Danach haftet neben der PartG auch der **Scheinpartner**, allerdings in Entsprechung zu § 8 Abs. 2 PartGG nur dann, wenn er auch **selbst gehandelt** hat (OLG München 18.1.2001, WPK-Mitt. 2002, 154).

44 Für den **Namen der PartG** enthält das PartGG in § 2 eine gesonderte Vorschrift. Danach muss der Name der PartG den Namen mind. eines Partners, den Zusatz „und Partner" o. „Partnerschaft" sowie die Berufsbezeichnungen aller in der PartG vertretenen Berufe enthalten. Andere Namen als die v. Partnern dürfen nicht in den Namen aufgenommen werden. Ebenso wie bei der GbR kann allerdings der Name eines **ausgeschiedenen Partners** fortgeführt werden, sofern dieser **zustimmt**. Dies ist auch dann möglich, wenn die Firma i.Ü. geändert werden muss, z.B. weil ein anderer ausscheidender Partner mit der Fortführung seines Namens nicht einverstanden ist (LG Essen 14.11.2002, WPK-Mag. 3/2003, 56; zur Unzulässigkeit der Beibehaltung des Namens verstorbener Partner bei Namenänderung der PartG s. hingegen OLG Frankfurt/Main 22.6.2005, NJW 2005, 2712). Zulässig ist auch die zusätzl. Aufnahme einer **Fantasiebezeichnung** (BGH 11.3.2004, MDR 2004, 1208; siehe auch Rn. 29 zur GbR). Zum Namen einer als WPG anerkannten PartG s. die Anm. zu § 31 Rn. 14 ff.

c) Berufsrechtliche Rahmenbedingungen

45 In Kenntnis besonderer Gesetze zur Berufsausübung einzelner der nach dem PartGG partnerschaftsfähigen Berufe (WP, vBP, StB, RA, PA) hat der Gesetzgeber in § 1 Abs. 3 PartGG einen **Vorbehalt** vorgesehen, wonach Beschränkungen aus diesen Gesetz dem PartGG vorgehen. Nach dem StBerG u. BRAO entspricht der Kreis der für StB u. RA partnerschaftsfähigen Berufe dem bei der GbR. Dies ist folgerichtig u. in der Sache gerechtfertigt, da die Zusammenarbeit in der PartG ebenso wie in der Sozietät die gemeinsame Berufsausübung beinhaltet (i. Erg. ebenso für die StB Kuhls/Riddermann, StBerG, § 56 Rn. 95). Die WPO regelt die einfache PartG hingegen nur partiell (s. bereits Rn. 1). Vergleichbare, für die GbR nach § 44b geltende Regelungen fehlen vollständig. Eine **analoge Anwendung des § 44b** ist allerdings immer dann gerechtfertigt, wenn dessen Regelungen auf den Besonderheiten der gemeinsamen Berufsausübung beruhen u. soweit nicht anderweitige Sondervorschriften bestehen, die die Analogie entbehrlich machen.

46 Die **Regelungslücke** für die PartG in der WPO erklärt sich daraus, dass die Tätigkeit als Partner in einer einfachen PartG i. Ggs. zu der als GbR-Gesellschafter keine sog. originäre Berufsausübung nach § 43a Abs. 1, sondern lediglich. eine erlaubte Tä-

tigkeit nach § 43a Abs. 2 darstellt. Der wesentliche Unterschied liegt darin, dass die **Durchführung gesetzlicher Vorbehaltsaufgaben** im Rahmen der ledigl. erlaubten Tätigkeiten **nicht zulässig** ist (§ 43a Rn. 35; speziell zur PartG Rn. 43). Bei den StB konnte dieses Problem dadurch gelöst werden, dass mit dem 7. StBerÄG 2000 nicht nur den als StBG anerkannten, sondern auch den einfachen PartG die Befugnis zur uneingeschränkten Steuerrechtshilfe zuerkannt wurde, sofern deren Partner selbst hierzu befugt sind (§ 3 Nr. 2 StBerG). Dies war wiederum deshalb möglich, weil alle nach dem StBerG in Betracht kommenden partnerschaftsfähigen Berufe (neben StB selbst insb. WP/vBP u. RA) ebenfalls uneingeschränkt Steuerrechtshilfe leisten dürfen. Im Bereich der WP/vBP standen diesem einfachen Weg bislang hingegen folgende Besonderheiten entgegen: Die **Vorbehaltsaufgaben des WP** ergeben sich nicht aus der WPO, sondern sind in **anderen Gesetzen** festgelegt (insb. § 319 Abs. 1 HGB; näher hierzu § 2 Rn. 9 ff.). Nach diesen Vorschriften kann aber nur „der" WP (mit Einschränkungen „der" vBP) o. eine WPG (BPG) diese Tätigkeiten durchführen. Die einfache PartG erfüllt weder die eine noch die andere Voraussetzung. Gleiches gilt zwar auch für die GbR; insbesondere in der Rechtsfähigkeit der PartG wurde allerdings der wesentliche Unterschied zur GbR u. der Grund dafür gesehen, die Tätigkeit als Partner einer einfachen PartG nicht als originäre Berufsausübung zuzulassen. Diese Differenzierung ist allerdings durch die nunmehr verfestigte **Rspr. zur Rechtsfähigkeit auch der GbR** u. ihrer Auftragnehmereigenschaft auch im Vorbehaltsbereich einzelner Berufsgruppen entfallen (s. hierzu Rn. 17). Die **WPK** hat daher dem BMWi folgerichtig **vorgeschlagen**, die **originäre Berufstätigkeit** in gemeinsamer Berufsausübung nicht weiterhin auf die GbR zu beschränken, sondern **auf alle Personengesellschaften** u. damit auch auf die **einfache PartG** zu erstrecken. Für den Bereich der Vorbehaltsaufgaben des WP würden sodann die gleichen Grundsätze gelten, wie sie für die GbR entwickelt wurden (s. hierzu ebenfalls Rn. 17).

Nach der **derzeitigen Rechtslage** ergeben sich für die Tätigkeit als Partner einer einfachen PartG im Einzelnen die nachfolgenden gesetzlich ausdr. vorgeschriebenen, sich aus einer analogen Anwendung des § 44b o. aus sonstigen (ungeschriebenen) Grundsätzen ergebenden **Rahmenbedingungen**: 47

- Die Tätigkeit als Partner ist zum **BR** anzumelden (§ 38 Nr. 1g); zu Einzelheiten s. § 38 Rn. 12).
- Die Tätigkeit als Partner ist nur dann zulässig, wenn der WP daneben mind. eine nach § 43a Abs. 1 vorgesehene Form der **originären Berufsausübung** nachweist (§ 43a Abs. 2; zu Einzelheiten § 43a Rn. 35, 36 u. 43).
- Neben WP **partnerschaftsfähig** sind in analoger Anwendung des § 44b einerseits, durch die sich aus dem PartGG ergebenden zusätzl. Einschränkungen (nur nat. Personen) andererseits ledigl.: **vBP, StB, RA, PA, Ärzte, Zahnärzte, Apotheker**.
- Das für GbR in § 44b Abs. 3 geregelte Einsichts- u. Informationsrecht der WPK erübrigt sich durch die **Publizität** der PartG im **PR**, die den Gesellschaftsvertrag einschließt.

Schnepel 489

- Die **einfache PartG** als solche ist, da keine WPG, ebenso wie „die GbR" nicht zur **Unterhaltung einer BHV** verpflichtet (Rn. 25 u. § 54 Rn. 18). Soweit ein WP neben der Tätigkeit in der PartG seinen Beruf selbstständig in eigener Praxis o. in Sozietät ausübt, deckt seine BHV die Berufsrisiken aus der Partnerschaft i.d.R. mit ab. Ist der WP neben seiner Tätigkeit in der PartG ausschl. in einer WPG o. als sonstiger Vertreter bzw. Angestellter i.S.d. § 43a Abs. 1 tätig, ist er allerdings zum Abschluss einer eigenen BHV verpflichtet. Als Partner einer einfachen PartG übt er seinen Beruf zwar nicht „originär" aus; § 54 setzt dies aber auch nicht voraus, sondern lediglich eine „selbstständige" Tätigkeit, die nach § 1 Abs. 2 Satz 2 PartGG als Partner einer PartG ohne weiteres vorliegt (s. hierzu im Einzelnen § 54 Rn. 13).
- Wie die Außen- u. Scheinsozietät (Rn. 35) ist die **Außen- u. ScheinPartG** als solche weder berufs- noch wettbewerbsrechtlich v. vornherein unzulässig. Ebenso wie bei der GbR liegt der Grund hierfür aber nicht allein in dem Umstand, dass die Scheinpartner als Folge der Rechtsscheinsetzung wie echte Partner haften (Rn. 43). Der Kritik an dem insoweit zumindest missverständlichen Urt. des OLG München (18.1.2001, WPK-Mitt. 2002, 154) durch Posegga (EWiR 2002, 129) ist daher uneingeschränkt zuzustimmen. Er verweist zu Recht auf die Grundsätze des BGH zu den *Voraussetzungen* für die Zulässigkeit der Außensozietät (Rn. 35), die in gleicher Weise auf die ScheinPartG anzuwenden sind. Auch hier darf sich der **Unterschied zwischen echter u. scheinbarer Partnerschaft** nicht nur haftungsrechtlich nicht zum Nachteil des Rechtsverkehrs auswirken, sondern darf **in keiner Hinsicht das Außenverhältnis**, sondern **ausschl. das Innenverhältnis** betreffen.
- Zur **Unzulässigkeit der Siegelführung** im Rahmen der PartG s. § 48 Rn. 7.

2. Kooperation

Schrifttum: *Kamps/Wollweber*, Formen der Berufsausübung für Steuerberater – Sozietät, GmbH & Co. KG, Bürogemeinschaft und Kooperation, DStR 2009, 926; *Henssler/Deckenbrock*, Das Rätsel Anwaltskooperation - Rechtsfragen der kooperativen Zusammenarbeit von Rechtsanwälten, Steuerberatern und Wirtschaftsprüfern, DB 2007, 447; *Huff*, Voraussetzungen für eine Kooperation nach der BORA, NJW-Spezial 2005, 429; *WPK*, Kooperation statt Sozietät - Berufshaftpflichtversicherung, WPK-Mitt. 1999, 87.

a) Allgemeines

48 Ebenso wie die GbR o. PartG u. anders als die Bürogemeinschaft (Rn. 55 ff.) stellt die **Kooperation** eine **Form der beruflichen Zusammenarbeit** dar. Eine darüber hinaus gehende allg. anerkannte positive Definition ist bislang nicht bekannt. Die Kooperation lässt sich aber zur GbR u. PartG insoweit negativ abgrenzen, als die Kooperationspartner ihren Beruf **nicht gemeinsam ausüben**. Zusammengefasst kann die Kooperation daher beschrieben werden als eine **auf Dauer o. den Einzelfall angelegte berufliche Zusammenarbeit, der nicht die gemeinsame Annahme u. Bearbeitung von Aufträgen** zugrunde liegt. Beim Kooperationsvertrag handelt es sich zivilrechtlich um einen (formlosen) Vertrag sui generis. Wenn auch nicht zwingend, wird er i.d.R. zwischen Angehörigen verschiedener Berufe abgeschlossen. Zumeist enthält er die Absprache, sich ggü. Auftraggebern **gegenseitig zu empfehlen** u. bei Projekten, die das Know how mehrerer Berufe erfordern, zugunsten des Auftragsgebers – wenn auch im Rahmen getrennter Auftragsverhältnisse – zusammenzuarbeiten. Hierdurch kann der Marktwert erheblich gesteigert werden. Berufsrechtlich v. Bedeutung ist insoweit insb., dass allein durch eine Kooperationsabrede die **VSP nicht aufgehoben** ist. Soweit Mandanteninterna an den Kooperationspartner weitergegeben werden sollen, bedarf es daher einer **Entbindung v. der Schweigepflicht**.

b) Partner

Weit verbreitet sind nach wie vor Kooperationen zwischen Angehörigen sog. sozietätsfähiger Berufe. Eine dahingehende berufsrechtliche Beschränkung besteht für WP aber nicht (zur **Zulässigkeit nicht-sozietätsfähiger Kooperationspartner** auch bei RA s. BGH 25.7.2005, NJW 2005, 2692). 49

c) Kundmachung

Die **Zulässigkeit des Hinweises auf Kooperationen** ist seit langem anerkannt, bei RA allerdings nur dann, wenn sie auf Dauer angelegt u. durch tats. Ausübung verfestigt sind (§ 8 Satz 1 BORA). Als **Kooperationspartner genannt** werden dürfen nicht nur sozietätsfähige Personen, sondern **alle zulässigen Partner** (für RA BGH 25.7.2005, NJW 2005, 2692). Hierbei ist allerdings darauf zu achten, dass der Kooperationspartner nicht durch eine **missverständliche Gestaltung** der Kanzlei des WP o. der Berufsgesellschaft zugeordnet werden kann. Dies hätte nicht nur haftungsrechtlich die **Anwendung der für die Außen- o. Scheinsozietät geltenden Grundsätze** zur Folge, sondern wäre v. vornherein wegen **Irreführung des Rechtsverkehrs** unzulässig (Rn. 35). Dies ist jedenfalls, aber nicht nur bei Verwendung eines **gemeinsamen Briefbogens** etc. der Fall. Eine unzulässige Irreführung liegt z.B. auch dann vor, wenn **Kooperationspartner** o. auch nur deren Berufsbezeichnungen im **Kopf des Briefbogens**, insb. i.Z.m. dem Namen des kooperierenden Praxisinhabers o. der Sozietät, erscheinen. Die Gefahr der Irreführung über die in einer Praxis vertretenen beruflichen Qualifikationen wird in diesem Fall auch nicht dadurch ausgeräumt, dass diese Berufsbezeichnungen an anderer Stelle durch Namensnennung der Kooperationspartner unter Hinzufügung ihrer beruflichen Stellung erläutert werden (BGH 23.9.2002, WPK-Mitt. 2003, 135). Üblich u. jedenfalls **berufsrechtlich nicht zu beanstanden** ist ein von den Angaben zum Praxisinhaber deutlich abgetrennter, in der rechten Randspalte o. Fußleiste des Briefbogens erfolgender **Hinweis „In Kooperation mit ..."** (WPK, WPK-Mitt. 1999, 87). Auch i.Ü. muss der Kooperationshinweis **allg. wettbewerbsrechtlichen Grundsätzen** entsprechen Im Rahmen dauerhafter Informationen über die beruflichen Verhältnisse darf daher nur auf solche Kooperationen hingewiesen werden, die ebenfalls auf Dauer angelegt sind. Hinweise auf projektbezogene Kooperationen sind dementsprechend nur i.Z.m. projektbezogenen Informationen zulässig. 50

3. Netzwerk

Schrifttum: *WPK*, Netzwerkkriterien, WPK-Mag. 1/2013, 22; *WPK*, Kontaktdaten der Berufsgesellschaften und Ansprechpartner der Netzwerke, WPK-Mag. 1/2012, 27; *WPK*, Erfassung eines Netzwerkes aufgrund der Verwendung einer gemeinsamen Marke – Möglichkeit der Widerlegung, WPK-Mag. 4/2010, 44; *WPK*, Erfassen von Netzwerken im Berufsregister, WPK-Mag. 3/2010, 31; *Petersen/Zwirner/ Boecker*, Ausweitung der Ausschlussgründe für Wirtschaftsprüfer bei Vorliegen eines Netzwerks – Anmerkungen zu § 319b HGB, WPg 2010, 464; *Zwirner/Boecker*, Netzwerkregelung nach BilMoG als neues Risiko, BB 4/2010, VII; *Schnepel*, Änderungen durch das Bilanzrechtsmodernisierungsgesetz - Neue berufliche Rahmenbedingungen für gesetzliche Abschlussprüfer, NWB 2009, 1088; *WPK*, Bilanzrechtsmodernisierungsgesetz – Auswirkungen auf die beruflichen Rahmenbedingungen des Abschlussprüfers, WPK-Mag. 2/2009, 4; *Neu*, Gefangen im Netz(werk) (?) – Die Ausdehnung der Unabhängigkeitsvorschriften für den mittelständischen Abschlussprüfer, BB 49/2008, I; *WPK*, Berufsaufsichtsreformgesetz: WPO-Änderungen mit Bezug zum Berufsregister, WPK-Mag. 1/2007, 4; *WPK*, Interne Nachschau durch externe Dritte, WPK-Mag. 1/2004, 25.

a) Allgemeines

51 Das Netzwerk wurde als Vorgabe zur Umsetzung in den EU-Mitgliedstaaten erstmals in **Art. 2 Nr. 7 AP-RiLi** (2006) definiert. Danach handelt es sich bei einem **Netzwerk** „*um die breitere Struktur, die auf Kooperation ausgerichtet ist und der ein Abschlussprüfer oder eine Prüfungsgesellschaft angehört und die eindeutig auf Gewinn- oder Kostenteilung abzielt oder durch gemeinsames Eigentum, gemeinsame Kontrolle oder gemeinsame Geschäftsführung, gemeinsame Qualitätssicherungsmaßnahmen und -verfahren, eine gemeinsame Geschäftsstrategie, die Verwendung einer gemeinsamen Marke oder durch einen wesentlichen Teil gemeinsamer fachlicher Ressourcen miteinander verbunden ist*". Eine nahezu gleichlautende Definition enthält der **IESBA CoE2009**, der darüber hinaus in sections 290.14 bis 290.24 nähere Erläuterungen zu den Begriffsmerkmalen enthält. Wie bei der Kooperation, zu der i.Ü. die Grenzen fließend sind, handelt es sich **nicht** um eine Form der **gemeinsamen Berufsausübung**. Beim Netzwerk kann aber wie bei dieser u. anders als bei der Bürogemeinschaft jedenfalls dann v. einer Form der **beruflichen Zusammenarbeit** ausgegangen werden, wenn, etwa durch gemeinsame interne **Standards zur Auftragsbearbeitung o. QS**, ein zumindest **mittelbarer inhaltlicher Bezug zum Mandat** besteht (zur Vereinbarkeit der internen Nachschau durch andere Netzwerkgesellschaften mit der VSP s. WPK, WPK-Mag. 1/2004, 25).

52 Aufgrund der Vorgaben der AP-RiLi (2006) wurde der Netzwerkbegriff i.Z.m. der Registrierung im BR u. der Transparenzberichterstattung durch die 7. WPO-Novelle 2007 in die **WPO** eingeführt (s. §§ 38 Nr. 2 c), 55c Abs. 1 Satz 1 Nr. 2). Die Vorgabe des Art. 22 Abs. 2 AP-RiLi (2006), das Netzwerk auch im Rahmen der **Ausschlussgründe für gesetzliche JAP** zu berücksichtigen, ist durch den im Rahmen des BilMoG 2009 neu eingefügten § 319b HGB umgesetzt worden. Seitdem

sind die in der Gesetzesbegründung zu § 319b HGB enthaltenen Ausführungen auch zur Auslegung des Netzwerkbegriffs in der WPO sowie sonstigem Berufsrecht vorrangig heranzuziehen. Die WPK hat den Zurechnungstatbestand des Netzwerks im Rahmen der 7. Änderung 2010 in die BS WP/vBP übernommen. Zu weiteren Einzelheiten s. die Anm. in § 38 Rn. 20 ff.

b) Partner
Als **Partner** im Rahmen eines Netzwerks kommt mangels gesetzlicher Regelung **grds. jeder Dritte** in Betracht. Auch die AP-RiLi enthält insoweit keine Vorgaben. Eine Beschränkung auf sozietätsfähige Berufe o. entsprechende Gesellschaften kommt daher ebenso wie bei der Kooperation o. der Bürogemeinschaft (Rn. 55) nicht in Betracht. Eine **mittelbare Begrenzung** zulässiger Netzwerkpartner bewirkt allerdings § 30 Abs. 2 i.V.m. Abs. 1 BS WP/vBP für den (häufigen) Fall, dass die **Firmen der einzelnen Netzwerkgesellschaften** in wesentlichen Teilen **übereinstimmen** (zur Kundmachung Rn. 54). Dies ist nur dann zulässig, wenn die Netzwerkpartner Tätigkeiten ausüben, die dem Berufsbild des WP (WPG) nach § 2 entsprechen o. i.S.d. § 43a Abs. 4 mit dem Beruf des WP zumindest vereinbar sind. Als Netzwerkpartner **zulässig** sind u. jedenfalls zeitweilig auch üblich waren daher z.B. **Unternehmensberatungsgesellschaften**.

53

c) Kundmachung
Ausdrückliche Regelungen zur **Kundmachung v. Netzwerken** enthalten weder die WPO noch die BS WP/vBP. In der Praxis sind zwei Varianten üblich. Zum einen wird die Zugehörigkeit zu einem Netzwerk ähnlich einem Kooperationshinweis kundgemacht, indem etwa auf dem Praxisbriefbogen der **Hinweis „Mitglied bei ..."** erfolgt. Dies ist insb. bei Einzelpraxisinhabern o. kleineren Einheiten der Fall. Insbesondere bei größeren Gesellschaften üblich u. nach der AP-RiLi eines der konstitutiven Merkmale für ein Netzwerk ist zum anderen die Verwendung eines **gemeinsamen Logos**, das zumeist auch wesentlicher Teil des Namens der einzelnen Netzwerkgesellschaften ist. Dies ist berufsrechtlich unbedenklich. Haftungsrechtlich soll es nach dem Willen der Netzwerkpartner auch bei Verwendung eines gemeinsamen Logos bei getrennten Verantwortlichkeiten bleiben. Dies wird z.T. durch den ausdr. Hinweis auf die rechtliche Eigenständigkeit der Netzwerkgesellschaft verdeutlicht. Rechtsprechung hierzu liegt bislang nicht vor. **Unzulässig** ist es, nur unter Hinweis auf das Netzwerk das **Dienstleistungsspektrum der einzelnen Netzwerkgesellschaften** anzugeben, da das Netzwerk als solches z.B. nicht zur „Wirtschaftprüfung" befugt ist.

54

4. Bürogemeinschaft

Schrifttum: *Kamps/Wollweber*, Formen der Berufsausübung für Steuerberater – Sozietät, GmbH & Co. KG, Bürogemeinschaft und Kooperation, DStR 2009, 926; *Dahns*, Vertretung widerstreitender Interessen – Anwälte in Bürogemeinschaft, NJW-Spezial 2008, 478; *Maxl*, Kurzhinweis „Bürogemeinschaft" irreführend/Alternative: Kooperationshinweis, Stbg 1997, 264; *Streck*, Sozietät oder Bürogemeinschaft? Entscheidungshilfen für den (Jung-)Anwalt, MDR 1997, 897.

a) Allgemeines

55 Die **Bürogemeinschaft** stellt eine Form der GbR dar. Der hierfür erforderliche gemeinsame Zweck (Rn. 5) ist aber nicht auf eine berufliche Zusammenarbeit i.S. einer wie auch immer gearteten inhaltlichen Verbindung gerichtet. Ihr **Zweck** besteht vielmehr lediglich in der **gemeinsamen Nutzung sächlicher u./o. personeller Mittel**, die zur i.ü. völlig **eigenständigen u. auf eigene Rechnung erfolgenden Mandatsbearbeitung** benötigt werden. Die Bürogemeinschaft ist zwar ebenso wie die GbR u. die PartG nicht nur Innen-, sondern auch Außengesellschaft, letzteres aber ausschließlich ohne beruflichen Bezug, sondern nur im sonstigen Rechtsverkehr (z.B. als Arbeitgeber v. Sekretariatskräften, als Mieter v. Praxisräumen etc.). Im Ergebnis ist die Bürogemeinschaft somit zwar ein **beruflich veranlasster Zusammenschluss**, aber **keine Form der beruflichen Zusammenarbeit**. Nicht ausgeschlossen ist hierdurch, dass die Bürogemeinschaft mit Elementen einer beruflichen Zusammenarbeit verbunden werden kann (z.B. gegenseitige Vertretung bei Abwesenheit). Insoweit liegt dann aber auch keine reine Bürogemeinschaft vor, sondern etwa (auch) eine Kooperation mit den hierfür geltenden Besonderheiten (Kuhls/Riddermann, StBerG, § 56 Rn. 111).

56 Nach allg. Verständnis setzt die Bürogemeinschaft eine **enge organisatorische Verbindung** voraus (Kuhls/Riddermann, StBerG, § 56 Rn. 108). Der gemeinsame Empfang o. eine Telefonzentrale in einem Bürohaus etwa begründet noch keine Bürogemeinschaft in diesem Sinne. Die **Abgrenzung** kann im Einzelfall schwierig sein, ist aber **im Berufsrecht der WP**, anders als bei StB u. RA, ohne Bedeutung. Dies hängt damit zusammen, dass den mit der Bürogemeinschaft in **tats. Hinsicht** verbundenen **Gefahren**, insb. mit Blick auf die **VSP u. mögliche Interessenkollisionen**, nach StBerG u. BRAO durch vermeintlich geeignete berufsrechtliche Restriktionen im Vorfeld begegnet werden soll, in erster Linie durch Beschränkung des Kreises zulässiger Bürogemeinschafter (Rn. 57); dem WP wird es hingegen selbst überlassen, durch **geeignete Maßnahmen** die Einhaltung seiner Berufspflichten auch als Bürogemeinschafter sicher zu stellen. Die Anforderungen hieran können durchaus variieren. In der Regel nicht zu beanstanden sein wird eine gemeinsame, zur Verschwiegenheit auch u. insb. ggü. dem anderen Bürogemeinschafter verpflichtete Sekretariatskraft. Gleiches gilt für einen gemeinsamen Telefon- o. Telefaxanschluss, sofern er auch tats. über die Sekretariatskraft führt. Durchwahlnummern müssen hingegen getrennt sein.

b) Bürogemeinschafter

57 Wirtschaftsprüfer können Bürogemeinschaften **grds. mit jedem Dritten** eingehen. Es gilt nichts anderes als bei Kooperationen (Rn. 49). Eine analoge Anwendung des § 44b u. damit Beschränkung auf Angehörige sozietätsfähiger Berufe scheidet aus, da es an dem bestimmenden **Merkmal der gemeinsamen Berufsausübung fehlt**. Diese, nicht etwa die mit der Bürogemeinschaft verbundene räumliche Nähe ist die **sachliche Rechtfertigung** für die Beschränkung des Kreises zulässiger GbR-Gesellschafter. Der Grund für das bei GbR-Gesellschaftern erforderliche Zeugnisverweigerungsrecht u. die damit verbundene Beschlagnahmefreiheit besteht darin, dass – i. Ggs. zur Bürogemeinschaft – im Rahmen der **gemeinsamen Berufsausübung untereinander die VSP gerade nicht gilt**. Der Mandant muss daher davor geschützt werden, dass das Zeugnisverweigerungsrecht eines GbR-Gesellschafters durch die Vernehmung eines nicht zeugnisverweigerungsberechtigten GbR-Gesellschafters unterlaufen wird. **Gegenüber dem Bürogemeinschafter** besteht hingegen wie ggü. dem Kooperationspartner (Rn. 49) die **uneingeschränkte Pflicht zur Verschwiegenheit**. Gleiches gilt – dies wird oft übersehen – auch im Rahmen einer GbR, soweit einzelne Mandate als Vorbehaltsaufgabe o. auch bei sonstiger Einzelbeauftragung nicht gemeinsam bearbeitet werden. Auch von einer stillschweigenden Zustimmung des Mandanten zur Durchbrechung der VSP zugunsten des Bürogemeinschafters kann nicht ausgegangen werden. Die Schweigepflicht wird in diesen Fällen auch nicht dadurch aufgehoben o. relativiert, dass es sich um einen Angehörigen eines sozietätsfähigen o. gar des gleichen Berufs handelt. Auf der anderen Seite besteht die **VSP** u. das damit korrespondierende Zeugnisverweigerungsrecht/Beschlagnahmefreiheit grds. **nur ggü. der eigenen Mandantschaft**, berührt also **nicht** (Hartung, MDR 2002, 1224) o. jedenfalls nicht in gleichem Maße (Rüpke, NJW 2002, 2835) die **Verhältnisse Dritter**. Als „**Dritter**" ist insoweit auch der Mandant eines anderen GbR-Gesellschafters, mit dem der Auftrag nicht gemeinsam bearbeitet wird, erst recht der **Mandant eines Bürogemeinschafters** anzusehen (Hartung, a.a.O.). Soweit dieser (zufällig) vom Akteninhalt eines anderen Bürogemeinschafters Kenntnis erhält, unterliegt dieses auch im Falle einer allg. berufsrechtlichen Schweigepflicht **nicht dem Zeugnisverweigerungsrecht** (so zutr. Hartung, a.a.O.). Für die Beschlagnahmefreiheit gilt vergleichbares. Durch die Beschränkung des Kreises v. Bürogemeinschaftern auf Angehörige sozietätsfähiger Berufe kann somit der mit der Bürogemeinschaft tats. verbundenen Gefährdung v. Interessen des Mandanten nicht begegnet werden.

c) Kundmachung

Ebenso wie bei Kooperationen (Rn. 50) muss ein Hinweis auf eine Bürogemeinschaft **eindeutig u. unmissverständlich** sein. Insbesondere darf nicht der Anschein einer Sozietät erweckt werden, wodurch die Verwendung eines identischen Briefbogens v. vornherein ausgeschlossen ist. Die Verwendung des Begriffs „Kanzleigemeinschaft" allein genügt nicht, um diesem Anschein entgegen zu wirken (OLG Köln 17.12.2002, WPK-Mag. 3/2004, 44; nach dem dort enthaltenen obiter dictum dürfte gleiches auch für den Begriff „Bürogemeinschaft" gelten). Jedenfalls berufsrechtlich unproblematisch ist eine dem Kooperationshinweis (Rn. 50) vergleichbare Gestaltung (etwa durch den Hinweis „In Bürogemeinschaft mit ..." in der Rand- o. Fußleiste des Briefbogens u. deutlich abgetrennt v. den Angaben zum Praxisinhaber).

58

Da es sich bei der Bürogemeinschaft nicht um eine Form der beruflichen Zusammenarbeit handelt, gehört der Hinweis hierauf allerdings nicht zu den Informationen über das Dienstleistungsangebot der Praxis. Aus diesem Grund war in der BS WP/vBP **bis zu deren 3. Änderung** 2005 noch **jede Kundmachung** v. Bürogemeinschaften untersagt. Dieses **absolute Verbot** wurde zu Recht **aufgehoben**. Auch die Bürogemeinschaft stellt einen Teil der **beruflichen Verhältnisse** dar, über

59

die der Mandant ggf. im Hinblick auf die nicht vollständig auszuschließende **Gefährdung der Verschwiegenheit u. latente Interessenkonflikte** aufzuklären ist.

5. Berufliche Zusammenschlüsse mit EU-Bezug

Schrifttum: *Langer/Hammerl*, Limited gelöscht: Die Umsatzsteuer-Katastrophe?, NWB 2012, 2054; *Werner*, Die Limited als Restgesellschaft, NWB 2011, 632; *Schmidt J.*, Verfahren und Gefahren bei der Liquidation einer „Rest-Limited", ZIP 2008, 2400; *Campos Nave*, Die reformierte Limited, NWB 2008, 1351; *Triebel/Silny*, Die persönliche Haftung der Gesellschafter einer in Deutschland tätigen englischen Rechtsanwalts-LLP, NJW 2007, 1034; *Lawlor*, Reform der englischen Limited und ihre praktischen Auswirkungen, ZIP 2007, 2202; *Ladiges/Pegel*, Neue Pflichten für directors einer limited durch den Companies Act 2006, DStR 2007, 2069; *Henssler/Mansel*, Die Limited Liability Partnership als Organisationsform anwaltlicher Berufsausübung, NJW 2007, 1393; *Campos Nave/Gäbel*, Die deutsche GmbH im Vergleich zur englischen Private Limited Company, NWB 2007, 621; *Römermann*, Die Limited in Deutschland – eine Alternative zur GmbH?, NJW 2006, 2065; *Fröhlich/Strasser*, Die Limited als Einzelkaufmann mit beschränkter Haftung? – Deliktsrechtliche Gegenargumente, ZIP 2006, 1182; *Dahns*, Die englische LLP als Rechtsform für die anwaltliche Berufsausübung, NJW-Spezial 2005, 333; *Triebel/Otte/Kimpel*, Die englische Limited Liability Partnership in Deutschland: Eine attraktive Rechtsorm für deutsche Beratungsgesellschaften?, BB 2005, 1233; *Weller/Kienle*, Die Anwalts-LLP in Deutschland – Anerkennung - Postulationsfähigkeit - Haftung, DStR 2005, 1060, 1102; *Meyer-Landrut*, Die Europäische Wirtschaftliche Interessenvereinigung (EWIV) als neues Instrument für grenzüberschreitende Kooperation, WPK-Mitt. 1989, 56.

a) Europäische Wirtschaftliche Interessenvereinigung

60 Mit der europäischen **EWIV-VO** v. 25.7.1985, die in den EU-Mitgliedstaaten unmittelbar gilt, wurde der **erste originär europäische Gesellschaftstyp** geschaffen. Die EWIV dient dem Ziel, die **grenzüberschreitende Zusammenarbeit** auch der Angehörigen der freien Berufe in der EU zu erleichtern. Dies unterscheidet die EWIV v. der SE, die mit dem SEEG v. 22.12.2004 auf Grundlage der EG-VO Nr. 2157/2001 v. 8.10.2001 eingeführt wurde (zur Anerkennungsfähigkeit der SE als WPG/BPG seit der 7. WPO-Novelle 2007 § 27 Rn. 12).

61 Die nähere Ausgestaltung der EWIV ist dem nationalen Gesetzgeber überlassen worden. In Deutschland gelten für die EWIV im Wesentlichen die **Grundsätze der OHG** (EWIV-AusfG, BGBl. I 1988, 514). Die EWIV ist anders als die Kooperation nicht nur durch zwischenvertragliche Beziehungen ihrer Mitglieder, sondern durch eine eigenständige Rechtsform gekennzeichnet. Sie darf aber ledigl. unterstützende Hilfstätigkeiten erbringen. Weder darf sie anstelle ihrer Mitglieder noch mit eigener Gewinnerzielungsabsicht tätig werden. Die eigentliche **Berufsausübung** findet daher **außerhalb der EWIV** statt, die deshalb wohl auch **keine Form der beruflichen Zusammenarbeit** im engeren Sinne darstellt u. jedenfalls bei den WP bislang auch **keine praktische Bedeutung** erlangt hat. Näheres zur EWIV bei

Meyer-Landrut, WPK-Mitt. 1989, 56. Zu den Voraussetzungen für die Vereinbarkeit der Tätigkeit eines WP als GF einer EWIV § 43a Rn. 122, zur fehlenden Anerkennungsmöglichkeit als WPG § 27 Rn. 17; zur Zulässigkeit, i.z.m. dem Namen einer GbR auf deren Beteiligung an einer EWIV hinzuweisen, BGH 17.12.2001, WPK-Mitt. 2002, 302).

b) Gesellschaftsformen in anderen EU-Mitgliedstaaten
Seit den Entscheidungen des EuGH zur **Niederlassungsfreiheit v. Gesellschaften** (*Centros, Überseering, Inspire Art* ist die Berufsausübung in Deutschland nicht mehr daran gebunden, die **nach deutschem Recht vorgesehenen Gesellschaftsformen** zu verwenden. Neben der EWIV als spezifisch europäischem Gebilde kommen daher **insb. alle Gesellschaftsformen** in Betracht, die im **EU-Ausland** zulässig sind, u. zwar auch dann, wenn sie ihre NL in Deutschland haben u. ausschl. dort am Markt teilnehmen (BGH 14.3.2005, NJW 2005, 1618). Dies gilt allerdings nicht, soweit es um die **Anerkennung als WPG** geht (§ 27 Rn. 15). Eine gewisse praktische Bedeutung hat nicht nur bei den **RA**, sondern auch den **WP** die englische **Limited Liability Partnership** (LLP) erlangt. Die LLP gibt es seit dem Jahr 2000. Sie ist eine rechtsfähige jur. Person u. auch i.Ü. (Bilanzierungs- u. Veröffentlichungspflichten, Organisationsstatus, Haftungsstruktur) weitestgehend mit deutschen körperschaftlich verfassten Gesellschaften vergleichbar. Dies betrifft insb. den **Ausschluss einer gesellschaftsrechtlich veranlassten persönlichen Haftung** der Partner (Dahns, NJW-Spezial 2005, 333). Daneben enthält die LLP aber auch wesentliche Elemente, die für Personengesellschaften kennzeichnend sind, insb. was die Flexibilität im Innenverhältnis angeht (Triebel/Otte/Kimpel, BB 2005, 1233). Die LLP entspricht insgesamt am ehesten der **PartG**. Das PartGG steht nach der Gesetzesbegr. ausdr. auch solchen ausländischen Gesellschaften offen, die der PartG ähnlich sind. Insbesondere kann die LLP daher auch in das PR eingetragen werden. Ausführlich zur LLP Henssler/Mansel, NJW 2007, 1393.

62

Wie bei der sog. einfachen PartG kann der WP im Rahmen der LLP zwar i.S.d. § 43a Abs. 2 zulässigerweise beruflich tätig sein (§ 43a Rn. 42), nicht hingegen seinen Beruf i.S.d. § 43a Abs. 1 originär ausüben. Insbesondere die **Durchführung v. Vorbehaltsaufgaben** ist daher im Rahmen einer LLP nicht erlaubt (zur fehlenden Befugnis der LLP, geschäftsmäßige Hilfeleistung in Steuersachen zu erbringen, BFH 12.3.2007, NWB 2007, 142).

63

§ 45 Prokuristen

¹**Wirtschaftsprüfer sollen als Angestellte von Wirtschaftsprüfungsgesellschaften die Rechtsstellung von Prokuristen haben.** ²**Angestellte Wirtschaftsprüfer gelten als leitende Angestellte i.S. des § 5 Abs. 3 Betriebsverfassungsgesetz.**

Inhaltsübersicht

		Rn.
I.	Allgemeines	1–3
II.	Prokurist	4–11

1. Stellung und Funktion 4–6
2. Angestellter 7
3. Sollvorschrift 8
4. Zeichnung 9
5. Handelsregistereintragung 10–11
III. Leitender Angestellter 12
1. Begriff des leitenden Angestellten 13
2. Regelungsgehalt 14–16

Schrifttum: *Bürkle,* Relevanz aufsichtsbehördlicher Mindestanforderungen für den Status leitender Angestellter, DB 2010, 956; *Hennsler,* Der leitende Angestellte in Beratungsgesellschaften, in: Festschrift für Wolfgang Hromadka, Beck 2008, 131 ff.

I. Allgemeines

1   Die WPO enthält wohl als einziges Berufsgesetz eine Vorschrift, nach der die Angehörigen des Berufs als Angestellte einer Berufsgesellschaft die Rechtsstellung v. Prokuristen haben. In der **Begr. zum Erlass der WPO 1961** heißt es hierzu: *„In Übereinstimmung mit der zumeist praktischen Übung ist zur Wahrung des Ansehens des Berufsstandes vorgeschrieben, dass WP, soweit sie angestellt sind, die Rechtsstellung von Prokuristen haben sollen. Durch diese Sollvorschrift ist eine andere Lösung im Einzelfall, insbesondere bei Angestelltenverhältnissen vorübergehender Natur, jedoch nicht ausgeschlossen."* Hieraus kann die Erwartung des Gesetzgebers entnommen werden, dass angestellte WP – soweit nicht gesetzl. Vertreter – im Regelfall Prokura erhalten (vgl. auch Rn. 8); über 70 % der in WPG angestellten WP haben Prokura.

2   Mit der Prokuraerteilung soll die **Eigenverantwortlichkeit der Berufsausübung** eines bei einer WPG angestellten WP sichergestellt u. unterstrichen werden. Die Rechtsstellung des WP als Prokurist ist aber nicht Ziel, sondern lediglich Mittel zum Zweck der Sicherung seiner Unabhängigkeit insb. bei der Durchführung v. gesetzlich vorgeschriebenen Prüfungen, die durch eine an sich gegebene Weisungsgebundenheit als Angestellter nicht beeinträchtigt werden soll (BAG 28.1.1975, BB 1975, 743, 744).

3   Die **Fiktion des leitenden Angestellten** in Satz 2 ist i.Z.m. der 7. WPO-Novelle 2007 in das Gesetz aufgenommen worden. Nach der Regierungsbegr. betone die Rechtsstellung als Prokurist - auch wegen des Soll-Charakters der Regelung - nicht hinreichend die eigenverantwortliche Tätigkeit des angestellten WP. Mit dem neu eingefügten Satz 2 sollte nunmehr klargestellt werden, das WP leitende Angestellte i.S. des § 5 Abs. 3 BetrVG sind (BT-Drs.16/5544, S. 6). Angestellte WP bei anderen WP o. in anderen mit dem Beruf vereinbaren Anstellungsverhältnissen (§ 43a Abs. 4 Nr. 2-4a u. 8) sind nicht erfasst. Der **mit § 45 verfolgte Zweck** war und ist **ausschließl. bei WPG umsetzungsfähig**, so dass Satz 2 keine abstrakte Regelung enthält, sondern im Kontext mit Satz 1 steht (BAG 29.6.2011, WPK Mag 1/2012,

43 ff.; NJW 2012, 873 ff.; DB 2012, 465 ff.). Damit dürfte der vorausgegangenen Entscheidung des LAG Düsseldorf v. 3.4.2009 – 10 TaBV 302/08 – über die von ihm angenommene Stellung eines bei einem gen. PrfgVerb angestellten WP als leitender Angestellter keine maßgebliche Bedeutung mehr beizumessen sein. Nach Auffassung des LAG wies die Anstellung bei einem gen. PrfgVerb keinen nennenswerten Unterschied zu der bei einer WPG auf.

II. Prokurist

1. Stellung und Funktion

Prokura können gemäß § 48 Abs. 1 HGB nur Inhaber eines Handelsgewerbes erteilen. Dies kommt für **WPG in den in § 27 genannten Rechtsformen** in Betracht, allerdings **nicht für die Partnerschaft**, weil § 7 Abs. 3 PartGG nicht auf § 125 Abs. 3 HGB verweist, der die gemischte Gesamtvertretung der OHG durch Gesellschafter mit einem Prokuristen regelt (OLG München 5.9.2005, DB 2005, 2072).   4

Der Prokurist ist **Vertreter des „Geschäftsherrn" mit umfassenden Befugnissen** 5
(§ 49 HGB). Die Prokuraerteilung ist also kein reiner Formalakt o. eine sog. „Vorratsermächtigung", sondern eine gesetzlich umschriebene rechtsgeschäftliche Vertretungsmacht (gewillkürter Vertreter). Eine Beschränkung im Außenverhältnis ist grds. nicht zulässig (§ 50 HGB).

Die Prokura unterscheidet sich v. der **Handlungsvollmacht** zum einen dadurch, 6
dass ihr Umfang im Außenverhältnis zwingend festgelegt ist (§ 50 Abs. 1 HGB) u. zum anderen dadurch, dass ihr Umfang erheblich weiter ist. Während die Generalhandlungsvollmacht lediglich die Geschäfte umfasst, die ein solches Handelsgewerbe gewöhnlich mit sich bringt, bevollmächtigt die Prokura zum Abschluss aller Geschäfte, die der Betrieb irgendeines Handelsgewerbes mit sich bringt (MünchKomm HGB/Krebs, § 49 Rn. 3).

2. Angestellter

Für bei einer WPG **nicht angestellte WP** (z.B. freie Mitarbeiter) ist die Erteilung 7
einer Prokura nicht vorgesehen. Das HGB u. auch der allg. Handelsverkehr selbst gehen v. sog. Eingliederungsprinzip aus, was sich daran zeigt, dass sich die Rspr. trotz der Häufigkeit v. Prokura u. Handlungsvollmacht nie mit der Prokuraerteilung an einen organisatorisch externen Vertreter befassen musste (MünchKomm HGB/ Krebs, Vor § 48 Rn. 23). Der Prokurist muss aus dem Unternehmen heraus handeln; er muss als Teil des Unternehmens erscheinen, was bei einem Anstellungsverhältnis regelmäßig der Fall ist. Liegt kein Anstellungsverhältnis vor, ist dies im Einzelnen zu prüfen. Die Prokuraerteilung an eine organisatorisch nicht eingegliederte Person ist damit unzulässig (MünchKomm HGB/Krebs, Vor § 48 Rn. 28; § 48 Rn. 27); erteilen mehrere Berufsgesellschaften eines Verbundes einem nur bei einer Verbundgesellschaft angestellten WP Prokura, wird man v. der notwendigen organisatorischen Eingliederung ausgehen können.

3. Sollvorschrift

8 Von einer **verbindlichen Regelung ist abgesehen** worden, um es der WPG unter Berücksichtigung des Einzelfalls zu überlassen, wann einem WP Prokura erteilt wird. Dies wird v. der Dauer der Zugehörigkeit u. Qualifikation abhängig zu machen sein. Sofern einem angestellten WP keine Prokura erteilt ist, muss er zeichnungsberechtigter Angestellter gemäß § 43a Abs. 1 sein; über die Art der Zeichnung angestellter WP s. dort (Rn. 13 ff.) u. WPK, WPK-Mag. 1/2004, 27 f., 3/2006, 21 ff.

4. Zeichnung

9 Der Prokurist zeichnet mit einem die Prokura andeutenden Zusatz (§ 51 HGB). Üblicherweise geschieht dies mit den Zusätzen „ppa", „als Prokurist" o. „per Prokura". Zwingend ist die Kennzeichnung nicht. Nach h.M. handelt es sich bei § 51 HGB um eine **Ordnungsvorschrift**. Der Verkehr soll mit dem Prokurazusatz erkennen können, dass der Erklärende als Prokurist handelt. Die Kennzeichnung empfiehlt sich daher aus Gründen der **Rechtsklarheit**. Die Nichtbeachtung führt jedoch nicht zur Nichtigkeit o. Anfechtbarkeit einer abgegebenen Erklärung. Auch wird der Prokurist nicht persönlich verpflichtet, wenn anderweitig erkennbar ist, dass er in Vertretung seines Geschäftsherrn gehandelt hat.

5. Handelsregistereintragung

10 Gemäß § 53 Abs. 1 HGB ist die Erteilung der Prokura zur **Eintragung in das HR** anzumelden. Die Eintragung selbst hat aber nur **deklaratorische Bedeutung**, ist also ledigl. Ordnungsvorschrift. Die Prokura wird zum Zeitpunkt der Erteilung wirksam. Dies kann mit sofortiger Wirkung geschehen, aber auch erst mit der Eintragung in das HR.

11 Die Prokura sollte auch mit der **Berufsbezeichnung „Wirtschaftsprüfer" in das HR** eingetragen werden. Nach Sinn u. Zweck des HR erscheint es nach Auffassung des LG Augsburg geboten, dass der Beruf eines Prokuristen jedenfalls dann eingetragen wird, wenn an diesen Beruf kraft gesetzlicher o. standesrechtlicher Vorschriften besondere Anforderungen gestellt werden, u. wenn durch die Eintragung im HR klargestellt wird, dass der Prokurist diesen Anforderungen entspricht (LG Augsburg 23.3.1989, StB 1989, 193).

III. Leitender Angestellter

12 Der Regelungsgehalt des Satz 2 umfasst jedenfalls **Anstellungsverhältnisse v. WP in WPG** (Rn. 3); ob er darüber hinaus auch **Anstellungsverhältnisse bei anderen Personen, also bei WP o. WP-Sozietäten**, o. auch andere, mit dem Beruf ledigl. **vereinbare Anstellungsverhältnisse i.S.d. § 43a Abs. 4** umfasst, kann zweifelhaft sein. Die enge Auslegung folgt zwar nicht aus dem Wortlaut des Satzes 2, könnte sich aber aus dem Gesamtkontext der Vorschrift ergeben. Immerhin ist die Gesetzesüberschrift (Prokuristen) unverändert. Hätte der Gesetzgeber auch Anstellungsverhältnisse bei selbstständigen in eigener Praxis tätigen WP einbeziehen wollen, hätte sich angeboten, bei der Art der Berufsausübung (§ 43a Abs. 1) eine Regelung zu treffen.

1. Begriff des leitenden Angestellten

Es gibt keinen einheitlichen Begriff des leitenden Angestellten. Mit dem Verweis auf § 5 Abs. 3 BetrVG hat sich der Gesetzgeber für die dort vorgenommene Definition des leitenden Angestellten entschieden. Danach ist leitender Angestellter, wer nach Arbeitsvertrag u. Stellung im Unternehmen o. im Betrieb zur selbstständigen Einstellung u. Entlassung v. im Betrieb o. in der Betriebsabteilung beschäftigten Arbeitnehmern berechtigt ist, Generalvollmacht o. Prokura hat u. die Prokura auch im Verhältnis zum Arbeitgeber nicht unbedeutend ist o. regelmäßig sonstige Aufgaben wahrnimmt, die – zusammengefasst – umfassend für Bestand u. Entwicklung eines Unternehmens o. Betriebes v. Bedeutung sind.

13

2. Regelungsgehalt

Die Rechtsfolgen nach § 45 Satz 2 („gelten") begründen jedoch **nicht per se einen Status als leitender Angestellter**, auch wenn eine von Satz 1 isolierte Betrachtung des Satzes 2 eine solche Annahme nicht zwangsläufig ausschließt. Gemäß der Grundsatzentscheidung des BAG v. 29.6.2011 (a.a.O.) ist Satz 2 i.V.m. Satz 1 aber verfassungskonform einschränkend so zu verstehen, dass die Bereichsausnahme von der Betriebsverfassung **nur für angestellte WP mit Prokura** gilt. Die i. Z. zu lesenden Sätze 2 und 1 erzeugen mit der zu erteilenden Prokura eine im Innenverhältnis mit unternehmerischer Leitungsmacht verknüpfte Vertretungsregelung und bewirken damit die Annahme, dass der Gesetzgeber generalisierend eine - im Verhältnis zum Arbeitgeber - nicht nur unbedeutende Prokura i.S. von § 5 Abs. 3 S. 2 Nr. 2 BetrVG annimmt, d.h. keine bloße sog. Titularprokura ist. Diese Typisierung der Berufsgruppe der angestellten WP mit Prokura ist vom gesetzgeberischen Gestaltungsspielraum gedeckt, und zwar unabhängig davon, ob die unternehmerischen (Teil-)Aufgaben i.S. des § 5 Abs. 3 Satz 2 BetrVG wahrgenommen werden. Da **WP im öffentlichen Interesse** mit Verantwortung vor der Öffentlichkeit besondere Aufgaben wahrnehmen (vgl. BVerfGE 98, 49), kann aber **typisierend** auf **unternehmerische Leitungsmacht** v. WP mit Prokura im Innenverhältnis geschlossen werden.

14

Die **Sonderstellung** der angestellten WP mit Prokura gegenüber anderen angestellten Berufsträgern ist **sachlich gerechtfertigt**. Dies gilt auch für angestellte WP ohne Prokura. Mit der einschränkenden Auslegung des § 45 Satz 2 wird – typisierend betrachtet – vermieden, dass alle angestellten WP in die Bereichsausnahme der Betriebsverfassung fallen. Auch angestellte RA u./o. StB sind nicht bereits deshalb leitende Angestellte, weil sie nach den gesetzlichen Bestimmungen ihren Beruf unabhängig u. eigenverantwortlich ausüben (BAG 29.6.2011, NJW-Spezial 2011, 659).

15

Die Geltung des § 5 Abs. 3 BetrVG für angestellte WP mit Prokura führt dazu, dass bei ihnen die **gesetzlichen Sonderregelungen für leitende Angestellte anzuwenden** sind. So bedeutet der unmittelbare Verweis in § 1 Abs. 1 SprAuG auf § 5 Abs. 3 BetrVG, dass bei Vorliegen der Tatbestandsvoraussetzungen ein **Sprecherausschuss der leitenden Angestellten** eingerichtet werden muss. Der Verweis auf § 5 Abs. 3 BetrVG in § 3 Abs. 1 Nr. 1 MitbestG führt dazu, dass das **MitbestG keine**

16

Anwendung auf **leitende Angestellte** findet. Gemäß § 18 Nr. 1 ArbZG sind die **Arbeitszeitvorschriften** etc. auf leitende Angestellte i.S.d. § 5 Abs. 3 BetrVG nicht anzuwenden. In anderen Gesetzen werden ähnliche Begriffe für leitende Angestellte verwandt (z.b. § 14 KSchG); deren unmittelbare Anwendung bleibt aber wegen des fehlenden Verweises auf § 5 Abs. 3 BetrVG ausgeschlossen.

§ 46 Beurlaubung

(1) Wirtschaftsprüfer, die vorübergehend eine mit dem Beruf unvereinbare Tätigkeit aufnehmen wollen, können auf Antrag von der Wirtschaftsprüferkammer beurlaubt werden.

(2) [1]Sie dürfen während der Zeit ihrer Beurlaubung die Tätigkeit als Wirtschaftsprüfer nicht ausüben und die Bezeichnung „Wirtschaftsprüfer" nicht führen. [2]Die Beurlaubung soll zunächst höchstens für ein Jahr gewährt und jeweils höchstens um ein Jahr verlängert werden. [3]Die Gesamtzeit der Beurlaubung soll drei aufeinander folgende Jahre nicht überschreiten.

Inhaltsübersicht

	Rn.
I. Allgemeines	1
II. Beurlaubungsvoraussetzungen	2–14
1. Unvereinbare Tätigkeit	2–3
2. Vorübergehende Tätigkeit	4–7
3. Keine Tätigkeit nach § 43 Abs. 3 (Unabhängigkeit)	8
4. Antragstellung, Entscheidungskriterien	9–12
5. Dauer der Beurlaubung	13–14
III. Rechtsfolgen der Beurlaubung	15–17
IV. Ende der Beurlaubung	18–19
V. Mehrfachbeurlaubungen	20–24
1. Neue unvereinbare Tätigkeit	20-22
2. Erneute Beurlaubung nach längerer Rückkehr in den Beruf	23
3. Erneute Beurlaubung im unmittelbaren Anschluss	24
VI. Gebühren	25

I. Allgemeines

1 Für WP besteht die Möglichkeit der **Beurlaubung seit Inkrafttreten der WPO in 1961** (damals geregelt in § 58 a.F.). Sie erlaubt dem WP, **Erfahrungen auf unternehmerischer Seite zu sammeln**, die nach Beendigung der Beurlaubung u. der **Rückkehr in den Beruf des WP für die eigene Tätigkeit** umgesetzt werden können. Im Vergleich zu den Berufsgesetzen anderer freier Berufe war damit eine einzigartige – für den WP sehr großzügige – Regelung eröffnet. Für den StB kam zunächst bei Ausübung einer gewerblichen Tätigkeit nur der Verzicht in Betracht. Erst seit 2008 dürfen StB – anders als WP – als Syndikus-StB tätig sein u. dabei unverändert den Beruf des StB ausüben (§ 58 StBerG). Auch der RA kann bei einem

nichtanwaltlichen Arbeitgeber angestellt sein u. zugl. den Beruf des RA ausüben (§ 46 BRAO). Anders als den StB u. RA ist es dem WP aber nicht gestattet, während der Beurlaubung den Beruf auszuüben u. die Berufsbezeichnung zu führen (Rn. 15). Insofern bewirkt die Beurlaubung nach der WPO im Vergleich zu anderen Berufsrechten eine **klare Abgrenzung zur Berufsausübung.**

II. Beurlaubungsvoraussetzungen

1. Unvereinbare Tätigkeit

Beurlaubungsvoraussetzung ist, dass eine **Tätigkeit außerhalb des Berufes** aufgenommen wird. Es muss sich um eine unvereinbare Tätigkeit i.S.d. § 43a Abs. 3 handeln. Hierzu gehört nicht nur die Tätigkeit in der gewerblichen Wirtschaft (Regelfall), sondern auch ein nicht nach § 44a zulässiges öffentlich-rechtliches Diensto. Amtsverhältnis (z.B. Berufung in das Beamtenverhältnis auf Widerruf im Rechtsreferendariat). Kein Beurlaubungsgrund ist die Absicht, für eine gewisse Zeit den Beruf nicht ausüben zu wollen o. die Erklärung, derzeit keine Prüfungsaufträge zu haben. 2

Fällt in die Beurlaubungsdauer der Zeitraum des **Mutterschutzes**, wird vor dem Hintergrund des privilegierten Status auch während dieser Freistellung weiterhin v. dem Vorliegen einer unvereinbaren Tätigkeit ausgegangen, so dass die Gewährung der Beurlaubung aufrechterhalten bleibt. Nimmt der WP während der Beurlaubung **Elternzeit** in Anspruch, ruhen die gegenseitigen Pflichten aus dem Arbeitsverhältnis, das Arbeitsverhältnis selbst bleibt jedoch bestehen. In der Elternzeit kann der Arbeitnehmer, der beurlaubte WP, bis zu 30 Wochenstunden erwerbstätig sein; mit Zustimmung des Arbeitgebers auch bei einem anderen (gewerblichen) Arbeitgeber (§ 15 Abs. 4 BEEG). Im Einzelfall ist zu klären, ob weiterhin die Ausübung einer unvereinbaren Tätigkeit u. damit die Voraussetzungen der Beurlaubung vorliegen. Dies setzt voraus, dass der WP v. der Option der Erwerbstätigkeit nach § 15 Abs. 4 BEEG Gebrauch macht u. weiterhin, wenn auch in nur geringem Umfang, außerberuflich tätig bleibt. Ist eine außerberufliche Tätigkeit während der Elternzeit nicht beabsichtigt, kann während dieser Zeit der Zweck der Beurlaubung (vgl. Rn. 1), u.a. die Kenntniserweiterung, nicht erreicht werden, so dass die Beurlaubung i.d.R. aufzuheben ist. Das Gleiche gilt für den Fall der Inanspruchnahme der **Pflegezeit** nach dem Pflegezeitgesetz. 3

2. „Vorübergehende Tätigkeit"

Weitere Voraussetzung ist, dass die **unvereinbare Tätigkeit nur vorübergehend** ausgeübt wird, d.h., dass bei Aufnahme der Tätigkeit deren Ende bereits feststehen muss. Zur Bestimmung der vorübergehenden Tätigkeit können zum einen Tatsachen herangezogen werden, die sich aus dem Vertragsverhältnis selbst ergeben (Befristung u. Probezeit). Zum anderen kann der vorübergehende Charakter der Tätigkeit auch aufgrund einer Erklärung des WP begründet werden. 4

Eine vorübergehende Tätigkeit ist unproblematisch bei Abschluss eines **Zeitvertrages** zu bejahen, der **nicht über** die Höchstdauer der Beurlaubung v. **3 Jahren** hinausgeht. 5

Schwoy 503

6   Bei Abschluss eines **unbefristeten o. eines über 3 Jahre hinaus befristeten Anstellungsvertrages** ist es vertretbar, eine Beurlaubung für die Zeit eines **Probearbeitsverhältnisses** auszusprechen, wenn ein solches arbeitsvertraglich vereinbart ist. Der Zweck eines Probearbeitsverhältnisses besteht darin zu prüfen, ob zwischen den Vertragspartnern eine längerfristige Zusammenarbeit möglich ist; es besteht in dieser Zeit kein vergleichbar stärkeres Bindungsverhältnis (andere Kündigungsfristen, keine Kündigungsbegründung) wie bei einer festen, unbefristeten Anstellung. Sofern sich die vorübergehende Tätigkeit nicht aus dem Vertragsverhältnis selbst entnehmen lässt, kann die Voraussetzung bei unbefristeten o. über 3 Jahre hinaus gehenden Arbeitsverträgen auch durch eine **Absichtserklärung** des WP erfüllt werden, dass dieser spätestens mit Ablauf der maximalen Beurlaubungsdauer die außerberufliche Tätigkeit beenden und in den Beruf des WP zurückkehren wird. Bei Wegfall des Tatbestandsmerkmals „vorübergehend" sind die Beurlaubungsvoraussetzungen nicht mehr gegeben. Ein beurlaubter WP muss in einem solchen Fall zur Vermeidung eines ansonsten gebotenen Widerrufs der Bestellung (§ 20 Abs. 2 Nr. 1) auf seine Bestellung verzichten (§ 19 Abs. 1 Nr. 2).

7   Eine zusätzl. **erhebliche Beteiligung des WP an dem Unternehmen**, bei dem die außerberufliche Tätigkeit aufgenommen wird, kann eine vorübergehende außerberufliche Tätigkeit infrage stellen. Zwar ist eine Beteiligung an einer gewerblichen Gesellschaft berufsrechtlich zulässig. Die mit einer maßgeblichen Beteiligung einhergehende engere Einbindung kann aber Anhaltspunkt für eine beabsichtigte dauerhafte Tätigkeit sein, die dem vorübergehenden Charakter der außerberuflichen Tätigkeit entgegensteht.

3. Keine Tätigkeit nach § 43 Abs. 3 (Unabhängigkeit)

8   Eine Beurlaubung scheidet bei einer Tätigkeit aus, die nach § 43 Abs. 3 unzulässig wäre. § 43 Abs. 3 dient der Wahrung der Unabhängigkeit des WP u. sieht ein sog. „cooling-off" vor, wenn der WP als **AP eines Unternehmens i.S.d. § 319a Abs. 1 Satz 1 HGB o. verantwortlicher Prüfungspartner i.S.d. 319a Abs. 1 Satz 5, Abs. 2 Satz 2 HGB** tätig war (§ 43 Rn. 375 ff.). Eine in diesem Sinne unzulässige Tätigkeit kann nicht durch eine Beurlaubung geheilt werden.

4. Antragstellung/Entscheidungskriterien

9   Der Antrag auf Beurlaubung ist an die Hauptgeschäftsstelle der WPK zu richten. Der **Antrag ist vor Aufnahme** der unvereinbaren Tätigkeit zu stellen; dies wird durch das Tatbestandsmerkmal „wollen" verdeutlicht. Es muss darüber hinaus sichergestellt sein, dass der WP nicht weiterhin „als WP" tätig ist (VG Berlin 26.8.2002, WPK-Mitt. 2003, 69 f.). Bei mehreren, zeitgleich ausgeübten unvereinbaren Tätigkeiten ist für **jede Tätigkeit ein gesonderter Antrag** auf Beurlaubung zu stellen, da das Gesetz auf „eine" unvereinbare Tätigkeit abstellt.

10 Falls der **Antrag nachträglich** gestellt wird, handelt der Berufsangehörige rechtswidrig. Wenn aber die Beurlaubungsvoraussetzungen als solche vorliegen (materielle Rechtmäßigkeit), dürften keine grds. Bedenken gegen eine **rückwirkende Beurlaubung** ab dem Zeitpunkt der Aufnahme der außerberuflichen Tätigkeit

bestehen. Voraussetzung ist, dass der Berufsangehörige nach Aufnahme der unvereinbaren Tätigkeit nicht mehr als WP tätig war. Die Beurlaubungsvoraussetzungen müssen also ab dem Zeitpunkt, bis zu dem die nachträgliche Beurlaubung zurückreicht, erfüllt sein. Eine andere Frage ist es, ob unabhängig davon jedenfalls ein erheblich verspäteter Beurlaubungsantrag als Verstoß gegen das Gebot der Antragstellung vor Aufnahme der außerberuflichen Tätigkeit geahndet wird; dies ist auch während der Beurlaubung möglich (Rn. 17).

Keine rückwirkende Beurlaubung ist in dem Fall möglich, wenn der WP während der außerberuflichen Tätigkeit auch als WP tätig war. Hier liegt nicht nur eine formelle, sondern auch materielle Rechtswidrigkeit vor. Die Beurlaubung kann erst ab dem Zeitpunkt des Endes der Berufsausübung als WP ausgesprochen werden (vgl. Rn. 10). Bei der Festlegung des Beurlaubungszeitraumes ist allerdings die Zeit der bereits zurückgelegten außerberuflichen Tätigkeit einzubeziehen. 11

Wirtschaftsprüfer **können** gemäß § 46 Abs. 1 beurlaubt werden. Das bedeutet, dass die WPK grds. ein **Ermessen** über den Ausspruch einer Beurlaubung hat (§ 40 VwVfG). Aber auch bei Entscheidungen, die an sich v. der gesetzlichen Ermächtigung her in das Ermessen einer Behörde gestellt sind, kann sich angesichts der besonderen Umstände des konkreten Falles ergeben, dass schon aus rechtlichen Gründen nur eine einzige Entscheidung in Betracht kommt mit der Folge, dass jede andere Entscheidung ermessensfehlerhaft wäre. Dies darf i.d.R. dann angenommen werden, wenn die Merkmale „unvereinbare Tätigkeit" u. „vorübergehend" feststehen, die Beendigung der WP-Tätigkeit sichergestellt u. ein Antrag gestellt ist. 12

5. Dauer der Beurlaubung

Die Beurlaubung soll zunächst höchstens für ein Jahr gewährt u. ggf. jeweils um ein weiteres Jahr verlängert werden. Die Gesamtzeit der Beurlaubung soll **drei aufeinander folgende Jahre nicht überschreiten**. Wenn aber feststeht, dass ein WP einen Zwei- o. Dreijahresvertrag fest abgeschlossen hat, bestehen aus praktischen Erwägungen keine Bedenken, die Beurlaubung für den festgestellten Zeitraum v. vornherein auszusprechen; alles andere wäre unnötiger Formalismus. 13

Die Fristenregelungen sind **Soll-Vorschriften**. Das heißt nicht, dass sich damit ein Ermessensspielraum für eine Beurlaubung über die Höchstdauer hinaus eröffnet. Grundsätzlich besteht eine Bindung an den Regelfall, wonach der **Dreijahreszeitraum nicht überschritten** werden darf. Nur in atypisch gelagerten Fällen ist der WPK gestattet, geringfügig über drei Jahre hinaus zu beurlauben. So können für den Berufsangehörigen unvorhersehbare Umstände im Einzelfall eine Beurlaubung über drei Jahre hinaus rechtfertigen (vgl. auch Rn. 3 zum Mutterschutz o. Elternzeit). Um Missbräuchen vorzubeugen u. dem Gesetzeswillen gerecht zu werden, verfährt die WPK restriktiv. 14

III. Rechtsfolgen der Beurlaubung

Ist der WP beurlaubt worden, sind ihm eine **Berufsausübung als WP** u. die Führung der **Berufsbezeichnung „Wirtschaftsprüfer"** untersagt (Abs. 2 Satz 1). Der 15

Berufsangehörige bleibt aber **Mitglied der WPK**; seine Mitgliedschaft ruht während der Beurlaubung (§ 58 Abs. 1 Satz 2). Dies hat zur Folge, dass er in dieser Zeit nicht beitragspflichtig ist. Er kann **weiterhin auch Gesellschafter einer Berufsgesellschaft** nach § 28 Abs. 4 Satz 1 Nr. 1 sein. Die Bestellung als **Mitglied des Geschäftsführungsorgans einer Berufsgesellschaft** kann dagegen nicht beibehalten werden, weil darin immer eine Berufsausübung liegt, die während der Beurlaubung untersagt ist.

16 Er muss in der Zeit der Beurlaubung **keine BHV** unterhalten. § 54 verlangt, dass sich ein selbstständig tätiger WP versichern muss; ein beurlaubter WP ist nicht als WP selbstständig tätig. Dennoch sollte auch ein beurlaubter WP angemessen versichert sein, um keinen unwägbaren Haftungsrisiken ausgesetzt zu sein. Es kann nicht ausgeschlossen werden, dass an den beurlaubten WP ein Mandat herangetragen wird; lehnt er nicht unverzüglich ab, treten die Haftungsfolgen des § 51 ein.

17 Der WP ist weiterhin der **Berufsgerichtsbarkeit unterworfen** (§ 58 Abs. 1 Satz 3). Das heißt, dass ein beurlaubter WP nicht nur v. der GStA angeschuldigt werden kann. Ihm kann während der Beurlaubung auch eine **Rüge** erteilt werden (gemäß § 63 Abs. 1 kann der VO der WPK ein der Berufsgerichtsbarkeit unterliegendes Mitglied rügen). Im Beurlaubungsschreiben, mit welchem dem WP die Beurlaubung gewährt wird, sind ausdr. Hinweise zur Mitteilung über Veränderungen, insb. einen Arbeitgeberwechsel enthalten. Unterlässt der WP eine Meldung unmittelbar nach Eintreten der Veränderung, kann dies eine Berufspflichtverletzung darstellen. Eine erteilte Beurlaubung steht der Einleitung eines berufsaufsichtsrechtlichen Verfahrens nicht entgegen (§§ 58 Abs. 1 Satz 3, 67 Abs. 3).

IV. Ende der Beurlaubung

18 Endet die Beurlaubung, **lebt die Bestellung als WP wieder auf**, ohne dass hierzu weitere Erklärungen o. Handlungen geboten sind. Folge der Beendigung der Beurlaubung ist, dass der WP wieder seine Berufsbezeichnung führen muss (§ 18). Er muss eine berufliche NL begründen (§ 3) u. eine BHV abschließen, sofern er den Beruf nicht ausschl. im Anstellungsverhältnis ausübt u. keine Verlängerung der Beurlaubung o. keine weitere Beurlaubung gewährt bekommt (vgl. Rn. 20 ff.).

19 Mit dem Ende der Beurlaubung muss der WP die **unvereinbare Tätigkeit beenden**. Sofern er aus einem Probearbeitsverhältnis in ein unbefristetes Anstellungsverhältnis übernommen wird, muss er auf seine Bestellung verzichten. Entsprechendes gilt, wenn er nach dem Ende eines Zeitarbeitsvertrages – aus welchen Gründen auch immer – diese o. eine andere außerberufliche Tätigkeit fortsetzt. Kommt er diesem Gebot nicht nach, droht ihm der **Widerruf der Bestellung** (§ 20 Abs. 2 Nr. 1).

V. Mehrfachbeurlaubungen

1. Neue unvereinbare Tätigkeit

20 Es ist nicht ausgeschlossen, dass nach einer Beurlaubung eine **neue unvereinbare Tätigkeit** aufgenommen wird. Dieses neue Anstellungsverhältnis darf **nicht bei**

dem bisherigen Arbeitgeber eingegangen werden; Sinn u. Zweck des § 46 schließen einen solchen Anschlussvertrag aus. Eine neue außerberufliche Tätigkeit erfordert immer einen **neuen Beurlaubungsantrag**.

Soweit der Beurlaubungszeitraum **nicht ausgeschöpft** (z.b. vorzeitige Vertragsaufhebung) ist, erstreckt sich die nicht „verbrauchte" Zeit aus der ersten Beurlaubung nicht ohne weiteres auf die neue Tätigkeit. Mit dem neuen Beurlaubungsantrag kann eine weitere Beurlaubung für die restliche Beurlaubungsdauer gewährt werden. 21

Auch bei Ausschöpfen des Drei-Jahreszeitraumes kann im Einzelfall eine weitere Beurlaubung gewährt werden. **Zweck der Beurlaubung** ist die Erweiterung der im Rahmen der Hochschulausbildung erworbenen Fähigkeiten und Kenntnisse, um diese im Anschluss an die Beurlaubung für die eigene Prüfungstätigkeit anzuwenden. Der WP soll mit einem erweiterten Kenntnisstand in seinen Beruf zurückkehren. Bei Mehrfachbeurlaubungen, gerade im Fall eines „Aufsteigens" im Vergleich zur Erstbeurlaubung, können andere Gründe, wie eine **Karriere in der freien Wirtschaft** im Vordergrund stehen, die **nicht dem Zweck der Beurlaubung** entsprechen. Die WPK verfährt eher restriktiv bei Mehrfachbeurlaubungen, um dem Sinn u. Zweck der Beurlaubung zu entsprechen. 22

2. Erneute Beurlaubung nach längerer Rückkehr in den Beruf

War der WP **nach** seiner **Erstbeurlaubung** über einen **längeren** Zeitraum wieder in seinem Beruf **als WP tätig**, kann davon ausgegangen werden, dass der WP die während der Beurlaubung gewonnenen Kenntnisse auch tats. für seine praktische WP-Tätigkeit angewendet hat. Eine neue Beurlaubung, um weitere Kenntnisse für eine anschließende Rückkehr in den Beruf des WP zu gewinnen, ist daher zulässig. 23

3. Erneute Beurlaubung im unmittelbaren Anschluss

Eine **unmittelbar anschließende Beurlaubung**, zu der auch die Fälle einer nur kurzen Rückkehr in den Beruf des WP nach Erstbeurlaubung zählen, können nur dann gewährt werden, wenn der WP herausstellt, dass sich die neue Tätigkeit **deutlich unterscheidet** von der vorausgegangenen Beurlaubung, **u. er mit der neuen Beurlaubung über die bereits erworbenen Fähigkeiten hinausgehende anderweitigen Kenntnisse** für die eigene Prüfungstätigkeit erwerben kann **und** konkret darstellt, **im Anschluss** auch wieder den **Beruf des WP auszuüben**. Der WPK kann hier im Rahmen des ihr durch die „Kann"-Vorschrift erteilten Ermessens im Einzelfall entscheiden, entw. zunächst keine weitere Beurlaubung o. aber für einen Zeitraum, der unterhalb der Höchstdauer der Beurlaubung zurückbleibt, zu gewähren. 24

VI. Gebühren

Der Antrag auf Beurlaubung löst eine **Gebühr** gemäß § 3 Abs. 2 Satz 1 Nr. 4 GebO WPK (Stand: 20.11.2012) i.H.v. 180 Euro aus. Wird der Antrag zurückgenommen o. zurückgewiesen, ermäßigt sich die Gebühr auf die Hälfte (§ 3 Abs. 2 Satz 2 GebO). 25

§ 47 Zweigniederlassungen

¹Zweigniederlassungen müssen jeweils von wenigstens einem Wirtschaftsprüfer geleitet werden, der seine berufliche Niederlassung am Ort der Zweigniederlassung hat. ²Für Zweigniederlassungen von in eigener Praxis tätigen Wirtschaftsprüfern kann die Wirtschaftsprüferkammer Ausnahmen zulassen.

Inhaltsübersicht

	Rn.
I. Allgemeines	1–2
II. Leitung	3–9
1. Anderer Wirtschaftsprüfer	3–4
2. Ort der Zweigniederlassung	5–6
3. Stellung des Leiters	7–8
4. Wirtschaftsprüfungsgesellschaft	9–10
III. Ausnahme	11–15

I. Allgemeines

1 Sofern ein WP eine ZN unterhält, muss sie v. einem WP geleitet werden. Es muss sich um einen **anderen am Ort der ZN ansässigen WP** handeln; ansonsten wäre Satz 2 überflüssig.

2 Mit dem Gebot der Leitung durch einen anderen WP soll sichergestellt werden, dass **auch dort die Berufsausübung unter Beachtung der beruflichen Pflichten** erfolgt. In der Urfassung der WPO war noch die „fachliche Leitung" definiert. Das allein reicht aber nicht aus, um die Einhaltung der Berufspflichten sicherzustellen. Zum Begriff, zur Errichtung u. Unterhaltung einer ZN s. § 3 Rn. 39 ff.).

II. Leitung

1. Anderer Wirtschaftsprüfer

3 **Jede ZN eines WP muss jeweils v. wenigstens einem anderen WP fachlich u. berufsrechtlich geleitet werden.** Mit „jeweils" wird ausgesagt, dass bei Unterhaltung einer o. mehrerer ZN eines WP die Leitung einer jeden durch einen anderen WP zu übernehmen ist (für StB: BGH 9.11.2000, BB 2001, 438 ff.; Verfassungsbeschwerde nicht angenommen, BVerfG 17.12.2001 – 1 BvR 381/01). Dieser darf also grds. nicht gleichzeitig mehrere ZN des Praxisinhabers o. der Berufsgesellschaft leiten. Um eine europarechtskonforme Anwendung der WPO zu gewährleisten, ist die Regelung des § 47 Satz1 dahingehend auszulegen und anzuwenden, dass mit „Wirtschaftsprüfer" in dieser Regelung auch ein in einem anderen **Mitgliedstaat der EU oder einem Vertragsstaat des Abkommens über den EWR zugelassener Abschlussprüfer** gemeint ist.

4 **Vereidigte Buchprüfer können nicht die Leitung der ZN eines WP** übernehmen. Der Wortlaut der Vorschrift ist unmissverständlich. Demgegenüber kann ein **WP** die **Leitung der ZN eines vBP** übernehmen. Zu beachten ist aber, dass der **WP**

hierfür **kein Anstellungsverhältnis** beim vBP eingehen darf; ansonsten gefährdet er seine Bestellung (§ 20 Abs. 2 Nr. 1 i.V.m. § 43a Abs. 3 Nr. 2).

2. Ort der Zweigniederlassung

Unter „Ort der ZN" ist die **politische Gemeinde** zu verstehen, in der ein WP eine 5 ZN errichtet, u. hierbei wird es sich regelmäßig um eine entfernt liegende politische Gemeinde handeln. Bei räumlicher u. zeitlicher Nähe kann unter den Voraussetzungen des § 19 Abs. 1 BS WP/vBP v. den Überlegungen der Errichtung einer ZN abgesehen werden (s. § 3 Rn. 42 ff. zu weiteren Arbeitsräumen).

Auch sofern eine ZN **innerhalb einer politischen Gemeinde** errichtet wird, muss 6 deren Leitung ein anderer WP übernehmen (Rn. 3). Der in der Begr. zu § 19 Abs. 3 BS WP/vBP gegebene Hinweis, dass dann der WP seine eigene ZN leiten könne, lässt sich weder aus der WPO noch der BS WP/vBP entnehmen. Gerade für eine solche Konstellation, wie der in § 19 Abs. 1 BS WP/vBP angesprochenen, ist eine organisatorische Erleichterung eingeführt worden (vgl. Rn. 5). Ungeachtet dessen ist eine **andere Betrachtung** für den Fall erlaubt, dass ein WP **mehrere ZN in** einer **politischen Gemeinde** unterhält u. deren Leitung jeweils einem dort beruflich niedergelassenen WP überantwortet. Zu beachten ist aber die dem § 47 zugrunde liegende Erwägung des Gesetzgebers, dass die Berufspflichten in einer ZN i.d.R. nur dann im gewünschten Maße erfüllt werden, wenn sie von einem ortsansässigen WP auch tats. geleitet wird (BVerwG 22.8.2000, WPK-Mitt. 2001, 69 ff.).

3. Stellung des Leiters

Der **Leiter** der ZN muss **nicht unbedingt Angestellter** des WP sein. Es kann sich 7 auch um einen selbstständig tätigen Berufskollegen am Ort der ZN handeln. Sichergestellt sein muss aber, dass bei Übernahme dieser weiteren Funktion der **NL-Leiter in der Lage** ist, die **fachliche u. berufsrechtliche Verantwortung zu übernehmen**. Die Eigenverantwortlichkeit gemäß § 43 Abs. 1 wird vom WP zwingend vorausgesetzt und stellt ein prägendes Element des freien Berufes dar (für StB: OLG Dresden 24.2.2010 – 13 W 0132/10). Übernimmt der WP die Leitung nur pro forma (Strohmann), begeht er eine Verletzung der Berufspflicht zur gewissenhaften Berufsausübung (für StB: LG Düsseldorf 5.11.1999, Beihefter zu DStR 27/00). Zweckmäßig wird sein, dass der die ZN errichtende WP u. der NL-Leiter vereinbaren, die ZN unter der Anschrift der berufl. NL des Leiters zu errichten.

Bei überörtlicher Sozietät unter WP ist es zulässig, dass WP-Sozien jeweils am Sitz 8 des anderen Sozius eine eigene ZN errichten u. deren Leitung dem örtlichen WP-Sozius übertragen. Eine solche Gestaltung kommt dann in Betracht, wenn die Sozien zusätzl. auch unmittelbar in eigener Praxis tätig sind, um hier persönliche Mandate zu betreuen (vgl. auch § 3 Rn. 21, 25).

4. Wirtschaftsprüfungsgesellschaft

§ 47 differenziert nicht zwischen natürlichen Personen u. Gesellschaften. Deshalb 9 gelten **für WPG dieselben Pflichten zur Besetzung einer ZN** wie für WP (VG Berlin, 12.7.2012, DStR 2012, 2406). Ohne dass es einer gesetzlichen Regelung bedürfte, ist es zulässig, dass eine ZN mehrere WP leiten („wenigstens einem").

Dies wird insb. bei großen ZN v. WPG in Betracht zu ziehen sein, in denen die fachliche Verantwortung auf mehrere Schultern zu verteilen ist.

10 Die Leitung der ZN einer WPG durch vBP ist auch dann unzulässig, wenn dort allein die Vorbehaltsaufgaben des vBP wahrgenommen werden sollen (§ 32 Satz 1, 2. HS). Das Leitungserfordernis durch einen WP ist ein legitimes Mittel, die auch durch die Kundmachung als WPG reklamierte Qualität bei der Erfüllung der Berufspflichten sicherzustellen (vgl. BVerwG 22.8.2000 (WPK-Mitt. 2001, 69 f.) Deren Einhaltung führt letztendlich zur sachgerechten Erfüllung der Berufsaufgaben durch den Beruf, an dessen Verlässlichkeit ein erhebliches öffentliches Interesse besteht (vgl. BVerwG 17.8.2005, NJW 2005, 3795, 3797).

III. Ausnahme

11 **Ausnahmen v. Leitungserfordernis im Einzelfall** sind berufsrechtlich anerkannt u. finden in Satz 2 ihre gesetzl. Bestätigung. Ausnahmen müssen aber allein schon begrifflich restriktiv gehandhabt werden. Es handelt sich um eine Kann-Bestimmung u. bedeutet i.Z.m. dem Begriff „Ausnahmen" ein sog. **Befreiungsermessen der WPK in atypischen Fällen**; vgl. die grundlegende Entscheidung des BVerwG v. 22.8.2000 a.a.O.. Danach ist es der WPK nur dann gestattet, eine Ausnahmegenehmigung zu erteilen, wenn die Erfüllung der allg. Berufspflichten durch das Fehlen eines ortsansässigen Leiters nicht gefährdet ist u. besondere Umstände es rechtfertigen, v. der grds. Pflicht der Übergabe der Leitung an einen anderen WP abzusehen. Die Befreiung v. Leitungserfordernis muss auch vor dem Hintergrund die Ausnahme sein, um den Wettbewerb zu Lasten der WPG nicht zu verfälschen; diese müssen stets einen Leiter einsetzen (BVerwG, a.a.O., 70).

12 Der Gesetzgeber hat die tatbestandsmäßigen Voraussetzungen zur Befreiung v. Leitungserfordernis offen gelassen. Das bedeutet jedoch nicht, dass die Motive, mit denen ein WP den Befreiungsantrag stellt, zu seiner Disposition stehen. Insbesondere kommt eine Ausnahme nicht schon dann in Betracht, wenn es nach Auffassung des WP der **Geschäftsumfang** erlaubt, eine ZN ohne einen anderen WP zu unterhalten (BVerwG, a.a.O.). Ebenso wenig genügt die Begründung, eine ZN ohne örtlichen Leiter zu errichten, um die **Marktchancen** zu testen. In Frage kommen vielmehr Fälle, in denen der WP **unvorhergesehene Entwicklungen** auffangen muss.

13 **Ausnahmefälle** dieser Art können bei folgenden Lebenssachverhalten angenommen werden:

- Der Leiter einer bereits bestehenden ZN scheidet aus.
- Ein StB wird als WP bestellt u. unterhielt bis dahin eine weitere Beratungsstelle gemäß § 34 Abs. 2 StBerG, die er aber nicht sofort mit einem anderen WP als Leiter ordnungsgemäß besetzen kann.
- Ein WP hat eine andere Praxis erworben u. will diese für eine Übergangszeit – bis zur Überleitung in die eigene Praxis – als ZN führen.
- Ein WP ist bisher in eigener Praxis tätig u. will künftig in einer anderen Stadt als GF einer WPG tätig sein o. dort in eine Sozietät aufgenommen werden. Für

die Abwicklung der eigenen Mandate kann er seine bisherige Praxis als ZN vorübergehend weiterführen. Hierfür muss er aber neben der anderweitig aufgenommenen Tätigkeit weiterhin in eigener Praxis – an der neuen beruflichen NL – tätig sein; eine ZN kann nämlich nur ein in eigener Praxis tätiger WP unterhalten.

Solche Verhältnisse können **nicht auf Dauer** im Rahmen einer Ausnahmegenehmigung toleriert werden; ansonsten verlöre der Begriff „Ausnahme" seinen Zweck. Daher sind zeitliche **Befristungen** auszusprechen, was auch unbedenklich ist (BVerwG, a.a.O., 69). Der angemessene Zeitrahmen, in dem organisatorische Vorkehrungen zur Herstellung einer ordnungsgemäßen Besetzung der ZN bewirkt werden können, wird an den **Umständen des Einzelfalls** zu messen sein. 14

Verlieren **WPG** ihren NL-Leiter, können sie **keinen Antrag gemäß Satz 2** stellen, weil die Vorschrift auf sie nicht anwendbar ist. Ihnen kann in analoger Anwendung des § 34 Abs. 1 Nr. 2 eine Anpassungsfrist eingeräumt werden. 15

§ 48 Siegel

(1) ¹Wirtschaftsprüfer und Wirtschaftsprüfungsgesellschaften sind verpflichtet, ein Siegel zu benutzen, wenn sie Erklärungen abgeben, die den Berufsangehörigen gesetzlich vorbehalten sind. ²Sie können ein Siegel führen, wenn sie in ihrer Berufseigenschaft Erklärungen über Prüfungsergebnisse abgeben oder Gutachten erstatten.

(2) Die Wirtschaftsprüferkammer trifft im Rahmen der Berufssatzung die näheren Bestimmungen über die Gestaltung des Siegels und die Führung des Siegels.

Schrifttum: *Gelhausen/Hermesmeier*, Das Siegelrecht der Wirtschaftsprüfer und vereidigten Buchprüfer – Praxisfragen zur obligatorischen und fakultativen Siegerverwendung, WPg 2013, 513; *WPK*, Auswirkungen der BGH-Rechtsprechung zur GbR bei gesetzlichen Abschlussprüfungen, WPK-Mag. 4/2012, 44; *WPK*, Siegelführung bei freiwilligen Abschlussprüfungen, WPK-Mag. 4/2009, 43; *WPK*, Siegelführung bei der Prüfung von Stiftungen, WPK-Mag. 3/2009, 33; *WPK*, Siegelführung bei der Prüfung von Verpackungsverwertungssystemen, WPK-Mag. 3/2008, 40; *WPK*, Siegelführung bei MaBV-Prüfungen – Allgemeine Anmerkungen zum Vorbehaltsbereich des Berufsstands, WPK-Mag. 3/2008, 32; *Schnepel*, Berufsaufsichtsreformgesetz – In öffentlichem Interesse, DATEV Magazin 1/2008, 36; *Schnepel*, Berufsaufsichtsreformgesetz – Die wichtigsten Änderungen für Wirtschaftsprüfer und vereidigte Buchprüfer durch die 7. WPO-Novelle, NWB 2007, 3809; *Naumann/Hamannt*, Reform des Berufsrechts der Wirtschaftsprüfer durch das BARefG, WPg 2007, 901; *Weidmann*, Die Siebte WPO-Novelle – Auswirkungen des Berufsaufsichtsreformgesetzes auf den Berufsstand, WPK-Mag. 3/2007, 55; *Keßler/Herzberg*, Siegelführung durch genossenschaftliche Prüfungsverbände – Sakrileg oder Notwendigkeit?, BB 2007, 1778; *WPK*, „Elektronischer Bestätigungsvermerk –

Unterzeichnung und Siegelung, WPK-Mag. 2/2007, 29; *WPK,* Siegelführung durch genossenschaftliche Prüfungsverbände und Prüfungsstellen von Sparkassen- und Giroverbänden, WPK-Mag. 2/2007, 6; *Lindgens/Gelhausen,* Berichtskritik bei typischen Konstellationen der Berufsausübung des WP/vBP – Wer kann Berichtskritiker sein?, WPK-Mag. 1/2007; 34; *Bundesanzeiger Verlagsgesellschaft,* Zur Neuregelung der Jahresabschlusspublizität, WPK-Mag. 1/2007, 16; *WPK,* Wahl und Beauftragung „der Zweigniederlassung" einer Berufsgesellschaft zum gesetzlichen Abschlussprüfer, WPK-Mag. 4/2006, 32; *Knorr/Schnepel,* Die fünfte Änderung der Berufssatzung, WPK-Mag. 1/2006, 44; *Noack,* Das EHUG ist beschlossen – elektronische Handels- und Unternehmensregister ab 2007, NZG 2006, 801; *WPK,* Hinweise zur Anwendung des § 48 Abs. 1 Satz 1 WPO, WPK-Mag. 3/2005, 23; *WPK,* Siegelpflicht bei der Prüfung von Stiftungen?, WPK-Mag. 1/2005, 32; *WPK,* Wiedergabe des Bestätigungsvermerks nach § 328 HGB, WPK-Mag. 2/2004, 31; *WPK,* Siegelführung u. Rundstempelverwendung bei einfachen Partnerschaftsgesellschaften, WPK-Mag. 4/2004, 29; *WPK,* Siegelführung ohne Erklärung über Prüfungsergebnisse, WPK-Mag. 4/2004, 24; *WPK,* Beglaubigungen durch WP/vBP, WPK-Mitt. 2003, 172; *WPK,* Die Pflicht zur Siegelführung unter besonderer Berücksichtigung des Prüfungsumfanges der Qualitätskontrolle, WPK-Mitt. 2003, 24 f.; *WPK,* Siegelführung u. Rundstempel, insbesondere bei mehrfachqualifizierten Berufsangehörigen, WPK-Mitt. 1999, 158; *WPK,* Gestaltung des Siegels von Berufsgesellschaften, WPK-Mitt. 1996, 169; *WPK,* Siegelführung und „Rundstempel", WPK-Mitt. 1992, 12; *WPK,* Beglaubigungen, WPK-Mitt. 1990, 255.

Inhaltsübersicht

	Rn.
I. Allgemeines	1–4
1. Siegel als Ausdruck der öffentlichen Funktion des WP	1–2
2. Berufsrechtliche Folgewirkungen der Siegelführung	3–4
II. Verpflichteter und berechtigter Personenkreis	5–8
III. Pflicht zur Siegelführung (Abs. 1 Satz 1)	9–14
IV. Freiwillige Siegelführung (Abs. 1 Satz 2)	15–18
V. Verbot der Siegelführung	19–20
VI. Das Siegel in der BS WP/vBP (Abs. 2)	21–24
VII. Verbot der Verwendung siegelimitierender Rundstempel	25–27
1. Wettbewerbsrechtlicher Schutz des Siegels	25
2. Verwendung siegelimitierender Rundstempel durch WP	26–27

I. Allgemeines

1. Siegel als Ausdruck der öffentlichen Funktion des WP

1 Ebenso wie die Befugnis des Notars, ein Amtssiegel zu führen, äußeres Zeichen seiner staatlichen Beleihung ist (Weingärtner/Ehrlich, DONot, § 2 Rn. 27), wollte der Gesetzgeber mit der Siegelführungsbefugnis des WP dessen **öffentl. Funktion insb. im Bereich der gesetzlich vorgeschriebenen Prüfungen** verdeutlichen (BT-Drs. 201, 57; Gelhausen/Hermesmeier, WPg 2013, 513). Während dem Siegel des

Notars darüber hinaus noch die Funktion zukommt, die Beweiskraft einer Urkunde zu sichern, beschränkt sich allerdings die Bedeutung des WP-Siegels außerhalb des Berufsrechts weitestgehend auf seine **symbolische Wirkung**. Der Rechtsverkehr verbindet mit dem Siegel die Inanspruchnahme eines besonderen Vertrauens, auch in die fachliche Richtigkeit der erbrachten Leistung.

Das Siegel ist weder Voraussetzung für die **handelsrechtliche** Wirksamkeit eines BV (ADS, § 322 HGB Rn. 338) noch hat es **haftungsrechtliche** Auswirkungen. Mit der Befugnis zur Siegelführung ist insb. auch **keine allg. Befugnis zur Vornahme v. Beglaubigungen** i.S.d. BeurkG verbunden (OVG Münster 2.1.1978, MittBl. WPK Nr. 89/1980, 21). Öffentliche Beglaubigungen sind nach § 129 Abs. 1 BGB dem Notar vorbehalten, amtl. Beglaubigungen den staatlichen Behörden. Eine gesonderte, sog. **nichtamtl. Beglaubigungsbefugnis** des WP besteht lediglich, soweit im Rahmen der Vertretung im finanzgerichtlichen Verfahren fremde Schriftstücke zuzustellen sind. Diese kann der WP, ebenso wie der RA, nach § 155 FGO i.V.m. § 169 Abs. 2 Satz 2 ZPO selbst beglaubigen (WPK, WPK-Mitt. 2003, 172 f.; zur Unzulässigkeit der Siegelführung bei derartigen Beglaubigungen s. unten Rn. 19). 2

2. Berufsrechtliche Folgewirkungen der Siegelführung
Die mit dem Siegel verbundene Garantenstellung führt berufsrechtlich dazu, dass der WP i.Z.m. gesiegelten Erklärungen **zusätzl. Berufspflichten** mit überwiegend qualitätssichernder Zielsetzung zu beachten hat. Zu nennen sind insb. die **Berichtskritik** (§ 24d Abs. 1 BS WP/vBP), die **Mitunterzeichnungspflicht mind. eines WP** bei freiwilligen Prüfungen (§ 27a Abs. 2 BS WP/vBP) sowie die spezifischen Anforderungen an das nach § 55b vorgeschriebene **QS-System** (§ 32 BS WP/vBP). 3

Diesen weitergehenden Pflichten entspricht es, dass sich die **QK** auf alle betriebswirtschaftlichen Prüfungen i.S.d. § 2 Abs. 1 erstreckt, bei denen das Siegel geführt wird o. zu führen ist, nicht nur die gesetzlichen JAP (§ 57a Rn. 46 ff.). 4

II. Verpflichteter und berechtigter Personenkreis
Zur Siegelführung verpflichtet u. berechtigt sind nach § 48 Abs. 1 ausschließlich **WP u. WPG**, sowie über die Verweise in § 130 Abs. 1 u. 2 **vBP u. BPG**. **Gemeinschaftliche Siegel**, etwa v. Partnern einer nicht als WPG anerkannten PartG o. einer WP-GbR, sind demnach **unzulässig**. Hieran hat auch die Anerkennung Rechtsfähigkeit der GbR durch die Rspr. nichts geändert (WPK, WPK-Mag. 4/2012, 44). Da in § 48 Abs. 1 nicht genannt, sind trotz ihrer Befugnis zur Durchführung bestimmter gesetzlicher AP, aber mangels gesetzlicher o. sonstiger rechtlicher Grundlagen ebenfalls **nicht siegelführungsberechtigt** die **gen. PrfgVerb** u. **PrüSt** (WPK, WPK-Mag. 2/2007, 6, für die gen. PrfgVerb a.A. Keßler/Herzberg, BB 2007, 1778; so ohne Begründung offenbar auch Beuthien, GenG, § 63e-h, Rn. 27). Gleiches gilt für die **überörtlichen Prüfungseinrichtungen** für KöR. Die fehlende Berechtigung bezieht sich selbstverständlich nur auf Siegel, die dem des WP nachgebildet sind (zur Gestaltung des Berufssiegels Rn. 21 ff.). Die Verwendung sonstiger Stempel o.ä. ist somit unabhängig v. ihrer Bezeichnung aus Sicht der WPO ohne weiteres 5

zulässig. Dies gilt z.B. für sog. Dienstsiegel, deren Verwendung einzelnen PrüSt durch Landesrecht gestattet ist.

6   Die Verpflichtung u. Berechtigung zur **Siegelführung** knüpft grds. **an die Auftragnehmereigenschaft** (zur GbR Rn. 5 u. 8) bzw. daran an, wer jur. für die abgegebene Erklärung verantwortlich ist. Zugleich ist das Siegel **personenbezogen**. Werden im Rahmen eines Anstellungs- o. sonstigen Vertretungsverhältnisses Erklärungen im Namen eines anderen Berufsangehörigen abgeben, darf somit weder ein Siegel des Vertreters noch des Vertretenen verwendet werden, u. zwar auch dann nicht, wenn der Vertreter selbst Berufsangehöriger ist. Etwas anderes gilt nur im Fall der Vertretung einer **Berufsgesellschaft**, da diese ebenfalls zur Führung eines auf sie selbst lautendes Siegel verpflichtet bzw. befugt ist (Rn. 5), sich aber zwangsläufig durch nat. Personen vertreten lassen muss. Geführt werden darf in diesen Fällen aber ausschließlich das Siegel der Gesellschaft, nicht das des vertretenden Berufsangehörigen (WPK, WPK-Mitt. 1999, 158). Ausschließlich angestellte WP benötigen daher i.d.R. kein eigenes Siegel, sofern sie nicht als **Gerichtsgutachter** bestellt werden u. hierbei zwar für Rechnung der Berufsgesellschaft, aber wegen der Höchstpersönlichkeit der Bestellung in eigenem Namen tätig werden. In diesem Fall kann der Angestellte das Gerichtsgutachten auch mit einem persönlichen Siegel versehen (s. auch § 32 Rn. 21).

7   Ebenfalls u. erst recht ausgeschlossen ist die Verwendung des persönlichen Siegels v. Berufsangehörigen dann, wenn sie, z.B. als **GF einer StBG o. als Angestellter eines gen. PrfgVerb**, eine Gesellschaft o. sonstige Einrichtung vertreten, die selbst nicht zur Siegelführung befugt ist (WPK, WPK-Mitt. 1999, 158). Dies gilt auch für die Tätigkeit als **Partner** einer nicht als WPG anerkannten, also der sog. „einfachen" PartG (WPK, WPK-Mag. 4/2004, 29), u. zwar selbst dann, wenn alle Partner WP sind (zur als Berufsgesellschaft anerkannten PartG s. Rn. 6). Der Grund hierfür liegt in der durch § 7 PartGG **gesetzlich angelegten rechtlichen Selbstständigkeit** der PartG, hinter der deren personale Elemente zurücktreten. Dieser gesetzgeberische Ansatz rechtfertigt die Gleichsetzung der PartG mit anderen rechtlich verselbstständigten Einheiten.

8   Gleiches gilt grds. auch für die Tätigkeit in der **GbR**, nachdem deren **Rechtsfähigkeit** mittlerweile gefestigte Rspr. ist. Die GbR selbst kann kein Siegel haben (Rn. 5). Wird die GbR als solche Auftragnehmerin, ist sie somit wie eine StBG o. einfache PartG zu behandeln. Die Verwendung des **persönlichen Siegels** der WP-Sozien ist dann ebenfalls **ausgeschlossen** (Lindgens/Gelhausen, WPK-Mag. 1/2007, 36, 37). Etwas anderes gilt allerdings dann, wenn sich aus dem Auftragsverhältnis schließen lässt, dass nicht die GbR als solche, sondern die **Mitglieder der Sozietät** (eines o. mehrere) **persönlich** beauftragt werden sollten (Lindgens/Gelhausen, a.a.O.). Soweit eine solche Auslegung im Einzelfall im **Nicht-Vorbehaltsbereich** in Betracht kommt, steht der Siegelführungsbefugnis des WP dann auch nicht entgegen, wenn die siegelungsfähige **Erklärung gemeinsam mit einem Nicht-WP-Sozius** abgegeben wird. Es ist allerdings darauf zu achten, dass das Siegel ausschließlich der Unterschrift des WP-Sozius zugeordnet werden kann, um den irreführenden Eindruck

zu vermeiden, auch der andere Sozius sei zur Siegelführung befugt (WPK, WPK-Mitt. 1999, 158). Die frühere Auslegung dahingehend, dass im **Vorbehaltsbereich**, insb. bei Prüfungsaufträgen für gesetzlich vorgeschriebene JAP, immer nur die habilen Sozien beauftragt werden können, dürfte spätestens seit den Urt. des BGH v. 9.12.2010 (WPK-Mag. 2/20122, 37) u. 10.5.2012 (WPK-Mag. 3/2012, 65) nicht mehr ohne weiteres möglich sein, da die GbR danach auch in diesen Fällen vertragsrechtlich Auftragnehmerin sein kann (WPK, WPK-Mag. 4/2012, 44; s. hierzu auch § 44b Rn. 17). Da die Auftragsdurchführung qua Gesetz gleichwohl dem WP vorbehalten bleibt, die GbR somit nicht gesetzlich AP wird u. als solche auch kein Siegel führen darf (WPK, a.a.O.; s. auch schon oben Rn 5.) ist auch hier die Siegelführung durch die einzelnen Sozien nicht nur zulässig, sondern wegen Abs. 1 Satz 1 verpflichtend (Rn. 9 ff., zum Vorbehaltsbereich allg. § 2 Rn. 9 ff.).

III. Pflicht zur Siegelführung (Abs. 1 Satz 1)

Entsprechend dem bis zur 7. WPO-Novelle 2007 geltenden **Wortlaut** des § 48 Abs. 1 Satz 1 ist bis etwa zur Jahreshälfte 2005 die Pflicht zur Siegelführung auf **alle** im Rahmen der Berufseigenschaft abgegebenen **Erklärungen** bezogen worden, **die auf gesetzlichen Vorschriften beruhen**. Die Vorschrift wurde somit nicht nur bei gesetzlich vorgeschriebenen JAP nach §§ 316 ff. HGB o. sonstigen dem Vorbehaltsbereich des WP unterliegenden Tätigkeiten angewendet, sondern auch bei solchen Pflichtprüfungen, zu deren Durchführung andere Berufsgruppen befugt sind (z.B. Gründungsprüfungen nach §§ 33 ff. AktG). Vor dem Hintergrund der stärkeren Betonung des nach Art. 12 Abs. 1 GG bestehenden **Grundrechts auf freie Berufsausübung** durch das BVerfG sowie der auch für die freien Berufe bestehenden **Deregulierungstendenzen** unterliegen die Berufsausübung beschränkende Berufspflichten einem verstärkten Rechtfertigungsbedarf (vgl. Vor §§ 43 ff. Rn. 4). Die WPK hatte § 48 Abs. 1 Satz 1 seit Mitte 2005 daher im Einvernehmen mit der Rechtsaufsicht dahingehend einschränkend ausgelegt, dass eine Pflicht zur Siegelführung nur noch bei **dem WP gesetzlich vorbehaltenen Erklärungen** angenommen wurde (WPK, WPK-Mag. 3/2005, 23; allg. zum Vorbehaltsbereich s. auch § 2 Rn. 9 ff.). Im Rahmen der 7. WPO-Novelle 2007 ist dies jetzt auch **gesetzlich klargestellt** worden. Im Vorgriff hierauf war im Rahmen der 5. Änderung der BS WP/vBP 2006 der die Siegelführung konkretisierende **§ 18 BS WP/vBP** bereits entsprechend angepasst worden.

Als selbstverständlich zugrunde gelegt wurde hierbei die Annahme, dass gesetzliche Vorbehaltsaufgaben eines WP immer auf **gesetzlich angeordneten Prüfungen** beruhen. Jedenfalls nach **Einführung des § 37w WpHG** im Rahmen des TUG konnte dieser Grundsatz nicht weiter aufrechterhalten werden. Nach dieser Vorschrift haben Inlandsemittenten i.S.d. § 2 Abs. 7 WpHG nicht nur einen JA, sondern auch einen **Halbjahresfinanzbericht** zu erstellen u. zu veröffentlichen. Dessen Prüfung ist hingegen nicht gesetzlich vorgeschrieben. Wird sie gleichwohl durchgeführt, ist sie aber wegen der Regelung des § 37w Abs. 5 Satz 2 WpHG i.E. eine **Vorbehaltsaufgabe des WP**. Das Ergebnis einer derartigen Prüfung nicht der Siegelungspflicht u. damit auch der Einbeziehung in die QK zu unterwerfen, wäre

9

10

nicht nachvollziehbar. Daher ist im Rahmen der 6. Änderung der BS WP/vBP 2008 eine **Änderung des § 18 Abs. 1 BS WP/vBP** dahingehend erfolgt, dass im Einklang mit dem Wortlaut des § 48 Abs. 1 Satz 1 alle **Erklärungen** siegelungspflichtig sind, die dem WP gesetzlich vorbehalten sind. Ob die **Tätigkeit als solche** gesetzlich vorgeschrieben ist o. nicht, ist hingegen ohne Belang.

11 Durch eine derartige Abgrenzung werden zugl. **bisherige Grenzfälle** einer angemessenen Lösung zugeführt. So ist etwa nicht ganz eindeutig, ob es sich z.B. bei der Regelung des **§ 14a Abs. 7 EEG** um eine gesetzlich vorgeschriebene Prüfung handelt o. nicht. Nach dieser Regelung können Netzbetreiber u. Elektrizitätsversorgungsunternehmen verlangen, dass bestimmte Endabrechnungen des Anlagenbetreibers durch einen WP bescheinigt werden. Dass es sich insoweit um eine gesetzliche Vorbehaltsaufgabe des WP handelt, steht hingegen außer Frage.

12 Die Pflicht zur Siegelführung beschränkt sich auf den **gesetzlichen Vorbehaltsbereich**. Hierunter sind sowohl **formelle als auch materielle Gesetze** (z.B. Verordnungen) zu verstehen. Sonstige Grundlagen für die Abgabe der Erklärung unterhalb dieser Ebene, z.B. behördliche Anweisungen, Bewilligungsbescheide o. Vereinbarungen des Mandanten mit Dritten, Regelungen in Satzungen, Gesellschaftsverträgen o. sonstigen Verträgen stellen keine gesetzlichen Vorschriften dar u. zwar auch dann nicht, wenn diese auf eine gesetzliche Grundlage zurückzuführen sind (vgl. etwa § 65 Abs. 1 BHO sowie die Regelungen in zahlreichen Landesgesetzen, wonach die Beteiligung der öffentl. Hand an Unternehmen in privater Rechtsform an die Bedingung geknüpft ist, dass im Gesellschaftsvertrag o. der Satzung eine JAP nach den für große Kapitalgesellschaften geltenden Vorschriften vorgesehen ist). Zur Siegelführung bei der Prüfung v. **Stiftungen** auf Grundlage der StiftG der Länder s. WPK, WPK-Mag. 3/2009, 33, bei der Prüfung v. **Verpackungsverwertungssystemen** nach der VerpackV WPK, WPK-Mag. 3/2008, 13, sowie bei **MaBV-Prüfungen** WPK, WPK-Mag. 3/2008, 32. Ebenfalls keine gesetzliche Vorbehaltsaufgabe wird dadurch begründet, dass bei **freiwilligen JAP** ein BV verwendet wird, der dem des § 322 HGB nachgebildet ist (WPK, WPK-Mag. 4/2009, 43).

13 Auf der anderen Seite ist es für die Siegelführungspflicht **nicht erforderlich**, dass die dem WP gesetzlich vorbehaltene Erklärung, wie insb. der BV nach § 322 HGB, zumindest theoretisch auf eine **Information der breiten Öffentlichkeit** angelegt ist. Auch soweit als Adressat der Erklärung ledigl. ein **bestimmter Personenkreis** in Betracht kommt, wie z.B. nach § 11a EEG ausschließlich o. jedenfalls in erster Linie der Vertragspartner des Elektrizitätsversorgungsunternehmens, ist diese zu siegeln.

14 Die wichtigste u. das Berufsbild des WP/vBP „prägende" gesetzlich **Vorbehaltsaufgabe** ist die Durchführung v. **JAP nach §§ 316 ff. HGB**. Dass hierbei der nach § 322 HGB zu erteilende **BV** zu siegeln ist, steht außer Frage. Gleiches gilt aber auch für den **PB**, da dieser nach § 321 HGB ebenfalls gesetzlich vorgeschrieben ist (so auch IDW PS 450 Tz. 114). **Keine Siegelungspflicht** besteht hingegen, wenn

der AP prüft, ob die nach § 328 HGB bestehenden **Vorgaben für eine zur Offenlegung bestimmten Kurzfassung** des Jahresabschlusses vorliegen. (WPK, WPK-Mag. 2/2004, 31). Erst recht keine Siegelungspflicht besteht bei der Prüfung v. sog. **„reporting packages"** i.Z.m. KonzernAP.

IV. Freiwillige Siegelführung (Abs. 1 Satz 2)

Für bestimmte Erklärungen sieht § 48 Abs. 1 Satz 2 zwar keine Pflicht, aber die **Befugnis zur Siegelführung** vor. Voraussetzung hierfür ist, dass im Rahmen der beruflichen Tätigkeit als WP („in ihrer Berufseigenschaft"), somit nicht im privaten Bereich o. im Rahmen eines ggf. ausgeübten Zweitberufs, **Erklärungen über Prüfungsergebnisse** abgegeben o. **Gutachten** erstattet werden. 15

Bereits seit der einschränkenden Auslegung, erst recht nach der Änderung des § 48 Abs. 1 Satz 1 im Rahmen der 7. WPO-Novelle 2007 (Rn. 9) umfasst die freiwillige Siegelführung auch solche **Pflichtprüfungen**, die **dem WP nicht vorbehalten** sind. Die frühere Freiwilligkeit der Siegelführung bei allen **gesetzlich nicht vorgeschriebenen Prüfungen** war in dieser Allgemeinheit nicht mehr ohne Einschränkungen gerechtfertigt (zur Thematik der gesetzlichen Vorbehaltsaufgabe trotz freiwilliger Prüfung sowie zur erfolgten Änderung des § 18 BS WP/vBP s. Rn. 10). 16

Zulässig ist die Siegelführung auch bei sog. **Bescheinigungen**, wenn darin Erklärungen über Prüfungsergebnisse enthalten sind. Voraussetzung ist jeweils, dass die gesiegelte Erklärung Prüfungsergebnisse enthält. Die Durchführung einer Prüfung als solche berechtigt somit nicht zur Siegelführung (WPK, WPK-Mag. 4/2004, 24). Da weder § 48 Abs. 1 Satz 2 noch § 18 Abs. 2 BS WP/vBP Aussagen über den **Umfang** o. die **Intensität der den Prüfungsergebnissen zugrunde liegenden Prüfungshandlungen** enthalten, dürfen an den Inhalt der Erklärung über ein Prüfungsergebnis keine allzu großen Anforderungen gestellt werden. Auch bei der Erteilung eines sog. „Comfort Letter" wird daher die Siegelführung als zulässig anzusehen sein. 17

Gutachten dürfen nur dann gesiegelt werden, wenn sie dem v. der WPO vorausgesetzten u. in § 20 Abs. 1 BS WP/vBP näher ausgeführten Begriffsinhalt entsprechen, bei der Erstattung des Gutachtens somit die Berufspflicht der **Unparteilichkeit** einzuhalten ist. Um ein Gutachten in diesem Sinne handelt es sich nur, wenn, anders als beim „Parteigutachten" (Rn. 19), der Sachverhalt vollständig erfasst, unter Abwägung der wesentlichen Gesichtspunkte fachlich beurteilt wird u. bei der Berichterstattung alle wesentlichen Gesichtspunkte vollständig wiedergegeben werden. Soweit diese Voraussetzungen erfüllt sind, darf jedes Gutachten gesiegelt werden, dessen Inhalt mit den für WP zulässigen Tätigkeitsbereichen übereinstimmt (WPK, WPK-Mitt. 1999, 158). 18

V. Verbot der Siegelführung

Aus den Regelungen zur Siegelführungspflicht u. zur freiwilligen Siegelführung ergibt sich im **Umkehrschluss**, dass WP i.Ü. nicht befugt sind, das Siegel zu verwenden (§ 18 Abs. 3 BS WP/vBP). Das Verbot gilt nicht nur für den **privaten Be-** 19 reich o. bei Ausübung eines Zweitberufs (Rn. 15), sondern auch für sonstige berufliche Tätigkeiten, zu denen der WP befugt ist o. die mit seinem Beruf vereinbar sind. Zu nennen sind insb. die **Beratung u. Vertretung in steuerlichen Angelegenheiten** sowie die **wirtschaftsberatende Tätigkeit**. Ebenfalls unzulässig ist die Siegelführung bei **Darstellungen mit argumentativer Funktion ("Parteigutachten")**, die dem Gutachtenbegriff der WPO (Rn. 18) nicht entsprechend u. für die nach § 20 Abs. 2 Satz 2 BS WP/vBP der Begriff „Gutachten" auch nicht verwendet werden darf. Nicht gesiegelt werden dürfen auch **Beglaubigungen** (s. hierzu Rn. 2), da es sich nicht um eine betriebswirtschaftliche Prüfung i.S.d. § 2 Abs. 1 handelt.

20 Ein **mittelbares Siegelführungsverbot** lässt sich zudem § 27a Abs. 2 BS WP/vBP entnehmen. Danach müssen der Prüfungsvermerk u. der PB bei freiwilligen Prüfungen sowie Gutachten v. **mind. einem WP unterzeichnet** sein, sofern das Siegel geführt wird (s. auch bereits Rn. 3). Dies bedeutet umgekehrt, dass z.B. das Siegel einer WPG nicht verwendet werden darf, wenn eine freiwillige Prüfung ausschließlich durch dort angestellte StB durchgeführt wird u. auch nur diese die Prüfungsergebnisse im Namen der WPG unterzeichnen. Ob es in diesem Zusammenhang genügt, wenn für eine WPG ein vBP unterzeichnet, o. ob es sich um einen WP handeln muss, ist noch nicht geklärt. In der Praxis hat sich diese Frage bislang nicht gestellt.

VI. Das Siegel in der BS WP/vBP (Abs. 2)

21 Bis zur 7. WPO-Novelle 2007 verwies § 48 Abs. 2 zu näheren Bestimmungen über die Gestaltung des Siegels auf die **SiegelVO**. Im Zuge des Bemühens des Gesetzgebers, Verordnungen nach Möglichkeit aufzuheben, ist die SiegelVO – ebenso wie die WPBHV (§ 54 Rn. 44) – durch Art. 4 des BARefG aufgehoben worden. Stattdessen ist der WPK aufgegeben worden, Gestaltung u. Führung des Siegels in der **BS WP/vBP** näher zu regeln. Dem wurde auch durch eine **Anpassung der Satzungsermächtigungsgrundlage** des § 57 Abs. 4 Nr. 1 i) Rechnung getragen. Auf dieser Grundlage wurde im Rahmen der 7. Änderung der BS WP/vBP 2010 ein neuer § 18a BS WP/vBP nebst Anlage eingefügt, der der früheren SiegelVO entspricht.

22 § 18a Abs. 1 BS WP/vBP enthält u.a. konkrete Vorgaben zur **Größe** des Siegels, der **Gestaltung** des das Siegel kennzeichnenden **Zackenrands** (wenn auch nicht zur genauen Anzahl der Zacken) u. der in das Siegel aufzunehmenden **Angaben**. Das Siegel des **WP** enthält im **äußeren Kreis** ledigl. dessen Namen, ggf. nebst akademischen Graden u. Titeln, im **Innenkreis ausschließlich** die ausgeschriebene Berufsbezeichnung „Wirtschaftsprüfer". Die gleichen Grundsätze gelten für **WPG**. Hier besteht allerdings die **Besonderheit**, dass zum **Namen der Gesellschaft** nicht nur die ausgeschriebene Bezeichnung „**Wirtschaftsprüfungsgesellschaft**" gehört, sondern im Falle ihrer Anerkennung als StBG u./o. RAG auch diese Bezeichnungen auszuschreibender Namensbestandteil sind u. daher im **Außenrand** enthalten sein müssen (WPK, WPK-Mitt. 1996, 169). Der **Innenkreis** enthält wiederum nur die ausgeschriebene Bezeichnung „Wirtschaftsprüfungsgesellschaft".

Siegel § 48

Das Siegel v. **ZN eines WP** kann nach o. unter der Angabe des Ortes der Hauptniederlassung die Angabe des Ortes der ZN mit dem Zusatz „Zweigniederlassung" enthalten (§ 18a Abs. 3 Satz 3 BS WP/vBP. Gleiches gilt nach § 18a Abs. 4 Satz 2 BS WP/vBP für WPG. § 18a Abs. 4 Satz 3 BS WP/vBP regelt zusätzl., dass bei Verwendung eines abweichenden Firmenkerns für die ZN einer WPG der äußere Kreis des Siegels der ZN in Umschrift im oberen Teil die Firma der ZN, im unteren Teil die Angabe des Ortes der ZN sowie danach o. darunter einen Zusatz mit den Worten „Zweigniederlassung" sowie die Firma der WPG enthalten muss. Zur Frage, welches Siegel bei **Wahl u. Beauftragung „der ZN"** einer WPG zum gesetzlichen AP zu verwenden ist, s. WPK, WPK-Mag. 4/2006, 32) 23

Nach § 18a Abs. 2 BS WP/vBP ist die Verwendung des Siegels als **Prägesiegel** (Trockensiegel, Lacksiegel) aus Metall, **Siegelmarke** sowie **Farbdruckstempel** aus Metall o. Gummi zulässig. Nach der Gesetzesbegr. ist die WPK allerdings aufgerufen, die Siegelführung auch in Form eines **elektronischen Berufssiegels** zuzulassen, soweit dies technisch möglich u. sinnvoll ist (BT-Drs. 16/2858, 27). Eine Lösung wie bei den Notaren, bei denen das Siegel nach § 39a Abs. 2 BeurkG ledigl. durch ein sog. „Berufsattribut" ersetzt werden konnte, scheidet allerdings aus. Während das Siegel dort als Nachweis der Notareigenschaft des Unterzeichners u. damit der Beweiskraft einer Urkunde dient, kommt dem Berufssiegel des WP eine andere Funktion zu (Rn. 1). Dass eine Erklärung v. einem WP stammt, wird nicht durch das Siegel bezeugt, sondern nur, ob mit dieser Erklärung qua gesetzlicher Verpflichtung o. durch freiwillige Siegelführung eine besondere Qualitätsanforderung verbunden werden kann. Wie bei den herkömmlichen Siegelarten kann ein elektronisches Berufssiegel daher nur dann in Betracht kommen, wenn für jeden Empfänger der Erklärung, nicht nur den unmittelbaren Adressaten, ohne weiteres erkennbar ist, ob das Siegel geführt wurde o. nicht. Durch die **neuen Vorschriften des EHUG** zur Form der Einreichung v. Abschlussunterlagen sowie dazugehörigem BV beim Betreiber des elektronischen BAnz wird die Ermöglichung eines elektronischen Berufssiegels nicht erzwungen. Danach genügt hierfür eine Wiedergabe des BV nach § 328 HGB. Die Originale des Testats u. des PB nebst Unterzeichnung u. Siegelung sind hingegen dem Mandanten weiterhin in gebundener Papierform auszuhändigen (WPK, WPK-Mag. 2/2007, 29; s. auch § 32 Rn. 2). 24

VII. Verbot der Verwendung siegelimitierender Rundstempel
1. Wettbewerbsrechtlicher Schutz des Siegels

Die Siegelführungsbefugnis des WP ergibt sich ausschließlich aus der WPO. Entsprechendes gilt für die Befugnis des Notars zur Führung des Amtssiegels, die ledigl. in der BNotO u. der DONot geregelt ist. Auch ohne ein übergeordnetes Gesetz, das die zur Siegelführung befugten Berufe beschreibt u. somit andere Personengruppen hiervon ausschließt, geht die Rspr. davon aus, dass die Verwendung v. sog. **Siegelimitaten** durch Dritte als irreführende Angabe über die geschäftlichen Verhältnisse **wettbewerbswidrig** ist. Für die erforderliche Verwechslungsgefahr kann nicht vorausgesetzt werden, dass das nachgebildete Siegel in jeder Hinsicht dem WP-Siegel gleicht. Insbesondere kann nicht verlangt werden, dass sich der Verwen- 25 der des Siegelimitats als WP ausgibt o. diese Bezeichnungen im Siegelimitat erscheinen. Siegelimitierend ist vielmehr grds. bereits jeder **Rundstempel**, dessen Größe dem des Siegels nachkommt. Der **Rundstempel der StB** wird v. der WPK aus berufspolitischen Erwägungen heraus allerdings toleriert. Von der st. Rspr. als ein wesentliches Kennzeichen für ein unzulässiges Siegelimitat angesehen wurde der das WP-Siegel kennzeichnende **Zackenrand** (LG Mannheim 17.12.1990, WPK-Mitt. 1991, 92; LG Hannover 16.12.1992, WPK-Mitt. 1993, 80). Diesem klaren Grundsatz ist das OLG Düsseldorf (23.2.2005, VI-U (Kart) 34/04) nicht gefolgt u. hat an die Verwechslungsgefahr stattdessen sehr hohe Anforderungen gestellt. Danach soll die optische Nachgestaltung des Siegels allein nicht ausschlaggebend sein. Da der Siegeltext die Bezeichnung „Griech. Wirtschaftsprüfer" bzw. „Abschlussprüfer nach griech. Recht" enthielt u. dies v. Rechtsverkehr dahin verstanden werde, dass der Siegelverwender nicht nach deutschem Recht bestellter WP sei, sei die Führung des Siegelimitats wettbewerbsrechtlich zulässig. Soll der wettbewerbsrechtliche Schutz des Siegels nicht auf identische Nachbildungen reduziert werden, ist zu hoffen, dass die Entscheidung ein Einzelfall bleibt (zur Unzulässigkeit der Führung der Bezeichnung „Griech. Wirtschaftsprüfer" v. dem Hintergrund des § 132 s. OLG Düsseldorf, 8.3.2010, GRUR-RR 1/2011, WPK-Mag. 3/2010, 51 sowie § 132 Rn. 8). Zur Frage, ob sich eine hinreichende Klarstellung durch die mit der 7. WPO-Novelle 2007 eingeführten Neufassung des § 132 Abs. 2 ergibt, s. die Anm. dort.

2. Verwendung siegelimitierender Rundstempel durch WP

26 Das Berufsrecht geht davon aus, dass im Grundsatz jeglicher Rundstempel zu einer Verwechslung mit dem Siegel führen kann (s. bereits Rn. 25). § 18 Abs. 4 BS WP/vBP untersagt daher folgerichtig die Verwendung jedes Rundstempels, insb. auch des **Steuerberaterrundstempels** durch WP, auch wenn sie zugl. als **StB** zugelassen sind (WPK, WPK-Mitt. 1992, 12; WPK, WPK-Mitt. 1999, 158). Hierdurch soll sichergestellt werden, dass durch die Verwendung eines Rundstempels bei solchen Erklärungen, die auch der WP nicht siegeln darf (s.o. Rn. 19, 20), das Siegelverbot umgangen wird. Dies gilt auch im Rahmen einer GbR, die selbst keinen Steuerberaterrundstempel führen darf (Kuhls/Riddermann, StBerG, § 56 Rn. 88).

27 Da die Rundstempelverwendung durch StB wettbewerbsrechtlich nicht beanstandet wird (Rn. 25), wird diese allerdings folgerichtig im Fall der **Trennung der Berufe** ebenfalls toleriert (s. hierzu im Einzelnen Vor §§ 43 ff. Rn. 18 ff.). Von vornherein durch § 18 Abs. 4 BS WP/vBP nicht erfasst sind die Fälle, in denen der WP z.B. als **GF einer StBG** o. **Partner einer einfachen PartG** selbst nicht siegelführungsbefugt ist (Rn. 7), da hier nicht ein persönlicher Rundstempel, sondern der der StBG o. PartG verwendet wird (WPK, WPK-Mitt. 1999, 158; WPK, WPK-Mag. 4/2004, 29; zum Rundstempel der PartG Kuhls/Riddermann, StBerG, § 56 Rn. 106).

§ 49 Versagung der Tätigkeit

Der Wirtschaftsprüfer hat seine Tätigkeit zu versagen, wenn sie für eine pflichtwidrige Handlung in Anspruch genommen werden soll oder die Besorgnis der Befangenheit bei der Durchführung eines Auftrages besteht.

Schrifttum: *WPK*, Verstoß gegen die Unabhängigkeit bei Erstellung des Jahresabschlusses durch einen in das Unternehmen investierten WP, WPK-Mag. 4/2011, 42; *WPK*, BaFin-Genehmigung der Innenrevision durch Tochtergesellschaft des Abschlussprüfers befangenheitsrechtlich unbeachtlich, WPK-Mag. 3/2011, 31; *WPK*, Für die Pflicht zur internen Rotation ist bei atypischer Häufung von Rumpfgeschäftsjahren eine Zählung nach Fällen und nicht nach Kalenderjahren maßgeblich, WPK-Mag. 2/2011, 30; *WPK*, Umsatzabhängigkeit bei Jahresabschlussprüfungen, WPK-Mag. 1/2011, 31; *Klein*, Wegfall der umgekehrten Maßgeblichkeit und die Folgen, NWB 2010, 2042; *Petersen/Zwirner/Boecker*, Ausweitung der Ausschlussgründe für Wirtschaftsprüfer bei Vorliegen eines Netzwerks – Anmerkungen zu § 319b HGB, WPg 2010, 464; *WPK*, Grundsätze für die Erstellung von Jahresabschlüssen: IDW S 7 und Verlautbarung der BStBK, WPK-Magazin 3/2010, 29; *Precht*, Berufssatzung - Anpassung ans Handelsrecht, DATEVmagazin 3/2010, 36; *Gelhausen/Buchenau*, Besorgnis der Befangenheit bei Mitgliedschaft im Beirat der Komplementärgesellschaft der geprüften GmbH & Co. KG, WPK-Mag. 2/2010, 42; *Gelhausen/Precht*, Die siebte Änderung der Berufssatzung, WPK-Mag. 1/2010, 29; *Bormann/Hösler*, Befangenheit des Jahresabschlussprüfers, jurisPR-HaGesR 9/2009, Anm. 5; *Petersen/Zwirner*, Besondere Ausschlussgründe für Wirtschaftsprüfer bei Unternehmen von öffentlichem Interesse – Anmerkungen zu § 319a HGB, WPg 2009, 769; *Kahlert*, Treuhänderische Verwahrung von Geldern für beide Parteien als Vertreter widerstreitender Interessen?, BRAK-Mitt. 2009, 264; *Ernst/Seidler*, Der Regierungsentwurf eines Gesetzes zur Modernisierung des Bilanzrechts, ZGR 2008, 631; *Habersack*, Doppelzählung von Einzel- und Konzernabschluss im Rahmen der Vorschriften über die interne Rotation?, NZG 2007, 207; *Jundt*, Abschlussprüfung in der Insolvenz, WPK-Mag 1/2007, 41; *Paal*, Rechtsfolgen und Rechtsbehelfe bei Inhabilität des Abschlussprüfers, DStR 2007, 1210; *WPK*, Bescheinigung über die Erstellung von Jahresabschlüssen mit Plausibilitätsbeurteilung bei Führung der Bücher durch den WP/vBP – weitere Entwicklungen, WPK-Mag. 1/2007, 19; *Henssler*, M&A Beratung und Unabhängigkeit des Wirtschaftsprüfers, ZHR 171 (2007), 10; *Frings*, Die Befangenheit des Abschlussprüfers, NWB 2006, 2287; *Frings*, Pflichtverletzungen des Abschlussprüfers – ein Grund zur Besorgnis der Befangenheit?, WPg 2006, 821; *Lanfermann*, Einfluss französischer Unabhängigkeitsregeln auf deutsche Abschlussprüfer und Unternehmen, DB 2006, 737; *WPK*, Bescheinigung über die Erstellung von Jahresabschlüssen mit Plausibilitätsbeurteilung bei Führung der Bücher durch den WP/vBP, WPK-Mag. 4/2006, 37; *WPK*, Neue EU-Richtlinie zur Abschlussprüfung, WPK-Mag. 1/2006, 40; *Quick*, Prüfung, Beratung und Unabhängigkeit des Abschlussprüfers – Eine Analyse der neuen Unabhängigkeitsnormen des HGB im Lichte empirischer Forschungsergebnisse, BFuP 58 (2006), 42; *Gelhausen/Heinz*, Der befangene Abschlussprüfer, seine

Ersetzung und sein Honoraranspruch – Eine aktuelle Bestandsaufnahme auf der Grundlage des Bilanzrechtsreformgesetzes –, WPg 2005, 693; *Jakob,* Interne Rotation bei der Abschlussprüfung: Reichweite des Ausschlusstatbestands mit Blick auf „freiwillige" Abschlussprüfungen, BB 2005, 2455; *Kaiser,* Jahresabschlussprüfung und prüfungsnahe Beratung bei zukunftsorientierter Lageberichterstattung gemäß dem Bilanzrechtsreformgesetz, DB 2005, 2309; *Knorr,* Fehlleistungen des Abschlussprüfers als Befangenheitsgrund, FS Röhricht (2005), 935; *Knorr/Precht,* Die vierte Änderung der Berufssatzung, WPK-Mag. 4/2005, 40; *Lanfermann,* Modernisierte EU-Richtlinie zur gesetzlichen Abschlussprüfung, DB 2005, 2645; *Peemöller,* Bescheinigung zur Erstellung von Jahresabschlüssen mit Plausibilitätsbeurteilungen, DStR 2005, 2203; *Ring,* Unabhängigkeit des Abschlussprüfers, WPg 2005, 197; *Lenz,* Beschränkung von Beratungstätigkeiten durch Abschlussprüfer: Mangelhafter Umgehungsschutz im Entwurf des BilReG, BB 2004, 707; *Müller,* Der befangene Abschlussprüfer im Unternehmensverbund, NZG 2004, 1037; *Peemöller/Oehler,* Referentenentwurf eines Bilanzrechtsreformgesetzes: Neue Regelung zur Unabhängigkeit des Abschlussprüfers, BB 2004, 539; *Veltins,* Verschärfte Unabhängigkeitsanforderungen an Abschlussprüfer, DB 2004, 445; *Gelhausen/Kuss,* Vereinbarkeit von Abschlussprüfung und Beratungsleistungen durch den Abschlussprüfer, NZG 2003, 424; *Niehues,* Unabhängigkeit des Abschlussprüfers – Empfehlung der EU-Kommission – Hintergrund und Überblick, WPK-Mitt. 2002, 182; *Hüttche/Maurer,* Zweifelsfragen bei der Prüfung einer GmbH & Co. KG, GmbHR 2001, 841; *Röhricht,* Unabhängigkeit des Abschlussprüfers, WPg 2001, Sonderheft, 80; *Schnepel/Volkmann,* Umgang mit gesetzeswidrigem Verhalten des Mandanten, WPK-Mitt. 4/2001, 288; *Lanfermann,* Unzulässige Mitwirkung des Abschlussprüfers bei der Erstellung des Abschlusses, WPK-Mitt. 1998, 270; *Neumann,* Abschlussprüfung und Beratung nach der Allweiler-Entscheidung des BGH, ZIP 1998, 1338; *Röhricht,* Beratung und Abschlussprüfung, WPg 1998, 153; *Löcke,* Mitwirkung des Abschlussprüfers an der Erstellung des Jahresabschlusses, GmbHR 1997, 1052; *WPK,* Beratung eines Mandanten in wirtschaftlichen und steuerlichen Angelegenheiten durch den auch die Abschlussprüfung durchführenden Wirtschaftsprüfer, WPK-Mitt. 1997, 243; *WPK,* Verlautbarung des Vorstandes der Wirtschaftsprüferkammer zur Abgrenzung von Prüfung und Erstellung, WPK-Mitt. 1996, 196; *Pfeiffer,* Der Handelsrichter und sein Unbefangenheit, ZIP 1994, 769; *WPK,* Unabhängigkeit und Besorgnis der Befangenheit, WPK-Mitt. 1994, 28; *Thümmel,* Die unterschiedliche Bedeutung des Begriffs „Unabhängigkeit" im Rahmen prüfender und beratender Tätigkeit, WPg 1986, 643.

Inhaltsübersicht

		Rn.
I.	Überblick	1–3
II.	Inanspruchnahme für eine pflichtwidrige Handlung (Hs. 1).......	4–10
	1. Allgemeines..	4
	2. Pflichtwidrige Handlung	5–7
	3. Versagung der Tätigkeit..............................	8–10

III. Besorgnis der Befangenheit (Hs. 2)	11–133
1. Allgemeines	11–24
a) Abgrenzung von anderen Berufspflichten	12
b) Verhältnis zum handelsrechtlichen Befangenheitsbegriff	13–18
c) Konkretisierung durch die BS WP/vBP	19–24
2. Definition	25–27
3. Gefährdungstatbestände (§§ 23-24 BS WP/vBP)	28–116
a) Eigeninteressen (§ 23 BS WP/vBP)	29–43
b) Selbstprüfung (§ 23a BS WP/vBP)	44–82
c) Interessenvertretung (§ 23b BS WP/vBP)	83–88
d) Persönliche Vertrautheit (§ 24 BS WP/vBP)	89–91
e) Zurechnung von Befangenheitstatbeständen (§ 21 Abs. 4 Satz 1 BS WP/vBP)	92–111
aa) Gemeinsame Berufsausübung	94–95
bb) Verbundenheit in einem Netzwerk	96–106
cc) Bei der Auftragsdurchführung beschäftigte Personen	107
dd) Ehegatten, Lebenspartner und Verwandte	108–109
ee) Maßgeblicher Einfluss auf Unternehmen	110
ff) Ausnahmen bei der Zurechnung von Umsatzabhängigkeit	111
f) Besorgnis der Befangenheit bei Berufsgesellschaften (§ 21 Abs. 4 Satz 2 BS WP/vBP)	112–116
4. Schutzmaßnahmen (§ 22 Abs. 1 BS WP/vBP)	117–124
a) Erörterungen mit Aufsichtsgremien des Auftraggebers	119
b) Erörterungen mit Aufsichtsstellen außerhalb des Unternehmens	120
c) Transparenzregelungen	121
d) Einschaltung von nicht mit dem Prüfungsauftrag befassten Personen	122
e) Beratung mit erfahrenen Kollegen	123
f) Personelle und organisatorische Maßnahmen	124
5. Absolute Ausschlussgründe i. S. d. §§ 319 Abs. 3, 319a u. § 319b Abs. 1 HGB (§ 22a BS WP/vBP)	125–126
6. Dokumentationspflicht	127–129
IV. Rechtsfolgen von Verstößen	130–133

I. Überblick

§ 49 enthält zwei Alternativen, bei denen die Tätigkeit zu versagen ist: die **Inanspruchnahme für eine pflichtwidrige Handlung** (Hs. 1) u. die **Besorgnis der Befangenheit** (Hs. 2). Beide Tatbestände sollen die unabhängige u. unparteiliche Stellung des WP insb. in der Rolle als AP sichern; während das Gebot der Versagung pflichtwidriger Handlungen auch den Interessenvertretern RA u. StB bekannt ist, ist ein Tätigkeitsverbot schon aufgrund allein der Besorgnis eines Pflichtenverstoßes nur beim Prüferberuf bekannt.

1

2   Die Pflicht zur **Prüfung der Versagung der Tätigkeit** besteht unzweifelhaft vor Annahme eines Auftrages. Der AP sollte daher seine Beurteilung und entsprechende Entscheidung bzgl. seiner Unabhängigkeit und der Annahme bzw. Fortführung des Auftrags grds. dokumentieren, bevor er der Haupt- bzw. Gesellschaftsversammlung für die (Wieder-) Wahl vorgeschlagen wird und ggf. eine entsprechende Unabhängigkeitserklärung ggü. dem Aufsichtsrat abgibt. Spätestens aber bei Annahme des Auftrags sollte die entsprechende Dokumentation abgeschlossen sein. Nach dem Zweck der Regelung besteht die Pflicht auch dann, wenn ein Versagungsgrund erst während der Auftragsdurchführung entsteht. Auch hier hat der AP dies unverzüglich zu dokumentieren (vgl. zur Dokumentationspflicht Rn. 127 ff.). Der Auftrag ist dann unverzüglich niederzulegen. Es handelt sich insoweit also um eine **Dauerpflicht** (vgl. § 21 Abs. 5 Satz 1 BS WP/vBP).

3   Ein Verstoß gegen die Versagungspflicht als solche ist zunächst im Wege der **BA** zu ahnden, hat zivilrechtlich i.d.R. aber keine Folgen (so für § 49 Hs. 2 BGH 3.6.2004, WPK-Mag. 3/2004, 42 f., wonach die Regelung **kein Verbotsgesetz i.S.v. § 134 BGB** darstellt). Stellt ein Verstoß gegen § 49 jedoch gleichzeitig einen Verstoß gegen die **handelsrechtlichen Ausschlussgründe** der §§ 319, 319a, 319b HGB dar, können sich für den WP weitergehende zivil- u. auch ordnungswidrigkeitenrechtliche Konsequenzen ergeben (s. dazu noch Rn. 130 ff.).

II.   Inanspruchnahme für eine pflichtwidrige Handlung (Hs. 1)

1.   Allgemeines

4   § 49 1. Alt. bestimmt, dass der Berufsangehörige seine Tätigkeit zu versagen hat, wenn er für eine pflichtwidrige Handlung in Anspruch genommen werden soll. In den ehemaligen RiLWP war dies recht deutlich angesprochen: *„Der WP hat sich im Bewusstsein seiner Verantwortung schon der Zumutung, an unlauteren Machenschaften mitzuwirken, zu widersetzen. Er ist verpflichtet, seinen Auftraggeber über die Folgen ungesetzlicher Maßnahmen aufmerksam zu machen."* Die BS WP/vBP regelt in der Sache aber genauso deutlich, dass es nicht erlaubt sei, berufliche Tätigkeiten zu übernehmen, wenn die **Gefahr der beruflichen Verantwortung nicht getragen werden kann** o. nicht getragen werden soll (§ 11 Abs. 2 BS WP/vBP); an anderer Stelle ist geregelt, dass der WP verpflichtet ist, **Auftraggeber auf Gesetzesverstöße aufmerksam zu machen**, die er bei Wahrnehmung seiner Aufgaben festgestellt hat (§ 13 Abs. 2 BS WP/vBP).

2.   Pflichtwidrige Handlung

5   **Pflichtwidrige Handlungen des WP** sind alle **Verletzungen des Berufsrechts** sowie alle **außerberuflichen Gesetzesverstöße mit Berufsbezug** (vgl. zu berufswürdigem Verhalten, Rn. 337). Zu letzteren gehören insb. auch die **Beihilfe o. Mittäterschaft zu Gesetzesverstößen des Mandanten**, soweit diese mit dem Mandat zusammenhängen (z.B. Gesetzesverstöße des Mandanten gegen Rechnungslegungsvorschriften u. steuerliche Vorschriften, die der WP erkennt u. an deren Realisierung er mitwirkt). Von daher fehlt der Regelung für dieses Tatbestandsmerkmal

ein eigener Regelungsgehalt; die Bedeutung der Unabhängigkeit u. Eigenverantwortlichkeit des WP wird jedoch deutlich.

So hat der Berufsangehörige bereits **bei der Auftragsannahme** darauf zu achten, 6
dass bei der Abwicklung des Auftrags innerhalb seiner Praxis die allg. Berufspflichten, insb. der **Grundsatz der Unabhängigkeit** eingehalten werden können (hierzu vgl. Rn. 12). Nach den Anforderungen der allg. Pflicht zur gewissenhaften Berufsausübung wäre bspw. die **Annahme einer gesetzlichen AP ohne Vorliegen einer gültigen TB** o. Ausnahmegenehmigung unzulässig. Der weiteren zentralen Pflicht zur Eigenverantwortlichkeit steht z.b. die Annahme eines Auftrags entgegen, wenn **zeitliche o. personelle Restriktionen** des WP keine ordnungsgemäße Berufsausübung erwarten lassen u. diese dann auch tats. nicht geleistet wird.

Auch **während der Auftragsdurchführung** bedeutet jede Berufspflichtverletzung 7
zugl. eine pflichtwidrige Handlung des WP i. S.d. § 49.

3. Versagung der Tätigkeit

Stellt sich bereits im Rahmen der **Auftragsanbahnungsgespräche** heraus, dass der 8
WP für eine pflichtwidrige Handlung in Anspruch genommen werden soll u. der Interessent nimmt v. seinen Überlegungen keinen Abstand, darf der WP den Auftrag nicht annehmen. Entwickelt sich eine solche **Konfliktsituation erst im Rahmen der Auftragsbearbeitung** u. Mandatsabwicklung, muss der WP den Mandanten zunächst beraten u. versuchen, ihn zu **ordnungsgemäßem Verhalten anzuhalten** (§ 13 Abs. 2 BS WP/vBP). Gegebenenfalls kann der Konflikt durch eine **Auftragsreduzierung** aus dem Mandat heraus genommen werden; jedenfalls muss jede Mitwirkung an einer Verfestigung der Gesetzesverstöße vermieden werden (WPK, WPK-Mitt. 4/2001, 289). Eine **Pflicht zur Kündigung** besteht nur dann, wenn alle anderen Maßnahmen nicht greifen. Keinesfalls darf ein WP aufgrund seiner VSP ein **gesetzeswidriges Verhalten des Mandanten zur Anzeige** bringen (vgl. aber auch die gesetzlichen Meldepflichten in bestimmen Bereichen wie z.B. der Geldwäsche gemäß § 11 GwG o. für bestimmte Prüfungen gemäß § 29 Abs. 2 KWG o. § 57 Abs. 1 VAG).

Einen Sonderfall stellt die **gesetzliche AP gemäß § 316 ff. HGB** dar. Gemäß § 318 9
Abs. 1 Satz 5 HGB kann ein Prüfungsauftrag v. Mandanten nur dann widerrufen werden, wenn dies aus einem **in der Person des gewählten Prüfers liegenden Grund** geboten erscheint, insb. wenn ein Ausschlussgrund nach § 319 Abs. 2-5 o. §§ 319a u. 319b HGB besteht (vgl. hierzu auch Rn. 132). Die Tatsache, dass der Berufsangehörige auf einen Gesetzesverstoß aufmerksam gemacht hat u. insoweit nur seinem gesetzlichen Auftrag nachkommt, ist dabei kein ausreichender Grund für einen Widerruf des Prüfungsauftrags.

Eine **Kündigung aus wichtigem Grund durch den AP** kann bei einer Täuschung 10
o. fehlenden Vertrauensgrundlage aufgrund krimineller Handlungen der Unternehmensorgane nach § 318 Abs. 6 HGB gegeben sein (vgl. Vor § 51 Rn. 63).

III. Besorgnis der Befangenheit (Hs. 2)

1. Allgemeines

11 Der WP hat gemäß § 49 Hs. 2 die Pflicht, seine Tätigkeit zu versagen, wenn die Besorgnis der Befangenheit „bei der Durchführung eines Auftrages" besteht. Der Wortlaut bezieht sich damit zwar auf jeden Auftrag, der einem WP angetragen wird. Aufgrund der systematischen Stellung der Besorgnis der Befangenheit als „Kehrseite" der Unparteilichkeit beschränkt sich die **Versagungspflicht** aber grds. auf die **Erstattung v. PB u. Gutachten** (s. aber noch Rn. 15, 16; vgl. auch zu § 43 Abs. 1 Satz 2). So werden z.b. die **Steuerrechtshilfe** u. die **Wirtschaftsberatung** nicht v. der Pflicht zur unbefangenen Berufsausübung erfasst, sofern in diesem Rahmen keine Gutachten erstattet werden (vgl. hierzu § 20 Abs. 2 BS WP/vBP).

a) Abgrenzung von anderen Berufspflichten

12 Abzugrenzen ist diese Berufspflicht (die als Unterfall des Generalklausel artigen Verbots unvereinbarer Tätigkeiten gemäß § 43 Abs. 2 Satz 1 anzusehen ist) zunächst v. der Verpflichtung zur **unabhängigen Berufsausübung** gemäß § 43 Abs. 1 Satz 1 (§ 43 Rn. 1 ff.). Die Besorgnis der Befangenheit korrespondiert ihrerseits mit der Berufspflicht zum **unparteiischen Verhalten** gemäß § 43 Abs. 1 Satz 2 (§ 43 Rn. 246 ff.) u. geht über die Anforderungen an eine unabhängige Berufsausübung i.S.d. § 43 Abs. 1 Satz 1 hinaus. Die Berufsrechte der StB, RA u. PA kennen die Berufspflicht zur Unparteilichkeit o. Unbefangenheit als solche nicht, sondern lediglich die zur Unabhängigkeit (vgl. §§ 57 Abs. 1 StBerG, 43a Abs. 1 BRAO, 39a Abs. 1 PAO). Dieser Umstand erklärt auch, warum im StB-Berufsrecht dem nach hiesigen Verständnis eher dem Begriff „Besorgnis der Befangenheit" zuzuordnende Tatbestände unter den für alle einschlägigen Berufsrechte gleichermaßen geltenden Begriff der „Unabhängigkeit" subsumiert werden (vgl. z.B. BGH 23.10.1980, BGHZ 78, 263; BGH 19.6.1985, BGHZ 95, 81).

b) Verhältnis zum handelsrechtlichen Befangenheitsbegriff

13 Ein mittelbares Tätigkeitsverbot bei Besorgnis der Befangenheit folgt auch aus § 319 Abs. 2 HGB bei gesetzlichen Pflichtprüfungen i.S.d. §§ 316 ff. HGB, wobei Adressat dieser Normen primär das geprüfte Unternehmen ist, mittelbar aber auch der WP.

14 **§§ 319 Abs. 3 u. 319b Abs. 1 HGB** enthalten Fälle, in denen die Besorgnis der Befangenheit handelsrechtlich unwiderleglich vermutet wird. § 22a Abs. 2 Satz 1 BS WP/vBP stellt klar, dass bei einer **Verwirklichung dieser Tatbestände** auch berufsrechtlich die Besorgnis der Befangenheit unwiderleglich vermutet wird. Dass in solchen Fällen **Schutzmaßnahmen** nicht beachtlich sind (§ 22a Abs. 2 Satz 2 BS WP/vBP), ergibt sich bereits aus dem Charakter dieser Tatbestände als absolute Ausschlussgründe. Auch handelsrechtlich werden Schutzmaßnahmen nur zu dem Auffangtatbestand des § 319 Abs. 2 HGB anerkannt (BT-Drs. 15/3419, 38).

15 Die Ausschlussgründe in § 319 Abs. 2, 3 HGB finden dabei berufsrechtlich **nicht nur** auf **handelsrechtliche JAP**, sondern auf alle, auch nicht dem Vorbehaltsbereich des WP unterliegenden (z.B. MaBV-Prüfung) **gesetzlich vorgeschriebenen**

Versagung der Tätigkeit § 49

Ordnungsprüfungen Anwendung, soweit dies nicht bereits in den betr. gesetzlichen Bestimmungen unmittelbar vorgeschrieben ist (vgl. § 22a Abs. 1 Satz 1 BS WP/vBP).

Zudem erstreckt sich das Tätigkeitsverbot gemäß § 22a Abs. 1 Satz 2 BS WP/vBP auch auf nicht gesetzlich vorgesehene AP, bei denen ein einem BV i.s.d. **§ 322 HGB nachgebildeter BV** erteilt wird. Die Ausweitung rechtfertigt sich aus der notwendigen einheitlichen Betrachtung v. Tätigkeiten nach § 2 Abs. 1, soweit sie zu einem vergleichbaren Vertrauensschutz der Öffentlichkeit führen. Dies gilt als Ausfluss des o.g. öffentl. Vertrauens in die Tätigkeit des WP selbst dann, wenn der Mandant mit seiner Tätigkeit einverstanden wäre. Das **Tätigkeitsverbot** ist also – auch im durch § 22a Abs. 1 Satz 2 BS WP/vBP definierten „erweiterten Anwendungsbereich" – **nicht disponibel**. Aufgrund des Prinzips der Unvereinbarkeit v. Erstellung u. Prüfung können sich im Rahmen des Gefährdungstatbestandes der Selbstprüfung sogar noch weitergehende Tätigkeitsverbote ergeben, die über den Wortlaut v. § 22a Abs. 1 Satz 2 BS WP/vBP hinausgehen (s. dazu noch unten unter Rn. 44 ff. u. Rn. 121). 16

Durch § 22a Abs. 3 BS WP/vBP wird klargestellt, dass das **Berufsrecht über die handelsrechtlichen Wertungen** des Gesetzgebers **nicht hinausgeht**, sofern dieser für bestimmte Sachverhalte klar definierte **Schwellenwerte** vorgegeben hat (z.B. 20 % mittelbarer Anteilsbesitz an zu prüfender Gesellschaft, § 319 Abs. 3 Satz 1 Nr. 2 HGB; 30 % bzw. 15 % Umsatzabhängigkeit, §§ 319 Abs. 3 Satz 1 Nr. 5 u. 319a Abs. 1 Satz 1 Nr. 1 HGB). In diesen Fällen kann bei **Unterschreiten der Schwellenwerte** nur bei **weiteren belastenden Umständen** eine **Besorgnis der Befangenheit** in Frage kommen. Solche weiteren Gefährdungen können sich aus anderen Sachverhalten, aber auch aus besonderen erschwerenden Merkmalen (z.B. der besonderen wirtschaftlichen Bedeutung) des jeweiligen Sachverhalts ergeben. 17

§ 22a Abs. 4 BS WP/vBP stellt klar, dass auch berufsrechtlich die Tatbestände des § **319a HGB** nur für den v. dieser Vorschrift erfassten Regelungsbereich gelten (**AP bei Unternehmen v. öffentl. Interesse**). Ausstrahlungswirkung auf andere Prüfungen entfaltet die Vorschrift dagegen nicht. Vielmehr soll ledigl. verdeutlicht werden, dass bei Verstößen gegen § 319a HGB auch berufsrechtlich die Besorgnis der Befangenheit **unwiderleglich vermutet** wird. 18

c) Konkretisierung durch die BS WP/vBP

Konkretisiert wird das v. Gesetz in allg. Form geregelte Verbot, seine Unbefangenheit zu gefährden, durch Teil 2 der Berufssatzung (dort insb. §§ 20-24). Aus diesem Grund orientieren sich die nachfolgenden Ausführungen weitgehend an den Erläuterungstexten zu den einschlägigen Vorschriften der Berufssatzung. 19

§ 21 Abs. 1 BS WP/vBP verpflichtet den WP zur Versagung seiner Tätigkeit, wenn er bei der Durchführung v. Prüfungen o. der Erstattung v. Gutachten **nicht unbefangen** ist o. wenn die **Besorgnis der Befangenheit** besteht. § 21 BS WP/vBP steht in Teil 2 der BS WP/vBP, der die besonderen Berufspflichten bei der Durchführung v. Prüfungen u. der Erstattung v. Gutachten enthält. Aus den oben unter Rn. 11 ge- 20 nannten Gründen **beschränken** sich auch **§§ 20 ff. BS WP/vBP** auf die **Kerntätigkeiten des WP** (nur insoweit reicht auch die Ermächtigungsgrundlage des § 57 Abs. 4 Nr. 2).

21 § 21 Abs. 1 BS WP/vBP geht in seinem Wortlaut über § 49 Hs. 2 insofern hinaus, als er v. WP die Versagung der Tätigkeit auch dann verlangt, wenn nicht nur äußere Umstände auf eine Befangenheit hindeuten, d.h. eine berechtigte Besorgnis der Befangenheit besteht, sondern der WP (**tatsächlich**), d.h. v. seiner inneren Einstellung her, **nicht unbefangen** ist (vgl. zur Abgrenzung zwischen der Besorgnis der Befangenheit u. Unbefangenheit i.S. e. inneren Unabhängigkeit auch § 43 Rn. 2), er sich sein Urteil also nicht unbeeinflusst v. unsachlichen Erwägungen bilden kann (vgl. § 21 Abs. 2 Satz 1 BS WP/vBP). Der „Grundfall" einer tats. vorliegenden (inneren) Befangenheit wird aus systematischen Gründen ausdr. erwähnt, da hier die Tätigkeit erst recht zu versagen ist. In diesem Fall ist der WP tats. nicht mehr unparteilich.

22 Teil 2 der BS WP/vBP (§§ 20-24) enthält aber nicht nur Begriffsdefinitionen, sondern eine **komplexe Regelungssystematik** bzgl. der Besorgnis der Befangenheit. Bei der Neufassung der §§ 20 ff. BS WP/vBP durch die am 23.9.2005 in Kraft getretene 4. Änderung der BS WP/vBP waren insb. die durch das **Bilanzrechtsreformgesetz (BilReG)** neu formulierten Bestimmungen der §§ 319, 319a HGB zu berücksichtigen. Darüber hinaus sind auch Entwicklungen auf internationaler Ebene für die Konkretisierung herangezogen worden (IFAC Code of Ethics v. 13.6.2005 [jetzt IESBA CoE v. 31.7.2012]; EU-Empfehlung zur Unabhängigkeit des AP v. 16.5.2002, vgl. Amtsbl. EG L 191/22 ff.). Zwischenzeitlich ist zudem mit der am 12.2.2010 in Kraft getretenen 7. Änderung der BS WP/vBP den aufgrund der handelsrechtlichen Umsetzung der EU-Abschlussprüferrichtlinie durch das **BilMoG** eingeführten Änderungen Rechnung getragen worden (dazu näher Rn. 96 ff., 111).

23 Die Berücksichtigung dieser Quellen führte auch zu einer Umstrukturierung der Regelungen. Die ursprünglichen Regelungen in der BS WP/vBP, aber auch in §§ 319, 319a HGB knüpfen an bestimmte Lebenssachverhalte an, aus denen sich eine Gefährdung der Unabhängigkeit ergeben kann. Die nachfolgenden Regelungen der BS stellen dagegen in Übereinstimmung mit der EU-Empfehlung auf die **Wirkungszusammenhänge** ab, die eine Gefährdung der Unbefangenheit begründen können (**threats**). Diesen werden dann die jeweiligen Lebenssachverhalte zugeordnet (dazu näher Rn. 28 ff.).

24 Ebenfalls aus der EU-Empfehlung übernommen wurde das Prinzip, wonach das Ausmaß festgestellter Gefährdungen durch geeignete **Schutzmaßnahmen (safeguards)** derart verringert werden kann, dass in der Gesamtbetrachtung eine die Versagung der Tätigkeit zwingend erfordernde Beeinträchtigung der Unbefangenheit nicht mehr vorliegt (dazu näher unter Rn. 117 ff.). Diese Grundstruktur entspricht auch dem Ansatz im IESBA CoE u. ist auch im Rahmen der Regelung des § 319 Abs. 2 HGB zu berücksichtigen.

2. Definition

Nach § 21 Abs. 3 Satz 1 BS WP/vBP liegt Besorgnis der Befangenheit vor, wenn 25 Umstände wie **Eigeninteressen, Selbstprüfung, Interessenvertretung** sowie **persönliche Vertrautheit** aus **Sicht eines verständigen Dritten** geeignet sind, die Urteilsbildung unsachgemäß zu beeinflussen. Solche Umstände können sich insb. aus **geschäftlichen, finanziellen** o. **persönlichen Beziehungen** ergeben (§ 21 Abs. 2 Satz 4 BS WP/vBP).

Besorgnis der Befangenheit liegt gemäß § 21 Abs. 3 Satz 2 BS WP/vBP hingegen 26 **nicht vor**, sofern die **Gefährdung** der Unbefangenheit **unbedeutend** ist. Dies ist gemäß § 21 Abs. 2 Satz 3 BS WP/vBP der Fall, wenn die **Umstände** selbst für die **Urteilsbildung unwesentlich** sind o. zusammen mit **Schutzmaßnahmen** (§ 22 BS WP/vBP) **insgesamt unbedeutend** sind.

Da die in § 21 Abs. 2 Satz 1 BS WP/vBP angesprochene Gefährdung der Unbefan- 27 genheit i.S.d. inneren Einstellung des WP regelmäßig nicht feststellbar ist, muss im Rahmen der Beurteilung einer etwaigen Besorgnis der Befangenheit auf äußere Umstände zurückgegriffen werden, die auf eine Gefährdung der (inneren) Unbefangenheit des WP schließen lassen. Daher kommt es in diesem Zusammenhang **nicht** auf den **inneren Tatbestand** an, sondern auf die Einschätzung eines Dritten, abgeleitet aus **objektiven Kriterien**. In Anlehnung an die Begr. zum BilReG (BT-Drs. 15/3419, 78 ff.) wird auf die **Beurteilung** durch den „**verständigen Dritten**" abgestellt. Es ist demnach stets zu prüfen, ob aus Sicht eines „**vernünftig u. objektiv denkenden Dritten**" Anlass besteht, an der Unbefangenheit des WP zu zweifeln (vgl. hierzu BGH 25.11.2002, BB 2003, 465 - HypoVereinsbank - zur Frage einer etwaigen Befangenheit des gewählten AP sowie MünchKomm HGB/Ebke, § 319 Rn. 20, 25). Die eigene Einschätzung des Berufsangehörigen o. die bloße Behauptung eines Betroffenen (z.B. eines Beschwerdeführers im berufsrechtlichen Verfahren) ist demnach im Rahmen der Beurteilung einer etwaigen Besorgnis der Befangenheit nicht relevant (vgl. WPH I, A Rn. 280).

3. Gefährdungstatbestände (§§ 23-24 BS WP/vBP)

Die BS WP/vBP spricht einige wesentliche Gefährdungstatbestände (threats) für 28 die Unbefangenheit an, **ohne allerdings den Charakter einer abschließenden Regelung zu haben** (vgl. § 21 Abs. 2 Satz 2 BS WP/vBP, „insbesondere"). Zu diesen gehören: **Eigeninteressen** (§ 23 BS WP/vBP), **Selbstprüfung** (§ 23a BS WP/vBP), **Interessenvertretung** (§ 23b BS WP/vBP) u. **persönliche Vertrautheit** (§ 24 BS WP/vBP). Diese Tatbestände sind jedoch ledigl. Bsp. für mögliche Befangenheitsgründe (vgl. MünchKomm HGB/Ebke, § 319 Rn. 29). Auch wenn keiner der ausdr. genannten threats vorliegt, kann sich eine Besorgnis der Befangenheit ggf. immer noch aus anderen Gesichtspunkten ergeben. Ausschlaggebend ist, dass sich nach einer **Gesamtschau** des Sachverhalts keine Anhaltspunkte für eine Beeinflussung der Urteilsbildung des WP durch unsachgemäße Erwägungen ergeben.

a) Eigeninteressen (§ 23 BS WP/vBP)

29 Auf Eigeninteressen finanzieller Art können **kapitalmäßige o. sonstige finanzielle Bindungen** ggü. dem zu prüfenden, dem zu begutachtenden o. dem den Auftrag erteilenden Unternehmen hindeuten (§ 23 Abs. 1 Nr. 1 BS WP/vBP).

30 Im Hinblick auf **kapitalmäßige Bindungen** sind die handelsrechtlichen Wertungen des Gesetzgebers in § 319 Abs. 3 Satz 1 Nr. 1 HGB zu berücksichtigen, wonach nicht AP sein darf, wer **Anteile an der zu prüfenden Gesellschaft o. eine Beteiligung an einem Unternehmen** besitzt, das mit der zu **prüfenden Gesellschaft verbunden** ist o. v. **dieser mehr als 20 % der Anteile besitzt** (sog. mittelbare o. indirekte Beteiligung). Auf die Höhe einer direkten **Beteiligung am gezeichneten Kapital** der zu prüfenden Gesellschaft kommt es grds. nicht an (vgl. hierzu auch BeckBilK/Schmidt, § 319 Rn. 35). Darüber hinaus liegt maßgeblicher Anteilsbesitz auch dann vor, wenn der WP die Anteile nur **treuhänderisch für einen Dritten** hält (vgl. WPH I, A Rn. 283), es sei denn die Anteile werden ledigl. vorübergehend treuhänderisch gehalten, wie z.b. bei der Weiterleitung von Aktien i.R.d. § 71 UmwG o. in bestimmten Fällen der **Sicherungstreuhand** (vgl. hierzu ADS, § 319 Rn. 81). Ferner sind dem WP auch solche Anteile zuzurechnen, die für ihn v. einem Treuhänder gehalten werden (vgl. ADS, a.a.O. Rn. 82).

31 Zu keiner kapitalmäßigen Bindung führt hingegen (mangels gesellschaftsrechtlicher Beteiligung) eine **typische stille Beteiligung** (s. aber noch sogleich Rn. 32). Eine solche Bindung kann allerdings im Falle einer **atypischen stillen Beteiligung** in Betracht kommen, wenn der stille Gesellschafter Rechte hat, die denen eines Gesellschafters einer Kapitalgesellschaft entsprechen (vgl. BeckBilK/Schmidt, a.a.O.). Ferner führt auch die **mittelbare Beteiligung** über einen **Investmentfonds** i.d.R. zu keiner kapitalmäßigen Bindung, da die Inhaber solcher Fondsanteile keine Einflussmöglichkeiten auf die Anlageentscheidungen des Fonds haben u. zudem die finanziellen Interessen des WP wegen des üblicher Weise wechselnden Bestands u. der Zusammensetzung des Fondsvermögens im Regelfall unwesentlich sein dürften (vgl. nur MünchKomm HGB/Ebke, § 319 Rn. 50).

32 Neben den nachgenannten Fallgruppen sind im Hinblick auf **sonstige finanzielle Bindungen** insb. die in § 2 Abs. 2 BS WP/vBP genannten Fälle unzulässiger **finanzieller Verflechtungen mit dem Mandanten** zu berücksichtigen (s. dazu auch § 43 Rn. 9 ff.). Sonstige finanzielle Bindungen können auch durch Rechtsverhältnisse mit dem Mandanten unterhalb der Schwelle des Anteilsbesitzes begründet werden, wie z.B. **Schuldverschreibungen, Schuldscheine, Optionen o. sonstige Wertpapiere** (vgl. BeckBilK/Schmidt, a.a.O. Rn. 36). Unter diesem Gesichtspunkt sind auch (typische) stille Beteiligungen kritisch zu würdigen (vgl. MünchKomm HGB/ Ebke, a.a.O.). Erforderlich ist jedoch, dass diese Rechtsverhältnisse wesentliche finanzielle Interessen begründen (vgl. zur Beurteilung der Wesentlichkeit im Einzelnen BeckBilK/Schmidt, a.a.O.).

33 Eigeninteressen können zudem bei einer übermäßigen **Umsatzabhängigkeit** vorliegen (§ 23 Abs. 1 Nr. 2 BS WP/vBP). Als Maßstab kann auf die in § 319a Abs. 1

Versagung der Tätigkeit § 49

Satz 1 Nr. 1 u. 319 Abs. 3 Satz 1 Nr. 5 HGB genannten Schwellenwerte abgestellt werden. Von einer Umsatzabhängigkeit ist damit bei Aufträgen v. **Unternehmen v. öffentl. Interesse** („§ 319a HGB-Mandanten") auszugehen, wenn der WP in den **letzten fünf Jahren** (Ausschlussgrund also **im sechsten Jahr**) jeweils mehr als **15%** der **Gesamteinnahmen** aus seiner beruflichen Tätigkeit v. dem zu prüfenden, dem zu begutachtenden o. dem den Auftrag erteilenden Unternehmen bezogen hat. Bei anderen Unternehmen („§ 319 HGB-Mandanten") liegt die Quote bei **30 %**. Der maßgebliche **5-Jahreszeitraum** beginnt mit der **Wahl des AP** (nicht mit der Auftragsannahme) und orientiert sich an den Gj. des AP, der das erwartete Honoraraufkommen für das lfd. Gj. schätzen muss (vgl. BeckBilK/Schmidt, a.a.O. Rn. 71). Da nach dem Wortlaut der o.g. HGB-Vorschriften auf die „bezogenen" Gesamteinnahmen abgestellt wird, kommt es auf den **Zufluss** innerhalb des Gj. an, nicht auf den Zeitpunkt der Rechnungsstellung (vgl. ADS, § 319, Rn. 158). Wird in einem Jahr der Schwellenwert unterschritten, beginnt die Frist im nächsten Jahr grds. von neuem. Eine solche **Unterbrechung des Fristlaufs** darf jedoch **nicht willkürlich** herbeigeführt werden. So darf das Überschreiten der Schwelle z.B. nicht durch Gestaltung von Abschlagszahlungen gezielt verhindert werden, denn die Art der Umsatzermittlung muss im Zeitablauf konsistent sein (vgl. BeckBilK/Schmidt, a.a.O.). Gefordert ist demnach eine **stetige Handhabung** der Einkommensermittlung. Dies bedeutet, dass etwaige zeitliche **Verschiebungen** des Umsatzflusses (z.B. wegen jährlich abweichenden Zeitpunkt der Fertigstellung des JA und entsprechender Verschiebung der anschließenden AP) im Rahmen der Prüfung der Umsatzabhängigkeit **zu bereinigen** sind hierzu ADS a.a.O. Rn. 158, 159). Unter Gesamteinnahmen sind **sämtliche Einnahmen aus der beruflichen Tätigkeit i.S.v. § 2 bzw. § 129** zu verstehen. **Doppelbänder** haben sich zudem auch ihre Einnahmen aufgrund ihrer weiteren Qualifikationen anrechnen zu lassen; eine entsprechende Anrechnung kann auch bei **gemeinsamer Berufsausübung** v. Berufsträgern (s. Rn. 94 f.) innerhalb einer **Sozietät** erfolgen (vgl. hierzu BeckBilK/Schmidt, a.a.O. Rn. 70).

Bei der Prüfung von § 319 HGB-Mandanten kann die WPK zur Vermeidung v. **34 Härtefällen** nach pflichtgemäßem Ermessen befristete **Ausnahmegenehmigungen** erteilen (vgl. § 319 Abs. 3 Satz 1 Nr. 5 letzter Hs. HGB). Der AP kann sodann trotz Überschreitens der genannten Umsatzgrenzen tätig werden. Für Prüfer v. Unternehmen v. öffentl. Interesse gilt diese Härtefallregelung jedoch nicht.

Ferner indizieren über den normalen Geschäfts- u. Lieferverkehr mit Dritten hi- **35** nausgehende Leistungsbeziehungen ein Eigeninteresse des WP (§ 23 Abs. 1 Nr. 3 BS WP/vBP). Bezieht der WP demnach **Güter o. Dienstleistungen v. Mandanten** o. aber bestehen z.B. langjährige Miet- o. Leasingverhältnisse, ist dies nur insofern unschädlich, wie diese Geschäfte wie zwischen fremden Dritten geschlossen werden, nicht dagegen bei ungewöhnlichen, nur den WP begünstigenden Konditionen. Rabatte sind entsprechend unschädlich, wenn sie auch Dritten gewährt werden (vgl. Erläuterungstexte zu § 23 Abs. 1 Nr. 3 BS WP/vBP). Zu einer möglichen Befangenheit aufgrund **Sponsorings** für den Mandanten s. § 52 Rn. 23.

36 Der WP kann daher mit dem Mandanten wie mit jedem Dritten Geschäfte machen. In solchen **neutralen Drittgeschäften** liegt grds. keine Gefährdung der Unbefangenheit, weil Leistung u. Gegenleistung sich gegenseitig kompensieren. Eine Besorgnis der Befangenheit steht allerdings stets dann im Raum, wenn zwischen Leistung u. Gegenleistung ein objektives Missverhältnis besteht, wenn der WP demnach Konditionen erhält, die einem Dritten nicht gewährt worden wären. Ein entsprechendes Erfordernis der Drittvergleichbarkeit ist außerhalb des Berufsrechts z.b. auch im Rahmen der aktienrechtlichen Vermögensbindung (§ 57 AktG) angelegt. Auf die entsprechenden Auslegungskriterien zur Beurteilung der Drittvergleichbarkeit v. Leistungen (Ermittlung v. Marktpreisen, Wiederbeschaffungswerten, vergleichbaren Anschaffungs- o. Abgabepreisen etc.) zwischen AG u. Aktionär kann daher – unter sorgfältiger Berücksichtigung der unterschiedlichen Schutzrichtung der Normen sowie der Besonderheiten der § 57 Abs. 1 Satz 2 bis 4 AktG – ggf. zurückgegriffen werden.

37 Eigeninteressen können überdies auch vorliegen, wenn Forderungen gegen den Mandanten o. das zu begutachtende Unternehmen aus einem Kredit- o. Bürgschaftsverhältnis bestehen (§ 23 Abs. 1 Nr. 4 BS WP/vBP). Eine **Kreditgewährung an den Mandanten** kann zu dem Risiko führen, dass der WP in seinem Prüfungsurteil beeinflusst wird, weil er nachteilige Auswirkungen etwaiger Prüfungsfeststellungen auf die Solvenz seines Schuldners befürchtet. Bei der Beurteilung, ob eine Gefährdung der Unbefangenheit vorliegt, sind neben der Art der Geschäftstätigkeit des Mandanten (z.B. Kreditinstitut) u. der Bedeutung des Betrags für die Vermögensverhältnisse des WP auch Sicherungsmaßnahmen (gewährte Sicherheiten; Einstandspflicht einer Sicherungseinrichtung) zu berücksichtigen. Die Abhängigkeit aufgrund einer v. WP **zugunsten eines Mandanten übernommenen Bürgschaftsverpflichtung** ist i. Erg. bereits v. § 2 Abs. 2 Nr. 5 BS WP/vBP erfasst (vgl. Erläuterungstexte zu § 2 Abs. 2 Nr. 5 BS WP/vBP), jedoch aus Klarstellungsgründen auch in § 23 Abs. 1 Nr. 4 BS WP/vBP noch einmal ausdr. erwähnt (vgl. Erläuterungstexte zu § 23 Abs. 1 Nr. 4 BS WP/vBP).

38 Eine **Kreditaufnahme bei dem Mandanten** führt dagegen nur dann zu einer Gefährdung der Unbefangenheit, wenn der Gläubiger aufgrund **besonderer Umstände** (z.B. nicht festgelegte Konditionen) erheblichen wirtschaftlichen Druck auf den WP ausüben kann. (vgl. Erläuterungstexte zu § 23 Abs. 1 Nr. 4 BS WP/vBP). Darlehen, die einem **Drittvergleich** standhalten (vgl. Rn. 35 f.), erfüllen diese Voraussetzungen im Regelfall nicht (vgl. BeckBilK/Schmidt, a.a.O. Rn. 36).

39 **Ausstehende Honorarforderungen** (§ 23 Abs. 1 Nr. 5 BS WP/vBP) sind im Regelfall unschädlich. Erst dann, wenn über einen längeren Zeitraum hinweg ein für die Vermögensverhältnisse des WP bedeutender Betrag aufgelaufen ist, entspricht dies einer **Kreditgewährung i.S.d. § 23 Abs. 1 Nr. 4 BS WP/vBP**. Dabei kommt es nicht darauf an, ob eine ausdr. Stundungsvereinbarung getroffen wird (vgl. Erläuterungstexte zu § 23 Abs. 1 Nr. 4 BS WP/vBP). Eine fehlende Begleichung v. ausstehenden Honorarforderungen sollte in jedem Fall vor Auftragsannahme bzw. -weiterführung mit dem Aufsichtsgremium des Mandanten (vgl. Rn. 119) erörtert

Versagung der Tätigkeit § 49

werden. Zudem kann die Durchführung einer auftragsbegleitenden Qualitätssicherung (§ 24d Abs. 2 BS WP/vBP) durch einen nicht an der Prüfung beteiligten WP ggf. eine geeignete Schutzmaßnahme darstellen (so auch BeckBilK/Schmidt, a.a.O. Rn. 30).

§ 23 Abs. 2 BS WP/vBP betrifft Risiken für die Unbefangenheit des WP, die sich 40
i.Z.m. **früheren Pflichtverletzungen** ergeben können. Während im Fall von § 23 Abs. 2 Nr. 1 BS WP/vBP die Pflichtverletzung feststehen muss, genügt im Fall von § 23 Abs. 2 Nr. 2 BS WP/vBP die behauptete Pflichtverletzung als Auslöser der offenen Rechtsstreitigkeit (Jundt, WPK-Mag. 1/2007, 45 f.). Die abstrakte Möglichkeit, dass der WP bei einer vorangegangenen Tätigkeit seine Pflichten verletzt hat u. hierfür ggf. haftet, führt als nicht auszuschließendes allg. Risiko allein noch nicht zur Besorgnis der Befangenheit. Vielmehr müssen **besondere Umstände** vorliegen, die im Einzelfall die Besorgnis der Befangenheit begründen können (vgl. Erläuterungstexte zu § 23 Abs. 2 BS WP/vBP).

Nach § 23 Abs. 2 Nr. 1 BS WP/vBP kann die Besorgnis der Befangenheit bestehen, 41
wenn der WP einen v. ihm erkannten Fehler in der Rechnungslegung u. damit ggf. eine **Pflichtverletzung** bei einer **vorangegangenen Prüfung** nicht offenbart, da hier das Risiko besteht, dass er seine Feststellung bei der laufenden Tätigkeit verschweigt, um damit eine Inanspruchnahme, einen Prozessverlust in einem gegen ihn anhängigen Regressprozess o. eine erhebliche Rufschädigung zu vermeiden (**Verdeckungsrisiko**). Dies gilt allerdings nicht für Fälle v. nur unerheblichem materiellem Gewicht (vgl. Erläuterungstexte zu § 23 Abs. 2 Nr. 1 BS WP/vBP). Der Begriff der „Prüfungen" ist in diesem Zusammenhang weit zu verstehen u. umfasst auch eine vorangegangene Gutachtertätigkeit. So kann ein Verdeckungsrisiko bspw. vorliegen, wenn der AP in einem der Prüfung vorausgehenden **Verschmelzungsgutachten** versäumt hat auf Erschwernisse bei der Wertermittlung hinzuweisen, die eine sachgemäße Ermittlung der Verschmelzungswertrelation unmöglich machen, u. deshalb eine Mitverantwortung für eine im Rahmen der anschließenden Prüfung relevanten Wertberichtigung im Raum steht (vgl. BGH 25.11.2002, BB 2003, 465 - HypoVereinsbank).

Fehler der Rechnungslegung, die v. Prüfer **bei vorangegangenen Prüfungen nicht** 42
entdeckt, zwischenzeitlich aber dem Prüfer u. dem Unternehmen bekannt geworden sind, begründen dagegen keine Befangenheit, wenn sie in dem Folgeabschluss beseitigt bzw. vermieden werden (vgl. Erläuterungstexte zu § 23 Abs. 2 Nr. 1 BS WP/vBP).

§ 23 Abs. 2 Nr. 2 BS WP/vBP beruht auf Nr. 9 der EU-Empfehlung (Rn. 22), wo- 43
nach bereits die **Wahrscheinlichkeit eines Rechtsstreits** Anlass zur Beurteilung der Unbefangenheit geben kann. In solchen Fällen kann sich die Besorgnis der Befangenheit dadurch ergeben, dass das zu prüfende Unternehmen mit der Durchsetzung der behaupteten Ansprüche für den Fall droht, dass der WP sich in anderen ggf. kritischen Punkten nicht der Auffassung des Unternehmens anschließt. Ob Rechtsstreitigkeiten ein solches Druckmittel bilden, ist nach den Umständen des

Einzelfalls zu beurteilen. Dabei kommt es auf die Art der erhobenen Vorwürfe, ihre Substantiierung sowie den Umfang der etwaigen Nachteile für den WP (Schadensersatzleistung, Rufschaden) an. Sind derartige **Rechtsstreitigkeiten** bis zum Ende der Prüfung gerichtlich o. außergerichtlich **erledigt**, besteht die **Besorgnis regelmäßig nicht mehr** (vgl. Erläuterungstexte zu § 23 Abs. 2 Nr. 2 BS WP/vBP). Dies ändert jedoch nichts daran, dass im **maßgeblichen Zeitpunkt** der Auftragserteilung bzw. –fortführung (vgl. Rn. 2) ggf. eine berechtigte Besorgnis der Befangenheit bestand (vgl. BGH, a.a.O.). Ist ein gerichtliches Verfahren anhängig, muss bei der Beurteilung zudem berücksichtigt werden, dass auf die Entscheidung kein Einfluss ausgeübt werden kann, so dass die Eignung, Druck auszuüben, wesentlich vermindert ist (vgl. Erläuterungstexte zu § 23 Abs. 2 Nr. 2 BS WP/vBP).

b) Selbstprüfung (§ 23a BS WP/vBP)

44 § 23a Abs. 1 BS WP/vBP normiert analog § 319 Abs. 3 Satz 1 Nr. 3 u. § 319a Abs. 1 Satz 1 Nr. 2 u. 3 HGB den Grundsatz des **Selbstprüfungsverbots**. Mit den Anforderungen an eine unbefangene Prüfung ist es nicht vereinbar, dass Personen prüfen, die die **Erstellung** der zu prüfenden **Unterlagen** o. die **Entstehung** der **Sachverhalte** mit gestaltet haben u. dies nicht v. nur untergeordneter Bedeutung war. Grund für das Selbstprüfungsverbot ist die Befürchtung, dass der WP in Fällen, in denen er selbst an der Erstellung mitgewirkt hat, bei der Prüfung Fehler entw. nicht erkennt (**fachliche Voreingenommenheit**) o. wenn er Fehler erkennt, diese zur Vermeidung v. Nachteilen im Rahmen der Prüfung nicht pflichtgemäß offenbart (**Selbstschutz**).

45 Dies gilt i.Ü. nicht nur bei Prüfungen i.e.S., sondern auch bei **Plausibilitätsbeurteilungen** u. ist unabhängig davon, ob das Prüfungsurteil in Form eines dem BV i.S.d. § 322 HGB nachgebildeten BV, einer Bescheinigung o. eines Berichts erbracht wird. Bei Aufträgen zur Erstellung mit umfassenden Beurteilungen der dem Abschluss zugrunde liegenden Unterlagen o. zur Erstellung mit Plausibilitätsbeurteilung kann ein Prüfungsurteil daher immer **nur für solche Teile** abgegeben werden, an deren **Entstehung** der WP **nicht wesentlich beteiligt** war. Aufgrund der Unabdingbarkeit des Tätigkeitsverbots bei einer Besorgnis der Befangenheit gilt dies selbst dann, wenn auf die Befangenheit ausdr. hingewiesen wird (vgl. auch o. Rn. 16 sowie Erläuterungstexte zu § 21 Abs. 1 BS WP/vBP).

46 Erfasst werden damit in erster Linie Risiken aus einer **vorangegangenen unmittelbar gestaltenden Tätigkeit** in Bezug auf den Gegenstand der Prüfung o. des Gutachtens. Zwar kann auch dann, wenn es sich bei der **früheren Befassung um eine Prüfungstätigkeit** gehandelt hat u. damit begrifflich eine Selbstprüfung nicht gegeben ist (§ 23a Abs. 2 BS WP/vBP), die Gefahr nicht ganz ausgeschlossen werden, dass bei der Folgeprüfung früher übersehene Fehler entdeckt u. wegen etwaiger Regressmöglichkeiten nicht aufgedeckt werden. Dieses Risiko ist aber unvermeidlich, da ein jährlicher Prüferwechsel nicht praktikabel wäre, u. kann auch hingenommen werden, weil die Feststellung eines objektiven Fehlers im Rahmen der Folgeprüfung nicht generell ein Verdeckungsrisiko indiziert (vgl. Rn. 40). Entscheidend ist also nicht die formelle Bezeichnung der Tätigkeit, sondern die **Funktion des WP** (vgl. Erläuterungstexte zu § 23a Abs. 2 BS WP/vBP).

Versagung der Tätigkeit § 49

§ 23a Abs. 3 BS WP/vBP entspricht § 319 Abs. 3 Satz 1 Nr. 3a) HGB. Die bei **nicht** 47
nur untergeordneter Bedeutung zum Ausschluss führende Mitwirkung an dem
Prüfungsgegenstand ist v. Maßnahmen abzugrenzen, die nach ihrem Funktionszusammenhang **Bestandteil der Prüfungstätigkeit** sind. Der WP wird den Mandanten pflichtgemäß auf festgestellte Beanstandungen o. Fehler hinweisen (Korrekturfunktion des Prüfers). Dabei muss er sich nicht auf abstrakte Beanstandungen beschränken, sondern kann u. wird **konkrete Hinweise** für eine **zutr. Behandlung** geben. Dies ist solange unbedenklich, wie nach dem **Gesamtbild** der Verhältnisse die **Verarbeitung des Buchungsstoffes bei dem Unternehmen verbleibt**. Unter dieser Voraussetzung ist auch eine größere Anzahl v. Korrekturhinweisen nicht zu beanstanden (vgl. Erläuterungstexte zu § 23a Abs. 3 BS WP/vBP).

Die **zulässige Beratung** ist damit stets v. der **unzulässigen Mitwirkung** an der 48
Gestaltung des Prüfungsgegenstandes abzugrenzen (vgl. § 23a Abs. 3 Satz 2, 3 BS WP/vBP). Nach der Rechtsprechung des BGH (vgl. BGH 21.4.1997, WPK-Mitt. 1997, 240, 242 - Allweiler) ist die Grenze zur unzulässigen Mitwirkung dann überschritten, wenn der WP dem Unternehmen im Rahmen seiner Beratung **nicht nur Handlungsalternativen** i.S.v. Entscheidungshilfen aufgezeigt, sondern **anstelle des Mandanten** – ganz o. teilw. – **unternehmerische Entscheidungen** in Bezug auf den nunmehr **zu prüfenden JA** getroffen hat. Bei einer derartigen eigenständigen Mitwirkung an der Erstellung des JA prüft der WP unter Verstoß gegen das Selbstprüfungsverbot seine eigene Leistung. Verbleibt die Entscheidungskompetenz hingegen beim Mandanten, d. h. stellt dieser – zwar (in Bezug auf einzelne Posten) durch den Prüfer beraten – aber letztlich in eigener Verantwortung und Entscheidungszuständigkeit den JA auf, bleibt die Neutralität des Prüfers i.d.R. gewahrt, weil er die fremde Leistung u. Entscheidung des Mandanten, nicht hingegen seinen eigenen Beratungsbeitrag prüft, der ledigl. eine (punktuelle) Entscheidungshilfe darstellt.

Unabhängig v. dem Kriterium der funktionellen Entscheidungszuständigkeit kann 49
ein Verstoß gegen das Selbstprüfungsverbot aber auch dann vorliegen, wenn der Prüfer eine **umfassend angelegte Unterstützungsleistung** erbringt, mag dabei dem Unternehmen auch die Letztverantwortung verbleiben. So ist die Grenze zur unzulässigen Mitwirkung z.B. auch dort überschritten, wo kein als JA zu bezeichnendes Rechenwerk v. dem Unternehmen vorgelegt wird und damit nicht nur in Einzelfragen, sondern im Hinblick auf den JA grundlegende und umfängliche Kategorien v. Unternehmen offen gelassen werden u. die GF des Unternehmens damit ihrer Pflicht zur Vorlage eines kompletten JA nicht gerecht wird. Führt der Prüfer in einem solchen Fall einen **lückenhaften, unvollständigen o. unbrauchbaren Entwurf** erst durch seine Beratungsleistung einem **testierbaren Abschluss** zu, verliert das Geschehen den Charakter einer Prüfung. Entsprechend liegt eine unzulässige Mitwirkung an der Buchführung vor, wenn bei dem AP **ganze Teile der Buchhaltung** geführt werden, z.B. die gesamte Anlagenbuchung durch ihn vorgenommen wird (vgl. OLG Hamm 27.1.2009, WPK-Mag. 4/2009, 57). Grds. unbedenklich sind dagegen Fälle, in denen der WP **nach einer Prüfungstätigkeit** (z.B. MaBV-Prü-

fung [s. dazu auch Rn. 58] o. Kassenprüfung nach Vereinsrecht) den JA erstellt (vgl. § 23a Abs. 3 BS WP/vBP sowie auch Rn. 62).

50 Unter Berücksichtigung der vorgenannten Kriterien ist in der **Erstellung v. Lohn- u. Gehaltsabrechnungen** für den Mandanten grds. kein Verstoß gegen § 23a BS WP/vBP zu sehen, wenn der **Mandant** o. dessen Mitarbeiter für die Lohn- u. Gehaltsabrechnung als solche (auch im Innenverhältnis) **inhaltlich verantwortlich bleiben**, d.h. die Belege kontieren u. damit die entspr. Buchungsanweisungen vornehmen. Sofern mit diesem Hintergrund nur technische Arbeiten u. Dienstleistungen durch den WP durchgeführt werden (wie die Anfertigung v. Lohnabrechnungen, Durchführung der Datenverarbeitung, DATEV-Eingaben o.ä.), ist die anschließende Prüfung des JA im Regelfall mit Blick auf das Selbstprüfungsverbot unbedenklich (kritisch im Hinblick auf Vorstandstantiemen u. Bezüge leitender Angestellter aber VK Sachsen 17.1.2006, IBR 2006, 353). Derartige technische Dienstleistungen zeichnen sich dadurch aus, dass sie keinen eigenen gedanklichen Einsatz des WP beinhalten, der in die Buchführung u. damit in den JA Eingang findet (vgl. auch WPK, WPK-Mag. 3/2009, 36 f.). Solche i.S.v. § 23a Abs. 6 Satz 2 BS WP/vBP „nicht eigenständige" Leistungen des WP sind mit Blick auf das Selbstprüfungsverbot im Regelfall unschädlich.

51 Zulässig ist mithin auch die Beratung des Mandanten in Bezug auf Sollvorgaben und die Erteilung v. theoretischen Hinweisen zum Aufbau der **Arbeits- und Ablauforganisation**, wie z.B. die Beratung bei der Ausgestaltung v. Erfassungs-, Bearbeitungs- und Überwachungssystemen, die Beratung bei der Entwicklung v. Kontenplänen o. zu Inventur- und Bilanzierungsanweisungen (vgl. BeckBilK/Schmidt, § 319 Rn. 30 m.w.N.).

52 Im Zusammenhang mit der Mitwirkung des WP an der Buchführung o. an der Erstellung des JA taucht immer wieder die Fragestellung auf, ob auch die **Mitwirkung an der Erstellung des Vorjahresabschlusses** für die Prüfung des JA im Folgejahr einen Verstoß gegen das Selbstprüfungsverbot darstellt.

53 Nach dem Wortlaut sowohl v. § 319 Abs. 3 Satz 1 Nr. 3a) HGB als auch v. § 23a Abs. 3 BS WP/vBP besteht ein Ausschlussgrund nur bei der **Erstellung des JA in dem zu prüfenden Geschäftsjahr**. Auch der BGH hat in seiner vorstehend bereits erwähnten „Allweiler"-Entscheidung v. 21.4.1997, WPK-Mitt. 1997, 240, 242 ausgeführt, dass sich eine Inhabilität des AP nicht ohne weiteres aus seiner **Mitwirkung am Vorjahresabschluss** ergebe, sofern er nicht auch Bilanzposten zu prüfen habe, die er im Vorjahr **wie ein Abschlussersteller maßgeblich mitgestaltet** habe (vgl. zur Abgrenzung zwischen unzulässiger Mitwirkung und zulässiger Beratung Rn. 48, 49).

54 Im Schrifttum finden sich allerdings Äußerungen, nach denen eine **Mitwirkung bei der Erstellung des Vorjahresabschlusses** u. U. auch für die Prüfung des Folgeabschlusses schädlich sein kann. Begründet wird dies damit, dass die Arbeiten des Vorjahres regelmäßig noch materiell nachwirken, z.B. durch Abschreibungen ermittelter Wertansätze, Auflösung v. Rückstellungen usw. (vgl. Hüttche/Maurer, GmbHR 2001, 844 m.w.N).

Nach einer älteren Literaturmeinung soll in einem solchen Fall eine Besorgnis der **55** Befangenheit allerdings dann nicht bestehen, wenn der erstellte Vorjahresabschluss durch einen anderen WP, der i.S.d. § 319 Abs. 2-4 HGB v. dem AP des Folgejahres unabhängig ist, geprüft wurde (vgl. Lanfermann, WPK-Mitt. 1998, 275). Ein vergleichbares Modell einer „**befreienden Prüfung**" wurde vor Inkrafttreten des BilMoG auch vertreten, wenn ein Konzernabschlussprüfer an der Erstellung eines einbezogenen JA eines Tochterunternehmens zwar mitgewirkt, dieser jedoch v. einem anderen Prüfer unter Einhaltung der Voraussetzungen v. § 317 Abs. 3 Satz 2, 3 HGB a. F. geprüft wurde. Mit **Neufassung des § 317 Abs. 3 Satz 2 HGB** ist die befreiende Wirkung der Prüfung des JA eines Tochterunternehmens durch einen anderen AP jedoch entfallen, da der Konzernabschlussprüfer bei der Überprüfung der Arbeit des Prüfers des Einzelabschlusses unmittelbar sein **eigenes Zahlenwerk** prüfen würde. Die Erstellung eines einbezogenen JA stellt somit im Hinblick auf die **Konzernabschlussprüfung** nunmehr eine Selbstprüfung i.S.d. § 319 Abs. 3 Satz 1 Nr. 3a HGB und damit einen absoluten Ausschlussgrund dar (vgl. hierzu nur WPK, WPK-Mag. 1/2010, 26 f.; WPK, WPK-Mag. 3/2010, 37).

Vor dem Hintergrund der vorstehenden Rspr. sowie der Abschaffung des Modells **56** der befreienden Prüfung im Rahmen der Konzernabschlussprüfung wird damit auch für die Frage der Zulässigkeit der Mitwirkung an der Erstellung eines Vorjahresabschlusses nicht entscheidend sein, ob der Vorjahresabschluss durch einen anderen, unabhängigen WP geprüft wurde. Vielmehr dürfte es auch hier maßgeblich darauf ankommen, ob i.S.d. bereits aufgezeigten Kriterien (Rn. 48, 49) der WP sich im Rahmen der Erstellung des Vorjahresabschlusses ledigl. im Bereich zulässiger **Beratung i. S. v. punktuellen Entscheidungshilfen** bewegt o. – ganz o. teilw. – anstelle des Mandanten **unternehmerische Entscheidungen getroffen** o. **umfassend angelegte Unterstützungsleistungen** erbracht u. damit an der Erstellung des Vorjahresabschlusses unzulässig mitgewirkt hat.

Es ist somit stets eine Frage des zu beurteilenden Einzelfalls, ob die Durchführung **57** der Prüfung trotz Mitwirkung an der Erstellung des (Vorjahres-) Abschlusses noch zulässig ist. Für die Beurteilung, wem der (Vorjahres-) Abschluss i. Erg. zuzurechnen ist, können bspw. **Gegenstand und Umfang der Beratung** durch den WP sowie die **Organisation der Buchhaltung** und die **Entscheidungsstrukturen beim Mandanten** wichtige Indizien liefern (vgl. BGH a.a.O., s. Rn. 48). Abgesehen davon kann auch der zeitliche Abstand zwischen Erstellung und Prüfung zu berücksichtigen sein, z.B. wenn sich die Erstellung des Vorjahresabschlusses stark verzögert hat u. damit faktisch die beiden aufeinander folgenden **Abschlüsse** „**nebeneinander**" erstellt bzw. geprüft werden.

Zur Vereinbarkeit der Mitwirkung an der handelsrechtlichen Buchführung mit der **58** **Tätigkeit als MaBV-Prüfer** für denselben Mandanten hieß es in den Erläuterungstexten zu § 24 BS WP/vBP a.F.: „*Eine MaBV-Prüfung ist auch dann zulässig, wenn der MaBV-Prüfer zwar die Finanzbuchhaltung u. Rechnungslegung nach dem HGB im Auftrag des zu prüfenden Maklers/Bauträgers vorgenommen hat, an der Rechnungslegung nach der MaBV selbst aber in keiner Weise mitgewirkt hat*". Dieser ausdr. Hinweis wurde im Rahmen der am 23.9.2005 in Kraft getretenen 4. Änderung der BS WP/vBP zwar gestrichen. Eine grds. berufsrechtliche Neubewertung der Thematik war damit aber nicht verbunden. Neuerdings wird zwar zumindest für MaBV-Prüfer, die auch für die handelsrechtliche Buchführung des Mandanten inkl. Kontierung v. Belegen o. das Erteilen v. Buchungsanweisungen zuständig sind, ein Verstoß gegen das Selbstprüfungsverbot postuliert (Niemann, MaBV-Prüfung, 144). Es bleibt aber eine differenzierte Betrachtung geboten. Jedenfalls sofern sich die HGB- u. die MaBV-Buchführung bei einem Mandanten faktisch eindeutig trennen lassen, wird die isolierte Mitwirkung (nur) an der HGB-Buchführung i.d.R. keine Inhabilität als MaBV-Prüfer begründen (vgl. auch WPH I, A Rn. 296).

59 Nach § 23a Abs. 4 BS WP/vBP ist die Besorgnis der Befangenheit begründet, wenn der WP bei der **Durchführung der Innenrevision eine Entscheidungsfunktion** übernimmt. Vor dem Hintergrund, dass die Innenrevision stets in der Letztverantwortung der gesetzlichen Vertreter des Unternehmens im Rahmen ihrer Geschäftsführungsverantwortung liegt (vgl. z.B. § 91 Abs. 2 AktG), kann hiermit nicht eine formal-organisatorische Direktionsbefugnis, sondern vielmehr eine definitive qualitative **Beurteilungsfunktion** gemeint sein. Der WP übernimmt daher i.d.R. dann eine Entscheidungsfunktion bei der Durchführung der internen Revision, wenn es ihm obliegt, **konkrete Feststellungen** zu treffen bzw. **Mängel zu beanstanden**. Schädlich ist daher die vollständige Ausgliederung der Innenrevision auf ein Unternehmen, auf das der WP maßgeblichen Einfluss hat, und zwar unabhängig davon, ob eine solche Ausgliederung z.B. im Falle der Prüfung einer Pensionskasse durch die BaFin nach § 5 Abs. 3 Satz 4 VAG genehmigt wurde (vgl. ausführlich WPK, WPK-Mag. 3/2011, 31 ff.).

60 Im Rahmen der Beurteilung, ob eine Besorgnis der Befangenheit aufgrund einer Nähe der AP zur Innenrevision des Unternehmens vorliegt, ist auch zu berücksichtigen, dass der AP nach verbreiteter fachlicher Auffassung seine Tätigkeit so weit wie möglich u. sinnvoll mit der Arbeit der Innenrevision koordinieren und deren Arbeitsergebnisse angemessen verwerten soll (vgl. IDW PS 321). In diesem Zusammenhang kann ggf. auch die **Durchführung v. Untersuchungen zusammen mit der Innenrevision** zweckmäßig und statthaft sein, sofern hierdurch die Funktionen v. AP und Innenrevision nicht vermischt werden (vgl. BeckBilK/Schmidt, § 319 Rn. 58).

61 Die Besorgnis der Befangenheit besteht hingegen nicht, wenn der WP **ledigl. Hinweise** zur möglichen o. rechtlich gebotenen Behandlung v. Sachverhalten o. Geschäftsvorfällen im Rechenwerk gibt, sei es während der laufenden Prüfung (prüfungsbegleitende Beratung), sei es vor Aufnahme der Prüfungstätigkeit (prüfungsvorbereitende Beratung), die **Entscheidung** aber im **Verantwortungsbereich des Mandanten bleibt**. Gleiches gilt für **Beratungen** im **Bereich der Bilanzpolitik** (z.B. Konsequenzen unterschiedlicher Bewertungsmethoden) o. in Bezug auf die Ausgestaltung des Rechnungslegungssystems. Die Mitwirkung an der Ausarbeitung v. Bilanzierungs- o. Konzernrichtlinien o. sonstigen Buchungsanweisungen ist danach zulässig, wenn sich die Tätigkeit des WP auf die Darstellung allg.

Vorgaben beschränkt u. die Konkretisierung v. Wahlrechten o. Beurteilungsspielräumen sowie die **konkrete Umsetzung** der Richtlinien dem **Mandanten überlassen** bleibt (vgl. Erläuterungstexte zu § 23a Abs. 4 BS WP/vBP sowie auch Rn. 51).

Grds. unschädlich ist auch die **vorangegangene o. gleichzeitige Tätigkeit als PfQK u. AP**, da i.d.R. kein identischer Prüfungsgegenstand gegeben sein dürfte. Die QK dient ausschl. der Überwachung, ob die Regelungen zur QS nach Maßgabe der gesetzlichen Vorschriften u. der BS WP/vBP insgesamt u. bei der Durchführung einzelner Aufträge eingehalten werden (§ 57a Abs. 2). Es handelt sich um eine aus Aufbau- u. Funktionsprüfung bestehende Systemprüfung zur Beurteilung der Angemessenheit u. Wirksamkeit des QS-Systems der Praxis anhand der Maßstäbe des § 55b (s. Näheres § 57a Rn. 48 ff.). Demgegenüber bezieht sich die AP auf die Beachtung gesetzlicher (insbes. Rechnungslegungs-) Vorschriften u. ggf. ergänzender Bestimmungen des Gesellschaftsvertrages bei der Aufstellung des JA (§ 317 Abs. 1 Satz 2 HGB). Gegenstand der AP ist somit nicht die Praxisorganisation, sondern die Ordnungsmäßigkeit der Buchführung. Selbst wenn man v. einem sich partiell überschneidenden Prüfungsgegenstand ausgeht, ist kein Verstoß gegen das Selbstprüfungsverbot gegeben, da das Aufeinandertreffen v. mehreren Prüfungen bzgl. eines Sachverhalts keine Selbstprüfung im berufsrechtlichen Sinne darstellt (vgl. § 23a Abs. 2 BS WP/vBP sowie auch Rn. 49). Zu anderen Fallkonstellationen einer **Besorgnis der Befangenheit beim PfQK** (§ 6 SaQK) s. § 57a Rn. 100 ff. Insb. die Wertung des § 57a Abs. 4 Satz betr. **wechselseitige Prüfungen** und **Ringprüfungen** ist auch im Rahmen von AP- und Gutachtertätigkeiten zu berücksichtigen (s. § 57a Rn. 106). 62

Die Tätigkeit als **(externer) betrieblicher Datenschutzbeauftragter (bDSB)** ist mit der Tätigkeit als AP für denselben Mandanten nicht vereinbar (s.a. WPH I, A Rn. 298). Zwar ist die Tätigkeit als bDSB als solche berufsrechtlich statthaft (WPK-Mitt. 1977, 6; WPK-Mag. 2007, 30). Die gesetzliche Aufgabe des bDSB besteht in dessen Hinwirken auf die Einhaltung der datenschutzrechtlichen Vorschriften, womit erhebliche Kontroll- u. Einsichtsbefugnisse eingehen (§ 4g Abs. 1 BDSG). Andererseits ist der AP verpflichtet, über ihm anlässlich seiner Prüfung festgestellte Gesetzesverstöße zu berichten (§ 321 Abs. 1 Satz 3 HGB). Es kann daher nicht ausgeschlossen werden, dass der AP im Rahmen seiner Tätigkeit Verstöße gegen das Datenschutzrecht verschweigen würde, weil er u.U. in seiner Eigenschaft als bDSB für diese selbst mitursächlich war. Dies ist insb. mit Blick auf sich ggf. überschneidende Aufgabenbereiche v. bDSB u. AP in Bezug auf das Prüffeld der automatisierten (auch rechnungslegungsbezogenen) Datenverarbeitung zu bedenken. Damit ist nicht nur das Selbstprüfungsverbot, sondern ggf. auch der Gefährdungstatbestand des Verdeckungsrisikos (§ 23 Abs. 2 Nr. 1 BS WP/vBP, s. dazu o. Rn. 41) tangiert. 63

Übernimmt der WP **Leitungsfunktionen bei dem geprüften Unternehmen** (§ 23a Abs. 5 BS WP/vBP), begründet dies unwiderleglich die Besorgnis der Befangenheit, weil nicht ausgeschlossen werden kann, dass er wegen seiner Ausrichtung auf die Interessen des Unternehmens im Rahmen der Leitungstätigkeit die gebotene Unabhängigkeit in seiner Funktion als AP außer Acht lässt. Insb. könnte er die Aus- 64 wirkungen der v. ihm selbst getroffenen Maßnahmen o. Entscheidungen nicht unvoreingenommen prüfen. Da WP Anstellungsverhältnisse zu gewerblichen Unternehmen grds. nicht begründen dürfen (§ 43a Abs. 3 Nr. 2), kommt als rechtliche Grundlage für die Tätigkeit in der Praxis nur ein Vertrag über die Erbringung freiberuflicher Dienstleistungen in Betracht. Eine Organfunktion (Mitglied v. VO o. Geschäftsführung) wird nicht vorausgesetzt (vgl. Erläuterungstexte zu § 23a Abs. 5 BS WP/vBP). Tatbestandsmäßig kann daher auch die Übernahme einer Leitungsfunktion im Rechnungswesen o. einer bedeutenden Funktion im internen Kontrollsystem des Unternehmens sein ebenso wie das Innehalten einer faktischen Leitungsposition, auch wenn diese sich in der Unternehmenshierarchie förmlich nicht widerspiegelt.

65 Die Übernahme der Leitungsfunktion ist nicht nur dann unstatthaft, wenn sie das **zu prüfende Geschäftsjahr** betrifft, sondern auch dann, wenn sie im **Folgejahr, aber noch vor Abschluss der Prüfung** begonnen wird o. sie zwar vor Beginn des zu prüfenden Geschäftsjahres beendet worden ist, sich aber Sachverhalte, die der Leitungsfunktion zuzurechnen sind, in dem zu prüfenden Geschäftsjahr noch unmittelbar auswirken (vgl. Erläuterungstexte zu § 23a Abs. 5 BS WP/vBP).

66 Gleichermaßen ist der Fall zu beurteilen, wenn die **Leitungsfunktion Personen**, mit denen der **WP seinen Beruf gemeinsam ausübt** (s. Rn. 94 ff.), bei dem zu prüfenden Unternehmen ausüben o. ausgeübt haben (§ 21 Abs. 4 Satz 1 BS WP/vBP). Diese Zurechnung erstreckt sich dagegen nicht auf Personen, die in einem **Anstellungsverhältnis zu dem WP** stehen, wenn dieses ruht u. wenn die Vertragsbeziehungen, die der Übernahme der Leitungsfunktion zugrunde liegen, ausschließl. zwischen dem beurlaubten Mitarbeiter u. dem Unternehmen bestehen. In diesem Fall haftet der WP weder für etwaige Pflichtverletzungen bei Ausübung der Leitungsfunktion noch wird er v. dem Erfolg dieser Tätigkeit berührt (vgl. Erläuterungstexte zu § 23a Abs. 5 BS WP/vBP, s. hierzu auch Rn. 107).

67 **Der Wechsel** einer **Person, die bisher bei der Prüfung beschäftigt war**, in eine **Leitungsfunktion bei dem zu prüfenden Unternehmen** löst grds. kein Tätigkeitsverbot aus, weil durch Beendigung der Tätigkeit für den AP auch der Zurechnungstatbestand entfällt. Wer selbst AP o. verantwortlicher Prüfungspartner bei einem Unternehmen i.S.d. § 319a Abs. 1 Satz 1 HGB war, hat allerdings die zweijährige Cooling Off-Periode nach Beendigung der Prüfungstätigkeit zu beachten (§ 43 Abs. 3, s. dazu auch § 43 Rn. 375 ff.). Daneben ist zu prüfen, ob aus sonstigen Gesichtspunkten (z.B. persönliche Vertrautheit; § 24 BS WP/vBP) eine Befangenheit des Prüfers zu besorgen ist (vgl. Erläuterungstexte zu § 23a Abs. 5 BS WP/vBP).

68 Die **Erbringung v. Finanzdienstleistungen** i.S.d. § 23a Abs. 5 BS WP/vBP begründet insb. dann die Besorgnis der Befangenheit, wenn sie sich auf die Anlage v. Vermögenswerten des zu prüfenden Unternehmens bezieht, weil dann nachteilige Feststellungen im Rahmen der Prüfung zu Haftungskonsequenzen für die Dienstleistungstätigkeit o. zumindest zu einem Reputationsschaden für diese Tätigkeit führen könnten. Bei der Übernahme o. Vermittlung v. Anteilen o. sonstigen Finan-

zinstrumenten des zu prüfenden Unternehmens hat der WP ein unmittelbares finanzielles Interesse an der wirtschaftlichen Lage des geprüften Unternehmens, so dass er seine Beurteilung als Prüfer nicht frei v. Interessenbindungen abgeben kann (vgl. Erläuterungstexte zu § 23a Abs. 5 BS WP/vBP). Besteht die Dienstleistung in der Übernahme von **Treuhandtätigkeiten** gemäß § 2 Abs. 3 Nr. 3 kommt es auch in diesem Zusammenhang entscheidend auf die Art der Treuhand und die Ausgestaltung des Treuhandvertrages an (vgl. Rn. 86). Unter Berücksichtigung der entsprechenden Wertung des § 319 Abs. 3 Satz 1 Nr. 3c) HGB stellen hingegen Tätigkeiten, wie die Erarbeitung v. **Finanzierungskonzepten, Shareholder-Value-Analysen,** bei denen es sich nicht um Bewertungsleistungen mit unmittelbaren Auswirkungen auf die Rechnungslegung handelt und **Wirtschaftlichkeitsanalysen** im Bereich der Vermögensanlagen, grds. keine Finanzdienstleistungen dar, die eine Besorgnis der Befangenheit begründen (vgl. MünchKomm HGB/Ebke, a.a.O. Rn. 66; BeckBilK/Schmidt, a.a.O. Rn. 60).

Versicherungsmathematische Leistungen sind nach § 23a Abs. 6 BS WP/vBP 69 dann ausgeschlossen, wenn sie **wesentliche Auswirkungen** auf den **Inhalt des zu prüfenden Abschlusses** haben, insb. die Berechnung v. Pensionsrückstellungen, bei Versicherungsunternehmen auch die Berechnung v. Deckungsrückstellungen. Liegt die Entwicklung u. Umsetzung der Berechnungsmethodik umfassend in den Händen des mit der Berechnung beauftragten WP u. trifft dieser damit zumindest faktisch die für die Bewertung maßgeblichen Einschätzungen i.S.e. **eigenständigen Leistung**, besteht die Besorgnis der Befangenheit auch dann, wenn die Entscheidung über die Verwendung der ermittelten Zahlen im Abschluss formal bei der Geschäftsleitung des bilanzierenden Unternehmens liegt (vgl. Erläuterungstexte zu § 23a Abs. 6 BS WP/vBP).

Umgekehrt folgt daraus, dass es sich lediglich um unschädliche **technisch-mecha-** 70 **nische Hilfeleistungen** i.S.d. § 23a Abs. 6 Satz 2 BS WP/vBP handelt, wenn der Vorstand o. die Geschäftsführung der zu prüfenden Gesellschaft etwa bei der **Ermittlung des Teilwerts v. Pensionsverpflichtungen** (§ 6a EStG; § 8 Abs. 1 KStG) die Pensionsordnung und die hierzu erforderlichen Ausgangsdaten ohne Mitwirkung des Prüfers erstellt, handelsrechtlich zulässige Wahlrechte ausübt, die Bewertungsmethode sowie die maßgeblichen Sterbetafeln autonom auswählt und den Kapitalisierungszinsfluss selbst bestimmt und der Prüfer damit der zu prüfenden Gesellschaft lediglich seine Rechenkapazität und sein Fachpersonal zur Berechnung der Pensionsrückstellungen anhand anerkannter Regeln der Versicherungsmathematik zur Verfügung stellt (vgl. MünchKomm HGB/Ebke, a.a.O. Rn. 67 m.w.N.). Sodann trifft der Prüfer i.R.d. AP nämlich nicht auf „sein eigenes Werk" (vgl. Rn. 80), sondern auf das Produkt aller maßgebenden Vorgaben des zu prüfenden Unternehmens selbst.

Bewertungsleistungen mit Auswirkungen auf den Inhalt des zu prüfenden Ab- 71 **schlusses** (§ 23a Abs. 6 BS WP/vBP) betreffen insb. die Bewertung v. Beteiligungen, die in dem zu prüfenden Abschluss ausgewiesen werden. Eine Besorgnis der Befangenheit ist hier zu bejahen, wenn sich das Ergebnis der eigenständigen

Bewertung durch den AP **im JA wiederfindet** (vgl. WPH I, A Rn. 302 m.w.N.). Daher wird durch Bewertung einer **zur Veräußerung bestimmten Beteiligung** im Regelfall eine Besorgnis der Befangenheit nicht begründet, weil die Beteiligung, wenn sie zum Stichtag noch nicht veräußert ist, weiterhin mit dem fortgeschrieben Buchwert anzusetzen ist u. dann, wenn sie zum Stichtag bereits veräußert ist, sich die Bewertung nur noch mittelbar auf den Abschluss auswirkt, weil der Kaufpreis verbindlich nicht durch die Bewertung, sondern durch den Vertrag bestimmt wird. Soweit sich bei der Bewertung ein **Abschreibungsbedarf** ergeben hat u. die Beteiligung noch nicht veräußert worden ist, entspr. die Bewertung der für die Prüfung ohnehin erforderlichen Einschätzung der Werthaltigkeit durch den AP, wenn das Unternehmen die **Höhe der Abschreibung** letztlich **eigenständig ermittelt**; dies wird schon wegen des abweichenden Bewertungsstichtags regelmäßig der Fall sein (vgl. Erläuterungstexte zu § 23a Abs. 6 BS WP/vBP).

72 Wenn dagegen eine **zu erwerbende Beteiligung durch den WP bewertet** wird, könnte sich für die **folgende AP** die Besorgnis der Befangenheit ergeben, wenn der Kaufpreis in Höhe des Gutachtenwerts vereinbart wird, da der WP als AP bei der Beurteilung eines Abschreibungsbedarfs zum Stichtag mittelbar seine eigene Einschätzung zu beurteilen hätte u. ggf. Haftungsrisiken befürchten müsste, wenn er ohne wesentliche Änderung der Umstände zu einem niedrigeren Wert käme. So liegen wesentliche Indikatoren für eine Besorgnis der Befangenheit z.B. vor, wenn in den dem Erwerb zugrunde liegenden Verträgen auf die Bewertung durch den AP unmittelbar Bezug genommen und so deutlich wird, dass sich das Unternehmen maßgeblich auf die Bewertung durch den AP gestützt hat o. im Rahmen einer **Kaufpreisanpassungsklausel** eine „Überprüfung" der Angemessenheit des Kaufpreises durch den AP und die Möglichkeit der nachträglichen Kaufpreisanpassung auf Grundlage des Gutachtens des AP vereinbart wird. In letzterem Fall kommt es zu einer **faktischen (Nach-) Bewertung** durch den AP. Hier ist unerheblich, ob sich das Gutachten des AP im Nachhinein auf die Bilanzierung/Bewertung tatsächlich ausgewirkt hat, es also zu einer Kaufpreisanpassung gekommen ist. Vielmehr ist ausreichend, wenn die Möglichkeit einer (ggf. nachträglichen) Anpassung bestand. Dieses Selbstprüfungsrisiko ist dann erheblich niedriger o. auch ausgeschlossen, wenn als Ergebnis der Bewertung nicht ein bestimmter Betrag, sondern eine größere Bandbreite ermittelt worden ist; dies gilt erst recht, wenn statt einer Bewertung nur die Ermittlung wesentlicher Parameter für die Werteinschätzung vereinbart ist o. wenn ledigl. eine grobe, indikative Werteinschätzung vorgenommen werden soll, v. der keine Bindungswirkung ausgeht (vgl. Erläuterungstexte zu § 23a Abs. 6 BS WP/vBP). An der Eigenständigkeit einer Bewertungsleistung fehlt es hingegen bereits, wenn alle Berechnungsgrundlagen vom Unternehmen o. durch die Sachlogik vorgegeben werden, weil eine eigenständige Bewertungsleistung des AP voraussetzt, dass dieser die für die Bewertung erforderlichen Annahmen (wie z.B. den Kapitalisierungszinsfuß) im Wesentlichen selbst festlegt (vgl. Begr. zum BilReG, BT-Drs. 15/3419, 39; WPH I, a.a.O.).

Die **Aufteilung des für ein Unternehmen gezahlten Gesamtkaufpreises** auf die 73
einzelnen Vermögensgegenstände u. Schulden durch den WP dürfte als eigenständige Bewertungsleistung zu beurteilen sein u. zur Besorgnis der Befangenheit führen, auch wenn in diesen Fällen der Gesamtkaufpreis nicht dem Einfluss des WP unterliegt u. eine fehlerhafte Bewertung einzelner Vermögensgegenstände im Zweifel zu einem entspr. höheren Wert eines anderen Vermögensgegenstandes o. zu einem höheren Firmenwert führt. Da die Art des Gegenstands aber für die Fortentwicklung der Anschaffungskosten v. Bedeutung ist, liegt hierin eine materielle Auswirkung auf den zu prüfenden Abschluss. Wenn sich der Auftrag dagegen nur auf eine Unterstützung bei der Aufteilung bezieht (Erläuterung v. Methoden; Diskussion v. Zweifelsfragen), die konkrete Wertermittlung u. die Entscheidung über die Umsetzung aber bei dem Unternehmen verbleibt, begründet dies keine Besorgnis der Befangenheit (vgl. Erläuterungstexte zu § 23a Abs. 6 BS WP/vBP).

Bewertungsleistungen, die für Zwecke der Prüfung erforderlich sind, begrün- 74
den keine Besorgnis der Befangenheit. Eine solche Bewertung durch den AP ist insb. dann erforderlich, wenn die Werthaltigkeit v. im Abschluss ausgewiesenen Vermögensgegenständen beurteilt werden muss (*Impairmenttest*) u. der Mandant keine eigene Bewertung vorlegt, die v. dem Prüfer nachvollzogen werden kann. Wird bei der Bewertung durch den AP ein Abschreibungsbedarf festgestellt, können Anpassungsbuchungen ggf. dann zur Besorgnis der Befangenheit führen, wenn sie aufgrund unkritischer Übernahme der Ergebnisse des Prüfers, nicht aber aufgrund eigener Überlegungen u. Entscheidungen des Unternehmens – wenn auch ausgelöst u. beeinflusst durch die Feststellungen des Prüfers – vorgenommen werden (vgl. Erläuterungstexte zu § 23a Abs. 6 BS WP/vBP).

Die **Prüfung der Werthaltigkeit v. Sacheinlagen** (vgl. §§ 33 f., 183 Abs. 3 AktG) 75
führt grds. nicht zur Besorgnis der Befangenheit, weil es sich um eine Prüfungstätigkeit handelt. Wie bei aufeinander folgenden AP ist der Prüfer nicht deshalb befangen, weil er denselben Gegenstand bereits bei einer vorhergehenden Gelegenheit beurteilt hat. Hinzu kommt, dass der zu bestätigende Einlagewert u. die Anschaffungskosten oft erheblich niedriger als der Verkehrswert festgesetzt werden. Schädlich wäre es allerdings, wenn der Prüfer den Verkehrswert selbst ermittelt u. dieser dann der Bilanzierung zugrunde gelegt wird. Bei dem einlegenden Gesellschafter wäre dies allerdings nur der Fall, wenn er den Vorgang nicht als Tausch erfolgsneutral behandelt, sondern den v. dem WP ermittelten Verkehrswert ansetzt, weil sich bei Fortführung des Buchwerts die Bewertung nicht auf den Inhalt des zu prüfenden Abschlusses auswirkt (vgl. Erläuterungstexte zu § 23a Abs. 6 BS WP/vBP).

Dienen **Bewertungsleistungen im Rahmen v. Umwandlungsvorgängen** zur Er- 76
mittlung v. Umtauschverhältnissen, wirken sie sich aber nicht unmittelbar auf die Bilanzierung des bewerteten Vermögens in dem geprüften Abschluss aus, weil bspw. v. der Möglichkeit der Buchwertfortführung Gebrauch gemacht wird, begründet diese Tätigkeit keine Besorgnis der Befangenheit. Die Höhe des in der Bilanz ausgewiesenen Eigenkapitals wird zwar durch den Betrag der Kapitalerhöhung u. damit mittelbar durch das ermittelte Umtauschverhältnis bestimmt; da die Kapi-

talziffer als solche jedoch keiner materiellen Beurteilung durch den AP unterliegt, sondern dieser die formelle Herleitung aus den gesellschaftsrechtlichen Vorgängen zu prüfen hat, besteht insoweit kein Selbstprüfungsrisiko. Das bilanzierte Vermögen wird schließlich bei Buchwertfortführung nicht mit dem Wert bilanziert, der v. dem AP ermittelt worden ist, so dass es insoweit an einem inhaltlichen Zusammenhang fehlt (vgl. Erläuterungstexte zu § 23a Abs. 6 BS WP/vBP).

77 Die Prüfung der Angemessenheit v. Umtauschverhältnissen etwa als **Verschmelzungsprüfer** führt im Regelfall nicht zur Besorgnis der Befangenheit, weil es sich nicht um eine Wertermittlung, sondern um eine prüferische Aufgabe handelt; die Vornahme einer Prüfung begründet für eine nachfolgende Prüfung aber generell keine Besorgnis der Befangenheit, solange keine sonstigen Umstände hinzutreten (z.B. Verdeckungsrisiko i.S.v. § 23 Abs. 2 Nr. 1 BS WP/vBP, s. dazu oben Rn. 41). Für die Prüfung der **Angemessenheit v. Ausgleichszahlungen u. Abfindungen** z.B. als Vertragsprüfer (§§ 293b ff. AktG) o. bei Ausschluss v. Minderheitsaktionären (§ 327c Abs. 2 Satz 2 AktG) gilt Entsprechendes (vgl. Erläuterungstexte zu § 23a Abs. 6 BS WP/vBP). Demnach ist der AP auch nicht v. vorneherein als gerichtlicher Sachverständiger im Spruchstellenverfahren zur Bestimmung des Umtauschverhältnisses u. der angemessenen Abfindung nach einer Eingliederung ausgeschlossen (vgl. OLG Düsseldorf 4.8.2006, DB 2006, 1670, 1671).

78 Die Frage, ob bei **Bewertungen die Auswirkungen auf den geprüften Abschluss** nur unwesentlich sind, kann nur für alle in dem Geschäftsjahr durch den WP für das Unternehmen erbrachten Bewertungsleistungen, die Auswirkung auf den Abschluss haben, einheitlich beantwortet werden. Aus diesem Grund u. weil der Vergleichsmaßstab erst aus dem zu prüfenden Abschluss selbst abgeleitet werden kann, kann es in der Praxis allerdings problematisch sein, Bewertungsleistungen zu übernehmen u. eine tatbestandsmäßige Selbstprüfung allein mit dem Argument zu verneinen, die Wesentlichkeitsschwelle sei nicht erreicht (vgl. Erläuterungstexte zu § 23a Abs. 6 BS WP/vBP). Zur Klärung der Frage, ob eine Tätigkeit **nicht von untergeordneter Bedeutung** ist bzw. war, können z.B. der geplante bzw. tatsächlich angefallene Zeitaufwand im Verhältnis zum Zeitvolumen der AP sowie die in Rechnung gestellten Leistungen im Verhältnis zum Prüferhonorar wichtige Indizien darstellen.

79 **Steuerberatungsleistungen** als solche begründen ledigl. bei der Prüfung v. Unternehmen i.S.d. § 319a HGB u. auch dann nur in Ausnahmefällen die unwiderlegliche Vermutung, dass Besorgnis der Befangenheit besteht (§ 23a Abs. 7 BS WP/vBP). Um einen solchen Ausnahmefall handelt es sich etwa dann, wenn der WP vertragsgemäß konkrete Vorschläge o. Empfehlungen schuldet, deren Umsetzung sich auf die Darstellung der Vermögens-, Finanz- o. Ertragslage in dem zu prüfenden JA unmittelbar u. nicht nur unwesentlich auswirkt. Wenn derartige Maßnahmen nach den Vorgaben des WP umgesetzt werden, übernimmt dieser die Gewähr für den Erfolg u. damit für den Eintritt der abschlussgestaltenden Wirkungen. Dagegen besteht dann keine Besorgnis der Befangenheit, wenn der WP die (Steuer-) Rechtslage entw. abstrakt (z.B. bei Änderungen v. Gesetzen o. der Rspr.) o. zu bestimmten

Sachverhalten erläutert, deren Beurteilung Gegenstand des Auftrags ist (vgl. Erläuterungstexte zu § 23a Abs. 7 BS WP/vBP).

Bei der **Erstellung der Steuerbilanz** kommt es auf die Umstände des Einzelfalls an. Unter dem früheren Primat der sog. Einheitsbilanz wurde es als unzulässige Mitwirkung angesehen, wenn der WP eine auch als Handelsbilanz fungierende Steuerbilanz anfertigt u. diese anschließend in seiner Doppelrolle als AP testiert (Röhricht, WPg 1998, 161; vgl. auch WPH I, A, Rn. 291). Nachdem durch das BilMoG das Prinzip der umgekehrten Maßgeblichkeit aufgegeben wurde, besteht zwar keine gesetzliche Akzessorietät zwischen Handels- u. Steuerbilanz mehr (s. dazu Klein, NWB 2010, 2042 ff.). Die Erstellung der Steuerbilanz indiziert daher – unabhängig v. Zeitpunkt der Erstellung der Handelsbilanz – nicht stets einen Verstoß gegen das Selbstprüfungsverbot. Regelmäßig wird die Handelsbilanz aber nicht ohne eine zuvor fertig gestellte Steuerbilanz finalisiert werden können, womit zunächst eine wesentliche u. damit unzulässige Mitwirkung an der Aufstellung des JA naheliegt. Im Ergebnis ist der Aufbau des Zahlenwerks u. der Grad der Rückwirkung der Steuer- auf die Handelsbilanz entscheidend (z.B. bzgl. der Bilanzierung latenter Steuern). Jedenfalls sofern eine v. AP erstellte Steuerbilanz seitens der Buchhaltung des Mandanten unverändert in die Handelsbilanz übernommen wird, begegnet dem AP – unabhängig v. der formalen Übernahmeentscheidung des Mandanten – „sein eigenes Werk", so dass er i. d. R. v. der Prüfung ausgeschlossen ist (vgl. WPK, WPK-Mag. 2010, 36; s. allg. zum Kriterium der funktionalen Entscheidungszuständigkeit auch o. Rn. 48, 59).

80

Eine unterstützende Tätigkeit o. die **Vertretung des Mandanten im Rahmen einer Betriebsprüfung** o. in außergerichtlichen o. gerichtlichen **Rechtsbehelfsverfahren** ist grds. unbedenklich (zu den Grenzen der Rechtsberatungsbefugnis des WP vgl. aber § 2 Rn. 23 ff.). Schließt der Auftrag zur Darstellung der Rechtslage das Aufzeigen v. Gestaltungsalternativen ein, führt auch eine Abwägung der Vor- u. Nachteile durch den WP nicht zur Gefahr der Selbstprüfung. Etwas anderes gilt, wenn der Mandant die Argumente o. die Komplexität der Gestaltung fachlich nicht zumindest in ihren Grundzügen nachvollziehen kann u. damit nicht nur die funktionale, sondern auch die sachliche Entscheidungszuständigkeit verliert (vgl. Erläuterungstexte zu § 23a Abs. 7 BS WP/vBP). Abgesehen davon darf die Grenze zur unzulässigen Interessenvertretung (§ 23b BS WP/vBP) nicht überschritten werden (vgl. Rn. 83 ff.).

81

Die **Mitwirkung an der Entwicklung, Einrichtung o. Einführung v. Rechnungslegungsinformationssystemen** in der Funktion eines an der Gestaltung Beteiligten kann bei Prüfung v. Unternehmen i.S.d. § 319a HGB, die Besorgnis der Befangenheit unter dem Gesichtspunkt des Selbstprüfungsverbots begründen (§ 23a Abs. 8 BS WP/vBP). Hiervon abzugrenzen sind Beratungsleistungen, die sich nur mittelbar auf den Abschluss auswirken sowie eine Mitwirkung im Rahmen der prüferischen Aufgaben. Von der unwiderleglichen Vermutung sind daher Prüfungsleistungen, die i.Z.m. der Anwendungsentwicklung o. der Implementierung v. Standardsoftware u. ihrer Anpassung auf der Grundlage z.B. v. IDW PS 850 erbracht

82

werden, nicht umfasst. Dies gilt sowohl für Neuentwicklungen, Änderungen als auch Erweiterungen des EDV-Systems. Dabei kann die Tätigkeit auch projektbegleitend parallel zu den einzelnen Entwicklungs- u. Implementierungsschritten erfolgen, um sicherzustellen, dass das neu entwickelte, geänderte o erweiterte EDV-gestützte Buchführungssystem als integrierter Teil eines komplexen Informations- u. Kommunikationssystems alle Kriterien der Ordnungsmäßigkeit erfüllt u. insoweit die Voraussetzungen für eine ordnungsmäßige Buchführung gegeben sind (vgl. Erläuterungstexte zu § 23a Abs. 8 BS WP/vBP).

c) Interessenvertretung (§ 23b BS WP/vBP)

83 Eine Beratungstätigkeit, die über eine fachliche o. wissenschaftliche Sachaufklärung o. über ein gutachterliche Darstellung v. Alternativen, also über eine Entscheidungshilfe hinausgeht, steht der gleichzeitigen AP des beratenden Unternehmens entgegen, wenn durch die Beratertätigkeit der Eindruck erweckt wird, dass die Funktion des außenstehenden unbefangenen WP nicht mehr gegeben ist (vgl. WPH I, A Rn. 305).

84 In § 23b Abs. 1 BS WP/vBP werden die Grundfälle **anderweitiger Interessenvertretungen** aufgezeigt, die zu einer Besorgnis der Befangenheit führen können. Danach kommt nicht nur die Interessenvertretung zugunsten des zu prüfenden, zu begutachtenden o. den Auftrag erteilenden Unternehmens in Betracht, sondern auch eine gegen dieses Unternehmen gerichtete Vertretung der Interessen Dritter. Voraussetzung ist jeweils, dass die Interessenvertretung v. einigem Gewicht ist (vgl. Erläuterungstexte zu § 23b Abs. 1 BS WP/vBP). § 23b Abs. 2 u. 3 BS WP/vBP geben Anhaltspunkte für das Vorliegen der in Abs. 1 genannten Grundfälle.

85 Problematisch i.S.d. § 23b Abs. 2 BS WP/vBP sind z.B. Fälle, in denen der WP als o. wie ein **Generalbevollmächtigter des Unternehmens** auftritt o. Beteiligungen o. Produkte des Unternehmens anbietet u. dadurch persönliche Gewinn- o. Honorarinteressen begründet. Hierdurch wird der Eindruck vermittelt, dass der Prüfer eine besonders enge berufliche Verflechtung mit dem Unternehmen eingegangen ist (vgl. Erläuterungstexte zu § 23b Abs. 2 BS WP/vBP). Jedenfalls ein Auftreten als Generalbevollmächtigter des Unternehmens wird faktisch kaum anzutreffen sein, da dies auch eine nach § 43a Abs. 3 Nr. 1 untersagte gewerbliche Tätigkeit darstellen würde. Eine wertungsmäßig vergleichbare Fallkonstellation ist aber etwa das gleichzeitige Fungieren des **AP des Bauträgers** als **Treuhänder des Bauherrn** (vgl. WPH I, A Rn. 306, 307).

86 Im Übrigen ist die **Wahrnehmung v. Treuhandfunktionen im Auftrag v. Gesellschaftern** nach § 23b Abs. 3 BS WP/vBP nur dann problematisch, wenn die Interessen einzelner Gesellschafter o. Gesellschaftergruppen wahrgenommen werden. Unschädlich ist es hingegen, wenn die treuhänderische Tätigkeit für alle Gesellschafter wahrgenommen wird. Gleiches gilt, wenn lediglich ergänzende Kontrolltätigkeiten im Auftrag v. (auch einzelnen) Gesellschaftern wahrgenommen worden sind o. werden u. alle anderen Gesellschafter zugestimmt haben. Bei der ergänzenden Kontrolltätigkeit handelt es sich insb. um die Bucheinsicht gemäß § 166 HGB u.

§ 51a GmbHG o. die Prüfung der Verwendung eingezahlter Gelder (vgl. Erläuterungstexte zu § 23b Abs. 3 BS WP/vBP).

Eine **Interessenvertretung gegen ein Unternehmen** i.S.d. § 23b Abs. 3 BS WP/vBP kann unter Umständen vor dem Hintergrund eines **Gesellschafterstreits** gegeben sein, wenn der WP z.B. neben seiner Bestellung zum AP auch steuerliche o. rechtliche Interessen des Mehrheitsgesellschafters (bspw. auf Ausschüttung o. Abfindung) vertritt. Aber auch, wenn eine Interessenvertretung gegen die Gesellschaft nicht offensichtlich ist, kann sich eine berechtigte Besorgnis der Befangenheit in solchen Fällen aus den Gesamtumständen ergeben, wenn die AP aufgrund der Interessenvertretung nicht mit der gebotenen Neutralität u. sachlichen Distanz zu allen an dem Inhalt und dem Ergebnis der Prüfung mittelbar u. unmittelbar Interessierten und Betroffenen (vgl. hierzu auch Rn. 27 sowie § 43 Rn. 256) durchgeführt wird. Ab dem Zeitpunkt, zu dem **Interessengegensätze** zwischen der Gesellschaft u. ihren Mitgesellschaftern **offen zutage treten**, kann ein WP, der zum AP bestellt ist, deshalb i.d.R. nicht auch zugl. einzelne Gesellschafter o. Gesellschaftergruppen beraten (vgl. OLG Frankfurt 30.1.2002, WPK-Mitt. 3/2002, 265 f.), jedenfalls sofern die Beratung o. Vertretung Gegenstände betrifft, die i.Z.m. der AP stehen. Ein solcher Zusammenhang besteht im Allgemeinen bei Streitigkeiten um Ausschüttungen und Abfindungen, kann aber z.B. bei unwesentlichen Mietrechtsstreitigkeiten o. ä. zu verneinen zu sein. 87

In diesem Zusammenhang ist auch das **Verbot der Wahrnehmung widerstreitender Interessen gemäß § 53** zu berücksichtigen. Nach dieser Vorschrift ist es bspw. untersagt, für einen GmbH-Gesellschafter eine Unternehmensbewertung etwa zur Bemessung einer möglichen Abfindung durchzuführen, wenn bereits eine solche Unternehmensbewertung im Auftrag der GmbH erfolgte und das Einverständnis der GmbH nicht erteilt ist (vgl. WPH I, A, Rn. 311; s. dazu auch § 53 Rn. 14). 88

d) **Persönliche Vertrautheit (§ 24 BS WP/vBP)**
Die Besorgnis der Befangenheit wegen persönlicher Vertrautheit kann bestehen, wenn ein WP enge persönliche Beziehungen zu dem zu prüfenden, zu begutachtenden o. den Auftrag erteilenden Unternehmen, den Mitgliedern der Unternehmensleitung o. Personen, die auf den Prüfungsgegenstand Einfluss haben, unterhält. Ebenso wie bei der Interessenvertretung (§ 23b BS WP/vBP) werden auch hier nicht alle Fälle persönlicher Vertrautheit erfasst, sondern nur solche v. einigem Gewicht. Enge persönliche Beziehungen i.S.d. § 24 BS WP/vBP können dann eine Besorgnis der Befangenheit begründen, wenn sie nach dem Gesamtbild der Verhältnisse zu der Annahme führen können, dass durch diese Beziehungen ein **übermäßiges Vertrauen des WP zu den genannten Personen** besteht, welches die Urteilsbildung beeinflussen kann. Neben der Art der Beziehung (z.B. nahe Verwandtschaft, Freundschaft o. Bekanntschaft), ihrer Dauer u. ihrer Intensität kommt es auch auf die Funktion der betr. Person/en in dem Unternehmen o. in Bezug auf den Prüfungsgegenstand an (vgl. Erläuterungstexte zu § 24 BS WP/vBP sowie BeckBilK/Schmidt, a.a.O. Rn. 26). Zum Tragen kommt dieser Befangenheitsgrund etwa in Fällen, in denen ein naher Familienangehöriger o. ein Lebenspartner des WP bei 89

Prüfungsmandanten für die Führung der Bücher o. die Erstellung des JA verantwortlich ist o. unmittelbaren Einfluss hat (vgl. WPH I, A Rn. 312).

90 Nach § 21 Abs. 4 Nr. 4 BS WP/vBP können auch **Beziehungen, die ein naher Angehöriger des WP unterhält,** relevant sein. Einschlägig kann deshalb auch z.B. eine persönliche Vertrautheit zwischen Mitgliedern des Prüfungsteams o. deren nahen Familienangehörigen u. dem genannten Personenkreis des Unternehmens sein (vgl. WPH I, a.a.O). Zum Kreis der nahen Angehörigen zählen im Rahmen der Zurechnungsnorm des § 21 Abs. 4 Nr. 4 BS WP/vBP auf Seiten des WP neben Ehegatten und Lebenspartnern lediglich Verwandte in gerader Linie (§ 1589 Abs. 1 BGB). In einer früheren Fassung der BS WP/vBP (§ 21 Abs. 2 Nr. 1 BS WP/vBP a.F.) wurde noch auf Angehörige i.S.d. § 15 AO abgestellt, womit ein wesentlich größerer Personenkreis erfasst war (z.b. auch verschwägerte Personen o. Ex-Ehegattinnen/-gatten). Diese an das Berufsrecht der Notare angelehnte Regelung (vgl. § 16 BNotO i.V.m. § 3 Abs. 1 BeurkG) wurde im Rahmen der 4. Änderung der BS WP/vBP 2005 (s.o. Rn. 22) jedoch fallen gelassen. Zu beachten ist allerdings, dass § 21 Abs. 4 BS WP/vBP die Zurechnung v. Befangenheitsgründen lediglich **auf der Seite des WP** regelt (vgl. hierzu auch Rn. 108). Der **Personenkreis auf Seiten des zu prüfenden Unternehmens** mit engen persönlichen Beziehungen zum WP, die ggf. eine persönliche Vertrautheit i.S.d. § 24 BS WP/vBP begründen, wird **durch § 21 Abs. 4 Nr. 4 BS WP/vBP hingegen nicht begrenzt.** Im Falle der **Insolvenz des Unternehmens** und Fortbestand bereits erteilter Prüfungsaufträge gem. § 155 Abs. 3 Satz 2 InsO ist primär auf Beziehungen des AP zum **Insolvenzverwalter** abzustellen und nicht (mehr) auf das Verhältnis zu Gesellschaftern oder ursprünglicher GF (vgl. Jundt, WPK-Mag. 1/2007, 44 f.).

91 Bei einem **Wechsel v. Mitarbeitern des WP zum Mandanten** kommt es auf die bisherige Funktion des Mitarbeiters (verantwortlicher Prüfungspartner i.S.d. § 319a Abs. 1 Satz 5, Abs. 2 Satz 2 HGB; Mitglied des Engagement Teams, Mitarbeiter in leitender Stellung bei dem WP o. sonstiger Mitarbeiter), die Umstände, die zu dem Wechsel geführt haben, die Position, die der Betreffende bei dem Mandanten bekleiden wird (z.B. leitende Funktion im Rechnungswesen o. im internen Kontrollsystem) sowie auf die Zeit, die seit dem Wechsel vergangen ist, an. Ggf. bestehende Risiken können durch Schutzmaßnahmen wie Nachschau der Prüfungsergebnisse des Wechselnden o. Besetzung des Auftragsteams mit Personen ohne enge persönliche Beziehung vermindert werden (vgl. § 43 Rn. 398). Wechselt der AP o. der verantwortliche Prüfungspartner (s.o.) zu seinem bisherigen Prüfungsmandanten u. ist dieser ein Unternehmen i.S.d. des § 319a Abs. 1 Satz 1 HGB, darf er dort aufgrund der Cooling Off-Periode gemäß § 43 Abs. 3 zwei Jahre lang keine wichtige Führungstätigkeit ausüben (vgl. Erläuterungstexte zu § 24 BS WP/vBP).

e) **Zurechnung v. Befangenheitstatbeständen (§ 21 Abs. 4 BS WP/vBP)**

92 § 21 Abs. 4 Satz 1 BS WP/vBP stellt klar, dass Besorgnis der Befangenheit nicht nur dann bestehen kann, wenn der WP selbst Befangenheitsgründe i.S.d. Abs. 2 erfüllt. Bestehen bestimmte Beziehungen zu **Personen o. Unternehmen, die als Prüfer o. Gutachter wegen der Besorgnis der Befangenheit ausgeschlossen wären,**

kann sich die bei diesen (fiktiv) bestehende Besorgnis der Befangenheit auf den WP übertragen, ihn also „infizieren" (vgl. Erläuterungstexte zu § 21 Abs. 4 Satz 1 BS WP/vBP).

Diese Beziehungen können sowohl beruflicher als auch privater Natur sein. Hinter der als **abschließend** anzusehenden **Aufzählung** in Nr. 1-5 des § 21 Abs. 4 Satz 1 BS WP/vBP stehen Gesichtspunkte wie z.b. die **Rücksichtnahme auf nahe stehende Personen, gleichgerichtete berufliche Interessen** o. die **Möglichkeit der Einflussnahme**. Ob tats. die Besorgnis der Befangenheit in solchen Fällen anzunehmen ist, kann nur die Einzelfallbetrachtung ergeben, bei der die Gesamtumstände zu berücksichtigen sind (vgl. Erläuterungstexte zu § 21 Abs. 4 Satz 1 BS WP/vBP). 93

aa) Gemeinsame Berufsausübung
So ist ein WP im Hinblick auf eine Prüfung o. Gutachtertätigkeit gemäß § 21 Abs. 4 Satz 1 Nr. 1 BS WP/vBP ausgeschlossen, wenn Personen, mit denen er seinen Beruf gemeinsam ausübt, Sachverhalte nach § 21 Abs. 2 BS WP/vBP verwirklichen. Unter **gemeinsamer Berufsausübung** ist jede Zusammenarbeit zu verstehen, in der eine Gleichrichtung des wirtschaftlichen Interesses durch ganzes o. teilw. **Pooling der Einnahmen u. Ausgaben** erfolgt (vgl. ADS, § 319 Rn. 58). Darüber hinaus entscheidend ist auch ein **gemeinsames Auftreten** nach außen, z.B. als PartG o. **Sozietät** (vgl. ADS, a.a.O. Rn. 59; WPH I, a.a.O. Rn. 327). Abzugrenzen ist die gemeinsame Berufsausübung damit v. der reinen **Bürogemeinschaft**, die sich ledigl. auf die gemeinsame Nutzung v. Büroräumen u. Infrastruktur beschränkt, ohne dass dabei gemeinsame wirtschaftliche Interessen verfolgt werden (vgl. hierzu BeckBilK/Schmidt, § 319 Rn. 32). 94

Eine Zurechnung über die Sozietätsklausel erfolgt auch im Hinblick auf RA, StB u. **andere Angehörige freier Berufe**, mit denen der Berufsangehörige seinen Beruf gemeinsam ausübt (vgl. ADS, a.a.O., Rn. 60). Überdies ist eine gemeinsame Berufsausübung auch im Falle einer Ausübung der Berufstätigkeit derselben Berufsangehörigen in **unterschiedlichen Gesellschaften** gegeben (vgl. hierzu Gelhausen/Buchenau, WPK-Mag. 2/2010, 43). Schließlich kommt auch eine gemeinsame Berufsausübung mit einer **juristischen Person** in Betracht (vgl. BeckBilK/Schmidt, a.a.O.). 95

bb) Verbundenheit in einem Netzwerk
Im Zuge der am 12.2.2010 in Kraft getretenen 7. Änderung der BS WP/vBP wurde der durch das BilMoG in § 319b HGB eingeführte Zurechnungstatbestand des **Netzwerks** (der seinerseits auf Art. 22 Abs. 2 der AP-RiLi beruht) in §§ 21 Abs. 4 Satz 1 Nr. 2 BS WP/vBP (Zurechnung v. Befangenheitstatbeständen bei WP) sowie § 21 Abs. 4 Satz 2 u. 3 BS WP/vBP (Zurechnung v. Befangenheitstatbeständen bei WPG; vgl. hierzu Rn. 112 ff.) integriert (vgl. hierzu im Einzelnen Gelhausen/Precht, WPK-Mag. 1/2010, 30 ff.). Zur **Legaldefinition** sowie den **Netzwerkkriterien** im Einzelnen vgl. § 38 Rn. 20 ff. 96

97 Der bisherige Zurechnungstatbestand der **kundgemachten Kooperation** wurde aufgegeben, da er v. Netzwerktatbestand weitgehend mit umfasst wird. Soweit es um Kooperationsgestaltungen geht, die v. Netzwerkbegriff o. anderen Zurechnungstatbeständen nicht erfasst sind, bestand nach den Wertungen der AP-RiLi u. des HGB keine Veranlassung, diese in die berufsrechtlichen Regelungen zur Besorgnis der Befangenheit einzubeziehen (vgl. Gelhausen/Precht, a.a.O., 31).

98 Nach seinem **Wortlaut** führt § 21 Abs. 4 Satz 1 Nr. 2 BS WP/vBP zur **Zurechnung v. Sachverhalten**, die v. einem **(anderen) Netzwerkmitglied verursacht** werden, bei dem jeweiligen Netzwerkmitglied, das der BS WP/vBP unterliegt. Daneben wird aber auch anzunehmen sein, dass sowohl auf Seiten des (anderen) Netzwerkmitgliedes als auch des betroffenen Mitglieds die übrigen **Zurechnungstatbestände des § 21 Abs. 4 Satz 1 BS WP/vBP** anwendbar sind. Demnach wäre es ebenso zu beanstanden, wenn der zu prüfende Abschluss nicht von dem (anderen) Netzwerkmitglied selbst, sondern v. einem Unternehmen aufgestellt worden ist, auf das das (andere) Netzwerkmitglied maßgeblichen Einfluss hat (§ 21 Abs. 4 Satz 1 Nr. 5 BS WP/vBP). Ist das (andere) Netzwerkmitglied eine Gesellschaft, gelten für dieses die Zurechnungstatbestände des § 21 Abs. 4 Satz 2 BS WP/vBP (vgl. Erläuterungstexte zu § 21 Abs. 4 Satz 1 BS WP/vBP).

99 Der durch Rücksichtnahme auf Netzwerkmitglieder begründete **Zurechnungszusammenhang** wird gemäß §§ 319b Abs. 1 Satz 2 HGB, 21 Abs. 4 Satz 3 BS WP/vBP **unterbrochen**, wenn festzustellen ist, dass das (andere) Netzwerkmitglied auf das Ergebnis der Prüfung keinen Einfluss nehmen kann (vgl. Erläuterungstexte zu § 21 Abs. 4 Satz 3 BS WP/vBP). Die **Vermutung**, dass ein v. einem Netzwerkmitglied erfüllter Ausschlussgrund die Besorgnis der Befangenheit des WP begründet, kann somit im Einzelfall mittels eines **Nachweises widerlegt** werden, dass das den Ausschlussgrund erfüllende Netzwerkmitglied keinen Einfluss auf das Ergebnis der Prüfung nehmen kann. Unter Einflussnahme auf das Prüfungsergebnis ist sowohl **rechtlicher** als auch **faktischer Einfluss** zu verstehen (vgl. MünchKomm HGB/Ebke, § 319b Rn. 27).

100 Von einer **rechtlichen Einflussmöglichkeit** ist immer dann auszugehen, wenn das (andere) Netzwerkmitglied gesetzlich o. vertraglich befugt ist, dem WP **Weisungen** in Bezug auf dessen Prüfungstätigkeit zu erteilen. Die Möglichkeit **faktischer Rücksichtnahmen** begründet eine Einflussmöglichkeit nur dann, wenn hierfür **besondere Gründe** bestehen, die über die gemeinsame Zugehörigkeit zu einem Netzwerk u. die übliche Zusammenarbeit erheblich hinausgehen (vgl. Erläuterungstexte zu § 21 Abs. 4 Satz 3 BS WP/vBP).

101 Solche **Einflussmöglichkeiten** können sich zum einen aus den **Netzwerkstrukturen** selbst ergeben, z.B. wenn dem Netzwerkmitglied aufgrund vertraglicher Gestaltungen auf die Entscheidungen des für die AP verantwortlichen WP direkt o. indirekt Einfluss nehmen kann. Die Möglichkeit einer tats. Beeinflussung v. Entscheidungen besteht aber nur dann, wenn das Netzwerkmitglied in den Entscheidungsstrukturen des Netzwerks auch einen wesentlichen Einfluss auf die AP gel-

tend machen kann. Die Möglichkeit eines solchen unmittelbaren Einflusses auf die Ergebnisse einzelner Prüfungen dürfte bspw. einem Mitglied eines **Kontrollgremiums** des Netzwerks regelmäßig nicht eröffnet sein (vgl. BeckBilK/Schmidt, § 319b Rn. 1).

Zum anderen können sich Einflussmöglichkeiten aber auch aus der **Tätigkeit im Rahmen einer AP** ergeben, z.b. wenn ein Netzwerkmitglied für die Prüfung bestimmter Unternehmens- o. Rechnungslegungsprozesse zuständig ist, die für die AP v. Bedeutung sind o. Partner bzw. Mitarbeiter v. Netzwerkmitgliedern i.R.d. AP als Mitglieder des Prüfungsteams eingesetzt werden (vgl. BeckBilK/Schmidt, a.a.O. Rn. 2). 102

Bestehen solche rechtlichen o. faktischen Einflussmöglichkeiten nicht, kann im Einzelfall die **Vermutung** der Besorgnis der Befangenheit **widerlegt** werden. Auf die tats. Ausübung des Einflusses kommt es hingegen nicht an (vgl. BeckBilK/ Schmidt, a.a.O. Rn. 3). Zudem ist es den Netzwerken u. ihren Mitgliedern grds. möglich, durch geeignete **Schutzmaßnahmen** (§ 22 Abs. 1 BS WP/vBP; z.b. Verbote, Einschränkungen, sonstige Maßnahmen u. Verfahren sowie Offenlegungspflichten, s. auch Rn. 117 ff.) eine Zurechnung v. bei einzelnen Mitgliedern verwirklichten Befangenheitstatbeständen zu vermeiden (vgl. Erwägungsgrund 11 der AP-RiLi). 103

Solche Entlastungsbeweise o. Schutzmaßnahmen sind jedoch gemäß § 21 Abs. 4 Satz 3 Hs. 2 BS WP/vBP **nicht zulässig**, wenn es um die Zurechnung v. befangenheitsbegründenden Sachverhalten aus dem **Selbstprüfungsverbot** (§ 23a BS WP/ vBP) geht. Wie in der Regierungsbegr. zu der parallelen Vorschrift in § 319b Abs. 1 Satz 2 HGB dargelegt (BT-Drs. 16/10067 v. 30.7.2008, 89 ff.), würde ein objektiver, verständiger u. informierter Dritter bei der Erbringung v. Erstellungs- o. Beratungs- u. Bewertungsleistungen, die sich auf den Inhalt des zu prüfenden Abschlusses unmittelbar auswirken, immer den Schluss ziehen, dass der WP bei der Beurteilung der Leistungen des (anderen) Netzwerkmitgliedes befangen ist. Daher greift in diesen Fällen auch berufsrechtlich die **unwiderlegliche Vermutung** der Befangenheit (§ 22a Abs. 2 BS WP/vBP). 104

Insb. im Verhältnis zur Sozietätsklausel (vgl. Rn. 94 f.) fungiert die Netzwerkklausel als **Auffangtatbestand**, d. h. sie kommt nur zur Anwendung, wenn der Sachverhalt nicht bereits durch eine speziellere Vorschrift geregelt ist. Sind die Tatbestandsvoraussetzungen der Sozietätsklausel demnach bereits erfüllt, kommt eine ergänzende Anwendung der Netzwerkklausel (insb. im Hinblick auf ihre Exkulpationsmöglichkeit, vgl. Rn. 103) nicht in Betracht (vgl. zur entsprechenden handelsrechtlichen Wertung ausführlich MünchKomm HGB/Ebke, a.a.O. Rn. 2). 105

Zur **Sicherstellung der Einhaltung** o.g. Kriterien müssen die betroffenen Netzwerke einen **ausreichenden Informationsaustausch** zur Feststellung u. ggf. Lösung entsprechender Unabhängigkeitsgefährdungen installieren (vgl. BeckBilK/ Schmidt, a.a.O. Rn. 5). Die Praxisleitung hat entsprechende **organisatorische Vor-** 106 kehrungen treffen, auch im Hinblick auf eine angemessene Dokumentation (vgl. WPH I, A Rn. 334; zur Dokumentationspflicht s. Rn. 127 ff.).

cc) Bei der Auftragsdurchführung beschäftigte Personen

107 Ferner kann die Besorgnis der Befangenheit nach § 21 Abs. 4 Nr. 3 BS WP/vBP auch dadurch begründet werden, dass **bei der Auftragsdurchführung beschäftigte Personen** Sachverhalte nach § 21 Abs. 2 BS WP/vBP verwirklichen. Bei der **Prüfung beschäftigt** ist eine Person, deren Tätigkeit der Prüfung eindeutig zugeordnet werden kann u. die Einfluss auf Umfang, Ablauf o. Ergebnis der Prüfung hat (Prüfungsplanung, Bearbeitung einzelner Prüffelder, Berichterstattung). In erster Linie sind damit **Fachkräfte** erfasst, die als **Mitglieder des Prüfungsteams** bei der Durchführung der Prüfung eingesetzt werden. In den Anwendungsbereich können allerdings auch **Spezialisten** fallen, die z.B. für die Durchführung v. IT- Systemprüfungen, die Prüfung des Risikofrüherkennungssystems, der steuerlichen Verhältnisse o. v. Steuer- o. Pensionsrückstellungen eingesetzt werden sowie **Qualitätssicherer** u. Personen, die im Rahmen v. **Konsultationen** zu schwierigen fachlichen Fragen in die Prüfung eingebunden werden. Hierzu können auch Mitarbeiter aus fachlichen Kompetenzzentren zählen, wenn diese Stellungnahmen o. Gutachten zu Fachfragen erstellen u. die Mitwirkung über eine nur punktuelle Befassung hinausgeht. Entsprechend beschränkt sich der Kreis v. Personen nicht nur auf Arbeitnehmer, sondern erfasst auch **freie Mitarbeiter** (vgl. BeckBilK/Schmidt, § 319 Rn. 67, 80). Aus dem Verbot des Einsatzes befangener Personen bei der AP für den WP bzw. die WPG leitet sich spiegelbildlich eine **Verpflichtung** für den einzelnen bei der Prüfung eingesetzten **Mitarbeiter** ab, sich – sobald er einer Prüfung zugeordnet ist – zu vergewissern, dass er im Hinblick auf das von ihm (mit-) geprüfte Unternehmen berufsrechtlich unabhängig ist. Liegt eine mögliche Gefährdung seiner Unabhängigkeit vor, ist dies den für die Prüfung verantwortlichen WP bzw. der Praxisleitung unverzüglich mitzuteilen. Der WP bzw. die WPG muss sodann die mögliche Unabhängigkeitsgefährdung beurteilen u. etwaige Schutzmaßnahmen zu ihrer Beseitigung ergreifen. Im Zweifel darf der Mitarbeiter bei der Prüfung nicht eingesetzt werden (vgl. BeckBilK, a.a.O., Rn. 68). Die entsprechende Analyse ist in den Arbeitspapieren zu dokumentieren (vgl. Rn. 2 u. 127). Erforderlich ist allerdings stets, dass der Mitarbeiter i.R.d. Prüfung auch **tats. eingesetzt** wird. Die Zurechnung erstreckt sich daher z.B. **nicht auf Personen**, die in einem ruhenden **Anstellungsverhältnis** stehen (vgl. Erläuterungstexte zu § 23a Abs. 5 BS WP/vBP sowie Rn. 66).

dd) Ehegatten, Lebenspartner und Verwandte

108 Eine Zurechnung erfolgt überdies nach § 21 Abs. 4 Satz 1 Nr. 4 BS WP/vBP auch, wenn bei Ehegatten, Lebenspartnern o. Verwandten in gerader Linie des WP o. für eine dieser Personen handelnde Vertreter die Besorgnis der Befangenheit besteht. Die Vorschrift betrifft lediglich die **Zurechnung v. Befangenheitstatbeständen auf Seiten des WP**. Der relevante Personenkreis auf der Mandantenseite mit engen persönlichen Beziehungen zum WP i.S.d. § 24 BS WP/vBP wird hingegen nicht festgelegt (vgl. hierzu bereits Rn. 90). Zu welchem Zeitpunkt eine **Ehegemeinschaft** o. **Lebenspartnerschaft** eingegangen wird ist dabei unerheblich, solange sie

während der Prüfung bestanden hat. Entsprechend entfällt der Zurechnungstatbestand ex nunc, wenn diese vor Beendigung der Prüfung aufgehoben wird (vgl. BeckBilK/Schmidt, a.a.O. Rn. 73). Dieser Wegfall ändert jedoch nichts an dem Umstand, dass im maßgeblichen Zeitpunkt der Auftragserteilung bzw. -fortführung (vgl. Rn. 2) ein entsprechender Zurechnungstatbestand gegeben war. Durch den Wegfall wird also ledigl. die Dauer des Verstoßes gegen § 49 Hs. 2 verkürzt.

Im Hinblick auf etwaige kritische **Verwandtschaftsverhältnisse** ist zunächst die 109 Beschränkung auf solche in **gerader Linie** gemäß § 1589 Abs. 1 Satz 1 BGB (gegenseitige Abstammung) zu beachten. Darüber hinaus wird der **Grad der verwandtschaftlichen Beziehung** ein erstes Indiz für die Möglichkeit einer stärkeren o. schwächeren Rücksichtnahme darstellen. Zwingende Anhaltspunkte für bestimmte Wertungen werden aber auch hierdurch nicht begründet (vgl. Erläuterungstexte zu § 21 Abs. 4 Satz 1 Nr. 4 BS WP/vBP).

ee) Maßgeblicher Einfluss auf Unternehmen

Schließlich kann eine Besorgnis der Befangenheit auch dadurch begründet sein, 110 dass Unternehmen, auf die der WP maßgeblichen Einfluss hat, Sachverhalte nach § 21 Abs. 2 BS WP/vBP verwirklichen. Unter Berücksichtigung der Wertungen des § 319 Abs. 4 Satz 1 HGB dürfte v. einem maßgeblichen Einfluss des WP auf das Unternehmen jedenfalls dann auszugehen sein, wenn dieser mehr als 20 % der Stimmrechte an dem Unternehmen besitzt.

ff) Ausnahmen bei der Zurechnung von Umsatzabhängigkeit

Der Gesetzgeber hat handelsrechtlich für die Umsatzabhängigkeit (§ 319 Abs. 3 111 Satz 1 Nr. 5, § 319a Abs. 1 Satz 1 Nr. 1 HGB), die Zurechnung für bei der Prüfung beschäftigte Personen (§ 319 Abs. 3 Satz 1 Nr. 4 HGB), Ehegatten o. Lebenspartner (§ 319 Abs. 3 Satz 2 HGB) sowie im Zuge des BilMoG auch in Netzwerken (§ 319b Abs. 1 Satz 1 HGB) ausgeschlossen (vgl. hierzu näher Gelhausen/Precht, WPK-Mag. 1/2010, 31). Entsprechendes gilt seit Inkrafttreten der 7. Änderung der BS WP/vBP 2010 auch berufsrechtlich (§ 21 Abs. 4 Satz 4 BS WP/vBP). Die übrigen Zurechnungstatbestände (§ 21 Abs. 4 Satz 1 Nr. 1 u. 5 BS WP/vBP) bleiben jedoch auch bei Umsatzabhängigkeit anwendbar (vgl. Erläuterungstexte zu § 21 Abs. 4 Satz 4 BS WP/vBP).

f) Besorgnis der Befangenheit bei Berufsgesellschaften
(§ 21 Abs. 4 Satz 2 BS WP/vBP)

Aus systematischen Gründen wurde in der Berufssatzung entspr. der Differenzie- 112 rung im HGB eine **eigenständige Befangenheitsregelung für Berufsgesellschaften** normiert, die aufgrund des Vorrangs des Gesetzes aber nur dann zum Tragen kommt, wenn § 319 Abs. 4 HGB nicht anwendbar ist (also außerhalb v. gesetzl. Pflichtprüfungen nach §§ 316 ff. HGB). Hiernach kann die Besorgnis der Befangenheit bei WPG begründet werden, wenn sie selbst, einer ihrer gesetzlicher Vertreter, ein Gesellschafter, der maßgeblichen Einfluss ausüben kann o. bei der Prüfung in verantwortlicher Position beschäftigt ist, o. andere Personen, die das Ergebnis der Prüfung beeinflussen können, o. Unternehmen, auf die die WPG maßgeblichen Einfluss hat, o. Personen, mit denen die WPG in einem Netzwerk verbunden ist, Sachverhalte nach § 21 Abs. 2 BS WP/vBP verwirklichen.

113 Im Hinblick auf die Ausübung **maßgeblichen Einflusses** eines Gesellschafters auf die WPG o. der WPG auf ein Unternehmen kann auf die entsprechenden Wertungen des § 319 Abs. 4 HGB zurückgegriffen werden. Maßgeblich dürfte mithin auch hier ein Stimmrechtsanteil v. mehr als 20% sein, wobei auch eine Zusammenrechnung v. Stimmrechtsanteilen mehrerer Gesellschafter möglich ist, wenn diese jeweils einzeln o. zusammen einen Ausschlussgrund erfüllen (vgl. WPH I, A Rn. 315).

114 Bei der **Prüfung in verantwortlicher Position** beschäftigt sind zunächst Gesellschafter, die für den Prüfungsauftrag vorrangig verantwortlich sind sowie die Unterzeichner (**verantwortlicher Prüfungspartner u. Mitunterzeichner**). Darüber können auch für bestimmte **Teilbereiche** der Prüfung (z.B. für (IT-) Systemprüfungen o. die Prüfung des Risikofrüherkennungssystems) verantwortliche Personen erfasst sein (vgl. BeckBilK/Schmidt, § 319 Rn. 79).

115 Im Rahmen v. § 21 Abs. 4 Satz 2 BS WP/vBP ist davon auszugehen, dass **grds. jeder bei der Prüfung eingesetzte Mitarbeiter** das Ergebnis beeinflussen kann, u. zwar unabhängig davon, ob er insoweit formal weisungsbefugt ist (vgl. Erläuterungstexte zu § 21 Abs. 4 Satz 2 BS WP/vBP). Da kein Grund ersichtlich ist, warum in Abhängigkeit v. der Organisationsform (Tätigkeit in eigener Praxis o. als WPG) die Ausschlussgründe für die Mitglieder des Prüfungsteams unterschiedlich festgelegt werden sollte, handelt es sich um den gleichen Personenkreis wie die in § 21 Abs. 4 Satz 1 Nr. 3 BS WP/vBP angespr. „bei der Auftragsdurchführung beschäftigten Personen" (vgl. hierzu Rn. 107).

116 Erfasst werden schließlich auch Personen, mit denen die WPG in einem **Netzwerk** verbunden ist. Dabei kann es sich um natürliche, aber auch juristische Personen bzw. Gesellschaften handeln. Auch auf Seiten des (anderen) Netzwerkmitgliedes greift § 21 Abs. 4 Satz 2 BS WP/vBP, sofern dieses eine Gesellschaft ist (vgl. Erläuterungstexte zu § 21 Abs. 4 Satz 2 BS WP/vBP).

4. Schutzmaßnahmen (§ 22 Abs. 1 BS WP/vBP)

117 Die grds. Möglichkeit, durch geeignete **Schutzmaßnahmen (safeguards)** eine Gefährdung der Unbefangenheit soweit abzuschwächen, dass sie insgesamt nicht mehr als wesentlich zu beurteilen ist, will auch der Gesetzgeber, wenn auch handelsrechtlich nur im Rahmen des § 319 Abs. 2 HGB, ausdr. anerkannt wissen (vgl. die Begr. zum BilReG, BT-Drs. 15/3419, 38 v. 24.6.2004).

118 Inhaltlich orientieren sich die in § 22 Abs. 1 Satz 2 BS WP/vBP genannten Schutzmaßnahmen an der o.g. EU-Empfehlung (vgl. Rn. 22). Diese versteht unter Schutzmaßnahmen allerdings auch solche Maßnahmen, die bereits zur Vermeidung eines Befangenheitsgrundes führen sollen (äußerstenfalls also auch die Ablehnung des Auftrags) o. auch solche, die v. Dritten (insb. dem Auftraggeber) getroffen werden (vgl. Ziff. A.I.4. der EU-Empfehlung). § 22 BS WP/vBP bezieht sich hingegen nur auf solche Schutzmaßnahmen, die der WP selbst gegen weiterhin bestehende Ge-

fährdungen treffen kann u. muss, um i.S.d. § 21 Abs. 2 Satz 3 BS WP/vBP eine **Beurteilung v. Gefährdungen als unbedeutend zu ermöglichen.** Inhaltlich sind aber i. Erg. alle Schutzmaßnahmen berücksichtigt, die auch in der EU-Empfehlung vorgesehen sind. Zudem ist der Katalog nicht abschließend (für eine tabellarische Übersicht geeigneter Schutzmaßnahmen, gegliedert nach Gefährdungstatbeständen, s. BeckBilK/Schmidt, § 319 HGB Rn. 30). Soweit nicht durch das HGB strengere Anforderungen vorgegeben werden, geht das gesamte Regelungskonzept jedenfalls nicht über das der EU-Empfehlung hinaus (vgl. Erläuterungstexte zu § 22 Abs. 1 BS WP/vBP).

a) Erörterungen mit Aufsichtsgremien des Auftraggebers
Unter Aufsichtsgremien i.S.v. § 22 Abs. 1 Satz 2 Nr. 1 BS WP/vBP ist insb. der **Aufsichtsrat** zu verstehen (vgl. Erläuterungstexte zu § 22 Abs. 1 Nr.1 BS WP/vBP). Darüber hinaus dürften unter den Begriff auch **vergleichbare Gremien** (wie z.B. Beirat o. Kuratorium) fallen, unabhängig davon, ob ihre Bildung für den Auftraggeber konstitutiv o. fakultativ ist, sofern sie mit Entscheidungskompetenzen ausgestattet sind, die im Wesentlichen denen eines Aufsichtsrats entsprechen (vgl. LG Berlin 25.2.2010, WPK-Mag. 2/2010, 54 f. mit Anm. Gelhausen/Buchenau, WPK-Mag. 2/2010, 42 ff.).

119

b) Erörterungen mit Aufsichtsstellen außerhalb des Unternehmens
Als Aufsichtsstellen i.S.v. § 22 Abs. 1 Nr. 2 BS WP/vBP kommen die **BaFin** o. **Rechnungshöfe** in Betracht, aber auch die **WPK**. Der Begriff der Aufsichtsstellen ist in einem umfassenden Sinne zu verstehen u. nicht auf solche im berufsaufsichtsrechtlichen o. handelsrechtlichen Sinne beschränkt (vgl. Erläuterungstexte zu § 22 Abs. 1 Nr. 2 BS WP/vBP).

120

c) Transparenzregelungen
Schutzmaßnahme i.S.v. § 22 Abs. 1 Nr. 3 BS WP/vBP kann die **Veröffentlichung v. Honoraren** o. ggf. auch die **Offenlegung v. möglicherweise befangenheitsbegründenden Umständen** sein. Bei **Verstößen gegen das Selbstprüfungsverbot** des § 23a BS WP/vBP (s.o. Rn. 44 ff.) dürfte es allerdings nicht ausreichen, ein Testat mit dem Hinweis zu versehen, dass man nicht unbefangen gewesen ist. Wegen des nicht einschränkbaren Selbstprüfungsverbots kommt es insoweit auch nicht darauf an, ob ein § 322 HGB nachgebildeter BV erteilt wird o. nicht. Dies ist ledigl. für die Eröffnung des Anwendungsbereichs des § 22a Abs. 1 Satz 2 BS WP/vBP relevant (s.o. Rn. 16). Diese Grundsätze gelten nicht nur für Testate i.e.S., sondern auch für umfangreichere Bescheinigungen, z.B. im Rahmen der **Erstellung v. JA mit gleichzeitiger Plausibilitätsbeurteilung** (etwa auf Basis v. IDW S 7 o. der BStBK-Verlautbarung zu den Grundsätzen für die Erstellung v. JA, vgl. Beihefter zu DStR 16/2010; s. zum Ganzen auch WPK, WPK-Mag. 2010, 29 f.).

121

d) Einschaltung von nicht mit dem Prüfungsauftrag befassten Personen
Eine mögliche Maßnahme kann z.B. die stärkere Beteiligung des Mitunterzeichners an Planung u. Durchführung der AP sein. Bei **Einschaltung Dritter** im Rahmen v. Schutzmaßnahmen (§ 22 Abs. 1 Nr. 4 u. Nr. 5 BS WP/vBP) gilt grds. die VSP, so-

122

fern nicht die Einschaltung für die Durchführung des Auftrags erforderlich u. damit auch ohne ausdr. Entbindung v. der VSP zulässig ist (vgl. § 50).

e) Beratung mit erfahrenen Kollegen

123 Diese in § 22 Abs. 1 Nr. 5 BS WP/vBP angesprochene Schutzmaßnahme soll verhindern, dass sich der einzelne WP ohne Gedankenaustausch mit Kollegen eine unzutr. berufsrechtliche Meinung bildet („Vier-Augen-Prinzip"). Ein ähnlicher Gedanke liegt der in § 24d BS WP/vBP geregelten Berichtskritik zu Grunde.

f) Personelle und organisatorische Maßnahmen

124 Die Einrichtung v. **Firewalls** i.S.v. § 22 Abs. 1 Nr. 6 BS WP/vBP kann in Grenzfällen das Ausmaß des Risikos der Befangenheit als unwesentlich erscheinen lassen. Dabei kommt es auf das Gesamtbild der Umstände (Art des Risikos; Grad der Abschottung; Größe der Praxis) an, vgl. auch BVerfG 3.7.2003, BB 2003, 2199, 2201.

5. Absolute Ausschlussgründe i. S. d. §§ 319 Abs. 3, 319a u. § 319b Abs. 1 HGB (§ 22a BS WP/vBP)

125 § 22a Abs. 1 Satz 1 BS WP/vBP stellt klar, dass bei einer Verwirklichung der Tatbestände der §§ 319 Abs. 3, 319a u. § 319b Abs. 1 HGB **auch ein berufsrechtliches Verbot** des Tätigwerdens besteht. Dies beruht auf der Prämisse, dass der **berufsrechtliche Befangenheitsbegriff** gemäß § 49 Hs. 2 mit dem **handelsrechtlichen Befangenheitsbegriff** gemäß § 319 Abs. 2 HGB übereinstimmt, der wiederum durch die Tatbestände i.S.d. § 319 Abs. 3 HGB konkretisiert wird (vgl. Erläuterungstexte zu § 22a Abs. 1 Satz 1 BS WP/vBP). Darüber hinaus wird berufsrechtlich der Anwendungsbereich der handelsrechtlichen Ausschlussgründe auf **alle gesetzlich vorgeschriebenen Prüfungen** (also nicht nur JAP) übertragen u. auch auf **freiwillige AP**, bei denen ein **BV** erteilt wird, der **dem gesetzlichen BV nachgebildet ist** (vgl. hierzu Gelhausen/Precht, WPK-Mag. 1/2010, 31 sowie vorstehend Rn. 15 ff.). Aus rechtssystematischen Gründen verweist § 22a Abs. 1 Satz 1 BS WP/vBP dabei nur auf **§§ 319 Abs. 3, 319a u. § 319b Abs. 1 HGB** als absolute Ausschlussgründe. Die Zurechnungsnormen der §§ 319 Abs. 4 u. Abs. 5, 319b Abs. 2 HGB werden dagegen berufsrechtlich über § 21 Abs. 4 Satz 2 bzw. § 22a Abs. 5 BS WP/vBP widergespiegelt.

126 Die handelsrechtliche Beschränkung v. Zurechnungstatbeständen im Netzwerk wurde dabei ebenfalls ins Berufsrecht transferiert. Bei Ausschlusstatbeständen i.Z.m. der Erbringung von **Erstellungsleistungen** sowie v. **Beratungs- u. Bewertungsleistungen**, die sich auf den Inhalt des zu prüfenden Abschlusses **nicht nur unwesentlich** auswirken u. die v. **nicht untergeordneter Bedeutung** sind (§ 319 Abs. 3 Satz 1 Nr. 3, § 319a Abs. 1 Satz 1 Nr. 2 u. 3 HGB) ist demnach der **Entlastungsbeweis**, dass das Netzwerkmitglied auf das Ergebnis der AP keinen Einfluss nehmen kann (§ 21 Abs. 4 Satz 3 BS WP/vBP) – ebenso wie sonstige Schutzmaßnahmen – **unzulässig**. § 22a Abs. 2 BS WP/vBP bildet insoweit § 319b Abs. 1 Satz 2 HGB ab. In den Fällen des § 319b Abs. 1 Satz 1 HGB (andere Ausschlussgründe) bleibt dagegen der Entlastungsbeweis bzgl. der mangelnden Einflussnahmemöglichkeit des Netzwerkmitgliedes auf das Ergebnis der AP möglich, nicht jedoch der Entlastungsbeweis hinsichtlich der in § 319b Abs. 1 Satz 1 HGB angesprochenen Gefährdungstatbestände des § 319 Abs. 3 Satz 1 Nr. 1, 2 u. 4 u. Abs. 3 Satz 2 HGB selbst. Erfüllt ein Netzwerkmitglied einen dieser Gefährdungstatbestände, kann die Exkulpation also ausschl. durch den Nachweis der mangelnden Einflussnahmemöglichkeit erfolgen (vgl. Erläuterungstexte zu § 22a Abs. 1 BS WP/vBP).

6. Dokumentationspflicht

Gemäß § 21 Abs. 5 Satz 2 BS WP/vBP sind die zur Überprüfung, ob die Unbefangenheit **gefährdenden Umstände** vorliegen, **getroffenen Maßnahmen** u. dabei festgestellt **kritische Sachverhalte** in den Arbeitspapieren **schriftlich** zu dokumentieren. Bei der Dokumentation der Gefährdungen u. ihrer Prüfungen sind die im Einzelfall ergriffenen **Schutzmaßnahmen** ebenfalls zu dokumentieren (§ 22 Abs. 2 WP/vBP). Die Dokumentation sollte grds. im Vorfeld des Beschlussvorschlages an die Hauptversammlung über die Wahl des AP vorgenommen u. abgeschlossen werden, d.h. vor Abgabe der Unabhängigkeitserklärung ggü. dem Aufsichtsrat (vgl. korrespondierende Pflicht des Aufsichtsrats zur Einholung einer Unabhängigkeitserklärung gemäß Ziff. 7.2.1 DCGK), spätestens aber vor Annahme des Auftrages. Die **Unabhängigkeitserklärung nach DCGK** selbst ist ein Ergebnis der Beurteilung u. Entscheidung des AP zu seiner Unabhängigkeit, stellt jedoch allein keine hinreichende Dokumentation der Beurteilung dar. Treten gefährdende Umstände zu einem späteren Zeitpunkt auf o. werden dem AP bekannt, hat die entsprechende Dokumentation unverzüglich zu erfolgen. Entsprechendes gilt, wenn gefährdende Umstände wegfallen, die ggf. Schutzmaßnahmen erforderten. **127**

Die in § 21 Abs. 5 Satz 2 BS WP/vBP enthaltene Dokumentationspflicht soll die Beurteilung einer Gefährdung der Unbefangenheit o. Besorgnis der Befangenheit **nachvollziehbar machen**. Die Erstellung einer umfassenden „Checkliste" ist dabei nicht erforderlich. Vielmehr genügt die nachvollziehbare Dokumentation der **Tatsache der Prüfung** sowie ggf. **aufgetretener Risiken** (vgl. Erläuterungstexte zu § 21 Abs. 5 Satz 2 BS WP/vBP). Die in § 22 Abs. 2 BS WP/vBP vorgesehene Dokumentationspflicht für Schutzmaßnahmen hat ledigl. ergänzenden Charakter u. ist nur relevant, sofern überhaupt Befangenheitsgründe bestehen, die das Ergreifen v. Schutzmaßnahmen erforderlich machen (vgl. Erläuterungstexte zu § 22 Abs. 2 BS WP/vBP). **128**

Für den Bereich der gesetzlichen AP ist die Pflicht zur schriftlichen Dokumentation der Maßnahmen zur Überprüfung der Unabhängigkeit i.S.d. § 319 Abs. 2 bis 5 u. des § 319a HGB, der die Unabhängigkeit gefährdenden Umstände u. der ergriffenen Schutzmaßnahmen auch nochmals gesondert in § 51b Abs. 4 Satz 2 geregelt (vgl. § 51b Rn. 64 ff.). **129**

IV. Rechtsfolgen von Verstößen

Die **zivilrechtlichen Rechtsfolgen** eines Verstoßes gegen § 49 sind nicht geregelt. Auch wenn nach Auffassung der Rspr. ein Verstoß zivilrechtlich grds. folgenlos ist **130** (s.o. Rn. 3), ist zu berücksichtigen, dass im Bereich v. gesetzlichen JAP nach §§ 316 ff. HGB ein Verstoß gegen die Versagungspflicht nach § 49 2. Hs. zumeist auch mit einem Verstoß gegen die handelsrechtlichen Ausschlussgründe der §§ 319, 319a, 319b HGB einhergehen wird.

131 Hinsichtlich der **handelsrechtlichen Rechtsfolgen** ist zu differenzieren: Eine **anfängliche Besorgnis der Befangenheit** führt zur Nichtigkeit des Prüfungsauftrages u. zum ersatzlosen **Wegfall des Honoraranspruchs** des WP. Bei einer erst **nachträglich eintretenden Besorgnis der Befangenheit** (d.h. während der Abwicklung des Prüfungsauftrags) kann man dagegen nach Auffassung des BGH nicht ohne weiteres v. einer rückwirkenden (ex-tunc-)Nichtigkeit des Prüfungsauftrags ausgehen, so dass der Honoraranspruch grds. erhalten bleibt (BGH 21.1.2010, DB 2010, 436, 438). Zumindest dürfte dem WP **aus zivilrechtlichem Bereicherungsrecht (§§ 812 ff. BGB) ein Anspruch auf Ausgleich** für die bis zum Eintritt des Befangenheitsgrundes erbrachten Prüfungsleistungen zustehen (vgl. dazu Gelhausen/Heinz, WPg 2005, 703; MünchKomm HGB/Ebke, § 319 Rn. 35 ff.).

132 Der WP ist bei einer gesetzlichen JAP berechtigt u. verpflichtet, den **Prüfungsauftrag aus wichtigem Grund zu kündigen** (§ 318 Abs. 6 HGB), sobald er feststellt, dass in seiner Person ein Ausschlussgrund gemäß §§ 319 ff. HGB vorliegt (ADS, § 318 Rn. 441). Im Falle der Kündigung sind sowohl WP als auch die gesetzlichen Vertreter des Unternehmens verpflichtet, unverzüglich u. schriftlich begründet die WPK zu unterrichten (§ 318 Abs. 8 HGB). Losgelöst v. der Kündigung des Prüfungsauftrages kann im Falle der Inhabilität nach Maßgabe v. § 318 Abs. 3 HGB auf Antrag v. gesetzlichen Vertretern, Aufsichtsrat o. Gesellschaftern des Prüfungsmandanten eine **gerichtliche Ersetzung des AP** erfolgen. Im Falle des Prüferwechsels sind die wechselseitigen Informations- u. Unterrichtspflichten v. Mandatsvorgänger u. -nachfolger gemäß § 26 BS WP/vBP zu beachten (vgl. hierzu Erläuterungstexte zu § 26 BS WP/vBP). Diese gelten bei freiwilligen AP entsprechend, sofern ein dem gesetzlichen BV nachgebildeter BV erteilt wird (§ 26 Abs. 5 BS WP/vBP).

133 Im Übrigen kann ein Verstoß gegen die handelsrechtlichen Ausschlussgründe – abgesehen v. einer **berufsaufsichtsrechtlichen Ahndung** (vgl. Rn. 3) – als **Ordnungswidrigkeit** mit einer Geldbuße v. bis 50.000 Euro geahndet werden (§ 334 Abs. 2, Abs. 3 HGB). Die Geldbuße kann nicht gegen die WPG, sondern nur gegen den o. die handelnden WP persönlich verhängt werden (vgl. § 9 Abs. 1 OWiG).

§ 50 Verschwiegenheitspflicht der Gehilfen

Der Wirtschaftsprüfer hat seine Gehilfen und Mitarbeiter, soweit sie nicht bereits durch Gesetz zur Verschwiegenheit verpflichtet sind, zur Verschwiegenheit zu verpflichten.

Schrifttum: *Die Hinweise zum Schrifttum vor § 43 Rn. 119 (zu § 43 Abs. 1 Satz 1, Verschwiegenheit) erstrecken sich z.T. auch auf das Gehilfenthema.*

Inhaltsübersicht

	Rn.
I. Allgemeines	1
II. Gehilfen und Mitarbeiter	2–6
III. Verpflichtung	7–10
IV. Rechtsfolgen der Verpflichtung	11–16

I. Allgemeines

Der WP hat seinen Beruf eigenverantwortlich auszuüben (§ 43 Abs. 1 Satz 1), was aber nicht ausschließt, dass er sich bei der Erfüllung seiner Aufgaben Dritter bedienen kann (§ 43 Rn. 223). Dies darf aber nicht dazu führen, dass die Einhaltung der Berufspflichten leidet. Der WP muss daher seine Gehilfen u. Mitarbeiter derart aussuchen u. überwachen, dass die Beachtung der berufsrechtlichen u. die Erfüllung der vertraglichen Pflichten sichergestellt ist. Von besonderer Bedeutung u. daher ausdr. geregelt ist die **Sicherstellung der VSP**, zumal hieran auch **Zeugnisverweigerungsrechte** anknüpfen. § 5 Abs. 3 BS WP/vBP ergänzt insoweit die Regelung des § 50, bezogen allerdings nur auf Mitarbeiter. Gesetzlich geregelt u. damit unmittelbar wirkend ist die Verschwiegenheitspflicht der **Gehilfen des WP im Rahmen gesetzlicher AP** (§ 323 Abs. 1 Satz 1 HGB) u. im Rahmen v. QK-Verfahren (§ 57b Abs. 1). 1

II. Gehilfen und Mitarbeiter

Als **Gehilfe des WP** wird grds. jeder Dritte verstanden, der in die Auftragsbearbeitung eingebunden ist. Erfasst sind danach die in **§ 50 auch ausdr. angesprochenen Mitarbeiter des WP**, seien es **angestellte Mitarbeiter o. freie Mitarbeiter** (Gehilfen im engeren Sinn), aber auch die ebenfalls in § 50 ausdr. angesprochenen Gehilfen im weiteren Sinn, nämlich **Subunternehmer** u. letztlich jeder **sonstige Dienstleister**, den der WP zu seiner eigenen Unterstützung heranzieht. Der strafrechtliche u. strafprozessuale Gehilfenbegriff ist in Teilen enger u. nimmt solche Gehilfen aus, deren Tätigkeit nicht in einem inneren Zusammenhang mit der beruflichen Tätigkeit der WP steht (z.B. Chauffeur, Putzhilfe; vgl. Schönke/Schröder, StGB, § 203 Rn. 64, 64a). Dies hat jedoch keine Auswirkungen auf die berufsrechtliche Verpflichtung des WP, „jedweden" Gehilfen in die Pflicht zu nehmen. 2

Zwischen **angestellten u. freien Mitarbeitern** wird nicht differenziert. Es geht um „Zuarbeiter" u. nicht darum, ob sie in einem sozialen Abhängigkeitsverhältnis zum WP stehen (hierzu OLG Köln 1.3.1991, StV 1991, 506: selbstständiger Unternehmensberater als Hilfsperson nach § 53a StPO). 3

Auch bei der Beauftragung v. **Fremdunternehmen** ist die Verschwiegenheit zu wahren. Dies betrifft etwa die Beauftragung v. EDV- u. Reparaturfirmen sowie anderer Personen, die Zugang zu Unterlagen des WP haben (ausgelagertes Sekretariat, private Postdienste, Aktenvernichter, Reinigungspersonal u.a.). Auch diese sind zur Verschwiegenheit zu verpflichten. Der sichere Weg geht dahin, dabei nicht nur fremde Unternehmen als solche zur Verschwiegenheit zu verpflichten, sondern zu- 4 sätzl. die im **Einzelfall tätigen Angestellten** o. **Beauftragte** der Fremdunternehmen, jedenfalls soweit diese regelmäßig zum Einsatz kommen.

5 Zunehmend thematisiert wird das sog. **Outsourcing beruflicher Teilleistungen**. Dies beginnt mit ausgelagerten Sekretariaten, wie sie eher im anwaltlichen Bereich vorkommen, reicht über mechanisch basierte Vorarbeiten im Bereich v. Unabhängigkeitsanalysen, vorbereitende Risikoanalysen, Datenanalysen v. Journalbuchungen u. Abstimmung v. Massedaten hin bis zu Hilfsgeschäften wie die Einholung v. Saldenbestätigungen, die Durchführung einer Berichtskritik sowie die Vorbereitung v. Präsentationen ggü. dem Unternehmen im Rahmen gesetzlicher Abschlussprüfungen. Soweit diese Aufgaben bei größeren Einheiten nur in übergreifend tätige Abteilungen verlagert werden, ist dies im Verhältnis zum Auftraggeber u. mit Blick auf die Sicherstellung der VSP unproblematisch. Problematischer ist die Auslagerung solcher Tätigkeiten auf **Fremdunternehmen**, auch wenn sie dem eigenen Verbund o. Netzwerk angehören. Bedenken im Verhältnis zum Mandanten können durch eine spezifische Vereinbarung ausgeräumt werden. Unter dem Blickwinkel der Eigenverantwortlichkeit u. Gewissenheit muss insb. die jederzeitige Kontrolle verbunden mit jederzeitigen Zugriffsmöglichkeiten gesichert sein (vgl. § 43 Rn. 235). Mögliche Defizite im Rahmen der Zeugnisverweigerungsrechte u. Beschlagnahmeverbote sind bereits an den Gesetzgeber herangetragen worden (vgl. auch die Literaturhinweise zum Thema „Outsourcing" vor § 43 Rn. 119); der WP muss auch aus diesem Grund auf eine ausdr. Unterrichtung des Mandanten u. Vereinbarung mit dem Mandanten Wert legen.

6 Die Verpflichtung zur Verschwiegenheit ist nur dann nicht erforderlich, wenn die Personen, die mit der Mandatsbearbeitung befasst sind o. anderweitig im Rahmen des Praxisbetriebs herangezogen werden, **bereits aufgrund gesetzlicher Bestimmungen der Verschwiegenheit unterliegen**. Dies betrifft Personen, mit denen der **WP seinen Beruf gemeinsam ausüben kann** (§ 44b), insb. WP sowie StB u. RA. Soweit Gehilfen/Mitarbeiter nicht aus ihrer beruflichen Stellung heraus, sondern nur aufgrund der gesetzlichen Sonderregelungen in § 323 Abs. 1 Satz 1 HGB u. in § 57b WPO gesetzlich zur Verschwiegenheit verpflichtet sind, sollten sie gleichwohl zusätzl. zur Verschwiegenheit verpflichtet werden.

III. Verpflichtung

7 Der WP hat seine Mitarbeiter u. Gehilfen eingehend über die einschlägigen gesetzlichen Bestimmungen zur Verschwiegenheit zu belehren. Diese **Belehrung** beinhaltet zunächst den Inhalt u. Umfang der berufsrechtlichen Schweigepflicht nach § 43 Abs. 1 Satz 1. Ergänzend hat der WP auf die mit der berufsrechtlichen Verschwiegenheit korrespondierenden Schweigerechte hinzuweisen. Der Gehilfe/Mitarbeiter ist daher über den wesentlichen Inhalt u.a. der nachstehenden Vorschriften zu belehren:

- **§ 203 Abs. 1 Nr. 3 u. Abs. 3-5 StGB** (Verletzung v. Privatgeheimnissen); **§ 204 StGB** (Verwertung fremder Geheimnisse)

- **§ 53 StPO** (Zeugnisverweigerungsrecht als Berufsgeheimnisträger); **§ 53a StPO** (Zeugnisverweigerungsrecht der Berufshelfer)
- **§ 97 Abs. 1, 2, 4 StPO** (Beschlagnahmeverbot)
- **§ 383 Abs. 1, 3 ZPO** (Zeugnisverweigerungsrecht als Berufsgeheimnisträger); **§ 385 Abs. 2 ZPO** (Zeugnispflicht)
- **§ 102 Abs. 1-3 AO** (Auskunftsverweigerungsrecht zum Schutz bestimmter Berufsgeheimnisse)
- **§ 323 Abs. 1, 3 HGB** (Verantwortlichkeit des AP); **§ 333 HGB** (Verletzung der Geheimhaltungspflicht)

Neben den Vorschriften zur Verschwiegenheit hat der WP gemäß § 5 Abs. 3 BS WP/vBP insb. auf die Einhaltung der **Vorschriften zum Datenschutz** (§ 5 BDSG), zu den **Insider-Regeln** (§ 14 WpHG) u. auf die **Regelungen des QK-Systems** (§ 57a ff.) hinzuweisen. Auch die Pflichten nach dem **Geldwäschegesetz** (§ 11 Abs. 1, 3-5 GwG) sollen Inhalt der Belehrung sein. Sollte eine Belehrung zu weit gehen, weil der Gehilfe/Mitarbeiter zwar berufsrechtlich zur Verschwiegenheit zu verpflichten ist, aber strafprozessual o. strafrechtlich nicht unter den Gehilfenbegriff fällt, ist dies nicht schädlich. 8

Die Verpflichtung der Mitarbeiter zur Verschwiegenheit ist **vor Dienstantritt** vorzunehmen u. **schriftlich** zu dokumentieren (§ 5 Abs. 3 BS WP/vBP). Durch das Erfordernis der Schriftlichkeit will der Satzungsgeber sicherstellen, dass die Verpflichtung der Mitarbeiter nicht nur mündlich erfolgt, sondern dokumentiert ist u. damit ggf. nachgewiesen werden kann. Dies umfasst auch die erforderliche „Annahmeerklärung" des Verpflichteten. 9

In der Regel erfolgt die Verpflichtungserklärung in **Papierform** u. wird v. WP sowie dem Mitarbeiter unterzeichnet; dem Mitarbeiter sollte eine Kopie der Verpflichtungserklärung ausgehändigt werden. Aber auch eine Verpflichtung **per Email** ist berufsrechtlich zulässig. Hierbei kann deren Kenntnisnahme u. Annahme dadurch erfolgen, dass der Mitarbeiter einen „Antwortbutton" betätigt. Zulässig wäre auch die (elektronische) Rücksendung einer Bestätigung. Voraussetzung ist aber jeweils, dass die Identität des Verpflichteten mit dem Urheber der Annahmeerklärung durch Passwort-Zugang o.ä. sichergestellt ist. Soweit dies technisch nicht gewährleistet werden kann, müsste die Annahmeerklärung durch den Mitarbeiter handschriftlich erfolgen. Eine vergleichbare Regelung für die Verpflichtung v. sonstigen Gehilfen einschließl. Fremdunternehmen gibt es nicht. Hier sollte der WP im eigenen Interesse jedoch ebenfalls die Schriftform einhalten. 10

IV. Rechtsfolgen der Verpflichtung

Ein **Verstoß gegen die Verschwiegenheitsverpflichtung durch einen angestellten Mitarbeiter** des WP stellt eine arbeitsrechtliche Pflichtverletzung dar, die eine Abmahnung zur Folge haben kann; in besonders schweren Fällen ist auch eine fristlose Kündigung nicht auszuschließen. Bei einer **Verletzung der Verschwiegenheitsverpflichtung durch freie Mitarbeiter o. Fremdunternehmen** empfiehlt 11 sich i.d.R. die Kündigung der Zusammenarbeit; zumindest aber sollte der für einen Verstoß gegen die VSP verantwortliche Mitarbeiter ausgewechselt werden.

12 Die vertragliche Verpflichtung begründet **keinen Straftatbestand**. Eine Strafbarkeit kann nur aus einer gesetzlichen Regelung folgen. Nach §§ 203 Abs. 3, 204 StGB sind insoweit nur **berufsmäßig tätige Gehilfen** des WP der Strafbarkeit bei der Verletzung von Privatgeheimnissen u. der Verwertung fremder Geheimnisse unterworfen (vgl. auch Rn. 2 u. Hinweis auf Schönke/Schröder).

13 Den Gehilfen des WP steht durch die Verpflichtung zur Verschwiegenheit ein **Zeugnisverweigerungsrecht** zu. Dies korrespondiert damit, dass sich der Gehilfe selbst strafbar machen kann.

14 Im **strafrechtlichen Verfahren** kann der Gehilfe gem. § 53a StPO das Zeugnis verweigern. Das Schweigerecht der Gehilfen ist dabei v. **Zeugnisverweigerungsrecht des Arbeitgebers abgeleitet** (BGH 12.1.1956, NJW 1956, 599). Dieser entscheidet über die konkrete Ausübung des Zeugnisverweigerungsrechts der Hilfspersonen (§ 53a Abs. 1 Satz 2 StPO). Ausnahmsweise kann der Gehilfe selbst entscheiden, wenn die Entscheidung nicht in absehbarer Zeit herbeigeführt werden kann (z.B. Tod, Erkrankung, längere Abwesenheit des Arbeitgebers). Im **Zivilrecht** ist die Frage der Zeugnisverweigerung in § 383 Abs. 1 Nr. 6 ZPO geregelt. Die Schweigebefugnis steht danach auch unmittelbar den beruflichen Gehilfen u. Bediensteten des Arbeitgebers zu, da der Vertrauensgeber u. nicht der Arbeitgeber geschützt werden soll (Zöller/Greger, ZPO, § 383 Rn. 17).

15 Das Recht zur Zeugnisverweigerung entfällt, wenn eine wirksame Entbindung vorliegt. Sofern der WP v. der Pflicht zur Verschwiegenheit entbunden wurde, gilt dies im Allg. auch für seine Hilfspersonen. Der WP hat seinen Gehilfen dann eine Aussagegenehmigung zu erteilen.

16 Im **Strafrecht** erstreckt sich die Entbindung des Arbeitgeber auch auf die Hilfspersonen (§ 53a Abs. 2 StPO). Die Entbindung ist dabei unteilbar, d.h. der Arbeitgeber u. seine Gehilfen können nur gemeinsam entbunden o. nicht entbunden werden (Meyer-Goßner, StPO, § 53a Rn. 10). Sofern keine Entbindung v. der VSP besteht, kann der WP den Hilfspersonen vorschreiben, welche Angaben sie im Rahmen eines strafrechtlichen Verfahrens machen dürfen. Zur Frage der Entbindung eines WP als freier Mitarbeiter im staatsanwaltlichen Ermittlungsverfahren WPK-Mitt. 2001, 30. Im **zivilrechtlichen Verfahren** richtet sich die Entbindung v. der VSP nach § 385 Abs. 2 ZPO. Danach ist eine Befreiung durch alle Personen notwendig, denen ein Recht auf Verschwiegenheit zusteht (Thomas/Putzo/Reichold, ZPO, § 385 Rn. 5). Dies kann – insb. aus arbeitsrechtlicher Sicht – auch der Arbeitgeber sein. Andererseits ist der Gehilfe anders als bei Strafverfahren kein rechtliches Anhängsel des WP; er kann daher auch unmittelbar (ehemaligen) Mandanten v. der VSP entbunden werden (vgl. auch Kuhls/Maxl, StBerG, § 60 Rn. 4 u. Autenrieth, NWB 2012, 3568, mit Hinweis auf LG Rottweil 9.8.2012, 3 O 168/10).

Vorbemerkungen zu § 51

Schrifttum: *Weber*, Die Entscheidung über die Auftragsannahme in der Wirtschaftsprüfung: Ein qualitätssicherndes Instrument im Rahmen der Jahresabschlussprüfung, 2012; *Jundt*, Abschlussprüfung in der Insolvenz, WPK-Mag. 2007, 41; *Mutschler*, Die zivilrechtliche Einordnung des Steuerberatervertrags als Dienst- oder Werkvertrag, DStR 2007, 550; *Wagner*, Die Bestellung des Abschlussprüfers für die prüferische Durchsicht – Fragen bei der aktuellen Vorbereitung der Hauptversammlung, BB 2007, 454; *Maulbetsch/Dehlinger*, Die gerichtliche Entscheidung von Meinungsverschiedenheiten zwischen Abschlussprüfer und Gesellschaft – Zum Streitbeilegungsverfahren nach § 324 HGB, DB 2006, 2387; *Mayer*, AGB-Kontrolle und Vergütungsvereinbarung, AnwBl. 2006, 168; *Dißars*, Kündigung des Auftrags zur gesetzlichen Abschlussprüfung aus wichtigem Grund, BB 2005, 2231; *Prangenberg/Sollanek*, Die Beauftragung des Wirtschaftsprüfers durch den Aufsichtsrat, 2005; *Precht*, Wirksame Einbeziehung der AAB des WP/vBP, WPK-Mag. 2005, 34; *Zimmermann*, Haftungsbeschränkung statt Versicherung? – Zur Reichweite von § 54a WPO, WPK-Mag. 2005, 44; *Schroer*, Die Mandatsniederlegung durch den Steuerberater, INF 2004, 957; *Armbrüster/Wiese*, Die Folgen der Schuldrechtsreform für vor dem 1.1.02 begründete Dauerschuldverhältnisse, DStR 2003, 334; *Hölzle*, Das Steuerberatungsmandat in der Insolvenz des Mandanten, Mandatsfragen im Vorfeld der Insolvenz, im vorläufigen und im eröffneten Insolvenzverfahren, DStR 2003, 2075; *Klerx*, Ersetzung des bestellten Abschlussprüfers durch den Insolvenzverwalter, NZG 2003, 943; *Leibner*, Einsatz von Allgemeinen Geschäftsbedingungen durch Steuerberater, GmbHR 23/2003, R 469-R 470; *Mankowski*, Werkvertragsrecht – Die Neuerungen durch § 651 BGB und der Abschied vom Werklieferungsvertrag, MDR 2003, 854; *Späth*, Beratungspflicht des Steuerberaters ohne sicheren adäquaten Gebührenanspruch?, DStR 2003, 1590; *Borstel*, Mandatsvertrag und Haftungsbeschränkung, DSWR 2002, 223; *Fortun*, Ersetzung bereits gewählter Abschlussprüfer, BB 2002, 2012; *Graf von Westphalen*, AGB-Recht ins BGB – Eine erste Bestandsaufnahme, NJW 2002, 12; *Hartung*, Mandatsvertrag - Das Einzelmandat in der Anwaltspraxis, MDR 2002, 1224; *Henssler/Dedek*, Die Auswirkungen der Schuldrechtsreform auf die Mandatsverhältnisse von Wirtschaftsprüfern, WPK-Mitt. 2002, 278; *Koch*, Auswirkungen der Schuldrechtsreform auf die Gestaltung allgemeiner Geschäftsbedingungen (Teil I u. II), WM 2002, 2173; *Schudnagies*, Das Werkvertragsrecht nach der Schuldrechtsreform, NJW 2002, 396; *Späth*, Zum Charakter des Steuerberatungsvertrags als Dienst- oder Werkvertrag, INF 2002, 565; *Zimmermann*, Das neue Recht der Leistungsstörungen, NJW 2002, 1; *von Dücker*, Das kaufmännische Bestätigungsschreiben in der höchstrichterlichen Rechtsprechung, BB 1996, 3; *Fischer*, Praktische Probleme bei der Einbeziehung von AGB unter Kaufleuten, insbesondere bei laufenden Geschäftsverbindungen, BB 1995, 2491.

Inhaltsübersicht

Die rechtlichen Beziehungen zwischen WP/WPG und ihren Mandanten sind nicht nur durch das Berufsrecht, sondern auch durch das Vertragsrecht (Zivilrecht) ge-

prägt. Dieses wiederum erfährt zahlreiche Modifikationen oder Konkretisierungen durch das Berufsrecht. Aus diesem Grund enthält der Kommentar auch einen Überblick zum Vertragsverhältnis zwischen dem WP und seinem Auftraggeber.

		Rn.
I.	Allgemeines	1–16
	1. Vertragsrecht versus Berufsrecht	2–12
	a) Allgemeine Berufspflichten	4–7
	b) Besondere tätigkeitsspezifische Berufspflichten	8–10
	c) Mehrfachbänder und interprofessionelle Zusammenschlüsse	11–12
	2. Vertragstypen	13–14
	3. Internationales Privatrecht	15
	4. Tätigwerden aufgrund Verwaltungsaktes	16
II.	Vertragsschluss	17–45
	1. Abschlussfreiheit	17–21
	2. Formfreiheit	22–34
	a) Grundsatz	22–25
	b) Besonderheiten bei Pflichtprüfungen	26–32
	c) Bestellung durch Gericht	33–34
	3. Geltung des Parteiwillens	35–37
	4. Auftragsbestätigungsschreiben	38–45
	a) Rechtscharakter	39–42
	b) Inhalt	43–45
III.	Allgemeine Auftragsbedingungen	46–56
	1. Einbeziehung der AAB in den Vertrag	48–53
	a) Hinweispflicht	49–51
	b) Einverständnis des Mandanten	52–53
	2. Inhaltskontrolle	54–56
IV.	Auftragsbeendigung	57–77
	1. Auftragsbeendigung durch Erfüllung	57–58
	2. Vorzeitige Auftragsbeendigung	59–65
	a) Kündigung	59–63
	b) Persönliche Verhinderung des WP	64–65
	3. Insolvenz des Auftraggebers	66–71
	a) Grundsatz	66–69
	b) Besonderheiten bei Pflichtprüfungen	70–71
	4. Verjährung von Ansprüchen aus dem Vertragsverhältnis	72–75
	5. Gerichtsstand bei Honorarklagen	76–77

I. Allgemeines

1 Die Auftragsabwicklung bei beruflichen Mandaten richtet sich, sofern es sich nicht ausnahmsweise um eine öffentlich-rechtliche Bestellung durch VA handelt, grds. nach den **zivilrechtlichen Bestimmungen** des BGB. Die verschiedenen beruflichen Tätigkeiten lassen sich i.d.R. als Dienst- (§§ 611 ff. BGB) o. Werkvertrag (§§ 631 ff.

Vorbemerkungen Vor § 51

BGB) in der Form eines Geschäftsbesorgungsvertrages (§ 675 BGB) qualifizieren. Darüber hinaus sind Spezialvorschriften des HGB, der WPO sowie der BS WP/vBP zu beachten.

1. Vertragsrecht versus Berufsrecht
Den WP, der sich in seiner Berufseigenschaft mandatieren lässt, treffen zivilrechtlich – wie bei jedem anderen Vertragsverhältnis auch – nicht nur die **vertraglichen Hauptleistungspflichten** zur Erbringung seiner dem jeweiligen Mandat nach geschuldeten Arbeiten, sondern auch sog. **nebenvertragliche Pflichten**. Er ist stets zur Rücksichtnahme auf Rechte, Rechtsgüter u. Interessen des Mandanten verpflichtet (§ 241 Abs. 2 BGB). Nicht nur die haupt- sondern auch gerade die nebenvertraglichen Pflichten werden aber in vielfältiger Weise durch die WPO u. die BS WP/vBP näher konkretisiert, um der **besonderen Vertrauensstellung**, die der WP innehat, gerecht zu werden. Das Berufsrecht enthält diverse Spezialregelungen, die bei Vertragsschluss, bei Auftragsabwicklung sowie im nachvertraglichen Bereich zu beachten sind. Teilweise sind diese allerdings tätigkeitsbezogen u. gelten nur im Kernbereich der beruflichen Tätigkeit, d.h. der JAP u. Gutachtenerstattung. 2

Die allg. ebenso wie die besonderen **Berufspflichten bei JAP u. Gutachtenerstattung** werden, sofern sie sich im Außenverhältnis auf die Auftragsabwicklung als solche auswirken, entw. stillschweigend zum **Vertragsbestandteil** o. setzen der vertraglichen Gestaltung gemäß dem Parteiwillen bereits vorab Grenzen. 3

a) Allgemeine Berufspflichten
Die **allg. Berufspflichten** des § 43 Abs. 1 Satz 1, die bei sämtlichen beruflichen Tätigkeiten zu beachten sind, wirken sich im Rahmen der Erbringung der Primärleistung des WP (z.B. gewissenhafte Mandatsbearbeitung i.S. einer best practice) aber auch im nebenvertraglichen Bereich (z.B. Verschwiegenheit) aus. 4

Bei der Erbringung seiner vertraglich geschuldeten Hauptleistung ist der WP insb. zur Beachtung der fachlichen Regeln u. Überzeugungen des Berufsstandes verpflichtet (Grundsatz der Gewissenhaftigkeit, §§ 43 Abs. 1 Satz 1, 4 BS WP/vBP), die sich i.d.R. in den **Standards u. sonstigen Verlautbarungen** des IDW widerspiegeln. Diese haben sich – auch wenn sie nicht unmittelbar verpflichtend sind – bei den Gerichten durchgesetzt mit der Folge, dass im Zivilprozess bei deren Einhaltung grds. eine fachlich ordnungsgemäße Berufsausübung vermutet wird, die regelmäßig zumindest ein Verschulden (§ 276 BGB) entfallen lassen wird. Bei Verstößen dagegen hat der WP den Entlastungsbeweis zu führen. Die Leistung kann dann ggf. im Gewährleistungsrecht als „nicht wie geschuldet" bzw. „nicht vertragsgemäß" i.S. einer Schlechtleistung nach §§ 281 Abs. 1 Satz 1 Alt. 2, 323 Abs. 1 Satz 1 Alt. 2 BGB auch verschuldensunabhängig zu Schadenersatzansprüchen o. den entsprechenden Mängelrechten führen. 5

Weitere **tätigkeitsunspezifisch geltende Berufspflichten**, die die zivilrechtlichen Regelungen im Hinblick auf die Mandatsverhältnisse ergänzen u. zu Teil auch die Vertragsfreiheit einschränken, sind **in der WPO** insb. in § 51 (Mitteilung der Ablehnung eines Auftrages), § 51b (Handakten), § 53 Hs. 2 (Wechsel des Auftragge- 6 bers), § 54a (Vertragliche Begrenzung v. Ersatzansprüchen) u. § 55a (Vergütung) enthalten. Im Zuge der Schuldrechtsreform entfallen ist jedoch die Sonderregelung des § 51a zur Verjährung v. Schadenersatzansprüchen gegen den WP.

7 Konkretisierungen zu diesen Berufspflichten finden sich **in der Berufssatzung WP/vBP** bspw. in § 2 Abs. 2 (Erfolgshonorar, Übernahme v. Mandantenrisiken etc.), § 4 Abs. 2-4 (Sachkunde u. zeitgerechte Bearbeitung u. Planung v. Aufträgen, Auftragsbeendigung), § 8 (Umgang mit fremden Vermögenswerten), § 9 (Verschwiegenheit), § 10 (Verbot der Verwertung v. Berufsgeheimnissen), § 11 Abs. 2 (Verbot der Übernahme beruflicher Tätigkeiten ohne gleichzeitige Übernahme der beruflichen Verantwortung), § 13 (berufswürdiges Verhalten), § 16 (Haftungsbegrenzung), § 18 (Siegelführung). Diese Vorschriften gelten für alle Arten beruflicher Aufträge.

b) Besondere tätigkeitsspezifische Berufspflichten

8 **Bei Prüfungsmandaten u. Gutachteraufträgen** hat der WP insb. seine Pflicht zur Unparteilichkeit gemäß § 43 Abs. 1 Satz 2 sowie zur Versagung seiner Tätigkeit bei Besorgnis der Befangenheit gemäß § 49 Hs. 2 zu beachten. Diese Regelungen werden im 2. Teil der BS WP/vBP durch § 20 (Unparteilichkeit), § 21 (Unbefangenheit u. Besorgnis der Befangenheit), § 22 (Schutzmaßnahmen), § 22a (Bedeutung absoluter Ausschlussgründe i.S.d. §§ 319 Abs. 3 u. 319a HGB), § 23 (Eigeninteressen), § 23a (Selbstprüfung), § 23b (Interessenvertretung), § 24 (persönliche Vertrautheit), § 24a (Prüfungsplanung), § 24b (Auftragsabwicklung), § 24c (Beschwerden u. Vorwürfe), § 24d (Berichtskritik u. auftragsbezogene QS), § 25 (Kennzeichnung übernommener Angaben), § 26 (Pflichten bei vorzeitiger Beendigung des Prüfungsauftrages), § 27 (angemessene Vergütung u. Pauschalhonorar) u. § 27a (Unterzeichnung) ergänzt.

9 Darüber hinaus werden für den WP in seiner Funktion als **gesetzl. AP** insb. auch die §§ 318, 319, 319a u. 323 **HGB** relevant, die außerhalb der WPO geregelte Pflichten enthalten, die sich auf die Berufspflichten u. das Auftragsverhältnis auswirken.

10 Hingegen kommt das Verbot der Vertretung widerstreitender Interessen (§ 53 Hs. 1, § 3 BS) lediglich **außerhalb der JAP u. Gutachtenerstattung** zum Tragen, da der WP im Rahmen der Kerntätigkeit nicht als Interessenvertreter auftreten darf.

c) Mehrfachbänder und interprofessionelle Zusammenschlüsse

11 Verfügt der WP über mehrere Berufsqualifikationen o. handelt es sich um einen interprofessionellen Zusammenschluss, sind ggf. auch **Spezialregelungen aus anderen Berufsrechten**, etwa der StB o. RA, zu beachten. Hinsichtlich der zum Tragen kommenden Berufspflichten greift grds. das Prinzip des strengsten Berufsrechts. Dennoch kann sich für eine möglichst präzise Festlegung des konkreten Auftragsinhaltes vorab auch die Klärung empfehlen, in welcher Berufseigenschaft die Beauftragung erfolgen soll, sofern es sich nicht (wie z.B. bei der gesetzlichen JAP o. der reinen Rechtsberatung) um Vorbehaltsaufgaben handelt. Fehlt eine besondere Vereinbarung, ist entscheidend, wo nach dem Willen der Parteien der Schwerpunkt der vertraglichen Tätigkeit liegen soll (BGH 25.2.1994, NJW 1994, 1405) u. welche

Berufsordnung die Grundlage für diese vertraglichen Verpflichtungen bildet (BGH 25.3.1987, NJW 1987, 3136; BGH 21.4.1982, NJW 1982, 1866; vgl. auch Einl. Rn. 119 ff.). Zur Einordnung der Insolvenzverwaltertätigkeit s. BGH 12.10.2004, AnwBl. 2005, 149.

Nach Wegfall der unterschiedlichen Verjährungsvorschriften in den verschiedenen Berufsrechten im Zuge der Schuldrechtsreform spielt dies in der Praxis insb. bei der Beauftragung interprofessioneller Sozietäten eine Rolle, wenn es um Steuerberatungsmandate geht u. eine **Haftungsbegrenzung** vereinbart werden soll, da die Mindestversicherungssummen nach dem StBerG wesentlich niedriger sind. Hier eröffnet § 54a Abs. 2 die Möglichkeit der vertraglichen Vereinbarung einer **persönlichen Haftungskonzentration** auf den das Mandat bearbeitenden StB, der dann ggf. die nach dem Berufsrecht der StB zulässigen niedrigeren Haftungssummen vereinbaren könnte (vgl. auch § 54a Rn. 28). 12

2. Vertragstypen

Eine **Abgrenzung** dahingehend, ob es sich zivilrechtlich um einen Dienstvertrag (z.B. im Bereich der Steuerberatung), einen Werkvertrag (z.B. bei der JAP, vgl. BGH 1.2.2000, DB 2000, 2028) o. ggf. um einen typengemischten Vertrag handelt, kann im Einzelfall im Hinblick auf die Rechtsfolgen v. Bedeutung sein (vgl. BGH 7.3.2002, NJW 2002, 1571). Die Unterscheidung zwischen Dienst- u. Werkvertrag kann Relevanz hinsichtlich der Vergütungsregeln o. auch der besonderen Verjährungsvorschrift des § 634a BGB im Bereich des Werkvertragsrechts haben. 13

Vom Vorliegen eines **Werkvertrages** ist immer dann auszugehen, wenn das Herbeiführen eines konkreten Erfolges Gegenstand des Auftrages ist. Dies ist zum Beispiel bei der **JAP** (vgl. oben), der Erstellung v. **Gutachten**, der Fertigung v. Steuererklärungen u. Bilanzen o. bei der Erteilung einer einmaligen Auskunft o. eines Rates außerhalb eines laufenden Mandates der Fall (vgl. BGH 11.5.2006, DStR 2006, 1247; OLG Düsseldorf 30.7.1992, Stbg 1993, 234). Bei Buchhaltungsarbeiten – einschließl. des Entwurfs des Jahresabschlusses – handelt es sich entw. um einen Werkvertrag o. einen typengemischten Vertrag (vgl. BGH 7.3.2002, NJW 2002, 1571; 1.2.2000, DB 2000, 2028; WPK-Mitt. 2000, 129). 14

3. Internationales Privatrecht

Bei Mandaten mit internationalem Bezug haben die Vertragsparteien grds. gemäß § 27 EGBGB die **freie Rechtswahl**. Soweit das auf den Vertrag anzuwendende Recht nicht nach Art. 27 EGBGB vereinbart worden ist, unterliegt der Vertrag gemäß Art. 28 Abs. 1 Satz 1 EGBGB grds. dem Recht des Staates, mit dem er die engsten Verbindungen aufweist. Gemäß Art. 28 Abs. 2 Satz 1 EGBGB wird vermutet, dass der Vertrag die engsten Verbindungen mit dem Staat aufweist, in dem die Partei, welche die charakteristische Leistung zu erbringen hat, im Zeitpunkt des Vertragsschlusses ihren gewöhnlichen Aufenthalt o. wenn es sich um eine Gesellschaft handelt, ihre Hauptverwaltung hat. Ist der Vertrag jedoch in Ausübung einer beruflichen Tätigkeit dieser Partei geschlossen worden, so wird nach Satz 2 vermutet, dass er die engsten Verbindungen zu dem Staat aufweist, in dem sich deren 15

Haupt-NL befindet, wenn die Leistung nach dem Vertrag v. einer anderen als der Haupt-NL zu erbringen ist, in dem sich die andere NL befindet.

4. Tätigwerden aufgrund Verwaltungsaktes

16 Neben dem Tätigwerden des WP aufgrund privatrechtlichen Vertragsverhältnisses kommt in Sonderfällen auch eine Verpflichtung zum Tätigwerden aufgrund **öffentlich-rechtlichen VA** (§ 35 VwVfG) in Betracht. So erfolgt etwa bei Treuhandtätigkeiten gemäß § 7 PfandBG kein privatrechtlicher Vertragsschluss zwischen dem WP u. dem Unternehmen, vielmehr wird der WP hoheitlich v. der BAFin mittels VA bestellt. Das Unternehmen hat hierbei ledigl. die Möglichkeit einen bestimmten Berufsangehörigen vorzuschlagen (§ 7 Abs. 3 PfandBG). Vergütet wird die Tätigkeit des WP ebenfalls v. der BAFin (§ 11 Abs. 1 PfandBG). Möchte der Berufsangehörige in einem derartigen Fall nicht tätig werden, so hat er gegen den Bestellungsbescheid fristgemäß Widerspruch einzulegen. Seine Bestellung u. die damit verbundenen Pflichten u. Haftungsrisiken erlöschen in diesem Falle aber nicht rückwirkend sondern ex nunc mit Bekanntgabe des stattgebenden Widerspruchsbescheids. Probleme wirft die Tätigkeit auf Grundlage eines solchen VA regelmäßig bei der Haftungsbegrenzung auf, sofern es sich nicht um eine gesetzl. vorgeschriebene Prüfung handelt, bei der ggf. eine analoge Anwendung v. § 323 Abs. 2 HGB in Betracht kommt. Die Verwendung v. AAB mit einer entsprechenden Haftungsvereinbarung scheidet hier grds. aus. Eine Haftungsbegrenzung wäre hier ledigl. als Nebenbestimmung (§ 36 VwVfG) zum VA möglich. Dabei ist jedoch die Rechtsgrundlage fraglich.

II. Vertragsschluss

1. Abschlussfreiheit

17 Der WP ist grds. nicht verpflichtet, einen beruflichen Auftrag anzunehmen. Es besteht **kein Kontrahierungszwang**. Andererseits wird jedoch die Freiheit der Berufsangehörigen, darüber zu entscheiden, ob sie einen ihnen erteilten Auftrag annehmen o. nicht verschiedentlich durch handels- u. berufsrechtlich Vorschriften eingeschränkt.

18 So ist bei **gesetzlichen AP** zunächst stets die Habilität eines Berufsangehörigen gemäß § 319 Abs. 1 HGB zu beachten. Die nach § 319 Abs. 1 Satz 3 HGB notwendige **TB an der QK** gemäß § 57a Abs. 1 Satz 1 hat dabei spätestens im Zeitpunkt der Annahme des Prüfungsauftrages vorzuliegen, anderenfalls ist die Bestellung als AP nichtig u. kann auch nicht dadurch „geheilt" werden, dass nach Auftragsannahme aber vor Abschluss der Prüfung eine TB bzw. Ausnahmegenehmigung erteilt wird.

19 Aber auch ein insoweit habiler Prüfer hat seine Tätigkeit zu versagen, wenn er im konkreten Fall mit der Bearbeitung des Mandats gegen die Regelungen zur **Unabhängigkeit u. Unbefangenheit** (§§ 319, 319a HGB, § 49 Hs. 2 i.V.m. §§ 21 ff. BSWP/vBP) verstoßen würde (vgl. auch § 49 Rn. 13). Bei Verstoß gegen die Regelungen der §§ 319, 319a HGB bereits im Zeitpunkt der Auftragserteilung ist zwar nicht der geprüfte JA selbst, jedoch der Prüfungsvertrag nach § 134 BGB ex tunc

Vorbemerkungen Vor § 51

nichtig. Der Berufsangehörige hat mithin keinen durchsetzbaren Anspruch auf seine Vergütung. Treten beim Prüfer erst **nach Beauftragung** Umstände ein, bei deren Vorliegen seine Unabhängigkeit bzw. Unbefangenheit nach den o.g. Vorschriften als beeinträchtigt anzusehen ist, hat er das Mandat niederzulegen. Je nachdem, ob die Ursache für das nachträgliche Eintreten dieser Umstände der Sphäre des Berufsangehörigen o. des Unternehmens zuzurechnen ist, macht er sich diesem ggü. ggf. schadenersatzpflichtig. Die Unabhängigkeits- u. Unbefangenheitsvorschriften sind gleichsam bei freiwilligen Prüfungen, bei denen ein § 322 HGB entsprechender BV erteilt wird, sowie bei der Erstattung v. Gutachten einschlägig (§§ 21 ff. BS WP/vBP).

Besondere Pflichten erwachsen dem Berufsangehörigen gemäß § 26 BS WP/vBP **20** auch dann, wenn er einen **Prüfungsauftrag als Mandatsnachfolger** annehmen möchte, der zuvor durch einen anderen AP gemäß § 318 Abs. 6 HGB vorzeitig gekündigt wurde. Einen solchen Auftrag darf er nur dann annehmen, wenn er sich zuvor über den Grund der Kündigung u. das Ergebnis der bisherigen Prüfung unterrichtet hat. Hierbei erfordert eine ordnungsgemäße Unterrichtung, dass sich der Berufsangehörige die schriftliche Kündigung seines Mandatsvorgängers sowie den Bericht über das Ergebnis der bisherigen Prüfung vorlegen lässt. Gegebenenfalls hat er v. seinem Mandatsvorgänger schriftlich eine Erläuterung jener Unterlagen zu verlangen (vgl. § 320 Abs. 4 HGB). Erfolgt diese Erläuterung nicht, so hat er das Mandat abzulehnen, es sei denn, dass er sich auf andere Weise davon überzeugt, dass gegen die Annahme des Mandats keine Bedenken bestehen. Dies gilt gemäß § 26 Abs. 4 BS WP/vBP auch bei freiwilligen Prüfungen, sofern ein BV erteilt wird, der dem gesetzl. BV gemäß § 322 HGB nachgebildet ist. Sofern sich der AP wegen der vorgenannten Regelungen gehindert sieht, den Auftrag anzunehmen o. er beabsichtigt, ihn aus sonstigen Gründen abzulehnen, ist er gemäß § 51 dazu verpflichtet, die Ablehnung unverzüglich (vgl. § 121 BGB) zu erklären.

Weiterhin hat der WP das **Verbot der Vertretung widerstreitender Interessen** zu **21** beachten, das zu einer zwingenden Versagung der Tätigkeit o. auch zur nachträglichen Mandatsniederlegung führen kann. Er darf in einer Sache, in der er o. eine Person o. Gesellschaft, mit der er seinen Beruf gemeinsam ausübt, bereits tätig war, nur dann für einen anderen Auftraggeber tätig werden, wenn der bisherige u. der neue Auftraggeber einverstanden sind (§§ 53 WPO, 3 BS WP/vBP).

2. Formfreiheit

a) Grundsatz

Grundlage des Vertrages sind zwei einander entsprechende Willenserklärungen. **22** Eine besondere Form o. ein besonderes Verfahren ist außerhalb des Bereichs der Pflichtprüfungen grds. weder für die Mandatserteilung noch für deren Annahme vorgesehen (vgl. WPK-Mitt. 2000, 159). Somit ist ein Vertragsschluss auch durch mündliche Vereinbarung o. konkludentes Handeln möglich. Eine solche **konkludente Auftragserteilung** kann bspw. in der Übersendung v. Belegen o. durch laufende Inanspruchnahme v. Beratungsleistungen gesehen werden. Diese Indizien sind auch für das Fortbestehen sowie die Erneuerung des laufenden Vertrages wichtig. Ebenso kann ein bestehender Vertrag konkludent erweitert werden. Eine besondere Formvorschrift sieht die WPO i.Z.m. der Auftragserteilung ledigl. für die Individualvereinbarung einer Haftungsbegrenzung gemäß § 54a Abs. 1 Nr. 1 vor. Diese hat in Schriftform (§ 126 BGB) zu erfolgen.

23 Aus **Beweisgründen** empfiehlt es sich jedoch stets, die erteilten Aufträge schriftlich bestätigen zu lassen (vgl. für Prüfungsmandate auch IDW PS 220 Tz. 15). So wird bei Honorarrechtsstreitigkeiten häufig das Vorliegen eines begrenzten Auftrages behauptet u. das Vorliegen einer Auftragserweiterung in Abrede gestellt. Der Berufsangehörige hat dann darzulegen u. unter Beweis zu stellen, dass er im behaupteten Umfang beauftragt u. auch tätig geworden ist. Kann er die **Vereinbarung eines bestimmten Honorares** nicht beweisen, gilt gemäß §§ 612 Abs. 2, 632 Abs. 2 BGB ledigl. die übliche Vergütung als vereinbart. Bei langjährigen Mandatsbeziehungen kann ggf. aus den Honorarabrechnungen früherer Jahre auf den Umfang des erteilten Auftrages geschlossen werden, da eine gewisse Wahrscheinlichkeit dafür spricht, dass auch im Folgejahr Gegenstand des Mandates der in den Vorjahren erteilte Auftrag ist.

24 Der **Umfang des vereinbarten Auftrags** kann aber gerade auch bzgl. der Haftung o. im berufsaufsichtlichen o. sogar im (steuer)strafrechtlichen Verfahren Bedeutung erlangen. Im Zweifel wirken sich Unklarheiten über den Umfang des Auftrages u. die sich daraus ergebenden Pflichten im Haftungsprozess zum Nachteil des Berufsangehörigen aus.

25 Neben dem zumindest schriftlich bestätigten Auftrag sollte aber grds. auch die **weitere Betreuung** des Mandanten **schriftlich dokumentiert** werden (schriftliche Korrespondenz u. Aktenvermerke im Rahmen der Auftragserledigung). Gemäß § 51b Abs. 1 muss es dem WP möglich sein, durch die v. ihm anzulegenden Handakten ein zutreffendes Bild seiner Tätigkeit zu vermitteln.

b) Besonderheiten bei Pflichtprüfungen

26 Der Grundsatz der Formfreiheit wird jedoch bei Pflichtprüfungen durch § 318 HGB eingeschränkt (vgl. dazu IDW PS 220). Die **Bestellung** des AP vollzieht sich danach in **zwei Stufen**, der Wahl des AP durch das zuständige Gesellschaftsorgan (§ 318 Abs. 1 Satz 1 u. 2 HGB) u. der anschließenden Beauftragung durch den/die gesetzlichen Vertreter bzw. bei Zuständigkeit des Aufsichtsrats durch diesen.

27 Welches Gesellschaftsorgan für die **Wahl des AP** zuständig ist, ist rechtsformabhängig. Bei der AG ist die Hauptversammlung auf Vorschlag des Aufsichtsrats (§§ 119 Abs. 1 Nr. 4, 124 Abs. 3 Satz 1 AktG) zuständig. Bei der GmbH liegt die Zuständigkeit bei der Gesellschafterversammlung (§ 46 Nr. 6 GmbHG), soweit nicht der Gesellschaftsvertrag etwas anderes regelt. Gleiches gilt für Personengesellschaften (oHG, KG) i.S.d. § 264a HGB (vgl. dazu BGH 24.3.1980, WM 1980, 526). Bei publizitätspflichtigen Unternehmen sind, soweit nicht anders geregelt, gemäß § 6 Abs. 3 PublG die Gesellschafter zuständig.

Der **Prüfungsauftrag** kommt sodann durch schuldrechtlich Vereinbarung (Angebot u. Annahme) zwischen Gesellschaft u. Prüfer zustande, wobei die Gesellschaft durch das nach Gesetz o. Gesellschaftsvertrag vertretungsberechtigte Organ handelt. Dies ist bei der AG der Aufsichtsrat (§ 111 Abs. 2 Satz 3 AktG), bei der GmbH die Geschäftsführung (§ 35 GmbHG), wenn nicht nach Gesetz o. Gesellschaftsvertrag ein Aufsichtsrat o. Beirat zuständig ist (§ 52 GmbHG i.V.m. § 111 Abs. 2 Satz 3 AktG). Bei der mitbestimmten GmbH ist immer der Aufsichtsrat zuständig (§ 25 Abs. 1 Satz 1 Nr. 2 MitbestG, § 77 Abs. 1 Satz 2 BetrVG i.V.m. § 111 Abs. 2 Satz 3 AktG). Bei Zuständigkeit des Aufsichtsrates entscheidet dieser durch Beschluss; die Erklärung wird i.d.R. durch den dazu ermächtigten Vorsitzenden abgegeben (zu den Fällen, in denen der Aufsichtsrat zuständig ist u. zu den Einzelheiten dieses Auftrags vgl. ADS, § 318 HGB, 142 ff., 146 ff. sowie Gelhausen, AG 1997, 73 ff.). OHG u. KG schließen den Auftrag durch ihre(n) vertretungsberechtigten phG ab, soweit der Gesellschaftsvertrag nichts anderes bestimmt. Die Auftragserteilung kann dabei zwar zivilrechtlich wirksam formlos erfolgen. Der WP sollte im eigenen Interesse aber darauf achten, dass die Beauftragung schriftlich fixiert wird, um letztlich auch dokumentieren zu können, dass er geprüft hat, dass die Bestellung insgesamt wirksam erfolgt ist (vgl. IDW PS 220, Rn. 7).

28

Fehlt die Wahl o. die Erteilung des Prüfungsauftrages, kommt **kein wirksamer Prüfungsauftrag** zustande (vgl. LG Köln 13.9.1991, DB 1992, 266; WPK-Mitt. 1992, 88; LG Berlin 27.10.1994, WPK-Mitt. 1995, 180). Der AP hat vor Annahme des Prüfungsauftrages gewissenhaft zu prüfen, ob die Bestellung ordnungsgemäß erfolgt ist. Werden Mängel bei der Wahl o. Beauftragung festgestellt, sind diese durch **Nachholung der entsprechenden Maßnahmen** bis spätestens zur Unterzeichnung des BV zu beseitigen. Geschieht dies nicht u. hat der WP bereits mit den Prüfungsarbeiten begonnen, stehen ihm bis zur angesprochenen Heilung weder ein Honoraranspruch noch ein Schadenersatzanspruch ggü. der Gesellschaft zu.

29

Auch bei **Folgeprüfungen** hat die Bestellung zum AP für jedes Jahr erneut zu erfolgen. Die Bestellung zum gesetzlichen AP für die JA mehrerer Geschäftsjahre kann nicht Gegenstand einer Beschlussfassung des Bestellungsorgans sein. Möglich ist allenfalls eine Rahmenvereinbarung, nach der die vertraglichen Eckpunkte für den Fall, dass ein bestimmter WP für mehrere Geschäftsjahre zum AP bestellt wird, geregelt werden (vgl. ADS, § 318 HGB Rn. 4).

30

Im Falle der **Nachtragsprüfung** bedarf es keiner erneuten Bestellung (Wahl u. Beauftragung), weil diese nicht durch einen neuen Auftrag begründet wird, sondern gemäß § 316 Abs. 3 HGB gesetzl. Folge der ursprünglichen Auftragserteilung ist, wenn eine Änderung des JA erfolgt. Dies heißt jedoch nicht, dass der AP, wenn ihm der geänderte JA vorgelegt wird, zwingend „unentgeltlich" tätig werden müsste. Sofern hierzu in dem ursprünglichen Auftrag bei Vereinbarung des Honorars keine expliziten Regelungen getroffen wurden, ist unter Berücksichtigung v. Treu u. Glauben (§ 242 BGB) je nach Umfang der nachträglich erforderlichen Prüfungshandlungen der zusätzl. Arbeitsaufwand auf der Grundlage des für die „Erstprüfung" vereinbarten Honorars anteilig zu vergüten. Schließlich handelt es sich hier-

31

bei nicht um eine „Nachbesserung" des WP, sondern um eine in der Sphäre des Mandanten angelegte Notwendigkeit einer zusätzl. Tätigkeit des WP.

32 Nach § 37w Abs. 5 Satz 2 WpHG (eingeführt durch das am 20.1.2007 in Kraft getretene TUG) sind nunmehr die Vorschriften über die Bestellung des AP auf die **prüferische Durchsicht** eines verkürzten Abschlusses u. eines Zwischenlageberichts entsprechend anzuwenden. Aus der Gesetzesbegründung zum TUG (BT-Drs. 16/2498) lässt sich entnehmen, dass hiermit auf § 318 Abs. 1 HGB Bezug genommen wird (vgl. Wagner, BB 2007, 454). Eine entsprechende Formulierung enthalten §§ 340a Abs. 3 Satz 2, 340i Abs. 4 Satz 2 HGB für die prüferische Durchsicht v. Zwischenabschlüssen nach §§ 10, 10a KWG.

c) Bestellung durch Gericht

33 Wird in Sonderfällen, wie etwa bei der antragsgemäßen Ersetzung des AP gemäß § 318 Abs. 3 u. 4 HGB, im Insolvenzverfahren gemäß § 155 Abs. 3 Satz 1, bei der Gründungsprüfung gemäß § 33 Abs. 3 AktG o. einer Sonderprüfung nach § 142 Abs. 2 Satz 1 o. 258 AktG, der **Prüfer durch das Gericht bestellt**, so ersetzt dies lediglich die Wahl u. Beauftragung seitens der Gesellschaft. Der Prüfungsvertrag kommt mithin zwischen dem WP u. der zu prüfenden Gesellschaft zustande, ohne dass es der Abgabe einer eigenen hierauf gerichteten Willenserklärung seitens der Gesellschaft bedürfte. Diese wird durch den Gerichtsbeschluss fingiert. Anders als bei der Bestellung durch VA bedarf es hierbei aber einer **Annahme des Auftrages durch den WP**. Daher soll der WP gemäß §§ 142 Abs. 5 Satz 1, 258 Abs. 3 Satz 1 AktG auch zuvor v. Gericht angehört werden, um zu klären, ob er zur Auftragsannahme bereit ist u. zu welchen Konditionen.

34 Sofern es in §§ 318 Abs. 5 Satz 1 HGB, 35 Abs. 3 Satz 1, 142 Abs. 6 Satz 1, 258 Abs. 5 Satz 1 AktG heißt, dass der Prüfer **Anspruch auf angemessenen Auslagenersatz u. Vergütung** hat, handelt es sich dabei nur um eine Klarstellung. Ein solcher Anspruch ergibt sich bereits aus §§ 675 Abs. 1, 670, 632 BGB. Der **Gerichtsbeschluss** mit den festgesetzten Auslagen sowie der Vergütung entsprechend §§ 318 Abs. 5 Sätze 2 u. 5 HGB, 35 Abs. 3 Sätze 2 u. 5, 142 Abs. 6 Sätze 2 u. 5 AktG ist jedoch insoweit für den WP v. Vorteil, als dieser bereits einen **vollstreckbaren Titel** gemäß § 794 Abs. 1 Nr. 3 ZPO darstellt.

3. Geltung des Parteiwillens

35 Wirtschaftsprüfer u. Mandant sind grds. frei in der Festlegung des **Inhaltes v. Aufträgen** sowie der übrigen Rahmenbedingungen. Einschränkungen ergeben sich **bei Pflichtprüfungen**, bei denen der Umfang der Prüfung u. die Pflichten des AP gesetzlich vorgegeben sind (vgl. §§ 317 ff. HGB). Hier darf das Mandat zwar vertraglich über den gesetzlichen Inhalt hinaus erweitert, aber keinesfalls eingeschränkt werden. Im Übrigen ist dem Willen der Vertragsparteien insoweit eine Grenze gesetzt, als stets die Berufspflichten des WP zu beachten sind.

36 Zwingende gesetzliche Regelungen existieren insb. aber auch zur **Haftung des WP**. So kann bei Pflichtprüfungen eine gesetzliche Haftungsbeschränkung des WP (vgl. § 323 Abs. 2 HGB) nicht durch privatschriftlichen Vertrag abbedungen o. er-

weitert werden (vgl. § 16 BS WP/vBP) u. i.Ü. darf eine vertragliche Haftungsbeschränkung nicht die in § 54a vorgesehenen Mindesthaftsummen unterschreiten. Darüber hinaus sind auch die Regelungen der §§ 55a, 27 BS WP/vBP im Rahmen v. **Honorarvereinbarungen** v. Bedeutung.

In **Ergänzung fehlender Parteivereinbarungen** gelangen subsidiär die gesetzl. Regelungen des BGB zur Anwendung. Insbesondere sofern die Höhe des Honorars nicht festgelegt wurde, gilt gemäß §§ 612 Abs. 2, 632 Abs. 2 BGB die übliche Vergütung als vereinbart. 37

4. Auftragsbestätigungsschreiben

Insbesondere bei Prüfungsaufträgen liegt es im Interesse beider Vertragsparteien, dass **vor Prüfungsbeginn** stets ein Auftragsbestätigungsschreiben versandt wird, welches an das zuständige Organ des Unternehmens zu richten ist. Auftragsbestätigungsschreiben können in individueller Form o. unter zusätzl. Verwendung der berufsüblichen AAB bzw. anderer vorformulierter Sondervereinbarungen abgefasst werden. 38

a) Rechtscharakter
Zu unterscheiden ist, ob es sich bei dem Auftragsbestätigungsschreiben um ein sog. **kaufmännisches Bestätigungsschreiben** o. um eine **bloße Auftragsbestätigung** handelt. Allein aus der Bezeichnung „Auftragsbestätigungsschreiben", die im Berufsstand üblich ist, kann nicht ohne weiteres auf den rechtlichen Charakter geschlossen werden. 39

Wer einem **kaufmännischen Bestätigungsschreiben** nicht unverzüglich (§ 121 Abs. 1 Satz 1 BGB) widerspricht, muss den Vertrag so hinnehmen, wie ihn der Inhalt des unwidersprochenen Bestätigungsschreibens angibt (vgl. Palandt/Ellenberger, BGB, § 147, Rn. 8 ff.). Das rechtserhebliche Schweigen hierauf gilt kraft Gewohnheitsrecht als Zustimmung. Der persönliche Anwendungsbereich ist dabei eröffnet, wenn der Empfänger wie ein Kaufmann in größerem Umfang selbstständig am Rechtsverkehr teilnimmt. Als möglicher Absender kommt jeder in Betracht, der ähnlich wie ein Kaufmann am Rechtsverkehr teilnimmt u. erwarten kann, dass ihm ggü. nach kaufmännischer Sitte verfahren wird. Dies ist beim WP der Fall. 40

Voraussetzung ist, dass bereits Vertragsverhandlungen zwischen den Beteiligten stattgefunden haben, deren Ergebnis verbindlich festgehalten werden soll (vgl. von Drücker, BB 1996, 6). Je nach Verhandlungsfortschritt ist zwischen deklaratorischen u. konstitutiven Bestätigungsschreiben zu differenzieren. Waren die Vorverhandlungen nur (fern)mündlich u. sollen etwaige Unklarheiten über deren Ergebnis ausgeräumt werden, hat das Bestätigungsschreiben lediglich **deklaratorische Wirkung**, wenn beide Parteien darüber einig sind, dass ein Vertrag bereits geschlossen wurde. Durch ein **konstitutives Bestätigungsschreiben** kommt hingegen ein Vertrag erst zustande. Voraussetzung ist allerdings auch hierfür, dass die Parteien nach (fern)mündlichen Verhandlungen bereits kurz vor einem Vertragsschluss standen. Fanden überhaupt noch keine Vorverhandlungen statt o. gibt der Absender den Vertragsschluss bewusst falsch wieder, liegt kein Bestätigungsschreiben vor. Das Be- 41 stätigungsschreiben muss eindeutig abgefasst u. unmittelbar nach den Vertragsverhandlungen abgesendet worden sein. Der Vertrag gilt sodann als mit dem unwidersprochenen Inhalt (auch AAB) des Bestätigungsschreibens geschlossen.

42 Nach dem objektiven Empfängerhorizont (§§ 133, 157 BGB) ist das kaufmännische Bestätigungsschreiben v. der bloßen **Auftragsbestätigung** abzugrenzen. Dabei geht es um die schriftliche Annahme eines Angebots, i.d.R unter Abänderungen (vgl. § 150 Abs. 2 BGB). Im Gegensatz z. kaufmännischen Bestätigungsschreiben lag hier zuvor noch kein wirksamer Vertrag bzw. Abschlussreife vor. Deshalb trifft den Anbietenden auch keine Pflicht, auf eine v. seinem ursprünglichen Angebot abweichende Auftragsbestätigung zu reagieren. Aus Empfängersicht handelt es sich gemäß § 150 Abs. 2 BGB um ein neues Angebot, das dieser wiederum annehmen müsste. Das Schweigen auf eine abweichende Auftragsbestätigung bedeutet allein noch keine Zustimmung.

b) Inhalt

43 Auftragsbestätigungen sollten grds. Festlegungen zu **Ziel u. Umfang des Mandats**, den **wesentlichen Pflichten beider Parteien** sowie **bei der AP zur Form der Berichterstattung** enthalten (vgl. IDW PS 220 Tz. 13 ff.). Gerade wenn sich wie im Falle der gesetzl. JAP die wesentlichen Inhalte des Auftrags bereits aus dem Gesetz ergeben, ist die Konkretisierung u. insb. Erweiterung (z.B. Geschäftsführungsprüfung) im Interesse beider Parteien schriftlich zu dokumentieren.

44 Bei der **JAP** sollten regelmäßig folgende Punkte dokumentiert werden: Zielsetzung der Prüfung, Verantwortlichkeit der gesetzl. Vertreter für den erstellten JA unter Einbeziehung der Buchführung u. des Lageberichts, Art u. Umfang der JAP unter Hinweis auf die v. AP zu beachtenden Vorschriften u. Verlautbarungen des Berufsstandes, Art u. Umfang der Berichterstattung u. Bestätigung, Darstellung des unvermeidbaren Risikos der Nichtentdeckung auch wesentlicher falscher Angaben aufgrund stichprobenweiser Prüfung u. der Grenzen des IKS, Mitwirkungs- u. Auskunftspflichten der gesetzl. Vertreter gemäß § 320 HGB, Erfordernis der Vorlage zusätzl. Informationen, die v. der Gesellschaft zusammen mit dem JA veröffentlicht werden, Honorarberechnungsgrundlagen u. Auslagenersatz, Vereinbarungen über Haftungsbeschränkungen außerhalb des Anwendungsbereiches v. § 323 Abs. 2 HGB, Verpflichtung zur Abgabe einer Vollständigkeitserklärung der Gesellschaft. Sinnvoll kann weiterhin sein, Hinweise zu Absprachen i.Z.m. mit der Prüfungsplanung (z.B. Zeitpunkt der Prüfungsbereitschaft, Dokumentation des Risikofrüherkennungssystems), der Art u. Weise der Berichterstattung bei ergänzenden Prüfungen sowie möglichen weiteren Berichten des AP (ggf. Management-Letter an das Unternehmen) aufzunehmen.

45 Im Falle einer **verspäteten Beauftragung** mit einer Pflichtprüfung hat der WP im Vertrag o. im Auftragsbestätigungsschreiben die daraus resultierenden Konsequenzen aufzuzeigen. Auch bei **Folgeprüfungen** sollten die wesentlichen Auftragsinhalte grds. erneut in einem Auftragsbestätigungsschreiben beschrieben u. auf Bezugnahmen zu vorhergehenden Prüfungsaufträgen verzichtet werden. Ist der AP der

Muttergesellschaft gleichzeitig auch AP v. Tochterunternehmen, sind i.d.r. gesonderte Auftragsbestätigungsschreiben erforderlich, da selbstständige Auftragsverhältnisse vorliegen.

III. Allgemeine Auftragsbedingungen

Im Rahmen der Schuldrechtsreform ist das frühere Gesetz zur Regelung allg. Geschäftsbedingungen (AGBG) in das BGB (§§ 305-310 BGB n.F.) integriert worden. Auch die wirksame Einbeziehung v. Regelungsvorstellungen des WP hat sich an den dortigen Anforderungen messen zu lassen, soweit es sich um **für eine Vielzahl v. Verträgen vorformulierte Vertragsbedingungen** handelt. Werden AAB in der Absicht aufgestellt, sie mehrfach zu benutzen, sind §§ 305 ff. BGB bereits bei der erstmaligen Verwendung einschlägig. Dies gilt auch für mit Widerholungsabsicht hand- o. maschinenschriftlich in eine Vertragsurkunde eingefügte Klauseln (BGH 30.9.1987, NJW 1988, 410), selbst wenn die Einfügung gelegentlich unterbleibt o. die gestellten Vertragsbedingungen im Einzelfall unter Aufrechterhaltung ihres sachlichen Bedeutungsgehaltes sprachlich unterschiedlich abgefasst werden (OLG Düsseldorf 8.1.1998, NZG 1998, 353; OLG Dresden 8.7.1998, BB 1999, 228). Benutzt der WP hingegen v. Dritten (z.B. IDW) vorformulierte Bedingungen, ergibt sich der abstrakt generelle Charakter bereits aus der Zweckbestimmung des Aufstellers. Dabei ist nicht erforderlich, dass der WP selbst eine mehrfache Nutzung plant (BGH 16.11.1990, NJW 1991, 843). 46

Bezüglich der Einbeziehung u. Inhaltskontrolle v. AAB ist grds. wegen § 310 BGB zwischen der **Verwendung ggü. Verbrauchern** (§ 13 BGB) **u. Unternehmern** (§ 14 BGB) sowie jur. Personen des öffentl. Rechts (hierunter sind insb. auch Gebietskörperschaften zu verstehen) zu unterscheiden. 47

1. Einbeziehung der AAB in den Vertrag

Gemäß § 310 Abs. 1 Satz 1 BGB finden bei Verwendung v. AAB ggü. Unternehmern (§ 14 BGB) u. jur. Personen des öffentl. Rechts Abs. 2 u. 3 des § 305 BGB keine Anwendung. Aber auch diesen ggü. werden AAB nur dann wirksam, wenn sie durch rechtsgeschäftliche Einbeziehung Vertragsbestandteil geworden sind (BGH 12.2.1992, NJW 1992, 1232). Dabei ist eine **ausdr. Einbeziehung** auch dann möglich, wenn die AAB dem für den Vertragsschluss maßgebenden Schreiben nicht beigefügt waren u. der Mandant den Inhalt der AAB nicht kennt (BGH 29.9.1960, NJW 1961, 212; 30.6.1976, NJW 1976, 1886). Es muss ihm jedoch die Möglichkeit eingeräumt werden, in zumutbarer Weise davon Kenntnis zu nehmen; hierfür genügt der Hinweis die AAB auf Wusch zu übersenden. Da z.B. die AAB des IDW nicht ohne weiteres für jedermann zugänglich sind, hat der Mandant insoweit einen Anspruch auf Überlassung o. Einsicht. Rahmenvereinbarungen können abweichend v. § 305 Abs. 3 BGB auch auf die jeweils gültige Fassung der AAB abstellen, die Mandanten sind dann aber unverzüglich über jede Neufassung zu informieren (vgl. Palandt/Grüneberg, BGB, § 305 Rn. 47). Die Einbeziehung durch **schlüssiges Verhalten** setzt voraus, dass der Berufsangehörige bei Vertragsabschluss erkennbar auf 48 die AAB hinweist sowie dem Mandanten in zumutbarer Weise die Möglichkeit zur Kenntnisnahme verschafft u. dieser mit deren Geltung einverstanden ist.

a) Hinweispflicht

49 Der **Hinweis auf die AAB** hat entw. **vor o. spätestens bei Vertragsschluss** zu erfolgen. Ein ausdr. Hinweis liegt nur dann vor, wenn der Berufsangehörige unmissverständlich u. für den Mandanten klar erkennbar auf die AAB verweist. Dieses Erfordernis gilt nicht nur für schriftliche sondern auch für (fern)mündliche Vertragsschlüsse. Generelle Hinweise auf AAB (z.B. in Werbebriefen o. Mandantenrundschreiben) reichen hingegen nicht aus. Werden für verschiedene Mandatstypen unterschiedliche AAB verwendet, muss der WP zudem konkret bezeichnen, welche Fassung Vertragsbestandteil werden soll.

50 Bei **schriftlichen Angeboten** bedarf es eines ausdr. schriftlichen Hinweises auf die AAB im Angebotstext. Ein unkommentiertes Beifügen o. Abdrucken auf der Rückseite des Angebotsschreibens ohne eine entsprechende Verweisung im Angebotstext ist nicht ausreichend. Ein Hinweis auf die AAB am Ende des Angebotsschreibens unterhalb der für die Unterschrift des Mandanten vorgesehenen Zeile genügt nur dann, wenn dieser Hinweis deutlich hervorgehoben ist u. klar erkennbar einen Bestandteil des Angebotes bildet. Ratsam ist deshalb den Hinweis vor der Unterschriftszeile anzubringen. Grundsätzlich ist auch zu empfehlen, den Text der AAB dem Angebotsschreiben beizufügen, um dem Mandanten die Kenntnisnahme zu ermöglichen. Keinesfalls ausreichend ist die Beifügung der AAB zum Prüfungsbericht; dies kann allenfalls der Klarstellung ggü. Dritten (z.B. Banken) dienen. Bei schriftlichem Vertragsschluss aufgrund v. Kanzleibroschüren, Preislisten etc. genügt ein Abdruck der AAB in diesen Druckwerken nur dann, wenn auf die entsprechende Fundstelle spätestens bei Vertragsschluss hingewiesen wird.

51 Bei **Unternehmern i.S.d. § 14 BGB** (hiervon sind auch Freiberufler erfasst) u. **öffentlich-rechtlichen Körperschaften** muss der WP seinem Angebot die AAB nicht ausdr. beifügen. Es genügt hier ein Hinweis u. die Verschaffung einer Kenntnisnahmemöglichkeit, sofern der Mandant diese verlangt. Überlässt der WP die AAB in diesem Falle nach Aufforderung nicht, verliert er das Recht, sich auf diese zu berufen.

b) Einverständnis des Mandanten

52 Wurde im schriftlichen Angebot des WP auf die AAB hingewiesen, kommt der Vertrag aufgrund der Annahmeerklärung des Mandanten unter Einbeziehung der AAB zustande. Auch **nachträglich** ist eine **vertragsergänzende Einbeziehung der AAB** noch möglich, sofern der Mandant hiermit einverstanden ist. Bei einem schriftlichen Angebot des Mandanten kann der WP in seinem Annahmeschreiben hingegen nicht ohne weiteres auf seine AAB verweisen, weil darin gemäß § 150 Abs. 2 BGB eine Ablehnung des Angebots des Mandanten verbunden mit einem neuen Angebot zu veränderten Bedingungen zu sehen wäre. Dieses neue Angebot müsste wiederum v. Mandanten angenommen werden, damit der Vertrag unter Einbeziehung der AAB zustande kommt. Zwar wird man hier unter Umständen die widerspruchslose Entgegennahme der Leistung als konkludente Annahme des modifizierten Antrags werten können, jedoch ist im Zweifel aus Gründen der Rechtssicherheit u. zu Beweiszwecken anzuraten, sich die Geltung der AAB v. Mandanten ausdr. schriftlich bestätigen zu lassen.

Bei **Unternehmern i.S.v. § 14 BGB u. öffentlich-rechtlichen Körperschaften** ist eine ausdr. Zustimmung zu den AAB nicht erforderlich. Vielmehr gelten sie bereits dann als einbezogen, wenn der Mandant nach einem erkennbaren Hinweis auf die AAB nicht widerspricht. Der Widerspruch kann allerdings auch konkludent erfolgen, z.b. durch Bezugnahme auf eigene AGB im Annahmeschreiben. 53

2. Inhaltskontrolle

Werden AAB ggü. **Unternehmern o. jur. Personen des öffentl. Rechts** verwandt, ist nach § 310 Abs. 1 Satz 1 BGB allein die Generalklausel des § 307 BGB Grundlage der Inhaltskontrolle, nicht hingegen die §§ 308 u. 309 BGB. Allerdings können letztere auch ggü. Nichtverbrauchern Indizwirkung bzgl. einer unangemessenen Benachteiligung haben. Auch im Verkehr zwischen Unternehmern ist bei der Inhaltskontrolle nicht auf die Schutzbedürftigkeit im Einzelfall, sondern auf eine überindividuelle, generalisierende Betrachtung abzustellen. Zu berücksichtigen ist, dass der geschäftserfahrene Unternehmer grds. nicht in gleichem Maß schutzbedürftig ist, wie ein **Verbraucher**. Er ist i.d.R. mit den Risiken derartiger Geschäfte besser vertraut u. zu entsprechender Vorsorge in der Lage. Bei Verträgen mit Schutzwirkung zugunsten Dritter unterliegen insbes. Klauseln, die die Haftung des WP gegenüber den Dritten einschränken, auch dann der Inhaltskontrolle, wenn sie zwischen dem WP und einem Unternehmer individuell ausgehandelt wurden, sofern diese (wie im Falle des Mittelverwendungskontrollvertrages, BGH 19.11.2009, WPK-Mag. 2010, 42) für eine Vielzahl von vertraglichen Verhältnissen mit Dritten derart vorformuliert sind, dass sich die Dritten den vorformulierten Bedingungen des Drittschutzes in gleicher Weise ausgeliefert sehen wie bei einem unmittelbaren Vertragsschluss mit dem WP. 54

Verstößt der Inhalt einer AAB-Klausel auch nur teilw. gegen § 307 BGB, so ist die Klausel grds. im Ganzen unwirksam (**Verbot der geltungserhaltenden Reduktion**). Lediglich sofern die Klausel neben der unwirksamen auch unbedenkliche, aus sich heraus verständliche u. inhaltlich teilbare Bestimmungen enthält, bleiben diese ausnahmsweise auch dann wirksam, wenn sie den gleichen Sachkomplex betreffen. **Überraschende u. mehrdeutige Klauseln** werden gemäß § 305c BGB nicht Vertragsbestandteil. Als überraschend i.d.S. wurde v. BGH wegen § 632 Abs. 3 BGB auch eine Klausel über die Vergütungspflicht v. Kostenvoranschlägen angesehen (BGH 3.12.1981, NJW 1982, 765). 55

Die **Klauselverbote** des § 308 BGB sind i.d.R. bei Verwendung v. AAB ggü. Unternehmern übertragbar, dagegen ist bei den Verboten des § 309 eine derart pauschale Lösung nicht möglich. Allerdings kann ein Verstoß gegen § 309 BGB auch ggü. Unternehmern ein Indiz für die Unwirksamkeit einer Klausel sein (BGH 8.3.1984, NJW 1984, 1750; 3.3.1988, NJW 1988, 1785; 25.10.1995, 56

NJW 1996, 389). Zu berücksichtigen ist, dass § 307 Abs. 2 BGB auch im Verkehr zwischen Unternehmern gilt. Verbote des § 309 BGB, die ihrerseits Konkretisierungen des § 307 Abs. 2 Nr. 1 u. 2 darstellen, sind daher grds. auch im Verkehr zwischen Unternehmern beachtlich, wobei die Interessen der Beteiligten aber eigenständig zu beurteilen sind (BGH 3.3.1988, NJW 1988, 1785). Daraus kann sich ergeben, dass Wertungen bei Verbraucherverträgen einen anderen Stellenwert haben. Überdies kann der Verwender dartun, dass i. Erg. keine unangemessene Benachteiligung des anderen Teils vorliegt. Werden mithin ggü. Unternehmern u. Verbrauchern identische AAB gebraucht, kann ihre Verwendung ggü. Unternehmern unbedenklich sein, die ggü. Verbrauchern aber gegen § 307 BGB verstoßen.

IV. Auftragsbeendigung

1. Auftragsbeendigung durch Erfüllung

57 Das Auftragsverhältnis endet im Regelfall mit der Erbringung der geschuldeten Leistungen (**Erfüllung**). Sofern nicht die Zahlung eines Vorschusses vereinbart war, wird spätestens mit Erfüllung der Honoraranspruch fällig; zu einem ggf. bestehenden Zurückbehaltungsrecht des WP vgl. § 51b Rn 52 ff. Der WP hat allerdings auch nach vollständiger u. mangelfreier Erbringung seiner Hauptleistung ggf. bestehende **nachvertragliche Neben-/Treuepflichten** (bspw. Aufbewahrung v. Handakten u. die fortbestehende Verschwiegenheitsverpflichtung, vgl. §§ 51b, 53 Hs. 2; 10 BS WP/vBP) zu beachten.

58 Schwierigkeiten im Hinblick auf die Frage, ob Erfüllung eingetreten ist, können auftreten, wenn **Mängel** geltend gemacht werden, d.h. vorgetragen wird, die Leistung sei nicht, nicht vollständig o. fehlerhaft erbracht worden. Das Recht bzw. die Pflicht zur **Nachbesserung** ist v. den Umständen des Einzelfalls abhängig u. richtet sich nach den Vorschriften des BGB (vgl. dazu auch BGH 7.3.2002, VersR 2002, 1114).

2. Vorzeitige Auftragsbeendigung

a) Kündigung

59 Soll das Vertragsverhältnis vorzeitig durch **Kündigung** beendet werden, ist zu unterscheiden, ob es sich um eine gesetzlich vorgeschriebene JAP mit den nach § 318 HGB eingeschränkten Kündigungsmöglichkeiten o. ein sonstiges Mandat handelt.

60 Bei **sonstigen Mandaten im Rahmen eines Dienstvertrages** ist eine Kündigung grds. nicht nur aus wichtigem Grund (§ 626 BGB), sondern jederzeit möglich (§ 627 BGB), da es sich bei den beruflichen Tätigkeiten des WP um Dienste höherer Art handelt, die auf einem besonderen Vertrauensverhältnis beruhen. Dies gilt jedoch dann nicht, wenn es sich um ein dauerndes Dienstverhältnis mit festen Bezügen handelt. Hierfür ist erforderlich, dass das Dienstverhältnis ein gewisses Maß an wirtschaftlicher Erheblichkeit und persönlicher Bindung für den WP mit sich bringt, um ein schützenswertes und gegenüber der Entschließungsfreiheit des Dienstberechtigten vorrangiges Vertrauen auf die Fortsetzung des Dienstverhältnisses begründen zu können (BGH 22.9.2011, WPK-Mag. 2011, 49). Soweit im Rahmen

eines einheitlichen Dienstvertrages nur für einen Teilbereich der Tätigkeit dauerhaft feste Bezüge nach § 627 BGB gewährt werden, kann dieser insgesamt gekündigt werden (BGH 11.2.2010, WPK-Mag. 2010, 54). Während das Recht zur Kündigung aus wichtigem Grund (§ 626 Abs. 1 BGB) nicht abbedungen werden kann, ist es allerdings möglich, das jederzeitige Kündigungsrecht nach § 627 BGB vertraglich auszuschließen (OLG Düsseldorf 22.11.1990, StB 1991, 52; WPK-Mitt. 1991, 89; BGH 19.11.1992, WM 1993, 515; OLG Hamm 4.3.1994, Stbg 1994, 570). Zweifelhaft ist, ob eine solche Abrede über den Ausschluss der jederzeit möglichen Kündigung im Rahmen v. AAB zulässig ist (vgl. Palandt/Weidenkaff, § 627, Anm. 5, m.w.N.). Zu bedenken ist weiterhin, dass auch die Kündigung gemäß § 627 Abs. 2 Satz 1 BGB grds. nicht zur Unzeit erfolgen darf.

Bei **Werkverträgen,** insb. im Bereich der freiwilligen Prüfungen und der Erstattung v. Gutachten, gilt § 649 BGB, wonach ledigl. dem Auftraggeber ein jederzeitiges Kündigungsrecht zusteht. Für den WP als Auftragnehmer sind §§ 626, 627 BGB hier nicht direkt anwendbar. Bei endgültiger **Zerstörung der Vertrauensgrundlage** besteht eine Lösungsmöglichkeit v. dem Vertrag über das nunmehr in § 313 BGB verankerte Rechtsinstitut der „Störung der Geschäftsgrundlage". Die Rückabwicklung geschieht dabei, anders als bei der Kündigung, gemäß § 313 Abs. 3 Satz 1 BGB ex tunc nach den Vorschriften über den Rücktritt. Gegebenenfalls könnte aber aufgrund der besonderen beruflichen Stellung des WP im Einzelfall auch eine analoge Anwendung des § 627 BGB in Betracht kommen. Mit der Schaffung v. § 318 Abs. 6 HGB wollte der Gesetzgeber im Bereich der gesetzlich vorgeschriebenen Prüfungen die Kündigungsmöglichkeit ersichtlich einschränken, indem er sie nur aus wichtigem Grund zugelassen hat. Er ist also wohl davon ausgegangen, dass bei freiwilligen Prüfungen eine weitergehende Kündigungsmöglichkeit, vergleichbar mit § 627 BGB, bestünde. Es ist nicht anzunehmen, dass der Gesetzgeber mit § 318 Abs. 6 HGB ausschl. für den Bereich der Pflichtprüfungen einen völlig neuen Beendigungstatbestand schaffen wollte. Eine solche Kündigungsmöglichkeit analog § 627 BGB mit ex nunc Wirkung erscheint wegen der beim Rücktritt ansonsten komplizierteren Rückabwicklung aufgrund der berufsrechtlichen Verpflichtungen gemäß § 26 BS WP/vBP auch als sachgerecht. Letzterer gilt gemäß Abs. 4 gleichermaßen bei freiwilligen Prüfungen, bei denen ein BV erteilt werden soll, der dem gesetzl. BV in § 322 HGB nachgebildet ist. 61

Eine Ausnahme v. der Möglichkeit der Kündigung gemäß den o.g. BGB-Vorschriften besteht für den Bereich der **gesetzlich vorgeschriebenen JAP**. Dem gemäß § 318 Abs. 1 HGB bestellten AP kann der Auftrag **nicht durch Kündigung seitens des zu prüfenden Unternehmens entzogen** werden; der AP kann allenfalls aus den in § 318 Abs. 3 HGB genannten Gründen auf Antrag der insoweit Berechtigten durch das Gericht abberufen werden. Der Widerruf des Prüfungsauftrages nach § 318 Abs. 1 Satz 5 HGB stellt mithin keine Kündigung, sondern nur die notwendige zivilrechtliche Folge der gerichtlichen Abberufung dar (vgl. WPH I, A Rn. 626). Wird die gesetzliche JAP durch zusätzl. freiwillige Prüfungsaufträge (z.B. Ge- 62 schäftsführungsprüfung) ergänzt, kann ein derartiger Ergänzungsauftrag jedoch auch während der laufenden Prüfung gekündigt werden.

63 Demgegenüber kann der **WP den Prüfungsauftrag kündigen**, allerdings nur **aus wichtigem Grund** (§ 318 Abs. 6 Satz 1 HGB). Meinungsverschiedenheiten fachlicher Art zwischen dem AP u. der zu prüfenden Gesellschaft sind jedoch kein wichtiger Grund für die Kündigung; für die Klärung derartiger Streitfragen ist nach § 324 HGB das LG zuständig. Als wichtiger Grund kommen z.B. die massive Behinderung bei der Durchführung des Prüfungsauftrages o. die Weigerung, vereinbarte Abschlagszahlungen zu leisten, in Betracht. Liegt ein wichtiger Grund i.S.v. § 318 Abs. 6 Satz 1 HGB vor u. ist daher eine Kündigung angezeigt, ist diese ggü. dem Unternehmen schriftlich zu begründen; über das Ergebnis seiner bisherigen Prüfung hat der AP zu berichten (§ 318 Abs. 6 Sätze 3 u. 4 HGB). Über die Kündigung sind der Aufsichtsrat, die Hauptversammlung bzw. die Gesellschafter v. den gesetzl. Vertretern zu unterrichten (§ 318 Abs. 7 HGB). Hat der Aufsichtsrat zuständigkeitshalber den Prüfungsauftrag erteilt, ist nach § 318 Abs. 7 letzter Satz ihm ggü. zu kündigen. In diesem Fall obliegt dem Aufsichtsrat die Unterrichtungspflicht ggü. den übrigen Beteiligten (vgl. WPH I, A, Rn. 627). Zudem ist die Pflicht zur Information der Wirtschaftsprüferkammer nach § 318 Abs. 8 HGB zu beachten.

b) Persönliche Verhinderung des WP

64 Im Zweifel hat der Berufsangehörige den ihm übertragenen Auftrag **persönlich durchzuführen** (vgl. § 613 BGB); ob er sich v. anderen Personen mit entsprechender Befugnis vertreten lassen kann, hängt v. den vertraglichen Vereinbarungen ab o. kann sich aus dem Inhalt bzw. den Umständen des jeweiligen Auftrags ergeben. Bei der **Bestellung zum gesetzlichen AP** u. bei durch **Gericht erteilten Gutachteraufträgen** handelt es sich ausnahmslos um zur **höchstpersönlichen Verpflichtung des WP** führende Aufträge (OLG Frankfurt/Main 18.5.1983, ZIP 1983, 1000), d.h. hier ist die Stellvertretung durch einen anderen Berufsangehörigen ausgeschlossen. Ist der als gesetzlicher AP gewählte u. beauftragte WP weggefallen o. an der rechtzeitigen Prüfungsdurchführung verhindert, so muss gemäß § 318 Abs. 4 Satz 2 HGB ein anderer AP entw. v. dem zuständigen Gesellschaftsgremium neu gewählt o. gerichtlich bestellt werden.

65 Zu beachten ist, dass im **Bereich der Steuerberatung** bei zeitweiser Verhinderung eine Vertretung durch Angestellte ohne persönliche Befugnis gemäß § 3 StBerG unzulässig ist. Kommt eine Stellvertretung bei persönlicher Verpflichtung nicht in Betracht, endet bei Tod, voraussichtlich nicht nur vorübergehender Verhinderung an der Auftragsbeendigung aufgrund Krankheit, Verlust der Berufsqualifikation etc. grds. das Auftragsverhältnis. Insbesondere bei Verhinderungsgründen die aus der Sphäre des WP stammen u. v. diesem beherrschbar sind (z.B. Beurlaubung gemäß § 46), hat er sich rechtzeitig um die ordnungsgemäße Abwicklung laufender Mandate zu kümmern.

3. Insolvenz des Auftraggebers

a) Grundsatz

Bei Mandaten **außerhalb der gesetzl. Pflichtprüfung**, die sich auf das zur Insolvenzmasse zu rechnende Vermögen des Auftraggebers beziehen, erlischt das Mandat grds. gemäß § 116 InsO mit der Eröffnung des Insolvenzverfahrens automatisch, es sei denn, der **Insolvenzverwalter** macht v. seinem **Wahlrecht nach § 103 InsO** Gebrauch u. setzt das Vertragsverhältnis fort. In letzterem Falle gelten sämtliche gegenseitigen vertraglichen Rechte u. Pflichten (insb. auch das ZBR des WP) unberührt v. Insolvenzverfahren fort. 66

Verlangt der Insolvenzverwalter die Herausgabe v. Unterlagen des insolventen Mandanten unter gleichzeitiger Weigerung, die Honorarforderung des WP auszugleichen, so kann dieser **kein Zurückbehaltungsrecht an den Belegen u. sonstigen Schriftstücken des Mandanten**, also **an den Handakten**, geltend machen (h.M. z.B. OLG Düsseldorf 12.3.1982, Stbg 1984, 50; OLG Hamm 4.8.1987, Stbg 1988, 2359). Der betroffene Berufsangehörige wird schlichter Insolvenzgläubiger; abgesonderte Befriedigung (§§ 50, 51 Nr. 3 InsO) steht ihm hinsichtlich seiner Honorarforderung nicht zu (Eigmann, InsO, § 51 Rn. 9; Kübler/Prütting, InsO, § 51 Rn. 18). 67

Auf das **Zurückbehaltungsrecht bzw. Leistungsverweigerungsrecht an den eigenen Arbeitsergebnissen** kann sich der WP aber auch ggü. dem Insolvenzverwalter berufen (vgl. BGH 17.2.1988, NJW 1988, 2607; BGH 25.10.1988, NJW 1989, 1216). Die Arbeitsergebnisse des WP sind als Erfüllung seiner Vertragspflichten ggü. dem Mandanten nicht zu den Unterlagen nach § 667 BGB zu rechnen, folglich kann eine Herausgabeverpflichtung nicht auf diese Vorschrift gestützt werden. Der WP kann vielmehr die Herausgabe der Arbeitsergebnisse Zug um Zug gegen Ausgleich seiner Honorarforderung ggü. dem Insolvenzverwalter geltend machen (§ 320 Abs. 1 Satz 1 BGB). Dabei kann dahinstehen, ob der Auftrag durch Eröffnung des Insolvenzverfahrens erloschen ist o. ob der Verwalter durch das Herausgabeverlangen unter gleichzeitiger Zahlungsverweigerung sein Wahlrecht nach § 103 InsO negativ ausgeübt hat. 68

Von **ersten Arbeitsergebnissen** des WP ist grds. auszugehen, wenn dieser mit der Verarbeitung der v. Mandanten gelieferten Daten begonnen hat. Sind die Daten hingegen noch in der Form vorhanden wie sie v. Mandanten zur Verfügung gestellt wurden, ist der Herausgabeanspruch begründet. Aber auch wenn Daten bereits ausgewertet u. etwa für die noch zu leistende Buchführung geordnet u. rechnerisch aufbereitet wurden, handelt es sich noch nicht um das vertraglich geschuldete Arbeitsergebnis als solches. Vielmehr wird dieses erst durch Systematisierung u. Weiterverarbeitung der gelieferten Rohdaten vorbereitet. 69

b) Besonderheiten bei Pflichtprüfungen

Gemäß § 155 InsO bleiben die handels- u. steuerrechtlichen Pflichten des Schuldners zur Buchführung u. Rechnungslegung unberührt. In Bezug auf die Insolvenzmasse hat der Insolvenzverwalter diese Pflichten zu erfüllen. Mit der Eröffnung des 70

Insolvenzverfahrens beginnt ein neues Geschäftsjahr. Ist für das vorhergehende Geschäftsjahr bereits ein AP bestellt gewesen, so wird gemäß § 155 Abs. 3 Satz 2 InsO die **Wirksamkeit** seiner **Bestellung durch die Eröffnung des Insolvenzverfahrens nicht berührt.**

71 Ein **gerichtlicher Beschluss über die Befreiung v. der Prüfungspflicht** entsprechend §§ 270 Abs. 3 Satz 1 AktG, 71 Abs. 3 Satz 1 GmbHG kommt hier nicht in Betracht; diese greifen erst für die Zeit ab Eröffnung der Liquidation. Im Übrigen würde dies auf eine gerichtliche Abberufung des gesetzlichen JAP hinauslaufen, betreffend derer § 318 Abs. 3 HGB jedoch als abschließende Spezialregelung anzusehen ist. Gegen einen solchen dem Insolvenzverwalter ggf. dennoch erteilten Befreiungsbeschluss steht dem AP der Rechtsbehelf der sofortigen Beschwerde gemäß §§ 270 Abs. 3 Satz 2 AktG, 71 Abs. 3 Satz 2 GmbHG i.V.m. 19 Abs. 2, 22 Abs. 1 FGG offen.

4. Verjährung von Ansprüchen aus dem Vertragsverhältnis

72 Soweit es **Schadensersatzansprüche** betrifft, wurde die Verjährungsnorm des § 51a im Zuge der Schuldrechtsreform aufgehoben, so dass sich die Verjährung nunmehr nach den allg. zivilrechtlichen Normen bestimmt, vgl. jedoch hierzu die Übergangsvorschrift des § 139b. Es gilt eine einheitliche Verjährungsfrist, sofern der WP erneut eine Pflichtverletzung dadurch begeht, dass er es versäumt, Nachteile für den Mandanten aus einer vorangegangenen Pflichtverletzung abzuwenden oder zu mindern (BGH, Beschl. v. 23.03.2011, WM 2011, 1196).

73 **Honoraransprüche** des WP unterfallen hingegen seit jeher den zivilrechtlichen Vorschriften, nunmehr der **dreijährigen Regelverjährung** des § 195 BGB. Diese beginnt grds. gemäß § 199 Abs. 1 BGB mit dem Schluss des Jahres, in dem der Anspruch entstanden ist. Die subjektiven Voraussetzungen dieser Norm werden bei Honoraransprüchen regelmäßig unproblematisch sein. Die früher geltenden Sonderregeln des § 196 BGB (a.F.) wurden durch das Schuldrechtsmodernisierungsgesetz aufgehoben. Zur Bedeutung v. Abschlagszahlungen für die Verjährung vgl. BGH 2.11.1996, NJW 1997, 516.

74 Wird ein **Anspruch rkr. festgestellt**, verjährt er gemäß § 197 BGB in **30 Jahren**. Dies gilt ebenfalls für Ansprüche aus vollstreckbaren Vergleichen o. vollstreckbaren Urkunden sowie Ansprüche, die durch die im Insolvenzverfahren erfolgte Feststellung vollstreckbar geworden sind. Dabei beginnt die Verjährungsfrist dieser festgestellten Ansprüche gemäß § 201 BGB mit der Rechtskraft der Entscheidung, der Errichtung des vollstreckbaren Titels o. der Feststellung im Insolvenzverfahren, jedoch nicht vor der Entstehung des Anspruchs selbst.

75 Schweben zwischen dem Berufsangehörigen u. dem Mandanten Verhandlungen über den Anspruch o. die den Anspruch begründenden Umstände, ist die **Verjährung gemäß § 203 BGB** solange **gehemmt**, bis der eine o. der andere Teil die Fortsetzung der Verhandlungen verweigert. In den Fällen des § 204 BGB ist die Verjährung durch die Rechtsverfolgung gehemmt. Hierbei beachtlich sind insb. die Erhebung der Klage auf Leistung o. auf Feststellung des Anspruchs, auf Erteilung

der Vollstreckungsklausel o. auf Erlass des Vollstreckungsurteils, die Zustellung des Mahnbescheids im Mahnverfahren sowie die Anmeldung des Anspruchs im Insolvenzverfahren.

5. Gerichtsstand bei Honorarklagen

Örtlich zuständig für **Honorarklagen** ist grds. das Gericht, an dessen Ort der WP seine Leistung zu erbringen hat (§ 29 Abs. 1 ZPO). Dies wiederum richtet sich nach dem Inhalt des Vertragsverhältnisses. Bei JAP wird die Leistung im Zweifel an dem Ort erbracht, an dem der BV gemäß § 322 Abs. 5 HGB unterzeichnet wird (vgl. WPH I, A Rn. 740 f.). Für RA hat der BGH (11.11.2003, WPK-Mag. 2004, 51) ausdr. entschieden, dass Gebührenforderungen nicht gemäß § 29 ZPO am Gericht des Kanzleisitzes geltend gemacht werden können. Für den WP-Bereich gibt es nur wenige Entscheidungen (AG Dürheim 28.11.1985, WPK-Mitt. 1986, 29; LG Köln 15.5.1990, WPK-Mitt. 990, 157), die den Gerichtsstand des Berufssitzes für maßgeblich halten. Von einer gefestigten Rspr. kann aber angesichts der BGH-Entscheidung v. 11.11.2003 (a.a.O.) nicht ausgegangen werden. Hinzu kommt, dass die Rspr. für den Steuerberaterbereich uneinheitlich ist (bejahend LG Darmstadt 1.3.1984, AnwBl. 1984, 503; verneinend OLG Düsseldorf 9.10.1986, StB 1986, 309). 76

Eine **Vereinbarung des Gerichtsstandes im Rahmen v. AAB** verstößt nach h.M. jedenfalls im nichtkaufmännischen Verkehr gegen § 307 BGB (vgl. Palandt/Grüneberg, BGB, § 307 Anm. 93) u. Art. 17 Abs. 1 Satz 2 EUGVÜ (vgl. BGH 9.3.1994, DStR, 716). Auch unter Kaufleuten sind Gerichtsstandvereinbarungen mit rechtlichen Unsicherheiten belastet (vgl. Palandt/Grüneberg, BGB, § 307, a.a.O.). Dementsprechend sehen auch die AAB des IDW v. 1.1.2002 eine Vereinbarung des Gerichtsstandes nicht vor; desgleichen enthalten sie keine Regelung über den Erfüllungsort, weil dies eine indirekte Gerichtsstandsvereinbarung bedeuten könnte (vgl. WPH I, A, Rn. 742). 77

§ 51 Mitteilung der Ablehnung eines Auftrages

¹Der Wirtschaftsprüfer, der einen Auftrag nicht annehmen will, hat die Ablehnung unverzüglich zu erklären. ²Er hat den Schaden zu ersetzen, der aus einer schuldhaften Verzögerung dieser Erklärung entsteht.

Schrifttum: *Späth*, Haftung des steuerlichen Beraters aus § 27 StBerG u. wegen unterlassener Mandatsniederlegung, DStR 1973, 669; *ders.*, Die berufsrechtlichen Mitteilungspflichten des Steuerberaters, Stbg 1982, 85.

Inhaltsübersicht

		Rn.
I.	Allgemeines	1–3
II.	Auftragsablehnung	4–9
III.	Schadensersatz	10–13

§ 51 Mitteilung der Ablehnung eines Auftrages

I. Allgemeines

1 Zwar unterliegt der WP selbst im Rahmen v. Pflichtprüfungen **keinem Kontrahierungszwang**, er muss sich jedoch für den Fall der **Ablehnung eines beruflichen Auftrages unverzüglich erklären**. Dies ergibt sich bereits aus § 663 Satz 1 BGB, der über § 675 BGB anwendbar ist. Ansonsten bleibt es bei der Abschlussfreiheit als Ausprägung des Grundsatzes der Vertragsfreiheit. Der WP kann grds. frei über die Annahme o. Ablehnung eines ihm erteilten Auftrages entscheiden.

2 Die Norm regelt nicht, in welchen Fällen ein **WP einen Auftrag ablehnen muss**. Dies ergibt sich aus anderweitig geregelten beruflichen Tätigkeitsverboten (z.B. bei fehlender Unabhängigkeit o. Unbefangenheit, fehlender Bescheinigung über die Teilnahme am Qualitätskontrollverfahren). Die Entscheidungsfreiheit des WP über Annahme o. Ablehnung eines Auftrages kann im Einzelfall auch durch vertragliche Vereinbarungen mit (ehemaligen) Berufskollegen o. einem früheren Arbeitgeber bei Vorliegen eines Wettbewerbsverbotes eingeschränkt sein.

3 Die Pflicht zur unverzüglichen Erklärung der Auftragsablehnung ist auch in den Berufsrechten der StB (vgl. § 63 StBerG) sowie der RA (vgl. § 44 BRAO) geregelt. Eine Beschränkung der Pflicht zur Erklärung der Ablehnung auf **„berufliche" Aufträge** wie in § 63 StBerG o. eine **„berufliche Inanspruchnahme"**, wie sie § 44 Satz 1 BRAO enthält, fehlt in § 51. Dies ist unschädlich, da sich diese Einschränkung nicht nur aus der Natur der Sache, sondern auch schon aus § 663 Satz 1 BGB ergibt.

II. Auftragsablehnung

4 Die Auftragsablehnung hat gemäß § 51 Satz 1 unverzüglich, d.h. ohne schuldhaftes Zögern (§ 121 Abs. 1 Satz 1 BGB), zu erfolgen. Notwendige Voraussetzung ist der **Zugang des Auftrags** beim WP (§ 130 Abs. 1 Satz 1 BGB). Dieser ist dann gegeben, wenn die auf die Beauftragung gerichtete Willenserklärung derart in den Machtbereich des Berufsangehörigen gelangt ist, dass er die Möglichkeit hat, v. dessen Inhalt Kenntnis zu erlangen u. eine Kenntnisnahme unter gewöhnlichen Verhältnissen erwartet werden kann (vgl. Palandt/Heinrichs, BGB, § 130 Rn. 5). Nicht erforderlich ist hingegen eine tats. Kenntnisnahme.

5 Da WP persönlich u. eigenverantwortlich über Annahme o. Ablehnung eines Auftrags zu entscheiden haben, muss das **Auftragsangebot** selbst grds. unmittelbar an den WP gerichtet sein (vgl. BGH 21.2.1974, NJW 1974, 861). **Mitarbeiter werden i.d.R. aber derart zur Entgegennahme v. Auftragsangeboten befugt** sein, dass sie als Empfangsbote den Antrag an den Berufsangehörigen übermitteln. Der Zugang ist dann in dem Zeitpunkt gegeben, zu dem unter gewöhnlichen Umständen mit einer Weiterleitung an den WP zu rechnen ist. Die Mitarbeiter sind für derartige Fälle zur schnellstmöglichen Unterrichtung des WP anzuweisen. Wird ein schriftliches Angebot einem Mitarbeiter in den Praxisräumen übergeben, ist dieses grds. bereits als in den Machtbereich des WP gelangt anzusehen.

Mitteilung der Ablehnung eines Auftrages § 51

Die **Ablehnungserklärung** ist an keine bestimmte Form gebunden. Aus Gründen 6
der Rechts- u. Beweissicherheit ist jedoch v. einer ausschl. (fern)mündlichen Erklärung abzuraten. In eiligen Fällen empfiehlt es sich, eine zunächst (fern)mündlich erklärte Ablehnung nochmals in Textform unter Bezugnahme zu übersenden. Sofern man in der Erklärung der Ablehnung trotz der Bezeichnung durch den Gesetzgeber keine Willenserklärung, sondern ledigl. eine rechtsgeschäftsähnliche Handlung erblicken will (vgl. Seiler in: MünchKomm, BGB, § 663 Rn. 17), ist strittig, ob in entsprechender Anwendung der Vorschriften über Willenserklärungen (§§ 104 ff. BGB) Zugang i.S.v. § 130 BGB beim Antragenden zu fordern ist (vgl. i.d.S. Seiler in: MünchKomm, a.a.O.; a.A: Kleine-Cosack, § 44 BRAO Rn. 5). Auf jeden Fall hat der Berufsangehörige aber die (sorgfältige) Abgabe der Ablehnungserklärung zur behaupteten Zeit zu beweisen, was bei ledigl. (fern)mündlicher Erklärung im Streitfall i.d.R. zu Beweisschwierigkeiten führen wird. Abgegeben ist die Erklärung in dem Zeitpunkt, in dem sie derart in den Rechtsverkehr entäußert wird, dass unter gewöhnlichen Umständen mit dem Zugang beim Empfänger zu rechnen ist. Unabhängig davon kann der Antragende ohne weiteres durch **Mitarbeiter über die Ablehnung des Auftrags durch den Berufsangehörigen informiert werden**, wobei es sich ledigl. um die Weitergabe dessen Ablehnungserklärung mittels Erklärungsboten handelt. Hierbei trägt der Berufsangehörige das Risiko der weisungsgemäßen Übermittlung der Ablehnungserklärung durch seine Mitarbeiter.

Wann eine Ablehnung **unverzüglich** ist, lässt sich nicht anhand eines bestimmten 7
allg. gültigen Zeitraumes feststellen, sondern kann nur unter Würdigung der Umstände des jeweiligen Einzelfalls beurteilt werden. Grundsätzlich ist dem WP eine **angemessene Frist zur Prüfung** einzuräumen, um ggf. auch bei der WPK Rat zu möglichen berufsrechtlichen Ablehnungsgründen einzuholen. Eine mehrtägige Überlegungsfrist ist regelmäßig zulässig. Bei längerer Prüfungsnotwendigkeit u. soweit in Folge Fristablaufes dem Antragenden ein Rechtsverlust droht, sollte dem potentiellen Mandanten eine **Zwischennachricht** gegeben werden.

Die Verpflichtung zur unverzüglichen Ablehnungserklärung bezieht sich unter- 8
schiedslos auf **Neuaufträge** sowie auf solche zur **Erweiterung bestehender Auftragsverhältnisse**.

Mit der Ablehnung **erlischt der Antrag** (§ 146 1. Alt. BGB), er kann nicht durch 9
Rücknahme der Ablehnungserklärung wieder aufleben. Hierin könnte ledigl. ein neues Angebot des Berufsangehörigen zu sehen sein, das wiederum annahmebedürftig wäre.

III. Schadensersatz

Ein Schadensersatzanspruch des Antragenden ggü. dem WP nach § 51 Satz 2 kommt 10
nur dann in Betracht, wenn die **Auftragsablehnung nicht unverzüglich** u. somit verspätet erfolgt ist. Bei rechtzeitiger Erklärung unverzüglich nach Zugang des Auftragsangebots ist ein Schadensersatzanspruch ausgeschlossen. Einen dennoch im Zuge der Ablehnung eingetretenen Schaden hat der WP nicht zu vertreten. Nach rechtzeitiger Ablehnung trifft den WP im Verhältnis zum Auftraggeber keine wei-

tere Verpflichtung zum Tätigwerden. Dies gilt grds. auch bzgl. unaufschiebbarer Maßnahmen.

11 Eine darüber hinaus gehende Verpflichtung kann im Einzelfall allenfalls aus **anderen rechtlichen Gesichtspunkten** begründet sein, etwa wenn bereits vor dem abgelehnten Auftrag ein Mandatsverhältnis bestand, aus welchem dem Berufsangehörigen weitergehende Treuepflichten erwachsen sind. Auch sofern eine Auftragsablehnung wegen **laufender Vertragsverhandlungen** noch nicht gewiss ist, wird der WP nach Treu u. Glauben ausnahmsweise solche Rechtsverluste zu verhindern haben, die vor seiner Ablehnungserklärung drohen; ein Unterlassen könnte hier Schadensersatzansprüche wegen Verschuldens bei Vertragsschluss (c.i.c.) auslösen.

12 Schäden i.S.v. § 51 Satz 2 sind ausschl. die Nachteile, die dem Auftraggeber in Folge der verspäteten Auftragsablehnung entstanden sind. Der WP haftet also ledigl. für das sog. **negative Interesse**. Er hat den Antragenden hingegen nicht so zu stellen, als sei das Vertragsverhältnis zustande gekommen (positives Interesse). Zu ersetzen sind grds. in Vertrauen auf den Vertragsschluss getätigte vergebliche Aufwendungen o. Schäden, die ihm dadurch entstanden sind, dass er v. einem möglichen Vertragsschluss mit einem anderen Berufsträger abgesehen hat. § 51 stellt somit einen gesetzlich geregelten Fall der c.i.c. dar.

13 Der Anspruch auf Schadensersatz nach § 51 Satz 2 unterliegt nach Wegfall v. § 51a im Zuge der Schuldrechtsreform der **Regelverjährung** nach § 195 BGB (vgl. § 139b).

§ 51a (aufgehoben)

§ 51b Handakten

(1) Der Wirtschaftsprüfer muss durch Anlegung von Handakten ein zutreffendes Bild über die von ihm entfaltete Tätigkeit geben können.

(2) ¹Der Wirtschaftsprüfer hat die Handakten auf die Dauer von zehn Jahren nach Beendigung des Auftrags aufzubewahren. ²Diese Verpflichtung erlischt jedoch schon vor Beendigung dieses Zeitraums, wenn der Wirtschaftsprüfer den Auftraggeber aufgefordert hat, die Handakten in Empfang zu nehmen, und der Auftraggeber dieser Aufforderung binnen sechs Monaten, nachdem er sie erhalten hat, nicht nachgekommen ist.

(3) ¹Der Wirtschaftsprüfer kann seinem Auftraggeber die Herausgabe der Handakten verweigern, bis er wegen seiner Vergütung und Auslagen befriedigt ist. ²Dies gilt nicht, soweit die Vorenthaltung der Handakten oder einzelner Schriftstücke nach den Umständen unangemessen wäre.

(4) ¹Handakten im Sinne der Absätze 2 und 3 sind nur die Schriftstücke, die der Wirtschaftsprüfer aus Anlass seiner beruflichen Tätigkeit von dem Auftraggeber oder für ihn erhalten hat, nicht aber der Briefwechsel zwischen dem Wirtschaftsprüfer und seinem Auftraggeber, die Schriftstücke, die dieser bereits in

Urschrift oder Abschrift erhalten hat, sowie die zu internen Zwecken gefertigten Arbeitspapiere. ²Der Wirtschaftsprüfer hat in den Arbeitspapieren, die Abschlussprüfungen im Sinn des § 316 des Handelsgesetzbuchs betreffen, auch die zur Überprüfung seiner Unabhängigkeit im Sinn des § 319 Abs. 2 bis 5 und des § 319a des Handelsgesetzbuchs ergriffenen Maßnahmen, seine Unabhängigkeit gefährdende Umstände und ergriffene Schutzmaßnahmen schriftlich zu dokumentieren.

(4a) ¹Der Wirtschaftsprüfer, der eine Konzernabschlussprüfung durchführt, hat der Wirtschaftsprüferkammer auf deren schriftliche Aufforderung die Unterlagen über die Arbeit von Abschlussprüfern oder Abschlussprüfungsgesellschaften aus Drittstaaten im Sinn des § 3 Abs. 1 Satz 1, die in den Konzernabschluss einbezogene Tochterunternehmen prüfen, zu übergeben, soweit diese nicht gemäß § 134 Abs. 1 eingetragen sind oder eine Vereinbarung zur Zusammenarbeit gemäß § 57 Abs. 9 Satz 5 Nr. 3 nicht besteht. ²Erhält der Wirtschaftsprüfer keinen Zugang zu den Unterlagen über die Arbeit von Abschlussprüfern oder Abschlussprüfungsgesellschaften aus Drittländern, sind der Versuch ihrer Erlangung und die Hindernisse zu dokumentieren und der Wirtschaftsprüferkammer auf deren schriftliche Aufforderung die Gründe dafür mitzuteilen.

(5) ¹Die Absätze 1 bis 4a gelten entsprechend, soweit sich der Wirtschaftsprüfer zum Führen von Handakten der elektronischen Datenverarbeitung bedient. ²In anderen Gesetzen getroffene Regelungen über die Pflichten zur Aufbewahrung von Geschäftsunterlagen bleiben unberührt.

Schrifttum: *Schulz,* Herausgabe der Handakten des Rechtsanwalts aus zivilrechtlicher und berufsrechtlicher Sicht, BRAK-Mitt. 2/2012, 52; *Bruns/von Hartz,* Herausgabe von Unterlagen: Durchsetzung des Anspruchs gegen den Steuerberater im einstweiligen Verfügungsverfahren, DStR 7/2011, 330; *Gutman,* Anspruch auf Herausgabe von Arbeitspapieren des Wirtschaftsprüfers, BB 4/2010, 171; *Schnepel,* Änderungen durch das Bilanzrechtsmodernisierungsgesetz – Neue berufliche Rahmenbedingungen für gesetzliche Abschlussprüfer, NWB 2009, 1088; *Offermann-Burckart,* Herausgabe der Handakten – Ein altes Thema immer wieder neu, KammerMitteilungen RAK Düsseldorf 4/2008, 282; *Krach,* Auskunfts- und Vorlagepflichten des Abschlussprüfers im Enforcementverfahren, DB 2008, 626; *Paal,* Zur Vorlagepflicht von Arbeitspapieren des Abschlussprüfers im Enforcementverfahren, BB 2007, 1775; *Mutschler,* Die zivilrechtliche Einordnung des Steuerberatervertrags als Dienst- oder Werkvertrag, DStR 2007, 550; *Pulte,* Allgemeine Aufbewahrungsfristen – Eine alphabetische Liste verschiedener Aufzeichnungen und Belege, NWB 2007, 1779; *IDW Prüfungsstandard:* Arbeitspapiere des Abschlussprüfers (IDW PS 460 n.F.), WPg 4/2008, 178; *Bräutigam/Heyer,* Das Prüfverfahren durch die Deutsche Prüfstelle für Rechnungslegung, AG 2006, 188; *Gemeinsame Stellungnahme der WPK und des IDW:* Anforderungen an die Qualitätssicherung in der Wirtschaftsprüferpraxis (VO 1/2006), WPK-Mag. 2/2006, 10 (Beilage); *Gelhausen/Hönsch,* Das neue Enforcement-Verfahren für Jahres- und Konzernabschlüsse, AG 2005, 511; *Kämpfer*, Enforcementverfahren und Abschlussprüfer, BB 2005, 13; *Stadler*, Buchbesprechung zu *Ebke*, WPK-Mag. 1/2004, 54; *Kunz*, Wirtschaftsprüfer und vereidigte Buchprüfer als Betroffene von Durchsuchungs- und Beschlagnahmemaßnahmen, WPK-Mitt. 2003, 166; *Leibner*, Die Auskunftspflicht des Steuerberaters gegenüber dem Insolvenzverwalter und -gericht, INF 2003, 718; *Dohle/Peitscher*, Das Zurückbehaltungs- und Leistungsverweigerungsrecht an der Handakte des Rechtsanwalts, Steuerberaters und Wirtschaftsprüfers, DStR 2000, 1265; *Fiala/von Walter*, Die Handakte des Steuerberaters, Wirtschaftsprüfers und Rechtsanwalts (Teile I und II), DStR 1998, 694, 736; *Wimmer*, Probleme bei der Durchsetzung von Steuerberaterhonoraren vor den Zivilgerichten, DStR 1996, 440; *Wirtschaftsprüferkammer*, Zum Umfang des Zurückbehaltungsrechts des Wirtschaftsprüfers / vereidigten Buchprüfers, WPK-Mitt. 2/1993, 54; *Gilgan*, Zum Recht der Steuerberater und Steuerbevollmächtigten, Arbeitsergebnisse und Mandantenunterlagen wegen rückständiger Gebühren zurückzubehalten, StB 1988, 225; *Bauwens*, Schutz der Mandantenakten bei Durchsuchungen in der Kanzlei des Steuerberaters, wistra 1988, 100; *Bandisch*, Mandant und Patient, schutzlos bei Durchsuchung von Kanzlei und Praxis?, NJW 1987, 2200.

Inhaltsübersicht

		Rn.
I.	Allgemeines	1–3
II.	Berufspflicht zur Handaktenführung	4–12
III.	Begriff und Inhalt der Handakten	13–21
	1. Handakten im weiteren Sinne	15–19
	2. Handakten im engeren Sinne	20–21
IV.	Aufbewahrungspflicht	22–33
	1. Berufspflicht und Gegenstand	22–24
	2. Beginn der Aufbewahrungspflicht	25–26
	3. Dauer der Aufbewahrungsfrist, Verkürzung	27–29
	4. Ablauf der Aufbewahrungsfrist, Aktenvernichtung	30–33
V.	Herausgabepflichten	34–49
	1. Herausgabe der Handakten	34–42
	2. Sonstige Herausgabe- und Vorlagepflichten gegenüber dem Auftraggeber	43–49
VI.	Zurückbehaltungsrecht	50–58
	1. § 51b Abs. 3 und das allgemeine Zurückbehaltungsrecht nach § 273 BGB	50–57
	2. Recht zur Leistungsverweigerung nach § 320 BGB	58
VII.	Dokumentation der Unabhängigkeitsprüfung	59–68
	1. Grundlagen und Anwendungsbereich	59–63
	2. Dokumentationspflichten	64–68
VIII.	Übergabe der Arbeitspapiere von Drittstaatenprüfern an die WPK bei Konzernabschlussprüfungen	69–85
	1. Grundlagen	69–70

	2. Anwendungsbereich	71–77
	3. Schriftliche Aufforderung und Übergabe der Arbeitspapiere	78–83
	4. Dokumentation von Hindernissen	84–86
IX.	Einzelfragen	87–105
	1. Vorlage von Mandantenunterlagen an die Finanzverwaltung (§§ 97, 104 AO)	87–88
	2. Vorlagepflicht im Rahmen der Berufsaufsicht (§ 62 WPO)	89–91
	3. Mitwirkungspflicht im Rahmen der externen Qualitätskontrolle (§ 57d WPO)	92
	4. Vorlagepflicht im Rahmen des Enforcement-Verfahrens (§ 342b HGB, § 37o WpHG)	93–95
	5. Beschlagnahmefreiheit der Arbeitspapiere im Strafverfahren (§ 97 StPO)	96–103
	6. Arbeitspapiere als Beweismittel im Zivilprozess (§ 142 ZPO)	104–105

I. Allgemeines

Die Vorschrift des § 51b wurde durch die **3. WPO-Novelle 1995** eingeführt. Durch die **7. WPO-Novelle 2007** wurde die **Aufbewahrungsfrist** für die Handakten (im engeren Sinne) v. sieben **auf zehn Jahre verlängert** (§ 51b Abs. 2 Satz 1). Durch das BilMoG (2009) wurden in § 51b eine ausdr. Dokumentationspflicht zur Unabhängigkeitsprüfung des gesetzlichen Abschlussprüfers geregelt (Abs. 4 Satz 2) und ferner spezielle Pflichten für Konzernabschlussprüfer eingeführt, die die Arbeit eines Abschlussprüfers aus einem Drittstaat verwerten (Abs. 4a). 1

Durch § 51b wird eine berufsrechtliche **Pflicht zur Anlegung v. Handakten** normiert. Die Vorschrift regelt zunächst in Abs. 1, dass alles in der Handakte abzulegen ist, was zur Vermittlung eines zutreffenden Bildes über die entfaltete Tätigkeit erforderlich ist (**Handakten im weiteren Sinne**). Für bestimmte Verwendungszwecke (Aufbewahrungspflicht, Abs. 2 u. Zurückbehaltungsrecht, Abs. 3) wird der Inhalt der hierzu relevanten Handakten ausdr. geregelt (Abs. 4, **Handakten im engeren Sinne**). Weitgehend identische Vorschriften sind auch im StBerG (§ 66) u. in der BRAO (§ 50) enthalten. Dies gilt allerdings nicht für die durch das BilMoG eingeführten Neuerungen, welche Vorgaben aus der AP-RiLi umsetzen und daher naturgemäß nur den Prüferberuf betreffen. 2

§ 51b gilt für **WPG** sowie für Organvertreter einer WPG, die nicht WP sind, sinngemäß (§ 56 Abs. 1) u. findet für **vBP** u. **BPG** entsprechende Anwendung (§ 130). 3

II. Berufspflicht zur Handaktenführung

Durch die Einführung des § 51b in die WPO wurde erstmals eine **ausdrückliche Berufspflicht** zur Anlegung v. Handakten begründet. Zuvor dürfte eine solche Pflicht allerdings bereits aus der (allg.) Pflicht zur Gewissenhaftigkeit ableitbar gewesen sein (vgl. Kuhls/Goez, StBerG, § 66 Rn. 6 für das Berufsrecht der StB, das unverändert keine (ausdr.) Pflicht zur Handaktenführung enthält). Unter Anlegung ist nach Sinn u. Zweck der Handakten (dazu sogleich) nicht nur die erste Einrich- 4 tung der Handakte, sondern auch deren **fortlaufende Führung** zu verstehen (vgl. Henssler/Prütting/Stobbe, BRAO, § 50 Rn. 3). Die Pflicht zur Handaktenführung ist ferner eine **vertragliche Nebenpflicht** aus dem Mandatsverhältnis (vgl. Feuerich/Weyland/Böhnlein, BRAO, § 50 Rn. 2, 7).

5   Absatz 1 normiert die Pflicht zur Anlegung v. Handakten dahingehend, dass diese die **mandatsbezogene** (vgl. Henssler/Prütting/Stobbe, BRAO, § 50 Rn. 5, 9) Tätigkeit des WP in nachprüfbarer Form widerspiegeln müssen (vgl. BT-Drs. 12/5685, 28, wo zur Einführung des § 51b auf die Begr. zur Neufassung des § 50 BRAO (BT-Drs. 12/4993, 31 bzw. BR-Drs. 93/93) verwiesen wird). Diese **Dokumentationspflicht** erlangt durch die Reformierung der BA – hier insb. die Einführung der anlassunabhängigen SU gem. § 62b – verstärkt an Bedeutung. Das Vertragsverhältnis zwischen dem WP u. seinem Mandanten soll durch die Handakten, beginnend mit der Auftragsannahme über die Durchführung bis zur Auftragsbeendigung, möglichst genau dokumentiert werden; die Handakten umfassen daher **sämtliche das Mandatsverhältnis betreffenden Unterlagen** (Kuhls/Goez, StBerG, § 66 Rn. 1, 8). Zu den Dokumentationspflichten in einem Fall, in dem sich der WP selbst auf die IDW Standards und damit den IDW PS 460 verpflichtet hatte, siehe das Urteil des VG Berlin vom 17.09.2010 (16 K 246.09). Der Kläger hatte sich gegen eine diesbezügliche Mängelfeststellung der SU gewandt.

6   Hiervon zu unterscheiden ist die nach § 55b Satz 2 i.V.m. § 31 Abs. 3 BS WP/vBP vorgeschriebene **Dokumentation des QS-Systems**; diese **zählt nicht zu den Handakten** i.S. dieser Vorschrift. Ebenfalls v. den berufsrechtlichen Verpflichtungen aus § 51b zu unterscheiden sind die **Aufzeichnungs- u. Aufbewahrungspflichten nach § 8 Geldwäschegesetz**. Diese Aufzeichnungen sind im Interesse der Strafverfolgungsbehörden zu fertigen u. aufzubewahren u. deshalb – anders als weitgehend die Handakten (§ 97 StPO) – durch kein der Beschlagnahme entgegenstehendes Zeugnisverweigerungsrecht geschützt; sie sollten daher **getrennt v. den Handakten** geführt u. aufbewahrt werden (vgl. Henssler/Prütting/Stobbe, BRAO, § 50 Rn. 13). Ihre vorzeitige Vernichtung ist eine Ordnungswidrigkeit (§ 17 Abs. 1 Nr. 6 GWG). Zu weiteren Einzelheiten s. § 43 Rn. 402 f.

7   Aufgrund der Handakten ist es dem WP jederzeit möglich, seinem Mandanten die gem. §§ 675, 666 BGB geschuldeten **Auskünfte u. Informationen** zu geben (vgl. Feuerich/Weyland/Böhnlein, BRAO, § 50 Rn. 2). Darüber hinaus erleichtert sie dem WP die Arbeit, da sie ihm ständig eine Übersicht über die zur eigentlichen Auftragsdurchführung notwendigen u. förderlichen Grundlagen u. Hinweise bietet (vgl. Kuhls/Goez, StBerG, § 66 Rn. 1). Vor allem dient die Handakte aber der Nachprüfbarkeit einer ordnungsgemäßen Mandatsabwicklung (vgl. IDW PS 460 Tz. 6 f. für die insoweit besonders relevanten Arbeitspapiere des WP) u. damit als **Beweismittel** in zivil-, straf- u. berufsrechtlichen Verfahren (vgl. Feuerich/Weyland/Böhnlein, BRAO, § 50 Rn. 2). Im berufsrechtlichen Verfahren besteht gem. § 62 auf förmliches Verlangen eine Pflicht zur Vorlage der Handakten, für bestimmte Mandate auch ohne dass hierfür ein konkreter Anlass (bzw. Verdacht) gegeben sein muss (§ 62b); zu Einzelheiten s. Rn. 89 ff. sowie die Erl. zu § 62.

Die Handakten sind – wie diejenigen des RA (§ 50 Abs. 1 BRAO) – **geordnet** zu führen (vgl. Henssler/Prütting/Stobbe, BRAO, § 50 Rn. 11), da anders die Vermittlung eines zutreffenden Bildes über die Tätigkeit des WP kaum möglich ist. Für die (internen) Arbeitspapiere des WP ist die geordnete bzw. **klare u. übersichtliche Aktenführung** in den fachlichen Regeln ausdrücklich vorgeschrieben (§ 4 Abs. 1 BS WP/vBP i.V.m. IDW PS 460 Tz. 10). **8**

Zur Erfüllung der Pflicht zur Handaktenführung gehört es auch, **nachträgliche Manipulationen** zu unterlassen, um so einen dem WP evtl. unterlaufenen Fehler zu verdecken (vgl. Feuerich/Weyland/Böhnlein, BRAO, § 50 Rn. 3; Kuhls/Goez, StBerG, § 66 Rn. 8), etwa durch Entfernen, Hinzufügen o. Veränderung v. Aktenteilen. Einer solchen Manipulation kann durch **Paginierung** der Aktenstücke vorgebeugt werden; eine Pflicht zur Paginierung besteht jedoch nicht (vgl. Feuerich/Weyland/Böhnlein, BRAO, § 50 Rn. 3). Da es sich bei der Handakte um keine Gesamturkunde i.S.v. § 267 StGB handelt, stellt eine nachträgliche Manipulation keine strafbare Handlung dar (ebenda, Rn. 4). **9**

Die **Verletzung der Pflicht zur Handaktenführung** kann (ebenso wie die Verletzung der anderen sich aus § 51b ergebenden Pflichten) im Rahmen der BA geahndet werden (vgl. Henssler/Prütting/Stobbe, BRAO, § 50 Rn. 2). **10**

Zum Führen der Handakten kann sich der WP auch der **elektronischen Datenverarbeitung** bedienen (Abs. 5 Satz 1). In diesem Fall sind die Abs. 1-4a nur entsprechend anzuwenden. Der WP ist also nicht gehalten, gespeicherte Dateien auszudrucken (vgl. Henssler/Prütting/Stobbe, BRAO, § 50 Rn. 10). Werden die Unterlagen teils in Papierform u. teils elektronisch aufbewahrt, sind allerdings Querhinweise erforderlich. **11**

Bei der Führung der Handakten (ebenso wie bei ihrer Vernichtung, s. Rn. 30 ff.) ist der Grundsatz der **Verschwiegenheit** zu beachten (vgl. Kuhls/Goez, StBerG, § 66 Rn. 10; Feuerich/Weyland/Böhnlein, BRAO, § 50 Rn. 27). Der WP hat entsprechende Vorkehrungen zu treffen (§ 9 Abs. 2 Satz 2 BS WP/vBP), um (insb.) die Arbeitspapiere vor unbefugter Einsichtnahme zu schützen; das gilt auch u. gerade, wenn die Arbeitspapiere/Handakten mittels EDV (§ 51b Abs. 5 Satz 1) geführt werden. **12**

III. Begriff und Inhalt der Handakten

§ 51b verwendet den Begriff „Handakten" mit zweifacher Bedeutung (wie sich aus der Legaldefinition in Abs. 4 Satz 1 ergibt): Die Handakten i.S.v. Abs. 1 (ebenso wie die Handakten i.S.v. § 62) umfassen sowohl die Schriftstücke, die der WP aus Anlass seiner beruflichen Tätigkeit v. dem Auftraggeber o. für ihn erhalten hat, als auch den Briefwechsel mit dem Auftraggeber, die Schriftstücke, die dieser bereits in Ur- o. Abschrift erhalten hat, sowie die zu internen Zwecken gefertigten Arbeitspapiere (= **Handakten im weiteren Sinne**). Aufbewahrungs- u. ggf. herausgabepflichtig nach den Abs. 2 u. 3 sind jedoch nur die Handakten i.S.v. Abs. 4 Satz 1; dazu zählen nur die Schriftstücke, die der WP v. o. für den Auftraggeber erhalten hat (= **Hand- 13**

akten im engeren Sinne), die Arbeitspapiere aber gerade nicht (WPH I, A Rn. 254 m.w.N.).

14 Aus praktischer Sicht ist vor allem die Abgrenzung zwischen **Handakten im engeren Sinne**, den **Arbeitspapieren** u. den vertraglich geschuldeten **Arbeitsergebnissen** v. Bedeutung:

Während die Handakten im engeren Sinne u. die Arbeitsergebnisse grds. (d.h. vorbehaltlich eines Zurückbehaltungs- bzw. Leistungsverweigerungsrechts) **herausgabepflichtig** sind, besteht eine solche Pflicht zur Herausgabe an den Mandanten für die Arbeitspapiere nicht (vgl. Rn. 4, 47). Letzteres ist insb. bei einem **Beraterwechsel** relevant, weil hier für den Mandanten Know-how verloren geht, das sich auch der neue Berater erst erarbeiten müsste. Daher besteht ein Interesse, in möglichst weitem Umfang auf die Aufzeichnungen des bisherigen Beraters zurückzugreifen. Ein Anspruch besteht jedoch nur, soweit es sich hierbei um vertraglich geschuldete Arbeitsergebnisse handelt, nicht jedoch, soweit die Aufzeichnungen ledigl. zur internen Dokumentation erfolgten, also Arbeitspapiere vorliegen (s. näher Rn. 47 f.).

Die Unterscheidung zwischen den Handakten im engeren Sinne u. den Arbeitsergebnissen ist schließlich vor allem in der **Insolvenz des Mandanten** v. Bedeutung. Während das Zurückbehaltungsrecht gem. § 273 BGB, § 51b Abs. 3 in der Insolvenz erlischt, weil sein Zweck, nämlich auf den Auftraggeber hinsichtlich des rückständigen Honorars Druck auszuüben (vgl. Rn. 50), nicht mehr erreicht werden kann, bleibt die Einrede des nicht erfüllten Vertrages demggü. erhalten, so dass der WP weiterhin nur Zug um Zug gegen Zahlung des Honorars zur Leistung bzw. zur Herausgabe der Arbeitsergebnisse verpflichtet ist (vgl. Rn. 46 u. 57).

1. Handakten im weiteren Sinne

15 Aus der Zweckbestimmung der Handakte i.S.v. Abs. 1 (vgl. Rn. 5) ergibt sich, dass die **Handakte als umfassendes Dokumentationsmittel** die Gesamtheit solcher Unterlagen umschließt, die aus Anlass der Tätigkeit des WP in seine Hände gelangt sind o. v. ihm selbst erstellt wurden u. seine berufliche Tätigkeit nachweisen (Dohle/Peitscher, DStR 2000, 1265). Was im Einzelfall in die Handakte gehört, hängt v. erteilten Auftrag ab.

16 Zur **Handakte des WP** zählen bspw. folgende Unterlagen (Dohle/Peitscher, a.a.O.):

- **vom Auftraggeber übergebene Schriftstücke u. Urkunden**, z.B. Buchführungsunterlagen/Belegwesen, Kontoauszüge, Grundaufzeichnungen, Steuerbescheide u. Bilanzen früherer Veranlagungszeiträume;
- während des bestehenden Mandats dem WP **durch Finanzbehörden, Gerichte o. sonstige Dritte direkt übermittelte Schriftstücke** wie Steuerbescheide, Einspruchsbescheide, Verfügungen, Urteile, Bescheinigungen o. sonstiger drittgerichteter Schriftverkehr (vgl. auch Kuhls/Goez, StBerG, § 66 Rn. 3);
- **Arbeitsergebnisse des WP**, d.h. auftragsgemäß erstellte Buchführung, Jahresabschlüsse, BV/PB, Inventar- u. Anlageverzeichnisse, Steuererklärungen, Umbuchungslisten, Hauptabschlussübersichten;

- **Gesprächsprotokolle o. -notizen** über den Inhalt v. Verhandlungen o. Gesprächen mit Dritten (Fiala/v. Walter, DStR 1998, 694, 696);
- **Schriftverkehr zwischen Mandant u. WP** (Fiala/v. Walter, a.a.O.);
- bei einem Rechenzentrum gespeicherte u. v. Vorgänger übertragene Stammdaten;
- die (internen) **Arbeitspapiere des WP**.

In den praktisch besonders relevanten Fällen, in denen der erteilte Auftrag den sog. Vorbehaltsbereich betrifft, der WP also nicht als Berater o. Geschäftsbesorger, sondern als unabhängiger Prüfer tätig wird, dürften die Handakten im weiteren Sinne – jedenfalls nach „Herausgabe" des Arbeitsergebnisses (i.d.R. des PB) – weitgehend identisch mit den zu internen Zwecken gefertigten **Arbeitspapieren** sein, da v. Mandanten (nicht zum Verbleib) überreichte Unterlagen o. v. Dritten für diesen erhaltene Schriftstücke etc. in aller Regel nicht vorhanden sind. 17

Der Begriff sowie Form, Inhalt u. Funktion der **Arbeitspapiere werden in IDW PS 460 näher erläutert.** Arbeitspapiere sind danach „... *alle Aufzeichnungen und Unterlagen, die der Abschlussprüfer im Zusammenhang mit der Abschlussprüfung selbst erstellt, sowie alle Schriftstücke und Unterlagen, die er von dem geprüften Unternehmen oder von Dritten als Ergänzung seiner eigenen Unterlagen zum Verbleib erhält.*" (Tz. 1). Der Prüfungsstandard legt die Berufsauffassung dar, nach der WP unbeschadet ihrer Eigenverantwortlichkeit Arbeitspapiere zu Abschlussprüfungen erstellen; er bezieht sich auf Arbeitspapiere i.Z.m. Jahresabschlussprüfungen u. ist bei Konzernabschlussprüfungen u. anderen Prüfungen sowie sonstigen Beauftragungen entsprechend anzuwenden (IDW PS 460 Tz. 2, 3). Die in dem Prüfungsstandard enthaltenen **fachlichen Regeln** sind auch berufsrechtlich zu beachten (vgl. § 4 Abs. 1 BS WP/vBP). 18

Aus der Beschreibung der **Funktion der Arbeitspapiere** in IDW PS 460 Tz. 6 f. wird deutlich, dass diese sehr weitgehend mit der Zweckrichtung des § 51b Abs. 1 übereinstimmt. Zu **Form u. Inhalt der Arbeitspapiere** sei auf IDW PS 460 Tz. 8 ff. verwiesen. 19

2. Handakten im engeren Sinne

Gegenüber diesen die gesamte Mandatswahrnehmung umfassenden Handakten sind die Handakten i.S.v. § 51b Abs. 4 Satz 1 deutlich eingeschränkt. Nur für die letztgenannten Handakten im engeren Sinne gelten die **Aufbewahrungspflicht** nach Abs. 2 u. das **Zurückbehaltungsrecht** u. die damit mittelbar angesprochene **Herausgabepflicht** nach Abs. 3. 20

Nicht zu den Handakten im engeren Sinne gehören nach der Definition in Abs. 4 Satz 1 insb. folgende Aktenbestandteile (vgl. Kuhls/Goez, StBerG, § 66 Rn. 4): 21

- **Schriftverkehr zwischen WP u. dem Mandanten;**
- **Schriftstücke**, die der Mandant in Urschrift o. Abschrift **schon erhalten hat**;
- die v. WP zu **internen Zwecken gefertigten Arbeitspapiere**;

- schriftliche **Arbeitsergebnisse** des WP (s. Rn. 16); diese sind nicht aus der Geschäftsbesorgung i.S.v. § 667 BGB „erlangt", sondern stehen im Austauschverhältnis des gegenseitigen Vertrages u. werden als Erfüllung geschuldet (vgl. BGH 11.3.2004, DStR 2004, 1397, 1398; BGH 25.10.1988, NJW 1989, 1216, 1217);
- aufgrund des Auftragsverhältnisses gefertigte **Aktenvermerke** (soweit diese nicht schon zu den Arbeitspapieren gehören).

IV. Aufbewahrungspflicht

1. Berufspflicht und Gegenstand

22 § 51b Abs. 2 begründet für die **Handakten im engeren Sinne** (Abs. 4 Satz 1) eine **Berufspflicht zur Aufbewahrung** für die **Dauer v. zehn Jahren** nach Beendigung des Auftrags. Sie schließt den schuldrechtlichen Herausgabeanspruch (s. Rn. 34) nicht aus, sondern setzt voraus, dass der Mandant diesen Anspruch bei Beendigung des Mandats nicht geltend macht o. dass der WP aufgrund eines Zurückbehaltungsrechts (s. Rn. 50) dazu berechtigt ist, dem Herausgabeverlangen des Mandanten nicht zu entsprechen (vgl. Henssler/Prütting/Stobbe, BRAO, § 50 Rn. 21). Die Vorschrift dient dem Schutz des Mandanten, da sie – soweit keine anderweitige Aufbewahrungspflicht besteht (Abs. 5 Satz 2) – sicherstellt, dass der (auch u. gerade) nach Beendigung des Mandats fortbestehende Herausgabeanspruch weiterhin verwirklicht werden kann (vgl. Fiala/v. Walter, a.a.O., 696) u. der WP nicht etwa zur Aktenvernichtung berechtigt ist.

23 Für die **übrigen Handakten**, z.B. die Kopien v. Schreiben an den Mandanten u. die **Arbeitspapiere**, enthält die WPO (ebenso wie die BS WP/vBP) **keine Regelung** zur Dauer der Aufbewahrung (vgl. WPH I, A Rn. 256). Eine Aufbewahrungspflicht lässt sich auch nicht aus der Vorlagepflicht in BA-Verfahren gem. § 62 ableiten (ebenso wenig wie aus § 51b Abs. 1 selbst), da dies eine ausdrückliche Normierung erfordert hätte. Den fachlichen Regeln zufolge richtet sich die Dauer der Aufbewahrung der Arbeitspapiere nach den Umständen des Einzelfalles u. dient vor allem dem Zweck, spätere **Beweisnot** zu vermeiden (vgl. IDW PS 460 Tz. 23). Ferner sind die Arbeitspapiere im Rahmen der **externen QK** vorzulegen (§ 57d), was eine Aufbewahrung v. bis zu sechs Jahren (vgl. § 57a Abs. 6 Satz 8) erforderlich macht (s. Rn. 92). Mit den Mandanten wird für die selbst erstellten Arbeitspapiere durch Verwendung der **AAB** i.d.R. eine Aufbewahrungsfrist vereinbart, die derjenigen des § 51b Abs. 2 entspricht, also zehn Jahre.

24 **Regelungen über die Pflichten zur Aufbewahrung v. Geschäftsunterlagen in anderen Gesetzen** (HGB, AO) bleiben unberührt (§ 51b Abs. 5 Satz 2). Dies betrifft zum einen die eigenen Geschäftsunterlagen des WP, etwa den Briefwechsel mit dem Mandanten (vgl. § 147 Abs. 1 Nr. 2 u. 3 AO), für die § 51b keine Aufbewahrungspflicht enthält, aber auch solche des Mandanten (vgl. Kuhls/Goez, StBerG, § 66 Rn. 14 f.). Werden letztere daher (als Bestandteil der Handakten im engeren Sinne) vor Ablauf der entsprechenden Fristen an den Mandanten zurückgegeben, empfiehlt sich ein Hinweis auf die fortbestehenden Aufbewahrungspflichten (vgl. WPH I, A Rn. 256).

2. Beginn der Aufbewahrungspflicht

Die Aufbewahrungspflicht beginnt mit der **Beendigung des Auftrags** (Abs. 2). Zu 25 welchem Zeitpunkt der Auftrag als beendet angesehen werden kann, lässt sich angesichts der Vielgestaltigkeit der Fälle nicht allg. bestimmen. Die Feststellung kann nur im Einzelfall getroffen werden (vgl. Feuerich/Weyland/Böhnlein, BRAO, § 50 Rn. 11).

Im Normalfall endet das Mandatsverhältnis mit der **Erledigung** des Auftrages, d.h. 26 mit dem Erreichen des Vertragszwecks (vgl. Feuerich/Weyland/Böhnlein, BRAO, § 50 Rn. 12). Bei Aufträgen mit Werkvertragscharakter ist das der Fall, wenn der Auftraggeber das Werk (z.b. den erstellten Jahresabschluss, den PB o. das Gutachten) als in der Hauptsache vertragsgemäße Leistung abnimmt (vgl. Feuerich/Weyland/Böhnlein, BRAO, § 50 Rn. 13). Handelt es sich um eine **einmalige Tätigkeit** mit Dienstvertragscharakter, bspw. um eine Beratung o. um die Erstellung einer Steuererklärung, so sind Abschluss dieser Tätigkeit u. Fristbeginn grds. identisch (vgl. Kuhls/Goez, StBerG, § 66 Rn. 11). Liegt ein **umfassendes über einen längeren Zeitraum laufendes Auftragsverhältnis** vor (z.B. laufender Steuerberatungsvertrag), erscheint es sachgerecht, wegen des Beginns der Aufbewahrungsfrist jeweils auf die Beendigung in sich abgeschlossener Einzelleistungen (Jahresabschluss, Steuererklärungen u.ä.) abzustellen (vgl. Kuhls/Goez, StBerG, § 66 Rn. 13). Spätestens die **Erteilung der jeweiligen Rechnung** durch den WP dürfte die Aufbewahrungsfrist auslösen (vgl. Kuhls/Goez, StBerG, § 66 Rn. 11 m.w.N.). Bei wirksamer **Kündigung** des Auftragsverhältnisses (§§ 675, 671 BGB) durch den Mandanten o. den WP berechnet sich die Frist regelmäßig ab diesem Zeitpunkt (vgl. Feuerich/Weyland/Böhnlein, BRAO, § 50 Rn. 13). Nachvertragliche Pflichten des WP haben keinen Einfluss auf die Beendigung des Mandats (ebenda). Das Auftragsverhältnis endet (grds.) auch mit dem **Tod des beauftragten WP** (§ 673 BGB) – der Tod des Mandanten führt im Zweifel nicht zur Vertragsbeendigung – sowie durch die **Insolvenzeröffnung über das Vermögen des Auftraggebers** (§§ 115, 116 InsO), es sei denn, dass sich der Auftrag nicht auf das zur Insolvenzmasse gehörende Vermögen bezieht (vgl. Feuerich/Weyland/Böhnlein, BRAO, § 50 Rn. 15).

3. Dauer der Aufbewahrungsfrist, Verkürzung

Die Aufbewahrungsfrist, die der WP nach § 51b Abs. 2 zu beachten hat, beträgt 27 **zehn Jahre**. Sie wurde **durch die 7. WPO-Novelle 2007 um drei Jahre verlängert**. Dies soll der amtlichen Begr. (BT-Drs. 16/2858, 27) zufolge nötig gewesen sein, da das Wirtschaftsprüferexamens-Reformgesetz (5. WPO-Novelle) die bis dato spezielle Verjährungsregel des § 51a WPO a.F. (fünf Jahre) durch die allg. Verjährung des § 199 Abs. 3 BGB (10 bzw. 30 Jahre) ersetzt habe. Die Verlängerung der Aufbewahrungsfrist stelle eine kompromisshafte Annäherung an die o.g. Fristen des BGB dar, um etwaige später geltend gemachte Schadensersatzansprüche anhand der vorhandenen Unterlagen besser beurteilen u. ggf. abwehren zu können, ohne dass die Kosten für die Lagerung dadurch unverhältnismäßig würden. Die verlängerte Aufbewahrungsfrist kommt nur für Handakten zur Anwendung, bei denen die bisherige siebenjährige Frist am 6.9.2007 (Inkrafttreten der 7. WPO-Novelle) noch nicht abgelaufen war. Für Handakten, bei denen die alte Frist am 6.9.2007 bereits abgelaufen war, ergeben sich aus der Fristverlängerung hingegen keine Konsequenzen; es bleibt dabei, dass die Aufbewahrungspflicht erloschen ist (sog. Rückwirkungsverbot).

28 Die zehnjährige Aufbewahrungsfrist kann **durch Vertrag zwischen WP u. Mandant individuell abgekürzt** werden (vgl. Kuhls/Goez, StBerG, § 66 Rn. 16; a.A. Henssler/Prütting/Stobbe, BRAO, § 50 Rn. 25). Wegen § 307 BGB (bzw. § 305c BGB) kann eine solche Verkürzung jedoch grds. nicht durch v. WP verwendete AAB erfolgen (vgl. Feuerich/Weyland/Böhnlein, BRAO, § 50 Rn. 9a; für eine ausnahmslose Nichtigkeit solcher Klauseln: Hartung, BORA/FAO, § 50 BRAO Rn. 59).

29 Neben der vertraglichen Verkürzungsvereinbarung steht dem WP nach § 51b Abs. 2 Satz 2 einseitig das Recht zu, die zehnjährige **Aufbewahrungsfrist durch ausdr. Aufforderung** an den Mandanten zur Entgegennahme der Handakten **auf sechs Monate zu verkürzen** (vgl. Kuhls/Goez, StBerG, § 66 Rn. 17). Die Sechsmonatsfrist kann aber erst in Lauf gesetzt werden, nachdem der Auftrag beendet ist (vgl. Feuerich/Weyland/Böhnlein, BRAO, § 50 Rn. 10). Mit deren Ablauf endet die Aufbewahrungspflicht des § 51b Abs. 2. Aufgrund einer nachwirkenden Pflicht zur Rücksichtnahme aus dem Auftragsverhältnis ist der WP ledigl. gehalten, dem Mandanten eine angemessene Frist zur Entgegennahme der Handakten einzuräumen (vgl. Henssler/Prütting/Stobbe, BRAO, § 50 Rn. 24). Das FG Köln (03.03.2010, 14 K 4943/07) hat im Hinblick auf diese Möglichkeit, die Aufbewahrungspflicht auf sechs Monate zu verkürzen, eine darüberhinausgehende öffentlich-rechtliche Verpflichtung verneint und eine **Rückstellung für** die insoweit vermeidbaren **Aufbewahrungskosten** nicht anerkannt.

4. Ablauf der Aufbewahrungsfrist, Aktenvernichtung

30 Ist die Aufbewahrungspflicht des WP durch Fristablauf nach § 51b Abs. 2 Satz 1, aufgrund vertraglicher Vereinbarung o. infolge Aufforderung nach § 51b Abs. 2 Satz 2 erloschen, so kann der WP die **Handakten dem Mandanten aushändigen o. vernichten** (vgl. Kuhls/Goez, StBerG, § 66 Rn. 18; Feuerich/Weyland/Böhnlein, BRAO, § 50 Rn. 16).

31 **Nicht vernichtet** werden dürfen vermögenswerte Unterlagen, Schuldtitel u. sonstige Urkunden, die mehr als nur historische Bedeutung haben (z.B. Grundschuldbriefe, Vertragsurkunden u.ä.), sowie Unterlagen, die ein Dritter dem WP zur Verfügung gestellt hat, solange sie nach den allg. zivilrechtlichen Vorschriften dem Dritten herauszugeben sind (vgl. Feuerich/Weyland/Böhnlein, BRAO, § 50 Rn. 16); von der Vernichtung ausgeschlossen sind ferner Geschäftsunterlagen des Mandanten, für die Aufbewahrungspflichten fortbestehen (vgl. § 147 AO, § 257 HGB). Diese Unterlagen müssen, falls sie dem Mandanten o. dem Dritten bei Beendigung des Mandats nicht ausgehändigt worden sind, vor der Vernichtung der Handakten ausgesondert u. dem Mandanten bzw. dem Dritten ausgehändigt werden oder, vom Annahmeverzug des Berechtigten abgesehen, bis zum Ablauf der jeweils geltenden

Frist aufbewahrt werden (vgl. Henssler/Prütting/Stobbe, BRAO, § 50 Rn. 29; a.A. teilw. Kuhls/Goez, StBerG, § 66 Rn. 19).

Aus seiner die Mandatsbeendigung überdauernden **VSP** (§ 9 Abs. 3 BS WP/vBP) folgt, das der WP die Vernichtung so vorzunehmen hat, dass seine Schweigepflicht nicht verletzt wird o. werden kann (vgl. Hartung, BORA/FAO, § 50 BRAO Rn. 64). Das Aktenmaterial muss daher durch den WP selbst, durch **eingewiesenes Personal** o. eine die Vertraulichkeit gewährleistende **Fachfirma** gehäckselt o. in sonstiger Weise unkenntlich gemacht werden (vgl. Henssler/Prütting/Stobbe, BRAO, § 50 Rn. 28; zur Protokollierung der Aktenvernichtung vgl. Fiala/v. Walter a.a.O., 740). Die **Vernichtung v. Dateien** (§ 51b Abs. 5 Satz 1) erfolgt durch Löschen der Daten (vgl. Feuerich/Weyland/Böhnlein, BRAO, § 50 Rn. 16). 32

Auch **eigene Interessen des WP** können einer Vernichtung der Handakten im Wege stehen (vgl. Kuhls/Goez, StBerG, § 66 Rn. 20). Der Beweiswert zumindest der Handakten im engeren Sinne dürfte allerdings gering sein, da darin nicht das eigene Handeln des WP, sei es als internes (Arbeitspapiere) o. externes (z.b. PB) Arbeitsergebnis, dokumentiert wird. 33

V. Herausgabepflichten
1. Herausgabe der Handakte

Der Vertrag des WP mit dem Mandanten ist – je nach beauftragter Tätigkeit – entw. als **Dienst-** (§§ 611 ff. BGB) o. als **Werkvertrag** (§§ 631 ff. BGB) in der Form des Geschäftsbesorgungsvertrages (§ 675 BGB) zu qualifizieren (BGH 7.3.2002, NJW 2002, 1571), so dass die §§ 666 u. 667 BGB Anwendung finden. Die Herausgabepflicht des WP in Bezug auf seine die berufliche Tätigkeiten betreffenden Akten richtet sich somit nach **§§ 667, 675 BGB** i.V.m. § 51b, die Pflicht zur Gewährung v. Einsichtnahme in diese Akten nach § 666 BGB (vgl. BGH 30.11.1989, NJW 1990, 510 für die Pflichten des Anwalts). Danach ist der WP verpflichtet, dem Mandanten alles, was er zur Ausführung des Mandats erhält u. was er aus der Geschäftsbesorgung erlangt, herauszugeben (§ 667 BGB). Dieser Anspruch des Mandanten wird hinsichtlich der Akten des WP durch § 51b Abs. 4 Satz 1 konkretisiert (vgl. Fiala/v. Walter, a.a.O., 696; Henssler/Prütting/Stobbe, BRAO, § 50 Rn. 15). **Herausgabepflichtig** sind somit **nur die Handakten im engeren Sinne**, zum Umfang des Herausgabeanspruchs s. daher Rn. 21. 34

Neben der o.g. zivilrechtlichen Pflicht zur Herausgabe der Handakten dürfte auch eine **berufsrechtliche Herausgabepflicht** bestehen. Zwar wird in § 51b eine Pflicht zur Herausgabe der Handakten nicht ausdrücklich normiert (sondern lediglich. vorausgesetzt), jedoch dürfte sich eine solche Pflicht eindeutig aus Sinn u. Zweck der Vorschrift, d.h. sowohl aus der Aufbewahrungspflicht nach Abs. 2 als auch im Umkehrschluss aus dem Zurückbehaltungsrecht nach Abs. 3, ergeben (Kuhls/Goez, StBerG, § 66 Rn. 21). Eine grundlose o. rechtsmissbräuchliche Verweigerung der Herausgabe der Handakten (d.h. ohne Bestehen insb. eines Zurückbehaltungs- o. Leistungsverweigerungsrechts) ist somit grds. als Berufspflichtverletzung anzuse- 35 hen (vgl. LG Hannover 04.03.2009, DStRE 2009, 1416; Kuhls/Goez, StBerG, § 66 Rn. 26 m.w.N.).

36 Der **Herausgabeanspruch wird fällig** mit der Ausführung des einzelnen Auftrags o. spätestens mit der Beendigung des Auftragsverhältnisses; er wird also durch das Erlöschen des Mandats nicht berührt, sondern entfaltet gerade dann seine Schutzfunktion (vgl. oben zur Aufbewahrungspflicht, Rn. 22) zugunsten des Auftraggebers (vgl. BGH 30.11.1989, a.a.O., 510).

37 Die Herausgabe der Handakten im engeren Sinne ist eine **Holschuld**, da nach § 269 BGB Ansprüche aus dem Mandatsvertrag am Ort der Kanzlei des WP als Leistungsort zu erfüllen sind. Der WP ist also nicht dazu verpflichtet, die Handakte auf eigenes Risiko u. eigene Kosten an den Mandanten o. den v. diesem beauftragten RA zu versenden, sondern er hat die Handakte ledigl. **dem Mandanten in seiner Kanzlei** auf Verlangen **auszuhändigen** (vgl. AGH Celle 14.1.2001, BRAK-Mitt. 2002, 94). Wird die Handakte gleichwohl an den Mandanten versandt, trägt dieser die Gefahr eines Verlustes auf dem Postweg (vgl. Kuhls/Goez, StBerG, § 66 Rn. 25).

38 Bei der Handaktenführung mittels **elektronischer Datenverarbeitung** (Abs. 5 Satz 1) erfolgt die Herausgabe entweder durch Übergabe eines Datenträgers mit den Daten o. durch einen Ausdruck der Daten auf Papier (vgl. Fiala/v. Walter, a.a.O., 697). Sind die Daten bei einem Rechenzentrum gespeichert (z.B. für die Finanzbuchhaltung bei DATEV), genügt der Berufsträger der Herausgabepflicht regelmäßig durch Erteilung seiner **Zustimmung zur Datenübertragung** unmittelbar an den Nachfolgeberater (vgl. Dohle/Peitscher, a.a.O., 1266).

39 Der **Herausgabeanspruch** des Mandanten **erlischt** durch Erfüllung (§ 362 BGB) o. nach Ablauf der Aufbewahrungsfrist (s.o.) aufgrund der nachfolgenden Aktenvernichtung (vgl. Fiala/v. Walter, a.a.O., 698; Kuhls/Goez, StBerG, § 66 Rn. 25).

40 Wird die **Herausgabepflicht** durch den WP (schuldhaft) **verletzt**, kann er dem Mandanten zum **Schadensersatz** verpflichtet sein (vgl. BGH 27.9.2001, NJW 2002, 825). Darüber hinaus stellt die unberechtigte Verweigerung der Herausgabe eine **Berufspflichtverletzung** dar (s. Rn. 35).

41 Der WP kann sich ggü. einem Auskunfts- o. Herausgabeanspruch des Mandanten nicht auf die **Gefahr der Selbstbelastung** (nemo tenetur) berufen. Der (insb. durch § 666 BGB bezweckte) Schutz des Mandanten ist insoweit vorrangig (vgl. BGH 30.11.1989, NJW 1990, 510, 511; Fiala/v. Walter, a.a.O., 737). Ebenso dient die **VSP** des WP ausschließlich dem Mandanten als „Herrn des Geheimnisses", nicht aber dem eigenen Geheimhaltungsinteresse des Berufsträgers. Handelt es sich bei dem Auftraggeber um eine jur. Person, sind auch persönliche **Geheimhaltungsinteressen einzelner Organmitglieder** grds. unbeachtlich. Die unmittelbare Schutzwirkung der Schweigepflicht entfaltet sich regelmäßig nur ggü. dem Auftraggeber, der jur. Person (Fiala/v. Walter, a.a.O., 737). Die Organmitglieder sind hier nur außerhalb des Mandatsverhältnisses stehende Dritte, die Beziehung zu ihnen ist nur ein bloßer Reflex des Mandatsverhältnisses mit der jur. Person. Etwas anderes kann nur gelten, wenn zu dem einzelnen Organmitglied eine individuell begründete Vertrauensbeziehung bestanden hat, etwa dadurch, dass der Berufsträger ausdr. um persönliche Beratung gebeten wurde; insoweit handelt es sich dann um ein rechtlich selbstständiges Mandatsverhältnis, das hinsichtlich etwaiger Herausgabe u./o. Auskunftspflichten gesondert zu beurteilen ist (vgl. BGH 30.11.1989, NJW 1990, 510, 512 r. Sp.).

Im Falle des **Insolvenzverfahrens über das Vermögen des Mandanten** geht das Recht auf Herausgabe der Handakten auf den Insolvenzverwalter über, dem ggü. der WP grds. kein Zurückbehaltungsrecht hinsichtlich der Handakten (im engeren Sinne) hat (s. Rn. 57). 42

2. Sonstige Herausgabe- und Vorlagepflichten gegenüber dem Auftraggeber

a) Recht auf Einsicht in die Handakten (§ 666 BGB, §§ 810, 811 BGB)

Auch wenn zugunsten des WP die Voraussetzungen eines Leistungsverweigerungs- bzw. Zurückbehaltungsrecht vorliegen, kann er dazu verpflichtet sein, dem Mandanten auf Verlangen Auskunft zu erteilen o. **Einsicht in die Handakten** zu gewähren (vgl. Dohle/Peitscher, a.a.O., 1271). Grundlage hierfür ist die gem. § 666 BGB (i.V.m. § 675 BGB) bestehende Pflicht des WP, dem Mandanten die erforderlichen Nachweise zu geben, auf Verlangen über den Stand des Geschäfts Auskunft zu erteilen u. nach der Ausführung des Auftrags Rechenschaft abzulegen (vgl. Fiala/v. Walter, a.a.O., 736). Der Anspruch erstreckt sich auf den Stand des Geschäfts in seinem Zusammenhang als Ganzes, also auf den Inhalt der gesamten gem. §§ 667, 320 BGB herauszugebenden Handakte (vgl. Dohle/Peitscher, a.a.O., 1271). Ausgenommen sind allerdings die Notizen des Berufsträgers über persönliche Eindrücke u. vertraulich recherchierte Informationen (vgl. Fiala/v. Walter, a.a.O., 736) sowie die zu internen Zwecken gefertigten **Arbeitspapiere** des WP, da diese nicht die Geschäftsbesorgung für den Mandanten widerspiegeln u. weder zur „Rechenschaft" noch zur Auskunft über den Stand des Geschäfts bestimmt o. geeignet sind. Ferner kann der Mandant nach §§ 810, 811 BGB Einsicht in **einzelne Urkunden** verlangen, die sich in der Handakte befinden, sofern er hieran ein rechtl. Interesse hat. Ach diesem Anspruch steht ein berechtigterweise geltend gemachtes Leistungsverweigerungs- o. Zurückbehaltungsrecht des WP grds. nicht entgegen (vgl. Feuerich/Weyland/Böhnlein, BRAO, § 50 Rn. 26; Dohle/Peitscher, a.a.O., 1271). 43

Seine **rechtliche Grenze** findet der Anspruch in dem Grundsatz v. **Treu u. Glauben** (§§ 242, 226 BGB), so z.B. wenn der Informationsanspruch – ohne dass ansonsten ein berechtigtes Interesse ersichtlich wäre – nur dazu genutzt werden soll, dem Berufsangehörigen das Druckmittel des Zurückbehalts zu nehmen (vgl. Dohle/Peitscher, a.a.O., 1271). Die Pflichten aus § 666 BGB sind dispositiv, können also vertraglich modifiziert oder abbedungen werden (allerdings i.d.R. nicht durch AGB; vgl. Palandt/Sprau, § 666 Rn. 1). 44

b) Anspruch auf Herausgabe der Arbeitsergebnisse als Erfüllung

45 Die **nach dem Vertrag geschuldeten Arbeitsergebnisse** des WP sind zwar nicht „erlangt" i.S.d. § 667 BGB (vgl. BGH 25.10.1988, NJW 1989, 1216, 1217) u. gehören damit nicht zu den Handakten im engeren Sinne (s. Rn. 21). Die körperliche **Herausgabe** dieser Unterlagen ist jedoch **Bestandteil der Vertragspflichten** des WP nach § 320 BGB aus dem zugrunde liegenden Mandatsvertrag (vgl. BGH 17.2.1988, BB 1988, 656; Kuhls/Goez, StBerG, § 66 Rn. 24).

46 Die Abgrenzung der Arbeitsergebnisse v. den nach § 667 BGB i.V.m. § 51b herausgabepflichtigen Handakten im engeren Sinne ist vor allem insofern wichtig, als auch der **Insolvenzverwalter** das vertraglich geschuldete Arbeitsergebnis **nicht honorarfrei zur Masse** ziehen kann (vgl. BGH 11.3.2004, DStR 2004, 1397, 1398 l. Sp.), der WP also weiterhin nur Zug um Zug gegen Zahlung des Honorars zur Leistung/Herausgabe verpflichtet ist. Die Zurückbehaltungsrechte nach § 273 BGB u. § 51b Abs. 3 können in der Insolvenz des Mandanten dagegen nicht mehr geltend gemacht werden (s. Rn. 57), so dass die Handakten im engeren Sinne auf Verlangen des Insolvenzverwalters auch ohne vorherige Zahlung des Honorars herauszugeben sind.

47 Die als Vertragserfüllung herauszugebenden Arbeitsergebnisse sind ferner v. den zu internen Zwecken gefertigten **Arbeitspapieren** zu unterscheiden, die **in keinem Fall herausgabepflichtig** sind. Diese Abgrenzung ist vor allem bei einem **Beraterwechsel** relevant (vgl. BGH 11.3.2004, DStR 2004, 1397; BGH 17.2.1988, BB 1988, 656). Zum vertraglich geschuldeten Arbeitsergebnis gehören diejenigen v. WP im Rahmen der **Geschäftsbesorgung** erstellten Unterlagen, die der Geschäftsherr/Auftraggeber ansonsten selbst hätte anfertigen müssen, um seine (insb.) **steuerlichen u. handelsrechtlichen Pflichten** zu erfüllen (vgl. BGH 25.10.1988, NJW 1989, 1216, 1217). Die Arbeitspapiere dienen in diesem Zusammenhang als reine Arbeitsmittel, um mit ihrer Hilfe die vertraglichen Pflichten erfüllen zu können (vgl. BGH 17.2.1988, BB 1988, 656). Entscheidend ist also, welche v. WP erstellten Unterlagen u. Aufzeichnungen der Mandant zur Erfüllung seiner gesetzl. Pflichten benötigt.

48 Sofern der WP in einem **umfassenden Auftrag** sowohl die Buchführung als auch die Erstellung des Inventars u. des Jahresabschlusses für den Mandanten übernommen hat, sind auch die Herausgabepflichten bei Beendigung des Mandatsverhältnisses entsprechend umfangreich. **Für Arbeitspapiere**, die zu rein internen Zwecken angelegt werden, dürfte in einem solchen Fall **wenig Raum** sein, da der Mandant ggü. den Steuerbehörden o. dem AP die Zusammensetzung der einzelnen Jahresabschlusspositionen sowie deren Bewertung erläutern können muss. Alle Unterlagen, aus denen sich diese Informationen in dem notwendigen Umfang ergeben, werden somit nicht zu internen Zwecken des WP, sondern im Interesse des Auftraggebers erstellt u. sind daher als Teil des vertraglich geschuldeten Arbeitsergebnisses anzusehen.

Bei **Prüfungsaufträgen** (bei denen es sich nicht um Geschäftsbesorgungs-, sondern um reine Werkverträge handelt) beschränkt sich die vertragliche Pflicht demggü. auf die (Erstellung u.) Übergabe des PB, der ggf. noch mündlich zu erläutern ist (vgl. § 171 Abs. 1 Satz 2 AktG). Sämtliche (übrigen) **v. WP erstellten Unterlagen** sind daher als zu internen Zwecken gefertigte Arbeitspapiere anzusehen u. somit **nicht herausgabepflichtig**. Für **Gutachtenaufträge** dürfte entsprechendes gelten, da der WP auch als Gutachter keine Geschäftsbesorgung übernimmt u. keine den Mandanten treffenden Pflichten erfüllt. 49

VI. Zurückbehaltungsrecht

1. § 51b Abs. 3 und das allgemeine Zurückbehaltungsrecht nach § 273 BGB

Grundsätzlich hat der Auftraggeber das Recht, nach Beendigung des Mandats die Herausgabe der Handakten im engeren Sinne zu verlangen (s. Rn. 34 ff.). Gemäß § 51b Abs. 3 Satz 1 kann der WP deren Herausgabe jedoch verweigern, bis er wegen seiner Vergütung u. Auslagen befriedigt ist. Das **Zurückbehaltungsrecht** gilt nur für die **Handakten im engeren Sinne** (§ 51b Abs. 4 Satz 1). Es schließt das allg. Zurückbehaltungsrecht nicht aus, geht ihm in seinem Anwendungsbereich aber vor (h.M.; vgl. Henssler/Prütting/Stobbe, BRAO, § 50 Rn. 31; Dohle/Peitscher, a.a.O., 1270). Das Zurückbehaltungsrecht nach § 51b ist ein **Sonderrecht des WP**, das es ihm ermöglichen soll, seine berechtigten Ansprüche gegen den Auftraggeber auch ohne Prozess u. Anrufung der Gerichte durchzusetzen (vgl. BGH 3.7.1997, NJW 1997, 2944, 2945). Damit ist insoweit dem WP gestattet, was nach der allg. Regel des § 273 BGB dem Aufragnehmer nicht erlaubt ist: Er darf, sofern das nicht ausnahmsweise zu einer besonders schweren Beeinträchtigung des Auftraggebers führt (Abs. 3 Satz 2), auch dessen **Geschäftsunterlagen** als Druckmittel zur Begleichung seiner Honoraransprüche verwenden (vgl. Feuerich/Weyland/Böhnlein, BRAO, § 50 Rn. 21). Der damit verbundene weitgehende Eingriff in die Geschäftstätigkeit des Mandanten erfordert jedoch zum Ausgleich insofern eine enge Auslegung, als Honorarforderungen aus anderen Aufträgen desselben Mandanten grundsätzlich nicht miteinbezogen werden dürfen (vgl. BGH, NJW, a.a.O.). Erforderlich ist vielmehr, dass die Honorarforderung **aus der konkreten Angelegenheit**, zu der die Handakte gehört, entstanden ist (vgl. Dohle/Peitscher, a.a.O.). Die Formulierung „aus Anlass seiner beruflichen Tätigkeit" in § 51b Abs. 4 Satz 1 schließt ein solches Verständnis nicht aus. Soweit es um Geschäftspapiere des Mandanten geht, dürfen Handakten, die eine andere Angelegenheit betreffen, auch dann nicht zurückgehalten werden, wenn es sich – wie für § 273 BGB ausreichend (vgl. Henssler/Prütting/Stobbe, BRAO, § 50 Rn. 33) – insgesamt um ein einheitliches Lebensverhältnis handelt (vgl. BGH, NJW, a.a.O., 2946; Feuerich/Weyland/Böhnlein, BRAO, § 50 Rn. 21). 50

Die **Gebührenforderung** des WP muss **fällig** sein (§ 273 Abs. 1 BGB; vgl. Dohle/Peitscher, a.a.O., 1269 f.; a.A. Henssler/Prütting/Stobbe, BRAO, § 50 Rn. 33). Sind besondere vertragliche Regelungen über die Fälligkeit nicht getroffen worden (z.B. Vereinbarung eines Vorschusses), so gelten die allg. gesetzlichen Bestimmungen 51 (besondere berufsrechtliche Vorschriften, wie § 7 StBVV o. § 8 Abs. 1 RVG, existieren für WP nicht). Je nach Art der Tätigkeit wird die Vergütung daher entw. „bei der Abnahme des Werkes" (§ 641 Abs. 1 Satz 1 BGB) o. „nach der Leistung der Dienste" (§ 614 Satz 1 BGB) fällig. Der WP ist also hinsichtlich der „Herstellung des versprochenen Werkes" (§ 631 Abs. 1 BGB) o. der „Leistung der versprochenen Dienste" (§ 611 Abs. 1 BGB) **vorleistungspflichtig**. Die Vorleistungspflicht erstreckt sich allerdings **nicht** auf die **Herausgabe der Arbeitsergebnisse** (vgl. Kuhls/Goez, StBerG, § 66 Rn. 30). Als weitere Voraussetzung für die Geltendmachung des Zurückbehaltungsrechts dürfte die **Einforderbarkeit** der Vergütung zu verlangen sein (vgl. Feuerich/Weyland/Böhnlein, BRAO, § 50 Rn. 21b). Der WP kann die Herausgabe der Handakten (im engeren Sinne) also erst verweigern, nachdem er eine ordnungsgemäße Rechnung über Art u. Umfang des Honorars erteilt hat (vgl. § 9 StBVV, § 10 RVG; Kuhls/Goez, StBerG, § 66 Rn. 32). Anderenfalls würde dem Mandanten mangels Kenntnis des geschuldeten Betrags die Möglichkeit genommen, durch sofortige Zahlung die Geltendmachung des Zurückbehaltungsrechts abzuwenden (vgl. Feuerich/Weyland/Böhnlein, BRAO, § 50 Rn. 21b).

52 Die Geltendmachung des Zurückbehaltungsrechts hat zur Folge, dass der WP die Handakten **bis zur Zahlung** durch den Mandanten zurückhalten kann. Erhebt der WP Zahlungsklage, so kann er **Zahlung nur Zug um Zug gegen Herausgabe** der zurückbehaltenen Unterlagen verlangen (vgl. Kuhls/Goez, StBerG, § 66 Rn. 33).

53 Die **Verjährung des Honoraranspruchs** schließt die Geltendmachung des Zurückbehaltungsrechts nicht aus, wenn der Anspruch in dem Zeitpunkt noch nicht verjährt war, in dem erstmals die Herausgabe der Handakten verweigert werden durfte (§ 215 BGB – Ausnahme: Eintritt der Verjährung liegt schon längere Zeit zurück; vgl. Feuerich/Weyland/Böhnlein, BRAO, § 50 Rn. 21b; a.A. Henssler/Prütting/Stobbe, BRAO, § 50 Rn. 36). Da diese Voraussetzung regelmäßig erfüllt ist, ist der WP nicht gezwungen, seine Honoraransprüche titulieren zu lassen, um die Verjährung zu vermeiden. Er kann sich damit begnügen, das Druckmittel des Zurückbehaltungsrechts einzusetzen (vgl. Henssler/Prütting/Stobbe, BRAO, § 50 Rn. 34 f.).

54 Die Geltendmachung des **Zurückbehaltungsrechts** ist nach § 51b Abs. 3 Satz 2 **ausgeschlossen**, soweit die Vorenthaltung der Handakte o. einzelner Schriftstücke unangemessen wäre. Bei der demnach durchzuführenden Verhältnismäßigkeitsprüfung ist nicht zu berücksichtigen, **dass dem Mandanten durch die Zurückbehaltung** v. Geschäftsunterlagen **ein Nachteil entsteht**, da dies gerade Sinn u. Zweck des Zurückbehaltungsrechts ist. Auch das der Mandant dadurch seinen **öffentlich-rechtlichen Verpflichtungen** z.B. zur Abschlusserstellung u. Abgabe der Steuererklärungen nicht nachkommen kann, ist insoweit **unerheblich** (vgl. Kuhls/Goez, StBerG, § 66 Rn. 35). Nur wenn im Einzelfall die Zurückbehaltung der Handakten dem Auftraggeber einen in Relation zur Höhe des (noch) ausstehenden Honorars unverhältnismäßig hohen Schaden zufügen würde, muss der WP die Handakten u./o. Teile hiervon herausgeben (vgl. Feuerich/Weyland/Böhnlein, BRAO, § 50 Rn. 22). Eine **Treuwidrigkeit** der Zurückbehaltung ist **z.B. in fol-**

genden Fällen gegeben (vgl. Kuhls/Goez, StBerG, § 66 Rn. 36; Dohle/Peitscher, a.a.O., 1268):

- die rückständige **Honorarforderung** ist **unverhältnismäßig gering**;
- die **Honorarforderung** ist **ausreichend gesichert** (s.u.);
- die Geltendmachung des Zurückbehaltungsrechts dient **ausschließl. zur Durchsetzung einer Honorarerhöhung**;
- durch die Zurückbehaltung droht dem Mandanten ein **unverhältnismäßig hoher Schaden** (z.B. v. Schriftstücken, die als Beweismittel zur Beitreibung einer Forderung, die zu verjähren droht, zwingend erforderlich sind);
- die **Honorarforderung** ist **sehr streitig** u. kann nur mit großem Zeitaufwand geklärt werden;
- der **WP kann** (unstreitig) **mit Fremdgeldern aufrechnen**, die er für den Mandanten erhalten hat.

Strittig ist, ob der Mandant – wie nach § 273 Abs. 3 BGB – auch die Ausübung des speziellen Zurückbehaltungsrechts nach § 51b Abs. 3 durch ausreichende **Sicherheitsleistung** abwenden kann (ablehnend Dohle/Peitscher, a.a.O., 1270). Dies dürfte zu bejahen sein, da es sich bei dem Zurückbehaltungsrecht des WP ebenso wie bei dem allg. Zurückbehaltungsrecht um ein Sicherungs- u. kein Befriedigungsrecht handelt (vgl. Kuhls/Goez, StBerG, § 66 Rn. 37; Henssler/Prütting/Stobbe, BRAO, § 50 Rn. 41). 55

Das Zurückbehaltungsrecht erlischt, wenn der Mandant das geschuldete Honorar zahlt, u. zwar auch dann, wenn er unter **Vorbehalt der Rückforderung** zahlt, weil er die Honorarforderung für unbegründet hält (vgl. Henssler/Prütting/Stobbe, BRAO, § 50 Rn. 41). Das Zurückbehaltungsrecht darf daher nicht geltend gemacht werden, um das Anerkenntnis einer streitigen Honorarforderung zu erzwingen (ebenda – nach a.A. läge in einem solchen Fall eine Unangemessenheit vor; vgl. Dohle/Peitscher, a.a.O.). 56

Ist über das Vermögen des Mandanten das Insolvenzverfahren eröffnet worden, muss der WP die Handakten i.S.d. § 51b Abs. 4 Satz 1 dem **Insolvenzverwalter** auf dessen Verlangen herausgeben (§§ 667, 675 BGB), da Aufträge, die sich auf das zur Insolvenzmasse gehörende Vermögen beziehen, mit Insolvenzeröffnung erlöschen (§§ 115, 116 InsO), es sei denn, der Insolvenzverwalter macht von seinem Wahlrecht auf Vertragsfortsetzung Gebrauch (§ 103 InsO). Wegen des öffentlichen Interesses an der ordnungsmäßigen u. raschen Abwicklung des Insolvenzverfahrens, an der der Insolvenzverwalter grds. nicht durch die Ausübung von Gestaltungsrechten Dritter gehindert werden soll, ist dem WP die Berufung auf das Zurückbehaltungsrecht nach § 51b verwehrt (vgl. Feuerich/Weyland/Böhnlein, BRAO, § 50 Rn. 30; Hartung, BORA/FAO, § 50 BRAO Rn. 73). Dieses gehört (ebenso wie das allg. Zurückbehaltungsrecht nach § 273 BGB) **nicht** zu den Zurückbehaltungsrechten, für die § 51 InsO ein **Recht zur abgesonderten Befriedigung** nach § 50 InsO begründet (vgl. Henssler/Prütting/Stobbe, BRAO, § 50 Rn. 43). Zur unberechtigt verweigerten Zustimmung eines StBv gegenüber dem Insolvenzverwalter zur Übertra- 57 gung der DATEV-Stammdaten als Berufspflichtverletzung siehe LG Hannover, Beschl. v. 04.03.2009 (DStRE 2009, 1416).

2. Recht zur Leistungsverweigerung nach § 320 BGB

58 Für die **Arbeitsergebnisse** (zum Begriff s. Rn. 45 ff.) des WP besteht ggf. ein **Leistungsverweigerungsrecht** nach § 320 BGB. Zu den Voraussetzungen u. Grenzen der Ausübung dieses Rechts siehe insb. Dohle/Peitscher (a.a.O., 1266 ff.) sowie BStBK, Hinweise zum Zurückbehaltungs- u. Leistungsverweigerungsrecht, Berufsrechtl. Handb., Abschn. 5.2.5. (Stand: Juni 2008).

VII. Dokumentation der Unabhängigkeitsprüfung

1. Grundlagen und Anwendungsbereich

59 Diese durch das BilMoG eingeführte neue Regelung dient der **Umsetzung von Art. 22 Abs. 3 der AP-RiLi** (vgl. Gesetzesbegr., BT-Drs. 16/10067, 109). Danach stellen die Mitgliedstaaten sicher, dass die Abschlussprüfer oder Prüfungsgesellschaften in ihren Arbeitspapieren alle bedeutsamen Risiken für ihre Unabhängigkeit und die Schutzmaßnahmen, die zur Minderung dieser Risiken ergriffen wurden, dokumentieren. Zumindest über den Wortlaut dieser Anforderungen der AP-RiLi hinaus verlangt der deutsche Gesetzgeber, dass der WP auch die zur Überprüfung seiner Unabhängigkeit ergriffenen Maßnahmen dokumentiert.

60 Vergleichbare Dokumentationsanforderungen sind bereits in den §§ 21 Abs. 5, 22 Abs. 2 BS WP/vBP enthalten (vgl. Gesetzesbegr., a.a.O., 110), so dass etwa zu der Frage, was unter „Schutzmaßnahmen" zu verstehen ist und wie diese ausgestaltet sein können, auf § 22 BS WP/vBP und dessen Begründung (sowie die dort in Bezug genommene Empfehlung der EU-Kommission zur Unabhängigkeit des Abschlussprüfers vom 16.05.2002) zurückgegriffen werden kann.

61 Die in § 51b Abs. 4 Satz 2 vorgeschriebene Dokumentation der Unabhängigkeit durch den Abschlussprüfer ist in engem Zusammenhang mit der ebenfalls durch das BilMoG eingeführten Pflicht zur **schriftlichen Erklärung seiner Unabhängigkeit** (§ 321 Abs. 4a HGB) und – bei kapitalmarktorientierten Unternehmen – zur **Information des Prüfungsausschusses oder Aufsichtsorgans** durch den Abschlussprüfer (§ 324 HGB, §§ 107 Abs. 3 Satz 2, 171 Abs. 1 Satz 3 AktG) zu sehen. Die entsprechenden Prüfungshandlungen bzw. deren Dokumentation bilden hierfür jeweils die Grundlage (vgl. Gelhausen/Fey/Kämpfer (PwC), Rechnungslegung und Prüfung nach dem Bilanzrechtsmodernisierungsgesetz, Düsseldorf 2009, Abschn. Z, Tz. 68).

62 Der **persönliche Anwendungsbereich** der Vorschrift umfasst – wie § 51b im Übrigen auch – nicht nur WP, sondern über die Verweisungen in § 56 Abs. 1 und § 130 Abs. 1 u. 2 auch WPG sowie vBP und BPG. In sachlicher Hinsicht beschränkt sich der Anwendungsbereich der Dokumentationspflicht auf **Abschlussprüfungen i.S.d. § 316 HGB**. Gesetzliche Abschlussprüfungen aufgrund anderer Vorschriften sind nicht erfasst, auch wenn diese auf die §§ 316 ff. HGB verweisen (z.B. § 340k HGB, §§ 6, 14 PublG), da sich die Dokumentationspflicht eben nicht aus dem HGB,

sondern der WPO ergibt. Zudem deckt sich dies mit dem Anwendungsbereich der AP-RiLi (vgl. Gelhausen u.a., a.a.O., Tz. 70), allerdings nicht vollständig, da sich die Richtlinie auf alle nach Gemeinschaftsrecht vorgeschriebenen Abschlussprüfungen bezieht (vgl. Art. 2 Nr. 1 AP-RiLi), womit auch die aufgrund der Bankbilanzrichtlinie und der Versicherungsbilanzrichtlinie eingeführten Prüfungen (vgl. Begr. zur AP-RiLi, Abs. 1) und damit auch diejenigen gemäß §§ 340k, 341k HGB erfasst sein müssten, durch den o.g. Wortlaut aber ausgeklammert sind.

Praktisch hat der eingeschränkte sachliche Anwendungsbereich jedoch keine Bedeutung, da die bereits vorhandenen Dokumentationsanforderungen gemäß §§ 21, 22 BS WP/vBP (s.o.) auch für alle **sonstigen Prüfungen** und die Erstattung von Gutachten gelten (vgl. § 21 Abs. 1 BS WP/vBP). 63

2. Dokumentationspflichten

Es gehört selbstverständlich zu einer gewissenhaften Berufsausübung des WP (§ 43 Abs. 1 Satz 1 WPO, § 4 Abs. 1 u. 4 BS WP/vBP), sich davon zu überzeugen bzw. dafür zu sorgen, dass seiner Tätigkeit (insb.) als Abschlussprüfer keine gesetzlichen Ausschlussgründe entgegenstehen. Dies wird durch § 21 Abs. 5 Satz 1 BS WP/vBP noch einmal ausdrücklich bestätigt. § 51b Abs. 4 Satz 2 setzt solche Prüfungspflichten in Bezug auf die Unabhängigkeit voraus und schreibt für die entsprechenden Prüfungshandlungen und -ergebnisse bzw. die ggf. ergriffenen Schutzmaßnahmen eine schriftliche **Dokumentation in den Arbeitspapieren** vor. Die Dokumentation kann auch in elektronischer Form erfolgen (Abs. 5 Satz 1). Sie ist Bestandteil der Handakte i.w.S., so dass keine Herausgabepflicht gegenüber dem Mandanten besteht; die Abs. 2 und 3 sind nicht anwendbar. 64

Die Dokumentation muss – wie jede Dokumentation – **nachvollziehbar** sein und einen **angemessenen Umfang** haben (vgl. Begr. zum BilMoG, a.a.O., 110). Die durchgeführten Prüfungshandlungen sowie die tragenden Erwägungen müssen demnach so aufgezeichnet werden, dass sich im Falle einer Nachprüfung (z.B. im Rahmen einer Nachschau, einer Qualitätskontrolle oder im Rahmen der Berufsaufsicht gemäß §§ 62, 62b) ein bislang nicht mit dem Vorgang befasster Dritter allein anhand dieser Unterlagen ein Urteil zur Unabhängigkeit des Abschlussprüfers bzw. dessen ausreichender Befassung mit dieser Frage bilden kann (vgl. Gelhausen u.a., a.a.O., Tz. 78). Was dies genau bedeutet, hängt vom Einzelfall ab. So bringt etwa die Durchführung der Konzernabschlussprüfung eines multinationalen Konzerns durch eine innerhalb eines weltweiten Netzwerks agierende WPG wesentlich weitergehende Dokumentationserfordernisse mit sich, als dies bei einem in Einzelpraxis tätigen WP der Fall ist, der den Jahresabschluss einer nur lokal tätigen Kapitalgesellschaft prüft (vgl. Begr. zum BilMoG, a.a.O., 110). 65

Inhaltlich bezieht sich die Dokumentation zunächst auf die zur Überprüfung der Unabhängigkeit ergriffenen Maßnahmen. Hierzu können sowohl allgemeine, die gesamte Prüferpraxis betreffende Maßnahmen als auch die besonderen Maßnahmen gehören, die in Bezug auf den konkreten Prüfungsauftrag durchgeführt wurden. Letztere, wie z.B. die Einholung ausdrücklicher Unabhängigkeitsbestätigungen von 66 den Mitgliedern des Prüfungsteams, sind in den Arbeitspapieren des jeweiligen Prüfungsauftrags zu dokumentieren. Bei allgemeinen Maßnahmen, z.B. Sicherstellung der Unabhängigkeit von finanziellen Interessen durch ein praxisweites EDV-gestütztes System, genügt eine Bezugnahme hierauf, wenn das System und seine Anwendung an anderer Stelle ausreichend dokumentiert sind (vgl. Gelhausen u.a., a.a.O., Tz. 79), was wegen der Pflichten aus §§ 32 Nr. 1, 31 Abs. 3 BS WP/vBP regelmäßig der Fall sein dürfte.

67 Die **Unabhängigkeit gefährdende Umstände** sind nur dann zu dokumentieren, wenn sich bei der konkreten Prüfung tatsächlich ernsthafte Bedenken ergeben haben. Bloß abstrakte Gefährdungen wie z.b. persönliche Beziehungen allgemeiner Art (Vereinsmitgliedschaften, freundschaftliche Beziehungen; vgl. Begr. zu § 24 BS WP/vBP) müssen dagegen nicht rein vorsorglich erhoben und dokumentiert werden. Der Zweck der Regelung, bei späteren Vorwürfen nachweisen zu können, dass die Problematik erkannt und vertretbar gelöst wurde, legt es allerdings nahe, im Zweifel die erkannten Umstände und ihre Beurteilung zu dokumentieren (vgl. Gelhausen u.a., a.a.O., Tz. 80). Auch Konsultationen, z.B. mit der WPK, sollten in den Arbeitspapieren notiert werden.

68 Die Dokumentation ergriffener **Schutzmaßnahmen** muss neben der Darstellung der Maßnahmen auch die Einschätzung umfassen, warum gerade die ergriffenen Maßnahmen ausreich(t)en, um das Befangenheitsrisiko auf ein vertretbares Maß zu reduzieren (vgl. § 22 Abs. 1 Satz 1 BS WP/vBP).

VIII. Übergabe der Arbeitspapiere von Drittstaatenprüfern an die WPK bei Konzernabschlussprüfungen

1. Grundlagen

69 Mit § 51b Abs. 4a wird Art. 27 Buchst. c der AP-RiLi umgesetzt (Begr. zum BilMoG, BT-Drs. 16/10067, 110). Die Vorschrift begründet für den Abschlussprüfer eines Konzernabschlusses die **Verpflichtung** (im Rahmen des ihm Möglichen), der WPK auf Verlangen die **Arbeitspapiere von Drittstaatenprüfern zu übermitteln**, die in den Konzernabschluss einbezogene Tochterunternehmen prüfen. Diese Pflicht gilt nur, soweit die WPK nicht schon auf anderem Wege Zugriff auf die Arbeitspapiere hat bzw. sich verschaffen kann (Abs. 4a Satz 1 Hs. 2).

70 Zum **Zweck der Regelung** ist der Gesetzesbegründung (a.a.O.) nichts zu entnehmen. Die mithilfe der angeforderten Unterlagen mögliche „Beurteilung der Arbeit des Abschlussprüfers aus dem Drittstaat" (ebenda) kann nicht das ultimative Ziel sein, da Drittstaatenprüfer (außerhalb einer Registrierung nach § 134) nicht der deutschen Aufsicht unterliegen. Auch die Stellung im Gesetz (§ 51b) gibt hierzu keinen Aufschluss. Daher ist im Zweifel auf den **Kontext des Art. 27 AP-RiLi** abzustellen, dessen Buchst. a und b durch Änderung des § 317 Abs. 3 HGB umgesetzt wurden (vgl. Begr. zum BilMoG, a.a.O., 86). Aus dem dortigen Zusammenhang wird man ableiten können, dass die zuständige Stelle (bzw. öffentliche Aufsichtsstelle) die Arbeit des Konzernabschlussprüfers nicht nur durch Einsichtnahme in dessen eigene Arbeitspapiere u.a. zur Überprüfung der verwerteten Arbeit ande-

rer Prüfer überprüfen können soll (vgl. Art. 27 Buchst. b AP-RiLi), sondern dabei auch – ebenso wie der Konzernabschlussprüfer im Rahmen seiner Prüfung – unmittelbar auf die Arbeitspapiere des anderen Prüfers, dessen Arbeit verwertet wurde, Zugriff haben soll. Für nicht registrierte Prüfer aus Drittstaaten, mit deren Aufsicht keine Vereinbarung zur Zusammenarbeit besteht, schafft Art. 27 Buchst. c AP-RiLi bzw. § 51b Abs. 4a hier Abhilfe, indem der Konzernabschlussprüfer in die Pflicht genommen wird. Es geht also nicht um die Beaufsichtigung der Drittstaatenprüfer durch die WPK (so aber offenbar Gelhausen u.a., a.a.O., Tz. 89), sondern die Vorschrift dient der **Aufsicht über den Konzernabschlussprüfer** (vgl. Schnepel, NWB 2009, 1088, 1095). Diese Aufsicht ist nach dem Konzept der AP-RiLi (Kapitel VIII) nicht auf die Berufsaufsicht i.e.s. beschränkt, so dass eine Aufforderung zur Übergabe der Arbeitspapiere eines Drittstaatenprüfers grds. auch im Rahmen der Qualitätskontrolle (§§ 57a ff.) in Betracht käme (hierzu näher Rn. 79).

2. Anwendungsbereich
In sachlicher Hinsicht ist fraglich, ob sich die Vorschrift nur auf gesetzliche Konzernabschlussprüfungen bezieht, die ein WP durchführt, oder ob auch freiwillige Konzernabschlussprüfungen die in Abs. 4a statuierten Pflichten auslösen. Für letzteres könnte der Wortlaut der Regelung sprechen, der keine Beschränkung des Anwendungsbereichs auf gesetzliche Konzernabschlussprüfungen vorsieht. Dies springt vor allem im Vergleich zur (ebenfalls durch das BilMoG eingeführten) Dokumentationspflicht gemäß Abs. 4 Satz 2 ins Auge, die sich ausdrücklich nur auf Abschlussprüfungen i.S.d. § 316 HGB bezieht und nahe legt, dass sich der Gesetzgeber dieser Unterscheidung auch in Bezug auf Abs. 4a bewusst war. Andererseits ist im Hinblick auf die bezweckte Umsetzung der AP-RiLi davon auszugehen, dass durch die Einführung des Abs. 4a im Zweifel keine über Art. 27 Buchst. c hinausgehenden Pflichten begründet werden sollten. Für eine Beschränkung des Anwendungsbereichs auf **gesetzliche Konzernabschlussprüfungen** spricht ferner die relative Intensität des Eingriffs. Ähnlich weitreichende Pflichten bzw. (spiegelbildliche) Eingriffsrechte der WPK sind ansonsten nur in § 62 Abs. 3 u. 4 zu finden. Zur Wahrung der Verhältnismäßigkeit sollte Abs. 4a daher – ebenso wie die vorgenannten Regelungen – nur bei Pflichtprüfungen anwendbar sein.

71

Der persönliche Anwendungsbereich der Pflichten aus Abs. 4a beschränkt sich damit auf **WP und WPG**, da vBP und BPG von gesetzlichen Konzernabschlussprüfungen per se ausgeschlossen sind (§ 319 Abs. 1 Satz 2 HGB; vgl. ADS, § 319 HGB, Tz. 35).

72

Auf schriftliche Aufforderung übergabepflichtig sind nur die Unterlagen von Drittstaatenprüfern, die in den Konzernabschluss einbezogene **Tochterunternehmen** prüfen. In Art. 27 Buchst. c der AP-RiLi ist dagegen allgemeiner von einem „Teil des Konzerns" die Rede. Hiervon dürften auch ausländische Betriebsstätten bzw. Niederlassungen erfasst sein, da nicht auf die rechtliche Selbständigkeit des Konzernteils abgestellt wird. Der Wortlaut des Abs. 4a lässt eine solche Auslegung jedoch nicht zu. Dieses Ergebnis erscheint insofern konsequent als in § 317 Abs. 3 HGB (i.d.F. nach BilMoG, s.o.) mit den „im Konzernabschluss zusammengefassten

73

Jahresabschlüssen" ebenfalls nur diejenigen (des MU und) der TU gemeint sind (vgl. BeckBilK/Förschle/Almeling, § 317 Tz. 35).

74 Zu übergeben sind die Unterlagen von Abschlussprüfern oder Abschlussprüfungsgesellschaften (gleich welcher Rechtsform, vgl. Art. 2 Nr. 4 AP-RiLi) aus **Drittstaaten** i.S.d. § 3 Abs. 1 Satz 1, d.h. solchen Staaten, die nicht Mitgliedstaat der EU oder Vertragsstaat des Abkommens über den europäischen Wirtschaftsraum sind; die Schweiz fällt ausdr. nicht unter diese Definition (vgl. Gelhausen u.a., a.a.O., Tz. 87). Mit den Unterlagen über die Arbeit des Drittstaatenprüfers sind dessen **Arbeitspapiere** gemeint, die er im Rahmen der Abschlussprüfung oder ggf. speziell für Zwecke der Konzernabschlussprüfung erstellt hat (vgl. Begr. zum BilMoG, a.a.O., 110; Art. 27 Buchst. c Satz 1 AP-RiLi). Entscheidend ist, dass die Unterlagen eine Beurteilung sämtlicher Abschlussprüfungstätigkeiten des Drittstaatenprüfers ermöglichen, die der Konzernabschlussprüfer verwertet hat. Ob es sich bei der verwerteten Arbeit um eine (nach dem Recht des Drittstaates) gesetzliche oder freiwillige Abschlussprüfung handelt oder ob der Drittstaatenprüfer einen auf Ebene des Tochterunternehmens aufgestellten Teilkonzernabschluss oder nur die sog. „reporting packages" geprüft hat, spielt keine Rolle (vgl. BeckBilK/Förschle/Almeling, § 317 Tz. 35, zur entsprechenden Reichweite des – Art. 27 Buchst. b der AP-RiLi umsetzenden – § 317 Abs. 3 HGB).

75 **Negative Anwendungsvoraussetzung** des § 51b Abs. 4a ist, dass der Drittstaatenprüfer nicht gemäß § 134 Abs. 1 in das bei der WPK geführte Berufsregister eingetragen ist und dass keine Vereinbarung zur Zusammenarbeit gemäß § 57 Abs. 9 Satz 5 Nr. 3 mit der zuständigen Stelle des Drittstaates besteht. In diesen Fällen kann die WPK nämlich bereits auf anderem Wege Zugriff auf die Arbeitspapiere erlangen, entweder direkt über den Drittstaatenprüfer (§§ 134 Abs. 3, 62) oder unter Einschaltung der zuständigen Stelle des Drittstaates (vgl. § 57 Abs. 9 Satz 5 Nr. 1 2. Alt.). Der Konzernabschlussprüfer muss daher nicht in die Pflicht genommen werden.

76 Die Gleichwertigkeit des in dem Drittstaat vorhandenen Aufsichtssystems gemäß § 134 Abs. 4 stellt richtigerweise keine weitere Ausnahme zu § 51b Abs. 4a dar, weil die Gleichwertigkeit allein (d.h. ohne Vereinbarung zur Zusammenarbeit) der WPK keine Zugriffsmöglichkeit auf die Arbeitspapiere des Drittstaatenprüfers verschafft. Dies steht auch nicht im Widerspruch dazu, dass nach Feststellung der Gleichwertigkeit keine Registrierung nach § 134 Abs. 1 zu erfolgen hat, denn § 134 Abs. 1 soll i.V.m. Abs. 3 eine effektive Aufsicht über den Drittstaatenprüfer sichern, welche bei Gleichwertigkeit bereits durch die Prüferaufsicht des Drittstaates gewährleistet ist. § 51b Abs. 4a dient dagegen der Aufsicht über den deutschen Konzernabschlussprüfer, speziell der Möglichkeit der WPK, sich durch Einsichtnahme in die Unterlagen über die Arbeit des Drittstaatenprüfers von deren ordnungsgemäßer Verwertung zu überzeugen (vgl. Rn. 70). Eine gleichwertige Prüferaufsicht in dem Drittstaat ist insoweit kein Ersatz.

Zu der erstgenannten Ausnahme (§ 134 Abs. 1) ist noch darauf hinzuweisen, dass die Formulierung „im Hinblick auf ihre Tätigkeit nach Abs. 1" in § 134 Abs. 3 nicht etwa bedeutet, dass der registrierte Drittstaatenprüfer nur bzgl. der die Registrierungspflicht nach § 134 Abs. 1 auslösenden Prüfung der deutschen Berufsaufsicht etc. unterliegt, sondern mit seiner gesamten Abschlussprüfungstätigkeit. Dies muss schon deswegen so sein, weil eine (ggf.) auf ein Mandat bezogene Qualitätskontrolle wenig Sinn macht. Zum anderen würde sonst im Rahmen der Anwendung des § 51b Abs. 4a eine systemwidrige Lücke entstehen, da die Eintragung nach § 134 Abs. 1 insgesamt zu einer Ausnahme von den Pflichten nach Abs. 4a führt und nicht nur hinsichtlich der Prüfung derjenigen Tochtergesellschaft, die den deutschen Kapitalmarkt in Anspruch nimmt. Diese Auslegung deckt sich auch mit Art. 45 Abs. 3 der AP-RiLi (der durch § 134 Abs. 3 umgesetzt wurde; vgl. Begr. zum BARefG, BT-Drs. 16/2858, 43 f.), da dort keine entsprechende Formulierung, die in obigem Sinne als Einschränkung missverstanden werden könnte, enthalten ist. 77

3. Schriftliche Aufforderung und Übergabe der Arbeitspapiere
Die Pflicht zur Übermittlung der Unterlagen besteht nur bei ausdrücklicher **Aufforderung durch die WPK**. Hierdurch wird sichergestellt, dass weder der Konzernabschlussprüfer noch die WPK in unnötigem Umfang Arbeitspapiere aufbewahren müssen (vgl. Begr. zum BilMoG, a.a.O., 110). Die WPK muss die Unterlagen **schriftlich** anfordern. 78

Weitere Voraussetzungen, insb. ein bestimmter Zweck oder Anlass der Aufforderung, sind in Abs. 4a nicht geregelt. Eine sinnvolle Verwendung der Arbeitspapiere eines Drittstaatenprüfers durch die WPK wäre zwar grds. auch im Rahmen der Qualitätskontrolle denkbar. Das System der §§ 57a ff. sieht jedoch keine eigene Auswertung von Arbeitspapieren durch die WPK bzw. die Kommission für Qualitätskontrolle (§ 57e) vor, weder im Rahmen einer Qualitätskontrolle (§ 57a) noch im Rahmen einer Sonderprüfung (§ 57e Abs. 2, § 17 SaQK). Die Arbeitspapiere anzufordern, um sie dann dem Qualitätskontrollprüfer auszuhändigen, dem gegenüber keine Abs. 4a entsprechenden Mitwirkungspflichten bestehen (vgl. § 57d), dürfte eindeutig unzulässig sein. § 51b Abs. 4a stellt hierfür jedenfalls keine Rechtsgrundlage dar. Im Ergebnis kommt daher nur eine **Anforderung der Unterlagen für** Zwecke der **Berufsaufsicht** (§§ 61a ff.) in Betracht, wobei die anlassunabhängigen Sonderuntersuchungen gemäß § 62b, also die **Inspektionen**, zumindest nach EU-Recht dem Bereich der Qualitätssicherung zuzuordnen sind (wie sich der Empfehlung der EU-Kommission vom 6. Mai 2008 „zur externen Qualitätssicherung bei Abschlussprüfern und Prüfungsgesellschaften, die Unternehmen von öffentlichem Interesse prüfen" entnehmen lässt). Auch in diesem letztgenannten Aufgabenbereich der öffentlichen Aufsicht (vgl. Art. 32 Abs. 4 AP-RiLi) kann die Regelung des Abs. 4a somit zum Einsatz kommen. 79

Die Aufforderung zur Übergabe der Unterlagen stellt einen **Eingriff** dar und gehört somit nicht zu den Geschäften der laufenden Verwaltung (vgl. § 13 Abs. 2 Satzung WPK). Grundsätzlich wäre daher der Vorstand der WPK für die Entscheidung über eine solche Aufforderung zuständig (vgl. § 8 Abs. 1 Satzung WPK). Die Führung 80 aller Geschäfte, die die fachliche Berufsaufsicht (§§ 61a ff.) betreffen, hat der Vorstand jedoch auf die VOBA übertragen (vgl. § 8 Abs. 7 Satzung WPK, § 7 GO Vorstand); einzige Ausnahme sind die Entscheidungen über Einsprüche gegen Rügen (vgl. GO VOBA). Es ist also ein **Beschluss der VOBA** erforderlich, auf dessen Basis dann die schriftliche Aufforderung ergeht. Lediglich für die SU (§§ 61a Satz 1 Nr. 2, 62b) könnte in der Verfahrensordnung etwas anderes geregelt werden.

81 Die gesetzliche Regelung überlässt es dem Konzernabschlussprüfer, auf welche Weise er seiner Verpflichtung zur Übergabe der angeforderten Unterlagen nachkommt. Zum einen kann er vorsorglich **Kopien** der Arbeitspapiere des Drittstaatenprüfers bei sich aufbewahren. Zum anderen kann er sich z.B. über eine entsprechende vertragliche **Vereinbarung** mit dem Drittstaatenprüfer den Zugang zu diesen Unterlagen in angemessener Frist sichern (vgl. Begr. zum BilMoG, a.a.O., 110; Art. 27 Buchst. c Satz 2 AP-RiLi). Da § 51b Abs. 5 Satz 1 auch auf Abs. 4a verweist, können die Arbeitspapiere des Drittstaatenprüfers auch **in elektronischer Form** aufbewahrt bzw. übermittelt werden. Dabei muss es sich allerdings um ein Dateiformat handeln, das durch die WPK ohne weiteres ausgewertet werden kann. Anderenfalls ist der Konzernabschlussprüfer zur Lesbarmachung verpflichtet (vgl. Gelhausen u.a., a.a.O., Tz. 94).

82 Nach dem Wortlaut des Art. 27 Buchst. c AP-RiLi hat der Konzernabschlussprüfer „**sicherzustellen**", dass die Arbeitspapiere des Drittstaatenprüfers der öffentlichen Aufsichtsstelle ordnungsgemäß übergeben werden. Auch wenn dies in § 51b Abs. 4a nicht ausdrücklich geregelt ist, muss davon ausgegangen werden, dass der Konzernabschlussprüfer dementsprechend dazu verpflichtet ist, sich Kopien der Arbeitspapiere geben zu lassen oder eine Vereinbarung über den Zugang zu diesen Unterlagen zu treffen (vgl. Gelhausen u.a., a.a.O., Tz. 91) bzw. sich hierum zumindest zu bemühen. Eine solche Pflicht wird sich bereits aus der Pflicht zur Übergabe der Unterlagen ableiten lassen, da diese nicht ohnehin beim Konzernabschlussprüfer verfügbar sind, deren Übergabe also eine vorherige Verschaffung zu diesem Zweck bzw. eine Pflicht hierzu impliziert. Vor allem die in Abs. 4a Satz 2 geregelte Pflicht des Konzernabschlussprüfers, seinen (vergeblichen) Versuch der Erlangung der Arbeitspapiere zu dokumentieren, setzt denknotwendig voraus, dass der Konzernabschlussprüfer zu einem solchen Versuch auch verpflichtet ist.

83 Eine Vereinbarung mit dem Drittstaatenprüfer über den Zugang zu seinen Arbeitspapieren für Zwecke des Abs. 4a wird bereits zu Beginn der Prüfungstätigkeit z.B. im Zusammenhang mit dem Versand der Audit Instructions zu treffen sein. Allerdings hat der Konzernabschlussprüfer keine Handhabe, den Abschluss einer solchen Vereinbarung gegen den Willen des Drittstaatenprüfers durchzusetzen, zumal der Prüfungsauftrag in aller Regel nicht durch den Konzernabschlussprüfer, sondern auf Ebene des ausländischen Tochterunternehmens oder ggf. des Mutterunternehmens vereinbart wird (vgl. Gelhausen u.a., a.a.O., Tz. 91). Dem Konzernabschlussprüfer steht auch **kein** faktisches **Druckmittel** zur Verfügung, da eine verweigerte Vorlage der Arbeitspapiere des Drittstaatenprüfers an ihn zwar zur Einschränkung des BV führen kann (Prüfungshemmnis), die untersagte/nicht er-

laubte Weiterleitung dieser Arbeitspapiere an die WPK dagegen keine negativen Konsequenzen hat. Unabhängig hiervon wird sich der Konzernabschlussprüfer bei seinen Bemühungen nicht auf den Versuch beschränken dürfen, den Drittstaatenprüfer zum Abschluss einer entsprechenden Vereinbarung zu bewegen, sondern er wird sich erforderlichenfalls auch an das Management des ausländischen Tochterunternehmens oder des Konzerns wenden müssen.

4. Dokumentation von Hindernissen

Für den Fall, dass der Konzernabschlussprüfer keinen Zugriff auf die Arbeitspapiere des Drittstaatenprüfers erhält, hat er gemäß Abs. 4a Satz 2 den **Versuch** ihrer Erlangung und die bestehenden **Hindernisse** zu dokumentieren. Der WPK sind auf deren schriftliche Aufforderung die **Gründe** für die Nichterlangung der Unterlagen mitzuteilen. Mit dieser Regelung wird der Zweck verfolgt, eine Umgehung der Verpflichtung nach Abs. 4a Satz 1 zu verhindern (vgl. Begr. zum BilMoG, a.a.O., 110). 84

Bezüglich der **möglichen Hindernisse** ist zwischen dem Zugriff des Konzernabschlussprüfers auf die Arbeitspapiere des Drittstaatenprüfers für Zwecke seiner Konzernabschlussprüfung einerseits und der Befugnis zur Weiterleitung/Übergabe dieser Arbeitspapiere an die WPK andererseits zu unterscheiden (vgl. Rn. 64). Auch für ersteren Zweck kann dem Konzernabschlussprüfer der Zugriff verweigert werden, da § 320 Abs. 3 Satz 2 Hs. 2 HGB im Ausland nicht gilt. Das Konzernmanagement wird aber darauf hinwirken, dass dem Konzernabschlussprüfer entsprechende Auskunfts- bzw. Zugriffsrechte gegenüber dem Drittstaatenprüfer eingeräumt werden, da sonst eine Einschränkung des BV droht (vgl. auch IDW PS 320 n.F., Tz. 18). Etwas anderes gilt lediglich dann, wenn die **nationale Rechtsetzung des Drittstaates** die mit der Einräumung solcher Rechte verbundene Weitergabe von Informationen verbietet (vgl. Art. 27 Buchst. c Satz 3 AP-RiLi), was insb. dann in Frage kommt, wenn durch die Weitergabe der Informationen die Souveränität, die Sicherheit oder die öffentliche Ordnung des Drittstaates beeinträchtigt oder dessen nationale Sicherheitsregeln verletzt werden könnten (vgl. Art. 36 Abs. 4 Satz 5 Buchst. a AP-RiLi). Über Art. 27 Buchst. c Satz 3 AP-RiLi hinausgehend sieht § 51b Abs. 4a Satz 2 auch für diesen Fall eine Dokumentation vor. 85

Bei Pflichtprüfungen nach dem Recht des Drittstaates dürfte der Drittstaatenprüfer zwar kraft Gesetzes zur Verschwiegenheit verpflichtet sein. Wie bei freiwilligen Prüfungen in Bezug auf die vertragliche **Verschwiegenheitspflicht** steht es (i. Zw.) jedoch auch in diesen Fällen im Belieben des geprüften Unternehmens, den Drittstaatenprüfer von seiner VSP sowohl nur gegenüber dem Konzernabschlussprüfer als auch (zusätzlich) im Hinblick auf eine Weiterleitung der Arbeitspapiere an die WPK zu entbinden. Wie oben bereits aufgezeigt (siehe Rn. 83) besteht zu Letzterem jedoch kein Anreiz, so dass abzuwarten bleibt, wie oft es dem Konzernabschlussprüfer in der Praxis gelingen wird, der WPK die vorgesehene Zugriffsmöglichkeit auf die Arbeitspapiere des Drittstaatenprüfers zu verschaffen. Als **anderes Hindernis** (als ein solches rechtlicher Natur, vgl. Art 27 Buchst. c Satz 3 AP-RiLi) dürfte daher insb. die fehlende Bereitschaft der geprüften Unternehmen anzusehen sein, den Drittstaatenprüfer von der VSP zu entbinden bzw. hierauf hinzuwirken. Vor 86

Einführung der gesetzlichen Durchbrechung der VSP in § 62 Abs. 3 durch das BARefG war dies ein häufiger Grund, warum zielführende Ermittlungen im Rahmen der BA nicht möglich waren (vgl. Begr. RegE, BT-Drs. 16/2858, 35). Des Weiteren ist zu berücksichtigen, dass die Arbeitspapiere im Eigentum des WP stehen, so dass der Mandant nicht nur nicht deren Herausgabe verlangen, sondern auch nicht anderweitig über diese verfügen kann (vgl. Rn. 34, 47). Daher führt die Entbindung des Drittstaatenprüfers von seiner VSP noch nicht dazu, dass er einer evtl. Übermittlung seiner Arbeitspapiere an die WPK zustimmen müsste. Auch sein fehlendes Einverständnis kann also ein (eigenständiges) Hindernis sein.

IX. Einzelfragen

1. Vorlage von Mandantenunterlagen an die Finanzverwaltung (§§ 97, 104 AO)

87 Der WP ist (insb.) im Rahmen einer bei seinem Mandanten durchgeführten Betriebsprüfung zur Vorlage der für seinen Mandanten aufbewahrten Unterlagen an das Finanzamt verpflichtet (§§ 97, 104 Abs. 2 AO). Es handelt sich um eine **öffentlich-rechtliche Mitwirkungsverpflichtung** des WP. Ein eventuelles **Zurückbehaltungsrecht** ggü. dem Mandanten ist daher insoweit **unbeachtlich** (vgl. BStBK, Hinweise zum Zurückbehaltungs- u. Leistungsverweigerungsrecht, Berufsrechtl. Handb., Abschn. 5.2.5., 11) u. hat lediql. zur Folge, dass das Finanzamt die Unterlagen anschließend wieder an den WP zurückzugeben hat (u. nicht etwa dem Mandanten zur Verfügung stellen darf; vgl. Kuhls/Goez, StBerG, § 66 Rn. 42). Die Vorlagepflicht erstreckt sich **nur** auf die **Handakten im engeren Sinne**, nicht jedoch auf die zu internen Zwecken gefertigten Arbeitspapiere sowie die – ggü. dem Mandanten zurückbehaltenen – Arbeitsergebnisse, da diese Aufzeichnungen nicht für den Steuerpflichtigen aufbewahrt werden; insofern fehlt es an einem gesetzl. Herausgabeanspruch (vgl. BStBK, a.a.O., 11; Kuhls/Goez, StBerG, § 66 Rn. 42).

88 Hinsichtlich einzelner Bestandteile der **Handakten im weiteren Sinne** können **Vorlageverweigerungsrechte** gemäß § 104 Abs. 1 Satz 1 i.V.m. § 102 Abs. 1 Nr. 3 Buchst. b AO bestehen. Dies gilt sowohl für eigene als auch fremde Steuersachen des WP, also auch in der bei ihm selbst stattfindenden Außenprüfung (vgl. BFH 28.10.2009, WPK-Mag. 2010, 48, 50 f.). Das Verweigerungsrecht gilt jedoch nicht für Mandanten, die auf eine Geheimhaltung (z.B.) ihrer Identität verzichtet haben; ferner dann nicht, wenn der WP die vom FA angeforderten Unterlagen mit vertretbarem Aufwand **neutralisieren** kann (vgl. ebenda).

2. Vorlagepflicht im Rahmen der Berufsaufsicht (§ 62 WPO)

89 Im BA-Verfahren ist der WP dazu verpflichtet, der WPK auf Verlangen seine Handakten (o. sonstige Unterlagen) vorzulegen (§ 62 Abs. 1 Satz 2). Aus Sinn u. Zweck der Vorschrift folgt zwingend, dass hiermit die **Handakten im weiteren Sinne** (also diejenigen nach § 51b Abs. 1) gemeint sind. Die Handakten sind richtig u. vollständig vorzulegen (§ 62 Abs. 2 Satz 4). Die **Gefahr der Selbstbelastung** steht der Vorlagepflicht in keinem Fall entgegen, § 62 Abs. 2 Satz 2 gilt ausdrücklich nur für die Erteilung v. Auskünften. Eine Berufung auf die **VSP** ist nur noch in begrenztem Umfang möglich. Sie ist nach neuer Rechtslage für solche (Auskünfte u.) Unterlagen **durchbrochen**, die i.Z.m. der Prüfung eines der **gesetzl. Pflicht zur AP** unterliegenden Unternehmens stehen (§ 62 Abs. 3 Satz 1). Hervorzuheben ist, dass mit dem Wort „Prüfung" nicht nur die gesetzl. AP selbst, sondern auch **andere** – gesetzl. o. freiwillige – **Prüfungen** gemeint sind, die ein prüfungspflichtiges Unternehmen betreffen. Auch die zu solchen anderen Prüfungen (z.B. nach § 33 Abs. 2, § 142 AktG; § 44 KWG; § 36 WpHG) erstellten Handakten bzw. Arbeitspapiere sind somit auf Verlangen vorzulegen.

Die Pflichten aus § 62 gelten auch für solche persönlichen Mitglieder der WPK, die nicht selbst (unmittelbar) Betroffene des Verfahrens sind, jedoch als **Zeugen** in Betracht kommen. Auch diese können daher zur Vorlage ihrer Handakten verpflichtet sein. **90**

Ein Verstoß gegen die Vorlagepflicht kann als **Berufspflichtverletzung** mit einer Rüge (ggf. mit Geldbuße) geahndet werden (§ 63). Daneben kommt die (auch mehrfache) **Festsetzung eines Zwangsgeldes** in Betracht (§ 62a). **91**

3. Mitwirkungspflicht im Rahmen der externen Qualitätskontrolle (§ 57d WPO)

Ferner sind die Arbeitspapiere im Rahmen der Mitwirkungspflichten (§ 57d) dem PfQK vorzulegen. Insoweit ist eine Aufbewahrung v. bis zu sechs Jahren erforderlich (vgl. § 57a Abs. 6 Satz 8), da anderenfalls eine Einschränkung o. Versagung des Prüfungsurteils u. ggf. die Nichterteilung der TB droht (§ 57a Abs. 5 Satz 4, Abs. 6 Satz 9; vgl. IDW PS 140 Tz. 39, 109 f.). **92**

4. Vorlagepflicht im Rahmen des Enforcement-Verfahrens (§ 342b HGB, § 37o WpHG)

Umstritten ist, ob u. ggf. in welchem Umfang der WP als AP im Rahmen des Enforcement-Verfahrens zur Vorlage seiner Arbeitspapiere verpflichtet ist (vgl. Bräutigam/Heyer, AG 2006, 188, 193). Dabei ist zwischen der 1. u. der 2. Stufe des Enforcement-Verfahrens zu unterscheiden. **93**

Eine obligatorische Beteiligung des AP an der Prüfung durch die **Prüfstelle** (1. Stufe) sieht das Gesetz nicht vor. Nach § 342b Abs. 4 Satz 1 HGB können sich die gesetzl. Vertreter des Unternehmens „sonstiger Personen" bedienen, um Auskünfte zu erteilen o. Unterlagen vorzulegen. Zu diesem Personenkreis gehört insb. auch der AP (vgl. BT-Drs. 15/3421, 15). Ob das Unternehmen den AP hinzuzieht, entscheidet das Unternehmen; die Prüfstelle hat **keinen Anspruch** darauf, den AP zu hören o. Unterlagen v. ihm zu verlangen (vgl. Gelhausen/Hönsch, AG 2005, 511, 521). Auch das Unternehmen kann den AP nicht zur Vorlage seiner (internen) Arbeitspapiere „zwangsverpflichten", da eine vertragliche o. gesetzl. Grundlage für einen solchen Herausgabe- o. Vorlageanspruch fehlt (s. Rn. 34, 43, 47) u. auch nicht etwa aus § 342b Abs. 4 Satz 1 HGB selbst abgeleitet werden kann (teilw. a.A. Bräutigam/Heyer, a.a.O., 193 f.). Es bedarf daher einer gesonderten **Vereinbarung**, in der sich der AP bereit erklärt, seine Arbeitspapiere (bzw. i.d.R. nur bestimmte Auszüge hier- **94** von) dem Unternehmen o. der Prüfstelle zur Verfügung zu stellen (vgl. Gelhausen/ Hönsch, a.a.O., 522; Kämpfer, BB 2005, 13, 15).

95 Demgegenüber steht der **BAFin** (2. Stufe) gem. § 37o Abs. 4 Satz 1 WpHG auch ggü. dem AP ein **Recht auf** Auskunft u. **Vorlage v. Unterlagen** zu, soweit dies zur Prüfung erforderlich ist. Von dieser Vorschrift erfasst sind sowohl der AP des Jahresabschlusses als auch der AP des Konzernabschlusses, ebenso der Abschlussprüfer eines – ggf. selbst nicht kapitalmarktorientierten – Tochterunternehmens (§ 37o Abs. 4 Satz 2 WpHG). Sie stellt eine gesetzl. Durchbrechung der VSP des AP dar; eine Entbindung durch das Unternehmen ist daher – anders als auf der 1. Stufe – insoweit nicht erforderlich (vgl. Paal, BB 2007, 1775, 1776). Auch auf die Gefahr der Selbstbelastung kann sich der AP hinsichtlich der Vorlage v. Unterlagen nicht berufen, da insoweit lediglich. ein Recht zur Auskunftsverweigerung besteht (§ 37o Abs. 4 Satz 3 i.V.m. § 4 Abs. 9 WpHG; vgl. Krach, DB 2008, 626, 628; a.A. Paal, a.a.O., 1776). Von der Vorlagepflicht ggü. der BAFin sind **regelmäßig auch** die zu internen Zwecken gefertigten **Arbeitspapiere** erfasst (a.A. Gelhausen/Hönsch, a.a.O., 523), da diese v. der Anlage her für jeden außenstehenden Prüfer eine Möglichkeit sind, verhältnismäßig rasch bei kritischen Bilanzpunkten zu einer Beurteilung zu kommen (OLG Frankfurt 12.2.2007, AG 2007, 207, 208; zustimmend Paal, a.a.O., 1777). Die Vorlagepflicht besteht jedoch nur, *„soweit dies zur Prüfung erforderlich ist"* (§ 37o Abs. 4 Satz 1 WpHG). Die Arbeitspapiere können also v. der BaFin, je nach Prüfungsumfang, immer nur punktuell angefordert werden (vgl. OLG Frankfurt, a.a.O., 208; ebenso Gelhausen/Hönsch, a.a.O., 523); auch eine routinemäßige Anforderung ohne Rücksicht auf die Beweis- und Erkenntnislage im Einzelfall wäre unzulässig (vgl. OLG Frankfurt 29.11.2007, DB 2008, 629, 633). Grundsätzlich kann die BaFin den Umfang ihrer Ermittlungen jedoch **nach pflichtgemäßem Ermessen** bestimmen. Die Auskunfts- bzw. Vorlagepflicht des AP ist ggü. der Auskunftspflicht der Organe der Gesellschaft **nicht subsidiär**. Der Erforderlichkeitsgrundsatz setzt lediglich. die begründete Erwartung voraus, dass durch die Vorlage der Arbeitspapiere die **Untersuchung besser** (d.h. richtiger u./o. schneller) abgeschlossen werden u. das Prüfungsergebnis nicht in gleicher Weise durch eine weniger beeinträchtigende Maßnahme erzielt werden kann (vgl. OLG Frankfurt 29.11.2007, a.a.O., Leitsätze u. 631 f.). Die Vorlagepflicht wird auch nicht dadurch beschränkt, dass die Arbeitspapiere nicht nur v. AP festgestellte Tatsachen, sondern auch Wertungen, Schlussfolgerungen u. Ermessensentscheidungen enthalten, denn diese erleichtern den Zugang zu dem v. AP geprüften u. für korrekt befundenen Abschluss und fördern so die vom Gesetz bezweckte Effizienz u. Zeitnähe des Enforcementverfahrens. Die BAFin darf sich also auch den Prüfungsstand des AP u. dessen bereits erbrachte **Prüfungsleistungen nutzbar machen** (vgl. OLG Frankfurt 29.11.2007, a.a.O., 633; ebenso Paal, a.a.O., 1777; a.A. Gelhausen/Hönsch, a.a.O., 523). Nicht v. der Vorlagepflicht umfasst sind dagegen Tatsachen, die dem WP **außerhalb der Abschlussprüfung** etwa im Rahmen einer (vereinbaren) Tätigkeit als Berater o. Gutachter bekannt geworden sind (§ 37o Abs. 4 Satz 1 Hs. 2 WpHG; vgl. Krach, a.a.O., 627). Sofern in den angeforderten Arbeitspapieren auch solche Informationen enthalten sind, kann dem unschwer durch entsprechende

Schwärzungen Rechnung getragen werden (vgl. OLG Frankfurt 29.11.2007, a.a.O., 633).

5. Beschlagnahmefreiheit der Arbeitspapiere im Strafverfahren (§ 97 StPO)

Inweit die Handakten des WP nicht der **Beschlagnahme** unterliegen, ist **umstritten** (vgl. WPK, Verhaltenshinweise bei Durchsuchungs- und Beschlagnahmemaßnahmen bei Berufsangehörigen, www.wpk.de/praxishinweise/verhaltenshinweise.asp (Stand: Februar 2013); BStBK, Hinweise zur Durchsuchung und Beschlagnahme von Unterlagen beim Steuerberater, Berufsrechtl. Handb. (Stand: Februar 2011), Abschn. 5.2.6). 96

Das Beschlagnahmeverbot des § 97 StPO knüpft (u.a.) an die Zeugnisverweigerungsrechte der Berufsgeheimnisträger nach § 53 StPO an u. soll ihre Umgehung verhindern (vgl. Meyer-Goßner, StPO, § 97 Rn. 1). Zweck des Zeugnisverweigerungsrechts (hier) aus § 53 Abs. 1 Nr. 3 StPO ist der Schutz des Vertrauensverhältnisses zwischen dem WP u. dem Mandanten, der seine Hilfe u. Sachkunde in Anspruch nimmt (vgl. Meyer-Goßner, StPO, § 53 Rn. 1). Das Beschlagnahmeverbot des § 97 StPO gilt daher für alle Mitteilungen, Aufzeichnungen bzw. sonstigen Gegenstände, die nach ihrem Aussagegehalt das Vertrauensverhältnis zwischen dem Beschuldigten (Mandanten) u. dem Berufsgeheimnisträger (WP) betreffen u. deshalb zur Zeugnisverweigerung berechtigen, also in unmittelbarem Zusammenhang mit der berufsspezifischen Tätigkeit des WP stehen (vgl. BStBK, a.a.O., 6). 97

Beschlagnahmefähig dürften danach die (herausgabepflichtigen) **Handakten im engeren Sinne** (dem WP überlassene Buchhaltungsunterlagen, Belege etc.; vgl. jedoch LG Dresden, wistra 2007, 237) sowie **endgültige Arbeitsergebnisse** (Bilanzen, Steuererklärungen nebst Anlagen) des WP sein (vgl. BStBK, a.a.O., 5), da den Mandanten diesbzgl. eine öffentlich-rechtliche Pflicht trifft (§§ 140 ff. AO, §§ 238, 242 HGB) bzw. die Unterlagen ihrem Zweck nach dazu bestimmt sind, insb. der Finanzverwaltung zugänglich gemacht zu werden – u. zwar (jeweils) unabhängig v. dem Vertrauensverhältnis zwischen WP u. Mandant (vgl. WPK, a.a.O.). 98

Nicht beschlagnahmefähig können demggü. die übrigen Handakten, insb. die zu internen Zwecken gefertigten **Arbeitspapiere** des WP sein (vgl. WPK, a.a.O.; BStBK, a.a.O., 7). 99

Durch die **Entbindung v. der VSP** (§ 53 Abs. 2 Satz 1 StPO) entfällt auch das Beschlagnahmeverbot (vgl. Meyer-Goßner, StPO, § 97 Rn. 24). In diesem Fall dürfte der WP nach § 95 StPO zur Herausgabe seiner Handakten (inkl. Arbeitspapiere) verpflichtet sein (strittig; vgl. ebenda). Hierfür könnte etwa sprechen, dass der WP auch die Erstattung eines Gutachtens, in dem er (entsprechend dem Inhalt seiner Arbeitspapiere) z.B. die Richtigkeit bestimmter Bilanzpositionen zu erörtern hätte, nicht verweigern dürfte (§ 75 StPO); ein Schutz v. Know-how wäre insoweit nachrangig (a.A. IDW PS 460 Tz. 25). 100

101 Die Beschränkung der Beschlagnahme gilt nicht, wenn der WP der **Teilnahme an der Straftat des Mandanten verdächtig** ist (§ 97 Abs. 2 Satz 3 StPO) o. der **WP selbst Beschuldigter** ist (vgl. Meyer-Goßner, StPO, § 97 Rn. 4, 18 f.; BStBK, a.a.O., 7).

102 Ferner gilt die Beschlagnahmefreiheit nur, wenn der **Mandant der Beschuldigte** ist (ein Ermittlungsverfahren braucht aber noch nicht eingeleitet worden zu sein), da durch § 97 StPO nur das Vertrauensverhältnis zum (beschuldigten) Mandanten geschützt wird. Eine **allg. Freistellung v. der Beschlagnahme** u. damit ein absoluter Geheimnisschutz, entsprechend dem allg. Zeugnisverweigerungsrecht nach § 53 StPO, besteht nach h.M. (u. dem Wortlaut der Vorschrift) **nicht** (vgl. Meyer-Goßner, StPO, § 97 Rn. 10).

103 Vor diesem Hintergrund sowie im Hinblick auf die Überlegungen zu denjenigen Unterlagen, die der Mandant – unabhängig v. Vertrauensverhältnis zum WP – zur Erfüllung seiner öffentlich-rechtlichen Pflichten erstellt (s.o.), könnte die **Beschlagnahmefreiheit v. Arbeitspapieren**, die **zu gesetzl. AP** gefertigt wurden, **zweifelhaft** sein. Grund hierfür ist, dass sich die gesetzl. Vertreter (o. Mitarbeiter) des zu prüfenden Unternehmens dem WP in seiner Rolle als AP nicht (in schützenwertem Sinne) freiwillig anvertrauen, sondern ihm deswegen Auskünfte erteilen, weil sie dazu nach § 320 HGB verpflichtet sind. Sie müssen vielmehr damit rechnen, dass der AP über die v. ihm festgestellten (schwerwiegenden) Verstöße der gesetzl. Vertreter (o. Arbeitnehmer) berichtet (§ 321 Abs. 1 Satz 3 HGB). Ein Vertrauensverhältnis im eigentlichen Sinne ist somit bei gesetzl. AP denknotwendig ausgeschlossen. Reine Geschäfts- o. Betriebsgeheimnisse fallen demggeü. nicht in den Schutzbereich des § 97 StPO (s.o.). Eine Beschlagnahme v. Arbeitspapieren könnte daher insoweit zulässig sein.

6. Arbeitspapiere als Beweismittel im Zivilprozess (§ 142 ZPO)

104 Im Haftpflichtprozess gegen den WP wird der klagende Mandant häufig auf die anlässlich der Prüfung angelegten Arbeitspapiere zurückgreifen wollen, da er die Beweislast für eine Pflichtverletzung des WP trägt (vgl. Stadler, Buchbesprechung zu Ebke, WPK-Mag. 1/2004, 54). Nach den (unverändert gebliebenen) Regelungen über den Urkundenbeweis nach §§ 415 ff. ZPO hat der Mandant in aller Regel keine Möglichkeit, die Arbeitspapiere als Beweismittel in den Prozess einzuführen, da eine materiell-rechtliche Herausgabepflicht (§ 422 ZPO) hinsichtlich der zu internen Zwecken angelegten Arbeitspapiere nicht besteht (s. Rn. 34, 43, 47) u. mit einer Bezugnahme des WP auf seine Arbeitspapiere (§ 423 ZPO) in für ihn möglicherweise brisanten Fällen im Zweifel nicht zu rechnen ist. Durch die **Neufassung des § 142 ZPO** im Zuge der Zivilprozessrechtsreform sind die materiellen Prozessleitungsbefugnisse des Gerichts dahingehend erweitert worden, dass es die Vorlage v. Urkunden o. sonstigen Unterlagen bereits dann anordnen kann, wenn sich nur eine der beiden Parteien darauf bezogen hat (vgl. Stadler, a.a.O., 54); dies muss nicht die vorlegungspflichtige Partei selbst sein (vgl. BGH, NJW 2007, 2991), so dass eine **Bezugnahme durch den Mandanten** nunmehr **ausreichend** ist. Ein sog. Ausforschungsbeweis (Behauptungen „ins Blaue hinein") ist allerdings weiterhin unzuläs-

sig, so dass der Mandant als beweisbelastete Partei die mit den Arbeitspapieren zu beweisenden streitigen Tatsachen substantiiert behaupten u. die **vorzulegenden Unterlagen so genau wie möglich bezeichnen** muss (vgl. Stadler, a.a.O., 55). Zur Frage, wie genau die vorzulegenden Unterlagen als Voraussetzung für eine richterliche Anordnung nach § 142 ZPO bezeichnet werden müssen, hat sich **noch keine verlässliche Rspr.** gebildet (vgl. Stadler, a.a.O., 55). Losgelöst hiervon könnte sich aus der weiterhin engen Fassung der §§ 422, 423 ZPO eine **Reduktion des richterlichen Ermessens** im Rahmen des § 142 ZPO (insb.) für den Fall ergeben, dass die beweisbelastete Partei über einen förmlichen Beweisantrag keine Aussichten hat, die Urkunden (hier: die Arbeitspapiere) zu erlangen (vgl. Stadler, a.a.O., 55).

Eine Vorlagepflicht als **vertragliche Nebenpflicht** aus §§ 242, 241 Abs. 2 BGB ähnlich wie im Arzthaftungsprozess wird im Hinblick auf die im Vergleich zum Patienten geringere Schutzbedürftigkeit des Mandanten (u.a. wegen des im Verhältnis Mandant – WP weniger ausgeprägten Informationsgefälles) **zu Recht** überwiegend **abgelehnt** (vgl. Stadler, a.a.O., 54). **105**

§ 52 Werbung
Werbung ist zulässig, es sei denn, sie ist unlauter.

Schrifttum: *WPK*, Verwendung des Logos der Wirtschaftsprüferkammer, WPK-Mag. 3/2012, 28; *Stuckel*, Zur Einwilligung in Telefon- und E-Mail- Werbung, DB 2011, 2421; *WPK*, Werbung mit Ergebnissen einer Sonderuntersuchung, WPK-Mag. 3/2010, 32; *Feiter*, Werbung von Steuerberatern im Bereich der Testamentsvollstreckung, NWB 2010, 2885; *Kleine-Cosack*, Freiberufsspezifische Werbeverbote vor dem Aus, NJW 2010, 1921; *Wiring*, § 5 UWG über irreführende geschäftliche Handlungen: Eine Norm, die irreführt?, NJW 2010, 580; *WPK*, Dienstleistungs-Informationspflichten-Verordnung (DL-InfoV), WPK-Mag. 2/2010; 31; *Möller*, „20% auf (fast) alles" – Rabattwerbung in der Beurteilung des Wettbewerbsrechts, NJW 2009, 2510; *Scherer*, „Case law" in Gesetzesform – Die „Schwarze Liste" als neuer UWG-Anhang, NJW 2009, 324; *Feiter/Horn*, Werbung durch Steuerberater und Rechtsanwälte, NWB 2008, 563; *Gelhausen/Goltz*, Die sechste Änderung der Berufssatzung, WPK-Mag. 1/2008, 33 ; *Köhler*, Vom deutschen zum europäischen Lauterkeitsrecht – Folgen der Richtlinie über unlautere Geschäftspraktiken für die Praxis, NJW 2008, 3032; *Hain*, Werbung im steuerberatenden Beruf aus Sicht der neueren Rechtsprechung, DStR 2007, 642; *Maaßen/Orlikowski-Wolf*, Stellt das Fehlen von Pflichtangaben in Geschäftskorrespondenz einen Wettbewerbsverstoß dar?, BB 2007, 561; *Schlippe*, Quod licet WP non licet StB, StB Mag. 9/2007, 30; *Weidmann*, Die Siebte WPO-Novelle – Auswirkungen des Berufsaufsichtsreformgesetzes auf den Berufsstand, WPK-Mag. 3/2007, 55; WPK, Werbemöglichkeiten der WP/vBP nach der 7. WPO-Novelle, WPK-Mag. 2/2007, 24 f.; *Baetge*, Unverlangte E-Mail-Werbung zwischen Lauterkeits- und Deliktsrecht, NJW 2006, 1037; *Hartwig*, Der BGH und das Ende des Verbots „gefühlsbetonter Werbung", NJW 2006, 1326; *Müller-Thele/Schlegel*, Neue Wege für anwaltliche Werbung –

Aktuelle Rechtsprechung im Überblick, MDR 2006, 65; *Knorr/Schnepel,* Die dritte Änderung der Berufssatzung – Allgemeine Regeln, WPK-Mag. 1/2005, 42; *WPK,* Regeln zur Kundmachung betreffend das System der Qualitätskontrolle der Wirtschaftsprüferkammer, WPK-Mag. 2/2005, 22 f.; *WPK,* Angabe von Mandanteninformationen bei Ausschreibungsverfahren, WPK-Mag. 3/2005, 32; *Marwitz,* Werberecht der rechts- und wirtschaftsberatenden Berufe, NWB 2004, 2205; *Singer,* Die lauterkeitsrechtlichen Verbotstatbestände nach der UWG-Reform, NWB 2004, 2445; *Wittsiepe,* Einfluss des Internets auf die Dienstleistung der Steuerberater und Wirtschaftsprüfer, NWB 2004, 3161; *WPK,* Zulässige Werbemittel nach der UWG-Reform, WPK-Mag. 4/2004, 26 f.; *WPK,* Werbung mit „Einführung und Prüfung von Qualitätssicherungssystemen", WPK-Mag. 4/2004, 24; *Huff,* Die zielgruppenorientierte Werbung von Rechtsanwälten – ein zulässiges Werbeinstrument, NJW 2003, 3525.

Inhaltsübersicht

		Rn.
I.	Allgemeines	1–5
	1. Die 7. WPO-Novelle 2007	1–2
	2. Entwicklung des Werberechts	3–4
	3. Werberecht anderer freier Berufe	5
II.	Werbemittel	6–23
	1. Briefpost	7
	2. Telefon, Telefax, E-Mail	8–13
	3. Internet	14–17
	4. Zeitungsanzeigen/Presse	18–19
	5. TV- und Radiowerbung	20
	6. Sonstige Werbemittel	21–22
	7. Sponsoring	23–24
III.	Werbeinhalte	25–42
	1. Spezialisierungshinweise	26–29
	2. Hinweise auf Zertifikate, Mitgliedschaften und Betriebsmittel	30–31
	3. Hinweise auf Mandanten (Referenzen)	32–33
	4. Imagewerbung/Slogans/Logos	34–36
	5. System der Qualitätskontrolle	37–40
	6. Anlassunabhängige Sonderuntersuchungen	41
	7. Angaben zur Honorargestaltung	42
	8. Vergleichende Werbung	43
IV.	Drittwerbung	44–45
V.	Frühere Werbevorschriften in der BS WP/vBP	46–47

I. Allgemeines

1. Die 7. WPO-Novelle 2007

1 **Werbung ist dem WP grds. erlaubt.** § 52 i.d.F. der 7. WPO-Novelle 2007 verbietet nunmehr nur noch die unlautere Werbung. Der Gesetzgeber hat damit die Kon-

Werbung § 52

sequenzen aus den neueren Rechtsentwicklungen gezogen u. die schon vor der Gesetzesänderung restriktive Auslegung des § 52 Satz 2 a.F. („Berufswidrige Werbung ist ihm nicht gestattet") im Wortlaut der Norm festgeschrieben.

Im Hinblick auf die Liberalisierungstendenzen in der Rspr. u. auch vor dem Hintergrund des Grundrechts der freien Berufsausübung (Art. 12 GG) gelten damit für WP grds. nur noch die sich aus dem allg. **Wettbewerbsrecht (UWG) ergebenden Wettbewerbsbeschränkungen.** Der Begriff „unlauter" in § 52 entspricht dem des § 3 UWG. Damit ist insb. auch die **unaufgeforderte Werbung** gestattet. Spätestens mit der Gesetzesnovelle ist auch die frühere Verlautbarung des VO der WPK zu Grundsatzfragen der Werbung (WPK-Mitt. 2001, 135) als überholt anzusehen. 2

2. Entwicklung des Werberechts
Nachdem aufgrund des hergebrachten Verständnisses der freien Berufe lange Zeit v. einem **weitgehenden Werbeverbot** ausgegangen worden war, wurde erstmals durch die Beschlüsse des BVerfG v. 19.11.1985 (BVerfGE 71, 162 ff. u. 183 ff. zum Berufsrecht der Ärzte) sowie v. 14.7.1987 (BVerfG, NJW 1988, 194 ff. zum Berufsrecht der RA) das Werbeverbot für Freiberufler gelockert. Dennoch wurden bis weit in die 90-iger Jahre hinein Werbemaßnahmen nur unter sehr restriktiven Voraussetzungen als zulässig erachtet. In jüngerer Zeit ist die Rspr. jedoch erheblich großzügiger geworden. Im Jahr 1996 erklärte das BVerfG, dass es grds. nicht zulässig sei, mit Werbeverboten in den Wettbewerb einzugreifen (BVerfG 22.5.1996, NJW 1996, 3067 ff.). Mittlerweile besteht Einigkeit darüber, dass die Eigenwerbung auch für Freiberufler regelmäßig erlaubt ist. Früher vorherrschende Verbotskriterien wie die Ausrichtung der Werbung auf eine Auftragserteilung im Einzelfall sind per se nicht mehr maßgeblich (vgl. auch KG 31.8.2010, NJW 2011, 865, 866). Das **Werberecht als Ausfluss des Grundrechts der Berufsfreiheit gem. Art. 12 Abs. 1 GG** wurde zwischenzeitlich wiederholt in einer Reihe v. höchstrichterlichen Gerichtsentscheidungen bestätigt (vgl. BGH 1.3.2001, NJW 2001, 2087 ff.; BVerfG 28.2.2003, BRAK-Mitt. 2003, 127 f.; BVerfG 19.2.2008, NJW 2008, 1298 ff.; BGH 29.7.2009, NJW 2010, 1968 ff.). Die Rspr. betont nunmehr, dass in Umkehrung des früheren Grundsatzes nicht mehr die Ausgestaltung freiberuflicher Werbung, sondern deren Einschränkung einer besonderen Rechtfertigung bedarf (BGH 12.7.2012, NJW 2012, 3102 ff.). 3

Hierzu haben nicht nur die nationale Rechtsentwicklung, sondern auch europarechtliche Einflüsse beigetragen. In diesem Zusammenhang ist insb. die **Mitteilung der EU-Kommission v. 9.2.2004** zu nennen („Bericht über den Wettbewerb bei freiberuflichen Dienstleistungen", KOM [2004] 83). In dieser wurde u.a. auch die einschränkende Regulierung bei den Werbemöglichkeiten v. Freiberuflern kritisiert. Der EuGH hat mittlerweile f. französische WP ausdr. entschieden, dass Werbeverbote gegen Art. 24 Abs. 1 EU-DienstleistungsRiLi verstoßen (EuGH 5.4.2011, DStR 2011, 1635). Um klarzustellen, dass Werbung v. WP grds. zulässig ist, wurde dieser Grundsatz im Rahmen der 7. WPO-Novelle 2007 sprachlich positiv gefasst u. in § 52 verankert. Die einzig im Kern verbleibende Einschränkung, nämlich die unlautere Werbung i.S.d. UWG, ist sachgerecht, verhältnismäßig u. auch ausrei- 4

Precht

chend. Nachdem die Regelungen des UWG auch unmittelbar u. unabhängig v. einer berufsrechtlichen Würdigung der Werbemaßnahme gelten (vgl. BGH 11.9.2009, DB 2009, 1982, 1984), hat die Vorschrift nur noch klarstellenden Charakter. Konsequenterweise ist daher durch die 7. WPO-Novelle 2007 auch die in § 57 Abs. 4 Nr. 4 WPO a.F. enthaltene **Satzungsbefugnis der WPK z. Erlass näherer Bestimmungen zur Werbung gestrichen** worden. Dies wurde bereits im Zuge der 6. Änderung der BS WP/vBP berücksichtigt (vgl. dazu noch Rn. 46 f.).

3. Werberecht anderer freier Berufe

5   In den Berufsrechten anderer wirtschafts- u. steuerberatenden Berufe ist die Liberalisierung des Werberechts bisher noch nicht gesetzlich umgesetzt worden. So sieht das **Berufsrecht der StB** in § 57a StBerG unverändert vor, dass Werbung nur erlaubt ist, soweit sie über die berufliche Tätigkeit in Form u. Inhalt sachlich unterrichtet u. nicht auf die Erteilung eines Auftrags im Einzelfall gerichtet ist. Die Regelung ähnelt damit der Altfassung v. § 52 Satz 3. Inhaltsgleiche Regelungen befinden sich auch noch im **Berufsrecht der RA u. PA**, vgl. §§ 43b BRAO, 39b PAO. Deren verfassungskonforme Auslegung dürfte aber i.d.R. nicht mehr zu großen Unterschieden zu § 52 führen (vgl. etwa OLG Naumburg 10.7.2007, MDR 2008, 236 zu § 43b BRAO; OLG Naumburg 8.11.2007, DB 2008, 809 zu § 57a StBerG; BVerfG 12.12.2007, AnwBl. 2008, 201; KG 31.8.2010, NJW 2011, 865 zu § 43b BRAO; allg. Kleine-Cosack, NJW 2010, 1921 ff.). Für **Doppel- o. Mehrfachbänder** ist ungeachtet dessen auf den Grundsatz des Vorrangs des strengeren Berufsrechts hinzuweisen. Plant z.B. ein WP/StB eine nach § 52 zulässige Werbemaßnahme, steht damit jedenfalls nicht automatisch fest, dass diese auch nach StB-Berufsrecht zulässig ist (vgl. zum Thema auch Schlippe, StB Mag 9/2007, 32). Dies kann bspw. bei der Werbung mit Honorargestaltungen (s. auch Rn. 42) hinsichtl. der **Pflicht zur Anwendbarkeit der StBVV** relevant werden. Ist Mandatsträger für eine StB-Dienstleistung eine Nur-WPG, ist diese nach dem Wortlaut v. § 1 Abs. 2 StBVV nicht deren Anwendungsbereich unterworfen u. hat bei der Preiswerbung größere Spielräume als eine Nur-StBG. Dies gilt selbst dann, wenn im Rahmen der Auftragsabwicklung für die WPG ein WP/StB o. sogar ein Nur-StB tätig wird, da die StBVV nur die „selbständig ausgeübte Berufstätigkeit" (§ 1 Abs. 1 StBVV) reguliert (vgl. zum Ganzen auch § 55 Rn. 8 ff.). In Zweifelsfällen ist betroffenen Berufsträgern zu empfehlen, ihr Vorgehen nicht nur mit der WPK, sondern auch den anderen zuständigen Kollegialkammern abzustimmen.

II. Werbemittel

6   Es ist dem WP unbenommen, unter Zuhilfenahme **üblicher Werbemittel u. Werbeträger** auf sich aufmerksam zu machen, solange keine irreführenden Angaben gemacht werden o. Angaben, die mit der Gesetzesordnung nicht in Einklang zu bringen sind. Auch plakativere Mittel der sog. Aufmerksamkeitswerbung sind statthaft, solange sie nicht Gemeinwohlbelange tangieren, insb. die Gefahr begründen, das Vertrauen v. Ratsuchenden auf eine an ihren Interessen ausgerichtete u. nicht ausschließlich am eigenen Gewinn des Berufsträgers orientierte Tätigkeit zu beeinträchtigen (BGH 29.7.2009, NJW 2010, 1968, 1971). Bestimmte **Werbeträger**

sind nur noch in Ausnahmefällen unzulässig (z.B. Faschingswagen, vgl. BVerfG 22.5.1996, NJW 1996, 3067 ff.).

1. Briefpost

Unaufgeforderte **Werbung per Briefpost** (z.B. Rundschreiben, Flyer, Praxisbroschüren) ist grds. zulässig, es sei denn, der Empfänger ist Verbraucher u. wird hartnäckig angesprochen, obwohl er dies erkennbar nicht wünscht (§ 7 Abs. 2 Nr. 1 UWG). Zu berücksichtigen sind die nach gesellschaftsrechtlichen Vorschriften erforderlichen Pflichtangaben in Geschäftsbriefen (s. dazu unter Rn. 13). Als unzulässig wurde ein **Rundschreiben** eines StB anlässlich eines Arbeitgeberwechsels angesehen, wenn dieses in persönlicherer Form gehalten ist u. sich gezielt ausschließlich an Mandanten des Ex-Arbeitgebers richtet. Das betr. Urteil stützte sich allerdings noch auf den inzwischen aufgehobenen § 32 Abs. 2 BOStB a.F. (OLG Frankfurt/M. 25.9.2008, WPK-Mag. 3/2009, 48, 49 m. Anm. WPK). Grds. ist die **Ansprache v. Mandanten des früheren Arbeitgebers** aber statthaft (OLG Naumburg, 8.11.2007, DStRE 2008, 1044, 1045; BGH 11.3.2010, DB 2010, 1936 ff.). § 14 Abs. 3 BS WP/vBP verbietet zwar dem WP, bei Wechsel des Arbeitgebers Mandanten des bisherigen Arbeitgebers zu veranlassen, ihm Aufträge zu übertragen. Die Regelung erfasst aber nur Extremfälle wie die Diffamierung des früheren Arbeitgebers o. die unbefugte Mitnahme v. Mandantendaten sowie direkte o. indirekte Hinweise an die Mandanten noch vor Beendigung des Arbeitsverhältnisses (vgl. Erläuterungstexte zu § 14 Abs. 3 BS WP/vBP).

2. Telefon, Telefax, E-Mail

Unaufgeforderte **Telefonwerbung** ist dagegen grds. nicht statthaft. Dies gilt nur dann nicht, wenn bei Verbrauchern eine vorherige ausdr. u. bei sonstigen Marktteilnehmern eine auf konkreten Anhaltspunkten beruhende mutmaßliche Einwilligung in Form eines zu vermutenden sachlichen Interesses vorliegt (§ 7 Abs. 2 Nr. 2 UWG). Letzteres kann z.B. bei einer dauerhaften Mandatsbeziehung der Fall sein. Auch bei Gewerbebetrieben darf der Anrufer aber nicht ohne weiteres v. einer Einwilligung ausgehen. Vielmehr hat er die hohe Zahl gleichartiger Angebote u. deren große aktuelle Verbreitung zu berücksichtigen, was für einen Gewerbetreibenden die Gefahr birgt, durch eine Vielzahl ähnlicher Telefonanrufe empfindlich gestört zu werden (BGH 20.9.2007, DB 2008, 57).

Unaufgeforderte **Telefax-Werbung** ist ohne ausdr. Einwilligung des Empfängers, sowohl eines Verbrauchers als auch eines sonstigen Marktteilnehmers, stets unzulässig (§ 7 Abs. 2 Nr. 3 UWG).

Unaufgeforderte **E-Mail-Werbung** ist i.d.R. nach den gleichen Grundsätzen wie die unaufgeforderte Telefax-Werbung zu beurteilen. E-Mail-Werbung ist jedoch zulässig, wenn der Werbende i.Z.m. früher erbrachten Dienstleistungen v. einem Mandanten selbst dessen E-Mail-Adresse erhalten hat, diese nunmehr zur Direktwerbung für ähnliche Angebote nutzt, der Mandant nicht widersprochen hat u. bei Erhebung der E-Mail-Adresse u. jeder einzelnen Verwendung eindeutig darauf hingewiesen wird, dass er der Verwendung jederzeit widersprechen kann, ohne dass hierfür andere als die Übermittlungskosten nach Basistarifen entstehen (§ 7 Abs. 3 i.V.m. Abs. 2 Nr. 4 UWG).

11 Auch die in einer Briefwerbung **angekündigte weitere unaufgeforderte Kontaktaufnahme** per Telefon, Telefax o. E-Mail ist unzulässig, da damit – entgegen der Intention des Gesetzgebers als sog. **„opt-in"**-Modell – der Adressat gezwungen wird, seinerseits Schritte zur Abwehr weiterer unerwünschter Werbemaßnahmen zu unternehmen (**„opt-out"**), vgl. auch BGH 10.2.2011, DB 2011, 1857 ff.

12 Bei der Verwendung v. Telekommunikationsmitteln zu Werbezwecken ist auch auf die wettbewerbsrechtlichen Fallgruppe des „Vorsprungs durch Rechtsbruch" (§ 4 Nr. 11 UWG) hinzuweisen. Die Rspr. geht davon aus, dass auch bei dem **Verstoß gegen telekommunikationsbezogene Vorschriften** ein wettbewerbswidriges Handeln vorliegt (vgl. BGH 20.7.2006, MMR 2007, 40; OLG Hamm, MMR 2008, 469; OLG Naumburg 13.8.2010, MMR 2010, 760). Es ist also insb. dafür Sorge zu tragen, im Rahmen v. Telekommunikationswerbung nicht gegen die Vorschriften v. EHUG, TMG u. DL-InfoV (s. dazu Rn. 13, 16, 17) zu verstoßen.

13 Durch das EHUG wurden die Pflichten im elektronischen Geschäftsverkehr erweitert. Die bisherigen **Pflichtangaben für Geschäftsbriefe** gelten jetzt auch bei **elektronischer Kommunikation**, mithin für alle geschäftlichen E-Mails, die nach außen gerichtet sind (vgl. §§ 37a Abs. 1 Satz 1, 125a Abs. 1 Satz 1 HGB, 35a Abs. 1 Satz 1 GmbHG, 80 Abs. 1 AktG, 7 Abs. 5 PartGG). Betroffen v. dieser Regelung sind alle als OHG, KG, GmbH, AG, GmbH & Co. KG o. PartG organisierten WPG, nicht dagegen in Einzelpraxis o. Sozietät tätige WP.

3. Internet

14 Internetwerbung in Form einer **Homepage** o. v. **Online-Anzeigen** ist ohne weiteres zulässig. Hier gilt ein großzügigerer Maßstab als bei anderen zu Werbezwecken eingesetzten Telekommunikationsmitteln, da der potentielle Mandant bereits durch das Aufrufen der entsprechenden Internetseiten ein potentielles Interesse an den Dienstleistungen des Werbenden signalisiert. Bei der Gestaltung des Domainnamens darf grds. die Berufs- mit einer Regionsbezeichnung kombiniert werden, solange eine darin ggf. implizierte Alleinstellungsbehauptung nach der Kenntnisnahme eines Internetnutzers v. der Homepage sofort u. damit hinreichend korrigiert wird (BGH 1.9.2010, DStR 2010, 2326 – „www.steuerberater-suedniedersachsen. de"). Auch das **Versteigern v. Beratungsleistungen in Internet-Auktionshäusern** ist als solches nicht unzulässig (BVerfG 19.2.2008, NJW 2008, 1298).

15 Unter Irreführungsgesichtspunkten untersagt sein kann aber insb. die ständige Werbung auf den **Internetseiten gewerblicher Unternehmen**, wenn hierdurch der Eindruck einer – tatsächlich nicht vorhandenen – verfestigten Kooperation erweckt wird. Eine gemeinsame Internetplattform ist aber zulässig, sofern die Werbeinhalte selbst dem WP als Dienstleister u. potentiellen Vertragspartner eindeutig zuzuordnen sind (OLG Celle 7.4.2010, DStR 2010, 1862).

Werbung § 52

WP bzw. WPG sind v. der **Informationspflicht gem. § 5 TMG** betroffen (s. auch 16
http://www.wpk.de/service/informationspflichten_internet.asp). Sie müssen daher
folgende Angaben auf ihren berufsbezogenen Internetseiten leicht erkennbar, unmittelbar erreichbar u. ständig verfügbar halten:

- Name, Anschrift, unter der sie niedergelassen sind, bei jur. Personen zusätzl. die Rechtsform u. der Vertretungsberechtigte.
- Telefonnummer, Telefaxnummer u. E-Mail-Adresse.
- Die zuständige Aufsichtsbehörde, also die WPK.
- Bei Berufsgesellschaften die Angabe des HR u. die Registernummer, bei PartG unabhängig v. ihrer Anerkennung als Berufsgesellschaft die Angabe des PR u. die Registernummer.
- Die gesetzl. Berufsbezeichnung „Wirtschaftsprüfer", „vereidigter Buchprüfer" bzw. „ Wirtschaftsprüfungsgesellschaft", „Buchprüfungsgesellschaft" sowie ein Zusatz, der auf die Herkunft der Berufsbezeichnung hinweist, z.B.: „Die gesetzliche Berufsbezeichnung (...) wurde in der Bundesrepublik Deutschland verliehen".
- Die Angabe der berufsrechtlichen Regelungen u. eine Angabe dazu, wie diese zugänglich sind. Ein Hinweis auf die Homepage der WPK (www.wpk.de) ist ausreichend.
- Soweit vorhanden, die Umsatzsteuer-Identifikationsnummer (§ 27a UStG) o. die Wirtschafts-Identifikationsnummer (§ 139c AO).

Die am 17.5.2010 in Kraft getretene **DL-InfoV** basiert auf der Verordnungsermäch- 17
tigung in § 6c GewO zur Umsetzung der EU-DienstleistungsRiLi. Sie gilt trotz ihrer gewerberechtlichen Verankerung auch für freiberufliche Dienstleister und regelt
Inhalt, Umfang u. Art der Informationen, die ein Dienstleistungserbringer allgemein
(**obligatorische Informationspflichten**) o. auf Anfrage (**fakultative Informationspflichten**) zur Verfügung zu stellen hat. Die Verordnungsbegründung geht selbst
davon aus, dass Praxen mit eigenem Internetauftritt die Informationspflichten ganz
überwiegend durch dortige Einstellung erfüllen werden (BR-Drucks. 888/09, 9), zu
anderen Möglichkeiten vgl. § 2 Abs. 2 DL-InfoV. Dies erscheint für die Angaben
nach §§ 2 Abs. 1 Nr. 1–6, 3 Abs. 1 Nr. 1 DL-InfoV am effektivsten, da diese Informationspflichten ohnehin schon nach § 5 Abs. 1 TMG für Internetauftritte zu erfüllen sind (s. oben Rn. 16). Bei den neuen obligatorischen Informationspflichten empfiehlt sich dagegen eher eine individuelle Bekanntgabe gegenüber dem (potentiellen) Mandanten, im Einzelnen:

- Ggf. verwendete AGB (§ 2 Abs. 1 Nr. 7 DL-InfoV)
- Ggf. verwendete Vertragsklauseln über das auf den Vertrag anwendbare Recht o. über den Gerichtsstand (§ 2 Abs. 1 Nr. 8 DL-InfoV)
- Ggf. bestehende Garantien, die über gesetzliche Gewährleistungsrechte hinausgehen (§ 2 Abs. 2 Nr. 9 DL-InfoV)
- Wesentliche Merkmale der Dienstleistung, soweit sich diese nicht bereits aus dem Zusammenhang ergeben (§ 2 Abs. 1 Nr. 10 DL-InfoV)

Precht

- Angaben zu Namen, Anschrift u. räumlichem Geltungsbereich der BHV (§ 2 Abs. 1 Nr. 11 DL-InfoV). Ein Anspruch auf Nennung der Deckungssumme o. weiterer Informationen zur BHV lässt sich aus der DL-InfoV nicht herleiten. Gemeint ist nur die gesetzlich vorgeschriebene BHV gemäß § 54, nicht dagegen weitere Versicherungen.
- Angaben zum Preis der Dienstleistung, sofern dieser im Vorhinein festgelegt ist (§ 4 Abs. 1 Nr. 1 DL-InfoV): Mangels Gebührenordnung nur relevant, sofern ein Mehrfachbänder im Geltungsbereich einer anderen Gebührenordnung (z.B. StBVV) tätig wird (vgl. auch oben Rn. 5).

Neue fakultative Informationspflichten folgen aus §§ 3 Abs. 1 Nr. 2 – 4, 4 Abs. 1 Nr. 2 DL-InfoV. Die Praxisrelevanz ist jedoch gering. Verstöße gegen die DL-InfoV können als OWi mit einer Geldbuße bis zu 1.000 € geahndet werden (§ 6 DL-InfoV i.V.m. § 146 Abs. 2 Nr. 1, Abs. 3 GewO), vgl. auch § 133d. Näheres zur DL-InfoV s. WPK, WPK-Mag. 2/2010, 31 ff. o. http://www.wpk.de/ service/informationspflichten_dl-infov.asp.

4. Zeitungsanzeigen/Presse

18 Anzeigen in Zeitungen, Zeitschriften usw. dürfen auch **innerhalb eines redaktionellen Textes** erscheinen, müssen aber v. diesem deutlich abgegrenzt u. als Anzeige eindeutig erkennbar sein. Dies gilt auch für Anzeigen, die im Gewand eines Interviews gestaltet werden.

19 Werbung in Form von **Presseberichterstattungen** ist grds. zulässig. Es dürfen daher – vorbehaltlich der VSP gemäß § 43 Abs. 1 - sachliche u. zutreffende Antworten auf Fragen v. Journalisten gegeben werden. Entsprechendes gilt für die Angabe v. Zahlen über Mitarbeiter, Umsatz, Aufgliederung des Umsatzes auf Inlands- u. Auslandsklientel sowie entsprechende Prognosen. Ob die Presseberichterstattung auf einer Presseverlautbarung o. Pressekonferenz des Berufsangehörigen beruht, ist dabei nicht v. Bedeutung.

5. TV- und Radiowerbung

20 Die Rspr. hat klargestellt, dass sich auch die freien Berufe der **TV- u. Radiowerbung** bedienen können (vgl. OLG München 23.4.1998, BRAK-Mitt. 1998, 206; OLG Dresden 18.11.1997, Stbg 1998, 125). Ebenso wenig wie z.B. großformatige Zeitungsanzeigen verstoßen Werbespots in TV o. Hörfunk auch nicht schon deshalb gegen Berufs- bzw. Wettbewerbsrecht, weil sie aufgrund ihrer Kostenintensität unter Umständen nicht allen Marktteilnehmern zur Verfügung stehen. Ziel des Wettbewerbsrechts ist nicht, sämtliche bestehenden wirtschaftlichen Ungleichgewichte zwischen den Marktteilnehmern zu nivellieren.

6. Sonstige Werbemittel

21 Die Durchführung eigener **Fachveranstaltungen sowie entsprechende Hinweise hierauf** (z.B. durch Zeitungsanzeigen) sind grds. zulässig, soweit hierin keine gewerbliche Betätigung zu sehen ist (in Anlehnung an die zum Berufsrecht der StB ergangene Rspr., vgl. BGH 25.2.2003, WPK-Mitt. 2003, 257 ff.). Dies dürfte regelmäßig dann der Fall sein, wenn für die Veranstaltung keine Teilnahmegebühr bzw.

nur Beträge in Höhe der Selbstkosten verlangt werden, da dann eindeutig der Werbecharakter im Vordergrund steht. Grundsätzlich ist ein gewisser Umfang u. eine entsprechende Nachhaltigkeit erforderlich, damit Seminarveranstaltungen in nicht mehr mit dem Berufsrecht vereinbare gewerbliche Tätigkeiten umschlagen. Hinzukommen muss außerdem ein selbstständiges, gleichmäßig fortgesetztes u. maßgebend v. dem wirtschaftlichen Streben nach Gewinn bestimmtes Handeln (vgl. zum berufsrechtlichen Gewerbebegriff im Einzelnen § 43a Rn. 63 ff.). Das Anbieten v. Getränken, kleinen Imbissen etc. im Rahmen derartiger Veranstaltungen ist unbedenklich (OLG Naumburg 8.11.2007, NJW-RR 2007, 442, 444).

Eine **Mitwirkung an Fachveranstaltungen Dritter** als Referent war bereits nach alter Rechtslage grds. möglich. Eine andere Bewertung kann sich aber ergeben bei einer **organisatorischen u. wirtschaftlichen Verbindung mit einem gewerblichen Veranstalter** derart, dass der WP als Mitveranstalter o. sogar alleiniger Veranstalter angesehen werden muss. Derartige Konstellationen können u.U. das Verbot gewerblicher Tätigkeit gem. § 43a Abs. 3 tangieren (vgl. dazu § 43a Rn. 79 f.). 22

7. Sponsoring
Der **Hinweis auf eine ideelle u. finanzielle Unterstützung einer Kultur- o. Sportveranstaltung** ist grds. zulässig. Hierunter wird insb. die namentliche Nennung (mit der Angabe der Berufsbezeichnung o. der Firma) in einer sog. **Sponsorenliste** verstanden. Auch falls der WP (bzw. die WPG) der einzige u. ggf. **namensgebende Sponsor** (Hauptsponsor, häufig durch Begriffe wie „Premiumpartner" o.ä. gekennzeichnet) sein sollte, ist ein Hinweis – dann allein auf ihn – zulässig. Es sind aber auch andere zulässige Formen denkbar, das Sponsoring kundzumachen. Ist etwa in einer **Anzeigenwerbung** erkennbar, dass eine bestimmte Veranstaltung gesponsert wird o. worden ist, ist dies ebenfalls nicht zu beanstanden. Dies gilt insb. u. jedenfalls dann, wenn für die Anzeige ein der gesponserten Veranstaltung angemessener Werbeträger gewählt wird (z.B. Lokalpresse für einen Standort-Kongress Berlin). Aus dem Blickwinkel eines objektiven Dritten sollte aber stets das **wirtschaftl. Interesse an einer publikumswirksamen Werbung** als Motiv des Sponsoring erkennbar sein. Anderenfalls könnten sich bei einer Mandatsübernahme für das gesponserte Unternehmen Bedenken unter dem Gesichtspunkt einer möglichen Besorgnis der Befangenheit ergeben (Eigeninteressen aufgrund über normalen Geschäftsverkehr mit Dritten hinausgehenden Leistungsbeziehung, vgl. § 23 Abs. 1 Nr. 3 BS WP/vBP, s. auch Rn. 33 und § 49 Rn. 35 f.). 23

Eine **Anzeigenwerbung in einer Veranstalterbroschüre** ist nach den allg. Grundsätzen zur Anzeigenwerbung möglich (s.o. Rn. 18). 24

III. Werbeinhalte

Grundsätzlich lässt sich festhalten, dass die **Dienstleistungsangebote wahrhaftig** sein müssen, was nicht zwingend mit sachlich gleichzusetzen ist. Vielmehr ist es gerade ein Wesensmerkmal der Werbung, dass sie sich auch plakativer u. vereinfachender Formulierungen bedient. Dies ist regelmäßig nicht zu beanstanden. Nicht mehr wahrhaftig ist die Werbung jedoch, wenn sie irreführend ist. Eine **Irrefüh-** 25 rung im Rechtssinne liegt vor, wenn eine **geschäftliche Handlung** unwahre Angaben o. sonstige zur Täuschung geeignete Angaben über Umstände wie wesentliche Merkmale der Dienstleistung, Vorhandensein eines besonderen Preisvorteils, Person, Eigenschaften o. Rechte des Dienstleistungserbringers, Zulassungen der Dienstleistungen o. des Dienstleistungserbringers, Notwendigkeit, Verbraucherrechte usw. enthält (§ 5 Abs. 1 UWG). Eine Irreführung ist darüber hinaus gegeben, wenn im Zusammenhang mit der Vermarktung einer Dienstleistung eine Verwechslungsgefahr mit einer anderen Dienstleistung o. mit der Marke bzw. Kennzeichen eines Mitbewerbers hervorgerufen wird (§ 5 Abs. 2 UWG). Eine Irreführung kann zudem auch durch **Unterlassen** begangen werden, wenn die Entscheidungsfähigkeit durch das Vorenthalten von im konkreten Fall unter Berücksichtigung aller Umstände einschließlich der Beschränkungen des Kommunikationsmittels wesentlichen Informationen beeinflusst wird (§ 5a Abs. 1, Abs. 2 UWG). Nicht bereits jede missverständliche Angabe ist wettbewerbswidrig, sondern nur solche, die sich eignen, die Interessen der Marktteilnehmer spürbar zu beeinträchtigen. Insoweit ist das Interesse des Verbrauchers an einer ordnungsgemäßen Information einerseits mit der geschäftlichen Handlungsfreiheit des Dienstleisters andererseits abzuwägen (Wiering, NJW 2010, 581). Mit der UWG-Novelle 2008 wurden in einer „**Schwarzen Liste**" als Anhang zu § 3 Abs. 3 UWG erstmals 30 Einzeltatbestände irreführender Werbung kodifiziert (s. dazu Scherer, NJW 2009, 324). Diese in der deutschen Rechtsordnung ungewöhnliche Regelungstechnik basierte auf einer notwendigen Umsetzung der EU-Richtlinie über unlautere Geschäftspraktiken (UGP-RiLi, RL 2005/29/EG v. 11.5.2005, Amtsbl. EU Nr. L 149/22).

1. Spezialisierungshinweise

26 § 13a Abs. 2 Satz 1 BS WP/vBP stellt klar, dass WP nicht nur in einem **gesetzlich geregeltem Verfahren** erworbene Fachgebietsbezeichnungen führen dürfen, sondern auch andere gesetzlich zulässige Bezeichnungen.

27 Diese Satzungsvorschrift ist primär auf **WP, die zugl. RA u./o. StB** sind, zugeschnitten. Ist etwa einem RA die **Führung einer Fachanwalts- o. Fachgebietsbezeichnung** erlaubt, soll dies nicht dadurch unzulässig werden, dass er zugl. WP ist. Auch StB können seit dem 1.8.2007 bestimmte **Fachberaterbezeichnungen** führen. Voraussetzung für das Führen einer Bezeichnung auch als Mehrfachbänder ist jeweils, dass sie sich einer anderen Berufsgruppe eindeutig zuordnen lässt. Dies ist z.B. für die Bezeichnung „**Mediator**" aufgrund § 7a BORA der Fall. Aufgrund des Prinzips des Vorrangs des strengeren Berufsrechts kann allerdings § 13a Abs. 2 Satz 1 BS WP/vBP keine weitergehenden Befugnisse einräumen, als für den Doppel- o. Mehrfachbänder nach dem für die jeweilige Bezeichnung einschlägigen Berufsrecht zulässig wären. Auch die sonstigen werberechtlichen Restriktionen i.Z.m. dem Führen v. Fachbezeichnungen sind zu beachten. So ist es z.B. irreführend, wenn mit der Aussage „**Erster Fachanwalt**" in einer bestimmten Stadt geworben wird, auch wenn der RA tats. zeitlich der Erste war, der in der Stadt die entsprechende Fachanwaltsbezeichnung verliehen bekommen hatte (OLG Bremen 11.1.2007, NJW 2007, 1539). Die Kombination (eines Teils) der Berufsbe-

zeichnung mit einem anderen Substantiv ist dagegen nicht zwingend unzulässig (vgl. AGH Nordrhein-Westfalen 7.9.2012, NJW 2013, 318 – „Vorsorgeanwalt").

In anderen Berufsrechten ist teils umstritten, ob nur auf gesetzlicher Grundlage durch die Berufskammern verliehene Fachgebietsbezeichnungen geführt werden dürfen (sog. **„Kammerzusätze"**) o. auch durch privatrechtliche Organisationen vergebene Bezeichnungen (sog. **„Verbandszusätze"**). Für die WPO ist dies aber durch § 18 Abs. 2 klar geregelt (nur amtlich verliehene Bezeichnungen). 28

§ 13a Abs. 2 Satz 2 BS WP/vBP erlaubt uneingeschränkt den **Hinweis auf eine öffentl. Bestellung als Sachverständiger.** § 13a Abs. 2 Satz 3 BS WP/vBP hat klarstellenden Charakter. Es bestand bereits bisher kein Zweifel, dass Berufsangehörige, die die genannten Funktionen (z.b. **Insolvenzverwalter**) ausüben, im Rahmen dieser Tätigkeiten entsprechende Kennzeichnungen führen dürfen. 29

2. Hinweise auf Zertifikate, Mitgliedschaften und Betriebsmittel

Im Gegensatz zu den oben angesprochenen Spezialisierungshinweisen sind auch Angaben denkbar, die nur einen **mittelbaren Bezug zur fachlichen Tätigkeit des WP** haben. Hierunter fallen z.B. auch personen- u. qualifikationsbezogene Hinweise z.B. auf Fremdsprachenkenntnisse, auf die Dauer der Berufserfahrung o. auf Zertifizierungen. Derartige Hinweise im Rahmen v. Werbemaßnahmen sind nicht grds. zu beanstanden, solange weder der Eindruck erweckt wird, es handele sich quasi um eine Berufsqualifikation (vgl. § 18 Abs. 2) u. auch nicht die Behauptung aufgestellt wird, der zertifizierte Berufsangehörige sei „objektiv gut". Der Hinweis auf eine Zertifizierung muss deutlich machen, dass nicht die Qualität des WP als solche, sondern z.B. das Qualitätsmanagementsystem seiner Kanzlei zertifiziert wurde (z.B. „zertifiziert nach DIN ....", vgl. LG Detmold 14.9.1999, MDR 2000, 675; OLG Hamm 31.1.2012, NJW-RR 2012, 734). Wird wahrheitswidrig suggeriert, die Voraussetzungen für die Verleihung eines **„Dekra"-Zertifikats** seien vergleichbar mit denen durch die Berufskammer verliehenen Bezeichnungen u. unter Beteiligung der interessierten Kreise in einem neutralen Verfahren erarbeitet worden, ist dies unzulässig (LG Köln 3.2.2009, Stbg 2009, 191). Auch die Kundmachung als **„Zertifizierter Testamentsvollstrecker (AGT)"** ist unzulässig, sofern der RA tatsächlich erst in zwei Fällen als Testamentsvollstrecker tätig geworden ist, mithin nicht über hinreichende praktische Erfahrung verfügt (BGH 9.6.2011, DStR 2012, 322; s. auch Feiter, NWB 2010, 2888). S. zum Ganzen auch § 18 Rn. 19 ff. 30

Ohne Weiteres statthaft ist der **Hinweis auf eine tatsächlich bestehende Mitgliedschaft in öffentlich-rechtlichen** (z.B. WPK) o. privaten Berufsverbänden (z.B. IDW, wp.net) o. auch auf eine **Mitgliedschaft in Gremien dieser Berufsverbände**. Ein früheres Verbot in § 33 Abs. 7 BS WP/vBP a.F. ist bereits 2005 aufgehoben worden (s. dazu Rn. 46). Dabei sind aber missverständliche Formulierungen wie „Vorstand in ..." o.ä. zu vermeiden (besser: „Mitglied im Vorstand der/des ..."). Die WPK gestattet ihren Mitgliedern zudem grds., das **WPK-Logo** als Ganzes unter Verwendung der Originalfarben u. der Originalseitenverhältnisse u. des Zusatzes „Mitglied der Wirtschaftsprüferkammer" zu verwenden. Es kann auch im Zusam- 31 menhang mit gesetzlichen Hinweispflichten (s. oben Rn. 16f.) benutzt werden (Näheres s. WPK, WPK-Mag. 3/2012, 28 o. http://www.wpk.de/service/wpk-logo.asp). Statthaft sind auch **Hinweise auf bestimmte Betriebsmittel**, wie z.b. eine bestimmte Form der Datenverarbeitung (z.B. DATEV) o. den Anschluss an eine Datenbank.

3. Hinweise auf Mandanten (Referenzen)

32 Der Grundsatz der VSP erfordert, dass Mandanten ihrer Nennung im Rahmen einer Werbemaßnahme i.d.R. zustimmen müssen. Die Werbung unter **Bezugnahme auf Mandanten o. sonstige Dritte** ist aber als solche zulässig. Bspw. ist eine neutrale Auflistung betreuter Mandate (**Referenzliste**) nicht zu beanstanden. Gleiches gilt auch dann, wenn der sachliche Bezug auf Mandanten o. sonstige Dritte unter Verwendung v. Fotografien o. sonstigen Bildern erfolgt. Ob die bloße **Angabe v. Pflichtprüfungsmandaten** (insb. die Erstellung v. Referenzlisten über durchgeführte Prüfungen) wegen der ohnehin bestehenden handelsrechtlichen Offenlegungspflicht auch ohne Zustimmung der Mandanten statthaft ist, ist zweifelhaft. Anders als § 203 StGB schützt die VSP nach § 43 Abs. 1 auch offenkundige Tatsachen (siehe § 43 Rn. 137), so dass im Zweifel die Zustimmung des Mandanten eingeholt werden sollte.

33 Gerade bei der Werbung mit Mandanten kann aber eine **Kollision mit der Pflicht der unparteilichen Berufsausübung** bei Prüfungen u. Gutachten gem. § 43 Abs. 1 Satz 2 entstehen. Es darf nicht der Eindruck erweckt werden, eine Prüfung werde nicht allein sachorientiert u. objektiv durchgeführt, da dies eine Besorgnis der Befangenheit i.S.d. § 49 Hs. 2 begründen würde. Dies kann der Fall sein, wenn eine qualifizierte Prüfung mit Hinweisen auf Erfolge des geprüften Unternehmens beworben wird. Auch ist bei vorangegangener Werbung mit Mandanten zu prüfen, ob die Annahme eines nachfolgenden Prüfungsauftrages wegen Besorgnis der Befangenheit ausgeschlossen sein kann (s. auch Rn 23 a.E.).

4. Imagewerbung/Slogans/Logos

34 Die **Werbung mit Bildern** ist grds. zulässig, auch bei der Anzeigenwerbung. Bedenklich sein könnte aber ggf. die Verwendung v. dem Publikum bekannten Symbolen o. Identifikationsfiguren als reine Lockmittel ohne jeglichen sachlichen Bezug.

35 Die **Verwendung v. Slogans** in Werbeanzeigen o. Geschäftsbriefen (auch i.V.m. Bildern o. sonstigen grafischen Elementen) ist ebenfalls i.d.R. nicht zu beanstanden. Es ist auch nicht erforderlich, dass der Slogan eine Sachaussage enthält.

36 Die Werbung nur unter **Verwendung eines Logos** (die zusätzl. Verwendung des Logos ist stets unbedenklich) ist nicht zu beanstanden, solange nicht aufgrund der optischen Gestaltung u. des äußeren Eindrucks des Logos die Gefahr einer Irreführung des Rechtsverkehrs besteht, etwa indem dieser damit Leistungen assoziiert, die nicht z. Berufsbild des WP gehören (dies kann z.B. bei der ausschließl. Verwendung eines §-Zeichens als Logo der Fall sein, vgl. hierzu OVG Lüneburg 8.12.2005, NJW 2006, 3799 ff.). Zur Verwendung des WPK-Logos s. oben Rn. 31.

5. System der Qualitätskontrolle

Auf die **Registrierung als PfQK** nach § 57a Abs. 3 darf hingewiesen werden (s. auch http://www.wpk.de/service/kundmachung.asp). Der Hinweis darf aber nicht zu allg. o. missverständlich sein. Dies ist durch eine (sinngem.) Bezugnahme auf das System der QK der WPK o. die Vorschrift des § 57a Abs. 3 sicherzustellen. Wird eine zulässige Formulierung verwendet, darf der Hinweis auf die Registrierung als PfQK grds. an jeder Stelle des Briefbogens o. einer sonstigen Kundmachungsform erscheinen, insb. auch i.Z.m. Berufsbezeichnungen. Der Hinweis auf die Registrierung eines Berufsangehörigen als PfQK ist aber unzulässig, wenn er im Rahmen der konkret kundgemachten Art der Berufsausübung nicht zur Durchführung v. QK befugt ist (z.b. bei Doppelbändern im Falle der Trennung der Berufe, vgl. dazu Einl. Rn. 138 ff.). Bei der Kundmachung mehrerer Personen muss außerdem der Hinweis auf die Registrierung eindeutig zuzuordnen sein. 37

Beispiele für **zulässige Formulierungen** sind: 38

- „Prüfer für Qualitätskontrolle (§ 57a Abs. 3 WPO)"
- „Prüfer für Qualitätskontrolle nach § 57a Abs. 3 WPO"
- „Registriert als Prüfer im System der Qualitätskontrolle der Wirtschaftsprüferkammer (o. WPK)"
- „Registrierter Prüfer im System der Qualitätskontrolle der Wirtschaftsprüferkammer (o. WPK)"
- „Prüfer für Qualitätskontrolle im System der Qualitätskontrolle der Wirtschaftsprüferkammer (o. WPK)."

Auch auf die **Teilnahme am QK-Verfahren** darf hingewiesen werden, soweit eine TB erteilt worden ist. Um eine Irreführung zu vermeiden, muss Ansatzpunkt aber die durch die WPK ausgestellte TB sein, nicht das Prüfurteil des PfQK. Da eine „Teilnahme am QK-Verfahren" o. der Begriff TB nicht jedem Adressaten geläufig sein dürfte, ist eine Umschreibung grds. zulässig (z.B. durch die Formulierung: „Damit haben wir die Berechtigung erhalten/sind wir befugt, auch für die Geschäftsjahre ab 2006 gesetzliche Pflichtprüfungen gem. §§ 316 ff. HGB durchzuführen"). 39

Die **Verwendung v. QK-Berichten zu Werbezwecken** ist ebenfalls grds. möglich. § 36 BS WP/vBP a.F. regelte noch ausdrücklich, dass dabei keine auszugsweise o. verkürzte Veröffentlichung zulässig ist. Im Zuge des Wegfalls der Satzungsermächtigung zur Werbung durch die 7. WPO-Novelle 2007 ist § 36 BS WP/vBP a.F. im Rahmen der 6. Änderung der BS WP/vBP (s.o. Rn. 4) ersatzlos gestrichen worden. Damit kann das Verbot der auszugsweisen o. verkürzten Veröffentlichung v. QK-Berichten nicht mehr uneingeschränkt aufrechterhalten werden, auch was die Veröffentlichung nur der Beurteilung des Prüfungsergebnisses gem. § 57a Abs. 5 Satz 2 Nr. 5 angeht. Werden QK-Berichte zu Werbezwecken verwendet, sind aber selbstverständlich – wie bei jeder anderen Werbemaßnahme auch – die Grenzen des Irreführungsverbots zu beachten. 40

6. Anlassunabhängige Sonderuntersuchungen

41 Im Rahmen v. werblichen Außendarstellungen (z. B. Internetseiten o. Transparenzberichte, vgl. § 55c) darf auch über die **Ergebnisse einer SU** in geeigneter Weise berichten werden (WPK, WPK-Mag. 2010, 32). Die VSP ist zu beachten (s. oben Rn. 32). Aus dem Irreführungsverbot folgt, dass nicht der unzutreffende Eindruck einer umfassenden Überprüfung der Praxis erweckt, insb. nicht mit einem „Positivurteil" geworben werden darf. Das im Rahmen der SU abgegebene Urteil beschränkt sich allein auf die Feststellung, ob in den untersuchten Bereichen Beanstandungen erfolgten (vgl. §§ 62b Abs. 1; 3 Abs. 1 VerfO SU). Ein Hinweis auf eine durchgeführte SU ist frühestens nach dem förmlichen Abschluss des Verfahrens zulässig, d. h. erst mit Vorliegen der durch die zuständigen Gremien v. APAK u. WPK verabschiedeten Schlussfeststellungen i. S. v. § 20 VerfO SU (d. h. nicht schon bei Vorliegen der vorläufigen Feststellungen i. S. v. § 19 VerfO SU). Ohne Weiteres statthaft ist der Hinweis, dass im Rahmen einer SU keine Beanstandungen in den untersuchten Bereichen erfolgten. Dies gilt auch dann, wenn es im Rahmen der Sonderuntersuchung zu (lediglich) informellen Hinweisen kam, nicht jedoch bei Schlussfeststellungen mit belehrendem Charakter. In diesen Fällen müssen die in der Schlussbelehrung enthaltenen Hinweise erwähnt werden.

7. Angaben zur Honorargestaltung

42 Eine Werbung mit **Angaben zur Honorargestaltung** (vgl. hierzu § 55 Rn. 6 ff.) stößt nicht auf grds. Bedenken (s. aber oben Rn. 5). Bei niedrigen u. nicht in jedem Fall haltbaren Honorarangaben kann jedoch eine Irreführung i.S.d. §§ 3 Abs. 3 i.V.m. Nr. 5 Anhang, 5 Abs. 1 Nr. 2 UWG vorliegen. Die Werbung mit einem **Pauschalhonorar** o. auch mit einer **kostenlosen Erstberatung** ist als solche aber noch nicht als unlauter anzusehen (vgl. KG 22.11.2006, Berl. AnwBl. 2007, 132; OLG Stuttgart 28.12.2006, NJW 2007, 924 ff.; BGH 29.7.2009, NJW 2009, 1968, 1971). Auch die **Rabattwerbung** ist grds. zulässig, allerdings an zusätzl. gesetzliche Restriktionen gebunden, die über das allgemeine Irreführungsverbot teilw. hinausgehen. So sind die Bedingungen für die Inanspruchnahme des Rabatts klar u. eindeutig anzugeben (§ 4 Nr. 4 UWG) u. auf etwaige Laufzeitbeschränkungen einer Rabattaktion explizit hinzuweisen (§ 9 Abs. 2 PAngV). Eine Rabattaktion kann zudem dann unlauter werden, wenn sie ohne sachlichen Grund einer zeitlich sehr kurzen Befristung unterworfen wird, so dass die Einholung v. Vergleichsangeboten erschwert o. sogar ausgeschlossen wird. Die Einräumung eines besonders hohen Rabatts ist aber als solche statthaft (vgl. zum Ganzen Möller, NJW 2009, 2510).

8. Vergleichende Werbung

43 Die BS WP/vBP regelte bisher ein Verbot vergleichender Werbung für WP. Mit dem Wegfall der entsprechenden Ermächtigungsgrundlage durch die 7. WPO-Novelle (s.o. Rn. 4) gilt jetzt auch insoweit nur noch das allg. Wettbewerbsrecht, wonach **vergleichende Werbung grds. zulässig** ist, soweit nicht die Tatbestände des § 6 Abs. 2 UWG vorliegen. Zu diesen Tatbeständen zählen u.a. die Bezugnahme auf subjektiv geprüfte, nicht objektiv nachprüfbare Tatsachenbehauptungen u. Eigenschaften (§ 6 Abs. 2 Nr. 2 UWG) u. die persönliche o. geschäftliche Herabsetzung

v. Mitbewerbern (§ 6 Abs. 2 Nr. 5 UWG). Eine **Allein- o. Spitzenstellungswerbung** in Bezug auf andere Marktteilnehmer ist statthaft, solange die betr. Werbeaussage nachweisbar sachlich richtig ist. Bei der Definition des für die Spitzenstellung maßgeblichen Vergleichsmarktes ist darauf abzustellen, welche übrigen Marktteilnehmer dem durchschnittlich verständigen Werbeempfänger in tatsächlicher Hinsicht mit dem die Spitzenstellung beanspruchenden Marktteilnehmer vergleichbar erscheinen (BGH 8.3.2012, MDR 2012, 1238).

IV. Drittwerbung

§ 52 gestattet lediglich die Werbung für eigene Dienstleistungen. Die Verwendung ihres Namen u./o. ihrer Qualifikation zu **werblichen Zwecken Dritter** dürfen WP nur zulassen, wenn das beworbene Produkt o. die Dienstleistung berufsbezogen ist (§ 13 Abs. 3 BS WP/vBP), z.B. Computerprogramme zur Praxisorganisation o. Prüfungsplanung, Fachliteratur etc. Werbung für **nicht berufsbezogene Produkte o. Dienstleistungen**, etwa Qualitätsurteile über Konsumgüter des täglichen Bedarfs, dürfte dagegen grds. nicht mit dem Berufsbild u. dem Ansehen des WP vereinbar sein (§ 43 Abs. 2 Satz 1). Eine unzulässige Drittwerbung liegt auch dann vor, wenn nicht als WPG anerkannte Schwestergesellschaften v. WPG mit nahezu identischer Firmierung Werbung betreiben, die der WPG verboten wäre o. in einem die WPG angehörenden Verbund Werbung betrieben wird, die nur einem anderen Verbundmitglied gestattet wäre (z.B. für Rechtsdienstleistungen im nicht mehr durch § 5 RDG gedeckten Umfang, s. dazu § 2 Rn. 23 ff.; vgl. auch WPH I, A. Rn. 463). 44

Werbung eines (freiberuflichen o. gewerblichen) Dritten für den WP ist grds. in dem Umfang zulässig, in dem auch eine eigene Werbung des WP für sich u. seine Praxis nach § 52 zulässig wäre. Es gelten auch insoweit die Maßstäbe des allg. Wettbewerbsrechts, weshalb die unlautere Werbung eines Dritten für den WP diesen in einen Konflikt mit der Pflicht z. berufswürdigen Verhalten gem. § 43 Abs. 2 bringt, sofern der WP diese veranlasst, billigt o. duldet. Ist die Werbung hingegen als solche zulässig, werden in der Praxis kaum Fälle auftreten, in denen ein v. vornherein als berufsunwürdig anzusehender Dritter für einen WP wirbt. 45

V. Frühere Werbevorschriften in der BS WP/vBP

Die früher im 4. Teil der BS WP/vBP enthaltenen Vorschriften (§§ 31-36 BS WP/vBP a.F.) berücksichtigen bereits seit Inkrafttreten der 3. Satzungsänderung am 2.3.2005 die durch die Rspr. betonte grds. Zulässigkeit v. nicht unlauterer Werbung. Ihre Zielsetzung bestand in erster Linie darin, berufsspezifische Besonderheiten aufzugreifen u. ausdr. zu regeln. Im Zuge der 7. WPO-Novelle u. der diese im Satzungsrecht umsetzenden 6. Änderung der BS WP/vBP wurden die Werbevorschriften der BS WP/vBP dann insgesamt gestrichen, da die entsprechende Ermächtigungsgrundlage entfallen war (s.o. Rn. 4). Einige Vorschriften wurden an eine andere thematisch passende Stelle in der BS WP/vBP verschoben. 46

Dies betraf Vorschriften, die nicht allein im früheren Werbeverbot ihre Grundlage haben, sondern zumindest auch auf anderen Satzungsermächtigungen basieren u. 47

ledigl. aufgrund der thematischen Nähe bei den Werbevorschriften der BS WP/vBP verortet waren. Im Einzelnen handelte es sich um folgende Regelungen: § 32 Abs. 1 Satz 1 BS WP/vBP a.f. (Anbieten v. Dienstleistungen, jetzt modifiziert in § 4 Abs. 2, 1. Alt. BS WP/vBP geregelt), § 34 BS WP/vBP a.F. (Information über die beruflichen Verhältnisse, jetzt inhaltlich unverändert in § 13a Abs. 1 BS WP/vBP geregelt) u. § 35 BS WP/vBP a.f. (Fachgebiets- u. Tätigkeitsbezeichnungen, jetzt inhaltlich unverändert in § 13a Abs. 2 BS WP/vBP geregelt).

§ 53 Wechsel des Auftraggebers
(Besser: Verbot der Vertretung widerstreitender Interessen)

Berufsangehörige dürfen keine widerstreitenden Interessen vertreten; sie dürfen insbesondere in einer Sache, in der sie oder eine Person oder eine Personengesellschaft, mit der sie ihren Beruf gemeinsam ausüben, bereits tätig waren, für andere Auftraggebende nur tätig werden, wenn die bisherigen und die neuen Auftraggebenden einverstanden sind.

Schrifttum: *Kilian*, Anwaltliche Berufspflichten, AnwBl. 2006, 348; *Maier-Reimer*, Widerstreitende Interessen und Anwaltssozietät, NJW 2006, 3601; *Saenger/Riese*, Offene Fragen zur Sozietätserstreckung beim Interessenwiderstreit, MDR 2006, 1385; *Dahns*, Die Neuregelung des Verbots widerstreitender Interessen, NJW-Spezial, Heft 12, 2005, 573; *Schramm*, das Verbot der Vertretung widerstreitender Interessen, 2004; *Deckenbrock,* Interessenkonflikte bei Wirtschaftsprüfern und Rechtsanwälten unter dem besonderen Aspekt der beruflichen Verschwiegenheit, BB 2002, 2453; *Westerwelle*, Rechtsanwaltssozietäten und das Verbot der Vertretung widerstreitender Interessen, 1997.

Inhaltsübersicht

		Rn.
I.	Allgemeines	1–2
II.	Vertretung widerstreitender Interessen	3–11
	1. Interessenvertretung	3–4
	2. Interessenwiderstreit	5–10
	3. Vertretungsverbot	11
III.	Wechsel des Auftraggebers	12–18
	1. Tätigkeit in derselben Sache	13–14
	2. Anderer Auftraggeber	15–16
	3. Einverständnis des alten und des neuen Auftraggebers	17–18
IV.	Gemeinsame Berufsausübung	19–22
V.	Rechtsfolgen eines Verstoßes	23

I. Allgemeines

1 Die Vorschrift wurde im Zuge der 7. WPO-Novelle 2007 unter Hinzufügung des Hs. 1 geändert. Das **Verbot der Vertretung widerstreitender Interessen**, war bereits zuvor als Ausfluss des Grds. der Unabhängigkeit (vgl. § 43 Abs. 1 i.V.m. § 3 BS WP/vBP) anerkannt u. ließ sich für den Fall der Parallelvertretung im Wege eines „erst-recht"-Schlusses aus § 53 a.f. ableiten. Die Gesetzesüberschrift hätte aber auch noch angepasst werden sollen. Es gibt überdies weitere Vorschriften, die ebenfalls darauf ausgerichtet sind, einen Interessenkonflikt v. vornherein auszuschließen, z.b. das Verbot der gewerblichen Tätigkeit gem. § 43a Abs. 3 Nr. 1.

Die nunmehr im Hs. 2 folgende Anfügung des ursprünglichen Inhalts v. § 53 mit der Formulierung „insbesondere" ist als gesetzgeberisches Versehen zu werten. Anders als bei dem v. Hs. 1 betroffenen Verbot der **gleichzeitigen** Vertretung widerstreitender Interessen (vgl. auch § 3 BS WP/vBP) soll mit Hs. 2 verhindert werden, dass der WP **zeitlich aufeinander folgend** in einer Sache für verschiedene Auftraggeber tätig wird, wodurch es zu Interessenkonflikten kommen kann. Während hier eine Auflösung eines Interessenwiderstreits durch ein **Einverständnis des alten sowie des neuen Auftraggebers** möglich ist, kann dem Verbot der gleichzeitigen Vertretung widerstreitender Interessen nach Hs. 1 hingegen nicht durch ein Einverständnis der Auftraggeber begegnet werden, da auch die tatbestandlichen Voraussetzungen des Parteiverrats (§ 356 StGB) nicht durch ein Einverständnis der Parteien beseitigt werden können. 2

II. Vertretung widerstreitender Interessen
1. Interessenvertretung

Die berufliche Unabhängigkeit des WP ist im Katalog des § 43 Abs. 1 Satz 1 an erster Stelle genannt. Darüber hinaus soll mit § 41 Abs. 1 Satz 2 weiter auch die Unparteilichkeit u. mit § 49 die Unbefangenheit als Ausfluss der Unparteilichkeit des WP sichergestellt werden. Insoweit kommt eine Interessenvertretung nicht in Betracht (vgl. §§ 21 Abs. 2, 23b BS WP/vBP). Letztere Vorschriften zielen aber auf den Kernbereich der Tätigkeit des WP, nämlich die **Prüfungstätigkeit sowie die Erstattung v. Gutachten.** Gerade nicht erfasst hiervon wird die zielgerichtete **Beratung u. die Interessenvertretung** für einen Mandanten. Wird der WP auf diese Weise tätig, ist er mit den typischerweise interessenvertretenden Berufen der RA u. StB vergleichbar, deren Berufsrechte die Pflicht zur Unparteilichkeit u. Unbefangenheit konsequenterweise nicht kennen. In diesem Bereich kann der WP mithin – im Rahmen gewissenhafter Berufsausübung u. ordnungsgemäßer Auftragsabwicklung – die Interessen des Mandanten wahrnehmen u. muss dies ggf. sogar bis zur Grenze der Wahrnehmung berechtigter Interessen. 3

Im Bereich der Gutachtenerstellung im weitesten Sinne ist eine Interessenvertretung nur bei sog. „**Argumentationspapieren**" zulässig. Diese Konstellation hat § 20 Abs. 2 BS WP/vBP im Sinn, wonach es dem Berufsangehörigen nicht verwehrt ist, etwa den Auftrag zur Erstellung eines einseitig positive o. negative Aspekte betonenden Argumentationspapiers zu übernehmen. Voraussetzung ist dabei allerdings, dass keine Verwechslungsgefahr mit einem neutralen Gutachten entstehen kann, weshalb die Bezeichnung „Gutachten" bei derartigen Mandaten nicht geführt werden darf. 4

2. Interessenwiderstreit

5   Die Vorschrift soll der Gefahr einer widerstreitenden Loyalität sowie der Gefahr der bewussten o. unbewussten Verwendung sensibler Mandanteninformationen z. Nachteil des Mandanten vorbeugen. Diese Gefahren sind jedoch nur zu befürchten, wenn die zu berücksichtigenden Interessen in Widerstreit stehen, d.h. gegenläufig sind u. miteinander konkurrieren, so dass sich für den WP aus der Wahrnehmung der einen zu Lasten der anderen Interessen ein unauflösbarer Konflikt ergibt. In den Fällen, in denen **mehrere Auftraggeber gemeinsamen Rat** suchen, z.B. bei der Erarbeitung eines Gesellschaftsvertrages für mehrere Gesellschafter o. bei der Beratung einer Erbengemeinschaft, fehlt es bereits tatbestandlich am Interessenwiderstreit (vgl. § 3 Satz 2 BS WP/vBP), denn die Auftraggeber verfolgen in der Sache vielmehr gemeinsame Interessen. Hier muss der WP neutral aufzeigen, wer gegen wen Ansprüche hat, darf aber nicht den einen Auftraggeber gegen den anderen vertreten. Sobald daher erkennbar wird, dass die Interessen der gemeinsamen Auftraggeber in der Sache auseinander laufen, ist vom WP sorgfältig zu prüfen, ob das gemeinsame Mandat noch fortgeführt werden kann. Ebenso bleibt eine **vermittelnde Tätigkeit** im Auftrag aller Beteiligten, bei der ein Interessengegensatz vorliegen kann, zulässig. Die Aufgabe des Berufsangehörigen besteht dann gerade darin, den ggf. vorliegenden Interessengegensatz aufzulösen (vgl. § 3 Satz 3 BS WP/vBP).

6   In sachlicher Hinsicht ist ein Interessengegensatz grds. auch dann vorstellbar, wenn es **nicht um „dieselbe Sache"** geht. Unbedingt erforderlich ist jedoch ein **konkreter Interessengegensatz**. Bei Vorliegen einer solchen konkreten Kollisionen (wie z.B. im Rahmen der Bewertung v. Forderungen) darf der WP nicht tätig werden. Solange diese allerdings nicht feststeht, sondern nur abstrakt droht, darf dem Berufsangehörigen noch kein Tätigkeitsverbot auferlegt werden. Er hat jedoch stets – auch nach Mandatsannahme – zu prüfen, ob sich eine zunächst nur abstrakt mögliche Interessenkollision insoweit derart konkretisiert hat, dass er das eine o. das andere Mandat o. ggf. beide niederzulegen hat. Hierbei empfiehlt sich, im Vorhinein – ohne namentliche Nennung eines anderen Mandats – den Mandanten darüber aufzuklären, dass bei seinem Mandat in der Zukunft ggf. eine Interessenkollision eintreten könnte. Anderenfalls könnten im Zuge der Mandatsniederlegung Schadensersatzansprüche drohen.

7   Konflikte können insb. bei der **Beratung v. Konkurrenten** auftreten, die gar nicht wissen, dass sie v. demselben Berater beraten werden. Wurde ein Konkurrent in der Vergangenheit schon **häufiger** v. dem WP beraten, kann sich u.U., auch ohne dass er aktuell beraten wird o. ein tats. o. rechtlicher Zusammenhang mit dem neu zu erteilenden Mandat bestünde, eine vorvertragliche Aufklärungspflicht ggü. dem neuen Mandanten ergeben, wenn aus dessen verobjektivierter Sicht (§§ 133, 157 BGB) zu befürchten ist, dass aufgrund einer besonderen Identifizierung mit den Angelegenheiten des Konkurrenten die Fähigkeit des WP beeinträchtigt sein kann, sich in der gebotenen umfassenden, nur den Interessen des nunmehrigen Auftraggebers verpflichteten Art u. Weise einzusetzen (vgl. hierzu BGH 8.11.2007, DB 2008, 463). Die Verschwiegenheitspflicht verbietet dem Berater allerdings – was bei dem

zitierten BGH-Urteil (a.a.O.) nicht ausreichend deutlich wird – wechselseitige Hinweise aus den Mandaten; er darf nicht einmal darüber unterrichten, dass er einen Konkurrenten berät.

Ein **konkreter Interessengegensatz** liegt vor, wenn der WP zwei Mandanten in derselben Sache im entgegen gesetzten Sinne berät o. betreut o. wenn er bei zwei Mandaten bei unterschiedlichem Sachverhalt denselben Rechtsstandpunkt vertritt u. damit den Interessen eines Mandanten zuwiderläuft. Der Interessengegensatz bestimmt sich nach **objektiven Kriterien**, wenn eine subjektive Disposition des Mandanten nicht möglich ist, d.h. wenn der Berufsangehörige übergeordnete Kriterien beachten muss; er bestimmt sich nach **subjektiven Kriterien**, wenn der Streitpunkt der Disposition des Mandanten zugänglich ist. 8

Liegt ein **Vertrag mit Schutzwirkung zugunsten Dritter** vor, hat der Dritte – anders als beim **Vertrag zugunsten Dritter** o. beim unentgeltlichen expliziten o. stillschweigenden **Auskunftsvertrag mit einem Dritten** – grds. nur Schadensersatzansprüche – u. keine darüber hinausgehenden Erfüllungs-, Informations- o. Herausgabeansprüche. Um hierbei aber gerade mögliche Schadensersatzansprüche Dritter zu vermeiden, sind auch deren Interessen bestmöglich wahrzunehmen u. mögliche Interessengegensätze vorab zu prüfen. 9

Einzelfälle: Eine Beratungstätigkeit einerseits u. eine **Aufsichtstätigkeit** schließen sich grds. aus (z.B. als Aufsichtsrat, Beiratsmitglied o. Mitglied eines Gläubigerausschusses.) Hier würde der WP sonst als „Richter in eigener Sache" tätig werden, wenn er einen Sachverhalt, an dessen konkreter Entstehung er maßgeblich beteiligt war, nachträglich überprüfen müsste. Im Bereich des Steuerstrafrechts ist das Verbot der **Verteidigung mehrerer Beschuldigter** gem. § 146 StPO zu beachten. Damit hat der Gesetzgeber eine unwiderlegbare Vermutung für eine bestehende Interessenkollision aufgestellt. 10

3. Vertretungsverbot
Anders als in Hs. 2 ist ein **Einverständnis der Mandanten** mit dem parallelen Tätigwerden des WP bei Vorliegen eines konkreten Interessenwiderstreits **grds. unbeachtlich**. Es ist allenfalls zu prüfen, ob dies nicht ein Anhaltspunkt dafür sein kann, dass tatbestandlich schon gar keine gegenläufigen Interessen vorliegen. Dies resultiert daraus, dass ähnlich wie beim Straftatbestand des Parteiverrats das berufsrechtliche Verbot der Vertretung widerstreitender Interessen nicht allein die betroffenen Mandanten schützen soll, sondern auch im öffentl. Interesse liegt. Auch außerhalb der Prüfungstätigkeit u. der Gutachtenerstattung darf der WP das v. der Bevölkerung aufgrund der öffentl. Bestellung entgegengebrachte Vertrauen nicht enttäuschen. Ein widersprüchliches Verhalten des WP im Bereich der Beratung würde sich gleichsam negativ auf das in einen WP gesetzte Vertrauen im Bereich der Prüfung o. Begutachtung auswirken. Das Verbot der Vertretung widerstreitender Interessen dient damit nicht nur den Individualinteressen der Mandanten, sondern trägt auch dazu bei, dass dem WP das zur Erfüllung seiner Kernaufgaben im Funktionsgefüge der Wirtschaftsordnung entgegengebrachte notwendige Vertrauen dau- 11

erhaft entgegengebracht wird. Somit kann das Verbot der Vertretung widerstreitender Interessen nicht allein zur Disposition der Mandanten stehen (vgl. Schramm, Verbot der Vertretung widerstreitender Interessen, 188 m.w.N.).

III. Wechsel des Auftraggebers

12 Das Verhältnis zwischen dem WP u. seinem Auftraggeber begründet auch berufsrechtlich nachvertragliche Treuepflichten. Daher muss der WP, wenn er **in einer Sache den Auftraggeber wechseln** will, das **Einverständnis des alten sowie des neuen Auftraggebers** einholen, um eine Verletzung dieser Pflichten zu vermeiden. Der neue Auftraggeber muss ebenso v. der Tatsache des früheren Auftragsverhältnisses unterrichtet sein, um daraus etwa entstehenden Bedenken Rechnung tragen zu können. Es handelt sich um eine **sanktionierte Durchbrechung der Verschwiegenheitspflicht** des WP.

1. Tätigkeit in derselben Sache

13 Das Tatbestandsmerkmal „in einer Sache" in Hs. 2 ist dahingehend auszulegen, dass es sich um **dieselbe Sache** handeln muss. Eine weite Auslegung ist aber angezeigt, da mögliche Interessenkollisionen vermieden werden sollen. Erforderlich ist, dass derselbe historische Vorgang v. rechtlicher bzw. wirtschaftlicher Bedeutung sein kann. Die Unabhängigkeit des Berufsangehörigen soll nicht durch Interessen Dritter an der Art u. Weise der Erledigung seines Mandates beeinträchtigt sein. Von einer Sache in diesem Sinne ist in jedem Fall dann auszugehen, wenn ein einheitlicher Lebenssachverhalt (Ehe, Anlageobjekt, Gesellschaftsvertrag etc.) vorliegt.

14 Von derselben Sache i.S.d. Hs. 2 ist z.B. auszugehen, wenn der Berufsangehörige zunächst eine Gesellschaft in steuerlichen Angelegenheiten berät u. später dann auch deren Gesellschafter o. wenn er zuerst für einen u. dann für einen anderen Gesellschafter o. insb. bei Scheidungsfällen zunächst für den einen Ehepartner u. dann für den anderen tätig wird o. auch bei der Mitwirkung an der Konzeption eines Anlageobjektes u. anschließender treuhänderischer Tätigkeit sowie einer nachfolgenden steuerlichen Beratung der Anleger.

2. Anderer Auftraggeber

15 Im Hinblick auf den neuen Auftraggeber, ist grds. auf die Rechtsperson als solche abzustellen, d.h. der Berufsangehörige muss nacheinander **für verschiedene Rechtspersonen** (nat. o. jur.) tätig werden. Dies ist dann nicht der Fall, wenn es etwa bei einer Gesellschaft ledigl. zu einem Firmen- o. Rechtsformwechsel gekommen ist bzw. bei Verschmelzungen, bei denen die aufnehmende Gesellschaft ledigl. eine quasi leere Rechtshülle darstellt.

16 In Betracht kommt auch der Fall einer zunächst **gescheiterten Auftragsanbahnung** mit einem potentiellen Auftraggeber u. die nachfolgende Beauftragung in derselben Sache durch einen anderen Auftraggeber. Hierbei kommt es darauf an, ob der vorherige potentielle Auftraggeber vergleichbar schutzbedürftig ist. Dies wird dann der Fall sein, wenn der WP im Rahmen der Vertragsanbahnung bereits derart konkrete Kenntnisse v. Interna erlangt hat, dass zu befürchten ist, dass er sich diese im Rah-

men der Bearbeitung des Auftrags mit dem nunmehrigen Auftraggeber in einer Weise zu Nutzen macht, die für den anderen nachteilig sein könnte.

3. Einverständnis des alten und des neuen Auftraggebers
Grundsätzlich ist des alten wie auch des neuen Auftraggebers **Einverständnis vor dem erneuten Tätigwerden** des WP in der Sache **einzuholen.** Die Auftragsannahme durch den Berufsangehörigen allein wird hierbei wohl aber noch nicht als schädlich anzusehen sein, da ohne diese im eigentlichen Sinne auch noch kein neuer Auftraggeber existiert. Es bietet sich allerdings an, bei einer erneuten Auftragserteilung durch einen anderen Auftraggeber in derselben Sache, die Annahme des Mandats unter dem Vorbehalt des Einverständnisses des alten Auftraggebers zu erklären. Die nachträgliche Einholung der Einverständniserklärung eines o. beider Auftraggeber kann den Berufspflichtenverstoß durch das Tätigwerden nicht mehr heilen. Gegebenenfalls kommt in dringenden Fällen ein Tätigwerden auf Grund eines mutmaßlichen Einverständnisses eines der Auftraggeber in Betracht, sofern ein vorübergehender Hinderungsgrund an der Einholung des Einverständnisses vorliegt. Dann ist die Einholung des Einverständnisses jedoch unverzüglich nachzuholen, sobald der Hinderungsgrund weggefallen ist. 17

Die Einverständniserklärung selbst ist grds. an **keine bestimmte Form** gebunden. Jedoch empfiehlt es sich aus Gründen der Rechts- u. Beweissicherheit stets, sich dieses Einverständnis v. beiden, dem neuen wie auch dem alten Auftraggeber, schriftlich aushändigen zu lassen. 18

IV. Gemeinsame Berufsausübung

Das Verbot der gleichzeitigen Vertretung widerstreitender Interessen betrifft zunächst grds. nur den Fall der **Interessenvertretung durch ein u. denselben WP.** Es kann auch dann zu einem Interessenkonflikt kommen, wenn der WP statt auf eigene Interessen auf **Interessen seiner beruflichen Partner**, soweit man v. einer **gemeinsamen Berufsausübung** sprechen kann, Rücksicht nehmen könnte. 19

Zum Vorliegen einer **gemeinsamen Berufsausübung** vgl. § 44b. Interessant ist in diesem Zusammenhang die neue Netzwerkdefinition der AP-RiLi. Danach handelt es sich wie bei der Kooperation nicht um eine Form der gemeinsamen Berufsausübung i.S.d. § 44b (vgl. dort Rn. 47). 20

Ob im Falle eines **Sozietätswechsels**, des Zusammenschlusses v. Sozietäten o. einer Interessenvertretung gegnerischer Parteien innerhalb derselben Sozietät, einer Berufsgesellschaft o. verbundener Unternehmen v. einer unzulässigen Vertretung widerstreitender Interessen auszugehen ist, ist nach dem Beschluss des BVerfG v. 3.7.2003 (NJW 2006, 2469) zur Verfassungswidrigkeit v. § 3 Abs. 2 BORA hingegen eine Frage des Einzelfalles, bei der auch die Beurteilung der zuvor umfassend informierten Mandanten zu berücksichtigen ist (vgl. dazu Kilian, AnwBl. 2006, 348 f.; Dahns, NJW-Spezial 2005, 573 f.). Im Zuge dieser Entscheidung wurde auch § 3 Abs. 2 u. 3 BS (a.F.) ersatzlos gestrichen. Zwischenzeitlich hat das BVerfG in einer neueren Entscheidung (v. 20.6.2006, Stbg 2006, 600) festgestellt, dass ein 21

Rechtssatz des Inhaltes, dass das Verbot der Vertretung widerstreitender Interessen auch für die mit einem RA in einer Sozietät verbundenen Kollegen gilt, wenn die Mandanten mit der weiteren Tätigkeit des Sozius nicht einverstanden sind, mit Art. 12 Abs. 1 GG vereinbar sei. Der mit einer solchen Regelung (hier dem neuen § 3 Abs. 2 BORA i.d.F. v. 1.7.2006) verbundene Eingriff in die Berufsausübungsfreiheit sei durch hinreichende Gründe des Allgemeinwohls gerechtfertigt. Dabei sei allerdings auszutarieren, in welchem Ausmaß das Verbot auf Dritte zu erstrecken sei, mit denen der tats. mandatierte RA zusammenarbeite o. zusammengearbeitet hat. Zulässiges Abwägungskriterium sei hiernach auch die Ausgestaltung der räumlichen u. organisatorischen Arbeitsteilung innerhalb der Sozietät, d.h. inwiefern Vorkehrungen bzgl. des Informationsflusses der Sozien untereinander getroffen sind, auf die die Mandanten bei ihrer Entscheidung über eine Zustimmung zu dem Tätigwerden des Sozius vertrauen können. Wenn die Mandanten mit der Mandatsübernahme nicht einverstanden sind o. wenn – trotz erteiltem Einverständnis – Belange der Rechtspflege entgegenstehen, sei von dem RA zumutbarer Weise eine Mandatsniederlegung zu verlangen.

22 Für die Praxis heißt dies, dass in derartigen Fällen **stets das Einverständnis der Mandanten einzuholen** ist. Dabei ist aber wiederum die Verschwiegenheitsverpflichtung des WP zu beachten. Es dürfen keine geheimhaltungsbedürftigen Informationen weitergegeben werden. Es muss mithin die abstrakte Aufklärung bzgl. eines Interessenwiderstreits ausreichend sein. Anderenfalls wäre das Mandat mangels einer Möglichkeit, ordnungsgemäß aufzuklären u. damit eine wirksame Zustimmung einzuholen, niederzulegen.

V. Rechtsfolgen eines Verstoßes

23 Als Folge eines Verstoßes gegen das Verbot der widerstreitenden Interessen verliert der Berufsangehörige seinen **Honoraranspruch** (vgl. OLG Düsseldorf 23.1.1992, Stbg 1993, 354). Darüber hinaus macht er sich ggf. weiter **schadensersatzpflichtig**. Steht erst einmal fest, dass der WP seine diesbzgl. (vor)vertraglichen Aufklärungspflichten verletzt hat, spricht der Beweis des ersten Anscheins regelmäßig dafür, dass das neue Mandat bei hinreichender Aufklärung nicht erteilt worden wäre bzw. der bisherige Auftraggeber sein Einverständnis nicht erklärt hätte, wenn das Auftragsverhältnis v. Mandantenseite alsbald nach entsprechender Kenntniserlangung beendet wird (vgl. BGH 8.11.2007, DB 2008, 463). Unter Umständen erfüllt der WP sogar den strafrechtlichen Tatbestand des Parteiverrats gem. § 356 StGB; WP können Rechtsbeistände i.S.d. § 356 StGB sein, so dass diese Vorschrift grds. auf sie anwendbar ist (Schönke/Schröder/Cramer/Heine, StGB, § 356 Rn. 7).

§ 54 Berufshaftpflichtversicherung

(1) ¹Selbstständige Wirtschaftsprüfer, Wirtschaftsprüfungsgesellschaften und Partnerschaftsgesellschaften mit beschränkter Berufshaftung nach § 8 Absatz 4 des Partnerschaftsgesellschaftsgesetzes sind verpflichtet, eine Berufshaftpflichtversicherung zur Deckung der sich aus ihrer Berufstätigkeit ergebenden Haft-

pflichtgefahren für Vermögensschäden abzuschließen und die Versicherung während der Dauer ihrer Bestellung oder Anerkennung aufrecht zu erhalten. ²Die Mindestversicherungssumme für den einzelnen Versicherungsfall muss den in § 323 Abs. 2 Satz 1 HGB bezeichneten Umfang betragen. ³Zuständige Stelle im Sinne des § 117 Abs. 2 des Versicherungsvertragsgesetzes ist die Wirtschaftsprüferkammer.

(2) Die Wirtschaftsprüferkammer erteilt Dritten zur Geltendmachung von Schadensersatzansprüchen auf Antrag Auskunft über den Namen, die Adresse und die Versicherungsnummer der Berufshaftpflichtversicherung des Wirtschaftsprüfers oder der Wirtschaftsprüfungsgesellschaft, soweit der Wirtschaftsprüfer oder die Wirtschaftsprüfungsgesellschaft kein überwiegendes schutzwürdiges Interesse an der Nichterteilung der Auskunft hat.

(3) Die Wirtschaftsprüferkammer trifft im Rahmen der Berufssatzung die näheren Bestimmungen über den Versicherungsinhalt, Regelungen über zulässige Versicherungsausschlüsse wie etwa für Ersatzansprüche bei wissentlicher Pflichtverletzung, den Versicherungsnachweis, das Anzeigeverfahren und die Überwachung der Versicherungspflicht.

Schrifttum: *Seibert,* Die Partnerschaftsgesellschaft mit beschränkter Berufshaftung (PartGmbB), DB 2013, 1710; *Ruppert,* Partnerschaftsgesellschaft mit beschränkter Berufshaftung – Ende gut, Alles gut?, DStR 2013, 1623; *Uwe/Roeding,* Partnerschaftsgesellschaft mit beschränkter Berufshaftung kommt, AnwBl. 2013, 483; *Dahns,* Die neue Partnerschaftsgesellschaft mit beschränkter Berufshaftung, NJW Spezial 2013, 446; *Willerscheid,* Die Partnerschaftsgesellschaft mit beschränkter Berufshaftung – Eine Alternative zur Partnerschaftsgesellschaft mit Handelndenhaftung?, NWB 2013, 2490; *Gladys,* Sozialklausel geloadet, § 12 AVB-RSW in der Haftungsverfassung der Sozietät, DStR 2013, 723; *Posegga,* Die Haftung der Mitglieder einer freiberuflichen Sozietät, DStR 2013, 547 ff. u. 611 ff.; *Ehlers,* Ein Plädoyer für eine begrenzte Haftung des StB, DStR 2010, 2154; *Rütter,* Vermögensschaden-Haftpflichtversicherung, WPK-Mag. 1/2008, 39; *Gräfe/Brügge,* Vermögensschaden-Haftpflichtversicherung, 2006; *Zimmermann,* Alte und „neue" Verjährung von Haftpflichtansprüchen, WPK-Mag. 2/2006, 33; *Fischer/Reinhard/ Wahl,* Rating – eine vielfältige Chance für den Berufsstand, WPK-Mag. 3/2005, 43; *Koziol,* Rechtsvergleichender Überblick und Schlussfolgerungen, in Koziol/ Doralt (Hrsg.), Abschlussprüfer – Haftung und Versicherung, 2004, 141; *Magnus,* Abschlussprüferhaftung in Deutschland, in Koziol/Doralt (Hrsg.), Abschlussprüfer – Haftung und Versicherung, 2004, 19; *Pohl,* Haftung und Berufshaftpflichtversicherung der Wirtschaftsprüfer – Bestandsaufnahme und Ausblick, WPg 2004, 460; *Burger/Chab/Grams/Jungk,* Die akzessorische Haftung des eintretenden Sozius für Altverbindlichkeiten der Sozietät – Versicherungsrechtliche Fragestellungen, BRAK-Mitt. 2003, 262; *Feiter,* Aktuelle Fragen zur Berufshaftpflichtversicherung, INF 2003, 155; *Pohl,* Schadensverlauf und Ursachenanalyse in der Berufshaftpflichtversicherung, WPK-Mitt. 2001, 94; *Gladys,* Berufshaftpflichtversicherungsschutz von Steuerberatern und Wirtschaftsprüfern, INF 2000, 118; *Poll*, Die Haftung der freien Berufe, WPK-Mitt. 2000, 142; *Späth*, Nochmals: Berufshaftpflichtversicherungsschutz von Steuerberatern und Wirtschaftsprüfern, INF 2000, 120; *Maxl/Struckmeier*, Neue Deckungssummen und Versicherunsbedingungen in der Berufshaftpflichtversicherung, WPK-Mitt. 1999, 78; *Späth*, Empfehlungen zur Berufshaftpflichtversicherung von Steuerberatern und Wirtschaftsprüfern, INF 1999, 598 (*Maxl/Struckmeier*, Erwiderung zu Späth, INF 2000, 57; Späth, Erwiderung zu *Maxl/Struckmeier*, INF 2000, 58); *Damrau*, Wirtschaftsprüfer und vereidigte Buchprüfer als Vermögensverwalter, WPK-Mitt. Sonderheft Juli 1998, 1; *Messmer*, Wirtschaftsprüferhaftung und KonTraG: Fluch oder Segen für den Berufshaftpflichtversicherer, VW 1998, 1133; *Pohl*, Risikoeinschätzung und Haftung des Wirtschaftsprüfers und vereidigten Buchprüfers – national, WPK-Mitt. Sonderheft April 1996, 2; *Schlie*, Die Berufshaftpflichtversicherung für die Angehörigen der wirtschaftsprüfenden und steuerberatenden Berufe, 1995; *Hartmann/Schwope*, Prospekthaftung – ein typisches Berufsrisiko des Wirtschaftsprüfers?, WPK-Mitt. 1993, 46; *Pohl*, 60 Jahre Wirtschaftsprüferberuf und seine Berufshaftpflichtversicherung, WPK-Mitt. 1991, 141.

Inhaltsverzeichnis

		Rn.
I.	Allgemeines	1–9
II.	Versicherungspflichtiger Personenkreis	10–19
	1. Selbstständige Wirtschaftsprüfer	10–17
	2. Wirtschaftsprüfungsgesellschaften, Partnerschaftsgesellschaften	18–19b
III.	Umfang der Berufshaftpflichtversicherung	20–39
	1. Zeitlicher Umfang	20–25
	2. Gegenstand der Versicherung	26–31
	3. Grenzen des Versicherungsschutzes	32–33
	4. Versicherungssumme	34–39
IV.	Rechtsstellung der Beteiligten im Versicherungsfall	40–41
V.	Stellung der Wirtschaftsprüferkammer	42–43
VI.	Verordnung über die Berufshaftpflichtversicherung	44–45
VII.	Folgen fehlenden oder unzureichenden Versicherungsschutzes	46–47

I. Allgemeines

1   Durch die öffentliche Bestellung u. Vereidigung sind **WP als Träger einer im besonderen öffentl. Interesse stehenden Tätigkeit** unter erhöhte Verantwortung gestellt. Ihre Tätigkeit ist dabei seit jeher mit einem im Vergleich zu anderen freien Berufen **überdurchschnittlich hohen zivilrechtlichen Haftungsrisiko** verbunden. Die Bedeutung dieses Risikos hat das Reichswirtschaftsministerium **bereits in den Jahren 1940/1941** veranlasst, die Pflicht zum Abschluss einer BHV für selbstständige WP (Erlass v. 19.8.1941, Az. IV Kred. 34925/41) einzuführen. Entsprechendes galt für Berufsgesellschaften. Die Mindestversicherungssumme für jeden Versicherungsfall u. die mögliche Jahreshöchstleistung lagen bei 100.000 Reichsmark (nach

heutiger Kaufkraft etwa 1 Mio. Euro). Bei Praxen mit mehr als sechs WP erhöhte sich die Jahreshöchstleistung auf 300.000 Reichsmark. Vergleichbare Regelungen galten dann in den Berufsordnungen der Länder in Nordrhein-Westfalen, Niedersachsen, Schleswig-Holstein u. Hamburg (Verordnung über eine Berufsordnung für die Angehörigen des wirtschaftlichen Prüfungs- u. Treuhandwesens v. 14.3.1948 [Verordnungsblatt für die Britische Zone, 74] u. § 30 der Wirtschaftsprüferordnung v. 21.3.1950 [Gesetz- u. Verordnungsblatt der Landesregierung Rheinland-Pfalz, 91]). Für die ehemaligen Länder Baden u. Württemberg-Hohenzollern enthielt § 13 der Satzung der Kammern der Wirtschafts- u. Steuersachverständigen den Grundsatz der Verpflichtung zum Abschluss der BHV ohne Regelung v. Einzelheiten.

Die **WPO** sieht entsprechend den früheren Regelungen in § 54 eine **allg. Versicherungspflicht für selbstständige WP, anerkannte Berufsgesellschaften** sowie seit dem 19.7.2013 auch für die **PartGmbB, soweit WP/vBP beteidigt sind**, vor. § 54 ist bereits am 29.7.1961 u. damit vor weiten Teilen der WPO in Kraft getreten; ähnliche Regelungen gelten für StB (§ 67 StBerG, seit 1961) u. RA (§ 51 BRAO, seit 1994). Die Pflicht zum Abschluss einer BHV findet mittlerweile auch eine Grundlage im Recht der EU. Gemäß Art. 23 der EU-Dienstleistungsrichtlinie können die Mitgliedstaaten eine solche Regelung für Dienstleister im Gesetz o. Standesrecht aufnehmen (Richtlinie 2006/123/EG des Europäischen Parlaments u. des Rates v. 12.12.2006 über Dienstleistungen im Binnenmarkt; s. auch Erwägungen Nr. 98 f.). Die AP-RiLi (2006) enthält dagegen keine Regelungen zur Haftung bzw. BHV der AP. Art. 31 AP-RiLi fordert jedoch die Europäische Kommission auf, die derzeitigen Haftungsregelungen in den Mitgliedstaaten insb. aus wirtschaftlicher Sicht (Versicherbarkeit, Haftungsbegrenzung etc.) zu untersuchen. Eine entsprechende Studie wurde am 4.10.2006 veröffentlicht (MARKT/2005/24/F) u. empfiehlt u.a. die Einführung einer Haftungsbegrenzung für AP. 2

Die gesetzliche Verpflichtung zum Abschluss einer Versicherung (Pflichtversicherung) dient dem **Schutz der Interessen v. Mandanten u. Dritten** zur Sicherstellung der Realisierung v. Haftpflichtansprüchen gegen WP/vBP. Gleichermaßen ist es im Eigeninteresse des Berufsangehörigen, dass er selbst vor Vermögens- o. gar Existenzverlust geschützt ist. Die BHV dient insoweit auch der Wahrung der allg. Berufspflicht zur **Unabhängigkeit** (§ 43 Abs. 1 Satz 1). Der Berufsstand hat darüber hinaus ein **berufspolitisches Interesse** an der Sicherung u. Durchsetzung der Versicherungspflicht, um in der Öffentlichkeit als unbedingt zuverlässig angesehen zu werden (Lamprecht, DStR 2002, 1322). 3

Das Unterhalten einer eigenen BHV nach Maßgabe v. § 54 ist eine **Berufspflicht**. Verstöße gegen § 54 können daher berufsaufsichtlich sanktioniert werden. Das Aufrechterhalten der BHV ist zugl. **Voraussetzung für den Fortbestand der Bestellung**, wobei auch wiederholte Verstöße gegen § 54 deren Widerruf zur Folge haben können (§ 20 Abs. 2 Nr. 4). Für den **Fortbestand der Anerkennung einer Berufsgesellschaft** ist die BHV ebenfalls zwingend (§ 34 Abs. 1 Ziff. 2), allerdings gibt es hier bei wiederholten Versicherungslücken keine Widerrufsmöglichkeit. Fällt bei 4 einer **PartGmbB die BHV weg**, lebt die unbeschränkte Handelndenhaftung des schadensverursachenden Partners wieder auf (da die Haftungsbeschränkung nach § 8 Abs. 4 PartGG nur bei „Unterhaltung" einer BHV greift, vgl. Rn 19a) u. die Gesellschaft wird im Partnerschaftsregister wieder als Gesellschaft ohne Haftungsbeschränkung zu führen sein sowie ihre Bezeichnung anpassen müssen. Fragen des Widerrufs einer berufsrechtlichen Befugnis stellen nicht nicht, mögliche Unregelmäßigkeiten im Versicherungsschutz sind berufsaufsichtsrechtlich zu klären.

5   Die BHV ist eine gesetzliche **Pflichtversicherung** i.S.v. § 113 Abs. 1 VVG. Es gelten insoweit die allg. Vorschriften über die Haftpflichtversicherungen (§§ 100-112 VVG) sowie die besonderen für Pflichtversicherungen (§§ 113-124 VVG). Die **Mindestversicherungssumme beträgt 1 Mio. Euro** u. orientiert sich an der Haftungssumme für gesetzliche AP, soweit es sich nicht um AP v. AG handelt, deren Aktien zum Handel im regulierten Markt zugelassen sind (§ 323 Abs. 2 Satz 1, 2 HGB). Dies entbindet nicht v. der **Pflicht zur Höherversicherung** im konkreten Einzelfall (§ 17 Abs. 2 BS WP/vBP; vgl. noch Rn. 35 ff.). Die prophylaktische Pflichtversicherung, die auch allein ggü. der WPK nachzuweisen ist, erstreckt sich jedoch nur auf 1 Mio. Euro.

6   Die **Verordnung über die BHV der WP** u. der vBP (WPBHV) enthält nähere Vorschriften zum Abschluss, die Aufrechterhaltung, den Inhalt u. den Umfang der BHV sowie über Haftungsausschlüsse durch Versicherungsvertrag. Mit Inkrafttreten der 7. WPO-Novelle 2007 ist die WPK ermächtigt, diese Regelungen auf Ebene der Berufssatzung zu erlassen. Bis zum Inkrafttreten entsprechender Satzungsregelungen ist die WPBHV weiter anzuwenden (§ 137). Mit der Satzungsregelung kann im Rahmen der 9. Änderung der BS WP/vBP in 2014 gerechnet werden. Dabei wird sich auch die Frage stellen, inwieweit durch eine **untergesetzliche Regelung ein durch Gesetz umfassend geforderter Versicherungsschutz eingeschränkt** werden kann; offensichtlich wird dies beim Thema Serienschadenklausel, das im anwaltlichen Berufsrecht jedenfalls rechtssicherer im Rahmen der gesetzlichen Regelungen zur Versicherungspflicht geregelt ist (§ 51 Abs. 2 BRAO, vgl. hier noch Rn. 45).

7   Die BHV dient der **Deckung v. Vermögensschäden**; Personen- u. Sachschäden sind daher nicht mitversichert. Der **Umfang des Versicherungsschutzes** wird im Einzelnen durch die **allg. u. besonderen Versicherungsbedingungen** (AVB) sowie **Risikobeschreibungen zur Vermögensschaden-Haftpflichtversicherung** der WP bestimmt, die bei den Versicherern im Wesentlichen gleich lauten. Die allg. Versicherungsbedingungen gelten dabei i.d.R. für RA, StB, WP, vBP einheitlich. Die besonderen Versicherungsbedingungen u. Risikobeschreibungen sind dagegen auf jede Berufsgruppe – entsprechend den üblichen Tätigkeiten, Risiken u. einschlägigen Berufsrechten – individuell zugeschnitten.

8   Vermögensschäden werden i.d.R. nicht sofort sichtbar, sondern treten erst nach einiger Zeit zutage (Langzeitrisiken). Dem trägt die BHV in Deutschland Rechnung. **Versicherungsfall** ist hier nicht das Schadenereignis (Eintritt des Vermögensschadens) o. die Anspruchserhebung (Geltendmachung des Schadens durch den Geschädigten), sondern der Verstoß (Pflichtverletzung des WP), der spätere Haft-

pflichtansprüche nach sich ziehen kann. Entsprechend diesem im Bereich der BHV in Deutschland seit 1904 geltenden **Verstoßprinzip** ist für die Deckung eines Schadens allein maßgeblich, dass zum Verstoßzeitpunkt ein wirksamer Versicherungsschutz bestand. Die zum Verstoßzeitpunkt geltende Versicherung greift daher auch noch nach Beendigung des Versicherungsverhältnisses. Für das dagegen insb. im Ausland geltende sog. **Anspruchserhebungsprinzip („claims made")** ist maßgeblich, das zur Zeit der Geltendmachung des Schadens ein Versicherungsvertrag besteht. Bei diesem Prinzip muss zur Deckung v. Langzeitrisiken der Versicherungsschutz über Jahre hinweg, selbst nach Beendigung der beruflichen Tätigkeit, aufrechterhalten werden. Dies reicht zur Erfüllung der Mindestversicherung nach § 54 nicht, da die Versicherungspflicht nicht nur zeitweise besteht, sondern generell u. nur begrenzt durch die Verjährungsregelungen.

Aufgrund der Rspr. des BGH zur **Eintrittshaftung v. BGB-Gesellschaftern** nach § 130 HGB (BGH 7.4.2003, NJW 2003, 1803) kann es auch im Geltungsbereich des § 54 zu einer Inanspruchnahme der zum Verstoßzeitpunkt noch nicht zur Sozietät gehörenden WP kommen. In diesem Fall könnte aber über eine gesonderte Vereinbarung auf claims-made-Basis Versicherungsschutz erlangt werden (Burger, BRAK-Mitt. 2003, 265).

II. Versicherungspflichtiger Personenkreis

1. Selbstständige Wirtschaftsprüfer

Jeder selbstständige WP muss eine eigene BHV zur Deckung der sich aus den beruflichen Tätigkeiten (§ 2) ergebenden Haftpflichtgefahren für Vermögensschäden unterhalten. Anknüpfungspunkt für die Versicherungspflicht sind insoweit die **Bestellung** u. die **Begr. einer beruflichen NL in eigener Praxis o. in gemeinsamer Berufsausübung**. Problematisch kann eine vermeintliche Selbstständigkeit sein, z.B. verursacht z.B. durch **Kontoangaben auf „privaten" Briefbögen** (s. § 3 Rn. 6). Bei fortgesetzter Verwendung v. „privaten" Briefbögen mit Kontoangaben kann eine selbstständige Tätigkeit in eigener Praxis angenommen werden, wenn der Berufsangehörige nicht glaubhaft darlegen kann, dass eine solche Tätigkeit nicht (mehr) erfolgt (VG Berlin 23.10.2006, WPK-Mag. 1/2007, 52); die WPK hatte in einem solchen Fall bei fehlendem Versicherungsschutz die Bestellung widerrufen.

Die Versicherungspflicht besteht **unabhängig v. einer aktiven, tats. Ausübung der selbstständigen Tätigkeit**, also z.B. der konkreten Mandatsbearbeitung, dem Umfang der Tätigkeit o. den Einnahmen aus selbstständiger Tätigkeit (zur **Nebentätigkeit** s. WPK-Mitt. 1995, 86). Sie wird allein durch die Berechtigung zur Berufsausübung begründet (vgl. BGH 4.12.2006, AnwZ (B) 106/2005). Dies ist insoweit erforderlich als auch bei nicht aktiven Berufsangehörigen ein latentes Haftungsrisiko besteht, so etwa über § 51 Satz 2 bei nicht rechtzeitiger Ablehnung eines Auftrages (§ 51 Rn. 10). Auch bei einem **zur angemessenen Deckung des Haftungsrisikos ausreichenden Vermögen** fällt die Versicherungspflicht nicht fort (BGH, BGHZ 61, 312). Ebenso wenig können ungünstige wirtschaftliche Verhältnisse als Befreiungsgrund v. der Versicherungspflicht angesehen werden; gerade in einem solchen Fall ist die BHV ganz besonders erforderlich.

12 Die Versicherungspflicht besteht **unabhängig v. der Form der selbstständigen Berufsausübung**, also in eigener Praxis o. gemeinsamer Berufsausübung. Auch bei einer an sich zulässigen **Trennung der Berufsausübung bei Mehrfachbändern** (Vor § 43 Rn. 18 ff.) ist eine selbstständige Tätigkeit als WP, unabhängig davon, ob, wo u. wie sie ausgeübt wird, versicherungspflichtig.

13 Umstritten war lange Zeit, ob die **Tätigkeit eines WP/vBP als Partner einer einfachen PartG** versicherungspflichtig ist. Zum einen wurde vertreten, dass diese Form der Berufsausübung nach der WPO lediglich zulässig ist, aber dem Wortlaut des § 43a Abs. 1 Satz 1 folgend nicht zu den selbstständigen Berufsausübungsformen (in eigene Praxis o. in gemeinsamer Berufsausübung gem. § 44b) zählt. Die WPK hatte daher zwar stets den Abschluss einer BHV auch für die Tätigkeit in einer PartG empfohlen, dies aber nicht für zwingend angesehen. Nunmehr wird jedoch zutreffend darauf abgestellt, dass § 1 Abs. 2 Satz 2 PartGG als Ausübung eines Freien Berufs innerhalb der PartG die selbstständige Berufstätigkeit der WP/vBP beschreibt (WPK Mag. 1/2007, 22). WP, die in einer PartG als Partner angehören, sind damit in dieser Eigenschaft auch selbstständig u. **versicherungspflichtig**.

14 Wirtschaftsprüfer, die in dieser Eigenschaft ausschließl. in einem nach § 43a Abs. 1 zulässigen **Anstellungsverhältnis** tätig sind, benötigen keine eigene BHV (BVerwG 13.5.1986, BB 1986, 1614; zum Angestelltenverhältnis s. § 43a). Privilegiert sind allerdings nur Anstellungsverhältnisse bei einem WP o. einer WPG. Mitarbeiter sind stets über die BHV ihres Arbeitgebers mitversichert (§ 102 Abs. 1 Satz 1 VVG, § 1 Abs. 1 Satz 2 WPBHV zu Erfüllungs- u. Verrichtungsgehilfen) und zwar auch gegen das in Rn. 11 angesprochene Risiko aus § 51 Satz 2 (nicht rechtzeitige Ablehnung eines Auftrages). Eine evtl. Regresshaftung des angestellten WP wegen grober Pflichtverletzungen ggü. seinem Arbeitgeber ist jedoch nicht Gegenstand der BHV.

15 Wirtschaftsprüfer, die **neben einer Anstellung auch noch selbstständig** tätig sind, benötigen für diese Tätigkeit eine eigene BHV. Die **selbstständige Ausübung einer nach § 43a Abs. 4 vereinbaren Tätigkeit** (z.B. eine freie schriftstellerische Tätigkeit o. Vortragstätigkeit) – ausschließl. o. neben einer Anstellung – soll dagegen nach Auffassung der WPK keine Versicherungspflicht begründen (s. Vor §§ 43 ff. Rn. 9). Begründet wird dies damit, dass eine Versicherungspflicht allein zur Deckung der sich aus der Berufstätigkeit i.S.v. § 2 ergebenden Haftpflichtgefahren besteht (s.a. § 1 Abs. 1 Satz 1 WPBHV). Ob dies – ungeachtet tats. Haftpflichtgefahren – mit Rücksicht auf die Rspr. des BGH zur grds. Versicherungspflicht selbstständiger RA (s. Rn. 11) haltbar ist, erscheint jedoch fraglich. Eine Versicherungspflicht besteht nicht bei Bestellung ausschließl. angestellter WB/vBP als **Gerichtsgutachter**; dies gilt – trotz persönlicher Bestellung u. Tätigkeit im eigenen Namen – sofern sie für Rechnung ihres Arbeitgebers tätig werden (WPK, WPK-Mitt.-Bl. 82/1979, 6, s.a. § 32 Rn. 21). **Scheinselbstständige** Angestellte sind zwar dem

Grund nach wie echte Angestellte nicht versicherungspflichtig, da sie aber nach außen zur Wahrung des „Scheins" – auch ggü. der WPK – als in eigener Praxis tätige Selbstständige auftreten, werden sie durch die WPK zum Nachweis einer BHV aufgefordert werden u. i.d.r. auch eine eigene BHV unterhalten, was u.a. mit Rücksicht auf § 51 sogar zu empfehlen ist. **Arbeitnehmerähnliche Selbstständige i.S.v. § 2 Nr. 9 SGB VI** sind dagegen faktisch in eigener Praxis selbstständig tätig u. damit versicherungspflichtig.

Freie Mitarbeiter sind grds. in eigener Praxis selbstständig tätig (WPK-Mitt. 1995, 86; OLG Köln 3.12.2001, DStR 2003, 1505 ff.) u. insoweit versicherungspflichtig (anders die Rechtslage für StB, vgl. § 51 Abs. 2 DVStB). Soweit der einen freien Mitarbeiter beauftragende WP gemäß § 278 o. § 831 BGB für einen v. diesem verursachten Vermögensschaden einzustehen hat, deckt die BHV des WP dieses Risiko zwar mit ab; der freie Mitarbeiter könnte aber im Innenverhältnis noch ggü. dem Auftraggeber haften. **16**

Arbeitslose WP sind ebenfalls versicherungspflichtig. Da auch arbeitslose Berufsangehörige verpflichtet sind, eine berufliche NL zu begründen u. mit der Begr. einer beruflichen NL außerhalb eines Anstellungsverhältnisses stets auch eine selbstständige Tätigkeit verbunden ist (§ 3 Rn. 33 f. m.w.N.), ist eine eigene BHV zu unterhalten. Dies gilt auch bei bisher in einem Anstellungsverhältnis beschäftigte WP, unabhängig davon, ob sie während der Arbeitslosigkeit tats. beruflich tätig werden o. nicht (s. Rn. 11). Die Entscheidung des BVerfG v. 28.3.2002 (NJW 2002, 3163 ff.) zum StB/StBv steht dem nicht entgegen; sie ist für WP nicht einschlägig (s.a. § 20 Rn. 39). **17**

2. Wirtschaftsprüfungsgesellschaften, Partnerschaftsgesellschaften

Wirtschaftsprüfungsgesellschaften sind mit ihrer Anerkennung verpflichtet, eine eigene BHV zu unterhalten. Die Versicherungspflicht besteht wie auch bei nat. Personen unabhängig v. einer tats. Geschäftstätigkeit. Insoweit sind auch WPG, die z.B. ausschließl. als „Holding" o. Mantelgesellschaft fungieren versicherungspflichtig. Die **Sozietät** ist, da nicht als Berufsgesellschaft anerkennungsfähig, nicht versicherungspflichtig; bei WP-Sozietäten ist dies aufgrund der einheitlichen Mindestversicherungssummen der Sozien kein Problem, bei gemischten Sozietäten mit unterschiedlich hohen Mindestversicherungssummen der Sozien bedarf es einer „Zusatzdeckung" der WP-Sozien nach § 44b Abs. 4. Gleiches gilt für die einfache **PartG**; mit der Anerkennung als Berufsgesellschaft wird dagegen auch die PartG versicherungspflichtig. **18**

Der Versicherungsschutz für die WPG deckt regelmäßig das Haftungsrisiko aller **in ihr tätigen Angestellten, Organmitglieder u. Mitglieder der Geschäftsleitung**. Sie benötigen insoweit für die Tätigkeit in der Berufsgesellschaft keinen eigenen Versicherungsschutz (vgl. Rn. 14). **19**

Versicherungspflichtig ist seit dem 19.7.2013 auch die **PartGmbB** (Fundstellen s. Einl., Rn 79a), soweit WP o. vBP Partner sind. Nach § 8 Abs. 4 PartGG greift die Haftungsbeschränkung bei einer PartG für Verbindlichkeiten der Partnerschaft aus **19a**

Schäden wegen fehlerhafter Berufsausübungen, wenn die Partnerschaft eine zu diesem Zweck **durch Gesetz vorgegebene Berufshaftpflichtversicherung unterhält**. Dies ist auch Voraussetzung für die Eintragung der Gesellschaft als beschränkt haftende Gesellschaft in das Partnerschaftsregister und die Führung des Zusatzes „mbB". Zu den **Auswirkungen des Wegfalls einer Versicherung** vgl. Rn. 4.

19b Sind **WP/vBP Partner der PartGmbB**, ergibt sich die Versicherungspflich allein aus der WPO (§ 54). Bei weiteren **Partnern mit StB und RA-Qualifikation** sind auch die Anforderungen aus deren Berufsrechten zu beachten. Die Anforderungen des strengsten Berufsrechts müssen erfüllt werden (Seibert, DB 2013, 1710, 1712; Ruppert, DStR 2013, 1623, 1626, mit Hinweis auf die Gesetzesbegründung: vgl. auch Rn. 39); zur Deckungssumme ergibt sich dies schon daraus, dass die Versicherer im Schadenfall nur einen Durchschnittsbetrag aus unterschiedlichen Deckungssummen der Partner zur Verfügung stellen. Nach der BRAO werden deutlich höhere Deckungssummen gefordert (2,5 Mio Euro bei max. vierfacher Jahreshöchstleistung), nach der WPO muss aber zumindest 1 Mio Euro davon unbegrenzt häufig pro Jahr versichert sein. Zu beachten ist auch, dass nach der BRAO die Möglichkeit der Versicherer weggefallen ist, die Haftung für Ersatzansprüche wegen wissentlicher Pflichtverletzungen auszuschließen (vgl. insoweit auch Ruppert a.a.O., 1627); dies dürfte bei einer interdisziplinären Partnerschaft nicht nur die Kosten für die Anwaltsmandate erhöhen.

III. Umfang der Berufshaftpflichtversicherung

1. Zeitlicher Umfang

20 Die BHV ist durch WP **ab dem Moment der Begr. einer selbstständigen beruflichen NL** zu unterhalten. Wird mit der Bestellung unmittelbar eine berufliche NL in eigener Praxis o. in gemeinsamer Berufsausübung begründet, beginnt die Versicherungspflicht insoweit mit der **Bestellung**. Aus diesem Grund ist gem. § 16 Abs. 1 Nr. 3 beim Antrag auf Bestellung durch selbstständig tätig werdende Bewerber eine vorläufige Deckungszusage auf den Antrag zum Abschluss einer BHV vorzulegen; andernfalls ist die Bestellung zu versagen.

21 Übt ein WP unmittelbar mit der Bestellung den Beruf zunächst ausschließl. in einem **Angestelltenverhältnis** aus, beginnt einer Versicherungspflicht erst, wenn er im Anschluss an das Angestelltenverhältnis o. parallel dazu eine selbstständige berufliche NL begründet.

22 Beim **Wechsel v. einem Angestelltenverhältnis in die Selbstständigkeit** beginnt die Versicherungspflicht spätestens mit dem Ende des Anstellungsverhältnisses; die Begr. einer selbstständigen beruflichen NL erfolgt automatisch mit Beendigung des Anstellungsverhältnisses (s. § 3 Rn. 33). Dies gilt auch bei einer unmittelbar **anknüpfenden Arbeitslosigkeit** (Rn. 17) o. eine **zeitliche Lücke zwischen zwei Anstellungsverhältnissen** („Urlaub"), unabhängig v. deren Dauer. Sollte bereits vor Beendigung des Angestelltenverhältnisses parallel eine selbstständige berufliche NL begründet werden, tritt die Versicherungspflicht entspr. früher ein.

Die **Versicherungspflicht der WP** endet mit dem Erlöschen der Bestellung (§ 19) 23
o. der Beendigung einer selbstständigen Tätigkeit bei gleichzeitiger Begr. eines Anstellungsverhältnisses bei einem WP o. einer WPG.

Bei **Berufsgesellschaften** beginnt die Versicherungspflicht mit der **Anerkennung**. 24
Beim Antrag auf Anerkennung ist eine vorläufige Deckungszusage auf den Antrag zum Abschluss einer BHV vorzulegen; andernfalls ist die Anerkennung zu versagen (§ 28 Abs. 7). Die Versicherungspflicht endet mit dem **Erlöschen der Anerkennung** (§ 33).

Die Pflichtversicherung muss lückenlos unterhalten werden. **Versicherungslücken** 25
können z.B. beim Wechsel der Form der Berufsausübung (Aufnahme einer selbstständigen Tätigkeit), Wechsel des Versicherers o. Fortfall des Versicherungsschutzes bei Nichtzahlung der Versicherungsprämie entstehen. Bei Eintritt einer Versicherungslücke ist diese unverzüglich rückwirkend zu schließen, was aufgrund des für den betroffenen Zeitraum bestehenden Haftungsrisikos des WP mit seinem Privatvermögen schon im eigenen Interesse u. nicht nur berufsrechtlich dringend anzuraten ist. Zu beachten ist, dass die entstandene Lücke zwar durch eine **Rückwertsversicherung** (§ 2 VVG) geschlossen werden kann. Nach den AVB ausgeschlossen sind v. der Rückversicherung aber die beim entsprechenden Vertragsschluss dem Versicherten schon bekannten evtl. Haftungsfälle; nicht zuletzt aus diesem Grund wird eine Versicherungslücke regelmäßig auch dann als **Berufspflichtverletzung** sanktioniert, wenn die Lücke rückwirkend geschlossen wird.

2. Gegenstand der Versicherung

Die BHV dient der Befriedung v. **Vermögensschäden**, die i.Z.m. der beruflichen 26
Tätigkeit durch den Versicherten o. seine Erfüllungsgehilfen verursacht wurden. Ferner gewährt die BHV eine Deckung für die aus der Abwehr unberechtigter Schadensersatzansprüche entstehenden Kosten (**Rechtsschutz**). Die Haftung des Versicherten für seine **Erfüllungs- u. Verrichtungsgehilfen** (§§ 278, 831 BGB) ist ebenfalls in den Versicherungsschutz eingeschlossen. Der Umfang des Versicherungsschutzes wird im Einzelnen durch die allg. u. besonderen Versicherungsbedingungen (AVB) sowie Risikobeschreibungen zur Vermögensschaden-Haftpflichtversicherung der WP bestimmt (exemplarisch wird im Folgenden auf §§ der AVB der Allianz Versicherungs-AG verwiesen).

Der Versicherungsschutz umfasst nach den AVB grds. **sämtliche Tätigkeiten der** 27
WP gem. § 2, § 43 a Abs. 4 Nr. 8, § 129. Wegen der Einzelheiten wird auf die dortige Kommentierung verwiesen.

Der Versicherungsschutz erstreckt sich ferner auf die Tätigkeiten als **Insolvenzver-** 28
walter, Sachwalter, gerichtl. bestellter Liquidator, Gläubigerausschussmitglied, Treuhänder gem. InsO, **Testamentsvollstrecker, Nachlasspfleger, Nachlassverwalter, Vormund, Betreuer, Pfleger, Beistand, Schiedsrichter** o. **Schiedsgutachter**. Er erstreckt sich auch auf die **Besorgung fremder Rechtsangelegenheiten** einschließl. der **Rechtsberatung**, soweit die nach dem RDG gezogenen Grenzen nicht bewusst überschritten werden.

29 Nach den AVB sind ausdr. **solche Tätigkeiten nicht versichert, die mit dem Beruf des WP nicht vereinbar sind** (s. zu diesen § 43a Rn. 49 ff.) sowie die in § 43 a Abs. 4 Ziff. 1-5 u. Ziff. 7 genannten Tätigkeiten.

30 Ob die BHV das Haftungsrisiko aus einer **Prospektprüfung o. -beratung** deckt, ist umstritten. So wird v. den Versicherern eine Deckung wegen der Qualität der Prospekthaftungsansprüche (z.B. Garantenstellung) teilweise verneint (Hartmann/Schwope WPK-Mitt. 1993, 48 ff.). Die BHV greife nur im Fall v. Verstößen (beruflichen Pflichtverletzungen) bei Ausübung beruflicher Tätigkeit. An diesen Merkmalen könne es aber im Fall einer Prospekthaftung fehlen. Zum einen könne eine Haftung auch bei fehlerfreier Arbeit des WP (also ohne Verstoß) entstehen, wenn der Prospekt i.Ü. mangelhaft ist. Zum anderen liege selbst bei fehlerhafter Arbeit die den Prospekthaftungsanspruch auslösende Ursache nicht in diesem Verstoß, sondern in dem über die berufliche Tätigkeit hinausgehenden (bewussten) Schritt des Prüfers an die Öffentlichkeit. Zutreffend ist wohl, dass im Fall der **verschuldensunabhängigen Prospekthaftung** allein aus der Garantenstellung des WP der Versicherungsschutz in Frage steht. Im Fall einer **verschuldensabhängigen Haftung für eine fehlerhafte Prospektprüfung** sollte dagegen Deckungsschutz bestehen (Pohl, WPK-Mitt. 2001, 98). Maßgeblich ist, dass die Prospektprüfung o. -beratung als berufliche Tätigkeit i.S.v. § 2 einzuordnen ist u. der dadurch verursachte Vermögensschaden auf einen Verstoß zurückgeht. Zur Vermeidung einer Haftung wird üblicherweise empfohlen, auf jegliche Erwähnung der Mitwirkung des WP im Prospekt zu verzichten. Eine namentliche Nennung im Prospekt ist aber ggf. bei wesentlicher Beeinflussung des Inhalts erforderlich (§ 12 Abs. 4 Vermögensanlagen-VerkaufsprospektVO). Unproblematisch ist jedenfalls die alleinige Wiedergabe des BV zum letzten geprüften Jahresabschluss im Prospekt; der BGH hat in einem solchen Fall die Prospekthaftung verneint (BGH 15.12.2005, WPK-Mag. 3/2006, 40). In der Praxis sollte dennoch in Rücksprache mit dem Versicherer vorab geklärt werden, inwieweit die prüfende o. beratende Tätigkeit i.Z.m. Prospekten v. der BHV gedeckt ist.

31 Umstritten ist, inwieweit eine **Rating-Tätigkeit** v. Versicherungsschutz erfasst wird. Zu unterscheiden ist zwischen der Beratung im Hinblick auf ein zukünftiges Rating einschließl. eines Proberatings (**Rating-Beratung**) u. der **Rating-Analyse** als eigentlichem Rating. Die Rating-Beratung ist auch nach Auskunft einzelner Versicherer über § 2 Abs. 3 Satz 1 u. 2 der berufstypische Tätigkeit der WP zuzurechnen; ein mandantenloses Rating u. die Garantie einer Prognose sollen dagegen nicht versichert sein (s. WPK-Mag. 3/2006, 27). Für die generelle Mitversicherung der Rating-Analyse spricht dagegen, dass ein Rating allg. als betriebswirtschaftliche Prüfung verstanden wird (Fischer/Reinhard/Wahl, WPK-Mag. 3/2005, 43) u. daher der originären Tätigkeit der WP i.S.v. § 2 Abs. 1 zuzuordnen ist. Eine Vorabklärung mit dem Versicherer erscheint geboten.

3. Grenzen des Versicherungsschutzes

Gemäß § 103 VVG deckt die BHV nicht das Risiko einer – widerrechtlich herbeigeführten – **vorsätzlichen Schadensverursachung**. Versichert sind damit lediglich **fahrlässig, auch grob fahrlässig** verursachte Schäden. 32

Der Versicherungsschutz kann bei vorsätzlicher o. grob fahrlässiger **Verletzung v. Obliegenheiten des versicherten WP ggü. dem Versicherer** entfallen. Die AVB enthalten dazu nähere Regelungen. Zu den Obliegenheiten gehört u.a. die Pflicht, den **Versicherungsfall dem Versicherer unverzüglich anzuzeigen**, den Versicherer bei der Schadensabwehr, der Ermittlung u. Regulierung des Schadens **zu unterstützen** u. alle dazu erforderlichen **Auskünfte zu erteilen**. Bei vorsätzlicher Obliegenheitspflichtverletzung entfällt die Leistungspflicht des Versicherers. Bei grob fahrlässiger Verletzung bleibt der Versicherer zur Leistung nur dann verpflichtet, wenn die Verletzung Einfluss weder auf die Feststellung des Versicherungsfalles noch auf die Feststellung u. den Umfang der dem Versicherer obliegenden Leistung gehabt hat. 33

4. Versicherungssumme

Die der WPK nachzuweisende **Mindestversicherungssumme** für den einzelnen Schadensfall muss den in § 323 Abs. 2 Satz 1 HGB bezeichneten Umfang haben, zurzeit also 1 Mio. Euro. Die Mindestversicherungssumme muss für eine unbeschränkte Anzahl v. Schadensfällen zur Verfügung stehen; eine Begrenzung der Jahreshöchstleistung ist daher nicht zulässig. 34

Ob damit die Haftpflichtgefahren aus der Tätigkeit ausreichend abgedeckt sind, hat der WP eigenverantwortlich zu beurteilen u. zu entscheiden. Gemäß § 17 Abs. 2 der BS WP/VBP soll die BHV **über die Höhe der Mindestversicherung hinausgehen**, wenn Art u. Umfang der Haftungsrisiken dies erfordern. Diese Regelung ist als Konkretisierung des Grundsatzes aus § 54 Abs. 1 zu verstehen, wonach die BHV **zur Deckung der sich aus ihrer Berufstätigkeit ergebenden Haftpflichtgefahren** unterhalten werden soll. Sie ist vor dem Hintergrund zu sehen, dass die – erst mit der 3. WPO-Novelle 1995 eingeführte – Mindestversicherungssumme nach § 54 Abs. 1 Satz 2 i.V.m. § 323 Abs. 2 Satz 1 HGB sich lediglich an der unmittelbaren Haftpflichtgefahr der WP i.Z.m. der gesetzlichen AP als deren Kerntätigkeit orientiert. Aufgrund der gesetzlichen Haftungsbegrenzung ist dort für fahrlässig verursachte Vermögensschäden das Haftungsrisiko klar beschrieben. Im Einzelfall kann aber das Haftungsrisiko der Berufsangehörigen bei der gesetzlichen AP v. AG, deren Aktien zum Handel im regulierten Markt zugelassen sind (§ 323 Abs. 2 Satz 2 HGB, Haftung bis 4 Mio. Euro), o. für sonstige nach § 2 zulässige Tätigkeiten, insb. Beratungsmandate o. freiwillige betriebswirtschaftliche Prüfungen, z.T. deutlich höher liegen (unbegrenzte Haftung in Höhe des tats. zu vertretenden Schadens). Ein Verstoß gegen diese Pflicht zur Höherversicherung könnte als Berufspflichtverletzung gewertet werden, dürfte aber in der Praxis v. der WPK kaum festgestellt werden können. Der WP sollte sich allerdings des finanziellen Risikos bewusst sein, dass er im Schadensfall persönlich zu tragen hätte. 35

36 Die **Pflicht zur Höherversicherung** über die Mindestversicherung hinaus ist jedoch auf die einzelnen (konkreten) Haftungsrisiken zu beziehen, d.h. es genügt, im Einzelfall durch eine o. mehrere **Anschlussversicherung/en** (Exedentenversicherung) ein bestimmtes Mandat höher zu versichern. Dementsprechend muss eine Höherversicherung auch nicht für eine unbegrenzte Zahl möglicher Schadensfälle pro Jahr erfolgen.

37 Soweit die Haftung in der Praxis stets durch **vorformulierte Vertragsbedingungen** auf den vierfachen Betrag der Mindestdeckung begrenzt wird (§ 54a Abs. 1 Nr. 2), muss eine Versicherung über zurzeit mind. 4 Mio. Euro unterhalten werden (s. § 54a Rn. 20).

38 Eine Sonderregelung zur Sicherstellung der Mindestversicherungssumme enthält § 44b Abs. 4 für den Fall der Berufsausübung in einer sog. **gemischten o. interprofessionellen Sozietät.** Der WP muss vor Aufnahme einer solchen Tätigkeit nachweisen, dass auch bei gesamtschuldnerischer Inanspruchnahme der nach § 54 vorgeschriebene Versicherungsschutz für jeden Versicherungsfall uneingeschränkt zur Verfügung steht. Hintergrund dieser mit der 5. WPO-Novelle 2004 neugefassten Regelung ist die Praxis der Versicherer, bei gemischten Sozietäten einen **Durchschnitt der Deckungssummen aller im Schadensfall gesamtschuldnerisch verpflichteten Sozien** zu bilden (§ 12 AVB). Aufgrund der üblicherweise geringeren Mindestversicherung anderer Berufsgruppen – bei StB u. RA nur ein Viertel der Mindestdeckung des WP – würde sich die Deckungssumme des WP-Sozius regelmäßig reduzieren u. so ggf. nicht mehr die gesetzlich vorgegebene Mindestdeckung erreichen. Dem wirkt § 44b Abs. 4 entgegen. Bis zur 5. WPO-Novelle 2004 mussten sich die Nicht-WP-Sozien entsprechend den Anforderungen des § 54 höher versichern als nach ihren eigenen Berufsordnungen eigentlich erforderlich. Nunmehr muss der WP-Sozius allein dafür Sorge tragen, dass seine **Mindestversicherungssumme auch im Fall einer gesamtschuldnerischen Inanspruchnahme in voller Höhe zur Verfügung steht.**

39 Die Versicherer tragen dem im Rahmen der Vertragsmodalitäten Rechnung. Auch bei einer **Versicherung über die Mindestversicherungssumme hinaus** sollte darauf geachtet werden, dass die gezeichnete Versicherungssumme im Fall der gesamtschuldnerischen Haftung vollständig zur Verfügung steht. Wegen der Pflicht zur Höherversicherung vgl. Rn. 35. § 44b Abs. 4 gilt nicht für den Fall der **beruflichen Tätigkeit in einer PartG**; aber auch in der PartG besteht trotz § 8 Abs. 2 PartGG (gesetzliche Haftungskonzentration auf den o. die mit der Auftragsbearbeitung befassten) das Risiko der gesamtschuldnerischen Haftung neben Nicht-WP/vBP, zumindest aber der PartG selbst (§ 8 Abs. 1 PartGG). Die Versicherer bilden auch in diesem Fall einen Durchschnitt der Deckungssummen; § 12 AVB gilt zwar nur für Sozien, die Versicherer vertreten aber einen weiten „Sozietäts"-Begriff, der auch Partner einer PartG einschließt (§ 1 Abs. 3 AVB). Daher ist unabhängig v. § 44b Abs. 4 eine Angleichung der Deckungssummen innerhalb der PartG zu empfehlen.

IV. Rechtsstellung der Beteiligten im Versicherungsfall

Parteien im Versicherungsfall sind der versicherte **WP** bzw. die **WPG** o. **PartGmbB** u. der geschädigte **Mandant** als Anspruchsteller. Der Versicherer kann nur nach Einschaltung durch den Versicherten u. nur mit dessen Einverständnis ggü. dem geschädigten Mandanten tätig werden. Nach den AVB hat der Versicherte den Versicherer aber regelmäßig über den Versicherungsfall zu informieren u. der Versicherer gilt dann als bevollmächtigt, alle zur Beilegung o. Abwehr des Anspruchs ihm zweckmäßig erscheinenden Erklärungen im Namen des Versicherungsnehmers abzugeben. Von Bedeutung ist, dass nach den AVB der Versicherungsnehmer nicht berechtigt ist, ohne vorherige Zustimmung des Versicherers einen Haftpflichtanspruch ganz o. z.T. anzuerkennen, zu vergleichen o. zu befriedigen. 40

Mit der Änderung des § 115 VVG durch das Gesetz zur Reform des Versicherungsvertragsrechts v. 23.11.2007 (BGBl. I, 2631) wurde für bestimmte Fälle ein **Direktanspruch des Geschädigten gegen den Versicherer** eingeführt. Damit wird auch der Versicherer Partei im Versicherungsfall. Ursprünglich sollte für die BHV ein umfassender Direktanspruch eingeführt werden. Er ist jedoch nunmehr auf die **Fälle der Insolvenz** des Versicherten (§ 115 Abs. 1 Nr. 2 VVG) o. eines **unbekannten Aufenthaltsortes** des Versicherten (§ 115 Abs. 1 Nr. 3 VVG) begrenzt. 41

V. Stellung der Wirtschaftsprüferkammer

Die WPK hat gem. § 57 Abs. 1 allg. die **Erfüllung der beruflichen Pflichten zu überwachen** u. insoweit darauf zu achten, dass die **Verpflichtung zum Abschluss u. Unterhalt einer BHV** nach § 54 **lückenlos eingehalten** wird (s.a. § 7 WPBHV). Versicherter (s. § 1 Abs. 4 Satz 2 WPBHV) u. Versicherer (s. § 6 WPBHV) sind daher verpflichtet, der WPK als im Rahmen der Pflichtversicherung **gem. § 117 Abs. 2 VVG zuständigen Stelle** (dazu klarstellend Abs. 1 Satz 3), **Beginn, Ende u. Veränderungen des jeweiligen Versicherungsvertrages anzuzeigen**. Die Beendigung des Versicherungsverhältnisses wird damit ggü. Dritten erst nach Ablauf eines Monats seit Eingang der entsprechenden Anzeige des Versicherers bei der WPK wirksam (§ 117 Abs. 2 VVG); die Haftung des Versicherers ist in einem solchen Fall auf die vorgeschriebene Mindestversicherungssumme beschränkt (§ 117 Abs. 3 Satz 1 VVG). 42

Der durch die 7. WPO-Novelle 2007 eingefügte u. im Rahmen der Einführung der PartGmbB seit dem 19.7.2013 von einer Kann-Regelung in eine Murr-Regelung geänderten Abs. 2 sieht vor, dass die WPK einem Dritten **Auskünfte über die BHV eines Mitglieds** erteilt, soweit dies **zur Geltendmachung eines Schadensersatzanspruches** erforderlich ist u. der **WP kein überwiegendes schutzwürdiges Interesse an der Nichterteilung der Auskunft** hat. Die Regelung dient dem Schutz des Mandanten u. soll die Geltendmachung eines Schadensersatzanspruches erleichtern, zu deren Zweck ja gerade die BHV eingeführt wurde (BT-Drs. 16/2858, 27). Davon kann ausgegangen werden, wenn der Auskunftssuchende bspw. einen **rechtskräftigen Titel o. ein Anerkenntnis** des WP vorlegt, der **WP unberechtigt die Auskunft verweigert**, sein **Aufenthaltsort nicht zu ermitteln** ist, dem Dritten 43 die Anzeige nach § 119 VVG obliegt o. der **Vermögensverfall** des WP gem. § 20 Abs. 2 Nr. 5 unmittelbar bevorsteht (zum Direktanspruch gegen den Versicherer in solchen Fällen s. Rn. 41). Berücksichtigt werden muss aber auch das schutzwürdige Interesse des WP an der Nichterteilung der Auskunft (Geheimhaltungsinteresse des Berufsangehörigen als Schranke der Übermittlung). Verweigert der WP einfach nur die Auskunft, muss die WPK ihn daher **vor Erteilung der Auskunft** – möglichst unter Fristsetzung – hören, um ggf. ein überwiegendes schutzwürdiges Interesse ausschließen zu können. Durch zwischenzeitliche Rechtsprechung wurden die Anforderungen an die Voraussetzungen einer Mitteilung u. zum Verfahren stark relativiert (BGH 22.10.2012, DStR 2013, 431, zur vergleichbaren BRAO Regelung, Anm. Weber a.a.O., 432 u. Dahns, NJW-Spezial, 2013, 30). Bemerkenswert ist im Übrigen, dass mit der Einführung der **PartGmbB** zwar die Auskunfspflicht der WPK verschärft wurde (vgl. die Einleitung dieser Rn), zur BHV einer PartGmbB aber keine Auskunft zu erteil ist o. auch nur erteilt werden kann.

C. Verordnung über die Berufshaftpflichtversicherung

44 Die WPBHV regelt Einzelheiten zum Umfang u. der Ausgestaltung der Pflichtversicherung. Sie wurde im Rahmen der 7. WPO-Novelle 2007 aufgehoben, ist aber bis zur Ersetzung des Regelungsinhaltes durch die WPK im Rahmen der BS weiter anzuwenden (vgl. Rn. 6). Die WPBHV sieht u.a. vor, dass eine **Versicherung nur bei einem im Inland zugelassenen Versicherer** abgeschlossen werden kann (§ 1 Abs. 2 WPBHV; die Befugnis zum Geschäftsbetrieb in- wie ausländischer Versicherer regelt das VAG); eine Deckung über die Pflichtversicherung hinaus könnte dagegen auch bei einer nur im Ausland zugelassenen Versicherung gezeichnet werden. Weitere Regelungen betreffen die **Begrenzung eines Selbstbehaltes** auf 1 v. Hundert der Mindestversicherungssumme, also zurzeit 10.000 Euro (§ 2 Abs. 2 WPBHV) u. die Ausweitung des Versicherungsschutzes während der Dauer eines Berufsverbotes auf einen Vertreter (§ 3 Abs. 1 Nr. 2 WPBHV).

45 Die WPBHV lässt auch die nach den AVB der Versicherer übliche **Serienschadenklausel** zu (§ 3 Abs. 2 WPBHV). Durch diese Klausel wird die Leistungspflicht des Versicherers zum Nachteil des Versicherten erheblich eingeschränkt. Zum einen werden **Verstöße verschiedener entschädigungspflichtiger Personen**, also z.B. des selbstständigen WP u. seiner mitversicherten Angestellten, die zu demselben Schaden führen, als ein Versicherungsfall zusammengefasst (§ 3 Abs. 2 Nr. 1 WPBHV). Das gleiche gilt, wenn **verschiedene Pflichtverletzungen** zu einem einheitlichen Schaden geführt haben (§ 3 Abs. 2 Nr. 2 WPBHV). Schließlich werden **sämtliche Folgen einer Pflichtverletzung** als ein Versicherungsfall behandelt; dabei gilt mehrfaches auf gleichem o. gleichartigem Fehler beruhendes Tun o. Unterlassen als einheitliche Pflichtverletzung (§ 3 Abs. 2 Nr. 3 WPBHV). In der Folge ist der Versicherer nur zur **einmaligen Zahlung der Versicherungssumme** verpflichtet. Dieser Aushöhlung des Versicherungsschutzes durch die Serienschadenklausel hat die **Rechtsprechung jedoch dann Grenzen gesetzt**, wenn mehrere Anleger eines Anlagemodells wegen desselben Fehlverhaltens Schadensersatz beanspruchen (BGH 17.9.2003, NJW 2003, 3705; LG Köln 1.6.1988, WPK-MittBl. Nr. 132,

20) o. wenn sich bei einem Mandanten im Rahmen dessen steuerlicher Beratung ein Fehler alljährlich wiederholt (BGH 15.5.1991, BB 1991, 1376); in diesen Fällen musste der jeweilige Versicherer mehrmals leisten. Auch über AAB dürfte kaum eine Rettung möglich sein (vgl. v. Westphalen, DB 2000, 861, zur Unzulässigkeit der Regelung in Ziff. 9 Abs. 2 der v. IDW herausgegebenen Allgemeinen Auftragsbedingungen der WP; in diese Regelung ist § 3 Abs. 2 WPBHV als eingrenzende Haftungsvereinbarung aufgenommen in dem Versuch, das Risiko daraus insoweit auf den Mandanten zu übertragen). Neben diesen materiell rechtlich begründeten Bedenken stellt sich aber auch das formale Bedenken, ob die **gesetzliche Vorgabe eine Versicherungspflicht für jedes schadensverursachende Handeln durch eine untergesetzliche Regelung eingeschränkt** werden kann (derzeit durch die Verordnung, zukünftig ggf. durch Satzungsrecht). Der sichere Weg jedenfalls wäre der, der im Berufsrecht der Anwälte gewählt wurde; dort ist eine im Übrigen inhaltlich deutlich eingeschränkte Serienschadenklausel im Rahmen der gesetzlichen Regelung zur Versicherungspflicht normiert (§ 51 Abs. 2 BRAO).

VII. Folgen fehlenden oder unzureichenden Versicherungsschutzes

Bei Hinweisen darauf, dass der Versicherungsschutz ganz o. teilw. nicht den Anforderungen des § 54 genügt (z.B. Nichtbestehen, Wegfall, Unterschreitung der Mindestversicherungssumme), muss die WPK den Betroffenen **unverzüglich auffordern, binnen einer angemessenen Frist den Versicherungsschutz lückenlos (wieder) herzustellen**; andernfalls hat sie berufsaufsichtsrechtliche Maßnahmen einzuleiten (s.a. § 7 WPBHV). 46

Da das Unterhalten einer BHV Voraussetzung für den Bestand der Bestellung des WP/vBP bzw. Anerkennung der WPG/BPG ist, führt ein Verstoß gegen § 54, der nicht behoben wird, zwingend zu deren **Widerruf** (§ 20 Abs. 2 Nr. 4, § 34 Abs. 1 Nr. 2). Es wird also immer erst das Widerrufsverfahren eingeleitet. Im Fall dessen Einstellung nach Nachweis des Versicherungsschutzes kann der dann zeitweise Verstoß gegen § 54 u. § 44b Abs. 4 abhängig v. Grad des Verschulden auch **berufsaufsichtsrechtlich sanktioniert** werden. Zu den Besonderheiten bei der **PartGmbB** vgl. Rn. 4. Aufgrund der besonderen Bedeutung der Pflichtversicherung zum Schutz Dritter, aber auch für das Ansehen des Berufsstandes ist ein Verstoß selbst bei rückwirkender (Wieder) Herstellung des Versicherungsschutzes zu ahnden (vgl. auch Rn. 25). Abgesehen v. den berufsaufsichtsrechtlichen Sanktionen muss sich der Berufsangehörige des unter Umständen existenziellen finanziellen Risikos bewusst sein, dass er bei fehlendem o. unzureichendem Versicherungsschutz eingeht. 47

§ 54a Vertragliche Begrenzung von Ersatzansprüchen

(1) Der Anspruch des Auftraggebers aus dem zwischen ihm und dem Wirtschaftsprüfer bestehenden Vertragsverhältnis auf Ersatz eines fahrlässig verursachten Schadens kann beschränkt werden

1. **durch schriftliche Vereinbarung im Einzelfall bis zur Mindesthöhe der Deckungssumme nach § 54 Abs. 1 Satz 2;**

2. durch vorformulierte Vertragsbedingungen auf den vierfachen Betrag der Mindesthöhe der Deckungssumme nach § 54 Abs. 1 Satz 2, wenn insoweit Versicherungsschutz besteht.

(2) Die persönliche Haftung von Mitgliedern einer Sozietät (§ 44b) auf Schadenersatz kann auch durch vorformulierte Vertragsbedingungen auf einzelne namentlich bezeichnete Mitglieder der Sozietät beschränkt werden, die die vertragliche Leistung erbringen sollen.

Schrifttum: *Blattner*, Risikomanagement durch Haftungsvereinbarungen im Anwaltsvertrag, AnwBl. 2013, 300; *Furmans*, Haftungsbegrenzung in der gemischten Sozietät und AGB-Kontrolle, NJW 2007, 1400; *WPK*, Haftungsbegrenzung durch Individualvereinbarung oder AAB?, WPK-Mag. 2/2007; *Zimmermann*, Alte und „neue" Verjährung von Haftpflichtansprüchen, WPK-Mag. 2/2006, 33 (Ergänzung zum Beitrag WPK-Mag. 4/2005, 44); *Zimmermann*, Haftungsbeschränkung statt Versicherung?, WPK-Mag. 4/2005, 44; *Zugehör*, Einzelvertragliche Haftungsbeschränkung gem. § 51a Abs. 1 Nr. 1 BRAO, ZAP 2005, 291; *Henssler/Dedek*, Die Auswirkungen der Schuldrechtsreform auf die Mandatsverhältnisse von Wirtschaftsprüfer, WPK-Mitt. 2002, 278; *Graf von Westphalen*, Wirtschaftsprüfung – Serienschaden – Haftungsbegrenzung, DB 2000, 861; *Poll*, Die Haftung der Freien Berufe, WPK-Mitt. 2000, 142; *Späth*, Empfehlungen zur Berufshaftpflichtversicherung von Steuerberatern und Wirtschaftsprüfern, INF 1999, 598 (*Maxl/Struckmeier*, Erwiderung zu Späth, INF 2000, 57; *Späth*, Erwiderung zu *Maxl/Struckmeier*, INF 2000, 58); *Maxl/Struckmeier*, Neue Deckungssummen und Versicherungsbedingungen in der Berufshaftpflichtversicherung, WPK-Mitt. 1999, 78; *Späth*, Kritische Anmerkungen zu den Haftungsregelungen der „Allgemeinen Auftragsbedingungen für Wirtschaftsrprüfer und Wirtschaftsprüfungsgesellschaften" vom 1.1.1999, INF 1999, 535; *Wolf*, Haftungsbegrenzung durch Individualvereinbarungen, WPK-Mitt. 1998, 197; *Ebke*, Zum Ausschluss der Dritthaftung im Rahmen des Entwurfs eines Gesetzes zur Kontrolle und Transparenz im Unternehmensbereich (KonTraG), WPK-Mitt. 1997, 108; *Brandner*, Berufshaftung und Vertragsgestaltung der Wirtschaftsprüfer. Zur Neufassung der Allgemeinen Auftragsbedingungen für Wirtschaftsprüfer und Wirtschaftsprüfungsgesellschaften, ZIP 1984, 1186; *Bunte*, Allgemeine Auftragsbedingungen für Wirtschaftsprüfer und Wirtschaftsprüfungsgesellschaften und das AGB-Gesetz, BB 1981, 1064; *Boergen*, Haftungsbegrenzung beratender Berufe, insbesondere der Rechtsanwälte, NJW 1969, 913.

Inhaltsübersicht

		Rn.
I.	Allgemeines	1–6
II.	Haftungsausschluss	7
III.	Vertragliche Haftungsbeschränkungen	8–26
	1. Grundlagen	8–13
	2. Individualvereinbarung (Abs. 1 Nr. 1)	14–18

3. Vorformulierte Vertragsbedingungen – AAB (Abs. 1 Nr. 2)..... 19–23
4. Persönliche Haftungsbeschränkung bei Sozietäten (Abs. 2)..... 24–26
IV. Unterschiede zu den Regelungen für RA und StB 27–32

I. Allgemeines

Das Tätigkeitsfeld der WP (§ 2) umfasst eine Vielzahl verschiedenster Aufträge mit unterschiedlich hohen **Haftungsrisiken**. Zwar sind WP dabei über die zwingend zu unterhaltende BHV (§ 54) gegen etwaige Haftungsrisiken abgesichert. Im heutigen Wirtschaftsleben kann die Haftung der Höhe nach jedoch im Einzelfall deutlich über die gesetzliche Mindestversicherungssumme nach § 54 Abs. 1 Satz 2 hinausgehen. Besteht dann kein hinreichender Deckungsschutz, haftet der WP für den **über die Deckung hinausgehenden Schaden** persönlich mit seinem Privatvermögen. 1

Für die Kerntätigkeit der WP, die AP nach § 316 ff. HGB, besteht eine **gesetzliche Haftungsbegrenzung** gemäß § 323 Abs. 2 HGB v. zurzeit 1 Mio. Euro (Satz 1) bzw. 4 Mio. Euro für AP v. AG, deren Aktien zum Handel im regulierten Markt zugelassen sind (Satz 2). Nur bei ausdr. Verweis auf § 323 Abs. 2 Satz 1 u. 2 HGB gilt die Haftungsbegrenzung auch für andere gesetzlich vorgeschriebene Prüfungen (z.B. Gründungsprüfung, § 49 AktG; Verschmelzungsprüfung, § 11 Abs. 2 UmwG). § 323 Abs. 2 Satz 1 u. 2 HGB gilt auch nicht für eine **Erweiterung des Prüfungsauftrages** um zusätzl. Prüfungsinhalte über den gesetzlichen Rahmen hinaus, unabhängig davon, ob die Auftragserteilung o. -annahme mit dem Auftrag zur Pflichtprüfung verbunden wurde o. gesondert erfolgte. 2

Besteht eine gesetzliche Haftungsbegrenzung, darf keine abweichende vertragliche Vereinbarung getroffen werden (§ 16 BS WP/vBP). Besteht keine gesetzliche Haftungsbegrenzung, gilt grds. die **unbeschränkte Haftung** des WP/vBP, d.h. in Höhe des tats. v. ihm verursachten Schadens. Abhilfe schafft dann nur eine vertragliche Haftungsbegrenzung. Von Bedeutung ist dies u.a. bei **freiwilligen AP**, sonstigen **betriebswirtschaftlichen Prüfungen, Gutachtertätigkeiten, Beratungen in steuerlichen u. wirtschaftlichen Angelegenheiten.** 3

Die RilWP enthielt bereits Vorgaben zur **vertraglichen Haftungsbeschränkung**. Die Vereinbarung einer Haftungsbegrenzung auf die gesetzliche Mindestversicherungssumme war danach statthaft. Ein völliger Haftungsausschluss sollte jedoch nur in besonderen Ausnahmefällen zulässig sein (Rn. 7). 4

Mit Einführung des § 54a im Rahmen der 3. WPO-Novelle 1995 wurde die Möglichkeit der vertraglichen Haftungsbeschränkung sowohl durch **schriftliche Vereinbarungen im Einzelfall (Individualvereinbarungen)** als auch aufgrund **vorformulierter Vertragsbedingungen (AAB)** v. Gesetzes wegen ausdr. geregelt. Zum Teil gleichlautende Bestimmungen gelten für RA (§ 52 BRAO) u. StB (§ 67a StBerG); zu den bedeutenden Unterschieden s. Rn. 27 ff. 5

In manchen Rechtsordnungen, etwa in den USA, ist eine vertragliche Haftungsbegrenzung mit Rücksicht auf die **Unabhängigkeit des AP** ausgeschlossen (vgl. SEC 6

„Codification of Financial Reporting Policies" Section 602.02 f) i) – Indemnification by Client). Das Risiko der unbeschränkten Haftung soll den AP in **besonderem Maße zur Sorgfalt anhalten** u. die notwendige **Objektivität zur Beurteilung kritischer Sachverhalte** gewährleisten; aus Sicht der SEC würde dieser Effekt bei einer Haftungsbegrenzung fortfallen. Bei ausländischen AP werden gesetzliche Haftungsbegrenzungen, etwa nach § 323 Abs. 2 Satz 1 u. 2 HGB, jedoch toleriert. In der Praxis ist jedoch zu beachten, dass Prüfungen v. Überleitungsbilanzen etwa für SEC-Zwecke keine gesetzlichen AP sind u. § 323 Abs. 2 HGB daher nicht gilt; eine Haftungsbegrenzung nach § 54 ist jedoch in solchen Fällen aus den vorgenannten Gründen problematisch.

II. Haftungsausschluss

7   Andere als die in § 54a genannten Haftungsbeschränkungen sind unzulässig. Die Vorschrift ist als abschließende gesetzliche Regelung anzusehen. Ein **vertraglicher Haftungsausschluss** ist damit unwirksam, ebenso ein **Unterschreiten der Mindesthaftungsbeträge** nach Abs. 1 Nr. 1 u. Nr. 2 (zur Unterschreitung durch Lieferbedingungen des Auftraggebers s. Rn. 23). Die RilWP erlaubte noch im Ausnahmefall einen vollständigen Haftungsausschluss, etwa bei einem außergewöhnlich großen o. nicht überschaubarem Risiko. § 54a schließt dies aber grds. aus. Die Mindestversicherungssumme nach § 54 Abs. 1 Satz 2 steht dem Mandanten damit stets als Haftungsmasse zur Verfügung.

III. Vertragliche Haftungsbeschränkungen

1. Grundlagen

8   § 54a gilt unmittelbar für **WP** sowie entsprechend für **WPG** (§ 56 Abs. 1), **vBP** (§ 130 Abs. 1 Satz 1) u. **BPG** (§ 130 Abs. 1 Satz 2). Die Vorschrift ist auch auf die **PartGmbB** anwendbar; anders als zum StBerG (vgl. dort § 67a Abs. 1 Satz 2) hielt der Gesetzgeber keine Klarstellung für erforderlich.

9   Die Vorschrift enthält **drei Möglichkeiten der vertraglichen Haftungsbeschränkung**. Sie eröffnet zum einen zwei Möglichkeiten, die Haftung auf einen bestimmten **Höchstbetrag** zu beschränken, durch schriftliche Vereinbarung im Einzelfall (Abs. 1 Nr. 1, Rn. 14) sowie im Rahmen vorformulierter Vertragsbedingungen (Abs. 1 Nr. 2, Rn. 19). Als dritte Möglichkeit kann eine Einschränkung in Bezug auf die in Anspruch zu nehmenden **Personen** erfolgen (§ 54a Abs. 2, Rn. 24).

10 Die Regelungen des § 54a gelten dem eindeutigen Wortlaut nach **ausschließl. für Ansprüche des Mandanten** aus dem zwischen ihm u. dem WP bestehenden Vertragsverhältnis. Im Einzelfall können aber auch Dritte in den Schutzbereich der vertraglichen Haupt- o. Nebenpflichten des WP einbezogen werden (**Vertrag mit Schutzwirkung zu Gunsten Dritter**), so dass dieser auch ihnen ggü. haften würde. Auch eine Dritthaftung aus einem **ausdr. Auskunftsvertrag** ist denkbar; ein solcher Auskunftsvertrag kann auch **stillschweigend** zwischen dem Dritten u. dem WP geschlossen werden, wenn nach den Gesamtumständen des jeweiligen Falles die Auskunft für den Dritten erhebliche Bedeutung hat, weil dieser sie zur Grundlage einer wesentlichen Entscheidung machen will u. dies für den WP erkennbar war

(BGH, WM 1995, 941), z.B. bei erkennbarer Weitergabe des erstellten o. geprüften JA an eine Bank zu Zwecken der Kreditvergabe.

Die **Wirkung einer Haftungsbeschränkung nach § 54a ggü. Dritten** ist umstritten. Zum Teil wird auf Rspr. verwiesen, wonach die Wirkung der Haftungsbegrenzung des § 323 HGB ggü. Dritten bestätigt wird (BGH 2.4.1998, NJW 1998, 1948), sowie auf das zugrunde liegende Argument, dass Ansprüche eines Dritten nicht weiter reichen dürfen als diejenigen des Mandanten. Allerdings ist eine gesetzliche Haftungsbegrenzung grds. für jedermann erkennbar, die vertragliche Haftungsbeschränkung zwischen Auftraggeber u. WP jedoch nicht. Dies dürfte insb. beim Auskunftsvertrag maßgeblich sein, der ja gerade ein eigenes Vertragsverhältnis zwischen dem Dritten u. dem WP begründet. Ungeachtet möglicher praktischer Probleme sollte der WP daher bemüht sein, Dritte aktiv in eine Haftungsbeschränkung einzubeziehen, indem z.b. vor Weitergabe einer Leistung an Dritte mit diesen ausdr. ein Auskunftsvertrag unter Berücksichtigung der Möglichkeiten des § 54a geschlossen wird.

11

Über § 54a können Ansprüche auf Ersatz eines **fahrlässig verursachten Schadens** beschränkt werden; eine Haftung für **Vorsatz** kann weder dem Grunde noch der Höhe nach abgedungen werden (so auch § 276 Abs. 3 BGB). § 54a schließt sowohl **einfache Fahrlässigkeit** als auch **grobe Fahrlässigkeit** ein. Mit Rücksicht auf das Klauselverbot des § 309 Nr. 7 b BGB wird teilw. diskutiert, ob eine Haftungsbeschränkung für grobe Fahrlässigkeit durch AAB nach Maßgabe v. § 54a Abs. 1 Nr. 2 unzulässig sei. So schließt auch die Parallelvorschrift des § 51a Abs. 1 Nr. 2 BRAO für RA eine Haftungsbeschränkung für grobe Fahrlässigkeit durch AAB aus; die Beschränkung auf einfache Fahrlässigkeit war dort auf Druck des Bundesrates eingefügt worden (Feuerich/Weyland, BRAO, § 51a Rn. 8). Warum die BRAO hier v. den entsprechenden Regelungen der WPO u. des StBerG abweicht, ist nicht erklärbar, sind doch alle Vorschriften – § 51a BRAO jedoch zuletzt – in zeitlich enger Folge 1994 v. Gesetzgeber angenommen worden. Im Ergebnis muss § 54a Abs. 1 Nr. 2, ebenso wie § 67a Abs. 1 Nr. 2 StBerG, wohl als Spezialregelung zu § 309 Nr. 7 b BGB angesehen werden (s.a. Kuhls/Goez, StBerG, § 67a Rn. 26). § 54a gilt damit für **jeden Grad der Fahrlässigkeit**.

12

Die **Darlegungs- u. Beweislast** für die Wirksamkeit einer ihn begünstigenden vertraglichen Haftungsbeschränkung **trägt im Zweifel der WP**. Behauptet dagegen der Mandant, dass entgegen § 54a Abs. 1 Nr. 1 eine Haftungsbeschränkung durch vorformulierte Vertragsbedingungen anstelle einer Individualvereinbarung vorliege, so muss – soweit nicht bereits nach Form u. Inhalt ein erster Anschein dafür spricht – der Mandant grds. das Vorliegen vorformulierter Vertragsbedingungen darlegen u. beweisen, um sich auf den Schutz der §§ 305 ff. BGB berufen zu können.

13

2. Individualvereinbarung (Abs. 1 Nr. 1)

Durch schriftliche Vereinbarung im Einzelfall kann die Haftung der Höhe nach begrenzt werden. Ein **Mindesthaftungsbetrag in Höhe der gesetzlichen Mindest-**

14

versicherung (also zurzeit 1 Mio. Euro) darf jedoch nicht unterschritten werden; selbstverständlich kann auch eine höhere Haftungssumme vereinbart werden. Der Mindesthaftungsbetrag muss für **jedes einzelne Mandat**, d.h. auch jeden einzelnen Auftrag für denselben Mandanten, **individuell** vereinbart werden; dies gilt auch für periodisch wiederkehrende, gleichartige Aufträge (z.b. jährliche freiwillige AP).

15 Eine Individualvereinbarung erfordert **Schriftform**. Es bedarf damit der **Unterschrift beider Vertragspartner** (§ 126 Abs. 1 BGB); bei Verwendung einer qualifizierten elektronischen Signatur kann auch eine elektronische Form gewählt werden (§§ 126 Abs. 3, 126a BGB).

16 Von entscheidender Bedeutung für die Wirksamkeit der Individualvereinbarung ist eine **Vereinbarung im Einzelfall** in Abgrenzung zur „vorformulierten Vertragsbedingung". Die Vereinbarung muss daher nach Form u. Inhalt erkennen lassen, dass sie zwischen den Vertragspartnern **„ausgehandelt"** wurde (§ 305 Abs. 1 Satz 3 BGB). Das Verwenden v. wenn auch nur teilw. individualisierbaren **Mustern o. Textbausteinen** ist daher kritisch. Ferner reicht das bloße Besprechen o. Verlesen der Vereinbarung zur Haftungsbegrenzung ebenso wenig aus wie das Gegenzeichnen einer Klausel o. bloßen Dokumentation, dass die Haftungsbegrenzung frei ausgehandelt worden sei (Wolf, WPK-Mitt. 1998, 199). Nach der ständigen Rspr. des BGH ist es vielmehr erforderlich, dass die Individualvereinbarung inhaltlich ernsthaft zur Disposition gestellt u. dem Vertragspartner Gestaltungsfreiheit zur Wahrung eigener Belange eingeräumt wird (u.a. BGH, WM 1995, 1455, 1456; NJW-RR 1996, 783, 787; NJW 2000, 1110, 1111); der Mandant soll eine „informierte Entscheidung" treffen können. Dem Mandanten muss **Bedeutung u. Tragweite der angestrebten Haftungsbegrenzung erkennbar** sein. Dies führt i.d.R. zu einer **Aufklärungspflicht des WP**. Wird diese verletzt kann dem Auftraggeber im Schadensfall die vereinbarte Haftungsbegrenzung im Zweifel nicht entgegengehalten werden.

17 Eine vollständige Übertragung der strengen Rspr. zum „Aushandeln" würde faktisch zu einer **Aushebelung des § 54a Abs. 1 Nr. 1** führen u. die v. Gesetzgeber dort gerade beabsichtigte Vertragsfreiheit unverhältnismäßig einengen. Im Verhältnis zu **Unternehmern i.S.d. § 14 BGB** müssten daher geringere Maßstäbe gelten; anders als ein **Verbraucher i.S.d. § 13 BGB** sollte ein Unternehmer aufgrund seiner spezifischen Kenntnisse u. Erfahrungen seine Interessen selbst wahrnehmen können (Zugehör, ZAP 2005, 302, 304). An Inhalt u. Form der Individualvereinbarung dürfte dies jedoch nichts ändern. Allenfalls für den Umfang der Verhandlungen u. etwaige Aufklärungspflichten des WP ggü. einem Unternehmer dürften geringere Maßstäbe angesetzt werden.

18 Die o.g. Anforderungen an eine Individualvereinbarung sind sehr streng. Der **praktische Aufwand** ist damit häufig unverhältnismäßig hoch. Auch aus Gründen der Rechtssicherheit wird oft v. dieser Form der Haftungsbeschränkung abgeraten. Sie kann jedoch – im Einzelfall bei sorgfältiger Handhabung – gerade für WP mit einem überwiegend geringen Haftungsrisiko deutlich unter 1 Mio. Euro eine günstige Alternative zum Vorhalten einer teueren Höherversicherung v. mind. 4 Mio. Euro bei Haftungsbegrenzungen durch AAB darstellen. Dies erfordert jedoch **vor jeder Auftragsannahme eine sorgfältige Risikoabwägung**; in Fällen, in denen das Haftungsrisiko nicht deutlich 1 Mio. Euro unterschreitet, sollte jedoch stets der sicherste Weg zur Absicherung gewählt werden, im Zweifel durch eine angemessene Höherversicherung (s.a. § 54 Rn. 35 zu § 17 Abs. 2 BS WP). Wirtschaftsprüfer mit regelmäßig höherem Haftungsrisiko ist jedoch die Verwendung v. AAB zur Haftungsbeschränkungen zu empfehlen.

3. Vorformulierte Vertragsbedingungen – AAB (Abs. 1 Nr. 2)

Auch durch vorformulierte Vertragsbedingungen kann die Haftung der Höhe nach begrenzt werden. Ein **Mindesthaftungsbetrag in Höhe des vierfachen Betrags der gesetzlichen Mindestversicherung** (also zurzeit 4 Mio. Euro) darf jedoch nicht unterschritten werden; selbstverständlich kann aber eine höhere Haftungssumme vorgesehen werden. 19

Voraussetzung für die Wirksamkeit einer Haftungsbegrenzung durch AAB ist, dass **insoweit Versicherungsschutz besteht**. Umstritten ist, ob die Haftungsbegrenzung auch dann wirksam ist, wenn die Deckungssumme über zurzeit 4 Mio. Euro nur für eine bestimmte Anzahl v. Fällen im Jahr zur Verfügung steht (**Beschränkung der Jahreshöchstleistung o. Maximierung**). Fest steht, dass soweit die Jahreshöchstleistung bereits durch Schadensfälle aufgezehrt ist, die Haftungsbegrenzung in jedem weiteren Schadensfall unwirksam ist. In der Folge haftet der WP in jedem weiteren Schadensfall unbegrenzt u. würde i.Ü. – mit allerdings weniger existenziellen Folgen – gegen das Gebot zum Unterhalt einer risikoangemessenen BHV verstoßen (§ 17 Abs. 2 BS WP/vBP). Offen ist jedoch die Wirksamkeit der Haftungsbegrenzung, solange die Jahreshöchstleistung noch nicht durch Schadensfälle aufgezehrt ist; Rspr. hierzu liegt bisher nicht vor. In der Literatur wird teilw. auf den Zeitpunkt des Vertragsabschlusses abgestellt, so dass stets eine Versicherung mit unbegrenzter Jahreshöchstleistung abzuschließen wäre (Kuhls/Goez, StBerG, § 67a Rn. 24). Andere stellen dagegen auf die spätere tats. Realisierbarkeit des Ersatzanspruches ab u. verneinen – i. Erg. wohl zutr. – die Wirksamkeit einer Haftungsbegrenzung bei Beschränkung der Jahreshöchstleistung damit nicht schon v. vornherein (Maxl/Struckmeier, WPK-Mitt. 1999, 82; Feuerich/Weyland, BRAO, § 51a Rn. 9). Ungeachtet der grds. rechtlichen Wirksamkeit dürfte in der Praxis, das tats. Risiko, dass mit einer Begrenzung der Jahreshöchstleistung einhergeht, v. größerer Bedeutung sein. Bei einer – insb. zu knappen – Begrenzung der Jahreshöchstleistung besteht für den WP stets ein nicht unerhebliches Risiko, dass bei ungünstigstem Schadensverlauf für einen o. mehrere Schadensfälle kein hinreichender Deckungsschutz mehr besteht. Er muss daher stets eigenverantwortlich entscheiden, ob er das o.g. tatsächliche u. rechtliche Risiko eingeht o. den sicheren Weg wählt, die Jahreshöchstleistung nicht zu begrenzen. 20

Die AAB u. die darin enthaltene Haftungsbegrenzung müssen in das Auftragsverhältnis auch wirksam **einbezogen** sein. Der Mandant muss also auf die AAB **hingewiesen** werden, die **Möglichkeit zur Kenntnisnahme** haben u. sein **Einverständ-** 21 nis zur Einbeziehung der AAB in den Vertrag geben (§ 305 Abs. 2 BGB). Bloßes Schweigen – auch unter Kaufleuten – kann grds. nicht als Einverständnis gelten. Es sollte daher stets eine **schriftliche Bestätigung** – ggf. durch einfache Gegenzeichnung der AAB – v. Mandanten eingeholt werden.

22 In Ausnahmefällen kann eine **Haftungsbegrenzung durch AAB unwirksam** sein, wenn die **vereinbarte Haftungshöchstsumme u. das Schadensrisiko des Mandanten in einem krassen Missverhältnis** stehen; dies wäre mit Blick auf §§ 138, 242 BGB insb. der Fall, wenn der WP/vBP damit sitten- o. treuwidrig die Unkenntnis des Mandanten ausnutzt. In solchen Fällen sollte ein Hinweis auf die Möglichkeit einer höheren Versicherungssumme dokumentiert u. v. Mandanten bestätigt werden. Alternativ wäre auch eine Haftungsbegrenzung durch eine Individualvereinbarung möglich; bei Beachtung der Grundsätze zu § 54a Abs. 1 Nr. 1 kann einer solch individuellen Haftungsbegrenzung die Sitten- o. Treuwidrigkeit i.d.R. nicht entgegen gehalten werden (Zugehör, ZAP 2005, 304).

23 Die **allg. Leistungs- o. Lieferbedingungen des Auftraggebers** können vorsehen, dass der Auftragnehmer nur bis zu einem bestimmten Betrag haftet. Die Wirksamkeit einer solchen Haftungsbegrenzung ist nicht an § 54a Abs. 1 Nr. 2 zu messen, auch dann nicht, wenn die Mindesthaftungsbeträge nach § 54a unterschritten werden. Die Regelung bezieht sich allein auf AAB des WP. Mit Rücksicht auf §§ 138, 242 BGB könnte eine solche Haftungsbegrenzung aber unwirksam sein, wenn der WP bewusst **in sitten- o. treuwidriger Weise** z.B. die Unkenntnis des Mandanten über die für ihn günstigere Möglichkeit zur Haftungsbegrenzung ausnutzt, insb. wenn erkennbar ist, dass der Mandant bei deren Kenntnis eine Haftungsbegrenzung nach Maßgabe v. § 54a gewollt hätte, u. der WP den Mandanten nicht aufklärt.

4. Persönliche Haftungsbeschränkung bei Sozietäten (Abs. 2)

24 Die Mitglieder einer Sozietät (i.S.d. § 44b) als GbR haften im Außenverhältnis für jeden beruflichen Fehler eines anderen Sozius neben der Sozietät mit ihrem Gesellschaftsvermögen als **Gesamtschuldner** (§ 421 BGB). Davon abweichend **erlaubt § 54a Abs. 2, die persönliche Haftung auf diejenigen Mitglieder einer Sozietät zu beschränken**, die die vertragliche Leistung erbringen sollen (s.a. Rn. 31 f.). Die Vorschrift eröffnet damit im Wege der Vertragsfreiheit die gleiche Möglichkeit wie § 8 Abs. 2 PartGG als gesetzliche Haftungskonzentration in der PartG. Eine Haftungskonzentration auf den o. die zur Auftragsbearbeitung vorgesehenen Sozien kann „auch" **im Rahmen der AAB** erfolgen; eine entsprechende **Individualvereinbarung** ist aber ebenfalls zulässig.

25 Die persönliche Haftung kann nur auf **einzelne Mitglieder der Sozietät beschränkt** werden; diese sind namentlich zu bezeichnen. Eine **Haftungskonzentration auf die Sozietät** allein mit ihrem Gesellschaftsvermögen ist daher unzulässig. Ebenso wenig kann die Haftung der Sozietät beschränkt o. ausgeschlossen werden.

26 Anders als die Parallelvorschrift in § 52 Abs. 2 Satz 3 BRAO schreibt § 54a Abs. 2 nicht vor, dass im Fall der Haftungskonzentration eine **unterschriebene Zustimmungserklärung** v. Mandanten einzuholen ist u. außer dieser Zustimmungserklä-

rung **keine weiteren Erklärungen in diese Urkunde aufgenommen** werden dürfen. Ob dahinter ein konkreter gesetzgeberischer Wille steht, ist unklar. Die Vorgaben nach BRAO u. StBerG sollen wohl der Aufklärung u. Klarstellung dienen, da ein Mandant bei einer Sozietät üblicherweise eine gesamtschuldnerischen Haftung aller Sozien erwarten darf u. eine Haftungskonzentration insoweit eine **unerwartete Beschränkung seiner Rechte** darstellt; damit könnte auch eine „überraschende Klausel" i.S.d. § 305c Abs. 1 BGB vorliegen. Daher sollten auch WP entsprechend den Regelungen für RA u. StB im Fall einer vertraglichen Haftungskonzentration nach § 54a Abs. 2 – nicht zuletzt aus Beweisgründen – vorsorglich darauf achten, v. Mandanten eine unterschriebene Zustimmungserklärung einzuholen, die keine anderen Erklärungen enthält (i. Erg. wohl auch Furmans, NJW 2007, 1404, jedoch ohne Hinweis auf die im Vergleich zu BRAO u. StBerG fehlende Regelung in § 54a Abs. 2).

IV. Unterschiede zu den Regelungen für RA und StB

Mehrfachbänder o. WP in gemeinsamer Berufsausübung mit RA o. StB sollten bei der Ausgestaltung insb. ihrer AAB die **Unterschiede in den Parallelvorschriften zur Haftungsbegrenzung der RA u. StB** beachten. § 54a, § 52 BRAO u. § 67a StBerG sind zum Großteil wortidentisch, enthalten aber teilw. bedeutende Unterschiede. 27

Die **unterschiedlichen Mindesthaftungsbeträge** v. zurzeit 250.000 Euro bei Individualvereinbarungen der RA u. StB bzw. 1 Mio. Euro bei Verwendung v. AAB durch RA u. StB führen z.B. dazu, dass Mehrfachbänder o. WP in gemischten Sozietäten (§ 44b, s. dort auch Rn. 25) AAB verwenden müssen, die sich an den jeweils strengeren Regelungen orientieren (im Zweifel § 54a, s. aber auch Rn. 30). Die **Verwendung der AAB für StB o. RA** durch WP ist daher problematisch. In einer gemischten Sozietät sollten die Sozien i. Erg. davon absehen, ihre Haftung nach dem jeweils für sie geltenden Berufsrecht zu begrenzen. Etwas anderes kann allenfalls gelten, wenn eine persönliche Haftungskonzentration (Rn. 24 ff.) wirksam vereinbart wurde; mit Rücksicht auf die mögliche Unwirksamkeit einer solchen Haftungskonzentration ist aber in der Praxis v. einer Vermengung der berufsrechtlichen Haftungsregelungen grds. abzuraten. 28

Für Mehrfachbänder können **Abgrenzungsschwierigkeiten** entstehen bei Aufträgen, die sie sowohl in der Eigenschaft als WP als auch RA o. StB erbringen können (z.B. Gutachten, steuerliche o. wirtschaftliche Beratung). Im Zweifel entscheidet hier das **schutzwürdige Interesse des Mandanten an der umfänglichen hohen Qualifikation auch als WP**, so dass § 54a als strengere Vorschrift maßgeblich wäre. 29

Gemäß § 51a Abs. 1 Nr. 2 BRAO kann über AAB nicht die Haftung für **grobe Fahrlässigkeit** begrenzt werden (Rn. 12). Bei zugl. als RA qualifizierten WP o. bei gemeinsamer Berufsausübung mit RA sollte dies in den AAB berücksichtigt werden. 30

Maxl

31 Anders als § 52 Abs. 2 Satz 2 BRAO u. § 67a Abs. 2 Satz 1 StBerG stellt § 54a Abs. 2 nicht auf diejenigen Sozien ab, „die das Mandat im Rahmen ihrer eigenen beruflichen Befugnisse bearbeiten" (**Handelndenhaftung**), sondern die „die vertragliche Leistung erbringen sollen". Danach wäre zweifelhaft, ob ein nach § 54a Abs. 2 genannter WP-Sozius bei Inanspruchnahme einwenden kann, mit der Auftragsbearbeitung tats. – z.b. wegen Krankheit – insgesamt nicht befasst gewesen zu sein. Die Begr. zu § 54a Abs. 2 führt aber aus, dass ein Mandant ausreichend durch die v. jedem Sozius abzuschließende BHV geschützt ist, wenn ihm durch berufliches Fehlverhalten des ihn (tatsächlich) betreuenden Sozius ein Schaden zugefügt wird; auf die Mithaftung der anderen Sozien wäre er mithin nicht angewiesen (BR-Drs. 361/93, 94). Damit kann i. Erg. wohl abweichend v. Wortlaut unter Abwägung der schutzwürdigen Interessen des Mandanten auf die Mithaftung eines ursprünglich mitbenannten WP-Sozius verzichtet werden, wenn dieser das Mandat später tats. nicht bearbeitet hat; für diese Einwendung trägt er jedoch die **Beweislast** (s. Feuerich/Weyland, BRAO, § 51a Rn. 19).

32 In § 54a Abs. 2 fehlt zwar eine § 52 Abs. 2 Satz 3 BRAO entsprechende ausdr. Regelung zur **Zustimmungserklärung im Fall der persönlichen Haftungsbeschränkung bei Sozietäten**. Zu Beweiszwecken u. aus Gründen der Rechtssicherheit sollte aber auch der WP entsprechend verfahren (Rn. 26).

§ 55 Vergütung

(1) ¹**Der Wirtschaftsprüfer darf für Tätigkeiten nach § 2 Abs. 1 und 3 Nr. 1 und 3 keine Vereinbarung schließen, durch welche die Höhe der Vergütung vom Ergebnis seiner Tätigkeit als Wirtschaftsprüfer abhängig gemacht wird.** ²**Für Tätigkeiten nach § 2 Abs. 2 gilt dies, soweit § 55a nichts anderes bestimmt.** ³**Die Vergütung für gesetzlich vorgeschriebene Abschlussprüfungen darf über Satz 1 hinaus nicht an weitere Bedingungen geknüpft sein und sie darf auch nicht von der Erbringung zusätzlicher Leistungen für das geprüfte Unternehmen beeinflusst oder bestimmt sein.** ⁴**Besteht zwischen der erbrachten Leistung und der vereinbarten Vergütung ein erhebliches Missverhältnis, muss der Wirtschaftsprüferkammer auf Verlangen nachgewiesen werden können, dass für die Prüfung eine angemessene Zeit aufgewandt und qualifiziertes Personal eingesetzt wurde.**

(2) **Die Abgabe und Entgegennahme eines Teils der Vergütung oder sonstiger Vorteile für die Vermittlung von Aufträgen, gleichviel ob im Verhältnis zu einem Wirtschaftsprüfer oder Dritten, ist unzulässig.**

(3) ¹**Die Abtretung von Vergütungsforderungen oder die Übertragung ihrer Einziehung an Berufsangehörige, an Berufsgesellschaften oder an Berufsausübungsgemeinschaften ist auch ohne Zustimmung der auftraggebenden Person zulässig; diese sind in gleicher Weise zur Verschwiegenheit verpflichtet wie die beauftragte Person.** ²**Satz 1 gilt auch bei einer Abtretung oder Übertragung an Berufsangehörige anderer freier Berufe, die einer entsprechenden gesetzlichen**

Verschwiegenheitspflicht unterliegen. ³Die Abtretung von Vergütungsforderungen oder die Übertragung ihrer Einziehung an andere Personen ist entweder bei rechtskräftiger Feststellung der Vergütungsforderung oder mit Zustimmung der auftraggebenden Person zulässig.

Schrifttum: *Peemöller*, Gebührenordnung für Abschlussprüfer – ein Ansatz zur Qualitätssicherung, WPK-Mag. 1/2012, 37; *Zülch/Krauß/Pronobis*, Die Entwicklung von Abschlussprüferhonoraren in Deutschland zwischen 2004 und 2008: Eine empirische Analyse ausgewählter Börsenindizes (DAX, MDAX, SDAX, TecDAX), WPg 2010, 397; *Wild*, Fee Cutting and Fee Premium of German Auditors, Die Betriebswirtschaft 2010, 513; *Ueberfeldt*, Neue Möglichkeiten des Forderungsmanagements für Steuerberater, DStR 2008, 121; *Lenz/Möller/Höhn*, Offenlegung der Honorare für Abschlussprüferleistungen im Geschäftsjahr 2005 bei DAX-Unternehmen, BB 2006, 1787; *Henssler*, Erfolgshonorare für wirtschaftsnahe Beratungsberufe?, BB 2006, Nr. 5, Die erste Seite; *Braun*, Gebührendruck und Prüfungsqualität bei Pflichtprüfungen mittelständischer Unternehmen, BB 1996, 999 (Erwiderung von *Frei*, BB 1996, 1427); *Ring*, Honorarzession und Verschwiegenheitspflicht, BB 1994, 373.

Inhaltsübersicht

		Rn.
I.	Allgemeines	1–13
	1. Fehlen einer Vergütungsordnung.	2–5
	2. Grundsatz der privatautonomen Honorargestaltung	6–10
	3. Berufs-, zivil- und wettbewerbsrechtliche Einschränkungen der Preisgestaltungsfreiheit	11–13
II.	Verbot des Erfolgshonorars sowie der Erfolgsbeteiligung (Abs. 1 Satz 1 und 2).	14–19
III.	Verknüpfung der Vergütung mit weiteren Bedingungen (Abs. 1 Satz 3, 1. Alt.).	20–23
IV.	Beeinflussung oder Bestimmung durch zusätzliche Leistungen (Abs. 1 Satz 3, 2. Alt.).	24–32
V.	Erhebliches Missverhältnis zwischen erbrachter Leistung und vereinbarter Vergütung (Abs. 1 Satz 4).	33–39
VI.	Vereinbarung von Provisionen für die Vermittlung von Aufträgen (Abs. 2)	40–46
VII.	Abtretung von Vergütungsforderungen (Abs. 3).	47–54
	1. Abtretung innerhalb des Berufs (Abs. 3 Satz 1)	48–50
	2. Abtretung an Angehörige anderer freier Berufe (Abs. 3 Satz 2)...	51–53
	3. Abtretung an sonstige Dritte (Abs. 3 Satz 3).	54
VIII.	Rechtsfolgen bei Verstößen gegen die Verbotsnormen	55–58

I. Allgemeines

1 Die Wirtschaftsprüfung ist, wie die allg. Rechtsberatung u. die Steuerrechtshilfe, ein wichtiges Gemeinschaftsgut. Anders als die Tätigkeiten des RA u. des StB, die gebührenrechtlich durch das RVG bzw. die StBVV sowie zusätzl. durch z.T. mit § 55 vergleichbare berufsrechtliche Vorschriften (§ 49b BRAO bzw. §§ 9, 64 StBerG) insgesamt relativ stark reglementiert sind, ist die Honorargestaltung des WP als solche dennoch weitgehend frei v. rechtlichen Beschränkungen. So **fehlt es insb. an einer verbindlichen Vergütungsordnung**; WP können daher unter Beachtung der im Wesentlichen in §§ 55, 55a (ergänzend in § 27 BS WP/vBP) geregelten berufsrechtlichen Restriktionen sowie der allg. wettbewerbs- u. zivilrechtlichen Grenzziehungen **ihr Honorar frei verhandeln u. ausgestalten.**

1. Fehlen einer Vergütungsordnung

2 Die WPO 1961 enthielt mit **§ 55 a.F. eine Ermächtigung zum Erlass einer GebO für gesetzlich vorgeschriebene Prüfungen**. Adressat der Ermächtigung war das damalige Bundesministerium für Wirtschaft, das mit Zustimmung des Bundesrates nach Anhörung der WPK u. der Arbeitsgemeinschaft für das wirtschaftliche Prüfungswesen eine entsprechende Rechtsverordnung hätte erlassen können. § 55 a.F. ist durch die 5. WPO-Novelle 2004 an die Vorschrift des § 64 StBerG angepasst worden, da die bis dahin geltende generalklauselartige Fassung Zweifel an der verfassungsrechtlich erforderlichen Bestimmtheit der Vorschrift hervorgerufen hatte. Aufgrund der Tatsache, dass eine GebO für gesetzliche Pflichtprüfungen seit Inkrafttreten der WPO **zu keinem Zeitpunkt wirtschafts- o. berufspolitisch gewollt war**, hatte der Verordnungsgeber v. der Ermächtigung des § 55 a.F. **keinen Gebrauch gemacht**, so dass eine verbindliche GebO in dem durch die Vorschrift ermöglichten Umfang im gesamten bisherigen Geltungszeitraum der WPO nicht existierte. Die durch **Erlass des Reichswirtschaftsministers v. 11.4.1939** geschaffene **GebO für Pflichtprüfungen** (zuletzt abgedruckt in WPH I 1985/86, 137) ist zwar niemals formell außer Kraft gesetzt worden, sie war jedoch bereits zum Zeitpunkt des Inkrafttretens der WPO im Jahre 1961 z.T. überholt (vgl. bereits Gerhard, WPO 1961, 91 sowie WPH I, A Rn. 720). Auch hat der Gesetzgeber durch die Hereinnahme der entsprechenden Ermächtigung in § 55 a.F. gezeigt, dass er an dem überkommenen Regelungszustand gerade nicht festhalten wollte.

3 Der Beruf hatte sich anfänglich mit **privaten Gebührentabellen u. Gebührenempfehlungen** beholfen; diese Praxis musste jedoch wegen kartellrechtlicher Bedenken aufgegeben werden. Die letzte, v. Bundeskartellamt beanstandete Gebührenverlautbarung des IDW datiert aus dem Jahre 1971. Im Bereich der **Pflichtprüfung kommunaler Eigenbetriebe** wurde in der Vergangenheit überwiegend auf der Grundlage von Stundensätzen abgerechnet, die v. den Innenministerien der Länder für die nachgeordneten Behörden vorgegeben wurden, wobei die WPK nach ihren Möglichkeiten auf die Höhe der Stundensätze Einfluss genommen und in diesem Rahmen auf eine jährliche Anpassung hingewirkt hatte. Im Jahr 2007 beendete die WPK ihre Mitwirkung an diesem Verfahren, nicht zuletzt zur Vermeidung des Eindrucks einer möglichen Verbindlichkeit der in diesem Rahmen ermittelten Stunden-

Vergütung § 55

sätze. Die neuere Vergabepraxis, nach der die öffentliche Hand zunehmend Festpreisangebote erwartet, hätte einer Fortsetzung des o.g. Verfahrens ohnehin den Boden entzogen (zu Einzelheiten vgl. die Darstellung unter www.wpk.de> Service Center> Gebühren Pflichtprüfung kommunaler Eigenbetriebe).

Letztlich hat die jahrzehntelange „**Passivität des nach § 55 WPO zuständigen** **4** **Gebührenordnungsgebers**" (OLG Brandenburg 10.7.2001, 11 U 37/00) dazu geführt, dass § 55 a.F. **durch die 7. WPO-Novelle 2007 aufgehoben** worden ist. Maßgeblich hierfür war neben der mangelnden praktischen Bedeutung der Vorschrift auch der Umstand, „dass Rechtsuchende vergeblich die Honorarordnung nach § 55 WPO suchen oder diese mit der Gebührenordnung der WPK nach § 61 Abs. 2 WPO verwechseln"; diese Unklarheit in der Rechtsanwendung ist durch die Streichung der Norm nunmehr beseitigt worden (vgl. BT-Drs. 16/2858, 28).

Nachdem die Honorare für Abschlussprüfungen in den letzten Jahren rückläufig **5** sind (vgl. für den Bereich börsennotierter Unternehmen Zülch/Krauß/Pronobis, WPg 2010, 397), hat sich der berufspolitische Status quo insoweit geändert, als dass die WPK nunmehr aktiv für eine **Entgeltregelung zur Qualitätssicherung bei gesetzlichen Abschlussprüfungen** eintritt (WPK-Mag. 1/2012, 6, 2/2012, 17, 3/2012, 23). Allerdings wird derzeit keine GebO im umfass. Sinne, sondern primär eine Regelung zum Mindestzeitaufwand bei Abschlussprüfungen angestrebt, die mit einem gesetzlichen Angemessenheitsvorbehalt in Bezug auf das Prüfungshonorar verbunden werden soll (vgl. WPK-Mag. 3, 2012, 23). Die Beratungen hierzu sind noch im Fluss, die bisherigen Reaktionen der Politik überwiegend zurückhaltend.

2. Grundsatz der privatautonomen Honorargestaltung

Wirtschaftsprüfer sind nach alledem als solche **frei, die Vergütung ihrer beruf- 6 lichen Leistungen auf der Grundlage einer Eigenkalkulation mit dem Auftraggeber auszuhandeln** u. mit diesem eine entsprechende Vereinbarung zu treffen. **Fehlt es an einer Vergütungsvereinbarung**, kann der WP die **übliche Vergütung i.S.d. §§ 612 Abs. 2, 632 Abs. 2 BGB** beanspruchen (zum Sonderproblem der StBVV als Taxe vgl. Rn. 10). Ist für die Honorierung der konkreten Leistung eine „Üblichkeit" nicht ersichtlich, ist die Höhe der Vergütung gem. §§ 315, 316 BGB durch den WP nach billigem Ermessen zu bestimmen (Palandt/Weidenkaff, BGB, § 612 Rn. 7, 10; Palandt/Sprau, BGB, § 632 Rn. 13, 17). Ein allg. zivilrechtlicher Beurteilungsmaßstab ergibt sich darüber hinaus aus der Vorschrift des § 138 BGB, die über das Kriterium der **Angemessenheit** die (ggf. gerichtliche) Korrektur eines überhöhten Honorars ermöglicht.

Der **Grundsatz der privatautonomen Gestaltung des Honorars** wird in Teilen **7** durch die berufsrechtliche Vorschrift des – mit der 3. WPO-Novelle 1995 in die WPO eingefügten u. durch die 7. WPO-Novelle 2007 erstmals geänderten – ehemaligen § 55a (hier: Abs. 1, die Vorschrift wurde mit dem Gesetz zur Neuregelung des Verbots der Vereinbarung von Erfolgshonoraren vom 12.6.2008 zu § 55), ergänzt

Goltz 665

durch § 27 BS WP/vBP, sowie das allg. Zivil- u. Wettbewerbsrecht beschränkt (Rn. 11 ff.).

8 Eine **Bindung an die StBVV** besteht innerhalb des sachlichen Anwendungsbereichs der Verordnung (Tätigkeiten nach § 33 StBerG) **nur für auch als StB bestellte Berufsangehörige u. Berufsgesellschaften, die zugl. auch als StBG anerkannt sind** (§ 1 StBVV i.V.m. § 64 Abs. 1 Satz 1 StBerG; zu der [umstrittenen] Frage, ob u. inwieweit StB die Anwendung der StBVV durch Vereinbarung mit dem Mandanten abbedingen können, vgl. Kuhls/Goez, StBerG, § 64 Rn. 5 m.w.N.).

9 Gleichwohl ist es auch **„Nur"-WP** unbenommen, im Bereich der Hilfeleistung in Steuersachen **entsprechend den Vorgaben der StBVV** abzurechnen, wenn dies mit dem Mandanten **vereinbart** wurde. Fehlen eindeutige Regelungen, werden entsprechende Abreden i.d.R. so auszulegen sein, dass die analoge Geltung der StBVV auf den **Bereich der Honorarbemessung** beschränkt sein soll. Auf Regelungen anderer Art, wie sie z.B. in § 4 StBVV (Vereinbarung der Vergütung) o. in § 14 StBVV (Pauschalvergütung) enthalten sind, erstreckt sie sich daher nur, wenn sich aus dem Vertrag mit hinreichender Klarheit ergibt, dass die Parteien die **Anwendung der gesamten StBVV** vereinbaren wollten. Wird in entsprechender Anwendung der StBVV abgerechnet, hat der WP die **analoge Anwendung der Verordnung** deutlich zu machen, um nicht den irreführenden Eindruck zu erwecken, die Gebührenforderung habe in der konkreten Ausgestaltung eine gesetzliche Grundlage („... rechne ich vereinbarungsgemäß entsprechend StBVV wie folgt ab ...").

10 **Fehlt eine Honorarvereinbarung**, ist nach OLG Düsseldorf 6.4.1989, WPK-Mitt. 1989, 87 auch der Abrechnung eines „Nur"-WP die StBVV in ihrer Eigenschaft als **Taxe i.S.d. §§ 612 Abs. 2, 632 Abs. 2 BGB** zugrunde zu legen. Danach käme eine v. der StBVV abweichende **Abrechnung nach WP-Stundensätzen** für „Nur"-WP im Bereich der Steuerrechtshilfe nur in Betracht, wenn eine entsprechende Vereinbarung getroffen wurde. Nach gegenläufiger Auffassung des KG Berlin (14.9.2009, WPK Magazin 1/2010, 35) stellt die StBVV für „Nur"-WP demggü. **keine Taxe i.S. der o.g. Vorschriften** dar, da die taxmäßige Wirkung der Verordnung auf die in § 1 StBVV genannten Personen und Vereinigungen (StB, StBv, StBG) beschränkt sei. Nach der Rechtsprechung des KG bestehen daher auch für den Fall einer fehlenden Vergütungsvereinbarung – dann nach Üblichkeits- bzw. nachfolgend Billigkeitsgesichtspunkten (§§ 315, 316 BGB) – weitere Differenzierungsmöglichkeiten (nach denen wiederum auch eine Abrechnung nach der StBVV in Betracht kommen kann).

3. Berufs-, zivil- und wettbewerbsrechtliche Einschränkungen der Preisgestaltungsfreiheit

11 Die **berufsrechtlichen Einschränkungen der Preisgestaltungsfreiheit** werden ab Rn. 14 ff. dargestellt. Unabhängig von diesen verbietet auch u. bereits das **Wettbewerbsrecht** bestimmte Fallgruppen des Honorargebarens. Als Verstoß gegen §§ 3, 4 Nr. 10 UWG sind insb. die **ruinöse Preisunterbietung in Schädigungs-, Verdrängungs- o. Vernichtungsabsicht, die sich gegen einen o. mehrere Wettbewerber**

Vergütung § 55

richtet („individuelle Behinderung", vgl. Piper/Ohly/Sosnitza, UWG, § 4 Rn. 10/94) o. aber eine **den Bestand des Wettbewerbs auf einem bestimmten Markt aufhebende** o. **gefährdende Preisunterbietung** („allgemeine Behinderung", vgl. Piper/Ohly/Sosnitza a.a.O., Rn. 10/104) zu nennen. Beide Fallgruppen sind für die Berufsausübung v. untergeordneter u. eher theoretischer Bedeutung. Die am Markt zu beobachtende **„einfache" Preisunterbietung** ist demggü., soweit die o. g. Unlauterkeitsmerkmale fehlen, aus Sicht des UWG nicht zu beanstanden: An einen „gerechten" Preis i.S. einer angemessenen Vergütung kann wettbewerbsrechtlich nicht angeknüpft werden; vielmehr ist der Preis, der sich auf dem freien Markt im Rahmen eines echten Leistungswettbewerbs aus dem Zusammenspiel v. Angebot u. Nachfrage ergibt, grds. wirtschaftlich gerechtfertigt (Piper/Ohly/Sosnitza a.a.O., Rn. 10/91; vgl. auch OLG Stuttgart 28.12.2006, 2 U 134/06). Es existiert auch kein wettbewerbsrechtlicher Grundsatz, wonach der **Verkauf einer Dienstleistung unter Selbstkosten** per se und ohne Hinzutreten der o.g. Umstände unzulässig wäre (Piper/Ohly/Sosnitza a.a.O., Rn. 10/91). Die weiter gehenden kartellrechtlichen Beschränkungen des § 20 Abs. 4 Satz 2 GWB gelten ausweislich der dortigen Bezugnahme auf den „Einstandspreis" nur für Handelsunternehmen (Bechtold, GWB, § 20 Rn. 84 m.w.N.).

Wegen der insoweit zu besorgenden **Irreführung des Publikums** (§§ 3, 5 Abs. 1 Nr. 2 UWG) sind darüber hinaus sog. **Lockvogelangebote** (Scheinangebote) wettbewerbsrechtlich unzulässig. **Berufsrechtliche Relevanz** erlangen die genannten Fallgruppen wettbewerbswidrigen Honorargebarens über die Generalklausel des § 43 Abs. 2 Satz 3 sowie, falls sie werblichen Charakter aufweisen, über § 52. 12

Eine **Konkretisierung der allg. zivilrechtlichen Beurteilungsmaßstäbe** (Rn. 6) ist für die mit entsprechenden Streitfällen befassten Gerichte oftmals problematisch, da die Rechtsordnung bzgl. der Vergütung des WP keine weiteren Orientierungshilfen bietet. Anhaltspunkte kann in diesen Fällen die in regelmäßigen zeitlichen Intervallen durchgeführte **Honorarumfrage der WPK** liefern, deren Ergebnisse jeweils im WPK-Mag. sowie auf der Website der Kammer (www.wpk.de> Service Center> Honorarumfrage der WPK) veröffentlicht werden. Die letzte Honorarumfrage erfolgte im Jahr 2010. 13

II. Verbot des Erfolgshonorars sowie der Erfolgsbeteiligung (Abs. 1 Satz 1 und 2)

Gemäß Abs. 1 Satz 1 darf der WP **für Tätigkeiten nach § 2 Abs. 1 u. 3 Nr. 1 u. 3** keine Vereinbarung schließen, durch welche die **Höhe der Vergütung v. Ergebnis seiner Tätigkeit als WP abhängig** gemacht wird. Das Verbot der erfolgsabhängigen Honorierung soll unlautere Methoden zur Erreichung eines bestimmten Ergebnisses der beruflichen Tätigkeit ausschließen u. damit letztlich die unabhängige Berufsausübung sicherstellen (BGHZ 34, 64). Insbesondere soll verhindert werden, dass der Berufsangehörige durch ein eigenes u. unmittelbares wirtschaftliches Interesse an einem bestimmten Ausgang der Angelegenheit dazu motiviert wird, v. der objektiven, fachlich gebotenen Bearbeitung des Auftrags abzuweichen. Die Rege- 14 lung erfasst sowohl das (ggf. Teil-) Honorar, welches nach der zugrunde liegenden Vereinbarung nur bei Eintritt eines bestimmten Ergebnisses geschuldet wird (Erfolgshonorar im engeren Sinne), als auch die Beteiligung an den Früchten eines solchen Ergebnisses (Erfolgsbeteiligung, sog. „quota litis").

15 Mit der 7. WPO-Novelle 2007 ist das vormals für die gesamte berufliche Tätigkeit des WP geltende Verbot zunächst auf Tätigkeiten nach § 2 Abs. 1, 2 u. 3 Nr. 1 u. 3 beschränkt worden. Für Tätigkeiten nach § 2 Abs. 3 Nr. 2 (**Beratung u. Interessenwahrung in wirtschaftlichen Angelegenheiten**) ist es daher bereits seit diesem Zeitpunkt zulässig, eine insgesamt o. in Teilen erfolgsbezogene Vergütung zu vereinbaren. Maßgeblich für die Öffnung war u.a., dass in dem genannten Bereich verstärkt auch Angehörige nicht verkammerter Berufe tätig sind, die ihrerseits keinen entsprechenden Beschränkungen unterliegen u. die partielle Liberalisierung des Berufsrechts weder das Ansehen des Berufsstands noch die an diesen gestellten Erwartungen beeinträchtigt. Auch der Umstand, dass entsprechende Beratungsleistungen nur in geringem Umfang v. verstärkt schutzbedürftigen Privatpersonen nachgefragt werden, hatte eine Beschränkung des Verbots nahe gelegt (BT-Drs. 16/2858, 28).

16 Das BVerfG hatte zuvor mit Beschluss v. 12.12.2006 (NJW 2007, 979) festgestellt, dass das **Verbot anwaltlicher Erfolgshonorare (§ 49b Abs. 2 Satz 1 BRAO a.F.)** insoweit **nicht mit Art. 12 Abs. 1 Satz 1 GG vereinbar** ist, „als es keine Ausnahme für den Fall zulässt, dass der Rechtsanwalt mit der Vereinbarung einer erfolgsbasierten Vergütung besonderen Umständen in der Person des Auftraggebers Rechnung trägt, die diesen sonst davon abhielten, seine Rechte zu verfolgen" (amtl. Leitsatz). Für den Erlass einer verfassungsgemäßen Neuregelung wurde dem Gesetzgeber eine Frist bis zum 30.6.2008 eingeräumt. Der Beschluss des BVerfG betraf auch die berufliche Tätigkeit des WP, soweit sich diese mit der anwaltlichen Tätigkeit überschneidet. Dies ist im Bereich der **Hilfeleistung in Steuersachen** der Fall, zu der beide Berufsgruppen gleichermaßen u. ohne Einschränkungen befugt sind (§ 3 Satz 1 Nr. 1 StBerG). Die Einbeziehung des WP in eine entsprechende Liberalisierung der Berufsrechte war daher bereits aufgrund des allgemeinen Gleichheitssatzes (Art. 3 Abs. 1 GG) geboten. Mit Art. 5 des **Gesetzes zur Neuregelung des Verbots der Vereinbarung v. Erfolgshonoraren v. 12.6.2008 (BGBl. I S. 1000)** wurde dementsprechend auch für WP die Möglichkeit geschaffen, bei der Erbringung v. Steuerrechtshilfe in bestimmten Ausnahmefällen mit dem Mandanten ein Erfolgshonorar zu vereinbaren. Zu diesem Zweck wurde das **fortbestehende grds. Verbot auch für Tätigkeiten nach § 2 Abs. 2 (Hilfeleistung in Steuersachen)** aus Satz 1 herausgelöst und in einen **neuen Satz 2** überführt, der im Weiteren auf die **in § 55a n.F. geregelte Bereichsausnahme** verweist. Die materiellen Kriterien für ein im Ausnahmefall zulässiges Erfolgshonorar für Hilfeleistung in Steuersachen sind demnach, ebenso wie die dazugehörigen, primär verbraucherschützenden Formvorschriften in § 55a geregelt; auf die dortige Kommentierung wird verwiesen.

Vergütung § 55

Im **Kernbereich der beruflichen Tätigkeit** (Durchführung v. betriebswirtschaftlichen Prüfungen i.S.v. § 2 Abs. 1), aber auch bei der **Erstellung v. Gutachten** unterliegen WP gem. § 43 Abs. 1 Satz 2 der Berufspflicht zu unparteiischem Verhalten. Vor dem Hintergrund der in den genannten Tätigkeitsbereichen begriffsnotwendig erforderlichen objektiv-neutralen Sachbehandlung kann das Verbot der erfolgsabhängigen Vergütung in diesem Umfang nur als evident gerechtfertigt bezeichnet werden; es steht insoweit auch nicht zur Diskussion (so für Prüfungsmandate auch Henssler, BB 2006 Nr. 5, Die erste Seite). 17

Nach dem Regelungszweck der Vorschrift (Rn. 14) dürfte ein Verstoß gegen Abs. 1 Satz 1 zu verneinen sein, wenn Auftraggeber u. WP **nach Beendigung des Mandats eine Vereinbarung** dahingehend treffen, dass das ursprünglich verabredete Honorar erhöht, also eine zusätzl. Vergütung gezahlt wird (sog. „honorarium"). Der Eindruck, der Berufsangehörige habe sein berufliches Engagement in unzulässiger Weise mit seinen finanziellen Interessen verknüpft, kann in dieser Konstellation nicht entstehen (Hartung, BORA/FAO, § 49b BRAO, Rn. 44; vgl. auch Kuhls/Goez, StBerG, § 9a Rn. 8). Gleiches gilt für die **freiwillige Zahlung einer höheren Vergütung** nach Erledigung des Auftrags (Kuhls/Goez a.a.O., Rn. 9). Abgrenzungsfragen können jedoch auftreten, wenn bereits im Rahmen der ursprünglichen Honorarvereinbarung, jedenfalls aber vor Abschluss der geschuldeten Arbeiten eine solche Erhöhung in Aussicht gestellt wird. Nachverhandlungen über das Honorar aufgrund einer Erhöhung des Prüfungsaufwandes, wie sie insb. bei Pauschalhonorarvereinbarungen erforderlich werden können (vgl. hierzu § 27 Abs. 2 BS WP/vBP), sind hiervon nicht erfasst. 18

Ist dem Mandanten aufgrund mangelnder Liquidität **ein Teil des Honorars vorbehaltlos erlassen worden** u. wird dieser wegen des Erfolges der beruflichen Tätigkeit wieder zahlungsfähig, ist es nicht als Verstoß gegen das Verbot des Erfolgshonorars anzusehen, wenn der Berufsangehörige daraufhin die ursprüngliche Vergütung geltend macht (BGH 26.10.1955, NJW 1955, 1921). 19

III. Verknüpfung der Vergütung mit weiteren Bedingungen (Abs. 1 Satz 3, 1. Alt.)

Gemäß Abs. 1 Satz 3, 1. Alt. darf die Vergütung für gesetzliche AP über Satz 1 hinaus **nicht an weitere Bedingungen** geknüpft sein. Mit der Vorschrift wurden die Anforderungen des Art. 25 b) AP-RiLi, soweit diesen nicht bereits durch Abs. 1 Satz 1 Rechnung getragen wird, in nationales Recht umgesetzt. Dem Ansatz der Richtlinie entsprechend beschränkt sich der Regelungsbereich der Vorschrift in sachlicher Hinsicht auf **gesetzliche AP** u. ist damit enger als der des Abs. 1 Satz 1. 20

Wegen ihres umfassenden Wortlauts ist die Vorschrift interpretationsbedürftig. So kann aufgrund ihres v. europäischen Gesetzgeber vorgegebenen Regelungszwecks, die **Unabhängigkeit des AP zu schützen** (ABl. EU L 157/88 v. 9.6.2006), **nicht jede weitere Bedingung als unzulässig** betrachtet werden. Besonders deutlich wird die Notwendigkeit, Abs. 1 Satz 2, 1. Alt. einschränkend auszulegen, wenn man bedenkt, dass auch die durch § 27 Abs. 2 BS WP/vBP bei Pauschalhonoraren für 21 einen Prüfungsauftrag zwingend vorgeschriebene **Escape-Klausel** nach bloßer Wortlautinterpretation eine Bedingung i.S.d. Vorschrift darstellen würde.

22 Es sind daher solche **Bedingungen zulässig, welche die Höhe der Vergütung v. bestimmten Umständen der Auftragserledigung abhängig machen** (z.B. Auftragsdurchführung durch eine bestimmte Person als Prüfungsleiter). Die Regelung ist auch dann nicht anwendbar, wenn mit dem Prüfungsmandanten ein **Honorarnachlass für evtl. Folgeprüfungen** vereinbart o. die **Erstprüfung zu einem entsprechend niedrigeren Stundensatz durchgeführt wird**. Weder stellt die Höhe des Prüfungshonorars ein Indiz für eine evtl. Befangenheit des AP dar, noch ist der mit der zuletzt genannten Gestaltung verbundene Anreiz für eine Wiederbestellung als solcher geeignet, die Unabhängigkeit des WP in Bezug auf den aktuell durchzuführenden Prüfungsauftrag zu gefährden.

23 Absatz 1 Satz 3, 1. Alt. führt demnach i. Erg. nur zu einer **geringfügigen Erweiterung des seit langem in Satz 1 geregelten Verbots des Erfolgshonorars**. Die Vorschrift des Art. 25 b) AP-RiLi will in erster Linie u. gemäß ihrem Zweck (Sicherung der Unabhängigkeit des AP) sicherstellen, dass die Mitgliedstaaten Regelungen zur Unzulässigkeit von Bedingungen erlassen, die ein eigenes wirtschaftliches Interesse des Prüfers an einem bestimmten Ausgang der Angelegenheit begründen. Diesem Ziel wird im weitesten Umfang durch das in Satz 1 enthaltene Verbot des Erfolgshonorars Rechnung getragen. Einschlägig ist Satz 3, 1. Alt. daher (nur) bei Gestaltungen, welche die Höhe der Vergütung v. einem **Erfolgsmoment abhängig machen, das nicht unmittelbar an das Ergebnis der Tätigkeit als WP anknüpft u. deshalb nicht unter Satz 1 fällt**. Nach Satz 3, 1. Alt. unzulässig wäre danach z.B. eine Vereinbarung, durch welche der Vergütungsanspruch des WP der Höhe nach v. der **Durchführung eines geplanten Börsengangs** oder von einem **Sanierungserfolg** abhängig gemacht würde.

IV. Beeinflussung oder Bestimmung durch zusätzliche Leistungen (Abs. 1 Satz 3, 2. Alt.)

24 Die Vergütung für gesetzliche AP darf gem. Abs. 1 Satz 3, 2. Alt. **auch nicht v. der Erbringung zusätzl. Leistungen für das geprüfte Unternehmen beeinflusst o. bestimmt sein**. Mit der Einfügung der Bestimmung in den Normtext des Abs. 1 wurde Art. 25 a) AP-RiLi in nationales Recht umgesetzt. Wiederum beschränkt sich der sachliche Anwendungsbereich der Vorschrift auf die **Durchführung gesetzlich vorgeschriebener AP**.

25 Als Grundsatz muss weiterhin gelten, dass das Berufsrecht auch nach der entsprechenden Ergänzung des damaligen § 55a (jetzt: § 55) **nicht die Erbringung zusätzl. Leistungen durch den AP als solche ausschließen will**. Mehrfachtätigkeiten, insb. Steuer- u. betriebswirtschaftliche Beratung u. AP, sind im Grundsatz u. bis zu den durch §§ 319, 319a HGB, § 49 2. Alt., §§ 20 ff. BS WP/vBP gezogenen Grenzen nebeneinander zulässig. Insoweit sind nach wie vor die Grundsätze, die der BGH im Fall „Allweiler" (BGHZ 135, 260) aufgestellt hat, maßgeblich. Dem-

entsprechend stellt auch Abs. 1 Satz 3, 2. Alt. die grds. Zulässigkeit v. zusätzl. Leistungen für das geprüfte Unternehmen nicht in Frage, sondern setzt diese voraus.

Mit „zusätzlichen Leistungen" i.S.d. Vorschrift, die den Sprachgebrauch des Art. 25 a) AP-RiLi übernimmt, kann i.ü. bereits begriffslogisch **keine in der Zukunft durch denselben WP durchgeführte (Folge-) Prüfung gemeint** sein. Dementsprechend ist in ABl. EU L 157/88 v. 9.6.2006 auch v. „zusätzlichen prüfungsfremden Leistungen" die Rede. Absatz 1 Satz 3, 2. Alt. ist demzufolge nicht einschlägig, wenn die Vergütung für die aktuell durchzuführende AP durch Abreden beeinflusst bzw. bestimmt wird, die der WP unter dem Vorbehalt seiner Wiederbestellung als AP mit dem Prüfungsmandanten für Folgeprüfungen trifft (vgl. die in Rn. 22 genannten Beispielfälle). 26

Wie sich unmittelbar aus dem Normtext ergibt, erfasst die Regelung zudem nur **Quersubventionierungen bei Tätigkeiten, die für das geprüfte Unternehmen erbracht werden**, nicht aber Auftragsverhältnisse, die mit anderen Mandanten bestehen. 27

Die Vorschrift setzt nicht voraus, dass die Vergütung **aufgrund einer ausdr. Vereinbarung** v. der Erbringung zusätzl. Leistungen für das geprüfte Unternehmen beeinflusst o. bestimmt wird. Entscheidend ist das **tats. Vorliegen einer entsprechenden Verknüpfung**. Von einer solchen kann unter Rückgriff auf den Regelungszweck des Art. 25 AP-RiLi (Sicherung der Unabhängigkeit des AP) – die Gesetzesbegr. schweigt hierzu – nur ausgegangen werden, wenn tats. eine entsprechende Gefährdungslage begründet wird. Dies wäre z.B. der Fall, wenn bei der Verknüpfung eines unangemessen niedrigen Prüfungshonorars mit einem vergleichsweise hoch vergüteten Beratungsauftrag **im konkreten Fall ein Erpressungsrisiko entsteht**. 28

Mittelbares Ziel der Regelung mag es ferner sein, durch Normierung eines **speziellen Verknüpfungsverbotes** die Vereinbarung **angemessener Prüfungshonorare** zu fördern. Insbesondere soll die gesetzliche AP nicht zum **Abfallprodukt sonstiger lukrativer Beratungstätigkeiten degenerieren**. 29

Besteht ein **erhebliches Missverhältnis zwischen Vergütung u. Prüfungsleistung** (hierzu vgl. Abs. 1 Satz 4 sowie unten, Rn. 33 ff.) u. wurden im zeitlichen Zusammenhang mit der Prüfung **umfangreiche Beratungstätigkeiten beim Mandanten durchgeführt**, kann ein Anhaltspunkt für eine gem. Abs. 1 Satz 3, 2. Alt. unzulässige Beeinflussung bzw. Bestimmung des Prüfungshonorars durch die Erbringung zusätzl. Leistungen vorliegen. 30

Ein Verstoß käme nach dem Wortlaut der Vorschrift auch für den (umgekehrten) Fall in Betracht, dass der WP die Prüfung **zu einem vergleichsweise hohen Entgelt durchführt**, sich aber im Gegenzug verpflichtet, **zusätzl. Beratungsleistungen für den Mandanten kostenlos oder für eine auffällig niedrige Vergütung zu erbringen**. Da ein die Unabhängigkeit gefährdendes Erpressungsrisiko in Bezug auf den Prüfungsauftrag in dieser Konstellation jedoch mangels eines entsprechenden, aus 31 dem parallelen Beratungsvertrag herrührenden Honorarinteresses nicht zu besorgen ist, dürfte diese mit Blick auf den Zweck des Art. 25 AP-RiLi (Rn. 28) v. **Regelungswillen auch des deutschen Gesetzgebers nicht erfasst sein.**

32 Unabhängig davon wird ein Anfangsverdacht für eine verbotswidrige Verknüpfung regelmäßig ausscheiden, wenn die **Vergütung entw. des Prüfungsauftrags o. der zusätzl. Leistungen angemessen ist.** Für die Beurteilung der Angemessenheit ist, wenn die Vergütung nicht durch eine gesetzliche Taxe geregelt ist (zur StBVV als Taxe auch für „Nur"-WP OLG Düsseldorf 6.4.1989, WPK-Mitt. 1989, 87; a.A. KG Berlin 14.9.2009, WPK Magazin 1/2010, 35 [vgl. oben, Rn. 10]), auf den **am Markt für vergleichbare Leistungen gezahlten Preis** zurückzugreifen.

V. Erhebliches Missverhältnis zwischen erbrachter Leistung und vereinbarter Vergütung (Abs. 1 Satz 4)

33 Besteht zwischen erbrachter **Leistung u. der vereinbarten Vergütung ein erhebliches Missverhältnis,** muss der **WP der WPK auf Verlangen nachweisen,** dass für die Prüfung eine **angemessene Zeit aufgewandt u. qualifiziertes Personal eingesetzt wurde** (Abs. 1 Satz 4). Der Gesetzgeber hat durch diese – in sachlicher Hinsicht ebenso wie Abs. 1 Satz 3 auf die **Durchführung gesetzlich vorgeschriebener AP beschränkte** – Neuregelung klargestellt, dass die Höhe des Prüfungshonorars in Übereinstimmung mit dem sonstigen berufsrechtlichen Befund als solche keinen verbindlichen Vorgaben unterliegt, eine Bindung an bestimmte Mindeststundensätze dementsprechend auch im Bereich der gesetzlichen AP nicht besteht (vgl. Rn. 1 ff.).

34 Es ist daher als solches berufsrechtlich nicht zu beanstanden, wenn WP bestimmte Prüfungsmandate im Rahmen einer wirtschaftlich sinnvollen Gesamtkalkulation „unter Preis" annehmen u. bearbeiten – wie dies z.B. bei sog. **Prestigemandaten** o. der **Anwerbung anderweitig interessanter Mandate** der Fall sein kann –, solange kein Verstoß gegen Abs. 1 Satz 3, 2. Alt. vorliegt (Rn. 24 ff.).

35 Ob im konkreten Fall ein „erhebliches Missverhältnis zwischen der erbrachten Leistung u. der vereinbarten Vergütung" vorliegt, kann abschließend erst anhand der in Bezug auf das zu prüfende Unternehmen gegebenen **betriebswirtschaftlichen Parameter** (Größe u. Branchenzugehörigkeit) sowie der **sonstigen, für den Prüfungsumfang bedeutsamen Verhältnisse** (Komplexität, Auslandsbezug, Konzernstruktur u.a.) bestimmt werden. Da diese Informationen für die aufsichtsführenden Stellen ex ante jedoch nicht vollständig zur Verfügung stehen, diese sich bei der Entscheidung, ob ein Missverhältnis i.S.d. Vorschrift vorliegt, vielmehr zunächst auf öffentl. zugängliche Quellen (im BAnz veröffentlichte Abschlüsse u. dort die Pflichtangaben nach §§ 285 Nr. 17, 314 Abs. 1 Nr. 9 HGB) bzw. den Inhalt v. Mitteilungen Dritter (vgl. in diesem Zusammenhang auch die mit dem BilMoG eingeführte Informationspflicht gem. § 288 Abs. 2 Satz 3 HGB) beschränken müssen, kommt es für die praktische Handhabung der Vorschrift darauf an, Schwellenwerte zu entwickeln, die als **berufsaufsichtliche Aufgriffsgrenze** dienen können.

Da für das **im Einzelfall in Ansatz zu bringende Mengengerüst** aufgrund der Verschiedenartigkeit der einzelnen AP nur schwerlich Referenzen gebildet werden können, wird zu diesem Zweck auf einen **bestimmten Mindeststundensatz** zurückgegriffen werden müssen. Die Annahme in der Gesetzesbegr., Anhaltspunkt für eine Bewertung könnten die Stundensätze für die Pflichtprüfung kommunaler Eigenbetriebe als Untergrenze sein (BT-Drs. 16/2858, 28), vermag diesbezgl. nicht zu überzeugen. Verlässliches Kriterium zur Bestimmung eines solchen (Niedrigst-) Stundensatzes dürfte vielmehr allein der Personalaufwand des WP bei der Durchführung der jeweiligen Prüfung sein, der auf der Grundlage durchschnittlich gezahlter Gehälter ermittelt werden kann. Der maßgebliche Grenzbetrag muss in der Folge so bemessen sein, dass bei seiner Unterschreitung die Personalkosten des WP im Innenverhältnis regelmäßig nicht gedeckt sind. Daneben kann auch eine **auffällige Honorarveränderung im Vergleich zu der vorangegangenen Prüfung, insbesondere bei einem Prüferwechsel**, Anhaltspunkt für das Vorliegen eines erheblichen Missverhältnisses i.S.d. Vorschrift sein. 36

Dem betroffenen Berufsangehörigen bleibt es unbenommen, auf entsprechenden Vorhalt glaubhaft zu machen, dass trotz Unterschreitens der Aufgriffsschwelle ein **erhebliches Missverhältnis im konkreten Fall nicht vorliegt**. Verbleibenden Bedenken bzgl. der Qualität der Prüfungsdurchführung kann in diesen Fällen fachaufsichtlich nachgegangen werden. Kann der WP den Vorhalt, es liege ein erhebliches Missverhältnis vor, nicht entkräften, muss er der WPK **nachweisen**, für die Prüfung eine **angemessene Zeit aufgewandt u. qualifiziertes Personal eingesetzt zu haben**. 37

Absatz 1 Satz 4 statuiert damit einen **Vermutungszusammenhang** zwischen einer **unverhältnismäßig niedrigen Vergütung** u. der **unzureichenden Behandlung des Prüfungsauftrags** in Bezug auf den erbrachten Zeit- u. Personalaufwand. Die Folge ist eine **Umkehr der Argumentations- u. Beweislast zu Lasten des Berufsangehörigen**. Kann der WP den geforderten Nachweis nicht erbringen, muss er nicht wegen des Prüfungshonorars, sondern wegen des unzureichenden Ressourceneinsatzes bei der Bearbeitung des Prüfungsauftrags mit einer berufsaufsichtlichen Maßnahme rechnen. 38

Entsprechend dem Wortlaut der Vorschrift beschränkt sich die Nachweispflicht des WP auf die Kriterien eines **angemessenen Zeitaufwands** sowie des **Einsatzes qualifizierten Personals**. Diese sind aufgrund der Verschiedenartigkeit der einzelnen AP wiederum keiner pauschalen Ausgestaltung zugänglich, sondern müssen einzelfallbezogen konturiert werden. Aus dem Normtext ergibt sich i.Ü. zwanglos, dass Abs. 1 Satz 4 **kein „richtiges" Arbeitsergebnis verlangt**. Liegen zusätzl. fachliche Fehler vor, sind diese nicht auf der Grundlage des Abs. 1 Satz 4, sondern **ausschließl. fachaufsichtlich zu ahnden**. 39

VI. Vereinbarung von Provisionen für die Vermittlung von Aufträgen (Abs. 2)

40 Absatz 2 regelt, dass die **Vermittlung v. Aufträgen gegen Entgelt** in der Form „eines Teils der Vergütung oder sonstiger Vorteile" **unzulässig ist**. Die Vorschrift, die in ähnlicher Form auch im Berufsrecht der RA u. StB enthalten ist (vgl. § 49b Abs. 3 Satz 1 BRAO, § 9 StBerG), findet, anders als Abs. 1 Satz 3 u. 4, **in sachlicher Hinsicht auf den gesamten Bereich der beruflichen Tätigkeit des WP Anwendung**.

41 Die Regelung basiert auf der Erwägung, dass WP, wie RA u. StB auch, Aufträge ausschließl. aufgrund des zwischen ihnen u. ihren Mandanten bestehenden **besonderen Vertrauensverhältnisses**, nicht aber **mittels Zahlung einer Provision an Dritte** akquirieren sollen. Sie geht damit auf den in § 1 Abs. 2 Satz 2 enthaltenen Grundsatz zurück, wonach **die Tätigkeit des WP kein Gewerbe ist**. Darüber hinaus konkretisiert die Vorschrift die **Pflicht zur unabhängigen Ausübung des Berufs** (§ 43 Abs. 1 Satz 1), da die wirtschaftliche Verbindung insb. mit gewerblichen Vermittlern eine offensichtliche Gefährdung der Unabhängigkeit der freiberuflichen Dienstleistung mit sich bringen würde. Einer konkreten gesetzlichen Regelung bedurfte es dementsprechend auch nur aus Klarstellungsgründen (in diesem Sinne auch Kuhls/Goez, StBerG, § 9 Rn. 8).

42 Es darf daher **weder mit berufsangehörigen noch mit berufsfremden Dritten** eine Vereinbarung getroffen werden, nach der für die Vermittlung eines Auftrags ein offenes o. verdecktes Entgelt zu zahlen ist. Dabei ist es gleichgültig, ob das Entgelt sich nach einem **Prozentsatz des zu vereinnahmenden Honorars** bemisst o. als **fester Betrag** ausgestaltet ist (BGHZ 132, 229, 239). Auch die **Gewährung v. Geschenken** bzw. **Gutscheinen** für künftige Beratungsleistungen ist als „Abgabe oder Entgegennahme sonstiger Vorteile" i.S.d. Vorschrift unzulässig (OLG Jena 12.2.2003, DStRE 2003, 700; KG Berlin 8.6.2006, WPK-Mag. 4/2006, 58). Gleiches gilt für die **kostenlose Beratung als Gegenleistung für die Mandatsvermittlung** (BGH 19.6.1980, NJW 1980, 2407). Das Verbot des Abs. 2 ist demggü. nicht betroffen, wenn **Mitarbeiter des WP im Rahmen ihrer Tätigkeit Aufträge für ihren Prinzipal akquirieren** und hierfür eine gesonderte – auch erfolgsbezogene – Vergütung erhalten (vgl. Begründung zu § 2 Abs. 2 Nr. 4 BS WP/vBP). In diesen Fällen fehlt es an einer Mandatsvermittlung im Außenverhältnis, so dass der Anwendungsbereich der Vorschrift nicht eröffnet ist.

43 Die **Beteiligung an einem Suchservice** wird nach überkommener Auffassung als zulässig angesehen, wenn das Entgelt ausschließl. für die Aufnahme in das entsprechende Verzeichnis u. unabhängig v. daraus resultierenden Erfolgen bei der Mandatsakquise gezahlt wird (so Gehre/Koslowski, StBerG, § 9 Rn. 2; Kuhls/Goez, § 9 Rn. 12; Vorauflage, § 55a Rn. 42). Das BVerfG hat im Jahr 2008 gleichwohl klargestellt, dass auch ein Entgelt, welches einem Dritten erst bei Zustandekommen eines Mandatsverhältnisses und damit erfolgsabhängig gezahlt wird, unter bestimmten Umständen berufsrechtlich zulässig sein kann. So hat das Gericht in Bezug auf die

Versteigerung von Rechtsrat auf eBay entschieden, dass die Nutzung des genannten Internetportals trotz der in Abhängigkeit vom erfolgreichen Höchstgebot zu zahlenden Provision keinen Verstoß gegen die Parallelnorm des § 49b Abs. 3 Satz 1 BRAO begründet. Die Provision werde nicht für die aktive Auftragsvermittlung, sondern lediglich für die Zurverfügungstellung des Mediums durch das Internetauktionshaus geschuldet; seine Leistung sei daher mit der eines herkömmlichen Werbemediums vergleichbar (BVerfG 19.2.2008, 1 BvR 1886/06, Tz. 24).

Infolge dieser Rechtsprechung wird **die Mitwirkung von Dritten bei Akquisitionstätigkeiten selbst bei einer Vergütung nach Erfolgskomponenten** vom Verbot des § 55 Abs. 2 nicht erfasst sein, solange **keine aktive Einwirkung auf den späteren Mandanten** i.S. einer konkreten Mandatsvermittlung (so BVerfG a.a.O.) erfolgt. Neben der o.g. Beteiligung an einem Suchservice wäre als Bsp. hierfür die Mitwirkung praxisexterner Personen an der **Entwicklung von Marketing- und anderen Maßnahmen der Kundengewinnung** zu nennen. 44

Ebenfalls zulässig ist die Vereinbarung eines Entgelts für die **Übernahme u. Fortführung der WP-Praxis im Ganzen o. einer davon abtrennbaren, selbstständigen Teilpraxis** (vgl. nur BGH 13.10.1976, StB 1977, 13; BGH 26.10.1972, NJW 1973, 98), da Gegenstand einer solchen Vereinbarung nicht die entgeltliche Übertragung v. Einzelmandaten, sondern der Gesamtheit der Mandate als übertragbarer Vermögenswert ist (BGH 13.10.1976, StB 1977, 13). So bleibt das vereinbarte Entgelt i.d.R. unberührt, wenn einzelne Mandanten der Übernahme nicht zustimmen u. einen anderen Berufsträger beauftragen (Kuhls/Goez, StBerG, § 9 Rn. 11). Soll eine Teilpraxis übertragen werden, ist jeweils kritisch zu hinterfragen, ob in Wahrheit nicht die **Übertragung mehrerer Einzelmandate** Ziel der Vereinbarung ist. In diesem Fall würde das Verbot des Abs. 2 trotz der – dann unzutr. – Bezeichnung als Teilpraxis greifen. Die entgeltliche Übernahme v. Einzelmandaten soll im Verhältnis zu einem anderen Berufsangehörigen dann unbedenklich sein, wenn die Zahlung ohne vertragliche Verpflichtung u. damit freiwillig erfolgt, z.B. aufgrund kollegialer Rücksichtnahme o. aus Anstandspflicht ggü. den Erben eines verstorbenen Kollegen (Kuhls/Goez, a.a.O.). 45

Vom Tatbestand des Abs. 2 v. vornherein nicht erfasst u. damit erlaubt ist die **unentgeltliche Vermittlung v. Aufträgen**, z.B. in der Form der Empfehlung durch Mandanten o. kooperierende Berufskollegen. 46

VII. Abtretung von Vergütungsforderungen (Abs. 3)

Absatz 3 enthält **Spezialregelungen zur Abtretung v. Vergütungsforderungen an Berufskollegen u. berufsfremde Dritte**. Die durch Angehörige freier Berufe erklärte Abtretung v. Forderungen aus dem Mandat ist v. der Rspr. in der Vergangenheit als unzulässig angesehen worden, da die Auskunftspflicht des Zedenten gem. § 402 BGB mit der – vorrangig zu beachtenden – Pflicht zur beruflichen Verschwiegenheit kollidierte (vgl. nur BGHZ 122, 115; zahlreiche weitere Nachweise bei Kuhls/Goez, StBerG, § 64 Rn. 50). Die Regelungen des Abs. 3, welche die Abtretung einer Vergütungsforderung unter bestimmten Voraussetzungen für berufsrecht- 47 lich zulässig erklären, beinhalten daher eine **gesetzliche Durchbrechung des Grundsatzes der verschwiegenen Berufsausübung (§ 43 Abs. 1 Satz 1)**. Sie betreffen sämtliche Formen der Forderungsabtretung, so insb. neben der – sicherlich am häufigsten vorkommenden – **Abtretung zu Beitreibungszwecken** die **Sicherungsabtretung**, auch in der Form der **Globalzession** (Ring, BB 1994, 373, 374).

1. Abtretung innerhalb des Berufs (Abs. 3 Satz 1)

48 Absatz 3 Satz 1 ist mit der 7. WPO-Novelle 2007 insofern an den berufsrechtlichen Bestand bei RA sowie StB (vgl. § 49b Abs. 4 Satz 1 BRAO, § 64 Abs. 3 Satz 1 StBerG) angepasst worden, als die bzgl. der Vergütungsforderung bestehende **VSP nunmehr ausdr. auf den (berufsangehörigen) Zessionar erstreckt wird**. Die Regelung stellt zusätzl. klar, dass die Abtretung v. Vergütungsforderungen innerhalb des Berufs **auch ohne Zustimmung der auftraggebenden Person** zulässig ist (so auch BGH 1.3.2007, NJW 2007, 1196 für § 49b Abs. 4 Satz 1 BRAO, der die genannte Klarstellung nicht enthält).

49 Mit der Neuregelung ist die Abtretung innerhalb des Berufs **nunmehr allg. u. ohne besondere Voraussetzungen zulässig** (vgl. BT-Drs. 16/2858, 28). Als gesetzliche Ausnahme zu der in § 43 Abs. 1 Satz 1 geregelten allg. Pflicht zur beruflichen Verschwiegenheit stellt die Vorschrift zugl. einen Erlaubnistatbestand dar, der sowohl eine **Strafbarkeit des Zedenten nach § 203 Abs. 1 Nr. 3 StGB** als auch die **Unwirksamkeit der Verfügung gem. § 134 BGB ausschließt**.

50 Einer zusätzl. Prüfung, ob die geplante Abtretung an WP, WPG o. die entsprechenden Berufsausübungsgemeinschaften durch **berechtigte Eigeninteressen** gerechtfertigt ist, bedarf es dementsprechend nicht (mehr). Eine solche Einschränkung wäre auch mit Blick auf höherrangiges Recht nicht zu rechtfertigen, da dem Recht des Mandanten auf informationelle Selbstbestimmung (Art. 2 Abs. 1 GG) als Schutzgut der VSP bereits durch die Erweiterung des Pflichtenkreises auf den Zessionar in hinreichendem Maße Rechnung getragen wird (BGH 1.3.2007, NJW 2007, 1196, 1197).

2. Abtretung an Angehörige anderer freier Berufe (Abs. 3 Satz 2)

51 Die Vorschrift des Abs. 3 Satz 2, die ebenfalls mit der 7. WPO-Novelle 2007 in die WPO eingefügt wurde, erstreckt die in Satz 1 enthaltene Regelung auf „**Berufsangehörige anderer freier Berufe, die einer entsprechenden gesetzlichen Verschwiegenheitspflicht unterliegen**". Die (voraussetzungslose) Abtretung v. Vergütungsforderungen wird damit nicht nur innerhalb des Berufs, sondern **auch im Verhältnis zu schweigepflichtigen Angehörigen anderer freier Berufe** ermöglicht. Hierdurch werden insb. die **(Abgrenzungs-) Probleme**, die im Rahmen des Abs. 3 a.F. bei der **Abtretung an gemischte Sozietäten** aufgetreten sind, **gegenstandslos** (hierzu Nerlich, in: Hartung, BerufsO, § 49b BRAO, Rn. 91 ff. [zu § 49b Abs. 4 BRAO a.F.]; OLG Frankfurt 21.6.2006, DB 2006, 1839 [zu § 64 Abs. 2 StBerG a.F.]).

52 Mit der Freigabe der Abtretung an Angehörige freier Berufe i.S.v. Abs. 3 Satz 1 und 2 sind gleichwohl nicht sämtliche Handlungsoptionen zur Durchsetzung der abge-

tretenen Vergütungsforderung eröffnet. So wäre der abtretende WP **im Falle eines Forderungskaufs („echtes Factoring")** berufsrechtlich gehindert, **in einem folgenden Honorarprozess als Zeuge auszusagen**, solange v. Seiten des Mandanten keine Entbindungserklärung vorliegt. Unabhängig v. der Sonderregelung zur Abtretung trifft ihn eine umfassende VSP aus dem Mandat; **eine Berufung auf berechtigte Eigeninteressen wird nach Verkauf und Abtretung der Forderung gerade nicht mehr möglich sein** (OLG Köln 24.6.1992, NJW 1992, 2772; Kuhls/Goez, StBerG, § 64 Rn. 52). Demgegenüber wird bei **„unechtem Factoring" (Abtretung nur zur Einziehung)** eine Zeugenaussage auch ohne Entbindung in Betracht kommen, da das wirtschaftliche Risiko in diesen Fällen bei dem abtretenden WP verbleibt und dieser daher – wie im eigenen Honorarprozess – **berechtigte Eigeninteressen geltend machen kann**.

Eine Besonderheit besteht darin, dass Abs. 3 Satz 2 die in Satz 1 angeordnete **Erstreckung der VSP** auf Angehörige anderer freier Berufe ausdehnt, die nicht gleichzeitig als WP bestellt u. auch nicht aufgrund ihrer Organstellung bei WPG Mitglied der WPK sind. Damit begründet das Berufsgesetz der WP an dieser Stelle **eigene Pflichten auch solcher Berufsträger, die mangels Kammerzugehörigkeit nicht der BA der WPK unterliegen**. So würde einen RA, an den ein WP eine Vergütungsforderung abgetreten hat, mit der Abtretung eine originär aus der WPO resultierende Berufspflicht treffen, deren Einhaltung nicht durch die WPK, sondern ausschließl. durch die zuständige RAK zu überwachen ist. 53

3. Abtretung an sonstige Dritte (Abs. 3 Satz 3)

Der ebenfalls durch die 7. WPO-Novelle 2007 neu gefasste Abs. 3 Satz 3 sieht im Vergleich zum bislang geltenden Recht eine **erhebliche Erleichterung auch der Abtretung an sonstige berufsfremde Dritte**, mithin an Personen, die nicht bereits unter Satz 2 fallen, vor. War die Abtretung z.B. an eine **Verrechnungsstelle** o. ein **Inkassobüro** nach altem Recht nur unter ausgesprochen restriktiven Voraussetzungen zulässig (zur Verfassungswidrigkeit der Parallelvorschrift des § 49b Abs. 4 Satz 2 BRAO a.F. BGH 24.4.2008, IX ZR 53/07), ist nunmehr ledigl. die **rkr. Feststellung der Vergütungsforderung** o. die **Zustimmung der auftraggebenden Person** erforderlich. Letztere kann unter der Voraussetzung, dass die Person des Zessionars hinreichend konkretisiert wird (i.d.R. wird es sich um eine Verrechnungsstelle handeln), auch bereits im Rahmen der Auftragserteilung und -annahme eingeholt werden. Im Gegensatz zu § 64 Abs. 2 StBerG i.d.F. des 8. StBerÄG (hierzu Ueberfeldt, DStR 2008, 121) ist es gem. Abs. 3 Satz 3 nicht zwingend erforderlich, dass die Einwilligung des Mandanten schriftlich erfolgt. Leistet der Mandant auf Anforderung des Abtretungsempfängers diesem tats. Ausgleich, rechtfertigt dies allein aber noch nicht die Annahme der Zustimmung (BGH 20.5.1992, NJW 1992, 2348; Kuhls/Goez, StBerG, § 64 Rn. 51). 54

VIII. Rechtsfolgen bei Verstößen gegen die Verbotsnormen

In § 55 werden gesetzliche Verbote aufgestellt, Rechtsfolgen aber nicht ausgesprochen. Somit kommen die allg. Vorschriften zur Anwendung. Daher hat jedenfalls 55 der Verstoß gegen eines der in Abs. 1 Satz 1 und 2, Abs. 2 u. 3 Satz 3 enthaltenen Verbote neben einer möglichen berufsaufsichtlichen Ahndung **in zivilrechtlicher Hinsicht die Anwendbarkeit des § 134 BGB** u. damit grds. **Nichtigkeit** zur Folge (Kuhls/Goez, StBerG, § 9 Rn. 13, § 9a Rn. 14; zur entgeltlichen Mandatsvermittlung BGHZ 132, 229, 239 f.; zur Honorarzession Ring, BB 1994, 373, 375 m.w.N.; zum [anwaltl.] Erfolgshonorar – noch auf § 138 BGB gestützt – BGH 28.2.1963, NJW 1963, 1147). Ob letzteres auch für Verstöße gegen Abs. 1 Satz 3 zu gelten hat, bleibt abzuwarten.

56 Die **Nichtigkeit erfasst das gesamte Rechtsgeschäft**, wenn nicht anzunehmen ist, dass es auch ohne die gegen das gesetzliche Verbot verstoßende Vereinbarung zustande gekommen wäre (§ 139 BGB; BGHZ 39, 142, 150). Dementsprechend ist bei der **Vereinbarung eines unzulässigen Erfolgshonorars** im Regelfall davon auszugehen, dass sich die Nichtigkeitsfolge auf die verbotene Abrede bzw. Leistung beschränkt, das Auftragsverhältnis aber i.Ü. Bestand haben soll (für Anwaltsverträge BGH 23.10.2004, NJW 2004, 1169; OLG Düsseldorf 26.9.2006, AnwBl. 2008, 211; jeweils m.w.N. – von diesem Grundsatz ist der Gesetzgeber ersichtlich auch im Rahmen des § 55a [Erfolgshonorar für Hilfeleistung in Steuersachen] ausgegangen). Dem WP ist es im Misserfolgsfall bereits nach Treu und Glauben (§ 242 BGB) verwehrt, unter Berufung auf die Unwirksamkeit der Vergütungsvereinbarung ein Honorar zu verlangen, welches das nach der Vereinbarung vorgesehene übersteigt (vgl. OLG München 2.5.2012, NJW 2012, 3454; BGH 26.10.1955, BGHZ 18, 340, 347 zur Vergütung des RA). Im Übrigen hängt es von den Umständen des konkreten Falles ab, welche Vergütung der Mandant nach Billigkeitsgesichtspunkten schuldet. Die Regelung des **§ 55a Abs. 5 Satz 1**, wonach der WP aus einer gegen § 55a Abs. 2 o. 3 verstoßenden Vergütungsvereinbarung „keine höhere als eine nach den Vorschriften des bürgerlichen Rechts bemessene Vergütung erhält", gilt im Regelungsbereich des ausnahmslosen Verbotes des § 55 Abs. 1 Satz 1 jedenfalls nicht unmittelbar u. ohne weiteres.

57 Die **Rückerstattung des verbotswidrig geleisteten Entgelts** richtet sich nach den Vorschriften der §§ 812 ff. BGB. Daraus ergibt sich, dass insb. § 814 BGB, wonach das Geleistete nicht zurückverlangt werden kann, wenn der Leistende wusste, dass er zur Zahlung nicht verpflichtet war, einem geltend gemachten Rückzahlungsanspruch des Mandanten u. U. entgegenstehen kann. Der Einwand aus § 817 Satz 2 BGB wird der Rückforderung eines Erfolgshonorars demggü. nicht entgegengesetzt werden können, da sich das Verbot in Abs. 1 Satz 1 und 2 ausweislich seines eindeutigen Wortlauts an den Berufsträger, nicht aber an dessen Mandanten richtet (OLG Düsseldorf a.a.O.).

58 Eine **Gebührenüberhebung (§ 352 StGB)** kommt für den Fall, dass ein Berufsangehöriger verbotswidrig ein Erfolgshonorar vereinbart, nicht in Betracht. Zwar dürften WP, wie auch StB, zu den „sonstigen Rechtsbeiständen" i.S.d. Vorschrift zählen u. ihre Berufsausübung aufgrund der öffentl. Bestellung als „amtliche Verrichtung" anzusehen sein. § 352 StGB erfasst jedoch nur solche Vergütungsansprü-

che, die dem Grund u. dem Betrag nach gesetzlich festgelegt sind (Fischer, StGB, § 352 Rn. 6). Dies ist bei WP jedoch gerade nicht der Fall (Rn. 1 ff.; anders bei StB, hierzu Kuhls/Goez, StBerG, § 64 Rn. 45). Demgegenüber kann eine gegen Abs. 3 Satz 3 verstoßende Forderungsabtretung den Tatbestand der **Verletzung v. Privatgeheimnissen (§ 203 Abs. 1 Nr. 3 StGB)** erfüllen u. hätte in diesem Fall auch strafrechtliche Relevanz.

§ 55a Erfolgshonorar für Hilfeleistung in Steuersachen

(1) [1]Vereinbarungen, durch die eine Vergütung für eine Hilfeleistung in Steuersachen oder ihre Höhe vom Ausgang der Sache oder vom Erfolg der Tätigkeit des Wirtschaftsprüfers abhängig gemacht wird oder nach denen der Wirtschaftsprüfer einen Teil der zu erzielenden Steuerermäßigung, Steuerersparnis oder Steuervergütung als Honorar erhält (Erfolgshonorar), sind unzulässig, soweit nachfolgend nichts anderes bestimmt ist. [2]Vereinbarungen, durch die der Wirtschaftsprüfer sich verpflichtet, Gerichtskosten, Verwaltungskosten oder Kosten anderer Beteiligter zu tragen, sind unzulässig.

(2) Ein Erfolgshonorar darf nur für den Einzelfall und nur dann vereinbart werden, wenn der Auftraggeber aufgrund seiner wirtschaftlichen Verhältnisse bei verständiger Betrachtung ohne die Vereinbarung eines Erfolgshonorars von der Rechtsverfolgung abgehalten würde.

(3) [1]Die Vereinbarung bedarf der Textform. [2]Sie muss als Vergütungsvereinbarung oder in vergleichbarer Weise bezeichnet werden, von anderen Vereinbarungen mit Ausnahme der Auftragserteilung deutlich abgesetzt sein und darf nicht in der Vollmacht enthalten sein. [3]Die Vereinbarung muss enthalten:

1. die erfolgsunabhängige Vergütung, zu der der Wirtschaftsprüfer bereit wäre, den Auftrag zu übernehmen, sowie
2. die Angabe, welche Vergütung bei Eintritt welcher Bedingungen verdient sein soll.

(4) [1]In der Vereinbarung sind außerdem die wesentlichen Gründe anzugeben, die für die Bemessung des Erfolgshonorars bestimmend sind. [2]Ferner ist ein Hinweis aufzunehmen, dass die Vereinbarung keinen Einfluss auf die gegebenenfalls vom Auftraggeber zu zahlenden Gerichtskosten, Verwaltungskosten und die von ihm zu erstattenden Kosten anderer Beteiligter hat.

(5) [1]Aus einer Vergütungsvereinbarung, die nicht den Anforderungen der Absätze 2 und 3 entspricht, erhält der Wirtschaftsprüfer keine höhere als eine nach den Vorschriften des bürgerlichen Rechts bemessene Vergütung. [2]Die Vorschriften des bürgerlichen Rechts über die ungerechtfertigte Bereicherung bleiben unberührt.

Schrifttum: *Blattner*, Die output-basierte Vergütung – worauf es beim Erfolgshonorar ankommt, AnwBl. 2012, 562; *Kilian*, Die Verwendung von Erfolgshonorarvereinbarungen durch die Anwaltschaft, AnwBl. 2012, 148; *Kanzler*, No win, no fee: Das erfolgsabhängige Honorar als gewöhnungsbedürftige Vergütung, NWB

2009, 3362; *Meyer*, Ein Jahr Erfolgshonorar – viel Lärm um nichts, AnwBl. 2009, 531; *WPK*, Der neue § 55a WPO: Erfolgshonorar für Hilfeleistung in Steuersachen, WPK Magazin 3/2008, 36; *Wolf*, Steuerberatung und Erfolgshonorar – zur zulässigen Vereinbarung im Ausnahmefall, DStR 2008, 1257; *Kilian*, Das Gesetz zur Neuregelung des Verbots der Vereinbarung von Erfolgshonoraren, NJW 2008, 1905; *Fölsch*, Auswirkungen des „Erfolgshonorargesetzes" auf die Vergütungsvereinbarung, MDR 2008, 728; *Berners*, Das neue Erfolgshonorar – Die Vergütungsvereinbarung über das erfolgsabhängige Honorar, NWB 2008, 3511; *WPK*, Entwurf eines Gesetzes zur Neuregelung des Verbots der Vereinbarung von Erfolgshonoraren, WPK Magazin 2/2008, 27.

Inhaltsübersicht

		Rn.
I.	Allgemeines	1–2
II.	Definition des Erfolgshonorars, Verbot der Prozessfinanzierung	3
III.	Zulässigkeit eines Erfolgshonorars	4–9
IV.	Formerfordernisse für die Vereinbarung eines Erfolgshonorars	10–13
V.	Auf den Einzelfall bezogene weitere Erfordernisse	14–15
VI.	Rechtsfolgen bei Nichtbeachtung von Anforderungen an die Vereinbarung eines Erfolgshonorars	16–20

I. Allgemeines

1 Nach § 55a Abs. 1 in der bis zum 5.9.2007 geltenden Fassung war es WP im gesamten Bereich ihrer beruflichen Tätigkeit verboten, Vereinbarungen zu schließen, durch welche die Höhe der Vergütung vom Ergebnis ihrer Tätigkeit als WP abhängig gemacht wird. Mit der 7. WPO-Novelle 2007 ist dieses Verbot mit Wirkung zum 6.9.2007 zunächst für den Bereich der **betriebswirtschaftlichen Beratung und Interessenwahrung** (§ 2 Abs. 3 Nr. 2) aufgegeben worden. Aufgrund weiterer verfassungsrechtlicher Bedenken (BVerfG 12.12.2006, NJW 2007, 979; vgl. hierzu § 55 Rn. 16) wurde mit dem am 1.7.2008 in Kraft getretenen Gesetz zur Neuregelung des Verbots der Vereinbarung v. Erfolgshonoraren v. 12.6.2008 (BGBl. I S. 1000) auch für den Bereich der **Hilfeleistung in Steuersachen** (§ 2 Abs. 2) mit § 55a n. F. eine Regelung geschaffen, die in bestimmten Ausnahmefällen die Vereinbarung von Erfolgshonoraren auch bei der Erbringung von Steuerrechtshilfe durch WP zulässt (zum Gesetzgebungsverfahren WPK Magazin 2/2008, 27).

2 Die übrigen in § 55a a. F. enthaltenen Regelungen wurden zu § 55, wobei in § 55 Abs. 1 Satz 2 eine Öffnungsklausel eingefügt wurde, die auf den neuen § 55a verweist. Danach bestimmt sich die Zulässigkeit eines Erfolgshonorars für Hilfeleistung in Steuersachen ausschließlich nach dieser Vorschrift. Zwar gilt § 9a StBerG (Erfolgshonorar) nach seiner Stellung im StBerG für sämtliche Befugnisträger nach § 3 StBerG und somit auch für WP/vBP (so ausdrücklich Kuhls/Goez, StBerG, § 9a Rn. 12). Sinnvollerweise dürfte § 55a in diesem Zusammenhang allerdings als lex specialis anzusehen sein, so dass § 9a StBerG insoweit zurücktritt.

II. Definition des Erfolgshonorars, Verbot der Prozessfinanzierung

Nach der – die Legaldefinition des Erfolgshonorars beinhaltenden – Vorschrift des Abs. 1 Satz 1 sind Vereinbarungen, durch die eine Vergütung für eine Hilfeleistung in Steuersachen oder ihre Höhe vom Ausgang der Sache oder vom Erfolg der Tätigkeit des WP abhängig gemacht wird oder nach denen der WP einen Teil der zu erzielenden Steuerermäßigung, Steuerersparnis oder Steuervergütung als Honorar erhält, unzulässig, soweit nachfolgend nichts anderes bestimmt ist. Auch im Bereich der Hilfeleistung in Steuersachen sind Erfolgshonorare damit **grundsätzlich verboten**. Lediglich bei Vorliegen des in Abs. 2 geregelten **Ausnahmetatbestands** darf ein solches – dann nach weiterer Maßgabe der Abs. 3 und 4 – vereinbart werden. Gemäß Abs. 1 Satz 2 bleiben Vereinbarungen, durch die der WP sich verpflichtet, **Gerichtskosten, Verwaltungskosten oder Kosten anderer Beteiligter** zu tragen, demgegenüber ausnahmslos unzulässig. Der Gesetzgeber stellt damit auch in diesem Zusammenhang klar, dass es dem WP untersagt ist, als **Prozessfinanzierer** tätig zu werden.

3

III. Zulässigkeit eines Erfolgshonorars

Absatz 2 bestimmt in generalklauselartiger Weise, in welchen (Ausnahme-) Fällen die Vereinbarung eines Erfolgshonorars zulässig ist. Danach darf ein Erfolgshonorar **nur für den Einzelfall** und nur dann vereinbart werden, wenn der Auftraggeber aufgrund seiner **wirtschaftlichen Verhältnisse** bei verständiger Betrachtung ohne die Vereinbarung eines Erfolgshonorars von der Rechtsverfolgung abgehalten würde.

4

Die **Reichweite des Ausnahmetatbestands** war im Gesetzgebungsverfahren umstritten, da das BVerfG in seinem o.g. Beschluss nach Klarstellung der Verfassungskonformität des grds. Verbots von Erfolgshonoraren ergänzend ausgeführt hatte, dass der Gesetzgeber das festgestellte verfassungswidrige Regelungsdefizit auch durch die völlige Aufgabe dieses Verbots beseitigen könne (BVerfG a.a.O., Tz. 110). Hatte der Regierungsentwurf dementsprechend noch einen weiter gefassten Ausnahmetatbestand („Dies gilt insbesondere, wenn der Auftraggeber aufgrund seiner wirtschaftlichen Verhältnisse ...") enthalten, wurde dieser im weiteren Gesetzgebungsverfahren durch Streichung des Wortes „insbesondere" auf das **Mindestmaß des vom BVerfG Geforderten** zurückgeführt.

5

Ein Erfolgshonorar darf zunächst nur **für den Einzelfall** vereinbart werden, d.h. die Prüfung, ob die Vereinbarung eines Erfolgshonorars in Betracht kommt, muss den **besonderen Umständen der konkret vorliegenden Angelegenheit** Rechnung tragen. Es dürfte daher z. B. nicht undifferenziert damit geworben werden, dass für die Durchführung bestimmter Rechtsbehelfsverfahren in steuerlichen Angelegenheiten im Grundsatz nur Erfolgshonorare vereinbart werden (Wolf, DStR 2008, 1257, 1258).

6

Des Weiteren darf ein Erfolgshonorar nur vereinbart werden, wenn der Auftraggeber aufgrund seiner **wirtschaftlichen Verhältnisse** bei verständiger Betrachtung

7

ohne die Vereinbarung eines solchen von der Rechtsverfolgung abgehalten würde. Ausgehend von den Ausführungen des BVerfG, dass eine erfolgsbasierte Vergütung nicht nur mittellosen Rechtsuchenden, sondern auch Personen zugänglich sein müsse, die „vor der Entscheidung stehen, ob es ihnen die eigene wirtschaftliche Lage vernünftigerweise erlaubt, die finanziellen Risiken einzugehen, die angesichts der unsicheren Lage der Angelegenheit mit der Inanspruchnahme qualifizierter rechtlicher Betreuung und Unterstützung verbunden sind" (BVerfG a.a.O., Tz. 100), ist der Ausnahmetatbestand zunächst nicht nur dann erfüllt, wenn die wirtschaftlichen Verhältnisse des Rechtsuchenden gar keine andere Alternative zulassen. Nach Auffassung des Rechtsausschusses des Bundestages müsse die „verständige Betrachtung" der Angelegenheit vielmehr dazu führen, dass nicht nur die wirtschaftlichen Verhältnisse, sondern auch die **finanziellen Risiken und deren Bewertung durch den Mandanten** bei der Entscheidung über die Zulässigkeit der Vereinbarung eines Erfolgshonorars zu berücksichtigen sind. Danach kann die Vereinbarung eines Erfolgshonorars z. B. auch dann zulässig sein, wenn ein mittelständisches Unternehmen einen mit Risiken behafteten, streitwertintensiven Prozess führen will (BT-Drs. 16/8916, S. 17).

8 Nach alledem kommt die Vereinbarung eines Erfolgshonorars nicht nur bei mittellosen, sondern auch bei solchen Personen in Betracht, die sich im konkreten Fall **einem im Verhältnis zu ihren wirtschaftlichen Verhältnissen hohen Prozessrisiko** ausgesetzt sehen. Die Entscheidung, ob in diesen Fällen ein Erfolgshonorar vereinbart werden darf, kann aber nicht durch den Mandanten vorgegeben werden, sondern hat aufgrund einer **„verständigen Betrachtung" der Verhältnisse durch den mit der Angelegenheit befassten Berufsangehörigen** zu erfolgen. Wo hier im Einzelfall die Grenzen verlaufen, wird die Rechtsprechung herausarbeiten müssen. Jedenfalls wird bei wirtschaftlich gesunden Mandanten und einem objektiv geringen Prozessrisiko die Vereinbarung einer erfolgsbasierten Vergütung nach der Grundaussage des Abs. 1 Satz 1 unverändert unzulässig bleiben (so auch Wolf a.a.O., 1259).

9 **Maßgeblicher Zeitpunkt** für die Beurteilung der Frage, ob die Voraussetzungen des Abs. 2 vorliegen, ist der **Abschluss der Vereinbarung**. Dies ergibt sich aus dem Wortlaut der Vorschrift („Ein Erfolgshonorar darf nur für den Einzelfall und nur dann vereinbart werden, wenn […]"). Liegen die Voraussetzungen des Abs. 2 zum Zeitpunkt der Vereinbarung des Erfolgshonorars nicht vor, bleibt die Vereinbarung daher auch dann berufsrechtswidrig, wenn die Voraussetzungen zu einem späteren Zeitpunkt eintreten. Auf der anderen Seite stellt die Formulierung klar, dass die erfolgsbezogene Vergütung auch bei nachträglichem Entfallen der Zulässigkeitsvoraussetzungen nach Abs. 2 berufsrechtlich zulässig bleibt (ebenso Blattner, AnwBl. 2012, 562, 563 für § 4a Abs. 1 Satz 1 RVG).

IV. Formerfordernisse für die Vereinbarung eines Erfolgshonorars

Liegt ein Ausnahmefall gemäß Abs. 2 vor, sind bei der – dann zulässigen – Vereinbarung einer erfolgsbezogenen Vergütung die **Formvorschriften der Abs. 3 Satz 1 u. 2, 4 Satz 2** zu beachten. 10

Nach Abs. 3 Satz 1 bedarf die Vereinbarung zunächst der **Textform i. S. d. § 126b BGB**. Die Vorschrift erfordert eine lesbare und dauerhafte Erklärung, deren Abschluss durch Nachbildung der Namensunterschrift oder anders erkennbar gemacht wird. Die Textform ist daher – im Gegensatz zur Schriftform – auch und bereits **bei Telefaxschreiben oder E-Mails gewahrt** (Palandt/Heinrichs, BGB, § 126b Rn. 3). Sie dient im Kontext des § 55a der Information der Vertragsparteien sowie der Dokumentation des Vertragsinhalts (BT-Drs. 16/8916, S. 17). 11

Des Weiteren muss die Vereinbarung als **Vergütungsvereinbarung oder in vergleichbarer Weise bezeichnet** werden, von anderen Vereinbarungen mit Ausnahme der Auftragserteilung **deutlich abgesetzt** sein und darf **nicht in der Vollmacht enthalten** sein (Abs. 3 Satz 2). 12

Nach Abs. 4 Satz 2 ist ferner ein Hinweis aufzunehmen, dass die Vereinbarung keinen Einfluss auf die ggf. vom Auftraggeber zu zahlenden **Gerichtskosten, Verwaltungskosten** und die von ihm zu erstattenden **Kosten anderer Beteiligter** hat. 13

V. Auf den Einzelfall bezogene weitere Erfordernisse

Neben der Erfüllung der in Rn. 10 ff. genannten allgemeinen Formerfordernisse muss die Vereinbarung **in Bezug auf den konkret vorliegenden Einzelfall** gem. Abs. 3 Satz 3 die Angaben enthalten, 14

- zu welcher erfolgsunabhängigen Vergütung der WP bereit wäre, den Auftrag zu übernehmen sowie
- welche Vergütung bei Eintritt welcher Bedingungen verdient sein soll.

Die Angabe einer **alternativen erfolgsunabhängigen Vergütung**, zu der der WP bereit wäre, den Auftrag zu übernehmen, dient dazu, dem Mandanten einen **Vergleichsmaßstab** zu bieten, der ihn in die Lage versetzt, das Erfolgshonorar in Bezug auf seine Angemessenheit zu würdigen. Mit Blick auf die in Abs. 5 Satz 1 enthaltene Regelung (hierzu Rn. 16 ff.) sollte die weitere Angabe, **bei Eintritt welcher Bedingungen welche Vergütung verdient sein soll**, möglichst genau gefasst werden (Wolf a.a.O., 1259).

Nach Abs. 4 Satz 1 sind in der Vereinbarung darüber hinaus die **wesentlichen Gründe** anzugeben, die **für die Bemessung des Erfolgshonorars bestimmend** sind. Die weitergehenden Anforderungen des Regierungsentwurfs, der noch die Darstellung der „wesentlichen tatsächlichen Umstände und rechtlichen Erwägungen, auf denen die Einschätzung der Erfolgsaussichten beruht", vorgesehen hatte, wurden mit Blick auf die daraus resultierenden haftungsrechtlichen Risiken aufgegeben. Nunmehr ist es ausreichend, die **Geschäftsgrundlage** anzugeben, von der Mandant und Berufsträger zum Zeitpunkt der Vereinbarung ausgegangen sind. 15

VI. Rechtsfolgen bei Nichtbeachtung von Anforderungen an die Vereinbarung eines Erfolgshonorars

16 Absatz 5 Satz 1 regelt, dass der WP aus einer Vergütungsvereinbarung, die nicht den **Anforderungen der Abs. 2** (Rn. 4 ff.) **und 3** (Rn. 11 f., 14) entspricht, **keine höhere als eine nach den Vorschriften des bürgerlichen Rechts bemessene Vergütung** erhält. In diesen Fällen ist daher regelmäßig nur die **taxmäßige** (nach OLG Düsseldorf, 6.4.1989, WPK-Mitt. 1989, 87 ist die StBVV als Taxe auch bei Steuerrechtshilfe durch einen nicht zugleich als StB bestellten WP heranzuziehen – a. A. KG Berlin 14.9.2009, WPK Magazin 1/2010, 35, nach dessen Auffassung die StBVV für „Nur"-WP keine Taxe darstellt) bzw. **übliche Vergütung i. S. d. §§ 612 Abs. 2, 632 Abs. 2 BGB** geschuldet.

17 Vor dem Hintergrund, dass es Pflicht des WP ist, bei Abschluss einer Vereinbarung nach § 55a auf die Einhaltung der berufsrechtlichen Anforderungen zu achten, wird dieser sich für den Fall, dass die **Vergütung nach bürgerlichem Recht die nach der Vereinbarung vorgesehene Vergütung übersteigt**, in der Regel nicht auf Abs. 5 Satz 1 berufen können. Ein solches Verlangen würde gegen den Grundsatz von Treu und Glauben (§ 242 BGB) verstoßen und wäre damit eine unzulässige Rechtsausübung (vgl. OLG München 2.5.2012, NJW 2012, 3454; BGH 26.10.1955, BGHZ 18, 340, 347 zur Vergütung des RA; BT-Drs. 16/8384, S. 12 [Begründung zu § 4b RVG]). Dies kann u.a. dazu führen, dass der WP bei einer Vereinbarung, nach der im Misserfolgsfall keinerlei Vergütung geschuldet ist („no win, no fee"), bei Eintritt dieses Falles auch dann keine Vergütung erhält, wenn die Vereinbarung gegen Abs. 2 o. 3 verstößt.

18 Der Einwand gem. § 242 BGB wird dem Mandanten aber abgeschnitten sein, wenn er die **Fehlerhaftigkeit der Vereinbarung zu vertreten hat**, z.B. durch unrichtige Angaben zu seinen wirtschaftlichen Verhältnissen (Abs. 2). Unter dieser Voraussetzung wird der WP auch im Misserfolgsfall eine nach bürgerlichem Recht bemessene Vergütung beanspruchen können. Tritt der gewünschte Erfolg ein, dürfte wiederum der Mandant sich nicht auf Abs. 5 Satz 1 berufen können, wenn er die Fehlerhaftigkeit der Vereinbarung zu vertreten hat. In diesen Fällen wird er nach Treu und Glauben verpflichtet sein, dem WP das Erfolgshonorar wie vereinbart zu zahlen.

19 Die Vorschrift trifft keine Aussage dazu, welche Rechtsfolgen die **Nichterfüllung der Vorgaben des Abs. 4** (Rn. 13, 15) nach sich zieht. In der Begr. zur Parallelregelung des § 4a Abs. 3 RVG wird unter Verweis auf die Rspr. zu § 49b Abs. 5 BRAO (BGH 11.10.2007, IX ZR 105/06) lediglich ausgeführt, dass die **schuldhafte Verletzung der dort geregelten Pflichten** zum Schadenersatz verpflichten kann (BT-Drs. 16/8384, S. 12). Verstöße gegen Abs. 4 dürften daher jedenfalls nicht zur Unwirksamkeit der Vergütungsvereinbarung führen (so zu § 4a Abs. 3 RVG auch Gerold/Schmidt/Mayer, RVG, § 4a Rn. 42).

20 Absatz 5 Satz 2 regelt abschließend, dass die **Vorschriften des bürgerlichen Rechts über die ungerechtfertigte Bereicherung** unberührt bleiben. Daraus ergibt

sich, dass für die Rückforderung eines vom Mandanten bereits gezahlten Erfolgshonorars die §§ 812 ff. BGB gelten. Absatz 5 Satz 1 normiert einen **gesetzlichen Behaltensgrund**, so dass der WP in den einschlägigen Fällen nur in Höhe des Differenzbetrags bereichert ist. Zu weiteren Einzelheiten (§§ 814, 817 Satz 2 BGB) wird auf die Kommentierung zu § 55 (Rn. 57) verwiesen.

§ 55b Qualitätssicherungssystem

¹**Der Wirtschaftsprüfer oder die Wirtschaftsprüferin hat die Regelungen, die zur Einhaltung der Berufspflichten erforderlich sind, zu schaffen sowie ihre Anwendung zu überwachen und durchzusetzen (Qualitätssicherungssystem).** ²**Das Qualitätssicherungssystem ist zu dokumentieren.**

Schrifttum: *Ferlings/Poll/Schneiß*, Aktuelle Entwicklung im Bereich nationaler und internationaler Prüfungs- und Qualitätssicherungsstandards – Unter besonderer Berücksichtigung der Prüfung von KMU, (Teil 1) + (Teil 2), WPg 2007, 101 ff., 145 ff.; *Farr/Niemann*, Qualitätssicherung in der WP-/vBP-Praxis – Neue Anforderungen durch die Änderung der Berufssatzung und durch die VO 1/2006 – Geltungsumfang für kleine und mittelgroße Praxen (Teil I) + (Teil II), DStR 2006, 1242 ff., 1295 ff.; *Pfitzer*, Aktuelles zur Qualitätssicherung und Qualitätskontrolle, WPg 2006, 186 ff.; *Schmidt*, Risikomanagement und Qualitätssicherung in der Wirtschaftsprüferpraxis, WPg 2006, 265 ff.; *Lenz*, Entwurf VO 1/2005 zur Qualitätssicherung in der Wirtschaftsprüfung aus Sicht mittelständischer WP-Praxen, DB 2005, 1615 ff.; *Schmidt/Pfitzer/Lindgens*, Qualitätssicherung in der Wirtschaftsprüferpraxis, WPg 2005, 321 ff.; *Niemann*, Anforderungen an die Qualitätssicherung in kleinen und mittleren WP/vBP-Praxen, DStR 2005, 1581 ff.

Inhaltsübersicht

		Rn.
I.	Allgemeines	1–3
II.	Berufssatzung WP/vBP und Vorstandsverlautbarungen	4–7
III.	Regelungen schaffen, überwachen und durchsetzen (Satz 1)	8–16
	1. Schaffen von Regelungen	10–13
	2. Überwachung der Anwendung und Durchsetzung der Regelungen des QS-Systems	14–16
IV.	Dokumentation des Qualitätssicherungssystems (Satz 2)	17–21
	1. Dokumentation der Regelungen	18–20
	2. Dokumentation der Überwachung und Durchsetzung	21
V.	Elemente der Qualitätssicherung	22–31

I. Allgemeines

1 Die **Berufspflicht, ein QS-System zu schaffen**, wurde vor Einführen von § 55b allein aus dem Grundsatz der gewissenhaften Berufsausübung nach § 43 Abs. 1 Satz 1 abgeleitet. Bereits aus diesem Grundsatz heraus ist eine Praxis u.a. verpflichtet, Vorkehrungen zu schaffen, die sicherstellen, dass bei der Berufsausübung die Berufspflichten beachtet werden. § 55b wurde mit der 6. WPO-Novelle 2005 eingeführt.

2 Ein QS-System trägt in erheblichem Maße zur **Sicherstellung der Qualität der beruflichen Leistung** bei. Praxen haben schon immer ein QS-System unterhalten. Es wurde gelebt, jedoch nicht immer dokumentiert. Nunmehr ist es ausdr. nach § 55b Satz 2 zu dokumentieren. Dies dient der Verstetigung des QS-Systems. Art, Umfang u. Dokumentation des QS-Systems sind v. den individuellen Gegebenheiten der einzelnen Praxis abhängig.

3 Mit Einführung des Systems der QK in 2001 (§§ 57a ff.) u. der Fortentwicklung v. **Vorschriften im internationalen Bereich** (1996: Grünbuch der EU „Rolle, Stellung und Haftung des Abschlussprüfers in der EU", 2000: Empfehlung der EU-Kommission „Mindestanforderungen an Qualitätssicherungssysteme für die Abschlussprüfung in der EU") wurde die Notwendigkeit deutlich, diese Berufspflicht nicht nur in der Generalnorm § 43 Abs. 1 Satz 1, sondern in einer speziellen Norm zu regeln. Hinzu kam, dass der ehemalige Qualitätskontrollbeirat in seinem Bericht für 2002 eine entspr. Empfehlung aussprach.

II. Berufssatzung WP/vBP und Vorstandsverlautbarung

4 Eine weitere Ausgestaltung der Berufspflicht zur Sicherung der Qualität der Berufsarbeit erfolgt im 4. Teil der Berufssatzung WP/vBP in den **§§ 31-33 BS WP/vBP**. § 31 regelt Grundsätze, § 32 Besonderheiten für Siegelaufträge u. § 33 die Nachschau. Neue Berufspflichten werden mit diesen Regelungen grundsätzlich nicht geschaffen.

5 Mit der gemeinsamen Verlautbarung „**Anforderungen an die Qualitätssicherung in der Wirtschaftsprüferpraxis (VO 1/2006)**" legen die Vorstände v. WPK u. IDW im Detail die **Berufsauffassung zur Ausgestaltung eines QS-Systems** in Praxen dar, um die Einhaltung der gesetzl. und satzungsmäßigen Anforderungen zu erleichtern. Der Beruf hatte bereits Anfang der 80-iger Jahre begonnen, mit Stellungnahmen zur QS auf die zunehmend wichtigeren QS-Anforderungen zu reagieren. Zunächst hatte er die Stellungnahme „VO 1/1982 – Zur Gewährleistung der Prüfungsqualität" beschlossen. Diese wurde später durch die Gemeinsamen Stellungnahmen der Vorstände v. WPK u. IDW „VO 1/1995 – Zur Qualitätssicherung in der Wirtschaftsprüferpraxis" konkretisiert, die im März 2006 durch die VO 1/2006 ersetzt wurde.

6 Die Hinweise in der VO 1/2006 gelten für die Einhaltung der Berufspflichten in **sämtlichen Tätigkeitsbereichen der Praxis**. Eine Ausnahme bildet nur der Gliederungspunkt 4.6. (Auftragsabwicklung) der VO 1/2006. Dieser gilt nur für die Auf-

tragsabwicklung v. betriebswirtschaftlichen Prüfungen nach § 2 Abs. 1 u. grds. unabhängig davon, ob dabei das Berufssiegel geführt wird o. nicht.

Die Verlautbarungen der Vorstände v. WPK u. IDW sind weder ein Gesetz im formellen, noch im materiellen Sinne. Die Verlautbarung des IDW-VO hat den Charakter einer Empfehlung, die allenfalls nur die Mitglieder des IDW aufgrund der Satzung des IDW (§ 4 Abs. 8) bindet. Die Verlautbarung des WPK-VO führt zu einer **Selbstbindung des WPK-VO im Rahmen der BA**. Sie hat eine mit einer Verwaltungsanweisung der Finanzverwaltung (Richtlinien) vergleichbare Rechtsnatur. Aus ihr wird nur der WPK-VO verpflichtet, nicht der Berufsangehörige. Mit einer Verlautbarung bringt der WPK-VO der WPK zum Ausdruck, dass ein der Verlautbarung entspr. Verhalten aus seiner Sicht ein mit dem Berufsrecht vereinbares Verhalten darstellt. Orientiert sich der Berufsangehörige bei dem Schaffen seines QS-Systems an der Verlautbarung, kann er davon ausgehen, dass sein Verhalten v. der WPK im Rahmen der BA nicht beanstandet wird. Für das **QK-Verfahren** gilt dies nicht, da durch die Verlautbarung des WPK-VO die **KfQK nicht gebunden** wird. Sie wird sich jedoch in aller Regel bei ihren Entscheidungen an den Ausführungen der Verlautbarung orientieren. 7

III. Regelungen schaffen, überwachen und durchsetzen (Satz 1)

Die Berufspflicht gilt für die **gesamte Tätigkeit des WP nach § 2**. Die ursprüngliche Fassung des § 55b gab einen Hinweis auf die Durchführung betriebswirtschaftlicher Prüfungen („insbesondere…"). Dieser stellte jedoch keine Beschränkung der Vorschrift auf den prüferischen Bereich nach § 2 Abs. 1 dar, sondern hob vielmehr die Bedeutung der QS insb. für diesen Bereich heraus. Zutreffend spricht die Gesetzesbegr. zur 7. WPO-Novelle 2007 auch nur von der Bereinigung einer missverständlichen Formulierung (BT-Drs. 16/2858 v. 4.10.2006, 29). Mit der aktuellen Formulierung erfolgte also keine Erweiterung der Berufspflicht zum Schaffen eines QS-Systems. Auch die allg. Grundsätze für QS-Pflichten nach § 31 BS WP/vBP erstrecken sich daher auf die gesamte Berufstätigkeit des WP. 8

Weitergehende Anforderungen gelten nach § 32 BS WP/vBP bei einer **siegelführenden Tätigkeit**. § 32 BS WP/vBP gilt nicht nur für Praxen, die zur Durchführung einer QK verpflichtet sind. Auch Praxen, die nicht zur Durchführung v. QK verpflichtet sind, weil sie keine gesetzl. AP durchführen, aber das Berufssiegel führen, sind zur Beachtung v. § 32 BS WP/vBP verpflichtet. Für nicht aus § 32 BS WP/vBP verpflichtete Praxen bieten die satzungsrechtl. Regeln jedoch einen guten Anhaltspunkt für Anforderungen an ihr QS-System. 9

1. Schaffen von Regelungen

Es sind **angemessene Regelungen** zu schaffen. Angemessen sind die Regelungen, wenn sie mit hinreichender Sicherheit gewährleisten, dass Verstöße gegen Gesetze oder das Berufsrecht bei der Abwicklung von Aufträgen verhindert oder zeitnah erkannt werden. Dies bedeutet aber auch, dass nur Regelungen zu schaffen sind, die auch erforderlich sind, um das zuvor genannte Ziel zu erreichen. Die vielfach, insb. 10

v. kleinen Praxen geäußerte Befürchtung, mit der Vorschrift gehe eine erhebliche Formalisierung u. Bürokratisierung des Berufes einher, ist daher unbegründet.

11 Nach § 55b Satz 1 muss sich der WP demnach ein Regelungsgerüst geben, nach dem er seine Tätigkeit so organisiert, dass er die Berufspflichten einhält. Zunächst muss er die für ihn einschlägigen Berufspflichten identifizieren. Dies erfolgt zunächst durch eine **Feststellung und Analyse der qualitätsgefährdenden Risiken der Praxis**. Die Feststellung und Analyse der qualitätsgefährdenden Risiken ist allerdings nicht mit dem Schaffen von Regelungen abgeschlossen. Sie stellt vielmehr einen permanenten Prozess dar. Verändern sich die rechtlichen oder tatsächlichen Gegebenheiten der Praxis, verändern sich ggf. auch die qualitätsgefährdenden Risiken. Der gewissenhaft tätige WP muss sein QS-System den sich verändernden Verhältnissen anpassen. § 31 Abs. 1 Satz 1 BS WP/vBP bringt eindeutig zum Ausdruck, dass sich das erforderliche **Regelungsgerüst an den individuellen Gegebenheit der Praxis zu orientieren** hat.

12 Setzt der WP bspw. **fachliche Mitarbeiter** bei der Auftragsabwicklung ein, ist er nach § 6 Abs. 1 BS WP/vBP verpflichtet, diese **aus- bzw. fortzubilden**. Hierzu hat er Regelungen zur Aus- und Fortbildung zu schaffen. Inhalt u. Umfang der Regelungen stehen jedoch in unmittelbarem Zusammenhang mit der Qualifikation u. Anzahl der Mitarbeiter. Für den WP, der nur **einen fachlichen Mitarbeiter** beschäftigt, steht die erforderliche Regelung schon in § 6 Abs. 1; er muss sie nicht einmal gesondert (ggf. in einem Handbuch) dokumentieren. Wird die Regelung auch nachweisbar durch das Einhalten der Berufspflicht erfüllt, hat der WP das aus seiner Sicht zur Erfüllung der Berufspflicht Erforderliche getan. Er verfügt über angemessene und wirksame Regelungen zur Aus- bzw. Fortbildung. Ist der WP **ohne fachliche Mitarbeiter** tätig, ist er überhaupt nicht verpflichtet, Regelungen zu schaffen. Die Regelungen sind nicht „erforderlich" i.S.v. § 55b Satz 1. Das QS-System ist in diesem Fall auch ohne entspr. Regelungen angemessen.

13 Ein QS-System kann nur dann wirksam zur Sicherung der Qualität der Berufsarbeit beitragen, wenn die Personen, die diese Qualität erbringen, die Regelungen auch kennen. Daher führt § 31 Abs. 1 Satz 2 BS WP/vBP aus, dass der WP verpflichtet ist, seine **Mitarbeiter über das QS-System zu informieren**. Das QS-System hat entsprechende Regelungen vorzusehen. Die Erstinformation kann bei der Arbeitsaufnahme des Mitarbeiters durch Aushändigung von einschlägigen Unterlagen und Einführung in die Regelungen des QS-Systems erfolgen. Die Regelungen des QS-Systems müssen allerdings auch eine angemessene Information in der Folgezeit vorsehen, um der Verpflichtung nach Satz 2 nachzukommen.

2. Überwachung der Anwendung und Durchsetzung der Regelungen des QS-System

14 § 55b Satz 1 regelt nicht nur, dass der WP verpflichtet ist, QS-Regelungen zu schaffen, sondern er muss auch deren **Anwendung überwachen** u. **durchsetzen**. Die Überwachung kann während der Abwicklung von Prüfungsaufträgen (prozessintegriert) und auch losgelöst von der Auftragsabwicklung (prozessextern) erfolgen.

Prozessintegriert erfolgt dies bspw. durch die Anleitung der Mitarbeiter und Überwachung der Einhaltung der Prüfungsanweisungen durch den WP bei der Auftragsabwicklung (§ 24b Abs. 1 Satz 3 BS WP/vBP). Ein klassisches Instrument der prozessexternen Überwachung ist die regelmäßig o. anlassbezogen durchzuführende **Nachschau** nach §§ 7, 33 BS WP/vBP. Unterlässt der WP die Überwachung o. Durchsetzung, so stellt dies einen Berufsrechtsverstoß dar, der auch zu einem Mangel der Wirksamkeit des QS-Systems führt.

Die Durchsetzung der Regelungen des QS-Systems kann dadurch erfolgen, dass die Praxis eine fehlende Anwendung der Regelungen durch Mitarbeiter mit Konsequenzen verknüpft. Dabei kann es sich um disziplinarische Maßnahmen handeln, dass ein Nichtanwenden der Regelungen des QS-Systems Auswirkungen auf eine Karriere in der Praxis oder auch Berücksichtigung bei der Gehaltsentwicklung haben kann. Ein Mittel der Durchsetzung ist auch die Anordnung der Teilnahme an einschlägigen Aus- und Fortbildungsveranstaltungen. Das QS-System hat entsprechende Regelungen zur Durchsetzung vorzusehen. 15

Neben der Überwachung der Anwendung der Regelungen des QS-Systems (s.o. Rn. 15) hat der WP nach § 31 Abs. 1 Satz 3 Berufssatzung WP/vBP auch die **Angemessenheit und Wirksamkeit des QS-Systems selbst zu überwachen**. Auch diese Überwachung kann durch die zuvor beschriebenen Maßnahmen prozessintegriert und prozessextern erfolgen. In der Regel wird dies jedoch eher prozessextern durch Durchführung einer Nachschau erfolgen. 16

IV. Dokumentation des Qualitätssicherungssystems (Satz 2)

Das QS-System ist zu dokumentieren. Die **Dokumentation des QS-Systems** dient in erster Linie nicht nur der **Verstetigung der Regelungen des QS-Systems**, sondern der **Nachvollziehbarkeit der Regelungen für den Anwender** des QS-Systems u. erst in zweiter Linie der Erleichterung der Prüfung im Rahmen einer QK oder SU. § 31 Abs. 2 und 3 BS WP/vBP verdeutlichen, wie das QS-System zu dokumentieren ist. Umfang u. Inhalt der Dokumentation hat sich **an den individuellen Gegebenheiten der Praxis zu orientieren**. Die Dokumentation muss so ausgestaltet sein, dass der Anwender die Regelungen anwenden u. sich ein fachkundiger Dritter in angemessener Zeit ein Bild v. dem QS-System verschaffen kann. Die Dokumentationspflicht bezieht sich auf alle Elemente des QS-Systems. 17

1. Dokumentation der Regelungen

Die **Anforderungen an die Dokumentation** richten sich, ebenfalls wie die Anforderungen an ein Schaffen v. Regelungen, nach den Gegebenheiten der Praxis. Vielfach wird im Berufsstand der Erwerb eines „**Qualitätssicherungshandbuches**" als ein geeignetes Mittel zur Erfüllung der Berufspflicht der Dokumentation des QS-Systems angesehen. Dabei besteht allerdings die Gefahr, sich ein aufgrund der Struktur, Größe u. des Tätigkeitsgebietes überzogenes QS-System zu geben. 18

Die „Dokumentation" der Regelungen des QS-Systems kann sich, bei **kleinen und nicht arbeitsteilig tätigen Praxen allein aus dem Gesetz u. dem „Doing der** 19

Praxis" ergeben. So muss der WP nicht gesondert in einem Organisationshandbuch niederlegen, dass er sich angemessen fortbilden will. Es ist ausreichend, wenn durch Teilnahmebescheinigungen an Fortbildungsveranstaltungen oder Aufzeichnungen über die Zeit und den Gegenstand des Literaturstudiums eine angemessene Fortbildung nachgewiesen werden kann. Diese Dokumentation ist ausreichend, damit der Anwender des QS-Systems die Erfüllung seiner Berufspflicht nachhalten und der PfQK oder die SU die Angemessenheit und Wirksamkeit des QS-Systems im Rahmen der QK oder SU prüfen können.

20 Die Dokumentation des QS-Systems muss **an Veränderungen der Berufspflichten o. der tats. Verhältnisse angepasst** werden. Das QS-System ist nur dann angemessen, wenn es erforderliche Anpassungen nachvollziehbar zeitnah aufgreift. Die Prüfung dieser Anpassungen des QS-Systems an Veränderungen des rechtl. wie auch tats. Umfeldes bei einer fehlenden formellen Dokumentation dürfte umfangreicher ausfallen, als wenn sich die Anpassungen anhand der Veränderungen eines QS-Handbuches nachvollziehen lassen.

2. Dokumentation der Überwachung und Durchsetzung

21 Neben den Regelungen (Sollsystem des QS-Systems) und seinen Veränderungen ist auch die **Überwachung u. Durchsetzung des QS-Systems zu dokumentieren**. Hierzu zählt insb. die Dokumentation der Ergebnisse der **Nachschau** (§ 33 Abs. 3 Satz 1 BS WP/vBP) und dabei auch evtl. veranlasster Schulungs- o. Dsziplinarmaßnahmen.

V. Elemente der Qualitätssicherung

22 Die Elemente der QS können in den Prozess der Auftragsabwicklung integriert (prozessintegrierte Elemente des QS-Systems), aber auch von der unmittelbaren Abwicklung des einzelnen Auftrages getrennt sein (prozessexterne Elemente des QS-Systems). Sämtliche Regelungen des QS-Systems zur Auftragsabwicklung stellen prozessintegrierte Elemente zur QS dar. Zu den prozessintegrierten Elementen der QS sind insbesondere auch die Überwachung der Auftragsabwicklung durch den WP und die **Berichtskritik** (§ 43 Rn. 74) sowie die **auftragsbegleitende QS** (§ 43 Rn. 75, 89) zu zählen.

23 Ein Element der prozessexternen QS stellt die **Nachschau** nach § 33 BS WP/vBP dar. Danach sind WP verpflichtet, eine Nachschau durchzuführen. Diese dient dem Ziel, die Angemessenheit und Wirksamkeit des QS-Systems zu beurteilen. Die Nachschau ist ein zentrales Element der QS in der Praxis, wie sich auch aus § 7 BS WP/vBP für den Bereich der Praxisorganisation ergibt. Sie ist Ausdruck der gewissenhaften Berufsausübung. Mit § 33 BS WP/vBP wurde die Nachschau unter dem Gesichtspunkt der besonderen Berufspflicht zur Sicherung der Qualität der Berufsarbeit detailliert geregelt.

24 **Gegenstand der Nachschau** sind nach § 33 Abs. 1 Satz 2, Abs. 2 BS WP/vBP die **Regelungen des QS-Systems** zur Organisation der Praxis und zur Auftragsabwick-

lung. Bezüglich der Auftragsabwicklung sind nur **Prüfungsaufträge** Gegenstand einer Nachschau. Andere Aufträge sind nicht (verpflichtend) einzubeziehen. Im Sinne einer sinnvollen QS der Praxis sollte der WP jedoch auch diese Bereiche nicht außer Acht lassen. Es ist nach § 33 Abs. 2 Satz 1 BS WP/vBP zu prüfen, ob die Prüfungsaufträge im Einklang mit den angemessenen Regelungen des QS-Systems abgewickelt wurden. Zu diesem Zweck sind in einem angemessenen Verhältnis Aufträge in der Nachschau nach § 33 Abs. 2 Satz 2 BS WP/vBP zu berücksichtigen. In jedem Falle ist nach § 33 Abs. 2 Satz 3 BS WP/vBP jeder WP, der verantwortlich i.S.v. § 24a Abs. 2 BS WP/vBP Prüfungsaufträge abgewickelt hat, zu berücksichtigen.

Eine Nachschau hat **in einem angemessenen Abstand** oder auch **aus gegebenen Anlass** zu erfolgen. Nach den international anerkannten Regelungen (ISQC 1, A66.) wird ein Abstand zwischen zwei Nachschauen von **längstens drei Jahren** als angemessen anerkannt. Der deutsche Berufsstand hat diesen Turnus übernommen und in der Erläuterung zur BS WP/vBP ausgeführt, dass die Nachschau wenigstens alle drei Jahre durchzuführen ist. Im Berufsstand wird dies auch wörtlich so verstanden. Die Drei-Jahres-Regel ist allerdings nur ein Anhaltspunkt für eine angemessene Frist und besagt, dass spätestens nach drei Jahren erneut eine Nachschau durchzuführen ist. Die Angemessenheit hängt im Wesentlichen von den individuellen Gegebenheiten der Praxis und der Prüfungsaufträge ab. Dabei sind auftragsbezogen Art und Struktur sowie Risiko der Aufträge zu berücksichtigen und entspr. bei der Ermittlung der Stichprobe zu berücksichtigen. Bei den Gegebenheiten der Praxis sind neben Größe und Struktur der Praxis auch Faktoren wie Personalfluktuation und deren Risiken zu berücksichtigen. Diese und andere praxisindividuelle Gegebenheiten können dazu führen, dass ein Turnus nur dann angemessen ist, wenn er kürzer als drei Jahre ist. 25

Eine Nachschau ist auch **aus gegebenen Anlass** durchzuführen. Ein Anlass kann bspw. durch eine Veränderung der rechtlichen und personellen Gegebenheiten der Praxis, die Auswirkungen auf die Angemessenheit und Wirksamkeit des QS-System haben können, gegeben sein. Auch Feststellungen durch eine QK sind regelmäßig Anlass für die Durchführung einer anlassbezogenen Nachschau. Hat die QK bspw. ergeben, dass Regelungen des QS-Systems nicht wirksam sind und hat die Praxis Maßnahmen ergriffen, um die Anwendung der Regelungen durchzusetzen, ist dies ein Anlass für eine Nachschau (ggf. nach einer Prüfungssaison). Damit erlangt der WP Sicherheit, dass die Maßnahmen auch angewandt werden. 26

Die Nachschau ist nur von ausreichend **fachlich und persönlich geeigneten Personen**, die **nicht unmittelbar mit der Abwicklung des betreffenden Auftrages** oder als **auftragsbegleitender Qualitätssicherer** nach § 24d Abs. 2 BS WP/vBP befasst waren, durchzuführen. Fachlich und persönlich geeignet sind zunächst einmal grds. WP. Andere Personen müssen die fachliche und persönliche Eignung nachweisen. Der WP hat sich von deren fachlicher und persönlicher Eignung zu überzeugen. Personen ohne Prüfungserfahrung sind nicht geeignet, eine Nachschau durchzuführen. 27

28 Steht in der Praxis keine geeignete Person zur Verfügung, kann der WP die Nachschau unter bestimmten, engen Voraussetzungen auch selbst durchführen (sog. **„Selbstvergewisserung"**). Voraussetzung für die Zulässigkeit sind des Weiteren, dass die Beauftragung eines externen Dritten unzumutbar ist und zwischen Abwicklung des Auftrages und der Nachschau ein angemessener, zeitlicher Abstand gewahrt wird. Die Gründe für die Durchführung der Nachschau im Wege der Selbstvergewisserung sind zu dokumentieren.

29 Die Tatbestandsmerkmale sind als Ausnahme von der Regel eng auszulegen. Zunächst ist zu ermitteln, ob in der Praxis **keine geeignete Person** zur Verfügung steht. Unter Praxis ist die Organisationseinheit zu verstehen, in der der WP tätig ist. Ist der WP bspw. in eigener Praxis tätig und wickelt den einen Prüfungsauftrag in seiner WPG alleine ab, steht nicht zwingend keine geeignete Person in der WPG zur Verfügung, nur weil der WP in der WPG alleine tätig ist. Bei diesem Sachverhalt spricht zunächst einmal die Vermutung dafür, dass die Einzelpraxis und die WPG eine organisatorische Einheit bilden. Ist in der eigenen Praxis eine geeignete Person tätig ist, liegen die Voraussetzung für eine Selbstvergewisserung nicht vor.

30 Die **Beauftragung eines externen Dritten** mit der Nachschau darf auch **nicht unzumutbar** sein. Die Entscheidung, ob eine Unzumutbarkeit vorliegt oder nicht, ist eine Frage der Abwägung der Belastung des WP durch die Beauftragung eines externen Dritten. Setzt der WP zur Abwicklung des oder der Aufträge Mitarbeiter ein, spricht dies zunächst grds. für die Zumutbarkeit der Beauftragung eines externen Dritten. Wer zur Umsatzgenerierung Mitarbeiter einsetzt, dem ist auch der Einsatz eines Mitarbeiters zur Sicherung der Qualität der Berufsarbeit zuzumuten. Auch eine größere Anzahl von abgewickelten Aufträgen spricht für die Zumutbarkeit angesichts des dadurch gesteigerten Risikos. Der Umsatz des WP, ggf. auch unter Berücksichtigung des Umsatzes außerhalb einer Tätigkeit als AP, ist ebenfalls ein Hinweis auf die Zu- oder Unzumutbarkeit.

31 Darüber hinaus muss ein **zeitlicher Abstand zur Auftragsabwicklung** gewahrt sein. Dies dient dem Zweck, dass der WP als „Selbstvergewisserer" dennoch einen gewissen Abstand zu der Abwicklung des Auftrages entwickelt und eher in der Lage ist, sein eigenes Prüfungsvorgehen zu hinterfragen.

§ 55c Transparenzbericht

(1) ¹Berufsangehörige in eigener Praxis und Wirtschaftsprüfungsgesellschaften, die im Jahr mindestens eine Abschlussprüfung eines Unternehmens von öffentlichem Interesse (§ 319a Abs. 1 Satz 1 des Handelsgesetzbuchs) durchführen, haben jährlich spätestens drei Monate nach Ende des Kalenderjahres einen Transparenzbericht auf der jeweiligen Internetseite zu veröffentlichen. ²Dieser muss mindestens beinhalten:
1. eine Beschreibung der Rechtsform und der Eigentumsverhältnisse;
2. sofern die Einbindung in ein Netzwerk vorliegt, eine Beschreibung dessen organisatorischer und rechtlicher Struktur;

3. eine Beschreibung des internen Qualitätssicherungssystems sowie eine Erklärung des oder der Berufsangehörigen oder des Geschäftsführungsorgans zur Durchsetzung des internen Qualitätssicherungssystems;
4. das Ausstellungsdatum der letzten Teilnahmebescheinigung (§ 57a Abs. 6 Satz 7);
5. eine Liste der in Satz 1 genannten Unternehmen, bei denen im vorangegangen Kalenderjahr eine gesetzlich vorgeschriebene Abschlussprüfung durchgeführt wurde;
6. eine Erklärung über die Maßnahmen zur Wahrung der Unabhängigkeit einschließlich der Bestätigung, dass eine interne Überprüfung der Einhaltung von Unabhängigkeitsanforderungen stattgefunden hat;
7. Informationen über die Vergütungsgrundlagen der Organmitglieder und leitenden Angestellten.

³Darüber hinaus muss der Transparenzbericht von in Satz 1 genannten Wirtschaftsprüfungsgesellschaften folgendes beinhalten:

1. eine Beschreibung der Leitungsstruktur (Geschäftsführungs- und Aufsichtsorgane);
2. eine Erklärung darüber, wie die Gesellschaft ihre Berufsangehörigen zur Erfüllung der Fortbildungspflicht anhält (interne Fortbildungsgrundsätze und -maßnahmen);
3. Finanzinformationen, welche die Bedeutung der Gesellschaft widerspiegeln, in Form des im Sinne des § 285 Satz 1 Nr. 17 des Handelsgesetzbuchs nach Honoraren aufgeschlüsselten Gesamtumsatzes.

(2) ¹Der Transparenzbericht ist von dem oder der Berufsangehörigen oder von der Wirtschaftsprüfungsgesellschaft in einer den §§ 126, 126a des Bürgerlichen Gesetzbuchs entsprechenden Form zu unterzeichnen. ²Die Wirtschaftsprüferkammer ist von dem oder der Verpflichteten nach Absatz 1 Satz 1 über die elektronische Veröffentlichung zu unterrichten; ist keine elektronische Veröffentlichung des Transparenzberichtes möglich, kann der Transparenzbericht bei der Wirtschaftsprüferkammer hinterlegt und auf Nachfrage von Dritten dort eingesehen werden.

Schrifttum: *Boecker/Zwirner*, Im Blickpunkt: Transparenzberichte gem. § 55c – lästiges Übel oder Chance zum Marketing für den Wirtschaftsprüfer?, BB 11/2012, VI; *WPK*, Informationen über die Vergütungsgrundlagen der leitenden Angestellten im Transparenzbericht 2012, WPK-Mag. 1/2012, 9; *WPK*, Transparenzbericht gemäß § 55c WPO – Bestandsaufnahme und Gestaltungshinweise, WPK-Mag. 1/2009, 4; *Ostermeier*, Transparenzberichterstattung in Deutschland – Eine Untersuchung zum aktuellen Stand, WPg 2009, 133; *WPK*, Unternehmen von öffentlichem Interesse im Sinne von § 319a HGB und besondere berufsrechtliche Regelungen, WPK-Mag. 3/2008, 34; *Gelhausen/Goltz*, Die sechste Änderung der Berufssatzung, WPK-Mag. 1/2008, 33; *Schnepel*, Berufsaufsichtsreformgesetz – In öffentlichem Interesse, DATEV Magazin 1/2008, 36; *Naumann/Hamannt*; Reform des Berufsrechts der Wirtschaftsprüfer durch das BARefG, WPg 2007, 901; *Pfitzer/Oser/Wa-*

der, Der Transparenzbericht gemäß § 55c WPO, WPK-Mag. 4/2007, 54; *Schnepel*, Berufsaufsichtsreformgesetz – Die wichtigsten Änderungen für Wirtschaftsprüfer und vereidigte Buchprüfer durch die 7. WPO-Novelle, NWB 2007, 3809; *Weidmann*, Die Siebte WPO-Novelle – Auswirkungen des Berufsaufsichtsreformgesetzes auf den Berufsstand, WPK-Mag. 3/2007, 55; *WPK*, § 319a HGB-Mandate im Sinne der einzuführenden Sonderuntersuchungen, WPK-Mag. 2/2007, 21.

Inhaltsübersicht

		Rn.
I.	Allgemeines	1–2
II.	Pflicht zur Veröffentlichung	3–8
III.	Erforderlicher Mindestinhalt bei allen transparenzberichtspflichtigen Abschlussprüfern	9–23
	1. Allgemeines	9
	2. Rechtsform und Eigentumsverhältnisse	10–12
	3. Organisationsstruktur bei Netzwerken	13
	4. Qualitätssicherungssystem und Erklärung zu dessen Durchsetzung	14–16
	5. Ausstellungsdatum der letzten TB	17
	6. Liste der geprüften Unternehmen von öffentlichem Interesse	18
	7. Maßnahmen zur Unabhängigkeit und Bestätigung der Einhaltung	19
	8. Vergütungsgrundlagen	20–23
IV.	Zusätzlicher Mindestinhalt bei WPG	24–28
	1. Allgemeines	24
	2. Leitungsstruktur	25–26
	3. Fortbildungsgrundsätze und -maßnahmen	27
	4. Finanzinformationen	28
V.	Maßgeblicher Zeitpunkt für die Angaben	29–30
VI.	Verfahrensfragen	31–40
	1. Veröffentlichung des Transparenzberichtes im Internet	31–34
	2. Unterrichtung der WPK	35
	3. Hinterlegung bei der WPK und Einsichtsrecht Dritter	36
	4. Unterzeichnung des Transparenzberichtes	37–38
	5. „Betagte" Transparenzberichte	39
VII.	Freiwillige Transparenzberichte	40
VIII.	Genossenschaftliche Prüfungsverbände und Prüfungsstellen der Sparkassen- und Giroverbände	41

I. Allgemeines

1 Die Vorschrift des § 55c ist mit der 7. WPO-Novelle 2007 eingefügt worden. Sie ist Folge der nahezu wortgetreuen **Umsetzung des Art. 40 der AP-RiLi (2006)**. Danach sind die Mitgliedstaaten verpflichtet, für **AP v. Unternehmen v. öffentl. Interesse** die Pflicht einzuführen, dauerhaft u. jährlich aktualisiert einen sog. **Transparenzbericht** zu veröffentlichen. Das Ziel der Regelung besteht darin, die

Gesellschafts-, Aufsichts- u. Qualitätsstruktur der betroffenen AP für die Öffentlichkeit darzustellen (BT-Drs. 16/2858, 29).

§ 55c ist eine **Berufspflicht**, deren Verletzung berufsaufsichtliche Maßnahmen zur Folge haben kann. Zugleich können sich aus den dem Transparenzbericht zu entnehmenden **Informationen** ggf. Rückschlüsse auf Verstöße gegen andere berufsrechtliche Vorgaben ziehen lassen u. sodann zu weiteren berufsaufsichtlichen o. Widerrufsverfahren o. über § 57e Abs. 6 zu außerturnusmäßigen Maßnahmen der KfQK führen. 2

II. Pflicht zur Veröffentlichung

Nach Abs. 1 Satz 1 haben Berufsangehörige in eigener Praxis u. WPG, die **im Jahr mind. eine AP eines Unternehmens v. öffentl. Interesse** i.S.d. § 319a Abs. 1 Satz 1 HGB durchführen, jährlich spätestens **drei Monate nach Ende des Kalenderjahres** einen Transparenzbericht auf der jeweiligen Internetseite zu veröffentlichen o., sofern dies mangels eigener Internetseiten nicht mögl. ist, nach Abs. 1 Satz 2 Hs. 2 bei der WPK zu hinterlegen. Die WPK veröffentlicht diese Transparenzberichte auf ihrer Internetseite u. stellt zu den im Internet veröffentlichten Berichten entsprechende Links zur Verfügung. 3

Die „**Jährlichkeit**" bezieht sich – abweichend v. der AP-RiLi (2006) – ausdr. auf das Kalenderjahr, nicht auf das Geschäftsjahr, um der WPK aus Gründen der Arbeitsplanung, insb. i.Z.m. den anlassunabhängigen SU gem. § 62b, sowie wegen der Zuordnung der Aufsichtskosten eine einheitliche **Überprüfung der Einhaltung dieser Berufspflicht** zu ermöglichen (BT-Drs. 16/2858, 29). Eine Verletzung der Veröffentlichungspflicht liegt hierbei nicht nur dann vor, wenn die Veröffentlichung **vollständig unterbleibt**, sondern auch dann, wenn sie **nicht vollständig** o. **nicht fristgerecht** erfolgt. 4

Ob eine Pflicht zur Veröffentlichung eines Transparenzberichtes für ein bestimmtes Kalenderjahr besteht o. nicht, beurteilt sich ausschließlich danach, ob in **diesem Kalenderjahr** (mind.) eine AP bei einem Unternehmen v. öffentl. Interesse durchgeführt worden ist. Bei den meisten Praxen mit § 319a HGB-Mandaten wird dies durchgängig, also für jedes Kalenderjahr gelten. Vereinzelt kann es allerdings vorkommen, dass Praxen nur wenige o. sogar nur ein einziges Unternehmen v. öffentl. Interesse prüfen u. auch nicht fortlaufend mit den Folgeprüfungen beauftragt werden. Ein Transparenzbericht ist dann für diejenigen Kalenderjahre, in denen keine § 319a HGB-Prüfung durchgeführt wurde, nicht erforderlich. 5

Der Grundsatz der **Maßgeblichkeit der konkreten Prüfungsdurchführung in einem bestimmten Kalenderjahr** hat auch zur Folge, dass eine Praxis, die vollständig v. der AP bei Unternehmen v. öffentl. Interesse absieht, keine Transparenzberichte mehr zu veröffentlichen braucht. Umgekehrt genügt bereits die erstmalige Durchführung einer § 319a HGB-AP, um die Pflicht zur Veröffentlichung eines Transparenzberichtes auszulösen, u. zwar selbst dann, wenn v. vornherein beab- 6 sichtigt ist, keine Folgeaufträge anzunehmen. Die Möglichkeit einer „Ausnahmegenehmigung" besteht nicht.

7 **„Durchgeführt"** wird eine AP bei einem Unternehmen v. öffentl. Interesse in einem Kalenderjahr nur dann, wenn in diesem Zeitraum **der BV oder ein Versagungsvermerk** erteilt wird. (WPK, WPK-Mag. 1/2009, 4, siehe auch schon Pfitzer/Oser/Wader, WPK-Mag. 4/2007, 55; anders noch Voraufl.).

8 **Unternehmen v. öffentl. Interesse** i.S.d. § 319a Abs. 1 Satz 1 HGB sind solche Unternehmen, die kapitalmarktorientiert i.s.d. § 264d HGB sind. Dies sind solche, die einen **organisierten Markt i.S.d. § 2 Abs. 5 WpHG** durch v. ihr ausgegebene Wertpapiere i.S.d. § 2 Abs. 1 Satz 1 WpHG in Anspruch nehmen o. die dort eine Zulassung zum Handel beantragt haben. Der „organisierte Markt" ist insb. dadurch gekennzeichnet, dass es sich um ein durch staatliche Stellen genehmigtes, geregeltes u. überwachtes multilaterales System handelt (WPK, WPK-Mag. 3/2008, 34). Ob es sich um einen inländischen o. ausländischen Markt handelt, ist ohne Belang, sofern sich der Markt in einem EU-Mitgliedsstaat o. einem anderen EWR-Vertragsstaat befindet (WPK, a.a.O.). Bis zur Änderung des BörsG durch das Finanzmarktrichtlinie-UmsetzungsG Ende 2007 erfüllten in Deutschland der amtliche sowie der geregelte Markt die genannten Anforderungen , seit Fusionierung beider Segmente der **regulierte Markt nach § 32 BörsG** (WPK, a.a.O.). In Anspruch genommen wird der organisierte Markt v. Unternehmen, indem v. ihnen emittierte Finanzinstrumente unter staatlicher Kontrolle auf diesem Markt öffentl. gehandelt werden. Als handelbare Wertpapiere kommen dabei insb. nicht nur Aktien, sondern auch Schuldtitel in Betracht (WPK, a.a.O.) Um die Pflicht zur Veröffentlichung eines Transparenzberichtes auszulösen, ist entscheidend, dass das Unternehmen **im Zeitpunkt** der Erteilung des BV o. des Versagungsvermerks dieses Kriterium (WPK, WPK-Mag. 1/2009, 4; a.A. Pfitzer/Oser/Wader, a.a.O., 55, die insoweit ausschließlich auf den Abschlussstichtag abstellen). Ein späterer Wegfall dieser Eigenschaft lässt demnach die Pflicht zur Veröffentlichung des Transparenzberichts nicht entfallen; eine spätere Begr. dieser Eigenschaft löst die Pflicht nicht aus (WPK, a.a.O.; anders noch Voraufl.).

III. Erforderlicher Mindestinhalt bei allen transparenzberichtspflichtigen Abschlussprüfern

1. Allgemeines

9 Für den Inhalt des Transparenzberichts legt § 55c bestimmte **Mindestangaben** fest. **Darüber hinaus gehende Informationen** sind somit ohne weiteres zulässig. Die Erkennbarkeit der zwingend vorgeschriebenen Mindestinhalte muss aber gewährleistet bleiben (zu insgesamt freiwilligen Transparenzberichten Rn. 29). Der Mindestinhalt des Transparenzberichts für alle AP v. Unternehmen v. öffentl. Interesse ergibt sich aus Abs. 1 Satz 2 Nr. 1-7.

2. Rechtsform und Eigentumsverhältnisse

10 Nr. 1 erfordert eine **Beschreibung der Rechtsform** u. der **Eigentumsverhältnisse**. Hinsichtlich der Beschreibung der Eigentumsverhältnisse kann es mit Blick auf die

abweichende Formulierung in § 38 Nr. 2 lit. d) dem Gesetzgeber nicht um eine bloße Wiederholung der dortigen Pflichtangaben zum BR im Transparenzbericht gegangen sein. Im Transparenzbericht muss vielmehr die **Struktur der Eigentumsverhältnisse** deutlich gemacht werden. Hierzu ist es erforderlich, die Gesellschaftergruppen ihrem Status nach zu beschreiben (Berufsangehörige, WPG und Gleichgestellte nach § 28 Abs. 4 Satz 1 Nr. 1 bzw. Gesellschafter gemäß § 28 Abs. 4 Satz 1 Nr. 1a – in Bezug auf letztere können auch die jeweiligen Berufsbezeichnungen genannt werden) und bzgl. des Verhältnisses zwischen den verschiedenen Statusgruppen eine **prozentuale Quote** anzugeben. Darüber hinaus wird es als Mindesterfordernis angesehen, anzugeben, ob es einen **Mehrheitsgesellschafter** gibt, ob bestimmte Personen o. Gruppen einen **beherrschenden Einfluss** ausüben können o. ob die Gesellschaft über eine Eigentümerstruktur mit annähernd gleichen Beteiligungshöhen verfügt. Ein bloßer Verweis auf die Übereinstimmung der Eigentumsverhältnisse mit den berufsrechtlichen Vorgaben genügt hingegen nicht (WPK, WPK-Mag. 1/2009, 4).

Auf der anderen Seite ist die Angabe der bereits aus der BR ersichtlichen **Beteiligungen im Einzelnen** – also bezogen auf die einzelnen Gesellschafter – wie auch die **namentliche Nennung** der Gesellschafter unmittelbar im Transparenzbericht **nicht erforderlich**. Bei überschaubaren Verhältnissen mit wenigen Gesellschaftern und gleichartiger Beteiligungshöhe dürfte sie allerdings ausreichen, um die Eigentumsverhältnisse hinreichend zu beschreiben. Hierfür ist dann aber eine Angabe im Transparenzbericht selbst erforderlich; der bloße Hinweis auf das Berufsregister genügt dagegen auch in diesen Fällen nicht (WPK, a.a.O.). 11

Bei **mehrstufigen Eigentumsverhältnissen** beschränkt sich die Angabepflicht nicht auf die unmittelbaren Gesellschafter. Nachdem ein Halten der Beteiligung an einer WPG für fremde Rechnung nicht zulässig ist (§ 28 Abs. 4 Satz 1 Nr. 2) und als Gesellschafter außer natürlichen Personen nur Wirtschaftsprüfungsgesellschaften und EU-Prüfungsgesellschaften zugelassen sind, sind stets auch Angaben über die natürlichen Personen erforderlich, die auf der obersten Stufe die Anteile halten. Dies ergibt sich daraus, dass auf Ebene der als Gesellschafterin fungierenden WPG möglicherweise kein eigener Transparenzbericht zu veröffentlichen ist, die Kenntnis über den Kreis der nat. Personen auf oberster Stufe aber für die Zwecke des Transparenzberichts erforderlich ist. Nicht ausreichend wäre daher die Angabe, dass Gesellschafterin eine WPG ist, und zwar auch nicht unter Nennung des Namens und der Beteiligungshöhe. Entsprechendes gilt unter Heranziehung des Rechtsgedankens des § 28 Abs. 4 Satz 2 für die Beteiligungs-GbR (WPK, a.a.O.). 12

3. Organisationsstruktur bei Netzwerken

Bei Einbindung des AP in ein **Netzwerk** ist auch die Beschreibung dessen **organisatorischer u. rechtlicher Struktur** vorgeschrieben (Nr. 2). Der Begriff „Netzwerk" hat nicht nur über § 55c, sondern auch über § 38 Nr. 2 c) erstmals im Rahmen der 7. WPO-Novelle 2007 Eingang in die WPO gefunden. Nach der Gesetzesbegr. orientiert sich sein Inhalt an der Definition in Art. 2 Nr. 7 AP-RiLi (2006). Nach erfolgter Umsetzung des Netzwerkbegriffs in § 319b HGB durch das BilMoG sind 13 die in der Gesetzesbegr. zu § 319b HGB genannten Kriterien vorrangig heranzuziehen (im Einzelnen s. hierzu § 38 Rn. 20 ff.).

4. Qualitätssicherungssystem

14 Zur Darstellung der Qualitätsstruktur hat der Transparenzbericht des Weiteren eine Beschreibung des **internen QS-Systems** sowie eine **Erklärung zu dessen Durchsetzung** zu enthalten (Nr. 3).

15 Die **Beschreibung des QS-Systems** erfordert eine Darstellung der in der Praxis geltenden Regelungen. Allein die Feststellung der Übereinstimmung mit den gesetzlichen u. satzungsrechtlichen Vorgaben genügt nicht. Ebenfalls nicht ausreichen dürfte ein bloßer Hinweis auf das praxisinterne **QS-Handbuch**; gegen die Wiedergabe der wesentlichen Passagen bestehen hingegen keine Bedenken, sofern diese dem tats. umgesetzten QS-System entsprechen. Grundsätzlich zulässig ist es auch, die **Ausführungen des PfQK** in dessen **QK-Bericht** zu übernehmen (so auch Naumann/Hamannt, WPg 2007, 901, 906), wenn u. soweit das QS-System weiterhin hiermit übereinstimmt u. der PfQK mit der Verwendung einverstanden ist. Im Übrigen u. unabhängig hiervon empfiehlt es sich, sich an Aufbau u. Struktur der **VO 1/2006** (so auch Naumann/Hamannt, a.a.O., 906) u./o. den Anforderungen insb. der §§ 24a bis d sowie des Teils 4 der **BS WP/vBP** zu orientieren. Hierdurch wird gewährleistet, dass **alle wesentlichen Elemente der QS** v. der Prüfungsplanung über die auftragsbegleitende QS bis zur Nachschau im Rahmen der Beschreibung berücksichtigt werden.

16 Die **Erklärung zur Durchsetzung des QS-Systems** dürfte dann in ausreichendem Maße erfolgt sein, wenn bestätigt wird, dass das System den gesetzlichen Anforderungen entspricht, die sich hieraus ergebenden Vorgaben eingehalten worden sind u. sich der Erklärende v. dessen Anwendung überzeugt hat (Naumann/Hamannt, a.a.O., 906). Letzteres kann wiederum durch einen Hinweis auf die Beachtung der Pflicht zur Nachschau nach § 33 BS WP/vBP erfolgen. Die Abgabe der Erklärung muss durch den **Praxisinhaber**, bei Prüfungsgesellschaften durch das **Geschäftsführungsorgan** erfolgen. Warum das Gesetz anders als bei der Erklärung über die Maßnahmen zur Unabhängigkeit u. der Bestätigung deren interner Überprüfung nach Nr. 6 u. auch anders als bei der Unterzeichnung des Transparenzberichts insgesamt (Abs. 2 Satz 1) im Rahmen der Nr. 3 ausdr. auf das Geschäftsführungsorgan abstellt, ist nicht ganz nachvollziehbar. Gleichwohl sollte dem durch eine entsprechende Formulierung Rechnung getragen werden (*„Wir, der Vorstand [die Geschäftsführer etc.] erklären, ..."*). Eine Unterzeichnung der Erklärung ist nicht erforderlich.

5. Ausstellungsdatum der letzten TB

17 In engem Zusammenhang mit Nr. 3 steht die Pflicht zur Mitteilung des **letzten Ausstellungsdatums der TB** i.S.v. § 57a Abs. 6 Satz 7 (Nr. 4). Zum Ausstellungsdatum s. § 136 Rn. 7.

6. Liste der geprüften Unternehmen von öffentlichem Interesse

Die nach Nr. 5 geforderte **Liste derjenigen Unternehmen v. öffentl. Interesse**, bei denen im **vorangegangenen Kalenderjahr eine gesetzlich vorgeschriebene AP** durchgeführt wurde, muss nach den unter Rn. 6–8 erläuterten Grundsätzen alle Unternehmen enthalten, bei denen im vorangegangenen Kalenderjahr ein BV o. Versagungsvermerk erteilt wurde (siehe auch WPK, WPK-Mag. 1/2009, 4; anders noch Voraufl.). Obwohl ausgehend v. Gesetzeswortlaut eine dahingehende Pflicht nicht besteht, sollte zur vollständigen Information der Öffentlichkeit neben der Firma des Unternehmens zusätzl. angegeben werden, ob sich die Prüfung auf den JA, den Konzernabschluss o. auf beides bezogen hat. Wird bei einem Unternehmen neben dem HGB-JA zu Offenlegungszwecken auch ein IFRS-Einzelabschluss gem. § 325 Abs. 2a HGB geprüft, muss dies nicht zusätzl. angegeben werden, da in Nr. 5 auf gesetzlich vorgeschriebene AP abgestellt wird u. es sich insoweit um eine freiwillige Prüfung handelt (WPK, a.a.O.).

7. Maßnahmen zur Unabhängigkeit und Bestätigung der Einhaltung

Für die Qualität einer AP ebenfalls v. Bedeutung ist die **Wahrung der äußeren u. inneren Unabhängigkeit.** Nach Nr. 6 ist daher eine **Erklärung** über die (= Beschreibung der) hierfür getroffenen Maßnahmen erforderlich, die zugl. die **Bestätigung** (= Erklärung) enthalten muss, dass die Einhaltung der Unabhängigkeitsanforderungen intern überprüft worden ist. Zulässig sein dürfte es aber auch, diese Bestätigung bereits im Rahmen der Erklärung zur Durchsetzung des internen QS-Systems abzugeben, da auch u. gerade die Regelungen zur Wahrung der Unabhängigkeit u. Unbefangenheit wesentlicher Bestandteil des QS-Systems sind (Pfitzer/Oser/Wader, a.a.O., 57; nach Naumann/Hamannt, a.a.O., 906 genügt zumindest ein Verweis).

8. Vergütungsgrundlagen

Enthalten muss der Transparenzbericht nach Nr. 7 schließlich Informationen über die **Vergütungsgrundlagen** der – soweit vorhanden – **Organmitglieder u. leitenden Angestellten,** wobei angestellte WP trotz der Fiktion des § 45 Satz 2 aufgrund des Beschl. des BAG v. 29.6.2011 (WPK-Mag. 1/2012, 43) auch im Rahmen der Nr. 7 nur dann als leitende Angestellte i.S.d. § 5 Abs. 3 BetrVG gelten, wenn ihnen Prokura erteilt worden ist (WPK, WPK-Mag. 1/2012, 9; s. hierzu auch § 45 Rn. 14). Nach dem Wortlaut bezieht sich die Pflicht auch auf die Mitglieder des Aufsichtsorgans (Aufsichtsrat), auch wenn dieses nach der Rechtslage in Deutschland keine Informationen über die Prüfungstätigkeit erhält (§ 323 Abs. 3 HGB) u. damit keinen inhaltlichen Einfluss nehmen kann (WPK, a.a.O.).

Nach Sinn u. Zweck der Nr. 7 WPO ist gleichfalls davon auszugehen, dass die **Informationen für alle Mitarbeiter** darzustellen sind, die im Unternehmen **Leitungsfunktionen** ausüben, auch wenn es sich nicht um leitende Angestellte im formellen Sinne handelt. Dies betrifft z. B. freie Mitarbeiter mit **Prokura**, die nach dem Rechtsgedanken des § 45 erfasst sind. Für andere freie Mitarbeiter dürfte dagegen generell keine Angabepflicht bestehen, zumal dann, wenn sie keine Leitungsverantwortung für die Prüfung v. Unternehmen i. S. d. § 319a HGB übernommen haben.

22 Anzugeben sind **nicht die Honorareinnahmen** der Praxis, auch nicht die **Höhe der Bezüge** v. Organmitgliedern u. leitenden Angestellten; nach dem Sinn u. Zweck der Vorschrift sowie dem engen Zusammenhang mit der Nr. 6 geht es allein um solche Angaben, „auf deren Grundlage sich die Öffentlichkeit ein Urt. über das Maß des persönlichen Interesses des Organmitglieds u. des angestellten WP/vBP am Auftragsergebnis bilden kann" (BT-Drs. 16/2858, 30). Es müssen daher die **Strukturen** der jeweiligen individuellen Vergütung der genannten Personen dargestellt werden, zu deren Ermittlung allerdings die konkreten Bezüge heranzuziehen sind. Dies gilt nach dem vorgenannten Gesetzeszweck auch u. insb. dann, wenn die Vergütung – wie insb. bei WPG nicht unüblich – nicht unmittelbar durch die transparenzpflichtige Einheit geleistet wird, sondern durch eine gesellschaftsrechtlich u./o. personell verbundene weitere Gesellschaft o. sonstige Dritte (siehe auch WPK, WPK-Mag. 1/2009, 4).

23 Durch die ebenfalls mit der 7. WPO-Novelle 2007 erfolgte Neufassung des § 57 Abs. 4 Nr. 4 ist die WPK ermächtigt worden, die **Kriterien zur Bestimmung der Vergütungsgrundlagen in der BS WP/vBP** abschließend festzulegen. In § 13b BS WP/vBP ist daher eine Darlegungspflicht dahingehend statuiert worden, ob u. zu welchen Anteilen sich die Gesamtvergütung in **feste u. variable Bestandteile**, einschließlich erfolgsabhängiger Komponenten, aufgliedert u. welcher Art die variable Vergütung u. die Bemessungsgrundlage hierfür ist. Zu Einzelheiten zu den beschriebenen Anforderungen s. Erläuterungstext zu § 13b BS WP/vBP sowie WPK, WPK-Mag. 1/2009, 4).

IV. Zusätzlicher Mindestinhalt bei WPG

1. Allgemeines

24 Soweit es sich bei dem AP v. Unternehmen v. öffentl. Interesse um eine **WPG** handelt, muss deren Transparenzbericht **zusätzl. Informationen** beinhalten (Abs. 1 Satz 3 Nr. 1-3). Dies ist nachvollziehbar, soweit es sich um gesellschaftsspezifische Angaben handelt; unverständlich ist die zusätzl. Informationspflicht hingegen bei Themen wie der Erklärung darüber, wie die Gesellschaft ihre Berufsangehörigen zur **Erfüllung der Fortbildungspflicht** anhält (Rn. 27). Zwar sieht auch die AP-RiLi (2006) die Erklärung zur Fortbildung nur für Prüfungsgesellschaften vor; eine Erweiterung auf WP in eigener Praxis mit unter Umständen zahlreichen Angestellten wäre aber ohne weiteres zulässig gewesen u. ist bei der nach der AP-RiLi (2006) ebenfalls auf Prüfungsgesellschaften beschränkten Erklärung zur Wahrung der Unabhängigkeit auch vorgenommen worden.

2. Leitungsstruktur

25 Unter der Beschreibung der **Leitungsstruktur** (Nr. 1) versteht der Gesetzgeber die der jeweiligen Rechtsform der Gesellschaft gemäßen **gesetzlichen Vertreter u. Aufsichtsorgane** (BT-Drs. 16/2858, 30). Für die Beschreibung der Leitungsstruktur bei WPG ist parallel zu den Ausführungen zur Beschreibung der Eigentumsver-

hältnisse (Rn. 10 ff.) davon auszugehen, dass es nicht um eine Wiederholung der Pflichteintragungen im Berufsregister geht. Hier sind nach § 38 Nr. 2 lit. d) die Namen, Berufe und Anschriften der Mitglieder des zur gesetzlichen Vertretung berufenen Organs einer jur. Person sowie die Namen, Berufs, Geburtsdaten und Anschriften der vertretungsberechtigten Gesellschafter einer Personengesellschaft anzugeben.

Im Zentrum steht daher eine Beschreibung der **tatsächlichen Leitungs- und Aufsichtsstruktur** unter Nennung der zuständigen Gremien u. Darstellung ihrer Zusammensetzung nach beruflicher Qualifikation. Dabei empfiehlt sich auch die namentliche Nennung der Mitglieder. Soweit es innerhalb der Gesellschaft in Bezug auf mandantenbezogene Tätigkeiten organisatorische Differenzierungen (z. B. nach verschiedenen „Service Lines" wie Wirtschaftsprüfung, Steuerberatung, sonstige betriebswirtschaftliche Beratung) gibt u. die Verantwortung in der Geschäftsführung entsprechend aufgeteilt ist, ist eine entsprechende **Funktionsbeschreibung** vorzunehmen. Das genannte Erfordernis entfällt, wenn die Leitung der verschiedenen Bereiche in gemeinsamer Verantwortung erfolgt (WPK, WPK-Mag. 1/2009, 4). 26

3. Fortbildungsgrundsätze und -maßnahmen
Bei der nach Nr. 2 erforderlichen Erklärung über die **internen Fortbildungsgrundsätze u. -maßnahmen** (s. bereits Rn. 24), dürfte es sich, wie bei der Erklärung über die Maßnahmen zur Unabhängigkeit (Rn. 19), eher um eine Beschreibung handeln, die in diejenige des internen QS-Systems insgesamt (Rn. 15) integriert werden kann. Eine ausdr. Erklärung über deren Einhaltung wird nicht verlangt (WPK, WPK-Mag. 1/2009, 4). 27

4. Finanzinformationen
Im Gegensatz zu den v. allen AP v. Unternehmen v. öffentl. Interesse darzulegenden Vergütungsgrundsätzen muss der Transparenzbericht v. WPG auch **Finanzinformationen** in Form des i.S.d. § 285 Satz 1 Nr. 17 HGB **nach Honoraren aufgeschlüsselten Gesamtumsatzes** enthalten (Nr. 3). Die Finanzinformationen sollen Aufschluss über die **Bedeutung der jeweiligen Gesellschaft im nationalen Prüfungsmarkt** geben (BT-Drs. 16/2858, 30), so dass bei konzernierten Gesellschaften die Angabe ausschließlich der Konzernzahlen nicht ausreicht. Bei der Aufschlüsselung ist nach der Regierungsbegr. insb. klar zu stellen, wie viel Honorar für die Prüfung v. Jahres- u. Konzernabschlüssen einerseits sowie für andere „Bestätigungsleistungen, Steuerberatungsleistungen u. sonstige Leistungen" andererseits gezahlt wurde. In die Finanzinformationen sind **alle Mandate** einzubeziehen. Weder ist eine Beschränkung auf Prüfungsaufträge noch auf Aufträge nur v. Unternehmen v. öffentl. Interesse zulässig. 28

V. Maßgeblicher Zeitpunkt für die Angaben
Einige der für einen ordnungsgemäßen Transparenzbericht erforderlichen Inhalte betreffen Verhältnisse, die sich ändern können (z.B. Rechtsform, Eigentumsverhältnisse, Netzwerkstruktur, QS-System etc.). Hier stellt sich die Frage, ob die Angaben 29

bezogen auf den Zeitpunkt der Veröffentlichung des Transparenzberichts zutreffen müssen o. ob die Verhältnisse am Ende des vorangegangenen Kalenderjahres maßgeblich sind. In der Regel werden die **Verhältnisse z. Zeitpunkt der Veröffentlichung** darzustellen sein. Hierfür spricht nicht nur ein Umkehrschluss aus Abs. 1 Satz 2 Nr. 5, bei dem ausdr. auf das vorangegangene Kalenderjahr abgestellt wird. Vor allen Dingen wird die Öffentlichkeit eher an aktuellen Beschreibungen u. Daten interessiert sein als an ggf. veralteten (a.A. Naumann/Hamannt, WPg 2007, 901, 906, die – wenn auch nur bezogen auf die Eigentumsverhältnisse – auf das Ende des Kalenderjahres abstellen, über das zu berichten ist; allerdings soll bei Abweichung v. Kalenderjahr das Ende des Geschäftsjahres maßgebend sein, sofern sich keine gravierenden Änderungen zum Ende des Kalenderjahres ergeben). Dies bezieht sich aber nur auf solche Angaben u. Daten, die **ohne weiteres jeweils aktuell ermittelt** werden können. Ist dies nicht der Fall, wie insb. bei den Finanzinformationen nach Abs. 1 Satz 3 Nr. 3., kann daher auf das Ende des Kalenderjahres abgestellt werden.

30 Nach Veröffentlichung des Transparenzberichts sind weitere, **unterjährige Aktualisierungen** hingegen i.d.R. nicht erforderlich. Dem Aktualisierungsbedarf wird bereits qua Gesetz dadurch Rechnung getragen, dass jährlich ein neuer Bericht zu veröffentlichen ist (s. schon Rn. 1). Auch zwischenzeitliche Anpassungen können allerdings ausnahmsweise dann erforderlich sein, wenn es sich um gravierende Änderungen der Verhältnisse handelt u. der Rechtsverkehr aufgrund der Darstellung im Bericht davon ausgeht, dass es sich um jeweils aktuelles Material handelt. Dem kann etwa dadurch begegnet werden, dass die Angaben mit Hinweisen zum jeweiligen Stichtag verbunden werden.

VI. Verfahrensfragen

1. Veröffentlichung des Transparenzberichts im Internet

31 Abs. 1 Satz 1 sieht vor, dass der Transparenzbericht „auf der jeweiligen Internetseite" zu veröffentlichen ist (zur Hinterlegung bei der WPK s. Rn. 36). Hieraus können zwingende Vorgaben für einen bestimmten Ort der Veröffentlichung im Rahmen der Internetpräsentation nicht abgeleitet werden; dies wäre angesichts der **Gestaltungsmöglichkeiten** auch nicht praktikabel. Die Vorschrift ist dennoch so zu interpretieren, dass der Transparenzbericht im Internetauftritt der Praxis so platziert werden muss, dass er unschwer auffindbar ist. Das **Kriterium der Auffindbarkeit** ist somit Bestandteil der Pflicht zur Veröffentlichung des Transparenzberichts (WPK, WPK-Mag. 1/2009, 4).

32 Diese Anforderung ist unzweifelhaft dann erfüllt, wenn das **Stichwort Transparenzbericht in der ersten Gliederungshierarchie der Internetseite** verwendet wird. Bei Eingruppierung in eine der folgenden Ebenen sollte der Oberbegriff sachgerecht gewählt werden (z.B. „Wir über uns", „Unternehmen" o.ä.). Irreführend u. damit unzulässig wäre es z.B., den Transparenzbericht im Impressum des Internetauftritts zu platzieren o. in die Rubrik der Pflichtangaben nach § 5 TMG einzuord-

nen. Hilfreich ist es, wenn das Stichwort Transparenzbericht über eine Suchfunktion der Internetseite gefunden werden kann (WPK, a.a.O.).

Im Internet ist eine **Wiedergabe des im Original unterzeichneten Transparenzberichts** zu veröffentlichen (zur Unterzeichnung Rn. 37 f.). Wenn hierfür eine Bilddatei verwendet wird, enthält sie auch die gescannten Namenszüge der Unterschreibenden. Wenn dagegen aus drucktechnischen Gründen zulässigerweise ein anderes Layout gewählt wird, ist es nicht zu beanstanden, wenn hierin die Unterschrift(en) nicht bildhaft wiedergegeben werden, sondern an der entsprechenden Stelle nur die Namen der Unterzeichner angegeben werden (WPK, a.a.O.). 33

Bei einem **Verbund o. Netzwerk** wird es nicht zu beanstanden sein, wenn die Transparenzberichte der einzelnen Netzwerk- o. Verbundmitglieder auf **gemeinsamen Webseiten** veröffentlicht werden. Dies kann sich zumindest dann anbieten, wenn das Netzwerk o. der Verbund mit einem am Markt bekannten Namen identifiziert wird. Gewährleistet sein muss allerdings auch hier, dass die Transparenzberichte den einzelnen Netzwerk- u. Verbundmitgliedern als den Adressaten des § 55c eindeutig zugeordnet werden können. Aus dem gleichen Grund muss zusätzl. für jedes einzelne Mitglied eine jeweils **eigene Internetadresse** bestehen, um gezielt dessen Transparenzbericht einsehen zu können. Über diesen Einstieg kann dann aber zur gemeinsamen Webseite weitergeleitet werden. Die gleichen Grundsätze gelten bei **GbR** (WPK, WPK-Mag. 1/2009, 4). 34

2. Unterrichtung der WPK

Über die Veröffentlichung des Transparenzberichts ist die **WPK** nach Abs. 2 Satz 2 Hs. 1 zu **unterrichten**. Hierdurch wird der WPK die **Überprüfung der Einhaltung der Veröffentlichungspflicht** erleichtert, zu der sie nach der Regierungsbegr. ausdr. aufgerufen ist (s. bereits Rn. 2). Wann dies zu geschehen hat, ist im Gesetz nicht ausdr. geregelt. Zweck der Mitteilung ist es, der WPK die zeitnahe Prüfung zu ermöglichen, ob die betreffende Praxis ihren Verpflichtungen aus § 55c nachgekommen ist. Hiervon ausgehend ist der Gesetzestext so zu interpretieren, dass die Mitteilung unverzüglich nach der Veröffentlichung zu erfolgen hat (WPK, WPK-Mag. 1/2009, 4). 35

3. Hinterlegung bei der WPK und Einsichtsrecht Dritter

Das Gesetz geht davon aus, dass die v. § 55c betroffenen Berufsangehörigen u. WPG i.d.R. über **eigene Webseiten verfügen u. dort veröffentlichen**. Soweit Abs. 2 Satz 2 Hs. 2 vorsieht, dass der Transparenzbericht **bei der WPK hinterlegt** werden kann, ist dies nicht als Angebot zu verstehen, das angenommen o. auch ausgeschlagen werden kann. Sollte eine eigene elektronische Veröffentlichung nicht möglich sein, muss der Transparenzbericht vielmehr bei der WPK hinterlegt werden u. dort für Dritte auf Nachfrage einsehbar sein. Auch wenn der Transparenzbericht eigenhändig zu unterzeichnen ist (Rn. 37) u. nach dem Gesetzeswortlaut das Original bei der WPK zu hinterlegen wäre, dürfte jedenfalls zur Fristwahrung auch die Übersendung als Datei mit eingescanntem Bericht genügen. 36

4. Unterzeichnung des Transparenzberichts

37 Nach Abs. 2 Satz 1 ist der Transparenzbericht v. dem Berufsangehörigen o. der WPG in einer den §§ 126, 126a BGB entsprechenden Form zu **unterzeichnen**. Zu unterzeichnen ist das **papierne Original**. Die Veröffentlichung eines Schriftstücks im **Internet** in der Form des § 126 BGB (Schriftform) ist nicht möglich, da es sich hier allenfalls um eine (pdf-) Kopie des unterzeichneten Originals handeln kann. Auch eine Veröffentlichung in der Form des § 126a BGB (elektronische Signatur) scheidet aus, da die elektronische Signatur nur bei elektronischen Übermittlungsvorgängen greift, nicht aber, wenn Dokumente auf einer Website der Öffentlichkeit zugänglich gemacht werden. Daraus folgt, dass das zu unterzeichnende Original des Transparenzberichts nicht die über die Website der jeweiligen Praxis abzurufende elektronische (pdf-) Datei sein kann, sondern ein in der Praxis vorhandener Bericht in Papierform (WPK, WPK-Mag. 1/2009, 4). Im Fall der **zulässigen Hinterlegung** des Transparenzberichtes reicht es ebenfalls aus, die Druckfassung des Transparenzberichts ohne Unterschriften bei der WPK zu hinterlegen, während das Original bei der Praxis verbleibt. Allerdings wird in diesen Fällen die Einreichung einer Kopie (mit den kopierten Namenszügen der Unterschreibenden) die Regel sein (WPK, a.a.O.).

38 Für eine **WPG** können nur nat. Personen mit entsprechender Vertretungsmacht unterzeichnen. Eine nähere Bestimmung des Unterzeichnenden nimmt das Gesetz nicht vor. Danach wäre eine organschaftliche Vertretungsmacht nicht erforderlich, sondern auch eine rechtsgeschäftliche Bevollmächtigung des Unterzeichnenden denkbar; erst recht wird nicht verlangt, dass alle Mitglieder des Leitungsgremiums den Bericht unterzeichnen. Da allerdings im Rahmen des Transparenzberichts nach Abs. 1 Satz 2 Nr. 3 zumindest eine Erklärung des Geschäftsführungsorgans als Ganzes abgegeben werden muss (vgl. auch Rn. 16), sollte der Bericht unabhängig v. möglichen Vertretungsregelungen durch **zumindest ein Mitglied des Geschäftsführungsorgans** u. auch erst nach **Beschlussfassung durch das Gesamtgremium** unterzeichnet werden (so i.Erg. auch Pfitzer/Oser/Wader, WPK-Mag. 4/2007, 54, 57).

5. „Betagte" Transparenzberichte

39 Der Transparenzbericht ist jährlich spätestens drei Monate nach Ende des Kalenderjahres zu veröffentlichen. Er soll jeweils den aktuellen Stand der Angaben enthalten. Mit Veröffentlichung des neuen Berichts verliert der Vorgänger seine Informationsfunktion. Im Internet veröffentlichte Transparenzberichte können daher **entfernt** werden, wenn im Folgejahr ein **neuer Transparenzbericht** veröffentlicht wird. Der bloße Fristablauf genügt dagegen nicht, solange die Praxis es versäumt, den folgenden Transparenzbericht zu veröffentlichen. Die Pflicht, einen Transparenzbericht zu veröffentlichen, endet **zum Ende des Kalenderjahres**, wenn die betroffene berufliche Einheit im darauf folgenden Kalenderjahr **nicht mehr transparenzberichtspflichtig** ist. Wenn die letzte Prüfung bei einem Unternehmen i.S.d.

§ 319a HGB z.B. im Kalenderjahr 01 durchgeführt worden ist, muss der Transparenzbericht letztmalig im Jahr 02 aufgestellt und bis Ende März 02 veröffentlicht sein. Im Jahr 03 muss kein Transparenzbericht mehr veröffentlicht werden. Der Transparenzbericht des Jahres 02 kann dann mit Ablauf des 31.12. des Kalenderjahres 02, in dem letztmalig ein Transparenzbericht zu veröffentlichen war, entfernt werden (WPK, WPK-Mag. 1/2009, 4).

VII. Freiwillige Transparenzberichte

Die Pflicht zur Erstellung v. Transparenzberichten ist eine zusätzl. Belastung für AP bei Unternehmen v. öffentl. Interesse. Auf der anderen Seite können Transparenzberichte auch als **Mittel zur Selbstdarstellung** u. damit als **Werbemaßnahme** im weitesten Sinne verstanden werden (Boecker/Zwirner, BB 11/2012, VI). Vereinzelt veröffentlichen daher Prüferpraxen, die überhaupt nicht o. jedenfalls nicht für ein bestimmtes Kalenderjahr v. § 55c erfasst werden, ebenfalls „Transparenzberichte". Die grds. **Zulässigkeit** solcher **freiwilliger Transparenzberichte** steht außer Zweifel, u. zwar auch bei ausdr. Verwendung dieses Begriffs. In diesem Fall müssen die Vorgaben des § 55c dann aber ebenfalls strikt eingehalten werden. Dass statt der geprüften Unternehmen v. öffentl. Interesse die anderweitigen gesetzlichen AP-Mandate genannt werden müssen, versteht sich hierbei v. selbst. Da § 55c insoweit nicht als gesetzliche Rechtfertigung für die Nennung der Mandanten dienen kann, sollte zur Vermeidung etwaiger Auseinandersetzungen um die Reichweite der VSP allerdings deren Zustimmung eingeholt werden.   40

VIII. Genossenschaftliche Prüfungsverbände und Prüfungsstellen der Sparkassen- und Giroverbände

Für gen. PrfgVerb, die gesetzlich vorgeschriebene AP bei Unternehmen v. öffentl. Interesse durchführen, die kapitalmarktorientiert i.S.d. § 264d HGB sind u. die daher gemäß § 55 Abs. 4 Satz 1 GenG ebenfalls zur **Veröffentlichung v. Transparenzberichten verpflichtet** sind, gilt gemäß § 55 Abs. 4 Satz 2 GenG § 55c entsprechend. Hierbei ist davon auszugehen, dass v. den gen. PrfgVerb auch die für WPG geltenden zusätzl. Anforderungen einzuhalten sind. Für PrüSt ergibt sich aus den Regelungen in den SpkG der Länder, ob eine Transparenzberichtspflicht besteht.   41

§ 56 Anwendung der Vorschriften über die Rechte und Pflichten der Wirtschaftsprüfer auf Wirtschaftsprüfungsgesellschaften

(1) § 43, § 43a Abs. 3 und 4, § 44b, §§ 49 bis 53, § 54a, §§ 55a und 55b gelten sinngemäß für Wirtschaftsprüfungsgesellschaften sowie für Vorstandsmitglieder, Geschäftsführer, Partner und persönlich haftende Gesellschafter einer Wirtschaftsprüfungsgesellschaft, die nicht Wirtschaftsprüfer sind.

(2) Die Mitglieder der durch Gesetz, Satzung oder Gesellschaftsvertrag vorgesehenen Aufsichtsorgane der Gesellschaften sind zur Verschwiegenheit verpflichtet.

Inhaltsübersicht

		Rn.
I.	Allgemeines	1–3
II.	Berufspflichten der Wirtschaftsprüfungsgesellschaften	4–7
III.	Berufspflichten der gesetzlichen Vertreter ohne WP-Bestellung	8–10
IV.	Verschwiegenheitspflicht der Aufsichtsorgane	11
V.	Ahndung von Pflichtverletzungen.	12–15

I. Allgemeines

1 Die WPG ist ein Instrument der Berufsausübung (§§ 27 ff.). Durch Verweis auf abschließend bezeichnete Vorschriften der WPO wird in § 56 verdeutlicht, dass auch **WPG an das Berufsrecht gebunden** sind, u. zwar grds. durch die im Namen der Gesellschaft **handelnden WP**. Ihnen obliegt die verantwortliche Führung einer WPG (§ 1 Abs. 3).

2 Das Gesetz spricht v. **sinngem. Anwendung** v. Vorschriften, obwohl § 56 mit „Anwendung der Vorschriften" überschrieben ist. Aus gesetzestechnischen Gründen kommt nur eine sinngem. Geltung der Berufspflichten in Betracht, weil eine jur. o. rechtl. verselbstständigte nicht nat. Person selbst nicht zu deren Einhaltung herangezogen werden kann. Allerdings können die WPO-Regelungen mittelbar über z.B. das Wettbewerbsrecht unmittebare Auswirkungen auf Berufsgesellschaften haben.

3 Sinngemäß gelten die zit. Berufspflichten auch für gesetzl. **Vertreter v. WPG, die nicht als WP bestellt** sind. Sinngemäß heißt aber nichts anderes, als dass die genannten Berufspflichten für diese Mitglieder unmittelbar gelten (vgl. auch BT-Drs. 7/3650, 3). Sie unterliegen insoweit auch persönlich der BA.

II. Berufspflichten der Wirtschaftsprüfungsgesellschaften

4 Ebenso wie ein WP in eigener Praxis u. Sozietät haben auch **WPG die essentiellen Berufspflichten** zu beachten, u. zwar durch die im Namen der Gesellschaft handelnden gesetzl. Vertreter. Damit wird ausgeschlossen, sich über die Tätigkeit in einer WPG des Berufsrechts zu entziehen.

5 Es sind also die in §§ 43, 43a Abs. 3 u. 4, §§ 44b, 49-53, 54a u. 55a normierten **Berufspflichten** durch WPG ebenso einzuhalten wie durch WP selbst. Der Verweis auf § 43a Abs. 3 bedeutet, dass auch eine WPG **keine gewerbliche Tätigkeit** entfalten darf. WPG bestehen zwar weitestgehend in Gesellschaftsformen des allg. Handelsrechts u. haben bei Gründung sowie gesellschaftsinternen Gestaltungen die jeweiligen Gesetze zu beachten, sofern die WPO als Spezialgesetz nicht entgegensteht. Das bedeutet aber nicht, dass sie sich vollumfänglich im freien Wirtschaftsverkehr bewegen dürfen. So ist es nicht zulässig, dass eine WPG phG wegen der damit verbundenen gesetzl. Vertretungsmacht einer gewerblich tätigen OHG o. KG ist.

6 Der Verweis auf § 43a Abs. 4 kann für WPG nur bei der dortigen Nr. 6 Geltung erlangen. Eine WPG kann unter ihrer Firma die dort genannten **Lehr- u. Vortrags-**

veranstaltungen durchführen; alle anderen Tätigkeiten nach § 43a Abs. 4 sind auf nat. Personen zugeschnitten.

Der Verweis auf § 52 bewirkt, dass sich WPG auch an das **Gebot lauterer Werbung** halten. 7

III. Berufspflichten der gesetzlichen Vertreter ohne WP-Bestellung

Auch VO-Mitglieder, GF u. phG (gilt auch für Partner einer Partnerschaft) ohne WP- o. vBP-Bestellung sind Pflichtmitglieder der WPK (§ 58 Abs. 1). Demgemäß unterliegen sie **dem Berufsrecht für WP**. 8

Dies gilt zum einen für **gesetzliche Vertreter, die keinem Berufsgesetz unterstehen** u. die gem. § 28 Abs. 2 als besonders befähigte Personen mit Ausnahmegenehmigung als gesetzl. Vertreter bestellt sind (z.b. Ingenieure, Mathematiker, Informatiker). Sie dürfen z.B. in der Stellung eines GF in einer WPG nicht nebenher einer gewerblichen Tätigkeit nachgehen, z.b. eine eigene gewerbliche GmbH betreiben o. anderweitig außerberuflich angestellt sein. 9

Bei **weiteren gesetzlichen Vertretern, die auch einem eigenen Berufsrecht unterliegen** (z.B. StB u. RA), gilt dies ebenfalls (BGH 4.3.1996, WPK-Mitt. 1996, 232 ff. = DB 1996, 1509). Bei ihnen ist jedoch zu differenzieren. Steuerberatern wäre es nicht erlaubt, auch einfache Angestellte einer StBG zu sein, weil dies dem WP nicht gestattet ist (§ 43a Abs. 3 Nr. 2 i.V.m. § 43a Abs. 2; vgl. bei § 43a Rn. 31). Ob diese Rechtsfolge durch den uneingeschränkten Verweis auf § 43a Abs. 3 gewollt ist, ist aber fraglich. Die einem Nicht-WP nach dem auch für ihn geltenden Berufsgesetz gestattete **originäre Berufsausübung** kann durch die WPO nicht generell ausgeschlossen werden; in dem angesprochenen Bsp. würde dem StB in dessen „Grundrecht" der originären Berufsausübung eingegriffen. Anders verhält es sich bei **Tätigkeiten, die nicht der originären Berufsausübung** zuzurechnen sind. So ist es einem RA, der GF einer WPG ist, nicht gestattet, gleichzeitig GF einer Unternehmensberatungsgesellschaft zu sein, auch wenn er nach seinem für ihn als RA geltenden Berufsrecht die Funktion wahrnehmen darf. 10

IV. Verschwiegenheitspflicht der Aufsichtsorgane

Gem. § 43 Abs. 1 haben WP ihren Beruf unter Beachtung des Gebotes der **VSP** auszuüben. Dementsprechend sind auch die Mitarbeiter zur Verschwiegenheit zu verpflichten (§ 50). Das Gebot der **VSP ist auch v. WPG zu beachten** (§ 56 Abs. 1 i.V.m. § 43 Abs. 1), u. zwar nicht nur durch die in ihnen tätigen vertretungsberechtigten Organvertreter u. deren Mitarbeiter. Um keine Lücke entstehen zu lassen, müssen auch die **Mitglieder der Aufsichtsorgane** einer WPG zur VSP verpflichtet sein, zumal sie nicht WP sein müssen u. möglicherweise auch nicht durch anderweitiges Berufsrecht zur Verschwiegenheit verpflichtet sind. Dabei ist unerheblich, ob es sich um ein obligatorisches (vgl. § 30 AktG) o. fakultatives Aufsichtsorgan (§ 52 GmbHG) handelt. 11

V. Ahndung von Pflichtverletzungen

12 Für Berufspflichtverletzungen, die im Namen einer WPG begangen werden, kann die **Berufsgesellschaft selbst nicht disziplinarrechtllich** zur Verantwortung gezogen werden. **Verantwortlich sind grds. die WP** (vgl. Rn. 1) u. zwar nicht nur für persönliches Handeln, sondern aufgrund ihrer Verpflichtung zur verantwortlichen Führung der Gesellschaft auch für Organisations- u. Auswahlfehler.

13 Es können aber auch die **gesetzlichen Vertreter einer WPG, die nicht WP sind**, zur Verantwortung gezogen werden u. zwar im Zweifel für ihr persönliches Handeln. Der VO der WPK kann auch diese rügen. Das Recht ergibt sich aus § 63 Abs. 1, wonach der VO das berufswidrige Verhalten eines der Berufsgerichtsbarkeit unterliegenden Mitgliedes rügen kann. Gemäß § 71 unterliegen die Nicht-WP als Pflichtmitglieder der WPK der Berufsgerichtsbarkeit. Demgemäß können solche Personen auch berufsgerichtlich verurteilt werden. Da die WPO nicht die Ausschließung aus dem Beruf z.B. eines RA o. StB regeln kann – dies ist deren Berufsordnung vorbehalten –, kommt als schärfste berufsgerichtliche Maßnahme nach der WPO die Aberkennung der Eignung in Betracht, eine WPG zu vertreten u. ihre Geschäfte zu führen (§ 71 Abs. 2). Dies gilt auch für gesetzliche Vertreter v. WPG, die keiner Berufsordnung unterstehen.

14 Bei **Aberkennung der Eignung zur Geschäftsführung** u. Vertretung einer WPG besteht ein zwingender Grund zum **Widerruf der Anerkennung** als WPG (§ 34 Abs. 1 Nr. 3). Die Durchführung eines Widerrufsverfahrens kann die Gesellschaft nur dadurch vermeiden, dass sie der betroffenen Person die Vertretungs- u. Geschäftsführungsbefugnis unverzüglich widerruft o. entzieht.

15 Berufswidriges Verhalten v. gesetzlichen Vertretern ohne WP-Bestellung kann aber auch aus anderen Gründen die Anerkennung einer WPG gefährden, nämlich dann, wenn die gem. § 28 Abs. 2 erteilte **Ausnahmegenehmigung zu widerrufen** ist.

Vierter Teil
Organisation des Berufs

§ 57 Aufgaben der Wirtschaftsprüferkammer

(1) Die Wirtschaftsprüferkammer erfüllt die ihr durch Gesetz zugewiesenen Aufgaben; sie hat die beruflichen Belange der Gesamtheit ihrer Mitglieder zu wahren und die Erfüllung der beruflichen Pflichten zu überwachen.

(2) Der Wirtschaftsprüferkammer obliegt insbesondere:
1. die Mitglieder in Fragen der Berufspflichten zu beraten und zu belehren;
2. auf Antrag bei Streitigkeiten unter den Mitgliedern zu vermitteln;
3. auf Antrag bei Streitigkeiten zwischen Mitgliedern und ihren Auftraggebern zu vermitteln;
4. die Erfüllung der den Mitgliedern obliegenden Pflichten zu überwachen und das Recht der Rüge zu handhaben;
5. (aufgehoben)
6. in allen die Gesamtheit der Mitglieder berührenden Angelegenheiten die Auffassung der Wirtschaftsprüferkammer den zuständigen Gerichten, Behörden und Organisationen gegenüber zur Geltung zu bringen;
7. Gutachten zu erstatten, die ein Gericht oder eine Verwaltungsbehörde oder eine an der Gesetzgebung beteiligte Körperschaft des Bundes oder Landes anfordert;
8. die durch Gesetz zugewiesenen Aufgaben im Bereich der Berufsbildung wahrzunehmen;
9. (aufgehoben);
10. die berufliche Fortbildung der Mitglieder und Ausbildung des Berufsnachwuchses zu fördern;
11. die Vorschlagsliste der ehrenamtlichen Beisitzer bei den Berufsgerichten den Landesjustizverwaltungen und dem Bundesministerium der Justiz einzureichen;
12. das Berufsregister zu führen;
13. Fürsorgeeinrichtungen für Wirtschaftsprüfer und vereidigte Buchprüfer sowie deren Hinterbliebene zu schaffen;
14. ein System der Qualitätskontrolle zu betreiben;
15. Wirtschaftsprüfer sowie vereidigte Buchprüfer zu bestellen, Wirtschaftsprüfungsgesellschaften sowie Buchprüfungsgesellschaften anzuerkennen und Bestellungen sowie Anerkennungen zurückzunehmen oder zu widerrufen;
16. eine selbstständige Prüfungsstelle einzurichten und zu unterhalten;
17. die ihr als Bundesberufskammer gesetzlich eingeräumten Befugnisse im Rahmen der Geldwäschebekämpfung wahrzunehmen.

(3) [1]Die Wirtschaftsprüferkammer kann nach Anhörung der Arbeitsgemeinschaft für das wirtschaftliche Prüfungswesen eine Satzung über die Rechte und Pflichten bei der Ausübung der Berufe des Wirtschaftsprüfers und des vereidig-

ten Buchprüfers (Berufssatzung) erlassen; die Berufssatzung wird vom Beirat der Wirtschaftsprüferkammer beschlossen. ²Die Satzung tritt drei Monate nach Übermittlung an das Bundesministerium für Wirtschaft und Technologie in Kraft, soweit nicht das Bundesministerium für Wirtschaft und Technologie die Satzung oder Teile derselben aufhebt. ³Für Änderungen der Berufssatzung gelten die Sätze 1 und 2 entsprechend.

(4) Die Berufssatzung kann im Rahmen der Vorschriften dieses Gesetzes näher regeln:

1. Allgemeine Berufspflichten
   a) Unabhängigkeit, Gewissenhaftigkeit, Verschwiegenheit, Eigenverantwortlichkeit;
   b) berufswürdiges Verhalten;
   c) Wechsel des Auftraggebers und Verbot der Vertretung widerstreitender Interessen;
   d) vereinbare und unvereinbare Tätigkeiten;
   e) Inhalt, Umfang und Nachweis der Berufshaftpflichtversicherung nach § 54 Abs. 3;
   f) Vereinbarung und Abrechnung der Vergütung der beruflichen Tätigkeit und deren Beitreibung;
   g) Umgang mit fremden Vermögenswerten;
   h) Ausbildung des Berufsnachwuchses sowie der Fachgehilfen in steuer- und wirtschaftsberatenden Berufen;
   i) Siegelgestaltung (Form, Größe, Art und Beschriftung) und Siegelführung nach § 48 Abs. 2;
   j) Verbot der Mitwirkung bei unbefugter Hilfeleistung in Steuersachen;
   k) Verbot der Verwertung von Berufsgeheimnissen.
   l) Art, Umfang und Nachweis der allgemeinen Fortbildungspflicht nach § 43 Abs. 2 Satz 4, wobei der Umfang der vorgeschriebenen Teilnahme an Fortbildungsveranstaltungen 20 Stunden im Jahr nicht überschreiten darf.

2. Besondere Berufspflichten bei der Durchführung von Prüfungen und der Erstattung von Gutachten
   a) Unbefangenheit, Unparteilichkeit und Versagung der Tätigkeit;
   b) Ausschluss als Prüfer oder Gutachter.

3. Besondere Berufspflichten
   a) im Zusammenhang mit der Annahme, Wahrnehmung und Beendigung eines Auftrags und bei der Nachfolge im Mandat;
   b) bei der Führung von Handakten;
   c) bei der gemeinsamen Berufsausübung;
   d) bei der Errichtung und Tätigkeit von Berufsgesellschaften;
   e) bei grenzüberschreitender Tätigkeit;
   f) gegenüber Gerichten, Behörden, der Wirtschaftsprüferkammer und anderen Mitgliedern der Wirtschaftsprüferkammer.

4. Die abschließende Bestimmung der Kriterien zur Beschreibung der Vergütungsgrundlagen im Sinne von § 55c Abs. 1 Satz 2 Nr. 7).
5. Besondere Berufspflichten zur Sicherung der Qualität der Berufsarbeit (§ 55b).

(5) ¹Die Wirtschaftsprüferkammer kann die in Absatz 2 Nr. 1 bis 3 bezeichneten Aufgaben einzelnen Mitgliedern des Vorstandes übertragen; weitere Aufgaben können Abteilungen im Sinne des § 59a übertragen werden. ²Im Falle des Absatzes 2 Nr. 4 zweite Alternative entscheidet der Vorstand über den Einspruch (§ 63 Abs. 5 Satz 2).

(6) ¹Soweit nicht die Zuständigkeit der Abschlussprüferaufsichtskommission nach § 66a Abs. 8 gegeben ist, leistet die Wirtschaftsprüferkammer einer für die Bestellung, Anerkennung, Berufsaufsicht und Qualitätskontrolle zuständigen Stelle in einem anderen Mitgliedstaat der Europäischen Union Amtshilfe, soweit dies für die Wahrnehmung der genannten Aufgaben der zuständigen Stelle im Einzelfall erforderlich ist. ²Ist die Erledigung einer Anfrage innerhalb einer angemessenen Frist nicht möglich, teilt die Wirtschaftsprüferkammer dies unter Angabe von Gründen mit. ³Die Wirtschaftsprüferkammer lehnt es ab, auf eine Anfrage eigene Ermittlungen durchzuführen, wenn

1. aufgrund derselben Handlung und gegen dieselbe Person in Deutschland bereits ein berufsgerichtliches Verfahren anhängig ist oder
2. gegen die betreffende Person aufgrund derselben Handlung in Deutschland bereits ein rechtskräftiges Urteil ergangen ist.

⁴Macht die Wirtschaftsprüferkammer von ihrem Recht nach Satz 3 Gebrauch, so teilt sie dies unverzüglich der ersuchenden Stelle unter Angabe von Gründen mit und übermittelt genauere Informationen über das berufsgerichtliche Verfahren oder das rechtskräftige Urteil.

(7) ¹Die Wirtschaftsprüferkammer darf Informationen einschließlich personenbezogener Daten an die in Absatz 6 Satz 1 genannten Stellen auf Ersuchen übermitteln, soweit die Kenntnis der Informationen zur Wahrnehmung der in Absatz 6 Satz 1 genannten Aufgaben der zuständigen Stelle im Einzelfall erforderlich ist. ²Informationen, die einer Geheimhaltungspflicht unterliegen, dürfen nur übermittelt werden, wenn zusätzlich sicher gestellt ist, dass sie bei diesen Stellen in gleicher Weise geheim gehalten werden. Bei der Übermittlung personenbezogener Daten ist auf den Zweck hinzuweisen, für den die Daten übermittelt werden. ³Die Übermittlung von Informationen einschließlich personenbezogener Daten unterbleibt, soweit hierdurch die öffentliche Sicherheit oder Ordnung beeinträchtigt werden könnte.

(8) Soweit nicht die Zuständigkeit der Abschlussprüferaufsichtskommission nach § 66a Abs. 10 gegeben ist, arbeitet die Wirtschaftsprüferkammer mit den für die Bestellung, Anerkennung, Berufsaufsicht und Qualitätskontrolle zuständigen Stellen anderer als der in Absatz 6 Satz 1 genannten Staaten zusammen, soweit dies für die Wahrnehmung der jeweiligen Aufgabe der zuständigen Stelle im Einzelfall erforderlich ist. Absatz 6 Satz 2 bis 4 gilt entsprechen.

(9) ¹Die Wirtschaftsprüferkammer darf Informationen einschließlich personenbezogener Daten an die in Absatz 8 Satz 1 genannten Stellen auf Ersuchen übermitteln, soweit die Kenntnis der Informationen zur Wahrnehmung der in Absatz 8 Satz 1 genannten Aufgaben der zuständigen Stelle im Einzelfall erforderlich ist. ²Informationen, die einer Geheimhaltungspflicht unterliegen, dürfen nur übermittelt werden, wenn zusätzlich sicher gestellt ist, dass sie bei diesen Stellen in gleicher Weise geheim gehalten werden. ³Für die Übermittlung personenbezogener Daten an die zuständige Stelle nach Absatz 8 Satz 1 gelten § 4b Abs. 2 bis 6 und § 4c des Bundesdatenschutzgesetzes entsprechend. ⁴Die Übermittlung von Informationen einschließlich personenbezogener Daten unterbleibt, soweit hierdurch die öffentliche Sicherheit oder Ordnung beeinträchtigt werden könnte. ⁵Legt die zuständige Stelle begründet dar, dass sie mit der Erledigung durch die Wirtschaftsprüferkammer nicht einverstanden ist, kann die Wirtschaftsprüferkammer unter den Voraussetzungen der Sätze 1 bis 4 Arbeitsunterlagen und andere Dokumente auf Anforderung der zuständigen Stelle an diese Stelle herausgeben, wenn

1. diese Arbeitsunterlagen oder Dokumente sich auf Prüfungen von Unternehmen beziehen, die Wertpapiere in diesem Drittstaat ausgegeben haben oder Teile eines Konzerns sind, der in diesem Staat einen Konzernabschluss vorlegt,
2. die zuständige Stelle die Anforderungen der Gleichwertigkeit von Aufsichtstätigkeit, Qualitätssicherung und Sonderuntersuchungen erfüllt, die von der Kommission der Europäischen Gemeinschaften als angemessen erklärt wurden,
3. auf der Grundlage der Gegenseitigkeit unter den Voraussetzungen des § 134 Abs. 4 eine Vereinbarung zur Zusammenarbeit zwischen der Wirtschaftsprüferkammer und der jeweiligen zuständigen Stelle getroffen wurde.

Schrifttum: *Gelhausen/Precht*, Die siebte Änderung der Berufssatzung, WPK-Mag. 1/2010, 29; *Gelhausen/Goltz*, Die sechste Änderung der Berufssatzung, WPK-Mag. 1/2008, 33; *Ehlers/Lechleitner*, Die Aufgaben der Rechtsanwaltskammern, AnwBl. 2006, 361; *Knorr/Schnepel*, Die fünfte Änderung der Berufssatzung, WPK-Mag. 1/2006, 44; *Knorr/Precht*, Die vierte Änderung der Berufssatzung, WPK-Mag. 4/2005, 409; *Knorr/Schnepel*, Die dritte Änderung der Berufssatzung – Allgemeine Regeln, WPK-Mag. 1/2005, 42; *Eichele/Happe*, Verstoßen die BORA und die FAO gegen das europäische Kartellrecht?, NJW 2003, 1214; *Lörcher*, Anwaltliches Berufsrecht und europäisches Wettbewerbsrecht, NJW 2002, 1092; *Kilian*, Kontrollmaßstab für deutsches Berufsrecht, MDR 2002, 850; *Kluth*, IHK-Pflichtmitgliedschaft weiterhin mit dem Grundgesetz vereinbar, NVwZ 2002, 298; *Lorz*, Die Erhöhung der verfassungsrechtlichen Kontrolldichte gegenüber berufsrechtlichen Beschränkungen der Berufsfreiheit, DStR 2002, 169; *Sosnitza*, Standesorganisationen im Fadenkreuz des deutschen und europäischen Kartellrechts, EWS 2002, 460; *Schaub*, Europäisches Wettbewerbsrecht und anwaltliches

Berufsrecht, AnwBl. 2002, 18; *Knorr/Schnepel,* Die Novellierung der Berufssatzung, WPK-Mitt. 2002, 2; *Leisner,* Die gesetzlichen Aufgaben der Industrie- und Handelskammern. Neue Entwicklungen zum Beteiligungsrecht an Infrastrukturgesellschaften, BayVBl. 2001, 601; *Kluth,* Zukunftsperspektiven der Selbstverwaltung in der Wirtschaftsprüferkammer, WPK-Mitt. 1997, 266; *Redeker,* Probleme der Satzungsversammlung, AnwBl. 1995, 217; *Lichtner/Korfmacher,* Das dritte Gesetz zur Änderung der Wirtschaftsprüferordnung, WPK-Mitt. 1994, 207; *Kleine-Cosack,* Neuordnung des anwaltlichen Berufsrechts, NJW 1994, 2249; *Schardey,* Die neue Bundesrechtsanwaltsordnung, AnwBl. 1994, 369; *Taupitz,* Berufsständische Satzung als Verbotsgesetze im Sinne des § 134 BGB, JZ 1994, 221; *Lichtner/Korfmacher,* Berufsrechte im Umbruch? Zum Entwurf eines Dritten Gesetzes zur Änderung der Wirtschaftsprüferordnung, WPK-Mitt. 1993, 93; *Taupitz,* Grundlagen berufsrechtlicher Inkompatibilitäten, AnwBl. 1991, 558; *Schenke,* Rechtliche Grenzen der Rechtsetzungsbefugnisse von Ärztekammern, NJW 1991, 2313; *Salzwedel,* Das Tätigkeitsfeld der Wirtschaftsprüferkammer und seine Grenzen, WPK-Mitt. 1990, 118; *Wimmer,* Wer gibt das neue anwaltliche Berufsrecht?, NJW 1989, 1772; *Heinze,* Die Standesrichtlinien sind verfassungswidrig, Stbg 1988, 41; *Pestke,* Die Neubewertung der anwaltlichen Standesrichtlinien durch das Bundesverfassungsgericht – Auswirkungen auf den steuerberatenden Beruf, Stbg 1988, 67; *Pietzcker,* Kammerrecht in Bewegung?, NJW 1987, 305; *Engelhardt,* Standesrichtlinien und Grundgesetz – Zur Problematik der Standesrichtlinien der Steuerberater im Lichte der Beschlüsse des BVerfG vom 14. Juli 1987 –, StB 1988, 73; *Redeker,* Grenzen für Aufgaben und Tätigkeiten öffentlich-rechtlicher Zwangsverbände, NJW 1982, 1266.

Inhaltsübersicht

		Rn.
I.	Allgemeines	1–11
	1. Rechtliche Vorgaben, Aufgabenbindung (Abs. 1 Hs. 1)	2–7
	2. Form der Aufgabenerfüllung	8–11
II.	Aufgaben der WPK im Einzelnen	12–83
	1. Generalklausel (Abs. 1 Hs. 2)	12–28
	a) Wahrung der beruflichen Belange der Gesamtheit der Mitglieder	13–25
	b) Überwachung der Erfüllung der beruflichen Pflichten durch die Mitglieder	26–28
	2. Aufgabenkatalog (Abs. 2)	29–83
	a) Allgemeines	29–33
	b) Aufgabenkatalog	34–83
III.	Erlass einer Berufssatzung (Abs. 3, 4)	84–124
	1. Allgemeines	84–85
	a) Historie	86–98
	b) Verfassungsrechtlicher Rahmen	99–104
	c) Sonstiges	105–106

       2. Anhörungsrecht der ARGE und der APAK.............. 107–109
       3. Prüfung durch das BMWi........................... 110–112
       4. Inkrafttreten der Berufssatzung...................... 113
       5. Inhalte der Berufssatzung.......................... 114–124
  IV. Aufgabenzuweisung innerhalb der WPK (Abs. 5)............. 120–123
  V. Kooperation der WPK mit zuständigen Stellen in EU-Mitgliedstaaten und zuständigen Stellen in Drittstaaten (Abs. 6-9)........ 129–140
       1. Allgemeines..................................... 129–130
       2. Öffentliche Prüferaufsicht.......................... 131–132
       3. Amtshilfe/Zusammenarbeit......................... 133–136
       4. Datenschutzrechtliche Voraussetzungen................ 137–140

I. Allgemeines

1 Die **Reichweite der rechtlich zulässigen Tätigkeit** der WPK ergibt sich im Wesentlichen aus der Aufzählung der Kammeraufgaben in § 57. Die Vorschrift kann daher als **Zentralnorm der Kammerzuständigkeiten** betrachtet werden. Ausweislich ihres Wortlautes (Abs. 1 Hs. 1) schließt die Vorschrift weitere gesetzliche Aufgaben nicht aus; solche sind z.T. sogar in der WPO selbst vorhanden (vgl. z.B. § 37 Abs. 2 zur Veröffentlichung eines Mitgliederverzeichnisses, § 133d Satz 1 zur Zuständigkeit im OWi-Verfahren nach §§ 132 ff.). Soweit Normen außerhalb der WPO Kammeraufgaben regeln (z.B. § 71 Abs. 5 BBiG, §§ 11 Abs. 4, 16 GwG), werden diese i.d.R. zum Anlass genommen, den Aufgabenkatalog in § 57 entsprechend zu ergänzen (für die genannten Bsp. vgl. Abs. 2 Nr. 8 bzw. 17).

1. Rechtliche Vorgaben, Aufgabenbindung (Abs. 1 Hs. 1)

2 Die WPK ist der **öffentlich-rechtliche Pflichtverband** des Berufsstandes der WP (zum weiter gefassten Kreis der Pflichtmitglieder insgesamt §§ 58 Abs. 1, 128 Abs. 3). Sie ist als **KöR** Teil der **mittelbaren Staatsverwaltung** (§ 4) u. wird in dieser Eigenschaft grds. **hoheitlich tätig**. Da die Erfüllung der auf die WPK übertragenen „legitimen öffentlichen Aufgaben" (zum Begriff BVerfGE 38, 281, 299; BVerfG 17.12.2001, NVwZ 2002, 335, 336) somit Ausübung v. Staatsgewalt i.S.d. Art. 1 Abs. 3, 20 Abs. 3 GG ist, besteht neben der **Bindung an die Grundrechte** insoweit auch das Erfordernis eines **hinreichenden Niveaus demokratischer Legitimation**. Die relativ geringe Intensität der durch das Gesetz vermittelten kollektiven (als Sonderform der personalen) demokratischen Legitimation (hierzu Kluth, Funktionale Selbstverwaltung, 376 ff.) erfordert als Ausgleich einen vergleichsweise hohen Grad an sachlicher demokratischer Legitimation. Hieraus folgt, dass es dem Gesetzgeber aufgegeben ist, ein **inhaltlich weitgehend determiniertes Aufgabenspektrum** vorzugeben. Gleiches ergibt sich, zumindest für belastendes Kammerhandeln, aus dem insoweit einschlägigen Prinzip des **Vorbehalts des Gesetzes**.

3 Wegen der bestehenden Pflichtmitgliedschaft haben die Mitglieder nach ständiger Rspr. ein aus Art. 2 Abs. 1 GG herrührendes **subjektiv-öffentliches Recht** darauf, dass die Kammer **den Kreis der ihr gesetzlich zugewiesenen Aufgaben nicht überschreitet** (BVerfGE 15, 235, 241; BVerwGE 107, 169, 175 m.w.N.; kritisch zur dogmatischen Konstruktion Leisner, BayVBl. 2001, 601, 615). Die WPK unterliegt aus diesem Grunde, wie andere Körperschaften der beruflichen Selbstverwaltung auch, einer **strikten, durch jedes Mitglied einforderbaren Aufgabenbindung** (Abs. 1 Hs. 1). Rechtsaufsicht u. mitgliedschaftlicher Unterlassungsanspruch bilden ein Instrumentarium, welches im Zusammenspiel eine **wirksame Kontrolle der Einhaltung des gesetzlichen Aufgabenspektrums** sicherstellt.

Abzulehnen ist nach alledem die Auffassung, nach der der Funktionsbereich der Kammern nicht nur die ihnen durch Gesetz zugewiesenen Aufgaben umfasst, sondern sich darüber hinaus auch auf den Wirkungskreis erstreckt, welcher den Kammern **im Hinblick auf den Zweck des mitgliedschaftlichen Zusammenschlusses erkennbar zugedacht ist** (so aber die Rspr. der Zivilgerichte, vgl. nur BGHZ 33, 381, 385 f.; wie hier OVG NRW 9.12.1999, Stbg 2000, 575, 578; Ehlers/Lechleitner, AnwBl. 2006, 361, 362). 4

Entsprechend ihrer Eigenschaft als Körperschaft der funktionalen Selbstverwaltung konzentriert sich die Zuständigkeit der WPK in **personaler Hinsicht** auf ihre Mitglieder, was die Geltendmachung der Belange der Gesamtheit der Kammermitglieder ggü. Dritten einschließt. Eine originäre Zuständigkeit ggü. Dritten besteht nur dort, wo das Gesetz sie vorschreibt (vgl. z.B. § 18 Abs. 4, § 133d Satz 1 i.V.m. §§ 132 ff.). Eine umgrenzbare **örtliche Zuständigkeit** hat die WPK als Personalkörperschaft streng genommen nicht. In **sachlicher Hinsicht** erfüllt sie das gesamte Spektrum der Kammeraufgaben „nach unten" (in erster Linie ggü. ihren Mitgliedern) sowie „nach oben" (ggü. Gesetzgeber, Gerichten u. Behörden); eine Regionalstruktur wie bei den Kammern der verwandten Berufe des RA u. des StB mit einer Aufgabenteilung zwischen Regionalkammern u. Bundeskammer existiert nicht (§ 4 Rn. 23). 5

Bei den in Abs. 1 u. 2 genannten Aufgaben handelt es sich ausweislich des Gesetzeswortlautes um **Pflichtaufgaben** der WPK. Kommt der Kammer danach hinsichtlich des **„Ob" der Erfüllung** der ihr obliegenden Aufgaben kein Entscheidungsspielraum zu, wird sie in Bezug auf das **„Wie" der Aufgabenerfüllung** innerhalb des gesetzlich vorgeschriebenen Bereichs in Selbstverwaltungsangelegenheiten grds. **nach eigenem Ermessen** tätig. Daraus ergibt sich u.a., dass die WPK, soweit Aufgaben der beruflichen Selbstverwaltung betroffen sind, v. Seiten Dritter nicht zum Tätigwerden gezwungen werden kann. Diese Befugnisse besitzen bei Vorliegen der gesetzlichen Voraussetzungen ledigl. die zur Aufsicht über die WPK berufenen Stellen (vgl. §§ 66, 66a). Der **Erlass einer BS** (Abs. 3) ist demggü. v. Gesetzgeber als **fakultative Kammeraufgabe** ausgestaltet worden („kann"). 6

Der in Bezug auf die Art u. Weise der Aufgabenerfüllung bestehende Ermessensspielraum lässt es auch zu, dass die Kammer ihre Aktivitäten z.B. im Bereich der Förderung der beruflichen Fortbildung der Mitglieder (Abs. 2 Nr. 10) unter **Erforderlichkeitsgesichtspunkten** auf ein **subsidiäres Tätigwerden** beschränken kann, wenn u. soweit entsprechende Angebote durch private Dritte (insb. Berufsverbände) örtlich u. sachlich in ausreichendem Maße vorgehalten werden. Als KöR ist die 7

WPK in diesem Rahmen mit Blick auf die betroffenen Grundrechte jedenfalls verpflichtet, die **Grenzen des zulässigen Wettbewerbs öffentl. Verwaltungsträger ggü. privatwirtschaftlichen Marktteilnehmern** nicht zu überschreiten (Rn. 25).

2. Die Form der Aufgabenerfüllung

8   Als Körperschaft der mittelbaren Staatsverwaltung wird die WPK i.d.R. **hoheitlich tätig**. Die Ausübung v. Hoheitsgewalt äußert sich zunächst im Erlass v. VA durch die WPK; darüber hinaus erfüllt die Kammer ihre Aufgaben im Wege „schlicht hoheitlichen" Handelns.

9   Soweit kein Zwang besteht, die Handlung in den Formen des öffentl. Rechts vorzunehmen, kann die WPK – auch außerhalb reiner Fiskaltätigkeit – auch **zivilrechtlich handeln**. Ein Bsp. hierfür liefert das **Wettbewerbsrecht**. So hat das BVerfG für die StBK entschieden, dass die Abwehr v. berufsbezogenen Wettbewerbsverstößen in materieller Hinsicht v. der gesetzlichen Aufgabenzuweisung umfasst ist u. es daher im **Ermessen der Kammer** steht, ob sie gegen die v. ihr als berufs- u. wettbewerbswidrig angesehene Kundmachung eines Mitglieds im Wege der BA o. aber im Rahmen ihrer – v. Gesetzgeber nunmehr klargestellten – Aktivlegitimation gem. § 8 Abs. 3 Nr. 2 UWG wettbewerbsrechtlich vorgehen will (BVerfGE 111, 366; vgl. auch BGH 6.4.2006, INF 2006, 441). Bei der wettbewerbsrechtlichen Inanspruchnahme v. Nichtmitgliedern stellt sich diese (Verhältnismäßigkeits-) Frage nicht, da der WPK im Verhältnis zu Letzteren hoheitliche Befugnisse nicht zukommen u. demzufolge allein der durch § 8 Abs. 3 Nr. 2 UWG eröffnete Weg verbleibt. Allerdings kommt in bestimmten Bereichen der Aufgabenerfüllung – als Bsp. sei wiederum die Förderung der beruflichen Fortbildung der Mitglieder (Abs. 2 Nr. 10) genannt – auch ggü. Mitgliedern allein ein Tätigwerden in privatrechtlicher Form in Betracht (zu den Grenzen einer damit verbundenen wirtschaftlichen Betätigung vgl. Rn. 25).

10   Die WPK handelt auch dann in den Formen des Zivilrechts, wenn sie Tätigkeitsfelder **auf jur. Personen des Privatrechts auslagert** bzw. sich an solchen beteiligt. Unter dem Gesichtspunkt der Rechtsformenwahl begegnet auch dies keinen durchgreifenden Bedenken. Allerdings ist zu beachten, dass hierdurch Organisationsstrukturen geschaffen werden, die durch die zuständigen Kammerorgane nur noch **erschwert steuerbar** sind u. zudem **beträchtliche Eigeninteressen** entwickeln können. Auch u. bereits vor dem Hintergrund des organisationssoziologischen Ideals einer mitgliedernahen Selbstverwaltung sollten die genannten Ausgründungs- u. Beteiligungsoptionen daher zurückhaltend gehandhabt werden (vgl. Kluth, NVwZ 2002, 298, 299). Die materielle Zulässigkeit dieser Gestaltungsmöglichkeiten bestimmt sich wiederum danach, ob die in diesem Rahmen ausgeübten Tätigkeiten sich innerhalb des Aufgabenspektrums der WPK bewegen (Rn. 22 f.).

11   In ihrer Eigenschaft als KöR hat die Kammer auch im Rahmen der Aufgabenerfüllung in Privatrechtsform die in Rn. 7 genannten **öffentlich-rechtlichen Beschränkungen**, insb. die **Grundrechte Dritter**, zu beachten (vgl. hierzu noch Rn. 25). Entsprechend der Art ihres Tätigwerdens ist auch die Frage des gegen Handlungen

der WPK ggf. zu beschreitenden **Rechtswegs** zu beantworten, wobei die in der WPO enthaltenen Spezialzuweisungen (z.B. § 63a Abs. 1) zu berücksichtigen sind.

II. Aufgaben der WPK im Einzelnen

1. Generalklausel (Abs. 1 Hs. 2)

§ 57 Abs. 1 Hs. 2 weist der WPK generalklauselartig die Befugnis zu, die **beruflichen Belange der Gesamtheit ihrer Mitglieder zu wahren** u. die **Erfüllung der beruflichen Pflichten zu überwachen.**

12

a) Die Wahrung der beruflichen Belange der Gesamtheit der Mitglieder
Die WPK wird durch Abs. 1 Hs. 2 zunächst zur **Wahrung der beruflichen Belange der Gesamtheit ihrer Mitglieder**, also zur Wahrnehmung des **berufsständischen Gesamtinteresses** ermächtigt. Die in der Vergangenheit umstrittene Frage, ob es KöR, also auch den Berufskammern, überhaupt erlaubt sei, neben privaten Verbänden eine – nach öffentlich-rechtlichen Grundsätzen modifizierte – Interessenvertretung zu betreiben (dagegen z.B. Redeker, NJW 1982, 1266; dafür Fröhler/Oberndörfer, KöR; Tettinger, Kammerrecht, 140 f.) darf als geklärt betrachtet werden. Wegen des Eigenwertes einer am Gemeinwohl orientierten Gesamtinteressenvertretung ist es dem Gesetzgeber ohne weiteres gestattet, KöR mit den entsprechenden Befugnissen auszustatten (so zutr. Tettinger, a.a.O., 141; vgl. auch BVerfG 17.12.2001, NVwZ 2002, 335, 336 f.; Abs. 2 Nr. 6 erlaubt dementsprechend u.a. Stellungnahmen der WPK zu berufsstandsrelevanten Gesetzesvorhaben ggü. den zuständigen Behörden der Ministerialverwaltung bzw. den Gesetzgebungskörperschaften).

13

Jedoch darf eine solche Gesamtinteressenvertretung nicht schrankenlos erfolgen. Bereits aufgrund der strikten, durch grundrechtsrelevante Pflichtmitgliedschaft u. Demokratieprinzip begründeten **Gesetzesbindung der Kammertätigkeit** sind die im Wortlaut der Vorschrift angelegten Grenzen zwingend zu beachten. Erforderlich ist daher, dass das entsprechende Kammerhandeln einen Bezug zu den beruflichen Belangen der Mitglieder aufweist. Dies impliziert, dass der WPK kein sog. **„allgemeinpolitisches Mandat"** zukommt (vgl. zuletzt BVerwG 23.6.2010, WPK-Mag. 4/2010, 61 für eine IHK [„Limburger Erklärung"]). Unzulässig wäre aus diesem Grunde z.B. eine Stellungnahme der WPK zu Gesetzgebungsvorhaben, die nicht die beruflichen Belange der Mitglieder tangieren; eine mittelbare Betroffenheit wird zumindest dann nicht ausreichen, wenn der Berufsstand nicht in herausgehobener Weise, sondern wie andere, nicht berufsangehörige Dritte betroffen ist.

14

Hiervon abzugrenzen ist die **Erstattung v. Gutachten** im Rahmen des Abs. 2 Nr. 7. In diesem Bereich soll der in der Kammer vorhandene Sachverstand den anfordernden Gerichten u. Behörden vollumfänglich zur Verfügung stehen; die thematische Eingrenzung des Abs. 1 Hs. 2 greift insoweit nicht (so auch Ehlers/Lechleitner, AnwBl. 2006, 361, 366 für die RAK).

15

16 Darüber hinaus müssen berufliche Belange gegeben sein, die die **Gesamtheit der Mitglieder** betreffen. Es ist gerade nicht Aufgabe der Berufskammern im Allgemeinen sowie der WPK im Speziellen, berufspolitische Partikularinteressen durchzusetzen. Diese Funktion übernehmen im Gesamtbild der Interessenvermittlung die privatrechtlich organisierten Berufsverbände; der WPK ist ein Tätigwerden in diesem Rahmen schon wegen der gesetzlichen Pflichtmitgliedschaft verwehrt.

17 Soweit es um **interne Verteilungskonflikte zwischen dem Berufsstand der WP u. dem der vBP** (Pflichtmitgliedschaft zur WPK gem. § 128 Abs. 3 Satz 1) geht, hat die WPK sich aufgrund ihrer gesetzl. Verpflichtung auf das Gesamtinteresse **grds. neutral** zu verhalten. Dies hindert Äußerungen zu Lasten einer der o.g. Mitgliedergruppen nicht, wenn diese objektiv geboten u. einem Konsens zugänglich sind. Letzteres folgt aus der Funktion der WPK, die unterschiedlichen, partiell gegensätzlichen Interessen der in ihr vertretenen Gruppierungen zu integrieren, woraus sich – bezogen auf den Bereich der Interessenvertretung – erst ihr öffentlich-rechtlicher Status rechtfertigt (VG Berlin 18.1.1999, WPK-Mitt. 1999, 206, 207 mit Verweis auf BVerfGE 15, 235, 241). Bei **divergierenden Interessen innerhalb der o.g. Mitgliedergruppen o. einem gruppenübergreifenden Dissens** muss das Gesamtinteresse abwägend und ausgleichend ermittelt werden. Eine Äußerung der WPK zu umstrittenen Themen muss diese Abwägung erkennen lassen; Minderheitenpositionen sind darzustellen (BVerwG 23.6.2010, WPK-Mag. 2010, 61).

18 Die WPO trifft keine Regelung zu der Frage, in welchem **Verfahren** die WPK das Gesamtinteresse des Berufsstands zu ermitteln hat. Insbesondere fehlt es an einer § 4 Abs. 1 Satz 1 IHKG vergleichbaren **Kompetenzzuweisung an ein bestimmtes Organ** (dort: Vollversammlung). Nach der Abschaffung der WP-Versammlung durch das 4. WPO-Änderungsgesetz im Jahre 2010 verbleiben als hierfür in Betracht kommende Organe Beirat und Vorstand, deren Zuständigkeit und Zusammenwirken in der Satzung der WPK geregelt sind (§§ 7 f.). Nach der derzeitigen Regelung in §§ 7 Abs. 1 Satz 1, 8 Abs. 1 Satz 2 Satzung WPK kommt dem Vorstand auch insoweit eine Allzuständigkeit zu; der Beirat ist gem. § 8 Abs. 1 Satz 3 Satzung WPK „zu wichtigen Fragen" anzuhören. Im Übrigen kann der Beirat gem. § 7 Abs. 1 Satz 2 Satzung WPK verlangen, dass sich der Vorstand im Rahmen seiner Zuständigkeit mit einem vom Beirat vorgegebenen Thema befasst.

19 Die Befugnis der WPK, die beruflichen Belange der Gesamtheit ihrer Mitglieder zu wahren, beschränkt sich nicht auf die **Verteidigung des bereits erreichten Besitzstands**, sondern schließt vielmehr eine gemeinwohlverträgliche, unter Beachtung der oben aufgezeigten Grenzen erfolgende **Förderung der Belange ihrer Mitglieder** ein. Hierfür spricht, dass die in Abs. 2 enumerativ aufgeführten Kammeraufgaben auch fördernde Elemente beinhalten; in Abs. 2 Nr. 10 ist sogar ausdr. v. der Förderung der beruflichen Fortbildung der Mitglieder sowie der Ausbildung des Berufsnachwuchses die Rede (so auch Kuhls/Goez, StBerG 2004, § 76 Rn. 21 für die StBK). Zwar ist der in § 57 Abs. 1 Satz 1 WPO 1961 enthaltene Zusatz „zu fördern" im Rahmen der 1. WPO-Novelle 1975 ersatzlos gestrichen worden. Dies geschah jedoch ausweislich der Gesetzesbegr. in erster Linie, um die WPO insoweit an den Wortlaut der einschlägigen Vorschriften der BRAO u. des StBerG anzugleichen. Dass eine entsprechende Einschränkung des Tätigkeitsfeldes der WPK v. Gesetzgeber nicht gewollt war, zeigt auch der Umstand, dass es in der Gesetzesbegr. nach wie vor heißt, die Kammer habe die beruflichen Belange des Berufsstandes „zu wahren u. zu fördern" (BT-Drs. 7/2417, 21).

Grundsätzlich können die beruflichen Belange der Mitglieder in materieller Hinsicht durch jede Tätigkeit der WPK, die zur Erreichung des Regelungszwecks des Abs. 1 geeignet ist, unterstützt werden (zur Form der Aufgabenerfüllung Rn. 8 ff.). Dies schließt eine am Grundsatz der Sachlichkeit orientierte **Darstellung des Berufsstands in der Öffentlichkeit** (sog. Gemeinschaftswerbung) ein, die als Bestandteil der Öffentlichkeitsarbeit aus dem Kammerhaushalt finanziert werden kann. Auch die **Herausgabe eines inhaltlich auf die Berufsausübung u. die Arbeit der Kammer bezogenen Mitteilungsblatts** (für den Bereich der WPK: ehemalige WPK-Mitt., jetzt WPK-Mag.) ist danach zulässig, nicht aber das durch Beiträge finanzierte Zwangsabonnement einer Fachzeitschrift (BVerwGE 64, 115). 20

Ein weiterer bedeutsamer Bereich der Wahrung berufsständischer Interessen durch die WPK ist die **Abwehr v. Wettbewerbsverstößen durch Nichtmitglieder** im Rahmen der – nunmehr gesetzlich klargestellten – Klagebefugnis der Kammer nach § 8 Abs. 3 Nr. 2 UWG (zur Befugnis berufsständischer Kammern, auch gegen Mitglieder wettbewerbsrechtlich vorzugehen, vgl. BVerfGE 111, 366; BGH 6.4.2006, INF 2006, 441 sowie oben, Rn. 9). 21

Zur Wahrung der beruflichen Belange ihrer Mitglieder kann die WPK zudem **mit Organisationen öffentlich-rechtlicher, aber auch privatrechtlicher Natur** kooperieren, deren Tätigkeit die beruflichen Belange des Berufsstandes berührt. Im öffentl. Bereich betrifft dies insb. die **Kammerorganisationen der rechts- u. steuerberatenden Berufe**. Auf der anderen Seite arbeitet die WPK auch mit den **privatrechtlich organisierten Verbänden ihrer Mitglieder** zusammen, um übergreifende Interessen ggf. gemeinsam vertreten zu können. 22

Die über entsprechende Mitgliedschaften vermittelte **Betätigung berufsständischer Kammern in privatrechtlichen Organisationen** ist v. der Rspr. wegen einer hierin erblickten Überschreitung des gesetzlichen Aufgabenkreises z.T. als **(materiell) unzulässig** angesehen worden (zur Mitgliedschaft einer StBK im Landesverband der freien Berufe BVerwG 10.6.1986, NJW 1987, 337; OVG Rh.-Pf. 10.7.1984, AnwBl. 1985, 51; zur Mitgliedschaft einer Ärztekammer im Landesverband der freien Berufe OVG NRW 9.12.1999, Stbg 2000, 575; VG Bremen 11.9.1991, StB 1992, 453; zur grds. Zulässigkeit des Kammerhandelns in Privatrechtsform Rn. 9 ff.). Dieser Judikatur kann jedoch kein allg. Grundsatz entnommen werden. So hat das BVerwG an anderer Stelle ausgeführt, dass die Mitgliedschaft einer Handwerkskammer in einem privatrechtlichen Verein zulässig ist, soweit der satzungsmäßig festgelegte Aufgabenbereich des Vereins deckungsgleich mit bestimmten gesetzlichen Aufgaben der Kammer ist u. die Mitgliedschaft auch i.Ü. die rechtlichen Bindungen der Kammer unbeeinträchtigt lässt 23

(BVerwG 10.6.1986, NJW 1987, 338; vgl. auch VG Stuttgart 15.7.2004, ApoR 2004, 160 für eine Apothekerkammer; großzügiger BGH 18.12.1995, NJW 1996, 1899 zur Zulässigkeit der Mitgliedschaft der PAK im Bundesverband der freien Berufe).

24 Unter der Voraussetzung, dass sich Ziele u. Aufgaben beider Organisationen decken, kann die WPK auch **wissenschaftliche Institute betreiben** bzw. sich an solchen beteiligen. Der BGH hat die Unterhaltung des Deutschen Notarinstituts durch die BNotK sowie verschiedene Notarkammern nach diesen Grundsätzen für zulässig erachtet (BGH 25.11.1996, NJW 1997, 1239).

25 Eine **wirtschaftliche Betätigung der Kammer** ist zulässig, wenn diese i.Z.m. der Erfüllung ihrer gesetzlichen Aufgaben erfolgt u. hierfür erforderlich ist (BGH 10.7.1961, NJW 1961, 1864; BGH 12.5.1975, NJW 1975, 1559). Die WPK darf daher nicht losgelöst v. ihren Aufgaben **ausschl. zum Zwecke der Gewinnerzielung** tätig werden. Auch der **Wettbewerb** in dem entsprechenden Markt darf im Falle zulässiger wirtschaftlicher Betätigung wiederum nur im Rahmen des für die Aufgabenerfüllung Erforderlichen beeinflusst werden. Im Verhältnis zu ihren Mitgliedern dürfte die WPK diesbezgl. eine besondere, über die allg. Grundsätze des Wettbewerbs durch die öffentl. Hand hinausgehende Pflicht zur Rücksichtnahme treffen. Diese resultiert aus dem durch die gesetzliche Pflichtmitgliedschaft begründeten **Sonderrechtsverhältnis** zwischen Kammer u. Mitgliedern sowie aus dem sich hieraus ergebenden Umstand, dass die entsprechenden Kammeraktivitäten jedenfalls z.T. durch Beiträge finanziert werden. Die genannten Grundsätze werden in der Praxis insbesondere i.Z.m. Fortbildungsangeboten gem. Abs. 2 Nr. 10 Bedeutung erlangen, da die WPK diesbezgl. in ein Konkurrenzverhältnis zu entsprechend tätigen Mitgliedern tritt (vgl. in diesem Zusammenhang auch EuGH 28.2.2013, C-1/12 zu Art. 101 AEUV).

b) Überwachung der Erfüllung der beruflichen Pflichten durch die Mitglieder

26 An zweiter Stelle wird in Abs. 1 Hs. 2 die Aufgabe der WPK genannt, die **Erfüllung der beruflichen Pflichten zu überwachen**, wobei sich diese Ermächtigung in persönlicher Hinsicht auf die Pflichtmitglieder der Kammer beschränkt. Auf freiwillige Mitglieder (§ 58 Abs. 2 Satz 1) sind die Vorschriften der Abs. 1 u. 2 gemäß § 58 Abs. 2 Satz 2 nicht anzuwenden.

27 Die **besondere Bedeutung der Überwachung der beruflichen Pflichterfüllung**, mithin der kammerseitigen BA in ihrer Eigenschaft als „vornehmste Pflicht der Kammer" (so Kuhls/Kleemann, StBerG, § 76 Rn. 36 für die StBK) im Aufgabengefüge der WPK hat der Gesetzgeber durch die mehrfache Nennung dieser Aufgabe sowohl in Abs. 1 als auch in Abs. 2 hervorgehoben. Die Generalklausel des Abs. 1 Hs. 2 wird in Abs. 2 Nr. 1 (Beratung u. Belehrung der Mitglieder in Fragen der Berufspflichten) u. Nr. 4 (Überwachung der Erfüllung der den Mitgliedern obliegenden beruflichen Pflichten u. Handhabung des Rügerechtes) teilw. wiederholt u. i.Ü. konkretisiert.

Darüber hinaus kann die berufsaufsichtliche Generalklausel auch als Konkretisierung der Befugnis der WPK, die beruflichen Belange der Gesamtheit ihrer Mitglieder zu wahren, interpretiert werden. So dient es dem **Ansehen des Berufs in der Öffentlichkeit** u. damit der Gesamtheit der Kammermitglieder, wenn die Verletzung v. Berufspflichten durch die Kammer verfolgt u. geahndet wird, mithin ein Sanktionsmechanismus besteht, der die Mitglieder zu pflichtgemäßem Handeln anhält. Im Einzelnen wird auf die Kommentierung zu Abs. 2 Nr. 1 (Rn. 34 ff.) u. Nr. 4 (Rn. 43 ff.) verwiesen. 28

2. Aufgabenkatalog (Abs. 2)

a) Allgemeines

Über die Generalklausel des § 57 Abs. 1 hinaus zählt § 57 Abs. 2 einzelne Aufgaben auf, die v. der WPK zu erfüllen sind. Es sind Pflichtaufgaben, deren Erfüllung der **Staatsaufsicht durch das BMWi** unterliegt (§ 66). Die Erfüllung der Aufgaben kann v. der Staatsaufsicht ggf. auch durchgesetzt werden. 29

Soweit Aufgaben betroffen sind, die v. der WPK gemäß § 4 Abs. 1 Satz 1 in mittelbarer Staatsverwaltung gegenüber Berufsangehörigen u. Gesellschaften wahrgenommen werden, die zur Durchführung gesetzlich vorgeschriebener AP befugt sind o. solche ohne diese Befugnis tats. durchführen, unterliegt deren Erfüllung zudem der durch die **APAK geführten öffentl. Fachaufsicht** (§ 66a Abs. 1). 30

Bei der Entscheidung der Frage, wie die Aufgaben im Einzelnen ausgeführt werden, kommt der WPK einen **Ermessensspielraum** zu. Bei Überschreitung des Ermessens o. bei fälschlichem Nichtgebrauch steht gegen eine Maßnahme bei hoheitlichem Tätigwerden der **Verwaltungsrechtsweg** offen, im Übrigen ist der **Rechtsweg vor den ordentlichen Gerichten** eröffnet (vgl. auch Rn. 11). 31

Wird die WPK in mittelbarer Staatsverwaltung gemäß § 4 Abs. 1 Satz 1 gegenüber Berufsangehörigen u. Gesellschaften tätig, die zur Durchführung gesetzlich vorgeschriebener AP befugt sind o. solche ohne diese Befugnis tats. durchführen, kann gemäß § 66a Abs. 4 Satz 1 die öffentl. **Fachaufsicht der APAK** die Entscheidungen der WPK unter Angabe der Gründe zur nochmaligen Prüfung an diese zurückverweisen (**Zweitprüfung**). Bei Nichtabhilfe kann die APAK unter Aufhebung der Entscheidung der WPK eine Weisung erteilen (**Letztentscheidung**), zu deren Umsetzung die WPK verpflichtet ist (§ 66a Abs. 4 Satz 2). Die Kompetenz der APAK zur Anordnung einer Zweitprüfung o. zur Letztentscheidung beschränkt sich nicht auf Rechtmäßigkeitserwägungen, sondern schließt insb. auch Zweckmäßigkeitserwägungen ein. Insofern kann der **Ermessensspielraum der WPK** bei ihrer Aufgabenerfüllung durch die öffentl. Fachaufsicht im Einzelfall eingeschränkt werden. 32

Die Aufzählung der Aufgaben in § 57 Abs. 2 ist nicht abschließend. Wie an der Verwendung des Wortes „**insbesondere**" erkennbar wird, hat der Gesetzgeber berücksichtigt, dass sich die Anforderungen an die Aufgaben der WPK – wie auch die Rechtsentwicklung im Übrigen – im Lauf der Zeit ändern können. Die Aufzählung ist demnach **beispielhaft** zu verstehen (Salzwedel, WPK-Mitt. 1990, 118 [119]). 33

Über den Weg der Generalklausel des § 57 Abs. 1 ist die Wahrnehmung weiterer Aufgaben durch die WPK möglich; diese darf aber ihren **gesetzlichen Auftrag** insgesamt nicht überschreiten, da jedes Kammermitglied einen Anspruch auf Einhaltung der gesetzlich zugewiesenen Aufgaben hat (VG Berlin 18.1.1999, WPK-Mitt. 1999, 206). Zu den Vorgaben u. Grenzen für den Tätigkeitsbereich der WPK s. im Einzelnen auch Rn. 1 ff.

b) **Aufgabenkatalog**

Nr. 1 Beratung und Belehrung der Mitglieder

34 Die Aufgabe der Beratung u. Belehrung der Mitglieder **in Fragen der Berufspflichten** gemäß § 57 Abs. 2 Nr. 1 steht i.Z.m. der Generalklausel des § 57 Abs. 1. Die Mitglieder können ihren gemäß § 57 Abs. 1 zu überwachenden beruflichen Pflichten nur dann vollumfänglich nachkommen, wenn sie beraten u. belehrt werden. Beratung u. Belehrung haben **Präventivcharakter** (vgl. Henssler/Prütting, BRAO, § 73 Rn. 24). Insofern ist auch ein **Anspruch** der Mitglieder ggü. der WPK auf Beratung u. Belehrung zur Vermeidung v. Berufspflichtverletzungen zu bejahen.

35 Die Beratung u. Belehrung wird als **notwendige Ergänzung zur BA** angesehen (Kuhls/Kleemann, StBerG, § 76 Rn. 39 für die StBK). Die Beratung erfolgt nach einer Anfrage aus dem Kreis der Mitglieder o. auch aus der Sicht des Mitgliedes unaufgefordert auf der Basis eines v. dritter Seite vorgetragenen Sachverhaltes. Die Belehrung kann sich im Unterschied zur Beratung nur auf einen bereits verwirklichten Tatbestand beziehen. Beratung u. Belehrung können nicht als getrennte Aufgaben angesehen werden, vielmehr gehen sie ineinander über (vgl. Kuhls/Kleemann, StBerG, § 76 Rn. 40).

36 Bei der Frage nach der **Rechtsqualität** kommt es auf den Einzelfall an. Enthält eine Beratung o. Belehrung keinen Vorwurf einer schuldhaften Pflichtverletzung u. ist sie ausschl. als zukunftsorientierte präventive Belehrung zu verstehen, fehlt ihr der Regelungscharakter; damit ist sie kein VA (OVG Münster 17.11.1989, WPK-Mitt. 1990, 102). Hingegen ist ein Regelungsgehalt u. damit ein VA anzunehmen, wenn eine Belehrung einen Schuldvorwurf enthält, der mit der Belehrung festgestellt wird (feststellender VA, VG Berlin 17.9.2010, WPK-Mag. 4/2010, 64; auf die Kommentierung zu § 63, Rn. 10 wird ergänzend verwiesen).

37 Die in der Anwaltschaft gebräuchliche u. anerkannte sog. **„missbilligende Belehrung"** wird von der WPK nicht praktiziert (vgl. auch insoweit zu § 63, Rn. 10).

Nr. 2 / Nr. 3 Vermittlungen

38 Gemäß § 57 Abs. 2 Nr. 2 ist es Aufgabe der WPK, bei **Streitigkeiten unter den Mitgliedern** sowie gemäß § 57 Abs. 2 Nr. 3 bei **Streitigkeiten zwischen Mitgliedern u. deren Auftraggebern** zu vermitteln. Wie bei allen Katalogaufgaben handelt es sich auch bei der Vermittlung um eine Pflichtaufgabe. Sie kann jedoch nur dann erfüllt werden, wenn zumindest einer der Beteiligten einen **Antrag** stellt u. die Beteiligten **freiwillig mitwirken**. Ohne ernsthaften Einigungswillen ist es der WPK

nicht möglich, einen Interessenausgleich herbeizuführen (keine „Zwangsschlichtung"). Eine Mitwirkungsverpflichtung (so Kuhls/Kleemann, StBerG, § 76 Rn. 48) wird man für das Mitglied nur insoweit annehmen können, als es sich überhaupt zu dem Vermittlungsantrag ggü. der WPK äußert. Eine weitergehende Verpflichtung, die nötigenfalls mit berufsaufsichtlichen Instrumentarien durchzusetzen wäre, würde dem Vermittlungsgedanken widersprechen.

Bei Vermittlungen i. S. des § 57 Abs. 2 Nr. 3 wird sich die Mitwirkung des Auftraggebers regelmäßig aus seinem Interesse an einer **außergerichtlichen Streitbeilegung** ergeben; in der Praxis stellen nahezu ausnahmslos auch sie u. nicht die Berufsangehörigen die Anträge. Zentrale Bereiche der Vermittlungspraxis der WPK sind Meinungsverschiedenheiten über die Höhe des Honorars u. zur Herausgabe v. Unterlagen (s. dazu die Kommentierung zu § 51b Abs. 3). 39

Die **Grenzen zur BA** sind fließend. Es besteht die Gefahr einer **Pflichtenkollision** für die WPK zwischen ihren gesetzlichen Aufgaben. Zwar ist es grds. denkbar, zu einer Rechtsfrage eine Konsens herbeizuführen u. parallel in der BA ein ursprüngliches Fehlverhalten zu ahnden, doch wird die Bereitschaft eines Beteiligten zum Konsens geringer ausfallen, je größer die möglichen **berufsaufsichtsrechtlichen Folgen** sind. Da die WPK den Berufsangehörigen in einem solchen Fall zudem darüber **belehren** muss, dass er sich nicht selbst zu belasten braucht, dürfte einer Vermittlung spätestens dann der Boden entzogen sein. 40

Das Vermittlungsverfahren ist **kein schiedsrichterliches Verfahren i.S. des §§ 1025 ff. ZPO**. Eine Einigung unter den Beteiligten ist als privatrechtlicher Vertrag anzusehen, mit dem der Vorgang insgesamt o. in Teilbereichen erledigt wird. 41

Andere freie Berufe kennen den **Ombudsmann zur außergerichtlichen Streitbeilegung** (bspw. bei RA § 73 Abs. 2 Nr. 2 u. 3 Hs. 2 BRAO für die Einrichtung von Schlichtungsabteilungen bei den RAK sowie § 191f BRAO für die Schlichtungsstelle der BRAK). Die Rolle des Ombudsmannes könnte problematisch sein, insb. in Fällen, in denen er sich mit einem Thema zu befassen hat, das eigentlich ein **BA-Verfahren** auslösen u. die Kammer nach dem Amtsermittlungsgrundsatz tätig werden müsste (ebenso im Fall des Widerrufsverfahrens). Im Zusammenhang mit der dem Ombudsmann für die Ausübung seiner Tätigkeit zuzugestehenden **VSP** ist zu beachten, dass einem Vertrauensberater das Zeugnisverweigerungsrecht gemäß § 53 StPO abgesprochen werden kann, weil es an einem mandatsähnlichen Vertrauensverhältnis fehlt (LG Hamburg 15.10.2010, NJW 2011, 942). Vor diesem Hintergrund hat die WPK bisher ein solches Verfahren nicht eingeführt. 42

Nr. 4 Überwachung der Erfüllung der Berufspflichten und Handhabung des Rügerechts

Seit Inkrafttreten der WPO im Jahr 1961 zählt die Pflicht zur Überwachung der Erfüllung der Berufspflichten u. die Handhabung des Rügerechts gemäß § 57 Abs. 2 Nr. 4 zu den **zentralen Aufgaben der WPK**. Die besondere Bedeutung der Pflicht zur Überwachung der Berufspflichten wird an ihrer zweifachen Nennung in § 57 43

Abs. 1 u. § 57 Abs. 2 Nr. 4 sowie in der Konkretisierung der Generalklausel des § 57 Abs. 1 durch § 57 Abs. 2 Nr. 1 u. Nr. 4 verdeutlicht.

44 Die WPK wird in der BA aufgrund v. Beschwerden o. Hinweisen v. anderen Mitgliedern, v. Dritten o. aufgrund eigener Erkenntnisse **v. Amts wegen** tätig. Als Grundlage für die Ermittlungen der WPK müssen konkrete Tatsachen als **Anfangsverdacht** vorliegen, bloße Vermutungen genügen nicht. Einen Sonderfall stellen die im Rahmen der 7. WPO-Novelle 2007 eingeführten **anlassunabhängigen SU** gemäß § 62b dar. In deren Rahmen können stichprobenartig u. ohne besonderen Anlass berufsaufsichtliche Ermittlungen gemäß § 61a Satz 2 Nr. 2 bei denjenigen Mitgliedern vorgenommen werden, die gesetzlich vorgeschriebene AP bei Unternehmen v. öffentl. Interesse gemäß § 319a Abs. 1 Satz 1 HGB durchführen. Zwar schreibt § 62b diese Aufgabe der WPK zu, um aber i.S. des öffentl. Interesses die Unabhängigkeit u. die Transparenz des Verfahrens zu stärken, wurden die anlassunabhängigen SU durch Vereinbarung zwischen WPK u. APAK mit Wirkung zum 1.4.2012 bei der APAK angesiedelt. Seither ist die **APAK**, der gemäß § 66a Abs. 4 das Recht zur Zweitprüfung u. Letztentscheidung von Entscheidungen der WPK zukommt, **unmittelbar für die Organisation u. Durchführung anlassunabhängigen SU zuständig**. Diese werden v. hauptamtlichen Inspektoren vorgenommen, die ausschl. dem Direktions- u. Weisungsrecht der APAK unterstehen (vgl. auch zu §§ 62b, 66a).

45 Die Überwachung der Einhaltung der Berufspflichten durch die WPK wird dadurch unterstützt, dass die Mitglieder verpflichtet sind, vor der WPK zu erscheinen (§ 62 Abs. 1). Durch die 7. WPO-Novelle 2007 wurden die **Ermittlungsmöglichkeiten der WPK erweitert**. Die Angestellten der WPK o. v. ihr Beauftragte haben gemäß dem neu gefassten § 62 Abs. 4 die Befugnis, **Grundstücke u. Geschäftsräume v. Berufsangehörigen u. v. WPG innerhalb der üblichen Betriebs- u. Geschäftszeiten zu betreten** u. zu besichtigen, **Einsicht in Unterlagen** zu nehmen u. hieraus Abschriften u. Ablichtungen anzufertigen. Darüber hinaus wurde die **VSP der Mitglieder ggü. der WPK eingeschränkt**, indem die richtige u. vollständige Auskunft u. Vorlage v. Unterlagen gemäß § 62 Abs. 3 Satz 1 v. denjenigen persönlichen Mitgliedern der WPK nicht verweigert werden kann, die zur Durchführung gesetzlich vorgeschriebener AP befugt sind o. solche ohne diese Befugnis tats. durchführen, wenn die Auskunft u. die Vorlage v. Unterlagen i.Z.m. der Prüfung eines der gesetzlichen Pflicht zur AP unterliegenden Unternehmens stehen.

46 Ein festgestelltes Fehlverhalten eines Mitgliedes kann der VO der **WPK rügen** (§ 63 Abs. 1 Satz 1). Die Rüge kann mit einer Geldbuße v. bis zu 50.000 Euro verbunden werden (§ 63 Abs. 1 Satz 3). Bei schwerwiegenden Verstößen gegen Berufspflichten, die nicht mehr dem Rügerecht unterliegen, wird der Vorgang an die zuständige StA (GStA Berlin) zur Einleitung eines **berufsgerichtlichen Verfahrens** abgegeben.

Nr. 5 (aufgehoben)

Gemäß § 57 Abs. 2 Nr. 5 in seiner bis 2007 geltenden Fassung hatte die WPK die Aufgabe, die **allg. Auffassung über Fragen der Berufsausübung nach Anhörung der Arbeitsgemeinschaft für das wirtschaftliche Prüfungs- u. Treuhandwesen festzustellen**. Die Feststellung der allg. Auffassung über Fragen der Berufsausübung, die der Konkretisierung der Regelungen der WPO diente, erfolgte vor 1987 in Gestalt der „**Richtlinien für die Berufsausübung der Wirtschaftsprüfer und vereidigten Buchprüfer**". Die Richtlinien verloren mit den Entscheidungen des BVerfG zum anwaltlichen Standesrecht aus dem Jahr 1987 (BVerfGE 76, 171 ff. u. 196 ff.) ihre Bedeutung. Nach der 3. WPO-Novelle 1995 u. der Schaffung der **Ermächtigung zum Erlass einer BS für WP/vBP** in § 57 Abs. 3 u. 4 bestand die Regelung zum Erlass v. Standesrichtlinien in § 57 Abs. 2 Nr. 5 zwar fort, blieb in der Folge aber ohne Praxisbezug u. wurde, wie zuvor schon vergleichbare Regelungen im StBerG u. in der BRAO, **im Rahmen der 7. WPO-Novelle 2007 aufgehoben**.

47

Nr. 6 Zur Geltung bringen der Auffassung der WPK in allen die Gesamtheit der Mitglieder berührenden Angelegenheiten

Die in § 57 Abs. 2 Nr. 6 festgelegte Aufgabe, die Auffassung der WPK in allen die Gesamtheit der Mitglieder berührenden Angelegenheiten zur Geltung zu bringen, korrespondiert mit der Generalklausel des § 57 Abs. 1 (**Wahrung der beruflichen Belange**). Als Organisation aller WP/vBP hat die WPK deren berufsbezogene Belange ggü. der Öffentlichkeit, dem Gesetzgeber, den zuständigen Gerichten u. sonstigen Behörden zum Ausdruck zu bringen. Mit Rücksicht auf die **Unterschiedlichkeit der Mitgliedergruppen** u. angesichts des Anspruches eines jeden Kammermitgliedes auf Einhaltung der der WPK gesetzlich zugewiesenen Aufgaben (VG Berlin 18.1.1999, WPK-Mitt. 1999, 206) ist die WPK bei ihren Verlautbarungen grds. zur **Neutralität** ggü. ihren Mitgliedergruppen verpflichtet (Rn. 17).

48

Zentrale Aufgabe der WPK im Rahmen des § 57 Abs. 2 Nr. 6 ist es, sich zu **Gesetzgebungsverfahren** zu äußern, welche die Belange des Berufsstandes berühren. Der Berufsstandsbezug markiert zugl. die Grenze des Tätigwerdens der WPK, da einer Kammer ein **allgemeinpolitisches Mandat** nicht zusteht (BVerwGE 64, 298; zur Abgrenzung der gesetzlich zugewiesenen Aufgaben einer Kammer s. auch BVerwG 23.6.2010, WPK-Mag. 4/2010, 61 „Limburger Erklärung"). Die **Stellungnahmen der WPK** zu Gesetzgebungsvorhaben sind unter www.wpk.de veröffentlicht.

49

Nr. 7 Erstattung von Gutachten

Zu den Aufgaben der WPK gehört es gemäß § 57 Abs. 2 Nr. 7 Gutachten zu erstatten. Der bei der WPK vorhandene Sachverstand soll den die Gutachten anfordernden Stellen zur Verfügung stehen. Die Gutachtertätigkeit der WPK kommt insb. bei Fragen des **Berufsrechts** u. damit in Zusammenhang stehenden **fachlichen Tätigwerdens der WP** sowie bei Fragen zur **Angemessenheit der v. WP beanspruchten Honorare** zum Tragen.

50

§ 57 *Aufgaben der Wirtschaftsprüferkammer*

51 Die **Unabhängigkeit** der WPK muss sichergestellt sein, wenn zu besorgen ist, dass die anforderte Gutachtertätigkeit der WPK mit einer vorherigen Beratung o. Vermittlung (§ 57 Abs. 2 Nr. 1-3) kollidieren könnte. Gleiches gilt bei einem parallelen BA-Verfahren.

52 Wird die WPK v. einer der in § 1 Abs. 1 Nr. 1 JVEG genannten Stellen zu Sachverständigenleistungen herangezogen, steht der WPK ggü. diesen Stellen gemäß § 1 Abs. 2 Satz 1 JVEG ein **Vergütungsanspruch** für ihre Gutachtertätigkeit zu. In anderen Fällen gilt die verwaltungsverfahrensrechtliche Pflicht gemäß § 8 Abs. 1 Satz 2 VwVfG zur Erstattung v. im Einzelfall 35 Euro übersteigenden Auslagen durch die anfordernde Behörde.

Nr. 8 Wahrnehmung der Aufgaben in der Berufsbildung

53 Die WPK ist gemäß § 71 Abs. 5 BBiG v. 23.3.2005 (BGBl. I, 931), zuletzt geändert durch Gesetz vom 20.12.2011 (BGBl. I S. 2854) die zuständige Stelle für die **Berufsbildung der Fachangestellten** im Bereich der Wirtschaftsprüfung. Das Gesetz spricht in § 71 Abs. 5 BBiG v. „Wirtschaftsprüferkammern", obwohl es – anders als bei den RA o. StB – mit der WPK nur eine bundesweit tätige u. unmittelbar zuständige Bundesberufskammer für den Berufsstand der WP gibt.

59 Einen gesonderten Ausbildungsberuf für den Berufsstand der WP gibt es nicht; auch bei WP werden aber **Steuerfachangestellte** beschäftigt. Seit Beginn der 1970er Jahre existiert eine mit Zustimmung des BMWi **zwischen der WPK u. den StBK geschlossene Übereinkunft** auf dem Gebiet der Bundesrepublik vor der Wiedervereinigung Deutschlands, wonach die StBK die Aufgaben i.Z.m. der Registrierung u. Abwicklung v. Ausbildungsverhältnissen der Steuerfachangestellten bei WP sowie WPG gegen Kostenerstattung durch die WPK übernehmen. Eine vergleichbare Übereinkunft wurde zu Beginn der 1990er Jahre auch mit den StBK mit Sitz in den dem Geltungsbereich des GG beigetretenen Ländern getroffen. Die Übertragung auf die StBK ist wegen der großen Zahl der zugl. auch als StB qualifizierten WP (Stand zum 1.1.2013: 86,7 % der WP, 91,1 % der vBP) u. aus ökonomischen Gesichtspunkten die sinnvollste Lösung i.S. einer wirtschaftlichen Verwaltung.

Nr. 9 (aufgehoben)

60 In seiner bis 2005 geltenden Fassung regelte § 57 Abs. 2 Nr. 9 als Aufgabe der WPK, die berufsständischen **Mitglieder der Zulassungs- u. Prüfungsausschüsse vorzuschlagen.** Die bei den obersten Landesbehörden für Wirtschaft eingerichteten Zulassungs- u. Prüfungsausschüsse waren bis 2004 für die Durchführung des Berufsexamens der WP zuständig. Mit der Übertragung der Durchführung des Berufsexamens auf die WPK im Rahmen der 5. WPO-Novelle 2004 sind die Aufgaben der bisherigen Zulassungs- u. Prüfungsausschüsse auf die Prüfungsstelle für das Wirtschaftsprüfungsexamen bei der WPK (§ 5) u. auf die Prüfungskommission sowie die Aufgaben- u. die Widerspruchskommission (§ 14) übergegangen. Die Regelung des § 57 Abs. 2 Nr. 9 war damit gegenstandslos u. wurde **im Rahmen der 6. WPO-Novelle 2005 aufgehoben.**

Nr. 10 Förderung der beruflichen Fortbildung der Mitglieder und Ausbildung des Berufsnachwuchses

Die Aufgabe der WPK gemäß § 57 Abs. 2 Nr. 10, die **berufliche Fortbildung der Mitglieder** zu fördern, steht im direkten Zusammenhang mit der Fortbildungspflicht der WP gemäß § 43 Abs. 2 Satz 4, § 4a BS WP/vBP. Da die WPK dabei ggf. in ein Konkurrenzverhältnis zu entsprechend tätigen Mitgliedern tritt, sind die höchstrichterlichen Grenzen zu beachten, nach denen eine berufsständische Vertretung kein System der Pflichtfortbildung vorsehen darf, das den Wettbewerb ausschaltet und diskriminierende Bedingungen auf dem Fortbildungsmarkt schafft (vgl. EuGH 28.2.2013, C-1/12 zu Art. 101 AEUV). 61

Die WPK führt zu Fortbildungszwecken Informationsveranstaltungen zu aktuellen **berufspolitischen sowie berufs- u. haftungsrechtlichen Entwicklungen** für ihre Mitglieder durch. Die **fachliche Fortbildung** im Bereich der Rechnungslegung u. AP wird durch Berufsverbände u. gewerbliche Anbieter wahrgenommen. Für ein zusätzl. Fachprogramm sah man in den 1990er- und 2000er-Jahren offenbar keinen Bedarf. 62

Gemäß § 57 Abs. 2 Nr. 10 hat die WPK ferner die **Ausbildung des Berufsnachwuchses** zu fördern. Da die eigentliche Ausbildung dem WP obliegt (vgl. § 9), hat die WPK dafür Sorge zu tragen, dass zum einen Ausbildungsplätze für den Berufsnachwuchs in ausreichender Zahl zur Verfügung stehen u. zum anderen Kenntnisse vermittelt werden, die für den Zugang zum Beruf u. seine ordnungsgemäße Ausübung erforderlich sind. Wegen eines ausreichenden Angebotes besteht derzeit kein Bedarf für Ausbildungsveranstaltungen der WPK. 63

Die **Organisation u. Durchführung des Berufsexamens** durch die bei der WPK eingerichtete, unabhängige Prüfungsstelle für das Wirtschaftsprüfungsexamen ist zentraler Bestandteil der Förderung der Ausbildung des Berufsnachwuchses. Des Weiteren trägt die WPK durch **Veröffentlichung v. Stellenanzeigen** im WPK-Mag. u. unter www.wpk.de dazu bei, dass interessierte Hoch- u. Fachhochschulabsolventen Ausbildungsplätze bei Berufsangehörigen erhalten. Eine wichtige Hilfe für Examenskandidaten sind auch die v. der WPK zu Übungszwecken zur Verfügung gestellten **Klausurthemen zurückliegender Jahre**, die ebenfalls unter www.wpk.de veröffentlicht sind. Zur Vorbereitung auf das Examen stellt die WPK außerdem das WPK-Mag. kostenlos zur Verfügung. Das WPK-Mag. steht zudem als PDF-Download unter www.wpk.de zur Verfügung. 64

Nr. 11 Einreichen der Vorschlagsliste der ehrenamtlichen Beisitzer bei den Berufsgerichten, den Landesjustizverwaltungen und dem Bundesministerium der Justiz

Aufgabe der WPK gemäß § 57 Abs. 2 Nr. 11 ist es, Mitglieder für die Ernennung als **ehrenamtliche Richter** zur Besetzung der Berufsgerichte (§§ 72 ff.) vorzuschlagen. Die Vorschlagslisten für die ehrenamtlichen Richter des ersten (LG Berlin) u. zweiten Rechtszuges (KG Berlin) sind gemäß § 75 Abs. 3 Satz 1 v. VO der WPK der **Landesjustizverwaltung** einzureichen. Die Vorschläge für die ehrenamtlichen 65

Richter beim BGH sind gemäß § 75 Abs. 3 Satz 1 dem **BMJ** einzureichen. Gemäß § 75 Abs. 3 Satz 3 soll jede dieser Listen mind. die doppelte Zahl der zu berufenden Mitglieder enthalten. Die Vorschlagslisten dürfen gemäß § 76 Abs. 2 Alt. 1 keine Mitglieder der WPK benennen, die dem **VO o. dem Beirat der WPK** angehören. Ferner dürfen sie gemäß § 76 Abs. 2 Alt. 2 nicht **im Haupt- o. Nebenberuf bei der WPK** beschäftigt sein.

Nr. 12 Führung des Berufsregisters

66 Die Führung des BR gemäß § 57 Abs. 2 Nr. 12 ist eine der wichtigsten Aufgaben der WPK. Da die WPK keine Regionalstruktur hat, ist sie die registerführende Stelle für alle WP u. WPG. Im BR werden die berufsbezogenen u. – soweit eintragungspflichtig – die persönlichen Daten der Mitglieder geführt (vgl. § 38). An der Führung des BR besteht ein **öffentl. Interesse**. Da die Öffentlichkeit die Möglichkeit haben soll, sich jederzeit über die bestellten WP u. anerkannten WPG informieren zu können, ist das BR öffentl. (§ 37 Abs. 2 Satz 1).

67 Seit Inkrafttreten der 8. EU-Richtlinie (1984) sind die EU-Mitgliedstaaten verpflichtet, die Verzeichnisse der Namen u. Anschriften aller nat. Personen u. Gesellschaften, die zur Pflichtprüfung der in Art. 1 Abs. 1 der Richtlinie genannten Unterlagen zugelassen sind, der Öffentlichkeit zugänglich zu machen. Diese Vorgabe wurde durch Art. 15 Abs. 2 Satz 2 **AP-RiLi (2006)** insoweit modifiziert, als sicherzustellen ist, dass die Öffentlichkeit auf **elektronischem Wege Zugriff** auf das BR hat. Mit der 7. WPO-Novelle 2007 wurde dies in Deutschland umgesetzt. Das BR der WPK ist unter www.wpk.de verfügbar (vgl. auch § 37 Rn. 3, 7, 11 ff.).

68 Die Mitglieder der WPK sind gemäß § 40 Abs. 2 Satz 1 verpflichtet, die Tatsachen, die eine Eintragung, ihre Veränderung o. eine Löschung erforderlich machen, **der WPK unverzüglich schriftlich mitzuteilen**. Zu den Einzelheiten der Registerführung s. die Kommentierung der §§ 37 ff.

Nr. 13 Schaffung von Fürsorgeeinrichtungen

69 Die Berufskammern nehmen **soziale Belange** durch die Schaffung v. Fürsorgeeinrichtungen war. Dies ist Ausdruck der kollegialen Selbsthilfe u. der Solidarität eines Berufsstandes (BVerfGE 39, 100 [109]). Ein Rechtsanspruch darauf besteht nicht.

70 § 57 Abs. 2 Nr. 13 **verpflichtet nicht zur Errichtung eines berufsständigen Versorgungswerks mit Pflichtmitgliedschaft** u. stellt auch keine Rechtsgrundlage für die Schaffung einer solchen Einrichtung dar. Nur ein auf der Basis einer gesonderten gesetzlichen Ermächtigung geschaffenes Versorgungswerk kann eine Pflichtmitgliedschaft begründen (BVerGE 12, 319 [325]). Zulässig ist es jedoch, die Kammermitglieder bzgl. ihres Interesses an einer Einrichtung eines berufsständischen Versorgungswerkes zu befragen u. eine entsprechende Anregung zu geben (VG Düsseldorf 1.9.1988 u. OVG Münster 17.11.1988, WPK-MittBl. 132, 13), wie es die WPK im Jahr 1988 getan hat.

In Nordrhein-Westfalen wurde durch das **Gesetz über die Versorgung der Wirtschaftsprüfer u. der vereidigten Buchprüfer (WPVG NW)** v. 6.7.1993 (GVBl. NRW 22.7.1993, 418) das erste berufsständische Versorgungswerk für WP u. vBP errichtet (**Versorgungswerk der WP u. der vBP im Lande Nordrhein-Westfalen** Mitglieder sind WP/vBP mit beruflicher NL o. ZN in Nordrhein-Westfalen sowie die gesetzl. Vertreter v. WPG/BPG, die selbst nicht WP/vBP sind, wenn die Berufsgesellschaften eine Haupt- o. Zweigniederlassung in Nordrhein-Westfalen haben. Das WPV ist eine KöR, die der Rechtsaufsicht des Finanzministeriums des Landes NRW untersteht. Um die berufsständische Versorgung im gesamten Bundesgebiet zu erreichen, wurden zwischen 1997 u. 2002 Staatsverträge zwischen NRW u. allen anderen Bundesländern – mit Ausnahme des Saarlandes – geschlossen. Im Saarland wurde ein gemeinsames Versorgungswerk mit dem Versorgungswerk der StB errichtet (**Versorgungswerk der Steuerberater u. Steuerberaterinnen/Wirtschaftsprüfer u. Wirtschaftsprüferinnen im Saarland**). Nähere Informationen zum WPV unter www.wpv.eu.

Nr. 14 Durchführung eines Systems der Qualitätskontrolle
Im Rahmen der **4. WPO-Novelle 2001** wurde der WPK gemäß § 57 Abs. 2 Nr. 14 die Aufgabe zugewiesen, ein System der QK zu betreiben. Bei der Ausgestaltung des Systems der QK hat sich der deutsche Gesetzgeber an den Vorgaben der **Empfehlung der EU-Kommission v. 15.11.2000 zu Mindestanforderungen an QS-Systeme für die AP in der EU** orientiert. Nach der Veröffentl. der Empfehlung der EU-Kommission vom 6.5.2008 zur externen QS bei AP und Prüfungsgesellschaften, die Unternehmen v. öffentl. Interesse prüfen, haben WPK und IDW gemeinsam Eckpunkte für die Neuordnung von BA und QK erarbeitet (vgl. hierzu u. auch nachfolgend Einl. Rn. 81 ff. In der Folge wurden diese Überlegungen mit Blick auf das am 13.10.2010 veröffentl. Grünbuch der EU-Kommission zur AP und die daraus hervorgegangenen, am 30.11.2011 veröffentl. Regelungsvorschläge der EU-Kommission zur AP zurückgestellt, um die Entwicklung auf europäischer Ebene abzuwarten.

Die externe QK soll sicherstellen, dass die Berufsausübung der WP einer **regelmäßigen, präventiven Kontrolle** unterliegt. Im Rahmen der QK findet eine **Überprüfung des internen QS-Systems** der jeweiligen Praxis statt, das auf seine Angemessenheit u. Funktionsfähigkeit überprüft wird. Zu den Anforderungen an das QS-Systems s. die Kommentierung zu § 55b. Kontrolliert wird ferner, ob die Organisation der jeweiligen Praxis eine **ordnungsgemäße Abwicklung** der Aufträge u. die **interne Nachschau** sicherstellt. Wird die QK unterlassen u. wurde v. der WPK keine Ausnahmegenehmigung erteilt, liegt gemäß § 319 Abs. 1 Satz 3 HGB ein zwingender **Ausschlussgrund v. der Wahl zum gesetzlichen AP** vor.

Bis in das Jahr 2007 mussten WP bzw. WPG, sofern sie gesetzliche AP durchführen, ihre Praxen nach Maßgabe der bis dahin geltenden Fassung des § 57a Abs. 1 Satz 1 alle **drei Jahre** durch einen anderen unabhängigen Prüfer des Berufsstandes (**Prüfer für QK**) prüfen lassen. Im Rahmen der 7. WPO-Novelle 2007 wurde der Turnus für die Durchführung der QK auf **sechs Jahre** verlängert (§ 57a Abs. 6 Satz 8).

Ausgenommen sind diejenigen WP bzw. WPG, die Prüfungsmandate bei **Unternehmen v. öffentl. Interesse** i.S.des § 319a HGB haben. Sie müssen sich der QK weiterhin im dreijährigen Turnus unterziehen. Der deutsche Gesetzgeber hat mit dieser Verfahrensänderung eine Vorgabe der AP-RiLi umgesetzt.

75 Innerhalb der WPK ist die **KfQK** als **unabhängiges u. nicht weisungsgebundenes Organ** für alle Angelegenheiten der QK zuständig. Einzelheiten der Funktionsweise des Systems der QK sind der Kommentierung der §§ 57a ff. zu entnehmen (§ 57e zu den Aufgaben der KfQK).

Nr. 15 Bestellung/Anerkennung sowie Rücknahme oder Widerruf von Bestellung/Anerkennung

76 Im Rahmen der **4. WPO-Novelle 2001** wurden auch die Aufgaben der Bestellung v. WP (§ 15) bzw. der Anerkennung v. WPG (§ 29) sowie die Rücknahme o. der Widerruf der Bestellung (§ 20) bzw. der Anerkennung (§ 34) v. den obersten Landesbehörden für Wirtschaft **auf die WPK übertragen.** Durch die Übertragung wurde die in § 4 Abs. 1 Satz 1 verankerte **berufliche Selbstverwaltung** deutlich gestärkt. Wegen der Einzelheiten wird auf die Kommentierung der genannten Vorschriften verwiesen.

Nr. 16 Einrichtung und Unterhaltung einer selbstständigen Prüfungsstelle

77 Mit Übertragung der bundesweiten Durchführung des staatlichen Berufsexamens für WP/vBP (Schließung des Berufszuganges zum vBP zum 31.12.2006) im Rahmen der 5. WPO-Novelle 2004 erhielt die WPK gemäß § 57 Abs. 2 Nr. 16 die Aufgabe, eine selbstständige Prüfungsstelle einzurichten u. zu unterhalten. Die **Prüfungsstelle für das Wirtschaftsprüfungsexamen bei der WPK (Prüfungsstelle)** wurde als selbstständige Verwaltungseinheit in der WPK eingerichtet (§ 5). Ihr sind die Aufgaben der bisherigen Zulassungsausschüsse bei den obersten Landesbehörden für Wirtschaft übertragen. Sie unterstützt die **Aufgabenkommission, die Prüfungskommission u. die Widerspruchskommission** (§ 14). Der Leiter der Prüfungsstelle muss die Befähigung zum Richteramt haben. Bei der Erfüllung ihrer Aufgaben ist die Prüfungsstelle **an Weisungen nicht gebunden.** Bei der Erfüllung ihrer Aufgaben bezieht sie die LGS der WPK ein.

78 Die Prüfungsstelle entscheidet in den folgenden Punkten in **eigener Zuständigkeit**:

- Erteilung einer verbindlichen Auskunft
- Zulassung zur Prüfung
- Rücknahme u. Widerruf der Zulassung
- Bestimmung der Prüfer für die schriftliche u. mündliche Prüfung
- Bestimmung der Themen für den Kurzvortrag in der mündlichen Prüfung
- Entscheidung über die entschuldigte Nichtteilnahme an der Prüfung
- Entscheidung über den Erlass v. Prüfungsleistungen im Rahmen der Eignungsprüfung als WP nach dem Neunten Teil der WPO.

Die Prüfungsstelle hat ihren Sitz in der HGS der WPK in Berlin. Einzelheiten zur Organisation u. zu den Aufgaben der Prüfungsstelle sind der Kommentierung des § 5 zu entnehmen.

Nr. 17 Wahrnehmung der Befugnisse im Rahmen der Geldwäschebekämpfung

Seit Inkrafttreten der Änderungen des Geldwäschegesetzes (GwG) durch das Geldwäschebekämpfungsgesetz am 15.8.2002 (BGBl. I S. 3105) ist der Berufsstand der WP neben den ebenfalls einbezogenen Berufsständen (Notare, RA u. RB sowie StB u. StBv) stärker in die Geldwäschebekämpfung eingebunden. WP/vBP unterliegen allgemeinen u. besonderen Sorgfaltspflichten. Zudem sind WP bei Feststellung v. Tatsachen, die darauf schließen lassen, dass eine Finanztransaktion einer Geldwäsche nach § 261 StGB dient o. im Falle ihrer Durchführung dienen würde, gemäß § 11 GwG zur **Verdachtsmeldung** an die WPK verpflichtet. Nach § 9 GwG haben sie die **Pflicht zur Vornahme v. internen Sicherungsmaßnahmen**. Zu den Sorgfaltspflichten und zur Verdachtsmeldung s. § 43, Rn. 406 ff.) 79

Die WPK ist nach § 16 Nr. 5 GwG i.V.m. § 57 Abs. 2 Nr. 17 **die für den Berufsstand der WP zuständige Behörde** für die Durchführung des Geldwäschegesetzes. Aufgrund dieser Aufgabe hat die WPK im April 2012 Auslegungs- u. **Anwendungshinweise** zum GwG verabschiedet, welche die Auslegung des Berufsstandes zu den Pflichten der WP/vBP nach dem GwG darstellen. Die Anwendungshinweise der WPK sind zusammen mit einem umfangreichen Informationsangebot unter www.wpk.de im Internet veröffentlicht. Die WPK wird regelmäßig v. der **Financial Intelligence Unit (FIU) Deutschland,** die v. Bundeskriminalamt wahrgenommen wird, über Typologien u. Methoden der Geldwäsche informiert. Die WPK gibt dieses Wissen an die Berufsangehörigen weiter, um die Effektivität der Geldwäschebekämpfung zu erhöhen. 80

Die WPK hat nach § 9 Abs. 5 Satz 2 GwG die Möglichkeit zu bestimmen, dass auf einzelne o. auf Gruppen ihrer Mitglieder wegen der Art der v. diesen betriebenen Geschäfte u. der Größe des Geschäftsbetriebes unter Berücksichtigung der Anfälligkeit der Geschäfte oder des Geschäftsbetriebes für einen Missbrauch zur Geldwäsche o. Terrorismusfinanzierung die Vorschriften zu den internen Sicherungsmaßnahmen gemäß § 9 Abs. 1, 2 Nr. 2 bis 4 GwG risikoangemessen anzuwenden sind. Aufgrund dieser Befugnis hat die WPK im Jahr 2012 eine **Anordnung zu den internen Sicherungsmaßnahmen gemäß § 9 Abs. 2 Nr. 2 bis 4 GwG** erlassen (s. § 43, Rn. 405). 81

Zudem hat die WPK im Jahr 2012 aufgrund der Befugnis gemäß **§ 9 Abs. 4 Satz 1 GwG eine Anordnung zur Bestellung eines Geldwäschebeauftragten** getroffen. Danach haben WP/vBP, die in eigener Praxis tätig sind, einen Geldwäschebeauftragten, der Ansprechpartner für die Strafverfolgungsbehörden, das Bundeskriminalamt – Zentralstelle für Verdachtsmeldungen – u. die WPK als Aufsichtsbehörde ist, zu bestellen, wenn in der eigenen Praxis mehr als insgesamt 30 Berufsangehörige oder Berufsträger sozietätsfähiger Berufe gemäß § 44b Abs. 1 tätig sind. Für den Fall seiner Verhinderung ist dem Geldwäschebeauftragten ein Stellvertreter zuzuordnen. Seine Bestellung u. Entpflichtung ist der WPK mitzuteilen (s. § 43, Rn. 412). 82

83 Gemäß § 17 Abs. 3 Satz 1 GwG ist die nach Bundes- u. Landesrecht für die Durchführung des GwG zuständige Stelle zugl. auch die **Verwaltungsbehörde** i.S. des § 36 Abs. 1 Nr. 1 OWiG. Die WPK ist Verwaltungsbehörde i. S. des § 16 Abs. 2 Nr. 7 GwG i.V.m. § 133d die für die Ahndung v. Ordnungswidrigkeiten i. S. des § 17 GwG zuständige Verwaltungsbehörde. Die Verwendung von Geldbußen regelt § 133e.

III. Erlass einer Berufssatzung (Abs. 3, 4)

1. Allgemeines

84 Die 3. WPO-Novelle 1995 hat mit der Einführung v. § 57 Abs. 3 u. 4 die WPK ermächtigt, eine **Satzung über die Rechte u. Pflichten bei der Ausübung der Berufe des WP u. vBP** zu erlassen. Zuständig ist der Beirat der WPK, der zuvor die ARGE anzuhören u. seit 2007 eine Stellungnahme der APAK (vgl. § 57 Rn. 108) einzuholen hat. Von 2005 bis zum Inkrafttreten der 7. WPO-Novelle 2007 hatte die APAK ein der ARGE entsprechendes Anhörungsrecht. Das BMWi kann innerhalb v. drei Monaten nach Ausfertigung u. Übermittlung der Satzung diese o. Teile derselben aufheben. Mit der 7. WPO-Novelle 2007 wurde in § 57 Abs. 3 ein neuer Satz 3 angefügt. Dieser stellt klar, dass diese Verfahrensregeln für **Änderungen der Berufssatzung** entsprechend gelten (vgl. dazu die Gesetzesbegr., BT-Drs. 16/2858, 30).

85 Die **europarechtlichen Bedenken zur Rechtssetzungsbefugnis der Selbstverwaltungskörperschaften** sind dem Grunde nach durch die EUGH-Entscheidungen Wouters (EUGH 19.2.2002, Rs. C-309/99, NJW 2002, 877) u. Arduino (EUGH 19.2.2002, Rs. C-35/99, NJW 2002, 882) geklärt. Die von den Kammern erlassenen Satzungsregelungen unterfallen dann nicht dem **europäischen Wettbewerbsrecht**, wenn ihre Regeln dem Allgemeininteresse dienen, auf einer entspr. konkretisierenden Regelungsbefugnis beruhen, bei dessen Übertragung der Staat die Kriterien des Allgemeininteresses u. die wesentlichen Grundsätze, die bei der Satzungsgebung zu beachten sind, festlegt u. im Rahmen der Rechtssetzung eine staatliche Behörde mitwirkt (sog. **Letztentscheidungsbefugnis**). In der Folge sind die von den Kammern erlassenen Berufsregeln dem Staat zuzurechnen u. bleiben staatliche Regelungen. Die vom EuGH aufgestellten Voraussetzungen sind im Fall der BS WP/vBP erfüllt, so dass diese nicht dem europäischen Wettbewerbsrecht unterliegt (so auch für die BOStB Kuhls/Ruppert, § 86, Rn. 5, für die BORA Eichele/Happe, NJW 2003, S. 1214; Lörcher, NJW 2002, S. 1092; a.A. Kilian, MDR 2002, S. 850). Die zu berücksichtigenden Allgemeininteressen ergeben sich im Wesentlichen aus Art. 12 Abs. GG. Der Letztentscheidungsbefugnis einer stattlichen Behörde ist mit § 57 Abs. 3 Satz 2 Rechnung getragen, da eine präventive Kontrolle durch das BMWi erfolgt (vgl. dazu § 57 Rn. 111).

a) Historie

86 Anlass für die Schaffung der **Satzungsermächtigung** waren die Entscheidungen des BVerfG im Jahre 1987 zum anwaltlichen Standesrecht (BVerfG 14.7.1987, BVerfGE 76, 171 ff. u. 196 ff.). Darin hatte das BVerfG festgestellt, dass die **Frei-**

heit der Berufsausübung nach Art. 12 Abs. 1 Satz 2 GG **nur durch o. aufgrund eines Gesetzes eingeschränkt** werden kann (BVerfG 14.7.1987, BVerfGE 76, 171, 184; 76, 196, 207) u. nicht daran festgehalten wird, dass die Richtlinien des anwaltlichen Standesrechts als Hilfsmittel zur Auslegung u. Konkretisierung der Generalklausel über die anwaltlichen Berufspflichten (§ 43 BRAO) herangezogen werden können (BVerfG 14.7.1987, BVerfGE 76, 171, 171, Leitsatz). Letzteres deshalb, da sie nur Standesauffassungen feststellen dürfen u. keine Normqualität hatten.

Der **Beirat der WPK** hat nach der Anhörung der **Arbeitsgemeinschaft für das wirtschaftliche Prüfungswesen** am 11.6.1996 einstimmig die Berufssatzung verabschiedet (WPK-Mitt. 1996, 976). Nachdem sie dem **BMWi** gemäß § 57 Abs. 3 Satz 2 übermittelt u. nicht beanstandet worden war, trat sie am 15.9.1996 in Kraft. Der Wortlaut der Berufssatzung u. ihr Inkrafttreten wurde gemäß § 41 BS WP/vBP WPK im BAnz bekannt gemacht (Bekanntmachungen der WPK v. 11.6.1996, BAnz, 7505 u. v. 15.9.1996, BAnz, 11077). Mit der einstimmigen Verabschiedung hat der Beirat die **gesetzl. verliehene Satzungsautonomie** ausgefüllt u. damit **Berufspflichten in Form normativen Rechts** erlassen. Die WPK war damit die erste Kammer der freien Berufe, die im Anschluss an die Entscheidung des BVerfG eine Berufssatzung erlassen hat. Die Berufssatzung hat seitdem folgende **Änderungsverfahren** durchlaufen: 87

Im Jahre 1998 wurde **erstmalig** die Berufssatzung durch eine Änderung des § 34 BS WP/vBP aktualisiert, die am 12.2.1998 in Kraft getreten ist (Bekanntmachungen v. 7.11.1997, BAnz 14453, v. 12.2.1998, BAnz 14917). Damit wurde der Rspr. des BVerfG (BVerfG 22.5.1986, NJW 1996, 3067 ff.) Rechnung getragen, wonach nicht bestimmte **Werbeträger** ausgeschlossen werden können. § 34 Abs. 3 a.F. BS WP/vBP enthielt noch konkrete Verbotstatbestände. Ergänzend wird auf § 52 Rn. 3 verwiesen. 88

Eine **zweite** u. umfassende **Novellierung** erfuhr die Berufssatzung im Jahre 2002, die am 11.3.2002 in Kraft getreten ist (Bekanntmachungen v. 29.11.2001, BAnz 60 u. v. 11.3.2002, BAnz 789). Hervorzuheben sind die **Neudefinition zur Begr. beruflicher NL u. ZN** in § 19 Abs. 1 BS WP/vBP, die **Liberalisierung der Kundmachungsvorschriften für Sozietäten** in § 28 BS WP/vBP sowie die **Aufhebung** der zuvor in § 32 Abs. 2 - 4 BS WP/vBP geregelten **Tätigkeits- u. Interessenschwerpunkte** u. der bezifferten Höchstgrenze für deren Kundgabe (Knorr/Schnepel, WPK-Mitt. 2002, 2). 89

Geändert wurde auch der offizielle **Titel der Berufssatzung**. Er lautet seitdem „Satzung der Wirtschaftsprüferkammer über die Rechte und Pflichten bei der Ausübung der Berufe des Wirtschaftsprüfers und vereidigten Buchprüfers". Der Untertitel ist dem zuvor schon üblichen Sprachgebrauch angepasst worden u. lautet „Berufssatzung für Wirtschaftsprüfer/vereidigte Buchprüfer – BS WP/vBP". 90

Der Schwerpunkt dieser **dritten Novellierung** im März 2005 basierte auf dem mit der 6. WPO-Novelle 2005 neu geschaffenen § 55b (Knorr/Schnepel, WPK-Mag. 1/2005, 42). Es wurden dabei konkretisierende Regelungen zur **QS in der** 91

WP/vBP-Praxis in die BS WP/vBP implementiert. Es erfolgte auch eine weitere **Liberalisierung der Regelungen zur Werbung**, die sich grds. an den Beschränkungen des **allg. Wettbewerbsrechts** orientieren u. auf berufsspezifische Besonderheiten zugeschnitten sind. Die Änderungen traten am 2.3.2005 in Kraft (Bekanntmachungen v. 24.11.2004, BAnz 24133, u. v. 2.3.2005, BAnz 5).

92 Die **vierte Novellierung** der BS WP/vBP befasste sich ausschließl. mit den Regelungen zur Besorgnis der Befangenheit (**Independence**) in ihrem Teil 2 (Knorr/Precht, WPK-Mag. 4/2005, 40). Hierbei waren insb. die durch das **BilanzrechtsreformG** v. 4.12.2004 – BilReG – (BGBl. I 2004, 3166) neu formulierten Bestimmungen der §§ 319, 319a HGB zu berücksichtigen. Darüber hinaus wurden, soweit in dem derzeitigen gesetzl. Rahmen möglich, auch aktuelle Entwicklungen auf internat. Ebene herangezogen (IFAC, Code of Ethics v. 13.6.2005 u. EU-Empfehlungen zur Unabhängigkeit des AP v. 16.5.2002). Die Änderungen traten am 23.9.2005 in Kraft (Bekanntmachung v. 16.6.2005, BAnz 10742, u. v. 23.9.2005, BAnz 12296).

93 Die **fünfte Änderung** der BS WP/vBP, in Kraft getreten am 1.3.2006 (Bekanntmachungen v. 23.11.2005, BAnz 16872 u. v. 16.1.2006, BAnz 586) enthielt vielfältige Detailanpassungen verschiedener Einzelvorschriften nach den schwerpunktmäßigen Änderungen der dritten u. vierten Runde der Novellierungen der BS WP/vBP (Knorr/Schnepel, WPK-Mag. 1/2006, 44). Neben der **Begrenzung der Siegelführungspflicht auf den Vorbehaltsbereich** des WP/vBP in § 18 Abs. 1 BS WP/vBP ist insb. die Neufassung des § 24d BS WP/vBP hervorzuheben, die inhaltlich wesentliche Änderungen der **Berichtskritik** betraf. Eine weitere wichtige Änderung betraf § 27a BS WP/vBP. Die bisherige **(Mit-) Unterzeichnungspflicht** mind. eines WP/vBP bei allen betriebswirtschaftlichen Prüfungen i.S.v. § 2 Abs. 1 ist, ebenso wie die Berichtskritik, auf gesiegelte Tätigkeiten beschränkt worden.

94 Die **sechste Änderung** der BS WP/vBP (Bekanntmachung v. 15.12.2007, BAnz 8278 u. v. 29.1.2008, BAnz 273) war im Wesentlichen durch die 7. WPO-Novelle 2007 veranlasst. Sie trat am 28.2.2008 in Kraft. Exemplarisch seien die **Konkretisierung der Fortbildungspflicht** (vgl. dazu § 43 Rn. 362 ff. sowie § 57 Rn. 121), die Kriterien zur Beschreibung der **Vergütungsgrundlagen im Transparenzbericht** (vgl. § 55c), Anpassungen aufgrund der neuen **Vergütungsregelung in § 55a** sowie das **Entfallen der Satzungsermächtigung** v. § 57 Abs. 4 Nr. 4 (Besondere Berufspflichten i.Z.m. erlaubter Kundmachung u. berufswidriger **Werbung**) genannt (vgl. im Einzelnen Gelhausen/Goltz, WPK-Mag. 1/2008, 33 ff.).

95 Die **siebte Änderung** der BS WP/vBP, in Kraft getreten am 12.2.2010 (Bekanntmachung v. 6.11.09 BAnz 4021 u. v. 12.2.10 BAnz 453), ergab sich aufgrund des BilMoG v. 25.5.2009 (BGBl. I, S. 1102) u. des Gesetzes zur Neuregelung des Verbots v. Erfolgshonoraren v. 12.6.2008 (BGBl. I, S. 1000) sowie teils auch noch durch das BARefG (7. WPO-Novelle) v. 3.9.2007 (BGBl. I, S. 2178).

96 Durch das BilMoG wurde in § 319b HGB der **Zurechnungstatbestand des Netzwerks** neu eingeführt, der in die Berufssatzung übernommen worden ist. (§ 21

Abs. 4 BS WP/vBP). Der bisherige Zurechnungstatbestand der kundgemachten Kooperation wurde aufgegeben, da er v. Netzwerk weitgehend umfasst ist. Auch die Anpassung der Regelungen zur **internen Rotation des auftragsbegleitenden Qualitätssicherers** beruhte auf dem BilMoG. § 24d Abs. 2 S. 5, S. 7 BS WP/vBP orientieren sich seitdem am neuen § 319a Abs. 1 S. 1 Nr. 4 HGB. In § 26 BS WP/vBP wurden nun alle Fälle des **regulären u. außerordentlichen Prüferwechsels** in Umsetzung v. § 320 Abs. 4 HGB neu geregelt.

Zudem hat die 7. Änderung der BS WP/vBP ihren weiteren inhaltlichen Schwerpunkt in der **Anpassung v. § 2 Abs. 2** BS WP/vBP an das Gesetz zur Neuregelung des Verbots der Vereinbarung v. Erfolgshonoraren u. die Überführung der bisherigen SiegelVO in einen neuen § 18a BS WP/vBP (nebst Anlage). Näheres zur siebten Änderung der BS WP/vBP kann der Veröffentlichung Gelhausen/Precht, WPK-Mag. 1/2010, S. 29 ff. entnommen werden. **97**

Die **8. Änderung** der BS WP/vBP, in Kraft getreten am 12.10.2012 (Bekanntmachung v. 6.7.12, BAnz AT 25.7.12 B1u. v. 12.10.12 BAnz 28.9.12 B1), befasste sich im Wesentlichen mit dem **Grundsatz der skalierten Prüfungsdurchführung** (§ 24b Abs. 1 BS WP/vBP). **98**

b) Verfassungsrechtlicher Rahmen

Die Einschränkungen der Berufsausübungsfreiheit sind nach der Rspr. des BVerfG dem **Gesetzgeber** vorbehalten, soweit sie **statusbildend** sind, d.h. v. der Intensität besonders intensiv in die Freiheit der Berufsausübung eingreifen u. damit einschneidende, das Gesamtbild der beruflichen Betätigung wesentlich prägende Vorschriften über die Ausübung des Berufs umfassen; soweit Einschränkungen der Berufsausübungsfreiheit **statusausfüllenden Charakter** haben – also weniger schwerwiegend sind – können Regelungen durch die berufliche **Selbstverwaltungskörperschaft auf der Grundlage einer gesetzl. Ermächtigung** in einer Satzung getroffen werden. **99**

Diese Grundsätze hatte das BVerfG bereits in der sog. **Facharztentscheidung** im Jahre 1972 herausgearbeitet (BVerfG 9.5.1972, BVerfGE 33, 125, 160 ff. = NJW 1972, 1504 ff.). Dabei bildete die Basis dieser Kriterien die auf den Grundsatz der Verhältnismäßigkeit ausgerichtete Stufentheorie. Im Einzelnen hängt die Abgrenzung v. der **Intensität des Eingriffs** in das Grundrecht der Berufsfreiheit ab, wobei die Anforderungen an die Bestimmtheit der erforderlichen gesetzl. Ermächtigung umso höher sind, je empfindlicher der Berufsangehörige in seiner freien beruflichen Betätigung beeinträchtigt wird u. je stärker die **Interessen der Allgemeinheit** an der Art u. Weise der Tätigkeit berührt werden (BVerfG 9.5.1972, BVerfGE 33, 125, 155 ff.; ferner BVerfG 19.11.1985, BVerfGE 71, 162, 172 m.w.N.) Deshalb können auch Regelungen, die Interessen der Allgemeinheit o. schutzwürdige Interessen v. **Nicht-Mitgliedern** berühren, nicht Gegenstand satzungsrechtlicher Regelungen sein (BVerfG 9.5.1972, BVerfGE 33, 125, 160; Taupitz, JZ 1994, 221, 224, 225 m.w.N.). **100**

101 Unter die **statusbildenden Normen** fallen insb. die in die **Berufswahlfreiheit** eingreifenden Vorschriften u. hier auch diejenigen, die den Berufsangehörigen die gleichzeitige Ausübung eines weiteren Berufes verbieten (vgl. Taupitz, AnwBl. 1991, 558, 562). Dabei muss es sich nicht um einen völlig anderen Beruf handeln (BVerfG 9.5.1972, BVerfGE 33, 125, 161, vgl. Kleine-Cosack, Berufsständische Autonomie, 278). Zu nennen sind auch die **Zusammenarbeitsverbote**, die gleichermaßen intensiv einschränken u. zudem auch noch Angehörige anderer Berufe betreffen würden; deren Berufsausübungsmöglichkeiten darf eine satzungsgebende Körperschaft auch nicht mittelbar regeln (BVerfG 9.5.1972, BVerfGE 33, 125; Taupitz, AnwBl. 1991, 558, 563). Auch die NL-Freiheit u. die Tätigkeitsverbote (BVerfG 3.7.2003, NJW 2003, 2520) sind zu nennen.

102 **Statusausfüllende Regelungen** sind Vorschriften zur Art u. Weise der Berufsausübung. Im Gegensatz zu statusbildenden Normen wird hier nicht das „Ob" der beruflichen Tätigkeit reglementiert o. eingeschränkt, sondern das „Wie" der Tätigkeit im Einzelnen rechtl. ausgestaltet. Klassisch ist hier der Bereich der einzelnen Berufspflichten zu nennen.

103 Die **Berufssatzung** hat **normative Wirkung**. Sie gibt der WPK unmittelbare Eingriffsmöglichkeiten u. Eingriffspflichten. Die Gerichte sind an sie gebunden, soweit die Regelungen nicht gegen höherrangiges Recht verstoßen (OLG Hamm 7.1.2002, DStRE 2002, 726; BVerfG 3.7.2003, NJW 2003, 2520, 2522). Die satzungsrechtlichen Regelungen sind nur v. berufsrechtlicher Bedeutung u. haben **keine** unmittelbare **zivilrechtliche Relevanz** (OLG Hamm 7.1.2002, DStRE 2002, 726). Danach können satzungsrechtliche Regelungen Grundlage für eine Berufsaufsichtsmaßnahme sein, seien aber **keine Klagbarkeitsvoraussetzung**. Berufssatzungen sind zudem **keine Verbotsgesetze** i.S.v. § 134 BGB (Taupitz, JZ 1994, 221).

104 **Zuständiges Organ** für den Erlass der Berufssatzung ist der **Beirat der WPK**. Der Beirat wird in unmittelbarer, freier u. geheimer Wahl v. den stimmberechtigten Mitgliedern der WPK gewählt. Die Beiratsmitglieder sind damit **demokratisch legitimiert** (vgl. § 7 Abs. 2 Satz 1 Satzung der WPK i.V.m. § 1 Abs. 1 WahlO). Damit wird der Maßgabe des BVerfG entsprochen, dass die Regelungen der Berufssatzung durch demokratische Entscheidungen zustande kommen (BVerfG 14.7.1987, BVerfGE 76, 171, 188).

c) Sonstiges

105 Die BS WP/vBP wurde v. Anfang an mit einer **Begründung** versehen, die die Auslegung der einzelnen Satzungsvorschriften erleichtern sollte. Diese Begr. ist jedoch nicht Gegenstand der förmlichen Beschlussfassung gewesen, sie ist beim Erlass der BS WP/vBP u. im Falle v. Änderungen der Begr. v. Beirat zustimmend zur Kenntnis genommen worden. Insofern darf davon ausgegangen werden, dass ein Berufsangehöriger, der entspr. den Auslegungshilfen der Begr. zur BS WP/vBP handelt, unter dem Gesichtspunkt der **Selbstbindung der Verwaltung** nicht berufsaufsichtsrechtlich verfolgt werden kann.

Ein weiteres Erfordernis für die Gültigkeit einer Berufssatzung ist deren ordnungsgemäße **Ausfertigung**. Die Ausfertigung beinhaltet einen sog. **Authentizitätsnachweis**, der darin besteht, dass v. dem dafür zuständigen Organ die Originalurkunde der erlassenen Rechtsnormen geschaffen wird; zum anderen beinhaltet sie einen **Legalitätsnachweis**, durch den in einem Formalakt bezeugt wird, dass der Inhalt dieser Originalurkunde mit dem Rechtssetzungsbeschluss übereinstimmt u. die für die Rechtswirksamkeit maßgeblichen formellen Anforderungen eingehalten worden sind (BGH 25.4.1994, NotZ 8/1993, zur Satzung einer Ländernotarkammer; Hess. VGH 2.6.1993, DVBl. 1993, 1221; VGH Kassel 29.6.1993, NJW 1994, 812, beide zur Berufssatzung einer Landesärztekammer). Die Berufssatzung sowie ihre Änderungen sind nach Verabschiedung durch den Beirat der WPK auszufertigen u. durch den Vorsitzer des Beirates zu unterzeichnen. 106

2. Anhörungsrecht der ARGE und der APAK

Vor Erlass u. bei Änderungen der Berufssatzung ist die **Arbeitsgemeinschaft für das wirtschaftliche Prüfungswesen** (vgl. § 65) anzuhören. Die ARGE dient seit Inkrafttreten der WPO im Jahre 1961 der Behandlung der gemeinsamen Belange v. Berufsstand u. Wirtschaft. Mit der 3. WPO-Novelle 1995 erhielt die ARGE durch das Anhörungsrecht im Rahmen des Erlasses einer Berufssatzung eine formale Funktion. Die damalige Gesetzesbegr. gibt über den Grund keine nähere Auskunft, so dass nur aufgrund der bisherigen Aufgabenzuweisung der ARGE vermutet werden kann, dass sie, wie unter § 65 Rn. 4 bereits dargestellt, vorrangig den **Meinungsbildungsprozess** innerhalb der WPK auch im Rahmen des Erlasses der Berufssatzung unterstützen soll. 107

Mit der 6. WPO-Novelle 2005 wurde in § 57 Abs. 3 Satz 1 auch der APAK (vgl. § 66a) ein der ARGE entsprechendes Anhörungsrecht zugebilligt. Grund dafür war, dass sich die Abschlussprüferaufsicht gemäß §§ 66a Abs. 1, 4 Abs. 1 auch auf die Annahme der Berufsgrundsätze erstreckt. Mit der 7. WPO-Novelle 2007 wurde das **Anhörungsrecht der APAK gestärkt**. Seitdem hat die WPK vor Erlass u. bei Änderung v. Berufsausübungsregeln (§§ 57 Abs. 3, 57c) die **Stellungnahme der APAK** einzuholen u. zwingend **dem BMWi vorzulegen** (§ 66a Abs. 1 Satz 2). Grund ist, dass die **Stellungnahme der APAK** ebenfalls **Grundlage der Entscheidung des BMWi über die Berufssatzung** werden soll. Damit verspricht sich der Gesetzgeber eine **Erhöhung der öffentl. Akzeptanz der Berufssatzung** (BT-Drs. 16/2858 v. 4.10.2006, 48). 108

Das jeweilige **Anhörungsrecht der ARGE u. der APAK** liegen **zeitlich vor Erlass der Berufssatzung**, also vor Beschlussfassung des Beirats. Dies ist auch sinnvoll, damit der Beirat in Kenntnis v. dem Stellungnahmen der ARGE u. der APAK die Berufssatzung erlässt. 109

3. Prüfung durch das BMWi

Das im Rahmen der **Satzungsautonomie** gesetzte Recht muss mit **höherrangigem Recht** u. damit insb. mit dem GG in Einklang stehen. Deshalb kommt der **Staatsaufsicht** u. damit dem BMWi als Rechtsaufsicht über die WPK (vgl. § 66) für die 110

Beachtung der Schranken dieser Satzungskompetenz eine wichtige u. verfassungsrechtlich gebotene Funktion zu. Das BVerfG hatte in seiner Facharztentscheidung festgestellt, dass für die Beachtung dieser Schranke der Satzungsautonomie auch die – als Rechtsaufsicht ausgestaltete – Staatsaufsicht sowie die Rechtsweggarantie des Art. 19 Abs. 4 GG sorgen (BVerfG 9.5.1972, BVerfGE 33, 125, 161, vgl. dazu Redeker, AnwBl. 1995, 217, 219).

111 Dem **Gebot der staatlichen Aufsicht** über die Satzungsgebung v. Selbstverwaltungseinheiten der freien Berufe sollte zunächst durch einen Genehmigungsvorbehalt Rechnung getragen werden. Daher sah auch der Regierungsentwurf zur 3. WPO-Novelle 1995 (BT-Drs. 12/5685, 11, 31) ebenso wie der Parallelentwurf zur BRAO vor, dass die BS u. deren Änderungen zu ihrer Wirksamkeit der **Genehmigung des BMWi** bedürfen. Diese Regelung wurde jedoch aufgrund der Beschlussempfehlung des federführenden Wirtschaftsausschusses des Bundestages (BT-Drs. 12/7648, 22, 31) in eine sog. **Widerspruchslösung** geändert. Danach tritt die Berufssatzung drei Monate nach Übermittlung an das BMWi in Kraft, soweit nicht das BMWi die Satzung o. Teile derselben aufhebt. Der Wirtschaftsausschuss folgte damit der Beschlussfassung im Rechtsausschuss des Deutschen Bundestages zum BRAO-Entwurf. Für das Prüfungsrecht der Rechtsaufsicht wurde die Möglichkeit als ausreichend erachtet, die Satzung o. einzelne Bestimmungen derselben aufzuheben, diese aber im Interesse der unverzichtbaren Rechtssicherheit nur innerhalb einer v. Gesetzgeber vorgegebenen Frist v. drei Monaten.

112 Die WPK hat dem BMWi die ausgefertigte Fassung (vgl. § 57 Rn. 106) der Berufssatzung o. ihrer Änderungen zu übermitteln. Das BMWi hat bei seiner Prüfung den **Grundsatz der Verhältnismäßigkeit** zu berücksichtigen (Redeker, AnwBl. 1995, 217, 220; BVerfG 4.11.1992, NJW 1993, 317). Unter „Teile der Satzung" sind daher nicht einzelne Wörter der verschiedenen Bestimmungen der Berufssatzung zu verstehen, da andernfalls das BMWi als Satzungsgeber tätig werden würde. Die Frist ist eine **Ausschlussfrist**. Sie kann nicht verlängert werden.

4. Inkrafttreten der Berufssatzung

113 Damit die Berufssatzung **drei Monate nach Übermittlung an das BMWi** in Kraft treten kann, ist auch eine **Veröffentlichung der Berufssatzung** erforderlich. Deshalb regelt § 41 BS WP/vBP, dass die Berufssatzung u. ihre Änderungen im **Bundesanzeiger** zu veröffentlichen sind. Unmittelbar nach Übermittlung der Berufssatzung o. ihrer Änderungen an das BMWi wird v. Präsidenten der WPK die v. Vorsitzer des Beirates **ausgefertigte Fassung der Berufssatzung o. ihre Änderungen** im BAnz unter Hinweis auf das Inkrafttreten **bekannt gemacht**. Damit wird den Berufsangehörigen die Möglichkeit gegeben, sich auf die dann drei Monate später in Kraft tretende Berufssatzung o. ihre Änderungen einzustellen. Nach Ablauf der drei Monate wird im BAnz das **Inkrafttreten bekannt gemacht**, soweit nicht das BMWi die Berufssatzung o. Teile derselben aufgrund seiner Prüfung aufgehoben hat. Sollte dies geschehen, würde aus der Bekanntmachung hervorgehen, welche Regelungen in Kraft treten u. welche nicht.

5. Inhalte der Berufssatzung

Der Gesetzgeber hat mit § 57 Abs. 4 einen **umfassenden Katalog möglicher satzungsrechtlicher Berufsausübungsregelungen** aufgestellt. Er hat die Regelung zudem als so genannte **Kann-Regelung** ausgestaltet, so dass die WPK nicht zu allen Bereichen Regelungen treffen muss. **114**

Der Katalog **ist abschließend** (ebenso § 59b Abs. 2 BRAO, anders § 86 Abs. 4 StBerG, der eine „Insbesondere-Regelung" enthält). Die WPO geht damit ebenso wie die BRAO den rechtssicheren Weg. Da die Satzungsgewalt einer öffentlich-rechtlichen Körperschaft nicht nur einer allgemeinen, sondern einer weitgehend konkretisierten Ermächtigung bedarf (vgl. Redeker, AnwBl. 1995, 217, 218), bestehen Zweifel an einer „überschießenden" Ermächtigung (so auch Kuhls/Ruppert, StBerG, § 86 Rn. 47). Die Satzungsversammlung der BStBK hat im Übrigen noch keinen Gebrauch von einer etwaigen „überschießenden" Ermächtigung gemacht. **115**

Die **3. WPO-Novelle 1995** hat eine umfangreiche Satzungsermächtigung zu den **allg. Berufspflichten**, den **besonderen Berufspflichten bei der Durchführungen v. Prüfungen u. der Erstattung v. Gutachten**, zu den **besonderen Berufspflichten bei beruflicher Zusammenarbeit**, zu besonderen Berufspflichten i.Z.m. erlaubter Kundmachung u. berufswidriger Werbung sowie zu den **besonderen Berufspflichten zur Sicherung der Qualität der Berufsarbeit** geschaffen. Die mit Abs. 4 geschaffene Gliederung spiegelte sich auch in dem Erlass der Berufssatzung 1996 wieder. Der Katalog der Satzungsermächtigung in Abs. 4 hat seitdem zwei Änderungen erfahren: **116**

Mit der **6. WPO-Novelle 2005** wurde in Abs. 4 Nr. 5 i.Z.m. der Neuschaffung v. § **55b** zum QS-System die Bezugnahme auf die Aufgaben nach § 2 Abs. 1 durch den Bezug auf § **55b** ersetzt. Der Gesetzgeber hat sich dabei ausweislich der BT-Drs. 15/3983 v. 20.10.2004, 13 v. folgenden Überlegungen leiten lassen: *„Die mit der Neufassung der Angabe u. die damit verbundene Verweisung auf § 55b stellt klar, das es eine Berufspflicht der hiervon betroffenen Berufsangehörigen ist, ein internes QS-System einzuführen. Daneben soll die WPK auch die wesentlichen Grundsätze der QS-Sicherung in ihrer Satzung regeln können. Damit kommt die WPK nicht nur einer Forderung des Qualitätskontrollbeirates in seinem Bericht des Jahres 2002 nach, sondern verdeutlicht damit, dass sie* **die primäre Zuständigkeit zur Regelung dieser Grundsätze** *hat. So wäre es der WPK z.B. unbenommen, grds. Anforderungen aus der damals bestehenden sog. VO 1/1995 (und der nunmehr geltenden VO 1/2006) der WPK und des IDW in die Berufssatzung zu übernehmen."* Aufgrund dessen erfolgte die dritte Novellierung der BS WP/vBP im März 2005 mit der Teile der damaligen VO in die BS WP/vBP implementiert wurden (vgl. § 57 Rn. 91). Es ist nun beabsichtigt, auch die relevanten Anforderungen aus der VO 1/2006 in die Regelungen der BS WP/vBP zu überführen (vgl. dazu Einl., Rn. 58). **117**

Die zweite Änderung des Katalogs v. Abs. 4 ist mit der **7. WPO-Novelle 2007** erfolgt (BT-Drs. 16/2858, 10, 30 f.): **118**

§ 57 *Aufgaben der Wirtschaftsprüferkammer*

119 Die Erweiterung der Satzungsermächtigung um **Inhalt, Umfang u. Nachweis der BHV** gemäß § 57 Abs. 4 Nr. 1e) steht i.Z.m. den Änderungen der 7. WPO-Novelle 2007 zu § 54 Abs. 3. Nach ihrer Gesetzesbegr. (BT-Drs. 16/2858, 28) soll mit dem neu eingeführten Absatz 3 die bestehende **VO über die BHV** der WP/vBP (WPB-HV), die durch Art. 5 der 7. WPO-Novelle 2007 aufgehoben worden ist, in die BS WP/vBP überführt werden, welches bisher noch nicht umgesetzt worden ist. Ergänzend wird auf die Ausführungen unter § 54 Rn. 44 ff. verwiesen. Deshalb ist für diese Übergangszeit zwischen Inkrafttreten der 7. WPO Novelle 2007 u. dem Inkrafttreten der betreffenden Satzungsänderungen die Übergangsregelung des § 137 anzuwenden, in dessen Folge die WPBHV bis auf weiteres fortgilt (vgl. unter § 137).

120 Die Erweiterung der Satzungsermächtigung zur **Siegelgestaltung** (zu Form, Größe, Art u. Beschriftung) gemäß § 57 Abs. 4 Nr. 1i) steht i.Z.m. den Änderungen der 7. WPO-Novelle 2007 zu § 48 Abs. 2. Die neue Regelung stellte klar, dass nicht mehr das BMWi, sondern die **WPK die näheren Bestimmungen über die Gestaltung u. Führung des Siegels** u. dies im Rahmen der BS WP/vBP zu treffen hat. Die bisher bestehende VO über die Gestaltung des Siegels der WP, vBP, WPG u. BPG (**SiegelVO**) ist mit Art. 3 der 7. WPO-Novelle 2007 aufgehoben worden. Mit der 7. Änderung der BS WP/vBP wurde die bisherige SiegelVO in § 18a BS WP/vBP nebst Anlage überführt. Folglich entfaltet die Übergangsregelung in § 137 für die Vorschriften über das Siegel keine Geltung mehr. Ergänzend wird auf die Ausführungen unter § 48 Rn. 21 ff. verwiesen.

121 Mit der 7. WPO-Novelle 2007 wurde auch in Abs. 4 Nr. 1l) die Ermächtigung, Berufsausübungsregelungen zu **Art, Umfang u. Nachweis der allg. Fortbildungspflicht** nach § 43 Abs. 2 Satz 4 neu geregelt (BT-Drs. 16/2858, 30 f.). Bereits die 3. WPO-Novelle 1995 enthielt in ihrem Regierungsentwurf ausweislich der BT-Drs. 12/5685, 12, in Absatz 4 Nr. 1h) eine Ermächtigung zur Regelung v. Berufsausübungsregeln für die Fortbildungspflicht. Diese war im parlamentarischen Verfahren aufgrund der Beschlussempfehlung des Ausschusses für Wirtschaft (BT-Drs. 12/7648, 22) entfallen. Aufgrund der zwischenzeitlich deutlich gestiegenen Anforderungen u. Erwartungen auf europäischer u. internationaler Ebene, die an den Berufsstand gestellt werden, hat der Gesetzgeber nunmehr reagiert u. eine entspr. Satzungsermächtigung geregelt.

122 Aus **Gründen der Verhältnismäßigkeit** ist die Regelungsbefugnis der WPK hinsichtlich der Teilnahme an Fortbildungsveranstaltungen auf einen **zeitlichen Umfang v. 20 Zeitstunden jährlich begrenzt** worden. Die Regelung eröffnet dem Satzungsgeber den erforderlichen Spielraum, den Umfang der Teilnahme an Fortbildungsveranstaltungen sachgerecht zu bestimmen, etwa im Hinblick auf WP, die keine Pflichtprüfungen durchführen o. die Frage, ob eine Teilnahme durch andere Fortbildungsmaßnahmen (teilw.) „ersetzt" werden kann (z.B. durch Publikationen). Ergänzend wird auf die Ausführungen zu § 43 Rn. 372 verwiesen.

123 Zudem wurde durch die 7. WPO-Novelle 2007 Abs. 4 Nr. 4 geändert. Der bisherige Inhalt der Regelung war infolge des geänderten § 52, mit dem das **Werberecht für**

WP gelockert wurde, entbehrlich. Neben Werbung ist auch Kundmachung in den Grenzen des **Gesetzes gegen unlauteren Wettbewerb** zulässig. So genannte unlautere Werbung kann aber schwerlich einer sinnvollen Kategorisierung unterworfen werden, die durch eine Satzung vorgenommen werden kann. Mit der schon erfolgten **Änderung der BS WP/vBP** sind die bisher unter diesem Teil befindlichen Regelungen, die zu dem Sachzusammenhang zwar gehörten aber auf anderen Ermächtigungen fußen, den allg. Berufspflichten zugeordnet worden; die übrigen, aus dem bisherigen Werberecht abgeleiteten Vorschriften, die aufgrund der Novellierung v. § 52 nicht mehr passend waren, sind entfallen (vgl. § 52 Rn. 4, 44 f.).

Die Neufassung des Absatzes 4 Nr. 4 sieht vor, dass die WPK in ihrer Satzung abschließend die **Kriterien zur Beschreibung der "Vergütungsgrundlagen"** i.S.v. § 55c Abs. 1 Satz 2 Nr. 7 (Transparenzbericht) bestimmen kann. Eine Präzisierung erscheint insb. deshalb geboten, weil bei **Zuwiderhandlungen berufsaufsichtliche Sanktionen** drohen (vgl. § 55c Rn. 23). 124

IV. Aufgabenzuweisung innerhalb der WPK (Abs. 5)

Der VO hat als Organ der WPK gem. § 59 Abs. 1 Nr. 3 die ihm zukommenden Aufgaben **grds. gesamtverantwortlich** zu erfüllen. Der nach dem Vorbild der § 76 Abs. 3, § 77a StBerG u. des § 73 Abs. 3, § 77 BRAO geschaffene u. durch das EuroBilG v. 10.12.2001 (BGBl. I, 3414) eingefügte Abs. 5 hat den Zweck, die Arbeit des VO in einzelnen Bereichen zu erleichtern, indem er die Möglichkeit schafft, Aufgaben auf **einzelne VO-Mitglieder** u. **Abteilungen** zu delegieren. Dadurch soll sich der Gesamt-VO auf Fragen v. grds. Bedeutung konzentrieren können. 125

Einzelnen VO-Mitgliedern können nur Aufgaben aus dem Bereich der **Beratung u. Belehrung** v. Mitgliedern sowie der **Vermittlung** bei Streitigkeiten v. Mitgliedern untereinander o. bei Streitigkeiten v. Mitgliedern mit ihren Auftraggebern zur eigenständigen Erledigung übertragen werden. 126

Nahezu alle anderen Aufgaben kann der VO durch v. ihm zu bildende **VO-Abteilungen** i.S.d. § 59a wahrnehmen. Seit Mitte 2002 bestehen **bei der WPK drei VO-Abteilungen**, zuständig für **Berufsaufsichtssachen** (Abteilung Berufsaufsicht), für **Mitglieder- u. Beitragsangelegenheiten** u. damit zusammenhängende Berufsaufsichtsverfahren sowie für **Rücknahme- u. Widerrufsverfahren** u. damit zusammenhängende Berufsaufsichtsverfahren (Abteilung Bestellung u. Widerruf, Register- u. Beitragsangelegenheiten) u. für einzelne, durch Beschluss o. Geschäftsordnung übertragene Aufgaben, insb. **Geschäftsführungs- u. Organisationsfragen** (Präsidium). Zu den Einzelheiten s. die Kommentierung des § 59a. 127

Als Ausnahme behält Abs. 5 Satz 2 dem **Gesamt-VO** die Entscheidung über **Einsprüche gegen Rügebescheide** in der BA vor, die v. einer Abteilung erlassen werden können. Diese Regelung trägt nach dem Willen des Gesetzgebers dem Gedanken der **Selbstkontrolle der WPK** im Berufsaufsichtsverfahren u. dem **Rechtsschutz** der Betroffenen Rechnung (vgl. die Gesetzesbegr. zu § 57 Abs. 5, BT-Drs. 14/7081, 17). 128

V. Kooperation der WPK mit zuständigen Stellen in EU-Mitgliedstaaten und zuständigen Stellen in Drittstaaten (Abs. 6-9)

1. Allgemeines

129 Die durch die 7. WPO Novelle 2007 eingefügten Abs. 6-9 setzen die Vorgaben der Art. 35, 36 Abs. 1-4 u. 47 AP-RiLi in deutsches Recht um. Diese Vorschriften regeln die Grundlagen der Kooperation der für die Zulassung, Registrierung, QK u. BA zuständigen Stellen innerhalb der EU (Art. 35, 36 Abs. 1-4) sowie mit den hierfür zuständigen Stellen in Drittstaaten (Art. 47). § 57 Abs. 6 u. 7 formulieren die Vorgaben für die gegenseitige **Anerkennung der mitgliedstaatlichen Regelungen für die mit der WPK vergleichbaren Institutionen innerhalb der EU**, Abs. 8 u. 9 geben die Rahmenbedingungen für die **Zusammenarbeit mit vergleichbaren Institutionen in Drittstaaten** vor, wobei Abs. 7 u. Abs. 9 die datenschutzrechtlichen Rahmenbedingungen festschreiben, unter denen eine **Übermittlung personenbezogener Daten** an die zuständigen Stellen in den EU-Mitgliedstaaten bzw. an die zuständigen Stellen die in Drittstaaten zu erfolgen hat.

130 Der Bedarf für die Einführung v. Regelungen zur internationalen Kooperation ist eine Folge der zunehmenden Internationalisierung der Kapitalmärkte u. als deren Konsequenz auch der AP in diesem Bereich des Prüfungsmarktes. Auswirkungen in der Praxis ergeben sich dort, wo ein AP ein Prüfungsmandat einer **wesentlichen Tochtergesellschaft eines im Ausland börsennotierten Unternehmens** o. eines **im Ausland börsennotierten deutschen Unternehmens** hält. Aus den Registrierungserfordernissen für AP, die sich insoweit aus den Kapitalmarktordnungen anderer Staaten ergeben, leiten sich diese aufsichtsrechtlichen Befugnisse ab. Gleiches gilt umgekehrt für **in Deutschland börsennotierte ausländische Unternehmen**, deren AP in den Einflussbereich der hiesigen Prüferaufsicht kämen u. den hiesigen Registrierungserfordernissen unterliegen (vgl. § 134). Hinzu kommen die supranationalen Verflechtungen der Unternehmen u. Prüfungsgesellschaften, wonach sich auch ein **Aufsichtsfall gleichzeitig in mehreren Staaten auswirken kann**.

2. Öffentliche Prüferaufsicht

131 Das Gesetz geht davon aus, dass die **WPK im Grundsatz bei Einzelfragen nach eigenem Ermessen tätig wird**, wenn Institutionen aus den EU-Mitgliedstaaten o. aus Drittstaaten Anfragen bei ihr einreichen, die mit ihr vergleichbar sind u. wenn die weiteren Voraussetzungen der Abs. 6-9 vorliegen. Jedoch ergibt sich die Zuständigkeit der WPK gemäß Abs. 6 u. Abs. 8 nur, **soweit nicht der Zuständigkeitsbereich der APAK** gemäß § 66a Abs. 8 bzw. 10 betroffen ist (**Subsidiarität**). Die v. Gesetz in § 66a Abs. 8-11 vorgeschriebene primäre Zuständigkeit der APAK für die internationale Kooperation bleibt daher v. den Regelungen des § 57 Abs. 6-9 unberührt. Die APAK ist also auch für Anfragen v. ausländischen Prüferaufsichten sowie für Anfragen hinsichtlich ausländischer Überprüfungen in Deutschland erstzuständig, da ihr Aufgabenbereich gemäß § 66a Abs. 1 Satz 1 i.V.m. § 4 Abs. 1 Satz 1 berührt ist (vgl. auch § 66a Rn. 74 ff.).

Da die APAK **nicht nur eine Systemaufsicht** über die WPK führt, sondern ihr für 132
den in § 66a Abs. 8 bzw. 10 beschriebenen Tätigkeitsbereich gemäß § 66a Abs. 4
Satz 1 auch eine **Letztentscheidungsbefugnis im Einzelfall** zukommt, dürfte die
APAK im Regelfall auch für einzelfallbezogene ausländische Anfragen die Anlaufstelle sein. Eine **primäre Zuständigkeit der WPK** ist dagegen für solche grenzüberschreitenden Fällen denkbar, in denen die WPK gegenüber Berufsangehörigen
tätig wird, die nicht zur Durchführung gesetzlich vorgeschriebener AP befugt sind
(vgl. § 66a Abs. 1 Satz 1 i.V.m. § 4 Abs. 1 Satz 1). Auch in allen ihren weiteren
Aufgabenbereichen gemäß § 57 Abs. 1 u. 2, die nicht den Zuständigkeitsbereich der
APAK berühren, wird die WPK auf nationaler wie internationaler Ebene weiterhin
unabhängig v. der APAK tätig. Insbesondere betrifft dies den Bereich der allg. Wahrung der Mitgliederbelange i.S. des § 57 Abs. 1.

3. Amtshilfe/Zusammenarbeit

Das Gesetz unterscheidet zwei Formen des Tätigwerdens der WPK ggü. vergleich- 133
baren ausländischen Stellen. Gemäß Abs. 6 leistet die WPK **Amtshilfe** durch die
Übermittlung personen- o. unternehmensbezogener Daten ggü. anfragenden Stellen
aus EU-Mitgliedstaaten, gemäß Absatz 8 erfolgt die Datenübermittlung mit den zuständigen Stellen in Drittstaaten im Rahmen einer **Zusammenarbeit**.

Amtshilfe leisten sich in Deutschland gemäß Art. 35 GG, §§ 4 ff. VwVfG alle Be- 134
hörden des Bundes u. der Länder untereinander. Zwar ist der Begriff nicht gesetzl.
definiert, gemeinhin wird darunter aber die Beistandsleistung zwischen unterschiedlichen Behörden im Einzelfall verstanden, die durch ergänzende Maßnahmen aufgrund eines Ersuchens erbracht wird. Die Verpflichtung zur Amtshilfe gilt auch für
den Bereich der mittelbaren Staatsverwaltung, hier insb. auch für die als KöR verfassten berufsständischen Kammern. Auch im grenzüberschreitenden Bereich der
EU gewinnt das Instrument der Amtshilfe **i.S. eines Kooperationsverbundes unter den Mitgliedstaaten** an Bedeutung. In § 57 Abs. 6 ist es die Konsequenz der
Umsetzung der vorgeschriebenen Amtshilfe zwischen den zuständigen Regelungsorganen innerhalb der EU (Art. 36 Abs. 1 Satz 2 AP-RiLi), bei gleichzeitiger Anerkennung der mitgliedstaatlichen Regelungen nach dem Herkunftslandprinzip
(Art. 34 Abs. 1 AP-RiLi).

Die **Zusammenarbeit mit zuständigen Stellen in Drittstaaten** erfolgt demggü. 135
nicht unter einer den EU-Mitgliedstaaten vergleichbar engen Verpflichtungslage
durch Gemeinschaftsrecht. Für den mit einem Drittstaat erforderlichen Datenaustausch muss im Einzelfall zunächst eine **bilaterale Vereinbarung** getroffen werden. Auch kann der Datenaustausch nur nach Maßgabe des jeweils Vereinbarten
erfolgen.

Sofern die Handlung eines Berufsangehörigen, die der an die WPK auf Amtshilfe 136
bzw. Zusammenarbeit gerichteten Anfrage zugrunde liegt, bereits **Gegenstand
eines berufsgerichtlichen Verfahrens in Deutschland** ist (Abs. 6 Satz 3 Nr. 1) o.
zu einem rkr. Urteil gegen ihn geführt hat (Abs. 6 Satz 3 Nr. 2), hat die WPK eigene
Ermittlungen abzulehnen. Dadurch wird ausgeschlossen, dass bei grenzüberschrei-

tenden Fällen derselbe Sachverhalt in berufsrechtlichen Verfahren verschiedener Staaten parallel behandelt o. dass die demselben Sachverhalt zugrunde liegende Handlung mehrfach sanktioniert wird (Verbot der Doppelbestrafung, Art. 103 Abs. 3 GG). Gem. Abs. 6 Satz 4 hat die WPK die ersuchende Stelle über das im Einzelfall bestehende Verfahren bzw. über die verhängte Sanktion aber in Kenntnis zu setzen.

4. Datenschutzrechtliche Voraussetzungen

137 Bei der **grenzüberschreitenden Datenübermittlung** darf die WPK der anfragenden ausländischen Stelle gemäß Abs. 7 (EU-Mitgliedstaaten) bzw. Abs. 9 (Drittstaaten) personen- o. unternehmensbezogene Informationen übermitteln, wenn dies zur Beantwortung einer im Rahmen der Bestellung, Anerkennung, BA o. der QK anstehenden Aufgabe erforderlich ist. Im Rahmen ihres Ermessens („darf") hat die WPK zwischen dem **Schutzinteresse des Betroffenen** an seinen personenbezogenen Daten u. dem **Interesse der ausländischen zuständigen Stelle** abzuwägen.

138 Um den **Bestimmtheitsanforderungen** an die Datenübermittlung zu genügen, sind Anlass (konkrete Anfrage), Zweck (Bearbeitung des Einzelfalls) u. die Grenzen („soweit", d.h. nur notwendiger Umfang) als Kriterien gesetzlich vorgegeben. Die anfragende Stelle hat den Zweck ihrer Anfrage, d.h. die Aufgabe, für deren Wahrnehmung die Informationen erforderlich sind, ggü. der übermittelnden Stelle (der WPK) glaubhaft darzulegen, denn die übermittelnde Stelle trägt nach allg. datenschutzrechtlichen Grundsätzen die Verantwortung für die Rechtmäßigkeit einer grenzüberschreitenden Datenübermittlung (§ 4b Abs. 5 BDSG).

139 Sofern zu übermittelnde Informationen u. Dokumente der **Geheimhaltungspflicht** unterliegen, ist eine Weitergabe nur zulässig, soweit diese Informationen u. Dokumente **v. Empfänger ebenfalls vertraulich behandelt** werden, u. wenn die Stelle, an die die Daten übermittelt werden, über den Zweck der Übermittlung unterrichtet wird. Diese § 4b Abs. 6 BDSG entspr. Regelung trägt der Tatsache Rechnung, dass die WPK die **Zweckbindung der Daten** bei dem Empfänger nur sicherstellen kann, indem sie den Empfänger ausdr. auf den Zweck hinweist. Bei der Geheimhaltungspflicht der Abs. 7 u. 9 handelt es sich um eine spezielle Ausgestaltung der **VSP i.S. des § 64**.

140 Handelt es sich um eine **Datenübermittlung an zuständige Stellen innerhalb der EU**, geht der Gesetzgeber im Rahmen des Abs. 7 grds. v. Vorliegen eines angemessenen Datenschutzniveaus in den Empfängerstaaten aus, d.h. v. Vorliegen v. Regelungen über die Zweckbindung v. Daten (vgl. die Gesetzesbegr. zu § 57 Abs. 6-9, BT-Drs. 16/2858, 32). In den Fällen einer **Datenübermittlung an zuständige Stellen in Drittstaaten** müssen gemäß Abs. 9 auch die übrigen in § 4b Abs. 2-6 BDSG geregelten Voraussetzung vorliegen.

Vorbemerkungen zu §§ 57a ff. (Qualitätskontrollverfahren)

Schrifttum: *Marten/Maccari-Peukert/Ratzinger-Sakel*, Qualitätssicherung: Ja, aber wie? Eine Studie zur Wahrnehmung externer Qualitätssicherungsmaßnahmen durch Prüfungsausschuss- und Aufsichtsratsvorsitzende, WPg 2012, 967 ff; *Maccari-Peukert*, Peer Reviews, Inspektionen und Prüfungsqualität in Deutschland – Eine empirische Analyse, WPg 2011, 1129 ff; *Poll*, Aktuelle Fragen zur Qualitäskontrolle und zur Qualitätssicherung, WPg 2009, S. 493 ff.; *Naumann/Hamannt*, Reform des Berufsrechts der Wirtschaftsprüfer durch das BARefG, WPg 2007, 901 ff.; *Leuschner*, Qualitätskontrolle in der genossenschaftlichen Prüfung, WPg 2007, 697 ff.; *Leuschner/Schorr*, Neuerungen zur Qualitätskontrolle bei genossenschaftlichen Prüfungsverbänden, WPK-Mag. 2007, 38; *Pfitzer*, Aktuelles zur Qualitätssicherung und Qualitätskontrolle, WPg 2006, 186 ff.; *Heininger/Bertram*, Der Referentenentwurf zur 7. WPO-Novelle (BARefG), DB 2006, 905 ff.; *Plendl/Schneiß*, Die Durchführung von Qualitätskontrollen nach der Neufassung des IDW PS 140 – Erweiterte Berichterstattungspflichten des Prüfers für Qualitätskontrolle, WPg 2005, 545 ff.; *Lindgens*, Die externe Qualitätskontrolle als Herausforderung für die mittelständische WP/vBP-Praxis, WPK-Mag. 2004, 43 ff.; *Schorr*, Qualitätskontrolle bei genossenschaftlichen Prüfungsverbänden, WPK-Mag. 2004, 38 ff.; *Heininger/Bertram*, Neue Anforderungen an Berufsaufsicht und Qualitätskontrolle durch das Abschlussprüferaufsichtsgesetz (APAG), DB 2004, 1737 ff.; *Poll*, Externe Qualitätskontrolle in der Praxis – Erfahrungen mit dem Peer Review in Deutschland, Grenzen und Chancen, WPg 2003, 151 ff.; *Schmidt*, Die externe Qualitätskontrolle im Berufsstand der Wirtschaftsprüfer, DStR 2002, 47 ff.; *Marten/Köhler*, Durchführung externer Qualitätskontrollen in der Wirtschaftsprüferpraxis – Vergleich deutscher und US-amerikanischer Normen, WPg 2002, 241 ff.; *Helm/Mark*, Das System der Qualitätskontrolle in der Wirtschafsprüfung: Zur Leistungsfähigkeit des aktuellen Ansatzes als Qualitätssignal, WPK-Mitt. 2002, 193 ff.; *Quick*, Externe Qualitätskontrolle im deutschen Prüfungswesen – Zur Einführung eines Peer Review-Systems in Deutschland, Der Schweizer Treuhänder 1-2/01, 25 ff.; *Hoffmann*, Der „Peer-Review" als weiterer Schritt der Qualitätskontrolle im Wirtschaftsprüferberuf, INF 2001, 279 ff.; *Sahner/Schulte-Groß/Clauß*, Das System der Qualitätskontrolle im Berufsstand der Wirtschaftsprüfer und vereidigten Buchprüfer, WPK-Mitt. Sonderheft April 2001, 5 ff.; *Marten*, Die externe Qualitätskontrolle (Peer Review) im Berufsstand der Wirtschaftsprüfer in Deutschland und in den USA, WPK-Mitt. Sonderheft April 2001, 23 ff.; *Hammers-Strizek/Dannenbring*, Die Sicherung der Qualität der Abschlussprüfung im europäischen Kontext, WPK-Mitt. Sonderheft April 2001, 18 ff.; *Niehus*, Peer Review in der deutschen Abschlussprüfung, DB 2000, 1133 ff.; ders., Der Peer Review-Beirat für die externe Qualitätskontrolle der Abschlussprüfung: Offene Fragen zum „Public Oversight Board" im neuen Berufsrecht, WPg 2000, 457 ff.; *Marks/Schmidt*, Externe Qualitätskontrolle nach dem Regierungsentwurf eines Wirtschaftsprüferordnungsänderungsgesetzes (WPOÄG), WPg 2000, 409 ff.; *Lück*, Überwachung von Maßnahmen zur Qualitätssicherung in der Wirtschaftsprüferpraxis, DB 2000, 333 ff.; *Kluth*, Peer Review auf dem verfassungsrechtlichen Prüfstand – Anmerkungen zum Wirtschaftsprüferordnungsänderungsgesetz (WPOÄG), DStR 2000, 1927 ff.; *Sahner/Clauß/Sahner*, Qualitätskontrolle in der Wirtschaftsprüfung, 2002; *Göhner*, Die Reform der Qualitätskontrolle im Berufsstand des Wirtschaftsprüfers, DStR 2000, 1404 f.;

Marten/Köhler, 4. WPO-Novelle: Anstoß zu einer externen Qualitätskontrolle von Wirtschaftsprüfern in Deutschland, BB 2000, 867 ff.; *Marten,* Externe Qualitätskontrolle im Berufsstand der Wirtschaftsprüfer, DB 1999, 1073 ff.; *Dörner,* Die externe Qualitätskontrolle für Wirtschaftsprüfer und vereidigte Buchprüfer, WPK-Mitt. 1999, 126 ff.

Inhaltsübersicht

	Rn.
I. Einführung des Qualitätskontrollverfahrens	1–4
II. Das Qualitätskontrollverfahren	5–11
III. Weiterentwicklung des Qualitätskontrollverfahrens	12

I. Einführung des Qualitätskontrollverfahrens

1 Das System der QK wurde mit der 4. WPO-Novelle 2001 eingeführt. Die Gewährleistung einer hohen Qualität der AP u. damit einhergehend die Ausübung einer für die Öffentlichkeit wichtigen Kontrollfunktion durch WP waren Motivation für die Einführung. Dem ging auf der EU-Ebene die Diskussion der Durchsetzung u. Kontrolle der Einhaltung von Berufsgrundsätzen voran. In 1996 veröffentlichte die EU-Kommission das **Grünbuch „Rolle, Stellung und Haftung des Abschlussprüfers in der Europäischen Union"** (ABl. C 321 v. 28.10.1996, 1), in dem ein Bedarf für die Harmonisierung der QS erkannt u. die Einführung v. QK-Systemen gefordert wurde. In der Mitteilung der EU-Kommission vom Mai 1998 **„Die Abschlussprüfung in der Europäischen Union: Künftiges Vorgehen"** (ABl. 143 v. 8.5.1998, 12) wurde der Angleichung der nationalen Systeme der QK eine hohe Priorität eingeräumt. Daran schloss sich die **Empfehlung der EU-Kommission v. 15.11.2000 zu „Mindestanforderungen an Qualitätssicherungssysteme für die Abschlussprüfung in der EU"** (ABl. L 091 v. 31.3.2001, 91) an, in dessen Kern formuliert wird, dass alle Personen, die Pflichtprüfungen im Sinne der EU-Richtlinien vornehmen, in ein QK-System einzubinden sind. Ausführungen zum System der QK enthalten auch die **AP-RiLi** (2006) in „Kapitel VI Qualitätssicherung", Art. 29, sowie die Empfehlung der EU v. 6.5.2008 (EU-Amtsblatt 120/20).

2 International waren bei Einführung des Systems der QK das sog. **Monitoring-Verfahren** u. das **Peer-Review-Verfahren** anerkannt. Bei ersterem werden die QK v. bei der Aufsichtsstelle angestellten Prüfern vor Ort durchgeführt. Bei dem klassischen Peer-Review-Verfahren wird die QK vor Ort v. anderen Berufsangehörigen durchgeführt. Vor dem Hintergrund einer Deregulierung v. staatlichen Verwaltungsaufgaben hat man sich in Deutschland dem Grunde nach für das Peer-Review-Verfahren entschieden. Es war jedoch deutlich, dass ein reines Peer-Review-Verfahren auf Dauer den Anforderungen nicht gerecht wird u. dem deutschen Rechtssystem nicht entspricht. Es sollte sichergestellt werden, dass eine WP-Praxis, bei der ein Mangel des QS-Systems festgestellt wird, auch zur Beseitigung des Mangels verpflichtet wird. Allein eine Berufspflicht zur Herstellung eines berufsrechtskonformen Zustandes wurde als nicht ausreichend angesehen. Auch sollte die Durch-

geschriebene AP durchzuführen. Die WPK kann in besonderen Härtefällen v. der Pflicht zur Durchführung einer QK durch Erteilung einer **Ausnahmegenehmigung** befreien. Die QK kann nur v. gesondert bei der WPK registrierten Berufsangehörigen o. Berufsgesellschaften durchgeführt werden (**PfQK**). Soll eine QK durchgeführt werden, muss die zu prüfende Praxis zuvor der KfQK einen PfQK vorschlagen. Die KfQK hat die Möglichkeit, diesem Vorschlag zu widersprechen, wenn eine Besorgnis der Befangenheit des PfQK anzunehmen ist o. er nicht die Gewähr für die ordnungsgem. Durchführung der QK bietet (§ 8a Abs. 2, 3 SaQK). Wird dem Vorschlag nicht widersprochen, kann die zu prüfende Praxis den vorgeschlagenen PfQK beauftragen u. dieser die QK durchführen.

6   Die PfQK führen die **QK vor Ort in den Praxen** durch. Die QK enden regelmäßig mit einer Schlussbesprechung vor Ort. Die PfQK unterliegen einer speziellen Pflicht zur Fortbildung. An der QK vor Ort kann die APAK, ggf. durch Beauftragte, teilnehmen.

7   Über die Durchführung der QK hat der PfQK Bericht (**QK-Bericht**) zu erstatten u. diesen der geprüfte Praxis und der KfQK zu übersenden. In diesem QK-Bericht hat der PfQK die geprüfte Praxis u. das QS-System zu beschreiben sowie über seine Vorgehensweise (Art u. den Umfang der QK) zu berichten. Er hat seine Prüfungsfeststellungen darzustellen u. zu würdigen. Der QK-Bericht schließt mit dem Prüfungsurteil.

8   Nach Eingang des QK-Berichts in der WPK wird der Praxis, bei Vorliegen eines positiven Prüfungsurteils u. soweit die WPK im Rahmen einer ersten Auswertung keine Mängel an der Tätigkeit des PfQK u. der Berichterstattung erkennt, eine **Teilnahmebescheinigung** erteilt. Diese TB ist nach § 319 Abs. 1 Satz 3 HGB Voraussetzung für die Bestellung zum gesetzl. AP.

9   Die **KfQK** wertet anschließend den QK-Bericht aus. Werden Mängel des QS-Systems festgestellt, beschließt die KfQK **Maßnahmen zur Beseitigung der Mängel**. Die Praxis hat die beschlossene Maßnahme zu befolgen. Anderenfalls kann die KfQK die Maßnahme mit einem Zwangsgeld durchsetzen. Handelt es sich bei der Maßnahme um eine **Auflage** (zur Beseitigung eines Mangels des QS-Systems), hat die Praxis der KfQK Bericht (Auflagenerfüllungsbericht) über die Beseitigung des Mangels zu erstatten. Die KfQK kann auch eine Sonderprüfung anordnen. Mit der **Sonderprüfung** wird i.d.R. die Beseitigung v. Mängeln geprüft. Sie kann aber auch der weiteren Aufklärung des Sachverhaltes dienen. Die in der Konsequenz bedeutendste Maßnahme ist die **Nichterteilung** bzw. der **Widerruf der TB**. Die KfQK kann aber auch **außerhalb einer QK Maßnahmen** beschließen (§ 57e Abs. 6), wenn sie auf anderem Wege Kenntnis v. Mängeln des QS-Systems erlangt. So erhält sie im Einzelfall aus der BA Mitteilungen über abgeschlossene BA-Verfahren. Der DPR bzw. die BAFin informieren die WPK u. damit auch die KfQK über Sachverhalte, in denen Berufspflichtverletzungen nicht ausgeschlossen werden können. Die KfQK erhält auch die Berichte nach einer anlassunabhängigen SU, wenn u. soweit diese Anhaltspunkte für Mängel des QS-Systems feststellt.

führung der QK vor Ort darauf hin untersucht werden können, ob die QK ordnungsgemäß durchgeführt wurde, um so dem Vorwurf, dass ein Berufsangehöriger einen anderen Berufsangehörigen nicht mit der gebotenen Intensität prüft, zu begegnen. Zu diesem Zweck ist u.a. eine ausführliche Berichterstattung auch über die Durchführung der QK an die über Maßnahmen zur Beseitigung der Mängel entscheidende Aufsichtsstelle (WPK, vertr. durch die KfQK) vorgesehen. Zusätzlich wurde eine öffentl. Aufsicht (Qualitätskontrollbeirat) über das System der QK geschaffen, die aus Nichtberufsangehörigen bestand. Diese hatte die Aufgabe, die Tätigkeit der PfQK vor Ort bei Durchführung der QK u. die KfQK zu überwachen. Der Qualitätskontrollbeirat wurde später v. der APAK abgelöst, die über erweiterte Befugnisse (Letztentscheidungsbefugnis) verfügt (§ 66a). Das deutsche System wird daher international nicht als Peer-Review, sondern als **Monitored Peer-Review** bezeichnet.

Das System der QK hat ausschließl. **präventive Funktionen** (BT-Drs. 14/3649, 18 und 28f). Es soll dazu beitragen, dass AP bei der Durchführung gesetzl. AP ihre Berufspflichten einhalten. Dies wird auch an den im System der QK bei festgestellten Pflichtverstößen zur Verfügung gestellten Maßnahmen (Auflage, Sonderprüfung bzw. Widerruf der TB) erkennbar. Diese sind darauf ausgerichtet, den Verstoß gegen das Berufsrecht für die Zukunft zu beseitigen u. sicherzustellen, dass die AP in Zukunft unter Beachtung der Berufspflichten durchgeführt wird. Die Nichterteilung o. der Widerruf der TB (Wegfall der Befugnis, AP durchführen zu dürfen, § 319 Abs. 1 Satz 3 HGB) dient ausschließl. dem Zweck, die Gefahr, die v. einem nicht den Berufspflichten entspr. handelnden Berufsangehörigen ausgeht, zu beseitigen. Eine Disziplinierung, gar Bestrafung wie i.S.v. § 68 Abs. 1 Nr. 4, ist damit nicht bezweckt. Im Unterschied zu einer Maßnahme der BA kann der WP den Anlass für den Wegfall der Befugnis jederzeit selber beseitigen. Nach Durchführung einer QK u. Feststellung, dass v. ihm keine Gefahr mehr ausgeht, erhält der Berufsangehörige wieder eine TB u. ist damit zur Durchführung v. gesetzl. AP befugt.

3

Die Verpflichtung zur Durchführung einer QK stellt einen Eingriff in die Berufsfreiheit dar (BT-Drs. 14/3649, 24). Diese Verpflichtung verstößt jedoch nicht gegen höherrangiges Recht, insb. nicht gegen das Recht der Berufsfreiheit nach Art. 12 Abs. 1 GG. Betroffen ist hierbei nicht die Berufswahlfreiheit, sondern lediglich die Berufsausübungsfreiheit, da der Zugang zur gesamten Tätigkeit der Berufsangehörigen nicht v. der Durchführung der QK abhängig ist. Regelungen zur Berufsausübung sind durch vernünftige Erwägungen des Gemeinwohls – hier konkret durch die damit angestrebte Gewährleistung hoher Qualitätsstandards bei allen gesetzlichen AP u. die Festigung des Vertrauens der Öffentlichkeit in deren Tätigkeit – ausreichend legitimiert (vgl. VG Berlin, 19.03.2009 = WPK-Mag. 03/2009, 42ff., VG Berlin, 17.03.2011 = WPK-Mag. 02/2011, 41ff.).

4

II. Das Qualitätskontrollverfahren

Berufsrechtlich sind Berufsangehörige in eigener Praxis u. Berufsgesellschaften **verpflichtet, sich einer QK zu unterziehen,** wenn sie beabsichtigen, **gesetzl. vor-**

5

Der **Turnus einer QK** betrug anfänglich für alle Praxen drei Jahre. Mit der   10
7. WPO-Novelle 2007 wurde der Turnus für Praxen, die keine Unternehmen v. öffentl. Interesse prüfen, auf sechs Jahre verlängert.

Die **APAK** ist befugt, Entscheidungen der KfQK zur Zweitprüfung an diese zurück-   11
zuverweisen (§ 66a Abs. 4 Satz 1) bzw. bei Nichtabhilfe die Entscheidung der KfQK aufzuheben u. ihr eine Weisung zu erteilen (Letztentscheidung, § 66a Abs. 4 Satz 1). Sie überwacht das System der QK. Zur Erfüllung ihrer Aufgaben kann die APAK an QK vor Ort teilnehmen. Sie kann dieses Recht auch durch Beauftragte wahrnehmen. Die WPK hat ihr hierfür die notwendigen Ressourcen zur Verfügung zu stellen.

III. Weiterentwicklung des Qualitätskontrollverfahrens

Ausführungen zum System der QK enthält die **AP-RiLi** (2006) in „Kapitel VI Qua-   12
litätssicherung", Art. 29. Darin werden die Anforderungen an QK-Systeme (die EU spricht v. „Qualitätssicherung", während sich in der deutschen Terminologie der Terminus „Qualitätskontrolle" durchgesetzt hat) in Europa definiert. Am 6.5.2008 beschloss die EU-Kommission eine überarbeitete Empfehlung zur externen Qualitätssicherung bei AP u. Prüfungsgesellschaften, die Unternehmen von öffentlichem Interesse prüfen (EU-Amtsblatt 120/20). Diese sowie die Empfehlungen der APAK zum QK-Verfahren führten zu Aktivitäten des Berufsstandes zur Weiterentwicklung des QK-Verfahrens. Nach Veröffentlichung des sog. Grünbuchs der EU „Weiteres Vorgehen im Bereich der Abschussprüfung: Lehren aus der Krise" in 2010 wurden diese Aktivitäten wieder eingestellt, um das Ergebnis der Beratungen abzuwarten. Es ist zu erwarten, dass sie erst nach Abschluss der Beratungen zu einer Änderung der AP-RiLi in der EU wieder aufgenommen werden (vgl. auch Einleitung Rn. 1).

§ 57a Qualitätskontrolle

(1) ¹**Berufsangehörige in eigener Praxis und Wirtschaftsprüfungsgesellschaften sind verpflichtet, sich einer Qualitätskontrolle zu unterziehen, wenn sie beabsichtigen, gesetzlich vorgeschriebene Abschlussprüfungen durchzuführen, und dafür spätestens bei Annahme des Prüfungsauftrages eine nach § 319 Abs. 1 Satz 3 des Handelsgesetzbuchs erforderliche Teilnahmebescheinigung oder Ausnahmegenehmigung vorliegen muss.** ²**Zur Vermeidung von Härtefällen kann die Wirtschaftsprüferkammer auf Antrag befristete Ausnahmegenehmigungen erteilen.** ³**Die Ausnahmegenehmigung kann wiederholt erteilt werden.**

(2) ¹**Die Qualitätskontrolle dient der Überwachung, ob die Regelungen zur Qualitätssicherung nach Maßgabe der gesetzlichen Vorschriften und der Berufssatzung insgesamt und bei der Durchführung einzelner Aufträge eingehalten werden.** ²**Sie erstreckt sich auf betriebswirtschaftliche Prüfungen im Sinne von § 2 Abs. 1, bei denen das Siegel geführt wird oder zu führen ist.**

(3) ¹**Die Qualitätskontrolle wird durch bei der Wirtschaftsprüferkammer registrierte Wirtschaftsprüfer in eigener Praxis oder Wirtschaftsprüfungsgesell-**

schaften (Prüfer für Qualitätskontrolle) durchgeführt. ²Ein Wirtschaftsprüfer ist auf Antrag zu registrieren, wenn er

1. seit mindestens drei Jahren als Wirtschaftsprüfer bestellt und dabei im Bereich der Abschlussprüfung tätig gewesen ist;
2. über Kenntnisse in der Qualitätssicherung verfügt;
3. in den letzten fünf Jahren nicht berufsgerichtlich wegen der Verletzung einer Berufspflicht verurteilt worden ist, die seine Eignung als Prüfer für Qualitätskontrolle ausschließt;
4. nach erstmaliger Registrierung eine spezielle Fortbildung über die Qualitätssicherung nachweisen kann. Der Nachweis muss spätestens bei Annahme eines Auftrags zur Durchführung der Qualitätskontrolle geführt sein.

³Die Registrierung setzt für einen Wirtschaftsprüfer in eigener Praxis voraus, dass er über eine wirksame Bescheinigung nach Absatz 6 Satz 7 verfügt. ⁴Eine Wirtschaftsprüfungsgesellschaft ist auf Antrag zu registrieren, wenn mindestens ein Vorstandsmitglied, Geschäftsführer, persönlich haftender Gesellschafter oder Partner nach Satz 2 registriert ist und die Gesellschaft die Voraussetzung nach Satz 3 erfüllt. ⁵Wird einer Wirtschaftsprüfungsgesellschaft der Auftrag zur Durchführung einer Qualitätskontrolle erteilt, so muss der für die Qualitätskontrolle verantwortliche Wirtschaftsprüfer entweder dem Personenkreis nach Satz 4 angehören oder Gesellschafter der Wirtschaftsprüfungsgesellschaft und nach Satz 2 registriert sein. ⁶Sind als Prüfer für Qualitätskontrolle registrierte Berufsangehörige, welche die Voraussetzung von Satz 3 nicht erfüllen, in eigener Praxis und in sonstiger Weise tätig, dürfen sie keine Qualitätskontrolle in eigener Praxis durchführen.

(4) ¹Ein Wirtschaftsprüfer oder eine Wirtschaftsprüfungsgesellschaft darf nicht Prüfer für Qualitätskontrolle sein, wenn kapitalmäßige, finanzielle oder persönliche Bindungen zum zu prüfenden Wirtschaftsprüfer oder zur zu prüfenden Wirtschaftsprüfungsgesellschaft oder sonstige Umstände, welche die Besorgnis der Befangenheit (§ 49, zweite Alternative) begründen, bestehen. ²Ferner sind wechselseitige Prüfungen ausgeschlossen.

(5) ¹Der Prüfer für Qualitätskontrolle hat das Ergebnis der Qualitätskontrolle in einem Bericht (Qualitätskontrollbericht) zusammenzufassen. ²Der Qualitätskontrollbericht muss enthalten

1. die Nennung der Kommission für Qualitätskontrolle und des oder der Geprüften als Empfänger oder Empfängerinnen des Berichts,
2. eine Beschreibung von Gegenstand, Art und Umfang der Prüfung,
3. eine nach Prüfungsart gegliederte Angabe der Stundenanzahl,
4. die Zusammensetzung und Qualifikation der Prüfer und Prüferinnen für Qualitätskontrolle und
5. eine Beurteilung des Prüfungsergebnisses;

zum Inhalt und zur Vereinheitlichung des Aufbaus des Qualitätskontrollberichts können weitere Bestimmungen getroffen werden (§ 57c Abs. 2 Nr. 6). ³Sind vom

Prüfer für Qualitätskontrolle keine wesentlichen Mängel im Qualitätssicherungssystem oder Prüfungshemmnisse festgestellt worden, hat er zu erklären, dass das in der Prüfungspraxis eingeführte Qualitätssicherungssystem im Einklang mit den gesetzlichen und satzungsmäßigen Anforderungen steht und mit hinreichender Sicherheit eine ordnungsgemäße Abwicklung von Prüfungsaufträgen nach § 2 Abs. 1, bei denen das Berufssiegel verwendet wird, gewährleistet. [4]Sind wesentliche Mängel im Qualitätssicherungssystem oder Prüfungshemmnisse festgestellt worden, so hat der Prüfer für Qualitätskontrolle seine Erklärung nach Satz 3 einzuschränken oder zu versagen. [5]Die Einschränkung oder die Versagung sind zu begründen. [6]Im Falle der Einschränkung aufgrund festgestellter wesentlicher Mängel im Qualitätssicherungssystem hat der Prüfer für Qualitätskontrolle Empfehlungen zur Beseitigung der Mängel zu geben.

(6) [1]Die zu kontrollierende Person reicht bei der Kommission für Qualitätskontrolle bis zu drei Vorschläge für mögliche Prüfer oder Prüferinnen für Qualitätskontrolle ein. [2]Die eingereichten Vorschläge müssen jeweils um eine Unabhängigkeitsbestätigung des Prüfers oder der Prüferin für Qualitätskontrolle nach Maßgabe der Satzung für Qualitätskontrolle ergänzt sein (§ 57c Abs. 2 Nr. 7). [3]Von den Vorschlägen kann die Kommission für Qualitätskontrolle in angemessener Frist und unter Angabe der Gründe einzelne oder alle ablehnen (Widerspruchsrecht); die Absicht, Vorschläge abzulehnen, ist innerhalb von vier Wochen seit Einreichung der zu kontrollierenden Person mitzuteilen, ansonsten gelten die Vorschläge als anerkannt. [4]Bei Ablehnung aller Vorschläge kann die zu kontrollierende Person bis zu drei neue Vorschläge einreichen; die Sätze 2 und 3 finden Anwendung. [5]Der Prüfer oder die Prüferin für Qualitätskontrolle wird von der zu kontrollierenden Person eigenverantwortlich beauftragt. [6]Nach Abschluss der Prüfung leitet der Prüfer oder die Prüferin für Qualitätskontrolle eine Ausfertigung des Qualitätskontrollberichts der Wirtschaftsprüferkammer unverzüglich zu; dies soll in elektronischer Form geschehen. [7]Nach Eingang des Qualitätskontrollberichts bescheinigt die Wirtschaftsprüferkammer dem Wirtschaftsprüfer oder der Wirtschaftsprüferin in eigener Praxis oder der Wirtschaftsprüfungsgesellschaft die Teilnahme an der Qualitätskontrolle. [8]Die Bescheinigung ist auf sechs Jahre und bei Berufsangehörigen, die gesetzliche Abschlussprüfungen bei Unternehmen von öffentlichem Interesse (§ 319a Abs. 1 Satz 1 des Handelsgesetzbuchs) durchführen, auf drei Jahre zu befristen. [9]Sie wird nicht erteilt, wenn die Qualitätskontrolle unter Verstoß gegen Absatz 3 Satz 1 und 5 oder Absatz 4 durchgeführt oder die Erklärung nach Absatz 5 Satz 3 versagt wurde. [10]Erkennt die Wirtschaftsprüferkammer, dass eine Teilnahmebescheinigung nicht erteilt werden soll, so ist der Vorgang vor Entscheidungsbekanntgabe der Abschlussprüferaufsichtskommission vorzulegen. [11]Auf die Durchführung von Abschlussprüfungen nach Absatz 1 Satz 1 kann jederzeit verzichtet werden; eine erhaltene Teilnahmebescheinigung ist in diesem Fall zurückzugeben.

(7) [1]Ein Auftrag zur Durchführung der Qualitätskontrolle kann nur aus wichtigem Grund gekündigt werden. [2]Als wichtiger Grund ist es nicht anzusehen,

Clauß

wenn Meinungsverschiedenheiten über den Inhalt des Qualitätskontrollberichts bestehen. ³Der Prüfer für Qualitätskontrolle hat über das Ergebnis seiner bisherigen Prüfung und den Kündigungsgrund zu berichten. ⁴Der Bericht nach Satz 3 ist von dem Wirtschaftsprüfer in eigener Praxis oder der Wirtschaftsprüfungsgesellschaft im Falle einer späteren Qualitätskontrolle dem nächsten Prüfer für Qualitätskontrolle vorzulegen.

(8) ¹Der Qualitätskontrollbericht ist sieben Jahre nach Eingang in der Wirtschaftsprüferkammer zu vernichten. ²Im Falle eines anhängigen Rechtsstreits über Maßnahmen der Kommission für Qualitätskontrolle verlängert sich die in Satz 1 bestimmte Frist bis zur Rechtskraft des Urteils.

Schrifttum: *Die Hinweise zum Schrifttum zur Qualitätskontrolle sind vor den Vorbemerkungen zu den §§ 57a ff. gebündelt.*

Inhaltsübersicht

	Rn.
I. Die Qualitätskontrolle (Abs. 1)	1–42
1. Pflicht zur Qualitätskontrolle	1–17
a) Allgemeines	1–5
b) Verpflichteter Personenkreis	6–11
c) Durchführung gesetzlicher Abschlussprüfungen	12–17
2. Erstmalige Pflicht und Turnus	18–22
a) Entstehen der Berufspflicht	18–19
b) Turnus	20–22
3. Ausnahmegenehmigung	23–42
a) Allgemeines	23–24
b) Verfahren	25–27
c) Härtefälle	28–39
d) Befristung der Ausnahmegenehmigung	40
e) Genossenschaftlichen Prüfungsverbände und Prüfungsstellen der Sparkassen- und Giroverbände	41–42
II. Gegenstand und Umfang der Qualitätskontrolle (Abs. 2)	43–65
1. Allgemeines	43–44
2. Gegenstand der Qualitätskontrolle	45–47
a) Beschränkung auf Siegelaufträge nach § 2 Abs. 1	45–46
b) Prüfung der Praxisorganisation	47
3. Prüferisches Vorgehen bei der Qualitätskontrolle	48–65
a) Allgemeines	48–52
b) Aufbauprüfung	53–56
c) Funktionsprüfung	57–65
III. Prüfer für Qualitätskontrolle (Abs. 3)	66–98
1. Allgemeines	66–68
2. Registrierung von WP/vBP	69–78
a) Berufserfahrung	70–72

	b) Kenntnisse in der Qualitätssicherung	73–74
	c) Keine berufsgerichtliche Verurteilung	75–76
	d) Wirksame Teilnahmebescheinigung	77–78
	3. Fortbildungsverpflichtung	79–85
	a) Umfang der speziellen Fortbildungsverpflichtung	81–82
	b) Nachweis	83–85
	4. Einschlägige Fortbildungsveranstaltung	86–87
	5. Registrierung von WPG/BPG	88–89
	6. Durchführung der Qualitätskontrolle durch WPG/BGP	90
	7. Widerruf der Registrierung	91–97
	8. Bezeichnung und Außendarstellung	98
IV.	Ausschluss eines PfQK von der Durchführung der Qualitätskontrolle (Abs. 4)	99–107
V.	Qualitätskontrollbericht (Abs. 5)	108–123
	1. Bedeutung und Aufgabe des Qualitätskontrollberichts	108–112
	2. Allgemeine Berichtsgrundsätze	113
	3. Inhalt und Gliederung des Qualitätskontrollberichts	114–119
	a) Gesetzlicher Mindestinhalt	114–115
	b) Gliederungsempfehlung nach § 18 Abs. 2 SaQK	116–119
	4. Erklärung des PfQK	120
	5. Unterzeichnung des QK-Berichtes	121
	6. Einschränkung und Versagung des Prüfungsurteils	122
	7. Berichterstattung über eine Sonderprüfung gem. § 57e Abs. 2 Satz 1	123
VI.	Beauftragung des PfQK (Abs. 6 Sätze 1 bis 6 und Abs. 7)	124–151
	1. Allgemeines	124
	2. Einreichung von Vorschlägen	125–128
	3. Widerspruchsrecht der KfQK	129–137
	4. Beauftragung des PfQK	138–140
	5. Übersendung des Qualitätskontrollberichts	141–143
	6. Kündigung	144–151
	a) Anlässe	144–147
	b) Berichterstattungs- und Vorlagepflicht	148–150
	c) Kündigung einer freiwillig durchgeführten Qualitätskontrolle	151
VII.	Teilnahmebescheinigung (Abs. 6 Sätze 7 bis 11)	152–170
	1. Allgemeines	152–155
	2. Befristung	156–158
	3. Höchstpersönliche Berechtigung	159–162
	4. Nichterteilung	163–166
	5. Kundmachung	167
VIII.	Aufbewahrung des Qualitätskontrollberichts (Abs. 8)	168–170

I. Die Qualitätskontrolle (Abs. 1)

1. Pflicht zur Qualitätskontrolle

a) Allgemeines

1 Mit Abs. 1 Satz 1 wurde zunächst „nur" eine **Berufspflicht** geschaffen. Erfolgte der Verstoß gegen diese Berufspflicht schuldhaft, konnte der VO der WPK eine Rüge gegen den WP aussprechen. Die Verletzung der Berufspflicht wurde vollendet, wenn der WP nicht spätestens bei Annahme des Prüfungsauftrages über eine TB o. Ausnahmegenehmigung verfügte.

2 **Handelsrechtliche Konsequenzen** waren zunächst bei Einführung des QK-Verfahrens 2001 nicht vorgesehen. Dies änderte sich mit der Einführung von § 319 Abs. 1 Satz 3 HGB durch das BilReG (10.12.2004). Danach kann handelsrechtlich nur wirksam zum AP bestellt werden, wer als WP o. vBP bestellt ist u. über eine TB nach Abs. 6 Satz 7 o. Ausnahmegenehmigung nach Abs. 1 Satz 2 verfügt.

3 Liegt eine der beiden kumulativ erforderlichen Voraussetzungen (Bestellung als WP u. TB bzw. Ausnahmegenehmigung) nicht vor, ist eine wirksame Bestellung zum gesetzlichen AP nicht möglich. Anders als die berufsrechtliche Verpflichtung, dass die TB o. Ausnahmegenehmigung erst im **Zeitpunkt der Annahme des Prüfungsauftrages** vorliegen muss, muss für eine handelsrechtlich wirksame Bestellung die TB o. Ausnahmegenehmigung bereits im Zeitpunkt der **Wahl zum gesetzlichen AP** vorliegen. Die Prüfung eines JA durch einen WP ohne eine TB o. Ausnahmegenehmigung ist unwirksam. Die Prüfung ist de facto nicht erfolgt. Der geprüfte JA kann nicht wirksam festgestellt werden. Nach § 256 Abs. 1 Nr. 3 AktG ist ein festgestellter JA nichtig, wenn er von einer Person geprüft wurde, die nicht die Voraussetzungen von § 319 Abs. 1 HGB erfüllt. Nach allg. Rechtsprechung ist diese Vorschrift auf die gesetzliche Prüfung auch von anderen Gesellschaftsformen (GmbH) analog anwendbar (vgl. LG Berlin, 17.7.2009 = WPK-Mag. 4/2009, 59 f.).

4 Die TB muss für die **gesamte Dauer der Jahresabschlussprüfung** vorliegen, d.h. vom Zeitpunkt der Bestellung des AP (Zustandekommen des Prüfungsauftrages durch Annahme) bis zum **Abschluss** der Prüfung. Dies dürfte regelmäßig der Zeitpunkt der Erteilung des BV sein, da hier die letzten materiellen Prüfungshandlungen erfolgen. Entfällt eine Bestellungsvoraussetzung vor Abschluss der Prüfung, fällt der Prüfer nach § 318 Abs. 4 HGB weg. Ist eine Nachtragsprüfung durchzuführen (§ 316 Abs. 3 HGB), hat der Prüfer sicherzustellen, dass er auch für die Dauer der Nachtragsprüfung über eine wirksame TB verfügt (siehe WPK-Mag 3/2006, 27).

5 Gesetzlich nicht geregelt sind die Folgen des Fortfalls der Befugnis nach § 319 Abs. 1 Satz 3 HGB nach der Wahl und deren Wiedererlangung vor dem Abschluss der Bestellung (Annahme des Prüfungsauftrages durch den WP). Hier stellt sich die Frage, ob diese Unterbrechung der Befugnis dazu führt, dass der bereits zum AP gewählte WP noch wirksam zum AP bestellt werden kann. Da dieser jedoch sowohl zum Zeitpunkt der Wahl zum AP, als auch im Zeitpunkt der Bestellung (wieder) und für die Zeit der AP selber über die Befugnis nach § 319 Abs. 1 Satz 3 HGB verfügt,

erscheint es sachgerecht, dass eine wirksame Bestellung zum AP möglich sein soll und die **Wiederholung der Wahl zum AP nicht erforderlich** ist.

b) Verpflichteter Personenkreis
Zur Durchführung einer QK sind nur **WP in eigener Praxis** u. **WPG** verpflichtet, wenn sie beabsichtigen, **gesetzliche AP durchzuführen**. Nach § 130 Abs. 3 Satz 1 gelten die §§ 57a-57g für **vBP in eigener Praxis** u. **BPG** entsprechend. Selbstständige Berufsangehörige u. Berufsgesellschaften, die keine gesetzlichen AP durchführen, sind zwar auch zur Unterhaltung eines QS-Systems nach § 55b verpflichtet; hier sieht der Gesetzgeber jedoch nicht die Notwendigkeit einer pro-aktiven Überwachung durch das QK-Verfahren. 6

Für **Prüfungsstellen bei den Sparkassen- u. Giroverbänden** gelten die §§ 57a ff. nach § 57h (s. im Einzelnen dort) entsprechend, so dass auch sie zur Durchführung v. QK verpflichtet sind. 7

Auch die **genossenschaftlichen Prüfungsverbände** sind nach § 63e Abs. 1 GenG verpflichtet, sich einer QK zu unterziehen. Es gelten im Wesentlichen die für WP geltenden Regelungen (s. im Einzelnen die Kommentierung der genossenschaftsrechtl. Regelungen im Anhang zur Komm. von § 57h). 8

Nicht zur Durchführung einer QK verpflichtete WP-Praxen können nach § 57g freiwillig am Verfahren teilnehmen. Die Durchführung einer **freiwilligen QK** ist jedoch auch nur möglich, wenn die Praxis Prüfungsaufträge durchgeführt hat, bei denen sie das Berufssiegel geführt hat. Ist dies nicht der Fall, kann die QK nicht erfolgreich durchgeführt werden, da nur die Angemessenheit des Sollsystems der Praxis überprüft werden könnte, nicht jedoch die Wirksamkeit. 9

aa) Gemeinsame Berufsausübung in einer Sozietät
Hat sich ein WP mit anderen Berufsträgern in einer Sozietät zusammengeschlossen, so ist **nur der als AP tätige o. tätig werden wollende WP-Sozius verpflichtet**, eine QK durchzuführen, nicht die Sozietät. Die Sozietät selber ist berufsrechtlich nicht Träger v. Rechten u. Pflichten, sondern der einzelne Sozius. Sind in einer Sozietät mehrere WP miteinander verbunden, so ist für jeden einzelnen Sozius eine QK durchzuführen, wenn er als gesetzlicher AP bestellt werden soll. 10

bb) Gemeinsame Berufsausübung in einer Partnerschaftsgesellschaft
Üben WP ihren Beruf gemeinsam in einer Partnerschaft nach dem PartGG aus, ist zwischen einer als WPG anerkannten Partnerschaft u. einer nicht als WPG anerkannten Partnerschaft zu unterscheiden. In der als **WPG anerkannten Partnerschaft** gelten die Grundsätze für Berufsgesellschaften. Die Partnerschaft ist verpflichtet, eine QK durchführen zu lassen, wenn sie gesetzliche AP durchführt, nicht die in ihr tätigen WP-Partner. WP, die einer **nicht als WPG anerkannten Partnerschaft** angehören, dürfen in der Partnerschaft nicht ihre Vorbehaltsaufgaben ausüben (§ 43a). Sie sind vielmehr verpflichtet, ihre Vorbehaltsaufgabe außerhalb der Partnerschaft in eigener Praxis o. in einer WPG auszuüben; die QK ist dann dort erforderlich. 11

c) Durchführung gesetzlicher Abschlussprüfungen

12 Die Berufspflicht besteht nach Abs. 1 Satz 1 ausschließl. für solche WP-Praxen, die beabsichtigen, **gesetzliche AP** durchzuführen. Gesetzliche AP i.S.v. Abs. 1 Satz 1 sind gegeben, wenn die Prüfungen **unmittelbar gesetzlich** angeordnet, **Berufsträgern vorbehalten u. mit Prüfungen nach §§ 316 ff. HGB vergleichbar** sind. Die Voraussetzungen müssen kumulativ vorliegen.

13 **Unmittelbar gesetzlich angeordnet** ist eine Prüfung nur dann, wenn sich die **Prüfungspflicht unmittelbar** aus dem **Gesetz** ergibt. Hierbei können nicht nur Bundesgesetze, sondern auch Landesgesetze eine unmittelbare Prüfungspflicht begründen (z.B. Eigenbetriebsprüfungen). Sehen **Gesetze** eine solche jedoch nur **mittelbar** vor, wie dies mitunter bei Landesgesetzen vorkommt, sind diese AP keine gesetzlichen AP i.S.v. Abs. 1 Satz 1. Eine mittelbare gesetzliche Prüfungspflicht wird auch dann begründet, wenn die Prüfungspflicht aufgrund eines Gesetzes in der Satzung o. dem Gesellschaftsvertrag zu regeln ist. Dies ist bspw. bei AP von **kleinen Gesellschaften mit kommunaler Beteiligung** der Fall. Grundlage für die JAP ist damit ausschließl. die Satzung o. der Gesellschaftsvertrag, nicht hingegen das Gesetz. Die Verpflichtung zur Durchführung einer QK o. das Bedürfnis für die Erteilung einer Ausnahmegenehmigung bestehen insoweit nicht. Sieht das Gesetz bspw. vor, dass die Prüfung in entsprechender Anwendung der Regeln des HGB für große Kapitalgesellschaften zu prüfen ist (z.B. § 96 Abs. 2 Nr. 6 SächsGemO oder Art. 94 Abs. 1 Nr. 2 GO Bayern), wäre nach dem Wortlaut der Vorschrift wegen § 319 Abs. 1 Satz 3 HGB eine TB o. Ausnahmegenehmigung erforderlich. Ausweislich der Gesetzesbegründung zum Referentenentwurf zur 7. WPO-Novelle 2007 soll die Ergänzung von Abs. 1 Satz 1 jedoch lediglich der Klarstellung dienen, wann berufsrechtlich eine TB bzw. Ausnahmegenehmigung vorzuliegen hat. Dies spricht dafür, dass kein weiteres eigenständiges Tatbestandsmerkmal geschaffen werden sollte u. der Verweis keine Berufspflicht zur Durchführung einer QK begründet.

14 Auch die **StiftG der Länder** begründen keine gesetzliche AP i.S.v. Abs. 1 Satz 1. Die Pflicht zur Prüfung des JAP folgt in diesen Fällen vielmehr unmittelbar aus einer Anordnung der Aufsichtsbehörde. Zudem handelt es sich auch nicht um eine dem WP vorbehaltene Aufgabe, da die Stiftungsbehörde regelmäßig selbst zur Durchführung der Prüfung befugt ist. Nur zur Erleichterung der Eigenprüfung durch die Behörde sehen die StiftG der Länder die Alternative zur Prüfung u.a. durch einen WP/vBP o. durch Prüfungsverbände vor.

15 Einem **Berufsträger vorbehalten** sind **gesetzliche AP** nach § 319 Abs. 1 HGB, aber auch die Prüfung des **Rechenschaftsberichts einer politischen Partei** nach § 23 Abs. 2 Satz 1 PartG. Die Beschränkung der Verpflichtung auf den Vorbehaltsbereich wird in erster Linie damit begründet, dass die WP, die zwar gesetzliche AP durchführen, aber in Konkurrenz mit anderen Berufen (z.B. StB, RA) stehen, keinen Wettbewerbsnachteil erleiden sollen. Klargestellt wird dies auch durch die Begr. des BARefG von 2007 zur Änderung von Abs. 1 Satz 1.

Gesetzliche Prüfungen, die nicht WP vorbehalten sind, lösen keine Verpflichtung 16
nach Abs. 1 Satz 1 aus (z.b. Gründungsprüfung nach § 33 Abs. 4 AktG, Verschmelzungsprüfung nach §§ 9 ff. UmwG). Aber auch einige Landesgesetze sehen keine Vorbehaltsaufgabe bei Prüfungen kommunaler Eigenbetriebe vor (z.b. § 19 Abs. 3 EigBG LSA, § 117 Abs. 3 GO Bbg, § 111 Abs. 1 GO BW, § 106 GO NRW, § 123 NGO). In diesen Fällen liegt die Originärzuständigkeit für die Prüfungen beim landesspezifischen Prüfungsamt, welches sich eines WP bedienen kann.

Andere dem WP vorbehaltene Prüfungen begründen die Pflicht zur Durchführung 17
einer QK nur, wenn sie mit **gesetzlichen AP i.S.v. § 316 Abs. 1 HGB vergleichbar** sind. So ist bspw. die Prüfung der **Jahresrechnung einer Krankenkasse** nach § 77 Abs. 1a) Satz 5 i.V.m. Satz 1 SGB IV mit der JAP einer Kapitalgesellschaft vergleichbar, da die Jahresrechnung ein den tats. Verhältnissen entsprechendes Bild der Vermögens-, Finanz- u. Ertragslage der Krankenkasse zu vermitteln hat. Auch Prüfungen nach dem sich derzeitig noch im Entwurf befindenden KAGB-E sind mit Jahresabschlussprüfungen vergleichbar, so dass diese auch die Pflicht zur QK o. das Bedürfnis für eine Ausnahmegenehmigung begründen. Keine Vergleichbarkeit ist bspw. gegeben bei Prüfungen nach § 16 MaBV. **Bewertungen von Unternehmensverträgen** nach §§ 291 ff. AktG sowie **Squeeze-out-Prüfungen** nach § 327c Abs. 2 Satz 2 AktG sind ebenfalls nicht mit einer JAP vergleichbar, da der sachverständige Prüfer in diesen Fällen lediglich eine Angemessenheitsprüfung der Barabfindung bzw. von Unternehmensverträgen vornimmt.

2. Pflicht und Turnus

a) Entstehen der Berufspflicht

Nach Abs. 1 Satz 1, alte Fassung, waren „WP ... verpflichtet, ... sich einer QK zu 18
unterziehen, wenn sie gesetzlich vorgeschriebene Abschlussprüfungen durchführen". Damit war die Berufspflicht an die **tats. Durchführung v. gesetzlich vorgeschriebenen AP** geknüpft. Seit der 7. WPO-Novelle 2007 besteht die Berufspflicht, sich einer QK zu unterziehen, wenn die Absicht besteht, gesetzlich vorgeschriebene AP durchführen zu wollen u. dafür bei Annahme des Prüfungsauftrages eine TB o. Ausnahmegenehmigung vorliegen muss.

Der Wortlaut von Abs. 1 Satz 1 erweckt zunächst den Eindruck, dass es entscheidend auf die **Absicht ankommen könnte, gesetzlich vorgeschriebene AP durchführen zu wollen**. Die Absicht hat im Zweifel jedoch auch schon der gerade bestellte WP. Dies hätte zur Folge, dass jeder WP, ohne dass konkret die Durchführung einer gesetzlichen AP bevorsteht, eine QK durchführen lassen müsste. Dies kann jedoch nicht gewollt sein. Die Berufspflicht, eine QK durchführen zu lassen, entsteht erst, wenn die Annahme eines Auftrages zur Durchführung der gesetzlichen AP konkret bevorsteht. Eine materielle Abweichung im Vergleich zu der bis zur 7. WPO-Novelle 2007 bestehenden Rechtslage ist nicht festzustellen.

b) Turnus

Ursprünglich war die QK alle drei Jahre durchzuführen. Dieser **Turnus** ist durch die 20
7. WPO-Novelle 2007 für **Praxen, die keine gesetzlichen AP v. Unternehmen v.**

öffentl. Interesse i.S.v. § 319a Abs. 1 Satz 1 HGB durchführen, auf **sechs Jahre** verlängert worden. Mit dieser Änderung ist der deutsche Gesetzgeber den Vorgaben der AP-RiLi gefolgt, die einen maximalen Turnus v. sechs Jahren für AP vorsieht, die keine Unternehmen v. öffentl. Interesse prüfen.

21 Die Turnusverlängerung führt zu einer **Entlastung** v. Praxen, die keine Unternehmen v. öffentl. Interesse prüfen, da der Aufwand für eine QK nur alle sechs Jahre anfällt. Diese Praxen können sich aber vorzeitig einer **QK** unterziehen, wenn sie den Drei-Jahres-Turnus beibehalten wollen.

22 Durch den unterschiedlichen Turnus einer QK ist auch der Übergang zwischen den verschiedenen Befristungen zu regeln. Eine TB kann, wenn sie ursprünglich auf drei Jahre befristet war, bei Vorliegen der Voraussetzungen (§ 136 Abs. 1), nach Antragstellung auf sechs Jahre verlängert werden. Wurde eine TB über sechs Jahre erteilt u. wird nunmehr ein Unternehmen i.S.v. § 319a Abs. 1 Satz 1 HGB geprüft, erfolgt keine Verkürzung der Befristung der TB. Es wird vielmehr die Berufspflicht begründet, eine QK vorgezogen durchführen zu lassen. Diese ist innerhalb von sechs Monaten nach Annahme des Prüfungsauftrages durchzuführen (§ 136 Abs. 2).

3. Ausnahmegenehmigung

a) Allgemeines

23 Die Pflicht zur QK stellt einen Eingriff in die Berufsfreiheit dar (BT-Drs. 14/3649, 24, siehe Vorbemerkungen zu § § 57a ff, Rn. 4). Der Gesetzgeber hat, um die Verhältnismäßigkeit des Eingriffs zu wahren, die Möglichkeit geschaffen, diejenigen befristet v. der Pflicht zur QK zu befreien, bei denen die QK zu einer Härte führen würde. Damit wird dem allg. verfassungsrechtlichen **Grundsatz der Verhältnismäßigkeit** Rechnung getragen.

24 Die Entscheidung über einen Antrag auf Erteilung einer Ausnahmegenehmigung ist eine **Ermessensentscheidung**. Die Ausnahmegenehmigung kann nicht für zurückliegende Zeiträume, sondern nur mit Wirkung für die Zukunft (§ 8 Abs. 2 Satz 1 SaQK) u. längstens für die Dauer v. drei Jahren (§ 8 Abs. 2 Satz 2 SaQK) erteilt werden. Die AusnG kann auch wiederholt erteilt werden (Abs. 1 Satz 3).

b) Verfahren

25 Der **Antrag ist zu begründen** (§ 8 Abs. 1 Satz 1 u. 2 SaQK). Die WPK kann, wenn der Antrag nicht ausreichend begründet ist, weitere Nachweise anfordern (§ 8 Abs. 1 Satz 3 SaQK). Bei einer fehlenden Mitwirkung wird nach Aktenlage entschieden (VG Berlin 19.3.2009, WPK-Mag. 3/2009, 42 ff.).

26 Ein Antrag ist zulässig, wenn ein Bedürfnis für die Erteilung einer Ausnahmegenehmigung (**Bescheidungsinteresse**) besteht. Ein Bescheidungsinteresse ist gegeben, wenn die Pflicht zur Durchführung einer QK i.S.v. Abs. 1 Satz 1 besteht. Dies ist der Fall, wenn gesetzlich vorgeschriebene AP i.S.v. Abs. 1 Satz 1 durchgeführt werden sollen (s.o. Rn. 13 ff.). Hierfür ist erforderlich, dass die Beauftragung zur Durchführung einer gesetzlichen AP konkret bevorsteht. Allein der Wille, ohne konkrete Aussicht auf die Bestellung als gesetzlicher AP, genügt nicht. Die Voraus-

setzungen sind bei Antragstellung glaubhaft darzulegen. Werden hingegen keine gesetzlichen AP i.S.v. Abs. 1 Satz 1 durchgeführt u. sind solche auch nicht konkret in Aussicht, fehlt es am Bescheidungsinteresse.

Zuständig für die Entscheidung über Anträge auf Erteilung v. Ausnahmegenehmigungen ist die KfQK (§ 57e Abs. 1 Satz 5 Nr. 1). Sie kann diese Aufgabe auf eine entscheidungsbefugte Abteilung übertragen (§ 59a Abs. 6). Über einen Widerspruch gegen eine Entscheidung der entscheidungsbefugten Abteilung entscheidet die KfQK (§ 59a Abs. 6 Satz 4). 27

c) Härtefälle

Eine Ausnahmegenehmigung kann erteilt werden, wenn ein Härtefall vorliegt. Ein **Härtefall** liegt vor, wenn die Pflicht zur Durchführung einer QK für den betroffenen Berufsangehörigen im Einzelfall eine **unverhältnismäßige Belastung** darstellen würde (BT-Drs. 14/3649, 24/25). Der v. Gesetzgeber verwendete Begriff des „Härtefalls" ist ein unbestimmter Rechtsbegriff. Im „Hinweis der KfQK zur Erteilung v. Ausnahmegenehmigungen i.S.v. § 57a Abs. 1 Satz 2 WPO" wird näher erläutert, welche Fallgruppen in der Praxis häufig anzutreffen sind (www.wpk.de → Qualitätskontrolle → Ausnahmegenehmigung; vgl. auch nachfolgend Rn. 29 ff.). 28

aa) Erstmalige Wahl zum gesetzlichen Abschlussprüfer

Bietet sich seit der Aufnahme der selbstständigen Tätigkeit eines WP o. seit der Anerkennung einer WPG **erstmals konkret** die **Möglichkeit, gesetzliche AP durchzuführen**, kann eine Ausnahmegenehmigung wegen der erstmaligen Wahl zum gesetzlichen AP erteilt werden, wenn keine Möglichkeit zur Durchführung einer QK besteht. Eine QK kann oftmals vor der Bestellung zum gesetzlichen AP, insb. aus zeitlichen Gründen (z.B. Wahl zum gesetzlichen AP soll kurzfristig erfolgen), nicht mehr möglich sein. Wurden bisher auch noch **keine betriebswirtschaftlichen Prüfungen** unter Verwendung des Berufssiegels durchgeführt, wäre zudem eine auftragsbezogene Funktionsprüfung des QS-Systems im Rahmen einer QK nicht möglich, so dass das Prüfungsurteil von dem PfQK wegen eines Prüfungshemmnisses zu versagen wäre. Auch in diesem Fall kann eine Ausnahmegenehmigung erteilt werden, um die Praxen nicht dauerhaft v. Markt der „gesetzlichen AP" auszuschließen. 29

Haben Berufsangehörige über einen längeren Zeitraum (ca. 10 Jahre) keine gesetzlichen AP durchgeführt, muss die **fachliche Eignung** im Bereich der prüferischen Tätigkeit nachgewiesen werden. Der Nachweis kann bspw. durch den Besuch v. Fortbildungsveranstaltungen o. durch das Selbststudium entsprechend § 4a BS WP/vBP erbracht werden. Damit soll gewährleistet werden, dass der WP über ausreichend aktuelle fachliche Kenntnisse verfügt, um gesetzliche AP ordnungsgemäß durchzuführen. Das öffentl. Interesse an einer AP durch fachlich qualifizierte WP hat im Zweifel Vorrang vor dem Interesse des WP an der Abwicklung von gesetzlichen AP. 30

bb) Wirtschaftlicher Härtefall

31 Die Pflicht, eine QK durchführen lassen zu müssen, kann auch zu einer unverhältnismäßigen wirtschaftlichen Belastung führen (**wirtschaftlicher Härtefall**). Antragsteller haben das Vorliegen eines wirtschaftlichen Härtefalls darzulegen. Die Beurteilung, ob eine solche unverhältnismäßige wirtschaftliche Belastung gegeben ist, erfolgt anhand einer **wirtschaftlichen Gesamtbetrachtung**. Dabei sind die Einnahmen aus gesetzlicher AP, die voraussichtlichen Kosten der QK u. die Gesamteinnahmen zur Würdigung heranzuziehen.

32 Für die Beurteilung der wirtschaftlichen Härte sind sowohl die **perspektivischen Einnahmen** aus gesetzlicher AP als auch die in der **Vergangenheit** mit einer Ausnahmegenehmigung erzielten Einnahmen zu berücksichtigen. Die prognostizierten Einnahmen werden auf die Dauer einer TB, mithin auf drei bzw. sechs Jahre, ermittelt. Es ist dabei auf die tats. erzielten Honorareinnahmen aus gesetzlicher AP abzustellen, nicht auf die Gewinne. Die bei der Abschlussprüfungstätigkeit anfallenden Kosten (bspw. Personal- o. Materialaufwendungen) können nicht in Abzug gebracht werden. Auch die internen Kosten zur Vorbereitung der QK sind nicht berücksichtigungsfähig. Nur das Abstellen auf die Einnahmen aus gesetzlicher AP stellt ein bestimmbares objektives Abgrenzungskriterium dar, das als Entscheidungsgrundlage herangezogen werden kann (VG Berlin 19.3.2009, WPK-Mag. 3/2009, 42 ff.). Eine wirtschaftliche Härte liegt nicht vor, wenn die geringe Höhe der Einnahmen aus gesetzlicher AP durch ein nicht angemessenes Honorar selbst verursacht worden ist.

33 Weiterhin werden die **voraussichtlichen Kosten der QK** berücksichtigt. Der Antragsteller trägt die Darlegungs- u. Beweispflicht (VG Berlin 19.3.2009 a.a.O.). Diese Pflicht wird idealiter durch die Übersendung v. mind. einem, möglichst drei schriftlichen, qualifizierten Angeboten v. PfQK, die auf den Angaben des Antragstellers beruhen, erfüllt. Die WPK ist in ihrer Würdigung nicht an die Angebote gebunden. Sie kann auch zu abweichenden Entscheidungen kommen. Ein pauschaler Verweis auf die Kosten für die vorangegangene QK genügt den Darlegungserfordernissen hingegen nicht. Werden die voraussichtlichen Kosten der QK nicht ausreichend dargelegt u. glaubhaft gemacht, kann der Antrag bereits aus diesem Grund abzulehnen sein.

34 Daneben können auch die **Gesamteinnahmen** bei besonderen Fallgestaltungen in die Würdigung einbezogen werden. Eine wirtschaftliche Härte besteht nicht, wenn im Rahmen einer wirtschaftlichen Gesamtbetrachtung insgesamt keine unverhältnismäßige Belastung zu verzeichnen ist. Die Gesamteinnahmen bestehen aus allen Einnahmen des WP aus seinen Tätigkeiten nach § 2. Im Rahmen dieser wirtschaftlichen Betrachtungsweise können auch Einnahmen des WP aus anderen Rechtsträgern, in denen Tätigkeiten nach § 2 ausgeübt werden, berücksichtigt werden (z.B. aus der neben der WP-Praxis bestehenden StBG).

cc) Einstellung der Tätigkeit als gesetzlicher Abschlussprüfer

Beabsichtigt ein Antragsteller ernsthaft, seine **Tätigkeit als gesetzlicher AP** innerhalb eines kurzen, überschaubaren Zeitraumes **wegen Praxisaufgabe/-verkauf einzustellen**, können die Kosten für die Durchführung einer QK zu einer unverhältnismäßigen wirtschaftlichen Belastung führen. Die Kosten der QK werden in diesen Fällen nicht mehr auf die Einnahmen während des Turnus der QK (i.d.R. sechs Jahre) verteilt; der Prognosezeitraum verkürzt sich. Stellen die für die QK anfallenden Kosten angesichts der erwarteten Einnahmen im Prognosezeitraum eine unverhältnismäßige wirtschaftliche Belastung dar, ist eine Härte regelmäßig anzunehmen. Auch hier können bereits die in der Vergangenheit mit einer Ausnahmegenehmigung erzielten Einnahmen berücksichtigt werden. Die Praxisaufgabe/-verkauf ist glaubhaft zu machen. Dies kann durch Vorlage geeigneter Unterlagen, z.B. durch den Beleg der Kündigung der Praxisräume, erfolgen. 35

Ein Härtefall ist zweifelhaft, wenn ein Antragsteller vorträgt, dass er einen **StB als Praxisnachfolger** habe, der „demnächst" das WP-Examen anstreben werde; für die Zeit bis zum Bestehen des Examens werde eine Ausnahmegenehmigung beantragt. Der Zeitpunkt der Praxisübergabe steht dann nicht fest. Es kann nicht davon ausgegangen werden, dass der Antragsteller eine gesetzliche AP letztmalig durchführen wird. 36

dd) Sonstige Gründe

Die Durchführung einer QK kann auch eine Härte darstellen, wenn eine schwere, unerwartete **Erkrankung** des zur QK verpflichteten WP oder des PfQK die Durchführung der QK unmöglich macht. Eine Härte ist festzustellen, wenn durch Fristablauf der AP wegfallen würde o. eine Bestellung nicht erfolgen könnte. Kann eine JAP aus **Gründen, die in der Sphäre des zu prüfenden Unternehmens** liegen, nicht bis zum Ablauf der Befristung der Ausnahmegenehmigung bzw. der TB abgeschlossen o. durchgeführt werden, stellt dies für den WP einen unvorhersehbaren Umstand dar, der als Härtefall eingestuft werden kann. 37

Eine **Arbeitsüberlastung des PfQK** o. des **Antragstellers** u. die daraus resultierende nicht rechtzeitige Durchführung der QK begründen hingegen keine Härte, da ein gewissenhaft handelnder WP rechtzeitig die Voraussetzungen zur Durchführung gesetzlicher AP schaffen muss (WPK-Mag. 4/2008, 40). Ein erhöhter Arbeitsanfall mag zwar ein organisatorisches Problem darstellen, er führt aber nicht dazu, dass die Beachtung der Berufspflichten, hier die Durchführung einer QK, zugunsten der Auftragsabwicklung u. damit der Umsatzerzielung zurückstehen muss. Auch allein ein hohes **Lebensalter** stellt keine Härte dar. Ist ein Antragsteller in der Lage, gesetzlich vorgeschriebene AP durchzuführen, muss er auch eine QK in seiner Praxis durchführen lassen. 38

Ein Härtefall ist regelmäßig dann nicht gegeben, wenn nach einer QK das Prüfungsurteil wegen wesentlicher Mängel des QS-Systems in der Auftragsabwicklung versagt u. die TB nicht erteilt wurde, so dass der WP v. der Tätigkeit als AP ausgeschlossen ist. Das QK-Verfahren hat in diesem Fall sein Ziel erreicht, den nicht 39 gewissenhaft tätigen u. eine Gefahr für die Öffentlichkeit darstellenden WP v. der Tätigkeit als gesetzlicher AP auszuschließen. Dieses darf durch die Erteilung einer Ausnahmegenehmigung nicht konterkariert werden. Allerdings kann ein Härtefall auch nach Versagung eines Prüfungsurteiles gegeben sein, wenn durch die Erteilung der Ausnahmegenehmigung nicht die Durchführung einer gesetzlichen AP ermöglicht wird. Dies ist denkbar, wenn eine geprüfte Praxis erneut eine QK beauftragt hat, die QK noch nicht abgeschlossen ist u. die Ausnahmegenehmigung nur die wirksame Bestellung als AP ermöglichen soll. Keinesfalls darf diese Ausnahmegenehmigung aber die Durchführung der AP vor Abschluss der beauftragten QK u. der Feststellung, dass die zuvor festgestellten wesentlichen Mängel, die zur Versagung des Prüfungsurteiles geführt haben, beseitigt worden sind, ermöglichen. Kommt auch diese QK zu einem negativen Prüfungsurteil, wird keine TB erteilt u. der bestellte AP fällt nach Ablauf der Befristung der Ausnahmegenehmigung weg (§ 318 Abs. 4 HGB). Dies gilt auch, wenn die Befugnis zur Durchführung gesetzlicher AP nach einem versagten Prüfungsurteil auf einem anderen Wege erlangt werden soll. So wäre einer neu errichteten WPG keine Ausnahmegenehmigung unter dem Gesichtspunkt der „Existenzgründung" (s.o.) zu erteilen, wenn dem dort allein verantwortlich tätigen WP nach einer QK seiner eigenen Praxis das Prüfungsurteil versagt wurde.

d) Befristung der Ausnahmegenehmigung

40 Bei der Dauer der **Befristung der Ausnahmegenehmigung** ist zwischen dem öffentl. Interesse an der Durchführung einer QK u. dem Interesse der Praxis, gesetzliche AP auch ohne eine QK durchführen zu dürfen, abzuwägen. Die Befristung orientiert sich am Risiko des Auftrages, an der Anzahl der Prüfungen, der Größenklasse u. Art der zu prüfenden Unternehmen (z.B. Unternehmen v. öffentl. Interesse i.S.v. § 319a Abs. 1 Satz 1 HGB, Prüfungen nach VVG, WpHG o. KWG). Durch die Befristung wird sichergestellt, dass in regelmäßigen Abständen geprüft wird, ob die besonderen Umstände, die die Durchführung der QK als unverhältnismäßig erscheinen ließen, weiterhin vorliegen (BT-Drs. 14/3649, 25). Die Ausnahmegenehmigung kann **längstens für die Dauer von drei Jahren** erteilt werden (§ 8 Abs. 2 Satz 2 SaQK). Dies ist bspw. dann denkbar, wenn eine Praxis, deren QS-System erst vor kurzem geprüft wurde, unter Beibehaltung der sächlichen wie personellen Identität aufgrund eines Rechtsträgerwechsels (z.B. bei Einbringung einer Einzelpraxis in eine WPG) nunmehr über keine TB verfügt. In diesem Fall kann das öffentl. Interesse an der Durchführung einer QK u.U. für die Restlaufzeit der Befristung der TB, längstens für drei Jahre zurückstehen, da bei der Abwicklung von AP auf ein geprüftes QS-System zurückgegriffen wird. Die Ausnahmegenehmigung kann auch wiederholt erteilt werden (Abs. 1 Satz 3). Eine wiederholte Erteilung ist dann möglich, wenn weiterhin ein Härtefall i.S.v. Abs. 1 Satz 2 vorliegt. Hierfür werden bei Antragstellung erneut die Voraussetzungen geprüft, ob die Pflicht zur Durchführung einer QK für den betroffenen Berufsangehörigen eine **unverhältnismäßige Belastung** darstellt.

e) **Genossenschaftliche Prüfungsverbände und Prüfungsstellen der Sparkassen- und Giroverbände**

Auch **genossenschaftliche Prüfungsverbände** können zur QK verpflichtet sein (§ 63e Abs. 1 GenG). Der Gesetzgeber hat auch für gen. PrfgVerb die Erteilung einer Ausnahmegenehmigung vorgesehen. Im Antragsverfahren kann die Stellungnahme der für die Verleihung des Prüfungsrechts nach § 63 GenG zuständigen Behörde eingeholt werden (§ 63e Abs. 3 Satz 3 GenG). Bei einem PrfgVerb ist eine Härte denkbar, wenn er gerade gegründet wurde u. als Existenzgründer anzusehen ist (vgl. nachfolgend Anhang zu § 57h, dort § 63e GenG, Rn 12). 41

Prüfungsstellen v. Sparkassen- u. Giroverbänden können keine Ausnahmegenehmigungen erteilt werden, da dies gesetzlich nicht vorgesehen ist. § 57h Abs. 1 Satz 1 klammert in seiner Verweisung auf die §§ 57a-57f den Abs. 1 Satz 2 u. 3 aus. 42

II. Gegenstand und Umfang der Qualitätskontrolle (Abs. 2)

1. Allgemeines

Die QK dient der Überwachung, ob die Regelungen zur QS in der jeweiligen Praxis eingehalten werden. Als **Überwachung** wird in der Betriebswirtschaftslehre ein Vorgehen bezeichnet, in dem eventuelle Abweichungen festgestellt u. beurteilt werden, die zwischen beobachtbaren Istzuständen u. vorzugebenden o. zunächst zu ermittelnden Sollzuständen bestehen (so z.B. Gabler Wirtschaftslexikon). 43

Der Begriff der „**Regelungen zur Qualitätssicherung**" entspricht den in § 55b Satz 1 genannten „Regelungen, die zur Einhaltung der Berufspflichten erforderlich sind". Für WP besteht nach § 55b Satz 1 (s. dort) eine gesetzliche Verpflichtung, diese Regelungen für ihre Praxis zu schaffen sowie ihre Anwendung zu überwachen u. durchzusetzen. *Die von der Praxisleitung in eigener Verantwortung zu treffende Entscheidung, welche Regelungen zur Einrichtung, Überwachung u. Durchsetzung eines angemessenen und wirksamen Qualitätssicherungssystems im Einzelfall zu treffen sind, orientiert sich vor allem an der Zielsetzung der Qualitätssicherung, d.h. der ordnungsmäßigen Abwicklung der Aufträge* (VO 1/2006 – Anforderungen an die Qualitätssicherung in der Wirtschaftsprüferpraxis, Tz. 4). 44

2. Gegenstand der Qualitätskontrolle

a) **Beschränkung auf Siegelaufträge nach § 2 Abs. 1**

Die QK erstreckt sich nach Abs. 2 Satz 2 auf betriebswirtschaftliche Prüfungen i.S.d. § 2 Abs. 1, bei denen das Siegel geführt wird o. zu führen ist. Damit bezieht sie sich insb. auf den Bereich der **Vorbehaltsaufgabe der Durchführung gesetzlich vorgeschriebener JAP** nach §§ 316 ff. HGB bzw. § 6 PublG. Auch die v. der geprüften Praxis durchgeführten **QK nach §§ 57a ff.** stellen betriebswirtschaftliche Prüfungen i.S.v. § 2 Abs. 1 dar, bei denen das Siegel nach § 48 Abs. 1 Satz 1 zu führen ist u. sind daher zwingend in die QK einzubeziehen. 45

Wird das Siegel darüber hinaus in Fällen verwendet, in denen es nicht gesetzlich vorgeschrieben ist, wie bei **freiwilligen JAP** u. Jahresabschlusserstellungen mit Prüfungshandlungen, fallen auch diese Bereiche des QS-Systems unter die QK. 46

Werden einige Erklärungen des WP einer Prüfungsart (z.B. freiwillige JAP) gesiegelt, andere nicht, so fallen nur diejenigen Aufträge in die Grundgesamtheit für die QK, bei denen tats. das Siegel geführt wurde, da der Berufsangehörige nur mit diesen ein besonderes Vertrauen in Anspruch nimmt.

b) Prüfung der Praxisorganisation

47 Die berufsrechtliche Verpflichtung des § 55b zur Einrichtung eines QS-Systems bezieht sich grds. auf alle Tätigkeiten des WP nach § 2 (vgl. § 55b Rn. 8) u. damit auf eine hierauf ausgerichtete Praxisorganisation. Dennoch gilt die gesetzliche Beschränkung der QK auf den Bereich der Prüfungsdurchführung mit Siegelführung auch für die Prüfung der Praxisorganisation. Bereiche der Praxisorganisation, die ausschließl. anderen Tätigkeiten des WP dienen, wie z.B. die Beurteilungen v. Mitarbeitern, die ausschließl. in der Steuerberatung tätig sind, sind daher nicht Gegenstand der QK.

3. Prüferisches Vorgehen bei der Qualitätskontrolle

a) Allgemeines

48 Die QK ist eine **Systemprüfung**. Sie beinhaltet eine **Aufbau- u. eine Funktionsprüfung**, um zu einer Beurteilung der **Angemessenheit u. der Wirksamkeit des QS-Systems** zu kommen.

49 Seit 2005 **veröffentlicht** die KfQK **Hinweise** zu Einzelfragen **zur Durchführung v. QK** unter www.wpk.de/qk/kommission-hinweise.asp. Von Bedeutung ist hier insb. **der Hinweis der KfQK zur Berichterstattung über eine QK** v. 12.3.2013. Checklisten zur Durchführung der QK enthält IDW PH 9.140. Darüber hinaus gibt das IDW eine Arbeitshilfe zur Erstellung v. QK-Berichten heraus.

50 Am 12.10.2011 hat die KfQK darüber hinaus einen **Hinweis zur Prüfung eines QS-Systems unter besonderer Berücksichtigung kleiner Praxen** herausgegeben. Dieser Hinweis richtet sich an PfQK, die QK bei kleinen WP-Praxen durchführen. Neben Hinweisen zur Durchführung einer QK bei einer kleinen WP-Praxis zeigt der Hinweis mögliche Erleichterungen für kleine Praxen bei der Einrichtung und Unterhaltung ihres QS-Systems auf.

51 Darüber hinaus hat die WPK am 24.3.2011 **Grundsätze zur Nutzung der Erkenntnisse aus den SU im Rahmen anderer berufsrechtlicher Kontrollen** veröffentlicht (vgl. § 62b Abs. 3, Rn. 45 f.), zu denen auch die QK gehört.

52 Bei der Durchführung v. QK ist der **risikoorientierte Prüfungsansatz** anzuwenden (so auch IDW PS 140 Tz. 34). Danach sind die Prüfungshandlungen so zu planen u. durchzuführen, dass das **Qualitätskontrollrisiko** soweit reduziert wird, dass mit hinreichender Sicherheit beurteilt werden kann, ob das in der WP-Praxis eingeführte QS-System im Einklang mit den gesetzlichen u. satzungsmäßigen Anforderungen steht u. mit hinreichender Sicherheit eine ordnungsmäßige Abwicklung v. Prüfungsaufträgen nach § 2 Abs. 1 gewährleistet, bei denen das Berufssiegel geführt wird o. zu führen ist. Bei dem Qualitätskontrollrisiko handelt es sich um das Risiko, dass der PfQK ein uneingeschränktes Prüfungsurteil zu einem mit wesent-

lichen Mängeln behafteten QS-System abgibt o. eine Fehlentscheidung i.Z.m. der Abgabe v. Empfehlungen zur Verbesserung des internen QS-Systems trifft. Basis des risikoorientierten Prüfungsvorgehens ist die Risikoeinschätzung, in die neben den Gegebenheiten der zu prüfenden Praxis auch Erkenntnisse aus einer vorangegangenen Qualitätskontrolle, Mitteilungen der WPK/DPR/BaFin sowie Erkenntnisse aus SU nach § 62b einzubeziehen sind.

b) Aufbauprüfung
Das **Normen-Sollsystem (Sollsystem I)**, an dem die Angemessenheit des QS-Systems der geprüften Praxis zu messen ist, wird durch die gesetzlichen Vorschriften (insb. WPO u. HGB) u. die BS WP/vBP vorgegeben. Die VO 1/2006 legt die Berufsauffassung der WP dar, wie die gesetzlichen u. satzungsmäßigen Vorschriften über das QS-System in der WP-Praxis umgesetzt werden sollten. 53

Im Anschluss an die Feststellung des aus diesen Normen geschaffenen Sollsystems I ist im Rahmen der Beurteilung der Angemessenheit des QS-Systems bzw. der Aufbauprüfung das **Sollsystem der Berufspraxis (Sollsystem II)** zu ermitteln. Dieses ist i.d.R. in praxisinternen Unterlagen wie z.b. QS-Handbüchern dokumentiert. Findet der PfQK kein angemessen dokumentiertes QS-System vor, so kann er grds. nicht davon ausgehen, dass kein angemessenes System existiert, er muss vielmehr das in der Berufspraxis vorhandene „gelebte" QS-System ermitteln. 54

Notwendig ist sodann eine **Beurteilung der Angemessenheit des Sollsystems II anhand des Sollsystems I**. *Die Regelungen sind angemessen, wenn sie mit hinreichender Sicherheit gewährleisten, dass Verstöße gegen Berufspflichten verhindert bzw. zeitnah erkannt werden. Hierzu müssen Risiken u. Verstöße gegen Berufspflichten festgestellt, analysiert u. an die zuständige Stelle in der WP-Praxis berichtet werden. Diese muss dafür sorgen, dass auf die erkannten Verstöße unverzüglich u. auf erfasste Risiken zeitnah in geeigneter Weise reagiert wird* (VO 1/2006 Tz. 12). 55

Ziel der QK ist, dass der PfQK ein Urteil über die Eignung des QS-Systems abgibt, während der Laufzeit der TB über 3 bzw. 6 Jahre (vgl. Abs. 6 Satz 8) Prüfungsaufträge unter Einhaltung der Berufspflichten abzuwickeln. Ein QS-System ist daher nur dann angemessen, wenn es **neben den zurzeit abgewickelten Siegelaufträgen** auch den **zukünftigen Tätigkeitsbereich der Praxis** abdeckt. Steht bspw. die erstmalige Durchführung einer gesetzlichen AP eines kapitalmarktorientierten Unternehmens i.S. des § 264d HGB unmittelbar bevor, muss ein angemessenes QS-System z.B. bereits Regelungen zur Einhaltung des § 319a HGB sowie zur auftragsbegleitenden Qualitätssicherung i.S. des § 24d Abs. 2 BS WP/vBP enthalten (zur Wirksamkeitsprüfung s.u., Rn. 65). 56

c) Funktionsprüfung
Wurde das in der Berufspraxis vorhandene QS-System als angemessen beurteilt, ist die **Wirksamkeit des QS-Systems** im Wege einer Funktionsprüfung zu beurteilen. *Die Wirksamkeit des Qualitätssicherungssystems ist dann gegeben, wenn die Regelungen zur QS von den in der WP-Praxis beschäftigten Wirtschaftsprüfern u. den Mitarbeitern (einschließlich freier Mitarbeiter) nach Maßgabe ihrer Verantwort-* 57

lichkeit zur Kenntnis genommen u. bei der täglichen Arbeit angewendet werden (VO 1/2006 Tz. 13).

58 Bezüglich der Praxisorganisation erfolgt die Wirksamkeitsprüfung bspw. durch Einsichtnahme in die Unabhängigkeitserklärungen der Mitarbeiter u. Berufsträger, die Durchsicht der Dokumentationen v. Beurteilungs- u. Einstellungsgesprächen o. die Beurteilung der Nachschauunterlagen.

59 Den Schwerpunkt der Funktionsprüfung setzt der Gesetzgeber jedoch ausdr. bei der **Durchführung einzelner Aufträge**. Dies bedeutet jedoch nicht, dass das QS-System in die zwei Bereiche „Allgemeine Praxisorganisation" u. „Auftragsabwicklung" zerfällt. Beide Bereiche bilden vielmehr ein **integrales System** (vgl. Lindgens, WPK-Mag. 2004, 43).

60 Der **Auswahl der Stichprobe** sind sämtliche Aufträge, bei denen seit der letzten Qualitätskontrolle das Siegel geführt wurde oder hätte geführt werden müssen, zugrunde zu legen (so auch IDW PS 140, Tz. 60). Die einzelnen Prüfungsaufträge der Stichprobe sind nach Risikogesichtspunkten auszuwählen. Hierbei sind insb. das öffentliche Interesse an der Auftragsart (z.B. kapitalmarktorientierte Kapitalgesellschaften i.S.d. §264d HGB, geschlossene Fonds), das mit der Prüfung verbundene Risiko (z.B. Going-Concern-Unsicherheiten, Vorwürfe der APAK, WPK oder der DPR, Erstprüfungen), erforderliche besondere Fachkenntnisse (z.B. IFRS, US-GAAP, schwierige Bilanzierungs- und Bewertungsfragen), die Bedeutung des Mandates für die geprüfte Praxis, Ergebnisse der Nachschau sowie auffallend geringe Honorare zu berücksichtigen (vgl. auch IDW PS 140, Tz. 62). Die Stichprobe muss repräsentativ für alle v. der geprüften Praxis durchgeführten Siegelaufträge i.S.v. § 2 Abs. 1 sein, da der PfQK nur dann v. den Merkmalsausprägungen der Stichprobenelemente auf die Beschaffenheit der Gesamtheit aller abgewickelten Aufträge schließen kann u. auf dieser Basis ein nachvollziehbares Urteil über den gesamten Prüfungsgegenstand abgeben kann (vgl. Sahner/Clauß/Sahner, Qualitätskontrolle, 38).

61 Die **Funktionsprüfung der Auftragsabwicklung** erfolgt im Wesentlichen durch die Einsichtnahme u. Würdigung der Arbeitspapiere u. der Berichterstattung.

62 Der PfQK verschafft sich zunächst einen Überblick über den Prüfungsgegenstand des Auftrages, die Auftragsplanung und die Auftragsdurchführung und beurteilt im Anschluss, ob der **Auftrag ordnungsgemäß geplant, durchgeführt, dokumentiert und überwacht** wurde sowie ob die zutreffenden Schlussfolgerungen und Beurteilungen aus den erlangten Prüfungsnachweisen gezogen wurden (vgl. Ordnungsmäßigkeit der Durchführung von QK, WPK-Mag. 2011, S. 33 f.). Hierbei hat der PfQK auch die **Stabilität des QS-Systems** seit der letzten QK zu beurteilen.

63 Die KfQK beurteilt im Rahmen der Auswertung der QK-Berichte auch die Angemessenheit des Zeitaufwandes des PfQK unter Berücksichtigung der Gegebenheiten des einzelnen in der Stichprobe enthaltenen Auftrages und der o.g. erforderlichen Prüfungshandlungen. Ein **nicht angemessener Zeitaufwand des PfQK**

stellt einen schwerwiegenden Verstoß gegen die Vorschriften zur Durchführung einer Qualitätskontrolle i.S. von § 57e Abs. 2 Satz 6 dar, der zwingend zum Widerruf der TB führt (VG Berlin 21.1.2010, WPK-Mag. 2/2010, 55 f).

Wurde die **Funktionsprüfung der Auftragsabwicklung nicht durchgeführt**, da die geprüfte Praxis bspw. im Prüfungszeitraum keine Siegelaufträge durchgeführt hat, liegt ein so bedeutendes Prüfungshemmnis vor, dass der PfQK sein Prüfungsurteil versagen muss (vgl. WPK-Mag. 1/2006, 30 sowie WPK-Mag. 4/2012, 43). Wurde das Prüfungsurteil dennoch nicht versagt, stellt die KfQK fest, dass das Prüfungsurteil hätte versagt werden müssen u. widerruft die TB nach § 57e Abs. 2 Satz 3. Nicht unbedingt erforderlich ist hingegen, alle in einer geprüften Berufspraxis tätigen WP mit mind. einem Auftrag in die Stichprobe einzubeziehen (vgl. WPK-Mag. 1/2012, 32 f.). 64

Kann der PfQK die **Wirksamkeit von Teilbereichen des QS-Systems**, insb. im Bereich der Auftragsabwicklung, nicht beurteilen, da bspw. Regelungen für die Durchführung einer unmittelbar bevorstehenden Abschlussprüfung eines kapitalmarktorientierten Unternehmens i.S. des § 264d HGB bereits geschaffen aber noch nicht angewandt wurden, hat der PfQK zunächst festzustellen, ob er die Wirksamkeit anhand alternativer Prüfungshandlungen prüfen kann. Ist dies nicht der Fall, ist anhand der Gegebenheiten der Praxis zu beurteilen, ob das Prüfungshemmnis so bedeutend ist, dass das Prüfungsurteil einzuschränken oder zu versagen ist. 65

III. Prüfer für Qualitätskontrolle (Abs. 3)

1. Allgemeines

Die QK kann nur v. bei der WPK für diese Aufgabe registrierte Berufsangehörige o. Berufsgesellschaften durchgeführt werden (PfQK). Die **Registrierung als PfQK** setzt voraus, dass die Berufsangehörigen bestimmte Anforderungen erfüllen. Damit soll sichergestellt werden, dass nur berufserfahrene u. in der QS besonders qualifizierte WP tätig werden, um eine zuverlässige QK im öffentl. Interesse zu gewährleisten (BT-Drs. 14/3649, 25). Die Registrierung als PfQK ist im **BR der WPK einzutragen** (§ 38 Nr. 1i u. Nr. 2g). Endet die Registrierung, ist sie auch im BR zu löschen (§ 39 Abs. 3 Satz 1, vgl. § 39 Rn. 5). 66

Voraussetzung für die Registrierung als PfQK ist ein **schriftlicher Antrag** (§ 3 Abs. 1 Satz 1 SaQK). Die WPK stellt Musteranträge zur Verfügung (www.wpk.de → QK). Im Zeitpunkt der Antragstellung müssen die Registrierungsvoraussetzungen vorliegen (§ 3 Abs. 1 Satz 6 SaQK). Mit dem Antrag sollen die **erforderlichen Nachweise übersandt** werden, um eine Entscheidung über den Antrag zeitnah herbeiführen zu können. 67

Zuständig für die Registrierung v. PfQK o. deren Widerruf ist die KfQK (§ 57e Abs. 1 Satz 5 Nr. 2). Sie kann diese Aufgabe auf eine entscheidungsbefugte Abteilung übertragen (§ 59a Abs. 6). Zuständig für einen Widerspruch gegen eine Entscheidung der entscheidungsbefugten Abteilung ist die KfQK (§ 59a Abs. 6 Satz 4). 68

2. Registrierungsvoraussetzungen von WP/vBP

69 Wirtschaftsprüfer/vereidigte Buchprüfer sind auf Antrag als PfQK zu registrieren, wenn sie seit mind. drei Jahren als WP/vBP bestellt u. dabei im Bereich der AP tätig gewesen sind, über Kenntnisse in der QS verfügen u. in den letzten fünf Jahren nicht berufsgerichtlich verurteilt worden sind (Abs. 3 Satz 2 Nr. 1-3). Über ihre Tätigkeit im Bereich der AP u. über ihre Kenntnisse in der QS haben Antragsteller einen Nachweis zu führen. Über die anderen Voraussetzungen bedarf es keines Nachweises, da sie der WPK v. Amts wegen bekannt sind (§ 4 Abs. 1 SaQK). WP/vBP, die ausschließl. in eigener Praxis tätig sind, müssen darüber hinaus über eine wirksame TB verfügen (Abs. 3 Satz 3). Zur Fortbildungsverpflichtung vgl. Rn. 79 ff.

a) Berufserfahrung

70 Wirtschaftsprüfer/vereidigte Buchprüfer müssen **seit mind. drei Jahren bestellt** u. **dabei im Bereich der AP tätig gewesen** sein. Diese Voraussetzungen sollen sicherstellen, dass es sich bei registrierten PfQK um fachlich in der AP erfahrene Berufsangehörige handelt (BT-Drs. 14/3649, 25). Berücksichtigung können auch Zeiten finden, in denen ein Antragsteller zunächst als vBP u. erst später als WP bestellt war. Die Führung eines Nachweises über die Zeiträume der Bestellung ist nicht erforderlich, da diese aus dem BR der WPK ersichtlich sind.

71 **Tätigkeiten im Bereich der AP** sind nach § 1 SaQK alle Tätigkeiten, die v. einem WP/vBP in den letzten drei Jahren vor Antragstellung im Bereich der AP ausgeübt wurden. Zu den Tätigkeiten im Bereich der AP gehören auch die Facharbeit, z.B. in Stabsabteilungen, die auftragsbezogene QS (§ 24d BS WP/vBP) sowie sonstige mit AP zusammenhängende Tätigkeiten. Als Berufserfahrung wird nur die Tätigkeit nach Bestellung als WP/vBP anerkannt; eine vorherige Tätigkeit kann hingegen nicht angerechnet werden (BT-Drs. 14/3649, 25).

72 Eine **ausschließl. o. überwiegende Tätigkeit als AP** während der drei Jahre ist **nicht erforderlich**. (BT-Drs. 14/3649, 25). Über diese Tätigkeiten im Bereich der AP ist ein **Nachweis zu führen** (§ 4 Abs. 1 Satz 1 SaQK), da diese der WPK nicht bekannt sind. Der Nachweis soll durch Vorlage einer Bescheinigung des Arbeitgebers des Antragstellers erbracht werden (§ 4 Abs. 2 Satz 1 SaQK). Das Bestätigungsschreiben des Arbeitgebers soll v. einem Berufsangehörigen der Leitungsebene unterzeichnet sein. Gehört der Antragsteller selbst der Leitungsebene an, kann er mitunterzeichnen. Wird kein Bestätigungsschreiben des Arbeitgebers vorgelegt, muss der Antragsteller eine detaillierte, qualifizierte Eigenbestätigung hinsichtlich seiner Tätigkeiten im Bereich der AP in den letzten drei Jahren übersenden. Ist der Antragsteller in eigener Praxis tätig u. verfügt er nicht über einen berufsangehörigen Dritten, der die Tätigkeit im Bereich der AP bestätigen kann, genügt die Versicherung des Antragstellers, dass er im Bereich der AP tätig gewesen ist (§ 4 Abs. 2 Satz 2 SaQK). Analog hierzu kann auch ein Allein-Gesellschafter-GF einer WPG den Nachweis mittels einer eigenen Versicherung erbringen. Diese Angaben können i.d.R. anhand der Angaben des QK-Berichts über die QK in der Praxis des Antragstellers verifiziert werden. Bei begründeten Zweifeln können jedoch geeignete, weitergehende Nachweise seitens der WPK verlangt werden (§ 4 Abs. 2 Satz 3 SaQK).

Qualitätskontrolle § 57a

b) Kenntnisse in der Qualitätssicherung

Für die Registrierung als PfQK haben Antragsteller den Nachweis über die Kenntnisse in der QS zu führen (§ 4 Abs. 1 Satz 1 SaQK). Kenntnisse in der QS umfassen die **Grundsätze der internen QS** sowie die **Grundsätze für eine ordnungsgemäße Durchführung der QK** (§ 2 Abs. 1 Satz 1 SaQK). Sie können durch Vorlage einer Bescheinigung über die **Teilnahme an einem v. der WPK anerkannten Schulungskurs** nachgewiesen werden (§ 4 Abs. 3 Satz 1 SaQK). Der **Schulungskurs** muss mind. **16 Unterrichtseinheiten à 45 Minuten** umfassen u. die Inhalte entspr. § 2 Abs. 2 Satz 2 Nr. 1-5 SaQK aufweisen. Die Teilnahme soll im Zeitpunkt des Registrierungsantrages nicht länger als drei Jahre zurückliegen (§ 2 Abs. 4 SaQK). 73

Hat der Antragsteller nicht an einem anerkannten Schulungskurs teilgenommen o. ist die Teilnahmebescheinigung älter als drei Jahre, müssen die Kenntnisse in der QS **anderweitig in geeigneter Form** nachgewiesen werden (§ 4 Abs. 3 Satz 2 SaQK). Dies kann bspw. durch den Besuch v. durch die WPK anerkannten speziellen Fortbildungsveranstaltungen für PfQK geschehen. Hierbei müssen jedoch sowohl die Zeiteinheiten als auch die Inhalte mit denen eines anerkannten Schulungskurses vergleichbar sein. In Betracht kommen auch nachgewiesene Tätigkeiten im Rahmen v. QK. 74

c) Keine berufsgerichtliche Verurteilung

Im Interesse der Akzeptanz der QK u. um eine qualitativ hochwertige Prüfung zu gewährleisten, darf der PfQK **in den letzten fünf Jahren** nicht **berufsgerichtlich** wegen Verletzung einer Berufspflicht **verurteilt** worden sein, die seine Eignung als PfQK ausschließt. Ob eine berufsgerichtliche Verurteilung innerhalb der letzten fünf Jahre vorliegt, ist der WPK bekannt (vgl. § 12 Satz 1 SaQK). Im Rahmen des Beurteilungsspielraums wird geprüft, ob die Berufspflichtverletzung den **Kernbereich der prüferischen Tätigkeit** betrifft u. damit die fachliche Eignung als PfQK ausschließt. Dies ist z.B. bei einem werberechtlichen Verstoß zu verneinen (BT-Drs. 14/3649, 25). 75

Im Fall einer **berufsgerichtlichen Verurteilung nach der Registrierung als PfQK** ist über den Widerruf der Registrierung als PfQK zu entscheiden (§ 5 Abs. 1 Satz 2 Nr. 1 SaQK, vgl. unter Rn. 91 ff.). 76

d) Wirksame Teilnahmebescheinigung

Die Registrierung setzt für einen **ausschließl. in eigener Praxis tätigen Berufsangehörigen** voraus, dass dieser über eine wirksame TB verfügt (Abs. 3 Sätze 3 u. 4). Das Vorliegen einer wirksamen TB über die QK der Praxis des PfQK soll sicherstellen, dass nur solche PfQK QK bei anderen WP durchführen, die sich zuvor selbst erfolgreich einer QK gestellt haben; die also über ein geprüftes QS-System verfügen. Wird die TB widerrufen o. eine neue TB nicht erteilt, ist auch die Registrierung als PfQK zu widerrufen (§ 5 Abs. 1 Satz 1 Nr. 2 SaQK). 77

Berufsangehörige, die **neben** ihrer **Tätigkeit in eigener Praxis** auch „**in sonstiger Weise" tätig** sind (z.B. als VO-Mitglied/GF/Partner/angestellter WP einer WPG), 78

Hampel

können als PfQK registriert werden, auch wenn sie für ihre Tätigkeit in eigener Praxis nicht **über eine wirksame TB verfügen.** Sie können allerdings nach Abs. 3 Satz 6 keine QK in eigener Praxis durchführen. Als verantwortlicher PfQK können die Berufsangehörigen nur tätig werden, wenn sie Organ der als PfQK registrierten WPG o. Gesellschafter sind, vgl. Abs. 3 Satz 5. In **WPG tätige WP, die keine Organstellung** (z.B. angestellte WP, Prokuristen) **innehaben o. nicht Gesellschafter der WPG sind,** können weder als verantwortlicher PfQK für die WPG noch in eigener Praxis QK durchführen.

3. Fortbildungsverpflichtung

79 Bereits registrierte PfQK unterliegen einer speziellen Fortbildungsverpflichtung u. müssen Nachweise darüber erbringen (Abs. 3 Satz 2 Nr. 4). Der Nachweis der Erfüllung der Fortbildungsverpflichtung muss **spätestens bei Annahme eines Auftrags zur Durchführung der QK** o. der Sonderprüfung nach einer QK geführt sein (§ 21 Abs. 2 Satz 1 SaQK). Diese Vorschrift legt zum einen den Kreis der zur Führung des Nachweises ggü. der WPK verpflichteten PfQK fest u. trifft zum anderen eine Bestimmung zum Zeitpunkt der Nachweisführung.

80 Inhalt u. Umfang der speziellen Fortbildungsverpflichtung u. das **Verfahren ihres Nachweises** werden entspr. der Ermächtigung des § 57c Abs. 2 Nr. 8 in der SaQK (§§ 20, 21) geregelt. Die Fortbildung als PfQK wird auf die **allg. Fortbildungsverpflichtung angerechnet** (§ 4a Abs. 5 Satz 3 BS WP/vBP).

a) Umfang der speziellen Fortbildungsverpflichtung

81 Die Pflicht zur speziellen Fortbildung erfüllt ein PfQK, wenn er an **anerkannten einschlägigen Fortbildungsveranstaltungen** als Hörer teilnimmt o. sie als Dozent leitet (§ 20 Abs. 1 Satz 1 SaQK). Sie wird ebenfalls durch die Tätigkeit als Mitglied der KfQK erfüllt (§ 20 Abs. 1 Satz 5 SaQK).

82 Die Pflicht zur speziellen Fortbildung als PfQK ist erfüllt, wenn nachgewiesen wird, dass **in drei Jahren v. der Auftragsannahme** mind. **24 Unterrichteinheiten à 45 Minuten besucht** wurden (Abs. 3 Satz 1 Nr. 4 i.V.m. § 20 Abs. 1 Satz 2 SaQK). Die Fortbildung soll über die drei Jahre verteilt werden (§ 20 Abs. 1 Satz 3 SaQK). Die Fortbildungsverpflichtung beginnt mit der Registrierung als PfQK. Erfolgte die Teilnahme an einer anerkannten Fortbildungsveranstaltung vor der Registrierung als PfQK, kann diese nicht für die erforderlichen 24 Unterrichtseinheiten angerechnet werden. Auch spezielle Fortbildungsveranstaltungen, die zwar nach der Registrierung als PfQK, aber mehr als drei Jahre v. dem Nachweiszeitpunkt (Auftragsannahme zur Durchführung der QK) besucht wurden, können nicht mehr berücksichtigt werden (§ 21 Abs. 2 Satz 3 SaQK, vgl. WPK-Mag. 2/2010, 35).

b) Nachweis

83 Die Erfüllung der speziellen Fortbildungsverpflichtung ist der WPK **nachzuweisen** (§ 21 Abs. 1 Satz 1 SaQK). Der zum Nachweis ggü. der WPK verpflichtete Personenkreis wird in Abs. 3 Satz 2 Nr. 4 Satz 2 festgelegt. Danach zählen zu diesem Personenkreis nur solche **PfQK, die einen Auftrag zur Durchführung der QK annehmen.** Dies sind zum einen PfQK, die QK im Rahmen ihrer Tätigkeit in eige-

ner Praxis durchführen u. zum anderen PfQK, die QK für eine Berufsgesellschaft verantwortlich i.S.v. Abs. 3 Satz 5 durchführen. Dagegen sind PfQK, die bei Durchführung einer QK nicht verantwortlich tätig werden, nicht zur Nachweisführung ggü. der WPK verpflichtet. Hierbei handelt es sich bspw. um in WPG tätige WP, die als PfQK registriert sind, aber keine Organ- o. Gesellschafterstellung innehaben (vgl. Rn. 78).

84 Der Nachweis ist durch eine Bescheinigung über die Teilnahme an anerkannten Fortbildungsveranstaltungen zu erbringen (§ 21 Abs. 1 Satz 2 SaQK). Die Teilnahmebescheinigungen müssen vom Antragsteller **an die WPK** übersandt werden. Aus den Teilnahmebescheinigungen soll sich der Titel der anerkannten Fortbildungsveranstaltung, der Name des Veranstalters, die Anerkennung der Veranstaltung als Fortbildungsveranstaltung, die v. der WPK vergebene Veranstaltungsnummer, der Gegenstand der Fortbildungsveranstaltung, das Datum der Durchführung der Fortbildungsveranstaltung sowie der Name des Teilnehmers u. die Dauer seiner Teilnahme ergeben. Dozenten sollen den Nachweis durch eine v. Veranstalter ausgestellte **Referentenbescheinigung** erbringen. Sind Veranstalter u. Dozent identisch, ist eine Selbsterklärung ausreichend. Bei Referentenbescheinigungen bzw. Selbsterklärungen soll zusätzl. angegeben werden, wie oft u. in welchem zeitlichen Umfang der Dozent im Rahmen v. anerkannten Fortbildungsveranstaltungen tätig geworden ist.

85 Der Nachweis über die Erfüllung der Fortbildungsverpflichtung muss **spätestens bei Annahme** eines Auftrags zur Durchführung der QK **geführt sein** (Abs. 3 Satz 2 Nr. 4 Satz 2). Entscheidend ist nicht nur der Zeitpunkt des tatsächlichen Besuchs der Fortbildungsveranstaltung (vgl. Rn. 83), sondern auch der **Zeitpunkt des Eingangs des Nachweises bei der WPK**. PfQK müssen demnach sicherstellen, dass die Teilnahmebescheinigungen rechtzeitig bei der WPK eingehen. Werden die Nachweise verspätet übersandt, stellt dies einen Berufsrechtsverstoß dar (WPK-Mag. 2/2010, 35). Für den Zeitpunkt der Nachweisführung ist zu unterscheiden, ob es sich um den erstmaligen Nachweis seit der Registrierung o. den Folgenachweis handelt. Der **erste Nachweis** ist nach Ablauf v. drei Jahren seit der Registrierung als PfQK bei der Annahme des dann ersten Auftrags zur Durchführung einer QK zu führen (§ 21 Abs. 2 Satz 1 SaQK). Wurde ein PfQK z.B. am 1.10.2008 registriert und wird der Auftrag zur Durchführung einer QK erstmals bis zum 1.10.2011 angenommen, bedarf es keines Nachweises. Wird der erste Auftrag jedoch bspw. am 15.9.2012 angenommen, muss die Erfüllung der speziellen Fortbildungsverpflichtung für die Zeit vom 15.9.2009 bis zum 15.9.2012 nachgewiesen werden. Veranstaltungen, die vor dem 15.9.2009 besucht wurden, können nicht mehr berücksichtigt werden. Der nächste Nachweis ist nach Ablauf v. drei Jahren seit dem vorangegangenen Nachweis wiederum spätestens bei der Annahme des dann ersten Auftrags zur Durchführung einer QK zu führen. Das gleiche gilt für die in der Folgezeit zu führenden Nachweise (§ 21 Abs. 2 Satz 2 SaQK).

4. Einschlägige Fortbildungsveranstaltung

86 Eine **einschlägige Fortbildungsveranstaltung** liegt vor, wenn sie von der **WPK** als solche **anerkannt** wurde. Die WPK bestätigt dem Veranstalter einer Fortbildungsveranstaltung auf **Antrag**, dass die Veranstaltung die Voraussetzungen nach § 20 Abs. 1 Satz 4 SaQK erfüllt (§ 20 Abs. 2 Satz 1 SaQK). **Gegenstand** der Fortbildungsveranstaltung ist die Vermittlung der Kenntnis der aktuellen gesetzlich u. fachlichen Anforderungen an den Prüfungsgegenstand des Auftrags sowie der gesetzlich u. satzungsmäßigen Anforderungen an die Auftragsdurchführung (§ 20 Abs. 1 Satz 4 SaQK). Dabei müssen im Wesentlichen die Themenkomplexe des in § 2 Abs. 2 Satz 2 SaQK aufgeführten Kriterienkataloges behandelt werden: „Das System der QK", „Die Anforderungen an den PfQK", „Das QS-System der Wirtschaftsprüferpraxis als Prüfungsgegenstand der QK", „Die Durchführung der QK" u. die „Berichterstattung über die durchgeführte QK". Erforderlich ist stets, dass die Themenbereiche eine **Fokussierung auf den prüferischen Aspekt der Durchführung der QK aufweisen**. Die Fortbildungsinhalte der Veranstaltung sind dementspr. immer aus Sicht des PfQK zu vermitteln. Auch die Referenten der Veranstaltung müssen registrierte PfQK sein (§ 20 Abs. 2 Satz 3 SaQK). Die Fortbildungsveranstaltung kann für die Öffentlichkeit o. auch nur für die Mitarbeiter einer bestimmten Praxis zugänglich sein.

87 Dem **Antrag des Veranstalters** müssen sich die Adressierung an PfQK, der Titel, der Inhalt u. die Dauer der Veranstaltung entnehmen lassen. Der Inhalt der Veranstaltung soll anhand einer Gliederung dargestellt werden, aus der sich die zu vermittelnden Kenntnisse in der QS sowie die auf die einzelnen Themenbereiche entfallenden Unterrichtseinheiten à 45 Minuten ergeben. Es obliegt der Entscheidung des Veranstalters, ob in einer Fortbildungsveranstaltung alle o. nur einzelne Themenbereiche behandelt werden. Schwerpunkte sollte auf die für die Tätigkeit als PfQK unerlässlichen Kenntnisse in der Durchführung der QK u. vor allem auf die Berichterstattung über die durchgeführte QK gelegt werden. Eine Fortbildungsveranstaltung wird grds. nur für ein Jahr anerkannt. Eine Anerkennung über einen längeren Zeitraum hinaus ist möglich, wenn die Konzeption der Veranstaltung auf einen Zeitraum v. mehr als 12 Monaten ausgerichtet u. eine fortlaufende Aktualisierung der Lehrinhalte über diesen Zeitraum gewährleistet ist.

5. Registrierung von WPG/BPG

88 Neben der Voraussetzung einer wirksamen **TB** muss die WPG mind. über einen als **PfQK registrierten WP** verfügen, der VO, GF, phG o. Partner der WPG ist. Dadurch wird sichergestellt, dass in der als PfQK registrierten WPG die persönlichen u. fachlichen Fähigkeiten u. Kenntnisse sowie die notwendige Berufserfahrung vorhanden sind. Für **BPG** gilt dies ebenfalls (vgl. § 130 Abs. 3 Satz 2), wobei VO, GF, phG o. Partner hier ein vBP o. WP sein kann.

89 Bei der Registrierung einer WPG in der Rechtsform der **GmbH & Co. KG** ist ebenfalls Voraussetzung, dass diese über eine TB verfügt u. ein phG als PfQK registriert ist. Persönlich haftender Gesellschafter ist die Komplementär-GmbH, die jedoch i.d.R. nicht operativ tätig werden soll. Wird diese nicht operativ tätig, wird sie nicht

als PfQK registriert werden können, da sie keine TB erlangen kann: Werden keine betriebswirtschaftlichen Prüfungen unter Verwendung des Berufssiegels durchgeführt, wird im Rahmen einer QK keine auftragsbezogene Funktionsprüfung des QS-Systems durchgeführt werden u. eine TB nicht erteilt werden können. Da die Regelung des Abs. 3 Satz 4 sicherstellen soll, dass in der WPG die persönlichen u. fachlichen Fähigkeiten u. Kenntnisse vorhanden sind, ist es für die GmbH & Co. KG ausreichend, wenn diese über eine wirksame TB über die QK verfügt u. ein GF der Komplementär-GmbH persönlich als PfQK registriert ist. Damit ist sichergestellt, dass die persönlichen u. fachlichen Kenntnisse in der GmbH & Co. KG vorhanden sind, die Voraussetzungen für eine ordnungsgem. Durchführung einer QK sind.

6. Durchführung der Qualitätskotrolle durch WPG/BPG

Absatz 3 Satz 5 SaQK stellt klar, dass der für eine WPG **verantwortlich zeichnende WP** als PfQK registriert u. VO, GF, phG o. Partner o. Gesellschafter der WPG sein muss. Eine mittelbare Gesellschafterstellung des verantwortlichen WP ist ausreichend. Wird eine WPG als PfQK vorgeschlagen, muss der verantwortliche WP bereits beim Vorschlag nach Abs. 6 benannt werden. Diese Regelungen sollen sicherstellen, dass eine persönlich u. fachlich geeignete Person der Leitungsebene der als PfQK registrierten WPG die QK leitet u. verantwortlich durchführt. Für BPG gilt dasselbe. Eine BPG darf nur innerhalb ihres Vorbehaltsbereichs, also nur bei einem vBP o. einer anderen BPG eine QK durchführen (§ 130 Abs. 3 Satz 2 Hs. 2; BT-Drs. 14/3649).

90

7. Widerruf der Registrierung

Die Registrierung als PfQK ist zu widerrufen, wenn die **Voraussetzungen für die Registrierung als PfQK entfallen** sind (§ 5 Abs. 1 Satz 1 SaQK). Die Regelung sieht kein Ermessen vor. Die Satzungsregelung ist eine hinreichende Ermächtigung für den im Widerruf der Registrierung liegenden Eingriff in die Berufsausübungsfreiheit. Einer formalgesetzlichen Grundlage bedarf es daher nicht, weil es sich nicht um eine für die Berufsfreiheit wesentlichen einschränkende Regelung handelt (VG Berlin 22.2.2008, WPK-Mag. 2/2008, 41f.).

91

Sie ist zu widerrufen, wenn eine **berufsgerichtliche Maßnahme** rkr. gegen den als PfQK registrierten Berufsangehörigen verhängt worden ist u. die KfQK festgestellt hat, dass die Verurteilung die Eignung als PfQK ausschließt (§ 5 Abs. 1 Satz 2 Nr. 1 SaQK, Gegenstück zur Registrierungsvoraussetzung des Abs. 3 Satz 2 Nr. 3). So schließt bspw. eine berufsgerichtliche Verurteilung wegen massiver Betrugshandlungen eines Berufsangehörigen im Rahmen der Tätigkeit als AP die Eignung als PfQK aus (vgl. VG Berlin 22.2.2008, WPK-Mag. 2/2008, 41f.).

92

Des Weiteren ist die Registrierung als PfQK zu widerrufen, wenn bei einem ausschließl. in eigener Praxis tätigen PfQK **nicht rechtzeitig eine neue TB erteilt** wird o. eine im Rahmen der letzten QK erteilte **TB widerrufen** wird (Wegfall der Registrierungsvoraussetzung des Abs. 3 Satz 3; § 5 Abs. 1 Satz 2 Nr. 2 SaQK).

93

94 Auch im Rahmen eines Tätigkeitswechsels kann es zum Widerruf kommen. Wird ein als PfQK registrierter, angestellter WP zukünftig ausschließl. selbstständig in eigener Praxis tätig, wird für ihn ebenfalls zur Registrierungsvoraussetzung, dass er über eine wirksame TB verfügt. Eine TB über eine QK wird er jedoch so schnell nicht erlangen können. Bevor er eine QK in seiner Praxis durchführen lassen kann, müsste er zunächst betriebswirtschaftliche Prüfungen unter Verwendung des Berufssiegels durchgeführt haben, damit diese für die auftragsbezogene Funktionsprüfung des QS-Systems herangezogen werden können. Liegt ein solcher **Tätigkeitswechsel** vor, ist die Registrierung als PfQK zu widerrufen, da die Voraussetzung für die Registrierung als PfQK nachträglich entfallen ist (§ 5 Abs. 1 Satz 1 SaQK).

95 Der **Widerruf** der Registrierung ist im Fall des **Tätigkeitswechsels** nur **vermeidbar**, wenn neben der Tätigkeit in eigener Praxis eine Tätigkeit „in sonstiger Weise" bestehen bleibt o. aufgenommen wird. Der WP muss demnach neben seiner Tätigkeit in eigener Praxis in einer WP-Einheit (z.B. WPG/BPG) tätig sein. Ist der als PfQK registrierte WP dagegen in anderen Einheiten zulässig tätig (z.B. StBG) liegen die Voraussetzungen für die Registrierung nicht vor.

96 Bei **WPG** hat ein Widerruf der Registrierung zu erfolgen, wenn das einzige als PfQK registrierte VO-Mitglied, GF, pHG o. Partner einer Berufsgesellschaft aus dieser ausscheidet o. wenn die Berufsgesellschaft nicht mehr über eine TB verfügt (§ 5 Abs. 1 Satz 2 Nr. 3 SaQK).

97 Die Registrierung als PfQK ist **akzessorisch zur Bestellung als WP** bzw. zur Anerkennung als WPG, d.h. sie erlischt, wenn die Bestellung bzw. die Anerkennung erlischt (§ 5 Abs. 3 SaQK).

8. Bezeichnung und Außendarstellung

98 Auf die Registrierung als PfQK darf hingewiesen werden (vgl. mit Beispielen § 52 Rn. 37 f.). Die Grundsätze im Hinblick auf die Kundmachung auf die Registrierung als PfQK hat der VO der WPK in einem Hinweis zusammengefasst (WPK-Mag. 2/2005, 22 f., www.wpk.de → Praxishinweise → Kundmachung/Werbung → Kundmachung/System der QK).

IV. Ausschluss eines PfQK von der Durchführung der Qualitätskontrolle (Abs. 4)

99 Absatz 4 regelt die Ausschlussgründe für ein Tätigwerden als PfQK. Der **Unabhängigkeit des PfQK** kommt größte Bedeutung zu, um die Funktionsfähigkeit des Systems der QK zu gewährleisten u. ihre **Akzeptanz in der Öffentlichkeit** zu stärken. Die Bedeutung der unabhängigen Durchführung von Qualitätskontrollen wird auch dadurch deutlich, dass seit der 7. WPO-Novelle 2007– durch die Ergänzung von Abs. 6 Satz 9 – eine TB auch dann nicht erteilt wird, wenn die QK unter Verstoß gegen die Unabhängigkeitsvorschriften durchgeführt wird.

100 Nach Abs. 4 Satz 1 ist ein PfQK von der Durchführung der QK ausgeschlossen, wenn Umstände vorliegen, die die **Besorgnis der Befangenheit** i.S.v. § 49 Alt. 2 begründen. Da die QK eine betriebswirtschaftliche Prüfung mit Siegelführung darstellt, gelten für die Durchführung der QK die allg. Grundsätze. Ein PfQK ist daher über die Regelung des Abs. 4 hinaus auch dann ausgeschlossen, wenn er nicht **unabhängig** i.S.v. § 43 Abs. 1 Satz 1 o. nicht **unparteilich** i.S.v. § 43 Abs. 1 Satz 2 ist.

Mithilfe des unbestimmten Rechtsbegriffes „Besorgnis der Befangenheit" wird sichergestellt, dass sämtliche denkbaren Befangenheitstatbestände zu einem Ausschluss des PfQK führen können. Absatz 4 benennt beispielhaft **kapitalmäßige, finanzielle o. persönliche Bindungen** des PfQK zum Prüfungsobjekt als Umstände, die eine Besorgnis der Befangenheit begründen können. Diese verschiedenen Arten von Bindungen werden in § 6 Abs. 2, 3 und 4 SaQK näher definiert. Hinsichtlich der **persönlichen Bindungen** hat der Satzungsgesetzgeber eine dreijährige „Cooling-off-Phase" als ausreichend angesehen (§ 6 Abs. 4 Satz 1 SaQK). 101

Darüber hinaus kann durch den Verweis in Abs. 4 Satz 1 auf § 49, zweite Alternative, auch auf die Regelungen der Berufssatzung WP/vBP zurückgegriffen werden, in denen das Verbot, seine Unbefangenheit zu gefährden, weiter konkretisiert wird. Daher ist ein Tätigwerden als PfQK nicht möglich, wenn Umstände wie **Eigeninteressen, Selbstprüfung, Interessenvertretung** sowie **persönliche Vertrautheit** aus Sicht eines verständigen Dritten geeignet sind, die Urteilsbildung unsachgemäß zu beeinflussen (siehe dazu § 49, Rn. 25 ff). 102

Die mögliche **Selbstprüfung** wurde auch gesondert in der SaQK geregelt. Danach kommt Besorgnis der Befangenheit insb. in Betracht, wenn der PfQK über eine Prüfungs- u. Beratungstätigkeit hinaus bei der **Einrichtung des QS-Systems der zu prüfenden Praxis mitgewirkt** hat (§ 6 Abs. 5 Satz 1 SaQK). Dies ist auch dann anzunehmen, wenn die zu prüfende Praxis ein v. PfQK herausgegebenes QS-Handbuch unverändert implementiert hat. In beiden Fällen würde der PfQK die Angemessenheit des v. ihm schon so bewerteten, da anderenfalls nicht vorgeschlagenen, Sollsystems der QS in der Praxis prüfen (**Selbstprüfungsverbot**). Der PfQK könnte insoweit erst wieder frei werden, wenn ein Dritter die Einrichtung des QS-Systems geprüft hat. 103

Besorgnis der Befangenheit kann sich auch bei einer **Kooperation** v. zu prüfender Praxis u. PfQK o. einer Mitgliedschaft in demselben **Verbund** o. **Netzwerk** ergeben. Entsprechendes gilt, wenn der PfQK u. die zu prüfende Praxis gemeinsam AP (**Joint Audits**) durchführen o. im letzten Jahr durchgeführt haben u. das anteilige Prüfungshonorar beim PfQK im vergangenen Jahr nicht unwesentlich war (§ 6 Abs. 5 Satz 2 SaQK). Das Prüfungshonorar war insb. dann nicht unwesentlich, wenn das Verhältnis des Umsatzes aus gemeinsamen AP zu dem Gesamtumsatz des PfQK mehr als 10 v.H. beträgt (§ 6 Abs. 5 Satz 3 SaQK). 104

Die KfQK hat u.a. in folgenden Fällen das Vorliegen von Besorgnis der Befangenheit bejaht: 105

- Der PfQK übte seinen Beruf mit einem Berufsangehörigen aus, der 1 ½ Jahre zuvor noch Gesellschafter der zu prüfenden WPG gewesen war. Dies begründete eine persönliche Bindung des PfQK zu der zu prüfenden Praxis (§ 6 Abs. 4 Sätze 1 und 2 SaQK).

- Ein WP schlug eine WPG als PfQK vor, bei der er zwei Jahre zuvor – noch vor seiner Bestellung als WP – als Prüfungsleiter und Steuerberater tätig gewesen war. Dies war geeignet, eine persönliche Vertrautheit des vorgeschlagenen PfQK im Sinne von § 24 Berufssatzung WP/vBP zu begründen, zumal die dreijährige „Cooling-off-Phase" (§ Abs. 4 Satz 1 SaQK) noch nicht abgelaufen war.
- Der PfQK war Aktionär und Mitglied des Aufsichtsrates eines Unternehmens, dessen Jahresabschluss von der WPG geprüft wurde, bei der er als PfQK die QK durchführen sollte. Eine persönliche Vertrautheit des PfQK zu den Mitgliedern der Unternehmensleitung der WPG (§ 24 Berufssatzung WP/vBP) u. mithin Besorgnis der Befangenheit war dadurch gegeben, dass der PfQK als Mitglied des Aufsichtsrates des Unternehmen an der Entscheidung mitgewirkt hatte, die WPG mit der Prüfung des Jahresabschlusses zu beauftragen.
- Wenige Monate vor dem Prüfervorschlag hatte der PfQK von zwei Geschäftsführern der WPG, bei der die QK durchgeführt werden sollte, Gesellschaftsanteile an einer anderen WPG erworben. Eine persönliche Vertrautheit des PfQK zu den Geschäftsführern der zu prüfenden WPG war durch die im Vorfeld der Übernahme der Gesellschaftsanteile erfolgten Übernahmeverhandlungen gegeben.
- Ein PfQK, der neben der Tätigkeit in eigener Praxis noch in einer StBG tätig war, sollte die QK bei einer WPG durchführen, die wiederum die QK bei einem WP durchführen sollte, der Mitgeschäftsführer/-geschäftsführer des PfQK in der StBG war. Die unbefangene Durchführung der Qualitätskontrolle schien dadurch gefährdet, dass die beiden Vorschläge von den Beteiligten in vollem Wissen über die maßgeblichen Umstände eingereicht worden waren.
- Der vorschlagende sowie der als PfQK vorgeschlagene Berufsangehörige hatten über Jahre hinweg demselben Gremium einer Selbstverwaltungskörperschaft angehört. Diese langjährige Tätigkeit, die zudem von einem häufigen Sitzungsturnus gekennzeichnet war, schien vor dem Hintergrund, dass keine Schutzmaßnahmen dargelegt werden konnten, geeignet, die Urteilsbildung des PfQK unsachgemäß zu beeinflussen. In anderen Fällen einer gemeinsamen Gremientätigkeit wurde den Vorschlägen nicht widersprochen, da kein häufiger Sitzungsturnus gegeben war oder die beteiligten Praxen überzeugend darlegten, dass keine persönliche Vertrautheit gegeben war.

106 Nach Abs. 4 Satz 2 ist ein PfQK auch bei einer **wechselseitigen Prüfung** ausgeschlossen. Eine wechselseitige Prüfung liegt vor, wenn sich Praxen gegenseitig mit der Durchführung der QK beauftragen (§ 6 Abs. 6 Satz 1 SaQK). Dies ist auch der Fall, wenn sich mehr als zwei Praxen im Ring mit der QK beauftragen (**Ringprüfung**), es sei denn, dass auch aus Sicht eines objektiven Dritten keine Besorgnis der Befangenheit besteht (§ 6 Abs. 6 Satz 2 SaQK). Soll z.B. A die QK bei B durchführen u. hat B die QK bei C u. C die QK bei A durchgeführt, läge bei Durchführung der QK durch A bei B ein Ring vor; treten aber keine weiteren Umstände hinzu, könnte das Vorliegen einer Besorgnis der Befangenheit verneint werden.

Ist der vorgeschlagene PfQK v. der Durchführung der QK ausgeschlossen, hat die KfQK einen entsprechenden **Vorschlag zur Beauftragung dieses Prüfers abzulehnen** (§ 8a Abs. 2 SaQK, Rn. 132 ff.). Tritt ein Ausschlussgrund nachträglich ein, kann der PfQK zur Kündigung der QK nach Abs. 7 berechtigt sein (Rn. 144 ff.). Wird die QK v. einem ausgeschlossenen PfQK durchgeführt, wird der zu prüfenden Praxis keine TB erteilt (Abs. 6 Satz 9, siehe hierzu Rn. 163). 107

V. Qualitätskontrollbericht (Abs. 5)

1. Bedeutung und Aufgabe des Qualitätskontrollberichts

Der **QK-Bericht** ist für das System der QK von **zentraler Bedeutung** (VG Berlin 21.01.2010, WPK-Magazin 2/2010, 55ff, http://www.wpk.de/pdf/WPK_Magazin_2-2010_Rechtsprechung_05.pdf, S. 8ff). Nachdem zunächst bei Einführung des Verfahrens ausschließlich die geprüfte Praxis als Empfänger des QK-Berichts genannt wurde, wurde mit der 6. WPO-Novelle 2005 **auch die KfQK als Empfänger des QK-Berichtes** genannt. Die Ergänzung war erforderlich geworden, um zu verdeutlichen, dass der QK-Bericht nicht nur die geprüfte Praxis, sondern auch und gerade die KfQK, die nicht an der QK teilnimmt, über die QK und deren Ergebnisse zu informieren. Die KfQK hat über die Erteilung und den Widerruf der TB sowie Maßnahmen zur Beseitigung festgestellter Mängel zu entscheiden. Einzige Erkenntnisquelle ist dabei der QK-Bericht. Er muss die Informationen zur Verfügung stellen, die die KfQK in Lage versetzen, ihren gesetzlichen Aufgaben nachkommen zu können. Dabei muss er die Informationen liefern, die erforderlich sind, um ggf. in letzter Konsequenz die Entscheidungen der KfQK gerichtsfest auch im Falle eines Verwaltungsrechtsstreits durchsetzen zu können. 108

Die Tatsache, dass nach der Vorgabe des Gesetzgebers der QK-Bericht die einzige Erkenntnisquelle der KfQK darstellen soll, hat auch unmittelbar Auswirkungen auf den Umfang der Pflicht der KfQK zur Sachverhaltsaufklärung (**Untersuchungsgrundsatz**, § 24 VwVfG). Der QK-Bericht hat die für ein Verwaltungshandeln erforderlichen Grundlagen zu liefern. Die KfQK hat grds. kein Verwaltungsverfahren zur umfassenden Sachverhaltsaufklärung zu betreiben (VG Berlin 21.1.2010 a.a.O., S. 10). Die Befugnis nach § 10 Abs. 1 Satz 5 SaQK Prüfungsunterlagen anzufordern o. den PfQK bzw. die geprüfte Praxis zur Anhörung laden zu können, soll ersichtlich nur die Ausnahme darstellen. nur dazu dienen, Unklarheiten o. Unvollständigkeiten des QK-Berichts aufzuklären. Ein mangelhafter QK-Bericht soll dadurch nicht ersetzt werden (VG Berlin 21.1.2010 a.a.O.). 109

Die Bedeutung des QK-Berichtes wird auch daran erkennbar, dass allein berechtigte Zweifel an einer nicht ordnungsgemäßen Berichterstattung des PfQK sogar den Widerruf der TB rechtfertigen (VG Berlin 21.1.2010 a.a.O., S. 11f.). Dieser Widerruf der TB ist unabhängig davon, ob das QS-System der betroffenen Praxis ordnungsgemäß ist o. nicht. Dies zeigt die herausgehobene Bedeutung des QK-Berichts. Hier liegt im Ernstfall ein erhebliches Streitpotential zwischen geprüfter Praxis und PfQK. Einer ordnungsgemäßen Berichterstattung wird im Berufsstand mitunter nicht die erforderliche Aufmerksamkeit geschenkt. Um den PfQK eine 110 konkrete Hilfestellung zur Berichterstattung an die Hand zu geben u. dieses Streitpotential zu verringern, hat die KfQK bereits in 2007 einen einschlägigen Hinweis zur Berichterstattung erlassen (www.wpk.de/pdf/Hinweis_der_KfQK--Berichterstattung_Qualitaetskontrolle.pdf). Bei Beachtung dieses Hinweises, der immer wieder weiterentwickelt wurde, sollten die Anforderungen an die Berichterstattung klar sein u. Rückfragen der KfQK sowie Streitigkeiten mit der geprüften Praxen aufgrund einer nicht ordnungsgemäßen Berichterstattung vermieden werden können.

111 Nach § 18 Abs. 1 Satz 1 SaQK ist die Berichterstattung durch den PfQK so auszugestalten, dass die KfQK das Urteil des PfQK über die Angemessenheit u. Wirksamkeit des QS-Systems der geprüften Praxis u. die Durchführung der QK sowie die Ableitung des Prüfungsurteils in angemessener Zeit nachvollziehen kann. Vermittelt der QK-Bericht nicht den für die Urteilsfindung der KfQK erforderlichen Einblick, kann sie über die Berichterstattung hinaus zur Gewinnung der für ihre Urteilsbildung erforderlichen Informationen v. dem PfQK o. der geprüften Praxis weitergehende Aufklärungen u. Nachweise verlangen (§ 10 Abs. 1 Satz 5 SaQK). Erfüllt ein QK-Bericht nicht das Informationsbedürfnis der KfQK, liegt eine Verletzung der **Grundsätze ordnungsmäßiger Berichterstattung über eine QK** vor. Sollten zur Ermittlung des Sachverhaltes auch Stellungnahmen des PfQK o. der geprüften Praxis nicht ausreichen, kann die KfQK in diesem Fall ggf. eine Sonderprüfung durch einen anderen PfQK anordnen. Liegt ein schwerwiegender Verstoß vor, kann die KfQK als am schwersten wiegende Maßnahme eine bereits erteilte TB widerrufen (vgl. § 57e Abs. 2 Satz 6).

112 Die **Beurteilung des Prüfungsergebnisses** der QK beinhaltet nach Abs. 2 Satz 1 die Feststellung, ob die Regelungen zur QS nach Maßgabe der gesetzl. Vorschriften u. der BS WP/vBP insgesamt u. bei der Durchführung v. Prüfungsaufträgen nach § 2 Abs. 1, bei denen das Berufssiegel geführt wird, eingehalten werden.

2. Allgemeine Berichtsgrundsätze

113 Der QK-Bericht ist nach den gesetzlich u. fachlichen Regeln eindeutig u. klar zu erstellen (§ 18 Abs. 1 Satz 2 SaQK). Die **gesetzl. Regeln** ergeben sich aus den Vorschriften der WPO, der BS WP/vBP u. der SaQK. **Fachliche Regeln** sind der „Hinweis der KfQK zur Berichterstattung über eine Qualitätskontrolle" (s.o., Stand: 12. März 2013) u. IDW PS 140. Der Grundsatz der **eindeutigen u. klaren Berichterstattung** erfordert, dass sich die Ausführungen im QK-Bericht präzise am konkreten Gegenstand der QK orientieren u. dass die Prüfungsfeststellungen u. Empfehlungen sowie das Prüfungsergebnis verständlich u. eindeutig sowie problemorientiert zu formulieren sind. Werden diese Berufspflichten für eine ordnungsgemäße Berichterstattung vom PfQK nicht beachtet, versucht die KfQK durch Rückfragen bei dem PfQK diese Mängel in der Berichterstattung zu beheben, damit sie in dem zuvor genannten Sinne entscheidungsfähig wird. Insbesondere eine nicht eindeutige u. klare Berichterstattung verursacht für die KfQK und den PfQK vermeidbare Mehrarbeit und geht im Zweifel zulasten der geprüften Praxis.

3. Inhalt und Gliederung des Qualitätskontrollberichts

a) Gesetzlicher Mindestinhalt

Mit Einführung des Systems der QK durch die 4. WPO-Novelle 2001 wurde als Mindestinhalt des QK-Berichtes die **Beschreibung v. Gegenstand, Art u. Umfang der durchgeführten QK** geregelt. Der frühere Qualitätskontrollbeirat (jetzt APAK) hatte schon in seinen Jahresberichten 2002 u. 2003 Hinweise für eine Erweiterung der Berichterstattung im Interesse des Informationsbedürfnisses der KfQK gegeben. Mit Inkrafttreten der 6. WPO-Novelle 2005 wurden für den QK-Bericht die **Nennung der KfQK u. der geprüften Praxis** als Adressaten des QK-Berichts, eine **nach Prüfungsart gegliederte Angabe der Stundenzahl** u. zur **Zusammensetzung u. Qualifikation des Prüfungsteams** als weitere Mindestinhalte in Abs. 5 Satz 2 aufgenommen, die durch die SaQK konkretisiert werden können. Mit der Aufnahme gesetzl. Mindestinhalte wurde stärker als bisher dem Informationsbedürfnis Rechnung getragen, dass die KfQK als fachkundiger Dritter in die Lage versetzt wird, das Urteil des PfQK über die Angemessenheit u. Wirksamkeit des QS-Systems, das Vorgehen des PfQK bei der Durchführung der QK, seine Prüfungsfeststellungen und deren Würdigung u. Empfehlungen sowie die Ableitung des Prüfungsurteils in angemessener Zeit nachzuvollziehen.

Nach Absatz 5 Satz 2 kann die WPK zum Inhalt u. zur Vereinheitlichung des Aufbaus des QK-Berichts über die Mindestinhalte hinaus **weitere Bestimmungen in der SaQK** treffen. Die Aufnahme dieser Regelung erfolgte zur Klarstellung, dass die WPK als „Hüterin des Verfahrens der QK" die abschließende Kompetenz zur Regelung des QK-Berichts hat. Mit Aufnahme der klarstellenden Kompetenzregelung wurde auch einer entspr. Forderung des Qualitätskontrollbeirates in seinem Bericht für das Jahr 2002 zur Weiterentwicklung des Systems der QK nachgekommen. Neben den Mindestinhalten nach Satz 2 formuliert § 18 Abs. 1 Satz 3 SaQK weitere Pflichtangaben. Danach sind v. PfQK zusätzl. **allg. Angaben zur geprüften Praxis u. zu konkreten Prüfungsfeststellungen einschließl. deren Beurteilung sowie Empfehlungen zur Beseitigung wesentlicher Systemmängel** aufzunehmen.

b) Gliederungsempfehlung nach § 18 Abs. 2 SaQK

§ 18 Abs. 2 Satz 2 SaQK enthält eine **Gliederungsempfehlung für den QK-Bericht**. Danach soll der QK-Bericht folgende Punkte enthalten:

1. Adressat des QK-Berichts
2. Auftrag u. Prüfungsgegenstand
3. Angaben zur WP-Praxis (Entwicklung der WP-Praxis, Überblick über die Struktur der Siegelaufträge, übrige Tätigkeitsfelder, pers. Ressourcen, rechtl. Grundlagen u. Zusammenarbeit mit anderen WP-Praxen)
4. Beschreibung des QS-Systems
   (4.1. Allg. Regelungen zur Steuerung und Überwachung der Qualität in der WP-Praxis

4.2. Regelungen zur Auftragsabwicklung bei betriebswirtschaftlichen Prüfungen
4.3. Nachschau)
5. Art u. Umfang der QK
6. Maßnahmen aufgrund der in der vorangegangenen QK festgestellten Mängel
7. Würdigung der Prüfungsfeststellungen
8. Empfehlungen zur Beseitigung festgestellter wesentlicher Mängel
9. Prüfungsurteil

117 Die nach Nr. 3 notwendigen **Angaben zur geprüften Praxis** sollen der KfQK einen Eindruck vermitteln, mit welchen „Organismus" der geprüften Praxis sie in dem konkreten Fall konfrontiert wird. Diese Kenntnis ist erforderlich, um die KfQK bei ihren Entscheidungen sachgerecht in die Lage zu versetzen, das ihr eingeräumte Ermessen zutreffend ausüben zu können. Nicht nur in diese Richtung geht auch die erforderliche **Beschreibung des QS-Systems** (Nr. 4). Vielmehr soll dadurch auch die konkrete Regelung des QS-Systems der geprüften Praxis erkennbar werden. Die Ausführungen des PfQK zu **Art und Umfang der QK** (Nr. 5) sind insb. vor dem Hintergrund der Glaubwürdigkeit des QK-Verfahrens (ein WP prüft einen anderen WP) von zentraler Bedeutung. Hier hat der PfQK sein Vorgehen bei der Planung, Entwicklung einer Prüfungsstrategie und Durchführung der QK konkret zu beschreiben. Die KfQK soll anhand dieser Ausführungen nachvollziehen können, ob der PfQK die QK ordnungsgemäß durchgeführt hat. Unter diesem Gliederungspunkt sollen die wesentlichen Ausführungen zur ordnungsgemäßen Durchführung der QK dargestellt werden (Zeitaufwand des PfQK, Honorar, Prüfungsplanung und -strategie, Grundgesamtheit und Auftragsstichprobe). Der PfQK hat nach Nr. 6 über **Maßnahmen zur Beseitigung von in der letzten QK festgestellten Mängeln** zu berichten. Die KfQK kann daran erkennen, ob die Mängel beseitigt wurden oder nicht. Dies ist für den Fall von erheblicher Bedeutung, dass der PfQK der Folge-QK erneut wieder, möglicherweise sogar dieselben, Mängel feststellt. Diese Erkenntnis wird die KfQK bei der Entscheidung über die Anordnung von Maßnahmen zur Beseitigung der Mängel berücksichtigen.

118 Von besonderer Bedeutung ist die **Berichterstattung über die Würdigung der Prüfungsfeststellungen als Mängel** (Nr. 7). Der PfQK hat seine **Feststellungen eindeutig u. klar** zu formulieren. Diesen Grundsätzen entsprechen nicht relativierende Ausführungen. Dies gilt ebenso für die Würdigung der Feststellung als Mangel. Die Darlegung, dass bspw. grds. die Regelungen des QS-Systems zur Auftragsannahme angemessen sind, zeigt nur, dass ein Mangel besteht, der vom PfQK jedoch nicht konkret benannt wird. Ist aufgrund der Beschreibung der Feststellung nicht erkennbar, worin der Mangel besteht, wird die KfQK den PfQK entsprechend befragen. Die Würdigung als Mangel muss eindeutig sein. Insbesondere muss der PfQK für jeden einzelnen Mangel erklären, ob es sich um einen Mangel der Angemessenheit o. der Wirksamkeit handelt, damit die KfQK in der Lage ist, zutreffende Schlüsse aus den Ausführungen des PfQK ziehen zu können. Sollen aufgrund der Ausführungen des PfQK Maßnahmen beschlossen werden, ist dies sogar Voraussetzung für die Rechtmäßigkeit der Maßnahme. Die PfQK haben ihre Würdigung auch nicht, auch wenn dies natürlich ggü. der geprüften Praxis angenehmer ist, in Form einer Empfehlung auszusprechen.

Empfehlungen zur Beseitigung festgestellter wesentlicher Mängel (Nr. 8) sind nach WPO und SaQK nur bei wesentlichen Mängeln auszusprechen. Eine konkrete Handlungsempfehlung des PfQK ist jedoch auch bei Mängeln, die nicht wesentlich sind, zu begrüßen. Dies erleichtert der KfQK, zielgenauer über die konkrete Maßnahme zu entscheiden. 119

4. Erklärung des PfQK

Der PfQK hat nach Abschluss der QK ein **Prüfungsurteil** (Nr. 9) abzugeben. Die Erklärung bezieht sich auf die **Ordnungsmäßigkeit** des in der geprüften Praxis angewendeten **QS-Systems**. Das Prüfungsurteil kann uneingeschränkt o. eingeschränkt erteilt o. versagt werden. Das Prüfungsurteil ist in Abs. 5 Satz 3 vorgegeben. Es ist nicht in Anführungszeichen zu setzen, da es nicht zitiert, sondern an dieser Stelle abgegeben wird. 120

5. Unterzeichnung des QK-Berichtes

Der QK-Bericht ist v. PfQK unter Angabe v. Ort u. Datum zu **unterzeichnen** u. mit dem Berufssiegel zu versehen. Wurde einer Berufsgesellschaft der Auftrag zur Durchführung einer QK erteilt, ist der QK-Bericht v. dem verantwortlichen WP i.S.v. Abs. 3 Satz 5 zu unterzeichnen. Die Mitunterzeichnung durch einen weiteren Berufsangehörigen ist möglich. 121

6. Einschränkung und Versagung des Prüfungsurteils

Wurde das Prüfungsurteil eingeschränkt o. versagt, soll der WPK v. der geprüften Praxis im zeitlichen Zusammenhang mit dem QK-Bericht eine Stellungnahme übersandt werden (§ 10 Abs. 1 Satz 3 SaQK). Die geprüfte Praxis erhält dadurch die Gelegenheit, der KfQK bereits nach der QK eingeleitete Maßnahmen zur Beseitigung der festgestellten Mängel darzulegen o. eine ggf. v. der Würdigung des PfQK abweichende Auffassung darzustellen. Ihr wird damit bereits in diesem Stadium die Möglichkeit eröffnet, ihre Sicht der Dinge darzulegen. 122

7. Berichterstattung über eine Sonderprüfung gem. § 57e Abs. 2 Satz 1

Für den Sonderprüfungsbericht regelt § 17 Abs. 3 Satz 7 SaQK, dass der PfQK nach Abschluss der Sonderprüfung eine Ausfertigung unverzüglich der WPK zuzuleiten hat. Das Gesetz enthält **keine Vorschriften über Mindestangaben** des Sonderprüfungsberichts u. **keine Gliederungsempfehlung**. 123

VI. Beauftragung des PfQK (Abs. 6 Sätze 1 bis 6 und Abs. 7)

1. Allgemeines

Das **Vorschlagsverfahren zur Beauftragung eines PfQK** dient einer **transparenten u. unabhängigen Auswahl v. PfQK**. Die zu prüfende Praxis hat **bis zu drei Vorschläge für mögliche PfQK** bei der WPK **einzureichen**, denen die KfQK unter Angabe v. Gründen in angemessener Frist widersprechen kann. Durch das Einreichen v. mehr als nur einem Vorschlag kann sie verhindern, dass sich die Durchfüh- 124 rung der QK im Fall der Ablehnung eines der eingereichten Vorschläge zeitlich verzögert. Wird nur ein Vorschlag eingereicht, trägt die Praxis somit das Risiko einer verspäteten Durchführung der QK; eine Ausnahmegenehmigung kann in einem solchen Fall regelmäßig nicht erteilt werden (siehe dazu Rn. 38). Von der Möglichkeit, mehr als einen PfQK vorzuschlagen, machen die Praxen aber nur vereinzelt Gebrauch (ca. 1 %). Das der Durchführung der QK vorgeschaltete Vorschlagsverfahren belastet die vorschlagenden Praxen nicht nur, sondern liegt auch in ihrem Interesse, da Ablehnungen von PfQK bereits zu einem Zeitpunkt erfolgen können, in dem noch keinerlei Aufwand entstanden ist.

2. Einreichen von Vorschlägen

125 Die zu prüfende Praxis **hat einen Vorschlag einzureichen,** wenn sie eine QK nach Abs. 1 Satz 1 durchführen lassen möchte. Auch bei Anordnung einer **Sonderprüfung** nach § 57e Abs. 2 Satz 1 müssen Vorschläge eingereicht werden (§ 17 Abs. 3 Satz 2 SaQK). Dies gilt allerdings nicht, wenn der Prüfer, der bereits die QK durchgeführt hat, auch die Sonderprüfung durchführen soll (§§ 17 Abs. 3 Satz 5, 22 Abs. 4 SaQK).

126 Aus einem Vorschlag muss sich der **PfQK** u., wenn es sich hierbei um eine Berufsgesellschaft handelt, der für die Durchführung der QK **verantwortliche Berufsangehörige** nach Abs. 3 Satz 5 ergeben (§ 8a Abs. 1 Satz 2 Nr. 1 u. 2 SaQK). Der Vorschlag ist um eine **Unabhängigkeitsbestätigung des vorgeschlagenen PfQK** nach Maßgabe der Anlage zur SaQK zu ergänzen (Abs. 6 Satz 2, §§ 8a Abs. 1 Satz 2 Nr. 3, 19 SaQK). Der PfQK hat darin seine Unabhängigkeit, Unbefangenheit u. Unparteilichkeit zu erklären. Führen die zu prüfende Praxis u. der vorgeschlagene Prüfer gemeinsam AP durch o. haben sie im vergangenen Jahr gemeinsam AP durchgeführt (**Joint Audits**), ist in der Unabhängigkeitsbestätigung in Prozenten anzugeben, in welchem Verhältnis das jeweilige anteilige Honorar aus den gemeinsamen AP zu dem Gesamtumsatz des PfQK im vergangenen Jahr steht (§ 19 Abs. 2 SaQK). Joint Audits schließen den PfQK v. der Durchführung der QK nur dann aus, wenn das anteilige Prüfungshonorar beim PfQK im vergangenen Jahr nicht unwesentlich war (§ 6 Abs. 5 Satz 2 SaQK, Rn. 104).

127 Ist eine Berufsgesellschaft als PfQK vorgeschlagen worden, kann der für die Durchführung der QK benannte verantwortliche Berufsangehörige ausgetauscht werden. Der **neu benannte verantwortliche Berufsangehörige** muss jedoch eine eigene Unabhängigkeitsbestätigung abgeben und die nach Abs. 3 Satz 5 geforderte gehobene Position (Organ oder Gesellschafter der Berufsgesellschaft) innehaben.

128 Wird die QK **ohne Einreichen v. Vorschlägen** durchgeführt, ist eine transparente u. unabhängige Prüferauswahl nicht gewährleistet. Eine TB wird in solchen Fällen nach Abs. 6 Satz 9 i.V.m. § 11 Abs. 1 Satz 1 SaQK nicht erteilt, da die WPK nicht in die Lage versetzt wurde, das Vorliegen von Ausschlussgründen gem. Abs. 4 (Besorgnis der Befangenheit) zu überprüfen.

3. Widerspruchsrecht der KfQK

Die KfQK kann v. den Vorschlägen einzelne o. alle unter Angabe der Gründe in angemessener Frist ablehnen (**Widerspruchsrecht**, Abs. 6 Satz 3 Hs. 1). Die **Absicht, einen Vorschlag abzulehnen**, hat die KfQK der zu prüfenden Praxis innerhalb v. vier Wochen seit Einreichung der Vorschläge mitzuteilen (Abs. 6 Satz 3 Hs. 2). Die Vier-Wochen-Frist beginnt mit der Vorlage der vollständigen Vorschläge, d.h. mit dem Eingang aller erforderlichen Angaben nebst Unabhängigkeitsbestätigung (Rn. 126) bei der WPK (§ 8a Abs. 4 Satz 2 SaQK). Erhält die zu prüfende Praxis innerhalb der vier Wochen **keine Mitteilung, gelten die Vorschläge als anerkannt** (Abs. 6 Satz 3 Hs. 2). Bei dem Schweigen der KfQK handelt es sich somit um einen VA im Sinne von § 35 Satz 1 VwVfG (Kopp/Ramsauer, VwVfG, § 35 Rn. 62). Diese Regelung dient der Verwaltungsvereinfachung. Sobald die KfQK der zu prüfenden Praxis ihre Absicht mitteilt, den Vorschlag abzulehnen (Anhörung zum Widerspruch), muss hingegen eine Entscheidung der KfQK in der Sache durch einen (begünstigenden oder belastenden) Bescheid ergehen. Ist der Sachverhalt noch aufzuklären u. werden Rückfragen an die beteiligten Praxen notwendig, ist die Vier-Wochen-Frist außer Kraft gesetzt. **129**

Hat die zu prüfende Praxis einem PfQK den Auftrag zur Durchführung der QK erteilt, bevor die KfQK über den Vorschlag dieses PfQK entschieden hat, geht die Gefahr der Ablehnung des PfQK zu Lasten der zu prüfenden Praxis. Vorschläge sollen deshalb **wenigstens vier Wochen vor Beauftragung** des PfQK bei der WPK **eingehen** (§ 8a Abs. 1 Satz 3 SaQK). **130**

Vorschläge sind abzulehnen, wenn **Ausschlussgründe** nach Abs. 4 bestehen (§ 8a Abs. 2 SaQK). Ausschlussgründe nach Abs. 4 liegen bei Besorgnis der Befangenheit, fehlender Unabhängigkeit o. Unparteilichkeit sowie bei wechselseitigen Prüfungen vor (s.o. Rn. 99 ff.). Der KfQK steht in diesen Fällen bei der Entscheidung über einen Vorschlag kein Ermessen zu. Liegt ein Ausschlussgrund vor, hat sie den Vorschlag abzulehnen. Dies dient der unabhängigen Durchführung der QK u. damit auch der Stärkung der Glaubwürdigkeit des Systems der QK. **131**

Die KfQK **kann Vorschläge ablehnen**, wenn konkrete Anhaltspunkte dafür vorliegen, dass die ordnungsgemäße Durchführung der QK, einschließl. der Berichterstattung, nicht gewährleistet ist (§ 8a Abs. 3 SaQK). Konkrete **Anhaltspunkte für eine nicht ordnungsgemäße Durchführung der QK** können sich daraus ergeben, dass der vorgeschlagene PfQK frühere QK unter Verstoß gegen die Grundsätze für eine ordnungsgemäße Prüfung u. Berichterstattung durchgeführt hat. Sie können sich auch aus der Qualität der Beantwortung v. Rückfragen der KfQK an den PfQK zu früheren QK ergeben. Im Rahmen der Ausübung des ihr eingeräumtes Ermessens hat die KfQK bei ihrer Entscheidung über eine Ablehnung des Vorschlages – als Ausfluss ihrer Fürsorgepflicht gegenüber den beteiligten Praxen – insb. auch die **Interessen der vorschlagenden Praxis** zu berücksichtigen. Dieser wird daran gelegen sein, dass es im Nachgang zur QK – aufgrund von vom PfQK zu vertretenden Mängeln in der Durchführung o. Berichterstattung – für sie nicht zu nachteiligen Folgen kommt. Je gravierender die möglichen Konsequenzen für die vorschlagende **132**

Praxis sein könnten (bspw. die Anordnung einer Sonderprüfung o. der Widerruf der TB aufgrund einer nicht ordnungsgemäßen Prüfung u. Berichterstattung), desto mehr wird die KfQK ihr Ermessen dahingehend ausüben, dass der Vorschlag abgelehnt wird.

133 Die **Ablehnung eines vorgeschlagenen PfQK** stellt einen belastenden VA dar. Sie berührt sowohl die zu prüfende Praxis als auch den PfQK in eigenen Rechten. Beide sind deshalb vor einer möglichen Ablehnung als Beteiligte nach §§ 13, 28 Abs. 1 VwVfG **anzuhören**. Da die Ablehnung immer auf Gründen beruht, die in der Person des PfQK liegen, besteht bei der Anhörung zur Ablehnung eines PfQK die Besonderheit, dass die in der Person des PfQK liegenden Gründe der zu prüfenden Praxis mitzuteilen sind. Dies sollte bei einer möglichen Besorgnis der Befangenheit des PfQK unproblematisch möglich sein, da hierbei lediglich Tatsachen offengelegt werden, die beiden Beteiligten bekannt sind u. deren Mitteilung gegenüber dem möglichen Auftraggeber nicht etwaigen schützenswerten Interessen des vorgeschlagenen PfQK zuwiderlaufen. Anders verhält es sich bei einer beabsichtigten Ablehnung eines Vorschlags wegen konkreter Anhaltspunkte für eine nicht ordnungsgemäße Durchführung der QK. Hier werden fachliche Mängel des PfQK aufgezeigt, die die vorschlagende Praxis regelmäßig nicht kennen dürfte. Der vorgeschlagene Prüfer dürfte somit regelmäßig ein schützenswertes Interesse daran haben, dass diese fachlichen Mängel dem möglichen Auftraggeber nicht mitgeteilt werden. Der PfQK muss jedoch mit einer Überprüfung durch die KfQK nach § 8a Abs. 2 und 3 SaQK rechnen, wenn er vorgeschlagen wird. Der vorgeschlagene PfQK kann sich deshalb nicht darauf berufen, dass sich aus der Fürsorgepflicht der WPK ein Mitteilungsverbot ggü. der zu prüfenden Praxis ergibt. Die Interessen des PfQK können in solchen Fällen durch den Hinweis in dem Anhörungsschreiben an die vorschlagende Praxis berücksichtigt werden, dass aufgrund des Vorliegens konkreter Anhaltspunkte für eine nicht ordnungsgemäße Durchführung der QK die Absicht besteht, den Prüfervorschlag abzulehnen. Kann der vorgeschlagene PfQK die gegen ihn bestehenden Bedenken nicht ausräumen, müssen die Gründe für die Ablehnung nicht nur im Ablehnungsbescheid an den vorgeschlagenen PfQK, sondern auch in dem Bescheid an die vorschlagende Praxis aufgenommen werden, da dieser ansonsten nicht dem Bestimmtheitserfordernis gem. § 39 Abs. 1 Satz 2 VwVfG entsprechen würde.

134 Werden **alle Vorschläge abgelehnt**, kann die zu prüfende Praxis bis zu drei neue Vorschläge einreichen (Abs. 6 Satz 4).

135 **Treten nach** bereits erfolgtem **Vorschlagsverfahren,** aber vor Durchführung der QK Tatsachen **nachträglich** ein, die in der Person des PfQK **Ausschlussgründe** nach Abs. 4 begründen (§ 8a Abs. 2 SaQK) o. die konkrete Anhaltspunkte für eine nicht ordnungsgemäße Durchführung der QK geben (§ 8a Abs. 3 SaQK), kann die fingierte Anerkennung des Vorschlages gem. § 49 Abs. 2 Satz 1 Nr. 3 VwVfG jedoch wieder rückgängig gemacht werden. Danach kann ein rechtmäßiger begünstigender Verwaltungsakt widerrufen werden, wenn die Behörde auf Grund nachträglich eingetretener Tatsachen berechtigt wäre, den Verwaltungsakt nicht zu erlassen

u. wenn ohne den Widerruf das öffentl. Interesse gefährdet würde. Das der KfQK eingeräumte Ermessen wird im Falle der Besorgnis der Befangenheit dahingehend reduziert sein, dass der Widerruf aufgrund der Rechtsfolge in § 8a Abs. 2 SaQK zwingend erfolgen muss. Die Gefährdung des öffentl. Interesses ist dadurch gegeben, dass bei einem fehlenden Widerruf die Glaubwürdigkeit des Systems der QK in Frage gestellt werden würde.

Liegen bei Anerkennung des Vorschlages Tatsachen vor, von denen bei Entscheidung der KfQK über den Vorschlag keine Kenntnis bestand, ist die fingierte Anerkennung, da die KfQK bei ihrer Entscheidung von unzutreffenden Tatsachen ausging, rechtswidrig u. kann nach § 48 Abs. 1 Satz 2 VwVfG zurückgenommen werden. Auch hierbei gilt, dass in den Fällen des Vorliegens einer Besorgnis der Befangenheit eine Rücknahme zwingend erfolgen muss. 136

Das oben Gesagte gilt auch für den Fall, dass eine Berufsgesellschaft als PfQK vorgeschlagen wurde u. der **verantwortliche Berufsträger nach bereits erfolgtem Vorschlagsverfahren** ausgetauscht werden soll. Auch hier muss sichergestellt werden, dass der neu benannten Berufsträger unbefangen ist u. er die ordnungsgemäße Durchführung der QK gewährleistet. 137

4. Beauftragung des PfQK

Der PfQK wird **v. der zu prüfenden Praxis eigenverantwortlich beauftragt** (Abs. 6 Satz 5). Bei Annahme des Prüfungsauftrags ist der PfQK verpflichtet, die QK nach berufsüblichen Grundsätzen durchzuführen u. über die Angemessenheit u. Wirksamkeit des QS-Systems der zu prüfenden Praxis zu berichten. Da die TB erst dann erteilt werden kann, wenn der Bericht bei der WPK eingegangen ist (Abs. 6 Satz 7), steht die Pflicht zur Erstellung des Berichts in zivilrechtlicher Hinsicht im Vordergrund. Hierbei handelt es sich um einen fest umrissenen Leistungsgegenstand u. nicht um eine allg., laufende Tätigkeit, so dass v. einem **Werkvertrag** nach § 631 BGB auszugehen ist (vgl. BGH 1.2.2000, NJW 2000, 1107). 138

Die zu prüfende Praxis hat die Erteilung des Auftrags unter Nennung des PfQK, des ggf. für die Durchführung der QK verantwortlichen Berufsangehörigen nach Abs. 3 Satz 5, des voraussichtlichen **Beginns der QK** u. des Prüfungszeitraums **der WPK unverzüglich schriftlich mitzuteilen** (§ 9 Satz 1 u. 2 SaQK). Das gleiche gilt, wenn sich nachträglich Änderungen ergeben (§ 9 Satz 3 Alt. 2 SaQK). Die Mitteilung nach § 9 SaQK kann nicht durch die Mitteilung des Termins der Abschlussbesprechung ersetzt werden. 139

Die WPK ist in die vertraglichen Rechtsbeziehungen nicht einbezogen. Adressat der KfQK im QK-Verfahren ist allein die zu prüfende Praxis. Ausnahmen bestehen insoweit, als die KfQK befugt ist, im Rahmen der Auswertung eines QK-Berichts weitere Auskünfte v. PfQK einzuholen, v. ihm Unterlagen anzufordern o. ihn zur Anhörung zu laden (§ 10 Abs. 1 Satz 5, Abs. 2 Satz 1 SaQK). Die Mitwirkung des PfQK kann aber v. der KfQK nicht mit Zwangsmitteln erzwungen werden. Auch Maßnahmen der KfQK nach § 57e richten sich immer nur an die zu prüfende Praxis (§ 17 Abs. 6 Satz 1 SaQK). Dies gilt selbst dann, wenn der PfQK gegen die 140

§§ 57a-57d verstoßen hat (§ 17 Abs. 6 Satz 2 SaQK). In diesem Fall hat die zu prüfende Praxis darauf hinzuwirken, dass der PfQK den Verstoß behebt (§ 17 Abs. 6 Satz 3 SaQK). Mögliche Druckmittel der Praxis gegen den PfQK sind die Androhung von Schadenersatzansprüchen sowie das ihr im Hinblick auf das Prüfungshonorar zustehende zivilrechtliche Zurückbehaltungsrecht (§ 273 BGB). Behebt der PfQK den Verstoß nicht, ergeht eine Entscheidung, die sich zu Lasten der zu prüfenden Praxis auswirken kann. Er hat dabei aber zu berücksichtigen, dass seine fehlende Mitwirkung u.U. einen Berufsrechtsverstoß begründen kann, der von der KfQK an die Abteilung Berufsaufsicht der WPK zur berufsrechtlichen Würdigung weitergeleitet werden kann.

5. Übersendung des Qualitätskontrollberichts

141 Der PfQK hat nach Abschluss der Prüfung **der WPK eine Ausfertigung des QK-Berichts unverzüglich** zuzuleiten (Abs. 6 Satz 6 Hs. 1). Diese Regelung wurde in die WPO aufgenommen, um die zeitnahe Übersendung des QK-Berichts nach Abschluss der Prüfung bei der Praxis zu erreichen, da die TB nur aufgrund einer aktuellen Prüfung erteilt werden soll. „Unverzüglich" bedeutet nach der Legaldefinition in § 121 Abs. 1 Satz 1 BGB „ohne schuldhaftes Zögern". Obergrenze für ein unverzügliches Handels ist nach der Rechtsprechung in der Regel eine Frist von zwei Wochen (Palandt/Ellenberger, BGB, § 121 Rn. 3). Von einer unverzüglichen Übersendung kann daher nicht mehr ausgegangen werden, wenn zwischen dem Datum des QK-Berichts (Abschluss der materiellen Prüfungshandlungen) u. dem Eingang des QK-Berichts bei der WPK mehrere Monate vergangen sind. Die nicht unverzügliche Übersendung des QK-Berichts stellt in jedem Fall einen Verstoß bei der Durchführung der QK dar, der zu Maßnahmen nach § 57e Abs. 2 Satz 1 führen kann.

142 Der rechtzeitige **Eingang des QK-Berichtes** bei der WPK ist **Voraussetzung für die Erteilung der TB.** Sie ist Voraussetzung für die Bestellung als gesetzlicher Abschlussprüfer (§ 319 Abs. 1 Satz 3 HGB). Muss die Befugnis zur Bestellung als gesetzlicher AP ununterbrochen aufrechterhalten werden, muss der PfQK dafür sorgen, dass der QK-Bericht rechtzeitig vor Ablauf der Befristung der laufenden TB bei der WPK eingeht. Geht der QK-Bericht erst nach Ablauf der Befristung der „alten" TB ein, fällt die Praxis nach § 318 Abs. 4 HGB zu diesem Zeitpunkt als gesetzlicher Abschlussprüfer weg, da die Voraussetzung von § 319 Abs. 1 Satz 3 HGB nicht mehr erfüllt ist.

143 Die Ausfertigung des QK-Berichts für die WPK soll auch **in elektronischer Form** übermittelt werden (vgl. Abs. 6 Satz 6 Hs. 2). Dies kann bspw. als PDF-Datei auf einer CD-ROM, die zusammen mit dem QK-Bericht eingereicht wird, oder als Anhang einer E-Mail geschehen. Für Letzteres hat die WPK eine spezielle E-Mail-Adresse eingerichtet (Qualitaetskontrollberichte@wpk.de). Hierbei sollte darauf geachtet werden, dass der QK-Bericht möglichst in einer einzigen Datei übersandt wird. Erfolgt die Übersendung eines QK-Berichts in elektronischer Form per E-Mail **zur Fristwahrung, muss zwingend das unterzeichnete und gesiegelte Original des QK-Berichts** als elektronische Datei übermittelt werden. Anderen-

falls ist der Eingang nicht fristwahrend. Maßgeblich für durch die KfQK vorzunehmende Auswertung des QK-Berichts bleibt jedoch dessen schriftliche, unterzeichnete und gesiegelte Ausfertigung (siehe WPK-Mag. 4/2008, 38).

6. Kündigung

a) Anlässe

Der Auftrag zur Durchführung einer nach Abs. 1 Satz 1 gesetzlich vorgeschriebenen QK kann **nur aus wichtigem Grund** gekündigt werden (Abs. 7 Satz 1). Der Ausschluss der ordentlichen Kündigung dient nach der Gesetzesbegr. zur 4. WPO-Novelle 2001 der Stärkung der Glaubwürdigkeit des Systems der QK. 144

Die Regelung ist in Anlehnung an die Vorschrift zur Kündigung einer gesetzlichen AP aus wichtigem Grund nach § 318 Abs. 6 HGB entstanden. Das Kündigungsrecht nach Abs. 7 steht **sowohl dem PfQK als auch der zu prüfenden Praxis** zu. Die vertragliche **Vereinbarung weiterer Kündigungsgründe** o. die einvernehmliche **Vertragsaufhebung** sind nicht zulässig. Hierdurch soll verhindert werden, dass der Ausschluss der ordentlichen Kündigung durch gestalterische Maßnahmen umgangen wird. Eine Ausnahme kann für die einvernehmliche Vertragsaufhebung in Betracht kommen, wenn die zu prüfende Praxis o. der PfQK berechtigt wäre, aus wichtigem Grund zu kündigen. 145

Das **Vorliegen eines wichtigen Kündigungsgrundes** ist nach den Umständen des Einzelfalls zu beurteilen. Zur Auslegung kann auf den im Zivilrecht verwendeten Begriff des wichtigen Grundes (§ 626 BGB) zurückgegriffen werden. Im Rahmen der Auslegung ist der Wille des Gesetzgebers zu berücksichtigen, durch den Ausschluss der ordentlichen Kündigung die Glaubwürdigkeit des Systems der QK zu stärken. Die Beurteilung, ob ein wichtiger Grund zur Kündigung vorliegt, hat deshalb anhand eines strengen Maßstabes zu erfolgen. Ein wichtiger Kündigungsgrund kann für den beauftragten **PfQK** z.B. darin zu sehen sein, dass die Durchsetzung seines Honoraranspruchs gefährdet ist (BT-Drs. 14/3649, 26). Gleiches kann gelten, wenn nachträglich Tatsachen eintreten, die einen Ausschlussgrund nach Abs. 4 begründen. Sofern in der Beauftragung mit der Durchführung der QK zivilrechtlich ein Werkvertrag nach § 631 BGB gesehen wird, können bei Tod des PfQK oder des zu prüfenden WP/vBP wichtige Gründe zur Kündigung durch die Rechtsnachfolger vorliegen. Für die zu **prüfende Praxis** kann eine Kündigung aus wichtigem Grund in Betracht kommen, wenn die Fortsetzung des Auftrags eine unzumutbare Härte darstellen würde (BT-Drs. 14/3649, 26). Dies kann z.B. anzunehmen sein, wenn das einzige Pflichtprüfungsmandat wegfällt. 146

Kein wichtiger Grund zur Kündigung liegt vor, wenn zwischen der zu prüfenden Praxis u. dem PfQK **Meinungsverschiedenheiten über den Inhalt des QK-Berichts** bestehen (Abs. 7 Satz 2). Die zu prüfende Praxis u. der PfQK sollen sich einer sachlichen Auseinandersetzung über die QK nicht entziehen können. Sachliche Auseinandersetzungen können sich auf die Durchführung o. das Ergebnis der QK sowie den Inhalt des QK-Berichts beziehen. Ausgeschlossen sind damit insb. Meinungsverschiedenheiten über die Würdigung v. Prüfungsergebnissen. 147

b) Berichterstattungs- und Vorlagepflicht

148 Wird der Auftrag zur Durchführung einer QK aus wichtigem Grund gekündigt, hat die zu prüfende Praxis dies der **WPK unverzüglich schriftlich mitzuteilen** (§ 9 Satz 3 Hs. 1 SaQK).

149 Der PfQK hat über das **Ergebnis seiner bisherigen Prüfung u. den Kündigungsgrund zu berichten** (Abs. 7 Satz 3). Der **Umfang des Berichts** bestimmt sich nach dem Umfang der bisher durchgeführten Prüfungsarbeiten. Die Berichterstattung hat anhand der Regeln über die Erstellung des QK-Berichts nach Abs. 5 u. den allg. Berufsgrundsätzen zu erfolgen. Über die Kündigung aus wichtigem Grund ist ausführlich u. nachvollziehbar zu berichten.

150 Im Fall einer späteren QK hat die zu **prüfende Praxis den Bericht dem nächsten PfQK vorzulegen** (Abs. 7 Satz 4). Die Vorlagepflicht stellt sicher, dass der neue PfQK über die Kündigung und alle die bisherige Prüfung betreffenden Tatsachen informiert wird, um die erneut in Auftrag gegebene QK ordnungsgemäß durchführen zu können. Die Verwendung bisheriger Prüfungsergebnisse ist nach den allg. berufsüblichen Grundsätzen möglich.

c) Kündigung einer freiwillig durchgeführten Qualitätskontrolle

151 Bei einer **freiwilligen QK** nach § 57g gilt Abs. 7 nicht. § 57g enthält keinen Verweis auf Abs. 7, nach dem eine nach Abs. 1 Satz 1 verpflichtend durchzuführende QK nur aus wichtigem Grund gekündigt werden kann (Rn. 146 ff.). Die Kündigung einer freiwillig durchgeführten QK richtet sich deshalb nach den allg. zivilrechtlichen Vorschriften (§ 57g Rn. 4).

VII. Teilnahmebescheinigung (Abs. 6 Sätze 7 bis 11)

1. Allgemeines

152 Nach Eingang des QK-Berichts bescheinigt die WPK der zu prüfenden Praxis die **Teilnahme an der QK** (Satz 7). Die Erteilung der TB sowie deren Befristung werden gem. § 38 Nr. 1.h) im Berufsregister eingetragen u. stehen somit der Öffentlichkeit zur Verfügung. Die TB diente bei Einführung des Systems der QK ausschließl. als Nachweis, dass die zu prüfende Praxis ihrer **Berufspflicht**, sich einer QK zu unterziehen, nachgekommen ist. Handelsrechtlich wurde mit Einführung des Systems der QK in § 319 Abs. 2 Satz 2 Nr. 2 u. Abs. 3 Nr. 7 HGB a.F. ein Ausschlussgrund geschaffen. Mit dem Inkrafttreten des BilReG im Jahr 2004 wurde die **TB**, die bis dato nur eine Nachweisfunktion hatte, zur handelsrechtlichen **Bestellungsvoraussetzung als AP** (§ 319 Abs. 1 Satz 3 HGB). Durch die Aufnahme in § 319 Abs. 1 HGB erlangt die TB für den Bereich der gesetzlichen AP eine vergleichbare Bedeutung wie die Bestellung zum WP nach § 15. Zu den Zeitpunkten, wann die TB bei der Durchführung von gesetzlichen AP in berufsrechtlicher o. handelsrechtlicher Hinsicht vorliegen muss, wird auf die Ausführungen zu Rn. 3 ff. verwiesen.

Die TB wird nach **Eingang des QK-Berichts** durch die WPK erteilt (Satz 7, § 11 Abs. 1 Satz 1 SaQK). Bei Eingang des QK-Berichts erfolgt eine **erste Auswertung**. Zunächst wird entspr. § 11 Abs. 2 SaQK geprüft, ob ein registrierter PfQK die QK durchgeführt hat, o., wenn dies eine WPG war, ob der für die QK verantwortliche Berufsträger auch registriert war. Weiterhin wird geprüft, ob die Unabhängigkeit des PfQK gewährleistet ist (kein Verstoß gegen Abs. 4). Sind beide Voraussetzungen gegeben u. wurde das Prüfungsurteil nicht versagt, ist die TB zu erteilen. 153

Der mögliche **Widerruf der TB** erfolgt dagegen als gesonderte Maßnahme der KfQK u. ist daher später in § 57e Abs. 2 geregelt. Eine **abschließende Auswertung** des QK-Berichts erfolgt daher durch die KfQK. 154

Wird eine **TB nicht erteilt o. widerrufen**, ist der Vorgang der **APAK vor Bekanntgabe der Entscheidung vorzulegen** (Abs. 6 Satz 10, § 57e Abs. 2 Satz 8). Die Einbindung der APAK in diese Vorgänge dient dem Zweck, dass die APAK bei so wesentlichen Entscheidungen wie der Nichterteilung bzw. dem Widerruf der TB – als Konkretisierung der grundsätzlichen Befugnis der APAK, alle Entscheidungen der WPK einer Nachprüfung zu unterziehen – in jedem Fall eingebunden werden soll. 155

2. Befristung

Die TB wird grds. **auf sechs Jahre befristet** (Satz 8). Eine **Befristung auf drei Jahre** erfolgt, wenn die zu prüfende Praxis gesetzl. AP bei Unternehmen v. öffentl. Interesse (§ 319a Abs. 1 Satz 1 HGB) durchführt o. in der Vergangenheit durchgeführt hat u. zu erwarten ist, dass solche Prüfungen auch weiterhin durchgeführt werden (Abs. 6 Satz 8, § 16 Abs. 1 Satz 2 SaQK). Ist die zu prüfende Praxis gegenwärtig nicht mehr zum Prüfer eines Unternehmens i.S.v. § 319a Abs. 1 Satz 1 HGB bestellt, ist nach der Satzungsregelung somit eine Prognose zu erstellen, ob künftig wieder entspr. Prüfungen durchgeführt werden. Zum Zweck dieser Prognose hat der PfQK nach § 18 Abs. 3 SaQK in seiner Berichterstattung auch darauf einzugehen, ob die Wiederbestellung als Prüfer i.S.v. § 319a Abs. 1 Satz 1 HGB zu erwarten ist. 156

Vor dem Inkrafttreten der 7. WPO-Novelle 2007 galt für alle Praxen eine einheitliche Befristung der TB von drei Jahren. Die Differenzierung des QK-Turnus beruht auf Art. 29 Abs. 1h) u. Art. 43 AP-RiLi (2006) u. soll den nationalen u. internationalen Erwartungen an ein System zur Sicherstellung der Qualität der AP Rechnung tragen. Wird eine TB zunächst für drei Jahre erteilt, besteht unter den Voraussetzungen des § 136 Abs. 1 die Möglichkeit, einen **Antrag auf Verlängerung der Befristung der TB** auf sechs Jahre zu stellen (hierzu siehe § 136, Rn. 2 ff.). 157

Die Befristung der TB beginnt mit dem **Eingang des QK-Berichts** bei der WPK (§ 16 Abs. 1 Satz 3 SaQK). Dies gilt auch für nachfolgende QK-Berichte, die **früher als sechs Monate** vor Ablauf der laufenden Befristung eingehen (§ 16 Abs. 2 Satz 2 SaQK). Geht ein QK-Bericht dagegen **innerhalb v. sechs Monaten** vor Ablauf der laufenden Befristung einer TB ein, beginnt die neue Frist nach Ablauf der laufenden Befristung (§ 16 Abs. 2 Satz 1 SaQK). Dadurch soll vermieden werden, dass diejenigen Praxen Nachteile erleiden, bei denen die QK-Berichte über die Folge-QK erst kurz vor Ablauf der Befristung bei der WPK eingehen. 158

3. Höchstpersönliche Berechtigung

159 Die **TB ist höchstpersönlicher Natur** (so wie z.B. auch die Bestellung als Abschlussprüfer). Bei der TB handelt es sich um die **hoheitliche Bestätigung** des Umstands, dass sich ein **bestimmtes Rechtssubjekt** einer QK unterzogen hat (siehe VG Berlin. 17.03.2011, WPK-Magazin 2/2011, 41 ff.). Diese Bestätigung kann somit ihrem Wesen nach nicht auf andere Rechtsträger übergehen. Sie teilt das Schicksal des Rechtsträgers, dem sie erteilt wurde

160 Im Fall der **Verschmelzung v. Berufsgesellschaften geht die TB der übertragenden Berufsgesellschaft daher nicht** im Wege der Gesamtrechtsnachfolge nach § 20 Abs. 1 Nr. 1 UmwG auf die übernehmende Berufsgesellschaft **über. Die TB erlischt ebenso wie die übertragende Berufsgesellschaft** (VG Berlin 17.03.2011 a.a.O.). Bei Anwendung dieser Grundsätze auf andere Arten der Umwandlung bedeutet dies, dass die TB auch im Rahmen der Gesamtrechtsnachfolge bei einer **Spaltung** o. einer **Vermögensübertragung** nach §§ 131 Abs. 1 Nr. 1, 174 Abs. 1 UmwG nicht auf die übernehmende Berufsgesellschaft übergeht. Etwas anderes gilt lediglich bei einem **Formwechsel**, bei dem keine Rechtsnachfolge stattfindet, sondern die Identität des Rechtsträgers erhalten bleibt (§ 190 Abs. 1 UmwG). Die TB besteht infolge des identitätswahrenden Charakters des Formwechsels fort. Das gleiche gilt bei einer **Umfirmierung**, durch die ausschließl. die Firma einer Berufsgesellschaft geändert wird.

161 Die TB kann aufgrund ihrer höchstpersönlichen Natur auch nicht im Wege der Einzelrechtsnachfolge übertragen werden. Bei **Veräußerung einer Einzelpraxis** geht die TB daher nicht auf den neuen Inhaber über. Entsprechendes gilt, wenn ein Berufsangehöriger beabsichtigt, die **Mandate seiner Einzelpraxis in eine bereits bestehende oder neu gegründete Berufsgesellschaft einzubringen**. Die TB für die Einzelpraxis kann selbst bei Identität der QS-Systeme nicht auf die Berufsgesellschaft übertragen werden.

162 Ist die WP/vBP-Bestellung eines Berufsangehörigen, dem eine TB erteilt wurde, erloschen u. wird dieser in der Folgezeit **wieder zum WP/vBP bestellt**, lebt die TB nicht wieder auf, da ehemalige Rechtspositionen nur durch einen neuen Rechtsakt, also der Erteilung einer neuen TB, begründet werden können. Das Gleiche gilt für eine Berufsgesellschaft, wenn sie nach einem vorangegangenen Verzicht auf die Anerkennung als **WPG/BPG erneut als solche anerkannt** wird.

4. Nichterteilung

163 Die TB wird nicht erteilt, wenn die QK entgegen Abs. 3 Satz 1 **nicht v. einem registrierten PfQK durchgeführt** wurde, der für eine **Berufsgesellschaft verantwortlich Handelnde** nicht die Voraussetzungen des Abs. 3 Satz 5 erfüllt, **Ausschlussgründe nach Abs. 4** bestehen o. das **Prüfungsurteil nach Abs. 5 Satz 3 versagt** wurde (Abs. 6 Satz 9).

164 Im Fall des **versagten Prüfungsurteils** wird die Erteilung der TB bis zur abschließenden Auswertung des QK-Berichts zurückgestellt (§ 11 Abs. 3 Satz 1 SaQK). Dies bedeutet, dass die KfQK auch die QK-Berichte mit versagtem Prüfungsurteil auswerten muss. Die KfQK informiert die zu prüfende Praxis über das Ergebnis. Sie kann die TB erteilen, wenn sie zu dem Ergebnis kommt, dass das Prüfungsurteil nicht zu versagen war (§ 57e Abs. 2 Satz 5, § 11 Abs. 3 Satz 2 SaQK). Rechtfertigen die Prüfungsfeststellungen die Versagung des Prüfungsurteils, ist eine TB nicht zu erteilen.

Die TB wird auch dann nicht erteilt, wenn bereits bei Eingang des QK-Berichts das Vorliegen eines **schwerwiegenden Verstoßes** i.S.v. § 57e Abs. 2 Satz 6 festgestellt wird (§ 11 Abs. 1 Satz 1 SaQK). Hierdurch wird klargestellt, dass eine TB auch nicht zu erteilen ist, wenn schon vor Erteilung erkennbar ist, dass sie sofort nach Erteilung zu widerrufen wäre. Vor diesem Hintergrund wird ein schwerwiegender Verstoß nur dann anzunehmen sein, wenn gegen die **Grundprinzipien der ordnungsgemäßen Durchführung einer QK verstoßen** wurde. So ist bspw. ein solch schwerwiegender Verstoß gegen §§ 57a-57d u.a. anzunehmen, wenn der PfQK keine auftragsbezogene Funktionsprüfung durchführt, wenn der tats. Aufwand des Prüfers in einem krassen Missverhältnis zu dem nötigen Aufwand steht o. der QK-Bericht nicht den gesetzlichen Mindestinhalt aufweist. 165

Die **TB ist der WPK zurückzugeben**, wenn die zu prüfende Praxis auf die Durchführung v. AP nach Abs. 1 Satz 1 verzichtet (Abs. 6 Satz 11). Dies gilt auch, wenn die TB widerrufen o. zurückgenommen wird (§ 11 Abs. 4 SaQK). Diese Regelung stellt eine spezialgesetzliche Ausgestaltung von § 52 VwVfG dar. Die TB kann der zu prüfenden Praxis zurückgegeben werden, nachdem sie als ungültig gekennzeichnet wurde. 166

5. Kundmachung
Auf die TB nach Abs. 6 Satz 7 darf hingewiesen werden (vgl. § 52 Rn. 39). Die Grundsätze zur Kundmachung i.Z.m. der Teilnahme am QK-Verfahren hat der VO der WPK in einem Hinweis zusammengefasst (vgl. WPK-Mag. 2/2005, 22 f., www.wpk.de → Service Center → Kundmachung/Werbung → Kundmachung System QK). 167

VIII. Aufbewahrung des Qualitätskontrollberichts (Abs. 8)

Die Vorschrift regelt nur die **Aufbewahrungspflicht der WPK**, nicht die der geprüften Praxis o. des PfQK. Die Aufbewahrungspflicht bzgl. der Handakten des WP, die auch für den PfQK gelten, folgt aus § 51b Abs. 2. Mit der Vernichtung der QK-Berichte nach sieben Jahren wird das Risiko eingegrenzt, dass evtl. vorhandene Informationen über Mandanten der geprüften Praxen nicht für Dritte zugänglich werden. 168

Die **Aufbewahrung über einen Zeitraum v. sieben Jahren**, bei einem Rechtsstreit ggf. darüber hinaus, sollte beim vor der 7. WPO-Novelle 2007 geltenden Drei-Jahres-Turnus der QK sicherstellen, dass immer **zwei QK-Berichte vorangegangener QK** vorhanden sind, so dass im Rahmen der Auswertung des folgenden QK-Berichts nachvollzogen werden kann, ob Empfehlungen zur Beseitigung v. Mängeln aus den zwei vorangegangenen QK umgesetzt wurden. 169

170 Nach der Änderung des Turnus der QK v. drei auf sechs Jahre (Ausnahme: Es werden Unternehmen v. öffentl. Interesse nach § 319a Abs. 1 Satz 1 HGB geprüft), kann es dazu kommen, dass nur noch **der letzte QK-Bericht** zu Vergleichszwecken zur Verfügung steht. Dies reicht jedoch aus, um nachvollziehen zu können, ob Empfehlungen zur Beseitigung v. Mängeln aus der vorhergehenden QK umgesetzt wurden. Hinzu kommt, dass sich ein Lebenssachverhalt innerhalb v. zwölf Jahren erheblich verändert. Eine Verlängerung des Aufbewahrungszeitraums im Rahmen der 7. WPO-Novelle 2007 dergestalt, dass wieder zwei QK-Berichte zur Verfügung stehen, wurde daher nicht vorgenommen.

§ 57b Verschwiegenheitspflicht und Verantwortlichkeit

(1) Der Prüfer für Qualitätskontrolle und seine Gehilfen, die Mitglieder der Kommission für Qualitätskontrolle (§ 57e) und die Bediensteten der Wirtschaftsprüferkammer sind, auch nach Beendigung ihrer Tätigkeit, verpflichtet, über die ihnen im Rahmen der Qualitätskontrolle bekannt gewordenen Angelegenheiten Verschwiegenheit zu bewahren.

(2) ¹**Für die Mitglieder der Kommission für Qualitätskontrolle und die Bediensteten der Wirtschaftsprüferkammer gilt § 64 Abs. 2 entsprechend.** ²**Der Genehmigung bedarf auch die Vorlegung oder Auslieferung von Schriftstücken durch die Wirtschaftsprüferkammer an Gerichte oder Behörden.** ³**Die Genehmigung erteilt in den Fällen der Sätze 1 und 2 die Kommission für Qualitätskontrolle.** ⁴**Sie kann nur erteilt werden, wenn der Beschuldigte den geprüften Wirtschaftsprüfer, die geprüfte Wirtschaftsprüfungsgesellschaft oder den Prüfer für Qualitätskontrolle von der Pflicht zur Verschwiegenheit entbunden hat.**

(3) Soweit dies zur Durchführung der Qualitätskontrolle erforderlich ist, ist die Pflicht zur Verschwiegenheit nach Absatz 1, § 43 Abs. 1 Satz 1, § 64 Abs. 1 dieses Gesetzes und § 323 Abs. 1 Satz 1 des Handelsgesetzbuchs sowie die Pflicht zur Verschwiegenheit der Personen, die den Beruf gemeinsam mit dem Wirtschaftsprüfer in eigener Praxis ausüben, eingeschränkt.

(4) § 323 des Handelsgesetzbuchs gilt vorbehaltlich des Absatzes 3 entsprechend.

Schrifttum: *Die Hinweise zum Schrifttum zur Qualitätskontrolle sind vor den Vorbemerkungen zu den §§ 57a ff. gebündelt.*

Inhaltsübersicht

		Rn.
I.	Allgemeines	1–2
II.	Zur Verschwiegenheit im Rahmen einer Qualitätskontrolle Verpflichtete	3–4
III.	Befreiung der zu prüfenden Praxis von der Pflicht zur Verschwiegenheit	5–7
IV.	Amtsverschwiegenheit	8–9

I. Allgemeines

Wirtschaftsprüfer sind nach § 43 Abs. 1 Satz 1 verpflichtet, ihren **Beruf verschwiegen auszuüben.** Für die gesetzl. AP ergibt sich dies zusätzl. aus § 323 Abs. 1 Satz 1 HGB. Sie dürfen niemandem Erkenntnisse, die sie bei der Abwicklung eines Auftrages über den Mandanten erlangen, offenbaren. Eine **Offenlegung v. Aufträgen einer WP/vBP-Praxis** ist jedoch Voraussetzung für die effektive Durchführung der Wirksamkeitsprüfung einer QK. 1

Die Durchbrechung der VSP erfolgt in zwei Richtungen. Die Prüfung der Wirksamkeit des QS-Systems erfordert zunächst, dass der **PfQK** Einsicht in v. der Praxis abgewickelte Aufträge nehmen kann. Nur so kann er verifizieren, ob das QS-System im Rahmen der Auftragsabwicklung wirksam ist. Neben dem PfQK erhalten **KfQK u. auch die APAK** durch die Berichterstattung Kenntnis v. den Mandatsbeziehungen der geprüften Praxis. Dies erforderte eine gesetzl. Regelung, die die Durchbrechung der VSP sichtbar legitimiert u. zugl. begrenzt u. absichert. 2

II. Zur Verschwiegenheit im Rahmen einer Qualitätskontrolle Verpflichtete

Der Bedeutung der VSP Rechnung tragend, werden in Abs. 1 zunächst **alle an dem System der QK Beteiligten zur Verschwiegenheit verpflichtet.** Dies war für die **PfQK u. ihre Gehilfen** sowie Bediensteten der WPK eigentlich nicht gesondert erforderlich, da der PfQK u. seine Gehilfen nach § 43 Abs. 1 Satz 1 u. § 50, die Bediensteten der WPK nach § 64 Abs. 1 Satz 2 schon zur Verschwiegenheit verpflichtet sind. Durch § 57b Abs. 1 sollte dies für die betroffenen Mandanten u. Praxen noch einmal klarstellend verdeutlicht werden. Für die **Mitglieder der KfQK** ist § 57b Abs. 1 jedoch konstituierend. Für diese war die Einbeziehung erforderlich, da sie nicht in § 64 Abs. 1 genannt sind. Die KfQK wurde nicht in diese Vorschrift aufgenommen, da das System der QK geschlossen in der WPO verankert werden sollte u. § 64 im Fünften Teil – BA – steht. Es sollte auch dadurch zum Ausdruck kommen, dass das System der QK nicht ein Teil der BA im engeren Sinne ist. Auch die **Mitglieder der APAK** unterliegen, da sie das System der QK überwachen, der Pflicht zur Verschwiegenheit, die ursprünglich ebenfalls in § 57b genannt war. Mit der 7. WPO-Novelle 2007 ist jedoch die APAK aus dem Katalog gestrichen worden. Für sie ergibt sich die Pflicht zur Verschwiegenheit nunmehr aus § 66b. 3

Sämtliche Beteiligte sind auch **nach der Beendigung ihrer Tätigkeit** weiterhin zur Verschwiegenheit verpflichtet. 4

III. Befreiung der zu prüfenden Praxis von der Pflicht zur Verschwiegenheit

Die Regelung schränkt die Pflicht zur Verschwiegenheit des zu prüfenden WP u. der zu prüfenden Berufsgesellschaft zum Zweck der Durchführung einer QK ein. Der WP u. die WPG sind soweit v. der **VSP entbunden, wie dies für die Durchführung der QK in der Praxis erforderlich** ist. Mandanten können also die Herausgabe v. Unterlagen u. Informationen durch die zu prüfende Praxis an den PfQK 5 nicht mit dem Hinweis auf die Pflicht zur verschwiegenen Berufsausübung unterbinden. Die zu prüfende Praxis kann damit dem PfQK Einsicht in die Praxisunterlagen gewähren und ihrer Berufspflicht zur Mitwirkung nach § 57d nachkommen. Damit ist auch die Unterrichtung der KfQK u. der APAK systemimmanent.

6 Die Mandanten der zu prüfenden Praxen können eine Information des PfQK auch nicht wirksam durch Vereinbarung im Mandantenvertrag untersagen. Sollte ein Mandant der zu prüfenden Praxis die Information des PfQK untersagen wollen, so müsste die Praxis die Annahme des Auftrages ablehnen, da ihr die Einhaltung der allg. Berufspflichten unmöglich gemacht würde. Es gehört zu den **Nebenpflichten eines Mandatsvertrages**, dass der zu prüfenden Praxis die Erfüllung ihrer beruflichen Pflichten nicht unmöglich gemacht wird.

7 Kann die QK v. dem PfQK nur durchgeführt werden, wenn auch Praxisbereiche v. anderen, **nicht v. der QK betroffenen Berufsträgern** einbezogen werden, so sind auch sie v. der VSP ggü. ihren Mandanten entbunden. Dies betrifft insb. Sozien u. dabei insb. RA- o. StB-Sozien; sie können sich also nicht auf ihre VSP berufen (was sie anderenfalls müssten), wenn sich ihr Sozius einer QK unterzieht.

IV. Amtsverschwiegenheit

8 Wegen der besonderen Bedeutung der verschwiegenen Berufsausübung für das Vertrauensverhältnis zwischen dem Mandanten u. WP werden die in der WPK mit dem System der QK befassten Personen **einer besonderen Amtsverschwiegenheit** unterworfen, d.h. die Pflicht der WPK zur Amtshilfe wird eingeschränkt. Dabei handelt es sich um die Mitglieder der KfQK sowie die Bediensteten der WPK. Sie dürfen nach § 57b Abs. 2 Satz 1 vor Gerichten u. Behörden über Angelegenheiten, die ihnen im Rahmen ihrer Tätigkeit des Systems der QK bekannt werden, ohne Genehmigung nicht aussagen. Auch die Vorlage o. Herausgabe v. Schriftstücken an Gerichte o. Behörden bedarf einer vorherigen Genehmigung. Diese Genehmigung erteilt nach § 57b Abs. 2 Satz 1 die KfQK. Die KfQK darf die Genehmigung nur erteilen, wenn der in dem Verfahren Beschuldigte zuvor den ursprünglich zur Verschwiegenheit verpflichteten WP oder den PfQK v. seiner Pflicht zur verschwiegenen Berufsausübung befreit hat.

9 Mit dieser Regelung wird vermieden, dass Informationen, die z.B. in einem Strafverfahren v. Interesse sein könnten, nicht ohne Genehmigung durch den Träger des Geheimhaltungsinteresses in das Verfahren eingeführt werden können. Durch diese Regelung ist das **System der QK ggü. Dritten abgeschottet.**

§ 57c Satzung für Qualitätskontrolle

(1) ¹Die Wirtschaftsprüferkammer erlässt eine Satzung für Qualitätskontrolle; die Satzung wird vom Beirat der Wirtschaftsprüferkammer beschlossen. ²Die Satzung und deren Änderungen bedürfen zu ihrer Wirksamkeit der Genehmigung des Bundesministeriums für Wirtschaft und Technologie im Einvernehmen mit dem Bundesministerium der Justiz.

(2) Die Satzung für Qualitätskontrolle hat im Rahmen der Vorschriften dieses Gesetzes näher zu regeln:
1. die Voraussetzungen und das Verfahren der Registrierung der Prüfer für Qualitätskontrolle nach § 57a Abs. 3 sowie nach § 63f Abs. 2 des Gesetzes betreffend die Erwerbs- und Wirtschaftsgenossenschaften;
2. Ausschlussgründe des Prüfers für Qualitätskontrolle nach § 57a Abs. 4;
3. das Verfahren nach den §§ 57a ff. innerhalb der Wirtschaftsprüferkammer;
4. die Berechnung der Frist nach § 57a Abs. 6 Satz 8;
5. die Maßnahmen der Kommission für Qualitätskontrolle;
6. weitere Bestimmungen nach § 57a Abs. 5 Satz 2;
7. Bestimmungen zu Inhalt und Aufbau der Unabhängigkeitsbestätigung nach § 57a Abs. 6 Satz 2;
8. Umfang und Inhalt der speziellen Fortbildungsverpflichtung nach § 57a Abs. 3 Satz 2 Nr. 4 sowie das Verfahren zum Nachweis der Erfüllung dieser Verpflichtung.

Schrifttum: *Die Hinweise zum Schrifttum zur Qualitätskontrolle sind vor den Vorbemerkungen zu den §§ 57a ff. gebündelt.*

Inhaltsübersicht

		Rn.
I.	Allgemeines	1–4
II.	Einzelregelungen	5–15
	1. Allgemeines	5
	2. Registrierung der PfQK	6–8
	3. Ausschlussgründe	9
	4. Verfahren innerhalb der WPK	10
	5. Berechnung der Befristung der Teilnahmebescheinigung	11
	6. Maßnahmen der Kommission für Qualitätskontrolle	12
	7. Bestimmungen zum Qualitätskontrollbericht	13
	8. Bestimmungen zur Unabhängigkeitsbestätigung des PfQK	14
	9. Spezielle Fortbildungsverpflichtung	15

I. Allgemeines

Nach § 57c Abs. 1 Satz 1 hat die WPK eine **Satzung für Qualitätskontrolle** zu erlassen. Anlass für die Satzungsermächtigung war, dass die konkrete Ausgestaltung des Systems der QK in der Satzung erfolgen soll. Damit wurde dem Bedürfnis, Änderungen schnell u. unbürokratisch umsetzen zu können, nachgekommen. Anders als bei der Satzungsermächtigung für die BS WP/vBP handelt es sich nicht um eine sog. Kann-Regelung. 1

Die SaQK wird v. **Beirat der WPK beschlossen.** Sie bedarf zu ihrer Wirksamkeit der **Genehmigung des BMWi.** Dieses muss vor Erteilung der Genehmigung sei- 2 nerseits das **Einvernehmen mit dem BMJ** herstellen Die Voraussetzungen für das Inkrafttreten v. SaQK u. BS unterscheiden sich damit. Bei Erlass u. Änderungen der BS WP/vBP hat das BMWi nur ein Aufhebungsrecht. Vor Erlass der SaQK ist nach § 66a Abs. 1 Satz 2 eine **Stellungnahme der APAK** einzuholen u. dem BMWi vorzulegen. Das Verfahren entspricht insoweit dem des Erlasses der BS WP/vBP.

3   Das BMWi sah bei der Einführung des Systems der QK ein **Bedürfnis für die Genehmigung** insb. darin, dass es mögliche Auswirkungen der QK auf die Rechnungslegung u. Prüfung nicht ausschließen wollte. Aus diesem Grunde wurde vorgesehen, das Einvernehmen mit dem BMJ herzustellen. Diese Auswirkungen sind bisher nicht erkennbar.

4   Die SaQK wurde am 17.1.2001 v. Beirat beschlossen. Es folgten Änderungen, in Kraft getreten am 28.8.2002, 19.8.2005, 30.12.2007 u. 9.12.2009.

II. Einzelregelungen
1. Allgemeines

5   In der SaQK soll die **konkrete Ausgestaltung des Systems der QK** erfolgen. Dadurch soll die WPO nicht nur v. technischen Regelungen entlastet, sondern auch die Möglichkeit geschaffen werden, einen möglichen Anpassungsbedarf, soweit dies möglich ist, im Rahmen der SaQK zu regeln. Die WPO ermächtigt nicht nur zur Regelung v. Verfahrensfragen (z.B. Verfahren der Registrierung der PfQK), sondern auch zur Setzung materiellen Rechts. So können auch Voraussetzungen für die Registrierung eines PfQK in der SaQK geregelt werden. Der Katalog des § 57c Abs. 2 ist abschließend.

2. Registrierung der PfQK

6   Nach § 57c Abs. 2 Nr. 1 sind die Voraussetzungen der Registrierung von PfQK in der SaQK zu regeln. Dies ist im ersten Abschnitt der SaQK erfolgt. Es werden Ausführungen zu den erforderlichen **Tätigkeiten in der AP** u. zu den **Kenntnissen in der QS** gemacht.

7   Die **Kenntnisse in der QS** werden regelmäßig durch Teilnahme an einem einschlägigen Schulungskurs erlangt u. nachgewiesen. Sie können aber auch in anderer Weise nachgewiesen werden. Von besonderer Bedeutung sind dabei Kenntnisse in der Durchführung einer QK u. in der Berichterstattung. Der Nachweis der Kenntnisse durch die Teilnahme an dem Schulungskurs vermeidet eine aufwendige Einzelfallprüfung, deren Ausgang v. dem Antragsteller nur schwer einzuschätzen ist. Fast alle PfQK absolvieren daher einen einschlägigen Schulungskurs.

8   In §§ 3-5 SaQK ist das **Verfahren der Registrierung** geregelt. Während § 3 SaQK noch einmal die Voraussetzungen für eine Registrierung zusammenfassend erläutert, wird in § 4 SaQK die Nachweispflicht des Vorliegens der Tätigkeit im Bereich der AP u. der Kenntnisse in der QS geregelt. In § 5 SaQK wird auch das **Verfahren des Widerrufs der Registrierung** als PfQK geregelt. Berufsangehörige, deren Registrierung widerrufen wurde, zweifeln mitunter die Rechtmäßigkeit dieser Vor-

schrift mit dem Argument an, dass der Widerruf unmittelbar im Gesetz geregelt sein müsste. Das VG Berlin hat jedoch keinen Zweifel an der Verfassungsmäßigkeit der Vorschrift erkennen können (VG Berlin 22.2.2008, WPK-Mag. 2/2008, 41; VG Berlin 15.9.2004, WPK-Mag. 2/2005, 38).

3. Ausschlussgründe

Es sollen Ausschlussgründe i.S.v. § 57a Abs. 4 in der SaQK geregelt werden (Ausschluss eines PfQK bei **Besorgnis der Befangenheit**). Dies ist in § 6 SaQK erfolgt. Diese Regelung ist mit der Neufassung von § 57a Abs. 4 eigentlich überflüssig geworden. Ursprünglich sollten die Tatbestände in § 6 SaQK abschließend geregelt werden, die zum Ausschluss des PfQK von der konkreten QK führen sollten. Nachdem in § 57a Abs. 4 die Besorgnis der Befangenheit aufgenommen wurde, ist die Aufzählung von § 6 SaQK de facto obsolet geworden. Sie dient nur noch als Anhaltspunkt für das Vorliegen von Ausschlussgründen. 9

4. Verfahren innerhalb der WPK

In den §§ 7-15 wird die **Abwicklung des QK-Verfahrens** in der WPK geregelt. Es handelt sich nicht nur um reine Verfahrensvorschriften. So wird in § 8 Abs. 2 Satz 2 SaQK die **Dauer der Befristung für die Ausnahmegenehmigung** nach § 57a Abs. 1 Satz 2 geregelt. Es wird aber auch die Berufspflicht begründet, dass die zu prüfende Praxis der WPK die Beauftragung eines PfQK mitteilen muss (§ 9 SaQK). 10

5. Berechnung der Befristung der Teilnahmebescheinigung

Die Berechnung der Befristung der TB ist in § 16 SaQK geregelt. Für den Beginn der Befristung ist nach § 16 Abs. 1 Satz 3 SaQK auf den **Eingang des QK-Berichts** bei der WPK abzustellen. Das Datum des Prüfungsurteils des QK-Berichts kann nicht maßgebend sein, da zwischen Prüfungsurteil u. Eingang des QK-Berichts durchaus ein längerer Zeitraum verstreichen kann. 11

6. Maßnahmen der Kommission für Qualitätskontrolle

In § 17 SaQK wird geregelt, dass die Maßnahmen der KfQK unter **Berücksichtigung der Auffassung der APAK** zu treffen sind. Als Maßnahmen kommen die Auflage, die Sonderprüfung o. der Widerruf der TB in Betracht. 12

7. Bestimmungen zum Qualitätskontrollbericht

Diese Satzungsermächtigung ist mit der 6. WPO-Novelle 2005 in die WPO eingefügt worden. Sie beruht auf einer Empfehlung des damaligen Qualitätskontrollbeirats. Er sah die Notwendigkeit, der WPK die Möglichkeit einzuräumen, Vorgaben für die Berichterstattung zu machen. Nach § 18 Abs. 1 SaQK hat sich die Berichterstattung daran zu orientieren, dass sich ein verständiger Dritter innerhalb einer angemessenen Frist einen Überblick über das QS-System der geprüften Praxis machen können muss. Hierzu sieht die SaQK bestimmte Mindestvorgaben vor (§ 18 Abs. 1 S. 3 SaQK). darüber hinaus enthält Abs. 2 enumerativ eine Empfehlung für die **Gliederung des QK-Berichts**. Der Aufbau des QK-Berichts entspricht im Wesentlichen dem der berufsüblichen Berichterstattung. Besonderheiten der Berichterstattung folgen allerdings aus der besonderen Aufgabenstellung des QK-Berichts, dass sich dieser an die geprüfte Praxis und die WPK richtet. Die KfQK hat 2007 13 beschlossen, den PfQK durch Hinweise eine Hilfestellung bei der Berichterstattung zu geben. Die PfQK erhalten bei jeder QK diesen „Hinweis der KfQK zur Berichterstattung über eine QK" übersandt. Er enthält detailliert die erforderlichen Punkte der Berichterstattung.

8. Bestimmungen zur Unabhängigkeitsbestätigung des PfQK

14 Des Weiteren wird die WPK ermächtigt, Bestimmungen zu **Inhalt u. Aufbau der Unabhängigkeitsbestätigung** nach § 57a Abs. 6 Satz 2 zu regeln. Dies erfolgte in § 19 SaQK u. einer Anlage zur SaQK.

9. Spezielle Fortbildungsverpflichtung

15 Mit der 6. WPO-Novelle 2005 wurde die spezielle Fortbildungsverpflichtung für PfQK eingeführt. Sie geht auf eine Empfehlung des damaligen Qualitätskontrollbeirates in seinem Tätigkeitsbericht 2004 zurück. Die Regeln in der WPO sind allg. Art. Umfang u. Inhalt der Verpflichtung werden im Einzelnen in § 20 SaQK, die Nachweisführung in § 21 SaQK geregelt.

§ 57d Mitwirkungspflichten

[1]Wirtschaftsprüfer in eigener Praxis, Wirtschaftsprüfungsgesellschaften sowie die Personen, die den Beruf gemeinsam mit diesen ausüben, sind verpflichtet, dem Prüfer Zutritt zu den Praxisräumen zu gewähren, Aufklärungen zu geben sowie die verlangten Nachweise vorzulegen, soweit dies für eine sorgfältige Prüfung erforderlich ist. [2]Die Mitwirkung kann nicht im Wege des Verwaltungszwangs nach § 57e Abs. 3 erzwungen werden.

Schrifttum: *Die Hinweise zum Schrifttum zur Qualitätskontrolle sind vor den Vorbemerkungen zu den §§ 57a ff. gebündelt.*

Inhaltsübersicht

	Rn.
I. Allgemeines	1
II. Mitwirkungspflichten im Einzelnen	2–5
1. Geprüfte Praxis	2–4
2. Sozien	5
III. Durchsetzung	6–7

I. Allgemeines

1 Das System der QK kann aufgrund seines präventiven Ansatzes nur funktionieren, wenn die zur QK Verpflichteten an der QK mitwirken. Die Mitwirkungspflicht ergibt sich bereits aus allg. Verwaltungsrecht (§ 26 Abs. 2 VwVfG), wurde jedoch in § 57d speziell kodifiziert, um den hohen Stellenwert der Mitwirkungspflichten zu unterstreichen und zu konkretisieren.

II. Mitwirkungspflichten im Einzelnen

1. Geprüfte Praxis

Bei einer QK hat die **zu prüfende Praxis** weitreichende **Mitwirkungs- u. Aufklärungspflichten.** Da die QK hauptsächlich vor Ort in der Praxis des WP stattfindet, muss dem PfQK der Zutritt zu den Geschäftsräumen gewährt werden. Die umfassenden Mitwirkungs- u. Aufklärungspflichten gelten während der gesamten QK. So hat der WP im Rahmen der QK zur Durchführung der Prüfung des QS-Systems der Praxis die Pflicht zur Vorlage aller mit der **QS zusammenhängenden Aufzeichnungen** (z.b. QS-Handbücher, Prüfungsanweisungen, Checklisten, Vorkehrungen zur Sicherung der Unabhängigkeit etc.) u. zur Erteilung der entspr. Auskünfte. Im Rahmen der Prüfung der Abwicklung einzelner Aufträge basiert das Urteil des PfQK auf den Informationen der zu prüfenden Praxis u. zwar vorwiegend auf der Dokumentation in den **Arbeitspapieren einschließl. der Berichterstattung über die jeweilige Prüfung** (PB u. Prüfungsurteil); auch diese Unterlagen sind dem PfQK vollständig vorzulegen. 2

Da die Prüfung der Auftragsabwicklung im Rahmen der QK keine erneute JAP darstellt, beschränkt sich der Zugriff des PfQK auf die Unterlagen der zu prüfenden Praxis. Ein Zugriff auf die **Originalunterlagen des geprüften Unternehmens** besteht nicht. Die QK soll bei Dritten, insb. bei der Wirtschaft, keinen zusätzl. Aufwand verursachen (BT-Drs. 14/3649, 19). Es besteht auch kein Bedarf, da sich eine angemessene Prüfung aus den Arbeitspapieren des WP ergeben muss (Berufspflicht zur Führung von Handakten, vgl. § 51b Abs. 2). 3

Nach Beendigung der Prüfungshandlungen u. vor Abgabe des QK-Berichts wird v. der geprüften Praxis üblicherweise eine **Vollständigkeitserklärung** abgegeben (vgl. auch IDW PS 140 Tz. 79). Sie stellt keinen Ersatz für Prüfungshandlungen dar. 4

2. Sozien

Die **Mitwirkungs- u. Aufklärungspflichten** des § 57d gelten auch **für Sozien**, gleichgültig, ob es sich um Berufsangehörige o. Angehörige anderer sozietätsfähiger Berufe handelt (interprofessionelle Sozietäten). Das bedeutet, dass in einer Sozietät eines WP mit einem RA o. StB diese die gesetzl. Pflicht zur Mitwirkung haben, wenn ihre Praxisorganisation nicht v. der des zu prüfenden WP organisatorisch getrennt ist. Insbesondere betrifft dies auch das Recht des PfQK auf Zutritt zu den Geschäftsräumen; auch die Sozien haben dies zu dulden. 5

III. Durchsetzung

Die **Mitwirkung an der QK kann nicht erzwungen o. gerichtl. durchgesetzt** werden. Der Ausschluss der isolierten Erzwingbarkeit folgt aus dem verfassungsrechtl. Verbot eines Zwangs zur Selbstbezichtigung (BT-Drs. 14/3649, 28). 6

Wird die Mitwirkung bei der QK verweigert o. werden v. der zu prüfenden Praxis nicht alle zu den Arbeitspapieren gehörenden Unterlagen vollständig vorgelegt, obwohl sie für die Beurteilung des Prüfungsgegenstandes der QK v. Bedeutung sind u. 7

können keine alternativen Prüfungshandlungen vorgenommen werden, kann ein **Prüfungshemmnis** vorliegen, das eine Einschränkung o. gar die Versagung der Erklärung des PfQK notwendig werden lässt (vgl. § 57a Abs. 5 Satz 4 u. Rn. 100 ff.). Da somit bei fehlender Mitwirkung u.U. die Nichterteilung der Teilnahmebescheinigung droht, liegt demnach ein mittelbarer Zwang zur Mitwirkung an der QK vor. Dieser kann dem Betroffenen jedoch zugemutet werden, da er mit seiner Entscheidung die Konsequenzen seines Verhaltens steuern kann (BT-Drs. 14/3649, 28).

§ 57e Kommission für Qualitätskontrolle

(1) [1]**In der Wirtschaftsprüferkammer wird eine Kommission für Qualitätskontrolle eingerichtet.** [2]**Mitglieder der Kommission für Qualitätskontrolle sind Wirtschaftsprüfer und vereidigte Buchprüfer, die auf Vorschlag des Vorstands vom Beirat gewählt werden; mindestens ein Mitglied soll im genossenschaftlichen Prüfungswesen erfahren und tätig sein.** [3]**Sie sind unabhängig und nicht weisungsgebunden.** [4]**Die Kommission für Qualitätskontrolle ist innerhalb der Wirtschaftsprüferkammer zuständig für alle Angelegenheiten der Qualitätskontrolle im Sinne von § 57a, soweit nicht die Abschlussprüferaufsichtskommission zuständig ist.** [5]**Ihr obliegt insbesondere:**

1. **Ausnahmegenehmigungen nach § 57a Abs. 1 Satz 2 zu erteilen;**
2. **Prüfer für Qualitätskontrolle nach § 57a Abs. 3 zu registrieren;**
3. **Qualitätskontrollberichte entgegenzunehmen;**
4. **Bescheinigungen über die Teilnahme an der Qualitätskontrolle zu erteilen und zu widerrufen;**
5. **über Maßnahmen nach den Absätzen 2 und 3 zu entscheiden;**
6. **Widersprüche gegen Entscheidungen im Zusammenhang mit der Qualitätskontrolle zu bescheiden.**

(2) [1]**Liegen Mängel bei Berufsangehörigen in eigener Praxis oder bei einer Wirtschaftsprüfungsgesellschaft vor, wurden Verletzungen von Berufsrecht, die auf Mängel des Qualitätssicherungssystems beruhen, festgestellt oder wurde die Qualitätskontrolle nicht nach Maßgabe der §§ 57a bis 57d und der Satzung für Qualitätskontrolle durchgeführt, kann die Kommission für Qualitätskontrolle Auflagen zur Beseitigung der Mängel erteilen oder eine Sonderprüfung anordnen; werden Auflagen erteilt, sind diese in einer von der Kommission für Qualitätskontrolle vorgegebenen Frist umzusetzen, und es ist von dem oder der Geprüften hierüber unverzüglich ein schriftlicher Bericht vorzulegen.** [2]**Sie kann bestimmen, dass mit der Sonderprüfung ein anderer Prüfer oder eine andere Prüferin für Qualitätskontrolle beauftragt wird.** [3]**Stellt die Kommission für Qualitätskontrolle fest, dass die Erklärung nach § 57a Abs. 5 Satz 3 zu versagen war, widerruft sie die Bescheinigung nach § 57a Abs. 6 Satz 7.** [4]**Die Bescheinigung ist auch dann zu widerrufen, wenn die Prüfung entgegen den Verboten des § 57a Abs. 4 erfolgte.** [5]**Wurde die Erklärung nach § 57a Abs. 5 Satz 3 zu Unrecht versagt, kann die Kommission für Qualitätskontrolle entgegen § 57a Abs. 6 Satz 9 die Bescheinigung erteilen.** [6]**Wurde die Qualitätskontrolle unter schwer-**

wiegendem Verstoß gegen die in Satz 1 genannten Vorschriften durchgeführt, stellt die Kommission für Qualitätskontrolle fest, dass die Pflicht nach § 57a Abs. 1 Satz 1 nicht erfüllt ist und widerruft die Bescheinigung nach § 57a Abs. 6 Satz 7. ⁷Der Wirtschaftsprüfer oder die Wirtschaftsprüferin oder die Wirtschaftsprüfungsgesellschaft ist vor Erlass von Maßnahmen nach den Sätzen 1 bis 6 anzuhören. ⁸Erkennt die Wirtschaftsprüferkammer, dass eine Bescheinigung nach § 57a Abs. 6 Satz 7 widerrufen werden soll, so ist der Vorgang vor Entscheidungsbekanntgabe der Abschlussprüferaufsichtskommission vorzulegen.

(3) ¹Befolgt ein Wirtschaftsprüfer oder eine Wirtschaftsprüfungsgesellschaft Maßnahmen nach Absatz 2 einschließlich der Aushändigung der Bescheinigung nach § 57a Abs. 6 Satz 7 nicht, kann die Kommission für Qualitätskontrolle ein Zwangsgeld bis zu 25.000 Euro verhängen. ²Werden trotz wiederholter Festsetzung eines Zwangsgeldes Auflagen und sonstige Maßnahmen nach Absatz 2 nicht fristgerecht oder nicht vollständig umgesetzt, ist die Bescheinigung nach § 57a Abs. 6 Satz 7 zu widerrufen.

(4) ¹Die Kommission für Qualitätskontrolle hat den Vorstand der Wirtschaftsprüferkammer zu unterrichten, wenn ein Widerruf der Bestellung als Wirtschaftsprüfer oder der Anerkennung als Wirtschaftsprüfungsgesellschaft in Betracht zu ziehen ist. ²Die mitgeteilten Tatsachen dürfen im Rahmen eines berufsaufsichtlichen Verfahrens nach den §§ 61a ff. und dem Sechsten Teil dieses Gesetzes nicht verwertet werden.

(5) Verletzungen des Berufsrechts, die zu einer Maßnahme nach den Absätzen 2 und 3 geführt haben, können nicht Gegenstand eines berufsaufsichtlichen Verfahrens sein.

(6) ¹Absätze 2 bis 4 gelten entsprechend, wenn sich außerhalb einer Qualitätskontrolle im Sinne von § 57a Anhaltspunkte für Mängel im Qualitätssicherungssystem eines Wirtschaftsprüfers oder einer Wirtschaftsprüfungsgesellschaft ergeben. ²Die Kommission für Qualitätskontrolle ist dabei an die im Verfahren nach § 62b getroffenen Feststellungen gebunden.

Schrifttum: *Die Hinweise zum Schrifttum zur Qualitätskontrolle sind vor den Vorbemerkungen zu den §§ 57a ff. gebündelt.*

Inhaltsübersicht

		Rn.
I.	Allgemeines	1–2
II.	Kommission für Qualitätskontrolle (Abs. 1)	3–8
	1. Wahl und Zusammensetzung	3–5
	2. Aufgaben	6–8
III.	Maßnahmen der KfQK (Abs. 2 und 3)	9–28
	1. Allgemeines	9–11
	2. Auflagen (Abs. 2 Satz 1)	12–20

3. Sonderprüfung (Abs. 2 Sätze 1 und 2) 21–24
   4. Erteilung und Widerruf der Teilnahmebescheinigung
      (Abs. 2 Sätze 3-6) 25–27
   5. Zwangsmittel (Abs. 3)....................................... 28
IV. „Firewall" (Abs. 4 und 5) 29–38
   1. Allgemeines.. 29–30
   2. Umfang der „Firewall" (Abs. 5) 31–35
   3. Durchbrechung der „Firewall" (Abs. 4) 36–38
V. Handeln der KfQK außerhalb einer Qualitätskontrolle (Abs. 6) 39–40

I. Allgemeines

1 Wesentlicher Teil des Systems der QK ist die **KfQK**. Sie ist innerhalb der WPK für **alle Angelegenheiten der QK zuständig** sowie **unabhängig u. nicht weisungsgebunden**. Nach § 59 Abs. 1 Nr. 4 ist die **KfQK Organ der WPK**. Sie tritt in ihrem Zuständigkeitsbereich neben den VO. Ihre Alleinzuständigkeit für den Bereich der QK wird auch in der Begr. zur 4. WPO-Novelle 2001 hervorgehoben.

2 Die KfQK als weiteres Organ der WPK ermöglicht eine klare **Trennung zwischen dem QK-Verfahren u. der BA im engeren Sinne** (Firewall; vgl. auch noch Rn. 29 ff.). Durch die Aufgabenzuweisung der BA u. der QK an unterschiedlich zuständige Organe sollte die Mitwirkungsbereitschaft der untersuchten Praxen gefördert werden, damit diese nicht befürchten müssen, dass Berufsrechtsverstöße, die durch eine QK aufgedeckt werden, zu Disziplinarmaßnahmen der BA führen.

II. Kommission für Qualitätskontrolle (Abs. 1)

1. Wahl und Zusammensetzung

3 Die Regelung in § 57e Abs. 1 zur **Ausgestaltung u. Stellung der KfQK** beschränkt sich auf grds. Regelungen. Einzelheiten regelt § 8a **Satzung WPK** in vergleichbarer Weise mit den Regelungen für den VO der WPK. Die **Mitglieder** werden danach auf Vorschlag des VO der WPK **durch den Beirat der WPK** gewählt. Der Beirat wählt nicht nur die Mitglieder der KfQK, sondern auf Vorschlag des VO auch den Vorsitzenden u. seine Stellvertreter. Die Dauer der Amtsperiode beträgt nach § 8a Abs. 2 Satzung WPK drei Jahre. Werden im Laufe einer Amtsperiode Mitglieder nachgewählt, endet deren Wahlperiode mit der Amtszeit der KfQK. Die die Zusammensetzung des VO der WPK kennzeichnende verhältnismäßige Zusammensetzung durch die Berufsgruppen der WP und vBP ist für die KfQK als Fachorgan nicht vorgesehen.

4 Die KfQK kann nach § 59a Abs. 6 i.V.m. § 8a Abs. 7 Satzung WPK auch entscheidungsbefugte Abteilungen bilden. Sie hatte diese Rechtsänderung angeregt, da erkennbar wurde, dass die Auswertung der QK-Berichte regelmäßig nicht eine Würdigung durch die gesamte KfQK erfordert. Besondere Entscheidungen, wie bspw. die Entscheidung über einen Widerspruch, bleiben der KfQK jedoch vorbehalten. Die KfQK hat insgesamt drei Abteilungen zur Auswertung von QK-Berichten gebildet. Für andere Entscheidungen sind Spezialabteilungen (Ausnahmegenehmigung, Vorschlagsverfahren, Registrierung und Deregistrierung von PfQK sowie die Anerkennung von speziellen Fortbildungsveranstaltungen für PfQK) eingerichtet worden.

Die KfQK besteht nach § 8a Abs. 2 Satzung WPK aus **mind. neun Mitgliedern.** Seit der Einführung des Verfahrens gehören ihr immer 13 Mitglieder an. Die Zusammensetzung soll einen Querschnitt des Berufsstandes darstellen. In der KfQK sind Vertreter kleiner u. mittlerer wie auch großer Praxen vertreten. 5

2. Aufgaben

Die zentrale Aufgabe der KfQK besteht darin, die **QK-Berichte** entgegen zu nehmen, **auszuwerten** u., falls erforderlich, über **Maßnahmen** zur Beseitigung v. Mängeln der QS-Systeme der geprüften Praxen zu entscheiden. In gravierenden Fällen erteilt sie keine TB o. widerruft eine schon erteilte TB. Die Auswertung erstreckt sich nach § 10 Abs. 1 Satz 2 SaQK darauf, ob der QK-Bericht inhaltlich den Grundsätzen einer ordnungsgem. Berichterstattung entspricht, aufgezeigte Mängel des QS-Systems das Prüfungsurteil rechtfertigen u. ob Anhaltspunkte bestehen, dass die QK unter schwerwiegendem Verstoß gegen Vorschriften für die Durchführung v. QK durchgeführt worden sein könnte. Der erste Schritt der Auswertung erfolgt bereits bei Eingang des QK-Berichts u. vor Erteilung der TB. 6

Die KfQK ist auch zuständig für das Erteilen v. **Ausnahmegenehmigungen** (§ 57a Rn. 23 ff.), die **Registrierung als PfQK** (§ 57a Rn. 69 ff.) u. die **Entscheidung über Widersprüche** gegen ihre sowie den Entscheidungen ihrer Abteilungen. 7

Sie hat darüber hinaus nach § 14 SaQK jährlich einen **Bericht über ihre Tätigkeit** (Tätigkeitsbericht) zu erstellen. Der Bericht richtet sich an die APAK, die ihn billigen muss. Danach ist er zu veröffentlichen. Die Veröffentlichung erfolgt im Mitteilungsblatt der WPK (WPK-Mag.). Vorstand u. Beirat der WPK erhalten den Bericht zur Kenntnis. 8

III. Maßnahmen der KfQK (Abs. 2 und 3)

1. Allgemeines

Die WPK handelt als bundesunmittelbare KöR bei dem Erlass einer Maßnahme im Wege eines Über-/Unterordnungsverhältnisses u. greift in die Grundrechte der Betroffenen ein. Sie handelt damit hoheitlich. Es gilt daher das **öffentl. Recht** des Bundes (VwVfG, VwGO, VwVG u. VwZG). Gegen VA der KfQK ist der Widerspruch nach § 68 VwGO zulässig. Soll die Rechtmäßigkeit der Entscheidungen der KfQK gerichtl. überprüft werden, ist der Rechtsweg zu den Verwaltungsgerichten eröffnet. 9

Der Sicherstellung u. Steigerung der Qualität der Arbeit des Berufsstandes dient die Befugnis der KfQK, **Maßnahmen** bei dem Vorliegen v. Mängeln des QS-Systems einer Praxis zu erlassen. Das System der QK wurde bei seiner Einführung ausschließl. auf die Abwehr v. künftigen Gefahren (**Prävention**) ausgerichtet, die dadurch entstehen, dass WP ohne ein angemessenes u. wirksames QS-System nicht die Gewähr dafür bieten, die Berufspflichten bei einer gesetzlichen AP zu beachten 10

u. so die AP nicht sach- u. fachgerecht durchzuführen. Die Maßnahmen verfolgen nicht den Zweck der Bestrafung des WP. Dies ist Aufgabe der BA im engeren Sinne nach §§ 61a ff.

11 Als Maßnahmen stehen der KfQK daher auch nur Instrumente zur Beseitigung der Gefahr durch ein nicht ordnungsgemäßes QS-System zur Verfügung. Sie kann **Auflagen** sowie **Sonderprüfungen** anordnen oder die **TB** widerrufen. Diese Maßnahmen sind ausschließl. mit dem Ziel, Mängel des QS-Systems zu beseitigen oder die Gefahr, die von einem nicht zuverlässig handelnden WP ausgeht, auszuschließen.

2. Auflagen (Abs. 2 Satz 1)

12 **Gegenstand einer Auflage** kann das **Schaffen fehlender Regelungen** des QS-Systems, aber auch die **Anwendung v. bestehenden Regelungen** sein. Die Zielrichtung ist die Herstellung der Angemessenheit u./o. Wirksamkeit des QS-Systems. Mit der 7. WPO-Novelle 2007 wurde Abs. 2 Satz 1 ergänzt. Die KfQK ist seitdem auch zum Erlass v. Maßnahmen befugt, wenn Verletzungen des Berufsrechts, die auf Mängeln des QS-Systems beruhen, festgestellt werden. Die Ergänzung erschließt sich nicht. Bereits in der bis zur 7. WPO-Novelle 2007 geltenden Fassung (*„Liegen Mängel vor..., kann die KfQK Auflagen anordnen"*) konnte die KfQK entsprechende Maßnahmen zur Beseitigung der Mängel des QS-Systems beschließen. Leider enthält die Gesetzesbegründung zu dieser Ergänzung v. Satz 1 keinerlei Ausführungen. Sie beschränkt sich auf Ausführungen zur Einführung des Auflagenerfüllungsberichts. Ein möglicher Zusammenhang zu dem neuen Abs. 6 (Befugnis zum Erlass v. Maßnahmen außerhalb einer QK) kann nicht hergestellt werden, da die Ergänzung v. Satz 1 bereits im Referentenentwurf enthalten war, Abs. 6 jedoch erst mit der Beschlussempfehlung des Ausschusses des Bundestages für Wirtschaft u. Technologie in die 7. WPO-Novelle 2007 aufgenommen wurde.

13 Neu mit der 7. WPO-Novelle 2007 eingeführt wurde, dass die KfQK nach Abs. 2 Satz 1 HS 2 eine Frist zur Umsetzung der Auflage zu bestimmen hat. Von der geprüften Praxis, dem Adressaten der Auflage, ist unverzüglich nach Erfüllung der Auflage der KfQK darüber Bericht zu erstatten (**Auflagenerfüllungsbericht**). Der Gesetzgeber begründet dies mit dem Bedürfnis der zeitnahen Kontrolle der Beseitigung eines festgestellten Mangels, da der Zeitraum bis zur Durchführung einer nächsten QK v. drei auf sechs Jahre verlängert wurde (BT-Drs. 16/2858). Jedoch müssen auch Praxen, deren TB über drei Jahre befristet wird (Prüfer v. Unternehmen v. öffentl. Interesse), einen Auflagenerfüllungsbericht erstellen. Die KfQK hatte i.Ü. bereits vor Einführung des Auflagenerfüllungsberichtes in begründeten Fällen v. einer betroffenen Praxis eine Mitteilung der Erfüllung der Auflagen verlangt. Dies erfolgte jedoch regelmäßig nur, wenn umfangreiche o. wesentliche Mängel der Auftragsabwicklung festgestellt worden waren und die KfQK vor der Folge-QK Kenntnis von der Beseitigung des Mangels erlangen wollte und die Anordnung einer Sonderprüfung als nicht angemessen erschien.

14 Im Fall der Anordnung des **Schaffens v. Regelungen des QS-Systems** ist eine Berichterstattung kurzfristig möglich, so dass kurze Fristen für eine Berichterstattung

gesetzt werden können. Schwieriger ist es für die **Wirksamkeit v. Regelungen des QS-Systems** eine Frist zu setzen, da die Praxen verpflichtet sind, die Regelungen permanent bei der Abwicklung v. Aufträgen anzuwenden; also auch nach Ablauf der Frist. Der **Nachweis der Anwendung v. Regelungen** kann im Grunde erst mit der nächsten QK geführt werden, da dann auch die Wirksamkeit des QS-Systems der Praxis seit der letzen TB (ggf. über sechs Jahre!) zu prüfen ist. Die Frist zur Berichterstattung muss sich in diesen Fällen regelmäßig an der Abwicklung der Aufträge orientieren, da die Wirksamkeit der Regelungen des QS-Systems nur geprüft werden kann, wenn die Praxis auch Aufträge abgewickelt hat. Regelmäßig wird sich die Bemessung der Frist an Prüfungssaisons orientieren.

Der **Inhalt des Auflagenerfüllungsberichtes** ist in § 17a Abs. 2 SaQK geregelt. Es ist auf die gesetzl. Pflicht zur Berichterstattung zu verweisen und hat eine Bezugnahme auf die erteilte Auflage zu erfolgen. Die Auflagenumsetzung ist darzulegen. Der Auflagenerfüllungsbericht schließt mit einer Selbsterklärung. Die KfQK hat die Anforderungen an einen Auflagenerfüllungsbericht in einem Hinweis konkretisiert (www.wpk.de → Qualitätskontrolle → Hinweise der KfQK, „Hinweis der KfQK zu Erfüllungsberichten"). 15

Die geprüfte Praxis muss in einer nach Art u. Umfang geeigneten, d.h. für einen sachkundigen Dritten ohne Rückfragen nachvollziehbaren Weise schlüssig darlegen, dass durch die ergriffenen Aktivitäten, die einzelne **Auflage frist- u. sachgerecht erfüllt** wurde. Dabei muss insb. dargelegt werden, welche nach Struktur u. Größe der Praxis geeigneten Aktivitäten ergriffen wurden, die die Angemessenheit u./o. Wirksamkeit der betreffenden Regelung gewährleisten. 16

Sofern das **Schaffen v. Regelungen u. deren Anwendung** Anlass für die Erteilung einer Auflage war, erfordert dies, dass aus dem Erfüllungsbericht folgende Einzelaspekte hervorgehen: 17

1. Darstellung der geschaffenen Regelung (einschl. der vorgenommenen Festlegungen in Bezug auf die Verantwortlichkeiten für die Umsetzung, Durchsetzung u. Überwachung der Regelung),
2. Darstellung der Aktivitäten zur Durchsetzung der Regelung (z.B. Information der Mitarbeiter, Kommunikationsmaßnahmen zur Mitabeitersensibilisierung),
3. Darstellung der zur Feststellung der Wirksamkeit der Regelung durchgeführten Überwachungsaktivitäten (z.B. anlassbezogene Nachschau) einschließl. deren Ergebnisse,
4. Darstellung, durch welche Durchsetzungs- u./o. Überwachungsaktivitäten künftig die Wirksamkeit des QS-Systems in Bezug auf den beseitigten Systemmangel gewährleistet wird.

Sofern **nur das Anwenden v. Regelungen (Wirksamkeit)** Anlass für die Erteilung einer Auflage war, tritt an die Stelle der o.g. Nr. 1. die Darstellung der Regelung, auf die sich die Auflage bezog. Die Anforderungen gem. Nr. 2-4 gelten analog. 18

Der Auflagenerfüllungsbericht schließt mit einer **Selbsterklärung**, deren Wortlaut in dem „Hinweis" der KfQK (Rn. 15) enthalten ist. 19

20 Wird der Auflagenerfüllungsbericht nicht o. nicht unverzüglich vorgelegt, kann die Vorlage mit einem **Zwangsgeld** durchgesetzt werden (§ 57e Abs. 3 Satz 1), da der Auflagenerfüllungsbericht Bestandteil der Auflage ist (§ 17 Abs. 3 Satz 1 HS 2. SaQK).

3. Sonderprüfung (Abs. 2 Sätze 1 und 2)

21 Die Sonderprüfung kann zur **Prüfung der Erfüllung v. Auflagen** angeordnet werden. Dabei kann es sich sowohl um die Prüfung des Schaffens v. Regelungen, als auch deren Wirksamkeit, also des Anwendens der Regelungen, handeln. Sie kann auch zur **Aufklärung eines Sachverhalts** angeordnet werden. So ist die Anordnung einer Sonderprüfung auch zur Klärung, ob die Voraussetzungen für die Festsetzung eines Zwangsgeldes nach Abs. 3 gegeben sind, zulässig (VG Berlin 10.3.2010, WPK-Mag. 3/2010, S. 48 ff m. Anm. und VG Berlin 17.9.2010, WPK-Mag. 1/2011, S. 44 f, mit Anm.). Die Anordnung einer Sonderprüfung stellt einen weitaus intensiveren Eingriff in die Praxis dar, als die Anordnung v. Auflagen, da sie nicht nur mit Kosten für den Sonderprüfer, sondern auch in der Praxis selbst, verbunden ist. Bei der Anordnung ist daher insb. der Grundsatz der Verhältnismäßigkeit zu beachten. Wird eine umfangreiche Sonderprüfung angeordnet, erscheint es sinnvoller, in diesen Fällen ggf. gleich eine neue QK durchzuführen. Dies hat den Vorteil, dass mit der Erteilung der neuen TB auch eine erneute Befristung einhergeht. So kann es vorkommen, dass die Durchführung der Sonderprüfung unter die auflösende Bedingung der Durchführung einer QK gestellt wird. Sofern dies nicht schon im Ausgangsbescheid erfolgt, wird dies ggf. in einem Widerspruchsverfahren berücksichtigt.

22 Durch die **Verlängerung des Turnus einer QK** für Praxen, die keine Mandate i.S.v. § 319a Abs. 1 Satz 1 HGB prüfen, gewinnt die Sonderprüfung eine erweiterte Bedeutung. Bei Mängeln der Auftragsabwicklung, insb. solchen der Wirksamkeit v. Regelungen des QS-Systems, kann es erforderlich sein, die Wirksamkeit der Regelungen vor Ablauf der sechsjährigen Befristung der TB zu prüfen. Hier ist die Sonderprüfung das geeignete Instrument für eine vorzeitige Prüfung der Wirksamkeit des QS-Systems. Die Sonderprüfung kann dem Umfang nach durchaus einer QK entsprechen. In der Regel wird jedoch nur die Umsetzung der erlassenen Auflagen o. die Wirksamkeit v. Regelungen zu prüfen sein, die Sonderprüfung mithin einen deutlich geringeren Umfang haben.

23 Nach § 57e Abs. 2 Satz 2 kann die KfQK die Durchführung einer **Sonderprüfung durch einen anderen Prüfer**, als den PfQK, der die ursprüngliche QK durchgeführt hat, anordnen. Dies kommt nur in Betracht, wenn ein Grund in der Person des ursprünglich die QK durchführenden PfQK besteht. Dies kann der Fall sein, wenn die Besorgnis besteht, dass der ursprüngliche PfQK die Sonderprüfung nicht unbefangen durchführt o. Anhaltspunkte vorliegen, dass die ordnungsgem. Durchführung der Sonderprüfung nicht gewährleistet ist. Die Anordnung einer Sonderprüfung durch einen anderen PfQK führt regelmäßig zu einer intensiven Auseinandersetzung, insb. mit dem dann ausgeschlossenen PfQK.

Bei der Entscheidung ist zu berücksichtigen, dass die KfQK mit der Anordnung   24
einer Sonderprüfung durch einen anderen PfQK nicht nur in die Rechte der geprüften Praxis, sondern auch des PfQK eingreift. Schließlich kann dieser PfQK nicht mehr v. der Praxis mit der Durchführung der Sonderprüfung beauftragt werden, was zu einem Eingriff in die Berufsausübung des PfQK nach Art. 12 GG führt. Sollte die KfQK die Anordnung einer Sonderprüfung durch einen anderen PfQK erwägen, ist dazu daher **nicht nur die geprüfte Praxis** nach § 57e Abs. 2 Satz 7, sondern **auch der PfQK als** Beteiligter i.S.v. **§ 13 VwVfG zu dem Verfahren hinzuzuziehen**. Ein Problem besteht regelmäßig darin, dass die KfQK die in der Person des PfQK liegenden Gründe der geprüften Praxis mitteilen muss. Dies steht jedoch im Gegensatz zu dem Interesse des PfQK, dass einem Dritten so wenig wie möglich über die in seiner Person liegenden Gründe für die Anordnung der Sonderprüfung durch einen anderen PfQK mitgeteilt wird. Es dürfen daher nur solche Gründe mitgeteilt werden, als dies für die zu prüfende Praxis zur Nachvollziehbarkeit der Entscheidung der KfQK erforderlich ist. Gegenüber dem PfQK werden i.d.R. weitergehende Gründe dargelegt werden können.

4.   Erteilung und Widerruf der Teilnahmebescheinigung (Abs. 2 Sätze 3-6)
In den Sätzen 3-6 wird die KfQK bei bestimmten Sachverhalten ermächtigt, die **TB**   25
zu erteilen o. zu widerrufen. So hat die KfQK nach Satz 3 die TB zu widerrufen, wenn der PfQK ein positives Prüfungsurteil erteilt hat, aber nach Feststellung der KfQK das Prüfungsurteil hätte versagt werden müssen. Hier zeigt sich deutlich, dass die KfQK im System der QK eine korrigierende Funktion (Monitoring-Element) einnimmt. Von besonderer Bedeutung für die Glaubwürdigkeit des Systems der QK ist die Widerrufsmöglichkeit nach Satz 4. Danach kann die KfQK eine TB widerrufen, wenn die QK unter Verstoß gegen § 57a Abs. 4 (Besorgnis der Befangenheit) durchgeführt wurde. Nach Satz 5 kann die KfQK eine TB erteilen, wenn der PfQK das Prüfungsurteil zu Unrecht versagt hat.

Die KfQK hat eine **TB nach Satz 6 zu widerrufen**, wenn die QK unter einem   26
schwerwiegenden Verstoß gegen §§ 57a-57d u. die SaQK durchgeführt wurde. Ein schwerwiegender Verstoß i.d.S. liegt bspw. vor, wenn der PfQK keinen angemessenen Zeitaufwand für die auftragsbezogene Funktionsprüfung (Prüfung der Auftragsabwicklung) erbracht hat (VG Berlin 21.1.2010, WPK-Mag. 2/2010, 55 f.). Ein schwerwiegender Verstoß liegt bereits vor, wenn berechtigte Zweifel an einer ordnungsgemäßen Durchführung einer QK nicht ausgeräumt werden (VG Berlin 21.1.2010 a.a.O.). Damit steht der KfQK unmittelbar ein wirksames Instrument zur Verfügung, wenn sie einen entsprechenden Verstoß bei der Durchführung einer QK feststellt. Der wirksame Widerruf der TB wegen eines schwerwiegenden Verstoßes bei der Durchführung der QK stellt den denkbar schwersten Eingriff in die Berufsausübung der geprüften Praxis dar. Der Widerruf hat zur Folge, dass die Praxis nach § 319 Abs. 1 Satz 3 HGB nicht wirksam zum gesetzl. AP gewählt werden kann bzw. als gesetzl. AP nach § 318 Abs. 4 Satz 2 HGB wegfällt. Die Konsequenzen sind jedoch nicht nur für die Praxis beachtlich, sondern auch für den PfQK, wenn er die Gründe für den Widerruf gesetzt hat. Auch in solchen Sachverhalten wird die Pra-

xis, bevor der Widerruf beschlossen wird, **zu dem beabsichtigten Widerruf angehört.** Im Rahmen dieses Anhörungsverfahrens werden i.d.R. v. den Praxen alle Maßnahmen getroffen, um zumindest den Widerruf zu vermeiden.

27 Erkennt die WPK, dass eine **TB widerrufen** werden soll, ist der Vorgang der **APAK vor Entscheidungsbekanntgabe** nach Abs. 2 Satz 8 **vorzulegen.** Diese Regelung ist mit der 6. WPO-Novelle 2005 in die WPO eingefügt worden u. wird mit der Bedeutung eines Widerrufs begründet (BT-Drs. 15/3983, 13 f.).

5. Zwangsmittel (Abs. 3)

28 Die KfQK kann Maßnahmen (Auflage/Sonderprüfung) nach § 57e Abs. 3 mittels eines **Zwangsgeldes** durchsetzen, wenn die betroffene Praxis die Maßnahmen nicht befolgt. Das allg. VwVG ist, soweit die WPO besondere Vorschriften vorsieht, subsidiär. Mit Abs. 3 ist als Zwangsmittel ausdr. nur das Zwangsgeld vorgesehen. Die Zwangsmittel der Ersatzvornahme o. des unmittelbaren Zwangs sind ausgeschlossen. Abweichend v. der Regelung des VwVG kann ein Zwangsgeld bis zu 25.000 Euro festgesetzt werden. Das Zwangsmittel kann wiederholt festgesetzt werden, wenn die Maßnahme unverändert nicht befolgt wird. Erfüllt die Praxis, trotz der wiederholten Festsetzung eines Zwangsgeldes, die Maßnahme nicht, hat die KfQK in letzter Konsequenz nach § 57e Abs. 3 Satz 2 die TB zu widerrufen. Die KfQK kann eine Sonderprüfung anordnen, um festzustellen, ob die Voraussetzungen für die Festsetzung eines Zwangsgeldes zulässig sind (VG Berlin 17.9.2010, WPK-Mag. 1/2011, 44 f.).

IV. „Firewall" (Abs. 4 und 5)

1. Allgemeines

29 Die Regelungen der Abs. 4 u. 5 sind Grundlage **der „Firewall" zwischen der QK u. der BA,** die allerdings für Informationen aus der BA hin zur QK durchlässig ist (vgl. noch Rn. 34). Beide Regelungen normieren zwar „nur" ein **Verwertungsverbot in der BA** v. im Rahmen der QK getroffenen Feststellungen. Um jedoch auch schon die **Gefahr einer Verwertung** auszuschließen, gibt es in der WPK entspr. der **differenzierten Aufgabenverteilung der Gremien** (KfQK für die QK u. VO für die BA) auch **in der Geschäftsstelle eine strikte Aufgabentrennung** (vgl. § 8a Abs. 6 Satzung WPK und § 7 SaQK, wonach Mitarbeiter der Geschäftsstelle, die für die KfQK tätig sind, nicht mit der BA gegen Mitglieder der WPK betraut werden dürfen). Diese führt dazu, dass die Bearbeitungen von QK- und BA-Verfahren in der Geschäftsstelle und die Beratungen in den Gremiensitzungen personell und organisatorisch getrennt sind.

30 Mit der Einführung der „Firewall" wurde berücksichtigt, dass die Praxis nach § 57d bei der Durchführung der QK zur Mitwirkung verpflichtet ist. Diese Pflicht zur Mitwirkung folgt aus dem Grundsatz des Rechtes der allg. Gefahrenabwehr, wonach jedermann zur Beseitigung von durch seine Handlungen gesetzten Gefahren verpflichtet ist. Darüber hinaus sollte durch die Einführung der „Firewall" die Bereitschaft des Berufsstandes zur Teilnahme gesteigert und Bedenken gegen das System der QK entgegengewirkt werden. Sachverhalte, die bei der Durchführung

einer QK durch den PfQK festgestellt werden könnten, könnten Verstöße der geprüften Praxis gegen das Berufsrecht der WP darstellen. Diese sollen aber, sofern sie zu Maßnahmen i.S. der Abs. 2 u. 3 geführt haben, nicht Gegenstand eines Berufsaufsichtsverfahrens sein können. Damit wird dem „nemo-tenetur"-Grundsatz, dass niemand gezwungen werden darf, sich selber zu belasten, Rechnung getragen. Diese Regelung trägt wesentlich zur **Akzeptanz des Systems der QK im Berufsstand** bei.

2. Umfang der „Firewall" (Abs. 5)

Die „Firewall" nach Abs. 5 betrifft nur **Verletzungen des Berufsrechts** durch die geprüfte Praxis, die zu **Maßnahmen nach den Abs. 2 u. 3 geführt** haben. Nur diese Sachverhalte dürfen nicht Gegenstand eines berufsaufsichtsrechtlichen Verfahrens sein bzw. sind v. Informationsfluss in die BA (vgl. Rn. 28) ausgeschlossen. 31

Sachverhalte, die zwar berichtspflichtig sind, aber nicht zu Maßnahmen nach den Abs. 2 u. 3 geführt haben, erscheinen v. der „Firewall" nicht erfasst. So ist es vorstellbar, dass Mängel der Angemessenheit des QS-Systems im Rahmen der QK festgestellt werden, die jedoch **nicht zu einer Maßnahme** führen, weil im Zeitpunkt der Beschlussfassung über eine mögliche Maßnahme nach Abs. 2 die **Mängel bereits beseitigt** sind. In diesen Fällen besteht kein Anlass, eine Maßnahme zu beschließen. Da jedoch keine Maßnahme beschlossen wurde, würden diese Sachverhalte dem Wortlaut der Vorschrift nach nicht unter die „Firewall" fallen. Dies entspricht jedoch nicht Sinn u. Zweck der Vorschrift, so dass auch derartige Sachverhalte unter die „Firewall" fallen. 32

Werden v. dem WP der geprüften Praxis **Verletzungen des Berufsrechts bei der Durchführung der QK** begangen (z.B. unterlassene o. falsche Mitteilungen an die WPK), können diese gleichwohl Gegenstand eines berufsaufsichtsrechtlichen Verfahrens sein, da diese nicht zu Maßnahmen der KfQK i.S.v. Abs. 2 führen können. Begeht der PfQK bei der Durchführung Verletzungen des Berufsrechts (bspw. nicht sach- und fachgerechte Durchführung der QK), so können sie ebenfalls Gegenstand eines berufsaufsichtsrechtlichen Verfahrens sein (WPK-Mag. 3/2012, 43 f.). Die QK stellt sowohl für geprüfte Praxis, wie für PfQK keinen berufsrechtsfreien Raum dar. 33

Die „Firewall" führt jedoch **nur für den Informationsfluss aus der QK zur BA** zu einer absoluten Sperre (vgl. Rn. 29). Umgekehrt sind unter Beachtung datenschutzrechtlicher Anforderungen Informationen an die KfQK u. dort Verwertungsmöglichkeiten gegeben, da die BA ein Mitwirkungsgebot, wie es die QK enthält, nicht kennt. Niemand kann zur Mitwirkung im Rahmen der Ermittlungen der BA gegen sich selbst gezwungen werden. Mithin besteht die Möglichkeit, Informationen, die in der BA gewonnen werden, im Rahmen des Verfahrens der QK zu verwenden, wenn sie Bedeutung für das QS-System haben. Dies ist im Rahmen der Registrierung v. PfQK in § 57a Abs. 3 Satz 2 Nr. 3 auch ausdr. geregelt. 34

Erkenntnisse aus der BA werden zunächst daraufhin untersucht, ob ein Zusammenhang mit dem QS-System erkennbar ist. Ist dies nicht ersichtlich, besteht kein 35 aktueller Handlungsbedarf. Diese Erkenntnisse können jedoch später bei der Auswertung des dann eingegangenen QK-Berichts herangezogen werden. Von besonderem Interesse ist, ob und ggf. wie die Praxis aus dem BA-Verfahren Erkenntnisse für ihr QS-System gezogen hat. Ist aufgrund der Erkenntnisse aus der BA ein Zusammenhang mit dem QS-System nicht auszuschließen, kann die KfQK ggf. ein Verfahren nach Abs. 6 einleiten. Erkenntnisse aus der BA können nicht nur Anhaltspunkte für Mängel des QS-Systems, sondern auch Mängel in der Durchführung einer QK aufdecken. Die KfQK hat in diesem Fall zu prüfen, ob u. ggf. welche Konsequenzen zu ziehen sind. Wird bei der Durchführung der QK ein schwerwiegender Verstoß festgestellt, führt dies nach Abs. 2 Satz 6 zum Widerruf der TB.

3. Durchbrechung der „Firewall" (Abs. 4)

36 Der Abs. 4 stellt eine enge Durchbrechung der „Firewall" aus übergeordnetem öffentl. Interesse bei sog. **Widerrufstatbeständen** dar. Hierbei handelt es sich ausschließlich um Sachverhalte zur Gefahrenabwehr, so dass die Durchbrechung der „Firewall" gerechtfertigt ist. Das Interesse der Öffentlichkeit daran, dass nur der zum WP bestellt bzw. als WPG anerkannt werden darf, der die Voraussetzungen auch erfüllt, ist höher einzuschätzen, als das Interesse des betroffenen Berufsträgers. Werden im Zuge einer QK Sachverhalte (z.B. unterbrochene BHV o. Vermögensverfall) aufgedeckt, so hat die KfQK den VO über diese Sachverhalte zu unterrichten, damit er die erforderlichen Schritte zum Widerruf der Bestellung bzw. Anerkennung in einem öffentlich-rechtlichen Verfahren einleiten kann. Die Weitergabe dient auch insoweit nicht der „Bestrafung", sondern dem Herstellen eines der WPO entspr. Zustandes u. der Abwehr einer Gefahr.

37 Nach Satz 2 dürfen diese mitgeteilten Tatsachen ausdr. **nicht Gegenstand eines berufsaufsichtsrechtlichen Verfahrens** sein. Sie unterliegen insoweit einem Verwertungsverbot. Im Ergebnis wird durch die Regelung der gleiche Zustand wie mit der „Firewall" hergestellt. Gegen die Betroffenen werden keine berufsaufsichtsrechtlichen Maßnahmen ergriffen, obwohl im Rahmen der QK entsprechende Feststellungen getroffen wurden, die Gegenstand einer berufsaufsichtsrechtlichen Maßnahme hätten sein können.

38 Mitunter werden durch eine QK andere, **registerrelevante Sachverhalte** aufgedeckt, die nicht den Widerruf der Bestellung zum WP bzw. die Anerkennung als WPG zur Folge haben (z.B. Tätigkeitswechsel des WP, unzutreffender Berufssitz, Adressänderungen etc.). Diese Sachverhalte sind grds. nicht durch Abs. 4 betroffen, so dass auch diese Sachverhalte der „Firewall" unterliegen würden. Hier ist jedoch das Interesse der Öffentlichkeit an einem ordnungsgem. BR zu berücksichtigen u. höher zu werten, als das Interesse des Betroffenen, dass die Sachverhalte nicht weiter gegeben werden. In diesen Sachverhalten wird der VO von der KfQK informiert, um eine Korrektur des BR zu ermöglichen u. somit dem Interesse der Öffentlichkeit an einem richtigen BR nachzukommen. Auch hier erfolgt eine Verwertung nur im Verwaltungsverfahren u. gemäß einer entsprechenden Abstimmung zwischen der KfQK u. dem VO ausdr. nicht im Rahmen der BA.

V. Handeln der KfQK außerhalb einer Qualitätskontrolle (Abs. 6)

Absatz 6 ist erst im Rahmen der Beratungen der 7. WPO-Novelle 2007 im Wirtschaftsausschuss des Deutschen Bundestages in das Gesetz eingefügt worden. Durch ihn erhält die KfQK die Ermächtigung, **Maßnahmen** i.S.v. Abs. 2-4 auch dann zu erlassen, wenn Mängel **außerhalb einer turnusmäßigen QK festgestellt** werden. Die Einführung von Abs. 6 wird mit der internationalen Erwartung u. den Anforderungen der AP-RiLi (2006) begründet. Eingeführt wird damit ein fehlender Baustein in dem System der Überwachung der Einhaltung der Berufspflichten. Erhielt die KfQK bis dato außerhalb einer turnusmäßigen QK Kenntnis von Anhaltspunkten für Mängel des QS-Systems eines WP o. einer WPG, konnte sie bisher weder Maßnahmen zur Sachverhaltsermittlung noch die nach Sachverhaltsfeststellung gebotenen Maßnahmen (bis ggf. zum Widerruf der TB hin) ergreifen, um einen ordnungsgemäßen Zustand herzustellen. 39

Die KfQK kann auf **alle Erkenntnisquellen zurückgreifen**. Dabei kann es sich z.B. um Erkenntnisse handeln, die in der BA erlangt werden o. auf andere Weise bekannt werden. Werden die Feststellungen v. Mängeln im Rahmen einer SU nach § 62b getroffen, so ist die KfQK an die Feststellungen zum Sachverhalt, nicht an die Würdigung, ob Mängel des QS-Systems gegeben sind, gebunden. 40

§ 57f (aufgehoben)

§ 57g Freiwillige Qualitätskontrolle

§ 57a Abs. 2 bis 6, §§ 57b bis 57f gelten entsprechend für die freiwillige Durchführung einer Qualitätskontrolle bei Wirtschaftsprüfern in eigener Praxis und Wirtschaftsprüfungsgesellschaften.

Schrifttum: *Die Hinweise zum Schrifttum zur Qualitätskontrolle sind vor den Vorbemerkungen zu den §§ 57a ff. gebündelt.*

Inhaltsverzeichnis

	Rn.
I. Allgemeines	1–2
II. Einzelregelungen	3–4

I. Allgemeines

§ 57g räumt Berufsangehörigen die **Möglichkeit einer freiwilligen QK** ein, auch wenn keine gesetzlich vorgeschriebenen AP durchgeführt werden u. damit keine Pflicht zur Durchführung der QK nach § 57a Abs. 1 Satz 1 besteht. Der Gesetzgeber hatte sich hierzu entschlossen, um Berufsangehörigen ohne gesetzliche AP-Mandate die Chance der **Vermeidung möglicher Wettbewerbsnachteile** zu eröffnen. Mit der TB als Beleg für eine erfolgreiche Teilnahme am QK-Verfahren kann aktuellen u. potenziellen Mandanten kommuniziert werden, dass das QS-System den berufs- 1 rechtlichen Anforderungen entspricht u. geprüft ist u. dass die Praxis jederzeit in der Lage ist, gesetzliche AP durchzuführen.

2 Eine **gesetzliche Grundlage** für die Durchführung einer freiwilligen QK ist notwendig, um klarzustellen, dass auch bei einer freiwilligen QK dieselben Regeln wie bei der gesetzlichen QK gelten. Insbesondere betrifft dies die Durchbrechung der Pflicht zur Verschwiegenheit des WP (§ 57b Abs. 3) u. die Mitwirkungs- u. Duldungspflichtigen v. Sozien (§ 57d Satz 1). Nicht zuletzt können auch die Ressourcen der WPK nur für gesetzlich legitimierte Projekte eingesetzt werden.

II. Einzelregelungen

3 Voraussetzung für die Durchführung einer freiwilligen QK ist, dass die **Praxis betriebswirtschaftliche Prüfungen unter Verwendung des Berufssiegels durchgeführt hat**. Nur in diesem Fall kann eine auftragsbezogene Funktionsprüfung des QS-Systems durch den PfQK vorgenommen werden, was Voraussetzung für ein positives Prüfungsurteil ist.

4 Wird eine QK freiwillig durchgeführt, **gelten grds. dieselben Regeln wie bei einer Pflicht-QK**. So muss auch die freiwillig zu prüfende Praxis u.a. ein bis drei Vorschläge bzgl. PfQK einreichen. Es können insb. auch Auflagen o. Sonderprüfungen gegen die Praxis angeordnet werden. Von der **Anwendung ausgenommen** ist zum einen § 57a Abs. 7 (Kündigung des Auftrags zur Durchführung einer QK, vgl. § 57a Rn. 144 ff), so dass ein Auftrag zur Durchführung einer QK allein auf Basis der getroffenen Vereinbarung u. den allg. zivilrechtlichen Regelungen gekündigt werden kann; der PfQK muss in diesem Fall keinen QK-Bericht über seine bisherigen Ergebnisse u. den Kündigungsgrund fertigen. Zum anderen findet § 57a Abs. 8 (Aufbewahrungsfristen v. QK-Berichten) keine Anwendung.

Vorbemerkungen zur Qualitätskontrolle bei Prüfungsstellen der Sparkassen- und Giroverbände sowie genossenschaftlichen Prüfungsverbänden (§ 57h und Anhang)

Auch die Prüfungsstellen der Sparkassen- und Giroverbände sowie die genossenschaftlichen Prüfungsverbände haben die Pflicht, sich der Qualitätskontrolle zu unterziehen. Für die Prüfungsstellen der Sparkassen- und Giroverbände ist dies in § 57h geregelt. Die Regelungen für die genossenschaftlichen Prüfungsverbände finden sich im Genossenschaftsgesetz mit Verweisungen auf die WPO. Aufgrund des sachlichen Zusammenhangs erfolgt daher eine Kommentierung bezüglich einer Qualitätskontrolle bei genossenschaftlichen Prüfungsverbänden als Anhang zur Kommentierung des § 57h.

§ 57h Qualitätskontrolle bei Prüfungsstellen der Sparkassen- und Giroverbände

(1) [1]§ 57a Abs. 1 Satz 1, Abs. 3 bis 5, Abs. 6 Satz 1 bis 9, Abs. 7 bis 8, §§ 57b bis 57d, § 66a Abs. 1 Satz 1, Abs. 3 Satz 1 bis 3, Abs. 5 Satz 1, Abs. 6 Satz 5 und § 66b gelten entsprechend für die Qualitätskontrolle bei Prüfungsstellen der

Sparkassen- und Giroverbände, soweit diese Mitglieder der Wirtschaftsprüferkammer sind und das Landesrecht hinsichtlich der Verpflichtung zur Durchführung der Qualitätskontrolle nichts anderes vorsieht. ²Maßstab und Reichweite der Qualitätskontrolle werden in entsprechender Anwendung von § 57a Abs. 2 durch die nach Landesrecht zuständige Aufsichtsbehörde bestimmt. ³§ 57e Abs. 2 findet mit der Maßgabe entsprechende Anwendung, dass die Kommission für Qualitätskontrolle nicht über belastende Maßnahmen gegenüber den Prüfungsstellen entscheidet, sondern der nach Landesrecht zuständigen Aufsichtsbehörde unverzüglich die Tatsachen und Schlussfolgerungen mitteilt, die Grundlage solcher Maßnahmen sein können. ⁴Erkennt die Wirtschaftsprüferkammer, dass eine Teilnahmebescheinigung nach § 57a Abs. 6 Satz 7 widerrufen oder eine Teilnahmebescheinigung nach § 57a Abs. 6 Satz 9 nicht erteilt werden soll, so sind § 57a Abs. 6 Satz 10 und § 57e Abs. 2 Satz 8 mit der Maßgabe anzuwenden, dass der Vorgang der nach Landesrecht zuständigen Aufsichtsbehörde zur Entscheidung vorzulegen ist.

(2) ¹Prüfer für Qualitätskontrolle können im Falle des Absatzes 1 auch Prüfungsstellen der Sparkassen- und Giroverbände sein. ²Eine Prüfungsstelle ist auf Antrag nach § 57a Abs. 3 zu registrieren, wenn der Leiter der Prüfungsstelle nach § 57a Abs. 3 Satz 2 registriert ist und die Prüfungsstelle die Voraussetzungen nach § 57a Abs. 3 Satz 3 erfüllt. ³Wird einer Prüfungsstelle eines Sparkassen- und Giroverbandes der Auftrag zur Durchführung einer Qualitätskontrolle erteilt, so muss die für die Qualitätskontrolle nach § 57a Abs. 3 Satz 5 verantwortliche berufsangehörige Person der Leiter oder die Leiterin der Prüfungsstelle des Sparkassen- und Giroverbandes sein und nach § 57a Abs. 3 Satz 2 registriert sein.

Schrifttum: *Die Hinweise zum Schrifttum zur Qualitätskontrolle sind vor den Vorbemerkungen zu den §§ 57a ff. gebündelt.*

Inhaltsübersicht

	Rn.
I. Allgemeines	1–4
II. Eingeschränkte Anwendung der Regelungen der §§ 57a ff. (§ 57h Abs. 1)	5–6
III. Prüfungsstellen als Prüfer für Qualitätskontrolle (§ 57h Abs. 2)	7–9

I. Allgemeines

Neben Berufsangehörigen können auch Prüfungsstellen eines Sparkassen- u. Giroverbandes nach § 340k Abs. 3 HGB gesetzliche AP v. Sparkassen sein. Voraussetzung dafür ist, dass der Leiter der PrüSt WP ist. Die PrüSt, die gesetzlich vorgeschriebene AP durchführt, muss über eine wirksame TB verfügen u. daher am **System der QK der WPK** nach §§ 57a ff. teilnehmen. Der Gesetzgeber wollte 1 damit die Qualität der PrüSt gleichermaßen wie bei WP/WPG fördern u. mögliche Wettbewerbsnachteile der PrüSt vermeiden.

2   Die QK für die PrüSt ist in einem **Turnus** v. sechs Jahren durchzuführen. Ist die PrüSt AP einer Sparkasse, die z.B. durch Ausgabe v. Schuldtiteln einen organisierten Markt im Sinne des § 2 Abs. 5 WpHG in Anspruch nimmt, beträgt der Turnus der QK drei Jahre.

3   Die Teilnahme am System der QK setzt die **Mitgliedschaft der PrüSt bei der WPK** nach § 58 Abs. 2 voraus.

4   Prüfungsstellen unterliegen nicht dem Berufsrecht der WPO u. unterstehen nicht der **BA durch die WPK**, sondern der Aufsicht der zuständigen Landesbehörde. Dem Berufsrecht u. der BA unterliegen allerdings die bei der PrüfSt tätigen WP.

II. Eingeschränkte Anwendung der Regelungen der §§ 57a ff. (§ 57h Abs. 1)

5   Grundsätzlich finden die **Regeln des Systems der QK nach §§ 57a ff. auf die PrüSt Anwendung.** Die teilw. v. §§ 57a ff. abweichenden Regeln ergeben sich aus der Kompetenzverteilung u. der besonderen Stellung der PrüSt als mittelbare Staatsverwaltung im Auftrag der nach Landesrecht zuständigen Aufsichtsbehörden für Sparkassen. Unabhängig v. dieser Kompetenzverteilung gelten für PrüSt vergleichbare Qualitätsanforderungen wie für WP/WPG. Der Gesetzgeber hat sich für den Fall einer divergierenden Entwicklung vorbehalten, die Systeme der QK für WP/WPG u. PrüSt voneinander zu trennen (BT-Drs. 14/3649, 30 f.). Diesen Vorbehalt haben die Landesbehörden bisher nicht ausgefüllt. Zwischen den für die QS relevanten berufsrechtlichen Regeln u. den Prüfungserlassen der Aufsichtsbehörden besteht jedoch ein hohes Maß an Übereinstimmung in wesentlichen Bereichen. Ausweislich der Gesetzesbegründung sehen die Prüfungserlasse vor, dass die Prüfungen nach Maßgabe der für WP/WPG geltenden Berufsgrundsätze durchzuführen sind. Aus diesem Grund sieht Abs. 1 Satz 2 die Vorgabe des Maßstabs der Qualitätskontrolle in entsprechender Anwendung von § 57a Abs. 2 Satz 1 durch die Aufsichtsbehörde vor. Entsprechendes gilt – mangels der Führung eines Berufssiegels nach § 48 – für die Reichweite der Qualitätskontrolle (BT-Drs. 14/3649, 30).

6   Die PrüSt unterliegt **nicht der Aufsicht durch die WPK**. Somit werden keine belastenden Maßnahmen nach § 57e Abs. 2 durch die KfQK erteilt. Es ist vielmehr die jeweilige nach Landesrecht **zuständige Aufsichtsbehörde** über im Rahmen der QK festgestellte Sachverhalte zu informieren, die dann Maßnahmen treffen kann.

III. Prüfungsstellen als Prüfer für Qualitätskontrolle (§ 57h Abs. 2)

7   Die **QK bei PrüSt** kann v. WP/WPG o. einer anderen PrüSt, sofern diese als PfQK registriert ist, durchgeführt werden. PrüSt können nicht v. vBP/BPG geprüft werden, da diese gem. § 130 Abs. 3 Satz 2 nur im Rahmen ihres Vorbehaltsbereichs u. somit bei anderen vBP/BPG tätig werden können. Ein gen. PrfgVerb kann ebenfalls nicht die QK einer PrüSt durchführen.

Absatz 2 Satz 3 lehnt an § 57a Abs. 3 Satz 5 an. Wird einer PrüSt der Auftrag zur **8** Durchführung einer QK bei einer anderen PrüSt erteilt, muss gem. Satz 3 der **verantwortliche WP** i.S.v. § 57a Abs. 3 Satz 5 **Leiter der PrüSt u. als PfQK nach § 57a Abs. 3 Satz 2 registriert** sein.

Absatz 2 Satz 2 regelt die **Voraussetzungen für die Registrierung** einer PrüSt als **9** PfQK, die sinngem. denen für WPG entsprechen. Danach ist Voraussetzung, dass die persönliche Registrierung als PfQK des Leiters der PrüSt vorliegt u. die PrüSt über eine wirksame TB nach § 57a Abs. 6 Satz 7 verfügt. Zu Einzelfragen der Registrierung als PfQK vgl. § 57a Abs. 3.

Anhang zu § 57h WPO
Qualitätskontrolle für genossenschaftliche Prüfungsverbände (§§ 63e-63g GenG)

Genossenschaftliche Prüfungsverbände haben sich der Qualitätskontrolle der Wirtschaftsprüferkammer zu unterziehen. Dies ist im Genossenschaftsgesetz geregelt. Wegen des sachlichen Zusammenhangs erfolgt die Kommentierung im Anschluss an die Kommentierung zur QK bei PrüfSt i.S.d. § 57h:

Inhaltsübersicht
§ 63e GenG: Qualitätskontrolle für Prüfungsverbände
§ 63f GenG: Prüfer für Qualitätskontrolle
§ 63g GenG: Durchführung der Qualitätskontrolle

§ 63e GenG   Qualitätskontrolle für Prüfungsverbände

(1) ¹Die Prüfungsverbände sind verpflichtet, sich im Abstand von jeweils sechs Jahren einer Qualitätskontrolle nach Maßgabe der §§ 63f und 63g zu unterziehen. ²Prüft ein Prüfungsverband auch eine Genossenschaft, eine in Artikel 25 Abs. 1 Satz 1 Nr. 1 des Einführungsgesetzes zum Handelsgesetzbuch genannte Gesellschaft oder ein in Artikel 25 Abs. 1 Satz 1 Nr. 2 des Einführungsgesetzes zum Handelsgesetzbuch genanntes Unternehmen, die einen organisierten Markt im Sinne des § 2 Abs. 5 des Wertpapierhandelsgesetztes in Anspruch nehmen, verringert sich der Abstand auf drei Jahre. ³Ein Prüfungsverband, der keine in § 53 Abs. 2 Satz 1 bezeichneten Genossenschaften prüft, ist nicht verpflichtet, sich einer Qualitätskontrolle zu unterziehen.

(2) ¹Die Qualitätskontrolle dient der Überwachung, ob die Grundsätze und Maßnahmen zur Qualitätssicherung nach Maßgabe der gesetzlichen Vorschriften insgesamt und bei der Durchführung einzelner Aufträge eingehalten werden. ²Sie erstreckt sich auf die Prüfungen nach § 53 Abs. 1 und 2 bei den in § 53 Abs. 2 Satz 1 bezeichneten Genossenschaften und die Prüfungen bei den in Artikel 25 Abs. 1 Satz 1 des Einführungsgesetzes zum Handelsgesetzbuche genannten Gesellschaften und Unternehmen.

(3) ¹Zur Vermeidung von Härtefällen kann die Wirtschaftsprüferkammer auf Antrag befristete Ausnahmen von der Verpflichtung nach Absatz 1 genehmigen. ²Die Ausnahmegenehmigung kann wiederholt erteilt werden. ³Die Wirtschaftsprüferkammer kann vor ihrer Entscheidung eine Stellungnahme der nach § 63 Aufsichtsbehörde einholen.

(4) Ein Prüfungsverband, der erstmalig eine der Qualitätskontrolle unterfallende Prüfung durchführt, muss spätestens bei Beginn der Prüfung über eine wirksame Bescheinigung über die Teilnahme an der Qualitätskontrolle oder über eine Ausnahmegenehmigung verfügen; im Falle einer Ausnahmegenehmigung ist die Qualitätskontrolle spätestens drei Jahre nach Beginn der ersten Prüfung durchzuführen.

Inhaltsübersicht

		Rn.
I.	Allgemeines	1–6
II.	Obligatorische Qualitätskontrolle (§ 63e Abs. 1 GenG)	7–9
III.	Gegenstand und Umfang der Qualitätskontrolle (§ 63e Abs. 2 GenG)	10–11
IV.	Ausnahmegenehmigung (§ 63e Abs. 3 GenG)	12
V.	Erstmalige Verpflichtung zur Teilnahme am System der Qualitätskontrolle (§ 63e Abs. 4 GenG)	13–14

I. Allgemeines

1   Die Regelungen der §§ 63e-63g GenG wurden mit dem EuroBilG in 2001 in das GenG aufgenommen. Damit wurde die **QK für gen. PrfgVerb** verbindlich vorgeschrieben, die den Grundsätzen für WP/WPG (§§ 57a ff.) sowie für die PrüSt der Sparkassen- u. Giroverbände (§ 57h) entspricht.

2   Die Verankerung der QK für gen. PrfgVerb im GenG (§§ 63e-63g GenG) erfolgte vor dem Hintergrund, eine für gen. PrfgVerb **vergleichbare Rechtslage** zu schaffen, wie sie für WP/WPG sowie für die PrüSt der Sparkassen- u. Giroverbände besteht. Die Regelungen innerhalb des GenG sollen den Besonderheiten des gen. Prüfungswesens Rechnung tragen.

3   Die **Besonderheiten des gen. Prüfungswesens** betreffen die Prüfung der Ordnungsmäßigkeit der Geschäftsführung des VO der Genossenschaft (§ 53 Abs. 1 Satz 1 GenG), des Förderauftrags der Genossenschaften (§ 1 Abs. 1 GenG), die Ausgestaltung der Prüfung als Betreuungsprüfung einschließl. der Prüfungsverfolgung (§§ 59 Abs. 3, 60 GenG) sowie die vereinsrechtliche Organisation des gen. Prüfungswesens (§ 63b Abs. 1 GenG). Jede Genossenschaft muss ferner einem Verband angehören, dem das Prüfungsrecht nach § 63 GenG verliehen ist (§ 54 GenG). Die Qualität der Arbeit der gen. PrfgVerb wird dadurch sichergestellt, dass dem Vorstand des PrfgVerb ein WP angehören oder als besonderer Vertreter nach § 30 BGB bestellt werden muss (§ 63b Abs. 5 Sätze 1 und 2 GenG). Im gen. Prüfungswesen gibt es als weitere Besonderheit nur mittelbar eine freie Prüferauswahl. Die

gen. Pflichtprüfung **erfolgt durch den gen. PrfgVerb, der einen gesetzl. Prüfungsauftrag hat** (§ 55 GenG), der Prüfungsverband hat sogar ein Recht auf Prüfung seiner Mitgliedsgenossenschaften. Es steht der Genossenschaft jedoch jederzeit frei, den gen. PrfGVerb zu wechseln. Eine gesonderte Beauftragung der Prüfung erfolgt nicht; dem Vorsitzenden des Aufsichtsrates der zu prüfenden Genossenschaft ist durch den prüfenden Verband jedoch rechtzeitig der Beginn der Prüfung anzuzeigen (§ 57 Abs. 2 Satz 1 GenG). Vorgenanntes gilt sinngem. für die Prüfung bei Kreditinstituten in der Rechtsform der Genossenschaft o. des rechtsfähigen Vereins unter der Voraussetzung, dass mehr als die Hälfte der geschäftsführenden Mitglieder des VO des PrfgVerb WP sind bzw. wenn der Verband nur zwei VO-Mitglieder hat, mind. einer die Qualifikation als WP aufweist (§ 340k Abs. 2 HGB). Bei diesen Prüfungen besteht die Besonderheit, dass sie nur von gen. PrfgVerb durchgeführt werden können, WP/WPG sind also von der Prüfung ausgeschlossen.

Es kommen **nicht alle Vorschriften der WPO** bei der QK v. gen. PrfgVerb zur Anwendung (siehe Ausführungen zu § 63g Abs. 2 GenG, Rn. 6 ff). Die für die Aufsicht über die gen. PrfgVerb zuständigen obersten Landesbehörden sind über den Widerruf der TB o. über die Nichterteilung der TB zu unterrichten (§ 63g Abs. 3 GenG). 4

Berücksichtigung finden die Besonderheiten des gen. Prüfungswesens ferner dadurch, dass sich gem. § 63f Abs. 1 u. 2 GenG auch **gen. PrfgVerb als PfQK** registrieren lassen können (zu den Voraussetzungen vgl. § 63f GenG). Darüber hinaus wird durch § 63g Abs. 2 Satz 1 GenG auf § 57c verwiesen, so dass die SaQK auch für gen. PrgfVerb gilt. Ferner soll nach § 57e Abs. 1 Satz 2 ein Mitglied der KfQK im gen. Prüfungswesen erfahren u. tätig sein. 5

Im Übrigen entsprechen die Regelungen der §§ 63e-63g GenG den Vorschriften der §§ 57a ff. 6

II. Qualitätskontrolle (§ 63e Abs. 1 GenG)

Für gen. PrfgVerb besteht die **Verpflichtung zur Teilnahme am System der QK**, wenn sie Prüfungen nach § 53 Abs. 1 u. 2 GenG bei den in § 53 Abs. 2 GenG genannten Genossenschaften sowie bei den in Art. 25 Abs. 1 Satz 1 EGHGB genannten Gesellschaften u. Unternehmen durchführen. Lediglich die ausschl. Prüfung sog. „Kleinstgenossenschaften" i.S.v. § 53 Abs. 2 Satz 1 GenG (Bilanzsumme unter 1 Mio. Euro und Umsatzerlöse unter 2 Mio. Euro) begründet keine Verpflichtung zur Durchführung einer QK (§ 63e Abs. 1 Satz 3 GenG).. 7

Die **freiwillige Teilnahme am Systen der QK** ist im GenG nicht geregelt worden, da in § 63g Abs. 3 GenG kein Verweis auf § 57g erfolgt. Ausweislich der Gesetzesbegründung zur 7. WPO-Novelle (BT-Drs. 16/2858, 45) soll die Durchführung einer freiwilligen Qualitätskontrolle eines gen. PrfgVerb. jedoch möglich sein, so dass wegen des fehlenden Verweises von einem gesetzgeberischen Versehen auszugehen sein dürfte. 8

9   Die QK ist jeweils im **Abstand v. sechs Jahren** durchzuführen (§ 63e Abs. 1 Satz 1 GenG). Eine **dreijährige Verpflichtung** zur Durchführung einer QK besteht für PrfgVerb, die Prüfungen bei einer Genossenschaft, einer in Art. 25 Abs. 1 Satz 1 Nr. 1 EGHGB genannten Gesellschaft o. ein in Art. 25 Abs. 1 Satz 1 Nr. 2 EGHGB genanntes Unternehmen, die einen organisierten Markt i.S.d. § 2 Abs. 5 WpHG in Anspruch nehmen, durchführen (§ 63e Abs. 1 Satz 2 GenG). Unterbleibt eine QK o. wird die Folgeprüfung nicht rechtzeitig vor Ablauf der Frist einer erteilten TB durchgeführt, ruht das Prüfungsrecht (§ 56 Abs. 1 GenG).

III. Gegenstand und Umfang der Qualitätskontrolle (§ 63e Abs. 2 GenG)

10 Gegenstand der QK ist, genau wie beim Berufsstand der WP/vBP, das **QS-System des gen. PrfgVerb.** Das QS-System umfasst die für die ordnungsgemäße Abwicklung der in Satz 2 bezeichneten Prüfungen erforderlichen Grundsätze u. Maßnahmen zur Qualitätssicherung nach Maßgabe der gesetzlichen Vorschriften. Grundsätzlich können diese Regeln aus § 55b, § 32 BS WP/vBP u. der VO 1/2006 abgeleitet werden. Die Berufspflichten finden keine unmittelbare Anwendung auf die gen. PrfgVerb, da diese freiwillige Mitglieder der WPK sind u. nicht der BA durch die WPK unterliegen. Mittelbar müssen die Berufspflichten dennoch beachtet werden, da nach § 63b Abs. 5 GenG bei jedem gen. PrfGVerb. mindestens ein WP tätig ist, der kraft seiner Pflichtmitgliedschaft in der WPK dem Berufsrecht unterliegt und somit die Berufspflichten zu beachten hat. Im Übrigen sind bei der Implementierung eines QS-Systems die Besonderheiten des gen. Prüfungswesens zu berücksichtigen, beispielsweise die Ausschlussgründe des § 55 Abs. 2 GenG für den Prüfer.

11 Die QK erstreckt sich – in Anlehnung an § 57a Abs. 2 Satz 2 – auf die Abwicklung der in § 53 Abs. 1 u. 2 GenG genannten Prüfungen bei den in § 53 Abs. 2 GenG genannten Genossenschaften sowie auf die in Art. 25 Abs. 1 Satz 1 EGHGB genannten Gesellschaften u. Unternehmen. Gegenüber der gesetzl. Regelung vor Inkrafttreten der 7. WPO-Novelle 2007 beschränkt sich die Grundgesamtheit der in die QK einzubeziehenden Aufträge auf die Prüfungen bei Genossenschaften, deren Bilanzsumme 1 Mio. Euro u. deren Umsatzerlöse 2 Mio. Euro übersteigen. Im Unterschied zu § 57a Abs. 2 Satz 2 bezieht sich der Prüfungsumfang der QK bei gen. PrfgVerb aber nicht auf „Siegelaufträge", da gen. PrfGVerb nicht zur Siegelführung berechtigt sind (siehe dazu § 48 Rn. 5).

IV. Ausnahmegenehmigung (§ 63e Abs. 3 GenG)

12 Die WPK kann auf Antrag zur Vermeidung v. Härtefällen eine **befristete Ausnahmegenehmigung** erteilen. Härtefälle können insb. bei Neugründungen eines PrfgVerb o. in den Fällen vorliegen, in denen die Kosten der QK im Einzelfall eine besondere wirtschaftliche Härte darstellen. Als Besonderheit ist zu berücksichtigen, dass zur Beurteilung des Vorliegens eines Härtefalls die WPK die für die Verleihung des Prüfungsrechts zuständige Behörde um Auskunft ersuchen kann. Der Wortlaut von Abs. 3 Satz 3 GenG ist seit Inkrafttreten des BilMoG im Jahr 2009 grammati-

kalisch nicht vollständig. Bis dahin war anstelle des Wortes „Aufsichtsbehörde" der Passus „für die Verleihung des Prüfungsrechts zuständigen Behörde" zu finden. Der Gesetzgeber hat versehentlich das Wort „zuständigen" gestrichen oder die Streichung des Verweises auf § 63 GenG übersehen.

V. Erstmalige Verpflichtung zur Teilnahme am System der Qualitätskontrolle (§ 63e Abs. 4 GenG)

Absatz 4 normiert, dass ein PrfgVerb, der erstmalig eine der QK unterfallende Prüfung durchführt – weil er entweder zuvor keine in § 53 Abs. 2 Satz 1 GenG bezeichneten Genossenschaften geprüft hat oder weil ihm das Prüfungsrecht erstmalig verliehen wurde –, spätestens bei **Beginn der Prüfung über eine wirksame TB** o. über eine Ausnahmegenehmigung verfügen muss. 13

Eine **befristete Ausnahmegenehmigung** kann somit erteilt werden, wenn ein bestehender PrfgVerb bisher ausschließl. „Kleinstgenossenschaften" i.S.v. § 53 Abs. 1 GenG geprüft hat u. die Durchführung einer QK für den PrfgVerb eine besondere Härte darstellen würde. Eine Ausnahmegenehmigung kommt ferner in Betracht für PrfgVerb, denen das Prüfungsrecht neu verliehen ist, um erstmalig der QK unterfallende Prüfungen durchführen zu können. Wird eine Ausnahmegenehmigung erteilt, muss die erste QK spätestens drei Jahre nach Beginn der ersten Prüfung durchgeführt werden. Damit kann einem PrfgVerb keine über drei Jahre hinaus gehende Ausnahmegenehmigung erteilt werden, auch wenn eine Härte im Sinne von §§ 63e Abs. 3 Satz 1 GenG (z. B. wirtschaftlicher Natur) vorliegt. 14

§ 63f GenG   Prüfer für Qualitätskontrolle

(1) Die Qualitätskontrolle wird durch Prüfungsverbände nach Maßgabe des Absatzes 2 oder durch Wirtschaftsprüfer oder Wirtschaftsprüfungsgesellschaften durchgeführt, die nach § 57a Abs. 3 der Wirtschaftsprüferordnung als Prüfer für Qualitätskontrolle registriert sind.

(2) ¹Ein Prüfungsverband ist auf Antrag bei der Wirtschaftsprüferkammer als Prüfer für Qualitätskontrolle zu registrieren, wenn

1. ihm das Prüfungsrecht seit mindestens drei Jahren zusteht;
2. mindestens ein Mitglied seines Vorstands oder ein nach § 30 des Bürgerlichen Gesetzbuchs bestellter besonderer Vertreter ein Wirtschaftsprüfer ist, der als Prüfer für Qualitätskontrolle nach § 57a Abs. 3 der Wirtschaftsprüferordnung registriert ist;
3. der Prüfungsverband über eine wirksame Bescheinigung über die Teilnahme an der Qualitätskontrolle verfügt.

²Wird einem Prüfungsverband der Auftrag zur Durchführung einer Qualitätskontrolle erteilt, so muss der für die Qualitätskontrolle verantwortlicher Wirtschaftsprüfer die Voraussetzungen des Satzes 1 Nr. 2 erfüllen.

(3) § 57a Abs. 4 der Wirtschaftsprüferordnung ist entsprechend anzuwenden.

Inhaltsübersicht

	Rn.
I. Prüfer für Qualitätskontrolle (§ 63f Abs. 1 GenG)	1
II. Registrierungsvoraussetzungen (§ 63f Abs. 2 GenG)	2
III. Ausschlussgründe für Prüfer für Qualitätskontrolle (§ 63f Abs. 3 GenG)	3–4

I. Prüfer für Qualitätskontrolle (§ 63f Abs. 1 GenG)

1 § 63f Abs. 1 GenG bestimmt, dass eine QK bei einem gen. PrfgVerb ein als **PfQK registrierter gen. PrfgVerb** o. ein als **PfQK registrierter WP/WPG** durchführen kann. vBP/BPG können nicht PfQK eines gen. PrfgVerb sein (§ 63f Abs. 1 GenG). Auch kann die QK eines gen. PrfgVerb nicht durch eine als PfQK registrierte PrüSt eines Sparkassen- u. Giroverbandes durchgeführt werden, da deren zulässige Tätigkeit als PfQK auf andere PrüSt beschränkt ist (§ 57h Abs. 2). Wird einem gen. PrfgVerb o. einer WPG der Auftrag zur Durchführung einer QK bei einem anderen gen. PrfgVerb erteilt, so muss der verantwortliche Prüfer der Führungsebene des gen. PrfgVerb bzw. der WPG angehören (§ 63f Abs. 2 Satz 2 GenG bzw. § 57a Abs. 3 Satz 5).

II. Registrierungsvoraussetzungen (§ 63f Abs. 2 GenG)

2 Die Voraussetzungen, unter denen ein gen. PrfgVerb als PfQK zu registrieren ist, lehnen sich eng an die Registrierungsvoraussetzungen für WPG nach §57a Abs. 3 an. Danach muss dem Prüfungsverband das **Prüfungsrecht seit mind. drei Jahren** verliehen sein, mind. ein **Mitglied des VO o. ein besonderer Vertreter nach § 30 BGB als PfQK registriert** sein u. der **PrfgVerb über eine TB** verfügen. Überdies muss bei Beauftragung eines PrfgVerb mit der Durchführung einer QK bei einem anderen PrfgVerb der für die QK verantwortliche WP über die persönliche Prüferregistrierung verfügen u. VO o. besonderer Vertreter nach § 30 BGB des mit der QK beauftragten PrfgVerb sein.

III. Ausschlussgründe für Prüfer für Qualitätskontrolle (§ 63f Abs. 3 GenG)

3 § 63f Abs. 3 GenG normiert die entspr. Anwendung des § 57a Abs. 4 zur Gewährleistung der **Unabhängigkeit des gen. PrfgVerb** bei der Durchführung v. QK. Die notwendige Unabhängigkeit u. Unbefangenheit ist danach nicht gegeben, wenn der PrfgVerb in seiner Eigenschaft als PfQK zu dem v. ihm zu prüfenden Verband kapitalmäßige, finanzielle o. persönliche Bindungen hat oder sonstige Umstände, welche die Besorgnis der Befangenheit begründen, bestehen. Wechselseitige Prüfungen u. Ringprüfungen sind ebenfalls ausgeschlossen. Eine **Konkretisierung der Ausschlussgründe** für gen. PrfgVerb als PfQK erfolgt über die SaQK (§ 57c Abs. 2 Nr. 2), die nach § 63g Abs. 2 Satz 1 GenG in diesem Punkt entsprechend anzuwenden ist.

Die **Nichtbeachtung der Anforderungen an die Unabhängigkeit** stellt einen **4**
schwerwiegenden Verstoß gegen die durchgeführte QK dar (§ 57e Abs. 2 Satz 4).
Folgen sind die Nichterteilung bzw. der Widerruf der ggf. erteilten TB, verbunden
mit einem Eintreten des Ruhens des Prüfungsrechts.

§ 63g GenG Durchführung der Qualitätskontrolle

(1) ¹Der Prüfungsverband muss Mitglied der Wirtschaftsprüferkammer nach Maßgabe des § 58 Abs. 2 Satz 2 der Wirtschaftsprüferordnung sein. ²Er erteilt einem Prüfer für Qualitätskontrolle den Auftrag zur Durchführung der Qualitätskontrolle. ³§ 57a Abs. 7 der Wirtschaftsprüferordnung über die Kündigung des Auftrags ist entsprechend anzuwenden.

(2) ¹Auf das Prüfungsverfahren sind § 57a Abs. 5, Abs. 6 Satz 1 bis 4 und 6 bis 9 sowie Abs. 8, §§ 57b bis 57e Abs. 1, Abs. 2 Satz 1 bis 7 und Abs. 3, § 66a Abs. 1 Satz 1, Abs. 3 Satz 1 bis 3, Abs. 5 Satz 1, Abs. 6 Satz 5 und § 66b der Wirtschaftsprüferordnung entsprechend anzuwenden. ²Soweit dies zur Durchführung der Qualitätskontrolle erforderlich ist, ist die Pflicht zur Verschwiegenheit nach § 62 Abs. 1 eingeschränkt.

(3) ¹Erkennt die Wirtschaftsprüferkammer, dass eine Teilnahmebescheinigung nach § 57a Abs. 6 Satz 7 der Wirtschaftsprüferordnung widerrufen oder eine Teilnahmebescheinigung nach § 57a Abs. 6 Satz 9 der Wirtschaftsprüferordnung nicht erteilt werden soll, so ist der Vorgang der Aufsichtsbehörde vor der Entscheidung vorzulegen. ²Die Kommission für Qualitätskontrolle nach § 57e Abs. 1 der Wirtschaftsprüferordnung hat die zuständige Behörde unverzüglich zu unterrichten, wenn die Erteilung der Bescheinigung nach § 57a Abs. 6 Satz 9 der Wirtschaftsprüferordnung versagt oder nach § 57e Abs. 2 Satz 3, 4 und 6 oder Abs. 3 Satz 2 der Wirtschaftsprüferordnung widerrufen worden ist.

Inhaltsübersicht

		Rn.
I.	Mitgliedschaft des Verbandes bei der WPK (§ 63g Abs. 1 Satz 1 GenG)	1
II.	Beauftragung und Kündigung der Qualitätskontrolle (§ 63g Abs. 1 Sätze 2 und 3 GenG)	2–5
III.	Prüfungsverfahren (§ 63g Abs. 2 GenG)	6–8
IV.	Maßnahmen der Kommission für Qualitätskontrolle (§ 63g Abs. 3 GenG)	9

I. Mitgliedschaft des Verbandes bei der WPK (§ 63g Abs. 1 Satz 1 GenG)

Der gen. PrfgVerb, der an dem System der QK teilnimmt, muss **Mitglied bei der** **1**
WPK sein. Die Mitgliedschaft ist darin begründet, dass der gen. PrfgVerb den Maßnahmen der KfQK nach § 57e Abs. 2 u. 3 unterworfen wird. Dies wurde auch in

§ 63g Abs. 2 S. 1 GenG klargestellt, wonach auch auf § 57e Abs. 2 Satz 1 bis 7 und Abs. 3 entsprechend verwiesen wird. Durch die Verweisung auf § 58 Abs. 2 Satz 2 wird klargestellt, dass es im Übrigen beim Status der freiwilligen Mitgliedschaft für den gen. PrfgVerb in der WPK verbleibt. Der Verband fällt nicht unter die Berufsaufsicht der WPK, sondern steht unter der Aufsicht der für die nach § 63 GenG für die Verleihung des Prüfungsrechts zuständigen Behörde. Der Berufsaufsicht unterliegen aber die im gen. PrfgVerb tätigen WP (vgl. § 58 Rn. 15).

II. Beauftragung und Kündigung der Qualitätskontrolle (§ 63g Abs. 1 Sätze 2 und 3 GenG)

2 Der Beauftragung der QK vorgeschaltet ist das **Vorschlagsverfahren** (§ 57a Abs. 6 Satz 1-4). Die Nichteinhaltung des Vorschlagsverfahrens stellt einen schwerwiegenden Verstoß gegen die durchgeführte QK dar u. hat die Nichterteilung der TB zur Folge (vgl. § 57a Rn. 24 ff.).

3 Die QK wird nach Einhaltung des Vorschlagsverfahrens **durch den gen. PrfgVerb beauftragt**; dies entspricht der Regelung in § 57a Abs. 6 Satz 5 über die Auftragserteilung. Zuständig für die Beauftragung ist i.d.R. der VO des gen. PrfgVerb. **Wer Prüfer sein kann**, ist durch § 63f Abs. 1 Satz 1 GenG abschließend geregelt.

4 Die Beauftragung eines PfQK ist nach § 9 SaQK der WPK unter Nennung des PfQK und des voraussichtlichen Beginns der Prüfung u. des Prüfungszeitraums **unverzüglich der WPK mitzuteilen**; gleiches gilt für Änderungen bzgl. der Durchführung des Auftrags. Soll ein gen. PrfgVerb o. eine WPG als PfQK beauftragt werden, ist auch der verantwortliche WP i.S.v. § 63f Abs. 2 Satz 2 GenG bzw. § 57a Abs. 3 Satz 5 mitzuteilen;. Durch die Mitteilung nach § 9 SaQK soll vor allem die APAK in die Lage versetzt werden, ihre Angaben, insb. die Teilnahme an QK, wahrnehmen zu können (§ 66a Abs. 3 WPO, § 15 SaQK).

5 Für die **Kündigung eines erteilten Auftrags** zur Durchführung einer QK gilt § 57a Abs. 7 entsprechend. Meinungsverschiedenheiten zwischen dem zu prüfenden gen. PrfgVerb u. dem PfQK stellen keinen wichtigen Grund dar, der eine Kündigung des Prüfungsauftrages rechtfertigt. Eine Kündigung eines Auftrags ist der WPK gem. § 9 Satz 3 SaQK unverzüglich mitzuteilen. Im Falle der Kündigung hat der PfQK über das Ergebnis der bisherigen Prüfung schriftlich zu berichten (§ 57a Abs. 7 Satz 3).

III. Prüfungsverfahren (§ 63g Abs. 2 GenG)

6 Für die **Durchführung der QK** gelten dem Grunde nach fast sämtliche Vorschriften der §§ 57a bis 57e für die QK bei WPG. Insofern wird auf die dortige Kommentierung verwiesen. Der Verweis in § 63g Abs. 2 GenG auf § 57c bedeutet, dass die SaQK auch auf gen. PrfgVerb entspr. Anwendung findet.

7 Von einer entsprechenden Anwendung der Regelungen in der WPO wurden lediglich die Vorschriften der § 57a Abs. 1-4, Abs. 6 Satz 5 u. Abs. 7 ausgenommen, da diesbzgl. Regelungen ausdr. in das GenG aufgenommen sind o. durch Sonderrege-

lungen im GenG zum Zwecke der Berücksichtigung der Besonderheiten des gen. Prüfungswesens ersetzt sind. Ferner finden § 57a Abs. 6 Sätze 10 u. 11 sowie § 57e Abs. 2 Satz 8 keine Anwendung, wonach im Falle der Nichterteilung o. des Widerrufs der TB durch die KfQK die APAK vor Entscheidungsbekanntgabe einzubinden ist. Hier ist § 63g Abs. 3 GenG lex specialis; an Stelle der APAK ist die nach § 63 GenG für die Verleihung des Prüfungsrechts zuständige Behörde zu unterrichten, da diese nach § 64 GenG die Rechtsaufsicht über den Verband ausübt.

Die im Grundsatz bestehende **Verpflichtung zur Verschwiegenheit** gem. § 62 Abs. 1 Satz 1 GenG wird durch § 63g Abs. 2 Satz 2 GenG eingeschränkt. Dies bezieht sich auf Sachverhalte, die für die Durchführung der QK erforderlich sind. **8**

IV. Maßnahmen der Kommission für Qualitätskontrolle (§ 63g Abs. 3 GenG)

Maßnahmen nach § 57e können durch die KfQK bei Vorliegen v. Mängeln im QS-System des gen. PrfgVerb erlassen werden. Diese können **Auflagen zur Beseitigung v. Mängeln** o. der **Anordnung einer Sonderprüfung** sein. Im Fall der **Nichterteilung o. des Widerrufs der TB** ist die nach § 63 GenG die für die Verleihung des Prüfungsrechts zuständige Landesbehörde unverzüglich zu unterrichten, da diese nach § 64 GenG die Rechtsaufsicht über den Verband ausübt. Die Landesbehörde wird die Erteilung v. Auflagen nach § 64 GenG bzw. eine Entziehung des Prüfungsrechts (§ 64a GenG) prüfen. **9**

§ 58 Mitgliedschaft

(1) ¹Mitglieder der Wirtschaftsprüferkammer sind die Wirtschaftsprüfer, die nach diesem Gesetz bestellt oder als solche anerkannt sind, und Mitglieder des Vorstandes, nach dem Partnerschaftsgesellschaftsgesetz verbundene Personen, Geschäftsführer oder persönlich haftende Gesellschafter von Wirtschaftsprüfungsgesellschaften, die nicht Wirtschaftsprüfer sind, sowie die anerkannten Wirtschaftsprüfungsgesellschaften. ²Für beurlaubte Wirtschaftsprüfer ruht die Mitgliedschaft während der Dauer ihrer Beurlaubung. ³Sie bleiben der Berufsgerichtsbarkeit unterworfen.

(2) ¹Die genossenschaftlichen Prüfungsverbände, die Sparkassen- und Giroverbände für ihre Prüfungsstellen sowie die überörtlichen Prüfungseinrichtungen für öffentliche Körperschaften können die Mitgliedschaft bei der Wirtschaftsprüferkammer erwerben. ²Die Vorschriften des § 57 Abs. 1 bis 4 sind auf diese Mitglieder nicht anzuwenden.

Schrifttum: *Kluth,* IHK-Pflichtmitgliedschaft weiterhin mit dem Grundgesetz vereinbar, NVwZ 2002, 298; *Schöbener,* Verfassungsrechtliche Aspekte der Pflichtmitgliedschaft in wirtschafts- und berufsständischen Kammern, VerwArch 91 (2000), 374; *Schumann,* Die Befreiung der Rechtsanwaltschaft von obrigkeitlichen Schranken, NJW 1990, 2089; *Redeker,* Grenzen für Aufgaben und Tätigkeit öffentlich-rechtlicher Zwangsverbände, NJW 1982, 1266 f.

§ 58 Mitgliedschaft

Inhaltsübersicht

		Rn.
I.	Allgemeines	1
II.	Pflichtmitglieder	2–11
	1. Mitgliederkreis	3
	2. Beginn der Mitgliedschaft	4–6
	3. Ende der Mitgliedschaft	7–11
III.	Beurlaubte Wirtschaftsprüfer	12
IV.	Freiwillige Mitglieder	13–16

I. Allgemeines

1 Die Mitgliedschaft zur WPK ist als gesetzliche Pflichtmitgliedschaft ausgestaltet. Sowohl Rspr. als auch die ganz herrschende Meinung in der Literatur betrachten die **Pflichtmitgliedschaft in Kammern** der wirtschaftlichen u. freiberuflichen Selbstverwaltung als verfassungsgemäß. Zur wohl am häufigsten bestrittenen Pflichtmitgliedschaft zu den IHK hat zuletzt das BVerfG die Verfassungsmäßigkeit bestätigt (BVerfG 7.12.2001, WPK-Mitt. 2002, 170 ff.). Die v. Gegnern des Kammersystems bezeichnete Zwangsmitgliedschaft ist notwendig, um die übertragenen staatlichen Aufgaben effektiv u. aus Staatssicht kostengünstig erfüllen zu können (Redeker, NJW 1982, 1266 f.); entsprechende Einschränkungen der in Art. 12 u. 2 Abs. 1 GG genannten Grundrechte sind somit hinzunehmen (BVerfG 18.12.1974, BVerfGE 38, 281). **Genossenschaftliche Prüfungsverbände, Sparkassen- u. Giroverbände** für ihre **Prüfungsstellen** sowie **überörtlichen Prüfungseinrichtungen für öffentl. Körperschaften** können eine **freiwillige Mitgliedschaft** bei der WPK erwerben.

II. Pflichtmitglieder

2 Mit der Pflichtmitgliedschaft verbunden ist die Einhaltung der Berufspflichten (u.a. § 43), die Berufsaufsicht und die Beitragspflicht (§ 61), aber auch das Recht auf Beratung und Vermittlung (§ 57 Abs. 2 Nrn. 1-3).

1. Mitgliederkreis

3 Mitglieder der WPK sind die **WP** u. **WPG** (§ 58 Abs. 1 Satz 1) u. die **vBP** u. **BPG** (§ 128 Abs. 3). Weitere Mitglieder sind die **gesetzlichen Vertreter v. WPG/BPG**, die **nicht WP/vBP** sind (§ 28 Abs. 2, 3). Dies sind in der weitaus überwiegenden Zahl StB u. RA (§ 28 Abs. 2 Satz 1). Auch die gesetzlichen Vertreter, die keinem freien Beruf nach einem BerufsG unterstehen, werden persönliche Mitglieder der WPK (z.B. Ingenieure o. Versicherungsmathematiker, die mit **Ausnahmegenehmigung der WPK** nach § 28 Abs. 2 Satz 2 zu gesetzlichen Vertretern bestellt worden sind); entsprechendes gilt für gesetzliche Vertreter v. WPG, die **Angehörige eines ausländischen Prüferberufes** gemäß § 28 Abs. 3 sind, insb. die EU-AP.

2. Beginn der Mitgliedschaft

Die **Mitgliedschaft eines WP** beginnt am Tag der Bestellung (§ 15). Der Bestellungsakt ist nach Ableistung des Eides u. Übergabe der Bestellungsurkunde vollendet (§ 17). Die Mitgliedschaft entfällt nicht, wenn ein WP seine **berufliche NL im Ausland** unterhält. In der bis zum 31.12.2000 geltenden Fassung war in § 15 Abs. 1 noch geregelt, dass bei beabsichtigter NL außerhalb des Geltungsbereiches der WPO für die Bestellung diejenige oberste Landesbehörde des Landes zuständig war, in dem die WPK ihren Sitz hat. Damit hatte der Gesetzgeber verdeutlicht, dass der persönliche Geltungsbereich der WPO für WP nicht an der deutschen Staatsgrenze endet. Mit der Übernahme der Zuständigkeit für die Bestellung durch die WPK als bundesunmittelbare Körperschaft ist eine Regelung zur beruflichen NL im Ausland obsolet geworden. Hätte die Verlegung der beruflichen NL in das Ausland ein Ende der Mitgliedschaft zur Folge, bedürfte es einer entsprechenden Regelung. 4

Die **Mitgliedschaft einer WPG** beginnt mit dem Tag ihrer Anerkennung, nicht mit der vorgeschalteten Eintragung in das HR o. PR. Eine andere Bewertung ergibt sich auch nicht daraus, dass eine WPG mit dem Bestandteil „Wirtschaftsprüfungsgesellschaft" in das HR o. PR einzutragen ist. Die Firma einer WPG ist vollständig – u. weil hierfür eine staatliche Genehmigung erforderlich ist – mit einer sog Unbedenklichkeitsbescheinigung der WPK in das HR/PR einzutragen. Eine Anerkennung ist damit noch nicht bewirkt; mit der Bescheinigung wird allein die Unbedenklichkeit der Eintragung zum Ausdruck gebracht. 5

Die **Mitgliedschaft der gesetzlichen Vertreter ohne WP-Bestellung** beginnt zu dem Zeitpunkt, zu dem die Gesellschafterversammlung o. der Aufsichtsrat sie als GF, VO, phG o. Partner bestellt o. aufgenommen hat. Die Eintragung in das HR o. PR ist regelmäßig nur deklaratorischer Natur; anders nur dann, wenn die Bestellung erst mit der Eintragung in das HR/PR wirksam werden soll. Bei der Gründung einer WPG, in der auch Nicht-WP als gesetzliche Vertreter tätig sind, beginnt die Mitgliedschaft zum Zeitpunkt der Anerkennung als WPG. 6

3. Ende der Mitgliedschaft

Die **Mitgliedschaft eines WP** endet mit dem **Erlöschen der Bestellung gem. § 19**, also bei **Tod, Verzicht** o. **rkr. Ausschließung** aus dem Beruf. Ein Verzicht muss ausdr. erklärt werden. Die Kündigung der Mitgliedschaft reicht nicht aus; erst der Verzicht beendet die Mitgliedschaft. Ein nicht eindeutiger, aber aus der Erklärung erkennbarer Wille wie z.B. Antrag auf Rücknahme der Bestellung kann jedoch als Verzicht gewertet werden. Die Erklärung des Verzichts auf die Bestellung wird mit Zugang bei der WPK (§ 130 Abs. 3 BGB) o. zu dem erklärten späteren Zeitpunkt wirksam. Dagegen ist ein rückwirkender Verzicht nicht zulässig. 7

Dementsprechend endet die **Mitgliedschaft einer WPG** mit dem **Erlöschen der Anerkennung gem. § 33**, also beim **Verzicht auf die Anerkennung o. bei Auflösung**. Bei Verzicht endet die Mitgliedschaft bei Zugang des Verzichts bei der WPK (§ 130 Abs. 3 BGB). Bei Auflösung endet die Mitgliedschaft zu dem Zeitpunkt, zu dem die Gesellschafterversammlung die Liquidation beschlossen hat. 8

9 Die **Verschmelzung** ist in § 33 nicht ausdr. geregelt. Die Verschmelzung eines Rechtsträgers auf einen anderen führt i. Erg. zum Erlöschen des übertragenden Rechtsträgers. Wenn eine WPG auf eine andere WPG verschmolzen wird, folgt mit dem Erlöschen der Gesellschaft durch Verschmelzung auch das Erlöschen der Anerkennung. Die Anerkennung des übertragenden Rechtsträgers als WPG erlischt aber erst dann, wenn sie im HR des übernehmenden Rechtsträgers eingetragen ist (Tag der Eintragung). Dies ist dann der Zeitpunkt des Endes der Mitgliedschaft.

10 Die Mitgliedschaft erlischt des Weiteren durch **Widerruf** o. **Rücknahme der Bestellung/Anerkennung**, u. zwar zum Zeitpunkt der Bestandskraft des entspr. VA. Diese Art des Erlöschens der Bestellung/Anerkennung ist nicht in §§ 19, 33 geregelt u. damit zu begründen, dass dort das Erlöschen der Bestellung/Anerkennung kraft Gesetz eintritt, während der Widerruf durch förmlichen VA der WPK zum Verlust der Bestellung/Anerkennung führt. Sofern der Widerruf mit der **Anordnung der sofortigen Vollziehung** verbunden wird, wird hierdurch die Mitgliedschaft als solche nicht berührt. Die sofortige Vollziehung löst zunächst allein die Folgen eines Berufsverbotes aus.

11 Die **Mitgliedschaft der weiteren gesetzlichen Vertreter** einer WPG endet bei **Tod** o. zum Zeitpunkt der **Abberufung o. Niederlegung** des Amtes. Sie endet weiter dann, wenn die Anerkennung als WPG erloschen ist.

III. Beurlaubte Wirtschaftsprüfer

12 Für Berufsangehörige, die gem. § 46 **beurlaubt** worden sind, **ruht die Mitgliedschaft**; d.h. sie bleiben grds. Mitglied, lediql. die Rechte u. Pflichten aus der Mitgliedschaft werden außer Kraft gesetzt. Sie dürfen also z.B. nicht an der Wahl der Beiratsmitglieder teilnehmen (§59 Abs. 2). Während der Zeit der Beurlaubung besteht auch keine Beitragspflicht (§ 61). Durchbrochen wird das Ruhen der Mitgliedschaft nur dadurch, dass der beurlaubte WP weiterhin der Berufsgerichtsbarkeit unterliegt (Abs. 1 Satz 3; näheres hierzu bei § 46 Rn. 17).

IV. Freiwillige Mitglieder

13 **Genossenschaftliche Prüfungsverbände, Sparkassen- u. Giroverbände** für ihre **Prüfungsstellen** sowie **überörtlichen Prüfungseinrichtungen für öffentl. Körperschaften** können die Mitgliedschaft bei der WPK erwerben. Es handelt sich um eine freiwillige Mitgliedschaft. Aus der Mitgliedschaft zur WPK erwachsen **nur eingeschränkte Rechte u. Pflichten**.

14 Die Möglichkeit des **Erwerbs der Mitgliedschaft** v. den in Abs. 2 genannten Institutionen ist wohl darauf zurückzuführen, dass WP dort originäre Anstellungsverhältnisse eingehen (§ 43a Abs. 1) u. auch **praktische Ausbildungszeiten** für die Zulassung zum WP-Examen ableisten können. Insbesondere gen. PrfgVerb sollen WP in den VO des PrfgVerb aufnehmen (§ 63b Abs. 5 GenG), womit den vielfachen **fachlichen Überschneidungen** der Tätigkeit der PrfVerb und der WP/WPG Rechnung getragen werden soll.

Ausdrücklich ist die Anwendung des § 57 Abs. 1 u. 2, u.a. also auch die **BA über die freiwilligen Mitglieder ausgeschlossen** (nicht aber die BA über die dort angestellten WP, auch soweit diese im Rahmen des Anstellungsverhältnisses tätig sind). Die freiwilligen Mitglieder (derzeit rd. 50) gehören aber der Wahlgruppe gem. § 59 Abs. 3 Satz 3 an, können an der **Wahl für den Beirat** der WPK durch **Vertreter, die selbst Mitglieder der WPK sind**, aktiv u. auch passiv teilnehmen. Sie sind **beitragspflichtig** u. kommen in den Genuss **allg. Leistungen der WPK** wie der Teilnahme an Informationsveranstaltungen o. den Bezug des WPK-Magazins. 15

Seit der Einführung des **Systems der QK** hat die Mitgliedschaft bei der WPK für genossenschaftliche Prüfungsverbände besondere Bedeutung. Um am System der QK teilzunehmen (§ 63e GenG) u. um als PfQK zugelassen zu werden, **muss der PrfgVerb Mitglied der WPK** sein (§ 63g GenG). 16

§ 59 Organe, Kammerversammlungen

(1) Organe der Wirtschaftsprüferkammer sind
 1. der Beirat,
 2. der Vorstand,
 3. die Kommission für Qualitätskontrolle.

(2) ¹Die Beiratsmitglieder werden von den Mitgliedern der Wirtschaftsprüferkammer in unmittelbarer, freier und geheimer Briefwahl gewählt. ²Der Vorstand wird vom Beirat gewählt. ³Zum Mitglied des Beirates und des Vorstandes kann nur gewählt werden, wer persönlich Mitglied der Wirtschaftsprüferkammer ist. ⁴Der Präsident der Wirtschaftsprüferkammer und der Vorsitzer des Beirats müssen Wirtschaftsprüfer sein.

(3) ¹Die Wahl der Beiratsmitglieder erfolgt getrennt nach Gruppen. ²Die Gruppe der Wirtschaftsprüfer und Wirtschaftsprüfungsgesellschaften wählt entsprechend der Zahl der Mitglieder der Wirtschaftsprüferkammer, die dieser Gruppe nach dem öffentlichen Berufsregister am 1. Dezember des dem Wahltag vorangehenden Kalenderjahres angehören, eine in der Satzung bestimmte Anzahl von Beiratsmitgliedern. ³Die Gruppe der anderen stimmberechtigten Mitglieder wählt eine Anzahl von Beiratsmitgliedern, die sich nach der Zahl der stimmberechtigten Mitglieder der Wirtschaftsprüferkammer, die dieser Gruppe an dem in Satz 2 bezeichneten Tag angehören, bemisst. ⁴Mindestens eine Zahl von einem Beiratsmitglied mehr als die Hälfte der Zahl aller Beiratsmitglieder muss jedoch von der Gruppe der Wirtschaftsprüfer und Wirtschaftsprüfungsgesellschaften gewählt werden. ⁵Satz 1 bis 4 finden auf die Wahl der Vorstandsmitglieder entsprechende Anwendung; die Wahl des Präsidenten der Wirtschaftsprüferkammer erfolgt durch den gesamten Beirat.

(4) ¹Beirat und Vorstand erstatten den Mitgliedern jährlich Bericht. ²Dazu kann die Wirtschaftsprüferkammer regionale Kammerversammlungen ausrichten. ³Auf Verlangen des Beirats oder wenn mindestens ein Zwanzigstel der Mitglieder dies schriftlich unter Angabe des zu behandelnden Gegenstandes beantragt, richtet die Wirtschaftsprüferkammer eine Kammerversammlung aus, zu der alle Mitglieder eingeladen werden.

(5) Das Nähere regelt die Wirtschaftsprüferkammer in der Satzung und in der Wahlordnung gemäß § 60 Absatz 1.

Schrifttum: *Loerzer,* Aktuelle Fragen des Kammerrechts, GewArch 2007, 471; *Groß/Rickert,* Wahlrecht und Wahlpraxis der Industrie und Handelskammer, GewArch 2003, 359; *Kopietz/Russ/Uhlmann,* Das Wahlrechtsänderungsgesetz und seine Umsetzung in der Satzung und der Wahlordnung, WPK Magazin Sonderheft vom 11.2.2011, 21.

Inhaltsübersicht

		Rn.
I.	Allgemeines	1–5
II.	Beirat	6–15
	1. Aufgaben und Zusammensetzung	6–8
	2. Wahlen zum Beirat	9–14
	3. Beendigung der Beiratstätigkeit	15
III.	Vorstand	16–21
IV.	Kommission für Qualitätskontrolle	22
V.	Organmitglieder	23–24
VI.	Berichtspflicht von Beirat und Vorstand, Kammerversammlungen	25–26

I. Allgemeines

1 Als mitgliedschaftlich strukturierte jur. Person des öffentl. Rechts (vgl. § 4 Rn. 26) handelt die WPK im Rechtsverkehr durch ihre Organe. Organe im jur. Sinn sind die **Handlungs-** (Außenrechtskreis) **u. Willensbildungswerkzeuge** (Innenrechtskreis) (teil-) rechtsfähiger Rechtssubjekte. Nach Abs. 1 notwendige Organe der WPK sind der Beirat, der VO u. die KfQK. Mit dem WahlRÄG 2010 vom 2.12.2010 wurde die WP-Versammlung abgeschafft (siehe unter noch Rn. 4 f.)

2 Die in Abs. 1 vorgenommene Aufzählung der Organe ist nicht abschließend, sondern gibt der WPK allein die Konstituierung der genannten Organe vor. Aus dem **Selbstverwaltungsgedanken** ergibt sich unmittelbar die Befugnis, weitere, neben den v. Gesetz vorgeschriebenen Organen zu errichten. Von diesem Selbstorganisationsrecht hat der Beruf Gebrauch gemacht u. den in Abs. 2 Satz 4 und Abs. 3 Satz 5 genannten Präsidenten als allg. Handlungsorgan der WPK im Außenrechtskreis durch § 8 Abs. 2 und 4 Satzung WPK konstituiert. Weitere Organe der WPK sind etwa der Wahlausschuss (§ 2 WahlO), die Landespräsidenten (§ 9 Satzung WPK) und die Geschäftsführung. Die Geschäftsführung ist zuständig für die Geschäfte der

laufenden Verwaltung (§ 13 Abs. 2 Satzung WPK), womit sie ein satzungsrechtliches Organ der internen Willensbildung und der Außenvertretung ist. Nehmen Organe der WPK ggü. Mitgliedern o. Dritten Aufgaben der öffentl. Verwaltung wahr, handeln sie als **Behörden i.S. des VwVfG** unter Rechtsträgerschaft der WPK.

Zur **Größe u. Zusammensetzung** v. VO, Beirat u. der KfQK, zum **Wahlmodus**, zur **Wählbarkeit u. Wahlperiode** sowie zum **Ausscheiden** aus dem Amt enthält das Gesetz wenig bis gar keine Vorgaben. Es bleibt also dem satzungsgebenden Beirat als dem obersten berufsständischen Willensbildungsgremium überlassen, dem Selbstverwaltungsgedanken folgend hierzu die erforderlichen Bestimmungen selbst zu erlassen. 3

Die **WP-Versammlung** war bis zum in Kraft treten des WahlRÄG 2010 das Hauptorgan u. höchste Entscheidungsgremium der WPK, die v. der Gesamtheit der Mitglieder (§ 58) gebildet wurde. In ihr waren alle Berufsangehörigen zusammengefasst u. konnten gleichberechtigt an Beschlüssen u. Wahlen mitwirken. Die Exekutivorgane der Kammer (VO u. Beirat) waren der WP-Versammlung ggü. rechenschaftspflichtig. Außerdem wählte die WP-Versammlung die Mitglieder des Beirates nach Maßgabe einer v. ihr zu beschließenden WahlO, war für **Änderungen der Satzung WPK** zuständig u. erteilte dem Beirat Entlastung. Die WP-Versammlung fand im dreijährigen Turnus der ordentlichen Wahlen zum Beirat statt. 4

Die **Abschaffung der WP-Versammlung** war der logische Schritt, der mit der Einführung der Briefwahlen zum Beirat durch das WahlRÄG 2010 einherging. Durch die direkte Wahl der Beiratsmitglieder per Briefwahl durch die Mitglieder der WPK verlor die WP-Versammlung ihre wichtigste Aufgabe. Es bestand die Sorge, dass die Mitglieder wegen möglicher Änderungen der Satzung WPK oder der WahlO, die in der Vergangenheit nicht oft geändert wurden, nicht den für viele Mitglieder der WPK allein schon für die Anreise erforderlichen erheblichen Zeitaufwand aufbringen würden. Die verbliebene Funktion als Forum des Meinungsaustauschs zwischen den Mitgliedern der WPK und dem Beirat u. Vorstand wurde zwar unverändert als wichtig erachtet. Als Forum des Meinungsaustauschs hatten sich aber bereits jährlich von der WPK in den Regionen veranstaltete Jour Fixe-Veranstaltungen etabliert, die ohne den formalen Ballast einer WP-Versammlung allein der Berichterstattung und dem Meinungsaustausch zu berufspolitischen Fragestellungen dienten. Die WP-Versammlung wurde daher durch **jährlich erforderliche Kammerversammlungen** ersetzt (siehe noch Rn. 25 f.). 5

II. Beirat

1. Aufgaben und Zusammensetzung

Der Beirat ist gleichsam das „**Parlament**" der Berufsangehörigen u. trifft alle wesentlichen politischen und personellen Entscheidungen und besitzt die Haushaltshoheit. Nach Abschaffung der WP-Versammlung ist der Beirat nunmehr **Hauptorgan u. das höchste Entscheidungsgremium** der WPK. Er ist zuständig für die Wahl der Mitglieder des VO (Abs. 2 Satz 2) u. der Mitglieder der KfQK (§ 57e Abs. 1 Satz 2) sowie für die Berufung der Mitglieder der Prüfungskommission (§ 3 Abs. 1 Satz 1 6

Geithner 829

WiPrPrüfV) u. die der Aufgaben- u. Widerspruchskommission (§ 8 Abs. 4 WiPrPrüfV). Daneben wählt er gemäß § 7 Abs. 1 Satzung WPK u.a. den Präsidenten u. seine beiden Stellvertreter, genehmigt die Regelungen einer Zusammenarbeit mit anderen Kammern u. Berufsverbänden, stellt den Wirtschaftsplan fest, genehmigt den Jahresabschluss, nimmt den Tätigkeitsbericht des VO entgegen, entlastet ihn u. die KfQK u. beschließt die BS WP/vBP u. die Satzung für QK. Mit dem WahlRÄG 2010 wurde dem Beirat auch die Kompetenz zum Erlass u. zur Änderung der Satzung WPK sowie der WahlO übertragen (vgl. § 60). Wie der abschließende Kompetenzkatalog zeigt, ist der Beirat ein Willensbildungsorgan, das im Innenverhältnis wirkt (**Binnenorgan**). Der **Vorsitzer des Beirates** muss gemäß Abs. 2 Satz 4 WP sein. Ihm obliegt die eigenverantwortliche Leitung des Beirates u. dessen Vertretung gegenüber anderen Organen der WPK.

7   Das Gesetz gibt keine **Anzahl v. Beiratsmitgliedern** vor, sondern verweist in Abs. 3 Satz 2 ausdr. auf eine durch die Satzung bestimmte Anzahl. Gesetzlich vorgegeben ist jedoch, dass die Zusammensetzung des Beirates dem Verhältnis der Gruppen (hierzu Rn. 9) zur Mitgliederzahl der WPK entsprechen muss. Der **Gruppenproporz** richtet sich nach der Zahl der Mitglieder, die der jeweiligen Gruppe nach dem öffentlichen Berufsregister am 1. Dezember des dem Wahltag vorangehenden Kalenderjahres angehören, d.h. ihre Mitgliedschaft an diesem Tag begründet o. beendet haben (hierzu § 58 Rn. 3-11). Der Gesetzgeber schreibt außerdem vor, dass **die Gruppe der WP u. WPG jeweils ein Mitglied mehr wählt, als die Hälfte der Mitglieder des Beirates ausmacht**. Dadurch sollte nach der gesetzlichen Intention sichergestellt werden, dass auch im Falle einer Mehrheit v. vBP u. BPG unter den Mitgliedern der WPK (was aus Sicht des Gesetzgebers nach der Wiedereröffnung des vBP-Berufs im Jahr 1985 offenbar nicht auszuschließen war) die WP u. WPG im Beirat nicht v. den vBP u. BPG überstimmt werden können. In der Praxis hatte diese Regelung bisher keine Bedeutung u. wird sie nach der zwischenzeitlich erneuten Schließung des Zugangs zum Beruf des vBP auch nicht mehr erhalten.

8   Nach der Satzung WPK (§ 7 Abs. 2 Satz 1) gehören dem Beirat **65 Mitglieder** an (nach dem derzeitigen Mitgliederproporz 51 WP u. 14 vBP). Da aber die nach der Satzung WPK aus der Mitte des Beirates zu wählenden 13 Mitglieder des VO einschl. des Präsidenten mit ihrer Wahl für die Dauer ihrer Zugehörigkeit zum VO automatisch aus dem Beirat ausscheiden, verringert sich die Anzahl der Beiratsmitglieder mit der Wahl des VO auf **52 Mitglieder**, ohne dass insoweit Ergänzungswahlen stattfinden (§ 7 Abs. 2 Satz 2 u. 3 Satzung WPK).

2. Wahlen zum Beirat

9   Der Beirat wird nach dem in Kraft treten des WahlRÄG 2010 nun nicht mehr v. der WP-Versammlung gewählt, sondern die Beiratsmitglieder werden von den Mitgliedern der WPK in unmittelbarer, freier und geheimer **Briefwahl** gewählt (Abs. 2 Satz 1). Bewusst wurde statt des Wortes „Beirat" das Wort „Beiratsmitglieder" gewählt, um klarzustellen, dass es sich wie bisher um eine **Personenwahl** handeln soll. Die Beiratsmitglieder sind für die Dauer der Amtsperiode gewählt; eine vorzei-

tige Abberufung der einmal gewählten Beiratsmitglieder ist nicht möglich. Die Wahl der Beiratsmitglieder erfolgt getrennt nach **Gruppen** (Abs. 3 Satz 1). Die eine Gruppe bilden WP u. WPG (Abs. 3 Satz 2, Mitglieder nach § 2 Abs. 1 Satz 1 Nr. 1 u. Nr. 2 Satzung WPK); die Gruppe der anderen stimmberechtigten Mitglieder (Abs. 3 Satz 3) bilden vBP, BPG, Mitglieder des VO, GF, Partner o. vertretungsberechtigte phG v. WPG bzw. BPG, die nicht WP o. vBP sind, sowie freiwillige Mitglieder (Mitglieder nach § 2 Abs. 1 Satz 1 Nr. 3 bis 6 u. § 2 Abs. 2 Satzung WPK). Zur Gruppe der anderen gehören auch EU-AP. Durch diese Trennung ist gewährleistet, dass sowohl WP als auch vBP im Verhältnis zur jeweiligen Mitgliederstärke im Beirat vertreten sind (**Spiegelbildlichkeit v. Wahlvolk u. Repräsentanten**).

Zusätzlich zu den Beiratsmitgliedern wählt jede Gruppe fünf nat. Personen als **Ersatzmitglieder** (§ 1 Abs. 4 Satz 5 WahlO), die in der Reihenfolge der bei der Wahl erzielten Stimmen für aus dem Beirat ausgeschiedene Mitglieder nachrücken (§ 11 Abs. 3 Satz 1 Satzung WPK). 10

Nur **persönliche Mitglieder** der WPK können in den Beirat o. als Ersatzmitglied gewählt werden (passives Wahlrecht). Da allein an die Mitgliedschaft angeknüpft wird, können auch Mitglieder des VO, GF, Partner o. vertretungsberechtigte phG v. WPG bzw. BPG, die nicht die Qualifikation als WP o. vBP besitzen in den Beirat gewählt werden. Anders als das Berufsrecht der RA, das für die Wahl zum VO die Mitgliedschaft in der Kammer u. zusätzl. eine mind. 5-jährige Berufsausübung voraussetzt (§ 65 Nrn. 1 u. 2 BRAO), stellt die WPO als **Voraussetzung für die Wählbarkeit** allein auf die Kammerzugehörigkeit u. die persönliche Mitgliedschaft ab. Dies lässt sich u.a. damit begründen, dass der Bestellung als WP/vBP o. der Tätigkeit als VO, GF o. vertretungsberechtigter Gesellschafter einer Berufsgesellschaft regelmäßig schon ein Berufsleben vorausgeht, das die erforderliche persönliche Reife gewährleistet. Die Satzung WPK begrenzt in § 12 Abs. 1 die Wählbarkeit allerdings auf solche (persönlichen) Mitglieder, gegen die keine gerichtliche Anordnung in der Beschränkung ihres Vermögens vorliegt, gegen die keine Anklage wegen einer Straftat, die die Unfähigkeit zur Bekleidung öffentl. Ämter zur Folge haben kann, erhoben ist, gegen die kein berufsgerichtliches Verfahren anhängig ist u. gegen die in den letzten fünf Jahren keine berufsgerichtliche Maßnahme verhängt wurde. Bewerber, die aus persönlichen Gründen nicht die Gewähr einer verantwortungsvollen Amtsführung bieten, sollen dadurch v. vorneherein ausgeschlossen werden. Vorbild war insoweit das Berufsrecht der RA, das in § 66 BRAO eine fast wortgleiche Regelung zum Ausschluss der Wählbarkeit enthält. 11

Wahlberechtigt (aktives Wahlrecht) sind alle Mitglieder, mit Ausnahme der beurlaubten Mitglieder (§ 4 Abs. 2 i. V. m. § 2 Abs. 1 Satz 2 Satzung WPK). Auch Berufsgesellschaften, die ebenfalls Mitglied der WPK sind u. eigene Pflichten haben, besitzen ein originäres Wahlrecht. Wirtschaftsprüfungsgesellschaften üben ihr Stimmrecht durch einen gesetzlichen Vertreter, der WP ist, BPG durch einen gesetzlichen Vertreter, der vBP o. WP ist, aus (§ 1 Abs. 3 Satz 2 WahlO). Eine **Stimmrechtsübertragung**, wie sie noch bei den Wahlen zum Beirat durch die WP-Versammlung möglich war, ist in der gelegentlich der Einführung der Briefwahl 12 überarbeiteten WahlO nicht mehr vorgesehen, da jedes Mitglied seine Stimme durch die Briefwahl unschwer selbst, also persönlich und unmittelbar abgeben kann.

13   Für das **Wahlverfahren** an sich enthält das Gesetz keine Vorgaben. Vielmehr hat der Gesetzgeber die Regelungen zum Wahlverfahren der Organisationsgewalt der WPK überlassen und sieht den Erlass einer WahlO vor (Abs. 5, § 60 Abs. 1). Dabei müssen die v. Beirat für die Wahlen zu erlassenden Bestimmungen in jeder Hinsicht dem **Demokratieprinzip** genügen (Kopietz/Russ/Uhlmann, a.a.O., S. 22; vgl. für VO-Wahlen Kuhls/Kleemann, StBerG, § 77 Rn. 16 m.w.N.).

14   Auf der Grundlage v. § 60 Satz 1 i.V.m. § 6 Abs. 5 Satz 3 Satzung WPK a.F. hatte sich die WP-Versammlung bereits in ihrer konstituierenden Sitzung am 8.12.1961 eine **WahlO** gegeben, deren Wahlverfahren sowohl den Vorgaben der WPO, der (damals noch so genannten) Organisationssatzung als auch höherrangigem Recht, insb. den v. der Verfassung vorgegebenen Grundsätzen der Allgemeinheit u. Gleichheit der Wahl entsprach (VG Berlin 31.10.2007, WPK-Mag. 1/2008, 46). Unter Beibehaltung des hergebrachten u. verwaltungsgerichtlich bestätigten Wahlverfahrens beschloss die WP-Versammlung am 17.6.2005 eine erste **Neufassung der WahlO**. Neu waren die Übertragung der Durchführung u. Organisation der Wahl auf einen Wahlausschuss, die Einführung v. Fristen für die Einreichung v. Wahlvorschlägen u. die Regelung eines Wahlanfechtungsverfahrens. Mit der Einführung der Briefwahlen durch das WahRÄG 2010 mussten die Regelungen der Satzung WPK und der WahlO, die noch auf die WP-Versammlung ausgerichtet waren, angepasst werden. Während in § 4 Abs. 2 Satzung WPK lediglich noch einmal die Wahlgrundsätze genannt werden, ansonsten auf die WahlO verwiesen wird, wurde und musste die WahlO wegen der umfassenderen und komplizierteren Regeln zur Briefwahl umfassend und damit ein zweites Mal reformiert werden (Kopietz/Russ/Uhlmann, a.a.O., S. 23 ff.). Vorstand u. Beirat der WPK der Amtsperiode 2011 bis 2014 haben sich für eine erneute (dritte) **Neustrukturierung des Wahlrechtes** und die **Einführung personalisierter Verhältniswahlen** ausgesprochen (vgl. § 60 Rn. 5); der Beirat hat inzwischen die WahlO in diesem Sinne neu gefasst (vgl. Einl. Rn. 89).

3. Beendigung der Beiratstätigkeit

15   Die **Amtszeit** der Beiratsmitglieder beträgt regulär 3 Jahre u. endet mit Feststellung der Beschlussfähigkeit in der ersten Sitzung des neu gewählten Beirates; eine Wiederwahl ist zulässig (§ 11 Abs. 1 Satzung WPK). Die **Voraussetzungen der Wählbarkeit** (Rn. 11) müssen während der gesamten Amtsdauer gegeben sein, anderenfalls scheidet das Mitglied aus dem Beirat aus (§ 11 Abs. 2 Satzung WPK). Daneben kann ein Mitglied freiwillig durch **Niederlegung des Amtes** vorzeitig aus dem Beirat ausscheiden, jedoch bestimmt die Satzung, dass es hierfür eines wichtigen Grundes bedarf (§ 4 Abs. 4 Satzung WPK). Dadurch soll einer willkürlichen Amtsniederlegung o. einem Ausscheiden zur Unzeit vorgebeugt werden. Scheidet ein Mitglied aus, rückt automatisch ein Ersatzmitglied aus der Gruppe nach, der das ausgeschiedene Mitglied angehört.

III. Vorstand

Der VO leitet die WPK gesamtverantwortlich u. führt ihre Geschäfte. VO-Beschlüsse besitzen VA-Qualität, sofern sie unmittelbar mit Rechtswirkung nach außen gerichtet sind (§ 35 VwVfG), u. sind demzufolge vor den Verwaltungs- bzw. bei Berufsaufsichtsmaßnahmen vor den Berufsgerichten anfechtbar. Grundsätzlich ist der VO für alle Entscheidungen u. Maßnahmen zuständig, die nicht ausdr. anderen Organen u. Einrichtungen zugewiesen sind (z.b. Prüfungsstelle bei der WPK, KfQK). Bestimmte Aufgaben kann der VO jedoch auf einzelne Mitglieder (§ 57 Abs. 5 Satz 1), Beauftragte (§ 62) o. Abteilungen übertragen, die dann im Umfang der Übertragung an die Stelle des VO treten (§ 59a). Durch gesetzliche Einschränkungen der **Aufgabenübertragung** (z.b. § 63 Abs. 5 Satz 2) o. das Selbsteintrittsrecht des VO bei Abteilungsentscheidungen (vgl. § 59a Rn. 10) ist aber gewährleistet, dass Entscheidungen, die entw. für einzelne Mitglieder o. den gesamten Berufsstand v. wesentlicher Bedeutung sind, v. Gesamt-VO getragen werden. 16

Das Gesetz gibt keine bestimmte Anzahl v. **VO-Mitgliedern** vor, sodass die Satzung entspr. Regelungen treffen muss. Aktuell besteht der VO aus 13 Mitgliedern. Analog zum Beirat ist auch für den VO gesetzlich vorgeschrieben, dass seine Zusammensetzung dem Verhältnis der Gruppen zur Mitgliederzahl der WPK entsprechen muss (Abs. 3 Satz 5, hierzu Rn. 9). Nach dem derzeitigen **Mitgliederproporz** gehören dem VO einschl. des Präsidenten 10 WP u. 3 vBP an. Alle VO-Mitglieder besitzen unabhängig v. ihrer Gruppenzugehörigkeit die gleichen Rechte u. Pflichten. 17

Nach der Satzung WPK müssen die VO-Mitglieder aus der Mitte des Beirats gewählt werden (§ 8 Abs. 3 Satz 1 Satzung WPK). Diese Voraussetzung wird vom Gesetz selbst nicht aufgestellt. Abs. 2 Satz 2 schreibt lediglich vor, dass der **Vorstand vom Beirat gewählt** wird. 18

Der Beirat ist **für die Dauer der Amtsperiode an die Wahl gebunden**; eine vorzeitige Ablösung auch einzelner VO-Mitglieder o. die Einsetzung eines neuen VO ist nicht möglich. Die Wahl erfolgt analog den gesetzlichen Regelungen, die für die Wahl zum Beirat gelten. Die satzungsrechtlichen Regelungen zur Wählbarkeit u. zum vorzeitigen Ausscheiden aus dem Amt finden ebenfalls unmittelbare Anwendung auf VO-Mitglieder (hierzu Rn. 11-15). Die **Amtszeit des VO** beträgt ebenfalls 3 Jahre u. endet mit Feststellung der Beschlussfähigkeit des Beirats in der ersten Sitzung des neu gewählten Beirates, der wiederum den neuen VO wählt (§ 11 Abs. 1 Satzung WPK). Eine Wiederwahl ist zulässig. 19

Scheidet ein VO-Mitglied vorzeitig aus dem Amt aus, findet unverzüglich eine Ergänzungswahl durch den Beirat statt. Da das neue Mitglied sodann für die Dauer seiner Zugehörigkeit zum VO aus dem Beirat ausscheidet, verringert sich wiederum die Anzahl der Beiratsmitglieder, sodass automatisch ein **Ersatzmitglied** in den Beirat nachrückt (Rn. 10). 20

21 Der **Präsident** ist gesetzlich in Abs. 2 Satz 4 und Abs. 3 Satz 5 vorgesehen und ist ein satzungsrechtlich auszugestaltendes Organ der WPK (Rn. 2). Ihm kommt eine besondere Stellung zu, weil er für den Gesamt-VO zeichnet u. die WPK gerichtlich u. außergerichtlich vertritt. Gemäß Abs. 3 Satz 5 Hs. 2 wird er v. gesamten Beirat gewählt; eine Wahl getrennt nach Gruppen findet nicht statt, da der Präsident gemäß Abs. 2 Satz 4 zwingend WP sein muss.

IV. Kommission für Qualitätskontrolle

22 Die KfQK ist ein weiteres notwendiges Organ der WPK. Sie besteht aus mind. 9 (derzeit 13) Mitgliedern (§ 8a Abs. 2 Satzung WPK). Ihre Mitglieder werden auf Vorschlag des VO v. Beirat gewählt (§ 57e Abs. 1 Satz 2). Laut Satzung können nur solche Mitglieder gewählt werden, die als **PfQK registriert sind u. nicht dem Beirat o. dem VO angehören** (§ 8a Abs. 2 Satz 2 Satzung WPK). Wird ein Mitglied der KfQK in den Beirat gewählt, ist damit anders als bei der Wahl eines Beiratsmitglieds in den VO nicht automatisch der Verlust der Mitgliedschaft in der KfQK verbunden; innerhalb einer angemessenen Frist wird sich das Mitglied aber zu entscheiden haben, welches der beiden Ämter es antritt. Im Übrigen gilt für die **Wählbarkeit** § 12 Abs. 1 der Satzung (Rn. 11). Eine Wahl getrennt nach Gruppen findet anders als bei Beirat u. VO nicht statt, da eine entsprechende Verweisungsnorm fehlt (vgl. auch § 57e Rn. 3). Dies ist auch nicht erforderlich, da der KfQK nur sachbezogene und keine berufspolitische Aufgaben übertragen sind.

V. Organmitglieder

23 Die Tätigkeit in den genannten Organen erfolgt **ehrenamtlich u. unentgeltlich**. Reisekosten u. Auslagen sind gemäß der Reisekostenrichtlinie der WPK zu erstatten. Darüber hinaus haben u.a. die Mitglieder des VO, der Vorsitzer des Beirates u. die Mitglieder der KfQK Anspruch auf eine (pauschale) **Aufwandsentschädigung** für die für das Ehrenamt aufgewandte Zeit (weiterführend hierzu Kuhls/Kleemann, StBerG, § 77 Rn. 15).

24 Persönlich stimmberechtigte Mitglieder der WPK sind nach § 4 Abs. 4 Satzung WPK verpflichtet, **Ehrenämter** zu übernehmen u. für die vorgesehene Amtszeit auszuüben, soweit nicht wichtige Gründe entgegenstehen. Als solche gelten u.a. solche, die die Ablehnung der Übernahme des Beisitzeramtes der Berufsgerichtsbarkeit rechtfertigen (§ 76 Abs. 3).

VI. Berichtspflicht von Beirat und Vorstand, Kammerversammlungen

25 Mit dem Wegfall der WP-Versammlung (vgl. Rn. 4 f.) wurden **Beirat und Vorstand verpflichtet**, den Mitgliedern der WPK jährlich **Bericht zu erstatten** (Abs. 4 Satz 1). Dies „kann" in **regionalen Kammerversammlungen** erfolgen; eine Verpflichtung zur Durchführung besteht nach dem Gesetz also nicht. Die Pflicht zur Ausrichtung von Kammerversammlungen ist aber satzungsrechtlich verankert (§ 6 Abs. 1 Satz 1 Satzung WPK).

Sofern es der Beirat oder ein Zwanzigstel der Mitglieder verlangen, muss eine **zentrale Kammerversammlung** stattfinden. Mit dem Antrag auf Einberufung einer solchen zentralen Kammerversammlung müssen die zu behandelnden Gegenstände angegeben werden (Abs. 4 Satz 2). Damit wollte der Gesetzgeber sicherstellen, dass die kollektive Meinungsbildung des Berufsstandes weiterhin institutionell gewährleistet wird.

26

§ 59a Abteilungen des Vorstandes und der Kommission für Qualitätskontrolle

(1) ¹Der Vorstand kann mehrere Abteilungen bilden, wenn die Satzung der Wirtschaftsprüferkammer es zulässt. ²Er überträgt den Abteilungen die Geschäfte, die sie selbstständig führen.

(2) ¹Jede Abteilung muss aus mindestens drei Mitgliedern des Vorstandes bestehen. ²Die Mitglieder der Abteilung wählen aus ihren Reihen einen Abteilungsvorsitzenden und einen Stellvertreter.

(3) ¹Der Vorstand setzt die Zahl der Abteilungen und ihrer Mitglieder fest, überträgt den Abteilungen die Geschäfte und bestimmt die Mitglieder der einzelnen Abteilungen. ²Jedes Mitglied des Vorstandes kann mehreren Abteilungen angehören. ³Die Anordnungen können im Laufe der Amtsperiode nur getroffen oder geändert werden, wenn dies wegen Überlastung des Vorstands, der Abteilung oder infolge Wechsels oder dauernder Verhinderung einzelner Mitglieder der Abteilung erforderlich wird.

(4) Die Abteilungen besitzen innerhalb ihrer Zuständigkeit die Rechte und Pflichten des Vorstandes.

(5) Anstelle der Abteilung entscheidet der Vorstand, wenn er es für angemessen hält oder wenn die Abteilung oder ihr Vorsitzender es beantragt.

(6) ¹Die Kommission für Qualitätskontrolle kann Abteilungen bilden. ²Die Zuständigkeiten der Abteilungen sind in der Geschäftsordnung der Kommission für Qualitätskontrolle zu regeln. ³Absatz 1 Satz 2 und Absätze 2 bis 5 gelten entsprechend. ⁴Über Widersprüche (§ 57e Absatz 1 Satz 5 Nr. 6) gegen Beschlüsse von Abteilungen entscheidet die Kommission für Qualitätskontrolle.

Schrifttum: *Epping*, Die Willensbildung von Kollegialorganen, DÖV 1995, 719.

Inhaltsübersicht

	Rn.
I. Allgemeines	1–2
II. Bildung von Vorstandsabteilungen	3–6
1. Satzungsermächtigung (Abs. 1 Satz 1)	3
2. Einsetzung von Abteilungen (Abs. 3 Satz 1)	4
3. Mitglieder (Abs. 2, Abs. 3 Satz 2)	5–6
III. Verhältnis von Vorstand und Vorstandsabteilungen	7–12

§ 59a Abteilungen des Vorstandes und der Kommission für Qualitätskontrolle

  1. Übertragung von Vorstandsaufgaben (Abs. 1 Satz 2, Abs. 4) 7–8
  2. Änderung von Anordnungen (Abs. 3 Satz 3) 9
  3. Selbsteintritt des Vorstandes (Abs. 5) 10–12
 IV. Abteilungen der Kommission für Qualitätskontrolle (Abs. 6) 13

I. Allgemeines

1 Nach dem Vorbild der Berufsrechte der StB (§ 77a StBerG) u. der RA (§ 77 BRAO) wurde mit dem Euro-Bilanzgesetz (EuroBilG) v. 10.12.2001 auch in die WPO eine Ermächtigung zur Bildung v. **VO-Abteilungen** aufgenommen. Sinn u. Zweck der Vorschrift ist es, den Gesamt-VO durch **Übertragung v. Aufgaben** auf Abteilungen zu entlasten. Innerhalb ihrer v. Gesamt-VO bestimmten Zuständigkeiten besitzen die Abteilungen daher dieselben Befugnisse wie der VO, d.h. sie treffen anders als Ausschüsse u. Arbeitskreise, die lediglich VO-Beschlüsse vorbereiten, anstelle des VO bindende Entscheidungen. Seit Mitte 2002 bestehen bei der WPK insgesamt drei VO-Abteilungen, zuständig für **Berufsaufsichtssachen** (Abteilung Berufsaufsicht), für **Mitglieder- u. Beitragsangelegenheiten** u. damit zusammenhängende Berufsaufsichtsverfahren sowie für **Rücknahme u. Widerrufsverfahren** u. damit zusammenhängende Berufsaufsichtsverfahren (Abteilung Bestellung u. Widerruf, Register- u. Beitragsangelegenheiten) u. für einzelne, durch Beschluss o. Geschäftsordnung übertragene Aufgaben, insb. zur **Öffentlichkeitsarbeit und für Angelegenheiten der Geschäftsführung** (Präsidium). Mit der 6. WPO-Novelle 2005 wurde der **KfQK eine vergleichbare Organisationsstruktur** ermöglicht. Die Geschäftsordnungen des VO, der KfQK und ihrer Abteilungen sind auf der Internetseite der WPK abrufbar.

2 Nach der ursprünglichen Fassung des Abs. 3 Satz 1 konnte der VO Abteilungen immer nur mit **Wirkung für das nächste Kalenderjahr** bilden. Problematisch wäre dies in den Jahren geworden, in denen der VO neu gewählt wird, weil die existierenden Abteilungen mit der Neuwahl des VO untergegangen wären u. für den Zeitraum zwischen Neuwahl u. Kalenderjahresbeginn keine neuen Abteilungen hätten eingesetzt werden können. Daraufhin wurde die Vorschrift durch die 5. WPO-Novelle 2004 dahingehend geändert, dass nicht mehr an das Kalenderjahr, sondern an die **Amtsperiode des VO** angeknüpft wurde. Allerdings konnte der VO jeweils nur in der ersten Sitzung einer Amtsperiode über die Einsetzung v. Abteilungen beschließen. Diese zeitliche Beschränkung wurde mit der 6. WPO-Novelle 2005 aufgehoben, sodass der VO jetzt unabhängig v. seiner Sitzungsabfolge je nach Bedarf auch **unterjährig neue Abteilungen einsetzen** kann.

II. Bildung von Vorstandsabteilungen

1. Satzungsermächtigung (Abs. 1 Satz 1)

3 Der VO kann nur dann Abteilungen bilden, wenn die v. der Mitgliederversammlung beschlossene **Satzung der WPK** es zulässt. § 8 Abs. 7 der Satzung der WPK enthält eine entsprechende Ermächtigung. Ob Abteilungen gebildet werden, wie viele u. mit welchen Zuständigkeiten bestimmt der VO.

2. Einsetzung von Abteilungen (Abs. 3 Satz 1)
Der Gesamt-VO legt die **Zahl der Abteilungen** fest u. gibt jeder Abteilung eine 4
Geschäftsordnung, durch die er ihr die **Geschäfte überträgt** u. ihre **Mitglieder**
bestimmt.

3. Mitglieder (Abs. 2, Abs. 3 Satz 2)
Jede Abteilung muss aus **mind. drei Mitgliedern des VO** bestehen, die aus ihren 5
Reihen einen **Abteilungsvorsitzenden** u. einen **Stellvertreter** wählen. Jedes
VO-Mitglied kann mehreren Abteilungen angehören. Der Abteilungsvorsitzende,
im Fall der Verhinderung sein Stellvertreter, zeichnet für die Abteilung u. hat für
eine ordnungsgemäße Wahrnehmung der ihr zugewiesenen Aufgaben Sorge zu tragen.
Innerhalb der Abteilungszuständigkeit besitzt der **Vorsitzende dieselben
Rechte u. Pflichten wie der Präsident**, d.h. er beruft die **Sitzungen** ein, leitet sie,
bestimmt den **Inhalt u. die Reihenfolge der Tagesordnung**.

Die Abteilung beschließt in **nichtöffentl. Sitzungen**, in **Telefonkonferenzen** o. in 6
dringenden Fällen im **schriftlichen Verfahren**, sofern dem kein Abteilungsmitglied
widerspricht. Die Abteilung ist **beschlussfähig**, wenn mind. zwei Mitglieder, v. denen
eines der Vorsitzende o. sein Stellvertreter sein muss, an der Beratung u. Abstimmung
teilnehmen (**Kollegialitätsprinzip**). Abteilungsbeschlüsse werden
mehrheitlich gefasst; **Stimmenthaltungen** v. stimmberechtigten Mitgliedern gelten
als nicht abgegebene Stimmen. Besteht bei Mitgliedern i.Z.m. einem Beratungsgegenstand
die **Besorgnis der Befangenheit**, haben sie dies vorher zu erklären u.
sich einer weiteren Teilnahme an der Beratung u. Beschlussfassung dieses Tagesordnungspunktes
zu enthalten. Sie sind bei der Feststellung der Beschlussfähigkeit
als abwesend zu behandeln, da sonst das Gremium auch dann als beschlussfähig
angesehen werden müsste, wenn sämtliche Mitglieder wegen Befangenheit v. der
Beratung u. Beschlussfassung ausgeschlossen wären (vgl. OVG NRW 23.12.1974,
III A 42/73 – juris, zur Interessenkollision eines Gemeinderatsmitglieds). Über **Widersprüche
gegen Bescheide** der Abteilung Bestellung u. Widerruf, Register- u.
Beitragsangelegenheiten entscheidet die **Abteilung** selbst, soweit sie abhelfen
möchte. Hilft sie nicht ab, entscheidet der Gesamt-VO. Für **Einsprüche gegen Rügeentscheidungen**
der Abteilungen gibt es eine Sonderregelung (§ 57 Abs. 5
Satz 2), über diese entscheidet der Gesamt-VO (vgl. noch Rn. 7).

III. Verhältnis von Vorstand und Vorstandsabteilungen
1. Übertragung von Vorstandsaufgaben (Abs. 1 Satz 2, Abs. 4)
Der VO überträgt den Abteilungen die Geschäfte, die sie selbstständig führen. In- 7
nerhalb ihres Geschäftsbereichs treten die Abteilungen somit an die **Stelle des VO**,
sodass die Vorschriften der §§ 62, 63 u. 63a (entsprechende) Anwendung finden.
Darüber hinaus sind die **materiell-rechtlichen Regelungen** für den jeweiligen Geschäftsbereich
anwendbar. Die **Geschäftsverteilung** liegt im pflichtgemäßen Ermessen
des VO. Mit Ausnahme der durch die §§ 63 Abs. 5 Satz 2, 57 Abs. 5 Satz 2
ausdr. dem VO zugewiesenen Zuständigkeit für Entscheidungen über **Einsprüche**

im Rügeverfahren (vgl. § 63 Rn. 74) kann der VO grds. alle anderen Geschäfte auf Abteilungen übertragen.

8 Aufgaben des VO, die nicht gemäß § 57 Abs. 5 Satz 1 einzelnen VO-Mitgliedern übertragen werden dürfen, können weder v. VO noch v. den Abteilungen auf **einzelne Abteilungsmitgliedern** übertragen werden (Feuerich/Weyland, BRAO, § 77 Rn. 12; Kuhls/Kleemann, StBerG, § 77a Rn. 13). So setzt z.b. die **Erteilung einer Rüge** stets einen mehrheitlich gefassten Abteilungsbeschluss voraus, während ein **Vermittlungsverfahren** auch v. einem einzelnen Abteilungsmitglied durchgeführt werden kann.

2. Änderung von Anordnungen (Abs. 3 Satz 3)

9 Durch die Übertragung v. VO-Aufgaben auf die Abteilungen leiten diese ihre Befugnisse v. VO ab. **Anordnungen zur Geschäftsverteilung** u. **zur Besetzung der Abteilungen** können im Laufe der Amtsperiode nur getroffen o. geändert werden, wenn dies wegen **Überlastung des VO**, der Abteilungen o. infolge **Wechsels o. dauernder Verhinderung einzelner Abteilungsmitglieder** erforderlich wird. Dadurch soll verhindert werden, dass die generellen Regelungen zur Besetzung u. den Aufgabenbereichen einer Abteilung v. VO willkürlich geändert werden. Hat der VO der Abteilung bestimmte Geschäfte übertragen, ist er insoweit gebunden. Der Gesetzgeber weist den Abteilungen damit einen eigenen geschützten Rechtskreis zu. Dies korrespondiert mit Abs. 1 Satz 2, wonach die Abteilungen die ihnen einmal übertragenen Geschäfte selbstständig, d.h. frei v. Eingriffen des VO, führen. Nur unter den eng umrissenen Ausnahmefällen des Abs. 3 Satz 3 können die Anordnungen im Laufe der Amtsperiode geändert werden. Der Schutzzweck der Norm ist indes nicht berührt, wenn der VO **einzelne Angelegenheiten**, für die er selber zuständig wäre, durch Beschluss einer Abteilung zur Entscheidung zuweist (a.A. wohl Feuerich/Weyland, BRAO, § 77 Rn. 7).

3. Selbsteintritt des Vorstandes (Abs. 5)

10 Innerhalb ihrer Zuständigkeiten entscheiden die Abteilungen selbstständig, d.h. sie sind bei der Erfüllung ihrer Aufgaben nicht an Weisungen des VO gebunden (vgl. Rn. 1, 7). Der VO kann jedoch jederzeit u. voraussetzungslos eine konkrete **Angelegenheit an sich ziehen** u. anstelle der jeweiligen Abteilung entscheiden, wenn er es für angemessen hält. Dadurch wird sichergestellt, dass der VO trotz Delegationsmöglichkeit seiner **Gesamtverantwortung** für die Leitung der WPK gerecht werden kann.

11 Damit der VO in die Lage versetzt wird zu entscheiden, ob er sich in einer bestimmten Angelegenheit für zuständig erklären will, muss er **zeitnah, zutreffend u. vollständig** über Abteilungsbeschlüsse unterrichtet werden. Dies geschieht in der Praxis dadurch, dass der VO bei nächster Gelegenheit in einer Sitzung o. schriftlich per Protokollübersendung unterrichtet wird. Letztlich wird der Austausch zwischen dem VO u. den Abteilungen auch durch die Personenidentität der Mitglieder gewährleistet. Die Mitglieder der Abteilungen sind zugl. Mitglieder des VO (Rn. 5).

Satzung, Wirtschaftsplan § 60

Die Entscheidungszuständigkeit kann aber auch dann an den VO zurückfallen, 12
wenn die **Abteilung o. ihr Vorsitzender es beantragt**. Dies kann insb. der Fall
sein, wenn die Abteilung v. der bisherigen Gesetzesauslegung o. Entscheidungspraxis des VO abweichen will o. i.Z.m. einem Beratungsgegenstand innerhalb der Abteilung unüberbrückbare Gegensätze bestehen, die eine angemessene fachliche Behandlung nicht zulassen. Regelmäßig übertragen die Abteilungen dem VO auch
Fragen, deren Beantwortung berufspolitisch über den Einzelfall hinausgeht.

VI. Abteilungen der Kommission für Qualitätskontrolle (Abs. 6)

Der durch die 6. WPO-Novelle 2005 neu eingefügte Abs. 6 sieht vor, dass die 13
KfQK ebenfalls Abteilungen bilden kann, um ihre Aufgaben effizient bewältigen
zu können. Die Bildung von Abteilungen muss, anders als beim VO, nicht in der
Satzung WPK zugelassen werden (vgl. Abs. 6 Satz 1 und Abs. 1 Satz 1). Deshalb
wird beim Verweis auf die Vorschriften zur Einrichtung entscheidungsbefugter
VO-Abteilungen auch nicht auf Abs. 1 Satz 1 verwiesen. Trotzdem findet sich in
§ 8a Abs. 7 der Satzung WPK eine **Satzungsermächtigung** zur Bildung entscheidungsbefugter Kommissionsabteilungen. Die Zuständigkeiten der einzelnen Abteilungen sind in der **Geschäftsordnung** der KfQK zu regeln. Über **Widersprüche**
gegen Entscheidungen der Abteilungen entscheidet die KfQK, nicht die einzelnen
Abteilungen (§ 57e Abs. 1 Satz 5 Nr. 6).

§ 60 Satzung, Wirtschaftsplan

(1) ¹Die Organisation und Verwaltung der Wirtschaftsprüferkammer, insbesondere die Einrichtung von Landesgeschäftsstellen, werden in der Satzung der Wirtschaftsprüferkammer geregelt, die vom Beirat der Wirtschaftsprüferkammer beschlossen wird. ²Die Satzung, die Wahlordnung und deren Änderungen bedürfen zu ihrer Wirksamkeit der Genehmigung des Bundesministeriums für Wirtschaft und Technologie.

(2) ¹Die Wirtschaftsprüferkammer legt jährlich ihren Wirtschaftsplan für das darauf folgende Kalenderjahr vor Feststellung dem Bundesministerium für Wirtschaft und Technologie vor. ²Die auf die Qualitätskontrolle und die Arbeit der Berufsaufsicht und der Abschlussprüferaufsichtskommission bezogenen Teile des Wirtschaftsplans bedürfen der Genehmigung des Bundesministeriums für Wirtschaft und Technologie.

Schrifttum: *Kopietz/Russ/Uhlmann*, Das Wahlrechtsänderungsgesetz und seine
Umsetzung in der Satzung und der Wahlordnung, WPK Magazin Sonderheft vom
11.2.2011, 21.

Inhaltsübersicht

		Rn.
I.	Erlass einer Satzung und WahlO (Abs. 1 Satz 1)	1–5
II.	Gültigkeit der Satzung und der WahlO (Abs. 1 Satz 2)	6–9
III.	Wirtschaftsplan (Abs. 2)	10–13

I. Erlass einer Satzung und WahlO (Abs. 1 Satz 1)

1 Als mitgliedschaftl. strukturierte jur. Person des öffentl. Rechts (vgl. § 4 Rn. 26) besitzt die WPK originäre **Satzungsautonomie**, d.h. die Mitglieder regeln eigenverantwortlich diejenigen Angelegenheiten, die sie selbst betreffen u. die sie selbst am sachkundigsten beurteilen können (vgl. „Facharzt-Beschluss": BVerfGE 33, 125 [156]). Diese Rechtsetzungsbefugnis in eigenen Angelegenheiten steht jedoch nicht zur völlig freien Disposition der Mitglieder, sondern es müssen zumindest die Bildung der Organe, ihre Aufgaben u. Handlungsbefugnisse in ihren Grundstrukturen in einem **parlamentarischen Gesetz** ausreichend bestimmt sein (BVerfGE 111, 191 ff.). Diese gesetzlichen Vorgaben können zwar in der Satzung wiederholt u. ggf. näher konkretisiert, dürfen aber nicht qua Satzung inhaltlich abgeändert o. gar abbedungen werden. Ebenfalls darf der gesetzlich der Kammer zugewiesene **Zuständigkeits- u. Aufgabenbereich** nicht durch **Satzungsbestimmungen** eingeschränkt o. erweitert werden. Innerhalb dieser Schranken besitzen die Mitglieder jedoch weitgehende Gestaltungsfreiheit.

2 Angesichts der grds. Bedeutung der Satzung für die Organisation u. Verwaltung der WPK müssen die Satzung, die WahlO u. deren Änderungen nach dem Willen des Gesetzgebers nunmehr, nach Abschaffung der WP-Versammlung durch das WahlRÄG 2010 (§ 59 Rn. 4 f.), v. **Beirat beschlossen** werden. Vor Beschlüssen zur Änderung der Satzung WPK u. der WahlO muss der Beirat die **Mitglieder der WPK anhören** (§ 7 Abs. 6 Satz 1 Satzung WPK). Dieses mit der Abschaffung der WP-Versammlung, die vormals die Kompetenz für den Erlass hatte, geschaffene Verfahren, in Verbindung mit dem nachfolgenden Genehemigungserfordernis der Rechtsaufsicht, sichert die Einbindung aller Mitglieder und Meinungen im Berufsstand sowie den verantwortungsvollen Umgang mit dem Satzungsrecht und beugt dem Erlass rechtwidriger oder missbräuchlicher Regelungen vor (Kopietz/Russ/Uhlmann, a.a.O. S. 22 u. 26).

3 Während der **Erlass einer Satzung** gesetzlich zwingend vorgeschrieben ist, obliegt es der eigenverantwortlichen Entscheidung des Beirates, ob u. zu welchen **Regelungsbereichen** sie Satzungsbestimmungen erlassen will. Zulässig sind insb. nähere Konkretisierungen zu den gesetzlichen Bestimmungen über die **innere Struktur der WPK**, soweit hierdurch keine inhaltlichen Änderungen der gesetzlichen Vorgaben erfolgen. Hier seien beispielhaft erwähnt Regelungen über

- die Anzahl u. Amtszeit der Mitglieder v. VO, Beirat u. der KfQK,
- die Durchführung der Kammerversammlungen,
- die Geschäftsführung,
- die Einrichtung v. Ausschüssen u. entscheidungsbefugten Abteilungen,
- die Errichtung v. LGS.

Ohne besondere gesetzliche Erwähnung können dem **Selbstverwaltungsgedanken** folgend darüber hinaus auch satzungsrechtliche Bestimmungen zur Erledigung bestimmter Aufgaben, zum **Pflichtkreis der Mitglieder** u. zu den **Haushaltsgrundsätzen** geschaffen werden. Zu beachten ist dabei aber stets, dass sich der

Satzung, Wirtschaftsplan § 60

Regelungsbereich sachlich auf den der Kammer gesetzlich zugewiesenen Zuständigkeits- u. Aufgabenbereich u. persönlich auf die Mitglieder der WPK zu beschränken hat.

Vor dem WahlRÄG 2010 waren, mangels einer gesonderten gesetzlichen Ermächtigung zum Erlass einer WahlO, die v. der WPK in der Wahlordnung aufgestellten Wahlgrundsätze materiell Bestandteil der Satzung der WPK. Mit dem WahlRÄG 2010 wird die WahlO nunmehr in § 59 Abs. 5 und § 60 Abs. 1 erwähnt, so dass damit klargestellt ist, dass es sich um eine eigenständige Satzung handelt. 4

Mit dem WahlRÄG 2010 wurden Briefwahlen eingeführt. Die WahlO wurde in diesem Zusammenhang umfassend reformiert. Vorstand u. Beirat der WPK der Amtsperiode 2011 bis 2014 haben sich für eine **Neustrukturierung des Wahlrechtes** und die **Einführung personalisierter Verhältniswahlen** ausgesprochen. Eine Anhörung des Berufsstandes zu dementsprechenden Änderungen von Satzung WPK u. WahlO wurde Ende 2012/Anfang 2013 durchgeführt (WPK Magazin 4/2012, S. 26, vgl. § 59 Rn. 14). 5

II. Gültigkeit der Satzung und der WahlO (Abs. 1 Satz 2)

Neben den Bestimmungen der WPO ist die Satzung **Befugnisnorm für hoheitliches Handeln der WPK** u. gilt unmittelbar ggü. ihren Mitgliedern. **Materiell-rechtlich** muss die Satzung daher den allg. gesetzlichen Vorgaben, insb. aber den sich aus dem Verfassungsrecht ergebenden Anforderungen (Grundrechte, Verhältnismäßigkeit u. allg. Verfassungsprinzipien) genügen. In **formeller Hinsicht** bedarf die Satzung zu ihrer Wirksamkeit einer förmlichen Ausfertigung, der Genehmigung durch die Aufsichtsbehörde u. einer genügenden Publikation (hierzu nachfolgend). 6

Der vom Beirat nach Anhörung der Mitglieder (s. Rn. 2) beschlossene Satzungstext ist v. zuständigen Amtswalter, dem Beiratsvorsitzer **auszufertigen**. Die Urkunde bedarf einer die Rechtsqualität des Textes bezeichnenden **Überschrift** (Satzung), der Angabe der **Ermächtigungsgrundlage**, des **Datums der Beschlussfassung** u. der Bezeichnung des **zuständigen Organs** (Beirat), der Angabe über den **Tag des Inkrafttretens** sowie **Datum u. Unterschrift des Beiratsvorsitzers**. Durch seine Unterschrift bestätigt der Beiratsvorsitzer die Übereinstimmung der protokollierten Fassung mit dem vom Beirat beschlossenen Text (**Authentizitätsnachweis**) u. das formell ordnungsgem. Zustandekommen (**Legalitätsnachweis**, vgl. Wolff/Bachof/Stober, Verwaltungsrecht Band 1, § 28 Rn. 3; Feuerich/Weyland, BRAO, § 89 Rn. 32f). 7

Die Satzung, die WahlO u. deren Änderungen werden erst nach **Genehmigung durch das BMWi** als zuständige Aufsichtsbehörde wirksam. Zu diesem Zweck sind der v. Beiratsvorsitzer ausgefertigte Satzungstext sowie die Niederschrift über die Sitzung des Beirates der Aufsichtsbehörde zuzuleiten. Diese hat ihrerseits zu überprüfen, ob die Satzungsbestimmungen ordnungsgemäß zustande gekommen sind, z.B. ob die zwingend notwendige Anhörung der Mitglieder der WPK erfolgt ist und ob die durch die Satzung selbst vorgeschriebenen Mehrheitsverhältnisse beachtet wurden. Werden die Satzung, die WahlO o. Teile davon nicht genehmigt, ist 8

Geithner

der **Verwaltungsrechtsweg** eröffnet. Die beanstandeten Bestimmungen bleiben jedoch zunächst unwirksam, sodass es nicht zuletzt aus verfahrensökonomischen Gründen ratsam sein kann, Änderungen bereits im Vorfeld mit der Aufsichtsbehörde abzustimmen.

9 Die für ihre Gültigkeit erforderliche **Veröffentlichung** der Satzung (vgl. Wolff/Bachof/Stober, Verwaltungsrecht Band 1, § 28 Rn. 4) erfolgt durch Bekanntmachung im **Mitteilungsblatt der WPK** (derzeit WPK-Mag.). Durch die Veröffentlichung ist gewährleistet, dass jedes Kammermitglied die Möglichkeit erhält, die **Neufassung o. Änderungen** der Satzung zur Kenntnis zu nehmen. Sofern das Mitglied geltend machen kann, durch Bestimmungen der Satzung (auch) in **eigenen Rechten** betroffen zu sein, kann es hiergegen auf dem **Verwaltungsrechtsweg** vorgehen.

III. Wirtschaftsplan (Abs. 2)

10 Die WPK ist verpflichtet, **jährlich einen Wirtschaftsplan** für das darauf folgende Jahr zu erstellen. Der Wirtschaftsplan wird v. VO aufgestellt; zuständig für dessen Feststellung ist der Beirat. Einzelheiten regelt § 15 Satzung WPK.

11 Nach der Satzung WPK umfasst der Wirtschaftsplan einen **Erfolgsplan**, einen **Finanzplan**, einen **Investitionsplan** u. eine **Stellenübersicht**. Für Vergleichszwecke ist dem jeweiligen Wirtschaftsplan neben den Vorjahreswerten auch die vorläufige Erfolgsrechnung des laufenden Jahres gegenübergestellt. Bei einer erheblichen Verschlechterung des im Wirtschaftsplan vorgesehenen Jahresergebnisses hat der Beirat einen v. VO aufzustellenden **Nachtragsplan** festzustellen.

12 Der Wirtschaftsplan ist vor seiner Feststellung **dem BMWi vorzulegen**; das BMWi kann damit im Rahmen seiner Rechtsaufsicht bereits in der Planungsphase Hinweise geben. Einer **Genehmigung** bedürfen die auf die **BA, die QK sowie die APAK bezogenen Teile** des Wirtschaftsplans. Dem trägt die WPK dadurch Rechnung, dass eine **Spartenrechnung** aufgestellt wird, in der die einzelnen Aufwendungen so weit wie möglich direkt den jeweiligen Bereichen (Sparten) zugeordnet werden.

13 Die Durchführung des Wirtschaftsplans wird v. einem v. Beirat beauftragten AP analog der Vorschriften des Dritten Buches des HGB **geprüft** u. nach dessen Feststellung ebenso wie der genehmigte Jahresabschluss u. der Lagebericht im Mitteilungsblatt der WPK (WPK-Mag.) **veröffentlicht**.

§ 61 Beiträge und Gebühren

(1) ¹Die Mitglieder sind verpflichtet, die Beiträge nach Maßgabe der Beitragsordnung zu leisten, die Beitragsordnung kann je nach Tätigkeitsfeld des Mitglieds verschiedene Beiträge vorsehen. ²Der 2. Abschnitt des Verwaltungskostengesetzes in der bis zum 14. August 2013 geltenden Fassung ist entsprechend anzuwenden. ³Die Beitragsordnung sowie deren Änderungen bedürfen zu ihrer Wirksamkeit der Genehmigung des Bundesministeriums für Wirtschaft und

2. Beitragsverteilung 7–18
3. Beitragshöhe 19–22
IV. Gebühren 23–25
V. Verjährung 26
VI. Vollstreckung 27
VII. Aufsicht 28–29
VIII. Rechtsschutz 30

I. Allgemeines

1 Die WPO 1961 sah die Finanzierung der WPK ausschließl. durch **Beiträge** vor. Durch das Kostenermächtigungs-Änderungsgesetz v. 23.6.1970 wurde die Beitragsfinanzierung durch Regelungen zur Erhebung v. **Gebühren im Zulassungs- u. Prüfungsverfahren u. für die Bestellung** ergänzt. Die 1. WPO-Novelle 1975 erweiterte § 61 um die allg. Befugnis der WPK, für ihre Inanspruchnahme Gebühren nach einer GebO zu erheben. Seit der 5. WPO-Novelle 2004 bedürfen die Beitragsordnung u. ihre Änderungen der Genehmigung.

2 Um der WPK die Wahrnehmung der ihr gesetzl. zugewiesenen Aufgaben zu ermöglichen, hat der Gesetzgeber ihr, wie für den Bereich der beruflichen Selbstverwaltung hergebracht u. üblich, die **Finanzierung durch die Erhebung v. Beiträgen u. Gebühren** eröffnet. Beiträge u. Gebühren gehören zu den tradierten nichtsteuerlichen öffentlichen Abgaben. Sie grenzen sich durch ihren Entgeltcharakter hinreichend v. den voraussetzungslos auferlegten Steuern ab u. sind dadurch dem Grunde nach zugl. vor ihrem Maßstab, der Begrenzungs- u. Schutzfunktion der bundesstaatlichen Finanzverfassung, gerechtfertigt. **Andere Abgaben**, wie etwa Umlagen sieht das Gesetz nicht vor u. können nach dem Vorbehalt des Gesetzes daher nicht erhoben werden. Finanzzuweisungen sind selbst für die Erfüllung der übertragenen staatlichen Verwaltungsaufgaben nicht vorgesehen.

II. Beitrags- und Gebührenordnung

3 Die Einzelheiten der Beitrags- u. Gebührenerhebung regeln die **BO** u. die **GebO** der WPK. Hierbei handelt es sich um zur Regelung eigener Angelegenheiten gesetzten Rechts, mithin um **Satzungen**. § 61 ist als Satzungsermächtigung durch die Bestimmung des Kreises der Abgabenpflichtigen und des Erhebungsanlasses i.V.m. allg. Bemessungsgrundsätzen hinreichend bestimmt. Die strenge Bestimmtheitstrias des Art. 80 Abs. 1 Satz 2 GG findet auf Satzungsermächtigungen für Selbstverwaltungsträger keine Anwendung (BVerfG 21.12.1966, NJW 1967, 545). Weitere Vorgaben, insb. zur Beitrags- u. Gebührenbemessung trifft die WPO nicht. Der WPK ist damit ein weites satzungsgeberisches Ermessen eingeräumt.

4 Zuständig für den Erlass sowohl der BO als auch der GebO ist nach § 7 Abs. 1 Nr. 1 Satzung WPK der Beirat. Nach § 7 Abs. 6 Satz 2 Satzung WPK sollen die Mitglieder vor Beschlussfassungen über die Änderung der BO oder der GebO angehört werden, soweit es nicht die im Rahmen der Aufstellung des Wirtschaftsplanes festzulegende Höhe der Beiträge und Gebühren betrifft.

Technologie. ⁴Die Höhe der Beiträge bestimmt der Beirat der Wirtschaftsprüferkammer.

(2) ¹Die Wirtschaftsprüferkammer kann für die Inanspruchnahme von besonderen Einrichtungen oder Tätigkeiten, insbesondere im Zulassungs-, Prüfungs- und Widerspruchsverfahren sowie im Qualitätskontroll- und Berufsaufsichtsverfahren, für die Bestellung und Wiederbestellung als Wirtschaftsprüfer, die Anerkennung als Wirtschaftsprüfungsgesellschaft und die Erteilung von Ausnahmegenehmigungen nach § 28 Abs. 2 und 3, Gebühren nach Maßgabe einer Gebührenordnung erheben. ²Die Gebührenordnung und deren Änderungen bedürfen der Genehmigung des Bundesministeriums für Wirtschaft und Technologie.

(3) ¹Der Anspruch der Wirtschaftsprüferkammer auf Zahlung von Beiträgen und Gebühren unterliegt der Verjährung. ²§ 20 des Verwaltungskostengesetzes in der bis zum 14. August 2013 geltenden Fassung ist sinngemäß anzuwenden. ³Beiträge und Gebühren werden nach Maßgabe der Vorschriften des Verwaltungsvollstreckungsgesetzes beigetrieben.

Schrifttum: *Dürr*, Keine staatliche Ergänzungsfinanzierung von Innungen, GewArch 2012, 300; *Jahn*, Zur Entwicklung des Beitragsrechts der Industrie- u. Handelskammern – Rechtsprechungsreport 2008–2011, GewArch 2011, 464, 2012, 6; *Hey*, Verbandslast - Mitgliedsabgabe – Kammersteuer, StuW 2008, 289; *Kluth*, Beitragsbonus für Innungsmitglieder und Kammerrecht, GewArch 2008, 377; *Jahn*, Zur Entwicklung des Beitragsrechts der Industrie- u. Handelskammern – Rechtsprechungsreport 2005–2007, GewArch 2008, 134, 187; *Badura*, Der Beitrag zur Handwerkskammer, GewArch 2005, 99, 136; *Detterbeck*, Handwerkskammerbeitrags-Bonussystem für Innungsmitglieder, GewArch 2005, 271, 321; *Jahn*, Zur Entwicklung des Beitragsrechts der Industrie- u. Handelskammern –Rechtsprechungsreport 2000–2004, GewArch 2005, 169, 221; *Ortmann*, Kammerbeiträge u. Verfassungsrecht, NordÖR 2004; *Hahn*, Das Wirtschaftsverwaltungsrecht in der Rechtsprechung des Bundesverwaltungsgerichtes ab 2004, GewArch 2005, 393; *Dettmeyer*, Verfassungsrechtliche Anforderungen an Zwangsmitgliedschaft u. Ärztekammerbeitrag, NJW 1999, 3367; *Jahn*, Zur Entwicklung des Beitragsrechts der Industrie- u. Handelskammern –Rechtsprechungsreport 1997–1999, GewArch 1999, 449; *Jahn*, Zu den Staffelungskriterien des IHK-Grundbeitrages, GewArch 1998, 146; *Jahn*, Zur Entwicklung des Beitragsrechts der Industrie- u. Handelskammern –Rechtsprechungsreport 1995 – 1996, GewArch 1997, 177; *Axer*, Die Finanzierung der Industrie- u. Handelskammern durch Abgaben, GewArch 1996, 453.

Inhaltsübersicht

	Rn.
I. Allgemeines	1–2
II. Beitrags- und Gebührenordnung	3–5
III. Beiträge	6–22
1. Allgemeines	6

Beide Satzungen einschließl. ihrer Änderungen bedürfen der **Genehmigung durch** 5
das BMWi als der Rechtsaufsichtsbehörde nach § 66. Die Prüfung durch die
Rechtsaufsichtsbehörde beschränkt sich auf die Einhaltung geltenden Rechts, erstreckt sich also nicht auf Zweckmäßigkeitsüberlegungen. Eigene Zweckmäßigkeitserwägungen stellt die Rechtsaufsichtsbehörde nicht an (§ 66 Rn. 2). Die Bekanntmachungen der Satzungen u. ihrer Änderungen erfolgen im MittBl. der WPK,
dem WPK-Mag.

III. Beiträge

1. Allgemeines

Der Kammerbeitrag ist das traditionelle **Finanzierungsinstrument der beruf-** 6
lichen Selbstverwaltung. Gegenwärtig erzielt die WPK bei wachsenden Gebühreneinnahmen rund 2/3 ihrer Einnahmen aus Mitgliedsbeiträgen. Kammerbeiträge
sind nach ständiger Rspr. **Beiträge im Rechtssinn** (BVerwG 14.2.2002, GewArch 2002, 245). Sie sind Gegenleistung für Vorteile, die das Mitglied aus der
Kammerzugehörigkeit o. einer besonderen Tätigkeit der Kammer zieht o. ziehen
kann. Die Verknüpfung der Pflichtmitgliedschaft mit der Beitragslast ist durch die
mit der Erfüllung der öffentl. Aufgabe stets verbundenen Wahrung der beruflichen
Belange der Gesamtheit der Mitglieder verfassungsrechtl. nicht zu beanstanden
(BVerfG 7.12.2001, WPK-Mitt. 2/2002, 170, 173). **Beitragsschuldner** können somit ausschl. Kammermitglieder (§ 58) sein.

2. Beitragsverteilung

Mitgliedsbeiträge müssen dem Äquivalenzprinzip u. dem Gleichheitssatz als **Maß-** 7
stab für die Beitragsverteilung genügen.

Das **Äquivalenzprinzip** verlangt als abgabenrechtliche Ausprägung des Grund- 8
satzes der Verhältnismäßigkeit, dass zwischen der Höhe des Beitrages u. dem Nutzen des Mitgliedes ein Zusammenhang bestehen muss. Die Höhe des Beitrages darf
nicht in einem groben Missverhältnis zu dem Vorteil stehen, den er abgelten soll
(BVerwG 26.6.1990, BB 1990, 1867). Maßgeblich ist der Vorteil, der dem Beitragspflichtigen aus der sachlichen Zweckbestimmung der öffentl. Einrichtung erwächst
(BVerfG 20.5.1959, BVerfGE 9, 291, 298).

Der **Gleichheitssatz** untersagt, gleichliegende Sachverhalte, die aus der Natur der 9
Sache u. unter dem Gesichtspunkt der Gerechtigkeit klar eine gleichartige Regelung
erfordern, ungleich zu behandeln. Er verlangt allerdings keine schematische Gleichbehandlung, sondern lässt durch sachliche Erwägungen gerechtfertigte Differenzierungen, etwa durch Verallgemeinerungen u. Pauschalierungen nach dem **Grundsatz der Typengerechtigkeit** (BVerwG 25.8.1982, MDR 1983, 518) vor dem
Hintergrund der **Verwaltungspraktikabilität** zu. Der Gleichheitssatz verbietet damit Willkür. Für die Erhebung vorteilsbezogener Mitgliedsbeiträge bedeutet dies,
dass wesentlichen Verschiedenheiten der Mitglieder, insb. durch eine im Verhältnis
der Beitragspflichtigen zueinander grds. vorteilsgerechte Beitragsbemessung,
Rechnung getragen werden muss (BVerwG 3.5.1995, GewArch 1995, 425). Dabei
ist auch eine dem Gedanken der Solidargemeinschaft entspr. Entlastung wirtschaft-

§ 61 *Beiträge und Gebühren*

lich schwächerer Mitglieder auf Kosten leistungsstarker zulässig (BVerwG 25.11.1971, NJW 1972, 350, 352).

10 Äquivalenzprinzip u. Gleichheitssatz sind hinsichtlich der Bemessung v. Kammerbeiträgen durch den Vorteilsbezug verzahnt. Dabei ist bei der **Bestimmung des Vorteils** zu beachten, dass berufsständische Kammern in erster Linie die Gesamtbelange ihrer Mitglieder zu wahren haben u. daher der für die Beitragsbemessung maßgebende Nutzen nicht in einem unmittelbaren wirtschaftlichen Vorteil bestehen muss, der sich bei den einzelnen Mitgliedern messbar niederschlägt, sondern weitgehend nur vermutet werden kann (BVerwG 3.9.1991, GewArch 1992, 28) Zwischen dem Erhebungsanlass u. dem Vorteil besteht vielmehr ein nur mittelbarer Zusammenhang, der sich zu einer bloßen gesetzl. Vermutung o. Fiktion des Vorteils verflüchtigen kann (BVerwG 25.11.1971, NJW 1972, 350, 352). Im Hinblick auf diesen weiten Vorteilsbegriff wird in der Literatur z.T. vertreten, bei den Kammerbeiträgen handele es sich um verbandslastgleiche korporative Beiträge, die mangels Vorteilsbezug nicht dem Äquivalenzprinzip unterliegen, sondern sich durch die Finanzierungsverantwortung der einzelnen Mitglieder rechtfertigen (Axer, VerwArch 1996, 456).

11 Die Wahrung der Gesamtbelange u. die Vorteilsvermutung schließen eine **Beitragsverweigerung** mit der Begr. aus, die Kammertätigkeit sei für das Mitglied „wertlos" (BVerwG 1.3.1977, NJW 1977, 1893), der Kammerbeitrag sei überhöht (BGH 25.4.1988, DB 1988, 1994) o. die Kammer werde über die ihr übertragenen Aufgaben hinaus o. rechtswidrig tätig (BVerwG 13.12.1979, MDR 1980, 608; BVerwG 3.5.1977 I C 57.74 – juris).

12 Sowohl die Erhebung eines **Einheitsbeitrages** als auch die Erhebung eines **gestaffelten Beitrages** können den Anforderungen des Äquivalenzprinzips u. des Gleichheitssatzes genügen. Die Rechtmäßigkeit eines Einheitsbeitrages haben der BGH (BGH 8.7.2002, BB 2002, 2199) u. das OVG NRW (OVG NRW 17.11.1989, StB 1990, 339) unter Hinweis auf die für alle Kammermitglieder im Wesentlichen gleichen Vorteile aus der Mitgliedschaft begründet. Die Zulässigkeit der Differenzierung nach der wirtschaftlichen Leistungsfähigkeit, mithin nach der Marktteilhabe hat das BVerwG wiederholt unter Hinweis darauf, dass leistungsstärkere Mitglieder aus der Wahrnehmung der Kammeraufgaben regelmäßig einen höheren Vorteil ziehen können als leistungsschwächere (BVerwG 14.2.2002, GewArch 2002, 245; 21.3.2000 – 1 C 15.99, juris; 7.12.1976 – I C 20.72 – juris), u. unter Hinweis auf die Solidargemeinschaft (BVerwG 13.3.1962, NJW 1971, 1311) bestätigt.

13 Die Bandbreite der Entscheidungen ist durch den **Rahmen der richterlichen Kontrolle** begründet. Dieser beschränkt sich auf die Einhaltung der äußersten Grenzen des satzungsgeberischen Gestaltungsermessens (BVerwG 3.11.1988, DB 1989, 529; BVerfG 8.6.1977, DB 1977, 2275). Die Gerichte haben mithin nicht zu prüfen, ob der Satzungsgeber die in jeder Hinsicht zweckmäßigste o. gerechteste Lösung gefunden hat (OVG Lüneburg 15.6.1998 - 8 L 3368/97, juris).

Die **Beitragsordnung der WPK** sieht gestützt auf die durch die 7. WPO-Novelle 2007 klarstellend in Abs. 1 Satz 1 aufgenommene Möglichkeit, bei der Beitragserhebung nach dem Tätigkeitsfeld des Mitgliedes zu differenzieren, die Erhebung eines **(allg.) Beitrages** v. allen Mitgliedern u. die Erhebung eines **weiteren Beitrages** v. Mitgliedern, die als AP gesetzl. AP bei Unternehmen nach § 319a Abs. 1 Satz 1 HGB in dem der Beitragserhebung vorangehenden Kalenderjahr beendet haben, vor. 14

Der v. allen Mitgliedern zu erhebende **(allg.) Beitrag** dient der Finanzierung sämtlicher Kammeraufgabe mit Ausnahme der SU. Der v. AP gesetzl. AP bei Unternehmen nach § 319a Abs. 1 Satz 1 HGB zu erhebende **weitere Beitrag** dient ausschl. der Finanzierung der SU. Durch die Konzentration der SU auf die Prüfer v. § 319a HGB-Mandaten sind sowohl deren Kosten als auch der aus ihnen resultierende Vertrauensgewinn allein diesen Prüfern zurechenbar. Dies schließt eine Finanzierung der SU durch den v. allen Mitgliedern zu erhebenden (allg.) Kammerbeitrag aus (WPK-Mag. 4/2006, 12). Über- o. Unterdeckungen in den jeweiligen Bereichen werden nur in diesen vorgetragen. 15

Der **(allg.) Beitrag** bemisst sich nach einer **Kombination aus Einheitsbeitrag u. marktteilhabeorientierter Beitragsstaffelung**. Die Bestimmung der Marktteilhabe erfolgt dabei nicht nach den tats. Einkommensverhältnissen, sondern nach der Anzahl der für das Mitglied tätigen WP u. vBP u. der Anzahl der NL (BVerwG 14.2.2002, GewArch 2002, 206), mithin nach einem Wahrscheinlichkeitsmaßstab. 16

Der weitere **Beitrag zur Finanzierung der SU** bemisst sich, orientiert am hergebrachten Beitragssystem der WPK, ebenfalls nach der **Marktteilhabe**. Indikatoren für die Marktteilhabe sind die Anzahl der § 319a HGB-Mandate des dem Beitragsjahr vorangehenden Kalenderjahres und das für diese Mandate veröffentlichte berechnete Gesamthonorar für Abschlussprüfungsleistungen gemäß §§ 285 Nr. 17a), 314 Abs. 1 Nr. 9 a) HGB (WPK-Mag. 4/2006, 12; 4/2010, 30). Die Bemessung des weiteren Beitrages zur Finanzierung der Sonderuntersuchungen auf der Grundlage der in dem dem Beitragsjahr vorangegangenen Kalenderjahr beendeten Abschlussprüfungen bei Unternehmen nach § 319 a Abs. 1 Satz 1 HGB verstößt nicht gegen das Rückwirkungsverbot (VG Berlin 10.5.2012, WPK-Mag. 3/2012, 62). 17

Die mit der Typisierung zu einem Einheitsbeitrag u. der Verwendung eines Wahrscheinlichkeitsmaßstabes ggf. verbundenen **Härtefälle kompensieren Ermäßigungstatbestände** für alle Mitglieder, welche die Einkommens- u. wirtschaftlichen Verhältnisse der Mitglieder berücksichtigen. Dabei kann einerseits hinsichtlich des Einkommens nur auf die berufsbezogenen Einnahmen abgestellt werden (BGH 25.1.1999, NJW 1999, 1402), anderseits begegnet aber auch die Berücksichtigung der „gesamten wirtschaftlichen Lage" als Voraussetzung für eine Beitragsermäßigung keinen rechtlichen Bedenken (VG Berlin 11.03.2008, WPK-Mag. 4/2008, 56). Einer **Kompensation für Berufsgesellschaften** bedarf es nicht, da deren Errichtung u. Aufrechterhaltung Folge der freien Entscheidung jedes natürlichen 18

Kammermitgliedes ist (BVerwG 14.12.2011, NVwZ-RR 2012, 141; VG Lüneburg 22.9.2004, DStR 2005, 443). Dennoch ermöglicht die BO auch Berufsgesellschaften eine Beitragsermäßigung (§ 6 Abs. 1, 5 BO). Ebenso bedarf die **Mehrfachmitgliedschaft** in verschiedenen Kammern keiner gesonderten Berücksichtigung (BVerwG 2.10.1973, Stbg 1973, 224), sofern die Bemessung des Beitrages wie beim allgemeinen Beitrag der WPK nicht unter Berücksichtigung der Einnahmen erfolgt. Erfolg eine einnahmenbezogene Beitragsbemessung dürfen Einnahmen die typischerweise einem anderen kammerangehörigen Beruf zuzurechnen sind, bei der Beitragsbemessung aber nicht herangezogen werden (BGH 25.01.1999, NJW 1999, 1402) Vor diesem Hintergrund berücksichtigt die BO im Rahmen der einnahmenabhängigen Ermäßigungstatbestände die Mitgliedschaft in anderen Kammern (§ 8 BO).

3. Beitragshöhe

19 Zusätzlich zur Zuständigkeit für den Erlass der BO ist durch Abs. 1 Satz 3 auch die Bestimmung der **konkreten Höhe der Beiträge** dem Beirat der WPK zugewiesen.

20 Zusammen mit der Feststellung des nach den Vorgaben des HGrG aufzustellenden Wirtschaftsplanes **beschließt der Beirat jährlich** über die Höhe der Kammerbeiträge für das folgende Haushaltsjahr. Er orientiert sich dabei an den im Wirtschaftsplan vorgesehen Aufwendungen u. setzt damit fachlich das **Kostendeckungsprinzip** um. Dieses ist aber weder verfassungsrechtl. verankert, noch wird seine Geltung durch die WPO o. die BO für die Beitragsbemessung angeordnet. Die konkrete Höhe des je § 319a HGB-Mandates zu zahlenden weiteren Beitrages wird unter Berücksichtigung des im Wirtschaftsplan angesetzten Gesamtaufwandes für den Bereich der SU, der Zahl aller § 319a HGB-Mandate u. einer etwaigen Über- o. Unterdeckungen im Vorjahr (Rn. 15) bestimmt. Aufwendungen für die Bildung einer angemessenen Rücklage gehören zu einer geordneten Haushaltsführung u. sind bei der Ermittlung der Beitragshöhe zu berücksichtigen (BVerwG 26.6.1990, BB 1990, 1867).

21 Bei der Bestimmung der Beitragshöhe ist zu berücksichtigen, dass es sich hierbei um eine die Berufsausübung beeinflussende Regelung handelt, der Beitrag somit **keine erdrosselnde o. prohibitive Wirkung** haben darf.

22 Der **Beschluss zur Änderung** von der **Beitragshöhe** verändert die BO in ihrer jeweils gültigen Fassung, stellt mithin eine materielle Satzungsänderung dar. Dennoch bedarf er anders als andere Satzungsänderungen nach der Gesetzesbegr. ausdr. nicht der Genehmigung durch die Rechtsaufsicht (BT-Drs. 15/1241, 39). Der Beschluss über die Beitragshöhe unterliegt nicht der gesonderten gerichtl. Kontrolle. Seine Überprüfung erfolgt ggf. im Rahmen einer Normenkontrolle der BO o. der Anfechtung eines Beitragsbescheides (Rn. 30). Da die Beitragshöhe wegen des Kostendeckungsprinzips zwingend aus dem mit dem Wirtschaftsplan mit einfacher Mehrheit festzustellenden Aufwand für das Beitragsjahr verknüpft ist, erfordern Änderungen der Beitragshöhe ebenfalls nur eine einfache Mehrheit, während Änderungen der Beitragsordnung als Satzungsänderungen einer zweidrittel Mehrheit bedürfen.

IV. Gebühren

Gebühren sind öffentlich-rechtliche Geldleistungen, die dem Gebührenschuldner aus Anlass individuell zurechenbarer öffentl. Leistungen auferlegt werden u. dazu bestimmt sind, in Anknüpfung an diese Leistung deren Kosten ganz o. teilw. zu decken (BVerfG 6.2.1979, NJW 1979, 1345). Der Kreis der **Gebührenschuldner** beschränkt sich damit nicht auf die Kammermitglieder. Die Bemessung der Gebühr ist gerechtfertigt, wenn die Gebührenhöhe durch einen zulässigen Gebührenzweck legitimiert ist, den der Gesetz- o. Satzungsgeber bei der Ausgestaltung des Gebührentatbestandes erkennbar verfolgt hat (BVerfG 19.3.2003, BVerfGE 108, 1, 18). Anerkannte **Gebührenzwecke** sind die dem Gebührenbegriff immanente Einnahmenerzielung zur **Kostendeckung** sowie die **Vorteilsabschöpfung, Verhaltenslenkung** u. **soziale Zwecke**. Die Gebührenzwecke sind frei kombinierbar. 23

Wie bei der Bemessung des Beitrags sind auch bei der Gebührenbemessung das **Äquivalenzprinzip** (Rn. 8) u. der **Gleichheitssatz** (Rn. 9) zu beachten. Durch die unmittelbare Anknüpfung der Gebührenerhebung an die Inanspruchnahme bestimmter Leistungen der WPK in Abs. 2 hat der Gesetzgeber zusätzl. die Geltung des **Kostendeckungsprinzips** angeordnet. Es bestimmt, dass die Gesamtheit der Gebühren für besondere Leistungen bestimmter Art die Gesamtheit der Aufwendungen für diese besonderen Leistungen nicht übersteigen darf. Es ist nicht schon dann verletzt, wenn in einem Einzelfall eine Gebühr die Aufwendungen für die besondere Leistung, für die sie gefordert wird, übersteigt (BVerwG 24.3.1961, NJW 1961, 2128). 24

Gesonderte Beschlüsse über die Gebührenhöhe sind anders als beim Beitrag (Rn. 22) nicht vorgesehen. Während der Beitrag den an der Marktteilhabe orientierten finanziellen Anteil jedes Mitgliedes am gesamten Aufwand der WPK widerspielt, ist die Gebühr Äquivalent eines individuell zurechenbaren Vorteils eines Mitgliedes aus einer Tätigkeit der WPK. Vor diesem Hintergrund bedarf auch jede **Änderung der Höhe einer Gebühr als Satzungsänderung der Genehmigung** durch das BMWi. 25

V. Verjährung

Beitrags- u. Gebührenforderung unterliegen der **Verjährung**. Mit Eintritt der Verjährung erlischt die Forderung (§ 20 Abs. 1 Satz 3 VwKostG). Der Eintritt der Verjährung ist v. Amts wegen zu berücksichtigen. Die Verjährung tritt alternativ entw. drei Jahre nach Ablauf des Kalenderjahres, in dem der Anspruch fällig geworden ist o. vier Jahre nach der Entstehung des Anspruchs ein. Die Fälligkeit tritt mit Bekanntgabe des Beitrags- o. Gebührenbescheides an den Schuldner ein. Der Anspruch entsteht mit Eingang des Antrags, andernfalls mit Beendigung der gebührenpflichtigen Leistung. Hemmung u. Unterbrechung der Verjährung richten sich nach § 20 Abs. 2 u. 3 VwKostG. 26

VI. Vollstreckung

27 Die **Vollstreckung** v. Beitrags- u. Gebührenforderungen erfolgt nach dem VerwaltungsvollstreckungsG. Nach mehrfacher Mahnung erlässt die WPK die Vollstreckungsanordnung u. beauftragt mangels besonderer Bestimmung einer Vollstreckungsbehörde das Hauptzollamt am Wohnsitz bzw. der beruflichen NL des Beitragsschuldners mit der Vollstreckung.

VII. Aufsicht

28 Die pünktliche Zahlung des Kammerbeitrags stellt eine **Berufspflicht** dar, deren Verletzung berufsaufsichtsrechtl. geahndet werden kann (BGH 14.08.2012, WPK-Mag. 1/2013, 35), da der Kammerbeitrag die Funktionsfähigkeit der Kammer sichert. Im Regelfall spricht die WPK nach der ersten Vollstreckung des Beitrages eine Belehrung aus. Im Wiederholungsfall kann ein Rüge, bei weiteren Wiederholungen auch eine Rüge verbunden mit einer Geldbuße ausgesprochen werden.

29 Bei erfolglosen Vollstreckungsversuchen muss die WPK auch die wirtschaftlichen Verhältnisse des Beitragsschuldners im Rahmen eines **Widerrufsverfahrens** prüfen.

VIII. Rechtsschutz

30 Beitrags- u. Gebührenbescheide sind **VA** u. als solche nach Durchführung eines Widerspruchsverfahrens vor dem VG **anfechtbar**. § 41 findet keine Anwendung. Da es sich bei Gebühren u. Beiträgen um öffentl. Abgaben handelt (Rn. 2), entfällt aber die aufschiebende Wirkung v. Widerspruch u. Anfechtung (§ 80 Abs. 2 Nr. 1 VwGO). Lehnt die WPK einen Antrag auf Aussetzung der Vollziehung ab, muss zur Verhinderung der Vollstreckung mit der Klage gleichzeitig **Antrag auf Anordnung der aufschiebenden Wirkung** gestellt werden.

Fünfter Teil
Berufsaufsicht

§ 61a Zuständigkeit

[1]Für die Berufsaufsicht ist die Wirtschaftsprüferkammer zuständig. [2]Sie ermittelt

1. soweit konkrete Anhaltspunkte für einen Verstoß gegen Berufspflichten vorliegen und
2. bei Berufsangehörigen und Wirtschaftsprüfungsgesellschaften, die gesetzlich vorgeschriebene Abschlussprüfungen bei Unternehmen von öffentlichem Interesse nach § 319a Abs. 1 Satz 1 des Handelsgesetzbuchs durchgeführt haben, stichprobenartig ohne besonderen Anlass (§ 62b)

und entscheidet, ob das Rügeverfahren eingeleitet (§ 63) oder ob das Verfahren an die Berufsgerichtsbarkeit abgegeben (§ 84a) wird. [3]Mitteilungen der Prüfstelle nach § 342b Abs. 8 Satz 2 des Handelsgesetzbuchs oder der Bundesanstalt für Finanzdienstleistungsaufsicht nach § 37r Abs. 2 Satz 1 des Wertpapierhandelsgesetzes sind zu berücksichtigen. [4]Beabsichtigen der Vorstand oder die zuständige entscheidungsbefugte Abteilung der Wirtschaftsprüferkammer, ein Verfahren nach Satz 2 einzustellen, weil keine Berufspflichtverletzung vorliegt oder diese keiner Sanktion bedarf, legen sie den Vorgang vor Bekanntgabe der Entscheidung der Abschlussprüferaufsichtskommission vor.

Schrifttum: *Wegner*, Transparenz und ein erweitertes Sanktionsrisiko für Wirtschaftsprüfungsgesellschaften – neue aufsichtsrechtliche Ziele der Wirtschaftsprüferkammer, HRRS 2013, 15; *Weidmann*, Die Siebte WPO-Novelle – Auswirkungen des Berufsaufsichtsreformgesetzes auf den Berufsstand, WPK Mag. 3/2007, 55; *Heininger/Bertram*, Der Referentenentwurf zur 7. WPO-Novelle (BARefG), DB 2006, 905; *Böcking/Dutzi*, Neugestaltung der Berufsaufsicht für Wirtschaftsprüfer, BFuP 58 (2006), 1; *Ulrich*, Einführung anlassunabhängiger Sonderuntersuchungen durch das Berufsaufsichtsreformgesetz, WPK Mag. 4/2006, 50; *Marten/Köhler*, Vertrauen durch öffentliche Aufsicht – Die Abschlussprüferaufsichtskommission als Kernelement der WPO-Novellierung, WPg 2005, 145; *Baetge/Lienau*, Änderungen der Berufsaufsicht der Wirtschaftsprüfer – Implikationen für Wirtschaftsprüfer durch das geplante BilKoG und Abschlussprüferaufsichtsgesetz, DB 2004, 2277; *Heininger/Bertram*, Neue Anforderungen an die Berufsaufsicht und QK durch das Abschlussprüferaufsichtsgesetz (APAG), DB 2004, 1737; *Lenz*, Referentenentwurf eines Abschlussprüferaufsichtsgesetzes: noch unzureichende Kontrolle des Berufsstandes, BB 2004, 1951; *Schmidt/Kaiser*, Die Fünfte WPO-Novelle – eine umfassende Reform in schwieriger Zeit, WPK-Mitt. 2003, 150; *Sommerschuh*, Strengere Berufsaufsicht durch die 5. WPO-Novelle: Ein neuer Ansatz zur Kontrolle der Wirtschaftsprüfer, BB 2003, 1166; *Quick/Warming-Rasmussen*, Berufsaufsicht über die wirtschaftsprüfenden Berufsstände in Deutschland und Dänemark, WPK-Mitt. 1999, 132; *Henssler*, Die interprofessionelle Zusammenarbeit in der Sozietät,

WPK-Mitt. 1999, 2; *Kluth*, Zukunftsperspektiven der Selbstverwaltung in der Wirtschaftsprüferkammer, WPK-Mitt. 1997, 266; *Henssler*, Das anwaltliche Berufsgeheimnis, NJW 1994, 1817; *Waechter*, Zur Geltung des Legalitätsprinzips bei der Verfolgung berufsrechtlicher Pflichtverletzungen, WPK-Mitt. 1993, 149.

Inhaltsübersicht

		Rn.
I.	Allgemeines	1–27
	1. Entwicklung der Berufsaufsicht	1–7
	2. Zuständigkeiten	8–11
	3. Verhältnis zum Strafverfahren	12–14
	4. Verhältnis zu anderen Berufsrechten	15–18
	5. Berufsrechtliche Ermittlungen	19–23
	6. Auskunftsverweigerungsrechte	24–27
II.	Erstzuständigkeit der WPK	28–30
III.	Ermittlungen	31–41
	1. Ermittlungsgründe	31–32
	2. Erkenntnisquellen	33–34
	3. Ermittlungsmaßnahmen	35–41
IV.	Entscheidung der WPK	42–45
V.	Letztentscheidung der APAK	46–49

I. Allgemeines

1. Entwicklung der Berufsaufsicht

1 Kammermitglieder haben **Rechte u. Pflichten**, die das Berufsbild des WP/vBP prägen (näher Vor §§ 43 ff. Rn. 1 ff.). Durch die Beachtung der Berufspflichten soll ein hohes Maß an Qualität bei der Berufsausübung gewährleistet werden. Die Einhaltung dieser Pflichten wird im Rahmen der Berufsaufsicht kontrolliert u. schuldhafte Verstöße hiergegen werden sanktioniert. Die WPK hat in Ausübung der mittelbaren Staatsverwaltung gemäß § 57 Abs. 1 Hs. 2 die beruflichen Belange der Gesamtheit der Mitglieder zu wahren u. die Erfüllung der beruflichen Pflichten zu überwachen. Insbesondere obliegt der WPK die Beratung u. Belehrung der Mitglieder in Fragen der Berufspflichten sowie die Überwachung der Erfüllung dieser Pflichten u. die Handhabung des Rechts der Rüge (§ 57 Abs. 2 Nr. 1, 4). Ein Ziel der Aufsicht ist es daher, die Kammerangehörigen zur **Beachtung ihrer Berufspflichten** anzuhalten u. schuldhafte **Zuwiderhandlungen erforderlichenfalls zu sanktionieren**.

2 Die §§ 61a ff. regeln die Ermittlungskompetenzen der WPK u. kammerseitige Sanktionsmöglichkeiten, insb. das Rügeverfahren als Maßnahme der WPK. Eine Aufsichtsmaßnahme als Sanktion soll „*Ordnung und Integrität innerhalb des Berufsstandes gewährleisten und den der Disziplinargewalt Unterworfenen zur korrekten Erfüllung seiner Berufspflichten anhalten*" (BVerfG 12.10.1971, BVerfGE 32, 40, 49). Da dies eine Disziplinierung der Mitglieder darstellt (so Tettinger, Kammerrecht, 138), wird dieser Bereich der BA auch als **Disziplinaraufsicht** bezeich-

net. Neben diesem nach innen gerichteten Zweck wird durch die BA auch dem besonderen Interesse u. dem Vertrauen der Allgemeinheit an der Beachtung der berufsrechtlichen Regelungen u. der damit einhergehenden hohen Qualität der Tätigkeit durch die Berufsangehörigen Rechnung getragen (BGH 4.4.1984, NJW 2341, 2342; vgl. auch Blank, Berufsaufsicht über Wirtschaftsprüfer, Teil 1, § 1 B; zu den Zielen s. auch Rn. 10). § 61a erfasst neben den **anlassbezogenen Verfahren** (Satz 2 Nr. 1) als BA im engeren Sinne auch die **anlassunabhängigen SU** bei AP bestimmter Unternehmen (Satz 2 Nr. 2; § 62b). Darüber hinaus dienen die **Durchsicht der im Bundesanzeiger** veröffentlichten geprüften Jahres- u. Konzernabschlüsse (Rn. 34) sowie die Rücknahme- u. Widerrufsverfahren (§§ 20, 34) der Erfüllung der Aufgaben der BA. Alle vier vorgenannten Bereiche bilden die BA im weiteren Sinne.

Die in der WPO seit 1961 verankerte BA über WP erfuhr in den Jahren 2004-2007 mehrere tief greifende **Reformen**. Hintergrund waren zum einen wirtschaftliche Schieflagen internationaler Unternehmen, die mit Bilanzmanipulationen einhergingen u. das Augenmerk der Öffentlichkeit verstärkt auf die Kontrolleure der Unternehmen lenkte. Zum anderen erfolgte in den USA eine regulative Entwicklung der Kontrollmechanismen (s. § 66a Rn. 3). Die Regelungs- u. Aufsichtsziele der US-amerikanischen Aufsichtsbehörde PCAOB für die dort registrierten auch deutsche WP griff der deutsche Gesetzgeber auf. Auf europäischer Ebene gab die AP-Ri-Li (2006) konkretere Vorgaben zur Prüferaufsicht, die Deutschland umsetzte. Durch die Reformierung der BA sollte die Prüferqualität erhöht u. dadurch das Vertrauen der Kapitalmarktteilnehmer in die Glaubwürdigkeit geprüfter Unternehmensberichte gestärkt werden. 3

Mit der **5. WPO-Novelle 2004** führte der Gesetzgeber erste Maßnahmen zur Stärkung der BA ein. U.a. wurden die **Sanktionsmöglichkeiten** v. WPK u. Berufsgerichtsbarkeit verschärft u. der Vorrang des strafgerichtlichen ggü. dem berufsgerichtlichen Verfahren mit dem Ziel einer **Beschleunigung der berufsrechtlichen Verfahren** aufgehoben (s. näher Rn. 14). Mit der Einfügung des § 84a wurde klargestellt, dass die WPK verpflichtet ist, die GStA bei Verdacht einer berufsrechtlichen Pflichtverletzung, die eine berufsgerichtliche Maßnahme erforderlich erscheinen lässt o. strafrechtliche Relevanz besitzt, zu informieren (BT-Drs. 15/1241, 2). 4

Mit der **6. WPO-Novelle 2005** galt es, *„die am 25. Februar 2003 im 10-Punkte-Plan der Bundesregierung angekündigte Stärkung der Berufsaufsicht über Abschlussprüfer u. Abschlussprüferinnen im Sinne eines **berufsstandsunabhängigen Public Oversight** umzusetzen"* (BT-Drs. 15/3983, 11). Der Gesetzgeber stellte den Berufsstand zusätzl. zur Rechtsaufsicht des BMWi unter eine letztverantwortliche, berufsstandsunabhängige Fachaufsicht der **APAK** (§ 66a). Daneben wurde mit der Einfügung des § 61a die Zuständigkeit der WPK für die Durchführung der BA deutlicher im Gesetzestext herausgestellt. 5

Die **Ermittlungszuständigkeit u. -kompetenzen** sowie **Sanktionsmöglichkeiten** der WPK wurden durch die **7. WPO-Novelle 2007** erheblich erweitert. Der Gesetz- 6 geber sah es als erforderlich an, der WPK „*zusätzliche, geeignetere und durchsetzungsstärkere Instrumente insbesondere im Rahmen der Ermittlungskompetenz an die Hand zu geben*" (BT-Drs. 16/2858, 1). Aus diesem Grund wurden insb. die Auskunfts- u. Vorlagepflichten neu gefasst (§ 62) u. die Durchführung sog. **anlassunabhängiger SU** als präventives Element der BA eingeführt (§ 62b). Hintergrund war, dass „*eine unabhängige und starke Berufsaufsicht über Berufsangehörige nicht nur national, sondern zunehmend auch international erwartet und gefordert wird.*" Weiterhin war Ziel, das „*Verhältnis der Wirtschaftsprüferkammer zur Generalstaatsanwaltschaft und Berufsgerichten [...] sachgerecht anzupassen*" (BT-Drs. 16/2858, 1). Die BA obliegt nun in erster Linie der WPK als deren Kernanliegen u. -aufgabe (BT-Drs., a.a.O.), nur die **schwerwiegenden Pflichtverletzungen** fallen in den Zuständigkeitsbereich der Berufsgerichtsbarkeit (s. Rn. 8 ff.).

Sanktionen im Rahmen der BA werden **nur gegen natürliche Personen** ausgesprochen (s. §§ 63 Abs. 1, 67 Abs. 1, 130 Abs. 1). Voraussetzung ist deren schuldhaftes Handeln durch Tun o. Unterlassen. Zwar müssen auch **Berufsgesellschaften** das Berufsrecht beachten (§ 56 Abs. 1), jedoch können sie weder mit einer Rüge noch mit einer berufsgerichtlichen Maßnahme belegt werden (zu Änderungstendenzen s. Einl. Rn. 94; Erweiterungen ablehnend: Wegner, HRRS 2013, 15). Dessen ungeachtet können die verantwortlich handelnden gesetzlichen Vertreter belangt werden, soweit ihnen persönlich eine Berufspflichtverletzung zur Last fällt. Insoweit ist auch ein Organisationsverschulden denkbar (s. auch Kuhls/Busse, StBerG, § 81, Rn. 14). Neben den Berufsangehörigen unterliegen auch sonstige Mitglieder der WPK der BA. Dies sind VO-Mitglieder, GF o. phG einer Berufsgesellschaft, die nicht Berufsangehörige sind (§ 71 Satz 1).

2. Zuständigkeiten

8   Das Gesetz sieht für die BA im engeren Sinne ein **zweistufiges System** vor. Die Aufsicht ist z.T. der mittelbaren Staatsverwaltung (Berufskammer unter berufsstandsunabhängiger Aufsicht) u. z.T. dem staatlichen Bereich (Berufsgerichtsbarkeit) zugewiesen. Die Zuständigkeit knüpft daran an, wie schwerwiegend das Fehlverhalten des Kammermitglieds zu beurteilen ist. Während die WPK Pflichtverletzungen mit geringer o. mittlerer Schuld im Rügeverfahren abschließend verfolgt u. sanktioniert, obliegen Fälle schwerer Schuld der abschließenden Verfolgung durch die GStA u. die Sanktionierung durch die Berufsgerichte (zum Schuldbegriff s. Rn. 12 u. § 63 Rn. 20 ff.).

9   Den zwei Stufen der Aufsicht liegt ein **funktionaler Unterschied** zugrunde: in dem berufsgerichtlichen Verfahren bedarf es wegen der Schwere der Schuld des Einsatzes staatlicher Gewalt, um – über den Kreis der Berufsangehörigen hinaus auch im Interesse der Rechtsgemeinschaft – die Ordnung innerhalb des Berufsstandes zu gewährleisten u. die Berufsangehörigen zu einer gewissenhaften Erfüllung ihrer Berufspflichten anzuhalten (Waechter, WPK-Mitt. 1993, 149, 150). Pflichtverletzungen v. geringerer o. mittlerer Schuld können hingegen noch durch die Berufskammer in mittelbarer Staatsverwaltung geahndet werden. In Fällen schwerer Schuld ermittelt die WPK zwar ebenfalls, kann diese aber, wenn die Schwere der

Schuld absehbar ist, an die GStA abgeben (BT-Drs. 16/2858, 34). Die Sanktionierung solcher Fälle liegt bei den Berufsgerichten.

Das zweistufige System trägt dem Gedanken der **berufsständischen Selbstverwaltung** in Deutschland Rechnung (zur Selbstverwaltung Kluth, WPK-Mitt. 1997, 266 ff.). Es weist der Berufskammer als Teilexekutive Rechte zu, allerdings mit der Möglichkeit gerichtlicher Überprüfung (Art. 19 Abs. 4 GG). Gegen Sanktionen der Berufskammer kann sich das betroffene Mitglied vor dem Berufsgericht wehren (§ 63a). Bei Wahrnehmung dieser Aufgaben unterliegt die WPK sowohl der Rechtsaufsicht durch das BMWi als auch der Aufsicht durch die berufsstandsunabhängige APAK (bei Überschneidungen „führt" die Aufsicht der APAK, vgl. § 66 Rn. 9 u. § 66a Rn. 29). 10

Das Verhältnis der zwei Stufen der BA löst das Gesetz zugunsten des **Vorrangs der Berufsgerichtsbarkeit**. Da Aufgabe der GStA die Aufklärung schwerwiegenderer Pflichtverletzungen ist, hat dieses Verfahren Priorität ggü. kammerseitigen Ermittlungen. Aus diesem Grund darf eine Rüge nicht mehr erteilt werden, wenn das berufsgerichtliche Verfahren gegen das Kammermitglied eingeleitet ist (§ 63 Abs. 2 Satz 1 1. Alt.). Die vorherige Erteilung einer Rüge wegen desselben Sachverhaltes steht der Einleitung eines berufsgerichtlichen Verfahrens nicht entgegen; mit Rechtskraft des berufsgerichtlichen Urteils wird die Rüge unwirksam (§ 69). Zudem ist bei Einleitung eines berufsgerichtlichen Verfahrens das Rügeverfahren auszusetzen (§ 63a Abs. 5). Die WPK hat daher in jeder Phase ihrer Ermittlungen zu prüfen, ob die GStA über den Vorgang zu informieren ist. Die Voraussetzungen der Information bestimmt § 84a näher. Über die dort geregelten Fälle hinaus erhält die GStA Abschriften der Rüge- u. Einspruchsbescheide (§ 63 Abs. 4 Satz 3, Abs. 5 Satz 2 Hs. 2). Sie erhält auf diesem Weg Kenntnis v. den den Rügeverfahren zugrunde liegenden Sachverhalten. Bei einer Divergenz in der Bewertung des Schuldgrades u. dem Erfordernis eines berufsgerichtlichen Verfahrens kann sie den Vorgang aufgreifen u. ihrerseits ermitteln. 11

3. Verhältnis zum Strafverfahren

Das Verfahren im Rahmen der **BA** – u. zwar auf beiden Stufen – **unterscheidet sich funktionell v. Strafverfahren**. Während eine strafrechtliche Sanktion den Täter in seinem allg. Staatsbürgerstatus trifft u. – neben der Abschreckung u. Besserung – auch der Vergeltung eines Verstoßes gegen eine allg. Rechtsnorm dient (BGH 6.11.2000, NJW 2001, 444, 445), steht bei einer berufsrechtlichen Ahndung die Schädigung des **Ansehens des Berufsstandes**, dessen Ordnung u. Integrität gewährleistet werden soll, im Vordergrund. Die Sanktionen für schuldhafte Berufspflichtverletzungen dienen dem Vertrauen der Allgemeinheit an ein funktionsfähiges Prüfungswesen (BGH 4.4.1984, NJW 2341, 2342) u. stellen auch Schutzmaßnahmen zugunsten des Berufsstandes dar (BGH 6.11.2000, a.a.O.). Der **Schuldfrage** kommt daher **im Berufsrecht nicht die gleiche Bedeutung wie im Strafrecht** zu (zustimmend: Kuhls, StBerG, § 89 Rn. 6). 12

13 Beiden Verfahrensarten ist der **repressive Charakter** gemein, da in beiden Verstöße gegen Verhaltensnormen ex post geahndet werden. Jedoch sind dem berufsaufsichtlichen, speziell dem kammerseitigen Verfahren, stärker **präventive Elemente** immanent. Dies liegt bereits darin begründet, dass der WPK z.B. auch die Beratung u. Belehrung ihrer Mitglieder in Fragen der Berufspflichten (§ 57 Abs. 2 Nr. 1) obliegt. Die Mitglieder werden frühzeitig auf etwaiges Fehlverhalten aufmerksam gemacht u. können so Fehler o. deren Wiederholung vermeiden. Die Grenzziehung zwischen den präventiven u. repressiven Bereichen der BA ist fließend (zu den verschiedenen Bereichen der BA im weiteren Sinne vgl. Rn. 1).

14 Das **Konkurrenzverhältnis zwischen der BA u. dem Strafverfahren** muss im Einzelfall aufgelöst werden. Der ursprünglich bestehende Vorrang zugunsten des Strafverfahrens wurde mit der 5. WPO-Novelle 2004 zugunsten der Beschleunigung berufsaufsichtlicher Verfahren u. zeitnaher Ahndung v. Berufspflichtverletzungen aufgehoben (BT-Drs. 15/1241, 40, 41). Dennoch werden in der Praxis Strafverfahren i.d.R. abgewartet, da **strafgerichtliche Urteile grds. Bindungswirkung** für berufsaufsichtliche Verfahren besitzen (für berufsgerichtliche Verfahren § 83 Abs. 2; für Rügeverfahren: §§ 63 Abs. 1 Satz 2, 83 Abs. 2) u. damit das Risiko sich widersprechender Entscheidungen gemindert wird. Vor diesem Hintergrund kann das berufsrechtliche Verfahren bis zum Abschluss des Strafverfahrens ausgesetzt werden (§ 83b). Für das Rügeverfahren ist die Aussetzung nicht näher geregelt, ebenso mangelt es an einem Verweis auf § 83b. Aus Gründen der Prozessökonomie u. der Rechtssicherheit ist jedoch v. einer entsprechenden Anwendbarkeit des § 83b im kammerseitigen Rügeverfahren auszugehen. Eine nachfolgende berufsrechtliche Ahndung des strafrechtlich abgeurteilten Verhaltens stellt keinen Verstoß gegen den Grundsatz „ne bis in idem" aus Art. 103 Abs. 3 GG dar, wonach niemand wegen derselben Tat aufgrund allg. Strafgesetze mehrmals bestraft werden darf (Verbot der Doppelbestrafung). Disziplinargesetze u. Berufsordnungen stellen keine „allg. Strafgesetze" i.S.d. GG dar (BGH 4.4.1984, NJW 2341, 2342 m.w.N.). Ein Strafurteil ist aber bei der Maßnahmenfindung in der BA aus Gründen der Verhältnismäßigkeit u. dem Rechtsstaatsprinzip zu berücksichtigen (sog. disziplinarischer Überhang, § 69a).

4. Verhältnis zu anderen Berufsrechten

15 Ist ein **Kammermitglied zugl. Angehöriger eines anderen Freien Berufs** (z.B. StB o. RA, sog. „Mehrfachberufler") stellt sich für WPK o. GStA die verfahrensrechtliche Frage nach dem **Verfolgungsvorrang**.

16 Für das **berufsgerichtliche Aufsichtsverfahren** richtet sich der Verfolgungsvorrang nach § 83a, wobei zunächst die Frage nach dem **Schwerpunkt der Pflichtverletzung/Tätigkeit** maßgebend ist (KG 2.11.2006, WPK-Mag. 1/2007, 47 m. Anm.). Ein berufsgerichtliches Verfahren nach der WPO ist danach zulässig, wenn die Pflichtverletzung überwiegend mit der Ausübung des Berufs des WP im Zusammenhang steht o. wenn wegen der Schwere der Pflichtverletzung das berufsgerichtliche Verfahren mit dem Ziel der Ausschließung aus dem Beruf eingeleitet wurde (§ 83a Abs. 1). Ist die Pflichtverletzung keinem der Berufe eindeutig zuzuordnen,

ist im Zweifel das Berufsrecht mit der strengsten Berufsordnung anzuwenden (BGH 12.10.2004, NJW 2005, 1057 = WPK-Mag. 1/2005, 48 m. Anm.). Im Kollisionsfall besteht aber nur ein temporäres Verfahrenshindernis, das mit dem rkr. Abschluss des Vorrangverfahrens beseitigt wird (§ 83a Rn. 22). Ein nachfolgendes Verfahren nach der WPO hat die vorhergehende Ahndung zu berücksichtigen (§ 69a; vgl. Rn. 14 a.E.).

In **kammerseitigen Aufsichtsverfahren** findet § 83a keine direkte Anwendung, da § 63 Abs. 1 Satz 2 keinen entsprechenden Verweis enthält. Um zu vermeiden, dass bei sog. Mehrfachberuflern zwei Verfahren verschiedener Kammern parallel betrieben werden, erscheint aus Gründen der Verhältnismäßigkeit u. Verfahrensökonomie eine entsprechende Anwendung des § 83a dahingehend sachgerecht, dass auch bei kammerseitig zu verfolgenden Pflichtverletzungen der **Schwerpunkt der Pflichtverletzung/Tätigkeit** maßgebend für die primäre Zuständigkeit ist. Sofern kein Schwerpunkt feststellbar ist, richtet sich die Zuständigkeit danach, welche Kammer zuerst berufsrechtliche Ermittlungen aufgenommen hat (**Prinzip des ersten Zugriffs**). Weist die Pflichtverletzung erst zweitrangig mit dem Berufsrecht der WP einen Zusammenhang auf, ist die primär erfolgte Ahndung im Rahmen der Prüfung des sog. disziplinarischen Überhangs nach § 69a zu berücksichtigen, dessen Grundsätze auch im kammerseitigen Aufsichtsverfahren gelten. 17

Neben der o.g. verfahrensrechtlichen Auswirkung des Verhältnisses der Berufsrechte zueinander besteht auch eine **materiell-rechtliche Auswirkung**. Regeln zwei Berufsrechte denselben Sachverhalt unterschiedlich, ist grds. das **Prinzip der Meistbelastung**, d.h. das restriktivste Berufsrecht zu beachten. Dies folgt aus dem Umstand, dass der Berufsangehörige nicht über die Berufsausübungsregeln disponieren kann (Henssler, WPK-Mitt. 1999, 2, 4). Allerdings steht mehrfach qualifizierten Berufsträgern die sog. **Trennung der Berufe** offen (BVerwG 22.8.2000, NJW-RR 2001, 350 = WPK-Mitt. 2001, 70, näher Vor §§ 43 ff. Rn. 18 ff.; Einl. Rn. 138 ff.). Unterfällt die beanstandete Tätigkeit keinem Berufsrecht vorrangig (z.B. Insolvenzverwalter) ist fraglich, welches Berufsrecht Anwendung findet. Für WP sind alle in § 2 genannten Tätigkeiten – also nicht nur Vorbehaltsaufgaben – als prägend für das Berufsbild anzusehen, so dass für diesen Bereich grds. die berufsrechtlichen Regelungen gelten (BVerwG, a.a.O.). 18

5. Berufsrechtliche Ermittlungen
Berufsrechtliche Ermittlungen sind als belastende Maßnahmen für den Betroffenen zu qualifizieren. Sie stellen daher einen Eingriff in die Grundrechte, insb. in das Grundrecht auf freie Berufsausübung dar (Art. 12 GG), so dass sie einer **Rechtsgrundlage** mit dort näher bestimmten Voraussetzungen bedürfen. Für das berufsgerichtliche Verfahren verweist § 127 insoweit auf die Regelungen der StPO. Für kammerseitige Ermittlungen ermächtigt § 61a Satz 2 Nr. 1 die WPK ausdr. zu Ermittlungen bei Vorliegen konkreter Anhaltspunkte für das Vorliegen einer Berufspflichtverletzung. Für diese dürften Konkretisierungen ähnlich der strafprozessualen Regelung des sog. **Anfangsverdachts** in § 152 Abs. 2 StPO anzuwenden sein, für den „*zureichende tatsächliche Anhaltspunkte*" erforderlich sind. Für Ermitt- 19

lungen ohne Anfangsverdacht hat der Gesetzgeber mit der 7. WPO-Novelle 2007 in einer speziellen Ermächtigung **anlassunabhängige SU** vorgesehen (§ 61a Satz 2 Nr. 2, hierzu näher § 62b).

20 Nach den strafprozessrechtlichen Grundsätzen stellt die Frage, ob **zureichende tats.** Anhaltspunkte vorliegen, keine Ermessensentscheidung dar, wenngleich ein gewisser Beurteilungsspielraum besteht (Meyer-Goßner, StPO, § 152 Rn. 4 m.w.N.). Ein **Anfangsverdacht** im strafrechtlichen Sinn liegt vor, wenn nach kriminalistischer Erfahrung das Vorliegen einer verfolgbaren Straftat möglich erscheint. Dabei muss sich der entsprechende Verdacht aus den fraglichen Informationen schlüssig ergeben.

21 Das Erfordernis des Anfangsverdachts schützt vor **Ermittlungen „ins Blaue hinein"**. Bloße Vermutungen rechtfertigen es nicht, jemanden einem diesen belastenden Ermittlungsverfahren auszusetzen, sie können jedoch Anlass für Beobachtungen sein (Meyer-Goßner, StPO, § 152 Rn. 4 ff.). Das kammerseitige Rügeverfahren kennt zwar – anders als bei straf- o. berufsgerichtlichen Ermittlungen – keine formale Einleitung der Ermittlungen. Jedoch gilt auch hier das Verbot v. Ermittlungen ohne ausreichenden Anlass (Kuhls/Kleemann, StBerG, § 76 Rn. 59).

22 Im Vorfeld eines Anfangsverdachts ist ein Tätigwerden im Rahmen der sog. **Vorermittlungen** zulässig (Meyer-Goßner, StPO, § 152 Rn. 4a). Ergibt sich aus den vorhandenen Informationen nicht schlüssig ein Anfangsverdacht, sind aber Anhaltspunkte vorhanden, dass nur der Sachverhalt lückenhaft o. ungenau ist, muss geklärt werden, ob der Verdacht bei weiterer Aufklärung schlüssig erscheint. Insoweit können sog. informatorische Befragungen durchgeführt werden, deren Beantwortung allerdings nicht erzwungen werden kann (vgl. z.B. zur Abschlussdurchsicht Rn. 34). Ein förmliches Auskunftsersuchen nach § 62 o. gar der Versuch, dieses mit einer Zwangsgeldandrohung durchzusetzen (§ 62a) wäre in diesem Stadium unzulässig.

23 Die WPK ist **v. Amts wegen zu Ermittlungen verpflichtet** (sog. **Untersuchungsgrundsatz**, § 36a Abs. 1). Bestehen konkrete Anhaltspunkte für das Vorliegen einer Pflichtverletzung (Anfangsverdacht, s. Rn. 19), muss die WPK diesen nachgehen u. die Ermittlungen aufnehmen. Sie wird daher losgelöst v. einem etwaigen Antrag eines Dritten tätig u. hat den Sachverhalt umfassend unter Ausschöpfung der ihr zur Verfügung stehenden Möglichkeiten zu erforschen (§ 36a Rn. 3). Hinsichtlich der Folgerungen aus den Ermittlungsergebnissen hat die WPK sodann einen Beurteilungsspielraum. Es obliegt ihrer pflichtgemäßen Entscheidung, den Vorgang im kammerseitigen Rügeverfahren weiter zu verfolgen o. ihn – bei Vorliegen schwerer Schuld (§ 63 Rn. 25) – an die GStA abzugeben. Die BA dient nicht der Wahrung individueller Belange. Ein Dritter kann daher keine subjektiven Rechte aus den §§ 57, 61a herleiten u. hat weder einen Anspruch auf Aufnahme von Ermittlungen, noch auf eine ermessensfehlerfreie Entscheidung der WPK (BVerwG 20.10.1992, NJW 1993, 2066; VG Köln 24.5.2012, GewArch 2012, 491).

6. Auskunftsverweigerungsrechte

Tritt die Kammer an ihre Mitglieder heran, erfolgt eine **Belehrung über die ihnen zustehenden Auskunftsverweigerungsrechte**. Für das förmliche Anhörungsverfahren ist dies ausdr. geregelt (§ 62 Abs. 2). Darüber hinaus bestehen aber auch außerhalb des Anhörungsverfahrens Auskunftsverweigerungsrechte, weshalb auch hier zu belehren ist. Jedes Mitglied hat das Recht, bei **Gefahr der Selbstbelastung** die Auskunft zu verweigern. Dieser allg. Rechtsgrundsatz hat Verfassungsrang u. gilt auch im Berufsrecht *(„nemo tenetur se ipsum accusare",* Meyer-Goßner, StPO, Einl. Rn. 29a). Niemand muss auf Fragen Auskunft geben, deren wahrheitsgemäße Beantwortung ihn der Verfolgung wegen einer Straftat, Ordnungswidrigkeit o. Berufspflichtverletzung aussetzen kann (BGH 27.2.1978, NJW 1979, 324, 325). Des Weiteren haben die Mitglieder ihre **Pflicht zur Verschwiegenheit** über Mandatsinterna zu beachten, die eine der elementarsten Berufspflichten des WP darstellt (s. § 43 Rn. 119 ff.; zur Einschränkung bei gesetzlichen Prüfungen vgl. Rn. 26). Die Verweigerung kann sich auf die gesamte Aussage, auf einen Teil o. nur bestimmte Fragen beziehen. Möchte ein Kammermitglied v. seinem Auskunftsverweigerungsrecht Gebrauch machen, muss es sich ausdr. darauf berufen. Eine Begr. hierfür ist nicht erforderlich (Meyer-Goßner, StPO, §§ 136 Rn. 7, 52 Rn. 15 f.). 24

Grundsätzlich besteht die Freiheit des Betroffenen, selbst zu entscheiden, ob er an der Aufklärung des Sachverhaltes durch Äußerungen o. in anderer Weise aktiv mitwirken will. Es gibt aber **Ausnahmen v. den Auskunftsverweigerungsrechten**. Während die verbale Auskunft uneingeschränkt freiwillig ist, kann jedoch v. Kammermitglied neben dem persönlichen Erscheinen auch die **Vorlage v. Unterlagen** verlangt werden (§ 62). Diese Vorlagepflicht wird v. Grundsatz, sich nicht selbst belasten zu müssen, nicht berührt (BT-Drs. 16/2858, 35, § 62 Rn. 42). Ebenso kann sich das Mitglied gegen das **Betreten der Geschäftsräume u. Sichtung v. Unterlagen** durch die WPK weder unter Hinweis auf den nemo tenetur-Grundsatz noch auf seine VSP berufen (§ 62 Abs. 4). Der Gesetzgeber begründet dies mit dem Umstand, dass *„der jeweilige Hausrechtsinhaber nicht zwingend aktiv mitwirken [muss], sondern er muss diese [Maßnahmen] nur dulden oder ermöglichen"* (BT-Drs. 16/2858, 36). 25

Von der **gesetzlichen VSP** kann der von der Schweigepflicht Begünstigte (i.d.R. der Mandant o. dessen Nachfolger) ausdr. entbinden (§ 43 Rn. 149 ff.). Erfolgen Ermittlungen aufgrund der Beschwerde eines Mandanten, ist v. einer konkludenten **Entbindung** v. der VSP auszugehen. Ein auf die VSP gestütztes Auskunftsverweigerungsrecht besteht in diesem Fall nicht hinsichtlich des tats. Beschwerdegegenstandes, allerdings unverändert hinsichtlich weiterer Informationen, die aus dem Mandatsverhältnis bekannt sind. Dies kann im Einzelfall zu Abgrenzungsschwierigkeiten führen, so dass eine ausdr., klar formulierte Entbindung vorzuziehen ist. Eine **gesetzliche Durchbrechung** der VSP im Bereich der berufsrechtlichen Ermittlungen regelt § 62 Abs. 3: Erfolgt das Auskunftsbegehren im Rahmen einer förmlichen Anhörung, gilt die VSP nicht ggü. Mitgliedern, die zur Durchführung gesetzlich vorgeschriebener AP befugt sind o. solche durchführen. Ziel dieser durch 26 die 7. WPO-Novelle 2007 eingeführten Durchbrechung ist eine schnellere u. problemlosere Ermittlung, somit eine effizientere BA (BT-Drs. 16/2858, 36). In engen Grenzen ist auch eine Durchbrechung aufgrund der **Wahrnehmung berechtigter Interessen** möglich. Im Rahmen der Verteidigung im straf- o. berufsrechtlichen Verfahren ist die Durchbrechung der VSP aufgrund eigener berechtigter Interessen anerkannt, da dem Kammermitglied anderenfalls keine andere Rechtfertigungsmöglichkeit zusteht (Henssler, NJW 1994, 1817, 1822 f.; Kuhls/Maxl, StBerG, § 57 Rn. 210).

27 Die o.g. **Auskunftsverweigerungsrechte bestehen bereits im Rahmen v. Vorermittlungen** (Rn. 22), wobei v. Vorermittlungen spätestens mit der ersten Aufforderung zur Abgabe einer Stellungnahme auszugehen ist (bzgl. Selbstbelastungsgefahr: BGH 27.2.1978; NJW 1979, 324, 325). Ob in diesem Verfahrensstadium bereits eine Pflicht zur Belehrung besteht, ist offen. Im Strafprozessrecht wird eine Belehrungspflicht teilw. abgelehnt, da die informatorische Befragung gerade keine Vernehmung darstellt. Äußerungen sollen dem später Beschuldigten vorgehalten werden können (KG 26.3.1992, JR 1992, 437). Diese Auffassung ist jedoch umstritten (vgl. Meyer-Goßner, StPO, Einl. Rn. 79 m.w.N.). Im berufsrechtlichen Aufsichtsverfahren sollte das Mitglied daher möglichst frühzeitig über die o.g. Auskunftsverweigerungsrechte belehrt werden. Spätestens bei Gewährung des rechtl. Gehörs im Rahmen der Ermittlungen ist eine Belehrung zwingend.

II. Erstzuständigkeit der WPK

28 Mit der Aufnahme des § 61a durch die 5. WPO-Novelle 2004 wurde die allg. **Befugnis zur Durchführung kammerseitiger Ermittlungen** im Bereich der WPO klargestellt. Davor kamen als Rechtsgrundlagen lediglich die generelle Aufgabenzuweisung der Überwachung der den Mitgliedern obliegenden beruflichen Pflichten (§ 57 Abs. 1 2. Alt, Abs. 2 Nr. 4 1. Alt.), die konkrete Zuweisung des Rügerechts (§ 63 Abs. 1 i.V.m. § 57 Abs. 2 Nr. 4 2. Alt.) u. einzelne speziell geregelte Eingriffsrechte wie z.B. die persönliche Anhörung (§ 62), das Herantreten an Dritte (§ 64 Abs. 4) o. die Einsichtnahme in Sozietätsverträge (§ 44b Abs. 3) in Betracht. Nunmehr ist die WPK ausdr. verpflichtet, in allen Vorgängen im Rahmen ihrer Möglichkeiten selbst zu ermitteln u. auf dieser Grundlage zu entscheiden, ob sie das Rügeverfahren einleitet o. das Verfahren an die Berufsgerichtsbarkeit abgibt. Mit dieser Regelung wollte der Gesetzgeber eine „**erstinstanzliche Alleinzuständigkeit**" der WPK für das Ermittlungsverfahren einführen (BT-Drs. 15/3983, 15).

29 Neben der **WPK** obliegt die Ermittlungskompetenz im Rahmen der BA auch **der GStA Berlin**. An diesem zweistufigen System der Aufsicht hält der Gesetzgeber trotz ausdr. Zuweisung der erstinstanzlichen Ermittlungszuständigkeit an die WPK fest. Danach ermittelt primär die WPK. Erst bei Vorliegen der gesetzlich näher bestimmten Verdachtsmomente ist die GStA für die weitere Verfolgung zuständig, die die zugrunde liegende Pflichtverletzung vor dem Berufsgericht anschuldigen kann. Unabhängig v. der im Satz 1 festgeschriebenen Erstzuständigkeit der WPK sieht das Gesetz einen Vorrang der Berufsgerichtsbarkeit vor (s.o. Rn. 11).

Nicht geregelt ist das originär bei der **GStA eingeleitete Verfahren**, wenn diese 30
nicht v. der WPK, sondern v. anderen Seiten Hinweise erhält. Hielte man die primäre Ermittlungszuständigkeit der WPK für zwingend, müsste der Vorgang zunächst der WPK zwecks Prüfung übersandt werden. Dies erscheint nicht sachgerecht. Vielmehr obliegt der GStA zunächst die Prüfung des Sachverhaltes, wobei sie unmittelbar selbst ermitteln kann. Ergeben sich Anhaltspunkte, die ihren Zuständigkeitsbereich ausschließen, gibt sie den Vorgang zuständigkeitshalber an die WPK ab.

III. Ermittlungen

1. Ermittlungsgründe

Ermittlungen sind **bei Vorliegen konkreter Anhaltspunkte** für einen Verstoß gegen Berufspflichten vorzunehmen (Satz 2 Nr. 1, sog. **anlassbezogene Ermittlungen**). Im Vordergrund stehen hier repressive Elemente der BA, in der Vergangenheit liegendes Fehlverhalten zu ahnden. Daneben ist aber auch – wie der gesamten BA – der präventive Aspekt immanent, das Kammermitglied zu zukünftiger gewissenhafter Berufsausübung anzuhalten. Gleichwohl kann die WPK ein Disziplinarverfahren nur bei Anhaltspunkten für einen bereits erfolgten Verstoß einleiten. Für die nähere Bestimmung des Vorliegens konkreter Anhaltspunkte sind die Konkretisierungen des strafprozessualen Anfangsverdachts heranzuziehen (Rn. 19).

Mit den Änderungen durch die 7. WPO-Novelle 2007 hat der Gesetzgeber ein präventives Element in die BA installiert (BT-Drs. 16/2858, 34). Seitdem werden sog. **anlassunabhängige SU** mittels Stichproben bei AP v. Unternehmen v. öffentl. Interesse nach § 319a Abs. 1 Satz 1 HGB durchgeführt (Satz 2 Nr. 2). Voraussetzungen u. Verfahren dieser Ermittlungen, die ohne konkreten Anlass durchgeführt werden, regelt § 62b näher. Ergeben sich aus einer anlassunabhängigen SU konkrete Anhaltspunkte für einen Verstoß gegen Berufspflichten, ist dieser entsprechend zu verfolgen (vgl. auch § 62b, Rn. 36).

2. Erkenntnisquellen

Aufsichtsrelevante Informationen über Mitglieder, die einen Anfangsverdacht 33
begründen können, erlangt die WPK auf externen o. internen Wegen. Als **externe Quelle** kommen z.B. Beschwerden Dritter, Mitteilungen der Prüfstelle nach § 342b Abs. 8 Satz 2 HGB, der BAFin nach § 37r Abs. 2 Satz 1 WpHG o. anderer öffentl. Stellen wie Gerichte, StA, OFD o. Kollegialkammern (§ 36a Abs. 3 Nr. 2) sowie die Selbstanzeige des betroffenen Mitglieds in Betracht. Darüber können auch aus einem Vermittlungsverfahren (§ 57 Abs. 2 Nr. 2, 3) aufsichtsrelevante Informationen hervorgehen. Dies ist der Fall, wenn nicht vermittlungsfähige Sachverhalte vorgetragen werden, die den Anfangsverdacht einer Berufspflichtverletzung begründen u. somit v. Amts wegen zu berücksichtigen sind (s. Rn. 23). Die Grenzen zwischen Vermittlungsverfahren u. BA sind insoweit fließend (vgl. auch § 57 Rn. 36).

Interne Wege der Informationsbeschaffung sind z.B. die Durchsicht des BAnz u. 34
anderer öffentl. Publikationen o. Mitteilungen anderer Abteilungen der WPK. Letztere betreffen insb. Mitteilungen aus dem Bereich des BR (§§ 38 ff.) u. dem Bereich

der Widerrufsverfahren (§ 20 Abs. 2). Die **Durchsicht der im BAnz** veröffentlichten, beim Registergericht hinterlegten o. elektronisch verfügbaren geprüften Unternehmensabschlüsse u. BV erfolgt stichprobenartig. Die Befugnis der WPK ergibt sich aus der Aufgabenzuweisung in §§ 61a, 57 Abs. 1 Hs. 2, 2. Alt, Abs. 2 Nr. 4.

3. Ermittlungsmaßnahmen

35 Die WPK muss alle zulässigen **Maßnahmen ergreifen, die zur Aufklärung geeignet u. erforderlich sind.** Dabei kann sie das Ermittlungsverfahren zwar frei gestalten, ist aber an die allg. Maßstäbe für Ermessensentscheidungen, insb. das Willkürverbot, das Gerechtigkeitsgebot einschließl. des Verhältnismäßigkeitsgrundsatzes gebunden.

36 Zur Aufklärung des Sachverhaltes kann die **WPK an das betroffene Mitglied herantreten.** Dabei wird diesem – regelmäßig in schriftlicher Form – der bisherige Sachverhalt unterbreitet u. um Stellungnahme gebeten. Die Gewährung **rechtlichen Gehörs** ist im Rügeverfahren zwingend (§ 63 Abs. 3). Vor einer möglichen Unterrichtung der StA (Satz 2 Hs. 2, 2. Alt, § 84a Abs. 1) ist die Gewährung rechtlichen Gehörs nicht erforderlich, da dies allein der Klärung der Zuständigkeit dient u. damit noch keine materiell-rechtliche Entscheidung verbunden ist. Die Kammer kann grds. frei bestimmen, wann sie an den Betreffenden heran tritt. Aus taktischen Erwägungen kann es zweckmäßig sein, dies entsprechend strafprozessualer Grundsätze zunächst aufzuschieben (Meyer-Goßner, StPO, § 161 Rn. 8). Gibt das betroffene Mitglied auf freiwilliger Basis keine o. unzureichend Auskunft, kann zur Durchsetzung auf das Anhörungsverfahren nach § 62 zurückgegriffen werden (dazu sogleich). Wird das betroffene Mitglied im Rahmen der sog. Vorermittlungen (ohne Vorliegen eines Anfangsverdachts) schriftlich o. mündlich um Auskunft gebeten, handelt es sich allein um eine informatorische Befragung, innerhalb derer Zwangsmaßnahmen unzulässig sind (Rn. 22).

37 Eine weitere Ermittlungsmaßnahme ist die Anordnung des **persönlichen Erscheinens** v. Mitgliedern der WPK zwecks **Auskunftserteilung** o. **Vorlage der Handakten** (§ 62). Aus Gründen der Verhältnismäßigkeit dürfte auch das Verlangen der bloßen Übersendung der Handakten erfasst sein. Diese Pflichten betreffen nicht nur das v. dem Rügeverfahren betroffene, sondern alle persönlichen Mitglieder der WPK. Die Verletzung der Mitwirkungspflichten nach § 62 ist durch Verhängung eines Zwangsgeldes sanktionierbar (§ 62a). §§ 62, 62a gelten im Rahmen der anlassunabhängigen SU entsprechend (§ 62b Abs. 2; zu den Auskunftsverweigerungsrechten vgl. Rn. 24 ff.).

38 Darüber hinaus kann die WPK seit dem Inkrafttreten der 7. WPO-Novelle 2007 im Rahmen der BA **zur Informationsgewinnung** auch die **Geschäftsräume betreten u. Unterlagen sichten** (§ 62 Abs. 4). Auch hier sollen nach der Regierungsbegr. Einschränkungen wie die VSP o. der nemo tenetur-Grundsatz nicht durchgreifen. Als Grund wird angeführt, dass das betroffene Mitglied nicht aktiv mitwirken, sondern die Maßnahmen nur dulden muss. Unter dem Gesichtspunkt der Verhältnismä-

ßigkeit soll diese Ermittlungsmaßnahme aber erst nach erfolgloser Anhörung nach § 62 durchführbar sein (BT-Drs. 16/2858, 36).

Nach der klarstellenden Regelung in **Satz 3** hat die WPK **Mitteilungen der DPR sowie der BAFin** (§ 342b Abs. 8 Satz 2 HGB, § 37r Abs. 2 Satz 1 WpHG) zu berücksichtigen. Hierdurch wird das Enforcement-System der Rechnungslegung kapitalmarktorientierter Unternehmen mit dem System der Aufsicht über die Abschlussprüfung verbunden (Lenz, BB 2004, 1951, 1953). 39

Gemäß § 64 Abs. 4 kann die WPK darüber hinaus zwecks Auskunftserlangung **an Dritte herantreten**. Diese ausdr. Rechtsgrundlage für das Recht zur Befragung Dritter statuiert aber keine Pflicht zur Auskunftserteilung der befragten Dritten. Betrifft das Auskunftsverlangen persönliche Mitglieder, kann allerdings bei fehlender Mitwirkung die Auskunftserteilung nach § 62 Abs. 1 verlangt werden. 40

Die WPK hat die Möglichkeit, bei Behörden u. Gerichten des Bundes u. der Länder im Wege der **Amtshilfe** um Auskünfte o. Unterlagen zu bitten. Darüber hinaus regelt **§ 36a Abs. 3 Nr. 2** die **Datenübermittlung** anderer Stellen an die WPK. Die Norm begründet zugl. eine Auskunftspflicht der dort genannten Personen u. Stellen (näher § 36a Rn. 21). 41

IV. Entscheidung der WPK

Maßgeblicher Regelungsgehalt v. Satz 2 Hs. 2 ist die **Abgrenzung der Zuständigkeit zwischen kammerseitigem Rüge- u. berufsgerichtlichen Verfahren**. Als (Zwischen-) Ergebnis der kammerseitigen Ermittlungen entscheidet die WPK über die weitere Zuständigkeit. Dies stellt eine Prognoseentscheidung hinsichtlich der mutmaßlichen Pflichtverletzung, insb. der Schwere der Schuld u. der zu erwartenden Sanktion aufgrund der aus den bisherigen Ermittlungen gewonnenen Erkenntnisse dar. 42

Bestätigt sich der Verdacht einer Pflichtverletzung v. geringer o. mittlerer Schuld, ist primär die **WPK für die abschließende Ahndung zuständig**. Hierfür sieht das Gesetz das **Rügeverfahren** vor (Satz 2 Hs. 2 1. Alt), als dessen Ergebnis kann die WPK eine Rüge aussprechen, diese mit einer Geldbuße bis zu 50.000 Euro verbinden u. zudem neben der Rüge auch eine Untersagungsverfügung aussprechen (näher § 63 Rn. 4). Der Ausspruch einer Rüge ist indes nicht zwangsläufig. Die WPK kann im Fall eines Pflichtenverstoßes ihr Mitglied auch beraten u. belehren (näher § 63 Rn.9; für das Berufsrecht der RA: BGH 16.04.2007, NJW 2007, 3499). Hat sich der ursprüngliche Verdacht eines Verstoßes gegen Berufspflichten nicht bestätigt, stellt die WPK die Ermittlungen ein (näher §§ 63 Rn. 48). 43

Die WPK kann sich auch für eine **Abgabe des Verfahrens** „*mit den bereits gewonnenen Feststellungen an die Berufsgerichtsbarkeit, d.h. an die Generalstaatsanwaltschaft*" (BT-Drs. 15/3983, 15) entscheiden (Satz 2 Hs. 2 2. Alt.). Die Abgabe an die GStA erfolgt **zuständigkeitshalber**. Sieht diese entgegen der Bewertung der WPK ihre Zuständigkeit nicht als eröffnet an u. leitet daher nicht das berufsgericht- 44 liche Verfahren ein o. verfügt die Einstellung des Verfahrens, kann die WPK hiergegen die gerichtliche Entscheidung des KG Berlin beantragen (§ 86).

45 Der Verweis auf § 84a stellt die **Voraussetzungen einer Abgabe an die GStA** klar. Aufgrund der der WPK obliegenden vorherigen Ermittlungen in der Angelegenheit betrifft der Verweis primär Fallkonstellationen des § 84a Abs. 1 Satz 1 Nr. 1. Danach muss nach der Prognoseentscheidung der WPK eine schuldhafte Pflichtverletzung vorliegen, die eine berufsgerichtliche Maßnahme rechtfertigt. In Abgrenzung zur Möglichkeit einer kammerseitigen Rügeentscheidung ist dies i.d.R. bei Vorliegen einer schweren Schuld der Fall (§ 63 Rn. 25 ff.). Ist nach den Feststellungen der WPK eine berufsgerichtliche Maßnahme aufgrund eines Verfahrenshindernisses nicht zu erwarten (z.B. Verjährung, § 70), hat sie bei Annahme schwerer Schuld die GStA dennoch über den Sachverhalt zu informieren. Dies ergibt sich aus dem weiten Anwendungsbereich des § 84a (BT-Drs. 15/1241, 42) u. des Vorrangs der Berufsgerichtsbarkeit (Rn. 11), so dass die GStA eine eigene Prüfung des Hindernisses vornehmen kann. Erhält die WPK Kenntnis v. Umständen, die den Verdacht einer i.Z.m. der Berufsausübung begangen Straftat begründen, ist die GStA ebenfalls zu informieren (§ 84a Abs. 1 Satz 1 Nr. 2). Da die gleichzeitig mit der Straftat verwirkte Berufspflichtverletzung nicht zwingend eine berufsgerichtliche Maßnahme rechtfertigen muss, ist nicht mit jeder Mitteilung einer Straftat eine Abgabe des Disziplinarverfahrens an die GStA zwingend verbunden. Die WPK kann ihre Bewertung der Mitteilung an die GStA beifügen (§ 84a Abs. 1 Satz 2).

V. Letztentscheidung der APAK

46 Zur Förderung der Akzeptanz insb. auch der BA der WPK führte der Gesetzgeber **die berufsstandsunabhängige APAK** ein. Sie beaufsichtigt die WPK, ob diese ihre in mittelbarer Staatsverwaltung stehenden Aufgaben geeignet, ordnungsgemäß u. verhältnismäßig erfüllt. Grundsätzlich erfasst die Aufsicht der APAK nur solche Tätigkeiten der WPK, die AP betrifft o. solche WP, die ohne eine TB o. Ausnahmegenehmigung nach § 57a AP durchführen. Für die BA gilt diese Einschränkung jedoch nur teilweise (s. § 66a Abs. 1 u. den dortigen Verweis auf § 61a Satz 4, der unberührt bleibt).

47 § 61a Satz 4 statuiert zusätzl. zur **Systemaufsicht der APAK** (§ 66a Abs. 5) eine generelle **Einzelfallaufsicht der APAK in Einstellungsfällen**. Liegt nach Ansicht der WPK keine Berufspflichtverletzung vor o. bedarf diese keiner Sanktion, hat sie den Vorgang vor seiner Einstellung u. der Bekanntgabe der entsprechenden Entscheidung der APAK vorzulegen. Die Regelung stellt die Letztentscheidungsbefugnis der APAK sicher (BT-Drs. 15/3983, 15). Die Vorlagepflicht betrifft nach dem Wortlaut der Vorschrift u. losgelöst v. der Systematik des § 66a Abs. 1 Satz 1 (vgl. auch Rn. 46) nicht nur Verfahren gegen AP, sondern **alle BA-Verfahren** (BT-Drs., a.a.O.).

48 Die **Vorlagepflicht v. Einstellungsfällen** betrifft nur Verfahren nach Satz 2 der Vorschrift u. soweit ein **berufsaufsichtlicher Vorgang** vorliegt, *„mit dem sich die zuständige entscheidungsbefugte Abteilung oder der Vorstand der Wirtschaftsprüfer-*

kammer auseinandergesetzt hat." (BT-Drs. 16/2858, 34). Hiernach muss z.b. ein bloßer Hinweis auf eine Berufspflichtverletzung, dem nach Auffassung der WPK nicht nachgegangen werden muss, weil er keine konkreten Anhaltspunkte für eine Berufspflichtverletzung erkennen lässt, nicht in jedem Fall vorgelegt werden. Hintergrund ist, dass die überwiegende Anzahl v. Hinweisen auf Berufspflichtverletzungen *„sich nur zu einem Bruchteil zu einem „echten", d.h. belastbaren Anfangsverdacht entwickeln und so überhaupt zu einem berufsaufsichtlichen Vorgang werden"* (BT-Drs., a.a.O.). Viele Hinweise erledigen sich auch bereits nach einer Nachfrage bei dem betroffenen Berufsangehörigen u. müssen nicht v. der entscheidungsbefugten Abteilung o. dem VO der WPK entschieden werden. Durch diese Eingrenzung bezweckte der Gesetzgeber eine Entlastung v. WPK u. APAK u. die Sicherstellung der Arbeitsfähigkeit beider Institutionen (BT-Drs., a.a.O.).

Unberührt bleibt natürlich die Möglichkeit der APAK, sich im Rahmen der **Systemaufsicht** auch solche Fälle vorlegen zu lassen, die sozusagen im Vorfeld der BA auffallen. Auch andere Fallgruppen wie Rügeentscheidungen o. Abgaben an die GStA fallen hierunter. Die Aufsicht insoweit erstreckt sich aber mangels der Sonderregelung des § 61a Satz 4 nur auf die Aufsicht der WPK über AP o. unzulässigerweise AP durchführende WP (vgl. aber auch § 66a Rn. 38, 44). 49

§ 62 Pflicht zum Erscheinen vor der Wirtschaftsprüferkammer, Auskunfts- und Vorlagepflichten, Betretens- und Einsichtsrecht

(1) ¹Persönliche Mitglieder der Wirtschaftsprüferkammer haben in Aufsichts- und Beschwerdesachen vor der Wirtschaftsprüferkammer zu erscheinen, wenn sie zur Anhörung geladen werden. ²Sie haben dem Vorstand, einer Abteilung im Sinne des § 59a, dem Beirat oder einem Beauftragten des Vorstandes, des Beirats oder eines Ausschusses auf Verlangen Auskunft zu geben und ihre Handakten oder sonstige Unterlagen, die für das Aufsichts- und Beschwerdeverfahren von Bedeutung sein können, vorzulegen.

(2) ¹Die Auskunft und die Vorlage von Unterlagen können verweigert werden, wenn und soweit dadurch die Pflicht zur Verschwiegenheit verletzt würde. ²Die Auskunft kann verweigert werden, wenn und soweit sich dadurch die Gefahr ergäbe, wegen einer Straftat, einer Ordnungswidrigkeit oder einer Berufspflichtverletzung verfolgt zu werden, und sich das Mitglied hierauf beruft. ³Auf ein Recht zur Auskunftsverweigerung ist hinzuweisen. ⁴Wenn die Auskunft oder die Vorlage von Unterlagen nicht verweigert wurde, besteht die Verpflichtung, richtige und vollständige Auskünfte zu erteilen und richtige und vollständige Unterlagen vorzulegen.

(3) ¹Die richtige und vollständige Auskunft und Vorlage von Unterlagen können nicht von denjenigen persönlichen Mitgliedern der Wirtschaftsprüferkammer verweigert werden, die zur Durchführung gesetzlich vorgeschriebener Abschlussprüfungen befugt sind oder solche ohne diese Befugnis tatsächlich durchführen, wenn die Auskunft und die Vorlage von Unterlagen im Zusammenhang

mit der Prüfung eines der gesetzlichen Pflicht zur Abschlussprüfung unterliegenden Unternehmens stehen. ²Absatz 2 Satz 2 und 3 gilt entsprechend.

(4) ¹Die Angestellten der Wirtschaftsprüferkammer sowie die sonstigen Personen, deren sich die Wirtschaftsprüferkammer bei der Berufsaufsicht bedient, können die Grundstücke und Geschäftsräume von Berufsangehörigen und von Wirtschaftsprüfungsgesellschaften innerhalb der üblichen Betriebs- und Geschäftszeiten betreten und besichtigen, Einsicht in Unterlagen nehmen und hieraus Abschriften und Ablichtungen anfertigen. ²Die betroffenen Berufsangehörigen und Wirtschaftsprüfungsgesellschaften haben diese Maßnahmen zu dulden.

(5) Die bei Maßnahmen nach den Absätzen 1 bis 4 gegebenen Auskünfte und vorgelegten Unterlagen dürfen nur für Zwecke der der Auskunft und der Vorlage zugrunde liegenden Ermittlungen in Aufsichts- und Beschwerdesachen verwertet werden; sobald die Unterlagen nicht mehr erforderlich sind, sind sie unverzüglich zurückzugeben.

Schrifttum: *Wegner*, Transparenz und ein erweitertes Sanktionsrisiko für Wirtschaftsprüfungsgesellschaften, HRRS 2013, 15; *Peus*, Zwangsgeldandrohung und -festsetzung nach § 57 BRAO; *Schröder/Kroke*, Erosion der strafprozessualen Stellung des Wirtschaftsprüfers durch das Berufsaufsichtsrecht?, wistra 2010, 466; *Szesny*, § 4 Abs. 3 WpHG: Mitwirkungspflicht trotz Selbstbelastungsgefahr?, BB 2010, 1995; *Fölsing*, Anlassunabhängige Sonderuntersuchungen der Wirtschaftsprüferkammer – Adäquate Reaktion auf US-Recht oder Verstoß gegen Verfassungsrecht?, ZCG 2007, 215; *Weidmann*, Die Siebte WPO-Novelle – Auswirkungen des Berufsaufsichtsreformgesetzes auf den Berufsstand, WPK-Mag. 3/2007, 55; *Naumann/Hamannt*, Reform des Berufsrechts der Wirtschaftsprüfer durch das BARefG, WPg 2007, 901; *Ulrich*, Einführung anlassunabhängiger Sonderuntersuchungen durch das Berufsaufsichtsreformgesetz, WPK-Mag. 4/2006, 50; *Marten*, Die Bedeutung einer international anerkannten Abschlussprüferaufsicht für deutsche Unternehmen, DB 2006, 1121; *Heininger/Bertram*, Der Referentenentwurf zur 7. WPO-Novelle (BARefG), DB 2006, 905; *Best*, Pflicht des Steuerberaters zum persönlichen Erscheinen vor der Steuerberaterkammer bei Ladung nach § 80 StBerG? – Entgegnung zu Burkhard, INF 2002, 628 ff. –, INF 2003, 358; *Burkhard*, Pflicht des Steuerberaters zum persönlichen Erscheinen vor der Steuerberaterkammer bei Ladung nach § 80 StBerG?, INF 2002, 628; *Feuerich*, Zum Umfang der Auskunftspflicht des Rechtsanwalts gegenüber dem Vorstand der Rechtsanwaltskammer, AnwBl. 1992, 61; *Meng*, Die berufsrechtlichen Mitteilungspflichten des Steuerberaters, StB 1982, 85; *ders.*, Die Berufsaufsicht der Steuerberaterkammer – Verfahren und Maßnahmen –, StB 1982, 269; *Mittelsteiner*, Verschwiegenheitspflicht, Auskunfts- und Zeugnisverweigerungsrechte der Steuerberater und Steuerbevollmächtigten, DStR 1976, 340.

Inhaltsübersicht

		Rn.
I.	Allgemeines	1–2
II.	Sachlicher Anwendungsbereich	3–7
III.	Normadressaten	8–15
	1. Berechtigte	8–12
	2. Verpflichtete	13–15
IV.	Die einzelnen Pflichten (Abs. 1)	16–32
	1. Erscheinen vor der Wirtschaftsprüferkammer	18–24
	2. Auskunftserteilung	25–28
	3. Vorlage der Handakten oder sonstiger Unterlagen	29–32
V.	Verweigerungsrechte	33–54
	1. Grundsatz (Abs. 2)	34–46
	2. Durchbrechung der Verschwiegenheitspflicht (Abs. 3)	47–54
VI.	Betretensrecht der WPK, Pflicht zur Duldung (Abs. 4)	55–66
	1. Allgemeines	55–57
	2. Die Befugnisse der WPK im Einzelnen	58–60
	3. Duldungspflicht, Berufspflicht	61–62
	4. Zwangsmittel	63–64
	5. Praktische Bedeutung der Maßnahmen nach Abs. 4	65–66
VII.	Verwertungsverbot (Abs. 5)	67–77
	1. Betroffene Informationen	68–70
	2. Reichweite des Verwertungsverbots	71–76
	3. Pflicht zur unverzüglichen Rückgabe der Unterlagen	77
VIII.	Rechtsschutz	78–79

I. Allgemeines

Durch die **7. WPO-Novelle 2007** wurden die **Ermittlungsbefugnisse der WPK deutlich gestärkt** (amtl. Begr., BT-Drs. 16/2858, 19 f.). Insbesondere ist die WPK nun nicht mehr auf die (aktive) Mitwirkung der Berufsangehörigen angewiesen, sondern die Angestellten der WPK sind befugt, die **Büroräume des WP zu betreten** u. dort Einsicht in die Arbeitspapiere zu nehmen u. sich Kopien hiervon zu fertigen; diese Maßnahmen hat der betroffene WP zu dulden (Abs. 4). Ferner besteht für die Berufsangehörigen bei BA-Verfahren, die i.Z.m. der Prüfung eines der gesetzlichen AP unterliegenden Unternehmens stehen, **nicht mehr die Möglichkeit, sich auf ihre VSP zu berufen** (Abs. 3), was vor allem dann einer zielführenden Ermittlung im Wege stand, wenn das geprüfte Unternehmen selbst kein Interesse an der Aufklärung hatte u. daher eine Entbindung verweigerte; im Gegenzug wurde ein umfassendes **Verwertungsverbot** für Verfahren außerhalb der BA (und QK) nach der WPO eingeführt (Abs. 5). Schließlich wurde die **Vorlagepflicht**, die bisher nur für Handakten bestand, **auf sonstige Unterlagen ausgedehnt** sowie der WPK die Möglichkeit gegeben, sich im Rahmen ihrer Ermittlungen auch **sachverständiger Dritter** zu bedienen (Abs. 1 Satz 2). 1

2 Durch diese Ausdehnung der Ermittlungsbefugnisse der WPK unterscheidet sich die Regelung des § 62 nunmehr deutlich v. den „Parallelvorschriften" in der BRAO u. im StBerG. Sowohl **§ 56 BRAO** als auch **§ 80 StBerG** sind unverändert v. **„Mitwirkungsansatz" geprägt**; eine Aufklärung ohne (aktive) Mitwirkung des Betroffenen ist beiden Berufsordnungen fremd. Besonders augenfällig wird dies an § 56 BRAO (Abs. 1 Satz 2), der dem RA – auch in Bezug auf die Vorlage v. Handakten – umfassende Verweigerungsrechte einräumt, so dass dieser – trotz der Möglichkeit der Verhängung eines Zwangsgeldes (§ 57 BRAO) – letztlich nur auf freiwilliger Basis zur Aufklärung beitragen „muss". Nach Änderung durch Gesetz v. 8.4.2008 (BGBl I S. 666) enthält § 80 Abs. 1 StBerG nun ebenfalls das uneingeschränkte Recht, bei Gefahr der Selbstbelastung nicht nur die Auskunft, sondern auch die Vorlage der Handakten zu verweigern.

II. Sachlicher Anwendungsbereich

3 Das Gesetz statuiert die in Abs. 1 genannten besonderen Pflichten nur für den Bereich der **Aufsichts- u. Beschwerdesachen**. Diese unterscheiden sich nicht der Sache nach, sondern nur äußerlich vor allem nach der Art der Entstehung des Verfahrens (vgl. Feuerich/Weyland/Böhnlein, BRAO, § 56 Rn. 5). In beiden Fällen ist Voraussetzung, dass konkrete Anhaltspunkte für einen Verstoß gegen Berufspflichten vorliegen (vgl. § 61a Rn. 19 ff.).

4 In **Aufsichtssachen** überprüft die WPK **v. Amts wegen** (z.B. aufgrund v. Presseberichten o. als Ergebnis der Abschlussdurchsicht) einen Sachverhalt darauf, ob ein Kammermitglied seine Pflichten nicht erfüllt hat. Dabei muss sich das Verfahren nicht bereits gegen ein namentlich benanntes Mitglied richten (vgl. Feuerich/Weyland/Böhnlein, BRAO, § 56 Rn. 6). Auch ist nicht notwendig, dass schon zu Beginn der Ermittlungen das Vorliegen einer Berufspflichtverletzung feststeht. Erforderlich ist nur, dass es möglicherweise zu Maßnahmen im Rahmen der BA kommen wird (vgl. Kuhls/Busse, StBerG, § 80 Rn. 12).

5 Bei **Beschwerdesachen** wird die WPK **v. Dritten über einen Sachverhalt unterrichtet**, der ebenfalls zu Aufsichtsmaßnahmen führen kann. Die Kammer wird insb. v. Mandanten, Institutionen (Gerichten, Behörden) o. sonstigen Dritten (Gesellschaftern, Gläubigern, Aktionärsschützern) beschwerdeführend wegen angeblicher Schlecht- o. Nichterfüllung v. Berufspflichten informiert. Auch für diesen Fall hat die Kammer **v. Amts wegen** zu prüfen, ob die Beschwerde begründet ist oder nicht (vgl. Kuhls/Busse, StBerG, § 80 Rn. 6). Eine **Rücknahme der Beschwerde** ist daher unbeachtlich, das Verfahren bei Vorliegen entsprechender Anhaltspunkte also fortzusetzen (vgl. Feuerich/Weyland/Böhnlein, BRAO, § 56 Rn. 8).

6 Daneben ist § 62 im Rahmen der durch die 7. WPO-Novelle 2007 neu eingeführten **anlassunabhängigen SU** nach § 62b entsprechend anwendbar (§ 62b Abs. 2).

7 Auch im berufsgerichtlichen Verfahren gilt § 62 nunmehr entsprechend (§ 81). Grund hierfür ist, dass Berufsangehörigen als Zeugen ansonsten im Hinblick auf ihre berufliche VSP ein Zeugnisverweigerungsrecht zustünde (§ 127 WPO i.V.m.

§ 161a Abs. 1 Satz 2 u. § 53 Abs. 1 Nr. 3 StPO). Für diese Diskrepanz bei den Auskunftspflichten – insb. nach den Änderungen in § 62 – besteht keine Rechtfertigung (vgl. amtl. Begr., a.a.O., 42), so dass durch den Verweis insoweit ein Gleichklang hergestellt wurde.

III. Normadressaten
1. Berechtigte
a) Maßnahmen nach Abs. 1

Zuständig für die Anordnung u. Durchführung v. Anhörungen sind derzeit ausschließl. die beiden **VO-Abteilungen**, die der VO der WPK vorbehaltlich seines Selbsteintrittsrechts mit der Durchführung v. BA-Verfahren beauftragt hat (vgl. § 59a Rn. 7 ff.). Die zuständige VO-Abteilung kann die Anhörung entw. selbst durchführen o. hiermit jemanden beauftragen. Als **Beauftragte** kamen bisher nur Mitglieder des VO, der Abteilung, des Beirats o. Angestellte der WPK in Betracht. Durch die 7. WPO-Novelle 2007 wurde diese Regelung dahingehend geändert, dass nunmehr **auch sachverständige Dritte** beauftragt werden können (amtl. Begr., BT-Drs. 16/2858, 35). 8

b) Besonderheiten bei Maßnahmen nach Abs. 4

Die Befugnisse nach Abs. 4 stehen den **Angestellten der WPK** sowie den **sonstigen Personen** zu, derer sich die WPK bei der BA bedient. Die **Gremien der WPK** sind nicht ausdr. erwähnt. Dies dürfte jedoch ausschließl. praktische Gründe haben (Zeitaufwand, zunächst nur unspezifische Sichtung möglicherweise aufsichtsrelevanter Unterlagen, noch kein Bedarf der unmittelbaren Inaugenscheinnahme durch die Entscheidungsträger) u. einer Teilnahme (z.B.) einzelner **VO- o. Abteilungsmitglieder** als „sonstiger Person" nicht im Wege stehen. Da die zuständige VO-Abteilung Herrin des kammerseitigen Verfahrens ist, v. der die übrigen für die WPK tätigen Personen letztlich ihre Legitimation ableiten, wäre jedes andere Ergebnis unverständlich. 9

Voraussetzung für den Einsatz **sonstiger Personen** ist lediglich, dass diese durch die WPK **ordnungsgemäß legitimiert** sind (amtl. Begr., a.a.O., 36). Besondere verfahrensrechtliche Anforderungen sind insoweit nicht ersichtlich. Insbesondere eine individuelle **Beauftragung durch die zuständige VO-Abteilung** (wie bei Maßnahmen nach Abs. 1, s. Rn. 8) erscheint danach nicht erforderlich (beachte: die Maßnahme als solche bedarf gleichwohl eines Einzelfallbeschlusses, s. Rn. 12). Neben der fallweisen Beteiligung **sachverständiger Dritter** (z.B. Branchenspezialisten) dürfte demnach auch die Hinzuziehung **freier Mitarbeiter** zulässig u. eine (wirksame) Beauftragung durch die Geschäftsstelle (im Rahmen der ihr v. Ehrenamt ggf. gesondert erteilten Befugnisse) ausreichend sein. Es bestehen auch keine Bedenken, dass die Maßnahmen nach Abs. 4 im Einzelfall ausschließl. durch beauftragte Dritte durchgeführt werden; ein zwingendes Erfordernis der Beteiligung v. Angestellten der WPK ist nicht ersichtlich. 10

c) Erforderlichkeit eines Einzelfallbeschlusses

11 Für jede Maßnahme nach § 62 ist ein **Einzelfallbeschluss des VO o.** der zuständigen VO-Abteilung erforderlich. Eine generelle Beauftragung einzelner (o. mehrerer) Mitglieder des o.g. Personenkreises ist nicht möglich, da dies einer (weiteren) Übertragung von Geschäften i.S.v. § 59a Abs. 1 gleichkäme, die im Gesetz nicht vorgesehen ist. Angesichts des in einem verpflichtenden Auskunftsverlangen liegenden nicht unerheblichen Eingriffs in die Berufsausübung des Betroffenen kann eine solche Maßnahme auch nicht als Geschäft der laufenden Verwaltung angesehen werden (§ 13 Abs. 2 Satzung WPK), so dass insoweit auch keine (allg.) Zuständigkeit o. Vertretungsberechtigung der Geschäftsführung besteht (vgl. BGH, BStBl 2008 Teil II, 75).

12 Auch wenn Abs. 4 insoweit keine (ausdr.) Vorgaben enthält, dürfte als Voraussetzung für die Zulässigkeit einer solchen Maßnahme auch hier ein entsprechender **Beschluss der zuständigen VO-Abteilung** erforderlich sein. Dies ergibt sich sowohl aus dem Gesamtkontext des § 62 als auch aus dem Charakter der Durchsicht der Unterlagen vor Ort als Fortsetzung der Maßnahmen nach Abs. 1 sowie dem damit verbundenen (i.d.R.) wesentlich stärkeren Eingriff in die Berufsausübung (Art. 12 GG) bzw. der Betroffenheit des Schutzbereich des Art. 13 GG (vgl. amtl. Begr., a.a.O., 37). Es wird sich dabei auch um einen gesonderten Beschluss handeln müssen. Ein vorsorglicher Beschluss, z.B. „für den Fall, dass die Vorlage der Unterlagen verweigert wird", dürfte unzulässig sein.

2. Verpflichtete

a) Mitwirkungspflichten nach Abs. 1-3

13 Verpflichtet, dem Auskunfts-, Vorlage- oder Erscheinensverlangen der VO-Abteilung nachzukommen, ist **jedes persönliche Mitglied der WPK** (WP u. vBP sowie organschaftlich Vertreter v. WPG/BPG, die nicht Berufsangehörige sind, §§ 58 Abs. 1, 130). Dabei ist völlig gleichgültig, ob die Aufsichts- o. Beschwerdesache sich gegen das Mitglied selbst richtet oder gegen einen anderen und ob ein Beschuldigter namentlich überhaupt schon feststeht (vgl. Henssler/Prütting/Hartung, BRAO, § 56 Rn. 15). Das Begehren der VO-Abteilung muss jedoch dem Zweck der Klärung in einer Aufsichts- o. Beschwerdesache dienen. Allerdings hat das Mitglied nicht das Recht, die Erfüllung seiner Verpflichtung aus § 62 davon abhängig zu machen, dass ihm zuvor Auskunft erteilt wird über den Sachverhalt, der den Gegenstand der Untersuchung bildet (vgl. Feuerich/Weyland/Böhnlein, BRAO, § 56 Rn. 9). Zum Kreis der Verpflichteten nach Abs. 3 s. noch Rn. 51 f.

b) Pflicht zur Duldung nach Abs. 4

14 Demgegenüber besteht die Pflicht zur Duldung der Maßnahmen nach Abs. 4 (Betreten der Geschäftsräume u.a.) nur für **Berufsangehörige** (WP u. vBP, § 130 Abs. 1), andererseits aber auch für **WPG** (u. BPG, § 130 Abs. 2). Grund für diese letztlich nur scheinbare Abweichung des Kreises der Verpflichteten ist, dass die Pflicht zur Duldung – anders als die (aktiven) Mitwirkungspflichten nach Abs. 1-3 – nicht höchstpersönlicher Natur ist, sondern sich an den jeweiligen Hausrechtsinhaber

richtet (vgl. amtl. Begr., BT-Drs. 16/2858, 36), bei dem es sich auch um eine jur. o. quasi-jur. (OHG, KG, PartG) Person, eben eine WPG (§ 27), handeln kann. **Persönliche Mitglieder, die nicht Berufsangehörige sind**, sind daher nur in ihrer Eigenschaft als Mitglied des gesetzlichen Vertretungsorgans der WPG angesprochen.

Nicht geregelt ist die Situation bei Vorliegen einer **gemischten Sozietät** (§ 44b). Da 15 das Hausrecht i.d.R. allen Sozien gemeinschaftlich zusteht, fehlt es hier – anders als im QK-Verfahren (vgl. § 57d) – ggü. den Angehörigen der anderen freien Berufe an einer Eingriffsnorm. Das Betreten der Praxisräume ist in solchen Fällen folglich nur mit deren Zustimmung möglich. Gleiches gilt für die Einsicht in die Dokumentation des QS-Systems, sofern insoweit keine organisatorische Trennung besteht (vgl. § 57d Rn. 5).

IV. Die einzelnen Pflichten (Abs. 1)

Die in Abs. 1 geregelten besonderen Pflichten **entstehen mit der Einleitung eines** 16 **Aufsichts- o. Beschwerdeverfahrens**, werden jedoch erst verletzbar, wenn das **persönliche Mitglied v. der zuständigen VO-Abteilung aufgefordert** wird, seinen besonderen Pflichten nachzukommen (vgl. Henssler/Prütting/Hartung, BRAO, § 56 Rn. 16). Dabei muss sich die Aufforderung **ausdr. auf § 62 beziehen**; ein Hinweis auf die allg. Aufgabenstellung nach § 57 Abs. 2 Nr. 4 o. die Zuständigkeit nach § 61a genügt nicht. Die Entscheidungen nach § 62 sind **im Einzelfall zu treffen** (vgl. Rn. 11).

Ein Verstoß gegen die Pflichten aus Abs. 1 stellt eine **Berufspflichtverletzung** dar, 17 die mit einer **Aufsichtsmaßnahme** geahndet werden kann (vgl. WPK-Mag. 2007, 47). Zusätzlich kommt die **Festsetzung eines Zwangsgeldes** (§ 62a) in Betracht (vgl. WPK-Mag. 2009, 35).

1. Erscheinen vor der Wirtschaftsprüferkammer

Die Pflicht zum Erscheinen wird ausgelöst durch eine schriftliche o. mündliche 18 **Ladung**. Sie dient der **eingehenden mündlichen Erörterung** des Aufsichtsgegenstandes mit dem Kammermitglied (vgl. Feuerich/Weyland/Böhnlein, BRAO, § 56 Rn. 22). Die Pflicht zum Erscheinen ist eine **Weiterführung der Pflicht zur Auskunftserteilung** (vgl. Henssler/Prütting/Hartung, BRAO, § 56 Rn. 18). Sie soll der WPK die Möglichkeit geben, das Kammermitglied persönlich zu befragen, insb. wenn die schriftliche Auskunftserteilung (inkl. Übersendung v. Unterlagen) nicht genügt. Das Kammermitglied ist sodann zu einer vollständigen u. wahrheitsgemäßen Auskunft verpflichtet, soweit im Einzelfall nicht Einschränkungen durch Verweigerungsrechte (s.u. Rn. 33 ff.) bestehen.

Die Pflicht zum **Erscheinen vor der WPK** bezieht sich auf den Ort, zu dem geladen 19 ist. Dies muss nicht notwendigerweise die Hauptgeschäftsstelle der WPK sein. Die Ladung an einen anderen Ort (z.B. LGS; BT-Drs. 15/1241, 39) setzt aber einen sachlichen Grund (Nähe, bessere Erreichbarkeit für das Kammermitglied u./o. den Beauftragten) voraus (vgl. Kuhls/Busse, StBerG, § 80 Rn. 29).

§ 62 *Pflicht zum Erscheinen vor der Wirtschaftsprüferkammer*

20 Eine bestimmte **Form der Ladung** ist dem Gesetz nicht zu entnehmen. Sie muss daher nicht förmlich zugestellt werden (vgl. Kuhls/Busse, StBerG, § 80 Rn. 28). Der Beweis des Zugangs der Ladung obliegt jedoch der WPK, so dass diese regelmäßig eine förmliche Ladung vornehmen wird.

21 Der **Inhalt der Ladung** ist ebenfalls nicht vorgeschrieben. Es reicht aber nicht, dem Kammermitglied lediglich mitzuteilen, dass es „zur Klärung berufs- und standesrechtlicher Fragen vor der Wirtschaftsprüferkammer" geladen wird. Damit das Kammermitglied sich ordnungsgemäß verteidigen bzw. (als Zeuge) zur Aufklärung beitragen u. dadurch der Zweck der Anhörung – die Sachverhaltsermittlung – erreicht werden kann, muss ein Hinweis auf den Gegenstand des BA-Verfahrens erfolgen (vgl. Kuhls/Busse, StBerG, § 80 Rn. 28). Der persönlichen Anhörung wird allerdings regelmäßig eine Aufforderung (o. Bitte) zur schriftlichen Auskunftserteilung vorausgegangenen sein, so dass das Mitglied bereits informiert ist. Gleichwohl empfiehlt es sich, den Gegenstand der (beabsichtigten) Befragung in der Ladung noch einmal zu konkretisieren.

22 Fraglich ist, ob bereits in der Ladung auf ein **Recht zur Auskunftsverweigerung** hinzuweisen ist (Abs. 2 Satz 3). Dies dürfte zu bejahen sein, da insb. für Zeugen die Möglichkeit (u. ggf. auch die Pflicht) besteht, sich vollumfänglich auf ihre VSP zu berufen. Dem Kammermitglied muss daher bereits im Vorfeld der Anhörung die Gelegenheit gegeben werden, sich auf ein Aussageverweigerungsrecht zu berufen, weil damit ggf. auch die Pflicht zum Erscheinen vor der WPK entfällt (vgl. Hensseler/Prütting/Hartung, BRAO, § 56 Rn. 19). Ob dies auch für das „beschuldigte" Kammermitglied gilt, ist allerdings zweifelhaft, da die Pflicht zum Erscheinen sonst durch ein vollumfängliches Berufen auf den Nemo-tenetur-Grundsatz – ohne Überprüfungsmöglichkeit durch die WPK – unterlaufen werden könnte. Die praktische Relevanz dieser Frage ist allerdings gering, da die Berufsangehörigen i.d.R. von sich aus ein Interesse daran haben, die Vorwürfe durch ein persönliches Gespräch zu entkräften. Zudem müssten sie – soweit kein Fall des Abs. 3 gegeben ist (u. damit auch die Maßnahmen nach Abs. 4 nicht zur Verfügung stehen) – damit rechnen, dass verstärkt auf die Möglichkeit, Nichtkammerangehörige um Auskunft zu bitten (vgl. § 64 Abs. 4), zurückgegriffen wird.

23 Das Kammermitglied ist nach dem Gesetzeswortlaut verpflichtet, **persönlich zu erscheinen**. Es kann sich hierbei nicht vertreten lassen (vgl. Kuhls/Busse, StBerG, § 80 Rn. 30). Gegen eine **Begleitung des Kammermitglieds** durch einen beauftragten RA o. einen anderen Berufsangehörigen (arg. ex § 82a Abs. 1) als Berater können jedoch keine Einwendungen erhoben werden (vgl. Kuhls/Busse, StBerG, § 80 Rn. 30).

24 Die zuständige VO-Abteilung hat die Entscheidung, ob das Kammermitglied vor der WPK erscheinen soll, nach pflichtgemäßem Ermessen zu treffen. Aufgrund des damit verbundenen nicht unerheblichen Eingriffs in die Berufsausübung ist besonders auf die **Verhältnismäßigkeit des Erscheinens** des Kammermitglieds im Vergleich zur Bedeutung der verlangten Auskunft zu achten (vgl. Henssler/Prütting/

Hartung, BRAO, § 56 Rn. 19). Eine Anhörung dürfte daher vor allem dann in Betracht kommen, wenn das Mitglied seiner Auskunftspflicht bisher nur zögerlich, unvollständig o. ausweichend nachgekommen ist (vgl. auch noch Rn. 28).

2. Auskunftserteilung
Die Pflicht zur Auskunftserteilung bedeutet, dass das Kammermitglied – je nach Verlangen – entw. schriftlich o. (i.Z.m. einer Ladung zum Erscheinen) mündlich (vgl. noch Rn. 28) Auskunft zu geben hat. Die Auskunft kann unter bestimmten Voraussetzungen verweigert werden (Abs. 2 Satz 1 u. 2, Abs. 3 Satz 2); auf dieses Recht ist hinzuweisen (Abs. 2 Satz 3, Abs. 3 Satz 2; zu Einzelheiten s. Rn. 33 ff.). 25

Der **Umfang** der zu erteilenden Auskunft wird durch das Auskunftsbegehren der WPK bestimmt. Dem Mitglied muss gesagt werden, auf welche Fragen sich seine Auskunft beziehen soll. Dabei kann die Fragestellung auch durch **Bezugnahme auf die in Ablichtung beigefügte Beschwerde** erfolgen, soweit diese den fraglichen Sachverhalt ausreichend deutlich erkennen lässt (vgl. Feuerich/Weyland/Böhnlein, BRAO, § 56 Rn. 18). 26

Soweit kein Verweigerungsrecht besteht, müssen die v. dem Kammermitglied erteilten Auskünfte **richtig u. vollständig** sein. Dies wird nunmehr in Abs. 2 Satz 4 (7. WPO-Novelle 2007) ausdr. klargestellt, ergab sich jedoch schon vorher aus der grds. Auskunftsverpflichtung nach § 62 (vgl. BGH 27.2.1978, NJW 1979, 324, 325) sowie als Teil der Berufspflichten nach § 43 Abs. 1. Das Kammermitglied hat die Auskunft wie stets bei berufsbezogenem Handeln sachlich zu erteilen (§ 43 Abs. 2 Satz 3, § 13 Abs. 1 BS WP/vBP). 27

Die Auskunft kann in **schriftlicher o. mündlicher Form** verlangt werden. Dabei dürfte regelmäßig die Erteilung schriftlicher Auskünfte sachgerecht sein. Dies ist weniger belastend für den Betroffenen als ein persönliches Erscheinen vor der WPK u. ist für die Aufklärung des Sachverhalts meist ausreichend (s.o. zur Verhältnismäßigkeit, Rn. 24). 28

3. Vorlage der Handakten oder sonstiger Unterlagen
Die Pflicht zur Vorlage der Handakten (§ 51b) u. sonstiger Unterlagen bedeutet, dass das Kammermitglied auf Verlangen die vollständige Handakte u./o. andere sachdienliche Unterlagen **vorzulegen**, d.h. diese auf seine Kosten in die Räume der WPK zu überbringen o. zu übersenden hat (vgl. Feuerich/Weyland/Böhnlein, BRAO, § 56 Rn. 20). Die Vorlage kann verweigert werden, wenn u. soweit dadurch die VSP verletzt würde (Abs. 2 Satz 1); hierauf ist das Kammermitglied hinzuweisen (Abs. 2 Satz 3; zu Einzelheiten s. Rn. 33 ff.). 29

Die Unterlagen müssen **richtig u. vollständig** vorgelegt werden (Abs. 2 Satz 4), es dürfen also keine Teile der Handakte etc. entfernt werden, sofern die WPK ihr Vorlageverlangen – aus Gründen Verhältnismäßigkeit u./o. Zweckmäßigkeit – nicht v. vornherein auf bestimmte Unterlagen (z.B. die Arbeitspapiere für bestimmte Bilanzpositionen) beschränkt hat mit der Folge, dass dann selbstverständlich auch nur diese Aktenteile (vollständig) vorzulegen sind.

30 Vorlagepflichtig sind die **Handakten im weiteren Sinne** (vgl. § 51b Rn. 15 ff.). Dies ergibt sich aus Sinn u. Zweck des § 62, der der WPK eine umfassende Sachverhaltsaufklärung ermöglichen soll (vgl. Kuhls/Busse, StBerG, § 80 Rn. 22). Durch die 7. WPO-Novelle 2007 wurde die Vorlagepflicht auf **sonstige Unterlagen**, die für das Aufsichts- u. Beschwerdeverfahren v. Bedeutung sein können, ausgedehnt. Eine genaue Abgrenzung des Begriffs der Handakte ist damit im Rahmen des § 62 entbehrlich, da i. Erg. alle sachdienlichen Unterlagen auf Verlangen vorzulegen sind.

31 Unter **sonstigen Unterlagen** sind solche Unterlagen zu verstehen, die nicht mandatsbezogen erstellt wurden u. damit nicht zu den Handakten gehören (vgl. § 51b Rn. 5 f.). Hierunter fallen insb. diejenigen Unterlagen, die das **QS-System** u. die damit zusammenhängenden internen (Nachschau) u. externen (§ 57a) Prüfungen dokumentieren (vgl. auch Rn. 43). Der Zugriff auf diese Unterlagen ist vor allem für die Durchführung der anlassunabhängigen **SU nach § 62b** v. Bedeutung.

32 Die **WPK kann die Unterlagen so lange behalten**, wie dies zur sachgerechten Bearbeitung des Aufsichtsvorgangs erforderlich ist; anschließend sind sie unverzüglich zurückzugeben (Abs. 5 Hs. 2). Da es i.d.R. um vollständig erledigte Mandate geht, werden die Belange der Berufsangehörigen dadurch nicht beeinträchtigt. Sollte dies im Einzelfall anders sein, muss sich die WPK notfalls Kopien fertigen (vgl. Henssler/Prütting/Hartung, BRAO, § 56 Rn. 24).

V. Verweigerungsrechte

33 Die besonderen Pflichten nach Abs. 1 bestehen nicht, wenn u. soweit der WP (bzw. das persönliche Mitglied) durch eine Auskunftserteilung o. die Vorlage der Handakten o. sonstiger Unterlagen seine **Pflicht zur Verschwiegenheit verletzen** o. er sich durch eine **Auskunft selbst belasten** würde u. der WP sich hierauf jeweils ausdr. beruft (Abs. 2). Durch die 7. WPO-Novelle 2007 wurde dieser Grundsatz hinsichtlich der VSP jedoch eingeschränkt (Abs. 3). Auf die Verweigerungsrechte ist **hinzuweisen** (Abs. 2 Satz 3, Abs. 3 Satz 2).

1. Grundsatz (Abs. 2)

a) Verletzung der Verschwiegenheitspflicht (Abs. 2 Satz 1)

34 Wenn die Auskunftserteilung o. die Vorlage der Handakten o. sonstiger Unterlagen eine Verletzung der VSP darstellt, kann der WP das Verlangen zurückweisen; hierüber ist er zu belehren (Abs. 2 Satz 3). Die **VSP umfasst** alle Tatsachen u. Umstände, die dem WP in Ausübung o. bei Gelegenheit seiner Berufstätigkeit anvertraut o. sonst bekannt geworden sind (zu Einzelheiten s. § 43 Rn. 136 ff.).

35 Der WP muss sich ausdr. auf seine **VSP berufen**. Er kann die Aufforderung nach § 62 nicht einfach unbeantwortet lassen (vgl. Feuerich/Weyland/Böhnlein, BRAO, § 56 Rn. 25).

36 Der WP kann sich nicht auf eine Pflicht zur Verschwiegenheit berufen, wenn er entsprechend § 53 Abs. 2 StPO **v. der VSP entbunden** wurde. Im Hinblick auf die grds. Auskunftspflicht nach § 62 ist der WP verpflichtet, abzuklären, ob er v. der

Pflicht zur Verschwiegenheit entbunden wird o. nicht. Erst wenn der Träger des Geheimhaltungsinteresses (i.d.R. der Mandant) dies abgelehnt hat, darf sich der WP endgültig auf seine VSP berufen (vgl. Feuerich/Weyland/Böhnlein, BRAO, § 56 Rn. 30 f.).

Eine Verletzung der VSP liegt auch dann nicht vor, wenn der WP in **Wahrnehmung eigener berechtigter Interessen** handelt (vgl. amtl. Begr., a.a.O., 36). Insbesondere wenn ein Mandant gegen ihn Beschwerde führt, ist der WP befugt, ihm anvertraute Umstände zu offenbaren, soweit dies zur zweckentsprechenden Verteidigung gegen die Vorwürfe erforderlich ist (vgl. Feuerich/Weyland/Böhnlein, BRAO, § 56 Rn. 26 f.). Teilweise wird in der **Beschwerde des Mandanten** auch eine konkludente Entbindung v. der VSP gesehen (vgl. Kuhls/Busse, StBerG, § 80 Rn. 40). 37

Eine Gefahr der Verletzung der VSP im Aufsichtsverfahren besteht für den Betroffenen praktisch nur, wenn nicht der Mandant, sondern ein **Dritter** Beschwerde über ihn führt o. die WPK **v. Amts wegen** (z.B. aufgrund v. Presseberichten) ein Aufsichtsverfahren gegen ihn eingeleitet hat. Aber auch in diesen Fällen wird – sofern es nicht um eine ganz unerhebliche Pflichtverletzung geht – der WP unter dem Gesichtspunkt der Verteidigung eigener Rechte befugt sein, soviel an Angaben zu machen, wie dies zur sachgerechten Verteidigung erforderlich ist (vgl. Feuerich/Weyland/Böhnlein, BRAO, § 56 Rn. 28). 38

Kommt in Betracht, dass die Beantwortung einer Frage der zuständigen VO-Abteilung eine Verletzung der Verpflichtung des WP zur Verschwiegenheit darstellt, dann darf die VO-Abteilung diese Frage gleichwohl stellen (vgl. Feuerich/Weyland/Böhnlein, BRAO, § 56 Rn. 30). Die Abwägung, ob u. in welchem Umfang ein Rechtfertigungsgrund für den Bruch der Schweigepflicht gegeben ist, hat der WP selbst zu treffen (vgl. Henssler/Prütting/Hartung, BRAO, § 56 Rn. 28). Kommt er zu dem Ergebnis, dass er das Berufsgeheimnis verletzen darf, so hat der **das Recht aber nicht die Pflicht** dazu; der WP kann sich auch weiter auf seine VSP berufen (vgl. amtl. Begr., a.a.O., 36; ebenso Feuerich/Weyland/Böhnlein, BRAO, § 56 Rn. 31). 39

Für **Zeugen** kommt eine Durchbrechung der VSP zur eigenen Rechtsverteidigung (s.o.) naturgemäß nicht in Betracht, so dass sie nur im Falle einer Entbindung v. der VSP zur Auskunft o. Vorlage v. Unterlagen berechtigt (u. verpflichtet) sind. 40

b) Gefahr der Selbstbelastung (Abs. 2 Satz 2)

Der WP darf die **Auskunft** auf Fragen verweigern, deren wahrheitsgemäße Beantwortung ihn der Gefahr der Verfolgung wegen einer Straftat, einer Ordnungswidrigkeit o. einer Berufspflichtverletzung aussetzen würde. **Niemand ist verpflichtet, auch nicht als Zeuge, sich selbst zu belasten** (vgl. Kuhls/Busse, StBerG, § 80 Rn. 43). 41

Dieser **allg. Rechtsgrundsatz** (nemo tenetur se ipsum accusare) hat Verfassungsrang. Er wurde zunächst v. der Rspr. entwickelt u. wird nunmehr (7. WPO-Novelle 2007) zur Klarstellung in Abs. 2 Satz 2 ausdr. geregelt. Nicht umfasst hiervon ist 42 aber – anders als im Berufsrecht der RA und StB (§ 56 Abs. 1 Satz 2 BRAO, § 80 Abs. 1 Satz 2 StBerG) – die **Vorlagepflicht für Unterlagen**; diese Pflicht bleibt v. Nemo-tenetur-Grundsatz unberührt (amtl. Begr., a.a.O., 35). Der WP hat also auch ihn belastende Unterlagen vorzulegen (zur Vereinbarkeit der insoweit uneingeschränkten Vorlagepflicht mit dem GG und Art. 6 EMRK siehe VG Berlin 24.11.2011, WPK-Mag. 1/2012, 47 u. 3/2012, 63).

43   Erfasst v. der Vorlagepflicht sind demnach auch der **Qualitätskontrollbericht** (§ 57a Abs. 5) sowie die Unterlagen über die in der Praxis durchgeführte interne Nachschau (§ 33 BS WP/vBP), insb. der mind. einmal jährlich zu erstellende **Nachschaubericht** an die Praxisleitung (zur diesbzgl. Vorlagepflicht vgl. auch Ulrich, WPK-Mag. 4/2006, 50, 52). Dies gilt unabhängig davon, ob aus ihnen Verletzungen des Berufsrechts ersichtlich sind. Soweit letztere allerdings im Rahmen der QK (§ 57a) festgestellt wurden, ist das Verwertungsverbot des § 57e Abs. 5 zu beachten (zu dessen Reichweite s. § 57e Rn. 31 f.).

44   Da in den o.g. Unterlagen auch Informationen über (Siegelführungs-)Mandate enthalten sein können, für die die **VSP** nicht nach Abs. 3 durchbrochen ist, muss insoweit ggf. eine **Neutralisierung** erfolgen, sofern keine Entbindung v. der VSP vorliegt o. die Praxis nicht v. der Wahrnehmung eigener berechtigter Interessen ausgeht (vgl. Rn. 37 f.).

45   Das Auskunftsverweigerungsrecht wird erst wirksam, wenn sich der Befragte **darauf beruft** (Satz 2 Hs. 2). Tut er dies nicht, hat er die an ihn gerichteten Fragen **richtig u. vollständig** zu beantworten (Abs. 2 Satz 4). Durch die Normierung dieses eigentlich selbstverständlichen Grundsatzes wird er zu einer Berufspflicht, dessen Verletzung im Rahmen der WPO geahndet werden kann (amtl. Begr., a.a.O., 35).

46   Auf ein Recht zur Auskunftsverweigerung ist hinzuweisen (Abs. 2 Satz 3). Die **Hinweispflicht** soll der drohenden Verletzung des Persönlichkeitsrechts des WP, nämlich des Rechts, sich nicht selbst bezichtigen zu müssen, vorbeugen. An die Hinweispflicht sind daher strenge Anforderungen zu stellen (vgl. Feuerich/Weyland/Böhnlein, BRAO, § 56 Rn. 35). Der Betroffene muss klar u. inhaltlich eindeutig in verständlicher Sprache über seine Rechte unterrichtet werden. Der Hinweis auf das Auskunftsverweigerungsrecht muss beschreibend in Worten, möglichst mit dem Gesetzeswortlaut, erfolgen. Insbesondere muss der Hinweis auf berufsrechtliche Konsequenzen erfolgen, wenn er es unterlässt, sich auf das Auskunftsverweigerungsrecht ausdr. zu berufen, dass es also einen Pflichtenverstoß darstellt, einfach nicht zu antworten (AGH Celle 14.1.2002, BRAK-Mitt. 2002, 94). Mit dem bloßen Hinweis auf die Rechtsnorm werden die Anforderungen an die Hinweispflicht nicht erfüllt. **Fehlt es an einer (ausreichenden) Belehrung, kann das Schweigen des WP nicht als Berufspflichtverletzung gewertet werden.** Dies gilt unabhängig davon, ob der WP sein Auskunftsverweigerungsrecht kannte (vgl. BGH 26.9.2005, NJW-RR 2006, 137; AGH Hamm 20.4.1999, BRAK-Mitt. 2000, 199). Sagt ein WP dagegen ohne vorherige Belehrung zur Sache aus, besteht grds. ein **Verwertungs-**

verbot (vgl. Feuerich/Weyland/Böhnlein, BRAO, § 56 Rn. 36; Kuhls/Busse, StBerG, § 80 Rn. 45; a.A. Henssler/Prütting/Hartung, BRAO, § 56 Rn. 17). Etwas anderes gilt nur, wenn feststeht, dass der WP sein Recht zu schweigen auch ohne Belehrung gekannt hat o. wenn er nach entspr. nachträglicher Belehrung der Verwertung zustimmt (vgl. Feuerich/Weyland/Böhnlein, BRAO, § 56 Rn. 36).

2. Durchbrechung der Verschwiegenheitspflicht (Abs. 3)

Die in dem neuen Abs. 3, der eine Ausnahme v. Verweigerungsrecht nach Abs. 2 Satz 1 konstituiert, enthaltene **gesetzliche Durchbrechung der VSP** des WP stellt eines der Kernstücke der 7. WPO-Novelle 2007 dar. Mit dieser Regelung sollen die Ermittlungsmöglichkeiten der WPK verbessert u. dadurch die BA gestärkt werden (amtl. Begr., BT-Drs. 16/2858, 35). Hintergrund ist die Überlegung, dass es nach Erfahrungen der WPK im Bereich der BA nicht ausreichend ist, z.B. beim Mandanten nachzusuchen, dass dieser v. der VSP entbindet. Somit steht nicht eine schnellere u. problemlosere Ermittlung im Vordergrund, sondern vielmehr eine überhaupt zielführende u. erfolgreiche Ermittlung (amtl. Begr., a.a.O.). Zum anderen werden mit dieser Änderung europarechtliche Vorgaben, namentlich die **Forderung der reformierten Abschlussprüferrichtlinie (Art. 30)** nach einem wirksamen System der BA, umgesetzt (amtl. Begr., a.a.O.). 47

Da die VSP jedoch unverändert als grds. unverzichtbare Grundlage für eine vertrauensvolle Beratungstätigkeit der Angehörigen der klassischen prüfenden u. beratenden Berufe anzusehen ist, wurde die **Durchbrechung der VSP** zur Wahrung der Verhältnismäßigkeit diese Eingriffs in die Berufsausübung auf diejenigen **Aufsichtsverfahren beschränkt, die i.Z.m. der Prüfung eines der gesetzlichen Pflicht zur AP unterliegenden Unternehmens stehen** (amtl. Begr., a.a.O., 35 f.). Das Recht, sich durch Auskünfte nicht selbst belasten zu müssen (Nemotenetur-Grundsatz), bleibt von der Neuregelung unberührt (Abs. 3 Satz 3). 48

a) Praktische Bedeutung der neuen Regelung

Die Regelung hat zum einen Bedeutung, wenn das geprüfte **Unternehmen kein Interesse an der Aufklärung** des verfahrensgegenständlichen Sachverhalts hat u. aus diesem Grund eine Entbindung v. der VSP verweigert. Das kann z.B. dann der Fall sein, wenn das Unternehmen eine nunmehr v. einem Beschwerdeführer angegriffene Bilanzierung beibehalten u. daher vermeiden will, dass der WP über das BA-Verfahren ggf. unter Druck gerät, diese zukünftig zu beanstanden (o. sogar ein bereits erteiltes Testat zu widerrufen). Ferner kommt in Betracht, dass der **WP keine Veranlassung sieht, sich gegen Vorwürfe zu verteidigen**, obwohl er hierzu berechtigt wäre (vgl. Rn. 37 f.), etwa weil er die bei der WPK gegebene Aktenlage nicht für ausreichend hält, um auf dieser Basis eine für ihn nachteilige Entscheidung zu fällen. 49

Zum anderen wird durch die Regelung klargestellt, dass sich der v. BA-Verfahren Betroffene – wie schon nach allg. Grundsätzen anerkannt (vgl. Rn. 37 f.) – auch ohne Entbindung v. der VSP verteidigen kann (amtl. Begr., a.a.O., 36). **Für Zeugen** wirkt die Vorschrift demggü. **konstitutiv**, da sich diese mangels Verteidigungsinte- 50 resses grds. nicht ohne Entbindung v. der VSP äußern dürfen. Zu denken ist hier weniger an Sozien (so aber die Gesetzesbegr., a.a.O.) o. nicht mit dem verfahrensgegenständlichen Auftrag befasste Berufskollegen innerhalb einer WPG, da diese aufgrund der auch praxisintern geltenden VSP (vgl. Begr. zu § 9 Abs. 2 BS WP/vBP i.d.R. über keine mandatsspezifischen Kenntnisse verfügen u. daher zur Aufklärung wenig beitragen können. Relevanter dürfte vielmehr sein, dass die WPK nunmehr die Möglichkeit hat, sich – ohne Einschränkung durch die VSP des persönlichen Mitglieds – etwa an den **Folgeprüfer** oder einen v. dem Unternehmen (o. der BAFin) beauftragten **Sonderprüfer** zu wenden u. Einsicht in dessen Bericht sowie ggf. auch dessen Arbeitspapiere zu nehmen.

b) Persönlicher und sachlicher Anwendungsbereich

51 Als **Verpflichtete** sind v. der neuen Vorschrift diejenigen persönlichen Mitglieder der WPK erfasst, die zur Durchführung gesetzlich vorgeschriebener AP befugt sind o. solche ohne diese Befugnis tats. durchführen (Abs. 3 Satz 1 Hs. 1). Die **Befugnis zur Durchführung gesetzlich vorgeschriebener AP** richtet sich nach § 319 Abs. 1 HGB. Dies sind somit alle WP, die über eine wirksame TB nach § 57a verfügen (o. denen eine Ausnahmegenehmigung erteilt wurde); unerheblich ist, ob sie tats. gesetzliche AP durchführen o. eine TB (bislang) nur vorhalten. Durch die Einbeziehung derjenigen **persönlichen Mitglieder, die unbefugt gesetzlich vorgeschriebene AP durchführen**, also WP, die über keine wirksame TB (o. Ausnahmegenehmigung) verfügen, o. vBP, die ihre Befugnisse nach § 319 Abs. 1 Satz 2 HGB überschreiten, wird erreicht, dass die erweiterten Ermittlungsmöglichkeiten auch dort gelten, wo sie aufgrund des unbefugten Tätigwerdens Berufsangehöriger besonders wichtig sind.

52 Die für **Berufsgesellschaften** verantwortlich **handelnden persönlichen Mitglieder** sind v. Wortlaut des Abs. 3 streng genommen nicht erfasst. Sofern sie über keine eigene TB verfügen, sind sie weder selbst zur Durchführung gesetzlich vorgeschriebener AP befugt noch handeln sie unbefugt, wenn sie (im Rahmen des § 32) für die zum AP bestellte Berufsgesellschaft den BV unterzeichnen, fallen also auch nicht unter die 2. Alternative. Sowohl aus dem Gesamtkontext des § 62 (identischer Kreis der Verpflichteten in den Abs. 1-3) als auch aus der (in der amtl. Begr. klar hervortretenden) Tatsache, dass der Gesetzgeber mit Abs. 3 ausschließl. für einen bestimmten sachlichen Anwendungsbereichs eine Ausnahme zu Abs. 2 schaffen wollte, folgt jedoch eindeutig, dass auch die Berufsgesellschaften u. die v. diesen durchgeführten Prüfungen bzw. die in diesem Zusammenhang tätig gewordenen persönlichen Mitglieder gemeint sind.

53 In **sachlicher Hinsicht** betrifft Abs. 3 nur solche Aufsichtsverfahren, die i.Z.m. der Prüfung eines der gesetzlichen Pflicht zur AP unterliegenden Unternehmens stehen (Satz 1 Hs. 2). Mit diesem Wortlaut sind alle – gesetzlichen o. freiwilligen – Prüfungen gemeint, die ein Unternehmen betreffen, das der gesetzlichen Pflicht zur AP unterliegt (amtl. Begr., a.a.O., 36). Erfasst sind also nicht nur Aufsichtsverfahren, die die gesetzliche AP selbst zum Gegenstand haben, sondern auch solche, die mit

anderen bei dem prüfungspflichtigen Unternehmen durchgeführten Prüfungen in Zusammenhang stehen.

Prüfungen in diesem Sinne können sowohl gesetzliche o. gesetzlich geregelte (z.b. nach § 33 Abs. 2, § 142 AktG; § 44 KWG; § 36 WpHG) als auch freiwillige Prüfungen sein (amtl. Begr., a.a.O.). Trotz der fehlenden Bezugnahme dürfte sich der **Begriff der „Prüfung"** mit demjenigen der betriebswirtschaftlichen Prüfungen in § 2 Abs. 1 decken (zum Kreis der hiervon erfassten Prüfungen s. im Einzelnen WPH I, A Rn. 22 ff. sowie die Auflistung in Abschn. D). Hierzu zählen auch Prüfungen, zu denen aufgrund ihres eingeschränkten Umfangs nur eine Bescheinigung erteilt werden darf (z.b. prüferische Durchsicht nach § 37w Abs. 5 o. § 37x Abs. 3 WpHG; vgl. IDW PS 900, Tz. 5, 8). Nicht ausreichen dürfte es dagegen, wenn zwar auch Prüfungshandlungen durchgeführt wurden, es sich bei dem Auftrag der Art nach aber nicht um eine Prüfung handelt. Erstellungsaufträge mit umfassenden Prüfungshandlungen o. mit Plausibilitätsbeurteilungen (vgl. IDW S 7) wären demnach nicht erfasst. Gleiches gilt für Gutachten, insb. Unternehmensbewertungen, da diese als Sachverständigentätigkeit i.S.v. § 2 Abs. 3 Nr. 1 zu klassifizieren sind (vgl. § 2 Rn. 17). Der Kreis der v. Abs. 3 begrifflich erfassten Prüfungen wäre somit **enger als** der Kreis derjenigen Aufträge, die gem. § 48 Abs. 1 WPO bzw. § 18 Abs. 1 u. 2 BS WP/vBP zur **Siegelführung** berechtigen.

54

VI. Betretensrecht der WPK, Pflicht zur Duldung (Abs. 4)

1. Allgemeines

Aufgrund des durch die **7. WPO-Novelle 2007** neu eingeführten Abs. 4 kann die WPK im Rahmen der BA nun auch, wie für viele andere Aufsichtsstellen (z.B. BAFin) typisch, die **Geschäftsräume betreten u. Unterlagen sichten**. Diese Ermittlungsmaßnahme zur Informationsgewinnung ist in vielen anderen Gesetzen bekannt (z.B. §§ 37o, 4 WpHG, § 44 KWG, § 29 GewO) u. auch bei der BA über WP erforderlich, wenn man die Ermittlungsmöglichkeiten stärken u. ausbauen will (amtl. Begr., a.a.O., 36).

55

Da die Maßnahmen nach Abs. 4 ledigl. eine Duldung bzw. ein Ermöglichen seitens des jeweiligen Hausrechtsinhabers erfordern, kann die WPK **auch dann** weiter ermitteln, **wenn der Berufsangehörige** o. (im Fall des § 62b auch) die Berufsgesellschaft **die aktive Mitwirkung verweigert**. Die Vorschrift ermöglicht somit eine Art Ersatzvornahme durch die WPK, die nicht erst als ultima ratio, sondern als **Alternative zur Zwangsgeldfestsetzung** (§ 62a) in Betracht kommt (vgl. amtl. Begr., a.a.O.; s. jedoch Rn. 61 u. 65).

56

Hierbei ist allerdings – wie bei jeder hoheitlichen Maßnahme – der **Grundsatz der Verhältnismäßigkeit** zu beachten. So ist das Betreten der Geschäftsräume i.d.R. erst nach einer erfolglosen o. verweigerten Anhörung zulässig ist; nicht nötig ist aber, zuvor das Zwangsgeldverfahren nebst Androhung u. Rechtsmitteln durchzuführen (amtl. Begr., a.a.O.). Der erstgenannte Vorbehalt dürfte im Rahmen der **SU** (§ 62b) jedoch kaum zum Tragen kommen, da diese auch die Ordnungsmäßigkeit der Praxisorganisation zum Gegenstand haben (amtl. Begr., a.a.O., 38), so dass das

57

Betreten der Geschäftsräume in jedem Fall erforderlich u. verhältnismäßig ist bzw. die Maßnahmen nach Abs. 1 v. vornherein als nicht ausreichend anzusehen sind.

2. Die Befugnisse der WPK im Einzelnen

58 Das Recht zum **Betreten u. Besichtigen** der Geschäftsräume besteht nur **innerhalb der üblichen Betriebs- u. Geschäftszeiten**, also auf jeden Fall während der üblichen Kernarbeitszeit werktags zwischen 9 u. 17 Uhr. Das Recht dürfte sich auf **alle Geschäftsräume** (inkl. der Lagerräume) beziehen, unabhängig davon, ob diese auch für den Mandantenverkehr geöffnet sind. Da in letztgenannter Hinsicht schon mit Blick auf die VSP des WP starke Einschränkungen bestehen, wäre das Betretens- u. Besichtigungsrecht ansonsten gegenstandslos.

59 Das Recht zur **Einsichtnahme in Unterlagen** bzw. die Pflicht des Hausrechtsinhabers, dies zu dulden, besteht nach dem Wortlaut des Abs. 4 unbeschränkt. Nach der Gesetzesbegr. (a.a.O., 36) sollen insoweit weder die VSP des WP noch der nemo-tenetur-Grundsatz durchgreifen. In Bezug auf den nemo-tenetur-Grundsatz entspricht dies den gesetzl. Regelungen i.ü. (vgl. Rn. 41 f.). Hinsichtlich der VSP ist allerdings zu berücksichtigen, dass es dem WP nicht nur verboten ist, Berufsgeheimnisse unbefugt zu offenbaren, sondern er auch dafür Sorge zu tragen hat, dass solche Geheimnisse Unbefugten nicht bekannt werden (§ 9 BS WP/vBP). Der WP muss danach sicherstellen, dass eine Einsichtnahme Dritter nicht erfolgen kann (vgl. Begr. zu § 9). Dass Abs. 4 insoweit eine unausgesprochene (neben Abs. 3) weitere gesetzliche Durchbrechung der VSP beinhalten soll, dürfte ausgeschlossen sein, zumal diese für alle Mandanten u. alle Auftragsarten (auch Beratungsaufträge) gelten würde, was der Absicht des Gesetzgebers, die VSP nur für die BA über AP zu durchbrechen (vgl. amtl. Begr., a.a.O., 35), eindeutig zuwiderliefe. Auch das Einsichtsrecht unterliegt **hinsichtlich der VSP** daher der **Einschränkung nach Abs. 2 i.V.m. Abs. 3**; ein mögliches eigenes berechtigtes Interesse des WP muss insoweit selbstverständlich außer Betracht bleiben, da die aufgrund dessen (ausnahmsweise) zulässige Durchbrechung der VSP nicht zur Disposition der WPK steht (s.o. Rn. 39).

60 Das weitere Recht der WPK (bzw. der mit der Maßnahme betrauten Personen), sich aus den eingesehenen Unterlagen **Abschriften u. Kopien** anzufertigen, dürfte dahingehend auszulegen sein, dass der Praxisinhaber auch dazu verpflichtet ist, die Benutzung seiner technischen Einrichtungen, insb. eines Kopiergeräts, zu gestatten, soweit sich dies in vertretbarem Rahmen hält. Das Mitbringen eigener Kopiergeräte dürfte der WPK nicht zuzumuten sein u. zur auch nur vorübergehenden Mitnahme v. Unterlagen, um außerhalb der WP-Praxis Kopien anzufertigen, sind die Kammermitarbeiter grds. nicht befugt.

3. Duldungspflicht, Berufspflicht

61 Wie weit die **Duldungspflicht** des Praxisinhabers insb. im Rahmen der anlassbezogenen BA geht, dürfte im Einzelnen schwer abzugrenzen sein. Es stellt sich z.B. die Frage, ob er abgeschlossene Schränke öffnen o. den WPK-Mitarbeitern zumindest einen Überblick über die Ablage o. Archivierung seiner Unterlagen geben muss. Der Praxisinhaber dürfte jedenfalls nicht dazu verpflichtet sein, den genauen Stand-

ort bestimmter Unterlagen mitzuteilen, da dies faktisch einer Vorlagepflicht, wenn auch nur in den Praxisräumen des WP, entspräche. Losgelöst hiervon würde er einer solchen Pflicht auch nicht nachkommen, wenn er zuvor schon die Übersendung der Unterlagen an die WPK verweigert hat. Andererseits können sich die WPK-Mitarbeiter auch nur in Grenzen selbst behelfen, da eine **Durchsuchung der Geschäftsräume unzulässig** ist (amtl. Begr., a.a.O., 37). Unter einer solchen ist das ziel- u. zweckgerichtete Suchen staatlicher Organe nach Personen o. Sachen zu verstehen, mit dem etwas aufgespürt werden soll, was der Inhaber der Wohnung v. sich aus nicht offen legen o. herausgeben will (BVerfGE 51, 91, 107). Wenn es darum geht, zuvor erfolglos angeforderte Unterlagen zu erlangen, müsste eine Maßnahme nach Abs. 4 jedoch beinahe zwangsläufig den Charakter einer Durchsuchung annehmen, um überhaupt sinnvoll zu sein. Im Ergebnis ist daher festzuhalten, dass die Maßnahmen nach Abs. 4 vor allem dann Erfolg versprechen, wenn der Praxisinhaber weitgehend kooperiert. Sie stellen somit weniger eine Alternative zur Zwangsgeldfestsetzung (so jedoch die amtl. Begr., vgl. Rn. 56) als vielmehr eine Ergänzung der bisherigen Ermittlungsmöglichkeiten dar. Zur praktischen Bedeutung des Betretensrechts der WPK s. noch Rn. 65 f.

Ein Verstoß gegen die Duldungspflicht des Abs. 4 Satz 2 stellt – ebenso wie eine Verletzung der (aktiven) Mitwirkungspflichten nach den Abs. 1-3 – eine **Berufspflichtverletzung** dar, die entsprechend geahndet werden kann (vgl. Rn. 17). Sofern also der Zutritt zur Prüfer-Praxis verweigert wird, kann gegen die hierfür als Hausrechtsinhaber verantwortlichen Mitglieder der WPK eine Rüge (ggf. mit Geldbuße) verhängt werden. Dies gilt sowohl für den Inhaber einer **Einzelpraxis** als auch die (ggf. nur für die konkrete Niederlassung verantwortlichen) Organvertreter einer **WPG**. Letzteres ergibt sich zwangsläufig daraus, dass eine WPG selbst nicht handeln o. dulden kann, sondern durch ihre Organe bzw. deren persönliche Mitglieder in Bezug auf die Einhaltung der Berufspflichten vertreten wird (weshalb auch nichtberufsangehörige Organmitglieder der Berufsaufsicht unterliegen, vgl. §§ 63, 71). 62

4. Zwangsmittel

Verweigert der Betroffene das Betreten kann die WPK das Betreten nicht gewaltsam erzwingen (amtl. Begr., a.a.O., 36). Anders als v. Gesetzgeber angenommen (vgl. amtl. Begr., a.a.O.) dürfte auch keine ausreichende Rechtgrundlage bestehen, um Unterstützung durch den **Polizeivollzugsdienst** anzufordern, wie sich aus einem Vergleich mit den für die BAFin geltenden Vorschriften ergibt: Für diese ist die Möglichkeit, ihre Verfügungen mit Zwangsmitteln durchzusetzen, ausdr. in § 17 FinDAG unter Verweis auf das Verwaltungs-Vollstreckungsgesetz geregelt, gem. dem die Polizei unter bestimmten Voraussetzungen Amtshilfe zu leisten hat (§§ 6, 9, 12, 15 Abs. 2 Satz 2 VwVG). Wenn es schon für eine staatliche Behörde, wie die BAFin, eines ausdr. Verweises auf entsprechende Rechtsgrundlagen bedarf, muss dies für eine KöR, die ledigl. in mittelbarer Staatsverwaltung tätig wird (§ 4 Abs. 1 Satz 1 Hs. 2), erst recht gelten. Jedenfalls erscheint kaum denkbar, dass die Polizei die Regelung des § 62 Abs. 4 als ausreichende Basis ansieht, der WPK auf deren 63

Verlangen notfalls auch gewaltsam Zutritt zu einer WP-Praxis zu verschaffen. Auch die **GStA Berlin** (o. eine andere StA) wird eine solche Unterstützung im Rahmen eines bei der WPK geführten Aufsichtsverfahrens nicht anordnen können, da sich die Zulässigkeit einer im Wege der Amtshilfe zu verwirklichenden Maßnahme (hier: Erzwingung des Zutritts zur WP-Praxis) nach dem für die ersuchende Behörde (WPK) geltenden Recht richtet (vgl. § 7 Abs. 1 Hs. 1 VwVfG). Die GStA Berlin müsste somit zunächst selbst ein Ermittlungsverfahren einleiten, um von ihren staatsanwaltschaftlichen Befugnissen Gebrauch machen zu können, wodurch es sich dann nicht mehr um eine (zwangsweise durchgesetzte) Maßnahme der WPK, sondern um eine solche der GStA handeln würde. Eine unmittelbare Durchsetzung des Betretensrechts der WPK ist somit nicht möglich, so dass sich die Frage stellt, welche (anderen) Druckmittel der WPK zur Verfügung stehen, um die v. einer Maßnahme nach Abs. 4 betroffene Prüfer-Praxis zum Einlenken zu bewegen.

64 Die **ursprünglich** vorgesehene Möglichkeit der Verhängung einer **Geldbuße im Rahmen eines OWi-Verfahrens** wurde – anders als ursprünglich geplant (s. Referentenentwurf zu § 133b, Stand: 3.3.2006, 27 u. 76) – nicht in die WPO aufgenommen. Trotzdem blieb es bei der Beschränkung des Zwangsgeldes (§ 62a) auf § 62 Abs. 1-3, was – wie die unveränderte Gesetzesbegr. (a.a.O., 37) zeigt – auf einem Versehen beruhen dürfte. Es spricht daher viel dafür, dass die WPK – über den Gesetzeswortlaut hinaus – auch bei einem Verstoß gegen die Duldungspflichten nach Abs. 4 ein **Zwangsgeld gem. § 62a** gegen die Praxis-Verantwortlichen verhängen kann. Da ein solcher Verstoß zugl. eine Berufspflichtverletzung darstellt (s. Rn. 62), kommt als alternatives o. auch zusätzl. Druckmittel die Erteilung einer **Rüge (mit Geldbuße)** in Betracht.

5. Praktische Bedeutung der Maßnahmen nach Abs. 4

65 Die vorstehenden Ausführungen zeigen, dass die Maßnahmen nach Abs. 4 der WPK bei einer Totalverweigerung der Mitwirkung keine zusätzlichen o. erfolgversprechenderen Ermittlungsmöglichkeiten an die Hand geben, die einen Rückgriff auf die üblichen Zwangsmittel (i.w.S.) überflüssig machen. Im Rahmen der **anlassbezogenen BA** nach § 61a Satz 2 Nr. 1 dürfte § 62 Abs. 4 daher vor allem dann Bedeutung haben, wenn der Berufsangehörige zwar grds. mitwirkt, jedoch der Verdacht besteht, dass er nur unvollständige Auskünfte erteilt o. Unterlagen vorlegt. In einem solchen Fall hätte die WPK durch eine Inaugenscheinnahme nach Abs. 4 die Möglichkeit, sich v. der Richtigkeit u. Vollständigkeit der gegebenen Auskünfte u./o. der vorgelegten Unterlagen zu überzeugen.

66 Abgesehen v. dieser Möglichkeit, die eher selten eine Rolle spielen dürfte, ist das Betretens- u. Besichtigungsrecht **vor allem für die SU nach § 62b relevant**. Durch Abs. 4 wird klargestellt, dass die WPK im Rahmen einer v. ihr angeordneten SU nicht darauf verwiesen werden kann, ihre Prüfung ausschließl. anhand der übersandten Unterlagen (etc.) v. der Geschäftsstelle aus, also quasi „am grünen Tisch", durchzuführen. Eine sinnvolle u. effektive Prüfung (insb. des QS-Systems) wäre auf diese Weise kaum möglich. Durch Abs. 4 (i.V.m. § 62b Abs. 2) wird somit ge-

währleistet, dass die WPK ihre Prüfungen im Rahmen des Erforderlichen auch vor Ort durchführen kann.

VII. Verwertungsverbot (Abs. 5)

Durch die 7. WPO-Novelle 2007 wurde in Abs. 5 (Hs. 1) ein ausdr. Verwertungsverbot außerhalb v. Aufsichts- u. Beschwerdesachen nach der WPO eingeführt. Nach der Gesetzesbegr. (a.a.O., 37) ergibt sich das Verwertungsverbot als **datenschutzrechtliche Notwendigkeit** aus der Verpflichtung der Kammermitglieder nach Abs. 3, ihre als Berufsgeheimnis nach § 203 Abs. 1 Nr. 3 StGB geschützte VSP ggü. ihren Mandanten zu verletzen. 67

1. Betroffene Informationen

Die Vorschrift spricht zwar nur die bei Maßnahmen nach den Abs. 1-4 **gegebenen Auskünfte u. vorgelegten Unterlagen** an. Die den Schutzbereich des § 203 Abs. 1 Nr. 3 StGB betreffenden Erkenntnisse aus der **Einsicht in Unterlagen** etc. sind jedoch ebenfalls gemeint. Dies ergibt sich aus Sinn u. Zweck der Vorschrift sowie der ausdr. Bezugnahme auch auf Abs. 4, die sonst gegenstandslos wäre. 68

Nach dem eindeutigen Wortlaut des Abs. 5 gilt das Verwertungsverbot (wegen des Verweises auf Abs. 1 u. 2) auch dann, wenn der WP **v. seiner VSP entbunden** wurde, also keine (wegen der Entbindung) befugte o. nach Abs. 3 (o. Abs. 4) erfolgte Durchbrechung der VSP vorliegt. Gleiches gilt für den Fall, dass die Informationen v. dem WP **in Wahrnehmung eigener berechtigter Interessen** zur Verfügung gestellt wurden. Dies stellt somit – losgelöst v. den nunmehr erweiterten Ermittlungsmöglichkeiten der WPK – ggü. der bisherigen Rechtslage eine Neuerung dar, die u.a. dazu führen dürfte, dass sich die Mandanten, da sie durch das Verwertungsverbot geschützt sind, im Zweifel eher für eine Entbindung v. der VSP (aber auch für eine Beschwerde) entscheiden. 69

Nicht erfasst v. § 62 Abs. 5 sind diejenigen **Informationen,** die nicht durch Maßnahmen nach den Abs. 1-4 erlangt, sondern **freiwillig offenbart wurden.** 70

2. Reichweite des Verwertungsverbots

Die Auskünfte u. Unterlagen dürfen nach dem Wortlaut des Abs. 5 nur für Zwecke des Aufsichtsverfahrens verwertet werden, das den Ermittlungsmaßnahmen nach § 62 zugrunde liegt; i.Ü. besteht ein Verwertungsverbot. Diese Formulierung erscheint nach der Schutzrichtung der Vorschrift (s.o.) jedoch als zu eng gefasst. Von dem Verwertungsverbot betroffen wären danach auch andere bei der WPK geführte (o. noch einzuleitende) **Aufsichtsverfahren gegen denselben o. einen anderen WP**, was zu einem Verwertungsverbot auch für bereits nach bisherigem Recht (d.h. ohne Rückgriff auf die neuen Ermittlungsmöglichkeiten nach den Abs. 3 u. 4) zu gewinnende Erkenntnisse führen u. dem Gesetzeszweck, nämlich der Stärkung der BA (vgl. Rn. 1), diametral entgegenlaufen würde. Auch in der Gesetzesbegr. (a.a.O.) ist ausdr. klargestellt, dass das **Verwertungsverbot „naturgemäß" nicht für eine Verwertung innerhalb der WPK** gilt. Als Bsp. u. Beleg hierfür wird auf die Regelung des § 62b Abs. 3 u. die sich daraus ergebende Zulässigkeit der Verwertung v. 71

Erkenntnissen aus Maßnahmen nach den Abs. 1-4 im Rahmen des Qualitätskontrollverfahrens verwiesen (amtl. Begr., a.a.O.; vgl. auch § 57e Abs. 6). Was jedoch für Erkenntnisse aus den SU gilt, muss erst recht für solche aus der anlassbezogenen BA gelten, da sich die dort ermittelten Daten i.d.R. nur auf ein Mandat beziehen, der Schutzbereich des § 203 Abs. 1 Nr. 3 StGB also in geringerem Umfang betroffen ist.

72 Die Mitteilungspflichten ggü. der **GStA Berlin** nach § 84a Abs. 1 bleiben v. dem Verwertungsverbot nach § 62 Abs. 5 ebenfalls unberührt, da die Erkenntnisse immer noch innerhalb des geschützten Aufsichts- u. Beschwerdeverfahrens bleiben (§ 84a Abs. 1 Satz 3; vgl. amtl. Begr., a.a.O., 42) u. die GStA i.Ü. selbst über die Ermittlungsbefugnisse gem. § 62 verfügt (vgl. Rn. 7). Auch die Übermittlung v. Informationen an **zuständige Stellen anderer Staaten** nach § 57 Abs. 7 u. 9 durch die WPK o. nach § 66a Abs. 9 u. 11 durch die APAK ist unter den dort genannten Voraussetzungen zulässig, da diese Vorschriften ggü. § 62 Abs. 5 vorrangig sind (zur Vorrangigkeit der genannten Vorschriften ggü. § 64 s. amtl. Begr., a.a.O., 32 u. 40), anders als § 36a in Bezug auf besondere gesetzl. Verwendungsregelungen auch keine Einschränkung enthalten u. gerade die Verwertung v. Erkenntnissen aus Aufsichts- u. Beschwerdesachen nach der WPO zum Ziel haben.

73 Das Verwertungsverbot betrifft somit vor allem **Straf- u. Ordnungswidrigkeitenverfahren** u. verhindert, dass Maßnahmen nach § 62 etwa über Aussagen nach § 64 Abs. 2 (s. noch Rn. 75) o. Erkenntnisse Dritter aus einer nach § 99 Abs. 1 Satz 3 öffentl. Hauptverhandlung dem Mandanten u./o. dem betroffenen Kammermitglied in solchen Verfahren zum Nachteil gereichen. Das Auskunftsverweigerungsrecht wegen der Gefahr der Selbstbelastung (vgl. Abs. 2 Satz 2) ist daher insoweit an sich überflüssig.

74 Auch eine **Datenübermittlung an andere Berufskammern** (§ 36a Abs. 4 i.V.m. Abs. 3) dürfte nicht in Betracht kommen, soweit die Erkenntnisse aus Maßnahmen nach den Abs. 1-4 stammen, da es sich bei § 62 Abs. 5 um eine **besondere gesetzliche Verwendungsregelung** i.S.v. § 36a Abs. 3 Satz 2 handelt, die insoweit – anders als § 64 – auch als vorrangig zu beachten bleibt (s. dort Hs. 2). Das Verwertungsverbot würde auf diesem Wege auch dem Schutz der v. den Maßnahmen nach den Abs. 1-4 betroffenen Kammermitglieder (z.B. in ihrer Eigenschaft als StB o. RA) dienen, was angesichts der Tatsache, dass die Mitwirkungspflichten der persönlichen Mitglieder der WPK gem. § 62 nunmehr deutlich umfangreicher sind, als etwa diejenigen der StB u. RA nach § 80 StBerG bzw. § 56 BRAO (vgl. Rn. 2), auch gerechtfertigt erscheint. Die **praktische Relevanz** dieser Einschränkung der Datenübermittlungsbefugnis der WPK dürfte allerdings gering sein, da eine Mitteilung z.B. an eine StBK vor allem dann erfolgt, wenn v. einem Vorrang der dortigen Verfolgungszuständigkeit auszugehen ist; in diesen Fällen wird es aber kaum bereits zu Ermittlungsmaßnahmen nach § 62 gekommen sein. Das Verwertungsverbot könnte allenfalls dann greifen, wenn sich erst aufgrund v. Maßnahmen nach den Abs. 1-4 ein (anderer) Sachverhalt ergibt, der in die vorrangige Zuständigkeit der StBK fällt; solche Tatsachen dürften dann nicht mitgeteilt werden.

Um einen effektiven Schutz zu gewährleisten, muss bereits eine **Datenübermittlung an andere Stellen/Dritte** unzulässig sein, da eine anderweitige Verwertung sonst nicht sicher ausgeschlossen werden kann. Das Verwertungsverbot des § 62 Abs. 5 stellt somit i. Erg. eine besondere Form der VSP der WPK u. APAK (bzw. ihrer Organmitglieder, Angestellten etc.) dar u. ist in Relation zur **VSP nach § 64** als **lex specialis** anzusehen. Dies hat zur Folge, dass Aussagen in gerichtlichen Verfahren u. vor Behörden der in § 64 Abs. 1 genannten Personen (bzw. die hierzu erforderlichen Genehmigungen, vgl. § 64 Abs. 2 u. 3), soweit es um Erkenntnisse aus Maßnahmen nach § 62 geht, in jedem Fall unzulässig sind. Entsprechendes gilt für auf solchen Erkenntnissen beruhenden Aussagen der **APAK nach § 66b** (Abs. 1 Satz 2 i.V.m. § 64 Abs. 2 u. 3) sowie der **KfQK nach § 57b** (Abs. 2 i.V.m. § 64 Abs. 2). 75

Der durch das BilMoG neu in das **GenG** aufgenommene § 63h bzw. dessen Satz 3, welcher vorschreibt, dass die WPK der Aufsichtsbehörde das **Ergebnis der** bei einem Prüfungsverband durchgeführten **SU mitzuteilen** hat, stellt keine Ausnahme zu § 62 Abs. 5 Hs. 1 WPO dar, weil diese Regelung mangels Verweises in § 63h GenG schon gar nicht (entsprechend) anwendbar ist. Die Mitteilungspflicht der WPK über das Ergebnis der SU ändert aber nichts daran, dass die WPK hinsichtlich des Ergebnisses eines BA-Verfahrens, welches auf Basis der Erkenntnisse aus der SU gegen einen bei dem Prüfungsverband beschäftigten WP eingeleitet wurde, ggü. der o.g. Aufsichtsbehörde zur Verschwiegenheit verpflichtet ist bzw. dass insoweit das Verwertungsverbot gem. § 62 Abs. 5 Hs. 1 gilt, jedenfalls dann, wenn der WP gestützt auf § 62 zu den (ihn betreffenden) Ergebnissen der SU zur Stellungnahme aufgefordert wurde. 76

3. Pflicht zur unverzüglichen Rückgabe der Unterlagen
Zur **Rückgabepflicht** (Abs. 5 Hs. 2) wird auf Rn. 32 verwiesen. 77

VIII. Rechtsschutz

Durch eine Maßnahme nach § 62 (bzw. die zugrunde liegenden Anordnung) greift die WPK in das Recht des WP auf freie u. ungehinderte Berufsausübung ein (BVerfGE 18, 203). Die Maßnahme kann mit Zwangsgeld durchgesetzt werden u. hat ggf. berufsrechtliche Konsequenzen, wenn sie nicht befolgt wird. Damit handelt es sich um eine hoheitliche Maßnahme zur Regelung eines Einzelfalles mit unmittelbarer Außenwirkung, also um einen **Verwaltungsakt** (vgl. VG Berlin 24.11.2011, S. 6, www.wpk.de/pdf/WPK_Magazin_1-2012_Rechtsprechung_03.pdf; Feuerich/Weyland/Böhnlein, § 56 Rn. 39; a.A. Hartung, BORA/FAO, § 56 BRAO Rn. 78), gegen den sich der WP mit Rechtsmitteln wehren kann (Grundsatz des effektiven Rechtsschutzes, Art. 19 Abs. 4 GG). Mangels einer entsprechenden Regelung in der WPO (vgl. dagegen § 112a BRAO, § 111 BNotO) ist hierfür der **Verwaltungsrechtsweg** eröffnet (§ 40 Abs. 1 Satz 1 VwGO). Nach erfolglos bei der WPK eingelegtem **Widerspruch** (§§ 68 Abs. 1 Satz 1, 73 Abs. 1 Nr. 3 VwGO) kann vor dem zuständigen Verwaltungsgericht (§§ 45, 52 VwGO) mit der **Anfechtungsklage** (§ 42 Abs. 1 VwGO) die Aufhebung der auf § 62 gestützten Anordnung der WPK 78 beantragt werden. Widerspruch u. Anfechtungsklage haben **aufschiebende Wirkung**, die nur durch besondere, schriftlich zu begründende Anordnung der WPK (z.B. bei Gefahr im Verzug) aufgehoben werden kann (§ 80 VwGO).

79 Stattdessen eine (zumindest) inzidente Entscheidung der – sachnäheren – **Kammer für Wirtschaftsprüfersachen** des LG Berlin (§ 72 Abs. 1) zu erreichen, dürfte nicht möglich sein. Zwar kann der WP die Befolgung einer Anordnung nach § 62 verweigern u. die daraufhin ggf. erfolgende Zwangsgeldandrohung o. Erteilung einer Rüge gerichtlich überprüfen lassen (§§ 62a Abs. 3, 63a). Die Rechtmäßigkeit der angegriffenen Maßnahme dürfte jedoch ledigl. v. der Wirksamkeit der zugrunde liegenden Anordnung (u. ihrer Nichtbefolgung), nicht auch von ihrer Rechtmäßigkeit abhängen (vgl. § 62a Rn. 7 ff. für das Zwangsgeld); über letztere hätte das Gericht somit nicht zu entscheiden. Etwas anderes könnte allenfalls für die wegen Nichtbefolgung einer Anordnung nach § 62 erteilte Rüge gelten, da es hier eher auf das Gesamtbild ankommen dürfte.

§ 62a Zwangsgeld bei Verletzung von Mitwirkungspflichten

(1) ¹Um persönliche Mitglieder der Wirtschaftsprüferkammer zur Erfüllung ihrer Pflichten nach § 62 Abs. 1 bis 3 anzuhalten, kann die Wirtschaftsprüferkammer gegen sie, auch mehrfach, ein Zwangsgeld festsetzen. ²Das einzelne Zwangsgeld darf 1.000 Euro nicht übersteigen.

(2) ¹Das Zwangsgeld muss vorher schriftlich angedroht werden. ²Die Androhung und die Festsetzung des Zwangsgeldes sind den Betroffenen zuzustellen.

(3) ¹Gegen die Androhung und gegen die Festsetzung des Zwangsgeldes kann innerhalb eines Monats nach der Zustellung die Entscheidung des Gerichts (§ 72 Abs. 1) beantragt werden. ²Der Antrag ist bei der Wirtschaftsprüferkammer schriftlich einzureichen. ³Erachtet die Wirtschaftsprüferkammer den Antrag für begründet, so hat sie ihm abzuhelfen; andernfalls hat die Wirtschaftsprüferkammer den Antrag unter Beachtung des § 66a Abs. 5 Satz 2 unverzüglich dem Gericht vorzulegen. ⁴Die Vorschriften der Strafprozessordnung über die Beschwerde sind sinngemäß anzuwenden. ⁵Die Gegenerklärung wird von der Wirtschaftsprüferkammer abgegeben. ⁶Die Staatsanwaltschaft ist an dem Verfahren nicht beteiligt. ⁷Der Beschluss des Kammergerichts kann nicht angefochten werden.

(4) ¹Das Zwangsgeld fließt dem Haushalt der Wirtschaftsprüferkammer zu. ²Es wird aufgrund einer von ihr erteilten, mit der Bescheinigung der Vollstreckbarkeit versehenen beglaubigten Abschrift des Festsetzungsbescheids entsprechend § 61 Abs. 3 Satz 3 beigetrieben.

Schrifttum: *s. zu § 62.*

Inhaltsübersicht

	Rn.
I. Allgemeines	1
II. Anwendungsbereich	2
III. Zwangsgeld als Beugemittel	3–4
IV. Verfahren	5–17
1. Voraussetzungen für Androhung und Festsetzung	7–9
a) Aufforderung nach § 62 Abs. 1	7
b) Nichtbefolgung	8–9
2. Androhung	10–13
3. Festsetzung	14–16
4. Vollstreckung, WPK als Begünstigte	17
V. Rechtsschutz	18–26
1. Antrag auf gerichtliche Entscheidung	19
2. Abhilfe durch den Kammervorstand	20
3. Vorlage beim Gericht und weiteres Verfahren	21–26

I. Allgemeines

Die Vorschrift des § 62a wurde durch die **5. WPO-Novelle 2004** eingeführt. Durch **1** die **7. WPO-Novelle 2007** wurde ihr personeller Anwendungsbereich dahingehend erweitert, dass die Festsetzung eines Zwangsgeldes nunmehr auch gegen **persönliche Mitglieder der WPK, die nicht Berufsangehörige sind**, möglich ist (vgl. § 58 Abs. 1). Ferner wurde der sachliche Anwendungsbereich der Vorschrift auf § 62 Abs. 1-3 beschränkt, da der dort neu eingeführte Abs. 4 (Betreten v. Geschäftsräumen u.a.) letztlich ein alternatives Druckmittel zur Durchsetzung der Pflichten nach § 62 Abs. 1-3 darstellt, selbst aber nicht mittels Zwangsgeld durchgesetzt werden kann.

II. Anwendungsbereich

Die Festsetzung eines Zwangsgeldes ist nur zulässig in **Aufsichts- u. Beschwer- 2 desachen** (zum Begriff s. § 62 Rn. 3), um die Erfüllung der besonderen Pflichten aus § 62 Abs. 1-3 zu erzwingen; außerdem ist § 62a zur Durchsetzung der Mitteilungspflichten in Registersachen entsprechend anwendbar (§ 40 Abs. 2). Zur Erreichung anderer Ziele ist die Festsetzung von Zwangsgeld unzulässig (vgl. Feuerich/Weyland/Böhnlein, BRAO, § 57 Rn. 1). Da die Pflichten aus § 62 Abs. 1-3 (anders als die Duldungspflicht aus Abs. 4) **nur persönliche Mitglieder** der WPK treffen, kann deren Einhaltung auch nur gegen sie erzwungen werden. Die Festsetzung eines Zwangsgeldes **gegen eine WPG ist nicht möglich** (anders im Rahmen des § 40 Abs. 2). Auf **vBP** findet die Vorschrift entsprechende Anwendung (§ 130 Abs. 1).

III. Zwangsgeld als Beugemittel

Der WPK soll es durch Androhung u. Festsetzung v. Zwangsgeld ermöglicht wer- **3** den, die Erfüllung der in § 62 Abs. 1-3 genannten **besonderen Pflichten des WP** durch **Zwang herbeizuführen** (vgl. Henssler/Prütting/Hartung, BRAO, § 57 Rn. 2). Durch die **verwaltungsverfahrensmäßige Behandlung** solcher Pflichtverstöße (§ 62a ist lex specialis zu § 11 VwVG) wird die BA entlastet (amtl. Begr., BT-Drs. 15/1241). Die Ahndung solcher Verstöße als Berufspflichtverletzung ist dadurch jedoch nicht ausgeschlossen (vgl. § 62 Rn. 17).

4   Bei den Zwangsmitteln des § 62a handelt es sich nicht um Strafmaßnahmen, sondern um **Beugemittel**, die den betroffenen WP zur Erfüllung seiner Pflichten nach § 62 Abs. 1-3 anhalten sollen. Deshalb darf die Androhung o. Festsetzung eines Zwangsgeldes nicht mehr erfolgen u. ist der Festsetzungsbescheid aufzuheben, wenn der WP vor der Zahlung o. zwangsweisen Beitreibung des Zwangsgeldes den ihm auferlegten Pflichten aus § 62 Abs. 1-3 nachgekommen ist (vgl. Feuerich/Weyland/Böhnlein, BRAO, § 57 Rn. 5). Andererseits kann das **Zwangsgeld mehrfach** angedroht u. festgesetzt werden (Abs. 1 Satz 1), solange der WP mit der Erfüllung einer der ihm gem. § 62 Abs. 1-3 obliegenden besonderen Berufspflichten im Rückstand ist (vgl. Henssler/Prütting/Hartung, BRAO, § 57 Rn. 3).

IV. Verfahren

5   Das Verfahren der Androhung u. Festsetzung v. Zwangsgeld vollzieht sich **in drei Schritten**. Ihm geht voraus die (regelmäßig) v. der zuständigen VO-Abteilung beschlossene Aufforderung nach § 62 Abs. 1. Bei Untätigkeit des v. der Aufforderung betroffenen WP schließen sich die **Androhung** v. Zwangsgeld, seine **Festsetzung** u. seine **Vollstreckung** an (vgl. Henssler/Prütting/Hartung, BRAO, § 57 Rn. 5).

6   Zuständig für die Androhung u. die Festsetzung eines Zwangsgeldes ist jeweils die **zuständige VO-Abteilung** (siehe z.B. GO VOBA), sofern nicht ausnahmsweise der VO an ihrer Stelle entscheidet (§ 59a i.V.m. § 8 Abs. 7 Satzung WPK, § 7 Abs. 3 GO VO). Anders als in § 62 (o. § 63) ist in § 62a zwar nicht (ausdr.) die Zuständigkeit des Vorstands angesprochen, die Androhung u. Festsetzung eines Zwangsgeldes ist jedoch eine Maßnahme i.S.v. § 8 Abs. 1 Satzung WPK und kein Geschäft der laufenden Verwaltung (§ 13 Abs. 2 Satzung WPK). Die Verhängung eines Zwangsgeldes durch die Geschäftsstelle der WPK kommt daher nicht in Betracht.

1. Voraussetzungen für Androhung und Festsetzung

a) Aufforderung nach § 62 Abs. 1

7   Voraussetzung für die Androhung u. Festsetzung des Zwangsgeldes ist, dass der WP eine der sich aus § 62 Abs. 1-3 ergebenden besonderen Verpflichtungen nicht erfüllt hat (EGH Hamm 19.10.1990 – 1 ZU 24/90 –). Das Verfahren beginnt mit der **Aufforderung** nach § 62 Abs. 1, die konkret angibt, zu was der WP Auskunft erteilen u./o. welche Handakten o. sonstigen Unterlagen er vorlegen o. wann er vor der VO-Abteilung bzw. i.d.R. einem Beauftragten erscheinen soll (§ 62 Rn. 16 ff.). Die Aufforderung muss eine **Belehrung** nach § 62 Abs. 2 Satz 3 enthalten. Fehlt diese, braucht der WP die Aufforderung nicht zu befolgen (§ 62 Rn. 22, 46). Auch die Androhung eines Zwangsgeldes ist unzulässig, weil die besonderen Pflichten nur bei ordnungsgemäßer Aufforderung bestehen (vgl. BGH 26.9.2005, NJW-RR 2/2006, 137 f.; Henssler/Prütting/Hartung, BRAO, § 56 Rn. 17). Zur Erfüllung

der ihm auferlegten Pflichten wird dem WP in aller Regel eine **Frist** gesetzt, innerhalb der er der Aufforderung nachkommen soll. Erfüllt der WP die Pflichten nicht innerhalb der gesetzten Frist, so steht es im pflichtgemäßen Ermessen der VO-Abteilung, ob sie noch einmal o. mehrfach erinnert, bevor sie das Zwangsgeld androht (vgl. Feuerich/Weyland/Böhnlein, BRAO, § 57 Rn. 6). Zulässig ist es, schon die erste Aufforderung mit der Androhung v. Zwangsgeld zu verbinden. Das wird bei einem WP sinnvoll sein, der als unzuverlässig bekannt ist (vgl. Henssler/Prütting/ Hartung, BRAO, § 57 Rn. 7).

b) Nichtbefolgung

Die zweite Voraussetzung ist, dass der WP die Aufforderung der VO-Abteilung **8**
nicht befolgt. Die Nichtbefolgung kann darin liegen, dass der WP nicht vor der WPK erscheint o. dass er – ohne sich auf ein Auskunftsverweigerungsrecht zu berufen – die Fragen der VO-Abteilung (o. des Beauftragten) entw. überhaupt **nicht beantwortet** o. nur ausweichende, **unrichtige o. unvollständige Auskünfte** erteilt o. die Handakten u./o. sonstige hinreichend genau bezeichnete Unterlagen nur auszugsweise vorlegt u. Teile davon zurückbehält (§ 62 Abs. 2 Satz 4; vgl. Henssler/ Prütting/Hartung, BRAO, § 57 Rn. 9 f.).

Die Nichterfüllung o. unvollständige Erfüllung der Pflichten aus § 62 Abs. 1-3 muss **9**
schuldhaft sei. Dafür spricht jedoch regelmäßig eine tats. Vermutung, so dass die VO-Abteilung nicht verpflichtet ist, Ermittlungen darüber anzustellen, warum der WP seine Pflichten nicht erfüllt. Stellt sich im Verlaufe des Verfahrens heraus, dass ein Verschulden nicht vorliegt, ist ein bereits verhängtes Zwangsmittel aufzuheben (vgl. Feuerich/Weyland/Böhnlein, BRAO, § 57 Rn. 9; Henssler/Prütting/Hartung, BRAO, § 57 Rn. 11).

2. Androhung

Das Zwangsgeld muss vor seiner Festsetzung schriftlich angedroht werden (§ 62a **10**
Abs. 2 Satz 1). Zuständig hierfür ist wiederum die VO-Abteilung (Rn. 6); die Androhung durch einen Beauftragten reicht nicht. Die Androhung enthält die **Aufforderung**, die gem. § 62 Abs. 1 v. der VO-Abteilung verlangte Handlung (Auskunftserteilung, Vorlage der Handakten u./o. sonstiger Unterlagen, persönliches Erscheinen) binnen einer festzusetzenden Frist zu erbringen u. die **Androhung**, dass nach fruchtlosem Ablauf dieser Frist ein Zwangsgeld in Höhe **eines bestimmten Betrages**, der 1.000 Euro nicht übersteigen darf (Abs. 1 Satz 2), festgesetzt wird (vgl. Feuerich/Weyland/Böhnlein, BRAO, § 57 Rn. 11 f.).

Die Androhung muss **schriftlich** erfolgen u. die **Rechtsmittelbelehrung** enthalten, **11**
dass der WP gegen die Androhung die Entscheidung des Gerichts beantragen kann (Abs. 3 Satz 1). Die Notwendigkeit einer Rechtsmittelbelehrung folgt aus Art. 19 Abs. 4 GG, jedenfalls aber aus dem allg. Rechtsgedanken des § 35a StPO (vgl. Henssler/Prütting/Hartung, BRAO, § 57 Rn. 12; a.A. Feuerich/Weyland/Böhnlein, BRAO, § 57 Rn. 12). Die **Unterzeichnung** der Androhung erfolgt **durch den Vorsitzenden der zuständigen VO-Abteilung** (§ 7 Abs. 2 Satz 2 GO VO). Die Androhung ist dem WP **zuzustellen** (Abs. 2 Satz 2). Dies soll sicherstellen, dass der WP

im Einzelfall vorher unterrichtet ist, welche Folgen entstehen werden, wenn er die ihm obliegende Pflicht nicht erfüllt. Dass der WP v. der ihm zugestellten Ankündigung auch Kenntnis nimmt, ist jedoch nicht erforderlich (vgl. Feuerich/Weyland/Böhnlein, BRAO, § 57 Rn. 12).

12 Erfüllt der WP anschließend seine Verpflichtung, ist die Androhung durch **Zweckerreichung** erledigt; die Festsetzung des angedrohten Zwangsgeldes wird unzulässig. Die Berufspflichtverletzung, die in der verspäteten Erfüllung der Verpflichtung liegt, wird dadurch aber nicht geheilt. Ob einem WP, der es zur Androhung o. gar wiederholten Androhung kommen lässt, eine **Rüge (ggf. mit Geldbuße)** erteilt wird, unterliegt dem pflichtgemäßen Ermessen der zuständigen VO-Abteilung (vgl. WPK-Mag. 2009, 35).

13 Beruft sich der WP **nachträglich** auf ein **Auskunftsverweigerungsrecht** (§ 62 Abs. 2), ist die weitere Androhung eines Zwangsgeldes nicht möglich, weil die Auskunftspflicht damit entfällt (vgl. Feuerich/Weyland/Böhnlein, BRAO, § 57 Rn. 16). Auch dies macht den bis dahin begangenen Pflichtverstoß jedoch nicht ungeschehen (vgl. Rn. 12).

3. Festsetzung

14 Für die Festsetzung des angedrohten Zwangsgeldes ist ebenfalls die VO-Abteilung zuständig (vgl. Rn. 10). Die Festsetzung hat **schriftlich** zu erfolgen. Das ist ausdr. nur für die Androhung bestimmt (Abs. 2 Satz 1), ergibt sich aber aus dem Zusammenhang (vgl. Henssler/Prütting/Hartung, BRAO, § 57 Rn. 16). Festgesetzt werden darf **nur der angedrohte o. ein (bestimmter) geringerer Betrag** (vgl. Feuerich/Weyland/Böhnlein, BRAO, § 57 Rn. 17a). Mit der Festsetzung kann die **Androhung eines weiteren Zwangsgeldes** (mit Fristsetzung) verbunden werden (vgl. LG Berlin 11.05.2010, WPK-Mag. 2010, 47, 48), das wiederum bis zu 1.000 Euro betragen kann. Der Festsetzungsbescheid wird v. **Vorsitzenden der VO-Abteilung unterzeichnet** (vgl. Rn. 11); er ist mit einer **Rechtsmittelbelehrung** zu versehen (vgl. Rn. 11; ebenso Henssler/Prütting/Hartung, BRAO, § 57 Rn. 16; a.A. Feuerich/Weyland/Böhnlein, BRAO, § 57 Rn. 17a) u. dem WP **zuzustellen** (Abs. 2 Satz 2).

15 Erfüllt der WP nach Zustellung des Festsetzungsbescheids die ihm obliegenden Pflichten, ist die Festsetzung durch **Zweckerreichung** erledigt u. eine Vollstreckung ausgeschlossen (vgl. Feuerich/Weyland/Böhnlein, BRAO, § 57 Rn. 18). Da der Festsetzungsbescheid nach Abs. 4 als Vollstreckungstitel verwandt werden kann, ist anders als bei erledigter Androhung eine **förmliche Aufhebung** erforderlich. Der Beschluss ist dem WP entsprechend Abs. 2 Satz 2 zuzustellen (vgl. Henssler/Prütting/Hartung, BRAO, § 57 Rn. 17). Hat der WP im Zeitpunkt der Erfüllung seiner Pflichten aus § 62 das Zwangsgeld bereits freiwillig o. im Wege der Zwangsvollstreckung bezahlt, kann er aber nicht die **Rückzahlung** verlangen (vgl. Feuerich/Weyland/Böhnlein, BRAO, § 57 Rn. 5). Zur nachträglichen Berufung auf ein Auskunftsverweigerungsrecht vgl. Rn. 13.

16 Erfüllt der WP auch jetzt seine Pflichten nicht, kann der **Festsetzungsbescheid vollstreckt** werden. Die VO-Abteilung kann zugleich oder danach **erneut ein Zwangs-**

geld jeweils bis maximal 1.000 Euro androhen u. festsetzen. Sollte auch dies fruchtlos bleiben, dürfte spätestens jetzt eine **Rüge** (mit Geldbuße) erforderlich sein (vgl. § 62 Rn. 17). Angesicht der erheblich ausgeweiteten Ermittlungs- u. Sanktionsmöglichkeiten, die der WPK aufgrund der 7. WPO-Novelle 2007 nunmehr zustehen, dürfte eine **Abgabe an die GStA** wegen eines Verstoßes gegen die Pflichten aus § 62 Abs. 1-3 jedoch ausscheiden.

4. Vollstreckung, WPK als Begünstigte

Die **Beitreibung des Zwangsgeldes** erfolgt aufgrund einer v. ihr erteilten, mit der Bescheinigung der Vollstreckbarkeit versehenen beglaubigten Abschrift des Vollstreckungsbescheides **nach Maßgabe der Vorschriften des Verwaltungsvollstreckungsgesetzes** (Abs. 4 Satz 2 i.V.m. § 61 Abs. 3 Satz 3). Das Zwangsgeld **fließt dem Haushalt der WPK zu** (Abs. 4 Satz 1). 17

V. Rechtsschutz

Der WP kann gegen die Androhung und gegen die Festsetzung des Zwangsgeldes den **Antrag auf Entscheidung** des Gerichts stellen. Dadurch wird das von der WPK betriebene Verfahren nicht gehemmt. Die WPK kann jedoch gem. Abs. 3 Satz 4 i.V.m. § 307 StPO, wenn sich der Antrag des WP gegen die Androhung richtet, die Fortsetzung des Festsetzungsverfahrens u., wenn das Zwangsgeld bereits festgesetzt ist, die **Vollziehung** des Festsetzungsbescheides **aussetzen**. Von dieser Möglichkeit sollte die WPK wegen der Vorrangigkeit gerichtlicher Entscheidungen in aller Regel Gebrauch machen, es sei denn, dass es sich um einen Eilfall handelt o. die Rechtslage klar für die WPK spricht (vgl. Henssler/Prütting/Hartung, BRAO, § 57 Rn. 20). 18

1. Antrag auf gerichtliche Entscheidung

Der Antrag auf gerichtliche Entscheidung kann nur **innerhalb eines Monats** nach Zustellung der Zwangsgeldandrohung bzw. des Festsetzungsbescheids gestellt werden (Abs. 3 Satz 1). Er ist bei der WPK **schriftlich** einzureichen (Abs. 3 Satz 2). Eine **Begründung des Antrags** ist nicht erforderlich, aber dringend angezeigt (vgl. Feuerich/Weyland/Böhnlein, BRAO, § 57 Rn. 23). Geht der Antrag **verspätet** bei der WPK ein, ist der Antrag unzulässig; gleichwohl muss er dem Gericht zur Entscheidung vorgelegt werden. Zu einer Abhilfe ist die WPK nicht befugt (vgl. Henssler/Prütting/Hartung, BRAO, § 57 Rn. 21). 19

2. Abhilfe durch den Kammervorstand

Die WPK muss die angefochtene Entscheidung prüfen u., falls sie den Antrag für begründet erachtet, ihm abhelfen (Abs. 3 Satz 3 Hs. 1), um so dem Gericht die Befassung mit der Sache zu ersparen (vgl. Feuerich/Weyland/Böhnlein, BRAO, § 57 Rn. 24). **Zuständig** für die Abhilfeentscheidung **ist der VO** (§ 8 Abs. 1 Satzung WPK), da insoweit keine Übertragung v. Befugnissen auf die VO-Abteilungen stattgefunden hat. Sofern sich der Antrag gegen die Androhung des Zwangsgeldes richtet, kann die Abhilfeentscheidung formlos ergehen u. dem Antragsteller auch formlos mitgeteilt werden (vgl. Feuerich/Weyland/Böhnlein, BRAO, § 57 Rn. 24). Ist dagegen bereits ein Festsetzungsbescheid ergangen, ist dieser förmlich aufzuhe- 20 ben u. der Beschluss dem WP entsprechend Abs. 2 Satz 2 zuzustellen (vgl. Henssler/Prütting/Hartung, BRAO, § 57 Rn. 23).

3. Vorlage beim Gericht und weiteres Verfahren

21 Hilft der VO dem Antrag des WP nicht ab, hat er den Antrag unverzüglich dem Gericht vorzulegen (Abs. 3 Satz 3 Hs. 2). Hiervon erhält der WP keine Nachricht, da die **Nichtabhilfeentscheidung unanfechtbar** ist (vgl. Henssler/Prütting/Hartung, BRAO, § 57 Rn. 24). Zuständiges Beschwerdegericht ist die **Kammer für Wirtschaftsprüfersachen** des LG Berlin (Abs. 3 Satz 1, § 72 Abs. 1 i.V.m. § 4 Abs. 2 Satz 2, § 1 Abs. 1 Satz 1 Satzung WPK).

22 Nach neuer Rechtlage hat die Vorlage *„unter Beachtung des § 66a Abs. 5 Satz 2"* zu erfolgen. In § 66a Abs. 5 Satz 2 wird ein Vorgang als dann aufsichtsrelevant definiert, wenn er v. der WPK abschließend bearbeitet wurde u. eine Entscheidung mit unmittelbarer Rechtswirkung nach außen verfügt werden soll; letztlich soll hierdurch eine **Kontrolle durch die APAK** ermöglicht werden. Der Sinn des Verweises auf diese Vorschrift erschließt sich allerdings nicht, da es sich bei dem Zwangsgeldverfahren nicht um einen selbstständigen Aufsichtsvorgang handelt, sich ohnehin eine gerichtliche Überprüfung anschließt u., losgelöst hiervon, auch kein besonderes Aufsichtsinteresse der APAK erkennbar ist, das eine solche Hervorhebung rechtfertigen könnte. Die Gesetzesbegr. schweigt sich hierzu aus (BT-Drs. 16/2858, 37).

23 Für das **anschließende Verfahren** sind nach Abs. 3 Satz 4 die **Vorschriften der StPO** über die Beschwerde sinngemäß anzuwenden, soweit ihnen nicht die Sonderregelung des § 62a entgegensteht. Durch diese Verweisung werden die §§ 307-310 u. § 311a StPO entsprechend anwendbar, § 308 StPO mit der Maßgabe, dass die Gegenerklärung gemäß Abs. 3 Satz 5 durch den VO der WPK (§ 8 Abs. 1 Satzung WPK) abzugeben u. die StA an dem Verfahren nicht beteiligt ist (Abs. 3 Satz 6). Anzuwenden ist auch § 464 StPO. Das Gericht hat eine **Kostenentscheidung** zu treffen. Da eine (§ 197a BRAO entsprechende) Regelung hierzu in der WPO fehlt, dürfte § 124a analog anzuwenden sein. Gleiches gilt für die **Gebühren** u. **Auslagen**, so dass insoweit § 122 entsprechend anwendbar sein dürfte. Unterbleibt eine Kostenentscheidung, sind die Kosten v. der WPK zu tragen (§ 125 analog).

24 Die Entscheidung des Gerichts ist **unanfechtbar**. Das Gesetz eröffnet einen Beschwerdeweg zum BGH nicht, da grds. Fragen, die einer einheitlichen Klärung bedürfen, nicht zur Erörterung stehen u. dem WP mit einer Überprüfung der Entscheidung der WPK durch das Gericht ausreichender Rechtsschutz gewährt wird (vgl. Henssler/Prütting/Hartung, BRAO, § 57 Rn. 26).

25 Die Wirkung der **Beitreibung des Zwangsgeldes** während des Verfahrens beim Gericht ist umstritten (vgl. Feuerich/Weyland/Böhnlein, BRAO, § 57 Rn. 27). Nach richtiger Auffassung tritt keine prozessuale Überholung ein, sondern der Antrag bleibt zulässig. Andernfalls bliebe es dem Belieben der WPK bzw. dem Zufall überlassen, ob der WP während des gerichtlichen Verfahrens zur Zahlung gezwungen wird. Gleiches muss auch für den Fall der **freiwilligen Zahlung** gelten, die der WP

letztlich nur erbringt, um die Zwangsvollstreckung abzuwenden (vgl. Henssler/ Prütting/Hartung, BRAO, § 57 Rn. 27). Hebt das Gericht den Festsetzungsbescheid im Anschluss auf, hat die WPK das Zwangsgeld zurückzuzahlen.

Sofern während des laufenden Antragsverfahrens die erbetene **Auskunft erteilt** wird, wird dadurch der **Antrag nicht gegenstandslos** (a.A. offenbar Feuerich/Weyland/Böhnlein, BRAO, § 57 Rn. 27). Ein bereits ergangener Festsetzungsbescheid ist aufzuheben (vgl. Rn. 15). Auch wenn bislang ledigl. eine Androhung erfolgt ist, verliert der WP im Hinblick auf mögliche zukünftige Aufsichtsverfahren, in denen ihm dann unter Umständen die wiederholte (unberechtigte) Verweigerung der Auskunftserteilung vorgeworfen wird, nicht das rechtliche Interesse an einer gerichtlichen Entscheidung. 26

§ 62b Anlassunabhängige Sonderuntersuchungen

(1) ¹Stichprobenartig und ohne besonderen Anlass durchgeführte berufsaufsichtliche Ermittlungen nach § 61a Satz 2 Nr. 2 bei Berufsangehörigen und Wirtschaftsprüfungsgesellschaften, die gesetzlich vorgeschriebene Abschlussprüfungen bei Unternehmen von öffentlichem Interesse nach § 319a Abs. 1 Satz 1 des Handelsgesetzbuchs durchführen, betreffen diejenigen Berufspflichten, die bei gesetzlich vorgeschriebenen Abschlussprüfungen von Unternehmen im Sinne des § 319a Abs. 1 Satz 1 HGB einzuhalten sind (Sonderuntersuchungen). ²Im Falle von Beanstandungen können in die Sonderuntersuchungen andere gesetzlich vorgeschriebene Abschlussprüfungen einbezogen werden. ³Falls im Zusammenhang mit einer Anfrage gemäß § 57 Absatz 9 Satz 5 eine Sonderuntersuchung durchgeführt wird, können andere Prüfungen bei den in § 57 Absatz 9 Satz 5 Nummer 1 genannten Unternehmen in die Sonderuntersuchungen gemäß Satz 1 einbezogen werden.

(2) § 62 Abs. 1 bis 5 und § 62a gelten entsprechend.

(3) Erkenntnisse aus den Sonderuntersuchungen können zur Entlastung anderer berufsrechtlicher Kontrollen nach den von der Wirtschaftsprüferkammer im Einvernehmen mit der Abschlussprüferaufsichtskommission festgelegten Grundsätzen berücksichtigt werden.

Schrifttum: *WPK,* Änderung der Beitragsordnung, WPK-Mag. 4/2010, 30; *WPK,* Verfahrensbeendigung einer anlassunabhängigen Sonderuntersuchung, WPK-Mag. 3/2010, 31; *WPK,* Unternehmen von öffentlichem Interesse im Sinne von § 319a HGB und besondere berufsrechtliche Regelungen, WPK-Mag. 3/2008, 54; *WPK,* Sonderuntersuchungen gestartet, WPK-Mag. 4/2007, 12; *WPK,* § 319a HGB-Mandate im Sinne der einzuführenden Sonderuntersuchungen, WPK-Mag. 2/2007, 21; *Ulrich,* Einführung anlassunabhängiger Sonderuntersuchungen durch das Berufsaufsichtsreformgesetz, WPK-Mag. 4/2006, 50; *WPK,* Finanzierung der anlassunabhängigen Sonderuntersuchungen, WPK-Mag. 4/2006, 12; *Marten,* Die Bedeutung einer international anerkannten Abschlussprüferaufsicht für deutsche Unternehmen, DB 2006, 1121; *Heininger/Bertram,* Der Referentenentwurf zur 7. WPO-Novelle (BARefG), DB 2006, 905.

Inhaltsübersicht

		Rn.
I.	Allgemeines	1–4
II.	Betroffener Personenkreis	5–7
III.	Gegenstand der Sonderuntersuchungen (Abs. 1)	8–19
	1. Untersuchungsbereiche	10–15
	2. Joint Inspections	16–19
IV.	Verfahren	20–42
	1. Zuständigkeiten	20–21
	2. Verfahren	22–23
	3. Mitwirkungspflichten (Abs. 2)	24–25
	4. Turnus und Auswahl	26–27
	5. Einleitung und Durchführung der Untersuchungen	28–32
	6. Ergebnisse der Untersuchungen	33–41
	7. Sonderuntersuchungen als Teil der Berufsaufsicht	42
V.	Verhältnis zum Qualitätskontrollverfahren (Abs. 3)	43–46
VI.	Finanzierung der Sonderuntersuchungen	47

I. Allgemeines

1 Das Verfahren der **anlassunabhängigen SU** wurde im Zuge der 7. WPO-Novelle 2007 eingeführt (zur Vereinbarkeit des Verfahrens mit höherrangigem Recht VG Berlin 17.9.2010 (nrkr.), WPK-Mag. 4/2010, 64 ff.). Bislang war die WPK nur bei Vorliegen eines Verdachts einer Berufspflichtverletzung dazu verpflichtet, anlassbezogene berufsaufsichtliche Ermittlungen nach § 61a Satz 2 Nr. 1 einzuleiten. Durch die Einführung der §§ 61a Satz 2 Nr. 2, 62b wurde die BA bei WP u. WPG erweitert, die Unternehmen v. öffentl. Interesse nach § 319a HGB prüfen. Bei diesen Prüfern u. Prüfungsgesellschaften werden berufsaufsichtliche Ermittlungen jetzt auch ohne besonderen Anlass stichprobenartig durchgeführt. Nach § 63h GenG gilt dies seit 2009 auch für gen. PrfgVerb, die gesetzlich vorgeschriebene Prüfungen bei Unternehmen v. öffentl. Interesse nach § 319a HGB durchführen (Rn. 6).

2 Die SU dienen dem **Schutz des Kapitalmarkts** u. seiner Teilnehmer. Während die Rechnungsleger seit 2005 stichprobenartig v. der DPR überprüft werden, stellen die SU ein entsprechendes Instrumentarium für die Aufsicht über die AP dar. Die Reform diente damit auch der **Umsetzung der AP-RiLi** in deutsches Recht, deren Art. 29 u. 30 keine Einschränkungen inhaltlicher Art enthalten, wenn es um das Ziel einer effektiven, sanktionsbewehrten BA geht (BT-Drs. 16/2858, 38). Zur möglichen Weiterentwicklung des Verfahrens vgl. auch die Empfehlung der EU-Kommission v. 6.5.2008 (EU-Amtsblatt L 120/20, § 66a Rn. 48 f.) u. das am 30.11.2011 veröffentlichte Weißbuch der EU (s. dazu Einleitung, Rn. 81 ff.).

3 Die Einführung des proaktiven Elements der anlassunabhängigen Ermittlungen diente darüber hinaus der Erfüllung internationaler Erwartungen u. sollte die **Gleichwertigkeit des deutschen Berufsaufsichtssystems auf internationaler Ebene**, so z.B. auch im Verhältnis zu den Inspections des US-amerikanischen PCA-

OB gewährleisten (BT-Drs. 16/2858, 38; Marten, DB 2006, 1121, 1122). Zur Durchführung gemeinsamer SU mit Drittstaatenaufsichten (sog. **Joint Inspections**) vgl. Rn. 16 ff. u. § 66a Rn. 93.

Die SU haben in erster Linie präventiven Charakter. Zielsetzung ist die Verbesserung der Prüfungsqualität der untersuchten Praxis u. des Berufsstandes insgesamt u. damit eine Stärkung des Vertrauens der Öffentlichkeit in die Wirksamkeit des deutschen Aufsichtssystems. Die Ahndung von Pflichtverletzungen im Rahmen eines BA-Verfahrens steht nicht im Vordergrund. Anderseits sind die SU aber Teil der BA, so dass festgestellte Verstöße natürlicher Personen gegen Berufspflichten zu berufsrechtlichen Maßnahmen gegen diese führen können (vgl. auch noch Rn. 36 ff.). 4

II. Betroffener Personenkreis

SU erfolgen bei **Berufsangehörigen und WPG**, die gesetzlich vorgeschriebene AP bei **Unternehmen v. öffentl. Interesse i.S.d. § 319a Abs. 1 Satz 1 HGB** durchführen (zur Frage, welche Unternehmen hierunter fallen, ausführlich WPK-Mag. 2/2007, 21 f. u. 3/2008, 34 f.). Derzeit prüfen rund 100 Praxen ein o. mehrere § 319a-HGB-Unternehmen (in der Gesamtheit ca. 750 Unternehmen). 5

Zur Umsetzung von Art. 32 Abs. 5 der AP-RiLi wurde im Rahmen des BilMoG das GenG um § 63h erweitert, wonach bei **gen. PrfgVerb**, die gesetzlich vorgeschriebene AP bei kapitalmarktorientierten Unternehmen i.S.d. § 264d HGB durchführen, SU in entsprechender Anwendung der §§ 61a Satz 2 Nr. 2, 62b stichprobenartig ohne besonderen Anlass durchgeführt werden können. Damit unterliegen auch diese der SU. Derzeit prüfen zwei gen. PrfgVerb § 319a-HGB-Unternehmen. 6

Damit AP v. § 319a-HGB-Unternehmen einer SU unterzogen werden können, bedarf es der Kenntnis v. diesem Kreis der AP. Dies erfolgt vor allem über die Durchsicht u. Auswertung der **Transparenzberichte** nach § 55c. 7

III. Gegenstand der Sonderuntersuchungen (Abs. 1)

Die Untersuchungen betreffen nach § 62b Abs. 1 die Einhaltung derjenigen **Berufspflichten**, die bei gesetzlich vorgeschriebenen **AP v. § 319a-HGB-Unternehmen zu beachten** sind. Ursprünglich war vorgesehen, dass auch die Einbeziehung bestimmter Aspekte bei anderen gesetzlichen Prüfungsmandaten des Berufsangehörigen zulässig sein sollte, um ein umfassendes Bild u. ein verlässliches Urteil über die Pflichterfüllung u. die Praxisorganisation zu gewinnen (BT-Drs. 16/2858, 38). Der Gesetzgeber hat sich letztendlich gegen eine grds. Einbeziehung anderer gesetzlicher Prüfungsmandate in die SU entschieden, um eine Mehrbelastung insb. der mittelständischen WP zu vermeiden (BT-Drs. 16/5544, 6 f.; siehe auch Heininger/Bertram, DB 2006, 905, 906). Nur für den Fall, dass sich bei der Überprüfung der § 319a-HGB-Mandate Hinweise auf Berufspflichtverletzungen ergeben, kann die SU gemäß Abs. 1 Satz 2 zur Überprüfung dieser Hinweise auf andere gesetzliche Prüfungsmandate ausgeweitet werden (BT-Drs. 16/5544, 9; zur Ausweitung bei Joint Inspections vgl. noch Rn. 17, 18). 8

9 Zur Feststellung möglicher Berufspflichtverletzungen sind ausgewählte Teilbereiche des QS-Systems der Praxis („Firm Review"), einzelne Aufträge über gesetzliche AP bei § 319a HGB-Mandaten („Engagement Review") sowie der aktuelle Transparenzbericht der Praxis nach § 55c zu untersuchen (vgl. zur Einbeziehung des Transparenzberichtes in die SU auch die Empfehlung der EU-Kommission v. 6.5.2008). Die betroffenen Praxen u. die Öffentlichkeit werden jährlich durch eine entsprechende Mitteilung der APAK zum Arbeitsprogramm der Abteilung SU über die jeweiligen Untersuchungsschwerpunkte eines Jahres informiert (abrufbar auf der Homepage der APAK unter www.apak-aoc.de). Die Untersuchung erfolgt **in Stichproben u. für ausgewählte einzelne Bereiche.**

1. Untersuchungsbereiche

10 Das **QS-System** wird dahingehend untersucht, ob die Praxisorganisation insgesamt darauf ausgerichtet ist, den Qualitätsanforderungen Rechnung zu tragen u. ob in den untersuchten Teilbereichen des QS-Systems Anhaltspunkte für Berufspflichtverletzungen i.S.d. § 55b festzustellen sind (Ulrich, WPK-Mag. 4/2006, 50, 51 f.; gegen die Einbeziehung des QS-Systems noch Heininger/Bertram, DB 2006, 905, 906). Der Umfang der Teilbereiche des QS-Systems, die in die SU einbezogen werden, wird im Rahmen der Planung der Untersuchung durch den Untersuchungsleiter aufgrund der jeweiligen Verhältnisse der Praxis, insb. auch deren Größe u. (Risiko-) Struktur, festgelegt.

11 Gegenstand der Untersuchung sind die wesentlichen **Bereiche des QS-Systems** wie u.a. das Qualitätsumfeld der Praxis („Tone at the Top"), die Stellung des Verantwortlichen für QS, die Mitarbeiterentwicklung, die Entlohnung u. die Partnerangelegenheiten, die Aus- und Fortbildung, die Unabhängigkeit, die Auftragsannahme, die Fortführung u. vorzeitige Beendigung von Aufträgen, die Gesamtplanung aller Aufträge, die Umsetzung des risikoorientierten Prüfungsansatzes, die Einholung von fachlichem Rat, die auftragsbegleitende QS, die Berichtskritik, der Abschluss der Auftragsdokumentation u. die Archivierung der Arbeitspapiere, die interne Nachschau o. der Umgang mit Beschwerden u. Vorwürfen.

12 Die Untersuchung der **Prüfungsaufträge** konzentriert sich auf die Einhaltung der Anforderungen an das Prüfungsvorgehen (Beachtung der Berufspflichten). Die Anzahl der für die Untersuchung auszuwählenden Prüfungsaufträge richtet sich insb. danach, wie viele Aufträge über gesetzliche AP v. Unternehmen v. öffentl. Interesse i.S.d. § 319a Abs. 1 Satz 1 HGB die Praxis insgesamt durchführt. Bei einigen Praxen beschränkt sich die Untersuchung auf das einzige geprüfte Unternehmen i.S.d. § 319a HGB. Führt eine Praxis mehrere Prüfungen durch, erfolgt die Auswahl des o. der zu untersuchenden Prüfungsaufträge risikoorientiert. Maßgeblich sind dabei insb. das Auftragsrisiko u. das Mandantenrisiko.

13 Auch die **Untersuchungsbereiche für den einzelnen Prüfungsauftrag** werden risikoorientiert auf der Grundlage einer Durchsicht des geprüften Jahres- u. Konzernabschlusses u. der PB der Praxis festgelegt. Gegenstand eines Engagement Reviews können bspw. die Planung u. Organisation der Konzernabschlussprüfung, die Beurteilung der Fortführung der Unternehmenstätigkeit im Rahmen der AP o. die Prüfung des (Konzern-)Lageberichts sein.

Die Angaben im **Transparenzbericht** werden dahingehend beurteilt, ob sie mit den bei der SU gewonnenen Erkenntnissen in Einklang stehen. 14

Bei der Festlegung der **Untersuchungsschwerpunkte** werden sowohl Erkenntnisse u. Feststellungen aus früheren SU als auch das aktuelle wirtschaftliche u. rechtliche Umfeld der Praxen u. der von ihnen geprüften Unternehmen berücksichtigt. 15

2. Joint Inspections

Im Jahr 2012 wurden erstmals zwei SU bei großen Praxen im Rahmen der Zusammenarbeit der APAK mit dem US-amerikanischen PCAOB auf Grundlage des zwischen der APAK u. dem PCAOB am 12. April 2012 in Kraft getretenen „Statement of Protocol on cooperation and the exchange of information related to the oversight of audit firms" u. einer entsprechenden formellen Anfrage des PCAOB als sog. **Joint Inspections** durchgeführt (§ 66a Rn. 93). Die Joint Inspections umfassten hierbei sowohl die gemeinsame Untersuchung von Teilbereichen des QS-Systems als auch die gemeinsame Untersuchung ausgewählter Prüfungsaufträge der Praxis. 16

Dabei wurden auch Prüfungsaufträge in die SU einbezogen, die ansonsten nicht in den Anwendungsbereich der §§ 61a Satz 2 Nr. 2, 62b Abs. 1 fallen. Bei diesen handelt es sich regelmäßig um **Prüfungsaufträge von inländischen Tochterunternehmen US-amerikanischer börsennotierter Gesellschaften**. Die Praxen haben sich mit der Untersuchung dieser Prüfungsaufträge im Rahmen der Joint Inspections einverstanden erklärt, haben hierzu jeweils das Einverständnis ihrer Mandanten eingeholt u. sind daher zum Zweck der vorgenannten gemeinsamen Untersuchung von ihrer beruflichen VSP entbunden worden. 17

Mit dem Gesetz zur Einführung der PartGmbB v. 15.7.2013 wurde die o.g. Vorgehensweise in der WPO gesetzlich normiert. § 62b Abs. 1 Satz 3 regelt nunmehr, dass im Falle v. Anfragen gem. § 57 Abs. 9 Satz 5, d.h. v. Drittlandsaufsichten, auch solche Mandate in die SU einbezogen werden können, die nicht Unternehmen v. öffentl. Interesse betreffen. Hintergrund für diese Regelung, die auf Initiative des BMWi Eingang in den Gesetzentwurf gefunden hat, ist, dass nach dem Sarbanes-Oxley-Act z.B. auch nicht börsennotierte Tochterunternehmen v. in den USA gelisteten Unternehmen in die SU einzubeziehen sind. 18

Erkenntnisse aus der gemeinsamen Untersuchung dieser Prüfungsaufträge durch die APAK u. das PCAOB können von beiden Aufsichten im Rahmen weitergehender, auch disziplinarischer Verfahren u. Maßnahmen gegen die Praxis o. die für die Praxis i. Z. m. mit den genannten Prüfungsaufträgen befassten Partner u. Mitarbeiter, soweit diese der jeweiligen BA unterliegen, verwendet werden. 19

IV. Verfahren

1. Zuständigkeiten

20 Die WPO geht wie bei den anderen Aufsichtsbereichen der WPK (anlassbezogene BA, Rücknahme u. Widerruf der Bestellung, QK, u.a.) v. der Zuständigkeit der WPK unter der Kontrolle u. Letztentscheidungsbefugnis der APAK aus. Insbesondere für den Bereich der SU gab es aus dem internationalen Umfeld Bedenken, ob die Rolle der öffentl. Aufsicht (APAK) stark genug ist (vgl. dazu auch die Einleitung, Rn. 81 ff., die Empfehlung der EU-Kommission v. 6.5.2008 u. das am 30.11.2011 veröffentlichte Weißbuch der EU). Um dieser Erwartungshaltung Rechnung zu tragen, ist die **APAK** seit dem 1.4.2012 auf Basis einer Vereinbarung zwischen APAK u. WPK für das **Verfahren der SU, einschließlich Organisation, Durchführung u. Kommunikation**, zuständig; zur operativen Durchführung der Untersuchungen ist ihr durch Übertragung des Direktionsrechts u. der Disziplinaraufsicht die Abteilung SU direkt unterstellt worden (§ 66a Rn. 48 f.). Die APAK wiederum hat zur Begleitung des Verfahrens einen entscheidungsbefugten Ausschuss „Sonderuntersuchungen" (ASSU) eingerichtet.

21 Für die **formellen Akte ist die WPK unter der Aufsicht der APAK** zuständig. Dies betrifft bspw. den Erlass der Untersuchungsanordnung, die Androhung u. Festsetzung eines Zwangsgeldes o. den Erlass der verfahrensabschließenden Schlussfeststellung. Dies zu ändern, erforderte eine Änderung der WPO (s. dazu Einleitung, Rn. 81 ff.).

2. Verfahren

22 Zur **Ausgestaltung des Verfahrens** der SU enthält das Gesetz nur wenige Vorgaben. Die APAK hat daher eine **Verfahrensordnung** erlassen, aus der sich neben allg. organisatorischen Regelungen auch die Planung u. Durchführung der Untersuchungen sowie die Auswertung der Feststellungen ergeben (abrufbar auf der Homepage der APAK unter www.apak-aoc.de). Sie bindet die Betreiber des Verfahrens (Selbstbindung der Verwaltung) u. hilft den Praxen, sich auf das Verfahren einzustellen.

23 Die SU werden durch **Untersuchungsteams** der Abteilung SU durchgeführt. Ein Untersuchungsteam setzt sich aus dem Untersuchungsleiter u. v. diesem benannten Mitarbeitern zusammen. Der Untersuchungsleiter soll aufgrund praktischer Tätigkeit über Erfahrungen bei der Planung, Organisation u. Durchführung v. gesetzlichen AP insb. auch bei Unternehmen i.S.d. § 319a HGB verfügen. Er ist für die fachliche u. organisatorische Durchführung der Untersuchung zuständig.

3. Mitwirkungspflichten (Abs. 2)

24 Absatz 2 erklärt §§ 62, 62a für anwendbar u. stellt damit klar, dass für Berufsangehörige im SU-Verfahren dieselben zwangsgeldbewehrten **Mitwirkungspflichten** gelten wie im „klassischen" verdachtsbasierten BA-Verfahren (Pflicht zum Erscheinen vor der WPK, Auskunfts- u. Vorlagepflichten, Betretens- u. Einsichtsrecht; s. Kommentierung zu §§ 62, 62a). Der Bezug in § 62b auf eine entsprechende Anwendung u.a. des § 62 ersetzt die nach § 62 erforderlichen Einzelfallbeschlüsse der zu-

ständigen Gremien (§ 62 Rn. 6, 11). **Vorlagepflichtig** sind alle die QS der Praxis sowie die Mandatsabwicklungen betreffenden Unterlagen, wie z.B. QK- u. Nachschauberichte, PB o. die Arbeitspapiere zu den ausgewählten Mandaten. Die Unterlagen sind auch dann vorlagepflichtig, wenn sie geeignet sind, den Praxisinhaber o. Mitarbeiter der Praxis zu belasten. Das Recht, sich **nicht selbst belasten zu müssen**, führt nur dazu, dass sich der WP nicht verbal äußern u. entsprechende Hinweise geben muss (§ 62 Rn. 41 ff.).

Das LG Berlin hat in seinem Beschluss v. 11.5.2010 (WiL 4/10) für den Fall, dass 25 ein WP im Rahmen einer SU seinen Vorlagepflichten nach §§ 62b Abs. 2, 62 Abs. 1 nicht nachkommt, bestätigt, dass zur Durchsetzung seiner Mitwirkungspflichten – auch mehrfach – ein **Zwangsgeld** nach § 62a festgesetzt werden kann. Zugleich wies es den Berufsangehörigen darauf hin, dass die Nichtbefolgung der ihm mit dem Bescheid erteilten Weisungen eine Berufspflichtverletzung darstellen könnte. In dem sich anschließenden BA-Verfahren würdigte die VOBA die Verletzung der Mitwirkungspflichten als eigene sanktionswürdige Berufspflichtverletzung.

4. Turnus und Auswahl

Der **Turnus der SU** bestimmt sich nach der Anzahl der Prüfungen v. 26 § 319a-HGB-Mandaten, die eine Praxis in dem der SU vorausgehenden Kalenderjahr durchgeführt hat. Bei Praxen mit mehr als 25 Mandaten sollen die SU jährlich, bei den anderen Praxen mind. alle drei Jahre durchgeführt werden. Der Zahl der Prüfungen werden solche Prüfungen hinzugerechnet, die v. einem verbundenen Unternehmen durchgeführt worden sind. Überschreitet eine Praxis erstmals die o.g. Schwelle von 25 Mandaten, unterliegt sie ab dem Folgejahr dem jährlichen Untersuchungsturnus. Unterschreitet sie die Schwelle, fällt sie im Folgejahr aus dem jährlichen Turnus heraus. Ein verbundenes Unternehmen kann in den jährlichen Turnus miteinbezogen werden.

Die **Auswahl der zu untersuchenden Praxen** erfolgt durch eine Kombination be- 27 wusster, insb. risikoorientierter Auswahl (z.B. Branchenschwerpunkte, Börsensegmente der Prüfungsmandate o. fachliche Schwerpunktthemen) u. statistischer Zufallsauswahl in Form eines Losverfahrens (zur Rechtmäßigkeit des Auswahlverfahrens VG Berlin 17.9.2010 (nrkr.), WPK-Mag. 4/2010, 64 ff.). Die Durchführung einer Untersuchung schließt weitere Untersuchungen innerhalb des Turnus aufgrund erneuter Auslosung, aber auch aufgrund bewusster Auswahl nicht aus. In Ausnahmefällen, insb. bei erneuter Auslosung in kurzem Abstand, kann v. einer Untersuchung abgesehen werden.

5. Einleitung und Durchführung der Untersuchungen

Das Verfahren wird durch eine schriftliche **Untersuchungsanordnung** eingeleitet, 28 mit der die Praxis aufgefordert wird, Angaben zur Praxisstruktur, zum QS-System u. zur Spezifikation der Mandate nach § 319a Abs. 1 Satz 1 HGB zu machen.

Der Untersuchungsleiter legt sodann fest, in welcher Form das QS-System u. wel- 29 che Mandate mit welchen Gesichtspunkten bei der Auftragsabwicklung **Gegen-**

stand der SU sind; ergeben sich im Laufe des Verfahrens neue Erkenntnisse, werden Planung u. Untersuchungsumfang entsprechend angepasst.

30 Bei Praxen mit einem o. wenigen § 319a HGB-Mandaten wird die Untersuchung unter Zusendung der Unterlagen zum QS-System u. der Arbeitspapiere zum Engagement Review grds. in den Räumen der APAK durchgeführt („**Desktop**"-**Untersuchung**). Sollte dies nicht zweckmäßig erscheinen, etwa aufgrund des Aktenumfangs, wird die Untersuchung in den Räumen der Praxis vor Ort durchgeführt.

31 Bei Praxen mit mehreren § 319a HGB-Mandaten wird die Untersuchung generell **vor Ort**, ggf. auch gleichzeitig in mehreren Niederlassungen, durchgeführt. Das Auftaktgespräch wie auch die Schlussbesprechung mit Vertretern der Praxisleitung werden i. d. R. unter Teilnahme eines ASSU-Mitglieds geführt.

32 Bei der Untersuchung sind die berufsüblichen Grundsätze für betriebswirtschaftliche Prüfungen anzuwenden. **Grundlagen der Untersuchung** sind im Wesentlichen die Erkenntnisse aus den Gesprächen mit der Leitung u. anderen Mitarbeitern der Praxis zur QS in der Praxis, die Dokumentation des QS-Systems, die QK- u. Nachschauberichte sowie die PB u. Arbeitspapiere der Praxis zu den ausgewählten Mandaten.

6. Ergebnisse der Untersuchungen

33 Das Ergebnis einer SU ist **kein Gesamturteil** über die Abwicklung eines o. aller § 319-a-HGB-Prüfungsaufträge o. über das QS-System der Praxis; vielmehr werden die **untersuchten Bereiche bewertet**.

34 Das Untersuchungsteam fasst das Ergebnis der Untersuchung schriftlich in **vorläufigen Feststellungen** zusammen. Diese enthalten allg. Angaben zu der untersuchten Praxis, Gegenstand u. Umfang der Untersuchung, die getroffenen tats. Feststellungen u. eine vorläufige Beurteilung der einzelnen Untersuchungsergebnisse. Die vorläufige Beurteilung bezieht sich darauf, ob sich Anhaltspunkte für die Verletzung von Berufspflichten i. Z. m. dem QS-System der Praxis o. beim Prüfungsvorgehen ergeben haben.

35 Die vorläufigen Feststellungen werden zunächst der Praxis mit der Möglichkeit zur Stellungnahme übersandt. Anschließend leitet der Untersuchungsleiter die Feststellungen einschließl. etwaiger Stellungnahmen der Praxis u. seiner eigenen an den Ausschuss „Sonderuntersuchungen" der APAK u. die WPK zur **berufsrechtlichen Würdigung** weiter.

36 Ergibt die SU keine Verletzung v. Berufspflichten, wird dies der Praxis durch die **Schlussfeststellung** mitgeteilt (s. zur Verfahrensbeendigung einer SU auch WPK-Mag. 3/2010, 31). Werden objektive Verletzungen v. Berufspflichten festgestellt, werden der Praxis im Rahmen der Schlussfeststellung die erforderlichen Hinweise erteilt. Im Einzelfall können diese Hinweise auch belehrenden Charakter haben. Liegen Anhaltspunkte für gravierende Berufspflichtverletzungen vor, kann dies zur Einleitung eines BA-Verfahrens gegen einzelne Berufsangehörige führen. In einem

solchen Fall kann auch die Ausweitung der SU auf andere gesetzlich vorgeschriebene AP nach § 62b Abs. 1 Satz 2 beschlossen werden.

Die mit den Schlussfeststellungen erteilten Hinweise können sich an die Praxis(-leitung) u./o. an einzelne Berufsangehörige richten. Während die **Hinweise zum QS-System** i. d. R. an die Praxis(-leitung) gerichtet sind, betreffen die **Feststellungen zu den untersuchten Mandaten** aus berufsrechtlicher Sicht in erster Linie die für die Prüfung verantwortlichen WP, die den jeweiligen BV unterzeichnet haben. In Einzelfällen betreffen diese auch den auftragsbegleitenden Qualitätssicherer o. weitere an der AP beteiligte WP. 37

In Fällen, in denen die verantwortlichen WP nicht der Praxisleitung angehören bzw. unmittelbarer Adressat der Schlussfeststellung sind, werden die angeschriebenen Vertreter der Praxis zur Vereinfachung des Verfahrens gebeten, die getroffenen Feststellungen zu den untersuchten Mandaten an diese weiterzuleiten. Dies wird mit der weiteren Bitte verbunden, den Erhalt der Hinweise schriftlich zu bestätigen. In solchen Fällen handelt es sich, wie auch in den Fällen, in denen die verantwortlichen WP unmittelbare Adressaten der Schlussfeststellung sind, aus berufsrechtlicher Sicht um eine **Belehrung des Berufsangehörigen**. Die Unterzeichnung der Empfangsbestätigung dient als Nachweis, dass der Berufsangehörige über die Feststellungen unterrichtet wurde. Einer direkten Ansprache des Berufsangehörigen bedarf es in diesen Fällen nicht mehr. 38

Eine **Belehrung stellt keine Vorbelastung** im Rahmen eines möglichen künftigen BA-Verfahrens in anderer Sache dar. Sollte allerdings eine Berufspflicht, die Gegenstand der Belehrung war, bei einer späteren Prüfung erneut nicht beachtet werden, so kann sich der Berufsangehörige nicht mehr auf Unkenntnis o. Gutgläubigkeit berufen. 39

Zudem wird die **KfQK** über das Ergebnis der Untersuchung unterrichtet, soweit eine Feststellung als eine nicht unwesentliche Verletzung v. Berufspflichten i. Z. m. dem QS-System gewürdigt wird. Der KfQK wird in diesem Fall auch mitgeteilt, ob Auswirkungen auf das QS-System der Praxis weiter im Rahmen der BA/SU nachgegangen wird. 40

Nach Durchführung einer SU bei einem **gen. PrfgVerb** wird die für den jeweiligen gen. PrfgVerb zuständige Aufsichtsbehörde über das Ergebnis der Untersuchung nach § 63h Satz 3 GenG unterrichtet. 41

7. Sonderuntersuchungen als Teil der Berufsaufsicht

Wie sich aus § 61a Sätze 1, 2 Nr. 2 u. § 62b Abs. 1 Satz 1 ergibt, sind die **SU Teil der BA**. Sie unterscheiden sich v. den herkömmlichen BA-Verfahren dadurch, dass die Einleitung eines SU-Verfahrens keinen Anfangsverdacht einer Berufspflichtverletzung voraussetzt (Rn. 1). Während sich das BA-Verfahren stets gegen eine natürliche Person richtet, ist im Rahmen der SU grds. die prüfende Praxis Verfahrensbeteiligter. Da die im Rahmen der SU gegebenen Auskünfte u. vorgelegten Unterlagen jedoch Verwendung in einem sich möglicherweise anschließenden BA-Verfahren 42 gegen eine natürliche Person finden können (Rn. 36), wird die Praxisleitung bereits mit der Untersuchungsanordnung auf ihre Rechte nach §§ 62b, 62 hingewiesen u. gebeten, diese Hinweise auch an die verantwortlichen WP der AP weiterzuleiten, die Gegenstand der SU sind.

V. Verhältnis zum Qualitätskontrollverfahren (Abs. 3)

43 Das **QK-Verfahren** nach §§ 57a ff. wird durch die SU nicht ersetzt. Beide Verfahren haben unterschiedliche organisatorische u. methodische Ansätze. Während die QK zum Ziel hat, die Angemessenheit u. Wirksamkeit des gesamtem QS-Systems der Praxis beurteilen zu können u. hierüber ein Prüfungsurteil abzugeben (Vollprüfung), steht bei der SU die Einhaltung der Berufspflichten, die bei gesetzlich vorgeschriebenen AP zu beachten sind, im Vordergrund (Untersuchung v. Teilbereichen). Die QK ist damit auf ein Gesamturteil ausgerichtet, die SU auf die Feststellung, ob in den untersuchten Bereichen Berufspflichtverletzungen vorliegen.

44 Die Unterrichtung der KfQK über relevante Einzelfeststellungen ermöglicht es dieser, nach § 57e Abs. 2 **Auflagen** zur Beseitigung von Mängeln im QS-System zu erteilen o. eine **Sonderprüfung** anzuordnen, sofern keine Weiterverfolgung im Rahmen der BA/SU erfolgt (zur Anordnung einer Sonderprüfung VG Berlin 17.9.2010 (nrkr.), WPK-Mag. 4/2010, 64 ff.). Dabei ist sie an die durch die SU getroffenen Sachverhaltsfeststellungen gebunden (Ulrich, WPK-Mag. 4/2006, 50, 53).

45 Nach Abs. 3 können Erkenntnisse aus den SU zur Entlastung anderer berufsrechtlicher Kontrollen, damit auch zur **Entlastung einer künftigen QK**, berücksichtigt werden. Die **Grundsätze hierfür stellt die WPK im Einvernehmen mit der APAK** auf (Abs. 3). So können z.B. Umfang u. Inhalt der QK um bereits in der SU untersuchte Sachverhalte verkürzt werden (BT-Drs. 16/2858, 39). Nach Auffassung der WPK ist davon auszugehen, dass trotz der im Ansatz unterschiedlichen Ausrichtung v. QK u. SU die v. der SU durchgeführten Untersuchungshandlungen im Bereich der Praxisorganisation u. der Auftragsabwicklung regelmäßig eine hinreichende Grundlage bilden, um die Ordnungsmäßigkeit des QS-Systems in den untersuchten Teilbereichen feststellen zu können (vgl. die „Grundsätze der WPK zur Nutzung der Erkenntnisse aus den Sonderuntersuchungen im Rahmen anderer berufsrechtlicher Kontrollen" vom 24.3.2011 - abrufbar auf der Homepage der WPK unter www.wpk.de). Dabei hat sich der PfQK, wie dies auch für Fälle einer bereits durchgeführten, früheren QK gilt, davon zu überzeugen, dass die Stabilität des QS-Systems gewährleistet ist u. keine sonstigen Anhaltspunkte gegen die Erkenntnisse der SU sprechen. Der PfQK hat sich immer davon zu überzeugen, dass die Funktionsfähigkeit des QS-Systems auch im Bereich der Nicht-§ 319a HGB-Mandate gegeben ist. Soweit Teilbereiche des QS-Systems im Rahmen der SU nicht untersucht wurden, gelten für diese Bereiche die allg. Grundsätze für die Durchführung von QK. Der PfQK hat bei der Berichterstattung über Art u. Umfang der QK darzulegen, in welchem Umfang er die Feststellungen aus einer SU bei der QK berücksichtigt hat.

Umgekehrt können **bei SU Ergebnisse u. Erkenntnisse aus einer vorangegangenen QK** herangezogen werden, z.b. durch die Auswertung des im Rahmen der SU vorzulegenden QK-Berichtes (zur Vorlagepflicht vgl. Rn. 24). § 57e Abs. 5 steht dem nicht entgegen, da diese Norm nur einer unmittelbaren berufsaufsichtlichen Sanktionierung v. nicht eigens ermittelten Berufspflichtverletzungen entgegensteht.

46

VI. Finanzierung der Sonderuntersuchungen

Da SU nur bei Praxen durchgeführt werden, die § 319a-HGB-Mandate geprüft haben, kommt auch nur ihnen der aus den SU resultierende Vertrauensgewinn zugute. Die SU werden deshalb nicht über den allg. Kammerbeitrag aller WPK-Mitglieder, sondern über einen nach § 2 Nr. 2 BO WPK **nur v. § 319a-HGB-Prüfern zu erhebenden weiteren Beitrag** finanziert. Die Beitragspflicht nach § 2 Nr. 2 BO WPK beginnt nach § 3 Abs. 5 BO WPK zum 1. Januar des auf die Beendigung einer gesetzlichen AP bei einem Unternehmen i.S.d. § 319a HGB folgenden Beitragsjahres u. endet mit Ablauf des Beitragsjahres, in dem keine solche Prüfung beendet wurde. Die Höhe des weiteren Beitrags ist nach § 5 Abs. 3 BO WPK abhängig v. der Anzahl der im Vorjahr der Beitragserhebung beendeten § 319a-HGB-Prüfungen sowie den hieraus resultierenden Prüferhonoraren des Mitglieds (Einzelheiten: WPK-Mag. 4/2006, 12 u. 4/2010, 30).

47

§ 63 Rügerecht des Vorstandes

(1) ¹Der Vorstand kann das Verhalten eines der Berufsgerichtsbarkeit unterliegenden Mitglieds, durch das dieses ihm obliegende Pflichten verletzt hat, rügen und erforderlichenfalls die Aufrechterhaltung des pflichtwidrigen Verhaltens entsprechend § 68a untersagen; ein Antrag auf Einleitung eines berufsgerichtlichen Verfahrens ist nur dann erforderlich, wenn eine schwere Schuld des Mitglieds vorliegt und eine berufsgerichtliche Maßnahme zu erwarten ist. ²§ 67 Abs. 2 und 3, § 69a und § 83 Abs. 2 gelten entsprechend. ³Die Rüge kann mit einer Geldbuße von bis zu 50.000 Euro verbunden werden. ⁴§ 61 Abs. 3 Satz 3 gilt entsprechend. ⁵Geldbußen fließen dem Haushalt der Wirtschaftsprüferkammer zu.

(2) ¹Der Vorstand darf eine Rüge nicht mehr erteilen, wenn das berufsgerichtliche Verfahren gegen den Wirtschaftsprüfer oder die Wirtschaftsprüferin eingeleitet ist oder wenn seit der Pflichtverletzung mehr als fünf Jahre vergangen sind; für den Beginn, das Ruhen und eine Unterbrechung der Frist gilt § 70 Abs. 1 Satz 2 und Abs. 2 entsprechend. ²Eine Rüge darf nicht erteilt werden, während das Verfahren auf den Antrag des Wirtschaftsprüfers nach § 87 anhängig ist.

(3) Bevor die Rüge erteilt wird, ist das Mitglied zu hören.

(4) ¹Der Bescheid des Vorstandes, durch den das Verhalten des Mitgliedes gerügt wird, ist zu begründen. ²Er ist dem Mitglied zuzustellen. ³Eine Abschrift des Bescheides ist der Staatsanwaltschaft mitzuteilen.

(5) ¹Gegen den Bescheid kann das Mitglied binnen eines Monats nach der Zustellung bei dem Vorstand Einspruch erheben. ²Über den Einspruch entscheidet der Vorstand; Absatz 4 ist entsprechend anzuwenden.

(6) Die Wirtschaftsprüferkammer veröffentlicht zusammengefasste Angaben über die von ihr und von den Berufsgerichten verhängten Sanktionsmaßnahmen mindestens einmal jährlich in angemessener Weise.

Schrifttum: *Wegner*, Transparenz und ein erweitertes Sanktionsrisiko für Wirtschaftsprüfungsgesellschaften – neue aufsichtsrechtliche Ziele der Wirtschaftsprüferkammer, HRRS 2013, 15; *Güldenzoph*, Existiert ein Akteneinsichtsrecht für den Beschwerdeführer in berufsaufsichtlichen Beschwerdeverfahren bei den Rechtsanwaltskammern?, BRAK-Mitt. 2011, 4; *Dahns*, Abschied vom Grundsatz der Einheitlichkeit der Pflichtverletzung, NJW-Spezial 2009, 526; *Mutschler*, Mitteilungs- und Auskunftspflichten der Steuerberaterkammern, DStR 2009, 1665; *Gelhausen*, Organisation der Abschlussprüfung, Unterzeichnung von Bestätigungsvermerken und berufsrechtliche Verantwortung, WPK Mag. 4/2007, 58; *Weidmann*, Die Siebte WPO-Novelle – Auswirkungen des Berufsaufsichtsreformgesetzes auf den Berufsstand, WPK Mag. 3/2007, 55; *Wulff*, Die Einheitlichkeit des Berufsvergehens, WPK Mag. 1/2007, 38; *Böcking/Dutzi*, Neugestaltung der Berufsaufsicht für Wirtschaftsprüfer, BFuP 58 (2006), 1; *Peus*, Rügebescheide der Rechtsanwaltskammern, AnwBl. 2005, 524; *Sommerschuh*, Strengere Berufsaufsicht durch die 5. WPO-Novelle: Ein neuer Ansatz zur Kontrolle der Wirtschaftsprüfer, BB 2003, 1166; *Schmidt/Kaiser*, Die Fünfte WPO-Novelle – eine umfassende Reform in schwieriger Zeit, WPK-Mitt. 2003, 150; *Jungfer*, Die Verschwiegenheitspflicht des Vorstandes der Rechtsanwaltskammer nach § 76 BRAO de lege lata et de lege ferenda, BRAK-Mitt. 2001, 167; *Grunewald/Piepenstock*, Anwaltliche Berufspflichten – Verstöße gegen § 43 BRAO und anwaltsgerichtliche Maßnahmen, MDR 2000, 869; *Kleine-Cosack*, Sanktionen und Rechtsschutz bei anwaltlichen Berufspflichtverletzungen, ZAP 2000, 507; *Kopp*, Rügebescheide ohne Nennung der Vorstandsmitglieder, BRAK-Mitt. 2000, 234; *Prütting*, Die rechtlichen Grundlagen anwaltlicher Berufspflichten und das System der Reaktionen bei anwaltlichem Fehlverhalten, AnwBl. 1999, 361; *Quick/Mertens/Blij/Hassink*, Disziplinarrechtliche Verantwortlichkeit der wirtschaftsprüfenden Berufsstände in Deutschland und den Niederlanden, WPK-Mitt. 1998, 2; *Tempelhoff*, Berufsrechtliche Sanktionen gegen Wirtschaftsprüfer in Deutschland, Österreich und der Schweiz, WPK-Mitt. 1997, 275; *Mittelsteiner*, Rügerecht des Kammervorstandes, DStR 1993, 1043; *Meyer-Goßner*, Sind Verfahrenshindernisse von Amts wegen zu beachten?, NStZ 1993, 169; *Waechter*, Zur Geltung des Legalitätsprinzips bei der Verfolgung berufsrechtlicher Pflichtverletzungen, WPK-Mitt. 1993, 149; *Streck/Mack*, Sanktionen und Verfahrenswege des Berufsrechts für Steuerberater, Stbg 1990, 49.

Inhaltsübersicht

		Rn.
I.	Allgemeines	1–12
	1. Rügeverfahren	1–8
	2. Verhältnis zu anderen Verfahren	9–12
	a) Belehrung	9–10
	b) Berufsgerichtliches Verfahren	11
	c) Parallelverfahren anderer Kammern	12
II.	Rügeverfahren	13–70
	1. Rügefähiger Sachverhalt	13–30
	a) Pflichtverletzung	13–19
	b) Verschulden	20–25
	c) Berufsgerichtliches Verfahren	26–28
	d) Anderweitige Ahndung	29–30
	2. Verfahren	31–47
	a) Ermittlungen durch die WPK	31–32
	b) Rechtliches Gehör	33–39
	c) Verfahrenshindernisse	40–47
	3. Entscheidungsalternativen	48–61
	a) Einstellung	49
	b) Rüge	50–55
	c) Untersagungsverfügung	56–61
	4. Mitteilung der Entscheidung	62–65
	5. Aufsicht über die WPK	66–68
	6. Vollstreckung der Geldbuße	69–70
III.	Einspruchsverfahren	71–82
IV.	Publizierung	83–84

I. Allgemeines

1. Rügeverfahren

Gemäß § 57 Abs. 2 Nr. 4 gehört es zu den Aufgaben der WPK, die Erfüllung der den Mitgliedern obliegenden Pflichten zu überwachen u. das Recht der Rüge zu handhaben. Das Rügeverfahren ist somit Teil der **Disziplinaraufsicht** der WPK. Eine Aufsichtsmaßnahme soll zur Erfüllung der Berufspflichten anhalten u. Ordnung u. Integrität innerhalb des Berufsstandes gewährleisten (BVerfG 12.10.1971, BVerfGE 32, 40, 49). Insofern unterscheidet sich die Disziplinaraufsicht, hier das Rügeverfahren, funktionell v. Strafverfahren (näher § 61a Rn. 12 ff.). Zwar ist beiden der **repressive Charakter** gemein, da in beiden Verfahren Verstöße gegen Verhaltensnormen ex post geahndet werden. Jedoch weist das im kammerseitigen Disziplinarverfahren angesiedelte Rügeverfahren im stärkeren Maß **präventive Elemente** auf. Das Mitglied wird durch das Verfahren auf fehlerhaftes Verhalten hingewiesen u. zu zukünftiger ordnungsmäßiger Erfüllung seiner beruflichen Aufgaben angehalten.

1

2   Die Rüge als Sanktion für begangene schuldhafte Pflichtverletzungen stellt eine Berufsaufsichtsmaßnahme, jedoch keine mit den berufsgerichtlichen Maßnahmen vergleichbare Strafe dar (Gerhard, WPO 1961, § 63). Die **Rüge als Ergebnis eines Verwaltungsverfahrens** ist auch nicht der materiellen Rechtskraft fähig (Feuerich/Weyland, BRAO, § 74 Rn. 6). Daher kann die GStA Berlin (als zuständige StA, § 84) trotz erteilter Rüge wegen desselben Sachverhaltes das berufsgerichtliche Verfahren einleiten (§ 63a Abs. 5).

3   Ein Rügeverfahren kann sich über bis zu **drei Verfahrensabschnitte** erstrecken: Rügeverfahren im engeren Sinn (§ 61 Abs. 1 Satz 1), Einspruchsverfahren (§ 63 Abs. 5) u. als spezielles Rechtsschutzverfahren die gerichtliche Überprüfung durch das Berufsgericht (Kammer für Wirtschaftsprüfersachen bei dem LG Berlin, § 63a). Die WPK hat etwaigen Pflichtverletzungen v. **Amts wegen nachzugehen** (§ 36a Abs. 1). Liegen zureichende tats. Anhaltspunkte für das Vorliegen einer Pflichtverletzung vor (**Anfangsverdacht**), muss ein Aufsichtsverfahren eingeleitet werden. Dabei können die Kenntnisse des VO auf Beschwerden, Pressemitteilungen, Informationen anderer Stellen, anonymen Hinweisen o. auch auf eigener Wahrnehmung, wie bspw. aufgrund v. Erkenntnissen aus anlassunabhängigen SU (§§ 61a Satz 2, 62b) o. aus der Abschlussdurchsicht beruhen (vgl. § 61a Rn. 34). Das **Einspruchsverfahren** u. die **gerichtliche Überprüfung** setzen hingegen Anträge des betroffenen Mitglieds voraus.

4   Die Rüge kann für nach dem 6.9.2007 liegende Pflichtverletzungen mit einer **Geldbuße v. bis zu 50.000 Euro verbunden** werden. Der Rahmen der Geldbuße wurde durch die 7. WPO-Novelle 2007 angehoben. Für Pflichtverletzungen nach dem 1.1.2004 war zunächst die Verbindung der Rüge mit einer Geldbuße v. bis zu 10.000 Euro möglich; die Möglichkeit der Geldbuße wurde durch die 5. WPO-Novelle 2004 eingeführt. Darüber hinaus kann neben der Rüge die **Aufrechterhaltung des pflichtwidrigen Verhaltens entsprechend § 68a untersagt** werden. Bei wissentlichem Zuwiderhandeln gegen die Untersagungsverfügung kann ein Ordnungsgeld verhangen werden.

5   Zuständig für die Disziplinaraufsicht ist der **VO**. Gemäß §§ 57 Abs. 5, 59a kann der VO **entscheidungsbefugte Abteilungen** bilden. Derzeit hat der VO der WPK hiervon Gebrauch gemacht u. die Befugnis zur Rügeerteilung auf VO-Abteilungen übertragen. Die VO-Abteilungen besitzen innerhalb ihrer Zuständigkeit die Rechte u. Pflichten des VO (§ 59a Abs. 4). Der VO kann das Verfahren jedoch jederzeit an sich ziehen (§ 59a Abs. 5), über Einsprüche muss er entscheiden (§ 57 Abs. 5 Satz 2).

6   Das Rügerecht erstreckt sich nicht nur auf **Berufsangehörige**, sondern auch auf **sonstige Mitglieder der WPK**, die der BA unterliegen. Dies sind VO-Mitglieder, GF o. phG einer Berufsgesellschaft, die nicht Berufsangehörige sind (§§ 58 Abs. 1 Satz 1, 71 Satz 1). Während einer Beurlaubung i.S.v. § 46 bleibt der Berufsangehörige Mitglied der WPK u. der BA unterworfen. Ihm kann während dieser Zeit eine Rüge erteilt werden (§ 46 Rn. 17).

Die v. einem Rügeverfahren betroffene Person muss bereits im **Zeitpunkt der** 7
Pflichtverletzung den Berufspflichten der WPO unterliegen (§§ 63 Abs. 1 Satz 1
i.V.m. § 67 Abs. 3). Vorherige Pflichtverletzungen können allenfalls in engen Ausnahmefällen Gegenstand eines Rügeverfahrens sein. Hier ist an den Fall zu denken,
in dem die Tat nachwirkt u. erst zu einem späteren Zeitpunkt dem Pflichtverletzer
nutzt, dieser aber zwischenzeitlich den Berufspflichten der WPO unterliegt (Kuhls/
Busse, StBerG, § 81 Rn. 16). Darüber hinaus müssen die Berufspflichten auch noch
im **Zeitpunkt der Rügeerteilung** für den Betroffenen gelten (s. Rn. 46).

Die WPK hat v. der in § 61 Abs. 2 Satz 1 eingeräumten Möglichkeit, **Gebühren in** 8
Berufsaufsichtsverfahren zu erheben, bisher keinen Gebrauch gemacht. Daher
fallen im Rügeverfahren im engeren Sinn (Rn. 3) keine Gebühren an. Auslagen sind
v. der WPK u. dem Mitglied jeweils selbst zu tragen (Feuerich/Weyland, BRAO,
§ 74 Rn. 58), Kosten für einen Verteidiger werden nicht erstattet. Entsprechendes
gilt für das Einspruchsverfahren (so auch Kuhls/Busse, StBerG, § 81 Rn. 70 f; a.A.
Henssler/Prütting/Hartung, BRAO, § 74 Rn. 53). Andere Regelungen gelten hingegen für die berufsgerichtliche Entscheidung über die Rüge (vgl. § 122).

2. Verhältnis zu anderen Verfahren

a) Belehrung

Neben der Aufgabe der WPK, die Erfüllung der den Mitgliedern obliegenden 9
Pflichten zu überwachen u. das Recht der Rüge zu handhaben (§ 57 Abs. 2 Nr. 4)
hat sie auch ihre Mitglieder zu **beraten** u. zu **belehren** (§ 57 Abs. 2 Nr. 1). Dabei
kann sich die WPK auf ein vergangenes o. zukünftiges Verhalten beziehen u. zu
einem bestimmten Tun o. Unterlassen auffordern. Eine Beratung o. Belehrung stellt
schlichtes Verwaltungshandeln dar, sofern damit keine Feststellung eines Berufspflichtenverstoßes verbunden ist. In diesem Fall steht der rein **präventive Charakter** im Vordergrund. In der Praxis wird jedoch häufig ein berufsrechtswidriges Verhalten eines Mitgliedes festgestellt, das eine Rüge noch nicht zwingend rechtfertigt,
aufgrund dessen aber wohl das Bedürfnis besteht, den Berufspflichtenverstoß – um
diesem gerecht zu werden – ggü. dem Mitglied festzustellen u. zugleich eine
Schuldzuweisung auszusprechen. Die Kammer ist nicht gezwungen, einen berufsrechtlichen Verstoß mit einer Rüge zu ahnden; vielmehr kann sie das Mitglied unter
Vorhalt des Verstoßes eine Belehrung erteilen (Nds. AGH 19.9.2011, BRAK-Mitt.
2012, 34), die im Falle der Nichtbeachtung die Einleitung eines Rügeverfahrens zu
Folge hat (AGH NRW 5.12.2003, NJW 2004, 1537).

Beinhaltet die Belehrung einen **Regelungsgehalt**, handelt es sich um einen zumin- 10
dest feststellenden **VA** i.S.d. § 35 VwVfG (VG Berlin 17.9.2010, WPK-Mag.
4/2010, 64, 66), der auch **repressiv** auf das Mitglied wirkt. Im anwaltlichen Berufsrecht wird diese Art der Belehrung als „mißbilligende" o. **„schuldzuweisende Belehrung"** bezeichnet u. ist v. der neueren Rspr. des BGH als Reaktionsmöglichkeit
der Kammer anerkannt (BGH 24.10.2012, AnwBl. 2013, 146; BGH 12.7.2012,
NJW 2012, 3102 = DStR 2012, 2203; BGH 13.8.2007, NJW 2007, 3349; ausführl.
Feuerich/Weyland, BRAO, § 74 Rn. 8; ablehnend: Kuhls/Busse, StBerG, § 81

Rn. 41). Dabei stellt der BGH klar, dass die Kammer grds. in Anlehnung an das für die Erteilung einer Rüge vorgesehene Verfahren zu verfahren hat (BGH 12.7.2012, a.a.O.). Insoweit ist dem Mitglied insb. vorher unter Aufzeigen der berufsrechtlichen Bedenken die Gelegenheit zur Stellungnahme zu geben. Eine ausdrückl. Regelung des **Rechtsschutzes** ist in der WPO nicht enthalten. Vor allem ist keine Sonderrechtswegzuweisung zum Berufsgericht wie für das Rügeverfahren vorgesehen. Mangels ausdrücklicher Regelung dürfte daher der Verwaltungsrechtsweg eröffnet sein. In der Literatur wird hingegen teilweise die Möglichkeit gesehen, eine Belehrung nach dem für eine Rüge vorgesehenen Verfahren anzugreifen (Kuhls/Busse, StBerG, § 81 Rn. 44).

b) Berufsgerichtliches Verfahren

11 Die WPO statuiert einen **Vorrang des berufsgerichtlichen Verfahrens** vor dem Rügeverfahren. Eine Rüge darf nicht mehr erteilt werden, wenn wegen der Pflichtverletzung das berufsgerichtliche Verfahren eingeleitet ist (§ 63 Abs. 2 Satz 1 1. Alt.). Selbst wenn bereits eine Rüge erteilt wurde, kann das berufsgerichtliche Verfahren eingeleitet werden (§ 69 Abs. 1 Satz 1). Zuvor ausgesprochene Rügen werden mit Rechtskraft des berufsgerichtlichen Urteils unwirksam (§ 69 Abs. 2 Satz 1). Diese Regeln korrespondieren mit der Pflicht der WPK zur Unterrichtung der GStA über Rügen u. Einspruchsentscheidungen (§§ 63 Abs. 4 Satz 2, 63a Abs. 4 Satz 2). Die GStA kann bei abweichender Bewertung das Verfahren an sich ziehen. Eine Rüge darf auch nicht mehr erteilt werden, wenn das Kammermitglied, um sich v. Verdacht einer Pflichtverletzung zu befreien, das berufsgerichtliche Verfahren gegen sich als sog. Selbstreinigungsantrag einleitet (§ 87 Abs. 1 Satz 1).

c) Parallelverfahren anderer Kammern

12 Gehört das Mitglied zugleich einem **anderen freien Beruf** an (z.B. StB o. RA), ist die verfahrensrechtliche Frage des **Verfolgungsvorrangs** zu klären. Eine ausdr. Regelung sieht das Rügeverfahren hierfür nicht vor, insb. verweist § 63 Abs. 1 Satz 2 nicht auf den für das berufsgerichtliche Verfahren geltenden § 83a. Eine Abstimmung der Kammern untereinander, deren BA das Mitglied unterliegt, erfolgt nach dem **Schwerpunkt der Pflichtverletzung**, die maßgebend für die primäre Zuständigkeit ist (s. hierzu näher §§ 61a Rn. 17, 83a Rn. 7 ff). Eine bereits erfolgte Ahndung desselben Verhaltens nach einem anderen Berufsrecht ist sodann im Rahmen der Prüfung des sog. disziplinarischen Überhangs (§ 69a) zu berücksichtigen.

II. Rügeverfahren

1. Rügefähiger Sachverhalt

a) Pflichtverletzung

13 Erlangt die WPK Kenntnis v. **zureichenden tats. Anhaltspunkten** (Anfangsverdacht, § 61a Rn. 19 ff.) für das Vorliegen einer Berufspflichtverletzung eines Kammermitglieds (Rn. 6), ist sie verpflichtet, ein Aufsichtsverfahren einzuleiten. Das Aufsichtsverfahren ist ein Verfahren **v. Amts wegen** (§ 36a Abs. 1; Kleine-Cosack, ZAP 2000, 507). Unerheblich ist dabei, woraus sich die Anhaltspunkte ergeben (Beschwerden, Mitteilungen, eigene Wahrnehmung, s.o. Rn. 3).

Das Kammermitglied muss gemäß § 63 Abs. 1 Satz 1 objektiv „die ihm obliegenden" Pflichten verletzt haben. Erfasst sind die **allg. u. besonderen Berufspflichten** nach der WPO (vgl. insoweit § 57 Abs. 4). Neben der Verletzung der allg. Berufspflichten nach § 43 sind daher auch Verletzungen aller weiteren Berufspflichten rügefähig, z.B. die Verletzung der Anzeigepflichten nach § 40 Abs. 2. Des Weiteren sind die gesetzlichen u. fachlichen Regelungen außerhalb der WPO, die für die Berufsausübung maßgebend sind, sanktionierbar (vgl. auch Vor § 43 Rn. 1 ff.). In der Praxis sind überwiegend **fachliche Fehler i.Z.m. Abschlussprüfungen u. Gutachten** Gegenstand von Aufsichtsverfahren (Verstoß gegen die Pflicht zu gewissenhafter Berufsausübung, § 43 Abs. 1; s. auch § 43 Rn. 16 ff.). Nach der ständigen Rspr. der Kammer für Wirtschaftsprüfersachen des LG Berlin setzt ein rügewürdiger Pflichtenverstoß in diesem Bereich voraus, dass die Handhabung des Berufsangehörigen objektiv unvertretbar war; ferner, dass diese Unvertretbarkeit für den WP offensichtlich war u. schließlich, dass den Verstößen einiges Gewicht zukommt (LG Berlin 7.8.2009, WPK-Mag. 1/2010, 37; LG Berlin 20.3.2009, WPK-Mag. 3/2009, 41).

14

Das Verhalten eines Mitglieds **außerhalb der beruflichen Tätigkeit** kann nur gerügt werden, wenn die Pflichtverletzung *„nach den Umständen des Einzelfalles im besonderen Maße geeignet ist, Achtung und Vertrauen in einer für die Ausübung der Berufstätigkeit oder für das Ansehen des Berufs bedeutsamen Weise zu beeinträchtigen"* (§§ 63 Abs. 1 Satz 2, 67 Abs. 2). Hiervon kann z.B. bei öffentlichkeitswirksamen Verfehlungen ausgegangen werden, bei denen die berufliche Qualifikation des betroffenen Mitglieds in den Vordergrund gerückt wird (s. auch § 67 Rn. 11).

15

Ist wegen desselben Verhaltens bereits ein **Urteil im Strafverfahren o. Bußgeldverfahren** ergangen, sind die dort getroffenen tats. Feststellungen für die Entscheidung im Rügeverfahren grds. bindend (§§ 63 Abs. 1 Satz 2, 83 Abs. 2). Nur wenn die dortigen Feststellungen berechtigten Zweifeln begegnen, ist eine erneute Überprüfung möglich (LG Berlin 25.11.2011, WPK-Mag. 2/2012, 50).

16

Bei der Entscheidung über die angemessene u. ausreichende Aufsichtsmaßnahme ist der Grundsatz der **Einheitlichkeit der Berufspflichtverletzung** zu beachten (vgl. auch § 67 Rn. 9). Nach diesem v. der Rspr. entwickelten Grundsatz sind alle Pflichtverletzungen, die zum Zeitpunkt der Verhängung einer berufsgerichtlichen Maßnahme gegen ein Mitglied bekannt waren, in die Entscheidung einzubeziehen (vgl. BGH 20.5.1985, BGHSt 33, 225, 230; BGH 5.12.1977, BGHSt 27, 305). Der BGH bestätigte diese einheitliche Betrachtungsweise für Disziplinarmaßnahmen nach der WPO, da so die charakterliche Eignung u. ein etwaiger Einwirkungsbedarf auf das Mitglied sachgerecht erfasst werden kann (BGH 14.8.2012, WPK-Mag. 1/2013, 35 = NJW 2012, 3251). Auch bei Feststellung mehrerer Pflichtverstöße, die isoliert jeweils eine Rüge (ggf. mit Geldbuße) rechtfertigen würden, ist nur eine einheitliche abschließende Entscheidung zu treffen. Sind mehrere Aufsichtsverfahren gegen denselben Berufsangehörigen gleichzeitig anhängig, sind diese vor einer Entscheidung zu verbinden. Liegt bei einem der Pflichtverstöße schwere Schuld vor, ist die Angelegenheit insgesamt an die GStA abzugehen. Auch über ein außer-

17

berufliches Verhalten, das nach § 67 Abs. 2 unter Umständen nicht zu ahnden wäre, ist nunmehr im Rahmen der Gesamtbetrachtung zu entscheiden (BGH 29.1.1996, NJW 1996, 1836; Feuerich/Weyland, BRAO, § 113 Rn. 30). Zu den Auswirkungen des Grundsatzes auf die Verjährung der Pflichtverletzungen vgl. § 70 Rn. 15 ff.

18 Die Rechtskraft eines Urteils im Disziplinarverfahren hindert grds. nicht die Verfolgung wegen einer vor jenem Urteil begangenen Pflichtverletzung. Jedoch ist eine **Ahndungsmöglichkeit für eine Maßnahme verbraucht**, soweit die Verstöße in einem unmittelbaren sachlichen u. zeitlichen Zusammenhang mit ausdrücklich angeklagten Einzelhandlungen stehen u. als solche für das Gericht erkennbar waren (BGH 14.8.2012, a.a.O.). Auch wird die gesonderte Verfolgung einer v. mehreren Pflichtverletzungen als zulässig erachtet, wenn diese noch nicht entscheidungsreif ist u. mit der Entscheidung über die anderen Verstöße nach pflichtgemäßem Ermessen nicht gewartet werden kann (Feuerich/Weyland, BRAO, § 113 Rn. 36). Aus diesem Grund kann bspw. über einen rügefähigen Sachverhalt seitens der WPK wegen verjährungstechnischer o. präventiver Aspekte entschieden werden, während hinsichtlich des Verdachts einer weiteren Pflichtverletzung noch weitere umfangreiche Ermittlungen notwendig sind. Tendenziell schließt der Grundsatz der Einheitlichkeit der Berufspflichtverletzung das Vorhandensein mehrerer Verfahren nicht aus. Nach BVerwG 14.2.2007 (DVBl. 2007, 769) ist dem Grundsatz der Einheitlichkeit der Berufspflichtverletzung nicht ausschl. durch bestimmte Verfahrensweisen Rechnung zu tragen, vielmehr hat der Entscheidung im letzten v. mehreren aufeinander folgenden Verfahren bei der Bestimmung einer angemessenen Maßnahme eine **einheitliche Würdigung des gesamten beruflichen Vergehens** vorauszugehen. Im Ergebnis darf der Berufsangehörige danach **materiellrechtlich nicht schlechter gestellt** werden als wer im Falle einer gleichzeitigen u. einheitlichen Ahndung stünde.

19 Der v. der herrschenden Rspr. entwickelte Grundsatz (Rn. 17) erfuhr im Schrifttum zunehmend **Kritik** (Feuerich/Weyland, BRAO, § 113 Rn. 47 ff. m.w.N.; Jähnke, FS Pfeiffer, 941 ff.) u. wird in Entscheidungen für das Anwaltsrecht abgelehnt (AGH Frankfurt 17.3.2010, BRAK-Mitt. 2010, 223; AGH Hamburg 16.2.2009, BRAK-Mitt. 2009, 129; AGH Celle 14.10.2002, BRAK-Mitt. 2003, 36). Unter Berücksichtigung der jüngsten Entscheidung des BGH, der keine Abkehr von der Rechtsfigur vollzog (BGH 14.8.2012, a.a.O.), ist jedoch unverändert v. der Beachtung der Einheitlichkeit der Pflichtverletzung auszugehen.

b) Verschulden

20 In subjektiver Hinsicht bedarf es der Feststellung **geringer** o. **mittlerer Schuld**. Schuldloses Verhalten ist nicht rügefähig. Bis zum 6.9.2007 war das kammerseitige Rügeverfahren nur bei geringer Schuld des Mitglieds möglich. Durch die 7. WPO-Novelle 2007 umfasst das Rügeverfahren nunmehr auch Fälle mittlerer Schuld, was gleichzeitig zu einer Anhebung des Sanktionsrahmens führte (BT-Drs. 16/2858, 39; vgl. auch Rn. 4). § 63 Abs. 1 Satz 1 grenzt insoweit ab, dass ein Antrag auf Einleitung des **berufsgerichtlichen Verfahrens schwere Schuld** voraussetzt.

Schuld ist die **persönliche Vorwerfbarkeit** eines objektiv rechtswidrigen Verhaltens (BGH 6.12.1956, BGHSt 10, 35, 38; Wessels/Beulke, Strafrecht AT, Rn. 394). Das Verschulden kann in einem **Tun o. Unterlassen** des Mitglieds selbst liegen. Wegen der Verschuldensabhängigkeit kann die BA nur an das Fehlverhalten einzelner nat. Personen anknüpfen. Berufsaufsichtsverfahren gegen Berufsgesellschaften sind daher nicht möglich. Des Weiteren folgt aus dem Verschuldenserfordernis, dass der WP die Pflichtverletzung selbst begangen haben muss. Es kann aber auch das **Verhalten eines Dritten** zurechenbar sein, auf das das Mitglied hätte Einfluss nehmen müssen. Eine Haftung für das Fehlverhalten Dritter dürfte aber vornehmlich nur bei einem Auswahl- o. Organisationsverschulden relevant sein. Im konkreten Fall muss daher jeweils geprüft u. ggf. nachgewiesen werden, wer als „Täter" einer möglichen Berufspflichtverletzung in Frage kommt (insg. hierzu Gelhausen, WPK-Mag. 4/2007, 58). 21

Ist eine persönliche Vorwerfbarkeit gegeben, ist die Ermittlung des Umfangs o. Grades der Schuld eine **Bewertung des Einzelfalls,** wobei alle bekannten objektiven u. subjektiven Gesichtspunkte zu berücksichtigen sind. Der VO hat bei der Bewertung der Schuld einen Ermessenspielraum. Allerdings hat er vergleichbare Fälle gleich zu behandeln. Ungeachtet dessen kann z.B. die Fortentwicklung fachlicher Regelungen die Korrektur der Spruchpraxis erfordern. In diesem Fall kann die Änderung der Bewertung nicht v. einem vor der Änderung betroffenen Kammermitglied zu seinen Gunsten genutzt werden, da es eine „Gleichheit im Unrecht" nicht gibt. 22

Das Gesetz definiert die verschiedenen Schuldgrade nicht näher. Eine direkte Übernahme des strafrechtlichen Schuldbegriffs ist fraglich, da die Rüge als berufsrechtliche Maßnahme keine Strafe darstellt. Zudem kommt dem **Verschulden** des Betroffenen **im Rahmen der BA nicht die gleiche Bedeutung wie im Strafrecht** zu. Im berufsrechtlichen Disziplinarverfahren steht das **Ansehen des Berufsstandes im Vordergrund**, während im Strafrecht primär das Verhalten des Täters sanktioniert wird (s. § 61a Rn. 12 ff.; Streck/Mack, Stbg 1990, 49). Dennoch dürfte das äußere Tatunrecht auch im Disziplinarrecht einen beachtlichen Anknüpfungspunkt für die Bewertung der Schuld darstellen (so für das Strafrecht: Ranft, Strafprozessrecht, Rn. 1163). Daher kann zur Beurteilung der Frage des Schuldgrades an die strafrechtliche Bewertung angeknüpft werden, wobei sodann kumulativ die Tatfolgen u. das Ansehen des Berufsstandes zu berücksichtigen sind. 23

Somit sollte für die Bedeutung der Schuld zunächst zwischen der (im Strafrecht relevanten) **vorsätzlichen o. fahrlässigen Begehungsweise** differenziert werden. Während beim Vorsatz der Handelnde die Rechtswidrigkeit eines Sachverhaltes kennt u. ihn dennoch verwirklichen will o. dessen Verwirklichung zumindest billigend in Kauf nimmt (bedingter Vorsatz), handelt jemand fahrlässig, wenn er einen objektiv rechtswidrigen Tatbestand verwirklicht, ohne dies zu wollen o. zu erkennen, aber sein Verhalten vermeidbar u. vorwerfbar ist. 24

25 Liegen **Fahrlässigkeitstaten mit geringen Tatfolgen o. Auswirkungen auf das Ansehen des Berufsstandes** vor, dürfte ein Schuldgrad v. **geringer bis mittlerer Schuld** gegeben sein. Für das Verschulden ist kein bestimmter Grad der Fahrlässigkeit erforderlich, es genügt bereits leichte Fahrlässigkeit. Von einer **bereits schweren Schuld** ist i.d.R. auszugehen, wenn das Mitglied **vorsätzlich** Berufspflichten verletzt. Aber auch bei einer fahrlässig begangenen Pflichtverletzung kann bereits eine mehr als nur mittelschwere Schuld vorliegen, wenn das Mitglied z.b. die erforderliche Sorgfalt in einem ungewöhnlich hohen Maße verletzt. Aufgrund der Charakteristik der Schuld im Berufsrecht (Rn. 23) kommt auch den **Folgen der Pflichtverletzung** Bedeutung zu. Von **schwerer Schuld** ist insb. auszugehen, wenn basierend auf der Pflichtverletzung besondere Tatfolgen zu verzeichnen sind. Dies ist der Fall, wenn ein **gravierender Schaden**, hauptsächlich Drittschaden verursacht wurde o. das **Ansehen des Berufs in besonders schwerwiegender Weise beeinträchtigt** wird. Dies ist insb. bei gleichzeitiger Verwirklichung von Straftaten im Kernbereich der Berufsausübung o. betreffend Vermögensbetreuungspflichten festzustellen. Ferner kann **bei entsprechenden Vorbelastungen** durch berufsaufsichtliche Maßnahmen die Missachtung der Warnfunktion zu einer besonderen Schuldschwere führen (so für das Strafrecht: Schönke/Schröder/Stree/Kinzing, StGB, § 57a Rn. 5; vgl. auch noch Rn. 26).

c) **Berufsgerichtliches Verfahren**

26 Ein Rügeverfahren kann nur durchgeführt werden, wenn ein Antrag auf Einleitung eines berufsgerichtlichen Verfahrens nicht erforderlich ist. Ein solcher Antrag ist nach der Neufassung des § 63 Abs. 1 Satz 1 Hs. 2 durch die 7. WPO-Novelle 2007 bei Vorliegen **schwerer Schuld** des Mitglieds **u. bei Erwartung einer berufsgerichtlichen Maßnahme** zu stellen. Unter Berücksichtigung des Maßnahmenkataloges des § 68 Abs. 1 für das Berufsgericht stellt der Gesetzgeber hier auf Fälle ab, die voraussichtlich eine erhebliche Geldbuße, ein befristetes Tätigkeits- o. Berufsverbot, o. eine Ausschließung aus dem Beruf zur Folge haben. Da die WPO die schwere Schuld bereits als kumulative Voraussetzung des Antrags definiert, ist davon auszugehen, dass primär objektive Merkmale bei der Beurteilung Berücksichtigung finden. Eine berufsgerichtliche Maßnahme ist bei objektiv schwerwiegenden Pflichtverletzungen zu erwarten, für die eine Rüge als Sanktion nicht mehr geeignet ist, den Verstoß zu ahnden. Auch die Öffentlichkeitswirkung eines Verstoßes kann die Beurteilung beeinflussen. Zwar hat ein öffentl. Interesse an der Verfolgung eines Pflichtverstoßes an sich keine Auswirkungen auf die Sanktion, aber die mit diesem Interesse verbundene Schädigung des Ansehens des Berufs u. der damit verbundenen Schädigung des Vertrauens in die Berufsausübung stellt eine besondere Folge der Pflichtverletzung dar, die Einfluss auf die objektive Schwere des Verstoßes haben kann (s. Blank, Berufsaufsicht über Wirtschaftsprüfer; Teil 1 § 2. II.2.b). Kommt es im Laufe des berufsgerichtlichen Verfahrens entgegen der ursprünglichen Bewertung zu einer Maßnahme geringeren Eingriffs o. einer Einstellung, berührt dies die Zuständigkeit des Berufsgerichts nicht (BT-Drs. 16/2858, 39).

Erwartet die WPK trotz Annahme schwerer Schuld keine berufsgerichtliche Maßnahme i.S.d. § 68 Abs. 1, besteht aufgrund der kumulativen Voraussetzungen nach dem Gesetzeswortlaut keine Antragspflicht auf Einleitung eines berufsgerichtlichen Verfahrens. Dies ist in der Praxis bei Vorliegen v. Verfolgungshindernissen wie z.B. der Verjährung denkbar (§ 70). Dennoch obliegt der WPK eine **Informationspflicht aus § 84a Abs. 1 ggü.** der GStA aufgrund dessen weiten Anwendungsbereiches (BT-Drs. 15/1241, 42). Die GStA soll in jedem Fall in die Lage versetzt werden, die Prüfung v. Zuständigkeit u. Verfolgbarkeit vorzunehmen. 27

Die **GStA kann der WPK einen Vorgang zwecks Übernahme in das Rügeverfahren (wieder) vorlegen**, wenn sie die Einleitung eines berufsgerichtlichen Verfahrens nicht für erforderlich erachtet. Teilt die WPK diese Auffassung nicht, steht ihr die Möglichkeit der Anrufung des KG zwecks gerichtlicher Entscheidung über die Einleitung des Verfahrens offen (§ 86). 28

d) Anderweitige Ahndung
Gemäß § 63 Abs. 1 Satz 2 gilt § 69a im Rügeverfahren entsprechend. Danach ist der sog. **disziplinarische Überhang** zu prüfen, wenn wegen desselben Verhaltens bereits durch ein Gericht eine Strafe o. durch eine andere Berufskammer eine berufsrechtliche Maßnahme verhängt wurde. Eine Rüge ist danach nur dann zu erteilen, wenn diese zusätzl. erforderlich ist, um den Betroffenen zur Erfüllung seiner Pflichten anzuhalten u. das Ansehen des Berufes zu wahren. 29

Zwar stellt eine **Einstellung des vorangegangenen Verfahrens** keine Ahndung i.S.d. § 69a dar, jedoch sollte unter dem Aspekt der Verhältnismäßigkeit eine Geldbuße (z.B. nach § 153a StPO) o. Auflage im sich anschließenden Rügeverfahren nach dem Rechtsgedanken des § 69a berücksichtigt werden (§ 69a Rn. 6). 30

2. Verfahren
a) Ermittlungen durch die WPK
Die **WPK ist für die Ermittlungen im Rahmen der BA primär zuständig** u. entscheidet über die Einleitung eines Rügeverfahrens (§ 61a). Die Möglichkeiten der Ermittlung wurden durch die 7. WPO-Novelle 2007 erheblich erweitert. Neben der Anordnung des persönlichen Erscheinens der Mitglieder zwecks Auskunftserteilung o. Vorlage der Handakten (§ 62) o. dem Herantreten an Dritte (§ 64 Abs. 4) kann sie nunmehr unter bestimmten Voraussetzungen u.a. auch Geschäftsräume betreten u. Unterlagen sichten (§ 62 Abs. 4). 31

Die durch die 7. WPO-Novelle 2007 ebenfalls neu eingeführte Möglichkeit der **anlassunabhängigen SU** bei AP bestimmter Unternehmen (§ 62b) stellt hingegen ein präventives Element der BA dar (BT-Drs. 16/2858, 34) u. ist keine Ermittlungsmaßnahme im Rahmen eines bereits anhängigen Rügeverfahrens. Allerdings kann aufgrund der Erkenntnisse aus einer SU ein Rügeverfahren eingeleitet werden. 32

b) Rechtliches Gehör
Vor Ausspruch der Rüge ist dem Betroffenen die Möglichkeit zu geben, sich innerhalb angemessener Frist in **tats. u. rechtlicher Hinsicht** zu äußern („**rechtliches** 33

Gehör", Abs. 3). Nicht vorgeschrieben ist, in welcher Form dies geschieht. In der Regel erfolgt die Gewährung rechtlichen Gehörs schriftlich. Dem betroffenen Mitglied müssen hierzu der Sachverhalt u. die sich daraus ergebenden berufsrechtlichen Bedenken dargelegt werden. Eine Aussage zur mögl. Sanktion kann wegen der ergebnisoffenen Ermittlungen nicht getroffen werden (so auch Kuhls/Busse, StBerG, § 81 Rn. 27).

34 Mangels ausdr. Regelung in der WPO besteht **kein Anspruch auf mündliches rechtliches Gehör**. Die **Entscheidung liegt im Ermessen der WPK**, in welcher Form sie rechtliches Gehör gewährt. Erscheint es im Einzelfall sachgerecht, kann sie dem Antrag eines Mitglieds, persönlich gehört zu werden, entsprechen.

35 Die Stellungnahme im Rahmen des rechtlichen Gehörs muss **nicht höchstpersönlich** gegeben werden. Vielmehr kann das Mitglied die Beistandsleistung durch einen **Verteidiger** (neben RA auch WP/vBP, § 82a entsprechend) in Anspruch nehmen, der an Stelle des betroffenen Mitglieds tätig werden kann (Kuhls/Busse, StBerG, § 81 Rn. 30). Anders stellt sich die Rechtslage im Rahmen einer persönlichen Anhörung nach § 62 dar, wo das Mitglied selbst erscheinen muss (§ 62 Rn. 23).

36 Das Gesetz sieht **keine Pflicht zur Stellungnahme** im Rahmen des rechtlichen Gehörs vor. Anderes gilt, wenn – neben der Gewährung rechtlichen Gehörs – v. der in § 62 normierten Möglichkeit Gebrauch gemacht wird, das betroffene Mitglied zur persönlichen Anhörung zu laden. Hier ist das Mitglied in bestimmtem Umfang zur Aussage verpflichtet (näher § 62).

37 Kommt der VO auch ohne Stellungnahme des betroffenen Mitglieds zur Überzeugung, dass das **Verfahren einzustellen** ist (z.B. mangels hinreichender Anhaltspunkte einer Pflichtverletzung), kann er v. der **Gewährung rechtlichen Gehörs absehen**.

38 Ein **Akteneinsichtsrecht** des betroffenen Mitglieds o. dessen Verteidigers sieht das Gesetz allein für das berufsgerichtliche Verfahren vor (§ 82b). Mangels spezialgesetzlicher Regelung besteht aber ein Recht auf Akteneinsicht nach den allg. verwaltungsrechtlichen Regelungen. Anderenfalls würde es gegen den Grundsatz des umfassenden rechtlichen Gehörs nach Art. 103 Abs. 1 GG verstoßen, wenn der **Betroffene** o. sein Verteidiger im Rügeverfahren keine Einsicht in die über ihn geführte Aufsichtsakte begehren könnte. Ebenso wenig wie im berufsgerichtlichen Verfahren besteht aber ein Anspruch auf Zusendung der Akte in die Geschäfts- o. Privaträume (s. § 82b Rn. 6). Vielmehr kann das Mitglied o. dessen Verteidiger in den Geschäftsräumen der WPK Einsicht nehmen. Die WPK bietet i.d.R. an, durch Zusendung einer Ablichtung der Akte das Verfahren zu vereinfachen.

39 Ein **Akteneinsichtsrecht Dritter** ist mangels gesetzlicher Regelung nicht gegeben. Nach der WPO steht die VSP des VO nach § 64 einer Akteneinsicht Dritter, so auch des Beschwerdeführers, entgegen. Ein solcher Anspruch ergibt sich auch nicht aus anderen gesetzlichen Regelungen wie bspw. dem IFG, da das Berufsaufsichtsverfahren durch § 64 einer speziellen Geheimhaltungs- u. Vertraulichkeitspflicht unterliegt.

c) Verfahrenshindernisse

Verfahrenshindernisse können jederzeit während des Verfahrens eintreten u. sind v. Amts wegen zu berücksichtigen (so i.e. für Strafverfahren Meyer-Goßner, NStZ 1993, 169). **40**

Eine Rüge darf nicht mehr erteilt werden, wenn das **berufsgerichtliche Verfahren wegen desselben Sachverhaltes** eingeleitet ist (§ 63 Abs. 2 Satz 1 Hs. 1, 1. Alt.). Hingegen hindert eine bereits erteilte Rüge die Einleitung des berufsgerichtlichen Verfahrens nicht (s. § 69 Abs. 1). Insoweit besteht ein Vorrang zugunsten des berufsgerichtlichen Verfahrens, das den Sachverhalt abschließend bewertet. Derselbe Sachverhalt kann im Anschluss des berufsgerichtlichen Verfahrens nicht mehr Gegenstand eines Rügeverfahrens sein, unabhängig von dessen Ausgang. Das Rügeverfahren lebt daher auch dann nicht wieder auf, wenn das berufsgerichtliche Verfahren nicht mit einer Entscheidung in der Sache abgeschlossen wurde, sondern mit einer Einstellung nach § 127 i.V.m. § 153 o. § 153a StPO endet (ausführlich Kuhls/Busse, StBerG, § 81 Rn. 20; Henssler/Prütting/Hartung, BRAO, § 74 Rn. 26). **41**

Das Rügeverfahren ist auch einzustellen, wenn **seit der Pflichtverletzung mehr als fünf Jahre** vergangen sind (§ 63 Abs. 2 Satz 1 Hs. 1, 2. Alt). Diese Frist wurde durch die 7. WPO-Novelle 2007 mit Wirkung ab dem 6.9.2007 v. drei auf fünf Jahre verlängert. Liegt die Pflichtverletzung **am 6.9.2007 über drei Jahre zurück**, tritt keine Verlängerung der Frist auf fünf Jahre ein. Dies liegt darin begründet, dass bereits vor der Gesetzesänderung keine Rüge mehr erteilt werden konnte. Anderenfalls würde ein Eingriff in den in der Vergangenheit liegenden abgeschlossenen Sachverhalt vorliegen, der verfassungsrechtlich unzulässig wäre (BVerfG 26.2.1969, BVerfGE 25, 169, 291). Waren hingegen **am 6.9.2007 noch keine drei Jahre seit der Pflichtverletzung vergangen**, verlängerte sich die Verjährungsfrist automatisch auf fünf Jahre (BT-Drs. 16/2858, 39). **42**

Zur **Berechnung der Frist** sind in entsprechender Anwendung des § 70 Abs. 1 Satz 2 u. Abs. 2 die strafrechtlichen Regelungen über den **Beginn**, das **Ruhen** u. die **Unterbrechung der** Verjährungsfrist anzuwenden (§ 63 Abs. 2 Satz 1 Hs. 2; näher zu den jeweiligen Voraussetzungen § 70). Zeiten des Ruhens o. der Hemmung werden daher bei der Rügefrist nicht mitberechnet. Liegen die Gründe, die zum Ruhen o. zur Hemmung des Fristablaufs geführt haben, nicht mehr vor, wird das Rügeverfahren fortgesetzt. **43**

Offen ist die Frage der Fristberechnung bei **gleichzeitiger Hemmung** durch ein Strafverfahren **u. Unterbrechung** durch Ermittlungsmaßnahmen der WPK (näher zur Problematik § 70 Rn. 37 ff.). Für eine Addition des Zeitraums der Hemmung durch das Strafverfahren zur Rügefrist spricht, dass die WPK aufgrund ihrer Aufgabenstellung gehalten ist, möglichst frühzeitig ihr Mitglied auf bestehende Bedenken hinzuweisen. Nur so kann sie dem präventiven Gedanken des Rügeverfahrens folgend auf eine ordnungsmäße Berufsausübung hinwirken u. weiteren Pflichtverletzungen während der Dauer des Strafverfahrens entgegen wirken. **44**

45 In entsprechender Anwendung des § 78c Abs. 3 Satz 2 StGB stellt die doppelte Zeit der Rügefrist, somit **zehn Jahre eine absolute Grenze der Verjährung** dar. Jedoch dürften nach § 78c Abs. 3 Satz 3 StGB die Zeiten des Ruhens unberücksichtigt bleiben, so dass diese Zeiten selbst bei der absoluten Verjährung herauszurechnen wären.

46 Die Rüge ist dem betroffenen Mitglied **innerhalb der Frist zuzustellen**. Es ist hingegen unschädlich, wenn die Frist nach Zustellung der Rüge, aber noch während des Rechtsbehelfsverfahrens abläuft.

47 Der Betroffene muss **Kammermitglied** sein (Rn. 6) u. im **Zeitpunkt der Rügeerteilung** der BA unterliegen. Auch hier ist für die Rügeerteilung die Zustellung maßgebend. Im Falle einer **Beurlaubung** i.S.v. § 46 bleibt der Berufsangehörige Mitglied der WPK, so dass ihm auch während der Beurlaubung eine Rüge erteilt werden kann (§ 46 Rn. 17). **Endet die Mitgliedschaft** vor der Zustellung (z.B. durch Verzicht, § 19 Abs. 1 Nr. 2), kann eine Rüge nicht erteilt werden. Ein Einspruchsverfahren muss ebenfalls wegen des Verfahrenshindernisses eingestellt werden. Endet hingegen die Mitgliedschaft nach Zustellung des Rüge- o. Einspruchsbescheides, aber vor Ablauf der Rechtsbehelfsfrist, kann der Bescheid bei Ablauf der Frist bestandskräftig werden, sofern kein (weiterer) Rechtsbehelf fristgemäß eingelegt wird. Verzichtet bspw. der Betroffene nach Zustellung des Rügebescheides auf seine Bestellung u. lässt er den Rügebescheid bestandskräftig werden, ist eine ggf. verhängte Geldbuße auch gegen das ehemalige Kammermitglied vollstreckbar.

3. Entscheidungsalternativen

48 Die **Entscheidungsmöglichkeiten** nach Abschluss der Ermittlungen bestehen in der Einstellung, einer Belehrung (vgl. Rn. 9) der Abgabe des Verfahrens an die GStA o. in der Erteilung einer Rüge, ggf. verbunden mit Geldbuße u./o. mit einer Untersagungsverfügung.

a) Einstellung, Hinweis, Belehrung

49 Bei Vorliegen eines **Verfahrenshindernisses** ist das Verfahren aus formellen Gründen einzustellen. Zu den Verfahrenshindernissen im Einzelnen s.o. Rn. 40 f. Der VO ist in diesen Fällen daran gehindert, eine Rüge auszusprechen (o. einen Einspruchsbescheid zu erlassen). Das Verfahren ist aus sachlichen Gründen einzustellen, wenn sich der Vorwurf einer schuldhaften Berufspflichtverletzung als unbegründet darstellt. Dies ist gegeben, wenn entw. in objektiver Hinsicht eine Berufspflichtverletzung nicht vorliegt o. nicht beweisbar ist o. wenn in subjektiver Hinsicht dem Mitglied kein Schuldvorwurf zu machen ist. In Fällen der Einstellung aus sachlichen Gründen prüft der VO, ob die Einstellung mit einem **Hinweis** zu verbinden ist (§ 57 Rn. 34 ff.). Stellt der VO eine schuldhafte Berufspflichtverletzung fest, erachtet er aber eine Rüge als nicht erforderlich, kann er ggü. dem Mitglied eine **Belehrung** aussprechen (s. Rn. 9; für das Berufsrecht der RA BGH 16.4.2007, NJW 2007, 3499).

b) Rüge

Sieht der VO (bzw. die entscheidungsbefugte VO-Abteilung, s.o. Rn. 5) die Voraussetzungen für eine Rüge als gegeben an u. erachtet er diese im konkreten Einzelfall auch für geboten, rügt er das Verhalten des betroffenen Mitglieds. Es liegt im pflichtgemäßen Ermessen des VO zu entscheiden, ob er eine Rüge ausspricht (**Opportunitätsgrundsatz**, s.o. Rn. 9). Nach dem Wortlaut des § 63 Abs. 1 („*kann*") ist er hierzu nicht gezwungen. So kann er z.B. v. einer Rüge absehen, wenn es sich um ein geringfügiges Fehlverhalten handelt u. das Mitglied bereits einen sehr langen Zeitraum ohne Beanstandungen seinen Beruf ausübte. In diesem Fall wird er das Mitglied über die Einhaltung der Berufspflichten belehren. 50

Die Rüge kann mit einer **Geldbuße** verbunden werden. Die Höhe der Geldbuße ist im jeweiligen Einzelfall nach pflichtgemäßem Ermessen zu ermitteln (BT-Drs. 15/1241, 39; Schmidt/Kaiser, WPK-Mitt. 2003, 150, 160). Die Anhebung der möglichen Geldbuße v. 10.000 Euro auf 50.000 Euro durch die 7. WPO-Novelle 2007 korrespondiert mit der Erweiterung der Zuständigkeit der WPK für die mittelschweren Fälle v. Berufspflichtverletzungen. 51

Bei der Beurteilung der **Angemessenheit einer Geldbuße** sind mehrere Komponenten zu berücksichtigen. Die Sanktion muss ausreichend sein, um das objektive Gewicht der berufsrechtlichen Verfehlung hinreichend zu erfassen (LG Berlin 9.5.2011, WPK-Mag. 3/2011, 45; LG Berlin 31.10.2007, WPK-Mag. 1/2008, 47); in dieser Hinsicht kommt es insb. auf die Wesentlichkeit des Prüfungsmangels, des nicht beanstandeten Rechnungslegungsfehlers oder die Bedeutung der verletzten berufsrechtlichen Norm an. Auch der Grad des Verschuldens ist maßgebend. Bei einer geringen Schuld ist bei Erforderlichkeit einer Geldbuße eine solche im unteren Bereich des v. Gesetzgeber vorgesehenen Geldbußerahmens i.d.R. ausreichend. Andererseits ist bei grob fahrlässigem o. vorsätzlichem Handeln sowie bei besonderen Tatfolgen (z.B. Schädigung des Mandanten o. Dritter; starke Beeinträchtigung des Ansehens des Berufsstandes) u. der damit einhergehenden schwerer wiegenden Schuld der Geldbußerahmen eher auszuschöpfen, sofern keine Abgabe an die GStA erforderlich ist. Auch kann die Geldbuße einen berufswidrig erreichten Wettbewerbsvorteil abschöpfen (LG Berlin 8.11.2011, WPK-Mag. 1/2012, 46). 52

Die Rüge ist zu begründen (§ 63 Abs. 4 Satz 1). Aus der **Begründung** muss hervorgehen, aufgrund welchen Sachverhaltes welche objektive Pflichtverletzung dem Mitglied vorgeworfen wird u. welche subjektive Vorwerfbarkeit gesehen wird. Darüber hinaus sollte hervorgehen, ob dem Mitglied rechtliches Gehör gewährt wurde u. wie dessen Stellungnahme gewertet wurde (so auch Kuhls/Busse, StBerG, § 81 Rn. 51). Auf dieser Grundlage kann das Mitglied sodann die Entscheidung treffen, ob es gegen den Rügebescheid Einspruch einlegt. 53

Zwar sieht das Gesetz nicht ausdr. eine **Rechtsbehelfsbelehrung** vor, jedoch ist das gerügte Mitglied auf sein Einspruchsrecht u. die hierfür einzuhaltende Frist (vgl. § 63 Abs. 5) hinzuweisen. Dies folgt aus Art. 19 Abs. 4 GG bzw. aus dem allg. Rechtsgedanken des § 35a StPO, der in allen öffentlich-rechtlich Verfahren u. damit 54 auch im berufsaufsichtlichen Verfahren zu Anwendung kommt (Henssler/Prütting/ Hartung, BRAO, § 74 Rn. 36, 44). Ein Fehlen der Belehrung hat zur Folge, dass die Versäumung der Frist als unverschuldet anzusehen u. ein verspätet eingelegter Einspruch als Antrag auf Wiedereinsetzung in den vorigen Stand zu bewerten sein dürfte (Rn. 75).

55 Aus dem Rügebescheid muss hervorgehen, **welche Mitglieder des VO an der Rügeentscheidung mitgewirkt** haben (für das Recht der RA: AnwG Zweibrücken 17.2.2006, BRAK-Mitt. 2006, 285; AnwG Hamm 25.8.1999, MDR 2000, 55). Hierzu reicht es aus, dass diese in einer Anlage des Rügebescheids aufgelistet sind. Aufgrund dieser Auflistung wird das gerügte Mitglied in die Lage versetzt, eine mögliche Befangenheit v. Mitgliedern des Spruchkörpers sowie dessen ordnungsgemäße u. zur Beschlussfassung erforderliche Zusammensetzung zu überprüfen (Kleine-Cosack, ZAP 2000, 507). Der Verweis auf das Protokoll der Entscheidung ist daher nicht ausreichend (AnwG Zweibrücken, a.a.O.), da dieses nicht dem Bescheid beiliegt u. das Mitglied nicht unmittelbar die Zusammensetzung des Spruchkörpers überprüfen kann. Nach a.A. haben alle entscheidenden VO-Mitglieder den Rügebescheid zu unterzeichnen (für das Recht der RA: AnwG Berlin 1.3.2002, NJW-RR 2002, 1350). Dem ist jedoch nicht zuzustimmen. Vielmehr wird Sinn u. Zweck der Kenntnis über die Zusammensetzung des Spruchkörpers bereits hinreichend durch die beigefügte Auflistung Rechnung getragen. Es dürfte im Ermessen des entscheidenden Gremiums liegen, festzulegen, wer den Bescheid unterzeichnet (so auch Henssler/Prütting/Hartung, BRAO, § 74 Rn. 44; AnwG Düsseldorf 26.9.2007, BRAK-Mitt. 2007, 269). Dies ist für Rügebescheide der WPK i.d.R. der Vorsitzende des entscheidungsbefugten Gremiums, hier der jeweiligen entscheidungsbefugten VO-Abteilung bzw. dessen Stellvertreter, sofern der VO nicht den Vorgang an sich zieht (Rn. 5).

c) Untersagungsverfügung

56 Im Rahmen der BA kann dem Mitglied die **Aufrechterhaltung des pflichtwidrigen Verhaltens untersagt werden**. Mit der 7. WPO-Novelle 2007 hat der Gesetzgeber auch der WPK dieses Instrument an die Hand gegeben (BT-Drs. 16/2858, 39); zuvor war die **Untersagungsverfügung** nur für das berufsgerichtliche Verfahren vorgesehen (§ 68a). Sie dient primär der Sicherstellung momentanen u. zukünftigen berufsrechtskonformen Verhaltens u. trägt so einer effizienten BA Rechnung.

57 Für das berufsgerichtliche Verfahren bestimmt § 68a Abs. 1, dass die **Untersagung** in zeitlicher Hinsicht zum einen neben der berufsaufsichtlichen Maßnahme wegen einer **Pflichtverletzung**, die zu diesem Zeitpunkt **noch nicht abgeschlossen** ist, ausgesprochen werden kann (§ 68a Abs. 1 Satz 1). Zum anderen kann sich die Untersagung aber auch bei einer zum Zeitpunkt der berufsaufsichtlichen Maßnahme **bereits abgeschlossenen** Pflichtverletzung auf die künftige Vornahme einer gleichgearteten Pflichtverletzung beziehen, sofern wegen einer solchen Verletzung zuvor eine berufsgerichtliche Maßnahme verhängt, eine Rüge erteilt o. eine Belehrung ausgesprochen wurde (§ 68a Abs. 1 Satz 2). Diese zwei Alternativen gelten nach § 68a Abs. 1 Satz 3 entsprechend, wenn keine berufsgerichtliche Maßnahme nach

§ 68 verhängt, sondern das berufsgerichtliche Verfahren nach § 153a StPO eingestellt wurde. Aus Gründen der Verhältnismäßigkeit ist eine Untersagungsverfügung zumindest bei einer bereits abgeschlossenen Pflichtverletzung nur dann gerechtfertigt, wenn eine Wiederholungsgefahr durch das betroffene Mitglied besteht (LG Berlin 9.5.2011, WPK-Mag. 3/2011, 45).

Aus dem Wortlaut der Norm sowie der Einbettung in die Regelung des Rügerechts der WPK ergibt sich, dass die Untersagungsverfügung nur neben der Erteilung einer **Rüge als Maßnahme i.S.d. § 68a Abs. 1** ausgesprochen werden kann u. sich auf das dort gerügte Verhalten beziehen muss. Da § 68a Abs. 1 Satz 3 auch eine Einstellung nach § 153a StPO ausreichen lässt, um daran eine Untersagungsverfügung zu knüpfen, könnte für das kammerseitige Verfahren auch eine **Verbindung** der Untersagungsverfügung **mit einer Belehrung** anstelle der Rüge denkbar sein. Jedoch ist zu berücksichtigen, dass eine schuldhafte Pflichtverletzung vorliegen sollte, die von ihrem Gewicht her auch den Ausspruch einer Untersagungsverfügung rechtfertigt. Für derartige Pflichtverletzungen dürfte aber nicht mehr nur eine Belehrung, sondern allein eine Rüge die angemessene Sanktion darstellen. Daher ist eine Ausweitung der Untersagungsanlässe auf Belehrungen abzulehnen. 58

§ 63 regelt kein **Rechtsschutzverfahren** gegen die Untersagungsverfügung. Ein eigenständiges Antragsrecht auf berufsgerichtliche Entscheidung, wie dies § 63a für das Rügeverfahren vorsieht, soll nach der Regierungsbegr. nicht gegeben sein (BT-Drs. 16/2858, 39). Auch § 68a, auf den die Norm verweist, regelt kein Rechtsschutzverfahren gegen die Untersagungsverfügung selbst. Vielmehr sieht die Regierungsbegr. die unmittelbare Klageerhebung des Betroffenen gegen die Untersagungsverfügung vor (amtl. Begr., a.a.O.). Dies könnte zunächst mangels ausdrücklicher Spezialzuweisung für den Verwaltungsrechtsweg sprechen. Aufgrund des Sachzusammenhangs zwischen dem sich aus der Rüge ergebenden Vorwurf u. der Untersagungsverfügung ist aber von einer Anwendbarkeit der Rechtsmittel auszugehen, die für das Rügeverfahren gelten. Es ist auch sachgerecht, dass der VO, der im Falle des Einspruchs gegen den Rügebescheid die der Rüge zugrundeliegende Pflichtverletzung überprüft, auch die Überprüfung der Untersagungsverfügung übernimmt. Gleiches gilt für die berufsgerichtliche Überprüfung der Rügeentscheidung nach § 63a. § 63a Abs. 3 Satz 2 verknüpft – für einen dort näher bestimmten Fall – im Rahmen der berufsgerichtlichen Überprüfung des Rügebescheides mit der Aufhebung des Rügebescheides auch die Aufhebung der Untersagungsverfügung. Über diesen gesetzlich geregelten Fall hinaus dürfte bei allen Aufhebungen v. Rügebescheiden mangels Vorliegen der darin beanstandeten Pflichtverletzung gelten, dass auch für die auf Grundlage dieser Pflichtverletzung ergangene Untersagungsverfügung die Grundlage fehlt u. aufzuheben ist. Ein isoliertes Angreifen der Untersagung dürfte daher kaum praktische Relevanz haben. 59

Im berufsgerichtlichen Verfahren kann das Gericht bei einer **wissentlichen Zuwiderhandlung** des Betroffenen auf Antrag der GStA ein **Ordnungsgeld v. bis zu 100.000 Euro** verhängen (§ 68a Abs. 2). § 63 Abs. 1 Satz 1 ordnet eine entsprechende Anwendung des (kompletten) § 68a für das Rügeverfahren an u. klammert 60

§ 63

die in § 68a Abs. 2 geregelte Sanktion für ein Zuwiderhandeln nicht aus, so dass auch im Rügeverfahren bei Zuwiderhandeln gegen die Untersagungsverfügung ein Ordnungsgeld verhangen werden kann. Dies erscheint auch sachgerecht, da anderenfalls kein Druckmittel bestehen würde, die Untersagungsverfügung durchzusetzen. Da der VO der WPK für den Ausspruch der Rüge als (Haupt-) Maßnahme sowie für den Ausspruch der Untersagung zuständig ist, ist er in entsprechender Anwendung des § 68a Abs. 2 auch zum Beschluss des Ordnungsgeldes berechtigt. Durch die Übertragung der Rügeangelegenheiten auf entscheidungsbefugte VO-Abteilungen (Rn. 5) obliegt diesen der konkrete Beschluss. Das Ordnungsgeld kann bei jeder wissentlichen Zuwiderhandlung, also auch mehrfach verhangen werden. Verfahrensrechtlich ist zu beachten, dass § 68a von einem Antrag der GStA u. einer Beschlussfassung des Berufsgerichts (des ersten Rechtszuges) ausgeht. Unter Berücksichtigung der Gegebenheiten im kammerseitigen Rügeverfahren entfällt daher das Erfordernis einer Antragstellung. Vielmehr hat der VO o. dessen Abteilung die Beachtung der Untersagungsverfügung zu überprüfen u. auch über ein Ordnungsgeld zu entscheiden. Die entsprechend § 68a Abs. 2 Satz 3 erforderliche Androhung kann mit der Untersagung verbunden werden. Dem Betroffenen ist vor der Verhängung des Ordnungsgeldes rechtliches Gehör zu gewähren (§ 68a Abs. 3 Satz 2).

61 § 68a Abs. 4 sieht im berufsgerichtlichen Verfahren als **Rechtsschutzmöglichkeit** gegen den Beschluss des Ordnungsgeldes die sofortige Beschwerde vor, die in § 311 StPO näher geregelt ist. Diese ist zwar beim Ausgangsgericht einzulegen, hat aber einen sog. Devolutiveffekt, d.h. die Beschwerde bringt die Angelegenheit in die nächst höhere Instanz. Die sofortige Beschwerde ist befristet (Einlegung binnen einer Woche, § 311 Abs. 2 StPO). Bei entsprechender **Anwendung dieser Regelungen auf das Rügeverfahren** müsste die sofortige Beschwerde binnen einer Woche bei der WPK eingelegt werden, die diese – sofern sie nicht entsprechend § 311 Abs. 3 Satz 2 StPO abhelfen kann – dem LG Berlin als zuständigem Berufsgericht (vgl. Rn 59) vorlegt.

4. Mitteilung der Entscheidung

62 Wurde eine Rüge ausgesprochen, ist der **Rügebescheid** dem betroffenen Mitglied **zuzustellen** (§ 63 Abs. 4 Satz 2). Für die Zustellung sind die Regeln des Verwaltungszustellungsg (VwZG) sinngemäß anzuwenden. Bei Einstellung des Vorgangs o. Abgabe an die zuständige GStA wird das **betroffene Mitglied** hierüber **unterrichtet**. Dies folgt aus dem Umstand, dass das Mitglied regelmäßig einen Auskunftsanspruch über den Fortgang des ihn betreffenden Verfahrens hat. Wird hingegen ein Vorgang eingestellt, ohne hierzu das Mitglied gehört o. weitere Ermittlungen vorgenommen zu haben (z.B. anonyme unsubstantiierte Beschwerde), liegt die Unterrichtung im Ermessen der WPK. Es entspricht der Übung der WPK, das Mitglied auch in diesem Fall über den Vorgang zu unterrichten.

63 Der **GStA ist eine Abschrift des Rügebescheides zuzuleiten** (§ 63 Abs. 4 Satz 3). Dieser wird hierdurch eine Überprüfung des Vorgangs ermöglicht. Erachtet sie die Pflichtverletzung nicht ausreichend geahndet, kann sie das berufsgerichtliche Verfahren einleiten. Sie ist nicht an die Bewertung der WPK gebunden.

Wurde das Aufsichtsverfahren aufgrund einer Beschwerde o. eines Hinweises eines **64** Dritten eingeleitet, hat dieser **keinen Anspruch auf Auskunft** über das konkrete Ergebnis seiner Beschwerde. Weder sieht die WPO noch das GG eine entsprechende Anspruchsgrundlage für eine inhaltliche Auskunft vor (FG Thüringen 29.10.2008, WPK-Mag. 3/2009, 44). Eine Auskunftspflicht des VO über seine Entscheidung unter Darstellung der wesentlichen Gründe, wie es der Gesetzgeber in § 73 Abs. 3 BRAO vorsieht, ist in der WPO nicht enthalten (zu mögl. Änderungen de lege ferenda s. Einl. Rn. 84). Einer freiwilligen Informationsweitergabe des VO steht derzeit mangels gesetzlich normierter Auskunftspflicht auch die in § 64 statuierte **Pflicht zur Verschwiegenheit** entgegen(näher § 64 Rn. 10 ff).

Zwar sind auch **andere Berufskammern** Dritte in einem Berufsaufsichtsverfahren, **65** so dass ihnen ggü. ebenfalls grds. die Pflicht zur Verschwiegenheit aus § 64 besteht. Jedoch sehen die berufsrechtlichen Regelungen für **Mehrfachberufler spezielle Regelungen der Unterrichtung v. Amts wegen** u. somit Ausnahmen v. der VSP vor (§ 36a Abs. 3 Nr. 2; § 10 Abs. 2 StBerG, § 36a Abs. 3 BRAO). Erfasst werden Mitteilungen bei Mehrfachberuflern, um der anderen Berufskammer eine Überprüfung nach deren Berufsrecht unter dem Blickwinkel des disziplinaren Überhangs (§ 69a; § 92 StBerG, § 115b BRAO) zu ermöglichen.

5. Aufsicht über die WPK

Mit der 6. WPO-Novelle 2005 wurde eine öffentl. fachbezogene Aufsicht durch die **66** berufsstandsunabhängige **APAK** eingeführt (vgl. § 66a). Neben der Systemaufsicht obliegt ihr die Aufsicht im Einzelfall. Gemäß § 61a Satz 4 sind der APAK alle Verfahrenseinstellungen mangels Berufspflichtverletzung o. mangels Bedarf an einer Sanktion vor Bekanntgabe der Entscheidung vorzulegen. Dies betrifft Vorgänge, in denen bereits der Anfangsverdacht einer Berufspflichtverletzung vorlag u. mit dem sich VO o. VO-Abteilung befasst haben (§ 61a Rn. 48). Gemäß § 66a Abs. 5 ist die WPK zudem verpflichtet, auf Anforderung der APAK im Einzelfall o. aufgrund genereller Kriterien über Berufsaufsichtsvorgänge zu berichten. Hiervon hat die APAK Gebrauch gemacht. Entscheidungen in aufsichtsrelevanten Vorgängen bedürfen der Zustimmung der APAK u. werden ihr vor Bekanntgabe vorgelegt (näher § 66a Rn. 44ff).

Darüber hinaus obliegt dem **BMWi** gem. § 66 die Rechtsaufsicht über die Erfüllung **67** der der WPK gesetzlich zugewiesenen Aufgaben, so auch der BA. Es kann bei entsprechendem Anlass Auskunft u. Einsicht in einzelne Aufsichtsvorgänge verlangen; insoweit wendet es sich aber zur Auflösung einer andernfalls parallelen Aufsicht zunächst an die APAK (vgl. § 66 Rn. 9, § 66a Rn. 29). Um dem BMWi eine regelmäßige Überprüfung der im Rahmen der BA aufgegriffenen Fälle u. ausgesprochenen Maßnahmen zu ermöglichen, erhält es neutralisierte Ablichtungen der Rügebescheide.

Die **GStA** kann aufgrund des Vorrangs der Berufsgerichtsbarkeit (Rn. 11, § 61a **68** Rn. 11) Vorgänge der WPK an sich ziehen, wenn sie ihre Zuständigkeit als eröffnet ansieht. Neben der Information gemäß § 84a ist sie aus diesem Grund auch über Rüge- u. Einspruchsentscheidungen zu unterrichten.

6. Vollstreckung der Geldbuße

69 Bei Nichtzahlung der Geldbuße trotz bestandskräftigem Rügebescheid u. erfolgloser Mahnung erfolgt die **Vollstreckung der Geldbuße** als öffentlich-rechtliche Geldforderung nach den Regelungen des VerwaltungsvollstreckungsG (VwVG). Die WPK erlässt hierzu die Vollstreckungsanordnung u. beauftragt das zuständige Hauptzollamt mit der Vollstreckung.

70 Lässt das Mitglied gegen sich vollstrecken, obwohl es zur Zahlung in der Lage gewesen wäre, kann dies eine **erneute Berufspflichtverletzung** wegen berufsunwürdigen Verhaltens darstellen. Das schuldhafte Zulassen v. Zwangsvollstreckungsmaßnahmen schadet dem Ansehen des Berufsstandes (OLG Düsseldorf 5.12.2002, DStRE 2003, 1422).

III. Einspruchsverfahren

71 Die **Funktionen des Einspruchsverfahrens** sind in Anlehnung an die allg. öffentlich-rechtlichen Grundsätze eines verwaltungsinternen Rechtsbehelfsverfahrens für die sich möglicherweise anschließende gerichtliche Überprüfung (vgl. hierzu Kopp/Schenke, VwGO, § 68 Rn. 1) im Schutz der Rechte u. Interessen des WP, der Entlastung der Berufsgerichtsbarkeit in Verfahren nach § 63a sowie der Selbstkontrolle der WPK zu sehen. Durch das Einspruchsverfahren wird dem WP ein einfacher Rechtsschutz an die Hand gegeben, mit dem dem VO die Möglichkeit der nochmaligen Befassung mit der Angelegenheit u. der damit verbundenen eigenständigen Ermessensausübung eröffnet wird.

72 Der Rügebescheid als belastender VA wäre grds. vor dem VG zu überprüfen. Jedoch enthält § 63a für den Rechtsschutz gegen eine Rüge eine Spezialzuweisung an die Berufsgerichtsbarkeit. Vergleichbar dem Vorverfahren, das dem verwaltungsgerichtlichen Verfahren vorgeschaltet ist, ist zunächst **Einspruch gegen den Rügebescheid** zu erheben, über den kammerseitig zu entscheiden ist (§ 63 Abs. 5). Einen anderen Rechtsbehelf sieht das Gesetz nicht vor. Insbesondere kann das Mitglied nach Erteilung der Rüge ein berufsgerichtliches Verfahren zur Selbstreinigung (das an sich vorrangig wäre, § 63 Abs. 2 Satz 2) nicht mehr beantragen (§ 87 Abs. 1 Satz 2, 2. Alt.).

73 Der Einspruch ist **binnen eines Monats nach Zustellung** bei dem VO zu erheben (§ 63 Abs. 5 Satz 1). Die Monatsfrist berechnet sich entsprechend § 43 StPO. Wird der Rügebescheid danach am ersten eines Monats zugestellt, muss der Einspruch spätestens mit Ablauf des ersten des Folgemonats bei der WPK eingegangen sein. Fällt das Fristende auf einen Sonntag, einen allgemeinen Feiertag o. Sonnabend, endet die Frist erst mit Ablauf des nächstfolgenden Werktages (§ 43 Abs. 2 StPO). Die WPO schreibt zwar nicht ausdr. eine bestimmte Form für den Einspruch vor. Da das Rügeverfahren aber ein schriftliches Verfahren ist, hat auch der Einspruch **schriftlich** zu erfolgen. Bei telefonischer Einlegung könnte z.B. die Person des Einspruchführers nicht eindeutig festgestellt werden. Der Einspruch ist an den VO zu richten. Wird stattdessen der Präsident benannt, dürfte dies aufgrund identischer Adressierung unerheblich sein. Eine **Begründung** des Einspruchs ist nicht vorgeschrieben, jedoch in jedem Fall zu empfehlen. Nur so kann das Mitglied dem VO frühzeitig aufzeigen, aus welchen tats. o. rechtlichen Gründen der Rügebescheid angegriffen wird.

Über den Einspruch **entscheidet der VO der WPK** (§§ 57 Abs. 5 Satz 2, 63 Abs. 5 Satz 2). Eine Delegation auf eine VO-Abteilung ist unzulässig. Dies sichert einen wenn auch eingeschränkten Devolutiveffekt, da neben den erneut mitwirkenden Abteilungsmitgliedern auch die übrigen u. bisher nicht mit dem Verfahren befassten VO-Mitglieder entscheiden. 74

Der VO prüft zunächst die **Zulässigkeit** des Einspruchs. Wurde er nicht rechtzeitig eingelegt, ist er grds. als unzulässig zu verwerfen. Die WPO sieht keine Regelung des Verfahrens bei einem **Antrag auf Wiedereinsetzung in den vorigen Stand** vor. Jedoch muss eine Wiedereinsetzung auch für das Berufsrecht der WP bei unverschuldet versäumter Frist zur Gewährung effektiven Rechtsschutzes möglich sein. Da das Einspruchsverfahren noch Teil des Verwaltungsverfahrens ist, dürfte zumindest der Rechtsgedanke des § 32 VwVfG Anwendung finden (a.A. Vorauflage mit Verweis auf § 44 Satz 2 StPO, Kuhls/Busse, StBerG, § 81 Rn. 67 mit Verweis auf § 110 AO; Henssler/Prütting/Hartung, BRAO, § 74 Rn. 44, der auf eine entsprechende Anwendung des § 44 Satz 2 StPO verweist; offen gelassen, aber mit Tendenz zu § 32 VwVfG v. LG Berlin 18.3.2005, WPK-Mag. 2/2005, 40). Nach § 32 Abs. 1 u. 2 VwVfG ist die Wiedereinsetzung zu gewähren, wenn der Antrag binnen zwei Wochen nach Wegfall des Hindernisses gestellt wird u. den Antragsteller kein Verschulden an der Verhinderung der Fristeinhaltung trifft. Eine ausdrückl. Bezeichnung als Antrag auf Wiedereinsetzung ist nicht erforderlich. Vielmehr genügt es, wenn sich aus dem Begehren ergibt, dass der WP sein Fristversäumnis für unverschuldet hält u. Wiedereinsetzungsgründe geltend macht. Bei Vorliegen dieser Voraussetzungen ist auch über einen verspätet eingelegten Einspruch zu entscheiden. 75

Bei zulässigem Einspruch **entscheidet der VO in der Sache**. Um zu einer abschließenden Bewertung zu gelangen, kann er **weitere Ermittlungen** anstellen. In diesem Fall ist dem betroffenen Mitglied entsprechend § 63 Abs. 3 nochmals rechtliches Gehör zu gewähren. Erachtet der VO keine weiteren Ermittlungen als erforderlich, ist eine Anhörung des Mitglieds nicht notwendig. Durch die Möglichkeit der Begr. des Einspruchs hatte das Mitglied bereits die Gelegenheit zur Stellungnahme. 76

Der VO kann entw. den Rügebescheid **aufheben** o. den Einspruch gegen den Rügebescheid **zurückweisen**. Dabei prüft der VO, ob der Rügebescheid aufgrund eines Verfahrenshindernisses o. aus sachlichen Gründen aufzuheben o. der Einspruch unbegründet ist. Verfahrens- u. Formmängel können entsprechend des Grundsatzes der Einheit des Verwaltungsverfahrens (vgl. § 45 VwVfG) im Rahmen des Einspruchsverfahrens nachgeholt u. somit geheilt werden. Tragen nach Beurteilung des VO Teile der Rügebegr. eine Rüge nicht, rechtfertigen jedoch die verbleibenden Punkte noch den Ausspruch der Rüge, ist der Einspruch dennoch insgesamt als unbegründet zurückzuweisen (Wulff, WPK-Mag. 1/2007, 38). Die v. der ursprünglichen Rügebegr. abweichende Bewertung geht sodann aus der Einspruchsbegr. 77

hervor. Dies resultiert aus dem Grundsatz der Einheitlichkeit der Berufspflichtverletzung (Rn. 17), nach dem ein Teilfreispruch nicht zulässig ist (BGH 20.5.1985, BGHSt 33, 205, 230).

78 Ist mit dem Rügebescheid eine **Geldbuße** verbunden, teilt diese im Fall der Aufhebung des Rügebescheides dessen Schicksal. § 63 Abs. 1 sieht als Sanktion im Rügeverfahren keine isolierte Geldbuße vor. Liegt nach Auffassung des VO ein rügewürdiges Verhalten vor, kann er aber eine Änderung der Geldbuße vornehmen (s. § 63a Rn. 28 für das gerichtliche Verfahren).

79 Sieht der VO die Voraussetzungen für die **Abgabe des Vorgangs an die GStA** für gegeben an, wird der Rügebescheid ebenfalls aufgehoben u. die Angelegenheit in das berufsgerichtliche Ermittlungsverfahren gegeben. Auch kann der VO die Sanktion verschärfen, indem die Rüge mit einer Geldbuße verbunden o. diese erhöht wird. Das Verbot der **Verböserung** („reformatio in peius") gilt im Einspruchsverfahren nicht (Feuerich/Weyland, BRAO, § 74 Rn. 55). Der VO prüft im Einspruchsverfahren die Sache in vollem Umfang, insb. wird der Prüfungsumfang nicht durch das Vorbringen des WP in der Einspruchsbegründung begrenzt. Die Rüge kann daher aufgrund neuer Ermittlungsergebnisse o. anderer Beurteilung des bisherigen Sachverhaltes auch zum Nachteil des Einspruchsführers geändert werden. Die Möglichkeit der Verböserung ist auch sachgerecht, da das Einspruchsverfahren nicht allein dem Rechtsschutz des WP, sondern auch der Selbstkontrolle der WPK dient (s. Rn. 71). Allerdings ist dem WP in diesen Fällen vor Erteilung der verbösernden Entscheidung nochmals die Gelegenheit zur Äußerung zu gewähren (vgl. §§ 367 Abs. 2 AO, 71 VwGO). Ein abstrakter Hinweis auf eine Verböserungsmöglichkeit stellt hierbei kein hinreichendes rechtliches Gehör dar. Vielmehr muss der WP über die Gründe der möglichen Verböserung informiert werden, so dass er in die Lage versetzt wird, über die weitere Verfolgung o. Rücknahme seines Rechtsbehelfs zu entscheiden.

80 Die **Einbindung der APAK** gem. § 66a Abs. 5 über Entscheidungen der WPK in Rügeverfahren erfasst auch das Einspruchsverfahren als zweiter Verfahrensabschnitt eines Rügeverfahrens (Rn. 3, 71). Vor Bekanntgabe des Einspruchsbescheides an das Mitglied wird daher die Entscheidung der APAK vorgelegt.

81 Der Einspruchsbescheid ist zu **begründen** u. dem Mitglied **zuzustellen**. Zu Einzelheiten wird auf die entsprechenden Ausführungen zur Begr. u. Zustellung des Rügebescheides verwiesen (Rn. 53, 62). Wird dem Einspruch nicht entsprochen, ist dem Bescheid eine Rechtsmittelbelehrung hinzuzufügen. Die GStA erhält eine Kopie des Einspruchsbescheides (§ 63 Abs. 5 Satz 1 Hs. 2, Abs. 4 Satz 2).

82 Auch für das Einspruchsverfahren fallen **keine Gebühren** an, Auslagen sind selbst zu tragen. Insoweit wird auf die Ausführungen zum Rügeverfahren im engeren Sinne verwiesen (Rn. 8).

IV. Publizierung

Die seitens der WPK u. den Berufsgerichten getroffenen **Maßnahmen** hat die WPK jährlich „*in angemessener Weise, d.h. in aggregierter Form*" **zu veröffentlichen** (BT-Drs. 16/2858, 39). Der Gesetzgeber stellte im Zuge der Einführung der Veröffentlichungspflicht fest, dass dies bereits der Praxis der WPK entspricht. Mit der ausdr. Normierung der Pflicht in § 63 Abs. 6 wurde eine Vorgabe der AP-RiLi umgesetzt (BT-Drs, a.a.O.). 83

Die WPK **berichtet über die jährlichen Ergebnisse** der kammerseitigen u. berufsgerichtlichen BA sowie der Abschlussdurchsicht der WPK im WPK-Mag. u. auf der Homepage der WPK (www.wpk.de → Berufsaufsicht). Über statistische Angaben hinaus wird regelmäßig über Einzelvorgänge aus der BA sowie über die berufsgerichtlichen Entscheidungen im WPK-Mag. in neutralisierter Form informiert. Einer Information über den Ausgang konkreter Aufsichtsverfahren unter Nennung des Mandates o. des AP steht die gesetzl. VSP entgegen (s. § 64, zu aktuellen Bemühungen der WPK um eine größere Transparenz vgl. Einl. Rn. 84 f.). 84

§ 63a Antrag auf berufsgerichtliche Entscheidung

(1) [1]**Wird der Einspruch gegen den Rügebescheid durch den Vorstand der Wirtschaftsprüferkammer zurückgewiesen, so kann das Mitglied innerhalb eines Monats nach der Zustellung die Entscheidung des Landgerichts (Kammer für Wirtschaftsprüfersachen) beantragen.** [2]**Zuständig ist das Landgericht am Sitz der Wirtschaftsprüferkammer.** [3]**Auf die Besetzung des Gerichts findet § 72 Abs. 2 Satz 2 entsprechende Anwendung.**

(2) [1]**Der Antrag ist bei dem Landgericht schriftlich einzureichen.** [2]**Auf das Verfahren sind die Vorschriften der Strafprozessordnung über die Beschwerde sinngemäß anzuwenden.** [3]**Die Gegenerklärung (§ 308 Abs. 1 der Strafprozessordnung) wird von dem Vorstand der Wirtschaftsprüferkammer abgegeben.** [4]**Die Staatsanwaltschaft ist an dem Verfahren nicht beteiligt.** [5]**Eine mündliche Verhandlung findet statt, wenn sie das Mitglied beantragt oder das Landgericht für erforderlich hält.** [6]**Von Zeit und Ort der mündlichen Verhandlung sind der Vorstand der Wirtschaftsprüferkammer, das Mitglied und sein Verteidiger zu benachrichtigen.** [7]**Art und Umfang der Beweisaufnahme bestimmt das Landgericht.** [8]**Es hat jedoch zur Erforschung der Wahrheit die Beweisaufnahme von Amts wegen auf alle Tatsachen und Beweismittel zu erstrecken, die für die Entscheidung von Bedeutung sind.**

(3) [1]**Der Rügebescheid kann nicht deshalb aufgehoben werden, weil der Vorstand der Wirtschaftsprüferkammer zu Unrecht angenommen hat, die Schuld des Mitgliedes sei gering und der Antrag auf Einleitung des berufsgerichtlichen Verfahrens nicht erforderlich.** [2]**Treten die Voraussetzungen, unter denen nach § 69a von einer berufsgerichtlichen Ahndung abzusehen ist oder nach § 83 Abs. 2 ein berufsgerichtliches Verfahren nicht eingeleitet oder fortgesetzt werden darf, erst ein, nachdem der Vorstand die Rüge erteilt hat, so hebt das Land-**

gericht den Rügebescheid und erforderlichenfalls auch die Untersagungsverfügung auf. ³Der Beschluss ist mit Gründen zu versehen. ⁴Er kann nicht angefochten werden.

(4) ¹Das Landgericht, bei dem ein Antrag auf berufsgerichtliche Entscheidung eingereicht wird, leitet unverzüglich der Staatsanwaltschaft bei dem Oberlandesgericht eine Abschrift des Antrags zu. ²Der Staatsanwaltschaft ist auch eine Abschrift des Beschlusses zuzuleiten, mit dem über den Antrag entschieden wird.

(5) ¹Leitet die Staatsanwaltschaft wegen desselben Verhaltens, das der Vorstand der Wirtschaftsprüferkammer gerügt hat, ein berufsgerichtliches Verfahren gegen das Mitglied ein, bevor die Entscheidung über den Antrag auf berufsgerichtliche Entscheidung gegen den Rügebescheid ergangen ist, so wird das Verfahren über den Antrag bis zum rechtskräftigen Abschluss des berufsgerichtlichen Verfahrens ausgesetzt. ²In den Fällen des § 69 Abs. 2 stellt das Landgericht nach Beendigung der Aussetzung fest, dass die Rüge unwirksam ist.

Schrifttum: *Wulff*, Die Einheitlichkeit des Berufsvergehens, WPK-Mag. 1/2007, 38 ff.; *Kleine-Cosack*, Sanktionen und Rechtsschutz bei anwaltlichen Berufspflichtverletzungen, ZAP 2000, 507.

Inhaltsübersicht

	Rn.
I. Allgemeines	1–6
II. Antragsvoraussetzungen	7–9
III. Verfahren vor dem Landgericht	10–20
1. Anzuwendende Vorschriften	10
2. Beteiligte	11–12
3. Gegenerklärung	13
4. Schriftliches Verfahren	14
5. Mündliche Verhandlung	15–18
6. Beweisaufnahme	19
7. Besetzung des Gerichts	20
IV. Entscheidung des Landgerichts	21–34
1. Aufhebung des Rügebescheides	21–29
2. Zurückweisung des Antrags	30–31
3. Aussetzung	32–33
4. Einstellung	34
V. Mitteilung der Entscheidung	35–37

I. Allgemeines

1 § 63a weist die gerichtliche Überprüfung dem **sachnäheren Berufsgericht** anstelle dem für VA zuständigen VerwG zu (vgl. auch § 63 Rn. 3). Die Regelung wurde zur „... *Verbesserung ... des Verfahrens, in dem Rügebescheide nachgeprüft werden",*

in Anlehnung an die seinerzeit bereits existierende Parallelvorschrift des § 74a BRAO durch die 1. WPO-Novelle 1975 in das Gesetz eingefügt (BT-Drs. 7/2417, 16, 22) u. gewährleistet gegen den Rügebescheid als belastenden VA den verfassungsrechtlich verankerten Anspruch auf Rechtsschutz (Art. 19 Abs. 4 GG; Feuerich/Weyland, BRAO, § 74a Rn. 1). Vor der Einführung des § 63a sah die WPO nur die Einleitung des **berufsgerichtlichen Verfahrens zum Zweck der Selbstreinigung** als Rechtsschutz gegen die Entscheidung des Vorstandes vor (§ 63 Abs. 5 Satz 3 a.F.), die Anrufung des VerwG war ausgeschlossen (Gerhard, WPO 1961, § 63). Mit Einführung des § 63a wurde die Möglichkeit der Einleitung des berufsgerichtlichen Verfahrens zum Zwecke der Selbstreinigung in § 87 geregelt und für das betroffene Mitglied eingeschränkt. § 87 Abs. 1 Satz 2 schließt nunmehr die Möglichkeit, sich v. dem Verdacht einer Pflichtverletzung zu befreien, nach Erteilung der Rüge ausdr. aus.

Das Gesetz sieht **kein weiteres Rechtsmittel** (Berufung o. Revision) gegen die Entscheidung des LG vor. Unbenommen hiervon ist die Einlegung einer **Verfassungsbeschwerde** gem. § 90 ff. BVerfGG, sofern sich das betroffene Mitglied durch die Entscheidung in seinen Grundrechten verletzt fühlt (z.B. zur Berufsausübungsfreiheit eines RA: BVerfG 14.12.1999, BRAK-Mitt. 2000, 36). 2

Das **Gericht unterrichtet die zuständige GStA** über den Antrag auf berufsgerichtliche Entscheidung u. über den daraufhin ergangenen Beschluss (§ 63a Abs. 4). Die GStA ist jedoch **nicht am Verfahren beteiligt** (§ 63a Abs. 2 Satz 4). Sie kann allerdings noch in diesem Verfahrensstadium wegen desselben Verhaltens, das Gegenstand der Rüge ist, das **berufsgerichtliche Verfahren einleiten** (§ 63a Abs. 5). Das Verhältnis zwischen Rüge u. berufsgerichtlichem Verfahren regelt § 69. 3

Die Frage, ob der rügenden **Berufskammer** noch während der Überprüfung der Rügeentscheidung durch das Berufsgericht eine **Abhilfemöglichkeit** zusteht, wird in der Literatur abgelehnt (vgl. Gehre/v. Borstel, StBerG, § 82 Rn. 5; Kuhls/Busse, StBerG, § 82 Rn. 18). Zwar sprechen Gründe der Verfahrensökonomie für das Recht der Kammer, die Rüge bis zum Abschluss des Verfahrens aufheben zu können. Insbesondere ist hierbei an den Fall zu denken, dass aufgrund neuerer Erkenntnisse o. gerichtlicher Hinweise der VO zu einer anderen Bewertung in der Sache kommt. Jedoch dürfte die Möglichkeit einer Abhilfe durch die Kammer mit Zurückweisung des Einspruchs erloschen sein. Spätestens mit der Beantragung der berufsgerichtlichen Entscheidung ist allein das angerufene Landgericht zuständig. 4

Das betroffene Mitglied kann wie im Rüge- u. Einspruchsverfahren (s. § 63 Rn. 35) auch im Verfahren nach § 63a einen **Verteidiger** (neben RA auch WP/vBP, § 82a entsprechend) in Anspruch nehmen. § 63a Abs. 2 Satz 5 stellt klar, dass im Falle einer mündlichen Verhandlung auch der Verteidiger über die Terminierung zu unterrichten ist (Rn. 16). 5

Die **Kosten** des Verfahrens richten sich nach § 124a. Neben den geltend zu machenden **Auslagen** werden auch **Gerichtsgebühren** in Form v. Festgebühren erhoben, die aus der Anlage zu § 122 hervorgehen. Ist ggf. eine mit der Rüge verbunde- 6 ne Untersagungsverfügung entsprechend § 68a Gegenstand der berufsgerichtlichen Entscheidung, dürfte auch für diese in analoger Anwendung der Gebührentatbestand für Untersagungsverfügungen des § 122 greifen.

II. Antragsvoraussetzungen

7   **Gegenstand des Verfahrens** ist der **Rügebescheid in Gestalt des Einspruchsbescheides.** Das betroffene Mitglied muss sich daher zunächst mit einem Einspruch gegen den Rügebescheid zur Wehr gesetzt haben. Des Weiteren muss der VO der WPK den Einspruch zurückgewiesen haben. Hat der Vorstand teilweise abgeholfen (z.B. durch Absenkung oder Aufhebung der Geldbuße) ist die Antragstellung hinsichtlich des verbleibenden Rügebescheides möglich. Unerheblich ist, ob der VO im Einspruchsbescheid bereits die Zulässigkeit verneinte u. den Einspruch als unzulässig verwarf o. ihn als unbegründet zurückwies.

8   Das Gericht überprüft die Entscheidung der WPK nur auf **Antrag**, der **schriftlich** zu erfolgen hat (§ 63a Abs. 2 Satz 1). Aufgrund der gesetzlichen Vorgabe reicht eine Erklärung zu Protokoll der Geschäftsstelle des LG nicht aus. Eine **Begründung des Antrags** ist gesetzlich nicht vorgeschrieben, jedoch in jedem Fall zu empfehlen.

9   § 63a Abs. 1 sieht für den Antrag eine **Frist v. einem Monat nach der Zustellung der Einspruchsentscheidung** vor. Die Monatsfrist berechnet sich entsprechend § 43 StPO. Wird der Einspruchsbescheid danach am ersten eines Monats zugestellt, muss der Antrag spätestens mit Ablauf des ersten des Folgemonats bei dem LG eingegangen sein. Wird hingegen der Antrag bei der WPK eingereicht, ist die Frist nicht gewahrt. Versäumt das betroffene Mitglied schuldlos die Frist, kann es die **Wiedereinsetzung in den vorigen Stand** beantragen. Das Gesetz sieht hierfür keine ausdr. Regelung vor. Ein Antrag nach § 63a als Fortsetzung des Rüge- u. Einspruchsverfahrens könnte für die Anwendbarkeit des § 60 VwGO sprechen. Sachnäher ist es jedoch, für das Verfahren nach § 63a, in dem das Berufsgericht entscheidet, den Rechtsgedanken des § 44 Satz 2 StPO i.V.m. § 127 Anwendung finden zu lassen. Zwar verweist § 63a Abs. 2 Satz 2 allein auf die strafprozessualen Regelungen über die Beschwerde (§§ 304 ff. StPO), jedoch sind nach § 127 die Regelungen der StPO für die Berufsgerichtsbarkeit sinngemäß anzuwenden, weshalb auch bei der Entscheidung über einen Antrag auf Wiedereinsetzung in den vorigen Stand die §§ 44 ff. StPO für das Berufsgericht Berücksichtigung finden sollten. Der Unterschied liegt in der Frist, die der Antragsteller zu beachten hat. Während nach der VwGO die Wiedereinsetzung zu gewähren ist, wenn der Antrag binnen zwei Wochen nach Wegfall des Hindernisses gestellt wird u. den Antragsteller kein Verschulden an der Verhinderung der Fristeinhaltung trifft, muss er den Antrag nach der StPO bereits binnen einer Woche stellen. Aus diesem Grund sollte eine Antragstellung binnen der sicheren Frist von einer Woche erfolgen.

III. Verfahren vor dem Landgericht

1. Anzuwendende Vorschriften
Auf das Verfahren finden die **Vorschriften der StPO über die Beschwerde** (§§ 304 ff. StPO) sinngemäß Anwendung, soweit nicht § 63a spezielle Regelungen enthält (§ 63a Abs. 2 Satz 2). Die allg. Verfahrensgrundsätze sind darüber hinaus stets zu beachten, z.b. Gewährung rechtl. Gehörs; auch finden §§ 22 ff. StPO entsprechende Anwendung (Feuerich/Weyland, BRAO, § 74a Rn. 7). 10

2. Beteiligte
Beteiligte des Verfahrens sind neben dem **Mitglied**, das durch seinen Antrag das Verfahren einleitet, auch die **WPK**, die den Rügebescheid erlassen u. den dagegen erhobenen Einspruch zurückgewiesen hat. 11

Dagegen ist die **GStA nicht Verfahrensbeteiligte** (§ 63a Abs. 2 Satz 4). Jedoch besteht ggü. der GStA die Pflicht zur Information über die Antragstellung (s. auch Rn. 3) sowie über das Ergebnis des Verfahrens (§ 63a Abs. 4). 12

3. Gegenerklärung
Dem VO der WPK ist nach § 63a Abs. 2 Satz 3 unter Verweis auf § 308 Abs. 1 StPO die Gelegenheit zur Abgabe einer **Gegenerklärung zum Antrag des betroffenen Mitglieds** zu geben, sofern das Gericht beabsichtigt, den Rügebescheid aufzuheben. Kommt das Gericht bereits nach Sichtung der Sachakten unter Berücksichtigung der Antragsbegr. des Mitglieds zur sicheren Ansicht der Rechtmäßigkeit des Rügebescheides, erscheint eine Gegenerklärung nicht erforderlich. Jedoch gibt das Berufsgericht in derzeitiger Praxis vor einer sachlichen Entscheidung in jedem Fall der WPK die Gelegenheit zur Abgabe einer Gegenerklärung. 13

4. Schriftliches Verfahren
Als Regelfall sieht das Gesetz aufgrund der Verweisung auf die anzuwendenden Regelungen über die Beschwerde eine Entscheidung des Berufsgerichtes ohne mündliche Verhandlung im **schriftlichen Verfahren** vor (§ 309 Abs. 1 StPO). Um zu einer Entscheidung zu kommen, kann das Gericht weitere Ermittlungen anstellen (§ 308 Abs. 2 StPO; s. Rn. 19). 14

5. Mündliche Verhandlung
Eine mündliche Verhandlung hat **auf Antrag des Mitglieds o. dessen Verteidiger stattzufinden**. Wird keine mündliche Verhandlung beantragt, **kann aber auch das Gericht eine solche ansetzen.** Dies ist der Fall, wenn aus Sicht des Gerichts tats. o. rechtliche Fragen bestehen, die der Erörterung mit dem betroffenen Mitglied o. der WPK bedürfen. Die Entscheidung über die Durchführung einer mündlichen Verhandlung steht im pflichtgemäßen Ermessen des Gerichts u. ergeht außerhalb der mündlichen Verhandlung ohne Mitwirkung der Beisitzer. Der Beschluss ist unanfechtbar, da er keine Beschwer enthält (Kuhls/Busse, StBerG, § 82 Rn. 20). 15

Im Fall der Anberaumung einer mündlichen Verhandlung unterrichtet das Gericht zur Sicherstellung des rechtlichen Gehörs den VO der WPK, das Mitglied sowie ggf. dessen Verteidiger über den Termin (§ 63a Abs. 2 Satz 6). Das Gesetz schreibt 16

keine Ladungsfrist vor. Die Unterrichtung über den Termin hat zeitlich angemessen zu erfolgen.

17 Für die Beteiligten besteht **keine Anwesenheitspflicht**. Für das betroffene Mitglied u. ggf. dessen Verteidiger ergibt sich dies bereits aus der entsprechenden Anwendung des § 98, wonach im berufsgerichtlichen Verfahren auch bei Abwesenheit des Mitglieds verhandelt werden kann, wenn dieses vorab darauf hingewiesen u. v. Termin der Verhandlung rechtzeitig unterrichtet wurde. Ein Erscheinen v. Vertretern der WPK dürfte ebenfalls nicht zwingend sein, es sei denn, das Gericht ordnet das Erscheinen konkreter Personen an.

18 Die **Verhandlung ist grds. nicht öffentlich**. Die für das berufsgerichtliche Hauptverfahren geregelten Ausnahmen in § 99 Abs. 1 Sätze 2 u. 3. finden keine direkte Anwendung, da es sich im gerichtlichen Verfahren nach § 63a allein um die Fortsetzung des kammerseitigen Rügeverfahrens handelt. Jedoch dürfte § 99 Abs. 1 Satz 2 entsprechend anzuwenden sein mit der Folge, dass bei Antragstellung der WPK das Gericht die Öffentlichkeit herstellen kann, bei Antrag des betroffenen Mitglieds herstellen muss. Eine entsprechende Anwendung wird der Intention des Gesetzgebers gerecht, der mit der durch die 5. WPO-Novelle 2004 eingeführte Durchbrechung der Nicht-Öffentlichkeit der Hauptverhandlung dem *„erhöhten Bedürfnis der Öffentlichkeit bzw. des Berufsstandes an der Klärung von Verfahren, die [...] im Lichte der Öffentlichkeit stehen"*, Rechnung getragen hat (BT-Drs. 15/1241, 43).

6. Beweisaufnahme

19 Art u. Umfang der **Beweisaufnahme bestimmt das Berufsgericht** (§ 63a Abs. 2 Satz 7). Es ist nicht an die Beweisanträge der Beteiligten gebunden. Insbesondere gelten nicht die förmlichen Beweisregeln für die strafprozessuale Hauptverhandlung (Henssler/Prütting/Hartung, BRAO, § 74a Rn. 13). Jedoch hat das Gericht *„zur Erforschung der Wahrheit die Beweisaufnahme von Amts wegen auf alle Tatsachen und Beweismittel zu erstrecken, die für die Entscheidung von Bedeutung sind"* (§ 63a Abs. 2 Satz 8). Insoweit besteht durch den **Amtsermittlungsgrundsatz** eine weitgehende Aufklärungspflicht. Das Gericht ist daher auch verpflichtet, für das betroffene Mitglied entlastende Umstände zu ermitteln. Diese Aufgabe obliegt im Strafverfahren der StA, die im vorliegenden Verfahren nicht beteiligt ist (§ 63a Abs. 2 Satz 4).

7. Besetzung des Gerichts

20 Für die Entscheidung über den Antrag ist das LG (Kammer für Wirtschaftsprüfersachen) am Sitz der WPK zuständig (§ 63a Abs. 1 Sätze 1 u. 2). Dies ist das **LG Berlin**, das auch für das berufsgerichtliche Verfahren zuständig ist. Hinsichtlich der Besetzung des Berufsgerichts im Verfahren nach § 63a verweist seit der 7. WPO-Novelle 2007 § 63a Abs. 1 Satz 3 auf § 72 Abs. 2 Satz 2, wonach der Kammer **neben dem vorsitzenden Richter zwei Berufsangehörige als Beisitzer** angehören. Mit dieser Klarstellung wird dem Umstand Rechnung getragen, dass dem Rügeverfahren oft fachliche Themen zugrunde liegen (BT-Drs. 16/2858, 39).

IV. Entscheidung des Landgerichts

1. Aufhebung des Rügebescheides

Das LG kann den Rügebescheid aus **formellen Gründen aufheben**, wenn dieser 21
unter **Missachtung verfahrensrechtlicher Vorgaben** ergangen ist u. der Mangel
nicht heilbar ist. Eine **Heilung** wird bei fehlender **Begründung** der streitgegenständlichen Entscheidung (hier des Rüge- o. Einspruchsbescheides) durch sog. Nachschieben v. Gründen für möglich erachtet (i.e. auch Meyer-Goßner, StPO, § 309 Rn. 7). Im Ergebnis dürfte darauf abzustellen sein, ob dem betroffenen Mitglied im Verfahren nach § 63a hinreichend die Möglichkeit gegeben wird, sich mit den Beanstandungen auseinander zu setzen u. seinen Standpunkt darzulegen. Ein „Verlorengehen" einer Instanz steht dem nicht entgegen, da der Gesetzgeber in § 309 Abs. 2 StPO eine Sachentscheidung des Beschwerdegerichts, hier des LG Berlin, favorisiert. Hingegen ist die Rügeerteilung trotz vorheriger **Einleitung des berufsgerichtlichen Verfahrens** o. trotz Vorliegen einer **Präklusion in zeitlicher Hinsicht** nicht heilbar. Da das Gesetz in diesen Fällen ausdr. die Möglichkeit der Erteilung einer Rüge ausschließt, ist die Rüge aufzuheben (§ 63 Abs. 2 Satz 1).

Eine **Zurückverweisung** an die WPK ist nur in eng begrenzten Ausnahmefällen 22
zulässig, da § 309 Abs. 2 StPO eine Sachentscheidung des Beschwerdegerichts als Regelfall ansieht (OLG Düsseldorf 18.2.2002, NJW 2002, 2963; zur Anwendbarkeit des § 309 StPO s. Rn. 10). Der Verfahrensmangel darf in diesem Fall durch das LG Berlin als Beschwerdegericht i.S.d. § 309 StPO o. im Verfahren vor dem Beschwerdegericht nicht behebbar sein. Hiervon ist auszugehen, wenn aufgrund derart gravierender Verfahrensmängel keine Ausgangsentscheidung im eigentlichen Sinne vorliegt, die das Beschwerdegericht zu überprüfen hätte. Dies wird z.B. bei Unterlassen einer zwingend vorgeschriebenen mündlichen Anhörung angenommen (Meyer-Goßner, a.a.O., Rn. 7, 8). Kein Zurückverweisungsrecht wird hingegen bei Besorgnis der Befangenheit eines Mitglieds des entscheidungsbefugten Gremiums gesehen (Meyer-Goßner, a.a.O., Rn. 8 für § 24 StPO).

Das Gericht hebt den Rügebescheid aus **sachlichen Gründen** auf, wenn nach sei- 23
nen Feststellungen ein **pflichtwidriges Verhalten aus tats. o. rechtlichen Gründen nicht gegeben** ist. So kann das Gericht als Ergebnis der Beweisaufnahme u. weiterer Sachverhaltsaufklärung zur Überzeugung gelangen, dass eine Pflichtverletzung aus tatsächlichen Gründen ausscheidet o. anders zu würdigen ist. Darüber hinaus **sieht das Gesetz die Aufhebung des Rügebescheides vor**, wenn sich nach Erlass der Rüge die Voraussetzungen herausstellen o. ergeben, unter denen nach § 69a v. einer berufsgerichtlichen Ahndung abzusehen ist (sog. disziplinarischer Überhang) o. nach § 83 Abs. 2 ein berufsgerichtliches Verfahren nicht eingeleitet o. fortgesetzt werden darf (z.B. bei Freispruch aus tats. Gründen im strafgerichtlichen Verfahren wegen identischer Vorwürfe; § 63a Abs. 3 Satz 2). Auch wenn ein **berufsgerichtliches Urteil** wegen desselben Verhaltens des Mitglieds ergeht, das auf Freispruch o. einer berufsgerichtlichen Maßnahme lautet (§ 69 Abs. 2), hat das LG im Verfahren nach § 63a die **Unwirksamkeit der Rüge** festzustellen (§ 69 Rn. 9). Schließlich wird die Rüge auch unwirksam, wenn im berufsgerichtlichen Verfahren

die **Eröffnung des Hauptverfahrens** mangels Feststellung einer schuldhaften Pflichtverletzung **rkr. abgelehnt** wurde (§ 69 Abs. 2 Satz 2).

24 Möglich ist, dass das LG **nur einzelne v. mehreren Pflichtverletzungen** als gegeben ansieht. Rechtfertigen die verbliebenen Pflichtverletzungen noch den Ausspruch einer Rüge, ist der Rügebescheid nicht aufzuheben. Das LG kann auch nicht in seiner Tenorierung des Beschlusses eine teilw. Aufhebung festhalten (BGH 20.5.1985, BGHSt 33, 205, 230; BGH 25.9.1961, BGHSt 16, 237, 240; a.A. LG Berlin 12.5.2006; WPK-Mag. 1/2007, 49). Vielmehr dürfte unter Berücksichtigung des Grundsatzes der **Einheitlichkeit der Berufspflichtverletzung** der Antrag zurückzuweisen u. in der Begr. klarzustellen sein, welche pflichtwidrigen Handlungen im Einzelnen dem Mitglied noch in der Rüge vorzuwerfen sind u. welche Pflichtverletzungen das LG verneinte (vgl. Wulff, WPK-Mag. 1/2007, 38; § 63 Rn. 17, 77).

25 Das Gericht hat bei seiner Entscheidung grds. zu berücksichtigen, dass der **WPK** sowohl bei der Gewichtung der Schuld als auch bei der Sanktionsfindung ein **Ermessen** zusteht (§ 63 Rn. 9, 22, 50). Nach den über § 63a Abs. 2 Satz 2 sinngemäß anzuwendenden strafprozessualen Vorschriften über die Beschwerde trifft das LG aber eine **eigene Sachentscheidung** (§ 309 Abs. 2 StPO; Rn. 21). Ob dies auch bei Ermessensentscheidungen in Beschwerdeverfahren zulässig ist, ist umstritten (befürwortend Meyer-Goßner, a.a.O., Rn. 4 m.w.N.). Die Zuweisung einer eigenen Sachentscheidung könnte aber den allg. verwaltungsrechtlichen u. strafprozessualen Grundsatz verdrängen, wonach Ermessensentscheidungen nur eingeschränkt gerichtlich überprüfbar sind (vgl. für das Verwaltungsrecht § 114 VwGO, für Maßnahmen der Justiz- o. Vollzugsbehörden § 28 Abs. 3 EGGVG). Nach diesen allg. Regelungen beschränkt das Gericht die Überprüfung auf Ermessensfehler (so für das Verbot der Einstellung nach §§ 153, 153a StPO: Henssler/Prütting/Hartung, BRAO, § 74a Rn. 19). Hintergrund ist, dass unter Berücksichtigung des verfassungsrechtlichen Grundsatzes der Gewaltenteilung die Judikative nicht das der Exekutiven zustehende Ermessen ausüben kann (Kopp/Schenk, VwGO, § 114 Rn. 1).

26 Ist mit dem Rügebescheid eine **Geldbuße** verbunden, teilt diese im Fall der Aufhebung des Rügebescheides dessen Schicksal. Anderenfalls ist zu prüfen, ob die Geldbuße eine isolierte Abänderung erfahren kann. Die jeweilige Höhe der Geldbuße ist v. der WPK unter Berücksichtigung des konkreten Einzelfalls nach pflichtgemäßem Ermessen zu ermitteln (BT-Drs. 15/1241, 39). Nach den vorgenannten Überlegungen zur gerichtlichen Überprüfbarkeit einer Ermessensentscheidung (Rn. 25) ist eine Abänderung der Höhe der Geldbuße jedenfalls bei Vorliegen von Ermessensfehlern zulässig. So wird das Gericht die Geldbuße absenken o. aufheben, wenn es das Vorliegen einzelner Pflichtverletzungen verneint u. die Auswirkungen dieser auf die Entscheidung der WPK hinsichtlich der Höhe der Geldbuße für das Gericht erkennbar sind. Das Gericht ist aber auch zu einer **Verböserung** (reformatio in peius) durch Verschärfung der berufsrechtlichen Maßnahme berechtigt, da die Regelungen zur strafprozessualen Beschwerde, auf die § 63a Abs. 2 Satz 2 verweist, ein

Verbot der Verschlechterung zu Lasten des Beschwerdeführers nicht kennen (LG Berlin 9.5.2011, WPK-Mag. 3/2011, 45). Zieht das Gericht in Erwägung, die Rüge erstmals mit einer Geldbuße zu verbinden o. diese zu erhöhen, muss es den Antragsteller vorab darauf hinweisen (vgl. zur Hinweispflicht bei Verböserung im Einspruchsverfahren § 63 Rn. 79; auch § 367 Abs. 2 AO). Der Antragsteller wird dadurch in die Lage versetzt, über die weitere Verfolgung o. Rücknahme seines Antrags zu entscheiden.

Hat die WPK neben der Rüge auch eine **Untersagungsverfügung** erlassen (§ 63 Rn. 56), kommt eine Aufhebung derselben in Betracht, wenn das Gericht den Rügebescheid mangels Vorliegen einer Pflichtverletzung, die auch Gegenstand der Untersagungsverfügung ist, aufhebt. Darüber hinaus sieht § 63a Abs. 3 Satz 2 letzter Hs. in zwei Fällen ausdr. die Aufhebung der Untersagungsverfügung neben dem Rügebescheid vor. Dies ist zum einen dann der Fall, wenn nach § 69a wegen einer anderweitigen Ahndung desselben Verhaltens v. einer berufsgerichtlichen Ahndung abzusehen ist. Zum anderen ist neben dem Rügebescheid die Untersagungsverfügung aufzuheben, wenn nach § 83 Abs. 2 ein berufsgerichtliches Verfahren nicht eingeleitet o. fortgesetzt werden darf (s. Rn. 23). 27

Die Aufhebung des Rügebescheides hat eine **eingeschränkte Rechtskraftwirkung** (§ 69 Abs. 1 Satz 2). Wenn das LG den Rügebescheid mangels Feststellung einer schuldhaften Pflichtverletzung aufgehoben hat, kann ein berufsgerichtliches Verfahren wegen desselben Verhaltens nur eingeleitet werden, wenn neue Tatsachen o. Beweismittel bekannt werden (§ 69 Rn. 6). 28

Das LG darf den **Rügebescheid nicht mit dem Ziel einer Verböserung aufheben**, weil es der Auffassung ist, die WPK hätte zu Unrecht eine schwere Schuld verneint o. sei v. der fehlenden Erforderlichkeit des berufsgerichtlichen Verfahrens ausgegangen (§ 63a Abs. 3 Satz 1). Es kann in einem solchen Fall bei Vorliegen der sonstigen Voraussetzungen die Rüge nur bestätigen (Feuerich/Weyland, BRAO, § 74a Rn. 27). 29

2. Zurückweisung des Antrags

Das LG verwirft den **Antrag als unzulässig**, wenn er z.B. erst nach Ablauf der Antragsfrist des § 63a Abs. 1 Satz 1 eingegangen, nicht schriftlich gestellt wurde o. aus anderen Gründen unzulässig ist. 30

Das LG weist den **Antrag als unbegründet zurück**, wenn es die Entscheidung der WPK für gerechtfertigt hält. Dies kann der Fall sein, weil es eine schuldhafte Berufspflichtverletzung als gegeben ansieht o. der Einspruch gegen den Rügebescheid wegen Fristversäumnis zu Recht als unzulässig zurückgewiesen o. die Wiedereinsetzung in den vorigen Stand zu Recht abgelehnt wurde. Das LG kann nicht in das berufsgerichtliche Verfahren übergehen u. eine berufsgerichtliche Maßnahme aussprechen, weil es die Rüge nicht für ausreichend erachtet (Abs. 3 Satz 1). Die Entscheidung über die Einleitung eines berufsgerichtlichen Verfahrens obliegt allein der GStA. 31

3. Aussetzung

32 Leitet die GStA ihrerseits wegen desselben Verhaltens ein **berufsgerichtliches Verfahren** ein, ist ein noch anhängiges u. nicht entschiedenes Verfahren über den Antrag auf berufsgerichtliche Entscheidung im Rügeverfahren **auszusetzen**, § 63a Abs. 5 Satz 1.

33 Ergeht sodann in der Sache ein **berufsgerichtliches Urteil**, wird mit dessen **Rechtskraft** die **Rüge unwirksam**, wenn das Urteil auf Freispruch o. eine berufsgerichtliche Maßnahme lautet (§ 69 Abs. 2 Satz 1). Die Rechtskraft tritt ein, wenn das Mitglied nicht binnen einer Woche nach Verkündigung des Urteils Berufung einlegt. Wurde das Urteil in Abwesenheit des Mitglieds verkündet, beginnt die Frist für die Einlegung der Berufung mit Zustellung des Urteils.

4. Einstellung

34 Eine Einstellung des Verfahrens durch das LG aus Opportunitätserwägungen nach **§§ 153, 153a StPO ist ausgeschlossen**. Die berufsgerichtliche Entscheidung ergeht im Rügeverfahren u. nach den strafprozessualen Vorschriften über die Beschwerde (Abs. 2 Satz 2), so dass die o.g. Vorschriften der StPO keine Anwendung finden. Zudem überprüft das LG in dem Verfahren nach § 63a allein die Entscheidung der WPK.

V. Mitteilung der Entscheidung

35 Die Entscheidung des LG ergeht durch **Beschluss**, unabhängig davon, ob die Entscheidung im schriftlichen Verfahren o. in der mündlichen Verhandlung getroffen wurde. Der Beschluss ist zu begründen (Abs. 3 Satz 3). Die **Begründung** hat bei Aufhebung des Rügebescheides wegen der nach § 69 Abs. 2 Satz 2 eingeschränkten Rechtskraft des Beschlusses besondere Bedeutung für ein mögliches sich anschließendes berufsgerichtliches Verfahren (Rn. 23).

36 Der **Beschluss ist unanfechtbar** (§ 63a Abs. 3 Satz 3; Rn. 2). Jedoch kann das LG bei Aufhebung des Rügebescheides ohne vorherige Anhörung der WPK seine Entscheidung v. Amts wegen o. auf Antrag der WPK ändern (Abs. 2 Satz 2 i.V.m. § 311a Abs. 1 StPO).

37 Das Gesetz regelt allein die Übermittlung einer **Abschrift des Beschlusses** an die GStA (§ 63a Abs. 4 Satz 2). Jedoch ist davon auszugehen, dass auch das antragstellende **Mitglied** bzw. dessen Verteidiger sowie die **WPK** als am Verfahren Beteiligte durch Übersendung des Beschlusses informiert werden. Die Information der GStA bedarf einer ausdr. Rechtsgrundlage, weil diese am Verfahren nach § 63a nicht beteiligt ist. Da keine Rechtsmittelfrist in Gang zu setzen ist, ist **keine förmliche Zustellung** erforderlich (Kuhls/Busse, StBerG, § 82 Rn. 36).

§ 64 Pflicht der Mitglieder des Vorstandes, des Beirates und der Ausschüsse zur Verschwiegenheit

(1) ¹Die Mitglieder des Vorstandes, des Beirates, der Abteilungen und der Ausschüsse haben - auch nach dem Ausscheiden aus dem Vorstand, dem Beirat, der Abteilung oder dem Ausschuss - über die Angelegenheiten, die ihnen bei ihrer Tätigkeit im Vorstand, im Beirat, in der Abteilung oder im Ausschuss über Mitglieder der Wirtschaftsprüferkammer, Bewerber oder andere Personen bekannt werden, Verschwiegenheit gegen jedermann zu bewahren. ²Das gleiche gilt für Mitglieder, die zur Mitarbeit im Vorstand, im Beirat, in den Abteilungen oder in den Ausschüssen herangezogen werden, für Mitglieder, die im Verfahren nach § 62 zur Anhörung geladen werden, im Rahmen einer Aufsichts- und Beschwerdesache sowie eines Widerrufsverfahren um Auskunft gebeten werden oder an einer nichtöffentlichen Verhandlung nach § 99 teilgenommen haben, sowie für Angestellte und sonstige Beauftrage der Wirtschaftsprüferkammer.

(2) In gerichtlichen Verfahren und vor Behörden dürfen die in Absatz 1 bezeichneten Personen über solche Angelegenheiten, die ihnen bei ihrer Tätigkeit im Vorstand, im Beirat, in Abteilungen oder in Ausschüssen über Mitglieder der Wirtschaftsprüferkammer, Bewerber oder andere Personen bekannt geworden sind, ohne Genehmigung nicht aussagen oder Auskunft geben.

(3) ¹Die Genehmigung erteilt der Vorstand der Wirtschaftsprüferkammer nach pflichtmäßigem Ermessen. ²Die Genehmigung soll nur versagt werden, wenn Rücksichten auf die Stellung oder die Aufgaben der Wirtschaftsprüferkammer oder berechtigte Belange der Personen, über welche die Tatsachen bekannt geworden sind, es unabweisbar erfordern. ³§ 28 Abs. 2 des Gesetzes über das Bundesverfassungsgericht bleibt unberührt.

(4) Zur Durchführung von Ermittlungen in Aufsichts- und Beschwerdesachen sowie in Widerrufsverfahren sind die in Absatz 1 genannten ehren- und hauptamtlich für die Wirtschaftsprüferkammer tätigen Personen berechtigt, Nichtkammerangehörige um Auskunft zu bitten; diese sind nicht zur Auskunft verpflichtet.

Schrifttum: *Wegner*, Transparenz und ein erweitertes Sanktionsrisiko für Wirtschaftsprüfungsgesellschaften, HRRS 2013, 15; *Heuermann*, Auskunftsersuchen an eine Berufskammer – hier: Bekanntgabe einer Bankverbindung des Berufsträgers selbst, StBp 2007, 123; *Jungfer*, Die Verschwiegenheitspflicht des Vorstandes der Rechtsanwaltskammer nach § 76 BRAO de lege lata et de lege ferenda, BRAK-Mitt. 2001, 167; *Eich*, Die Pflicht der Vorstandsmitglieder der Rechtsanwaltskammer zur Verschwiegenheit, MDR 1991, 385.

Inhaltsübersicht

		Rn.
I.	Allgemeines	1
II.	Betroffener Personenkreis	2–5

III.	Gegenstand der Verschwiegenheitspflicht	6–14
	1. Sachlicher Umfang	6–9
	2. Einzelfallbezogene Informationsweitergabe in BA-Verfahren	10–14
IV.	Aussagegenehmigung im gerichtlichen und behördlichen Verfahren (Abs. 2, 3)	15
	1. Allgemeines	15–19
	2. Ausnahmen vom Erfordernis der Aussagegenehmigung	20–21
V.	Folgen eines Verstoßes gegen die Verschwiegenheitspflicht	22
VI.	Auskunft von Dritten (Abs. 4)	23

I. Allgemeines

1 Die WPK kann ihre Aufgaben insb. im Bereich der BA nur wirkungsvoll erfüllen, wenn die **Vertraulichkeit** ihr ggü. gemachter Angaben sichergestellt ist. Wirtschaftsprüfer sind der WPK ggü. grds. gemäß § 62 zur Auskunft verpflichtet. Diese Auskunftspflicht ist nur dann verhältnismäßig, wenn die Berufsangehörigen sicher sein können, dass ihre Angaben Außenstehenden nicht bekannt werden. Auch Dritte gehen im Allgemeinen davon aus, dass ihre Mitteilungen v. der WPK vertraulich behandelt werden. § 64 statuiert deshalb eine **umfassende Pflicht** der in der u. für die WPK tätigen Personen **zur Verschwiegenheit**; vergleichbare Regelungen enthalten §§ 76 BRAO, 83 StBerG für die Rechtsanwalts- u. Steuerberaterkammern.

II. Betroffener Personenkreis

2 Zur Verschwiegenheit verpflichtet sind nach Abs. 1 **Mitglieder des VO** (§ 59 Abs. 1 Nr. 3), des **Beirates** (§ 59 Abs. 1 Nr. 2), der **Abteilungen** (§ 59a) u. der **Ausschüsse** (§ 10 Satzung der WPK) der WPK. **Wirtschaftsprüfer** sind darüber hinaus nach dieser Vorschrift zur Verschwiegenheit verpflichtet, wenn sie zur **Mitarbeit in diesen Gremien** herangezogen, zu einem **Anhörungsverfahren** nach § 62 geladen, im Rahmen einer **Aufsichts- o. Beschwerdesache** o. eines **Widerrufsverfahrens** um **Auskunft** gebeten werden o. an einer nichtöffentl. **Hauptverhandlung im berufsgerichtlichen Verfahren** (§ 99) teilgenommen haben (nicht zu verwechseln mit ihrer allg. beruflichen Pflicht zur Verschwiegenheit nach § 43 Abs. 1 Satz 1).

3 Die **Mitglieder der APAK** sind nach § 66b ebenfalls zur Verschwiegenheit verpflichtet. Für den Bereich des **QK-Verfahrens** ist die VSP der an diesem Verfahren Beteiligten in gerichtlichen Verfahren oder vor Behörden in § 57b Abs. 2 gesondert geregelt.

4 Nach Abs. 1 Satz 2 sind auch **Angestellte u. sonstige Beauftragte** der WPK zur Verschwiegenheit verpflichtet. Mit der Aufnahme v. „sonstigen Beauftragten" wird klargestellt, dass sich die WPK zur Durchführung ihrer Aufgaben auch nicht im Angestelltenverhältnis tätiger Personen bedienen darf (BT-Drs. 15/1241, 40). Angestellte u. sonstige Beauftragte sollten über ihre **VSP belehrt** werden (Feuerich/Weyland/Vosseburger, BRAO, § 76 Rn. 6). Falls ein Angestellter o. sonstiger Beauftragter gegen seine VSP verstößt, kann dies zur Schadensersatzpflicht der WPK führen, vgl. auch noch Rn. 22.

Die **VSP besteht nach dem Ausscheiden** aus dem jeweiligen Gremium fort. Ebenso sind zur Mitarbeit herangezogene Mitglieder nach Beendigung ihrer Mitarbeit sowie Angestellte u. Beauftragte der WPK nach Beendigung des Anstellungs- o. Auftragsverhältnisses weiterhin zur Verschwiegenheit verpflichtet.

III. Gegenstand der Verschwiegenheitspflicht

1. Sachlicher Umfang

Die VSP besteht **ggü. jedermann** (Eich, MDR 1991, 385) u. damit grds. auch innerhalb der WPK **ggü. anderen Gremienmitgliedern u. Mitarbeitern der WPK**, soweit sie nicht mit der Bearbeitung der Angelegenheit betraut sind (Gehre/Kolowski, StBerG, § 83 Rn. 10). Sie reicht über § 203 StGB hinaus u. erstreckt sich grds. auf **alle Erkenntnisse u. Tatsachen**, nicht nur auf solche aus der BA, die Mitglieder des VO usw. **bei der Tätigkeit** in dem jeweiligen Gremium **über Mitglieder der WPK, Bewerber o. andere Personen bekannt werden**. Auf besondere Geheimhaltungsinteressen kommt es nicht an. Geschützt sind **personenbezogene Daten**, mithin kommt es auf den Bezug der Angelegenheit zu einer konkreten (natürlichen oder juristischen Person) an; über die **sachbezogene Arbeit** der WPK darf berichtet werden (vgl. zur entsprechenden Regelung im StBerG Kuhls/Busse, StBerG, § 83 Rn. 13). „Bei der Tätigkeit" bekannt geworden sind auch Tatsachen, die der Schweigepflichtige **bei Gelegenheit seiner Tätigkeit** erfahren hat, etwa durch Erzählungen v. VO-Kollegen, Mitarbeitern o. Angestellten, selbst wenn diese mit der Mitteilung ihrerseits gegen die VSP verstoßen haben (Feuerich/Weyland/Vosseburger, BRAO, § 76 Rn. 8). Die in § 64 genannten Personen sind auch dazu verpflichtet, zur Bearbeitung mit nach Hause genommene Vorgänge vor der Einsicht durch Unbefugte zu bewahren (Feuerich/Weyland/Vosseburger, BRAO, § 76 Rn. 8 m.w.N.).

Die **VSP gilt nicht** für Tatsachen, die **offenkundig** sind o. **ihrer Natur nach keiner Geheimhaltung bedürfen** (ausführlich zum anwaltlichen Berufsrecht Feuerich/Weyland/Vosseburger, BRAO, § 76 Rn. 7, 10 ff.). Personenbezogene Tatsachen u. Mitteilungen, die **im BR eingetragen** u. damit allg. zugänglich sind (§ 37 Abs. 2 Satz 1), sind daher nicht v. der VSP umfasst (WPH I, A Rn. 569). So ist etwa die Mitteilung der im Register eingetragenen Kanzleiadresse (§ 38 Nr. 1 c) zulässig, nicht dagegen die Mitteilung einer nicht eingetragenen weiteren, im BA-Verfahren bekannt gewordenen Anschrift, die möglicherweise eine unerlaubte ZN darstellt (EGH Berlin 14.2.1991, MDR 1991, 448).

Nicht personenbezogene **gremieninterne Vorgänge** (Meinungsbildungsprozesse in Sachfragen u. deren Ergebnisse, Abstimmungsergebnisse ohne Hinweis auf persönliches Abstimmungsverhalten usw.) sind nicht von der VSP nach § 64 erfasst. Die **Mitglieder der Gremien der WPK** können sich aber gemäß **§ 12 Abs. 6 Satzung WPK** im Einzelfall mit einfacher Mehrheit **zur Verschwiegenheit über § 64 hinaus verpflichten** (die Vorschrift wurde durch Beiratsbeschluss v. 7. Juni 2013 geändert; der frühere Wortlaut legte eine obligatorische VSP fest). Die VSP über die Arbeit der WPK ist dann auf nicht personenbezogene gremieninterne Vorgänge erweitert u. gilt auch insoweit ggü. Mitgliedern anderer WPK-Gremien; grds. ist dann

§ 64 *Pflicht der Mitglieder des Vorstandes, des Beirates und der Ausschüsse zur Verschwiegenheit*

etwa die Mitteilung v. internen Vorgängen aus dem VO der WPK an Beitragsmitglieder unzulässig, soweit dem Beirat nicht im Einzelfall ein Informationsrecht zusteht. Die Mitteilung v. internen Vorgängen aus dem Beirat an VO-Mitglieder ist dagegen zulässig, da diese nach § 7 Abs. 9 Satz 1 Satzung WPK ohnehin das Recht zur Teilnahme an Beitragssitzungen haben.

9 Rein **sachbezogene Informationen** ohne Bezug auf personenbezogene Daten unterliegen nicht der VSP (Kuhls/Busse, StBerG, § 83 Rn. 13). Zulässig ist es daher, über die Arbeit der Kammer in einem **Geschäftsbericht** zu informieren (für den Bereich der BA mittlerweile ausdr. in § 63 Abs. 6 normiert) u. Vorgänge, etwa berufsgerichtlicher o. berufsaufsichtlicher Entscheidungen, **in anonymisierter Form zu veröffentlichen**, etwa im WPK-Mag.

2. Einzelfallbezogene Informationsweitergabe in BA-Verfahren

10 In der Praxis besonders relevant sind Anfragen zu BA-Verfahren. Hinweise auf BA-Verfahren u. deren Ergebnisse unterliegen der VSP. Dies gilt auch dann, wenn ein BA-Verfahren aufgrund der **Beschwerde o. des Hinweises eines Dritten** eingeleitet wurde. Schon die Tatsache eines persönlich zuzuordnenden BA-Verfahrens ist ein geschütztes Datum i. S. des § 64. Daher gibt die WPK nicht einmal Informationen an Beschwerdeführer o. Dritte dazu weiter, ob ein BA-Verfahren eingeleitet wurde (vgl. auch noch Rn. 14). Auch nach den Kommentierungen zum **Berufsrecht der StB** soll dem **Beschwerdeführer** in Aufsichtsverfahren i.d.R. nur die **sachgerecht erfolgte Behandlung der Beschwerde** mitgeteilt werden dürfen (Kuhls/Goez, StBerG, § 81 Rn. 5; Gehre/Kolowski, StBerG, § 81 Rn. 30 f.). Im **Berufsrecht der RA** stellt sich die Situation inzwischen anders dar, nachdem im Jahr 2009 in § 73 Abs. 3 BRAO die Pflicht des VO geregelt wurde, den Beschwerdeführer über die Entscheidung (Einstellung, Rüge o. Abgabe an die StA) mit einer kurzen Begründung zu informieren.

11 Die **Mitteilung der Einstellung** mangels Feststellung einer Berufspflichtverletzung wird z.T. als zulässig angesehen, da diese Information das betroffene Mitglied nur begünstigt (WPH I, A Rn. 569; Gehre/Kolowski, StBerG, § 81 Rn. 31; a. A. Kuhls/Busse, StBerG, § 81 Rn. 65, wonach eine Relativierung der Verschwiegenheitspflicht nach dem Günstigkeitsprinzip nicht angenommen werden kann u. weil mögliche Auswirkungen auf eine zivilrechtliche Auseinandersetzung zwischen dem Beschwerdeführer u. dem Berufsangehörigen entgegensprechen). Jedenfalls müssten auch vor dem Hintergrund eines konkreten Beschwerdevortrags einem Beschwerdeführer die Grenzen zwischen zulässigem u. unzulässigem Verhalten aufgezeigt werden können, allerdings nur in so allg. Form, dass Rückschlüsse darauf, wie sie das Verhalten eines Berufsangehörigen im konkreten Fall bewertet, nicht möglich sind. Wird eine Berufspflichtverletzung festgestellt, ist dagegen eine **Mitteilung über** die getroffene **BA-Maßnahme** angesichts der insoweit eindeutigen Vorgabe des § 64 **unzulässig** (so i. Erg. auch AGH Hamm 18.4.1997, BRAK-Mitt. 1998, 47). In diesem Fall kann ggü. dem Beschwerdeführer de lege lata nur ein Hinweis in abstrakter Form erfolgen, dass der Vorgang **sachgerecht durch die Gremien der WPK behandelt u. abgeschlossen** wurde. Der Beschwerdeführer hat **keinen Aus-**

kunftsanspruch, das Ergebnis seiner Beschwerde zu erfahren, da es an einer Anspruchsgrundlage für eine solche Auskunft fehlt (FG Thüringen 29.10.2008, WPK-Mag. 3/2009, 44). Die WPK spricht sich allerdings für eine Änderung des § 64 aus, nach der dem Beschwerdeführer vergleichbar der Regelung des § 73 Abs. 3 BRAO weitergehende Auskünfte erteilt werden können (s. dazu auch § 63 Rn. 64; zu mögl. Änderungen de lege ferenda s. Einl. Rn. 84).

Ein **Akteneinsichtsrecht** Dritter, so auch des Beschwerdeführers, besteht im **Rüge-** 12 **verfahren** mangels Rechtsgrundlage nicht (s. auch § 63, Rn. 39; WPH I, A Rn. 569; Kuhls, StBerG, § 108 Rn. 6), Zur Möglichkeit eines Dritten, im **berufsgerichtlichen Verfahren** Auskünfte aus der Akte o. im Fall der Beauftragung eines RA Akteneinsicht zu erhalten, s. § 82b, Rn. 2 f.

Auch im **Auskunftsverfahren nach dem IFG** gelten gemäß § 3 Nr. 4 IFG die Vor- 13 schriften über besondere Amtsgeheimnisse (hier § 64). Zwar kann sich die im IFG-Verfahren übermittelnde Stelle nicht auf besondere Geheimhaltungsvorschriften berufen, wenn die Geheimhaltung ausschließlich im Interesse der Behörde liegt, soweit die Unterlagen aber personenbezogene Informationen erhalten, was in Aufsichtsverfahren der Fall ist, liegt die Geheimhaltung nicht mehr allein im Behördeninteresse. Auch im lFG-Verfahren dürfen personenbezogene Daten nur bei überwiegendem Interesse des Antragstellers oder bei einer Einwilligung des Betroffenen weitergegeben werden (§ 5 Abs. 1 IFG).

Auskünfte der WPK ggü. der **Presse/Öffentlichkeit** beschränken sich auf den Hin- 14 weis auf ggf. aufgenommene **Vorermittlungen** im jeweiligen Fall. Bereits der Hinweis auf die **Einleitung eines BA-Verfahrens** ist im Zweifel eine nach § 64 geschützte Information (vgl. auch Rn. 10). Daher erfährt die Öffentlichkeit nichts über BA-Verfahren u. deren Beendigungen. Insbes. öffentl. diskutierte Fälle von sog. „Bilanzskandalen", in deren Zusammenhang auch die Rolle des AP hinterfragt wurde, haben dazu geführt, dass die **Effektivität des Aufsichtssystems über Abschlussprüfer** hinterfragt wird, weil über Ausgänge von berufsrechtlichen Ermittlungen wegen der VSP nichts bekannt wurde. Eine vergleichbare, mit Blick auf ihre Aufgabe der Wahrnehmung des öffentl. Interesses noch fraglichere Situation ergibt sich für die APAK aufgrund ihrer VSP gemäß § 66b (vgl. auch § 66b, Rn. 5 ff.). Zwar handelt es sich bei Aufsichtsverfahren – wie bei StB u. RA – um berufsstandsinterne Verfahren der Selbstverwaltung und Standesaufsicht, jedoch ist die Interessenlage in Bezug auf den WP-Beruf insofern anders gelagert, als dieser mit seiner Vorbehaltsaufgabe der Durchführung gesetzlich vorgeschriebener AP einen öffentl. Auftrag erfüllt und damit stärker im Blick des öffentl. Interesses steht. Vor diesem Hintergrund sprechen sich WPK u. APAK für **mehr Transparenz** in Aufsichtsverfahren aus. In Betracht kommt eine Änderung der §§ 64, 66b, die es ermöglichen soll, Informationen zum Stand und Abschluss von Aufsichtsverfahren zu veröffentlichen, soweit das öffentliche Interesse an der Information schutzwürdige Interessen der betroffenen Berufsangehörigen sowie ihrer Mandanten an der Geheimhaltung überwiegt (zu mögl. Änderungen de lege ferenda s. auch Einl. Rn. 84 u. WPK-Mag. 1/2013, 8).

IV. Aussagegenehmigung im gerichtlichen und behördlichen Verfahren (Abs. 2, 3)

1. Allgemeines

15 Die VSP besteht grds. auch in Verfahren vor Gerichten o. Behörden. Diese wie auch der Schweigepflichtige selbst können jedoch die Erteilung einer **Aussagegenehmigung** beantragen. Die Genehmigung erteilt der **VO der WPK**; für **Mitglieder der APAK** wird sie v. **BMWi** § 66b Abs. 1 Satz 2 Hs. 2), für den in § 57b Abs. 2 genannten Personenkreis v. der **KfQK** (§ 57b Abs. 2 Satz 3) erteilt.

16 Nach Abs. 3 Satz 2 ist die **Aussagegenehmigung** nur zu **versagen**, wenn Rücksichten auf die Stellung o. die Aufgaben der WPK o. berechtigte Belange der betroffenen Person dies unabweisbar erfordern. Wie sich aus dem Wortlaut ergibt, ist die Vorschrift eng auszulegen; die Versagung der Genehmigung kommt nur unter strengen Voraussetzungen in Betracht

17 Noch engere Grenzen sind der Versagung der Genehmigung im **Verfahren vor dem BVerfG** gesetzt. Der in Abs. 3 Satz 3 zitierte § 28 Abs. 2 BVerfGG lautet: *„Soweit ein Zeuge oder Sachverständiger nur mit Genehmigung einer vorgesetzten Stelle vernommen werden darf, kann diese Genehmigung nur verweigert werden, wenn es das Wohl des Bundes oder eines Landes erfordert. Der Zeuge oder Sachverständige kann sich nicht auf seine Schweigepflicht berufen, wenn das Bundesverfassungsgericht mit einer Mehrheit von zwei Dritteln der Stimmen die Verweigerung der Aussagegenehmigung für unbegründet erklärt."*

18 **Gegen die Versagung** der Aussagegenehmigung kann das Gericht bzw. die Behörde **Gegenvorstellungen** erheben u. ggf. **Dienstaufsichtsbeschwerde** einlegen (Kleine-Cosack, BRAO, § 76 Rn. 6 f.; Feuerich/Weyland/Vossebürger, BRAO § 76 Rn. 38 m.w.N.).

19 Erteilt der VO die Aussagegenehmigung, so darf der Betroffene im gerichtlichen Verfahren aussagen. Zur **Aussage verpflichtet** ist er nur, wenn sich dies aus einer anderen Vorschrift ergibt, etwa als Zeuge im Zivilprozess nach §§ 383 ff. ZPO o. Strafprozess nach §§ 52 ff. StPO (a.A. Kleine-Cosack, BRAO, § 76 Rn. 4; Jessnitzer/Blumberg, BRAO, § 76 Rn. 2). **Aussageverweigerungsrechte**, die auf anderen Gründen (z.B. naher Verwandtschaft mit einem Prozessbeteiligten) beruhen, bleiben v. der Erteilung der Aussagegenehmigung unberührt.

2. Ausnahmen vom Erfordernis der Aussagegenehmigung

20 Für **Mitteilungen v. Amts wegen** nach § 36a Abs. 3 Nr. 1, Abs. 4, insb. **an andere Berufskammern**, ist keine Aussagegenehmigung erforderlich. Die Vorschrift durchbricht insoweit die VSP des § 64 (ebenso für § 10 Abs. 1, 3 StBerG Kuhls/Goez, StBerG, § 83 Rn. 28; für § 76a Abs. 3, 4 BRAO Feuerich/Weyland/Vossebürger, BRAO, § 76 Rn. 18 ff.). Zu beachten ist aber, dass nur solche Informationen mitgeteilt werden dürfen, deren Kenntnis für die Verwirklichung der jeweiligen Rechtsfolge erforderlich ist; dies hat die WPK als übermittelnde Stelle jeweils im Einzelfall zu prüfen.

Eine weitere Durchbrechung folgt aus § 105 AO: Danach geht die in § 93 AO normierte **Auskunftspflicht ggü. den Finanzbehörden** der VSP vor. Die WPK ist daher den Finanzbehörden ggü. trotz § 64 zu Auskünften über für die Besteuerung erhebliche Sachverhalte eines Kammermitglieds verpflichtet (BFH 19.12.2006, WPK-Mag. 2/2007, 43, betreffend eine RAK). 21

V. Folgen eines Verstoßes gegen die Verschwiegenheitspflicht

Ein Verstoß gegen die VSP durch Mitglieder der in § 64 genannten Organe o. Angestellte der WPK ist **strafrechtlich** als Verletzung v. Privatgeheimnissen nach § 203 Abs. 2 StGB zu verfolgen, da sie Amtsträger i.s. des § 11 Nr. 2b StGB sind (Kuhls/Goez, StBerG, § 83 Rn. 32). Für Berufsangehörige kann er außerdem **berufsaufsichtliche** Maßnahmen gemäß §§ 61 ff. sowie **zivilrechtliche Schadensersatz- u. Unterlassungsansprüche** zur Folge haben (Eich, MDR 1991, 385; ausführlich zu den Folgen einer Verletzung der VSP Kuhls/Busse, StBerG, § 83 Rn. 32 ff.). Gegen die WPK kann ein Anspruch wegen **Amtspflichtverletzung** nach § 839 BGB i.V.m. Art. 34 GG bestehen. 22

VI. Auskunft von Dritten (Abs. 4)

Absatz 4 betrifft die VSP nur indirekt: Die durch die 5. WPO-Novelle 2004 eingeführte Regelung dient nur der Klarstellung, dass die VSP der WPK nicht verbietet, **Nichtkammerangehörige** zur Sachverhaltsaufklärung **um Auskunft zu bitten**, um die Aufgabe einer effektiven BA erfüllen zu können (BT-Drs. 15/1241, 40); dies entspricht der bereits vorher geltenden Rechtslage. Die WPK muss u. darf hierzu den zu überprüfenden Sachverhalt eines bei ihr anhängigen BA-Verfahrens in dem Umfang aufzeigen, der erforderlich ist, damit die gestellten Fragen verständlich erscheinen u. zielgerichtete Auskünfte zu erwarten sind. Eine **Pflicht zur Auskunftserteilung** der befragten Dritten besteht aber – anders als für kammerangehörige Dritte nach § 62 – nach wie vor nicht. 23

§ 65 Arbeitsgemeinschaft für das wirtschaftliche Prüfungswesen

(1) Zur Behandlung von Fragen des wirtschaftlichen Prüfungs- und Treuhandwesens, die gemeinsame Belange der Wirtschaft und der Berufe der Wirtschaftsprüfer und der vereidigten Buchprüfer berühren, bilden der Deutsche Industrie- und Handelskammertag und die Wirtschaftsprüferkammer eine nicht rechtsfähige Arbeitsgemeinschaft für das wirtschaftliche Prüfungswesen (Arbeitsgemeinschaft) mit gemeinsamer Geschäftsstelle.

(2) Die Arbeitsgemeinschaft gibt sich ihre Satzung selbst.

Inhaltsübersicht

	Rn.
I. Allgemeines	1–2
II. Aufgaben der Arbeitsgemeinschaft	3–4
III. Status und Organisation	5–6

§ 65 Arbeitsgemeinschaft für das wirtschaftliche Prüfungswesen

I. Allgemeines

1 **Vorgänger der ARGE** waren die 1931 errichtete Hauptstelle für die öffentl. bestellten WP, in der WP u. der Deutsche Industrie- u. Handelstag vertreten waren, bzw. ab 1943 unter Hinzutreten der vBP die Hauptstelle für das wirtschaftliche Prüfungs- u. Treuhandwesen. Die Hauptstelle war als KöR gebildet worden u. bestand bis zum Inkrafttreten der WPO für die Länder Hamburg, Niedersachsen, Nordrhein-Westfalen u. Schleswig-Holstein. Die Aufgaben der Hauptstelle umfassten die Behandlung der gemeinsamen Belange des Berufsstandes u. der Wirtschaft, die Erstattung v. Gutachten für Behörden, die Entscheidung über Beschwerden v. Personen, denen die Zulassung zur Prüfung verweigert worden ist, sowie über Anträge, v. Berufsangehörigen auf Ausnahmen v. den Vorschriften der Berufsordnung.

2 Der Entwurf zur WPO 1961 sah vor diesem Hintergrund eine Bundesstelle für das wirtschaftliche Prüfungswesen in der Form einer KöR vor. Die Bundesstelle wurde v. Bundesrat jedoch abgelehnt. Die Bundesregierung regte darauf die Einrichtung der **nicht rechtsfähigen ARGE** an.

II. Aufgaben der Arbeitsgemeinschaft

3 Die ARGE ist ein **ständiges, rein beratendes Gremium an der Schnittstelle zwischen Berufstand u. Wirtschaft**. Die ARGE dient damit seit Inkrafttreten der WPO im Jahre 1961 als Plattform zur Behandlung der gemeinsamen Belange des Berufsstandes u. der Wirtschaft. Die **gemeinsamen Belange umfassen** grds. fachlich u. politische Fragen aus den Bereichen Rechnungslegung, Prüfungswesen, Berufsrecht (Gegenstand des Anhörungsrechts nach § 57 Abs. 3 Satz 1), Handels- u. Gesellschaftsrecht o. andere Bereiche v. gegenseitigem Interesse der vertretenen Gruppen. Die ARGE reicht gelegentlich auch Stellungnahmen z.B. im Rahmen v. Gesetzgebungsverfahren ein. Für die Meinungsbildung zu fachlichen u. politischen Fragen mit Bezug zur AP spielt die ARGE faktisch kaum noch eine Rolle.

4 Eine **formale Funktion erhält die ARGE über ihr Anhörungsrecht** i.Z.m. dem Erlass o. Änderungen der BS (näher § 57 Rn. 107). Selbst über das Anhörungsrecht kommt der ARGE aber **keine Aufsichtsfunktion** zu. Deutlich wird dies an der unterschiedlichen Gewichtung der möglichen Stellungnahmen der ARGE u. der APAK im Rahmen der Anhörung. Die Stellungnahme der APAK ist nach § 66a Abs. 1 Satz 2 zwingend dem BMWi vorzulegen. Die Stellungnahme der ARGE nicht. Sie dient daher allenfalls dem weiteren Meinungsbildungsprozess innerhalb der WPK, während die Stellungnahme der APAK zur Grundlage der Entscheidung des BMWi über die Genehmigung der BS werden kann.

III. Status und Organisation

5 Die ARGE ist **nicht rechtsfähig**. Sie ist damit kein Rechtssubjekt u. als solches nicht Träger v. (subjektiven) Rechten u. Pflichten. Sie kann daher nach außen nur unmittelbar durch ihre Träger handeln, d.h. für die ARGE handeln DIHK u. WPK gemeinsam nach außen.

Nach Abs. 2 gibt sich die ARGE ihre **Satzung** selbst. Die ursprüngliche Genehmi- 6
gungspflicht der Satzung durch das BMWi wurde 1985 gestrichen (Art. 3 des Gesetzes zur Bereinigung wirtschaftsrechtlicher Vorschriften v. 7.2.1985, BGBl. I, 457). Die Satzung regelt insb. die Zusammensetzung der ARGE. Zurzeit besteht sie aus acht Vertretern, v. denen je vier durch DIHK u. WPK benannt werden. Beratungen finden mind. einmal jährlich o. bei Bedarf statt. Ständige Gäste sind Vertreter des Präsidiums der WPK, der Geschäftsführung der WPK u. des BMWi. Die Satzung regelt auch, dass die nach Abs. 1 einzurichtende **gemeinsame Geschäftsstelle beim DIHK** in Berlin angesiedelt ist. Der Geschäftsstelle obliegt vorrangig die Sitzungsorganisation sowie die Ausarbeitung gemeinsamer Stellungnahmen.

§ 66 Staatsaufsicht

¹**Das Bundesministerium für Wirtschaft und Technologie führt die Aufsicht über die Wirtschaftsprüferkammer einschließlich der Prüfungsstelle und die Abschlussprüferaufsichtskommission.** ²**Es hat darüber zu wachen, dass die Wirtschaftsprüferkammer, die Prüfungsstelle und die Abschlussprüferaufsichtskommission ihre Aufgaben im Rahmen der geltenden Gesetze und Satzungen erfüllen.**

Inhaltsübersicht

		Rn.
I.	Allgemeines	1
II.	Inhalt	2–6
III.	Maßnahmen	7–10
	1. Grundsätze	7–8
	2. Koordination mit der Aufsicht der APAK über die WPK	9
	3. Rechtsschutz	10

I. Allgemeines

Dem BMWi obliegt die Staatsaufsicht unmittelbar über die **WPK** sowie die **Prü-** 1
fungsstelle für das WP-Examen u. die **APAK** als v. der WPK unabhängige Stellen. In Bezug auf die WPK ist die Staatsaufsicht ein notwendiges Korrelat zur beruflichen Selbstverwaltung, in deren Rahmen die **WPK hoheitliche Aufgaben** in **mittelbarer Staatsverwaltung** wahrnimmt (zur Abgrenzung im Verhältnis zur Aufsicht der APAK über die WPK vgl. noch Rn. 9).

II. Inhalt

Die Staatsaufsicht ist eine reine **Rechtsaufsicht** u. **keine Fachaufsicht**; sie be- 2
schränkt sich darauf, dass die übertragenen „Aufgaben im Rahmen der geltenden Gesetze u. Satzungen" erfüllt werden. Die **Rechtskontrolle** bezieht sich damit sowohl auf die Erfüllung der gesetzlich zugewiesenen Aufgaben als auch auf die Einhaltung des Rechts (Rn. 5f.). Innerhalb dieser Grenzen unterliegen Zweckmäßigkeitserwägungen, z.B. zur Gestaltung des Verfahrens o. zu den **Auswirkungen** der

Entscheidung auf Betroffene u. Dritte, nicht der Überprüfung durch die Aufsichtsbehörde.

3 Der Rechtsaufsicht unterstehen die in § 59 Abs. 1 genannten **Organe der WPK** (VO, Beirat, KfQK) u. die v. VO u. der KfQK eingesetzten **Abteilungen**, soweit sie in ihrem Zuständigkeitsbereich an die Stelle des VO o. der KfQK treten. Daneben übt das BMWi die Aufsicht über die bei der WPK angesiedelte **Prüfungsstelle** (§ 5) u. die **APAK** aus (§ 66 a).

4 Die staatliche Rechtsaufsicht bezieht sich auf **alle Tätigkeiten der Kammer im hoheitlichen Bereich**, nicht jedoch auf zivilrechtliches Handeln wie bspw. den Abschluss v. Miet- o. Kaufverträgen. Meinungsverschiedenheiten in diesem Bereich müssen auf dem Zivilrechtsweg geklärt werden (ebenso Kuhls/Ruppert, StBerG, § 88 Rn. 5).

5 Die Aufsichtsbehörde prüft, ob die WPK, die Prüfungsstelle u. die APAK ihre Aufgaben im Einklang mit dem geltenden Recht erfüllen.

6 Daneben unterfallen auch die Rechtsvorschriften, die etwa die WPK aufgrund ihrer **Satzungsautonomie** (hierzu § 60 Rn. 1) selbst erlässt, der Rechtskontrolle durch die Aufsichtsbehörde. Hierunter sind nicht nur solche Vorschriften zu verstehen, die die WPK zur Berufsausübung ihrer Mitglieder erlässt (z.B. BS, SaQK), sondern auch solche Regelungen, die die **innere Struktur der Kammer** selbst betreffen (Satzung der Wirtschaftsprüferkammer, Wahlordnung, BO u. GebO). Um sicherzustellen, dass insoweit eine wirksame Kontrolle der satzungsrechtlichen Regelungen stattfinden kann, stehen die BS (§ 57 Abs. 3 Satz 2), die Satzung für QK (§ 57c Abs. 1 Satz 2), die BO (§ 61 Abs. 1), die GebO (§ 61 Abs. 2) u. die Satzung der WPK (§ 60 Abs. 1 Satz 2) unter **Genehmigungs- bzw. Widerrufsvorbehalt** der Aufsichtsbehörde. Für die **APAK gilt dies sinngemäß**. Ihre Geschäftsordnung ist v. BMWi zu genehmigen (§ 66a Abs. 6 Satz 1).

III. Maßnahmen

1. Grundsätze

7 Die Ausübung der staatlichen Aufsicht erfolgt **v. Amts wegen** nach **pflichtgemäßen Ermessen**; aufsichtsrechtliche Maßnahmen können weder v. Berufsangehörigen noch v. Dritten erzwungen werden. Anhaltspunkte für ein staatliches Einschreiten können sich ergeben aufgrund v. **Beschwerden** v. Berufsangehörigen o. Dritten, aufgrund öffentl. Berichterstattung o. durch Mitteilung öffentl. Stellen (z.B. StA, Bundesanstalt für Finanzdienstleistungsaufsicht, Deutsche Prüfstelle für Rechnungslegung). Ob u. wie die Rechtsaufsicht bei behaupteten **Rechtsverstößen** den Sachverhalt ermittelt, steht in ihrem pflichtgemäßen Ermessen (Entschließungsermessen u. Auswahlermessen).

8 Stellt die Aufsichtsbehörde die Rechtswidrigkeit einer Maßnahme o. deren Unterlassung fest o. erfüllen die WPK, die Prüfungsstelle o. die APAK die ihr nach Gesetz u. Satzung obliegenden Aufgaben nicht, so muss die im Einzelfall erforderliche **Aufsichtsmaßnahme** ergriffen werden. Die Aufsichtsbehörde ist bei ihrer **Mittel-**

auswahl an das rechtsstaatliche Übermaßverbot gebunden. Je nach Sachlage kann sie eine **Beanstandung** aussprechen, eine **Anordnung** treffen, eine **Ersatzvornahme** durchführen o. ggf. sogar Organe **auflösen u. abberufen** (Kuhls/Ruppert, StBerG, § 88 Rn. 10).

2. Koordination mit der Aufsicht der APAK über die WPK

Nach § 66a führt die APAK eine öffentl. fachbezogene Aufsicht über die WPK, soweit diese Aufgaben im Rahmen mittelbarer Staatsverwaltung nach § 4 Abs. 1 Satz 1 ggü. solchen Mitgliedern wahrnimmt, die zur Durchführung gesetzlich vorgeschriebener AP befugt sind o. solche ohne diese Befugnis tats. durchführen. Diese Aufsicht beinhaltet die Rechtsaufsicht u. steht daher neben der Rechtsaufsicht des BMWi über die WPK. Insoweit unterläge die Tätigkeit der WPK einer doppelten Rechtskontrolle. Dies löst sich so auf, dass die **Aufsicht der APAK aufgrund der zusätzlichen Fachaufsicht den Vorrang genießt**. Hat das BMWi in dem angesprochenen Aufgabenbereich der WPK Anlass zur konkreten Ausübung der Rechtsaufsicht, wendet es sich jedenfalls zunächst an die APAK (vgl. auch bei § 66a Rn. 29).

9

3. Rechtsschutz

Gegen aufsichtsrechtliche Maßnahmen steht den davon Betroffenen gem. § 40 VwGO der **Verwaltungsrechtsweg** offen (Kuhls/Ruppert, StBerG, § 88 Rn. 11).

10

§ 66a Abschlussprüferaufsicht

(1) ¹Die „Kommission für die Aufsicht über die Abschlussprüfer in Deutschland" (Abschlussprüferaufsichtskommission) führt eine öffentliche fachbezogene Aufsicht über die Wirtschaftsprüferkammer, soweit diese Aufgaben nach § 4 Abs. 1 Satz 1 erfüllt, die gegenüber Berufsangehörigen und Gesellschaften wahrzunehmen sind, die zur Durchführung gesetzlich vorgeschriebener Abschlussprüfungen befugt sind oder solche ohne diese Befugnis tatsächlich durchführen; § 61a Satz 4 bleibt unberührt. ²Die Wirtschaftsprüferkammer hat vor dem Erlass von Berufsausübungsregelungen (§ 57 Abs. 3, § 57c) die Stellungnahme der Abschlussprüferaufsichtskommission einzuholen und dem Bundesministerium für Wirtschaft und Technologie vorzulegen.

(2) ¹Die Abschlussprüferaufsichtskommission besteht aus mindestens sechs und höchstens zehn ehrenamtlichen Mitgliedern. ²Die Mitglieder dürfen in den letzten fünf Jahren vor Ernennung nicht persönliche Mitglieder der Wirtschaftsprüferkammer gewesen sein. ³Sie sollen insbesondere in den Bereichen Rechnungslegung, Finanzwesen, Wirtschaft, Wissenschaft oder Rechtsprechung tätig oder tätig gewesen sein. ⁴Die Mitglieder der Abschlussprüferaufsichtskommission werden vom Bundesministerium für Wirtschaft und Technologie für die Dauer von vier Jahren ernannt; eine vorzeitige Abberufung durch das Bundesministerium für Wirtschaft und Technologie ist in begründeten Ausnahmefällen möglich. ⁵Die Mitglieder der Abschlussprüferaufsichtskommission wählen ein vorsitzendes und ein stellvertretendes vorsitzendes Mitglied. ⁶Die Mitglieder der

Abschlussprüferaufsichtskommission sind gegenüber der Wirtschaftsprüferkammer unabhängig und nicht weisungsgebunden.

(3) ¹Die Abschlussprüferaufsichtskommission beaufsichtigt die Wirtschaftsprüferkammer, ob diese ihre in Absatz 1 Satz 1 genannten Aufgaben geeignet, angemessen und verhältnismäßig erfüllt. ²Die Abschlussprüferaufsichtskommission kann hierzu an Sitzungen der Wirtschaftsprüferkammer teilnehmen und hat ein Informations- und Einsichtsrecht. ³Die Abschlussprüferaufsichtskommission kann an Qualitätskontrollen teilnehmen. ⁴Die Abschlussprüferaufsichtskommission kann die Wirtschaftsprüferkammer beauftragen, bei Hinweisen auf Berufspflichtverletzungen, bei Anfragen im Rahmen der Zusammenarbeit nach Absätzen 8 und 9 und stichprobenartig ohne besonderen Anlass berufsaufsichtliche Ermittlungen nach § 61a Satz 2 Nr. 2 durchzuführen. ⁵Die Abschlussprüferaufsichtskommission kann an Ermittlungen der Wirtschaftsprüferkammer teilnehmen.

(4) ¹Die Abschlussprüferaufsichtskommission kann Entscheidungen der Wirtschaftsprüferkammer unter Angabe der Gründe zur nochmaligen Prüfung an diese zurückverweisen (Zweitprüfung); sie kann bei Nichtabhilfe unter Aufhebung der Entscheidung der Wirtschaftsprüferkammer Weisung erteilen (Letztentscheidung). ²Die Wirtschaftsprüferkammer ist verpflichtet, den Vorgang in Umsetzung der Weisung abzuschließen. ³Hält die Wirtschaftsprüferkammer eine Weisung für rechtswidrig, legt sie den Vorgang dem Bundesministerium für Wirtschaft und Technologie vor.

(5) ¹Die Wirtschaftsprüferkammer ist verpflichtet, auf Anforderung der Abschlussprüferaufsichtskommission im Einzelfall oder von sich aus auf Grund genereller von der Abschlussprüferaufsichtskommission festzulegender Kriterien über einzelne, aufsichtsrelevante Vorgänge nach Sachverhaltsaufklärung zeitnah und in angemessener Form zu berichten. ²Aufsichtsrelevant ist ein Vorgang dann, wenn er von der Wirtschaftsprüferkammer abschließend bearbeitet wurde und eine Entscheidung mit unmittelbarer Rechtswirkung nach außen verfügt werden soll. ³Ein unmittelbarer oder mittelbarer Bezug zur Durchführung einer gesetzlich vorgeschriebenen Abschlussprüfung ist nicht erforderlich.

(6) ¹Die Abschlussprüferaufsichtskommission gibt sich eine Geschäftsordnung, deren Erlass und Änderungen der Genehmigung des Bundesministeriums für Wirtschaft und Technologie bedürfen. ²Die Geschäftsordnung kann insbesondere neben den Kriterien nach Absatz 5 Satz 1 auch die Bildung von entscheidungsbefugten Ausschüssen vorsehen. ³Die Abschlussprüferaufsichtskommission und die Ausschüsse fassen ihre Beschlüsse mit einfacher Mehrheit; § 59a gilt sinngemäß. ⁴Die Abschlussprüferaufsichtskommission und deren Ausschüsse können sich bei der Erledigung ihrer Aufgaben der Wirtschaftsprüferkammer bedienen. ⁵Die Abschlussprüferaufsichtskommission veröffentlicht jährlich ihr Arbeitsprogramm und einen Tätigkeitsbericht.

(7) Die Kosten, die von der Abschlussprüferaufsichtskommission verursacht werden, sind von der Wirtschaftsprüferkammer zu tragen.

(8) ¹Die Abschlussprüferaufsichtskommission arbeitet in Bezug auf die in Absatz 1 Satz 1 genannten Aufgaben mit den entsprechend zuständigen Stellen in den Mitgliedstaaten der Europäischen Union zusammen, soweit dies für die Wahrnehmung der jeweiligen Aufgaben der zuständigen Stelle im Einzelfall erforderlich ist. ²§ 57 Abs. 6 Satz 2 bis 4 gilt entsprechend.

(9) ¹Hat die Abschlussprüferaufsichtskommission konkrete Hinweise darauf, dass ein Berufsangehöriger oder eine Berufsangehörige aus einem anderen Mitgliedstaat gegen das Recht der europäischen Gemeinschaft über die Abschlussprüfungen von Jahresabschlüssen und Konzernabschlüssen verstößt, teilt sie diese der zuständigen Stelle des anderen Mitgliedstaats mit. ²Erhält die Abschlussprüferaufsichtskommission entsprechende Hinweise von der zuständigen Stelle eines anderen Mitgliedstaats in Bezug auf deutsche Berufsangehörige, trifft die Abschlussprüferaufsichtskommission geeignete Maßnahmen und kann der zuständigen Stelle des anderen Mitgliedstaats das Ergebnis mitteilen. ³Darüber hinaus kann die zuständige Stelle eines anderen Mitgliedstaats über die Abschlussprüferaufsichtskommission Ermittlungen der Wirtschaftsprüferkammer im Rahmen des § 61a Satz 2 verlangen, bei denen Vertreter der zuständigen Stelle teilnehmen dürfen, wenn diese zur Verschwiegenheit verpflichtet sind. ⁴§ 57 Abs. 7 Satz 2 bis 4 gilt entsprechend.

(10)¹Die Abschlussprüferaufsichtskommission arbeitet in Bezug auf die in Absatz 1 Satz 1 genannten Aufgaben mit den entsprechend zuständigen Stellen anderer als in Absatz 8 Satz 1 genannten Staaten zusammen, soweit dies für die Wahrnehmung der jeweiligen Aufgaben der zuständigen Stelle im Einzelfall erforderlich ist oder wenn von diesen Stellen Sonderuntersuchungen oder Ermittlungen erbeten werden. ²§ 57 Abs. 6 Satz 2 bis 4 gilt entsprechend.

(11)¹§ 57 Abs. 9 gilt entsprechend. ²Abweichend von § 57 Abs. 9 Satz 5 können Berufsangehörige und Prüfungsgesellschaften unter den Voraussetzungen des § 57 Abs. 9 Sätze 1 bis 4 selbst Arbeitsunterlagen und andere Dokumente auf Anforderung der zuständigen Stelle an diese Stelle herausgeben, wenn sie die Abschlussprüferaufsichtskommission über die Anfrage informiert haben und die in § 57 Abs. 9 Satz 5 genannten Bedingungen erfüllt sind.

Schrifttum: *Beul*, Bilanzierung und Prüfung, steueranwaltsmagazin 2012, 137; *Fölsing*, Transatlantische Zusammenarbeit der Prüferaufsichten – Deutschland und die USA vereinbaren gemeinsame Qualitätskontrollen sowie den Austausch vertraulicher Informationen, WPg 2012, 718; *Marten/Maccari*, Öffentliche Fachaufsicht – Akzeptanz verbessern, DATEV-Mag. 5/2010, 41; *Beul*, Der Abschlussprüfer und die anlassunabhängige Sonderuntersuchung nach § 62b WPO – Gemeinschaftsrechtliche Vorgaben und Rechtsqualität als Verwaltungsakt, steueranwaltsmagazin 2009, 207; *Röhricht*, Öffentliche Aufsicht durch die Abschlussprüferaufsichtskommission und internationale Vertretung, WPg Sonderheft 1/2008, 1; *Marten*, Entwicklungen in der Abschlussprüferaufsicht, in Ballwieser/Grewe (Hrsg.), Wirtschaftsprüfung im Wandel: Herausforderungen an Wirtschaftsprüfung, Steuerberatung, Consulting und Corporate Finance – Festgabe 100 Jahre Südtreu/Deloitte 1907 bis 2007, 2008, 121; *Marten*, Öffentliche Abschlussprüferaufsicht – Vertrauen gewinnen, DATEV-Mag. 3/2007, 25; *Böcking/Dutzi*, Neugestaltung der Berufsaufsicht für Wirtschaftsprüfer, BFuP 2006, 1; *Heiniger/Bertram*, Der Referentenentwurf zur 7. WPO-Novelle (BARefG), DB 2006, 905; *Klein/Klaas*, Die Entwicklung der neuen Abschlussprüferrichtlinie in den Beratungen von Kommission, Ministerrat und Europäischem Parlament, WPg 2006, 885; *Marten*, Die Bedeutung einer international anerkannten Abschlussprüferaufsicht für deutsche Unternehmen, DB 2006, 1121; *Marten/Köhler/Paulitschek*, Enforcement der Abschlussprüfung in Deutschland, BB 2006, BB-Special 4/2006, 32; *Marten/Paulitschek*, Öffentliche Aufsicht über deutsche Abschlussprüfer unter Berücksichtigung der Implikationen des geplanten Berufsaufsichtsreformgesetzes, RWZ 2006, 155; *Naumann/Feld*, Die Transformation der neuen Abschlussprüferrichtlinie – Erwartungen des Berufsstandes der Wirtschaftsprüfer an den deutschen Gesetzgeber, WPg 2006, 873; *Tiedje*, Die neue EU-Richtlinie zur Abschlussprüfung, WPg 2006, 593; *Lanfermann*, Modernisierte EU-Richtlinie zur Abschlussprüfung, DB 2005, 2645; *Marten/Paulitschek*, Öffentliche Aufsicht über Abschlussprüfer in Deutschland, Stbg 2005, 521; *Marten/Köhler*, Vertrauen durch öffentliche Aufsicht – Die Abschlussprüferaufsichtskommission als Kernelement der WPO-Novellierung, WPg 2005, 145; *Schmidt*, Die 8. EU-Richtlinie: Anlass für eine verstärkte Regulierung der Berufsausübung des Wirtschaftsprüfer?, WPg 2005, 203; *Baetge/Lienau*, Änderungen der Berufsaufsicht der Wirtschaftsprüfer, DB 2004, 2277; *Schmidt/Kaiser*, Öffentliche Aufsicht über Abschlussprüfer, WPK-Mag. 3/2004, 38; *Heiniger/Bertram*, Neue Anforderungen an Berufsaufsicht und Qualitätskontrolle durch das Abschlussprüferaufsichtsgesetz, DB 2004, 1737; *Lenz*, Referentenentwurf eines Abschlussprüferaufsichtsgesetzes: noch unzureichende Kontrolle des Berufsstandes, BB 2004, 1951; *Scherff/Willeke*, Zum Gesetzentwurf des Abschlussprüferaufsichtsgesetzes (APAG), StuB 2004, 969; *Schmidt/Kaiser*, Öffentliche Aufsicht über Abschlussprüfer, WPK-Mag. 3/2004, 38; *Schmidt/Kaiser*, Die Fünfte WPO-Novelle – eine umfassende Reform in schwieriger Zeit, WPK-Mitt. 2003, 150.

Inhaltsverzeichnis

		Rn.
I.	Allgemeines	1–10
	1. Hintergrund	2–6
	2. Anforderungen der Abschlussprüferrichtlinie (2006)	7–10
II.	Zusammensetzung, Organisation und Finanzierung	11–24
III.	Aufgaben; persönlicher und sachlicher Zuständigkeitsbereich	25–57
	1. Aufgaben	26–34
	a) Öffentlich fachbezogene Aufsicht (Fachaufsicht)	26–31
	b) Systemaufsicht	32–34
	2. Zuständigkeitsbereich	35–57
	a) Persönlich	35–38
	b) Sachlich	39–57

IV. Informations-, Einsichts- und Teilnahmerechte 58–68
V. Instrumente der Fachaufsicht 69–72
   1. Zweitprüfung 71
   2. Letztentscheidung 72
VI. Zusammenarbeit mit anderen Stellen 73–93
   1. Zuständigkeit 73–75
   2. Grenzüberschreitende Zusammenarbeit 76–93
      a) Europäische Union und EWR 78–83
      b) Drittstaaten 84–93

I. Allgemeines

Mit der APAK wurde zum 1.1.2005 durch die 6. WPO-Novelle 2005 eine **v. Berufsstand unabhängige öffentl. Fachaufsicht über die WPK u. die dort vereinigten Abschlussprüfer** eingeführt. Das klassische Prinzip der beruflichen Selbstverwaltung wurde insoweit modifiziert (§ 4 Rn. 17 ff.).   **1**

1. Hintergrund

Die Einführung der APAK ist vor dem Hintergrund internationaler, aber auch nationaler Unternehmensskandale um das Jahr 2000 zu sehen, in deren Zusammenhang die Öffentlichkeit auch die Rolle der AP kritisch beurteilte. Als **Maßnahme zur Wiederherstellung des öffentl. Vertrauens** in die gesetzliche AP wurde insb. die Notwendigkeit einer v. Berufsstand unabhängigen öffentl. Aufsicht gesehen. Die Aufsicht des Berufsstandes basierte bis dahin weltweit überwiegend auf dem Prinzip der Selbstverwaltung u. Selbstregulierung.   **2**

In den **USA** wurde mit dem Sarbanes-Oxley Act 2002 der Public Company Accounting Oversight Board (PCAOB) geschaffen. Die Selbstverwaltung u. Selbstregulierung des Berufsstandes bezogen auf die AP börsennotierter Unternehmen wurde damit faktisch abgeschafft. In **Großbritannien** wurde 2004 durch eine Änderung des Company Act eine der ersten unabhängigen Aufsichten über AP in der EU eingeführt.   **3**

Die Bundesregierung hatte in einem Maßnahmenkatalog zur Stärkung der Unternehmensintegrität u. des Anlegerschutzes v. 25.2.2003 bereits Überlegungen zur **Einbeziehung unabhängiger Dritter in die Aufsicht der AP** u. damit die Einführung eines Public-Oversight-Elements angekündigt. Die Europäische Kommission konkretisierte in der Mitteilung zur Stärkung der AP in der EU v. 21.5.2003 ihre Pläne zur Modernisierung der 8. EU-Richtlinie (1984) einschl. der Einführung v. Mindestprinzipien für die öffentl. Aufsicht (EU Amtsblatt C 236 v. 2.10.2003). Mit der 5. WPO-Novelle 2004 wurde in § 59 Abs. 4 a.F. eine beratende Teilnahme der Mitglieder des Qualitätskontrollbeirates (Rn. 6) u. der Vertreter der ARGE (§ 65) an den Sitzungen des Beirates eingeführt. Die Selbstverwaltungskompetenz der WPK sollte damit jedoch nicht eingeschränkt werden; v. der Einführung einer unabhängigen Aufsicht oberhalb der WPK als „Aufsicht über die Aufsicht" wurde noch ab-   **4** gesehen (Schmidt/Kaiser, WPK-Mitt. 2003, 163). Ein echtes Public-Oversight-Element stellte diese Änderung nicht dar.

5   Mit der Einführung der APAK entschied sich der Gesetzgeber bewusst gegen eine staatliche Lösung zur berufstandsunabhängigen Aufsicht in der Form **einer zusätzl. Behörde o. Verwaltungsstelle** (BT-Drs. 15/3983, 1). Maßgeblichen Einfluss auf die Ausgestaltung der APAK hatten die sich bereits in Entwürfen abzeichnenden Grundsätze der öffentl. Aufsicht nach der AP-Rili (zur möglichen Weiterentwicklung der Vorgaben zur öffentl. Aufsicht über Abschlussprüfer vgl. Einl. Rn. 81 ff.).

6   Die Bildung der APAK stellt eine konsequente **Fortentwicklung des Qualitätskontrollbeirats** dar, einer bereits mit der 4. WPO-Novelle 2001 für das Qualitätskontrollverfahren eingerichteten berufsstandsunabhängigen öffentl. Aufsicht. Die damalige reine Systemaufsicht über einen Ausschnitt der Tätigkeit der WPK wurde mit der APAK zu einer umfassenden Fachaufsicht über die WPK in der gesamten Breite ihrer Tätigkeit nach § 4 Abs. 1 Satz 1 ausgeweitet, soweit diese ggü. Berufsangehörigen u. Gesellschaften auszuüben ist, die zur Durchführung gesetzlicher AP befugt sind o. diese ohne diese Befugnis tats. durchführen (vgl. noch im Einzelnen Rn. 35 ff.).

2. Anforderungen der Abschlussprüferrichtlinie (2006)

7   Artikel 32 AP-RiLi formuliert **allg. Mindestanforderungen** an die Ausgestaltung öffentl., vom Berufsstand unabhängiger Aufsichten über alle gesetzlichen AP (d.h. nicht nur über AP der Unternehmen v. öffentl. Interesse, insoweit unzutreffend: Beul, steueranwaltsmagazin 4/2012, 142). Geregelt werden Zusammensetzung, Aufgaben u. Finanzierung der Aufsicht. Vorgegeben werden auch die Veröffentlichung eines jährlichen Arbeitsprogramms sowie eines Tätigkeitsberichtes.

8   Die Aufsicht muss **mehrheitlich mit Nicht-Berufsangehörigen** („Nichtberufsausübende") besetzt sein. Nach Art. 2 Nr. 15 AP-RiLi sind dies nat. Personen, die u.a. mind. drei Jahre vor ihrer Berufung keine AP durchgeführt haben dürfen (Rn. 14). Die Führung der öffentl. Aufsicht hat in einem unabhängigen u. transparenten Verfahren zu erfolgen.

9   Die Richtlinie verlangt ferner eine **letztverantwortliche Zuständigkeit** („ultimate responsibility") der öffentl. Aufsicht für Zulassung u. Registrierung v. AP, die Annahme v. Berufsgrundsätzen, Standards für die QS sowie Prüfungsstandards, die Fortbildung, die QK sowie die Disziplinaraufsicht einschl. der Ermittlungsverfahren. Für Ermittlungen muss der öffentl. Aufsicht ein Initiativrecht zustehen.

10 Die **Finanzierung der öffentl. Aufsicht** muss frei v. einer ungebührlichen Einflussnahme durch den Berufsstand sein. Als ungebührlich gilt jede Möglichkeit zur Beeinflussung der finanziellen Ausstattung u. der Mittelverwendung durch Berufsangehörige.

II. Zusammensetzung, Organisation und Finanzierung

Die APAK besteht aus **mind. sechs u. höchstens zehn ehrenamtlich tätigen nat. Personen**, die v. **BMWi ernannt** werden. Auf das Verfahren der Ernennung hat der Berufsstand keinen Einfluss. Das Verfahren erfüllt insoweit das Kriterium der Unabhängigkeit nach der AP-RiLi. Es handelt sich um eine interne Entscheidung des BMWi. Inwieweit das Verfahren damit allerdings das Transparenzgebot nach Art. 32 Abs. 3 Satz 3 AP-RiLi erfüllt, bleibt offen; jedenfalls fehlt eine Konkretisierung (kritisch dazu: Lenz, BB 2004, 1956). 11

Die APAK steht unter der **Rechtsaufsicht des BMWi** (Staatsaufsicht, § 66 Rn. 2). 12

Die **Mitglieder der APAK** bedürfen einer besonderen persönlichen u. fachlichen Eignung. 13

Die **persönliche Eignung** der Mitglieder setzt zur Sicherung ihrer Unabhängigkeit voraus, dass sie in den letzten fünf Jahren vor ihrer Ernennung nicht persönliche Mitglieder der WPK gewesen sind. Ausgeschlossen sind damit nat. Personen, die in dieser Zeit als WP bzw. vBP bestellt o. Mitglieder des VO, GF, verbundene Personen nach dem PartGG o. phG einer WPG/BPG waren (s. § 58 Abs. 1 bzw. § 128 Abs. 3). Die persönliche Eignung müssen alle Mitglieder der APAK erfüllen. Die Anforderungen an die Mitgliedschaft gehen damit über die Mindestanforderungen der AP-RiLi hinaus. Zum einen hat der Gesetzgeber bewusst auf die Möglichkeit nach der Richtlinie verzichtet, eine Minderheit v. Berufsangehörigen an der öffentl. Aufsicht zu beteiligen. Zum anderen verlangt die Richtlinie nur einen dreijährigen beruflichen Abstand („cooling-off"); die dortige Definition des Nichtberufsausübenden (Rn. 8) schließt in dieser Zeit allerdings auch eine Anstellung bei einer Prüfungsgesellschaft u. jedwede Mitgliedschaft in einem Prüfungsteam aus. 14

Die **fachliche Eignung** besteht insb. in einer vormaligen o. aktiven Tätigkeit in den Bereichen Rechnungslegung, Finanzwesen, Wirtschaft, Wissenschaft o. Rechtsprechung. Damit sollen Experten in das System eingebunden werden. Diese Merkmale nach Abs. 2 Satz 3 stellen jedoch keine Ausschlusskriterien dar; bei der Ernennung sollen aber vorrangig Personen mit einem entsprechenden fachlichen Hintergrund berücksichtigt werden. Damit wird auch eine fachliche Ausgewogenheit bezweckt. Die fachliche Zusammensetzung entspricht der des früheren Qualitätskontrollbeirates, der mit der 4. WPO-Novelle 2001 als unabhängige öffentl. Aufsicht über das Qualitätskontrollverfahren nach § 57a ff. eingeführt worden war u. mit Einführung der APAK aufgelöst wurde. Nach der dortigen Begr. sollte die Aufsicht aus **anerkannten Persönlichkeiten des Wirtschaftslebens** gebildet werden (BT-Drs. 14/3649, 30). Da die APAK aus dem Qualitätskontrollbeirat fortentwickelt wurde (BT-Drs. 15/3983, 15) u. in der Folge vier der ehemaligen Mitglieder in die APAK berufen wurden, gilt dieser Maßstab wohl fort. 15

Die **Amtszeit der Mitglieder beträgt vier Jahre**. Die vorzeitige **Abberufung** eines Mitgliedes kann nur durch das BMWi im begründeten Ausnahmefall erfolgen. Ein Ausnahmefall, der eine Abberufung rechtfertigen dürfte, könnte in der Gefähr- 16 dung der Unabhängigkeit des Mitgliedes liegen, so bei Fortfall der persönlichen Eignung, z.B. durch Beteiligung als phG an einer WPG o. die Bestellung als WP.

17 Neben der Unabhängigkeit der Mitglieder der APAK v. der WPK bildet ihre **Weisungsfreiheit** (Abs. 2 Satz 6) die Grundlage für eine objektive öffentl. Aufsicht. Die Weisungsfreiheit besteht nicht nur ggü. der WPK sondern jedem Dritten, auch dem BMWi. Gegenüber dem BMWi findet sie ihre Grenze ledigl. über dessen Rechtsaufsicht.

18 Die Mitglieder der APAK bilden eine **nicht rechtsfähige Personengemeinschaft eigener Art** (BT-Drs. 15/3983, 15). Die APAK ist somit selbst kein Rechtssubjekt. Sie ist dennoch eine v. der WPK vollständig unabhängige Organisation, d.h. weder Organ noch Abteilung der WPK (insoweit unzutreffend: Beul, steueranwaltsmagazin 2009, 207). Die nach § 66a statuierten Rechte stehen unmittelbar den Mitgliedern der APAK gemeinschaftlich zu.

19 Zur Organisation der APAK ist die **Wahl eines Vorsitzenden u. eines stellvertretenden Vorsitzenden** durch die Mitglieder vorgeschrieben (Abs. 2 Satz 5). Ferner hat sich die APAK eine **Geschäftsordnung** zu geben (Abs. 6; zum Inhalt s. www.apak-aoc.de). Der Erlass sowie jede Änderung der Geschäftsordnung bedürfen der Genehmigung durch das BMWi. Die Geschäftsordnung kann u.a. die Kriterien des generellen Informationsflusses v. der WPK in Richtung der APAK enthalten (Rn. 58 f.).

20 Zudem kann in der Geschäftsordnung die **Bildung entscheidungsbefugter Ausschüsse** vorgesehen werden. Die Bildung solcher Ausschüsse erfolgt entspr. § 59a. Zu beachten ist insoweit, dass mind. drei Mitglieder einem Ausschuss angehören müssen u. aus ihrer Mitte ein Ausschussvorsitzender u. ein Stellvertreter zu wählen sind. Entsprechend der dem Ausschuss übertragenen Aufgaben vereinigen die Ausschussmitglieder auf sich die Rechte u. Pflichten, die ansonsten der Gesamtheit aller Mitglieder der APAK zugewiesen sind (s.a. § 59a Rn. 7 ff.). Derzeit hat die APAK die Ausschüsse Berufsaufsicht, Sonderuntersuchungen u. Qualitätskontrolle eingerichtet.

21 Die Willensbildung der APAK u. ihrer Ausschüsse erfolgt durch **Beschlüsse mit einfacher Mehrheit**. Die Geschäftsordnung kann vorsehen, dass bei Stimmengleichheit die Stimme des Vorsitzenden doppelt zählt (BT-Drs. 15/3983, 16).

22 Die APAK u. ihre Ausschüsse können sich bei der Erledigung ihrer Aufgaben der **Unterstützung durch die WPK** bedienen (Abs. 6 Satz 4). Mangels eigener Rechtssubjektqualität (Rn. 18) u. der ehrenamtlichen Natur kann die APAK keinen eigenen organisatorischen Unterbau entwickeln (kritisch dazu: Lenz, BB 2004, 1954; Baetge/Lienau, DB 2004, 2281; für eigene Rechtsfähigkeit u. Personal: Müller, Abschlussprüfer und staatliche Aufsicht, 375). Dem Gesetzgeber war aber wohl aus Gründen der Effizienz an einer Nutzung der sachlichen u. personellen Ressourcen der WPK durch die APAK gelegen. Ihre Grenzen muss diese Konstruktion dort finden, wo die Unabhängigkeit o. Weisungsfreiheit der APAK gefährdet wäre. Dies

ist bei der Ausgestaltung der Unterstützung zu berücksichtigen (so auch Marten/ Köhler, WPg 2005, 151). Vor diesem Hintergrund ist die Einrichtung eines **APAK-Sekretariats** zu sehen; seine Mitarbeiter unterliegen allein der Weisungsbefugnis der APAK (zur den Mitarbeitern der Abteilung SU s. Rn. 49). Ebenso ist nicht ausgeschlossen, dass die APAK auch **v. der WPK unabhängige Personen zur Unterstützung,** z.b. in Sitzungen zur Beratung als Sachverständige im Einzelfall, heranzieht. § 66a Abs. 3 Satz 3 i.d.F. der 6. WPO-Novelle 2005 enthielt hierzu noch eine ausdr. Regelung. Hinter der Streichung dieses Zusatzes über die 7. WPO-Novelle 2007 dürfte aber keine materielle Absicht stehen.

Die **WPK trägt alle v. der APAK verursachten Kosten** (Abs. 7). Die APAK wird insoweit über die **Pflichtbeiträge aller Mitglieder der WPK** finanziert. Auf diese Weise ist eine in der Sache unabhängige, v. ungebührlichen Einfluss einzelner Berufsangehöriger o. Berufsgesellschaften freie Finanzierung gewährleistet (Marten/ Paulitschek, Stbg 2005, 522). Auch die Angemessenheit der Finanzierung der Höhe nach ist durch die generelle, bedarfsabhängige Kostentragungspflicht der WPK gesichert, da die im Wirtschaftsplan der WPK auf die APAK bezogenen Teile der Genehmigung durch das BMWi bedürfen (§ 60 Abs. 2 Satz 2). Damit ist im Ergebnis eine unabhängige Kontrolle der Zuweisung u. Verwendung der Finanzmittel verbunden (für eine eigene Budgetkompetenz der APAK: Lenz, BB 2004, 1955). 23

Im Zusammenhang mit der Finanzierung der APAK ist zu berücksichtigen, dass ihre **Mitglieder ehrenamtlich (Abs. 2 Satz 1), also unentgeltlich** tätig sind. Die Kostenübernahme beschränkt sich daher im Wesentlichen auf Aufwandsentschädigungen, Reisekostenerstattungen, die Sitzungsorganisation sowie die sachliche u. personelle Unterstützung der APAK. 24

III. Aufgaben; persönlicher und sachlicher Zuständigkeitsbereich

Die APAK ist für die öffentl. fachbezogene Aufsicht über die WPK zuständig, soweit diese Aufgaben nach § 4 Abs. 1 Satz 1 erfüllt, die ggü. Berufsangehörigen u. Gesellschaften wahrzunehmen sind, die zur Durchführung gesetzlich vorgeschriebener AP befugt sind o. solche ohne dies Befugnis tats. durchführen. Absatz 1 umschreibt insoweit **die Kernaufgabe der APAK** sowie deren **sachlichen u. persönlichen Zuständigkeitsbereich.** Daneben ist die APAK auf Basis einer Vereinbarung mit der WPK für das **Verfahren der anlassunabhängigen SU, einschließlich Organisation, Durchführung u. Kommunikation,** zuständig (Rn. 49). Die APAK veröffentlicht jährlich ein **Arbeitsprogramm** u. einen **Tätigkeitsbericht** (Abs. 6 Satz 5). 25

1. Aufgaben

a) Öffentlich fachbezogene Aufsicht (Fachaufsicht)

Das System der öffentl. Aufsicht über AP nach der WPO folgt einem **Zweistufenmodell.** Auf der **ersten Stufe ist die WPK** als KöR in mittelbarer Staatsverwaltung zunächst eigenverantwortlich für die Ausfüllung der Tätigkeiten nach § 4 Abs. 1 Satz 1 zuständig. Auf der **zweiten Stufe trägt die APAK** die Letztverantwortung 26 für jede in ihrem Zuständigkeitsbereich getroffene Entscheidung der WPK. Dieses Modell bringt die Absicht des Gesetzgebers zum Ausdruck, keine Verschiebung der Ausübung der Aufsicht v. der WPK zur APAK vorzunehmen, bei der die WPK lediglich ausführendes Organ wäre, sondern die „erstinstanzliche" Wahrnehmung der Aufgaben im Kontext der BA bei der WPK zu belassen (s. Marten, WPg 2005, 152). Es wird aber bereits auf der ersten Stufe v. einem offenen Dialog zwischen APAK u. WPK ausgegangen (Rn. 71).

27 Die öffentl. fachbezogene Aufsicht der APAK über die WPK (**Fachaufsicht**) ist Ausprägung dieses Zweistufenmodells. Die Fachaufsicht geht über die Rechtsaufsicht (s. § 66 Rn. 2 ff.) hinaus, indem sie neben einer **Rechtskontrolle** auch eine Überprüfung der Zweckmäßigkeit beinhaltet. Die **Zweckmäßigkeitserwägungen** können sich auf Einzelmaßnahmen, z.b. die Auswirkungen einer Entscheidung auf Betroffene u. Dritte beziehen, aber auch auf grundlegende allg. Verfahrensfragen, also die Gestaltung u. Organisation v. Verfahrensabläufen. Die Fachaufsicht umfasst damit den Einzelfall u. das Verfahren, in dem Einzelfallentscheidungen getroffen werden.

28 Aus der **Zuständigkeit für den Einzelfall** ergibt sich nicht, dass zwingend jeder Vorgang, der v. der WPK bearbeitet wird, einer nochmaligen Prüfung durch die APAK zu unterziehen ist. Dies ist schon aus praktischen Erwägungen nicht denkbar. Inhalt, Umfang u. Zeitpunkt der Einzelfallprüfungen obliegen daher dem pflichtgemäßen Ermessen der APAK (BT-Drs. 15/3983, 16). Ihr ist insoweit überlassen, wie die Fachaufsicht zu organisieren ist. Kriterien dazu sind z.b. die Bedeutung einzelner Vorgänge für die Öffentlichkeit o. der Umfang des Ermessensspielraums, den die WPK im Rahmen der Bearbeitung hat, der insoweit einer besonderen Sorgfalt der Fachaufsicht bedarf. Vor Einstellung berufsaufsichtlicher Ermittlungen sowie vor Nichterteilung u. Widerruf der TB im Rahmen der QK sind der APAK jedoch alle Einzelfälle vorzulegen (§ 61a Satz 4, §§ 57a Abs. 6 Satz 10 u. 57e Abs. 2 Satz 8); eine Vorlage im Listenverfahren ist möglich.

29 Die Rechtsaufsicht des BMWi über die WPK führt nicht zwangsläufig zu einer doppelten Rechtskontrolle. Während sich die Rechtskontrolle des BMWi im Rahmen v. § 66 eher allg. auf die Gesamtheit der Aufgaben u. Tätigkeiten der WPK bezieht, erstreckt sich die Rechtskontrolle der APAK im Rahmen der Fachaufsicht aufgrund ihrer größeren Verfahrensnähe gerade auf einzelne Maßnahmen. Die Rechtsaufsicht des BMWi wird dadurch nicht eingeschränkt. Aus Gründen der Effizienz u. Verhältnismäßigkeit erfolgt aber eine Koordinierung (vgl. auch § 66 Rn. 9).

30 Gemäß Abs. 3 Satz 1 beaufsichtigt die APAK die WPK, ob diese ihre Tätigkeiten nach § 4 Abs. 1 Satz 1 **geeignet, angemessen u. verhältnismäßig** erfüllt. Dies ist der Maßstab im Rahmen der Fachaufsicht.

31 Ein typisches Element der Fachaufsicht ist das **Weisungsrecht** (Rn. 72) als Ausdruck der Letztverantwortung der übergeordneten Stelle. Die Fachaufsicht der APAK bildet die **Basis der unabhängigen öffentl. Aufsicht i.S. der AP-RiLi**. Das

deutsche Modell ist insoweit eine gleichwertige Alternative zu Modellen, in denen der unabhängigen öffentl. Aufsicht originär die operative Ausfüllung der Aufsicht übertragen ist.

b) Systemaufsicht

Neben der Fachaufsicht als Rechts- u. Zweckmäßigkeitskontrolle insb. im Einzelfall besteht die Aufgabe der APAK auch in einer **Systemaufsicht**. Dem Grunde nach ist dies eine besondere Ausprägung der Fachaufsicht. Sie hat aber für sich genommen auch eine eigenständige Bedeutung. Die Systemaufsicht umfasst die **Überwachung der Angemessenheit u. Funktionsfähigkeit** der über Abs. 1 Satz 1 i.V.m. § 4 Abs. 1 Satz 1 der Aufsicht unterstellten Bereiche. 32

Die Systemaufsicht über das 2001 eingeführte Verfahren der QK war klassische Aufgabe des Qualitätskontrollbeirates. Mit dessen Auflösung wurde die Systemaufsicht der APAK übertragen. Bis zur Streichung durch die 7. WPO-Novelle 2007 beschrieb § 57f Abs. 2 ausdr. deren Inhalt als eine Überwachung der Angemessenheit u. Funktionsfähigkeit der QK insgesamt sowie die damit im Zusammenhang stehenden **Empfehlungen zur Fortentwicklung u. Verbesserung des Systems**. Mit der Streichung des § 57f sollte eine Doppelregelung vermieden werden, da sein Inhalt in § 66a bzw. § 66b vollständig erwähnt u. abgebildet sei. Eine inhaltliche Änderung sollte damit nicht verbunden sein (BT-Drs. 16/2858, 34). Damit wird bestätigt, dass der APAK bereits über § 66a in der gesamten Breite ihrer Tätigkeit eine Systemaufsicht zukommt u. dass sie bei Bedarf Empfehlungen zur Fortentwicklung u. Verbesserung für alle Zuständigkeitsbereiche abgeben kann. 33

Über § 63g Abs. 2 Satz 1 GenG ist die APAK auch für die **Systemaufsicht über die QK der genossenschaftlichen Prüfungsverbände** zuständig. Die Fachaufsicht liegt dagegen weiter bei den für die Prüfungsverbände zuständigen obersten Landesbehörden (§ 64 GenG). 34

2. Zuständigkeitsbereich

a) Persönlich

Die Aufsicht der APAK erstreckt sich unmittelbar auf die Tätigkeit der WPK nach § 4 Abs. 1 Satz 1. Insoweit ist die **WPK Subjekt der Aufsicht durch die APAK**. Mittelbar ist aber damit auch eine Aufsicht über die in § 66a Abs. 1 Satz 1 umschriebene Mitgliedergruppe der WPK verbunden. 35

Ziel des Gesetzgebers war es in Umsetzung der AP-RiLi, mittelbar alle gesetzlichen AP einer öffentl. Aufsicht zu unterstellen. Ansatz ist daher die **Befugnis zur Durchführung gesetzlich vorgeschriebener AP** (im Kern Pflichtprüfungen nach § 316 HGB). Allgemein befugt sind zur gesetzlichen AP WP/vBP bzw. WPG/BPG (§ 319 Abs. 1 Satz 1 u. 2 HGB), unter Berücksichtigung v. § 319 Abs. 1 Satz 3 HGB allerdings nur dann, wenn sie über eine **wirksame Bescheinigung über die Teilnahme an der QK** (TB) nach § 57a o. über eine entsprechende Ausnahmegenehmigung der WPK verfügen. Die WPO regelt für diesen Personenkreis auch noch an anderer Stelle besondere Pflichten (vgl. z.B. § 62 Rn. 61). 36

37 Erfasst werden auch **WP/vBP bzw. WPG/BPG, die trotz fehlender TB gesetzliche AP tats. durchgeführt haben** (unabhängig davon, dass in solchen Fällen keine wirksame Bestellung als AP u. damit keine wirksame AP vorliegt).

38 Die **Beschränkung des mittelbaren persönlichen Zuständigkeitsbereiches der APAK** auf AP o. vermeintliche AP hat aber im Wesentlichen nur **Bedeutung außerhalb der BA u. QK**. Im Bereich der QK ist die Differenzierung obsolet, weil es dort um die TB als Bestellungsvoraussetzung für AP u. damit eine Tätigkeit der WPK ggü. AP o. möglichen AP geht; die APAK ist dort für die Gesamtaufsicht zuständig (Rn. 50). Im Bereich der BA soll die Kompetenz der APAK ebenfalls unterschiedslos für alle Berufsangehörigen gelten (BT-Drs. 15/3983, 15). Dies spiegelt sich auch in der unterschiedslosen Vorlagepflicht v. Einstellungsvorgängen nach § 61a Satz 4 wieder, auf den § 66a Abs. 1 Satz 1 Hs. 2 ausdr. verweist (vgl. auch zu § 61a Rn. 46 ff.). Auch die Bestellung nat. Personen u. die Anerkennung v. Berufsgesellschaften (Rn. 42) müssen mit Rücksicht auf Art. 32 Abs. 4 lit. a AP-RiLi vollumfänglich der persönlichen u. sachlichen Zuständigkeit der APAK unterliegen, da es sich um den allg. Berufszugang als Grundvoraussetzung für die Durchführung v. AP handelt. Allenfalls bei Widerrufsverfahren o. Rücknahmeverfahren könnte danach differenziert werden, ob der betroffene Berufsangehörige bzw. die Berufsgesellschaft über eine TB verfügt.

b) Sachlich

39 Der sachliche Zuständigkeitsbereich der APAK ergibt sich aus dem Verweis in Abs. 1 Satz 1 auf die **Bereiche nach § 4 Abs. 1 Satz 1**, in denen die WPK in mittelbarer Staatsverwaltung tätig wird.

aa) Prüfung und Eignungsprüfung

40 Die APAK ist dem Wortlaut nach für die Fachaufsicht in den Bereichen **Prüfung (§ 12) u. Eignungsprüfung (§ 131h)** zuständig (BT-Drs. 15/3983, 15; s. aber auch § 5 Rn. 4). In diesem Bereich sind die jeweils **mehrheitlich mit Nicht-Mitgliedern der WPK besetzte Prüfungskommission, die Aufgabenkommission u. die Widerspruchskommission** tätig, deren Mitglieder in ihrer Tätigkeit unabhängig sind. Sie werden durch die Prüfungsstelle für das Wirtschaftsprüfungsexamen bei der WPK (§ 5) unterstützt, eine selbstständige u. bei der Erfüllung ihrer Aufgaben ausdr. nicht an Weisungen gebundene Verwaltungseinheit bei der WPK (§ 5 Abs. 2). Bescheide, die im Zulassungs- o. Prüfungsverfahren erlassen werden, werden im Widerspruchsverfahren v. der Widerspruchskommission auf ihre Recht- u. Zweckmäßigkeit im Einzelfall überprüft.

41 Bei dieser Sachlage bleibt **unklar, welche Zuständigkeit hier daneben der APAK zugewiesen werden soll**, zumal sie ggü. den Verfahrensbeteiligten auch kein Weisungsrecht hat. Im Kern könnte der APAK evtl. noch eine Systemaufsicht zustehen. Mit Blick auf den Zuständigkeitskatalog der öffentl. Aufsichten nach Art. 32 AP-RiLi ist diese Sachlage unproblematisch. Prüfung (Art. 6 ff. AP-RiLi) u. Eignungsprüfung (Art. 14 u. 44 AP-RiLi) müssen nach der AP-RiLi keiner öffentl. Aufsicht unterliegen, ledigl. der Akt der Zulassung („approval") nat. u. jur. Personen als AP (Bestellung u. Anerkennung i.S. der WPO).

bb) Bestellung, Anerkennung sowie Widerruf und Registrierung

Die APAK ist für die Fachaufsicht in den Bereichen der **Bestellung der WP/vBP** 42
(§§ 15 ff., 130 Abs. 1, 131k), **Anerkennung der WPG/BPG** (§§ 27 ff., 130 Abs. 2)
sowie jeweils deren **Widerruf** (§§ 20, 34, 130 Abs. 1 u. 2) u. die **Registrierung**
(§ 37 f.) zuständig. Die uneingeschränkte Zuständigkeit für die Bestellung u. Anerkennung ist mit Rücksicht auf Art. 32 Abs. 4 lit. a AP-RiLi erforderlich (s. Rn. 38, auch zu einer möglichen Differenzierung bei Widerrufsverfahren o. Rücknahmeverfahren bei Berufsangehörigen u. Berufsgesellschaften ohne TB).

Die **Eintragung in das BR** ist ein mit der Bestellung, Anerkennung u. deren Widerruf verbundener einheitlicher Akt, der nicht auf einer Ermessensentscheidung der WPK beruht. Insoweit beschränkt sich die Zuständigkeit der APAK dort auf eine Systemaufsicht. 43

cc) Berufsaufsicht

Die APAK ist für die **Fachaufsicht im Bereich der BA** (§§ 61a ff.) zuständig. Sie 44
erstreckt sich auf **alle berufsaufsichtlichen Ermittlungen u. Maßnahmen** (Belehrungen, Einstellungen, Rügen, Geldbußen, Abgaben an die GStA) der WPK ggü. deren Mitgliedern u. ist insoweit nicht auf AP o. Berufspflichtverletzungen i.Z.m. gesetzl. AP beschränkt, sondern deckt die Überwachung der Einhaltung aller Berufspflichten (Rn. 38). Zur Berufsaufsicht gehören seit Inkrafttreten der 7. WPO-Novelle 2007 auch das Verfahren der **anlassunabhängigen SU** (§ 62b); zur Zuständigkeit der APAK s.a. auch Rn. 49.

Gemäß § 61a Satz 4 sind der APAK als **Spezialregelung zu den allg. Grundsätze** 45
der Information durch die WPK alle Vorgänge, in denen eine Verfahrenseinstellung beabsichtigt wird, vor Bekanntgabe nach außen vorzulegen (s. § 61a Rn. 45 ff.; zur QK vgl. noch Rn. 49).

Durch die 7. WPO-Novelle 2007 hat die APAK über Abs. 3 Satz 4 auch ausdr. ein 46
eigenes **Initiativrecht zur Einl. berufsaufsichtlicher Ermittlungen** erhalten. So kann sie die WPK anlassbezogen, anlassfrei o. aufgrund v. Anfragen im Rahmen der grenzüberschreitenden Zusammenarbeit um Ermittlungen nach § 61a Satz 2 Nr. 2 ersuchen. Obwohl das Initiativrecht damit auf Ermittlungen bei AP der Unternehmen v. öffentl. Interesse nach § 319a Abs. 1 Satz 1 HGB verweist, gilt es **ggü. allen Personen, die der BA unterliegen.** Der Verweis – auch für v. der APAK initiierte anlassbezogene Ermittlungen – auf § 61a Satz 2 Nr. 2 ist unpräzise u. ist i. Erg. allein verfahrensbezogen zu verstehen. Dies ergibt sich zum einen aus dem uneingeschränkten persönlichen Zuständigkeitsbereich der APAK in der BA (Rn. 38). Zum anderen wird in der Begr. zur 7. WPO-Novelle 2007 darauf verwiesen, dass die Einführung v. Abs. 3 Satz 4 rein klarstellender Natur sei, da ein solches Initiativrecht bisher einvernehmlich faktisch eingeräumt gewesen sei (BT-Drs. 16/2858, 40); die WPO kannte aber bis dahin keine Differenzierung der Ermittlungsverfahren je nach Art der AP o. je nachdem, ob überhaupt die Befugnis zur AP vorliegt.

47 Eine weite Auslegung erscheint auch aus Gründen der **Konformität mit der AP-RiLi** geboten. Art. 32 Abs. 5 verlangt dort ein Initiativrecht der öffentl. Aufsicht bezogen auf alle AP. Eine Beschränkung auf AP der Unternehmen v. öffentl. Interesse würde auch den Vorgaben zur grenzüberschreitenden Zusammenarbeit widersprechen; Art. 36 Abs. 6 verlangt, dass Ermittlungen bezogen auf alle AP auch auf Anfrage ausländischer Aufsichten eingeleitet werden sollen, wie in Abs. 3 Satz 4 vorgesehen. In Abs. 9 Satz 3 wird daher auch auf § 61a Satz 2 insgesamt u. damit beide Ermittlungsmöglichkeiten (anlassbezogen u. anlassunabhängig) ggü. allen Mitgliedern der WPK verwiesen. Es wäre nicht nachvollziehbar, wenn ausländischen Stellen über die APAK ein weiteres Initiativrecht zugebilligt würde, als der APAK im Rahmen ihrer nationalen Aufsicht.

dd) Anlassunabhängige Sonderuntersuchungen

48 Im internationalen Kontext ist das **Verfahren der anlassunabhängigen SU nach § 62b als QK im weiteren Sinne zu verstehen**. Dies ändert nichts an der systematischen Stellung des Verfahrens nach der WPO als Teil der Berufsaufsicht. Untersuchungen nach § 62b gelten aufgrund ihres präventiven Charakters (s. § 62b Rn. 4), ihres Aufbaus u. des Gegenstandes international in Abgrenzung v. durch Berufsangehörige durchgeführte QK als Inspektionen („inspections"), ähnlich den v. PCAOB in den USA durchgeführten regelmäßigen QK. Maßstab für die Ausgestaltung des Verfahrens bilden daher im EU-Kontext auch Art. 29 AP-Rili sowie die Empfehlung der Europäischen Kommission über die QK der AP der Unternehmen v. öffentl. Interesse (EU-Amtsblatt L 120/20 v. 7.5.2008).

49 Das Verfahren der anlassunabhängigen SU war seit seiner Einführung im Jahr 2007 durch die WPK unter der Fachaufsicht u. damit Letztentscheidungsbefugnis der APAK betrieben worden. Die APAK hatte insoweit nur eine mittelbare operative Zuständigkeit. Dagegen sieht Nr. 5 f. der Empfehlung der Europäischen Kommission v. 7.5.2008 – wenn auch nicht rechtsverbindlich – vor, dass Inspektionen bei AP der Unternehmen v. öffentl. Interesse **ausschließlich durch eine vom Berufsstand unabhängige öffent. Aufsichtsstelle o. im Wege der Delegation gemeinsam mit einer anderen geeigneten Stelle durchgeführt werden sollten**; im Fall der Delegation sollten jedoch bestimmte Zuständigkeiten bei der öffentl. Aufsichtsstelle verbleiben. Danach müsste die APAK entweder selbst o. gemeinsam mit der WPK für das Verfahren der anlassunabhängigen SU zuständig sein (s.a. Müller, Abschlussprüfer und staatliche Aufsicht, 323). Die APAK empfahl daher bereits in ihrem Tätigkeitsbericht für das Jahr 2008 einen Übergang der operativen Zuständigkeit für die Durchführung der SU u. die disziplinarische Berufsaufsicht über AP der Unternehmen v. öffentl. Interesse auf sie. Zudem zeigten u.a. die Verhandlungen mit Aufsichten aus Drittstaaten über Vereinbarungen zur Zusammenarbeit, dass eine operative Zuständigkeit der berufsstandsunabhängigen öffent. Aufsicht für die SU insb. mit Blick auf die Akzeptanz des deutschen Aufsichtssystems unabdingbar ist, etwa auch mit Blick auf die Durchführung v. „joint inspections" (Rn. 93); zur Verbesserung der Akzeptanz durch eine Weiterentwicklung des bestehenden Systems vgl. Marten/Maccari, DATEV-Mag. 5/2010, 42 f. Auch die Kern-Prinzipien („core principles") des International Forum of Independent Audit Regulators (IFIAR), dessen Mitglied die APAK seit dem Jahr 2006 ist, sehen eine unmittelbare operative Verantwortung seiner Mitglieder für die Inspektionen vor (zum Inhalt s. www.ifiar.org). APAK u. WPK haben vor diesem Hintergrund vereinbart, dass für das **Verfahren der SU, einschließlich Organisation, Durchführung u. Kommunikation**, die APAK unmittelbar zuständig ist (mit Wirkung zum 1. April 2012). Vereinbart wurde auch, dass die in diesem Bereich tätigen Mitarbeiter – wie die Mitarbeiter des APAK-Sekretariats (Rn. 22) – allein der Weisungsbefugnis der APAK unterliegen; dies schließt das Direktionsrecht u. die Disziplinaraufsicht ein. Die Übertragung der operativen Zuständigkeit für die SU sollte v. Selbstorganisationsrecht der WPK gedeckt sein. Das Verfahren der SU wird nunmehr auf der Grundlage einer Verfahrensordnung der APAK betrieben (zum Inhalt s. www.apak-aoc.de); die APAK berichtet in ihrem jährlichen Tätigkeitsbericht nun auch unmittelbar über wesentliche Ergebnisse u. Erkenntnisse der SU (zum Thema Transparenz s. § 66b Rn. 1).

ee) Qualitätskontrolle

Die APAK ist für die **Fachaufsicht im Bereich der QK** (§ 57a ff.) zuständig. Sie 50 erstreckt sich auf **alle Maßnahmen der WPK** in diesem Bereich (Erteilung, Nichterteilung u. Widerruf der TB, Maßnahmen nach § 57e Abs. 2 u. 3, Registrierung der PfQK).

Gemäß § 57a Abs. 6 Satz 10 u. § 57e Abs. 2 Satz 8 hat die WPK der APAK **alle** 51 **Vorgänge**, in denen die **Nichterteilung bzw. der Widerruf einer TB** beabsichtigt wird, vor Bekanntgabe nach außen vorzulegen. Auch diese speziellen, die Einbindung der APAK in jedem Einzelfall sicherstellenden Regelungen, ergänzen die allg. Grundsätze zur Information der APAK (zur BA vgl. Rn. 45).

ff) Erlass von Berufsausübungsregeln

Absatz 1 Satz 2 regelt die **Beteiligung der APAK am Erlass v. Berufsausübungs-** 52 **regeln**. Danach hat die WPK vor dem Erlass der BS (§ 57 Abs. 3) u. der Satzung für QK (§ 57c) eine **Stellungnahme der APAK einzuholen u. dem BMWi vorzulegen**. Gleiches gilt für Änderungen. Es handelt sich um eine Spezialregelung in Abweichung zur Fachaufsicht, die der APAK ansonsten über Abs. 1 Satz 1 i.V.m. § 4 Abs. 1 Satz 1 auch für die Annahme v. Berufsgrundsätzen zukommen würde.

Mit der 7. WPO-Novelle 2007 wurde die **Rolle der APAK i.Z.m. dem Erlass v.** 53 **Berufsausübungsregeln gestärkt**. Anstelle des ursprünglichen Anhörungsrechtes wurde die Pflicht der WPK zur Einholung einer Stellungnahme u. deren Vorlage beim BMWi eingeführt. Die APAK soll aufgrund der erheblichen Bedeutung der Berufsausübungsregeln damit in einer Weise eingebunden werden, die die öffentl. Akzeptanz dieser berufsrechtlichen Vorschriften erhöhen soll (BT-Drs. 16/2858, 40). Formal ist dem BMWi als Staatsaufsicht im Rahmen seines Genehmigungsvorbehaltes für Berufsausübungsregeln nur die Streichung v. Satzungsregeln möglich, die gegen geltende Gesetze verstoßen würden. Dagegen ist es aber nicht möglich, neue Regelungen vorzugeben o. einzelne Regelungen inhaltlich anders auszugestalten.

54 Bezweckt wird so eine **frühzeitige Mitwirkung der APAK im Abstimmungsprozess** der Berufsausübungsregeln. Nach Vorstellung des Gesetzgebers muss die WPK ein Interesse daran haben, die APAK in die Beratungen einzubeziehen u. ihre Positionen zu berücksichtigen, um eine abweichende öffentl. Stellungnahme zu vermeiden. Die Aufgabe der APAK besteht damit nicht in einer Fachaufsicht im engeren Sinne, insb. in Ermangelung des Weisungsrechtes für diesen Bereich. Die APAK trägt auch nicht die Letztverantwortung für den Erlass v. Berufsausübungsregeln. Diese liegt bei der Staatsaufsicht. Aufgrund der faktischen Einflussmöglichkeit hat die Einbeziehung der APAK aber eine ähnliche Bedeutung. Inwieweit das Verfahren damit aber die Anforderung des Art. 32 Abs. 4 lit. b AP-RiLi erfüllt, ist fraglich.

gg) Prüfungsstandards

55 Prüfungsstandards (fachliche Regeln) werden nicht durch die WPK sondern das IDW herausgegeben (s.a. Einl. Rn. 50). Der Erlass fachlicher Regeln **liegt damit auch außerhalb des Zuständigkeitsbereiches der APAK**.

56 Eine Zuständigkeit der APAK für die **Annahme internationaler Prüfungsstandards** wurde mit der 7. WPO-Novelle 2007 gestrichen, da die AP-RiLi hierzu ein Verfahren vorgibt, an dem die Europäische Kommission u. die Mitgliedstaatenregierungen der EU unmittelbar beteiligt sind. Mit der geplanten EU-weiten Übernahme der ISA als für alle gesetzlichen AP geltenden Standards käme den öffentl. Aufsichten allenfalls noch eine beratende Funktion zu.

57 Artikel 32 Abs. 4 lit. b AP-RiLi verlangt dennoch eine **Letztverantwortung der öffentl. Aufsichten für die Annahme v. Prüfungsstandards**. Aufgrund der geplanten Übernahme der ISA kann sich diese Verantwortung aber nur noch auf **nationale Prüfungsstandards** beziehen, die das System der ISA ergänzen o. aufgrund nationaler Besonderheiten modifizieren (Art. 26 Abs. 3 AP-RiLi). Derzeit ist offen, welche Rolle der WPK o. der APAK, etwa im Verfahren nach § 317 Abs. 6 HGB, zukommen könnte (für eine Übertragung der Kompetenz zum Erlass v. Prüfungsstandards auf WPK/APAK: Lenz, BB 2004, 1953 f. u. Müller, Abschlussprüfer und staatliche Aufsicht, 312; a.A. Baetge/Lienau, DB 2004, 2280 f.).

IV. Informations-, Einsichts- und Teilnahmerechte

58 Eine sachgerechte Ausfüllung der Fachaufsicht erfordert eine umfängliche Information über alle relevanten Vorgänge. Über Abs. 3 Satz 2 steht der APAK daher ein **umfassendes Informations- u. Einsichtrecht ggü. der WPK** zu. Ergänzt wird es um eine allg. aktive Berichtspflicht der WPK (Abs. 5) sowie spezielle Vorlagepflichten bei Einstellung v. Verfahren in der BA (§ 61a Satz 4) u. bei Nichterteilung bzw. Widerruf v. TB in der QK (§ 57a Abs. 6 Satz 9 bzw. § 57e Abs. 2 Satz 8).

59 Das Informations- u. Einsichtsrecht gilt **uneingeschränkt für alle Bereiche, die persönlich u. sachlich der Zuständigkeit der APAK unterliegen**, u. damit v. der Einl. bis zur endgültigen Erledigung eines Verfahrens. Es erstreckt sich auf alle Unterlagen der WPK, die in diesem Zusammenhang gefertigt o. eingeholt werden.

Die APAK kann damit bei Bedarf ein Verfahren in jedem Stadium beobachten. Die **VSP der WPK** (§ 64) ist insoweit durchbrochen; die APAK unterliegt jedoch selbst einer VSP (§ 66b).

Die WPK muss bei Aufforderung durch die APAK über **einzelne, aufsichtsrele-** 60 **vante Vorgänge nach Sachverhaltsaufklärung** zeitnah u. in angemessener Form Bericht erstatten (**Berichtspflicht**, Abs. 5 Satz 1) z.b. durch Überlassung v. Beschlussvorlagen. Die WPK muss aber auch v. sich aus auf Grund genereller v. der APAK festzulegender Kriterien aktiv berichten. Die Kriterien können v. der APAK in ihrer Geschäftsordnung festgelegt werden (Abs. 6 Satz 2).

Aufsichtsrelevant ist ein Vorgang dann, wenn er v. der WPK abschließend bearbei- 61 tet wurde u. eine Entscheidung mit unmittelbarer Rechtswirkung nach außen verfügt werden soll. Gemeint sind damit **VA der WPK** vor deren Bekanntgabe, unabhängig davon, ob für den Adressaten begünstigend o. belastend.

Unklar ist, ob mit der Ausgestaltung der Berichtspflicht in Abs. 5 eine Konkretisie- 62 rung u. zwangsläufig Einschränkung des allg. Informations- u. Einsichtsrechts (Abs. 3 Satz 2) auf den **Zeitraum zwischen Sachverhaltsaufklärung u. Bekanntgabe der Entscheidung** durch die WPK nach außen verbunden ist. Dabei könnte zwischen der Fachaufsicht u. Systemaufsicht unterschieden werden.

Eine Einschränkung in der **Systemaufsicht** erscheint nicht geboten, da sie sich ge- 63 rade nicht auf einzelne VA, sondern das Verwaltungsverfahren insgesamt bezieht. Ein Urteil ist aber nur möglich, wenn zumindest im Rahmen v. Stichproben jeder Verfahrensabschnitt u. zwar nicht erst nach Sachverhaltsaufklärung beurteilt werden kann.

Gegen eine Einschränkung in der **Fachaufsicht** spricht, dass nach der Begr. des 64 Gesetzes die Pflicht zur Berichterstattung „über einzelne, insb. aufsichtsrelevante Vorgänge" besteht (BT-Drs. 15/3983, 16). Zudem hat die APAK ein umfassendes Teilnahmerecht an Sitzungen der WPK sowie in der BA u. der QK, unabhängig v. Verfahrensstand (Rn. 67 f.). Durch die persönliche Teilnahme hat sie daher zwangsläufig schon vor Sachverhaltsaufklärung Zugang zu allen Informationen. Auch der angestrebte offene Dialog zwischen APAK u. WPK bedarf eines Informationszugangs im Einzelfall in jedem Verfahrensabschnitt (s. Rn. 71).

Im Übrigen war bis zur Streichung im Rahmen der 7. WPO-Novelle 2007 in § 57f 65 Abs. 3 Satz 1 für das Verfahren der QK geregelt, dass die APAK **v. der KfQK u. dem PfQK alle erforderlichen Aufklärung u. Nachweise** verlangen kann; ggü. dem PfQK konnte dies sogar die Offenlegung der Arbeitspapiere beinhalten. Dieser Anspruch war nicht auf einen bestimmten Verfahrensabschnitt beschränkt. Die Streichung des § 57f sollte keine materielle Änderungen bewirken, sondern nur eine Doppelregelung im Verhältnis zu § 66a vermeiden (s. Rn. 33).

Absatz 5 ist insoweit nur Richtlinie u. Mindestvorgabe für den Informations- 66 **fluss** u. seine Konkretisierung in der Geschäftsordnung. Die APAK soll so auch, angesichts des Umfangs der in den Aufsichtsbereichen anfallenden Einzelfälle, vor

67 einem Überfluss an Informationen durch die WPK bewahrt werden. Eine Beschneidung ihres Rechts nach Abs. 3 Satz 2 in der Fach- u. Systemaufsicht ist damit nicht verbunden.

67 Die APAK hat allg. das **Recht, an Sitzungen der WPK teilzunehmen** (Abs. 3 Satz 2). Dies gilt entsprechend für Telefonkonferenzen. Das Teilnahmerecht gilt uneingeschränkt für alle Zuständigkeitsbereiche u. ggü. allen Gruppen innerhalb der WPK, die dabei in die Erledigung der Aufgaben einbezogen sind. Dies sind vorrangig die Organe der WPK (Beirat, VO u. KfQK) sowie entscheidungsbefugte Abteilungen (§ 59a). Möglich ist auch die Teilnahme an Sitzungen nicht-entscheidungsbefugter, rein beratender Gruppen, z.B. Ausschüssen, Projektgruppen (in der Begr. ist „von Sitzungen der WPK und deren Organe" die Rede, BT-Drs. 15/3983, 16). Erforderlich ist jedoch stets ein Bezug zum Zuständigkeitsbereich; ansonsten ist die Teilnahme nur im Einvernehmen mit der WPK möglich.

68 Teilnahmerechte bestehen auch **an einzelnen QK** (Abs. 3 Satz 3) sowie an **berufsaufsichtlichen Ermittlungen einschl. SU** (Abs. 3 Satz 5). Erfasst ist davon auch eine Vorortteilnahme. Die Teilnahme an der QK erfolgt typischerweise durch die Beteiligung eines Mitgliedes der APAK an der üblichen Schlussbesprechung zwischen dem PfQK u. der geprüften Praxis. Eine Teilnahme u. Begleitung des PfQK ist jedoch in jedem Verfahrensstadium möglich (Rn. 65). Dies gilt entsprechend in der BA, z.B. für die Begleitung v. Ermittlungen.

V. Instrumente der Fachaufsicht

69 Absatz 4 beschreibt die Instrumente der APAK im Rahmen der öffentl. Fachaufsicht über die WPK. Dabei ist ein **zweistufiges Verfahren der Zweitprüfung u. Letztentscheidung** vorgesehen. Es beschreibt das Innenverhältnis zwischen WPK u. APAK. Das Verfahren ist dabei Ausdruck einer der APAK auch mit Rücksicht auf Art. 32 Abs. 4 AP-RiLi zugewiesenen Letztverantwortung. Unter Berücksichtigung v. Abs. 5 Satz 1 muss das Verfahren vor Bekanntgabe der Entscheidungen nach außen ansetzen.

70 Unabhängig v. Ausgang des Verfahrens der Zweitprüfung u. Letztentscheidung obliegt es stets der WPK die **Entscheidung nach außen zu vertreten u. durchzusetzen**. Sie muss die Entscheidung, auch wenn sie auf der Auffassung o. Weisung der APAK beruht, in eigenem Namen umsetzen. Auf die Letztverantwortung der APAK hat dies keinen Einfluss. Die Konstruktion ist vielmehr eine Konsequenz der modifizierten Selbstverwaltung. Sie soll die Mitglieder der APAK auch vor einer möglichen Haftung ggü. den durch eine Entscheidung zu Unrecht beschwerten Personen schützen (BT-Drs. 15/3983, 16). Aus diesem Grund ist auch nicht vorgesehen, dass die einer Entscheidung ganz o. teilw. zugrunde gelegte, ggf. v. der WPK abweichende Auffassung der APAK nach außen kenntlich gemacht wird.

1. Zweitprüfung

71 Die APAK kann Entscheidungen der WPK unter Angabe v. Gründen zur nochmaligen Überprüfung an diese zurückweisen (**Zweitprüfung**, Abs. 4 Satz 1 Hs. 1).

Damit steht im Rahmen der Fachaufsicht jede Entscheidung der WPK in den Bereichen nach § 4 Abs. 1 Satz 1 vor ihrer Bekanntgabe nach außen unter dem Vorbehalt einer Kontrolle u. möglichen Zurückweisung durch die APAK. Dieses Instrument hat einen präventiven Charakter. Es gibt der WPK die Möglichkeit, ihre ursprüngliche (Vor-) Entscheidung erneut zu prüfen u. ggf. zu revidieren. Die WPK ist auf dieser Stufe zwar nicht verpflichtet der Auffassung der APAK zu folgen. Faktisch wird sie aber wohl eine potenzielle Intervention der APAK auf der zweiten Stufe (Rn. 72) antizipieren u. vermeiden wollen (s. Marten/Paulitschek, Stbg 2005, 522). Im Ergebnis wird dies zu einem offenen Dialog zwischen den Organisationen führen, der die Entscheidungsfindung gerade unter Berücksichtigung der für die APAK maßgeblichen Zweckmäßigkeitserwägungen im Interesse beider Seiten positiv beeinflussen kann (s. a. BT-Drs. 15/3983, 16).

2. Letztentscheidung

Soweit die WPK nach einer Zweitprüfung bei ihrer ursprünglichen Entscheidung bleibt, kann die APAK zur Durchsetzung ihrer Auffassung der WPK unter Aufhebung der Entscheidung eine Weisung erteilen (**Letztentscheidung**, Abs. 4 Satz 1 Hs. 2). Die WPK ist verpflichtet, die Weisung im eigenen Namen umzusetzen (Rn. 70). Nur soweit sie die Weisung für rechtswidrig hält, kann sie den Vorgang dem BMWi als Rechtsaufsicht über WPK u. APAK vorlegen. Insoweit müssten Anhaltspunkte vorliegen, dass die Umsetzung der Weisung gegen geltendes Recht verstoßen würde. Zweckmäßigkeitserwägungen sind insoweit ausgenommen. Sie obliegen allein der APAK u. sind der Rechtsaufsicht entzogen. Folgt das BMWi der Auffassung der APAK, muss die WPK die Weisung endgültig umsetzen. Der WPK steht dann allenfalls noch der Verwaltungsrechtsweg gegen die Entscheidung des BMWi offen (s. § 66 Rn. 10). **72**

VI. Zusammenarbeit mit anderen Stellen
1. Zuständigkeit

Nach der Begr. zur 6. WPO-Novelle 2005 ist die APAK, nicht die WPK, grds. vorgesehene Stelle, um mit anderen **inländischen Aufsichtsstellen** (z.B. BAFin o. DPR) bzw. Aufsichtsstellen in anderen Staaten (EU, EWR u. sonstige Staaten zu kooperieren (BT-Drs. 15/3983, 16). Mit der 7. WPO-Novelle 2007 wurden die Regelungen zur **grenzüberschreitenden Zusammenarbeit** nach Maßgabe der AP-Ri-Li konkretisiert. **73**

Ein Vorrang der APAK in der **inländischen Zusammenarbeit** ist dem Gesetzestext selbst nicht zu entnehmen. Die Begr. steht bezogen auf die BAFin u. DPR sogar im Widerspruch zu den Regelungen der Mitteilungspflichten dieser Stellen ggü. der WPK im Fall v. Anhaltspunkten für Berufspflichtverletzungen (§ 37r Abs. 2 Satz 1 WpHG bzw. § 342b Abs. 8 Satz 2 HGB). Ohne eine entsprechende gesetzliche Klarstellung müsste es bei einer parallelen Zuständigkeit u. Koordinierung durch APAK u. WPK bleiben. Mit Rücksicht auf die Begr. sollte die APAK durch die WPK über Mitteilungen der BAFin u. der DPR informiert werden. **74**

75 Der Vorrang der APAK in der **grenzüberschreitenden Zusammenarbeit** ergibt sich ausdr. aus § 57 Abs. 6 Satz 1 u. Abs. 8 Satz 1. Nach der AP-RiLi ist die Koordinierung der internationalen Zusammenarbeit einer Stelle allein zu übertragen (Art. 33 Satz 2). So muss die WPK Anfragen aus anderen Staaten, die an sie zur Zusammenarbeit in Bezug auf Aufsichtsbereiche der APAK angetragen werden, zwecks Prüfung der Erstzuständigkeit an die APAK weiterleiten. Die APAK kann sich bei Bedarf im Innenverhältnis der Hilfe der WPK bedienen.

2. Grenzüberschreitende Zusammenarbeit

76 Die grenzüberschreitende Zusammenarbeit mit Aufsichtsstellen in anderen Staaten erfolgt auf der Grundlage des **Heimatstaatenprinzips.** Dieses aus der AP-RiLi übernommene Prinzip weist die vorrangige Zuständigkeit für Aufsichtsmaßnahmen (QK, BA) der im Heimatstaat eines AP dafür zuständigen Stelle zu. Insoweit verbleibt die Zuständigkeit für Mitglieder der WPK bezogen auf berufliche Tätigkeiten, die sie auf der Grundlage ihrer Bestellung bzw. Anerkennung in Deutschland übernommen haben, bei den nach der WPO zuständigen Stellen (Heimatstaatenaufsicht). Wird dagegen aber in einem anderen Staat eine Vorbehaltsaufgabe auf der Grundlage einer dort erworbenen Berufsqualifikation durchgeführt (z.B. ein Commissaire aux Comptes in Frankreich, der zugl. als WP bestellt ist), liegt die Aufsicht bei der in diesem Staat zuständigen Stelle.

77 Das Heimatstaatenprinzip soll eine **mehrfache Beaufsichtigung bei überschneidenden Zuständigkeiten vorbeugen.** Verhindert werden sollen insb. unnötige Wiederholungen v. QK-Maßnahmen u. eine Koordinierung v. Ermittlungen u. Sanktionen bei Berufspflichtverletzungen. In der EU ist das Heimatstaatenprinzip verbindlich vorgegeben (Art. 34 AP-RiLi). Im Verhältnis zu Drittstaaten basieren die Vorgaben zur Zusammenarbeit auf diesem Prinzip u. wirken so der exterritorialen Wirkung ausländischer Aufsichtsregeln entgegen.

a) Europäische Union und EWR

78 Die Zusammenarbeit mit Stellen in der EU u. dem EWR (Island, Liechtenstein, Norwegen) erfolgt nach Maßgabe v. Abs. 8 i.V.m. § 57 Abs. 6 Satz 2-4 sowie Abs. 9 i.V.m. § 57 Abs. 7 Satz 2-4. Damit wurden entsprechende Vorgaben aus Art. 36 AP-RiLi umgesetzt. Die Europäische Gruppe aus Vertretern der Aufsichtsgremien für Abschlussprüfer (EGAOB) hat im Jahr 2009 ein Papier entwickelt, dass die Grundsätze der Zusammenarbeit nach der AP-Rili näher beschreibt („Guidance Paper on the Cooperation Between Competent Authorities within the EU", zum Inhalt s. ec.europa.eu/internal_market/auditing/egaob/).

79 Im Rahmen der Zusammenarbeit leistet die APAK den ausländischen Stellen **Amtshilfe** bezogen auf Bestellung, Anerkennung, BA u. QK u. kann alle **Informationen einschließl. personenbezogener Daten** übermitteln, soweit die ausländische Stelle diese im Einzelfall zur Wahrnehmung ihrer Aufgaben benötigt. Der Begriff der Information ist hier weit zu verstehen; er kann im Bedarfsfall auch **Auszüge aus Arbeitspapieren** umfassen. Soweit die Anfrage einer ausländischen Stelle nicht innerhalb einer angemessen Frist erledigt werden kann, teilt die APAK dies unter Angabe v. Gründen mit (§ 57 Abs. 6 Satz 2).

Zur **Wahrung der VSP** dürfen Informationen, die einer Geheimhaltungspflicht unterliegen (z.b. nach Maßgabe v. § 43 Abs. 1 Satz 1, § 64 o. § 62b) nur übermittelt werden, wenn eine vertrauliche Behandlung in gleicher Weise gewährleistet ist (§ 57 Abs. 7 Satz 2). Bei Aufsichtsstellen in der EU ist davon auszugehen; Art. 36 Abs. 2 AP-RiLi gibt die VSP der Aufsichten verbindlich vor. Bei der Übermittlung personenbezogener Daten ist v. der APAK auf den Zweck hinzuweisen, für den die Daten übermittelt werden u. für den sie insoweit nur verwendet werden dürfen (§ 57 Abs. 7 Satz 3); für die Übermittlung gelten i.Ü. auch die Regelungen des **BDSG**. Soweit die Übermittlung v. Informationen u. personenbezogenen Daten die öffentl. Sicherheit o. Ordnung beeinträchtigen könnte, hat sie zu unterbleiben (§ 57 Abs. 7 Satz 4). 80

Die APAK kann auf Anfragen ausländischer Stellen (EU u. EWR), **Ermittlungen nach § 61a Satz 2 Nr. 1 o. anlassunabhängige Untersuchungen nach § 62b initiieren**; dies ergibt sich aus Abs. 3 Satz 4 u. Abs. 9 Satz 3. An den Ermittlungen o. Untersuchungen können Vertreter der zuständigen Stelle teilnehmen, soweit sie zur Verschwiegenheit verpflichtet sind. Bei Aufsichten innerhalb der EU kann v. einer grds. VSP der Vertreter der Aufsichten ausgegangen werden (erforderlich gem. Art. 36 Abs. 2 AP-RiLi); die Einholung einer ausdr. Erklärung zur Verschwiegenheit erscheint daher nicht zwingend, könnte aber zur Dokumentation hilfreich sein. Die Begrenzung der Teilnahmemöglichkeit auf berufsaufsichtliche Untersuchungen ergibt sich aus Art. 36 Abs. 4 Satz 2 AP-RiLi. Die anfragende Stelle wird über das Ergebnis unterrichtet. 81

Die APAK muss die **Durchführung v. Ermittlungen o. Untersuchungen ablehnen**, wenn gegen die betroffene Person bereits ein berufsgerichtliches Verfahren anhängig ist o. aufgrund derselben Handlung bereits ein rkr. Urteil ergangen ist (§ 57 Abs. 6 Satz 3). Dies ist der ausländischen Stelle mit genaueren Informationen zum Verfahren o. dem Urteil mitzuteilen. 82

Unabhängig v. einer Anfrage hat die APAK die **Pflicht, bei konkreten Hinweisen auf Berufspflichtverletzungen** v. AP die jeweilige Heimatstaatenaufsicht zu informieren. Maßstab für eine Berufspflichtverletzung bilden die fachlichen u. berufsrechtlichen Vorgaben der AP-RiLi, u.a. Art. 21-28, 40 u. 42. Erhält die APAK entsprechende Hinweise durch ausländische Stellen, hat sie geeignete Maßnahmen zu ergreifen, d.h. die WPK nach Abs. 3 Satz 4 mit entspr. Untersuchungen zu beauftragen. 83

b) Drittstaaten

Die **Zusammenarbeit mit Stellen in Drittstaaten** (einschließl. Schweiz) erfolgt nach Maßgabe v. Abs. 10 i.V.m. § 57 Abs. 6 Satz 2-4 sowie Abs. 11 i.V.m. § 57 Abs. 9. Damit wurden entsprechende Vorgaben aus Art. 47 AP-RiLi umgesetzt. Die Regelungen bilden die Grundlage für die Zusammenarbeit u.a. mit dem US-amerikanischen PCAOB. 84

Für die **Übermittlung v. Informationen einschließl. personenbezogener Daten**, insb. aber v. Arbeitspapieren gelten strengere Vorgaben. Hintergrund ist, dass an- 85 ders als im Verhältnis zu Stellen innerhalb der EU u. des EWR bei Drittstaaten die vertrauliche Behandlung der VSP unterliegender Informationen u. personenbezogener Daten nicht grds. gewährleistet ist. Die Informationen verlassen den geschützten Rechtskreis. Die Europäische Kommission hat nur für wenige Drittstaaten die Angemessenheit des Datenschutzniveaus generell festgestellt (s. ec.europa.eu/justice/data-protection/document/international-transfers/adequacy/). Die Übermittlung personenbezogener Daten im Rahmen einer Zusammenarbeit mit Prüferaufsichten anderer Drittstaaten bedarf daher entspr. Garantien zu deren Schutz, z.B. über eine gesonderte Vereinbarung, wie sie zwischen APAK u. PCAOB im Jahr 2012 abgeschlossen wurde. Sonst müssten die Daten bei der Übermittlung geschwärzt werden.

86 Voraussetzung für eine Übermittlung ist zunächst, dass die **erbetenen Informationen für die Aufgabenwahrnehmung der ausländischen Stelle im Einzelfall erforderlich** sind. Auch hier gilt, dass zur Wahrung der VSP u. dem Schutz personenbezogener Daten die Geheimhaltung durch die anfragende Stelle zu gewährleisten ist (Rn. 80). Allerdings kann davon im Verhältnis zu Drittstaaten nicht regelmäßig ausgegangen werden. Die APAK hat dies daher vorab zu prüfen, soweit nicht z.B. die Europäische Kommission dies für den betreffenden Drittstaat grds. festgestellt hat (s. Rn. 90).

87 Aus § 57 Abs. 9 Satz 5 ergibt sich ein **zweistufiges Verfahren der Informationsübermittlung**. Auf jeder Stufe sind bei personenbezogenen Daten die Vorgaben des BDSG zur Übermittlung an Stellen in Drittstaaten zu berücksichtigen. Dabei gilt die Ausnahmeregelung des § 4c BDSG im Fall, dass im Drittstaat kein ausreichendes Datenschutzniveau besteht (§ 57 Abs. 9 Satz 3); so ist die Übermittlung u.a. auch zur Wahrung eines wichtigen öffentl. Interesses möglich.

88 Auf der **ersten Stufe** können der ausländischen Stelle **mit Ausnahme der Arbeitspapiere o. anderer Dokumente**, die i.Z.m. der AP stehenden, erforderlichen Informationen übermittelt werden. Dies beschränkt sich somit u.a. auf Angaben aus den Registerakten, das Ergebnis v. Ermittlungen nach § 61a Satz 2 Nr. 1, Untersuchungen nach § 62b, der QK o. Maßnahmen in diesen Bereichen; insoweit kann v. einer Präferenz der ergebnisorientierten Zusammenarbeit gesprochen werden.

89 Nur soweit die ausländische Stelle begründet darlegt, dass sie mit der Erledigung der Angelegenheit durch die deutsche Aufsicht nicht einverstanden ist, können **Arbeitspapiere o. andere Dokumente** über die APAK an diese Stelle weitergeleitet werden (**zweite Stufe**).

90 Voraussetzung für die Weitergabe ist, dass sich die Arbeitspapiere o. Dokumente auf AP v. Unternehmen beziehen, die in dem anfragenden Drittstaat Wertpapiere ausgegeben haben (§ 57 Abs. 9 Satz 5 Nr. 1). Gleiches gilt für Unternehmen, die Teil eines Konzerns sind (Tochterunternehmen o. verbundene Unternehmen), der in dem Drittstaat einen Konzernabschluss vorlegen muss. Die Europäische Kommission muss außerdem nach Maßgabe v. Art. 47 Abs. 3 AP-Rili die **Angemessenheit der anfragenden Stelle** bezogen auf ihre Kooperationsfähigkeit u. Zuständigkeit fest-

gestellt haben (§ 57 Abs. 9 Satz 5 Nr. 2); anders als bei der Gleichwertigkeit nach § 134 Abs. 4 erfolgt diese Feststellung ausschließl. auf Ebene der EU u. nicht durch nationale Stellen. Im Jahr 2010 hat die Europäische Kommission die Angemessenheit gem. Art. 47 Abs. 3 AP-Rili in Bezug auf die Prüferaufsichten aus Australien, Japan, Kanada, die Schweiz und die USA festgestellt; die ursprüngliche Feststellung zu den USA war befristet und wurde im Juni 2013 bis zum 31. Juli 2016 verlängert.

Ferner bedarf die Weitergabe v. Arbeitspapieren o. Dokumenten einer **allg. Vereinbarung zur Zusammenarbeit** zwischen der APAK u. der anfragenden Stelle (§ 57 Abs. 9 Satz 5 Nr. 3). Die Vereinbarung muss auf Gegenseitigkeit beruhen. Der Verweis auf § 134 Abs. 4 geht dabei allerdings fehl; die Gegenseitigkeit muss sich vielmehr darauf beziehen, dass der APAK gleiche Informationsrechte ggü. der ausländischen Stelle zugebilligt werden. Inhalt der Vereinbarung müsste so das gegenseitige Überlassen v. Informationen zu originären Aufsichtszwecken bei Zusicherung der vertraulichen Behandlung sein (s.a. Art. 47 Abs. 2 AP-RiLi, wobei die Vorgaben im Wesentlichen bereits in der WPO enthalten sind). Die Vereinbarung hat damit vorrangig deklaratorische Bedeutung, weswegen sie auch v. der APAK trotz fehlender Rechtsfähigkeit geschlossen werden kann; Rechtsverbindlichkeit benötigt die Vereinbarung dagegen nicht, trotz ihrer Folgewirkungen (etwa in § 51b Abs. 4a Satz 1). Bisher hat die APAK mit Prüferaufsichten in der Schweiz (2011) und den USA (2012) Vereinbarungen zur Zusammenarbeit im Sinne v. § 57 Abs. 9 Satz 4 Nr. 3 abgeschlossen (zu deren Inhalt s. www.apak-aoc.de). Denkbar sind auch multilaterale Vereinbarungen, welche die Zusammenarbeit der Parteien im Einzelfall regeln. 91

Absatz 11 Satz 2 lässt anstelle einer Weitergabe v. Arbeitspapieren o. Dokumenten über die APAK auch eine **direkte Übermittlung durch Berufsangehörige o. Prüfungsgesellschaften** zu. Es gelten jedoch die gleichen Voraussetzungen wie bei einer Weitergabe über die APAK (Rn. 90 f.). Zudem ist die APAK über die Anfrage der ausländischen Stelle zu informieren. Die Regelung des Abs. 11 Satz 2 steht gleichwertig neben den Regelungen zur Weitergabe v. Arbeitspapieren o. Dokumenten durch die APAK. Artikel 47 Abs. 4 der AP-Rili billigt die Regelung der direkten Weitergabe über die betroffenen Berufsangehörigen o. Prüfungsgesellschaften den Mitgliedstaaten aber **nur in außergewöhnlichen Fällen** u. nur i.Z.m. **berufsaufsichtlichen Untersuchungen** („investigations" i.S.v. Art. 30 AP-RiLi) zu. Die WPO differenziert bei der Ausnahme nicht, für welches Verfahren die Arbeitspapiere im Drittstaat benötigt werden. Aufgrund der eindeutigen Formulierung der AP-RiLi ist dies aber wohl auf berufsaufsichtliche Untersuchungen zu beschränken. Insgesamt muss v. einem Vorrang der Weitergabe durch die APAK auch nach der WPO ausgegangen werden. Ein außergewöhnlicher Fall kann vorliegen, wenn z.B. aufgrund einer Eilbedürftigkeit o. bei unverhältnismäßigen Mehrkosten, die Weitergabe über die Aufsicht unbillig wäre. Die allg. Vereinbarung zur Zusammenarbeit zwischen der APAK u. der ausländischen Stelle könnte hierzu eine Regelung enthalten. 92

93 Die WPO wie auch die AP-RiLi enthalten keine Regelungen zur **Beteiligung v. Vertretern der Aufsichten aus Drittstaaten an Untersuchungen** in Deutschland. Ausweislich der Begr. zur 7. WPO-Novelle 2007 ist es aber denkbar, dass im **Rahmen einer Vereinbarung zur Zusammenarbeit** gem. § 66a Abs. 11 (zu deren Voraussetzungen s. Rn. 91) ein Vertreter einer Aufsicht aus einem Drittstaat Ermittlungen begleitet, wenn dieser zur Verschwiegenheit verpflichtet ist o. wird (BT-Drs. 16/2858, 40 f.). Die Einholung einer Erklärung zur Verschwiegenheit erscheint hier geboten, da außerhalb der EU für Aufsichten häufig andere Vertraulichkeitsmaßstäbe gelten können. Die vorgenannte Begr. spricht v. Ermittlungen also berufsaufsichtlichen Untersuchungen („investigations" i.S.v. Art. 30 AP-RiLi) in Abgrenzung zu QK („inspections" i.S.v. Art. 29 AP-RiLi), was der Regelung für Aufsichten aus Mitgliedsstaaten der EU entspricht (§ 66a Abs. 9 Satz 3, s. Rn. 81); nach der Systematik der WPO zählen zu den berufsaufsichtlichen Untersuchungen aber auch die SU (§ 62b). Unter den o.g. Voraussetzungen sind auch **gemeinsame SU mit Drittstaatenaufsichten („joint inspections")** zulässig (s. dazu auch Fölsing, WPg 2012, 720), etwa als **vertrauensbildende Maßnahme** im Rahmen der Anerkennung des deutschen Aufsichtssystems durch einen Drittstaat, um – entsprechend der Gesetzesbegründung – eigene Untersuchungen ausländischer Stellen auf deutschem Hoheitsgebiet zu verhindern (vgl. hierzu BT-Drs. 16/2858, 41). Die Leitung solcher Untersuchungen muss jedoch mit Rücksicht auf das Heimatstaatenprinzip bei der APAK liegen. Zu beachten sind in allen Fällen auch die datenschutzrechtlichen Anforderungen (Rn. 85). Zu den ersten „joint inspections" mit dem PCAOB s.a. § 62b Rn. 16 ff.

§ 66b Verschwiegenheit; Schutz von Privatgeheimnissen

(1) ¹**Die Mitglieder der Abschlussprüferaufsichtskommission sind zur Verschwiegenheit verpflichtet; § 66a Abs. 9 und Abs. 11 bleiben unberührt.** ²**§ 64 gilt sinngemäß, eine erforderliche Genehmigung erteilt das Bundesministerium für Wirtschaft und Technologie.**

(2) **Die Mitglieder der Abschlussprüferaufsichtskommission dürfen, auch nach Beendigung ihrer Tätigkeit, ein fremdes Geheimnis, namentlich ein Geschäftsgeheimnis- oder Betriebsgeheimnis, das ihnen bei ihrer Tätigkeit bekannt geworden ist, nicht offenbaren und nicht verwerten.**

Inhaltsübersicht

	Rn.
I. Verschwiegenheitspflicht (Abs. 1)	1–13
1. Betroffener Personenkreis	3–4
2. Umfang	5–12
3. Aussagegenehmigung im gerichtlichen und behördlichen Verfahren	13
II. Schutz von Privatgeheimnissen (Abs. 2)	14–19
1. Begriff des fremden Geheimnisses	16–17

2. Offenbarungsverbot.	18
3. Verwertungsverbot	19
III. Folgen eines Verstoßes	20

I. Verschwiegenheitspflicht (Abs. 1)

Aufgrund ihres umfassenden Informations-, Einsichts- u. Teilnahmerechts (§ 66a Abs. 3 Satz 2 u. 3) haben die Mitglieder der APAK im Rahmen ihrer Tätigkeit Zugang zu einer Vielzahl persönlicher o. beruflicher Informationen der Mitglieder der WPK, derer Mandanten u. der WPK selbst sowie derer Organvertreter o. Mitarbeiter. Die betroffenen Personen sollten dabei grds. auf einen **Schutz der Informationen**, auch zur **Wahrung eigener gesetzlicher o. vertraglicher Verschwiegenheitsverpflichtungen** vertrauen können. So unterliegen die Mitglieder der WPK (allg. für WP § 43 Abs. 1 Satz 1) bzw. die Organmitglieder u. Mitarbeiter der WPK (§ 64) der Verschwiegenheit. § 66b dehnt den Verschwiegenheitskreis auch auf die Mitglieder der APAK aus. Fraglich ist aber, ob eine ausnahmslose VSP der öffentl. Aufsicht mit Vorgaben der EU wie dem Transparenzgebot (Art. 32 Abs. 6 Satz 1 AP-Rili) u. den Anforderungen an eine angemessene Bekanntmachung von Maßnahmen (Art. 30 Abs. 3 Satz 1 AP-Rili) vereinbar ist. Zudem leiden bei mangelnder Transparenz das Vertrauen u. die Akzeptanz der öffentl. Aufsicht. Die Prüferaufsichten anderer Staaten – auch innerhalb der EU – haben daher teilw. weitgehende Möglichkeiten zur Information der Öffentlichkeit über einzelne Vorgänge. Insb. der APAK müsste als Sachwalterin des öffentl. Interesses – unter Abwägung der Interessenlage aller Beteiligten – eine angemessene öffentl. Information etwa über Stand u. Ausgang v. Berufsaufsichtsverfahren im Einzelfall möglich sein (s.a. Einl. Rn. 84 f. u. § 64 Rn. 14). 1

Die **systematische Trennung der Regelung v. § 64** kann als Klarstellung gesehen werden, dass die Mitglieder der APAK keine Organvertreter der WPK sind. Zudem kann sich der sachliche Umfang der VSP v. dem der nach § 64 verpflichteten Personen unterscheiden, z.B. aufgrund der Informationen, die der APAK im Rahmen der grenzüberschreitenden Zusammenarbeit durch ausländische Stellen überlassen werden o. aufgrund der Informationen, die über Organmitglieder o. Mitarbeiter der WPK gewonnen werden. Gleichwohl verweist § 66b Abs. 1 Satz 1 Hs. 2 – zur Vermeidung einer Wiederholung u. zum Schutz vor etwaigen Regelungslücken – auf eine sinngemäße Geltung v. § 64 in Gänze. Insoweit wird ergänzend auf die dortige Kommentierung verwiesen. 2

1. Betroffener Personenkreis

Verpflichtet werden die **Mitglieder der APAK**. Die Pflicht zur Verschwiegenheit gilt auch für **ausgeschiedene Mitglieder der APAK**; dies ergibt sich aus dem Verweis auf § 64 (dort Abs. 1 Satz 1) u. speziell zur Offenbarung o. Verwertung v. Geheimnissen aus Abs. 2. 3

Personen, derer sich die Mitglieder der APAK zur Erledigung ihrer Aufgaben bedienen, werden v. § 66b nicht erfasst. Soweit es sich dabei aber um Organmit- 4 glieder o. Mitarbeiter der WPK handelt, ist für diese die VSP nach § 64 maßgeblich. Soweit jedoch Personen außerhalb des v. § 64 betroffenen Kreises hinzugezogen werden, sind diese ausdr. zur Verschwiegenheit zu verpflichten. Dies kann z.B. für **Vertreter ausländischer Stellen**, die an Ermittlungen in einer Aufsichtsangelegenheit teilnehmen (§ 66a Abs. 9 Satz 3), gelten (s. § 66a Rn. 81 u. 93).

2. Umfang

5   Die VSP umfasst **alles, was den Mitgliedern der APAK im Rahmen ihrer Tätigkeit zur Kenntnis gebracht worden ist**. Als Tätigkeit ist dabei die Aufsichtstätigkeit nach § 66a insgesamt zu verstehen.

6   Der Umfang der VSP deckt insoweit alle **Tatsachen**, die den Mitgliedern der APAK **in Wahrnehmung ihres Informations-, Einsichts- u. Teilnahmerechts ggü. der WPK bekannt geworden** u. durch § 64 geschützt sind (vgl. insoweit § 64 Rn. 6 ff.). Dies gilt auch für Tatsachen, die den Mitgliedern der APAK im Rahmen der Informationspflicht der WPK mitgeteilt werden.

7   Umfasst werden auch Tatsachen, die der APAK **durch Dritte unter dem Gebot der Vertraulichkeit mitgeteilt** werden (z.B. Beschwerdeführer, DPR, BAFin). Auch Informationen v. **ausländischen Stellen sind erfasst;** so kann sich die VSP auch auf persönliche o. berufliche Angaben zu AP aus Mitgliedstaaten der EU o. Drittstaaten beziehen.

8   Aufgrund der Natur der VSP ist der **Schutzbereich weit zu fassen**. Er betrifft nicht nur Aufsichtsangelegenheiten. Es kann sich auch um personelle o. organisatorische Angelegenheiten der WPK o. Dritter handeln.

9   Die **VSP gilt nicht** für Tatsachen, die **offenkundig** sind o. **einer Geheimhaltung nicht bedürfen** (vgl. auch § 64 Rn. 7). Ferner gilt sie nicht, wenn die Mitglieder der APAK durch die Person, über welche die zu schützenden Tatsachen bekannt geworden sind, v. der Verschwiegenheit **entbunden** werden.

10 Die VSP gilt **ggü. jedermann** u. damit auch ggü. Organmitgliedern o. Mitarbeitern der WPK, soweit diese nicht in die Bearbeitung eines Vorganges, auf den sich die geschützte Tatsache bezieht, einbezogen sind. Dabei kann auf interne Organisationsregeln der WPK Rücksicht genommen werden (zur „Firewall" vgl. § 57e Rn. 29 ff.).

11 Die Verschwiegenheit ist auch **ggü. anderen nationalen u. ausländischen Stellen** zu wahren, wie Behörden o. Prüferaufsichten. Eine **Weitergabe im Rahmen der Amtshilfe** ist jedoch zulässig. Der Verweis in § 66b Abs. 1 Satz 1 Hs. 2 stellt dies in Bezug auf ausländische Stellen ausdr. klar. Die Weitergabe der Informationen, insb. an Stellen in Drittstaaten ist aber an strenge Voraussetzungen geknüpft (s. § 57 Rn. 129 ff. u. § 66a Rn. 78 ff.).

12 Die Mitglieder der APAK sind durch die Vorschrift nicht daran gehindert, **rein sachbezogene Informationen** ohne Bezug auf personenbezogene Daten offen zu legen. Solche Informationen können daher **in anonymisierter Form im Tätigkeitsbericht** der APAK aufgenommen werden.

3. Aussagegenehmigung im gerichtlichen und behördlichen Verfahren

In gerichtlichen Verfahren u. vor Behörden dürfen die Mitglieder der APAK über solche Angelegenheiten, die ihnen bei ihrer Tätigkeit bekannt geworden sind, **ohne Genehmigung nicht aussagen o. Auskunft geben.** Dies ergibt sich über Abs. 1 Satz 2 aus der sinngem. Geltung v. § 64 Abs. 2. Die Genehmigung erteilt das BMWi auf Antrag des Gerichts, der Behörde o. des betroffenen Mitgliedes der APAK. Entsprechend § 64 Abs. 3 Satz 2 kann die Genehmigung nur versagt werden, wenn Rücksichten auf die Stellung o. die Aufgaben der APAK o. berechtigte Belange der Person, über welche die Tatsachen bekannt geworden sind, es unabweisbar erfordern. Bei **Verfahren vor dem BVerfG** kann die Genehmigung nur verweigert werden, wenn es das Wohl des Bundes o. eines Landes erfordert (§ 28 Abs. 2 BVerfGG über § 66b Abs. 1 Satz 2 i.V.m. § 64 Abs. 3 Satz 3). 13

II. Schutz von Privatgeheimnissen (Abs. 2)

Die Mitglieder APAK dürfen fremde Geheimnisse, die ihnen im Rahmen ihrer Tätigkeit bekannt geworden sind, auch nach ihrem Ausscheiden weder offenbaren noch verwerten. Dies entspricht dem **Schutzzweck der §§ 203, 204 StGB,** die das Verletzen v. Privatgeheimnissen bzw. Verwerten fremder Geheimnisse als Sonderdelikte durch abschließend aufgeführte Personen u. Personengruppen unter Strafe stellen. Ausdrücklich erfasst sind davon u.a. WP, vBP (§ 203 Abs. 1 Nr. 3 StGB). Auch Organmitglieder u. Mitarbeiter der WPK als KÖR werden als Amtsträger (§ 203 Abs. 2 Nr. 1 StGB) einbezogen (vgl. auch § 64 Rn. 22). 14

Aufgrund der nicht-rechtsförmlichen Ausgestaltung der APAK u. ihrer Stellung außerhalb der WPK als KÖR werden aber die **Mitglieder der APAK v. §§ 203, 204 StGB nicht erfasst**; sie sind insb. keine Amtsträger i.S.v. § 203 Abs. 2 Nr. 1 StGB. So wie Abs. 1 den Verschwiegenheitskreis der WP, vBP bzw. der WPK auf die APAK ausweitet, schließt Abs. 2 die drohende Lücke bezogen auf den Schutz v. Privatgeheimnissen, also den der VSP unterliegenden Tatsachen. Die Verletzung dieser verwaltungsrechtlichen Verbotsnorm wird über §§ 133b, 133c auch strafrechtl. bewehrt. 15

1. Begriff des fremden Geheimnisses

Geschützt wird ein Geheimnis, das für die Mitglieder der APAK fremd ist, also insoweit eine andere Person betrifft. **Geheimnis ist eine Tatsache, die nur einem Einzelnen o. einem beschränkten Personenkreis bekannt ist** u. an deren Geheimhaltung der Betroffene ein schutzwürdiges Interesse hat. Namentlich aufgeführt werden Betriebs- u. Geschäftsgeheimnisse also Tatsachen, die sich auf das berufliche o. geschäftliche Umfeld einer Person beziehen. Der Schutz des Privatgeheimnisses – wie sich aus der Überschrift ergibt – erfasst aber auch den persönlichen Lebensbereich, d.h. solche Tatsachen, die den Betroffenen als Privatperson u. seine Familie betreffen. Grundsätzlich sind als fremde Geheimnisse i.S.v. Abs. 2 **alle personenbezogenen Tatsachen** anzusehen, die auch der VSP der Mitglieder der APAK nach Abs. 1 unterliegen. 16

17 Als Privatgeheimnis muss es dem Lebens- u. Geheimbereich des Betroffenen angehören. **Allgemein bekannte Tatsachen gelten nicht als geheim**. Zum Geheimnisbegriff im Einzelnen vgl. Fischer, StGB, § 203 Rn. 3 ff.

2. Offenbarungsverbot

18 Den Mitgliedern der APAK ist das offenbaren fremder Geheimnisse verboten. Offenbaren bedeutet die **Mitteilung eines fremden Geheimnisses, ganz o. in Teilen, an einen Dritten**, der dieses nicht o. nicht sicher kennt bzw. nicht in dem mitgeteilten Umfang o. in dieser Form. Eine Mitteilung kann auch durch schlüssiges Verhalten o. durch Unterlassen, z.B. nicht hinreichende Schutzmaßnahmen zur Wahrung des fremden Geheimnisses, erfolgen.

3. Verwertungsverbot

19 Die Mitglieder der APAK dürfen fremde Geheimnisse nicht verwerten. Die Vorschrift verbietet damit das **wirtschaftliche Ausnutzen zur Gewinnerzielung**, ohne das fremde Geheimnis dabei zu offenbaren.

III. Folgen eines Verstoßes

20 Die Verletzung des Offenbarungs- o. Verwertungsverbotes nach Abs. 2 ist über §§ 133b, 133c **strafbewehrt**.

Sechster Teil
Berufsgerichtsbarkeit
Erster Abschnitt
Die berufsgerichtliche Ahndung von Pflichtverletzungen

Vorbemerkungen zu §§ 67 ff.

Schrifttum: *Römermann*, Zum Zweigniederlassungsverbot für Wirtschaftsprüfer und Rechtsanwälte, EWiR 2005, 449; *Sommerschuh*, Strengere Berufsaufsicht durch die 5. WPO-Novelle – ein neuer Ansatz zur Kontrolle der Wirtschaftsprüfer, BB 2003, 1166 ff.

Inhaltsübersicht

		Rn.
I.	Charakter des berufsgerichtlichen Verfahrens nach der WPO	1–3
II.	Abgrenzung von anderen berufsrechtlichen Verfahren	4–11
	1. Abgrenzung von Rügeverfahren	5–6
	2. Abgrenzung von Verfahren über Qualitätskontrollmaßnahmen der WPK	7
	3. Abgrenzung von Verfahren betr. Rücknahme und Widerruf der Bestellung	8–9
	4. Abgrenzung von berufsgerichtlichen Verfahren nach anderen Berufsgruppen	10
	5. Abgrenzung von Strafverfahren	11
III.	System der Rechtsvorschriften im berufsgerichtlichen Verfahren	12

I. Charakter des berufsgerichtlichen Verfahrens nach der WPO

§ 72 ordnet die berufsgerichtliche Verfahren in WP-Sachen **Spruchkörpern der** **1** **ordentlichen Gerichtsbarkeit** zu (Eingangsinstanz: LG; Berufungsinstanz: OLG – wegen der Konzentration auf den Sitz der WPK sind mithin das LG Berlin u. das KG zuständig – Revisionsinstanz: BGH). § 127 bestimmt zudem, dass die gerichtsverfassungsrechtl. u. prozessualen Regelungen des GVG u. der StPO als Auffangvorschriften zur Anwendung kommen. Damit hat sich die WPO – wie die BRAO u. das StBerG – entschieden, die Berufsgerichtsbarkeit den staatlichen Gerichten u. innerhalb dieser der ordentlichen Gerichtsbarkeit anzuvertrauen. Wegen der Verweisung auf die StPO hat das berufsgerichtliche Verfahren dabei in vielem das **äußere Gepräge eines Strafprozesses**.

Diese Zuordnung u. äußere Gestaltung des berufsgerichtlichen Verfahrens sind **2** nicht selbstverständlich. Andere Berufsordnungen, auch die freier Berufe, kennen eine staatliche Berufsgerichtsbarkeit nicht (vgl. z.B. Apothekerberuf). **Weitere berufsgerichtliche Ordnungen** sind in Anlehnung nicht an das straf-, sondern **an das verwaltungsgerichtliche Verfahren** ausgestaltet: So ist im Beamten-Disziplinarrecht mit dem BDG seit 2002 in Abkehr einer langjährigen Rechtstradition der Übergang v. einem dem Strafprozess ähnlichen zu einem verwaltungsgerichtlichen Verfahren vollzogen worden. Auch hätte die Rechtsentwicklung der letzten Jahrzehnte, die den Berufskammern – auch der WPK – als KöR mehr Kompetenzen hat zukommen lassen, Anlass geben können, die staatliche Gerichtsbarkeit für die Sanktionen v. Berufspflichtverletzungen grds. in Frage zu stellen. Auch wegen des Kompetenzzuwachses mag anachronistisch erscheinen, dass die WPK nicht im engeren Sinne Partei des berufsgerichtlichen Verfahrens ist, sondern an ihre Stelle die StA beim OLG tritt (vgl. § 84 Rn. 3).

3   Die aktuelle gesetzl. Gestaltung der WPO-Gerichtsbarkeit hat aber auch unzweifelhaft Vorteile. Der **staatliche Charakter dieser Gerichtsbarkeit** dürfte aus Sicht der betroffenen WP, aber auch der Öffentlichkeit ein **größeres Maß an Unabhängigkeit** verbürgen, als wenn entspr. Verhaltensweisen „nur" aus dem Berufsstand selbst bewertet würden. Mit dem BGH als Revisionsinstanz (vgl. §§ 107 ff.) ist weitgehend (soweit nicht wesentliche berufsrechtliche Fragestellungen im einzügigen – § 63a Rn. 38 – Verfahren nach § 63a Abs. 5 WPO behandelt werden) gewährleistet, dass die Fortentwicklung der Rechtsprechung zu berufsrechtl. Fragen im Bereich der WPO in die allg. deutsche Rechtsentwicklung eingebettet bleibt. Jedenfalls sollte die heutige Gestaltung des berufsgerichtlichen Verfahrens nach der WPO strukturell so lange beibehalten bleiben, wie die BRAO u. das StBerG für ihre Berufsangehörigen v. demselben System ausgehen. Wirtschaftsprüfer, die zugl. RA o. StB sind, unterliegen mehreren Berufsgerichtsbarkeiten. Die ohnehin bestehenden Abgrenzungsprobleme wären größer, wenn die berufsgerichtliche Vorschriften nicht nur im Detail andere Inhalte hätten, sondern v. System her anders angelegt wären.

II. Abgrenzung von anderen berufsgerichtlichen Verfahren

4   Das berufsgerichtliche Verfahren nach der WPO ist v. folgenden **anderen berufsrechtl. Verfahren abzugrenzen**:

1. Abgrenzung von Rügeverfahren

5   Von allen in der WPO geregelten Verfahren ist das **Rügeverfahren** der WPK (§§ 63 ff.) dem berufsgerichtliche Verfahren in der Zielrichtung am ähnlichsten. In beiden Verfahren wird untersucht, ob dem WP eine schuldhafte Berufspflichtverletzung vorzuwerfen ist (LG Beschl. 12.5.2006 – WiL 4/05, WPK-Mag. 1/2007, 49 ff.). Ob eine Rüge ausreicht o. eine berufsgerichtliche Verfolgung erforderlich ist, entscheidet sich danach, wie stark die WPK o. – wenn die Ermittlungen bei ihr anhängig sind – die GStA die „Schuld" des WP gewichten. Beide Verfahren können unter bestimmten Umständen in das jeweils andere übergehen, wenn sich die Beurteilung ändert (vgl. insb. § 63a Abs. 5).

6   Das Verfahren über den **Antrag auf gerichtliche Entscheidung des WP gegen eine Rüge** der WPK ist zwar ebenfalls den Berufsgerichten zugewiesen. Rechtstechnisch ist dieses Verfahren aber keines i.S.v. §§ 72 ff., auch wenn einzelne Vorschriften, z.B. über die Gerichtsbesetzung (§ 63a Abs. 2) entspr. anzuwenden sind.

Vorbemerkungen Vor §§ 67 ff.

2. Abgrenzung von Verfahren über Qualitätskontrollmaßnahmen der WPK

Die QK u. insb. der Aufbau eines diese stützenden effektiven Systems ist eine der zentralen Aufgaben der WPK (§§ 57 Abs. 2 Nr. 14, 57a). Prinzipiell kann jede QK zur Folge haben, dass die Kammer dem Berufsangehörigen konkrete Vorhaltungen macht, d.h. der Sache nach Verhaltensweisen als Verstöße gegen allg. o. besondere Berufspflichten wertet. Es kann hier dahin stehen, ob u. unter Berücksichtigung welcher Gesichtspunkte der Berufsangehörige Rechtsschutz ggü. solchen Vorhaltungen beanspruchen kann: Eine **Überprüfung findet jedenfalls nicht im berufsgerichtlichen Verfahren statt**, weil dieses immer den Vorwurf einer schuldhaften Pflichtverletzung zum Gegenstand hat. Allein mit dem im Rahmen eines QK-Verfahrens geäußerten Vorhalt, ein WP halte berufliche Standards nicht so ein, wie sie v. der WPK gesetzt o. interpretiert worden sind, liegt nicht implizit der Vorwurf schuldhaften berufswidrigen Verhaltens; denn unterschiedliche Auffassungen über Standards, aber auch das gelegentliche Unterschreiten einzelner an sich anerkannter Qualitätsanforderungen sind bei einer komplexen freiberuflichen Tätigkeit wie der eines WP praktisch unvermeidlich. Sie sind nicht per se Ausdruck eines im Sinne von §§ 67 ff. relevanten schuldhaften Verhaltens (vgl. § 67 Rn. 7 f.; tendenziell kritisch Sommerschuh, BB 2003, 1166 ff., die grds. auch einfache fachliche Fehler der Überprüfung im berufsgerichtliche Verfahren zugänglich machen will). 7

3. Abgrenzung von Verfahren betr. Rücknahme und Widerruf der Bestellung

Eine Aufgabe der WPK ist es, das **Fortbestehen der persönlichen Eignung des Berufsangehörigen** kontinuierlich zu überprüfen. Fällt eine Eignungsvoraussetzung fort, hat sie grds. die Bestellung als WP o. die Anerkennung als WPG zu widerrufen o. – sofern mildere Maßnahmen in Betracht kommen – diese zu ergreifen (vgl. § 57 Abs. 2 Nr. 15 i.V.m. §§ 19, 20). Bei den gerichtlichen Verfahren, die sich hieran anknüpfen können, handelt es sich um **verwaltungsgerichtliche Verfahren**. 8

Der zentrale inhaltliche Unterschied beider Verfahrensarten ist, dass für das berufsgerichtliche Verfahren ein **Verschulden des WP** (s.o. Rn. 7) erforderlich ist, für das Verwaltungsverfahren nicht. Dessen ungeachtet werden Sachverhalte, die ein Verfahren auf Widerruf der Bestellung rechtfertigen, häufig auch berufsgerichtliche Verfahren erforderlich machen. Besonders bei Widerrufsgründen, die ihre Ursache in einer persönlichen Unzuverlässigkeit des WP haben, wird oft, bei Fällen wie z.B. dem Verlust des Haftpflichtversicherungsschutzes fast immer ein schuldhafter Verstoß gegen Berufspflichten anzunehmen sein. Auch wenn beide Verfahren – Verwaltungsverfahren, berufsgerichtliches Verfahren – nebeneinander laufen, so sind sie inhaltlich grds. unabhängig voneinander. Einen Vorrang des einen o. anderen Verfahrens kennt die WPO nicht (vgl. aber § 83b Rn. 4). 9

4. Abgrenzung von berufsgerichtlichen Verfahren nach anderen Berufsgruppen

Ist ein **WP zugl. Angehöriger eines anderen freien Berufs** (StB, RA), kommt in Betracht, dass gegen ihn auch ein **Verfahren nach der anderen Berufsordnung** 10 geführt wird. Dazu, welche Verfahren den Vorrang haben, vgl. § 83 Rn. 7 ff. In einer grundlegenden Entscheidung hat der BGH (BGH 12.10.2004, NJW 2005, 1057 ff.=WPK-Mag. 1/2005, 48 ff.; dazu Römermann, EWiR 2005, 449 f.) klar gestellt, dass die berufsgerichtliche Verfahren gegen Mehrfachberufler nach den einzelnen Verfahrensordnungen selbstständig zu betrachten sind. Die Sperrwirkung, die das Verfahren der einen Berufsordnung für die andere entfalten kann, ist zeitlich begrenzt (§ 83a Rn. 22); sie endet mit der Beendigung des vorrangigen anderen Verfahrens. Die materiell-rechtliche Frage, ob nach Ende der Sperrwirkung das berufsgerichtliche Verfahren nach der WPO fortzusetzen ist, ist unter Berücksichtigung des Grundsatzes der Verhältnismäßigkeit zu entscheiden (vgl. hierzu, sowohl allg. als auch wg. der Einzelheiten des Verhältnisses von berufsgerichtlichen Verfahren bei mehreren relevanten Berufsordnungen § 83a Rn. 1, 7 ff.).

5. Abgrenzung von Strafverfahren

11 Ein Strafverfahren, das wegen einer Berufspflichtverletzung eines WP durchgeführt wird, ist v. berufsgerichtlichen Verfahren nach §§ 72 ff. streng zu trennen, auch wenn das letzt genannte Verfahren teilw. strafprozessuale Elemente aufweist. Zum **Vorrangsverhältnis u. zur Bindungswirkung eines etwaigen Strafurteils** vgl. § 83 Rn 5 ff.

III. System der Rechtsvorschriften im berufsgerichtlichen Verfahren

12 §§ 72-126 enthalten **keine vollständige Regelung des berufsgerichtlichen Verfahrens nach der WPO.** Es ist gem. § 127 Lücken ausfüllend auf die **Vorschriften der StPO u. des GVG** zurückzugreifen (vgl. § 127 Rn. 1 ff.). Für die praktische Anwendung ist zu berücksichtigen, dass viele Regelungen des berufsgerichtlichen Verfahrens in der WPO gleich lautend mit den Vorschriften der BRAO (unbeschadet des Umstandes, dass die Anwaltsgerichtsbarkeit eine eigene, v. der ordentlichen Gerichtsbarkeit getrennte Gerichtsbarkeit darstellt) u. des StBerG sind. Die Kommentierungen sind deshalb inhaltlich oft übertragbar.

§ 67 Ahndung einer Pflichtverletzung

(1) Gegen einen Wirtschaftsprüfer, der seine Pflichten schuldhaft verletzt, wird eine berufsgerichtliche Maßnahme verhängt.

(2) Ein außerhalb des Berufs liegendes Verhalten eines Wirtschaftsprüfers ist eine berufsgerichtlich zu ahndende Pflichtverletzung, wenn es nach den Umständen des Einzelfalls in besonderem Maße geeignet ist, Achtung und Vertrauen in einer für die Ausübung der Berufstätigkeit oder für das Ansehen des Berufs bedeutsamen Weise zu beeinträchtigen.

(3) Eine berufsgerichtliche Maßnahme kann nicht verhängt werden, wenn der Wirtschaftsprüfer zur Zeit der Tat der Berufsgerichtsbarkeit nicht unterstand.

Schrifttum: *Weidmann*, Die 7. WPO-Novelle, Auswirkungen des Berufsaufsichtsreformgesetzes auf den Berufsstand, WPK-Mag. 3 2007, 55 f.; *Wulff*, Einheitlichkeit des Berufsvergehens, WPK-Mag. 1 2007, 38 ff.; *Sommerschuh*, Strengere Berufsaufsicht durch die 5. WPO-Novelle, BB 2003, 1166.

Inhaltsübersicht

		Rn.
I.	Allgemeines	1
II.	Voraussetzungen und Art und Weise der berufsgerichtlichen Ahndung	2–10
	1. Schuldhafter Pflichtverstoß	5–6
	2. Zumessungserwägungen	7–10
	a) Spezifische berufsrechtliche Betrachtung	7–8
	b) Einheitliche Betrachtungsweise	9–10
III.	Ahndung außerberuflichen Verhaltens	11–12
IV.	Zugehörigkeit zum Beruf als Voraussetzung berufsgerichtlicher Ahndung	13

I. Allgemeines

Eine berufsgerichtliche Maßnahme hat für den Betroffenen strafähnlichen Charakter. Dies spiegelt sich auch in den an die StPO angelehnten verfahrensrechtl. Vorschriften wieder, die die WPO übernommen hat (vgl. dazu § 127 Rn. 1). Gleichwohl überschneiden sich die **Regelungsziele des allg. Strafrechts u. des berufsgerichtlichen Verfahrens** teilweise. Nur diese fehlende Deckungsgleichheit lässt überhaupt eine berufsrechtl. Sanktion unter Wahrung des Grundsatzes „ne bis in idem" zu, wenn gegen den Berufsangehörigen wegen desselben Sachverhalts bereits eine Kriminalstrafe ausgesprochen worden ist. Die nachfolgend (Rn. 2–4) darzustellenden Unterschiede zum Strafrecht machen die besondere Stellung des berufsgerichtlichen Verfahrens aus. 1

II. Voraussetzungen und Art und Weise der berufsgerichtlichen Ahndung

Die Vorschriften des Strafrechts treffen alle Bürger prinzipiell unabhängig v. Funktion u. Stand; die Möglichkeit einer strafrechtl. Ahndung entfällt deshalb nicht, wenn nach der Tat ein täterbezogenes Merkmal wegfällt (z.B. bei Amtsdelikten die Amtsträgereigenschaft). Im berufsgerichtlichen Verfahren ist eine Sanktion dagegen unverzichtbar an die **Zugehörigkeit zum Berufsstand** geknüpft, und zwar nicht nur im Zeitpunkt der Tat (§ 67 Abs. 3), sondern auch der Entscheidung (§ 103 Abs. 3 Nr. 1). 2

Kriminalstrafen sollen, auch wenn sie der allg. Besserung des Täters (sog. Spezialprävention) u. der Abschreckung künftiger Täter (Generalprävention) dienen, doch auch Vergeltung für geschehenes Unrecht verwirklichen. **Sanktionen des Berufsrechts** haben zwar auch spezial- u. generalpräventiven Charakter, aber **keinen Vergeltungscharakter**. 3

4 Neben den Schutz der Allgemeinheit, sprich der v. Berufsangehörigen durch sein berufliches Handeln betroffenen Mandanten- u. Verkehrskreise, tritt als **Regelungsziel der WP-Berufsgerichtsbarkeit** der Gesichtspunkt der Sicherung der Integrität, des Ansehens u. der Leistungsfähigkeit des Berufsstandes hinzu.

1. Schuldhafter Pflichtverstoß

5 § 67 Abs. 1 lässt eine berufsgerichtliche Maßnahme nur zu, wenn der Berufsangehörige „**seine Pflichten**" **objektiv** u. „**schuldhaft**" **verletzt** hat. Erforderlich ist damit einmal die objektive Verletzung einer Berufspflicht als WP (zu Pflichtverstößen wegen eines Verhaltens außerhalb des Berufs des WP vgl. Rn. 11); zu den Inhalten dieser spezifischen Berufspflichten im Einzelnen vgl. § 43. Der Hinweis auf die „**Schuldhaftigkeit**" der Pflichtverletzung bedeutet zum einen, dass grds. jede vorwerfbare Berufspflichtverletzung ahndungsfähig ist, also nicht nur die vorsätzliche, sondern – ohne dass es einer zusätzl. Regelung bedürfte (§ 23 Abs. 1 StGB gilt nicht entsprechend) – auch die fahrlässige. Eine **schwere Schuld** ist ungeachtet der Neufassung der Vorschriften über das Rügeverfahren durch die 7. WPO-Novelle (dazu § 63 Rn. 15) nicht erforderl. (die Schuldschwere schließt nur das Betreiben eines Rügeverfahrens durch die WPK, nicht aber die Verhängung einer – milden – Maßnahme nach § 68 durch das Berufsgericht aus, insb. wenn sich im berufsgerichtlichen Verfahren der angeschuldigte Tatvorwurf relativiert). Umgekehrt kann eine berufsgerichtliche Maßnahme nicht verhängt werden, wenn persönliche Schuldausschließungsgründe vorliegen: Insbesondere ist keine Sanktion bei Ausschluss der Einsichts- u. Steuerungsfähigkeit infolge geistiger Erkrankung pp. möglich (§ 20 StGB ist insoweit sinngemäß anwendbar). Bei solchen objektiven, aber persönlich nicht vorwerfbaren Verhaltensweisen bleibt für die WPK nur der Weg der Rücknahme bzw. des Widerrufs der Bestellung im Verwaltungsverfahren.

6 Die gesetzl. Formulierung, dass bei schuldhaften Berufspflichtverletzungen eine berufsgerichtliche Maßnahme zu verhängen ist, stellt klar, dass nicht der Opportunitäts-, sondern der **Legalitätsgrundsatz** gilt: Die WPK, die GStA als Verfolgungsbehörde u. die Berufsgerichte haben prinzipiell bei dem Verdacht einer Berufspflichtverletzung ein berufsgerichtliches Verfahren zu führen bzw. dieses einzuleiten o. anzuregen; dies allerdings nur, soweit das Gesetz nicht die Möglichkeit einer anderweitigen Verfolgung vorsieht. Hier kommt bei geringfügigen und mittelschweren (vgl. § 63 Rn. 15 ff.) Pflichtverstößen ein berufsgerichtliches Rügeverfahren in Betracht; bei Mehrfachberuflern gem. § 83a eine Verfolgung nach den Ordnungen der anderen Berufe, denen der WP angehört (i.d.R. StBerG, BRAO; auch kann ein Strafverfahren vorrangig sein (vgl. § 83b).

2. Zumessungserwägungen

a) Spezifische berufsrechtliche Betrachtung

7 Aus den besonderen Regelungszielen v. berufsgerichtlichen Maßnahmen folgt, dass nicht nur die Frage, ob überhaupt eine Pflichtverletzung vorliegt, spezifisch berufsrechtl. zu beantworten ist. Auch die Frage, ob u. unter welchen Voraussetzungen v. der Schuldhaftigkeit einer Pflichtverletzung auszugehen ist, muss in diesem Sinne beantwortet werden. Berücksichtigt werden muss dann, wenn fachliche Vorwürfe gemacht werden, dass die Ausübung eines hoch komplexen freien Beruf wie der des WP tagtäglich quantitativ u. qualitativ höchste Anforderungen stellt. Mit der Ausübung dieses Berufs sind **objektive fachliche Fehlentscheidungen faktisch unausweichlich verbunden, so bei der Behandlung v. komplexen Rechtsfragen,** bei der Interpretation von Standards oder – besonders bei Abschlussprüfungen – Beurteilungen mit wertenden oder gar prognostischen Elementen. Ein ahndungswürdiges, aus der berufsgerichtlichen Regelungsperspektive schuldhaftes Verhalten ist deshalb nur dann anzunehmen, wenn ein unzweifelhafter und **offensichtlicher Fehlgriff** vorliegt. (LG Berlin 12.5.2006, WPK-Mag. 2007, 49 ff.). Dieser Gesichtspunkt ist unter Berücksichtigung des Grundsatzes der Verhältnismäßigkeit im vom Gesetzgeber aufwendig gestalteten berufsgerichtlichen Verfahren stärker zu berücksichtigen als im einfacher strukturierten Rügeverfahren, in dem schwerpunktmäßig auch Fälle geringer Schuld behandelt werden.

Ähnlich beurteilt sich auch die Frage, ob **einfache o. offensichtliche Versäumnisse** 8 wie Flüchtigkeits- o. Rechenfehler o. das Übersehen einer unzweifelhaften Änderung der Gesetzes- und Faktenlage berufsgerichtlich zu ahnden sind. Hier muss berücksichtigt werden, dass solche Fehler bei einer komplexen Berufstätigkeit über kurz o. lang unausweichlich sind, u. zwar auch Fehler, die negative Konsequenzen für den Mandanten haben. Sie gehören zur Berufsausübung nahezu unvermeidlich dazu. Die Interessen der betroffenen Mandanten- u. Verkehrskreise können typischer Weise ausreichend durch die Möglichkeit der zivilrechtl. Inanspruchnahme gesichert werden. Das Ansehen des Berufsstands ist regelmäßig nicht gefährdet, weil die obligatorische Haftpflichtversicherung die materiell Geschädigten wirkungsvoll sichert. Berufsaufsichtsrechtlich muss u. kann unterhalb der Maßnahmen v. § 67 ff. (u. ggf., so bei erstmaligen Sorgfaltsverstößen auch ohne Rüge nach § 63, die ebenfalls ein Verschulden erfordert) reagiert werden, insb. durch **Vorhalte u. Belehrungen der WPK.** Die Grenze zwischen dem einfachen Versäumnis, wie es immer einmal vorkommen kann, zum schuldhaften u. ahndungswürdigen Berufsvergehen hängt v. Einzelfall ab. Bei Leichtfertigkeit, Wiederholungsfällen u. Fehlern, die sich durch eine belegbare prinzipielle Vernachlässigung der QK erklären, wird Verschulden anzunehmen sein.

b) Einheitliche Betrachtungsweise

§ 67 Abs. 1 regelt, dass gegen den Berufsangehörigen, der gegen seine Pflichten 9 verstößt, *eine* Maßnahme zu ergreifen ist. Das folgt daraus, dass das gesamte berufsrechtl. Verhalten einheitlich zu würdigen ist (sog. **Einheit der Berufspflichtverletzung**, ursprünglich abgeleitet aus dem beamtendisziplinarrechtlichen Grundsatz – vgl. Bauschke/Weber, BDisZG, Anh. 2 Rn. 1 – der Einheit des Dienstvergehens; ähnlicher Ansatz in den Berufsordnungen der StB, der RA u. der Notare, bestätigt auch für den Bereich der WPO-Gerichtsbarkeit durch BGH 14.8.2012, WPK-Mag. 1/2013, S. 35 = NJW 2012, 3251 ff.). Die einheitliche Betrachtung hat nicht nur verfahrensrechtliche Bedeutung, sondern auch Auswirkungen auf das materielle Berufsrecht, insb. auf die Rechtsfolgen einer Berufspflichtverletzung. Die einheitliche Bewertung sämtlicher Taten schließt die Anwendung v. Grundsätzen wie Tateinheit u. Tatmehrheit (§§ 53, 54 StGB gelten nicht) aus; zur Verjährung v. mehraktigen Berufsvergehen vgl. § 70 Rn. 15 ff. Verfahrensmäßig wirkt sich die Einheitlichkeit der berufsgerichtliche Maßnahme vor allem auf den Tenor der berufsgerichtlichen Entscheidung aus (grds. nur Ausspruch, dass der Berufsangehörige gegen seine Berufspflichten verstoßen hat; dazu *Wulff*, WPK-Mag. 1/2007, 38 f.; so jetzt auch für die Berufungs- und Revisionsentscheidungen BGH 14. 8. 2012, a.a.O.). Auch für alle die Entscheidungen vorbereitenden Verfahrensschritte (insb. die Anschuldigungsschrift) u. auch bei Einstellungsentscheidungen gilt, für Gericht wie GStA und WPK, dass alle erkennbaren Pflichtverletzungen desselben Berufsangehörigen tunlichst nicht in getrennten, sondern in einem einheitlichen Verfahren verhandelt und beurteilt werden können. Die Rechtskraftwirkung v. berufsgerichtlichen Entscheidungen korrespondiert mit dieser Kognitionspflicht. Auch vor der letzten Tatsachenentscheidung liegenden Verstöße des Berufsangehörigen, die in das Verfahren keinen Eingang gefunden hatten, aber mit diesem in einem sachlichen und zeitlichen Zusammenhang standen und für das Berufsgericht erkennbar waren, können regelmäßig nicht erneut geahndet werden (BGH 14. 8. 2012, a.a.O.). Die einheitliche Betrachtung endet, wenn gegen den Berufsangehörigen wegen einzelner Verhaltensweisen eine berufsgerichtliche Maßnahme, sei es eine solche des Berufsgerichts, sei es eine Rüge der WPK ergangen ist. **Urteil bzw. Rüge haben Zäsurwirkung** (zu weiteren Einzelheiten vgl. auch § 63 Rn. 17 ff. zur vergleichbaren Fragestellung im Rügeverfahren; zur Möglichkeit, eine ursprüngl. auf bestimmte Teilakte konkretisierte Anschuldigung im Laufe des berufsgerichtlichen Verfahrens durch nachträgliche Erweiterung zu erstrecken s. § 94 Rn. 1).

10   Eine **Durchbrechung der Grundsätze der Einheit des Berufsvergehens** ist möglich, wenn dem WP zwei **tats. u. psychologisch völlig anders gelagerte Pflichtverstöße** vorzuwerfen sind. Dies ist vor allem dann relevant, wenn eine milde berufsrechtl. Maßnahme (z.B. Rüge wegen Nichtbeantwortung v. Anfragen/Auflagen der WPK) die spätere Ahndung eines zuvor begangenen gewichtigen und ganz anders gelagerten Berufsvergehens hindern könnte. Im Hinblick darauf, dass dann der für die Gesamtbetrachtung erforderliche, wenn auch weite Sachzusammenhang der unterschiedlichen Verstöße nicht besteht, hat die disziplinar- u. berufsrechtl. Rspr. - wenn auch zurückhaltend - Ausnahmen und Einschränkungen des Grundsatzes der Einheit des Berufsvergehens zugelassen (auch dazu vgl. BGH v. 14. 8. 2012, a.a.O.; Nachweise zur früheren Rspr. bei *Wulff*, WPK-Mag. 2007, 40).

III. Ahndung außerberuflichen Verhaltens

11   § 67 Abs. 2 stellt klar, dass unter bestimmten Voraussetzungen auch rechtswidriges **außerberufliches Verhalten** berufsgerichtlich geahndet werden kann; dies allerdings nicht schematisch, sondern nur im Ausnahmefall. Letzteres macht die Vorschrift dadurch deutlich, dass das außerberufliche Verhalten im besonderen Maße für die Berufsausübung bzw. das Ansehen des Berufs beeinträchtigend sein muss. Die Vorschrift ist dabei auch in einem sachlichen Zusammenhang mit der neueren Rspr. zum Beamtendisziplinarrecht zu sehen, die in Abkehr v. der früheren Rspr.

nicht mehr prinzipiell in jeder außerberuflichen Straftat einen Konflikt mit dem sog. Achtungsgebot sieht. Heute richtet sich die Erwartung der Öffentlichkeit weder bei einem Beamten (dazu grundlegend BVerwG v. 30. 8. 2000, BVerwGE 112, 19 ff. bei Rn. 17) noch bei einem Freiberufler wie einem WP auf eine in jeder Hinsicht untadelige Lebensführung, sondern in erster Linie auf die Fähigkeit u. Bereitschaft, die gestellten Aufgaben kompetent, professionell u. unbestechlich zu erfüllen. Deshalb ist eine berufsgerichtliche Ahndung v. außerberuflichem Verhalten heute entw. nur noch bei schwersten, in aller Regel kriminellen Verfehlungen möglich; o. aber bei außergerichtlichen Vergehen, die einen sachlich-psychologischen Bezug zum Aufgabenfeld eines WP haben.

§ 67 Abs. 2 kommt ohnehin nur bei **echten außerberuflichen Tätigkeiten** eines WP zur Anwendung. Vergehen, die zwar außerhalb des Kreises der Vorbehaltsaufgaben des § 2 Abs. 1 liegen, von einem WP aber zulässiger Weise nach § 2 Abs. 2 bzw. Abs. 3 ausgeübt werden können, unterfallen nicht § 67 Abs. 2, sondern Abs. 1 (LG Berlin 25.2.2006, WPK-Mag. 3/2006, 39 f.). Dies gilt bei Mehrfachberuflern auch dann, wenn es sich um Tätigkeiten handelt, die (auch o. schwerpunktmäßig) den Berufsordnungen des StB o. des RA zugeordnet werden können. Die Entscheidung, ob eine Ahndung nach der WPO tats. möglich ist, muss in erster Linie verfahrensrechtl. unter Berücksichtigung v. § 83a getroffen werden (s. § 83a Rn. 9 ff.; BGH 12.10.2004, WPK-Mag. 1/2005, 48 ff.; KG 2.11.2006, WPK-Mag. 1/2007, 47 f.; LG Berlin 7.11.2008, WPK/Mag. 2/2009, 35). Nach heutigem Rechtsverständnis sollte die Anwendung von § 67 Abs. 2 auf den unzweifelhaften Privatbereich o. auf Zweit- u. Nebenberufe beschränkt bleiben, die auch unter Berücksichtigung des weiten Kreises des § 2 Abs. 2 u. Abs. 3 mit dem Beruf des WP nichts zu tun haben. 12

IV. Zugehörigkeit zum Beruf als Voraussetzung berufsgerichtlicher Ahndung

§ 67 Abs. 3 stellt an sich Selbstverständliches klar, wenn die Vorschrift bestimmt, dass eine berufsgerichtliche Sanktion davon abhängt, ob der Berufsangehörige zur Tatzeit dem Berufsstand bereits angehört hat. Ahndungswürdiges Verhalten, das vor dieser Zeit liegt, kann u. muss im Bestellungsverfahren u. ggf. im Verfahren über die Rücknahme bzw. den Widerruf der Bestellung geprüft werden. Systematisch steht die Vorschrift in einem Zusammenhang mit § 103 Abs. 3 Nr. 1, der die Einstellung des Verfahrens gebietet, wenn die Bestellung als nach Einleitung eines berufsgerichtlichen Verfahrens erloschen, zurückgenommen o. widerrufen ist. 13

§ 68 Berufsgerichtliche Maßnahmen

(1) Die berufsgerichtlichen Maßnahmen sind
  1. **Geldbuße bis zu 500.000 Euro,**
  2. **Verbot, auf bestimmten Tätigkeitsgebieten für die Dauer von einem Jahr bis zu fünf Jahren tätig zu werden,**

3. **Berufsverbot von einem bis zu fünf Jahren,**
4. **Ausschließung aus dem Beruf.**

(2) Die berufsgerichtlichen Maßnahmen der Geldbuße und des Tätigkeits- oder Berufsverbotes können nebeneinander verhängt werden.

Inhaltsübersicht

		Rn.
I.	Allgemeines	1–5
	1. Normgeschichte	1–2
	2. Übergangsrecht	3–5
II.	Einzelne berufsgerichtliche Maßnahmen	6–13
	1. Geldbuße	6–9
	2. Tätigkeits- und Berufsverbot, Ausschließung aus dem Beruf	10–13
III.	Kumulierung von Geldbuße und anderen Maßnahmen	14

I. Allgemeines

1. Normgeschichte

1 § 68 ist durch die 7. WPO-Novelle 2007 beträchtlich verändert worden. Die bisherigen berufsgerichtlichen Maßnahmen der **Warnung** u. des **Verweises** sind fortgefallen. Berufsgerichtliche Verurteilungen führen deshalb nunmehr stets zu einer Geldbuße o. zu einem – mind. begrenzten – Eingriff in das Recht der Berufsausübung (befristetes Tätigkeits- o. Berufsverbot, Ausschließung aus dem Beruf). Mit dem Verweis ist auch die frühere Möglichkeit, eine Geldbuße mit einem solchen Verweis zu kombinieren, entfallen; dafür können Geldbußen, was vorher nicht möglich war, mit Tätigkeits- bzw. Berufsverbot kombiniert werden. Ferner ist die maximale Höhe der Geldbuße drastisch, von 100.000 Euro auf 500.000 Euro, angehoben worden. Für die praktische Anwendung v. § 68 ist auch die Änderung der **maximalen Geldbuße**, die die WPK nach § 63 Abs. 1 Satz 3 aussprechen kann (Erhöhung v. 10.000 Euro auf 50.000 Euro), zu beachten. Wenn seitdem die WPK mit einer Rüge, die an sich für Verstöße mit nicht schwerem Schuldgehalt gedacht ist, doch schon recht drastische Bußen verhängen darf, muss dies für die Höhe v. Geldbußen im berufsgerichtlichen Verfahren berücksichtigt werden.

2 Insgesamt war es das Ziel der 7. WPO-Novelle 2007, das berufsgerichtliche Verfahren auf schwerste Berufspflichtverletzungen, die i.d.R. mit strafrechtl. Tatbeständen einhergehen, zu konzentrieren u. mehr, durchaus auch gewichtige, Pflichtverstöße dem Rügeverfahren der WPK zuzuführen. Die Neuregelung ist problematisch, weil die Regelung der berufsrechtl. Sanktionen nach der WPO nun, sowohl was die Höhe der Geldbuße anbetrifft (vgl. § 90 Abs. 1 Nr. 3 StBerG: maximal 25.000 Euro; ebenso § 114 Abs. 1 Nr. 3 BRAO) als auch hinsichtlich des Sanktionenkatalogs von denen des StBerG u. der BRAO, die nach wie vor Warnung u. Verweis kennen, abweicht. Weil viele WP zusätzlich Angehörige der genannten anderen Berufsordnungen sind; sehen sie sich nun mit unterschiedlichen Standards in der Verfolgung v. Berufspflichtverletzungen konfrontiert. Besonders schwierig zu behandeln sind Berufsverstöße eines **Mehrfachberuflers,** die sich nicht eindeutig der ein o. ande-

Berufsgerichtliche Maßnahmen § 68

ren Berufsordnung zuordnen lassen: Wegen der „schärferen" Sanktionen, die die WPO vorsieht, besteht die Gefahr, dass solche Pflichtverletzungen nunmehr regelmäßig v. der WPK bzw. den Berufsgerichten der WP-Gerichtsbarkeit verfolgt werden müssen (zu der Anwendbarkeit der WPO bei solchen Pflichtverstößen BGH 12.10.2004, WPK-Mag. 2005, 28 ff., § 83a Rn. 2). Ob dies vom Berufsstand der WP als dem zahlenmäßig kleinsten der drei genannten Berufe wirklich geleistet werden kann, erscheint zweifelhaft.

2. Übergangsrecht
Wird gegen einen Berufsangehörigen wegen einer **Berufspflichtverletzung, die er** 3 **vor Inkrafttreten der 7. WPO-Novelle 2007** u. damit vor der heute geltenden Fassung § 68 Abs. 1 begangen hat verurteilt, so ist das konkret mildeste Gesetz anzuwenden (Art. 103 Abs. 2 GG, § 2 Abs. 3 StGB).

Dies bedeutet, dass für die **Bestimmung der Geldbuße** v. dem Rahmen ausgegan- 4 gen werden muss, der **zur Tatzeit** galt (Rn. 1). Es dürfte auch noch möglich sein, für solche Alt-Taten in geeigneten geringfügigen Fällen Verweise u. Warnungen auszusprechen. Die früher mögliche Kumulierung einer Geldbuße mit einem Verweis ist nicht mehr möglich, weil sie früher – zu Recht – als eine Verschärfung ggü. der Sanktion einer reinen Geldbuße verstanden worden ist.

Wegen des Grundsatzes der **Einheitlichkeit der Berufspflichtverletzung** (§ 67 5 Rn. 9) ist für die Tatzeit u. damit für die Anwendung des jeweiligen Rechts grds. v. dem letzten pflichtwidrigen Handlungsakt auszugehen. Unter dem Gesichtspunkt der Verhältnismäßigkeit kann die konkrete Geldbuße aber niedriger als bei reinen Neufällen festgesetzt werden, wenn wesentliche Teilakte der Tat in den Gültigkeitszeitraum des alten, milderen Rechts fallen.

II. Einzelne berufsgerichtliche Maßnahmen
1. Geldbuße
Bei der Geldbuße als der nunmehr mildesten Maßnahme hat sich das Gesetz in 6 Abkehr v. strafrechtl. Sanktionenkatalog gegen ein Tagessatzsystem entschieden. Mithin sind, ohne eine bes. Berücksichtigung der Einkommens- u. Wirtschaftsverhältnisse des Betroffenen, alle tat- u. täterbezogenen Gesichtspunkte bei der **Rechtsfolgenzumessung** systematisch auf gleicher Ebene zu berücksichtigen.

Bei den **tatbezogenen Umständen** ist eine an den berufsspezifischen Regelungs- 7 zielen des berufsgerichtlichen Verfahrens (§ 67 Rn. 1) orientierte Würdigung v. entscheidender Bedeutung. Es kommt insb. darauf an, ob der Pflichtverstoß sich gegen zentrale Berufspflichten richtet (Verstöße im Bereich der Vorbehaltsaufgaben des § 2 Abs. 1 sind regelmäßig bes. gewichtig, LG Berlin 11.11.2005, WPK-Mag. 2006, 39; LG Berlin 16.3.2007, WPK-Mag. 2007, 61 f.); ferner, wie sich die Auswirkungen der Pflichtverletzung für die Mandanten u. die angesprochenen Verkehrskreise darstellen u. schließlich, inwieweit die Integrität u. das Ansehen des Berufsstandes betroffen sind. Von erheblicher Bedeutung ist auch, ob eine fahrlässige o. eine vorsätzliche Tat vorliegt (LG Berlin 22.4.2004, WPK-Mag. 2004, 47 f.). In

Pickel 983

Zweifelsfällen, wenn der Betroffene sich durch falsche Beurteilung fachlicher u. rechtl. Standards zu einem objektiv unzulässigen Vorgehen als berechtigt angesehen hat, ist allerdings eine so scharfe Abgrenzung, wie sie das materielle Strafrecht (vgl. dort §§ 16, 17 StGB – Abgrenzung v. Tatbestands- bzw. Verbotsirrtum) kennzeichnet, nicht geboten. Dies folgt daraus, dass nach dem Berufsrecht prinzipiell sowohl vorsätzliche als auch fahrlässige Begehungen sanktionswürdig sind, u. entscheidend eine wertende Gesamtbetrachtung ist, in welchem Maß der WP neben einem objektiven Pflichtverstoß auch eine seinen Pflichten ggü. feindliche Gesinnung gezeigt hat (LG Berlin 17.2.2006, WPK-Mag 2006, 39: Beihilfe zur strafbaren Steuerverkürzung).

8   Wegen der **Einheit des Berufsvergehens** sind mehrere einzelne Pflichtverstöße gemeinsam zu würdigen; gleiches gilt, wenn der Berufsangehörige mit einer Tat materiell gegen mehrere Berufspflichten verstoßen hat (keine Anwendung v. §§ 53, 54 StGB, s. wg. der Einzelheiten § 67 Rn. 9). Eine Mehrzahl v. verletzten Pflichten bzw. pflichtwidrigen Handlungen kann u. muss aber natürlich Rechtsfolgen schärfend gewürdigt werden.

9   Unter den **täterbezogenen Gesichtspunkten** ist für die Höhe der Geldbuße neben dem allg. Legalverhalten des Berufsangehörigen (Vorstrafen) dessen berufsrechtl. Werdegang einschl. v. berufsgerichtliche Vorbelastungen/Rügen der WPK v. entscheidender Bedeutung. Wegen des disziplinären Charakters v. berufsgerichtlichen Maßnahmen wird gegen einen Berufsangehörigen, der in der Vergangenheit bereits berufsgerichtlich verurteilt wurde, bei erneuten Verfehlungen in aller Regel eine höhere Sanktion notwendig sein. Die wirtschaftlichen Verhältnisse des WP, insb. sein Einkommen, sind daneben zwar nicht unbedeutend, weil sie die Fühlbarkeit der berufsgerichtlichen Maßnahme entscheidend beeinflussen; sie treten aber verhältnismäßig in den Hintergrund.

2. Tätigkeits- u. Berufsverbot, Ausschließung aus dem Beruf

10 Alle anderen Maßnahmen als die Geldbuße haben unter dem Gesichtspunkt des mit ihnen bewirkten Eingriffs in den Kernbereich der Berufsfreiheit (Art. 12 GG) ein außerordentlich schwerwiegendes Gewicht. Wegen dieses Eingreifens in den Kernbereich des Grundrechts des Art. 12 können sie nur ausgesprochen werden, wenn dem Berufsangehörigen eine **besonders schwerwiegende Berufspflichtverletzung** vorgeworfen werden kann. In aller Regel wird dies nur der Fall sein, wenn das objektive Tatbild besonders schwer wiegt. Bei objektiv weniger gewichtigen Verstößen werden Verbotsmaßnahmen o. gar eine Ausschließung aus dem Beruf nur in Betracht kommen können, wenn auf der subjektiven Seite ganz besonders stark erschwerende Gesichtspunkte vorliegen (grob berufswidrige Einstellung; unbelehrbarer Wiederholungstäter).

11 Selbst bei objektiv schwerwiegenden Verstößen ist angesichts der Einwirkung auf die Berufsfreiheit vor dem Ausspruch v. Maßnahmen nach § 68 Abs. 1 Nr. 2-4 eine **strikte Verhältnismäßigkeitsprüfung** durchzuführen, d.h. unter der auch hier gebotenen Berücksichtigung der Regelungsziele des § 67 (vgl. dort Rn. 1) festzustel-

len, dass das mildere Mittel einer hohen Geldbuße nicht ausreichend ist. Dies ist i.d.R. anzunehmen, wenn die v. dem Berufsangehörigen begangene Tat prognostisch auf ein v. diesem auch in der Zukunft ausgehendes Gefährdungspotential schließen lässt (Wiederholungsgefahr, insb. durch eine prinzipiell berufswidrige Einstellung). Aber auch in singulären, angesichts der besonderen Tatumstände nicht ohne weiteres wiederholbaren Fällen kann eine Verbotsmaßnahme gerechtfertigt sein, wenn das Ansehen u. die Integrität des Berufsstandes ohne ein – ggf. gegenständlich o. zeitlich eingeschränktes – Entfernen des WP aus dem Beruf massiv beeinträchtigt wäre.

Auch bei der Entscheidung, aus welchen der drei Maßnahmen nach Nr. 2-4 auszuwählen ist, hat sich das Berufsgericht an dem Verhältnismäßigkeitsgrundsatz zu orientieren. Ein **Tätigkeitsverbot** an Stelle der einschneiderenden Maßnahme des **Berufsverbots** o. des **Berufsausschlusses** wird dabei dann geboten sein, wenn Pflichtverstöße allein in einem gegenständlich abgegrenzten Bereich aufgetreten sind. Mit dem Tätigkeitsverbot muss der Bereich der beruflichen Tätigkeit, die verboten werden soll, zweifelsfrei bezeichnet sein. In der Regel wird es sich um das Verbot eines der Inhalte v. WP-Tätigkeit handeln, die in § 2 Abs. 1-3 bezeichnet sind (KG 1.12.2004, WPK-Mag. 2005, 36; LG Berlin 22.4.2004, WPK-Mag. 2004, 47 f. sowie LG Berlin 4.6.2004, WPK-Mag. 2004, 49 ff. – Verbot der treuhänderischen Tätigkeit). Es dürfte auch zulässig sein, die zu verbietenden Tätigkeitsbereiche anders als das Gesetz in § 2 zu definieren, vorausgesetzt nur, dass die Definition eindeutig ist. Verbote, die sich nicht auf bestimmte (Sach-)gebiete beziehen (z.B.: Untersagung, für einen bestimmten Mandanten tätig zu werden) sind dagegen nicht zulässig. 12

Ob ein zeitliches Berufsverbot o. stattdessen die dauerhafte Ausschließung aus dem Beruf (allerdings mit der Möglichkeit der **Wiederbestellung** nach 8 Jahren, vgl. § 23 Abs. 1 Nr. 2) auszusprechen ist, hängt allein v. der Gesamtbeurteilung des Gewichts des Vergehens ab; eine Schematisierung verbietet sich. 13

III. Kumulierung von Geldbuße und anderen Maßnahmen

Seit der 7. WPO-Novelle 2007 eröffnet das Gesetz die Möglichkeit, **eine Geldbuße mit einem Tätigkeits- o. Berufsverbot** zu verbinden. Die Regelung ist vor allem bei einem Tätigkeitsverbot sachgerecht: Ein Berufsangehöriger, der ein so schwerwiegendes Berufsvergehen begangen hat, dass ein solches Verbot ausgesprochen werden muss, darf nicht eine Geldbuße ersparen, die er bereits für einen weniger gewichtigen Verstoß verwirkt hätte. Doch muss bei der Gesamtwürdigung der Maßnahme berücksichtigt werden, dass i.d.R. ein Tätigkeitsverbot bzw. – in noch stärkerem Maß – ein Berufsverbot auch erhebliche finanzielle Auswirkungen auf den Berufsangehörigen hat. Dieser Gesichtspunkt kann zu der Herabsetzung der Geldbuße führen, die gegen den WP ohne die gleichzeitige Anordnung der genannten Verbote verhängt worden wäre. 14

Mit der **Ausschließung aus dem Beruf** kann eine Geldbuße nicht kumuliert werden, wie Abs. 2 verdeutlicht. 15

§ 68a Untersagungsverfügung, Verfahren

(1) ¹Wird gegen Berufsangehörige eine berufsgerichtliche Maßnahme wegen einer Pflichtverletzung, die im Zeitpunkt der Verhängung der Maßnahme noch nicht abgeschlossen ist, verhängt, so kann das Gericht neben der Verhängung der Maßnahme die Aufrechterhaltung des pflichtwidrigen Verhaltens untersagen. ²Im Falle einer im Zeitpunkt der Verhängung der Maßnahme bereits abgeschlossenen Pflichtverletzung kann das Gericht die künftige Vornahme einer gleichgearteten Pflichtverletzung untersagen, wenn gegen die Betroffenen wegen einer solchen Pflichtverletzung bereits zuvor eine berufsgerichtliche Maßnahme verhängt, ihnen eine Rüge erteilt oder sie von der Wirtschaftsprüferkammer über die Pflichtwidrigkeit ihres Verhaltens belehrt worden waren. ³Wird das berufsgerichtliche Verfahren nach § 153a der Strafprozessordnung eingestellt, gelten Satz 1 und 2 entsprechend.

(2) ¹Handeln die Betroffenen der Untersagung wissentlich zuwider, so ist gegen sie wegen einer jeden Zuwiderhandlung auf Antrag der Staatsanwaltschaft von dem Berufsgericht des ersten Rechtszuges durch Beschluss ein Ordnungsgeld zu verhängen. ²Das einzelne Ordnungsgeld darf den Betrag von 100.000 Euro nicht übersteigen. ³Dem Beschluss muss eine entsprechende Androhung vorausgehen, die, wenn sie in dem die Untersagung aussprechenden Urteil nicht enthalten ist, auf Antrag der Staatsanwaltschaft von dem Berufsgericht des ersten Rechtszuges erlassen wird.

(3) ¹Die nach Absatz 2 zu erlassenden Entscheidungen können ohne mündliche Verhandlung ergehen. ²Vor der Entscheidung ist rechtliches Gehör zu gewähren.

(4) ¹Gegen den Beschluss, durch den das Gericht ein Ordnungsgeld verhängt oder androht, ist die sofortige Beschwerde zulässig. ²Die Beschwerde hat keine aufschiebende Wirkung. ³Gegen den Beschluss, durch den das Gericht es ablehnt, ein Ordnungsgeld zu verhängen oder anzudrohen, steht der Staatsanwaltschaft die sofortige Beschwerde zu.

Inhaltsübersicht

	Rn.
I. Allgemeines	1–2
II. Untersagungsverfügung	3–8
1. Untersagungsverfügung bei noch andauernder Pflichtverletzung (Abs. 1 Satz 1)	3
2. Untersagungsverfügung bei bereits abgeschlossener Pflichtverletzung (Abs. 1 Satz 2)	4–5
3. Verfahrensfragen	6–8
III. Ordnungsgeld bei wissentlicher Zuwiderhandlung	9–12

I. Allgemeines

1 Die **Untersagungsverfügung** ist als präventives Instrument (s. auch VG Berlin, Urt. v. 30.3.2012, 9 K 63.09, openJur 2012, 69019) im Rahmen der **5. WPO-Novel-**

le 2004 für das berufsgerichtliche Verfahren eingeführt worden. Zuvor konnten berufsrechtliche Pflichtverletzungen mit Dauercharakter mit den Maßnahmen nach § 68 nur rückwirkend geahndet werden; nicht möglich war es hingegen, auch deren **zukünftige Unterlassung** zu erzwingen. Bei Aufrechterhaltung der Berufspflichtverletzung war somit ein erneutes berufsgerichtliches Verfahren erforderlich. Dies hat der Gesetzgeber zu Recht als ineffizient angesehen und sowohl für den Fall einer noch nicht abgeschlossenen Pflichtverletzung als auch für den Fall der künftigen Vornahme eines gleichgearteten Pflichtenverstoßes die ggf. schneller anzuwendenden Instrumente der Untersagungsverfügung u. des Ordnungsgeldes als effektiver angesehen (BT-Drs. 15/1241, 40).

Das Recht, eine Untersagungsverfügung zu erlassen, stand zunächst nur dem Berufsgericht zu. Im Rahmen der 7. WPO-Novelle 2007 ist diese Möglichkeit im Zuge der Zuständigkeitsverlagerung für mittelschwere Berufspflichtverletzungen **auch der WPK** eröffnet worden (s. auch § 63 Rn. 55 ff.). 2

II. Untersagungsverfügung

1. Untersagungsverfügung bei noch andauernder Pflichtverletzung (Abs. 1 Satz 1)

Das Berufsgericht kann gem. Abs. 1 Satz 1 die **Aufrechterhaltung einer (noch) nicht abgeschlossenen Berufspflichtverletzung** untersagen, wenn es befürchtet, dass der Berufsangehörige allein aufgrund der gegen ihn wegen dieser Pflichtverletzung zu verhängenden berufsgerichtlichen Maßnahme o. Einstellung des berufsgerichtlichen Verfahrens gem. § 153a StPO (s. auch Rn. 7) sein Fehlverhalten zukünftig nicht abstellen wird. Hiervon ist insb. dann auszugehen, wenn der WP auch während des berufsgerichtlichen Verfahrens keine Einsicht in sein Fehlverhalten zeigt (s. auch Rn. 5). 3

2. Untersagungsverfügung bei bereits abgeschlossener Pflichtverletzung (Abs. 1 Satz 2)

Darüber hinaus kann die **Wiederholung eines gleich gearteten Verstoßes bei einer bereits abgeschlossenen Pflichtverletzung** Gegenstand einer Untersagungsverfügung sein (Abs. 1 Satz 2). In diesem Fall wird jedoch zusätzl. vorausgesetzt, dass wegen einer gleichgearteten Pflichtverletzung schon einmal eine berufsgerichtliche Maßnahme ergangen ist oder die WPK eine Rüge o. Belehrung erteilt hat. 4

Die Ermessensentscheidung, eine Untersagungsverfügung zu verhängen, hat das Gericht unter Beachtung des Grundsatzes der Verhältnismäßigkeit zu treffen. Danach ist eine solche Untersagung nur dann gerechtfertigt, wenn ohne sie die Gefahr besteht, dass der Berufsangehörige die festgestellte Pflichtverletzung wiederholen wird (s. auch LG Berlin, Urt. v. 9.5.2011, WPK-Mag. 3/2011, 45 f.). 5

3. Verfahrensfragen

Ob eine Untersagungsverfügung ausgesprochen wird, entscheidet das **Gericht v. Amts wegen**. Ein hierauf gerichteter Antrag der GStA ist nicht erforderlich, kann aber sinnvoll sein. 6

7 Die Untersagungsverfügung kann nur i.Z.m. einer **berufsgerichtlichen Maßnahme** nach § 68 o. der **Einstellung des berufsgerichtlichen Verfahrens nach § 153a StPO** (Abs. 1 Satz 3) ausgesprochen werden. Eine isolierte Untersagungsverfügung ist nicht möglich.

8 Demzufolge ist zur Anfechtung einer Untersagungsverfügung auch **kein gesondertes Rechtsschutzverfahren** vorgesehen. Sie kann nur i.Z.m. der verhängten Maßnahme nach den hierfür geltenden Vorschriften (§§ 105 ff.) angefochten werden.

III. Ordnungsgeld bei wissentlicher Zuwiderhandlung

9 Wird gegen die Untersagungsverfügung **wissentlich verstoßen**, ist v. **Gericht des ersten Rechtszuges** ein Ordnungsgeld v. **bis zu 100.000 Euro** zu verhängen, bei wiederholten Verstößen auch mehrfach (Abs. 2 Satz 1 und 2). Für die Verhängung eines Ordnungsgeldes bedarf es eines darauf gerichteten **Antrags der GStA**.

10 Über die **Höhe des Ordnungsgeldes** entscheidet das Gericht im Einzelfall. Als Kriterien können bspw. die Schwere der Pflichtverletzung, das wirtschaftliche Interesse an der Nichtbefolgung der Untersagungsverfügung u. die wirtschaftlichen Verhältnisse des Berufsangehörigen insgesamt herangezogen werden. Wegen der hemmenden Wirkung des Rechtsschutzverfahrens kann **während der Anfechtung der Untersagungsverfügung** kein Ordnungsgeld verhängt werden.

11 Die Verhängung des Ordnungsgeldes ist vorher **anzudrohen**, wobei die Androhung auch bereits in dem die Untersagungsverfügung aussprechenden Urt. enthalten sein kann (Abs. 2 Satz 3). Sowohl die Androhung als auch die Verhängung eines Ordnungsgeldes bedürfen **keiner mündlichen Verhandlung**. Vor der Verhängung eines Ordnungsgeldes ist jedoch in jedem Fall **rechtl. Gehör** zu gewähren (Abs. 3).

12 Zur Wahrung des **Rechtsschutzes** kann der Betroffene gegen den Beschluss, durch den das Ordnungsgeld verhängt wird, als Rechtsmittel die **sofortige Beschwerde** einlegen, die in § 311 StPO näher geregelt ist. Die sofortige Beschwerde ist binnen einer Woche nach Bekanntmachung der Androhung des Ordnungsgeldes beim **Ausgangsgericht** einzulegen (§ 311 Abs. 2 StPO). Die Entscheidung hierüber wird aber in der nächst höheren Instanz getroffen (§ 104).

§ 69 Rüge und berufsgerichtliche Maßnahme

(1) ¹Der Einleitung eines berufsgerichtlichen Verfahrens gegen einen Wirtschaftsprüfer steht es nicht entgegen, dass der Vorstand der Wirtschaftsprüferkammer ihm bereits wegen desselben Verhaltens eine Rüge erteilt hat (§ 63). ²Hat das Landgericht den Rügebescheid aufgehoben (§ 63a), weil es eine schuldhafte Pflichtverletzung nicht festgestellt hat, so kann ein berufsgerichtliches Verfahren wegen desselben Verhaltens nur aufgrund solcher Tatsachen oder Beweismittel eingeleitet werden, die dem Landgericht bei seiner Entscheidung nicht bekannt waren.

(2) ¹Die Rüge wird mit der Rechtskraft eines berufsgerichtlichen Urteils unwirksam, das wegen desselben Verhaltens gegen den Wirtschaftsprüfer ergeht und auf Freispruch oder eine berufsgerichtliche Maßnahme lautet. ²Die Rüge wird auch unwirksam, wenn rechtskräftig die Eröffnung des Hauptverfahrens abgelehnt ist, weil eine schuldhafte Pflichtverletzung nicht festzustellen ist.

Schrifttum: *Waechter*, Zur Geltung des Legalitätsprinzips bei der Verfolgung beruflicher Pflichtverletzungen, WPK-Mitt. 4/1993, 149 ff.; *Meggendorfer*, Aufhebung einer Rüge durch das Berufsgericht gemäß § 82 Abs. 3 Satz 2 StBerG, wenn wegen desselben Sachverhalts die Staatsanwaltschaft ein berufsgerichtliches Ermittlungsverfahren eingeleitet hat und dieses Verfahren mit Zustimmung des Gerichts und des Beschuldigten gemäß § 153a StPO gegen Auferlegung einer Geldbuße eingestellt worden ist; DStR 1982, 624 f.

Inhaltsübersicht

	Rn.
I. Allgemeines	1–3
II. Vorrang des berufsgerichtlichen Verfahrens	4–8
1. Allgemein	4–5
2. Nach Aufhebung eines Rügebescheides (Abs. 1 Satz 2)	6–8
III. Folgen für eine Rüge (Abs. 2)	9–11

I. Allgemeines

Die Vorschrift regelt das **Verhältnis v. Rüge u. berufsgerichtlichem Verfahren.** 1
Dem berufsgerichtlichen Verfahren wird der Vorrang eingeräumt. So hindert die Erteilung einer Rüge nicht die Einleitung eines berufsgerichtlichen Verfahrens. Sie wird jedoch unwirksam, wenn eine berufsgerichtliche Maßnahme ergeht o. der Berufsangehörige freigesprochen wird.

Der **Vorrang des berufsgerichtlichen Verfahrens** ergibt sich aus dem Umstand, 2
dass die Rüge Ausfluss der beruflichen Selbstverwaltung u. keine gerichtliche Entscheidung ist. Mit der Regelung wird somit auch eine **Kontrolle der beruflichen Selbstverwaltung** bezweckt. Deutlich wird dies insb. auch durch § 63 Abs. 4 Satz 3, wonach der GStA Berlin eine Abschrift des Rügebescheides zu übermitteln ist. Sie kann dann entscheiden, ob der Verstoß mit einer Rüge hinreichend geahndet worden ist, o. ob sie ein berufsgerichtlichen Verfahren einleiten möchte.

Das berufsgerichtliche Verfahren geht auch einem **Hinweis auf die Rechtslage o.** 3
einer Belehrung vor. Beide Möglichkeiten der Verfahrensbeendigung stellen ein Minus zur Rüge dar u. treten damit erst recht hinter dem berufsgerichtlichen Verfahren zurück.

II. Vorrang des berufsgerichtlichen Verfahrens

1. Allgemein

4 Die Frage nach dem Vorrang des berufsgerichtlichen Verfahrens stellt sich nur dann, wenn beide Verfahren auf **identischen Sachverhalten** beruhen. Dabei ist es gleichgültig, ob der Rügebescheid gerade ergangen ist o. ob er schon bestandskräftig ist, ggf. auch nach Zurückweisung eines Antrags auf gerichtliche Entscheidung nach § 63a.

5 Der Vorrang des berufsgerichtlichen Verfahrens ist **in jeder Phase des Verfahrens bei der WPK zu beachten**. Dies ergibt sich aus § 61a Satz 2, wonach die WPK bei Vorliegen eines Verdachtes hinsichtlich einer Berufspflichtverletzung zunächst ermittelt u. entscheidet, ob ein Rügeverfahren eingeleitet wird (§ 63) o. das Verfahren an die Berufsgerichtsbarkeit abgegeben wird (§ 84a).

2. Nach Aufhebung eines Rügebescheides (Abs. 1 Satz 2)

6 Hat das LG den Rügebescheid nach Antrag des Berufsangehörigen auf berufsgerichtliche Entscheidung aufgehoben (vgl. § 63a), weil es eine schuldhafte Pflichtverletzung nicht festgestellt hat, so kann ein berufsgerichtliches Verfahren wegen desselben Verhaltens nur aufgrund solcher Tatsachen o. Beweismittel eingeleitet werden, die dem LG bei **seiner Entscheidung** über die Berechtigung der Rüge **nicht bekannt waren**. Hierbei kommt es auf die **tats. Kenntnis** der Tatsachen u. Beweismittel an. Irrelevant ist, ob diese hätten bekannt sein müssen o. ob die Beweismittel bereits existent waren. Rechtsirrtümer, die zur Aufhebung der Rüge geführt haben, können nicht berücksichtigt werden, da der Wortlaut der Vorschrift sich eindeutig auf Tatsachen u. Beweismittel beschränkt u. Grundlage der Regelung ist, dass sich etwas Neues ergeben hat (vgl. auch Meyer-Goßner, StPO, § 211 Rn. 3). Der Umfang der materiellen Rechtskraft entspricht somit der des § 96.

7 Erfolgt eine **Aufhebung des Rügebescheides aus anderen als aus materiellen Gründen**, so ist ein berufsgerichtliches Verfahren dennoch möglich, da keine Entscheidung in der Sache getroffen wurde.

8 Ist das **Verfahren nach § 63a noch nicht abgeschlossen** u. leitet die GStA Berlin ein berufsgerichtliches Verfahrens ein, welches den gleichen Gegenstand hat, so wird das Verfahren nach § 63a zunächst ausgesetzt (§ 63a Rn. 32 f.).

III. Folgen für eine Rüge (Abs. 2)

9 Eine **Rüge darf nicht mehr erteilt werden** und eine schon **erteilte Rüge wird unwirksam**, wenn ein berufsgerichtliches Urteil in Rechtskraft erwächst, das aufgrund desselben Verhaltens ergeht u. auf Freispruch o. berufsgerichtliche Maßnahme lautet. Dem steht es gleich, wenn die Eröffnung des Hauptverfahrens abgelehnt wurde, weil eine schuldhafte Pflichtverletzung nicht festgestellt wurde. Es ist unerheblich, ob die Ablehnung auf rechtlichen o. tats. Gründen beruht.

10 Das Gleiche muss bei **Einstellung des Verfahrens** gem. §§ 153, 153a o. 154 StPO i.V.m. § 127 gelten (Kuhls, StBerG, § 91 Rn. 9, 17; Gehre/Koslowski, StBerG, § 91 Rn. 3; Meyer-Goßner, DStR 1983, 542; a. A. noch in der Vorauflage, Rn. 10; Feue-

rich/Weyland/Vossebürger, BRAO, § 115a Rn. 4; Meggendorfer, DStR 1982, 624; Späth in BHStB, § 91, B 1272). Bei den vorgenannten Einstellungsmöglichkeiten wird zwar keine Entscheidung in der Sache getroffen, jedoch muss auch Berücksichtigung finden, dass hier letztendlich materielle Gründe für eine Verfahrenseinstellung maßgeblich sind (Kuhls, StBerG, § 91, Rn. 9). Bei einer Einstellung gem. §§ 153, 153a StPO i.V.m. § 127 wird beurteilt, ob die Schuld als gering anzusehen ist. Insoweit muss hinreichender Tatverdacht vorliegen (Meyer-Goßner, StPO, § 153a, Rn. 7), womit letztendlich eine inhaltliche Bewertung vorgenommen wird. Anderenfalls könnte der Umstand eintreten, dass durch den Vorstand der WPK eine Rüge (ggfs. mit Geldbuße) erteilt wird, und sodann in derselben Angelegenheit (nochmals) die Einstellung des Verfahrens gem. §§ 153, 153a o. 154 StPO i.V.m. § 127 erfolgt, was einer verfassungsrechtlichen unzulässigen Doppelsanktion – jedenfalls im Falle einer Einstellung gem. § 153a StPO - gleich käme. Im Falle einer Einstellung gem. § 153 StPO muss Berücksichtigung finden, dass dessen Voraussetzungen und die einer Rüge fast identisch sind (geringe Schuld), sodass eine Doppelbestrafung ebenfalls nicht angezeigt erscheint (Kuhls/Busse, StBerG, § 81, Rn. 20). Demzufolge wird eine erteilte Rüge auch in diesem Fall unwirksam oder darf gar nicht mehr erteilt werden (vgl. auch § 63, Rn. 41).

Wird die **Eröffnung des Hauptverfahrens** aus prozessualen Gründen abgelehnt o. ergeht ein **Prozessurteil** (z.B. bei einem Verfahrenshindernis wie z.B. der Verjährung), so bleibt die Rüge jedoch bestehen, da keine Entscheidung in der Sache getroffen wird und keine materiellen Gründe entgegenstehen. Ebenfalls besteht keine Gefahr der verfassungsrechtlich unzulässigen Doppelsanktion. 11

§ 69a Anderweitige Ahndung

[1]Ist durch ein Gericht oder eine Behörde eine Strafe, eine Disziplinarmaßnahme, eine anderweitige berufsgerichtliche Maßnahme oder eine Ordnungsmaßnahme verhängt worden, so ist von einer berufsgerichtlichen Ahndung wegen desselben Verhaltens abzusehen, wenn nicht eine berufsgerichtliche Maßnahme zusätzlich erforderlich ist, um den Wirtschaftsprüfer zur Erfüllung seiner Pflichten anzuhalten und das Ansehen des Berufs zu wahren. [2]Der Ausschließung steht eine anderweitig verhängte Strafe oder Maßnahme nicht entgegen.

Schrifttum: *Eichborn*, Der Grundsatz der einheitlichen Berufspflichtverletzung im berufsgerichtlichen Verfahren, BGH, Urteil v. 14.8.2012 – WpSt (R) 1/12, DStR 2013, 375; *Brisbois*, Die Bedeutung des disziplinären Überhangs i.S. des § 92 StBerG im Rahmen der Berufsaufsicht der Steuerberaterkammern, DStR 2012, 1675; *Wulff*, Die Einheitlichkeit des Berufsvergehens, WPK-Mag. 1/2007, 38; *Römermann*, Kurzkommentar zu BGH, Urteil v. 12.10.2004 – WpSt (R) 1/04 (KG), NJW 2005, 1057, EWiR 2005, 449; *Waechter*, Zur Geltung des Legalitätsprinzips bei der Verfolgung beruflicher Pflichtverletzungen, WPK-Mitt. 4/1993, 149; *Streck/Mack*, Sanktionen und Verfahrenswege des Berufsrechts für Steuerberater, Stbg 1990, 49.

Inhaltsübersicht

		Rn.
I.	Allgemeines	1–4
II.	Vorrang anderweitiger Verfahren	5–9
III.	Ausschließung aus dem Beruf	10–11
IV.	Disziplinarischer Überhang	12–19

I. Allgemeines

1 § 69a regelt, unter welchen Voraussetzungen eine **zusätzl. berufsgerichtliche Ahndung nach der WPO** erfolgen kann, wenn wegen desselben Verhaltens durch ein Gericht o. eine Behörde bereits eine Strafe, eine Disziplinarmaßnahme, eine anderweitige berufsgerichtliche Maßnahme o. eine Ordnungsmaßnahme verhängt worden ist. Von einer zusätzl. berufsgerichtlichen Ahndung ist grds. abzusehen, es sei denn, es liegt ein sog. **disziplinarischer Überhang** vor (Satz 1) o. es kommt eine **Ausschließung aus dem Beruf** in Betracht (Satz 2). Entsprechende Regelungen enthalten auch die Berufsordnungen der StB (§ 92 StBerG) u. RA (§ 115b BRAO).

2 Die Restriktionen bei einer zusätzl. Ahndung desselben Verhaltens sind auch im **kammerseitigen Aufsichtsverfahren** zu prüfen, da § 63 Abs. 1 Satz 2 explizit auf § 69a verweist (§ 63 Rn. 29 f.).

3 Einer zusätzl. berufsgerichtlichen Ahndung steht das **Verbot der Doppelbestrafung** des **Art. 103 Abs. 3 GG (ne bis in idem)** grds. nicht entgegen, da Disziplinargesetze nicht als „allgemeine Strafgesetze" i.S. dieser Vorschrift anzusehen sind (BVerfG 4.4.1984, NJW 1984, 2341, 2342; BVerfG 29.10.1969, NJW 1970, 507, 508; BVerfG 2.5.1967, NJW 1967, 1654 ff.). Anders als strafrechtliche Sanktionen, die den Täter in seinem allg. Staatsbürgerstatus treffen u. sich nach dem normativ festgelegten Wert des verletzten Rechtsguts u. dem Maß der Schuld bemessen, zielen Disziplinarmaßnahmen auf den besonderen Rechts- u. Pflichtenstatus der Angehörigen eines bestimmten Berufsstandes ab. Sie dienen nicht primär der Bestrafung, sondern der **Wahrung der Integrität des Berufsstandes** u. der **Anhaltung des Berufsangehörigen zur Erfüllung seiner Berufspflichten** (BGH 6.11.2000, NJW 2001, 444, 445; Paepcke, FS Pfeiffer, 985, 987 f.; Streck/Mack, Stbg 1990, 49, 52; § 63 Rn. 1, § 61a Rn. 12 ff.).

4 Allerdings ist bei einer zusätzl. disziplinarischen Ahndung der **Verhältnismäßigkeitsgrundsatz** zu beachten (vgl. nur BVerfG 29.10.1969, NJW 1970, 507, 509; Gehre/Koslowski, StBerG, § 92 Rn. 2; Kuhls, StBerG, § 92 Rn. 8). Diesen zum Anlass nehmend, mahnen sowohl die höchstrichterliche Rspr. als auch Teile des Schrifttums vermehrt eine Zurückhaltung im Rahmen der Prüfung eines disziplinarischen Überhangs an (BGH 12.10.2004, NJW 2005, 1057 = WPK-Mag. 1/2005, 48 ff. m. Anm.; Römermann, EWiR 2005, 449, 450).

II. Vorrang anderweitiger Verfahren

§ 69a setzt voraus, dass anderweitig bereits eine **Strafe**, eine **Disziplinarmaßnahme**, eine **anderweitige berufsgerichtliche Maßnahme** o. eine **Ordnungsmaßnahme** durch ein Gericht o. eine Behörde verhängt worden ist. Eines Rückgriffs auf § 69a bedarf es somit nicht in jedweder Konstellation eines nachfolgenden Verfahrens, vielmehr hat diese Vorschrift Auswirkungen nur bei **vorangegangenen Maßnahmen mit Straf- o. Disziplinarcharakter** (vgl. zu § 115b BRAO BGH 13.11.1978, NJW 1979, 770).

§ 69a kommt deshalb nicht nur nicht bei einem **Freispruch**, sondern auch nicht bei einer **Einstellung des vorangegangenen Verfahrens** zum Zuge. Dies gilt grds. auch für den Fall einer **Einstellung gegen einen Geldbetrag o. andere Auflagen** (§ 153a StPO), da mit ihr eine Entscheidung in der Sache nicht verbunden ist (nur hypothetische Schuldbeurteilung, § 69 Rn. 10) u. ihr somit kein Disziplinarcharakter innewohnt (vgl. BGH 13.11.1978, a.a.O.). Gleichwohl bislang auch eine differenzierte Betrachtung abhängig v. der Auflagenhöhe vorgenommen wurde (dazu Kuhls, StBerG, § 92 Rn. 6, 16). Der AGH Hamburg bewertet in seinem Urteil v. 16.2.2009 (BRAK-Mitt. 2009, 129 ff.) eine Verfahrenseinstellung gegen Zahlung einer Geldbuße nach § 153a Abs. 2 StPO als anderweitige Maßnahme (Ordnungsmaßnahme) i.S.d. § 115b BRAO. Die Kommentarliteratur zur BRAO hat sich dem teilweise angeschlossen (vgl. Feuerich/Weyland, BRAO, § 115b Rn. 15; a.A. Henssler/Prütting/Dittmann, BRAO, § 115b Rn. 7).

Zu den Maßnahmen mit Ahndungs- bzw. Disziplinarcharakter i.S.d. § 69a gehören hingegen die **Verwarnung mit Strafvorbehalt** nach **§ 59 StGB**, auch bei **Absehen v. Strafe** nach **§ 60 StGB** u. insb. **alle behördlichen Bestrafungen nach dem OWiG**, nicht jedoch rein sitzungspolizeiliche Ordnungsmaßnahmen nach § 176 GVG (vgl. zum Ganzen Feuerich/Weyland, BRAO, § 115b Rn. 14 ff. m.w.N.).

Ist ein WP zugl. auch Angehöriger eines anderen freien Berufs (sog. **Mehrfachbänder**), so unterliegt er damit einer weiteren Disziplinar- o. Berufsgerichtsbarkeit, so dass das Fehlverhalten auch in die Zuständigkeit einer anderen Disziplinar- o. Berufsgerichtsbarkeit fallen kann. Die Frage der **vorrangigen Zuständigkeit** ist i. Ggs. zum materiellen Regelungsgehalt des § 69a eine **verfahrensrechtliche Frage**, die sich bei Mehrfachbändern nicht nach § 69a, sondern im berufsgerichtlichen Verfahren nach **§ 83a** (so ausdr. KG 2.11.2006, WPK-Mag. 1/2007, 47 ff. m. Anm.; vgl. auch BGH 12.10.2004, NJW 2005, 1057 f. = WPK-Mag. 1/2005, 48 ff. m. Anm.) u. im kammerseitigen Aufsichtsverfahren nach allg. Zuständigkeitskriterien richtet (§ 83a Rn. 3 ff.).

I. Erg. bedeutet das, dass im berufsgerichtlichen Verfahren die Zuständigkeit einer anderen Berufsgerichtsbarkeit grds. anhand der Frage, welchem Berufsbild das Fehlverhalten überwiegend zuzuordnen ist, geklärt wird (sog. **Verfolgungsvorrang**). Ist vorrangig eine andere Berufsgerichtsbarkeit zuständig, besteht bis zum rechtskräftigen Abschluss des vorrangigen Verfahrens eine verfahrensrechtliche **Sperrwirkung** zur Verfolgung desselben Fehlverhaltens. Im kammerseitigen Aufsichtsverfahren ist § 83a nicht direkt anwendbar, da § 63 Abs. 1 Satz 2 keinen expliziten Verweis auf § 83a enthält. Allerdings wird hier für Fälle mittelschwerer Schuld die Vorschrift entsprechend angewandt. Für Fälle geringer Schuld erfolgt aus Gründen der Verfahrensökonomie im Vorfeld eine Abstimmung mit den anderen Berufskammern.

III. Ausschließung aus dem Beruf

10 **Materiellrechtlich** steht der Ausschließung des WP aus dem Beruf eine anderweitig verhängte Strafe o. Maßnahme v. Ansatz her gemäß Satz 2 nie entgegen. Wenn es um den Ausschluss geht, indiziert dies die Annahme eines Überhangs. Eine Ausschließung aus dem Beruf kommt auch dann in Betracht, wenn der Berufsangehörige **bereits in einem anderen berufsgerichtlichen Verfahren aus dem dortigen Beruf ausgeschlossen** wurde bzw. wird (Gehre/Koslowski, StBerG, § 92 Rn. 3; Kuhls, StBerG, § 92 Rn. 18). Auch ein strafgerichtlich (ggf. sogar lebenslänglich) verhängtes **Berufsverbot gemäß § 70 StGB** hindert den berufsgerichtlichen Ausschluss nicht (BGH 12.5.1975, NJW 1975, 1712), da die Zwecke des Straf- u. Berufsverfahrens divergieren (Rn. 3). Wird im Fall eines anhängigen Straf- o. Bußgeldverfahrens das berufsgerichtliche Verfahren ausgesetzt (§ 83b), ist trotz dieser Aussetzung die Verhängung eines **vorläufigen Tätigkeits- o. Berufsverbots** gemäß §§ 111 ff. durch das zuständige LG möglich.

11 **Verfahrensrechtlich** ist eine (ggf. auch parallele) Zuständigkeit der Berufsgerichte auch für den Fall gegeben, dass die Pflichtverletzung des WP nicht überwiegend mit der Ausübung seines Berufs als WP im Zusammenhang steht, sofern das berufsgerichtliche Verfahren mit dem Ziel der Ausschließung aus dem Beruf eingeleitet worden ist (§ 83a Abs. 1). Wenn sich im Laufe des Verfahrens herausstellt, dass keine Ausschließung aus dem Beruf erfolgen wird, ist das Verfahren einzustellen.

IV. Disziplinarischer Überhang

12 Liegt eine schuldhafte Pflichtverletzung vor, kommt – v. der Ausschließung aus dem Beruf abgesehen – eine berufsgerichtliche Ahndung nach der vorangegangenen Maßnahme mit Straf- o. Disziplinarcharakter (vgl. Rn. 5) wegen desselben Verhaltens nur dann in Betracht, wenn ein sog. **disziplinarischer Überhang** besteht. Darunter versteht das Gesetz die zusätzl. Notwendigkeit einer berufsgerichtlichen Maßnahme, um den WP zur **Erfüllung seiner Pflichten anzuhalten u. das Ansehen des Berufs zu wahren**. Die zusätzl. Maßnahme muss sowohl aus **spezialpräventiven Gründen** als auch mit Blick auf die **Integrität des Berufsstandes** erforderlich sein. Der Sinn dieses **kumulativen Erfordernisses** (vgl. entsprechend Paepcke, FS Pfeiffer, 985, 992; Streck/Mack, Stbg 1990, 49, 58; Kuhls, StBerG, § 92 Rn. 26; Gehre/Koslowski, StBerG, § 92 Rn. 5) besteht darin, die zusätzl. Ahndungsmöglichkeiten zu reglementieren (Ausnahmecharakter des disziplinarischen Überhangs). Letztlich ist dieser Regelungsmechanismus Ausfluss des Verhältnismäßigkeitsprinzips, mit dem das Spannungsverhältnis zwischen dem Interesse des Berufsstandes, das Fehlverhalten des Berufsangehörigen auch berufsgerichtlich zu ahnden, u. dem Interesse des Betroffenen auszutarieren versucht wird.

Maßstab für die Frage, ob **spezialpräventive Gesichtspunkte** eine zusätzl. Ahndung erfordern, ist primär das Persönlichkeitsbild des Berufsangehörigen (Paepcke, FS Pfeiffer, 985, 992, 995; Wulff, WPK-Mag. 1/2007, 38, 39). Vor allem wenn dieser eine Neigung zu berufsrechtlichen Verfehlungen erkennen lässt (z.B. aufgrund wiederholter o. dauerhafter Verstöße), Uneinsichtigkeit bzw. ein nur gering ausgeprägtes Unrechtsbewusstsein vorherrscht o. sich der Berufsangehörige persönlich bereichert hat, kann eine zusätzl. berufsgerichtliche Maßnahme erforderlich sein, um den Berufsangehörigen zu einem zukünftigen standesgemäßen Verhalten zu veranlassen (vgl. LG Berlin 13.7.2007, WPK-Mag. 4/2007, 67 f.; LG Berlin 11.4.2008, WPK-Mag. 3/2008, 55 f.). Auch eine in der Pflichtverletzung offen zu Tage tretende **fachliche Unkenntnis** o. **besondere Leichtfertigkeit** des Berufsangehörigen können einer Disziplinierung bedürfen. 13

Dagegen ist **zugunsten des Berufsangehörigen** ggf. zu berücksichtigen, dass dieser berufsrechtlich noch nicht in Erscheinung getreten ist, die Pflichtverletzung lange Zeit zurückliegt u. es seitdem zu keinen weiteren Beanstandungen gekommen ist (vgl. LG Berlin 6.6.2003, WPK-Mitt. 4/2003, 261, 262 m. Anm.). 14

Im Übrigen sind die **Art u. Intensität der bereits veranlassten Maßnahmen** sowie die seinerzeitigen Verfahrensumstände (z.B. Verfahrensdauer, Untersuchungshaft) in die Betrachtung mit einzubeziehen. Eine Pflichtenmahnung kann auch weniger geboten erscheinen, wenn in einem Strafverfahren die besondere Stellung des Täters als WP bereits Gegenstand der Strafzumessungserwägungen war u. das besonders hohe Strafmaß gerade mit der Stellung des Täters als WP gerechtfertigt wurde. Umgekehrt sind geringere Anforderungen an eine zusätzl. Ahndung zu stellen, wenn in dem Strafverfahren die Strafe erheblich gemildert wurde unter Hinweis auf die zu erwartenden schwerwiegenden berufsrechtlichen Konsequenzen (vgl. LG Berlin 6.6.2003, a.a.O.). 15

Die zusätzl. berufsgerichtliche Maßnahme muss neben den aufgezeigten spezialpräventiven Gesichtspunkten auch aus Gründen des **Ansehens des Berufes** erforderlich sein. Zur nicht ganz einfachen Konkretisierung dieses Aspektes lässt sich zunächst feststellen, dass **strafrechtliche Verfehlungen i.Z.m. der Berufsausübung** generell in besonderem Maße geeignet sind, das Vertrauen in die Zuverlässigkeit der Arbeit des WP u. somit das Ansehen des Berufsstandes zu beeinträchtigen (LG Berlin 22.11.2002, WPK-Mitt. 2/2003, 139 f.; LG Berlin 16.11.2001, WPK-Mitt. 4/2002, 305, 306). Dies gilt umso mehr für den Fall, dass der **Kernbereich der Berufstätigkeit** betroffen ist (LG Berlin 6.6.2003, WPK-Mitt. 4/2003, 261, 262). Ist dagegen nur dessen Peripherie tangiert, desto größer wird i.d.R. der Argumentationsbedarf zur Bejahung der Notwendigkeit einer zusätzl. disziplinarischen Maßnahme sein. Hierbei handelt es sich jedoch nur um einen Ausgangspunkt, der keinen Automatismus zur Feststellung eines disziplinarischen Überhangs begründen darf. Maßgeblich sind vielmehr die Umstände des Einzelfalls. Die entscheidende Frage ist, ob aus der konkreten Berufspflichtverletzung **Rückschlüsse auf den Berufsstand** gezogen werden können. Dies wird weniger in jenen Konstellationen anzunehmen sein, in denen die Pflichtverletzung auf die **besonderen Le-** 16 bensumstände des WP bzw. **Begleitumstände** der Tat zurückzuführen ist (vgl. Paepcke, FS Pfeiffer, 985, 995). Wird die Berufspflichtverletzung bspw. im Zuge einer **gesellschaftsrechtlich motivierten persönlichen Auseinandersetzung** innerhalb einer WPG, an der der Berufsangehörige als Gesellschafter beteiligt ist, begangen, liegen Rückschlüsse auf den Berufsstand als solchen eher fern, weil das Fehlverhalten nicht primär i.Z.m. der beruflichen Stellung als WP steht. Allerdings ist auch zu beachten, dass private Schwierigkeiten des Berufsangehörigen grds. nicht zu Lasten der Berufsausübung gehen dürfen. In die Gesamtbetrachtung können ferner mit einzubeziehen sein, ob die Pflichtverletzung **hohe Schäden** (Dritter) verursacht, der Berufsangehörige sich **persönlich bereichert** hat o. es sich um **wiederholte Verfehlungen** handelt (vgl. LG Berlin 11.4.2008, WPK-Mag. 3/2008, 55 f.).

17 Für **außerberufliches Verhalten** gilt ein strengerer Maßstab für das Vorliegen eines disziplinarischen Überhangs. Zunächst muss **gemäß § 67 Abs. 2** geklärt werden, ob das außerhalb des Berufs liegende Verhalten des WP im konkreten Fall in besonderem Maße geeignet ist, Achtung u. Vertrauen in einer für die Ausübung der Berufstätigkeit o. für das Ansehen des Berufs bedeutsamen Weise zu beeinträchtigen. Falls diese Prüfung positiv ausfällt, ist in einem zweiten Schritt das Vorliegen eines disziplinarischen Überhangs **gemäß § 69a** zu klären (vgl. entsprechend zu §§ 113 Abs. 2, 115b BRAO: BGH 10.11.1975, NWJ 1976, 526; Paepcke, FS Pfeiffer, 985, 992; Feuerich/Weyland, BRAO, § 115b Rn. 23; zu §§ 89 Abs. 2, 92 StBerG: Gehre/Koslowski, StBerG, § 92 Rn. 6; Kuhls, StBerG, § 92 Rn. 17).

18 Bei der berufsgerichtlichen o. kammerseitigen **zusätzl. Verhängung einer Geldbuße** (§§ 69a, 68 Abs. 1 Nr. 1, 63 Abs. 1 Satz 3) wird der Betrag einer vorhergehenden **strafgerichtlichen Geldstrafe** nicht etwa v. der Geldbuße abgezogen (vgl. zu dieser Problematik BVerfG 29.10.1969, NJW 1970, 507, 509 ff.; Gehre/Koslowski, StBerG, § 92 Rn. 7; Paepcke, FS Pfeiffer, 985, 990 f.). Das Vorliegen der Geldstrafe u. ggf. deren Höhe werden vielmehr bei der vorgelagerten Frage, ob überhaupt eine zusätzl. disziplinarische Maßnahme erforderlich o. der Berufsangehörige bereits durch die Geldstrafe ausreichend belastet (i.S. disziplinarischer Gesichtspunkte) erscheint, berücksichtigt.

19 Die Verhängung einer zusätzl. berufsgerichtlichen Maßnahme enthält die Feststellung einer **schuldhaften Pflichtverletzung**. Kann eine solche im berufsgerichtlichen Verfahren nicht erkannt werden, ergeht ein Freispruch gemäß § 103 Abs. 2 (keine Einstellung gemäß § 103 Abs. 3 Nr. 2). Sofern in einem **bereits eröffneten Hauptverfahren** kein disziplinarischer Überhang konstatiert werden kann, ergeht ein Einstellungsurteil gemäß § 103 Abs. 3 Nr. 2. Sofern das **Hauptverfahren noch nicht eröffnet** worden ist, wird seine Eröffnung durch Beschluss gemäß § 95 Abs. 3 Satz 1 abgelehnt. Im **kammerseitigen Aufsichtsverfahren** erfolgt eine Einstellung des Verfahrens (unter Einschaltung der APAK gemäß § 61a Satz 4).

§ 70 Verjährung der Verfolgung einer Pflichtverletzung

(1) ¹Die Verfolgung einer Pflichtverletzung, die nicht eine Maßnahme gemäß § 68 Abs. 1 Nr. 2, 3 oder 4 rechtfertigt, verjährt in fünf Jahren. ²§ 78 Abs. 1, § 78a Satz 1 sowie die §§ 78b und 78c Abs. 1 bis 4 des Strafgesetzbuches gelten entsprechend; der Vernehmung nach § 78c Abs. 1 Satz 1 Nr. 1 des Strafgesetzbuchs steht die erste Anhörung durch die Wirtschaftsprüferkammer (§ 63 Abs. 3) gleich.

(2) Ist vor Ablauf der Verjährungsfrist nach Absatz 1 Satz 1 wegen desselben Sachverhalts ein Strafverfahren eingeleitet worden, ist der Ablauf der Verjährungsfrist für die Dauer des Strafverfahrens gehemmt.

Schrifttum: *Wulff*, Die Einheitlichkeit des Berufsvergehens, WPK-Mag. 1/2007, 38; *Streck/Mack*, Sanktionen und Verfahrenswege des Berufsrechts für Steuerberater, Stbg 1990, 49.

Inhaltsübersicht

		Rn.
I.	Allgemeines	1–3
II.	Wirkung der Verjährung	4–5
III.	Beginn der Verjährung (Abs. 1)	6–16
	1. Allgemein	6–9
	2. Erteilung unrichtiger Testate/unrichtige Berichterstattung	10–14
	3. Mehrfache Pflichtverletzungen	15–16
IV.	Ruhen der Verjährung (Abs. 1)	17–20
V.	Unterbrechung der Verjährung (Abs. 1)	21–30
VI.	Hemmung der Verjährung (Abs. 2)	31–36
VII.	Gleichzeitige Unterbrechung und Hemmung	37–41

I. Allgemeines

§ 70 Abs. 1 Satz 1 sieht eine **fünfjährige Frist** für die Verfolgung jener **Pflichtverletzungen** vor, die eine schärfere Sanktion als eine **Geldbuße bis zu 500.000 Euro** nicht rechtfertigen. Als echter Verjährungsvorschrift (LG Berlin 29.4.2005, WPK-Mag. 4/2005, 49; zu § 115 BRAO a.f. BGH 5.10.1970, NJW 1970, 2304, 2305) liegt ihr das allg. gültige Rechtsprinzip zu Grunde, dass das öffentl. Interesse an der Verfolgung sanktionsbewährter Tatbestände zur „Reinhaltung" des Berufsstandes nach einer bestimmten Zeit letztlich hinter das Individualinteresse des Berufsangehörigen zurück tritt. Dass eine etwaige in der Pflichtverletzung liegende **Straftat** o. **Ordnungswidrigkeit bereits verjährt** ist, stellt kein Hindernis für die Verfolgung der berufsrechtlichen Pflichtverletzung dar. 1

Ausgenommen v. der fünfjährigen Verjährungsfrist ist eine Berufspflichtverletzung, die einen **Berufsausschluss**, ein **Berufsverbot** v. einem bis zu fünf Jahren o. ein **Tätigkeitsverbot** für die Dauer v. einem Jahr bis zu fünf Jahren rechtfertigt (§ 70 Abs. 1 Satz 1). Der nicht eindeutige Terminus „**rechtfertigt**" in Satz 1 ist in dem 2

Sinne auszulegen, dass es auf die tats. Verhängung dieser Maßnahmen ankommt. Nicht ausreichend ist hingegen, dass aufgrund der Schwere der Pflichtverletzung des Berufsangehörigen eine derartige Maßnahme hätte ergehen können, das Gericht sich jedoch für die Verhängung einer milderen Sanktion entschieden hat (vgl. entsprechend Feuerich/Weyland, BRAO, § 115 Rn. 3 f.).

3   Die Verjährung erstreckt sich in ihrem Anwendungsbereich unmittelbar nur auf die berufsgerichtliche Verfolgung v. Pflichtverletzungen, nicht dagegen auf das **kammerseitige Rügeverfahren**, für das § 63 Abs. 2 Satz 1 Hs. 1 als lex specialis eine eigene Frist vorsieht. Allerdings wurde Letztere durch die 7. WPO-Novelle 2007 v. drei auf fünf Jahre verlängert. Zudem wurde durch die 7. WPO-Novelle 2007 sichergestellt, dass die bis dato nur für die Verjährung (über den Verweis in § 70) zur entsprechenden Anwendung gelangenden strafrechtlichen Regelungen über den Beginn, das Ruhen u. die Unterbrechung der Verjährung nunmehr auch für die kammerseitige Rügefrist entsprechend gelten (über den Verweis in § 63 Abs. 2 Satz 1 Hs. 2 auf § 70). Diese nunmehr einheitliche Regelungssystematik bewirkt einen **Gleichklang zwischen Verjährungs- u. Rügefrist**.

II. Wirkung der Verjährung

4   Die Wirkung der Verjährung, die **v. Amts wegen in jeder Lage des Verfahrens** zu berücksichtigen ist, besteht darin, dass eine Berufspflichtverletzung nicht mehr geahndet werden darf (§ 70 Abs. 1 Satz 2 Hs. 1 WPO i.V.m. § 78 Abs. 1 Satz 1 StGB).

5   Stellt sich im Rahmen der **Ermittlungen der GStA** heraus, dass die Verfolgung der Pflichtverletzung verjährt ist, stellt sie das Verfahren ein (§ 127 WPO i.V.m. § 170 Abs. 2 StPO). Wird erst nach der **Einl. des berufsgerichtlichen Verfahrens** die Erkenntnis des Verjährungseintritts gewonnen, so ergeht ein die Eröffnung des Hauptverfahrens betr. Ablehnungsbeschl. des zuständigen LG (§ 95 Abs. 3 Satz 1). Nach **Eröffnung des Hauptverfahrens** erfolgt im Falle des Verjährungseintritts außerhalb der Hauptverhandlung ein Einstellungsbeschl. (§ 127 WPO i.V.m. § 206a Abs. 1 StPO) u. nach der Hauptverhandlung ein Einstellungsurt. (§ 103 Abs. 3 WPO i.V.m. § 260 Abs. 3 StPO). In Zweifelsfällen, in denen der Eintritt der Verjährung nicht sicher festgestellt werden kann o. die Verhängung nicht der Verjährung unterliegender berufsgerichtlicher Maßnahmen (Rn. 2) in Betracht kommt, empfiehlt es sich, das Hauptverfahren zu eröffnen u. die Hauptverhandlung anzuberaumen, um dort die entsprechenden Zweifelsfragen zu klären (vgl. Kuhls, StBerG, § 93 Rn. 10; Gehre/Koslowski, StBerG, § 93 Rn. 3).

III. Beginn der Verjährung (Abs. 1)

1. Allgemein

6   Die Verjährung beginnt – in Anlehnung an das Strafrecht – mit der **Beendigung der Pflichtverletzung** (§ 70 Abs. 1 Satz 2 Hs. 1 WPO i.V.m. § 78a Satz 1 StGB). Die bloße **Vollendung der Pflichtverletzung** reicht für den Verjährungsbeginn nicht aus. Ebenso wenig ist der Zeitpunkt des Erfolgseintritts für den Verjährungsbeginn

maßgeblich, weil § 70 Abs. 1 Satz 2 Hs. 1 nur auf Satz 1, nicht jedoch auf den an einen Erfolg anknüpfenden Satz 2 des § 78a StGB verweist (vgl. entsprechend Feuerich/Weyland, BRAO, § 115 Rn. 7; Gehre/Koslowski, StBerG, § 93 Rn. 4).

Zu welchem Zeitpunkt eine Pflichtverletzung beendet ist, ist deliktsspezifisch zu beantworten u. hängt v. den Umständen des Einzelfalls ab. Generell gilt, dass es auf den **tats. Abschluss der pflichtwidrigen (Gesamt)Tätigkeit** ankommt. Die Tathandlung muss ihren endgültigen Abschluss gefunden haben. Hierfür gilt als Maßstab eine nat. Betrachtungsweise (vgl. Kuhls, StBerG, § 93 Rn. 13). 7

Bei **Dauerdelikten** beginnt die Verjährung erst mit der Beseitigung des rechtswidrigen Zustandes (Schönke/Schröder/Sternberg-Lieben/Bosch, StGB, § 78a Rn. 11). Bei **Unterlassungsdelikten** setzt der Lauf der Verjährung ein, sobald die Pflicht zum Handeln entfällt (Feuerich/Weyland, BRAO, § 115 Rn. 7). 8

Fristbeginn ist der Tag, an dem das tatbestandsmäßige Gesamtgeschehen beendet ist. Er ist der erste Tag der Frist, der Letzte der ihm im Kalenderjahr vorangehende. 9

2. Erteilung unrichtiger Testate/unrichtige Berichterstattung

Für die **Vollendung der Verletzung der Berichtspflicht** des § 332 HGB u. damit die Möglichkeit der Ahndung reicht die bloße Unterschrift unter dem PB o. BV ohne Kenntnisnahmemöglichkeit Dritter nicht aus (BeckBilK/Kozikowski/Gutman, § 332 Rn. 40). Dies lässt sich mit dem geschützten Rechtsgut des § 332 HGB begründen, das das Vertrauen in die Richtigkeit u. Vollständigkeit der Prüfung v. Abschlüssen, Lageberichten u. Zwischenabschlüssen durch ein unabhängiges Kontrollorgan darstellt. Ohne das Dringen eines spezifischen Erklärungsgehalts des Berufsangehörigen in die Außenwelt kann es kein (schützenswertes) Vertrauen geben, da dieses durch das Vorhandensein eines Bezugsobjekts bedingt ist. Der für die Vollendung der Pflichtverletzung erforderliche Kundgabeakt nach außen besteht vielmehr in der **Übermittlung des unrichtigen PB o. BV an zumindest einen Adressaten**. 10

Schwieriger zu beurteilen ist der für den Verjährungsbeginn maßgebliche Zeitpunkt der **Beendigung der Verletzung der Berichtspflicht**. Erwogen werden könnte, auf den Zeitpunkt der **Offenlegung**, d.h. der Einreichung beim bzw. Bekanntmachung im BAnz (§ 325 HGB), abzustellen, weil die Adressaten des JA u. des BV nicht nur Unternehmensinterne (z.B. Gesellschafter, Aufsichtsrat), sondern auch Externe (z.B. Kreditoren) sind. Diese Sichtweise ist jedoch abzulehnen, vielmehr ist im Ergebnis auf den Zeitpunkt des **Zugangs des BV o. PB bei einem Adressaten** abzustellen. Eine tats. Kenntnisnahme durch selbigen ist für den Verjährungsbeginn ebenso wenig erforderlich, wie die Offenlegung. Dies begründet sich wie folgt: 11

Nach der o.g. natürl. Betrachtungsweise (Rn. 7) liegt der Schwerpunkt der Vorwerfbarkeit in der Unterzeichnung des PB bzw. BV u. deren Weitergabe an einen Empfänger durch den AP, u. nicht in der davon zu trennenden Weitergabe durch das Unternehmen zwecks Offenlegung. Die **Offenlegung** ist gerade **keine Pflicht des Berufsangehörigen**, sondern des geprüften Unternehmens u. erscheint deshalb 12 auch eher als eine „Äußerung" des Unternehmens. Die Koppelung des Verjährungsbeginns an den Zeitpunkt der Offenlegung hieße, die Pflichtverletzung erst zu einem Zeitpunkt als beendet zu betrachten, zu dem die entsprechenden Pflichten des Berufsangehörigen grds. längst beendet sind (§ 316 Abs. 3 HGB; vgl. auch IDW PS 203, Tz. 18, PS 400, Tz. 82).

13 Eine andere Betrachtungsweise würde zudem zu einer **unerträglichen Rechtsunsicherheit** für den AP führen, da er auf die Einreichung des JA beim bzw. die Veröffentlichung im BAnz, die dem Unternehmen bzw. dessen gesetzlichen Vertretern obliegen, keinen Einfluss hat. Es könnte auch an die Möglichkeit gedacht werden, dass das Unternehmen selbst es pflichtwidrig unterlässt, eine Veröffentlichung im BAnz vorzunehmen – in diesem Fall würde die Verjährung nicht in Gang gesetzt.

14 Auch der Gesichtspunkt eines **einheitlichen Anknüpfungspunktes** für den Verjährungsbeginn spricht für die hier vertretene Lösung des Zugangs des BV o. PB beim Adressaten. Ansonsten würde derselbe Pflichtenverstoß unterschiedlich verjähren, je nachdem, ob das geprüfte Unternehmen zur Offenlegung verpflichtet ist.

3. Mehrfache Pflichtverletzungen

15 Nach dem berufsrechtlichen Grundsatz der **Einheitlichkeit der Pflichtverletzung** (§ 63 Rn. 17 ff.) wird über das gesamte Verhalten des WP nur einheitlich entschieden u. deshalb nur eine Maßnahme verhängt. Eine Gesamtstrafenbildung stelle einen Fremdkörper im Berufsrecht dar. Aus diesem Grundsatz der Einheitstat wird auch gefolgert, dass die Verjährung erst am **Ende der letzten Teilhandlung des Gesamtgeschehens** zu laufen beginne (vgl. zu § 115 BRAO a.F. BGH 27.5.1968, NJW 1968, 2204, 2206; zu § 93 Satz 2 StBerG a.F. BGH 15.10.1984, NJW 1985, 1088, 1089 u. Streck/Mack, Stbg 1990, 49, 54).

16 **Ausnahmen** sollen (nur) bei keinen Zusammenhang aufweisenden (völlig) **selbstständigen Vorgängen** anerkannt werden, da es in solchen Fällen eine auch rechtsstaatlich nicht hinzunehmende Härte für den Berufsangehörigen wäre, dass seine bereits verjährte Tat nur durch eine nach Ablauf der Verjährungsfrist begangene neue selbstständige Pflichtverletzung „wieder belebt" u. sanktionierbar gemacht würde (vgl. Streck/Mack, Stbg 1990, 49, 54; Kuhls, StBerG, § 93 Rn. 15; Gehre/Koslowski, StBerG, § 93 Rn. 5). In diesen Fällen ist die Verjährungsfrist vielmehr für jede selbstständige Pflichtverletzung einzeln zu berechnen (BGH 27.5.1968, a.a.O.; BGH 15.10.1984, a.a.O.). Ist dagegen v. einem einheitlichen Geschehen auszugehen, so sind auch jene Teilhandlungen in die Verfolgung mit einzubeziehen, die bei Begehung des neuen Teilaktes an sich über fünf Jahre zurück liegen (vgl. zur Gesamtproblematik, auch zur Gegenauffassung, Feuerich/Weyland, BRAO, § 115 Rn. 9, 11, § 113 Rn. 27 ff.).

IV. Ruhen der Verjährung (Abs. 1)

17 Durch den Verweis in § 70 Abs. 1 Satz 2 Hs. 1 auf § 78b StGB kommen die strafrechtlichen Regelungen über das **Ruhen** der Verjährung entsprechend zur Anwendung. Die Wirkung des Ruhens besteht darin, dass der Zeitraum des Ruhens bei der Berechnung der Verjährungsfrist nicht zum Ansatz kommt.

Verjährung der Verfolgung einer Pflichtverletzung § 70

Nach dem insb. zu erwähnenden § 78b Abs. 1 Nr. 2 Hs. 1 StGB ruht die Verjährung, solange nach dem Gesetz die Verfolgung nicht begonnen o. nicht fortgesetzt werden kann. Rein tats. Verfolgungshindernisse führen nicht zum Ruhen der Verjährung (Schönke/Schröder/Sternberg-Lieben/Bosch, StGB, § 78b Rn. 3a). Ebenfalls nicht ausreichend sind gesetzliche Bestimmungen mit bloß fakultativem Charakter. Vielmehr muss ein **gesetzlich zwingendes Hindernis** vorliegen, das dem Beginn o. der Fortsetzung des berufsgerichtlichen Verfahrens entgegen steht (vgl. Gehre/Koslowski, StBerG, § 93 Rn. 6; Kuhls, StBerG, § 93 Rn. 22 f.). In Betracht kommen auch nur Vorschriften, die während einer gewissen Zeit alle Verfolgungshandlungen ausschließen; es genügt nicht, dass nur einzelne Verfolgungshandlungen verboten sind. 18

Praxisrelevant ist insb. der Fall, dass ein Berufsträger nach seiner Pflichtverletzung, aber vor Ablauf der Verjährungsfrist auf seine **Bestellung verzichtet** (§ 19 Abs. 1 Nr. 2). In diesem Fall muss er bei Wiederbestellung gemäß § 23 Abs. 1 Nr. 1 damit rechnen, dass ein berufsgerichtliches Verfahren gegen ihn eingeleitet o. fortgesetzt wird, da die Verjährung während der Zeit seiner Nichtmitgliedschaft ruhte. 19

Ist ein **erstinstanzliches berufsgerichtliches Urt.** vor Ablauf der Verjährungsfrist ergangen, so läuft die Verjährungsfrist nicht vor dem Zeitpunkt ab, in dem das Verfahren rkr. abgeschlossen ist (§ 70 Abs. 1 Satz 2 Hs. 1 WPO i.V.m. § 78b Abs. 3 StGB). Mit dieser Regelung wird der Eintritt der Verjährung im Rechtsmittelverfahren verhindert (Sternberg-Lieben/Bosch, a.a.O., § 78b Rn. 12). 20

V. Unterbrechung der Verjährung (Abs. 1)

Nach jeder Unterbrechung der Verjährung beginnt die Frist, anders als bei ihrem Ruhen, v. neuem voll zu laufen (§ 70 Abs. 1 Satz 2 Hs. 1 WPO i.V.m. § 78c Abs. 3 Satz 1 StGB). Die **neue Frist beginnt** mit dem Tag der Unterbrechung, der somit schon einen Tag der neuen Verjährungsfrist darstellt (Fischer, StGB, § 78c Rn. 2). 21

Der „Fristverlängerung" durch Unterbrechungen ist im Interesse des Grundgedankens der Verjährung eine **absolute Grenze** gesetzt. Sie beträgt, gerechnet v. Beginn des (ursprünglichen) Fristenlaufs an, das Doppelte der Verjährungsfrist, also **zehn Jahre** (§ 70 Abs. 1 Satz 2 Hs. 1 WPO i.V.m. § 78c Abs. 3 Satz 2 StGB). Allerdings bleiben hierbei die Vorschriften über das Ruhen der Verjährung „unberührt" (§ 70 Abs. 1 Satz 2 Hs. 1 WPO i.V.m. § 78c Abs. 3 Satz 3 StGB) – soll heißen, dass bei der Fristberechnung die Zeit unberücksichtigt bleibt, in der der Fristablauf gemäß § 78b StGB ruht. 22

Die Verjährungsfrist wird bereits durch die **erste Anhörung durch die WPK** (§ 63 Abs. 3) unterbrochen (§ 70 Abs. 1 Satz 2 Hs. 2). Vor der 7. WPO-Novelle 2007 war dies nicht der Fall. Diese Neuerung ist zu begrüßen u. ist letztlich zwangsläufige verfahrenstechnische Konsequenz der Anerkennung u. Statuierung einer grds. erstinstanzlichen Zuständigkeit der WPK (vgl. zu den Anforderungen an die Anhörung § 63 Rn. 33 ff.). 23

Die **sonstigen Ereignisse**, die zu einer Unterbrechung der Verjährung führen, sind in § 78c Abs. 1 StGB normiert. Allerdings sind nicht sämtliche der dort angeführten 24

Engelhardt 1001

Unterbrechungstatbestände anwendbar, da einige v. ihnen dem berufsgerichtlichen Verfahren wesensfremd sind. Dass im Rahmen dieser entsprechenden Anwendung **nur berufsgerichtliche Verfolgungsmaßnahmen,** nicht aber strafrechtliche relevant sind, ergibt sich u. a. aus der Systematik des § 70, da nur dessen Abs. 2 auf das Strafverfahren Bezug nimmt (i. Erg. entsprechend Kuhls, StBerG, § 93 Rn. 27; Gehre/Koslowski, StBerG, § 93 Rn. 8).

25 Vor diesem Hintergrund ist im Rahmen der analogen Anwendung des § 78c Abs. 1 StGB **nicht anwendbar** insb. der Tatbestand Nr. 5 des § 78c Abs. 1 Satz 1 StGB **(Haft-, Unterbringungs-, Vorführungsbefehl u. richterliche Entscheidungen, welche diese aufrechterhalten)**, da gemäß § 82 derartige Zwangsmaßnahmen zur Durchführung des berufsgerichtlichen Verfahrens nicht erlaubt sind. Entsprechendes gilt auch für den Tatbestand Nr. 9 des § 78c Abs. 1 Satz 1 StGB **(Strafbefehl)**. Keine Anwendung findet auch Nr. 4 des § 78c Abs. 1 Satz 1 StGB **(richterliche Beschlagnahme- o. Durchsuchungsanordnung)**, obgleich durch die 7. WPO-Novelle 2007 in § 62 Abs. 4 Satz 1 die Neuerung aufgenommen wurde, dass Angestellte der WPK die Grundstücke u. Geschäftsräume v. Berufsangehörigen u. v. WPG innerhalb der üblichen Betriebs- u. Geschäftszeiten betreten u. besichtigen sowie Einsicht in Unterlagen nehmen u. hieraus Abschriften u. Ablichtungen anfertigen dürfen. Hierbei handelt es sich lediglich um sog. Nachschaubefugnisse, die nicht auf das ziel- u. zweckgerichtete Suchen, sondern eine Informationsgewinnung ausgerichtet sind u. deshalb nicht eine Durchsuchung i.S. des § 78c Abs. 1 Satz 1 Nr. 4 StGB (§ 105 StPO) darstellen.

26 **Typische Unterbrechungshandlungen** normiert § 78c Abs. 1 Satz 1 Nr. 1 StGB: die erste Vernehmung des Berufsangehörigen, die Bekanntgabe, dass gegen ihn ein Ermittlungsverfahren eingeleitet ist, o. jeweils deren Anordnung. Im Einzelnen:

27 Für die fristunterbrechende **Bekanntgabe der Einleitung eines Ermittlungsverfahrens** an den Berufsangehörigen sind gesetzlich keine bestimmte Form u. kein bestimmter Inhalt vorgesehen (vgl. Schönke/Schröder/Sternberg-Lieben/Bosch, StGB, § 78c Rn. 7; Fischer, StGB, § 78c Rn. 9). Sie muss nur ersichtlich machen, wegen welcher Handlungen Ermittlungen geführt werden (sachliche Wirkung) u. unmissverständlich vermitteln, dass gegen den Adressaten als Tatverdächtigen (persönliche Wirkung) ermittelt wird. Ein Schreiben, das nur einen allg. formelhaften Text ohne tats. Spezifizierung u. ohne Hinweis auf eine tats. Grundlage enthält, erfüllt diese Voraussetzungen nicht. Gegenstand u. Umfang des Verdachts müssen zumindest anhand einer die Tatsachengrundlagen des Verdachts zusammenfassend wiedergebenden Erklärung mitgeteilt werden. Auf diese Anforderungen muss ein entsprechendes Schreiben der GStA an den Berufsangehörigen ausgerichtet sein. Ist dagegen der konkret handelnde Berufsangehörige noch nicht individuell bestimmt o. ein hinreichender Tatverdacht (noch) nicht gegeben, u. erfolgt deshalb erst ein allg. Herantreten „an die Verantwortlichen einer WPG", so tritt keine Fristunterbrechung ein. In diesem Fall handelt es sich nur um eine **informatorische Befragung**, die erst klären soll, ob u. ggf. gegen wen ein Ermittlungsverfahren einzuleiten ist.

Bereits die **Anordnung der Bekanntgabe der Einl. eines Ermittlungsverfahrens** 28
wirkt fristunterbrechend. Es ist dann nicht erforderlich, dass die Bekanntgabe den
Berufsangehörigen erreicht (BGH 9.7.1974, BGHSt 25, 344, 346 zu § 29 OWiG
a.f.; BGH 24.8.1972, BGHSt 25, 6, 8 zu § 29 OWiG a.f.; Schönke/Schröder/Sternberg-Lieben/Bosch, StGB, § 78c Rn. 8). Wollte man die Unterbrechungswirkung v.
Zugang beim Betroffenen abhängig machen, würde man den Lauf der Frist an ein
Ereignis knüpfen, das nicht mehr unmittelbar der Einwirkung des Verfügenden unterliegt. Eine solche Abhängigkeit ist auch sonstigen Unterbrechungshandlungen
nicht immanent. Eine Ausnahme wäre nur dann zu machen, wenn die GStA v. vornherein wüsste, dass die Bekanntgabe den Berufsangehörigen nicht erreichen kann,
weil es sich in diesem Fall nur um eine Scheinanordnung handeln dürfte (Sternberg-Lieben/Bosch, a.a.O., Rn. 8). Eine spätere Bekanntgabe an den Berufsangehörigen unterbricht die Frist nicht erneut, da die Möglichkeiten der Unterbrechung
innerhalb des § 78c Abs. 1 Satz 1 Nr. 1 StGB nur alternativ in Betracht kommen
(Sternberg-Lieben/Bosch, a.a.O., Rn. 4). Es unterbricht nur die erste der vorgenommenen Maßnahmen (Fischer, a.a.O., Rn. 11). Dagegen würde bei einer nachfolgenden richterlichen (auch wiederholten) Vernehmung des Berufsangehörigen gemäß § 78c Abs. 1 Satz 1 Nr. 2 StGB eine erneute Unterbrechung eintreten.

Eine fristunterbrechende **erste Vernehmung** des Berufsangehörigen i.S. des § 78c 29
Abs. 1 Satz 1 Nr. 1 StGB liegt bereits dann vor, wenn der Berufsangehörige erstmals die Gelegenheit erhält, sich ggü. der GStA zu der ihm vorgeworfenen Pflichtverletzung schriftlich zu äußern. Eine förmliche, d.h. mündliche Äußerung ist nicht
notwendig. Dies begründet sich mit § 70 Abs. 1 Satz 2 Hs. 2, der der Vernehmung
nach § 78c Abs. 1 Satz 1 Nr. 1 StGB die erste Anhörung durch die WPK nach § 63
Abs. 3 gleichstellt. Bei § 63 Abs. 3 ist aber eine mündliche Anhörung nicht erforderlich. § 70 Abs. 1 betrifft zwar nur das berufsgerichtliche Verfahren. Allerdings
ist kein sachlicher Grund ersichtlich, warum im berufsgerichtlichen Verfahren mit
einem anderen Bedeutungsgehalt des Begriffs Vernehmung operiert werden sollte.
Im Übrigen wirkt nach dem Gesetz bereits die **Anordnung der Vernehmung** fristunterbrechend.

Als **weitere typische Unterbrechungshandlungen** sind beispielhaft zu nennen 30
(die angegebenen Nr. beziehen sich jeweils auf § 78c Abs. 1 Satz 1 StGB): Einl. des
berufsgerichtlichen Verfahrens durch die GStA mittels Einreichung einer Anschuldigungsschrift bei dem LG gemäß § 85 (Nr. 6), Eröffnung des Hauptverfahrens
beim LG gemäß § 95 Abs. 1 (Nr. 7), jede richterliche Vernehmung des Berufsangehörigen o. deren Anordnung (Nr. 2).

VI. Hemmung der Verjährung (Abs. 2)

Die in § 70 Abs. 2 geregelte **Hemmung** der Verjährung entspricht in ihrer Wirkung 31
jener des Ruhens (Rn. 17), d.h. der Zeitraum der Hemmung kommt bei der Berechnung der Verjährungsfrist nicht zum Ansatz. Die Schaffung dieses Abs. 2 durch die
4. WPO-Novelle 2001 *„trägt dem Umstand Rechnung, dass durch die lange Dauer
von Strafverfahren, deren Ausgang für das berufsgerichtliche Verfahren von Bedeu-*

tung ist, regelmäßig die Gefahr der Verjährung hinsichtlich der Verfolgung der Pflichtverletzungen besteht" (BT-Drs. 14/3649, 31). Durch diese Vorschrift ist nunmehr sichergestellt, dass der Ablauf der Verjährungsfrist für die **Dauer eines Strafverfahrens** wegen desselben Sachverhalts gehemmt ist.

32   Zur Feststellung des **Beginns der Hemmung** knüpft das Gesetz an die **Einl. des Strafverfahrens** an. Zu welchem Zeitpunkt die Einl. des Strafverfahrens vorliegt, lässt sich dem Gesetz nicht direkt entnehmen. Obergerichtliche Entscheidungen zu dieser Vorschrift gibt es – soweit ersichtlich – nicht. Für das insoweit gleichgerichtete Recht der StB wird z.T. die Auffassung vertreten, dass die Aufnahme strafrechtlicher Ermittlungen allein nicht ausreiche. Vielmehr komme es auf den Zeitpunkt der **strafrechtlichen Anklageerhebung** an (so Kuhls, StBerG, § 93 Rn. 19).

33   Für diese Auffassung könnte sprechen, dass gemäß § 85 (bzw. § 114 StBerG) die **Einl. des berufsgerichtlichen Verfahrens** durch **Einreichung einer Anschuldigungsschrift** bei dem LG erfolgt. Allerdings lehnt § 70 Abs. 2 die Hemmung der Verjährung nicht an die Einl. des berufsgerichtlichen Verfahrens, sondern des Strafverfahrens an, so dass letztgenannter Zeitpunkt nicht primär aus der WPO heraus, sondern im Lichte **strafverfahrensrechtlicher Gesichtspunkte** zu determinieren ist.

34   Im **Strafrecht** ist der Terminus **Einl. des Strafverfahrens**, soweit ersichtlich, nicht legal definiert. Das Strafrecht kennt grds. nur die Begrifflichkeiten des Ermittlungs-, Zwischen-, Haupt- u. Vollstreckungsverfahrens. Orientierungshilfe könnte **§ 397 Abs. 1 AO** sein, nach dem das Strafverfahren eingeleitet ist, sobald die Finanzbehörde, die Polizei, die StA, eine ihrer Ermittlungspersonen o. der Strafrichter eine Maßnahme trifft, die erkennbar darauf abzielt, gegen jemanden wegen einer Steuerstraftat strafrechtlich vorzugehen. Es erscheint jedoch fraglich, ob aus dieser für Steuerstraftaten geschaffenen bereichsspezifischen Regelung eine allg. gültige Definition abgeleitet werden kann. Es ist den Gesetzesmaterialien nicht zu entnehmen u. i.Ü. auch zweifelhaft, dass der Gesetzgeber bei Schaffung des § 70 Abs. 2 den § 397 AO im Auge hatte.

35   Maßgeblich für die Auslegung des § 70 Abs. 2 muss letztlich der Bezug auf die dieser Vorschrift zugrunde liegende ratio legis sein. Diese besteht darin, der Gefahr der Verjährung der berufsgerichtlichen Verfolgung v. Pflichtverletzungen aufgrund der etwaigen langen Dauer v. Strafverfahren zu begegnen (Rn. 31). Diese Überlegung greift aber nicht erst ab dem Zeitpunkt der Einreichung der Anklageschrift durch die StA bei dem zuständigen Gericht, sondern bereits i.Z.m. den häufig **zeitintensiven Ermittlungen der StA** ein. Es erscheint deshalb nicht nur sachgerecht, sondern geboten, zur Auslegung des Begriffs Einl. des Strafverfahrens insb. den **Rechtsgedanken des § 78c Abs. 1 Satz 1 Nr. 1 StGB** zu berücksichtigen – zumal unter Zugrundelegung einer natürlichen Betrachtungsweise das Ermittlungsverfahren als ein Teil des Strafverfahrens angesehen werden kann.

36   Im Ergebnis ist deshalb festzuhalten, dass spätestens **die erste Vernehmung des Berufsangehörigen, die Bekanntgabe der Einl. eines Ermittlungsverfahrens** o.

jeweils deren Anordnung den Beginn der Hemmung darstellen. Dass hierbei „nur" die Wirkung der Hemmung entfaltet wird, ist v. der Sache her damit zu begründen, dass das Strafverfahren einen anderen Schutzzweck aufweist u. nicht auf die Einhaltung spezieller Berufspflichten des WP abzielt. Zum anderen würde eine Heranziehung des Rechtsgedankens des § 78c Abs. 1 Satz 1 Nr. 1 StGB mit der Wirkung der Unterbrechung zu einer Kollision mit dem Wortlaut des § 70 Abs. 2 führen.

VII. Gleichzeitige Unterbrechung u. Hemmung

Problematisch ist die Fristberechnung in dem Fall, dass die **Verjährung durch ein Strafverfahren gehemmt** ist (§ 70 Abs. 2) u. die GStA durch eine Ermittlungsmaßnahme die **Verjährung unterbricht** (§ 70 Abs. 1 Satz 2 Hs. 1 WPO i.V.m. § 78c Abs. 1 StGB). In Rspr. u. Literatur wird dieses Problem, soweit ersichtlich, nicht erörtert. 37

In § 78c Abs. 3 Satz 2 StGB findet sich die bereits oben angesprochene (Rn. 22) Regelung zur Maximalfrist. Durch § 78c Abs. 3 Satz 3 StGB ist sichergestellt, dass im Bereich des Strafrechts der absolute Verjährungszeitpunkt im Falle eines gleichzeitigen Ruhens der Frist hinausgeschoben wird. Man könnte in Anlehnung hieran in Bezug auf das berufsgerichtliche Verfahren erwägen, den Zeitraum der Hemmung durch das Strafverfahren zu der berufsrechtlichen Maximalfrist zu addieren. Allerdings geht es bei der sinngemäßen Anwendung des § 78c Abs. 3 Satz 3 StGB im Rahmen des § 70 Abs. 1 Satz 2 Hs. 1 um Maßnahmen auf der gleichen Ebene, nämlich um rein berufsrechtliche Maßnahmen. In dem vorliegenden Fall sind **zwei unterschiedliche Ebenen** betroffen, die berufsrechtliche Maßnahme (§ 70 Abs. 1) u. das Strafverfahren (§ 70 Abs. 2). § 78c Abs. 3 StGB ist daher zumindest direkt nicht anwendbar. 38

Gegen eine Vergleichbarkeit dieser Konstellationen könnte sprechen, dass im Falle eines anhängigen Strafverfahrens gerade **kein zwingendes Verfahrenshindernis**, das § 78b Abs. 1 Nr. 2 StGB voraussetzt (Rn. 18), vorliegt, sondern eine eigene Unterbrechungsmöglichkeit seitens der GStA besteht. 39

Andererseits könnte der **Zweck des § 70 Abs. 2** zumindest partiell verfehlt werden, wenn sich die Hemmung nicht auch auf die Maximalfrist u. eine berufsrechtliche Unterbrechung auswirkt. So könnte die GStA u.U. das Strafverfahren nicht abwarten, sofern sie durch das erste Anhörungsschreiben die Verjährungsfrist unterbrochen hätte, das Strafverfahren jedoch vor Ablauf der durch die Unterbrechung neu Ingang gesetzten fünfjährigen Frist nicht beendet ist. Dies wäre speziell bei den medienwirksamen Fällen, deren Strafverfahren nicht selten über 5 Jahre dauern, nicht befriedigend. 40

Wollte man dennoch daran festhalten, dass sich die Hemmung durch das Strafverfahren nicht auf die durch die Unterbrechung neu Ingang gesetzte Frist auswirkt, könnte dies (scheinbar) **Fehlanreize** ausstrahlen: die GStA würde „verleitet", erst zu dem spätestmöglichen Zeitpunkt an den Berufsangehörigen mit der Gewährung rechtlichen Gehörs heranzutreten. Dies müsste der Öffentlichkeit mit der Begr. ver- 41 mittelt werden, dass die „Untätigkeit" der GStA Ausdruck des sachlichen Interesses an einer sorgfältigen berufsrechtlichen Prüfung ist, die sinnvollerweise unter Berücksichtigung des Ausgangs des Strafverfahrens u. der dort erfolgten Feststellungen erfolgen sollte.

§ 71 Vorschriften für Mitglieder der Wirtschaftsprüferkammer, die nicht Wirtschaftsprüfer sind

¹Die Vorschriften des Fünften und Sechsten Teils gelten entsprechend für Vorstandsmitglieder, Geschäftsführer oder persönlich haftende Gesellschafter einer Wirtschaftsprüfungsgesellschaft, die nicht Wirtschaftsprüfer sind. ²An die Stelle der Ausschließung aus dem Beruf tritt die Aberkennung der Eignung, eine Wirtschaftsprüfungsgesellschaft zu vertreten und ihre Geschäfte zu führen.

Schrifttum: *Deckenbrock/Fleckner,* Berufsgerichtliche Verfahren gegen mehrfach qualifizierte Berufsträger, NJW 2005, 1165–1168; *Meng,* Die Berufsgerichtsbarkeit der Steuerberater, Stbg 1986, 289 ff.

Inhaltsübersicht

	Rn.
I. Berufsaufsicht und Berufsgerichtsbarkeit über Nicht-WP	1
II. Relevante Pflichtverletzungen	2–6
III. Katalog berufsaufsichtsrechtlicher Maßnahmen	7–10

I. Berufsaufsicht und Berufsgerichtsbarkeit über Nicht-WP

1 § 71 eröffnet die Möglichkeit, auch solche **VO-Mitglieder, GF o. phG einer WPG, die keine WP sind**, für die Verletzung der für sie sinngemäß geltenden Berufspflichten zur Verantwortung zu ziehen, indem sie der BA (Fünfter Teil, §§ 61a ff.) u. der Berufsgerichtsbarkeit (Sechster Teil, §§ 67 ff.) unterworfen werden. Weil naturgemäß die Berufsgesellschaft als jur. Person selbst nicht belangt werden kann, bleibt insoweit nur der Rückgriff auf die für sie verantwortlich handelnden natürlichen Personen. Soweit die betroffenen Personen WP sind, können ihre Pflichtverletzungen unmittelbar nach den Vorschriften des Fünften u. Sechsten Teils geahndet werden, u. zwar auch dann, wenn diese im Rahmen ihrer Tätigkeit für die Berufsgesellschaft begangen wurden. Handelt es sich dagegen nicht um WP, sondern um Angehörige sozietätsfähiger Berufe o. Angehörige anderer Berufe mit Ausnahmegenehmigung, die zulässiger Weise gesetzlicher Vertreter einer Berufsgesellschaft sind (vgl. § 28 Abs. 2), bedarf es einer speziellen Regelung, die mit § 71 getroffen wurde.

II. Relevante Pflichtverletzungen

2 Die Berufspflichten, an die der Nicht-WP als Vorstandsmitglied, GF, Partner o. phG einer WPG sinngemäß gebunden ist, sind in § 56 Abs. 1 festgelegt.

Der Nicht-WP, der als gesetzlicher Vertreter einer Berufsgesellschaft tätig ist, hat 3
wegen seiner herausgehobenen gesellschaftsrechtlichen Stellung in der Berufsgesellschaft (vgl. z.B. § 35 GmbHG) insb. auch auf die Einhaltung der berufsrechtlichen Pflichten zu achten, denen die Berufsgesellschaft nach § 56 Abs. 1 unterliegt. Er hat – soweit er hierauf Einfluss nehmen kann – zudem dafür Sorge zu tragen, dass die für den Fortbestand der Zulassung als Berufsgesellschaft relevanten Vorschriften eingehalten werden. Selbstverständlich führt aber auch hier nur eine schuldhafte Verletzung dieser Pflichten zu einer Ahndung.

Unproblematisch sind die Fälle, in denen der Betroffene in seiner **Eigenschaft als** 4
gesetzlicher Vertreter der Berufsgesellschaft gehandelt hat, wobei auch das Unterlassen eines rechtlich gebotenen Tuns hierunter fällt. Hierzu kann ggf. auch ein außerberufliches Fehlverhalten gehören (§§ 43 Abs. 2 Satz 3, 67 Abs. 2). Agiert die betroffene Person dagegen **nicht für die Berufsgesellschaft**, dürfte für sie lediglich analog §§ 43 Abs. 2 Satz 3, 67 Abs. 2 ein „außerhalb des Berufs" angesiedeltes Verhalten vorliegen, u. zwar auch dann, wenn sie damit eine berufliche Tätigkeit i.S. der berufsrechtlichen Vorschriften eines sozietätsfähigen Berufs (z.B. als RA o. StB) ausübt. Es handelt sich dann z.b. um eine nach § 113 Abs. 1 BRAO o. § 89 Abs. 1 StBerG zu ahndende Pflichtverletzung u. zusätzl. um ein außerberufliches Fehlverhalten, das unter §§ 43 Abs. 2 Satz 3, 67 Abs. 2 fällt (damit aber nach der WPO nur in besonderen Fällen aufzugreifen wäre, die geeignet sind, das Ansehen des Berufsstands erheblich zu beeinträchtigen), § 83a.

Nach den ebenfalls entsprechend anzuwendenden §§ 63 Abs. 1 Satz 1, 67 Abs. 3 5
muss der Betroffene zum **Tatzeitpunkt** zum in § 71 Satz 1 genannten Personenkreis gehört haben, da er nur in dieser Eigenschaft der BA u. Berufsgerichtsbarkeit unterliegt. Ebenso kann er analog § 103 Abs. 3 Nr. 1 nicht mehr für eine Pflichtverletzung zur Verantwortung gezogen werden, wenn er zum **Entscheidungszeitpunkt** nicht mehr gesetzlicher Vertreter einer Berufsgesellschaft u. damit Mitglied der WPK ist.

Soweit es bei StB u. RA, die gesetzlicher Vertreter einer Berufsgesellschaft sind 6
(§ 28 Abs. 2 Satz 1), im Falle v. Pflichtverletzungen zu einer **Konkurrenz der verschiedenen Berufsgerichtsbarkeiten** kommt, gilt § 83a entsprechend. Grundsätzlich ist aber auch in diesen Fällen nach § 83a Abs. 1 das Verfahren der WP-Berufsgerichtsbarkeit vorrangig, soweit in der WPG gehandelt wurde. Bei einem bezogen auf die WPG „außerberuflichen" Verhalten (z.B. in einer daneben geführten StB- o. RA-Einzelpraxis) haben dagegen die einschlägigen anderen Berufsrechte (z.B. StBerG, BRAO) Vorrang. Ist in einem anderen berufsgerichtlichen Verfahren bereits eine Maßnahme gegen den Betroffenen verhängt worden, ist § 69a entsprechend zu beachten.

III. Katalog berufsaufsichtsrechtlicher Maßnahmen

Unterliegt die Pflichtverletzung der Ahndung durch die WPK nach dem Fünften 7
Teil, stehen als Maßnahmen Rüge (ggf. mit Geldbuße) o. Einstellung mit Hinweis

o. einer Belehrung zur Verfügung. Seit der Pflichtverletzung dürfen nicht mehr als fünf Jahre vergangen sein (§ 63 Abs. 2 Satz 1).

8 Bei Vorliegen schwerer Schuld können gegen die in § 71 Satz 1 genannten Personengruppen die in **§ 68 vorgesehenen berufsgerichtlichen Maßnahmen** verhängt werden, wobei allerdings an die Stelle der Ausschließung aus dem Beruf die **Aberkennung der Eignung tritt, eine Berufsgesellschaft zu vertreten u. ihre Geschäfte zu führen** (§ 71 Satz 2). Parallelbestimmungen finden sich in den anderen Berufsrechten (vgl. § 94 StBerG, § 115c BRAO).

9 Daher ist auch § 69a Satz 2 i.V.m. § 71 (**berufsgerichtliche Ahndung eines schon anderweitig geahndeten Verhaltens**) so zu lesen, dass nicht an den Ausschluss aus dem Beruf angeknüpft wird, sondern insoweit an die Aberkennung der Eignung, eine Berufsgesellschaft zu vertreten u. ihre Geschäfte zu führen. Auch an die Stelle der entsprechend anwendbaren Regeln über **Berufs- u. Vertretungsverbote als vorläufige Maßnahmen (§§ 111-121a)** tritt die vorläufige Aberkennung der Eignung, eine Berufsgesellschaft zu vertreten u. ihre Geschäfte zu führen. Dieses vorläufige Verbot berührt aber als solches nicht die eigenständige Berufsausübung der in § 28 Abs. 2 genannten Berufsgruppen der StB u. RA. Ob diesen auch die Ausübung ihres Berufs als RA o. StB vorläufig untersagt ist, bestimmt sich ausschl. nach den dortigen Regelungen.

10 Nach § 70 Abs. 1 verjährt die Verfolgung der Pflichtverletzung nicht, wenn sie die Aberkennung der Eignung, eine Berufsgesellschaft zu vertreten u. ihre Geschäfte zu führen, rechtfertigt. Entsprechend § 83a Abs. 1 zweiter Fall kann ein berufsgerichtliches Verfahren mit dem Ziel der Aberkennung dieser Eignung auch dann durchgeführt werden, wenn die Pflichtverletzung überwiegend mit der Ausübung eines anderen Berufs als der gesetzlichen Vertretung einer WPG im Zusammenhang steht.

Zweiter Abschnitt
Die Gerichte

§ 72 Kammer für Wirtschaftsprüfersachen

(1) In dem berufsgerichtlichen Verfahren entscheidet im ersten Rechtszug eine Kammer des Landgerichts (Kammer für Wirtschaftsprüfersachen), in dessen Bezirk die Wirtschaftsprüferkammer ihren Sitz hat.

(2) ¹Die Kammer für Wirtschaftsprüfersachen entscheidet außerhalb der Hauptverhandlung in der Besetzung von drei Mitgliedern mit Einschluss des Vorsitzenden. ²In der Hauptverhandlung ist sie mit dem Vorsitzenden und zwei Wirtschaftsprüfern als Beisitzern besetzt.

Inhaltsübersicht

		Rn.
I.	Örtliche und funktionale Zuständigkeit (Abs. 1)	1–2
II.	Besetzung der Kammer (Abs. 2)	3–6
III.	Vergleichbare Regelungen im StBerG	7

I. Örtliche und funktionale Zuständigkeit (Abs. 1)

Zum Begriff des **berufsgerichtlichen Verfahrens** u. zur **Abgrenzung** v. anderen berufsrechtlich relevanten Verfahren vgl. Vor § 67 ff. Rn. 4 ff.

§ 72 Abs. 1 bestimmt die **funktionale Zuständigkeit der Kammer für WP des LG als Eingangsinstanz** für berufsgerichtliche Verfahren gegen WP. Die Vorschrift legt zugl. die örtliche Zuständigkeit fest, u. zwar auf den Sitz der WPK. Mithin ist die Kammer für WP-Sachen des LG Berlin ausschließl. zuständig.

II. Besetzung der Kammer (Abs. 2)

§ 72 Abs. 2 übernimmt die im Strafprozess übliche Unterscheidung zwischen der Besetzung der Kammer **in der Hauptverhandlung** u. **außerhalb der Hauptverhandlung**. In der Hauptverhandlung sitzt die Kammer in der Besetzung mit einem Berufsrichter als Vorsitzendem u. zwei ehrenamtl. Richtern aus dem Berufsstand der WP. Außerhalb der Hauptverhandlung fasst sie Beschlüsse in der Besetzung ohne die ehrenamtl. Richter, aber – neben dem Vorsitzenden – mit zwei weiteren Berufsrichtern des LG als Beisitzern. Daneben stehen – in § 72 Abs. 1 nicht erwähnt – dem Vorsitzenden auf Grund seiner Leitungsfunktion wie im Strafprozess eigene Befugnisse neben der Kammer zu.

Für das typische berufsgerichtliche Verfahren bedeutet dies in der Praxis, dass vor allem die **Entscheidung über die Eröffnung des Verfahrens** (§ 95) v. der Kammer in der Besetzung mit einem Vorsitzenden u. zwei Berufsrichtern getroffen wird. Auch **Einstellungsentscheidungen außerhalb der Hauptverhandlung**, z.B. nach §§ 153, 153a StPO i.V.m. § 127 WPO ergehen in dieser Besetzung.

In der Besetzung mit einem Vorsitzenden u. zwei ehrenamtlichen Richtern wird die Hauptverhandlung durchgeführt u. insb. das instanzabschließende **Urteil** sowie alle in der Hauptverhandlung im Beschluss ergehenden **Nebenentscheidungen** getroffen. Gem. § 63a Abs. 3 S. 3 findet diese Besetzung auch auf mündl. Verhandlungen über Anträge auf berufsgerichtliche Entscheidungen betreffend Rügen Anwendung, obwohl diese keine Hauptverhandlung im technischen Sinne sind.

Dem Vorsitzenden obliegt die Organisation u. Gestaltung des Verfahrens außerhalb u. innerhalb der Verhandlung, so dass er z.B. Anordnungen v. **Pflichtverteidigerbestellungen**, **Terminierungsverfügungen** u. auch alle **sitzungsleitenden Verfügungen** (§ 238 StPO i.V.m. § 127 WPO) alleine trifft (in der Hauptverhandlung unabhängig davon, dass die ehrenamtl. Richter ihm beisitzen).

III. Vergleichbare Regelungen im StBerG

Die Vorschriften der § 72 Abs. 1, 2 entsprechen denen v. § 95 Abs. 1, 4 StBerG (§ 95 Abs. 2, 3 StBerG, die Konzentrationsmöglichkeiten der Kammern für StB-Sachen für die Gebiete mehrerer Steuerberaterkammern betreffen, haben aber in der WPO keine Entsprechung: hier gibt es nur eine Berufskammer u. damit nur eine Kammer für WP-Sachen).

§ 73 Senat für Wirtschaftsprüfersachen beim Oberlandesgericht

(1) In dem berufsgerichtlichen Verfahren entscheidet im zweiten Rechtszug ein Senat des Oberlandesgerichts (Senat für Wirtschaftsprüfersachen beim Oberlandesgericht).

(2) ¹Der Senat für Wirtschaftsprüfersachen beim Oberlandesgericht entscheidet außerhalb der Hauptverhandlung in der Besetzung von drei Mitgliedern mit Einschluss des Vorsitzenden. ²In der Hauptverhandlung wirken außerdem als Beisitzer zwei Wirtschaftsprüfer mit.

Inhaltsübersicht

		Rn.
I.	Senat für WP-Sachen beim KG (Abs. 1)	1–2
II.	Besetzung des Senats für WP-Sachen beim KG (Abs. 2)	3
III.	Vergleichbare Vorschriften im StBerG	4

I. Senat für WP-Sachen beim KG (Abs. 1)

1 Zum Begriff des **berufsgerichtlichen Verfahrens** u. zur **Abgrenzung v. anderen berufsrechtlich relevanten Verfahren** vgl. Einführung Vor §§ 67 ff.

2 In Anknüpfung an die Regelung des § 72 Abs. 1, die die Kammer für WP-Sachen des LG Berlin örtlich u. funktional als Eingangsinstanz für berufsgerichtliche Verfahren in WP-Sachen bestimmt, weist § 73 Abs. 1 die Zuständigkeit im 2. Rechtszug einem Senat für WP-Sachen beim übergeordneten OLG, also dem **KG in Berlin** zu. Diese Zuständigkeit umfasst alle Rechtsmittel, die die WPO gegen Entscheidungen der Kammer für WP-Sachen des LG vorsieht, also Berufungen u. Beschwerden (vgl. § 104 Revisionsinstanz).

II. Besetzung des Senats für WP-Sachen beim KG (Abs. 2)

3 Entgegen der missverständlichen Formulierung ist die Einrichtung mehrerer Senate für WP-Sachen zulässig u. - um zu vermeiden, dass im Fall der Aufhebung und Zurückweisung eines Berufungsurteils beim KG kein weiterer Senat für WP-Sachen zur Verfügung steht - zweckmäßig (vgl. Cichon/Späth/Pickel, BHStB, § 96 Rn. 3). Zu den Befugnissen des Vorsitzenden, verfahrensleitende Anordnungen alleine treffen zu können, vgl. § 72 Rn. 3. In gleicher Weise wie in der 1. Instanz (vgl. § 72 Rn. 3, 6) ist für die Besetzung des Senats zwischen Entscheidungen in u. außerhalb der Hauptverhandlung zu unterscheiden. **In der Hauptverhandlung** sitzt der Senat in der Besetzung mit **3 Berufsrichtern**, darunter dem Vorsitzenden, u. zwei ehrenamtlichen Richtern aus dem Berufsstand der WP – eine Besetzung, die die Bedeutung, die die WPO berufsgerichtlichen Verfahren beimisst, eindrucksvoll verdeutlicht. **Außerhalb der Hauptverhandlung** entscheiden nur die drei Berufsrichter (Hauptfälle: Beschwerden, außerdem die Entscheidung über die Abhilfe gegen die Nichtzulassung der Revision, § 107 Abs. 3).

III. Vergleichbare Vorschriften im StBerG

Die Vorschriften der §§ 73 Abs. 1, 2 entsprechen denen v. §§ 96 Abs. 1, 3 StBerG; 4
§ 96 Abs. 2 StBerG wurde nicht übernommen: die Vorschrift bezieht sich auf Konzentrationsmöglichkeiten, die im Bereich der WPO keine Rolle spielen (vgl. auch § 72 Rn. 7).

§ 74 Senat für Wirtschaftsprüfersachen beim Bundesgerichtshof

(1) ¹In dem berufsgerichtlichen Verfahren entscheidet im dritten Rechtszug ein Senat des Bundesgerichtshofes (Senat für Wirtschaftsprüfersachen beim Bundesgerichtshof). ²Er gilt als Strafsenat im Sinne des § 132 des Gerichtsverfassungsgesetzes.

(2) Der Senat für Wirtschaftsprüfersachen beim Bundesgerichtshof besteht aus einem Vorsitzenden sowie zwei Mitgliedern des Bundesgerichtshofs und zwei Wirtschaftsprüfern als Beisitzer.

Inhaltsübersicht

		Rn.
I.	Senat für WP-Sachen beim BGH (Abs. 1)	1
II.	Besetzung des Senats für WP-Sachen beim BGH (Abs. 2)	2
III.	Vergleichbare Vorschriften im StBerG	3

I. Senat für WP-Sachen beim BGH (Abs. 1)

Die Vorschrift stellt klar, dass es im berufsgerichtlichen Verfahren im Bereich 1
der WPO einen dreizügigen Rechtszug mit dem BGH an der Spitze gibt. Die Regelung in Satz 2, wonach der Senat ein **Strafsenat** ist, dient der Klarstellung. Die Regelung, die weder im StBerG noch in der BRAO eine Entsprechung hat, ist rechtstheoretisch nicht unproblematisch; denn es liegt näher, alle Spruchkörper der Berufsgerichtsbarkeit als solche eigener Art zu verstehen. Nach dem Geschäftsverteilungsplan des BGH ist der Senat derzeit weitgehend mit dem 5. Strafsenat in Leipzig personenidentisch.

II. Besetzung des Senats für WP-Sachen beim BGH (Abs. 2)

Der Senat für WP-Sachen beim BGH ist **stets mit drei Berufsrichtern**, darunter 2
dem Vorsitzenden, u. **zwei ehrenamtl. Richtern** aus dem Berufsstand der WP besetzt. Die für die 1. u. 2. Instanz wichtige Differenzierung zwischen Entscheidungen in u. außerhalb der Hauptverhandlung (vgl. § 72 Rn. 3, § 73 Rn. 3) spielt beim BGH-Senat keine Rolle.

III. Vergleichbare Vorschriften im StBerG

Die Vorschriften der §§ 74 Abs. 1, 2 entsprechen bis auf § 74 Abs. 1 Satz 2 denen v. 3
§§ 97 Abs. 1, 2 StBerG.

§ 75 Wirtschaftsprüfer als Beisitzer

(1) Die Beisitzer aus den Reihen der Wirtschaftsprüfer sind ehrenamtliche Richter.

(2) ¹Die ehrenamtlichen Richter werden für die Gerichte des ersten und zweiten Rechtszuges von der Landesjustizverwaltung und für den Bundesgerichtshof von dem Bundesministerium der Justiz auf die Dauer von fünf Jahren berufen. ²Sie können nach Ablauf ihrer Amtszeit wieder berufen werden.

(3) ¹Die ehrenamtlichen Richter werden den Vorschlagslisten entnommen, die der Vorstand der Wirtschaftsprüferkammer der Landesjustizverwaltung für die Gerichte des ersten und zweiten Rechtszuges und dem Bundesministerium der Justiz für den Bundesgerichtshof einreicht. ²Die Landesjustizverwaltung und das Bundesministerium der Justiz bestimmen, welche Zahl von Beisitzern für jedes Gericht erforderlich ist; sie haben vorher den Vorstand der Wirtschaftsprüferkammer zu hören. ³Jede Vorschlagsliste soll mindestens die doppelte Zahl der zu berufenden Wirtschaftsprüfer enthalten.

(4) Scheidet ein ehrenamtlicher Richter vorzeitig aus, so wird für den Rest seiner Amtszeit ein Nachfolger berufen.

(5) § 6 des Einführungsgesetzes zum Gerichtsverfassungsgesetz gilt entsprechend.

(6) Die Landesjustizverwaltung und das Bundesministerium der Justiz können einen von ihnen berufenen ehrenamtlichen Richter auf seinen Antrag aus dem Amt entlassen, wenn er aus gesundheitlichen Gründen auf nicht absehbare Zeit gehindert ist, sein Amt ordnungsgemäß auszuüben.

(7) Das Amt eines ehrenamtlichen Richters, der zum ehrenamtlichen Richter bei einem Gericht des höheren Rechtszuges berufen wird, endet mit seiner Ernennung.

Inhaltsübersicht

	Rn.
I. Allgemeines	1
II. Stellung der ehrenamtlichen Richter (Abs. 1)	2
III. Ernennungsverfahren (Abs. 2, 3)	3
IV. Vorzeitiges Ausscheiden, Entlassung aus dem Amt, Ernennung bei anderen Gerichten (Abs. 4-7)	4–6

I. Allgemeines

1 § 75 regelt die **Stellung**, das **Ernennungsverfahren** u. die **Beendigung der Tätigkeit** der ehrenamtl. Richter ähnlich wie § 99 StBerG. So entsprechen § 75 Abs. 1 (Stellung) u. § 75 Abs. 4 (Beendigung) vollständig den § 99 Abs. 1 u. Abs. 4 StBerG. Auch das Ernennungsverfahren (§ 75 Abs. 2 u. Abs. 3) lehnt sich weitgehend an die Regelungen im StBerG an. Vereinfachungen ergeben sich hier für den Bereich der WPO daraus, dass es anders als im Bereich des StBerG nur eine Berufs-

kammer gibt, mithin **nur eine Kammer für alle Instanzen, die Vorschlagslisten** erstellen kann. § 75 Abs. 6 u. 7 stellen ggü. dem StBerG eigenständige Regelungen dar.

II. Stellung der ehrenamtlichen Richter (Abs. 1)

Die Regelung hat klarstellende Funktion. Sie bewirkt, dass die allg. Regelungen des DRiG über den **richterlichen Status** (vgl. insb. zur Eidespflicht u. zum Beratungsgeheimnis; s. dazu § 78 Rn. 1 f.) u. des JVEG über die **Entschädigung** auch für die ehrenamtl. Richter der WPO-Gerichtsbarkeit Anwendung finden. 2

III. Ernennungsverfahren (Abs. 2, 3)

Die Regelung ist dadurch geprägt, dass die **Ernennungsbefugnis bei der Exekutive** (Berliner Senatsverwaltung für Justiz bzw. für den BGH Bundesjustizverwaltung) liegt, es erfolgt also keine Wahl im eigentlichen Sinne wie bei Schöffen. Der Einfluss des Berufsstandes ist dadurch gewährleistet, dass die Justizverwaltungen nur aus den Vorschlagslisten des VO der WPK auswählen dürfen. Die Listen sind für jede Instanz gesondert einzureichen. Sie haben Bindungswirkung. Soweit sie formelle Fehler enthalten o. unvollständig sind, muss die Justizverwaltung als Aufsichtsbehörde auf eine entsprechende Änderung der Listen drängen). (Cichon/Späth/Pickel, BHStB, StBerG, § 99 Rn. 6). Innerhalb des Rahmens, den die Listen setzen, ist die Justizverwaltung in der Auswahl frei; insb. kann sie die Vorsitzenden der Kammern bzw. Senate für WP-Sachen um Stellungnahme bitten. Durch das Gesetz zur Vereinfachung u. Vereinheitlichung der Verfahrensvorschriften zur Wahl u. Berufung ehrenamtl. Richter (BGBl. I 2004, 3599, 3602) ist die **Amtszeit** der ehrenamtlichen Richter v. vier auf fünf Jahre verlängert worden. 3

IV. Vorzeitiges Ausscheiden, Entlassung aus dem Amt, Ernennung bei anderen Gerichten (Abs. 4-7)

Die Regelung in Abs. 4 (Nachrücken eines neuen für einen ausgeschiedenen ehrenamtl. Richter nur für die Dauer der verbleibenden Amtszeit) soll erreichen, dass alle **Amtszeiten** der ehrenamtl. Richter **einheitlich** laufen (Cichon/Späth/Pickel, BHStB, § 99 Rn. 9), was früher – mangels dies eindeutig vorgebender Regelung – nicht der Praxis entsprach. 4

Die sich selbst erklärende gesetzl. Regelung in Abs. 6 ermöglicht es der Landesjustizverwaltung, auf **Antrag** des ehrenamtl. Richters **im Fall v. dessen Erkrankung** eine Entlassung vorzunehmen, ohne dass es hierzu eines aufwendigen gerichtlichen Verfahrens wie in § 101 StBerG bedarf. Im Hinblick auf den Grundsatz des gesetzl. Richters ist eine zumindest summarische Nachprüfung durch die Justizverwaltung – z.B. Anforderung eines Attestes – geboten. Die Regelung stellt eine ggü. dem StBerG sinnvolle Vereinfachung dar, darf aber vor dem Hintergrund des schon angesprochenen Grundsatzes des gesetzl. Richters nicht auf andere Fälle der Verhinderung des ehrenamtl. Richters erstreckt werden. 5

6 Absatz 7 stellt den **Vorrang** einer – auch nachträglichen – Berufung eines ehrenamtl. Richters **bei einem Gericht des höheren Rechtszuges** klar.

§ 76 Voraussetzungen für die Berufung zum Beisitzer und Recht zur Ablehnung

(1) ¹Zum ehrenamtlichen Richter kann nur ein Wirtschaftsprüfer berufen werden, der in den Vorstand der Wirtschaftsprüferkammer gewählt werden kann. ²Er darf als Beisitzer nur für die Kammer für Wirtschaftsprüfersachen, den Senat für Wirtschaftsprüfersachen beim Oberlandesgericht oder den Senat für Wirtschaftsprüfersachen beim Bundesgerichtshof berufen werden.

(2) Die ehrenamtlichen Richter dürfen nicht gleichzeitig dem Vorstand oder dem Beirat der Wirtschaftsprüferkammer angehören oder bei der Wirtschaftsprüferkammer im Haupt- oder Nebenberuf tätig sein.

(3) Die Übernahme des Beisitzeramtes kann ablehnen,
1. wer das fünfundsechzigste Lebensjahr vollendet hat;
2. wer in den letzten vier Jahren Mitglied des Vorstandes der Wirtschaftsprüferkammer gewesen ist;
3. wer in gesundheitlicher Hinsicht beeinträchtigt ist.

Inhaltsübersicht

	Rn.
I. Bestellungsvoraussetzungen (Abs. 1)	1–3
II. Bestellungshindernisse (Abs. 2)	4
III. Ablehnungsgründe (Abs. 3)	5

I. Bestellungsvoraussetzungen (Abs. 1)

1 Zentrale Voraussetzung für eine Berufung als ehrenamtl. Richter sind einerseits die **Stellung als WP**, andererseits die **Wählbarkeit in den VO der WPK**. Unter Berücksichtigung v. §§ 59 Abs. 2, 58 Abs. 1 bedeutet dies, dass alle nat. o. jur. Personen, die Mitglied der WPK, aber nicht selbst WP sind, ausscheiden.

2 Die früher überwiegend vertretene Auffassung, dass die **deutsche Staatsangehörigkeit** eine ungeschriebene Voraussetzung für die Bestellung sei (Hauptargumente: Regelung in § 9 DRiG, die aber unmittelbar nur für Berufsrichter gelten dürfte, vgl. § 2 DRiG; Gebot des Art. 20 Abs. 2 Satz 2 GG, dass staatliche richterliche Gewalt vom Volk, also nach traditioneller Ansicht von der Gemeinschaft der Staatsangehörigen, ausgehen müsse; vgl. dazu Cichon/Späth/Pickel, BHStB, § 100 Rn. 3), wird zunehmend in Zweifel gezogen (dezidiert ablehnend jetzt Kuhls/Kuhls, StBerG, § 100 Rn. 5 mit der beachtlichen Begründung, die Materialien zur 2. WPO-Novelle – BT-Drucks. 11/6529 v. 28. 2. 1990, S. 12 - belegten den Willen des Gesetzgebers, die Bestellung von WP/vBP mit fremder Staatsangehörigkeit als ehrenamtl. Richter zu ermöglichen). In der Praxis wird entscheidend sein, welche Auffassung die WPK bei der Erstellung der Vorschlagsliste nach § 75 Abs. 3 zugrunde legt:

Wegen der Vertretbarkeit beider Auffassungen wird der entsprechenden Entscheidung faktisch Bindungswirkung zukommen (vgl. § 75 Rn. 3).

Satz 2 stellt klar, dass ein WP nur für **Spruchkörper in einer Instanz** als ehrenamtl. Richter bestellt werden kann. Beim KG, wo mehrere Senate für WP-Sachen gebildet sind, stehen die ehrenamtl. Richter allen Spruchkörpern dieses Gerichts zur Verfügung. 3

II. Bestellungshindernisse (Abs. 2)

Im Sinne einer **strikten Trennung der Exekutivkompetenzen**, die der WPK als KöR zukommen, v. **Rechtsprechungsaufgaben** lässt es das Gesetz nicht zu, dass VO- o. Beiratsmitglieder o. alle haupt- u. nebenamtlich bei der WPK beschäftigten WP als ehrenamtl. Richter berufen werden. Dies bedeutet auch, dass bei einer entspr. nachträglichen Wahl in die WPK-Gremien o. Anstellung bei der WPK nach § 77 Abs. 1 Nr. 2 eine Amtsenthebung als ehrenamtl. Richter durchzuführen ist. 4

III. Ablehnungsgründe (Abs. 3)

Die Ausübung des Amtes eines ehrenamtl. Richters ist prinzipiell keine Wahrnehmung eines freiwilligen Ehrenamtes, sondern eine **Berufspflicht jedes WP**. Deswegen u. wegen des Grundsatzes des gesetzl. Richters kann er die Übernahme des Amtes nur aus den in Abs. 3 genannten Gründen ablehnen (zu weiteren Ablehnungsgründen in Spezialgesetzen vgl. Cichon/Späth/Pickel, BHStB, § 100 Rn. 8 m.w.N.). Die Voraussetzungen des Ablehnungsgrundes sind v. der Justizverwaltung, die die Ernennung vornimmt (vgl. § 75), zu prüfen, insb. der Verhinderungsfall gesundheitlicher Beeinträchtigung. Kein Verhinderungsfall ist die berufliche Überlastung (zu berücksichtigen bei der Heranziehung zu einzelnen Sitzungen). Das Ablehnungsverfahren richtet sich nach § 53 GVG i.V.m. § 127 (insb. ist die Wochenfrist (!) nach Kenntnis v. Berufung u. Ablehnungsgrund zu beachten, vgl. Gehre/Koslowski, StBerG, § 100 Rn. 6). 5

§ 77 Enthebung vom Amt des Beisitzers

(1) Ein ehrenamtlicher Richter ist auf Antrag der Justizverwaltung, die ihn berufen hat, seines Amtes zu entheben,

1. wenn nachträglich bekannt wird, dass er nicht hätte zum Beisitzer berufen werden dürfen;
2. wenn nachträglich ein Umstand eintritt, welcher der Berufung zum Beisitzer entgegensteht;
3. wenn der Wirtschaftsprüfer seine Amtspflicht als Beisitzer grob verletzt.

(2) ¹Über den Antrag der Landesjustizverwaltung entscheidet ein Zivilsenat des Oberlandesgerichts, über den Antrag des Bundesministeriums der Justiz ein Zivilsenat des Bundesgerichtshofes. ²Bei der Entscheidung dürfen die Mitglieder der Senate für Wirtschaftsprüfersachen nicht mitwirken.

(3) ¹Vor der Entscheidung ist der ehrenamtliche Richter zu hören. ²Die Entscheidung ist endgültig.

Inhaltsübersicht

	Rn.
I. Enthebungsgründe (Abs. 1)	1–2
II. Zuständigkeit, Verfahren für die Amtsenthebung (Abs. 2, 3)	3–4

I. Enthebungsgründe (Abs. 1)

1 Absatz 1 Nr. 1 u. Nr. 2 legen fest, dass die in § 76 genannten **Ernennungsvoraussetzungen während der gesamten Amtszeit** vorliegen müssen, widrigenfalls der ehrenamtl. Richter seines Amtes zu entheben ist.

2 Absatz 1 Nr. 3 schafft die Möglichkeit, bei **Verstößen gegen die Richterpflichten** des Beisitzers eine Enthebung zu veranlassen. Typische relevante Verstöße sind Vorteilsannahme, Bruch des Beratungsgeheimnisses, wiederholtes Fehlverhalten in o. anlässlich v. Sitzungen (z.B. Nichterscheinen) u. wohl auch falsche Angaben im Verfahren über die Ernennung zum ehrenamtl. Richter (vgl. Cichon/Späth/Pickel, BHStB, § 101 Rn. 7). Verstöße gegen Berufspflichten als WP führen nicht zur Enthebung.

II. Zuständigkeit, Verfahren für die Amtsenthebung (Abs. 2, 3)

3 Die WPO hat sich – aus Sicht der Praxis, in der fast nur die Enthebungsgründe nach Abs. 1 Nr. 2 eine Rolle spielen (z.B. Nachrücken in den Beirat) – für ein verhältnismäßig **aufwendiges Enthebungsverfahren** entschieden. Dieses setzt auch in klaren Fällen u. selbst dann, wenn der WP mit der Amtsenthebung einverstanden ist, zwingend die Entscheidung eines v. den Spruchkörpern der WP-Gerichtsbarkeit verschiedenen (Zivil-)Senat des OLG (KG) voraus, bei ehrenamtl. Richtern des BGH eines anderen BGH-Senats. Die für Schöffen bzw. ehrenamtliche Richter anderer Gerichtsbarkeiten eröffnete Möglichkeit der Streichung v. der Beisitzerliste (§§ 52, 32 GVG) o. des Verzichts auf das Amt (§ 44 DRiG) sieht die WPO nicht vor. Dass der betroffene WP anzuhören ist (Abs. 3), ist eine Selbstverständlichkeit. Ein **Verzicht** auf sein Amt ist nicht möglich, nach Bestellung zum ehrenamtl. Richter entgegen a. A. (Kuhls/Kuhls, StBerG, § 101 Rn. 4, ohne Begr.) auch nicht in den Fällen, in denen der WP die Übernahme des Amtes als ehrenamtl. Richter hätte ablehnen dürfen; denn die tatbestandl. Voraussetzungen von Abs. 1 Nr. 1 und 2 liegen in einem solchen Fall nicht vor.

4 Die Entscheidung ergeht auf Antrag der Justizverwaltung (vgl. § 75 Abs. 3) durch unanfechtbaren Beschluss.

§ 78 Stellung der ehrenamtlichen Richter und Pflicht zur Verschwiegenheit

(1) Die ehrenamtlichen Richter haben in der Sitzung, zu der sie herangezogen werden, die Stellung eines Berufsrichters.

(2) ¹Die ehrenamtlichen Richter haben über Angelegenheiten, die ihnen bei ihrer Tätigkeit bekannt werden, Verschwiegenheit gegen jedermann zu bewahren.

²§ 64 Abs. 2 und 3 ist entsprechend anzuwenden. ³Die Genehmigung zur Aussage erteilt der Präsident des Gerichts.

Schrifttum: *Ellbogen,* Akteneinsichtsrecht der Schöffen, DRiZ 2010, 136-139; *Nowak,* Recht der Schöffen auf Akteneinsicht während der Hauptverhandlung, JR 2006, 459-463.

Inhaltsübersicht

	Rn.
I. Allgemeine Stellung der ehrenamtlichen Richter (Abs. 1)	1–2
II. Verschwiegenheitspflicht und Aussagegenehmigung (Abs. 2)	3–4

I. Allgemeine Stellung der ehrenamtlichen Richter (Abs. 1)

Absatz 1 enthält eine im Grunde überflüssige Regelung, weil sich die den Berufsrichtern **gleichberechtigte Stellung der Beisitzer aus dem Berufsstand** als ehrenamtl. Richter bereits aus § 75 Abs. 1 i.V m. §§ 44, 45 DRiG ableiten lässt. Wenn man aus § 78 Abs. 1 überhaupt einen selbstständigen Regelungsgehalt entnehmen kann, so den, dass die Vorschrift die vollständige Gleichstellung des ehrenamtlichen Richters in jeder Hinsicht betont: dies betrifft neben **Stimm- u. Fragerecht** vor allem das **Informationsrecht**. Es können dem ehrenamtlichen Beisitzer zur angemessenen Sitzungsvorbereitung v. Vorsitzenden vor der Verhandlung Informationen übermittelt werden (Kuhls/Schäfer, StBerG, § 102 Rn. 3; für andere ehrenamtl. Richter, bes. die Schöffen in der Strafgerichtsbarkeit, ist das zw., bejahend jetzt allerdings auch dort Ellbogen, DRiZ 2010, 136 ff., Nowak, JR 2006, 459 ff.), insb. wesentliche Schriftstücke in Kopie zugeleitet werden. Dies wiederum ermöglicht, diese in die Hauptverhandlung statt durch aufwendiges Verlesen im **Selbstleseverfahren** einzuführen (§ 249 Abs. 2 StPO i.V.m. § 127; die Kammer für WP-Sachen des LG Berlin macht v. dieser Möglichkeit, die eine erhebliche Straffung der Hauptverhandlung ermöglicht, intensiv Gebrauch). 1

Nach der Rspr. gibt es nur in formaler Hinsicht einen Unterschied zum Berufsrichter: **Unzulässig ist eine Unterzeichnung v. Urteilen u. Beschlüssen** durch die ehrenamtl Beisitzer (BGH 6.8.1993, NJW 1994, 206). 2

II. Verschwiegenheitspflicht und Aussagegenehmigung (Abs. 2)

Der Regelungsinhalt v. § 78 Abs. 2 besteht in einer **doppelten Erweiterung v. Verschwiegenheitspflichten**. Zum einen werden die Verschwiegenheitspflichten, die Vorstands-, Beirats- u. Ausschussmitglieder der WPK treffen, auf die ehrenamtl. Richter der WP-Berufsgerichte erstreckt: Das ist der Regelungszweck der Verweisung in Abs. 2 Satz 2 auf § 64 Abs. 2 u. 3 (zum Inhalt dieser Verpflichtungen s. § 64 Rn. 6 ff.). Zum anderen wird die allgemein rechtl., für ehrenamtl. Richter aus § 45 Abs. 1 Satz 2 DRiG folgende Pflicht, das Beratungsgeheimnis zu wahren, hin zu einer umfassenden Schweigepflicht über die gesamte Sitzung u. was mit ihr zusammenhängt erweitert. Dies trägt dem Umstand Rechnung, dass Hauptverhand- 3 lungen der Berufsgerichte nach wie vor i.d.R. nicht öffentl. sind (vgl. § 99), der Gesetzgeber also ein gesteigertes Geheimhaltungsbedürfnis erkennt.

4   Die Entscheidung über die **Entbindung v. der Verschwiegenheit** (Aussagegenehmigung) trifft nicht die WPK, sondern der Präsident des Berufsgerichts (LG, KG, BGH), dem der ehrenamtl. Richter angehört; dies obwohl die – allerdings nur „entsprechende" – Verweisung auch auf die Kompetenznorm des § 64 Abs. 3 Satz 1 verweist. Die Genehmigung darf nicht schematisch vorgenommen werden, sondern muss das Spannungsverhältnis zwischen Wahrheitsfindung in dem Verfahren, in dem der ehrenamtl. Richter aussagen soll, u. der besonderen Vertraulichkeit gerade berufsgerichtlicher Verfahren (vgl. § 99) im Wege einer Einzelfallprüfung berücksichtigen (Cichon/Späth/Pickel, BHStB, § 102 Rn. 8 ff.). Die Verweisung auf § 64 Abs. 3 Satz 2 hat gleichwohl auch zur Folge, dass im Ergebnis dieser Einzelfallprüfung eine Versagung nur möglich sein dürfte, wenn sie – wie dort umschrieben – zum Schutz der festgestellten entgegen stehenden Belange unabweisbar ist.

§ 79   Reihenfolge der Teilnahme an den Sitzungen

(1) Die ehrenamtlichen Richter sind zu den einzelnen Sitzungen in der Reihenfolge einer Liste heranzuziehen, die der Vorsitzende nach Anhörung der beiden ältesten der berufenen ehrenamtlichen Richter vor Beginn des Geschäftsjahres aufstellt.

(2) Für die Entbindung eines ehrenamtlichen Richters von der Dienstleistung an bestimmten Sitzungstagen gilt § 54 des Gerichtsverfassungsgesetzes sinngemäß.

Inhaltsübersicht

		Rn.
I.	Allgemeines	1
II.	Heranziehung der ehrenamtlichen Richter (Abs. 1)	2
III.	Entbindung der ehrenamtlichen Richter (Abs. 2)	3–5

I.   Allgemeines

1   § 79 betrifft die interne Besetzung in den Spruchkörpern der WP-Gerichtsbarkeit, diese jedoch nur für einen Teilbereich, nämlich die Heranziehung der ehrenamtl. Richter. Für die Geschäftsverteilung unter den Berufsrichtern der Kammer gilt § 21g GVG, wonach alle **Berufsrichter** der Kammer – Vorsitzender wie Beisitzer – vor Beginn des Geschäftsjahres durch Beschluss selbst über die Geschäftsverteilung entscheiden. Zu beachten ist ferner, dass § 79 nur Regelungen für das **generelle Verfahren der Heranziehung der ehrenamtl. Richter** enthält. Über die **Heranziehung der ehrenamtl. Richter im Einzelfall**, d.h. zu den jeweiligen Sitzungen, entscheidet der Vorsitzende mit der Ladungsanordnung.

II. Heranziehung der ehrenamtlichen Richter (Abs. 1)

Der Vorsitzende kann die **Liste über die Heranziehung der ehrenamtl. Richter** grds. nach billigem Ermessen aufstellen, wobei er auf die gleichmäßige Auslastung der ehrenamtl. Richter zu achten hat. Die **Anhörung der beiden (lebens-) ältesten ehrenamtl. Richter** vor der Erstellung der Liste ist v. Gesetz zwingend vorgeschrieben. Ihr Unterlassen kann Willkürlichkeit des spruchkörperinternen Geschäftsverteilungsplans u. deshalb eine Besetzungsrüge begründen. 2

III. Entbindung der ehrenamtlichen Richter (Abs. 2)

Mit der **Ladung der ehrenamtl. Richter** zu den einzelnen Sitzungen setzt der Vorsitzende die Liste, die vor Beginn des Geschäftsjahres erstellt worden ist, konkret um. Begrifflich herangezogen ist der ehrenamtl. Richter deshalb bereits mit der **Ladungsverfügung**, auch wenn er später nicht an der Hauptverhandlung teilnimmt (bspw. weil der Termin aufgehoben o. weil v. der Sitzung entbunden wird (Kissel/Mayer, GVG, § 49 Rn. 10). 3

Um den materiellen Regelungsgehalt des Geschäftsverteilungsplanes zu sichern, vor allem aber wegen des Grundsatzes des gesetzl. Richters, darf der ehrenamtl. Richter **nicht nach freiem Belieben entbunden** werden, sondern nach § 79 Abs. 2 i.V.m. § 54 GVG nur aus einem wichtigen Grund. Dies kann **Krankheit**, aber auch ein bereits **verbindlich geplanter Urlaub** sein. 4

Am meisten Probleme bereitet in der Praxis die Frage, ob auch **anderweitige berufliche Termine o. eine berufliche Überlastung** Gründe für eine Entbindung sein können (dazu für den allg. Strafprozess Kissel/Mayer, GVG, § 54 Rn. 6 f. m.w.N.). Wegen des Grundsatzes des gesetzl. Richters muss hier ein verhältnismäßig strenger Maßstab angelegt werden (Kissel/Mayer, GVG, § 54 Rn. 6). Auf der anderen Seite muss berücksichtigt werden, dass der Zweck eines berufsgerichtlichen Verfahrens verfehlt würde, wenn dieses zwar zügig durchgeführt würde, dafür aber in den Arbeitsbereichen derjenigen WP, die ehrenamtl. Richter sind, durch die Heranziehung Verfahren ernstliche Engpässe zum Nachteil der Mandanten u. Rechtssuchenden entstünden. Bei der Frage, ob anderweitige berufliche Verpflichtungen einen Entbindungsgrund darstellen können, muss dem Vorsitzenden des Spruchkörpers der WP-Gerichtsbarkeit mithin in weiterem Umfang ein vernünftiges Entscheidungsermessen zugebilligt werden, als dies im Strafprozess möglich sein kann. 5

§ 80 Entschädigung der ehrenamtlichen Richter

Die ehrenamtlichen Richter erhalten eine Entschädigung nach dem Justizvergütungs- und -entschädigungsgesetz.

Inhaltsübersicht

		Rn.
I.	Grundzüge der gesetzlichen Regelung	1–2
II.	Einzeltatbestände	3–6
III.	Verfahren	7

§ 80 Entschädigung der ehrenamtlichen Richter

I. Grundzüge der gesetzlichen Regelung

1 § 80 enthält nach § 78 eine weitere klarstellende Regelung zum Status der ehrenamtl. Beisitzer der WP-Gerichtsbarkeit. Sie geht dahin, dass diese ehrenamtl. Beisitzer Entschädigung nach dem JVEG erhalten. Dies umfasst **Zeitversäumnis, Fahrtkosten, Verdienstausfall** u. sonstige in §§ 6 u. 7 JVEG geregelte **besondere Aufwendungen**. Nach wie vor sind die Aufwendungen nur als Entschädigung, nicht aber als wirtschaftlich angemessene Abgeltung des Aufwands des WP konzipiert.

2 Innerhalb des vom JVEG vorgegebenen Rahmens kann und sollten bei der Höhe der Entschädigungen die Spezifika des Berufs des WP, dem die ehrenamtl. Richter angehören, berücksichtigt werden. Demgemäß kann z. B. bei der Entschädigung für Verdienstausfall und Zeitversäumnis der gesetzl. Höchstsatz angesetzt werden (so LG Berlin, 27.5.2008, WPK-Mag. 2008, 56).

II. Einzeltatbestände

3 Die Entschädigungsregelungen erstrecken sich zum einen auf die **Zeitversäumnisse** der ehrenamtl. Richter. Berücksichtigt werden auch die Reisezeiten (§ 16 JVEG), die wegen der Konzentrierung der WP-Gerichtsbarkeit auf Berlin beträchtlich sein können. In komplexen Sachen kann auch die Vorbereitung auf eine Sitzung Zeitversäumnis begründen, wenn sie v. Vorsitzenden angeordnet worden ist, z.b. im Rahmen der sog. Selbstleseverfahren v. Urkunden (§§ 249 Abs. 2 StPO i.V.m. § 127 WPO).

4 Die **Fahrtkosten** werden nach § 5 Abs. 1 JVEG grds. nur bis zur Höhe der Aufwendungen für eine Anreise mit regelmäßig verkehrenden öffentl. Verkehrsmittel erstattet. Wegen der teilw. weiten Anfahrtswege zu den Spruchkörpern der WP-Gerichtsbarkeit werden aber häufig besondere Umstände i.S.v. § 5 Abs. 3 JVEG vorliegen, die auch Mehrkosten wg. Anreise mit anderen Verkehrsmitteln (Flugzeug) rechtfertigen.

5 Als Ersatz für den **Verdienstausfall** werden derzeit 20 Euro (Höchstsatz – s. dazu oben Rn. 2 – zzgl. 5 Euro Zeitversäumnis, also insgesamt 25 Euro je Stunde erstattet; §§ 16, 18 JVEG.

6 Unter **sonstige Aufwendungen** können z.B. Übernachtungskosten o. Kosten für notwendige Begleitpersonen fallen.

III. Verfahren

7 Die Entschädigung gewährt nicht der Vorsitzende, sondern der **Kostenbeamte des Gerichts**, doch kann in Streitfällen eine richterliche Festsetzung nach § 4 Abs. 1 u. Abs. 7 JVEG beantragt werden. Über diese entscheidet im Regelfall einer der Berufsrichter der Kammer als Einzelrichter. Eine Beschwerde gegen die Entscheidung der Kammer für WP-Sachen des LG ist nach § 4 Abs. 3 JVEG eröffnet. Geht es um Entschädigungen der ehrenamtl. Richter beim KG, ist gg. die dortige Entscheidung nur Gegenvorstellung möglich. Einer Anhörung der WPK bei diesen Verfahren be-

darf es nicht, weil sich die Kostenlast der Kammer nach § 125 nicht auf die Entschädigung der ehrenamtl. Richter bezieht; diese verbleiben bei der Staatskasse.

Dritter Abschnitt
Verfahrensvorschriften
1. Allgemeines

§ 81 Vorschriften für das Verfahren

Für das berufsgerichtliche Verfahren gelten die nachstehenden Vorschriften sowie § 62 entsprechend.

Inhaltsübersicht

	Rn.
I. Grundzüge der gesetzlichen Regelung	1
II. Bedeutung der Verweisung auf § 62 WPO	2–4

Schrifttum: *Schröder/Kroke: Erosion der strafprozessualen Stellung des Wirtschaftsprüfers durch das Berufsaufsichtsrecht?, wistra 2010, 466 ff.*

I. Grundzüge der gesetzlichen Regelung

Soweit § 81 für das berufsgerichtliche Verfahren auf die Geltung der „**nachstehenden**" **Vorschriften** verweist, entspr. die Regelung § 105 StBerG. Sie ist insoweit überflüssig, weil sie Selbstverständliches betont: Ja sie ist missverständlich, denn die WPO regelt das berufsgerichtl. Verfahren nicht abschließend, sondern nimmt durch § 127 weitgehend auf Vorschriften des GVG, u. vor allem der StPO Bezug (vgl. Vor § 67 ff. Rn. 12 u. zur Parallelregelung des StBerG Cichon/Späth/Pickel, BHStB, § 105 Rn. 1). 1

Eine eigenständige, in § 105 StBerG nicht enthaltene Sonderregelung ist dagegen soweit in § 81 enthalten, als die Vorschrift seit der entspr. Einführung durch die 7. WPO-Novelle 2007 ergänzend auf § 62 verweist u. diese Vorschrift auch im berufsgerichtlichen Verfahren für anwendbar erklärt. Diese Verweisung auf § 62 gilt uneingeschränkt, also sowohl für den Fall, dass der WP Beschuldigter, Zeuge od. – relevant bes. bei Beschlagnahmen – Drittbetroffener ist.

II. Bedeutung der Verweisung auf § 62 WPO

In einem Verfahren wie dem der Berufsgerichtsbarkeit, das in vielem den Strafprozess nachgebildet ist, steht dem WP prinzipiell das Recht zu, sich nicht selbst belasten zu müssen (§ 127 i.V.m. § 136 Abs. 1 Satz 2 StPO). Umgekehrt kann eine erfolgreiche Aufklärung der berufsrechtl. relevanten Sachverhalte häufig nur erreicht werden, wenn das Berufsgericht v. WP Informationen erhält, seien es Auskünfte, seien es Unterlagen, insb. über die v. ihm durchgeführten AP. In ihrem Anliegen, es zu erreichen, dass diese Informationen, die die WPK gem. § 62 im Rahmen ihrer berufsaufsichtsrechtl. Ermittlungen erlangen kann, auch für das berufsgerichtliche 2

Verfahren verfügbar werden, wird die Verweisung auf § 62 in § 81 damit verständlich. Inhaltlich stellt sie eine für die Praxis unbefriedigende Lösung dar. Denn der Konflikt zwischen den **Informationsinteressen des berufsgerichtlichen Verfahrens** einerseits u. den Verfahrensrechten des Betroffenen, insbes. dem zentralen **Recht der Aussagefreiheit**, andererseits (s. dazu § 62 Rn. 7, auch Schröder/Kroke, wistra 2010, 466 ff.), wird durch die Verweisung in § 81 nur angesprochen, aber nicht gelöst. Selbst zentrale Punkte des Verfahrens – etwa ob der angeschuldigte WP in der Hauptverhandlung vor den Berufsgerichten ein umfassendes Recht hat, nicht aussagen zu müssen, oder nur ein Auskunftsrecht zu ihn belastenden Fragen, und wie er zu belehren ist (§ 136 Abs. 1 Satz 3 StPO) – erscheinen vor dem Hintergrund der Verweisung bes. auf § 62 Abs. 2 unklar. Eine aussagekräftige obergerichtl. Rspr. fehlt, weil die anderen BO (StBerG, BRAO, BNotO) vergleichbare Regelungen nicht kennen.

3   § 81 in der seit der 7. WPO-Novelle 2007 geltenden Fassung sollte i.d.S. der praktischen Konkordanz v. widerstreitenden Verfassungsgrundsätzen unter Berücksichtigung der Rechtsstaatlichkeit einerseits u. der Effizienz des berufsgerichtlichen Verfahrens andererseits ausgelegt werden. Man wird dabei v. Folgendem ausgehen können: Der **betroffene Berufsangehörige selbst** ist vor den Berufsgerichten **nicht zu einer Aussage verpflichtet** (§ 127 i.V.m. § 136 Abs. 1 Satz 2 StPO). Ohnehin kennen weder WPO noch StPO eine Möglichkeit, eine Aussage des WP mit Zwang (dazu § 82 Rn. 1) durchzusetzen, so dass eine andere Lösung gar nicht realisierbar wäre. Soweit der WP aber ggü. der WPK aufgrund seiner Verpflichtung nach § 62 vor Einleitung des berufsgerichtlichen Verfahrens Auskünfte erteilt hat, sind diese für die **Berufsgerichte verwertbar**. Auch kann die WPK den Berufsgerichten die **Unterlagen u. Akten**, die der WP ihr gem. § 62 vorgelegt hat, den übrigen Verfahrensakten übermitteln, damit sie in das berufsgerichtliche Verfahren eingeführt u. in diesem ausgewertet werden.

4   Als Zeugen o. Sachverständige vernommene WP sind in dem Umfang, in dem sie der WPK nach § 62 Informationen erteilen müssen, auch im berufsgerichtlichen Verfahren zur Aussage verpflichtet. Insoweit schränkt § 81 durch die Verweisung auf § 62 die ansonsten aus der VSP und aus § 127 i.V.m. § 161a, 53 Abs. 1 Nr. 3 StPO folgenden Zeugnisverweigerungsrechte ein (vgl. § 62 Rn. 7), was wg. § 97 Abs. 1 StPO auch Auswirkungen auf die Möglichkeiten von Gericht und GenStA, eine Beschlagnahme von Unterlagen zu beschließen bzw. diese zu verwerten, hat (kritisch Schröder/Kroke, wistra 2010, 466 ff.).

§ 82 Keine Verhaftung des Wirtschaftsprüfers

[1]**Der Wirtschaftsprüfer darf zur Durchführung des berufsgerichtlichen Verfahrens weder vorläufig festgenommen noch verhaftet oder vorgeführt werden.** [2]**Er kann nicht zur Vorbereitung eines Gutachtens über seinen psychischen Zustand in ein psychiatrisches Krankenhaus gebracht werden.**

Inhaltsübersicht

	Rn.
I. Zwangsmittelverbot	1
II. Verfahrenssicherung	2

I. Zwangsmittelverbot

Im Gegensatz zum Strafprozess bestimmt § 82 für das berufsgerichtliche Verfahren, dass dessen **Durchführung nicht durch Zwangsmittel gesichert** werden kann, insb. nicht durch die Verhaftung des WP. § 82 Satz 2 rundet diese in Satz 1 der Vorschrift enthaltene Regelung noch dahin ab, dass an sich etwa erforderliche psychiatrische Begutachtungen des WP – die insb. für die Schuldfrage v. Bedeutung sein könnten – nicht dadurch zwangsweise durchgesetzt werden können, dass der Berufsangehörige gegen seinen Willen in ein psychiatrisches Krankenhaus gebracht wird. Dieses Zwangsmittelverbot steht nicht nur körperlich unmittelbar wirkenden Zwangsmaßnahmen wie Verhaftung o. Vorführung o. zwangsweisen Einweisungen in die psychiatrische Klinik entgegen. Auch mittelbar auf das Erscheinen hinwirkende Zwangsmaßnahmen, etwa Ordnungsgelder, aber auch berufsrechtl. Sanktionen dafür, dass der Berufsangehörige in den Hauptverhandlungen vor den Berufsgerichten nicht erschienen ist, schließt die Vorschrift aus (vgl. zu den Parallelvorschriften im StBerG u. BRAO Cichon/Späth/Pickel, BHStB, § 106 Rn. 1 ff. sowie Kuhls/Kuhls, StBerG, § 106 Rn. 1 ff., beide auch m.w.N. zu § 117 BRAO). 1

II. Verfahrenssicherung

Die **Sicherung des berufsgerichtlichen Verfahrens** muss die WPO mithin anders als durch Zwangsmittel erreichen, nämlich mit Hilfe der Vorschrift des § 98 Satz 1. Diese muss i. Z. m. § 82 gesehen werden: Denn § 98 Satz 1 ermöglicht die **Durchführung einer Hauptverhandlung ohne den Betroffenen** (zur Berufungsinstanz s. § 105 Rn. 5). Sie geht damit – im Hinblick auf § 82 notgedrungen – über die Regelungen im Strafprozess hinaus, die nur in Ausnahmefällen Hauptverhandlungen ohne den Angeklagten zulassen. 2

§ 82a Verteidigung

(1) Zu Verteidigern im berufsgerichtlichen Verfahren vor dem Landgericht u. vor dem Oberlandesgericht können außer den in § 138 Abs. 1 der Strafprozessordnung genannten Personen auch Wirtschaftsprüfer gewählt werden.

(2) § 140 Abs. 1 Nr. 1 bis 3, 6, 7 und 9 der Strafprozessordnung ist auf die Verteidigung im berufsgerichtlichen Verfahren nicht anzuwenden.

Inhaltsübersicht

	Rn.
I. Verteidigerbestellung	1–2
II. Notwendige Verteidigung	3–4
III. Anwendbarkeit im Verfahren nach § 63a WPO	5

I. Verteidigerbestellung

1 § 82a regelt nicht, dass der betroffene WP im berufsgerichtlichen Verfahren das selbstverständliche Recht hat, einen Verteidiger zu wählen. Sie setzt diese sich aus § 127 i.V.m. § 138 StPO ergebende Möglichkeit voraus. Die zentrale Bedeutung der Regelung in Abs. 1 liegt vielmehr darin, § 127 i.V.m. § 138 StPO dahin zu erweitern, dass der betroffene Berufsangehörige seinen Verteidiger grds. nicht nur, wie im allg. Strafprozess, aus dem Kreis der **zugelassenen RA** o. aus dem Kreis der **Rechtslehrer an deutschen Hochschulen** auswählen darf, sondern statt dessen auch einen **WP als Verteidiger** benennen darf. Die Vorschrift stellt außerdem klar, dass wg. der strafprozessualen Einkleidung des berufsgerichtlichen Verfahrens die Person, die dem beschuldigten Berufsangehörigen zur Seite steht, im Rechtssinne nicht wie im Zivil- od. Verwaltungsprozess ihr **Vertreter** bzw. Prozessbevollmächtigter ist. Dem **Verteidiger** kommt vielmehr, besonders ausgeprägt im Fall der notwendigen Verteidigung (s. u. Rn. 3 ff.), eine eigenständige und vom Beschuldigten durchaus abgegrenzte Stellung zu (vgl. Meyer-Goßner, StPO, § 137, Rn. 1).

2 Eine **Selbstbestellung des WP zu seinem eigenen Verteidiger** bleibt, wie im Strafprozess, unzulässig. Außerdem schließt § 82a Abs. 1 auch die im allg. Strafprozess bestehende Möglichkeit aus, statt RA auch **andere Personen als Verteidiger** zu bestimmen – denn für eine solche Bestimmung besteht in berufsgerichtlichen Verfahren kein Bedürfnis.

II. Notwendige Verteidigung

3 Wenn § 82a Abs. 1 mithin die Möglichkeiten der freiwilligen Verteidiger-Wahl erweitert, werden demggü. durch Abs. 2 der Vorschrift die in § 140 StPO enthaltenen **Regelungen über die Bestellung eines Pflichtverteidigers erheblich eingeschränkt**. Die Beschränkung der notwendigen Verteidigung ist aber im Wesentlichen eine zwingende rechtl. Folge davon, dass die in Bezug genommenen Vorschriften der StPO für den Bereich der WPO nicht passen, da die in § 140 Abs. 1 Nr. 1-3 u. Nr. 6, 7 und 9 StPO angesprochenen Verfahrenssituationen (Hauptverhandlung im ersten Rechtszug vor dem OLG; Anklage wegen eines Verbrechens; Anklage verbunden mit Antrag nach § 70 StGB – Berufsverbot im strafrechtl. Sinne; Unterbringung des WP nach § 81 StPO; Sicherungsverfahren; Verletzter nach §§ 397a, 406g Abs. 3 und 4 StPO) im Bereich der WP-Berufsgerichtsbarkeit nicht auftreten können (vgl. §§ 72, 82).

4 Anwendbar bleiben dagegen die Vorschriften der § 140 Abs. 1 Nr. 5 StPO (Angeschuldigter befindet sich in Haft o. sonstiger zwangsweiser Unterbringung) u. § 140 Abs. 1 Nr. 8 StPO (Verteidiger des Angeklagten ist nach § 138a ff. StPO ausge-

schlossen worden) und - allein praxisrelevant - § 140 Abs. 2 StPO. Nach den letztgenannten Regelung muss bei **besonderer „Schwere der Tat" o. Schwierigkeit ein Pflichtverteidiger bestellt** werden. Das ist i.d.R. der Fall, wenn die StA die Ausschließung aus dem Beruf in der Anschuldigungsschrift beantragt o. diese aus Sicht des Gerichts ernstlich in Betracht kommt. Eine hohe Geldbuße od. ein Tätigkeitsverbot dürften nicht ausreichen (Arg.: diese Maßnahmen haben nicht dasselbe Gewicht wie eine Freiheitsstrafe v. ca. einem Jahr, die im Strafprozess nach dortiger anerkannter Praxis zu einer Pflichtverteidiger-Bestellung führt). Der Pflichtverteidiger ist durch Anordnung des Vorsitzenden zu bestellen. Er hat den Berufsangehörigen vorab zur hören, auch zu Vorschlägen hinsichtl. der Person des zu Bestellenden (§ 127 i. V. m. § 142 Abs. 1 StPO)

III. Anwendbarkeit im Verfahren nach § 63a WPO

§ 82a ist auch im Verfahren nach § 63a auf berufsgerichtliche Entscheidung über eine Rüge anwendbar. Dies folgt daraus, dass dieses Verfahren durch die Verweisungsvorschrift in § 63a Abs. 2 Satz 1 von Gesetzes wegen dasselbe strafprozessuale Gepräge hat wie das eigentliche berufsgerichtliche Verfahren. Konsequenz ist, dass auch in diesem Verfahren die max. Zahl der Verteidiger auf 3 begrenzt ist und eine Selbstverteidigung ausgeschlossen ist. 5

§ 82b Akteneinsicht; Beteiligung der Wirtschaftsprüferkammer

(1) ¹Die Wirtschaftsprüferkammer und die beschuldigte Person sind befugt, die Akten, die dem Gericht vorliegen oder diesem im Falle der Einreichung einer Anschuldigungsschrift vorzulegen wären, einzusehen sowie amtlich verwahrte Beweisstücke zu besichtigen. ²§ 147 Abs. 2 Satz 1, Abs. 3, 5 und 6 der Strafprozessordnung ist insoweit entsprechend anzuwenden.

(2) ¹Der Wirtschaftsprüferkammer sind Ort und Zeit der Hauptverhandlung mitzuteilen; die von dort entsandten Personen erhalten auf Verlangen das Wort. ²§ 99 Abs. 2 Satz 1 bleibt unberührt.

Inhaltsübersicht

	Rn.
I. Akteneinsichtsrecht (Abs. 1)	1–8
1. Berechtigte	1–3
2. Umfang	4–7
3. Verfahren	8
II. Teilnahme der WPK an der Hauptverhandlung (Abs. 2)	9–10

I. Akteneinsichtsrecht (Abs. 1)

1. Berechtigte

§ 82b Abs. 1 ist wie § 108 StBerG u. § 117b BRAO dem Akteneinsichtsrecht des Verteidigers nach § 147 StPO nachgebildet. Die Regelung dient dem Anspruch auf rechtliches Gehör nach Art. 103 Abs. 1 GG. In Ergänzung zu der Regelung in der 1

StPO haben auch der **beschuldigte Berufsangehörige** sowie die **WPK** ein Recht auf Akteneinsicht. Letzterer dient es auch zur Durchsetzung ihres Rechts, ggf. die Einleitung eines berufsgerichtlichen Verfahrens zu erzwingen (§ 86). Wählt der beschuldigte Berufsangehörige einen **Verteidiger** (§ 82a), folgt dessen Recht auf Akteneinsicht aus § 127 i.V.m. § 147 StPO, der insoweit uneingeschränkt anwendbar ist.

2   Eine **Akteneinsicht durch Dritte** ist in der WPO nicht vorgesehen. Geschädigte können an dem berufsgerichtlichen Verfahren nicht beteiligt sein, so dass eine Anwendung des § 406e StPO ausgeschlossen ist. Für sie kann ggf. wegen des regelmäßig darlegbaren berechtigten Interesses nach § 127 i.V.m. § 475 StPO die Möglichkeit bestehen, Auskünfte aus der Akte o. bei Beauftragung eines RA Akteneinsicht zu erhalten.

3   Aus der Gesetzessystematik folgt, dass das Akteneinsichtsrecht nur für das **berufsgerichtliche Verfahren** gilt. Zur Sicherung des Anspruchs auf rechtliches Gehör dürfte der Berufsangehörige aber auch im Rügeverfahren die Einsichtnahme in die Akten verlangen können (§ 63 Rn. 38).

2. Umfang

4   Das Akteneinsichtsrecht betrifft alle Akten, die dem Gericht vorliegen o. diesem im Falle der Einreichung einer Anschuldigungsschrift vorzulegen wären sowie die amtlich verwahrten Beweisstücke. Es gilt der Grundsatz der **Aktenvollständigkeit**. Innerdienstliche Vorgänge sind nicht Bestandteil der Akten u. unterliegen damit nicht der Akteneinsicht. Im Übrigen sind sämtliche Unterlagen erfasst, die den dem Berufsangehörigen vorgeworfenen Tatbestand betreffen. Das Akteneinsichtsrecht wird gewährt durch die Möglichkeit der **Einsichtnahme**. Zusätzlich zum den Umfang des Akteneinsichtsrechts konkretisierenden § 147 Abs. 3 StPO, der ausdrücklich in Abs. 1 Satz 2 erwähnt ist, dürfte nach § 127 auch der in Abs. 1 Satz 2 unerwähnt gebliebene § 147 Abs. 7 StPO anwendbar sein, wonach dem beschuldigten Berufsangehörigen **Auskünfte u. Abschriften** aus den Akten erteilt werden können.

5   Eine Einschränkung erfährt das Akteneinsichtsrecht durch § 147 Abs. 2 StPO, der nach Abs. 1 Satz 2 entsprechend anzuwenden ist. Danach kann Akteneinsicht vor Vermerk des Abschlusses der Ermittlungen in den Akten versagt werden, wenn sie den **Untersuchungszweck gefährden** kann. Die Anordnung der Versagung ist spätestens mit dem Abschluss der Ermittlungen aufzuheben, wenn nicht bereits vorher der Grund für die Versagung der Akteneinsicht entfallen ist (Abs. 1 Satz 2 i.V.m. § 147 Abs. 6 StPO).

6   Eine weitere Einschränkung des Akteneinsichtsrechts besteht darin, dass § 147 Abs. 4 StPO v. dem Verweis in Abs. 1 Satz 2 ausgenommen ist. Der Berufsangehörige hat daher **kein Recht auf Übergabe der Akten** zur Einsicht in seinen Geschäftsräumen bzw. seiner Wohnung. Diese Einschränkung dient dem Schutz der Integrität der Akten. Der beschuldigte Berufsangehörige ist damit in der gleichen Situation wie der Beschuldigte im ordentlichen Strafverfahren, so dass der Gesetz-

geber ihm nicht das Vertrauen entgegenbringt, er würde die Integrität der Akten wahren.

Ob die erwähnten Einschränkungen (Rn. 5 u. 6) nach Abs. 1 Satz 2 auch für das **Akteneinsichtsrecht der WPK** gelten, erscheint fraglich. Zum einen ist die WPK öffentlich-rechtliche Körperschaft, zum anderen ist sie für die BA zuständig (§ 61a). Eine Gefährdung des Untersuchungszwecks o. der Akten ist nicht ersichtlich, so dass in jedem Verfahrensstadium eine Übergabe der Akten an sie zulässig sein dürfte. 7

3. Verfahren

Dem Wortlaut des Satzes 1 ist zu entnehmen, dass das Akteneinsichtsrecht bereits **vor Einreichung einer Anschuldigungsschrift** beim LG (§ 85) gilt. Über die Gewährung der Akteneinsicht entscheidet nach § 147 Abs. 5 StPO im vorbereitenden Verfahren u. nach rechtskräftigem Abschluss des Verfahrens die Staatsanwaltschaft, im berufsgerichtlichen Verfahren damit die GStA. Das vorbereitende Verfahren endet **mit der Einreichung der Anschuldigungsschrift** gemäß § 85. Die Zuständigkeit der Gewährung der Akteneinsicht geht damit an den Vorsitzenden des mit der Sache befassten Gerichts über (§ 147 Abs. 5 StPO). 8

II. Teilnahme der WPK an der Hauptverhandlung (Abs. 2)

Mit dem durch die 7. WPO-Novelle 2007 eingeführten Abs. 2 werden der WPK weitere Rechte im Hinblick auf die **Beteiligung im berufsgerichtlichen Verfahren** eingeräumt. Nach Abs. 2 ist der **WPK der Ort u. die Zeit der Hauptverhandlung mitzuteilen**. Wie in der StPO trifft diese Pflicht zur Ladung das Gericht. 9

Die Vertreter der WPK haben ein **Rederecht in der Hauptverhandlung**. Hintergrund dafür ist die Tatsache, dass die WPK selbst in der Sache ermittelt haben (§ 61a) u. damit auch zur Aufklärung des Sachverhalts beitragen kann. Das **Zutrittsrecht nach § 99 Abs. 2 Satz 1** zu nicht-öffentlichen Verhandlungen bleibt unberührt, es wird vielmehr durch die beiden neuen Regelungen gestärkt. Für die Vertreter der WPK folgt dies bereits aus § 82b, weil die Norm nicht zwischen öffentlicher u. nicht-öffentlicher Verhandlung (§ 99) unterscheidet. Das Rederecht gilt daher auch bei Hauptverhandlungen, bei denen die Öffentlichkeit nicht hergestellt worden ist. Zur Gewährleistung des Rederechts ist (selbstverständlich) auch der Zutritt zu ermöglichen. 10

§ 83 Verhältnis des berufsgerichtlichen Verfahrens zum Straf- oder Bußgeldverfahren

(1) Wird der Wirtschaftsprüfer im gerichtlichen Verfahren wegen einer Straftat oder einer Ordnungswidrigkeit freigesprochen, so kann wegen der Tatsachen, die Gegenstand der gerichtlichen Entscheidung waren, ein berufsgerichtliches Verfahren nur dann eingeleitet oder fortgesetzt werden, wenn diese Tatsachen, ohne den Tatbestand einer Strafvorschrift oder einer Bußgeldvor-

schrift zu erfüllen, eine Verletzung der Pflichten des Wirtschaftsprüfers enthalten.

(2) ¹Für die Entscheidung im berufsgerichtlichen Verfahren sind die tatsächlichen Feststellungen des Urteils im Strafverfahren oder Bußgeldverfahren bindend, auf denen die Entscheidung des Gerichts beruht. ²In dem berufsgerichtlichen Verfahren kann ein Gericht jedoch die nochmalige Prüfung solcher Feststellungen beschließen, deren Richtigkeit seine Mitglieder mit Stimmenmehrheit bezweifeln; dies ist in den Gründen der berufsgerichtlichen Entscheidung zum Ausdruck zu bringen.

Inhaltsübersicht

	Rn.
I. Allgemeines	1–4
II. Sperrwirkung des Freispruchs im Strafverfahren	5–8
III. Bindungswirkung der Verurteilung im Strafverfahren	9–12
1. Grundsatz	9
2. Ausnahmen von der Bindungswirkung	10–13

I. Allgemeines

1 Das in der Vorschrift angesprochene Verhältnis v. straf- u. berufsgerichtlichen Verfahren ist v. eminent praktischer Bedeutung. Sehr häufig wird parallel zu berufsrechtl. Ermittlungen wegen desselben Lebenssachverhalts ein **Strafverfahren** geführt. Die Vorschrift ist in einem Zusammenhang mit § 83b (Regelung des zeitl. Ablaufs v. straf- u. berufsgerichtlichen Verfahren im Verhältnis zueinander) u. § 83c (Behandlung v. Widersprüchen zw. berufsgerichtlichen u. strafgerichtl. Entscheidung) zu sehen.

2 § 83 gilt auch für das Verhältnis zw. berufsgerichtlichen Verfahren u. **Ordnungswidrigkeitenverfahren**, hat aber insofern schon deshalb keine praktische Bedeutung, weil Pflichtverletzungen, die lediglich einen Ordnungswidrigkeitsvorwurf rechtfertigen, kaum je berufsgerichtlich geahndet werden, sondern als Vergehen minderer Art typischerweise dem Rügeverfahren zugänglich sind.

3 § 83 gilt nicht für das Verhältnis v. Straf- bzw. Ordnungswidrigkeitenverfahren zum **Rügeverfahren** (vgl. § 63 Rn. 12 und § 73a Rn. 3). Die WPK hat deshalb bei ihrer Entscheidung über eine Rüge die Erkenntnisse aus jenen Verfahren zwar selbstverständlich zu berücksichtigen. Sie ist an die dort getroffenen Feststellungen jedoch angesichts des klaren Wortlautes v. § 83 aber nicht i.S.v. Abs. 1 o. Abs. 2 formal gebunden.

4 § 83 selbst entspricht zwar vom Wortlaut her weitgehend den entspr. Regelungen im StBerG (dort § 109 Abs. 2, Abs. 3 StBerG) u. in der BRAO (dort § 118 Abs. 2, Abs. 3). Da insb. die mit § 83 in einem Zusammenhang stehende Regelung des § 83b – nur – im Bereich der WPO seit 2003 mehrfach geändert worden ist (Aufgabe des früheren Vorrangs des Strafverfahrens, vgl. § 83b Rn. 1 ff.), sind die Kom-

mentierungen zu § 109 StBerG (vgl. bes. Kuhls/Kuhls, StBerG, § 109, Rn. 34 ff.; Cichon/Späth/Pickel, BHStB, § 109, Rn. 1ff.) u. zu § 118 BRAO (Feuerich/Weyland/Vossebürger, BRAO, § 118 Rn. 1 ff.) nur eingeschränkt berücksichtigungsfähig.

II. Sperrwirkung des Freispruchs im Strafverfahren

§ 83 Abs. 1 regelt, dass ein rechtskräftiger Freispruch eine Verfolgung des WP im berufsgerichtlichen Verfahren sperrt. Diese **Sperrwirkung** bezieht sich nur auf die Tatsachen (nicht: rechtl. Beurteilungen), die im Strafverfahren bzw. OWiG-Verfahren rkr. festgestellt worden sind (maßgeblich: Entscheidung der letzten Tatsacheninstanz). Dies ist dann wichtig, wenn das Verfahren trotz des Freispruchs aus den Gründen zu unten Rn. 7 fortgesetzt wird. 5

Die **Sperrwirkung** ist v. Gesetz als eine verfahrensrechtliche ausgestaltet worden. Ein berufsgerichtliches Verfahren muss deshalb eingestellt werden (wegen § 127 WPO i.V.m. § 206a StPO kein Freispruch; vgl. Cichon/Späth/Pickel, BHStB, § 109 Rn. 20), und zwar vom Berufsgericht bzw., wenn das Verfahren noch nicht dort anhängig ist, gem. § 127 i.V.m. § 170 Abs. 2 StPO durch die GStA. 6

Die Sperrwirkung steht einer berufsgerichtlichen Verfolgung nicht entgegen, wenn die Tatsachen, die das Strafgericht festgestellt hat, zwar nicht Deliktstatbestände des StGB verwirklichen, aber **gleichwohl** den Verdacht **einer Berufspflichtverletzung** begründen. Da die tw. sehr spezifischen Tatbestände des materiellen Strafrechts sich nicht mit den allgemeiner und weiter gefassten Berufspflichten eines WP decken (vgl. § 67 Rn. 1 f.), kommt es praktisch durchaus vor, dass trotz eines strafrechtl. Freispruchs eine Berufspflichtverletzung angenommen werden kann (typischer Fall: Freispruch im Strafverfahren mangels Vorsatzes schließt die Verfolgung wegen einer fahrlässigen Berufspflichtverletzung nicht aus, so Kuhls/Kuhls, StBerG, § 109 Rn. 38). 7

Die **Sperrwirkung** setzt einen rechtskräftigen Freispruch voraus. Andere Fälle einer Verfahrensbeendigung ohne Verurteilung, insbesondere auch die Einstellung nach § 170 Abs. 2 StPO o. die Ablehnung der Eröffnung des Hauptverfahrens stehen nicht gleich (Kuhls/Kuhls, StBerG, § 109 Rn. 36). 8

III. Bindungswirkung der Verurteilung im Strafverfahren
1. Grundsatz

Reziprok zu dem in Abs. 1 geregelten Fall des Freispruchs im Strafverfahren postuliert Abs. 2 Satz 1 die grds. **Bindungswirkung** v. tats. Feststellungen in rkr. den WP verurteilenden **Strafurteilen** für das berufsgerichtliche Verfahren. Auch hier gilt, dass die Bindungswirkung sich nicht auf die rechtl. Bewertungen, sondern nur auf die tatsächl. Feststellungen bezieht u. es auf die letzte Tatsachenentscheidung im strafgerichtlichen Verfahren ankommt. Ferner muss es sich um die Entscheidung tragende Feststellungen handeln (keine obiter dicta, so auch Kuhls/Kuhls, StBerG, § 109 Rn. 43). 9

2. Ausnahmen von der Bindungswirkung

10 Absatz 2 Satz 2 relativiert indessen die Bindungswirkung eines verurteilenden strafrechtlichen Urteils, indem es bei **Zweifeln an der Richtigkeit der Feststellungen im Strafverfahren** dem Berufsgericht ermöglicht, abweichende eigene Feststellungen zu treffen. Entgegen der gesetzestechnisch ungewöhnlichen Formulierung ist nicht erforderlich, dass das Gericht seine Zweifel in einem förmlichen (Zwischen-)Beschluss festhält (ebenso Kuhls/Kuhls, StBerG, § 109 Rn. 45: Mitteilung im Urteil od. während der Hauptverhandlung z. B. in einem Beschluss nach §§ 244, 245 StPO zu einem Beweis- oder Beweisermittlungs-Antrag). Absatz 2 Satz 2 will nur deutlich machen, dass es nicht, wie sonst, ausreicht, dass der Vorsitzende im Rahmen der prinzipiell ihm obliegenden Gestaltung der Hauptverhandlung eine den Feststellungen im Strafurteil zuwiderlaufende Beweiserhebung anordnet, sondern dass sie v. der Kammer getragen sein muss; u. auch, dass den Verfahrensbeteiligten deutlich – i.d.R. durch Hinweise – gemacht werden muss, wenn die Kammer für ihre Entscheidung nicht die Feststellungen des Strafgerichts zu Grunde legt, sondern eigene Entscheidungen treffen will.

11 Auch der Berufsangehörige u. die GStA können Zweifel an der Feststellung im Strafprozess u. damit ein Entfallen der Bindungswirkung aktiv geltend machen. Dies muss im üblichen verfahrensmäßigen Weg, also mit förmlichen Beweisanträgen o. zumindest Beweisanregungen, geschehen. Innerhalb solcher Anträge/Anregungen muss dargelegt werden, warum die Beweistatsache nicht schon durch die Feststellungen im Strafurteil erwiesen ist, sondern an deren Richtigkeit Zweifel bestehen. Kriterien, wann relevante Zweifel an den Feststellungen im Strafverfahren eröffnet sind, teilt § 83 Abs. 2 nicht mit. Es muss jedoch beachtet werden, dass nach der Systematik des Gesetzes die Bindungswirkung der Regelfall, Zweifel die Ausnahme sind. Das Gesetz geht davon aus, dass das zuständige Strafgericht, noch dazu unter Mitwirkung der StA als neutraler Anklage- u. Ermittlungsbehörde, auf Grund des ihm obliegenden Amtsermittlungsgrundsatzes die notwendigen Ermittlungen geführt sowie den Sachverhalt gründlich u. zutreffend gewürdigt hat, so dass sich seine Feststellungen auch für die WPO-Gerichte als eine kompetente Entscheidungsgrundlage darstellen. Die Berufsgerichte können insb. davon ausgehen, dass der WP u. die Anklagebehörde schon im Strafverfahren Gelegenheit hatten, ihre Einwendungen vorzubringen, u. dass diese v. Strafgericht gewürdigt aber - soweit v. den Feststellungen abweichend - letztlich als nicht durchgreifend behandelt worden sind (LG Berlin, 14.12.2007, WiL 4/07, WPK-Mag. 2009, 30).

12 Rechtlich relevante **Zweifel** i.S.v. § 83 Abs. 2 Satz 2 sind deshalb nur in Ausnahmefällen gerechtfertigt, z.B. bei plausibilierter Geltendmachung eines **Wiederaufnahmegrundes** i.S.v. § 359 StPO; Mitteilung wichtiger neuer Beweismittel o. -tatsachen, die im Strafverfahren noch nicht berücksichtigt werden konnten; schwerer u. offensichtl. Mangel des Strafurteils o. des strafrechtl. Verfahrens (LG Berlin, 25.11.2011, WiL 6/12, n. v.); Darlegung, ob u. wie dieser im Strafverfahren geltend gemacht u. behandelt worden ist, ist allerdings erforderlich (vgl. LG Berlin, 14.12.2007, WPK-Mag. 2009, 30). Keinesfalls darf Abs. 2 Satz 2 so interpre-

tiert werden, dass jede Kritik bzw. jeder inhaltliche Angriff eines Verfahrensbeteiligten gegen die Feststellungen des Strafurteils geeignet wäre, relevante Zweifel hervorzurufen. Gibt es Zweifel nur hinsichtl. einzelner Punkte, bleibt die Bindungswirkung bezüglich der tatsächlichen Gesichtspunkte, die hiervon nicht berührt sind, bestehen (Kuhls, StBerG, § 109 Rn. 46).

Die Bindungswirkung nach § 83 Abs. 1 tritt nur ein, wenn die Feststellungen, die 13 das Strafgericht für seinen Freispruch zu Grunde gelegt hat, aus dessen Entscheidungsgründen erkennbar sind. Insbesondere Strafurteilen, die mangels Rechtsmittels nur in abgekürzter Fassung (§ 267 Abs. 4 StPO) niedergeschrieben sind, lassen sich solche Feststellungen häufig nicht hinreichend sicher entnehmen. In solchen Fällen ist eine Bindungswirkung mindestens problematisch (Frage des jeweiligen Einzelfalls)

§ 83a Verhältnis des berufsgerichtlichen Verfahrens zu den Verfahren anderer Berufsgerichtsbarkeiten

(1) Über eine Pflichtverletzung eines Wirtschaftsprüfers, der zugleich der Disziplinar- oder Berufsgerichtsbarkeit eines anderen Berufs untersteht, wird im berufsgerichtlichen Verfahren nur dann entschieden, wenn die Pflichtverletzung überwiegend mit der Ausübung des Berufs des Wirtschaftsprüfers im Zusammenhang steht oder wenn wegen der Schwere der Pflichtverletzung das berufsgerichtliche Verfahren mit dem Ziel der Ausschließung aus dem Beruf eingeleitet worden ist.

(2) ¹Beabsichtigt die Staatsanwaltschaft, gegen einen solchen Wirtschaftsprüfer das berufsgerichtliche Verfahren einzuleiten, so teilt sie dies der Staatsanwaltschaft oder Behörde mit, die für die Einleitung eines Verfahrens gegen ihn als Angehörigen des anderen Berufs zuständig wäre. ²Hat die für den anderen Beruf zuständige Staatsanwaltschaft oder Einleitungsbehörde die Absicht, gegen den Wirtschaftsprüfer ein Verfahren einzuleiten, so unterrichtet sie die Staatsanwaltschaft, die für die Einleitung des berufsgerichtlichen Verfahrens zuständig wäre (§ 84).

(3) Hat das Gericht einer Disziplinar- oder Berufsgerichtsbarkeit sich zuvor rechtskräftig für zuständig oder unzuständig erklärt, über die Pflichtverletzung eines Wirtschaftsprüfers, der zugleich der Disziplinar- oder Berufsgerichtsbarkeit eines anderen Berufs untersteht, zu entscheiden, so sind die anderen Gerichte an diese Entscheidung gebunden.

(4) Die Absätze 1 bis 3 sind auf Wirtschaftsprüfer, die in einem öffentlich-rechtlichen Dienst- oder Amtsverhältnis stehen und ihren Beruf als Wirtschaftsprüfer nicht ausüben dürfen (§ 44a), nicht anzuwenden.

Schrifttum: *Deckenbrock/Fleckner*, Berufsgerichtliche Verfahren gegen mehrfach qualifizierte Berufsträger – Insolvenzverwaltung durch Wirtschaftsprüfer, NJW 2005, 1165; *Meng*, Die Berufsgerichtsbarkeit der Steuerberater, StB 1986, 296.

Inhaltsübersicht

	Rn.
I. Allgemeines	1–6
II. Zuständigkeit nach der WPO (Abs. 1)	7–20
1. WP-Berufsausübung als Schwerpunkt der Pflichtverletzung	7–18
a) Allgemeines	7–8
b) Mehrfachqualifikation als WP/StB	9–14
c) Mehrfachqualifikation als WP/RA	15–16
d) Mehrfachqualifikation als WP/Anwaltsnotar	17–18
2. Ausschluss aus dem Beruf als Ziel des berufsgerichtlichen Verfahrens	19–20
III. Verfahrensfragen	21–23
1. Informationsaustausch der Ermittlungsbehörden (Abs. 2)	21
2. Zuständigkeitserklärung eines Gerichts (Abs. 3)	22–23
IV. WP in einem öffentlich-rechtlichen Dienst- oder Amtsverhältnis (Abs. 4)	24–25

I. Allgemeines

1 Die Vorschrift regelt verfahrensrechtlich das Verhältnis des berufsgerichtlichen Verfahrens nach der WPO zu den Verfahren anderer Gerichtsbarkeiten u. ist damit abzugrenzen v. § 69a, der sich auf das materiellrechtliche Verhältnis mehrfacher Ahndung u.a. durch unterschiedliche Berufsgerichtsbarkeiten bezieht (§ 69a Rn. 1). Zugleich kann u. muss zum Verständnis des § 83a auch § 69a mitberücksichtigt werden. § 83a dient nicht nur der **Verfahrensökonomie**. Er ist vielmehr in erster Linie Ausdruck des **Verhältnismäßigkeitsgrundsatzes**, nur bei Bedarf u. Erfordernis in den Anspruch des Einzelnen auf eine möglichst unreglementierte Berufsausübung einzugreifen.

2 In der Praxis ist die Mehrfachqualifikation als **WP/RA** u. insb. als **WP/StB** verbreitet. Gelegentlich findet sich die Dreifachqualifikation als **WP/StB/RA**. Die gleichzeitige Berufsausübung als **WP** u. **Anwaltsnotar** ist hingegen vgl. selten, die als WP u. Notar wegen § 8 Abs. 2 Satz 1 Hs. 1 BNotO sogar ausgeschlossen.

3 Im **kammerseitigen BA-Verfahren** ist § 83a zumindest direkt nicht anwendbar, weil § 63 Abs. 1 Satz 2 einen entsprechenden Verweis auf § 83a nicht enthält. Hierbei dürfte es sich grds. nicht um eine planwidrige Regelungslücke handeln, weil § 63 Abs. 1 Satz 2 expressis verbis den § 83 Abs. 2 für anwendbar erklärt u. aufgrund der unmittelbaren regelungstechnischen Nähe dieser Vorschrift zu § 83a eine gesetzgeberische „Unachtsamkeit" eher unwahrscheinlich erscheint.

4 Bei Fällen **mittelschwerer Schuld**, deren sich die WPK aufgrund der Erweiterung ihres Zuständigkeitsbereichs durch die 7. WPO-Novelle 2007 anzunehmen hat, ist das Ergebnis unbefriedigend. Allein diese Kompetenzbereichsverschiebung rechtfertigt es nicht, die in materieller Hinsicht im Wesentlichen gleich bleibenden Sachverhalte nunmehr unterschiedlich zu behandeln. Zwar dürfte das kammerseitige

BA-Verfahren als solches für den Berufsangehörigen grds. weniger belastend sein als das berufsgerichtliche Verfahren. Dies gilt jedoch nicht für Fälle mittelschwerer Schuld, da diese i.Z.m. der Verschärfung des der WPK zur Verfügung stehenden Sanktionsinstrumentariums durch die 7. WPO-Novelle 2007 (insb. Geldbuße bis zu 50.000 Euro i.V.m. einer Rüge) zu sehen sind. Eine gegenteilige Intention des Gesetzgebers lässt sich den Gesetzesmaterialien nicht entnehmen, so dass eine **entsprechende Anwendung des § 83a für mittelschwere Fälle** zu befürworten ist.

Für Berufspflichtverletzungen **geringer Schuld** folgt aus der mangelnden direkten u. entsprechenden Anwendbarkeit des § 83a gleichwohl nicht, dass zwei Verfahren verschiedener Kammern **parallel** betrieben werden sollten. Vielmehr erscheint auch hier aus übergeordneten Gründen der Verfahrensökonomie u. des Verhältnismäßigkeitsprinzips eine Abstimmung im Vorfeld geboten (siehe auch § 36a Abs. 3 Nr. 2 zur grds. Pflicht v. Gerichten und Behörden, bei dem Verdacht einer Berufspflichtverletzung Daten an die WPK zu übermitteln). Diese sollte sich in Anlehnung an die Frage, welchem Berufsbild die mutmaßliche Pflichtverletzung **schwerpunktmäßig** zuzuordnen ist, vollziehen. Sofern sich kein Schwerpunkt (eindeutig) erkennen lässt, richtet sich die Zuständigkeit danach, welche Kammer zuerst berufsrechtliche Ermittlungen aufgenommen hat (**Prinzip des ersten Zugriffs**). 5

Da in Fällen **geringer Schuld** § 83a nicht gilt, folgt aus dem Umstand, dass sich das Fehlverhalten des Berufsangehörigen schwerpunktmäßig einer v. mehreren Berufsordnungen zuordnen lässt, nicht, dass eine parallele Zuständigkeit der anderen Berufsordnung nicht begründet wäre. Vielmehr ist eine nachrangige Zuständigkeit der anderen Berufskammer stets gegeben, sofern die Pflichtverletzung des Berufsangehörigen auch mit dieser Berufsordnung einen Zusammenhang aufweist. Konsequenz dieser Betrachtungsweise ist eine **Divergenz der berufsgerichtlichen u. kammerseitigen Zuständigkeit** bei Mehrfachbändern. 6

II. Zuständigkeit nach der WPO (Abs. 1)
1. WP-Berufsausübung als Schwerpunkt der Pflichtverletzung
a) Allgemeines

Maßgeblich für die Frage, ob über eine in Rede stehende Pflichtverletzung eines Berufsangehörigen, der zugl. einer anderen Berufs- o. Disziplinargerichtsbarkeit unterliegt, nach der WPO überhaupt entschieden werden darf, ist Abs. 1 (KG 2.11.2006, WPK-Mag. 1/2007, 47). Nach dessen 1. Alt. ist ein berufsgerichtliches Verfahren nach der WPO nur dann zulässig, wenn **die Pflichtverletzung überwiegend mit der Ausübung des Berufs des WP im Zusammenhang steht**. Entscheidend ist somit, in welchem Tätigkeitsbereich das beanstandete Verhalten seinen **Schwerpunkt** hat. 7

Die Regelung kann allerdings nicht isoliert herangezogen werden. Zu berücksichtigen sind hierbei vielmehr auch zum einen die **Zuständigkeitsregelungen der jeweils anderen Berufsordnungen** sowie der **Umfang der sich überschneidenden Befugnisse** der verschiedenen Berufe. Insbesondere Letzteres führt dazu, dass die Frage, ob eine Pflichtverletzung schwerpunktmäßig mit der Tätigkeit als WP im 8

Zusammenhang steht, unterschiedlich zu beantworten ist. Die Berücksichtigung der korrespondierenden Vorschriften ist aber auch i.Z.m. Pflichtverletzungen im außerberuflichen Bereich v. Bedeutung.

b) Mehrfachqualifikation als WP/StB

9   Für StB enthält § 110 Abs. 1 StBerG eine dem § 83a Abs. 1 entsprechende Regelung. Danach wird über die Pflichtverletzung eines auch einer anderen Berufs- o. Disziplinargerichtsbarkeit unterliegenden StB nur dann entschieden, wenn diese schwerpunktmäßig mit der Berufsausübung als StB zusammenhängt. Die Zuordnung kann bei Pflichtverletzungen eines WP/StB deshalb besonders schwierig sein, weil die Befugnisse des WP im Bereich der Hilfeleistung in Steuersachen diejenigen des StB voll umfassen.

10 Für berufliches Fehlverhalten hat sich gleichwohl folgende Abgrenzung herausgebildet: Liegt der Schwerpunkt der Pflichtverletzung vornehmlich auf dem Gebiet der **Hilfeleistung in Steuersachen o. der Buchführung**, begründet dies die Zuständigkeit nach dem StBerG, während die überwiegende Zugehörigkeit zum Tätigkeitsfeld der **betriebswirtschaftl. Prüfung o. Erstellung** das Verhalten der WPO unterstellt (KG, 2.11.2006, WPK-Mag. 1/2007, 47; vgl. auch BVerwG 22.8.2000, BVerwGE 112, 1, 4; Kuhls, StBerG, § 110, Rn. 22).

11 Zu berücksichtigen ist allerdings, dass diese Zuständigkeitsabgrenzung v. vornherein nur dann v. Bedeutung sein kann, wenn u. solange der WP zugl. der **Berufsgerichtsbarkeit nach dem StBerG** unterliegt. Ebenso wie über eine Pflichtverletzung eines WP, der niemals zugl. als StB bestellt war, im berufsgerichtlichen Verfahren nach der WPO entschieden werden kann, auch wenn diese im Bereich der Hilfeleistung in Steuersachen lag, muss dies für den Fall gelten, dass sich der WP nach der Pflichtverletzung durch den **Verzicht auf seine Bestellung als StB** der Gerichtsbarkeit für diesen Beruf generell entzieht. Dass es für die Tatbestandsvoraussetzung des Unterliegens einer anderen Berufsgerichtsbarkeit auf den jeweiligen **Zeitpunkt der Verfahrensentscheidung**, nicht etwa den der Tathandlung ankommt, zeigt nicht nur der eindeutige Wortlaut des Abs. 1 1. Alt o. der Vergleich mit § 67 Abs. 3, der i. Ggs. hierzu ausdr. auf die „Zeit der Tat" abstellt. Dies entspricht auch der ratio legis u. dem Zusammenhang mit § 69a, der anderenfalls weitgehend ohne eigenständige Bedeutung bliebe. Soweit das KG (Beschl. v. 2.11.2006, WPK-Mag. 1/2007, 47) in einem derartigen Fall eine Entscheidung in der Sache mit Blick auf § 83a Abs. 1 abgelehnt hat, ist dies daher unzutreffend.

12 Bei einer dem Wortlaut entsprechenden Anwendung des Abs. 1 1. Alt. u. der daraus folgenden Grundsätze lassen sich auch **vergleichbare Fallkonstellationen** ohne weiteres sachgerecht lösen. Ist etwa gegen einen WP/StB eine berufsgerichtliche Maßnahme in einem Verfahren nach dem StBerG verhängt worden u. hat dieser danach, aber noch vor Einleitung eines Verfahrens nach der WPO, auf die Bestellung als StB verzichtet, unterliegt er zu diesem Zeitpunkt nicht (mehr) zugl. der Berufsgerichtsbarkeit eines anderen Berufs. Auch in diesem Fall ist daher die Eröffnung des Hauptverfahrens zuzulassen. Die weitere Frage, ob trotz der bereits er-

folgten Maßnahme wegen desselben Verhaltens eine weitere berufsgerichtliche Ahndung in Betracht kommt, ist auf der Grundlage des § 69a zu beantworten. Umgekehrt ist die Eröffnung des Hauptverfahrens abzulehnen o. ein bereits eröffnetes Verfahren einzustellen, wenn ein Berufsangehöriger auf die Bestellung als StB verzichtet hatte, zwischenzeitlich aber wiederbestellt wurde. Denn er unterliegt mit der Wiederbestellung (erneut) der Berufsgerichtsbarkeit eines anderen Berufs. Hierbei ist es unerheblich, ob ein berufsgerichtliches Verfahren nach StBerG überhaupt stattgefunden hat o. wie es beendet wurde.

Denkbar sind auch Pflichtverletzungen eines WP/StB, die zwar mit der Berufsausübung im Zusammenhang stehen, aber **keinen fachlichen Bezug** haben. Die fehlende Besetzung einer ZN mit einem qualifizierten Leiter z.b. lässt sich nach den in Rn. 10 dargelegten Grundsätzen nicht eindeutig o. schwerpunktmäßig zuordnen. Der **BGH** hat, wenn auch vorrangig i.Z.m. Abs. 3 (Rn. 23), aber mit Rückwirkung auf Abs. 1, diesen ansatzweise dahin erweitert, dass ein Verfahren nach der WPO auch bei solchen, **nicht eindeutig zuordnungsfähigen Pflichtverletzungen** jedenfalls nicht v. vornherein ausgeschlossen ist (BGH 12.10.2004, NJW 2005, 1057, 1058 = WPK-Mag. 1/2005, 48 ff m. Anm.; vgl. auch die ausdr. Klarstellung in der Anm. zu KG 2.11.2006, WPK-Mag. 1/2007, 48). Bei dieser Wertung hat der BGH zu Recht insb. auf § 69a abgestellt. Sofern dieselbe, nicht eindeutig einer Berufsordnung zuzuordnende Pflichtverletzung aufgrund v. Nuancen in der gesetzlichen Ausgestaltung nach der WPO ggf. strenger beurteilt werden müsse u. eine Entscheidung nach diesem Gesetz v. vornherein nicht zulässig wäre, laufe die Regelung zum disziplinarischen Überhang im Ergebnis leer. 13

Ob sich diese Überlegung auch auf **außerberufliches Fehlverhalten** eines WP/StB übertragen lässt, ist hingegen zweifelhaft. Insofern könnte hier aufgrund der Regelungen in § 110 Abs. 1 StBerG u. § 83a Abs. 1 eine echte Regelungslücke bestehen. In diesem Zusammenhang wird die Lösung nur darin bestehen können, dass sich die StA im Rahmen ihrer gegenseitigen Unterrichtungspflicht (Rn. 21) abstimmen, vor welchem Berufsgericht die Anschuldigung erhoben werden soll (so auch Kuhls, StBerG, § 110, Rn. 23; Gehre/Koslowski, § 110 Rn. 7). 14

c) Mehrfachqualifikation als WP/ RA
Anders als § 83a Abs. 1 u. § 110 Abs. 1 StBerG verlangt § 118a Abs. 1 Satz 1 BRAO für die Entscheidung über einen zugl. einer anderen Berufs- o. Disziplinargerichtsbarkeit unterliegenden RA nicht, dass der Schwerpunkt der Pflichtverletzung i.Z.m. der Berufsausübung als RA stehen muss. Vielmehr ist danach umgekehrt die **Anwaltsgerichtsbarkeit immer zuständig**, sofern nicht die Pflichtverletzung schwerpunktmäßig mit der Ausübung des **anderen Berufs** im Zusammenhang steht (so auch noch OLG Hamburg 11.9.2002, WiStrA 2003, 77). 15

Befugnisüberschneidungen zwischen **WP u. RA** bestehen ebenso wie bei WP u. StB im Bereich der **Hilfeleistung in Steuersachen**. Bei Pflichtverletzungen eines WP/RA in diesem Bereich würde sich die Zuständigkeit der Anwaltsgerichtsbarkeit bei wörtlicher Auslegung bereits aus § 118a Abs. 1 Satz 1 BRAO ergeben. Die für 16

WP/StB aufgezeigten Problemfälle (Rn. 13, 14) wären bei WP/RA ohne Bedeutung. Bei nicht eindeutiger Zuordnungsfähigkeit zur WP-Berufsausübung, etwa bei Fehlverhalten im **außerberuflichen Bereich**, wäre ohne weiteres die Anwaltsgerichtsbarkeit zuständig. Das LG Berlin hat hingegen in seinem Beschl. v. 7.11.2008 (WPK-Mag. 2/2009, 35) unter Berufung auf das BGH-Urt. v. 12.10.2004 (s. bereits Rn. 13) ausgeführt, dass nach seiner Auffassung v. der **Gleichwertigkeit der Verfolgung nach allen Berufsordnungen**, denen der Betroffene unterliegt, auszugehen ist. Lasse sich ein Schwerpunkt hinsichtlich einer Berufsordnung nicht feststellen, würden alle Berufsordnungen gleichermaßen gelten, wie der BGH gerade auch im Verhältnis zwischen § 83a u. § 118a BRAO festgehalten habe. Diese Wertung ist in der Kommentarliteratur auf Zustimmung gestoßen (Feuerich/Weyland, BRAO, § 118a Rn. 8; Kuhls, StBerG, § 110 Rn. 10, 14 ff.; für den Vorrang des anwaltsgerichtlichen Verfahrens allerdings weiterhin Gehre/Koslowski, StBerG, § 110 Rn. 4).

d) Mehrfachqualifikation als WP/Anwaltsnotar

17 Die BNotO enthält wegen des grds. Zweitberufsverbots für Notare keine den übrigen Berufsgesetzen vergleichbare allg. Zuständigkeitsregelung. Geregelt wird in § 110 BNotO ledigl. das **Verhältnis v. notariellem Disziplinarverfahren u. anwaltsgerichtlichem Verfahren** für Notare, die zugl. RA sind. Nach § 110 Abs. 1 BNotO bestimmt sich die Zuständigkeit nicht nur danach, ob die Pflichtverletzung i.Z.m. notarieller Tätigkeit o. anwaltlicher Tätigkeit steht, sondern auch dann, wenn dies zweifelhaft ist o. ein solcher Zusammenhang überhaupt nicht besteht.

18 Für Anwaltsnotare, die anders als Nur-Notare nach § 8 Abs. 2 Satz 2 BNotO zugl. den Beruf als PA, StB, WP o. vBP ausüben dürfen, fehlt hingegen eine ausdr. Regelung für die Zuständigkeit der gerichtlichen Verfahren in der BnotO. Die Abgrenzung wird nach den Ausführungen des LG Berlin (Rn. 16) aber auch hier nach den gleichen Grundsätzen wie bei der Mehrfachqualifikation des WP/StB o. WP/RA vorzunehmen sein.

2. Ausschluss aus dem Beruf als Ziel des berufsgerichtlichen Verfahrens

19 Von vornherein keine Bedeutung haben die genannten Wertungs- u. Abgrenzungsfragen in den Fällen, in denen das Ziel des eingeleiteten berufsgerichtlichen Verfahrens darin besteht, den WP aus dem Beruf auszuschließen (Abs. 1 2. Alt). Insoweit hat es der Gesetzgeber als selbstverständlich angesehen, dass diese Maßnahme nur **im Rahmen derjenigen Berufsgerichtsbarkeit** erfolgen soll, die für den WP **originär zuständig** ist. Außer in kaum vorstellbaren Ausnahmefällen ist zugl. davon auszugehen, dass ein Ausschluss aus dem Beruf nur dann in Betracht kommen kann, wenn der Schwerpunkt der Pflichtverletzung in der WP-Berufsausübung liegt.

20 Für die Frage, ob die Zuständigkeit der Berufsgerichtsbarkeit wegen der beabsichtigten Ausschließung aus dem WP-Beruf eröffnet ist, kommt es nicht ausschließl. darauf an, ob die GStA diese Maßnahme in ihrer **Anschuldigungsschrift** beantragt. Das Gericht kann u. muss sich vielmehr bereits im Rahmen seiner Zuständigkeitsprüfung zumindest überschlägig mit der Frage befassen, ob die **behauptete Pflicht-**

verletzung den Ausschluss rechtfertigen kann u. ob der v. der GStA **vorgetragene Sachverhalt** die in Rede stehende Pflichtverletzung trägt (Schlüssigkeitsprüfung).

III. Verfahrensfragen

1. Informationsaustausch der Ermittlungsbehörden (Abs. 2)

Nach Abs. 2 sind die für die jeweiligen Berufe zuständigen StA verpflichtet, sich gegenseitig über die **beabsichtigte Einleitung** v. berufsgerichtlichen Verfahren zu **unterrichten**, wenn der Berufsangehörige mehreren Disziplinar- o. Berufsgerichtsbarkeiten unterliegt. Da das Gesetz nicht mehr als diese Unterrichtung verlangt, lässt sich im Umkehrschluss folgern, dass eine Prüfung, ob nach Abs. 1 eine Entscheidung in der Sache durch das Gericht getroffen werden darf, nicht erfolgen muss. Die Einleitung des berufsgerichtlichen Verfahrens durch die GStA ist daher unabhängig hiervon zulässig u. auch sinnvoll, um eine **Verjährungsunterbrechung** nach § 70 Abs. 1 Satz 2 herbeiführen zu können (siehe auch Kuhls, StBerG, § 110 Rn. 5). Dies kann v. Bedeutung sein, da die Zuständigkeitszuweisungen an die Berufsgerichte nicht zu einer dauerhaften Ausschließung anderer Berufsgerichtsbarkeiten führen müssen (Rn. 11, 12). Gleiches gilt für die i.Z.m. Bindungswirkung der Zuständigkeitserklärung eines Gerichts (nachfolgend Rn. 22). 21

2. Zuständigkeitserklärung eines Gerichts (Abs. 3)

Die Regelung gibt keine Antwort auf die Frage, ob das Fehlverhalten des Mehrfachbänders überhaupt der WPO unterliegt u. damit auch eine Zuständigkeit dieser Gerichtsbarkeit begründet. Diese Frage beantwortet ausschließlich Abs. 1. Der Regelungsgehalt des Abs. 3, wonach die rkr. Zuständigkeitserklärung eines Berufs- o. Disziplinargerichts die anderen Gerichte bindet, erschöpft sich nach Auffassung des BGH (Urt. v. 12.10.2004, NJW 2005, 1057 f. = WPK-Mag. 1/2005, 48 ff. m. Anm.) vielmehr in der **Unterbindung einer zeitgleichen Behandlung** derselben Sachverhalte in unterschiedlichen berufsgerichtlichen u. disziplinarrechtlichen Verfahren. Abs. 3 statuiert im Kollisionsfalle jedenfalls dann, wenn eine nicht einem Berufsrecht eindeutig zuordnungsfähige Pflichtverletzung vorliegt, daher ein (nur) **temporäres Verfahrenshindernis**, das mit dem rkr. Abschluss des Vorrangverfahrens beseitigt wird u. mit dem keine dem strafprozessualen Strafklageverbrauch vergleichbare Wirkung einhergeht (ebenso KG 2.11.2006, WPK-Mag. 1/2007, 47; a.A. Kuhls, StBerG, § 110, Rn. 6, Deckenbrock/Fleckner, NJW 2005, 1165, 1166 f.). 22

Soweit der BGH (a.a.O., 48 f.) allerdings feststellt, dass „jedenfalls" nach einem **Freispruch** in einer Berufsordnung Raum für einen disziplinarischen Überhang einer anderen Berufsordnung verbleiben müsse, ist zu hoffen, dass das v. BGH gewählte Wort „jedenfalls" nicht auf eine materielle Einschränkung dahingehend hinweisen soll, dass bei einer **Verurteilung** nach einer Berufsordnung eine gerichtliche Entscheidung nach einer anderen Berufsordnung entgegen des vorgenannten Grundsatzes doch dauerhaft ausgeschlossen ist. Diese Restriktion wäre mit dem Wortlaut u. der ratio legis des § 69a, die der BGH zur Begründung seines Urt. ausdr. hervorgehoben hat, nicht in Einklang zu bringen (s. bereits Rn. 13). Vielmehr würden hierdurch – wie v. BGH für den Fall des Freispruchs selbst vorgebracht – die 23

„Unterschiede in der Ausprägung einzelner Berufspflichten unterschiedlicher Berufsordnungen potenziell nivelliert" (a.a.O.; Römermann, EWiR 2005, 449, 450 meint allerdings, dass diesbzgl. Unterschiede im Normtext einer verfassungsrechtlichen Prüfung gemäß Art. 3 GG im Zweifel ohnehin selten standhalten würden).

IV. WP in einem öffentlich-rechtlichen Dienst- oder Amtsverhältnis (Abs. 4)

24 Für Berufsangehörige, die in einem öffentlich-rechtlichen Dienst- o. Amtsverhältnis stehen u. deshalb ihren Beruf nicht ausüben dürfen, sind nach Abs. 4 die Abs. 1 bis 3 nicht anwendbar. Dies hat den **absoluten Vorrang** des entsprechenden Disziplinarverfahrens u. damit den **dauerhaften Ausschluss** des berufsgerichtlichen Verfahrens zur Folge (vgl. auch OVG NRW 21.11.2007, DVBl. 2008, 404, wonach ein Berufsgerichtsverfahren gegen einen Architekten, der zugleich Beamter ist u. seine Beamtenpflichten verletzt hat, unabhängig davon ausgeschlossen ist, ob das Disziplinarverfahren zu einer Ahndung geführt hat o. überhaupt durchgeführt worden ist). Da der Berufsangehörige materiell-rechtlich weiterhin der **BA nach der WPO** unterliegt (§ 44a Rn. 20) u. § 83a u. damit auch dessen Abs. 4 für das **kammerseitige BA-Verfahren** nur eingeschränkt gilt (Rn. 3-6), ist dessen Durchführung hingegen weiterhin möglich.

25 Trotz des Verweises in Abs. 4 auf § 44a insgesamt deutet der Passus „u. deshalb ihren Beruf nicht ausüben dürfen" darauf hin, dass der generelle Ausschluss des berufsgerichtlichen Verfahrens nur für die Fälle gelten kann, in denen dieses **Berufsausübungsverbot** auch **tats. umgesetzt** wird. Ist dies deshalb nicht der Fall, weil der Berufsangehörige die ihm übertragene Aufgabe entw. ehrenamtl. wahrnimmt (§ 44a Satz 1, Hs. 2) o. weil ihm die weitere Berufsausübung v. der WPK nach § 44a Satz 2 gestattet worden ist, greift Abs. 4 bereits **tatbestandlich** nicht (ebenso für den insoweit gleichlautenden § 110 Abs. 4 StBerG Kuhls, StBerG, § 110, Rn. 30; Sanft, BHStB, § 110 Rn. 16 u. für § 118a Abs. 4 BRAO Henssler/Prütting/Dittmann, § 118a Rn. 8; anders o. zumindest missverständlich Gehre/Koslowski, § 110, Rn. 12).

§ 83b Aussetzung des berufsgerichtlichen Verfahrens

Das berufsgerichtliche Verfahren kann nur ausgesetzt werden, wenn

1. in einem anderen gesetzlich geregelten Verfahren ein Sachverhalt aufzuklären oder eine Rechtsfrage zu entscheiden ist, ohne deren Beurteilung eine Entscheidung im berufsgerichtlichen Verfahren nicht möglich oder nicht zweckmäßig ist oder
2. der rechtskräftige Abschluss eines anderen gesetzlich geregelten Verfahrens, in dem über einen Sachverhalt oder eine Rechtsfrage zu entscheiden ist, deren Beurteilung für die Entscheidung im berufsgerichtlichen Verfahren von Bedeutung ist, innerhalb von sechs Monaten zu erwarten ist.

Inhaltsübersicht

	Rn.
I. Allgemeines	1–3
II. Aussetzung des Verfahrens nach § 83b	4–12
1. Anwendungsbereich	4–6
2. Aussetzung wegen Vorrangs anderer Entscheidungen (Nr. 1)	7–9
3. Aussetzung wegen Bedeutsamkeit anderer Verfahren (Nr. 2)	10
4. Wirkung der Aussetzung	11–12

I. Allgemeines

Bis zum Inkrafttreten der 5. WPO-Novelle 2004 kam in den verhältnismäßig häufigen Fällen, in denen gegen einen WP wegen desselben Sachverhalts ein berufsgerichtliches u. ein **Strafverfahren** durchgeführt wurden, letzterem der **Vorrang** zu (dies ist nach wie vor die Gesetzeslage im Berufsrecht der StB – vgl. § 109 StBerG, s. dazu Cichon/Späth/Pickel, BHStB, § 109 Rn. 1-15, u. der RA – vgl. § 118 BRAO). Dieser prinzipielle Vorrang ist durch § 83b aufgehoben worden. In der ab 1.12.2003 bis zur 7. WPO-Novelle 2007 geltenden Fassung waren überdies die Möglichkeiten, gleichwohl ein berufsgerichtliches Verfahren mit Blick auf ein Strafverfahren **auszusetzen**, theoretisch noch mehr beschränkt als heute (Aussetzung nach § 83b Nr. 1 a.f. nur, wenn eine Beurteilung im berufsgerichtlichen Verfahren ohne Abwarten der Entscheidung in dem anderen Verfahren „nicht möglich" war; heute auch Aussetzung, wenn Abwarten „zweckmäßig" ist). 1

Die gesetzl. Regelung hat sich nicht bewährt (a.A. RefE des BMWi v. 3.3.2006, dort S. 73 f.); jedenfalls war sie in der Fassung der 5. WPO-Novelle 2004 nahezu wirkungslos geblieben (eingeräumt v. RefE a.a.O., allerdings mit Rekurs auf eine angebliche „Erfahrung", dass „die Gerichte" keiner beruflichen Maßnahme „vorab" – also vor den Ergebnissen des strafrechtl. Verfahrens – „zustimmen" würden; diese „Erfahrung" ist für den Bereich der WPO-Berufsgerichtsbarkeit jedoch empirisch schon deshalb nicht belegbar, weil es bislang keine einzige Verfahrensaussetzung wegen Vorrangs anderer Verfahren gegeben hat). Diese Ineffizienz der gesetzl. Regelung hat zu der oben Rn. 1 dargestellten Erweiterung der rechtl. **Aussetzungsmöglichkeiten** durch die 7. WPO-Novelle 2007 geführt. 2

Sachgerecht wäre gewesen, zu der vor der 5. WPO-Novelle 2004 geltenden Gesetzeslage zurückzukehren. Dies gilt umso mehr, als § 83b spätestens seit der grundlegenden Entscheidung des BGH zum Verhältnis v. berufsgerichtlichen Verfahren untereinander (BGH 12.10.2004, NJW 2005, 1057, 1058 = WPK-Mag. 1/2005, 48 ff. m. Anm.; vgl. auch die ausdr. Klarstellung in der Anm. zu KG 2.11.2006, WPK-Mag. 1/2007, 48) in einem Wertungswiderspruch zu § 83a steht: Während ein berufsgerichtliches Verfahren nach BRAO o. StBerG gegen einen **Mehrfachberufler** eine Verfolgung nach der WPO für die Dauer des anderen Verfahrens sperrt, spricht § 83b einem strafrechtl. Verfahren, das den WP häufig ungleich mehr belastet, eine entspr. Wirkung nicht zu. Dies ist wenig einsichtig u. 3

wird sich in der staatsanwaltschaftlichen Praxis, die in erster Linie betroffen ist (s.u. Rn. 5 f.) nicht durchsetzen.

II. Aussetzung des Verfahrens nach § 83b
1. Anwendungsbereich

4   § 83b betrifft faktisch in erster Linie das Verhältnis **zwischen straf- u. berufsgerichtlichem Verfahren**. Die Norm erfasst allerdings auch die Konkurrenz mit anderen Verfahren, wobei außer Strafverfahren vor allem **verwaltungsgerichtliche Verfahren** (wegen des Widerrufs der Zulassung, § 20) in Betracht kommen; außerdem auch **zivilrechtl. Verfahren**. Nicht erfasst v. § 83b ist dagegen das Nebeneinander v. berufsgerichtlichen Verfahren nach der WPO u. der BRAO o. dem StBerG; hier gilt (s.a. oben Rn. 3) § 83a (vgl. dazu § 83a Rn. 9).

5   § 83b gilt ab **Einleitung des berufsgerichtlichen Verfahrens**, also (vgl. § 85) ab Einreichung der Anschuldigungsschrift. Eine **Aussetzung** schon im Ermittlungsverfahren der GStA ermöglicht die Vorschrift also nicht (so, zu § 109 StBerG zutreffend BHStB, § 109 Rn. 8). Bei geeigneten Verfahren müsste u. sollte die GStA mithin so verfahren, dass sie die Anschuldigungsschrift einreicht u. zugl. mit der Anregung, das Verfahren gerichtlich auszusetzen, verbindet.

6   § 83b behandelt mithin nur Fälle einer echten **Verfahrensaussetzung** durch gerichtlichen Beschluss. Nicht dagegen erfasst ist das praktisch bedeutsamere schlichte Abwarten v. Ergebnissen o. wenigstens Zwischenergebnissen des anderen Verfahrens durch die Berufsgerichte u. – vor allem – die GStA. Prinzipiell ist ein faktisches Zuwarten des Ablaufs des anderen Verfahrens nicht zu beanstanden; häufig ist es weder ermittlungstaktisch günstig, wegen desselben Lebenssachverhalts neben einander u. doppelt zu ermitteln, noch dem Berufsangehörigen zuzumuten, sich in derselben Sache zweimal zu verteidigen. Dies ist letztlich auch der Grund, warum § 83b trotz aller gesetzgeberischer Aktivitäten nach wie vor praktisch leer läuft. Allerdings sollte die gesetzgeberische Wertung, dass ein berufsgerichtliches Verfahren durch Zuwarten auf ein anderes Verfahren nicht über Gebühr verzögert wird, v. den Berufsgerichten u. GStA schon wg. § 198 GVG im Blick behalten werden.

2. Aussetzung wegen Vorrangs anderer Entscheidungen (Nr. 1)

7   Nach Nr. 1 kann **ausgesetzt** werden, wenn ohne Abwarten des anderen Verfahrens eine Entscheidung im berufsgerichtlichen Verfahren nicht möglich o. nicht zweckmäßig ist. Dem anderen Verfahren muss, soweit dies einen Sachverhalt o. eine Rechtsfrage aufklärt bzw. entscheidet, rechtl. o. doch zumindest tats. ein gewisser Vorrang zukommen. Insgesamt ist die Vorschrift deutlich unschärfer u. weiter gefasst als die bis 2003 geltende Gesetzesfassung u. als §§ 109 Abs. 1 StBerG, 118 Abs. 1 BRAO, die eine **Aussetzung** nur bei einer Befassung des anderen (Straf-) Gerichts wegen desselben Lebenssachverhalts zulassen, also für eine Aussetzung ein einheitliches geschichtliches tats. Ereignis fordern (so BGH 12.10.2004, NJW 2005, 1057, 1058 = WPK-Mag. 1/2005, 48 ff. m. Anm.; vgl. auch die ausdr. Klarstellung in der Anm. zu KG 2.11.2006, WPK-Mag. 1/2007, 48, zum Verhältnis

StBerG/Strafverfahren). § 83b Nr. 1 lässt demggü. eine Aussetzung nicht nur bei einer solchen Identität der Verfahrensgegenstände zu, sondern auch dann, wenn eine andersartige inhaltliche Berührung des anderen Verfahrens mit dem berufsgerichtlichen Verfahren besteht. Entgegen dem mit den Gesetzesnovellierungen (s. o. Rn. 1) verfolgten Anliegen (vgl. oben Rn 1 f.) hat § 83b Nr. 1 mithin rechtl. paradoxer Weise die gerichtliche Aussetzungsmöglichkeiten nicht eingeschränkt, sondern erweitert.

Weitere Voraussetzung für eine **Aussetzung** ist, dass ohne Abwarten einer Entscheidung eine Beurteilung im berufsgerichtlichen Verfahren nicht möglich o. zweckmäßig ist, wobei faktisch nur die letztgenannte Variante bedeutsam ist: Denn eine rechtl. o. tats. *Unmöglichkeit* nur desh., weil im anderen Verfahren eine rkr. Entscheidung noch fehlt, ist kaum denkbar. **8**

Wann eine **Aussetzung** wegen eines anderen Verfahrens zweckmäßig ist, lässt sich nicht abstrakt beantworten. In Fällen, in denen das andere Verfahren ein Strafverfahren gegen den Berufsangehörigen ist, wird dies sehr häufig anzunehmen sein, schon um eine Divergenz v. Entscheidungen u. den Aufwand eines Wiederaufnahmeverfahrens (§ 83c Rn. 7 f.) zu vermeiden. Bei der **Konkurrenz v. berufsgerichtlichen Verfahren mit anderen Verfahren**, insb. einem verwaltungsgerichtlichem Verfahren auf Widerruf der Zulassung o. einem Zivilrechtsstreit, sollte die Zumutbarkeit einer Aussetzung deutlich strenger bewertet werden: Denn diese Entscheidungen haben keine Sperr- bzw. Bindungswirkung nach § 83 Abs. 1, Abs. 2 Nr. 1. Aber auch die Regelungsziele, besonders im verwaltungsgerichtlichen Verfahren, das primär nicht ein berufswidriges Verhalten in der Vergangenheit bewertet, sondern eine Zuverlässigkeitsprognose für die Zukunft feststellen muss, u. die Verfahrensgrundsätze, besonders im Zivilverfahren (Dispositionsmaxime, Entscheidung nach Beweislastgrundsätzen) weichen zu deutlich v. denen des berufsgerichtlichen Verfahrens ab. **9**

3. Aussetzung wegen Bedeutsamkeit anderer Verfahren (Nr. 2)

Nach der Neufassung v. § 83b Nr. 1 durch die 7. WPO-Novelle 2007 (s.o. Rn. 1 f.) hat die Möglichkeit, ein berufsgerichtliches Verfahren auszusetzen, weil ein anderes Verfahren zwar nicht vorrangig, aber „bedeutsame" Erkenntnisse liefern kann, keine eigenständige Relevanz mehr. In diesen Fällen wird auch die **Zumutbarkeit einer Aussetzung** nach § 83b Nr. 1 unschwer zu bejahen sein. Immerhin macht Nr. 2 durch den Hinweis auf eine binnen 6 Monaten zu erwartende Entscheidung im anderen Verfahren deutlich, in welcher zeitlicher Größenordnung der Gesetzgeber ein Zuwarten für vertretbar hält. **10**

4. Wirkung der Aussetzung

Die verfahrensmäßige **Wirkung der Aussetzung** ist grds. abhängig v. Inhalt des **Aussetzungsbeschlusses**. In der Regel wird bis zur Rechtskraft des Verfahrens ausgesetzt (Cichon/Späth/Pickel, BHStB, § 109 Rn 12; doch kann u. – wegen § 83b Nr. 2 – sollte die max. Dauer der Aussetzung begrenzt werden). **11**

12 Materiell-rechtlich hat die Aussetzung keine, insb. keine verjährungsunterbrechende Wirkung, weil die Vorschrift des § 70 strukturell nicht an die Neufassung v. § 83b angepasst worden ist. Wird neben dem berufsgerichtlichen Verfahren ein Strafverfahren geführt, wird die Verjährung nach § 70 Abs. 2 normalerweise allein dadurch unterbrochen, dass das Strafverfahren eingeleitet worden ist. Wird wegen eines anderen Verfahrens ein Strafverfahren ausgesetzt, ist dies nach § 70 ohnehin bedeutungslos. Der Gesamteindruck, dass die Neufassung des § 83b durch die 7. WPO-Novelle 2007 eine gut gemeinte, aber rechtstechnisch völlig missglückte Regelung ist, wird hierdurch noch verstärkt.

§ 83c Wiederaufnahme des berufsgerichtlichen Verfahrens

¹Die Wiederaufnahme eines rechtskräftig abgeschlossenen berufsgerichtlichen Verfahrens ist zulässig, wenn die tatsächlichen Feststellungen, auf denen die Verurteilung oder der Freispruch im berufsgerichtlichen Verfahren beruht, den Feststellungen in einem strafgerichtlichen Verfahren wegen desselben Verhaltens widersprechen. ²Den Antrag auf Wiederaufnahme des Verfahrens können die Staatsanwaltschaft oder die betroffenen Berufsangehörigen binnen eines Monats nach Rechtskraft des Urteils im strafgerichtlichen Verfahren stellen.

Inhaltsübersicht

	Rn.
I. Allgemeines	1–4
II. Voraussetzungen der Wiederaufnahme	5–6
III. Verfahren der Wiederaufnahme	7–9

I. Allgemeines

1 Die Vorschrift steht, quasi spiegelbildlich, in einem Zusammenhang mit § 83. Während § 83 davon ausgeht, dass erst ein Strafverfahren durchgeführt wird u. dieses dann regelmäßig (vgl. § 83 Rn. 9–12) **Bindungswirkung** hat, behandelt § 83c die Situation, dass zunächst das berufsgerichtliche Verfahren nach der WPO durchgeführt wird u. dann ein rkr. **Strafurteil** ergeht.

2 Nach den Vorstellungen des Gesetzgebers sollte diese Situation, die bislang praktisch kaum vorkam, häufiger eintreten, nachdem in § 83b der früher zwingende **Vorrang des Strafverfahrens** ggü. dem berufsgerichtlichen Verfahren für den Bereich der WPO aufgehoben wurde (vgl. dazu, aber auch zu den faktischen Unzulänglichkeiten der Neuregelung, § 83b Rn. 1–3).

3 § 83c betrifft nur das Verhältnis zwischen WPO-Berufsgerichtsbarkeit u. Strafverfahren. Eine andere gerichtliche Entscheidung, etwa in einem späteren berufsgerichtlichen Verfahren nach StBerG o. BRAO, schafft keinen **Wiederaufnahmegrund** nach § 83c.

4 Andere **Wiederaufnahmegründe**, insb. solche nach § 359 ff. StPO i.V.m. § 127, bleiben v. § 83c unberührt (so zutreffend Cichon/Späth/Pickel, BHStB, § 109 Rn 30 m.Nw. der a.A.); denn § 83c erfasst nur einen einzigen, WPO-spezifischen Sonderfall eines Wiederaufnahmegrundes u. soll deshalb ersichtlich keine abschließende Regelung sein.

II. Voraussetzungen der Wiederaufnahme

§ 83c setzt einen inhaltlichen Widerspruch zwischen dem – zuerst – rkr. abgeschlossenen berufsgerichtlichen Verfahren u. dem (auch wenn das Gesetz es nicht ausdr. erwähnt: ebenfalls rkr.) Strafurteil voraus. Das Strafverfahren muss, jedenfalls soweit der WP betroffen ist, sich auf dasselbe Verhalten wie das berufsgerichtliche Verfahren beziehen, es kommt also – im Gegensatz zu § 83b – darauf an, ob Straf- u. WPO-Verfahren sich auf dasselbe geschichtliche tats. Ereignis beziehen (prozessualer Tatbegriff, vgl. BGH St 28, 178, 179). Einzelne Feststellungen aus Strafurteilen, die sich aber auf andere Sachverhalte beziehen, können, auch wenn sie in der ein o. anderen Form für das berufsgerichtliche Verfahren bedeutsam sind, eine **Wiederaufnahme** jedenfalls nach § 83c nicht rechtfertigen. 5

Der Widerspruch zwischen berufsgerichtlicher u. strafgerichtlicher Entscheidung muss in den **tatsächlichen Feststellungen** (jeweils der letzten Tatsacheninstanz) liegen. Bloß abweichende rechtl. Beurteilungen rechtfertigen eine **Wiederaufnahme** nicht. Auch rein ergänzende o. erweiternde Feststellungen stellen keinen Widerspruch u. damit keinen **Wiederaufnahmegrund** dar. 6

III. Verfahren der Wiederaufnahme

Die **Wiederaufnahme** setzt einen Antrag binnen eines Monats nach Rechtskraft des Urteils im berufsgerichtlichen Verfahren voraus. Da § 83c eine Wiederaufnahme zugunsten u. zu Ungunsten des WP ermöglicht, kann der Antrag v. dem Berufsangehörigen o. – zu seinen Gunsten o. Lasten – der GStA gestellt werden. 7

Die Frist beträgt einen Monat u. beginnt ab Rechtskraft der Entscheidung im Strafverfahren; es kommt nicht auf die Kenntnis des WP bzw. der GStA an. Dies ist problematisch, weil die für die Berufsgerichtsbarkeit zuständige GStA Berlin am Strafverfahren typischer Weise nicht beteiligt ist, aber auch, weil Zustellungen im Strafverfahren für den angeschuldigten WP i.d.R. an den Verteidiger erfolgen (§ 145a StPO); letzterer ist aber nicht zwingend auch für das berufsgerichtliche Verfahren bestellt. 8

Nach dem Antrag auf Wiederaufnahme verläuft das weitere Wiederaufnahmeverfahren gemäß § 127 i.V.m. § 359 ff. StPO nach den Vorschriften der StPO. 9

2. Das Verfahren im ersten Rechtszug

§ 84 Mitwirkung der Staatsanwaltschaft

Die Staatsanwaltschaft bei dem Oberlandesgericht, bei dem der Senat für Wirtschaftsprüfersachen besteht, nimmt in den Verfahren vor der Kammer für Wirtschaftsprüfersachen die Aufgaben der Staatsanwaltschaft wahr.

§ 84a Unterrichtung der Staatsanwaltschaft und der Wirtschaftsprüferkammer

Inhaltsübersicht

	Rn.
I. Regelungsinhalt.	1
II. Rolle der GStA im berufsgerichtlichen Verfahren	2–3

I. Regelungsinhalt

1 § 72 modifiziert die allg. Zuständigkeitsregelung des § 143 GVG: Anders als im Strafprozess ist die StA beim OLG für berufsgerichtliche Verfahren nach der WPO nicht erst in zweiter (vgl. dazu § 106), sondern bereits in erster Instanz als Verfolgungsbehörde zuständig (zur Regelung in der Revisionsinstanz vgl. § 108). Wegen der Konzentration der WP-Berufsgerichtsbarkeit auf Berlin (§ 72 Rn. 3) ist damit die **Zuständigkeit der GStA Berlin** eröffnet. Die Regelung entspricht § 113 StBerG.

II. Rolle der GStA im berufsgerichtlichen Verfahren

2 Die Rolle der GStA gleicht weitgehend derjenigen der StA im Strafprozess, d.h. die GStA ist eine selbstständige, neutrale, prinzipiell dem **Legalitätsprinzip verpflichtete Ermittlungs- u. Anklagebehörde**; sie entscheidet, ggf. (vgl. §§ 153, 153a StPO i.V.m. § 127 WPO) mit Zustimmung des Gerichts, eigenverantwortlich über Einstellungen (vgl. zu den Aufgaben der GStA im berufsgerichtlichen Verfahren im Einzelnen (Cichon/Späth/Pickel, BHStB, § 113 Rn. 2 ff.). Zur Frage der justizpolitischen Rechtfertigung der Beteiligung der vgl. – im Ergebnis bejahend – Feuerich/Weyland/Feuerich, BRAO, § 120 Rn. 7 ff.)

3 Eine besondere Prägung erhält die Rolle der GStA aber durch das Zusammenwirken mit der WPK. Diese unterstützt die Arbeit der GStA insb. dadurch, dass sie der GStA berufsrechtl. relevante Sachverhalte mitteilt u. diese in fachlichen Stellungnahmen, die die GStA regelmäßig anfordert, aus Sicht des Berufsstandes bewertet. Die WPK hat dabei nicht eine unselbstständige unterstützende Stellung, wie im Strafverfahren die Polizei ggü. der StA (vgl. §§ 161, 163 StPO), sondern eine prinzipiell eigenständige Rolle: das folgt insb. daraus, dass die WPK gegen die GStA das sog. Klageerzwingungsverfahren gem. § 86 betreiben kann (vgl. dort). Umgekehrt ist die GStA v. Vorgaben der WPK nicht abhängig. Sie kann z.B. gerichtlich angeregten Einstellungen nach §§ 153, 153a StPO i.V.m. § 127 WPO auch gegen das Votum der WPK zustimmen. Nur sie, nicht die WPK entscheidet, ob Rechtsmittel eingelegt werden (auch wenn die WPK, z.B. wegen der Kosten, § 125 WPO, betroffen ist; KG 16.12.2003, WPK-Mag. 2004, 49).

§ 84a Unterrichtung der Staatsanwaltschaft und der Wirtschaftsprüferkammer

(1) [1]Erhalten Wirtschaftsprüferkammer, Gerichte oder Behörden Kenntnis von Tatsachen, die den Verdacht begründen, dass ein Mitglied, das der Berufsgerichtsbarkeit unterliegt,

1. eine **schuldhafte, eine berufsgerichtliche Maßnahme nach § 68 Abs. 1 rechtfertigende Pflichtverletzung** oder
2. **eine Straftat im Zusammenhang mit der Berufsausübung** begangen hat, teilen sie die Tatsachen der nach § 84 zuständigen Staatsanwaltschaft unverzüglich oder nach Ermittlung (§ 61a Satz 2) mit. ²Der Mitteilung kann eine fachliche Bewertung beigefügt werden. ³§ 57e Abs. 5, § 62 Abs. 5 und § 63 Abs. 4 Satz 3 bleiben unberührt.

(2) Erhält die Staatsanwaltschaft Kenntnis von Tatsachen, die den Verdacht einer schuldhaften, eine berufsgerichtliche Maßnahme nach § 68 Abs. 1 rechtfertigenden Pflichtverletzung eines Mitglieds der Wirtschaftsprüferkammer begründen, das der Berufsgerichtsbarkeit unterliegt, teilt sie die Tatsachen der Wirtschaftsprüferkammer mit und gibt ihr vor der Einleitung eines berufsgerichtlichen Verfahrens Gelegenheit zur Stellungnahme.

Inhaltsübersicht

		Rn.
I.	Allgemeines	1
II.	Unterrichtung der GStA Berlin	2–5
III.	Unterrichtung der WPK	6–10

I. Allgemeines

Die Verpflichtung zur gegenseitigen Unterrichtung dient dazu, dass zum einen die „nach § 84 zuständige StA" (**GStA Berlin**) in die Lage versetzt wird, gemäß den ihr nach der WPO zukommenden Aufgaben (§ 84a Abs. 1 Nr. 1) u. gemäß dem in § 152 Abs. 2 StPO verankerten Legalitätsprinzip bei der Strafverfolgung (§ 84a Abs. 1 Nr. 2) zu handeln u. zum anderen die **WPK** ihre gesetzlichen Aufgaben im Rahmen der BA über WP erfüllen kann (§ 84a Abs. 2). Die Unterrichtungspflicht ist Folge der Zuständigkeitsabgrenzung zwischen GStA u. WPK im Bereich der BA. Aus dem systematischen Zusammenhang des Gesetzestextes erschließt sich, dass auch in § 84a Abs. 2 lediglich die GStA Berlin gemeint ist. Für Übermittlungspflichten anderer StA-Behörden an die WPK ist die Grundlage nicht § 84a, sondern § 36a Abs. 3 sowie ergänzend Nrn. 24, 29 MiStra. 1

II. Unterrichtung der GStA Berlin

Mitteilungsverpflichtet sind nach § 84a Abs. 1 Satz 1 **WPK, Gerichte o. Behörden**. Mitzuteilen haben sie ihnen bekannt gewordene Tatsachen, die den Verdacht begründen, dass ein Mitglied, das der Berufsgerichtsbarkeit unterliegt, eine schuldhafte, **eine berufsgerichtliche Maßnahme nach § 68 Abs. 1 rechtfertigende Berufspflichtverletzung** begangen hat (**Nr. 1**). Ausreichend ist also ein Verdacht sowohl hinsichtlich des Vorliegens einer Berufspflichtverletzung als auch in Bezug auf die mögliche Maßnahme. Insoweit erfasst die Mitteilungspflicht bereits Sachverhalte, in denen nicht zugleich die Antragsvoraussetzungen des § 63 Abs. 1 Satz 1 2. Hs. erfüllt sein müssen, wonach ein Antrag des VO der WPK auf Einleitung eines 2 berufsgerichtlichen Verfahrens dann erforderlich ist, wenn eine schwere Schuld vorliegt u. eine berufsgerichtliche Maßnahme zu erwarten ist.

3   Durch den Klammerverweis in Abs. 1 Satz 1 auf § 61a Satz 2 wird insb. Bezug genommen auf die **erstinstanzliche Zuständigkeit der WPK für die Ermittlung v. Berufspflichtverletzungen** u. daran angeknüpft. Die Norm setzt daher insb. die Ermittlungstätigkeit der WPK auch im Bereich der GStA voraus soweit schwere Berufspflichtverletzungen in Betracht kommen, weist diese also nicht einer ausschließlichen Ermittlungszuständigkeit der GStA zu. Insoweit fügt die WPK regelmäßig der Mitteilung an die GStA auch eine fachliche Bewertung bei.

4   Bei Anhaltspunkten für **Straftaten im Zusammenhang mit der Berufsausübung (Nr. 2)** besteht keine gesetzliche Ermittlungspflicht der WPK. Eine rechtliche Einschätzung der WPK dergestalt, dass eine Straftat nach dem ersten Anschein nicht ausgeschlossen ist, reicht insoweit als Grundlage einer Mitteilung aus. Hierbei wird es sich typischerweise um eine mögliche Verletzung der Berichts- o. Geheimhaltungspflicht als AP o. Vermögens-, Steuer- o. Insolvenzdelikte bzw. die Beihilfe (§ 27 StGB) dazu handeln.

5   Der Hinweis auf § 57e Abs. 5 in Satz 3 stellt klar, dass **Erkenntnisse über Berufspflichtverletzungen aus der QK** nicht Gegenstand eines berufsgerichtlichen Verfahrens sein können. Durch den Verweis auf § 63 Abs. 4 Satz 3 wird die Verpflichtung der WPK, eine **Abschrift des Rügebescheids der GStA Berlin zuzuleiten**, unberührt gelassen. Außerdem wird in Satz 3 hinsichtlich der mitgeteilten Informationen auf das **Verwertungsverbot des § 62 Abs. 5** verwiesen.

III. Unterrichtung der WPK

6   Die GStA ist zur Mitteilung an die WPK verpflichtet, wenn wegen des ihr bekannt gewordenen Verhaltens eines Mitglieds, das der Berufsgerichtsbarkeit nach der WPO unterliegt, der Verdacht besteht, dass in einem **berufsgerichtlichen Verfahren** gegen das Mitglied eine Maßnahme nach § 68 Abs. 1 verhängt werden wird. Ob eine solche Maßnahme in Betracht kommt, hängt mangels fester „Strafrahmen" für die einzelnen Pflichtverletzungen v. einer Prognoseentscheidung ab.

7   Im Interesse der Sicherstellung einer stets angemessenen Beteiligung der WPK sollte die **GStA diese über jeden Verdacht** i.S. des § 84a Abs. 1 Satz 1 unterrichten. § 36a Abs. 3 bietet dazu die ergänzende Rechtsgrundlage.

8   Die Unterrichtungspflicht der GStA an die WPK ist verbunden mit der Verpflichtung, der WPK vor der Einleitung eines berufsgerichtlichen Verfahrens **Gelegenheit zur Stellungnahme** zu geben.

9   Bei nur **ein Rügeverfahren rechtfertigender Verdachtsmomente** erfolgt die Mitteilung der GStA an die WPK nach § 36a Abs. 3 Satz 1 Nr. 2. Letztere Vorschrift dürfte auch die Rechtsgrundlage bei verfahrensbeendenden Entscheidungen der GStA nach § 127 i.V.m. § 152 Abs. 2 StPO o. § 170 Abs. 2 StPO sein, denen kein

Einleitung des berufsgerichtlichen Verfahrens § 85

Antrag des VO der WPK auf Einleitung eines berufsgerichtlichen Verfahrens vorausging (vgl. § 86 Abs. 1).

Die Unterrichtung geschieht i.d.r. durch **Übersendung einer Ablichtung des gesamten Vorgangs**, während die Originalakte bei der übermittelnden Stelle verbleibt.

10

§ 85 Einleitung des berufsgerichtlichen Verfahrens
Das berufsgerichtliche Verfahren wird dadurch eingeleitet, dass die Staatsanwaltschaft eine Anschuldigungsschrift bei dem Landgericht einreicht.

Inhaltsübersicht

	Rn.
I. Grundzüge der gesetzlichen Regelung	1–3
II. Wirkung der Anschuldigungsschrift	4

I. Grundzüge der gesetzlichen Regelung

Die **Anschuldigungsschrift** nach § 85 entspricht v. der Funktion her weitgehend der Anklageschrift nach § 157 StPO; die abweichende Terminologie soll nur betonen, dass das berufsgerichtliche Verfahren bei aller Nähe zur StPO (§ 127 Rn. 1) doch kein Strafprozess ist. Die Anschuldigungsschrift setzt voraus, dass die Ermittlungen abgeschlossen sind (Folge: uneingeschränkte Akteneinsicht nach § 82b Abs. 1 Satz 2 i.V.m. § 147 Abs. 6 StPO). Zum Inhalt der Anschuldigungsschrift vgl. § 94 Rn. 1 f.

1

Die Anschuldigungsschrift führt zur **Anhängigkeit des berufsgerichtlichen Verfahrens,** u. sie leitet das sog. Zwischenverfahren ein, in dem über die Eröffnung des Hauptverfahrens u. ggf. die Vorbereitung der Hauptverhandlung zu befinden ist.

2

Voraussetzung für eine Anschuldigung ist die Bejahung eines **hinreichenden Verdachts einer schuldhaften Berufspflichtverletzung** durch die GStA (vgl. § 203 StPO); ferner als Besonderheit des berufsgerichtlichen Verfahrens, dass die GStA den Vorwurf für materiell zu gewichtig hält, als dass ein Rügeverfahren der WPK ausreichend wäre (zum materiellen Verhältnis v. berufsgerichtlichem Verfahren u. Rügeverfahren § 69 Rn. 2 ff.). Wenn die GStA ein Rügeverfahren für ausreichend hält, kann sie der WPK die Sache zur Durchführung eines Rügeverfahrens vorlegen (Gehre/Koslowski, StBerG, § 114 Rn. 2); eine Weisungsbefugnis hat sie insoweit jedoch nicht.

3

II. Wirkung der Anschuldigungsschrift

Mit Einreichung der Anschuldigung und der durch sie bewirkten Anhängigkeit des Verfahrens (s.o. Rn. 1) wird eine Rüge der WPK wegen desselben Sachverhalts ausgeschlossen. Wegen der weiteren Auswirkungen der Anschuldigungsschrift und von nachfolgenden gerichtlichen Entscheidungen auf Rügeverfahren der WPK vgl. § 69 Rn. 8 f.

4

§ 86 Gerichtliche Entscheidung über die Einleitung des Verfahrens

(1) Gibt die Staatsanwaltschaft einem Antrag des Vorstandes der Wirtschaftsprüferkammer, gegen einen Wirtschaftsprüfer das berufsgerichtliche Verfahren einzuleiten, keine Folge oder verfügt sie die Einstellung des Verfahrens, so hat sie ihre Entschließung dem Vorstand der Wirtschaftsprüferkammer unter Angabe der Gründe mitzuteilen.

(2) ¹Der Vorstand der Wirtschaftsprüferkammer kann gegen den Bescheid der Staatsanwaltschaft binnen eines Monats nach der Bekanntmachung bei dem Oberlandesgericht die gerichtliche Entscheidung beantragen. ²Der Antrag muss die Tatsachen, welche die Einleitung des berufsgerichtlichen Verfahrens begründen sollen, und die Beweismittel angeben.

(3) Auf das Verfahren nach Absatz 2 sind die §§ 173 bis 175 der Strafprozessordnung entsprechend anzuwenden.

(4) § 172 der Strafprozessordnung ist nicht anzuwenden.

Inhaltsübersicht

	Rn.
I. Allgemeines	1
II. Verfahrensvoraussetzungen	2–4
1. Entschließung der GStA	2
2. Antrag der WPK	3–4
III. Entscheidung des Senats für WP-Sachen	5–6

I. Allgemeines

1 Die WPO setzt das Verfahren nach § 86 an die Stelle des strafprozessualen **Klageerzwingungsverfahrens**, das § 86 Abs. 4 ausdr. für unanwendbar erklärt. Das Verfahren nach § 86 gewährleistet, dass die WPK in begründeten Fällen die GStA zwingen kann, eine Anschuldigung gegen den betroffenen WP einzureichen. Das Verfahren hat in der Praxis so gut wie keine Bedeutung. Das liegt einmal an der gut funktionierenden Zusammenarbeit zwischen GStA u. WPK. Es kommt hinzu, dass das Verfahren nach § 86 nur eröffnet ist, wenn die GStA das Verfahren wegen fehlenden **hinreichenden Tatverdachts** nicht durchführen (§ 152 Abs. 2 StPO) bzw. einstellen (§ 170 Abs. 2 StPO) will. Für die häufigen Fälle, dass die GStA eine **Einstellung wegen Geringfügigkeit** (§§ 153 bzw. 153a StPO, jew. i.V.m. § 127 WPO verfügt) gilt § 86 nicht (Gehre/Koslowski, StBerG, § 115 Rn. 7; Kuhls/Kuhls, StBerG, § 115 Rn. 12: denn hier ist durch das Zustimmungserfordernis des Gerichts eine gerichtlichen Überprüfung gewährleistet, s. auch § 84 Rn. 2). Gleichwohl ist die Vorschrift wichtig, weil sie mittelbar die Kompetenzen zwischen WPK u. GStA abgrenzt (Cichon/Späth/Pickel, BHStB, § 115 Rn. 1).

II. Verfahrensvoraussetzungen

1. Entschließung der GStA

Typischerweise wird die GStA in WP-Sachen nicht v. sich aus auf Grund eigener 2 Erkenntnisse tätig, sondern sie nimmt Ermittlungen nach entspr. Unterrichtung durch den VO der WPK o. den v. diesem eingesetzten Ausschuss BA auf. **Verneint die GStA** einen v. der WPK angenommenen **Anfangsverdacht,** muss sie dem VO der WPK nach Abs. 1 v. der hieraus folgenden (§ 152 Abs. 2 StPO) Absicht, keine Ermittlungen durchzuführen, unter Angabe v. Gründen Mitteilung machen. Gleiches gilt, wenn sie zwar Ermittlungen aufgenommen, diese aber nach § 170 Abs. 2 StPO i.V.m. § 127 einstellen will (wegen Einstellungen nach § 153 bzw. 153a StPO s.o. Rn. 1).

2. Antrag der WPK

Die **Einstellungsmitteilung** der GStA gem. Abs. 1 (dazu Rn. 2) gibt dem VO der 3 WPK binnen Monatsfrist Gelegenheit, beim Senat für WP-Sachen des KG auf gerichtliche Entscheidung anzutragen. Der VO muss darlegen, welche Tatsachen den hinreichenden Tatverdacht begründen.

Mittelbar folgt aus § 86, insb. Abs. 4, dass andere Personen als der VO der WPK die 4 Einleitung eines berufsgerichtlichen Verfahrens nicht erzwingen können, insb. auch nicht der vermeintlich geschädigte Mandant eines WP. Dies trägt dem Charakter der Berufsgerichtsbarkeit als einem in erster Linie auf den Berufsstand projizierten Verfahren Rechnung (s. Vor §§ 67 ff. Rn. 1).

III. Entscheidung des Senats für WP-Sachen

Das KG gibt dem Antrag durch Beschluss ohne mündliche Verhandlung statt, wenn 5 es die Voraussetzungen für eine Anschuldigung (§ 85 Rn. 3) für gegeben hält, d.h. in erster Linie wenn es einen **hinreichenden Tatverdacht** bejaht. Dann muss die GStA eine entspr. Anschuldigung, die durch den KG-Beschluss nicht ersetzt wird, fertigen (§ 85 Abs. 3 i.V.m. § 175 StPO). Lehnt es dagegen den Antrag ab, hat das rechtskraftsähnliche Wirkung (§ 85 Abs. 3 i.V.m. § 174 Abs. 2 StPO: spätere Anschuldigung dann nur bei neuen Tatsachen o. Beweismitteln möglich). An dem Verfahren nach § 86 ist der betroffene WP nicht beteiligt. Seine Rechte sind dadurch gewahrt, dass er sich gegen eine etwaige Anschuldigung durch die GStA verteidigen kann (vgl. § 95).

Beide Entscheidungen des KG nach Rn. 5 sind nicht anfechtbar (Kuhls/Kuhls, 6 StBerG, § 116, Rn. 32). Zur Kostenentscheidung § 123 Rn. 1.

§ 87 Antrag des Wirtschaftsprüfers auf Einleitung des berufsgerichtlichen Verfahrens

(1) **¹Will sich ein der Berufsgerichtsbarkeit unterliegendes Mitglied der Wirtschaftsprüferkammer von dem Verdacht einer Pflichtverletzung befreien, muss dieses bei der Staatsanwaltschaft beantragen, das berufsgerichtliche Verfahren gegen sich einzuleiten. ²Wegen eines Verhaltens, wegen dessen Zwangsgeld ange-**

droht oder festgesetzt worden ist oder das der Vorstand der Wirtschaftsprüferkammer gerügt hat, kann der Antrag nicht gestellt werden.

(2) ¹Gibt die Staatsanwaltschaft dem Antrag des Wirtschaftsprüfers keine Folge oder verfügt sie die Einstellung des Verfahrens, so hat sie ihre Entschließung dem Wirtschaftsprüfer unter Angabe der Gründe mitzuteilen. ²Wird in den Gründen eine schuldhafte Pflichtverletzung festgestellt, das berufsgerichtliche Verfahren aber nicht eingeleitet, oder wird offengelassen, ob eine schuldhafte Pflichtverletzung vorliegt, kann der Wirtschaftsprüfer bei dem Oberlandesgericht die gerichtliche Entscheidung beantragen. ³Der Antrag ist binnen eines Monats nach der Bekanntmachung der Entschließung der Staatsanwaltschaft zu stellen.

(3) ¹Auf das Verfahren vor dem Oberlandesgericht ist § 173 Abs. 1 und 3 der Strafprozessordnung entsprechend anzuwenden. ²Das Oberlandesgericht entscheidet durch Beschluss, ob eine schuldhafte Pflichtverletzung des Wirtschaftsprüfers festzustellen ist. ³Der Beschluss ist mit Gründen zu versehen. ⁴Erachtet das Oberlandesgericht den Wirtschaftsprüfer einer berufsgerichtlich zu ahndenden Pflichtverletzung für hinreichend verdächtig, so beschließt es die Einleitung des berufsgerichtlichen Verfahrens. ⁵Die Durchführung dieses Beschlusses obliegt der Staatsanwaltschaft.

(4) Erachtet das Oberlandesgericht eine schuldhafte Pflichtverletzung nicht für gegeben, so kann nur aufgrund neuer Tatsachen oder Beweismittel wegen desselben Verhaltens ein Antrag auf Einleitung des berufsgerichtlichen Verfahrens gestellt oder eine Rüge durch den Vorstand der Wirtschaftsprüferkammer erteilt werden.

Inhaltsübersicht

	Rn.
I. Allgemeines	1
II. Voraussetzungen des Reinigungsverfahrens	2–4
1. Selbstanzeige	2
2. Entschließung der GStA	3
3. Antrag den Senat für WP-Sachen	4
III. Entscheidung des Senats für WP-Sachen	5–6

I. Allgemeines

1 Das sog. **Reinigungsverfahren** ist in der WPO, wie in anderen Berufsordnungen (BRAO, StBerG) auch, umfangreich geregelt: doch hat es in der Praxis nahezu keine Relevanz. Der Hauptgrund ist, dass es für einen WP, der eine bestimmte Ausübung seines Berufs nicht für pflichtwidrig hält, andere u. risikoärmere Möglichkeiten gibt, als Zweifel an der Zulässigkeit seines Vorgehens im Verfahren nach § 87 klären zu lassen. Vor allem kann er bei der WPK um Rat u. Belehrung nachsuchen, § 57 Abs. 2 Nr. 1 u. Weisungen der WPK mit Verwaltungsaktcharakter prinzipiell im Verwaltungsrechtswege angreifen (§ 57 Rn. 25 ff.). Häufig werden Aus-

einandersetzungen zwischen dem WP u. der WPK über Fragen der Berufsausübung sich in einem Rügeverfahren niederschlagen; dann aber kommt dem Verfahren nach § 63a der Vorrang zu (s. Rn. 2). Die nachstehenden Ausführungen beschränken sich deshalb auf die Grundzüge. Im Übrigen entspricht § 87 in vollem Umfang § 116 StBerG(vgl. deshalb ergänzend die dortigen Kommentierungen, etwa Cichon/ Späth/Pickel, BHStB, § 116 Rn. 1 ff. u. Kuhls/Kuhls, StBerG, § 116 Rn. 1 ff.).

II. Voraussetzungen des Reinigungsverfahrens

1. Selbstanzeige

Absatz 1 stellt zweierlei klar: Das **Reinigungsverfahren ist nicht möglich**, wenn 2
gegen den WP eine **Rüge** ausgesprochen worden ist; dann kann der WP gerichtlichen Rechtsschutz nur nach Maßgabe v. § 63a Abs. 1 beanspruchen, nicht aber nach § 87. Zum zweiten verlangt das Reinigungsverfahren, dass der WP dann, wenn nicht die **GStA ein berufsgerichtliches Ermittlungsverfahren** gegen ihn führt (dann keine Selbstanzeige erforderlich, vgl. Cichon/Späth/Pickel, BHStB, § 116 Rn. 3 m.w.N. zum Streitstand), selbst aktiv wird u. einen Antrag (sog. Selbstanzeige) stellt; § 87 mutet ihm also zu, „schlafende Hunde" zu wecken u. zu bewirken, dass gegen ihn berufsgerichtlich ermittelt wird. Eine Feststellungsklage o.Ä. sieht § 87 nicht vor.

2. Entschließung der GStA

Ein Reinigungsverfahren setzt ferner eine **verfahrenseinstellende Entschließung** 3
der GStA voraus: u. zwar entw., wenn die GStA v. sich aus aufgenommene Ermittlungen nach § 170 Abs. 2 StPO i.V.m. § 127 einstellt o. aber wenn sie trotz eines v. dem WP gestellten Antrags nach Abs. 1 eine Einleitung des Verfahrens ablehnt (für Einstellungsentscheidungen nach §§ 153, 153a, 154a StPO gilt § 87 nicht, Kuhls/ Kuhls, StBerG, § 116 Rn. 15). In beiden vorgenannten Fällen ist zusätzl. Voraussetzung, dass die GStA trotz der Einstellung in den Gründen ihres Bescheids v. einer Berufspflichtverletzung des WP ausgeht o. aber eine solche offen lässt: sprich, nur aus formellen Gründen das Verfahren einstellt. Nach der überwiegenden Ansicht zur vergleichbaren Vorschrift des § 116 StBerG zählen materielle Einstellungsgründe wie Verjährung o. tatsächliche Unaufklärbarkeit (Cichon/Späth/Pickel, BHStB, § 116 Rn. 4 m.w.N.) nicht dazu, so dass kaum praktisch relevante Fälle für § 87 übrig bleiben (Hauptfall: Einstellung der GStA, weil sie wegen geringer Schuld eine Rüge für ausreichend hält, v. der WPK aber ein Rügeverfahren nicht durchgeführt wird).

3. Antrag an den Senat für WP-Sachen

Vergleiche Abs. 2 Satz 3: Antrag binnen Monatsfrist ab Bekanntmachung der Ein- 4
stellungsentscheidung.

III. Entscheidung des Senats für WP-Sachen

Wenn das KG die Auffassung des WP teilt, spricht es durch Beschluss ohne münd- 5
liche Verhandlung aus, dass es eine Pflichtverletzung nicht für gegeben hält. Dieser Beschluss hat rechtskraftähnliche Wirkung (§ 86 Abs. 4 i.V.m. § 174 Abs. 2 StPO:

spätere Anschuldigung dann nur bei neuen Tatsachen o. Beweismitteln möglich). Geht es dagegen davon aus, dass eine ahndungswürdige Pflichtverletzung vorliegt, muss die GStA das berufsgerichtliche Verfahren durch eine entspr. Anschuldigung einleiten (wie bei § 86 ersetzt der Beschluss des KG nicht die Anschuldigung, vgl. § 86 Rn. 7). Im Übrigen kann das KG den Antrag aus einem der zu o.g. Rn. 3 genannten Gründe als unzulässig verwerfen. Der weiter denkbare Fall, dass das KG zwar eine schuldhafte Pflichtverletzung annimmt, deren Gewicht für eine berufsgerichtliche Verfolgung aber nicht für ausreichend erachtet, ist in § 87 Abs. 3 nicht geregelt. Hier dürfte analog Abs. 3 Satz 1 ein entspr. feststellender Beschluss möglich sein, wenn nicht, was einen Antrag der GStA voraussetzt, eine Einstellung wg. Geringfügigkeit nach § 153 StPO ausgesprochen werden kann.

6 Alle Entscheidungen des KG nach Rn. 5 sind nicht anfechtbar. Zur Kostenentscheidung vgl. § 123.

§§ 88 bis 93 (aufgehoben)

§ 94 Inhalt der Anschuldigungsschrift

¹In der Anschuldigungsschrift (§ 85 dieses Gesetzes sowie § 207 Abs. 3 der Strafprozessordnung) ist die dem Wirtschaftsprüfer zur Last gelegte Pflichtverletzung unter Anführung der sie begründenden Tatsachen zu bezeichnen (Anschuldigungssatz). ²Ferner sind die Beweismittel anzugeben, wenn in der Hauptverhandlung Beweise erhoben werden sollen. ³Die Anschuldigungsschrift enthält den Antrag, das Hauptverfahren vor der Kammer für Wirtschaftsprüfersachen zu eröffnen.

Inhaltsübersicht

		Rn.
I.	Grundzüge der gesetzlichen Regelung	1–3
II.	Mängel der Anschuldigungsschrift	4

I. Grundzüge der gesetzlichen Regelung

1 § 94 knüpft an § 85 an. Während dort die Funktion der **Anschuldigungsschrift** zeitlich als Abschluss des Ermittlungsverfahrens u. Beginn des berufsgerichtlichen Verfahrens definiert wird, geht es in § 94 um den Inhalt der Anschuldigungsschrift. Die wesentliche Funktion der Anschuldigungsschrift ist es, wie § 94 klarstellt, den Vorwurf, der aus Sicht der GStA die Berufspflichtverletzung begründet, im Anschuldigungssatz zu konkretisieren. Dies ist im berufsgerichtlichen Verfahren besonders wichtig, weil die einzelnen denkbaren Pflichtverletzungen in der WPO nicht annähernd so scharf u. detailgenau umschrieben sind, wie dies bei den Strafnormen des StGB der Fall ist (zu den bes. Anforderungen an eine Anschuldigungsschrift im Bereich der WPO – Gerichtsbarkeit vgl. LG Berlin 21.5.2007, WiL 5/06, n. v.). In dem **konkreten Anschuldigungssatz** sollten i.S. dieser Konkretisierung (nur) die objektiven u. subjektiven Tatsachen, die aus Sicht der GStA die Berufs-

pflichtverletzung begründen, angeführt werden. Im **wesentlichen Ergebnis der Ermittlungen** können u. sollten die weiteren für die Gesamtbeurteilung u. insb. die Rechtsfolgen relevanten tats. u. rechtl. Ermittlungsergebnisse mitgeteilt werden.

Die **Beweismittel**, deren Erhebung die StA für sinnvoll hält, sind nach § 94 Satz 2 anzugeben. Es handelt sich um eine bloße Ordnungsvorschrift: Das Gericht ist im Rahmen seiner Aufklärungspflicht (§ 127 WPO i.V.m. § 244 Abs. 5 StPO) weitgehend in der Entscheidung frei, ob es der Anregung der GStA folgen will o. nicht.

§ 94 Satz 3 – Erfordernis eines Antrags auf Eröffnung des Hauptverfahrens – ist selbsterklärend.

II. Mängel der Anschuldigungsschrift

Mängel der Anschuldigungsschrift führen i.d.R. nicht zur Unwirksamkeit. Sie können vom Gericht im Eröffnungsbeschluss korrigiert werden. Auch eine Rückgabe der Anschuldigungsschrift an die GStA ist möglich. Werden sog. funktionelle Mängel der Anschuldigung, also solche die die Konkretisierungsfunktion betreffen (vgl. Meyer-Goßner, StPO, § 200 Rn. 26 f.: bloße Mängel im Informationsgehalt sind unschädlich), weder bei der Eröffnung noch in der Hauptverhandlung behoben, ist der Eröffnungsbeschluss unwirksam und das Verfahren muss eingestellt werden.

§ 95 Entscheidung über die Eröffnung des Hauptverfahrens

(1) In dem Beschluss, durch den das Hauptverfahren eröffnet wird, lässt die Kammer für Wirtschaftsprüfersachen beim Landgericht die Anschuldigung zur Hauptverhandlung zu.

(2) Der Beschluss, durch den das Hauptverfahren eröffnet worden ist, kann von dem Wirtschaftsprüfer nicht angefochten werden.

(3) ¹Der Beschluss, durch den die Eröffnung des Hauptverfahrens abgelehnt wird, ist zu begründen. ²Gegen den Beschluss steht der Staatsanwaltschaft die sofortige Beschwerde zu.

Inhaltsübersicht

		Rn.
I.	Allgemeines	1
II.	Inhalt des Beschlusses über die Eröffnung, Verfahren	2–4
III.	Rechtsmittel	5–6

I. Allgemeines

Der **Eröffnungsbeschluss** nach § 95 hat dieselbe Funktion wie im Strafprozess (dazu Meyer-Goßner, StPO, § 203 Rn. 1 ff.). Er überprüft die Anschuldigungsschrift, legt – wenn er erlassen wird – den Verfahrensgegenstand fest u. macht das **Verfahren rechtshängig**.

II. Inhalt des Beschlusses über die Eröffnung, Verfahren

2 Zuständig für den ohne mündliche Verhandlung zu erlassenden Beschluss ist die Kammer für WP-Sachen in der **außerhalb der Hauptverhandlung** maßgeblichen **Besetzung** (§ 72 Abs. 2 Satz 1: also die 3 Berufsrichter).

3 Der die **Eröffnung anordnende Beschluss** beschränkt sich darauf, dass die Anschuldigung zur Hauptverhandlung zugelassen u. das Hauptverfahren eröffnet wird (keine weitere Begr. erforderlich, aber zulässig, um zwischen den Verfahrensbeteiligten streitige Rechtsfragen – z.b. Verjährung – vorläufig zu klären). Das Gericht kann die Eröffnung ggf. auf diejenigen v. mehreren gedanklich abtrennbaren Punkten der Anschuldigung beschränken, die es i.s. des erforderlichen hinreichenden Tatverdachts (§ 85 Rn. 3) für einschlägig hält (Feuerich/Weyland/Vossebürger, BRAO, § 131 Rn. 4; Kuhls/Kuhls, StBerG, § 118 Rn. 10).

4 Der die **Eröffnung** entgegen dem Antrag der GStA **ablehnende Beschluss** ist nach Abs. 3 Satz 1 zu begründen. Er enthält, weil die Instanz abschließend, eine Kostenentscheidung zu Lasten der WPK (§ 125 Rn. 1).

III. Rechtsmittel

5 Der angeschuldigte WP hat gegen den Eröffnungsbeschluss **kein Rechtsmittel** (Ausnahme: Antrag nach § 33a StPO bei Verletzung des rechtl. Gehörs). Er hat in der Hauptverhandlung Gelegenheit, sich auch gegen die in dem Beschluss zum Ausdruck kommende vorläufige Einschätzung der Kammer zu verteidigen.

6 Die GStA kann gegen die Nichteröffnung sofortige Beschwerde gem. § 311 Abs. 2 StPO i.V.m. § 127 WPO einlegen (auch, wenn die Eröffnung Beschränkungen enthält, s.o. Rn. 3). Zuständig ist das KG (§ 104 Rn. 1).

§ 96 Rechtskraftwirkung eines ablehnenden Beschlusses

Ist die Eröffnung des Hauptverfahrens durch einen nicht mehr anfechtbaren Beschluss abgelehnt, so kann der Antrag auf Einleitung des berufsgerichtlichen Verfahrens nur aufgrund neuer Tatsachen oder Beweismittel und nur innerhalb von fünf Jahren, seitdem der Beschluss rechtskräftig geworden ist, erneut gestellt werden.

Inhaltsübersicht

	Rn.
I. Grundzüge der gesetzlichen Regelung	1
II. Neue Tatsachen und Beweismittel, Ausschlussfrist	2–3

I. Grundzüge der gesetzlichen Regelung

1 Wie im Strafprozess hat der **Nichteröffnungsbeschluss** auch im Verfahren der WP-Berufsgerichtsbarkeit **rechtskraftähnliche Wirkung**. Zwar wird nicht wie bei einem Freispruch die Unschuld des Betroffenen dauerhaft verbindlich festgestellt. Doch kann eine erneute Anschuldigung nur auf Grund neuer Tatsachen u. Beweismittel („**Nova**") gestellt werden. Überdies kann – insoweit in Erweiterung der StPO-Regelungen (vgl. § 211 StPO) – selbst bei Vorliegen solcher Nova eine Anschuldigung nach 5 Jahren wegen desselben Vorwurfs nicht mehr eingereicht werden.

II. Neue Tatsachen und Beweismittel, Ausschlussfrist

Zum Begriff der **neuen Tatsachen u. Beweismittel** vgl. Meyer-Goßner, StPO, § 211 Rn. 3 ff. (maßgeblich ist stets die Kenntnislage des Gerichts, das ursprünglich über die Eröffnung beschlossen hat). Die Änderung von Rechtsauffassungen od. Bewertungen ist keine neue Tatsache (Kuhls/Kuhls, StBerG, § 119 Rn. 11). 2

Die Frist des Abs. 2 ist eine Ausschlussfrist. Sie läuft ab Ablauf der Frist zur sofortigen Beschwerde gg. die Ablehnung der Eröffnung (vgl. § 95 Rn. 6) bzw. – wenn das KG eine solche Beschwerde zurückgewiesen hat – ab dessen Beschlussfassung. Die Verjährung des Berufsvergehens läuft während des Laufs der Ausschlussfrist (kein Ruhenstatbestand im Sinne von § 70 Abs. 1); ist sie – wie regelmäßig der Fall – bei deren Ablauf eingetreten, fehlt auch im Sinne von § 170 Abs. 1 StPO der hinreichende Tatverdacht für eine Anschuldigung. 3

§ 97 Zustellung des Eröffnungsbeschlusses

¹Der Beschluss über die Eröffnung des Hauptverfahrens ist dem Wirtschaftsprüfer spätestens mit der Ladung zuzustellen. ²Entsprechendes gilt in den Fällen des § 207 Abs. 3 der Strafprozessordnung für die nachgereichte Anschuldigungsschrift.

Inhaltsübersicht

		Rn.
I.	Zustellung des Eröffnungsbeschlusses	1
II.	Fehlerhafte Zustellungen, Sonstiges	2

I. Zustellung des Eröffnungsbeschlusses

Die Vorschrift wiederholt die über § 127 ohnehin geltende Regelung des § 215 StPO. Sie soll der Gewährleistung des rechtl. Gehörs für den betroffenen WP dienen: Dieser muss spätestens (frühere **Zustellung** möglich u. üblich!) mit der Ladung wissen, gegen welchen konkreten Vorwurf er sich verteidigen soll. Satz 2 regelt, dass über eine sog. **nachgereichte o. ergänzte Anschuldigungsschrift**, zu der es kommt, wenn der gerichtl. Eröffnungsbeschluss gem. § 207 Abs. 2 Nr. 1 StPO i.V.m. § 127 einen anderen Verfahrensgegenstand zu Grunde legt als die ursprüngliche Anschuldigung, ebenfalls erst verhandelt werden darf, wenn sie zugestellt worden ist (eher seltener Fall, i.d.R. reicht das Gericht in vergleichbaren Konstellationen die Anschuldigung vor Eröffnungsbeschluss mit der Bitte um Überprüfung an die GStA zurück). 1

II. Fehlerhafte Zustellungen, Sonstiges

2 Zur Revisibilität v. Fehlern bei der Zustellung des Eröffnungsbeschlusses vgl. Meyer-Goßner, StPO, § 215 Rn. 8. Im Fall der ergänzten od. nachgereichten Anschuldigungsschrift (s. o. Rn. 1) muss vor Beginn der Hauptverhandlung die Ladungsfrist eingehalten sein (Kuhls/Kuhls, StBerG, § 120 Rn. 8).

§ 98 Hauptverhandlung trotz Ausbleibens des Wirtschaftsprüfers

¹Die Hauptverhandlung kann gegen einen Wirtschaftsprüfer, der nicht erschienen ist, durchgeführt werden, wenn er ordnungsmäßig geladen und in der Ladung darauf hingewiesen ist, dass in seiner Abwesenheit verhandelt werden kann. ²Eine öffentliche Ladung ist nicht zulässig.

Inhaltsverzeichnis

		Rn.
I.	Allgemeines	1
II.	Hauptverhandlung ohne den WP	2–3
III.	Verbot der öffentlichen Zustellung	4
IV.	Vergleichbare berufsgerichtliche Regelungen	5

I. Allgemeines

1 Die Vorschrift ist in einem inhaltlichen Zusammenhang mit § 82 (Verbot der Verhaftung des WP) zu sehen. Obwohl § 82 Zwangsmittel weitgehend ausschließt, ermöglicht sie, die Durchführung der Hauptverhandlung zu sichern, indem das Verfahren auch in Abwesenheit des WP durchgeführt werden kann. Sie geht damit deutlich über die Regelungen der StPO hinaus, die **Abwesenheitsverhandlungen** nur ausnahmsweise gestatten.

II. Hauptverhandlung ohne den WP

2 Zwingende Voraussetzung für die Durchführung einer Hauptverhandlung ohne den WP ist, dass er in der **Ladung** (nachträglicher o. gesonderter Hinweis reicht nicht, vgl. Gehre/Koslowski, StBerG, § 121 Rn. 1; Cichon/Späth/Pickel, BHStB, § 121 Rn. 2) auf diese Möglichkeit hingewiesen worden ist (überzogen und missverständlich allerdings Kuhls/Kuhls, StBerG, § 121, Rn. 12, nach denen sich der Hinweis nach § 98 Satz 1 auch aus der Zustellungsurkunde ergeben müsse; Feststellung der Hinweiserteilung auf Grundlage der gesamten Aktenlage reicht aber aus). Erscheint der WP in der Hauptverhandlung dann tats. nicht, bedarf es der Anordnung des Vorsitzenden (§ 238 StPO i.V.m. § 127; kein Gerichtsbeschluss, dieser ist allerdings unschädlich, dazu Cichon/Späth/Pickel, BHStB, § 121 Rn. 6), damit entspr. verfahren werden kann. Der Vorsitzende darf diese Anordnung nur treffen, wenn der WP nach seiner Beurteilung und Kenntnislage freiwillig auf die Teilnahme verzichtet hat: Denn § 98 Satz 1 entbindet nur v. der Pflicht zur Teilnahme, hebt aber nicht das **Teilnahmerecht** auf (deswegen auch ggf. Wiedereinsetzung in den vorigen Stand bei unbeabsichtigter u. unverschuldeter Versäumung der Verhandlung möglich,

OLG Stuttgart 18.10.1989, 1 StO 2/89, bei juris = MDR 1990, 463). Fehlt der WP entschuldigt (Verhandlungsunfähigkeit wegen Krankheit, unvorhersehbare Störung der Anreise) o.Ä., muss ausgesetzt u. neu terminiert werden (zu den Einzelheiten Cichon/Späth/Pickel, BHStB, § 121 Rn. 7 f.). Ob § 98 Satz 1 auch gilt, wenn der zunächst erschienene WP sich aus der Verhandlung zu entfernen sucht o. ob der Vorsitzende dann entspr. § 231 Abs. 1 Satz 2 StPO das Entfernen verhindern darf (so Cichon/Späth/Pickel, BHStB, § 121 Rn. 5) ist zweifelhaft. In jedem Fall aber verbleibt dem Gericht (durch Gerichtsbeschluss, Vorsitzenden-Anordnung reicht hier nicht) die Möglichkeit, nach § 231 Abs. 2 StPO i. V. m. § 127 zu verfahren und die Hauptverhandlung ohne den Angeschuldigten fortzusetzen, wenn dieser schon zur Sache vernommen wurde; denn § 98 Satz 1 verdrängt diese Möglichkeit nicht.

§ 98 Satz 1 gilt auch in der **Berufungsinstanz**, wie sich aus § 105 Abs. 4 ergibt. 3

III. Verbot der öffentlichen Zustellung

Satz 2 verbietet die Ladung im Wege der **öffentl. Zustellung**. Dies soll gewährleisten, dass – nach einem Hinweis nach Satz 1 – eine Verhandlung ohne den WP wirklich nur dann durchgeführt wird, wenn dieser v. der Ladung auch tats. Kenntnis erlangt hat. Eine Zustellung durch Niederlegung (§§ 182, 195a ZPO) ist dagegen zulässig (OLG Düsseldorf 11.2.1985, StB 1985, 332 f.). 4

IV. Vergleichbare berufsgerichtliche Regelungen

§ 98 entspricht § 121 StBerG (vgl. dazu Cichon/Späth/Pickel, BHStB, § 121 Rn. 1 ff.; Kuhls/Kuhls, StBerG, § 121 Rn. 1 ff. StBerG, beide auch mit Nw. bzgl. der weiteren Parallelvorschrift in § 134 BRAO). In der Berufungsinstanz wirken sich allerdings beide Regelungen unterschiedlich aus, weil § 105 anders als die entsprechende Regelung in § 127 StBerG die Verwerfung einer Berufung des Berufsangehörigen wegen Nichterscheinens nicht vorsieht (vgl. § 105 Rn. 5). 5

§ 99 Nichtöffentliche Hauptverhandlung

(1) ¹Die Hauptverhandlung ist nicht öffentlich. ²Auf Antrag der Staatsanwaltschaft kann, auf Antrag der betroffenen Berufsangehörigen muss die Öffentlichkeit hergestellt werden. ³Ferner ist die Hauptverhandlung immer dann öffentlich, wenn die vorgeworfene Pflichtverletzung im Zusammenhang mit der Durchführung einer Prüfung nach § 316 des Handelsgesetzbuches steht. ⁴In den Fällen einer öffentlichen Verhandlung nach Satz 2 oder 3 sind die Vorschriften des Gerichtsverfassungsgesetzes über die Öffentlichkeit sinngemäß anzuwenden.

(2) ¹Zu nichtöffentlichen Verhandlungen ist dem Präsidenten des Oberlandesgerichts oder seinem Beauftragten, den Beamten der Staatsanwaltschaft bei dem Oberlandesgericht, Vertretern des Bundesministeriums für Wirtschaft und Technologie, Vertretern der obersten Landesbehörde, Vertretern der Wirtschaftsprüferkammer und den Wirtschaftsprüfern der Zutritt gestattet. ²Die

Kammer für Wirtschaftsprüfersachen kann nach Anhörung der Beteiligten auch andere Personen als Zuhörer zulassen.

Inhaltsübersicht

	Rn.
I. Allgemeines	1
II. Eingeschränkt nichtöffentliche Hauptverhandlung	2–6
1. Zutrittsrecht bestimmter Personen	2
2. Berufsöffentlichkeit	3
3. Zulassung weiterer Personen	4
4. Herstellung der Öffentlichkeit auf Antrag	5–6
III. Öffentliche Hauptverhandlung bei Prüfungen nach § 316 HGB	7–9
IV. Ausschluss der Öffentlichkeit	10–11

I. Allgemeines

1 Bereits in der WPO 1961 war für berufsgerichtliche Verfahren gegen WP vorgesehen, dass die **Hauptverhandlung** – dies schließt die Urteilsverkündung mit ein – nicht öffentl. ist (Abs. 1 Satz 1). Auch wenn dies so nicht ganz zutr. ist (s. noch Rn. 2 ff.), ist doch der gemäß § 169 GVG für die ordentliche Gerichtsbarkeit bestehende **Grundsatz der Öffentlichkeit erheblich eingeschränkt.** Eine Begr. für die Regelung hat der Gesetzgeber nicht für erforderlich gehalten. Dies ist nur vor dem Hintergrund zu erklären, dass die gleichartige Regelung in § 135 BRAO für das anwaltsgerichtliche Verfahren als selbstverständlich übernommen worden ist. Mit § 122 enthält das StBerG auch für berufsgerichtliche Verfahren gegen StB eine vergleichbare Vorschrift. Hintergrund für die grds. Nichtzulassung der Öffentlichkeit ist der **Schutz der Persönlichkeit u. der sonstigen Interessen des Betroffenen** (Kuhls, StBerG, § 122 Rn. 3) sowie der **Schutz der Daten der Mandanten,** die von einer vertraulichen Behandlung ihrer Angelegenheiten ausgehen.

II. Eingeschränkt nichtöffentliche Hauptverhandlung

1. Zutrittsrecht bestimmter Personen

2 Der nach Abs. 1 Satz 1 bestehende Grundsatz der nichtöffentl. Hauptverhandlung wird bereits dadurch durchbrochen, dass dem **Präsidenten des OLG** o. seinen Beauftragten, den **Beamten der StA** bei dem OLG, **Vertretern des BMWi, Vertretern der obersten Landesbehörde** sowie **Vertretern der WPK** der Zutritt zur Hauptverhandlung zwingend zu gestatten ist (Abs. 2 Satz 1). Vergleichbare Einschränkungen der Nichtöffentlichkeit enthalten wiederum die Parallelvorschriften in der BRAO u. dem StBerG. In der Regel wird dieses Zutrittsrecht nur v. der **WPK wahrgenommen,** die in der Angelegenheit entw. vor Abgabe an die GStA zunächst selbst ermittelt (§ 61a Abs. 1) u./o. diese durch (fachliche) Stellungnahmen (§ 84a Abs. 1 Satz 2) unterstützt hat.

2. Berufsöffentlichkeit

Eine weitere u. wesentliche Einschränkung der nichtöffentl. Hauptverhandlung besteht in dem **Zutrittsrecht anderer WP** u. – über den Verweis des § 71 – auch **organschaftlicher Vertreter v. Berufsgesellschaften, die selbst nicht WP** sind. Diese auch bei den RA u. StB vorgesehene „Berufsöffentlichkeit" lässt den Schluss zu, dass der Persönlichkeitsschutz des Betroffenen nicht absolut gilt, sondern nur ggü. der Gesamtöffentlichkeit als grds. vorrangig betrachtet wird u. i.Ü. einer Abwägung mit anderen gesetzgeberischen Zielen zugänglich ist (s. hierzu noch Rn. 7). 3

3. Zulassung weiterer Personen

Schließlich kann das Gericht nach Abs. 2 Satz 2 auch **weitere Zuhörer** zulassen. Voraussetzung hierfür ist die **vorherige Anhörung aller Verfahrensbeteiligten** (betroffener Berufsangehöriger, dessen Verteidiger u. StA u. die nach pflichtgemäßem Ermessen erfolgende Abwägung der jeweiligen Interessen. Praxisrelevant kann dies insb. bei **Zeugen** sein, die – insoweit nicht unter die Berufsöffentlichkeit fallend – an sich nur zur Abgabe ihrer Aussage zugelassen sind, u./o. anderen Personen, die z.B. wegen eines mit dem berufsgerichtlichen Verfahren i.Z. stehenden etwaigen zivilrechtlich Anspruch ein **persönliches Interesse am Verfahrensverlauf u. -ausgang** haben. Dieses Interesse wird allerdings nach allg. Auffassung als **ggü. dem Persönlichkeitsschutz des Betroffenen nachrangig** betrachtet (Kuhls, StBerG, § 122 Rn. 9, Cichon/Späth, BHStB, § 122 B 1473). 4

4. Herstellung der Öffentlichkeit auf Antrag

Aufgrund der zugunsten des Berufsangehörigen erfolgten Einschränkung der öffentl. Verhandlung muss dieser auch die Möglichkeit haben, auf diesen Schutz zu verzichten. Daher muss das Gericht nach Abs. 1 Satz 2 die **Öffentlichkeit auf Antrag des Angeschuldigten zulassen.** In Betracht kommt ein derartiger Antrag insb. dann, wenn der Berufsangehörige – etwa in einem medienwirksamen Verfahren – mit einem Freispruch rechnet. 5

Ein Antragsrecht zur Herstellung der Öffentlichkeit steht allerdings **auch der StA** zu. Ob das Gericht dem nachkommt, steht allerdings in seinem Ermessen. Die Ermessensausübung dürfte sich wiederum an einer Abwägung zwischen den Interessen des Beschuldigten u. den v. der StA vorgebrachten Gründen für eine Herstellung der Öffentlichkeit zu orientieren haben. Fälle aus der Praxis sind bislang nicht bekannt. 6

III. Öffentliche Hauptverhandlung bei Prüfungen nach § 316 HGB

Die vollständige Durchbrechung der noch in Abs. 1 Satz 1 postulierten nichtöffentl. Verhandlung erfolgt nach Abs. 1 Satz 3 dann, wenn die **vorgeworfene Pflichtverletzung i.Z.m. einer Prüfung nach § 316 HGB** steht. Diese Regelung ist eine Besonderheit, vergleichbare Bestimmungen im StBerG u. der BRAO gibt es nicht. Sie ist mit der 5. WPO-Novelle 2004 eingeführt worden u. sollte neben anderen Maßnahmen zur Stärkung der BA, insb. im Bereich der Ermittlungs- u. Sanktionsmöglichkeiten, dem **Vorwurf der Intransparenz der BA entgegenwirken**. 7

8 Bei gesetzlich vorgeschriebenen JAP hat der Gesetzgeber den **Persönlichkeitsschutz** des Betroffenen ggü. dem **„erhöhten Bedürfnis der Öffentlichkeit bzw. des Berufsstandes an der Klärung"** dieser Verfahren als nachrangig erachtet. Auch hat es der Gesetzgeber als eigenen Wert anerkannt, dass die **Funktionsfähigkeit der BA** nach außen deutlich gemacht werden kann (BT-Drs. 15/1241, 43). Als Vorbild diente das am 1.1.2002 in Kraft getretene BDG, das die bisherige BDO abgelöst hat. Der dort noch geltende Grundsatz der Nichtöffentlichkeit v. Disziplinarverfahren ist bewusst nicht übernommen worden.

9 Der erst mit der 6. WPO-Novelle 2005 hergestellten Öffentlichkeit der Hauptverhandlungen in berufsgerichtlichen Verfahren wurde allerdings bereits durch die 7. WPO-Novelle 2007 (BARefG) weitgehend die **praktische Bedeutung** genommen. Mit dem BARefG wurden die **Zuständigkeiten** zwischen der Berufsgerichtsbarkeit einerseits u. der WPK/APAK andererseits deutlich zugunsten v. WPK/APAK verschoben, um die Verfahren zu beschleunigen. Verbunden wurde dies auch mit der Verleihung weitreichender Maßnahmekompetenzen an WPK/APAK (Geldbußen bis zu EUR 50.000). In Kauf genommen wurde dabei seinerzeit, dass damit auch die dadurch betroffenen Verfahren aus der möglichen öffentl. Hauptverhandlung in den der absoluten Verschwiegenheit unterliegenden Verfahrensprozess von WPK u. APAK gezogen wurden.

IV. Ausschluss der Öffentlichkeit

10 Soweit eine Verhandlung entw. auf Antrag nach Abs. 1 Satz 2 (Rn. 5, 6) o. aufgrund des Abs. 1 Satz 3 (Rn. 7-9) öffentl. ist, schreibt Abs. 1 Satz 4 die **sinngemäße Anwendung der Vorschriften des GVG** über die Öffentlichkeit, demnach auch der **Regelungen zu deren Ausschluss**, vor. Hierdurch wird gewährleistet, dass im Einzelfall die Öffentlichkeit ganz o. für Teile der Hauptverhandlung auf Antrag (wieder) ausgeschlossen werden kann, wenn dies z.B. zum Schutz der **Privatsphäre des Beschuldigten** (§ 171b GVG) o. v. **Geschäftsgeheimnissen des Auftraggebers** (§ 172 Nr. 2 GVG) erforderlich ist.

11 Für den dem § 99 vergleichbaren § 122 StBerG wird die Auffassung vertreten, dass die Vorschriften des GVG zum Ausschluss der Öffentlichkeit nicht nur in den **Fällen der Gesamtöffentlichkeit** anwendbar sind, sondern auch bei **eingeschränkt öffentl. Verhandlungen** (Kuhls, StBerG, § 122 Rn. 18; Gehre/Koslowski, StBerG, § 122 Rn. 5). Dem kann trotz des eindeutigen Wortlauts des Abs. 1 Satz 4 zugestimmt werden, jedenfalls soweit es um den **Ausschluss eines Berufskollegen** geht, der etwa bei bestimmten Geschäftsgeheimnissen des Angeschuldigten gerechtfertigt sein kann. Für den übrigen in Abs. 2 Satz 1 genannten Personenkreis dürfte ein Ausschluss hingegen nur in ganz außergewöhnlichen Ausnahmefällen in Betracht kommen können. Dies gilt für die **Vertreter der WPK** umso mehr, nachdem mit der 7. WPO-Novelle 2007 § 82b Abs. 2 eingeführt worden ist. Durch diese Vorschrift soll die Stellung der WPK im berufsgerichtlichen Verfahren ausdr. gestärkt werden (§ 82b Rn. 9). In den Fällen des Abs. 2 Satz 2 dürfte die Frage des Ausschlusses schon deswegen ohne Bedeutung sein, weil die **Zulassung anderer Personen als Zuhörer** ohnehin nur nach Anhörung der Beteiligten u. unter Vornahme einer Interessenabwägung erfolgen kann (Rn. 4). Bei Änderung der für die Interessenabwägung maßgeblichen Gesichtspunkte führte dies ohne weiteres zu einer nicht weiteren Zulassung weiterer Personen als Zuhörer, ohne dass es eines Ausschlusses bedarf.

§ 100 (aufgehoben)

§ 101 Beweisaufnahme durch einen ersuchten Richter

¹Die Kammer für Wirtschaftsprüfersachen kann ein Amtsgericht um die Vernehmung von Zeugen oder Sachverständigen ersuchen. ²Der Zeuge oder Sachverständige ist jedoch auf Antrag der Staatsanwaltschaft oder des Wirtschaftsprüfers in der Hauptverhandlung zu vernehmen, es sei denn, dass er voraussichtlich am Erscheinen in der Hauptverhandlung verhindert ist oder ihm das Erscheinen wegen großer Entfernung nicht zugemutet werden kann.

Inhaltsübersicht

		Rn.
I.	Allgemeines	1
II.	Kommissarische Beweisaufnahme durch ein Amtsgericht	2–10
	1. Voraussetzungen	2–3
	2. Einschränkungen	4–7
	3. Anfechtbarkeit	8
	4. Ausführung der kommissarischen Beweisaufnahme	9

I. Allgemeines

§ 101 lockert – wie § 102 – für den Bereich der WP-Berufsgerichtsbarkeit (nicht auch für das vorgeschaltete Ermittlungsverfahren der GStA, Kuhls/Kuhls, StBerG, § 123 Rn. 3; für die GStA gilt § 162 StPO i.V.m. § 127 WPO) den **Unmittelbarkeitsgrundsatz**. Die Vorschrift gestattet, Beweisaufnahmen vom erkennenden Berufsgericht auf ein AG zu verlagern. Die Vorschrift verspricht jedoch mehr als sie hält: Ihr Satz 2, aber auch allgemeine Rechtsgrundsätze, setzen der Übertragung der Beweisaufnahme Grenzen. Die im Strafprozess mehr und mehr anerkannte Möglichkeit, Beweisaufnahmen auch per Video-Konferenz durchzuführen (vgl. §§ 58a, 247a StPO) lässt auch das praktische Bedürfnis für kommissarische Beweisaufnahmen schwinden. 1

II. Kommissarische Beweisaufnahme durch ein Amtsgericht
1. Voraussetzungen

Die Möglichkeit, eine o. mehrere Beweisaufnahmen auf ein o. mehrere AG zu übertragen, besteht für die WP-Berufsgerichte in beiden Tatsacheninstanzen u. auch schon im Zwischenverfahren. Gleiches gilt analog im Verfahren über den Antrag auf berufsgerichtliche Entscheidung im Rügeverfahren nach § 63a. Ob das Berufsgericht hiervon Gebrauch macht, muss es unter Berücksichtigung seiner **Aufklärungspflicht** entscheiden. Bei dieser Beurteilung hat es zu berücksichtigen, dass die 2 persönliche Vernehmung die überlegene Form der Wahrheitsermittlung ist. Bei zentral wichtigen Aussagen, die eine differenzierte Würdigung des Berufsgerichts erfordern, wird die Aufklärungspflicht häufig einer Beweisaufnahme durch den ersuchten Richter entgegenstehen.

3 Die kommissarische Vernehmung wird durch **Gerichtsbeschluss** (nicht: durch den Vorsitzenden allein) in o. – praktisch häufiger – vor der Hauptverhandlung angeordnet (zur jeweils maßgeblichen Gerichtsbesetzung § 72 Rn. 3), der prinzipiell keiner näheren Begr. bedarf (anders im Fall v. Satz 2, s. dazu Rn. 4). Das Beweisthema muss für das ersuchte AG (i.d.R. das des Wohnorts der Auskunftsperson) klar bezeichnet sein.

2. Einschränkungen

4 Satz 2 gibt den Verfahrensbeteiligten prinzipiell Gelegenheit, die kommissarische Beweisaufnahme durch einen vor ihrer Anordnung zu stellenden, keine nähere Begr. erfordernden Antrag auf **persönliche Vernehmung** zu verhindern.

5 Damit die Verfahrensbeteiligten einen entsprechenden Antrag stellen können, ist ihnen vor Beschlussfassung rechtl. Gehör zu gewähren. Wird dies versäumt, können sie gegen den Beschluss die Gehörsrüge (§ 33a StPO i.V.m. § 127 WPO) erheben.

6 Eine kommissarische Vernehmung entgegen einem Antrag auf persönliche Vernehmung ist nur zulässig, wenn der Zeuge/Sachverständige verhindert ist (verhältnismäßig strenge Auslegung geboten; allerdings definiert § 101 die **Verhinderungsgründe** deutlich weniger eng als die StPO in der vergleichbaren Regelung in § 251 Abs. 1 Nr. 1 u. Nr. 2 StPO, vgl. dazu Meyer-Goßner, StPO, § 251 Rn. 6 ff.; daraus wird man schließen dürfen, dass nicht nur dauerhafte o. langfristige **Verhinderungen** erfasst sind).

7 Die Möglichkeit, die Zeugen/Sachverständigen zu einem **zeitnahen späteren Fortsetzungstermin** zu laden, schließt eine Verhinderung aus. Da die WP-Gerichtsbarkeit für das ganze Bundesgebiet auf Berlin konzentriert ist, stellt sich der Fall einer **beträchtlichen Entfernung der Auskunftsperson v. Ort der Hauptverhandlung** verhältnismäßig häufig. In der Regel wird eine Anreise für einen Zeugen nicht unzumutbar sein, wenn er an einem Tag hin- u. rückreisen kann. Die Unzumutbarkeit wird allerdings auch unter Berücksichtigung sonstiger Faktoren wie der Bedeutung der Aussage, der Person des Zeugen (Alter, Gesundheit, berufliche Beanspruchung) u. dem Vorhandensein alternativer Beweiserhebungsmöglichkeiten (z.B. Verlesung nach § 102) zu beurteilen sein. In dem Gerichtsbeschluss nach Satz 2 sind die hierzu angestellten Erwägungen des Gerichts rechtl. nachprüfbar zu begründen.

3. Anfechtbarkeit

8 Weder der Beschluss nach Satz 1 noch der nach Satz 2 sind isoliert **anfechtbar**. Mit der Revision gegen das Berufungsurteil des Senats des KG kann aber ein Fehlen o. ein Mangel der Beschlussbegründung unter dem Gesichtspunkt der Aufklärungspflicht o. der verfahrenswidrigen Zurückweisung eines Antrags nach Satz 2 gerügt werden.

4. Ausführung der kommissarischen Beweisaufnahme
Die **Durchführung der Beweisaufnahme** obliegt dem ersuchten AG. Die Parteien haben ein Teilnahmerecht (vgl. § 224 StPO i.V.m. § 127). 9

§ 102 Verlesen von Protokollen

(1) Die Kammer für Wirtschaftsprüfersachen beschließt nach pflichtmäßigem Ermessen, ob die Aussage eines Zeugen oder eines Sachverständigen, der bereits in dem berufsgerichtlichen oder in einem anderen gesetzlich geordneten Verfahren vernommen worden ist, zu verlesen sei.

(2) [1]**Bevor der Gerichtsbeschluss ergeht, kann der Staatsanwalt oder der Wirtschaftsprüfer beantragen, den Zeugen oder Sachverständigen in der Hauptverhandlung zu vernehmen.** [2]**Einem solchen Antrag ist zu entsprechen, es sei denn, dass der Zeuge oder Sachverständige voraussichtlich am Erscheinen in der Hauptverhandlung verhindert ist oder ihm das Erscheinen wegen großer Entfernung nicht zugemutet werden kann.** [3]**Wird dem Antrag stattgegeben, so darf das Protokoll über die frühere Vernehmung nicht verlesen werden.**

(3) [1]**Ist ein Zeuge oder Sachverständiger durch einen ersuchten Richter vernommen worden (§ 101), so kann der Verlesung des Protokolls nicht widersprochen werden.** [2]**Der Staatsanwalt oder der Wirtschaftsprüfer kann jedoch der Verlesung widersprechen, wenn ein Antrag gemäß § 101 Satz 2 abgelehnt worden ist und Gründe für eine Ablehnung des Antrags jetzt nicht mehr bestehen.**

Inhaltsübersicht

	Rn.
I. Allgemeines	1
II. Verlesung von Protokollen	2–8
1. Voraussetzungen	2
2. Einschränkungen	3–6
3. Begründung des Beschlusses, Anfechtbarkeit	7

I. Allgemeines

§ 102 lockert – wie § 101 – für den Bereich der WP-Berufsgerichtsbarkeit den **Un-** 1 **mittelbarkeitsgrundsatz,** hier durch eine Erweiterung v. Verlesungsmöglichkeiten anstelle einer unmittelbaren Vernehmung v. Zeugen u. Sachverständigen durch das erkennende Berufsgericht. Die praktische Bedeutung der Vorschrift ist aus ähnlichen Gründen wie bei § 101 begrenzt (vgl. dort Rn. 2 f.). In der Praxis häufiger sind **Verlesungen** nach allg. strafprozessualen Regelungen, die über § 127 anwendbar bleiben u. v. § 103 nicht verdrängt werden.

II. Verlesung von Protokollen

1. Voraussetzungen

2 § 102 betrifft die durch **Gerichtsbeschluss** (nicht: Vorsitzendenanordnung) zu entscheidende Verlesung v. Zeugen- u. Sachverständigen-Aussagen, nicht die des jetzigen Beschuldigten (für diesen gilt § 254 StPO i.V.m. § 127). Unerheblich ist die Stellung der Aussageperson im früheren Verfahren – auch damalige Beschuldigtenvernehmungen fallen unter § 102. Es muss sich um verlesbare, d.h. inhaltlich protokollierte Aussagen (nicht: sonstige Dokumente) in gesetzl. geordneten Verfahren handeln (auch Zivilverfahren, behördliche Verfahren, Ermittlungsverfahren usw.). Ob das Gericht nach § 102 verfährt o. den Zeugen/Sachverständigen vernimmt, muss es wie bei § 101 (s. dort Rn. 2) unter Berücksichtigung seiner **Aufklärungspflicht** entscheiden.

2. Einschränkungen

3 Absatz 2 gibt den Verfahrensbeteiligten prinzipiell die Möglichkeit, vor Erlass des Beschlusses über die Verlesung diese durch einen **Antrag auf persönliche Vernehmung** zu verhindern. Vor Erlass des Beschlusses, jedenfalls vor seiner Ausführung ist deshalb eine Anhörung erforderlich. Deren Unterlassung kann die Anhörungsrüge nach § 33a StPO i.V.m. § 127 begründen.

4 Ein rechtzeitig unterbreiteter Antrag hindert die Verlesung nach Abs. 2 Satz 2 nicht, wenn der **Zeuge/Sachverständige verhindert** ist o. ihm eine persönliche Vernehmung wegen großer Entfernung unzumutbar ist. Die Regelung entspricht v. systematischen Aufbau § 101 Satz 2 (vgl. deshalb § 101 Rn. 7).

5 Absatz 3 gewährleistet, dass protokollierte Aussagen aus verfahrensordnungsgem. durchgeführten kommissarischen Vernehmungen nach § 101 verlesen werden können, u. zwar prinzipiell ohne Widerspruchsmöglichkeit der Verfahrensbeteiligten. Nur in dem seltenen Fall, dass trotz Widerspruchs eines Verfahrensbeteiligten (vgl. dazu § 101 Rn. 3) eine kommissarische Vernehmung durchgeführt worden ist, die Gründe für diese Vernehmung dann aber nachträglich fortgefallen sind, muss das Berufsgericht die **Auskunftsperson persönlich** hören.

6 Gemäß § 252 StPO i.V.m. § 127 ist über § 102 Abs. 2 hinaus die Verlesung einer früheren Zeugenaussage unzulässig, wenn sich der Zeuge nun auf ein **Zeugnisverweigerungsrecht** nach § 52 StPO beruft.

3. Begründung des Beschlusses, Anfechtbarkeit

7 Vgl. § 101 Rn. 6, 7. Jedenfalls dann, wenn der Verlesung des Protokolls in der Hauptverhandlung nicht widersprochen wird, ist eine **Revisionsrüge** grds. verwirkt (BGH, 12.7.1983, NJW 1984, 65, 66).

§ 103 Entscheidung

(1) Die Hauptverhandlung schließt mit der auf die Beratung folgenden Verkündung des Urteils.

Entscheidung § 103

(2) Das Urteil lautet auf Freisprechung, Verurteilung oder Einstellung des Verfahrens.

(3) Das berufsgerichtliche Verfahren ist, abgesehen von dem Fall des § 260 Abs. 3 der Strafprozessordnung, einzustellen,
1. wenn die Bestellung als Wirtschaftsprüfer erloschen, zurückgenommen oder widerrufen ist (§§ 19, 20);
2. wenn nach § 69a von einer berufsgerichtlichen Ahndung abzusehen ist.

Inhaltsübersicht

	Rn.
I. Beendigung der Hauptverhandlung durch Urteil	1–4
II. Beendigung der Hauptverhandlung durch Verfahrenseinstellung	5–7

I. Beendigung der Hauptverhandlung durch Urteil

§ 103 betrifft in Abs. 1 u. Abs. 2 die Beendigung der Hauptverhandlung durch **Urteil**. Obwohl § 103 Abs. 1 vollständig der Regelung in § 260 Abs. 1 StPO entspricht, weicht, wie die Gegenüberstellung v. § 125 Abs. 2 mit § 260 Abs. 2–5 StPO zeigt, das berufsgerichtliche Urteil in seiner Struktur substantiell v. einem Strafurteil ab. Der wichtigste Unterschied ist, dass bei einer verurteilenden Entscheidung der Urteilsausspruch (sog. „Tenor") nur dahin geht, dass der Berufsangehörige gegen seine Berufspflichten verstoßen hat. Also wird i. Ggs. zu § 260 Abs. 4 StPO im Urteilsausspruch die konkrete Berufspflicht, die verletzt worden ist, nicht bezeichnet. Denn das Berufsgericht hat das berufsrechtliche Fehlverhalten des Berufsangehörigen einheitlich u. umfassend zu würdigen (sog. **Einheit der Berufspflichtverletzung**, § 67 Rn. 9). 1

Daraus folgt weiter, dass das Berufsgericht nicht teilw. freispricht, wenn nur einer v. mehreren dem WP in der Anschuldigungsschrift vorgeworfenen Pflichtverstöße festgestellt wird; dies gilt prinzipiell auch im Rechtsmittelverfahren (BGH 19.7.2007, Stbg 2007, 507 ff.; BGH 14.8.2012, BGHSt 57, 289 ff.). Doch ist ein solcher **Teilerfolg** der Rechtsverteidigung bei der **Kostenentscheidung** zu berücksichtigen (vgl. § 124 Rn. 3, 6). Im Gegensatz zum allg. Strafprozess ist nicht erforderlich, nach der Urteilsformel eine Liste der angewendeten Vorschriften aufzuführen, wenngleich eine solche Benennung in der Praxis nicht unüblich u. selbstverständlich unschädlich ist (Cichon/Späth/Pickel, BHStB, § 125 StBerG Rn. 7). 2

Eine **Kostenentscheidung** ist dagegen im berufsgerichtlichen Verfahren zwingend in das Urteil aufzunehmen, was sich aus § 127 i.V.m. § 464 Abs. 1 StPO ergibt. 3

Im Übrigen ist das Urteil im berufsgerichtlichen Verfahren ähnlich **wie ein Strafurteil zu gestalten**. Es sind insb. die persönlichen u. wirtschaftlichen Verhältnisse des Berufsangehörigen u. die berufsrechtlichen Vorbelastungen sowie der sonstige berufliche Werdegang zu schildern. Ferner ist der v. Gericht festgestellte Sachverhalt u. dessen rechtl. Bewertung einschl. der berufsrechtlichen Rechtsfolgen sowie der Kostenfolge darzustellen. Einer Beweiswürdigung bedarf es nur dann nicht, wenn 4 gem. § 127 i.V.m. § 267 Abs. 4 StPO das Urteil rkr. ist. Nur die Berufsrichter, nicht auch die ehrenamtlichen Richter **unterschreiben** das Urteil (BGH 6.8.1993, BGHSt 39, 261 ff.).

II. Beendigung der Hauptverhandlung durch Verfahrenseinstellung

5   § 103 Abs. 3 beinhaltet berufsgerichtliche Sonderregelungen für den Fall der **Verfahrenseinstellung.** Es handelt sich hier um die Fälle der Einstellung wegen **Erlöschens der Berufszugehörigkeit,** was berücksichtigt, dass ein Berufsgericht nur solange zuständig sein kann, wie der Betroffene dem Beruf angehört. In dem Moment, in dem diese Berufszugehörigkeit erlischt – sei es, dass der Berufsangehörige selbst aktiv auf diese Zulassung verzichtet hat o. dass ihm diese durch staatlichen Hoheitsakt o. Gerichtsentscheidung entzogen worden ist – kann das Verfahren nicht fortgesetzt werden. Die weitere in § 103 Abs. 3 geregelte Einstellungsmöglichkeit wegen **Vorrangs einer anderweitigen Ahndung** folgt daraus, dass ein Ahndungsbedürfnis für eine berufsgerichtliche Verfehlung entfallen kann, wenn der Betroffene in einem anderen gerichtlichen Verfahren – vor allen in einem Strafverfahren o. im Verfahren einer anderen Berufsgerichtsbarkeit – verurteilt wird und ein sog. disziplinarer Überhang (§ 69a Rn. 1 ff.) nicht vorliegt.

6   § 103 Abs. 3 regelt die Befugnisse des Gerichts, Verfahren einzustellen, nicht abschließend. Eine weitere Möglichkeit, ein Verfahren einzustellen, u. zwar durch Urteil, ist beim Bestehen v. Verfahrenshindernissen gegeben, z.B. Verjährung u. dauerhafter Verhandlungsunfähigkeit des Berufsangehörigen, § 127 i.V.m. § 205 StPO. Häufiger sind Beendigungen der Hauptverhandlung durch **Einstellungen** ohne Urteil, insb. durch Beschlüsse nach § 127 i.V.m. § 153 Abs. 1 StPO **wegen Geringfügigkeit** o. nach § 153a StPO gegen eine **Geldauflage.**

7   § 103 ist in allen seinen Teilen auch auf das Berufungsverfahren anwendbar. Insbes. kann das KG auch von allen in Rn. 5 f. angesprochenen Einstellungsmöglichkeiten Gebrauch machen.

3. Die Rechtsmittel

§ 104 Beschwerde
Für die Verhandlung und Entscheidung über Beschwerden ist der Senat für Wirtschaftsprüfersachen beim Oberlandesgericht zuständig.

Inhaltsübersicht

		Rn.
I.	Instanzenzug	1
II.	Verfahrensgrundsätze, Ausschluss der Beschwerde	2–3

I. Instanzenzug

1   Bereits aus § 127 i.V.m. den Vorschriften der StPO über das Beschwerdeverfahren (§§ 304 ff. StPO) folgt, dass der **Instanzenzug** im **Beschwerdeverfahren** v. der

Berufung § 105

Kammer für WP-Sachen des LG zu dem entspr. Senat des KG als dem zuständigen OLG führt u. dort endet. § 104 stellt dies noch einmal klar.

II. Verfahrensgrundsätze, Ausschluss der Beschwerde

Es gelten die allg. strafprozessualen Grundsätze für das Beschwerdeverfahren: 2

- **Einlegung** der Beschwerde beim LG als Ausgangsgericht;
- Erfordernis der **schriftlichen** Einlegung (o. Einlegung zu Protokoll der Geschäftsstelle, § 306 StPO);
- **Wochenfrist** für die Fälle der sofortigen Beschwerde, d.h. insb. bei Beschwerden über die Kosten (§ 311 Abs. 2 StPO i.V.m. § 464 Abs. 3 StPO; Beschwerde der GStA gg. Nichteröffnung, § 95 Abs. 3 Satz 2). Bei Kostenentscheidungen ist überdies das Erreichen eines Beschwerdewertes v. 200,00 Euro Zulässigkeitsvoraussetzung (vgl. § 304 Abs. 3 StPO).

Zu beachten ist, dass in vielen Konstellationen die Beschwerde gem. § 304 Abs. 1 3 bzw. Abs. 4 Satz 1 StPO i. V. m. 127 ausgeschlossen ist: Sie ist insbes. nur gg. erstinstanzliche Entscheidungen des LG statthaft, also nicht gg. Entscheidungen des KG (so ausdrückl., für Beschwerde gg. Kostenentscheidung des KG, BGH 27.2.2003, WPSt B 1/02, bei juris; Ausnahmen: Beschwerde gg. Nichtzulassung der Revision gem. § 107 Abs. 3; Beschwerde gg. Einstellung wg. eines Verfahrenshindernisses o. in Bezug auf Akteneinsicht, § 304 Abs. 2 Nr. 2 und 4 StPO) u. auch nicht gg. Entscheidungen, die das LG als Beschwerdeinstanz getroffen hat (§ 310 Abs. 1 StPO, vgl. Cichon/Späth/Pickel, BHStB, § 126 Rn. 1 f.; zu einzelnen Fällen weiterer nicht zur Beschwerde berechtigenden Entscheidungen Kuhls/Kuhls, StBerG, § 126 Rn. 9 ff.). Aus diesem Grund ist auch eine Beschwerde gg. die Entscheidung des LG im Verfahren nach § 63a auf berufsgerichtliche Entscheidung gg. eine Rüge nicht zulässig.

§ 105 Berufung

(1) Gegen das Urteil der Kammer für Wirtschaftsprüfersachen ist die Berufung an den Senat für Wirtschaftsprüfersachen zulässig.

(2) ¹**Die Berufung muss binnen einer Woche nach Verkündung des Urteils bei der Kammer für Wirtschaftsprüfersachen schriftlich eingelegt werden.** ²**Ist das Urteil nicht in Anwesenheit des Wirtschaftsprüfers verkündet worden, so beginnt für diesen die Frist mit der Zustellung.**

(3) Die Berufung kann nur schriftlich gerechtfertigt werden.

(4) Auf das Verfahren sind im Übrigen neben den Vorschriften der Strafprozessordnung über die Berufung die §§ 98, 99, 101 bis 103 dieses Gesetzes sinngemäß anzuwenden.

Inhaltsübersicht

	Rn.
I. Allgemeines	1
II. Formvorschriften	2–3
III. Berufungsverfahren	4–5

I. Allgemeines

1 Wie die vergleichbare Vorschrift in § 127 StBerG übernimmt § 105 nicht das verhältnismäßig komplizierte Rechtsmittel-System für erstinstanzliche strafrechtl. Urteile. Gegen ausnahmslos jedes Urteil der Kammer für WP-Sachen des LG Berlin gibt es nur ein einheitliches **Rechtsmittel**, das der **Berufung** zum KG (funktional zuständig dort: der Senat für WP-Sachen, vgl. § 73 Rn. 1). Eine **Sprungrevision**, aber auch Berufungsverfahren besonderer Art, wie sie die StPO für Bagatellfälle mit der Annahmeberufung vorsieht (vgl. § 313 StPO), enthält die WPO nicht.

II. Formvorschriften

2 § 105 Abs. 2 u. 3 regeln **Frist** u. **Form** der Berufung. Die Wochenfrist zur Einlegung der Berufung entspricht der Regelung im Strafprozess (vgl. § 314 Abs. 2 StPO). Wie dort läuft diese **Frist** ab dem Zeitpunkt der Verkündung u. im Fall des Abwesenheitsurteils (vgl. § 98 Satz 1) ab Zustellung des Urteils, vgl. § 35 Abs. 2 StPO i. V. m. § 127. Einzulegen ist die Berufung zwingend beim Ausgangsgericht, dem LG Berlin; eine Einreichung beim KG wahrt die Frist nicht. Bei unverschuldeter Fristversäumung kann gem. § 44 StPO i. V. m. § 127 Wiedereinsetzung beantragt werden, der beim LG einzulegen ist (zum Antrag u. Verfahren vgl. §§ 45, 46 StPO; zum Fall des Zusammentreffens v. Wiedereinsetzungs-Antrag u. Berufung vgl. § 315 StPO). Als unverschuldet gilt die Fristversäumung, wenn der Verurteilte keine ausreichende Rechtsmittelbelehrung erhalten hat (§ 44 Satz 2 StPO).

3 Eine Besonderheit des berufsgerichtlichen Rechtsmittelverfahrens ist, dass die Berufung nur **schriftlich**, nicht auch zu Protokoll der Geschäftsstelle eingelegt werden darf (Cichon/Späth/Pickel, BHStB, § 127 Rn. 5; Hintergrund: einem Betroffenen in einem berufsgerichtlichen Verfahren ist die eigenständige schriftliche Formulierung der Beschwerde ohne Hilfe eines Urkundsbeamten der Geschäftsstelle anders als einem Angeklagten im Strafprozess ohne weiteres zuzumuten). Eine Berufungsrechtfertigung ist möglich, aber keine Zulässigkeitsvoraussetzung (§ 317 StPO).

III. Berufungsverfahren

4 Eigenständige Regelungen für die Gestaltung des Berufungsverfahrens enthält die WPO nicht, sondern sie verweist mit § 105 Abs. 4 auf die Vorschriften über das erstinstanzliche Verfahren bzw. auf diejenigen für den Strafprozess. Wegen der Einzelheiten vgl. deshalb §§ 84-103.

5 § 105 entspricht der Regelung in § 127 Abs. 1-4 Satz 1 StBerG; vgl. deshalb auch die diesbzgl. Kommentierungen (Cichon/Späth/Pickel, BHStB, § 127 Rn. 1 ff.; Kuhls/Kuhls, StBerG, § 127 Rn. 1 ff.). Die 2004 in das StBerG eingefügte Vorschrift des § 127 Abs. 4 Satz 2 StBerG, die im berufsgerichtlichen gg. einen StB die

Verwerfung von dessen Berufung ermöglicht, wenn er in der Berufungshauptverhandlung nicht erscheint, ist in die WPO aber nicht übernommen worden, so dass insoweit die Kommentierungen zum StBerG nicht einschlägig sind. Wegen der Konzentrierung der WP-Berufsgerichtsbarkeit auf Berlin u. der Folge, dass der betroffene WP häufig zum Sitz des KG als Berufungsgericht einen langen Anfahrtsweg hat, hat es der Gesetzgeber ersichtlich für unzumutbar gehalten, den Erfolg der Berufung mit dem Erscheinen in der Berufungshauptverhandlung zu verknüpfen. Gemäß § 98 Satz 1 i.V.m. § 105 Abs. 4 ist eine Durchführung der Berufungshauptverhandlung ohne den WP nach einem entspr. Hinweis in der Ladung möglich (wegen der Einzelheiten vgl. § 98 Rn. 2).

§ 106 Mitwirkung der Staatsanwaltschaft vor dem Senat für Wirtschaftsprüfersachen

Die Aufgaben der Staatsanwaltschaft in dem Verfahren vor dem Senat für Wirtschaftsprüfersachen werden von der Staatsanwaltschaft bei dem Oberlandesgericht wahrgenommen, bei dem der Senat besteht.

Die Vorschrift stellt klar, dass die StA bei den OLG (also die GStA Berlin als die StA bei dem KG) nicht nur bis zum ersten Rechtszug (vgl. § 84), sondern auch im zweiten Rechtszug das Verfahren führt. Wegen der **Befugnisse der GStA,** insb. auch im Verhältnis zur WPK, § 84 Rn. 1. 1

Die Vorschrift des § 106 entspricht der Regelung in § 128 StBerG (vgl. Cichon/ Späth/Pickel, BHStB § 128 Rn. 1 ff.; Kuhls/Kuhls, StBerG, § 128 Rn. 1 ff.). 2

§ 107 Revision

(1) Gegen ein Urteil des Senats für Wirtschaftsprüfersachen bei dem Oberlandesgericht ist die Revision an den Bundesgerichtshof zulässig,
1. wenn das Urteil auf Ausschließung aus dem Beruf lautet;
2. wenn der Senat für Wirtschaftsprüfersachen bei dem Oberlandesgericht entgegen einem Antrag der Staatsanwaltschaft nicht auf Ausschließung erkannt hat;
3. wenn der Senat für Wirtschaftsprüfersachen beim Oberlandesgericht sie in dem Urteil zugelassen hat.

(2) Der Senat für Wirtschaftsprüfersachen beim Oberlandesgericht darf die Revision nur zulassen, wenn er über Rechtsfragen oder Fragen der Berufspflichten entschieden hat, die von grundsätzlicher Bedeutung sind.

(3) [1]Die Nichtzulassung der Revision kann selbstständig durch Beschwerde innerhalb eines Monats nach Zustellung des Urteils angefochten werden. [2]Die Beschwerde ist bei dem Oberlandesgericht einzulegen. [3]In der Beschwerdeschrift muss die grundsätzliche Rechtsfrage ausdr. bezeichnet werden.

(4) Die Beschwerde hemmt die Rechtskraft des Urteils.

(5) [1]Wird der Beschwerde nicht abgeholfen, so entscheidet der Bundesgerichtshof durch Beschluss. [2]Der Beschluss bedarf keiner Begründung, wenn die Be-

schwerde einstimmig verworfen oder zurückgewiesen wird. ³Mit Ablehnung der Beschwerde durch den Bundesgerichtshof wird das Urteil rechtskräftig. ⁴Wird der Beschwerde stattgegeben, so beginnt mit Zustellung des Beschwerdebescheids die Revisionsfrist.

Inhaltsübersicht

		Rn.
I.	Allgemeines	1–2
II.	Unbeschränkt zulässige Revision (§ 107 Abs. 1 Nr. 1 u. 2)	3
III.	Zulassungsrevision (§ 107 Abs. 1 Nr. 4, Abs. 2)	4–5
IV.	Nichtzulassungsbeschwerde	6–8

I. Allgemeines

1 § 107 sieht – wie die vergleichbare Regelung in § 129 StBerG (dazu Cichon/Späth/Pickel, BHStB, § 129, Rn. 1 ff.; Kuhls/Kuhls, StBerG, § 129 Rn. 1 ff.) – als Rechtsmittel gegen Urteile des Senats für WP-Sachen des KG die **Revision** vor. Dieses Rechtsmittel ist jedoch nicht in jedem Fall zulässig. Im Regelfall bedarf es vielmehr einer besonderen **Zulassung der Revision** durch das KG, § 107 Abs. 1 Nr. 3. Nur in den Fällen, die in § 107 Abs. 1 Nr. 1 u. 2 besonders genannt sind, kann sie auch ohne eine solche Zulassung eingelegt werden.

2 Ist die Revision zulässig, unterscheidet sich ihre Behandlung nicht v. der einer Revision in Strafsachen (Zuständigkeit des BGH, zu dessen Besetzung vgl. § 74 Rn. 2). Es findet mittels einer Überprüfung des Urteils nur dahin statt, ob das Urteil **Rechtsfehler** enthält, § 337 StPO i.V.m. § 127 WPO. Die Richtigkeit der tats. Feststellungen wird prinzipiell nicht geprüft. Wegen der Einzelheiten revisionsrechtl. Fragestellungen u. Abgrenzungsproblematiken muss auf die Literatur zum Strafprozessrecht verwiesen werden (Meyer-Goßner, StPO, vor § 333 StPO, Rn. 1 ff. mit Nachw.).

II. Unbeschränkt zulässige Revision (§ 107 Abs. 1 Nr. 1 u. 2)

3 Zur Bedeutung v. § 107 Abs. 1 Nr. 1 u. 2 im Gesamtgefüge der Norm s. Rn. 1. Unbeschränkt, d.h. ohne besondere Zulassung, ist die Revision dann zulässig, wenn entw. der Senat für WP-Sachen auf **Ausschließung aus dem Beruf** erkannt hat o. einem entspr. Antrag der GStA (es kommt auf den letzten Antrag der StA in der Berufungshauptverhandlung an, vgl. Cichon/Späth/Pickel, BHStB, § 129 Rn. 6) nicht entsprochen worden ist. Im letztgenannten Fall kann nur die StA – zu Ungunsten des Berufsangehörigen – Revision einlegen, nicht auch der WP ein solches Rechtsmittel mit dem Ziel einer noch milderen Sanktion (nicht unzweifelhaft, wie hier Cichon/Späth/Pickel, BHStB, § 129 Rn. 6, Feuerich/Weyland/Vosseburger, BRAO, § 145 Rn. 3). Die Revision der StA ist aber nur zulässig, wenn sie mit dem Rechtsmittel nach wie vor die Ausschließung des Angeschuldigten aus dem Beruf des WP verfolgt (BGH, 25.10.1982, BGH St 31, 128-131).

Revision § 107

III. Zulassungsrevision (§ 107 Abs. 1 Nr. 4, Abs. 2)

Bedarf eine **Revision** einer **Zulassung** durch das KG – s. dazu Rn. 1 – muss diese ausdrücklich, im Regelfall im Urteilstenor erfolgen (eine in den Gründen mitgeteilte Zulassung kann aber ausreichen, BAG, 23.11.1994, NJW 1996, 694 - 697 und BAG, 11.12.1998, NJW 1999, 1420-1422 zur Zulassung von Revision bzw. Berufung im Arbeitsgerichtsprozess). In der Praxis ist die Zulassung einer Revision durch den WP-Senat des KG eher selten. Sie steht nicht im Belieben des Gerichts, sondern setzt nach Abs. 2 zunächst voraus, dass es um Rechtsfragen geht, sie ist nicht gerechtfertigt, wenn nur komplizierte tats. Fragestellungen zu behandeln waren. Die die Zulassung begründende Rechtsfrage muss ferner als grds. angesehen werden können, was voraussetzt, dass sie abstrakt formulierbar ist, dass sie wiederholt auftreten kann u. dass ihre Beantwortung nicht selbstverständlich ist. Bedeutsamkeit setzt Erklärungsbedürftigkeit voraus, d.h., dass über sie verschiedene Auffassungen nahe liegen o. sogar bereits geäußert worden sind u. vor allem, dass über sie höchstrichterlich noch nicht entschieden worden ist (wegen der Einzelheiten vgl. Cichon/Späth/Pickel, BHStB, § 129, Rn. 10 m.w.N., insb. zur Behandlung des Begriffs der grds. Bedeutung einer Rechtssache in anderen Prozessordnungen). **4**

Hat das KG die Revision einmal zugelassen, kann sie **uneingeschränkt** für die revisionsrechtliche Geltendmachung von Rechtsfehlern im Urteil **genutzt** werden (Feuerich/Weyland/Vossebürger, BRAO, § 145 Rn. 7 f.). Der Rechtsmittelführer ist nicht darauf beschränkt, Rechtsangriffe geltend zu machen, die mit der Rechtsfrage, die die Zulassung begründet hat, in Zusammenhang stehen. **5**

IV. Nichtzulassungsbeschwerde

Die **Nichtzulassungsbeschwerde** gem. § 107 Abs. 3-5 kann nicht darauf gestützt werden, dass das Urteil fehlerhaft sei. Sie ist vielmehr allein darauf zu stützen, dass das KG die Revision zu Unrecht nicht zugelassen habe; vgl. dazu o. Rn. 4. Aus § 107 Abs. 3 Satz 3 folgt, dass die Gründe, die für eine Zulassung gesprochen hatten, konkret zu bezeichnen sind. **6**

Für die Nichtzulassungsbeschwerde gilt die von § 311 Abs. 2 StPO abweichende **Monatsfrist** ab Zustellung des – vollständig begründeten – Urteils. Wie stets im Bereich der WPO (§ 104 Rn. 3) ist die Beschwerde beim Ausgangsgericht, hier also dem KG, einzulegen. Die Beschwerde **hemmt** die **Rechtskraft** des Urteils, § 107 Abs. 4. Rechtskraft des Urteils tritt also erst dann ein, wenn entw. der BGH die Beschwerde verwirft o. sie zurück genommen wird. Bei erfolgreicher Beschwerde beginnen die allg. Revisionsfristen zu laufen; vgl. § 107a. Wichtig ist, dass der erfolgreiche Beschwerdeführer die Revision nach deren Zulassung auch einlegt (die Einlegung der Nichtzulassungsbeschwerde ersetzt die Einlegung der Revision nicht!) u. dann begründet. **7**

§ 107 Abs. 5 Satz 1 stellt ferner klar, dass das KG der Nichtzulassungsbeschwerde abhelfen darf. **8**

§ 107a Einlegung der Revision und Verfahren

(1) ¹Die Revision ist binnen einer Woche bei dem Oberlandesgericht schriftlich einzulegen. ²Die Frist beginnt mit der Verkündung des Urteils. ³Ist das Urteil nicht in Anwesenheit des Wirtschaftsprüfers verkündet worden, so beginnt für diesen die Frist mit der Zustellung.

(2) Seitens des Wirtschaftsprüfers können die Revisionsanträge und deren Begründung nur schriftlich angebracht werden.

(3) ¹Auf das Verfahren vor dem Bundesgerichtshof sind im Übrigen neben den Vorschriften der Strafprozessordnung über die Revision § 99 und § 103 Abs. 3 dieses Gesetzes sinngemäß anzuwenden. ²In den Fällen des § 354 Abs. 2 der Strafprozessordnung ist an den nach § 73 zuständigen Senat für Wirtschaftsprüfersachen beim Oberlandesgericht zurückzuverweisen.

Inhaltsübersicht

		Rn.
I.	Revisionsverfahren	1
II.	Revisionsentscheidung	2

I. Revisionsverfahren

1 Während § 107 regelt, unter welchen Voraussetzungen eine **Revision** zulässiger Weise erhoben werden kann, bestimmt § 107a, welche **Fristen** u. **Formen** bei deren Einlegung zu beachten sind u. wie das Verfahren zu gestalten ist. Gemäß § 107a Abs. 3 Satz 1 wird dabei – wegen § 127 an sich überflüssiger Weise – auf die Vorschriften der StPO verwiesen; der ausdr. Verweis auf § 99 u. § 103 stellt klar, dass die Revisionsverhandlung unter denselben Voraussetzungen öffentl. stattfindet, wie dies in den beiden Tatsacheninstanzen der Fall ist; u. dass eine Einstellung wegen ausreichender anderweitiger Ahndung (§ 69a) u. bei Ende der Berufszugehörigkeit gem. § 103 Abs. 3 möglich ist. Ansonsten enthält § 107a dieselben Regelungen für die **Revisionsfrist** (eine Woche), über deren Fristbeginn (ab Urteilsverkündung, nur bei Abwesenheit des Betroffenen ab Urteilszustellung) u. für die **Form der Revisionsanträge** u. deren **Begründung**: Allerdings können letztere i. Ggs. zum Strafprozessrecht nur schriftlich angebracht werden u. nicht auch zu Protokoll der Geschäftsstelle; dies korrespondiert mit der Vorschrift für die Berufung, und hat denselben sachlichen Hintergrund (§ 105 Rn. 3).

II. Revisionsentscheidung

2 Für die Entscheidung des Revisionsgerichts gelten grds. §§ 353-355 StPO (Möglichkeiten: Verwerfung der unbegründeten Revision; bei begründeter Revision entweder eigene Sachentscheidung des BGH o. Zurückverweisung; für den letztgenannten Fall stellt Abs. 3 Satz 2 klar, dass an einen – anderen als den im angefochtenen Urteil erkennenden Senat der WP-Berufsgerichtsbarkeit zurückzuverweisen ist (vgl. § 73 Rn. 3). Wegen des Grundsatzes der einheitlichen Betrachtung des Verhaltens des Berufsangehörigen hebt der BGH in Fällen mit mehreren tsl. An-

schuldigungspunkten insges. auf, wenn der festgestellte Rechtsfehler im Urteil nur eine Teilhandlung betrifft (BGH, 14. 8. 2012, BGHSt 289-300; Ausnahme: Fälle, in denen der WP ohne den Grundsatz der Einheitlichkeit in den nicht rechtsfehlerhaft behandelten Teilhandlungen freizusprechen gewesen wäre; dann nach BGH a.a.O. Teilaufhebung möglich).

§ 108 Mitwirkung der Staatsanwaltschaft vor dem Bundesgerichtshof

Die Aufgaben der Staatsanwaltschaft in den Verfahren vor dem Bundesgerichtshof werden von dem Generalbundesanwalt wahrgenommen.

Anders als in den ersten beiden Instanzen (dazu §§ 84, 106: GStA Berlin) werden die Aufgaben der StA im Revisionsrechtszug v. **Generalbundesanwalt** (GBA) wahrgenommen. Die Vorschrift wiederholt damit – wie § 131 StBerG – die allg. Zuständigkeitsregelung in § 142 Abs. 1 GVG. 1

Die **Aufgaben des GBA** folgen über § 127 WPO aus §§ 347 Abs. 2, 348 Abs. 3, 349 Abs. 2 u. 3, 351 Abs. 2 StPO (neben der Vertretung in der Hauptverhandlung insb. Vorlage v. Revisionen, Stellungnahmen u. Gegenerklärungen; die Regelungen sind entspr. auf das der StPO fremde Verfahren über die Nichtzulassungsbeschwerde anzuwenden, s. § 107 Rn. 6 f.). 2

4. Die Sicherung von Beweisen

§ 109 Anordnung der Beweissicherung

(1) ¹Wird ein berufsgerichtliches Verfahren gegen den Wirtschaftsprüfer eingestellt, weil seine Bestellung als Wirtschaftsprüfer erloschen oder zurückgenommen ist, so kann in der Entscheidung zugleich auf Antrag der Staatsanwaltschaft die Sicherung der Beweise angeordnet werden, wenn zu erwarten ist, dass auf Ausschließung aus dem Beruf erkannt worden wäre. ²Die Anordnung kann nicht angefochten werden.

(2) ¹Die Beweise werden von der Kammer für Wirtschaftsprüfersachen beim Landgericht aufgenommen. ²Die Kammer kann eines ihrer berufsrichterlichen Mitglieder mit der Beweisaufnahme beauftragen.

Inhaltsübersicht

	Rn.
I. Allgemeines	1–2
II. Voraussetzung für die Anordnung der Beweissicherung	3–6

I. Allgemeines

§§ 109, 110 haben vordergründig ein sinnvolles Anliegen. Gegen einen Berufsangehörigen, dessen Zugehörigkeit zum Beruf infolge Erlöschens, Rücknahme o. Widerruf der Bestellung als WP endet, §§ 19, 20, kann ein laufendes berufsgerichtliches Verfahren nicht zu Ende geführt werden; es ist gem. § 103 Abs. 3 einzustellen (vgl. 1

§ 109 *Anordnung der Beweissicherung*

§ 103 Rn. 4). Die Erkenntnisse, die in dem berufsgerichtlichen Verfahren gewonnen werden, stehen materiell häufig der Wiederbestellung, die der WP beantragen könnte, entgegen. Zweck v. §§ 109, 110 ist, diese **Erkenntnisse zu sichern**. Praktisch hat das Verfahren nach § 109 nie Bedeutung gehabt, ebenso wenig wie die vergleichbare Regelung in §§ 132, 133 StBerG. Dies liegt daran, dass ein WP, der gem. § 19 Abs. 1 Nr. 2 durch **Verzicht** der Ausschließung aus dem Beruf zuvorgekommen ist, bei einem Wiederbestellungsantrag gem. §§ 23 Abs. 3, 16 Abs. 2 im **Wiederbestellungsverfahren** darzulegen hat, dass das berufsgerichtliche Verfahren nicht zu einer Ausschließung geführt hätte.

2 Ungelöst bleibt von §§ 109, 110 die praktisch nicht unbedeutende Situation, dass ein WP, dem im berufsgerichtlichen Verfahren keine Ausschließung, sondern nur eine **Geldbuße** droht, durch Verzicht auf die Bestellung eine Einstellung wg. Erlöschens der Berufszugehörigkeit erreicht, dann aber alsbald auf Wiederbestellung anträgt. § 109 erfasst diesen Fall nicht, s.u. Rn. 4., u. das Gewicht des der Einstellung zu Grunde liegenden Pflichtverstoßes ist häufig nicht so schwer, als dass er, insbes. nach § 16 Abs. 1 Nr. 4, einer Wiederbestellung entgegenstünde. Ob dann das eingestellte Verfahren wieder aufzugreifen (so überzeugend KG o. eine neue Anschuldigung erforderlich ist (vgl. Meyer-Goßner, StPO, Einl. Vor § 1 u. § 206 Rn. 11), ist zweifelhaft.

II. Voraussetzungen für die Anordnung der Beweissicherung

3 Formelle Voraussetzung für eine Anordnung nach § 109 ist die **Anhängigkeit** eines berufsgerichtlichen Verfahrens (keine Beweissicherung möglich, wenn das Verfahren erst im Stadium der staatsanwaltschaftlichen Vorermittlungen befindlich ist). Außer dem muss die **Einstellungsentscheidung** gem. § 103 Abs. 3 gerade wegen des Erlöschens der Berufszugehörigkeit ergangen sein (keine Anwendbarkeit bei Einstellung z.B. nach § 127 i.V.m. §§ 153, 153a StPO). Ferner muss ein Antrag der GStA vorliegen (kein Antragsrecht des Berufsangehörigen). Der Antrag muss, weil die Beweissicherung mit der Einstellung des Verfahrens angeordnet wird, zwingend vor dem Einstellungsbeschluss ergehen (eine Belehrung der GStA über ihr Antragsrecht ist gleichwohl nicht vorgesehen).

4 Materielle Voraussetzung für das Beweissicherungsverfahren ist die Prognose, dass das berufsgerichtliche Verfahren zu einer **Ausschließung** aus dem Beruf (§ 68 Abs. 1 Nr. 4) geführt hätte; die Wahrscheinlichkeit von Tätigkeits- u. (zeitweiligen) Berufsverboten (§ 68 Abs. 1 Nr. 2 u. 3) reicht nicht aus. Da es bei § 109 nicht zu einer Verurteilung kommt, sondern um reine Sicherung v. Beweisen geht, kann bei dieser Prognose ein relativ großzügiger Maßstab angelegt werden (jedenfalls überwiegende Wahrscheinlichkeit reicht; Anschuldigungsschrift o. Anträge der GStA haben Indizwirkung, insb. solche auf Bestellung eines Pflichtverteidigers).

5 Ungeschriebene materielle Voraussetzung der Anordnung ist ein **Beweissicherungsbedürfnis**. Es ist abzulehnen, wenn u. soweit die zu sichernden Beweise für ein potentielles Wiederbestellungsverfahren hinreichend sicher dokumentiert sind

(vgl. Cichon/Späth/Pickel, BHStB, § 132 Rn. 7; Gehre/Koslowski, StBerG, § 132 Rn. 9).

Zuständig für die Anordnung ist das Gericht, das die Einstellungsentscheidung 6 trifft, u.U. also auch die WP-Senate des KG u. des BGH, falls dort das Verfahren instanziell anhängig ist. Die Beweiserhebung demggü. obliegt immer der Kammer für WP-Sachen des LG Berlin. Dieses hat allerdings die Möglichkeit, die Beweisaufnahme entw. einem Richter der Kammer o. aber, gem. § 101, einem ersuchten AG zu übertragen (§ 110 Abs. 2 Satz 2 will diese Befugnis ersichtlich nicht einschränken, vgl. zur Parallelvorschrift im StBerG (Cichon/Späth/Pickel, BHStB, § 133 Rn. 3).

§ 110 Verfahren

(1) ¹Die Kammer für Wirtschaftsprüfersachen beim Landgericht hat von Amts wegen alle Beweise zu erheben, die eine Entscheidung darüber begründen können, ob das eingestellte Verfahren zur Ausschließung aus dem Beruf geführt hätte. ²Den Umfang des Verfahrens bestimmt die Kammer für Wirtschaftsprüfersachen beim Landgericht nach pflichtmäßigem Ermessen, ohne an Anträge gebunden zu sein; ihre Verfügungen können insoweit nicht angefochten werden.

(2) Zeugen sind, soweit nicht Ausnahmen vorgeschrieben oder zugelassen sind, eidlich zu vernehmen.

(3) ¹Die Staatsanwaltschaft und der frühere Wirtschaftsprüfer sind an dem Verfahren zu beteiligen. ²Ein Anspruch auf Benachrichtigung von den Terminen, die zum Zwecke der Beweissicherung anberaumt werden, steht dem früheren Wirtschaftsprüfer nur zu, wenn er sich im Inland aufhält und seine Anschrift dem Landgericht angezeigt hat.

Inhaltsübersicht

	Rn.
I. Allgemeines	1
II. Prinzipien des Verfahrens der Beweissicherung	2–8
1. Amtsermittlung, Ermessen, Unanfechtbarkeit	2–4
2. Einzelne Verfahrensgrundsätze	5–7
3. Keine Entscheidung	8

I. Allgemeines

Zu der – geringen – praktischen Bedeutung u. den Grundsätzen der Anordnung über 1 die **Beweissicherung** vgl. § 109 Rn. 1. § 110 regelt im Anschluss daran das **entsprechende Verfahren**.

II. Prinzipien des Verfahrens der Beweissicherung

1. Amtsermittlung, Ermessen, Unanfechtbarkeit

2 Liegen die Voraussetzung für die Anordnung einer **Beweissicherung** vor, obliegt deren inhaltliche Gestaltung dem Ermessen der Kammer für WP-Sachen. Es gilt der Amtsermittlungsgrundsatz. Anträge, insb. v. der GStA, sind nicht erforderlich. Werden sie gestellt, sind sie als Anregungen zu verstehen. Aufzuklären u. zu dokumentieren hat die Kammer die Umstände, die im eingestellten Verfahren für die Frage der Ausschließung aus dem Beruf relevant gewesen wären. Da eine Ausschließungsentscheidung als schwerwiegendste berufsgerichtliche Maßnahme auf eine denkbar breite Grundlage gestützt werden muss, ist der Kreis der Beweise, die nach § 110 zu erheben sind, prinzipiell sehr weit. Eine Einschränkung erfährt er aber insoweit, als – vgl. § 109 Rn. 3 – Beweise, die nicht verloren zu gehen drohen, nicht zu erheben sind.

3 Zweifelhaft kann sein, ob Beweise zu erheben sind, die der Entlastung des WP dienen könnten, weil das Verfahren an sich nur der Sicherung der Beweisführungsinteressen der GStA/WPK dient. Gleichwohl wird unter dem Grds. des fairen Verfahrens u. weil nicht nur das Gericht, sondern auch GStA/WPK zur Objektivität verpflichtet sind, prinzipiell die Erhebung solcher **Entlastungsbeweise** geboten sein.

4 Eine **Anfechtbarkeit** des Verfahrens u. der Verfahrensschritte der Kammer für WP-Sachen scheidet gem. § 110 Abs. 1 Satz 2 aus, weil es sich nicht um Entscheidungen handelt (vgl. dazu unten Rn. 8). Gegenvorstellungen u. Beweisanregungen bleiben möglich.

2. Einzelne Verfahrensgrundsätze

5 Durch das JuMoG 2004 sind im Strafprozess die **Vereidigungsgebote** stark eingeschränkt worden. Die frühere rechtstechnische Ausnahme, dass ein Zeuge unvereidigt blieb, ist jetzt nach § 59 Abs. 1 StPO der Regelfall (Vereidigung nur bei „ausschlaggebender Bedeutung" nach pflichtgem. Ermessen). An diese Rechtsentwicklung ist § 110 Abs. 2 nicht angepasst worden. Gleichwohl wird man gem. § 127 WPO i.V.m. mit § 59 Abs. 1 StPO annehmen dürfen, dass auch im Verfahren nach § 110 Abs. 2 Zeugen unbeeidigt bleiben können, wenn sie im Strafprozess ebenfalls nicht hätten vereidigt werden müssen.

6 WP u. GStA haben ein **Benachrichtigungs- u. Teilnahmerecht**. Die rechtsstaatlich bedenkliche Einschränkung in Abs. 3 Satz 2 (Benachrichtigungsrecht des WP nur bei Wohnsitz im Inland unter dort angezeigter Anschrift) wird unter dem Gesichtspunkt des fairen Verfahrens dahin eingrenzend zu interpretieren sein, dass das Gericht eine Terminsnachricht auch bei einem im Ausland ansässigen WP zumindest versuchen muss. Das **Teilnahmerecht der WPK** ist in § 110 nicht erwähnt, dürfte aber aus § 99 Abs. 2 abzuleiten sein.

Beweiserhebungen sind, angesichts des Dokumentationscharakters des gesamten Verfahrens, zu **protokollieren** (Zeugen- u. Sachverständigenaussagen wörtlich!). Zu der Möglichkeit der Beauftragung eines ersuchten Richters (vgl. § 109 Rn. 6). 7

3. Keine Entscheidung

Das Verfahren nach §§ 109, 110 endet **ohne Entscheidung** (auch keine Kostenentscheidung: Kosten der Beweissicherung sind Kosten des vorausgegangenen, eingestellten Verfahrens; Kostenentscheidung nach § 124 Abs. 1 Satz 2 im Einstellungsbeschluss gilt auch für Kosten der Beweissicherung, § 124 Rn. 4). 8

5. Das vorläufige Tätigkeits- und Berufsverbot

§ 111 Voraussetzung des Verbotes

(1) Sind dringende Gründe für die Annahme vorhanden, dass gegen einen Wirtschaftsprüfer oder eine Wirtschaftsprüferin auf Ausschließung aus dem Beruf erkannt werden wird, so kann durch Beschluss ein vorläufiges Tätigkeits- oder Berufsverbot verhängt werden.

(2) ¹Die Staatsanwaltschaft kann vor Einleitung des berufsgerichtlichen Verfahrens den Antrag auf Verhängung eines vorläufigen Tätigkeits- oder Berufsverbotes stellen. ²In dem Antrag sind die Pflichtverletzung, die dem Wirtschaftsprüfer zur Last gelegt wird, sowie die Beweismittel anzugeben.

(3) Für die Verhandlung und Entscheidung ist das Gericht zuständig, das über die Eröffnung des Hauptverfahrens gegen den Wirtschaftsprüfer zu entscheiden hat oder vor dem das berufsgerichtliche Verfahren anhängig ist.

Inhaltsübersicht

	Rn.
I. Allgemeines	1–3
II. Sachliche Voraussetzungen	4–7
1. Dringende Annahme einer Ausschließung aus dem Beruf	4
2. Verhältnismäßigkeit	5–7
III. Verfahren	8–9
IV. Entscheidung	10

I. Allgemeines

Der beträchtliche Umfang der Vorschriften der §§ 111-121 über das **vorläufige Berufs- bzw. Tätigkeitsverbot** steht i. Ggs. zu der realen Bedeutung des Verfahrens. In den letzten 15 Jahren war die Kammer für WP-Sachen des LG Berlin nur in einem einzigen Verfahren mit einem entspr. Antrag befasst. Dieser wurde überdies v. der GStA im Laufe des Verfahrens zurück genommen. Ein Grund für die geringe praktische Bedeutung des Verfahrens ist, dass vorläufige Maßnahmen einem Verfahren, das den Grundsätzen des Strafprozesses nachgebildet ist, im Grunde fremd sind. Auch sind die Hürden, die die verfassungsgerichtliche Rspr. gem. Art. 12 GG 1 an vorläufige Verbote der Berufsausübung knüpfen muss, beträchtlich (grundlegend BVerfG 2.3.1977, BVerfGE 44, 105 ff.).

2 Gewichtiger ist noch, dass das Verfahren nach § 111 ff. in einer faktischen Konkurrenz zu dem Verfahren nach § 20 Abs. 2 steht, das einen **Widerruf der Bestellung** im Verwaltungswege (§ 20 Rn. 12 ff.) vorsieht, der wiederum häufig mit der Anordnung einer **sofortigen Vollziehung** (§ 20 Rn. 113 ff.) verknüpft werden kann. Die Ursachen für berufliche Verfehlungen, die für das Verfahren nach § 111 relevant sind, fallen in der Praxis häufig mit den Gründen, die eine Rücknahme nach § 20 ff. rechtfertigen, zusammen (typische Fälle: berufliche Versäumnisse wie Treuhandverstöße, strafbares Vorenthalten v. Arbeitnehmer-Beiträgen, Verlust des Haftpflichtversicherungsschutzes, die ihre Ursache meist in einem Vermögensverfall haben). Das Ziel, einen WP, der aufgrund bestimmter Vorfälle für seinen Beruf nicht mehr tragbar ist, unverzüglich des Amtes zu entheben, lässt sich im Verfahren nach §§ 20 ff. in aller Regel einfacher erreichen. Es ist dort v. Grundsatz her nur ein einfacher VA mit Verknüpfung der Anordnung der sofortigen Vollziehung ausreichend u. nicht ein verhältnismäßig aufwändiges Verfahren wie in §§ 111 ff. vorgegeben. Für den Widerruf der Bestellung nach § 20 reicht es prinzipiell aus, die objektive Unzuverlässigkeit des WP darzutun, während im Verfahren nach § 111 ff. der Nachweis eines Verschuldens v. so hohem Gewicht, dass die berufsgerichtliche Höchststrafe verwirkt ist, erforderlich bleibt.

3 Die nachstehenden Kommentierungen zu §§ 111-121 beschränken sich deshalb, wegen der geringen praktischen Relevanz, auf die Grundzüge der gesetzl. Regelung. Wegen der Einzelheiten muss in erster Linie auf die nahezu inhaltsgleichen, deutlich umfangreicher kommentierten Vorschriften der §§ 134-145 StBerG verwiesen werden.

II. Sachliche Voraussetzungen
1. Dringende Annahme einer Ausschließung aus dem Beruf

4 Ein **vorläufiges Berufs- o. Tätigkeitsverbot** setzt materiell eine doppelte Prognose voraus. Sie geht einmal dahin, dass der betroffene WP der Tat, die ihm die GStA vorwirft, verdächtig ist. Zum anderen muss hieran anknüpfend zu erwarten sein, dass diese Tat im regulären berufsgerichtlichen Verfahren zu einer Ausschließung aus dem Beruf führen wird (§ 68 Abs. 1 Nr. 4; schon die nicht fern liegende Möglichkeit, dass es bei anderen berufsgerichtlichen Maßnahmen – vgl. § 68 Abs. 1 Nr. 1-3 – bleiben könnte, steht dem Verfahren entgegen). Hinsichtlich beider Prognoseelemente muss der Grund für die Annahme „**dringend**" sein. Dies ist die höchste Wahrscheinlichkeitsstufe, die das Gesetz kennt. Der letztgenannte Gesichtspunkt ist dann v. besonderer Bedeutung, wenn das Verfahren über das vorläufige Berufsverbot noch in der Eingangsinstanz anhängig ist. Selbst wenn das Berufsgericht auf einen Ausschluss aus dem Beruf erkennt, hat ein vorläufiges Berufs- o. Tätigkeitsverbot zu unterbleiben, wenn eine andere Rechtsauffassung der Folgeinstanzen zumindest denkbar erscheint.

2. Verhältnismäßigkeit

Der **Grundsatz der Verhältnismäßigkeit** ist in einem Verfahren wie dem des § 111, in dem keine endgültige rkr. Entscheidung möglich ist (vgl. § 120 Rn. 2 f.), in besonderem Maße zu berücksichtigen. Zu prüfen ist, ob u. wann eine vorläufige Maßnahme überhaupt erforderlich ist. Sodann muss festgestellt werden, dass es kein milderes Mittel als das vorläufige Berufs- /Tätigkeitsverbot gibt. 5

Erforderlich ist ein vorläufiges Verbot dann, wenn ohne dieses die Verletzung o. konkrete Gefährdung wichtiger Gemeinschaftsgüter durch die fortdauernde Tätigkeit des Berufsangehörigen wahrscheinlicher ist als deren Ausbleiben; auch hierfür muss die Erwartung „dringend" sein (dazu Cichon/Späth/Pickel, BHStB, § 134 Rn. 5 sowie Feuerich/Weyland/Vosseburger, BRAO, § 150 Rn. 15: die künftige Verletzung/Gefährdung müsse „deutlich wahrscheinlicher" als deren Ausbleiben sein; tendenziell noch schärfer – „hohe Wahrscheinlichkeit" bzw. „sichere Erwartung" – Kuhls/Kuhls, StBerG, § 134 Rn. 24 f.). Allerdings ist eine solche **Erforderlichkeitsprognose** nicht nur möglich, wenn mit einer Wiederholung des beanstandeten Verhalten des Berufsangehörigen zu rechnen ist, sondern es reicht aus, wenn die vorgeworfene Pflichtverletzung die Grundlage für das Vertrauen, das Mandanten u. angesprochene Verkehrskreise in Bezug auf eine gewissenhafte Tätigkeit des Berufsangehörigen berechtigterweise haben, unwiederbringlich gestört ist. 6

Als **milderes Mittel**, das ein vorläufiges Berufsverbot ausschließt, ist zunächst das vorläufige Tätigkeitsverbot zu nennen; vorläufiges Berufsverbot u. vorläufiges Tätigkeitsverbot stehen dadurch in einem Stufenverhältnis (vgl. i.d.S. auch § 68 Rn. 11 f.). Ein milderes Mittel ggü. beiden Maßnahmen kann aber auch sein, dass wegen des Sachverhalts, der dem WP vorgeworfen wird, ein Widerrufsverfahren nach § 20 (insb. Abs. 2 Nr. 4 o. Nr. 5), durchgeführt werden kann. Zwar sind die Auswirkungen eines Widerrufs der Bestellung, verbunden mit einem Sofort-Vollzug, unmittelbar keine andere als die eines Verbots nach § 111. Doch wirken diese Maßnahmen, für dies es auf Verschulden nicht ankommt (Rn. 1), weniger stigmatisierend als ein Verbot. 7

III. Verfahren

Der Normalfall ist, dass ein vorläufiges Berufs- bzw. Tätigkeitsverbot **während eines anhängigen berufsgerichtlichen Verfahrens** ausgesprochen wird. Zuständig ist das Berufsgericht, in dessen Instanz sich das Verfahren gerade befindet. Ein Antrag der GStA ist nicht erforderlich. Zur Gestaltung des Verfahrens im Einzelnen vgl. § 112. 8

Ist noch kein berufsgerichtliches Verfahren anhängig, kann die GStA einen **isolierten Antrag auf ein vorläufiges Berufs- o. Tätigkeitsverbot** stellen. In dieser Verfahrenssituation, in der noch nicht einmal eine Anschuldigungsschrift vorliegt, ist die Frage, ob das beantragte Verbot tats. verhältnismäßig sein kann, besonders sorgfältig zu prüfen. 9

IV. Entscheidung

10 Der Ausspruch des Berufsgerichts kann, wenn nicht ein entspr. Antrag der GStA zurückgewiesen wird, entw. auf ein vorläufiges Berufs- o. auf ein vorläufiges Tätigkeitsverbot lauten. Der Begriff des Tätigkeitsverbots entspricht dem in § 68 Abs. 1 Nr. 4; vgl. § 68 Rn. 12.

§ 112 Mündliche Verhandlung

(1) Der Beschluss, durch den ein vorläufiges Tätigkeits- oder Berufsverbot verhängt wird, kann nur aufgrund mündlicher Verhandlung ergehen.

(2) Auf die Besetzung des Gerichts, die Ladung und die mündliche Verhandlung sind die Vorschriften entsprechend anzuwenden, die für die Hauptverhandlung vor dem erkennenden Gericht maßgebend sind, soweit sich nicht aus den folgenden Vorschriften etwas anderes ergibt.

(3) ¹In der ersten Ladung ist die dem Wirtschaftsprüfer zur Last gelegte Pflichtverletzung durch Anführung der sie begründenden Tatsachen zu bezeichnen; ferner sind die Beweismittel anzugeben. ²Dies ist jedoch nicht erforderlich, wenn dem Wirtschaftsprüfer die Anschuldigungsschrift bereits mitgeteilt worden ist.

(4) Den Umfang der Beweisaufnahme bestimmt das Gericht nach pflichtmäßigem Ermessen, ohne an Anträge der Staatsanwaltschaft oder des Wirtschaftsprüfers gebunden zu sein.

1 Zur – geringen – praktischen Relevanz u. zu den Grundsätzen des **Verfahrens über das vorläufige Berufs- u. Tätigkeitsverbot** vgl. § 111 Rn. 1.

2 Die Regelung stellt klar, dass

- ein vorläufiges Berufs- o. Tätigkeitsverbot nur nach **mündlicher Verhandlung** ausgesprochen werden kann – was umgekehrt bedeutet, dass es für die Zurückweisung eines entspr. Antrags der GStA (zur Notwendigkeit je nach Verfahrensstand § 111 Rn. 7 f.) einer solchen Verhandlung nicht bedarf;
- der Berufsangehörige entw. durch eine **Anschuldigungsschrift**, wenn ein berufsgerichtliches Verfahren bereits anhängig ist o. – Fall des § 111 Abs. 2 – durch den **Antrag der GStA** über die Vorwürfe unterrichtet werden muss. In aller Regel wird dies dadurch geschehen, dass das Gericht mit der Ladung einen entspr. begründeten Antrag der GStA übersendet;
- das Verfahren dem über die Hauptverhandlung entspricht, mit Ausnahme der Regelungen über die **Beweisaufnahme**, die das Gericht nach freiem Ermessen gestalten kann.

3 Die Vorschrift ist, mit Ausnahme der Regelung über das vorläufige Tätigkeitsverbot, **inhaltsgleich mit § 135 StBerG**; wegen der Einzelheiten kann deshalb auf die diesbzgl. Kommentierungen verwiesen werden.

§ 113 Abstimmung über das Verbot
Zur Verhängung des vorläufigen Tätigkeits- oder Berufsverbotes ist eine Mehrheit von zwei Dritteln der Stimmen erforderlich.

Zur – geringen – praktischen Relevanz u. zu den Grundsätzen des **Verfahrens über** 1
das vorläufige Berufs- u. Tätigkeitsverbot vgl. § 111 Rn. 1.

Die Regelung ist selbsterklärend. Sie hat praktische Bedeutung nur auf der Ebene 2
des OLG u. des BGH, wo insg. fünf Richter in der Verhandlung wirken. Die qualifizierte Mehrheit, die nach § 113 für ein Verbot erforderl. ist, schließt aus, dass ein Verbot nur durch die Berufsrichter, gegen die ehrenamtl. Richter, beschlossen werden kann.

§ 114 Verbot im Anschluss an die Hauptverhandlung
¹Hat das Gericht auf Ausschließung aus dem Beruf erkannt, so kann es im unmittelbaren Anschluss an die Hauptverhandlung über die Verhängung des vorläufigen Tätigkeits- oder Berufsverbotes verhandeln und entscheiden. ²Dies gilt auch dann, wenn der Wirtschaftsprüfer zu der Hauptverhandlung nicht erschienen ist.

Inhaltsübersicht

	Rn.
I. Allgemeines	1
II. Grundzüge der gesetzlichen Regelung	2–3

I. Allgemeines
Zur – geringen – praktischen Relevanz u. zu den Grundsätzen des **Verfahrens über** 1
das vorläufige Berufs- u. Tätigkeitsverbot vgl. § 111 Rn. 1.

II. Grundzüge der gesetzlichen Regelung
Die Vorschrift betrifft den Normalfall, dass ein **vorläufiges Tätigkeits- o. Berufs-** 2
verbot ausgesprochen werden soll, wenn bereits **ein berufsgerichtliches Verfahren anhängig ist** u. die Hauptverhandlung durchgeführt wurde. Sie stellt klar, dass die mündliche Verhandlung, die nach § 112 für den Erlass des Verbots zwingend erforderlich ist, nicht in einer besonderen Sitzung, sondern unmittelbar im Anschluss an die Hauptverhandlung erfolgen kann, sei es beim LG o. KG (OLG). Doch muss dann das Gericht das Verfahren so gestalten, dass dem Berufsangehörigen die **Trennung zwischen Hauptverhandlung u. Verfahren nach §§ 111 ff.** deutlich wird.

Ein **Hinweis auf die Möglichkeit einer solchen Anschlussverhandlung** in der 3
Ladung des Berufsangehörigen ist zwar v. Gesetz nicht vorgeschrieben, aber unter dem Gesichtspunkt des fairen Verfahrens u. rechtl. Gehörs nahezu unabdingbar, jedenfalls wenn nicht schon die GStA mit der Anschuldigungsschrift einen Antrag nach § 111 – vgl. § 111 Rn. 7 f. – angekündigt hat. Ein „**unmittelbarer Anschluss**"

im Rechtssinne liegt auch dann vor, wenn das Gericht im Anschluss an die Hauptverhandlung das Verfahren nach § 111 sofort aufruft, dann aber eine Unterbrechung u. Ladung zur mündlichen Verhandlung auf einen Fortsetzungstermin beschließt, um dem Berufsangehörigen insoweit Gelegenheit zur näheren Vorbereitung zu geben. Dies kann insb. auch sinnvoll sein, um zu klären, ob der Berufsangehörige u./o. die GStA gegen das in der Hauptverhandlung verkündete Urteil überhaupt Rechtsmittel einlegt; ist Letzteres nicht der Fall, bedarf es eines Tätigkeitsverbots ohnehin nicht.

§ 115 Zustellung des Beschlusses

¹Der Beschluss ist mit Gründen zu versehen. ²Er ist dem Wirtschaftsprüfer zuzustellen. ³War der Wirtschaftsprüfer bei der Verkündung des Beschlusses nicht anwesend, ist ihm zusätzlich der Beschluss ohne Gründe unverzüglich nach der Verkündung zuzustellen.

1 Zur – geringen – praktischen Relevanz u. zu den Grundsätzen des **Verfahrens über das vorläufige Berufs- u. Tätigkeitsverbot** vgl. § 111 Rn. 1.

2 § 115 stellt klar, dass der Beschluss über ein vorläufiges Berufs-/Tätigkeitsverbot **in jedem Fall**, auch wenn dieses in einer höheren Instanz ergangen ist u. nicht mehr mit Rechtsmitteln angreifbar ist, **zu begründen** ist. Dies eröffnet dem Berufsangehörigen zugl. in einem Verfahren wie dem des § 111 die typischerweise in Betracht kommende Möglichkeit, den Verbotsausspruch unter dem Gesichtspunkt eines Verstoßes gegen Art. 12 GG verfassungsrechtlich überprüfen zu lassen.

§ 116 Wirkungen des Verbotes

(1) Der Beschluss wird mit der Verkündung wirksam.

(2) Der Wirtschaftsprüfer, gegen den ein Berufsverbot verhängt ist, darf seinen Beruf nicht ausüben.

(3) Der Wirtschaftsprüfer, gegen den ein vorläufiges Tätigkeits- oder Berufsverbot verhängt ist, darf jedoch seine eigenen Angelegenheiten, die Angelegenheiten seines Ehegatten oder seines Lebenspartners und seiner minderjährigen Kinder wahrnehmen, soweit es sich nicht um die Erteilung von Prüfungsvermerken handelt.

(4) ¹Die Wirksamkeit von Rechtshandlungen, die der Wirtschaftsprüfer vornimmt, wird durch das vorläufige Tätigkeits- oder Berufsverbot nicht berührt. ²Das gleiche gilt für Rechtshandlungen, die ihm gegenüber vorgenommen werden.

1 Zur – geringen – praktischen Relevanz u. zu den Grundsätzen des **Verfahrens über das vorläufige Berufs- u. Tätigkeitsverbot** vgl. § 111 Rn. 1.

Die Regelung enthält folgende Kernaussagen: 2

- Der Beschluss über das vorläufige Verbot wirkt entgegen der allg. Regelung nicht erst ab Rechtskraft, sondern wird **sofort wirksam** (Abs. 1); dies entspricht seinem Charakter als vorläufiger Maßnahme.
- Das Berufs- bzw. Tätigkeitsverbot – letzteres soweit gerichtlich ausgesprochen – ist umfassend: es **bezieht sich auf alle einem WP nach § 2 gestatteten Aufgaben**. Lediglich in eigenen Angelegenheiten u. denen seines Ehegatten/ Lebenspartners u. seiner minderjährigen Kinder darf der WP als solcher noch wirken. Der Zusatz, dass sich diese Gestattung nicht auch auf die Erstellung v. Prüfungsvermerken bezieht, dient der Klarstellung, müsste der WP solche Leistungen doch im Allgemeinen wegen des Grundsatzes der Befangenheit versagen (§ 49 Rn. 89 ff.).
- Verstößt der WP gegen das Verbot, sind seine Handlungen ggü. den angesprochenen Verkehrskreisen u. insb. den **gutgläubigen Mandanten** wirksam – Abs. 3 stellt mithin klar, dass der Verstoß kein Fall v. § 134 BGB ist. Im Fall der **Bösgläubigkeit v. Mandanten** wird zivilrechtliche Nichtigkeit allerdings nach § 138 BGB anzunehmen sein.

§ 117 Zuwiderhandlungen gegen das Verbot

(1) Der Wirtschaftsprüfer, der einem gegen ihn ergangenen vorläufigen Tätigkeits- oder Berufsverbot wissentlich zuwiderhandelt, wird aus dem Beruf ausgeschlossen, sofern nicht wegen besonderer Umstände eine mildere berufsgerichtliche Maßnahme ausreichend erscheint.

(2) Gerichte oder Behörden sollen einen Wirtschaftsprüfer, der entgegen einem vorläufigen Tätigkeits- oder Berufsverbot vor ihnen auftritt, zurückweisen.

Inhaltsübersicht

	Rn.
I. Allgemeines	1
II. Zuwiderhandlung als Ausschlussgrund	2–3
III. Zurückweisung des Auftretens	4

I. Allgemeines

Zur – geringen – praktischen Relevanz u. zu den Grundsätzen des **Verfahrens über das vorläufige Berufs- u. Tätigkeitsverbot** vgl. § 111 Rn. 1. 1

II. Zuwiderhandlung als Ausschlussgrund

Nach der neueren Rspr. des BGH ist die bloße Missachtung berufsgerichtlicher Entscheidungen kein selbständiges Berufsvergehen; deshalb ist nach BGH § 117 Abs. 1 erforderlich, um klarzustellen, dass dies bei einer Zuwiderhandlung gg. das vorläufige Tätigkeits- o. Berufsverbot anders ist (BGH, 14.8.2012, BGHSt 57, 289 ff.). Die praktische Handhabung dieser aus der inhaltsgleichen Regelung in § 156 BRAO abgeleiteten Vorschrift ist indessen schwierig, zumal da die Gesetzesmateri- 2 alien zu § 156 BRAO u. auch zu § 140 StBerG keine klare Auskunft über die weiteren Vorstellungen des Gesetzgebers geben. Jedenfalls ermächtigt die Vorschrift nicht zu einem Widerruf der Bestellung im Verwaltungswege (Verfahren nach § 20), sondern der Ausschluss wegen einer Zuwiderhandlung nach § 117 setzt eine **berufsgerichtliche** Verfolgung voraus: Dies macht der 2. HS der Vorschrift deutlich. Im Regelfall, in dem ein vorläufiges Berufsverbot während eines anhängigen berufsgerichtlichen Verfahrens ausgesprochen wurde, bedeutet dies, dass jenes Verfahren durch eine Nachtragsanschuldigung auch auf diesen Vorwurf erstreckt werden muss. Insgesamt wird damit das berufsgerichtliche Verfahren nicht einfacher, sondern komplexer.

3 Da das Gesetz ausdr. einen **wissentlichen** (also vorsätzlichen) **Verstoß gegen das Berufs- bzw. Tätigkeitsverbot** voraussetzt, werden besondere Umstände, die i.S.v. Abs. 1 letzter Hs. gegen einen Berufsausschluss trotz Zuwiderhandlung sprechen, nur sehr selten vorliegen. In Betracht kommen sie vor allen in Fällen eines Verbotsirrtums (zur Abgrenzung dieses Verbotsirrtums zu einem den Vorsatz ausschließenden Erlaubnistatbestandsirrtum vgl. Cichon/Späth/Pickel, BHStB, § 140 Rn. 5).

III. Zurückweisung des Auftretens

4 Abs. 2, der den Gerichten u. Behörden aufgibt, den vorläufig aus dem Beruf ausgeschlossenen WP nicht auftreten zu lassen (weder mündlich noch schriftsätzlich), konkretisiert damit den Grundsatz der Einheit der Rechtsordnung. Entsprechend § 116 Abs. 4 bleiben aber die vor der **Zurückweisung** vorgenommenen Prozess- u. Verfahrenshandlungen des WP u. auch seine materiell-rechtlichen Erklärungen für seine Mandanten wirksam, gerade auch wenn dem Gericht/der Behörde das Verbot nicht bekannt war.

§ 118 Beschwerde

(1) ¹Gegen den Beschluss, durch den das Landgericht oder das Oberlandesgericht ein vorläufiges Tätigkeits- oder Berufsverbot verhängt, ist die sofortige Beschwerde zulässig. ²Die Beschwerde hat keine aufschiebende Wirkung.

(2) Gegen den Beschluss, durch den das Landgericht oder das Oberlandesgericht es ablehnt, ein vorläufiges Tätigkeits- oder Berufsverbot zu verhängen, steht der Staatsanwaltschaft die sofortige Beschwerde zu.

(3) ¹Über die sofortige Beschwerde entscheidet, sofern der angefochtene Beschluss von dem Landgericht erlassen ist, das Oberlandesgericht und, sofern er vor dem Oberlandesgericht ergangen ist, der Bundesgerichtshof. ²Für das Verfahren gelten neben den Vorschriften der Strafprozessordnung über die Beschwerde § 112 Abs. 1, 2 und 4 sowie §§ 113 und 115 dieses Gesetzes entsprechend.

Inhaltsübersicht

		Rn.
I.	Allgemeines	1
II.	Grundzüge der gesetzlichen Regelung	2–5
	1. Beschwerde gegen die Anordnung des Berufsverbots	2–3
	2. Beschwerde der Generalstaatsanwaltschaft gegen die Zurückweisung des Verbotsantrags	4
	3. Zuständigkeit des Verfahrens	5

I. Allgemeines

Zur – geringen – praktischen Relevanz u. zu den **Grundsätzen des Verfahrens** 1
über das vorläufige Berufs- u. Tätigkeitsverbot vgl. § 111 Rn. 1.

II. Grundzüge der gesetzlichen Regelung

1. Beschwerde gegen die Anordnung des Berufsverbots

Die Vorschrift stellt die Art des statthaften Rechtsmittels klar (**sofortige Beschwer-** 2
de – d.h. fristgebundene Beschwerde). Die zweite Aussage geht dahin, dass die Beschwerde **keine aufschiebende Wirkung** hat. Dies entspricht dem Charakter des vorläufigen Verfahrens. Eine der über diese hinausgehende Bedeutung hat die Vorschrift insoweit, als sie ausnahmsweise – in Abweichung von § 104 – eine Beschwerde des WP auch gegen die v. KG (OLG) angeordneten vorläufigen Verbote eröffnet. Eine sofortige **weitere Beschwerde**, d.h. ein Rechtsmittel des Betroffenen, wenn ein Verbot erst in zweiter Instanz auf die Beschwerde der GStA hin ergangen ist, eröffnet allerdings auch § 118 nicht (s. § 104 Rn. 1 f.).

Die Beschwerde gegen die Anordnung des Verbots kann sowohl **v. dem Berufsan-** 3
gehörigen als auch zu dessen Gunsten **v. der GStA** eingelegt werden.

2. Beschwerde der Generalstaatsanwaltschaft gegen die Zurückweisung des Verbotsantrags

Absatz 2 gibt, spiegelbildlich zu der Beschwerde nach Abs. 1 gegen die Anordnung 4
des Verbots, der GStA ein entspr. **Rechtsmittel gegen die Zurückweisung** des Antrags auf Erlass eines Verbots. Die Ausgestaltung dieses Rechtsmittels entspricht Abs. 1 (sofortige Beschwerde, also insb. auch gegen die erstmalige Entscheidung des KG; aber keine weitere sofortige Beschwerde).

3. Zuständigkeit des Verfahrens

Absatz 3 stellt zunächst klar, dass der **allg. Instanzenzug** auch im Beschwerdever- 5
fahren zum vorläufigen Verbot gilt. Satz 2 bestimmt, dass das Verfahren in der Beschwerdeinstanz im Wesentlichen dem in der ersten Instanz entspricht; insb. kann ein Verbot nur angeordnet werden, wenn auch in der Beschwerdeinstanz **mündlich verhandelt** wurde.

§ 119 Außerkrafttreten des Verbotes

(1) Das Berufsverbot tritt außer Kraft, wenn ein nicht auf Ausschließung lautendes Urteil ergeht oder wenn die Eröffnung des Hauptverfahrens vor der Kammer für Wirtschaftsprüfersachen abgelehnt wird.

(2) Das vorläufige Tätigkeits- oder Berufsverbot tritt außer Kraft, wenn ein Urteil ergeht, das auf Geldbuße, ein befristetes Tätigkeitsverbot oder ein befristetes Berufsverbot lautet, oder wenn die Eröffnung des Hauptverfahrens vor der Kammer für Wirtschaftsprüfersachen abgelegt wird.

Inhaltsübersicht

		Rn.
I.	Allgemeines	1
II.	Grundzüge der gesetzlichen Regelung	2–3

I. Allgemeines

1 Zur – geringen – praktischen Relevanz u. zu den Grundsätzen des Verfahrens über das vorläufige Berufs- u. Tätigkeitsverbot vgl. § 111 Rn. 1.

II. Grundzüge der gesetzlichen Regelung

2 § 119 stellt das **Verhältnis zwischen** der vorläufigen Maßnahme **(Berufsverbot, vorläufiges Tätigkeitsverbot) u.** der Hauptsache **(berufsgerichtliches Verfahren)** klar: Berufsverbot/vorläufiges Tätigkeitsverbot erlöschen automatisch, wenn in der Hauptsache keine entspr. Entscheidung ergeht (also Freispruch o. – vgl. § 119 Abs. 2 – Nichteröffnung, aber auch Verurteilung nur zu einer Geldbuße). Maßgeblich ist die nächste auf die vorläufige Maßnahme folgende berufsgerichtliche Entscheidung. Ein v. LG verhängtes Verbot erlischt also auch, wenn gegen die Entscheidung des LG in der Hauptsache noch ein Rechtsmittel eingelegt werden kann (Feuerich/Weyland/Vosseburger, BRAO, § 159 Rn. 2); selbst ein erfolgreiches Rechtsmittel führt nicht zum Wiederaufleben des Verbots. Die GStA kann aber mit ihrem Rechtsmittel bei dem Rechtsmittelgericht auf Erlass eines neuen Berufsverbots/vorläufigen Tätigkeitsverbots antragen. Dafür spricht, dass Entscheidungen über vorläufige Maßnahmen nach §§ 111 ff. nicht materiell rechtskräftig werden u. das Verfahren deshalb bei veränderter Sachlage wiederholt werden kann (a.A. Gehre/Koslowski, StBerG, § 142 Rn. 9 f.).

3 Auch wenn es für das **Erlöschen des Verbots** an sich **keines besonderen Ausspruchs** bedarf, ist ein solcher sachgerecht u. – im Anwendungsbereich der vergleichbaren Vorschrift des § 142 StBerG – üblich. Wegen § 120a ist neben der Urteils-/Beschlussübersendung an die GStA die Unterrichtung der WPK erforderlich.

§ 120 Aufhebung des Verbotes

(1) Das vorläufige Tätigkeits- oder Berufsverbot wird aufgehoben, wenn sich ergibt, dass die Voraussetzungen für seine Verhängung nicht oder nicht mehr vorliegen.

(2) Über die Aufhebung entscheidet das nach § 111 Abs. 3 zuständige Gericht.

(3) ¹Beantragt der Wirtschaftsprüfer, das Verbot aufzuheben, so kann eine erneute mündliche Verhandlung angeordnet werden. ²Der Antrag kann nicht gestellt werden, solange über eine sofortige Beschwerde des Wirtschaftsprüfers nach § 118 Abs. 1 noch nicht entschieden ist. ³Gegen den Beschluss, durch den der Antrag abgelehnt wird, ist eine Beschwerde nicht zulässig.

Inhaltsübersicht

		Rn.
I.	Allgemeines	1
II.	Grundzüge der gesetzlichen Regelung	2–4

I. Allgemeines

Zur – geringen – praktischen Relevanz u. zu den **Grundsätzen des Verfahrens** über das vorläufige Berufs- u. Tätigkeitsverbot vgl. § 111 Rn. 1. 1

II. Grundzüge der gesetzlichen Regelung

Die Vorschrift trägt der **Vorläufigkeit des Berufsverbots** (bzw. des vorläufigen Tätigkeitsverbots) Rechnung: Wann immer das Gericht, bei dem das Verfahren instanziell gerade anhängig ist (vgl. Abs. 2), feststellt, dass die Voraussetzungen für die vorläufige Maßnahme nicht mehr vorliegen, muss es sie aufheben, auch ohne Antrag der Beteiligten, denen aber vor der Entscheidung rechtl. Gehör zu gewähren ist. 2

In der Regel entscheidet das Gericht **ohne mündliche Verhandlung** durch Beschluss. Es kann nach Ermessen eine mündliche Verhandlung anordnen, u. zwar entgegen dem Wortlaut v. Abs. 3 Satz 1 auch, wenn der betroffene WP keinen entspr. Antrag stellt. Absatz 2 Satz 2 macht den Vorrang einer anhängigen Beschwerde gegen die erfolgte Anordnung deutlich: solange über diese Beschwerde durch das Rechtsmittelgericht nicht entschieden ist, kann weder der WP zulässig einen Aufhebungsantrag stellen noch hat das Instanzgericht Anlass für eine Entscheidung v. Amts wegen. 3

Absatz 3 Satz 3 regelt, dass gegen die **Ablehnung des Aufhebungsantrags** ein Rechtsmittel nicht eröffnet ist (dies gilt – entspr. dem Wortlaut u. dem Zweck der Vorschrift – für den WP u. die GStA, so Kuhls/Kuhls, StBerG, § 143 Rn. 18 ff.). Das Gesetz erreicht dadurch, dass die Anfechtung vorläufiger Maßnahmen nach §§ 111 ff. auf die fristgebundene Beschwerde gegen die Anordnung konzentriert wird. Die GStA hat aber unabhängig v. Abs. 3 Satz 3 die Möglichkeit, die Aufhebung des Verbots mit der Beschwerde nach § 118 anzugreifen, vgl. § 118 Rn. 4. 4

§ 120a Mitteilung des Verbotes

(1) Der Beschluss, durch den ein vorläufiges Tätigkeits- oder Berufsverbot verhängt wird, ist alsbald der Wirtschaftsprüferkammer in beglaubigter Abschrift mitzuteilen.

(2) Tritt das vorläufige Tätigkeits- oder Berufsverbot außer Kraft oder wird es aufgehoben, so gilt Absatz 1 entsprechend.

1 Zur – geringen – praktischen Relevanz u. zu den **Grundsätzen des Verfahrens über das vorläufige Berufs- u. Tätigkeitsverbot** vgl. § 111 Rn. 1.

2 § 120a soll gewährleisten, dass die WPK, die nicht unmittelbar Beteiligte des berufsgerichtlichen Verfahrens ist, nicht erst über die GStA, sondern **direkt v. der Anordnung** u. der Aufhebung/dem Erlöschen des Berufs-/vorläufigen Tätigkeitsverbots **erfährt** (zu mit der Regelung verbundenen Rechtsfragen im Detail vgl. Cichon/Späth/Pickel, BHStB, § 144 Rn. 2 ff.).

3 Ein Verstoß des Gerichts gegen § 120a ändert an der materiellen Rechtslage nichts, hat aber zur Folge, dass die WPK ihre aufsichtsrechtl. Befugnisse hinsichtlich der Einhaltung des Verbots unter Umständen nicht erfüllen kann.

§ 121 Bestellung eines Vertreters

(1) ¹Für den Wirtschaftsprüfer, gegen den ein vorläufiges Tätigkeits- oder Berufsverbot verhängt ist, wird im Falle des Bedürfnisses von der Wirtschaftsprüferkammer ein Vertreter bestellt. ²Vor der Bestellung ist der vom vorläufigen Tätigkeits- oder Berufsverbot betroffene Wirtschaftsprüfer zu hören; er kann einen geeigneten Vertreter vorschlagen.

(2) Der Vertreter muss Wirtschaftsprüfer sein.

(3) ¹Ein Wirtschaftsprüfer, dem die Vertretung übertragen wird, kann sie nur aus einem wichtigen Grund ablehnen. ²Über die Ablehnung entscheidet die Wirtschaftsprüferkammer.

(4) ¹Der Vertreter führt sein Amt unter eigener Verantwortung, jedoch für Rechnung und auf Kosten des Vertretenen. ²An Weisungen des Vertretenen ist er nicht gebunden.

(5) ¹Der Vertretene hat dem Vertreter eine angemessene Vergütung zu zahlen. ²Auf Antrag des Vertretenen oder des Vertreters setzt der Vorstand der Wirtschaftsprüferkammer die Vergütung fest. ³Der Vertreter ist befugt, Vorschüsse auf die vereinbarte oder festgesetzte Vergütung zu entnehmen. ⁴Für die festgesetzte Vergütung haftet die Wirtschaftsprüferkammer wie ein Bürge.

Schrifttum: *Simonsen/Leverenz*, Kanzleiabwicklung, BRAK-Mitt. 1996, 17; *Reitz*, Allgemeiner Vertreter, Praxisabwickler, Praxistreuhänder – Rechtsstellung, Haftung und Versicherungsschutz im Rahmen der Berufshaftpflichtversicherung, Stbg 1997, 552.

Inhaltsübersicht

	Rn.
I. Allgemeines	1–3
II. Öffentlich-rechtliche Bestellung (Abs. 1)	4–14
1. Voraussetzungen	5–7
2. Anhörung	8
3. Rechtsfolgen	9–13
4. Wettbewerbsverbot	14
III. Ablehnung aus wichtigem Grund (Abs. 3)	15
IV. Vergütung (Abs. 5)	16–17
V. Vertragliche Regelungen	18

I. Allgemeines

Um zu verhindern, dass die einem WP erteilten Aufträge im Falle eines **vorläufigen** **1** **Tätigkeits- o. Berufsverbotes** nach § 111 unerledigt bleiben, hat die WPK im Bedarfsfall einen Vertreter zu bestellen. Das vorläufige Berufsverbot wurde mit der 7. WPO-Novelle 2007 um das vorläufige Tätigkeitsverbot ergänzt (vgl. §§ 111 ff.). Somit gelten die Regelungen des § 121 nunmehr auch für das vorläufige Tätigkeitsverbot. Darüber hinaus ordnet § 20 Abs. 7 Satz 1 die entsprechende Anwendung v. § 121 an, wenn die Anfechtungsklage gegen einen Widerruf der Bestellung keine aufschiebende Wirkung hat (vgl. § 20 Rn. 110 ff.).

Die Vertreterbestellung liegt nicht im Ermessen der WPK. Bei Vorliegen der Vo- **2** raussetzungen besteht vielmehr die Pflicht zur Vertreterbestellung. Sie erfolgt demzufolge v. **Amts wegen**. Gemäß Abs. 2 muss der **Vertreter WP** sein. Bei **vBP** sollte der Vertreter ein vBP sein. Lässt sich dieser Grundsatz infolge der Schließung des Zugangs zum Beruf der vBP o. aus anderen wichtigen Gründen im Einzelfall nicht einhalten, wird nichts dagegen einzuwenden sein, wenn der Vertreter WP ist.

Das **Berufsrecht der StB als auch der RA** enthält viel ausführlichere Regelungen. **3** So wird nicht nur die Bestellung eines Vertreters geregelt, sondern auch die Aufgaben u. Befugnisse eines Praxisabwicklers u. eines Praxistreuhänders. Neben einem weiteren Anwendungsbereich enthalten sie auch ausdifferenziertere Detailregelungen, so z.B. zum Wettbewerbsverbot.

II. Öffentlich-rechtliche Bestellung (Abs. 1)

Die öffentlich-rechtliche Bestellung erfolgt durch VA der WPK; die Bestellung **4** wird wirksam mit der **Bekanntgabe an den Vertreter u. den Vertretenen**. Der WP wird daher als Vertreter nach Maßgabe seiner öffentlich-rechtlichen Bestellung kraft seines Amtes tätig.

1. Voraussetzungen

Die Fälle einer Vertreterbestellung sind zunächst die eines **vorläufigen Tätigkeits-** **5** **o. Berufsverbots** i.S.v. §§ 111 ff. Dies ergibt sich zum einen aus der Systematik des Gesetzes, der Stellung des § 121 u. aus dem Sinn u. Zweck der Regelung. Mit der

Vertreterbestellung soll ein vorübergehender Zustand, nämlich der, dass erteilte Aufträge unerledigt bleiben, aufgefangen werden. Die Folgen eines **vorübergehenden Tätigkeits- o. Berufsverbotes** i.S.v. § 68 Abs. 1 Nr. 2 u. 3 wären danach allein v. Sinn u. Zweck der Regelung erfasst. Bisher stellte sich die Frage für die WPK nicht.

6   Ein weiterer Fall der Vertreterbestellung ergibt sich § 20 Abs. 7 Satz 1. Hat eine Anfechtungsklage gegen den Widerruf der Bestellung wegen der gesetzl. Anordnung der sofortigen Vollziehung o. der Anordnung der sofortigen Vollziehung durch die WPK **keine aufschiebende Wirkung**, ordnet das Gesetz die Rechtsfolgen eines Berufsverbotes an. Der WP darf seinen Beruf nicht ausüben (§ 116 Abs. 2). Für einen solchen Fall kann die WPK einen Vertreter bestellen.

7   Für eine Vertreterbestellung muss ein **Bedürfnis** vorliegen. Es ist anzunehmen, wenn angenommene Aufträge weitergeführt werden müssen. Ansonsten würde die Gefahr bestehen, dass der WP gegen das vorläufige Tätigkeits- o. Berufsverbot verstößt, um seine Aufträge vertragsgemäß zu erfüllen. Kein Bedürfnis besteht bei gesetzl. AP; § 318 Abs. 4 HGB regelt den Wegfall des gesetzl. AP. Danach hat das Gericht auf Antrag den AP zu bestellen, wenn der AP weggefallen, d.h. daran gehindert ist, die Prüfung aufzunehmen o. zu Ende zu führen (vgl. ADS, § 318 HGB, Rn. 409). Ein Bedürfnis dürfte auch dann nicht bestehen, wenn bei einem zugleich als StB bestellten o. als RA zugelassenen Berufsangehörigen eine Praxisvertretung nach dortigem Berufsrecht angeordnet sein sollte.

2. Anhörung

8   Gemäß Abs. 1 Satz 2 ist der betroffene WP **vor der Vertreterbestellung zu hören**; er kann einen geeigneten Vertreter vorschlagen. Mit dieser Voraussetzung wird man dem Grundsatz des rechtl. Gehörs gerecht. Hier kann der WP zum einen ein Bedürfnis auf Vertreterbestellung vortragen u. zum anderen gleichzeitig einen geeigneten Vertreter vorschlagen. Die Geeignetheit des vorgeschlagenen Vertreters muss v. der WPK überprüft werden. Persönliche u. regionale Aspekte können hierbei eine Rolle spielen.

3. Rechtsfolgen

9   Der Vertreter wird kraft Amtes tätig. Im beruflichen Bereich nimmt er damit die Stellung des Vertretenen ein. Dabei wird er seine Funktion im **Treuhandverhältnis** ausüben. Das Wesen der Treuhand liegt darin, dass die Ausübung v. Rechten in eigener Rechtszuständigkeit u. in eigenem Namen, aber nicht, zumindest nicht überwiegend o. ausschließlich, im eigenen Interesse erfolgt (für h. M. Liebich/Mathews, Treuhand u. Treuhänder in Recht u. Wirtschaft, 55 m.w.N.). In Abs. 4 wird insoweit bestimmt, dass der Vertreter sein Amt unter eigener Verantwortung, jedoch für Rechnung u. auf Kosten des Vertretenen ausübt. Der Vertreter hat neben den Interessen der Mandanten gleichzeitig auch die Interessen des vertretenen Kollegen wahrzunehmen. Hierbei ist er jedoch nicht an Weisungen des Vertretenen gebunden (Abs. 4 Satz 2). Vertragspartner der Mandanten wird der Vertreter jedoch nicht; er nimmt lediglich die Stellung als **Erfüllungsgehilfe o. gesetzl. Vertreter** des Vertre-

tenen i.S.v. § 278 BGB wahr. Er muss sich jedoch nach Treu u. Glauben so behandeln lassen, als ob er eigene (WP)Pflichten ggü. den Mandanten des Vertretenen übernommen habe (OLG Frankfurt 10.4.1986, NJW 1986, 3091).

Obwohl nicht gesetzl. geregelt, muss dem Vertreter zur Wahrnehmung seiner Aufgaben eingeräumt werden, dass er die **Praxisräume betreten** u. sämtliche zugehörige Gegenstände einschließlich des zur Verwahrung gegebenen Treugutes in Besitz nehmen darf. Er ist auch **verfügungsberechtigt** – zumindest zusätzl. zum Vertretenen – über alle **Geschäftskonten** des Vertretenen sowie über etwaige **Anderkonten**. Neben der Wahrnehmung der Mandate obliegt dem Vertreter auch die **Verwaltung der Praxis**. Im Streitfall kann der Vertreter seine Rechte ggü. dem Vertretenen im Wege der einstweiligen Verfügung (§§ 935, 945 ZPO) geltend machen (AGH Naumburg, MDR 1995, 748). 10

Um das Rechtsverhältnis zwischen Vertreter u. Vertretenem näher bestimmen zu können, sind – obwohl gesetzl. nicht angeordnet – die §§ 666, 667 u. 670 BGB entsprechend anzuwenden. Für das Berufsrecht der StB als auch der RAe wird dies explizit angeordnet (vgl. § 69 Abs. 2 Satz 2 StBerG, § 53 Abs. 9 Satz 2 BRAO). Für WP kann nichts anderes gelten. Dies ergibt sich aus Sinn u. Zweck der Regelung. Damit ist der Vertreter dem Vertretenen ggü. zur **Auskunft** u. **Rechenschaft** (§ 666 BGB) u. zur **Herausgabe** des i.Z.m. der Vertretung Erlangten (§ 667 BGB) verpflichtet. 11

In allen Fällen hat der **Vertreter seine besondere Stellung nach außen hin kenntlich** zu machen. Üblicherweise sollte er dabei die Geschäftspapiere des vertretenen Kollegen verwenden u. dabei mit einem seine Funktion kennzeichnenden Zusatz zeichnen. Eine Unterzeichnung mit „i.V." dürfte ebenfalls zulässig sein. 12

Eine **Haftung** des Vertreters besteht nur im **Innenverhältnis** ggü. dem Vertretenen, nicht jedoch ggü. den Mandanten. Dies begründet sich damit, dass der Vertreter zwar in eigener Verantwortung, jedoch nicht im eigenen Namen tätig wird. Die **Erklärungen** u. **Entscheidungen** des Vertreters wirken unmittelbar für u. gegen den Vertretenen (§ 164 BGB). 13

4. Wettbewerbsverbot

Typischerweise wird ein WP die Vertreterfunktion zusätzl. zu seiner bisherigen u. fortdauernden selbstständigen o. unselbstständigen Tätigkeit wahrnehmen. Das sich daraus ergebende Konkurrenzverhältnis kann zu einem Interessenkonflikt führen. **Während der Vertretertätigkeit** dürfte sich aus dem Wesen der Treuhand ein entsprechendes **Wettbewerbsverbot** ergeben. Denn gerade die Erhaltung des Treugutes ist eine Hauptpflicht des Treuhänders. Dies beinhaltet u.a., dass der Vertreter gehindert ist, Mandate des Vertretenen als eigene Mandate zu übernehmen. Diese Verpflichtung unmittelbar aus dem Treuhandverhältnis wirkt jedoch über die Zeit **nach Beendigung des Treuhandverhältnisses nicht fort**. Um einen Interessenkonflikt, der auch nach Beendigung des Treuhandverhältnisses noch fortwirken kann, zu vermeiden, kann es sich anbieten, eine privatrechtl. Wettbewerbsvereinbarung zu schließen. 14

III. Ablehnung aus wichtigem Grund (Abs. 3)

15 Ein WP, dem die Vertretung übertragen wird, kann sie nur aus **wichtigem Grund** ablehnen. Die Übernahme einer Vertretung gehört zu den **Berufspflichten** eines WP. Als wichtige Gründe für die Ablehnung kommen u.a. Krankheit, hohes Alter, ein gestörtes Verhältnis zum Vertretenen u. eine mögliche Interessenkollision in Betracht. Über die Berechtigung der angeführten Gründe u. über die Zulässigkeit der Ablehnung hat die WPK zu entscheiden (Abs. 3 Satz 2).

IV. Vergütung (Abs. 5)

16 Der Vertretene hat dem Vertreter eine **angemessene Vergütung** zu zahlen. Fehlt eine vertragliche Vergütungsregelung, so kann der Vertreter die Vergütung nach billigem Ermessen selbst bestimmen (vgl. §§ 315, 316 BGB). Hierbei sollte berücksichtigt werden, dass gemäß § 612 Abs. 1 BGB die übliche Vergütung als vereinbart gilt. Als Grundlage für die Bestimmung der Vergütung könnten sich der Zeitaufwand als auch die Art der Tätigkeit sowie der Umfang der Tätigkeit anbieten.

17 Auf Antrag des Vertretenen o. des Vertreters **setzt der VO der WPK die Vergütung fest**. Der häufigste Anwendungsfall hierfür dürfte sein, wenn sich Vertreter u. Vertretener über die Höhe der Vergütung nicht einigen können. Für die **Festsetzung haftet die WPK wie ein Bürge**. Festsetzungspflicht u. Bürgenhaftung erstrecken sich grds. nicht auf Aufwendungen i.S.v. § 670 BGB; dazu zählen u.a. Personalkosten u. Nutzungsentschädigungen (BGH 30.11.1992, NJW 1993, 1334).

V. Vertragliche Regelungen

18 Die unvollständigen gesetzl. Regelungen dürften deutlich machen, dass detaillierte vertragliche Regelungen zwischen Vertreter u. Vertretenem, möglichst in Schriftform, geboten sind. Dabei sollte im schriftlichen Vertrag zunächst die Rechtsstellung des eigenverantwortlich tätigen Vertreters klargestellt werden. Darüber hinaus sollten Vereinbarungen zur Vergütung, zur BHV, zur internen Haftung u. zum Wettbewerbsverbot getroffen werden. Da die WPK den Vertreter bestellt, müsste sie den Vertrag kennen u. billigen.

6. Das vorläufige Untersagungsverfahren

§ 121a Voraussetzung des Verfahrens

(1) Sind dringende Gründe für die Annahme vorhanden, dass den betroffenen Berufsangehörigen die Aufrechterhaltung oder Vornahme eines pflichtwidrigen Verhaltens untersagt werden wird, so kann gegen sie durch Beschluss eine vorläufige Untersagung ausgesprochen werden.

(2) Für das weitere Verfahren gelten § 111 Abs. 2 bis § 120a sinngemäß.

Inhaltsübersicht

	Rn.
I. Allgemeines	1
II. Voraussetzung für eine vorläufige Untersagung	2–4
1. Materielle Voraussetzungen	2–3
2. Verfahren	4

I. Allgemeines

§ 121a korrespondiert sowohl mit der Vorschrift des § 68a zur **Untersagungsverfügung** als auch mit den Regelungen über das **vorläufige Berufs- u. Tätigkeitsverbot** (§§ 111-120a; zu deren verhältnismäßig geringer praktischer Relevanz vgl. § 111 Rn. 1). Das gesetzl. Regelungsziel ist, den Berufsgerichten für die ihnen nach § 68a mögliche Untersagung eines bestimmten, im Zeitpunkt der Entscheidung noch nicht abgeschlossenen pflichtwidrigen Verhaltens ein vorläufiges u. unmittelbar wirkendes Verfahren bereit zu stellen.

II. Voraussetzungen für eine vorläufige Untersagung

1. Materielle Voraussetzungen

Für eine vorläufige Untersagung gelten die in § 111 aufgezeigten Grundsätze für vorläufige Berufs- o. Tätigkeitsverbote entsprechend. Wichtigste Voraussetzungen sind, dass die **Gründe**, die die Annahme einer späteren rkr. Untersagung nahe legen, **dringend** sind (zu der sich daraus ableitenden – hohen – Wahrscheinlichkeitsprognose § 111 Rn. 3); u. dass eine vorläufige Maßnahme als solche **verhältnismäßig** ist. Allerdings wird eine solche Verhältnismäßigkeit bei einer vorläufigen Untersagungsverfügung unter weniger strengen Voraussetzungen zu bejahen sein als bei einem vorläufigen Berufs- o. Tätigkeitsverbot (dazu § 111 Rn. 4-6), weil der Grundrechtseingriff deutlich punktueller ist.

Entscheidendes Kriterium ist die **Erforderlichkeit** einer vorläufigen Maßnahme. Diese kann insb. in Fällen, in denen das Hauptsacheverfahren im Wesentlichen der rechtl. Klärung der Zulässigkeit eines bestimmten Verhaltens des WP dient, zu verneinen sein, wenn der Berufsangehörige zusichert, bis zur Rechtskraft das beanstandete (o. ein vergleichbares) Verhalten zu unterlassen. Eine entspr. Erklärung sollte ggü. dem Berufsgericht dokumentiert werden (z.B. Angabe zu Protokoll) u. umgekehrt ihm v. Berufsgericht verdeutlicht werden (rechtl. Hinweis!), dass ein Bruch dieser Zusicherung als unprofessionelles u. damit berufswidriges Verhalten i.S.v. § 43 Abs. 1 ahndungswürdig wäre.

2. Verfahren

Gemäß Abs. 2 gelten für das Verfahren zur vorläufigen Untersagung die **maßgeblichen Vorschriften über das vorläufige Berufsverbot** entsprechend. Dies bedeutet, dass

- eine vorläufige Untersagung während eines anhängigen berufsgerichtlichen Verfahrens (§ 111 Rn. 7; dann Entscheidung i.d.R. im unmittelbaren Anschluss

an die Hauptverhandlung, § 114 Rn. 2) o. auf einen diesem Verfahren vorausgehenden isolierten Antrag der GStA (§ 111 Rn. 8) ergehen kann;
- die Untersagung durch einen zu begründenden u. förmlich zuzustellenden (§ 115 Rn. 2) Beschluss nach mündlicher Verhandlung ergeht; in dieser kann eine etwaige Beweisaufnahme nach Ermessen des Gerichts gestaltet werden (§ 112 Rn. 2);
- gegen den die Untersagung anordnenden o. ablehnenden Beschluss die Beschwerde des WP bzw. der GStA zulässig ist, auch wenn der Beschluss v. KG erlassen wurde (§ 112 Rn. 2-5);
- die Untersagung ungeachtet der Möglichkeit der Beschlussanfechtung sofort wirksam wird (§ 116 Rn. 2) u.
- die Untersagung außer Kraft tritt, wenn im Hauptverfahren in der jeweils anstehenden Instanz kein entspr. Urteil ergeht (§ 119 Rn. 2) o. sie durch eine Entscheidung v. Amts wegen o. auf entspr. Antrag aufgehoben wird (§ 120 Rn. 2).

Vierter Abschnitt
Die Kosten in dem berufsgerichtlichen Verfahren und in dem Verfahren bei Anträgen auf berufsgerichtliche Entscheidung über die Rüge. Die Vollstreckung der berufsgerichtlichen Maßnahmen und der Kosten. Die Tilgung

§ 122 Gerichtskosten

¹Im berufsgerichtlichen Verfahren, im Verfahren über den Antrag auf Entscheidung des Landgerichts über die Rüge (§ 63a Abs. 1) und im Verfahren über den Antrag auf Entscheidung des Landgerichts gegen die Androhung oder die Festsetzung eines Zwangsgelds (§ 62a Abs. 3) werden Gebühren nach dem Gebührenverzeichnis der Anlage zu diesem Gesetz erhoben. ²Im Übrigen sind die für Kosten in Strafsachen geltenden Vorschriften des Gerichtskostengesetzes entsprechend anzuwenden.

1 Im berufsgerichtlichen Verfahren u. im Verfahren über den Antrag auf berufsgerichtliche Entscheidung betreffend eine Rüge (§ 63a) werden seit dem 2. JuMoG v. 22.12.2006 (BGBl. I, 3416) **Gerichtsgebühren** erhoben, ebenso für das Zwangsgeldverfahren nach § 62a Abs. 3. Zu diesen Gebühren treten die gerichtlichen Auslagen hinzu (dazu § 125 Rn. 2).

2 Das **Gebührenverzeichnis** gem. § 122 Satz 2 ist im **Anhang** abgedruckt.

3 Die früher in § 127 enthaltene Verweisung in Satz 2 auf das GKG und dort auf die Vorschriften über Kosten in Strafsachen geben dem Verfahren über den Ansatz und die Durchsetzung der Gerichtskosten einen entsprechenden, vom Zivil- oder verwaltungsgerichtlichen Verfahren klar abgegrenzten Charakter: Gebühren werden erst ab Rechtskraft fällig (§ 8 GKG), eine Vorschusspflicht besteht nicht, die Gebühren sind nicht von einem Gegenstandswert abhängig. Das Verfahren über den Kos-

tenansatz richtet sich nach § 19 GKG. Gegen den Kostensatz ist das Rechtsmittel der Erinnerung statthaft, § 66 GKG.

Schuldner der **Gerichtsgebühren** kann – wenn er nach §§ 123 – 124a in die Kosten verurteilt worden ist – anders als für die **Auslagen** nur der Berufsangehörige sein, nie die Wirtschaftsprüferkammer. Dies ergibt sich aus dem Gebührenverzeichnis, das als Gebührentatbestand entweder eine Maßnahme gegen den Berufsangehörigen oder eine Erfolglosigkeit von dessen Rechtsbehelfen voraussetzt. **4**

§ 123 Kosten bei Anträgen auf Einleitung des berufsgerichtlichen Verfahrens

(1) Einem Wirtschaftsprüfer, der einen Antrag auf gerichtliche Entscheidung über die Entschließung der Staatsanwaltschaft (§ 87 Abs. 2) zurücknimmt, sind die durch dieses Verfahren entstandenen Kosten aufzuerlegen.

(2) Wird ein Antrag des Vorstandes der Wirtschaftsprüferkammer auf gerichtliche Entscheidung in dem Fall des § 86 Abs. 2 verworfen, so sind die durch das Verfahren über den Antrag veranlassten Kosten der Wirtschaftsprüferkammer aufzuerlegen.

Die Vorschrift betrifft zwei praktisch nicht häufige Konstellationen. Abs. 1 bezieht sich auf § 87 Abs. 2: nimmt der WP den dort erwähnten Antrag im sog. **Reinigungsverfahren** (§ 87) gegen die Entscheidung der GenStA zurück, trifft ihn die Kostenlast. Abs. 2, der sich auf § 86 Abs. 2 bezieht, überbürdet die Kosten der WPK, wenn ihr **Antrag auf gerichtliche Entscheidung** gegen die Entschließung der GenStA, ein berufsgerichtliches Verfahren nicht einzuleiten, zurückgewiesen wird. § 123 behandelt damit diese beiden gegen Entscheidungen der GStA gerichteten Anträge kostenrechtl. wie erfolglose Rechtsmittel gegen berufsgerichtliche Entscheidungen in der Sache (zu diesen vgl. § 124 Rn. 6). **1**

Die Kostenlast bei erfolgreichen Anträgen nach §§ 86 Abs. 2, 87 Abs. 2 ist in § 123 nicht geregelt: Da diese Anträge dann die Durchführung eines berufsgerichtliche Verfahrens bewirken, ist die Kostenentscheidung bei dessen Abschluss zu treffen (im Fall der freispruchähnlichen Entscheidung nach § 87 Abs. 4 haftet die WPK für die Auslagen nach § 125, vgl. – auch wegen der Einzelheiten in besonderen und praktisch kaum vorkommenden Konstellationen – Cichon/Späth/Pickel, BHStB, § 147 Rn. 3 f.; Kuhls/Kuhls, StBerG § 147 Rn. 4 ff.). **2**

§ 124 Kostenpflicht des Verurteilten

(1) ¹Dem Wirtschaftsprüfer, der in dem berufsgerichtlichen Verfahren verurteilt wird, sind zugleich die in dem Verfahren entstandenen Kosten ganz oder teilweise aufzuerlegen. ²Dasselbe gilt, wenn das berufsgerichtliche Verfahren wegen Erlöschens, Rücknahme oder Widerrufs der Bestellung eingestellt wird und nach dem Ergebnis des bisherigen Verfahrens die Verhängung einer berufsgerichtlichen Maßnahme gerechtfertigt gewesen wäre; zu den Kosten des be-

rufsgerichtlichen Verfahrens gehören in diesem Fall auch diejenigen, die in einem anschließenden Verfahren zum Zwecke der Beweissicherung (§§ 109, 110) entstehen.
³Wird das Verfahren nach § 103 Abs. 3 Nr. 2 eingestellt, kann das Gericht dem Wirtschaftsprüfer die in dem Verfahren entstandenen Kosten ganz oder teilweise auferlegen, wenn es dies für angemessen erachtet.

(2) ¹Dem Wirtschaftsprüfer, der in dem berufsgerichtlichen Verfahren ein Rechtsmittel zurückgenommen oder ohne Erfolg eingelegt hat, sind zugleich die durch dieses Verfahren entstandenen Kosten aufzuerlegen. ²Hatte das Rechtsmittel teilweise Erfolg, so kann dem Wirtschaftsprüfer ein angemessener Teil dieser Kosten auferlegt werden.

(3) Für die Kosten, die durch einen Antrag auf Wiederaufnahme des durch ein rechtskräftiges Urteil abgeschlossenen Verfahrens verursacht worden sind, ist Absatz 2 entsprechend anzuwenden.

Inhaltsübersicht

	Rn.
I. Allgemeines	1–2
II. Kostenentscheidung in erster Instanz	3–5
III. Kostenentscheidung im Rechtsmittelverfahren	6–8

I. Allgemeines

1 § 124 ist die zentrale Regelung über die **Kostenentscheidung im berufsgerichtlichen** Verfahren. Sie lehnt sich an die entsprechenden Regelungen der StPO zur Kostentragung an, ergänzt diese aber für spezifische Situationen des berufsgerichtlichen Verfahrens (vgl. besonders Abs. 1 Satz 2) u. modifiziert sie teilw. Denn bei den Kostenentscheidungen in der Berufsgerichtsbarkeit muss berücksichtigt werden, dass es wegen des Grundsatzes der Einheit der Berufspflichtverletzung grds. keine Teilfreisprüche gibt. Inhaltlich ergänzt wird § 124 durch § 125: Auslagen, die dem verurteilten WP nicht nach § 124 auferlegt werden können, trägt nicht wie im Strafprozess die Staatskasse, sondern die WPK.

2 Keine Regelung enthält § 124 dazu, was Kosten sind und wann u. in welcher Form eine **Kostenentscheidung** zu treffen ist. Hier gelten gem. § 127 die strafprozessualen Regelungen: **Kosten** sind danach in § 464a Abs. 1 Satz 1 StPO als die Gebühren und Auslagen der „Staatskasse" definiert. Ob für die WPO-Berufsgerichtsbarkeit dies auch entsprechend die **Auslagen** der WPK im gerichtlichen Verfahren erfasst (besonders in Verfahren nach § 63a WPK, wo die WPK im Verfahren vollständig an die Stelle der GStA tritt), ist in der Rspr. noch nicht geklärt (zum allerdings ohnehin begrenzten Umfang der erstattungsfähigen Auslagen vgl. § 150 Rn. 2). Zur Klarstellung sollte dann, wenn die Kostengrundentscheidung zu Lasten des Berufsangehörigen ausfällt (vgl. unten Rn. 3 f.) dessen dann angemessene Haftung für die Auslagen der WPK ausdrücklich ausgesprochen werden. In zeitlicher Hinsicht zu treffen ist nach § 464 Abs. 1 StPO eine **Kostenentscheidung** v. Berufsgericht in

der Entscheidung, die sein Verfahren abschließt: also im instanzabschließenden Urteil (dann in Urteilsform) o. im Einstellungsbeschluss, z.b. nach §§ 153, 153a StPO i.V.m. § 127. Eine isolierte Kostenentscheidung ist zu treffen, wenn das Verfahren anders als durch gerichtliche Entscheidung endet (häufigster Fall: **Rücknahme eines Rechtsmittels,** Rechtsbehelfs). Die Höhe der zu erstattenden Kosten wird nicht in der Kostenentscheidung, sondern im gerichtlichen Kostenfestsetzungsverfahren (Rechtspflegeraufgabe gem. § 11 Abs. 1, 2 RPflG) ermittelt.

II. Kostenentscheidung in erster Instanz

Absatz 1 Satz 1 beruht auf dem Gedanken, dass der Berufsangehörige, **soweit er** 3 **verurteilt** worden ist, die **Kosten zu tragen** hat. Dennoch ist – in Abweichung v. § 465 Abs. 1 StPO – möglich, ihm trotz Verurteilung Kosten nur teilw. aufzuerlegen, wenn sich nicht alle gegen ihn erhobenen Vorwürfe als sachlich zutreffend erwiesen haben. In einem solchen Fall, in dem der teilw. Erfolg der Rechtsverteidigung des Berufsangehörigen im Urteil wegen des Grundsatzes der Einheit der Berufspflichtverletzung nicht durch einen Teilfreispruch zum Ausdruck kommt (vgl. § 67 Rn. 9 f.), muss das Gericht die Kosten nach dem Gewicht der zur bzw. nicht zur Verurteilung führenden Komplexe verteilen (in der Regel Verteilung der Auslagen nach Bruchteilen gem. § 464d StPO und entsprechende Ermäßigung der Gerichtsgebühr für den Berufsangehörigen, vgl. Cichon/Späth/Pickel, BHStB, § 148 Rn. 4).

Satz 2 regelt ergänzend, dass der Berufsangehörige die **Kosten** auch trägt, wenn das 4 Verfahren **wegen** der **Beendigung seiner Berufszugehörigkeit** endet. Das Gesetz will vermeiden, dass der Berufsangehörige sich der Kostenlast einer wahrscheinlichen Verurteilung durch Niederlegung seines Amtes entziehen kann, aber auch, dass die WPK die Kosten trägt, wenn ein Rücknahme- o. Widerrufsverfahren nach § 20 Abs. 1 o. Abs. 2 zur Entfernung aus dem Beruf führt. Wegen des Ausnahmecharakters einer Kostenlast des Betroffenen ohne rkr. Verfahrensabschluss muss „nahezu zweifelsfrei feststehen" (so KG 16.12.2003, WPK-Mag. 2004, 49), dass eine berufsgerichtliche Maßnahme verhängt worden wäre. Für eine entspr. Prognose kann sich das Berufsgericht auf alle Beweismittel stützen, also auch auf solche, die noch nicht förmlich in die Hauptverhandlung eingeführt worden waren (z.B. schriftliche Zeugenaussagen, sonstiger Akteninhalt). Der Nachsatz in Satz 2, dass die Kosten des Verfahrens der Beweissicherung als Kosten des Verfahrens gelten, hat klarstellende Bedeutung.

Satz 3 bezieht sich auf den Fall der **Einstellung eines Verfahrens** mit Rücksicht 5 auf die Verfolgung des WP in einem Strafverfahren o. anderweitigen berufsgerichtlichen Verfahren nach §§ 103 Abs. 2 Nr. 2, 69a. Auch hier lässt das Gesetz eine vollständige o. teilw. Kostenlast des WP ohne rkr. Verurteilung durch die WP-Berufsgerichtsbarkeit zu. Voraussetzung u. zugl. auch Rechtfertigung für die Kostenlast ist hier die rkr. Strafe o. Maßnahme in dem anderen Verfahren.

III. Kostenentscheidung im Rechtsmittelverfahren

6 Zu den **Kosten des Rechtsmittelverfahrens** verhält sich § 124 nur für den Fall der Rücknahme bzw. der vollständigen o. teilw. Erfolglosigkeit des **Rechtsmittels des WP**. Hier gilt der Sache nach dasselbe wie für die Kostenentscheidung erster Instanz (s.o. Rn. 3): Der Betroffene hat die Kosten zu tragen, wenn er sein Rechtsmittelziel vollständig verfehlt; hat jedoch sein Rechtsmittel teilw. Erfolg, können die Kosten teilw. der WPK auferlegt werden; dies auch dann, wenn der Teilerfolg wegen des Grundsatzes der Einheit der Berufspflichtverletzung im Urteilstenor nicht in einem Teilfreispruch zum Ausdruck kommt.

7 Die kostenmäßige Behandlung eines **Rechtsmittels der GStA** u. des **beiderseitigen Rechtsmittels** v. WP u. GStA u. auch der Fall des vollständigen Erfolgs des Rechtsmittels des Betroffenen sind in § 124 nicht geregelt. Bei letzterem gelten § 125 (Haftung der WPK) und für die übrigen Fälle über § 127 die entsprechenden, allerdings selbst ebenfalls nicht alle Konstellationen erfassenden, strafprozessualen Kostenregelungen (§ 473 Abs. 1 bis 4 StPO; vgl. zu deren entspr. Anwendung im berufsgerichtlichen Verfahren Cichon/Späth/Pickel, BHStB, § 148 Rn. 12 ff.). Hat ein Rechtsmittel der StA vollen Erfolg, gehören die Rechtsmittelkosten zu den Verfahrenskosten, die der angeschuldigte WP auf Grund seiner insoweit erreichten Verurteilung nach § 124 Abs. 1 regelmäßig zu tragen hat.

8 Absatz 3 stellt klar, dass ein Wiederaufnahmeverfahren hinsichtlich der Kosten wie ein Rechtsmittel zu behandeln ist (vgl. Rn. 6).

§ 124a Kostenpflicht in dem Verfahren bei Anträgen auf berufsgerichtliche Entscheidung über die Rüge

(1) ¹Wird der Antrag auf berufsgerichtliche Entscheidung über die Rüge als unbegründet zurückgewiesen, so ist § 124 Abs. 1 Satz 1 entsprechend anzuwenden. ²Stellt das Landgericht fest, dass die Rüge wegen der Verhängung einer berufsgerichtlichen Maßnahme unwirksam ist (§ 63a Abs. 5 Satz 2), oder hebt es den Rügebescheid gemäß § 63a Abs. 3 Satz 2 auf, so kann es dem Wirtschaftsprüfer die in dem Verfahren entstandenen Kosten ganz oder teilweise auferlegen, wenn es dies für angemessen erachtet.

(2) Nimmt der Wirtschaftsprüfer den Antrag auf berufsgerichtliche Entscheidung zurück oder wird der Antrag als unzulässig verworfen, so gilt § 124 Abs. 2 Satz 1 entsprechend.

(3) Wird der Rügebescheid, den Fall des § 63a Abs. 3 Satz 2 ausgenommen, aufgehoben oder wird die Unwirksamkeit der Rüge wegen eines Freispruchs des Wirtschaftsprüfers im berufsgerichtlichen Verfahren oder aus den Gründen des § 69 Abs. 2 Satz 2 festgestellt (§ 63a Abs. 5 Satz 2), so sind die notwendigen Auslagen des Wirtschaftsprüfers der Wirtschaftsprüferkammer aufzuerlegen.

Inhaltsübersicht

	Rn.
I. Allgemeines	1
II. Kostenentscheidung bei vollständiger oder teilweiser Erfolglosigkeit des Antrags	2–4
III. Kostenentscheidung bei Erfolg des Antrags	5

I. Allgemeines

Die zentrale Bedeutung v. § 124a liegt in der Festlegung, dass die wesentlichen **kostenrechtlichen Regelungen**, die für erstinstanzliche berufsgerichtliche Entscheidungen gelten, auch auf das **Verfahren der berufsgerichtlichen Entscheidung über die Rüge** (nicht: Erlass der Rüge durch die WPK) nach § 63a Abs. 5 anwendbar sind. Die Vorschrift ist allerdings unnötig umfangreich u. damit teilw. schwer verständlich. 1

II. Kostenentscheidung bei vollständiger oder teilweiser Erfolglosigkeit des Antrags

Die Verweisung in Abs. 1 Satz 1 auf § 124 Abs. 1 Satz 1 hat zur Folge, dass der WP grds. die Kosten trägt, wenn das Berufsgericht nach § 63a Abs. 5 erkennt, dass eine Rüge gerechtfertigt war. Doch kann es wie bei § 124 Abs. 1 Satz 1 trotz einer solchen **Erfolglosigkeit** des Antrags die Kosten dem WP nur teilw. auferlegen. Dies kommt in zwei Konstellationen in Betracht: entweder, wenn das LG zwar den Sachverhalt in gleicher Weise wie die WPK als berufsrechtswidriges Verhalten gewürdigt hat, aber eine geringere Buße für gerechtfertigt hält; o. aber, wenn sich nicht alle dem WP mit der Rüge gemachten Vorwürfe als sachlich o. rechtlich zutreffend erwiesen haben. 2

Absatz 1 Satz 2 stellt klar, dass die gleiche Kostenfolge wie bei Erfolglosigkeit zur Anwendung kommt, wenn die Rüge in zwei besonderen Konstellationen nur **aus Verfahrensgründen aufgehoben** wird: wegen nachträglicher Ahndung in einem anderen Verfahren, insb. Strafverfahren (§ 63a Rn. 23), o. Einleitung wegen eines berufsgerichtlichen Verfahrens (§ 63a Rn. 33 f.). Auch hier aber ist die Überbürdung aller Kosten auf den Berufsangehörigen kein Automatismus, sondern es ist, wie im Rahmen von § 124 Abs. 1, eine Ermessensentscheidung des Gerichts zu treffen (zu den Einzelheiten Cichon/Späth/Pickel, BHStB, § 149 Rn. 5). 3

Ist der Antrag auf gerichtliche Entscheidung **unzulässig**, insb. verspätet, o. wird er zurückgenommen, hat der WP wie bei einem Rechtsmittel gegen eine berufsgerichtliche Entscheidung die Kosten zu tragen (vgl. § 124 Rn. 6); Abs. 2 stellt dies mit dem Verweis auf § 124 Abs. 2 Satz 1 klar. 4

III. Kostenentscheidung bei Erfolg des Antrags

Bei einem – vollen – Erfolg des Antrags hat die WPK im gleichen Umfang wie bei einer Haftung nach § 125 (s. dort Rn. 1 f.) die Auslagen zu tragen, entgegen der missverständlichen Formulierung nicht nur die des WP, sondern selbstverständlich 5 auch die sonstiger Beteiligter, insb. v. Zeugen u. Sachverständigen (so Kuhls/Kuhls, StBerG, § 149 Rn. 14; Cichon/Späth/Pickel, BHStB, § 149 Rn. 6).

§ 125 Haftung der Wirtschaftsprüferkammer

Auslagen, die weder dem Wirtschaftsprüfer noch einem Dritten auferlegt oder von dem Wirtschaftsprüfer nicht eingezogen werden können, fallen der Wirtschaftsprüferkammer zur Last.

Inhaltsübersicht

	Rn.
I. Haftung der WPK für Auslagen	1
II. Begrenzung der Haftung	2–3

I. Haftung der WPK für Auslagen

1   Die Vorschrift bewirkt, dass die WPK im Hinblick auf die Kosten an die Stelle tritt, die die Staatskasse im Strafprozess hat. Auslagen, die nach den Kostenvorschriften (§ 122-124a) nicht anderen, insb. nicht dem v. Verfahren betroffenen Berufsangehörigen, überbürdet werden können, hat die WPK zu tragen. Trotz ihrer Haftung ist auch wegen der Kosten aber nicht die WPK, sondern für sie die GStA zur Einlegung von Beschwerden befugt (KG 16.12.2003, WPK-Mag. 2004, 49).

II. Begrenzung der Haftung

2   Die Haftung der WPK ist inhaltlich mehrfach eingegrenzt. Sie bezieht sich zum einen nur auf **Auslagen** (keine Haftung der WPK auch für die Gerichtsgebühren i.S.v. § 122) und hier nur auf solche des gerichtlichen Verfahrens einschließlich dessen Vorbereitung und der sich anschließenden Vollstreckung (§§ 464a Abs. 1 Satz 1 und 2 StPO, 122 Satz 2, 127 WPO). Zum anderen erfasst die Haftung nur die Auslagen, die als solche im KV zum GKG erwähnt sind (Dokumentenpauschalen, Zustellungskosten, Entschädigungen für Zeugen, Sachverständige, Pflichtverteidiger), nicht aber bspw. die Entschädigungen für die ehrenamtlichen Richter oder gar allg. die kalkulatorischen Aufwendungen des Verfahrens, die für den Fiskus mit der Berufsgerichtsbarkeit verbunden sind (Cichon/Späth/Pickel, BHBSt, § 150 Rn. 3). Umgekehrt können die Staatskasse bzw. die WPK (wenn man sie hinsichtlich ihrer Auslagen für erstattungsberechtigt hält, vgl. § 124 Rn. 2) vom WP, wenn er nach der Kostenentscheidung deren Auslagen zu tragen hat, diese auch nur im vorgenannten engen rechtlichen Sinn geltend machen.

3   Das Vollstreckungsrisiko trifft die WPK nur hinsichtlich solcher Kosten, in die der v. Verfahren betroffene WP verurteilt worden ist, die bei ihm aber nicht eingezogen werden können; keine entspr. Haftung der WPK für Kosten, die Dritte schulden, z.B. Zeugen wegen Ungebühr (Kuhls/Kuhls, StBerG, § 150 Rn. 19). Die Haftung setzt erfolglose Vollstreckungsversuche der Staatskasse oder belegbare offensichtliche Aussichtslosigkeit der Beitreibung voraus; dies folgt unmittelbar aus dem Wortlaut von § 125 („nicht eingezogen werden können"; a. A. Kuhls/Kuhls, a.a.O.,

Rn. 20: aus § 31 GKG – die WPK ist aber nicht gesamtschuldnerischer Kostenschuldner im Sinne des GKG).

§ 126 Vollstreckung der berufsgerichtlichen Maßnahmen und der Kosten

(1) ¹Die Ausschließung aus dem Beruf wird mit der Rechtskraft des Urteils wirksam. ²Der Verurteilte wird aufgrund einer beglaubigten Abschrift der Urteilsformel, die mit der Bescheinigung der Rechtskraft versehen ist, im Berufsregister gelöscht.

(2) ¹Die Vollstreckung der Geldbuße und die Beitreibung der Kosten werden nicht dadurch gehindert, dass der Wirtschaftsprüfer nach rechtskräftigem Abschluss des Verfahrens aus dem Beruf ausgeschieden ist. ²Werden zusammen mit einer Geldbuße die Kosten des Verfahrens beigetrieben, so gelten auch für die Kosten die Vorschriften über die Vollstreckung der Geldbuße.

Inhaltsübersicht

		Rn.
I.	Allgemeines	1
II.	Ausschließung aus dem Beruf	2
III.	Vollstreckung	3–5

I. Allgemeines

Die Norm enthält ggü. den Vorschriften der StPO ergänzende spezielle Regelungen zur Vollstreckung. Über § 127 finden die Vorschriften der StPO im berufsgerichtl. Verfahren auch Anwendung, insb. §§ 449, 451, 452, 459 ff. StPO. § 126 trifft Regelungen zur **Vollstreckung des Ausschlusses aus dem Beruf** u. zur **Vollstreckung der Geldbuße**. Zudem regelt die Norm die **Vollstreckung der Kosten**. Zur Vollstreckung des Verbots, auf bestimmten Tätigkeitsgebieten zeitweise nicht tätig zu werden (§ 68 Abs. 1 Nr. 2) u. des zeitweisen Berufsverbots (§ 68 Abs. 1 Nr. 3) trifft § 126 keine Aussage (vgl. insoweit § 68 Rn. 10 ff.). § 126 entspricht dem weitgehend regelungsidentischen § 151 StBerG. Das Berufsrecht der RA enthält in § 204 u. § 205 BRAO ähnliche Regelungen. 1

II. Ausschließung aus dem Beruf

Der **Ausschluss aus dem Beruf** erfolgt mit dem Eintritt der **Rechtskraft des Urteils**. Ein weiterer Vollzugsakt ist nicht notwendig. Die Bestellung erlischt (§ 19 Nr. 3). Bereits v. Wortlaut der Norm ist die Löschung aus dem BR kein Wirksamkeitserfordernis für den Ausschluss: Die **Löschung im BR hat mithin nur deklaratorische Bedeutung**; mit ihr wird der Ausschluss ggü. der Öffentlichkeit mitgeteilt. Da das BR v. der WPK geführt wird, ist dieser das Urteil zur Löschung mitzuteilen. Satz 2 regelt dementsprechend, dass erst aufgrund einer beglaubigten Abschrift der Urteilsformel, die mit der Bescheinigung der Rechtskraft versehen wird, die Löschung erfolgt. Nach der Ausschließung aus dem Beruf darf der WP 2 seine Berufsbezeichnung nicht mehr führen (§ 18 Abs. 3, § 132a Abs. 1 Nr. 2 StGB).

III. Vollstreckung

3   Die **Vollstreckung v. Geldbußen** richtet sich gem. § 459 StPO nach der Justizbeitreibungsordnung. An der bisherigen Auffassung, dass der Berufsangehörige eine erneute u. gesondert zu ahndende **Berufspflichtverletzung** begeht, wenn er die rechtskräftig verhängte Geldbuße trotz Zahlungsfähigkeit nicht zahlt (LG Hannover 29.9.1980, StB 1981, 250), hält die Rechtsprechung nicht mehr fest. Dadurch, dass die Zahlungspflicht – anders als bei Berufspflichten – nicht endet, wenn der Berufsangehörige aus dem Beruf ausscheidet, werde der ausschließlich ahndende Charakter der Geldbuße verdeutlicht. Die Geldbuße sei die Sanktion, die auf eine Verletzung beruflicher Pflichten folgt u. begründe keine eigenständige berufliche Pflicht. Dem deutschen Straf- und OWi-Recht sei es ebenfalls grds. fremd, die Nichterfüllung einer Verurteilung wiederum als Straftat oder OWi zu verfolgen. Ausnahmen könnten bei nicht vollstreckbaren Sanktionen bestehen (BGH 14.08.2012, WPK-Magazin 1/2013, Seite 35 f.).

4   Für die **Vollstreckung der Kosten** des Verfahrens gelten nach § 464b Satz 3 StPO die Vorschriften der ZPO. Werden mit der Geldbuße auch die Kosten beigetrieben, so ist insgesamt die Justizbeitreibungsordnung anzuwenden.

5   Das **Ausscheiden des Berufsangehörigen nach** rechtskräftigem Abschluss des Verfahrens aus dem Beruf hindert nicht die Vollstreckung v. Geldbußen u. die Beitreibung der Kosten (Abs. 2). Dies gilt unabhängig vom Grund des Erlöschens der Bestellung, etwa durch Verzicht, rechtskräftigen Ausschluss aus dem Beruf o. durch Widerruf.

§ 126a Tilgung

(1) ¹**Eintragungen in den über Berufsangehörige geführten Akten über verhängte berufsgerichtliche Maßnahmen nach § 68 Abs. 1 Nr. 1, 2 oder 3 sind nach zehn Jahren zu tilgen.** ²Die über diese berufsgerichtlichen Maßnahmen entstandenen Vorgänge sind aus den über den Wirtschaftsprüfer geführten Akten zu entfernen und zu vernichten. ³Nach Ablauf der Frist dürfen diese Maßnahmen bei weiteren berufsgerichtlichen Maßnahmen nicht mehr berücksichtigt werden.

(2) **Die Frist beginnt mit dem Tag, an dem die berufsgerichtliche Maßnahme unanfechtbar geworden ist.**

(3) **Die Frist endet nicht, solange gegen den Wirtschaftsprüfer ein Strafverfahren, ein berufsgerichtliches Verfahren oder ein Disziplinarverfahren schwebt, eine andere berufsgerichtliche Maßnahme berücksichtigt werden darf oder ein auf Geldbuße lautendes Urteil noch nicht vollstreckt ist.**

(4) **Nach Ablauf der Frist gilt der Wirtschaftsprüfer als von berufsgerichtlichen Maßnahmen nicht betroffen.**

(5) ¹Die Absätze 1 bis 4 gelten für Rügen des Vorstands der Wirtschaftsprüferkammer entsprechend. ²Die Frist beträgt fünf Jahre.

(6) ¹Eintragungen über strafgerichtliche Verurteilungen oder über andere Entscheidungen in Verfahren wegen Straftaten, Ordnungswidrigkeiten oder der Verletzung von Berufspflichten, die nicht zu einer berufsgerichtlichen Maßnahme oder Rüge geführt haben, sowie über Belehrungen der Wirtschaftsprüferkammer sind auf Antrag des Wirtschaftsprüfers nach fünf Jahren zu tilgen. ²Absatz 1 Satz 2, Absätze 2 und 3 gelten entsprechend.

Inhaltsübersicht

		Rn.
I.	Allgemeines	1–4
II.	Tilgung von Eintragungen	5–8
III.	Tilgungsfristen	9–14
IV.	Hemmung des Fristablaufs	15–21
V.	Rechtsfolgen	22–25

I. Allgemeines

Die Norm regelt die **Tilgung** bestimmter **berufsgerichtlicher Maßnahmen** (Abs. 1-3) sowie **Maßnahmen/Entscheidungen der WPK** (Abs. 5-6) u. **anderweitige Eintragungen** (Abs. 6) aus den über das Mitglied geführten Akten. Nach Ablauf der jeweiligen Tilgungsfrist dürfen Maßnahmen u. Entscheidungen nach Abs. 1-5 bei weiteren berufsgerichtlichen Maßnahmen o. im kammerseitigen Rügeverfahren nicht mehr berücksichtigt werden. Vergleichbare berufsrechtliche Vorschriften finden sich in § 205a BRAO u. § 152 StBerG. Entsprechende Regelungen für den strafrechtlichen Bereich enthalten §§ 45 ff. BZRG.

Die Norm wurde **1975 in die WPO eingefügt** (BGBl. I, 2258) u. im Zuge der sog. 3. WPO-Novelle 1995 um Abs. 6 ergänzt (BGBl. I, 1569). In beiden Fällen diente § 205a BRAO als Vorbild (BT-Drs. 7/2417, 24 u. 12/5685, 34). Mit der 7. WPO-Novelle 2007 wurde die Regelung in Abs. 1 an die gleichzeitig geänderten berufsgerichtlichen Maßnahmen (vgl. § 68 Abs. 1) angepasst, wonach die Möglichkeit des Ausspruches einer Warnung oder eines Verweises durch das Berufsgericht entfallen ist.

Das Berufsrecht der WP kennt **kein Register über berufsrechtliche Maßnahmen** vergleichbar dem Bundeszentralregister. Verhängte Maßnahmen werden in den **v. der WPK geführten Akten** vermerkt, auf die sich die Vorschrift bezieht. Erfasst werden auch solche Akten der WPK, in denen berufsgerichtliche Verfahren nachgehalten wurden. Sie bezieht sich nicht auf die Akten des Berufsgerichts o. der nach § 85 zuständigen StA selbst (Kuhls, StBerG, § 152 Rn. 6). Für deren Vernichtung sind die allg. Regelungen der Aktenordnung maßgebend (Feuerich/Weyland, BRAO, § 205a Rn. 2, 17). Zum **Einsichtsrecht des Mitglieds in die ihn betreffenden Aufsichtsakten bei der WPK** s. § 63 Rn. 38, § 64 Rn. 10.

4 Die Norm spricht zwar allein v. Eintragungen in den über **Berufsangehörige** geführte Akten, jedoch dürften auch über **sonstige Kammermitglieder** getroffene Maßnahmen, Entscheidungen o. sonstige Eintragungen zu tilgen sein (vgl. z.B. zum Rügerecht ggü. sonstige Kammermitglieder § 63 Rn. 6).

II. Tilgung von Eintragungen

5 § 126a Abs. 1 regelt die Tilgung v. **Geldbußen** u. **befristeten Tätigkeits-** o. **Berufsverboten** (§ 68 Abs. 1 Nr. 1-3). Für die bis zum Inkrafttreten der 7. WPO-Novelle 2007 möglichen weiteren berufsgerichtlichen Maßnahmen der **Warnung** u. des **Verweises** gilt die Tilgungsregelung des § 126a a.F. (s.u. Rn. 9).

6 Über die Tilgung des **Ausschlusses aus dem Beruf,** § 68 Abs. 1 Nr. 4, trifft § 126a **keine Regelung**. Mit Blick auf die verfassungsgerichtliche Rspr. zu Art. 12 GG (BVerfG 4.4.1984; NJW 1984, 2341) sollte eine Tilgung im Fall der späteren Wiederbestellung o. bei Aufhebung des Ausschlusses im Gnadenweg erfolgen (vgl. noch Rn. 11).

7 **Rügen** der WPK (§ 63 Abs. 1) sind grds. nach fünf Jahren zu tilgen (§ 126a Abs. 5; zur Hemmung noch Rn. 15 f.). Dies schließt ggf. kumulativ verhängte Geldbußen (§ 63 Abs. 1 Satz 3) mit ein u. gilt ebenso für neben der Rüge ergangene **Untersagungsverfügungen** (§ 63 Abs. 1). Auf Antrag sind nach § 126a Abs. 6 auch **Belehrungen** der WPK zu tilgen (§ 57 Abs. 1 Nr. 4).

8 Nach § 126a Abs. 6 müssen auf Antrag auch **sonstige Eintragungen** getilgt werden, wie z.B. über strafgerichtliche Verurteilungen u. andere Entscheidungen in Verfahren wegen Straftaten, Ordnungswidrigkeiten o. der Verletzung v. Berufspflichten, die nicht zu einer Aufsichtsmaßnahme (berufsgerichtliche Maßnahme, Rüge) geführt haben. Hierzu zählen z.B. Eintragungen über **freisprechende Urteile**, Einstellungsverfügungen nach § 170 Abs. 2 StPO u. **Einstellungen** aus Opportunitätsgesichtspunkten nach §§ 153 ff. StPO.

III. Tilgungsfristen

9 Für berufsgerichtliche Entscheidungen der **Geldbuße** u. dem **befristetem Tätigkeits-** o. **Berufsverbot** beträgt die Tilgungsfrist **zehn Jahre**. Für die bis zum Inkrafttreten der 7. WPO-Novelle 2007 möglichen weiteren berufsgerichtlichen Maßnahmen der Warnung u. des Verweises gilt die zuvor differenzierende Regelung fort: Die **Warnung** ist nach **fünf**, der **Verweis** nach **zehn Jahren** zu tilgen, § 126a Abs. 1 Satz 1 a.F.

10 Nicht explizit geregelt ist die Tilgung v. **kumuliert verhängter Geldbuße u. befristetem Tätigkeits-** o. **Berufsverbot** bzw. der vor dem Inkrafttreten der 7. WPO-Novelle 2007 möglichen **Kumulation v. Geldbuße u. Verweis**. Auch hier dürfte die Zehnjahresfrist gelten, da die Kumulation keine berufsgerichtliche Ahndung eigener Art darstellt (so für die Kumulation v. Geldbuße u. Verweis für das Recht der StB OLG Düsseldorf 9.11.2000, wistra 01, 240).

Hat das Berufsgericht auf **Ausschluss aus dem Beruf** erkannt, ist eine **Tilgung** der 11
Eintragung ebenfalls nicht geregelt (s.o. Rn. 6). Hier dürfte jedoch an den Rechtsgedanken der Wiederbestellung (§ 23 Abs. 1 Nr. 2) anzuknüpfen sein (ebenso Kuhls, StBerG, § 152 Rn. 3; a.A. Feuerich/Weyland, BRAO, § 205a Rn. 4 u. Henssler/Prütting/Dittmann, BRAO, § 205a Rn. 2: keine Tilgung): Die Tilgung muss erfolgen, wenn der frühere WP nach Ablauf v. mind. **acht Jahren wiederbestellt wird**; anderenfalls wäre der Berufsausschluss mit der Wiederbestellung unvereinbar. Gleiches muss gelten, wenn ein Berufsausschluss **im Gnadenweg aufgehoben** wird (§ 23 Abs. 1 Nr. 2). Der Zeitablauf als solcher dürfte indes nicht genügen, d.h. solange tats. keine Wiederbestellung o. Aufhebung erfolgt, unterbleibt mangels anderweitiger Regelung die Tilgung.

Für **Rügen der WPK,** auch soweit mit einer **Geldbuße u. einer** daneben ausgesprochenen Untersagungsverfügung verbunden, beträgt die Tilgungsfrist **fünf Jahre.** Diese Frist trägt nicht der Änderung v. § 63 durch die 7. WPO-Novelle 2007 Rechnung, wonach die WPK seitdem auch Pflichtverletzungen v. mittelschwerer Schuld rügen u. diese mit Geldbußen v. bis zu 50.000 Euro verbinden kann. Diese Tilgungsfristen müssten daher v. Gesetzgeber zumindest für die Fallgruppe der „mittelschweren Fälle" angepasst werden. **Belehrungen** o. sonstige Eintragungen (s. Rn. 8) sind **auf Antrag** nach **fünf** Jahren zu tilgen (vgl. auch noch Rn. 24). 12

Fristbeginn ist nicht der Tag der Verhängung berufsgerichtlicher Maßnahmen o. 13
Rügen, sondern erst der Tag deren **Unanfechtbarkeit** (Rechtskraft des Urteils, Bestandskraft der Rüge). Wird nach Ablauf der Rechtsmittelfrist Wiedereinsetzung in den vorigen Stand gewährt (s. z.B. § 63 Rn. 75) gilt das Rechtsmittel als fristgerecht eingelegt mit der Folge, dass die Tilgungsfrist noch nicht beginnt. Bei Belehrungen o. sonstigen Eintragungen ist v. einem Fristbeginn am Tag des **Wirksamwerdens** der Eintragung auszugehen.

Fristablauf ist grds. am gleichen Tag nach fünf o. zehn Jahren, an dem sie begann 14
(Feuerich/ Weyland, BRAO, § 205a Rn. 8; Kuhls, StBerG, § 152 Rn. 14). Dies gilt auch, wenn der letzte Tag auf einen Sonnabend, Sonntag o. staatlich anerkannten Feiertag fällt.

IV. Hemmung des Fristablaufs

§ 126a Abs. 3 ordnet für dort näher bestimmte Fälle die **Hemmung des Fristab-** 15
laufs an. Danach endet die Tilgungsfrist nicht, **solange** gegen das Mitglied während einer noch laufenden Frist ein **anderes Straf-, berufsgerichtliches o. Disziplinarverfahren anhängig,** eine **andere berufsgerichtliche Maßnahme noch nicht getilgt** o. **ein auf Geldbuße lautendes Urteil noch nicht vollstreckt** ist. Nach § 126a Abs. 5 Satz 1 gilt dies entsprechend für Rügeverfahren der WPK.

Das **Schweben eines Straf-, berufsgerichtlichen o. Disziplinarverfahrens** gegen 16
das Mitglied hindert den Fristablauf ebenfalls. Dabei ist es für das Strafverfahren unerheblich, ob es berufsrechtlich relevante Sachverhalte betrifft o. mit welchem Ergebnis es endet (Feuerich/Weyland, BRAO, § 205a Rn. 11, 12): Maßgebend ist

vielmehr allein die Anhängigkeit eines Strafverfahrens gegen das Mitglied. Ein anderes berufsgerichtliches Verfahren o. Disziplinarverfahren kann bei Mitgliedern mit Mehrfachqualifikationen auch ein Verfahren einer anderen Berufsgerichtsbarkeit sein.

17 Der Fristablauf ist nur **während der Dauer des anderen Verfahrens gehemmt**. Grundsätzlich kann daher die Eintragung über die frühere Maßnahme nach Abschluss des anderweitigen Verfahrens getilgt werden. Etwas anders gilt, wenn das andere Verfahren mit einer berufsgerichtlichenMaßnahme endet. Diese stellt sodann eine „zu berücksichtigende berufsgerichtliche Maßnahme" i.S. des § 126a Abs. 3 dar (s. folgende Rn. 18).

18 Die Tilgungsfrist endet nicht, wenn eine **andere berufsgerichtliche Maßnahme berücksichtigt werden darf**. Hierbei kommen wieder, neben Maßnahmen der Berufsgerichtsbarkeit für WP, bei Mitgliedern mit weiteren Berufsqualifikationen auch Maßnahmen anderer Berufsgerichtsbarkeiten in Betracht.

19 Die Tilgungsfrist endet schließlich auch nicht, solange ein auf Zahlung einer **Geldbuße lautendes Urteil nicht vollstreckt** ist, die Geldbuße somit noch nicht gezahlt wurde.

20 In jedem Fall erfolgt die **Löschung älterer berufsgerichtlicher Maßnahmen** dann, wenn die zuletzt verhängte Maßnahme getilgt wird. Dies gilt **entsprechend auch für Rügen**. Diese können daher nicht getilgt werden, solange eine andere Rüge o. berufsgerichtliche Maßnahme nicht getilgt werden kann. Da kammerseitige Untersagungsverfügungen nur neben der Erteilung einer Rüge ausgesprochen werden können (vgl. § 63 Rn. 58), gelten die Ausführungen zur Rüge auch für diese.

21 Allerdings hindert eine kammerseitig ausgesprochene **Rüge** o. **Untersagungsverfügung** die fristgemäße **Tilgung einer berufsgerichtlichen Maßnahme nicht**. Der Verweis in § 126a Abs. 5 auf die entsprechende Anwendung des Abs. 3 für Rügen soll diese Wechselwirkung nicht entfalten (Henssler/Prütting/Dittmann, BRAO, § 205a Rn. 9 m.w.N.), zumal die Rüge nicht als gleichwertige Maßnahme anzusehen ist (Kuhls, StBerG, § 152 Rn. 17).

V. Rechtsfolgen

22 Nach Ablauf der Tilgungsfrist gilt das Mitglied als **v. berufsgerichtlichen o. kammerseitigen Maßnahmen nicht mehr betroffen** (§ 126a Abs. 4, Abs. 5 Satz 1). Die Eintragungen über berufsgerichtlichen Maßnahmen o. Rügen **sind aus den Akten zu entfernen u. zu vernichten**. Hierzu bedarf es keines Antrags des betroffenen Mitglieds. Mit Ablauf der Tilgungsfristen besteht hinsichtlich der zugrunde liegenden Vorwürfe ein **Verwertungsverbot** (§ 126a Abs. 1 Satz 3, Abs. 4, Abs. 5 Satz 1), auch sofern die Eintragungen noch nicht gelöscht sind.

23 Nach § 38 Satz 1 Nr. 1 k (vgl. dort Rn. 15) sind berufsgerichtlich festgesetzte, auch vorläufige **Tätigkeits- u. Berufsverbote** u. bei Tätigkeitsverboten das Tätigkeitsgebiet, jeweils unter Angabe des Beginns u. der Dauer in das **öffentl. BR** einzutra-

gen. Nach Ablauf der Tilgungsfrist der entsprechende Maßnahmen sind diese Eintragungen ebenfalls zu löschen.

Die Tilgung sonstiger **Eintragungen u. Belehrungen der WPK** ist nur **auf Antrag** des Mitglieds vorgesehen. Ein Verwertungsverbot nach Abs. 1 Satz 3 gibt es hier nicht. Dadurch soll dem möglichen Interesse des Mitglieds auf Verbleib bestimmter Vorgänge in den Akten, z.b. zur Abwehr zivilrechtlicher Ansprüche, Rechnung getragen werden (BT-Drs. 12/5685, 34). Auch könnte es sich bei Wiederholung früherer Vorwürfe durch Verweis z.b. auf einen Freispruch entlasten (so Feuerich/Weyland, BRAO, § 205a Rn. 18). In der Praxis ist eine Beantragung der Tilgung ebenso wenig relevant wie ein späterer Rückgriff auf entsprechende Altvorgänge. Es wäre daher eine gesetzl. Regelung wünschenswert, nach der die Vorgänge nur auf Antrag des Mitglieds aufbewahrt werden müssen. 24

Ist der Ausschluss aus dem Beruf gem. § 10 Abs. 2 Nr. 1 u. 2 BZRG in das **Bundeszentralregister** eingetragen, richtet sich die Tilgung dieser Eintragung nach den dortigen Vorschriften. 25

Fünfter Abschnitt
Anzuwendende Vorschriften

§ 127
Für die Berufsgerichtsbarkeit sind ergänzend das Gerichtsverfassungsgesetz und die Strafprozessordnung sinngemäß anzuwenden.

Inhaltsübersicht

	Rn.
I. Allgemeines	1–3
II. Anwendbares Recht im berufsgerichtlichen Verfahren	4–5

I. Allgemeines

§ 127 ist – wenn auch als Verweisungsnorm ohne eigenständigen materiellen Inhalt – die zentrale Vorschrift für das berufsgerichtliche Verfahren. Sie bewirkt durch den Verweis auf die Anwendbarkeit der StPO, dass das **berufsgerichtliche Verfahren in seinen wesentlichen Ausprägungen so verläuft wie ein Strafprozess** (dazu u. zu den Vor- u. Nachteilen vgl. vor § 67 ff. Rn. 1 ff.). 1

Etwas geringere praktische Bedeutung hat die ergänzende Verweisung auf das GVG. Denn die WPO regelt hier Wesentliches selbst (vgl. noch Rn. 4). 2

Weitere Verweisungsvorschriften auf andere Gesetze enthalten die Vorschriften über das berufsgerichtliche Verfahren in § 75 Abs. 6 (Bezugnahme auf das EGGVG), in § 90 (Bezugnahme auf das JVEG) u. § 122 Satz 2 (Bezugnahme auf das Gerichtskostengesetz). 3

II. Anwendbares Recht im berufsgerichtlichen Verfahren

4   Als Verweisungsnorm hat § 127 keinen eigenen Regelungsgehalt, sondern dieser ergibt sich aus dem Zusammenwirken mit StPO u. GVG. Die **Vorschriften des GVG** werden allerdings weitgehend v. den Sonderregelungen zu Aufbau u. Besetzung der Gerichte der WP-Berufsgerichtsbarkeit, zur Gewinnung und zur Heranziehung der ehrenamtlichen Richter u. zum Instanzenzug (§§ 72 ff. u. §§ 104 ff.) verdrängt. Bedeutung hat die Verweisung auf das GVG vor allem wg. der Anwendbarkeit auf formal organisatorische Vorschriften (Sitzungspolizei, §§ 176 ff. GVG; Beratung u. Abstimmungsverfahren, §§ 192 ff. GVG; auch Geschäftsverteilung unter den Berufsrichtern, § 21g GVG - wg. der Heranziehung der ehrenamtlichen Richter vgl. aber § 79).

Aus der StPO demgegenüber sind folgende Vorschriften anwendbar:

- Ausschließung u. Ablehnung v. Richtern, §§ 22-31 StPO
- Inhalt, Bekanntmachung, Zustellung v. Entscheidungen, §§ 33-44 StPO
- Wiedereinsetzung, §§ 45-47 StPO
- Zeugen, §§ 48–71 StPO (vgl. aber die Vereinfachungsmöglichkeiten in §§ 101, 102)
- Sachverständige, Augenschein, §§ 72-93 StPO
- Beschlagnahme u. ähnliche Zwangsmittel, §§ 94-111p StPO (aber nicht Verhaftung, vgl. § 82)
- Vernehmung des Beschuldigten, §§ 133-136a StPO (aber Verbot der Vorführung u. ähnlich wirkender Zwangsmittel, vgl. § 82 Rn. 1)
- Verteidigung, §§ 137-149 StPO (mit sowohl ergänzender als auch einschränkender Regelung in § 82a)
- Einstellungen, Klagerücknahme, §§ 153, 153a, 154a, 156 StPO (§ 154 StPO kommt wg. des Grundsatzes der einheitlichen Behandlung des Berufsvergehens, vgl. § 67 Rn. 9, faktisch nicht zur Anwendung)
- Vorverfahren, § 158-177 StPO (aber Sonderregelung für Klageerzwingungsverfahren u. Reinigungsverfahren, §§ 86, 87)
- Zwischenverfahren, §§ 198-225a StPO (mit Modifikationen durch §§ 85, 95 ff., insb. auch terminologischer Art, vgl. § 85 Rn. 1)
- Hauptverhandlung, §§ 226-275 StPO (mit Modifikationen durch § 98 – keine Teilnahmepflicht des Angeschuldigten, dafür aber Erleichterung der Abwesenheitsverhandlung; §§ 101, 102 – Einschränkung des Unmittelbarkeitsgrundsatzes – u. § 103 – vereinfachter Urteilsinhalt; die neu in die StPO aufgenommenen Vorschriften über die Verständigung im Strafverfahren sind aber entsprechend anwendbar)
- Rechtsmittelverfahren, §§ 304-358 StPO (mit Modifikationen durch §§ 105, 107, 107a, insb. zur Zulässigkeit der Revision; keine Verwerfung der Berufung des nicht erschienenen angeschuldigten WP)
- Vollstreckung, §§ 449 ff. StPO

- Kosten, §§ 464-473 StPO, jedoch mit der Modifikationen durch §§ 123-124a (Auslagenlast der WPK anstelle der Staatskasse; Vereinfachung der Kostengrundentscheidung; größeres Ermessen des Gerichts bei der Kostenverteilung)
- Auskünfte, Datenverarbeitung, Akteneinsicht, §§ 473-495 StPO (aber mit Sonderregelung in § 82b u. immanenten Einschränkungen aus dem Gebot bes. Vertraulichkeit v. berufsbezogenen persönlichen Dateien).

Siebenter Teil
Vereidigte Buchprüfer und Buchprüfungsgesellschaften

Vorbemerkung zu §§ 128 ff.

Schrifttum: *Schmidt/Kaiser,* Die Fünfte WPO-Novelle – eine umfassende Reform in schwieriger Zeit, WPK-Mitt. 2003, 150 ff.

Inhaltsübersicht

	Rn.
I. Allgemeines	1
II. Historische Entwicklung	2–6
1. Bis zum Inkrafttreten der WPO 1961	2
2. WPO 1961 bis zum BiRiLiG	3
3. Vom BiRiLiG bis zur 5. WPO-Novelle	4–6
III. Schließung des Berufszugangs durch die 5. WPO-Novelle	7–12
1. Gründe	7–8
2. Vereinbarkeit mit Art. 12 GG	9–10
3. Weitere Umsetzung der Schließung des Zugangs zum Beruf	11–12

I. Allgemeines

Der Berufsstand der vBP ist der **älteste Berufsstand** des deutschen Prüfungs- u. Treuhandwesens. Vereidigte Buchprüfer haben heute die berufliche Aufgabe, Prüfungen auf dem Gebiet des betrieblichen Rechnungswesens, insb. **Buch- u. Bilanzprüfungen**, durchzuführen (§ 129 WPO). Zum 1.1.2004 wurde der Zugang zum Beruf geschlossen. **1**

II. Historische Entwicklung

1. Bis zum Inkrafttreten der WPO 1961

Der Beruf des vBP blickt im Grunde auf einen früheren Entstehungszeitpunkt zurück als der WP-Beruf, der 1931 ins Leben gerufen worden ist. Der Beruf des vBP hat seine Wurzeln im Berufsstand der **Bücherrevisoren**. Erste gesetzl. Regelungen gehen in die 80er Jahre des 19. Jahrhunderts zurück. Nachdem das Allgemeine Landrecht für die preußischen Staaten harte Strafen für den Bankrott durch Verfälschung der Handelsbücher eingeführt hatten, war die Zuhilfenahme v. Revisoren insb. bei Bankhäusern nicht ungewöhnlich (Penndorf, Die Betriebswirtschaft 1932, 312 ff.). Eine Novelle der Reichsgewerbeordnung (1900) führte zur ersten namentlichen Erwähnung der Bücherrevisoren. Durch die Verordnung über den Zusammenschluss auf dem Gebiet des wirtschaftlichen Prüfungs- u. Treuhandwesens aus dem Jahr **1943 wurde die Berufsbezeichnung „vereidigter Buchprüfer"** eingeführt. Gleichzeitig wurden vBP in der Reichskammer der Wirtschaftstreuhänder zusammengeschlossen u. ihre öffentl. Bestellung dem Reichswirtschaftsminister zugeordnet; die Regelung des Bücherrevisors in der Reichsgewerbeordnung wurde **2** aufgehoben. Die vBP gehören damit zu den freien Berufen. Mit Inkrafttreten der WPO 1961 wurde die seit langem angestrebte Verschmelzung der Berufe des WP u. vBP verwirklicht u. damit auch der Zugang zum Beruf des vBP geschlossen.

2. WPO 1961 bis zum BiRiLiG

3   Im Laufe der folgenden Jahre verringerte sich die Zahl der vBP kontinuierlich durch Tod o. Verzicht auf die Bestellung. Am **1.1.1986 betrug die Zahl der vBP nur noch 89**; daneben existierte eine Buchprüfungsgesellschaft.

3. Vom BiRiLiG bis zur 5. WPO-Novelle

4   Mit dem BiRiLiG wurde die **Prüfungspflicht für mittelgroße GmbH** eingeführt. Um die Prüfungsberechtigung gab es einen heftigen Streit zwischen dem WP-Beruf einerseits u. den StB sowie RA andererseits. Die Berechtigung zur Vornahme dieser Pflichtprüfungen wurde schließlich dem WP- u. dem zu diesem Zweck wieder eröffneten vBP-Beruf erteilt.

5   Im Rahmen des Gesetzgebungsverfahrens hatte die Bundesregierung vorgesehen, dass es bei nur einem Prüferberuf, dem des WP, bleibe. Der Regierungsentwurf sah vor, dass StB, vBP u. RA, die einen Besitzstand in Bezug auf die GmbH-Betreuung einschließl. der bis dahin möglichen u. auch vielfach praktizierten freiwilligen Prüfungen nachweisen konnten, die Möglichkeit erhalten sollten, auf erleichtertem Weg die Qualifikation als WP zu erlangen. Demgegenüber hatte der Bundesrat angeregt, StB nach Erfüllung gewisser Zulassungs- u. Examensvoraussetzungen ein originäres Prüfungsrecht zuzubilligen u. damit einen zweiten Prüferberuf zu eröffnen. Als **Kompromiss** wurde letztlich der Vorschlag des Rechtsausschusses des BT angenommen, der die **Wiedereröffnung des Zugangs zum Beruf des vBP** beinhaltete; StB u. RA erhielten die Möglichkeit erleichterter Übergangsprüfungen. In den ersten fünf Jahren nach einer Wiederöffnung stieg die Zahl der Mitglieder auf 2.782. Der Höchststand wurde im Jahr 1997 mit 4.238 vBP u. 135 BPG erreicht (Stand zum 1.1.2013: 3.365 vBP u. 113 BPG).

6   Durch Regelungen in der WPO u. in der Satzung der WPK wird ein **Minderheitenschutz** dahingehend gewährleistet, dass die Besetzung der Gremien der WPK im Verhältnis der Gruppen (vgl. § 59 WPO, § 8 Abs. 3 Satzung WPK) erfolgen muss u. somit vBP ein garantiertes Mitsprache- und Mitbestimmungsrecht erhalten.

III. Schließung des Berufszugangs durch die 5. WPO-Novelle

1. Gründe

7   Mit der 5. WPO-Novelle 2004 wurde mit Wirkung v. 1.1.2004 durch die Streichung der §§ 131-131d, die die Zulassung zur Prüfung zum vBP, die Prüfung selbst u. die Bestellung regeln, der **Zugang zum Beruf des vBP jedoch erneut geschlossen**. Darüber hinaus wurde die Möglichkeit für vBP befristet, die Prüfung zum WP in verkürzter Form abzulegen (§ 13a).

8   Mit der Schließung des Berufs der vBP u. der damit angestrebten Zusammenführung der Prüferberufe wurde erneut eine **Vereinheitlichung des Prüferberufs** bezweckt (BT-Drs. 15/1241). Die Wiederherstellung der Einheitlichkeit soll dazu die-

nen, das Vertrauen v. Anlegern u. Unternehmen in die Verlässlichkeit u. Qualität der AP durch einen 1961 v. Gesetzgeber ursprünglich gewollten vereinheitlichten Berufsstand wiederherzustellen bzw. zu stärken. Darüber hinaus sollen die doppelten Zulassungs-, Prüfungs- u. Verwaltungsstrukturen abgebaut werden u. dem Selbstverwaltungsorgan WPK wieder eine stabile berufspolitische Grundlage gegeben werden (BT-Drs. 15/1241).

2. Vereinbarkeit mit Art. 12 GG

Durch die Abschaffung der §§ 131-131d u. die Einführung der Übergangsregelung des § 139a hat der Gesetzgeber die Möglichkeit, den Beruf des vBP zu ergreifen, beschränkt u. nach der Übergangsfrist ganz ausgeschlossen. Damit liegt ein **Eingriff in Art. 12 GG** vor. Der Gesetzgeber hat eine Regelung auf der Stufe der Berufswahl durch Aufstellung subjektiver Zulassungsvoraussetzungen (vgl. BVerfGE 75, 246 [265]; 78, 179 [193]) getroffen, da die Regelung nicht bestimmte Tätigkeiten, die bisher das Berufsbild ausmachten, für die Zukunft verbietet, sondern er führt die Prüferberufe zusammen mit der Folge, dass eine einheitliche Ausrichtung u. Struktur des Prüferberufs sowie eine Vereinheitlichung der Prüfungswege geschaffen wird (BT-Drs. 15/1241, 38). 9

Subjektive Berufszulassungsbeschränkungen dürfen nur zum Schutz besonders **wichtiger Gemeinschaftsgüter** erfolgen. Ob der Abbau v. doppelten Zulassungs-, Prüfungs- u. Verwaltungsstrukturen als besonders wichtiges Gemeinschaftsgut zu qualifizieren ist, könnte hinterfragt werden. Zusätzlich trägt aber auch der Grund, dem Selbstverwaltungsorgan WPK eine stabile berufspolitische Grundlage zu geben. Als ein zweifellos wichtiges Gemeinschaftsgut ist die Sicherung der Qualität der Tätigkeit anzusehen. Nach der Begr. des Gesetzentwurfs wird mit der Regelung auch bezweckt, das Vertrauen v. Anlegern u. Unternehmen in die Verlässlichkeit u. Qualität der AP wiederherzustellen bzw. zu stärken. Angesichts der Bedeutung eines funktionierenden Prüfungswesens im modernen Rechts- u. Wirtschaftsverkehr genießt dieses Anliegen den Rang eines besonders wichtigen Gemeinschaftsgutes (ebenso Pieroth/Aubel, Der vereidigte Buchprüfer, 41). Darüber hinaus ist der Eingriff in die Berufsfreiheit auch geeignet, um das erstrebte Ziel zu fördern. Ebenso bestehen Erforderlichkeit u. Zumutbarkeit des Eingriffs (vgl. auch Pieroth/Aubel, a.a.O., 41 ff.). 10

3. Weitere Umsetzung der Schließung des Zugangs zum Beruf

Mit § 139a wurde eine **Übergangsregelung** geschaffen. Danach konnten zum vBP-Examen nur Bewerber zugelassen werden, die ihren **Zulassungsantrag bis zum 31.12.2004** formgerecht eingereicht hatten. Die Prüfung musste bis spätestens 31.12.2006 abgeleistet worden sein (§ 139a Abs. 3 Satz 1). 11

Darüber hinaus wurde mit § 13a die Möglichkeit für vBP, eine **verkürzte Prüfung zum Erwerb der WP-Qualifikation abzulegen, befristet**. Anträge auf erstmalige Zulassung zum verkürzten WP-Examen müssen bis spätestens 31.12.2007 gestellt werden. Die Examen müssen bis spätestens 31.12.2009 abgelegt worden sein. 12

§ 128 Berufszugehörigkeit und Berufsbezeichnung

(1) ¹Vereidigter Buchprüfer ist, wer nach den Vorschriften dieses Gesetzes als solcher anerkannt oder bestellt ist; wird ein vereidigter Buchprüfer zum Wirtschaftsprüfer bestellt, so erlischt die Bestellung als vereidigter Buchprüfer. ²Buchprüfungsgesellschaften sind die nach den Vorschriften dieses Gesetzes anerkannten Buchprüfungsgesellschaften; wird eine Buchprüfungsgesellschaft als Wirtschaftsprüfungsgesellschaft anerkannt, so erlischt die Anerkennung als Buchprüfungsgesellschaft.

(2) ¹Vereidigte Buchprüfer haben im beruflichen Verkehr die Berufsbezeichnung „vereidigter Buchprüfer", Buchprüfungsgesellschaften die Bezeichnung „Buchprüfungsgesellschaft" zu führen. ²Frauen können die Berufsbezeichnung „vereidigte Buchprüferin" führen.

(3) ¹Vereidigte Buchprüfer und Buchprüfungsgesellschaften sind Mitglieder der Wirtschaftsprüferkammer. ²Im übrigen gilt § 58 Abs. 1 entsprechend.

Schrifttum: *Schmidt/Kaiser*, Die Fünfte WPO-Novelle – eine umfassende Reform in schwieriger Zeit, WPK-Mitt. 2003, 150 ff.

Inhaltsübersicht

		Rn.
I.	Vereidigter Buchprüfer/vereidigte Buchprüferin (Abs. 1)	1–3
	1. Allgemein	1
	2. Bestellungsvoraussetzungen	2
	3. Berufsbezeichnung (Abs. 2)	3
II.	Buchprüfungsgesellschaften (Abs. 1)	4–6
	1. Allgemein u. Rechtsformen	4–5
	2. Anerkennungsvoraussetzungen	6
III.	Mitglied der WPK (Abs. 3)	7

I. Vereidigter Buchprüfer/vereidigte Buchprüferin (Abs. 1)

1. Allgemein

1 Vereidigter Buchprüfer ist, wer nach den Vorschriften der WPO als solcher **anerkannt o. bestellt** ist. Wird ein vBP zum WP bestellt, so erlischt die Bestellung als vBP. Hinsichtlich ihrer Rechte u. Pflichten finden nach § 130 die Vorschriften für WP entspr. Anwendung. Die Alternativvoraussetzung „anerkannt o. bestellt" rührt noch daher, dass zunächst mit Einführung der WPO nur vBP Bestandsschutz genossen haben, die schon vorher vBP gewesen waren; mit Inkrafttreten der WPO 1961 wurde der Status der damals bereits tätigen vBP „anerkannt". Heute ist der Begriff „Anerkennung" den Berufsgesellschaften vorbehalten. Anerkannte vBP gibt es nicht mehr. Die gleichförmige Regelung für WP in § 134 a.F. wurde mit der 4. WPO-Novelle 2001 aufgehoben.

Berufszugehörigkeit und Berufsbezeichnung § 128

2. Bestellungsvoraussetzungen

Die Bestellung zum vBP setzt die **persönliche u. fachliche Eignung** voraus (vgl. § 15 ff.). Der Nachweis der fachlichen Eignung wird durch das Bestehen einer staatl. Prüfung erbracht, die sich aus einem schriftlichen u. mündlichen Teil zusammensetzt (zu den noch bestehenden Prüfungsmöglichkeiten vgl. Vor § 128 Rn. 11, 12). Die Bestellung zum vBP ist jedoch aufgrund der Schließung des Zugangs zum Beruf (vgl. Vor § 128, Rn. 7 ff.) grds. nicht mehr möglich (vgl. auch die Übergangsregelungen in § 139a, insb. die Härtefallregelungen in § 139a Abs. 4 S. 2, § 139a, Rn. 8 ff.). 2

3. Berufsbezeichnung (Abs. 2)

Vereidigte Buchprüfer haben im beruflichen Verkehr die Berufsbezeichnung „**vereidigter Buchprüfer**" zu führen. Für Frauen besteht die Möglichkeit, die Berufsbezeichnung „**vereidigte Buchprüferin**" zu führen. 3

II. Buchprüfungsgesellschaften (Abs. 1)

1. Allgemein u. Rechtsformen

Buchprüfungsgesellschaften sind die nach den Vorschriften dieses Gesetzes anerkannten Buchprüfungsgesellschaften. Wird eine BPG als WPG anerkannt, so erlischt die Anerkennung als BPG. Buchprüfungsgesellschaften sind ein Instrument der Berufsausübung. Sie bedürfen der **Anerkennung durch die WPK** (vgl. § 130 Abs. 2 i.V.m. §§ 27 ff.). 4

Buchprüfungsgesellschaften haben die Bezeichnung „**Buchprüfungsgesellschaft**" zu führen. Die Bezeichnung „Buchprüfungsgesellschaft" ist nach der Rechtsformbezeichnung in die Firmierung o. den Namen der Berufsgesellschaft aufzunehmen. Wortverbindungen mit anderen Firmierungs- o. Namensbestandteilen sind unzulässig (vgl. § 29 Abs. 1 BS WP/vBP). 5

2. Anerkennungsvoraussetzungen

Grundvoraussetzung für die Anerkennung ist gem. § 130 Abs. 2 i.V.m. § 1 Abs. 3 Satz 2, dass die Gesellschaft v. **vBP verantwortlich geführt** wird. Dieses Erfordernis kann auch durch WP erfüllt werden. Der Kreis der Gesellschafter v. BPG wird durch § 130 Abs. 2 i.V.m. § 28 Abs. 4 begrenzt. Darüber hinaus muss bei AG, KGaA u. GmbH nachgewiesen werden, dass der Wert der einzelnen Vermögensgegenstände abzgl. der Schulden mindestens dem gesetzl. Mindestbetrag des **Grund- o. Stammkapitals** entspricht. Bei AG u. KGaA müssen die **Aktien auf Namen** lauten. Die Übertragung sowohl v. Aktien- als auch v. Geschäftsanteilen einer GmbH muss an die **Zustimmung der Gesellschaft** gebunden sein (§ 28 Abs. 5). Weitere Anerkennungsvoraussetzungen ergeben sich aus § 130 Abs. 2 i.V.m. § 28 Abs. 4-7. 6

III. Mitglied der WPK (Abs. 3)

Vereidigter Buchprüfer u. BPG sind Mitglieder der WPK. § 58 Abs. 1 findet entspr. Anwendung. Somit sind vBP als auch BPG **Pflichtmitglieder** der WPK. Die Mitgliedschaft eines vBP beginnt am Tag der Bestellung (vgl. § 15); die Mitgliedschaft einer BPG mit dem Tag ihrer Anerkennung u. somit nicht mit Eintragung in das HR 7

Kunath 1115

o. PR. Die Mitgliedschaft endet mit dem Erlöschen der Bestellung, also durch Tod, Verzicht o. rechtskräftige Ausschließung aus dem Beruf (vgl. § 19). Die Mitgliedschaft einer BPG endet durch Erlöschen der Anerkennung, mithin durch Auflösung der Gesellschaft o. durch Verzicht auf die Anerkennung (vgl. § 33). Darüber hinaus erlischt die Mitgliedschaft durch Widerruf o. Rücknahme der Bestellung (vgl. § 20).

§ 129 Inhalt der Tätigkeit

(1) ¹Vereidigte Buchprüfer haben die berufliche Aufgabe, Prüfungen auf dem Gebiete des betrieblichen Rechnungswesens, insbesondere Buch- und Bilanzprüfungen, durchzuführen. ²Sie können über das Ergebnis ihrer Prüfungen Prüfungsvermerke erteilen. ³Zu den Prüfungsvermerken gehören auch Bestätigungen und Feststellungen, die vereidigte Buchprüfer aufgrund gesetzlicher Vorschriften vornehmen. ⁴Zu den beruflichen Aufgaben des vereidigten Buchprüfers gehört es insbesondere, die Prüfung des Jahresabschlusses von mittelgroßen Gesellschaften mit beschränkter Haftung und Personenhandelsgesellschaften im Sinne des § 264a des Handelsgesetzbuchs (§ 267 Abs. 2 des Handelsgesetzbuchs) nach § 316 Abs. 1 Satz 1 des Handelsgesetzbuchs durchzuführen.

(2) ¹Vereidigte Buchprüfer sind befugt, ihre Auftraggeber in steuerlichen Angelegenheiten nach Maßgabe der bestehenden Vorschriften zu beraten und zu vertreten. ²In Angelegenheiten, die das Abgabenrecht fremder Staaten betreffen, sind sie zur geschäftsmäßigen Hilfe in Steuersachen befugt; die entsprechenden Befugnisse Dritter bleiben unberührt.

(3) Vereidigte Buchprüfer sind weiter befugt:
1. unter Berufung auf ihren Berufseid auf den Gebieten des betrieblichen Rechnungswesens als Sachverständige aufzutreten;
2. in wirtschaftlichen Angelegenheiten zu beraten und fremde Interessen zu wahren;
3. zur treuhänderischen Verwaltung.

Schrifttum: *Schmidt/Kaiser*, Die Fünfte WPO-Novelle – eine umfassende Reform in schwieriger Zeit, WPK-Mitt. 2003, 150 ff.

Inhaltsübersicht

		Rn.
I.	Allgemeines	1
II.	Prüfungstätigkeit (Abs. 1)	2–4
III.	Steuerliche Beratung und Vertretung (Abs. 2)	5
IV.	Sachverständigentätigkeit (Abs. 3 Nr. 1)	6
V.	Wirtschaftliche Beratung und Interessenvertretung (Abs. 3 Nr. 2)	7
VI.	Treuhandtätigkeit (Abs. 3 Nr. 3)	8–9

I. Allgemeines

Die Vorschrift umschreibt die **beruflichen Aufgaben eines vBP** u. definiert somit das Berufsbild prägende Tätigkeitsfeld. Prägend sind die Gebiete Prüfung, steuerliche Beratung u. Vertretung sowie die Sachverständigen-, Beratungs- u. Treuhandtätigkeit. Somit werden gleichzeitig die zulässigen Tätigkeiten in Abgrenzung zu unzulässigen u. unvereinbaren Tätigkeiten (vgl. § 130 Abs. 1 i.V.m. § 43 ff.) beschrieben. 1

II. Prüfungstätigkeit (Abs. 1)

Vereidigte Buchprüfer haben die berufliche Aufgabe, Prüfungen auf dem Gebiet des **betrieblichen Rechnungswesens**, insb. Buch- u. Bilanzprüfungen, durchzuführen. Sie können über das Ergebnis ihrer Prüfungen **Prüfungsvermerke** erteilen. Hierzu gehören auch Bestätigungen u. Feststellungen, die vBP aufgrund gesetzl. Vorschriften vornehmen dürfen (vgl. § 32). 2

Im Bereich der **gesetzl. AP** ist der vBP befugt, **mittelgroße GmbH** (vgl. § 267 Abs. 2 HGB) u. **Personenhandelsgesellschaften i.S.v. § 264 HGB** – sobald diese nicht nach anderen gesetzl. Bestimmungen (z.B. KWG, VAG) prüfungspflichtig sind – zu prüfen (vgl. § 319 Abs. 1 HGB). Zur Abgrenzung der Pflichtprüfungen v. freiwilligen Prüfungen u. der Thematik der Vorbehaltsaufgabe wird auf § 2 Rn. 3 ff. verwiesen. 3

Darüber hinaus kann der vBP **freiwillige Prüfungen** bei z.B. einer kleinen AG o. bei Personengesellschaften durchführen. Ebenso ist er berechtigt, Gründungsprüfungen für Kapitalgesellschaften, Prüfungen nach der MaBV, Prüfungen im Rahmen des UWG (vgl. § 11 Abs. 1 UWG) u. des WpHG, Geschäftsführungs- u. Wirtschaftlichkeitsprüfungen z.B. bei Vereinen, Kreditwürdigkeitsprüfungen, aber auch Auftragsprüfungen, die Untreuehandlungen aufdecken sollen, vorzunehmen. 4

III. Steuerliche Beratung und Vertretung (Abs. 2)

Vereidigte Buchprüfer sind befugt, ihre Auftraggeber in **steuerlichen Angelegenheiten** nach Maßgabe der bestehenden Vorschriften zu beraten u. zu vertreten. In Angelegenheiten, die das Abgabenrecht fremder Staaten betreffen, sind sie zur geschäftsmäßigen Hilfe in Steuersachen befugt. Damit besteht eine Befugnis zu unbeschränkter Hilfeleistung in Steuersachen gem. §§ 129 Abs. 2 i.V.m. § 3 StBerG. 5

IV. Sachverständigentätigkeit (Abs. 3 Nr. 1)

Der vBP kann auf den Gebieten des betrieblichen Rechnungswesens unter Berufung auf seinen Berufseid als **Sachverständiger** auftreten. Hierbei kann er vor Gerichten u. Behörden auftreten, ohne nochmals vereidigt werden zu müssen. Der Berufseid hat somit die Wirkung des Sachverständigeneides. 6

V. Wirtschaftliche Beratung und Interessenvertretung (Abs. 3 Nr. 2)

Darüber hinaus sind vBP befugt, in **wirtschaftlichen Angelegenheiten zu beraten u. fremde Interessen zu wahren**. Dieser Bereich wird seit der 3. WPO-Novelle 7

1995 mit zu den prägenden Tätigkeiten eines vBP gerechnet. Hierbei wurde berücksichtigt, dass die Beratung u. Vertretung in wirtschaftlichen Angelegenheiten u. die treuhänderische Verwaltung erhebliche Bedeutung erlangt hatten (vgl. BT-Drs. 12/5685, 18). Vereidigte Buchprüfer gehören zu dem Personenkreis, dem in unmittelbarem Zusammenhang mit ihrer wirtschaftsberatenden Tätigkeit **Rechtsberatung** erlaubt ist (vgl. Art. 1 § 5 Nr. 2 RDG). Weitere Einzelheiten s. § 2 Rn. 23 ff.

VI. Treuhandtätigkeit (Abs. 3 Nr. 3)

8   Ebenso sind vBP zur **treuhänderischen Verwaltung** befugt. Hierbei verwaltet er fremdes Vermögen, betreut die Hinterlegung v. Sicherheiten u. übt die aus Gesellschaftsanteilen resultierenden Rechte für seine Mandanten aus. Über dies kann er an Sanierungen mitwirken u. die Testamentsvollstreckung sowie die Nachlassverwaltung übernehmen.

9   Gemäß § 43a Abs. 3 Nr. 2 kann mit Ausnahmegenehmigung der WPK vorübergehend eine Treuhandverwaltung, die mit einer **Organstellung o. einem Anstellungsverhältnis in einem gewerblichen Unternehmen verbunden** ist, übernommen werden. Voraussetzung hierfür ist, dass ein Anstellungsverhältnis für die Treuhandfunktion notwendig ist u. diese nur vorübergehend besteht. Ein klassisches Bsp. hierfür ist die Notgeschäftsführung.

§ 130 Anwendung von Vorschriften des Gesetzes

(1) ¹Auf vereidigte Buchprüfer finden § 1 Abs. 2 und § 3 sowie die Bestimmungen des Dritten, Sechsten, Siebten und Achten Abschnitts des Zweiten Teils und des Dritten, Fünften und Sechsten Teils entsprechende Anwendung. ²Im berufsgerichtlichen Verfahren gegen vereidigte Buchprüfer können vereidigte Buchprüfer und Wirtschaftsprüfer als Beisitzer berufen werden.

(2) ¹Auf Buchprüfungsgesellschaften finden § 1 Abs. 3 und § 3 sowie die Bestimmungen des Dritten, Fünften, Sechsten, Siebten und Achten Abschnitts des Zweiten Teils und des Dritten Teils entsprechende Anwendung. ²Sobald die Zahl der gesetzlichen Vertreter (§ 28 Abs. 1), die Berufsangehörige sind, die Zahl der gesetzlichen Vertreter, die vereidigte Buchprüfer oder vereidigte Buchprüferinnen sind, übersteigt, ist der Antrag auf Anerkennung als Wirtschaftsprüfungsgesellschaft zu stellen, sofern die übrigen Anerkennungsvoraussetzungen insbesondere nach § 28 vorliegen. ³Die Anerkennung als Buchprüfungsgesellschaft ist zurückzunehmen oder zu widerrufen, wenn bei Vorliegen der Voraussetzungen des Abs. 2 Satz 2 ein Antrag auf Anerkennung als Wirtschaftsprüfungsgesellschaft unterbleibt.

(3) ¹Die §§ 57a bis 57g gelten für die Qualitätskontrolle bei vereidigten Buchprüfern in eigener Praxis und Buchprüfungsgesellschaften entsprechend. ²Prüfer für Qualitätskontrolle können auch vereidigte Buchprüfer oder Buchprüfungsgesellschaften sein; sie können Qualitätskontrollen nur bei vereidigten Buchprüfern und Buchprüfungsgesellschaften durchführen. ³Für die Registrie-

rung von vereidigten Buchprüfern oder Buchprüfungsgesellschaften gilt § 57a Abs. 3 entsprechend.

Schrifttum: *Schmidt/Kaiser*, Die Fünfte WPO-Novelle – eine umfassende Reform in schwieriger Zeit, WPK-Mitt. 2003, 150 ff.

Inhaltsübersicht

	Rn.
I. Vereidigter Buchprüfer/vereidigte Buchprüferin (Abs. 1)	1–3
1. Allgemeines	1
2. Entsprechende Anwendung der Vorschriften für WP	2–3
II. Buchprüfungsgesellschaften (Abs. 2)	4–9
1. Allgemeines	4–5
2. Entsprechende Anwendung der Vorschriften WPG	6–7
3. Beteiligung von WP	8–9
III. Qualitätskontrolle (Abs. 3)	10–12

I. Vereidigter Buchprüfer/vereidigte Buchprüferin (Abs. 1)

1. Allgemeines

Die Vorschrift bestimmt, dass auf vBP **große Teile der WPO entspr. Anwendung** finden. Im Ergebnis gelten für den vBP grds. die gleichen Rechte u. Pflichten wie für WP; es gelten auch die gleichen Voraussetzungen für die Bestellung u. darüber hinaus unterliegen die vBP der BA der WPK. § 128 Abs. 3 regelt speziell die Mitgliedschaft in der WPK. Für das **Verfahren der QK** enthält die Regelung aufgrund einzelner Besonderheiten einen speziellen Verweis (Abs. 3, vgl. noch Rn. 10 ff.). 1

2. Entsprechende Anwendung der Vorschriften für WP

Die Anordnung der entspr. Anwendung der Vorschriften für WP stellt eine **Rechtsgrundverweisung** dar. Die Verweisung beinhaltet folgende Vorschriften: 2

- § 1 Abs. 2 (freier Beruf)
- § 3 (berufl. NL)
- §§ 15-24 (Bestellung)
- § 36a (allg. Vorschriften für das Verwaltungsverfahren)
- §§ 37-40 (BR)
- § 41 (verwaltungsgerichtliches Verfahren)
- §§ 43-56 (Rechte u. Pflichten)
- §§ 61a-66a (BA)
- §§ 67-127 (Berufsgerichtsbarkeit)

Damit wird ein weitgehender **Gleichklang der berufsrechtlichen Rahmenbedingungen** der beiden Berufe vBP u. WP hergestellt. Ein Verweis auf § 2 (Inhalt der Tätigkeit) konnte nicht erfolgen, da der Tätigkeitsbereich nicht deckungsgleich ist. In § 129 wird jedoch der Inhalt der Tätigkeit v. vBP beschrieben. Auch erfolgt kein Verweis auf §§ 5-14a, die die Zulassung zum Beruf des WP regeln.

3 Gemäß § 75 Abs. 1 sind **Beisitzer im berufsgerichtlichen Verfahren** WP. Für den Fall, dass sich ein berufsgerichtliches Verfahren gegen einen vBP richtet, bestimmt § 130 Abs. 1 Satz 2, dass auch vBP als Beisitzer berufen werden können.

II. Buchprüfungsgesellschaften (Abs. 2)

1. Allgemeines

4 Mit der **Wiedereröffnung des Berufs des vBP** durch das BiRiLiG im Jahre 1986 wurden auch BPG wieder zugelassen. Sie sind **Instrument der Berufsausübung des vBP**. Die Zahl der BPG ist rückläufig. Waren zum 01.01.2000 noch 166 Gesellschaften als BPG anerkannt, verringerte sich die Zahl zum 01.01.2010 auf 121 und zum 01.01.2013 auf 113 BPG (WPK Mag. 1/2013,42).

5 Mit der Wiederzulassung der Berufsgesellschaft des vBP war zunächst die Regelung verbunden worden, dass die an vBP gestellten Anforderungen auch durch WP erfüllt werden können. Damit war es möglich, dass eine BPG sowohl auf der **Leitungsebene als auch auf der Beteiligungsebene ausschließl. v. WP** geführt werden konnte. Diese systemwidrige Regelung ist durch die 6. WPO-Novelle zum 1.1.2004 aufgehoben worden. Nunmehr gilt, dass zur Vermeidung einer Rücknahme o. eines Widerrufs der Anerkennung der Gesellschaft als BPG der Antrag auf Anerkennung als WPG gestellt werden muss (Abs. 2 Satz 2), sobald mehr WP als vBP im Vertretungsorgan einer Berufsgesellschaft sind.

2. Entsprechende Anwendung der Vorschriften für WPG

6 Auf BPG finden die **für WPG geltenden Vorschriften entspr. Anwendung** (Satz 1). Es handelt sich um eine Rechtsgrundverweisung. Die bei WPG v. WP zu erfüllenden Anerkennungsvoraussetzungen sind bei der BPG v. vBP zu erfüllen. Mit Ausnahme der in Satz 2 geregelten Einschränkung können die Anerkennungsvoraussetzungen einer BPG allerdings auch v. WP erfüllt werden.

Es handelt sich hierbei um **folgende Vorschriften**:

- 1 Abs. 3 (Verantwortliche Führung der Gesellschaft durch vBP)
- 3 (Sitz der Gesellschaft)
- 27-34 (Anerkennung u. Widerruf)
- 36a (spezielle Verwaltungsverfahrensvorschriften)
- 37-41 (Meldung u. Eintragung im BR, Klage gegen Bescheide der WPK)
- 43-56 (Berufspflichten der in der Gesellschaft tätigen vBP, WP u. Rechtsstellung der nichtberufsangehörigen weiteren gesetzl. Vertreter).

7 Im Anerkennungsverfahren als BPG gelten für den Gesellschaftsvertrag also grds. dieselben Regelungen, wie für WPG. Die WPK hat auf ihrer Website www.wpk.de zur Vereinfachung des Verfahrens ein **Merkblatt zur Errichtung einer BPG** u. einen **Mustervertrag für eine BPG** in der Rechtsform der GmbH bereitgestellt.

3. Beteiligung von WP

8 Sind **WP als gesetzl. Vertreter einer BPG** bestellt, ist die Anerkennung als WPG zu beantragen, sobald die **Zahl der WP die der vBP unter den gesetzl. Vertretern**

übersteigt (Satz 2). Der Gesetzgeber bringt hiermit zum Ausdruck, dass die BPG Berufsausübungsgesellschaft für vBP u. nicht eine solche für WP ist.es handelt sich um ein **Anerkennungshindernis** als BPG. **Für bereits als BPG anerkannte Gesellschaften** gilt, dass sie einen Antrag auf Anerkennung als WPG stellen müssen, wenn auch im übrigen **die Anerkennungsvoraussetzungen als WPG gem. § 28 bestehen.** Ist z.B. auf der Beteiligungsebene die v. § 28 Abs. 4 Satz 1 Nr. 3 geforderte Majorität v. WP, WPG, EU/EWR-AP u. EU/EWR-Prüfungsgesellschaften nicht gegeben, so besteht **Bestandsschutz.** Eine Verpflichtung, die Kapitalanteile zu ändern, würde einen unzulässigen Eingriff in Art. 14 GG darstellen. Dies wird durch die am 1.1.2007 in Kraft getretene Ergänzung des Satz 2 klargestellt.

Gemäß Satz 3 ist die Anerkennung einer BPG v. der WPK zu widerrufen, wenn 9 diese **alle Anerkennungsvoraussetzungen einer WPG** erfüllt u. keinen Antrag auf Anerkennung als WPG stellt. Gemäß Satz 1 i.V.m. § 34 Abs. 1 Nr. 2 ist vor dem Widerruf der Anerkennung zur Vorbereitung u. Durchführung des Anerkennungsverfahrens als WPG eine angemessene Anpassungsfrist zu setzen (zum Begriff der Angemessenheit § 34 Rn. 9 ff.). Neben dem Fall, dass kein Antrag auf Anerkennung als WPG gestellt wird, ist auch denkbar, dass die Gesellschaft zwar den Antrag stellt, ihn aber im Anerkennungsverfahren nicht fördert. Auch diesem Fall kann durch eine angemessene u. im Zweifel dann kürzere Anpassungsfrist begegnet werden.

III. Qualitätskontrolle (Abs. 3)

Absatz 3 der Vorschrift ordnet zunächst an, dass die §§ 57a-57g für die QK bei vBP 10 in eigener Praxis u. BPG entspr. gelten. Dies beschreibt den verpflichteten Personenkreis. Vereidigte Buchprüfer u. BPG sind gem. §§ 130 Abs. 1, 2, 55b verpflichtet (Berufspflicht), ein **QS-System zu schaffen.** Zwangsläufig müssen sich daher auch vBP u. BPG einem **QK-Verfahren unterwerfen, soweit sie gesetzl. AP** durchführen möchten.

§ 130 Abs. 3 regelt die Besonderheit, dass vBP o. BPG **Prüfer für QK nur bei an-** 11 **deren vBP o. BPG** sein dürfen (vgl. Abs. 3 Satz 2 Hs. 2). Diese Bestimmung wurde ergänzend u. klarstellend durch die 7. WPO-Novelle 2007 in den Gesetzestext aufgenommen.

Für die **Registrierung als PfQK** gilt § 57a Abs. 3 entsprechend. Danach gelten 12 auch für die Registrierung eines PfQK aber auch für die **Anforderung an einen PfQK** die gleichen Regeln wie für WP.

§§ 131 bis 131d (aufgehoben)

Achter Teil
(aufgehoben)

Neunter Teil
Eignungsprüfung als Wirtschaftsprüfer

§ 131g Zulassung zur Eignungsprüfung als Wirtschaftsprüfer

(1) Eine Person, die in einem Mitgliedstaat oder in einem anderen Vertragsstaat des Abkommens über den Europäischen Wirtschaftsraum oder der Schweiz außerhalb des Geltungsbereichs dieses Gesetzes ein Diplom erlangt hat, aus dem hervorgeht, daß der Inhaber über die beruflichen Voraussetzungen verfügt, die für die unmittelbare Zulassung zur Abschlussprüfung im Sinne des Artikels 2 Nr. 1 der Richtlinie 2006/43/EG des Europäischen Parlaments und des Rates vom 17. Mai 2006 über Abschlussprüfungen von Jahresabschlüssen und konsolidierten Abschlüssen, zur Änderung der Richtlinien 78/660/EWG und 83/349/EWG des Rates und zur Aufhebung der Richtlinie 84/253/EWG des Rates (ABl. EU Nr. L 157 S. 87) in diesem Mitgliedstaat oder in einem anderen Vertragsstaat des Abkommens über den Europäischen Wirtschaftsraum oder der Schweiz erforderlich sind, kann abweichend von den Vorschriften des Ersten und Zweiten Abschnitts des Zweiten Teils als Wirtschaftsprüfer bestellt werden, wenn sie eine Eignungsprüfung als Wirtschaftsprüfer abgelegt hat.

(2) ¹Diplome im Sinne des Absatzes 1 sind Diplome, Prüfungszeugnisse oder sonstige Befähigungsnachweise im Sinne des Artikels 1 Buchstabe a der Richtlinie des Rates vom 21. Dezember 1988 über eine allgemeine Regelung zur Anerkennung der Hochschuldiplome, die eine mindestens dreijährige Berufsausbildung abschließen (89/48/EWG) - ABl. EG Nr. L 19 (1989) S. 16 -. ²Ein Diplom auf Grund einer Ausbildung, die nicht überwiegend in der Europäischen Union oder in einem anderen Vertragsstaat des Abkommens über den Europäischen Wirtschaftsraum oder in der Schweiz stattgefunden hat, berechtigt zur Ablegung der Eignungsprüfung, wenn der Inhaber tatsächlich und rechtmäßig mindestens drei Jahre Berufserfahrung als gesetzlicher Abschlussprüfer hat und dies von einem Staat nach Absatz 1 oder Vertragsstaat bescheinigt wird, der das Diplom ausgestellt oder anerkannt hat.

(3) ¹Über die Zulassung zur Eignungsprüfung entscheidet die Prüfungsstelle; der Antrag ist schriftlich einzureichen. ²Die §§ 13 bis 13 b finden entsprechende Anwendung.

Schrifttum: *Beul,* Zulassung des vereidigten Buchprüfers zum Wirtschaftsprüfer?, DStR 2012, 257; *Beul,* Anerkennung von Berufsqualifikationen innerhalb der EG, insbesondere Zulassung zum Steuerberater und Wirtschaftsprüfer, DStR 2006, 1429; *Marten/Köhler/Klaas,* Zugangswege zum Beruf des Wirtschaftsprüfers im europäischen Vergleich, WPg 2001, 1117.

Inhaltsübersicht

	Rn.
I. Allgemeines	1–2
II. Berechtigter Personenkreis (Abs. 1)	3–5
1. Staatsangehörigkeit	3–4
2. Unmittelbare Zulassung zur Abschlussprüfung	5
III. Begriff des „Diploms" (Abs. 2)	6–8
IV. Antrag auf Zulassung zur Eignungsprüfung (Abs. 3)	9–12
1. Zulassung	9
2. Verkürzte Prüfung	10–12

I. Allgemeines

1 Die Bestellung als WP setzt eine bestandene Prüfung voraus (§ 15). Damit ist zunächst das reguläre **Wirtschaftsprüfungsexamen** (§§ 5 ff., 12 ff.) gemeint. § 131g Abs. 1 bestimmt darüber hinaus, dass eine Bestellung als WP auch erfolgen kann, wenn der Bewerber die **Eignungsprüfung** nach dem Neunten Teil der WPO (§§ 131g f.) abgelegt hat. Diese Eignungsprüfung besteht aus einer schriftlichen u. einer mündlichen Prüfung. Ihr Inhalt weicht v. regulären Wirtschaftsprüfungsexamen ab, da der Umstand zu berücksichtigen ist, dass die zur Eignungsprüfung zugelassenen Kandidaten bereits eine vergleichbare Berufsqualifikation im Ausland erworben haben, die den Vorgaben der 8. EU-Richtlinie (1984) bzw. der AP-RiLi entspricht.

2 Die Eignungsprüfung beruht auf der sog. **Hochschuldiplom-Richtlinie** (RiLi des Rates v. 21.12.1988 über eine allg. Regelung zur Anerkennung der Hochschuldiplome, die eine mindestens dreijährige Berufsausbildung abschließen (89/48/EWG) – ABl. EG Nr. L 19 (1989), S. 16 -). Ihre Einfügung in die WPO war Anlass u. wesentlicher Gegenstand der 2. WPO-Novelle 1991. Artikel 14 AP-RiLi räumt den Mitgliedstaaten nun ausdr. das Recht ein, trotz der grds. anzuerkennenden ausländischen Berufsqualifikation eine nationale Prüfung, die Eignungsprüfung, durchzuführen. Die von der **EU-Kommission am 30.11.2011** veröffentlichten Vorschläge zur Abschlussprüfung sehen vor, dass der Bewerber die Wahl zwischen einem sog. Anpassungslehrgang und der Eignungsprüfung haben soll. Es bleibt abzuwarten, ob dies auf EU-Ebene letztlich so beschlossen wird.

II. Berechtigter Personenkreis (Abs. 1)

1. Staatsangehörigkeit

3 Erste Zulassungsvoraussetzung war bis zum 31.3.2012 eine **bestimmte Staatsangehörigkeit**. Bewerber mussten Staatsangehörige eines Mitgliedstaats der Europäischen Gemeinschaften o. des Europäischen Wirtschaftsraums (EWR) o. der Schweiz sein. Neben den 27 EU-Staaten gehören Norwegen, Island u. Liechtenstein zum EWR. Die dabei diskutierte Frage, ob auch deutsche Staatsangehörige an der Eignungsprüfung teilnehmen können, war zu bejahen. Dies ergab sich insb. aus dem Wortlaut der Norm, wonach Staatsangehörige „eines Mitgliedstaats" zur Eignungsprüfung zugelassen werden konnten; wenn deutschen Staatsangehörigen diese Möglichkeit nicht hätte offen stehen sollen, hätte es konsequenterweise „eines *anderen* Mitgliedstaats" heißen müssen (s. Vorauflage Rn.4).

Durch das insoweit am 1.4.2012 in Kraft getretene Gesetz zur Verbesserung der Feststellung und Anerkennung im Ausland erworbener Berufsqualifikationen v. 6.12.2011 (BGBl. I S. 2515) wurde die Anforderung einer bestimmten Staatsangehörigkeit als Zulassungsvoraussetzung gestrichen. Der Zugang zur Eignungsprüfung soll maßgeblich von Inhalt und Qualität der erforderlichen Qualifikation abhängig gemacht werden. Auf die Staatsangehörigkeit kommt es damit nicht mehr an (BT-Drs. 17/6260, S. 61). 4

2. Unmittelbare Zulassung zur Abschlussprüfung
Zweite Zulassungsvoraussetzung ist die **Befugnis zur Pflichtprüfung v. Jahresabschlüssen in einem der o.g. Staaten** (vgl. Rn. 3). Angeknüpft wird an ein „Diplom" (s. Rn. 6 ff.), aus dem hervorgeht, dass der Inhaber über die beruflichen Voraussetzungen verfügt, die für die unmittelbare Zulassung zur AP i.S. des Art. 2 Nr. 1 der AP-RiLi erforderlich sind. Art. 2 Nr. 1 definiert den Begriff „Abschlussprüfung" als Prüfung des Jahresabschlusses o. des konsolidierten Abschlusses, die nach Gemeinschaftsrecht vorgeschrieben ist. Verlangt wird also die **Befugnis zur gesetzl. AP**, wie sie in Deutschland gemäß § 319 Abs. 1 HGB WP u. WPG u. in begrenztem Umfang auch vBP u. BPG vorbehalten ist (vgl. § 2 Abs. 1, § 129 Abs. 1). 5

III. Begriff des „Diploms" (Abs. 2)

Das in Abs. 1 geforderte **Diplom** muss die Voraussetzungen des Art. 1 Buchstabe a der Hochschuldiplom-RiLi erfüllen. Unter dem Oberbegriff „Diplom" sind neben Diplomen im eigentlichen Sinne auch **Prüfungszeugnisse u. sonstige Befähigungsnachweise** zu verstehen. Die wesentlichen Voraussetzungen eines Diploms i.S. des genannten Artikels verlangen, dass der Diplominhaber 6

- ein mindestens **dreijähriges Studium** o. ein dieser Dauer entspr. Teilzeitstudium an einer Universität o. einer Hochschule o. einer anderen Ausbildungseinrichtung mit gleichwertigem Niveau absolviert u. ggf. die über das Studium hinaus erforderliche berufliche Ausbildung abgeschlossen hat u.

- über die **beruflichen Voraussetzungen** verfügt, die für den Zugang zu einem reglementierten Beruf o. dessen Ausübung in dem das Diplom ausstellenden Mitgliedstaat erforderlich sind.

Die durch das Diplom bescheinigte Ausbildung muss gem. Art. 1 Buchstabe a Hochschuldiplom-RiLi **überwiegend in der EU erworben** worden sein; ist dies nicht der Fall, muss der Diplominhaber eine **mindestens dreijährige Berufserfahrung** haben, die v. dem Mitgliedstaat bescheinigt wird, der das entspr. **Diplom eines Drittlandes anerkannt** hat. § 131g Abs. 2 Satz 2 konkretisiert diese letztgenannte Vorgabe u. verlangt, dass der Inhaber tatsächlich u. rechtmäßig mind. drei Jahre 7

Berufserfahrung als gesetzlicher AP hat u. die genannte Bescheinigung des Mitgliedstaates vorliegt.

8 Das Erfordernis eines Diploms einschließlich der ggf. über das Studium hinaus erforderlichen Ausbildung verdeutlicht, welche Voraussetzungen Bewerbende erfüllen müssen, um zur Eignungsprüfung zugelassen werden zu können: Sie müssen in dem Mitgliedstaat, auf dessen Abschlussprüferqualifikation abgestellt wird, **alle theoretischen u. praktischen Ausbildungsteile einschließl. der dazu gehörenden Prüfungen** abgelegt haben, um diese Qualifikation erwerben zu können. Sie müssen auf einen bloßen Antrag bei der zuständigen Stelle hin unmittelbar als gesetzl. AP tätig werden können. Nicht verlangen kann man v. den Bewerbenden dagegen, dass sie diesen Status des gesetzlicher AP, der z.b. auch die Einrichtung einer beruflichen Niederlassung u. den Abschluss einer BHV erfordern würde, in dem Mitgliedstaat tats. haben. Dies wäre jedenfalls dann, wenn die Bewerbenden den Mittelpunkt ihrer künftigen Tätigkeit in Deutschland sehen, eine überzogene Anforderung. Damit steht im Einklang, dass die Hochschuldiplom-RiLi verlangt, dass der Diplominhaber über die „beruflichen Voraussetzungen" verfügt, die für den Zugang zu einem reglementierten Beruf erforderlich sind; der tats. erfolgte Zugang, also die **Mitgliedschaft in dem entspr. Beruf, ist nicht erforderlich.**

IV. Antrag auf Zulassung zur Eignungsprüfung (Abs. 3)

1. Zulassung

9 Über die **Zulassung zur Eignungsprüfung entscheidet die Prüfungsstelle**; insoweit gilt nichts anderes als beim regulären Wirtschaftsprüfungsexamen. Gleiches gilt für das Erfordernis, den **Antrag in schriftlicher Form** einzureichen (vgl. § 7). Welche Unterlagen dem Antrag beizufügen sind, ergibt sich aus § 25 Abs. 2, 3 WiPrPrüfV. Es ist insb. darauf hinzuweisen, dass der Antrag u. die beizufügenden Unterlagen, soweit sie v. Bewerber stammen, in deutscher Sprache einzureichen sind; sonstige Unterlagen, die nicht in deutscher Sprache abgefasst sind, sind mit einer beglaubigten Übersetzung durch einen hierzu ermächtigten Übersetzer vorzulegen.

2. Verkürzte Prüfung

10 Schließlich werden die §§ 13-13b über die verschiedenen Formen der **verkürzten Prüfung** für anwendbar erklärt wird. Dies wird in § 28 Abs. 1 WiPrPrüfV bestätigt, der seinerseits auf § 6 WiPrPrüfV verweist.

11 In § 28 Abs. 2 WiPrPrüfV wird der Prüfungsstelle zudem die Befugnis eingeräumt, auf Antrag des Bewerbers **einzelne Prüfungsleistungen zu erlassen**, wenn dieser durch ein **Prüfungszeugnis** nachweist, dass er in seiner bisherigen Ausbildung in einem Prüfungsgebiet die für die Ausübung des Berufs in Deutschland erforderlichen Kenntnisse in diesem Prüfungsgebiet erworben hat. Diese Regelung beruht auf Art. 1 Buchstabe g Unterabs. 2 der Hochschuldiplom-RiLi, wonach nur solche Sachgebiete Gegenstand der Eignungsprüfung sein dürfen, die aufgrund eines Vergleichs zwischen der in Deutschland verlangten Ausbildung u. der bisherigen Ausbildung des Bewerbers v. dem Diplom, das der Bewerber vorlegt, nicht abgedeckt sind. Es ist ausdr. darauf hinzuweisen, dass nur ein Prüfungszeugnis geeignet ist, den Erlass v. Prüfungsleistungen gemäß § 28 Abs. 2 WiPrPrüfV zu rechtfertigen; Bescheinigungen über die erfolgreiche Teilnahme an Lehrveranstaltungen reichen nicht aus (vgl. BR-Drs. 24/91, 16).

Die gleiche Möglichkeit für die Prüfungsstelle, auf Antrag einzelne Prüfungsleistungen zu erlassen, besteht **bei ausreichender Berufserfahrung** (§ 28 Abs. 3 WiPrPrüfV, der auf Art. 1 Abs. 3 der RiLi 2001/19/EG beruht). Der Bewerber muss dazu nachweisen, dass er durch Berufserfahrung einen wesentlichen Teil der Kenntnisse erworben hat, die durch die erlassenen Prüfungsleistungen gefordert werden; zur Überprüfung der im Rahmen der bisherigen beruflichen Tätigkeit erworbenen Kenntnisse sind geeignete Nachweise vorzulegen, zu denen insb. Falllisten zählen, die regelmäßig bestimmte Angaben enthalten müssen (Akten- o. Geschäftszeichen, Gegenstand, Zeitraum, Art u. Umfang der Tätigkeit, Sachstand). Ferner sind auf Verlangen der Prüfungsstelle anonymisierte Arbeitsproben vorzulegen.

12

§ 131h Eignungsprüfung als Wirtschaftsprüfer

(1) Bewerbende, die zugelassen worden sind, legen die Eignungsprüfung vor der Prüfungskommission ab.

(2) ¹**Die Eignungsprüfung ist eine ausschließlich die beruflichen Kenntnisse des Bewerbers betreffende Prüfung, mit der seine Fähigkeit, den Beruf eines Wirtschaftsprüfers in der Bundesrepublik Deutschland auszuüben, beurteilt werden soll.** ²**Die Eignungsprüfung muss dem Umstand Rechnung tragen, dass der Bewerber oder die Bewerberin in einem Mitgliedstaat der Europäischen Union oder in einem anderen Vertragsstaat des Abkommens über den Europäischen Wirtschaftsraum oder in der Schweiz über die beruflichen Voraussetzungen verfügt, die für die Zulassung zur Pflichtprüfung von Jahresabschlüssen und anderer Rechnungsunterlagen in diesem Staat erforderlich sind.**

(3) ¹**Die Prüfung gliedert sich in eine schriftliche und eine mündliche Prüfung.** ²**Sie wird in deutscher Sprache abgelegt.** ³**Prüfungsgebiete sind durch Rechtsverordnung näher zu bestimmende Bereiche des Wirtschaftlichen Prüfungswesens (rechtliche Vorschriften), des Wirtschaftsrechts, des Steuerrechts und das Berufsrecht der Wirtschaftsprüfer.**

(4) (weggefallen)

Inhaltsübersicht

	Rn.
I. Prüfungskommission (Abs. 1)	1–3
II. Ziel und Grenzen der Eignungsprüfung (Abs. 2)	4
III. Ablauf und Umfang der Eignungsprüfung (Abs. 3)	5–12
1. Form der Prüfung	5–10
2. Prüfungsergebnis	11–12

I. Prüfungskommission (Abs. 1)

1 Zugelassene Bewerber (s. § 131g Rn. 9) legen die Eignungsprüfung vor der **Prüfungskommission** ab. Die Zusammensetzung der Prüfungskommission ist in § 26 WiPrPrüfV geregelt: Mitglieder sind eine eine oberste Landesbehörde vertretende Person als vorsitzendes Mitglied, eine die Finanzverwaltung vertretende Person u. zwei WP. Ein Vertreter der Finanzverwaltung nimmt dann nicht an der Prüfung teil, wenn die Prüfung um das Prüfungsgebiet „Steuerrecht" verkürzt wird. Aus dem ausdr. Hinweis in § 26 Abs. 1 Satz 2 WiPrPrüfV auf § 28 Abs.1 WiPrPrüfV ist zu schließen, dass die Prüfung nur dann im Steuerrecht entfallen kann, wenn der Bewerber die Voraussetzungen des § 13 erfüllt. Ein Mitglied der Kommission muss die Befähigung zum Richteramt haben.

2 § 26 Abs. 2 WiPrPrüfV erklärt die Regelungen zur Prüfungskommission für das reguläre Wirtschaftsprüfungsexamen weitgehend für entsprechend anwendbar. Auf die dortigen Erläuterungen kann daher verwiesen werden (s. § 12 Rn. 1 ff.). Nicht entsprechend anwendbar ist § 2 Abs. 2 WiPrPrüfV, wonach die Kommission mit Stimmenmehrheit entscheidet u. bei Stimmengleichheit die Stimme der vorsitzenden Person den Ausschlag gibt; zum **Prüfungsergebnis** vgl. noch Rn. 11.

3 Für entsprechend anwendbar wird dagegen die Regelung des regulären Wirtschaftsprüfungsexamens erklärt, dass mind. zwei bundesweite **Prüfungstermine** im Kalenderjahr angeboten werden sollen (§ 2 Abs. 7 WiPrPrüfV). Ist diese Regelung im regulären Wirtschaftsprüfungsexamen angesichts jährlicher Kandidatenzahlen im hohen dreistelligen Bereich notwendig, kann bei der Eignungsprüfung darauf verzichtet werden, da die Kandidatenzahl bisher mit einer Ausnahme in keinem Jahr höher als einstellig war. Die Eignungsprüfung findet daher nur einmal pro Jahr statt. Eine Ausschlussfrist für den Antrag auf Zulassung besteht nicht, die Zulassung zur Eignungsprüfung kann daher flexibel gehandhabt werden. Dies setzt voraus, dass sämtliche Antragsunterlagen vollständig vorliegen.

II. Ziel und Grenzen der Eignungsprüfung (Abs. 2)

4 Die Eignungsprüfung soll die Feststellung ermöglichen, ob der Bewerber in der Lage ist, den Beruf eines WP in Deutschland auszuüben. Daher wird die Eignungsprüfung gemäß § 131h Abs. 3 Satz 2 in **deutscher Sprache** abgelegt. Bei der Gestaltung der Prüfung muss berücksichtigt werden, dass der Bewerber sich bereits in einem anderen EU-/EWR-Staat o. in der Schweiz (s. § 131g Rn. 5) erfolgreich einer Berufszugangsprüfung unterzogen hat, die den Vorgaben der AP-RiLi entspricht. Art. 14 AP-RiLi begrenzt die Prüfung daher auf die Überprüfung einer ausreichenden **Kenntnis der für die AP relevanten Rechts- u. Verwaltungsvorschriften des aufnehmenden Mitgliedstaats**.

III. Ablauf und Umfang der Eignungsprüfung (Abs. 3)
1. Form der Prüfung

5 Die Prüfung besteht aus einer schriftlichen u. einer mündlichen Prüfung. Prüfungsgebiete der **schriftlichen Prüfung** sind gemäß § 27 Abs. 1 WiPrPrüfV näher be-

stimmte Bereiche aus dem „Wirtschaftsrecht" u. dem „Steuerrecht I". Es handelt sich bei beiden Prüfungsgebieten um rechtliche Fächer, die allein Gegenstand der Eignungsprüfung sein können (s.o. Rn. 4). Das Wirtschaftliche Prüfungswesen o. Betriebs- u. Volkswirtschaftslehre sind, anders als im regulären Wirtschaftsprüfungsexamen, nicht Prüfungsgebiet. Die hinreichende Kenntnis dieser Bereiche hat der Bewerber bereits in seinem (beruflichen) Herkunftsstaat nachgewiesen.

Die schriftliche Prüfung besteht gemäß § 29 Abs. 1 WiPrPrüfV aus **zwei Aufsichtsarbeiten**. Aus jedem der beiden Prüfungsgebiete ist gemäß § 29 Abs. 2 WiPrPrüfV jeweils eine Klausur zu schreiben. Die Anzahl der abzulegenden Klausuren kann sich im Falle einer verkürzten Prüfung (s. § 131g Rn. 10ff.) reduzieren. Die Bearbeitungszeit jeder Klausur beträgt zwischen vier u. sechs Stunden. Auch bei der Eignungsprüfung entscheidet die **Aufgabenkommission** über die Prüfungsaufgaben der schriftlichen Prüfung. 6

Jede Klausur wird gemäß § 29 Abs. 3 WiPrPrüfV v. zwei Mitgliedern der **Prüfungskommission**, die nicht an der mündlichen Prüfung teilnehmen müssen, selbstständig bewertet. Anders als im regulären Wirtschaftsprüfungsexamen gibt es in der Eignungsprüfung **keine Noten**, sondern nur die Feststellungen „genügt den Anforderungen" u. „genügt nicht den Anforderungen". Weichen die beiden Bewertungen einer Klausur voneinander ab u. können sich die beiden Korrektoren nicht auf eine gemeinsame Bewertung einigen, ist die Klausur durch ein weiteres Mitglied der Prüfungskommission zu bewerten, dessen Stimme den Ausschlag gibt. 7

Prüfungsgebiete der mündlichen Prüfung sind gemäß § 27 Abs. 2 WiPrPrüfV näher bestimmte rechtliche Vorschriften aus dem Gebiet „Wirtschaftliches Prüfungswesen", das „Berufsrecht der Wirtschaftsprüfer" sowie ein Wahlfach (entw. „Steuerrecht II", bestehend aus Erbschaftsteuer, Gewerbesteuer u. Grundsteuer, o. „Insolvenzrecht" o. „Grundzüge des Kapitalmarktrechts"). Genügt eine Klausur nicht den Anforderungen, so ist auch das Prüfungsgebiet, dem diese Klausur entstammt, Gegenstand der mündlichen Prüfung. 8

Genügen beide Klausuren – o. im Fall einer Verkürzung auf eine Klausur diese Klausur – nicht den Anforderungen, ist der Bewerber gemäß § 30 Abs. 1 WiPrPrüfV **v. der mündlichen Prüfung ausgeschlossen**. Die **Dauer der mündlichen Prüfung** soll gemäß § 30 Abs. 4 WiPrPrüfV für den einzelnen Bewerber eine Stunde nicht überschreiten. 9

Auch in der mündlichen Prüfung gibt es **keine Noten**, sondern ledigl. die Feststellungen „genügt den Anforderungen" u. „genügt nicht den Anforderungen", über deren Vergabe die Prüfungskommission auf Vorschlag des jeweiligen Prüfers entscheidet. 10

2. Prüfungsergebnis

Die **Prüfungskommission** entscheidet gemäß § 31 WiPrPrüfV im Anschluss an die mündliche Prüfung **auf Grund des Gesamteindrucks** der in der schriftlichen u. mündlichen Prüfung erbrachten Leistungen, ob der Bewerber über die erforder- 11 lichen Kenntnisse verfügt u. damit die Prüfung bestanden hat. Es wird nicht vorgegeben, wie dieser Gesamteindruck zu bilden ist, so dass nicht automatisch v. einem bestimmten Verhältnis positiver („genügt den Anforderungen") zu negativer („genügt nicht den Anforderungen") Bewertungen auf das Bestehen bzw. Nichtbestehen der Prüfung geschlossen werden kann.

12 Gemäß § 33 Abs. 1 WiPrPrüfV kann die Eignungsprüfung **zweimal wiederholt** werden. Prüfungsversuche im regulären WP-Examen werden hierauf nicht angerechnet (s. § 12 Rn. 35).

§ 131i Anwendung des Berufsqualifikationsfeststellungsgesetzes

Das Berufsqualifikationsfeststellungsgesetz findet mit Ausnahme des § 17 keine Anwendung.

1 Die Vorschrift wurde durch Art. 21 des **Gesetzes zur Verbesserung der Feststellung und Anerkennung im Ausland erworbener Berufsqualifikationen** v. 6.12.2011 (BGBl. I S. 2515) eingefügt. „Ziel dieses Gesetzes ist es, die wirtschaftliche Einbindung von Fachkräften mit Auslandsqualifikationen maßgeblich zu verbessern und die Integration von im Land lebenden Migrantinnen und Migranten in den deutschen Arbeitsmarkt zu fördern" (BT-Drs. 17/6260, 1).

2 Aufgrund der damit einhergehenden Änderung des § 131g Abs. 1 kommt es bei dem **Zugang zu der Eignungsprüfung als WP** nach dem Neunten Teil nicht mehr auf die Staatsangehörigkeit des Antragstellers an; ausschlaggebend ist nur noch, dass die Qualifikation, die zu der Teilnahme an der Eignungsprüfung berechtigt, in einem der in § 131g Abs. 1 genannten Staaten erworben wurde (vgl. § 131g Rn. 5). Vom Erlass weitergehender Regelungen i.S. der Zielsetzung des Gesetzes zur Verbesserung der Feststellung u. Anerkennung im Ausland erworbener Berufsqualifikationen hat der Gesetzgeber für den Zugang zum Beruf des WP abgesehen.

3 Es wurde ledigl. festgelegt, dass auch die **Eignungsprüfung in der Bundesstatistik** nach § 17 des Gesetzes über die Feststellung der Gleichwertigkeit v. Berufsqualifikationen (**Berufsqualifikationsfeststellungsgesetz** – BQFG) erfasst wird. In dieser Statistik werden u.a. die Staatsangehörigkeit und das Geschlecht des Antragstellers, der Ausbildungsstaat – das ist der Staat, in dem gemäß § 131g die Qualifikation als AP erworben wurde – sowie die Art der Entscheidung, die Zulassung o. Nichtzulassung zu der Eignungsprüfung u. das Prüfungsergebnis, erfasst.

§ 131j (aufgehoben)

§ 131k Bestellung

Auf die Bestellung der Personen, die die Prüfung nach § 131h bestanden haben, als Wirtschaftsprüfer findet der Dritte Abschnitt des Zweiten Teils entsprechende Anwendung.

Staatsangehörige aus Mitgliedstaaten der EU, die die Eignungsprüfung gem. § 131h bestanden haben, werden unter **denselben Voraussetzungen u. mit denselben Konsequenzen als WP bestellt** wie solche Bewerber, die das normale WP-Examen bestanden haben (§§ 15-18). Sie werden nach der Bestellung Pflichtmitglieder der WPK u. unterliegen den Berufsausübungsregeln der WPO sowie der BA der WPK. Zum Bestellungsverfahren vgl. auch § 131m.

§ 131l Rechtsverordnung

¹Das Bundesministerium für Wirtschaft und Technologie wird ermächtigt, durch Rechtsverordnung für die Prüfung nach § 131h Bestimmungen zu erlassen über die Zusammensetzung der Prüfungskommission und die Berufung ihrer Mitglieder, die Einzelheiten der Prüfung, der Prüfungsgebiete und des Prüfungsverfahrens, insbesondere über die in § 14 bezeichneten Angelegenheiten, den Erlass von Prüfungsleistungen sowie die Zulassung zur Eignungsprüfung von Bewerbenden, welche die Voraussetzungen des Artikels 3 Buchstabe b der Richtlinie (§ 131g Abs. 2 Satz 1) erfüllen. ²Die Rechtsverordnung bedarf nicht der Zustimmung des Bundesrates.

Es handelt sich um eine **Ermächtigungsgrundlage** für das BMWi zum Erlass einer **Rechtsverordnung zur Regelung der Eignungsprüfung**. Nach Einführung der Eignungsprüfung durch die 2. WPO-Novelle 1991 war ursprünglich durch Verordnung des BMWi die „Prüfungsordnung für die Eignungsprüfung als WP o. als vBP nach dem Achten Teil der Wirtschaftsprüferordnung" erlassen worden. 1

Diese Prüfungsordnung wurde durch die **Prüfungsverordnung für WP nach §§ 14 u. 131l der WPO (Wirtschaftsprüferprüfungsverordnung – WiPrPrüfV)** v. 20.7.2004 ersetzt (Anhang 2, zum aktuellen Stand s. § 14 Rn. 2). Die WiPrPrüfV fasst die Vorschriften für das reguläre WP-Examen u. für die Eignungsprüfung zusammen. Auf die **Eignungsprüfung** beziehen sich die **§§ 25-34 WiPrPrüfV**. Die wesentlichen Regelungen sind bei § 131g u. § 131h erwähnt. 2

§ 131m Bescheinigungen des Heimat- oder Herkunftsmitgliedstaats

Soweit es für die Entscheidung über die Bestellung als Wirtschaftsprüfer der Vorlage oder Anforderung von

1. Bescheinigungen oder Urkunden darüber, dass keine schwerwiegenden beruflichen Verfehlungen, Straftaten oder sonstige, die Eignung des Bewerbers für den Beruf des Wirtschaftsprüfers in Frage stellende Umstände bekannt sind,
2. Bescheinigungen oder Urkunden darüber, dass sich der Bewerber nicht im Konkurs befindet,
3. Bescheinigungen über die körperliche oder geistige Gesundheit,
4. Führungszeugnissen

des Heimat- oder Herkunftsmitgliedstaats bedarf, genügt eine Bescheinigung oder Urkunde im Sinne des Artikels 6 der Richtlinie des Rates vom 21. Dezember 1988 (§ 131g Abs. 2 Satz 1).

1 Die Vorschrift steht i.Z.m. § 131k, der für erfolgreiche Absolventen der Eignungsprüfung auf das Bestellungsverfahren nach §§ 15 ff. verweist. Die Bewerber, die gem. den §§ 5 ff. zur Prüfung zugelassen wurden u. gem. den §§ 12 ff. die Prüfung bestanden haben, müssen sich gem. § 16 zu ihren persönlichen u. wirtschaftlichen Verhältnissen erklären. Soweit die WPK Anhaltspunkte für das Vorliegen von Bestellungshindernissen hat (§ 16 Rn. 2), kann sie die Vorlage von Belegen verlangen, die eine Klärung ermöglichen. Dem trägt die Vorschrift Rechnung, die insoweit im Einklang mit Art. 6 der Hochschuldiplom-Richtlinie (Richtlinie des Rates v. 21.12.1988 über eine allg. Regelung zur Anerkennung der Hochschuldiplome, die eine mindestens dreijährige Berufsausbildung abschließen (89/48/EWG) – ABl. EG Nr. L 19 (1989), S. 16 -) steht. Sie eröffnet dem Aufnahmestaat zu verlangen, dass der Bewerber **Bescheinigungen seines Heimatstaates** gem. dem Inhalt der Nr. 1-4 vorlegt.

2 Für den Fall, dass der Heimatstaat solche Bescheinigungen nicht ausstellt, muss es nach der Hochschuldiplom-Richtlinie genügen, dass der Bewerber vor einer Justizo. Verwaltungsbehörde, einem Notar o. entspr. bevollmächtigter Berufsorganisation seines Heimatlandes eine **eidesstattliche o. feierliche Erklärung** darüber abgibt, dass keine Tatsachen bestehen, die nach Maßgaben der Nr. 1-4 einer Bestellung entgegenstehen.

§ 131n (aufgehoben)

Zehnter Teil
Straf- und Bußgeldvorschriften

§ 132 Verbot verwechselungsfähiger Berufsbezeichnungen; Siegelimitate

(1) Untersagt ist
1. das Führen der Berufsbezeichnung „Buchprüfer", „Bücherrevisor" oder „Wirtschaftstreuhänder" oder
2. das nach dem Recht eines anderen Staates berechtigte Führen der Berufsbezeichnungen „Wirtschaftsprüfer", „Wirtschaftsprüferin", „vereidigter Buchprüfer" oder „vereidigte Buchprüferin", ohne dass der andere Staat angegeben wird.

(2) Siegel dürfen nur im geschäftlichen Verkehr verwendet werden, wenn sie den Bestimmungen über die Gestaltung des Siegels nach Maßgabe der Berufssatzung nach § 48 Abs. 2 entsprechen.

(3) Ordnungswidrig handelt, wer
1. entgegen Absatz 1 Nr. 1 oder 2 eine Berufsbezeichnung führt oder
2. entgegen Absatz 2 ein Siegel verwendet.

(4) Die Ordnungswidrigkeit kann mit einer Geldbuße bis zu 5.000 Euro geahndet werden.

Schrifttum: *WPK*, Führen der Bezeichnung „Wirtschaftsprüfer" nach dem Recht eines anderen Staates, WPK-Mag. 4/2010, 47; *WPK*, Schutz der Berufsbezeichnungen „Wirtschaftsprüfer" u. „vereidigter Buchprüfer" – Verwendung verwechslungsfähiger Bezeichnungen, WPK-Mitt. 1993, 103 f.

Inhaltsübersicht

		Rn.
I.	Allgemeines	1–3
II.	Verwechslungsfähige Berufsbezeichnungen (Abs. 1 Nr. 1)	4–5
III.	Identische Berufsbezeichnungen nach ausländischem Recht (Abs. 1 Nr. 2)	6–8
IV.	Siegelimitate (Abs. 2)	9–10
V.	Ahndung von Verstößen als Ordnungswidrigkeit (Abs. 3, 4)	11–12

I. Allgemeines

Ebenso wie § 133 enthält § 132 Abs. 1 **kein Berufsrecht im engeren Sinne** (zu Abs. 2 s. allerdings Rn. 3, 8). Adressaten der Regelungen sind jeweils nicht die Berufsangehörigen, sondern **Dritte**, die durch die Verwendung der geschützten Bezeichnungen den Rechtsverkehr über die damit verbundenen **gesetzlichen Anforderungen, Qualifikationen u. Befugnisse** täuschen würden. Neben der Allgemeinheit werden damit zugl. auch die Belange der Berufsangehörigen selbst geschützt. 1

§ 132 *Verbot verwechselungsfähiger Berufsbezeichnungen; Siegelimitate*

Dem gleichen Zweck dienen § 132a Abs. 1 Nr. 2 u. Abs. 2 StGB, nach denen die unbefugte Führung der Berufsbezeichnungen „Wirtschaftsprüfer" u. „vereidigter Buchprüfer" o. ihnen zum Verwechseln ähnlicher Bezeichnungen unter Strafe gestellt ist.

2 Vor Einführung des § 132a StGB war die unbefugte Führung der Berufsbezeichnungen „Wirtschaftsprüfer" u. „vereidigter Buchprüfer" noch in der WPO selbst mit Strafe bedroht (vgl. bei § 133 Rn. 2). Das in § 132 Abs. 1 Nr. 1 enthaltene Verbot, hiermit **verwechslungsfähige Berufsbezeichnungen** zu führen, ergänzt jetzt den Straftatbestand. Da § 132a StGB aber bereits selbst auch verwechslungsfähige Bezeichnungen mit erfasst, hat § 132 Abs. 1 Nr. 1 seine ursprünglich eigenständige Bedeutung verloren. Zudem sind die dort genannten Berufsbezeichnungen im Wirtschaftsleben nicht mehr gebräuchlich.

3 Ergänzt wurde die Vorschrift durch die **7. WPO-Novelle 2007** um **Abs. 1 Nr. 2** (Rn. 6-8) sowie den **neuen Abs. 2** (Rn. 9, 10). Der bisherige Abs. 2 wurde – modifiziert – zu Abs. 3 u. 4. Während sich Abs. 2 Nr. 1 in die Regelungssystematik der Vorschrift einfügt, ist der Regelungszweck des Abs. 2 verfehlt o. bestenfalls unklar.

II. Verwechslungsfähige Berufsbezeichnungen (Abs. 1 Nr. 1)

4 Absatz 1 Nr. 1 enthält mit dem **„Buchprüfer", „Bücherrevisor" u. „Wirtschaftstreuhänder"** eine **abschließende Aufzählung** derjenigen Berufsbezeichnungen, die v. Gesetzgeber ausdr. als mit der Berufzeichnung „Wirtschaftsprüfer" o. „vereidigter Buchprüfer" verwechslungsfähig angesehen werden. Werden andere Bezeichnungen verwendet, die ebenfalls eine Verwechslung begründen könnten, kann dies daher nicht über § 132, ggf. aber über § 132a StGB o. §§ 3, 5 UWG verfolgt werden.

5 Die Berufsbezeichnung **„Wirtschaftsberater"** war v. Gesetzgeber bewusst nicht in den Katalog der verwechslungsfähigen Bezeichnungen aufgenommen worden (Nachtrag zu BT-Drs. 2565, 8). Die Feststellung einer möglichen Verwechslungsfähigkeit sollte stattdessen den mit unlauterem Wettbewerb befassten Gerichten überlassen werden. Mittlerweile hat sie sich als eigenständige Berufsbezeichnung durchgesetzt, die keine Verwechslungsgefahr begründet. Gleiches gilt für die Bezeichnung **„Wirtschaftsgutachter"**.

III. Identische Berufsbezeichnungen nach ausländischem Recht (Abs. 1 Nr. 2)

6 Durch den neuen Abs. 1 Nr. 2 sollen diejenigen Fälle erfasst werden, in denen nach dem Recht eines **deutschsprachigen Drittstaates** zulässigerweise eine mit dem WP, vBP sowie den entsprechenden weiblichen Formen identische Berufsbezeichnung geführt werden darf. Dies betrifft insb. **Österreich** u. die **Schweiz**. Unerheblich ist insoweit, ob die zulässige Führung der Berufsbezeichnung im Drittstaat an eine staatliche Anerkennung o. sonstige besondere Voraussetzungen gebunden ist. Ebenfalls unterscheidet die Vorschrift nicht danach, ob der Träger der Berufsbe-

zeichnung im Drittstaat den Berufsangehörigen vergleichbare Aufgaben wahrnehmen kann, insb. die Durchführung gesetzlich vorgeschriebener JAP.

Entspricht die Originalbezeichnung einer deutschen Berufsbezeichnung, wäre es 7
nicht verhältnismäßig, deren Führung in Deutschland vollständig zu untersagen. Zumutbar ist hingegen, durch einen **Zusatz** deutlich zu machen, dass es sich um eine **ausländische Berufsbezeichnung** handelt (siehe auch § 3 Satz 1 Nr. 4 StBerG, wonach die Angabe des NL-Staates sowie der zuständigen Berufsorganisation sogar v. nicht nach dem StBerG zugelassenen, aber nach EU-Recht in Deutschland zur unbeschränkten Hilfeleistung in Steuersachen befugten Personen verlangt wird). Die mit dem Zusatz verbundene Klarstellung muss für den Rechtsverkehr unzweideutig sein. Die Angabe einer **ausländischen NL** o. des **Herkunftsstaates** allein genügt insoweit nicht, da auch WP ihre NL im Ausland begründen können (§ 3 Rn. 15) u. die zusätzl. Angabe der zuständigen Berufsorganisation, anders als nach § 3 Satz 1 Nr. 4 StBerG, nicht verlangt wird. Der Gesetzeswortlaut spricht nur scheinbar dagegen, da auf das **ausländische Recht**, nach dem die Berufsbezeichnung geführt werden darf, auch dort ausdr. Bezug genommen wird. Nicht ausreichend ist daher etwa auch die Angabe „*österreichischer Wirtschaftsprüfer*", da der Erwerb der Bezeichnung WP o. vBP nicht an die deutsche Staatsangehörigkeit gebunden ist, der Zusatz daher ledigl. als **Hinweis auf die Nationalität** des Berufsträgers verstanden werden könnte. Erforderlich ist daher ein Zusatz, der auf die Führung der Bezeichnung nach dem **Recht des Herkunftsstaates** abstellt, z.B. *„WP nach österreichischem Recht"*.

Aus Abs. 1 Nr. 2 ergibt sich zugl., dass ein **AP nach ausländischem Recht**, dessen 8
Berufsbezeichnung nicht mit den deutschen Berufsbezeichnungen identisch ist, die **deutschen Berufsbezeichnungen nicht verwenden darf**, u. zwar auch nicht unter Beifügung eines erklärenden Zusatzes (so zu Recht auch schon LG Braunschweig 30.6.1999, Stbg 1999, 575, zur Unzulässigkeit, sich als Belasting-Adviseur zugl. als „Steuerberater NL" zu bezeichnen). Die Entscheidung des 1. Kartellsenats des OLG Düsseldorf v. 23.2.2005 (VI - U(Kart) 34/04), wonach sogar die isolierte Verwendung der Bezeichnung „Griech. Wirtschaftsprüfer" unmissverständlich u. damit nicht wettbewerbswidrig sein soll (siehe auch § 48 Rn. 25) u. auf das sich noch die 14c. Zivilkammer des LG Düsseldorf in ihrem Urt. v. 2.7.2008 gestützt hatte, ist daher v. 20. Zivilsenat des OLG Düsseldorf in seinem Urt. v. 8.3.2010 (GRUR-RR 1/2011, 10; WPK-Mag. 3/2010, 51) zu Recht nicht bestätigt worden. Neben der Führung der Berufsbezeichnung in der **Originalsprache** sind somit nur solche erläuternden Zusätze zulässig, die **nicht auf die geschützten Berufsbezeichnungen** zurückgreifen. Statt „Wirtschaftsprüfer" bietet sich hier insb. die Verwendung des Begriffs „Abschlussprüfer" an.

IV. Siegelimitate (Abs. 2)

Eine sinnvolle Ergänzung des Abs. 1 läge darin, die **Verwendung v. Siegelimitaten** 9
durch **nicht nach § 48 zur Siegelführung Befugte** als OWi ahnden zu können. Bislang kann die WPK hiergegen nur mit den Mitteln des Wettbewerbsrechts vor-

gehen (§ 48 Rn. 25). Während die im Referentenentwurf zur 7. WPO-Novelle 2007 (als Abs. 3) vorgesehene Regelung noch eindeutig u. systemgerecht lautete „*Absatz 2 gilt entsprechend bei der Verwendung verwechselungsfähiger Nachbildungen des Siegels (§ 48) im geschäftlichen Verkehr*", hat der Gesetzgeber Abs. 2 i.E. hingegen zumindest missverständlich gefasst. **Adressat der Regelung** scheint weniger der zur Siegelführung nicht befugte Dritte zu sein, sondern – im Rahmen des § 132 systemwidrig – der **WP** selbst. Nur er darf ja ein Siegel gemäß der gesetzlichen Regelungen führen. Die Nichteinhaltung der Vorgaben zur Siegelgestaltung durch WP o. Berufsgesellschaften ist aber in der Praxis wenig verbreitet u. stellt darüber hinaus keinen Verstoß gegen Berufspflichten dar, der über eine Ahndung im Rahmen der BA hinaus weiterer Sanktionsmöglichkeiten bedarf. Da die WPK auch **nicht verpflichtet** ist, die Vorschrift ggü. ihren Mitgliedern anzuwenden, wäre die Regelung daher bereits v. Grundsatz her verfehlt.

10 Eine ausschließlich am Wortlaut orientierte Auslegung dürfte gleichwohl auch o. ausschließlich ein Vorgehen im Wege des OWi-Verfahrens gegen **nicht zur Siegelführung berechtigte Dritte** ermöglichen, zumal dies durch die Gesetzesbegr. nahe gelegt wird („*Gemäß § 132 WPO-E wird künftig auch die Verwendung von verwechselungsfähigen Siegelnachbildungen (z.B. bei der Verwendung eines mit einem Zackenrand versehenen Rundstempels) als Ordnungswidrigkeit geahndet*" (BT-Drs. 16/2858, 43)).

V. Ahndung von Verstößen als Ordnungswidrigkeit (Abs. 3, 4)

11 Zuwiderhandlungen gegen Abs. 1 u. 2 stellen eine **OWi** dar (Abs. 3), die mit **Geldbuße bis zu 5.000 Euro** geahndet werden kann (Abs. 4).

12 Für die **Verfolgung u. Ahndung** der OWi ist in § 133d Satz 1 die **WPK als zuständige Verwaltungsbehörde** i.S.d. § 36 Abs. 1 Nr. 1 OWiG benannt. Hinsichtlich des Verfahrens bestehen keine Besonderheiten, so dass die **allg. Grundsätze des OWiG** anzuwenden sind.

§ 133 Schutz der Bezeichnung „Wirtschaftsprüfungsgesellschaft" und „Buchprüfungsgesellschaft"

(1) Ordnungswidrig handelt, wer die Bezeichnung „Wirtschaftsprüfungsgesellschaft" oder „Buchprüfungsgesellschaft" oder eine einer solchen zum Verwechseln ähnliche Bezeichnung für eine Gesellschaft gebraucht, obwohl diese nicht als solche anerkannt ist.

(2) Die Ordnungswidrigkeit kann mit einer Geldbuße bis zu 10.000 Euro geahndet werden.

Inhaltsübersicht

	Rn.
I. Allgemeines	1–2
II. Geschützte Bezeichnungen	3–4
III. Ahndung von Verstößen als Ordnungswidrigkeit	5–6

I. Allgemeines

Ebenso wie § 132 Abs. 1 u. § 132a StGB die Allgemeinheit u. den Berufsstand davor schützen wollen, dass sich nat. Personen mit ihnen nicht zustehenden Berufsqualifikationen schmücken, bezweckt § 133 den **Schutz v. WPG u. BPG**, denen entsprechende Befugnisse zustehen. **1**

Ursprünglich umfasste die Vorschrift auch das Verbot der unbefugten Führung der Berufsbezeichnungen „Wirtschaftsprüfer" u. „vereidigter Buchprüfer" u. war zudem als Straftatbestand ausgestaltet. Auch der unzulässige Gebrauch der Bezeichnung **„Wirtschaftsprüfungsgesellschaft"** o. **„Buchprüfungsgesellschaft"** war also zunächst **Strafdelikt**. Im Rahmen des EGStGB v. 1974 ist die unbefugte Verwendung der Berufsbezeichnungen „Wirtschaftsprüfer" u. „vereidigter Buchprüfer" (ebenso wie die anderer Berufsbezeichnungen) aus den verschiedenen Berufsgesetzen ausgegliedert u. **einheitlich in § 132a StGB** geregelt worden. Zugleich wurde der unzulässige Gebrauch der Bezeichnungen für die jeweiligen Berufsgesellschaften zu einer **OWi** herabgestuft. Die Ergänzung um das Verbot des Gebrauchs v. verwechslungsfähigen Bezeichnungen auch in diesem Bereich erfolgte erst mit der 3. WPO-Novelle 1995. **2**

II. Geschützte Bezeichnungen

Ausdrücklich untersagt ist der Gebrauch der **Bezeichnungen „Wirtschaftsprüfungsgesellschaft" u. „Buchprüfungsgesellschaft"** für Gesellschaften, die nicht als solche anerkannt sind. Zu den Anerkennungsvoraussetzungen u. zum Verfahren s. Kommentierungen zu §§ 28 u. 29. **3**

Unzulässig ist darüber hinaus die Verwendung zum Verwechseln ähnlicher Bezeichnungen. Anders als in § 132 Abs. 1 Nr. 1 werden in § 133 die **verwechslungsfähigen Bezeichnungen** also nicht konkret genannt; stattdessen ist die Frage der Verwechslungsfähigkeit, wie in § 132a Abs. 2 StGB, anhand der sich ggf. wandelnden **Verkehrsanschauung** zu beantworten. In jedem Fall erfasst sein dürften **unwesentliche Abweichungen** o. **Umstellungen** wie „Wirtschaftsprüfergesellschaft", „BuchprüfungsGmbH" u.ä. Keine Verwechslungsgefahr besteht bei der Bezeichnung „Wirtschaftsberatungsgesellschaft" (zur zulässigen Verwendung der Bezeichnung „Wirtschaftsberater" § 132 Rn. 5). **4**

III. Ahndung von Verstößen als Ordnungswidrigkeit

Während die Führung verwechslungsfähiger Berufsbezeichnungen nach § 132 mit einer Geldbuße v. höchstens 5.000 Euro geahndet werden kann, ist die unzulässige **5**

§ 33a Unbefugte Ausübung einer Führungsposition bei dem geprüften Unternehmen

Verwendung der Bezeichnungen nach § 133 mit bis zu **10.000 Euro bußgeldbewehrt** (Abs. 2).

6   Die Zuständigkeit der WPK als Verwaltungsbehörde ergibt sich aus § 133d Abs. 1.

§ 33a Unbefugte Ausübung einer Führungsposition bei dem geprüften Unternehmen

(1) Ordnungswidrig handelt, wer entgegen § 43 Abs. 3 eine wichtige Führungsposition **ausübt**.

(2) Die Ordnungswidrigkeit kann mit einer Geldbuße bis zu fünfzigtausend Euro geahndet werden.

Schrifttum: *s. Schrifttum zu § 43 Abs. 3.*

Inhaltsübersicht

	Rn.
1. Allgemeines	1
2. Sanktionsrahmen	2–3
3. Zuständige Verwaltungsbehörde	4

1. Allgemeines

1   Die Vorschrift wurde im Zuge der Einfügung des § 43 Abs. 3 durch das am 29.5.2009 in Kraft getretene **BilMoG** neugefasst u. dient der Sanktionierung eines Verstoßes gegen das aus der vorgenannten Vorschrift resultierende Tätigkeitsverbot. Die Ausgestaltung der Vorschrift als **Ordnungswidrigkeitstatbestand** war erforderlich, weil ein Verstoß gegen § 43 Abs. 3 auch v. **ehemaligen Berufsangehörigen** begangen werden kann (vgl. § 43 Rn. 381), die nicht mehr unter die Berufsgerichtsbarkeit u. das Rügerecht der WPK fallen (vgl. BT-Drucks. 16/10067, S. 110). Ein Verstoß gegen das Tätigkeitsverbot des § 43 Abs. 3 kann damit auch dann als Ordnungswidrigkeit geahndet werden, wenn die Bestellung als WP bereits erloschen ist (vgl. Schnepel, NWB 2009, 1093 ff.). Eine „Flucht in den Bestellungsverzicht" ist daher hier nicht möglich.

2. Sanktionsrahmen

2   Ein Verstoß gegen das Tätigkeitsverbot des § 43 Abs. 3 kann mit einer Geldbuße bis zu **50.000 Euro** geahndet werden. Der Bußgeldrahmen orientiert sich an dem Betrag, den die WPK **für Berufspflichtverletzungen maximal verhängen kann** (vgl. § 63 Abs. 1 Satz 3).

3   Die **Geldbuße kann mehrfach verhängt** werden, da die Regelung des § 43 Abs. 3 den Charakter einer Dauerordnungswidrigkeit hat (vgl. § 43 Rn. 382). Die Mehrfachverhängung kommt allerdings nur in Betracht, wenn der Betroffene nach der Bestandskraft des Bußgeldbescheides o. ein in Rechtskraft erwachsenen Urteils

weiterhin eine wichtige Führungstätigkeit ausübt (vgl, BT-Drucks. 16/10067, S. 111).

3. Zuständige Verwaltungsbehörde

Ursprünglich fand über § 133a Abs. 2 Satz 2 i.d.F. des BilMoG § 132 Abs. 4 Satz 2 WPO a. F. Anwendung, wonach die WPK als Verwaltungsbehörde i.S.d § 36 Abs. 1 Nr. 1 OWiG für die Festsetzung der Geldbuße zuständig war. Im Rahmen des Vierten Gesetzes zur Änderung der WPO (WPK-WahlrechtsänderungsG v. 2.12.2010) wurde durch Einfügung des § 133d eine **allgemeine Zuständigkeitsverweisung an die WPK** für Ordnungswidrigkeiten u.a. nach § 132 Abs. 3, § 133 Abs. 1 u. § 133a Abs. 1 in die WPO aufgenommen. Infolge dessen wurde § 133a Abs. 2 Satz 2 i.d.F. des BilMoG aufgehoben.

4

§ 133b Unbefugte Verwertung fremder Betriebs- und Geschäftsgeheimnisse

(1) Mit Freiheitsstrafe bis zu zwei Jahren oder mit Geldstrafe wird bestraft, wer entgegen § 66b Abs. 2 ein fremdes Geheimnis verwertet.

(2) Die Tat wird nur auf Antrag verfolgt.

Die Kommentierung erfolgt zu § 133c.

§ 133c Unbefugte Offenbarung fremder Betriebs- oder Geschäftsgeheimnisse

(1) Mit Freiheitsstrafe bis zu einem Jahr oder mit Geldstrafe wird bestraft, wer entgegen § 66b Abs. 2 ein fremdes Geheimnis offenbart.

(2) Handelt der Täter gegen Entgelt oder in der Absicht, sich oder einen anderen zu bereichern oder einen anderen zu schädigen, ist die Strafe Freiheitsstrafe bis zu zwei Jahren oder Geldstrafe.

(3) Die Tat wird nur auf Antrag verfolgt.

Inhaltsübersicht

		Rn.
I.	Allgemeines	1–4
II.	Tatbestand	5–9
III.	Rechtsfolgen/Verfahren	10–14

I. Allgemeines

Die **§§ 133b, 133c** (bis Inkrafttreten BilMoG: §§ 133a, 133b) hätten auch in einer Vorschrift zusammengefasst werden können, da sie **einen Regelungskomplex** betreffen. Der Gesetzgeber orientierte sich aber an den ebenfalls einzeln geregelten

1

Straftatbeständen der §§ 203, 204 StGB. Die Kommentierung erfolgt jedenfalls im Zusammenhang.

2   Die Vorschriften wurden durch die **4. WPO-Novelle 2001** in die WPO eingefügt. Mit der Aufnahme dieser nebenstrafrechtl. Normen wurde ursprünglich die Verletzung der verwaltungsrechtlichen Verbotsnorm in § 57f Abs. 4 a.f. (jetzt § 66b Abs. 2) strafrechtl. bewehrt. Damit sollte die **Akzeptanz der QK im Berufsstand** gestärkt werden. Die Vorschriften sind den §§ 203, 204, 205 StGB, § 333 HGB u. § 19 PublG nachgebildet; auf die dortige einschlägige Kommentierung wird verwiesen. Durch die **7. WPO-Novelle 2007** wurde der Wortlaut der Vorschriften geändert; sie verweisen in ihrer aktuellen Fassung nun auf § 66b Abs. 2. Eine inhaltliche Änderung erfolgte dadurch nicht.

3   Es handelt sich bei den Vorschriften um **Sonderdelikte**, da Täter nur Mitglieder der APAK sein können.

4   Die Vorschriften formulieren die **Sanktionsbestimmungen der §§ 203, 204 StGB** bei Zuwiderhandlung eines Mitgliedes der APAK gegen das in § 66b Abs. 2 festgelegte Verwertungs- u. Offenbarungsverbot. **Geschütztes Rechtsgut** ist in erster Linie *„das allg. Vertrauen in die Verschwiegenheit der Angehörigen bestimmter Berufe als Voraussetzung dafür, dass diese ihre im Interesse der Allgemeinheit liegenden Aufgaben erfüllen können"* (Schönke/Schröder/Lenckner, StGB, § 203 Rn. 3). Die Strafdrohung dient dabei der Verwirklichung des verfassungsrechtl. gewährleisteten Schutzes der Persönlichkeit.

II. Tatbestand

5   Der Täter muss ein ihm in seiner Eigenschaft als Mitglied der APAK bekannt gewordenes fremdes Geheimnis unbefugt verwertet (§ 133b) o. offenbart (§ 133c) haben. Zu den **einzelnen Tatbestandsmerkmalen** § 66b Rn. 14 ff.

6   § 133b Abs. 2 enthält hinsichtlich der **unbefugten Offenbarung** eines fremden Geheimnisses eine **Qualifizierung**, die mit einer erhöhten Strafandrohung erfasst ist. Danach wird der Täter höher bestraft, wenn er gegen Entgelt o. in der Absicht handelt, sich o. einen anderen zu bereichern o. zu schädigen. Die Strafandrohung ist dann mit der bei der Verwertung eines fremden Geheimnisses (§ 133b) vergleichbar.

7   **Entgelt** ist jede in einem Vermögensvorteil bestehende Gegenleistung (§ 11 Abs. 1 Nr. 9 StGB). Dabei stellt jede günstige Veränderung der wirtschaftlichen Vermögenslage einen Vermögensvorteil dar, unabhängig davon, ob diese Veränderung in einer Vermehrung der Aktivposten o. im Nichterbringen einer geschuldeten Leistung besteht. Ob eine Bereicherung angestrebt o. im Ergebnis erreicht wird, ist dabei nicht v. Bedeutung (Fischer, StGB, § 11 Rn. 31).

8   Der Täter handelt in **Bereicherungsabsicht**, wenn es ihm darauf ankommt, den Vermögensvorteil für sich o. einen anderen zu erlangen. Der Vermögensvorteil muss dabei weder einziger noch maßgeblicher Zweck des Handelns sein. Es reicht

aus, wenn der Vermögensvorteil neben anderen Zielen o. nur als Mittel für einen anderen Zweck angestrebt wird (BGHSt 16, 1-7); als bloße unvermeidbare – ggf. unerwünschte – Nebenfolge ist er jedoch nicht ausreichend (OLG Köln 24.2.1987, NJW 1987, 2095).

Bei der **Schädigungsabsicht** muss es dem Täter zielgerichtet darauf ankommen, dem Betroffenen einen Nachteil zuzufügen. Der Nachteil muss dabei die notwendige Folge der Tat sein (BGH 8.10.1953, NJW 1953, 1924); er braucht faktisch nicht einzutreten u. muss auch nicht zwingend vermögensrechtl. Natur sein (so Schönke/Schröder/Lenckner, StGB, § 203 Rn. 74). 9

III. Rechtsfolgen/Verfahren

Die **unbefugte Verwertung** u./o. **Offenbarung** eines fremden Geheimnisses wird mit Freiheitsstrafe o. mit Geldstrafe bestraft. Das Gesetz belegt dabei die Verwertung des fremden Geheimnisses mit einer höheren Strafandrohung als die bloße Offenbarung; nur bei einer **Offenbarung gegen Entgelt** o. in der Absicht, sich o. einen anderen zu bereichern o. zu schädigen, ist die Strafandrohung entsprechend hoch. 10

Die Tat wird nur auf Antrag verfolgt. **Antragsberechtigt** ist die Person, deren Rechte durch die Tat verletzt wurden, d.h. in deren Rechtskreis eingegriffen wurde (§ 77 Abs. 1 StGB). Auch eine juristische Person kann Verletzter im o.g.S. sein. Hierbei entscheidet i.d.R. der gesetzliche Vertreter (GF, VO, u.a.) über die Antragstellung. Der Gesellschaftsvertrag o. anderweitige gesellschaftsrechtliche Vereinbarungen können hiervon eine abweichende Regelung vorsehen. Beim **Tod des Verletzten** nach der Tat, aber vor Antragsstellung, geht das Antragsrecht auf die Angehörigen über (Ehegatte, Kinder, u.a. – zu Einzelheiten § 77 Abs. 2 StGB). 11

Bei **mehreren Antragsberechtigten** kann jeder den Antrag selbstständig stellen. Dieses Recht ist hinsichtlich Frist, Verzicht u. Rücknahmerecht unabhängig v. Antrag des anderen. Der Antrag des einen kann den anderen aber nicht ersetzen. Eine **Vertretung bei der Antragstellung** ist – außer bei geschäftsunfähigen o. beschränkt geschäftsfähigen Personen (§ 77 Abs. 3 StGB) – zulässig. 12

Der Antrag muss bei einem **Gericht o. der StA schriftlich o. zu Protokoll** – bei einer anderen Behörde schriftlich – gestellt werden (§ 158 Abs. 2 StPO). Er ist innerhalb einer **Ausschlussfrist v. drei Monaten** zu stellen. Die Frist beginnt, wenn der Berechtigte o. dessen gesetzlicher Vertreter Kenntnis v. Tat u. Täter erlangt. Bei einer juristischen Person ist die Kenntnis aller VO-Mitglieder nötig, soweit sie ihre Vertretung nur insgesamt ausüben können; i.Ü. kommt es auf die Kenntnis der Organe an. Zu Einzelheiten der Fristberechnung vgl. § 77b StGB. 13

Mit der Antragstellung kann die StA die Strafverfolgung aufnehmen. Eine **Rücknahme des Antrages** ist – i. Ggs. zur Anfechtung – möglich. Eine bestimmte Form ist hierfür nicht vorgeschrieben; zuständig ist die Stelle, die zum Zeitpunkt des Rücknahmeverlangens mit der Sache befasst ist. Durch die Rücknahme des Strafantrages tritt ein Verfahrenshindernis ein, so dass die Tat nicht weiter verfolgbar ist. 14

§ 133d Verwaltungsbehörde

¹Verwaltungsbehörde im Sinne des § 36 Absatz 1 Nummer 1 des Gesetzes über Ordnungswidrigkeiten ist für Ordnungswidrigkeiten nach § 132 Absatz 3, § 133 Absatz 1 und § 133a Absatz 1 die Wirtschaftsprüferkammer. ²Das Gleiche gilt für durch Mitglieder der Wirtschaftsprüferkammer im Sinne des § 58 Absatz 1 Satz 1 begangene Ordnungswidrigkeiten nach § 17 des Geldwäschegesetzes und nach § 6 der Dienstleistungs-Informationspflichten-Verordnung.

1 Die Regelung wurde mit dem WahlRÄG 2010 in die WPO eingefügt. Die **Zuständigkeit der WPK** als **Verwaltungsbehörde i.S.v. § 36 Abs. 1 Nr. 1 OWiG** war bisher in § 132 Abs. 4 Satz 2 a.F. geregelt. Dies bezog sich auf OWi i.Z.m. dem Verbot verwechslungsfähiger Berufsbezeichnungen u. der Verwendung v. Siegelimitaten. Über § 133 Abs. 3 a.F. galt dies auch für OWi i.Z.m. dem Schutz der Bezeichnungen „Wirtschaftsprüfungsgesellschaft" u. „Buchprüfungsgesellschaft" sowie über § 133a Abs. 2 Satz 2 a.F. auch auf solche i.Z.m. der unbefugten Ausübung einer Führungsposition bei den geprüften Unternehmen. Jetzt regelt § 133d Abs. 1 Satz 1 dies für die vorgenannten Tatbestände. Zur fehlerhaften Verweisung in § 133 a. F. vgl. die Vorauflage, § 133 Rn. 6.

2 In Satz 2 bestimmt die Vorschrift erstmals die Zuständigkeit der WPK auch für **Ordnungswidrigkeiten nach § 17 GwG** u. **§ 6 DL-InfoV**. § 17 GwG regelt zwar, dass Verstöße gegen Verpflichtungen aus dem GwG als OWi zu ahnden sind; eine Benennung der WPK als Verwaltungsbehörde i.S.d. § 36 Abs. 1 Nr. 1 OWiG für durch Mitglieder der WPK begangene OWi erfolgt im GwG aber nicht. Entsprechendes gilt auch für § 6 DL-InfoV u. die dortigen Ordnungswidrigkeitentatbestände (näheres s. § 52, Rn. 17).

§ 133e Verwendung der Geldbußen

(1) Die Geldbußen fließen in den Fällen von § 132 Absatz 3, § 133 Absatz 1, § 133a Absatz 1 sowie § 17 des Geldwäschegesetzes und § 6 der Dienstleistungs-Informationspflichten-Verordnung in die Kasse der Verwaltungsbehörde, die den Bußgeldbescheid erlassen hat.

(2) ¹Die nach Absatz 1 zuständige Kasse trägt abweichend von § 105 Absatz 2 des Gesetzes über Ordnungswidrigkeiten die notwendigen Auslagen. ²Sie ist auch ersatzpflichtig im Sinne des § 110 Absatz 4 des Gesetzes über Ordnungswidrigkeiten.

Inhaltsübersicht

	Rn.
I. Allgemeines	1
II. Empfänger der Bußgelder (Abs. 1)	2
III. Zahlungsverpflichtungen der WPK (Abs. 2)	3

I. Allgemeines

Die Vorschrift wurde durch die 7. WPO-Novelle 2007 eingefügt (ehemals § 133c a.F.). Sie regelt die **Verwendung der Bußgelder**, mit denen Verstöße gegen das Verbot verwechselungsfähiger Berufsbezeichnungen (§ 132 Abs. 1, 3), die Verwendung v. Siegelimitaten (§ 132 Abs. 2, 3), den unbefugten Gebrauch der Bezeichnungen „Wirtschaftsprüfungsgesellschaft" u. „Buchprüfungsgesellschaft" (§ 133 Abs. 1), im Rahmen des Geldwäschegesetzes (§ 17 GwG) u. der Dienstleistungs-Informationspflichten-Verordnung (§ 6 DL-InfoV) geahndet werden können. 1

II. Empfänger der Bußgelder (Abs. 1)

Nach § 90 Abs. 2 OWiG fließen Geldbußen grds. in die Bundeskasse, wenn eine Verwaltungsbehörde des Bundes den Bußgeldbescheid erlassen hat. Abweichend hiervon regelt die WPO den **Verbleib der Geldbußen** in der Kasse der Behörde, die den Bußgeldbescheid erlassen hat. Das ist gem. § 133d Abs. 1 die **WPK**, da sie in den in Abs. 1 genannten Fällen die jeweils für den Erlass von Bußgeldbescheiden zuständige Behörde ist. 2

III. Zahlungsverpflichtungen der WPK (Abs. 2)

Absatz 2 regelt korrespondierend zu Abs. 1 evtl. Zahlungsverpflichtungen der WPK im Bußgeldverfahren: Nach Satz 1 ist die WPK abweichend v. § 105 Abs. 2 OWiG verpflichtet, die **notwendigen Auslagen** zu tragen, die die Staatskasse nach § 105 Abs. 1 OWiG i.V.m. §§ 465 Abs. 2, 467a Abs. 1, 2, 470 u. 472b StPO zu tragen hat. Nach Satz 2 ist sie zum Ersatz des durch eine **Verfolgungsmaßnahme im Bußgeldverfahren verursachten Vermögensschadens** verpflichtet (§ 110 Abs. 4 OWiG). Dies betrifft in erster Linie den Fall, dass eine rkr. festgesetzte Geldbuße später fortfällt o. gemildert wird (vgl. § 1 Abs. 1 StrEG). 3

Elfter Teil
Übergangs- und Schlussvorschriften

§ 134 Anwendung von Vorschriften dieses Gesetzes auf Abschlussprüfer, Abschlussprüferinnen und Abschlussprüfungsgesellschaften aus Drittstaaten

(1) ¹Abschlussprüfer, Abschlussprüferinnen und Abschlussprüfungsgesellschaften aus Drittstaaten sind verpflichtet, auch wenn keine Bestellung oder Anerkennung nach diesem Gesetz vorliegt, sich nach den Vorschriften des Siebten Abschnitts des Zweiten Teils eintragen zu lassen, wenn sie beabsichtigen, den Bestätigungsvermerk für einen gesetzlich vorgeschriebenen Jahresabschluss oder Konzernabschluss einer Gesellschaft mit Sitz außerhalb der Gemeinschaft, deren übertragbare Wertpapiere zum Handel an einem geregelten Markt im Sinne von Artikel 4 Abs. 1 Nr. 14 der Richtlinie 2004/39/EG in Deutschland zugelassen sind, zu erteilen. ²Dies gilt nicht bei Bestätigungsvermerken für Gesellschaften, die ausschließlich zum Handel an einem geregelten Markt eines Mitgliedstaats der Europäischen Union zugelassene Schuldtitel im Sinne des Artikel 2 Abs. 1 Buchstabe b der Richtlinie 2004/109/EG des Europäischen Parlaments und des Rates vom 15. Dezember 2004 zur Harmonisierung der Transparenzanforderungen in Bezug auf Informationen über Emittenten, deren Wertpapiere zum Handel auf einem geregelten Markt zugelassen sind, und zur Änderung der Richtlinie 2001/34/EG (ABl. EU Nr. L 390 S. 38) mit einer Mindeststückelung von 50.000 Euro oder – bei Schuldtiteln, die auf eine andere Währung als Euro lauten – mit einer Mindeststückelung, deren Wert am Ausgabetag mindestens 50.000 Euro entspricht, begeben.

(2) Prüfungsgesellschaften nach Absatz 1 Satz 1 können nur eingetragen werden, wenn

1. sie die Voraussetzungen erfüllen, die denen des Fünften Abschnitts des Zweiten Teils gleichwertig sind,
2. die Person, welche die Prüfung im Namen der Drittstaatsprüfungsgesellschaft durchführt, diejenigen Voraussetzungen erfüllt, die denen des Ersten Abschnitts des Zweiten Teils gleichwertig sind,
3. die Prüfungen nach den internationalen Prüfungsstandards und den Anforderungen an die Unabhängigkeit oder nach gleichwertigen Standards und Anforderungen durchgeführt werden und
4. sie auf ihrer Website einen jährlichen Transparenzbericht veröffentlichen, der die in § 55c genannten Informationen enthält, oder sie gleichwertige Bekanntmachungsanforderungen erfüllen.

(2a) Liegen die Voraussetzungen des Absatzes 1 und 2 vor, erteilt die Wirtschaftsprüferkammer dem eingetragenen Abschlussprüfer, der Abschlussprüferin oder der Abschlussprüfungsgesellschaft eine Eintragungsbescheinigung.

(3) ¹Die nach den Absätzen 1 und 2 eingetragenen Personen und Gesellschaften unterliegen im Hinblick auf ihre Tätigkeit nach Absatz 1 den Vorschriften der

§ 134 *Anwendung von Vorschriften dieses Gesetzes auf Drittstaatenprüfer*

Berufsaufsicht nach den §§ 61a bis 66b, den Vorschriften der Berufsgerichtsbarkeit nach den §§ 67 bis 127 sowie den Vorschriften der Qualitätskontrolle nach den §§ 57a bis 57g. ²Von der Durchführung einer Qualitätskontrolle kann abgesehen werden, wenn in einem anderen Mitgliedstaat der Europäischen Union in den vorausgegangenen drei Jahren bereits eine Qualitätskontrolle bei der eingetragenen Person oder bei der Gesellschaft durchgeführt worden ist. ³Satz 2 gilt entsprechend, wenn in einem Drittstaat in den vorangegangenen drei Jahren bereits eine Qualitätskontrolle bei der eingetragenen Person oder bei der Gesellschaft durchgeführt worden ist, wenn die dortige Qualitätskontrolle aufgrund der Bewertung gemäß Absatz 4 als gleichwertig anerkannt wurde.

(4) ¹Von der Eintragung und deren Folgen nach Abs. 3 ist auf der Grundlage der Gegenseitigkeit abzusehen, wenn die in Absatz 1 Satz 1 genannten Personen und Gesellschaften in ihrem jeweiligen Drittstaat einer öffentlichen Aufsicht, einer Qualitätskontrolle sowie einer Berufsaufsicht unterliegen, die Anforderungen erfüllen, welche denen der in Absatz 3 genannten Vorschriften gleichwertig sind oder wenn die Europäische Kommission dies für eine Übergangsfrist nach Art. 46 Abs. 2 Satz 3 der Richtlinie 2006/43/EG des Europäischen Parlaments und des Rates vom 17. Mai 2006 über Abschlussprüfungen von Jahresabschlüssen und konsolidierten Abschlüssen (ABl. EU Nr. L 157 S. 87) vorsieht. ²Die in Satz 1 genannte Gleichwertigkeit wird von der Kommission der Europäischen Gemeinschaften in Zusammenarbeit mit den Mitgliedstaaten bewertet und festgestellt. ³Solange die Kommission der Europäischen Gemeinschaften noch keine Übergangsentscheidung nach Satz 1 oder Feststellung nach Satz 2 getroffen hat, kann das Bundesministerium für Wirtschaft und Technologie die Gleichwertigkeit selbst bewerten und feststellen. ⁴Es wird bei der Bewertung die Bewertungen und Feststellungen anderer Mitgliedsstaaten berücksichtigen. ⁵Trifft das Bundesministerium für Wirtschaft und Technologie eine solche Feststellung, macht es diese durch Veröffentlichung im Bundesanzeiger bekannt. ⁶Lehnt das Bundesministerium für Wirtschaft und Technologie die Gleichwertigkeit im Sinne des Satzes 1 ab, kann es den in Absatz 1 Satz 1 genannten Personen und Gesellschaften für einen angemessenen Übergangszeitraum die Fortführung ihrer Prüfungstätigkeit im Einklang mit den einschlägigen deutschen Vorschriften gestatten. ⁷Die Feststellung und die Ablehnung der Gleichwertigkeit wird der Abschlussprüferaufsichtskommission mitgeteilt, damit sie diese Entscheidung gemäß § 66a Abs. 11 berücksichtigen kann. ⁸Erfolgt nach Maßgabe dieses Absatzes keine Eintragung gemäß Abs. 1, so bestätigt die Wirtschaftsprüferkammer dies dem Abschlussprüfer, der Abschlussprüferin oder der Abschlussprüfungsgesellschaft auf Antrag schriftlich.

(5) Liegen die Voraussetzungen einer Eintragung im Sinne der Absätze 1 und 2 nicht mehr vor, erfolgt eine Löschung der Eintragung von Amts wegen.

Inhaltsübersicht

		Rn.
I.	Allgemeines	1–2
II.	Registrierungspflicht (Abs. 1)	3–9
III.	Registrierungsvoraussetzungen (Abs. 2)	10–12
IV.	Eintragungsbescheinigung (Abs. 2a)	13
V.	Rechtsfolgen der Registrierung (Abs. 3)	14–15
VI.	Nichtregistrierung	16–17
VII.	Absehen von der Registrierung (Abs. 4)	18–24
VIII.	Löschung der Registrierung (Abs. 5)	25–26

I. Allgemeines

Die Registrierungsverpflichtung für Abschlussprüfer, Abschlussprüferinnen u. Abschlussprüfungsgesellschaften aus Drittstaaten (DS-AP) wurde durch die **7. WPO-Novelle 2007** neu in die WPO aufgenommen. Der Gesetzgeber setzt damit Art. 45 der AP-RiLi um. Die Registrierungspflicht stellt das **Gegenstück zur Registrierungsverpflichtung deutscher AP** u. AP anderer europäischer Staaten **im Ausland**, insb. beim PCAOB in den USA gem. § 102 des Sarbanes-Oxley-Act dar, was u.a. durch das Kriterium der „Gegenseitigkeit" in Abs. 4 Satz 1 deutlich wird (Rn. 20). 1

Mit den durch das BilMoG 2009 neu eingefügten § 292 Abs. 2 Satz 2 und 3 HGB soll die **Durchsetzung der Eintragung** sichergestellt werden. Hierdurch wird die Gleichartigkeit der Befähigung davon abhängig gemacht, dass der Abschlussprüfer gem. Abs. 1 registriert ist oder seine Gleichwertigkeit gem. § 134 Abs. 4 WPO anerkannt ist. In Satz 3 werden Unternehmen von der Anwendung des Satzes 2 ausgenommen, die ledigl. Schuldtitel mit einer Mindeststückelung von 50.000 Euro oder einem entsprechenden Betrag anderer Währung ausgegeben haben. Eine **Eintragungsbescheinigung** ist zu erteilen (Abs. 2a) bzw. auf Antrag zu bestätigen, dass eine Eintragung nach Abs. 4 nicht erforderlich ist (Abs. 4 Satz 8). 2

II. Registrierungspflicht (Abs. 1)

Der **Registrierungspflicht** unterliegen nach Abs. 1 diejenigen DS-AP, die nicht nach der WPO bestellt o. anerkannt sind, wenn sie beabsichtigen, den BV für einen gesetzlich vorgeschriebenen Jahresabschluss o. Konzernabschluss einer Gesellschaft mit Sitz außerhalb der Gemeinschaft, deren übertragbare Wertpapiere zum Handel an einen geregelten Markt in Deutschland zugelassen sind, zu erteilen. 3

Abschlussprüfer sind nach der Begriffsbestimmung in Art. 2 Nr. 2 der APRiLi, auf die der Gesetzgeber in seiner Gesetzesbegr. ausdr. Bezug nimmt (BT-Drs. 16/2858, 37), nat. Personen, die v. den zuständigen Stellen eines Mitgliedsstaates für die Durchführung v. AP zugelassen wurden. Entsprechend verwendet die WPO den Begriff AP für Prüfer aus Mitgliedsstaaten der EU in § 28. Da die Mitgliedsstaaten aber gerade keine Drittstaaten sind (Rn. 5), muss nach Sinn u. Zweck der Vorschrift 4

§ 134 Anwendung von Vorschriften dieses Gesetzes auf Drittstaatenprüfer

davon ausgegangen werden, dass mit AP u. Abschlussprüfungsgesellschaften **Prüfer u. Prüfungsunternehmen i.S. Art. 2 Nr. 4 und 5 der AP-RiLi** gemeint sind (mithin Unternehmen gleich welcher Rechtsform bzw. nat. Personen, die Prüfungen des Jahresabschlusses o. des konsolidierten Abschlusses v. **in einem Drittstaat eingetragenen Gesellschaften** durchgeführt haben).

5   **Drittstaaten** werden v. Gesetzgeber in § 3 Abs. 1 Satz 1 legal definiert als Staaten, die nicht Mitglied der EU, Vertragsstaaten des Abkommens über den europäischen Wirtschaftsraum o. die Schweiz sind. Von praktischer Bedeutung sind gegenwärtig z.B. Prüfer aus den USA, Kanada u. Japan.

6   Eine die Registrierungspflicht auslösende **Absicht, einen BV zu erteilen**, liegt nicht schon bei dem abstrakten unternehmerischen Ziel, AP durchzuführen, vor, sondern erfordert eine **hinreichende konkrete Aussicht**, einen BV tats. zu erteilen. Von einer hinreichend konkreten Aussicht muss spätestens dann ausgegangen werden, wenn der Prüfer o. das Prüfungsunternehmen konkrete **Vertragsverhandlungen** mit der zu prüfenden Gesellschaft aufgenommen hat.

7   Ob es sich bei der Prüfung um **eine gesetzlich vorgeschriebene Jahresabschlussprüfung o. Konzernabschlussprüfung** einer Gesellschaft handelt, die ihren Sitz außerhalb der europäischen Gemeinschaft haben muss, beurteilt sich nach dem Recht des Staates, in dem diese ihren Sitz hat.

8   **Geregelter Markt** i.S. der Richtlinie über Märkte für Finanzinstrumente (2004/39/EG) ist jedes zugelassene u. beaufsichtigte System, das die Interessen Vieler am Kauf u. Verkauf v. zugelassenen Finanzinstrumenten nach festen Regeln zu einem Vertragsschluss zusammenführt. In Deutschland fallen darunter der „amtliche Markt" u. der „geregelte Markt".

9   Eine **Ausnahme v. der Registrierungspflicht** sieht Abs. 1 Satz 2 für BV solcher Gesellschaften vor, die Schuldverschreibungen o. andere übertragbare Forderungen in verbriefter Form, mit Ausnahme v. Wertpapieren, die Aktien gleichzustellen sind o. die bei Umwandlung o. Ausübung der durch sie verbrieften Rechte zum Erwerb v. Aktien o. Aktien gleichzustellenden Wertpapieren berechtigen mit einer Mindeststückelung am Ausgabetag v. 50.000 Euro o. einem Wert v. 50.000 Euro. Hintergrund dieser Regelung, die der Gesetzgeber nicht ausdr. begründet, dürfte ein **mangelndes Verbraucherschutzinteresse** beim Handeln dieser Papiere sein.

III. Registrierungsvoraussetzungen (Abs. 2)

10   Steht die Registrierungspflicht eines Prüfers o. eines Prüfungsunternehmens aus einem Drittstaat fest, prüft die WPK die **Registrierungsvoraussetzungen**. Aufgrund des Auslandsbezuges und der insoweit vorrangigen Zuständigkeit der APAK (§ 66a Rn. 75) ist diese in die Entgegennahme der Anträge und deren Prüfung direkt eingebunden, zumal sie auch teilweise an den Vorarbeiten für die Äquivalenzfeststellungen im Rahmen ihrer Mitgliedschaft in der European Group of Auditors' Oversight Bodies (EGAOB) mitgewirkt hat. Die Registrierung setzt die **Vergleichbarkeit des Berufsrechtes des Drittstaates mit dem deutschen Berufsrecht**, hin-

sichtlich des Zugangs zum Beruf, den Prüfungsstandards u. den Regeln der Unabhängigkeit sowie zu den Transparenzpflichten voraus. Wann das ausländische Berufsrecht mit dem deutschen Berufsrecht vergleichbar ist, bestimmt sich nach dem **Schutzzweck der Registrierung**. Eine Prüfung v. Unternehmen mit Auswirkungen auf den deutschen Kapitalmarkt soll nur solchen Prüfern möglich sein, die hinreichend konkretisierten u. überwachten Berufspflichten unterliegen, die eine nach europäischen Maßstäben angemessen zuverlässige Berufsausübung gewährleisten. Zur Ermittlung des ausländischen Berufsrechts arbeitet die WPK mit ausländischen Berufsorganisationen zusammen.

Die **Registrierung ist ein Verwaltungsakt**. Sie erfolgt grds. auf **Antrag** des Prüfers bzw. des Prüfungsunternehmens. Auf das Registrierungsverfahren findet § 36a Abs. 1 u. 2 Anwendung. Dies gilt insb. für § 36a Abs. 2 Satz 2, wenn sich die Registrierungsvoraussetzungen auch durch die Zusammenarbeit mit den Berufsorganisationen des Drittstaates u. dem Antragsteller nicht ermitteln lassen. Die Registrierung erfolgt durch **Eintragung in das BR** der WPK nach § 38 Nr. 4. Eingetragen werden, soweit dies möglich ist, alle die Daten, die auch für WP o. WPG eingetragen werden. 11

Für die Registrierung erhebt die WPK eine **Gebühr** in Höhe v. gegenwärtig 1.050 Euro. Für die Erfassung im Rahmen einer Übergangsentscheidung der EU-Kommission (Abs. 4 Satz 1, s. Rn 22) wird die hälftige Gebühr in Höhe v. derzeit 525 Euro erhoben. 12

IV. Eintragungsbescheinigung (Abs. 2a)

Durch den mit dem BilMoG neu eingefügten Abs. 2a wird klargestellt, dass eine entsprechende Eintragungsbescheinigung zu erteilen ist (vgl. Rn 16). 13

V. Rechtsfolgen der Registrierung (Abs. 3)

Aus der Registrierung folgt **keine Mitgliedschaft der WPK**. In Folge der Registrierung unterliegen die eingetragenen Personen u. Gesellschaften aber der **BA durch die WPK**, der **Berufsgerichtsbarkeit** u. den **Vorschriften über die QK**. Der Gesetzgeber war sich bei Gesetzesfassung ausweislich der Begr. darüber im klaren, dass insb. berufsaufsichtsrechtliche Maßnahmen der WPK in der Praxis kaum durchsetzbar sein dürften (BT-Drs. 16/2858, 85). 14

Die Durchführung einer **QK ist entbehrlich**, wenn in den der Registrierung vorausgegangenen drei Jahren bereits eine QK in einem Mitgliedsstaat der EU o. in einem Drittstaat durchgeführt worden ist, dessen berufsrechtliche Vorgaben denen der WPO vergleichbar sind. Eine erneute u. damit doppelte QK ist zu Recht nicht erforderlich. 15

VI. Nichtregistrierung

Erfüllt ein registrierungspflichtiger Prüfer o. ein registrierungspflichtiges Prüfungsunternehmen die Registrierungsvoraussetzungen nicht, weil das Berufsrecht des Drittstaates mit der WPO nicht hinreichend vergleichbar ist, darf die Registrierung 16 nicht erfolgen. Da der DS-AP grds. nur den Berufspflichten seines Staates unterliegt u. die WPO insoweit keine exterritoriale Regelungsgewalt besitzt, bleiben die dort festgestellten Jahres- o. Konzernabschlüsse unberührt (BT-Drs. 16/2858, 85). Eine Sanktion der Nichtregistrierung, wie etwa ein **Delisting des geprüften ausländischen Unternehmens** an der Börse nach dem Vorbild des Sarbanes-Oxley-Act sieht das deutsche Recht bisher nicht vor. Durch das BilMoG ist jedoch mit den Änderungen der §§ 292 Abs. 2 HGB, 37v Abs. 2 Nr. 4, 37y Nr. 1 WpHG u.a. eine Pflicht zur Vorlage der Bescheinigung über die Registrierung bzw. über deren Befreiung hiervon als Voraussetzungen für die dort vorgesehen Rechtsfolgen eingefügt worden (s.a. § 39 WpHG).

17 Entsprechendes gilt für einen registrierungspflichtigen DS-AP, der die Registrierungsvoraussetzung zwar erfüllt, aber seine Registrierung nicht veranlasst o. sich der Registrierung widersetzt. Offen lässt der Gesetzgeber in seiner Begr. insoweit die Frage, ob die **Registrierung** bei Vorliegen der Voraussetzungen auch **gegen den Willen des Betroffenen** erfolgen kann. Nach dem Wortlaut handelt es sich bei der Registrierung, anders als bei der Bestellung (§ 15 Satz 1) u. der Anerkennung (§ 29 Abs. 2), nicht ausdr. um ein Antragsverfahren, während die gesetzliche Formulierung „haben sich registrieren zu lassen" auf einen mitwirkungsbedürftigen Verwaltungsakt schließen lassen kann.

VII. Absehen von der Registrierung (Abs. 4)

18 Von einer **Registrierung** ist **auf der Grundlage der Gegenseitigkeit abzusehen,** wenn die Registrierungspflichtigen in ihrem jeweiligen Drittstaat einer öffentl. Aufsicht, einer QK sowie einer Beraufsaufsicht unterliegen, die Anforderungen erfüllen, welche denen der Mitgliedsstaaten der EU **gleichwertig** (äquivalent) sind.

19 Ob zusätzl. eine **Kooperationsvereinbarung** zwischen der zuständigen Stelle des EU-Mitgliedsstaats u. der des Drittlands über den Registrierungsverzicht erforderlich ist, ist fraglich. Weder die WPO noch die AP-RiLi setzen dies ausdrücklich voraus. Ein entsprechender Hinweis auf eine Kooperationsvereinbarung findet sich lediglich in Art. 46 Nr. 3 (b) AP-RiLi, dessen Verweis auf Abs. 1 jedoch ins Leere geht. Eine entsprechende Vereinbarung dürfte somit jedenfalls keine zwingende Voraussetzung für einen Registrierungsverzicht darstellen.

20 Das Kriterium der **Gegenseitigkeit** bedeutet, dass **auch die zuständige Stelle in dem jeweiligen Drittland** auf die Registrierung von AP aus dem betr. EU-Mitgliedsstaat **verzichtet.** Dieses Erfordernis tritt nach dem Wortlaut der Vorschrift kumulativ neben die (festgestellte) Gleichwertigkeit (Rn. 21). Die Konsequenz ist, dass im Fall eines Bestehens der zuständigen Stelle auf eine Vollregistrierung deutscher AP mangels Gegenseitigkeit eine **Vollregistrierung der betr. DS-AP** notwendig wird u. die Äquivalenzfeststellung, die an sich eine Privilegierung darstellen soll, ins Leere geht (so z.B. derzeit in Bezug auf die USA). Bei der Beurteilung, ob und inwieweit ein **Verzicht seitens der zuständigen Stelle des Drittlandes** vorliegt, sind keine übermäßig strengen Anforderungen zu stellen, um den unterschiedlichen Systemen mit verschiedenst ausgestalteten Registrierungen Rechnung

zu tragen (z.B. wenn sich ein Drittstaat trotz grds. Verzichts auf eine Registrierung gewisse Mindestangaben über die betroffenen AP vorbehält).

Die **Gleichwertigkeit** (Äquivalenz) wird v. der **Kommission der Europäischen Gemeinschaft** in Zusammenarbeit mit den Mitgliedsstaaten bewertet u. festgestellt. Der Gesetzgeber schafft damit eine deutliche Verfahrensvereinfachung. Die mit der Registrierung verbundene BA durch die WPK, die deutsche Berufsgerichtsbarkeit u. die Verpflichtung zur Durchführung einer QK ist naturgem. entbehrlich, wenn der Registrierungspflichtige in seinem Heimatstaat einer öffentl. Aufsicht, einer BA u. der Verpflichtung zur Durchführung einer QK unterliegt, die europäischen Maßstäben genügt. Derzeit hat die EU-Kommission mit Entscheidung 2011/30/EU vom 19. Januar 2011 die **Gleichwertigkeit** (Äquivalenz) nach Art. 46 Abs. 2 der AP-RiLi für **folgende Drittländer** festgestellt: Australien, China, Japan, Kanada, Kroatien, Singapur, Südafrika, Südkorea, Schweiz, Vereinigte Staaten von Amerika (für letztere befristet bis zum 31. Juli 2013). Für weitere Drittländer stehen Gleichwertigkeitsentscheidungen bevor. Zu dem einschlägigen Zeitraum für die Anwendung der Gleichwertigkeitsentscheidungen s. Art. 1 der Entscheidung 2011/30/EU vom 19. Januar 2011.

21

Die **EU-Kommission** hat außerdem – gestützt auf Art. 46 Abs. 2 Satz 3 AP-RiLi – **Entscheidungen** zu **Übergangsperioden** für Abschlussprüfungen bestimmter DS-AP getroffen (Entscheidung 2008/627/EG vom 29. Juli 2008 sowie 20011/30/EU vom 20. Januar 2011) (s. Abs. 4 Satz 1). Mit diesen Übergangsentscheidungen, die jeweils für unterschiedliche Zeiträume und teilweise unterschiedliche Drittländer gelten**, soll DS-AP aus den Ländern, für die noch keine Gleichwertigkeitsentscheidung** gem. Art. 46 Abs. 2 Satz 1 AP-RiLi getroffen werden kann, die Fortsetzung ihrer Prüfungstätigkeit in einem EU-Mitgliedsstaat befristet ermöglicht werden. Für DS-AP aus Ländern, die von dieser Entscheidung erfassten werden, **entfällt eine formelle (Voll-)Registrierung**, sofern die Voraussetzungen gem. Abs. 4 hierfür kumulativ vorliegen. Gem. Art. 1 a) - e) der Entscheidung 2008/627/EG müssen jedoch bestimmte **Mindestangaben** gemacht werden. Ferner müssen die Mitgliedsstaaten gem. Art. 1 Abs. 2 der Entscheidung 2008/627/EG dafür sorgen, dass die Öffentlichkeit über den Namen u. die Anschrift dieser DS-AP informiert werden. Ebenfalls muss über die Tatsache informiert werden, dass diese Drittländer für die Zwecke der AP-RiLi noch nicht als gleichwertig (äquivalent) anerkannt sind. Insoweit findet eine Quasiregistrierung/Erfassung statt, wenn diese auch nach Maßgabe des Art. 1 der Entscheidung 2008/627/EG mit weniger umfassenden Informationspflichten einher geht als eine Vollregistrierung nach Art. 45 Abs. 1 AP-RiLi.

22

Bis zu einer Feststellung durch die Kommission kann das **BMWi** unter Berücksichtigung der Feststellung anderer Mitgliedsstaaten der EU eigene Feststellungen zur Gleichwertigkeit treffen. Für die Feststellung der Gleichwertigkeit durch das BMWi gelten die gleichen Vorgaben wie für die Feststellung der Gleichwertigkeit durch die Kommission. Die Feststellung u. die Ablehnung der Gleichwertigkeit

23

durch das BMWi ist der APAK mitzuteilen, damit diese sie mit Rücksicht auf die Zusammenarbeit mit dem entsprechenden Drittland ggf. berücksichtigen kann.

24 Lehnt das BMWi eine Gleichwertigkeit ab, kann es den Betroffenen für einen angemessenen **Übergangszeitraum** die Fortführung ihrer Prüfungstätigkeit im Einklang mit den einschlägigen deutschen Vorschriften gestatten. Es handelt sich bei dieser Gestattung folglich um eine mit Auflagen verbundene Ausnahmegenehmigung.

VIII. Löschung der Registrierung (Abs. 5)

25 **Entfällt die Registrierungspflicht**, etwa weil der Prüfer keinen einschlägigen BV mehr zu erteilen beabsichtigt o. entfallen nach einer Änderung des Berufsrechtes im Drittstaat die Registrierungsvoraussetzungen, muss die WPK **die Registrierung v. Amts wegen löschen**. Da der Betroffene bei der Feststellung v. Veränderungen nicht zur Mitwirkung verpflichtet ist, muss die WPK die Umfeldbedingungen registrierter Prüfer u. Prüfungsunternehmen in einem angemessenen Turnus v. Amts wegen überprüfen.

26 Die Registrierung ist ebenfalls v. Amts wegen zu löschen, wenn sie durch eine **Feststellung der Gleichwertigkeit durch die Kommission** (Rn. 21) o. das **BMWi** (Rn. 23) **gegenstandslos** geworden ist. Eine Unterwerfung des Drittstaatenprüfers unter das deutsche Berufsrecht ist in diesem Fall nicht mehr erforderlich.

§ 134a Übergangsregelung

(1) ¹Wirtschaftsprüfer und vereidigte Buchprüfer, die am 31. Dezember 1989 bestellt sind, behalten ihre Bestellung, auch wenn sie die Voraussetzungen der am 1. Januar 1990 in Kraft tretenden Vorschriften des Artikels 6 des Bilanzrichtlinien-Gesetzes vom 19. Dezember 1985 (BGBl. I S. 2355) nicht erfüllen. ²Entsprechendes gilt für Wirtschaftsprüfungsgesellschaften und Buchprüfungsgesellschaften, die am 31. Dezember 1989 anerkannt sind. ³Die Anerkennung einer Wirtschaftsprüfungsgesellschaft und einer Buchprüfungsgesellschaft ist jedoch zu widerrufen, wenn sie nach dem 31. Dezember 1994 die Voraussetzungen des § 28 Abs. 2 und 3 in der ab 1. Januar 1990 geltenden Fassung nicht erfüllt.

(2) ¹Wirtschaftsprüfungsgesellschaften und Buchprüfungsgesellschaften, die im Zeitpunkt des Inkrafttretens des Artikels 6 Nr. 6 Buchstabe b des Bilanzrichtlinien-Gesetzes anerkannt sind, bleiben anerkannt. ²Die Anerkennung einer solchen Wirtschaftsprüfungsgesellschaft oder Buchprüfungsgesellschaft ist von der Wirtschaftsprüferkammer zu widerrufen, wenn nach dem 31. Dezember 1987 bei der Wirtschaftsprüfungsgesellschaft oder Buchprüfungsgesellschaft der Bestand der Gesellschafter oder das Verhältnis ihrer Beteiligungen oder Stimmrechte durch Rechtsgeschäft oder aufgrund Erbfalls verändert und dabei § 28 Abs. 4 nicht beachtet wird. ³§ 34 Abs. 1 Nr. 2 ist entsprechend anzuwenden.

(3) (aufgehoben)

(4) (aufgehoben)

Schrifttum: *Haibt,* Der Erbfall als berufsrechtliches Problem bei Wirtschaftsprüfungsgesellschaften WPK-Mitt. 2000, 10; *Everling,* Zur Unzulässigkeit von Übergangsmaßnahmen für Abschlussprüfer bei der Umsetzung der GmbH & Co. KG-Richtlinie, ZGR 1993,153; *WPK,* Neuordnung der Kapitalbeteiligung Berufsfremder an Wirtschaftsprüfungsgesellschaften, MittBl. WPK 118/1986, 2.

Inhaltsübersicht

	Rn.
I. Allgemeines	1
II. Bestandsschutz bei Nichterfüllung der Vorschriften des Art 6 BiRiLiG ab 1.1.1990	2–3
III. Bestandsschutz für Altgesellschaften	4–6
IV. Wegfall des Bestandsschutzes	7–12
1. Änderung durch Rechtsgeschäft oder Erbfall	9–11
2. Anpassungsfrist	12
3. Widerruf der Anerkennung	13

I. Allgemeines

Die Vorschrift ist **mit dem BiRiLiG** i.Z.m. den verschärften Anforderungen an AP u. Prüfungsgesellschaften in die WPO eingefügt worden. Die Vorschrift enthält die verfassungsrechtlich notwendigen **Übergangsregelungen** für bereits vor Inkrafttreten des Gesetzes bestellte WP u. vBP sowie für bereits anerkannte Berufsgesellschaften.   **1**

II. Bestandsschutz bei Nichterfüllung der Vorschriften des Art. 6 BiRiLiG ab 1.1.1990

Absatz 1, der heute nur noch historische Bedeutung hat, enthält zunächst eine **Bestandsschutzregelung für WP u. vBP**, die spätestens zum 31.12.1989 bestellt worden sind. Sie behielten ihre Bestellung, sofern sie die Voraussetzungen der zum 1.1.1990 in Kraft getretenen Vorschriften des Art. 6 BiRiLiG nicht erfüllten. Die Vorschrift diente der **Umsetzung der 8. EU-Richtlinie (1984)**. Der deutsche Gesetzgeber hat v. der ihm gem. Art. 30 eingeräumten Möglichkeit, die bis zum 31.12.1989 nach bisherigem Recht erteilten Zulassungen fortzuführen, Gebrauch gemacht.   **2**

Auch für **WPG u. BPG** wurde die bis 31.12.1989 eingeräumte Frist v. deutschen Gesetzgeber voll ausgeschöpft. Der Bestandsschutz für Berufsgesellschaften erfuhr allerdings durch Satz 3 eine Einschränkung. Die Anerkennung war zu widerrufen, wenn die Anforderungen des durch das BiRiLiG geänderten § 28 Abs. 2 u. 3 an die **Leitungsebene einer WPG o. BPG** nicht spätestens zum 31.12.1994 erfüllt wurden.   **3**

III. Bestandsschutz für Altgesellschaften

4   Für die vor dem Inkrafttreten des § 6 Nr. 6b BiRiLiG zum 1.1.1986 anerkannten **WPG u. BPG, die bzgl. der Beteiligungsebene u. des Gesellschaftsvertrages § 28 Abs. 4 nicht entsprechen** (sog. **Altgesellschaften**) ist die Regelung des Abs. 2 nach wie vor v. Bedeutung. Vor Inkrafttreten des BiRiLiG war die Beteiligung an WPG u. BPG frei. So gab es u.a. Beteiligungen v. Familienangehörigen v. WP, genossenschaftlicher Prüfungsverbände, Banken sowie öffentlich-rechtlicher Körperschaften einschließl. der Bundesrepublik Deutschland u. mehrerer Bundesländer an WPG.

5   Nachdem die 8. EU-Richtlinie (1984) auf deutschen Druck vorsah, dass Mitgliedstaaten, in denen bisher keine Kapital- bzw. Stimmrechtsbindung bestand, diese nicht einführen mussten, wollten weder die Bundesregierung noch der Bundesrat eine solche Regelung in die WPO aufnehmen (Haibt, Kapitalbeteiligung, 102). Der Rechtsausschuss u. der Wirtschaftsausschuss des Bundestages sprachen sich aber für eine **Kapitalbindung** aus (hierzu vor §§ 27-34 Rn. 8). Der Gesetzgeber hat daraufhin die **Beteiligung v. Berufsfremden an WPG** auf Angehörige bestimmter freier Berufe beschränkt, die in der Gesellschaft in verantwortlicher Position tätig sind. Diese können nur Minderheitsgesellschafter sein, die WP-Majorität muss auf der Beteiligungsebene u. bei den Stimmrechten gewährleistet sein. Die Kapitalbindungsregelungen gem. § 28 Abs. 4 traten zum 1.1.1986 in Kraft. Satz 1 gewährt aber den Gesellschaften, die die Voraussetzungen zum 31.12.1987 nicht erfüllten, einen **zeitlich unbeschränkten Bestandsschutz**, sofern nicht Änderungen i.S.d. Satzes 2 eintreten. Für WPG mit gem. § 28 Abs. 4 unzulässigen Gesellschaftern besteht also kein genereller Anpassungszwang.

6   Der Bestandsschutz gilt allerdings nur in Bezug auf den Bestand der Gesellschaft als solcher. Die **Beteiligung an anderen WPG** durch solchermaßen infizierte, aber tolerierte Altgesellschaften ist jedoch nicht möglich, da sich an WPG nur solche WPG beteiligen können, die den Anforderungen des § 28 Abs. 4 entsprechen.

IV. Wegfall des Bestandsschutzes

7   Um die Zielsetzung der Kapitalbindung zu verwirklichen, sollte auch v. bestehenden Gesellschaften unter bestimmten Voraussetzungen verlangt werden, dass sie sich dem geltenden Recht anpassen (Biener/Bernecke, BiRiLiG, zu Art. 6 Nr. 20, 639). Um eine **Altgesellschaft** handelt es sich nur, wenn diese vor dem 1.1.1986 als WPG o. BPG anerkannt wurde u. die Beteiligungen o. Stimmrechte noch nicht an § 28 Abs. 4 angepasst worden sind. **Keine Altgesellschaft** liegt vor, wenn die Gesellschaft zwar vor diesem Datum als WPG anerkannt wurde, aber die **Voraussetzungen des § 28 Abs. 4** durch die Gesellschaft zwischenzeitlich **bereits erfüllt** worden sind.

8   Unter folgenden **Voraussetzungen entfällt der Bestandsschutz** einer sog. Altgesellschaft gem. Abs. 2 Satz 2:

- Es handelt sich um eine Altgesellschaft
- Es wurde nach dem 31.12.1987 eine Veränderung vorgenommen:
- im Bestand der Gesellschafter
- im Verhältnis ihrer Beteiligungen
- im Verhältnis ihrer Stimmrechte
- Die Änderung erfolgte durch Rechtsgeschäft o. Erbfall
- Dabei wurden die Regelungen des § 28 Abs. 4 nicht beachtet

1. Änderung durch Rechtsgeschäft oder Erbfall

Die Änderungen müssen durch Rechtsgeschäft o. Erbfall eingetreten sein. Wichtigster Fall ist die **Abtretung v. Anteilen** an gem. § 28 Abs. 4 unzulässige Gesellschafter. Weiterhin tritt ein Wegfall des Bestandsschutzes aufgrund Rechtsgeschäft ein, wenn ein Gesellschafter der WPG aufgrund eines Verschmelzungsvertrages durch **Verschmelzung** auf einen anderen Rechtsträger untergeht, der nicht den Anforderungen des § 28 Abs. 4 entspricht, Der Bestandsschutz entfällt auch, wenn aufgrund eines **Fusions- oder Spaltungsvertrages** ein solcher neuer Rechtsträger entsteht, der von dem Gesellschafter die Anteile an der WPG übernimmt. Da der Begriff des Rechtsgeschäftes in allen Rechtsgebieten eine oder mehrere Willenserklärungen voraussetzt, die eine Rechtsfolge herbeiführen, macht es keinen Unterschied, ob es sich um einen **zivilrechtlichen oder öffentlich-rechtlichen Vertrag** handelt. Andererseits lässt eine Änderung der Beteiligungsverhältnisse bei einem Gesellschafter oder die Verschmelzung eines Rechtsträgers auf einen Gesellschafter den Bestandsschutz der WPG nicht entfallen, da die Identität des Gesellschafters erhalten bleibt. 9

Die **Übernahme eigener Anteile** kommt solange nicht in Betracht, wie unzulässige Beteiligungen bestehen, weil die WPG als unzulässige Gesellschafterin sich gem. § 28 Abs. 4 S. 1 Nr. 1 auch nicht an einer anderen WPG beteiligen kann. **Verstirbt ein Gesellschafter** u. ist der Erbe nicht WP, so wird das Tatbestandsmerkmal ebenfalls erfüllt. 10

Diese Regelung bedeutet aber nicht, dass bei Ausscheiden eines Gesellschafters auch alle anderen Gesellschafter, die den Anforderungen des § 28 Abs. 4 nicht entsprechen, ebenfalls ausscheiden müssen. Die Regelung **bezieht sich jeweils nur auf das einzelne Rechtsgeschäft o. den einzelnen Erbfall**. Den Gesellschaften, die mit dem Inkrafttreten des neuen Rechts diesem nicht mehr entsprechen, wird auf diese Weise die Möglichkeit eingeräumt, sich stufenweise anzupassen (Biener/Bernecke, BiRiLiG, a.a.O.). Die Anteile ausscheidender unzulässiger Gesellschafter müssen daher solange auf WP o. WPG übertragen werden, bis diese über die Mehrheit der Anteile u. Stimmrechte verfügen u. die Gesellschaft die Voraussetzungen des § 28 Abs. 4 erfüllt. 11

2. Anpassungsfrist

Wird das neue Recht bei einer Anteilsübertragung o. einem Erbfall nicht berücksichtigt, setzt die zuständige WPK der betroffenen Gesellschaft eine **Frist,** innerhalb derer der dem Gesetz entspr. Zustand herbeigeführt werden muss. Aus der 12

Verweisung in Abs. 2 Satz 3 auf § 34 Abs. 1 Nr. 2 ergibt sich, dass die Frist **im Erbfall mindestens fünf Jahre** betragen muss (Biener/Bernecke, a.a.O.). In anderen Fällen ist v. der WPK eine **angemessene Frist** zu setzen (zum Begriff der Angemessenheit § 34 Rn. 11 ff.).

3. Widerruf der Anerkennung

13 Sofern v. der Berufsgesellschaft in der v. der WPK gesetzten **Anpassungsfrist** die Anerkennungsvoraussetzungen nicht hergestellt werden, ist die Anerkennung als WPG o. BPG v. der WPK zu widerrufen. Hierfür gilt die Regelung des § 34 Abs. 1 Satz 2. Die Gesellschaft ist zuvor gem. § 28 VwVfG anzuhören. Von der WPK ist anhand des Sachvortrages u. der v. der Gesellschaft vorgelegten Belege zu überprüfen, ob vor dem Widerruf noch eine **Verlängerung der Anpassungsfrist** in Betracht kommt.

§ 135 Übergangsregelung für § 14a

§ 14a ist in der ab 1. Januar 2004 geltenden Fassung anzuwenden, sofern der erste Prüfungsabschnitt oder eine Ergänzungsprüfung nach Inkrafttreten des Gesetzes zur Reform des Zulassungs- und Prüfungsverfahrens des Wirtschaftsprüfungsexamens abgelegt wird.

Inhaltsübersicht

		Rn.
I.	Allgemeines	1–3
II.	Anwendungsbereich	4–5

I. Allgemeines

1 Mit der **Übertragung der Zuständigkeit für die Durchführung der Zulassungs- u. Prüfungsverfahren auf die WPK** mit Wirkung v. 1.1.2004 durch die 5. WPO-Novelle 2004 wurde die WPK auch für Zulassungs- u. Prüfungsverfahren zuständig, für die bis zum 31.12.2003 die obersten Landesbehörden zuständig waren u. die am 31.12.2003 noch nicht abgeschlossen waren (vgl. § 139 Rn. 1).

2 Für diese Zulassungs- u. Prüfungsverfahren galt § 14a in der ab dem 1.1.2004 geltenden Fassung – u. damit die **GebO WPK** – nur, wenn der erste Prüfungsabschnitt o. eine Ergänzungsprüfung ab Inkrafttreten der 5. WPO-Novelle 2004 am 1.1.2004 abgelegt wurde.

3 War ein Teil der Prüfung o. Ergänzungsprüfung bereits vor dem 1.1.2004 abgelegt worden, galt für diese Zulassungs- u. Prüfungsverfahren **§ 14a in der bis zum 31.12.2003 geltenden Fassung**. Die Übergangsregelung sollte im Verfahren stehende Kandidaten vor einer möglichen Gebührenerhöhung bewahren.

II. Anwendungsbereich

Die Vorschrift hatte praktische Relevanz für die Bewerber, die vor dem 1.1.2004 **4** nicht an allen Aufsichtsarbeiten teilgenommen o. sich der mündlichen Prüfung o. Teilen der mündlichen Prüfung nicht unterzogen hatten, für deren Nichtteilnahme ein triftiger Grund gemäß § 21 WiPrPrüfV vorgelegen hatte u. die ihre **Prüfung ab Inkrafttreten der 5. WPO-Novelle 2004 fortsetzten.** Diese Bewerber hatten keine Zulassungs- o. Prüfungsgebühr nach Maßgabe der GebO WPK zu entrichten. Für sie blieb es bei den Festlegungen gemäß § 14a in der bis zum 31.12.2003 geltenden Fassung.

Weiterhin wurden v. der Vorschrift Kandidaten erfasst, die **gegen Prüfungsent-** **5** **scheidungen Widerspruch** eingelegt haben, denen Prüfungen zugrunde lagen, die vor dem 1.1.2004 begonnen hatten. Blieben deren Widersprüche, deren Entscheidung aufgrund der Aufgabenübertragung durch die 5. WPO-Novelle 2004 in die Zuständigkeit der WPK gefallen war, erfolglos, mussten sie, da sie dem Anwendungsbereich v. § 14a in der ab dem 1.1.2004 geltenden Fassung nicht unterfielen, für **erfolglose Widerspruchsverfahren keine Gebühr** an die WPK entrichten.

§ 136 Übergangsregelung für § 57a Abs. 6 Satz 8

(1) ¹Berufsangehörige in eigener Praxis und Wirtschaftsprüfungsgesellschaften, denen vor dem 5. September 2007 eine Teilnahmebescheinigung nach § 57a Abs. 6 Satz 7 erteilt wurde, können eine Verlängerung der Befristung der Teilnahmebescheinigung auf insgesamt sechs Jahre beantragen, soweit sie nicht gesetzliche Abschlussprüfungen von Unternehmen von öffentlichem Interesse (§ 319a Abs. 1 Satz 1 des Handelsgesetzbuchs) durchführen. ²Entsprechendes gilt für Teilnahmebescheinigungen nach § 57a Abs. 6 Satz 7, die nach dem 5. September 2007 erteilt wurden.

(2) Ist die Teilnahmebescheinigung auf sechs Jahre befristet worden, haben Berufsangehörige in eigener Praxis oder Wirtschaftsprüfungsgesellschaften, die die Abschlussprüfung eines Unternehmens von öffentlichem Interesse (§ 319a Abs. 1 Satz 1 des Handelsgesetzbuchs) mehr als drei Jahre nach Ausstellung der Teilnahmebescheinigung durchführen, innerhalb von sechs Monaten nach Annahme des Prüfungsauftrages eine Qualitätskontrolle durchführen zu lassen.

Inhaltsübersicht

	Rn.
I. Allgemeines	1
II. Verlängerung der Teilnahmebescheinigung (Abs. 1)	2–5
III. Pflicht zur vorzeitigen Qualitätskontrolle (Abs. 2)	6–9

I. Allgemeines

1 Ursprünglich war die QK in einem Turnus v. drei Jahren durchzuführen (§ 57a Abs. 1 Satz 1 i.d.F. der 4. WPO-Novelle). Dieser Turnus wurde durch die 7. WPO-Novelle 2007 für Praxen, die keine gesetzlichen AP v. Unternehmen v. öffentl. Interesse i.S.v. § 319a Abs. 1 Satz 1 HGB durchführen, auf sechs Jahre verlängert. Diese Anpassung ist Folge der Vorgaben der AP-RiLi (2006). Artikel 29 Abs. 1 lit. h der AP-RiLi (2006) sieht einen **Sechsjahreszeitraum für die QK** vor, es sei denn, es werden **Unternehmen v. öffentl. Interesse** geprüft; dann verbleibt es bei diesen bei dem **Dreijahresturnus** (Art. 43 AP-RiLi 2006). Eine Differenzierung der Turni einer QK muss jedoch auch den Übergang v. dem längeren zu dem kürzeren bzw. v. dem kürzeren zu dem längeren Turnus vorsehen, wenn die Gründe für die ursprüngliche Befristung wegen der Annahme o. Aufgabe eines Mandates nach § 319a Abs. 1 Satz 1 HGB entfallen sind. Dies erfolgt in § 136.

II. Verlängerung der Teilnahmebescheinigung (Abs. 1)

2 Wurde die TB zunächst nur auf drei Jahre befristet, besteht die Möglichkeit der Verlängerung v. drei auf sechs Jahre nach § 136 Abs. 1, wenn kein JA eines Unternehmens v. öffentl. Interesse i.S.v. § 319a Abs. 1 Satz 1 HGB geprüft wird. Die **Verlängerung erfolgt nur auf Antrag (vgl. WPK-Mag. 3/2009, 36)**. Praxen müssen in dem Antrag versichern, dass sie keine Unternehmen v. öffentl. Interesse i.S.v. § 319a Abs. 1 Satz 1 HGB prüfen. Dies wird durch die WPK mit ihrer Kenntnis v. den Praxen, die Prüfungen v. Unternehmen nach § 319a Abs. 1 Satz 1 HGB durchführen, abgeglichen.

4 Es können sowohl **noch nicht abgelaufene TB**, wie auch bereits **abgelaufene TB verlängert** werden. § 136 Abs. 1 spricht, anders als § 57a Abs. 3 Satz 3, nicht v. einer wirksamen TB. Würden ausschließl. wirksame TB verlängert werden können, würde dies zu Ungleichbehandlungen führen.

5 Eine Verlängerung setzt voraus, dass die Praxen **keine gesetzlichen AP eines Unternehmens v. öffentl. Interesse i.S.v. § 319a Abs. 1 Satz 1 HGB durchführen.** Hat die Praxis eine gesetzliche AP bei einem Unternehmen i.S.v. § 319a Abs. 1 Satz 1 HGB durchgeführt, also im Zeitpunkt der Antragstellung abgeschlossen, kann die Verlängerung der TB nur erfolgen, wenn sie nicht wieder bereits zum AP eines Unternehmens v. öffentl. Interesse bestellt worden ist. Eine Verlängerung kann hingegen nicht erfolgen, wenn die WP-Praxis den Auftrag für diese AP angenommen, aber noch nicht abgeschlossen hat.

III. Pflicht zur vorzeitigen Qualitätskontrolle (Abs. 2)

6 Der Gesetzgeber hat sich mit Abs. 2 dafür ausgesprochen, dass die Befristung der TB unangetastet bleibt, wenn eine TB über sechs Jahre erteilt wurde u. ein Unternehmen v. öffentl. Interesse i.S.v. § 319a Abs. 1 Satz 1 HGB geprüft wird. Dies hat zur Folge, dass die Praxis unverändert die Voraussetzung nach § 319 Abs. 1 Satz 3 HGB zur Bestellung als AP erfüllt. Die Praxis unterliegt in diesem Fall jedoch der **Berufspflicht, vorzeitig eine QK durchzuführen**, wenn seit Ausstellung der TB

mehr als drei Jahre vergangen sind. Die Missachtung dieser Berufspflicht kann zu berufsaufsichtsrechtlichen Sanktionen führen.

Für die **Berechnung der Drei-Jahres-Frist** ist auf das **Datum des Befristungsbeginns der TB** abzustellen (Ausstellungsdatum). Hierfür maßgebend ist der **Eingang des QK-Berichts bei der WPK** (§ 57a Abs. 6 Satz 7, § 16 Abs. 1 Satz 3 SaQK). 7

Die **Berufspflicht zur Durchführung einer vorzeitigen QK** wird begründet, wenn die gesetzliche JAP eines Unternehmens v. öffentl. Interesse drei Jahre nach Erteilung der TB „durchgeführt" wird. Eine AP wird v. dem Zeitpunkt an durchgeführt, an dem der Berufsträger zum AP bestellt wird. Sie endet regelmäßig mit der Erteilung des Bestätigungsvermerks. Nach der Gesetzesbegründung zu Abs. 2 ist die Verkürzung des Turnus der QK nur gerechtfertigt, wenn der Prüfungsauftrag nach mehr als drei Jahren seit dem Ausstellen der TB angenommen wird. Maßgeblich für die Pflicht zur Durchführung einer vorzeitigen QK ist damit der Zeitpunkt der **Auftragsannahme**. 8

Die **vorgezogene QK** muss innerhalb v. **sechs Monaten nach Annahme des Prüfungsauftrag**es durchgeführt werden. Die Berufspflicht ist dann erfüllt, wenn die QK **abgeschlossen** ist, d.h. der QK-Bericht muss innerhalb dieser Frist bei der WPK eingegangen sein. Die Beauftragung eines PfQK ist dafür nicht ausreichend. 9

§ 136a (aufgehoben)

§ 137 Übergangsregelung für § 57 Abs. 4 Nr. 1 Buchstabe e und i

Solange die Wirtschaftsprüferkammer die Vorschriften über das Siegel und die Vorschriften über die Berufshaftpflichtversicherung nach § 57 Abs. 4 Nr. 1 Buchstabe e und i nicht in die Berufssatzung aufgenommen hat, ist das am 5.9.2007 geltende Recht anzuwenden.

Die Vorschrift regelt die **Übergangszeit**, in der die WPK noch keine Vorschriften über das Siegel u. über die BHV umgesetzt hat, die auf Basis der mit der 7. WPO Novelle 2007 erweiterten Satzungsermächtigung nach § 57 Abs. 4 Nr. 1 Buchstabe e u. i WPO in der BS WP/vBP beruhen. Bis zu diesem Zeitpunkt ist das am 5.9.07 geltende Recht anzuwenden. Dabei handelt es sich um die **Siegel VO** sowie um die **WPBHV**, die mit Art. 4 u. 5 der 7. WPO-Novelle 2007 u. mit Wirkung ab dem 6.9.2007 aufgehoben worden sind. 1

Mit der 7. Änderung der BS WP/vBP, in Kraft getreten am 12.2.2010, erfolgte die Überführung der bisherigen SiegelVO in die BS WP/vBP (§ 18a BS WP/vBP nebst Anlage), so dass § 137 in Bezug auf die Vorschriften über das Siegel keine Geltung mehr entfaltet. Die Regelungen der WPBHV sind unverändert noch nicht in die BS WP/vBP transformiert, so dass die WPBHV noch solange Geltung entfaltet, bis dies der Fall ist. Ergänzend wird auf die Ausführungen unter §§ 57 Rn. 114, 115 sowie unter § 48 Rn. 21 ff. u. § 54 Rn. 44 ff. verwiesen. 2

§ 137a (aufgehoben)

§ 138 Behandlung schwebender Anträge und Verfahren

¹Anträge und Verfahren, die am 1. Januar 2002 noch nicht entschieden sind und deren Zuständigkeit mit diesem Gesetz von den obersten Landesbehörden auf die Wirtschaftsprüferkammer übergehen würde, verbleiben bis zu ihrer Entscheidung in der Zuständigkeit der obersten Landesbehörden. ²Die Vorgänge sind nach der Entscheidung der Wirtschaftsprüferkammer zuzuleiten.

Schrifttum: *Wahl, Adalbert,* Zusätzliche Aufgaben der WPK ab dem 1.1.2002, WPK-Mitt. 2001, 258.

1 Die Vorschrift ist mit der 4. WPO-Novelle 2001 zum 1.1.2002 mit der **Aufgabenübertragung v. den obersten Landesbehörden auf die WPK** in die WPO aufgenommen worden. Um das Ziel der Stärkung der Selbstverwaltung der WP u. vBP u. der Verwaltungsstraffung in der Anfangsphase nach der Aufgabenübertragung 2002 nicht zu gefährden, sollten sämtliche schwebenden Anträge u. Verfahren zum Zeitpunkt der Übertragung v. den zu diesem Zeitpunkt zuständigen **obersten Landesbehörden zu Ende geführt werden** (BGBl. 14/3649, 33). Heute hat die Regelung nur noch historische Bedeutung.

2 Aus der Regelung folgte, dass v. den obersten Landesbehörden die Verwaltungsverfahren **bis zur Bestandskraft der v. ihnen erlassenen Bescheide** zu führen waren. Dies schloss auch die **Prozessführung** vor den Verwaltungsgerichten mit ein. Erst nach Rechtskraft der verwaltungsgerichtlichen Entscheidung erlosch die Zuständigkeit der obersten Landesbehörde. Zu einem Parteiwechsel kam es daher nicht.

3 Nach Verfahrensabschluss waren die Vorgänge der WPK zuzuleiten. Dies diente der **lückenlosen Information der WPK**, was für ggf. sich anschließende Folgeverfahren relevant sein konnte.

§ 139 Übergangsregelung zur Behandlung schwebender Anträge und Verfahren im Rahmen des Zuständigkeitswechsels zum 1. Januar 2004

(1) Zulassungs- und Prüfungsverfahren, die am 31. Dezember 2003 nicht abgeschlossen sind, sind nach der Aufgabenübertragung am 1. Januar 2004 von der Wirtschaftsprüferkammer fortzuführen; hierfür stellen die bisher zuständigen obersten Landesbehörden die erforderlichen Angaben und Unterlagen rechtzeitig zur Verfügung.

(2) ¹Laufende schriftliche und mündliche Prüfungen, die am 31. Dezember 2003 nicht abgeschlossen sind, verbleiben bis zum Prüfungsverfahrensabschluss in der bisherigen Zuständigkeit der obersten Landesbehörden. ²Die bisherigen Organisationseinheiten, insbesondere die Prüfungsausschüsse, bleiben bis zum Prüfungsverfahrensabschluss bestehen. ³Satz 1 gilt nicht für nachfolgende Er-

gänzungs- und Rücktrittsfolgeprüfungen nach den §§ 19, 21 und 32 der Wirtschaftsprüferprüfungsverordnung; diese werden von der Wirtschaftsprüferkammer durchgeführt.

(3) Prüfungsverfahren nach Absatz 1 sowie Prüfungen nach Absatz 2 Satz 1 sind inhaltlich nach dem bis zum 31. Dezember 2003 geltenden Recht fortzuführen; dies gilt nicht für Zulassungsverfahren, deren Anträge bis zum 31. Dezember 2003 gestellt worden sind, über die aber erst nach dem 31. Dezember 2003 entschieden wird, und für Prüfungen nach Absatz 2 Satz 3.

(4) Die Vereinbarung zwischen dem Land Nordrhein-Westfalen und der Wirtschaftsprüferkammer über die Verlagerung der von der obersten Landeswirtschaftsbehörde bei der Durchführung der Zulassungs- und Prüfungsverfahren für Wirtschaftprüfer und vereidigte Buchprüfer wahrzunehmenden Aufgaben auf die Berufskammer vom 5. Juli 2001 bleibt unberührt.

Die Vorschrift ist mit der 5. WPO-Novelle 2004 zum 1.1.2004 mit der **Aufgabenübertragung v. den obersten Landesbehörden auf die WPK** in die WPO aufgenommen worden. Grundsätzlich hatte die WPK die laufenden Zulassungs- u. bestimmte Prüfungsverfahren fortzuführen. 1

Eine Ausnahme bildeten gemäß Abs. 2 **laufende schriftliche u. mündliche Prüfungen**, die am 31.12.2003 nicht abgeschlossen waren. Sie verblieben bis zum Prüfungsverfahrensabschluss in der bisherigen Zuständigkeit der obersten Landesbehörden. Dies bezog sich in der Praxis auf Prüfungsverfahren, in denen die schriftliche Prüfung bereits stattgefunden hatte, die mündliche Prüfung aber noch ausstand. Um einen Wechsel der zuständigen Prüfungsbehörde im laufenden Prüfungsverfahren zu vermeiden, wurden diese mündlichen Prüfungen noch v. der jeweils bisher zuständigen Stelle durchgeführt. 2

Die Ausnahmeregelung galt gemäß Abs. 2 Satz 3 **nicht für ggf. anschließende Ergänzungs- u. Rücktrittsfolgeprüfungen**. Diese wurden v. der WPK durchgeführt. 3

Anders als in der Übergangsregelung des § 138 (vgl. § 138 Rn. 2) sah die Vorschrift nicht vor, dass **anhängige Verfahren i.Ü.** bis zu ihrer Entscheidung einschließlich der gerichtlichen Verfahren in der Zuständigkeit der obersten Landesbehörden blieben. Daher ging auch die Zuständigkeit für nicht rkr. abgeschlossene Widerspruchs- u. Verwaltungsgerichtsverfahren auf die WPK über. 4

§ 139a Übergangsregelung zur Behandlung schwebender Anträge und Verfahren im Rahmen des Zulassungs- und Prüfungsverfahrens nach den bis zum 31. Dezember 2003 geltenden §§ 131 bis 131d und §§ 131i und 131j

(1) ¹Anträge auf Zulassung zur Prüfung als vereidigter Buchprüfer oder vereidigte Buchprüferin nach den bis zum 31. Dezember 2003 geltenden §§ 131 bis 131d und auf Zulassung zur Eignungsprüfung nach den bis zum 31. Dezember 2003 geltenden §§ 131i und 131j, die nicht für eine Wiederholungsprüfung gestellt werden, müssen bis spätestens 31. Dezember 2004 formgerecht eingereicht

werden; sie sind nach dem bis zum 31. Dezember 2003 geltenden Recht zu behandeln. ²Die Zuständigkeiten nach § 139 bleiben hiervon unberührt; für Zulassungs- und Prüfungsverfahren, die ab 1. Januar 2004 beginnen, gelten die Zuständigkeiten nach § 5 entsprechend.

(2) Die dem Zulassungsverfahren gemäß Absatz 1 nachfolgenden Prüfungen sind nach dem bis zum 31. Dezember 2003 geltenden Recht durchzuführen.

(3) ¹Die Prüfungen müssen bis spätestens 31. Dezember 2006 abgelegt sein. ²Dieselbe Frist gilt für die den Prüfungen nachfolgenden Rücktrittsfolge- und Wiederholungsprüfungen nach den bis zum 31. Dezember 2003 geltenden §§ 20 und 21 der Prüfungsordnung für Wirtschaftsprüfer und nach den bis zum 31. Dezember 2003 geltenden §§ 11 und 12 der Prüfungsordnung für die Eignungsprüfung nach dem Achten Teil der Wirtschaftsprüferordnung; nach Ablauf der Frist besteht kein Anspruch mehr auf deren Durchführung.

(4) ¹Hat eine Person die Prüfung als vereidigter Buchprüfer oder vereidigte Buchprüferin abgelegt, eine Bestellung aber noch nicht erhalten, so muss die Bestellung bis spätestens ein Jahr nach Prüfungsablegung beantragt werden. ²In Härtefällen kann die Wirtschaftsprüferkammer auf Antrag Ausnahmen gewähren.

Schrifttum: *Schmidt/Kaiser:* Die fünfte WPO-Novelle – eine umfassende Reform in schwerer Zeit, WPK-Mitt. 2003, 150.

Inhaltsübersicht

	Rn.
I. Allgemeines	1
II. Übergangsregelung zur vBP-Prüfung (Abs. 1-3)	2–4
III. Jahresfrist zur Bestellung als vereidigter Buchprüfer (Abs. 4)	5–10
1. Allgemeines	5
2. Verfassungsmäßigkeit	6
3. Jahresfrist	7
4. Härtefall	8–10

I. Allgemeines

1 Die 5. WPO-Novelle 2004 hat den Zugang zum Beruf des vBP geschlossen. Ziel war die Zusammenführung der Prüferberufe u. die Wiederherstellung der Einheitlichkeit des Prüferberufs. Die Vorschrift regelte in den Abs. 1–3 die **Fristen für Zulassungs- u. Prüfungsverfahren** bis zur Schließung des Zugangs zum vBP-Beruf; insoweit ist die Regelung inzwischen überholt. Sie stellt darüber hinaus durch eine **zeitliche Begrenzung der Möglichkeit der Bestellung als vBP** sicher, dass nicht in Jahren o. Jahrzehnten früher examinierte „vBP" in den Beruf zurückkommen (Abs. 4); die praktische Relevanz dieser Regelung dürfte ebenfalls entfallen sein.

II. Übergangsregelung zur vBP- Prüfung (Abs. 1-3)

Die Entscheidung des Gesetzgebers, den Zugang zum vBP-Beruf zu schließen, war verfassungsrechtlich zulässig. Durch die Übergangsregelung wurde sichergestellt, dass diejenigen, die sich im Vertrauen auf den Fortbestand des Zugangs zum vBP-Beruf bereits in einem fortgeschrittenen Stadium der Vorbereitung auf das vBP-Examen befanden, die Prüfung noch ablegen konnten. In den übrigen Fällen überwog die Bedeutung des gesetzgeberischen Anliegens für das Gemeinwohl, den Berufszugang zu schließen u. die Prüferberufe zeitnah zusammenzuführen (BT-Drs. 15/1241, 46).

Bis zum 31.12.2004 konnte **letztmalig ein Antrag auf Zulassung** zur vBP-Prüfung gestellt werden. Die Frist galt nicht für die Zulassung zu einer Wiederholungsprüfung.

Die Prüfung als vBP musste bis **spätestens 31.12.2006 abgelegt werden**. Damit alle Kandidaten, die im Jahr 2005 erstmals an der vBP-Prüfung teilgenommen u. sie nicht bestanden hatten, die Prüfung ggf. bis zu zwei Mal wiederholen konnten, wurde die vBP-Prüfung vor der Schließung des Berufszugangs im Jahr 2006 noch in zwei Prüfungsterminen durchgeführt. Seit dem 1.1.2007 findet die vBP-Prüfung nicht mehr statt.

III. Jahresfrist zur Bestellung als vereidigter Buchprüfer (Abs. 4)

1. Allgemeines

Kandidaten, die das vBP-Examen bestanden hatten, mussten innerhalb der Frist eines Jahres die Bestellung als vBP beantragen. Spätester Antragszeitpunkt war somit der 31.12.2007. Der Gesetzgeber verweist hierzu in der Begr. (BT-Drs. 15/1241, 46) auf § 135 der **WPO 1961**, mit dem damals bereits der Berufszugang zum vBP geschlossen wurde. Durch die Regelung wird die Zielvorgabe einer zeitnahen Schließung des Zugangs zum Beruf des vBP umgesetzt. § 135 Abs. 3 der WPO 1961 bestimmte, dass Bewerber, die vor dem Inkrafttreten des Gesetzes die Prüfung abgelegt, eine Bestellung aber noch nicht erhalten hatten, diese innerhalb eines Jahres nach dem Inkrafttreten des Gesetzes zu beantragen hatten.

2. Verfassungsmäßigkeit

Es handelt sich um eine **subjektive Berufszulassungsregelung**, die den Anforderungen des Art. 12 GG entspricht. Eine solche Beschränkung darf nur zum **Schutz besonders wichtiger Gemeinschaftsgüter** erfolgen, die dem grds. Anspruch des Einzelnen auf freien Berufszugang vorgehen. Dabei kann es sich um Güter bzw. Interessen handeln, die v. Gesetzgeber nach seinen wirtschaftspolitischen Vorstellungen in den Rang wichtiger Gemeinschaftsgüter erhoben worden sind (BVerfG 5.5.1987, BVerfGE 75, 246, 265). Die bezweckte Vereinheitlichung der Prüferberufe dient insb. dazu, das **Vertrauen der Anleger u. Unternehmen** in die Verlässlichkeit u. Qualität der AP wiederherzustellen bzw. zu stärken. Die Bewahrung der **hohen Qualität der Ausbildung** der WP steht im Vordergrund. Hierbei handelt es sich um ein besonders wichtiges Gemeinschaftsgut. Das BVerfG hat bei vergleichbaren Regelungen betont, dass auch bei verfassungsrechtlich zulässiger Aufhebung geschützter Rechtspositionen aufgrund des Grundsatzes der **Verhältnismäßigkeit** u. unter dem **Grundsatz des Vertrauensschutzes** eine angemessene **Übergangsregelung** zu treffen ist (BVerfG, a.a.O., 279). Durch die gewählte **Frist v. einem Jahr** sind die Personen berücksichtigt, die aufgrund des bereits bestandenen vBP-Examens eine **Vertrauensschutzposition** innehaben; bei den Kandidaten, die erst später den Antrag auf Bestellung stellen, überwiegt die Bedeutung des gesetzgeberischen Anliegens für das Gemeinwohl (= zeitnahe Zusammenführung der Prüferberufe), zumal das Gesetz auch noch eine Härtefallregelung vorsieht (vgl. Schmidt/Kaiser, WPK-Mitt. 2003, 150, 159).

3. Jahresfrist

7   Für **vor dem 1.1.2004 bestandene Prüfungen** gilt, dass die Jahresfrist mit dem Inkrafttreten des Gesetzes am 1.1.2004 zu laufen beginnt. Damit mussten alle Personen, die die Prüfung zum vBP bis zum 31.12.2003 bestanden haben, den Antrag auf Bestellung bis zum 31.12.2004 stellen. Einem nach dem 31.12.2004 gestellten Bestellungsantrag als vBP kann nur entsprochen werden, wenn ein Härtefall gem. Satz 2 geltend gemacht u. belegt wird. Für Kandidaten, die erst in den Jahren **2004 bis 2006 das Examen abgelegt** haben, begann die Frist mit dem Datum der Mitteilung über das Bestehen der Prüfung.

4. Härtefall

8   Die Härtefallregelung soll Fallgestaltungen Rechnung tragen, in denen ausnahmsweise das **Interesse eines erfolgreichen vBP-Examenskandidaten** auf Bestellung das **öffentl. Interesse an der Schließung des vBP-Berufes** überwiegt. Gründe, die zur **Wiedereinsetzung in den vorigen Stand** gem. § 32 VwVfG berechtigen, sind für sich noch nicht ausreichend. Hier kommt es nur darauf an, dass der Begünstigte ohne Verschulden gehindert war, eine gesetzl. Frist einzuhalten.

9   Zur Definition eines Härtefalles kann die **verwaltungsgerichtlichen Rspr. zu Härtefallregelungen im Prüfungsrecht** herangezogen werden, da es sich auch bei § 139a Abs. 4 um eine Berufszugangsbeschränkung handelt. Zahlreiche Prüfungsordnungen, insb. Diplomprüfungsordnungen sehen vor, dass ein Prüfling in Ausnahmefällen in einem Fach zu einer zweiten Wiederholungsprüfung zugelassen werden kann, wenn ein Ausnahmefall vorliegt. Der VGH Kassel (8.2.1989 NVwZ-RR 1989, 371) ist der Auffassung, dass solche außergewöhnlichen Umstände einen Ausnahmefall begründen können, die den Bewerber zum Rücktritt v. der Prüfung berechtigt hätte. Dies sind **schwere gesundheitliche Beeinträchtigungen** sowie **private Schicksalsschläge**. Nach Auffassung des VGH Mannheim (9.10.1990, 9 S 2052/90, zit. nach Zimmerling/Brehm, Prüfungsrecht, Rn. 39) muss eine **atypische individuelle Sonderlage** vorliegen. Bei im Privatbereich wurzelnden Problemen ist ein unerwarteter Schicksalsschlag erforderlich, der aus dem Rahmen gewöhnlicher privater Konfliktsituationen deutlich herausfällt. Finanzielle Schwierigkeiten sind nicht ausreichend.

Als Bsp. für einen Härtefall sind daher schwere, dauerhafte **Erkrankungen des** 10
Kandidaten, die die Berufstätigkeit nicht nur geringfügig beeinträchtigen sowie die intensive **Pflegebedürftigkeit eines engen Familienangehörigen** zu nennen (z.b. schwer behindertes Kind). Das Vorliegen eines solchen Falles ist **durch Atteste zu belegen**. Nicht ausreichend ist die Behauptung, dass zum Zeitpunkt des Examens die **gesetzl. Neuregelung nicht bekannt** gewesen sei, sie dem Kandidaten in der Prüfung nicht mitgeteilt worden sei o. er die Änderung der WPO nicht bemerkt habe. Insoweit besteht die Obliegenheit, sich über die den Prüferberuf betreffenden gesetzl. Entwicklungen auf dem Laufenden zu halten.

§ 139b Übergangsregelung für den bis zum 31. Dezember 2003 geltenden § 51a

(1) Die regelmäßige Verjährungsfrist nach § 195 des Bürgerlichen Gesetzbuchs findet auf die am 1. Januar 2004 bestehenden und noch nicht verjährten Ansprüche des Auftraggebers auf Schadensersatz aus dem zwischen ihm und dem Wirtschaftsprüfer bestehenden Vertragsverhältnis Anwendung.

(2) [1]**Die regelmäßige Verjährungsfrist nach § 195 des Bürgerlichen Gesetzbuchs wird vom 1. Januar 2004 an berechnet.** [2]**Läuft jedoch die bis zu diesem Tag geltende Verjährungsfrist des § 51a früher als die regelmäßige Verjährungsfrist nach § 195 des Bürgerlichen Gesetzbuchs ab, so ist die Verjährung mit Ablauf der bis zu diesem Tag geltenden Verjährungsfrist des § 51 a vollendet.**

Schrifttum: *Dobmaier*, Der allgemeine Teil des neuen Verjährungsrechts: Ein Überblick über die wichtigsten Neuerungen, AnwBl. 2002, 107; *Jungk*, Besondere Verjährungsvorschriften nach der Schuldrechtsreform, AnwBl. 2002, 174; *Leenen*, Die Neugestaltung des Verjährungsrechts durch das Schuldrechtsmodernisierungsgesetz, DStR 2002, 34.

Inhaltsübersicht

		Rn.
I.	Allgemeines	1–3
II.	Erstmaliger Zeitpunkt der Anwendung der regelmäßigen Verjährung (Abs. 1)	4
III.	Berechnung der Verjährungsfrist (Abs. 2)	5–6

I. Allgemeines

Gemäß § 51a a.F. verjährte der Anspruch auf Schadensersatz aus den zwischen dem 1 Auftraggeber u. dem WP bestehenden Vertragsverhältnis in fünf Jahren v. dem Zeitpunkt an, in dem der Anspruch entstanden ist u. zwar tag genau. § 51a wurde jedoch durch die 5. WPO-Novelle 2004 mit Wirkung zum 1.1.2004 aufgehoben. Hintergrund hierfür war, dass zum einen das **Verjährungsrecht generell vereinheitlicht** werden u. zum anderen die z.T. divergierenden **Berufsrechte der WP, StB u. RA harmonisiert** werden sollten. Somit stellt sich bei zugleich als StB bestellten o. als

§ 139b *Übergangsregelung für den bis zum 31. Dezember 2003 geltenden § 51a*

RA zugelassenen Berufsangehörigen nicht mehr die Frage, welchem Verjährungsrecht der Vertrag zuzuordnen ist. In Alt-Fällen richtete sich die Verjährung v. Schadensersatzansprüchen gegen WP, StB u. RA noch nach den Vorschriften derjenigen Berufsordnung, der sie bei Ausübung dieser Tätigkeit unterlagen (BGH 21.4.1982, NJW 1982, 1866-1867).

2 Mit der Abschaffung des § 51a a.F. gelten nunmehr auch für Schadensersatzansprüche gegen WP die **allg. Verjährungsvorschriften des BGB**, insb. auch im Hinblick auf den **Beginn u. die Dauer der Verjährung**. Es gilt nunmehr einheitlich die dreijährige Regelverjährungsfrist gem. § 195 BGB. Während die Verjährungsfrist nach altem Recht bereits mit der Entstehung des Anspruchs zu laufen begann, ist nach neuem Recht für den Beginn der Verjährung zusätzl. die Kenntnis des Gläubigers über die Person des Schuldners u. die haftungsbegründenden Umstände erforderlich. Die Verjährung beginnt mit dem Schluss des Jahres, in dem der Anspruch entstanden ist u. der Gläubiger v. den dem Anspruch begründenden Umständen u. der Person des Schuldners Kenntnis erlangt o. ohne Fahrlässigkeit erlangen müsste (vgl. § 199 Abs. 1 BGB). Diese Kenntnis (o. grob fahrlässige Unkenntnis) des Gläubigers muss v. Schuldner, der sich auf die Verjährung berufen will, bewiesen werden.

3 Darüber hinaus führt die Geltendmachung der Ansprüche, insb. durch Klageerhebung o. Mahnbescheidsantrag, nicht mehr zur Unterbrechung der Verjährung, sondern nur noch zur **Hemmung** mit der Folge, dass nach Beendigung der Hemmung ledigl. der zuvor noch nicht abgelaufene Rest der Verjährungsfrist noch läuft (vgl. §§ 204 Abs. 1, 209 BGB). Auch Verhandlungen zwischen dem Schuldner u. dem Gläubiger über den Anspruch o. die anspruchsbegründenden Umstände führen nun zur Hemmung der Verjährung (vgl. § 203 BGB), mit der Folge, dass die Zeit der Verhandlungen nicht in die Verjährungsfrist mit eingerechnet wird (vgl. § 209 BGB). Dabei wird das Führen v. Verhandlungen v. den Gerichten oft sehr weit ausgelegt.

II. Erstmaliger Zeitpunkt der Anwendung der regelmäßigen Verjährung (Abs. 1)

4 Absatz 1 bestimmt, dass die regelmäßige Verjährung nach **§ 195 BGB auf die am 1.1.2004 bestehenden u. noch nicht verjährten Ansprüche des Auftraggebers** auf Schadensersatz aus den zwischen ihm u. dem WP bestehenden Vertragsverhältnis Anwendung findet. Hierfür ist entscheidend, wann ein **Schaden eingetreten** ist, da sowohl nach altem als auch nach neuem Recht die Entstehung des Schadensersatzanspruchs maßgeblich war. Somit kann nicht auf die Pflichtverletzung abgestellt werden. Ist ein Schaden vor dem Stichtag entstanden u. hat die Verjährung somit vor dem Stichtag zu laufen begonnen, ist die regelmäßige Verjährungsfrist anwendbar, u. zwar auch dann, wenn nach den neuen Verjährungsregelungen die Verjährungsfrist erst nach dem Stichtag in Gang gesetzt worden wäre (z.B. wegen des Verjährungsbeginns erst zum Jahresende o. wegen der Kenntnisabhängigkeit).

III. Berechnung der Verjährungsfrist (Abs. 2)

Absatz 2 Satz 1 bestimmt, dass die **regelmäßige Verjährungsfrist v. drei Jahren** v. 1.1.2004 an berechnet wird. Somit verjähren die Ansprüche zum 31.12.2006. Dies jedoch nur, wenn der Gläubiger bereits vor dem 1.1.2004 die **erforderliche Kenntnis der anspruchsbegründenden Tatsachen** hatte. Erlangt er diese Kenntnis erst später, beginnt die Verjährung mit dem Schluss des Jahres zu laufen, in dem er die Kenntnis erlangt hat. 5

Läuft jedoch die **alte Verjährungsfrist** des § 51a a.f. früher ab als die neue Verjährungsfrist nach § 195 BGB, so ist die Verjährung mit Ablauf der bis zu diesem Tag geltenden Verjährungsfrist vollendet. Hierbei muss insb. Berücksichtigung finden, dass nach den neuen Verjährungsregelungen die Kenntnis v. den anspruchsbegründenden Tatsachen maßgeblich ist, so dass die Verjährungsfrist möglicherweise erst sehr spät anfängt zu laufen. In solchen Fällen ist mitunter die alte Verjährungsfrist anzuwenden, da diese Kenntnis unabhängig läuft u. nach Abs. 2 Satz 2 Geltung erlangt, wenn sie die kürzere ist. 6

§ 140 Übergangsregelung für § 43 Abs. 3, § 133a

§ 43 Abs. 3 und § 133a gelten nicht für solche Personen, die ihre Prüfungstätigkeit bei den Unternehmen vor dem Inkrafttreten des Bilanzrechtsmodernisierungsgesetzes vom 25. Mai 2009 (BGBl. I. S. 1102) aufgegeben haben.

Schrifttum: *s. Schrifttum zu § 43 Abs. 3.*

Die Vorschrift wurde im Zuge der Einfügung der §§ 43 Abs. 3, 133a durch das **BilMoG** in die WPO aufgenommen u. trat am 29.5.2009 in Kraft. 1

Vor dem Hintergrund des allg. Rückwirkungsverbots wird klargestellt, dass das nach § 133a mit einem Bußgeld v. bis zu 50.000 Euro bewehrte Tätigkeitsverbot nach § 43 Abs. 3 nur für **solche AP** u. **verantwortliche Prüfungspartner** gilt, die **nach dem Inkrafttreten des BilMoG**, also **ab dem 29.5.2009**, ihre Prüfungstätigkeit beenden (vgl. hierzu § 43 Rn. 400) u. zu dem bisher v. ihnen geprüften Unternehmen wechseln. 2

§ 141 Inkrafttreten

(1) Dieses Gesetz tritt am ersten Kalendertage des vierten auf seine Verkündigung folgenden Kalendermonats in Kraft.
(2) Die §§ 14, 48, 54, 131 Abs. 4 treten am Tage der Verkündigung in Kraft.

Die Vorschrift bezieht sich auf das Inkrafttreten des Gesetzes in seiner ursprünglich geltenden Fassung, in der es am 29.7.1961 verkündet wurde (BGBl. I, 1049). Mit Ausnahme der in Abs. 2 genannten Vorschriften trat es somit am **1.11.1961 in Kraft**. Das Inkrafttreten späterer Änderungen ist in den jeweiligen Änderungsgesetzen geregelt. 1

2 Die Frist des Abs. 1 sollte sicherstellen, dass zum damaligen Zeitpunkt **schwebende Verfahren abgeschlossen** werden konnten. Dies betraf insb. Zulassungsverfahren. Schwebende Prüfungs- u. Disziplinarverfahren konnten gem. § 135 Abs. 2 u. 5 seiner damals geltenden Fassung auch noch nach dem Inkrafttreten am 1.11.1961 nach bisher geltendem Recht fortgeführt u. abgeschlossen werden.

3 Die in Abs. 2 aufgeführten Vorschriften behandeln die **Ermächtigung** für die Regelung der Einzelheiten der **Prüfung** u. des **Prüfungsverfahrens** (§ 14), die Ermächtigung für die näheren Bestimmungen für die Gestaltung des **Berufssiegels** (§ 48), die Ermächtigung für die näheren Vorschriften über den Abschluss u. die Aufrechterhaltung der **BHV** sowie über die Mindesthöhe der Deckungssummen (§ 54) u. die Ermächtigung für die Regelung der Einzelheiten der **Übergangsprüfung für vBP** u. das Prüfungsverfahren (§ 131 Abs. 4). Diese für einen geordneten Berufszugang u. eine geregelte Berufsausübung grundlegenden Vorschriften traten bereits mit der Verkündigung des Gesetzes am **29.7.1961 in Kraft**.

4 Durch die 5. WPO-Novelle 2004 wurde **§ 131 aufgehoben** (BGBl I, 2246, 2455).

5 Durch die 7. WPO-Novelle 2007 wurden die **in § 48 u. § 54 enthaltenen Ermächtigungen zum Erlass v. Durchführungsverordnungen** (BGBl. I, 2178, 2182) durch eine Verpflichtung der WPK ersetzt, die näheren Bestimmungen in der BS WP/vBP zu regeln. Zu den Einzelheiten s. die Kommentierungen der §§ 48, 54.

RICHTLINIE 2006/43/EG DES EUROPÄISCHEN PARLAMENTS UND DES RATES

vom 17. Mai 2006

über Abschlussprüfungen von Jahresabschlüssen und konsolidierten Abschlüssen, zur Änderung der Richtlinien 78/660/EWG und 83/349/EWG des Rates und zur Aufhebung der Richtlinie 84/253/EWG des Rates

unter Berücksichtigung der Änderungen durch die

RICHTLINIE 2008/30/EG DES EUROPÄISCHEN PARLAMENTS UND DES RATES

vom 11. März 2008

zur Änderung der Richtlinie 2006/43/EG über Abschlussprüfungen von Jahresabschlüssen und konsolidierten Abschlüssen im Hinblick auf die der Kommission übertragenen Durchführungsbefugnisse

DAS EUROPÄISCHE PARLAMENT UND DER RAT DER EUROPÄISCHEN UNION -

gestützt auf den Vertrag zur Gründung der Europäischen Gemeinschaft, insbesondere auf Artikel 44 Absatz 2 Buchstabe g, auf Vorschlag der Kommission, nach Stellungnahme des Europäischen Wirtschafts- und Sozialausschusses[1], nach dem Verfahren des Artikels 251 des Vertrags[2], in Erwägung nachstehender Gründe:

(1) Nach der Vierten Richtlinie 78/660/EWG des Rates vom 25. Juli 1978 über den Jahresabschluss von Gesellschaften bestimmter Rechtsformen[3], der Siebenten Richtlinie 83/349/EWG des Rates vom 13. Juni 1983 über den konsolidierten Abschluss[4], der Richtlinie 86/635/EWG des Rates vom 8. Dezember 1986 über den Jahresabschluss und den konsolidierten Abschluss von Banken und anderen Finanzinstituten[5] und der Richtlinie 91/674/EWG des Rates vom 19. Dezember 1991 über den Jahresabschluss und den konsolidierten Abschluss von Versicherungsunternehmen[6] müssen der Jahresabschluss und der konsolidierte Abschluss von Personen geprüft werden, die zur Durchführung derartiger Prüfungen berechtigt sind.

(2) In der Achten Richtlinie 84/253/EWG des Rates vom 10. April 1984 über die Zulassung der mit der Pflichtprüfung der Rechnungslegungsunterlagen beauftrag-

---

[1] ABl. C 157 vom 28.6.2005, S. 115.
[2] Stellungnahme des Europäischen Parlaments vom 28. September 2005 (noch nicht im Amtsblatt veröffentlicht) und Beschluss des Rates vom 25. April 2006.
[3] ABl. L 222 vom 14.8.1978, S. 11. Zuletzt geändert durch die Richtlinie 2003/51/EG des Europäischen Parlaments und des Rates (ABl. L 178 vom 17.7.2003, S. 16).
[4] ABl. L 193 vom 18.7.1983, S. 1. Zuletzt geändert durch die Richtlinie 2003/51/EG.
[5] ABl. L 372 vom 31.12.1986, S. 1. Zuletzt geändert durch die Richtlinie 2003/51/EG.
[6] ABl. L 374 vom 31.12.1991, S. 7. Geändert durch die Richtlinie 2003/51/EG.

ten Personen[1] wurden die Bedingungen für die Zulassung dieser Personen festgelegt.

(3) Die fehlende Harmonisierung im Bereich der Abschlussprüfung war der Grund dafür, dass die Kommission 1998 in ihrer Mitteilung „Abschlussprüfung in der Europäischen Union: künftiges Vorgehen"[2] die Einsetzung eines Ausschusses für Fragen der Abschlussprüfung vorschlug, der durch enge Zusammenarbeit mit dem Berufsstand der Abschlussprüfer und den Mitgliedstaaten weitere Maßnahmen ausarbeiten sollte.

(4) Auf der Grundlage der Arbeiten jenes Ausschusses veröffentlichte die Kommission am 15. November 2000 die Empfehlung „Mindestanforderungen an Qualitätssicherungssysteme für die Abschlussprüfung in der EU"[3] und am 16. Mai 2002 die Empfehlung „Unabhängigkeit des Abschlussprüfers in der EU: Grundprinzipien"[4].

(5) Zweck der vorliegenden Richtlinie ist eine Harmonisierung der Anforderungen an die Abschlussprüfung auf hohem Niveau, wenn auch eine vollständige Harmonisierung nicht angestrebt wird. Der Mitgliedstaat, der eine Abschlussprüfung vorschreibt, kann strengere Anforderungen aufstellen, sofern in dieser Richtlinie nichts anderes vorgesehen ist.

(6) Alle Befähigungsnachweise, die auf der Grundlage dieser Richtlinie von Abschlussprüfern erworben werden und zur Durchführung von Abschlussprüfungen berechtigen, sollten als gleichwertig betrachtet werden. Die Mitgliedstaaten sollten folglich nicht länger verlangen können, dass die Mehrheit der Stimmrechte an einer Prüfungsgesellschaft von Abschlussprüfern mit Zulassung in diesem Mitgliedstaat gehalten werden oder die Mehrheit der Mitglieder des Verwaltungs- oder Leitungsorgans einer Prüfungsgesellschaft in diesem Mitgliedstaat zugelassen sein muss.

(7) Die Abschlussprüfung erfordert angemessene Kenntnisse in Bereichen wie dem Gesellschaftsrecht, dem Steuerrecht und dem Sozialrecht. Diese Kenntnisse sollten vor Zulassung eines Abschlussprüfers aus einem anderen Mitgliedstaat geprüft werden.

(8) Alle zugelassenen Abschlussprüfer und Prüfungsgesellschaften sollten zum Schutz Dritter in ein Register eingetragen werden, das öffentlich zugänglich ist und grundlegende Informationen über Abschlussprüfer und Prüfungsgesellschaften enthält.

(9) Abschlussprüfer sollten höchsten ethischen Normen verpflichtet sein. Aus diesem Grund sollten sie Berufsgrundsätzen unterliegen, die sich zumindest auf die Funktion der Abschlussprüfer für das öffentliche Interesse, ihre Integrität und Unparteilichkeit sowie ihre fachliche Eignung und die gebotene Sorgfalt beziehen sollten. Die Funktion eines Abschlussprüfers für das öffentliche Interesse erwächst aus der Tatsache, dass ein breiter Kreis von Personen und Einrichtungen sich auf die

---

1 ABl. L 126 vom 12.5.1984, S. 20.
2 ABl. C 143 vom 8.5.1998, S. 12.
3 ABl. L 91 vom 31.3.2001, S. 91.
4 ABl. L 191 vom 19.7.2002, S. 22.

Qualität seiner Arbeit verlässt. Eine gute Prüfungsqualität trägt zum ordnungsgemäßen Funktionieren der Märkte bei, indem die Integrität und Effizienz der Abschlüsse erhöht wird. Die Kommission kann Durchführungsmaßnahmen zu Berufsgrundsätzen als Mindeststandard beschließen. Dabei könnten die Grundsätze des Ethik-Kodexes der International Federation of Accountants (IFAC) berücksichtigt werden.

(10) Abschlussprüfer und Prüfungsgesellschaften müssen über die Angelegenheiten ihrer Mandanten Stillschweigen bewahren. Sie sollten deshalb an strenge Regeln über die Verschwiegenheit und das Berufsgeheimnis gebunden sein, ohne dass dies der ordnungsgemäßen Durchsetzung dieser Richtlinie im Wege steht. Diese Regeln über die Verschwiegenheit gelten auch für Abschlussprüfer oder Prüfungsgesellschaften, die an einem bestimmten Prüfungsauftrag nicht mehr beteiligt sind.

(11) Abschlussprüfer und Prüfungsgesellschaften sollten bei der Durchführung von Abschlussprüfungen unabhängig sein. Sie können das geprüfte Unternehmen über bei der Abschlussprüfung gewonnene Erkenntnisse informieren, sollten jedoch an den internen Entscheidungsprozessen des geprüften Unternehmens nicht mitwirken. Sollten sie in eine Situation kommen, in der die Gefahr für ihre Unabhängigkeit trotz der Schutzmaßnahmen, die zur Eindämmung dieser Gefahr ergriffen wurden, zu groß ist, sollten sie zurücktreten oder das Mandat ablehnen. Die Beurteilung, ob eine Beziehung besteht, die die Unabhängigkeit des Prüfers in Frage stellt, kann anders ausfallen für die Beziehung zwischen dem Prüfer und dem geprüften Unternehmen als für diejenige hinsichtlich dem Netzwerk und dem geprüften Unternehmen. Wenn eine Genossenschaft gemäß Artikel 2 Nummer 14 oder eine ähnliche Einrichtung im Sinne von Artikel 45 der Richtlinie 86/635/EWG nach nationalen Regelungen ein Mitglied einer Prüfungsorganisation ohne Gewinnerzielungsabsicht sein muss oder kann, kann ein objektiver, sachverständiger und informierter Dritter nicht zu dem Schluss gelangen, dass die Unabhängigkeit des Abschlussprüfers oder der Prüfungsgesellschaft durch die Mitgliedschaft bei der Durchführung einer Abschlussprüfung bei einem der Mitglieder gefährdet sein kann, vorausgesetzt, dass die Grundsätze der Unabhängigkeit auf die Abschlussprüfer, die die Abschlussprüfung durchführen, sowie auf die Personen, die gegebenenfalls in der Lage sind, Einfluss auf die Abschlussprüfung zu nehmen, angewandt werden. Beispiele für die Gefahr für die Unabhängigkeit eines Abschlussprüfers oder einer Prüfungsgesellschaft sind eine mittelbare oder unmittelbare finanzielle Beteiligung an dem geprüften Unternehmen und die Erbringung von zusätzlichen prüfungsfremden Leistungen. Ferner kann auch die Höhe des von einem geprüften Unternehmen gezahlten Prüfungshonorars und/oder die Zusammensetzung der Honorare die Unabhängigkeit eines Abschlussprüfers oder einer Prüfungsgesellschaft gefährden. Schutzmaßnahmen zur Eindämmung oder Beseitigung derartiger Risiken umfassen Verbote, Einschränkungen, sonstige Maßnahmen und Verfahren sowie Offenlegungspflichten. Abschlussprüfer und Prüfungsgesellschaften sollten die Erbringung zusätzlicher prüfungsfremder Leistungen, die ihre Unabhängigkeit in Frage stellen, ablehnen. Die Kommission kann als Mindeststandard Durchführungsmaßnahmen

zur Unabhängigkeit beschließen. Hierbei könnte die Kommission die Grundsätze berücksichtigen, die sich in der genannten Empfehlung vom 16. Mai 2002 finden. Um die Unabhängigkeit von Abschlussprüfern zu bestimmen, muss der Begriff „Netzwerk", innerhalb dessen die Abschlussprüfer tätig sind, klargestellt werden. Hierbei sind verschiedene Umstände in Betracht zu ziehen; beispielsweise kann eine Struktur als Netzwerk bezeichnet werden, wenn sie auf Gewinn- oder Kostenteilung ausgerichtet ist. Die Kriterien, die belegen, dass es sich um ein Netzwerk handelt, beispielsweise ob es gewöhnlich gemeinsame Prüfungsmandanten gibt, sollten auf der Grundlage aller zur Verfügung stehenden tatsächlichen Umstände beurteilt und bewertet werden.

(12) In Fällen der Selbstprüfung oder des Eigeninteresses sollte die Entscheidung, ob ein Abschlussprüfer oder eine Prüfungsgesellschaft zurücktreten oder einen Prüfungsauftrag in Bezug auf ihre bzw. seine Prüfungsmandanten ablehnen sollte, wenn dies zum Schutz der Unabhängigkeit des Abschlussprüfers oder der Prüfungsgesellschaft zweckmäßig ist, von dem Mitgliedstaat, und nicht von dem Abschlussprüfer oder der Prüfungsgesellschaft, getroffen werden. Allerdings sollte dies nicht zu der Situation führen, dass die Mitgliedstaaten eine allgemeine Pflicht trifft, Abschlussprüfer oder Prüfungsgesellschaften daran zu hindern, für ihre Mandanten prüfungsfremde Leistungen zu erbringen. Für die Entscheidung, ob es in Fällen von Eigeninteresse oder der Selbstprüfung zweckmäßig ist, dass ein Abschlussprüfer oder eine Prüfungsgesellschaft keine Abschlussprüfungen durchführen sollte, um die Unabhängigkeit des Abschlussprüfers oder der Prüfungsgesellschaft zu schützen, sollte die Frage mitberücksichtigt werden, ob das geprüfte Unternehmen von öffentlichem Interesse Wertpapiere ausgegeben hat, die zum Handel auf einem geregelten Markt im Sinne von Artikel 4 Absatz 1 Nummer 14 der Richtlinie 2004/39/EG des Europäischen Parlaments und des Rates vom 21. April 2004 über Märkte für Finanzinstrumente[1] zugelassen sind.

(13) Für alle nach Gemeinschaftsrecht vorgeschriebenen Abschlussprüfungen sollte eine gleichbleibend hohe Qualität gewährleistet werden. Alle Abschlussprüfungen sollten deshalb nach internationalen Prüfungsstandards durchgeführt werden. Die Maßnahmen zur Umsetzung dieser Grundsätze in der Gemeinschaft sollten gemäß dem Beschluss 1999/468/EG des Rates vom 28. Juni 1999 zur Festlegung der Modalitäten für die Ausübung der der Kommission übertragenen Durchführungsbefugnisse[2] erlassen werden. Ein Fachausschuss oder eine technische Fachgruppe für Abschlussprüfungen sollte die Kommission bei der Bewertung der fachlichen Fundierung aller internationalen Prüfungsstandards unterstützen, wobei auch das System öffentlicher Aufsichtsgremien der Mitgliedstaaten eingebunden werden sollte. Um ein Höchstmaß an Harmonisierung zu verwirklichen, sollten die Mitgliedstaaten zusätzliche nationale Prüfverfahren vorschreiben oder Anforderungen nur aufstellen dürfen, wenn diese sich aus speziellen, durch den Umfang der Abschlussprüfung von Jahresabschlüssen oder konsolidierten Abschlüssen bedingten

---

1 ABl. L 145 vom 30.4.2004, S. 1.
2 ABl. L 184 vom 17.7.1999, S. 23.

nationalen rechtlichen Anforderungen ergeben, d. h., wenn diese Anforderungen durch die bisher angenommenen internationalen Prüfungsstandards nicht abgedeckt werden. Die Mitgliedstaaten sollten diese zusätzlichen Prüfverfahren beibehalten können, bis die Prüfverfahren oder Anforderungen durch nachfolgend angenommene internationale Prüfungsstandards erfasst werden. Schließen die angenommenen internationalen Prüfungsstandards jedoch Prüfverfahren ein, deren Ausführung mit dem nationalen Recht auf Grund spezieller, durch den Umfang der Abschlussprüfung bedingter nationaler Anforderungen in Widerspruch stehen würde, so brauchen die Mitgliedstaaten den in Widerspruch stehenden Teil des internationalen Prüfungsstandards nicht anzuwenden, solange diese Widersprüche bestehen, vorausgesetzt die in Artikel 26 Absatz 3 genannten Maßnahmen werden angewandt. Jeder Zusatz oder jede Nichtanwendung durch einen Mitgliedstaat sollte einen Beitrag zu einem hohen Niveau der Glaubwürdigkeit der Jahresabschlüsse von Unternehmen leisten und dem Gemeinwohl dienen. Dies bedeutet, dass die Mitgliedstaaten beispielsweise einen zusätzlichen Prüfbericht für den Aufsichtsrat oder andere Berichts- und Prüfungsanforderungen vorschreiben können, die auf nationalen Regeln für die Unternehmensleitung beruhen.

(14) Die Einführung eines internationalen Prüfungsstandards in der Gemeinschaft durch die Kommission setzt voraus, dass er international allgemein anerkannt ist und unter vollständiger Einbeziehung aller interessierten Kreise in einem offenen und transparenten Verfahren erstellt wurde, dass er die Glaubwürdigkeit des Jahresabschlusses und des konsolidierten Abschlusses erhöht und dass er dem europäischen Gemeinwohl dient. Die Notwendigkeit der Annahme einer Stellungnahme (International Auditing Practice Statement) als Teil eines Standards sollte von Fall zu Fall gemäß dem Beschluss 1999/468/ EG geprüft werden. Die Kommission sollte sicherstellen, dass vor Beginn des Verfahrens zur Annahme eine Prüfung durchgeführt wird, um festzustellen, ob diesen Anforderungen genügt wurde, und erstattet den Mitgliedern des mit dieser Richtlinie eingesetzten Ausschusses über das Ergebnis dieser Prüfung Bericht.

(15) Bei einem konsolidierten Abschluss ist es wichtig, die Verantwortlichkeiten der Abschlussprüfer der einzelnen Konzernteile klar voneinander abzugrenzen. Dazu sollte der Konzernabschlussprüfer die volle Verantwortung für den Bestätigungsvermerk tragen.

(16) Um die Vergleichbarkeit von Unternehmen, die die gleichen Rechnungslegungsstandards anwenden, zu erhöhen und das Vertrauen der Öffentlichkeit in die Abschlussprüfung zu stärken, kann die Kommission für die Prüfung eines nach angenommenen internationalen Rechnungslegungsstandards erstellten Jahresabschlusses oder konsolidierten Abschlusses einen einheitlichen Bestätigungsvermerk festlegen, außer wenn ein angemessener Standard für einen solchen Vermerk auf Gemeinschaftsebene festgelegt wurde.

(17) Ein gutes Mittel zur Erreichung einer gleich bleibend hohen Prüfungsqualität sind regelmäßige Kontrollen. Abschlussprüfer und Prüfungsgesellschaften sollten deshalb einem von den überprüften Abschlussprüfern und Prüfungsgesellschaften

unabhängigen Qualitätssicherungssystem unterliegen. Für die Anwendung des Artikels 29 über die Qualitätssicherungssysteme können die Mitgliedstaaten fordern, dass lediglich die Anforderungen an Prüfungsgesellschaften berücksichtigt werden müssen, wenn einzelne Prüfer eine gemeinsame Qualitätssicherungsmethode verfolgen. Die Mitgliedstaaten können das Qualitätssicherungssystem dergestalt organisieren, dass jeder einzelne Prüfer alle sechs Jahre einer Qualitätssicherungskontrolle unterzogen wird. In dieser Hinsicht sollte die Finanzierung des Qualitätssicherungssystems frei von ungebührlicher Einflussnahme sein. Die Kommission sollte ermächtigt werden, in Fällen, in denen das Vertrauen der Öffentlichkeit in das Qualitätssicherungssystem schwer erschüttert ist, Durchführungsmaßnahmen in Bereichen, die für die Organisation von Qualitätssicherungssystemen und hinsichtlich ihrer Finanzierung bedeutsam sind, zu erlassen. Die öffentlichen Aufsichtssysteme der Mitgliedstaaten sollten ermutigt werden, einen koordinierten Ansatz für die Überprüfung von Qualitätssicherungssystemen zu finden, um den beteiligten Parteien unnötige Belastungen zu ersparen.

(18) Untersuchungen und angemessene Sanktionen tragen dazu bei, die unzulängliche Durchführung einer Abschlussprüfung zu verhindern und zu berichten.

(19) Abschlussprüfer und Prüfungsgesellschaften sind dafür verantwortlich, dass sie ihre Arbeit mit Sorgfalt durchführen, und sollten daher für die finanziellen Schäden, die darauf zurückzuführen sind, dass sie nicht die erforderliche Sorgfalt aufgewendet haben, zur Verantwortung gezogen werden. Die Fähigkeit der Abschlussprüfer und der Prüfungsgesellschaften, eine Berufshaftpflichtversicherung zu erwerben, kann davon abhängig sein, ob sie einer unbeschränkten finanziellen Haftung unterliegen. Diese Fragen beabsichtigt die Kommission unter Berücksichtigung der Tatsache, dass sich die Haftungssysteme der Mitgliedstaaten erheblich unterscheiden können, zu prüfen.

(20) Die Mitgliedstaaten sollten ein wirksames öffentliches Aufsichtssystem für Abschlussprüfer und Prüfungsgesellschaften schaffen, bei dem die Aufsicht dem Herkunftsmitgliedstaat übertragen wird. Die Regelungen für öffentliche Aufsichtssysteme sollten eine wirksame Zusammenarbeit hinsichtlich der Aufsichtstätigkeiten der Mitgliedstaaten auf Gemeinschaftsebene ermöglichen. Das öffentliche Aufsichtssystem sollte in der Hand Nichtberufsausübender liegen, die in den für Pflichtprüfungen relevanten Bereichen über entsprechende Kenntnisse verfügen. Bei den Nichtberufsausübenden kann es sich um Experten von außerhalb der Wirtschaftsprüferbranche oder um ehemalige Wirtschaftsprüfer handeln, die ihren Beruf nicht mehr ausüben. Die Mitgliedstaaten können jedoch gestatten, dass eine Minderheit praktizierender Abschlussprüfer führende Positionen im öffentlichen Aufsichtssystem bekleidet. Die zuständigen Aufsichtsstellen sollten zusammenarbeiten, wann immer ihre Aufsichtspflichten gegenüber den von ihnen zugelassenen Abschlussprüfern oder Prüfungsgesellschaften dies erfordern. Eine solche Zusammenarbeit kann wesentlich dazu beitragen, eine gleich bleibend hohe Qualität der Abschlussprüfung in der Gemeinschaft zu gewährleisten. Da es notwendig ist, auf europäischer Ebene eine wirksame Zusammenarbeit und Koordinierung der von

den Mitgliedstaaten benannten zuständigen Behörden sicherzustellen, sollte die Benennung einer für die Durchführung der Zusammenarbeit verantwortlichen Stelle einer unmittelbaren Zusammenarbeit jeder einzelnen Behörde mit anderen zuständigen Behörden der Mitgliedstaaten nicht entgegenstehen.

(21) Um zu gewährleisten, dass Artikel 32 Absatz 3 über Grundsätze der öffentlichen Aufsicht beachtet wird, wird bei einem Nichtberufsausübenden davon ausgegangen, dass er in den für die Abschlussprüfung relevanten Bereichen über entsprechende Kenntnisse verfügt, entweder weil er in der Vergangenheit entsprechende fachliche Qualifikationen erworben hat, oder weil er in mindestens einem der in Artikel 8 aufgeführten Bereiche Kenntnisse besitzt.

(22) Der Abschlussprüfer bzw. die Prüfungsgesellschaft sollte von der Gesellschafter- oder Mitgliederversammlung des geprüften Unternehmens bestellt werden. Um die Unabhängigkeit des Prüfers zu schützen, darf eine Abberufung nur möglich sein, wenn triftige Gründe vorliegen und diese der oder den für die öffentliche Aufsicht zuständigen Stelle(n) mitgeteilt werden.

(23) Da Unternehmen von öffentlichem Interesse stärker im Blickpunkt der Öffentlichkeit stehen und wirtschaftlich von großer Bedeutung sind, sollten für die Abschlussprüfung ihres Jahresabschlusses oder konsolidierten Abschlusses strengere Anforderungen gelten.

(24) Prüfungsausschüsse und ein wirksames internes Kontrollsystem tragen dazu bei, finanzielle und betriebliche Risiken sowie das Risiko von Vorschriftenverstößen auf ein Mindestmaß zu begrenzen und die Qualität der Rechnungslegung zu verbessern. Die Mitgliedstaten können sich auf die Empfehlung der Kommission vom 15. Februar 2005 zu den Aufgaben von nicht geschäftsführenden Direktoren oder Aufsichtsratsmitgliedern börsennotierter Gesellschaften sowie zu den Ausschüssen des Verwaltungs- oder Aufsichtsrats[1] berufen, die regelt, wie Prüfungsausschüsse gebildet werden und arbeiten sollten. Die Mitgliedstaaten können festlegen, dass die dem Prüfungsausschuss zugewiesenen Funktionen durch den Verwaltungs- oder Aufsichtsrat als Ganzes ausgeübt werden können. Bezüglich der Pflichten des Prüfungsausschusses nach Artikel 41 sollten der Abschlussprüfer oder die Prüfungsgesellschaften in keiner Weise dem Ausschuss untergeordnet sein.

(25) Die Mitgliedstaaten können ferner beschließen, auch Unternehmen von öffentlichem Interesse, die Organismen für gemeinsame Anlagen sind, deren Wertpapiere zum Handel auf einem geregelten Markt zugelassen sind, von der Anforderung eines Prüfungsausschusses zu befreien. Diese Möglichkeit berücksichtigt, dass in den Fällen, in denen die Funktionen von Organismen für gemeinsame Anlagen ausschließlich darin bestehen, die Vermögenswerte zusammenzulegen, die Einsetzung eines Prüfungsausschusses nicht immer angebracht ist. Die Abschlüsse und verbundenen Risiken sind nicht mit denen anderer Unternehmen von öffentlichem Interesse vergleichbar. Organismen für gemeinsame Anlagen in Wertpapieren (OGAW) und ihre Verwaltungsunternehmen operieren außerdem in einem fest definierten

---

1   ABl. L 52 vom 25.2.2005, S. 51.

Regulierungsumfeld und unterliegen besonderen Führungsmechanismen, wie den durch ihre Verwahrstelle durchgeführten Kontrollen. Für die Organismen für gemeinsame Anlagen, die nicht gemäß der Richtlinie 85/611/EWG[1] harmonisiert sind, jedoch entsprechenden Schutzmaßnahmen gemäß jener Richtlinie unterliegen, sollte es den Mitgliedstaaten in diesem besonderen Fall gestattet sein, diese gleich zu behandeln wie gemeinschaftsweit harmonisierte Organismen für gemeinsame Anlagen.

(26) Zur Stärkung der Unabhängigkeit von Prüfern von Unternehmen von öffentlichem Interesse sollten der oder die für die Prüfung dieser Unternehmen verantwortlichen Prüfungspartner rotieren. Um eine solche Rotation zu organisieren, sollten die Mitgliedstaaten einen Wechsel des oder der für das geprüfte Unternehmen verantwortlichen Prüfungspartner verlangen, während es der Prüfungsgesellschaft, der der oder die verantwortlichen Prüfungspartner angehören, weiterhin gestattet wird, als Abschlussprüfer eines solchen Unternehmens tätig zu sein. Falls es aus Sicht eines Mitgliedstaates zur Erreichung der festgelegten Ziele angebracht ist, kann dieser Mitgliedstaat alternativ unabhängig von Artikel 42 Absatz 2 einen Wechsel der Prüfungsgesellschaft fordern.

(27) Aufgrund der Verflechtung der Kapitalmärkte muss auch bei Prüfern aus Drittländern, wenn deren Arbeit den Kapitalmarkt der Gemeinschaft betrifft, eine hohe Qualität sichergestellt werden. Die betroffenen Prüfer sollten registriert sein, damit sie Qualitätssicherungsprüfungen unterliegen und die vorgesehenen Untersuchungen und Sanktionen auf sie angewendet werden können. Bei gegenseitiger Anerkennung sollte es möglich sein, von dieser Auflage abzusehen, wenn die Kommission in Zusammenarbeit mit den Mitgliedstaaten die Gleichwertigkeit der betreffenden Regelungen prüft. In jedem Fall sollte ein Unternehmen, das übertragbare Wertpapiere ausgegeben hat, die zum Handel auf einem geregelten Markt im Sinne von Artikel 4 Absatz 1 Nummer 14 der Richtlinie 2004/39/EG zugelassen sind, immer von einem Abschlussprüfer geprüft werden, der entweder in einem Mitgliedstaat registriert ist oder der Aufsicht der zuständigen Stellen des Drittlandes, aus dem er stammt, unterliegt, sofern diesem Drittland von der Kommission oder einem Mitgliedstaat beschieden worden ist, dass es bezüglich der Grundsätze der öffentlichen Aufsicht, der Qualitätssicherungssysteme sowie der Untersuchungssysteme und Sanktionen Anforderungen erfüllt, die denen der Gemeinschaft gleichwertig sind, und sofern diese Vereinbarung auf Gegenseitigkeit beruht. Auch wenn ein Mitgliedstaat das Qualitätssicherungssystem eines Drittlandes als gleichwertig ansehen kann, sollten andere Mitgliedstaaten diese nationale Beurteilung nicht anerkennen müssen, und der Feststellung durch die Kommission sollte dadurch nicht vorgegriffen werden.

(28) Die Komplexität von Prüfungen internationaler Konzerne erfordert eine gute Zusammenarbeit zwischen den zuständigen Stellen der Mitgliedstaaten und der be-

---

[1] Richtlinie 85/611/EWG des Rates vom 20.12.1985 zur Koordinierung der Rechts- und Verwaltungsvorschriften betreffend bestimmte Organismen für gemeinsame Anlagen in Wertpapieren (OGAW) (ABl. L 375 vom 31.12.1985, S. 3). Zuletzt geändert durch die Richtlinie 2005/1/EG des Europäischen Parlaments und des Rates (ABl. L 79 vom 24.3.2005, S. 9).

troffenen Drittländer. Die Mitgliedstaaten sollten deshalb sicherstellen, dass die zuständigen nationalen Stellen den zuständigen Stellen von Drittländern den Zugang zu Arbeitspapieren und anderen Unterlagen ermöglichen. Um die Rechte der beteiligten Parteien zu schützen und gleichzeitig den Zugang zu diesen Unterlagen und Papieren zu erleichtern, sollten die Mitgliedstaaten den zuständigen Stellen von Drittländern direkten Zugang gewähren dürfen, wenn die zuständige nationale Stelle dagegen keine Einwände erhebt. Eines der einschlägigen Kriterien für die Gewährung des Zugangs ist, ob die zuständigen Behörden in Drittländern Kriterien erfüllen, die von der Kommission als angemessen betrachtet werden. Bis zu einer solchen Entscheidung durch die Kommission können die Mitgliedstaaten, unbeschadet dieser Entscheidung, bewerten, ob diese Kriterien angemessen sind.

(29) Die in den Artikeln 36 und 47 erwähnte Weitergabe von Informationen sollte den Regeln für die Übermittlung personenbezogener Daten in Drittländer gemäß der Richtlinie 95/46/EG des Europäischen Parlaments und des Rates vom 24. Oktober 1995 zum Schutz natürlicher Personen bei der Verarbeitung personenbezogener Daten und zum freien Datenverkehr[1] entsprechen.

(30) Die zur Umsetzung dieser Richtlinie notwendigen Maßnahmen sollten gemäß dem Beschluss 1999/468/EG und unter angemessener Berücksichtigung der Erklärung, die die Kommission am 5. Februar 2002 vor dem Europäischen Parlament zur Umsetzung der Rechtsvorschriften im Bereich der Finanzdienstleistungen abgegeben hat, erlassen werden.

(31) Dem Europäischen Parlament sollte ein Zeitraum von drei Monaten nach der ersten Übermittlung eines Entwurfs von Änderungen und Umsetzungsmaßnahmen eingeräumt werden, um ihm die Prüfung und Abgabe einer Stellungnahme zu ermöglichen. In dringenden oder ausreichend begründeten Fällen sollte es möglich sein, diesen Zeitraum zu verkürzen. Wenn innerhalb dieses Zeitraums vom Europäischen Parlament eine Entschließung verabschiedet wird, sollte die Kommission den Entwurf der Änderungen oder Maßnahmen erneut prüfen.

(32) Da die Ziele dieser Richtlinie, nämlich die verbindliche Vorgabe eines Satzes internationaler Prüfungsstandards, die Aktualisierung der Ausbildungsvoraussetzungen, die Festlegung von Berufsgrundsätzen und die Gestaltung der Zusammenarbeit zwischen den zuständigen Behörden der Mitgliedstaaten und zwischen diesen und den zuständigen Behörden von Drittländern für die Verbesserung und Harmonisierung der Qualität der Abschlussprüfung in der Gemeinschaft und der Verbesserung der Zusammenarbeit zwischen den Mitgliedstaaten sowie zwischen den Mitgliedstaaten und Drittländern und der Stärkung des Vertrauens in die Abschlussprüfung, auf Ebene der Mitgliedstaaten nicht ausreichend verwirklicht werden können und daher wegen des Umfangs und der Wirkungen dieser Richtlinie besser auf Gemeinschaftsebene zu erreichen sind, kann die Gemeinschaft im Einklang mit dem in Artikel 5 des Vertrags niedergelegten Subsidiaritätsprinzip tätig werden. Entsprechend dem in demselben Artikel genannten Verhältnismäßigkeits-

---

[1] ABl. L 281 vom 23.11.1995, S. 31. Geändert durch die Verordnung (EG) Nr. 1882/2003 (ABl. L 284 vom 31.10.2003, S. 1).

grundsatz geht diese Richtlinie nicht über das zur Erreichung dieser Ziele erforderliche Maß hinaus.

(33) Um das Verhältnis zwischen Abschlussprüfer bzw. Prüfungsgesellschaft und geprüftem Unternehmen transparenter zu gestalten, sollten die Richtlinien 78/660/EWG und 83/349/EWG so geändert werden, dass das Prüfungshonorar sowie die Honorare für Nichtprüfungsleistungen künftig im Anhang zum Jahresabschluss und konsolidierten Abschluss offen gelegt werden müssen.

(34) Die Richtlinie 84/253/EWG sollte aufgehoben werden, da sie kein ausreichendes Mittel zur Gewährleistung einer angemessenen Prüfungsinfrastruktur – bestehend aus öffentlicher Aufsicht, Disziplinarregelungen und Qualitätssicherungssystemen – liefert und keine speziellen Bestimmungen zur Zusammenarbeit zwischen den zuständigen Stellen von Mitgliedstaaten und Drittländern enthält. Um Rechtssicherheit zu gewährleisten, besteht ein klares Bedürfnis danach, Abschlussprüfer und Prüfungsgesellschaften, die nach der Richtlinie 84/253/EWG zugelassen wurden, auch im Rahmen dieser Richtlinie als zugelassen anzusehen –

HABEN FOLGENDE RICHTLINIE ERLASSEN:

KAPITEL I
GEGENSTAND UND BEGRIFFSBESTIMMUNGEN

Artikel 1
Gegenstand

Diese Richtlinie regelt die Abschlussprüfung des Jahresabschlusses und des konsolidierten Abschlusses.

Artikel 2
Begriffsbestimmungen

Für die Zwecke dieser Richtlinie gelten folgende Begriffsbestimmungen:

1. „Abschlussprüfung" ist eine Prüfung des Jahresabschlusses oder des konsolidierten Abschlusses, die nach Gemeinschaftsrecht vorgeschrieben ist.
2. „Abschlussprüfer" ist eine natürliche Person, die von den zuständigen Stellen eines Mitgliedstaates nach dieser Richtlinie für die Durchführung von Abschlussprüfungen zugelassen wurde.
3. „Prüfungsgesellschaft" ist eine juristische Person oder eine sonstige Einrichtung gleich welcher Rechtsform, die von den zuständigen Stellen eines Mitgliedstaats nach dieser Richtlinie für die Durchführung von Abschlussprüfungen zugelassen wurde.
4. „Prüfungsunternehmen aus einem Drittland" ist ein Unternehmen gleich welcher Rechtsform, das Prüfungen des Jahresabschlusses oder des konsolidierten Abschlusses von in einem Drittland eingetragenen Gesellschaften durchführt.

5. „Prüfer aus einem Drittland" ist eine natürliche Person, die Prüfungen des Jahresabschlusses oder des konsolidierten Abschlusses von in einem Drittland eingetragenen Gesellschaften durchführt.
6. „Konzernabschlussprüfer" ist/sind der/die Abschlussprüfer oder die Prüfungsgesellschaft(en), der bzw. die die Abschlussprüfung konsolidierter Abschlüsse durchführt/durchführen.
7. „Netzwerk" ist die breitere Struktur,
   - die auf Kooperation ausgerichtet ist und der ein Abschlussprüfer oder eine Prüfungsgesellschaft angehört und
   - die eindeutig auf Gewinn- oder Kostenteilung abzielt oder durch gemeinsames Eigentum, gemeinsame Kontrolle oder gemeinsame Geschäftsführung, gemeinsame Qualitätssicherungsmaßnahmen und -verfahren, eine gemeinsame Geschäftsstrategie, die Verwendung einer gemeinsamen Marke oder durch einen wesentlichen Teil gemeinsamer fachlicher Ressourcen miteinander verbunden ist.
8. „Verbundenes Unternehmen einer Prüfungsgesellschaft" ist ein Unternehmen gleich welcher Rechtsform, das mit einer Prüfungsgesellschaft durch gemeinsames Eigentum, gemeinsame Kontrolle oder gemeinsame Geschäftsführung verbunden ist.
9. „Bestätigungsvermerk" ist der in Artikel 51a der Richtlinie 78/660/EWG und Artikel 37 der Richtlinie 83/349/EWG genannte Vermerk des Abschlussprüfers oder der Prüfungsgesellschaft.
10. „Zuständige Stelle" ist eine durch Gesetz bestimmte Stelle oder Einrichtung, die für die Regulierung und/oder Aufsicht von Abschlussprüfern und Prüfungsgesellschaften oder spezifischen Aspekten davon verantwortlich ist. Wird auf die „zuständige Stelle" in einem bestimmten Artikel Bezug genommen, bedeutet dies die Bezugnahme auf die Stelle oder die Einrichtung(en), die für die in diesem Artikel erwähnten Aufgaben zuständig ist/sind.
11. „Internationale Prüfungsstandards" sind die International Standards on Auditing (ISA) und damit zusammenhängende Stellungnahmen und Standards, soweit sie für die Abschlussprüfung relevant sind.
12. „Internationale Rechnungslegungsstandards" sind die International Accounting Standards (IAS), die International Financial Reporting Standards (IFRS) und die dazugehörigen Interpretationen (SIC/IFRIC), die nachfolgenden Änderungen dieser Standards und der dazugehörigen Interpretationen sowie die vom International Accounting Standards Board (IASB) in Zukunft veröffentlichten oder verabschiedeten Standards und dazugehörigen Interpretationen.
13. „Unternehmen von öffentlichem Interesse" sind Unternehmen, die unter das Recht eines Mitgliedstaats fallen und deren übertragbare Wertpapiere zum Handel auf einem geregelten Markt eines Mitgliedstaats im Sinne von Artikel 4 Absatz 1 Nummer 14 der Richtlinie 2004/39/EG zugelassen sind, Kreditinstitute im Sinne von Artikel 1 Nummer 1 der Richtlinie 2000/12/EG des Europäischen Parlaments und des Rates vom 20. März 2000 über die Aufnahme und

Ausübung der Tätigkeit der Kreditinstitute[1] und Versicherungsunternehmen im Sinne von Artikel 2 Absatz 1 der Richtlinie 91/674/EWG. Die Mitgliedstaaten können auch andere Unternehmen zu Unternehmen von öffentlichem Interesse bestimmen, beispielsweise Unternehmen, die aufgrund der Art ihrer Tätigkeit, ihrer Größe oder der Zahl ihrer Beschäftigten von erheblicher öffentlicher Bedeutung sind.

14. „Genossenschaft" ist die Europäische Genossenschaft im Sinne von Artikel 1 der Verordnung (EG) Nr. 1435/2003 des Rates vom 22. Juli 2003 über das Statut der Europäischen Genossenschaft (SCE)[2] oder jede andere Genossenschaft, für die nach Gemeinschaftsrecht eine Abschlussprüfung vorgeschrieben ist, wie etwa Kreditinstitute im Sinne von Artikel 1 Nummer 1 der Richtlinie 2000/12/EG sowie Versicherungsunternehmen im Sinne von Artikel 2 Absatz 1 der Richtlinie 91/674/EWG.

15. „Nichtberufsausübender" ist eine natürliche Person, die mindestens drei Jahre vor ihrer Beauftragung mit der öffentlichen Aufsicht keine Abschlussprüfungen durchgeführt hat, keine Stimmrechte in einer Prüfungsgesellschaft gehalten hat, weder Mitglied eines Verwaltungs- oder Leitungsorgans einer Prüfungsgesellschaft noch bei einer Prüfungsgesellschaft angestellt war noch in sonstiger Weise mit einer Prüfungsgesellschaft verbunden war.

16. „Verantwortlicher Prüfungspartner" ist/sind
    a) der/die Abschlussprüfer, der/die von einer Prüfungsgesellschaft für ein bestimmtes Prüfungsmandat als für die Durchführung der Abschlussprüfung im Auftrag der Prüfungsgesellschaft vorrangig verantwortlich bestimmt ist/sind; oder
    b) im Fall einer Konzernabschlussprüfung mindestens der/die Abschlussprüfer, der/die von einer Prüfungsgesellschaft als für die Durchführung der Abschlussprüfung auf Konzernebene vorrangig verantwortlich bestimmt ist/sind, und der/die Abschlussprüfer, der/die als auf der Ebene bedeutender Tochtergesellschaften vorrangig verantwortlich bestimmt ist/sind, oder
    c) der/die Abschlussprüfer, der/die den Bestätigungsvermerk unterzeichnet/unterzeichnen.

KAPITEL II
ZULASSUNG, KONTINUIERLICHE FORTBILDUNG UND GEGENSEITIGE ANERKENNUNG

Artikel 3
Zulassung von Abschlussprüfern und Prüfungsgesellschaften

(1) Eine Abschlussprüfung wird ausschließlich von Abschlussprüfern oder Prüfungsgesellschaften durchgeführt, die von dem Mitgliedstaat, der die Abschlussprüfung vorschreibt, zugelassen wurden.

---

[1] ABl. L 126 vom 26.5.2000, S. 1. Zuletzt geändert durch die Richtlinie 2006/29/EG der Kommission (ABl. L 70 vom 9.3.2006, S. 50).
[2] ABl. L 207 vom 18.8.2003, S. 1.

(2) Jeder Mitgliedstaat benennt die Stellen, die für die Zulassung von Abschlussprüfern und Prüfungsgesellschaften zuständig sind.

Bei diesen Stellen kann es sich auch um Berufsverbände handeln, sofern sie der in Kapitel VIII vorgesehenen öffentlichen Aufsicht unterliegen.

(3) Unbeschadet des Artikels 11 lassen die zuständigen Stellen der Mitgliedstaaten nur natürliche Personen zu, die mindestens die in den Artikeln 4 und 6 bis 10 genannten Voraussetzungen erfüllen.

(4) Die zuständigen Stellen der Mitgliedstaaten lassen als Prüfungsgesellschaften nur Einrichtungen zu, die die folgenden Voraussetzungen erfüllen:

a) Die natürlichen Personen, die für eine Prüfungsgesellschaft Abschlussprüfungen durchführen, müssen zumindest die Voraussetzungen der Artikel 4 und 6 bis 12 erfüllen und in dem betroffenen Mitgliedstaat als Abschlussprüfer zugelassen sein.

b) Eine Mehrheit der Stimmrechte in einer Einrichtung muss von Prüfungsgesellschaften, die in einem Mitgliedstaat zugelassen sind, oder von natürlichen Personen, die zumindest die Voraussetzungen der Artikel 4 und 6 bis 12 erfüllen, gehalten werden. Die Mitgliedstaaten können bestimmen, dass solche natürliche Personen auch in einem anderen Mitgliedstaat zugelassen sein müssen. Für die Zwecke der Abschlussprüfung von Genossenschaften und ähnlichen Einrichtungen, die in Artikel 45 der Richtlinie 86/635/EWG erwähnt sind, können die Mitgliedstaaten weitere spezifische Bestimmungen im Zusammenhang mit Stimmrechten erlassen.

c) Das Verwaltungs- oder Leitungsorgan der Einrichtung muss sich mit einer Mehrheit von bis zu 75 % aus Prüfungsgesellschaften mit Zulassung in einem Mitgliedstaat oder natürlichen Personen zusammensetzen, die zumindest die Voraussetzungen der Artikel 4 und 6 bis 12 erfüllen. Die Mitgliedstaaten können bestimmen, dass solche natürlichen Personen auch in einem anderen Mitgliedstaat zugelassen sein müssen. Zählt ein solches Organ nur zwei Mitglieder, so muss eines von ihnen zumindest die Voraussetzungen dieses Buchstabens erfüllen.

d) Die Gesellschaft erfüllt die Voraussetzungen des Artikels 4.

Die Mitgliedstaaten dürfen nur im Zusammenhang mit Buchstabe c zusätzliche Bedingungen aufstellen. Diese Bedingungen müssen zu den verfolgten Zielen verhältnismäßig sein und dürfen nicht über das hinausgehen, was unbedingt erforderlich ist.

Artikel 4
Guter Leumund

Die zuständigen Stellen eines Mitgliedstaats dürfen die Zulassung nur natürlichen oder juristischen Personen mit gutem Leumund erteilen.

Artikel 5
Entzug der Zulassung

(1) Die Zulassung wird entzogen, wenn der Ruf eines Abschlussprüfers oder einer Prüfungsgesellschaft ernsthaft beschädigt ist. Allerdings können die Mitgliedstaaten einen angemessenen Zeitraum einräumen, innerhalb dessen die Gesellschaft die Anforderungen an einen guten Leumund erfüllen kann.

(2) Einer Prüfungsgesellschaft wird die Zulassung entzogen, sobald eine der in Artikel 3 Absatz 4 Buchstaben b und c genannten Anforderungen nicht mehr erfüllt ist. Allerdings können die Mitgliedstaaten einen angemessenen Zeitraum einräumen, innerhalb dessen die Gesellschaft diese Anforderungen erfüllen kann.

(3) Wird einem Abschlussprüfer oder einer Prüfungsgesellschaft aus irgendeinem Grund die Zulassung entzogen, teilt die zuständige Behörde des Mitgliedstaats, in dem die Zulassung entzogen wird, diesen Umstand und die Gründe für den Entzug den entsprechenden zuständigen Stellen der Mitgliedstaaten mit, in denen der Abschlussprüfer oder die Prüfungsgesellschaft auch zugelassen ist und die im Register des erstgenannten Mitgliedstaats gemäß Artikel 16 Absatz 1 Buchstabe c registriert sind.

Artikel 6
Ausbildung

Unbeschadet des Artikels 11 kann eine natürliche Person nur zur Durchführung von Abschlussprüfungen zugelassen werden, wenn sie nach Erlangung der Hochschulreife oder einer entsprechenden Ausbildungsstufe eine theoretische und eine praktische Ausbildung absolviert und sich mit Erfolg einer staatlichen oder staatlich anerkannten beruflichen Eignungsprüfung auf dem Niveau eines Hochschulabschlusses oder eines entsprechenden Niveaus in dem betreffenden Mitgliedstaat unterzogen hat.

Artikel 7
Prüfung der beruflichen Eignung

Die in Artikel 6 genannte Eignungsprüfung garantiert die erforderlichen theoretischen Kenntnisse auf den für die Abschlussprüfung maßgebenden Sachgebieten sowie die Fähigkeit, diese Kenntnisse praktisch anzuwenden. Diese Prüfung muss zumindest teilweise schriftlich erfolgen.

Artikel 8
Theoretische Prüfung

(1) Die im Rahmen der Eignungsprüfung durchgeführte theoretische Prüfung umfasst insbesondere die folgenden Sachgebiete:
a) Theorie und Grundsätze des allgemeinen Rechnungswesens,
b) gesetzliche Vorschriften und Grundsätze für die Aufstellung des Jahresabschlusses und des konsolidierten Abschlusses,
c) internationale Rechnungslegungsstandards,

d) Finanzanalyse,
e) Kostenrechnung und betriebliches Rechnungswesen,
f) Risikomanagement und interne Kontrolle,
g) Prüfungswesen und berufsspezifische Fertigkeiten,
h) gesetzliche und standesrechtliche Vorschriften für Abschlussprüfung und Abschlussprüfer,
i) internationale Prüfungsstandards,
j) Berufsgrundsätze und Unabhängigkeit.

(2) Diese Prüfung umfasst zumindest auch die folgenden Sachgebiete, soweit sie für die Abschlussprüfung relevant sind:

a) Gesellschaftsrecht und Corporate Governance,
b) Rechtsvorschriften über Insolvenz und ähnliche Verfahren,
c) Steuerrecht,
d) bürgerliches Recht und Handelsrecht,
e) Sozialversicherungs- und Arbeitsrecht,
f) IT- und Computersysteme,
g) Betriebswirtschaft, Volkswirtschaft und Finanzwissenschaft,
h) Mathematik und Statistik,
i) Grundzüge des betrieblichen Finanzwesens.

(3) Die Kommission kann die Liste der Sachgebiete, die in der in Absatz 1 genannten theoretischen Prüfung enthalten sein müssen, ändern. Die Kommission wird bei der Annahme dieser Durchführungsmaßnahmen die Entwicklungen im Prüfungswesen und im Berufsstand der Abschlussprüfer berücksichtigen. Diese Maßnahmen zur Änderung nicht wesentlicher Bestimmungen dieser Richtlinie werden nach dem in Artikel 48 Absatz 2a genannten Regelungsverfahren mit Kontrolle erlassen.

Artikel 9
Ausnahmen

(1) Abweichend von den Artikeln 7 und 8 können die Mitgliedstaaten vorsehen, dass Personen, die auf einem oder mehreren der in Artikel 8 genannten Sachgebiete eine Hochschul- oder gleichwertige Prüfung bestanden oder einen Hochschul- oder gleichwertigen Abschluss erworben haben, von der theoretischen Prüfung in diesen Sachgebieten befreit werden.

(2) Abweichend von Artikel 7 können die Mitgliedstaaten vorsehen, dass Personen, die auf einem oder mehreren der in Artikel 8 genannten Sachgebiete einen Hochschul- oder gleichwertigen Abschluss besitzen, von der Prüfung ihrer Fähigkeit, die theoretischen Kenntnisse auf diesen Sachgebieten praktisch anzuwenden, befreit werden, wenn sie auf den betreffenden Gebieten eine praktische Ausbildung absolviert haben, die mit einer staatlich anerkannten Prüfung oder einem staatlich anerkannten Zeugnis abgeschlossen wurde.

Artikel 10
Praktische Ausbildung

(1) Um die Fähigkeit zur praktischen Anwendung der in der Eignungsprüfung getesteten theoretischen Kenntnisse zu gewährleisten, wird eine mindestens dreijährige praktische Ausbildung durchgeführt, die unter anderem die Prüfung des Jahresabschlusses, des konsolidierten Abschlusses oder ähnlicher Finanzabschlüsse zum Gegenstand hat. Diese praktische Ausbildung wird zu mindestens zwei Dritteln bei einem in einem Mitgliedstaat zugelassenen Abschlussprüfer oder einer in einem Mitgliedstaat zugelassenen Prüfungsgesellschaft absolviert.

(2) Die Mitgliedstaaten stellen sicher, dass die gesamte praktische Ausbildung bei Personen stattfindet, die ausreichende Garantien für ihre Fähigkeit, eine praktische Ausbildung zu gewähren, bieten.

Artikel 11
Zulassung aufgrund langjähriger praktischer Erfahrung

Ein Mitgliedstaat kann Personen, die die in Artikel 6 festgelegten Voraussetzungen nicht erfüllen, als Abschlussprüfer zulassen, wenn diese nachweisen können, dass sie

a) entweder 15 Jahre lang einer beruflichen Tätigkeit nachgegangen sind, die es ihnen ermöglicht hat, auf den Gebieten des Finanzwesens, des Rechts und der Rechnungslegung ausreichende Erfahrungen zu sammeln, und die in Artikel 7 genannte berufliche Eignungsprüfung bestanden haben,

b) oder sieben Jahre lang einer beruflichen Tätigkeit auf den genannten Gebieten nachgegangen sind sowie die in Artikel 10 genannte praktische Ausbildung absolviert und die in Artikel 7 genannte berufliche Eignungsprüfung bestanden haben.

Artikel 12
Kombination von praktischer und theoretischer Ausbildung

(1) Die Mitgliedstaaten können vorsehen, dass Zeiten, in denen eine theoretische Ausbildung auf den in Artikel 8 genannten Sachgebieten absolviert wurde, auf die in Artikel 11 genannten Berufsjahre angerechnet werden, wenn diese Ausbildung mit einer staatlich anerkannten Prüfung abgeschlossen wurde. Diese Ausbildung muss mindestens ein Jahr dauern und darf höchstens mit vier Jahren auf die berufliche Tätigkeit angerechnet werden.

(2) Berufstätigkeit und praktische Ausbildung dürfen nicht kürzer sein als die theoretische Ausbildung zusammen mit der in Artikel 10 vorgeschriebenen praktischen Ausbildung.

Artikel 13
Kontinuierliche Fortbildung

Die Mitgliedstaaten stellen sicher, dass Abschlussprüfer sich im Rahmen angemessener Programme kontinuierlich fortbilden müssen, um ihre theoretischen Kenntnisse und ihre beruflichen Fertigkeiten und Wertmaßstäbe auf einem ausreichend hohen Stand zu halten, und dass ein Missachten dieser Anforderung angemessene Sanktionen im Sinne von Artikel 30 nach sich zieht.

Artikel 14
Zulassung von Abschlussprüfern aus anderen Mitgliedstaaten

Die zuständigen Stellen der Mitgliedstaaten legen Verfahren für die Zulassung von Abschlussprüfern, die in anderen Mitgliedstaaten zugelassen sind, fest. Im Rahmen dieser Verfahren darf dem Abschlussprüfer höchstens ein Eignungstest nach Artikel 4 der Richtlinie 89/48/EWG des Rates vom 21. Dezember 1988 über eine allgemeine Regelung zur Anerkennung der Hochschuldiplome, die eine mindestens dreijährige Berufsausbildung abschließen[1], auferlegt werden. Bei diesem Eignungstest, der in einer der nach der in dem betreffenden Mitgliedstaat geltenden Sprachenregelung zugelassenen Sprache durchgeführt wird, wird lediglich überprüft, ob der Abschlussprüfer über eine ausreichende Kenntnis der für die Abschlussprüfung relevanten Rechts- und Verwaltungsvorschriften des betreffenden Mitgliedstaats verfügt.

KAPITEL III
REGISTRIERUNG

Artikel 15
Öffentliches Register

(1) Jeder Mitgliedstaat stellt sicher, dass zugelassene Abschlussprüfer und Prüfungsgesellschaften gemäß den Artikeln 16 und 17 in ein öffentliches Register eingetragen sind. Unter besonderen Umständen können die Mitgliedstaaten von den Anforderungen dieses Artikels und des Artikels 16 hinsichtlich der Offenlegung absehen. Dies ist aber nur in dem Ausmaß möglich, das notwendig ist, um eine absehbare und ernst zu nehmende Gefahr für die persönliche Sicherheit einer Person zu vermindern.

(2) Die Mitgliedstaaten stellen sicher, dass alle Abschlussprüfer und Prüfungsgesellschaften in diesem öffentlichen Register unter einer individuellen Nummer geführt werden. Datenspeicherungen des Registers erfolgen elektronisch; die Öffentlichkeit kann auf elektronischem Wege auf das Register zugreifen.

(3) Das öffentliche Register enthält ferner Namen und Anschrift der Stellen, die für die Zulassung nach Artikel 3, die Qualitätssicherung nach Artikel 29, die Untersuchungen und Sanktionen gegen Abschlussprüfer und Prüfungsgesellschaften nach Artikel 30 und die öffentliche Aufsicht nach Artikel 32 verantwortlich sind.

(4) Die Mitgliedstaaten stellen sicher, dass das öffentliche Register spätestens am 29. Juni 2009 in vollem Umfang einsatzfähig ist.

---

[1] ABl. L 19 vom 24.1.1989, S. 16. Geändert durch die Richtlinie 2001/19/EG des Europäischen Parlaments und des Rates (ABl. L 206 vom 31.7.2001, S. 1).

Artikel 16
Registrierung von Abschlussprüfern

(1) Für Abschlussprüfer werden im öffentlichen Register zumindest die folgenden Angaben geführt:
a) Name, Anschrift und Registrierungsnummer;
b) gegebenenfalls Name, Anschrift, Internet-Adresse und Registrierungsnummer der Prüfungsgesellschaft(en), bei der/denen der Abschlussprüfer angestellt ist oder der/denen er als Partner angehört oder in ähnlicher Form verbunden ist;
c) andere Registrierung(en) als Abschlussprüfer bei den zuständigen Stellen anderer Mitgliedstaaten und als Prüfer in Drittländern, einschließlich des/der Namen(s) der Zulassungsbehörde(n) und gegebenenfalls der Registrierungsnummer(n).

(2) Prüfer aus Drittländern, die gemäß Artikel 45 registriert sind, werden im Register eindeutig als solche, und nicht als Abschlussprüfer, geführt.

Artikel 17
Registrierung von Prüfungsgesellschaften

(1) Für Prüfungsgesellschaften werden im öffentlichen Register zumindest die folgenden Angaben geführt:
a) Name, Anschrift und Registrierungsnummer;
b) Rechtsform;
c) Kontaktmöglichkeiten, Hauptansprechpartner und gegebenenfalls Internetadresse;
d) Anschrift jedes Büros in dem Mitgliedstaat;
e) Name und Registrierungsnummer aller Abschlussprüfer, die bei der Prüfungsgesellschaft angestellt sind oder als Partner angehören oder in ähnlicher Form mit ihr verbunden sind;
f) Namen und Geschäftsadressen aller Eigentümer und Anteilseigner;
g) Namen und Geschäftsadressen aller Mitglieder des Verwaltungs- oder Leitungsorgans;
h) gegebenenfalls ein Hinweis auf Mitgliedschaft in einem Netzwerk sowie eine Liste mit Namen und Anschriften der Mitgliedsgesellschaften und ihrer verbundenen Unternehmen oder ein Hinweis darauf, wo diese Informationen öffentlich zugänglich sind;
i) andere Registrierung(en) als Prüfungsgesellschaft bei den zuständigen Behörden anderer Mitgliedstaaten und als Prüfungsunternehmen in Drittländern, einschließlich des/der Namen(s) der Zulassungsbehörde(n) und gegebenenfalls der Registrierungsnummer(n).

(2) Prüfungsunternehmen aus Drittländern, die gemäß Artikel 45 registriert sind, werden im Register eindeutig als solche, und nicht als Prüfungsgesellschaften, geführt.

Artikel 18
Aktualisierung des Registers

Die Mitgliedstaaten stellen sicher, dass Abschlussprüfer und Prüfungsgesellschaften den für das öffentliche Register zuständigen Stellen jede Änderung der darin geführten Informationen unverzüglich mitteilen. Das Register wird nach einer solchen Mitteilung unverzüglich aktualisiert.

Artikel 19
Verantwortlichkeit für die Registrierungsangaben

Die nach den Artikeln 16, 17 und 18 den entsprechenden zuständigen Stellen gelieferten Informationen werden vom Abschlussprüfer oder der Prüfungsgesellschaft unterzeichnet. Dies kann, wenn die zuständige Stelle die Übermittlung der Informationen auf elektronischem Weg zulässt, beispielsweise durch eine elektronische Signatur im Sinne von Artikel 2 Nummer 1 der Richtlinie 1999/93/EG des Europäischen Parlaments und des Rates vom 13. Dezember 1999 über gemeinschaftliche Rahmenbedingungen für elektronische Signaturen[1] geschehen.

Artikel 20
Sprache

(1) Die Informationen werden in einer nach der in dem betreffenden Mitgliedstaat geltenden Sprachenregelung zugelassenen Sprache in das öffentliche Register eingegeben.

(2) Die Mitgliedstaaten können gestatten, dass die Informationen zusätzlich dazu in einer oder mehreren anderen Amtssprachen der Gemeinschaft in das öffentliche Register eingegeben werden. Die Mitgliedstaaten können zu diesem Zweck eine beglaubigte Übersetzung vorschreiben.

Die betroffenen Mitgliedstaaten stellen in allen Fällen sicher, dass aus dem Register hervorgeht, ob es sich um eine beglaubigte Übersetzung handelt oder nicht.

KAPITEL IV
BERUFSGRUNDSÄTZE, UNABHÄNGIGKEIT, UNPARTEILICHKEIT, VERSCHWIEGENHEIT UND BERUFSGEHEIMNIS

Artikel 21
Berufsgrundsätze

(1) Die Mitgliedstaaten stellen sicher, dass alle Abschlussprüfer und Prüfungsgesellschaften an Berufsgrundsätze gebunden sind. Diese Berufsgrundsätze haben zumindest ihre Funktion für das öffentliche Interesse, ihre Integrität und Unparteilichkeit sowie ihre Fachkompetenz und Sorgfalt zum Gegenstand.

(2) Um Vertrauen in Abschlussprüfungen und die einheitliche Anwendung des Absatzes 1 des vorliegenden Artikels zu gewährleisten, kann die Kommission grundsatzorientierte Durchführungsmaßnahmen zu Berufsgrundsätzen erlassen. Diese

---

[1] ABl. L 13 vom 19.1.2000, S. 12.

Maßnahmen zur Änderung nicht wesentlicher Bestimmungen dieser Richtlinie durch Ergänzung werden nach dem in Artikel 48 Absatz 2a genannten Regelungsverfahren mit Kontrolle erlassen.

Artikel 22
Unabhängigkeit und Unparteilichkeit

(1) Die Mitgliedstaaten stellen sicher, dass Abschlussprüfer und Prüfungsgesellschaften bei der Durchführung einer Abschlussprüfung von dem geprüften Unternehmen unabhängig und nicht in das Treffen von dessen Entscheidungen eingebunden sind.

(2) Die Mitgliedstaaten stellen sicher, dass Abschlussprüfer oder Prüfungsgesellschaften von der Durchführung einer Abschlussprüfung absehen, wenn zwischen ihnen oder ihrem Netzwerk und dem geprüften Unternehmen unmittelbar oder mittelbar eine finanzielle oder geschäftliche Beziehung, ein Beschäftigungsverhältnis oder eine sonstige Verbindung - wozu auch die Erbringung zusätzlicher Leistungen, die keine Prüfungsleistungen sind, zählt - besteht, aus der ein objektiver, verständiger und informierter Dritter den Schluss ziehen würde, dass ihre Unabhängigkeit gefährdet ist. Ist die Unabhängigkeit von Abschlussprüfern oder Prüfungsgesellschaften gefährdet, beispielsweise durch Selbstprüfung, Eigeninteresse, Interessenvertretung, Vertrautheit oder Vertrauensbeziehung oder Einschüchterung, müssen sie diese Risiken durch Schutzmaßnahmen mindern. Sind diese Risiken im Vergleich zu den ergriffenen Schutzmaßnahmen so bedeutsam, dass ihre Unabhängigkeit gefährdet wird, dürfen der Abschlussprüfer oder die Prüfungsgesellschaft bei Selbstprüfung oder Eigeninteresse die Abschlussprüfung nicht durchführen.

Die Mitgliedstaaten stellen darüber hinaus sicher, dass ein Abschlussprüfer oder eine Prüfungsgesellschaft bei Unternehmen von öffentlichem Interesse in den Fällen von Selbstprüfung oder Eigeninteresse die Abschlussprüfung nicht durchführt, wenn dies zur Wahrung der Unabhängigkeit des Abschlussprüfers oder der Prüfungsgesellschaft angemessen ist.

(3) Die Mitgliedstaaten stellen sicher, dass Abschlussprüfer oder Prüfungsgesellschaften in ihren Arbeitspapieren alle bedeutsamen Risiken für ihre Unabhängigkeit und die Schutzmaßnahmen, die zur Minderung dieser Risiken ergriffen wurden, dokumentieren.

(4) Um das Vertrauen in Abschlussprüfungen und die einheitliche Anwendung der Absätze 1 und 2 des vorliegenden Artikels zu gewährleisten, kann die Kommission zu folgenden Bereichen grundsatzorientierte Durchführungsmaßnahmen annehmen:

a) den in Absatz 2 genannten Risiken und Schutzmaßnahmen;
b) Situationen, in denen die Risiken gemäß Absatz 2 so groß sind, dass die Unabhängigkeit des Abschlussprüfers oder der Prüfungsgesellschaften gefährdet ist;
c) die Frage, ob in Fällen von Selbstprüfung und Eigeninteresse gemäß Absatz 2 Unterabsatz 2 Abschlussprüfungen durchgeführt werden dürfen oder nicht.

Die Maßnahmen gemäß Unterabsatz 1 zur Änderung nicht wesentlicher Bestimmungen dieser Richtlinie durch Ergänzung werden nach dem in Artikel 48 Absatz 2a genannten Regelungsverfahren mit Kontrolle erlassen.

Artikel 23
Verschwiegenheitspflicht und Berufsgeheimnis

(1) Die Mitgliedstaaten stellen sicher, dass Abschlussprüfer und Prüfungsgesellschaften in Bezug auf alle Informationen und Unterlagen, zu denen sie bei der Durchführung einer Abschlussprüfung Zugang erhalten, entsprechenden Vorschriften zur Verschwiegenheitspflicht und zum Berufsgeheimnis unterliegen.

(2) Die Vorschriften zur Verschwiegenheitspflicht und zum Berufsgeheimnis von Abschlussprüfern und Prüfungsgesellschaften dürfen die Durchsetzung der Bestimmungen dieser Richtlinie nicht erschweren.

(3) Wird ein Abschlussprüfer oder eine Prüfungsgesellschaft durch einen anderen Abschlussprüfer oder eine andere Prüfungsgesellschaft ersetzt, gewährt dieser Abschlussprüfer bzw. diese Prüfungsgesellschaft dem neuen Abschlussprüfer bzw. der neuen Prüfungsgesellschaft Zugang zu allen relevanten Informationen über das geprüfte Unternehmen.

(4) Abschlussprüfer oder Prüfungsgesellschaften, die in einem bestimmten Prüfungsmandat nicht mehr tätig sind, und Abschlussprüfer oder Prüfungsgesellschaften eines früheren Abschlusses unterliegen hinsichtlich dieses Prüfungsmandats weiterhin den Bestimmungen der Absätze 1 und 2.

Artikel 24
Unabhängigkeit und Unparteilichkeit von Abschlussprüfern,
die für eine Prüfungsgesellschaft eine Abschlussprüfung durchführen

Die Mitgliedstaaten stellen sicher, dass weder die Eigentümer noch die Anteilseigner einer Prüfungsgesellschaft noch die Mitglieder der Verwaltungs-, Leitungs- und Aufsichtsorgane dieser oder einer verbundenen Gesellschaft in einer Weise in eine Abschlussprüfung eingreifen, die die Unabhängigkeit und Unparteilichkeit des Abschlussprüfers, der die Abschlussprüfung für die Prüfungsgesellschaft durchführt, gefährdet.

Artikel 25
Prüfungshonorare

Die Mitgliedstaaten sorgen für eine angemessene Regelung, die gewährleistet, dass die Honorare für Abschlussprüfungen

a) nicht von der Erbringung zusätzlicher Leistungen für das geprüfte Unternehmen beeinflusst oder bestimmt werden;
b) an keinerlei Bedingungen geknüpft werden dürfen.

KAPITEL V
PRÜFUNGSSTANDARDS UND BESTÄTIGUNGSVERMERK

Artikel 26
Prüfungsstandards

(1) Die Mitgliedstaaten verpflichten die Abschlussprüfer und Prüfungsgesellschaften, Abschlussprüfungen unter Beachtung der von der Kommission nach dem in Artikel 48 Absatz 2a genannten Regelungsverfahren mit Kontrolle angenommenen internationalen Prüfungsstandards durchzuführen. Die Mitgliedstaaten können einen nationalen Prüfungsstandard so lange anwenden, wie die Kommission keinen internationalen Prüfungsstandard, der für denselben Bereich gilt, angenommen hat. Angenommene internationale Prüfungsstandards werden vollständig in jeder der Amtssprachen der Gemeinschaft im Amtsblatt der Europäischen Union veröffentlicht.

(2) Die Kommission kann über die Anwendbarkeit internationaler Prüfungsstandards innerhalb der Gemeinschaft entscheiden. Die Kommission nimmt internationale Prüfungsstandards zur Anwendung in der Gemeinschaft nur an, wenn sie

a) in einem einwandfreien Verfahren mit angemessener öffentlicher Aufsicht und Transparenz erstellt wurden und international allgemein anerkannt sind,
b) beim Jahresabschluss und beim konsolidierten Abschluss entsprechend den in Artikel 2 Absatz 3 der Richtlinie 78/660/EWG und in Artikel 16 Absatz 3 der Richtlinie 83/349/EWG festgelegten Grundsätzen zu einem hohen Maß an Glaubwürdigkeit und Qualität beitragen und
c) dem europäischen Gemeinwohl dienen.

Die Maßnahmen gemäß Unterabsatz 1 zur Änderung nicht wesentlicher Bestimmungen dieser Richtlinie durch Ergänzung werden nach dem in Artikel 48 Absatz 2a genannten Regelungsverfahren mit Kontrolle erlassen.

(3) Die Mitgliedstaaten dürfen zusätzlich zu den - oder in Ausnahmefällen durch Nichtanwendung von Teilen von - internationalen Prüfungsstandards Prüfverfahren oder Prüfungsanforderungen nur vorschreiben, wenn diese sich aus speziellen, durch den Umfang der Abschlussprüfungen bedingten Anforderungen des nationalen Rechts ergeben. Die Mitgliedstaaten stellen sicher, dass diese zusätzlichen Prüfverfahren oder Prüfungsanforderungen mit den Bestimmungen des Absatzes 2 Buchstaben b und c in Einklang stehen, und setzen die Kommission und die Mitgliedstaaten vor ihrer Annahme über diese in Kenntnis. Die Mitgliedstaaten teilen in den Ausnahmefällen, in denen Teile eines internationalen Prüfungsstandards nicht angewandt werden, ihre besonderen nationalen gesetzlichen Regelungen und die Gründe für deren Beibehaltung mindestens sechs Monate vor deren nationaler Annahme oder, wenn diese Regelungen zum Zeitpunkt der Annahme eines internationalen Prüfungsstandards bereits bestehen, spätestens drei Monate nach Annahme des entsprechenden internationalen Prüfungsstandards der Kommission und den anderen Mitgliedstaaten mit.

(4) Die Mitgliedstaaten können zusätzliche Anforderungen im Zusammenhang mit den Abschlussprüfungen von Jahresabschlüssen und konsolidierten Abschlüssen für einen Zeitraum bis zum 29. Juni 2010 vorschreiben.

Artikel 27
Abschlussprüfungen konsolidierter Abschlüsse

Die Mitgliedstaaten stellen sicher, dass bei der Abschlussprüfung der konsolidierten Abschlüsse eines Konzerns

a) der Konzernabschlussprüfer die volle Verantwortung für den Bestätigungsvermerk zu den konsolidierten Abschlüssen trägt;

b) der Konzernabschlussprüfer eine Prüfung durchführt und die Unterlagen aufbewahrt, die seine Überprüfung der Arbeit eines oder mehrerer Prüfer, Abschlussprüfer, Prüfungsunternehmen aus einem Drittland oder einer oder mehrerer Prüfungsgesellschaften zum Zweck der Konzernabschlussprüfung dokumentieren. Die von dem Konzernabschlussprüfer aufbewahrten Unterlagen müssen so beschaffen sein, dass die entsprechende zuständige Stelle die Arbeit des Konzernabschlussprüfers ordnungsgemäß überprüfen kann;

c) der Konzernabschlussprüfer für den Fall, dass ein Teil des Konzerns von Prüfern oder Prüfungsunternehmen aus einem Drittland, das keine Vereinbarung zur Zusammenarbeit gemäß Artikel 47 hat, geprüft wird, dafür verantwortlich ist sicherzustellen, dass den öffentlichen Aufsichtsstellen die Unterlagen über die Arbeit ordnungsgemäß übergeben werden, die von den Prüfern oder Prüfungsunternehmen aus einem Drittland geleistet wurde, einschließlich der Arbeitsdokumente im Zusammenhang mit der Konzernabschlussprüfung. Zur Sicherstellung dieser Aushändigung bewahrt der Konzernabschlussprüfer eine Kopie dieser Unterlagen auf oder vereinbart andernfalls mit den Prüfern oder den Prüfungsunternehmen aus dem Drittland seinen ungehinderten und unbeschränkten Zugang auf Antrag oder trifft sonstige geeignete Maßnahmen. Verhindern rechtliche oder andere Hindernisse, dass die die Prüfung betreffenden Arbeitsunterlagen aus einem Drittland an den Konzernabschlussprüfer weitergegeben werden können, müssen die vom Konzernprüfer aufbewahrten Unterlagen Nachweise dafür enthalten, dass er die geeigneten Verfahren durchgeführt hat, um Zugang zu den Prüfungsunterlagen zu erhalten, und, im Fall anderer als durch die nationale Rechtsetzung entstandener rechtlicher Hindernisse, Nachweise für das Vorhandensein eines Hindernisses.

Artikel 28
Bestätigungsvermerk

(1) Wird eine Abschlussprüfung von einer Prüfungsgesellschaft durchgeführt, so wird der Bestätigungsvermerk zumindest von dem oder den Abschlussprüfern, welche die Abschlussprüfung für die Prüfungsgesellschaft durchgeführt haben, unterzeichnet. Unter besonderen Umständen können die Mitgliedstaaten vorsehen, dass diese Unterschrift nicht öffentlich bekannt gemacht werden muss, weil eine solche Offenlegung zu einer absehbaren und ernst zu nehmenden und beträchtlichen Ge-

fahr für die persönliche Sicherheit einer Person führen würde. In jedem Fall müssen die jeweiligen zuständigen Stellen die Namen der beteiligten Personen kennen.

(2) Unbeschadet des Artikels 51a Absatz 1 der Richtlinie 78/660/EWG und falls die Kommission keinen einheitlichen Standard für Bestätigungsvermerke gemäß Artikel 26 Absatz 1 der vorliegenden Richtlinie festgelegt hat, kann die Kommission einen einheitlichen Standard für Bestätigungsvermerke für Jahres- oder konsolidierte Abschlüsse, die nach anerkannten internationalen Rechnungslegungsstandards erstellt wurden, festlegen, um das Vertrauen der Öffentlichkeit in Abschlussprüfungen zu stärken. Diese Maßnahme zur Änderung nicht wesentlicher Bestimmungen dieser Richtlinie durch Ergänzung werden nach dem in Artikel 48 Absatz 2a genannten Regelungsverfahren mit Kontrolle erlassen.

KAPITEL VI
QUALITÄTSSICHERUNG

Artikel 29
Qualitätssicherungssysteme

(1) Jeder Mitgliedstaat stellt sicher, dass alle Abschlussprüfer und Prüfungsgesellschaften einem Qualitätssicherungssystem unterliegen, das mindestens die folgenden Kriterien erfüllt:

a) Das Qualitätssicherungssystem muss so organisiert sein, dass es von den überprüften Abschlussprüfern und Prüfungsgesellschaften unabhängig ist und der öffentlichen Aufsicht gemäß Kapitel VIII unterliegt;
b) die Finanzierung des Qualitätssicherungssystems muss gesichert sein und darf Abschlussprüfern oder Prüfungsgesellschaften keine Möglichkeit zur ungebührlichen Einflussnahme geben;
c) das Qualitätssicherungssystem muss über angemessene Ressourcen verfügen;
d) die Personen, die die Qualitätssicherungsprüfungen durchführen, müssen über eine angemessene fachliche Ausbildung und einschlägige Erfahrungen auf den Gebieten der Abschlussprüfung und Rechnungslegung verfügen und darüber hinaus eine spezielle Ausbildung für Qualitätssicherungsprüfungen absolviert haben;
e) die Personen, die mit Qualitätssicherungsprüfungen betraut werden, sind nach einem objektiven Verfahren auszuwählen, das darauf ausgelegt ist, Interessenkonflikte zwischen den Qualitätssicherungsprüfern und dem überprüften Abschlussprüfer oder der überprüften Prüfungsgesellschaft auszuschließen;
f) die Qualitätssicherungsprüfung muss auf der Grundlage angemessener Überprüfungen von ausgewählten Prüfungsunterlagen eine Beurteilung der Einhaltung einschlägiger Prüfungsstandards und Unabhängigkeitsanforderungen, der Quantität und der Qualität von eingesetzten Ressourcen sowie der berechneten Prüfungshonorare und des internen Qualitätssicherungssystems der Prüfungsgesellschaft umfassen;
g) über die Qualitätssicherungsprüfung ist ein Bericht zu erstellen, der die wichtigsten Schlussfolgerungen dieser Prüfung wiedergibt;

h) Qualitätssicherungsprüfungen müssen mindestens alle sechs Jahre stattfinden;
i) die Gesamtergebnisse des Qualitätssicherungssystems sind jährlich zu veröffentlichen;
j) die im Rahmen von Qualitätsprüfungen ausgesprochenen Empfehlungen müssen von dem Abschlussprüfer oder der Prüfungsgesellschaft innerhalb einer angemessenen Frist umgesetzt werden.

Wenn die unter Buchstabe j genannten Empfehlungen nicht umgesetzt werden, so werden gegebenenfalls gegen den Abschlussprüfer oder die Prüfungsgesellschaft die in Artikel 30 genannten Disziplinarmaßnahmen oder Sanktionen verhängt.

(2) Die Kommission kann Durchführungsmaßnahmen erlassen, um das Vertrauen der Öffentlichkeit in Abschlussprüfungen zu stärken und die einheitliche Anwendung von Absatz 1 Buchstaben a, b und e bis j zu gewährleisten. Diese Maßnahmen zur Änderung nicht wesentlicher Bestimmungen dieser Richtlinie durch Ergänzung werden nach dem in Artikel 48 Abs. 2a genannten Regelungsverfahren mit Kontrolle erlassen.

KAPITEL VII
UNTERSUCHUNGEN UND SANKTIONEN

Artikel 30
Untersuchungen und Sanktionen

(1) Die Mitgliedstaaten sorgen für wirksame Untersuchungen und Sanktionen, um eine unzureichende Durchführung von Abschlussprüfungen aufzudecken, zu berichtigen und zu verhindern.

(2) Unbeschadet der zivilrechtlichen Haftungsvorschriften der Mitgliedstaaten sehen die Mitgliedstaaten wirksame, verhältnismäßige und abschreckende Sanktionen für Abschlussprüfer und Prüfungsgesellschaften vor, die sich bei der Durchführung von Abschlussprüfungen nicht an die Vorschriften halten, die zur Umsetzung dieser Richtlinie angenommen wurden.

(3) Die Mitgliedstaaten sehen vor, dass Maßnahmen und Sanktionen gegen Abschlussprüfer oder Prüfungsgesellschaften in angemessener Weise öffentlich bekannt gemacht werden. Zu den Sanktionen sollte auch die Möglichkeit des Entzugs der Zulassung zählen.

Artikel 31
Haftung des Prüfers

Die Kommission legt vor dem 1. Januar 2007 einen Bericht über die Auswirkungen der derzeitigen nationalen Haftungsregelungen für Abschlussprüfungen auf die Europäischen Kapitalmärkte und auf die Versicherungsbedingungen für Abschlussprüfer und Prüfungsgesellschaften, einschließlich einer objektiven Analyse der Begrenzungen für finanzielle Haftungen, vor. Die Kommission stützt sich gegebenenfalls auf öffentliche Konsultationen. Die Kommission übermittelt, wenn sie es für angemessen hält, im Ergebnis des Berichts Empfehlungen an die Mitgliedstaaten.

KAPITEL VIII
ÖFFENTLICHE AUFSICHT UND GEGENSEITIGE ANERKENNUNG DER MITGLIEDSTAATLICHEN REGELUNGEN

Artikel 32
Grundsätze der öffentlichen Aufsicht

(1) Die Mitgliedstaaten organisieren nach den in den Absätzen 2 bis 7 festgelegten Grundsätzen eine wirksame öffentliche Aufsicht für Abschlussprüfer und Prüfungsgesellschaften.

(2) Alle Abschlussprüfer und Prüfungsgesellschaften müssen der öffentlichen Aufsicht unterliegen.

(3) Die öffentliche Aufsicht muss in der Hand von Nichtberufsausübenden liegen, die in den für die Abschlussprüfung relevanten Bereichen über entsprechende Kenntnisse verfügen. Die Mitgliedstaaten können jedoch gestatten, dass eine Minderheit der mit der öffentlichen Aufsicht befassten Personen als Abschlussprüfer tätig ist. Alle Personen, die im System der öffentlichen Aufsicht eine führende Position bekleiden, sind in einem unabhängigen und transparenten Verfahren auszuwählen.

(4) Die öffentliche Aufsicht muss in letzter Instanz dafür zuständig sein,

a) die Zulassung und Registrierung von Abschlussprüfern und Prüfungsgesellschaften zu überwachen,

b) die Annahme von Berufsgrundsätzen, von Standards für die interne Qualitätskontrolle von Prüfungsgesellschaften sowie von Prüfungsstandards zu überwachen und

c) die kontinuierliche Fortbildung, die Qualitätssicherungs- sowie die Untersuchungs- und Disziplinarsysteme zu überwachen.

(5) Die öffentliche Aufsicht muss das Recht haben, bei Bedarf Untersuchungen zu Abschlussprüfern und Prüfungsgesellschaften durchzuführen und geeignete Maßnahmen einzuleiten.

(6) Die öffentliche Aufsicht muss transparent sein. Dazu zählt auch die Veröffentlichung jährlicher Arbeitsprogramme und Tätigkeitsberichte.

(7) Die öffentliche Aufsicht muss ausreichend finanziert sein. Die Finanzierung des Systems muss gesichert und frei von ungebührlicher Einflussnahme durch Abschlussprüfer oder Prüfungsgesellschaften sein.

Artikel 33
Zusammenarbeit zwischen den für die öffentliche Aufsicht zuständigen Stellen auf Gemeinschaftsebene

Die Mitgliedstaaten stellen sicher, dass die Regelungen für öffentliche Aufsichtssysteme auf Gemeinschaftsebene eine wirksame Zusammenarbeit bei den Aufsichtstätigkeiten der Mitgliedstaaten ermöglichen. Zu diesem Zweck überträgt jeder Mitgliedstaat einer Einrichtung speziell die Verantwortung für diese Zusammenarbeit.

Artikel 34
Gegenseitige Anerkennung der mitgliedstaatlichen Regelungen

(1) Die Regelungen der Mitgliedstaaten folgen dem Herkunftslandprinzip, d. h., es gelten die Rechtsvorschriften und Aufsichtsregeln des Mitgliedstaats, in dem der Abschlussprüfer oder die Prüfungsgesellschaft zugelassen ist und das geprüfte Unternehmen seinen eingetragenen Sitz hat.

(2) Für die Abschlussprüfung eines konsolidierten Abschlusses darf der Mitgliedstaat, der diese Abschlussprüfung vorschreibt, dem Abschlussprüfer oder der Prüfungsgesellschaft, der bzw. die die Abschlussprüfung einer in einem anderen Mitgliedstaat niedergelassenen Tochtergesellschaft durchführt, für diese Abschlussprüfung in Bezug auf Registrierung, Qualitätssicherungsprüfung, Prüfungsstandards, Berufsgrundsätze und Unabhängigkeit keine zusätzlichen Anforderungen auferlegen.

(3) Werden die Wertpapiere einer Gesellschaft auf einem geregelten Markt eines anderen Mitgliedstaat als dem ihres eingetragenen Sitzes gehandelt, so darf der Mitgliedstaat, in dem die Wertpapiere gehandelt werden, dem Abschlussprüfer oder der Prüfungsgesellschaft, die die Abschlussprüfung des Jahresabschlusses oder des konsolidierten Abschlusses jener Gesellschaft durchführt, in Bezug auf Registrierung, Qualitätssicherungsprüfung, Prüfungsstandards, Berufsgrundsätze und Unabhängigkeit keine zusätzlichen Anforderungen auferlegen.

Artikel 35
Benennung der zuständigen Stellen

(1) Die Mitgliedstaaten benennen eine oder mehrere für die in dieser Richtlinie vorgesehenen Aufgaben verantwortliche zuständige Stellen. Die Mitgliedstaaten unterrichten die Kommission von dieser Benennung.

(2) Die zuständigen Stellen müssen so organisiert sein, dass Interessenkonflikte vermieden werden.

Artikel 36
Berufsgeheimnisse und Zusammenarbeit zwischen den zuständigen Regelungsorganen der Mitgliedstaaten

(1) Die für die Zulassung, Registrierung, Qualitätssicherung und Berufsaufsicht verantwortlichen zuständigen Stellen der Mitgliedstaaten arbeiten zusammen, wann immer dies für die Wahrnehmung ihrer jeweiligen Zuständigkeiten nach dieser Richtlinie erforderlich ist. Die für die Zulassung, Registrierung, Qualitätssicherung und Berufsaufsicht verantwortlichen zuständigen Stellen der Mitgliedstaaten leisten einander Amtshilfe. Insbesondere tauschen die zuständigen Stellen Informationen aus und arbeiten bei Untersuchungen im Zusammenhang mit der Durchführung von Abschlussprüfungen zusammen.

(2) Die Pflicht zur Wahrung des Berufsgeheimnisses gilt für alle Personen, die von zuständigen Stellen beschäftigt werden oder wurden. Informationen, die unter das Berufsgeheimnis fallen, dürfen keiner anderen Person oder Stelle offenbart werden,

es sei denn, dies ist durch Gesetze, Verordnungen oder Verwaltungsverfahren eines Mitgliedstaates geregelt.

(3) Absatz 2 steht dem Austausch von vertraulichen Informationen zwischen den zuständigen Stellen nicht entgegen. So ausgetauschte Informationen unterliegen der Pflicht zur Wahrung des Berufsgeheimnisses, der Personen unterliegen, die von zuständigen Stellen beschäftigt sind oder waren.

(4) Die zuständigen Stellen liefern auf Anfrage unverzüglich alle Informationen, die für die in Absatz 1 genannten Zwecke erforderlich sind. Falls notwendig, leiten die zuständigen Stellen, die eine solche Anfrage erhalten, unverzüglich die zur Sammlung der gewünschten Informationen notwendigen Maßnahmen ein. Die auf diesem Wege gelieferten Informationen fallen unter das Berufsgeheimnis, dem die bei der Empfängerstelle zu diesem oder einem früheren Zeitpunkt angestellten Personen unterliegen.

Kann die zuständige Stelle die gewünschten Informationen nicht unverzüglich liefern, teilt sie dies der anderen zuständigen Stelle unter Angabe von Gründen mit.

Die zuständigen Stellen können sich weigern, einem solchen Auskunftsverlangen zu entsprechen, wenn

a) eine Weitergabe der Information die Souveränität, die Sicherheit oder die öffentliche Ordnung des ersuchten Mitgliedstaates beeinträchtigen oder nationale Sicherheitsregeln verletzen könnte,
b) aufgrund derselben Handlungen und gegen dieselben Abschlussprüfer und Prüfungsgesellschaften bereits ein Gerichtsverfahren vor den Stellen des ersuchten Mitgliedstaats anhängig ist oder
c) gegen dieselben Abschlussprüfer oder Prüfungsgesellschaften aufgrund derselben Handlungen bereits ein rechtskräftiges Urteil der zuständigen Stellen des ersuchten Mitgliedstaats ergangen ist.

Unbeschadet ihrer Pflichten in Gerichtsverfahren dürfen die zuständigen Stellen, die nach Absatz 1 Informationen erhalten, diese nur zur Wahrnehmung ihrer in dieser Richtlinie festgelegten Aufgaben sowie bei Verwaltungs- oder Gerichtsverfahren, die speziell die Wahrnehmung dieser Aufgaben betreffen, verwenden.

(5) Kommt eine zuständige Stelle zu der Überzeugung, dass im Gebiet eines anderen Mitgliedstaats gegen die Bestimmungen dieser Richtlinie verstoßen wird oder wurde, so teilt sie dies der zuständigen Stelle des anderen Mitgliedstaats so genau wie möglich mit. Die zuständige Stelle des anderen Mitgliedstaats trifft geeignete Maßnahmen. Sie informiert erstere über das Endergebnis und so weit wie möglich über wesentliche Zwischenergebnisse.

(6) Die zuständige Stelle eines Mitgliedstaats kann ebenfalls verlangen, dass die zuständige Stelle eines anderen Mitgliedstaats auf dessen Gebiet eine Untersuchung durchführt.

Sie kann darüber hinaus verlangen, dass einige ihrer Mitarbeiter die Erlaubnis erhalten, die Mitarbeiter der zuständigen Stelle des anderen Mitgliedstaates im Laufe der Untersuchung zu begleiten.

Die Untersuchung unterliegt durchgehend der umfassenden Aufsicht des Mitgliedstaats, in dessen Gebiet sie stattfindet.

Die zuständigen Stellen können sich weigern, einer nach Unterabsatz 1 ergangenen Aufforderung zur Durchführung einer Untersuchung oder einer nach Unterabsatz 2 ergangenen Aufforderung, die eigenen Mitarbeiter von Mitarbeitern der zuständigen Stelle eines anderen Mitgliedstaates begleiten zu lassen, nachzukommen, wenn

a) eine solche Untersuchung die Souveränität, die Sicherheit oder die öffentliche Ordnung des ersuchten Mitgliedstaats beeinträchtigen könnte,
b) aufgrund derselben Handlungen und gegen dieselben Personen bereits ein Gerichtsverfahren vor den Stellen des ersuchten Mitgliedstaats anhängig ist oder
c) gegen die betreffenden Personen aufgrund derselben Handlungen bereits ein rechtskräftiges Urteil der zuständigen Stellen des ersuchten Mitgliedstaats ergangen ist.

(7) Die Kommission kann zu den in den Absätzen 2 bis 4 des vorliegenden Artikels vorgesehenen Modalitäten für Informationsaustausch und grenzüberschreitende Untersuchungen Durchführungsmaßnahmen zur Erleichterung der Zusammenarbeit zwischen den zuständigen Stellen erlassen. Diese Maßnahmen zur Änderung nicht wesentlicher Bestimmungen dieser Richtlinie durch Ergänzung werden nach dem in Artikel 48 Absatz 2a genannten Regelungsverfahren mit Kontrolle erlassen.

KAPITEL IX
BESTELLUNG UND ABBERUFUNG

Artikel 37
Bestellung von Abschlussprüfern oder Prüfungsgesellschaften

(1) Der Abschlussprüfer oder die Prüfungsgesellschaft wird von der Mitglieder- oder Gesellschafterversammlung des geprüften Unternehmens bestellt.

(2) Die Mitgliedstaaten können alternative Systeme oder Modalitäten für die Bestellung des Abschlussprüfers oder der Prüfungsgesellschaft unter der Voraussetzung zulassen, dass diese Systeme oder Modalitäten darauf ausgerichtet sind, die Unabhängigkeit des Abschlussprüfers oder der Prüfungsgesellschaft von den an der Geschäftsführung beteiligten Mitgliedern des Verwaltungsorgans oder vom Leitungsorgan des geprüften Unternehmens zu gewährleisten.

Artikel 38
Abberufung und Rücktritt
von Abschlussprüfern oder Prüfungsgesellschaften

(1) Die Mitgliedstaaten stellen sicher, dass Abschlussprüfer oder Prüfungsgesellschaften nur bei Vorliegen triftiger Gründe abberufen werden können. Meinungsverschiedenheiten über Bilanzierungsmethoden oder Prüfverfahren sind kein triftiger Grund für eine Abberufung.

(2) Die Mitgliedstaaten stellen sicher, dass das geprüfte Unternehmen und der Abschlussprüfer bzw. die Prüfungsgesellschaft die für die öffentliche Aufsicht zustän-

dige oder zuständigen Stellen über die Abberufung oder den Rücktritt des Abschlussprüfers bzw. der Prüfungsgesellschaft während der Laufzeit des Auftrags in Kenntnis setzen und eine ausreichende Begründung liefern.

KAPITEL X
BESONDERE BESTIMMUNGEN FÜR DIE ABSCHLUSSPRÜFUNG BEI UNTERNEHMEN VON ÖFFENTLICHEM INTERESSE

Artikel 39
Anwendung auf nicht börsennotierte Unternehmen von öffentlichem Interesse

Die Mitgliedstaaten können Unternehmen von öffentlichem Interesse, die keine übertragbaren Wertpapiere ausgegeben haben, die zum Handel auf einem geregelten Markt im Sinne von Artikel 4 Absatz 1 Nummer 14 der Richtlinie 2004/39/EG zugelassen sind, und ihre(n) Abschlussprüfer(n) bzw. Prüfungsgesellschaft(en) von einer oder mehreren Anforderungen dieses Kapitels ausnehmen.

Artikel 40
Transparenzbericht

(1) Die Mitgliedstaaten stellen sicher, dass Abschlussprüfer und Prüfungsgesellschaften, die bei Unternehmen von öffentlichem Interesse eine oder mehrere Abschlussprüfungen durchführen, auf ihren Websites binnen drei Monaten nach Ende jedes Geschäftsjahres jährliche Transparenzberichte veröffentlichen, die zumindest Folgendes enthalten:

a) eine Beschreibung ihrer Rechtsform und Eigentumsverhältnisse;
b) für den Fall, dass die Prüfungsgesellschaft einem Netzwerk angehört, eine Beschreibung dieses Netzwerks einschließlich seiner rechtlichen und organisatorischen Struktur;
c) eine Beschreibung der Leitungsstruktur der Prüfungsgesellschaft;
d) eine Beschreibung ihres internen Qualitätssicherungssystems und eine Erklärung des Verwaltungs- oder Leitungsorgans zu dessen Wirksamkeit;
e) das Datum der letzten Qualitätssicherungsprüfung gemäß Artikel 29;
f) eine Liste der Unternehmen von öffentlichem Interesse, für die die Prüfungsgesellschaft im vorangegangenen Geschäftsjahr Abschlussprüfungen durchgeführt hat;
g) eine Erklärung darüber, mit welchen Maßnahmen die Prüfungsgesellschaft ihre Unabhängigkeit zu wahren sucht, in der auch bestätigt wird, dass eine interne Überprüfung der Einhaltung von Unabhängigkeitsanforderungen stattgefunden hat;
h) eine Erklärung dazu, wie die Prüfungsgesellschaft in Bezug auf die in Artikel 13 genannte kontinuierliche Fortbildung von Abschlussprüfern verfährt;
i) Finanzinformationen, die über die Bedeutung der Prüfungsgesellschaft Aufschluss geben, wie etwa der Gesamtumsatz aufgeschlüsselt nach Honoraren, die für die Abschlussprüfung von Jahres- und konsolidierten Abschlüssen ge-

zahlt wurden, und Honoraren, die die Gesellschaft für andere Bestätigungsleistungen, Steuerberatungsleistungen und sonstige Leistungen erhalten hat;
j) Angaben darüber, wonach sich die Vergütung der Partner bemisst.

Die Mitgliedstaaten können unter besonderen Umständen von den Anforderungen des Buchstabens f absehen, sofern dies notwendig ist, um eine absehbare und ernst zu nehmende Gefahr für die persönliche Sicherheit einer Person zu vermindern.

(2) Der Transparenzbericht wird von dem Abschlussprüfer oder der Prüfungsgesellschaft unterzeichnet. Dies kann beispielsweise durch eine elektronische Signatur im Sinne von Artikel 2 Nummer 1 der Richtlinie 1999/93/EG geschehen.

Artikel 41
Prüfungsausschuss

(1) Jedes Unternehmen von öffentlichem Interesse hat einen Prüfungsausschuss. Der Mitgliedstaat legt fest, ob Prüfungsausschüsse sich aus nicht an der Geschäftsführung beteiligten unabhängigen Mitgliedern des Verwaltungsorgans und/oder des Aufsichtsorgans des geprüften Unternehmens und/oder Mitgliedern zusammensetzen sollen, die durch Mehrheitsentscheidung von der Gesellschafterversammlung des geprüften Unternehmens bestellt werden. Mindestens ein Mitglied des Prüfungsausschusses muss unabhängig sein und über Sachverstand in Rechnungslegung und/oder Abschlussprüfung verfügen.

Die Mitgliedstaaten können gestatten, dass in Unternehmen von öffentlichem Interesse, die unter die Bestimmungen von Artikel 2 Absatz 1 Buchstabe f der Richtlinie 2003/71/EG[1] fallen, die Aufgaben, die dem Prüfungsausschuss übertragen sind, vom Verwaltungs- oder Aufsichtsorgan als Ganzes wahrgenommen werden, vorausgesetzt, dass zumindest der Vorsitzende eines solchen Organs, der geschäftsführendes Mitglied ist, nicht gleichzeitig Vorsitzender des Prüfungsausschusses ist.

(2) Unabhängig von der Verantwortung der Mitglieder des Verwaltungs-, Leitungs- oder Aufsichtsorgans des geprüften Unternehmens oder anderer Mitglieder, die durch Mehrheitsentscheidung von der Gesellschafterversammlung oder Aktionärshauptversammlung des geprüften Unternehmens bestellt werden, besteht die Aufgabe des Prüfungsausschusses unter anderem darin,

a) den Rechnungslegungsprozess zu überwachen;
b) die Wirksamkeit des internen Kontrollsystems, gegebenenfalls des internen Revisionssystems, und des Risikomanagementsystems des Unternehmens zu überwachen;
c) die Abschlussprüfung des Jahres- und des konsolidierten Abschlusses zu überwachen;

---

[1] Richtlinie 2003/71/EG des Europäischen Parlaments und des Rates vom 4. November 2003 betreffend den Prospekt, der beim öffentlichen Angebot von Wertpapieren oder bei deren Zulassung zum Handel zu veröffentlichen ist (ABl. L 345 vom 31.12.2003, S. 64). (2) ABl. L 149 vom 30.4.2004, S. 1.

d) die Unabhängigkeit des Abschlussprüfers oder der Prüfungsgesellschaft, insbesondere die von diesen für das geprüfte Unternehmen erbrachten zusätzlichen Leistungen, zu überprüfen und zu überwachen.

(3) Bei einem Unternehmen von öffentlichem Interesse stützt sich der Vorschlag des Verwaltungs- oder Aufsichtsorgans für die Bestellung eines Abschlussprüfers oder einer Prüfungsgesellschaft auf eine Empfehlung des Prüfungsausschusses.

(4) Der Abschlussprüfer oder die Prüfungsgesellschaft berichten dem Prüfungsausschuss über die wichtigsten bei der Abschlussprüfung gewonnenen Erkenntnisse, insbesondere über wesentliche Schwächen bei der internen Kontrolle des Rechnungslegungsprozesses.

(5) Die Mitgliedstaaten können zulassen oder beschließen, dass die in den Absätzen 1 bis 4 enthaltenen Bestimmungen nicht auf Unternehmen von öffentlichem Interesse, mit einem Gremium, das einem Prüfungsausschuss obliegenden Aufgaben erfüllt, angewandt werden, das gemäß den in dem Mitgliedstaat geltenden Bestimmungen gebildet wurde und tätig ist, in dem das zu prüfende Unternehmen eingetragen ist. In einem solchen Fall erklärt das Unternehmen, welches Gremium diese Funktionen erfüllt und wie es zusammengesetzt ist.

(6) Die Mitgliedstaaten können von der Verpflichtung, einen Prüfungsausschuss zu haben, befreien:

a) Unternehmen von öffentlichem Interesse, die Tochterunternehmen im Sinne von Artikel 1 der Richtlinie 83/349/EWG sind, wenn sie auf Konzernebene die Anforderungen der Absätze 1 bis 4 des vorliegenden Artikels erfüllen;

b) Unternehmen von öffentlichem Interesse, die im Sinne von Artikel 1 Absatz 2 der Richtlinie 85/611/EWG Organismen für gemeinsame Anlagen sind; die Mitgliedstaaten können ferner Unternehmen von öffentlichem Interesse befreien, deren einziges Ziel in der gemeinsamen Investition von durch die Öffentlichkeit bereitgestelltem Kapital besteht, die nach dem Prinzip der Risikoteilung tätig sind und nicht danach streben, rechtliche oder administrative Kontrolle über einen ihrer Investoren zu erlangen, vorausgesetzt dass diese Organismen für gemeinsame Anlagen genehmigt sind und einer Kontrolle durch zuständige Behörden unterliegen und dass sie über eine Verwahrstelle verfügen, die Aufgaben gemäß der Richtlinie 85/611/EWG ausübt;

c) Unternehmen von öffentlichem Interesse, deren ausschließliche Tätigkeit darin besteht, gemäß Artikel 2 Absatz 5 der Verordnung (EG) Nr. 809/2004 der Kommission[1] als Emittent von Wertpapieren, die durch Vermögenswerte besichert sind, aufzutreten. In solchen Fällen verlangen die Mitgliedstaaten von dem Unternehmen, öffentlich die Gründe darzulegen, weshalb das Unternehmen es nicht für angebracht hält, entweder einen Prüfungsausschuss zu haben oder ein Verwaltungs- oder Aufsichtsorgan mit den Aufgaben eines Prüfungsausschusses zu betrauen;

---

1 ABl. L 149 vom 30.4.2004, S. 1.

d) Kreditinstitute im Sinne von Artikel 1 Absatz 1 der Richtlinie 2000/12/EG, deren Anteile nicht zum Handel auf einem geregelten Markt eines Mitgliedstaats im Sinne von Artikel 4 Absatz 1 Nummer 14 der Richtlinie 2004/39/EG zugelassen sind und die dauernd oder wiederholt ausschließlich Schuldtitel ausgegeben haben, vorausgesetzt der Gesamtnominalwert aller derartigen Schuldtitel liegt unter 100.000.000 EUR und sie haben keinen Prospekt gemäß der Richtlinie 2003/71/EG veröffentlicht.

Artikel 42
Unabhängigkeit

(1) Zusätzlich zu den in den Artikeln 22 und 24 festgelegten Bestimmungen stellen die Mitgliedstaaten sicher, dass die Abschlussprüfer oder die Prüfungsgesellschaften, die die Abschlussprüfung eines Unternehmens von öffentlichem Interesse durchführen,

a) gegenüber dem Prüfungsausschuss jährlich schriftlich ihre Unabhängigkeit von dem geprüften Unternehmen von öffentlichem Interesse erklären,
b) den Prüfungsausschuss jährlich über die von ihnen gegenüber dem geprüften Unternehmen erbrachten zusätzlichen Leistungen informieren und
c) mit dem Prüfungsausschuss die Risiken für ihre Unabhängigkeit sowie die von ihnen gemäß Artikel 22 Absatz 3 dokumentierten Schutzmaßnahmen zur Minderung dieser Risiken erörtern.

(2) Die Mitgliedstaaten stellen sicher, dass der oder die für die Durchführung der Abschlussprüfung im Auftrag der Prüfungsgesellschaft verantwortlichen Prüfungspartner spätestens sieben Jahre nach ihrer Bestellung von diesem Prüfungsmandat abgezogen werden und zur Mitwirkung an der Prüfung des geprüften Unternehmens frühestens nach Ablauf von zwei Jahren wieder berechtigt sind.

(3) Der Abschlussprüfer oder der verantwortliche Prüfungspartner, der eine Abschlussprüfung im Auftrag einer Prüfungsgesellschaft durchführt, darf mindestens zwei Jahre, nachdem er als Abschlussprüfer oder verantwortlicher Prüfungspartner von dem Prüfungsmandat zurückgetreten ist, keine wichtige Führungsposition in dem geprüften Unternehmen übernehmen.

Artikel 43
Qualitätssicherung

Bei Abschlussprüfern oder Prüfungsgesellschaften, die Abschlussprüfungen bei Unternehmen von öffentlichem Interesse durchführen, hat die in Artikel 29 genannte Qualitätssicherungsprüfung mindestens alle drei Jahre zu erfolgen.

KAPITEL XI
INTERNATIONALE ASPEKTE

Artikel 44
Zulassung von Prüfern aus Drittländern

(1) Auf der Grundlage der Gegenseitigkeit können die zuständigen Stellen eines Mitgliedstaates Prüfer aus Drittländern als Abschlussprüfer zulassen, sofern sie nachweisen können, dass sie Voraussetzungen erfüllen, die denjenigen der Artikel 4 und 6 bis 13 gleichwertig sind.

(2) Die zuständige Stelle eines Mitgliedstaats wendet die Anforderungen nach Artikel 14 an, bevor sie Prüfern aus einem Drittland, die die Voraussetzungen von Absatz 1 erfüllen, die Zulassung gewährt.

Artikel 45
Registrierung und Aufsicht
von Prüfern und Prüfungsunternehmen aus Drittländern

(1) Die zuständigen Stellen der Mitgliedstaaten registrieren gemäß den Artikeln 15 bis 17 jeden Prüfer und jedes Prüfungsunternehmen aus Drittländern, die einen Bestätigungsvermerk erteilen für den Jahresabschluss bzw. konsolidierten Abschluss eines außerhalb der Gemeinschaft eingetragenen Unternehmens, dessen übertragbare Wertpapiere zum Handel auf einem geregelten Markt dieses Mitgliedstaats im Sinne von Artikel 4 Absatz 1 Nummer 14 der Richtlinie 2004/39/EG zugelassen sind, es sei denn, die Gesellschaft hat ausschließlich zum Handel auf einem geregelten Markt in einem Mitgliedstaat zugelassene Schuldtitel im Sinne von Artikel 2 Absatz 1 Buchstabe b der Richtlinie 2004/109/EG[1] mit einer Mindeststückelung von 50.000 EUR oder bei Schuldtiteln, die auf eine andere Währung als Euro lauten, mit einer Mindeststückelung, deren Wert am Ausgabetag mindestens 50.000 EUR entspricht, ausgegeben.

(2) Artikel 18 und 19 finden Anwendung.

(3) Die Mitgliedstaaten unterwerfen die registrierten Prüfer und Prüfungsunternehmen aus Drittländern ihrem Aufsichtssystem, ihrem Qualitätssicherungssystem sowie ihren Untersuchungen und Sanktionen. Ein Mitgliedstaat kann einen registrierten Prüfer oder ein registriertes Prüfungsunternehmen aus Drittländern von der Unterwerfung unter sein Qualitätssicherungssystem ausnehmen, wenn das Qualitätssicherungssystem eines anderen Mitgliedstaats oder eines Drittlands, das als gleichwertig nach Artikel 46 bewertet wurde, bereits während der vorausgegangenen drei Jahre eine Qualitätsprüfung des betreffenden Prüfers bzw. des betreffenden Prüfungsunternehmens des Drittlands durchgeführt hat.

---

[1] Richtlinie 2004/109/EG des Europäischen Parlaments und des Rates vom 15. Dezember 2004 zur Harmonisierung der Transparenzanforderungen in Bezug auf Informationen über Emittenten, deren Wertpapiere zum Handel auf einem geregelten Markt zugelassen sind (ABl. L 390 vom 31.12.2004, S. 38).

(4) Unbeschadet des Artikels 46 haben die in Absatz 1 des vorliegenden Artikels genannten Bestätigungsvermerke zum Jahresabschluss bzw. konsolidierten Abschluss, die von in dem Mitgliedstaat nicht registrierten Prüfern oder Prüfungsunternehmen aus Drittländern erteilt werden, in diesem Mitgliedstaat keinerlei Rechtswirkung.

(5) Ein Mitgliedstaat kann ein Prüfungsunternehmen aus einem Drittland nur registrieren, wenn

a) es Voraussetzungen erfüllt, die denen des Artikels 3 Absatz 3 gleichwertig sind;
b) die Mehrheit der Mitglieder des Verwaltungs- bzw. Leitungsorgans des Prüfungsunternehmens aus einem Drittland Voraussetzungen erfüllt, die den Vorgaben der Artikel 4 bis 10 gleichwertig sind;
c) der Prüfer aus einem Drittland, der die Prüfung im Auftrag des Prüfungsunternehmens aus einem Drittland durchführt, Voraussetzungen erfüllt, die den Vorgaben der Artikel 4 bis 10 gleichwertig sind;
d) die Prüfungen des Jahresabschlusses bzw. konsolidierten Abschlusses nach Absatz 1 in Übereinstimmung mit den internationalen Prüfungsstandards gemäß Artikel 26 und den in den Artikeln 22, 24 und 25 niedergelegten Anforderungen oder gleichwertigen Standards und Anforderungen durchgeführt werden;
e) es auf seiner Website einen jährlichen Transparenzbericht veröffentlicht, der die in Artikel 40 genannten Informationen enthält, oder gleichwertige Anforderungen an die Offenlegung erfüllt.

(6) Zur Gewährleistung einer einheitlichen Anwendung von Absatz 5 Buchstabe d wird die dort genannte Gleichwertigkeit von der Kommission in Zusammenarbeit mit den Mitgliedstaaten beurteilt, und die Kommission entscheidet nach dem in Artikel 48 Absatz 2 genannten Regelungsverfahren über ihr Vorliegen. Die Mitgliedstaaten können die Gleichwertigkeit gemäß des Absatz 5 Buchstabe d des vorliegenden Artikels beurteilen, solange die Kommission keine entsprechende Entscheidung getroffen hat.

In diesem Zusammenhang kann die Kommission Maßnahmen einleiten, die darauf ausgerichtet sind, allgemeine Kriterien für die Gleichwertigkeit gemäß den Bestimmungen der Artikel 22, 24, 25 und 26 aufzustellen, die gegenüber allen Drittländern angewandt werden und von den Mitgliedstaaten auf einzelstaatlicher Ebene bei der Beurteilung der Gleichwertigkeit angewandt werden müssen. Die Kriterien dürfen nicht strenger sein, als die in den Artikeln 22, 24, 25 und 26 enthaltenen Bestimmungen. Diese Maßnahmen zur Änderung nicht wesentlicher Bestimmungen dieser Richtlinie durch Ergänzung werden nach dem im Artikel 48 Absatz 2a genannten Regelungsverfahren mit Kontrolle erlassen.

Artikel 46
Ausnahmen bei Gleichwertigkeit

(1) Die Mitgliedstaaten können auf der Grundlage der Gegenseitigkeit von den Anforderungen des Artikels 45 Absätze 1 und 3 nur dann absehen oder abweichen, wenn diese Prüfer bzw. Prüfungsunternehmen aus einem Drittland in dem Drittland

einer öffentlichen Aufsicht, einem Qualitätssicherungssystem sowie Untersuchungen und Sanktionen unterliegen, die Anforderungen genügen, die denen der Artikel 29, 30 und 32 gleichwertig sind.

(2) Zur Gewährleistung einer einheitlichen Anwendung von Absatz 1 wird die dort genannte Gleichwertigkeit von der Kommission in Zusammenarbeit mit den Mitgliedstaaten beurteilt, und die Kommission entscheidet nach dem in Artikel 48 Absatz 2 genannten Regelungsverfahren über ihr Vorliegen. Die Mitgliedstaaten können die Gleichwertigkeit gemäß Absatz 1 beurteilen oder sich auf die von anderen Mitgliedstaaten durchgeführte Beurteilungen beziehen, solange die Kommission keine entsprechende Entscheidung getroffen hat. Wenn die Kommission zu dem Schluss kommen sollte, dass die Anforderungen an die Gleichwertigkeit gemäß Absatz 1 nicht erfüllt sind, kann sie für eine angemessene Übergangsperiode den betreffenden Prüfern und Prüfungsunternehmen die Fortsetzung ihrer Prüfungen nach den Bestimmungen des entsprechenden Mitgliedstaates gestatten.

In diesem Zusammenhang kann die Kommission Maßnahmen einleiten, die darauf ausgerichtet sind, allgemeine Kriterien für die Gleichwertigkeit gemäß den Bestimmungen der Artikel 29, 30 und 32 aufzustellen, die gegenüber allen Drittländern angewandt werden und von den Mitgliedstaaten auf einzelstaatlicher Ebene bei der Beurteilung der Gleichwertigkeit angewandt werden müssen. Die Kriterien dürfen nicht strenger sein als die in den Artikeln 29, 30 und 32 enthaltenen Bestimmungen. Diese Maßnahmen zur Änderung nicht wesentlicher Bestimmungen dieser Richtlinie durch Ergänzung werden nach dem in Artikel 48 Absatz 2a genannten Regelungsverfahren mit Kontrolle erlassen.

(3) Die Mitgliedstaaten teilen der Kommission Folgendes mit:
a) ihre Beurteilung der Gleichwertigkeit im Sinne von Absatz 2 und
b) die Hauptpunkte ihrer Kooperationsvereinbarungen mit öffentlichen Aufsichtssystemen, Qualitätssicherungssystemen sowie Untersuchungen und Sanktionen in Drittländern auf der Grundlage von Absatz 1.

Artikel 47
Zusammenarbeit mit zuständigen Stellen in Drittländern

(1) Die Mitgliedstaaten können die Weitergabe von Arbeitspapieren und anderen Dokumenten an die zuständigen Stellen von Drittländern erlauben, sofern
a) die Arbeitspapiere oder anderen Dokumente sich auf Prüfungen von Unternehmen, die Wertpapiere in diesem Drittland ausgegeben haben, oder von Unternehmen beziehen, die Teile eines Konzerns sind, der in diesem Drittland einen Konzernabschluss vorlegt;
b) die Weitergabe über die zuständige Stelle des Mitgliedstaats an die zuständige Stelle dieses Drittlands auf deren Anforderung erfolgt;
c) die zuständige Stelle des betroffenen Drittlands die Anforderungen erfüllt, die nach Absatz 3 als angemessen erklärt wurden;
d) auf Grundlage der Gegenseitigkeit Vereinbarungen zur Zusammenarbeit zwischen den betroffenen zuständigen Stellen getroffen wurden;

e) die Übermittlung von personenbezogenen Daten in Drittländer in Übereinstimmung mit Kapitel IV der Richtlinie 95/46/EG steht.

(2) Die in Absatz 1 Buchstabe d genannten Vereinbarungen zur Zusammenarbeit stellen sicher, dass

(a) eine Glaubhaftmachung des Zweckes der Anfrage für Arbeitspapiere und sonstige Dokumente durch die zuständigen Stellen erfolgt;
(b) Personen, die durch die zuständigen Stellen des Drittlands beschäftigt werden oder wurden, zur Wahrung des Berufsgeheimnisses verpflichtet sind;
(c) die zuständigen Stellen des Drittlands die Arbeitspapiere oder sonstigen Dokumente nur für Zwecke der Ausübung ihrer Aufsichtstätigkeit, Qualitätssicherung und Untersuchungen nutzen, die Anforderungen genügen, die denen der Artikel 29, 30 und 32 gleichwertig sind;
(d) die Anfrage von zuständigen Stelle für Arbeitspapiere oder sonstige Dokumente verweigert werden kann, falls
- die Bereitstellung dieser Arbeitspapiere oder Dokumente die Souveränität, die Sicherheit oder die öffentliche Ordnung der Gemeinschaft oder des ersuchten Mitgliedstaates beeinträchtigen würde oder
- aufgrund derselben Handlungen und gegen dieselben Personen bereits ein Gerichtsverfahren vor den Stellen des ersuchten Mitgliedstaates anhängig ist.

(3) Zur Gewährleistung einer einheitlichen Anwendung von Absatz 1 Buchstabe c wird die dort genannte Angemessenheit von der Kommission in Zusammenarbeit mit den Mitgliedstaaten beurteilt, und die Kommission entscheidet nach dem in Artikel 48 Absatz 2 genannten Regelungsverfahren über ihr Vorliegen. Die Mitgliedstaaten treffen die notwendigen Maßnahmen, um die Entscheidung der Kommission zu beachten.

Diese Beurteilung der Angemessenheit beruht auf den Anforderungen des Artikels 36 oder im Wesentlichen gleichwertigen funktionalen Ergebnissen. Maßnahmen, die in diesem Zusammenhang zur Änderung nicht wesentlicher Bestimmungen dieser Richtlinie durch Ergänzung getroffen werden und die die Erleichterung der Zusammenarbeit zwischen den zuständigen Behörden betreffen, werden nach dem in Artikel 48 Absatz 2a genannten Regelungsverfahren mit Kontrolle erlassen.

(4) In außergewöhnlichen Fällen können Mitgliedstaaten in Abweichung von Absatz 1 erlauben, dass von ihnen zugelassene Abschlussprüfer und Prüfungsgesellschaften direkt Arbeitspapiere und sonstige Dokumente an die zuständigen Stellen eines Drittlandes weitergeben, vorausgesetzt, dass

a) Untersuchungen von den zuständigen Stellen in diesem Drittland eingeleitet wurden;
b) die Weitergabe nicht in Widerspruch zu den Verpflichtungen steht, die Abschlussprüfer oder Prüfungsgesellschaften im Hinblick auf die Weitergabe von Arbeitspapieren und sonstigen Dokumenten an die zuständige Stelle des Mitgliedstaates zu beachten haben;

c) Vereinbarungen zur Zusammenarbeit mit den zuständigen Stellen dieses Drittlands bestehen, die den zuständigen Stellen der Mitgliedstaaten gegenseitigen direkten Zugang zu Arbeitspapieren und sonstigen Dokumenten von Prüfungsgesellschaften dieses Drittlands erlauben;

d) die anfragende zuständige Stelle des Drittlands vorab die zuständige Stelle des Mitgliedstaats von jeder direkten Anfrage von Informationen unter Angabe von Gründen in Kenntnis setzt;

e) die in Absatz 2 genannten Bedingungen eingehalten werden.

(5) Die Kommission kann die in Absatz 4 des vorliegenden Artikels genannten außergewöhnlichen Fälle festlegen, um die Zusammenarbeit zwischen den zuständigen Stellen zu erleichtern und eine einheitliche Anwendung des Absatzes 4 des vorliegenden Artikels sicherzustellen. Diese Maßnahmen zur Änderung nicht wesentlicher Bestimmungen dieser Richtlinie durch Ergänzung werden nach dem in Artikel 48 Absatz 2a genannten Regelungsverfahren mit Kontrolle erlassen.

(6) Die Mitgliedstaaten teilen der Kommission die in den Absätzen 1 und 4 genannten Vereinbarungen zur Zusammenarbeit mit.

KAPITEL XII
ÜBERGANGS- UND SCHLUSSBESTIMMUNGEN

Artikel 48
Ausschussverfahren

(1) Die Kommission wird von einem Ausschuss (nachstehend „Ausschuss" genannt) unterstützt.

(2) Wird auf diesen Absatz Bezug genommen, so gelten die Artikel 5 und 7 des Beschlusses 1999/468/EG unter Beachtung von dessen Artikel 8.

Der Zeitraum nach Artikel 5 Absatz 6 des Beschlusses 1999/468/EG wird auf drei Monate festgesetzt.

(2a) Wird auf diesen Absatz Bezug genommen, so gelten Artikel 5a Absätze 1 bis 4 und Artikel 7 des Beschlusses 1999/468/EG unter Beachtung von dessen Artikel 8.

(3) Bis 31. Dezember 2010 und danach mindestens alle drei Jahre überprüft die Kommission die Vorschriften für ihre Durchführungsbefugnisse und legt dem Europäischen Parlament und dem Rat einen Bericht über das Funktionieren dieser Befugnisse vor. In dem Bericht wird insbesondere geprüft, ob die Kommission Änderungen zu dieser Richtlinie vorschlagen muss, um den angemessenen Umfang der ihr übertragenen Durchführungsbefugnisse zu gewährleisten. Die Schlussfolgerung, ob eine Änderung erforderlich ist oder nicht, muss eine detaillierte Begründung enthalten. Erforderlichenfalls wird dem Bericht ein Legislativvorschlag zur Änderung der Vorschriften für die Übertragung der Durchführungsbefugnisse an die Kommission beigefügt.

Artikel 49
Änderung der Richtlinie 78/660/EWG und der Richtlinie 83/349/EWG
(1) Die Richtlinie 78/660/EWG wird wie folgt geändert:
a) Dem Artikel 43 Absatz 1 wird folgende Nummer angefügt:

„15. die Gesamthonorare, die von dem Abschlussprüfer oder der Prüfungsgesellschaft für das Geschäftsjahr berechnet wurden, aufgeschlüsselt nach der Gesamthonorarsumme für die Abschlussprüfung des Jahresabschlusses, der Gesamthonorarsumme für andere Bestätigungsleistungen, der Gesamthonorarsumme für Steuerberatungsleistungen und der Gesamthonorarsumme für sonstige Leistungen.

Die Mitgliedstaaten können festlegen, dass diese Bestimmung nicht angewandt wird, wenn das Unternehmen in den konsolidierten Abschluss einbezogen wird, der gemäß Artikel 1 der Richtlinie 83/349/EWG zu erstellen ist, vorausgesetzt, eine derartige Information ist in dem konsolidierten Abschluss enthalten."

b) Artikel 44 Absatz 1 erhält folgende Fassung:

„(1) Die Mitgliedstaaten können gestatten, dass die in Artikel 11 bezeichneten Gesellschaften einen verkürzten Anhang aufstellen, der die in Artikel 43 Absatz 1 Nummern 5 bis 12, Nummer 14 Buchstabe a und Nummer 15 verlangten Angaben nicht enthält. Jedoch sind im Anhang zusammengefasst für alle betreffenden Posten die in Artikel 43 Absatz 1 Nummer 6 verlangten Angaben zu machen."

c) Artikel 45 Absatz 2 erhält folgende Fassung:

„(2) Absatz 1 Buchstabe b gilt auch für die in Artikel 43 Absatz 1 Nummer 8 genannte Information. Die Mitgliedstaaten können den in Artikel 27 bezeichneten Gesellschaften gestatten, die Offenlegung der in Artikel 43 Absatz 1 Nummer 8 genannten Informationen zu unterlassen."

Die Mitgliedstaaten können den in Artikel 27 bezeichneten Gesellschaften gestatten, die Offenlegung der in Artikel 43 Absatz 1 Nummer 15 genannten Informationen zu unterlassen, vorausgesetzt, dass eine solche Information dem in Artikel 32 der Richtlinie 2006/43/EG des Europäischen Parlaments und des Rates vom 17. Mai 2006 über Abschlussprüfungen von Jahresabschlüssen und konsolidierten Abschlüssen[1] genannten System der öffentlichen Aufsichtsgremien auf dessen Aufforderung übermittelt wird.

(2) In Artikel 34 der Richtlinie 83/349/EWG wird folgende Nummer angefügt:

„16. die Gesamthonorare, die von dem Abschussprüfer oder der Prüfungsgesellschaft für das Geschäftsjahr berechnet wurden, aufgeschlüsselt nach der Gesamthonorarsumme für die Abschlussprüfung des konsolidierten Abschlusses, der Gesamthonorarsumme für andere Bestätigungsleistungen, der Gesamthonorarsumme für Steuerberatungsleistungen und der Gesamthonorarsumme für sonstige Leistungen."

---

1 ABl. L 157 vom 9.6.2006, S. 87.

Artikel 50
Aufhebung der Richtlinie 84/253/EWG

Die Richtlinie 84/253/EWG wird mit Wirkung vom 29. Juni 2006 aufgehoben. Bezugnahmen auf die aufgehobene Richtlinie gelten als Bezugnahmen auf diese Richtlinie.

Artikel 51
Übergangsbestimmung

Abschlussprüfer oder Prüfungsgesellschaften, denen die zuständigen Stellen der Mitgliedstaaten gemäß der Richtlinie 84/253/EWG vor Inkrafttreten der in Artikel 53 Absatz 1 genannten Bestimmungen die Zulassung erteilt haben, gelten als gemäß dieser Richtlinie zugelassen.

Artikel 52
Mindestharmonisierung

Die Mitgliedstaaten, die eine Abschlussprüfung vorschreiben, können, wenn in dieser Richtlinie nicht anders vorgeschrieben, strengere Anforderungen aufstellen.

Artikel 53
Umsetzung

(1) Die Mitgliedstaaten erlassen und veröffentlichen bis zum 29. Juni 2008 die Rechtsvorschriften, die erforderlich sind, um dieser Richtlinie nachzukommen. Sie setzen die Kommission unverzüglich davon in Kenntnis.

(2) Bei Erlass dieser Vorschriften nehmen die Mitgliedstaaten in den Vorschriften selbst oder durch einen Hinweis bei der amtlichen Veröffentlichung auf diese Richtlinie Bezug. Die Mitgliedstaaten regeln die Einzelheiten dieser Bezugnahme.

(3) Die Mitgliedstaaten teilen der Kommission den Wortlaut der wichtigsten innerstaatlichen Rechtsvorschriften mit, die sie auf dem unter diese Richtlinie fallenden Gebiet erlassen.

Artikel 54
Inkrafttreten

Diese Richtlinie tritt am zwanzigsten Tag nach ihrer Veröffentlichung im *Amtsblatt der Europäischen Union* in Kraft.

Artikel 55
Adressaten

Diese Richtlinie ist an die Mitgliedstaaten gerichtet.

Prüfungsverordnung für Wirtschaftsprüfer nach §§ 14 und 131l der Wirtschaftsprüferordnung (Wirtschaftsprüferprüfungsverordnung – WiPrPrüfV)

Vom 20. Juli 2004 (BGBl. I S. 1707)
zuletzt geändert durch Artikel 3 des
Gesetzes vom 3. September 2007 (BGBl. I S. 2178)

Inhaltsübersicht
Erster Teil: Prüfungsverfahren nach § 14 der Wirtschaftsprüferordnung
§ 1 Antrag auf Zulassung zur Prüfung
§ 2 Prüfungskommission, Prüfungstermine
§ 3 Berufung der Mitglieder der Prüfungskommission
§ 4 Prüfungsgebiete
§ 5 Gliederung der Prüfung
§ 6 Verkürzte Prüfung
§ 7 Schriftliche Prüfung
§ 8 Aufgabenkommission
§ 9 Widerspruchskommission
§ 10 Aufsichtsarbeiten
§ 11 Prüfungsnoten
§ 12 Bewertung der Aufsichtsarbeiten
§ 13 Ergebnis der schriftlichen Prüfung; Ausschluss von der mündlichen Prüfung
§ 14 Vorberatung der Prüfungskommission
§ 15 Mündliche Prüfung
§ 16 Bewertung der mündlichen Prüfung
§ 17 Prüfungsgesamtnote
§ 18 Prüfungsergebnis
§ 19 Ergänzungsprüfung
§ 20 Niederschrift der Prüfungskommission
§ 21 Rücktritt von der Prüfung
§ 22 Wiederholung der Prüfung
§ 23 Mitteilung des Prüfungsergebnisses
§ 24 Täuschungsversuch, Ordnungsverstöße
Zweiter Teil: Prüfungsverfahren nach § 131l der Wirtschaftsprüferordnung
§ 25 Antrag auf Zulassung zur Prüfung
§ 26 Prüfungskommission, Prüfungstermine
§ 27 Prüfungsgebiete
§ 28 Verkürzte Prüfung; Erlass von Prüfungsleistungen
§ 29 Schriftliche Prüfung

§ 30   Mündliche Prüfung
§ 31   Prüfungsergebnis
§ 32   Rücktritt von der Prüfung
§ 33   Wiederholung der Prüfung
§ 34   Täuschungsversuch, Ordnungsverstöße

Dritter Teil: Schlussvorschriften

§ 35   Übergangsregelung
§ 36   Inkrafttreten, Außerkrafttreten

Erster Teil:
Prüfungsverfahren nach § 14 der Wirtschaftsprüferordnung

§ 1
Antrag auf Zulassung zur Prüfung

(1) ¹Der Antrag auf Zulassung zur Prüfung ist an die „Prüfungsstelle für das Wirtschaftsprüfungsexamen bei der Wirtschaftsprüferkammer" (Prüfungsstelle) zu richten. ²Dem Antrag auf Zulassung zur Prüfung sind beizufügen

1. ein tabellarischer Lebenslauf, der genaue Angaben über die Vorbildung und den beruflichen Werdegang enthält;
2. Zeugnisse über Hochschulprüfungen, andere einschlägige Prüfungen und die berufliche Tätigkeit, insbesondere mit Angaben über Art und Umfang der Prüfungstätigkeit, in Urschrift oder beglaubigter Abschrift; Angaben über Art und Umfang der Prüfungstätigkeit sind nicht erforderlich, wenn der Nachweis der Prüfungstätigkeit nach § 9 Abs. 4 der Wirtschaftsprüferordnung entfällt;
3. eine Erklärung darüber, ob und bei welcher Stelle bereits früher ein Antrag auf Zulassung zur Prüfung eingereicht wurde;
4. ein Nachweis der Regelstudienzeit der absolvierten Hochschulausbildung;
5. falls der Nachweis nicht nach § 9 Abs. 4 der Wirtschaftsprüferordnung entfällt, eine Bescheinigung über die Prüfungstätigkeit nach § 9 Abs. 2 der Wirtschaftsprüferordnung;
6. (weggefallen)
7. (weggefallen)
8. gegebenenfalls eine Erklärung darüber, ob die Prüfung in verkürzter Form (§ 6) abgelegt werden soll;
9. (weggefallen).

(2) ¹Die Bescheinigung gemäß Absatz 1 Satz 2 Nr. 5, aus der Art und Umfang der Prüfungstätigkeit, insbesondere die Teilnahme an Abschlussprüfungen und die Mitwirkung bei der Abfassung der Prüfungsberichte, hervorgeht, ist in Urschrift oder beglaubigter Abschrift beizufügen. ²Die Prüfungsstelle kann die Vorlage von wenigstens zwei Prüfungsberichten verlangen. ³Werden Prüfungsberichte verlangt, hat die zu prüfende Person zu erklären, dass sie diese selbstständig oder im Wesent-

lichen selbstständig angefertigt hat und Zustimmungserklärungen der Auftraggebenden und der Auftragnehmenden zur Vorlage der Berichte beizufügen; die zu prüfende Person kann die Kennzeichnung des geprüften Gegenstandes in den Berichten beseitigen. ⁴Sind die Auftraggebenden nicht die Unternehmen, auf die sich die Prüfungsberichte beziehen, so sind außerdem deren Zustimmungserklärungen beizufügen. ⁵Bei Prüfungsberichten genossenschaftlicher Prüfungsverbände sind Zustimmungserklärungen des Prüfungsverbandes und des geprüften Unternehmens beizufügen. ⁶Werden Prüfungsberichte ohne Kennzeichnung des geprüften Gegenstandes vorgelegt, so genügt es, wenn die Auftragnehmenden erklären, dass ihnen gegenüber die Zustimmung der Auftraggebenden erteilt worden ist. ⁷Die Bescheinigung hat die ausstellende Stelle genau zu bezeichnen; sie ist von dieser auszustellen. ⁸Bescheinigungen oder eidesstattliche Versicherungen von zu prüfenden Personen, die nicht in eigener Praxis tätig sind, reichen nicht aus. ⁹Gleiches gilt für den Nachweis der Tätigkeit nach § 9 Abs. 1 der Wirtschaftsprüferordnung.

(3) ¹Der Antrag und die beigefügten Unterlagen sind von der Prüfungsstelle bis zu fünf Jahren nach Abschluss des Prüfungsverfahrens aufzubewahren. ²Der Antrag und die beigefügten Unterlagen können von der zu prüfenden Person, von Mitarbeitern der Prüfungsstelle und der Wirtschaftsprüferkammer sowie von den Mitgliedern der in den §§ 2, 8 und 9 genannten Kommissionen am Aufbewahrungsort (Landesgeschäftsstellen oder Prüfungsstelle) eingesehen werden.

§ 2
Prüfungskommission, Prüfungstermine

(1) ¹Der Prüfungskommission gehören als Mitglieder an ein Vertreter oder eine Vertreterin der für die Wirtschaft zuständigen oder einer anderen obersten Landesbehörde (oberste Landesbehörde) als vorsitzendes Mitglied, ein Hochschullehrer oder eine Hochschullehrerin der Betriebswirtschaftslehre, ein Mitglied mit der Befähigung zum Richteramt, ein Vertreter oder eine Vertreterin der Finanzverwaltung, ein Vertreter oder eine Vertreterin der Wirtschaft und zwei Wirtschaftsprüfer oder Wirtschaftsprüferinnen. ²An der verkürzten Prüfung (§ 6), bei der die Prüfung im Steuerrecht entfällt, nimmt die die Finanzverwaltung vertretende Person, an der verkürzten Prüfung, bei der die Prüfung in Angewandter Betriebswirtschaftslehre und Volkswirtschaftslehre entfällt, nimmt der Hochschullehrer oder die Hochschullehrerin der Betriebswirtschaftslehre und an der verkürzten Prüfung, bei der die Prüfung im Wirtschaftsrecht entfällt, nimmt ein zusätzliches Mitglied mit der Befähigung zum Richteramt nicht teil; ein Mitglied der Kommission muss die Befähigung zum Richteramt haben.

(2) ¹Die Kommission entscheidet mit Stimmenmehrheit. ²Bei Stimmengleichheit entscheidet die Stimme der vorsitzenden Person.

(3) ¹Die Mitglieder der Prüfungskommission haben über die ihnen bei ihrer Tätigkeit bekannt gewordenen Tatsachen Verschwiegenheit zu bewahren. ²Mitglieder, die keine Amtsträger sind, sind bei ihrer erstmaligen Berufung zur gewissenhaften Erfüllung ihrer Obliegenheiten zu verpflichten.

(4) Die Mitglieder der Prüfungskommission sind in ihrer Prüfungstätigkeit unabhängig.

(5) ¹Die Prüfungsstelle führt den Geschäftsbetrieb der Prüfungskommission, bestimmt die Themen für den Vortrag in der mündlichen Prüfung auf Vorschlag eines Mitglieds der Prüfungskommission, entscheidet, welches Mitglied der Prüfungskommission in welcher Prüfung tätig werden soll und trifft alle Entscheidungen, soweit nicht die Aufgaben-, die Prüfungs- oder die Widerspruchskommission zuständig sind. ²Sie kann zur Bewertung der Aufsichtsarbeiten auch Mitglieder der Prüfungskommission bestimmen, die nicht an der mündlichen Prüfung teilnehmen.

(6) Die Prüfungskommission kann außerhalb der mündlichen Prüfung Entscheidungen auch im schriftlichen Verfahren treffen.

(7) Es sollen mindestens zwei bundesweite Prüfungstermine im Kalenderjahr angeboten werden.

§ 3
Berufung der Mitglieder der Prüfungskommission

(1) ¹Die Mitglieder der Prüfungskommission werden auf Vorschlag des Vorstandes der Wirtschaftsprüferkammer, welcher der Zustimmung des Bundesministeriums für Wirtschaft und Technologie bedarf, vom Beirat der Wirtschaftsprüferkammer in der Regel für die Dauer von fünf Jahren berufen; die oberste Landesbehörden vertretenden Personen sind vom Beirat nach Benennung durch die obersten Landesbehörden, die untereinander abstimmen können, welche Personen welchen Landes jeweils benannt werden, zu bestellen. ²Mitglieder der Prüfungskommission sind in ausreichender Zahl zu berufen. ³Die Berufung kann aus wichtigem Grund zurückgenommen werden.

(2) Die die Finanzverwaltung vertretenden Personen sind dem Vorstand von den obersten Landesbehörden für Finanzen vorzuschlagen.

(3) Vorschläge für die die Wirtschaft vertretenden Personen sind dem Vorstand auf Anforderung vom Deutschen Industrie- und Handelskammertag einzureichen.

(4) ¹Der Vorstand kann verlangen, dass wiederholt Vorschläge eingereicht werden. ²Er ist an die nach Absatz 3 eingereichten Vorschläge nicht gebunden.

§ 4
Prüfungsgebiete

Prüfungsgebiete sind

A. Wirtschaftliches Prüfungswesen, Unternehmensbewertung und Berufsrecht
  1. Rechnungslegung
      a) Buchführung, Jahresabschluss und Lagebericht,
      b) Konzernabschluss und Konzernlagebericht, Bericht über die Beziehungen zu verbundenen Unternehmen,
      c) international anerkannte Rechnungslegungsgrundsätze,
      d) Rechnungslegung in besonderen Fällen,
      e) Jahresabschlussanalyse;

2. Prüfung
   a) Prüfung der Rechnungslegung: rechtliche Vorschriften und Prüfungsstandards, insbesondere Prüfungsgegenstand und Prüfungsauftrag, Prüfungsansatz und Prüfungsdurchführung, Bestätigungsvermerk, Prüfungsbericht und Bescheinigungen, andere Reporting-Aufträge,
   b) sonstige gesetzlich vorgeschriebene Prüfungen, insbesondere aktienrechtliche Sonderprüfungen, Prüfung von Risikofrüherkennungssystemen, Geschäftsführungsprüfungen,
   c) andere betriebswirtschaftliche Prüfungen, insbesondere Due-Diligence-Prüfungen, Kreditwürdigkeitsprüfungen, Unterschlagungsprüfungen, Wirtschaftlichkeitsprüfungen, Prüfung von Sanierungskonzepten;
3. Grundzüge und Prüfung der Informationstechnologie;
4. Bewertung von Unternehmen und Unternehmensanteilen;
5. Berufsrecht, insbesondere Organisation des Berufs, Berufsaufsicht, Berufsgrundsätze und Unabhängigkeit.

B. Angewandte Betriebswirtschaftslehre, Volkswirtschaftslehre
1. Angewandte Betriebswirtschaftslehre
   a) Kosten- und Leistungsrechnung,
   b) Planungs- und Kontrollinstrumente,
   c) Unternehmensführung und Unternehmensorganisation,
   d) Unternehmensfinanzierung sowie Investitionsrechnung,
   einschließlich methodischer Problemstellungen der externen Rechnungslegung, der Corporate Governance und der Unternehmensbewertung;
2. Volkswirtschaftslehre
   a) Grundzüge der Volkswirtschaftslehre und Volkswirtschaftspolitik,
   b) Grundzüge der Finanzwissenschaft;
3. Die Nummern 1 und 2 umfassen Grundkenntnisse anwendungsorientierter Mathematik und Statistik.

C. Wirtschaftsrecht
1. Grundzüge des Bürgerlichen Rechts einschließlich Grundzüge des Arbeitsrechts und Grundzüge des internationalen Privatrechts, insbesondere Recht der Schuldverhältnisse und Sachenrecht;
2. Handelsrecht, insbesondere Handelsstand und -geschäfte einschließlich internationalem Kaufrecht;
3. Gesellschaftsrecht (Personengesellschaften und Kapitalgesellschaften, Recht der verbundenen Unternehmen), Corporate Governance und Grundzüge des Kapitalmarktrechts;
4. Umwandlungsrecht;
5. Grundzüge des Insolvenzrechts;
6. Grundzüge des Europarechts.

D. Steuerrecht
1. Abgabenordnung und Nebengesetze, Finanzgerichtsordnung;
2. Recht der Steuerarten, insbesondere

a) Einkommen-, Körperschaft- und Gewerbesteuer,
b) Bewertungsgesetz, Erbschaftsteuer, Grundsteuer,
c) Umsatzsteuer, Grunderwerbsteuer,
d) Umwandlungssteuerrecht;
3. Grundzüge des Internationalen Steuerrechts.

§ 5
Gliederung der Prüfung

¹Die Prüfung gliedert sich in eine schriftliche und eine mündliche Prüfung. ²Die schriftliche Prüfung besteht aus sieben unter Aufsicht anzufertigenden Arbeiten (Aufsichtsarbeiten).

§ 6
Verkürzte Prüfung

Abweichend von § 5 kann die Prüfung in verkürzter Form nach den §§ 8a, 13 bis 13b der Wirtschaftsprüferordnung abgelegt werden.

§ 7
Schriftliche Prüfung

(1) Die Aufgaben für die Aufsichtsarbeiten sind aus der Berufsarbeit der Wirtschaftsprüfer und Wirtschaftsprüferinnen zu entnehmen.

(2) ¹Für jede Aufsichtsarbeit stehen vier bis sechs Stunden zur Verfügung. ²Behinderten Menschen kann die Frist verlängert werden; Hilfsmittel und die Inanspruchnahme von Hilfeleistungen Dritter, die die besonderen Verhältnisse behinderter Menschen berücksichtigen, sollen von der Prüfungsstelle zugelassen werden. ³Es sind zu bearbeiten

1. zwei Aufgaben aus dem Gebiet Wirtschaftliches Prüfungswesen, Unternehmensbewertung und Berufsrecht (§ 4 Buchstabe A),
2. zwei Aufgaben aus dem Gebiet Angewandte Betriebswirtschaftslehre, Volkswirtschaftslehre (§ 4 Buchstabe B),
3. eine Aufgabe aus dem Gebiet Wirtschaftsrecht (§ 4 Buchstabe C),
4. zwei Aufgaben aus dem Gebiet Steuerrecht (§ 4 Buchstabe D).

⁴Es ist jeweils eine Aufgabe an je einem Tag zu bearbeiten.

§ 8
Aufgabenkommission

(1) ¹Für das Bestimmen der Prüfungsaufgaben in der schriftlichen Prüfung und für die Entscheidung über die zugelassenen Hilfsmittel wird bei der Prüfungsstelle eine Aufgabenkommission eingerichtet. ²Die Kommission gibt sich bei Bedarf eine eigene Geschäftsordnung.

(2) Der Aufgabenkommission gehören als Mitglieder eine Person, die eine oberste Landesbehörde vertritt, als vorsitzendes Mitglied, die Leitung der Prüfungsstelle, eine die Wirtschaft vertretende Person, ein Mitglied mit Befähigung zum Richteramt, das auch Mitglied des wirtschaftsprüfenden Berufsstandes sein kann, zwei

Hochschullehrer oder Hochschullehrerinnen für Betriebswirtschaftslehre, zwei Berufsangehörige und eine die Finanzverwaltung vertretende Person an.

(3) Die Aufgabenkommission entscheidet mit Zweidrittelmehrheit.

(4) § 2 Abs. 3 und 4 sowie § 3 gelten entsprechend, jedoch werden die Mitglieder der Aufgabenkommission in der Regel für die Dauer von drei Jahren berufen.

§ 9
Widerspruchskommission

¹Für Entscheidungen nach § 5 Abs. 5 der Wirtschaftsprüferordnung wird bei der Prüfungsstelle eine Widerspruchskommission eingerichtet, die personell mit der Aufgabenkommission nach § 8 Abs. 2 identisch ist. ²Die Kommission entscheidet mit Stimmenmehrheit; bei Stimmengleichheit entscheidet die Stimme des vorsitzenden Mitglieds. ³§ 8 Abs. 4 gilt entsprechend.

§ 10
Aufsichtsarbeiten

¹Die Aufsicht bei den Aufsichtsarbeiten führen von der Prüfungsstelle bestimmte Personen. ²Über die Anfertigung der Aufsichtsarbeiten haben sie eine Niederschrift zu fertigen, in der die teilnehmenden Personen, der Zeitpunkt des Beginns und der Abgabe der Arbeiten, etwaige Ordnungsverstöße sowie alle sonstigen wesentlichen Vorkommnisse aufzunehmen sind.

§ 11
Prüfungsnoten

(1) ¹Für die Bewertung der einzelnen Prüfungsleistungen werden sechs Notenstufen gebildet. ²Es bedeuten

Note 1	sehr gut	eine hervorragende Leistung,
Note 2	gut	eine erheblich über dem Durchschnitt liegende Leistung,
Note 3	befriedigend	eine Leistung, die in jeder Hinsicht durchschnittlichen Anforderungen gerecht wird,
Note 4	ausreichend	eine Leistung, die abgesehen von einzelnen Mängeln durchschnittlichen Anforderungen entspricht,
Note 5	mangelhaft	eine an erheblichen Mängeln leidende, im Ganzen nicht mehr brauchbare Leistung,
Note 6	ungenügend	eine völlig unbrauchbare Leistung.

³Die Bewertung mit halben Zwischennoten ist zulässig.

(2) ¹Bei der Ermittlung von Gesamtnoten bedeuten

Note 1	= sehr gut
Note 1,01 bis 2,00	= gut
Note 2,01 bis 3,00	= befriedigend
Note 3,01 bis 4,00	= ausreichend

Note 4,01 bis 5,00 = mangelhaft
Note 5,01 bis 6,00 = ungenügend.

²Gesamtnoten errechnen sich aus der Summe der einzelnen Noten, geteilt durch deren Zahl.

§ 12
Bewertung der Aufsichtsarbeiten

(1) ¹Jede Aufsichtsarbeit ist von zwei Mitgliedern der Prüfungskommission, die nicht an der mündlichen Prüfung teilnehmen müssen, selbstständig zu bewerten. ²Die beiden Bewertungen können gegenseitig mitgeteilt werden. ³Eine nicht abgegebene Arbeit ist mit der Note 6,00 zu bewerten. ⁴Die bei der mündlichen Prüfung mitwirkenden Mitglieder der Prüfungskommission haben das Recht, die Arbeit einzusehen.

(2) Weichen die Bewertungen einer Arbeit voneinander ab, so gilt der Durchschnitt der Bewertungen.

§ 13
Ergebnis der schriftlichen Prüfung;
Ausschluss von der mündlichen Prüfung

(1) Für die schriftliche Prüfung wird eine Gesamtnote gebildet.

(2) ¹Wer in der schriftlichen Prüfung nicht mindestens die Gesamtnote 5,00 erhalten hat, ist von der mündlichen Prüfung ausgeschlossen. ²Die Prüfung ist nicht bestanden.

(3) Absatz 2 gilt entsprechend, wenn die Aufsichtsarbeiten aus dem Gebiet Wirtschaftliches Prüfungswesen, Unternehmensbewertung und Berufsrecht im Durchschnitt nicht mindestens mit der Note 5,00 bewertet sind.

§ 14
Vorberatung der Prüfungskommission

Vor Beginn der mündlichen Prüfung findet eine Vorberatung der Prüfungskommission statt, zu der sämtliche Prüfungsunterlagen vorliegen.

§ 15
Mündliche Prüfung

(1) Die mündliche Prüfung besteht aus einem kurzen Vortrag und fünf Prüfungsabschnitten, und zwar zwei Prüfungsabschnitten aus dem Gebiet Wirtschaftliches Prüfungswesen, Unternehmensbewertung und Berufsrecht, einem Prüfungsabschnitt aus dem Gebiet Angewandte Betriebswirtschaftslehre, Volkswirtschaftslehre, einem Prüfungsabschnitt aus dem Gebiet Wirtschaftsrecht und einem Prüfungsabschnitt aus dem Gebiet Steuerrecht.

(2) ¹Die mündliche Prüfung beginnt mit einem kurzen Vortrag der zu prüfenden Person über einen Gegenstand aus der Berufsarbeit der Wirtschaftsprüfer und Wirtschaftsprüferinnen, für den ihr eine halbe Stunde vorher aus jedem der in § 4 ge-

nannten Prüfungsgebiete ein Thema zur Wahl gestellt wird. ²Bei verkürzten Prüfungen (§ 6) werden drei Themen zur Wahl gestellt; umfasst die Prüfung weniger als drei Prüfungsgebiete, erhöht sich die Zahl der Themen aus dem Prüfungsgebiet nach § 4 Buchstabe A entsprechend. ³Die Dauer des Vortrags soll zehn Minuten nicht überschreiten. ⁴Im Anschluss daran sind aus den in § 4 genannten Prüfungsgebieten Fragen zu stellen, die mit der Berufsarbeit der Wirtschaftsprüfer und Wirtschaftsprüferinnen zusammenhängen.

(3) ¹Die Dauer der Prüfung soll für die einzelne zu prüfende Person zwei Stunden nicht überschreiten. ²Für Personen, die nach § 13a der Wirtschaftsprüferordnung die Prüfung in verkürzter Form ablegen, soll die Dauer der Prüfung für die einzelne Person eine Stunde nicht überschreiten. ³Bei verkürzten Prüfungen nach § 8a oder § 13b der Wirtschaftsprüferordnung bleiben die hierfür geltenden Bestimmungen der Ausführungsverordnung unberührt.

(4) ¹Die mündliche Prüfung ist nicht öffentlich. ²Die Prüfungsstelle kann mit dem Wirtschaftsprüfungsexamen befassten Personen gestatten, bei der mündlichen Prüfung zuzuhören. ³Sie kann für technische Hilfeleistungen Beschäftigte der Wirtschaftsprüferkammer zuziehen; anstelle solcher Personen oder neben solchen Personen können auch andere Personen zugezogen werden.

(5) Zur Prüfung zugelassenen Personen sowie Personen, die mindestens vier Jahre im wirtschaftlichen Prüfungswesen tätig sind und ein berechtigtes Interesse glaubhaft machen, kann auf Antrag gestattet werden, einmal bei der mündlichen Prüfung zuzuhören.

§ 16
Bewertung der mündlichen Prüfung

(1) In der mündlichen Prüfung werden der kurze Vortrag und die fünf Prüfungsabschnitte jeweils gesondert bewertet.

(2) Die Noten werden auf Vorschlag der jeweils prüfenden Person von der Prüfungskommission festgesetzt.

(3) Für die mündliche Prüfung wird eine Gesamtnote gebildet.

§ 17
Prüfungsgesamtnote

¹Aus der Gesamtnote der schriftlichen Prüfung und der Gesamtnote der mündlichen Prüfung ist eine Prüfungsgesamtnote zu bilden. ²Sie wird errechnet, indem die Gesamtnote der schriftlichen Prüfung mit 6, die Gesamtnote der mündlichen Prüfung mit 4 vervielfältigt und sodann die Summe durch 10 geteilt wird.

§ 18
Prüfungsergebnis

(1) ¹Die Prüfungskommission entscheidet im Anschluss an die mündliche Prüfung, ob die Prüfung bestanden, nicht bestanden oder ob und in welchem Umfang eine Ergänzungsprüfung abzulegen ist. ²Die Prüfung ist bestanden, wenn auf jedem Prü-

fungsgebiet eine unter entsprechender Anwendung des § 17 Satz 2 mindestens mit der Note 4,00 bewertete Leistung erbracht wurde. ³Dabei ist bei der Ermittlung des Ergebnisses der mündlichen Prüfung auf den einzelnen Prüfungsgebieten der kurze Vortrag (§ 15 Abs. 1) unter entsprechender Anwendung des § 16 Abs. 3 dem Prüfungsgebiet zuzurechnen, dem er entnommen ist.

(2) ¹Die Entscheidung der Prüfungskommission ist der geprüften Person im Anschluss an die mündliche Prüfung bekannt zu geben. ²Sie erhält bei bestandener Prüfung hierüber eine Bescheinigung.

(3) Die Ablegung der Prüfung berechtigt nicht zur Führung einer Bezeichnung, die auf das Bestehen der Prüfung Bezug nimmt.

§ 19
Ergänzungsprüfung

(1) ¹Hat die geprüfte Person eine Prüfungsgesamtnote von mindestens 4,00 erzielt, aber nach § 18 Abs. 1 Satz 2 und 3 auf einem oder mehreren Prüfungsgebieten eine mit geringer als 4,00 bewertete Leistung erbracht, so ist eine Ergänzungsprüfung auf diesen Gebieten abzulegen. ²Sie gliedert sich in eine schriftliche und eine mündliche Prüfung ohne kurzen Vortrag. ³Satz 1 ist auf die verkürzte Prüfung nach § 13a der Wirtschaftsprüferordnung nicht anzuwenden.

(2) ¹Hat die geprüfte Person eine Prüfungsgesamtnote von mindestens 4,00 nicht erzielt, aber nach § 18 Abs. 1 Satz 2 und 3 nur auf einem Prüfungsgebiet bei sonst mit mindestens 4,00 bewerteten Leistungen eine mit geringer als 4,00 bewertete Leistung erbracht, so ist eine Ergänzungsprüfung auf diesem Gebiet abzulegen. ²Sie gliedert sich in eine schriftliche und eine mündliche Prüfung ohne kurzen Vortrag. ³Satz 1 ist auf die verkürzte Prüfung nach § 13a der Wirtschaftsprüferordnung nicht anzuwenden. ⁴Das Prüfungsergebnis in der schriftlichen und mündlichen Ergänzungsprüfung ersetzt das ursprüngliche Prüfungsergebnis.

(3) Die geprüfte Person kann sich nur innerhalb eines Jahres nach dem Tag der Mitteilung des Prüfungsergebnisses zur Ablegung der Ergänzungsprüfung melden; über Ausnahmen entscheidet die Prüfungsstelle.

(4) Die geprüfte Person hat auf jedem Gebiet, auf dem sie eine Ergänzungsprüfung abzulegen hat, eine mindestens mit 4,00 zu bewertende Leistung zu erbringen; andernfalls hat sie die gesamte Prüfung nicht bestanden.

(5) Umfasst die Prüfung nur das Prüfungsgebiet nach § 4 Buchstabe A, finden die Absätze 1 und 2 keine Anwendung.

§ 20
Niederschrift der Prüfungskommission

(1) Über den Hergang der mündlichen Prüfung ist eine Niederschrift aufzunehmen, in der festgestellt werden

1. die Besetzung der Prüfungskommission;
2. die Bewertung der schriftlichen Arbeiten und die Gesamtnote der schriftlichen Prüfung;

3. die Einzelergebnisse und die Gesamtnote der mündlichen Prüfung;
4. die Prüfungsgesamtnote;
5. die Entscheidung der Prüfungskommission über das Ergebnis der Prüfung.

(2) Die Niederschrift ist von der vorsitzenden Person der Prüfungskommission zu unterschreiben.

§ 21
Rücktritt von der Prüfung

(1) ¹Tritt die zu prüfende Person von der Prüfung zurück, so gilt die gesamte Prüfung als nicht bestanden. ²Als Rücktritt gilt es, wenn sie an einer Aufsichtsarbeit nicht teilnimmt oder sich der mündlichen Prüfung oder Teilen derselben nicht unterzieht oder sich nicht innerhalb der Frist des § 19 Abs. 3 zur Ablegung der Ergänzungsprüfung meldet.

(2) ¹Als Rücktritt gilt es nicht, wenn die zu prüfende Person an einer Aufsichtsarbeit nicht teilnimmt oder sich der mündlichen Prüfung oder Teilen derselben nicht unterzieht und hierfür ein triftiger Grund vorliegt. ²Der Grund muss der Prüfungsstelle unverzüglich schriftlich mitgeteilt und nachgewiesen werden. ³Die Prüfungsstelle entscheidet, ob ein Grund als triftig anzusehen ist und ob der Nachweis rechtzeitig erbracht ist. ⁴Bei behaupteter Krankheit kann die Vorlage eines amtsärztlichen Zeugnisses verlangt werden.

(3) Im Falle des Absatzes 2 ist die zu prüfende Person zu einem späteren Prüfungstermin zur Ablegung der noch nicht erledigten Teile der schriftlichen Prüfung oder der noch nicht erledigten mündlichen Prüfung erneut zu laden; § 13a Abs. 2 der Wirtschaftsprüferordnung bleibt unberührt.

§ 22
Wiederholung der Prüfung

(1) ¹Die Prüfung kann zweimal wiederholt werden; § 13a Abs. 2 der Wirtschaftsprüferordnung bleibt unberührt. ²Für die Wiederholung der Prüfung ist eine erneute Zulassung erforderlich.

(2) Wird der Antrag auf erneute Zulassung gestellt, sind nur die in § 1 Abs. 1 Satz 2 Nr. 1, 3 und 8 genannten Unterlagen und Erklärungen beizufügen; dies gilt nicht für Anträge nach dem 31. Dezember 2003, wenn die Zulassung zur vorhergehenden Prüfung bereits vor dem 1. Januar 2004 erfolgt ist.

§ 23
Mitteilung des Prüfungsergebnisses

¹Die Prüfungsstelle teilt der geprüften Person das Prüfungsergebnis mit, auf Wunsch mit Angabe der Prüfungsgesamtnote. ²Bei Angabe der Prüfungsgesamtnote ist gegebenenfalls das Ablegen einer Ergänzungsprüfung ohne Angabe des ursprünglichen Prüfungsergebnisses zu erwähnen.

§ 24
Täuschungsversuch, Ordnungsverstöße

(1) ¹Unternimmt es eine zu prüfende Person, das Ergebnis einer schriftlichen Arbeit durch Täuschung oder Benutzung nicht zugelassener Hilfsmittel zu beeinflussen, so kann die Prüfungskommission die Arbeit mit der Note 6,00 bewerten oder in schweren Fällen diese Person von der Prüfung ausschließen. ²Satz 1 gilt entsprechend für die mündliche Prüfung.

(2) Eine zu prüfende Person kann auch bei sonstigen erheblichen Verstößen gegen die Ordnung von der Prüfung ausgeschlossen werden.

(3) Im Falle des Ausschlusses gilt die Prüfung als nicht bestanden.

(4) ¹Wird nachträglich festgestellt, dass die Voraussetzungen des Absatzes 1 vorlagen, so kann die Prüfungskommission die ergangene Prüfungsentscheidung widerrufen und aussprechen, dass die Prüfung nicht bestanden ist. ²Der Widerruf ist ausgeschlossen, wenn seit der Beendigung der Prüfung mehr als drei Jahre vergangen sind.

Zweiter Teil:
Prüfungsverfahren nach § 131l der Wirtschaftsprüferordnung

§ 25
Antrag auf Zulassung zur Prüfung

(1) Der Antrag auf Zulassung zur Eignungsprüfung ist an die „Prüfungsstelle für das Wirtschaftsprüfungsexamen bei der Wirtschaftsprüferkammer" (Prüfungsstelle) zu richten.

(2) Dem Antrag auf Zulassung zur Prüfung sind beizufügen:
1. ein tabellarischer Lebenslauf, der genaue Angaben über die Vorbildung und den beruflichen Werdegang enthält;
2. eine Bescheinigung der zuständigen Behörde eines Staates gemäß § 131g Abs. 1 der Wirtschaftsprüferordnung nach Artikel 8 Abs. 1 der Richtlinie 89/48/ EWG des Rates vom 21. Dezember 1988 über eine allgemeine Regelung zur Anerkennung der Hochschuldiplome, die eine mindestens dreijährige Berufsausbildung abschließen (ABl. EG 1989 Nr. L 19 S. 16), durch die nachgewiesen wird, dass die zu prüfende Person ein Diplom erlangt hat, aus dem hervorgeht, dass sie über die beruflichen Voraussetzungen verfügt, die für die unmittelbare Zulassung zur Pflichtprüfung von Jahresabschlüssen und anderer Rechnungsunterlagen im Sinne des Artikels 1 Abs. 1 der Richtlinie 84/253/EWG des Rates vom 10. April 1984 über die Zulassung der mit der Pflichtprüfung der Rechnungsunterlagen beauftragten Personen (ABl. EG Nr. L 126 S. 20) oder im Sinne einer entsprechenden neu gefassten europäischen Regelung in diesem Staat erforderlich sind;
3. ein Nachweis, dass die zu prüfende Person den überwiegenden Teil der Mindestausbildungszeit in Staaten gemäß § 131g Abs. 1 der Wirtschaftsprüferord-

nung abgeleistet hat, oder eine Bescheinigung gemäß § 131g Abs. 2 Satz 2 der Wirtschaftsprüferordnung;
4. eine Erklärung über das Wahlfach für die mündliche Prüfung;
5. eine Erklärung, ob und bei welcher Stelle im Geltungsbereich dieser Verordnung bereits früher ein Antrag auf Zulassung zur Prüfung eingereicht wurde;
6. Unterlagen, aus denen sich die Staatsangehörigkeit ergibt;
7. gegebenenfalls eine Erklärung, dass die Prüfung in verkürzter Form (§ 28 Abs. 1) abgelegt werden soll;
8. gegebenenfalls ein Antrag auf Erlass von Prüfungsleistungen nach § 28 Abs. 2 und 3;
9. (weggefallen).

(3) ¹Der Antrag und die beizufügenden Unterlagen sind, soweit sie von der zu prüfenden Person stammen, in deutscher Sprache einzureichen; sonstige Unterlagen sind mit einer beglaubigten Übersetzung durch einen hierzu ermächtigten Übersetzer oder durch eine hierzu ermächtigte Übersetzerin im Geltungsbereich dieser Verordnung vorzulegen, soweit sie nicht in deutscher Sprache abgefasst sind. ²Prüfungssprache ist Deutsch. ³§ 1 Abs. 3 gilt entsprechend.

§ 26
Prüfungskommission, Prüfungstermine

(1) ¹Der Prüfungskommission gehören als Mitglieder an eine eine oberste Landesbehörde vertretende Person als vorsitzendes Mitglied, eine die Finanzverwaltung vertretende Person und zwei Wirtschaftsprüfer oder Wirtschaftsprüferinnen. ²An der verkürzten Prüfung (§ 28 Abs. 1), bei der die Prüfung im Steuerrecht entfällt, nimmt die die Finanzverwaltung vertretende Person nicht teil. ³Ein Mitglied der Kommission muss die Befähigung zum Richteramt haben.
(2) § 2 Abs. 3 bis 7 und § 3 Abs. 1, 2 und 4 gelten entsprechend.

§ 27
Prüfungsgebiete

(1) In der Eignungsprüfung sind Prüfungsgebiete der schriftlichen Prüfung
A. Wirtschaftsrecht
   1. Grundzüge des Bürgerlichen Rechts einschließlich Grundzüge des Arbeitsrechts, soweit es für die praktische Berufsarbeit des Wirtschaftsprüfers von Bedeutung ist, mit Ausnahme des Familienrechts und des Erbrechts;
   2. Grundzüge des Handelsrechts, insbesondere Handelsstand und -geschäfte;
   3. Gesellschaftsrecht (Personengesellschaften und Kapitalgesellschaften, Recht der verbundenen Unternehmen) und Corporate Governance;
   4. Umwandlungsrecht;
   5. Grundzüge des Europarechts;
B. Steuerrecht I
   1. Abgabenordnung und Nebengesetze, Finanzgerichtsordnung;
   2. Einkommen- und Körperschaftsteuer;

3. Bewertungsgesetz;
4. Grundzüge des Internationalen Steuerrechts;
5. Umwandlungssteuerrecht.

(2) ¹In der Eignungsprüfung sind Prüfungsgebiete der mündlichen Prüfung
A. Wirtschaftliches Prüfungswesen
   1. rechtliche Vorschriften über Rechnungslegung: Buchführung, Jahresabschluss und Lagebericht;
   2. rechtliche Vorschriften über die Pflichtprüfung des Jahresabschlusses und des Lageberichts von Kapitalgesellschaften und Personenhandelsgesellschaften im Sinne des § 264a des Handelsgesetzbuchs einschließlich des Konzernabschlusses und des Konzernlageberichts;
B. Berufsrecht der Wirtschaftsprüfer, insbesondere Organisation des Berufs, Berufsaufsicht, Berufsgrundsätze und Unabhängigkeit;
C. ein vom Bewerber zu bestimmendes Wahlfach; als Wahlfach können gewählt werden die Prüfungsgebiete
   1. Steuerrecht II (Erbschaftsteuer, Gewerbesteuer, Grundsteuer);
   2. Insolvenzrecht;
   3. Grundzüge des Kapitalmarktrechts.

²Genügt eine Aufsichtsarbeit nicht den Anforderungen, so ist zusätzlich das Prüfungsgebiet, aus dem diese Arbeit entnommen wurde, Gegenstand der mündlichen Prüfung.

(3) Die Prüfungsgebiete nach Absatz 1 Buchstabe A Nr. 3 sowie Absatz 2 Satz 1 Buchstabe A Nr. 1 und 2 sind nur insoweit Prüfungsgegenstand, als sie nicht durch Richtlinien des Rates angeglichen worden sind oder das Recht der Bundesrepublik Deutschland, insbesondere auf Grund von in den Richtlinien eingeräumten Wahlmöglichkeiten, Besonderheiten enthält.

§ 28
Verkürzte Prüfung; Erlass von Prüfungsleistungen

(1) Für die verkürzte Prüfung gilt § 6 entsprechend.

(2) Die Prüfungsstelle erlässt auf Antrag einzelne Prüfungsleistungen, wenn die zu prüfende Person durch ein Prüfungszeugnis nachweist, dass sie in ihrer bisherigen Ausbildung in einem Prüfungsgebiet die für die Ausübung des Berufs in der Bundesrepublik Deutschland erforderlichen Kenntnisse in diesem Prüfungsgebiet erworben hat.

(3) ¹Die Prüfungsstelle erlässt auf Antrag einzelne Prüfungsleistungen, wenn die zu prüfende Person nachweist, dass sie durch Berufserfahrung einen wesentlichen Teil der Kenntnisse erworben hat, die durch die erlassenen Prüfungsleistungen gefordert werden. ²Zur Überprüfung der im Rahmen der bisherigen beruflichen Tätigkeit erworbenen Kenntnisse sind geeignete Nachweise vorzulegen; dazu zählen insbesondere Falllisten, die regelmäßig folgende Angaben enthalten müssen: Akten- oder Geschäftszeichen, Gegenstand, Zeitraum, Art und Umfang der Tätigkeit, Sachstand.

³Ferner sind auf Verlangen der Prüfungsstelle anonymisierte Arbeitsproben vorzulegen.

§ 29
Schriftliche Prüfung

(1) ¹Die schriftliche Prüfung besteht aus zwei unter Aufsicht anzufertigenden Arbeiten (Aufsichtsarbeiten). ²Die Aufgaben für die Aufsichtsarbeiten sind aus der Berufsarbeit der Wirtschaftsprüfer und Wirtschaftsprüferinnen zu entnehmen; die zuständigen Kommissionen sind die nach den §§ 8 und 9.

(2) ¹Für jede Aufsichtsarbeit stehen vier bis sechs Stunden zur Verfügung. ²Behinderten Menschen kann die Frist verlängert werden; Hilfsmittel und die Inanspruchnahme von Hilfeleistungen Dritter, die die besonderen Verhältnisse behinderter Menschen berücksichtigen, sollen von der Prüfungsstelle zugelassen werden. ³Es sind zu bearbeiten je eine Aufgabe aus dem Gebiet des Wirtschaftsrechts (§ 27 Abs. 1 Buchstabe A) und des Steuerrechts I (§ 27 Abs. 1 Buchstabe B), und zwar jeweils eine Aufgabe an je einem Tag. ⁴Für die Aufgaben können zwei Themen zur Wahl gestellt werden. ⁵§ 10 gilt entsprechend.

(3) ¹Jede Aufsichtsarbeit ist von zwei nach § 26 Abs. 2 berufenen Mitgliedern der Prüfungskommission, die nicht an der mündlichen Prüfung teilnehmen müssen, selbstständig mit „genügt den Anforderungen" oder „genügt nicht den Anforderungen" zu bewerten. ²Die beiden Bewertungen können gegenseitig mitgeteilt werden. ³Eine nicht abgegebene Arbeit ist mit „genügt nicht den Anforderungen" zu bewerten. ⁴Die bei der mündlichen Prüfung mitwirkenden Mitglieder der Prüfungskommission haben das Recht, die Arbeit einzusehen. ⁵Weichen die Bewertungen einer Arbeit voneinander ab und einigen sich die beiden die Arbeit bewertenden Personen nicht, so ist die Arbeit zusätzlich durch ein Mitglied der Prüfungskommission, das nicht an der mündlichen Prüfung teilnehmen muss und von der Prüfungsstelle bestimmt wird, zu bewerten. ⁶Die Aufsichtsarbeit genügt in diesem Fall den Anforderungen, wenn mindestens zwei der die Arbeit bewertenden Personen die Arbeit so bewerten.

§ 30
Mündliche Prüfung

(1) ¹Die zu prüfende Person ist von der mündlichen Prüfung ausgeschlossen, wenn beide Aufsichtsarbeiten den Anforderungen nicht genügen; gleiches gilt, wenn in Fällen des § 28 eine Aufsichtsarbeit den Anforderungen nicht genügt. ²Die Prüfung ist nicht bestanden.

(2) Vor Beginn der mündlichen Prüfung findet eine Vorberatung der Prüfungskommission statt, zu der sämtliche Prüfungsunterlagen vorliegen.

(3) In der mündlichen Prüfung sind aus den in § 27 Abs. 2 genannten Prüfungsgebieten Fragen zu stellen, die mit der Berufsarbeit der Wirtschaftsprüfer und Wirtschaftsprüferinnen zusammenhängen.

(4) ¹Die Dauer der Prüfung soll für die einzelne zu prüfende Person eine Stunde nicht überschreiten. ²Ist ein Prüfungsgebiet nach § 27 Abs. 2 Satz 2 zusätzlich Gegenstand der mündlichen Prüfung, so soll die Dauer der zusätzlichen mündlichen Prüfung in diesem Fach eine halbe Stunde nicht überschreiten. § 15 Abs. 3 Satz 3 und Abs. 4 gilt entsprechend.

(5) Zur Prüfung zugelassenen Personen sowie Personen, die mindestens vier Jahre im wirtschaftlichen Prüfungswesen tätig sind und ein berechtigtes Interesse glaubhaft machen, kann auf Antrag gestattet werden, einmal bei der mündlichen Prüfung zuzuhören.

(6) Die Bewertung der mündlichen Prüfungsleistungen mit „genügt den Anforderungen" oder „genügt nicht den Anforderungen" erfolgt auf Vorschlag der jeweils prüfenden Person durch die Prüfungskommission.

(7) ¹Über den Hergang der mündlichen Prüfung ist eine Niederschrift aufzunehmen, in der festgestellt werden

1. die Besetzung der Prüfungskommission;
2. die Bewertung der schriftlichen Arbeiten;
3. die Bewertung der mündlichen Prüfung;
4. die Entscheidung des Prüfungsausschusses über das Ergebnis der Prüfung.

²Die Niederschrift ist von der vorsitzenden Person der Prüfungskommission zu unterschreiben.

§ 31
Prüfungsergebnis

¹Die Prüfungskommission entscheidet im Anschluss an die mündliche Prüfung auf Grund des Gesamteindrucks der in der schriftlichen und in der mündlichen Prüfung erbrachten Leistungen, ob die geprüfte Person über die nach § 131h Abs. 2 der Wirtschaftsprüferordnung erforderlichen Kenntnisse verfügt und damit die Prüfung bestanden hat. ²§ 18 Abs. 2 und 3 gilt entsprechend.

§ 32
Rücktritt von der Prüfung

¹Tritt die zu prüfende Person von der Prüfung zurück, so gilt die gesamte Prüfung als nicht bestanden. ²Als Rücktritt gilt es, wenn sie an einer Aufsichtsarbeit nicht teilnimmt oder sich der mündlichen Prüfung oder Teilen derselben nicht unterzieht. ³§ 21 Abs. 2 und 3 gilt entsprechend.

§ 33
Wiederholung der Prüfung

(1) ¹Die Prüfung kann zweimal wiederholt werden; § 13a Abs. 2 der Wirtschaftsprüferordnung bleibt unberührt. ²Für die Wiederholung der Prüfung ist eine erneute Zulassung erforderlich.

(2) Wird der Antrag auf erneute Zulassung gestellt, sind nur die in § 25 Abs. 2 Nr. 1, 4, 5, 7 bis 9 genannten Unterlagen und Erklärungen beizufügen; dies gilt nicht für

Anträge nach dem 31. Dezember 2003, wenn die Zulassung zur vorhergehenden Prüfung bereits vor dem 1. Januar 2004 erfolgte.

§ 34
Täuschungsversuch, Ordnungsverstöße

¹Unternimmt es eine zu prüfende Person, das Ergebnis einer schriftlichen Arbeit durch Täuschung oder Benutzung nicht zugelassener Hilfsmittel zu beeinflussen, so kann die Prüfungskommission die Arbeit mit „genügt nicht den Anforderungen" bewerten oder in schweren Fällen den Bewerber von der Prüfung ausschließen. ²Satz 1 gilt entsprechend für die mündliche Prüfung. ³§ 24 Abs. 2 bis 4 gilt entsprechend.

Dritter Teil:
Schlussvorschriften

§ 35
Übergangsregelung

Vor dem 24. Juli 2004 begonnene und an diesem Tag noch laufende mündliche und schriftliche Prüfungen werden nach dem bis zum 23. Juli 2004 geltenden Recht beendet; dies gilt nicht für nachfolgende Ergänzungs- und Wiederholungsprüfungen sowie für die Fortsetzung der Prüfung im Fall des § 21 Abs. 3 oder § 32 Satz 3.

§ 36
Inkrafttreten, Außerkrafttreten

Diese Verordnung tritt am Tage nach der Verkündung in Kraft.

**Verordnung über die Voraussetzungen der Anerkennung
von Studiengängen nach § 8a der Wirtschaftsprüferordnung und
über die Anrechnung von Prüfungsleistungen aus Studiengängen nach
§ 13b der Wirtschaftsprüferordnung
(Wirtschaftsprüfungsexamens-Anrechnungsverordnung - WPAnrV)**

Vom 27. Mai 2005 (BGBl. I S. 1520)
zuletzt geändert durch die
Zweite Verordnung zur Änderung
der Wirtschaftsprüfungsexamens-Anrechnungsverordnung
vom 28. September 2012 (BGBl. I. S. 2095)

Auf Grund des § 8a Abs. 3 und des § 13b Satz 3 der Wirtschaftsprüferordnung in der Fassung der Bekanntmachung vom 5. November 1975 (BGBl. I S. 2803), die durch Artikel 1 Nr. 6 und 12 des Gesetzes vom 1. Dezember 2003 (BGBl. I S. 2446) eingefügt worden sind, verordnet das Bundesministerium für Wirtschaft und Arbeit:

**Teil 1
Anerkennung von Studiengängen
(§ 8a der Wirtschaftsprüferordnung)**

**§ 1
Besondere Eignung von Masterstudiengängen**

¹Leistungen aus einem Masterstudiengang im Sinn des § 19 des Hochschulrahmengesetzes werden auf das Wirtschaftsprüfungsexamen angerechnet, wenn der Masterstudiengang zur Ausbildung von Wirtschaftsprüfern und Wirtschaftsprüferinnen besonders geeignet ist. ²Dies ist der Fall, wenn er den Anforderungen dieser Verordnung entspricht und akkreditiert ist (Anerkennung im Sinn des § 8a Abs. 1 der Wirtschaftsprüferordnung).

**§ 2
Anerkennungsgrundlagen**

(1) ¹Die Anerkennung eines Masterstudiengangs nach § 1 Satz 2 setzt voraus, dass mit dem Studiengang das Ziel erreicht wird, den Studierenden die Kenntnisse und Fähigkeiten zu vermitteln, die dem Berufsprofil des Wirtschaftsprüfers oder der Wirtschaftsprüferin entsprechen. ²Künftige Berufsangehörige müssen am Ende ihrer Ausbildung insbesondere die Fähigkeit zur Durchführung betriebswirtschaftlicher Prüfungen sowie in den Tätigkeitsbereichen der Steuer- und Wirtschaftsberatung und der Rechtsdienstleistung die Kenntnisse und Fertigkeiten erworben haben, um Mandantenaufträge erledigen und interdisziplinäre Fragestellungen lösen zu können. ³Der Masterstudiengang muss dazu folgende wesentliche Lehrinhalte umfassen:

1. das wirtschaftliche Prüfungswesen, die Unternehmensbewertung und das Berufsrecht,
2. die Angewandte Betriebswirtschaftslehre und Volkswirtschaftslehre,
3. das Wirtschaftsrecht und
4. das Steuerrecht.

(2) ¹Das Lehrangebot muss die theoretischen und praktischen Aspekte der Ausbildung des Wirtschaftsprüfers oder der Wirtschaftsprüferin in ausgewogener Form berücksichtigen, hohe Anforderungen an eine umfassende Entwicklung der erforderlichen sozialen Kompetenz stellen und die in Absatz 1 genannten Kenntnisse und Fähigkeiten mit folgenden Ausprägungen vermitteln:

1. Grundwissen: Studierende kennen die wesentlichen Definitionen und können die herrschende Meinung wiedergeben.
2. Verständnis: Studierende können das Wissen ordnen und es systematisch wiedergeben sowie Probleme erkennen.
3. Anwendung: Studierende können das erworbene Wissen anwenden und eigene Berechnungen sowie Interpretationen erstellen; sie können Einzelfälle angemessen beurteilen und die Ergebnisse auswerten.
4. Analyse: Studierende können komplexe Problemstellungen erkennen und auf Grundlage der erworbenen Erfahrung analysieren.
5. Synthese: Studierende können korrigierend in Prozesse eingreifen, neue Vorgehensweisen entwickeln und Verbesserungsvorschläge unterbreiten; dazu gehört auch die Fähigkeit, die eigene Leistung angemessen darzustellen und lösungsorientiert weiterzuentwickeln.
6. Bewertung: Studierende können Werturteile abgeben, Vergleiche heranziehen und richtige Schlussfolgerungen ziehen, sie können Prognosen erstellen und die eigenen Aussagen rechtfertigen.

²Diese Ausprägungen enthalten noch keine berufliche Spezialisierung, da diese erst nach der Bestellung zum Wirtschaftsprüfer oder zur Wirtschaftsprüferin durch Praxiserfahrung und Fortbildung entwickelt wird.

§ 3
Anforderungen an den Zugang zum Masterstudiengang und dessen Ausgestaltung

Die Anerkennung eines Masterstudiengangs nach § 1 Satz 2 setzt voraus, dass die Prüfungsordnung

1. den Nachweis über die Ableistung von drei Monaten Tätigkeit gemäß § 9 Abs. 1 der Wirtschaftsprüferordnung und drei Monaten Prüfungstätigkeit gemäß § 9 Abs. 2 der Wirtschaftsprüferordnung (Praxiszeit) nach Erwerb des ersten berufsqualifizierenden Abschlusses, aber vor Beginn des Masterstudiengangs vorsieht;
2. das Bestehen einer Zugangsprüfung, die wirtschaftsprüfungsrelevante Anteile berücksichtigt, vorsieht; vor Beginn des Studiums muss die Praxiszeit abgeleistet sein;

3. für den Masterstudiengang vier Theoriesemester vorsieht;
4. vorsieht, dass die Masterabschlussarbeit in dem Prüfungsgebiet „Wirtschaftliches Prüfungswesen, Unternehmensbewertung und Berufsrecht" geschrieben wird.

§ 4
Referenzrahmen

(1) Die Anforderungen an die einzelnen Studien- und Prüfungsziele des Masterstudiengangs auf Grundlage der in § 2 genannten Anerkennungsgrundlagen sowie an den Inhalt der Zugangsprüfung nach § 3 Nr. 2 ergeben sich aus einem fachspezifisch konkretisierten Referenzrahmen; die Prüfungsordnungen der Hochschulen bleiben unberührt.

(2) [1]Der Referenzrahmen wird von einem Gremium bestehend aus je einem Vertreter oder einer Vertreterin der Aufgabenkommission nach § 8 der Wirtschaftsprüferprüfungsverordnung, der Finanzverwaltung, der Wirtschaftsprüferkammer, einer oder einem Beauftragten des Bundesministeriums für Wirtschaft und Technologie sowie je zwei Vertretern oder Vertreterinnen des Berufsstandes und der Hochschulen erarbeitet und beschlossen. [2]Der Akkreditierungsrat kann beratend an den Sitzungen des Gremiums teilnehmen. [3]Vor einer Anpassung des Referenzrahmens soll dem Akkreditierungsrat Gelegenheit zur Stellungnahme gegeben werden. [4]Die Wirtschaftsprüferkammer ernennt die Mitglieder des Gremiums im Einvernehmen mit dem Bundesministerium für Wirtschaft und Technologie. [5]Das Gremium ist auch berechtigt, unverbindliche Lehrpläne (Curricula) zu erstellen. [6]Das Bundesministerium für Wirtschaft und Technologie erklärt den Referenzrahmen gegenüber den in § 5 Abs. 2 Satz 1 genannten Vertretern und Vertreterinnen für verbindlich. [7]Der Referenzrahmen wird von der Prüfungsstelle elektronisch geführt und zugänglich gemacht.

§ 5
Akkreditierung

(1) Die Akkreditierung und Reakkreditierung des Masterstudiengangs unter Berücksichtigung der Anforderungen dieser Verordnung erfolgt auf Antrag der Hochschule durch eine vom Akkreditierungsrat akkreditierte Agentur; diese ist die für die Anerkennung zuständige Stelle im Sinn des § 8a Abs. 3 Satz 1 der Wirtschaftsprüferordnung.

(2) [1]Wenn gemäß dem Antrag der Hochschule im Akkreditierungsverfahren festgestellt werden soll, ob der Masterstudiengang zur Ausbildung von Wirtschaftsprüfern und Wirtschaftsprüferinnen besonders geeignet ist, müssen bei der Akkreditierung je ein Vertreter oder Beauftragter oder eine Vertreterin oder Beauftragte des Bundesministeriums für Wirtschaft und Technologie, der Finanzverwaltung und der Wirtschaftsprüferkammer mitwirken. [2]Die Entscheidung nach Satz 1 bedarf der Zustimmung von mindestens zwei Vertretern oder Beauftragten. [3]Im Fall der Zustimmung ist eine Anrechnung von Leistungen aus dem Masterstudiengang auf das Wirtschaftsprüfungsexamen möglich und wird in die Akkreditierung folgender Zu-

satz aufgenommen: „Leistungen aus dem Masterstudiengang können in den Prüfungsgebieten „Angewandte Betriebswirtschaftslehre, Volkswirtschaftslehre" und „Wirtschaftsrecht" des Wirtschaftsprüfungsexamens angerechnet werden".

§ 6
Anrechnung von Leistungen aus dem Masterstudiengang auf das Wirtschaftsprüfungsexamen und Anrechnungsverfahren

(1) ¹Die Prüfungsstelle stellt auf Grundlage der Akkreditierung des Masterstudiengangs gemäß § 5 die Anrechnung von Leistungen auf das Wirtschaftsprüfungsexamen fest. ²Sie lässt die antragstellende Person zum Wirtschaftsprüfungsexamen im Umfang des Absatzes 3 zu und lädt sie gemäß § 9 Abs. 6 Satz 2 der Wirtschaftsprüferordnung zum nächstmöglichen Prüfungstermin.

(2) ¹Dem Antrag an die Prüfungsstelle gemäß § 1 oder § 25 der Wirtschaftsprüferprüfungsverordnung ist das Zeugnis über den Masterabschluss im Original oder in beglaubigter Abschrift beizufügen. ²Die Masterabschlussprüfung darf zum Zeitpunkt der Antragstellung auf Zulassung zum Wirtschaftsprüfungsexamen nicht länger als drei Jahre zurückliegen.

(3) ¹Die Anrechnung ersetzt die schriftlichen und mündlichen Prüfungen in den Prüfungsgebieten „Angewandte Betriebswirtschaftslehre, Volkswirtschaftslehre" und „Wirtschaftsrecht". ²Der Kurzvortrag sowie die schriftlichen und mündlichen Prüfungen in den Prüfungsgebieten „Wirtschaftliches Prüfungswesen, Unternehmensbewertung und Berufsrecht" und „Steuerrecht" müssen vor der Prüfungskommission nach § 2 der Wirtschaftsprüferprüfungsverordnung nach Wahl der Prüfungsstelle auch in Sonderprüfungsterminen abgelegt werden. ³Dies gilt auch für Rücktrittsfolge- und Wiederholungsprüfungen in den Prüfungsgebieten „Wirtschaftliches Prüfungswesen, Unternehmensbewertung und Berufsrecht" und „Steuerrecht". ⁴In den Fällen der Sätze 2 und 3 dauert die mündliche Prüfung 60 Minuten. ⁵§ 19 Abs. 5 der Wirtschaftsprüferprüfungsverordnung findet Anwendung.

(4) ¹Wenn eine Anrechnung im Einzelfall voraussichtlich nicht erfolgen kann, ist der Hochschule, die das Zeugnis über den Masterabschluss ausgestellt hat, Gelegenheit zur Stellungnahme zu geben. ²Erfolgt danach keine Anrechnung, teilt die Prüfungsstelle dies der antragstellenden Person schriftlich mit. ³Die Ablehnung einer Anrechnung kann insbesondere gerechtfertigt sein, wenn der Masterstudiengang nach der Akkreditierung wesentlich umgestaltet wird, so dass eine besondere Eignung nach § 1 ganz oder in Teilen entfallen ist. ⁴Für das Widerspruchsverfahren gilt § 5 Abs. 5 der Wirtschaftsprüferordnung entsprechend.

Teil 2
Verkürzte Prüfung nach Anrechnung gleichwertiger Prüfungsleistungen
(§ 13b der Wirtschaftsprüferordnung)

§ 7
Voraussetzungen der Anrechnung

(1) ¹Leistungsnachweise für schriftliche und mündliche Prüfungen in einem oder beiden der Prüfungsgebiete „Angewandte Betriebswirtschaftslehre, Volkswirtschaftslehre" und „Wirtschaftsrecht" eines in- oder ausländischen Studiengangs, der nicht nach Teil 1 anerkannt sein muss, werden auf das Wirtschaftsprüfungsexamen angerechnet, wenn
1. die Prüfungen als gleichwertig festgestellt werden,
2. das gewählte Haupt- oder Schwerpunktfach den wesentlichen Inhalten eines oder beider Prüfungsgebiete „Angewandte Betriebswirtschaftslehre, Volkswirtschaftslehre" und „Wirtschaftsrecht" entspricht und
3. hierin Prüfungsleistungen erbracht worden sind.

²§ 8 Abs. 3 der Wirtschaftsprüferordnung bleibt unberührt.

(2) ¹Schriftliche und mündliche Prüfungen sind nach Absatz 1 Satz 1 Nr. 1 als gleichwertig festzustellen, wenn sie solchen des Wirtschaftsprüfungsexamens entsprechen. ²Dies ist gegeben, wenn die Prüfungen nach
1. ihrem Inhalt gemäß den §§ 4 und 15 Abs. 1 der Wirtschaftsprüferprüfungsverordnung in Verbindung mit den Anerkennungsgrundlagen und dem Referenzrahmen nach dieser Verordnung,
2. ihrer Form gemäß den §§ 10 und 15 Abs. 2, 4 und 5 der Wirtschaftsprüferprüfungsverordnung und
3. ihrem gesamten zeitlichen Umfang gemäß § 7 Abs. 2 und § 15 Abs. 3 der Wirtschaftsprüferprüfungsverordnung

im Ergebnis gleichzusetzen sind. ³Die Gleichwertigkeit ist anhand des Referenzrahmens nach § 4 Abs. 1 und, soweit verfügbar, darauf basierender Lehrpläne (Curricula) nach § 4 Abs. 2 Satz 2 zu beurteilen.

§ 8
Bestätigung der Gleichwertigkeit an die Hochschule

(1) ¹Die Hochschule kann vor jedem Semester oder Hochschuljahr vorab bei der Prüfungsstelle eine Bestätigung beantragen, aus der hervorgeht, dass die zur Anrechnung vorgesehenen schriftlichen und mündlichen Prüfungen dem Grundsatz nach als gleichwertig gemäß § 7 Abs. 2 gelten (Bestätigung). ²Die Bestätigung an die Hochschule ist verbindlich; § 9 Abs. 6 bleibt unberührt.

(2) Die Bestätigung der Prüfungsstelle ist nach Maßgabe der Gebührenordnung der Wirtschaftsprüferkammer kostenpflichtig.

(3) ¹Kann eine Bestätigung nicht erteilt werden, so teilt die Prüfungsstelle dies der Hochschule schriftlich mit. ²Für das Widerspruchsverfahren gilt § 5 Abs. 5 der Wirtschaftsprüferordnung entsprechend.

§ 9
Anrechnung auf das Wirtschaftsprüfungsexamen

(1) ¹Die Prüfungsstelle stellt im Zulassungsverfahren zum Wirtschaftsprüfungsexamen die Anrechnung nach § 7 Abs. 1 und die Gleichwertigkeit nach § 7 Abs. 2 fest. ²Die Feststellung erfolgt auf Grundlage einer Bestätigung gemäß § 8.

(2) ¹Die Leistungsnachweise sind von der antragstellenden Person im Original oder in beglaubigter Abschrift mit dem Antrag nach § 1 oder § 25 der Wirtschaftsprüferprüfungsverordnung vorzulegen. ²Der erfolgreiche Abschluss des Studiengangs, aus dem die Leistungsnachweise stammen, darf zum Zeitpunkt der Antragstellung auf Zulassung zum Wirtschaftsprüfungsexamen nicht länger als sechs Jahre zurückliegen.

(3) ¹Wird festgestellt, dass ein Leistungsnachweis angerechnet wird, entfällt die schriftliche und mündliche Prüfung in dem entsprechenden Prüfungsgebiet im Wirtschaftsprüfungsexamen; § 13 der Wirtschaftsprüferordnung bleibt unberührt. ²Die Prüfungsstelle teilt der antragstellenden Person die für das Wirtschaftsprüfungsexamen verbleibenden Prüfungsgebiete mit.

(4) ¹Entfällt das Prüfungsgebiet „Angewandte Betriebswirtschaftslehre, Volkswirtschaftslehre", dauert die mündliche Prüfung im Prüfungsgebiet „Wirtschaftliches Prüfungswesen, Unternehmensbewertung und Berufsrecht" 45 Minuten. ²Diese verlängerte mündliche Prüfung kann nach Wahl der Prüfungsstelle auch in Sonderprüfungsterminen abgelegt werden.

(5) § 19 Abs. 5 der Wirtschaftsprüferprüfungsverordnung findet Anwendung.

(6) ¹Wenn eine Anrechnung voraussichtlich nicht erfolgen kann, ist der ausstellenden Hochschule Gelegenheit zur Stellungnahme zu geben. ²Erfolgt danach keine Anrechnung, teilt die Prüfungsstelle dies der antragstellenden Person schriftlich mit. ³Die Ablehnung einer Anrechnung kann insbesondere gerechtfertigt sein, wenn der Studiengang nach der Bestätigung wesentlich umgestaltet wurde, so dass die Gleichwertigkeit nach § 7 Abs. 2 ganz oder in Teilen entfallen ist. ⁴Für das Widerspruchsverfahren gilt § 5 Abs. 5 der Wirtschaftsprüferordnung entsprechend.

Teil 3
Schlussbestimmungen

§ 10
Übergangsvorschriften

(1) Eine Anrechnung des Masterabschlusses auf das Wirtschaftsprüfungsexamen durch die Prüfungsstelle nach Teil 1 findet nur statt, wenn der Masterstudiengang nach Inkrafttreten dieser Verordnung akkreditiert wird, auch wenn dieser bereits vor Inkrafttreten dieser Verordnung eingerichtet war.

(2) Eine Anrechnung gleichwertiger Prüfungsleistungen nach Teil 2 findet nur statt, wenn die Gleichwertigkeit der Prüfungen gemäß § 7 Abs. 2 nach Inkrafttreten dieser Verordnung durch die Prüfungsstelle festgestellt wird, auch wenn der Studiengang bereits vor Inkrafttreten dieser Verordnung eingerichtet war; Prüfungsleistungen müssen, um angerechnet werden zu können, nach Inkrafttreten dieser Verordnung erbracht worden sein.

(3) § 9 ist in der bis zum 17. Juni 2009 geltenden Fassung anzuwenden auf Prüfungsleistungen, die in einem Studium erbracht worden sind, das spätestens am 17. Juni 2009 begonnen wurde.

§ 11
Inkrafttreten

Diese Verordnung tritt am Tag nach der Verkündung in Kraft.

Verordnung über die Berufshaftpflichtversicherung der Wirtschaftsprüfer und der vereidigten Buchprüfer (Wirtschaftsprüfer-Berufshaftpflichtversicherungsverordnung - WPBHV)[1]

Vom 18. Dezember 1998 (BGBl. I S. 3820),
geändert durch das Gesetz vom 26. Oktober 2003 (BGBl I S. 2074) und
das Wirtschaftsprüfungsexamens-Reformgesetz
vom 1. Dezember 2003 (BGBl. I S. 2446)

Aufgrund des § 54 Abs. 2 und des § 130 Wirtschaftsprüferordnung in der Fassung der Bekanntmachung vom 5. November 1975 (BGBl. I S. 2803), die durch Art. 1 Nr. 40 und Nr. 58 des Gesetzes vom 15. Juli 1994 (BGBl. I S. 1569) neu gefasst worden sind, verordnet die Bundesregierung:

§ 1
Versicherungspflicht der Wirtschaftsprüfer und Wirtschaftsprüfungsgesellschaften

(1) ¹Selbstständige Wirtschaftsprüfer und Wirtschaftsprüfungsgesellschaften sind verpflichtet, eine Berufshaftpflichtversicherung zur Deckung der sich aus ihrer Berufstätigkeit (§ 2 der Wirtschaftsprüferordnung) ergebenden Haftpflichtgefahren für Vermögensschäden abzuschließen und die Versicherung während der Dauer ihrer Bestellung oder Anerkennung aufrecht zu erhalten. ²Der Versicherungsschutz muss sich auch auf solche Vermögensschäden erstrecken, für die der Versicherungsnehmer nach § 278 oder § 831 des Bürgerlichen Gesetzbuches einzustehen hat.

(2) Die Versicherung muss bei einem im Inland zum Geschäftsbetrieb befugten Versicherungsunternehmen zu den nach Maßgabe des Versicherungsaufsichtsgesetzes eingereichten allgemeinen Versicherungsbedingungen genommen werden.

(3) ¹Erfolgt die Bestellung zum Wirtschaftsprüfer oder zur Wirtschaftsprüferin auf Grund des Bestehens einer Eignungsprüfung im Sinne des § 131g Abs. 1 der Wirtschaftsprüferordnung, so sind die von den Versicherungsunternehmen eines anderen Mitgliedstaates der Europäischen Union oder eines Vertragsstaates des Abkommens über den Europäischen Wirtschaftsraum oder der Schweiz ausgestellten Bescheinigungen über eine abgeschlossene Berufshaftpflichtversicherung als gleichwertig mit den in Deutschland ausgestellten Bescheinigungen anzuerkennen, sofern sie in Bezug auf Deckungsbedingungen und -umfang den in Deutschland geltenden Rechts- und Verwaltungsvorschriften genügen. ²Die zum Nachweis vorgelegten Unterlagen sind mit einer beglaubigten Übersetzung vorzulegen, wenn sie

---

1 Durch das Berufsaufsichtsreformgesetz ist die Verordnung aufgehoben worden, bis zu deren Implementierung in die Berufssatzung aber weiter anzuwenden (§ 137 WPO).

nicht in deutscher Sprache abgefasst sind. ³Die Bescheinigungen dürfen bei ihrer Vorlage nicht älter als drei Monate sein.

(4) ¹Im Falle des Absatzes 3 ist, sofern die Erfüllung der Verpflichtungen des § 6 dieser Verordnung durch das Versicherungsunternehmen nicht sichergestellt ist, der Wirtschaftsprüferkammer jährlich eine Bescheinigung des Versicherers vorzulegen, aus der sich die Versicherungsbedingungen und der Deckungsumfang ergeben. ²Darüber hinaus hat der Versicherte die Beendigung, Kündigung sowie jede Änderung des Versicherungsvertrages, die den nach § 54 oder § 44b Abs. 4 der Wirtschaftprüferordnung vorgeschriebenen Versicherungsschutz beeinträchtigt, der Wirtschaftsprüferkammer unverzüglich mitzuteilen.

§ 2
Mindestversicherungssumme

(1) Die Mindestversicherungssumme für den einzelnen Versicherungsfall muss den in § 323 Abs. 2 Satz 1 des Handelsgesetzbuches bezeichneten Umfang betragen.

(2) Ein Selbstbehalt bis zu 1 vom Hundert der Mindestversicherungssumme ist zulässig.

§ 3
Inhalt des Versicherungsvertrages

(1) Der Versicherungsvertrag muss vorsehen, dass

1. Versicherungsschutz für jede einzelne, während der Geltung des Versicherungsvertrages begangene Pflichtverletzung zu gewähren ist, die gesetzliche Haftpflichtansprüche privatrechtlichen Inhalts gegen den Versicherungsnehmer zur Folge haben könnte,
2. der Versicherungsschutz während der Dauer eines Berufsverbotes (§ 111 der Wirtschaftsprüferordnung) für einen Vertreter (§ 121 der Wirtschaftsprüferordnung) aufrecht erhalten bleibt,
3. die Leistungen des Versicherers für das mitversicherte Auslandsrisiko im Inland in Deutsche Mark oder Euro zu erbringen sind.

(2) Der Versicherungsvertrag kann vorsehen, dass die Versicherungssumme den Höchstbetrag der dem Versicherer in jedem einzelnen Schadensfall obliegenden Leistung darstellt, und zwar mit der Maßgabe, dass nur eine einmalige Leistung der Versicherungssumme in Frage kommt

1. gegenüber mehreren entschädigungspflichtigen Personen, auf welche sich der Versicherungsschutz erstreckt,
2. bezüglich eines aus mehreren Pflichtverletzungen stammenden einheitlichen Schadens,
3. bezüglich sämtlicher Folgen einer Pflichtverletzung ohne Rücksicht darauf, ob Schäden in einem oder in mehreren aufeinanderfolgenden Jahren entstanden sind. Dabei gilt mehrfaches auf gleicher oder gleichartiger Fehlerquelle beruhendes Tun oder Unterlassen als einheitliche Pflichtverletzung, wenn die be-

treffenden Angelegenheiten miteinander in rechtlichem oder wirtschaftlichem Zusammenhang stehen. In diesem Fall kann die Leistung des Versicherers auf das Fünffache der Mindestversicherungssumme begrenzt werden. Die Begrenzung auf das Fünffache der Mindestversicherungssumme gilt nicht bei gesetzlich vorgeschriebenen Pflichtprüfungen.

§ 4
Ausschlüsse

(1) Von der Versicherung kann der Versicherungsschutz ausgeschlossen werden für
1. Ersatzansprüche wegen wissentlicher Pflichtverletzung,
2. Ersatzansprüche wegen Schäden, die durch Fehlbeträge bei der Kassenführung, durch Pflichtverletzungen beim Zahlungsakt oder durch Veruntreuung durch das Personal des Versicherungsnehmers entstehen,
3. Ersatzansprüche, die vor Gericht in Staaten, die kein Mitgliedstaat der Europäischen Union oder kein anderer Vertragsstaat des Abkommens über den Europäischen Wirtschaftsraum sind, geltend gemacht werden, oder Ersatzansprüche wegen Verletzung oder Nichtbeachtung des Rechts dieser Staaten.

(2) Von der Versicherung kann der Versicherungsschutz für Ersatzansprüche wegen Verletzung oder Nichtbeachtung des Rechts der Staaten, die kein Mitgliedstaat der Europäischen Gemeinschaften oder kein anderer Vertragsstaat des Abkommens über den Europäischen Wirtschaftsraum sind, nur insoweit ausgeschlossen werden, als die Ansprüche nicht bei der das Abgabenrecht dieser Staaten betreffenden geschäftsmäßigen Hilfeleistung in Steuersachen entstehen und als das den Ersatzansprüchen zugrundeliegende Auftragsverhältnis zwischen Versicherungsnehmer und seinem Auftraggeber nicht deutschem Recht unterliegt.

§ 5
Nachweis des Versicherungsabschlusses vor der Bestellung

(1) [1]Bewerber, die ihre Bestellung zum Wirtschaftsprüfer beantragen und den Beruf selbstständig ausüben wollen, müssen der Wirtschaftsprüferkammer den Abschluss einer dieser Verordnung entsprechenden Berufshaftpflichtversicherung durch eine Bestätigung des Versicherers nachweisen oder eine entsprechende vorläufige Deckungszusage vorlegen, in der sich der Versicherer verpflichtet, den Widerruf der Deckungszusage unverzüglich der Wirtschaftsprüferkammer mitzuteilen. [2]Bei Vorlage einer vorläufigen Deckungszusage ist nach der Bestellung der Wirtschaftsprüferkammer unverzüglich der Abschluss der Berufshaftpflichtversicherung durch eine Bestätigung des Versicherers oder eine beglaubigte Abschrift des Versicherungsscheines nachzuweisen.

(2) Absatz 1 gilt sinngemäß für die Anerkennung als Wirtschaftsprüfungsgesellschaft.

§ 6
Anzeige von Veränderungen

Im Versicherungsverhältnis ist der Versicherer zu verpflichten, der Wirtschaftsprüferkammer den Beginn, die Beendigung oder Kündigung des Versicherungsvertrages sowie jede Änderung des Versicherungsvertrages, die den nach dieser Verordnung vorgeschriebenen Versicherungsschutz beeinträchtigt, den Beginn und die Beendigung der Versicherungspflicht infolge einer Änderung der Form der beruflichen Tätigkeit und den Widerruf einer vorläufigen Deckungszusage unverzüglich anzuzeigen.

§ 7
Überwachungspflicht der Wirtschaftsprüferkammer

Die Wirtschaftsprüferkammer hat unverzüglich berufsrechtliche Maßnahmen nach dem Dritten Abschnitt des Zweiten Teils der Wirtschaftsprüferordnung zu prüfen, wenn sie Kenntnis darüber erlangt, dass die Berufshaftpflichtversicherung Berufsangehöriger oder vereidigter Buchprüfer oder vereidigter Buchprüferinnen, von Wirtschaftsprüfer-Sozii oder einer Wirtschafts- bzw. Buchprüfungsgesellschaft nicht den Bestimmungen dieser Verordnung entspricht und innerhalb einer angemessenen Frist keine dieser Verordnung entsprechende Berufshaftpflichtversicherung abgeschlossen worden ist.

§ 7a
Nachweisverfahren

(1) Berufsangehörige sowie vereidigte Buchprüfer und vereidigte Buchprüferinnen, die ihren Beruf in Sozietäten mit Personen ausüben, die selbst nicht als Berufsangehörige oder vereidigte Buchprüfer oder vereidigte Buchprüferinnen bestellt sind, müssen der Wirtschaftsprüferkammer bei Aufnahme einer solchen Tätigkeit nachweisen, dass ihnen auch bei gesamtschuldnerischer Inanspruchnahme der nach § 54 der Wirtschaftsprüferordnung vorgeschriebene Versicherungsschutz für jeden Versicherungsfall uneingeschränkt zur Verfügung steht (§ 44b Abs. 4 der Wirtschaftsprüferordnung).

(2) Der Nachweis nach Absatz 1 ist durch eine Bestätigung der Versicherung oder durch eine beglaubigte Abschrift des Versicherungsscheins zu erbringen.

(3) § 6 gilt entsprechend.

§ 8
Versicherungspflicht der vereidigten Buchprüfer und der Buchprüfungsgesellschaften

Für die Berufshaftpflichtversicherung der vereidigten Buchprüfer und der Buchprüfungsgesellschaften gelten im Rahmen ihrer Berufstätigkeit (§ 129 der Wirtschaftsprüferordnung) die §§ 1 bis 7 entsprechend.

§ 9
Übergangsregelung

Für die zum Zeitpunkt des Inkrafttretens dieser Verordnung bestehenden Versicherungsverträge muss der Nachweis ihrer Umstellung durch eine Bescheinigung des Versicherers bis zum 1. Juli 1999 der Wirtschaftsprüferkammer gegenüber erbracht werden.

§ 10
Inkrafttreten, Außerkrafttreten

[1]Diese Verordnung tritt am 1. Januar 1999 in Kraft. [2]Gleichzeitig tritt die Verordnung über die Berufshaftpflichtversicherung der Wirtschaftsprüfer, vereidigten Buchprüfer und der nach § 131b Abs. 2, § 131f Abs. 2 der Wirtschaftsprüferordnung vorläufig bestellten Personen vom 8. Dezember 1967 (BGBl. I S. 1212), geändert durch die Verordnung vom 19. Juni 1986 (BGBl. I S. 919), außer Kraft.

Satzung der Wirtschaftsprüferkammer über die Rechte und Pflichten bei der Ausübung der Berufe des Wirtschaftsprüfers und des vereidigten Buchprüfers (Berufssatzung für Wirtschaftsprüfer/vereidigte Buchprüfer - BS WP/vBP)

Vom 11. Juni 1996 (BAnz. S. 7509),
in Kraft getreten am 15. September 1996 (BAnz. S. 11077),
unter Berücksichtigung der Änderungen der Satzung
vom 7. November 1997 (BAnz. S. 14453),
in Kraft getreten am 12. Februar 1998 (BAnz. S. 14917),
vom 29. November 2001 (BAnz. 2002, S. 60),
in Kraft getreten am 11. März 2002 (BAnz. S. 789),
vom 24. November 2004 (BAnz. S. 24133),
in Kraft getreten am 2. März 2005 (BAnz. S. 5),
vom 16. Juni 2005 (BAnz. S. 10742),
in Kraft getreten am 23. September 2005 (BAnz. S. 12296),
vom 23. November 2005 (BAnz. S. 16872),
in Kraft getreten am 1. März 2006 (BAnz. S. 586),
vom 22. November 2007 (BAnz. S. 8278),
in Kraft getreten am 28. Februar 2008 (BAnz. S. 273),
vom 6. November 2009 (BAnz. S. 4021),
in Kraft getreten am 12. Februar 2010 (BAnz. S. 453),
vom 6. Juli 2012 (BAnz AT 25.07.2012 B1),
in Kraft getreten am 12. Oktober 2012 (BAnz AT 28.09.2012 B1)

Inhaltsverzeichnis

Teil 1: Allgemeine Berufspflichten
§ 1 Grundsatz
§ 2 Unabhängigkeit
§ 3 Verbot der Vertretung widerstreitender Interessen
§ 4 Gewissenhaftigkeit
§ 4a Fachliche Fortbildung
§ 5 Qualifikation, Information und Verpflichtung der Mitarbeiter
§ 6 Ausbildung und Fortbildung der Mitarbeiter
§ 7 Sicherung der gewissenhaften Berufsausübung
§ 8 Umgang mit fremden Vermögenswerten
§ 9 Verschwiegenheit
§ 10 Verbot der Verwertung von Berufsgeheimnissen

§ 11   Eigenverantwortlichkeit
§ 12   Führung von Mitarbeitern
§ 13   Berufswürdiges Verhalten
§ 13a Information über die beruflichen Verhältnisse; Fachgebiets- und weitere Tätigkeitsbezeichnungen
§ 13b Kriterien zur Beschreibung der Vergütungsgrundlagen im Transparenzbericht
§ 14   Pflichten gegenüber anderen WP/vBP
§ 15   Mitwirkung bei der Ausbildung
§ 16   Haftungsbegrenzung
§ 17   Berufshaftpflichtversicherung
§ 18   Siegelführung
§ 18a Gestaltung des Siegels
§ 19   Berufliche Niederlassungen und Zweigniederlassungen

Teil 2: Besondere Berufspflichten bei der Durchführung von Prüfungen und der Erstattung von Gutachten
§ 20   Unparteilichkeit
§ 21   Unbefangenheit und Besorgnis der Befangenheit
§ 22   Schutzmaßnahmen
§ 22a Bedeutung absoluter Ausschlussgründe im Sinne der §§ 319 Abs. 3, 319a und 319b Abs. 1 HGB
§ 23   Eigeninteressen
§ 23a Selbstprüfung
§ 23b Interessenvertretung
§ 24   Persönliche Vertrautheit
§ 24a Prüfungsplanung
§ 24b Auftragsabwicklung
§ 24c Beschwerden und Vorwürfe
§ 24d Auftragsbezogene Qualitätssicherung
§ 25   Kennzeichnung übernommener Aufgaben in Prüfungsberichten und Gutachten
§ 26   Pflichten bei Wechsel des Abschlussprüfers
§ 27   Vergütung
§ 27a Unterzeichnung von Prüfungsvermerken, Prüfungsberichten und Gutachten

Teil 3: Besondere Berufspflichten bei beruflicher Zusammenarbeit
§ 28   Sozietät
§ 29   Berufsgesellschaften
§ 30   Verwendung der Firmierung oder des Namens von Berufsgesellschaften durch andere Unternehmen

Teil 4: Besondere Berufspflichten zur Sicherung der Qualität der Berufsarbeit (§ 55b WPO)
§ 31   Allgemeines
§ 32   Qualitätssicherungssystem für Aufgaben nach § 2 Abs. 1 WPO, bei denen das Siegel verwendet wird
§ 33   Nachschau

Teil 5: Schlussbestimmungen
§ 34   Anwendungsbereich
§ 35   Veröffentlichung

Teil 1:
Allgemeine Berufspflichten

§ 1
Grundsatz

(1) ¹WP/vBP haben ihren Beruf unabhängig, gewissenhaft, verschwiegen und eigenverantwortlich auszuüben (§ 43 Abs. 1 Satz 1 WPO). ²Sie haben ihre Pflichten verantwortungsbewusst und sorgfältig zu erfüllen (§ 17 Abs. 1 WPO). ³Innerhalb und außerhalb der Berufstätigkeit haben sie sich des Vertrauens und der Achtung würdig zu erweisen, die der Beruf erfordert (§ 43 Abs. 2 Satz 3 WPO).

(2) ¹WP/vBP haben sich jeder Tätigkeit zu enthalten, die mit ihrem Beruf oder mit dem Ansehen des Berufes unvereinbar ist. ²Sie haben sich der besonderen Berufspflichten bewusst zu sein, die ihnen aus der Befugnis erwachsen, gesetzlich vorgeschriebene Bestätigungsvermerke zu erteilen (§ 43 Abs. 2 Satz 1 und 2 WPO) und ein Siegel zu führen (§ 18).

§ 2
Unabhängigkeit

(1) ¹WP/vBP dürfen keine Bindungen eingehen, die ihre berufliche Entscheidungsfreiheit beeinträchtigen oder beeinträchtigen könnten. ²Sie haben ihre persönliche und wirtschaftliche Unabhängigkeit gegenüber jedermann zu bewahren.

(2) Es ist insbesondere berufswidrig,
1. für Tätigkeiten nach § 2 Abs. 1 und 3 Nr. 1 und 3 WPO Vereinbarungen zu schließen, durch welche die Höhe der Vergütung vom Ergebnis der Tätigkeit als WP/vBP abhängig gemacht wird (§ 55 Abs. 1 Satz 1 WPO),
2. für Tätigkeiten nach § 2 Abs. 2 WPO Vereinbarungen zu schließen, durch welche die Höhe der Vergütung vom Ausgang der Sache oder vom Erfolg der Tätigkeit des WP/vBP abhängig gemacht wird oder nach denen der WP/vBP einen Teil der zu erzielenden Steuerermäßigung, Steuerersparnis oder Steuervergütung als Honorar erhält; dies gilt nicht bei Vereinbarungen im Einzelfall, wenn der Auftraggeber aufgrund seiner wirtschaftlichen Verhältnisse bei verständiger

Betrachtung ohne die Vereinbarung eines Erfolgshonorars von der Rechtsverfolgung abgehalten würde (§ 55a Abs. 1 Satz 1, Abs. 2 WPO),
3. die Vergütung für gesetzlich vorgeschriebene Abschlussprüfungen über Nr. 1 hinaus an weitere Bedingungen zu knüpfen; diese darf auch nicht von der Erbringung zusätzlicher Leistungen für das geprüfte Unternehmen beeinflusst oder bestimmt sein (§ 55 Abs. 1 Satz 3 WPO),
4. einen Teil der Vergütung oder sonstige Vorteile für die Vermittlung von Aufträgen, gleichviel ob im Verhältnis zu einem WP/vBP oder Dritten, abzugeben oder entgegenzunehmen (§ 55 Abs. 2 WPO),
5. Mandantenrisiken zu übernehmen oder
6. Versorgungszusagen von Auftraggebern anzunehmen.

§ 3
Verbot der Vertretung widerstreitender Interessen

¹WP/vBP dürfen nicht tätig werden, wenn sie einen anderen Auftraggeber in derselben Sache im widerstreitenden Interesse beraten oder vertreten bzw. beraten oder vertreten haben. ²WP/vBP dürfen im Übrigen mehrere Auftraggeber in derselben Sache nur beraten oder vertreten, wenn ihnen ein gemeinsamer Auftrag erteilt ist oder alle Auftraggeber einverstanden sind. ³Eine vermittelnde Tätigkeit im Auftrag aller Beteiligten ist zulässig.

§ 4
Gewissenhaftigkeit

(1) WP/vBP sind bei der Erfüllung ihrer Aufgaben an das Gesetz gebunden, haben sich über die für ihre Berufsausübung geltenden Bestimmungen zu unterrichten und diese und fachliche Regeln zu beachten.

(2) WP/vBP dürfen Leistungen nur anbieten und Aufträge nur übernehmen, wenn sie über die dafür erforderliche Sachkunde und die zur Bearbeitung nötige Zeit verfügen.

(3) WP/vBP haben durch eine sachgerechte Gesamtplanung aller Aufträge die Voraussetzungen dafür zu schaffen, dass die übernommenen und erwarteten Aufträge unter Beachtung der Berufsgrundsätze ordnungsgemäß durchgeführt und zeitgerecht abgeschlossen werden können.

(4) Treten nach Auftragsannahme Umstände ein, die zur Ablehnung des Auftrages hätten führen müssen, ist das Auftragsverhältnis zu beenden.

§ 4a
Fachliche Fortbildung

(1) ¹WP/vBP sind verpflichtet, sich fachlich fortzubilden (§ 43 Abs. 2 Satz 4 WPO). ²Die Fortbildung soll die Fachkenntnisse, die Fähigkeit zu ihrer Anwendung sowie das Verständnis der Berufspflichten auf einem ausreichend hohen Stand halten. ³WP/vBP erfüllen ihre Fortbildungsverpflichtung durch Teilnahme an Fortbildungsmaßnahmen als Hörer oder als Dozent sowie durch Selbststudium.

(2) ¹Zu den Fortbildungsmaßnahmen gehören Fachveranstaltungen (Vorträge, Seminare, Diskussionsgruppen oder ähnliche Veranstaltungen). ²Unerheblich ist, ob sie durch Dritte oder durch die Praxis selbst organisiert und ob sie der Öffentlichkeit oder nur Mitarbeitern der Praxis zugänglich sind. ³Zu den Fortbildungsmaßnahmen gehört auch die Absolvierung von IT-gestützten Fachkursen (E-Learning, Web-based Training), wenn die Dauer der Teilnahme nachgewiesen werden kann. ⁴Der Teilnahme an Fortbildungsmaßnahmen gleichgestellt sind die schriftstellerische Facharbeit, die Tätigkeit in externen oder praxisinternen Fachgremien sowie die Tätigkeit als Dozent an Hochschulen.

(3) Zum Selbststudium gehört insbesondere das Lesen von Fachschrifttum.

(4) ¹Die Fortbildung muss sich auf die in §§ 2, 129 WPO genannten Tätigkeiten beziehen und geeignet sein, die in Absatz 1 Satz 2 genannten Kenntnisse und Fähigkeiten zu verbessern. ²Sie soll ihren Schwerpunkt in der ausgeübten oder beabsichtigten Berufstätigkeit des WP/vBP haben. ³Bei WP/vBP, die Abschlussprüfungen vornehmen, muss die Fortbildung in angemessenem Umfang die Prüfungstätigkeit (§§ 2 Abs. 1, 129 Abs. 1 WPO) betreffen.

(5) ¹Die Fortbildung soll einen Umfang von 40 Stunden jährlich nicht unterschreiten. ²Hiervon müssen 20 Stunden auf die in Absatz 2 genannten Fortbildungsmaßnahmen entfallen; diese sind unter Bezeichnung von Art und Gegenstand für Nachweiszwecke zu dokumentieren. ³Die Mindeststundenzahl nach Satz 2 kann auch durch Fortbildungsmaßnahmen nach § 57a Abs. 3 Satz 2 Nr. 4 WPO erbracht werden.

§ 5
Qualifikation, Information und Verpflichtung der Mitarbeiter

(1) WP/vBP haben bei der Einstellung von Mitarbeitern deren fachliche und persönliche Eignung zu prüfen.

(2) Die Mitarbeiter sind nach Maßgabe ihrer Verantwortlichkeit über die Berufspflichten sowie über das in der Praxis eingerichtete Qualitätssicherungssystem zu informieren.

(3) Sie sind vor Dienstantritt auf die Einhaltung der Vorschriften zur Verschwiegenheit, zum Datenschutz und zu den Insider-Regeln sowie der Regelung des Qualitätssicherungssystems zu verpflichten; dies ist zu dokumentieren.

§ 6
Ausbildung und Fortbildung der Mitarbeiter

(1) ¹WP/vBP haben für eine angemessene praktische und theoretische Ausbildung des Berufsnachwuchses und die Fortbildung der fachlichen Mitarbeiter zu sorgen. ²Die Aus- und Fortbildung muss strukturiert sein und inhaltlich die Tätigkeitsbereiche des fachlichen Mitarbeiters betreffen.

(2) WP/vBP dürfen Mitarbeitern Verantwortung nur insoweit übertragen, als diese die dafür erforderliche Qualifikation besitzen.

(3) WP/vBP sollen ihre fachlichen Mitarbeiter in angemessenen Abständen beurteilen.

§ 7
Sicherung der gewissenhaften Berufsausübung

Zur Sicherung der gewissenhaften Berufsausübung haben WP/vBP die Einhaltung der Berufspflichten in ihrer Praxis in angemessenen Zeitabständen zu überprüfen und Mängel abzustellen.

§ 8
Umgang mit fremden Vermögenswerten

(1) ¹WP/vBP haben anvertraute fremde Vermögenswerte von dem eigenen und anderen fremden Vermögen getrennt zu halten und gewissenhaft zu verwalten. ²Über fremde Vermögenswerte sind gesonderte Rechnungsunterlagen zu führen. ³Geld und Wertpapiere sind bei Verwaltung entweder auf den Namen des Treugebers oder auf Anderkonten anzulegen. ⁴Durchlaufende fremde Gelder sind unverzüglich an den Empfangsberechtigten weiterzuleiten.

(2) ¹WP/vBP dürfen fremde Vermögenswerte, die ihnen zweckgebunden anvertraut worden sind, zur Deckung eigener Kostenforderungen (Honorare, Vorschüsse und Auslagenersatz) nur verwenden, wenn sie hierzu ausdrücklich ermächtigt worden sind. ²Soweit Aufrechnung und Zurückbehaltung zulässig sind, bleiben diese Rechte unberührt.

§ 9
Verschwiegenheit

(1) WP/vBP dürfen Tatsachen und Umstände, die ihnen bei ihrer Berufstätigkeit anvertraut oder bekannt werden, nicht unbefugt offenbaren.

(2) ¹WP/vBP haben dafür Sorge zu tragen, dass Tatsachen und Umstände im Sinne von Absatz 1 Unbefugten nicht bekannt werden. ²Sie haben entsprechende Vorkehrungen zu treffen.

(3) Die Pflichten nach Absatz 1 und 2 bestehen nach Beendigung eines Auftragsverhältnisses fort.

§ 10
Verbot der Verwertung von Berufsgeheimnissen

¹Erhalten WP/vBP bei ihrer Berufsausübung Kenntnis von Tatsachen und Umständen, insbesondere geschäftlichen Entschlüssen oder Transaktionen, die ihre Auftraggeber oder Dritte betreffen, so dürfen sie diese Kenntnis weder für sich noch für Dritte unbefugt verwerten. ²§ 9 Abs. 3 gilt entsprechend. ³Kann für einen verständigen Dritten der Eindruck entstehen, dass eine Verwertung zu besorgen ist, dürfen die diese Besorgnis begründenden Umstände nur dann herbeigeführt oder aufrecht erhalten werden, wenn die vom Verwertungsverbot geschützte Person zustimmt.

§ 11
Eigenverantwortlichkeit

(1) WP/vBP haben unabhängig von der Art der beruflichen Tätigkeit (§ 38 Nr. 1 d WPO) ihr Handeln in eigener Verantwortung zu bestimmen, ihr Urteil selbst zu bilden und ihre Entscheidungen selbst zu treffen.

(2) Es ist nicht erlaubt, berufliche Tätigkeiten zu übernehmen, wenn die geforderte berufliche Verantwortung nicht getragen werden kann oder nicht getragen werden soll.

§ 12
Führung von Mitarbeitern

WP/vBP müssen in der Lage sein, die Tätigkeit von Mitarbeitern derart zu überblicken und zu beurteilen, dass sie sich eine auf Kenntnissen beruhende, eigene Überzeugung bilden können.

§ 13
Berufswürdiges Verhalten

(1) WP/vBP haben sich sachlich zu äußern.

(2) WP/vBP sind verpflichtet, ihre Auftraggeber auf Gesetzesverstöße, die sie bei Wahrnehmung ihrer Aufgaben festgestellt haben, aufmerksam zu machen.

(3) WP/vBP dürfen die Verwendung ihres Namens und/oder ihrer Qualifikation zu werblichen Zwecken Dritter nur zulassen, wenn die Werbung nach Produkt oder Dienstleistung und Durchführung mit dem Ansehen des Berufes vereinbar ist.

(4) [1]WP/vBP dürfen Zuwendungen von einem Auftraggeber oder von für ihn handelnden Dritten nur annehmen, wenn die Zuwendungen offensichtlich unbedeutend sind und aus Sicht eines vernünftigen und über alle relevanten Informationen verfügenden Dritten keinen Einfluss auf die Entscheidungsfindung oder das Ergebnis der Tätigkeit haben. [2]Für Zuwendungen des WP/vBP an den Auftraggeber, seine Mitarbeiter oder Dritte im Zusammenhang mit einem Auftrag gilt Satz 1 entsprechend; für Provisionen gilt § 55a Abs. 2 WPO. [3]WP/vBP haben sicherzustellen, dass ihre Mitarbeiter diese Grundsätze ebenfalls beachten, und die Einhaltung angemessen zu überwachen.

§ 13a
Information über die beruflichen Verhältnisse; Fachgebiets- und weitere Tätigkeitsbezeichnungen

(1) [1]Geschäftsbriefbogen, Praxisschilder oder sonstige auf Dauer angelegte Informationen über die beruflichen Verhältnisse müssen die Angaben nach § 18 Abs. 1, § 128 Abs. 2 WPO bzw. die Firma oder den Namen der Wirtschaftsprüfungsgesellschaft oder Buchprüfungsgesellschaft enthalten. [2]Sozietätsfähige Personen dürfen unter Kennzeichnung ihres Status auf dem Briefbogen genannt werden; die Nennung anderer Personen ist unzulässig. [3]Praxisschilder dürfen nur dort angebracht werden, wo sich die berufliche Niederlassung oder Zweigniederlassung befindet.

(2) ¹WP/vBP dürfen nur Fachgebietsbezeichnungen führen, die gesetzlich zugelassen sind. ²Hinweise auf eine öffentliche Bestellung als Sachverständiger sind zulässig. ³Werden WP/vBP als Insolvenzverwalter oder in vergleichbarer Funktion tätig, so dürfen sie im Rahmen solcher Tätigkeiten neben dem Namen und der Berufsbezeichnung eine entsprechende Kennzeichnung führen.

§ 13b
Kriterien zur Beschreibung der Vergütungsgrundlagen im Transparenzbericht

¹Die in den Transparenzbericht aufzunehmenden Informationen über die Vergütungsgrundlagen der Organmitglieder und leitenden Angestellten (§ 55c Abs. 1 Satz 2 Nr. 7 WPO) sollen erkennen lassen, ob und wie die berufliche Tätigkeit durch finanzielle Anreize beeinflusst wird. ²Sie müssen Angaben darüber enthalten,
- ob sich die Vergütung in feste und variable Bestandteile einschließlich erfolgsabhängiger Komponenten aufgliedert,
- welcher Anteil der Vergütung auf den variablen Teil entfällt,
- welcher Art die variable Vergütung und die Bemessungsgrundlage hierfür ist.

§ 14
Pflichten gegenüber anderen WP/vBP

(1) Bei der Übertragung einer Praxis oder Teilpraxis gegen Entgelt darf die Notlage eines Berufskollegen, seiner Erben oder Vermächtnisnehmer nicht ausgenutzt werden.

(2) WP/vBP dürfen Mitarbeiter eines anderen WP/vBP nicht abwerben oder abwerben lassen.

(3) WP/vBP dürfen weder bei Gründung einer eigenen Praxis noch bei Wechsel des Arbeitgebers Auftraggeber ihres bisherigen Arbeitgebers veranlassen, ihnen Aufträge zu übertragen.

§ 15
Mitwirkung bei der Ausbildung

WP/vBP sollen nach ihren Möglichkeiten an der Ausbildung des Berufsnachwuchses sowie an der Ausbildung zum Steuerfachangestellten mitwirken.

§ 16
Haftungsbegrenzung

Eine gesetzliche Haftungsbegrenzung darf nicht abbedungen werden.

§ 17
Berufshaftpflichtversicherung

(1) WP/vBP haben die Beendigung oder Kündigung des Versicherungsvertrages, jede Änderung des Versicherungsvertrages, die den nach der Wirtschaftsprüfer-Berufshaftpflichtversicherungsverordnung (WPBHV) vorgeschriebenen Versicherungsschutz beeinträchtigt, den Wechsel des Versicherers, den Beginn und die Be-

endigung der Versicherungspflicht infolge einer Änderung der Form einer beruflichen Tätigkeit und den Widerruf einer vorläufigen Deckungszusage der Wirtschaftsprüferkammer unverzüglich anzuzeigen (§ 1 Abs. 4 Satz 2 WPBHV).

(2) Die gemäß § 54 WPO abzuschließende und aufrecht zu erhaltende Berufshaftpflichtversicherung soll über die Höhe der Mindestversicherung hinausgehen, wenn Art und Umfang der Haftungsrisiken des WP/vBP dies erfordern.

§ 18
Siegelführung

(1) ¹WP/vBP sind verpflichtet, ein Siegel zu benutzen, wenn sie Erklärungen abgeben, die ihnen gesetzlich vorbehalten sind (§ 48 Abs. 1 Satz 1 WPO). ²Dies gilt auch bei solchen gesetzlich vorbehaltenen Erklärungen, denen eine nicht gesetzlich vorgeschriebene Tätigkeit zugrunde liegt.

(2) WP/vBP können ein Siegel führen, wenn sie in ihrer Berufseigenschaft Erklärungen über Prüfungsergebnisse abgeben oder Gutachten erstatten, die ihnen nicht gesetzlich vorbehalten sind.

(3) WP/vBP dürfen das Siegel im Rahmen ihrer sonstigen beruflichen Betätigung nicht führen.

(4) WP/vBP dürfen keine siegelimitierenden Rundstempel verwenden.

§ 18a
Gestaltung des Siegels

(1) Das Siegel des WP/vBP muss nach Form und Größe dem Muster der Anlage entsprechen.

(2) Zur Verwendung sind Prägesiegel (Trockensiegel, Lacksiegel) aus Metall, Siegelmarken und Farbdruckstempel aus Metall oder Gummi zugelassen.

(3) ¹Der äußere Kreis des Siegels eines WP/vBP enthält in Umschrift im oberen Teil Vor- und Familiennamen des WP/vBP, im unteren Teil die Angabe des Ortes der beruflichen Niederlassung, der innere Kreis in waagerechter Schrift die Berufsbezeichnung „Wirtschaftsprüfer" bzw. „vereidigter Buchprüfer" und am unteren Rand das Wort „Siegel". ²Ist der WP/vBP zur Führung eines akademischen Grades oder Titels befugt, so kann dieser dem Namen hinzugefügt werden. ³Siegel von WP/vBP, die eine Zweigniederlassung unterhalten, können nach oder unter der Angabe des Ortes der Hauptniederlassung die Angabe des Ortes der Zweigniederlassung mit dem Zusatz „Zweigniederlassung" enthalten.

(4) ¹Der äußere Kreis des Siegels einer Wirtschaftsprüfungsgesellschaft oder Buchprüfungsgesellschaft enthält in Umschrift im oberen Teil die Firma der Wirtschaftsprüfungsgesellschaft oder Buchprüfungsgesellschaft, im unteren Teil die Angabe des Sitzes, der innere Kreis in waagerechter Schrift die Bezeichnung „Wirtschaftsprüfungsgesellschaft" oder „Buchprüfungsgesellschaft" und am unteren Rand das Wort „Siegel". ²Siegel, die für eine Zweigniederlassung einer Wirtschaftsprüfungsgesellschaft oder Buchprüfungsgesellschaft benutzt werden, können nach oder unter der Angabe des Ortes des Sitzes der Gesellschaft die Angabe des Ortes der

Zweigniederlassung mit dem Zusatz „Zweigniederlassung" enthalten. ³Wird für die Zweigniederlassung einer Wirtschaftsprüfungsgesellschaft oder Buchprüfungsgesellschaft ein abweichender Firmenkern verwendet, enthält der äußere Kreis des Siegels der Zweigniederlassung in Umschrift im oberen Teil die Firma der Zweigniederlassung, im unteren Teil die Angabe des Ortes der Zweigniederlassung sowie danach oder darunter einen Zusatz, der die Worte „Zweigniederlassung der" sowie die Firma der Wirtschaftsprüfungsgesellschaft oder Buchprüfungsgesellschaft enthält. ⁴Der innere Kreis des Siegels enthält das Wort „Siegel".

§ 19
Berufliche Niederlassungen und Zweigniederlassungen

(1) ¹Jede organisatorisch selbstständige Einheit begründet eine Niederlassung oder Zweigniederlassung im Sinne der §§ 3, 47 WPO. ²Jede Kundmachung einer beruflichen Anschrift begründet das Bestehen einer organisatorisch selbstständigen Einheit. ³In Abweichung von Satz 2 können mehrere berufliche Anschriften eine organisatorisch selbstständige Einheit bilden, wenn sie in engem örtlichen Zusammenhang stehen und die unter den Anschriften angebotenen Dienstleistungen unter einheitlicher Leitung erbracht werden. ⁴Die Kundmachung mehrerer beruflicher Anschriften für eine organisatorisch selbstständige Einheit ist nur zulässig, soweit dies für den Publikumsverkehr erforderlich ist.

(2) ¹In einer Wirtschaftsprüfungsgesellschaft muss mindestens ein Wirtschaftsprüfer, der Mitglied des Vorstandes, Geschäftsführer, persönlich haftender Gesellschafter oder Partner ist, seine berufliche Niederlassung in der Hauptniederlassung oder am Sitz der Gesellschaft haben. ²In einer Buchprüfungsgesellschaft muss mindestens ein vereidigter Buchprüfer oder Wirtschaftsprüfer, der Mitglied des Vorstandes, Geschäftsführer, persönlich haftender Gesellschafter oder Partner ist, seine berufliche Niederlassung in der Hauptniederlassung oder am Sitz der Gesellschaft haben.

(3) ¹Zweigniederlassungen von Wirtschaftsprüfern und Wirtschaftsprüfungsgesellschaften müssen jeweils von mindestens einem Wirtschaftsprüfer verantwortlich geleitet werden, der seine berufliche Niederlassung dort oder am Ort der Zweigniederlassung hat. ²Zweigniederlassungen von vereidigten Buchprüfern und Buchprüfungsgesellschaften müssen jeweils von mindestens einem vereidigten Buchprüfer oder Wirtschaftsprüfer verantwortlich geleitet werden, der seine berufliche Niederlassung dort oder am Ort der Zweigniederlassung hat.

Teil 2:
Besondere Berufspflichten bei der Durchführung von Prüfungen und der Erstattung von Gutachten

§ 20
Unparteilichkeit

(1) ¹WP/vBP haben sich insbesondere bei der Erstattung von Prüfungsberichten und Gutachten unparteiisch zu verhalten (§ 43 Abs. 1 Satz 2 WPO), d.h. keinen der Beteiligten zu benachteiligen oder zu bevorzugen. ²Dazu ist es erforderlich, den Sachverhalt vollständig zu erfassen, unter Abwägung der wesentlichen Gesichtspunkte fachlich zu beurteilen und bei der Berichterstattung alle wesentlichen Gesichtspunkte vollständig wiederzugeben.

(2) ¹Hat der Auftrag eine Darstellung mit argumentativer Funktion zum Gegenstand, muss dies in der Bezeichnung des Auftrags und in der Darstellung des Ergebnisses deutlich zum Ausdruck kommen. ²Der Begriff „Gutachten" darf nicht verwendet werden.

§ 21
Unbefangenheit und Besorgnis der Befangenheit

(1) WP/vBP haben ihre Tätigkeit zu versagen, wenn sie bei der Durchführung von Prüfungen oder der Erstattung von Gutachten nicht unbefangen sind oder wenn die Besorgnis der Befangenheit besteht.

(2) ¹Unbefangen ist, wer sich sein Urteil unbeeinflusst von unsachgemäßen Erwägungen bildet. ²Die Unbefangenheit kann insbesondere durch Eigeninteressen (§ 23), Selbstprüfung (§ 23a), Interessenvertretung (§ 23b) sowie persönliche Vertrautheit (§ 24) beeinträchtigt werden. ³Das Vorliegen solcher Umstände führt nicht zu einer Beeinträchtigung der Unbefangenheit, wenn die Umstände selbst für die Urteilsbildung offensichtlich unwesentlich sind oder zusammen mit Schutzmaßnahmen (§ 22) insgesamt unbedeutend sind. ⁴Umstände nach Satz 2 können sich insbesondere aus Beziehungen geschäftlicher, finanzieller oder persönlicher Art ergeben.

(3) ¹Besorgnis der Befangenheit liegt vor, wenn Umstände im Sinne von Absatz 2 Satz 2 gegeben sind, die aus Sicht eines verständigen Dritten geeignet sind, die Urteilsbildung unsachgemäß zu beeinflussen. ²Besorgnis der Befangenheit liegt nicht vor, sofern die Gefährdung der Unbefangenheit nach Absatz 2 Satz 3 unbedeutend ist.

(4) ¹Die Besorgnis der Befangenheit kann auch dadurch begründet werden, dass
1. Personen, mit denen der WP/vBP seinen Beruf gemeinsam ausübt,
2. Personen, mit denen der WP/vBP in einem Netzwerk verbunden ist,
3. Personen, soweit diese bei der Auftragsdurchführung beschäftigt sind,
4. Ehegatten, Lebenspartner oder Verwandte in gerader Linie des WP/vBP oder für eine dieser Personen handelnde Vertreter oder
5. Unternehmen, auf die der WP/vBP maßgeblichen Einfluss hat,

Sachverhalte nach Absatz 2 verwirklichen. ²Bei Wirtschaftsprüfungsgesellschaften und Buchprüfungsgesellschaften kann die Besorgnis der Befangenheit begründet werden, wenn sie selbst, einer ihrer gesetzlichen Vertreter, ein Gesellschafter, der maßgeblichen Einfluss ausüben kann oder bei der Prüfung in verantwortlicher Position beschäftigt ist, oder andere beschäftigte Personen, die das Ergebnis der Prüfung beeinflussen können, oder Unternehmen, auf die die Wirtschaftsprüfungsgesellschaft oder Buchprüfungsgesellschaft maßgeblichen Einfluss hat, oder Personen, mit denen die Wirtschaftsprüfungsgesellschaft oder Buchprüfungsgesellschaft in einem Netzwerk verbunden ist, Sachverhalte nach Absatz 2 verwirklichen. ³Die Zurechnung von solchen Sachverhalten in Netzwerken ist ausgeschlossen, wenn das Netzwerkmitglied auf das Ergebnis der Prüfung keinen Einfluss nehmen kann; dies gilt nicht für Fälle des Verbots der Selbstprüfung (§ 23a). ⁴Die Zurechnung von Sachverhalten, die zu einer übermäßigen Umsatzabhängigkeit (§ 23 Abs. 1 Nr. 2) führen, ist in den Fällen des Satzes 1 Nr. 2 bis 4 ausgeschlossen.

(5) ¹Vor Annahme eines Auftrages sowie während der gesamten Dauer der Auftragsdurchführung ist zu prüfen, ob die Unbefangenheit gefährdende Umstände vorliegen. ²Die zur Überprüfung getroffenen Maßnahmen und dabei festgestellte kritische Sachverhalte sind in den Arbeitspapieren schriftlich zu dokumentieren.

§ 22
Schutzmaßnahmen

(1) ¹Schutzmaßnahmen sind solche Maßnahmen oder Verfahren, die geeignet sind, eine Gefährdung der Unbefangenheit der WP/vBP soweit abzuschwächen, dass aus Sicht eines verständigen Dritten die Gefährdung insgesamt als unwesentlich zu beurteilen ist. ²Hierzu können, je nach den vorliegenden Umständen, aus denen sich die Gefährdung ergibt, insbesondere gehören:

1. Erörterungen mit Aufsichtsgremien des Auftraggebers,
2. Erörterungen mit Aufsichtsstellen außerhalb des Unternehmens,
3. Transparenzregelungen,
4. Einschaltung von Personen in den Prüfungsauftrag, die nicht schon anderweitig damit befasst sind,
5. Beratung mit Kollegen, die in Fragen der Unbefangenheit erfahren sind, und
6. personelle und organisatorische Maßnahmen, durch die sichergestellt wird, dass Informationen aus der zusätzlichen Tätigkeit, die zu einer Befangenheit als Abschlussprüfer führen können, den für die Abschlussprüfung Verantwortlichen nicht zur Kenntnis gelangen (Firewalls).

(2) Bei der Dokumentation der Gefährdungen und ihrer Prüfung (§ 21 Abs. 5) sind im Einzelfall ergriffene Schutzmaßnahmen ebenfalls zu dokumentieren.

§ 22a
Bedeutung absoluter Ausschlussgründe
im Sinne der §§ 319 Abs. 3, 319a und 319b Abs. 1 HGB

(1) ¹WP/vBP haben, wenn sie Tatbestände im Sinne der §§ 319 Abs. 3, 319b Abs. 1 Satz 2 HGB verwirklichen, bei allen gesetzlich vorgeschriebenen Prüfungen nach

§ 49 Halbsatz 2 WPO ihre Tätigkeit zu versagen. ²Bei nicht gesetzlich vorgeschriebenen Abschlussprüfungen, bei denen ein Bestätigungsvermerk erteilt wird, der dem gesetzlichen Bestätigungsvermerk in § 322 HGB nachgebildet wird, gilt Satz 1 sinngemäß.

(2) ¹Wenn Tatbestände im Sinne der §§ 319 Abs. 3, 319b Abs. 1 HGB verwirklicht sind, wird auch berufsrechtlich die Besorgnis der Befangenheit unwiderleglich vermutet. ²In diesen Fällen können Schutzmaßnahmen im Sinne des § 22 nicht berücksichtigt werden.

(3) Sind Tatbestandsmerkmale des § 319 Abs. 3 HGB nicht vollständig erfüllt, kann Besorgnis der Befangenheit im Sinne des § 21 Abs. 3 nur dann bestehen, wenn zusätzliche Umstände eine nicht unbedeutende Gefährdung der Unbefangenheit begründen.

(4) Die Absätze 1 bis 3 gelten für Tatbestände des § 319a HGB für die dort erfassten Abschlussprüfungen.

(5) Die Absätze 1 bis 4 sind auf den Abschlussprüfer des Konzernabschlusses entsprechend anzuwenden.

§ 23
Eigeninteressen

(1) Eigeninteressen finanzieller Art können insbesondere vorliegen bei:
1. kapitalmäßigen oder sonstigen finanziellen Bindungen gegenüber dem zu prüfenden, dem zu begutachtenden oder dem den Auftrag erteilenden Unternehmen,
2. einer übermäßigen Umsatzabhängigkeit gegenüber einem derartigen Unternehmen,
3. über normalen Geschäfts- und Lieferverkehr mit Dritten hinausgehenden Leistungsbeziehungen,
4. Forderungen gegen den Mandanten oder das zu begutachtende Unternehmen aus einem Kredit- oder Bürgschaftsverhältnis,
5. Honorarforderungen, wenn sie über einen längeren Zeitraum offenstehen und einen nicht unerheblichen Betrag erreichen.

(2) Eigeninteressen sonstiger Art können insbesondere vorliegen bei:
1. Pflichtverletzungen aus vorangegangenen Prüfungen, sofern ein Verdeckungsrisiko besteht,
2. offene Rechtsstreitigkeiten über Regress- oder Gewährleistungsfragen aus früheren Aufträgen.

§ 23a
Selbstprüfung

(1) Eine Selbstprüfung liegt vor, wenn der WP/vBP einen Sachverhalt zu beurteilen hat, an dessen Entstehung er selbst unmittelbar beteiligt und diese Beteiligung nicht von nur untergeordneter Bedeutung war.

(2) Eine Selbstprüfung im Sinne von Absatz 1 ist nicht gegeben, wenn der WP/vBP zwar bereits früher mit dem Sachverhalt befasst war, dabei aber, ohne an der Entstehung im Sinne von Absatz 1 mitzuwirken, denselben Gegenstand zu prüfen oder sonst zu beurteilen hatte.

(3) ¹Die Mitwirkung an der Führung der Bücher oder an der Aufstellung des zu prüfenden Jahresabschlusses begründet unwiderleglich die Besorgnis der Befangenheit, sofern die Tätigkeit nicht von untergeordneter Bedeutung ist. ²Dies gilt nur für die unmittelbare Mitwirkung, grundsätzlich aber nicht für Beratungs- oder sonstige Leistungen, die sich nur mittelbar auf den Abschluss auswirken. ³Auch eine Mitwirkung im Rahmen der prüferischen Aufgaben etwa durch Vorabbeurteilung von Sachverhalten begründet im Regelfall keine Befangenheit. ⁴Ob weitergehend auch Mitwirkungshandlungen von nur untergeordneter Bedeutung schädlich sind, ist nach dem allgemeinen Befangenheitstatbestand (§ 21 Abs. 3) unter Abwägung aller Umstände unter Einschluss von Schutzmaßnahmen zu beurteilen.

(4) ¹Die Mitwirkung des WP/vBP bei der Durchführung der internen Revision begründet die Besorgnis der Befangenheit, wenn der WP/vBP eine verantwortliche Position übernimmt. ²Zulässig ist dagegen die Mitwirkung an einzelnen Bereichen oder Aufgaben sowie insbesondere die Übernahme von Prüfungstätigkeiten.

(5) ¹Besorgnis der Befangenheit besteht immer dann, wenn der WP/vBP Funktionen der Unternehmensleitung übernommen hat, und zwar unabhängig davon, ob sich diese auch auf den Bereich der Rechnungslegung erstrecken. ²Gleiches gilt bei der Erbringung von Finanzdienstleistungen, die die Anlage von Vermögenswerten des zu prüfenden Unternehmens betreffen oder in der Übernahme oder Vermittlung von Anteilen oder sonstigen Finanzinstrumenten des zu prüfenden Unternehmens bestehen.

(6) ¹Versicherungsmathematische Leistungen und Bewertungsleistungen, die sich auf den Inhalt des zu prüfenden Jahresabschlusses nicht nur unwesentlich auswirken, können die Besorgnis der Befangenheit begründen, wenn es sich um eigenständige Leistungen handelt und die Tätigkeit nicht von untergeordneter Bedeutung ist. ²Nicht eigenständig sind solche Leistungen, bei denen sich die Mitwirkung des WP/vBP auf technisch-mechanische Hilfeleistungen beschränkt und die wesentlichen Vorgaben für die zu treffenden Annahmen sowie für die Methodik von dem Mandanten stammen.

(7) ¹Bei der Prüfung von Unternehmen im Sinne des § 319a HGB wird die Besorgnis der Befangenheit wegen der Erbringung von Rechts- oder Steuerberatungsleistungen unwiderleglich vermutet, wenn diese über das Aufzeigen von Gestaltungsalternativen hinausgehen und sich auf die Darstellung der Vermögens-, Finanz- und Ertragslage in dem zu prüfenden Jahresabschluss unmittelbar und nicht nur unwesentlich auswirken. ²Beratungsleistungen, die Hinweise auf die bestehende Rechtslage geben oder die sich auf die Beurteilung bereits verwirklichter Sachverhalte beziehen, führen nicht zu einer Gefährdung der Unbefangenheit. ³Werden Leistungen im Sinne des Satzes 1 für Unternehmen erbracht, die keinen organisierten Markt im Sinne des § 2 Abs. 5 WpHG in Anspruch nehmen, gilt die unwiderlegliche Ver-

mutung nicht, sondern ist im Einzelfall zu prüfen, ob insbesondere wegen hinzutretender weiterer Umstände die Besorgnis der Befangenheit (§ 21 Abs. 3, § 319 Abs. 2 HGB) besteht.

(8) Bei der Prüfung von Unternehmen im Sinne des § 319a HGB wird die Besorgnis der Befangenheit unwiderleglich vermutet, wenn der WP/vBP in dem zu prüfenden Geschäftsjahr an der Entwicklung, Einrichtung und Einführung von Rechnungslegungsinformationssystemen mitgewirkt hat, soweit die Tätigkeit über die Prüfungstätigkeit hinausgeht und nicht von untergeordneter Bedeutung ist.

§ 23b
Interessenvertretung

(1) Die Unbefangenheit kann wegen Interessenvertretung gefährdet sein, wenn der WP/vBP in anderer Angelegenheit beauftragt war, Interessen für oder gegen das zu prüfende, das zu begutachtende oder das den Auftrag erteilende Unternehmen zu vertreten.

(2) Eine Interessenvertretung für ein Unternehmen liegt insbesondere vor, wenn der WP/vBP einseitig und nachhaltig für dieses Unternehmen eintritt, für das Unternehmen Werbung betreibt oder dessen Produkte vertreibt, nicht hingegen bei rechtlicher oder steuerlicher Vertretung.

(3) Eine Interessenvertretung gegen ein Unternehmen liegt insbesondere vor bei einseitiger und nachhaltiger Wahrnehmung von gegen das Unternehmen gerichteten Interessen Dritter oder von Treuhandfunktionen im Auftrag von einzelnen Gesellschaftern in einem solchen Unternehmen.

§ 24
Persönliche Vertrautheit

Persönliche Vertrautheit liegt vor, wenn ein WP/vBP enge persönliche Beziehungen zu dem zu prüfenden, zu begutachtenden oder den Auftrag erteilenden Unternehmen, den Mitgliedern der Unternehmensleitung oder Personen, die auf den Prüfungsgegenstand Einfluss haben, unterhält.

§ 24a
Prüfungsplanung

(1) WP/vBP haben von der Auftragsannahme an durch sachgerechte Prüfungsplanung dafür Sorge zu tragen, dass ein den tatsächlichen Verhältnissen des zu prüfenden Unternehmens angemessener und ordnungsgemäßer Prüfungsablauf in sachlicher, personeller und zeitlicher Hinsicht gewährleistet ist.

(2) WP/vBP sind verpflichtet, die Verantwortlichkeit für die Auftragsdurchführung festzulegen und zu dokumentieren.

(3) Bei der Auswahl der Mitglieder des Prüfungsteams ist darauf zu achten, dass ausreichende praktische Erfahrungen, Verständnis der fachlichen Regeln, die notwendigen Branchenkenntnisse sowie Verständnis für das Qualitätssicherungssystem der Praxis vorhanden sind.

§ 24b
Auftragsabwicklung

(1) ¹WP/vBP haben für eine den Verhältnissen des zu prüfenden Unternehmens entsprechende Prüfungsdurchführung Sorge zu tragen. ²Dabei hat der WP/vBP Art, Umfang und Dokumentation der Prüfungsdurchführung im Rahmen seiner Eigenverantwortlichkeit nach pflichtgemäßem Ermessen in Abhängigkeit von Größe, Komplexität und Risiko des Prüfungsmandats zu bestimmen.

(2) ¹WP/vBP haben ihre Mitarbeiter durch Prüfungsanweisungen mit ihren Aufgaben vertraut zu machen. ²Die Prüfungsanweisungen sollen gewährleisten, dass die Prüfungshandlungen sachgerecht vorgenommen, in den Arbeitspapieren ausreichend und ordnungsgemäß dokumentiert werden sowie ordnungsgemäß Bericht erstattet werden kann. ³Die Einhaltung der Prüfungsanweisungen ist zu überwachen.

(3) ¹WP/vBP sind verpflichtet, bei für das Prüfungsergebnis bedeutsamen Zweifelsfragen internen oder externen fachlichen Rat einzuholen, soweit dies bei pflichtgemäßer Beurteilung des WP/vBP nach den Umständen des Einzelfalls erforderlich ist. ²Die Ergebnisse des Rates und die daraus gezogenen Folgerungen sind zu dokumentieren.

(4) ¹WP/vBP haben sich auf der Grundlage der Arbeitsergebnisse der an der Prüfung beteiligten Personen und ihrer eigenen bei der Prüfung erworbenen Kenntnisse eigenverantwortlich ein Urteil über die Einhaltung der gesetzlichen und fachlichen Regeln zu bilden. ²Dies umfasst auch die Ergebnisse der auftragsbezogenen Qualitätssicherung (§ 24d).

(5) ¹Übernimmt ein WP/vBP, der nicht als Abschlussprüfer bestellt ist, den Auftrag, zu der Behandlung eines konkreten Sachverhalts in der Rechnungslegung des Unternehmens ein Gutachten abzugeben, hat er vor Erstattung des Gutachtens mit dem Abschlussprüfer des Unternehmens den Hintergrund und die Rahmenbedingungen sowie die für die Beurteilung wesentlichen Einzelheiten des Sachverhalts zu erörtern. ²Mit dem Auftraggeber ist zu vereinbaren, dass der Abschlussprüfer von seiner Verschwiegenheitspflicht entbunden wird. ³Erteilt der Auftraggeber eine solche Entbindung nicht oder widerspricht er einer Kontaktaufnahme, so ist der Auftrag abzulehnen oder niederzulegen.

§ 24c
Beschwerden und Vorwürfe

WP/vBP sind verpflichtet, Beschwerden oder Vorwürfen von Mitarbeitern, Mandanten oder Dritten nachzugehen, wenn sich aus ihnen Anhaltspunkte für Verstöße gegen gesetzliche oder fachliche Regeln ergeben.

§ 24d
Auftragsbezogene Qualitätssicherung

(1) ¹Bei Prüfungen, bei denen das Berufssiegel geführt werden muss oder freiwillig geführt wird, ist vor Auslieferung des Prüfungsberichts zu überprüfen, ob die für

den Prüfungsbericht geltenden fachlichen Regeln eingehalten sind; dabei ist auch zu beurteilen, ob die im Prüfungsbericht dargestellten Prüfungshandlungen und Prüfungsfeststellungen schlüssig sind (Berichtskritik). ²Von der Berichtskritik kann nur abgesehen werden, wenn diese nach pflichtgemäßer Beurteilung des WP/vBP nicht erforderlich ist. ³Die Überprüfung darf nur von solchen fachlich und persönlich geeigneten Personen wahrgenommen werden, die an der Erstellung des Prüfungsberichts nicht selbst mitgewirkt haben und die an der Prüfung nicht wesentlich beteiligt waren. ⁴Steht eine solche Person in der Praxis nicht zur Verfügung, ist eine externe Person zu beauftragen.

(2) ¹Bei gesetzlichen Abschlussprüfungen von Unternehmen von öffentlichem Interesse nach § 319a HGB ist eine auftragsbegleitende Qualitätssicherung durchzuführen. ²Gegenstand ist die Beurteilung, ob Anhaltspunkte dafür vorliegen, dass die Prüfung nicht unter Beachtung der gesetzlichen und fachlichen Regeln durchgeführt wird, und ob die Behandlung wesentlicher Sachverhalte angemessen ist. ³Die auftragsbegleitende Qualitätssicherung darf nur von solchen fachlich und persönlich geeigneten Personen wahrgenommen werden, die an der Durchführung der Abschlussprüfung nicht beteiligt sind. ⁴Absatz 1 Satz 4 gilt entsprechend. ⁵Eine Person ist von der auftragsbegleitenden Qualitätssicherung ausgeschlossen, wenn sie in sieben Fällen entweder für die Abschlussprüfung bei dem Unternehmen als verantwortlicher Prüfungspartner im Sinne des § 319a Abs. 1 Satz 5 HGB bestimmt war oder die auftragsbegleitende Qualitätssicherung bei der Prüfung des Jahresabschlusses des Unternehmens durchgeführt hat. ⁶Dies gilt nicht, wenn seit ihrer letzten Beteiligung an der Prüfung bzw. der letzten auftragsbegleitenden Qualitätssicherung bei der Prüfung des Jahresabschlusses des Unternehmens zwei oder mehr Jahre vergangen sind. ⁷Satz 5 gilt bei Mutterunternehmen auch für Personen, die auf der Ebene bedeutender Tochterunternehmen als für die Durchführung von deren Abschlussprüfung vorrangig verantwortlich bestimmt worden sind; Entsprechendes gilt für die Durchführung der auftragsbegleitenden Qualitätssicherung bei der Prüfung eines Konzernabschlusses.

(3) Bei anderen als den in Absatz 2 genannten Prüfungen ist zu regeln, ob und unter welchen Voraussetzungen eine auftragsbegleitende Qualitätssicherung im Sinne des Absatzes 2 stattzufinden hat.

§ 25
Kennzeichnung übernommener Angaben in Prüfungsberichten und Gutachten

WP/vBP haben in Prüfungsberichten und Gutachten erkennbar zu machen, wenn es sich um die Wiedergabe übernommener Angaben handelt.

§ 26
Pflichten bei Wechsel des Abschlussprüfers

(1) Wird ein Prüfungsauftrag bei einer gesetzlich vorgeschriebenen Abschlussprüfung durch Kündigung des Abschlussprüfers gemäß § 318 Abs. 6 HGB oder durch Widerruf gemäß § 318 Abs. 1 Satz 5 HGB beendet, so darf der vorgesehene Man-

datsnachfolger den Auftrag nur annehmen, wenn er sich über den Grund der Kündigung oder des Widerrufs und das Ergebnis der bisherigen Prüfung unterrichtet hat.

(2) Eine ordnungsgemäße Unterrichtung erfordert, dass der vorgesehene Mandatsnachfolger sich die schriftliche Begründung der Kündigung (§ 318 Abs. 6 Satz 3 HGB) oder das Ersetzungsurteil (§ 318 Abs. 3 HGB), die Mitteilungen an die Wirtschaftsprüferkammer (§ 318 Abs. 8 HGB) sowie den Bericht über das Ergebnis der bisherigen Prüfung (§ 318 Abs. 6 Satz 4 HGB) vorlegen lässt.

(3) [1]Der Mandatsvorgänger ist verpflichtet, dem Mandatsnachfolger auf schriftliche Anfrage die in Absatz 2 genannten Unterlagen zu erläutern. [2]Erfolgt die Erläuterung nicht, so hat der Mandatsnachfolger das Mandat abzulehnen, es sei denn, er hat sich auf andere Art und Weise davon überzeugt, dass gegen die Annahme des Mandats keine Bedenken bestehen.

(4) [1]Im Falle eines Prüferwechsels ohne Widerruf oder Kündigung des Prüfungsauftrags aus wichtigem Grund hat sich der Mandatsnachfolger den Bericht über die vorangegangene Abschlussprüfung vorlegen zu lassen. [2]Der Mandatsvorgänger ist dem Mandatsnachfolger auf dessen schriftliche Anfrage zur Vorlage verpflichtet.

(5) Die Absätze 1 bis 4 gelten sinngemäß für alle nicht gesetzlich vorgeschriebenen Abschlussprüfungen, bei denen ein Bestätigungsvermerk erteilt werden soll, der dem gesetzlichen Bestätigungsvermerk in § 322 HGB nachgebildet ist.

§ 27
Vergütung

(1) [1]Bei der Vereinbarung und Abrechnung der Vergütung für Prüfungen und Gutachten hat der WP/vBP dafür zu sorgen, dass die Qualität der beruflichen Tätigkeit sichergestellt wird. [2]Hierzu ist im Regelfall eine angemessene Vergütung erforderlich. [3]Besteht bei gesetzlich vorgeschriebenen Abschlussprüfungen zwischen der erbrachten Leistung und der vereinbarten Vergütung ein erhebliches Missverhältnis, muss der Wirtschaftsprüferkammer auf Verlangen nachgewiesen werden können, dass für die Prüfung eine angemessene Zeit aufgewandt und qualifiziertes Personal eingesetzt wurde.

(2) Ein Pauschalhonorar darf für einen Prüfungs- oder Gutachtenauftrag grundsätzlich nur vereinbart werden, wenn festgelegt wird, dass bei Eintritt nicht vorhersehbarer Umstände im Bereich des Auftraggebers, die zu einer erheblichen Erhöhung des Aufwandes führen, das Honorar entsprechend zu erhöhen ist.

§ 27a
Unterzeichnung von Prüfungsvermerken, Prüfungsberichten und Gutachten

(1) Erteilen Wirtschaftsprüfungsgesellschaften oder Buchprüfungsgesellschaften gesetzlich vorgeschriebene Bestätigungsvermerke, so müssen diese sowie die dazugehörigen Prüfungsberichte zumindest von dem für die Auftragsdurchführung Verantwortlichen (§ 24a Abs. 2) unterzeichnet werden.

(2) [1]Ist ein WP/vBP mit der Durchführung einer Prüfung beauftragt, die nicht dem WP/vBP gesetzlich vorbehalten ist, so muss der hierüber erteilte Prüfungsvermerk

und der Prüfungsbericht von mindestens einem WP oder vBP unterzeichnet sein, sofern das Siegel geführt wird; dasselbe gilt, wenn eine Sozietät, an der Nicht-WP/vBP beteiligt sind, mit der Prüfung beauftragt worden ist. ²Für Gutachten gilt Satz 1 entsprechend.

Teil 3:
Besondere Berufspflichten bei beruflicher Zusammenarbeit

§ 28
Sozietät

(1) Bei gemeinsamer Berufsausübung in einer Sozietät müssen die Sozietätsmitglieder unter ihren Namen und Berufsbezeichnungen auftreten.

(2) Abweichend von Absatz 1 darf eine firmen- oder namensähnliche Bezeichnung für eine Sozietät verwendet werden; eine Sozietät kann nur unter einer einheitlichen Bezeichnung auftreten.

(3) ¹Alle Sozietätsmitglieder sind mit ihren Berufsbezeichnungen und bei überörtlicher Sozietät darüber hinaus mit ihren beruflichen Niederlassungen auf dem Briefbogen gesondert aufzuführen. ²Ist dies technisch unmöglich oder unzumutbar, ist eine Bezeichnung im Sinne des Absatzes 2 unter Aufführung aller in der Sozietät vertretenen Berufsbezeichnungen zulässig. ³In diesem Fall sind die Angaben nach Satz 1 anderweitig zugänglich zu machen.

(4) Für Praxisschilder gilt Absatz 1 und 2, bei Verwendung einer Bezeichnung im Sinne des Absatzes 2 gilt Absatz 3 Satz 2 entsprechend.

§ 29
Berufsgesellschaften

(1) ¹Die Bezeichnungen „Wirtschaftsprüfungsgesellschaft" oder „Buchprüfungsgesellschaft" sind nach der Rechtsformbezeichnung in die Firmierung oder den Namen der Berufsgesellschaft aufzunehmen. ²Wortverbindungen mit anderen Firmierungs- oder Namensbestandteilen sind unzulässig.

(2) Die Firmierung oder der Name darf keine Hinweise auf berufsfremde Unternehmen oder Unternehmensgruppen enthalten.

(3) ¹In die Firmierung oder den Namen von Wirtschaftsprüfungsgesellschaften dürfen bei Personenfirmen nur Namen von Personen aufgenommen werden, die die Voraussetzungen des § 28 Abs. 4 Satz 1 Nr. 1 WPO erfüllen und Gesellschafter sind. ²Die Zahl der aufgenommenen Namen von Personen, die nicht über eine der in § 28 Abs. 1 Satz 1 und 2 WPO genannten beruflichen Qualifikationen verfügen, darf die Zahl der Personen, bei denen dies der Fall ist, nicht erreichen; besteht die Firmierung oder der Name nur aus zwei Gesellschafternamen, so muss ein Name einer Person, die über eine der in § 28 Abs. 1 Satz 1 und 2 WPO genannten beruflichen Qualifikationen verfügt, verwendet werden. ³Die Firmierung oder der Name einer Wirtschaftsprüfungsgesellschaft darf nach Ausscheiden namensgebender Gesellschafter fortgeführt werden.

(4) Bisher zulässige Firmierungen oder Namen bleiben unberührt.

(5) Auf Buchprüfungsgesellschaften findet Absatz 1 bis 4 entsprechende Anwendung, wobei die an vereidigte Buchprüfer und Buchprüfungsgesellschaften gestellten Anforderungen auch durch Wirtschaftsprüfer oder Wirtschaftsprüfungsgesellschaften erfüllt werden können.

§ 30
Verwendung der Firmierung oder des Namens von Berufsgesellschaften durch andere Unternehmen

(1) ¹Eine Wirtschaftsprüfungsgesellschaft oder Buchprüfungsgesellschaft darf nicht dulden, dass ein Unternehmen, das nicht als Wirtschaftsprüfungsgesellschaft oder Buchprüfungsgesellschaft anerkannt ist, wesentliche Bestandteile ihrer Firmierung oder ihres Namens enthält. ²Satz 1 gilt nicht, wenn sichergestellt ist, dass das andere Unternehmen ausschließlich Tätigkeiten im Sinne der §§ 2, 43a Abs. 4 WPO ausübt.

(2) Absatz 1 gilt für Wirtschaftsprüfer und vereidigte Buchprüfer entsprechend, wenn ein Unternehmen, das nicht als Wirtschaftsprüfungsgesellschaft oder Buchprüfungsgesellschaft anerkannt ist, wesentliche Bestandteile ihres Vor- oder Nachnamens verwendet.

Teil 4:
Besondere Berufspflichten zur Sicherung der Qualität der Berufsarbeit (§ 55b WPO)

§ 31
Allgemeines

(1) ¹Das Qualitätssicherungssystem nach § 55b Satz 1 WPO hat die Regelungen zu umfassen, die nach dem Tätigkeitsbereich und den Verhältnissen der Praxis zur Einhaltung der Berufspflichten erforderlich sind. ²WP/vBP sind dafür verantwortlich, dass die Mitarbeiter über das Qualitätssicherungssystem informiert werden. ³Sie haben dessen Angemessenheit und Wirksamkeit zu überwachen.

(2) ¹WP/vBP sind verpflichtet, die Verantwortlichkeiten in der Praxis, insbesondere die Verantwortlichkeit für die Qualitätssicherung festzulegen. ²Diese sowie die Festlegung des verantwortlichen Prüfers (§ 24a Abs. 2) sind zu dokumentieren.

(3) ¹Das Qualitätssicherungssystem ist in schriftlicher oder elektronischer Form zu dokumentieren. ²Die Dokumentation muss es einem fachkundigen Dritten ermöglichen, sich in angemessener Zeit ein Bild von dem Qualitätssicherungssystem zu verschaffen.

§ 32
Qualitätssicherungssystem für Aufgaben nach § 2 Abs. 1 WPO, bei denen das Siegel verwendet wird

Für Prüfungen, bei denen das Siegel verwendet wird, umfasst das Qualitätssicherungssystem insbesondere Regelungen

1. zur Sicherstellung, dass die Berufspflichten, insbesondere die Vorschriften zur Unabhängigkeit, Unparteilichkeit und Vermeidung der Besorgnis der Befangenheit durch die Praxis und die bei der Auftragsabwicklung eingesetzten Mitarbeiter eingehalten werden; diese Regelungen müssen eine regelmäßige oder anlassbezogene Befragung der betroffenen Mitarbeiter zu finanziellen, persönlichen oder kapitalmäßigen Bindungen einschließen;
2. zur Auftragsannahme und -fortführung, die unter Berücksichtigung der mit den Aufträgen für die Praxis verbundenen Risiken hinreichend sicherstellen, dass nur Mandate angenommen oder fortgeführt werden, die in sachlicher, personeller und zeitlicher Hinsicht ordnungsgemäß abgewickelt werden können;
3. zur vorzeitigen Beendigung von Aufträgen;
4. zur Einstellung von Mitarbeitern;
5. zur Aus- und Fortbildung von fachlichen Mitarbeitern;
6. zur Beurteilung von fachlichen Mitarbeitern;
7. zur Gesamtplanung aller Aufträge;
8. zur Organisation der Fachinformation;
9. zur Prüfungsplanung;
10. zur Auftragsabwicklung (einschließlich der Anleitung des Prüfungsteams, der Einholung von fachlichem Rat, der Überwachung der Auftragsabwicklung und der Beurteilung der Arbeitsergebnisse durch den zuständigen WP);
11. zum Umgang mit Beschwerden und Vorwürfen;
12. zur auftragsbezogenen Qualitätssicherung und
13. zur Überwachung der Wirksamkeit des Qualitätssicherungssystems (Nachschau).

§ 33
Nachschau

(1) ¹WP/vBP sind verpflichtet, eine Nachschau mit dem Ziel durchzuführen, die Angemessenheit und Wirksamkeit des Qualitätssicherungssystems zu beurteilen. ²Die Nachschau bezieht sich auf die Praxisorganisation unter Einschluss der Frage, ob die Regelungen der Praxis zur Abwicklung von einzelnen Prüfungsaufträgen eingehalten worden sind. ³Die Nachschau muss in angemessenen Abständen sowie bei gegebenem Anlass stattfinden.

(2) ¹Die Nachschau der Abwicklung von Prüfungsaufträgen ist ein Vergleich der Anforderungen an eine gewissenhafte Abwicklung von Prüfungsaufträgen mit deren tatsächlicher Abwicklung. ²Art und Umfang der Nachschau müssen in einem angemessenen Verhältnis zu den abgewickelten Prüfungsaufträgen stehen, wobei die Ergebnisse einer Qualitätskontrolle nach §§ 57a ff. WPO berücksichtigt werden können. ³Dabei sind alle in der Praxis tätigen WP/vBP, die verantwortlich Prüfungen durchführen, mindestens einmal in einem Zeitraum von drei Jahren einzubeziehen.

(3) ¹Das Ergebnis der Nachschau ist zu dokumentieren. ²Die bei der Nachschau getroffenen Feststellungen sind Grundlage für die Fortentwicklung des Qualitätssicherungssystems.

Teil 5:
Schlussbestimmungen

§ 34
Anwendungsbereich

(1) ¹Die Berufssatzung gilt für die Mitglieder der Wirtschaftsprüferkammer nach § 58 Abs. 1 Satz 1, § 128 Abs. 3, § 131b Abs. 2 und § 131f Abs. 2 WPO. ²Auf Wirtschaftsprüfungsgesellschaften und Buchprüfungsgesellschaften finden die Vorschriften insoweit Anwendung, als sich aus der Rechtsform keine Besonderheiten ergeben.

(2) ¹Soweit in der Berufssatzung die Abkürzungen WP/vBP verwendet werden, gelten die Berufspflichten für alle in Absatz 1 bezeichneten Personen. ²Bei Berufspflichten, die nur für bestimmte Personengruppen gelten, sind diese einzeln genannt.

§ 35
Veröffentlichung

Die Berufssatzung sowie deren Änderungen sind im Bundesanzeiger zu veröffentlichen.

Anlage zu § 18a

Siegel
eines Wirtschaftsprüfers

Siegel
einer Wirtschaftsprüfungsgesellschaft

Siegel
eines vereidigten Buchprüfers

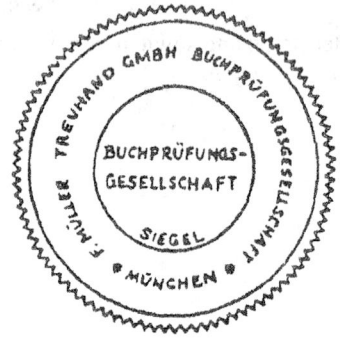

Siegel
einer Buchprüfungsgesellschaft

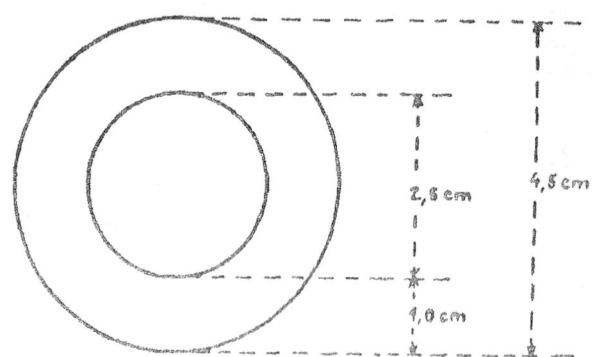

Begründung zu den einzelnen Vorschriften

Durch die nachfolgenden Erläuterungen soll die Auslegung der einzelnen Satzungsvorschriften erleichtert werden. Sie erheben allerdings keinen Anspruch auf Vollständigkeit. Die Kommentierungen sind kein förmlicher Bestandteil der Berufssatzung. Sie unterlagen daher auch nicht der Beschlussfassung des Beirates, sind aber von diesem zustimmend zur Kenntnis genommen worden.

WP/vBP haben sich gemäß § 43 Abs. 2 Satz 2 WPO in Verbindung mit § 1 Abs. 2 Satz 2 der Berufssatzung der besonderen Berufspflichten bewusst zu sein, die ihnen aus der Befugnis erwachsen, gesetzlich vorgeschriebene Bestätigungsvermerke zu erteilen und ein Siegel zu führen. Die ausdrückliche Hervorhebung der besonderen Berufspflichten bedeutet allerdings nicht, dass die allgemeinen Berufspflichten in weniger starkem Maße zu beachten sind. Auch über diese haben sich Berufsangehörige, unter Zuhilfenahme der Erläuterungstexte, zu informieren.

Da die Begründungen zu den einzelnen Satzungsvorschriften nicht alle berufsrechtlichen Fragestellungen erschöpfend beantworten können, muss auch auf anderweitige Äußerungen der Wirtschaftsprüferkammer zum Berufsrecht geachtet werden. Dies gilt insbesondere für Vorstandsverlautbarungen, die, wenn auch jeweils auf einzelne Themenbereiche beschränkt, „allgemeine Auffassungen über Fragen der Ausübung des Berufs der Wirtschaftsprüfer und des vereidigten Buchprüfers" und insoweit Richtlinien im Sinne des § 57 Abs. 2 Nr. 5 WPO darstellen.

Nicht zuletzt besteht die Möglichkeit, sich in Zweifelsfragen mit der Wirtschaftsprüferkammer in Verbindung zu setzen, der es gemäß § 57 Abs. 2 Nr. 1 WPO obliegt, ihre Mitglieder in Fragen der Berufspflichten zu beraten und zu belehren. Die Mitglieder der Wirtschaftsprüferkammer sollten im eigenen Interesse spätestens dann hiervon Gebrauch machen, wenn sich in einem konkreten Fall die Rechtslage nicht eindeutig aus dem Gesetz oder der Berufssatzung beantworten lässt.

Teil 1:
Allgemeine Berufspflichten

Zu Teil 1:

Im Ersten Teil sind die allgemeinen Berufspflichten, die von WP/vBP zu beachten sind, gemäß der Satzungsermächtigung des § 57 Abs. 4 Nr. 1 WPO geregelt. Die die beruflichen Niederlassungen und Zweigniederlassungen betreffenden Regelungen in § 19, die auf die Satzungsermächtigung gemäß § 57 Abs. 4 Nr. 4 b WPO gestützt werden, waren aus Gründen des Sachzusammenhangs zu dem Regelungsbereich der beruflichen Niederlassungen im Sinne von § 3 WPO in den Ersten Teil aufzunehmen.

Zu § 1:

Die Vorschrift enthält, der Wirtschaftsprüferordnung folgend, die grundlegenden Anforderungen, die WP/vBP bei der Berufstätigkeit sowie bei ihrem Verhalten außerhalb der Berufstätigkeit zu beachten haben. **Absatz 2 Satz 2** ist um die Siegelführung ergänzt worden, weil die Befugnis zur Siegelführung gesteigerte Anforderungen an die Berufstätigkeit mit sich bringt.

Zu § 2:
Die Vorschrift ist gestützt auf die Satzungsermächtigung in § 57 Abs. 4 Nr. 1 a WPO. **Absatz 1** definiert die gesetzliche Berufspflicht der Unabhängigkeit als Freiheit von Bindungen, die die berufliche Entscheidungsfreiheit beeinträchtigen oder beeinträchtigen könnten, und normiert das Verbot, entsprechende Bindungen einzugehen.

Absatz 2 führt Beispiele für unzulässige Bindungen auf, wobei die besonders bedeutsamen, bereits in § 55 Abs. 1 und 2 WPO genannten Fälle nochmals unter Kennzeichnung der Übernahme aus der Wirtschaftsprüferordnung aufgeführt werden.

Das Verbot zur Vereinbarung von Erfolgshonoraren (**Absatz 2 Nr. 1**) war seit langem zunächst in § 55a Abs. 1 WPO geregelt. Vom Anwendungsbereich des Verbots, das ursprünglich die gesamte Berufstätigkeit des WP und nach § 129 WPO auch des vBP erfasste, wurden durch die am 6.9.2007 in Kraft getretene 7. WPO-Novelle die Beratung in wirtschaftlichen Angelegenheiten und die Wahrung fremder Interessen (§ 2 Abs. 3 Nr. 2 WPO) ausgenommen. Bei diesen Tätigkeiten steht der WB/vBP in Konkurrenz zu anderen Berufsgruppen, die einem solchen Verbot nicht unterliegen, und es sind anders als im Vorbehaltsbereich der Berufstätigkeit keine sachlichen Gründe für eine einschränkende Regelung ersichtlich.

Absatz 2 Nr. 2 stellt klar, dass das Verbot der Vereinbarung von Erfolgshonoraren grundsätzlich auch für die steuerberatende Tätigkeit gilt. Infolge des Beschlusses des BVerfG vom 12.12.2006 - 1 BvR 2576/04 (NJW 2007, 979) - wurde mit dem am 1.7.2008 in Kraft getretenen Gesetz zur Neuregelung des Verbots der Vereinbarung von Erfolgshonoraren in § 55a WPO aber eine Regelung geschaffen, die in Ausnahmefällen die Vereinbarung von Erfolgshonoraren bei der Erbringung von Steuerrechtshilfe durch WP/vBP zulässt (die Regelung entspricht dem ebenfalls durch das o. g. Gesetz neu geschaffenen § 9a StBerG). Die übrigen in § 55a WPO a. F. enthaltenen Regelungen finden sich jetzt in § 55 WPO. Absatz 2 Nr. 2 spiegelt diese Rechtslage wider.

Absatz 2 Nr. 3. erste Alt. bezieht sich auf die Vorschrift in § 55 Abs. 1 Satz 3 erste Alt., wonach die Vergütung für gesetzlich vorgeschriebene Abschlussprüfungen über Satz 1 hinaus nicht an weitere Bedingungen geknüpft sein darf. Diese Regelung setzt Art. 25 lit. b der 8. EU-RL um. Die Vorschrift gilt - anders als Absatz 2 Nr. 1 - nur für die Vergütung gesetzlich vorgeschriebener Abschlussprüfungen. Ungeachtet ihrer allgemeinen Formulierung, die jedwede Bedingung erfasst, zielt die Regelung vorrangig auf die Sicherung der Unabhängigkeit des Abschlussprüfers und damit auf die Unzulässigkeit von solchen Bedingungen ab, die - wie bei einem Erfolgshonorar - ein wirtschaftliches Eigeninteresse des Prüfers an dem Ergebnis seiner Tätigkeit begründen. Obwohl der Wortlaut das Verbot von Erfolgshonoraren mit umfasst, hat der Gesetzgeber neben der Übernahme der weiten Formulierung aus der Richtlinie in § 55 Abs. 1 Satz 3 erste Alt. WPO die konkrete Regelung für Erfolgshonorare in § 55 Abs. 1 Satz 1 WPO beibehalten.

Nachdem die Gestaltungsformen eines Erfolgshonorars bereits unter § 55 Abs. 1 Satz 1 WPO, Absatz 2 Nr. 1 fallen, verbleibt für die Regelung in § 55 Abs. 1 Satz 3 erste Alt. WPO, **Absatz 2 Nr. 3 erste Alt.** nur ein geringer sachlicher Anwendungsbereich; dies stellt das Gesetz durch die Formulierung „über Satz 1 hinaus" klar. Hierzu gehören Gestaltungen, welche die Höhe der Vergütung von einem Erfolgsmoment abhängig machen, das nicht unmittelbar an das Ergebnis der Tätigkeit des WP/vBP anknüpft und deshalb nicht unter Absatz 2 Nr. 1 fällt (z. B. Anknüpfung an einen Sanierungserfolg oder an die Durchführung eines geplanten Börsengangs). Ob die gesamte Vergütung unter einer solchen Bedingung steht oder ob nur die Zahlung einer erhöhten (zusätzlichen) Vergütung hiervon abhängig gemacht wird, ist unerheblich. Auch wenn im letzteren Fall bereits eine angemessene Grundvergütung vereinbart sein sollte, die eine qualitativ ausreichende Prüfung ermöglicht, würde ein nicht hinnehmbarer Anreiz gesetzt, die Prüfung mit einem bestimmten Ergebnis zu beenden. Derartige Vereinbarungen wären nicht von Absatz 1 Nr. 1 erfasst, weil die Vergütung nicht unmittelbar vom Ergebnis der Tätigkeit des WP/vBP abhängt. Dieser könnte aber gleichwohl in seinem Urteil beeinflusst sein, weil er durch sein Prüfungsergebnis mittelbar auf den Eintritt des Ereignisses Einfluss nehmen kann.

Nach Sinn und Zweck nicht erfasst sind dagegen Bedingungen, die die Höhe der Vergütung von bestimmten Umständen der Auftragerledigung abhängig machen (z. B. Auftragsdurchführung durch eine bestimmte Person als Prüfungsleiter, Grad oder Zeitpunkt der Prüfungsbereitschaft). Vereinbarungen über eine Erhöhung des Honorars, die nach Beendigung der Prüfung getroffen werden, fallen nicht in den Anwendungsbereich der Vorschrift. Hier können jedoch Abgrenzungsfragen auftreten, wenn zunächst ein niedriges Honorar vereinbart und dabei eine solche Erhöhung in Aussicht gestellt worden ist. Nachverhandlungen über das Prüfungshonorar aufgrund aufgetretener Leistungserschwerungen oder anderer besonderer Umstände, wie sie z. B. bei Pauschalhonorarvereinbarungen mit Öffnungsklausel (§ 27 Abs. 2) erforderlich werden können, sind dagegen nicht erfasst.

Absatz 2 Nr. 3 zweite Alt. greift die Regelung in § 55 Abs. 1 Satz 3 zweite Alt. WPO auf, mit der Art. 25 lit. a der 8. EU-RL in deutsches Recht umgesetzt worden ist. Auch diese Regelung gilt nur für Honorare bei gesetzlich vorgeschriebenen Abschlussprüfungen, nicht aber für sonstige Tätigkeiten, auch soweit es sich um Vorbehaltsaufgaben handelt. Die Regelung enthält kein Verbot anderweitiger Tätigkeiten neben der Durchführung gesetzlicher Pflichtprüfungen, sondern setzt deren Zulässigkeit voraus; sie bestätigt daher die Vereinbarkeit von Prüfung und Beratung.

Die Vorschrift betrifft bestimmte Zusammenhänge zwischen dem Prüfungshonorar und Honorarvereinbarungen für andere Tätigkeiten, die für das geprüfte Unternehmen erbracht werden, nicht aber Auftragsverhältnisse, die mit anderen Mandanten bestehen. Sie setzt nicht voraus, dass sich der Zusammenhang aus einer ausdrücklichen vertraglichen Vereinbarung ergibt; entscheidend ist das tatsächliche Vorliegen einer entsprechenden Verknüpfung. Allerdings wird dies im Einzelfall ohne ausdrückliche Vereinbarung schwer feststellbar sein.

Unzulässig ist es, die Höhe der Vergütung für die Abschlussprüfung von der (Vergütung für die) Erbringung zusätzlicher Leistungen abhängig zu machen. Indiz für das Vorliegen einer solchen Abhängigkeit ist es, wenn die vereinbarte Vergütung für die eine Leistung besonders niedrig, die für die andere Leistung besonders hoch ist. Wenn z. B. die Vergütung für die Abschlussprüfung besonders niedrig ist, könnte sich aus einer besonders hohen Vergütung für andere Leistungen ein Druckmittel im Hinblick auf das Ergebnis der Abschlussprüfung ergeben. Im Hinblick auf den Regelungszweck des Art. 25 der 8. EURL (Sicherung der Unabhängigkeit des Abschlussprüfers) wird vorauszusetzen sein, dass tatsächlich eine entsprechende Gefährdungslage begründet wird. Dies wäre z. B. nicht der Fall, wenn umgekehrt für die Prüfung eine besonders hohe Vergütung vereinbart ist. Ein Verstoß gegen Absatz 2 Nr. 3 zweite Alt. wird nach diesen Grundsätzen regelmäßig auch dann ausscheiden, wenn die Vergütung entweder des Prüfungsauftrags oder der zusätzlichen Leistungen für sich genommen angemessen ist. Für die Beurteilung der Angemessenheit ist, wenn nicht - wie für die Hilfeleistung in Steuersachen - die Vergütung durch eine gesetzliche Taxe geregelt ist, auf den am Markt für vergleichbare Leistungen gezahlten Preis zurückzugreifen.

Absatz 2 Nr. 4 nimmt ausdrücklich Bezug auf § 55 Abs. 2 WPO. Das Verbot der Vermittlung von Aufträgen gegen Entgelt in Form eines Teils der Vergütung oder sonstiger Vorteile gilt - ebenso wie bei Nr. 1 und anders als bei Nr. 3 - für den gesamten Bereich der beruflichen Tätigkeit des WP/vBP. Ob das Entgelt sich nach einem Prozentsatz des zu vereinnahmenden Honorars bemisst oder als fester Betrag ausgestaltet ist, ist unerheblich. Geschenke oder Gutscheine sind als „sonstiger" Vorteil grundsätzlich ebenfalls unzulässig, wobei hier ebenso wie bei Zuwendungen an den Auftraggeber oder von diesem (§ 13 Abs. 4) bestimmte Grenzen als noch sozialadäquat anzusehen sein dürften. Von vornherein nicht erfasst und damit unbedenklich ist die unentgeltliche Vermittlung von Aufträgen, z. B. durch Empfehlungen im Rahmen eines Kooperationsverhältnisses.

Von dem Verbot nicht erfasst werden auch Vereinbarungen über die Mitwirkung bei Akquisitionstätigkeiten, beispielsweise bei Ausschreibungen, aber auch allgemein bei Maßnahmen der Kundengewinnung, wenn die Mitarbeit nicht auf den Nachweis der Gelegenheit oder auf die Vermittlung von Aufträgen im Sinne eines Einwirkens auf den Kontrahenten gerichtet ist, sondern in der Mitwirkung in einem Team des WP/vBP besteht, das die Ausschreibung bearbeitet oder Marketingmaßnahmen entwickelt. Vorauszusetzen ist, dass die Vergütung im Hinblick auf die Tätigkeit (nicht deren Erfolg) angemessen erscheint. In diesem Rahmen sind neben einer festen Vergütung auch Erfolgskomponenten zulässig. Dies gilt nicht nur für die Tätigkeit angestellter Mitarbeiter, sondern auch für die Beauftragung freier Mitarbeiter.

Eine Vermittlungsprovision liegt auch dann nicht vor, wenn ein Mitarbeiter im Rahmen seiner Tätigkeit gehalten ist, sich um Aufträge zu bemühen, und er hierfür eine angemessene Vergütung, unter Einschluss eines Erfolgsbonus, erhält. Keinen Bedenken begegnen auch Vereinbarungen mit freien Mitarbeitern, nach denen nur solche Stunden vergütet werden, die von dem Auftraggeber an Kunden fakturiert werden können, oder nach denen solche Stunden mit einem höheren Satz abgerechnet werden können, solange nach dem Gesamtbild der Verhältnisse die Tätigkeitsvergütung als solche und nicht die Vergütung der Auftragsvermittlung im Vordergrund steht.

Eine nach **Absatz 2 Nr. 5** - unabhängig vom Inhalt des Auftrags - unzulässige Übernahme von Mandantenrisiken liegt z. B. vor bei Bürgschaften oder Garantieerklärungen zugunsten des Auftraggebers. In Betracht kommt aber auch die Beteiligung an einem Mandantenunternehmen. Soweit nicht, wie z. B. bei gesetzlichen Jahresabschlussprüfungen nach §§ 316 ff. HGB, aufgrund ausdrücklicher gesetzlicher Regelung bereits jeglicher Anteilsbesitz zum Ausschluss führt oder ein konkreter Interessengegensatz vorliegt, ist allerdings nicht jegliche Beteiligung am Mandantenunternehmen von vornherein unzulässig; vielmehr sind hierbei die Gesamtumstände des Einzelfalls, insbesondere die Höhe der Beteiligung zu berücksichtigen.

Die Annahme von Versorgungszusagen von Auftraggebern ist nach **Absatz 2 Nr. 6** berufswidrig, weil es sich hierbei um - wenn auch zukünftige - gehaltsähnliche Zahlungen handelt und hierdurch das Verbot von Anstellungsverhältnissen bei Mandanten in einem wesentlichen Teilbereich unterlaufen würde.

Zu § 3:

Die Vorschrift ist gestützt auf die Satzungsermächtigung gemäß § 57 Abs. 4 Nr. 1 c WPO.

§ 53 WPO regelt, dass zwischen WP/vBP und Auftraggeber auch nach Beendigung des Auftragsverhältnisses berufsrechtliche Pflichten - insbesondere die Verschwiegenheitspflicht - bestehen. § 3 soll Fälle erfassen, bei denen bei Tätigkeit in derselben Sache widerstreitende Interessen bestehen.

Satz 1 regelt das Verbot der Vertretung widerstreitender Interessen. Dem Verbot kann nicht durch ein Einverständnis der Auftraggeber begegnet werden, da auch die tatbestandlichen Voraussetzungen des Parteiverrates nicht durch ein Einverständnis der Parteien beseitigt werden können. Satz 1 betrifft allerdings nur den Fall der direkten Interessenvertretung durch ein und denselben WP/vBP. Ob im Fall eines Sozietätswechsels, des Zusammenschlusses von Sozietäten oder einer Interessenvertretung gegnerischer Parteien innerhalb derselben Sozietät, einer Berufsgesellschaft oder verbundener Unternehmen von einer unzulässigen Vertretung widerstreitender Interessen auszugehen ist, ist nach dem Beschluss des Bundesverfassungsgerichts vom 3.7.2003 zur Verfassungswidrigkeit des § 3 Abs. 2 Berufsordnung für Rechtsanwälte (WPK Magazin 2004, 46 f.) hingegen eine Frage des Einzelfalls, bei der auch die Beurteilung der zuvor umfassend informierten Mandanten zu berücksichtigen ist.

In den Fällen, in denen mehrere Auftraggeber gemeinsam Rat suchen, zum Beispiel bei der Erarbeitung eines Gesellschaftsvertrages für mehrere Gesellschafter oder bei der Beratung einer Erbengemeinschaft, fehlt es bereits tatbestandlich am Interessengegensatz, so dass nach **Satz 2** mehrere Auftraggeber in derselben Sache beraten oder vertreten werden können.

Satz 3 stellt klar, dass eine vermittelnde Tätigkeit im Auftrag aller Beteiligten, bei der ein Interessengegensatz vorliegen kann, zulässig ist. Die Aufgabe von WP/vBP liegt gerade darin, den gegebenenfalls vorliegenden Interessengegensatz aufzulösen.

Zu § 4:

Die Vorschrift ist gestützt auf die Satzungsermächtigung des § 57 Abs. 4 Nr. 1 a WPO und konkretisiert die gemäß § 43 Abs. 1 Satz 1 WPO normierte Berufspflicht der Gewissenhaftigkeit.

Absatz 2 1. Alt. ist eine Ausprägung des allgemeinen Verbots irreführender Werbung (§ 5 UWG) und soll eine Irreführung der Öffentlichkeit durch Angabe von Dienstleistungen verhindern, die aus Zeit- oder sonstigen Gründen nicht oder nicht in der beworbenen Weise erbracht werden (können). Das Verbot betrifft auch solche Dienstleistungen, zu deren Erbringung WP/vBP aufgrund von rechtlichen Beschränkungen nicht befugt sind. Solche Beschränkungen können sich z. B. aus dem Rechtsberatungsgesetz ergeben.

Die Hervorhebung bestimmter Dienstleistungen als Tätigkeitsschwerpunkte ist zulässig. Wie sich bereits aus dem Begriff ergibt, kann es sich aber nur um einzelne Teilgebiete der beruflichen Tätigkeit, nicht um das gesamte Dienstleistungsspektrum oder dessen überwiegenden Teil handeln.

Für die wichtigsten Werbeformen enthält das - für die Werbung des WP/vBP gemäß § 52 WPO nunmehr allein maßgebliche - UWG ausdrückliche Regelungen. Danach gilt Folgendes:

- Unaufgeforderte Briefwerbung ist grundsätzlich zulässig, es sei denn, der Empfänger wünscht dies in einer für den Absender ohne weiteres erkennbaren Weise nicht (§ 7 Abs. 2 Nr. 1 UWG).
- Unaufgeforderte Telefonwerbung ist grundsätzlich nicht statthaft. Dies gilt nur dann nicht, wenn bei Verbrauchern (§ 2 Abs. 2 UWG) eine ausdrückliche und bei Unternehmern (§ 2 Abs. 2 UWG) eine auf konkreten Anhaltspunkten beruhende mutmaßliche Einwilligung vorliegt (§ 7 Abs. 2 Nr. 2 UWG). Letzteres kann z. B. bei einer dauerhaften Mandatsbeziehung der Fall sein.
- Unaufgeforderte Telefax-Werbung ist ohne ausdrückliche Einwilligung des Empfängers, sowohl eines Verbrauchers als auch eines Unternehmers, stets unzulässig (§ 7 Abs. 2 Nr. 3 UWG).
- Unaufgeforderte E-Mail-Werbung ist nach den gleichen Grundsätzen wie die unaufgeforderte Telefax-Werbung zu beurteilen. Eine Ausnahme gilt allerdings für diejenigen Fälle, in denen der Werbende im Zusammenhang mit früher erbrachten Dienstleistungen von einem Mandanten selbst dessen E-Mail-Adresse

erhalten hat und dies zur Direktwerbung für ähnliche Angebote nutzt (§ 7 Abs. 3 UWG).

Die in **Absatz 3** normierte Verpflichtung zur Gesamtplanung aller Aufträge dient der Qualität der Berufsarbeit und somit der gewissenhaften Berufsausübung. Art und Umfang der erforderlichen Gesamtplanung sind im Wesentlichen abhängig von den jeweiligen Besonderheiten der einzelnen WP/vBP-Praxis sowie der Anzahl, dem Volumen und dem Schwierigkeitsgrad der durchzuführenden Aufträge.

Absatz 4 enthält eine Regelung für den Fall, dass erst während des bestehenden Auftragsverhältnisses Umstände eintreten, die - wären sie bei Auftragsannahme bekannt gewesen - zur Ablehnung des Auftrages hätten führen müssen. Durch die Verweisung auch auf Absatz 1 wird klargestellt, dass Absatz 4 in Bezug auf alle Berufspflichten zu beachten ist. § 26 enthält eine speziellere Regelung für die Prüfungstätigkeit.

Zu § 4a:

Die Vorschrift ist gestützt auf die Satzungsermächtigung in § 57 Abs. 4 Nr. 1 lit. l WPO. Sie konkretisiert die in § 43 Abs. 2 Satz 4 WPO normierte Berufspflicht des WP/vBP, sich fachlich fortzubilden.

Die Vorschrift berücksichtigt die Regelungen in Section 130 des IFAC Code of Ethics sowie des International Education Standard for Professional Accountants 7 „Continuing Professional Development" des IFAC Education Committee (IES 7). Gemäß **Absatz 1 Satz 1** umfasst die Fortbildung im Mindestumfang von 40 Stunden jährlich nicht nur die Teilnahme an Fortbildungsmaßnahmen, sondern auch das Selbststudium.

In **Absatz 2** der Vorschrift wird der Begriff der Fortbildungsmaßnahme unter Nennung von Beispielen konkretisiert. Dessen **Satz 4** stellt klar, dass die Fortbildungspflicht u. a. auch durch eine Dozententätigkeit an Hochschulen erfüllt werden kann. Die Qualifikation einer deutschen Bildungseinrichtung als Hochschule ergibt sich aus den jeweiligen Landesgesetzen.

Den Rahmen der gesetzlichen Ermächtigung ausschöpfend beträgt der nach **Absatz 5 Satz 2 1. Halbsatz** zwingend vorgeschriebene Mindestumfang der Fortbildung jährlich 20 Stunden, wobei diese vollumfänglich auf die in Abs. 2 genannten Fortbildungsmaßnahmen (= Fortbildungsveranstaltungen i. S. d. § 57 Abs. 4 Nr. 1 lit. l WPO) entfallen müssen.

Gemäß **Absatz 5 Satz 2 2. Halbsatz** ist es erforderlich, die Fortbildung im Umfang von Absatz 5 Satz 2 1. Halbsatz unter Bezeichnung von Art und Gegenstand der Fortbildungsmaßnahme regelmäßig in der Praxis zu dokumentieren. Die Dokumentation dient der Prüfung, ob die Berufspflicht zur Fortbildung erfüllt worden ist.

Absatz 5 Satz 3 stellt klar, dass die Fortbildung als Prüfer für Qualitätskontrolle (§ 57a Abs. 3 Satz 2 Nr. 4 WPO, §§ 20, 21 SaQK) auf die nach Absatz 5 Satz 2 erforderliche Mindeststundenzahl anzurechnen ist.

Zu § 5:

Die Regelung ist gestützt auf die Satzungsermächtigung in § 57 Abs. 4 Nr. 1 a WPO und enthält der Gewissenhaftigkeit gemäß § 43 Abs. 1 Satz 1 WPO zuzuordnende Einzelregelungen.

Die Pflicht des WP/vBP zur Gewissenhaftigkeit umfasst auch die in § 5 enthaltenen Regelungen in Bezug auf die Qualifikation und Information der Mitarbeiter, um die Qualität der Berufsarbeit sicherzustellen. Im Hinblick auf die erforderliche hohe Qualifikation der Mitarbeiter ist bereits bei der Einstellung die fachliche und persönliche Eignung der Bewerber zu prüfen.

Die Mitarbeiter sind nicht nur über die Berufspflichten zu informieren, sondern explizit auch über das in der WP/vBP-Praxis eingerichtete Qualitätssicherungssystem.

Die Vorschrift in **Absatz 3**, die Mitarbeiter schriftlich vor Dienstantritt auf die Einhaltung der gesetzlichen Vorschriften zur Verschwiegenheit zu verpflichten, ist um die gesetzlichen Vorschriften zum Datenschutz, zum Wertpapierhandelsgesetz und zu den Regelungen des Qualitätssicherungssystems erweitert worden. Die Sicherung der gewissenhaften Berufsausübung des WP/vBP erfordert, dass auch die Mitarbeiter des WP/vBP diese gesetzlichen Regelungen beachten. Die Dokumentation der Verpflichtungserklärung setzt nicht zwingend voraus, dass die Schriftform i. S. d. § 126 BGB eingehalten ist. Ausreichend ist, wenn die Abgabe der Verpflichtungserklärung nachvollziehbar dokumentiert wird, etwa durch Speicherung elektronisch abgegebener Erklärungen.

Zu § 6:

Die Vorschrift ist gestützt auf die Satzungsermächtigung des § 57 Abs. 4 Nr. 1 a WPO und enthält der Gewissenhaftigkeit gemäß § 43 Abs. 1 Satz 1 WPO zuzuordnende Einzelregelungen.

Die Pflicht zur gewissenhaften Berufsausübung umfasst auch die Ausbildung des Berufsnachwuchses und die Fortbildung der fachlichen Mitarbeiter. Durch § 6 Abs. 1 Satz 2 wird verdeutlicht, dass eine gewissenhafte Berufsausübung eine strukturierte Fortbildung erfordert. Die Aus- und Fortbildung der fachlichen Mitarbeiter muss ihrem Tätigkeitsbereich entsprechen. Damit stellen WP/vBP sicher, dass die fachlichen Mitarbeiter über aktuelle Kenntnisse in ihren Tätigkeitsbereichen verfügen und leisten damit einen Beitrag zur Sicherung der Qualität der Arbeit. § 6 regelt nicht, welchen Mindestumfang die nach der Vorschrift erforderliche Aus- und Fortbildung haben muss. Für erfahrene fachliche Mitarbeiter ist es ausreichend, wenn die Fortbildung in dem von § 4a vorgesehenen Umfang sichergestellt wird.

Absatz 2 stellt klar, dass WP/vBP zur gewissenhaften Berufsausübung die Anforderungen an die erforderliche Sachkunde, die sie gemäß § 4 Abs. 2 in ihrer Person erfüllen müssen, auch in Bezug auf ihre Mitarbeiter zu erfüllen haben. Die Soll-Vorschrift zur Beurteilung in **Absatz 3** fordert auf, dass aussagefähige Informationen über die Leistungen des fachlichen Mitarbeiters gesammelt und anschließend als

Grundlage der Bewertung herangezogen werden. Art und Umfang der Beurteilung richten sich nach den Besonderheiten der einzelnen WP/vBP-Praxis.

Gegebenenfalls kann für die Beurteilung von fachlichen Mitarbeitern ein systematisches Beurteilungsverfahren zweckmäßig sein, das zum Beispiel die Zuständigkeit, die Beurteilungshäufigkeit und die Beurteilungskriterien festlegt.

Zu § 7:

Die Vorschrift ist gestützt auf die Satzungsermächtigung gemäß § 57 Abs. 4 Nr. 1 a WPO und konkretisiert die in § 43 Abs. 1 Satz 1 WPO normierte Berufspflicht der Gewissenhaftigkeit.

Zur Sicherung der gewissenhaften Berufsausübung des WP/vBP hat dieser die Einhaltung der Berufspflichten in angemessenen Zeitabständen und angemessener Weise einer internen Überprüfung zu unterziehen. Er hat sicherzustellen, dass die aus der internen Überprüfung resultierenden Ergebnisse aufgegriffen werden. Art, Umfang und Zeitabstand der internen Überprüfung sind im Wesentlichen abhängig von den jeweiligen Besonderheiten der einzelnen WP/vBP-Praxis.

Zu § 8:

Die Vorschrift ist gestützt auf die Satzungsermächtigung in § 57 Abs. 4 Nr. 1 g WPO und konkretisiert die in § 43 Abs. 1 Satz 1 WPO normierte Berufspflicht der Gewissenhaftigkeit.

Nach **Absatz 1 Satz 1** sind anvertraute fremde Vermögenswerte von dem eigenen und anderen fremden Vermögen getrennt zu halten und gewissenhaft zu verwalten. Dadurch wird die sichere und von anderen Massen getrennte Verwahrung gewährleistet. Eine ähnliche Regelung findet sich auch in § 12 Abs. 2 DONot. Die Führung mehrerer Massen auf einem Sammelkonto ist danach unzulässig. Die Bezeichnung der Konten ist nicht maßgebend, solange sie gesondert geführt werden; zulässig ist es danach, mehrere Konten unter einer Sammelnummer mit Unterkonten zu führen, soweit die Konten als getrennte Konten geführt werden.

Absatz 2 Satz 2 stellt klar, dass Aufrechnungs- und Zurückbehaltungsrechte, soweit sie zulässig sind, von der Vorschrift unberührt bleiben. Die Zulässigkeit der Aufrechnung ist, der ständigen Rechtsprechung (RGZ 160, 52, 59 f.; BGHZ 14, 342, 347; 71, 380, 383; 95, 109, 113; 113, 90, 93; BGH NJW 1993, 2041, 2042) folgend, insbesondere von den Maßgaben des Grundsatzes von Treu und Glauben abhängig.

Danach ist die Aufrechnung über die gesetzlich und vertraglich ausdrücklich geregelten Fälle hinaus ausgeschlossen, sofern der besondere Inhalt des zwischen den Parteien begründeten Schuldverhältnisses, die Natur der Rechtsbeziehung oder der Zweck der geschuldeten Leistung eine Erfüllung im Wege der Aufrechnung als mit Treu und Glauben (§ 242 BGB) unvereinbar erscheinen lassen. Aus der Natur des Treuhandverhältnisses ist hergeleitet worden, dass Sinn und Zweck des Auftrags die Aufrechnung mit Gegenforderungen ausschließen können, die ihren Grund nicht in diesem Rechtsverhältnis haben. Aus dieser Rechtsprechung ergibt sich jedoch kein generelles Aufrechnungsverbot für den uneigennützigen Treuhänder hinsichtlich aller Gegenforderungen, die auf einem anderen Rechtsgrund beruhen. Dementsprechend ist es auch möglich, ein nach dem typischen Inhalt des Rechtsgeschäfts gemäß § 242 BGB grundsätzlich gerechtfertigtes Aufrechnungsverbot im Einzelfall zu verneinen, wenn es an einem rechtlich anzuerkennenden Interesse des in der Regel schutzwürdigen Treugebers fehlt. Dies ist der Fall, wenn er eine Treuhandabrede dazu einsetzt, ein gesetzlich verbotenes Ziel zu erreichen, da er selbst nicht im Einklang mit Treu und Glauben handelt und sich demzufolge zur Abwehr der Aufrechnung gegen seine Forderung nicht auf § 242 BGB berufen kann (vergleiche BGH NJW 1993, 2041, 2042 m.w.N.).

Zu § 9:

Die Vorschrift ist gestützt auf die Satzungsermächtigung gemäß § 57 Abs. 4 Nr. 1 a WPO und konkretisiert die in § 43 Abs. 1 Satz 1 WPO normierte Berufspflicht der Verschwiegenheit.

Absatz 1 stellt sicher, dass WP/vBP nicht durch aktives Tun dem Gebot der Verschwiegenheit zuwiderhandeln.

Nach **Absatz 2** haben WP/vBP dafür Sorge zu tragen, dass Tatsachen und Umstände im Sinne von Absatz 1 in keiner Weise bekannt werden. Sie haben danach sicherzustellen, dass eine Einsichtnahme Dritter nicht erfolgen kann. Dies beinhaltet auch, dass die Verpflichtung nach Absatz 2 innerhalb der WP/vBP-Praxis auch gegenüber Mitarbeitern besteht, die mit dem Mandat nicht befasst sind.

Absatz 3 trägt dem Umstand Rechnung, dass die Pflicht zur Verschwiegenheit zeitlich unbegrenzt ist und auch nach Beendigung des Auftragsverhältnisses fortbesteht.

Zu § 10:

Die Vorschrift ist gestützt auf die Satzungsermächtigung in § 57 Abs. 4 Nr. 1 k WPO und konkretisiert die in § 43 Abs. 1 Satz 1 WPO normierten Berufspflichten der Verschwiegenheit, Gewissenhaftigkeit und des berufswürdigen Verhaltens.

Die Vorschrift ist parallel zu den Insider-Regelungen des Zweiten Finanzmarktförderungsgesetzes, die gemäß § 13 Abs. 1 Nr. 3 WpHG auch WP/vBP als Primärinsider erfassen, in die Berufssatzung aufgenommen worden, da ein klares berufsrechtliches Verbot der Verwertung von Berufsgeheimnissen zur Sicherung der Einhaltung der oben genannten Berufspflichten erforderlich ist. Die Vorschrift umfasst ausschließlich Kenntnisse, die der Verschwiegenheitspflicht unterliegen. **Satz 2** stellt klar, dass die Pflichten auch nach Beendigung des Auftragsverhältnisses fortbestehen.

Satz 3 soll insbesondere diejenigen Fälle erfassen, in denen ein interessebezogenes Mandat abgelehnt, in derselben Sache aber später zugunsten eines anderen Auftraggebers angenommen wird. Eine derartige Mandatsannahme ist nicht ohne weiteres unproblematisch, wenn der WP/vBP im Vorfeld der Mandatsablehnung bereits Einblick in Interna des „abgewiesenen" Auftraggebers genommen hat. Von § 3 sind derartige Fälle nicht erfasst, weil dort das Zustandekommen eines Mandatsverhältnisses vorausgesetzt wird. Im Hinblick auf die Tendenz in der Rechtsprechung, Berufsausübungsbeschränkungen aufgrund abstrakter Gefährdungen kritisch zu hinterfragen, kann die Mandatsannahme aber nicht ausnahmslos untersagt werden. Der WP/vBP ist aber verpflichtet, den „abgewiesenen" Auftraggeber über die Situation unverzüglich und umfassend zu unterrichten. Dessen Einschätzung einer vorliegenden oder nicht vorliegenden konkreten Gefährdung seiner Rechtsposition ist bei der aus der Sicht eines objektiven Dritten vorzunehmenden Beurteilung mit zu berücksichtigen.

Zu § 11:

Die Vorschrift ist gestützt auf die Satzungsermächtigung des § 57 Abs. 4 Nr. 1 a WPO und konkretisiert die in § 43 Abs. 1 Satz 1 WPO normierte Berufspflicht der Eigenverantwortlichkeit.

Üben Wirtschaftsprüfer oder vereidigte Buchprüfer ihren Beruf in mehreren Funktionen - zum Beispiel in eigener Praxis und in Berufsgesellschaften - aus, so erhöht sich auch ihre Verantwortlichkeit. Der Grundsatz der Eigenverantwortlichkeit ist nur gewahrt, wenn sie jede dieser Tätigkeiten tatsächlich wahrnehmen und übersehen können. WP/vBP verstoßen zum Beispiel gegen die Berufspflicht der Eigenverantwortlichkeit, wenn sie die alleinige verantwortliche Führung einer Berufsgesellschaft übernehmen, nur um die berufsrechtlichen Voraussetzungen zu erfüllen, während sie den Umständen nach die geforderte berufliche Verantwortung weder tragen können noch wollen; Entsprechendes gilt für die fachliche Leitung von Zweigniederlassungen.

Zu § 12:

Die Vorschrift ist gestützt auf die Satzungsermächtigung gemäß § 57 Abs. 4 Nr. 1 a WPO und konkretisiert die in § 43 Abs. 1 Satz 1 WPO normierte Berufspflicht der Eigenverantwortlichkeit.

Der Grundsatz der Eigenverantwortlichkeit verlangt zum Beispiel, dass Hilfskräfte mit besonderer Sorgfalt ausgewählt werden und ihre Tätigkeit überwacht wird. Die Arbeitsverteilung muss so geordnet sein, dass der verantwortliche Wirtschaftsprüfer oder vereidigte Buchprüfer zuverlässig zu einer eigenen Urteilsbildung gelangen kann.

Zu § 13:

Die Vorschrift ist gestützt auf die Satzungsermächtigung in § 57 Abs. 4 Nr. 1 b WPO und konkretisiert die in § 43 Abs. 2 Satz 3 WPO normierte Berufspflicht zum berufswürdigen Verhalten sowohl innerhalb als auch außerhalb der Berufstätigkeit.

Absatz 1 enthält das Sachlichkeitsgebot. **Absatz 2** konkretisiert diesen Grundsatz beispielhaft für den Bereich der Berufstätigkeit und verpflichtet den WP/vBP, seinen Auftraggeber auf Gesetzesverstöße aufmerksam zu machen. Diese Pflicht umfasst - insoweit vergleichbar mit § 321 Abs. 1 Satz 3 HGB - nicht das gezielte Forschen nach Gesetzesverstößen, sondern nur das Aufzeigen der bei Wahrnehmung der Aufgaben festgestellten Verstöße.

Von der Vorschrift sind also lediglich die Fälle erfasst, in denen der Berufsangehörige die Gesetzesverstöße erkennt, nicht jedoch das fahrlässige Nichterkennen derartiger Verstöße. Es steht den Berufsangehörigen nicht an, über Gesetzesverstöße, die sie bei Wahrnehmung ihrer Aufgaben festgestellt haben, einfach hinwegzugehen; nach dem Verhältnismäßigkeitsgrundsatz gilt dies allerdings nicht für Bagatellverstöße, sondern erst bei erheblichen Gesetzesverstößen.

Im Gegensatz zu § 321 Abs. 2 HGB ist in **Absatz 2** keine schriftliche Berichtspflicht vorgesehen, sondern der Berufsangehörige ist gehalten, seinen Auftraggeber auf Gesetzesverstöße lediglich aufmerksam zu machen.

Absatz 3 betrifft die Verwendung des Namens und/oder der Qualifikation von WP/vBP zu werblichen Zwecken Dritter. Die Vorschrift erlaubt WP/vBP, die Werbung mit dem Namen und/oder der Berufsqualifikation bei Produkten oder Dienstleistungen mit Berufsbezug, zum Beispiel bei Computerprogrammen zur Praxisorganisation oder Prüfungsplanung durch einen Dritten, zuzulassen. Werbung für nicht berufsbezogene Produkte oder Dienstleistungen, etwa Qualitätsurteile über Konsumgüter des täglichen Bedarfs, sind dagegen nicht mit dem Berufsbild und dem Ansehen in der Öffentlichkeit vereinbar, das WP/vBP als gesetzliche Abschlussprüfer besitzen.

Bereits das allgemeine Strafrecht verbietet eine Vorteilsgewährung zum Zwecke der Erlangung eines geschäftlichen Vorteils sowohl im allgemeinen geschäftlichen Verkehr (§ 299 StGB) als auch gegenüber Amtsträgern im behördlichen Verkehr (§§ 331 ff. StGB). Berufsrechtlich ist die aktive Bestechung und die passive Bestechlichkeit zudem als berufsunwürdiges Verhalten zu qualifizieren und daher unstatthaft. Die Entgegennahme von Zuwendungen kann darüber hinaus auch die Besorgnis der Befangenheit i. S. d. § 21 BS WP/vBP begründen.

Absatz 4 Satz 1 enthält dementsprechend das grundsätzliche Verbot, von einem Auftraggeber Zuwendungen anzunehmen. Das Verbot gilt nicht nur bei der Durchführung von Prüfungen und der Erstattung von Gutachten, bei denen besondere Anforderungen an die Unparteilichkeit und Unbefangenheit zu stellen sind, sondern für die gesamte Berufstätigkeit. Von dem Verbot nicht erfasst sind das vereinbarte Honorar, vereinbarte oder übliche Nebenleistungen (insb. Kostenerstattungen) sowie ggf. auch Erfolgsprämien, soweit diese nach § 55a WPO zugelassen sind.

Nicht erfasst sind außerdem Zuwendungen und Leistungen, die ausschließlich aus privatem Anlass ohne Zusammenhang mit der beruflichen Tätigkeit gewährt und empfangen werden, wie dies insbesondere bei verwandtschaftlichen oder engen freundschaftlichen Beziehungen der Fall sein wird. Besteht daneben allerdings ein beruflicher Kontakt, wird die Abgrenzung schwierig sein, so dass im Zweifel die Grundsätze des Abs. 4 eingehalten werden sollten.

Satz 2 erstreckt das Verbot auf Zuwendungen von dem WP/vBP an den Auftraggeber. Auch diese können zu einer nicht hinnehmbaren Beeinträchtigung der Unabhängigkeit und Unbefangenheit führen. Insbesondere im Zusammenhang mit der Erteilung von Aufträgen können sie auch strafbar sein.

Satz 3 verpflichtet den WP/vBP, dieselben Grundsätze in seiner gesamten Praxis einzuhalten und ihnen auch seine Mitarbeiter zu unterwerfen. Die Einhaltung der Grundsätze ist in dem erforderlichen Umfang zu überwachen.

Zuwendungen sind nicht nur Geldleistungen, sondern auch die Gewährung von Sachleistungen oder anderen materiellen Vorteilen. Neben Leistungen des Auftraggebers selbst sind auch Leistungen Dritter erfasst, die in dessen Namen, für dessen Rechnung oder in dessen Interesse handeln.

Zulässig sind Zuwendungen, die dem üblichen gesellschaftlichen Umgang entsprechen. Hierzu gehören Geschenke, die zu besonderen Anlässen (Geburtstage, Jubiläen, Verabschiedungen) gewährt werden und die nach Art und Umfang in einem angemessenen Verhältnis zu dem jeweiligen Anlass und zu der Stellung des Empfängers stehen. Das Geschenk muss sich im Bereich des Sozialüblichen halten, als bloße Aufmerksamkeit zu verstehen sein und darf nicht auf eine geschäftliche Verpflichtung des Empfängers abzielen.

Die gelegentliche Bewirtung von Geschäftspartnern entspricht im deutschen Umfeld sozialen Gepflogenheiten. Dies gilt nicht nur für die Bewirtung aus unmittelbarem geschäftlichem Anlass (Arbeitsessen), sondern auch für Bewirtungen in der Freizeit außerhalb des geschäftlichen Umfelds sowie für Einladungen zu Sport- oder Unterhaltungsveranstaltungen. Wie bei Gewährung von Geschenken müssen Art und Wert der Einladung bzw. Veranstaltung in einem angemessenen Verhältnis zu dem jeweiligen Anlass und zu der Stellung des Empfängers stehen. Danach kommen Einladungen zu urlaubsähnlichen Veranstaltungen, Reisen zu weiter entfernten Zielen unter Übernahme der Reise- und Übernachtungskosten sowie zu Veranstaltungen, die mit hohen Kosten verbunden sind, nicht in Betracht.

Zu § 13a:

Die Vorschrift ist gestützt auf die Satzungsermächtigungen in § 57 Abs. 4 Nr. 1 a und b WPO und konkretisiert die in § 43 Abs. 1 Satz 1 Abs. 2 Satz 3 WPO normierten Berufspflichten zur Gewissenhaftigkeit sowie zum berufswürdigen Verhalten.

Absatz 1 nennt in Satz 1 die Pflichtangaben bei allen Formen von auf Dauer angelegten Informationen über die beruflichen Verhältnisse.

Unter „berufliche Verhältnisse" ist nicht nur die Art der eigenen Berufsausübung (Einzelpraxis, Sozietät, Partnerschaftsgesellschaft, Berufsgesellschaft) zu verstehen, sondern zum Beispiel auch eine berufliche Zusammenarbeit, der nicht die Durchführung gemeinschaftlicher Aufträge zugrunde liegt (Kooperation), oder die gemeinsame Nutzung personeller oder sächlicher Mittel (Bürogemeinschaft).

Die Zulässigkeit des Hinweises auf Kooperationen ist seit langem anerkannt, wobei der Kreis der zulässigen Kooperationspartner grundsätzlich nicht beschränkt ist, sofern dies mit dem Ansehen des Berufs des WP/vBP vereinbar ist.

Bei der Kundmachung einer Kooperation ist auf eine unmissverständliche Darstellung zu achten. Insbesondere darf nicht der Anschein einer Sozietät erweckt werden. Die Verwendung eines identischen Briefbogens etc. ist daher von vornherein unzulässig. Eine Irreführung liegt aber z. B. auch dann vor, wenn der Name des Kooperationspartners oder auch nur dessen Berufsbezeichnung im Kopf des Briefbogens erscheint, und zwar auch dann, wenn klargestellt wird, dass lediglich ein Kooperationsverhältnis vorliegt.

Auch im Übrigen muss der Kooperationshinweis allgemeinen wettbewerbsrechtlichen Grundsätzen entsprechen. So darf z. B. eine nur projektbezogene Zusammenarbeit nicht in einer Weise kundgemacht werden, die den irreführenden Eindruck erweckt, es handele sich um eine auf Dauer angelegte Kooperation.

Für die Kundmachung einer Bürogemeinschaft gelten die genannten Grundsätze entsprechend. Die Verwendung identischer Briefbogen der Bürogemeinschafter wird auch nicht dadurch zulässig, dass dort der Begriff „Kanzleigemeinschaft" oder „Bürogemeinschaft" verwendet wird. Bei der Bürogemeinschaft handelt es sich nicht um eine Form der beruflichen Zusammenarbeit, sondern ausschließlich um die gemeinsame Nutzung sächlicher oder personeller Mittel. Der Hinweis auf die Bürogemeinschaft gehört daher nicht zu den Informationen über das Dienstleistungsangebot der Praxis. Auch die Bürogemeinschaft stellt aber einen Teil der beruflichen Verhältnisse dar, über die der Mandant ggf. im Hinblick auf die nicht vollständig auszuschließende Gefährdung der Verschwiegenheitspflicht und latente Interessenkonflikte aufzuklären ist.

Nach **Satz 2 1. Halbsatz** dürfen für den WP/vBP bzw. die Berufsgesellschaft dauerhaft tätige sozietätsfähige Personen unter Kennzeichnung ihres Status genannt werden. Durch die Vorschrift wird klargestellt, dass zum Beispiel angestellte Steuerberater sowohl bei Einzelpraxen/Sozietäten als auch bei Berufsgesellschaften genannt werden dürfen. Dabei ist der Status (etwa Angestellter) zu verdeutlichen.

Unterbleibt die Kennzeichnung des Status, besteht die Gefahr, dass der angestellte Steuerberater haftungsrechtlich wie ein Sozius behandelt wird (Außensozius). Berufsrechtlich ist daher auch bei Außensozien der nach § 44b Abs. 4 WPO erforderliche Versicherungsnachweis zu erbringen (§ 44b Abs. 6 WPO).

Unabhängig hiervon ist die Kundmachung eines Außensozius unzulässig, wenn dieser im Innenverhältnis nicht die Befugnisse eines Sozius hat. Daher müssen vertragliche Grundlagen bestehen, die die Kompetenzen der eigenständigen Mandatsannahme, der Mandatskündigung und der Verpflichtung zur wechselseitigen Vertretung beinhalten.

Satz 2 2. Halbsatz lässt die gesellschaftsrechtlichen Angabepflichten (z. B. zur Angabe der Geschäftsführer nach § 35a Abs. 1 GmbHG und zur Angabe der Vorstandsmitglieder und des Vorsitzenden des Aufsichtsrats nach § 80 Abs. 1 AktG) unberührt, da es sich hierbei um Pflichtangaben und nicht eine bloße Nennung zu Kundmachungszwecken handelt. Diese Personen müssen daher unabhängig davon angegeben werden, ob sie einem sozietätsfähigen Beruf angehören oder nicht.

Absatz 2 Satz 1 stellt klar, dass WP/vBP nicht nur in einem vorgeschriebenen Verfahren erworbene Fachgebietsbezeichnungen, insbesondere Fachanwaltsbezeichnungen, führen dürfen, sondern auch andere gesetzlich zulässige Bezeichnungen wie z. B. „Mediator".

Die Vorschrift bezieht sich in erster Linie auf WP/vBP, die zugleich Rechtsanwälte und/oder Steuerberater sind. Ist etwa einem Rechtsanwalt die Führung einer Fachgebietsbezeichnung erlaubt, soll dies nicht dadurch unzulässig sein, dass er zugleich WP/vBP ist. Voraussetzung ist allerdings jeweils, dass sich die Bezeichnung einer anderen Berufsgruppe eindeutig zuordnen lässt. Dies ist z. B. für die Bezeichnung „Mediator" aufgrund des § 7a der Berufsordnung der Rechtsanwälte der Fall.

Satz 2 erlaubt uneingeschränkt den Hinweis auf eine öffentliche Bestellung als Sachverständiger. Satz 3 hat klarstellenden Charakter. Es bestand bereits bisher kein Zweifel, dass Berufsangehörige, die die genannten Funktionen ausüben, im Rahmen dieser Tätigkeiten entsprechende Kennzeichnungen führen dürfen.

Zu § 13b:

Die Vorschrift ist gestützt auf § 57 Abs. 4 Nr. 4 WPO. Entsprechend der gesetzlichen Ermächtigung enthält sie die Bestimmung der Kriterien zur Beschreibung der Vergütungsgrundlagen der Organmitglieder und leitenden Angestellten im Transparenzbericht.

Der Transparenzbericht hat gemäß § 55c Abs. 1 Satz 2 Nr. 7 WPO Informationen über die Vergütungsgrundlagen der Organmitglieder und leitenden Angestellten zu enthalten. Unter Vergütungsgrundlagen i. S. d. Vorschrift sind die Strukturen der Individualvergütung der genannten Personen zu verstehen. Zu deren Ermittlung ist von den Individualbezügen der Organmitglieder/leitenden Angestellten auszugehen; eine Angabe der individuellen Bezüge verlangt § 55c Abs. 1 Satz 2 Nr. 7 WPO nicht. Die Angabepflicht betrifft vielmehr nur solche Informationen, „auf deren Grundlage sich die Öffentlichkeit ein Urteil über das Maß des persönlichen Interesses des Organmitglieds und des angestellten WP/vBP am Auftragsergebnis bilden kann" (BT-Drs. 16/2858, S. 30). Anzugeben sind demzufolge lediglich die Vergütungsstrukturen nach den in **Satz 2** geregelten Kriterien. Darin unterscheidet sich die Regelung von §§ 285 Satz 1 Nr. 9, 314 Abs. 1 Nr. 6 HGB (Angabe der Höhe der Gesamtbezüge der Organmitglieder im Anhang bzw. Konzernanhang) sowie §§ 319 Abs. 3 Satz 1 Nr. 5, 319a Abs. 1 Satz 1 Nr. 1 HGB (Höhe der Gesamteinnahmen aus der beruflichen Tätigkeit).

Der Rechtsbegriff des leitenden Angestellten bestimmt sich nach den Vorgaben des Betriebsverfassungsgesetzes (§ 5 Abs. 3 BetrVG) und kann somit neben angestellten WP/vBP, für die eine entsprechende Klarstellung in § 45 Satz 2 WPO enthalten ist, auch andere Personen erfassen.

Ausgehend vom Regelungszweck des § 55c Abs. 1 Satz 2 Nr. 7 WPO bestimmt **Satz 1** der Vorschrift, dass die gegebenen Informationen erkennen lassen sollen, ob und wie die berufliche Tätigkeit durch finanzielle Anreize beeinflusst wird. Eine Erfolgsabhängigkeit der Organmitglied- bzw. Angestelltenvergütung kann jedoch nur im Bereich der betriebswirtschaftlichen Prüfungen von Bedeutung sein. Von vornherein unschädlich ist demgegenüber eine - auch starke - Erfolgsabhängigkeit der Vergütung im Bereich der interessengeneigten betriebswirtschaftlichen Beratung, für die auch im Außenverhältnis ein Erfolgshonorar vereinbart werden darf (§ 55a Abs. 1 Satz 1 WPO). Dies führt aber nicht etwa dazu, dass die Vergütungsgrundlagen insoweit nicht angegeben werden müssten. Einzubeziehen in die Darstellung der Vergütungsgrundlagen sind alle Vergütungen für die Tätigkeit als Organmitglied oder leitender Angestellter, unabhängig von der Quelle, aus der sie bezogen werden.

Gemäß **Satz 2** ist im Transparenzbericht anzugeben, ob und zu welchem Anteil sich die Vergütung der Organmitglieder und leitenden Angestellten in feste und variable Bestandteile aufgliedert. Auch Pensionszusagen sind Bestandteil der Vergütung im Sinne der Vorschrift.

Weiterhin ist anzugeben, welcher Art die variable Vergütung ist. Diesbezüglich kommt zunächst und in erster Linie eine - wiederum nur als solche, nicht aber dem konkreten Betrag nach anzugebende - geldmäßige Beteiligung am Praxisgewinn, darüber hinaus auch die Gewährung von Beteiligungsoptionen in Betracht.

Schließlich ist die Bemessungsgrundlage für die variable Vergütung offen zu legen. In der Regel wird deren Höhe auf der Grundlage einer Evaluierung der individuellen Leistung des Organmitglieds bzw. leitenden Angestellten für den Erfolg der Praxis bestimmt werden.

Zu § 14:

Die Vorschrift ist gestützt auf die Satzungsermächtigung gemäß § 57 Abs. 4 Nr. 1 b WPO und konkretisiert die in § 43 Abs. 2 Satz 3 WPO normierte Berufspflicht zum berufswürdigen Verhalten.

Absatz 1 stellt klar, dass berufsrechtlich keine Bedenken dagegen bestehen, eine Praxis oder Teilpraxis, die auch nur einzelne Mandate umfassen kann, gegen Entgelt zu übertragen. Berufsrechtliche Sanktionen kommen nur in besonders gravierenden Fällen nicht angemessener Konditionen, etwa bei der Ausnutzung einer wirtschaftlichen Notlage der Erben eines Berufsangehörigen, in Betracht. Die Berücksichtigung der übrigen Anforderungen an eine Praxisübertragung, insbesondere die aus Gründen der Verschwiegenheitspflicht regelmäßig erforderliche Zustimmung der Auftraggeber zum Mandatsübergang, wird in der Vorschrift als selbstverständlich vorausgesetzt.

Die Fälle des Praxisverkaufs sind von der entgeltlichen Auftragsvermittlung zu unterscheiden. Im Rahmen eines Praxisverkaufs erfüllt die Vereinbarung einer Vergütung für die Übertragung von Mandaten nicht den Tatbestand des § 2 Abs. 2 Nr. 4. Unter der Voraussetzung, dass es sich um Mandate handelt, die der Übertragende bisher für sich selbst akquiriert und betreut hat, gilt dies auch für die Übertragung eines Teils der Mandate (teilweiser Verkauf der Praxis) oder deren Verpachtung.

Die Bestimmungen in **Absatz 2 und 3** konkretisieren das Gebot zum berufswürdigen Verhalten, nach dem auch elementare Grundsätze der Kollegialität einzuhalten sind. Insbesondere bei **Absatz 3** ist allerdings die grundsätzliche Werbefreiheit auch für Angehörige freier Berufe zu berücksichtigen. Die Vorschrift kann und soll daher nicht den Wettbewerb um Mandate als solchen unterbinden. Auch soweit es sich um Mandanten eines ehemaligen Arbeitgebers handelt, ist daher nicht jede Maßnahme, die darauf zielt, diese für sich zu gewinnen, von vornherein unzulässig. Dies ist erst dann der Fall, wenn das Abwerben durch unlautere Methoden geschieht, etwa durch Diffamierung des früheren Arbeitgebers oder durch unbefugte Mitnahme der Mandantendaten (vgl. OLG Düsseldorf, Beschl. v. 26.9.2002, WPK-Mitteilungen 2003, 65 ff.). Eine auch ohne derartige zusätzliche Umstände unlautere und damit wettbewerbswidrige Abwerbung liegt allerdings dann vor, wenn und solange ein Mitarbeiter noch vor dem Ausscheiden aus dem Arbeitsverhältnis dessen Mandanten direkt oder indirekt auf seine zukünftige Tätigkeit als Wettbewerber oder für einen anderen Wettbewerber hinweist (vgl. BGH, Urt. v. 22.4.2004, NJW 2004, 2385 f.).

Zu § 15:

Die Vorschrift ist gestützt auf die Satzungsermächtigung des § 57 Abs. 4 Nr. 1 h WPO.

Durch die Worte „nach ihren Möglichkeiten" wird klargestellt, dass die Vorschrift ein allgemeines Postulat, nicht aber die konkrete Verpflichtung zum Abschluss von Anstellungsverträgen oder Ausbildungsverträgen beinhaltet.

Zu § 16:

Die Vorschrift ist gestützt auf die Satzungsermächtigung gemäß § 57 Abs. 4 Nr. 1 e WPO.

Das Verbot, die Ersatzpflicht durch Vertrag auszuschließen oder zu beschränken, folgt bereits aus § 323 Abs. 4 HGB.

Es widerspricht der Berufsauffassung der WP/vBP, bei gesetzlicher Haftungsbegrenzung eine höhere Haftung zu vereinbaren. Dieses Verbot soll WP/vBP davor schützen, dass einzelne Kollegen sich über Haftungserweiterungen einen Wettbewerbsvorteil verschaffen. Wettbewerbsvorteile allein über das Angebot höherer Haftungssummen würden letztlich zu erheblichen Verwerfungen innerhalb des Berufsstandes führen, weil nur noch große Einheiten mit entsprechend hohen Haftungssummen größere Mandate übernehmen könnten.

Zu § 17:

Die Vorschrift ist gestützt auf die Satzungsermächtigung in § 57 Abs. 4 Nr. 1 e WPO.

Die Regelung in **Absatz 1** stellt klar, dass § 6 der durch die 7. WPO-Novelle (BARefG) aufgehobenen, gemäß § 137 WPO allerdings bis zum Inkrafttreten einer entsprechenden Regelung in der Berufssatzung fortgeltenden WPBHV (Anzeige von Veränderungen durch den Versicherer) den WP/vBP nicht von eigenen Meldepflichten gegenüber der Wirtschaftsprüferkammer entbindet. Die normierten Meldepflichten stellen Berufspflichten dar.

Nach **Absatz 2** sollen sich WP/vBP aus Gründen des Mandantenschutzes auch bei Aufträgen, die über das gesetzliche Mindestmaß hinausgehende Haftungsrisiken in sich bergen, angemessen versichern. Für den Fall, dass ein Risiko nicht mehr versicherbar ist, ist dem Angemessenheitserfordernis entsprochen, wenn sich WP/vBP neben anderen Absicherungen im Rahmen der bestehenden Möglichkeiten, zum Beispiel durch Einzelfallversicherungen, versichern.

Zu § 18:

Die Vorschrift ist gestützt auf die Satzungsermächtigung gemäß § 57 Abs. 4 Nr. 1 i WPO.

In Entsprechung zu § 48 Abs. 1 Satz 1 WPO umfasst die Siegelungspflicht nach **Absatz 1 Satz 1** sämtliche Erklärungen, die dem WP/vBP gesetzlich vorbehalten sind. Seit jeher sind gesetzliche Pflichtprüfungen bekannt, die nicht dem WP/vBP vorbehalten sind, sondern auch von anderen sachverständigen Prüfern durchgeführt werden dürfen. Hierzu gehören bspw. die aktienrechtliche Gründungs- oder Sonderprüfung (§§ 33, 143 AktG). Bei solchen Prüfungen darf das Siegel geführt werden, muss es aber nicht.

Satz 2 stellt klar, dass die Pflicht zur Siegelführung bei gesetzlich vorbehaltenen Erklärungen auch dann besteht, wenn die Prüfung als solche gesetzlich nicht vorgeschrieben ist. Der früher für selbstverständlich gehaltene Grundsatz, wonach gesetzliche Vorbehaltsaufgaben des WP/vBP immer auf gesetzlich zwingend angeordneten Prüfungen beruhen, gilt nicht mehr ausnahmslos.

So ist eine prüferische Durchsicht des nach § 37w WpHG von bestimmten Inlandsemittenten verpflichtend aufzustellenden Halbjahresfinanzberichtes gesetzlich nicht vorgeschrieben. Das Unternehmen kann sich somit selbst entscheiden, ob es eine solche durchführen lassen will oder nicht. Wenn es sich aber dafür entscheidet, ist die prüferische Durchsicht nach § 37w Abs. 5 Satz 2 WpHG, der auf die Vorschriften über die Bestellung des Abschlussprüfers und damit auf § 319 Abs. 1 HGB verweist, dem WP vorbehalten. (Anders ist dies bei Bescheinigungen über die ebenfalls gesetzlich nicht vorgeschriebene prüferische Durchsicht von Zwischenabschlüssen und Zwischenlageberichten, die Bestandteil von Quartalsfinanzberichten nach § 37x Abs. 3 WpHG sind, zu beurteilen: In Satz 3 der Vorschrift wird - im Unterschied zu § 37w Abs. 5 Satz 2 WpHG - nicht auf die Regelungen des HGB zur Bestellung des Abschlussprüfers verwiesen, sondern es werden lediglich die §§ 320, 323 HGB für entsprechend anwendbar erklärt. Die prüferische Durchsicht nach § 37x Abs. 3 WpHG ist daher nicht dem WP oder vBP gesetzlich vorbehalten und somit auch nicht siegelungspflichtig.)

Sofern das nicht prüfungspflichtige Mutterunternehmen eines Konzerns sich einer freiwilligen Prüfung durch einen WP unterzieht, um die befreiende Wirkung gem. §§ 291 Abs. 2 Satz 1 Nr. 2, 292 Abs. 2 HGB für ein Tochterunternehmen zu erzielen, das seinerseits Mutterunternehmen eines anderen Tochterunternehmens ist, ist diese Prüfung siegelungspflichtig. Zwar handelt es sich bei der freiwilligen Prüfung des

Konzernabschlusses selbst nicht um eine Vorbehaltsaufgabe für WP/vBP. Da die gesetzlich vorgesehene Befreiungswirkung aber nur eintritt, wenn die Prüfung durch einen in Deutschland zugelassenen Abschlussprüfer erfolgt und hierdurch der freiwillig geprüfte Abschluss an die Stelle des sonst pflichtgemäß zu prüfenden und damit auch zu siegelnden Konzernabschlusses unterer Stufe tritt, liegt im Ergebnis eine Vorbehaltsaufgabe vor.

Ebenso sind Erklärungen über Prüfungsergebnisse nach §§ 14a Abs. 7, 15 Abs. 1 Satz 1, 16 Abs. 2 Satz 2 EEG schon deshalb zu siegeln, weil die Prüfung WP/vBP vorbehalten ist. Dass es zu einer Prüfung nur dann kommt, wenn sie verlangt wird oder wenn das Unternehmen sich hierfür entscheidet, spielt für die Pflicht zur Siegelung keine Rolle. Auch ob es sich um eine Prüfung oder eine prüferische Durchsicht handelt und ob das Ergebnis als Bestätigungsvermerk oder als Bescheinigung erteilt wird, macht für die Siegelungspflicht keinen Unterschied.

Die Regelung, dass die Prüfung dem WP/vBP vorbehalten ist, kann sowohl in formellen als auch materiellen Gesetzen enthalten sein. Andere - nicht gesetzliche - Regelungen, die einen Vorbehalt für WP/vBP begründen, z. B. behördliche Anweisungen, Bewilligungsbescheide oder Vereinbarungen des Mandanten mit Dritten, führen nicht zur Siegelungspflicht. Hierzu gehören auch die Fälle, in denen die Prüfungspflicht durch WP/vBP in der Satzung oder im Gesellschaftsvertrag eines Unternehmens bestimmt ist, und zwar auch dann, wenn diese gesellschaftsvertragliche Regelung wiederum auf einer gesetzlichen Bestimmung beruht wie z. B. im Falle des § 65 Abs. 1 Nr. 4 BHO und der entsprechenden landes- oder kommunalrechtlichen Vorschriften. Diese gesetzlichen Vorschriften stellen nur Voraussetzungen für die Beteiligung der öffentlichen Hand an privatwirtschaftlichen Unternehmen auf, regeln die Prüfungspflicht und den Aufgabenvorbehalt aber nicht selbst. Der Aufgabenvorbehalt ergibt sich daher nur aus der Regelung im Gesellschaftsvertrag.

Absatz 2 eröffnet WP/vBP die Möglichkeit, Erklärungen über Prüfungsergebnisse sowie Gutachten, die nicht zu den gesetzlichen Vorbehaltsaufgaben i. S. d. Absatzes 1 zählen, freiwillig zu siegeln. Vom Regelungsbereich der Vorschrift erfasst sind demzufolge nur solche Erklärungen, die außerhalb des Vorbehaltsbereichs des WP/vBP abgegeben werden und die - wenn auch nicht notwendigerweise schwerpunktmäßig - eine Aussage über das Ergebnis einer gesetzlichen oder freiwilligen betriebswirtschaftlichen Prüfung im Sinne des § 2 Abs. 1 WPO enthalten. Bescheinigungen über eine ausschließliche Erstellungstätigkeit dürfen demgemäß nicht gesiegelt werden, wohl aber solche über eine Erstellung mit umfassenden Prüfungshandlungen oder mit Plausibilitätsbeurteilungen.

Das Verbot in **Absatz 3** ergibt sich bereits aus der Regelung in Absatz 2, wird aber zur Klarstellung nochmals explizit ausgesprochen.

Das Verbot in **Absatz 4**, siegelimitierende Rundstempel zu verwenden, folgt bereits aus dem Wettbewerbsrecht (§§ 3 und 5 UWG) und ergibt sich daraus, dass eine Verwechslung mit dem Berufssiegel nicht auszuschließen ist.

Zu § 18a

Die Vorschrift ist gestützt auf die Satzungsermächtigung gemäß § 57 Abs. 4 Nr. 1 i WPO. Durch die 7. WPO-Novelle 2007 ist die bisherige SiegelVO aufgehoben und stattdessen der WPK aufgegeben worden, Gestaltung und Führung des Siegels in der BS WP/vBP näher zu regeln. Dieser Auftrag des Gesetzgebers wird durch § 18a umgesetzt. Die Absätze 1 und 2 entsprechen § 1 der früheren SiegelVO, die Absätze 3 und 4 entsprechen § 2 SiegelVO. §§ 3, 4 SiegelVO waren mittlerweile bedeutungslos und ihre Übernahme in die BS WP/vBP damit entbehrlich. Bis zur Integration in die BS WP/vBP war die SiegelVO aufgrund der Übergangsregelung des § 137 WPO weiterhin anzuwenden.

§ 18a enthält konkrete Vorgaben zur Größe des Siegels, zur Verwendung eines das Siegel kennzeichnenden Zackenrands und der in das Siegel aufzunehmenden Angaben.

Zu § 19:

Die Vorschrift ist gestützt auf die Satzungsermächtigung des § 57 Abs. 4 Nr. 1 a und 4 b WPO.

Absatz 1 bestimmt - unabhängig von den handelsrechtlichen Regelungen für Kaufleute - wann berufsrechtlich eine Niederlassung besteht. Der Sinn und Zweck der Regelung besteht - wie Absatz 2 und 3 zeigen - darin, die verantwortliche Leitung von Haupt- und Zweigniederlassungen durch einen Berufsangehörigen sicherzustellen. Dies bedeutet nicht zwangsläufig, dass sich die Haupt- oder die Zweigniederlassung unter einer einzigen Anschrift befinden muss. Vielmehr können Organisationsbereiche, wenn sie aus Praktikabilitätsgründen (Publikumsverkehr) eine eigene Anschrift haben, einer Haupt- oder Zweigniederlassung zugeordnet werden.

Dem Berufsregister ist jeweils eine Anschrift als Anschrift der Haupt- oder Zweigniederlassung anzuzeigen. Durch die Einschränkung der Kundmachungsfähigkeit beruflicher Anschriften in Satz 4 soll vermieden werden, dass dem Rechtsverkehr das Bestehen von dem Publikumsverkehr zugänglichen Teilen einer organisatorisch selbstständigen Einheit suggeriert wird, obwohl dies nicht der Fall ist (z. B. Archive).

Absatz 2 bezieht sich auf die Hauptniederlassung von Wirtschaftsprüfungsgesellschaften und Buchprüfungsgesellschaften und konkretisiert § 1 Abs. 3 Satz 2 WPO i. V. m. § 3 Abs. 2 WPO. Das Gebot gemäß §§ 1 Abs. 3, 3 Abs. 2 WPO, dass die berufliche Niederlassung einer Wirtschaftsprüfungsgesellschaft verantwortlich von Wirtschaftsprüfern beziehungsweise eine berufliche Niederlassung einer Buchprüfungsgesellschaft verantwortlich von vereidigten Buchprüfern oder Wirtschaftsprüfern geführt werden muss, findet seine Grundlage in den Berufspflichten der Gewissenhaftigkeit und Eigenverantwortlichkeit. Die verantwortliche Führung setzt voraus, dass mindestens ein Wirtschaftsprüfer im Sinne von § 28 Abs. 1 Satz 2 WPO oder ein vereidigter Buchprüfer im Sinne von §§ 130 Abs. 2, 28 Abs. 1 Satz 2 WPO seine berufliche Niederlassung in der Niederlassung oder zumindest am Sitz der

Gesellschaft (§ 28 Abs. 1 Satz 4 WPO) hat. Unter dem Sitz der Gesellschaft ist die politische Gemeinde zu verstehen, in der die Gesellschaft ihre Niederlassung hat.

Absatz 3 bezieht sich auf die Zweigniederlassungen von WP/vBP und konkretisiert § 47 WPO. Das Gebot, dass eine Zweigniederlassung eines Wirtschaftsprüfers/einer Wirtschaftsprüfungsgesellschaft von einem Wirtschaftsprüfer bzw. dass eine Zweigniederlassung eines vereidigten Buchprüfers/einer Buchprüfungsgesellschaft verantwortlich von einem vereidigten Buchprüfer oder einem Wirtschaftsprüfer geleitet werden muss, findet seine Grundlagen in den Berufspflichten der Gewissenhaftigkeit und Eigenverantwortlichkeit. Die verantwortliche Leitung setzt voraus, dass der Wirtschaftsprüfer oder vereidigte Buchprüfer seine berufliche Niederlassung in der Zweigniederlassung oder zumindest am Ort der Zweigniederlassung (§ 47 Satz 1 WPO) hat. Unter Ort der Zweigniederlassung ist die politische Gemeinde zu verstehen, in der sich die Zweigniederlassung befindet. Liegen Niederlassung und Zweigniederlassung innerhalb derselben politischen Gemeinde, kann der WP/vBP auch Leiter seiner eigenen Zweigniederlassung sein, sofern hierdurch seine gewissenhafte und eigenverantwortliche Berufsausübung nicht beeinträchtigt wird.

Die Wirtschaftsprüferkammer kann für Zweigniederlassungen von in eigener Praxis tätigen Wirtschaftsprüfern und vereidigten Buchprüfern Ausnahmen von § 47 Satz 1 WPO zulassen. In der Vergangenheit hat der Vorstand der Wirtschaftsprüferkammer derartige Ausnahmeregelungen, die vom jeweiligen Einzelfall abhängen, nur selten und grundsätzlich befristet erteilt.

Teil 2:
Besondere Berufspflichten bei der Durchführung von Prüfungen und der Erstattung von Gutachten

Zu Teil 2:

Gemäß § 57 Abs. 4 Nr. 2 WPO kann die Berufssatzung besondere Berufspflichten bei der Durchführung von Prüfungen und Erstattung von Gutachten näher regeln. Gestützt auf die Ermächtigung in § 57 Abs. 4 Nr. 2 lit. a und b WPO enthält Teil 2 der Berufssatzung Konkretisierungen zum Erfordernis der Unparteilichkeit (§ 43 Abs. 1 Satz 2 WPO) und zur Pflicht, die Tätigkeit zu versagen, wenn die Besorgnis der Befangenheit bei der Durchführung eines Auftrags besteht (§ 49 Halbsatz 2 WPO). Außerdem sind in Teil 2 weitere besondere Berufspflichten geregelt, die auf andere Ermächtigungsgrundlagen des § 57 Abs. 4 WPO gestützt sind, soweit sie ebenfalls Berufspflichten betreffen, die ausschließlich für die Durchführung von Prüfungen oder die Erstattung von Gutachten zu beachten sind.

Bei der Konkretisierung des Begriffs der Besorgnis der Befangenheit aus § 49 zweiter Halbsatz WPO war zu berücksichtigen, dass derselbe Begriff auch in den handelsrechtlichen Regelungen zu den Ausschlussgründen bei gesetzlichen Jahresabschlussprüfungen nach §§ 316 ff. HGB verwendet wird. Bei der Abgrenzung im Einzelnen wird davon ausgegangen, dass der Befangenheitsbegriff in § 49 zweiter

Halbsatz WPO und §§ 319 Abs. 2, 318 Abs. 3 HGB identisch ist, so dass auch die Vermutungstatbestände des § 319 Abs. 3 und 4 sowie § 319a HGB für die Auslegung der Berufspflichten Bedeutung haben (vgl. dazu § 22a).

Allerdings unterscheidet sich der Adressatenkreis der Normen: Während in § 49 zweiter Halbsatz WPO nur die Berufsangehörigen angesprochen sind, richten sich §§ 319, 319a HGB an das prüfungspflichtige Unternehmen, haben aber mittelbare Bedeutung auch für den Berufsangehörigen (s. o.).

Bei der Neufassung der §§ 20 ff. sind daher insbesondere die durch das Bilanzrechtsreformgesetz vom 4.12.2004 - BilReG (BGBl. I S. 3166) neu formulierten Bestimmungen der §§ 319, 319a HGB berücksichtigt worden.

Darüber hinaus sind - soweit dies in dem derzeitigen gesetzlichen Rahmen möglich war - auch aktuelle Entwicklungen auf internationaler Ebene für die Konkretisierung herangezogen worden (IFAC Code of Ethics vom 13.6.2005; EU-Empfehlung zur Unabhängigkeit des Abschlussprüfers vom 16.5.2002). Die EU-Empfehlung hat im Gegensatz zu §§ 319, 319a HGB allerdings keinen rechtsverbindlichen Charakter.

EU-Empfehlungen (recommendations) werden zwar als sekundäres Gemeinschaftsrecht eingeordnet, sind jedoch gem. Art. 249 Abs. 5 EGV nicht bindend. Hinsichtlich des Code of Ethics besteht zwar keine staatliche, aber die aus der Mitgliedschaft der WPK bei IFAC herrührende Verpflichtung, diesen umzusetzen, soweit nationales Recht nicht entgegensteht.

Die Berücksichtigung dieser Quellen führte auch zu einer neuen Struktur der Regelungen. Die bisherigen Regelungen in der Berufssatzung, aber auch in §§ 319, 319a HGB knüpfen an bestimmte Lebenssachverhalte an, aus denen sich eine Gefährdung der Unabhängigkeit ergeben kann. Die nachfolgenden Regelungen der Berufssatzung stellen dagegen in Übereinstimmung mit der EU-Empfehlung auf die Wirkungszusammenhänge ab, die eine Gefährdung der Unbefangenheit begründen können (threats). Diesen werden dann die jeweiligen Lebenssachverhalte zugeordnet.

Ebenfalls aus der EU-Empfehlung übernommen wurde das Prinzip, wonach das Ausmaß festgestellter Gefährdungen durch geeignete Schutzmaßnahmen (safeguards) derart verringert werden kann, dass in der Gesamtbetrachtung eine die Versagung der Tätigkeit zwingend erfordernde Beeinträchtigung der Unbefangenheit nicht mehr vorliegt (vergleiche zur Anerkennung dieses Prinzips auch im Rahmen des § 319 Abs. 2 HGB die Begründung zum BilReG, BT-Drucksache 15/3419 vom 24.6.2004, dort S. 38). Diese Grundstruktur entspricht auch dem Ansatz im IFAC Code of Ethics. Die Berufssatzung konkretisiert dies in § 22.

Zu § 20:

Die Vorschrift ist gestützt auf § 57 Abs. 4 Nr. 2 WPO.

Neben der Pflicht zur persönlichen und wirtschaftlichen Unabhängigkeit (vergleiche § 2) fordert das Berufsrecht bei der Durchführung von Prüfungen (wobei hier nicht nur Prüfungsberichte i.S.v. § 321 HGB erfasst werden) und der Erstattung von Gutachten in § 43 Abs. 1 Satz 2 WPO die Unparteilichkeit. Dem trägt **Absatz 1 Satz 1** Rechnung. Ist der WP/vBP nicht unparteiisch, hat er eine Tätigkeit als Prüfer oder Gutachter im Sinne des Absatz 1 zu versagen. Für die nach **Absatz 1 Satz 2** erforderliche Darstellung aller wesentlichen Gesichtspunkte ist eine vollständige Auswertung aller für und gegen ein Ergebnis sprechenden Umstände erforderlich. Kritische Aspekte dürfen dabei nicht unterschlagen werden. Bei der Erstellung von Gutachten beschränkt sich diese Pflicht allerdings auf Gutachten nach Absatz 1 (vergleiche zur Abgrenzung Absatz 2).

Absatz 2 stellt klar, dass es WP/vBP nicht verwehrt ist, einen Auftrag zur Erstellung eines Argumentationspapiers anzunehmen, in dem die positiven oder die negativen Aspekte des zu beurteilenden Gegenstands betont werden sollen (z. B. Unternehmensbewertungen für die Verkäufer- oder Käuferseite). In diesen Fällen darf jedoch nicht der Eindruck eines unparteilichen Gutachtens vermittelt werden. Insbesondere darf für die Bezeichnung derartiger Aufträge nicht der Begriff „Gutachten" verwendet werden. Auch dürfen nur Gutachten im Sinne des Absatzes 1, nicht hingegen Argumentationspapiere im Sinne des Absatzes 2 gesiegelt werden.

Zu § 21:

Die Vorschrift ist gestützt auf § 57 Abs. 4 Nr. 2 WPO.

Die berufsrechtliche Pflicht zur Versagung der Tätigkeit bei Besorgnis der Befangenheit ist in § 49 zweiter Halbsatz WPO geregelt. **Absatz 1** greift dies auf, erwähnt darüber hinaus aber aus systematischen Gründen auch den Grundfall der tatsächlichen Befangenheit, bei der die Tätigkeit erst recht zu versagen ist.

Der WP/vBP darf nicht tätig werden, wenn Besorgnis der Befangenheit besteht, und zwar auch nicht mit Zustimmung des Auftraggebers. Dies ist Ausfluss des öffentlichen Vertrauens in die Tätigkeit des WP/vBP.

Bei Verstößen gegen das Selbstprüfungsverbot ist es danach nicht zulässig, ein Prüfungsurteil abzugeben, wenn der WP/vBP den Prüfungsstoff selbst erstellt hat. Dies gilt nicht nur bei Prüfungen, sondern auch für Plausibilitätsbeurteilungen und ist unabhängig davon, ob das Prüfungsurteil in einem Bestätigungsvermerk niedergelegt wird, der dem Bestätigungsvermerk i. S. d. § 322 HGB nachgebildet ist, ob eine Bescheinigung erteilt wird oder ob das Prüfungsergebnis in einem Bericht zum Ausdruck gebracht wird. Bei Aufträgen zur Erstellung mit umfassenden Beurteilungen der dem Abschluss zugrunde liegenden Unterlagen oder zur Erstellung mit Plausibilitätsbeurteilung kann ein Prüfungsurteil daher immer nur für solche Teile abgegeben werden, an deren Entstehung der WP/vBP nicht wesentlich beteiligt war. Das Tätigkeitsverbot folgt in diesen Fällen aus der Unvereinbarkeit von Erstellung und Prüfung und gilt auch dann, wenn auf die Befangenheit ausdrücklich hingewiesen wird.

In **Absatz 2 Satz 1** wird der Begriff der „Unbefangenheit" definiert. Die Unbefangenheit ermöglicht es, das Prüfungsurteil unter Wahrung der Objektivität und Integrität und mit der erforderlichen kritischen Grundhaltung zu treffen. Der Unbefangenheitsbegriff bezieht sich auf die innere Einstellung des Prüfers oder Gutachters (independence in mind). Die in **Satz 2** genannten Faktoren, die ein Risiko für die Unbefangenheit darstellen (threats), orientieren sich an der EU-Empfehlung (wobei derselbe Sachverhalt auch von mehreren threats erfasst werden kann). Der in der EU-Empfehlung zusätzlich enthaltene Befangenheitsgrund der „Einschüchterung" ist in der Berufssatzung nicht ausdrücklich geregelt, da die Absicherung vor Einschüchterungsversuchen auftragsrechtlich durch § 318 Abs. 1 Satz 5 HGB erfolgt, der Befangenheitsgrund also bereits durch handelsrechtliche Regelungen neutralisiert wird. Die Möglichkeit, für die Prüfung des Folgeabschlusses nicht wieder bestellt zu werden, ist dagegen Folge der Grundentscheidung des Gesetzgebers und kann daher eine Befangenheit nicht begründen.

Absatz 3 definiert die Besorgnis der Befangenheit. Da die in Absatz 2 geregelte Gefährdung der Unbefangenheit im Sinne der inneren Einstellung des WP/vBP regelmäßig nicht feststellbar ist, muss auf äußere Umstände zurückgegriffen werden, die auf diese Gefährdung schließen lassen. Daher kommt es nicht auf den inneren Tatbestand an, sondern auf die Einschätzung eines Dritten, abgeleitet aus objektiven Kriterien. In Anlehnung an die Begründung zum BilReG (BT-Drucksache 15/3419 vom 24.6.2004, S. 78 ff.) wurde die Formulierung „verständiger Dritter" gewählt. Zugleich muss die Beurteilung durch diesen Dritten an die in Absatz 2 genannten Befangenheitsgründe anknüpfen.

Absatz 4 Satz 1 stellt klar, dass Besorgnis der Befangenheit nicht nur dann bestehen kann, wenn der WP/vBP selbst Befangenheitsgründe im Sinne des Absatzes 2 erfüllt. Bestehen bestimmte Beziehungen zu Personen oder Unternehmen, die als Prüfer oder Gutachter wegen der Besorgnis der Befangenheit ausgeschlossen wären, kann sich dies auf den WP/vBP übertragen. Diese Beziehungen können sowohl beruflicher als auch privater Natur sein. Hinter den Aufzählungen in Nr. 1 bis 5 stehen Gesichtspunkte wie z. B. die Rücksichtnahme auf nahe stehende Personen, gleichgerichtete berufliche Interessen oder die Möglichkeit der Einflussnahme. Ob tatsächlich die Besorgnis der Befangenheit in solchen Fällen anzunehmen ist, kann nur die Einzelfallbetrachtung ergeben, bei der die Gesamtumstände zu berücksichtigen sind.

Ein Netzwerk im Sinne des Absatz 4 Satz 1 Nr. 2 liegt vor, wenn Personen bei ihrer Berufsausübung zur Verfolgung gemeinsamer wirtschaftlicher Interessen für eine gewisse Dauer zusammenwirken. Dies entspricht der Legaldefinition des § 319b Abs. 1 Satz 3 HGB, die ihrerseits die Netzwerkkriterien aus Art. 2 Nr. 7 der 8. EU-RL umsetzt. Danach ist Netzwerk „die breitere Struktur, die auf Kooperation ausgerichtet ist und die eindeutig auf Gewinn- oder Kostenteilung abzielt oder durch gemeinsames Eigentum, gemeinsame Kontrolle oder gemeinsame Geschäftsführung, gemeinsame Qualitätssicherungsmaßnahmen und -verfahren, eine gemeinsame Geschäftsstrategie, die Verwendung einer gemeinsamen Marke oder durch einen wesentlichen Teil gemeinsamer fachlicher Ressourcen miteinander verbunden ist."

Auf die rechtliche Ausgestaltung des Netzwerks und die nationale Zugehörigkeit der Netzwerkmitglieder kommt es nicht an. Insbesondere ist eine (gesellschaftsrechtliche) Beteiligung nicht erforderlich. Erfüllen solche Beteiligungen jedoch die Netzwerkkriterien, etwa durch gemeinsame Qualitätssicherungsmaßnahmen und -verfahren, sind sie (auch) als Netzwerk zu qualifizieren; vorrangig sind jedoch die spezielleren Zurechnungstatbestände für Befangenheitsgründe der Berufssatzung (vgl. etwa Absatz 4 Satz 1 Nr. 5, Satz 2 - Unternehmen, auf die maßgeblicher Einfluss besteht) oder des Handelsgesetzbuchs (vgl. etwa § 319 Abs. 4 Satz 1 - verbundenes Unternehmen) zu beachten. In der Praxis sind Netzwerkstrukturen auf der Grundlage gemeinsamer Mitgliedschaften in rechtlichen Einheiten mit Koordinationsaufgaben, aber auch aufgrund schuldrechtlicher Verträge zu beobachten. Ausreichend wäre auch ein faktisches Verhalten, wenn dieses auf eine gewisse Dauer angelegt und nach außen erkennbar ist.

Eine Kooperation, die die Netzwerkkriterien nicht erfüllt, führt nicht zur Zurechnung von Befangenheitstatbeständen; darauf, ob sie nach außen kundgemacht wird, kommt es damit nicht mehr an. Das bisher in Abs. 4 Satz 1 Nr. 2 der Berufssatzung verwendete Zurechnungskriterium der kundgemachten Kooperation wird aufgegeben.

Entscheidend ist, in welcher Art die Netzwerkmitglieder zusammenwirken. Ein einmaliges oder nur gelegentliches Zusammenwirken führt ebenso wenig zur Annahme eines Netzwerks wie eine Zusammenarbeit, die nicht die berufliche Tätigkeit betrifft. Daher ist die bloße Bürogemeinschaft, die sachliche und ggf. personelle, nicht aber fachliche Ressourcen betrifft, nicht erfasst. Gleiches gilt für die gemeinsame Nutzung von Standardsoftware bzw. -EDV-Tools. Auch die berufliche Zusammenarbeit in Einzelfällen, etwa bei Gemeinschaftsprüfungen oder der gemeinsamen Erstellung von Gutachten, begründet danach nicht die Annahme eines Netzwerks. Die Mitgliedschaft in Berufsverbänden führt ebenfalls nicht zur Annahme eines Netzwerks, weil sich das Zusammenwirken nicht auf die konkrete Berufstätigkeit, sondern nur auf allgemeine berufspolitische oder fachliche Aspekte bezieht und weil es nicht unmittelbar um die Verfolgung gemeinsamer wirtschaftlicher Interessen geht.

Nach der Regierungsbegründung zu § 319b HGB ist von einer Verfolgung gemeinsamer wirtschaftlicher Interessen regelmäßig dann auszugehen, wenn die Netzwerkmitglieder bei ihrer Zusammenarbeit die Netzwerkkriterien erfüllen, die in Art. 2 Nr. 7 der 8. EU-RL genannt sind. Die Gewinn- oder Kostenteilung muss sich dabei nicht auf die gesamte berufliche Tätigkeit beziehen, sondern kann auch einzelne Bereiche betreffen. Bloße Kostenbeteiligungen und Umlagen für sächliche Hilfsmittel sind - wie im Falle der Bürogemeinschaft - unschädlich, anders dagegen die Nutzung fachlicher Ressourcen (z. B. von Spezialisten) in wesentlichem Umfang auf gemeinsame Kosten.

Strukturen, in denen bestimmte Aufträge durch eine gemeinsame Berufsgesellschaft übernommen werden, diese dann aber von den die Anteile haltenden WP/vBP oder Berufsgesellschaften selbst bearbeitet werden, führen zwar nicht zu einer Ge-

Winn- oder Kostenteilung; gehen sie jedoch mit gemeinsamen Qualitätssicherungsmaßnahmen und -verfahren oder der Nutzung einer gemeinsamen Marke einher, werden sie regelmäßig den Netzwerkbegriff erfüllen.

Die Verwendung einer gemeinsamen Marke führt nach der Regierungsbegründung zu § 319 b HGB dann zum Vorliegen gemeinsamer wirtschaftlicher Interessen, wenn der Außenauftritt der die Marke verwendenden Personen durch die verwandte Marke bestimmt wird. Hiervon ist auszugehen, wenn die Marke - ggf. auch in abgekürzter Form - als Firmen- oder Namensbestandteil benutzt wird. Bei anderweitiger Verwendung ist auf das Gesamtbild abzustellen, das sich nicht nur aus den Schriftstücken der Beteiligten, sondern insbesondere auch aus dem Internetauftritt ergibt. Wird hierbei die gemeinsame Marke in den Vordergrund gerückt, z. B. durch eine durchgängige Verwendung des Begriffs oder eines hieraus abgeleiteten Logos, spricht dies für die Annahme eines Netzwerks. Dem Ort der Verwendung auf dem Briefbogen (Briefkopf im Zusammenhang mit der Praxisbezeichnung; Fußzeile) kann dabei ebenso wie der graphischen Ausgestaltung eine gewisse, wenn auch nachrangige indizielle Bedeutung zukommen. Wenn durch die Verwendung allerdings klar herausgestellt wird, dass sich die Kooperation nicht auf ein Zusammenwirken in Bezug auf die übrigen Netzwerkkriterien bezieht, sondern sich etwa auf die gegenseitige Empfehlung von Mandanten oder die enge Abstimmung bei der Abwicklung einzelner Aufträge beschränkt, begründet auch die Verwendung der gemeinsamen Bezeichnung noch kein Netzwerk. Entscheidend ist immer der Gesamteindruck im geschäftlichen Verkehr.

Nach seinem Wortlaut führt Absatz 4 Satz 1 Nr. 2 zur Zurechnung von Sachverhalten, die von einem (anderen) Netzwerkmitglied verursacht werden, bei dem jeweiligen Netzwerkmitglied, das der Berufssatzung unterliegt. Daneben wird aber auch anzunehmen sein, dass sowohl auf Seiten des (anderen) Netzwerkmitglieds als auch des betroffenen Mitglieds die Zurechnungstatbestände der übrigen Ziffern anwendbar sind, so dass es etwa auch schädlich wäre, wenn der zu prüfende Abschluss nicht von dem (anderen) Netzwerkmitglied selbst, sondern von einem Unternehmen aufgestellt worden ist, auf das das (andere) Netzwerkmitglied maßgeblichen Einfluss hat (Satz 1 Nr. 5). Ist das (andere) Netzwerkmitglied eine Gesellschaft, gelten hier die Zurechnungstatbestände des Satzes 2.

Bei Nr. 4 wird der Grad der verwandtschaftlichen Beziehung ein erstes Indiz für die Möglichkeit einer stärkeren oder schwächeren Rücksichtnahme darstellen. Zwingende Anhaltspunkte für eine bestimmte Wertung werden aber auch hierdurch nicht begründet.

Absatz 4 Satz 2 ist angelehnt an § 319 Abs. 4 HGB. Hierbei ist davon auszugehen, dass grundsätzlich jeder bei der Prüfung eingesetzte Mitarbeiter das Ergebnis beeinflussen kann, und zwar unabhängig davon, ob er insoweit weisungsbefugt ist. Erfasst werden auch Personen, mit denen die Berufsgesellschaft in einem Netzwerk verbunden ist. Dabei kann es sich um natürliche, aber auch um juristische Personen oder Gesellschaften handeln. Zur Auslegung des Netzwerkbegriffs gelten die Ausführungen zu Satz 1. Für die weitere Zurechnung auf Seiten des Betroffenen gelten die Zurechnungstatbestände des Satzes 2, auf Seiten des (anderen) Netzwerkmitglieds dann, wenn dieses eine Gesellschaft ist.

Absatz 4 Satz 3 nimmt den Gedanken aus § 319b Abs. 1 Satz 1 zweiter Halbsatz HGB auf. Danach wird der durch Rücksichtnahme auf Netzwerkmitglieder begründete Zurechnungszusammenhang unterbrochen, wenn festzustellen ist, dass das (andere) Netzwerkmitglied auf das Ergebnis der Prüfung keinen Einfluss nehmen kann. Von einer Einflussmöglichkeit ist immer dann auszugehen, wenn das (andere) Netzwerkmitglied gesetzlich oder vertraglich befugt ist, dem WP/vBP Weisungen in Bezug auf dessen Prüfungstätigkeit zu erteilen. Die Möglichkeit faktischer Rücksichtnahmen begründet eine Einflussmöglichkeit in diesem Sinne nur dann, wenn hierfür besondere Gründe bestehen, die über die gemeinsame Zugehörigkeit zu einem Netzwerk und die übliche Zusammenarbeit erheblich hinausgehen.

Dieser Entlastungsbeweis ist dagegen nicht zulässig, wenn es um die Zurechnung von befangenheitsbegründenden Sachverhalten geht, die aus dem Selbstprüfungsverbot (§ 23a) herrühren. Wie in der Regierungsbegründung zu der parallelen Vorschrift in § 319b Abs. 1 Satz 2 HGB dargelegt, würde ein objektiver, verständiger und informierter Dritter bei Erbringung von Erstellungsleistungen sowie von Beratungs- und Bewertungsleistungen, die sich auf den Inhalt des zu prüfenden Abschlusses unmittelbar auswirken, immer den Schluss ziehen, dass der WP/vBP bei der Beurteilung der Leistungen des (anderen) Netzwerkmitglieds befangen ist. Daher greift in diesen Fällen auch berufsrechtlich die unwiderlegliche Vermutung der Befangenheit (§ 22a Abs. 2).

Nachdem der deutsche Gesetzgeber für die Umsatzabhängigkeit (§ 319 Abs. 3 Satz 1 Nr. 5, § 319a Abs. 1 Satz 1 Nr. 1 HGB) die Zurechnung für bei der Prüfung beschäftigte Personen (§ 319 Abs. 3 Satz 1 Nr. 4 HGB), Ehegatten oder Lebenspartnern (§ 319 Abs. 3 Satz 2 HGB) sowie in Netzwerken (§ 319b Abs. 1 Satz 1 HGB) ausgenommen hat, ist davon auszugehen, dass dies auch im berufsrechtlichen Regelungskreis gilt. Dies wird durch **Absatz 4 Satz 4** klargestellt. Die übrigen Zurechnungstatbestände (Absatz 4 Satz 1 Nr. 1 und 5) bleiben jedoch auch für die Umsatzabhängigkeit anwendbar.

Die in **Absatz 5** enthaltene Dokumentationspflicht soll die Beurteilung einer Gefährdung der Unbefangenheit oder Besorgnis der Befangenheit nachvollziehbar machen. Inhaltlich erfüllt die Verpflichtung die Dokumentationspflicht gem. §§ 31 Abs. 3, 32 Nr. 1. Die Erstellung einer umfassenden „Checkliste" ist nicht erforderlich. Vielmehr genügt die Dokumentation der Tatsache der Prüfung sowie ggf. aufgetretener Risiken (vgl. § 21 Absatz 2 Satz 2).

Zu § 22:

Die Vorschrift ist gestützt auf § 57 Abs. 4 Nr. 2 WPO.

Die grundsätzliche Möglichkeit, durch geeignete Schutzmaßnahmen eine Gefährdung der Unbefangenheit soweit abzuschwächen, dass sie insgesamt nicht mehr als wesentlich zu beurteilen ist, will auch der Gesetzgeber, wenn auch nur im Rahmen des § 319 Abs. 2 HGB, ausdrücklich anerkannt wissen (vgl. die Begründung zum

BilReg, BT-Drucksache 15/3419 vom 24.6.2004, S. 38). Inhaltlich orientieren sich die in **Absatz 1 Satz 2** genannten Schutzmaßnahmen an der EU-Empfehlung. Dort werden unter Schutzmaßnahmen allerdings zusätzlich auch solche Maßnahmen verstanden, die bereits zur Vermeidung eines Befangenheitsgrundes führen (sollen), im Extremfall also auch die Ablehnung des Auftrags, oder auch solche, die von Dritten, insbesondere dem Auftraggeber, getroffen werden. § 22 bezieht sich hingegen nur auf solche Schutzmaßnahmen, die der WP/vBP selbst gegen weiterhin bestehende Gefährdungen treffen kann und muss, um im Sinne des § 21 Abs. 2 Satz 3 eine Beurteilung von Gefährdungen als unbedeutend zu ermöglichen. Inhaltlich sind aber im Ergebnis alle Schutzmaßnahmen berücksichtigt, die auch in der EU-Empfehlung vorgesehen sind. Zudem ist der Katalog nicht abschließend. Soweit nicht durch das HGB strengere Anforderungen vorgegeben werden, geht das gesamte Regelungskonzept jedenfalls nicht über diejenigen der EU-Empfehlung hinaus.

Unter Aufsichtsgremien i. S. v. **Absatz 1 Nr. 1** ist insbesondere der Aufsichtsrat zu verstehen. Als Aufsichtsstellen i. S. v. **Absatz 1 Nr. 2** kommen die BAFin oder Rechnungshöfe in Betracht. Der Begriff der Aufsichtsstellen ist hier also in einem umfassenden Sinne zu verstehen und nicht auf Aufsichtsstellen im verwaltungsrechtlichen Sinne beschränkt.

Schutzmaßnahme i. S. v. **Absatz 1 Nr. 3** kann die Veröffentlichung von Honoraren sein.

Bei Einschaltung Dritter (**Absatz 1 Nr. 4 und Nr. 5**) gilt die Verschwiegenheitspflicht; allerdings kann die Einschaltung für die Durchführung des Auftrags erforderlich und damit auch ohne ausdrückliche Entbindung von der Verschwiegenheitspflicht zulässig sein.

Die Einrichtung von Firewalls i. S. v. **Nr. 6** kann in Grenzfällen das Ausmaß des Risikos der Befangenheit als unwesentlich erscheinen lassen. Dabei kommt es auf das Gesamtbild der Umstände (Art des Risikos; Grad der Abschottung; Größe der Praxis) an, vgl. auch den Beschluss des BVerfG vom 3.7.2003, Betriebsberater 2003, S. 2199, 2201.

Die in **Absatz 2** vorgesehene Dokumentationspflicht für Schutzmaßnahmen ergänzt die Dokumentationspflicht gem. § 21 Abs. 5 BS WP/vBP, kommt also nur dann zum Tragen, wenn überhaupt Befangenheitsgründe bestehen, die das Ergreifen von Schutzmaßnahmen erforderlich machen.

Zu § 22a:

Die Vorschrift ist gestützt auf § 57 Abs. 4 Nr. 2 WPO.

Absatz 1 Satz 1 stellt klar, dass bei einer Verwirklichung der Tatbestände des § 319 Abs. 3 HGB auch ein berufsrechtliches Verbot des Tätigwerdens besteht. Dies beruht darauf, dass der Begriff der Besorgnis der Befangenheit in § 49 Halbsatz 2

Ausstehende Honorarforderungen (**Absatz 1 Nr. 5**) sind im Regelfall unschädlich. Erst dann, wenn über einen längeren Zeitraum hinweg ein für die Vermögensverhältnisse des WP/vBP bedeutender Betrag aufgelaufen ist, entspricht dies einer Kreditgewährung im Sinne der Nr. 4. Dabei kommt es nicht darauf an, ob eine ausdrückliche Stundungsvereinbarung getroffen wird.

Absatz 2 betrifft Risiken für die Unbefangenheit des WP/vBP, die sich im Zusammenhang mit früheren Pflichtverletzungen ergeben können. Die abstrakte Möglichkeit, dass der WP/vBP bei einer vorangegangenen Tätigkeit seine Pflichten verletzt hat und hierfür ggf. haftet, führt als nicht auszuschließendes allgemeines Risiko nicht zur Besorgnis der Befangenheit. Vielmehr müssen besondere Umstände vorliegen, die im Einzelfall die Besorgnis der Befangenheit begründen können.

Nach **Absatz 2 Nr. 1** kann die Besorgnis der Befangenheit bestehen, wenn der WP/vBP einen von ihm erkannten Fehler in der Rechnungslegung und damit ggf. eine Pflichtverletzung bei einer vorangegangenen Prüfung nicht offenbart, da hier das Risiko besteht, dass er seine Feststellung bei der laufenden Tätigkeit verschweigt, um damit eine Inanspruchnahme, einen Prozessverlust in einem gegen ihn anhängigen Regressprozess oder eine erhebliche Rufschädigung zu vermeiden (Verdeckungsrisiko). Dies gilt allerdings nicht für Fälle von nur unerheblichem materiellem Gewicht.

Fehler der Rechnungslegung, die von dem Prüfer bei vorangegangenen Prüfungen nicht entdeckt, zwischenzeitlich aber dem Prüfer und dem Unternehmen bekannt geworden sind, begründen dagegen keine Befangenheit, wenn sie in dem Folgeabschluss beseitigt bzw. vermieden werden.

Absatz 2 Nr. 2 beruht auf Nr. 9 der EU-Empfehlung, wonach bereits die Wahrscheinlichkeit eines Rechtsstreits Anlass zur Beurteilung der Unbefangenheit geben kann. In solchen Fällen kann sich die Besorgnis der Befangenheit dadurch ergeben, dass das zu prüfende Unternehmen mit der Durchsetzung der behaupteten Ansprüche für den Fall droht, dass der WP/vBP sich in anderen ggf. kritischen Punkten nicht der Auffassung des Unternehmens anschließt. Ob Rechtsstreitigkeiten ein solches Druckmittel bilden, ist nach den Umständen des Einzelfalls zu beurteilen. Dabei kommt es auf die Art der erhobenen Vorwürfe, ihre Substantiierung sowie den Umfang der etwaigen Nachteile für den WP/vBP (Schadensersatzleistung, Rufschaden) an. Sind derartige Rechtsstreitigkeiten bis zum Ende der Prüfung gerichtlich oder außergerichtlich erledigt, besteht die Besorgnis regelmäßig nicht mehr. Ist ein gerichtliches Verfahren anhängig, muss bei der Beurteilung berücksichtigt werden, dass auf die Entscheidung kein Einfluss ausgeübt werden kann, so dass die Eignung, Druck auszuüben, wesentlich vermindert ist.

Zu § 23a:

Die Vorschrift ist gestützt auf § 57 Abs. 4 Nr. 2 WPO und greift die Gesichtspunkte auf, die handelsrechtlich insbesondere in § 319 Abs. 3 Nr. 3 und § 319a Abs. 1 Satz 1 Nr. 2 und 3 HGB geregelt sind.

Absatz 1 enthält den Grundsatz des Selbstprüfungsverbots. Mit den Anforderungen an eine unbefangene Prüfung ist es nicht vereinbar, dass Personen prüfen, die die Erstellung der zu prüfenden Unterlagen oder die Entstehung der Sachverhalte mitgestaltet haben und dies nicht von nur untergeordneter Bedeutung war. Grund für das Selbstprüfungsverbot ist die Befürchtung, dass der WP/vBP in Fällen, in denen er selbst an der Entstehung mitgewirkt hat, bei der Prüfung Fehler entweder nicht erkennt (fachliche Voreingenommenheit) oder, wenn er Fehler erkennt, diese zur Vermeidung von Nachteilen im Rahmen der Prüfung nicht pflichtgemäß offenbart (Selbstschutz).

Erfasst werden damit in erster Linie Risiken aus einer vorangegangenen unmittelbar gestaltenden Tätigkeit in Bezug auf den Gegenstand der Prüfung oder des Gutachtens. Aber auch dann, wenn es sich bei der früheren Befassung um eine Prüfungstätigkeit gehandelt hat und damit begrifflich eine Selbstprüfung nicht gegeben ist (**Absatz 2**), kann die Gefahr nicht ganz ausgeschlossen werden, dass bei der Folgeprüfung früher übersehene Fehler entdeckt und wegen etwaiger Regressmöglichkeiten nicht aufgedeckt werden. Dieses Risiko ist aber unvermeidlich, da ein jährlicher Prüferwechsel nicht praktikabel wäre, und kann auch hingenommen werden, weil die Feststellung eines objektiven Fehlers im Rahmen der Folgeprüfung nicht generell ein Verdeckungsrisiko indiziert (dazu oben § 23 Abs. 2 Nr. 1 nebst Erläuterungen). Entscheidend für die Anwendung des Absatzes 2 ist nicht die formelle Bezeichnung der Tätigkeit, sondern die Funktion des WP/vBP.

Absatz 3 entspricht § 319 Abs. 3 Nr. 3 a) HGB. Die bei nicht nur untergeordneter Bedeutung zum Ausschluss führende Mitwirkung an dem Prüfungsgegenstand ist von Maßnahmen abzugrenzen, die nach ihrem Funktionszusammenhang Bestandteil der Prüfungstätigkeit sind. Der WP/vBP wird den Mandanten pflichtgemäß auf festgestellte Beanstandungen oder Fehler hinweisen (Korrekturfunktion des Prüfers). Dabei muss er sich nicht auf abstrakte Beanstandungen beschränken, sondern kann und wird konkrete Hinweise für eine zutreffende Behandlung geben. Dies ist solange unbedenklich, wie nach dem Gesamtbild der Verhältnisse die Verarbeitung des Buchungsstoffes bei dem Unternehmen verbleibt. Unter dieser Voraussetzung ist auch eine größere Anzahl von Korrekturhinweisen nicht zu beanstanden.

Nach **Absatz 4** ist die Besorgnis der Befangenheit begründet, wenn der WP/vBP bei der Durchführung der internen Revision eine Entscheidungsfunktion übernimmt. Die Besorgnis der Befangenheit wird hingegen dann nicht ausgelöst, wenn der WP/vBP lediglich Hinweise zur möglichen oder rechtlich gebotenen Behandlung von Sachverhalten oder Geschäftsvorfällen im Rechenwerk gibt, sei es während der laufenden Prüfung (prüfungsbegleitende Beratung), sei es vor Aufnahme der Prüfungstätigkeit (prüfungsvorbereitende Beratung), die Entscheidung aber im Verantwortungsbereich des Mandanten bleibt. Gleiches gilt für Beratungen im Bereich der Bilanzpolitik (z. B. Konsequenzen unterschiedlicher Bewertungsmethoden) oder in Bezug auf die Ausgestaltung des Rechnungslegungssystems. Die Mitwirkung an der Ausarbeitung von Bilanzierungs- oder Konzernrichtlinien oder sonstigen Buchungsanweisungen ist danach zulässig, wenn sich die Tätigkeit des WP/vBP auf die Darstellung allgemeiner Vorgaben beschränkt und die Konkretisierung von Wahlrechten oder Beurteilungsspielräumen sowie die konkrete Umsetzung der Richtlinien dem Mandanten überlassen bleibt.

Übernimmt der WP/vBP Leitungsfunktionen bei dem geprüften Unternehmen (**Absatz 5**), begründet dies unwiderleglich die Besorgnis der Befangenheit, weil nicht ausgeschlossen werden kann, dass er wegen seiner Ausrichtung auf die Interessen des Unternehmens im Rahmen der Leitungstätigkeit die gebotene Unabhängigkeit in seiner Funktion als Abschlussprüfer außer acht lässt. Insbesondere könnte er die Auswirkungen der von ihm selbst getroffenen Maßnahmen oder Entscheidungen nicht unvoreingenommen prüfen. Da WP/vBP Anstellungsverhältnisse zu gewerblichen Unternehmen nicht begründen dürfen, kommt als Grundlage für die Tätigkeit praktisch nur ein Vertrag über die Erbringung freiberuflicher Dienstleistungen in Betracht. Eine Organfunktion wird hierbei nicht vorausgesetzt.

Die Übernahme von Leitungsfunktionen ist nicht nur dann schädlich, wenn sie das zu prüfende Geschäftsjahr betrifft, sondern auch dann, wenn sie im Folgejahr, aber noch vor Abschluss der Prüfung begonnen wird oder wenn sie zwar vor Beginn des zu prüfenden Geschäftsjahrs beendet worden ist, sich aber Sachverhalte, die der Leitungsfunktion zuzurechnen sind, in dem zu prüfenden Geschäftsjahr noch unmittelbar auswirken.

Nach den allgemeinen Zurechnungsvorschriften (vgl. § 21 Abs. 4) ist der WP/vBP auch dann ausgeschlossen, wenn Personen, mit denen er seinen Beruf gemeinsam ausübt oder die bei der Prüfung beschäftigt sind, bei dem zu prüfenden Unternehmen eine Leitungsfunktion ausüben oder ausgeübt haben. Diese Zurechnung erstreckt sich dagegen nicht auf Personen, die in einem Anstellungsverhältnis zu dem WP/vBP stehen, wenn dieses ruht und wenn die Vertragsbeziehungen, die der Übernahme der Leitungsfunktion zugrunde liegen, ausschließlich zwischen dem beurlaubten Mitarbeiter und dem Unternehmen bestehen. In diesem Fall haftet der WP/vBP weder für etwaige Pflichtverletzungen bei Ausübung der Leitungsfunktion noch wird er von dem Erfolg dieser Tätigkeit berührt.

Wechselt eine Person, die bisher bei der Prüfung beschäftigt war, auf Dauer in eine Leitungsfunktion bei dem Unternehmen, löst dies das Tätigkeitsverbot aus § 319 Abs. 3 Nr. 3 lit. c HGB nicht aus, weil durch Beendigung der Tätigkeit für den Prüfer der Zurechnungstatbestand entfällt. Wer selbst Abschlussprüfer oder verantwortlicher Prüfungspartner bei einem Unternehmen im Sinne des § 319a Abs. 1 Satz 1 HGB war, hat allerdings das Tätigkeitsverbot des § 43 Abs. 3 WPO zu beachten; der Cooling-off-Zeitraum beträgt zwei Jahre nach Beendigung der Prüfungstätigkeit. Im Übrigen ist zu prüfen, ob aus sonstigen Gesichtspunkten (z. B. persönliche Vertrautheit; vgl. dazu § 24) eine Befangenheit des Prüfers zu besorgen ist.

Die Erbringung von Finanzdienstleistungen i. S. d. Absatzes 5 begründet insbesondere dann die Besorgnis der Befangenheit, wenn sie sich auf die Anlage von Vermögenswerten des zu prüfenden Unternehmens bezieht, weil dann nachteilige Feststellungen im Rahmen der Prüfung zu Haftungskonsequenzen für die Dienstleistungstätigkeit oder zumindest zu einem Reputationsschaden für diese Tätigkeit führen könnten. Bei der Übernahme oder Vermittlung von Anteilen oder sonstigen Finanzinstrumenten des zu prüfenden Unternehmens hat der WP/vBP ein unmittelbares finanzielles Interesse an der wirtschaftlichen Lage des geprüften Unternehmens, so dass er seine Beurteilung als Prüfer nicht frei von Interessenbindungen abgeben kann.

Versicherungsmathematische Leistungen sind nach **Absatz 6** dann ausgeschlossen, wenn sie Auswirkung auf den Inhalt des zu prüfenden Abschlusses, insbesondere die Berechnung von Pensionsrückstellungen, bei Versicherungsunternehmen auch die Berechnung von Deckungsrückstellungen haben. Liegt die Entwicklung und Umsetzung der Berechnungsmethodik umfassend in den Händen des mit der Berechnung beauftragten WP/vBP und trifft dieser damit zumindest faktisch die für die Bewertung maßgeblichen Einschätzungen, besteht die Besorgnis der Befangenheit auch dann, wenn die Entscheidung über die Verwendung der ermittelten Zahlen im Abschluss formal bei der Geschäftsleitung des bilanzierenden Unternehmens liegt.

Bewertungsleistungen mit Auswirkungen auf den Inhalt des zu prüfenden Abschlusses (Absatz 6) betreffen insbesondere die Bewertung von Beteiligungen, die in dem zu prüfenden Abschluss ausgewiesen werden. Daher wird durch Bewertung einer zur Veräußerung bestimmten Beteiligung im Regelfall eine Besorgnis der Befangenheit nicht begründet, weil die Beteiligung, wenn sie zum Stichtag noch nicht veräußert ist, weiterhin mit dem fortgeschrieben Buchwert anzusetzen ist und dann, wenn sie zum Stichtag bereits veräußert ist, sich die Bewertung nur noch mittelbar auf den Abschluss auswirkt, weil der Kaufpreis verbindlich nicht durch die Bewertung, sondern durch den Vertrag bestimmt wird. Soweit sich bei der Bewertung ein Abschreibungsbedarf ergeben hat und die Beteiligung noch nicht veräußert worden ist, entspricht die Bewertung der für die Prüfung ohnehin erforderlichen Einschätzung der Werthaltigkeit durch den Abschlussprüfer, wenn das Unternehmen die Höhe der Abschreibung letztlich eigenständig ermittelt; dies wird schon wegen des abweichenden Bewertungsstichtags regelmäßig der Fall sein.

Wenn dagegen eine zu erwerbende Beteiligung durch den WP/vBP bewertet wird, könnte sich für die folgende Abschlussprüfung die Besorgnis der Befangenheit ergeben, wenn der Kaufpreis in Höhe des Gutachtenwerts vereinbart wird, da der WP/vBP als Abschlussprüfer bei der Beurteilung eines Abschreibungsbedarfs zum Stichtag mittelbar seine eigene Einschätzung zu beurteilen hätte und ggf. Haftungsrisiken befürchten müsste, wenn er ohne wesentliche Änderung der Umstände zu einem niedrigeren Wert käme. Dieses Selbstprüfungsrisiko ist dann erheblich niedriger oder auch ausgeschlossen, wenn als Ergebnis der Bewertung nicht ein bestimmter Betrag, sondern eine größere Bandbreite ermittelt worden ist; dies gilt erst recht, wenn statt einer Bewertung nur die Ermittlung wesentlicher Parameter für die Werteinschätzung vereinbart ist oder wenn lediglich eine grobe, indikative Werteinschätzung vorgenommen werden soll, von der keine Bindungswirkung ausgeht. In derartigen Fällen greift die unwiderlegliche Vermutung des § 22a Abs. 2 nicht ein.

Bewertungsleistungen, die für Zwecke der Prüfung erforderlich sind, begründen keine Besorgnis der Befangenheit. Eine solche Bewertung durch den Abschlussprüfer ist insbesondere dann erforderlich, wenn die Werthaltigkeit von im Abschluss ausgewiesenen Vermögensgegenständen beurteilt werden muss (Impairmenttest) und der Mandant keine eigene Bewertung vorlegt, die von dem Prüfer nachvollzogen werden kann. Wird bei der Bewertung durch den Abschlussprüfer ein Abschreibungsbedarf festgestellt, können Anpassungsbuchungen ggf. dann zur Besorgnis der Befangenheit führen, wenn sie aufgrund unkritischer Übernahme der Ergebnisse des Prüfers, nicht aber aufgrund eigener Überlegungen und Entscheidungen des Unternehmens - wenn auch ausgelöst und beeinflusst durch die Feststellungen des Prüfers - vorgenommen werden.

Die Aufteilung des für ein Unternehmen gezahlten Gesamtkaufpreises auf die einzelnen Vermögensgegenstände und Schulden durch den WP/vBP dürfte als eigenständige Bewertungsleistung zu beurteilen sein und zur Besorgnis der Befangenheit führen, auch wenn in diesen Fällen der Gesamtkaufpreis nicht dem Einfluss des WP/vBP unterliegt und eine fehlerhafte Bewertung einzelner Vermögensgegenstände im Zweifel zu einem entsprechend höheren Wert eines anderen Vermögensgegenstandes oder zu einem höheren Firmenwert führt. Da die Art des Gegenstands aber für die Fortentwicklung der Anschaffungskosten von Bedeutung ist, liegt hierin eine materielle Auswirkung auf den zu prüfenden Abschluss. Wenn sich der Auftrag dagegen nur auf eine Unterstützung bei der Aufteilung bezieht (Erläuterung von Methoden; Diskussion von Zweifelsfragen), die konkrete Wertermittlung und die Entscheidung über die Umsetzung aber bei dem Unternehmen verbleibt, begründet dies keine Besorgnis der Befangenheit.

Die Prüfung der Werthaltigkeit von Sacheinlagen (vgl. §§ 33 f., 183 Abs. 3 AktG) führt grundsätzlich nicht zur Besorgnis der Befangenheit, weil es sich um eine Prüfungstätigkeit handelt. Wie bei aufeinander folgenden Abschlussprüfungen ist der Prüfer nicht deshalb befangen, weil er denselben Gegenstand bereits bei einer vorhergehenden Gelegenheit beurteilt hat. Hinzu kommt, dass der zu bestätigende Einlagewert und die Anschaffungskosten oft erheblich niedriger als der Verkehrswert festgesetzt werden. Schädlich wäre es allerdings, wenn der Prüfer den Verkehrswert selbst ermittelt und dieser dann der Bilanzierung zugrunde gelegt wird. Bei dem einlegenden Gesellschafter wäre dies allerdings nur der Fall, wenn er den Vorgang nicht als Tausch erfolgsneutral behandelt, sondern den von dem WP/vBP ermittelten Verkehrswert ansetzt, weil sich bei Fortführung des Buchwerts die Bewertung nicht auf den Inhalt des zu prüfenden Abschlusses auswirkt.

Dienen Bewertungsleistungen im Rahmen von Umwandlungsvorgängen zur Ermittlung von Umtauschverhältnissen, wirken sie sich aber nicht unmittelbar auf die Bilanzierung des bewerteten Vermögens in dem geprüften Abschluss aus, weil beispielsweise von der Möglichkeit der Buchwertfortführung Gebrauch gemacht wird, begründet diese Tätigkeit keine Besorgnis der Befangenheit. Die Höhe des in der Bilanz ausgewiesenen Eigenkapitals wird zwar durch den Betrag der Kapitalerhöhung und damit mittelbar durch das ermittelte Umtauschverhältnis bestimmt; da die

Kapitalziffer als solche jedoch keiner materiellen Beurteilung durch den Abschlussprüfer unterliegt, sondern dieser die formelle Herleitung aus den gesellschaftsrechtlichen Vorgängen zu prüfen hat, besteht insoweit kein Selbstprüfungsrisiko. Das bilanzierte Vermögen wird dagegen bei Buchwertfortführung nicht mit dem Wert bilanziert, der von dem Abschlussprüfer ermittelt worden ist, so dass es insoweit an einem inhaltlichen Zusammenhang fehlt.

Die Prüfung der Angemessenheit von Umtauschverhältnissen, etwa als Verschmelzungsprüfer, führt im Regelfall nicht zur Besorgnis der Befangenheit, weil es sich nicht um eine Wertermittlung, sondern um eine prüferische Aufgabe handelt; die Vornahme einer Prüfung begründet für eine nachfolgende Prüfung aber generell keine Besorgnis der Befangenheit, solange keine sonstigen Umstände hinzutreten (z. B. Verdeckungsrisiko). Gleiches gilt für die Prüfung der Angemessenheit von Ausgleichszahlungen und Abfindungen z. B. als Vertragsprüfer (§§ 293b ff. AktG) oder bei Ausschluss von Minderheitsaktionären (§ 327c Abs. 2 Satz 2 AktG).

Die Frage, ob die Auswirkungen auf den geprüften Abschluss nur unwesentlich sind, kann nur für alle in dem Geschäftsjahr durch den WP/vBP für das Unternehmen erbrachten Bewertungsleistungen, die Auswirkung auf den Abschluss haben, einheitlich beantwortet werden. Aus diesem Grund und weil der Vergleichsmaßstab erst aus dem zu prüfenden Abschluss selbst abgeleitet werden kann, ist es in der Praxis problematisch, zur Befangenheit führende Bewertungsleistungen nur unter Berufung auf die Wesentlichkeitsgrenze zu übernehmen.

Absatz 7 stellt klar, dass Steuerberatungsleistungen lediglich bei der Prüfung von Unternehmen, die einen organisierten Markt im Sinne des § 2 Abs. 5 WpHG in Anspruch nehmen, und auch dann nur in Ausnahmefällen die unwiderlegliche Vermutung begründen, dass Besorgnis der Befangenheit besteht. Um einen solchen Ausnahmefall handelt es sich etwa dann, wenn der WP/vBP vertragsgemäß konkrete Vorschläge oder Empfehlungen schuldet, deren Umsetzung sich auf die Darstellung der Vermögens-, Finanz- oder Ertragslage in dem zu prüfenden Jahresabschluss unmittelbar und nicht nur unwesentlich auswirkt. Wenn derartige Maßnahmen nach den Vorgaben des WP/vBP umgesetzt werden, übernimmt dieser die Gewähr für den Erfolg und damit für den Eintritt der abschlussgestaltenden Wirkungen. Dagegen besteht dann keine Besorgnis der Befangenheit, wenn der WP/vBP die (Steuer-) Rechtslage entweder abstrakt (z. B. bei Änderungen von Gesetzen oder der Rechtsprechung) oder zu bestimmten Sachverhalten erläutert, deren Beurteilung Gegenstand des Auftrags ist. Die unterstützende Tätigkeit oder die Vertretung des Mandanten im Rahmen einer Betriebsprüfung oder in außergerichtlichen oder gerichtlichen Rechtsbehelfsverfahren ist grundsätzlich unbedenklich. Schließt der Auftrag zur Darstellung der Rechtslage das Aufzeigen von Gestaltungsalternativen ein, führt auch eine Abwägung der Vor- und Nachteile durch den WP/vBP nicht zur Gefahr der Selbstprüfung. Etwas anderes gilt, wenn der Mandant die Argumente oder die Komplexität der Gestaltung fachlich nicht zumindest in ihren Grundzügen nachvollziehen kann und damit nicht nur die funktionale, sondern auch die sachliche Entscheidungszuständigkeit verliert.

Nach **Absatz 8** begründet die Mitwirkung an der Entwicklung, Einrichtung oder Einführung von Rechnungslegungsinformationssystemen in der Funktion eines an der Gestaltung Beteiligten die Besorgnis der Befangenheit unter dem Gesichtspunkt des Selbstprüfungsrisikos. Hiervon abzugrenzen sind Beratungsleistungen, die sich nur mittelbar auf den Abschluss auswirken sowie eine Mitwirkung im Rahmen der prüferischen Aufgaben (dazu schon Absatz 3). Von der unwiderleglichen Vermutung sind daher Prüfungsleistungen, die im Zusammenhang mit der Anwendungsentwicklung oder der Implementierung von Standardsoftware und ihrer Anpassung auf der Grundlage von IDW PS 850 erbracht werden, nicht umfasst. Dies gilt sowohl für Neuentwicklungen, Änderungen als auch Erweiterungen des EDV-Systems. Dabei kann die Tätigkeit auch projektbegleitend parallel zu den einzelnen Entwicklungs- und Implementierungsschritten erfolgen, um sicherzustellen, dass das neu entwickelte, geänderte oder erweiterte EDV-gestützte Buchführungssystem als integrierter Teil eines komplexen Informations- und Kommunikationssystems alle Kriterien der Ordnungsmäßigkeit erfüllt und insoweit die Voraussetzungen für eine ordnungsmäßige Buchführung gegeben sind. Die projektbegleitende Prüfungstätigkeit beschränkt sich auf die Prüfungen der von den Systementwicklern gestalteten Lösungen unter Ordnungsmäßigkeits- und Kontrollgesichtspunkten, schließt aber nicht aus, dass Hinweise oder Anregungen zur Beachtung von Ordnungsmäßigkeitsgesichtspunkten oder zur Einführung zusätzlicher Kontrollen gegeben werden. In diesem Rahmen ist auch die Definition der System- und Programmerfordernisse zur Unterstützung der Abschlussprüfung zulässig, solange sich die Tätigkeit des WP/vBP auf die Darstellung allgemeiner Vorgaben beschränkt und die Konkretisierung sowie die Umsetzung dem Mandanten überlassen bleibt.

Zu § 23b:

Die Vorschrift ist gestützt auf § 57 Abs. 4 Nr. 2 WPO.

In **Absatz 1** werden die Grundfälle anderweitiger Interessenvertretungen aufgezeigt, die zu einer Besorgnis der Befangenheit führen können. Danach kommt nicht nur die Interessenvertretung zugunsten des zu prüfenden, zu begutachtenden oder den Auftrag erteilenden Unternehmens in Betracht, sondern auch eine gegen diese Unternehmen gerichtete Vertretung der Interessen Dritter. Voraussetzung ist jeweils, dass die Interessenvertretung nicht von ganz untergeordneter Bedeutung, sondern von einigem Gewicht ist.

Die **Absätze 2 und 3** geben Anhaltspunkte dafür, unter welchen Umständen die in Absatz 1 genannten Grundfälle insbesondere vorliegen.

Problematisch im Sinne des **Absatzes 2** sind z. B. Fälle, in denen der WP/vBP als oder wie ein Generalbevollmächtigter des Unternehmens auftritt oder Beteiligungen oder Produkte des Unternehmens anbietet und dadurch persönliche Gewinn- oder Honorarinteressen begründet. Hierdurch wird der Eindruck vermittelt, dass der Prüfer eine besonders enge berufliche Verflechtung mit dem Unternehmen eingegangen ist.

Nach **Absatz 3** ist die Wahrnehmung von Treuhandfunktionen im Auftrag von Gesellschaftern nur dann problematisch, wenn die Interessen einzelner Gesellschafter oder Gesellschaftergruppen wahrgenommen werden. Unschädlich ist es hingegen, wenn die treuhänderische Tätigkeit für alle Gesellschafter wahrgenommen wird. Gleiches gilt, wenn lediglich ergänzende Kontrolltätigkeiten im Auftrag von (auch einzelnen) Gesellschaftern wahrgenommen worden sind oder werden und alle anderen Gesellschafter zugestimmt haben. Bei der ergänzenden Kontrolltätigkeit handelt es sich insbesondere um die Bucheinsicht gemäß § 166 HGB und § 51a GmbHG oder die Prüfung der Verwendung eingezahlter Gelder.

Zu § 24:

Die Vorschrift ist gestützt auf § 57 Abs. 4 Nr. 2 WPO.

Ebenso wie bei der Interessenvertretung (§ 23b) werden auch hier nicht alle Fälle persönlicher Vertrautheit erfasst, sondern nur solche von einigem Gewicht. Enge persönliche Beziehungen im Sinne des § 24 können dann zur Besorgnis der Befangenheit führen, wenn sie nach dem Gesamtbild der Verhältnisse zu der Annahme führen können, dass durch diese Beziehungen ein übermäßiges Vertrauen des WP/vBP zu den genannten Personen besteht, welches die Urteilsbildung beeinflussen kann. Neben der Art der Beziehung (z. B. nahe Verwandtschaft oder bloße Freundschaft, etwa vermittelt durch gemeinsame Vereinsmitgliedschaft), ihrer Dauer und ihrer Intensität kommt es auch auf die Funktion des anderen Teils in dem Unternehmen oder in Bezug auf den Prüfungsgegenstand an. Nach § 21 Abs. 4 Nr. 4 können auch solche Beziehungen relevant sein, die ein naher Angehöriger des WP/vBP unterhält. Bei einem Wechsel von Mitarbeitern des WP/vBP zum Mandanten kommt es auf die bisherige Funktion des Mitarbeiters (für die Prüfung verantwortlicher WP, Mitglied des Auftragsteams, Mitarbeiter in leitender Stellung bei dem WP/vBP oder sonstiger Mitarbeiter), die Umstände, die zu dem Wechsel geführt haben, die Position, die der Betreffende bei dem Mandanten bekleiden wird (z. B. leitende Funktion im Rechnungswesen) sowie auf die Zeit, die seit dem Wechsel vergangen ist, an. Ggf. bestehende Risiken können durch Schutzmaßnahmen wie Nachschau der Prüfungsergebnisse des Wechselnden, wenn dieser Mitglied des Auftragsteams war, oder Besetzung des Auftragsteams mit Personen ohne enge persönliche Beziehung vermindert werden. Wechselt der Abschlussprüfer oder der verantwortliche WP zu seinem bisherigen Prüfungsmandanten und ist dieser ein Unternehmen im Sinne des § 319a Abs. 1 Satz 1 HGB, darf er dort nach § 43 Abs. 3 WPO zwei Jahre lang keine wichtige Führungstätigkeit ausüben. Nach Ablauf dieser Frist sind Schutzmaßnahmen nicht mehr erforderlich. Übt der Wechselnde während des Cooling-off-Zeitraums eine andere Funktion im Rechnungswesen aus, sind Schutzmaßnahmen ebenso erforderlich wie dann, wenn trotz der Sanktionierung als Ordnungswidrigkeit (§ 133a WPO) vor Ablauf des Cooling-off-Zeitraums eine wichtige Führungstätigkeit übernommen wird.

Zu § 24a:

Die Vorschrift ist gestützt auf die Satzungsermächtigung gemäß § 57 Abs. 4 Nr. 5 WPO und ergänzt die allgemeinen Regelungen in § 4 Abs. 2 und 3. Zur Sicherstellung der Einhaltung der Berufspflichten aus § 24a sind bei der Abwicklung betriebswirtschaftlicher Prüfungen, bei denen das Berufssiegel geführt wird, nach § 32 Nr. 9 Regelungen im Qualitätssicherungssystem der WP/vBP-Praxis vorzusehen.

Durch eine sachgerechte Gesamtplanung von Prüfungsaufträgen ist die Voraussetzung dafür zu schaffen, dass die übernommenen und erwarteten Prüfungsaufträge unter Beachtung der Berufspflichten ordnungsgemäß durchgeführt und zeitgerecht abgeschlossen werden können. Art und Weise sowie Detaillierung der Prüfungsplanung hängen ab von der Größe und Komplexität des zu prüfenden Unternehmens, dem Schwierigkeitsgrad der Prüfung, den Erfahrungen des Prüfers mit dem Unternehmen und den Kenntnissen über die Geschäftstätigkeit sowie das wirtschaftliche und rechtliche Umfeld des Unternehmens. Bei jeder Planung einer Prüfung, gleichgültig ob Erst- oder Folgeprüfung, sind alle für die Rechnungslegung wichtigen Sachverhalte neu zu beurteilen. Bei einer Folgeprüfung kann auf bereits in der Vorjahresprüfung gewonnene Kenntnisse und Erfahrungen zurückgegriffen werden. Die Prüfungsplanung ist ein die Prüfungsabwicklung begleitender Prozess. Sie ist während der Prüfung anzupassen, wenn dies im Rahmen der Prüfung erforderlich wird.

Die **Absätze 2 und 3** konkretisieren die gewissenhafte Berufsausübung nach § 43 Abs. 1 Satz 1 WPO. Die ausdrückliche Erwähnung soll die Bedeutung der Festlegung der Verantwortlichkeit klarstellen.

Der Erleichterung der Wahrnehmung dieser Berufspflicht kann auch die regelmäßige Beurteilung der Mitarbeiter nach § 6 Abs. 3 dienen.

Es wird dadurch sichergestellt, dass die fachlichen Anforderungen an die Abwicklung des Auftrages sich in der Zusammensetzung des Prüfungsteams widerzuspiegeln haben. Es ist bei der Auswahl der Mitglieder des Prüfungsteams auf die Qualifikation der Mitarbeiter, die Kontinuität und/oder den planmäßigen Wechsel in der personellen Besetzung, die zeitliche Verfügbarkeit und Unabhängigkeit der Mitarbeiter gegenüber dem Mandanten sowie die Erfahrung in der Führung der Mitarbeiter zu achten. Das Verständnis für das Qualitätssicherungssystem der Praxis muss soweit vorhanden sein, dass die zugewiesenen Aufgaben des Mitarbeiters im Prüfungsteam unter Beachtung auch der Qualitätssicherungsvorgaben erfüllt werden.

Zu § 24b:

Die Vorschrift ist gestützt auf die Satzungsermächtigung in § 57 Abs. 4 Nr. 5 WPO. Zur Sicherstellung der Einhaltung der Berufspflichten aus § 24b sind bei der Abwicklung betriebswirtschaftlicher Prüfungen, bei denen das Berufssiegel geführt wird, nach § 32 Nr. 10 Regelungen im Qualitätssicherungssystem der WP/vBP-Praxis vorzusehen.

Nach **Absatz 1** hat sich der WP/vBP bei der Durchführung einer Prüfung an den tatsächlichen Gegebenheiten des Prüfungsgegenstandes, namentlich Größe, Komplexität und Risiko, zu orientieren und damit den Grundsatz der Verhältnismäßigkeit zu beachten (sogenannte skalierte Prüfungsdurchführung).

Das bedeutet, dass sich ungeachtet des Erfordernisses einer im Ergebnis stets gleich hohen Prüfungsqualität und Verlässlichkeit des Prüfungsurteils der Weg zu deren Erreichung größen-, komplexitäts- und risikoabhängig von Prüfungsgegenstand zu Prüfungsgegenstand unterscheiden kann. Diesen Weg der Zielerreichung, d. h. Festlegung und Umsetzung von Art, Umfang und Dokumentation der Prüfungsdurchführung, hat der verantwortliche Abschlussprüfer i. S. d. § 24a BS WP/vBP im Rahmen seiner Eigenverantwortlichkeit nach pflichtgemäßem Ermessen zu bestimmen. Dabei sind etwaige gesetzliche Anforderungen zu beachten.

Das Konzept der Verhältnismäßigkeit der Prüfungsdurchführung ist grundsätzlich losgelöst von der Frage, welche Prüfungsstandards (nationale oder internationale) der Prüfung zugrunde gelegt werden. Ebenso ist die skalierte Prüfungsdurchführung nicht allein auf Abschlussprüfungen nach §§ 316ff. HGB beschränkt, sondern auch auf sonstige betriebswirtschaftliche Prüfungen im Sinne des § 2 Abs. 1 WPO (beispielsweise Prüfungen nach § 16 MaBV) übertragbar.

Zudem sind die Überlegungen zur skalierten Prüfungsdurchführung nicht auf die Prüfung von kleinen und mittleren Unternehmen (KMU) beschränkt, sondern grundsätzlich bei jeder Prüfung - unabhängig von beispielsweise Rechtsform oder Größe des Prüfungsgegenstandes - anwendbar. Bei gleicher Prüfungsqualität und Verlässlichkeit des Prüfungsurteils bestimmen sich Art, Umfang und Dokumentation der Prüfungsdurchführung in Abhängigkeit von Größe, Komplexität und Risiko des Prüfungsgegenstands. Unterschiedlich ist letztlich der Grad der Skalierbarkeit der Prüfungsanforderungen.

Art und Umfang der Prüfungsdurchführung bezieht sich insbesondere auf die Bestimmung von Wesentlichkeiten, die Festlegung von Art und Anzahl von Prüfungsaktivitäten, den Umfang der Prüfungsnachweise sowie die Festlegung von Stichproben und Stichprobenverfahren.

Die *Größe* eines Unternehmens als quantitatives Merkmal kann allein jedoch nicht das ausschlaggebende Kriterium zur Festlegung des Grades der Skalierbarkeit der Prüfungsdurchführung sein. Die qualitativen Aspekte Komplexität und Risiko des Prüfungsgegenstandes sind stärker zu gewichten. Dabei sollte im Zweifelsfall dem Risiko-Kriterium höchstes Gewicht beigemessen werden.

Unter *Komplexität* wird in erster Linie die Kompliziertheit der bilanziellen und außerbilanziellen Sachverhalte (abgeleitet aus der Komplexität der Geschäftstätigkeit) verstanden.

Unter *Risiko* ist die Möglichkeit einer wesentlichen falschen Darstellung im zu prüfenden Abschluss zu verstehen. Dieses leitet sich wiederum unter anderem aus dem Risiko der Geschäftstätigkeit, der Komplexität der Geschäftsvorfälle und der Art der Buchführung des Mandanten ab. Insoweit liegt dem Grundgedanken der Skalierung der risikoorientierte Prüfungsansatz zugrunde. Der Abschlussprüfer hat nach seinem pflichtgemäßen Ermessen die Aspekte Größe, Komplexität und Risiko zu beurteilen und anhand einer sachgerechten Gewichtung den Grad der Skalierbarkeit der Prüfungsdurchführung abzuleiten.

Absatz 2 Satz 1 verpflichtet die Berufsangehörigen, die bei der Prüfungstätigkeit eingesetzten Mitarbeiter in angemessener und ausreichender Weise mit den Aufgaben bei der Abwicklung einzelner Prüfungsaufträge vertraut zu machen und auf ihre Verantwortlichkeit hinzuweisen. Dieser Informationspflicht kommen WP/vBP auf der Grundlage von schriftlich und mündlich erteilten Prüfungsanweisungen nach. Die Prüfungsanweisungen sollen dabei gewährleisten, dass eine sachgerechte und an den Risikofaktoren orientierte Vornahme der Prüfungshandlung möglich wird, eine ausreichende und ordnungsgemäße Dokumentation der Prüfungshandlungen in den Arbeitspapieren sowie eine angemessene und zeitnahe Ausgestaltung der Handakte gewährleistet ist. Darüber hinaus sind die Prüfungsanweisungen Grundlage für eine ordnungsgemäße Berichterstattung. Die Prüfungsanweisungen sind an die sich im Prüfungsverlauf verändernden Gegebenheiten anzupassen. Die Überwachung ist auch erforderlich, damit sich der WP/vBP ein eigenverantwortliches Prüfungsurteil bilden kann.

Der Grundsatz der gewissenhaften Berufsausübung erfordert, dass WP/vBP ihr eigenverantwortliches Prüfungsurteil erst nach Klärung von für das Prüfungsurteil bedeutsamen Zweifelsfragen abgeben. Dies wird durch **Absatz 3** klargestellt.

Die Einholung eines fachlichen Rates in Zweifelsfragen, d. h. in Fragen, die durch den WP/vBP ohne Konsultation nicht gelöst werden können, trägt der Erfüllung der Einhaltung der Berufspflichten der Gewissenhaftigkeit und Eigenverantwortlichkeit Rechnung.

Die Klärung dieser Fragen soll möglichst frühzeitig erfolgen, damit deren Konsequenzen auf das weitere Prüfungsvorgehen Berücksichtigung finden können. Steht ein geeigneter Konsultationspartner in der Praxis nicht zur Verfügung, ist externer Rat einzuholen. Hierfür kommen insbesondere Berufskollegen oder Berufsorganisationen in Betracht. Die Ergebnisse der Konsultation sind eigenverantwortlich zu würdigen. Das heißt, dass die Konsultation nicht von der eigenverantwortlichen Urteilsfindung entbindet. Aus der Bedeutung der Einholung fachlichen Rates folgt, dass das Ergebnis des fachlichen Rates und die daraus gezogenen Konsequenzen zu dokumentieren sind.

Absatz 4 stellt klar, dass der für den Auftrag verantwortliche WP/vBP (§ 24a Abs. 2) sich in einem Umfang an der Prüfungsdurchführung zu beteiligen hat, der es ihm ermöglicht, zuverlässig zu einer eigenen Urteilsbildung zu gelangen. Zu diesem Zweck hat der WP/vBP vor Beendigung der Prüfung die Arbeit der an der Prüfung beteiligten Personen sowie die Dokumentation der Prüfungshandlungen und -ergebnisse auf die Einhaltung der gesetzlichen und fachlichen Regeln zu beurteilen (Vier-Augen-Prinzip). Absatz 3 Satz 2 verdeutlicht, dass die auftragsbezogene Qualitätssicherung nach § 24d auch Gegenstand des eigenverantwortlichen Urteils ist.

Absatz 5 konkretisiert die Anforderungen an die berufsübliche Sorgfalt für die Erstattung von so genannten Second Opinions und ergänzt damit die auch in solchen Fällen bestehende Pflicht aus Absatz 2, bei bedeutsamen Zweifelsfragen fachlichen Rat einzuholen. Anders als nach Absatz 2 besteht das Ziel der Regelung in Absatz 4 aber nicht in der Beiziehung weiterer Fachkompetenz, sondern darin, dem Gutachter die notwendigen Informationen zum Sachverhalt, zum Umfeld des Unternehmens und insbesondere auch zu bilanziellen Sachverhalten, die für die Fragestellung von Bedeutung sein können, zu verschaffen.

Die Regelung gilt nur für Gutachtenaufträge, die auf die bilanzielle Beurteilung von konkreten Sachverhalten und Maßnahmen gerichtet sind. Dabei kann es sich um isolierte Einzelfragen zur Bilanzierung, zur Bewertung oder auch zur Reichweite von Angabepflichten handeln, daneben aber auch um Stellungnahmen zu den Auswirkungen konkreter bereits abgeschlossener oder geplanter Transaktionen auf die Rechnungslegung, etwa bei Unternehmenserwerben oder bei Verträgen über strukturierte Finanzierungsprodukte.

Aufträge, die eine Darstellung mit argumentativer Funktion zum Gegenstand haben, werden von der Regelung nicht erfasst.

Gleiches gilt für Aufträge zur abstrakten Begutachtung von Gestaltungen, die etwa ein Finanzdienstleistungsunternehmen seinen Kunden anbieten will und deren potentielle Auswirkungen auf die Rechnungslegung der Kunden untersucht werden soll. Für solche Fälle (sog. Generic Opinions) scheidet eine Kontaktaufnahme mit dem Abschlussprüfer der künftigen Kunden schon deshalb aus, weil diese Kunden noch nicht bekannt sind. Der Problematik, dass der Gutachter über keine Kenntnisse über die konkreten Verhältnisse des späteren Kunden und Bilanzierenden verfügt, muss dadurch Rechnung getragen werden, dass in dem Gutachten deutlich darauf hingewiesen wird, dass wegen der fehlenden Informationen über die konkrete Ausgestaltung des Einzelfalls und über die Verhältnisse des Bilanzierenden nur eine vorläufige Beurteilung zur Behandlung in der Rechnungslegung abgegeben werden und sich im konkreten Anwendungsfall auch eine abweichende Beurteilung ergeben kann.

Von der Regelung in Absatz 4 ebenfalls nicht erfasst werden Aufträge zur Aufstellung eines prüfungspflichtigen Abschlusses. Hier bringt es die Funktion des Aufstellers zwangsläufig mit sich, dass das Ergebnis der Beurteilung durch den beauftragten WP/vBP in Form des aufgestellten Abschlusses oder der vorab vorgelegten Unterlagen dem Abschlussprüfer zur Beurteilung vorgelegt wird. Eine vorherige Kontaktaufnahme mit dem Abschlussprüfer außerhalb der üblichen Prüfungsabläufe ist nicht erforderlich, zumal der beauftragte WP/vBP bei einem Erstellungsauftrag selbst über umfassende Informationen zum Unternehmensumfeld verfügt. Aus dem gleichen Grund ist Absatz 4 auch dann nicht anwendbar, wenn der dritte WP/vBP einen Auftrag zur laufenden Begleitung der Abschlussaufstellung durch das Unternehmen hat, was insbesondere bei Umstellung auf international anerkannte Rechnungslegungsgrundsätze der Fall sein kann.

Die Regelung in Absatz 4 ist schließlich dann nicht anzuwenden, wenn die Begutachtung nach Beendigung der Abschlussprüfung erfolgt und letztlich darauf gerichtet ist, die vorgenommene Bilanzierung zu überprüfen.

Absatz 5 Satz 1 verlangt, dass der Gutachter mit dem Abschlussprüfer des Unternehmens ein Gespräch führt. Im Hinblick auf die Zielsetzung dieser Regelung erscheint eine schriftliche Anfrage mit schriftlicher Auskunft nicht ausreichend. Hierdurch würde nicht nur die Übermittlung von z. T. sensiblen Informationen erheblich erschwert, sondern auch der Umfang der Informationen zu sehr begrenzt. Auch ist ein Gespräch erforderlich, um auf die gegebenen Auskünfte reagieren und nachfragen zu können.

Welche Themen in dem Gespräch mit dem Abschlussprüfer anzusprechen sind, hängt von den Verhältnissen des Einzelfalls ab. Gegenstand sind Ausgestaltung, Inhalt und Hintergrund des Sachverhalts oder der geplanten Transaktion. Denkbar sind Ergänzungen zu dem zu beurteilenden Sachverhalt, Details der Transaktion, Erläuterungen zu den im Unternehmen bestehenden rechtlichen oder tatsächlichen Rahmenbedingungen, Erläuterungen zu den wirtschaftlichen Ursachen und Folgen oder auch Hinweise auf Auswirkungen, die sich aus den bei dem Unternehmen angewendeten Bilanzierungsgrundsätzen ergeben (z. B. Fragen zur Stetigkeit). Auch wenn dies nicht das Hauptziel der Erörterung mit dem Abschlussprüfer ist, sollte regelmäßig auch die fachliche Beurteilung des Sachverhalts und die Meinung des Abschlussprüfers hierzu angesprochen werden.

Da sowohl der Gutachter als auch der Abschlussprüfer zur Verschwiegenheit verpflichtet sind, setzt die Kontaktaufnahme voraus, dass der Abschlussprüfer durch das Unternehmen von seiner Verschwiegenheitspflicht entbunden wird und dass der Auftraggeber mit der Kontaktaufnahme einverstanden ist. Um die Kontaktaufnahme sicherzustellen, sieht **Absatz 5 Satz 2** vor, dass die Zustimmung zur Kontaktaufnahme und die Entbindung des Abschlussprüfers bereits in dem Gutachtenauftrag vereinbart wird. Ist das Unternehmen hierzu nicht bereit, muss nach **Satz 3** der Auftrag abgelehnt oder niedergelegt werden. Der Abschlussprüfer selbst wird ein solches Gespräch nicht ablehnen können, wenn er von dem Unternehmen entbunden worden ist.

Zu § 24c:

Die Vorschrift ist gestützt auf die Satzungsermächtigung in § 57 Abs. 4 Nr. 5 WPO. Zur Sicherstellung der Einhaltung der Berufspflichten aus § 24c sind bei der Abwicklung betriebswirtschaftlicher Prüfungen, bei denen das Berufssiegel geführt wird, nach § 32 Nr. 11 Regelungen im Qualitätssicherungssystem der WP/vBP-Praxis vorzusehen.

In der WP/vBP-Praxis sind die Verantwortlichkeiten (§ 31 Abs. 2) für den Umgang mit Beschwerden und Vorwürfen festzulegen. Die dem Grundsatz der gewissenhaften Berufsausübung folgende Berufspflicht soll verdeutlichen, dass Hinweisen auf Anhaltspunkte für Verstöße gegen gesetzliche oder fachliche Regeln von WP/vBP konsequent nachgegangen wird.

Zu § 24d:

Die Vorschrift ist gestützt auf die Satzungsermächtigung in § 57 Abs. 4 Nr. 5 WPO. Um sicherzustellen, dass die Berufspflichten aus § 24d erfüllt werden, haben die WP/vBP-Praxen für betriebswirtschaftliche Prüfungen, bei denen das Berufssiegel geführt werden muss oder geführt wird, nach § 32 Nr. 12 ausreichende Regelungen in ihrem Qualitätssicherungssystem vorzusehen.

Die in **Absatz 1** geregelte Berichtskritik, die wegen ihrer Bedeutung für Aufträge mit Siegelführung als grundsätzlich verbindlich vorgeschrieben wird, soll in Bezug auf das Prüfungsergebnis und seine Darstellung im Prüfungsbericht eine zusätzliche Sicherheit verschaffen, indem auch die Tätigkeit des verantwortlichen WP/vBP dem „Vier-Augen-Prinzip" unterliegt. Die Berichtskritik ist daher vor Auslieferung des Prüfungsberichts durchzuführen.

Der Inhalt der Berichtskritik wird in der Vorschrift selbst beschrieben. Sie dient zunächst der Überprüfung, ob die für die Erstellung von Prüfungsberichten geltenden fachlichen Regeln eingehalten worden sind. Daneben soll anhand des Prüfungsberichts in Form einer Plausibilitätsprüfung nachvollzogen werden, ob die Ausführungen zu den wesentlichen Prüfungshandlungen keine Verstöße gegen fachliche Regeln erkennen lassen, ob aus den im Bericht dargestellten Erkenntnissen aus der Prüfung die zutreffenden Schlussfolgerungen und Beurteilungen abgeleitet worden sind und ob das Prüfungsergebnis insoweit nachvollziehbar abgeleitet worden ist. Nur dann, wenn die Darstellung im Prüfungsbericht zu Nachfragen Anlass gibt, sind ggf. auch die Arbeitspapiere heranzuziehen oder Auskünfte einzuholen.

Nach Absatz 1 ist die Berichtskritik für Aufträge mit Siegelführung im Regelfall erforderlich und auch verbindlich vorgeschrieben. Nur ausnahmsweise kann die Berichtskritik entfallen, wenn dies in Bezug auf die jeweilige Prüfung aus sachlichen Gründen gerechtfertigt ist. Die Entscheidung, ob die Berichtskritik entbehrlich ist, liegt dabei nicht im freien Ermessen des WP/vBP. Sie hat sich vielmehr daran zu orientieren, ob die Qualität der Prüfungsdurchführung im Einzelfall auch ohne Einhaltung des Vier-Augen-Prinzips gewährleistet ist.

Die Feststellung, dass die Qualität der Prüfungsdurchführung auch ohne Durchführung einer Berichtskritik gewährleistet ist, kann insbesondere dann möglich sein, wenn das Prüfungsrisiko für den jeweiligen Auftrag als besonders niedrig einzustufen ist. Hierfür können etwa folgende Kriterien zu berücksichtigen sein:

- Größe und Branchenzugehörigkeit des Unternehmens;
- Komplexität und Transparenz der Unternehmensstruktur;
- Komplexität der Rechnungslegung;
- Kontinuität oder wesentliche Änderungen der Unternehmensverhältnisse;
- Erst- oder Folgeprüfung.

Bei der Entscheidung, ob eine Berichtskritik entbehrlich ist, ist auch zu berücksichtigen, ob in der Praxis des WP/vBP auf andere Weise organisatorisch sichergestellt ist, dass Änderungen der Gesetzgebung, Rechtsprechung und Prüfungsstandards in die Vorgaben für die Durchführung der Prüfung, die Beurteilung des Prüfungsergebnisses und die Abfassung des Prüfungsberichts zeitnah Eingang finden.

Im Rahmen der vorzunehmenden Gesamtwürdigung, die erst nach Kenntnis der maßgebenden Umstände erfolgen kann, ist ggf. interner oder externer fachlicher Rat einzuholen (§ 24b Abs. 2). In Grenzfällen sollte eine Berichtskritik durchgeführt werden, soweit dies nach den Umständen des Einzelfalls nicht unzumutbar ist. Die Gründe, die aus Sicht des WP/vBP ein Absehen von der Berichtskritik rechtfertigen, sind angemessen zu dokumentieren.

Der Berichtskritiker muss fachlich und persönlich geeignet sein, um die Berichtskritik durchführen zu können. Die fachliche Eignung schließt ggf. die speziellen Kenntnisse (z. B. Branchenkenntnisse) ein, die für den jeweiligen Auftrag erforderlich sind. Die persönliche Eignung setzt ein Mindestmaß an Berufserfahrung sowie Objektivität und Unabhängigkeit des Berichtskritikers von dem zu beurteilenden Gegenstand voraus. Zur Vermeidung einer Selbstprüfung darf der Berichtskritiker an der Erstellung des Prüfungsberichts nicht mitgewirkt haben. Die Beteiligung an der Prüfungsdurchführung schließt hingegen die Eignung als Berichtskritiker nicht von vornherein aus, sofern sie für die Gesamtwürdigung der Prüfungsdurchführung und -ergebnisse nicht wesentlich ist. Steht in der Praxis keine Person zur Verfügung, die diese Anforderungen erfüllt, muss nach Absatz 1 Satz 4 für die Berichtskritik ein qualifizierter Externer herangezogen werden.

Die auftragsbegleitende Qualitätssicherung nach **Absatz 2** ist bei gesetzlichen Abschlussprüfungen bei Unternehmen von öffentlichem Interesse nach § 319a HGB berufsrechtlich verbindlich vorgeschrieben. Sie erfolgt während der gesamten Durchführung der Abschlussprüfung, also von der Auftragsplanung bis zur Berichterstattung. Sie schließt die Berichtskritik nach Absatz 1 zwingend ein. Dies bedeutet nicht, dass die auftragsbegleitende Qualitätssicherung und die Berichtskritik von ein und derselben Person durchgeführt werden müssen. Der verantwortliche WP (§ 24a Abs. 2) hat dafür zu sorgen, dass die auftragsbegleitende Qualitätssicherung nach den in der Praxis geltenden Regelungen durchgeführt wird. Die auftragsbegleitende Qualitätssicherung hat festzustellen, ob Anhaltspunkte vorliegen, dass bei der Abwicklung des Auftrages gesetzliche und fachliche Regeln nicht beachtet worden sind, und ob die Behandlung wesentlicher Sachverhalte angemessen ist. Der für die Auftragsabwicklung verantwortliche WP (§ 24a Abs. 2) hat sich unter Einbeziehung der Feststellungen des Qualitätssicherers ein eigenverantwortliches Urteil zu bilden.

Der auftragsbegleitende Qualitätssicherer muss fachlich und persönlich hinreichend geeignet sein. Bei der Prüfung von Unternehmen von öffentlichem Interesse nach § 319a HGB wird der Qualitätssicherer daher in der Regel ein WP sein. Um seiner Aufgabe gerecht zu werden, muss er den erforderlichen Abstand zur Auftragsabwicklung haben. Er darf daher an der Durchführung der Prüfung nicht beteiligt sein. Die Objektivität darf auch nicht durch andere Faktoren (z. B. Einfluss des für den Auftrag verantwortlichen WP auf die Auswahl des auftragsbegleitenden Qualitätssicherers) beeinträchtigt werden. Ist die Objektivität gefährdet, muss ein anderer

Qualitätssicherer benannt werden. Soweit für die auftragsbegleitende Qualitätssicherung in der Praxis keine Person zur Verfügung steht, die die genannten Anforderungen erfüllt, muss eine qualifizierte externe Person beauftragt werden.

Satz 5 enthält eine Regelung zur Rotation des auftragsbegleitenden Qualitätssicherers, die die interne Rotation nach § 319a Abs. 1 Nr. 4, Satz 4 und 5, Abs. 2 HGB ergänzt. Liegen die Voraussetzungen für eine Rotation vor, ermöglicht **Satz 6** eine erneute Betätigung als auftragsbegleitender Qualitätssicherer frühestens nach Ablauf der Cooling-off-Periode. **Satz 7** erstreckt die in Satz 5 und 6 geregelten Tatbestände auf die Prüfung des Konzernabschlusses.

Da die auftragsbegleitende Qualitätssicherung in hohem Maße zur Qualitätssicherung beiträgt, bestimmt **Absatz 3**, dass WP/vBP-Praxen ausdrücklich zu regeln haben, ob sie bei anderen als den in Absatz 2 genannten Prüfungen eine auftragsbegleitende Qualitätssicherung für die Abwicklung dieser Aufträge vorsehen und für welche Fälle dies gelten soll. Kriterien können sich unter anderem aus besonderen Risiken einer Branche oder eines Auftrages ergeben.

Zu § 25:

Die Vorschrift ist gestützt auf die Satzungsermächtigung in § 57 Abs. 4 Nr. 1 a und 2 a WPO.

Die Frage der Übernahme oder Verwertung von Angaben Dritter stellt sich sowohl bei der Prüfung als auch bei der Gutachtenerstellung. Solche Angaben können aus dem nationalen, aber auch aus dem internationalen Bereich kommen. Grundsätzlich handelt es sich um die Prüfungsergebnisse anderer Abschlussprüfer oder einer internen Revision sowie um Untersuchungsergebnisse sonstiger Einrichtungen oder Sachverständiger.

Der Grundsatz der Eigenverantwortlichkeit verlangt, dass sich der WP/vBP sein Urteil selbst bildet und seine Entscheidung selbst trifft. Dem steht nicht entgegen, dass er unter bestimmten Voraussetzungen Prüfungsergebnisse und Untersuchungen anderer Prüfungseinrichtungen oder sonstiger Stellen verwertet. Auch wenn durch die Übernahme oder Verwertung von Angaben Dritter die Verantwortung des WP/vBP nicht eingeschränkt wird, ist nach außen deutlich zu machen, dass der WP/vBP sich bei der eigenen Urteilsbildung auf Angaben Dritter gestützt hat.

Daraus folgt, dass Art und Umfang der Verwertung von Angaben Dritter in allen Fällen davon abhängen, ob und in welchem Umfang der Dritte die fachliche und persönliche Voraussetzung für die Übernahme seiner Arbeitsergebnisse erfüllt und wie weit in konkretem Fall die Angaben des Dritten - zumindest in ihren wesentlichen Schritten - nachprüfbar sind.

Zu § 26:

Die Vorschrift ist gestützt auf die Satzungsermächtigung des § 57 Abs. 4 Nr. 3 a WPO.

Absatz 1 statuiert die Pflicht des übernehmenden Prüfers, im Falle der Kündigung eines Auftrages zur Prüfung des Jahresabschlusses aus wichtigem Grund durch den beauftragten Abschlussprüfer oder des Widerrufs eines derartigen Auftrags durch den Mandanten aufgrund der Bestellung eines neuen Abschlussprüfers nach § 318 Abs. 3 HGB sich über den Grund der Kündigung oder des Widerrufs und das Ergebnis der bisherigen Prüfung zu unterrichten. Anderenfalls können einem neu zu bestellenden Abschlussprüfer wichtige Tatsachen für die Durchführung des Prüfungsauftrages verborgen bleiben. Nach § 318 Abs. 6 Satz 4 HGB hat bisher schon der kündigende Abschlussprüfer über das Ergebnis der bisherigen Prüfung zu berichten. § 320 Abs. 4 HGB verpflichtet zudem den bisherigen Abschlussprüfer, auch in allen anderen Fällen des Prüferwechsels dem neuen Abschlussprüfer auf schriftliche Anfrage über das Ergebnis der bisherigen Prüfung zu berichten. Über dieses Ergebnis hat sich der übernehmende Abschlussprüfer kundig zu machen.

Absatz 2 konkretisiert den Inhalt der ordnungsgemäßen Unterrichtung unter Bezugnahme auf die einschlägigen Vorschriften des HGB.

Absatz 3 verpflichtet den Mandatsvorgänger, dem Mandatsnachfolger auf Verlangen die genannten Unterlagen zu erläutern. Erlangt der Mandatsnachfolger weder durch den Mandatsvorgänger noch auf andere Weise ausreichend Auskunft über den Grund der Kündigung und das Ergebnis der bisherigen Prüfung, so hat er das Mandat abzulehnen. Dem zu prüfenden Unternehmen bleibt es unbenommen, die erforderlichen Unterlagen vorzulegen.

Absatz 4 will sicherstellen, dass sich der Mandatsnachfolger auch im Falle eines regulären Prüferwechsels im Folgejahr den Bericht über die vorangegangene Abschlussprüfung vorlegen lässt. Auch bei einem regulären Wechsel eines Prüfungsmandats ist es erforderlich, dass der WP/vBP sich ausreichend über den Mandanten informiert. Ein wesentliches Mittel hierfür ist der Bericht über die vorangegangene Prüfung. Dem Mandatsnachfolger ist es freigestellt, ob er sich zwecks Vorlage des Berichts an den Mandanten oder den Mandatsvorgänger richtet. Sofern er sich an den Mandatsvorgänger richtet, trifft diesen jedoch eine Pflicht zur Vorlage an den Mandatsnachfolger.

Absatz 5 erweitert die bei gesetzlich vorgeschriebenen Abschlussprüfungen bestehenden Pflichten bei Beendigung des Prüfungsauftrages auf nicht gesetzlich vorgeschriebenen Abschlussprüfungen, bei denen ein Bestätigungsvermerk erteilt werden soll, der dem gesetzlichen Bestätigungsvermerk in § 322 HGB nachgebildet ist. Dies entspricht dem Grundsatz, dass für freiwillige Abschlussprüfungen für den Berufsangehörigen keine grundsätzlich anderen Berufspflichten bestehen können als für gesetzlich vorgeschriebene Abschlussprüfungen.

Zu § 27:

§ 27 der Berufssatzung ergänzt § 55a WPO und ist gestützt auf die Satzungsermächtigung gemäß § 57 Abs. 4 Nr. 1 f und 2 a WPO. Die Regelung zur Höhe der Vergütung ergänzt das Verbot von Erfolgshonoraren und bedingten Vergütungen (§ 2 Abs. 1 Nr. 1 und 3) und gilt für Prüfungs- und Gutachtenaufträge.

Absatz 1 Satz 1 verdeutlicht den engen Zusammenhang zwischen der Leistung und der Qualität der beruflichen Tätigkeit bei der Durchführung von Prüfungen und der

Erstattung von Gutachten. Eine angemessene Qualität erfordert insbesondere eine hinreichende Bearbeitungszeit für den jeweiligen Auftrag sowie den Einsatz qualifizierter Mitarbeiter. Bei zu geringen Vergütungen entsteht regelmäßig die Gefahr, dass diesen Erfordernissen nicht in hinreichendem Maße Rechnung getragen werden kann. Dies kann im Ergebnis zu Einbußen bei der Qualität und damit letztlich zu Verstößen gegen die Pflicht zur gewissenhaften Berufsausübung führen. Die Vorschrift steht somit in engem Zusammenhang mit § 4 Abs. 2 zweite Alt. Die Gefährdung besteht auch dann, wenn zwar eine angemessene Vergütung vereinbart worden ist, diese aber bei der Abrechnung nicht angesetzt wird. Übliche Rabatte oder Gutschriften bei verringertem Aufwand sind dadurch allerdings nicht ausgeschlossen.

Absatz 1 Satz 2 stellt klar, dass aufgrund des in Satz 1 aufgezeigten Zusammenhangs im Regelfall die Vereinbarung einer angemessenen Vergütung erforderlich ist. Die Vergütung ist grundsätzlich dann angemessen, wenn sie auf einer Kalkulation beruht, bei der die zur Bearbeitung des Auftrags nötige Zeit sowie der Einsatz qualifizierter Mitarbeiter in dem erforderlichen Umfang zugrunde gelegt worden sind. Rechtliche Vorgaben, bei der Kalkulation einen Stundensatz in bestimmter Mindesthöhe anzuwenden, bestehen dagegen nicht. Unter betriebswirtschaftlichen Gesichtspunkten kann in Ausnahmefällen auch ein nicht kostendeckendes Honorar sinnvoll sein, wenn damit ein sonst nicht erzielbarer Deckungsbeitrag erwirtschaftet wird. Wenn keine Gesichtspunkte hinzutreten, die eine solche Vereinbarung unlauter und damit nach den Vorschriften des UWG unzulässig erscheinen lassen, sind solche Honorarvereinbarungen nicht schlechterdings verboten; so dass die Vorschrift in erster Linie einen berufsethischen Appell enthält. Gleichwohl kann die Vereinbarung eines vergleichsweise sehr niedrigen Honorars zu Bedenken dagegen führen, ob bei dem Auftrag die notwendige Sorgfalt angewendet wird. Die Vereinbarung angemessener Honorare hilft daher auch, derartige Bedenken und den daraus resultierenden Rechtfertigungsaufwand zu vermeiden.

Die WPK ist verpflichtet, Bedenken gegen die Prüfungsqualität nachzugehen, die sich bei besonders niedrigen Honorarvereinbarungen ergeben. Nach § 55a Abs. 1 Satz 3 WPO i. V. m. Absatz 1 Satz 3 hat der WP/vBP der WPK auf Verlangen nachzuweisen, dass für die Prüfung eine angemessene Zeit aufgewendet und qualifiziertes Personal eingesetzt worden ist. Die WPK kann und muss einen solchen Nachweis verlangen, wenn ein erhebliches Missverhältnis zwischen der erbrachten Leistung und der vereinbarten Vergütung besteht. Diese Regelung gilt für alle gesetzlich vorgeschriebenen Abschlussprüfungen, anders als Absatz 1 Satz 1 und 2 dagegen nicht für andere Prüfungen und Gutachten.

Die Feststellung des Aufgreifkriteriums (erhebliches Missverhältnis) ist nicht einfach, weil keine Honorarsätze vorgeschrieben sind (s. o.) und auch der erforderliche Leistungsumfang nicht ohne weiteres erkannt werden kann. Nach Sinn und Zweck der Regelung wird der Nachweis nur in außergewöhnlichen Fällen zu fordern sein. Hierzu gehört insbesondere ein besonders niedriger Stundensatz, der beispielsweise einen allgemein ermittelten durchschnittlichen Personalkostensatz unterschreitet, oder eine erhebliche Verminderung des Prüfungshonorars im Vergleich zu der vorangegangenen Prüfung, insbesondere bei einem Prüferwechsel. Die WPK geht solchen Fällen aufgrund von Hinweisen Dritter, von Feststellungen bei der Abschlussdurchsicht (Höhe des Prüfungshonorars im Zeitvergleich) oder von Feststellungen bei anlassunabhängigen Sonderuntersuchungen nach; auch im Rahmen der Qualitätskontrolle können solche Fälle festgestellt und aufgegriffen werden.

Der betroffene Berufsangehörige hat zunächst die Möglichkeit, der WPK glaubhaft zu machen, dass trotz des Vorliegens eines der o. g. Aufgriffskriterien ein erhebliches Missverhältnis i. S. d. Vorschrift im konkreten Fall nicht vorliegt. Bei einer Verminderung des Prüfungshonorars im Zeitablauf kann bspw. dargelegt werden, dass sich das Mengengerüst entsprechend verringert hat oder dass Effizienzvorteile eingetreten sind. Verbleibt es bei dem erheblichen Missverhältnis, muss der WP/vBP der WPK durch Vorlage der Prüfungsplanung und Nachweisen über die tatsächliche Durchführung der Prüfung nachweisen, dass er für die Durchführung des Auftrags genügend Zeit aufgewendet sowie qualifiziertes Personal eingesetzt hat.

Risiken für die Anwendung der erforderlichen Sorgfalt bei Prüfungs- oder Gutachtenaufträgen können sich dann ergeben, wenn ein Pauschalhonorar vereinbart wird. Deshalb stellt **Absatz 2** hierfür besondere Anforderungen auf. Der Umfang der erforderlichen Tätigkeiten lässt sich bei Auftragserteilung im Regelfall nicht abschließend bestimmen, da sich bei der Durchführung des Auftrages Erkenntnisse ergeben können, die von der Auftragsplanung nicht erfasst wurden und zu ergänzenden Prüfungshandlungen bzw. weitergehender Begutachtung Anlass geben können. Gleichwohl ist auch hier die Vereinbarung eines Pauschalhonorars nicht ausgeschlossen, insbesondere für weitgehend standardisierte Tätigkeiten bei überschaubaren Verhältnissen. Die Vereinbarung eines Pauschalhonorars ist, beispielsweise nach der Verdingungsordnung für freiberufliche Leistungen, auch nicht unüblich.

Um diesen Gefahren entgegen zu wirken, setzt die Vereinbarung eines Pauschalhonorars für Prüfungs- oder Gutachtenaufträge grundsätzlich die Vereinbarung voraus, dass bei Eintritt nicht vorhersehbarer Umstände im Bereich des Auftraggebers, die zu einer erheblichen Erhöhung des Aufwandes des WP/vBP führen, das Honorar entsprechend zu erhöhen ist (Anpassungsklausel). Soweit einer Anpassungsklausel zwingende öffentlich-rechtliche oder europarechtliche Vorschriften entgegenstehen, ist die Normenkollision - auch im Hinblick auf das Grundrecht der freien Berufsausübung (Art. 12 GG) - zugunsten der öffentlich-rechtlichen oder europarechtlichen Vorschriften aufzulösen. Sofern ein öffentlicher Auftraggeber unter Berufung auf vergaberechtliche Vorschriften die Abgabe eines Festpreisangebots ohne Anpassungsklausel fordert, kann der WP/vBP daher ein entsprechendes Angebot abgeben.

Die in Absatz 1 enthaltenen allgemeinen Vergütungsregelungen gelten auch für Pauschalhonorare i. S. d. Absatzes 2, so dass bei einem erheblichen Missverhältnis zwischen der erbrachten Leistung und dem vereinbarten Pauschalhonorar die Qualität der Prüfungsdurchführung nachgewiesen werden muss.

Zu § 27a:

§ 27a ergänzt § 32 WPO und ist gestützt auf die Satzungsermächtigung des § 57 Abs. 4 Nr. 1 a und 2 a WPO.

Absatz 1 beruht auf der Umsetzung des Art. 28 (1) der 8. EU-RL und schreibt vor, dass bei gesetzlich vorgeschriebenen Bestätigungsvermerken und den dazugehörigen Prüfungsberichten, die durch eine Wirtschafts- oder Buchprüfungsgesellschaft erteilt werden, zumindest der oder diejenigen Prüfer unterzeichnen müssen, die i. S. d. § 24a Abs. 2 für die Auftragsdurchführung verantwortlich sind. Dies entsprach zwar auch schon zuvor der üblichen Praxis; eine dahingehend verpflichtende Regelung enthält hingegen weder das Handelsrecht noch gab es berufsrechtliche Vorgaben. § 32 WPO bezieht sich ausschließlich darauf, in welchen Fällen welche Berufsgruppen für eine Wirtschaftsprüfungsgesellschaft unterzeichnen dürfen.

Die Regelung ändert nichts daran, dass es sich um ein Vertreterhandeln für die als Abschlussprüfer bestellte Wirtschaftsprüfungsgesellschaft oder Buchprüfungsgesellschaft handelt. Neben den hier geregelten Anforderungen müssen daher die vertretungsrechtlichen Voraussetzungen erfüllt sein. Die Vorschrift in Absatz 1 setzt dabei nicht voraus, dass dem verantwortlichen WP/vBP Einzelvertretungsmacht erteilt worden ist.

Werden Bestätigungsvermerke und Prüfungsberichte von anderen Personen mit unterschrieben, muss in der Praxis dokumentiert sein, wer die Stellung als verantwortlicher Prüfer hat. Bei der Unterschriftsleistung muss dies nicht ausdrücklich angegeben werden, weil das Anliegen der 8. EU-RL, eine verantwortliche natürliche Person identifizieren zu können, auch so erfüllt wird. Üblicherweise unterschreibt der verantwortliche Prüfer rechts.

Absatz 2 stellt klar, dass bei betriebswirtschaftlichen Prüfungen i. S. d. § 2 Abs. 1 WPO, die nicht dem Vorbehaltsbereich des WP/vBP unterliegen, bei denen das Siegel aber freiwillig geführt wird, der Prüfungsvermerk und der Prüfungsbericht von mindestens einem WP oder vBP unterzeichnet werden muss. Die gleichen Anforderungen gelten für Gutachten, da auch diese betriebswirtschaftliche Prüfungen enthalten.

Bei Erklärungen, die dem WP/vBP gesetzlich vorbehalten sind und bei denen daher eine Siegelführungspflicht besteht (vgl. § 18 Abs. 1), ist ohnehin die Unterzeichnung ausschließlich durch Berufsangehörige zulässig. Durch die Regelung des § 27a soll darüber hinaus gewährleistet werden, dass auch bei nicht dem Vorbehaltsbereich unterliegenden Prüfungen die Beteiligung von WP/vBP an der Prüfungsdurchführung dann dokumentiert wird, wenn die nur dem WP/vBP zustehende Befugnis zur Siegelführung genutzt und hierdurch zusätzliches Vertrauen in Anspruch genommen wird. Hingegen ist es unerheblich, ob die nicht dem Vorbehaltsbereich unterliegende betriebswirtschaftliche Prüfung gesetzlich vorgeschrieben ist, wie z. B. die Gründungsprüfung nach § 33 AktG, oder ob es sich um eine freiwillige Prüfung handelt.

Die Regelung gilt für alle Formen der Berufsausübung. Wird das Siegel verwendet, darf sich ein Einzel-WP/vBP somit nicht ausschließlich durch einen Steuerberater, sondern muss sich zumindest auch durch einen WP oder vBP vertreten lassen, soweit eine Vertretung überhaupt vereinbar oder sonst zulässig ist. Gleiches gilt, wenn eine interprofessionelle Sozietät mit der Durchführung einer Prüfung beauftragt worden ist. Zumindest ein Sozius mit WP/vBP-Qualifikation oder ein anderer vertretungsberechtigter WP oder vBP muss den Prüfungsvermerk und -bericht unterzeichnen. Auch bei Berufsgesellschaften muss mindestens ein vertretungsberechtigter WP/vBP mitunterzeichnen.

Teil 3:
Besondere Berufspflichten bei beruflicher Zusammenarbeit

Zu Teil 3:

Die Satzungsermächtigung gibt dem Satzungsgeber in § 57 Abs. 4 Nr. 3 WPO die Möglichkeit, besondere Berufspflichten im Zusammenhang mit Annahme, Wahrnehmung und Beendigung eines Auftrags und bei der Nachfolge im Mandat, bei der Führung von Handakten, bei der gemeinsamen Berufsausübung, bei der Errichtung und Tätigkeit von Berufsgesellschaften und bei grenzüberschreitender Tätigkeit sowie Verhaltenspflichten gegenüber Gerichten, Behörden, der Wirtschaftsprüferkammer und anderen Mitgliedern der Wirtschaftsprüferkammer zu regeln.

Diese Satzungsermächtigung soll, weil derzeit im Übrigen kein Bedarf für eine Konkretisierung ersichtlich ist, hinsichtlich der gemeinsamen Berufsausübung und der Errichtung und Tätigkeit von Berufsgesellschaften im Dritten Teil ausgeübt werden. Andere Regelungen finden sich wegen des Sachzusammenhangs in den vorstehenden Teilen.

Die Vorschriften des Dritten Teils sind mit „Besondere Berufspflichten bei beruflicher Zusammenarbeit" überschrieben, weil sowohl die gemeinsame Berufsausübung im Sinne von § 44b Abs. 1 WPO (Sozietät) als auch die Tätigkeit von Berufsangehörigen in Berufsgesellschaften unter den Begriff „Berufliche Zusammenarbeit" subsumiert werden können.

Zu § 28:

Nach § 28 treten Sozietäten grundsätzlich unter den Namen und den Berufsbezeichnungen der Sozien auf. Es ist jedoch zulässig, eine firmen- oder namensähnliche Bezeichnung zu verwenden, wobei durch den Zusatz „und Kollegen" oder ähnliche Zusätze auf das Vorhandensein einer Sozietät hingewiesen werden kann, aber nicht muss. Zulässig ist es ferner, neben einer solchen Bezeichnung eine oder mehrere der in der Sozietät vorkommenden Berufsqualifikationen, denen die entsprechenden Tätigkeitsbezeichnungen gleichzusetzen sind, kundzumachen.

Sind die Angaben aus **Absatz 3 Satz 1** nicht auf dem Briefbogen enthalten, sind alle in der Sozietät vorkommenden Berufs- oder die entsprechenden Tätigkeitsbezeichnungen anzugeben. Darüber hinaus müssen in diesem Fall alle Sozien mit ihren Berufsbezeichnungen an anderer geeigneter Stelle aufgeführt oder diese Angaben dem Rechtsverkehr anderweitig offengelegt werden, z. B. durch Übersendung der aktuellen Gesellschafterliste.

Bei Sozietäten überörtlicher Art müssen die einzelnen Sozien mit dem Ort ihrer beruflichen Niederlassung genannt werden, weil ein Auftreten unter gemeinsamen Ortsbezeichnungen den Anschein mehrerer Niederlassungen der einzelnen Sozien erweckt.

Zu § 29:

Aus § 31 WPO folgt, dass die Bezeichnung „Wirtschaftsprüfungsgesellschaft" „ungebrochen" aufzunehmen ist. Nach **Absatz 1** sind die Bezeichnungen für die Berufsgesellschaften nach der Rechtsformbezeichnung in die Firmierung oder den Namen aufzunehmen, weil ansonsten der unzutreffende Eindruck entstünde, es gäbe zum Beispiel eine „Wirtschaftsprüfungsgesellschaft mbH", obwohl den Mandanten im Hinblick auf die Pflichtverletzung der Berufsgesellschaften ein höheres Haftungssubstrat als das gesetzlich vorgeschriebene Stammkapital einer GmbH zur Verfügung steht. Zudem wird dadurch verdeutlicht, dass es sich bei der Gesellschaft um eine Sonderform (Berufsgesellschaft) handelt. Bei einer Doppelanerkennung, das heißt einer Anerkennung auch als Steuerberatungsgesellschaft, ist die Reihenfolge der Nennung der Bezeichnungen Wirtschaftsprüfungsgesellschaft/Buchprüfungsgesellschaft und Steuerberatungsgesellschaft beliebig.

Die Regelung in **Absatz 2** soll verhindern, dass über die Firmierung oder den Namen von Berufsgesellschaften ein Bezug zu solchen Unternehmen oder Unternehmensgruppen hergestellt werden kann, die als Auftraggeber von Berufsgesellschaften in Betracht kommen, und hierdurch der Eindruck der fehlenden Unabhängigkeit entsteht. Nicht ausgeschlossen durch die Vorschrift sind gemeinsame Firmierungs- und Namensbestandteile mit solchen Gesellschaften, deren Unternehmensgegenstand mit der Tätigkeit einer Berufsgesellschaft zumindest teilweise vereinbar ist, da diese nicht berufsfremd sind.

Absatz 3 Satz 1 soll sicherstellen, dass nur natürliche Personen, die zulässigerweise Gesellschafter sind, Namensgeber von Wirtschaftsprüfungsgesellschaften (Personenfirmen) werden. Die weiteren Festlegungen in **Satz 2** entsprechen den Regelungen in § 28 Abs. 1 WPO für die Tätigkeit von Nicht-Berufsangehörigen als Geschäftsführer und übertragen diese auf die Namensgebung. **Satz 4** lässt aus berufsrechtlicher Sicht die Namensfortführung nach Ausscheiden namensgebender Gesellschafter ohne zeitliche Beschränkung zu.

Absatz 4 stellt klar, dass Berufsgesellschaften aus berufsrechtlicher Sicht hinsichtlich ihrer nach bisherigem Recht zulässigen Firmierung oder Namen Bestandsschutz genießen.

Nach **Absatz 5** finden die Absätze 1 bis 4 bei Buchprüfungsgesellschaften entsprechende Anwendung. In Einklang mit der durch die Dritte WPO-Novelle eingefügten Regelung in § 130 Abs. 2 WPO können die an vereidigte Buchprüfer und Buchprüfungsgesellschaften gestellten Anforderungen auch durch Wirtschaftsprüfer oder Wirtschaftsprüfungsgesellschaften erfüllt werden. Das bedeutet zum Beispiel, dass

Wirtschaftsprüfer oder Wirtschaftsprüfungsgesellschaften alleinige Namensgeber auch von Buchprüfungsgesellschaften sein dürfen. Durch die nunmehr in die Satzung übertragene Regelung wird dem Umstand Rechnung getragen, dass die Qualifikation des vereidigten Buchprüfers in der umfassenden Qualifikation des Wirtschaftsprüfers enthalten ist, die Qualifikation des vereidigten Buchprüfers mithin von derjenigen des Wirtschaftsprüfers überlagert wird.

Zu § 30:

Die Vorschrift ist in den Dritten Teil aufgenommen worden, weil hier in der weit überwiegenden Zahl der Fälle das Verhältnis zu Unternehmen angesprochen wird, mit denen Wirtschaftsprüfungsgesellschaften/Buchprüfungsgesellschaften beziehungsweise Wirtschaftsprüfer und vereidigte Buchprüfer zusammenarbeiten.

Absatz 1 regelt die Verwendung der Firmierung oder des Namens von Berufsgesellschaften durch andere Unternehmen in Bezug auf Wirtschaftsprüfungsgesellschaften und Buchprüfungsgesellschaften. In dem Ausnahmefall, dass ein anderes Unternehmen, mit dem die Berufsgesellschaft nicht in irgendeiner Form zusammenarbeitet, wesentliche Bestandteile der Firmierung oder des Namens der Wirtschaftsprüfungsgesellschaft oder Buchprüfungsgesellschaft verwendet, wird die Berufsgesellschaft schon im eigenen Interesse die rechtlichen Möglichkeiten, insbesondere nach dem Wettbewerbsrecht, nutzen, um dem anderen Unternehmen die Verwendung der Firmierung oder des Namens zu untersagen.

Bedeutsam wird die Vorschrift, wenn Berufsgesellschaften mit anderen Unternehmen rechtlich, vertraglich oder faktisch „verbunden" sind oder mit diesen eine sonstige enge Zusammenarbeit besteht. In diesem Fall soll vermieden werden, dass über die Beteiligung an einem gewerblichen Unternehmen mit gleichem oder ähnlichem Namen unter Ausnutzung dieses Namens dessen Gewinne aus gewerblicher Tätigkeit der Berufsgesellschaft zufließen. Darüber hinaus soll nicht die gewerbliche Tätigkeit Dritter mit Berufsgesellschaften in Verbindung gebracht und hierdurch das Ansehen des Berufsstandes beeinträchtigt werden.

Aus der Zielsetzung der Vorschrift ergibt sich zum einen, dass nur die Verpflichtung besteht, die zur Verfügung stehenden rechtlichen Möglichkeiten auszuschöpfen. Des Weiteren ist die Vorschrift nicht anzuwenden, wenn das gewerbliche Unternehmen nicht im Geltungsbereich der WPO tätig ist.

Absatz 2 erklärt Absatz 1 für die Wirtschaftsprüfer und vereidigten Buchprüfer für entsprechend anwendbar.

Teil 4:
Besondere Berufspflichten zur Sicherung der Qualität der Berufsarbeit
(§ 55b WPO)

Zu Teil 4:

§ 57 Abs. 4 Nr. 5 WPO ermächtigt die Wirtschaftsprüferkammer, besondere Berufspflichten zur Sicherung der Qualität der Berufsarbeit zu regeln. Die nunmehr im Teil 4 getroffenen Regelungen dienen der Sicherung der Qualität der Berufsarbeit, da sie Berufspflichten für die Schaffung, Überwachung und Durchsetzung eines Qualitätssicherungssystems vorgeben. Nach § 55b WPO haben Wirtschaftsprüfer und vereidigte Buchprüfer Regelungen zur Einhaltung der Berufspflichten zu schaffen, ihre Anwendung zu überwachen und durchzusetzen. Während § 31 allgemeine Vorgaben für ein Qualitätssicherungssystem macht, werden in § 32 Mindestvorgaben für ein Qualitätssicherungssystem gegeben, wenn WP/vBP betriebswirtschaftliche Prüfungen durchführen. Die Berufspflicht, eine Nachschau durchzuführen, ist in § 33 geregelt.

Durch internationale Anforderungen, wie sie in den von IFAC entwickelten Grundsätzen zur Gewährleistung der Prüfungsqualität (ISA 220: Quality Control for Audit Work und ISQC 1: Quality Control for Firms that Perform Audits and Reviews of Historical Financial Information, an Other Assurance and Related Services Engagements) enthalten sind, die einen internationalen Standard für Qualitätssicherung auch im Dienstleistungsbereich aufstellen, sind Dienstleistungsberufe wie Wirtschaftsprüfer und vereidigte Buchprüfer aufgefordert, ihre freiberufliche Tätigkeit einer Qualitätssicherung zu unterwerfen.

Die in diesem Teil enthaltenen Vorschriften regeln die Mindestanforderungen an ein Qualitätssicherungssystem.

Zu § 31:

Die Vorschrift ist gestützt auf die Satzungsermächtigung des § 57 Abs. 4 Nr. 5 WPO. Ziel der Regelung ist, dass durch die Schaffung eines Qualitätssicherungssystems, dessen Überwachung und Anwendung eine hohe Qualität der Berufsarbeit der WP/vBP-Praxen im Interesse der Öffentlichkeit sichergestellt wird. Sie greift die Berufspflicht zur Einführung eines Qualitätssicherungssystems nach § 55b WPO auf.

Die Einrichtung eines Qualitätssicherungssystems nach § 55b WPO ist eine allgemeine Berufspflicht. Sie gilt für den gesamten Berufsstand, unabhängig von der Größe und der Tätigkeit der WP/vBP-Praxis. § 31 verdeutlicht, dass sich die berufsrechtlich erforderlichen Regelungen eines Qualitätssicherungssystems an dem Tätigkeitsbereich und den individuellen Verhältnissen der WP/vBP-Praxis zu orientieren haben. An das Qualitätssicherungssystem eines Einzel-WP/vBP sind insoweit berufsrechtlich andere Anforderungen zu stellen als an das Qualitätssicherungssystem einer international tätigen, großen WPG. Der Praxisleiter entscheidet in eigener Verantwortung, welche Regelungen in der Praxis einzuführen sind.

Die Berufspflicht zur Einführung, Überwachung und Durchsetzung der Regelungen des Qualitätssicherungssystems obliegt dem Praxisinhaber. Er kann diese Aufgaben auf geeignete Personen mit entsprechenden Kompetenzen übertragen. In diesem Fall ist er verpflichtet, zu überwachen, dass die Berufspflichten nach § 55b Satz 1 WPO, **§ 31 Abs. 1 Satz 1** erfüllt werden.

Ein Qualitätssicherungssystem kann nur wirksam sein, wenn die Mitarbeiter, die für den WP/vBP tätig sind, über die Regelungen informiert werden. Die Bedeutung der Pflicht zur Information der Mitarbeiter über das Qualitätssicherungssystem wird durch **Absatz 1 Satz 2** noch einmal verdeutlicht.

In **Absatz 1 Satz 3** wird klargestellt, dass die Pflicht des WP/vBP zur Überwachung des Qualitätssicherungssystems, die sich bereits aus § 55b Satz 1 WPO ergibt, die Angemessenheit und Wirksamkeit des Qualitätssicherungssystems umfasst. Werden in diesem Zusammenhang Mängel festgestellt, ist Sorge dafür zu tragen, dass die Mängel abgestellt und die Berufspflichten erfüllt werden. Die Überwachung wird in der Regel im Rahmen der Durchführung einer Nachschau nach § 33 erfolgen.

Absatz 2 dient der Klarstellung der Berufspflicht zur klaren Festlegung von Verantwortlichkeiten in der WP/vBP-Praxis nach § 43 Abs. 1 Satz 1 WPO (z. B. Verantwortlichkeit für die Auftragsannahme, Einstellung und Beurteilung von Mitarbeitern oder für die Abwicklung des einzelnen Auftrages). Auch für die Qualitätssicherung in der WP/vBP-Praxis sind eindeutige Verantwortlichkeiten zu treffen.

Der Bedeutung der Festlegung von Verantwortlichkeiten folgt die Pflicht zur Dokumentation der getroffenen Verantwortlichkeiten.

Durch die Regelung des **Absatzes 3** wird sichergestellt, dass die Regelungen des Qualitätssicherungssystems eindeutig nachzuvollziehen sind. Dies dient nicht nur der Nachvollziehbarkeit für den einzelnen Anwender, sondern auch dem Prüfer für Qualitätskontrolle.

Umfang und Inhalt der Dokumentation des Qualitätssicherungssystems haben sich an den individuellen Gegebenheiten (z. B. organisatorischen Strukturen) der einzelnen WP/vBP-Praxis zu orientieren.

Zu § 32:

Die Vorschrift ist gestützt auf die Satzungsermächtigung des § 57 Abs. 4 Nr. 5 WPO.

Diese Vorschrift stellt klar, welche Regelungen das Qualitätssicherungssystem vorsehen muss, wenn die WP/vBP-Praxis betriebswirtschaftliche Prüfungen durchführt und dabei das Berufssiegel führt. Die Entscheidung, welche konkreten Regelungen eingeführt werden, hat sich an den Erfordernissen der WP/vBP-Praxis zu orientieren. Es obliegt der Praxis zu entscheiden, wie sie die Einhaltung der von ihr zu beachtenden Berufspflichten gewährleistet.

Die Pflicht zur Einrichtung eines Qualitätssicherungssystems in der WP/vBP-Praxis ist Ausdruck der gewissenhaften Berufsausübung nach § 43 Abs. 1 Satz 1 WPO, wie in § 55b WPO klargestellt wird.

Durch § 32 werden grundsätzlich keine neuen Berufspflichten geschaffen. Es wird jedoch zur Berufspflicht, dass Regelungen eines Qualitätssicherungssystems zu schaffen sind. Dabei ist zu berücksichtigen, dass bei tatsächlichen und rechtlichen Veränderungen die Regelungen des bestehenden Qualitätssicherungssystems in einem angemessenen Zeitraum anzupassen sind.

Die WP/vBP-Praxis hat Regelungen zur Sicherstellung der Einhaltung der Berufspflichten zu treffen. Die Berufspflichten, für die Regelungen vorzusehen sind, sind im Dritten Teil der WPO und in Teil 1 (Allgemeine Berufspflichten) und 2 (Besondere Berufspflichten bei der Durchführung von Prüfungen und der Erstattung von Gutachten) der Berufssatzung WP/vBP geregelt. Die WP/vBP-Praxis hat für diese Berufspflichten nur Regelungen zu schaffen, wenn dies aufgrund der Struktur und dem Tätigkeitsbereich der WP/vBP-Praxis erforderlich ist. Die Regelungen müssen angemessen sein.

Besondere Bedeutung ist der Sicherstellung der Unabhängigkeit, Unparteilichkeit und der Vermeidung der Besorgnis der Befangenheit beizumessen (§§ 1 bis 3 und 20 bis 24). Die Regelungen müssen die Sicherstellung der Einhaltung dieser Berufspflichten für die Praxisleitung gewährleisten. Für Mitarbeiter sind Regelungen erforderlich, soweit sie bei der Abwicklung von Aufträgen eingesetzt werden. Für diese Mitarbeiter bietet sich u. a. eine regelmäßige Befragung an. Dabei ist davon auszugehen, dass eine jährliche Befragung der Mitarbeiter in der Regel ausreichend ist.

Es sind Regelungen für eine anlassbezogene Befragung der Mitarbeiter vorzusehen. Anlassbezogene Befragungen der Mitarbeiter sind bei der Planung der Abwicklung eines Prüfungsauftrages oder bei anderen Sachverhalten zur Sicherstellung der Berufspflichten der Unabhängigkeit, Unparteilichkeit und Vermeidung der Besorgnis der Befangenheit vorzusehen.

Zur Sicherstellung dieser Berufspflichten können Regelungen ggf. auch vorsehen, dass ein Zuständiger zur Klärung einschlägiger Fragestellungen zu bestimmen ist, Mitarbeiter entsprechend über die Berufspflichten informiert oder Regelungen für den Fall möglicher Gefährdungen vorgesehen werden.

Es sind Regelungen einzuführen, die sicherstellen, dass nur Aufträge übernommen oder fortgeführt werden, für die die erforderliche Sachkunde und die zur Bearbeitung erforderliche Zeit sowie geeignete Mitarbeiter (§ 4 Abs. 2 und Abs. 3) zur Verfügung stehen. Die Regelungen müssen auch hinreichend sicherstellen, dass nur Aufträge angenommen oder fortgeführt werden, die nicht den Ruf oder die wirtschaftliche Lage der Praxis gefährden.

Zu § 33:

Die Vorschrift ist gestützt auf die Satzungsermächtigung des § 57 Abs. 4 Nr. 5 WPO. Die Nachschau ist ein wesentliches Element der Qualitätssicherung. Zur Sicherstellung der Einhaltung der Berufspflichten aus § 33 sind bei der Abwicklung betriebswirtschaftlicher Prüfungen, bei denen das Berufssiegel geführt wird, nach § 32 Nr. 13 Regelungen im Qualitätssicherungssystem der WP/vBP-Praxis vorzusehen.

Die Nachschau soll sicherstellen, dass das Qualitätssicherungssystem den gesetzlichen und berufsständischen Anforderungen an die WP/vBP-Praxis entspricht und ggf. erforderliche Anpassungen vorgenommen werden (**Absatz 3**).

Die Nachschau hat in angemessenen Abständen zu erfolgen. Sie ist durchzuführen, wenn Anlass dazu besteht oder sich die Verhältnisse der WP/vBP-Praxis dergestalt ändern, dass das Qualitätssicherungssystem an die sich ändernden Verhältnisse anzupassen ist. Sie ist wenigstens alle drei Jahre durchzuführen. Die Nachschau ist von ausreichend erfahrenen, fachlich und persönlich geeignete Personen durchzuführen. Im Rahmen der Prüfung der Auftragsabwicklung dürfen keine Personen eingesetzt werden, die mit der Abwicklung dieser Aufträge unmittelbar oder als auftragsbegleitender Qualitätssicherer befasst waren. Es muss sich nicht um WP/vBP handeln.

Stehen geeignete Personen in der Praxis nicht zur Verfügung und wäre die Heranziehung eines Externen nach Art und Umfang der in der WP/vBP-Praxis abgewickelten Aufträge unzumutbar, kann der WP/vBP die Nachschau auch im Sinne einer „Selbstvergewisserung" durchführen. Die Durchführung der Nachschau im Wege der Selbstvergewisserung setzt einen angemessenen zeitlichen Abstand zur Abwicklung des einzelnen Auftrages voraus. Die Gründe für die Durchführung der Nachschau im Wege der Selbstvergewisserung sind zu dokumentieren. Nicht ausreichend ist die Selbstvergewisserung allerdings bei Praxen, die ein Unternehmen von öffentlichem Interesse im Sinne des § 319a HGB prüfen. In diesen Fällen sind mit der Durchführung der Nachschau ggf. externe WP/vBP zu beauftragen. Dabei ist sicherzustellen, dass diese WP/vBP ausreichend erfahren, fachlich und persönlich geeignet sind, diese Aufgabe wahrzunehmen. Bei Praxen mit mehreren Niederlassungen bietet es sich an, dass die Nachschau von niederlassungsfremden Personen durchgeführt wird.

In die Nachschau werden in der Regel in der Nachschauperiode abgeschlossene Aufträge einzubeziehen sein. Es sind dem Tätigkeitsgebiet der WP/vBP-Praxis entsprechende Aufträge einzubeziehen. Dem für die Abwicklung des einzelnen Auftrages zuständigen WP/vBP sind festgestellte Mängel in der Abwicklung des einzelnen Auftrages mitzuteilen.

Als Ergebnis der Nachschau sind festgestellte Mängel der Angemessenheit und Wirksamkeit des Qualitätssicherungssystems zu dokumentieren. Die Dokumentation hat auch Empfehlungen zur Behebung der festgestellten Mängel zu enthalten. Die WP/vBP-Praxis hat zu entscheiden, welche Maßnahmen zur Beseitigung der Mängel zu ergreifen sind.

Teil 5:
Schlussbestimmungen

Zu § 34:

Absatz 1 umschreibt den Anwendungsbereich der Berufssatzung. Die Mitgliedergruppen sind in den in Absatz 1 angeführten Vorschriften der WPO abschließend erfasst. Die nach § 58 Abs. 2 WPO freiwilligen Mitglieder werden der Anwendung der Berufssatzung somit nicht unterworfen.

An den verschiedenen Stellen der Berufssatzung wird der Begriff des Mitarbeiters gebraucht (vgl. §§ 5, 6, 32). Umfasst werden davon, soweit sich aus den Vorschriften nichts anderes ergibt, alle im Anstellungsverhältnis zum WP/vBP stehenden Beschäftigten.

Abs. 1 Satz 2 entspricht für Wirtschaftsprüfungsgesellschaften und Buchprüfungsgesellschaften § 56 Abs. 1 WPO. Auch werden die Vorstandsmitglieder, Geschäftsführer oder persönlich haftenden Gesellschafter einer Wirtschaftsprüfungsgesellschaft oder Buchprüfungsgesellschaft über § 58 Abs. 1 Satz 1 WPO erfasst.

Grundsätzlich gelten die Vorschriften der Berufssatzung für alle Mitglieder der Wirtschaftsprüferkammer gemäß § 58 Abs. 1 WPO. Besonderheiten ergeben sich bei den Vorschriften, die ausschließlich Wirtschaftsprüfungsgesellschaften und Buchprüfungsgesellschaften betreffen.

Für WP/vBP, die zugleich Steuerberater, Rechtsanwalt und/oder Notar sind, ergibt sich als Folge einer Entscheidung des Bundesverwaltungsgerichtes eine Einschränkung des Anwendungsbereichs der Berufssatzung auch in sachlicher Hinsicht. In dieser Entscheidung (WPK-Mitteilungen 2001, 70 ff.) wurden die WPO und die Berufssatzung für unanwendbar erklärt, wenn ein Berufsangehöriger, der zugleich Steuerberater ist, eine Zweigniederlassung betreibt, sofern er in der Zweigniederlassung ausschließlich steuerberatende Tätigkeiten ausführt und dies hinreichend deutlich kundmacht, indem er etwa ausschließlich als Steuerberater auftritt. Nach Auffassung der Wirtschaftsprüferkammer liegt der Entscheidung ein allgemeiner Rechtsgedanke zugrunde, der sich auf das gesamte Berufsrecht und damit auf die Anwendbarkeit der Berufssatzung insgesamt auswirkt.

Demzufolge ist insbesondere die Trennung zwischen der Tätigkeit in einer WP/vBP-Einzelpraxis und der Tätigkeit in einer StB-/RA-Einzelpraxis berufsrechtlich grundsätzlich möglich. Gleiches gilt für andere Formen der Berufsausübung. Mehrfach qualifizierte Berufsangehörige können daher zum Beispiel einerseits in einer Sozietät eine Tätigkeit als StB oder RA ausüben und andererseits als WP/vBP in Einzelpraxis oder im Angestelltenverhältnis bei einer WPG/BPG tätig sein.

Die Möglichkeit der Aufspaltung besteht jedoch nur unter der Voraussetzung, dass die Trennung der beruflichen Tätigkeiten im Verhältnis zu Dritten, insbesondere im Verhältnis zu Mandanten, unmissverständlich klargestellt wird. Dies betrifft insbesondere den Bereich der Kundmachung. Eine hinreichend klare Kundmachung der Abtrennung sollte dadurch erfolgen, dass die Kundmachung im Rahmen der Tätigkeit als StB oder RA (sei es in Einzelpraxis, sei es in Sozietät o. a.) keinen unmittelbaren Hinweis auf die weitere Qualifikation als WP/vBP beinhaltet (Geschäftspapiere, Praxisschild, Praxisprospekte, Verzeichnisse, Internet etc.).

Ein Hinweis auf die gesonderte Berufsausübung als WP/vBP entsprechend den Grundsätzen zur Kooperation, d. h. zum Beispiel in der Fußleiste des Geschäftsbriefbogens, ist hierdurch nicht ausgeschlossen. In jedem Fall muss klargestellt sein, dass im Rahmen der Tätigkeit als StB oder RA keine Vorbehaltsaufgaben des WP/vBP wahrgenommen werden.

Des Weiteren muss die Trennung, so wie sie kundgemacht wird, auch im Übrigen durch eine entsprechende Praxisorganisation umgesetzt werden, insbesondere bei der Mandatsbearbeitung. Die organisatorische Trennung wird allerdings nicht schon dadurch in Frage gestellt, dass die verschiedenen beruflichen Tätigkeiten in räumlicher Nähe zueinander ausgeübt werden. Selbst wenn die Tätigkeiten unter einer einheitlichen Anschrift ausgeübt werden, wird dies berufsrechtlich nicht beanstandet. Andererseits verdeutlicht eine auch räumliche Trennung das Bemühen um eine organisatorische Abgrenzung.

Diese Grundsätze sind auf Berufsgesellschaften entsprechend anzuwenden. Dabei bleibt die Benutzung der vollständigen Firmierung für den abgetrennten Bereich berufsrechtlich zulässig. Auch bei Verwendung einer abweichenden Zweigniederlassungsfirma muss diese nach § 31 WPO den Zusatz „Wirtschaftsprüfungsgesellschaft" bzw. nach § 128 Abs. 2 WPO den Zusatz „Buchprüfungsgesellschaft" enthalten. Auch bei Doppelbändergesellschaften ist die alleinige Verwendung des Zusatzes Steuerberatungsgesellschaft unter Weglassen der Bezeichnung als WPG/BPG unzulässig. Die Trennung der beruflichen Tätigkeiten muss dann auf andere Weise (z. B. durch einen klarstellenden Zusatz auf dem Briefbogen der Niederlassung bzw. in den sonstigen Materialien) deutlich gemacht werden.

Die Auswirkungen der berufsrechtlichen Zulässigkeit der Abtrennung bestimmter Tätigkeiten von der Berufsausübung als WP/vBP auf die Risiken in haftungs- und versicherungsrechtlicher Hinsicht sind noch nicht abschließend geklärt.

Im Gegensatz zur vollständigen Abtrennbarkeit echter Zweitberufe unterliegen die für den Wirtschaftsprüfer nach § 2 WPO und den vereidigten Buchprüfer nach § 129 WPO zulässigen Tätigkeiten grundsätzlich auch dann den Regelungen der WPO und der Berufssatzung, wenn sie nicht zum Vorbehaltsbereich gehören. Ausdrücklich entschieden hat dies der BGH in seinem Urteil vom 12.10.2004 für die Tätigkeit als Insolvenzverwalter (WPK Magazin 2005, 48 m. Anm.). Insbesondere unter dem Blickwinkel der Berufsausübungsfreiheit (Art. 12 GG) und des Verhältnismäßigkeitsprinzips kann aber im Einzelfall die Anwendung bestimmter Regelungen ausgeschlossen sein. In der genannten Entscheidung ist bei Anwendbarkeit der WPO im Übrigen die Qualifizierung eines weiteren Büros eines Berufsangehörigen, in dem ausschließlich insolvenzverwaltende Tätigkeiten durchgeführt werden und kein Hinweis auf die Tätigkeit als Wirtschaftsprüfer erfolgt, als Zweigniederlassung i. S. d. §§ 38 Nr. 3 und 47 WPO verneint worden. Das Büro muss daher weder zum Berufsregister gemeldet noch mit einem Berufsangehörigen als Zweigniederlassungsleiter besetzt werden.

Zu § 35:

Eine Regelung zum Inkrafttreten der Satzung ist bereits in § 57 Abs. 3 Satz 2 WPO vorgesehen. Danach tritt die Satzung drei Monate nach Übermittlung an das Bundesministerium für Wirtschaft und Technologie in Kraft, soweit nicht das Bundesministerium für Wirtschaft und Technologie die Satzung oder Teile derselben aufhebt.

Die Vorschrift regelt, dass die Satzung sowie deren Änderungen im Bundesanzeiger zu veröffentlichen sind. Der Bundesanzeiger ist - neben dem Bundesgesetzblatt, das grundsätzlich Gesetzen und Rechtsverordnungen vorbehalten ist - das Verkündungsblatt des Bundes und demzufolge das geeignete Publikationsorgan.

Satzung für Qualitätskontrolle
(§ 57c WPO)

Vom 17. Januar 2001 (BAnz. S. 2181)
unter Berücksichtigung der Änderungen der Satzung für Qualitätskontrolle
vom 12. Juni 2002,
in Kraft getreten am 28. August 2002 (BAnz. S. 20605),
vom 16. Juni 2005,
in Kraft getreten am 19. August 2005 (BAnz. S. 12529),
vom 22. November 2007,
in Kraft getreten am 30. Dezember 2007 (BAnz. S. 8412)
und vom 6. November 2009,
in Kraft getreten am 9. Dezember 2009 (BAnz. S. 4125)

Inhaltsverzeichnis

Teil 1: Voraussetzungen und Verfahren der Registrierung der Prüfer für Qualitätskontrolle nach § 57a Abs. 3 WPO sowie nach § 63f Abs. 2 des Gesetzes betreffend die Erwerbs- und Wirtschaftsgenossenschaften

1. Abschnitt: Voraussetzungen für die Registrierung
- § 1 Tätigkeit im Bereich der Abschlussprüfung
- § 2 Kenntnisse in der Qualitätssicherung

2. Abschnitt: Verfahren der Registrierung
- § 3 Antrag auf Registrierung
- § 4 Nachweis des Vorliegens der Voraussetzungen für die Registrierung
- § 5 Widerruf und Erlöschen der Registrierung als Prüfer für Qualitätskontrolle

Teil 2: Ausschlussgründe des Prüfers für Qualitätskontrolle nach § 57a Abs. 4 WPO
- § 6 Ausschlussgründe des Prüfers für Qualitätskontrolle

Teil 3: Verfahren nach den §§ 57a ff. WPO innerhalb der Wirtschaftsprüferkammer
- § 7 Verfahren
- § 8 Erteilung einer Ausnahmegenehmigung
- § 8a Auswahl des Prüfers für Qualitätskontrolle
- § 9 Mitteilungen an die Wirtschaftsprüferkammer
- § 10 Auswertung des Qualitätskontrollberichts
- § 11 Teilnahmebescheinigung
- § 12 Mitteilung berufsgerichtlicher Verurteilungen

§ 13 Unterrichtung des Vorstandes nach § 57e Abs. 4 WPO
§ 14 Erstellung eines jährlichen Berichts über die Ergebnisse der Qualitätskontrollen
§ 15 Beteiligung der Abschlussprüferaufsichtskommission

Teil 4: Berechnung der Frist nach § 57a Abs. 6 Satz 8 WPO
§ 16 Befristung der Bescheinigung nach § 57a Abs. 6 Satz 7 WPO

Teil 5: Maßnahmen der Kommission für Qualitätskontrolle
§ 17 Maßnahmen
§ 17a Auflagenerfüllungsbericht

Teil 6: Bestimmungen nach § 57a Abs. 5 Satz 2 WPO sowie zu Inhalt und Aufbau der Unabhängigkeitsbestätigung nach § 57a Abs. 6 Satz 2 WPO

1. Abschnitt: Qualitätskontrollbericht
§ 18 Qualitätskontrollbericht

2. Abschnitt: Unabhängigkeitsbestätigung nach § 57a Abs. 6 Satz 2 WPO
§ 19 Unabhängigkeitsbestätigung

Teil 7: Umfang und Inhalt der speziellen Fortbildungsverpflichtung nach § 57a Abs. 3 Satz 2 Nr. 4 WPO sowie das Verfahren zum Nachweis der Erfüllung dieser Verpflichtung
§ 20 Umfang und Inhalt der speziellen Fortbildungsverpflichtung nach § 57a Abs. 3 Satz 2 Nr. 4 WPO
§ 21 Nachweis der Erfüllung der Fortbildungsverpflichtung

Teil 8: Schlussbestimmungen
§ 22 Anwendung von Vorschriften der Satzung
§ 23 Inkrafttreten und Übergangsregelungen

Anlage zu § 19

Teil 1
Voraussetzungen und Verfahren der Registrierung der Prüfer für Qualitätskontrolle nach § 57a Abs. 3 WPO sowie nach § 63f Abs. 2 des Gesetzes betreffend die Erwerbs- und Wirtschaftsgenossenschaften

1. Abschnitt
Voraussetzungen für die Registrierung

§ 1
Tätigkeit im Bereich der Abschlussprüfung

[1]Voraussetzung für die Registrierung als Prüfer für Qualitätskontrolle von Berufsangehörigen ist eine Tätigkeit im Bereich der Abschlussprüfung, die während der letz-

ten drei Jahre vor Antragstellung ausgeübt worden ist. ²Anzuerkennen sind dabei alle Tätigkeiten, die im Bereich der Abschlussprüfung von einem Wirtschaftsprüfer ausgeübt werden. ³Dazu gehören auch die Facharbeit, die auftragsbezogene Qualitätssicherung (§ 24d Berufssatzung für Wirtschaftsprüfer/vereidigte Buchprüfer) sowie sonstige mit der Abschlussprüfung zusammenhängende Tätigkeiten.

§ 2
Kenntnisse in der Qualitätssicherung

(1) ¹Kenntnisse in der Qualitätssicherung von Berufsangehörigen umfassen die Grundsätze der internen Qualitätssicherung sowie die Grundsätze für eine ordnungsmäßige Durchführung der Qualitätskontrolle. ²Die Anforderungen an die Qualitätssicherung sind in der Wirtschaftsprüferordnung sowie der Berufssatzung für Wirtschaftsprüfer/vereidigte Buchprüfer geregelt. ³Diese Normen werden durch fachliche Regelungen konkretisiert.

(2) ¹Das Vorliegen von Kenntnissen in der Qualitätssicherung kann durch Teilnahme an einem Schulungskurs erlangt werden. ²Dieser Schulungskurs muss mindestens sechzehn Unterrichtseinheiten à 45 Minuten umfassen und folgende Inhalte aufweisen:

1. Das System der Qualitätskontrolle
2. Die Anforderungen an den Prüfer für Qualitätskontrolle
3. Das Qualitätssicherungssystem der Wirtschaftsprüferpraxis als Prüfungsgegenstand der Qualitätskontrolle
4. Die Durchführung der Qualitätskontrolle
5. Die Berichterstattung über die durchgeführte Qualitätskontrolle.

(3) ¹Die Wirtschaftsprüferkammer bestätigt dem Veranstalter eines Schulungskurses auf Antrag, dass der Schulungskurs die Voraussetzungen nach Absatz 2 Satz 2 erfüllt. ²Sie kann vom Veranstalter eines Schulungskurses jederzeit Einsicht in die Veranstaltungsmaterialien verlangen und an Schulungsveranstaltungen teilnehmen.

(4) Die Teilnahme an einem Schulungskurs soll im Zeitpunkt des Registrierungsantrages nicht länger als drei Jahre zurückliegen.

2. Abschnitt
Verfahren der Registrierung

§ 3
Antrag auf Registrierung

(1) ¹Die Registrierung erfolgt auf schriftlichen Antrag bei der Wirtschaftsprüferkammer. ²Die Wirtschaftsprüferkammer hat die Registrierung des Antragstellers vorzunehmen, wenn bei einem Wirtschaftsprüfer in eigener Praxis die Voraussetzungen nach § 57a Abs. 3 Satz 2 und 3 WPO vorliegen. ³Ist ein Berufsangehöriger Antragsteller, der nicht in eigener Praxis tätig ist, ist er zu registrieren, wenn er die Voraussetzungen nach § 57a Abs. 3 Satz 2 WPO erfüllt. ⁴Bei einer Berufsgesellschaft haben die Voraussetzungen nach § 57a Abs. 3 Satz 4 WPO vorzuliegen. ⁵Bei

einem genossenschaftlichen Prüfungsverband haben die Voraussetzungen nach § 63f Abs. 2 Satz 1 GenG vorzuliegen. ⁶Die Voraussetzungen für die Registrierung müssen bei Antragstellung gegeben sein.

(2) Die Registrierung als Prüfer für Qualitätskontrolle erfolgt ohne zeitliche Befristung.

§ 4
Nachweis des Vorliegens der Voraussetzungen für die Registrierung

(1) ¹Berufsangehörige haben einen Nachweis über die Tätigkeit im Bereich der Abschlussprüfung und der Kenntnisse in der Qualitätssicherung zu führen. ²Über der Wirtschaftsprüferkammer bekannte Tatsachen bedarf es keiner Führung eines Nachweises.

(2) ¹Der Nachweis der Tätigkeit im Bereich der Abschlussprüfung kann durch Vorlage einer Bescheinigung des Arbeitgebers des Antragstellers erbracht werden. ²Ist der Antragsteller in eigener Praxis tätig, so genügt die Versicherung, dass der Antragsteller im Bereich der Abschlussprüfung tätig gewesen ist. ³Die Wirtschaftsprüferkammer kann bei begründeten Zweifeln geeignete, weitergehende Nachweise verlangen.

(3) ¹Die Kenntnisse in der Qualitätssicherung können durch Vorlage einer Teilnahmebescheinigung an einem Schulungskurs nach § 2 Abs. 2 nachgewiesen werden. ²Hat der Antragsteller nicht an einem Schulungskurs teilgenommen, müssen die Kenntnisse in der Qualitätssicherung anderweitig in geeigneter Form nachgewiesen werden.

(4) ¹Genossenschaftliche Prüfungsverbände haben den Nachweis über das ihnen seit mindestens drei Jahren verliehene Prüfungsrecht zu führen. ²Dies soll in der Regel durch Vorlage von Urkunden über die Verleihung des Prüfungsrechts nach § 63 GenG erfolgen. ³Des Weiteren sind geeignete Nachweise vorzulegen, dass eine als Prüfer für Qualitätskontrolle registrierte Person als Vorstandsmitglied oder als besonderer Vertreter nach § 30 BGB (§ 63f Abs. 2 Satz 1 Nr. 2 GenG) bestellt ist.

§ 5
Widerruf und Erlöschen der Registrierung als Prüfer für Qualitätskontrolle

(1) ¹Die Registrierung als Prüfer für Qualitätskontrolle ist zu widerrufen, wenn die Voraussetzungen für die Registrierung als Prüfer für Qualitätskontrolle entfallen sind. ²Sie ist insbesondere zu widerrufen, wenn

1. eine berufsgerichtliche Maßnahme rechtskräftig gegen den als Prüfer für Qualitätskontrolle registrierten Berufsangehörigen verhängt worden ist, und die Kommission für Qualitätskontrolle festgestellt hat, dass diese Verurteilung die Eignung als Prüfer für Qualitätskontrolle ausschließt,
2. bei einem ausschließlich in eigener Praxis tätigen Prüfer für Qualitätskontrolle im Rahmen der letzten Qualitätskontrolle eine Teilnahmebescheinigung nicht erteilt oder widerrufen worden ist,

3. die als Prüfer für Qualitätskontrolle registrierte Berufsgesellschaft die Voraussetzungen nach § 57a Abs. 3 Satz 4 WPO nicht mehr erfüllt.

(2) Die Eintragung der Registrierung im Berufsregister ist nach Vorliegen der Voraussetzungen von § 39 Abs. 3 WPO zu löschen.

(3) Die Registrierung als Prüfer für Qualitätskontrolle erlischt, wenn die Bestellung zum Wirtschaftsprüfer bzw. die Anerkennung als Wirtschaftsprüfungsgesellschaft erlischt.

Teil 2
Ausschlussgründe des Prüfers für Qualitätskontrolle nach § 57a Abs. 4 WPO

§ 6
Ausschlussgründe des Prüfers für Qualitätskontrolle

(1) [1]Ein Wirtschaftsprüfer oder eine Wirtschaftsprüfungsgesellschaft darf nach § 57a Abs. 4 Satz 1 WPO nicht Prüfer für Qualitätskontrolle sein, wenn kapitalmäßige, finanzielle oder persönliche Bindungen zu der zu prüfenden Praxis oder sonstige Umstände, die die Besorgnis der Befangenheit (§ 49 zweite Alternative WPO) begründen, bestehen. [2]Ist ein Wirtschaftsprüfer oder eine Wirtschaftsprüfungsgesellschaft Mitglied eines Netzwerks im Sinne von § 319b Abs. 1 Satz 3 HGB, ist § 319b HGB entsprechend anzuwenden. [3]Nach § 57a Abs. 4 Satz 2 WPO sind auch wechselseitige Prüfungen ausgeschlossen.

(2) [1]Eine kapitalmäßige Bindung besteht, wenn der Prüfer für Qualitätskontrolle Anteile an der zu prüfenden Praxis oder an einem mit der zu prüfenden Praxis verbundenen Unternehmen besitzt. [2]Dies gilt auch im umgekehrten Fall. [3]Personen, mit denen der Prüfer für Qualitätskontrolle seinen Beruf gemeinsam ausübt, dürfen ebenfalls keine Anteile im Sinne des Satzes 1 besitzen. [4]Wird eine Berufsgesellschaft mit der Durchführung einer Qualitätskontrolle beauftragt, dürfen ihre gesetzlichen Vertreter und die für die Durchführung der Qualitätskontrolle verantwortlichen Personen sowie die Mitglieder eines Aufsichtsrats keine Anteile im Sinne des Satzes 1 besitzen. [5]Ist die Berufsgesellschaft eine juristische Person, dann gilt dies auch für einen Gesellschafter, der 20 v. H. oder mehr der sämtlichen Gesellschaftern zustehenden Stimmrechte besitzt. [6]Ist die Berufsgesellschaft eine Personenhandelsgesellschaft, dann gilt dies für jeden Gesellschafter.

(3) [1]Eine finanzielle Bindung besteht, wenn der Prüfer für Qualitätskontrolle aus seiner beruflichen Tätigkeit für die zu prüfende Praxis, einschließlich der Unternehmen, die mit dieser verbunden sind, mehr als 30 v. H. seiner Gesamteinnahmen erzielt. [2]Eine finanzielle Bindung besteht auch bei gewährten oder erhaltenen Darlehen sowie Versorgungszusagen.

(4) [1]Persönliche Bindungen bestehen, wenn der Prüfer für Qualitätskontrolle gesetzlicher Vertreter, Mitglied des Aufsichtsrats oder Arbeitnehmer der zu prüfenden Praxis oder eines mit ihr verbundenen Unternehmens ist oder in den letzten drei

Jahren vor seiner Beauftragung war. ²Übt der Prüfer für Qualitätskontrolle seinen Beruf mit anderen Personen gemeinsam aus, so darf auch bei diesen Personen eine solche persönliche Bindung nicht bestehen bzw. bestanden haben. ³Ist eine Berufsgesellschaft Prüfer für Qualitätskontrolle, so gilt dies für die gesetzlichen Vertreter und die Personen, die für die Durchführung der Qualitätskontrolle verantwortlich sind, sowie für die Mitglieder eines Aufsichtsrats. ⁴Ist die Berufsgesellschaft eine juristische Person, dann gilt dies auch für einen Gesellschafter, der 20 v. H. oder mehr der sämtlichen Gesellschaftern zustehenden Stimmrechte besitzt. ⁵Ist die Berufsgesellschaft eine Personenhandelsgesellschaft, dann gilt dies für jeden Gesellschafter.

(5) ¹Eine Besorgnis der Befangenheit besteht insbesondere, wenn der Prüfer für Qualitätskontrolle sowie, wenn dieser eine Berufsgesellschaft ist, Mitglieder des Aufsichtsrats oder die in Absatz 4 Sätzen 4 und 5 genannten Gesellschafter über eine Prüfungs- und Beratungstätigkeit hinaus bei der Einrichtung des Qualitätssicherungssystems der zu prüfenden Praxis mitgewirkt haben. ²Ferner besteht eine Besorgnis der Befangenheit, wenn der Prüfer für Qualitätskontrolle und die zu prüfende Praxis gemeinsam Abschlussprüfungen (Joint Audits) durchführen oder im vergangenen Jahr durchgeführt haben und das anteilige Prüfungshonorar beim Prüfer für Qualitätskontrolle im vergangenen Jahr nicht unwesentlich war. ³Die Unwesentlichkeit ist insbesondere nicht gegeben, wenn das Verhältnis des Umsatzes aus gemeinsamen Abschlussprüfungen zu dem Gesamtumsatz des Prüfers für Qualitätskontrolle mehr als 10 v. H. beträgt.

(6) ¹Eine wechselseitige Prüfung liegt vor, wenn sich Praxen gegenseitig mit der Durchführung der Qualitätskontrolle beauftragen. ²Dies ist auch der Fall, wenn sich mehr als zwei Praxen im Ring mit der Qualitätskontrolle beauftragen (Ringprüfung), es sei denn, dass auch aus Sicht eines objektiven Dritten die Besorgnis der Befangenheit nicht besteht. ³Ferner umfasst er den Fall, dass die zu prüfende Praxis bei dem Prüfer für Qualitätskontrolle die Prüfung des Jahresabschlusses durchgeführt hat. ⁴Der Ausschlussgrund besteht nicht mehr, wenn inzwischen bei dem Prüfer für Qualitätskontrolle ein anderer Prüfer für Qualitätskontrolle die Qualitätskontrolle durchgeführt hat.

Teil 3
Verfahren nach den §§ 57a ff. WPO
innerhalb der Wirtschaftsprüferkammer

§ 7
Verfahren

¹Das Verfahren für Qualitätskontrolle ist in der Wirtschaftsprüferkammer von der Berufsaufsicht organisatorisch und personell zu trennen. ²Die Dienstangehörigen der Wirtschaftsprüferkammer unterstehen im Bereich des Verfahrens für die Qualitätskontrolle nur den Weisungen der Kommission für Qualitätskontrolle.

§ 8
Erteilung einer Ausnahmegenehmigung

(1) ¹Die Wirtschaftsprüferkammer kann auf Antrag eine Ausnahmegenehmigung nach § 57a Abs. 1 Satz 2 WPO von der Verpflichtung zur Durchführung einer Qualitätskontrolle nach § 57a Abs. 1 Satz 1 WPO erteilen. ²Der Antrag ist zu begründen. ³Auf Anforderung der Wirtschaftsprüferkammer sind die Voraussetzungen für die Erteilung der Ausnahmegenehmigung durch geeignete Nachweise zu belegen.

(2) ¹Die Ausnahmegenehmigung nach § 57a Abs. 1 Satz 2 WPO ist befristet und nur mit Wirkung für die Zukunft zu erteilen. ²Sie kann für einen Zeitraum von bis zu drei Jahren erteilt werden. ³Nach erneuter Antragstellung kann die Ausnahmegenehmigung wiederholt erteilt werden.

§ 8a
Auswahl des Prüfers für Qualitätskontrolle

(1) ¹Der Kommission für Qualitätskontrolle sind nach § 57a Abs. 6 Satz 1 WPO von der zu kontrollierenden Person bis zu drei Vorschläge für mögliche Prüfer für Qualitätskontrolle einzureichen. ²Die Vorschläge haben folgende Angaben zu enthalten:
1. Benennung der Prüfer für Qualitätskontrolle,
2. bei Berufsgesellschaften die nach § 57a Abs. 3 Satz 5 WPO in Verbindung mit § 9 Satz 2 verantwortlichen Berufsangehörigen sowie
3. die Unabhängigkeitsbestätigung nach § 57a Abs. 6 Satz 2 WPO.

³Der Vorschlag soll wenigstens vier Wochen vor Beauftragung durch die zu kontrollierende Person bei der Wirtschaftsprüferkammer eingehen.

(2) Die Kommission für Qualitätskontrolle hat Vorschläge abzulehnen, wenn Ausschlussgründe nach § 57a Abs. 4 WPO bestehen.

(3) Die Kommission für Qualitätskontrolle kann Vorschläge ablehnen, wenn konkrete Anhaltspunkte vorliegen, dass die ordnungsgemäße Durchführung der Qualitätskontrolle, einschließlich der Berichterstattung, nicht gewährleistet ist.

(4) ¹Die Kommission für Qualitätskontrolle hat nach § 57a Abs. 6 Satz 3 WPO die Absicht, einen Vorschlag abzulehnen, innerhalb von vier Wochen seit Einreichung der Vorschläge durch die zu kontrollierende Person mitzuteilen. ²Die Vier-Wochen-Frist nach Satz 1 beginnt mit der vollständigen Vorlage der Unterlagen nach § 8a Abs. 1 und § 19.

§ 9
Mitteilungen an die Wirtschaftsprüferkammer

¹Der Wirtschaftsprüferkammer ist die Erteilung des Auftrags zur Durchführung einer Qualitätskontrolle von der beauftragenden Praxis unter Nennung des Prüfers für Qualitätskontrolle, des voraussichtlichen Beginns der Prüfung und des Prüfungszeitraums unverzüglich schriftlich mitzuteilen. ²Bei der Bestellung einer Berufsgesellschaft zum Prüfer für Qualitätskontrolle ist auch mitzuteilen, welcher Berufsangehörige die Qualitätskontrolle verantwortlich durchführen wird. ³Die Kündigung

des Auftrags aus wichtigem Grund nach § 57a Abs. 7 WPO sowie Änderungen bezüglich der Durchführung des Auftrags sind der Wirtschaftsprüferkammer ebenfalls unverzüglich mitzuteilen.

§ 10
Auswertung des Qualitätskontrollberichts

(1) ¹Die Wirtschaftsprüferkammer wertet den Qualitätskontrollbericht aus. ²Die Auswertung des Qualitätskontrollberichts erstreckt sich darauf, ob dieser inhaltlich den Grundsätzen einer ordnungsgemäßen Berichterstattung entspricht, aufgezeigte Mängel das Prüfungsergebnis rechtfertigen und ob Anhaltspunkte bestehen, dass die Qualitätskontrolle unter schwerwiegendem Verstoß im Sinne von § 57e Abs. 2 Satz 6 durchgeführt wurde. ³Wurden Mängel im Sinne des § 57a Abs. 5 Satz 4 WPO festgestellt, soll die geprüfte Praxis der Wirtschaftsprüferkammer eine eigene Stellungnahme zu dem Ergebnis der Qualitätskontrolle in zeitlichem Zusammenhang mit dem Qualitätskontrollbericht zuleiten. ⁴Die Stellungnahme der geprüften Praxis ist in die Auswertung des Qualitätskontrollberichts einzubeziehen. ⁵Im Rahmen der Auswertung ist die Wirtschaftsprüferkammer berechtigt, beim Prüfer für Qualitätskontrolle und der geprüften Praxis weitere Auskünfte einzuholen sowie Unterlagen anzufordern. ⁶Der geprüften Praxis ist vor Erlass von Maßnahmen nach § 57e Abs. 2 WPO Gelegenheit zur Stellungnahme zu geben.

(2) ¹Die Kommission für Qualitätskontrolle kann den Prüfer für Qualitätskontrolle sowie den geprüften Berufsangehörigen oder die verantwortlichen Berufsangehörigen der Berufsgesellschaft zur Anhörung laden. ²Erscheinen die Berufsangehörigen nicht zur Anhörung, entscheidet die Kommission für Qualitätskontrolle nach Aktenlage. ³Die Anhörung kann auch von einem beauftragten Mitglied der Kommission für Qualitätskontrolle wahrgenommen werden, sofern die geprüfte Praxis der Übertragung der Anhörung auf das beauftragte Mitglied zustimmt.

§ 11
Teilnahmebescheinigung

(1) ¹Nach Eingang des Qualitätskontrollberichts und vor Auswertung des Qualitätskontrollberichts (§ 10) erteilt die Wirtschaftsprüferkammer der geprüften Praxis unverzüglich eine Teilnahmebescheinigung, sofern die Erteilung der Teilnahmebescheinigung nicht nach § 57a Abs. 6 Satz 9 und 10 WPO ausgeschlossen ist oder ein schwerwiegender Verstoß im Sinne von § 57e Abs. 2 Satz 6 WPO vorliegt. ²Sie ist bis zu dem Zeitpunkt, zu dem die nächste Qualitätskontrolle nach § 16 durchzuführen ist, zu befristen.

(2) ¹Vor Erteilung der Teilnahmebescheinigung ist zu prüfen, ob ein registrierter Prüfer für Qualitätskontrolle (§ 57a Abs. 3 Satz 1 WPO) die Qualitätskontrolle durchgeführt und den Qualitätskontrollbericht erstellt hat. ²Ist die Qualitätskontrolle von einer als Prüfer für Qualitätskontrolle registrierten Berufsgesellschaft durchgeführt worden, ist auch zu prüfen, ob der für die Durchführung der Qualitätskontrolle verantwortliche Berufsangehörige registriert ist.

(3) ¹Hat der Prüfer für Qualitätskontrolle das Prüfungsurteil nach § 57a Abs. 5 Satz 4 WPO versagt, wird die Entscheidung über die Erteilung der Teilnahmebescheinigung bis zur Auswertung des Qualitätskontrollberichts und Entscheidung der Kommission für Qualitätskontrolle zurückgestellt. ²Die Kommission für Qualitätskontrolle erteilt eine Teilnahmebescheinigung, wenn sie zu dem Ergebnis kommt, dass das Prüfungsurteil nicht zu versagen war.

(21)Im Falle des Widerrufs oder der Rücknahme der Teilnahmebescheinigung ist sie der Wirtschaftsprüferkammer von der geprüften Praxis unverzüglich zurückzugeben.

§ 12
Mitteilung berufsgerichtlicher Verurteilungen

¹Die Abteilung Berufsrecht/-aufsicht der Wirtschaftsprüferkammer hat der Kommission für Qualitätskontrolle für eine Entscheidung über den Antrag eines Berufsangehörigen auf Registrierung als Prüfer für Qualitätskontrolle auf Anfrage mitzuteilen, ob eine berufsgerichtliche Verurteilung des Antragstellers wegen einer Verletzung der Berufspflichten nach § 43 Abs. 1 WPO vorliegt. ²Wird ein Berufsangehöriger, der als Prüfer für Qualitätskontrolle registriert ist, in einem berufsgerichtlichen Verfahren verurteilt, so teilt die Abteilung Berufsrecht/-aufsicht der Kommission für Qualitätskontrolle dies mit.

§ 13
Unterrichtung des Vorstands nach § 57e Abs. 4 WPO

¹Erhält die Kommission für Qualitätskontrolle in einem Verfahren für Qualitätskontrolle Kenntnis von Sachverhalten, die den Widerruf der Bestellung als Wirtschaftsprüfer oder der Anerkennung als Wirtschaftsprüfungsgesellschaft rechtfertigen können, so hat sie den Vorstand der Wirtschaftsprüferkammer diesbezüglich zu unterrichten. ²Die Unterrichtungspflicht besteht bei allen Widerrufsgründen.

§ 14
Erstellung eines jährlichen Berichts
über die Ergebnisse der Qualitätskontrollen

(1) ¹Die Kommission für Qualitätskontrolle erstellt jährlich einen Tätigkeitsbericht, in dem insbesondere die Ergebnisse der durchgeführten Qualitätskontrollen anonymisiert dargestellt werden. ²Die Darstellung der Ergebnisse basiert unter anderem auf einer statistischen Auswertung der Qualitätskontrollberichte, wobei im Bericht neben der Gesamtzahl der durchgeführten Qualitätskontrollen die Zahl der Prüfungsurteile ohne Einschränkung, mit Einschränkung und solchen, die versagt wurden, anzugeben ist.

(2) ¹Im Tätigkeitsbericht werden daneben die am häufigsten festgestellten Mängel dargestellt, wobei angegeben wird, bei welchen Mängeln Auflagen erteilt und in welchen Fällen Sonderprüfungen angeordnet wurden. ²Über die Ergebnisse dieser Maßnahmen ist ebenfalls zu berichten.

(3) Soweit der Vorstand der Wirtschaftsprüferkammer nach § 57e Abs. 4 Satz 1 WPO unterrichtet wurde, ist auch darüber zu berichten.

(4) Darüber hinaus ist im Tätigkeitsbericht über die Sitzungen der Kommission für Qualitätskontrolle, d. h. über deren Anzahl, über die wichtigsten Themen sowie über wesentliche Entscheidungen zum Verfahren der Qualitätskontrolle zu berichten.

(5) ¹Der Tätigkeitsbericht ist an die Abschlussprüferaufsichtskommission zu richten. ²Darüber hinaus erhalten ihn Vorstand und Beirat der Wirtschaftsprüferkammer zur Kenntnis. ³Nach Billigung des Tätigkeitsberichts durch die Abschlussprüferaufsichtskommission wird dieser im Mitteilungsblatt der Wirtschaftsprüferkammer veröffentlicht.

§ 15
Beteiligung der Abschlussprüferaufsichtskommission

(1) ¹Zur Erfüllung ihrer Aufgaben nach § 66a Abs. 3 WPO erhält die Abschlussprüferaufsichtskommission neben dem jährlichen Tätigkeitsbericht der Kommission für Qualitätskontrolle (§ 14) die Einladungen zu Sitzungen der Kommission für Qualitätskontrolle nebst Tagesordnung und Anlagen. ²Die Mitglieder der Abschlussprüferaufsichtskommission sind berechtigt, persönlich an Sitzungen der Kommission für Qualitätskontrolle oder ihrer entscheidungsbefugten Abteilungen teilzunehmen (§ 66a Abs. 3 Satz 2 WPO).

(2) Um den Mitgliedern der Abschlussprüferaufsichtskommission auch die unmittelbare Überwachung der Durchführung von Qualitätskontrollen zu ermöglichen (§ 66a Abs. 3 Satz 3 WPO), sind die der Wirtschaftsprüferkammer gemeldeten, künftig stattfindenden Qualitätskontrollen den Mitgliedern der Abschlussprüferaufsichtskommission mitzuteilen.

(3) ¹Die Wirtschaftsprüferkammer stellt der Abschlussprüferaufsichtskommission die erforderlichen Mitarbeiter sowie Aufklärungen und Nachweise zur Verfügung. ²Benötigt die Abschlussprüferaufsichtskommission weitere Nachweise und Aufklärungen vom Prüfer für Qualitätskontrolle, so wird sie diesbezüglich von der Wirtschaftsprüferkammer unterstützt.

(4) Beabsichtigt die Kommission für Qualitätskontrolle eine Teilnahmebescheinigung nicht zu erteilen oder zu widerrufen (§ 57a Abs. 6 Satz 10, § 57e Abs. 2 Satz 8 WPO), ist der Vorgang vor Entscheidungsbekanntgabe der Abschlussprüferaufsichtskommission vorzulegen.

Teil 4
Berechnung der Frist nach § 57a Abs. 6 Satz 8 WPO

§ 16
Befristung der Bescheinigung nach § 57a Abs. 6 Satz 7 WPO

(1) ¹Die Bescheinigung ist auf sechs Jahre und bei Berufsangehörigen, die gesetzliche Abschlussprüfungen bei Unternehmen von öffentlichem Interesse (§ 319a Abs. 1 Satz 1 HGB) durchführen, auf drei Jahre zu befristen (§ 57a Abs. 6 Satz 8 WPO). ²Die Bescheinigung ist auch dann auf drei Jahre zu befristen, wenn Prüfungen im Sinne des Satzes 1 Alternative 2 in der Vergangenheit durchgeführt worden sind und danach zu erwarten ist, dass solche Prüfungen auch weiterhin durchgeführt werden. ³Die Frist beginnt bei Eingang des Qualitätskontrollberichts.

(2) ¹Geht der Qualitätskontrollbericht innerhalb von sechs Monaten vor Ablauf der Befristung bei der Wirtschaftsprüferkammer ein, so beginnt die folgende Befristung nach Ablauf der laufenden Befristung. ²Geht der Qualitätskontrollbericht früher als sechs Monate vor Ablauf der Befristung bei der Wirtschaftsprüferkammer ein, so berechnet sich die neue Befristung nach Absatz 1 Satz 3.

Teil 5
Maßnahmen der Kommission für Qualitätskontrolle

§ 17
Maßnahmen

(1) Die Kommission für Qualitätskontrolle trifft ihre Entscheidung über Maßnahmen unter Berücksichtigung der Auffassung der Abschlussprüferaufsichtskommission (§ 66a Abs. 4 WPO).

(2) ¹Die Maßnahmen der Kommission für Qualitätskontrolle sollen die Angemessenheit und Funktionsfähigkeit des Qualitätssicherungssystems der geprüften Praxis und eine ordnungsmäßige Durchführung der Qualitätskontrolle gewährleisten. ²Entsprechend kann die Kommission für Qualitätskontrolle bei Vorliegen von Mängeln im Qualitätssicherungssystem der geprüften Praxis oder bei Verstößen gegen die §§ 57a bis 57d WPO und diese Satzung:
1. Auflagen zur Beseitigung der Mängel erteilen,
2. eine Sonderprüfung anordnen,
3. eine bereits erteilte Teilnahmebescheinigung widerrufen.

(3) ¹Werden von der Kommission für Qualitätskontrolle Auflagen zur Beseitigung von Mängeln erteilt, ist nach § 57e Abs. 2 Satz 1 Halbsatz 2 WPO ein Auflagenerfüllungsbericht durch die geprüfte Praxis zu erstellen; die Pflicht zur Erstellung des Auflagenerfüllungsberichts ist Bestandteil der Auflage. ²Wird eine Sonderprüfung angeordnet, hat die zu prüfende Praxis nach § 57a Abs. 6 Sätze 1 und 2 WPO Vorschläge für mögliche Prüfer für Qualitätskontrolle bei der Kommission für Qualitätskontrolle einzureichen. ³Die Kommission für Qualitätskontrolle hat in diesem

Verfahren die Rechte und Pflichten aus § 57a Abs. 6 Sätze 3 und 4 WPO. ⁴§ 8a Abs. 1 und § 19 finden Anwendung. ⁵Die Sätze 2 bis 4 finden keine Anwendung, wenn die zu prüfende Praxis den Prüfer für Qualitätskontrolle, der die Qualitätskontrolle durchgeführt hat, auch mit der Durchführung der Sonderprüfung beauftragt. ⁶Die zu prüfende Praxis hat nach Auftragserteilung die Mitteilungspflichten nach § 9 zu beachten. ⁷Nach Abschluss der Sonderprüfung hat der beauftragte Prüfer für Qualitätskontrolle eine Ausfertigung des Berichts über die Sonderprüfung der Wirtschaftsprüferkammer unverzüglich zuzuleiten. ⁸Die Kommission für Qualitätskontrolle kann bestimmen, dass mit der Durchführung ein anderer Prüfer für Qualitätskontrolle zu beauftragen ist, insbesondere wenn der bisherige Prüfer für Qualitätskontrolle die Qualitätskontrolle nicht nach Maßgabe der §§ 57a bis 57d WPO und dieser Satzung durchgeführt hat.

(4) ¹Nach § 57e Abs. 3 Satz 1 WPO kommt eine Verhängung von Zwangsgeld in Betracht, wenn Auflagen zur Beseitigung von Mängeln im Qualitätssicherungssystem der geprüften Praxis nicht erfüllt werden, eine angeordnete Sonderprüfung nicht durchgeführt wird oder eine bereits erteilte Teilnahmebescheinigung, die von der Kommission für Qualitätskontrolle widerrufen wurde, nicht ausgehändigt wird. ²Nach § 57d Satz 2 WPO kann ein Zwangsgeld nicht verhängt werden, wenn die geprüfte Praxis ihre Mitwirkungspflicht nach § 57d Satz 1 WPO nicht erfüllt hat.

(5) ¹Der Widerruf einer bereits erteilten Teilnahmebescheinigung hat zu erfolgen, wenn die Kommission für Qualitätskontrolle aufgrund der vorliegenden Mängel im Qualitätssicherungssystem der geprüften Praxis abweichend vom Prüfer für Qualitätskontrolle zu der Auffassung gelangt, dass das Prüfungsurteil zu versagen war, oder wenn sie feststellt, dass ein schwerwiegender Verstoß gegen die §§ 57a bis 57d WPO und diese Satzung vorliegt. ²Ein schwerwiegender Verstoß gegen die §§ 57a bis 57d WPO liegt insbesondere vor, wenn der Prüfer für Qualitätskontrolle die Bestimmungen des § 57a Abs. 4 WPO und des § 6 dieser Satzung hinsichtlich seiner Unbefangenheit nicht beachtet hat. ³Der Widerruf einer bereits erteilten Teilnahmebescheinigung kann auch erfolgen, wenn die geprüfte Praxis trotz wiederholter Festsetzung von Zwangsgeld verhängte Maßnahmen nicht befolgt.

(6) ¹Alle Maßnahmen der Kommission für Qualitätskontrolle sind gegen die geprüfte Praxis gerichtet. ²Dies gilt auch dann, wenn der Prüfer für Qualitätskontrolle gegen die §§ 57a bis 57d WPO und diese Satzung verstoßen hat. ³In diesem Fall obliegt es der geprüften Praxis, dafür Sorge zu tragen, dass der Verstoß behoben wird.

§ 17a
Auflagenerfüllungsbericht

(1) ¹Der Auflagenerfüllungsbericht ist der Wirtschaftsprüferkammer nach Ablauf der Frist für die Erfüllung der Auflage von der geprüften Praxis unverzüglich vorzulegen. ²Wird die Erfüllung von Auflagen durch eine Sonderprüfung geprüft, gilt die Pflicht zur Erstellung eines Auflagenerfüllungsberichtes als erfüllt, wenn der

Sonderprüfungsbericht den Anforderungen an einen Auflagenerfüllungsbericht entspricht.

(2) Der Auflagenerfüllungsbericht hat folgenden Inhalt:
1. Verweis auf die gesetzliche Pflicht zur Berichterstattung,
2. Bezugnahme zur erteilten Auflage,
3. Darlegung der Auflagenumsetzung,
4. Selbsterklärung.

Teil 6
Bestimmungen nach § 57a Abs. 5 Satz 2 WPO sowie zu Inhalt und Aufbau der Unabhängigkeitsbestätigung nach § 57a Abs. 6 Satz 2 WPO

1. Abschnitt
Qualitätskontrollbericht

§ 18
Qualitätskontrollbericht

(1) ¹Der Qualitätskontrollbericht ist so zu gestalten, dass die Kommission für Qualitätskontrolle das Urteil des Prüfers für Qualitätskontrolle über die Angemessenheit und Wirksamkeit des Qualitätssicherungssystems der geprüften Praxis in angemessener Zeit nachvollziehen kann. ²Der Qualitätskontrollbericht ist nach den gesetzlichen und fachlichen Regeln eindeutig und klar zu erstellen. ³Er hat insbesondere neben den allgemeinen Angaben zur Wirtschaftsprüferpraxis und der Beschreibung des Qualitätssicherungssystems auch Ausführungen über Art und Umfang der Qualitätskontrolle, die getroffenen Prüfungsfeststellungen und deren Würdigung sowie Empfehlungen zur Beseitigung wesentlicher Systemmängel zu enthalten.

(2) Der Qualitätskontrollbericht soll folgende Gliederung aufweisen:
1. Adressat,
2. Auftrag und Auftragsgegenstand,
3. Angaben zur Wirtschaftsprüferpraxis,
4. Beschreibung des Qualitätssicherungssystems,
5. Art und Umfang der Qualitätskontrolle,
6. Maßnahmen aufgrund der in der vorangegangenen Qualitätskontrolle festgestellten Mängel,
7. Würdigung der Prüfungsfeststellungen,
8. Empfehlungen zur Beseitigung festgestellter wesentlicher Mängel,
9. Prüfungsurteil.

(3) Bei den Angaben zur Wirtschaftsprüferpraxis ist auch darauf einzugehen, ob die Voraussetzungen für eine Befristung der Teilnahmebescheinigung auf drei Jahre (§ 16 Abs. 1 Satz 1 und 2) vorliegen.

2. Abschnitt
Unabhängigkeitsbestätigung nach § 57a Abs. 6 Satz 2 WPO

§ 19
Unabhängigkeitsbestätigung

(1) ¹Den Vorschlägen nach § 57a Abs. 6 Satz 1 WPO und § 8a ist eine Unabhängigkeitsbestätigung jedes vorgeschlagenen Prüfers für Qualitätskontrolle beizufügen. ²Sie muss die in der Anlage zu dieser Satzung genannten Angaben enthalten.

(2) ¹Wenn der Prüfer für Qualitätskontrolle und die zu prüfende Praxis gemeinsame Abschlussprüfungen (Joint Audits) durchführen oder im vergangenen Jahr durchgeführt haben, ist dies ebenfalls in der Unabhängigkeitsbestätigung anzugeben. ²Dabei ist in Prozenten anzugeben, in welchem Verhältnis das jeweilige anteilige Honorar aus den gemeinsamen Abschlussprüfungen zu dem Gesamtumsatz des Prüfers für Qualitätskontrolle im vergangenen Jahr steht.

Teil 7
Umfang und Inhalt der speziellen Fortbildungsverpflichtung nach § 57a Abs. 3 Satz 2 Nr. 4 WPO sowie das Verfahren zum Nachweis der Erfüllung dieser Verpflichtung

§ 20
Umfang und Inhalt der speziellen Fortbildungsverpflichtung nach § 57a Abs. 3 Satz 2 Nr. 4 WPO

(1) ¹Die Fortbildungsverpflichtung nach § 57a Abs. 3 Satz 2 Nr. 4 WPO erfüllt ein Prüfer für Qualitätskontrolle, wenn er an einer anerkannten einschlägigen Fortbildungsveranstaltung als Hörer teilnimmt oder sie als Dozent leitet. ²Die Fortbildungsverpflichtung ist erfüllt, wenn der Prüfer für Qualitätskontrolle wenigstens 24 Unterrichtseinheiten à 45 Minuten in drei Jahren absolviert. ³Die Fortbildung soll über die drei Jahre verteilt werden. ⁴Gegenstand der Fortbildungsveranstaltung ist die Kenntnis der aktuellen gesetzlichen und fachlichen Anforderungen an den Prüfungsgegenstand des Auftrags sowie der gesetzlichen und satzungsmäßigen Anforderungen an die Auftragsdurchführung. ⁵Die Fortbildungsverpflichtung nach § 57a Abs. 3 Satz 2 Nr. 4 WPO erfüllt ein Prüfer für Qualitätskontrolle auch durch seine Tätigkeit als Mitglied der Kommission für Qualitätskontrolle.

(2) ¹Die Wirtschaftsprüferkammer bestätigt dem Veranstalter einer Fortbildungsveranstaltung auf Antrag, dass die Fortbildungsveranstaltung die Voraussetzung nach Absatz 1 Satz 4 erfüllt. ²§ 2 Abs. 3 Satz 2 gilt für eine Fortbildungsveranstaltung entsprechend. ³Dozent einer Fortbildungsveranstaltung muss Prüfer für Qualitätskontrolle sein.

§ 21
Nachweis der Erfüllung der Fortbildungsverpflichtung

(1) ¹Die Erfüllung der speziellen Fortbildungsverpflichtung ist der Wirtschaftsprüferkammer nachzuweisen. ²Der Nachweis ist durch eine Bescheinigung über die Teilnahme an anerkannten Fortbildungsveranstaltungen nach § 20 Abs. 2 zu erbringen, aus der die Anerkennung der speziellen Fortbildungsveranstaltung, der Gegenstand und die Dauer der Teilnahme zu entnehmen sind.

(2) ¹Der Nachweis der Fortbildung nach § 20 Abs. 1 ist erstmalig nach Ablauf von drei Jahren nach der Registrierung als Prüfer für Qualitätskontrolle bei der Annahme des dann ersten Auftrages zur Durchführung einer Qualitätskontrolle oder Sonderprüfung zu führen. ²In der Folgezeit ist der Nachweis nach Ablauf von jeweils drei Jahren nach dem vorangegangenen Nachweis bei der Annahme des dann folgenden Auftrags zur Qualitätskontrolle oder Sonderprüfung zu führen. ³Bei dem Nachweis dürfen nur solche Fortbildungsmaßnahmen berücksichtigt werden, die in den drei Jahren vor dem Nachweiszeitpunkt absolviert worden sind.

Teil 8
Schlussbestimmungen

§ 22
Anwendung von Vorschriften der Satzung

(1) Auf vereidigte Buchprüfer und Buchprüfungsgesellschaften finden die Vorschriften dieser Satzung entsprechende Anwendung.

(2) ¹Auf die Prüfungsstellen der Sparkassen- und Giroverbände finden die Vorschriften dieser Satzung ebenfalls entsprechend Anwendung. ²Eine Prüfungsstelle eines Sparkassen- und Giroverbandes ist zu registrieren, wenn sie die Voraussetzungen nach § 57h Abs. 2 Satz 2 WPO erfüllt. ³§ 17 gilt mit der Maßgabe des § 57h Abs. 1 Satz 3 WPO.

(3) Auf genossenschaftliche Prüfungsverbände finden die Vorschriften dieser Satzung entsprechende Anwendung.

(4) § 17 Abs. 3 Satz 5 findet nur Anwendung, wenn bei der Beauftragung der Qualitätskontrolle das Verfahren nach § 57a Abs. 6 Sätze 1 bis 4 WPO durchgeführt wurde.

(5) Für Prüfer für Qualitätskontrolle, die vor Inkrafttreten des Abschlussprüferaufsichtsgesetzes registriert wurden, beginnt die Berechnung der Drei-Jahres-Frist für die spezielle Fortbildungsverpflichtung mit Inkrafttreten des Abschlussprüferaufsichtsgesetzes.

§ 23
Inkrafttreten und Übergangsregelungen

Die Satzung für Qualitätskontrolle und ihre spätere Änderung bedürfen der Genehmigung des Bundesministeriums für Wirtschaft und Technologie im Einvernehmen mit dem Bundesministerium der Justiz und treten am Tage nach der Bekanntgabe im Bundesanzeiger in Kraft.

Anlage zu § 19

Unabhängigkeitsbestätigung

Ich bestätige, dass bei der Durchführung der Qualitätskontrolle bei

(Name/Firma des/der zu prüfenden Berufsangehörigen/-gesellschaft einfügen)

- keine Ausschlussgründe nach § 57a Abs. 4 WPO in Verbindung mit § 6 Satzung für Qualitätskontrolle und
- keine Besorgnis der Befangenheit nach § 49 zweite Alternative WPO (§§ 20 bis 24 Berufssatzung für Wirtschaftsprüfer/vereidigte Buchprüfer) bestehen, sowie
- meine Unabhängigkeit und Unparteilichkeit nach § 43 Abs. 1 WPO (§§ 1, 2, 20 Berufssatzung für Wirtschaftsprüfer/vereidigte Buchprüfer) gewahrt ist.

Die zu prüfende Praxis hat mit mir gemeinsam Abschlussprüfungen (Joint Audits) durchgeführt. Das Honorar aus den gemeinsamen Abschlussprüfungen beträgt (Summe einfügen) Prozent meines Gesamtumsatzes.[1]

Datum, Unterschrift/Stempel des vorgeschlagenen Prüfers für Qualitätskontrolle

---

[1] Diese Erklärung im Sinne des § 19 Abs. 2 der Satzung für Qualitätskontrolle ist nur bei gemeinsamen Abschlussprüfungen (Joint Audits) von Prüfer für Qualitätskontrolle und zu prüfender Praxis in die Unabhängigkeitsbestätigung aufzunehmen.

Bekanntmachung des Bundesministeriums der Finanzen über den Zusammenschluss von Steuerberatern mit ausländischen Berufsangehörigen nach § 56 Abs. 4 StBerG

Vom 23. Juni 2005 (BStBl. I 2005, 814 f.)

Nach § 56 Abs. 4 StBerG ist ein Zusammenschluss von Steuerberatern und Steuerbevollmächtigten mit ausländischen Berufsangehörigen, die ihre berufliche Niederlassung im Ausland haben, zulässig, wenn diese im Ausland einen den in § 3 Nr. 1 StBerG genannten Berufen in der Ausbildung und den Befugnissen vergleichbaren Beruf ausüben und die Voraussetzungen für die Berufsausübung den Anforderungen des Steuerberatungsgesetzes im Wesentlichen entsprechen. Der Zusammenschluss berechtigt die ausländischen Sozien aber nicht, in Deutschland Steuerberatung zu leisten, es sei denn, sie sind nach dem Steuerberatungsgesetz zum Steuerberater bestellt oder nach § 3 Nr. 4 StBerG zur geschäftsmäßigen Hilfeleistung in Steuersachen befugt, soweit sie mit der Hilfeleistung in Steuersachen eine Dienstleistung nach Artikel 50 EG-Vertrag erbringen.

Im Einvernehmen mit den obersten Finanzbehörden der Länder und der Bundessteuerberaterkammer wird nachstehend eine Aufstellung der ausländischen Berufsangehörigen, für die eine Vergleichbarkeit mit dem Beruf des Steuerberaters festgestellt worden ist, bekannt gemacht.

Belgien
- Conseil Fiscal/Belastingconsulent/Steuerberater
- Export Comptable/Accountant/Buchprüfer
- Réviiseur d'Entreprises/Bedrijfsrevisor/Betriebsrevisor
- Avocat/Advocaat/Rechtsanwalt

Dänemark
- Registreret Revisor
- Statsautoriseret Revisor
- Advokat

Estland
- Audiitor
- Vandeadvokaat

Finnland
- KHT-Auditor (Keskuskauppakamarin hyväksymä tilintarkastaja)
- HTM-Auditor (Kauppakamarin hyväksymä tilintarkastaja)
- Asianajaja/Advokat

Frankreich
- Export Comptable
- Commissaire Aux Comptes
- Avocat (Conseil Fiscal/Spécialiste en droit fiscal)

Griechenland
- Orkotos Elegktis Logistis (Orkoton Elekton)
- Dikigoros

Großbritannien
- Charternd Tax Adviser
- Chartered Accountant
- Certified Accountant
- Registered Auditor
- Advocate/Barrister/Solicitor

Irland
- Tax Consultant, der dem Institute of Taxation in Ireland angehört
- Chartered Accountant
- Certified Accountant
- Registered Auditor
- Barrister/Solicitor

Island
- Endurskoöenda
- Lögmaur

Italien
- Dottore Commercialista
- Ragioniere e Perito Commerciale
- Revisore Contabile
- Avvocato

Lettland
- Sertificets nodokju konsultants, der Mitglied der Latvijas nodokju konsultantu asociäcija ist
- Zvennätu Revidentu
- Zverinats Advokats

Liechtenstein
- Wirtschaftsprüfer
- Rechtsanwalt Litauen
- Auditorius
- Advokatas

Luxemburg
- Expert Comptable
- Reviseur d'Entreprises/Commissaire Aux Comptes
- Avocat

Malta
- Tax Consultant/Tax Adviser, der Mitglied des Malta Institute of Taxation ist
- Accountant (Auditor)
- Avukal/Prokuratur Legali

Niederlande
- Belastingadviseur, der Mitglied von De Nederiandse Federatie van Belastingadviseurs oder von De Nederiandse Orde van Belastingadviseurs ist
- Accountant-Administratieconsulent
- Registeraccountant
- Advocaat

Norwegen
- Registrert Revisor
- Statsautorisert Revisor
- Advokat

Österreich
- Steuerberater
- Wirtschaftsprüfer
- Buchprüfer
- Rechtsanwalt

Polen
- Doradca Podatkowy
- Biegly Rewident
- Adwokat/Radca Prawny

Portugal
- Revisor Oficial de Contas
- Advogado

Schweden
- Auktoriserad Revisor
- Godkänd Revisor
- Advokat

Schweiz
- Diplom-Steuerexperte, der Mitglied der Treuhand-Kammer oder des Schweizerischen Treuhänder-Verbandes ist
- Diplom-Wirtschaftsprüfer, der Mitglied der Treuhand-Kammer oder des Schweizerischen Treuhänder-Verbandes ist
- Diplom-Treuhandexperte, der Mitglied der Treuhand-Kammer oder des Schweizerischen Treuhänder-Verbandes ist
- Advokat, Rechtsanwalt, Anwalt, Fürsprecher, Fürsprech/Avocat/Awocato

Slowakische Republik
- Danovy Poradca, der Mitglied von Slovenskä komora danovych poradcov ist

- Auditor
- Advokät/Komercny Prävnik

Slowenien
- Davcni Svetovalec, der Mitglied von Drustvo Davenih Svetovalcev Slovenije (DDSS) ist
- PooWasceni Revizorji
- Odvetnik/Odvetnica

Spanien
- Asesor Fiscal, der der Asociaciön Espahola de Ase-sores Fiscales oder dem Registro de Economistas de Asesores Fiscales angehört
- Auditor de Cuentas
- Abogado/Advocat/Avogado/Abokatu

Tschechische Republik
- Danovy Poradce
- Auditor
- Advokat

Ungarn
- Adótanácsadó (Adószakértó), der Mitglied von Magyar Adótanácsadók Egyesülete ist
- Könyyvizsgälö
- Ügyvéd

Zypern
- Egkekrimenon Logiston Kytroy
- Dikigoros

Anlage zu § 122 Satz 1

Gebührenverzeichnis

Gliederung

Abschnitt 1		**Verfahren vor dem Landgericht**
	Unterabschnitt 1	Berufsgerichtliches Verfahren erster Instanz
	Unterabschnitt 2	Antrag auf gerichtliche Entscheidung über die Rüge
	Unterabschnitt 3	Antrag auf gerichtliche Entscheidung über die Androhung oder die Festsetzung eines Zwangsgelds
Abschnitt 2		**Verfahren vor dem Oberlandesgericht**
	Unterabschnitt 1	Berufung
	Unterabschnitt 2	Beschwerde
Abschnitt 3		**Verfahren vor dem Bundesgerichtshof**
	Unterabschnitt 1	Revision
	Unterabschnitt 2	Beschwerde
Abschnitt 4		**Rüge wegen Verletzung des Anspruchs auf rechtliches Gehör**

Gebührentabelle
s. Folgeseiten

Nr.	Gebührentatbestand	Gebührenbetrag oder Satz der jeweiligen Gebühr 110 bis 113

Vorbemerkung:

(1) Im berufsgerichtlichen Verfahren bemessen sich die Gerichtsgebühren vorbehaltlich des Absatzes 2 für alle Rechtszüge nach der rechtskräftig verhängten Maßnahme.

(2) Wird ein Rechtsmittel oder ein Antrag auf berufsgerichtliche Entscheidung nur teilweise verworfen oder zurückgewiesen, so hat das Gericht die Gebühr zu ermäßigen, soweit es unbillig wäre, den Berufsangehörigen damit zu belasten.

(3) Bei rechtskräftiger Anordnung einer Untersagung (§ 68a Abs. 1 der Wirtschaftsprüferordnung) wird eine Gebühr für alle Rechtszüge gesondert erhoben. Wird ein Rechtsmittel auf die Anordnung der Untersagung beschränkt, wird die Gebühr für das Rechtsmittelverfahren nur wegen der Anordnung der Untersagung erhoben. Satz 2 gilt im Fall der Wiederaufnahme entsprechend.

(4) Im Verfahren nach Wiederaufnahme werden die gleichen Gebühren wie für das wiederaufgenommene Verfahren erhoben. Wird jedoch nach Anordnung der Wiederaufnahme des Verfahrens das frühere Urteil aufgehoben, gilt für die Gebührenerhebung jeder Rechtszug des neuen Verfahrens mit dem jeweiligen Rechtszug des früheren Verfahrens zusammen als ein Rechtszug. Gebühren werden auch für Rechtszüge erhoben, die nur im früheren Verfahren stattgefunden haben.

Abschnitt 1
Verfahren vor dem Landgericht

Unterabschnitt 1
Berufsgerichtliches Verfahren erster Instanz

Nr.	Gebührentatbestand	Betrag
110	Verfahren mit Urteil bei Verhängung einer Geldbuße	240,00 EUR
111	Verfahren mit Urteil bei Verhängung eines Verbots nach § 68 Abs. 1 Nr. 2 der Wirtschaftsprüferordnung oder eines Berufsverbots....................	360,00 EUR
112	Verfahren mit Urteil bei Ausschließung aus dem Beruf....................................	480,00 EUR
113	Untersagung der Aufrechterhaltung des pflichtwidrigen Verhaltens oder der künftigen Vornahme einer gleich gearteten Pflichtverletzung (§ 68a Abs. 1 der Wirtschaftsprüferordnung)....................	60,00 EUR

Gebührenverzeichnis zu berufsgerichtlichen Verfahren

Nr.	Gebührentatbestand	Gebührenbetrag oder Satz der jeweiligen Gebühr 110 bis 113
	Unterabschnitt 2 Antrag auf gerichtliche Entscheidung über die Rüge	
120	Verfahren über den Antrag auf gerichtliche Entscheidung über die Rüge nach § 63a Abs. 1 der Wirtschaftsprüferordnung: Der Antrag wird zurückgewiesen	160,00 EUR
	Unterabschnitt 3 Antrag auf gerichtliche Entscheidung über die Anordnung oder die Festsetzung eines Zwangsgelds	
130	Verfahren über den Antrag auf gerichtliche Entscheidung über die Androhung oder die Festsetzung eines Zwangsgelds nach § 62a Abs. 3 der Wirtschaftsprüferordnung: Der Antrag wird verworfen oder zuückgewiesen	160,00 EUR
	Abschnitt 2 **Verfahren vor dem Oberlandesgericht** Unterabschnitt 1 Berufung	
210	Berufungsverfahren mit Urteil	1,5
211	Erledigung des Berufungsverfahrens ohne Urteil Die Gebühr entfällt bei Zurücknahme der Berufung vor Ablauf der Begründungsfrist.	0,5
	Unterabschnitt 2 Beschwerde	
220	Verfahren über Beschwerden im berufsgerichtlichen Verfahren, die nicht nach anderen Vorschriften gebührenfrei sind: Die Beschwerde wird verworfen oder zurückgewiesen .... Von dem Berufsangehörigen wird eine Gebühr nur erhoben, wenn gegen ihn rechtskräftig eine berufsgerichtliche Maßnahme verhängt oder eine Untersagung (§ 68a Abs. 1 der Wirtschaftsprüferordnung) angeordnet worden ist.	50,00 EUR

Nr.	Gebührentatbestand	Gebührenbetrag oder Satz der jeweiligen Gebühr 110 bis 113
	Abschnitt 3 **Verfahren vor dem Bundesgerichtshof**	
	Unterabschnitt 1 Revision	
310	Revisionsverfahren mit Urteil oder mit Beschluss nach § 107 Abs. 3 Satz 1 der Wirtschaftsprüferordnung i. V. m. § 349 Abs. 2 oder Abs. 4 StPO.............	2,0
311	Erledigung des Revisionsverfahrens ohne Urteil und ohne Beschluss nach § 107a Abs. 3 Satz 1 der Wirtschaftsprüferordnung i. V. m. § 349 Abs. 2 oder Abs. 4 StPO................................. Die Gebühr entfällt bei Zurücknahme der Revision vor Ablauf der Begründungsfrist.	1,0
	Unterabschnitt 2 Beschwerde	
320	Verfahren über die Beschwerde gegen die Nichtzulassung der Revision: Die Beschwerde wird verworfen oder zurückgewiesen............................	1,0
321	Verfahren über sonstige Beschwerden im berufsgerichtlichen Verfahren, die nicht nach anderen Vorschriften gebührenfrei sind: Die Beschwerde wird verworfen oder zurückgewiesen............................ Von dem Berufsangehörigen wird eine Gebühr nur erhoben, wenn gegen ihn rechtskräftig eine berufsgerichtliche Maßnahme verhängt oder eine Untersagung (§ 68a Abs. 1 der Wirtschaftsprüferordnung) angeordnet worden ist.	50,00 EUR

Nr.	Gebührentatbestand	Gebührenbetrag oder Satz der jeweiligen Gebühr 110 bis 113
	Abschnitt 4 **Rüge wegen Verletzung des Anspruchs** **auf rechtliches Gehör**	
400	Verfahren über die Rüge wegen Verletzung des Anspruchs auf rechtliches Gehör: Die Rüge wird in vollem Umfang verworfen oder zurückgewiesen..............................	50,00 EUR.

Abkürzungsverzeichnis

a.A.	anderer Ansicht
AAB	Allgemeine Auftragsbedingungen
a.a.O.	am angegebenen Ort
a.E.	am Ende
a.F.	alte Fassung
Abb.	Abbildung
Abs.	Absatz
Abschn.	Abschnitt
AG	Aktiengesellschaft
AG	Amtsgericht
AGH	Anwaltsgerichtshof
AktG	Aktiengesetz
allg.	allgemein
allg. M.	Allgemeine Meinung
Alt.	Alternative
amtl.	amtliche
Amtsbl.	Amtsblatt
Anm.	Anmerkung
AnwBl.	Anwaltsblatt (Zs.)
AnwG.	Anwaltsgericht
AP	Abschlussprüfer/in (s.a. EU-AP)/Abschlussprüfung
APAG	Abschlussprüferaufsichtsgesetz (auch → 6. WPO-Novelle 2005)
APAK	Abschlussprüferaufsichtskommission
ApoR	Apotheke und Recht (Zs.)
AP-RiLi	Abschlussprüferrichtlinie (2006) = Richtlinie 2006/43/EG des Europäischen Parlaments und des Rates vom 17.5.2006 über Abschlussprüfungen von Jahresabschlüssen und konsolidierten Abschlüssen, zur Änderung der Richtlinien 78/660/EWG und 83/349/EWG des Rates und zur Aufhebung der Richtlinie 84/253/EWG des Rates – EU Amtsblatt L 157/87 vom 9.6.2006, geändert durch Richtlinie 2008/30/EG, EU Amtsblatt L 81/53 v. 20.3.2008
ArbGG	Arbeitsgerichtsgesetz
ArbPlSchG	Arbeitsplatzschutzgesetz
ArbZG	Arbeitszeitgesetz
Art.	Artikel
Aufl.	Auflage
ausdr.	ausdrücklich

ausschl.	ausschließlich
Az.	Aktenzeichen
BA	Berufsaufsicht
BAFin	Bundesanstalt für Finanzdienstleistungsaufsicht
BAnz	Bundesanzeiger
BARefG	Gesetz zur Stärkung der Berufsaufsicht und zur Reform berufsrechtlicher Regelungen in der Wirtschaftsprüferordnung (Berufsaufsichtsreformgesetz – BARefG) v. 3.9.2007 (BGBl. I, 2178) (auch → 7. WPO-Novelle 2007)
BayEGH	Bayerischer Ehrengerichtshof für Rechtsanwälte
BayObLG	Bayerisches Oberstes Landesgericht
BayVerfGH	Bayerischer Verfassungsgerichtshof
BB	Der Betriebs-Berater (Zs.)
BBG	Bundesbeamtengesetz
BBiG	Berufsbildungsgesetz
Bd.	Band
BDG	Bundesdisziplinargesetz
BDO	Bundesdisziplinarordnung
bDSB	betrieblicher Datenschutzbeauftragter
BDSG	Bundesdatenschutzgesetz
bearb.	Bearbeitet
BEEG	Gesetz zum Elterngeld und zur Elternzeit
Begr.	Begründung
Berl. AnwBl.	Berliner Anwaltsblatt
Beschl.	Beschluss
betr.	betreffend
BetrVG	Betriebsverfassungsgesetz
BeurkG	Beurkundungsgesetz
BfA	Bundesversicherungsanstalt für Angestellte
BFH	Bundesfinanzhof
BFH/NV	Sammlung amtlich nicht veröffentlichter Entscheidungen des Bundesfinanzhofs
BFuP	Betriebswirtschaftliche Forschung und Praxis (Zs.)
BGB	Bürgerliches Gesetzbuch
BGBl.	Bundesgesetzblatt
BGH	Bundesgerichtshof
BGHSt	Entscheidungen des BGH in Strafsachen
BHStB	Bonner Handbuch der Steuerberatung (s. Literaturverzeichnis)
BGHZ	Entscheidungen des BGH in Zivilsachen

BHO	Bundeshaushaltsordnung
BHV	Berufshaftpflichtversicherung
BilKoG	Bilanzkontrollgesetz v. 15.12.2004, BGBl. I 2004, 3408, in Kraft getreten am 21.12.2004
BilMoG	Bilanzrechtsmodernisierungsgesetz v. 25.5.2009, BGBl. I 2009, 1102, in Kraft getreten am 29.5.2009
BiRiLiG	Bilanzrichtlinien-Gesetz i.d.F. v. 19.12.1985, BGBl. I, 2355
BilReG	Bilanzrechtsreformgesetz v. 4.12.2004, BGBl. I 2004, 3166, in Kraft getreten am 10.12.2004
BMF	Bundesminister(ium) der Finanzen
BMI	Bundesminister(ium) des Innern
BMJ	Bundesminister(ium) der Justiz
BMWi	Bundesminister(ium) für Wirtschaft und Technologie
BNotK	Bundesnotarkammer
BNotO	Bundesnotarordnung
BORA	Berufsordnung der Rechtsanwälte
BOStB	Berufsordnung der Steuerberater
BO WPK	Beitragsordnung der WPK
BörsG	Börsengesetz
BPG	Buchprüfungsgesellschaft
BR	Berufsregister
BRAK	Bundesrechtsanwaltskammer KöR, Berlin
BRAK-Mitt.	Mitteilungen der BRAK (Zs.)
BRAO	Bundesrechtsanwaltsordnung
BRRG	Beamtenrechtsrahmengesetz
BStBK	Bundessteuerberaterkammer KöR, Berlin
BStBl	Bundessteuerblatt (Zs.)
BS WP/vBP	Satzung der Wirtschaftsprüferkammer über die Rechte und Pflichten bei der Ausübung der Berufe des Wirtschaftsprüfers und des vereidigten Buchprüfers (Berufssatzung für Wirtschaftsprüfer und vereidigte Buchprüfer)
Bsp.	Beispiel
bspw.	beispielsweise
BT-Drs.	Bundestags-Drucksache
BuW	Betrieb und Wirtschaft (Zs.)
BV	Bestätigungsvermerk
BVerfG	Bundesverfassungsgericht
BVerfGE	Entscheidungen des Bundesverfassungsgerichts
BVerwG	Bundesverwaltungsgericht
BVerwGE	Entscheidungen des Bundesverfassungsgerichts
bzgl.	bezüglich
bzw.	beziehungsweise

ca.	circa
c.i.c.	culpa in contrahendo (Verschulden bei Vertragsschluss)
CR	Computer und Recht (Zs.)
DAV	Deutscher Anwaltsverein (DAV) e.V.
DB	Der Betrieb (Zs.)
DCGK	Deutscher Corporate Governance Kodex
d.h.	das heißt
diesbezgl.	diesbezüglich
DIHK	Deutscher Industrie- und Handelskammertag
DL-InfoV	Verordnung über Informationspflichten für Dienstleistungserbringer
DONot	Dienstordnung für Notarinnen und Notare
DÖV	Die Öffentliche Verwaltung – DÖV (Zs.)
DPR	Deutsche Prüfstelle für Rechnungslegung
DRiG	Deutsches Richtergesetz
DRSC	Deutsches Rechnungslegungs Standards Committee e.V., Berlin
DS-AP	Abschlussprüfer, Abschlussprüferinnen und Abschlussprüfungsgesellschaften aus Drittstaaten
DStR	Deutsches Steuerrecht (Zs.)
DStRE	DStR-Entscheidungsdienst (Zs.)
DSWR	Datenverarbeitung, Steuer, Wirtschaft, Recht (Zs.)
DVBl	Deutsches Verwaltungsblatt (Zs.)
DVP	DVP Deutsche Verwaltungs-Praxis, Fachzeitschrift für die öffentliche Verwaltung (Zs.)
DVStB	Verordnung zur Durchführung des Steuerberatungsgesetzes
EA	Einzelabschluss
EAP	Einheitlicher Ansprechpartner/Einheitliche Stelle
EDV	Elektronische Datenverarbeitung
EEG	Erneuerbare-Energien-Gesetz
EG	Europäische Gemeinschaft
EGStGB	Einführungsgesetz zum Strafgesetzbuch
einh. M.	einhellige Meinung
Einl.	Einleitung
EGGVG	Einführungsgesetz zum Gerichtsverfassungsgesetz
EGH	Ehrengerichtshof für Rechtsanwälte
EGHGB	Einführungsgesetz zum Handelsgesetzbuch
EGMR	Europäischer Gerichtshof für Menschenrechte
EGV	EG-Vertrag

EHUG	Gesetz über elektronische Handelsregister und Genossenschaftsregister sowie das Unternehmensregister
einschließl.	einschließlich
EMRK	Europäische Menschenrechtskonvention
entw.	entweder
EStG	Einkommensteuergesetz
etc.	et cetera
EU	Europäische Union
EU-AP	Abschlussprüfer nach dem Recht eines Mitgliedstaates der Europäischen Union
EU-Dienstleistungs-RiLi	Richtlinie 2006/123/EG des Europäischen Parlaments und des Rates vom 2. Dezember 2006 über Dienstleistungen im Binnenmarkt
EUGH	Europäischer Gerichtshof
EuGVÜ	Übereinkommen über gerichtliche Zuständigkeit und die Vollstreckung gerichtlicher Entscheidungen in Zivil- und Handelssachen
EuRAG	Gesetz über die Tätigkeit europäischer Rechtsanwälte in Deutschland
8. EU-Richtlinie (1984)	Achte Richtlinie 84/253/EWG des Rates vom 10.4.1984 aufgrund von Artikel 54 Abs. 3 Buchstabe g) des Vertrages über die Zulassung der mit der Pflichtprüfung der Rechnungslegungsunterlagen beauftragten Personen – Amtsblatt EG Nr. L 126 (1984), 20; abgelöst durch die Abschlussprüferrichtlinie (2006)
EuroBilG	Euro-Bilanzgesetz i.d.F. v. 10.12.2001, BGBl. I, 3414, in Kraft getreten am 1.1.2002
evtl.	eventuell
EWG	Europäische Wirtschaftsgemeinschaft
EWIV	Europäische Wirtschaftliche Interessenvereinigung
EWiR	Entscheidungen zum Wirtschaftsrecht (Zs.)
EWR	Europäischer Wirtschaftsraum
f., ff.	folgend
FamFG	Gesetz über das Verfahren in Familiensachen und in Angelegenheiten der freiwilligen Gerichtsbarkeit v. 17.12.2008, BGBl. I, 2586, in Kraft getreten am 1.9.2008
FATF	Financial Action Task Force on Money Laundering
FG	Finanzgericht/e
FGO	Finanzgerichtsordnung
FIU	Financial Intelligence Unit
Fn.	Fußnote
FS	Festschrift

Abkürzungsverzeichnis

GbR	Gesellschaft bürgerlichen Rechts
GebO WPK	Gebührenordnung WPK
ggf.	gegebenenfalls
gen.	genossenschaftlich/e/es/er
gen. PrfgVerb	genossenschaftlicher Prüfungsverband
GenG	Genossenschaftsgesetz
Gesetzesbegr.	Gesetzesbegründung
GewArch	Gewerbe Archiv, Zeitschrift für Wirtschaftsverwaltungsrecht (Zs.)
GewO	Gewerbeordnung
GewStG	Gewerbesteuergesetz
GF	Geschäftsführer
GG	Grundgesetz für die Bundesrepublik Deutschland
ggü.	gegenüber
GKG	Gerichtskostengesetz
GmbHG	Gesetz betreffend die Gesellschaften mit beschränkter Haftung
GmbHR	Die GmbH-Rundschau (Zs.)
GO	Gemeindeordnung/en
GoA	Grundsätze ordnungsmäßiger Abschlussprüfung
GoB	Grundsätze ordnungsmäßiger Buchführung
grds.	grundsätzlich
GStA	Generalstaatsanwaltschaft
GVG	Gerichtsverfassungsgesetz
GwG	Geldwäschegesetz
GwHdb	Geldwäschebekämpfung und Gewinnabschöpfung – Handbuch der straf- und wirtschaftsrechtlichen Regelungen (s. Literaturverzeichnis)
Hdb.	Handbuch
HdB QS	Handbuch zur Qualitätssicherung und zur Vorbereitung auf die externe Qualitätskontrolle für den prüfenden und beratenden Mittelstand (s. Literaturverzeichnis)
HGB	Handelsgesetzbuch
HGS	Hauptgeschäftsstelle (der WPK)
h.M.	herrschende Meinung
HR	Handelsregister
HRRS	Onlinezeitschrift für Höchstrichterliche Rechtsprechung im Strafrecht (Zs.)
Hrsg.	Herausgeber
hrsg.	herausgegeben
Hs.	Halbsatz

IAASB	International Auditing and Assurance Standards Board
IAESB	International Accounting Education Standards Board
IAS	International Accounting Standards
IBR	Immobilien- und Baurecht (Zs.)
i.d.F.	in der Fassung
i.d.R.	in der Regel
IDW	Institut der Wirtschaftsprüfer in Deutschland e.V.
IDW FG	Fachgutachten des IDW
(IDW)-FN	IDW-Fachnachrichten
(IDW)-HFA	IDW-Hauptfachausschuss
i. Erg.	im Ergebnis
IES	International Education Standard
IESBA	International Ethics Standard Board of Accountants
IESBA CoE	IESBA Code of Ethics for Professional Accountants
IFAC	International Federation of Accountants
IFG	Informationsfreiheitsgesetz
IFRS	International Financial Reporting Standards
i. Ggs.	im Gegensatz
IHK	Industrie- u. Handelskammer
IHKG	Gesetz zur vorläufigen Regelung des Rechts der Industrie- und Handelskammern
INF	Die Information für Steuerberater und Wirtschaftsprüfer (Zs.)
insb.	insbesondere
InsO	Insolvenzordnung
i.S.	im Sinne
ISA	International Standards on Auditing
ISQC 1	International Standard on Quality Control 1 – Quality Control for firms that perform audits and review of financial statements, and other assurance and related services engagements
IT	Informationstechnologie
ITRB	IT Rechts-Berater
i.Ü.	im Übrigen
i.V.m.	in Verbindung mit
i.Z.m.	im Zusammenhang mit
JA	Jahresabschluss
JA	Juristische Arbeitsblätter & JADirekt (Zs.)
JAG	Juristenausbildungsgesetz
JAP	Jahresabschlussprüfung/Jahresabschlussprüfer
JuMoG	Justizmodernisierungsgesetz v. 22.12.2006, BGBl. I, 3416, in Kraft getreten am 31.12.2006

jur.	juristisch
JURA	Juristische Ausbildung (Zs.)
jurisPR-HaGesR	juris Praxisreport Handels- und Gesellschaftsrecht (online)
JuS	Juristische Schulung & JuSDirekt (Zs.)
JVEG	Justizvergütungs- und -entschädigungsgesetz
KA	Konzernabschluss
Kap.	Kapitel
Kfm.	Kaufmann
KfQK	Kommission für Qualitätskontrolle
KG	Kommanditgesellschaft oder Kammergericht (Berlin)
KOM	Mitteilungen der EU-Kommission (Zs.)
KöR	Körperschaft des öffentlichen Rechts
KSchG	Kündigungsschutzgesetz
KWG	Kreditwesengesetz
LBG	Landesbeamtengesetz
ledigl.	lediglich
LG	Landgericht
LGS	Landesgeschäftsstelle (der WPK)
LKV	Landes- und Kommunalverwaltung (Zs.)
MaBV	Makler- und Bauträgerverordnung
MEG I	Erstes Gesetz zum Abbau bürokratischer Hemmnisse v. 22.8.2006, BGBl. I, 1970, in Kraft getreten am 25.8.2006
MDR	Monatsschrift für Deutsches Recht (Zs.)
mind.	mindestens
MitbestG	Mitbestimmungsgesetz
MMR	Multimedia und Recht (Zs.)
MoMiG	Gesetz zur Modernisierung des GmbH-Rechts und zur Bekämpfung von Missbräuchen vom 23.10.2008, BGBl. I, 2026, in Kraft getreten am 1.11.2008
MünchKomm	Münchener Kommentar zum AktG, BGB oder HGB
m.w.N.	mit weiteren Nachweisen
Nachw.	Nachweis/e
nat.	natürlich
n.F.	neue Fassung
NJW	Neue Juristische Wochenschrift (Zs.)
NJW-RR	Neue Juristische Wochenschrift – Rechtsprechungsreport (Zs.)
NL	Niederlassung

NordÖR	Zeitschrift für Öffentliches Recht in Norddeutschland (Zs.)
Nr.	Nummer
nrkr.	nicht rechtskräftig
NStZ	Neue Zeitschrift für Strafrecht (Zs.)
NVwZ	Neue Zeitschrift für Verwaltungsrecht (Zs.)
NWB	Neue Wirtschaftsbriefe (Zs.)
NZA	Neue Zeitschrift für Arbeitsrecht (Zs.)
NZA-RR	Neue Zeitschrift für Arbeitsrecht – Rechtsprechungsreport (Zs.)
NZG	Neue Zeitschrift für Unternehmens- und Gesellschaftsrecht (Zs.)
NZI	Neue Zeitschrift für das Recht der Insolvenz und Sanierung (Zs.)
NZV	Neue Zeitschrift für Verkehrsrecht (Zs.)
o.	oder
o.ä.	oder ähnlich
öffentl.	öffentlich
o.g.	oben genannte/r/n
OHG	Offene Handelsgesellschaft
OLG	Oberlandesgericht
OLGR	Schnelldienst zur Zivilrechtsprechung der Oberlandesgerichte (OLG Report)
o.V.	ohne Verfasser
OWi	Ordnungswidrigkeit
OWiG	Gesetz über Ordnungswidrigkeiten
PA	Patentanwalt, Patentanwälte
PAK	Patentanwaltskammer KöR, München
PAngV	Preisangabenverordnung
PAO	Patentanwaltsordnung
PartG	Partnerschaftsgesellschaft
PartGG	Partnerschaftsgesellschaftsgesetz
PartGmbB	Partnerschaftsgesellschaft mit beschränkter Berufshaftung
PB	Prüfungsbericht
PCAOB	Public Company Accounting Oversight Board
PfandBG	Pfandbriefgesetz
PfQK	Prüfer für Qualitätskontrolle
phG	persönlich haftender Gesellschafter
PR	Partnerschaftsregister
PrfgVerb	Prüfungsverband
PrüSt	Prüfungsstelle der Sparkassen- und Giroverbände

PS	Prüfungsstandard
PublG	Gesetz über die Rechnungslegung von bestimmten Unternehmen und Konzernen (Publizitätsgesetz)
QK	Qualitätskontrolle
QK-Bericht	Qualitätskontrollbericht
QS	Qualitätssicherung
QS-System	Qualitätssicherungssystem
RA	Rechtsanwalt, Rechtsanwälte
RAG	Rechtsanwaltsgesellschaft
RAK	Rechtsanwaltskammer(n)
RBerG	Rechtsberatungsgesetz
RDG	Gesetz über außergerichtliche Rechtsdienstleistungen (Rechtsdienstleistungsgesetz), in Kraft getreten am 1.7.2008
RDV	Recht der Datenverarbeitung (Zs.)
RegE	Regierungsentwurf
resp.	respektive
rkr.	rechtskräftig
RMS	Risikomanagementsystem
Rn.	Randnummer/n
RiLWP	Richtlinien für die Berufsausübung der Wirtschaftsprüfer und vereidigten Buchprüfer, außer Kraft getreten am 11.6.1996
RiStBV	Richtlinien für das Straf- und Bußgeldverfahren
Rspr.	Rechtsprechung
RVG	Rechtsanwaltsvergütungsgesetz
s.	siehe
S.	Seite
Satzung WPK	Satzung zur Organisation und Verwaltung der Wirtschaftsprüferkammer nach § 60 WPO
SaQK	Satzung für Qualitätskontrolle
SE	Societas Europaea (Europäische Aktiengesellschaft)
SEAG	Gesetz zur Ausführung der Verordnung (EG) Nr. 2157/2001 über das Statut der Europäischen Gesellschaft (SE) vom 22.12.2004 (SE-Ausführungsgesetz)
SEEG	Gesetz zur Einführung der Europäischen Gesellschaft v. 22.12.2004, BGBl I, 3675, in Kraft getreten am 29.12.2004
SGB	Sozialgesetzbuch
SigG	Signaturgesetz

SiegelVO	Verordnung über die Gestaltung des Siegels der Wirtschaftsprüfer, vereidigten Buchprüfer, Wirtschaftsprüfungsgesellschaften und Buchprüfungsgesellschaften
Slg.	Sammlung
s.o.	siehe oben
sog.	so genannte/en/er
SpkG	Sparkassengesetz
SprAuG	Sprecherausschussgesetz
StA	Staatsanwaltschaft
StB	Steuerberater/in
	auch: Der Steuerberater (Zs.)
Stbg	Die Steuerberatung (Zs.)
StBerG	Steuerberatungsgesetz
8. StBerÄG	Achtes Gesetz zur Änderung des Steuerberatungsgesetzes v. 8.4.2008, Regierungsentwurf (BT-Drs. 16/7485), Beschlussempfehlung (BT-Drs. 16/7867), (BGBl. I, 666) in Kraft getreten am 12.4.2008
StBG	Steuerberatungsgesellschaft
StBK	Steuerberaterkammer(n)
StBMag	SteuerberaterMagazin (Zs.)
StBp	Die steuerliche Betriebsprüfung (Zs.)
StBv	Steuerbevollmächtigter
StBVV	Steuerberatervergütungsverordnung
StGB	Strafgesetzbuch
StiftG	Stiftungsgesetz
StPO	Strafprozessordnung
str.	streitig
StrEG	Gesetz über die Entschädigung für Strafverfolgungsmaßnahmen
StuB	Steuern und Bilanzen (Zs.)
StV	Strafverteidiger (Zs.)
StVj	Steuerliche Vierteljahresschrift (Zs.)
SU	anlassunabhängige Sonderuntersuchung/en
s.u.	siehe unten
tats.	tatsächlich
TB	Teilnahmebescheinigung
teilw.	teilweise
TMG	Telemediengesetz
TUG	Transparenzrichtlinie-Umsetzungsgesetz v. 5.1.2007, BGBl. I, 10, in Kraft getreten am 20.1.2007
Tz.	Teilziffer

Abkürzungsverzeichnis

u.	und
u.a.	und andere; unter anderem
UmwG	Umwandlungsgesetz
ÜPKKG	Gesetz zur Regelung der überörtlichen Prüfung kommunaler Körperschaften in Hessen
UPR	Umwelt und Planungsrecht (Zs.)
Urt.	Urteil
US-GAAP	United States Generally Accepted Accounting Principles
US-GAAS	United States Generally Accepted Auditing Standards
usw.	und so weiter
UWG	Gesetz gegen den unlauteren Wettbewerb
v.	vom/von
VA	Verwaltungsakt/e
VAG	Versicherungsaufsichtsgesetz
vBP	vereidigte/r Buchprüfer/in
Verf.	Verfasser
VerpackV	Verpackungsverordnung
VerwArch	Verwaltungsarchiv (Zs.)
VG	Verwaltungsgericht/e
vgl.	vergleiche
VK	Vergabekammer
VO	Vorstand
VO 1/2006	Gemeinsame Stellungnahme der WPK und des IDW zu den Anforderungen an die Qualitätssicherung in der WP-Praxis
VOBA	Vorstandsabteilung „Berufsaufsicht"
Vor	Vorbemerkung/en
VOReg	Vorstandsabteilung „Bestellungen und Widerruf, Register- und Beitragsangelegenheiten"
VSP	Verschwiegenheitspflicht
VW	Versicherungswirtschaft (Zs.)
VwGO	Verwaltungsgerichtsordnung
VwKostG	Verwaltungskostengesetz
VwVfG	Verwaltungsverfahrensgesetz
VwVG	Verwaltungsvollstreckungsgesetz
VwZG	Verwaltungszustellungsgesetz
WahlO	Wahlordnung der WPK
WahlRÄG 2010	Viertes Gesetz zur Änderung der Wirtschaftsprüferordnung – Wahlrecht der Wirtschaftsprüferkammer v. 2.12.2010 (Wahlrechtsänderungsgesetz), BGBl. I. 2010, 1746, in Kraft getreten am 9.12.2010

Abkürzungsverzeichnis

WiPrPrüfV	Wirtschaftsprüferprüfungsverordnung
wistra	Zeitschrift für Wirtschafts- und Steuerstrafrecht (Zs.)
WiVerw	Wirtschaft und Verwaltung (Beilage zur Zeitschrift „Gewerbearchiv") (Zs.)
WP	Wirtschaftsprüfer/in
WPAnrV	Wirtschaftsprüfungsexamens-Anrechnungsverordnung
WPBHV	Wirtschaftsprüfer-Berufshaftpflichtversicherungsverordnung
WPg	Die Wirtschaftsprüfung (Zs.)
WPG	Wirtschaftsprüfungsgesellschaft(en)
WpHG	Gesetz über den Wertpapierhandel
WPK	Wirtschaftsprüferkammer KöR, Berlin
WPK-Mag.	WPK-Magazin, vormals: WPK-Mitteilungen (Zs.) auch: rückwirkend bis 2004 auf der Internetseite der WPK unter www.wpk.de (WPK Magazin/Archiv)
WPK-MittBl.	Mitteilungsblatt der WPK Nr. 1 – 133 (bis 1989)
WPK-Mitt.	WPK-Mitteilungen, ab 2004: WPK-Magazin (Zs.)
WPO	Wirtschaftsprüferordnung (Gesetz über eine Berufsordnung der Wirtschaftsprüfer)
WPO 1961	WPO v. 24.7.1961, BGBl. I, 1049, in Kraft getreten am 1.11.1961
1. WPO-Novelle 1975	Gesetz zur Änderung der Wirtschaftsprüferordnung und anderer Gesetze v. 20.8.1975, BGBl. I, 2258, in Kraft getreten am 24.8.1975
2. WPO-Novelle 1991	Zweites Gesetz zur Änderung der Wirtschaftsprüferordnung v. 20.7.1990, BGBl I., 1462, in Kraft getreten am 1.1.1991
3. WPO-Novelle 1995	Drittes Gesetz zur Änderung der Wirtschaftsprüferordnung v. 15.7.1994, BGBl. I, 512, in Kraft getreten am 1.1.1995
4. WPO-Novelle 2001	Gesetz zur Änderung von Vorschriften über die Tätigkeit der Wirtschaftsprüfer v. 19.12.2000, BGBl. I, 1769, in Kraft getreten am 1.1.2001, bezogen auf die Zuständigkeit der WPK für Bestellungen und Anerkennungen am 1.1.2002
5. WPO-Novelle 2004	Gesetz zur Reform des Zulassungs- und Prüfungsverfahrens v. 1.1.2003, BGBl. I, 2446, in Kraft getreten am 1.1.2004
6. WPO-Novelle 2005	Gesetz zur Fortentwicklung der Berufsaufsicht über Wirtschaftsprüfer v. 27.12.2004, BGBl. I, 3846, in Kraft getreten am 1.1.2005
7. WPO-Novelle 2007	Gesetz zur Stärkung der Berufsaufsicht und zur Reform berufsrechtlicher Regelungen in der Wirtschaftsprüferordnung v. 3.9.2007, BGBl. I, 2178, in Kraft getreten am 6.9.2007
WP Praxis	WP Praxis (Zs.)
WP-Versammlung	Wirtschaftsprüferversammlung

WPV	Versorgungswerk der Wirtschaftsprüfer und vereidigten Buchprüfer im Lande Nordrhein-Westfalen KöR
z.B.	zum Beispiel
ZCG	Zeitschrift für Corporate Governance (Zs.)
ZGR	Zeitschrift für Unternehmens- und Gesellschaftsrecht (Zs.)
ZHR	Zeitschrift für das gesamte Handels- und Wirtschaftsrecht (Zs.)
ZIP	Zeitschrift für Wirtschaftsrecht (Zs.)
zit.	zitiert
ZN	Zweigniederlassung
ZPO	Zivilprozessordnung
Zs.	Zeitschrift
zugl.	zugleich
zusätzl.	zusätzlich
z.T.	zum Teil
zutr.	zutreffend

Literaturverzeichnis

Adler, Hans/Düring, Walther/Schmaltz, Kurt: Rechnungslegung und Prüfung der Unternehmen, 6. Aufl., Stuttgart 2000 (zit.: ADS)

Ballwieser, Wolfgang/Coenenberg, Adolf G./Wysocki, Klaus v.: Handwörterbuch der Rechnungslegung und Prüfung,
3. Aufl., Stuttgart 2002 (zit.: Bearbeiter, HWRP)

Battis, Ulrich: Bundesbeamtengesetz, 4. Aufl., München 2009 (zit.: Battis, BBG)

Baumbach, Adolf/ Hueck, Alfred: GmbH-Gesetz,
20. Aufl., München 2012 (zit.: Baumbach/Hueck, GmbHG)

Bauschke, Hans-Joachim/Weber, Achim: Bundesdisziplinargesetz, Kommentar, Stuttgart 2003 (zit.: Bauschke/Weber, BDisZG)

Bechtold, Rainer: GWB. Kartellgesetz, Gesetz gegen Wettbewerbsbeschränkungen, Kommentar
6. Aufl., München 2010 (zit.: Bechtold, GWB)

Beck'scher Bilanz-Kommentar: Handels- und Steuerbilanz, §§ 238-339, 342-342e HGB mit EGHGB und IAS/IFRS-Abweichungen,
8. Aufl., München 2012 (zit.: BeckBilK/Bearbeiter)

Berger, Klaus: Sparkassengesetz für das Land Niedersachsen,
2. Aufl., München 2006 (zit.: Berger, SpkG)

Beuthien, Volker: Genossenschaftsgesetz mit Umwandlungsrecht,
15. Aufl., München 2011 (zit.: Beuthien, GenG)

Biener, Herbert/Berneke, Wilhelm: Bilanzrichtlinien-Gesetz, Düsseldorf 1986 (zit.: Biener/Berneke, BiRiLiG)

Blank, Georg: Berufsaufsicht über Wirtschaftsprüfer, Hamburg 2009 (zit.: Blank, Berufsaufsicht über Wirtschaftsprüfer)

Bölingen, Adrian: Das Rügeverfahren der Wirtschaftsprüfer, Hamburg 2011

Cichon, Josef/Späth, Wolfgang: Bonner Handbuch der Steuerberatung: Bonn 2007 (zit.: Cichon/Späth/Bearbeiter, BHStB)

Crezelius/Hirte/Vieweg: Festschrift für Volker Röhricht zum 65. Geburtstag: Gesellschaftsrecht-Rechnungslegung-Sportrecht,
Köln 2005

Deneke, J.F. Volrad: Die freien Berufe, Stuttgart 1956
(zit.: Deneke, Die freien Berufe)

Literaturverzeichnis

Deussen, Reiner: Externe Qualitätskontrolle nach § 57a WPO. Qualitätssicherung in der Abschlussprüfung: Grundlagen, Vorbereitung, Durchführung, Stuttgart 2007 (zit.: Deussen, Externe Qualitätskontrolle)

Diergarten, Achim: Geldwäsche, Kommentar, 2. Aufl., Stuttgart 2010 (zit.: Diergarten, Geldwäsche)

Ebke, Werner: Die Arbeitspapiere des WP und StB im Zivilprozess, Köln 2003 (zit.: Ebke, Arbeitspapiere)

Erfurter Kommentar zum Arbeitsrecht, 13. Aufl., München 2013 (zit.: ErfK/Bearbeiter)

Eylmann, Horst/Vaasen, Hans-Dieter: Bundesnotarordnung und Beurkundungsgesetz, 3. Aufl., München 2011 (zit.: Eylmann/Vaasen, BNotO)

Feuchtwanger, Sigbert: Die freien Berufe, München, Leipzig 1922 (zit.: Feuchtwanger, Die freien Berufe)

Feuerich, Wilhelm E./Weyland, Dag/Vossebürger, Albert: Bundesrechtsanwaltsordnung, Kommentar, 8. Aufl., München 2012 (zit.: Feuerich/Weyland/Bearbeiter, BRAO)

Fischer, Thomas: Strafgesetzbuch und Nebengesetze, 60. Aufl., München 2012 (zit.: *Fischer, StGB*)

Fleischmann, Eugen: Die freien Berufe im Rechtsstaat, Berlin 1970 (zit.: Fleischmann, Die freien Berufe)

Fröhler, Ludwig/Oberndorfer, Peter: Körperschaften des öffentlichen Rechts und Interessenvertretung, München 1974 (zit.: Fröhler/Oberndorfer, KöR)

Fromme, Friedrich Karl: Der Parlamentarier – Ein freier Beruf?, Zürich, Osnabrück 1978 (zit.: Fromme, Der Parlamentarier)

Fülbier, Andreas/Aepfelbach, Rolf/Langweg, Peter: Das Geldwäschegesetz, 5. Aufl., Köln 2006 (zit.: Fülbier/Aepfelbach/Langweg, GwG)

Gabler Wirtschaftslexikon, 18. Aufl., Wiesbaden 2009

Gabor, Günther: Systeme der externen Qualitätskontrolle im Berufsstand der Wirtschaftsprüfer, Wiesbaden 2006 (zit.: Gabor, Externe QK im Berufsstand der WP)

Gehre, Horst/Koslowski, Günter: Kommentar zum Steuerberatungsgesetz, 6. Aufl., München 2009 (zit.: *Gehre/Koslowski,* StBerG)

Gehringer, Axel: Abschlussprüfung, Gewissenhaftigkeit und Prüfungsstandards, Baden-Baden 2002 (zit.: Gehringer, Abschlussprüfung, Gewissenhaftigkeit und Prüfungsstandards)

Gelhausen, Hans-Friedrich/Kämpfer, Georg/Fey, Gerd: Rechnungslegung und Prüfung nach dem Bilanzrechtsmodernisierungsgesetz, Düsseldorf 2009 (zit.: Gelhausen u.a., BilMoG)

Gerhard, Karl-Heinz: Wirtschaftsprüferordnung, Köln 1961 (zit.: Gerhard, WPO 1961)

Gerold, Wilhelm/Schmidt, Herbert: Kommentar zum Rechtsanwaltsvergütungsgesetz, 20. Aufl., München 2012 (zit.: Gerold/ Schmidt/Bearbeiter, RVG)

Gola, Peter/Schomerus, Rudolf: Kommentar zum Bundesdatenschutzgesetz, 11. Aufl., München 2012 (zit.: Gola/Schomerus, BDSG)

Gross, Thomas: Das Kollegialprinzip in der Verwaltungsorganisation, Tübingen 1999 (zit.: Gross, Kollegialprinzip)

Haibt, Henryk: Die Kapitalbeteiligung Berufsfremder an WPG, Bonn 1998 (zit.: Haibt, Kapitalbeteiligung)

Hartung, Wolfgang: Anwaltliche Berufsordnung. Kommentar, 3. Aufl., München 2006 (zit.: Hartung, BerufsO)

Hartung, Wolfgang: Berufs- und Fachanwaltsordnung. Kommentar, 5. Aufl., München 2012 (zit.: Hartung, BORA/FAO)

Hefermehl, Wolfgang/Köhler, Helmut/Bornkamm, Joachim: Wettbewerbsrecht, 31. Aufl., München 2013 (zit.: Hefermehl/Köhler/Bornkamm, Wettbewerbsrecht)

Henssler, Martin/Prütting, Hanns: Kommentar zur Bundesrechtsanwaltsordnung, 3. Aufl., München 2009 (zit.: Henssler/Prütting/Bearbeiter, BRAO)

Herzog, Felix/Mühlhausen, Dieter: Geldwäschebekämpfung und Gewinnabschöpfung – Handbuch der straf- und wirtschaftsrechtlichen Regelungen, München 2006 (zit.: Herzog/Mühlhausen/Bearbeiter, GwHdb)

Herzog, Felix: Kommentar zum Geldwäschegesetz, München 2010 (zit.: Herzog/Bearbeiter, GWG)

Heuß, Theodor: Organisationsprobleme der „freien Berufe", Festschrift für Lujo Brentano, München, Leipzig 1916

Hummes, Wolfgang: Die rechtliche Sonderstellung der freien Berufe im Vergleich zum Gewerbe, Juristische Dissertation, Göttingen 1979 (zit.: Hummes, Sonderstellung freie Berufe)

Hunger, Joe R.: Die deutschen Wirtschaftsprüfer – Image und Selbstverständnis einer Profession, Düsseldorf 1981 (zit.: Hunger, Die deutschen WP)

IESBA: Handbook of the Code of Ethics for Professional Accountants, 2012 Edition, New York; autorisierte deutsche Übersetzung: *Wirtschaftsprüferkammer*, Verhaltenskodex für Berufsangehörige, Berlin 2011 (zit.: IESBA CoE)

Jähnke, Burkhard: Kritische Bemerkungen zum Grundsatz der Einheit der Standesverfehlung, in: Strafrecht, Unternehmensrecht, Anwaltsrecht, Festschrift für Gerd Pfeiffer, Köln, Bonn, Berlin, München 1988 (zit.: Jähnke, FS Pfeiffer)

Jessnitzer, Kurt/Blumberg, Hans: Kommentar zur BRAO, 9. Aufl., Köln/u.a. 2000 (zit.: Jessnitzer/Blumberg, BRAO)

Kleine-Cosack, Michael: Berufsständische Autonomie und Grundgesetz, Baden-Baden 1986 (zit.: Kleine-Cosack, Berufsständische Autonomie)

Kleine-Cosack, Michael: Kommentar zur Bundesrechtsanwaltsordnung, 6. Aufl., München 2009 (zit.: *Kleine-Cosack*, BRAO)

Kluth, Winfried: Funktionale Selbstverwaltung, Köln 1997 (zit.: Kluth, Funktionale Selbstverwaltung)

Knack, Hans Joachim: Verwaltungsverfahrensgesetz, 9. Aufl., Köln 2009 (zit.: Knack/Bearbeiter, VwVfG)

Knorr, Karl Ernst: Fehlleistungen des Abschlussprüfers als Befangenheitsgrund, in: *Crezelius/Hirte/Vieweg*: Festschrift für Volker Röhricht zum 65. Geburtstag: Gesellschaftsrecht-Rechnungslegung-Sportrecht, Köln 2005

Körner, Harald/Dach, Eberhard: Geldwäsche. Ein Leitfaden zum geltenden Recht, München 1994 (zit.: Körner/Dach, Geldwäsche)

Kopp, Ferdinand/Schenke, Wolf-Rüdiger: Kommentar zur Verwaltungsgerichtsordnung, 18. Aufl., München 2012 (zit.: Kopp/Schenke, VwGO)

Kopp, Ferdinand/Ramsauer, Ulrich: Kommentar zum Verwaltungsverfahrensgesetz, 13. Aufl., München 2012 (zit.: Kopp/Ramsauer, VwVfG)

Kragler, Jürgen: Wirtschaftsprüfung und externe Qualitätskontrolle. Ein Vergleich des deutschen und amerikanischen „Peer Review"-Systems, Baden-Baden 2003 (zit.: Kragler, Wirtschaftsprüfung und externe QK)

Krause, Daniel M.: Die Befugnis zur Entbindung von der beruflichen Verschwiegenheitspflicht bei Mandatsverhältnissen juristischer Personen mit Wirtschaftsprüfern (§ 53 Abs. 1 Ziff. 3, Abs. 2 StPO), Festschrift für Hans Dahs, hrsg. von Gunter Widmaier, Köln 2005 (zit.: Krause, FS Hans Dahs)

Küting, Karlheinz/Weber, Claus-Peter: Handbuch der Rechnungslegung, 5. Aufl., Stuttgart 2012 (zit.: Küting/Weber/Bearbeiter, Handbuch der Rechnungslegung)

Kuhls, Clemens/Meurers, Thomas/Maxl, Peter/Schäfer, Herbert/Goez, Christoph/ Willerscheid, Katharina: Kommentar zum Steuerberatungsgesetz, 2. Aufl., Herne/Berlin 2004 (zit.: Kuhls/Bearbeiter, StBerG, 2004)

Kuhls, Clemens/Busse, Alexander/Maxl, Peter/Kleemann, Roland/Goez, Christoph/Willerscheid, Katharina/Riddermann, Thomas/Ruppert, Stefan: Kommentar zum Steuerberatungsgesetz, 3. Aufl., Herne/Berlin 2012 (zit.: Kuhls/Bearbeiter, StBerG)

Leppek, Sabine: Beamtenrecht, 11. Aufl., Heidelberg 2011 (zit: Leppek, Beamtenrecht)

Liebich, Dieter/Mathews, Kurt: Treuhand und Treuhänder in Recht und Wirtschaft, 2. Aufl., Berlin 1983 (zit.: Liebich/Mathews, Treuhand)

Löwe/Rosenberg/Rieß, Peter: Kommentar zur Strafprozeßordnung, 25. Aufl., Berlin, New York 1999 (zit.: Löwe/Rosenberg/Rieß, StPO)

Ludewig, Rainer/Greiffenhagen, Ulrich/Poll, Jens: Handbuch zur Qualitätssicherung und zur Vorbereitung auf die externe Qualitätskontrolle für den prüfenden und beratenden Mittelstand, Düsseldorf 2003 (zit.: Ludewig/Greiffenhagen/Poll, HdB QS)

Markus, Hugh Brian: Der Wirtschaftsprüfer, München 1996 (zit.: Markus, Der Wirtschaftsprüfer)

Marten, Kai-Uwe/Quick, Reiner/Ruhnke, Klaus: Die externe Qualitätskontrolle im Berufsstand der Wirtschaftsprüfer: Status quo und Weiterentwicklung, Düsseldorf 2004 (zit.: Marten/Quick/Ruhnke, Externe QK im Berufsstand der WP)

Meisel, Bernd Stefan: Geschichte der deutschen Wirtschaftsprüfer, Köln 1992 (zit.: Meisel, Geschichte der Wirtschaftsprüfer)

Meyer-Goßner, Lutz: Kommentar zur Strafprozeßordnung, 55. Aufl., München 2012 (zit.: Meyer-Goßner, StPO)

Michalski, Lutz: Der Begriff des freien Berufs im Standes- und im Steuerrecht, Köln 1989 (zit.: Michalski, Freie Berufe)

Michalski, Lutz/Römermann, Volker: PartGG – Kommentar zum Partnerschaftsgesellschaftsgesetz, 3. Aufl., Köln 2005 (zit.: Michalski/Römermann, PartGG)

Moxter, Adolf: Bilanzrechtsprechung, 6. Aufl., Tübingen 2007 (zit.: Moxter, Bilanzrechtsprechung)

Müller, Andrea: Gesetzliche Abschlussprüfer und staatliche Aufsicht im deutschen, europäischen und U.S.-amerikanischen Recht, Juristische Dissertation, Heidelberg 2011 (zit.: Müller, Abschlussprüfer und staatliche Aufsicht)

Müller, Katrin: Die Unabhängigkeit des Abschlussprüfers, Wiesbaden 2006 (zit.: Müller, Unabhängigkeit)

Müller/Gelhausen: Zur handelsrechtlichen Rechnungslegungs- und Prüfungspflicht nach § 155 InsO bei Kapitalgesellschaften, Festschrift Claussen, Köln 1997 (zit.: Müller/Gelhausen, FS Claussen)

v. Mangoldt, Hermann/Klein, Friedrich/Starck, Christian: Grundgesetz. Kommentar, Bd. 1, 6. Aufl., München 2010 (zit.: Bearbeiter in v. Mangoldt/Klein/Starck, GGK)

v. Münch, Ingo/Kunig, Philip: Grundgesetz. Kommentar, Bd. 1, 6. Aufl., München 2012 (zit.: Bearbeiter in v. Münch/Kunig, GGK)

Münchener Kommentar zum Bürgerlichen Gesetzbuch: Kommentar zum Bürgerlichen Gesetzbuch, hrsg. v. Säcker, Franz Jürgen, Band 1, 1. Halbband, §§ 1-240, 6. Aufl., München 2012 (zit.: MünchKomm BGB/Bearbeiter)

Münchener Kommentar zum Handelsgesetzbuch: Kommentar zum Handelsgesetzbuch, hrsg. v. Schmidt, Karsten, 3. Aufl., München 2010-2012 (zit.: MünchKomm HGB/Bearbeiter)

Mulas, Sigrid: Freizügigkeit Freier Berufe im Europäischen Binnenmarkt, Juristische Dissertation, Düsseldorf 1995 (zit.: Mulas, Freizügigkeit Freier Berufe)

Niemann, Walter: MaBV-Prüfung, München 2010

Paepcke, Peter: Die Grenzen anwaltschaftlicher Ehrengerichtsbarkeit mit Rücksicht auf den Grundsatz ne bis in idem, in: Strafrecht, Unternehmensrecht, Anwaltsrecht, Festschrift für Gerd Pfeiffer, Köln, Bonn, Berlin, München 1988 (zit.: Paepcke, FS Pfeiffer)

Palandt: Bürgerliches Gesetzbuch, 72. Aufl., München 2012 (zit.: Palandt/Bearbeiter, BGB)

Pieroth, Bodo/Aubel, Tobias: Der vereidigte Buchprüfer im Verfassungs- und Europarecht, Heidelberg 2004 (zit.: Pieroth/Aubel, Der vBP)

Piper, Henning/Ohly, Ansgar/Sosnitza, Olaf: Gesetz gegen den unlauteren Wettbewerb, 5. Aufl., München 2010 (zit.: Piper/Ohly/Sosnitza, UWG)

Ranft, Otfried: Strafprozessrecht, 3. Aufl., Stuttgart 2005 (zit.: Ranft, Strafprozessrecht)

Rittner, Fritz: Unternehmen und freier Beruf als Rechtsbegriffe,
　Tübingen 1962 (zit.: Rittner, Freier Beruf)

Röhricht, Volker/Graf von Westphalen, Friedrich: HGB,
　3. Aufl., Köln 2008 (zit.: Röhricht/Graf von Westphalen/Bearbeiter, HGB)

Rossi, Matthias: Informationsfreiheitsgesetz,
　Baden-Baden 2006 (zit.: Rossi, IFG)

Roßnagel, Alexander: Handbuch Datenschutzrecht,
　München 2003 (zit.: Roßnagel, Datenschutzrecht)

Sahner, Friedhelm/Clauß, Carsten/Sahner, Marc: Qualitätskontrolle
　in der Wirtschaftsprüfung,
　Köln 2002 (zit.: Sahner/Clauß/Sahner, Qualitätskontrolle)

Schippel, Helmut/Bracker, Ulrich: Bundesnotarordnung, Kommentar,
　9. Aufl., München 2011 (zit.: Schippel/Bracker, BNotO)

Schmidt, Stefan: Externe Qualitätskontrollen zur Sicherung
　der Qualität der Abschlussprüfung,
　Düsseldorf 2000 (zit.: Schmidt, Externe Qualitätskontrollen)

Schmitt, Joachim/Hörtnagl, Robert/Stratz, Rolf/Dehmer, Hans:
　Umwandlungsgesetz, Kommentar,
　4. Aufl., München 2005 (zit.: Schmitt/Hörtnagl/Stratz/Dehmer, UmwG)

Schoch, Friedrich/Schmidt-Aßmann, Eberhard/Pietzner, Rainer:
　Verwaltungsgerichtsordnung, 24. Aufl., München 2012
　(zit.: Schoch/Schmidt-Aßmann/Pietzner/Bearbeiter, VwGO)

Schönke, Adolf/Schröder, Horst: Kommentar zum Strafgesetzbuch,
　28. Aufl., München 2010 (zit.: Schönke/Schröder/Bearbeiter, StGB)

Schramm, Wibke: Das Verbot der Vertretung widerstreitender Interessen,
　Berlin 2004 (zit.: Schramm, Verbot der Vertretung widerstreitender
　Interessen)

Simitis, Spiros: Kommentar zum Bundesdatenschutzgesetz,
　7. Aufl., Baden-Baden 2011 (zit.: Simitis/Bearbeiter, BDSG)

Stelkens, Paul/Bonk, Heinz Joachim/Sachs, Michael:
　Verwaltungsverfahrensgesetz, 6. Aufl., München 2001
　(zit.: Stelkens/Bonk/Sachs/Bearbeiter, VwVfG)

Taupitz, Jochen: Die Standesordnungen der freien Berufe,
　Berlin, New York 1991 (zit.: Taupitz, Standesordnung)

Tettinger, Peter J.: Zum Tätigkeitsfeld der Bundesrechtsanwaltskammer,
　München 1985 (zit.: Tettinger, Tätigkeitsfeld BRAK)

Literaturverzeichnis

Tettinger, Peter J.: Kammerrecht. Das Recht der wirtschaftlichen
und der freiberuflichen Selbstverwaltung,
München 1997 (zit.: *Tettinger,* Kammerrecht)

Thomas, Heinz/Putzo, Hans/Reichold, Klaus/Hüsstege, Rainer:
Zivilprozessordnung, 33. Aufl., München 2012
(zit.: Thomas/Putzo/Reichold, ZPO)

Triepel, Heinrich: Staatsdienst und staatlich gebundener Beruf,
Festschrift für Karl Binding, 2. Band,
Leipzig 1911 (zit.: Triepel, FS Binding)

Weingärtner, Hartmut/Ehrlich, Kerstin: Dienstordnung für Notarinnen und Notare,
10. Aufl., Köln 2007 (zit.: Weingärtner/Ehrlich, DONot)

Wessels, Johannes/Beulke, Werner: Strafrecht Allgemeiner Teil. Bd. 7/2,
Heidelberg 2007 (zit.: Wessels/Beulke, Strafrecht AT)

Wirtschaftsprüfer-Handbuch: Handbuch für Rechnungslegung, Prüfung und
Beratung, hrsg. v. IDW, Düsseldorf
– 9. Aufl., Band I, 1985/86 (zit.: WPH I 1985/86)
– 9. Aufl., Band II, 1985/86 (zit.: WPH II 1985/86)
– 12. Aufl., Band I, 2000 (zit.: WPH I 2000)
– 14. Aufl., Band I, 2012 (zit.: WPH I)
– 13. Aufl., Band II 2008 (zit.: WPH II)

Wirtschaftsprüferkammer: Berufsgerichtliche Entscheidungen und Rügen,
Düsseldorf
– Band 1 (November 1961 bis Februar 1978), 1978 (zit.: WPK, BGE I)
– Band 2 (März 1978 bis Juni 1992), 1993 (zit.: WPK, BGE II)

dies.: Berufsaufsicht über WP/vBP, Berlin 2002 (zit.: WPK, Berufsaufsicht WP)

dies.: Berufssatzung WP/vBP, Berlin 2008 (zit.: WPK, Berufssatzung WP)

dies.: Handbuch des Berufsrechts, IDW-Verlag (zit.: WPK, Handbuch Berufsrecht)

dies.: Richtlinien für die Berufsausübung (zit.: WPK, BerufsRiLi)

Wirtschaftsprüferkammer/Institut der Wirtschaftsprüfer: Gemeinsame
Stellungnahme der WPK und des IDW – „Anforderungen an die
Qualitätssicherung in der Wirtschaftsprüferpraxis (VO 1/2006)"
vom 23. März 2006, Beilage zum WPK-Magazin 2/2006
(zit.: VO 1/2006)

*Wlotzke, Otfried/Preis, Ulrich/Kreft, Burghard/Bender, Wolfgang/Roloff,
Sebastian*: Betriebsverfassungsgesetz, 3. Aufl., München 2006
(zit.: Wlotzke/Preis/Bearbeiter, BetrVG)

Wolff, Hans J./Bachof, Otto/Stober, Rolf:
Verwaltungsrecht, Band 1, 12. Aufl., München 2007
(zit.: Wolff/Bachof/Stober, Verwaltungsrecht, Band 1)
Verwaltungsrecht, Band 2, 7. Aufl., München 2010
(zit.: Wolff/Bachof/Stober, Verwaltungsrecht, Band 2)

Zimmerling, Wolfgang/Brehm, Robert: Prüfungsrecht,
3. Aufl., Köln 2007 (zit.: Zimmerling/Brehm, Prüfungsrecht)

Zöller, Richard: Zivilprozessordnung, 29. Aufl., Köln 2012
(zit.: Zöller/Bearbeiter, ZPO)

A

Abgabenangelegenheiten
- Rechtsdienstleistung, § 2 Rn 28

Abschlussprüfer
- Abschlussprüfung, s. auch dort
- Abstimmung bei Mandatswechsel, § 43 Rn 166
- Beachtung von Prüfungsgrundsätzen, § 43 Rn 269, 285
- Befugnis zur Erteilung von Bestätigungsvermerken, § 43 Rn 272 ff.
- Berufsübliche Sorgfalt, § 43 Rn 19, 306
- Besorgnis der Befangenheit, § 43 Rn 2; § 49 Rn 14 ff.
- Beurteilungsfehler, § 43 Rn 303 ff.
- Cooling off, § 43 Rn 375, 387
- Drittstaatenprüfer, § 51b Rn 69, 74
- Ersatzprüfer, § 32 Rn 4
- Offenlegung des Bestätigungsvermerks, § 43 Rn 321 ff.
- Pflichtgemäßes Ermessen, § 43 Rn 305
- Unabhängigkeitsprüfung im Verbund/Netzwerk, § 43 Rn 164

Abschlussprüferaufsichtskommission
- Abschlussprüferrichtlinie (2006), § 66a Rn 7
- Allgemein, § 57 Rn 30, 32, 44, 131, 132; § 66a Rn 1
- Anlassunabhängige Sonderuntersuchungen, § 66a Rn 48
- Aufgaben, § 66a Rn 25
- Ausschüsse, § 66a Rn 20
- Berufsaufsicht, § 61a Rn 46
- Berufsausübungsregelungen, § 66a Rn 52
- Berufssatzung, § 57 Rn 108, 109
- Fachaufsicht, § 66a Rn 26
- Finanzierung, § 66a Rn 23
- Geschäftsordnung, § 66a Rn 19
- Informationsrecht, § 66a Rn 58
- Letztentscheidung, § 61a Rn 46; § 66a Rn 72
- Letztverantwortung, § 66a Rn 9, 26
- Mitglieder, § 66a Rn 11
- Organisation, § 66a Rn 19
- Qualitätskontrolle, Vor § 57a Rn 11
- Rechtsform, § 66a Rn 18
- Systemaufsicht, § 66a Rn 32
- Teilnahmerecht, § 66a Rn 67
- Unterstützung, § 66a Rn 22
- Verschwiegenheitspflicht, § 66b Rn 3
- Weisungsrecht, § 66a Rn 31, 72
- Zusammenarbeit mit Dritten, § 66a Rn 73
- Zuständigkeit, § 66a Rn 35
- Zweitprüfung, § 66a Rn 71

Abschlussprüferrichtlinie (2006)
- Anlassunabhängige Sonderuntersuchungen, § 62b Rn 2
- Neuordnung der Berufsaufsicht und der Qualitätskontrolle, Einl. Rn 81 ff.
- Prüferaufsicht, § 66a Rn 7

Abschlussprüfung
- Aufgaben, Vorbehaltsaufgaben, § 2 Rn 3 ff., 12
- Auftragsannahme, § 43 Rn 58, Vor § 51 Rn 28
- Auftragsbeendigung, § 43 Rn 77
- Auftragsbegleitende Qualitätssicherung, § 43 Rn 75
- Auftragsdurchführung, s. dort
- Auftragsplanung, s. dort
- Berichtskritik, § 43 Rn 74
- Besorgnis der Befangenheit, § 49 Rn 15
- Bestätigungsvermerk, § 43 Rn 82, 264 ff.
- Bestellung, § 43 Rn 63; Vor § 51 Rn 26, 33; § 57a Rn 152
- Erwartungslücke, § 43 Rn 280, 313
- Feststellung des JA, Feststellungssperre, § 43 Rn 282 ff.

1369

- Folgeprüfungen, Vor § 51 Rn 30
- Gegenstand der Qualitätskontrolle, § 57a Rn 45
- Gesetz- und Ordnungsmäßigkeitsprüfung, § 43 Rn 277
- Inhalt des Prüfungsauftrags, § 43 Rn 64
- Kündigung aus wichtigem Grund, Vor § 51 Rn 63
- Nachtragsprüfung, Vor § 51 Rn 31
- Prüferische Durchsicht, Vor § 51 Rn 32
- Prüfungsauftrag, Vor § 51 Rn 28
- Prüfungsbeendigung, § 43 Rn 77, 282 f., 295, 308
- Prüfungsbericht, § 43 Rn 82
- Prüfungsergebnis, § 43 Rn 268, 299 f., 303
- Prüfungsurteil, § 43 Rn 312 ff.
- Unwirksamer Prüfungsauftrag, Vor § 51 Rn 29
- Vertragsverhältnis, Vor § 51 Rn 9
- Wahl des Abschlussprüfers, Vor § 51 Rn 27
- Wesentlichkeit, § 43 Rn 304 f.

Abschlussprüfung bei Unternehmen von öffentl. Interesse
- Anlassunabhängige Sonderuntersuchungen, § 62b Rn
- Besorgnis der Befangenheit, § 49 Rn 18
- Dreijahresturnus QK, § 136 Rn 1

Abteilungen der WPK Gremien
- Allgemeines, § 59a Rn 1, 2
- Kommission für Qualitätskontrolle, § 59a Rn 13
- Vorstand, § 59a Rn 3

Abtretung von Honorarforderungen
- s. Vergütungsforderungen

Abwesenheit
- Berufsgerichtliches Verfahren, § 98 Rn 2

Äquivalenzentscheidung
- Drittstaatenprüfer, § 134 Rn 21

Ärztliches Gutachten
- Allgemeines, § 16a Rn 1 f.
- Begründung und Zustellung der Anordnung, § 16a Rn 7
- Bestimmung des Gutachters, § 16a Rn 6
- Erforderlichkeit, § 16a Rn 4
- Inhalt der Anordnung, § 16a Rn 5
- Kosten, § 16a Rn 8
- Nichtbeibringung, § 16a Rn 13 f.
- Rechtsschutz, § 16a Rn 9 ff.
- Rücknahmefiktion, § 16a Rn 15 f.
- Zuständigkeit, § 16a Rn 3

Akademische Grade
- Ausländische Doktorgrade, § 18 Rn 22
- Staatliche Graduierung, § 18 Rn 19
- Weiterbildungsangebote, § 18 Rn 21

Akteneinsicht
- Berufsgerichtliches Verfahren, § 36a Rn 11; § 82b Rn 1
- Rügeverfahren, § 63 Rn 38

Allgemeine Auftragsbedingungen
- Einbeziehung in den Vertrag, Vor § 51 Rn 48
- Einverständnis, Vor § 51 Rn 52
- Haftungsbeschränkung, § 54 Rn 37; § 54a Rn 5, 19 ff.
- Hinweispflicht, Vor § 51 Rn 49
- Inhaltskontrolle, Vor § 51 Rn 54
- Klauselverbote, Vor § 51 Rn 56
- Schriftliche Angebote, Vor § 51 Rn 50
- Unternehmer, Vor § 51 Rn 51, 53
- Verbot der geltungserhaltenden Reduktion, Vor § 51 Rn 55
- Verbraucher, Vor § 51 Rn 47
- Vorformulierte Vertragsbedingungen, Vor § 51 Rn 46

Altgesellschaft
- Wirtschaftsprüfungsgesellschaft, § 134a Rn 4 ff.

Amtsenthebung
- Ehrenamtliche Richter, § 77 Rn 1
- Verfahren, § 77 Rn 3

Anderkonto
- Gewissenhaftigkeit, § 43 Rn 109

Anerkennungsurkunde
- Wirtschaftsprüfungsgesellschaft, § 29 Rn 6

Anerkennungsverfahren
- Wirtschaftsprüfungsgesellschaft, § 29 Rn 1 ff.

Anlassunabhängige Sonderuntersuchungen
- Allgemeines, § 62b Rn 1
- Auswahl der Praxen, § 62b Rn 27
- Belehrung, § 62b Rn 38
- Betroffener Personenkreis, § 62b Rn 5
- Durchführung, § 62b Rn 30
- Ergebnisse, § 62b Rn 33
- Finanzierung, § 62b Rn 47
- Gegenstand, § 62b Rn 8, 29
- Genossenschaftliche Prüfungsverbände, § 62b Rn 6
- Internationale Einordnung, § 66a Rn 48
- Joint Inspections, § 62b Rn 16
- Mitwirkungspflichten, § 62b Rn 24
- Organisation, § 66a Rn 49
- Schlussfeststellung, § 62b Rn 36
- Teil der Berufsaufsicht, § 62b Rn 42
- Transparenzbericht, § 62b Rn 7, 14
- Turnus, § 62b Rn 26
- Unterrichtung der Kommission für Qualitätskontrolle, § 62b Rn 40
- Untersuchungsanordnung, § 62b Rn 28
- Untersuchungsbereiche, § 62b Rn 10
- Untersuchungsschwerpunkte, § 62b Rn 15
- Untersuchungsteam, § 62b Rn 23
- Verfahrensordnung, § 62b Rn 22
- Verhältnis zum Qualitätskontrollverfahren, § 57a Rn 51; § 62b Rn 43
- Vorläufige Feststellungen, § 62b Rn 34
- Werbung, § 52 Rn 41
- Zuständigkeit, § 62b Rn 20; § 66a Rn 49
- Zwangsgeld, § 62b Rn 25

Anordnungsbefugnis WPK
- Geldwäschebekämpfung, § 43 Rn 405, 412

Anpassungsfrist
- Wirtschaftsprüfungsgesellschaften, § 34 Rn 11 ff.

Anschuldigungsschrift
- Inhalt, § 94 Rn 1
- Nachgereichte, § 97 Rn 1
- Wirkung, § 85 Rn 4

Anstellungsverhältnis des WP
- Allgemein, § 43a Rn 15
- Außerberuflich, § 43a Rn 95
- Eigenverantwortlichkeit, § 44 Rn 11
- Leitender Angestellter, § 45 Rn 12 ff.
- Prokura, § 45 Rn 1 ff.

Arbeitsgemeinschaft für das wirtschaftliche Prüfungs- und Treuhandwesen
- Allgemein, § 57 Rn 47; § 65
- Berufssatzung, § 57 Rn 107, 109; § 65 Rn 4
- Organisation, § 65 Rn 5

Arbeitsloser Wirtschaftsprüfer
- Berufliche Niederlassung, § 3 Rn 33
- Selbständige Tätigkeit, § 43a Rn 10
- Versicherungspflicht, § 54 Rn 17

Arbeitspapiere
- Abschlussprüfer aus Drittstaat, § 51b Rn 69, 74, 78
- Aufforderung zur Übergabe, § 51b Rn 69, 78
- Dokumentation, § 43 Rn 50, 70, 89, 90, 114; § 51b Rn 84
- Pflicht zur Übergabe, § 51b Rn 78, 81

ARGE
– s. Arbeitsgemeinschaft für das wirtschaftliche Prüfungs- und Treuhandwesen

Argumentationspapier
– Abgrenzung zum Gutachten, § 43 Rn 248

Aufbauprüfung
– Qualitätskontrolle, § 57a Rn 48, 53

Aufbewahrungspflicht
– Geldwäschebekämpfung, § 43 Rn 402
– Handakten, § 51b Rn 22

Aufgabenkommission
– Wirtschaftsprüfungsexamen, § 5 Rn 12

Aufgabenübertragung auf die WPK
– Behandlung schwebender Anträge und Verfahren, § 138 Rn 1 ff.

Auflagen
– Kommission für Qualitätskontrolle, § 57e Rn 12
– Qualitätskontrolle, § 57e Rn 12

Auflagenerfüllungsbericht
– Inhalt, § 57e Rn 15
– Kommission für Qualitätskontrolle, § 57e Rn 13
– Selbsterklärung, § 57e Rn 19
– Zwangsgeld, § 57e Rn 20

Auflösung
– Wirtschaftsprüfungsgesellschaft, § 33 Rn 3 ff.

Aufrechnung
– Treuhandtätigkeit, § 43 Rn 111

Aufsichts- und Beschwerdesachen
– Berufsaufsicht, § 62 Rn 3

Aufsichtsfunktion beim Mandanten
– Cooling off, § 43 Rn 385
– Unabhängigkeit, § 43 Rn 14

Aufsichtsrat
– Cooling off, § 43 Rn 385
– WPG, § 28 Rn 91

Auftragsannahme
– Ablehnung, § 43 Rn 65, 80, 93, 115
– Allgemein, s. auch Vertragsschluss
– Auftragsinhalt, § 43 Rn 64
– Auftragsrecht Allgemein, Vor § 51 Rn 22 ff.
– Erstellung v. Jahresabschlüssen, § 43 Rn 114
– Formfreiheit, § 43 Rn 62
– Habilität, § 43 Rn 58
– Prüfungsauftrag, § 43 Rn 58; Vor § 51 Rn 28
– Sachkunde, § 43 Rn 60
– Sachverständigentätigkeit, § 43 Rn 93
– Unabhängigkeit des Abschlussprüfers, § 43 Rn 61; § 49 Rn 6
– Wirksame Bestellung, § 43 Rn 63

Auftragsbeendigung
– Bestätigungsvermerk, § 43 Rn 82
– Dienstvertrag, Vor § 51 Rn 60
– Frist, § 43 Rn 78
– Gesetzliche JAP, Vor § 51 Rn 62
– Honorar, § 43 Rn 86, 105
– Kündigung, § 43 Rn 77; Vor § 51 Rn 59
– Mängel, Vor § 51 Rn 58
– Nachvertragliche Neben-/Treuepflichten, Vor § 51 Rn 57
– Prüfungsbericht, § 43 Rn 82
– Werkvertrag, Vor § 51 Rn 61

Auftragsbegleitende Qualitätssicherung
– Besorgnis der Befangenheit, § 49 Rn 107
– Gewissenhaftigkeit, § 43 Rn 75, 89
– Qualitätssicherungsmaßnahme, § 55b Rn 22
– Rotation, § 43 Rn 76
– Verschwiegenheitspflicht, § 43 Rn 165

Auftragsbestätigungsschreiben
- Allgemein, Vor § 51 Rn 38 ff.
- Folgeprüfungen, Vor § 51 Rn 45
- JAP, Vor § 51 Rn 44

Auftragsdatenverarbeitung
- Datenschutz, § 43 Rn 194

Auftragsdurchführung
- Auftragsbegleitende Qualitätssicherung, § 43 Rn 75
- Beschwerden u. Vorwürfe, § 43 Rn 73
- Fachlicher Rat, § 43 Rn 71
- In personeller Hinsicht, § 43 Rn 67
- In sachlicher Hinsicht, § 43 Rn 69
- In zeitlicher Hinsicht, § 43 Rn 78
- Konsultation, § 43 Rn 72
- Prüfungsanweisungen, § 43 Rn 70
- Sachgerechte Prüfungsplanung, § 43 Rn 66
- Verantwortlichkeit, § 43 Rn 68

Auftragsplanung
- s. Gesamtauftragsplanung

Auftragsverhältnis
- Allgemeines, § 43 Rn 56; Vor § 51 Rn 22 ff.
- Auftragsannahme, § 43 Rn 58
- Auftragsdurchführung, § 43 Rn 66
- Durchführung gesetzlicher Abschlussprüfungen, § 43 Rn 58
- Erstellung v. Jahresabschlüssen, § 43 Rn 113
- Gewissenhaftigkeit, § 43 Rn 56
- Handakten, § 43 Rn 87
- Sachverständigentätigkeit, § 43 Rn 91
- Treuhandtätigkeit, § 43 Rn 107

Aufwandsentschädigung
- Organmitglieder, § 59 Rn 23

Aufzeichnungspflicht
- Geldwäschebekämpfung, § 43 Rn 402

Auskunftspflicht
- Berufsaufsicht, § 62 Rn 25
- Berufsgericht, § 81 Rn 2

Auskunftsverweigerungsrechte
- Berufsaufsicht, § 61a Rn 24

Auslagenentscheidung
- Wirtschaftsprüferkammer, § 125 Rn 1

Ausnahmegenehmigung
- Gesetzliche Vertreter von WPG, § 28 Rn 27 ff.
- Umsatzabhängigkeit, § 49 Rn 34

Ausnahmegenehmigung QK
- Allgemeines, § 57a Rn 23
- Arbeitsüberlastung, § 57a Rn 38
- Befristung, § 57a Rn 40
- Bescheidungsinteresse, § 57a Rn 26
- Einnahmen aus gesetzlicher Abschlussprüfung, § 57a Rn 32
- Einstellung der Tätigkeit als AP, § 57a Rn 35
- Ermessensentscheidung, § 57a Rn 24
- Erstmalige Wahl zum gesetzlichen Abschlussprüfer, § 57a Rn 29
- Genossenschaftliche Prüfungsverbände, § 57a Rn 41; Anh. zu 57h, § 63e GenG Rn 12
- Gesamteinnahmen, § 57a Rn 34
- Kosten der Qualitätskontrolle, § 57a Rn 33
- Lebensalter, § 57a Rn 38
- Prüfungsstellen der Sparkassen- und Giroverbände, § 57a Rn 42
- Sonstige Gründe, § 57a Rn 37
- Verfahren, § 57a Rn 25
- Wirtschaftlicher Härtefall, § 57a Rn 31

Ausschließung aus dem Beruf
- Berufsgerichtliche Maßnahme, § 68 Rn 10
- Parallelverfahren bei Mehrfachbändern, § 83a Rn 19 f.
- Vollstreckung, § 126 Rn 2

A

Ausschluss des PfQK
- Allgemeines, § 57a Rn 99
- Besorgnis der Befangenheit, § 57a Rn 101
- Gründe, § 57a Rn 100
- Joint Audit, § 57a Rn 104
- Netzwerk, § 57a Rn 104
- Selbstprüfung, § 57a Rn 103
- Wechselseitige Prüfung, § 57a Rn 106

Außensozietät
- Berufsrechtliche Anforderungen, § 44b Rn 34 f.
- Haftung, § 44b Rn 15

Außerberufliches Verhalten
- Berufsgerichtliche Ahndung, § 67 Rn 11
- Berufsgerichtliches Verfahren, § 83a Rn 14
- Berufspflicht, § 43 Rn 341

Aussetzung
- Berufsgerichtliches Verfahren, § 83b Rn 4

Autentizitätsnachweis
- Berufssatzung, § 57 Rn 106

B

Beamtentätigkeit
- Unvereinbare Tätigkeit, § 43a Rn 106
- Widerruf der Bestellung, § 20 Rn 16

Befangenheit
- s. Besorgnis der Befangenheit

Befreiende Prüfung
- Selbstprüfung(sverbot), § 49 Rn 55

Beglaubigung, § 48 Rn 2, 19

Beirat WPK
- Aufgaben, § 59 Rn 6
- Beendigung Beiratstätigkeit, § 59 Rn 15
- Briefwahl, § 59 Rn 9
- Ersatzmitglieder, § 59 Rn 10
- Personenwahl, § 59 Rn 9
- Wählbarkeit, § 59 Rn 11
- Wahlberechtigung, § 59 Rn 12
- WahlO, § 59 Rn 14
- Zusammensetzung, § 59 Rn 7, 8

Beitrag zur WPK
- s. Kammerbeitrag

Beitragsordnung WPK, § 61 Rn 3

Belehrung
- Allgemein, § 57 Rn 34
- Anlassunabhängige Sonderuntersuchungen, § 62b Rn 38
- Verwaltungsakt, § 63 Rn 10

Beleihung
- Bestellung, § 1 Rn 6

Beratung
- Aufgabe der WPK, § 57 Rn 34, 35
- Selbstprüfung(sverbot), § 49 Rn 11, 48
- Unabhängigkeit, § 43 Rn 4

Beratungsfehler
- Unabhängigkeit, § 43 Rn 6

Berichtsgrundsätze
- Qualitätskontrollbericht, § 57a Rn 113

Berichtskritik
- Berufssatzung, § 57 Rn 93
- Qualitätssicherungsmaßnahme, § 43 Rn 74; § 55b Rn 22
- Verschwiegenheitspflicht, § 43 Rn 165

Berufliche Niederlassung
- Anstellung, § 3 Rn 28
- Arbeitsloser Wirtschaftsprüfer, § 3 Rn 33
- Ausland, § 3 Rn 15, 29
- Gewissenhafte Berufsausübung, § 43 Rn 24
- Grundsätze, § 3 Rn 5
- Kundmachung, § 3 Rn 10
- Sozietät, § 3 Rn 20
- Unterhaltung, § 3 Rn 8
- Wegfall, § 3 Rn 9
- Weitere Arbeitsräume, § 3 Rn 14
- Wirtschaftsprüfungsgesellschaft, § 3 Rn 35

Stichwortverzeichnis **B**

Berufliche Zusammenschlüsse
– s. Bürogemeinschaft, EWIV, Kooperation, Netzwerk
Berufsangehörige
– Definition, § 1 Rn 4
Berufsaufsicht
– Abschlussprüferaufsichtskommission, § 61a Rn 46; § 63 Rn 66, 80
– Allgemeines, § 61a Rn 1
– Anfangsverdacht, § 61a Rn 19; § 63 Rn 3
– Anlassunabhängige Sonderuntersuchungen, § 61a Rn 32; § 62b; § 63 Rn 32
– APAK, § 66a Rn 44
– Arbeitspapiere, § 62 Rn 29
– Aufgaben der WPK, § 57 Rn 40 ff.
– Aufsichts- und Beschwerdesachen, § 62 Rn 3
– Auskunftspflicht, § 62 Rn 25
– Auskunftsverweigerungsrechte, § 61a Rn 24
– Belehrung, § 63 Rn 9, 49
– Berufsgerichtsbarkeit, § 61a Rn 8, 42
– Berufsgesellschaft, Einl. Rn 94 § 61a Rn 7
– Beschlussfassung über Ermittlungsmaßnahmen, § 62 Rn 8, 16
– Betretensrecht der WPK, § 62 Rn 55
– Beurlaubte Wirtschaftsprüfer, § 58 Rn 11
– Duldungspflicht, § 62 Rn 61
– Einheitlichkeit der Berufspflichtverletzung, § 63 Rn 17
– Einsichtsrecht der WPK, § 62 Rn 59
– Entwicklung, § 61a Rn 1
– Ermittlungen, § 61a Rn 19, 31
– Erscheinen vor der WPK, § 62 Rn 18
– Freiwillige Mitglieder, § 58 Rn 15
– Geltungsbereich, § 63 Rn 6
– Handakten (Vorlagepflicht), § 62 Rn 29

– Mitwirkungspflichten, § 62 Rn 13, 16
– Nachschaubericht, § 62 Rn 43
– Nicht-Wirtschaftsprüfer, § 56 Rn 8,13; § 71 Rn 1
– Öffentlich-rechtliches Amtsverhältnis, § 44a Rn 20
– Pflichtverletzung, § 63 Rn 13
– Qualitätskontrollbericht, § 62 Rn 43
– Rechtliches Gehör, § 61a Rn 36
– Rechtsaufsicht, § 63 Rn 67
– Rechtsschutz, § 62 Rn 77
– Reformen, Einl. Rn 81 ff., § 61a Rn 1
– Rückgabe von Unterlagen, § 62 Rn 32, 76
– Sanktion, § 61a Rn 7; § 63 Rn 50
– Selbstbelastung (nemo tenetur), § 62 Rn 41
– Sonderuntersuchungen, § 62 Rn 6, 31, 66; § 62b Rn 42
– Statistik, § 63 Rn 83
– Transparenz, s. dort
– Verhältnis zum berufsgerichtlichen Verfahren, § 61a Rn 42
– Verhältnis zum Strafverfahren, § 61a Rn 12
– Verhältnis zu anderen Berufsrechten, § 61a Rn 15
– Verletzung von Mitwirkungspflichten, § 62 Rn 17
– Veröffentlichung, § 63 Rn 83
– Verschulden, § 61a Rn 12; § 63 Rn 20
– Verschwiegenheit, § 61a Rn 24; § 63 Rn 64
– Verschwiegenheitspflicht, § 62 Rn 34, 47
– Verweigerungsrechte, § 62 Rn 33
– Verwertungsverbot, § 62 Rn 1, 46, 67
– Vorlage von Handakten, § 61a Rn 37
– Zuständigkeit, § 61a Rn 8, 28, 42; § 63 Rn 26

1375

- Zwangsgeld, § 62 Rn 17, 56
- Zwangsmittel, § 62 Rn 63

Berufsaufsichtsmaßnahme
- Anderweitige Ahndung, § 63 Rn 29; § 69a Rn 1
- Belehrung, § 63 Rn 9, 49
- Berufsgerichtliche Maßnahme, s. dort
- Rechtsschutz, § 63 Rn 71; § 63a Rn 1; § 68a Rn 8, 12; § 105 Rn 1
- Rüge, § 63 Rn 1, 50
- Rüge mit Geldbuße, § 63 Rn 51
- Untersagungsverfügung, § 63 Rn 56; § 68a Rn 1

Berufsausschluss
- Berufsgerichtliche Maßnahme, § 68 Rn 10
- Parallelverfahren bei Mehrfachbändern, § 83a Rn 19 f.

Berufsausübung
- Angestellter ausländischer Prüfer, § 43a Rn 44
- Arbeitsloser Wirtschaftsprüfer, § 43a Rn 10
- Ausländische Gesellschaften, § 43a Rn 34
- Bürogemeinschaft, § 43a Rn 13
- Freier Mitarbeiter, § 43a Rn 5
- Kooperation, § 43a Rn 14
- Öffentlich-rechtliches Amtsverhältnis, § 44a Rn 20
- Originär, § 43a Rn 1
- Prokurist, § 45 Rn 4
- Prüfungsstellen, § 43a Rn 28
- Prüfungsverbände, § 43a Rn 23
- Scheinsozietät, § 43a Rn 12
- Selbständige Tätigkeit, § 3 Rn 10; § 43a Rn 4
- Sozietät, § 43a Rn 11
- Unselbständige Tätigkeit, § 43a Rn 15
- Vereinbare Tätigkeit, § 43a Rn 111
- Vertreter, § 43a Rn 15, 21

Berufsbezeichnung
- Abkürzung, § 18 Rn 19
- Amtlich verliehen, § 18 Rn 32
- Amtsbezeichnungen, § 18 Rn 27
- Bedeutung, § 18 Rn 1
- Fachgebietsbezeichnung, § 18 Rn 35
- Identische nach ausländischem Recht, § 132 Rn 6 ff.
- Öffentlich-rechtliches Amtsverhältnis, § 44a Rn 15
- Pflicht zur Führung, § 18 Rn 11
- Privatsphäre, § 3 Rn 6; § 18 Rn 18
- Schutz, § 18 Rn 6
- Übersetzung, § 18 Rn 16
- Verbot verwechslungsfähiger, § 132 Rn 2
- Vereidigter Buchprüfer, § 128 Rn 3
- Verwechslungsfähige, § 132 Rn 4 f.
- Vorbehaltsaufgaben, § 2 Rn 9
- Wegfall der Befugnis, § 18 Rn 40
- Weiterführung, § 18 Rn 43

Berufsbild des WP, § 2 Rn 1

Berufseid
- Allgemeines, § 17 Rn 1
- Eidesformel, § 17 Rn 3
- Höchstpersönlich, § 17 Rn 12
- Niederschrift, § 17 Rn 17
- Rechtsfolgen, § 17 Rn 18
- Religiöser, § 17 Rn 4
- Sachverständiger, § 2 Rn 18; § 17 Rn 19
- Weltlicher, § 17 Rn 5

Berufsgeheimnis
- Betrieblicher Datenschutzbeauftragter, § 43 Rn 188

Berufsgericht
- Zuständigkeit, § 72 Rn 1

Berufsgerichtliche Entscheidung
- Antrag, § 63a Rn 7
- Antragsfrist, § 63a Rn 9
- Entscheidung des Landgerichts, § 63a Rn 21
- Gegenerklärung, § 63a Rn 13
- Geldbuße, § 63a Rn 26

Stichwortverzeichnis **B**

- Kosten, § 63a Rn 6
- Mitteilung, § 63a Rn 35
- Rüge, § 72 Rn 5
- Rügeverfahren, § 63a Rn 1
- Untersagungsverfügung, § 63a Rn 27
- Verböserung (reformatio in peius), § 63a Rn 26
- Verteidiger, § 63a Rn 5
- Wiedereinsetzung, § 63a Rn 9

Berufsgerichtliche Maßnahme
- Allgemeines, § 68 Rn 1
- Berufsausschluss, § 68 Rn 10
- Berufsverbot, § 68 Rn 10
- Einheitlichkeit, § 68 Rn 8
- Geldbuße, § 68 Rn 6
- Übergangsrecht, § 68 Rn 3
- Untersagungsverfügung, § 68a Rn 7
- Vollstreckung, s. dort

Berufsgerichtliches Verfahren
- Abgrenzung, Vor § 67 Rn 5
- Abwesenheitsverhandlung, § 98 Rn 2
- Akteneinsicht, § 36a Rn 11; § 82b Rn 1
- Allgemeines, Vor § 67 Rn 1
- Anhängigkeit, § 85 Rn 2
- Auskunftspflicht, § 81 Rn 2
- Aussagefreiheit, § 81 Rn 2
- Aussetzung, § 83b Rn 4
- Einstellung, § 103 Rn 5
- Gebühren, § 122 Rn 1
- Inhalt, § 103 Rn 4
- Kostenentscheidung, § 103 Rn 2
- Legalitätsgrundsatz, § 67 Rn 5
- Mehrfachberufler, § 67 Rn 12
- Nicht-WP, § 71 Rn 1
- OWi-Verfahren, § 83 Rn 2
- Pflichtverstoß, § 67 Rn 5
- Rechtshängigkeit, § 95 Rn 1
- Rügeverfahren, § 83 Rn 3
- Staatsanwaltschaft, § 84 Rn 1
- Strafurteil, § 83 Rn 5
- Strafverfahren, § 83 Rn 1
- Unmittelbarkeitsgrundsatz, § 102 Rn 1
- Unterstellung unter weiterer Berufsgerichtbarkeit, § 83a Rn 7 ff.
- Urteil, § 103 Rn 1
- Verhältnis zu anderen Berufsgerichtsbarkeiten, § 83a Rn 1 ff.
- Verhältnis zum Rügeverfahren, § 69 Rn
- Verweisungsvorschriften, § 127 Rn 1
- Wiederaufnahme, § 83c Rn 1
- WP in einem öffentlich-rechtlichen Dienst- oder Amtsverhältnis, § 83a Rn 24 f.
- Zwangsmittel, § 82 Rn 1

Berufsgesellschaften
- s. Buchprüfungsgesellschaft u. Wirtschaftsprüfungsgesellschaft
- Besorgnis der Befangenheit, § 49 Rn 112
- Gewerbesteuer, § 1 Rn 32
- Synopse zur WPG/StBG/RAG, Vor § 27 Rn 31

Berufshaftpflichtversicherung
- Allgemein, § 54 Rn 1 ff.
- Allgemeine Auftragsbedingungen, § 54 Rn 37; § 54a Rn 5, 19 ff.
- Anschlussversicherung, § 54 Rn 36, 38
- Arbeitsloser WP, § 54 Rn 17
- Auskunft zur BHV gegenüber Dritten, § 54 Rn 43
- Berufsaufsicht, § 54 Rn 46, 47
- Claims Maide Prinzip, § 54 Rn 8
- Direktanspruch des Geschädigten, § 54 Rn 41, 43
- Freie Mitarbeiter, § 54 Rn 16
- Gegenstand der Versicherung, § 54 Rn 26 ff.
- Grenzen des Versicherungsschutzes, § 54 Rn 32, 33
- Haftungsausschluss, § 54a Rn 7
- Haftungsbeschränkung, § 54a Rn 1 ff.

- Haftungsbeschränkung bei RA u. StB, § 54a Rn 27 ff.
- Haftungsbeschränkung bei Sozietäten, § 54a Rn 24 ff.
- Leistungsbedingungen des Auftraggebers, § 54a Rn 23
- Partnerschaftsgesellschaft, § 54 Rn 13, 36
- Pflicht zur Höherversicherung, § 54 Rn 35
- Rückwärtsversicherung, § 54 Rn 25
- Selbstbehalt, § 54 Rn 44
- Serienschadenklausel, § 54 Rn 6, 45
- Sozietätsversicherung, § 54 Rn 9, 18, 36
- Trennung der Berufsausübung, § 54 Rn 12
- Umfang der Versicherung, § 54 Rn 20 ff.
- Unterschreiten der Mindestversicherungssummen, § 54a Rn 7
- Vermögensschäden, § 54 Rn 26
- Verordnung über die Berufshaftpflichtversicherung, § 54 Rn 6, 44
- Versicherung der Gehilfen, § 54 Rn 26
- Versicherungslücke, § 54 Rn 25, 42
- Versicherungspflichtiger Personenkreis, § 54 Rn 10 ff.
- Versicherungssumme, § 54 Rn 5, 34 ff.
- Verstoßprinzip, § 54 Rn 8
- Vertragliche Haftungsbeschränkung, § 54a Rn 8 ff.
- Widerruf der Bestellung, § 54 Rn 46, 47
- Wirtschaftsprüfungsgesellschaft, § 54 Rn 4, 18
- Zeitlicher Umfang, § 54 Rn 20 ff.

Berufshaftpflichtversicherungsverordnung
- s. Verordnung über die Berufshaftpflichtversicherung

Berufspflichten
- Allgemeine und besondere, Vor § 43 Rn 7
- Allgemeines, Vor § 43 Rn 1
- Außerberufliches Verhalten, § 43 Rn 341
- Berufssatzung, § 57 Rn 87
- Elementare und sonstige, Vor § 43 Rn 10 f.
- JAP u. Gutachtenerstattung, Vertragsbestandteil, Vor § 51 Rn 3
- Örtlicher Geltungsbereich, Vor § 43 Rn 15 f.
- Persönlicher Geltungsbereich, Vor § 43 Rn 12 f.
- Primäre und sekundäre, Vor § 43 Rn 8 f.
- Sachlicher Geltungsbereich, Vor § 43 Rn 14
- Standards u. sonstige Verlautbarungen, Vor § 51 Rn 5
- Tätigkeitsspezifische, Vor § 51 Rn 8
- Tätigkeitsunspezifische, Vor § 51 Rn 6, 7
- Vertragsbestandteil, Vor § 51 Rn 3

Berufsqualifikationsfeststellungsgesetz
- Allgemein, § 131i Rn 1
- Eignungsprüfung als Wirtschaftsprüfer, § 131i Rn 2
- Statistik, § 131i Rn 3

Berufsrecht
- Berufsfreiheit, Einl. Rn 1
- Berufspflichten, s. dort
- Berufsrecht im engeren Sinn, Einl. Rn 15
- Entwicklung, Einl. Rn 60
- EU - Recht, Einl. Rn 30
- Geltung für Nicht - WP, Einl. Rn 91 ff.; § 56
- Konkurrenz von Berufsrechten, Einl. Rn 125
- Relevanz außerberuflicher Regelungen, Einl. Rn 44

- Standards, Einl. Rn 46
- Verhältnismäßigkeit, Einl. Rn 5
- WPO, Verordnungen, Berufssatzung, Einl. Rn 15
- Zivilrechtliche Relevanz, Einl. Rn 59

Berufsregister
- Aufgabe der WPK, § 57 Rn 66
- Bedeutung, § 37 Rn 1
- Eintragungspflichtige Tatsachen, § 38 Rn 5
- Eintragungsverfahren, § 40 Rn 1
- Löschungen, § 39 Rn 1
- Mitteilungspflichten, § 40 Rn 3
- Netzwerk, § 38 Rn 20
- Öffentlichkeit, § 37 Rn 6
- Prokurist, § 38 Rn 28
- Register für Genossenschaftliche Prüfungsverbände u.a., § 40a
- Scheinpartnerschaft, § 38 Rn 12
- Scheinsozietät, § 38 Rn 9
- Zwangsgeld, § 40 Rn 8
- Zweck, § 38 Rn 1

Berufssatzung
- Allgemeines, § 57 Rn 84
- APAK Anhörung, § 57 Rn 108, 109
- APAK Stellungnahme, § 66a Rn 52
- ARGE Anhörung, § 57 Rn 107, 109; § 65 Rn 4
- Ausfertigung, § 57 Rn 106
- Autentizitätsnachweis, § 57 Rn 106
- Beirat, § 57 Rn 104
- Berichtskritik, § 57 Rn 93
- Berufswahlfreiheit, § 57 Rn 101
- Besorgnis der Befangenheit, § 49 Rn 19 ff.; § 57 Rn 92
- BilanzrechtsreformG, § 57 Rn 92
- Demokratische Legitimierung, § 57 Rn 104
- Fortbildungspflicht, § 57 Rn 94, 121
- Gesetz gegen unlauteren Wettbewerb, § 57 Rn 123
- Gewissenhafte Berufsausübung, § 43 Rn 21
- Inhalte, § 57 Rn 114
- Inkrafttreten, § 57 Rn 113
- Kundmachung, Liberalisierung, § 57 Rn 89
- Legalitätsnachweis, § 57 Rn 106
- Letztentscheidungsbefugnis, § 57 Rn 85
- Normative Wirkung, § 57 Rn 103
- QS in WP/vBP Praxis, § 57 Rn 91
- QS System, § 57 Rn 117
- Rechtsetzungsbefugnis, § 57 Rn 85
- Satzungsermächtigung, § 57 Rn 86
- Selbstbindung der Verwaltung, § 57 Rn 105
- Siegelführungspflicht, § 57 Rn 92
- Siegelgestaltung, § 57 Rn 120
- SiegelVO, § 57 Rn 97, 120
- Skalierte Prüfungsdurchführung, § 57 Rn 98
- Staatsaufsicht, § 57 Rn 110
- Statusausfüllend, § 57 Rn 99, 102
- Statusbildend, § 57 Rn 99, 101
- Transparenzbericht, Vergütungsgrundlagen, § 57 Rn 94
- Vergütungsgrundlagen, § 57 Rn 124
- Vergütungsregelungen, § 57 Rn 94
- Verhältnismäßigkeit, § 57 Rn 112
- Veröffentlichung, § 57 Rn 113
- Vorlage BMWi, § 57 Rn 108, 101
- Werberecht, Wettbewerbsrecht, § 57 Rn 88, 91, 123
- Widerspruchslösung, § 57 Rn 111
- Zurechnungstatbestand Netzwerk, § 57 Rn 95
- Zusammenarbeitsverbote, § 57 Rn 101

Berufssiegel
- s. Siegel

Berufsverbot
- s. vorläufiges Berufsverbot
- Berufsgerichtliche Maßnahme, § 68 Rn 10

Berufswürdiges Verhalten
- Allgemein, § 43 Rn 20, 337 ff.
- Einzelfälle, § 43 Rn 356

Berufszugehörigkeit
- Verfahrenseinstellung, § 103 Rn 5
- Verfahrensvoraussetzung, § 67 Rn 13

Beschlagnahmeverbot, Vor § 43 Rn 24; § 43 Rn 125, 144

Beschwerde
- Verfahrensgrundsätze, § 104 Rn 2
- Vorläufiges Berufsverbot, § 118 Rn 2

Besonders befähigte Personen
- Gesetzliche Vertreter von WPG, § 28 Rn 27 ff.

Besorgnis der Befangenheit
- Abgrenzung von anderen Berufspflichten, § 49 Rn 12
- Abgrenzung zur Unbefangenheit, § 49 Rn 21
- Abschlussprüfung bei Unternehmen von öffentl. Interesse, § 49 Rn 18
- Absolute Ausschlussgründe, § 49 Rn 125
- Bei der Auftragsdurchführung beschäftigte Personen, § 49 Rn 107
- Berufsgesellschaften, § 49 Rn 112
- Berufssatzung, § 49 Rn 19 ff.; § 57 Rn 92
- Definition (Begriff), § 49 Rn 25
- Dokumentationspflichten, § 49 Rn 127
- Ehegatten, Lebenspartner und Verwandte, § 49 Rn 108
- Gefährdungstatbestände (threats), § 49 Rn 23, 28
- Gemeinsame Berufsausübung, § 49 Rn 94
- Handelsrechtlicher Befangenheitsbegriff, § 49 Rn 13
- Insolvenz des Unternehmens, § 49 Rn 90
- Kerntätigkeiten des WP, § 49 Rn 20
- Konkretisierung durch BS WP/vBP, § 49 Rn 19
- Maßgeblicher Einfluss auf Unternehmen, § 49 Rn 110
- Netzwerk, § 49 Rn 96
- Qualitätskontrolle, § 57a Rn 99
- Rechtsfolgen, § 49 Rn 130
- Ringprüfung, § 49 Rn 62
- Schutzmaßnahmen (safeguards), § 49 Rn 24, 117
- Umsatzabhängigkeit, § 49 Rn 111
- Wechselseitige Prüfungen, § 49 Rn 62
- Zurechnung, § 49 Rn 92
- Zurechnung von Befangenheitstatbeständen, § 49 Rn 92

Bestätigungsvermerk
- Allgemeines, § 43 Rn 264 ff.
- Anspruch des Mandanten auf Erteilung, § 43 Rn 284, 302
- Bedeutung, § 43 Rn 277 ff.
- Befugnis zur Erteilung, § 43 Rn 272 ff.
- Besondere Berufspflichten, § 43 Rn 264 ff.
- Beurteilungszeitpunkt, § 43 Rn 295, 308
- Einschränkung, § 43 Rn 277, 300, 303 ff., 315
- Erteilung bei Sozietäten, § 43 Rn 294
- Erteilung durch WP in eigener Praxis, § 43 Rn 291
- Erteilung durch WPG, § 43 Rn 292 f.
- Erteilung unter aufschiebender Bedingung, § 43 Rn 296, 320
- Grenzen der Aussagefähigkeit, § 43 Rn 279
- Hinweis auf Fortbestandsrisiken, § 43 Rn 307, 318
- Inhaltliche Anforderungen, § 43 Rn 285 ff.
- Klarheit, § 43 Rn 312 ff.

Stichwortverzeichnis **B**

- Mindestbestandteile, § 43 Rn 297 ff.
- Nachgebildete Erklärungen, § 43 Rn 331 ff.
- Nachtragsprüfungen, § 43 Rn 301, 319
- Offenlegung, § 43 Rn 321 ff.
- Ordnungsfunktion, § 43 Rn 281
- Pflichten bei der Offenlegung, § 43 Rn 321 ff.
- Richtigkeit, § 43 Rn 303 ff.
- Standardformulierungen des IDW, § 43 Rn 313 f.
- Unterzeichnung, § 32 Rn 2 ff.
- Unterzeichnungspflicht, § 43 Rn 288 f.
- Versagungsvermerk, s. dort
- Vollständigkeit, § 43 Rn 297 ff.
- Widerruf, § 43 Rn 309 f.
- Wirksame Erteilung, § 43 Rn 287 ff.

Bestandsschutz
- Wirtschaftsprüfungsgesellschaft, § 134a Rn 2 ff.

Bestellung als WP/vBP
- Allgemeines, § 15 Rn 1
- Antrag, § 15 Rn 7 ff.
- Ausschließung, § 19 Rn 8
- Beleihung, § 1 Rn 6
- Bestellungsurkunde, § 15 Rn 20
- Eignung, § 1 Rn 8
- Elektronisches Verfahren, § 15 Rn 19
- Erlöschen, § 19 Rn 1
- Fachliche Eignung, § 15 Rn 11 ff.
- Gebühr, § 15 Rn 23
- Höchstpersönlich, § 19 Rn 3
- Inpflichtnahme, § 1 Rn 6
- Mitgliedschaft bei der WPK, § 15 Rn 21
- Niederschrift, § 15 Rn 24
- Öffentliche, § 1 Rn 6
- Tod, § 19 Rn 3
- Vereidigter Buchprüfer, § 128 Rn 2
- Verzicht, § 19 Rn 4
- Widerruf der Bestellung, s. dort

- Wiederbestellung, s. dort
- Zuständigkeit, § 15 Rn 6

Bestellung als Abschlussprüfer
- Bestellung, § 43 Rn 63; Vor § 51 Rn 26, 33; § 57a Rn 152
- Gerichtsbeschluss, Vor § 51 Rn 34
- Verantwortlicher Prüfer, § 43 Rn 214

Beteiligungen (kapitalmäßige Bindungen)
- Besorgnis der Befangenheit, § 49 Rn 30
- Unabhängigkeit, § 43 Rn 11

Betretensrecht der WPK
- Berufsaufsicht, § 62 Rn 55

Betrieblicher Datenschutzbeauftragter
- Anforderungen, § 43 Rn 188
- Aussageverweigerungsrecht, § 43 Rn 189
- Berufsgeheimnis, § 43 Rn 188
- Beschlagnahmeverbot, § 43 Rn 189
- Selbstprüfung(sverbot), § 49 Rn 63

Betriebs- u. Geschäftsgeheimnisse
- Offenbarungs- u. Verwertungsverbot APAK, § 66b Rn 18
- Unbefugte Verwertung o. Offenbarung APAK, § 133c Rn 1

Betriebsprüfung
- Selbstprüfung(sverbot), § 49 Rn 81
- Verschwiegenheitspflicht, § 43 Rn 167

Betriebswirtschaftliche Prüfungen
- Aufgabenbereich des WP, § 2 Rn 3

Beurlaubung
- Antrag, § 46 Rn 9
- Arbeitgeberwechsel, § 46 Rn 20
- Befristeter Anstellungsvertrag, § 46 Rn 5 f.
- Berufsgerichtsbarkeit, § 46 Rn 17
- Dauer, § 46 Rn 13
- Ende der Beurlaubung, § 46 Rn 18 f.
- Erneute Beurlaubung nach Tätigkeit als WP, § 46 Rn 23
- Führungstätigkeit, § 46 Rn 8

1381

- Gebühren, § 46 Rn 25
- Mehrfachbeurlaubungen, § 46 Rn 20 ff.
- Mitgliedschaft bei der WPK, § 46 Rn 15; § 58 Rn 11
- Mutterschutz, Elternzeit, Pflegezeit, § 46 Rn 3
- Rechtsfolgen, § 46 Rn 15 ff.
- Unbefristeter Anstellungsvertrag, § 46 Rn 6
- Unmittelbar anschließende Beurlaubung, § 46 Rn 24
- Unvereinbare Tätigkeit, § 46 Rn 2
- Vorübergehende Tätigkeit, § 46 Rn 4
- Wiederaufleben der Bestellung, § 46 Rn 18

Beweisaufnahme
- Kommissarische, § 101 Rn 2
- Verlesung, § 102 Rn 2

Beweissicherung
- Anordnung, § 109 Rn 1
- Beweissicherung, § 110 Rn 8
- Verfahren, § 110 Rn 2

Bewertungsleistungen
- Kaufpreisanpassungsklausel, § 49 Rn 72
- Selbstprüfung(sverbot), § 49 Rn 71

Briefwahl
- Beirat WPK, § 59 Rn 9

Buchprüfungsgesellschaft
- Anerkennungsvoraussetzungen, § 128 Rn 6
- Anwendung von Vorschriften für WPG, § 130 Rn 6 f.
- Beteiligung von WP, § 130 Rn 8
- Instrument der Berufsausübung von vBP, § 130 Rn 4 ff.
- Pflichtmitgliedschaft, § 128 Rn 7
- Qualitätskontrolle, § 130 Rn 10
- Rechtsform, § 128 Rn 4
- Schutz der Bezeichnung, § 133 Rn 1 f.

- Unterzeichnung von gesetzlich vorgeschriebenen Bestätigungsvermerken und sonstigen Erklärungen im Vorbehaltsbereich, § 32 Rn 15
- Widerruf der Anerkennung, § 130 Rn 9

Bürgschaft zugunsten des Mandanten
- Eigeninteressen, § 49 Rn 37
- Unabhängigkeit, § 43 Rn 11

Bürogemeinschaft
- Begriffsinhalt, § 44b Rn 55
- Berufsausübung, § 43a Rn 13
- Kundmachung, § 44b Rn 58 f.
- Zulässige Bürogemeinschafter, § 44b Rn 57

Bundesgerichtshof
- Zuständigkeit, § 74 Rn 1; § 107 Rn 2

Bundeswirtschaftsministerium
- s. Staatsaufsicht
- Berufssatzung, § 57 Rn 108, 110
- Rechtsaufsicht, Staatsaufsicht, § 66 Rn

C

Code of Ethics, Einl. Rn 54; Vor § 43 Rn 3; § 44b Rn 51

Cooling off (beim Wechsel zum Mandanten)
- Abschlussprüfer, § 43 Rn 387
- Aufsichtsfunktion beim Mandanten, § 43 Rn 385
- Berufspflicht eigener Art, § 43 Rn 381
- Dauer des Tätigkeitsverbots, § 43 Rn 392
- Dauerordnungswidrigkeit, § 43 Rn 382
- Ehemalige Berufsangehörige, § 43 Rn 381; § 133a Rn 1
- Führungsposition beim Mandanten, § 43 Rn 383
- Interne Nachschau, § 43 Rn 398
- Nachtragsprüfung, § 43 Rn 392

- Rechtsfolgen von Verstößen, § 43 Rn 399; § 133a Rn 1
- Schutzmaßnahmen (safeguards), § 43 Rn 397
- Übergangsregelung, § 43 Rn 400; § 140 Rn 1
- Verantwortlicher Prüfungspartner, § 43 Rn 386

D

Darlehen zugunsten des Mandanten
- Eigeninteressen, § 49 Rn 37
- Unabhängigkeit, § 43 Rn 11

Datenschutz
- Auftragsdatenverarbeitung, § 43 Rn 194
- Bereichsspezifische Regelung, § 36a Rn 9
- Berufliche Verschwiegenheitspflicht, § 43 Rn 177
- Betrieblicher Datenschutzbeauftragter, § 43 Rn 183
- Datenverarbeitung, § 43 Rn 184, 185
- Einwilligung, § 43 Rn 191
- Verfahrensverzeichnis, § 43 Rn 190

Datenübermittlung
- Berufskammern, § 36a Rn 9
- Generalstaatsanwaltschaft, § 36a Rn 23, § 84a Rn. 1
- Mehrfachberufler, § 36a Rn 10
- Öffentliches Interesse, § 36a Rn 14
- Personenbezogene Daten, § 36a Rn 9
- Schutzwürdige Belange, § 36a Rn 15
- Sozialdatengeheimnis, § 36a Rn 19
- Steuerliche Informationen, § 36a Rn 17
- Umfang, § 36a Rn 11
- Versorgungswerk, § 36a Rn 22

Datenverarbeitung, § 43 Rn 184, 185

Disziplinarischer Überhang
- Anforderungen, § 69a Rn 12
- Außerberufliches Verhalten, § 69a Rn 17
- Geldbuße, § 69a Rn 18

Dokumentation
- Besorgnis der Befangenheit, § 49 Rn 127
- Hindernisse bei der Erlangung der Arbeitspapiere, § 51b Rn 84
- Netzwerk, § 49 Rn 106
- Qualitätssicherungssystem, § 55b Rn 17
- Schutzmaßnahmen, § 51b Rn 59, 60, 68
- Überprüfung der Unabhängigkeit, § 51b Rn 66
- Unabhängigkeit gefährdende Umstände, § 51b Rn 67
- Unparteilichkeit, § 43 Rn 258
- Versuch der Erlangung der Arbeitspapiere, § 51b Rn 82, 84

Drittstaaten
- Zusammenarbeit der Aufsichtsstellen, § 66a Rn 84

Drittstaatenprüfer
- Abschlussprüfer aus Drittstaat, § 51b Rn 69, 74
- Äquivalenzentscheidung, § 134 Rn 21
- Allgemeines, § 134 Rn 1
- Eintragungsbescheinigung, § 134 Rn 13
- Gesetzliche Vertreter einer WPG, § 28 Rn 42 ff.
- Gleichwertigkeitsentscheidung, § 134 Rn 21
- Kooperationsvereinbarung, § 134 Rn 19
- Kriterium der Gegenseitigkeit, § 134 Rn 20
- Nichtregistrierung, § 134 Rn 16
- Registrierung, § 134 Rn 1, 14, 18, 25
- Registrierungsgebühr, § 134 Rn 12
- Registrierungspflicht, § 134 Rn 3
- Übergangsentscheidung, § 134 Rn 22

E

Ehegatten
– Besorgnis der Befangenheit, § 49 Rn 108

Ehemalige Berufsangehörige
– Cooling off, § 43 Rn 381; § 133a Rn 1

Ehrenamtliche Richter
– Amtsenthebung, § 77 Rn 1
– Amtszeit, § 75 Rn 4
– Ausscheiden, § 75 Rn 5
– Bestellungshindernisse, § 76 Rn 4
– Bestellungsvoraussetzungen, § 76 Rn 1
– Entschädigung, § 80 Rn 1
– Ernennung, § 75 Rn 3
– Heranziehung, § 79 Rn 2
– Stellung, § 75 Rn 2; § 78 Rn 1
– Überlastung, § 79 Rn 5
– Verschwiegenheitspflicht, § 78 Rn 3

Eigeninteressen
– Beteiligungen (kapitalmäßige Bindungen), § 49 Rn 30
– Bürgschaft zugunsten des Mandanten, § 49 Rn 37
– Honorarforderungen, § 49 Rn 39
– Kreditaufnahme bei Mandanten, § 49 Rn 38
– Kreditgewährung an Mandanten, § 49 Rn 37
– Marktübliche Geschäfte (neutrale Drittgeschäfte), § 49 Rn 36
– Pflichtverletzungen, § 49 Rn 40
– Rechtsstreit, § 49 Rn 43
– Sonstige finanzielle Bindungen, § 49 Rn 32
– Umsatzabhängigkeit, § 49 Rn 33, 111
– Verdeckungsrisiko, § 49 Rn 41

Eigenverantwortlichkeit
– Allgemeines, § 43 Rn 200
– Anforderungen, § 43 Rn 212
– Arbeitgeber, § 44 Rn 4
– Externe Dienstleister, § 43 Rn 235
– Formen der Berufsausübung, § 43 Rn 205
– Freier Beruf, § 1 Rn 19
– Gemeinschaftsprüfer, § 43 Rn 241
– Gesetzlicher Vertreter v. Berufsgesellschaft, § 43 Rn 207
– Mehrfachfunktion, § 43 Rn 210
– Mitarbeitereinsatz, § 43 Rn 223
– Mitzeichnung, § 43 Rn 217; § 44 Rn 14
– Organisationsverantwortung, § 43 Rn 214
– Prüferwechsel, § 43 Rn 239
– Prüfung, § 43 Rn 214
– Selbständig, § 43 Rn 206
– Verantwortlicher Prüfer, § 43 Rn 214
– Verwertung v. Ergebnissen Dritter, § 43 Rn 236
– Weisungsfreiheit, § 43 Rn 219; § 44 Rn 11
– Zeichnungsberechtigung, § 44 Rn 5

Eignungsprüfung als WP
– Berechtigter Personenkreis, § 131g Rn 3
– Erforderliche Qualifikation, § 131g Rn 6
– Form der Prüfung, § 131h Rn 5
– Prüfungsergebnis, § 131h Rn 11
– Prüfungskommission, § 131h Rn 1
– Prüfungsverordnung, § 1311 Rn 1
– Staatsangehörigkeit, § 131g Rn 3
– Verkürzte Prüfung, § 131g Rn 10
– Ziel der Prüfung, § 131h Rn 4
– Zulassung, § 131g Rn 9

Einfluss des WP auf Unternehmen
– Besorgnis der Befangenheit, § 49 Rn 110

Einheitlicher Ansprechpartner (Einheitliche Stelle)
– Funktion, § 4a Rn 1
– Verfahrensabwicklung, § 4a Rn 4
– Verortung, § 4a Rn 5

Einheitlichkeit der Berufspflichtverletzung
– Berufsgerichtliche Entscheidung, § 63a Rn 24
– Rügeverfahren, § 63 Rn 17

Einsichtsrecht der WPK
– Berufsaufsicht, § 62 Rn 59

Einspruch gegen Rügebescheid
– Begründung, § 63 Rn 73
– Entscheidung, § 63 Rn 76
– Frist, § 63 Rn 73
– Geldbuße, § 63 Rn 78
– Rügeverfahren, § 63 Rn 71
– Verböserung (reformatio in peius), § 63 Rn 79
– Wiedereinsetzung, § 63 Rn 75

Einstellung des berufsgerichtlichen Verfahrens
– Unterrichtung der WPK, § 84a Rn 9

Eintragungsbescheinigung
– Drittstaatenprüfer, § 134 Rn 13

Erfolgshonorar
– s. Vergütung
– Unabhängigkeit, § 43 Rn 10

Ergebnisse Dritter
– Ergebnisse anderer Prüfer, § 43 Rn 236
– Ergebnisse sonstiger Dritter, § 43 Rn 243
– Konzernabschlussprüfung, § 43 Rn 236
– Prüferwechsel, § 43 Rn 239

Ermittlungen der WPK
– Anfangsverdacht, § 61a Rn 19
– Anlassunabhängig, § 62b; § 63 Rn 32
– Auskunftsverweigerungsrechte, § 61a Rn 27
– Berufsaufsicht, § 61a Rn 19, 31; § 63 Rn 31
– Erkenntnisquellen, § 61a Rn 33
– Ermittlungsmaßnahmen, § 61a Rn 35
– Erstzuständigkeit der WPK, § 61a Rn 28
– Rechtliches Gehör, § 61a Rn 36; § 63 Rn 33
– Rügeverfahren, § 63 Rn 31
– Unterbrechung der Verfolgungsverjährung, § 70 Rn 23
– Untersuchungsgrundsatz, § 61a Rn 23; § 63 Rn 13
– Vorermittlungen, § 61a Rn 22

Eröffnungsbeschluss
– Funktion, § 95 Rn 1
– Inhalt, § 95 Rn 3
– Rechtskraftwirkung, § 96 Rn 1
– Rechtsmittel, § 95 Rn 5
– Zustellung, § 97 Rn 1

Ersatzprüfer, § 32 Rn 4

Erscheinen vor der WPK
– Berufsaufsicht, § 62 Rn 18

Erstellung v. Jahresabschlüssen
– Auftragsannahme, § 43 Rn 114
– Auftragsbeendigung, § 43 Rn 118
– Auftragsdurchführung, § 43 Rn 115
– Bescheinigung, § 43 Rn 118
– Besorgnis der Befangenheit, § 49 Rn 45 ff.
– Erstellungsbericht, § 43 Rn 118
– Gewissenhaftigkeit, § 43 Rn 113
– Hinweispflicht, § 43 Rn 116
– Redepflicht, § 43 Rn 117

Ersuchter Richter
– Beweisaufnahme, § 101 Rn 2

Erwartungslücke, § 43 Rn 280, 313

EU-Abschlussprüfer
– Gesellschafter von WPG, § 28 Rn 57

EU-Prüfungsgesellschaften
– Gesellschafter von WPG, § 28 Rn 57

EWIV
– Europäische Wirtschaftliche Interessenvereinigung, § 44b Rn 2, 60 f.

Examen
– s. Prüfungsstelle für das WP Examen

Fachaufsicht
- Instrumente, § 66a Rn 69
- Verhältnis Staatsaufsicht, § 66 Rn 9

Fachliche Regeln
- Äußerungen der Wirtschaftsprüferkammer, § 43 Rn 38
- Gewissenhaftigkeit, § 43 Rn 33 ff.
- Grundsätze ordnungsmäßiger Abschlussprüfung, § 43 Rn 37
- Grundsätze ordnungsmäßiger Buchführung, § 43 Rn 37
- Hinweise der Wirtschaftsprüferkammer, Einl. Rn 49, 56 ff. § 43 Rn 42
- IAS, Einl. Rn 55 § 43 Rn 52
- IDW-Standards, § 43 Rn 45
- Internationale Standards, Einl. Rn 53 ff.; § 43 Rn 38, 51
- ISA, Einl. Rn 55; § 43 Rn 52
- Rechtliche Einordnung, Einl. Rn 50 ff.; Vor § 43 Rn 3; § 43 Rn 38 ff.
- Skalierbarkeit, § 43 Rn 53
- Verhältnismäßigkeit, § 43 Rn 53
- VO 1/2006, § 43 Rn 39
- VO 1/2006 Überarbeitung, Einl. Rn 56, 58

Fachliche Verlautbarungen
- s. auch fachliche Regeln und Verlautbarungen der WPK

Fachliche Voreingenommenheit
- Selbstprüfung(sverbot), § 49 Rn 44

Feststellung des Jahresabschlusses
- Feststellungssperre, § 43 Rn 282 f.

Finanzdienstleistungen
- Sebstprüfung(sverbot), § 49 Rn 68

Finanzielle Bindungen
- Besorgnis der Befangenheit, § 49 Rn 32

Finanzierungskonzepte
- Selbstprüfung(sverbot), § 49 Rn 68

Firewall QK/BA
- Durchbrechung, § 57e Rn 36
- Qualitätskontrolle, § 57e Rn 29
- Umfang, § 57e Rn 31

Firma einer WPG, § 31 Rn 1 ff.

Fördermittelberatung
- Rechtsdienstleistung, § 2 Rn 31

Forderungsabtretung
- Verschwiegenheitspflicht, § 43 Rn 176

Form der Berufsausübung
- Angestelltenverhältnis, § 43 Rn 209, 229
- Gesetzlicher Vertreter v. Berufsgesellschaft, § 43 Rn 207
- Gesetzlicher Vertreter v. Nicht-Berufsgesellschaft, § 43 Rn 208
- Selbständig, § 43 Rn 206

Fortbildung
- Allgemein, § 43 Rn 362 ff.; § 57 Rn 61, 62
- Berufssatzung, § 57 Rn 94, 121
- Maßnahmen, § 43 Rn 370
- Selbststudium, § 43 Rn 370
- Transparenzbericht, § 43 Rn 368

Fortbildungsveranstaltung für PfQK
- Anerkennung, § 57a Rn 86
- Antrag, § 57a Rn 87

Fortbildungsverpflichtung des PfQK
- Allgemeines, § 57a Rn 79
- Nachweis, § 57a Rn 83
- Nachweisform, § 57a Rn 84
- Umfang, § 57a Rn 81
- Zeitpunkt, § 57a Rn 85

Freier Beruf
- Allgemeines, § 1 Rn 12
- Berufspflichten, § 1 Rn 14
- Definition, § 1 Rn 15
- Eigenverantwortlichkeit, § 1 Rn 19
- Einordnung, berufsrechtlich, § 1 Rn 13
- Gemeinwohlverpflichtung, § 1 Rn 21
- Gewerbesteuer, § 1 Rn 31
- Ideelle persönliche Leistungserbringung, § 1 Rn 19, 24
- Katalogberufe, § 1 Rn 22, 30
- Qualifikation, § 1 Rn 21, 25

- Staatlich gebunden, § 1 Rn 18
- Verbot der gewerblichen Tätigkeit, § 1 Rn 14, 28
- Vertrauensverhältnis Mandanten, § 1 Rn 25
- Wirtschaftliche Selbständigkeit, § 1 Rn 19, 25

Freier Mitarbeiter
- (Mit) Unterzeichnung, § 32 Rn 8
- Berufsausübung, § 43a Rn 5
- Berufshaftpflichtversicherung, § 54 Rn 16
- Berufsregister, § 38 Rn 7
- Besorgnis der Befangenheit, § 49 Rn 107
- Eigenverantwortlichkeit, § 43 Rn 234
- Transparenzbericht, § 55c Rn 21
- Verschwiegenheitspflicht, § 43 Rn 148

Freiwillige Jahresabschlussprüfung
- Gegenstand der Qualitätskontrolle, § 57a Rn 46
- Unparteilichkeit, § 43 Rn 249

Freiwillige Mitglieder der WPK
- Beitragspflicht, § 58 Rn 15
- Berufsaufsicht, § 58 Rn 15
- Mitgliedschaft, § 58 Rn 13

Freiwillige Prüfungen
- Aufgabenbereich des WP, § 2 Rn 5, 8, 12

Freiwillige QK
- Gesetzliche Regelung, § 57g Rn 2
- Keine Pflicht zur QK, § 57g Rn 1

Fremdunternehmen
- s. Subunternehmen

Führungsposition beim Prüfungsmandanten
- Cooling off, § 43 Rn 383
- Rechtsfolgen einer unbefugten Ausübung, § 133a Rn 1

Führungstätigkeit
- Beurlaubung, § 46 Rn 8

Funktionsprüfung
- Auftragsabwicklung, § 57a Rn 61, 64
- Qualitätskontrolle, § 57a Rn 48, 57

G

Gebühr Wirtschaftsprüfungsexamen
- Prüfung, § 14a Rn 5, 15, 22
- Verbindliche Auskunft, § 14a Rn 4, 13, 21
- Widerspruch, § 14a Rn 7, 18, 24
- Zulassung, § 7 Rn 12; § 14a Rn 3, 11, 20

Gebühren WPK
- Gebührenordnung, § 61 Rn 3
- Rechtsschutz, § 61 Rn 30
- Rügeverfahren, § 63 Rn 8, 82
- Verjährung, § 61 Rn 26
- Vollstreckung, § 61 Rn 27

Gegenseitigkeit, Kriterium der
- Drittstaatenprüfer, § 134 Rn 20

Gehilfen
- Berufshaftpflichtversicherung, § 54 Rn 26
- Fremdunternehmen, § 43 Rn 148; § 50 Rn 4, 5
- Gesetzliche Verschwiegenheitsverpflichtung, § 50 Rn 1, 6
- Verschwiegenheitspflicht, § 43 Rn 148; § 50 Rn 1, 11
- Verschwiegenheitspflicht freie Mitarbeiter, § 43 Rn 148; § 50 Rn 1 - 3, 11
- Verschwiegenheitspflicht Mitarbeiter, § 43 Rn 148; § 50 Rn 1, 11
- Vertragliche Verschwiegenheitsverpflichtung, § 50 Rn 1, 9
- Zeugnisverweigerungsrecht, § 50 Rn 13

Geldbuße
- Bemessung, § 68 Rn 6
- Berufsgerichtliche Entscheidung, § 63a Rn 26
- Cooling off, § 133a Rn 2

- Einheitlichkeit, § 68 Rn 8
- Empfänger, § 133e Rn 2
- Rügeverfahren, § 63 Rn 4, 51; § 63a Rn 26
- Verwendung, § 133e Rn 1
- Vollstreckung, § 63 Rn 69
- Zahlungsverpflichtung WPK, § 133e Rn 3

Geldwäschebekämpfung
- Anordnungsbefugnisse WPK, § 43 Rn 405,
- Aufbewahrungspflicht, § 43 Rn 402
- Aufgabe der WPK, § 57 Rn 79 ff.
- Aufzeichnungspflicht, § 43 Rn 402
- Berufsträger, § 43 Rn 404
- Bußgeld, § 43 Rn 414
- Geldwäschebeauftragter, § 43 Rn 412
- Interne Sicherungsmaßnahmen, § 43 Rn 402
- Rechtsberatungsprivileg, § 43 Rn 408
- Sorgfaltspflichten, § 43 Rn 402
- Verdachtsmeldung, § 43 Rn 402, 406

Gemeinsame Berufsausübung
- Besorgnis der Befangenheit, § 49 Rn 94, 95
- s. Gesellschaft bürgerlichen Rechts, Sozietät, Partnerschaftsgesellschaft

Gemeinschaftsprüfer, § 32 Rn 4, 6

Gemeinwohlverpflichtung
- Freier Beruf, § 1 Rn 21

Generalbevollmächtigter
- Interessenvertretung, § 49 Rn 85

Generalstaatsanwaltschaft
- Allgemein, § 84 Rn
- Anschuldigungsschrift, § 85 Rn 1
- Berufsaufsicht, § 61a Rn 11
- Berufsgerichtliches Verfahren, § 84 Rn 1
- Revisionsverfahren, § 106 Rn 1
- Rügeverfahren, § 63 Rn 26
- Unterrichtspflichten, § 84a Rn 1, 6

Genossenschaftliche Prüfungsverbände
- Anlassunabhängige Sonderuntersuchungen, § 62b Rn 6
- Ausnahmegenehmigung QK, Anh. zu § 57h, § 63e GenG Rn 12
- Berufsausübung des WP/vBP, § 43a Rn 25
- Mitgliedschaft bei der WPK, § 58
- Mitzeichnung, § 44 Rn 14, 15
- Prüfer für Qualitätskontrolle, Anh. zu § 57h, § 63f GenG Rn 1
- Qualitätskontrolle, Anh. zu § 57h, § 63e GenG Rn 1
- Register, § 40a
- Siegel, § 48 Rn 5
- Transparenzbericht, § 55c Rn 41
- Unterzeichnung von Erklärungen, § 32 Rn 16
- Vorbehaltsaufgaben, § 2 Rn 11

Gerichtsgutachter
- Siegelführung, § 48 Rn 6
- Unterzeichnung, § 32 Rn 21

Gerichtsstand
- AAB, Vor § 51 Rn 77
- Honorarklagen, Vor § 51 Rn 76

Gesamtauftragsplanung
- Fristenkontrolle, § 43 Rn 28
- Gewissenhaftigkeit, § 43 Rn 27
- Verzögerte Auftragsdurchführung, § 43 Rn 30, 78, 79
- Zeitmangel, § 43 Rn 29

Gesellschaft bürgerlichen Rechts
- Allgemeines, § 44b Rn 3 f.
- Auftragnehmerin im Vorbehaltsbereich, § 44b Rn 17
- Außensozietät, § 44b Rn 15, 34 f.
- Berufshaftpflichtversicherung, § 44b Rn 25 ff.
- Berufsrechtliche Bindungen, § 44b Rn 27
- Berufsrechtliche Rahmenbedingungen, § 44b Rn 18 ff.

- Beteiligungsfähigkeit, § 44b Rn 19 ff.
- Gemeinsame Berufsausübung, § 44b Rn 2, 3
- Gemischte Sozietät, § 44b Rn 26
- Gesellschaftsvertrag, § 44b Rn 7 f.
- Haftung, § 44b Rn 9 ff.
- Haftungsbeschränkung, § 44b Rn 14
- Informationsrecht der WPK, § 44b Rn 24
- Kundmachung, § 44b Rn 28 ff.
- Persönlicher Haftungsausschluss, § 44b Rn 13
- Rechtsfähigkeit, § 44b Rn 6; § 48 Rn 8
- Rechtsscheinhaftung, § 44b Rn 15
- Siegel, § 44b Rn 36; § 48 Rn 5, 8
- Transparenzbericht, § 55c Rn 34
- Überörtliche Sozietät, § 44b Rn 18, 31
- Zivilrechtliche Rahmenbedingungen, § 44b Rn 5 f.
- Zweigniederlassung, § 44b Rn 36

Gesellschafterstreit
- Interessenvertretung, § 49 Rn 87
- Unabhängigkeit, § 43 Rn 13

Gesellschaftsvertrag
- Sozietät, § 44b Rn 6 f.
- Wirtschaftsprüfungsgesellschaft, § 29 Rn 7 ff.

Gesetz gegen unlauteren Wettbewerb
- Berufssatzung, § 57 Rn 123

Gesetzesverstöße
- Unterrichtung, § 43 Rn 340, 344 f.; § 49 Rn 5 ff.

Gesetzlich vorgeschriebene Ordnungsprüfungen
- Besorgnis der Befangenheit, § 49 Rn 15

Gewerbesteuer
- Berufsgesellschaft, § 1 Rn 32
- Freier Beruf, § 1 Rn 30
- Mitgliedsverpflichtung IHK, § 1 Rn 33

- Treuhandtätigkeit, § 1 Rn 32

Gewerbliche Tätigkeit
- Ausnahmen, § 43a Rn 85
- Begriff, § 43a Rn 63
- Einzelfälle, § 43a Rn 69
- Freier Beruf, § 1 Rn 14, 28
- Widerruf der Bestellung, § 20 Rn 16

Gewissenhaftigkeit
- Abgrenzung zu anderen Berufspflichten, § 43 Rn 19
- Allgemeines, § 43 Rn 16
- Auftragsverhältnis, § 43 Rn 56
- Beachtung gesetzlicher Vorschriften, § 43 Rn 33
- Bericht der Berufsaufsicht, § 43 Rn 43
- Berufsgerichtliche Entscheidungen, § 43 Rn 43
- Berufspflicht, § 43 Rn 16
- Bestimmtheitsgebot, § 43 Rn 113
- Definition, § 43 Rn 16
- Durchführung gesetzlicher Abschlussprüfungen, § 43 Rn 58
- Einzelfälle, § 43 Rn 88, 99, 103, 108, 117
- Erstellung v. Jahresabschlüssen, § 43 Rn 113
- Fachliche Regeln, § 43 Rn 36
- Honorar, § 43 Rn 86
- Im Verkehr erforderliche Sorgfalt, § 43 Rn 19
- Praxisorganisation, § 43 Rn 23
- Restriktive Anwendung, § 43 Rn 18
- Sachgerechte Gesamtauftragsplanung, § 43 Rn 27
- Sachverständigentätigkeit, § 43 Rn 91
- Satzungsrechtliche Konkretisierung, § 43 Rn 21
- Treuhandtätigkeit, § 43 Rn 107
- Vertreterbeauftragung bei Verhinderung, § 43 Rn 26

G

GmbH & Co KG
- phG von Wirtschaftsprüfungsgesellschaften, § 28 Rn 15 ff.
- Wirtschaftsprüfungsgesellschaft, § 27 Rn 6 ff.

Grundsatz der Verhältnismäßigkeit
- s. Verhältnismäßigkeit

GStA
- s. Generalstaatsanwaltschaft

Gutachten
- Abgrenzung zum Argumentationspapier, § 43 Rn 248
- Aufgabenbereich des WP, § 2 Rn 17
- Siegel, § 48 Rn 18
- Wirtschaftsprüferkammer, § 57 Rn 50, 51, 52

H

Haftung
- Außensozietät, § 44b Rn 15
- Gesellschaft bürgerlichen Rechts, § 44b Rn 9 ff.
- Partnerschaftsgesellschaft, § 44b Rn 43
- Vertragliche Haftung, vor § 51 Rn 36

Haftungsbeschränkung
- Allgemein, § 54a Rn 1 ff.
- Allgemeine Auftragsbedingungen, § 54a Rn 5, 19 ff.
- Beschränkung gegenüber Dritten, § 54a Rn 11
- Gesetzliche Haftungsbeschränkung, § 54a Rn 2
- Haftungsausschluss, § 54a Rn 7
- Individualvereinbarung, § 54a Rn 14 ff.
- Persönliche Haftungskonzentration, Vor § 51 Rn 12
- Regelungen bei RA u. StB, § 54a Rn 27 ff.

Handakten
- Anlegung(spflicht), § 51b Rn 2, 4
- Arbeitsergebnisse, § 51b Rn 14, 16, 21, 45, 51, 58
- Arbeitspapiere, § 51b Rn 14, 16, 47
- Arbeitspapiere des Drittstaatenprüfers, § 51b Rn 69
- Aufbewahrungsfrist, § 51b Rn 22, 27
- Aufbewahrungspflicht, § 51b Rn 22
- Begriff, Definition, § 51b Rn 5, 13
- Berufsaufsicht, § 51b Rn 89
- Beschlagnahme(freiheit), § 51b Rn 96
- Beweismittel, § 51b Rn 7
- Dokumentation der Unabhängigkeitsprüfung, § 51b Rn 59
- Elektronische Führung, § 51b Rn 11, 38
- Gewissenhaftigkeit, § 43 Rn 31, 87
- Herausgabepflicht, § 51b Rn 34
- Herausgabeverweigerung, § 51b Rn 50
- Im engeren Sinne, § 51b Rn 2, 13, 20
- Im weiteren Sinne, § 51b Rn 2, 13, 15
- Insolvenz, § 51b Rn 14, 42, 46, 57
- Manipulation, § 51b Rn 9
- Paginierung, § 51b Rn 9
- Selbstbelastung (nemo tenetur), § 51b Rn 41
- Unabhängigkeitsprüfung, § 51b Rn 59
- Verletzung der Pflicht zur Handaktenführung, § 51b Rn 10
- Vernichtung, § 51b Rn 30
- Verschwiegenheit, § 51b Rn 12
- Vorlagepflicht im Zivilprozess, § 51b Rn 104
- Vorlagepflichten gegenüber öffentlichen Stellen, § 51b Rn 87
- Zurückbehaltungsrecht, § 51b Rn 50

Handelsrechtlicher Befangenheitsbegriff
– Besorgnis der Befangenheit, § 49 Rn 13

Hauptverhandlung
– Ausschluss der Öffentlichkeit, § 99 Rn 10 f.
– Berufsöffentlichkeit, § 99 Rn 3
– Gerichtsbesetzung, § 72 Rn 3
– Grundsatz der eingeschränkten Nichtöffentlichkeit, § 99 Rn 2
– Herstellung der Öffentlichkeit, § 99 Rn 4
– Öffentlichkeit bei Prüfungen nach § 316 HGB, § 99 Rn 7 ff.
– Teilnahme der WPK, § 82b Rn 9

Haus- und Wohnungsverwaltung
– Rechtsdienstleistung, § 2 Rn 31

Hinweise der Kommission für Qualitätskontrolle
– Berichterstattung über eine QK, § 57a Rn 49
– Prüfung eines Qualitätssicherungssystems unter besonderer Berücksichtigung kleiner Praxen, § 57a Rn 50
– Durchführung von Qualitätskontrollen, § 57a Rn 49

Honorar
– s. Vergütung

Honoraranspruch
– Wegfall bei Besorgnis der Befangenheit, § 49 Rn 131

Honorarforderungen
– Eigeninteressen, § 49 Rn 39

Honorarordnung
– Allgemeines, Einl. Rn 23, 86

Honorarpfändung
– Verschwiegenheitspflicht, § 43 Rn 176

Honorarprozess
– Verschwiegenheitspflicht, § 43 Rn 172

Honorarumfrage
– der Wirtschaftsprüferkammer, § 55 Rn 13

I

IDW-Standards
– Allgemeines, Einl. Rn 50; Vor § 43 Rn 3
– Berufsrechtliche Verbindlichkeit, § 43 Rn 49
– Erkenntnisquelle, § 43 Rn 48

IESBA (IFAC) Code of Ethics
– s. Code of Ethics

Independence
– s. Besorgnis der Befangenheit

Independence in mind/in appearence
– Unparteilichkeit, § 43 Rn 254

Informationsfreiheitsgesetz
– Verschwiegenheitspflicht der WPK, § 64 Rn 13

Innenrevision
– Selbstprüfung(sverbot), § 49 Rn 59

Insolvenz
– Auftraggeber, Vor § 51 Rn 66
– Besorgnis der Befangenheit, § 49 Rn 90
– Gerichtsbeschluss über Befreiung von der Prüfungspflicht, Vor § 51 Rn 71
– Leistungsverweigerungsrecht, Vor § 51 Rn 68
– Pflichtprüfungen, Vor § 51 Rn 70
– Zurückbehaltungsrecht, Vor § 51 Rn 67

Insolvenzverwalter
– Treuhandtätigkeit, § 2 Rn 21

Institut der Wirtschaftsprüfer
– s. IDW-Standards

Interessenkonflikt
– Unabhängigkeit, § 43 Rn 5

Interessenvertretung
– Generalbevollmächtigter, § 49 Rn 85
– Gesellschafterstreit, § 49 Rn 87
– Grundfälle, § 49 Rn 84

- Treuhandtätigkeit, § 49 Rn 68, 86
- Unabhängigkeit, § 43 Rn 4

Internationale Standards
- Allgemeines, Einl. Rn 53
- Berufsrechtliche Verbindlichkeit, § 43 Rn 52
- Code of Ethics, § 43 Rn 51
- IAS, § 43 Rn 51
- ISA, § 43 Rn 51

Internationales Privatrecht
- Freie Rechtswahl, Vor § 51 Rn 15

Interne Nachschau
- Cooling off, § 43 Rn 398

Interne Rotation des Qualitätssicherers
- Berufssatzung, § 57 Rn 95

Interne Sicherungsmaßnahmen
- Geldwäschebekämpfung, § 43 Rn 402

J

Joint Inspections
- Anlassunabhängige Sonderuntersuchungen, § 62b Rn 16; § 66a Rn 93

K

Kammer für Wirtschaftsprüfersachen
- Gerichtsbesetzung, § 72 Rn 3
- Zuständigkeit, § 72 Rn 2

Kammerbeitrag
- Äqivalenzprinzip, § 61 Rn 8
- Allgemeines, § 61 Rn 6, 15
- Beitragsverteilung, § 61 Rn 7
- Berufspflicht, § 61 Rn 28
- Einheitsbeitrag, § 61 Rn 12
- Ermäßigung, § 61 Rn 18
- Freiwillige Mitglieder, § 58 Rn 15
- Gleichheitssatz, § 61 Rn 9
- Kostendeckungsprinzip, § 61 Rn 20
- Nicht-Wirtschaftsprüfer, § 58 Rn 2
- Rechtsschutz, § 61 Rn 30
- Verjährung, § 61 Rn 26
- Vollstreckung, § 61 Rn 27
- Zusatzbeitrag, § 61 Rn 17

Kammergericht
- Klageerzwingungsverfahren, § 86 Rn 5
- Reinigungsverfahren, § 87 Rn 5
- Revisionszulassung, § 107 Rn 4
- Zuständigkeit, § 73 Rn 2; § 104 Rn 1; § 105 Rn 1

Kammerversammlung
- Regionale Versammlungen, § 59 Rn 25
- Zentrale Versammlung, § 59 Rn 26

Kapitalbindung
- Wirtschaftsprüfungsgesellschaft, § 27-34 Rn 8 ff.; § 28 Rn 48 ff.

Kassenprüfung nach Vereinsrecht
- Selbstprüfung(sverbot), § 49 Rn 46

Katalogberufe
- Freier Beruf, § 1 Rn 22

Kaufpreisanpassungsklausel
- Bewertungsleistungen, § 49 Rn 72
- Selbstprüfung(sverbot), § 49 Rn 72

Kerntätigkeiten des WP
- Allgemein, § 2 Rn 2
- Besorgnis der Befangenheit, § 49 Rn 20

Klageerzwingungsverfahren
- Allgemeines, § 86 Rn 1
- Beschluss, § 86 Rn 5
- Kostenentscheidung, § 123 Rn 2
- Verfahren, § 86 Rn 2

Kollegialität
- Vermittlungsverfahren, Vor § 43 Rn 31

Kommission für Qualitätskontrolle
- Abteilungen, § 59a Rn 13
- Allgemeines, § 57e Rn 1
- Aufgaben, § 57e Rn 6
- Auflagen, § 57e Rn 12
- Hinweise, § 57a Rn 49
- Maßnahmen, § 57e Rn 9
- Sonderprüfung, § 57e Rn 21
- Tätigkeitsbericht, § 57e Rn 8
- Wahl, § 57e Rn 3

- Wahl der Mitglieder, Wählbarkeit, § 59 Rn 22
- Zusammensetzung, § 59 Rn 22

Konsultationen
- Besorgnis der Befangenheit, § 49 Rn 107

Kontrahierungszwang
- Vertragsfreiheit, Vor § 51 Rn 17

Kontrollgremien
- Cooling off, § 43 Rn 385

Konzernabschlussprüfung
- Abschlussprüfer aus Drittstaat, § 51b Rn 69, 74
- Arbeitspapiere, § 51b Rn 69, 74, 78
- Dokumentation, § 51b Rn 84
- Selbstprüfung(sverbot), § 49 Rn 55

Kooperation
- Begriffsinhalt, § 44b Rn 48
- Berufsausübung, § 43a Rn 14
- Kundmachung, § 44b Rn 50
- Partner, § 44b Rn 49

Kooperationsvereinbarung
- Drittstaatenprüfer, § 134 Rn 19

Kosten
- Berufsgerichtliche Entscheidung, § 63a Rn 6
- Rügeverfahren, § 63 Rn 8, 82

Kostenentscheidung
- Allgemeines, § 124 Rn 1
- Beweissicherung, § 124 Rn 4
- Klageerzwingungsverfahren, § 123 Rn 2
- Rechtsmittel, § 124 Rn 2
- Rechtsmittelverfahren, § 124 Rn 6
- Reinigungsverfahren, § 123 Rn 1
- Teilerfolg, § 124 Rn 2
- Verfahren nach § 63a, § 124a Rn 1
- Zeitpunkt, § 124 Rn 2

Kostenhaftung
- Wirtschaftsprüferkammer, § 125 Rn 1

Kreditaufnahme bei Mandanten
- Eigeninteressen, § 49 Rn 38

Kündigung der QK
- Anlässe, § 57a Rn 144
- Berichterstattung, § 57a Rn 148
- Freiwillige QK, § 57a Rn 151
- Mitteilungspflicht ggü. WPK, § 57a Rn 148
- Vorlage des Berichts, § 57a Rn 150
- Wichtiger Grund, § 57a Rn 146

Kündigung des Prüfungsauftrags
- Besorgnis der Befangenheit, § 49 Rn 132
- Gewissenhafte Berufsausübung, § 43 Rn 56, 57

Kundmachung
- Berufliche Niederlassung, § 3 Rn 10
- Berufssatzung, § 57 Rn 89

L

Landgericht
- Gerichtsbesetzung, § 72 Rn 3
- Kammer für Wirtschaftsprüfersachen, § 72 Rn 2
- Zuständigkeit, § 72 Rn 3

Lebenspartner
- Besorgnis der Befangenheit, § 49 Rn 108

Legalitätsnachweis
- Berufssatzung, § 57 Rn 106

Leitender Angestellter
- Prokurist, § 45 Rn 12
- Transparenzbericht, § 55c Rn 20
- Wirtschaftsprüfer, § 45 Rn 14

Leitungsfunktion bei Mandanten
- Selbstprüfung(sverbot), § 49 Rn 64

Limited Liability Partnership, § 44b Rn 62 f.

Liquidator
- Treuhandtätigkeit, § 2 Rn 21

Lohn- und Gehaltsabrechnung
- Selbstprüfung(sverbot), § 49 Rn 50

M

MaBV-Prüfung
- Selbstprüfung(sverbot), § 49 Rn 15, 46, 58

1393

Mandatsniederlegung, § 49 Rn 8
Mandatsvermittlung
- Beteiligung an einem Suchservice, § 55 Rn 43
- Entgeltliche, § 55 Rn 40 ff.
- Gegen sonstige Vorteile, § 55 Rn 42
- Praxisübernahme, § 55 Rn 45
- Übertragung von Einzelmandaten, § 55 Rn 45
- Unentgeltliche, § 55 Rn 46

Marktübliche Geschäfte (neutrales Drittgeschäft)
- Eigeninteressen, § 49 Rn 36

Mehrbändergesellschaft
- Gründung, § 27-34 Rn 30
- Rechtsform, § 27 Rn 2
- Synopse zu StBG und RAG, § 27-34 Rn 31

Mehrfachbänder
- Anderweitige Ahndung, § 69a Rn 8
- Berufsaufsicht, § 61a Rn 15; § 63 Rn 12; Einl. Rn 125 ff.
- Berufsgerichtliches Verfahren, § 67 Rn 12
- Geltung des strengsten Berufsrechts, Einl Rn 125 ff.; Vor § 43 Rn 17
- Rügeverfahren, § 63 Rn 12
- Trennung der Berufe, Einl. Rn 138 ff.; Vor § 43 Rn 18 ff.
- Zuständiges Berufsgericht, § 83a Rn 9 ff.

Mitarbeiter
- Freie Mitarbeiter, § 43 Rn 234
- Grundsätze, § 43 Rn 223
- Kontrolle, § 43 Rn 224
- Personen mit vergleichbaren Befugnissen, § 43 Rn 229
- Personen ohne vergleichbare Befugnisse, § 43 Rn 231
- Prüfungsteam, § 43 Rn 227
- Verschwiegenheitspflicht, § 43 Rn 148

Mitglieder des Prüfungsteams
- Besorgnis der Befangenheit, § 49 Rn 107

Mitgliederverzeichnis bei der WPK
- Inhalt, § 37 Rn 12

Mitgliedschaft bei der WPK
- Berufliche Niederlassung im Ausland, § 58 Rn 3
- Bestellung, § 15 Rn 21
- Beurlaubte Wirtschaftsprüfer, § 46 Rn 15, § 58 Rn 12
- Buchprüfungsgesellschaft, § 128 Rn 7
- Ende, § 58 Rn 6
- Freiwillige Mitglieder, § 58 Rn 13
- Mitgliederkreis, § 56 Rn 2
- Nicht-Wirtschaftsprüfer, § 58 Rn 2
- Pflichtmitglieder, § 58 Rn 2
- Vereidigter Buchprüfer, § 128 Rn 7
- Wirtschaftsprüfungsgesellschaft, § 58 Rn 4

Mitteilungspflichten
- Berufsregister, § 40 Rn 3
- Register für Prüfungsverbände/-stellen, § 40a Rn 5
- Zwangsgeld, § 40 Rn 8

Mitwirkungspflichten
- Anlassunabhängige Sonderuntersuchungen, § 62b Rn 24
- Berufsaufsicht, § 62 Rn 13, 16
- Qualitätskontrolle, § 57d Rn 1
- Verwaltungsverfahren, § 36a Rn 5, 6

Mitzeichnung
- Eigenverantwortlichkeit, § 44 Rn 14

Monitoring, Vor § 57a Rn 2

N

Nachgebildeter Bestätigungsvermerke
- Besorgnis der Befangenheit, § 49 Rn 16

Nachlasspfleger
- Treuhandtätigkeit, § 2 Rn 21

Nachlassverwalter
- Treuhandtätigkeit, § 2 Rn 21

Nachschau
- Gegebener Anlass, § 55b Rn 26
- Gegenstand, § 55b Rn 24
- Person des Nachschauers, § 55b Rn 27
- Selbstvergewisserung, § 55b Rn 28
- Turnus, § 55b Rn 25

Nachtragsprüfung
- Cooling off, § 43 Rn 392

Netzwerk
- Begriffsinhalt, § 38 Rn 21; § 44b Rn 51
- Berufsregister, § 38 Rn 20
- Besorgnis der Befangenheit, § 49 Rn 96
- Informationsaustausch, § 49 Rn 106
- Kundmachung, § 44b Rn 54
- Transparenzbericht, § 55c Rn 13, 34
- Verschwiegenheitspflicht, § 43 Rn 135
- Zulässige Netzwerkpartner, § 44b Rn 53

Neutralität des WP
- Unparteilichkeit, § 43 Rn 247

Nichtregistrierung
- Drittstaatsprüfer, § 134 Rn 16

Nicht-WP
- Berufsaufsicht, § 71 Rn 1
- Berufsgerichtsbarkeit, § 71 Rn 1

Nichtzulassungsbeschwerde
- Entscheidung, § 107 Rn 6

O

Öffentlich-rechtliches Amtsverhältnis
- Ausnahmeregelung, § 44a Rn 2
- Berufsausübung, § 44a Rn 20
- Berufsbezeichnung, § 44a Rn 15
- Honorarkonsul, § 44a Rn 12
- Vertreterbestellung, § 44a Rn 16

Offenlegung
- Bestätigungsvermerk, § 43 Rn 321 ff.

Ordnungsgeld
- Untersagungsverfügung, § 68a Rn 8

Ordnungswidrigkeit
- Ausübung einer Führungsposition, § 133a Rn 1
- Cooling off, § 43 Rn 382
- Firma Berufsgesellschaft, § 133 Rn 5 f.
- Titelführung, Siegelimitat, § 132 Rn 11 f.

Organe der WPK
- Behörden i.S. des VwVfG, § 59 Rn 2
- Beirat, § 59 Rn 1
- Geschäftsführung, § 59 Rn 2
- Kommission für Qualitätskontrolle, § 59 Rn 1, 22
- Landespräsidenten, § 59 Rn 2
- Präsident, § 59 Rn 2, 21
- Vorstand, § 59 Rn 1
- Wahlausschuss, § 59 Rn 2

Organisationsverantwortung
- Eigenverantwortlichkeit, § 43 Rn 214

Organmitglieder
- Aufwandsentschädigung, § 59 Rn 23
- Ehrenamtliche u. unentgeltliche Tätigkeit, § 59 Rn 23
- Verpflichtung Amtsübernahme, § 59 Rn 24

Outsourcing beruflicher Leistungen
- Verschwiegenheitspflicht, § 43 Rn 148; § 50 Rn 4, 5

P

Parteiwille
- Auftragsinhalt, Vor § 51 Rn 35, 37

Partnerschaftsgesellschaft
- Berufshaftpflichtversicherung, § 44b Rn 47; § 54 Rn 45

1395

- Berufsrechtliche Rahmenbedingungen, § 44b Rn 45 ff.
- Bestellung zum Abschlussprüfer, § 32 Rn 6
- Haftung, § 44b Rn 43
- Kundmachung, § 44b Rn 44
- Qualitätskontrolle, § 57a Rn 11
- Rundstempel, § 48 Rn 27
- Scheinpartnerschaft, § 44b Rn 43, 47
- Siegelführung, § 44b Rn 47; § 48 Rn 7
- Überörtliche, § 44b Rn 42
- Vorbehaltsbereich, § 44b Rn 46
- Wirtschaftsprüfungsgesellschaft, § 27 Rn 11
- Zivilrechtliche Rahmenbedingungen, § 44b Rn 40 ff.

Partnerschaftsgesellschaft mit beschränkter Berufshaftung, § 44b Rn 38, § 54 Rn. 2, 4, 18 ff., § 54a Rn. 8

Peer-Review-Verfahren, Vor § 57a Rn 2

Persönliche Verhinderung
- Auftragsbeendigung, § 43 Rn 77
- Höchstpersönliche Verpflichtung, JAP, Vor § 51 Rn 64
- Praxisvertretung, § 43 Rn 26
- Steuerberatung, Vor § 51 Rn 65

Persönliche Vertrautheit
- Angehörige, § 49 Rn 90
- Übermäßiges Vertrauen, § 49 Rn 89
- Wechsel zum Mandanten, § 49 Rn 91

Pfleger
- Treuhandtätigkeit, § 2 Rn 21

Pflichtmitgliedschaft
- s. Mitgliedschaft bei der WPK

Pflichtverletzung
- Eigeninteressen, § 49 Rn 40
- Einzelfälle, § 43 Rn 88, 99, 103, 108, 117
- Rügeverfahren, § 63 Rn 13
- s. auch Berufspflichten

- Verjährung, § 63 Rn 42

Pflichtverteidiger im berufsgerichtlichen Verfahren
- Bestellung, § 82a Rn 3

Pflichtwidrige Handlung, § 49 Rn 5

Plausibilitätsbeurteilung
- Selbstprüfung(sverbot), § 49 Rn 45

Präsident der WPK
- Organ der WPK, § 59 Rn 2, 21

Praxisorganisation
- Fristenkontrolle, § 43 Rn 28
- Gegenstand der Qualitätskontrolle, § 57a Rn 47
- Handakten, § 43 Rn 31
- Praxisräume, § 43 Rn 24
- Praxisvertretung, § 43 Rn 26
- Qualitätssicherungssystem, § 43 Rn 32
- Sachgerechte Gesamtauftragsplanung, § 43 Rn 27

Praxisübertragung
- Verschwiegenheitspflicht, § 43 Rn 175

Prokura
- Eigenverantwortliche Tätigkeit, § 44 Rn 9
- Transparenzbericht, § 55c Rn 21

Prokurist
- Berufsausübung, § 43a Rn 39
- Berufsregister, § 38 Rn 28
- Leitender Angestellter, § 45 Rn 12
- Regelungsgehalt, § 45 Rn 14

Provisionen
- Unabhängigkeit, § 43 Rn 12

Prüfer für Qualitätskontrolle
- Ablehnung, § 57a Rn 129
- Ausschluss, § 57a Rn 99
- Berufserfahrung, § 57a Rn 70
- Berufsgerichtliche Verurteilung, § 57a Rn 75
- Fortbildungsnachweis, § 57a Rn 83
- Fortbildungsverpflichtungsumfang, § 57a Rn 81

Stichwortverzeichnis P

- Genossenschaftliche Prüfungsverbände, § Anh. zu 57h, § 63f GenG Rn 1
- Kenntnisse in der Qualitätssicherung, § 57a Rn 73
- Prüfungsstellen, § 57h Rn 7
- Schriftlicher Antrag, § 57a Rn 67
- Selbstprüfung(sverbot), § 49 Rn 62
- Tätigkeitswechsel, § 57a Rn 94
- Widerruf der Registrierung, § 57a Rn 91
- Wirksame Teilnahmebescheinigung, § 57a Rn 77
- WPG, § 57a Rn 88

Prüfervorschläge für eine QK
- Ablehnung, § 57a Rn 129
- Allgemeines, § 57a Rn 124
- Anerkennung, § 57a Rn 129
- Anhörung, § 57a Rn 133
- Beauftragung, § 57a Rn 138
- Einreichung, § 57a Rn 125
- Rücknahme der Anerkennung, § 57a Rn 136
- Widerruf der Anerkennung, § 57a Rn 135

Prüfungsbericht
- Abschlussprüfung, § 43 Rn 82
- Elektronische Form, § 43 Rn 85
- Qualitätskontrolle, § 57a Rn 108 ff.
- Unterzeichnung, § 43 Rn 216

Prüfungsdurchführung
- Definition/Ausschlusstatbestand für auftragsbegleitende Qualitätssicherung, § 49 Rn 107
- Qualitätskontrolle, § 57a Rn 43 ff.
- s. auch Auftragsdurchführung
- Skalierbarkeit, § 43 Rn 54

Prüfungseinrichtungen für KöR und Anstalten
- Berufsausübung des WP/vBP, § 43a Rn 32
- Mitgliedschaft bei der WPK, § 58

Prüfungshemmnis
- Qualitätskontrolle, § 57a Rn 64

Prüfungskommission
- Wirtschaftsprüfungsexamen, § 12 Rn 1

Prüfungspflicht
- Branchenspezifische Regelungen, § 43 Rn 274 f.
- Rechtsform- und größenabhängige Regelungen, § 43 Rn 273

Prüfungsstandards
- APAK, § 66a Rn 55
- Fachliche Regeln, s. dort

Prüfungsstellen der Sparkassen- und Giroverbände
- Berufsausübung des WP/vBP, § 43 Rn 28
- Mitgliedschaft bei der WPK, § 58
- Prüfer für Qualitätskontrolle, § 57h Rn 7
- Register, § 40a
- Siegel, § 48 Rn 5
- Qualitätskontrolle, § 57h Rn 1

Prüfungsstelle für das WP Examen
- s. Wirtschaftsprüfungsexamen
- Allgemein, § 5 Rn 5; § 57 Rn 60, 64, 77, 78
- Aufgaben, § 5 Rn 11
- Leitung, § 5 Rn 7
- Selbstständigkeit, § 5 Rn 8

Prüfungstätigkeit
- Aufgabe des WP/vBP, § 2 Rn 3
- Vereidigter Buchprüfer, § 129 Rn 2

Prüfungsurteil
- s. Bestätigungsvermerk
- s. Versagungsvermerk
- Qualitätskontrollbericht, § 57a Rn 120

Prüfungsverband, genossenschaftlicher
- s. unter genossenschaftliche Prüfungsverbände

Prüfungsverordnung
- Eignungsprüfung als WP, § 131l Rn 1

- Wirtschaftsprüfungsexamen, § 14 Rn 1

Publizitätspflichten
- s. Offenlegung, § 43 Rn

Q

Qualitätskontrollbericht
- Aufbewahrung, § 57a Rn 168
- Aufgabe, § 57a Rn 108
- Bedeutung, § 57a Rn 108
- Berichtsgrundsätze, § 57a Rn 113
- Gliederung, § 57a Rn 114, 116
- Grundsätze ordnungsgemäßer Berichterstattung, § 57a Rn 111
- Inhalt, § 57a Rn 114
- Prüfungsurteil, § 57a Rn 120
- Übersendung an WPK, § 57a Rn 141
- Unterzeichnung, § 57a Rn 121

Qualitätskontrolle
- Allgemeines, § 57 Rn 72 ff.; Vor § 57a Rn 1
- APAK, § 66a Rn 50
- Aufbauprüfung, § 57a Rn 48, 53
- Auflagen, § 57e Rn 12
- Ausnahmegenehmigung, § 57a Rn 23
- Berufspflicht, § 43 Rn 59, 287; § 57a Rn 18
- Buchprüfungsgesellschaft, § 130 Rn 10
- Erkenntnisse aus Sonderuntersuchungen, § 57a Rn 51
- Firewall, § 57e Rn 29
- Freiwillig, § 57g Rn 1
- Funktion, Vor § 57a Rn 3
- Funktionsprüfung, § 57a Rn 48, 57
- Gegenstand, § 57a Rn 45
- Genossenschaftliche Prüfungsverbände, Anh. zu 57h, § 63e GenG Rn 1
- Grundsätze ordnungsgemäßer Berichterstattung, § 57a Rn 111
- Mitwirkungspflichten, § 57d Rn 1
- Partnerschaftsgesellschaft, § 57a Rn 11
- Prüfungsstellen, § 57h Rn 1
- Qualitätskontrollbericht, s. dort
- Risikoorientierter Prüfungsansatz, § 57a Rn 52
- Satzung für Qualitätskontrolle, § 57c Rn 1
- Sonderprüfung, § 57e Rn 21
- Sozietät, § 57a Rn 10
- Stichprobenauswahl, § 57a Rn 60
- Teilnahmebescheinigung, § 57a Rn 152
- Turnus, § 57a Rn 20
- Untersuchungsgrundsatz, § 57a Rn 109
- Vereidigter Buchprüfer, § 130 Rn 10
- Verschwiegenheitspflicht, § 57b Rn 1
- Vorbehaltsaufgabe, § 2 Rn 9
- Vorzeitige, § 136 Rn 7, 9
- Werbung, § 52 Rn 37
- Widerruf Teilnahmebescheinigung, § 57e Rn 25
- Zeitaufwand, § 57a Rn 63
- Zwangsmittel, § 57e Rn 28

Qualitätssichernde Entgeltregelung
- s. Honorarordnung

Qualitätssicherungshandbuch
- Allgemein, § 55b Rn 18 ff.
- Transparenzbericht, § 55c Rn 15

Qualitätssicherungssystem
- Allgemeines, § 55b Rn 1
- Auftragsbegleitende Qualitätssicherung, § 55b Rn 22
- Berichtskritik, § 55b Rn 22
- Berufssatzung, § 57 Rn 91, 117
- Dokumentation, § 55b Rn 17
- Durchsetzung, § 55b Rn 14
- Gegenstand der Qualitätskontrolle, § 57a Rn 44
- Handbuch, § 55b Rn 18 ff.
- Nachschau, § 55b Rn 23 ff.
- Prüfung der Stabilität, § 57a Rn 62

- Regelungen, § 55b Rn 8
- Transparenzbericht, § 55c Rn 14 ff.
- Überwachung, § 55b Rn 14
- VO 1/2006, § 55b Rn 5

R

Rechnungslegungsinformationssysteme
- Selbstprüfung(sverbot), § 49 Rn 82

Rechtliches Gehör
- Berufsaufsicht, § 61a Rn 36; § 63 Rn 33

Rechtsanwaltskammer
- Behörde i.S.v. § 36a Abs. 3, § 36a Rn 18

Rechtsberatung
- Liberalisierung, § 2 Rn 23

Rechtsdienstleistung
- Abgabenangelegenheiten, § 2 Rn 28
- Definition, § 2 Rn 24
- Erforderlichkeit juristischer Subsumtion, § 2 Rn 24
- Fördermittelberatung, § 2 Rn 31
- Haus- und Wohnungsverwaltung, § 2 Rn 31
- Nebenleistung, § 2 Rn 27
- Sozialbehördliche Vertretungsbefugnis, § 2 Rn 28
- Testamentsvollstreckung, § 2 Rn 30

Rechtsmittel/Rechtsschutz
- Beschwerde, § 104 Rn 1
- Einspruch gegen Rügebescheid, § 63 Rn 71
- Eröffnungsbeschluss, § 95 Rn 5
- Revision, § 105 Rn 1; § 107 Rn 1
- Untersagungsverfügung, § 68a Rn 8, 12
- Wirtschaftsprüfungsexamen, § 5 Rn 16

Rechtsstreit
- Eigeninteressen, § 49 Rn 43

Register Prüfungsverbände/-stellen
- Eintragungsvoraussetzungen, § 40a Rn 3

Regressprozess
- Verschwiegenheitspflicht, § 43 Rn 160, 172

Reinigungsverfahren
- Allgemeines, § 87 Rn 1
- Entscheidung, § 87 Rn 5
- Kostenentscheidung, § 123 Rn 1
- Staatsanwaltschaft, § 87 Rn 3

Revision
- Einlegung, § 107a Rn 1
- Formvorschriften, § 105 Rn 2
- Frist, § 107a Rn 1
- Nichtzulassungsbeschwerde, § 107 Rn 6
- Verfahren, § 107a Rn 1
- Zulässigkeit, § 107 Rn 3
- Zulassung, § 107 Rn 4

Ringprüfungen
- Besorgnis der Befangenheit, § 49 Rn 62

Risikoorientierter Prüfungsansatz
- Qualitätskontrolle, § 57a Rn 52

Rücknahme eines Verwaltungsaktes
- Anerkennung als Wirtschaftsprüfungsgesellschaft, § 34 Rn 4 ff.
- Bestellung als WP/vBP, § 20 Rn 5; § 21

Rügebescheid
- Begründung, § 63 Rn 53
- Berufsgerichtliche Entscheidung, § 63a Rn 1; § 72 Rn 5
- Einspruch, § 63 Rn 71
- Frist, § 63 Rn 42
- Geldbuße, § 63 Rn 51
- Rechtsbehelfsbelehrung, § 63 Rn 54
- Tilgung, § 126a Rn 12
- Untersagungsverfügung, § 63 Rn 56
- Veröffentlichung, § 63 Rn 84
- Wiedereinsetzung, § 63 Rn 75
- Zustellung, § 63 Rn 62

Rügeverfahren
- Akteneinsicht, § 63 Rn 38
- Allgemeines, § 63 Rn 1
- Anderweitige Ahndung, § 63 Rn 29

R

- Anfangsverdacht, § 61a Rn 19; § 63 Rn 3
- Berufsgerichtliche Entscheidung, § 63a Rn 1
- Einheitlichkeit der Berufspflichtverletzung, § 63 Rn 17
- Einspruch, § 63 Rn 71
- Entscheidung, § 63 Rn 48
- Ermittlungen, § 61a Rn 19; § 63 Rn 31
- Gebühren, § 63 Rn 8
- Geldbuße, § 63 Rn 4, 51
- Pflichtverletzung, § 63 Rn 13
- Rechtliches Gehör, § 63 Rn 33
- Untersagungsverfügung, § 63 Rn 56; § 68a Rn 4
- Verböserung (reformatio in peius), § 63 Rn 79
- Verfahrenshindernisse, § 63 Rn 40
- Verfolgungsvorrang, § 63 Rn 11,12
- Verhältnis zu anderen Berufsrechten, § 61a Rn 15; § 63 Rn 12, 29
- Verhältnis zum berufsgerichtlichen Verfahren, § 61a Rn 8; § 63 Rn 11, 26; § 69 Rn 9
- Verhältnis zum Strafverfahren, § 63 Rn 29
- Verjährung, § 63 Rn 42
- Verschulden, § 63 Rn 20
- Verschwiegenheit, § 63 Rn 64
- Verteidiger, § 63 Rn 35; § 63a Rn 5
- Zuständigkeit, § 63 Rn 5, 26

Rundstempel
- Siegelimitierender Rundstempel, § 48 Rn 25
- Steuerberaterrundstempel, § 48 Rn 26

S

Sacheinlagenprüfung
- Selbstprüfung(sverbot), § 49 Rn 75

Sachlichkeitsgebot
- Berufswürdiges Verhalten, § 43 Rn 342 ff.

Sachverständigentätigkeit
- Aufgabenbereich des WP, § 2 Rn 17; § 129 Rn 6
- Berufseid, § 2 Rn 18; § 17 Rn 19
- Fairness Opinion, § 43 Rn 104
- Formale Auftragsdurchführung, § 43 Rn 105
- Generic Opinion, § 43 Rn 96
- Gewissenhaftigkeit, § 43 Rn 91
- Prospektgutachten, § 43 Rn 101
- Second Opinion, § 43 Rn 93
- Unternehmensbewertung, § 43 Rn 98
- Unterzeichnung, § 43 Rn 106

Satzung der Wirtschaftsprüferkammer
- Befugnisnorm hoheitlichen Handelns, § 60 Rn 6
- Formelle Gültigkeitsvoraussetzungen, § 60 Rn 7
- Genehmigung von Änderungen, § 60 Rn 8
- Mitgliederanhörung, § 60 Rn 2
- Regelungsbereiche, § 60 Rn 3
- Veröffentlichung, § 60 Rn 9
- Zuständigkeit für Erlass/Änderungen, § 60 Rn 2

Satzung für Qualitätskontrolle
- Allgemeines, § 57c Rn 5
- Ausschlussgründe, § 57c Rn 9
- Gegenstand, § 57c Rn 5
- Qualitätskontrolle, § 57c Rn 1
- Registrierung Prüfer für Qualitätskontrolle, § 57c Rn 6
- Stellungnahme APAK, § 66a Rn 52

Satzung zur Berufsausübung des WP/vBP
- s. Berufssatzung

Scheinpartnerschaft
- Berufsregister, § 38 Rn 12

Scheinsozietät
- Berufsausübung, § 43a Rn 12
- Berufsregister, § 38 Rn 9

Schiedsgutachter
– Unparteilichkeit, § 43 Rn 255
Schriftstellerische Tätigkeit
– Vereinbare Tätigkeit, § 43a Rn 125
Schutzmaßnahmen
– Beratung mit erfahrenen Kollegen, § 49 Rn 123
– Cooling off, § 43 Rn 397
– Einschaltung von unbefassten Personen, § 49 Rn 122
– Erörterung mit anderen Aufsichtsstellen, § 49 Rn 120
– Erörterung mit Aufsichtsgremien des Auftraggebers, § 49 Rn 119
– Personelle und organisatorische Maßnahmen, § 49 Rn 124
– Transparenzregelungen, § 49 Rn 121
– Unabhängigkeit, § 51b Rn 59, 60, 68
Selbständige Tätigkeit
– Berufsausübung, § 3 Rn 10; § 43a Rn 4
Selbstbindung der Verwaltung
– s. fachliche Regeln
– Berufssatzung, § 57 Rn 105
– Verlautbarung der WPK, Einl. Rn 56
Selbstprüfung(sverbot)
– Befreiende Prüfung, § 49 Rn 55
– Betriebsprüfung, § 49 Rn 81
– Bewertungsleistungen, § 49 Rn 71
– Datenschutzbeauftragter, § 49 Rn 63
– Fachliche Voreingenommenheit, § 49 Rn 44
– Finanzdienstleistungen, § 49 Rn 68
– Innenrevision, § 49 Rn 59
– Kassenprüfung nach Vereinsrecht, § 49 Rn 46
– Kaufpreisanpassungsklausel, § 49 Rn 72
– Konzernabschluss, § 49 Rn 55
– Leitungsfunktion bei Mandanten, § 49 Rn 64
– Lohn- und Gehaltsabrechnung, § 49 Rn 50
– MaBV-Prüfung, § 49 Rn 46, 58
– Mitwirkung an Gestaltung des Prüfungsgegenstands, § 49 Rn 46
– Plausibilitätsbeurteilung, § 49 Rn 45
– Prüfer für Qualitätskontrolle, § 49 Rn 62
– Rechnungslegungsinformationssysteme, § 49 Rn 82
– Sacheinlagenprüfung, § 49 Rn 75
– Selbstschutz, § 49 Rn 44
– Steuerberatung, § 49 Rn 78
– Steuerbilanz, § 49 Rn 80
– Technisch-mechanische Hilfeleistungen, § 49 Rn 70
– Verschmelzungsprüfung, § 49 Rn 77
– Versicherungsmathematische Leistungen, § 49 Rn 69
– Vorjahresabschluss, § 49 Rn 52
– Zulässige Beratung u. unzulässige Mitwirkung, § 49 Rn 48
Selbstschutz
– Selbstprüfung(sverbot), § 49 Rn 44
Selbstvergewisserung
– Geeignete Person, § 55b Rn 29
– Nachschau, § 55b Rn 28
– Zeitlicher Abstand, § 55b Rn 31
Senat für Wirtschaftsprüfersachen
– Bundesgerichtshof, § 74 Rn 1
– Gerichtsbesetzung, § 73 Rn 3; § 74 Rn 2
– Kammergericht, § 73 Rn 2
– Klageerzwingungsverfahren, § 86 Rn 5
– Reinigungsverfahren, § 87 Rn 5
– Zuständigkeit, § 73 Rn 2; § 74 Rn 1; § 104 Rn 1; § 105 Rn 1; § 107 Rn 2
Serienschadenklausel
– s. Berufshaftpflichtversicherung
Shareholder-Value-Analysen
– Selbstprüfung(sverbot), § 49 Rn 68
Siegel
– Allgemeines, § 48 Rn 1 ff.
– Befugnis zur Siegelführung, § 48 Rn 15
– Beglaubigung, § 48 Rn 19

- Beratung und Vertretung in steuerlichen Angelegenheiten, § 48 Rn 19
- Berufssatzung WP/vBP, § 48 Rn 21; § 57 Rn 92
- Bescheinigung, § 48 Rn 17
- Bescheinigung von Endabrechnungen nach § 14 Abs. 7 EEG, § 48 Rn 11
- EHUG, § 48 Rn 24
- Einfache Partnerschaftsgesellschaft, § 48 Rn 7, 27
- Elektronisches Siegel, § 48 Rn 24
- Erklärung über Prüfungsergebnisse, § 48 Rn 15
- Erstattung von Gutachten, § 48 Rn 15, 18
- Freiwillige Jahresabschlussprüfung, § 48 Rn 14
- Freiwillige Siegelführung, § 48 Rn 15 ff.
- Genossenschaftliche Prüfungsverbände, § 48 Rn 5
- Gesellschaft bürgerlichen Rechts, § 48 Rn 5, 8
- Gestaltung, § 48 Rn 22 ff.; § 57 Rn 120
- Halbjahresfinanzbericht, § 48 Rn 10
- Jahresabschlussprüfung nach §§ 316 ff. HGB, § 48 Rn 14
- MaBV-Prüfung, § 48 Rn 12
- Parteigutachten, § 48 Rn 18, 19
- Pflicht zur Siegelführung, § 48 Rn 9 ff.; § 57 Rn 92
- Pflichtprüfung außerhalb des Vorbehaltsbereichs, § 48 Rn 16
- Prüfung der Vorgaben des § 328 HGB, § 48 Rn 14
- Prüfung von Stiftungen, § 48 Rn 12
- Prüfung von „reporting packages", § 48 Rn 14
- Prüfung von Verpackungsverwertungssystemen, § 48 Rn 12
- Prüfungsstellen der Sparkassen- und Giroverbände, § 48 Rn 5
- Siegelimitat, § 48 Rn 25; § 132 Rn 9 f.
- Siegelverordnung, § 48 Rn 21
- Steuerberaterrundstempel, § 48 Rn 25, 26
- Trennung der Berufe, § 48 Rn 27
- Überörtliche Prüfungseinrichtungen für KöR, § 48 Rn 5
- Unterzeichnung bei Siegelführung, § 48 Rn 20
- Verbot der Siegelführung, § 48 Rn 19 f.
- Verpflichteter und berechtigter Personenkreis, § 48 Rn 5
- Vorbehaltsbereich, § 2 Rn 9; § 48 Rn 8, 9
- Wettbewerbsrechtlicher Schutz, § 48 Rn 25
- Wirtschaftsberatende Tätigkeit, § 48 Rn 19
- Zackenrand, § 48 Rn 22, 25
- Zweigniederlassung, § 48 Rn 23

SiegelVO
- Berufssatzung, § 57 Rn 97, 120
- Übergangsregelung, Einl. Rn 22; § 137 Rn 1

Skalierte Prüfungsdurchführung
- Berufssatzung, § 57 Rn 98
- Gewissenhaftigkeit, § 43 Rn 53
- Verhältnismäßigkeit, § 43 Rn 53

Sollsystem
- Qualitätskontrolle, § 57a Rn 53

Sonderprüfung
- Kommission für Qualitätskontrolle, § 57e Rn 21
- Qualitätskontrolle, § 57e Rn 21

Sonderuntersuchungen
- s. Anlassunabhängige Sonderuntersuchungen

Sozialbehördliche Vertretungsbefugnis
- Rechtsdienstleistung, § 2 Rn 28

Sozietät
- s. Gesellschaft bürgerlichen Rechts

- Berufliche Niederlassung, § 3 Rn 20
- Berufshaftpflichtversicherung, § 54 Rn 9, 18, 36; § 54a Rn 24 ff.
- Gemeinsame Berufsausübung, § 43a Rn 11
- Qualitätskontrolle, § 57a Rn 10
- Zweigniederlassung, § 3 Rn 25

Sozietätsklausel
- Besorgnis der Befangenheit, § 49 Rn 94
- Gemeinsame Berufsausübung, § 49 Rn 95

Sparkassen- und Giroverbände
- Vorbehaltsaufgaben, § 2 Rn 11

Spezialisten
- Besorgnis der Befangenheit, § 49 Rn 107

Staatsanwaltschaft
- s. Generalstaatsanwaltschaft

Staatsaufsicht
- Allgemeines, § 66 Rn 1
- Berufssatzung, § 57 Rn 110
- Fachaufsicht, § 66 Rn 2, 9
- Gegenstand, § 66 Rn 3
- Maßnahmen, § 66 Rn 7
- Rechtsaufsicht, § 66 Rn 2; § 66a Rn 29
- Rechtsschutz, § 66 Rn 10

Standards
- Fachliche Regeln, s. dort

Steuerberatervergütungsverordnung, § 55 Rn 8 ff.

Steuerbilanz
- Selbstprüfung(sverbot), § 49 Rn 80

Steuerrechtshilfe
- Befugnis des vBP, § 129 Rn 5
- Befugnis des WP, § 2 Rn 2, 13
- Besorgnis der Befangenheit, § 49 Rn 11
- Selbstprüfung(sverbot), § 49 Rn 78
- Unabhängigkeit, § 43 Rn 4

Strafurteil
- Berufsgerichtliches Verfahren, § 83 Rn 9

- Bindungswirkung, § 83 Rn 9

Strafverfahren
- Sperrwirkung, § 83 Rn 5
- Vorrang, § 83b Rn 1

Subunternehmen
- Verschwiegenheitspflicht, § 43 Rn 148; § 50 Rn 4, 5

T

Technisch-mechanische Hilfeleistungen
- Selbstprüfung(sverbot), § 49 Rn 70

Teilnahmebescheinigung QK
- Allgemeines, § 57a Rn 152
- Befristung, § 57a Rn 156
- Gesetzliche Jahresabschlussprüfungen ohne Teilnahmebescheinigung, § 43 Rn 59, 287
- Höchstpersönlichkeit, § 57a Rn 159
- Kundmachung, § 57a Rn 167
- Nichterteilung, § 57a Rn 163
- Verlängerung, § 136 Rn 2

Testamentsvollstreckung
- Treuhandtätigkeit, § 2 Rn 21
- Rechtsdienstleistung, § 2 Rn 30

Tilgung von Aufsichtsmaßnahmen
- Allgemeines, § 126a Rn 1
- Belehrung, § 126a Rn 24
- Berufsgerichtliche Entscheidung, § 126a Rn 9
- Fristen, § 126a Rn 9
- Rechtsfolgen, § 126a Rn 22
- Rügen, § 126a Rn 12

Transparenz in der Berufsaufsicht
- Allgemeines, Einl. Rn 84
- APAK, § 66b Rn 1
- Öffentlichkeit der Hauptverhandlung, § 99 Rn 7 ff.

Transparenzbericht
- Aktualisierung, § 55c Rn 30
- Allgemeines, § 55c Rn 1 f.
- Anlassunabhängige Sonderuntersuchungen, § 62b Rn 7

- Ausstellungsdaten der letzten TB, § 55c Rn 17
- Beherrschender Einfluss, § 55c Rn 10
- Berufssatzung, § 57 Rn 94
- Betagter Transparenzbericht, § 55c Rn 39
- Einsichtsrecht Dritter, § 55c Rn 36
- Elektronische Signatur, § 55c Rn 37
- Erforderlicher Mindestinhalt, § 55c Rn 9 ff.
- Finanzinformationen, § 55c Rn 28
- Fortbildungsgrundsätze und -maßnahmen, § 55c Rn 27
- Freie Mitarbeiter, § 55c Rn 21
- Freiwilliger, § 55c Rn 40
- Genossenschaftliche Prüfungsverbände, § 55c Rn 41
- Geschäftsführungsorgan, § 55c Rn 16
- Hinterlegung bei der WPK, § 55c Rn 36
- Internet, § 55c Rn 31 ff., 37
- Jährlichkeit, § 55c Rn 4
- Kalenderjahr, § 55c Rn 4 ff., 18, 39
- Leitungsstruktur, § 55c Rn 25 f.
- Leitende Angestellte, § 55c Rn 20
- Liste der geprüften Unternehmen von öffentlichem Interesse, § 55c Rn 18
- Maßgeblicher Zeitpunkt für Angaben, § 55c Rn 29 f.
- Maßnahmen zu Unabhängigkeit, § 55c Rn 19
- Mehrheitsgesellschafter, § 55c Rn 10
- Mehrstufige Eigentumsverhältnisse, § 55c Rn 11
- Organisationsstruktur bei Netzwerken, § 55c Rn 13
- Organmitglieder, § 55c Rn 20
- Original, § 55c Rn 33, 37
- Pflicht zur Veröffentlichung, § 55c Rn 3 ff.
- Praxisinhaber, § 55c Rn 16
- Prokura, § 55c Rn 21
- Prüfungsstellen der Sparkassen- und Giroverbände, § 55c Rn 41
- Qualitätssicherungshandbuch, § 55c Rn 15
- Qualitätssicherungssystem, § 55c Rn 14 ff.
- Rechtsform und Eigentumsverhältnisse, § 55c Rn 10 ff.
- Unternehmen von öffentlichem Interesse, § 55c Rn 8
- Unterzeichnung, § 55c Rn 37 f.
- Verfahrensfragen, § 55c Rn 31 ff.
- Vergütungsgrundlagen, § 55c Rn 20 ff.
- Veröffentlichung im Internet, § 55c Rn 31 ff.
- Zusätzlicher Mindestinhalt bei WPG, § 55c Rn 24 ff.

Trennung der Berufe
- Allgemeines, Einl. Rn 138; Vor § 43 Rn 18
- Berufliche Niederlassung, § 3 Rn 26 ff.
- Berufshaftpflichtversicherung, § 54 Rn 12
- Siegel-/Rundstempelführung, § 48 Rn 27
- Zweigniederlassung, § 3 Rn 47 ff.

Treuhandtätigkeit
- Anderkonto, § 43 Rn 109
- Aufgabe des vBP, § 129 Rn 8
- Aufgabe des WP, § 2 Rn 21
- Aufrechnung, § 43 Rn 111
- Gewissenhaftigkeit, § 43 Rn 107
- Insolvenzverwalter, § 2 Rn 21
- Interessenvertretung, § 49 Rn 86
- Liquidator, § 2 Rn 21
- Nachlasspfleger, § 2 Rn 21
- Nachlassverwalter, § 2 Rn 21
- Organstellung, § 2 Rn 22
- Pfleger, § 2 Rn 21
- Testamentsvollstrecker, § 2 Rn 21
- Unabhängigkeit, § 43 Rn 4, 13

- Unverzügliche Auszahlung, § 43 Rn 112
- Verwaltung v. Geldern, § 43 Rn 110
- Vormund, § 2 Rn 21

U
Überörtliche Prüfungseinrichtungen für KöR
- Siegel, § 48 Rn 5

Überörtliche Prüfungsstellen
- Vorbehaltsaufgaben, § 2 Rn 11

Überörtliche Sozietät
- Berufliche Niederlassung, § 3 Rn 24

Umsatzabhängigkeit
- Ausnahmegenehmigung, § 49 Rn 34
- Besorgnis der Befangenheit, § 49 Rn 33, 111

Unabhängigkeit
- Annahme von Provisionen, § 43 Rn 12
- Aufsichtsfunktion beim Mandanten, § 43 Rn 14
- Auftragsannahme, § 43 Rn 61
- Beratung und Interessenvertretung, § 43 Rn 4
- Beratungsfehler, § 43 Rn 6
- Beteiligungen (kapitalmäßige Bindungen), § 43 Rn 11
- Darlehen und Bürgschaft zugunsten des Mandanten, § 43 Rn 11
- Dokumentation, § 51b Rn 59, 64
- Erfolgshonorar, § 43 Rn 10
- Gefährdende Umstände, § 51b Rn 67
- Gesellschafterstreit, § 43 Rn 13
- Innere und äußere Unabhängigkeit, § 43 Rn 2
- Interessenkonflikt, § 43 Rn 5
- Schutzmaßnahmen, § 51b Rn 59, 60, 68
- Treuhandtätigkeiten, § 43 Rn 4, 13
- Überprüfung, § 51b Rn 66
- Versorgungszusage des Mandanten, § 43 Rn 9
- Verteidigung in Steuerstraf- und Bußgeldverfahren, § 43 Rn 6
- Wirtschaftliche Abhängigkeit, § 43 Rn 8

Unbedenklichkeitsbescheinigung
- Anerkennungsverfahren als WPG, § 29 Rn 4 f.

Unbefangenheit
- s. Besorgnis der Befangenheit
- Abgrenzung zur Besorgnis der Befangenheit, § 43 Rn 2; § 49 Rn 21

Ungeordnete wirtschaftliche Verhältnisse
- Berufspflichtverletzung, § 20 Rn 84
- Versagung der Bestellung, § 16 Rn 22 ff.
- Widerruf der Bestellung, § 20 Rn 58 ff.

Unparteilichkeit
- s. auch Besorgnis der Befangenheit
- Abgrenzung zur Unabhängigkeit/Unbefangenheit, § 43 Rn 246, 252
- Abschlussprüfungen, § 43 Rn 256
- Definition (Begriff), § 43 Rn 250
- Dokumentationspflichten, § 43 Rn 258
- Independence in mind/in appearence, § 43 Rn 254
- Neutralität des WP, § 43 Rn 247
- Schiedsgutachter, § 43 Rn 255

Unselbständige Tätigkeit
- Berufsausübung, § 43a Rn 15

Unternehmen von öffentlichem Interesse
- Begriffsinhalt, § 55c Rn 8
- Transparenzbericht, § 55c Rn 1, 3, 8

Unternehmensberatung
- Aufgabe des vBP, § 129 Rn 7
- Aufgabe des WP, § 2 Rn 19

Untersagungsverfügung
- Abgeschlossene Pflichtverletzung, § 68a Rn 4
- Andauernde Pflichtverletzung, § 68a Rn 3

- Berufsgerichtliche, § 68a Rn 1
- Berufsgerichtliche Entscheidung, § 63a Rn 27
- Ordnungsgeld, § 68a Rn 8
- Rechtsschutzverfahren, § 68a Rn 8, 12
- Rügeverfahren, § 63 Rn 56; § 68a Rn 4
- Verfahrensfragen, § 68a Rn 6

Untersuchungsgrundsatz
- Allgemein, § 36a Rn 2
- Qualitätskontrolle, § 57a Rn 109

Unterzeichnung
- Beizeichnung, § 32 Rn 5
- Berufsrechtliche Verantwortlichkeit, § 32 Rn 22 f.
- Erklärungen außerhalb des Vorbehaltsbereichs, § 32 Rn 18 ff.
- Erklärungen mit Siegelführung, § 32 Rn 19 f.
- Genossenschaftliche Prüfungsverbände, § 32 Rn 16
- Gerichtsgutachter, § 32 Rn 21
- Gesetzlich vorgeschriebene Erklärungen, Buchprüfungsgesellschaft, § 32 Rn 15
- Gesetzlich vorgeschriebene Erklärungen, Gesellschaft bürgerlichen Rechts/einfache Partnerschaftsgesellschaft, § 32 Rn 6
- Gesetzlich vorgeschriebene Erklärungen, Wirtschaftsprüfer, § 32 Rn 3 ff.
- Gesetzlich vorgeschriebene Erklärungen, Wirtschaftsprüfungsgesellschaft, § 32 Rn 11 ff.
- Mitunterzeichnung, § 32 Rn 22 f.
- Prüfungsstellen von Sparkassen- und Giroverbänden, § 32 Rn 17
- Transparenzberichte, § 55c Rn 37 f.

Unvereinbare Tätigkeit
- Allgemeines, § 43 Rn 259; § 43a Rn 49
- Berufspflichtverletzung, § 43 Rn 263

- Beurlaubung, § 46 Rn 2
- Versagung der Bestellung, § 16 Rn 19 ff.

V

Verantwortlicher Prüfungspartner
- Cooling off, § 43 Rn 375, 386

Verbindliche Auskunft im WP Examen
- Antrag, § 6 Rn 2
- Inhalt, § 6 Rn 5
- Wirkung, § 6 Rn 10

Verbundene Unternehmen
- Definition, § 38 Rn 24
- Verschwiegenheitspflicht, § 43 Rn 135

Verdachtsmeldung
- Durchbrechung beruflicher Verschwiegenheitspflicht, § 43 Rn 410
- Geldwäschebekämpfung, § 43 Rn 402, 406
- Gesetzliche Offenbarungspflicht, § 43 Rn 410
- Gewissheitsmeldung, § 43 Rn 408
- Verdacht der Geldwäsche, § 43 Rn 406
- Verdacht Terrorismusfinanzierung, § 43 Rn 406
- Zuständige Berufskammer, § 43 Rn 409

Verdeckungsrisiko
- Eigeninteressen, § 49 Rn 41

Vereidigter Buchprüfer
- Anwendung der Vorschriften für Wirtschaftsprüfer, § 130 Rn 1
- Berufsbezeichnung, § 128 Rn 3
- Bestellung, § 128 Rn 2
- Härtefallregelung zur Bestellung, § 139a Rn 8 ff.
- Historische Entwicklung, Vor § 128 Rn 2
- Interessenvertretung, § 129 Rn 7
- Jahresfrist zur Bestellung, § 139a Rn 5 ff.

- Pflichtmitgliedschaft, § 128 Rn 7
- Prüfung, § 139a Rn 1
- Prüfungstätigkeit, § 129 Rn 2
- Qualitätskontrolle, § 130 Rn 10
- Sachverständigentätigkeit, § 129 Rn 6
- Schließung des Berufszuganges, Vor § 128 Rn 7
- Steuerliche Beratung und Vertretung, § 129 Rn 5
- Treuhandtätigkeit, § 129 Rn 8
- Wirtschaftliche Beratung, § 129 Rn 7

Vereinbare Tätigkeit, § 43a Rn 111

Verfahrensordnung
- Anlassunabhängige Sonderuntersuchungen, § 62b Rn 22

Verfahrensverzeichnis
- Datenschutz, § 43 Rn 190

Vergütung
- Allgemeines, § 55 Rn 1 ff.
- Beeinflussung durch zusätzliche Leistungen, § 55 Rn 24 ff.
- Erfolgshonorar bei Hilfeleistung in Steuersachen, § 55 Rn 16; § 55a Rn 1 ff.
- Erfolgshonorar für wirtschaftliche Beratung und Interessenwahrung, § 55 Rn 15
- Fehlende Honorarvereinbarung, § 55 Rn 6, 10
- Gebührenempfehlungen, § 55 Rn 3
- Gebührenordnung, Einl. Rn 23, 86; § 55 Rn 2
- Gebührenüberhebung, § 55 Rn 58
- Gesetzliche Abschlussprüfung, § 55 Rn 20 ff.
- Gestaltungsfreiheit, § 55 Rn 6 ff.
- Gewissenhafte Berufsausübung, § 43 Rn 86
- Missverhältnis zwischen Leistung und Vergütung, § 55 Rn 33 ff.
- Prüfung kommunaler Eigenbetriebe, § 55 Rn 3
- Regelung in der Berufssatzung, § 57 Rn 94, 124
- Steuerberatervergütungsverordnung, § 55 Rn 8 ff.
- Verknüpfung mit weiteren Bedingungen, § 55 Rn 20 ff.
- Wettbewerbsrecht, § 55 Rn 11 f.

Vergütungsforderungen
- Abtretung, § 43 Rn 176; § 55 Rn 47 ff.
- Abtretung an Angehörige anderer freier Berufe, § 55 Rn 51 ff.
- Abtretung an sonstige Dritte, § 55 Rn 54
- Abtretung innerhalb des Berufs, § 55 Rn 48 ff.
- Globalzession, § 55 Rn 47
- Sicherheitsabtretung, § 55 Rn 47

Verhältnismäßigkeit
- Berufssatzung, § 57 Rn 112
- Einschränkung der Berufsfreiheit, Einl. Rn 1 ff.
- Fachliche Regeln, § 43 Rn 54
- Skalierte Prüfungsdurchführung, § 43 Rn 54

Verhaftung
- Berufsgerichtliches Verfahren, § 82 Rn 1

Verjährung in der Berufsaufsicht
- Abgrenzung zur Rügefrist, § 70 Rn 3
- Absolute Grenze, § 70 Rn 22
- Allgemeines, § 70 Rn 1 ff.
- Anhörung durch die WPK, § 70 Rn 23
- Anordnung der Bekanntgabe der Einleitung eines Ermittlungsverfahrens, § 70 Rn 28
- Beginn, § 70 Rn 6 ff.
- Beginn im berufsgerichtlichen Verfahren, § 70 Rn 6
- Bekanntgabe der Einleitung eines Ermittlungsverfahrens, § 70 Rn 27
- Berichterstattung, § 70 Rn 10
- Berufsausschluss, § 70 Rn 2

- Berufsgerichtliche Verfolgungsmaßnahmen, § 70 Rn 24
- Berufsverbot, § 70 Rn 2
- Dauerdelikt, § 70 Rn 8
- Einleitung berufsgerichtliches Verfahren, § 70 Rn 5
- Einreichung der Anschuldigungsschrift, § 70 Rn 33
- Ermittlungen GStA, § 70 Rn 5
- Erste Vernehmung, § 70 Rn 29
- Erstinstanzliches berufsgerichtliches Urteil, § 70 Rn 20
- Erteilung unrichtiger Testate, § 70 Rn 10 ff.
- Fristbeginn, § 70 Rn 9
- Gleichzeitige Unterbrechung und Hemmung, § 70 Rn 37 ff.
- Grundsatz der Einheitlichkeit der Pflichtverletzung, § 70 Rn 15
- Hemmung, § 70 Rn 31 ff.
- Mehrfache Pflichtverletzungen, § 70 Rn 15 f.
- Neuer Fristbeginn nach Unterbrechung, § 70 Rn 21
- Pflichtverletzung, § 63 Rn 42
- Rügeverfahren, § 63 Rn 42
- Ruhen, § 70 Rn 17 ff.
- Strafrechtliche Anklageerhebung, § 70 Rn 32
- Unterbrechung, § 70 Rn 21 ff.; § 83a Rn 21
- Unterlassungsdelikt, § 70 Rn 8
- Verjährung von Pflichtverletzungen, siehe dort
- Verzicht auf Bestellung, § 70 Rn 19
- Vollendung der Pflichtverletzung, § 70 Rn 6
- Wirkung, § 70 Rn 4 f.

Verjährung von Honoraransprüchen
- Allgemein, Vor § 51 Rn 73

Verjährung von Schadensersatzansprüchen
- Allgemein, Vor § 51 Rn 72; § 139b Rn 1
- Beginn, § 139b Rn 2
- Berechnung, § 139b Rn 5
- Dauer, § 139b Rn 2
- Hemmung, Vor § 51 Rn 75; § 139b Rn 3
- Regelmäßige Verjährung, § 139b Rn 4

Verkammerung
- Historische Diskussion, Einl. Rn 68; § 4 Rn 2 ff.

Verkürzte Prüfung
- Anrechnung gleichwertiger Prüfungsleistungen aus Studium, § 13b Rn 1
- Anrechnung von Prüfungsleistungen aus Masterstudiengang, § 8a Rn 1
- Für Steuerberater, § 13 Rn 1
- Für vereidigte Buchprüfer, § 13a Rn 1

Verlängerung der Teilnahmebescheinigung QK
- Antrag, § 136 Rn 2
- Keine Prüfung eines Unternehmens v. öffentl. Interesse, § 136 Rn 5

Verlautbarung der WPK
- s. fachliche Regeln, Einl. Rn 56

Vermögensschadenhaftpflichtversicherung
- s. Berufshaftpflichtversicherung

Vermögensverfall
- s. ungeordnete wirtschaftliche Verhältnisse
- Wirtschaftsprüfungsgesellschaften, § 34 Rn 18 ff.

Verordnung über die Berufshaftpflichtversicherung
- Allgemein, Einl. Rn 22, § 54 Rn 6, 44
- Serienschadenklausel, § 54 Rn 6, 45
- Transformation in die Berufssatzung WP/vBP, Einl. Rn 2 § 54 Rn 6
- Übergangsregelung, § 137 Rn 1

Versagung der Bestellung
- Ärztliches Gutachten, § 16 Rn 16

- Allgemeines, § 16 Rn 1 ff.
- Andere Gründe, § 16 Rn 17 f.
- Besorgnis zukünftiger Berufspflichtverletzungen, § 16 Rn 43 ff.
- Darlegungs- und Beweislast, § 16 Rn 30
- Fehlende Berufshaftpflichtversicherung, § 16 Rn 10 ff.
- Gesundheitliche Gründe, § 16 Rn 15
- Hypothetische Ausschließung aus dem Beruf, § 16 Rn 13 ff.
- Mangelnde Fähigkeit zur Bekleidung öffentlicher Ämter, § 16 Rn 8 f.
- Nicht geordnete wirtschaftliche Verhältnisse, § 16 Rn 22 ff.
- Ordnung der wirtschaftlichen Verhältnisse, § 16 Rn 32 ff.
- Unvereinbare Tätigkeit, § 16 Rn 19 ff.
- Vermögensverfall, § 16 Rn 28 ff.
- Verwirkung eines Grundrechts, § 16 Rn 5 ff.
- Wirtschaftliche Unabhängigkeit, § 16 Rn 22

Versagung der Tätigkeit
- Besorgnis der Befangenheit, § 49 Rn 1, 11
- Gesetzliche Abschlussprüfungen, § 43 Rn 65
- Inanspruchnahme für eine pflichtwidrige Handlung, § 49 Rn 1, 4
- Sachverständigentätigkeit, § 43 Rn 93
- Unzulässige Wertansätze, § 43 Rn 115

Versagungsvermerk
- Abgrenzung zur Einschränkung, § 43 Rn 305
- Allgemein, § 43 Rn 277, 303 ff., 316 f.
- Einwendungen, § 43 Rn 312, 316
- Prüfungshemmnisse, § 43 Rn 312, 317

Verschmelzungsprüfung
- Selbstprüfung(sverbot), § 49 Rn 77

Verschulden
- Berufsaufsicht, § 61a Rn 12; § 63 Rn 20

Verschwiegenheitspflicht
- Abschlussprüfer, § 43 Rn 123
- Allgemein, § 43 Rn 149
- Angelegenheiten Dritter, § 43 Rn 140
- APAK-Mitglieder, § 66a Rn 3
- Aufsichtsorgane v. Wirtschaftsprüfungsgesellschaften, § 56 Rn 11
- Auftragsbegleitende Qualitätssicherung durch Dritte, § 43 Rn 165
- Berichtskritik durch Dritte, § 43 Rn 165
- Beruflicher Bezug, § 43 Rn 136, 139
- Berufsaufsicht, § 62 Rn 1, 34, 47
- Beschlagnahmeverbot, § 43 Rn 125, 144
- Betriebsprüfung, § 43 Rn 167
- Datenschutzrecht, § 43 Rn 126
- Datenschutzregelungen, § 43 Rn 177
- Durchbrechung, § 43 Rn 162
- Durchbrechung aufgrund Eigeninteressen, § 43 Rn 171
- Durchbrechung aufgrund Pflichtenkollision, § 43 Rn 162, 163
- Ehrenamtliche Richter, § 78 Rn 4
- Entbindung bei Ehegatten, § 43 Rn 150
- Entbindung bei jur. Personen, § 43 Rn 153
- Entbindung bei Personengesellschaften, § 43 Rn 152
- Entbindung durch RA, § 43 Rn 161
- Entbindung, Verfahrensfragen, § 43 Rn 157, 160
- Forderungsabtretung, § 43 Rn 176; s. auch Vergütungsforderungen
- Gegenstand, § 43 Rn 136
- Gehilfen, § 43 Rn 148
- Geldwäsche, § 43 Rn 170, 173

- Gesetzliche Durchbrechung, § 62 Rn 1, 47
- Honorarpfändungen, § 43 Rn 176
- Honorarprozess, § 43 Rn 172
- Mandatswechsel, § 43 Rn 166
- Mitarbeiter, § 43 Rn 148
- Nachberufliche, § 43 Rn 128
- Netzwerk, § 43 Rn 135
- Praxisübertragung, § 43 Rn 175
- Qualitätskontrolle, § 57b Rn 1
- Regressprozess, § 43 Rn 160, 172
- Selbstanzeige des WP, § 43 Rn 173
- Sozietät, § 43 Rn 132
- Träger des Geheimhaltungsinteresses, § 43 Rn 149
- Unabhängigkeitsprüfung im Verbund/Netzwerk, § 43 Rn 164
- Verbundgesellschaft, § 43 Rn 135
- WPK, s. Verschwiegenheitspflicht WPK
- Zeugnisverweigerungsrecht, § 43 Rn 124, 142

Verschwiegenheitspflicht der WPK
- Abschlussprüferaufsichtskommission, § 64 Rn 3; § 66a Rn 3
- Abteilungen, § 64 Rn 2
- Akteneinsichtsrecht, § 64 Rn 12
- Amtspflichtverletzung, § 64 Rn 22
- Angestellte, § 64 Rn 4
- Anhörungsverfahren, § 64 Rn 2
- Aufsichtssystem, § 64 Rn 14
- Auskunftsanspruch, § 64 Rn 11
- Auskunftspflicht, § 64 Rn 21, 23
- Aussagegenehmigung, § 64 Rn 16, 20
- Aussageverweigerung, § 64 Rn 19
- Ausscheiden, § 64 Rn 5
- Ausschüsse, § 64 Rn 2
- Beauftragte, § 64 Rn 4
- Behörde, § 64 Rn 15
- Beirat, § 64 Rn 2, 8
- Belehrung, § 64 Rn 4
- Berufsaufsicht, § 64 Rn 9, 11, 14
- Berufsgericht, § 64 Rn 12
- Berufskammern, § 64 Rn 20
- Berufsregister, § 64 Rn 7
- Beschwerde, § 64 Rn 10
- Beschwerdeführer, § 64 Rn 10, 11
- Bilanzskandale, § 64 Rn 14
- Dienstaufsichtsbeschwerde, § 64 Rn 18
- Dritter, § 64 Rn 10, 12, 23
- Finanzbehörden, § 64 Rn 21
- Gegenvorstellung, § 64 Rn 18
- Geheimhaltung, § 64 Rn 7, 13, 14
- Gericht, § 64 Rn 15
- Geschäftsbericht, § 64 Rn 9
- Gremieninterna, § 64 Rn 8
- Günstigkeitsprinzip, § 64 Rn 11
- Hinweise, § 64 Rn 10
- Informationsfreiheitsgesetz, § 64 Rn 13
- Informationsweitergabe, § 64 Rn 10
- Mitarbeiter, § 64 Rn 1, 6
- Öffentlichkeit, § 64 Rn 14
- Personenbezogene Daten, § 64 Rn 6, 8
- Presse, § 64 Rn 14
- Qualitätskontrollverfahren, § 57b Rn 1; § 64 Rn 3
- Rügeverfahren, § 64 Rn 12
- Sachbezogene Informationen, § 64 Rn 6, 9
- Sachlicher Umfang, § 64 Rn 6
- Selbstverwaltung, § 64 Rn 14
- Strafrecht, § 64 Rn 22
- Unterlassungsanspruch, § 64 Rn 22
- Vorermittlungen, § 64 Rn 14
- Vorstand, § 64 Rn 2, 8
- Widerrufsverfahren, § 64 Rn 2
- Zivilrecht, § 64 Rn 22

Versicherungsfall
- s. Berufshaftpflichtversicherung

Versicherungsmathematische Leistungen
- Selbstprüfung(sverbot), § 49 Rn 69

Versicherungspflicht
- s. Berufshaftpflichtversicherung

Versorgungswerk, § 57 Rn 69, 70, 71
Versorgungszusage des Mandanten
– Unabhängigkeit, § 43 Rn 9
Verteidiger im berufsgerichtlichen Verfahren
– Bestellung, § 82a Rn 1
– Personenkreis, § 82a Rn 1
Vertragliche Haftungsbeschränkung
– s. Haftungsbeschränkung, § 54a Rn 8 ff.
Vertraglichen Hauptleistungs- u. Nebenpflichten
– Besondere Vertrauensstellung, Vor § 51 Rn 2
Vertragsschluss
– Auftragsumfang, Vor § 51 Rn 24
– Dokumentation, Vor § 51 Rn 25
– Formfreiheit, konkludente Auftragserteilung, Vor § 51 Rn 22
– Honorarvereinbarung, Vor § 51 Rn 23
– Mandatsnachfolger, Vor § 51 Rn 20
– Teilnahmebescheinigung QK, Vor § 51 Rn 18
– Unabhängigkeit u. Unbefangenheit, Vor § 51 Rn 19
– Verbot der Vertretung widerstreitender Interessen, Vor § 51 Rn 21
Vertragstypen
– Abgrenzung, Vor § 51 Rn 13
– Werkvertrages, Vor § 51 Rn 14
Vertreterbeauftragung bei Verhinderung
– gewissenhafte Berufsausübung, § 43 Rn 26
Vertreterbestellung bei Tätigkeits- o. Berufsverbot
– Ablehnung aus wichtigem Grund, § 121 Rn 15
– Allgemein, § 121 Rn 1
– Anhörung, § 121 Rn 8
– Bedürfnis, § 121 Rn 7
– Treuhandverhältnis, § 121 Rn 9

– Vergütung, § 121 Rn 16
– Wettbewerbsverbot, § 121 Rn 14
Vertretungsberechtigung
– Eigenverantwortlichkeit, § 44 Rn 6
Verwaltungsakt
– Dreimonatsfrist für den Erlass, § 4b
– Genehmigungsfiktion APAK Akte, § 4b Rn 11
– Genehmigungsfiktion WPK Akte, § 4b Rn 8
– Grundlage eines Auftragsverhältnisses, Vor § 51 Rn 16
– Klage gegen Bescheide der WPK, § 41
– Maßnahmen der KfQK, § 57e Rn 9
– Widerspruch gegen Prüfervorschlag in der QK, § 57a Rn 129, 133
Verwaltungsbehörde
– DL-InfoV, § 133d Rn 2
– GwG, § 133d Rn 2
– Ordnungswidrigkeiten, § 133d Rn 1
Verwandte
– Besorgnis der Befangenheit, § 49 Rn 108
Verweigerungsrechte
– Berufsaufsicht, § 62 Rn 33
Verwertungsverbot
– Berufsaufsicht, § 62 Rn 1, 46, 67
Verzicht auf die Anerkennung
– Wirtschaftsprüfungsgesellschaft, § 33 Rn 14 ff.
Verzicht auf die Bestellung
– Adressat, § 19 Rn 9
– Bedingungsfeindlich, § 19 Rn 7
– Bestellung, § 19 Rn 4
– Empfangsbedürftig, § 19 Rn 5
– Inhalt, § 19 Rn 6
– Ruhen der Verjährung bei einer Pflichtverletzung, § 70 Rn 19
– Schriform, § 19 Rn 9
– Weiterführung der Berufsbezeichnung, § 18 Rn 43
– Willenserklärung, § 19 Rn 5

Verzögerung einer Auftragsdurchführung
- Vom Mandanten zu vertreten, § 43 Rn 78
- Vom WP zu vertreten, § 43 Rn 30, 79

VO 1/2006
- Allgemeines, Einl. Rn 56
- Berufsrechtliche Verbindlichkeit, § 43 Rn 40
- Konkretisierung des QS-Systems, § 55b Rn 5

Vollstreckung berufsgerichtlicher Maßnahmen
- Allgemeines, § 126 Rn 1
- Ausscheiden des Berufsangehörigen, § 126 Rn 5
- Ausschließung aus dem Beruf, § 126 Rn 2
- Vollstreckung von Geldbußen, § 126 Rn 3
- Vollstreckung von Kosten, § 126 Rn 4

Vorbehaltsaufgaben
- Aufgabenbereiche des WP, § 2 Rn 3, 9
- Genossenschaftliche Prüfungsverbände, § 2 Rn 11
- Pflicht zur Durchführung der Qualitätskontrolle, § 2 Rn 9
- Regelungen des HGB, § 43 Rn 272 ff.
- Siegelführungspflicht, § 2 Rn 9
- Sonstige gesetzlich vorgeschriebene Prüfungen, § 43 Rn 276
- Sparkassen- und Giroverbände, § 2 Rn 11
- Überörtliche Prüfungsstellen, § 2 Rn 11

Vorjahresabschluss
- Selbstprüfung(sverbot), § 49 Rn 52

Vorläufiges Berufsverbot
- Allgemeines, § 111 Rn 1
- Aufhebung, § 120 Rn 2
- Außerkrafttreten, § 119 Rn 2
- Entscheidung, § 114 Rn 2
- Mitteilung, § 120a Rn 2
- Rechtsmittel, § 118 Rn 2
- Verfahren, § 112 Rn 2
- Verhandlung, § 111 Rn 1
- Verstoß, § 117 Rn 2
- Voraussetzungen, § 111 Rn 4
- Zustellung, § 115 Rn 1

Vorläufiges Tätigkeits- oder Berufsverbot
- Vertreterbestellung, § 121 Rn 1, 5

Vorlagepflicht
- Berufsaufsicht, § 62 Rn 29
- Handakten, § 51b Rn 87, 104

Vormund
- Treuhandtätigkeit, § 2 Rn 21

Vorstand WPK
- Abteilungen, § 59a Rn 3
- Aufgaben, § 59 Rn 16
- Ausscheiden eines Vorstandsmitglieds, § 59 Rn 20
- Wahl, § 59 Rn 18, 19
- Zusammensetzung, § 59 Rn 17

Vorstandsabteilungen
- Änderungen von Anordnungen, § 59a Rn 9
- Beschlussfähigkeit, § 59a Rn 6
- Einsetzung, § 59a Rn 4
- Einsprüche gegen Rügeentscheidungen, § 59a Rn 6, 7
- Geschäftsverteilung, § 59a Rn 7, 9
- Mitglieder, § 59a Rn 5
- Satzungsermächtigung, § 59a Rn 3
- Selbsteintritt des Vorstands, § 59a Rn 10
- Unterrichtung des Vorstands, § 59a Rn 11
- Widersprüche gegen Bescheide, § 59a Rn 6
- Zuständigkeit zurück an Vorstand, § 59a Rn 12

W

Wahlrecht in der WPK
- Allgemeines, Einl. Rn 88
- Mitgliederanhörung, § 60 Rn 2
- Neustrukturierung, § 59 Rn 14; § 60 Rn 5
- Verhältniswahl, Einl. Rn 89
- Zuständigkeit für Erlass/Änderungen, § 60 Rn 2

Wechsel zum Mandanten
- Cooling off, § 43 Rn 375
- Persönliche Vertrautheit, § 49 Rn 91

Wechselseitige Prüfungen
- Besorgnis der Befangenheit, § 49 Rn 62

Weisungsfreiheit
- Eigenverantwortlichkeit, § 44 Rn 11

Weitere Arbeitsräume
- Berufliche Niederlassung, § 3 Rn 14

Weiterführung der Berufsbezeichnung, § 18 Rn 43

Werbung
- Abwerbung von Mandanten, § 43 Rn 355
- Alleinstellungswerbung, § 52 Rn 43
- Anzeigenwerbung, § 52 Rn 18
- Berufssatzung, § 57 Rn 91, 123
- Briefpost, § 52 Rn 7
- Drittwerbung, § 52 Rn 44
- E-Mail, § 52 Rn 10
- Entwicklung des Werberechts, § 52 Rn 3
- Fachgebietsbezeichnungen, § 52 Rn 26
- Fachveranstaltung, § 52 Rn 21
- Honorargestaltung, § 52 Rn 42
- Informationspflicht (DL-InfoV), § 52 Rn 17
- Informationspflicht (TMG), § 52 Rn 16
- Internet, § 52 Rn 14
- Irreführung, § 52 Rn 25
- Kostenlose Erstberatung, § 52 Rn 42
- Logo (sonstige), § 52 Rn 36
- Logo (WPK), § 52 Rn 31
- Presseberichterstattung, § 52 Rn 19
- Qualitätskontrolle, § 52 Rn 37
- Referenzliste, § 52 Rn 32
- Sonderuntersuchungen, § 52 Rn 41
- Sponsoring, § 52 Rn 23
- Telefaxwerbung, § 52 Rn 9
- Telefonwerbung, § 52 Rn 8
- Telekommunikationsbezogene Vorschriften, § 52 Rn 12
- TV- und Radio, § 52 Rn 20
- Veranstalterbroschüre, § 52 Rn 24
- Verbandsmitgliedschaft, § 52 Rn 31
- Vergleichende Werbung, § 52 Rn 43
- Versteigerung, § 52 Rn 14
- Werbeträger, § 52 Rn 6; § 57 Rn 123
- Zertifikate, § 52 Rn 30

Wettbewerbsrecht
- Berufssatzung, § 57 Rn 91

Widerruf der Anerkennung
- Wirtschaftsprüfungsgesellschaft, § 34 Rn 7 ff.

Widerruf der Bestellung
- Ärztliches Gutachten, § 20a Rn
- Allgemeines, § 20 Rn 12
- Ausnahmen vom Widerruf, § 20 Rn 91
- Berufshaftpflichtversicherung, § 20 Rn 36, 52; § 54 Rn 46, 47
- Berufspflichtverletzung, § 20 Rn 50, 84
- Berufsverbot, § 20 Rn 109
- Bestellungsurkunde, § 20 Rn 143
- Betreuer, § 20 Rn 98
- Gesundheitliche Gründe, § 20 Rn 24
- Mitteilungspflichten, § 20 Rn 121
- Nichtgefährdung, § 20 Rn 60
- Niederlassung, § 20 Rn 85
- Öffentliche Ämter, § 20 Rn 20
- Rechtsfolgen, § 20 Rn 141
- Sofortige Vollziehung, § 20 Rn 103
- Unvereinbare Tätigkeit, § 20 Rn 16
- Verfahren, § 20 Rn 119
- Vermögensverfall, § 20 Rn 59

1413

- Wiederbestellung, § 20 Rn 144
- Wirtschaftliche Verhältnisse, § 20 Rn 58

Widerruf Teilnahmebescheinigung QK
- Qualitätskontrolle, § 57e Rn 25

Widerspruchskommission
- Wirtschaftsprüfungsexamen, § 5 Rn 14, 19

Widerspruchsverfahren
- Bescheide der WPK, § 41 Rn 5

Wiederaufnahme
- Berufsgerichtliches Verfahren, § 83c Rn 1

Wiederbestellung
- Allgemeines, § 23 Rn 1
- Ermessensentscheidung, § 23 Rn 16
- Erneute Prüfung, § 23 Rn 17
- Gebühr, § 23 Rn 27
- Nach Ausschließung, § 23 Rn 4
- Nach Rücknahme, § 23 Rn 8
- Nach Verzicht, § 23 Rn 3
- Nach Widerruf, § 23 Rn 8
- Rechtsschutz, § 23 Rn 28
- Versagung, § 23 Rn 23
- Wohlverhaltensphase, § 23 Rn 7, 9

Wirtschaftliche Unabhängigkeit
- Versagung der Bestellung, § 16 Rn 22

Wirtschaftlichkeitsanalysen
- Selbstprüfung(sverbot), § 49 Rn 68

Wirtschaftsberater
- Bezeichnung, § 132 Rn 5

Wirtschaftsberatung
- Aufgabe des WP, § 2 Rn 19
- Aufgabe des vBP, § 129 Rn 7

Wirtschaftsberatungsgesellschaft
- Bezeichnung, § 133 Rn 4

Wirtschaftsplan der WPK
- Auf- und Feststellung, § 60 Rn 10
- Genehmigung, § 60 Rn 12
- Nachtragsplan, § 60 Rn 11
- Prüfung durch Abschlussprüfer, § 60 Rn 13

Wirtschaftsprüfer
- Abschlussprüfer, s. dort
- Inhalt der Tätigkeit, § 2
- Legaldefinition, § 1 Rn 4

Wirtschaftsprüferkammer
- Abschlussprüferaufsichtskommission, § 57 Rn 30, 32, 44, 131, 132
- Abwehr von Wettbewerbsverstößen, § 57 Rn 9, 21
- Allgemeines, § 57 Rn 29
- Allgemeines zur Aufgabenerfüllung, § 57 Rn 1 ff.
- Allgemeinpolitisches Mandat, § 57 Rn 14, 49
- Amtshilfe, § 57 Rn 133, 134
- Angestellter der -, § 43a Rn 117
- Anlassunabhängige Sonderuntersuchungen, § 57 Rn 44
- Arbeitsgemeinschaft für das wirtschaftliche Prüfungs- und Treuhandwesen, § 57 Rn 47
- Auffassung der WPK, § 57 Rn 48
- Aufgabenbindung, § 57 Rn 3
- Aufgabenkatalog, § 57 Rn 29, 34
- Aufgabenkommission, § 57 Rn 77
- Aufsicht, § 4 Rn 17 f., 27
- Ausbildung, § 57 Rn 61, 62
- Behörde, § 57 Rn 80, 83
- Beisitzer, § 57 Rn 65
- Belehrung, § 57 Rn 34 ff.
- Beratung, § 57 Rn 34, 35
- Berufliche Belange, § 57 Rn 48
- Berufliche Selbstverwaltung, § 4 Rn 6 ff.
- Berufsaufsicht, § 57 Rn 40, 42, 43
- Berufsbildung, § 57 Rn 53
- Berufsexamen, s. Wirtschaftsprüfungsexamen
- Berufsgericht, § 57 Rn 65
- Berufsgerichtliches Verfahren, § 57 Rn 46, 136
- Berufsnachwuchs, § 57 Rn 61
- Berufspflichten, § 57 Rn 34, 43

- Berufsregister, § 57 Rn 66 ff.
- Berufssatzung, § 57 Rn 47
- Bestimmtheit des Aufgabenspektrums, § 57 Rn 2
- Betreiben von wissenschaftlichen Instituten, § 57 Rn 24
- Darstellung des Berufsstands in der Öffentlichkeit, § 57 Rn 20
- Datenübermittlung, § 57 Rn 137 ff.
- Demokratische Legitimation, § 57 Rn 2
- Drittstaaten, § 57 Rn 129 ff.
- Ermessen im Rahmen der Aufgabenerfüllung, § 57 Rn 6 f.
- Ermittlungsmöglichkeiten, § 57 Rn 45
- Errichtung, § 4 Rn 21
- Examen, s. Wirtschaftsprüfungsexamen
- Fachangestellte, § 57 Rn 53, 59
- Fachaufsicht, § 57 Rn 30, 32
- Förderung der Mitgliederbelange, § 57 Rn 19
- Form der Aufgabenerfüllung, § 57 Rn 8 ff.
- Fortbildung, § 57 Rn 61, 62
- Fortbildungsmarkt, § 57 Rn 61
- Fürsorgeeinrichtungen, § 57 Rn 69
- Geheimhaltungspflicht, § 57 Rn 139
- Geldbuße, § 57 Rn 46
- Geldwäschebekämpfung, § 57 Rn 79 ff.
- Gesetzgebungsverfahren, § 57 Rn 49
- Gutachten, § 57 Rn 50 ff.
- Gutachtenerstattung, § 57 Rn 15
- Honorar, § 57 Rn 39
- Inspektoren, § 57 Rn 44
- Interne Verteilungskonflikte, § 57 Rn 17
- Kammerversammlung, s. dort
- Klausurthemen, § 57 Rn 64
- Kommission für Qualitätskontrolle, § 57 Rn 74
- Kooperation mit anderen Aufsichten, § 57 Rn 129, 130
- Landesgeschäftsstellen, § 4 Rn 29 ff.
- Landesjustizverwaltung, § 57 Rn 65
- Mitgliedergruppen, § 57 Rn 17, 48
- Mitgliedschaft in privatrechtlichen Organisationen, § 57 Rn 23
- Mittelbare Staatsverwaltung, § 4 Rn 12 ff.; § 57 Rn 29, 32
- Neutralitätsgebot, § 57 Rn 17
- Öffentliche Prüferaufsicht, § 57 Rn 131, 132
- Öffentlichkeit, § 57 Rn 48, 66
- Ombudsmann, § 57 Rn 42
- Organe, s. dort
- Personenbezogene Daten, § 57 Rn 129, 133
- Pflichtaufgaben, § 57 Rn 6
- Pflichtenkollision, § 57 Rn 40
- Prüfungsausschüsse, § 57 Rn 60
- Prüfungskommission, § 57 Rn 77
- Prüfungsstelle für das Wirtschaftsprüfungsexamen bei der WPK, s. dort
- Qualitätskontrolle, § 57 Rn 72, 73, 74
- Rechtsbindung, § 4 Rn 26
- Rechtsform, § 4 Rn 26
- Rechtsqualität, § 57 Rn 36
- Richtlinien, Einl. Rn 47 ff. § 57 Rn 47
- Rüge, § 57 Rn 46, s. auch dort
- Satzung der WPK, s. dort
- Schiedsrichterliches Verfahren, § 57 Rn 41
- Sitz, § 4 Rn 28
- Staatsaufsicht, § 57 Rn 29
- Stellenanzeigen, § 57 Rn 64
- Stellungnahmen, § 57 Rn 49
- Streitbeilegung, § 57 Rn 39, 42
- Streitigkeiten, § 57 Rn 38
- Transparenz, § 57 Rn 44
- Überwachung der Erfüllung der Berufspflichten, § 57 Rn 26 ff.

- Unabhängigkeit, § 57 Rn 50
- Vergütungsanspruch, § 57 Rn 52
- Vermittlungen, § 57 Rn 38, 39
- Verschwiegenheitspflicht, § 64 Rn 1
- Versorgungswerk, § 57 Rn 69
- Vorbehalt des Gesetzes, § 57 Rn 2
- Vorgängerorganisationen, § 4 Rn 22
- Wahlrecht in der WPK, s. dort
- Wahrung der beruflichen Belange, § 57 Rn 13 ff.
- Widerruf, § 57 Rn 76
- Widerspruchskommission, § 57 Rn 77
- Wirtschaftliche Betätigung, § 57 Rn 25
- Wirtschaftsplan, s. Wirtschaftsplan der WPK, § 60 Rn 10
- Wirtschaftsprüfungsexamen, s. dort
- Zulassungsausschüsse, § 57 Rn 60
- Zusammenarbeit mit anderen Organisationen, § 57 Rn 22

Wirtschaftsprüferordnung
- Allgemeines, Einl. Rn 1 ff.
- Anwendung v. Vorschriften auf Nicht-WP, § 56 Rn 1

Wirtschaftsprüfungsexamen
- Allgemeines, § 57 Rn 64, 77
- Aufgabenkommission, § 5 Rn 12
- Eignungsprüfung als WP, § 131g Rn 1
- Gebühren, § 14a Rn 2
- Mündliche Prüfung, § 12 Rn 23
- Prüfungsergebnis, § 12 Rn 28
- Prüfungskommission, § 12 Rn 1
- Prüfungsstelle, § 5 Rn 5
- Prüfungstermine, § 12 Rn 17
- Prüfungsverordnung, § 14 Rn 1
- Rechtsschutz, § 5 Rn 16
- Schriftliche Prüfung, § 12 Rn 19
- Übergangsregelung Gebühren, § 135 Rn 1
- Übergangsregelung Zuständigkeit, § 139 Rn 1
- Verbindliche Auskunft, § 6 Rn 1

- Verkürzte Prüfung, § 8a Rn 1; § 13 Rn 1; § 13a Rn 1; § 13b Rn 1
- Widerspruchskommission, § 5 Rn 14, 19
- Zulassung, § 7 Rn 1
- Zulassungsvoraussetzungen, § 8 Rn 1; § 9 Rn 1
- Zuständigkeit, § 5 Rn 1

Wirtschaftsprüfungsgesellschaft
- Abwicklung und Beendigung, § 33 Rn 11
- Änderungsanzeigen an die WPK, § 30 Rn
- AG, § 27 Rn 4
- Alleinvertretungsbefugnis, § 28 Rn 9
- Altgesellschaft (Kapitalbindung), § 134a Rn 4 ff.
- Amtslöschungsverfahren, § 33 Rn 17
- Anerkennungsgebühr, § 29 Rn 3
- Anerkennungsurkunde, § 29 Rn 6
- Anerkennungsverfahren, § 29 Rn 1 ff.
- Anerkennungsvoraussetzungen, § 1 Rn 35; § 28 Rn 1 ff.
- Anpassungsfrist, § 34 Rn 11 ff.
- Anpassungsfrist bei Altgesellschaften, § 134a Rn 12
- Auflösung, § 33 Rn 3 ff.
- Aufsichtsrat, § 28 Rn 91
- Ausländische Rechtsformen, § 27 Rn 15
- Ausschluss eines gesetzlichen Vertreters aus dem Beruf, § 34 Rn 17
- Berufliche Niederlassung der gesetzlichen Vertreter, § 28 Rn 22
- Berufsausübung, § 43a Rn 15
- Berufshaftpflichtversicherung, § 28 Rn 96; § 54 Rn 4, 18
- Berufsregister, § 38 Rn 16
- Bestandsschutz der Firmierung, § 31 Rn 30
- Beteiligung einer GbR, § 28 Rn 83

- Beteiligung von Stiftungen und eingetragenen Vereinen, § 28 Rn 85
- Delegationsbefugnis, § 1 Rn 41
- Dispositionsfreiheit des WP, § 28 Rn 7
- Eigenverantwortlichkeit des WP, § 1 Rn 37; § 28 Rn 2
- Eintragung im Handels- o. Partnerschaftsregister, § 30 Rn 7
- Einzelvertretungsbefugnis Nicht-WP, § 28 Rn 10
- Erwerb eigener Anteile, § 28 Rn 56
- Europäische Aktiengesellschaft, § 27 Rn 12
- Europäische Privatgesellschaft, § 27 Rn 16
- Europäisierung, § 1 Rn 40
- EWIV, § 27 Rn 17
- Firma, § 31 Rn 1 ff.
- Firma Partnerschaftsgesellschaft, § 31 Rn 14 ff.
- Firmenbestandteile, § 31 Rn 9
- Firmenidentität, § 31 Rn 27
- Firmenwahrheit, § 31 Rn 8
- Führen der Bezeichnung „Wirtschaftsprüfungsgesellschaft", § 31 Rn 4 f.
- GbR, § 27 Rn 14
- Gesellschafter, Allgemein, § 28 Rn 51 ff.
- Gesellschafter, Beurlaubter WP, § 28 Rn 53
- Gesellschafter, Drittstaatengesellschaften, § 28 Rn 59
- Gesellschafter, EU-AP und EU-Prüfungsgesellschaften, § 28 Rn 57
- Gesellschafter, GbR, § 28 Rn 83
- Gesellschafter, Gesellschafterrechte, § 28 Rn 11 ff.
- Gesellschafter, Kapitalbindung/Fremdbeteiligung, § 134a Rn 4 ff.
- Gesellschafter, Majorität der Berufsträger, § 28 Rn 69 ff.
- Gesellschafter, Stiftungen und eingetragene Vereine, § 28 Rn 85
- Gesellschafter, Treuhandabrede, § 28 Rn 63
- Gesetzliche Vertreter, Allgemein, § 28 Rn 4 ff.
- Gesetzliche Vertreter, Angehörige freier Berufe, § 28 Rn 25 ff., 31 ff., 58 ff.
- Gesetzliche Vertreter, Ausnahmegenehmigung, § 28 Rn 27 ff., 37 ff.
- Gesetzliche Vertreter, Drittstaatenprüfer, § 28 Rn 42 ff.
- Gesetzliche Vertreter, EU-AP, § 28 Rn 3, 14
- Gesetzliche Vertreter, Majorität der Berufsträger, § 28 Rn 20 f.
- Gewerbeanmeldung, Vor § 27-34 Rn 29
- Gewerbesteuerpflicht, Vor § 27-34 Rn 28
- Gewinnbeteiligung von Dritten, § 28 Rn 68
- GmbH, § 27 Rn 3
- GmbH & Co KG, § 27 Rn 6 ff.
- Historische Entwicklung, Vor § 27-34 Rn 3 ff.
- IHK-Mitgliedschaft, Vor § 27-34 Rn 27
- Insolvenz, § 33 Rn 13
- Instrument der Berufsausübung, Vor § 27-34 Rn 1
- Kapitalausstattung, § 28 Rn 93 ff.
- Kapitalbindung, § 28 Rn 48 ff.; Vor § 27-34 Rn 8 ff.
- Kapitalübertragung, Zustimmung der Gesellschaft, § 28 Rn 89, 92
- KG, § 27 Rn 6 ff.
- KGaA, § 27 Rn 5
- Liquidation, § 33 Rn 3
- Mehrbändergesellschaft, Vor § 27-34 Rn 30
- Name von Partnerschaftsgesellschaften, § 31 Rn 14 ff.

- Netzwerk, Vor § 27-34 Rn 15
- Nießbrauch, § 28 Rn 64,66
- OHG, § 27 Rn 6 ff.
- Organisationsverantwortung, § 43 Rn 214
- Partiarische Rechtsverhältnisse, § 28 Rn 64
- Partnerschaftsgesellschaft, § 27 Rn 11
- phG einer anderen Wirtschaftsprüfungsgesellschaft, § 28 Rn 15 ff.
- Rechtsformen, § 27 Rn 1 ff.
- Rechtsformwechsel, § 33 Rn 7
- Residenzpflicht am Satzungssitz, § 28 Rn 23
- Rücknahme der Anerkennung, § 34 Rn 4 ff.
- Schutz der Bezeichnung WPG/BPG, § 133 Rn 1 f.
- SE, § 27 Rn 12
- Sitz, § 3 Rn 35
- Stellung der Rechtsformbezeichnung in der Firma, § 31 Rn 20
- Stille Gesellschaft, § 27 Rn 17; § 28 Rn 64
- Stimmrechte, § 28 Rn 72 ff.
- Synopse zu StBG und RAG, Vor § 27-34 Rn 31
- Tätigkeitserfordernis von Nicht-WP-Gesellschaftern, § 28 Rn 60 ff.
- Übertragung von Aktien, § 28 Rn 88
- Unabhängigkeit des WP, § 1 Rn 37; § 28 Rn 2
- Unbedenklichkeitsbescheinigung, § 28 Rn 98; § 29 Rn 4 f.
- Unbefangenheit des WP, § 28 Rn 2
- Unterbeteiligung, § 28 Rn 64
- Unterzeichnung von Erklärungen im Vorbehaltsbereich, § 32 Rn 11 ff.
- Verantwortliche Führung, § 1 Rn 35 ff.; § 28 Rn 6 ff.
- Verantwortlicher Prüfer, § 43 Rn 216
- Verbot der Treuhandabrede an Anteilen, § 28 Rn 63
- Verbot gewerblicher Tätigkeit, Vor § 27-34 Rn 26
- Vermögensverfall, § 34 Rn 18 ff.
- Verschmelzung, § 33 Rn 4
- Vertretungsmacht, § 28 Rn 8
- Verzicht, § 33 Rn 14 ff.
- Vorratsgesellschaft, § 28 Rn 97
- Vorzugsaktien, § 28 Rn 90
- Wegfall der Anerkennungsvoraussetzungen, § 34 Rn 10 ff.
- Widerruf der Anerkennung, § 34 Rn 7 ff.
- Widerruf der Anerkennung bei Altgesellschaften, § 134a Rn 13
- Widerruf der Berufszulassung eines gesetzlichen Vertreters, § 34 Rn 8 f.
- Zulässige Gesellschafter, § 28 Rn 51
- Zweigniederlassung, § 47 Rn 9

WPBHV
- s. Verordnung über die Berufshaftpflichtversicherung

WP-Versammlung
- Abschaffung, § 59 Rn 5
- Allgemeines, § 59 Rn 4
- s. auch Kammerversammlung

Z

Zeichnungsberechtigung
- Eigenverantwortlichkeit, § 43a Rn 18; § 44 Rn 5
- Wirtschaftsprüfungsgesellschaft, § 43a Rn 16

Zeugnisverweigerungsrecht
- Allgemein, Vor § 43 Rn 24
- Gehilfe, § 50 Rn 13
- Sozietätsfähigkeit, § 44b Rn 19
- Wirtschaftsprüfer, § 43 Rn 124, 142

Zulassung Wirtschaftsprüfungsexamen
- Antrag, § 7 Rn 2
- Entscheidung, § 7 Rn 8
- Zulassungsgebühr, § 7 Rn 12

Zulassungsvoraussetzungen Wirtschaftsprüfungsexamen
- Anrechnung auf die praktische Tätigkeit, § 9 Rn 19
- Berufsausübung als StB, § 8 Rn 9
- Berufsausübung als vBP, § 8 Rn 9
- Hochschulausbildung, § 8 Rn 1
- Hochschulausbildung im Ausland, § 8 Rn 12
- Langjährige Bewährung, § 8 Rn 6
- Praktische Tätigkeit, § 9 Rn 1
- Prüfungstätigkeit, § 9 Rn 9
- Vorzeitige Zulassung, § 9 Rn 30
- Wegfall des Nachweises der Prüfungstätigkeit, § 9 Rn 15

Zurückbehaltungsrecht
- Allgemein, Vor § 51 Rn 67
- Handakte, § 51b Rn 50

Zusammenarbeit ausländische Aufsichtsstellen
- WPK, § 51b Rn 75; § 57 Rn 129, 130
- APAK, § 66a Rn 76

Zustellung
- Öffentliche, § 98 Rn 4

Zuwendungen, § 43 Rn 349 ff.

Zwangsgeld
- Androhung, § 62a Rn 10
- Anlassunabhängige Sonderuntersuchungen, § 62b Rn 25
- Aufforderung nach § 62 Abs. 1 WPO, § 62a Rn 7
- Auflagenerfüllungsbericht, § 57e Rn 20
- Berufsaufsicht, § 62a Rn 2
- Beugemittel, § 62a Rn 3
- Festsetzung, § 62a Rn 14
- Höhe, § 62a Rn 10, 14
- Mehrfache Androhung/Festsetzung, § 62a Rn 4, 14, 16
- Mitteilungspflichten, § 40 Rn 8
- Rechtsschutz, § 62a Rn 18
- Verhältnis zur Rüge, § 62a Rn 16
- Verletzung von Mitwirkungspflichten, § 62a Rn 7
- Vollstreckung, § 62a Rn 17

Zwangsmittel
- Berufsgerichtliches Verfahren, § 82 Rn 1
- Qualitätskontrolle, § 57e Rn 28

Zweigniederlassung
- Ausnahmen vom Leitungserfordernis, § 47 Rn 11
- Beauftragung, § 32 Rn 9
- Begriff, § 3 Rn 41
- Leitung, § 47 Rn 3
- Selbständiger Wirtschaftsprüfer, § 3 Rn 41
- Sozietät, § 3 Rn 25
- Weitere Arbeitsräume, § 3 Rn 42
- Wirtschaftsprüfungsgesellschaft, § 3 Rn 49; § 47 Rn 9

Das bewährte Nachschlagewerk für alle Prüfungsfragen!

Die Neuauflage des WP Handbuchs 2012

- vermittelt theoretische Grundlagen und praktisches Knowhow über die Tätigkeiten des Wirtschaftsprüfers.
- berücksichtigt sowohl rechtsform – als auch branchenabhängige Besonderheiten bei der Jahres- und Konzernabschlussprüfung.
- enthält die wesentlichen Änderungen durch BilMoG, ARUG, MoMiG, EHUG und viele weitere Regelungen und Gesetze.
- beinhaltet erstmals einen Online-Zugang zu den Inhalten des Bandes.
- bietet gewohnte IDW Qualität und praxiserfahrene Autoren.

Weitere Informationen unter www.idw-verlag.de/wp-handbuch

Bestellen Sie jetzt
bei Ihrer Buchhandlung oder auf **www.idw-verlag.de**

IDW Verlag GmbH · Postfach 320580 · 40420 Düsseldorf
Tel. 02 11 / 45 61 - **222** · Fax - 206 · kundenservice@idw-verlag.de